DIREITO PENAL

Parte Especial

2

Paulo Queiroz

DIREITO PENAL

Parte Especial

2

4ª edição:

Revista, ampliada e atualizada

2020

EDITORA JusPODIVM

www.editorajuspodivm.com.br

EDITORA JusPODIVM
www.editorajuspodivm.com.br

Rua Território Rio Branco, 87 – Pituba – CEP: 41830-530 – Salvador – Bahia
Tel: (71) 3045.9051
• Contato: https://www.editorajuspodivm.com.br/sac

Diagramação: Ana Paula Lopes Corrêa *(aninha_lopescorrea@hotmail.com)*

Capa: Ana Caquetti

Q3d Queiroz, Paulo.
Direito Penal: Parte Especial / coordenador Paulo Queiroz – 4. ed. rev., ampl. e atual. – Salvador: JusPODIVM, 2020.
1.536 p.

Vários autores.
Bibliografia.
ISBN 978-65-5680-007-3.

1. Direito penal. I. Título.

CDD 341.5

SOBRE OS AUTORES

Aldeleine Melhor Barbosa

Especialista em Direito Público, é Promotora de Justiça em Sergipe.

Ana Cláudia Bastos de Pinho

Mestre e Doutora em Direito (UFPA), é Promotora de Justiça no Pará e Professora da UFPA.

Carlos Eduardo de Oliveira Vasconcelos

Foi subprocurador geral da República e professor de ciências penais.

Denival Francisco da Silva

Doutor em Ciências Jurídicas pela UNIVALI/SC. Mestre em Direito pela UFPE. Juiz de Direito, titular da 1a Vara Criminal da Comarca de Goiânia-GO. Professor em curso de graduação e pós-graduação. Coordenador e professor no curso de formação e vitaliciamento de novos juízes na EJUG-GO. Autor e coautor de livros jurídicos. Autor de livros de crônicas e poemas.

Gabriel Dalla Favera de Oliveira

Procurador da República. Mestre em Direito Público pela UFBA. Especialista em Ciências Criminais pela Faculdade Baiana de Direito. Professor de Direito Penal.

Gamil Föppel El Hireche

Mestre e Doutor em Direito Econômico (UFPE), Advogado. Professor da UFBA e da Faculdade Baiana de Direito. Membro da Comissão de Juristas, nomeado pelo Senado, para propor o Anteprojeto de Reforma do Código Penal. Membro da Comissão de Juristas, nomeado pelo Senado, para propor o Anteprojeto de Reforma da Lei de Execuções Penais.

Giovane Santin

Especialista e Mestre em Ciências Criminais (PUC/RS), é Professor de Direito Penal pela UFMT; Advogado.

Ivan Luiz da Silva

Mestre e Doutor em Direito (UFPE), é Procurador do Estado de Alagoas, Advogado e Professor.

Lilian Coutinho

Servidora pública do Poder Executivo Federal. Graduada em Direito pelo Centro Universitário de Brasília (UniCEUB).

Luciano Santos Lopes

Mestre e Doutor em Direito pela FDUFMG, Professor Adjunto da Faculdade de Direito Milton Campos – MG (Graduação, Pós-Graduação e Mestrado), Diretor do Departamento de Direito Penal do IAMG (Instituto dos Advogados de Minas Gerais), Advogado.

Michelle Barbosa de Brito

É Doutora em Direito pela UFPA, é especialista em ciências penais (UNISUL) e Analista Jurídico do MP/PA.

Marcus Mota Moreira Lopes

É Analista Judiciário do Tribunal de Justiça do Distrito Federal e Territórios e ocupa função de Assessor de Magistrado em Vara Criminal. Foi Assessor Jurídico na Procuradoria Regional da República da 1ª Região (Ministério Público Federal)". Graduado em Direito pelo Centro Universitário de Brasília (UniCEUB). Especialista em Direito pela Fundação Escola Superior do Ministério Público do Distrito Federal e Territórios - FESMPDFT.

Paulo Queiroz

Doutor em direito (PUC/SP), é professor da UnB (Universidade de Brasília) e membro do MPF.

Rafael Santana

Advogado criminalista. Mestrando em Direito Penal Econômico (FGV). Pós-graduado em Direito Penal Econômico (IDPEE/IBCCRIM).

Dedico este livro ao saudoso amigo
e competentíssimo colega
Carlos Eduardo Vasconcelos.

SUMÁRIO

TÍTULO I – DOS CRIMES CONTRA A PESSOA

TÍTULO II – DOS CRIMES CONTRA O PATRIMÔNIO

TÍTULO III - DOS CRIMES CONTRA A PROPRIEDADE IMATERIAL

TÍTULO IV - DOS CRIMES CONTRA A ORGANIZAÇÃO DO TRABALHO

TÍTULO X - DOS CRIMES CONTRA A FÉ PÚBLICA

TÍTULO I – DOS CRIMES CONTRA A PESSOA

↳ CAPÍTULO I – CRIMES CONTRA A VIDA

ANA CLÁUDIA BASTOS DE PINHO[1] E
MICHELLE BARBOSA DE BRITO[2]

1. INTRODUÇÃO: PONTUANDO A FALA

A proposta é escrever sobre os "crimes contra a vida", que correspondem ao Capítulo I, do Título I ("crimes contra a pessoa"), do Código Penal Brasileiro.

Sob a rubrica de crimes contra a vida, o Código prevê quatro delitos, a saber: homicídio (art. 121), induzimento, instigação ou auxílio a suicídio (art. 122), infanticídio (art. 123) e aborto (arts. 124 a 128).

À exceção do homicídio, que admite a forma culposa, esses crimes são puníveis exclusivamente na forma dolosa, isto é, sempre que o agente agir com consciência e vontade de realizar os elementos do tipo, quer direta (dolo direto), quer eventualmente (dolo eventual). E, quando dolosos, a competência para apreciação e julgamento é do Tribunal do Júri (CF, art. 5º, XXXVIII, d).

Por óbvio, a escrita não se dará impunemente. Há um local que delimita a fala, a partir do momento em que se estará dizendo algo sobre alguma coisa e, portanto, atribuindo sentido. Quem diz o que diz a lei? Qual a melhor interpretação para esse ou aquele dispositivo legal? É possível oferecer uma resposta em tese, sem que a concretude do caso se imponha? Se é possível, como fazê-lo? Qual o melhor caminho? Se a doutrina deve doutrinar (e, sim, isso é verdadeiro, como sempre pontuam Lenio Streck e Jacinto Coutinho), quais as bases para isso? Que dogmática efetivamente temos? De que dogmática precisamos? Que instrumentos a teoria do Direito Penal nos fornece para a realização de uma política criminal verdadeiramente comprometida com o perfil democrático da Constituição da República? E, antes disso, que modelo de intervenção penal se delineia a partir do texto constitucional?

As respostas a essas indagações, necessariamente, dependem da mesma concepção que se tem sobre o Direito, em geral, e sobre o Direito Penal, em especial. A partir da postura teórica (e, consequentemente, ideológica) que se assume, as respostas

---

1 Doutora em Direito (UFPA). Professora (adjunto I) de Direito Penal da UFPA (graduação e pós graduação). Promotora de Justiça.

2 Doutora e Mestre em Direito (UFPA). Especialista em Ciências Penais (UNISUL). Analista Jurídico do Ministério Público do Estado do Pará.

serão diferentes, o que, em absoluto, implica dizer que serão todas possíveis, do ponto de vista da correção democrática.

Nem todas as repostas são válidas, na medida em que não se pode dizer qualquer coisa sobre qualquer coisa (Streck). A atribuição de sentidos há de sofrer constrangimentos, se não se quiser chegar a um "vale tudo" hermenêutico e se admitir, por absurdo, que qualquer interpretação que se faça do Código Penal se legitime, tão somente , por um argumento de autoridade ou pela repetição do senso comum teórico (Warat).

Os sentidos das coisas não estão na vitrine, à disposição do intérprete, esperando que escolha o que melhor lhe convier, a partir de seu poder racionalizante. Se o texto (Código Penal) não carrega um sentido pré-dado, de fábrica, por outro lado ao intérprete também não é dado atribuir-lhe qualquer um. Nem a objetividade do texto, tampouco a subjetividade do intérprete. Não há um "grau zero de sentido" (Streck). O texto, ele próprio, já anuncia, já diz. Porém, a resposta há de ser fruto de um diálogo entre intérprete e texto, deixando-se o intérprete levar pela experiência do estranhamento, colocando à prova seus pré-juízos e, constantemente, verificar se eles se confirmam no próprio texto. Essa experiência hermenêutica é uma via privilegiada para demonstrar como se dá a compreensão e de como é possível constranger o poder de decisão jurídica, a partir do reconhecimento dos pré-juízos autênticos e inautênticos e da análise positiva da tradição, por meio de uma interpretação construtiva (Dworkin)[3].

Dito de outro modo: a crise que ora se aponta, que é uma crise do Direito mesmo, deriva da crise da interpretação. Não se tem, ainda, no Brasil, uma séria teoria da decisão que aponte caminhos seguros à formatação, por exemplo, de uma dogmática penal constitucionalmente orientada. Ainda vigora, em nosso senso comum, a falácia de que qualquer um pode pensar o que quiser sobre Direito Penal. Diálogos do tipo "isso é a sua opinião", ou "esse é o entendimento do fulano, devemos respeitar" que, ao mesmo tempo tomam ares de certa humildade e resignação, não passam de discursos tão verdadeiros (sim, cada um tem a sua "opinião" sobre algo), quanto inócuos e vazios (Dworkin), visto que em nada fazem avançar a discussão teórica, que é a que verdadeiramente importa.

Seguimos, assim, reféns do monastério dos sábios (Lyra Filho) e do relativismo interpretativo que, à parte a sedução poética que carrega, em nada contribui à construção de um marco doutrinário que respeite a tradição, que se empenhe na análise profunda dos argumentos teóricos, que realize a interpretação construtiva, ingredientes indispensáveis a quem pretende realizar uma tarefa séria de compreensão/interpretação/aplicação do Direito Penal que, num sistema que (ainda) carrega a nódoa

3 Sobre o tema, cf PINHO, Ana Cláudia Bastos de. *Para além do garantismo: uma proposta hermenêutica de controle da decisão penal*. Porto Alegre: Livraria do Advogado, 2013.

inquisitiva, tendo o juiz como o grande protagonista, é um desafio tão urgente quanto necessário.

Dito isso, assume-se, aqui, uma postura marcada pela teoria agnóstica da pena (no sentido de Zaffaroni e Salo de Carvalho), por se admitir que, numa democracia, o Direito Penal não se legitima como forma de controle a favor da maioria e que, em verdade, deve funcionar como um sistema de garantias às minorias desviantes, impondo-se a adoção de uma política de redução de danos ao imputado, por meio da intervenção mínima e da limitação punitiva. Para a teoria negativa ou agnóstica da pena, construída a partir do comprovado fracasso de todas as teorias positivas, a pena é um fato de poder que o poder dos juristas pode limitar e conter, mas não eliminar (Zaffaroni).

O discurso declarado do Direito Penal, com suas teorias positivas ou legitimadoras da pena (principalmente as de prevenção geral negativa e prevenção especial positiva)[4], não se sustenta frente a um crivo constitucional e aos desvelamentos promovidos pela criminologia crítica, deixando claro, ao fim e ao cabo, que sua verdadeira função (escamoteada, porém real) é servir de instrumento de exclusão de grupos vulneráveis, sempre eleitos pela seletividade inerente ao sistema de repressão. Somente ocasional e isoladamente o poder punitivo cumpre qualquer das funções manifestas a ele atribuídas.

Isso justifica, grosso modo, a opção ideológica por uma teoria agnóstica da pena e, via de consequência, a inclinação por uma dogmática de redução de danos, que caminhe exatamente nesse eixo político-criminal. Sustenta-se, portanto, a necessidade de uma leitura constitucional sobre o papel da repressão penal como condição de possibilidade para se chegar à pena. É o que se pretenderá nas linhas que seguem.

Vale registrar que quando falamos em "redução de danos" estamos falando em redução de poder punitivo, redução de dor ao imputado, à medida em que não acreditamos que a pena cumpra quaisquer das funções oficiais que se diz perseguir. Pensamos, com Zaffaroni, que a pena não se legitima pela racionalidade jurídica, mas é um evento político, cuja finalidade repressiva/seletiva está escondida por baixo do véu do discurso legitimante.

2. HOMICÍDIO

⊙ **Homicídio simples**

Art. 121. Matar alguém:

Pena - reclusão, de seis a vinte anos.

---

4 A função da pena no que diz respeito à prevenção geral negativa pretende obter a dissuasão dos que não delinquiram e que podem sentir-se tentados a fazê-lo, sustentando, portanto, que a pena intimida os sujeitos para que não cometam delitos. Já a prevenção especial positiva tem como escopo o melhoramento do infrator e substancia-se nas chamadas ideologias "re", ou seja, a pena promoveria a ressocialização, reeducação, reinserção, repersonalização, reindividualização e reincorporação do indivíduo. Para essa teoria, a pena é um bem para quem é submetido a ela.

⊙ **Caso de diminuição de pena**

§ 1º Se o agente comete o crime impelido por motivo de relevante valor social ou moral, ou sob o domínio de violenta emoção, logo em seguida a injusta provocação da vítima, o juiz pode reduzir a pena de um sexto a um terço.

⊙ **Homicídio qualificado**

§ 2º Se o homicídio é cometido:

I - mediante paga ou promessa de recompensa, ou por outro motivo torpe;

II - por motivo futil;

III - com emprego de veneno, fogo, explosivo, asfixia, tortura ou outro meio insidioso ou cruel, ou de que possa resultar perigo comum;

IV - à traição, de emboscada, ou mediante dissimulação ou outro recurso que dificulte ou torne impossivel a defesa do ofendido;

V - para assegurar a execução, a ocultação, a impunidade ou vantagem de outro crime:

Pena - reclusão, de doze a trinta anos.

⊙ **Feminicídio**

VI - contra a mulher por razões da condição de sexo feminino:

VII – contra autoridade ou agente descrito nos arts. 142 e 144 da Constituição Federal, integrantes do sistema prisional e da Força Nacional de Segurança Pública, no exercício da função ou em decorrência dela, ou contra seu cônjuge, companheiro ou parente consanguíneo até terceiro grau, em razão dessa condição:

VIII - (VETADO na Lei nº 13.964, de 24/12/2019)

Pena - reclusão, de doze a trinta anos.

§ 2º-A Considera-se que há razões de condição de sexo feminino quando o crime envolve:

I - violência doméstica e familiar;

II - menosprezo ou discriminação à condição de mulher.

⊙ **Homicídio culposo**

§ 3º Se o homicídio é culposo:

Pena - detenção, de um a três anos.

⊙ **Aumento de pena**

§ 4º No homicídio culposo, a pena é aumentada de 1/3 (um terço), se o crime resulta de inobservância de regra técnica de profissão, arte ou ofício, ou se o agente deixa de prestar imediato socorro à vítima, não procura diminuir as conseqüências do seu ato, ou foge para evitar prisão em flagrante. Sendo doloso o homicídio, a pena é aumentada de 1/3 (um terço) se o crime é praticado contra pessoa menor de 14 (quatorze) ou maior de 60 (sessenta) anos.

§ 5º - Na hipótese de homicídio culposo, o juiz poderá deixar de aplicar a pena, se as conseqüências da infração atingirem o próprio agente de forma tão grave que a sanção penal se torne desnecessária.

§ 6º A pena é aumentada de 1/3 (um terço) até a metade se o crime for praticado por milícia privada, sob o pretexto de prestação de serviço de segurança, ou por grupo de extermínio.

§ 7º A pena do feminicídio é aumentada de 1/3 (um terço) até a metade se o crime for praticado:

I - durante a gestação ou nos 3 (três) meses posteriores ao parto;

II - contra pessoa menor de 14 (catorze) anos, maior de 60 (sessenta) anos, com deficiência ou portadora de doenças degenerativas que acarretem condição limitante ou de vulnerabilidade física ou mental;

III - na presença física ou virtual de descendente ou de ascendente da vítima;

IV - em descumprimento das medidas protetivas de urgência previstas nos incisos I, II e III do caput do art. 22 da Lei nº 11.340, de 7 de agosto de 2006

O homicídio – termo que o Código preferiu a assassinato - é a morte de um homem por outro homem (Francesco Carrara); ou, ainda, é a supressão da vida por outrem. Não é homicídio, por conseguinte, a morte que resulta de causas naturais ou de ação da própria vítima contra si mesma (suicídio).

Para fins penais, não é homicídio tampouco, mas aborto, a causação da morte do feto, isto é, do ser ainda em formação que não nasceu, embora já concebido e legalmente protegido desde a concepção. Ressalte-se, no entanto, que segundo a jurisprudência do Superior Tribunal de Justiça[5], no caso de já ter iniciado o trabalho de parto, não se fala mais em aborto, e sim em homicídio ou infanticídio, conforme o caso, uma vez que não se mostra necessário que o nascituro tenha respirado para configurar o crime de homicídio, bastando a demonstração de que tinha vida.

Não é homicídio a morte do infante, pela própria mãe, durante o parto ou logo a seguir, visto configurar infanticídio, se bem que, a rigor, o infanticídio (espécie) constitui uma das possíveis formas de homicídio (gênero).

Há homicídio – mas não crime de homicídio - independentemente de existir, em favor do autor, excludentes legais de tipicidade, de ilicitude ou de culpabilidade. Justamente por isso, a produção da morte de alguém em legítima defesa, por exemplo, é homicídio, apesar de juridicamente autorizada.

Também por isso, constitui homicídio a execução legal de pessoa humana (pena de morte).

A morte por outrem deixa de caracterizar homicídio sempre que fizer parte de um tipo penal autônomo/diverso. Assim, por exemplo, não é homicídio, mas latrocínio, a morte decorrente do emprego de violência ou grave ameaça para subtrair coisa alheia móvel (CP, art. 157, § 3º, parte final). Não configura homicídio tampouco, mas lesão corporal qualificada, a morte que resultar de preterdolo, isto é, dolo quanto às lesões e culpa quanto ao resultado morte (CP, art. 129, § 3º).

No que diz respeito à conduta do agente, o homicídio pode decorrer tanto da forma comissiva (mais comum), quanto omissiva (omissão imprópria). Quando praticado

5 STJ. Quinta Turma. HC 228.998-MG, Rel. Min. Marco Aurélio Belizze. Julgamento em 23/10/2012.

por meio de ação (crime comissivo), tem-se um "fazer algo", um sentido positivo, e quando decorre de uma omissão (crime omissivo), tem-se um "deixar de fazer algo a que se está obrigado", um sentido negativo, de inércia do agente.

Os crimes omissivos subdividem-se em omissivos próprios, quando o tipo penal descreve como ilícito um não fazer – a exemplo do crime de omissão de socorro, previsto no art. 135 do CP, onde o legislador impõe explicitamente no tipo penal um dever de agir, sob pena de incorrer no delito, e omissivos impróprios ou comissivos por omissão, que não possuem tipicidade autônoma na parte especial do Código Penal, ou seja, correspondem a tipos penais que descrevem uma ação, mas são praticados por omissão, em virtude do que dispõe o art. 13, § 2º do Código Penal, nas hipóteses em que o autor encontra-se na condição legal de garante e que, podendo agir, não o faz (v.g., a mãe que deixa de alimentar o próprio filho e o salva-vidas que não socorre o banhista que está se afogando), quando então responderá dolosa ou culposamente, segundo se trate de omissão dolosa ou culposa.

É importante registrar que na omissão imprópria a relação de causalidade é hipotética, já que não se tem uma ação e o correspondente resultado, mas sim uma omissão que, se não houvesse acontecido, hipoteticamente o resultado não teria ocorrido. A omissão, dito de outra forma, é normativa, e não naturalística. Isto é, resulta de uma regra jurídica, e não de um dado ontológico. Se o pai, que deve garantir a vida do filho criança, deixa-o aproximar de uma piscina, atirar-se na água e não faz absolutamente nada para salvá-lo, pratica, em tese, homicídio por omissão imprópria, não porque a morte tenha sido "causada" pela inação do pai, mas porque esse resultado a ele é "imputado" em virtude de não ter agido da forma que o Direito impunha. Daí a necessária diferença entre "causação" e "imputação", muito bem delineada pela teoria da imputação objetiva.

Em relação à figura do garantidor, a regra consubstanciada no § 2º do art. 13 apareceu no Código Penal brasileiro com a reforma de 1984, expressando a absorção da construção doutrinária positivista dominante à época, na medida em que vinculou a exigência de um comportamento à lei ou contrato, desvinculando, portanto, a obrigação jurídica de qualquer interferência moral.[6]

Em crítica à corrente adotada pelo Código Penal brasileiro, Zaffaroni et al. observam que a regra contida no § 2º do art. 13 enseja uma leitura redutora diante de casos concretos em que, apesar do sujeito considerado garante não ter agido, a equiparação entre a sua omissão e a obtenção comissiva do resultado é valorativamente inadmissível. Assim, como de fato o deve ser, os autores destacam que somente no plano concreto é que se pode vislumbrar com clareza o garantidor, expressando uma construção doutrinária com base em critérios materiais, mas que, no entanto, deve ser recebida

6 Sobre o tema, cf BUSATO, Paulo César. *Direito penal: parte geral*. São Paulo: Atlas, 2013, p. 294-297.

com reservas diante dos critérios formais claramente adotados pelo Código Penal, em atenção ao princípio da legalidade.[7]

Segundo Busato, nos crimes omissivos impróprios, a omissão equivale à ação, em termos de desvalor jurídico, pois resulta a mesma conduta descrita no tipo penal: matar, lesionar etc. Contudo, "é necessário que o resultado lesivo seja passível de evitação, quer dizer, que seja possível ao responsável agir para evitar, mediante a ação esperada pelo direito, a produção do resultado. Caso isso seja impossível, não pode haver responsabilização penal".[8]

Trata-se de crime material, isto é, exige-se a ocorrência do resultado para consumação. Como regra, a prova da materialidade do homicídio é feita mediante exame de corpo de delito direto, que fará a inspeção ocular e autópsia do cadáver, certificando a causa da morte, os meios que a produziram etc.[9]

Mas, quando impossível a sua realização, quer em razão do desaparecimento ou ocultação do cadáver, quer em virtude da sua extinção por qualquer meio, provar-se-á o homicídio por todas as formas legalmente admissíveis e concretamente disponíveis. É o que estabelece a norma contida no art. 167 do Código de Processo Penal, ao admitir o exame indireto quando os vestígios (no caso, o cadáver) do crime desapareceram e a falta do exame direto é suprida pela prova testemunhal, filmagens, fotografias etc.[10]

Está há muito superada, portanto, a posição de Francesco Carrara[11], que não admitia homicídio sem cadáver, sobretudo nos dias atuais em que, com alguma frequência, uma vez consumado o crime, os agentes dão cabo ao corpo pelos mais diversos meios e assim impossibilitam a autopsia. Nesse sentido, destaca Aury Lopes Jr:

> A ocultação do cadáver (muitas vezes levada a cabo pelo próprio autor do homicídio) impossibilita o exame direto. Contudo, é predominante a jurisprudência brasileira no sentido de admitir o exame de corpo de delito indireto, consubstanciado em prova testemunhal suficiente, aliada, em alguns casos, à prova pericial feita em armas ou vestígios de sangue, cabelos, tecidos etc. encontrados no local do crime ou até mesmo no carro utilizado pelo réu para transportar o corpo.[12]

---

7 ZAFFARONI, E. Raúl... [et al.]. *Direito penal brasileiro, segundo volume: teoria do delito: introdução histórica e metodológica, ação e tipicidade.* Rio de Janeiro: Revan, 2010, p. 358-359.

8 BUSATO, Paulo César. *Direito penal: parte geral.* São Paulo: Atlas, 2013, p. 294-297.

9 Nélson Hungria. *Comentários ao Código Penal*, v. 5. Rio: Forense, 1958, p. 64.

10 LOPES JR. Aury. *Direito processual penal.* 10ª ed. – São Paulo: Saraiva, 2013, p. 619.

11 De acordo com Carrara, "assim foi prevalecendo a regra de que a prova do corpo de delito de homicídio deve construir-se sobre a certeza física, regra que ainda se mantém, inclusive no sistema da convicção íntima. Tão clara quanto absoluta é a razão disso, pois não se pode proceder à procura do autor de um delito enquanto não se comprovar que este delito existe; e não se pode afirmar que existe um delito de homicídio enquanto não se comprovar que um homem foi morto por obra de outro homem; nem se pode dizer com certeza que um homem morreu enquanto não se encontrar o seu cadáver, ou, ao menos, enquanto os restos não sejam devidamente reconhecidos." Programa, cit., pp. 51/52.

12 LOPES JR. Aury. *Direito processual penal.* 10ª ed. – São Paulo: Saraiva, 2013, p. 620.

À parte sua colocação topográfica privilegiada na Parte Especial do CP/40, o homicídio, chamado por Hungria de "crime por excelência"[13], está longe de ser o delito considerado mais grave pelo legislador brasileiro.

Devemos isso ao assim chamado movimento de lei e ordem, que se instalou no Brasil a partir da década de 90 do século passado, inaugurado pela emblemática Lei de Crimes hediondos (8.072/90) que, na esteira do Direito Penal simbólico e reafirmando uma política criminal de exclusão, aumentou consideravelmente penas de crimes contra o patrimônio e amputou garantias, numa verdadeira caça às bruxas que, como único efeito, trouxe somente a violação, às escâncaras, da CR/88. Nesse delírio punitivista, ganhou a seletividade e a manutenção da tutela desproporcional do patrimônio em detrimento da pessoa.

O crime apenado com maior rigor, no Código Penal brasileiro, desde então, é a extorsão mediante sequestro seguida de morte (crime qualificado pelo resultado que, em assim sendo, admite a morte a título de culpa - preterdolo), previsto no art. 159, § 3º, do CP, com sanção cominada em 24 a 30 anos de reclusão. Ficando claro: a pena mínima cominada a esse delito (24 anos) é quatro anos superior à pena máxima prevista ao homicídio simples (20 anos). Isto é, a vida dissociada do patrimônio, não é um bem jurídico que reclame proteção penal mais efetiva, mas quando àquele atrelada, ganha ares de tamanha relevância, que demanda uma resposta de tal sorte absurda, que subverte totalmente a coerência do sistema[14].

Em verdade, o Código Penal brasileiro (antes e depois da lei de Crimes Hediondos) é nitidamente produto de um movimento político criminal autoritário (não custa lembrar que nosso diploma repressivo foi concebido em pleno Estado Novo varguista, conhecido como uma réplica - mal feita - do Código italiano de Rocco, da era fascista de Mussolini), em que, claramente, privilegia-se o patrimônio como bem jurídico de tutela preferencial, reproduzindo a exclusão natural que marca os discursos penais nos países marginais (Zaffaroni).

Dito de outra forma: os economicamente favorecidos são duplamente satisfeitos pelo sistema penal (a uma, porque não integram seu alvo de repressão; a duas, porque seu patrimônio segue muito bem protegido) e os pobres e marginalizados, continuam duplamente "punidos e mal pagos" (para usar Nilo Batista), já que são os eleitos preferenciais do sistema para receber a punição e, não bastasse, o bem jurídico que efetivamente possuem (vida) não é contemplado da forma que - pela lógica da teoria do bem jurídico (não vamos aqui, por não caber, lançar maiores olhares sobre a teoria do bem jurídico, que demandaria esforço argumentativo que foge aos propósitos desse texto) - deveria ser.

Voltemos ao homicídio, pois.

---

13 HUNGRIA, Nelson. Comentários ao código penal. Volume V. Rio de Janeiro: Revista Forense, 1942. Página 23.

14 Sobre o tema, cf PINHO, Ana Cláudia Bastos de. Direito penal e estado democrático de direito: uma abordagem a partir do garantismo de Luigi Ferrajoli. Rio de Janeiro: Lumen Juris, 2006.

2.1. Homicídio Simples (art. 121, caput)

Com apenas duas elementares ("matar alguém"), o homicídio, em sua espécie fundamental (ou simples) constitui o tipo penal menos complexo do ordenamento jurídico. Chamado tipo penal fechado, demanda a compreensão de seu núcleo (o verbo matar) e do complemento (alguém).

Previsto no *caput* do art. 121, do CP, comina a pena de reclusão de 06 a 20 anos e somente é considerado crime hediondo quando praticado em atividade típica de grupo de extermínio, ainda que cometido por um só agente, segundo dispõe o art. 1º, I, primeira parte, da Lei nº 8.072/90.

Sem cair na falácia paleopositivista de que na clareza cessa a interpretação (já pontuamos, no início, que o interpretar/aplicar sempre envolvem uma atribuição de sentido), não resta dúvida de que as grandes narrativas possíveis ao crime de homicídio simples, ficam a cargo da teoria do delito. Dessa forma, imperioso o retorno a algumas questões teóricas de alta indagação pertinentes à parte geral do Direito Penal, algumas das quais tratadas nesse texto, outras no Volume da obra relativo à Parte Geral.

2.1.1. *Bem jurídico tutelado*

O conceito de bem jurídico integra os objetivos declarados do direito penal, qual seja, o direito penal busca a proteção de bens jurídicos (valores relevantes para a vida humana), promovendo o bem comum. Zaffaroni, contudo, sustenta que os tipos penais não tutelam nem protegem bens jurídicos como tais, mas apenas proíbem algumas condutas particulares que os ofendem. Segundo o autor argentino, a lei penal não tutela a vida, apenas proíbe, sob ameaça de pena, algumas condutas que as ofendem. O poder punitivo não tutela o bem jurídico da vítima porque ele só se exerce quando a lesão já se produziu, de modo que somente seria possível sustentar a tutela penal ao bem, se a pena cumprisse de fato uma função preventiva.[15]

Nada obstante as discussões em torno da teoria do bem jurídico, que por óbvio não cabem nesta seção, no caso do homicídio, por evidente não há qualquer questionamento acerca da dignidade penal da vida (que ocupa *status* de direito fundamental, inclusive – CF, art. 5º, caput). Protege-se a vida extra uterina em toda a sua dimensão e sem qualquer restrição ou discriminação, até mesmo porque sua dignidade constitucional não permitiria. Não se exige a viabilidade da vida extra uterina, ou seja, basta o nascimento com vida da vítima e que esta esteja viva no momento da conduta, o que significa dizer que, na hipótese da conduta ser dirigida a um cadáver, tem-se um crime impossível (ou tentativa inidônea) por absoluta impropriedade do objeto (CP, art. 17).

15 ZAFFARONI, Eugenio Raúl. Anotações sobre o bem jurídico: fusões e (com)fusões. In: *Tensões contemporâneas da repressão criminal*. Ana Cláudia Bastos de Pinho, Jean-François Y. Deluchey, Marcus Alan de Melo Gomes (coordenadores). Porto Alegre: Livraria do Advogado, 2014, p. 16-17.

A doutrina, de um modo geral, considera a vida um bem jurídico indisponível, isto é, ainda que a própria vítima consinta com a sua extinção, será punido o autor da conduta[16]. Temos que, nesse particular, a teoria da imputação objetiva (nos moldes delineados por Claus Roxin) pode nos trazer outros aportes de discussão ao introduzir o risco como um elemento normativo da tipicidade, alargando a visão meramente formal dessa categoria dogmática e propondo novos parâmetros de imputação, condicionando-a à criação do risco juridicamente proibido e à realização desse risco no resultado. Dito de outro modo: a autocolocação em risco exclui, em tese, a imputação jurídico-penal, hipótese que não se confunde com a heterocolocação em risco, cujo tratamento é diverso. Consequências mais diretas da teoria da imputação objetiva por autocolocação em risco podem ser observadas no delito de favorecimento ao suicídio, posteriormente analisado.

2.1.2. Elemento subjetivo

O crime de homicídio pode ser doloso ou culposo.

A modalidade dolosa está prevista nas hipóteses de homicídio simples (art. 121, caput), privilegiado (art. 121, § 1º) e qualificado (art. 121, § 2º).

A doutrina tem trabalhado com três modalidades de dolo, a saber: dolo direto de primeiro grau, dolo direto de segundo grau e dolo eventual. Diz-se, contudo, que o Código Penal brasileiro teria reconhecido somente duas espécies de dolo: dolo direto e dolo eventual, a teor do que dispõe o art. 18, I.[17]

Dolo é, acima de tudo, conhecimento + vontade. Só se pode desejar aquilo que se conhece. Conhecimento dos elementos que integram a definição típica de um crime + vontade de realizar a respectiva conduta. Exatamente por isso, tem-se no ERRO DE TIPO (essencial) uma excludente do próprio dolo, na medida em que ERRO implica DESCONHECIMENTO ou FALSO CONHECIMENTO. Assim, se, no crime de homicídio, o sujeito mata um ser humano, julgando se tratar de um animal, não responde por homicídio doloso, podendo responder por culpa, caso identificada a falta de cautela.

No dolo direto de primeiro grau, há a vontade de produzir o resultado, ao passo que no dolo direto de segundo grau o agente representa o resultado secundário como uma decorrência inevitável de sua conduta dirigida ao resultado pretendido. Já no

---

16 *"Em razão da indisponibilidade e da incontestável magnitude do bem jurídico protegido - a vida humana - é irrelevante, em princípio, o consentimento da vítima"*(PRADO, Luiz Regis. Curso de Direito Penal brasileiro. Volume 2: parte especial. São Paulo: RT, 2000. Página 36). *"Contudo, isso não significa que o indivíduo possa dispor livremente da vida. não há um direito sobre a vida, ou seja, um direito de dispor, validamente, da própria vida. Em outros termos, a vida é um bem jurídico indisponível, porque constitui elementos necessários de todos os demais direitos"*(BITENCOURT, Cezar Roberto. Tratado de Direito Penal, 2: parte especial. 11a edição. São Paulo: SARAIVA, 2011. PÁGINAS 46/47).

17 Art. 18 - Diz-se o crime:
Crime doloso
I - doloso, quando o agente quis o resultado ou assumiu o risco de produzi-lo;

dolo eventual, a probabilidade de ocorrência do resultado não o impede de praticar a conduta; não se trata de querer o resultado, mas de ser totalmente indiferente à sua realização, o que, para o legislador, equivale a querer causar o dano.

Vejamos cada uma das modalidades de dolo em relação ao crime de homicídio a partir do seguinte exemplo: Com o objetivo de matar o proprietário de um estabelecimento comercial, *A* provocou um incêndio na sede da loja de tecidos, em pleno horário comercial, sabendo que, no interior do prédio, ainda se encontravam todos os funcionários e alguns clientes. O corpo de bombeiros foi acionado, de imediato, mas pouca coisa conseguiu fazer. Vinte pessoas que estavam dentro do estabelecimento morreram, inclusive o proprietário, e mais duas que estavam na casa vizinha ao prédio, que também foi atingida pelo fogo.

Pois bem, tem-se que em relação ao homicídio do proprietário do estabelecimento comercial, *A* agiu com dolo direito de primeiro grau; em relação aos homicídios das outras pessoas (funcionários e clientes) que estavam no interior da loja, *A* agiu com dolo direto de segundo grau; e em relação aos homicídios das duas pessoas que estavam na casa vizinha, agiu com dolo eventual.

No que diz respeito à modalidade culposa do crime de homicídio, está prevista no art. 121, § 3º e será tratada em momento oportuno.

2.1.3. *Consumação e tentativa*

De acordo com o art. 14, I do Código Penal, o crime consuma-se quando nele reúnem-se todos os elementos de sua definição legal. A doutrina traz duas concepções acerca da consumação: formal e material. Segundo a consumação formal, em relação aos crimes materiais, como o homicídio, a consumação dá-se com a ocorrência do resultado naturalístico, logo, relaciona-se com a doutrina clássica, cuja concepção é de tipicidade puramente formal. Por outro lado, na consumação material a consumação do delito ocorre quando há lesão ou perigo concreto de lesão ao bem jurídico tutelado pela norma, exigindo-se, portanto, a concreta afetação de bens jurídicos (resultado jurídico).

Tal distinção torna-se de maior relevância nos casos de crimes formais e de mera conduta, cuja consumação dá-se no momento da ação, cabendo, portanto, nesses casos maior reflexão acerca da exigência do desvalor do resultado para consumar o delito.

De todo modo, no caso do crime de homicídio, tratando-se de crime material, por excelência, o momento consumativo dá-se com a morte da vítima (resultado naturalístico) que, de acordo com a Lei nº 9.434/97, ocorre com a cessação da atividade cerebral – morte encefálica. Assim, por exemplo, ainda que a vítima tenha ficado com gravíssimas sequelas em decorrência de um tiro de arma de fogo, cujo dolo era de matar, na hipótese de persistir sua atividade cerebral, o agente responde pelo crime de homicídio na sua forma tentada.

O homicídio admite a tentativa, que ocorre quando o agente dá início aos atos executórios, contudo, o crime não se consuma por circunstâncias alheias à sua vontade (CP, art. 14, II). O elemento subjetivo é fundamental para se distinguir a forma tentada de um outro tipo penal autônomo. Por exemplo, na situação em que o agente desfere um golpe de faca na vítima, sendo sua ação interrompida por terceiro: se pretendia matar a vítima (*animus necandi*), responderá por tentativa de homicídio; mas se tinha o dolo de apenas lesionar (*animus laedendi*), responderá por lesão corporal consumada. Registre-se que os atos meramente preparatórios, como a aquisição de uma arma ou escolha do local onde se pretende cometer o crime, não são puníveis, salvo se configurarem delitos autônomos.

De outra parte, se o *iter criminis* é interrompido pela vontade do agente, já não se fala em tentativa, mas sim em arrependimento eficaz ou desistência voluntária.

Ocorrerá, em tese, a desistência voluntária quando, por exemplo, o sujeito, com o objetivo de matar a vítima, dispara um tiro de arma de fogo, porém, ao perceber que o tiro não foi letal, podendo continuar atirando, desiste voluntariamente de prosseguir na realização dos atos executórios. Não se exige, frise-se, espontaneidade na desistência, ou seja, não é necessário que a ideia tenha partido do próprio agente. São irrelevantes as razões pessoais que o motivaram a desistir, bastando que a desistência seja voluntária, não forçada.[18]

Já no arrependimento eficaz, o sujeito pratica todos os atos executórios (v.g., joga a vítima ao mar), no entanto, age para impedir a ocorrência do resultado morte (resgata-a antes de seu afogamento).

Em ambos os casos (desistência voluntária e arrependimento eficaz), o agente não responderá por tentativa de homicídio, mas somente pelas lesões corporais provocadas (CP, art. 15).

2.1.4. Sujeitos do crime

Em se tratando de crime comum, qualquer pessoa pode ser sujeito ativo e/ou passivo do delito. Entretanto, no caso de omissão imprópria, trata-se de crime próprio ou especial, pois só o garante ou garantidor nos termos da lei pode responder a esse título. Se o autor não for garante, haverá, em princípio, simples omissão de socorro (Exemplo: banhistas que assistirem a uma pessoa se afogar e, podendo ajudá-la, nada fazem, praticam, em tese, omissão de socorro. Porém, se a mesma cena for observada pelo salva-vidas da área que, por dolo ou culpa, omite o salvamento, temos homicídio - doloso ou culposo, conforme o caso - por omissão imprópria)

Ademais, não se exige qualquer finalidade específica do sujeito ativo do crime, porém o motivo determinante poderá configurar uma causa de diminuição de pena ou uma qualificadora, conforme se verá mais adiante.

18 QUEIROZ, Paulo. *Curso de Direito Penal: parte geral. V.1*. Salvador: Juspodivm, 2012, p. 304.

2.1.5. Concurso de agentes

O crime de homicídio pode ser praticado por uma só pessoa ou por várias pessoas (concurso eventual de pessoas), admitindo, portanto, a coautoria e a participação.

No que diz respeito ao tratamento conferido aos agentes que praticam o crime em concurso eventual, o Código Penal brasileiro adotou a teoria monista ou unitária, segundo a qual autores e partícipes respondem pelo mesmo crime, na medida de sua culpabilidade (CP, art. 29), o que, segundo Busato, explica-se pelo fato do mesmo diploma ter adotado o conceito de *causa* próprio da teoria da equivalência dos antecedentes causais (CP, art. 13).[19]

A coautoria no crime de homicídio implica dizer que o delito foi praticado por várias pessoas, cada uma querendo o fato como próprio, não se exigindo que as condutas sejam idênticas (normalmente há a repartição de tarefas entre os coautores). Na participação, ao contrário, o sujeito quer o fato como alheio.[20] O partícipe não pratica os atos de execução do delito, mas colabora para que se realize.[21] Assim, se *A* empresta a arma para que *B* mate *C*, *A* responderá pelo crime de homicídio na qualidade de partícipe, e não em coautoria com *B*.

2.2. Homicídio privilegiado (art. 121, § 1º)

Trata-se, aqui, de uma causa especial de diminuição de pena (minorante específica), em que se tem em conta a valoração do motivo do delito.

O assim chamado "homicídio privilegiado" configura-se quando o agente comete o crime impelido por motivo de relevante valor social ou moral, ou sob o domínio de violenta emoção, logo em seguida à injusta provocação da vítima. O *quantum* da redução sancionatória varia de um sexto a um terço.

2.2.1. Motivo de relevante valor social ou moral

O motivo de relevante valor social ou moral também está previsto como atenuante genérica no art. 65, III, a do Código Penal. Porém, pela regra da especialidade, no caso do homicídio, prevalece a minorante específica sobre a atenuante genérica.

Na exposição de motivos do Código Penal ficou consignado que "por 'motivo de relevante valor social ou moral', o projeto entende significar o motivo que, em si mesmo, é aprovado pela moral prática, como, por exemplo, a compaixão ante o irremediável

---

19 BUSATO, Paulo César. *Direito penal: parte geral*. São Paulo: Atlas, 2013, p. 703.

20 QUEIROZ, Paulo. *Curso de Direito Penal: parte geral. V.1*. Salvador: Juspodivm, 2012, p. 322.

21 No que diz respeito à situação de dependência e acessoriedade da participação em face da autoria, o Código Penal brasileiro adotou a teoria da *acessoriedade limitada*, segundo a qual a punibilidade do partícipe está condicionada à realização do injusto pelo autor. "Ou seja, o autor necessita ter praticado fato típico e antijurídico. Se o autor não é culpável, mas realiza fato típico e antijurídico, quem participou responde pelo fato. Assim, por exemplo, responde quem auxilia menor de 18 anos na prática de fato típico e antijurídico." (BUSATO, Paulo César. *Direito penal: parte geral*. São Paulo: Atlas, 2013, p. 725).

sofrimento da vítima (caso do homicídio eutanásico)[22], a indignação contra um traidor da pátria, etc.".

Segundo Hungria, relevante valor social "é aquele que corresponde, mais particularmente, aos interesses coletivos, ou é suscitado por específicas paixões ou preocupações sociais, nobres em si mesmas e condizentes com a atual organização da sociedade". Daí a referência ao "traidor da pátria". O exemplo de Hungria é, nesse sentido, emblemático: "a especial atenuação de pena também não poderia ser negada, por exemplo, ao indivíduo que, para assegurar a tranquilidade da população em cujo seio vive, elimina um bandido perigoso"[23].

Pensamos que esse tipo de circunstância, no atual estágio da democracia, não mais se sustenta, posto que configuraria, inclusive, um incentivo para a matança de pessoas "indignas", de "bandidos perigosos", de "facínoras". Isto é, seria a admissão de que a vida de algumas pessoas, num Estado Democrático de Direito, teria menos valor que a de outras. Reprodução clara de um discurso de direito penal de inimigo, que não se harmoniza com os parâmetros constitucionais, notadamente o princípio da dignidade da pessoa humana, segundo o qual todos tem direito a igual respeito.

O relevante valor moral, encerra, como diz Bitencourt[24], interesse individual. O exemplo de Damásio de Jesus é o do pai que mata o estuprador de sua filha[25]. De igual forma, essa causa de diminuição de pena, também deve ser vista com ressalvas. Por evidente, que não se pode admitir uma espécie de condescendência legislativa para com atos de vingança privada. Não parece correto aplicar a minorante ao pai que mata o estuprador da filha. Que princípio autorizaria esse tratamento mais benéfico, em um sistema democrático? O estado emocional do autor, por óbvio, deverá ser levado em conta num processo de dosimetria de pena (circunstâncias judiciais), porém não concordamos possa ser-lhe aplicada uma causa especial de diminuição. O relevante valor moral - se de todo não se pode negar-lhe vigência - precisa passar por um seguro crivo de interpretação, evitando essas autorizações de vingança privada. Enquanto não definidos os rumos da eutanásia no Brasil (será objeto do projeto de CP), a referida circunstância pode ser dirigida a situações que envolvam esse intrincado caso penal.

Na sistemática da teoria penal, os motivos servem ora para incrementar a pena, ora para abrandar a punição. No caso específico do homicídio, as duas hipóteses se fazem presentes na lei. Ora os motivos aumentam a pena (homicídio qualificado pelos motivos fútil e torpe), ora a reduzem (homicídio privilegiado pelos motivos de relevante valor social e moral).

---

22 No projeto do novo Código Penal, a eutanásia passa a ser prevista em tipo penal autônomo (art. 122), cuja pena cominada é de dois a quatro anos de prisão. Na redação original do projeto, o § 1º prevê hipóteses de perdão judicial e o § 2º causas de exclusão de ilicitude.

23 In op. cit. páginas 113/114.

24 BITENCOURT, Cezar Roberto. Tratado de Direito Penal, 2: parte especial.... p. 70.

25 JESUS, Damásio E. de. São Paulo: Saraiva, 1995, p. 55.

A exigência legal é, pois, que se valore a motivação do delito. O que teria levado o sujeito ativo a ceifar a vida de outrem? Eis o desafio que o Código Penal nos impõe! Logo de início, é possível perceber a dificuldade de tal empreitada. Afinal, o motivo não está em outro lugar, senão na consciência de quem pratica a conduta proibida. Mas se a ninguém - num sistema acusatório - é dado produzir prova contra si próprio, como, de fato, saber? As dificuldades probatórias, nesse terreno, são inúmeras e, diante disso, não raro, o motivo é desconhecido e, portanto, nem pode diminuir, tampouco incrementar a punição.

Sem dúvida, essa importância conferida à motivação é resquício de uma cultura penalista (ainda) herdeira de um direito penal de autor, onde importam dados intrínsecos a despeito da efetiva lesão causada. Isso fica claro nas seguintes palavras de Hungria: "o motivo é o adjetivo do elemento moral do crime. É através do porquê do crime, principalmente, que se pode rastrear a personalidade do criminoso, e identificar a sua menor ou maior antissociabilidade"[26].

Não se está aqui a defender que a motivação do delito deva ser ignorada sob quaisquer circunstâncias. Nada disso. Até mesmo porque, não se há de negar que alguém que pratica eutanásia jamais deve ser tratado da mesma forma que um sujeito que comete homicídio sem a mesma inspiração. Ou que um sujeito que subtrai um alimento para matar a fome merece a mesma reprimenda daquele que pratica o furto sem tal objetivo. Em verdade, a própria legítima defesa, sob esse prisma, configura-se como causa de exclusão de ilicitude exatamente pela motivação (o sujeito mata motivado pelo sentimento de defesa própria, pelo instinto de sobrevivência). Mas não é disso que se trata. A crítica aqui direcionada vai para a utilização da motivação enquanto inspiração (pura e simples) de um direito penal de autor, mais ou menos nos moldes que traçou Hungria na citação acima. Por evidente, a situação é bem mais preocupante quando se trata do homicídio qualificado, posto que, nesse caso, o risco de um mau uso da circunstância levará a considerável incremento de punição.

2.2.2. *Crime praticado sob o domínio de violenta emoção*

A última causa de diminuição de pena configura-se quando o agente comete o crime sob o domínio de violenta emoção, logo em seguida a injusta provocação da vítima. Circunstância semelhante também está prevista no art. 65, III, c[27] do Código Penal como atenuante genérica, devendo a pena ser atenuada quando o agente comete o crime sob a influência de violenta emoção, provocada por ato injusto da vítima.

---

26 In op. cit. Páginas 112/113.

27 Art. 65 - São circunstâncias que sempre atenuam a pena:

III - ter o agente:

[...]

c) cometido o crime sob coação a que podia resistir, ou em cumprimento de ordem de autoridade superior, ou sob a influência de violenta emoção, provocada por ato injusto da vítima.

No crime de homicídio, o que distingue a causa de diminuição da circunstância atenuante é que o privilégio exige *reação imediata* do agente em relação à provocação da vítima, ao passo que a atenuante dispensa o requisito temporal. Assim, configura a atenuante genérica (e não o privilégio) quando, por exemplo, o agente age sob a influência de violenta emoção provocada pela descoberta do adultério da vítima, um mês antes do fato delituoso. Conforme jurisprudência do Superior Tribunal de Justiça, não é possível a aplicação concomitante do privilégio do § 1º do art. 121 do CP e o reconhecimento da atenuante prevista no art. 65, III, "c" do CP.[28]

A emoção é o "sentimento intenso e passageiro que altera o estado psicológico do indivíduo, provocando ressonância fisiológica", ao contrário da paixão que se caracteriza por ser permanente ou duradoura. A emoção é "violenta" quando resulta de grave desequilíbrio psíquico, capaz de eliminar a capacidade de reflexão e autocontrole do indivíduo. A "provocação" é a atitude desafiadora, que expressa ofensas, insinuações, desprezo etc.[29]

Entenda-se por "injusta" a provocação ilícita, antijurídica, proibida pelo Direito.

Outra distinção que se faz importante é em relação à legítima defesa. De acordo com o art. 25 do Código Penal, um dos requisitos da legítima defesa é a existência de injusta *agressão*, ao passo que no homicídio privilegiado fala-se em injusta *provocação*. Desta feita, ainda que presentes os demais requisitos do art. 25 do Código Penal, se houve ato de provocação por parte da vítima (e não agressão), não há que se falar em legítima defesa, mas sim na forma privilegiada do crime de homicídio.

De acordo com jurisprudência do Superior Tribunal de Justiça[30] e do Supremo Tribunal Federal[31], há compatibilidade entre as causas de diminuição de pena previstas no art. 121, § 1º do CP, que por sua vez são sempre de natureza subjetiva, com as qualificadoras de ordem objetiva, relativas aos meios e modos de execução do crime, tal como o emprego de meio cruel (art. 121, § 2º, III do CP).

Ademais, também em razão de sua natureza subjetiva, em caso de concurso de agentes, as circunstâncias que privilegiam o homicídio não se comunicam entre os autores do crime (CP, art. 30).

2.3. Homicídio qualificado (art. 121, § 2º)

O homicídio qualificado prevê pena autônoma, de 12 a 30 anos de reclusão, e é considerado crime hediondo, razão pela qual recebe tratamento mais severo no que diz respeito à insuscetibilidade de graça, anistia e indulto, regime inicialmente

---

28 STJ. Quinta Turma. AgRg no REsp 1835054 / SP. Relator Ministro Reynaldo Soares da Fonseca. Julgamento em 22/10/2019.

29 PRADO, Luiz Regis. *Curso de Direito Penal Brasileiro:* parte especial: volume II. São Paulo: Editora Revista dos Tribunais, 2018.

30 STJ. Sexta Turma. AgRg no REsp 950404 / RS. Relator Ministro Antonio Saldanha Palheiro. Julgamento em 12/03/2019.

31 STF. Primeira Turma. HC 97034/MG. Relator Ministro Ayres Britto. Julgamento em 06/04/2010.

fechado e a necessidade de cumprimento de dois quintos (réu primário) ou três quintos (reincidente) da pena para progressão de regime, conforme estabelece o art. 1º, I e art. 2º da Lei 8.072/90.As circunstâncias que qualificam o crime de homicídio estão dispostas em sete incisos e distinguem-se conforme sua natureza subjetiva ou objetiva. As qualificadoras de caráter subjetivo estão relacionadas à motivação do agente (art. 121, § 2º, I, II, V, VI e VII do CP), ao passo que as de caráter objetivo dizem respeito ao meio e modo de execução do crime (art. 121, § 2º, III e IV do CP).

Na classificação de Damásio de Jesus, tem-se as seguintes qualificadoras: motivos determinantes (I e II), meios (III), forma (IV) e conexão com outro crime (V). No que diz respeito às qualificadoras relativas ao feminicídio (VI) e crime praticado contra pessoa que atua na área da segurança pública (VII), incluídas pelas Leis nºs 13.104/2005 e 13.142/2015, respectivamente, na classificação proposta por Damásio de Jesus, podemos enquadrá-las como motivos determinantes, ao lado dos motivos torpe e fútil.

2.3.1. Motivo torpe

O motivo torpe vem ao lado da paga e da promessa de recompensa. Ou seja, o próprio texto já indica seu sentido. Motivo torpe será, portanto, todo aquele que com a paga e a promessa de recompensa guardar afinidade. É o chamado *homicídio mercenário* ou por *mandato remunerado*. Nas palavras de Rogério Sanches Cunha, o homicídio é praticado por motivo torpe "quando a razão do delito for vil, ignóbil, repugnante, abjeta"[32]. Se matar é um ato, por si próprio, reprovável, sob o prisma de uma moralidade política (Dworkin), isto é, de uma tradição socialmente compartilhada em uma determinada sociedade (e, sim, é possível dizer que, na sociedade brasileira, a vida é um bem jurídico de inquestionável relevância e que o ato de encerrá-la, via homicídio, merece especial atenção do Direito Penal), matar por um motivo que, igualmente, provoca mais desajuste ainda nesse sistema de moralidade, seguramente torna a conduta mais reprovável. Pensemos no beneficiário de um testamento que mata o testador, para antecipar seu ganho. A situação merece, inclusive, resposta pelo Direito Civil. O que dizer, então, do caso penal?

Muito se fala sobre a "vingança" ser ou não um motivo torpe. Por óbvio que ela, por si própria, não define a torpeza ou não da motivação. Necessário saber o que gerou a vingança. O pai que mata o estuprador da filha age movido por vingança. À parte isso, tal ato é considerado, pela doutrina majoritária, como um homicídio privilegiado, muito embora tenhamos nossas reservas quanto a isso, como acima já expusemos. Mas, não se pode negar que torpe o motivo não é!

No que diz respeito ao homicídio praticado mediante paga ou promessa de recompensa, trata-se de delito de concurso necessário, ou seja, exige a participação de, no mínimo, duas pessoas: o mandante e o executor. Há certa divergência doutrinária

32 CUNHA, Rogério Sanches. *Manual de Direito Penal:* parte especial (arts. 121 ao 361). 11. ed. rev. ampl. e atual. Salvador: JusPODIVM, 2019, p. 55.

sobre a aplicação dessa qualificadora, se somente deve ser aplicada ao executor ou também ao mandante do crime. De acordo com a jurisprudência do STJ, firmada em recente julgamento de Recurso Especial pela Quinta Turma, a qualificadora do motivo torpe, a exemplo da paga ou promessa de recompensa, não é elementar do crime de homicídio e, em consequência, possuindo caráter pessoal, não se comunica aos mandantes (art. 30, CP). Nos termos do voto vencedor do Relator:

> "... Há, assim, sempre a figura de duas pessoas, porém tal fato não impõe, por si só, a obrigatoriedade de os sujeitos responderem pelo delito com as qualificadoras, que são, repetimos, circunstâncias, e quando pessoais, como é o caso da 'paga ou promessa de recompensa', não haverá comunicação. [...] Por fim, somente seria comunicável obrigatoriamente se existisse no ordenamento um tipo penal de 'matar alguém mediante percepção de vantagem', pois, nessa hipótese, a percepção de vantagem seria elementar do tipo, e não simples circunstância."[33]

Para configuração da qualificadora relativa à paga ou promessa de recompensa, não há necessidade de que o agente tenha efetivamente recebido o pagamento ou que a promessa seja cumprida, bastando que a prática do homicídio tenha sido impulsionada por essa motivação.

2.3.2. Motivo fútil

Aqui o legislador não elencou situações análogas, ficando a critério da doutrina a definição do que configuraria a futilidade do motivo. Sob o ponto de vista da definição, em tese, há certa unanimidade em se afirmar que fútil é o motivo "insignificante, flagrantemente desproporcional ou inadequado se cotejado com a ação ou omissão do agente. O motivo fútil não se confunde com a ausência de motivo ou com o motivo injusto"[34].

Relevante essa observação final de Prado. Realmente, motivo fútil não se confunde com ausência de motivo. Como já dissemos antes, nem sempre é simples obter dados probatórios que indiquem o motivo do crime. Na falta disso, pelo princípio da presunção de inocência, essa circunstância jamais pode ser invocada para prejudicar o imputado.

A jurisprudência do STJ tem consolidado o entendimento de que o prévio desentendimento entre autor e vítima, por si só, não afasta a qualificadora do motivo fútil da sentença de pronúncia, competindo ao Conselho de Sentença a análise e decisão sobre a ocorrência ou não dessa qualificadora no caso concreto.[35]

Despiciendo dizer que, no caso da aferição da suposta futilidade do motivo, com bem ficou ressaltado na decisão do STJ, somente diante da concretude do caso, com todos os seus detalhes, a compreensão virá.

---

33 STJ. Quinta Turma. REsp 1.415.502 / MG. Rel. Min. Felix Fischer. DJe 17/2/2017.

34 PRADO, Luiz Régis. Curso de direito penal brasileiro. Volume 2: parte especial. São Paulo: RT, 2000. Página 45.

35 STJ. Quinta Turma. AgRg no AREsp 1383395 / MG. Rel. Min. Joel Ilan Paciornik. DJe 15/10/2019.

2.3.3. *Emprego de veneno, fogo, explosivo, asfixia, tortura, ou outro meio insidioso ou cruel ou de que possa resultar perigo comum*

Trata-se da qualificadora pelo meio utilizado para a execução. Aqui, mais uma vez, o texto diz algo. A qualificadora justifica-se ora pela dissimulação quanto à eficiência maléfica do meio utilizado pelo agente para praticar o crime (insídia, registrada no uso de veneno, por exemplo, em que a vítima sequer desconfia que está sendo levada à morte), ora pela forma cruel com que o crime é praticado, provocando dor e sofrimento maiores à vítima (asfixia, tortura), ou, ainda, por uso de um meio que possa provocar risco coletivo capaz de alcançar um número indeterminado de pessoas (fogo, explosivo).

O homicídio é qualificado pelo emprego de asfixia quando o agente utiliza meios mecânicos (afogamento, enforcamento, estrangulamento etc.) ou tóxicos (uso de gases tóxicos) que provocam o impedimento da passagem de ar pelas vias respiratórias da vítima, causando a falta de oxigênio no sangue. No caso do emprego de tortura, vale registrar que se o dolo é de matar e o sujeito se utiliza da tortura, responde por homicídio qualificado, submetendo-se ao julgamento pelo Tribunal do Júri. Porém, se o dolo é de praticar a tortura, mas, por culpa, o resultado morte sobrevém, trata-se de figura delituosa específica da Lei n. 9.455/97 (art. 1º, § 3º, segunda parte), cuja competência para o julgamento é do juízo singular. O essencial é, portanto, saber se a morte foi dolosa ou culposa. Em suma, veneno, fogo, explosivo, asfixia e tortura são meios, respectivamente, insidiosos, que causam perigo comum e cruéis. Mas podem não ser os únicos. O homicídio é crime de forma livre. Assim sendo, admite todos os meios de execução. Qualquer outro que, porventura, não tenha sido contemplado no rol exemplificativo, mas que com esse rol se identifique por uma das características já assinaladas, também qualificará o homicídio.

2.3.4. *À traição, de emboscada, ou mediante dissimulação ou outro recurso que dificulte ou torne impossível a defesa do ofendido*

A traição pressupõe a deslealdade, enquanto a emboscada ocorre quando há o ocultamento do agente que, de forma clandestina, aguarda a vítima para surpreendê-la e agredi-la. De outra parte, na dissimulação o agente oculta os seus desígnios, a sua intenção delitiva. A utilização de tais modos de execução dificultam ou tornam impossível a defesa do ofendido, o que revela maior gravidade ou desvalor da conduta delituosa.[36]

Trata-se do chamado "elemento surpresa". Pune-se com mais severidade o homicídio praticado por essa forma/modo de execução, em que a vítima é tomada de inopino, sorrateiramente, sem esperar. A utilização de recurso que dificulte ou torne impossível a defesa do ofendido precisa, necessariamente, estar diretamente relacionada com a surpresa. É esse o cerne da qualificadora. Esse é o sentido correto a ser

---

36 PRADO, Luiz Regis. *Curso de Direito Penal Brasileiro:* parte especial: volume II. São Paulo: Editora Revista dos Tribunais, 2018.

atribuído. Disparidade de armas, pouca ou avançada idade da vítima, desproporção física ou coisas do gênero não qualificam o homicídio, pelo inciso IV. Imprescindível identificar a surpresa. Nesse sentido, o tiro (ou facada, estocada, etc.) "nas" costas nem sempre qualificará o homicídio. Apenas o fará se, além de "nas costas", tiver sido efetuado "pelas costas", isto é, sem que a vítima pudesse esperar.

Bitencourt bem o diz: "Para se configurar a surpresa, isto é, o recurso que torna difícil ou impossível a defesa do ofendido, é necessário que, além do procedimento inesperado, não haja razão para a espera ou, pelo menos, suspeita da agressão, pois é exatamente a dificuldade ou mesmo a impossibilidade de defesa da vítima que fundamenta a qualificadora"[37].

2.3.5. *Para assegurar a execução, ocultação, a impunidade ou a vantagem de outro crime*

Essa é a qualificadora da conexão. Aqui, o homicídio é praticado como meio para garantir a execução (conexão teleológica), ocultação, impunidade ou vantagem de outro crime (conexão consequencial), que pode ser ou ter sido praticado pelo próprio agente ou por terceiro. O que se (des)valora nesse inciso V é o especial fim de agir do sujeito ativo do homicídio, que traça a sua conduta tendo em vista uma conexão finalística com outro delito que pode, inclusive, não correr (ex. sujeito que mata seguranças da criança para praticar a extorsão mediante sequestro).

Registre-se que a qualificadora somente incide quando se trata de homicídio praticado para assegurar a execução, ocultação, impunidade ou vantagem de outro *crime*. Portanto, se o homicídio tiver conexão com uma contravenção penal, não há que se aplicar a qualificadora em questão.

2.3.6. *Feminicídio: a falácia do discurso punitivista para a solução da violência de gênero*

No dia 10 de março de 2015, entrou em vigor a Lei nº 13.104, de 9 de março de 2015, que alterou o art. 121 do Código Penal para prever o feminicídio como circunstância qualificadora do crime de homicídio, e o art. 1º da Lei nº 8.072, de 25 de julho de 1990, para incluir o feminicídio no rol dos crimes hediondos.

De acordo com a nova lei, o feminicídio[38] configura-se quando o agente mata mulher em razão de sua condição de sexo feminino, ou seja, quando o crime envolve

37 PRADO, Luiz Régis. Curso de direito penal brasileiro..., p. 85.

38 Ressalta-se a distinção que há entre *femicídio*, que é a morte de uma mulher, e *feminicídio*, que é a morte de uma mulher por razões de gênero, ou seja, quando o agente age com menosprezo ou discriminação à condição de mulher.

violência doméstica e familiar[39], menosprezo[40] ou discriminação à condição de mulher[41], conforme explicitado no § 2º-A. Assim, comprovando-se que o crime foi motivado pelas razões de gênero estabelecidas no citado dispositivo, o agente responderá pelo homicídio na sua forma qualificada (feminicídio), cuja pena cominada é de 12 a 30 anos de reclusão. Trata-se, portanto, de qualificadora de caráter subjetivo, porquanto relacionada à motivação do agente.

De acordo com o § 2º-A, haverá feminicídio se estiver presente quaisquer das duas condições: o crime envolver violência doméstica e familiar (I) ou menosprezo ou discriminação à condição de mulher (II). No primeiro caso (I), o homicídio é praticado no contexto da violência doméstica ou familiar contra a mulher, portanto, pode incidir tanto na hipótese do delito ocorrer no âmbito doméstico sem a presença de vínculo familiar, quanto fora do âmbito doméstico entre familiares; no segundo (II), a crítica lançada por Gamil Föppel e Rudá Figueiredo, da qual compartilhamos, direciona-se para a expressão "menosprezo" enquanto elemento normativo do tipo penal, cuja abertura excessiva permitirá que tal condição seja totalmente definida a critério do magistrado. Segundo as expectativas dos autores, "na prática, como se verá, as razões de menosprezo à condição do sexo feminino terminarão por ser pressupostos, de sorte que todo homicídio praticado contra mulher implicará em incidência do tipo penal de feminicídio".[42]

A qualificadora do feminicídio somente é aplicável no caso de vítima mulher (critério biológico), quando presente o elemento normativo relativo à motivação de sua condição de sexo feminino (questão de gênero), não se podendo, portanto, fazer analogia in mal*am* partem contra o réu, para alcançar também a vítima homem. Da

---

39 Esse primeiro elemento normativo remete-nos à Lei Maria da Penha (Lei nº 11.340/2006), que em seu art. 5º aponta que a violência doméstica e familiar contra a mulher configura-se a partir de qualquer ação ou omissão baseada no gênero que lhe cause morte, lesão, sofrimento físico, sexual ou psicológico e dano moral ou patrimonial, no âmbito da unidade doméstica, familiar ou em qualquer relação íntima de afeto. Contudo, para que possa configurar feminicídio, é imprescindível que essa violência esteja baseada em uma questão de gênero, ou seja, na relação de dominação do homem e submissão da mulher.

40 Conforme salientam Bianchini e Gomes, "há menosprezo quando o agente pratica o crime por nutrir pouca ou nenhuma estima ou apreço pela vítima, configurando, dentre outros, desdém, desprezo, depreciação, desvalorização." Disponível na Internet: **http://professorlfg.jusbrasil.com.br/artigos/173139525/feminicidio-entenda-as-questoes-controvertidas-da-lei-13104-2015**.

41 De acordo com o artigo 1º da Convenção sobre a Eliminação de Todas as Formas de Discriminação Contra as Mulheres, adotada pela Resolução n. 34/180 da Assembleia Geral das Nações Unidas, em 18 de dezembro de 1979, e ratificada pelo Brasil em 1º de fevereiro de 1984, "a expressão 'discriminação contra a mulher' significará toda distinção, exclusão ou restrição baseada no sexo e que tenha por objeto ou resultado prejudicar ou anular o reconhecimento, gozo ou exercício pela mulher, independentemente de seu estado civil, com base na igualdade do homem e da mulher, dos direitos humanos e liberdades fundamentais nos campos político, econômico, social, cultural e civil ou em qualquer outro campo."

42 EL HIRECHE, Gamil Föppel; FIGUEIREDO, Rudá Santos. *Feminicídio é medida simbólica com várias inconstitucionalidades*. Consultor Jurídico. Disponível na Internet: http://www.conjur.com.br/2015-mar-23/feminicidio-medida-simbolica-varias-inconstitucionalidades

mesma forma, nas relações homoafetivas masculinas não haverá a aplicação da qualificadora. Estamos de acordo com Gamil Föppel e Rudá Figueiredo[43] quando ressalvam que se a condição de mulher do sujeito passivo é circunstância elementar objetiva do tipo, não podem ser enquadrados na qualificadora os crimes praticados contra travestis, transexuais e transgêneros, até porque se trata de novatio legis in pejus, devendo, portanto, ser interpretada restritivamente.

Segundo a jurisprudência do Superior Tribunal de Justiça, o feminicídio é qualificadora de natureza objetiva, pois incide nos crimes praticados contra a mulher por razão do seu gênero feminino e/ou sempre que o crime estiver atrelado à violência doméstica e familiar propriamente dita, portanto, segundo aquele Tribunal, o animus do agente não é objeto de análise. Nesse sentido, o STJ entende que não caracteriza bis in idem a imputação simultânea dessa qualificadora e do motivo torpe, já que este possui natureza subjetiva, enquanto o feminicídio possui natureza objetiva.[44] Entendemos, contudo, em sentido diverso para considerar o feminicídio qualificadora de natureza subjetiva, uma vez que se refere à motivação especial do agente, que pratica o crime por razões da condição de sexo feminino da vítima, cuja origem tem assento em questões histórico-culturais, notadamente na estrutura patriarcal dominante da sociedade brasileira.

A lei criou as causas de aumento de pena (art. 121, § 7º), presentes nas hipóteses em que o feminicídio é praticado durante a gestação ou nos 3 (três) meses posteriores ao parto (inciso I); contra pessoa menor de 14 (catorze) anos, maior de 60 (sessenta) anos ou com deficiência (inciso II); e na presença de descendente ou de ascendente da vítima (inciso III). Ressalte-se que somente incidem as causas de aumento de pena se eram conhecidas pelo agente. Caso contrário, se desconhecidas (ausência de dolo), haverá erro de tipo.

Em relação às causas de aumento previstas nos incisos I e III, verifica-se clara violação aos princípios da proporcionalidade e razoabilidade, respectivamente. Qual argumento de proporcionalidade pode haver em uma causa de aumento que majora a pena quando o crime é praticado nos 3 (três) meses posteriores ao parto, mas não majora no 4º mês? Qual argumento de razoabilidade pode haver em uma causa de aumento que majora a pena quando o crime é praticado na presença de ascendente ou descendente da vítima, mas não majora quando praticado na presença do seu cônjuge ou companheiro?[45] A evidente falta de argumentos de proporcionalidade e razoabilidade decorrem de escolhas legislativas arbitrárias, desprovidas de qualquer estudo prévio e sério acerca dos fundamentos que as justifiquem. A causa de aumento prevista

---

43 EL HIRECHE, Gamil Föppel; FIGUEIREDO, Rudá Santos. *Feminicídio é medida simbólica com várias inconstitucionalidades*...Acesso em: 12 ago 2015.

44 STJ. Quinta Turma. AgRg no AREsp 1166764 / MS. Rel. Min. Antonio Saldanha Palheiro. Julgado em 06/06/2019. No mesmo sentido, STJ. Sexta Turma. HC 433.898-RS, Rel. Min. Nefi Cordeiro. Julgado em 24/04/2018.

45 EL HIRECHE, Gamil Föppel; FIGUEIREDO, Rudá Santos. *Feminicídio é medida simbólica com várias inconstitucionalidades*....Acesso em: 12 ago 2015.

no inciso II demonstra o único objetivo de endurecimento do Direito Penal, já que a circunstância já estava prevista como agravante genérica no art. 61 do Código Penal.

De qualquer modo, deve-se ressaltar que não incide a circunstância agravante prevista no art. 61, II, f (com violência contra a mulher) do Código Penal, uma vez que essa circunstância integra a descrição do tipo penal qualificado. Pela mesma razão, nenhuma das agravantes genéricas previstas no art. 61, II, h (contra criança, maior de 60 (sessenta) anos, enfermo ou mulher grávida) são aplicáveis. Entendimento contrário acarretaria inaceitável bis in idem.

Por ter sido incluído no rol dos crimes hediondos, o agente que cometer feminicídio receberá tratamento mais severo no que diz respeito à insuscetibilidade de graça, anistia e indulto, regime inicialmente fechado e a necessidade de cumprimento de dois quintos (réu primário) ou três quintos (reincidente) da pena para progressão de regime, conforme estabelece o art. 1º, I e art. 2º da Lei 8.072/90.

Pois bem, feitas as considerações gerais em relação ao feminicídio, o seu estudo não deve prescindir de uma análise crítica acerca do modelo de intervenção penal que dele se pode extrair, considerando os aportes da criminologia crítica enquanto ferramenta de leitura, interpretação e problematização da dogmática penal.

Em parecer da Comissão de Constituição, Justiça e Cidadania do Senado Federal sobre o então Projeto de Lei nº 292/2013, que propunha a alteração do Código Penal para inserir o feminicídio como circunstância qualificadora do crime de homicídio, ficou consignado que: "o anseio pelo agravamento da punição penal nessas situações decorre do aumento de homicídios praticados contra mulheres. No Brasil, entre os anos 2000 e 2010, 4,3 mil mulheres foram assassinadas, sendo essa uma tendência em toda a América Latina."[46]

Tal como ocorreu com a Lei nº 11.340/2006 (Lei Maria da Penha)[47], o discurso oficial declarado apresenta-se extremamente sedutor e legitimador do próprio sistema penal, na medida em que apela para a ideia de proteção, evitação e/ou solução do problema da violência contra a mulher, "como se, à edição de cada lei penal, sentença ou cumprimento de pena, fosse mecanicamente sendo cumprido o pacto mudo que opera o traslado da barbárie ao paraíso", conforme bem observa Ver Regina Pereira de Andrade.[48] Esse discurso utiliza-se da seguinte equação: para diminuir os homicídios

46 Disponível na Internet em: http://www.senado.gov.br/atividade/materia/getPDF.asp?t=147974&tp=1.

47 Em artigo sobre a Lei Maria da Penha intitulado "Violência de gênero: o paradoxal entusiasmo pelo rigor penal", Maria Lúcia Karam observa que o enfrentamento da violência de gênero não se dará por meio da "enganosa, dolorosa e danosa intervenção do sistema penal", ao contrário do que acreditam homens e mulheres que aplaudem o rigor legislativo penal, tal como o introduzido pela Lei nº 11.340/2006. Boletim do IBCCRIM, nº 168, 2006.

48 ANDRADE, Vera Regina Pereira de. *Pelas mãos da criminologia: o controle penal para além da (des) ilusão*. Rio de Janeiro: Revan; ICC, 2012 (Pensamento criminológico; 19) 1ª reimpressão, março de 2014, p. 135.

praticados contra mulheres, deve-se agravar a punição do crime praticado nessas circunstâncias (+ pena = ⊠ crime). Nada mais ilusório!

Em pesquisa sobre o sistema de justiça penal e a violência sexual contra as mulheres realizada na cidade de Florianópolis, na década de oitenta, desenvolvida sob a base teórica da criminologia crítica e feminista, Vera Regina P. de Andrade sintetiza a conclusão da investigação com o que denominou de "incapacidade protetora, preventiva e resolutória do sistema penal".[49] Segundo a autora, entre outros aspectos, o sistema penal é ineficaz para a proteção das mulheres contra a violência porque não previne novas violências, e muito menos contribui para a transformação das relações de gênero. O discurso oficial declarado, tal como o presente no feminicídio, possui eficácia meramente simbólica e legitimadora do poder punitivo.

Juarez Cirino dos Santos, ao tratar da teoria da prevenção geral da pena como afirmação da ideologia dominante, ressalta o papel do Direito Penal nas situações sociais problemáticas, que parece estar reduzido a um "papel ideológico de criação de símbolos no imaginário popular, com o objetivo oculto de legitimar o poder político do Estado e o próprio Direito Penal como instrumento de política social."[50] Segue o autor, em um entendimento que vai ao encontro das conclusões expostas por Vera Regina P. de Andrade, observando que a penalização das situações problemáticas não resulta na solução social do problema, mas sim na solução meramente penal, "para satisfação retórica da opinião pública."[51]

O discurso oficial que busca justificar o incremento punitivo por razões de defesa social (no caso a proteção da mulher contra a violência de gênero), não se confirma pelo fato de não cumprir ao que se propõe. O feminicídio apresenta-se como um exemplo de política criminal que confere ao legislador a (confortável) sensação de dever cumprido e à sociedade a (falsa) sensação de segurança, sem qualquer sustentação criminológica e, por isso mesmo, sem qualquer consideração acerca da complexidade das relações sociais que envolvem os casos de violência contra a mulher. A bem da verdade, se tal complexidade fosse considerada, as instituições estatais não buscariam no Direito Penal sequer a tentativa de solução ou gestão do conflito, caso fosse esse o objetivo.

O aumento da pena para o homicídio praticado contra mulher, motivado por razões de gênero, não se presta para reduzir os índices de crimes praticados nessas circunstâncias, mas tão somente representará pessoas presas por mais tempo, considerando o tratamento mais severo da lei de crimes hediondos. Mais uma vez, trata-se da falácia do discurso punitivista a serviço da legitimação do poder punitivo.

49 Para maiores informações sobre a pesquisa, conferir ANDRADE, Vera Regina Pereira de. *Pelas mãos da criminologia: o controle penal para além da (des)ilusão...*, p. 131.

50 SANTOS, Juarez Cirino dos. *Direito penal: parte geral*. 6. ed., ampl. e atual. – Curitiba,PR: ICPC Cursos e Edições, 2014, p. 458.

51 SANTOS, Juarez Cirino dos. *Direito penal: parte geral...*, p. 459.

2.3.7. *Homicídio contra pessoas que atuam na área da segurança pública*

No dia 7 de julho de 2015, entrou em vigor a Lei nº 13.142, de 6 de julho de 2015, que alterou o art. 121 do Código Penal, incluindo o inciso VII, para prever o crime praticado contra pessoas que atuam na área da segurança pública como circunstância qualificadora do crime de homicídio, e o art. 1º da Lei nº 8.072, de 25 de julho de 1990 para incluir tal crime no rol dos crimes hediondos.

De acordo com a nova lei, o homicídio será qualificado quando praticado contra autoridade ou agente descrito nos arts. 142[52] e 144 [53] da Constituição Federal, integrantes do sistema prisional e da Força Nacional de Segurança Pública, no exercício da função ou em decorrência dela, ou contra seu cônjuge, companheiro ou parente consanguíneo até terceiro grau, em razão dessa condição. Trata-se de uma circunstância qualificadora de caráter subjetivo, porquanto relacionada à motivação do sujeito ativo.

É indispensável, para a configuração da qualificadora, que a vítima esteja no exercício de sua função ou que o homicídio tenha sido praticado em decorrência dela, ou seja, o simples conhecimento do sujeito ativo de que se trata de autoridade ou agente que atua na área da segurança pública não é suficiente para qualificar o homicídio; é necessário que esteja relacionado à função. O mesmo se aplica quando a vítima é cônjuge, companheiro ou parente consanguíneo até o terceiro grau da pessoa que atua na área da segurança pública. Não basta que o sujeito tenha conhecimento da relação de parentesco; é necessário que o homicídio tenha sido motivado por razões ligadas à função desempenhada pela autoridade ou agente que integra as forças armadas, os órgãos de segurança pública, o sistema prisional e a Força Nacional de Segurança Pública.

Não incide a agravante prevista no art. 61, II, e (contra ascendente, descendente, irmão ou cônjuge) do Código Penal, uma vez que essa circunstância integra a descrição do tipo penal qualificado (ne bis in idem), salvo se se tratar da remota hipótese de ascendente ou descendente de quarto grau em diante, que não está contemplada no art. 121, § 2º, VII do CP.

Tal como no feminicídio, por ter sido incluído no rol dos crimes hediondos, o agente que cometer homicídio contra autoridade ou agente que integra as forças armadas, os órgãos de segurança pública, o sistema prisional e a Força Nacional de Segurança

---

52 **CF, Art. 142**. As Forças Armadas, constituídas pela Marinha, pelo Exército e pela Aeronáutica, são instituições nacionais permanentes e regulares, organizadas com base na hierarquia e na disciplina, sob a autoridade suprema do Presidente da República, e destinam-se à defesa da Pátria, à garantia dos poderes constitucionais e, por iniciativa de qualquer destes, da lei e da ordem.

53 **CF, Art. 144**. A segurança pública, dever do Estado, direito e responsabilidade de todos, é exercida para a preservação da ordem pública e da incolumidade das pessoas e do patrimônio, através dos seguintes órgãos:

I - polícia federal; II - polícia rodoviária federal; III - polícia ferroviária federal; IV - polícias civis; V - polícias militares e corpos de bombeiros militares; VI - polícias penais federal, estaduais e distrital. (Redação dada pela Emenda Constitucional nº 104, de 2019).

Pública, receberá tratamento mais severo no que diz respeito à insuscetibilidade de graça, anistia e indulto, regime inicialmente fechado e a necessidade de cumprimento de dois quintos (réu primário) ou três quintos (reincidente) da pena para progressão de regime, conforme estabelece o art. 1º, I e art. 2º da Lei 8.072/90.

O que há pouco foi dito em relação às críticas ao feminicídio aplica-se perfeitamente ao presente caso. Se o discurso oficial quer fazer crer que o agravamento da pena resultará redução dos índices de crimes contra as pessoas elencadas no art. 121, § 2º, VII do Código Penal, questiona-se com que fundamento pretendem sustentar tal discurso? Mas o problema reside exatamente aí. Não se questiona os fundamentos da expansão do poder punitivo; simplesmente aceita-se. Não se questiona se produzirá o resultado sustentado no discurso oficial; simplesmente acredita-se. Aceita-se e acredita-se em decisões políticas sobre o "controle da criminalidade" sem qualquer cobrança acerca de uma prévia análise e indicação criminológica que confira racionalidade e democraticidade à política criminal proposta.[54]

Trata-se, portanto, de mais uma clara demonstração da expansão punitivista, dando continuidade à função simbólica do Direito Penal e reforçando a ilusão de que por meio dele a "criminalidade" será combatida e reduzida, bem como promover-se-á a tão almejada segurança pública.

2.3.8. *Pluralidade de circunstâncias qualificadoras*

Na hipótese dos jurados reconhecerem mais de uma circunstância qualificadora do crime de homicídio, não há qualquer alteração em relação à pena em abstrato (12 a 30 anos), entretanto, considerando que as qualificadoras contidas no art. 121, § 2º estão reproduzidas no art. 61, II, "a" a "f" do Código Penal como circunstâncias agravantes, com exceção da circunstância prevista no inciso VII do § 2º do art. 121, no momento da aplicação da pena, deverá o juiz utilizar uma circunstância para qualificar o crime e as demais como agravantes, desde que previstas no artigo 61 do Código Penal, ou, residualmente, majorar a pena-base, como circunstância judicial.[55]

2.3.9. *Homicídio qualificado-privilegiado*

Conforme já mencionado, STJ e STF entendem que há compatibilidade entre as causas de diminuição de pena previstas no art. 121, § 1º do CP (homicídio privilegiado), que por sua vez são sempre de natureza subjetiva, com as qualificadoras de ordem objetiva, relativas aos meios e modos de execução do crime (art. 121, § 2º, III do CP). Nesse caso, tem-se o homicídio qualificado-privilegiado que, em respeito ao princípio da reserva legal, não pode ser alcançado pelas severas normas contidas na Lei de Crimes Hediondos (Lei nº 8.072/90), aplicáveis

54 GOMES, Marcus Alan de Melo. Uma epistemologia da política criminal racional e democrática. In: *Diálogo ambiental, constitucional e internacional*, vol. 3, tomo II/ MIRANDA, Jorge (coord.); CAÚLA, Bleine Queiroz ... [et al.] (org.). Rio de Janeiro: Lumen Juris, 2015, p. 276.

55 STJ. Quinta Turma. HC 524986 / RJ. Rel. Min. Ribeiro Dantas. Julgado em 17/10/2019.

somente ao homicídio qualificado e ao homicídio simples, quando praticado em atividade típica de grupo de extermínio.[56] Não é possível, portanto, o homicídio qualificado-privilegiado quando se tratar das qualificadoras do feminicídio e do homicídio praticado contra pessoa que atua na área da segurança pública, já que de natureza subjetiva.

2.3.10. *Homicídio qualificado e dolo eventual*

Segundo a jurisprudência do STJ e STF, na hipótese das qualificadoras do motivo torpe e motivo fútil, é possível haver homicídio qualificado praticado com dolo eventual. No entanto, já decidiu o STF[57] que no caso das qualificadoras de meio (art. 121, § 2º, IV), o dolo eventual é incompatível com o elemento surpresa, pois neste o agente tem a vontade de matar a vítima, utilizando-se da surpresa, de modo a impedir ou dificultar a sua defesa, e no dolo eventual o agente não quer matar a vítima, mas apenas assume o risco de produzir o resultado. Logo, se o agente não quer diretamente a produção do resultado (dolo eventual), não agiu para causar surpresa à vítima, não podendo, portanto, responder por essa circunstância.

2.4. Homicídio culposo (art. 121, § 3º)

A regra contida no art. 18, parágrafo único do Código Penal estabelece a excepcionalidade da punição dos crimes culposos, ou seja, a conduta culposa não tipificada especificamente é absolutamente impunível. Sobre a os crimes culposos, Zaffaroni et al. observam:

> A característica essencial do tipo culposo reside em sua forma peculiar de individualização da conduta proibida: ao contrário do tipo comissivo doloso (ou doloso ativo), no qual a conduta é individualizada através de sua descrição ou da descrição de um resultado precisamente demarcado por ela produzido, no tipo culposo ela permanece inicialmente indefinida, e só será possível individualiza-la em cada caso após capturar a ação que causou o resultado tipicamente relevante. Os tipos culposos não criminalizam ações enquanto tal; através deles são proibidas particulares formas de realização da ação que produzem o resultado.[58]

Na culpa, o agente não quer o resultado, tampouco aceita a sua ocorrência. A doutrina distingue duas espécies de culpa: culpa consciente e culpa inconsciente. Na culpa consciente, apesar de não querer o resultado, o agente prevê a sua ocorrência, ao passo que na culpa inconsciente, apesar de ser previsível o resultado, o agente não o prevê.

De acordo com a moderna teoria da imputação objetiva (Roxin, em especial), haverá homicídio culposo sempre que o agente criar um risco proibido e realizar esse

56 STJ. Quinta Turma. HC 153728 / SP. Rel. Min. Felix Fischer. Julgamento em 13/04/2010.

57 STF. HC 95136/PR; HC 111441/RS.

58 ZAFFARONI, E. Raúl... [et al.]. *Direito penal brasileiro, segundo volume: teoria do delito: introdução histórica e metodológica, ação e tipicidade.* Rio de Janeiro: Revan, 2010, p. 314.

risco no resultado. De outra parte, apesar das críticas[59] dirigidas à fórmula e expressões adotadas pelo Código Penal, segundo o seu art. 18, II, haverá delito culposo quando o agente der causa ao resultado por imprudência, negligência ou imperícia. No caso concreto, essa clássica distinção é de difícil tarefa, contudo, em teoria, convém mencionar que a imprudência relaciona-se à precipitação, quando o agente age sem os cuidados que o caso requer; a negligência diz respeito à ausência de precaução, ou seja, ao contrário da imprudência (ação), a negligência é negativa (omissão); e, por fim, a imperícia é tida como a falta de aptidão técnica para o exercício de arte ou profissão.[60]

Quando se tratar de crime praticado na direção de veículo automotor, incidirá o Código de Trânsito Brasileiro (art. 302), por ser especial, relativamente ao Código Penal (princípio da especialidade). Um aspecto de maior incidência nos delitos de trânsito, é quando há culpa por parte da vítima. Não havendo que se falar em compensação de culpa entre agente e vítima, prevalece o entendimento de que, na hipótese de culpa concorrente da vítima, ou seja, quando há a sua contribuição para a produção do resultado, o fato não deixará de ser imputado ao agente, devendo tal circunstância ser considerada no momento da fixação da pena base (CP, art. 59). Contudo, se a culpa é exclusiva da vítima, não há que se falar em responsabilização do sujeito que conduzia o veículo automotor.

O Código Penal pune o homicídio praticado a título de culpa com pena de detenção de 01 a 03 anos. Já o Código de Trânsito (art. 302) comina pena maior: 2 a 4 anos de detenção. Apesar disso, o Supremo Tribunal Federal já teve oportunidade de decidir pela constitucionalidade do Código de Trânsito, não obstante preveja pena diversa para a situação igual ou semelhante: morte culposa. A incongruência legislativa, à luz do princípio da proporcionalidade, ficou ainda mais acentuada com a Lei nº 13.546/2017 que alterou o Código de Trânsito para acrescentar o § 3º ao art. 302 do CTB, passando a prever pena de reclusão de 5 a 8 anos para o homicídio culposo de trânsito "se o agente conduz o veículo com capacidade psicomotora alterada em razão da influência de álcool ou de outra substância psicoativa que determine dependência". Na mesma medida em que, pelo princípio jurisdicional, deve-se exigir uma visão coerente da legislação por parte do julgador, pelo princípio legislativo exige-se que os legisladores confiram coerência ao conjunto de leis (Dworkin).

Convém salientar, por fim, que a competência para processar e julgar o crime de homicídio culposo é do juízo singular, já que ao Tribunal do Júri compete somente o julgamento dos crimes dolosos contra a vida (CF, art. 5º, XXXVIII, "d"), contudo, na hipótese de controvérsia sobre o elemento subjetivo do crime, como, por exemplo, se

---

59 ZAFFARONI, E. Raúl... [et al.]. *Direito penal brasileiro, segundo volume: teoria do delito: introdução histórica e metodológica, ação e tipicidade*... p. 316.

60 CUNHA, Rogério Sanches. *Manual de Direito Penal: parte especial (arts. 121 ao 361)*. Salvador: Juspodivm, 2013, p. 83.

o agente agiu com dolo eventual ou culpa consciente, o STJ já decidiu que o deslinde é de competência do Tribunal do Júri.[61]

2.5. Aumento de pena (art. 121, § 4º)

Esse dispositivo divide-se em duas partes: a primeira, estabelece uma causa de aumento de pena ao homicídio culposo. A segunda, ao doloso.

Aumenta-se de 1/3 a pena no homicídio culposo se:

a) o crime resulta de inobservância de regra técnica de profissão arte ou ofício: não se trata de desconhecer a regra. O sujeito ativo a conhece, porém a deixa de observar. Trata-se de circunstância direcionada ao profissional (e não a qualquer pessoa). Não é a imperícia comum (modalidade de culpa, em que todos que desempenham determinada atividade podem incidir), mas ao profissional específico que, possuindo o conhecimento da regra, não a observa. É, como bem anota Bitencourt, um "agir descuidado"[62], que pode ocorrer em quaisquer das modalidades da culpa, desde que na conduta do profissional habilitado. O desvalor está na maior reprovabilidade da conduta daquele que - possuindo o conhecimento técnico - não o observa, descuida-se. STJ e STF tem decidido que somente incide a causa de aumento pela inobservância de regra técnica se fundada em fato diverso daquele que constitui o núcleo da ação culposa. Assim, por exemplo, age com negligência o médico que não notou os evidentes sintomas de meningite que a vítima apresentava (ausência do dever objetivo de cuidado) e inobservou a regra técnica da profissão porque não realizou o exame indicado quando há probabilidade de infecção, para que fosse ministrado o tratamento específico (causa de aumento). Se a causa de aumento incide sobre o mesmo fato que ensejou a condenação pelo homicídio culposo, ocorre o vedado bis in idem.[63]

b) o agente deixa de prestar imediato socorro à vítima, não procura diminuir as consequências do seu ato, ou foge para evitar a prisão em flagrante: sem dúvida, essa circunstância foi pensada aos delitos de trânsito e, sendo assim, desde a entrada em vigor do Código de Trânsito Brasileiro, esvaziou-se. O aumento de pena é repetido na lei específica e, pelo princípio da especialidade, aplica-se àquela e não o Código Penal.

À parte isso, consideramos oportunos os seguintes comentários críticos:

Pune-se, aqui, com maior gravidade, a conduta daquele que, ao praticar o homicídio culposo, omite socorro imediato à vítima. É a omissão de socorro aparecendo como causa especial de aumento de pena. Não se perfaz, pois, como delito autônomo, mas funciona como agravamento da pena do homicídio culposo. Neste caso, o omitente é o mesmo autor da conduta lesiva precedente (homicídio culposo).

---

61 Nesse sentido: STJ. Quinta Turma. REsp 1401083 / SC. Rel. Min. Moura Ribeiro. Julgado em 27/03/2014.

62 PRADO, Luiz Régis. Curso de direito penal brasileiro..., p 107.

63 STJ. Quinta Turma. AgRg no AREsp 1078977 / RJ. Rel. Min. Joel Ilan Paciornik. Julgado em 15/03/2018.

Causa espécie esse rigor punitivo, num crime negligente. Que razão, afinal, haveria, para se agravar a pena daquele que omite socorro após praticar um homicídio culposo e não o fazê-lo para quem com dolo age? Significa, pois, que a falta de solidariedade no socorro é mais grave quando o fato precedente é culposo? E, mais: por que essa previsão existe apenas para o homicídio culposo? E quem pratica um roubo qualificado pela lesão grave, por exemplo (crime preterdoloso)? Não deveria ter sua pena aumentada quando negasse socorro à vítima, deixando-a à própria sorte? O mesmo poderia se dizer de todos os crimes qualificados pelo resultado morte ou lesão grave, pois não? Essa a razão pela qual consideramos que essa causa de aumento de pena viola o princípio da intervenção mínima (necessidade) e compromete a integridade (Dworkin), delineada, grosso modo, pela exigência de coerência principiológica do sistema de punição. Não se encontra, enfim, nenhuma razão de moralidade política que justifique esse aumento de pena ao crime culposo, de forma totalmente deslocada do conjunto normativo.

A mesma crítica vale às demais hipóteses legais (agente que não procura diminuir as consequências do seu ato, ou foge para evitar a prisão em flagrante). Por que, repita-se, apenas para o homicídio culposo tais exigências? Qualquer crime de dano (fosse o bem jurídico que fosse) demandaria, em tese, a necessidade de se diminuir as consequências do ato. Mas por que, para nenhum outro, é elevada a pena, em caso de assim o agente não agir? E a fuga para evitar a prisão em flagrante? Que sentido isso faz? Quer dizer, então, que o sujeito que mata, dolosamente, pode perfeitamente fugir, deixar a vítima à própria sorte, não fazer absolutamente nada para prestar qualquer socorro, que sua pena não sofrerá incremento algum por isso. Mas o outro que, por falta de cuidado, provoca a morte de alguém, deve ficar parado no local do crime e, ao mesmo tempo, providenciar socorro. Caso contrário, contará com sensível aumento da sanção. Que sentido faz isso? E, mais grave: o que - do ponto de vista jurídico - fundamenta tal exasperação de pena? Quais as razões de política criminal? Segundo Regis Prado[64], trata-se de favorecer a eficiência da administração da justiça. Mas por que essa preocupação somente em relação ao homicídio culposo? E o que dizer do princípio de que ninguém é obrigado a produzir prova contra si? Exigir que o agente fique parado aguardando a sua prisão estaria coerente com o direito à não autoincriminação, tão caro ao nosso sistema constitucional? Pensamos que não!

Temos, pois, que esse aumento de pena deva ser condenado - pelas razões expostas - à invalidade. Contudo, tal preceito tem recebido o aval dos nossos tribunais, a exemplo do Superior Tribunal de Justiça que, em julgamento do Habeas Corpus 269.038-RS[65], decidiu que a morte instantânea da vítima não afasta a causa de aumento de pena, a não ser que o óbito seja evidente, isto é, perceptível por qualquer pessoa. Portanto, nesse julgado, o STJ ressalta o "dever de solidariedade que deve

64 PRADO, Luiz Regis. *Tratado de direito penal brasileiro: parte especial: volume 4, arts. 121 a 154-A...*, p. 80.

65 STJ. Quinta Turma. HC 269.038-RS, Rel. Min. Felix Fischer. Julgamento em 2/12/2014.

reger as relações na sociedade brasileira" (apesar dessa previsão constar apenas no homicídio culposo, frise-se), e firma o entendimento de que, havendo dúvida sobre a ocorrência do óbito imediato, compete ao autor da conduta imprimir os esforços necessários para minimizar as consequências do fato. Somente o óbito evidente aos olhos de qualquer pessoa afasta a causa de aumento de pena.

O quantum de aumento (1/3) é o mesmo no homicídio doloso se o crime é praticado contra pessoa menor de 14 anos ou maior de 60 anos. Trata-se de critério objetivo, em que se levou em conta a idade (pouca e avançada) da vítima, em virtude de sua maior fragilidade e exposição. Imposições do ECA e do Estatuto do Idoso.

2.6. Perdão judicial (art. 121, § 5º)

Nas lições de Cunha, perdão judicial "é o instituto pelo qual o juiz, não obstante a prática de um fato típico e antijurídico por um sujeito comprovadamente culpado, deixa de lhe aplicar, nas hipóteses taxativamente previstas em lei, o preceito sancionador cabível, levando em consideração determinadas circunstâncias que concorrem para o evento. Em tais casos, o Estado perde o interesse de punir".[66]

Trata-se de causa de extinção de punibilidade (CP, art. 107, IX), somente aplicável às hipóteses de homicídio culposo. A previsão dirige-se ao agente se, ao praticar o crime culposamente, as consequências da infração o atingirem de forma tão grave que a sanção penal se torne desnecessária. Isto é: a própria noção clássica de pena como prevenção e retribuição (discurso oficial das teorias da pena) orienta essa medida político-criminal. É o caso em que há um forte vínculo afetivo entre autor e vítima (vg. pai e filho, marido e mulher, avô e neto etc.).

Outra demonstração da incoerência principiológica do sistema de punição diz respeito ao veto dado ao art. 300 do Código de Trânsito Brasileiro, que previa a possibilidade de concessão do perdão judicial nas hipóteses de homicídio culposo e lesão corporal culposa quando as consequências da infração atingissem, exclusivamente, o cônjuge ou companheiro, ascendente, descendente, irmão ou afim em linha reta, do condutor do veículo. E o que dizer das razões do veto: "O artigo trata do perdão judicial, já consagrado pelo Direito Penal. Deve ser vetado, porém, porque as hipóteses previstas pelo § 5° do art. 121 e § 8° do artigo 129 do Código Penal disciplinam o instituto de forma mais abrangente".

Segundo Regis Prado[67], não se pode aplicar ao homicídio culposo cometido na condução de veículo automotor o disposto no art. 121, § 5º do Código Penal em virtude da regra contida no art. 291 do Código de Trânsito Brasileiro[68], que restringiu essa

66 CUNHA, Rogério Sanches. *Manual de Direito Penal: parte especial (arts. 121 ao 361)...*, p. 81.

67 PRADO, Luiz Regis. *Tratado de direito penal brasileiro: parte especial: volume 4, arts. 121 a 154-A..., p. 82.*

68 Art. 291. Aos crimes cometidos na direção de veículos automotores, previstos neste Código, aplicam-se as normas gerais do Código Penal e do Código de Processo Penal, se este Capítulo não dispuser de modo diverso, bem como a Lei nº 9.099, de 26 de setembro de 1995, no que couber.

aplicação às normas gerais do CP. No entanto, e de forma acertada em nosso entendimento, por uma questão de coerência, a jurisprudência do STJ orienta no sentido de não haver empecilho a que se aplique o perdão judicial nos casos em que o agente do homicídio culposo - mais especificamente nas hipóteses de crime de trânsito – tenha forte vínculo afetivo com a vítima ou sofra sequelas físicas gravíssimas e permanentes, como, por exemplo, ficar tetraplégico, em estado vegetativo, ou incapacitado para o trabalho.[69]

No que diz respeito à natureza da sentença que concede o perdão, após muita controvérsia, o STJ sumulou o entendimento da seguinte forma: "Súmula 18. A sentença concessiva do perdão judicial é declaratório da extinção da punibilidade, não subsistindo qualquer efeito condenatório".

Pensamos, com Bitencourt, que a declaração de extinção de punibilidade, com base nesse dispositivo legal, pode, inclusive, sustentar uma rejeição de denúncia[70].

2.7. Milícia privada ou grupo de extermínio (art. 121, § 6º)

O § 6º foi acrescentado ao art. 121 pela Lei nº 12.720/2012, prevendo um aumento de pena de um terço até a metade nos casos de homicídio doloso praticado por milícia privada, sob o pretexto de prestação de serviço de segurança, ou por grupo de extermínio.

Considerando que "milícia privada" e "grupo de extermínio" não foram definidos pelo legislador, seguimos Regis Prado, para quem a milícia privada diz respeito a uma organização de indivíduos que, sob o pretexto de prestar serviços de segurança, atua em determinado espaço territorial desempenhando um papel que deveria ser exercido pelo Estado, fazendo uso de meios violentos e extorsivos. De outra parte, o grupo de extermínio possui as características de uma milícia particular, no entanto, tem por finalidade a matança de indivíduos ou classes de indivíduos que não colaborem com o alcance de seus objetivos. Registre-se que tanto as milícias privadas quanto os grupos de extermínio podem ser compostos por civis e/ou militares.[71]

3. PARTICIPAÇÃO EM SUICÍDIO OU EM AUTOMUTILAÇÃO (CP, ART. 122)

⊙ **Induzimento, instigação ou auxílio a suicídio ou a automutilação**

Art. 122. Induzir ou instigar alguém a suicidar-se ou a praticar automutilação ou prestar-lhe auxílio material para que o faça:

Pena - reclusão, de 6 (seis) meses a 2 (dois) anos.

---

69 Nesse sentido: STJ. Sexta Turma. REsp 1455178 / DF. Rel. Min. Rogerio Schietti Cruz. Julgamento em 05/06/2014.

70 PRADO, Luiz Régis. *Curso de direito penal brasileiro...*, 113.

71 PRADO, Luiz Regis. *Tratado de direito penal brasileiro: parte especial: volume 4, arts. 121 a 154-A...*, p. 81.

§ 1º Se da automutilação ou da tentativa de suicídio resulta lesão corporal de natureza grave ou gravíssima, nos termos dos §§ 1º e 2º do art. 129 deste Código:

Pena - reclusão, de 1 (um) a 3 (três) anos.

§ 2º Se o suicídio se consuma ou se da automutilação resulta morte:

Pena - reclusão, de 2 (dois) a 6 (seis) anos.

§ 3º A pena é duplicada:

I - se o crime é praticado por motivo egoístico, torpe ou fútil;

II - se a vítima é menor ou tem diminuída, por qualquer causa, a capacidade de resistência.

§ 4º A pena é aumentada até o dobro se a conduta é realizada por meio da rede de computadores, de rede social ou transmitida em tempo real.

§ 5º Aumenta-se a pena em metade se o agente é líder ou coordenador de grupo ou de rede virtual.

§ 6º Se o crime de que trata o § 1º deste artigo resulta em lesão corporal de natureza gravíssima e é cometido contra menor de 14 (quatorze) anos ou contra quem, por enfermidade ou deficiência mental, não tem o necessário discernimento para a prática do ato, ou que, por qualquer outra causa, não pode oferecer resistência, responde o agente pelo crime descrito no § 2º do art. 129 deste Código.

§ 7º Se o crime de que trata o § 2º deste artigo é cometido contra menor de 14 (quatorze) anos ou contra quem não tem o necessário discernimento para a prática do ato, ou que, por qualquer outra causa, não pode oferecer resistência, responde o agente pelo crime de homicídio, nos termos do art. 121 deste Código.

3.1. Notas gerais: crime sui generis

O art. 122 do Código Penal foi substancialmente alterado pela Lei nº 13.968, de 26 de dezembro de 2019, em vigor a partir de 27 de dezembro de 2019, que modificou o crime de participação em suicídio e incluiu as condutas e induzir ou instigar a automutilação, bem como a de prestar auxílio a quem a pratique. Com a nova lei, passou também a ser crime a participação em automutilação, que consiste no o ato de cortar ou lacerar partes do próprio corpo, podendo ou não chegar a amputá-las, sem a pretensão de tirar a vida. Houve, portanto, a ampliação do bem jurídico protegido pela norma, de modo que agora o tipo busca tutelar a vida humana (participação em suicídio) e a integridade física (participação em automutilação).

Note-se que o bem jurídico integridade física agora também alcançado pelo art. 122 do Código Penal está situado no Título I "Dos crimes contra a pessoa", no Capítulo I que trata "Dos crimes contra a vida", o que certamente não foi a melhor opção, já que todos os demais crimes previstos nesse capítulo tem em comum o bem jurídico tutelado "vida humana". Por essa razão, temos que o legislador deveria ter alocado a participação em automutilação no mesmo Título I, mas no Capítulo II que trata "Das lesões corporais", no corpo do art. 129.

Sob a rubrica de "induzimento, instigação ou auxílio a suicídio ou a automutilação", o Código Penal Brasileiro pune a conduta de "induzir ou instigar alguém a suicidar-se ou a praticar automutilação ou prestar-lhe auxílio para que o faça", com a pena de reclusão de 6 meses a 2 anos. Se da automutilação ou da tentativa de suicídio resulta lesão corporal de natureza grave ou gravíssima, a pena é de reclusão de 1 a 3 anos, e se o suicídio se consuma ou se da automutilação resulta morte, a pena é de reclusão de 2 a 6 anos.

Trata-se de um crime absolutamente sui generis, com características muito próprias.

Difícil pensar em punição de alguém, como partícipe de um ato que, em si, não é típico. Pois é disso que se trata, pois não?

O suicídio e a automutilação, em si, são fatos atípicos. As razões são de tamanha obviedade que dispensam maiores comentários. Afinal que justificativa político-criminal autorizaria a imposição de pena ao sujeito que se autolesiona ou que sequer teme a própria morte e, mais que isso, clama por ela? Repressão? Prevenção? Não é da tradição do direito brasileiro punir a autolesão. Pelo princípio da lesividade, crime é conduta que causa dano (ou perigo concreto de dano) a bem jurídico alheio e integra um dos mais importantes axiomas do garantismo penal (nullum crimen sine injuria). Nesse sentido, Paulo Queiroz assevera que o "direito penal não pode se ocupar de comportamentos que impliquem apenas autolesão, isto é, que não transcendam a pessoa do próprio lesionado, por mais que lamentemos tais decisões (autolesivas)"[72].

À parte isso, a doutrina costuma lecionar que, muito embora não seja típico, o suicídio é um ato antijurídico, entendimento que agora poderia se estender para a automutilação; seriam condutas que ofenderiam o sistema normativo. Tanto isso seria verdadeiro que a conduta violenta para impedir uma pessoa de dar cabo da própria vida não configuraria constrangimento ilegal (CP, art. 146, § 3º, II).

Discordamos, todavia, dessa posição. Temos que a excludente do constrangimento ilegal não autoriza concluir que o suicídio seria um ato ilícito. Autoriza, tão somente, inferir que a coerção utilizada para impedi-lo não configura crime! Note-se que o referido dispositivo legal tem a seguinte redação "não se compreendem na disposição deste artigo", o que não necessariamente implica concluir que o fato (suicídio) seja ilícito. E aqui, podem-se invocar razões, inclusive, na ordem da própria tipicidade (com apoio na imputação objetiva, como punir a conduta de quem exerce violência para reduzir o risco a um bem jurídico considerado, majoritariamente, como indisponível?), ou na culpabilidade (como reprovar a conduta de quem age para salvar a vida alheia?). Registre-se que a Lei nº. 13.968/2019 não alterou o art. 146, § 3º, II do Código Penal, ou seja, não há previsão legal no sentido de que a conduta violenta para impedir uma pessoa de se automutilar não configura constrangimento ilegal, o que não significa dizer que se assim o sujeito agir, deverá responder pelo constrangimento. Invoca-se a mesma razão na ordem da tipicidade (imputação objetiva) ou da culpabilidade (reprovação) para afirmar que não é típica a conduta violenta para impedir a automutilação

72 QUEIROZ, Paulo. *Curso de Direito Penal: parte geral. V.1.* ..., p. 92.

de outrem, o que também não implica qualquer conclusão no sentido de que a automutilação seja um ato ilícito.

Na redação anterior, a parte sancionatória do dispositivo condicionava a sua aplicação aos eventos lesão corporal grave ou morte. A doutrina dividia-se acerca da natureza jurídica desses resultados: se condições objetivas de punibilidade ou se integrantes do próprio tipo. Sustentávamos que o legislador, em verdade, condicionava a existência mesma do crime à ocorrência de um desses resultados (lesão grave ou morte).

Com a Lei nº. 13.968/2019, a parte sancionatória do caput do art. 122 passou a não mais condicionar a existência do crime à ocorrência dos resultados lesão grave ou morte, razão pela qual temos que o crime agora é formal, ou seja, consuma-se com o ato de induzir ou instigar alguém a suicidar-se ou a praticar a automutilação ou de prestar auxílio para que o faça, não se exigindo a ocorrência do resultado naturalístico. Trata-se, portanto, de crime de perigo (concreto)[73], devendo a situação de perigo provocada pelo agente ser demonstrada, comprovada.

De outra parte, os §§ 1º e 2º incluídos pela nova lei preveem hipóteses de crime qualificado pelo resultado quando passam a cominar penas autônomas para os casos em que da automutilação ou da tentativa de suicídio resultar lesão corporal grave ou gravíssima (reclusão, de 1 a 3 anos), e se da automutilação resultar morte ou o suicídio se consumar (reclusão, de 2 a 6 anos). Nesses casos, que configuram a forma qualificada do delito, exige-se a ocorrência do resultado naturalístico (lesão grave/gravíssima ou morte) para a consumação do delito (crime material ou de resultado).

3.2. A conduta proibida

Reafirme-se, por necessário, que nesse crime peculiar é a própria vítima quem pratica o ato de matar ou de mutilar. É o ofendido que dá cabo de sua própria vida ou provoca lesões em seu próprio corpo. Isso é fundamental, aqui, caso contrário estaremos no terreno do homicídio ou da lesão corporal. Em homenagem ao princípio da lesividade, conforme já asseverado, a conduta da vítima não é fato típico. No entanto, nem sempre foi assim em relação ao suicídio.

Na Idade Média, o suicídio era equiparado ao homicídio. A tentativa de suicídio era frequentemente equiparada à tentativa de homicídio e o corpo do suicida era levado à força, não poderia ser sepultado e tinha seus bens confiscados. Contudo, com o movimento iluminista, passou-se a condenar a tipificação do suicídio e a aplicação

73 Estamos de acordo com Cesar Bitencourt quando afirma que o Direito Penal em um Estado democrático de Direito não admite os chamados "crimes de perigo abstrato ou presumido", de modo que somente se admite a existência de infração penal quando há efetivo, real e concreto perigo de lesão a bem jurídico determinado.

de pena sobre o corpo do suicida, dando-se início, portanto, à concepção do suicídio como um indiferente penal.[74]

No que diz respeito à automutilação, convém observar que há diversas autolesões deliberadas que são socialmente adequadas, a exemplo de práticas sexuais sadomasoquistas, atuações humorísticas, exposições artísticas, entre outros. Nesses casos, eventual participação de terceiro não implica tipicidade da conduta, conforme nos ensina a teoria da imputação objetiva (normalidade social da conduta geradora do risco).

De acordo com o Código Penal brasileiro, o autor da conduta é punido por favorecer o suicídio ou a automutilação alheia, por meio das seguintes ações: "induzir, instigar ou prestar auxílio". Induzir é suscitar, sugerir uma ideia que jamais havia sido anteriormente concebida pelo suicida. Instigar é estimular o propósito já pensado pelo autor do suicídio. Ambas ações estão no terreno da chamada participação moral. Prestar auxílio já implica participação material, isto é, oferecer meios externos (entregar uma arma ou uma faca, por exemplo) para que a vítima destrua a própria vida ou provoque lesões no próprio corpo. Caso o agente pratique mais de uma das ações previstas no tipo (v.g. instiga a vítima a praticar o suicídio ou a automutilação e fornece-lhe a arma/faca para que o faça), responderá por um único delito, pois se trata de um tipo penal de conteúdo variado.

É possível a prática desse crime pela via omissiva (omissão imprópria), se o agente é pessoa que possui dever jurídico específico e omite a conduta mandada. Bitencourt fornece o exemplo do carcereiro que deixa, propositadamente, o preso com a cinta, para facilitar-lhe o enforcamento, sabendo dessa intenção do suicida[75]. Não se questiona a dificuldade probatória em hipóteses como essa. Mas, em tese, isso seria possível, do ponto de vista dogmático.

Esse crime apenas é punido a título de dolo, não se exigindo qualquer finalidade específica do sujeito ativo do crime, contudo, pode dar ensejo à causa de aumento de pena prevista no art. 122, § 3º, I (a pena é duplicada) quando praticado por motivo egoístico, torpe ou fútil (elementos subjetivos do tipo). Na hipótese de o agente querer a morte ou a lesão da vítima por meio do suicídio ou da automutilação, tem-se o dolo direto; caso, com sua conduta, assuma o risco de promover o induzimento, instigação ou auxílio ao suicídio, tem-se o dolo eventual.

Considerando a falta de previsão legal para a modalidade culposa da conduta, aquele que, por negligência, presta auxílio para que outrem se suicide ou se automutile, pratica fato atípico (v.g. deixar uma arma ou faca ao alcance de alguém que a encontra e, conscientemente, pega-a e suicida-se ou mutila-se).

---

74 PRADO, Luiz Regis. *Tratado de direito penal brasileiro: parte especial: volume 4, arts. 121 a 154-A..., p. 84.*

75 PRADO, Luiz Régis. *Curso de direito penal brasileiro...*, p. 130.

3.3. Sujeitos do crime

Em se tratando de crime comum, qualquer pessoa pode ser sujeito ativo e/ou passivo do delito. Contudo, há que se ressaltar a necessidade do sujeito passivo ser pessoa com capacidade de discernimento, que pratica (ou tenta) o suicídio ou a automutilação em um ato voluntário e consciente, conforme veremos mais adiante ao tratarmos da causa de aumento de pena.

Partindo do pressuposto de que o suicídio e a automutilação são indiferentes penais (embora, em tese, ilícitos), a doutrina faz a ressalva de que "não é o sujeito ativo partícipe do suicídio alheio – visto que tal ato é impunível –, mas autor de delito autônomo, perfeitamente configurado com a prática de qualquer uma das condutas descritas no tipo penal"[76]. Esse entendimento que deve ser estendido à automutilação, de modo que não há que se falar em sujeito ativo como partícipe de automutilação alheia.

Como bem anota Cezar Bitencourt, exatamente por essa característica tão peculiar do crime em comento, não se pode invocar a teoria da acessoriedade limitada no concurso de pessoas, adotada pelo sistema jurídico brasileiro, segundo a qual "a punibilidade da participação em sentido estrito, que é uma atividade secundária, 'exige que a conduta principal seja típica e antijurídica'"[77]. E não se pode porque, nesse caso específico, a atividade de participação não é secundária, senão nuclear do próprio tipo. Trata-se, repita-se, de crime autônomo.

Admite-se o concurso de pessoas – coautoria (v.g. duas ou mais pessoas instigam a vítima a praticar o suicídio ou a automutilação) e participação (v.g. A induz B a induzir C a praticar o suicídio ou a automutilação. A é partícipe, B é o autor do crime e C a vítima).

3.4. Esse crime admite a forma tentada?

O nosso Código Penal adotou a teoria objetiva para justificar a incriminação da tentativa, segundo a qual deve-se tomar em consideração o aspecto exterior da conduta, justificando-se a intervenção penal a partir do início da realização do tipo de ilícito. Nesse sentido, René Dotti ensina que a indagação sobre a possibilidade de caracterização da tentativa depende da "verificação prévia sobre o fracionamento do processo executivo ou, em outras palavras, sobre a decomposição da imagem reitora da figura típica." Assim, se o itinerário do crime puder ser interrompido após iniciada a execução, a tentativa será admissível.[78]

Antes da alteração do art. 122 do Código Penal incluída pela Lei nº. 13.968/2019, sustentávamos que o crime de participação em suicídio não admitia tentativa, na medida em que os resultados lesão corporal grave ou morte integravam o próprio tipo

---

76 PRADO. Luiz Régis. In op. cit. Página 59.

77 In Op. cit. página 124.

78 Curso de direito penal [livro eletrônico] : parte. geral / René Ariel Dotti. -- 2. ed. colaboração de Alexandre Knopfholz e Gustavo Britta Scandelari. -- São Paulo: Thomson Reuters Brasil, 2018.

incriminador, portanto, ou a vítima morria ou lhe sobrevinham lesões graves, e o crime descrito no art. 122 do CP se consumava. Ou isso não ocorria, e não havia o delito.

Com a recente alteração do tipo penal pela Lei nº. 13.968/2019, os resultados lesão corporal grave/gravíssima e morte agora servem para qualificar o delito, deixando de integrar o próprio tipo incriminador. Assim, temos que a figura simples do delito descrita no caput do art. 122 do Código Penal, na condição de crime formal, poderá admitir ou não a tentativa, a depender do meio utilizado pelo agente. No caso de crime formal unissubsistente, a tentativa não é possível, o que ocorre, por exemplo, quando há instigação ou induzimento verbal ao suicídio ou à automutilação; se plurissubsistente, quando a consumação pode dar-se de forma fracionada, admite-se a tentativa, a exemplo da prestação de auxílio material pelo agente.

Em relação às figuras qualificadas descritas nos §§ 1º e 2º do art. 122 (crimes qualificados pelo resultado), não se admite a tentativa, de modo que ou a vítima morre ou lhe sobrevém lesões graves/gravíssimas e o crime estará consumado na sua forma qualificada, ou não ocorrem esses resultados e não incidirá a qualificadora, podendo incidir, nesse último caso e incluindo a ocorrência de lesões leves, a tipificação da conduta na figura simples descrita caput, na sua forma tentada.

3.5. Participação em suicídio ou em automutilação e imputação objetiva

Como já brevemente referido por ocasião da exposição do crime de homicídio, a tipicidade foi a categoria dogmática do delito que mais se agigantou nesses poucos mais de cem anos, desde a formatação do conceito de tipo, por Beling (1906). Esse movimento, sob a ótica político-criminal, é extremamente positivo, pois implica resolver os problemas relativos à imputação no primeiro patamar de análise dogmática, que é a tipicidade. Em outras palavras: situações que ontem teriam que ser resolvidas no terreno da antijuridicidade ou da culpabilidade ou, até mesmo, da punibilidade, hoje são avaliadas no próprio tipo, o que representa, inegavelmente, uma vantagem ao imputado, pois, sob um viés garantista, quanto antes se resolver as questões da imputação, tanto melhor.

Nesse sentido, o funcionalismo teleológico-racional de Claus Roxin e sua formatação de uma teoria de imputação objetiva veio exatamente atender a essa demanda, pois, a partir de um olhar político-criminal constitucionalmente orientado (isto é, na esteira da intervenção mínima), propôs critérios de imputação a partir da análise de um elemento normativo (risco), alargando a função garantista da tipicidade e possibilitando a resolução de casos concretos prematuramente. Assim, o tipo objetivo figura no centro das atenções e não se esgota na mera causação de um resultado, sendo este apenas o ponto de partida. A causação objetivamente típica, além do resultado (causalidade material), também é composta pela criação de um risco juridicamente desaprovado e pela realização desse risco no resultado.

Especificamente em relação ao crime de participação em suicídio ou em automutilação, a questão que se coloca é: até que ponto é legítimo responsabilizar penalmente aquele que presta ajuda ao sujeito que, deliberadamente, no pleno exercício de sua capacidade de autodeterminação, aceita expor sua vida a perigo e o faz, inclusive, em atividades não raro fomentadas socialmente?

Temos como exemplos, aqui, os chamados "esportes radicais", ou outros em que a exposição a perigo de dano físico (ou, até mesmo, morte) são inerentes à atividade (lutas corporais violentas, cada vez mais presentes no cotidiano esportivo do brasileiro). Um sujeito que se dedica ao automobilismo, às lutas de MMA/UFC, ao paraquedismo, ao rapel, para ilustrar. Será que aquele que induz um esportista desse, sabendo que - com tal atividade - estará caminhando para uma possível auto destruição - poderá ser responsabilizado por participação em suicídio? Imaginemos, ainda, para refinar o argumento, o exemplo de alguém que presta auxílio a um paraquedista e que, em seu íntimo, deseja piamente que o paraquedas não abra, pois quer, de fato, a morte do esportista. Isto é, age com inequívoco dolo. Se o paraquedas, de fato, não abre e o esportista vem a perecer, será legítima a imputação? Da mesma forma, seria legítimo responsabilizar penalmente aquele que presta auxílio material a humorista que pratica a automutilação em sua performance?

E mais: ainda que a pessoa deseje deliberadamente lesionar-se ou o seu próprio fim e resolva pedir uma arma/faca emprestada a outrem, afirmando a sua intenção. Ainda que o próprio sujeito (de livre e espontânea vontade, com capacidade de determinação para isso) peça o instrumento para dar cabo da vida ou para se lesionar, a conduta de quem empresta a arma não estaria bem mais inserida num contexto de um ato moralmente condenável, mas não penalmente reprovável? Em suma, como compatibilizar a imputação objetiva e essa nova dimensão normativa dada à tipicidade (a partir da noção de risco) com o crime de participação em suicídio ou em automutilação?

Sem dúvida, não se trata de uma questão simples. Primeiro porque as indagações aqui suscitadas são fruto de uma teoria relativamente nova em nossa tradição jurídico-penal. E, como sempre, o novo requer tempo de maturação. Em segundo, porque a questão inegavelmente rompe certos pré-juízos arraigados em nossa cultura, como o de que a vida é um bem jurídico indisponível. Será mesmo? Já não seria momento de se repensar esse dogma? Até quando insistiremos repetindo essa frase feita sem, em relação a ela, lançar uma atitude interpretativa (Dworkin), ou nos deixar levar pela experiência do estranhamento - como nos fala a hermenêutica filosófica -, colocando à prova nossos pré-conceitos, pré-noções, para verificar se ainda se amoldam às tradições? Afinal, tradição não é congelamento no passado. É processo dinâmico e circular.

Pensamos, pois, que o penalista do século XXI não pode furtar-se a esse tipo de tarefa, principalmente tendo, diante de si, um aporte teórico como a imputação objetiva de Roxin que, sem dúvida, balança as estruturas dessa cultura ocidental ainda fulcrada no dogma da indisponibilidade da vida. Exatamente por essa resistência que insiste em nos marcar, questões urgentes relativas à eutanásia (suicídio assistido) e que precisam de solução jurídica imediata, seguem sem uma definição precisa, impondo tanta dor e sofrimento aos que clamam por uma resposta a esses casos.

Enfim, a dogmática vem caminhando para um estágio de controle de imputação. O alargamento da tipicidade (comportando as noções da imputação objetiva, bem como os corretivos da tipicidade conglobante, sugeridos por Zaffaroni) outro objetivo não tem, senão resolver o problema da imputação prematuramente. Essa indicação, não resta dúvida, vem ao encontro de uma dogmática voltada a uma política de intervenção mínima e restrição de danos.

3.6. Aumento de pena (CP, art. 122, §§ 3º, 4º e 5º) e afastamento do crime de participação em suicídio ou em automutilação (CP, art. 122, §§ 6º e 7º)

A Lei nº. 13.968/2019 incluiu os §§ 3º, 4º e 5º ao art. 122 para prever causas de aumento de pena (majorantes), já que determinou um quantum de elevação. A pena a ser trabalhada, nesses casos, poderá ser tanto a do caput do dispositivo (forma simples), quanto aquelas cominadas nos §§ 1º e 2º (formas qualificadas).

A pena da participação em suicídio ou em automutilação é duplicada:

I - se o crime é praticado por motivo egoístico, torpe ou fútil: mais uma vez, a motivação aparece como causa de agravamento. Dispensável conceituar o que é egoísmo, devendo ficar a análise restrita às circunstâncias do caso a caso. Exemplo comum é do herdeiro que mata o testador para ficar com a herança. A Lei nº. 13.968/2019 acrescentou os motivos torpe e fútil enquanto causas de aumento de pena do crime. Quanto ao motivo torpe, fica configurado "quando a razão do delito for vil, ignóbil, repugnante, abjeta"[79], e fútil quando insignificante, flagrantemente desproporcional ou inadequado se cotejado com a ação do agente. Registre-se que se tratam de circunstâncias não elementares do crime de participação em suicídio ou em automutilação e, em consequência, possuindo caráter pessoal, não se comunicam a eventuais coautores ou partícipes (art. 30, CP).

II - se a vítima é menor ou tem diminuída, por qualquer causa, a capacidade de resistência: trata-se de causa de aumento de pena já prevista na redação anterior à Lei nº. 13.968/2019. O que justifica o incremento da punição, aqui, é a vulnerabilidade da vítima pela idade (ou qualquer outra causa). O crime, nas suas formas simples (caput) ou qualificada (§§ 1º e 2º), pressupõe vítima com capacidade de autodeterminação. Logo, se a vítima tiver plena capacidade de se autodeterminar e potencialidade para resistir ao induzimento, instigação ou auxílio, responderá o agente por favorecimento ao suicídio ou à automutilação em sua modalidade simples ou qualificada. A causa de aumento de pena do inciso II destina-se a um meio-termo. A vítima não é totalmente incapaz de defender-se, mas também não está em gozo de sua capacidade plena. Sua capacidade é diminuída, por uma condição especial de vulnerabilidade (menoridade,

---

79 CUNHA, Rogério Sanches. *Manual de Direito Penal:* parte especial (arts. 121 ao 361). 11. ed. rev. ampl. e atual. Salvador: Juspodivm, 2019, p. 55.

ou outra, como, por exemplo, idade avançada, enfermidade, influência de álcool ou substância de efeitos análogos). Trata-se de circunstância de natureza objetiva, portanto, em eventual concurso de agentes, comunica-se aos demais coautores ou partícipes.

O legislador menciona apenas "vítima menor", mas não diz menor de quanto.

Pensamos que o limite, aqui, deve ser 14 e 18 anos. Explicamos: de acordo com os §§ 6º e 7º do art. 122, se a vítima for menor de 14 anos, o crime é homicídio (art. 121) ou lesão corporal de natureza gravíssima (art. 129, § 2º), caso seja essa a natureza da gravidade da lesão. Vítima maior de 18 anos, desde que capaz, o crime é de participação em suicídio ou em automutilação em sua forma simples ou qualificada, a depender do resultado.

O tratamento diferenciado quando se tratar de vítima menor de 14 anos, enfermo ou deficiente mental sem o necessário discernimento para a prática do ato ou que, por qualquer outra causa, não possa oferecer resistência, justifica-se pela situação de vulnerabilidade e correspondente afetação de sua capacidade de se autodeterminar, de modo que eventual consentimento em suicidar-se ou lesionar-se não é considerado válido.

No caso da participação em automutilação, temos que a opção legislativa pela remissão ao art. 129 somente no caso de lesão corporal gravíssima em vítima vulnerável (art. 122, § 6º), buscou conferir a graduação da punição de acordo com a gravidade da lesão, bem como garantir que o crime praticado contra vítima vulnerável seja punido com maior rigor em relação àquele praticado contra vítima maior e capaz, senão vejamos:

a) Participação em automutilação contra vítima vulnerável:

- Com resultado lesão corporal leve, o agente responderá pelo crime do art. 122, caput, cuja pena é de reclusão, de 6 meses a 2 anos, que será duplicada por força do § 3º, II. Registre-se que o art. 129, caput, prevê pena de detenção, de 3 meses a 1 ano, para o crime de lesão corporal leve, aumentada de 1/3 se vítima menor de 14 anos ou maior de 60 anos (art. 129, § 7º).

- Com resultado lesão corporal de natureza grave, o agente responderá pela forma qualificada do crime (art. 122, § 1º), cuja pena cominada é de reclusão, de 1 a 3 anos, que será duplicada por força do § 3º, II. Observa-se que o art. 129, §1º prevê a pena de reclusão, de 1 a 5 anos para o crime de lesão corporal de natureza grave, aumentada de 1/3 se vítima menor de 14 anos ou maior de 60 anos (art. 129, § 7º).

- Com resultado lesão corporal de natureza gravíssima, o agente responderá pelo art. 129, § 2º do Código Penal, cuja pena cominada é de reclusão, de 2 a 8 anos, aumentada de 1/3 se vítima menor de 14 anos ou maior de 60 anos (art. 129, § 7º).

b) Participação em automutilação contra vítima maior e capaz:

- Com resultado lesão corporal de natureza leve, o agente responderá pela forma simples prevista no caput do art. 122, cuja pena é de reclusão, de 6 meses a 2 anos.

- Com resultado lesão corporal de natureza grave, o agente responderá pela forma qualificada do crime (art. 122, § 1º), cuja pena cominada é de reclusão, de 1 a 3 anos.

- Com resultado lesão corporal de natureza gravíssima, o agente responderá pela forma qualificada do crime (art. 122, § 1º), cuja pena cominada é de reclusão, de 1 a 3 anos.

A Lei nº. 13.968/2019 incluiu o § 4º para também dispor que a pena será aumentada até o dobro se a conduta for realizada por meio da rede de computadores, de rede social ou transmitida em tempo real. Claramente a inovação legislativa buscou alcançar jogos e grupos em redes sociais que induzem ou instigam o suicídio e/ou automutilações, principalmente tendo como destinatários crianças e adolescentes, a exemplo do jogo Baleia Azul, que envolve uma série de tarefas ou desafios dados pelos chamados curadores/administradores aos jogadores/participantes para que as completem, algumas envolvendo automutilações até a última tarefa, o suicídio. Outro exemplo mais recente é a chamada "boneca Momo", que apareceu em vídeos infantis com mensagens de incentivo à automutilação.

Note-se que a majoração da pena ocorre quando a conduta típica é praticada por meio da rede de computadores (Internet), redes sociais ou transmitida em tempo real. Ao mencionar o uso da rede de computadores como meio para incitar o suicídio ou a automutilação, nada obstante sua potencial capacidade de alcançar destinatários/usuários determinados e indeterminados, como é o caso das mensagens lançadas em redes sociais, o § 6º somente permite a aplicação da majorante se houver, no caso em exame, vítima determinada. Da mesma forma, a transmissão em tempo real pode dirigir-se a usuários determinados, a exemplo das chamadas de vídeo de aplicativos de comunicação, ou indeterminados, como por exemplo a chamada "Live", que permite a transmissão de vídeos em tempo real em redes sociais como Facebook e Instagram, todavia, para aplicação da causa de aumento, há que se ter vítima determinada.

A Lei nº. 13.968/2019 também incluiu nova majorante no § 5º do art. 122 na hipótese do agente ser líder ou coordenador de grupo ou de rede virtual, caso em que a pena é aumentada em metade. O maior desvalor da ação aqui se justifica pela posição de liderança ou coordenação do sujeito, em que há a ascendência de sua vontade sobre a atuação criminosa dos demais. A conduta do líder ou coordenador pode restringir-se à organização e direção das atividades de incitação ao suicídio ou à automutilação, ou acumular-se com a conduta material própria à prática do delito. De todo modo, para o líder ou coordenador de grupo ou rede social, será aplicada a pena até o dobro, em virtude da prática do crime por meio virtual, e mais um acréscimo de metade, em razão de sua posição de liderança.

Importa registrar que nas hipóteses dos §§ 6º e 7º, ou seja, quando da conduta resulta lesão corporal gravíssima ou morte de vítima vulnerável, não incidem as causas de aumento de pena dos §§ 3º, 4º e 5º do art. 122 do Código Penal em atenção ao princípio da proporcionalidade. Note-se que se o sujeito mata diretamente vítima vulnerável ou provoca-lhe lesão corporal gravíssima, responde pelas penas dos artigos 121 (homicídio simples ou qualificado) e art. 129, § 2º (lesão corporal gravíssima) do

Código Penal, respectivamente. Viola o princípio da proporcionalidade pretender que ao induzimento, instigação ou auxílio ao suicídio ou à automutilação que provoque lesões gravíssimas, ainda incida a duplicação das penas dos artigos 121 e 129, § 2º e/ou seu acréscimo em metade. A causação indireta (incitação) da morte/lesão gravíssima de vítima vulnerável não pode ser mais gravemente punida do que a sua causação direta, pelas "mãos" do próprio agente.

3.7 Ação penal

O crime previsto no art. 122 do Código Penal é de ação penal pública incondicionada em qualquer de suas formas. Especificamente em relação ao crime de participação em automutilação, deve-se fazer a ressalva quanto à competência para julgamento, uma vez que não se trata de crime doloso contra a vida, tal como a participação em suicídio.

Na análise do caso concreto deve-se, portanto, verificar o elemento subjetivo do agente, se havia o ânimo da participação na automutilação ou no suicídio da vítima. Se no suicídio, a competência é do Tribunal do Júri, por ser o competente para julgar crimes dolosos contra a vida. De outra parte, se o dolo for de participação na automutilação da vítima, sem pretender que esta dê cabo de sua vida, o competente para julgar o caso será o juízo singular, já que não se trata de figura inserida na competência do Tribunal do Júri constitucionalmente determinada. Por essa razão, reafirmamos o problema de técnica legislativa ao alocar o crime de participação em automutilação no Capítulo I "Dos crimes contra a vida", e não no Capítulo II "Das lesões corporais", ambos do Título I "Dos crimes contra a pessoa".

Convém ressaltar, por fim, que a Lei nº. 13.968/2019 criou novas condutas delituosas (novatio legis incriminadora) e incrementou a punição em relação a outras já previstas no art. 122 (novatio legis in pejus). Em ambos os casos, as novas circunstâncias previstas no tipo não podem retroagir para alcançar situações pretéritas, já que a lei penal só pode retroagir para beneficiar o réu (art. 5º, XL da Constituição Federal).

4. INFANTICÍDIO

⊙ **Infanticídio**

Art. 123 - Matar, sob a influência do estado puerperal, o próprio filho, durante o parto ou logo após:

Pena - detenção, de dois a seis anos.

4.1 Um homicídio especial: influência do estado puerperal

O crime de infanticídio consiste em "matar, sob a influência do estado puerperal, o próprio filho, durante o parto ou logo após" (art. 123, CP).

Trata-se de crime próprio, ou seja, somente pode ser sujeito ativo do delito a mãe da vítima, consumando-se com a morte do sujeito passivo (crime material). Pode ser praticado por ação ou omissão (imprópria). Não incidem as circunstâncias agravantes previstas no art. 61, II e (crime praticado contra descendente) e h (crime praticado contra criança) do Código Penal, uma vez que integram a descrição do tipo penal; entendimento contrário acarretaria inaceitável *bis in idem*.

A pena cominada para o infanticídio (detenção, de dois a seis anos) é consideravelmente mais branda do que a pena do homicídio simples (reclusão, de seis a vinte anos). E é mais branda exatamente porque, neste caso específico, a autora do crime (mãe da vítima) age sob influência do estado puerperal que, nas palavras de Hungria, seria "a particular perturbação físiopsíquica decorrente do parto"[80]. Isto é, a mãe que mata o próprio filho, durante o parto ou logo após, sob a influência do estado puerperal, tem sua capacidade de entendimento singularmente alterada, ocorrendo reflexos diretos na zona da culpabilidade, o que justifica a cominação de pena mais branda e, no caso da opção do legislador do CP de 1940, a previsão legal como crime próprio. Sim, porque poderia se tratar de uma figura de homicídio privilegiado, com redação no próprio art. 121. Mas não foi essa a escolha do Código brasileiro.

Se uma mãe mata seu filho nas circunstâncias especiais acima mencionadas, inexistentes no art. 121 do CP, pelo princípio da especialidade, responderá pelo crime de infanticídio e não por homicídio.

Na própria exposição de motivos do Código Penal, consta que o puerpério é o conjunto de alterações físicas e psíquicas que ocorrem durante o parto e na fase pós-parto, e que podem acarretar perturbações psíquicas temporárias que diminuam a capacidade de entendimento ou de autoinibição da parturiente.

Toda mulher, durante o parto ou em fase pós-parto, encontra-se em estado puerperal, contudo, havendo a prática da conduta típica, há que se verificar se a mãe matou o filho sob a influência do puerpério, isto é, em virtude das alterações havidas em seu organismo. Há que se verificar se tais alterações levaram ao desenvolvimento de um sentimento de rejeição ao filho recém-nascido ou que está nascendo, caso a conduta seja praticada durante o parto.

Isso é necessário na medida em que: constatando-se que não houve qualquer influência de estado puerperal, o crime será homicídio. Verificando-se a presença da influência do estado puerperal, tem-se infanticídio. Se, para além de mera influência, a parturiente desenvolver perturbações psíquicas consideráveis, será infanticídio com a causa geral de diminuição de pena do art. 26, parágrafo único do CP, relativa à semi-imputabilidade. Se sobrevier doença mental, será caso de inimputabilidade (CP, art. 26, caput).

Apenas para ilustrar, o Código de 1830 não considerava o estado puerperal como razão para o tratamento mais brando, mas sim a questão moral. Dirigia-se o dispositivo à mãe que matava o próprio filho "para ocultar sua desonra". Essa lógica foi repetida pelo Código de 1890 e somente alterada pelo CP de 1940 que, substituindo a questão

80 In op. cit. Página 209.

moral pela físiopsíquica, fez inserir a influência do estado puerperal, abandonado qualquer consideração acerca da legitimidade da gravidez ou do motivo determinante da conduta delituosa. Segundo Regis Prado, "a causa honoris deixa de ocupar posto de destaque para ceder lugar ao exame da perturbação fisiopsíquica produzida pelo fenômeno do parto"[81].

4.2. Bem jurídico protegido: a vida extrauterina

Sabe-se que o Direito (Penal, inclusive) protege a vida desde a concepção. No caso do infanticídio, trata-se de vida extrauterina, sem dúvida. A vítima deste crime é o nascente (aquele que está nascendo) ou o neonato (aquele que acabou de nascer), não havendo a necessidade de qualquer indagação acerca da capacidade de vida autônoma[82]. O elemento temporal, definido em lei, é determinante, aqui: "durante o parto ou logo após". Como não há definição desse "logo após", entende-se que é enquanto perdurar a influência causada pelo estado puerperal, conforme tradicionalmente a doutrina se posiciona, com o que estamos de pleno acordo.

Se o crime ocorrer antes do início do parto, haverá aborto e se a morte do bebê se der depois de encerrada a influência do estado puerperal, haverá homicídio.

Na hipótese da mãe que, por erro in personam, mata o filho de outrem, acreditando se seu próprio filho, responde pelo crime de infanticídio (e não homicídio). Isso porque o Código Penal brasileiro adotou a teoria da equivalência, segundo a qual, o agente que pretende praticar um crime contra alguém mas, por erro, atinge outrem, responde como se tivesse atingido a vítima virtual e não a real.[83] É o que dispõe o art. 20, § 3º do CP: "não se consideram as condições ou qualidades da vítima, senão as da pessoa contra quem o agente queria praticar o crime".

4.3. Consumação e tentativa

Segue-se a mesma orientação do homicídio. Crime material que é, para se consumar necessita de resultado naturalístico, que é a morte do nascente ou recém-nascido. A tentativa, por evidente, é possível, desde que, iniciados os atos de execução, o resultado não sobrevenha por circunstâncias alheias à vontade da parturiente.

---

81 PRADO, Luiz Regis. *Tratado de direito penal brasileiro: parte especial: volume 4, arts. 121 a 154-A...„ p. 101.*

82 *"... não é essencial à caracterização do delito em exame a vitalidade do recém-nascido, ou seja, da possibilidade de adaptação deste às condições regulares da vida extrauterina. A ausência de vitalidade é irrelevante, de forma que pouco importam as condições de maturidade, de desenvolvimento, de conformação ou de força do neonato vivo".* PRADO, Luiz Regis. *Tratado de direito penal brasileiro: parte especial: volume 4, arts. 121 a 154-A...„ p. 105.*

83 QUEIROZ, Paulo. *Curso de Direito Penal: parte geral. V.1.* ..., p. 272.

4.4. Elemento subjetivo

O crime de infanticídio somente é punido a título de dolo, isto é, nos casos em que a mãe quis matar o próprio filho (dolo direto) ou assumiu os riscos de produzir esse resultado (dolo eventual). Não havendo previsão legal para a modalidade culposa, não há que se falar em infanticídio culposo, contudo, a doutrina diverge quando se trata de parturiente que, sob a influência do estado puerperal, mata o próprio filho por imprudência: trata-se de conduta atípica ou homicídio culposo?

Para os que defendem tratar-se de conduta atípica (Damásio), se o legislador não previu a modalidade culposa, a mãe que, sob a influência do estado puerperal, mata o próprio filho culposamente, pratica conduta atípica. Por outro lado, para os que defendem tratar-se de homicídio culposo (Cezar Bitencourt, Luiz Regis Prado), o bem jurídico "vida" exige proteção especial, ensejando exclusão de responsabilidade penal somente quando não há dolo ou culpa na conduta. Para essa corrente, o estado puerperal e o fato da conduta ter sido praticada durante ou logo após o parto são circunstâncias que deverão ser consideradas no momento da aplicação da pena do crime de homicídio culposo.

4.5. Sujeito ativo especial: e quando há concurso de pessoas? qual o crime do participante?

O infanticídio é crime que somente pode ser praticado pela mãe da vítima, durante o parto ou logo após, sob a influência de estado puerperal. Trata-se de crime próprio, pois.

A questão que se coloca é: e quando um terceiro age como coautor (praticando atos de execução) ou como partícipe (induzindo, instigando ou prestando auxílio material à parturiente), que crime pratica? Será responsabilizado por infanticídio, tal como a mãe, ou responderá por crime próprio, no caso, homicídio?

Em outros termos: a circunstância pessoal da autora do crime (influência do estado puerperal) comunica-se ou não ao terceiro participante?

Há opiniões divergentes na doutrina. Parte dela (Damásio de Jesus, Magalhães Noronha, Frederico Marques), aceita a tese da comunicabilidade. Outra parte (Nelson Hungria, Heleno Fragoso, Aníbal Bruno), posiciona-se pela incomunicabilidade e, portanto, pela imposição do crime de homicídio ao terceiro.

O cerne da questão está no que dispõe o art. 30 do CP, segundo o qual "não se comunicam as circunstâncias e as condições de caráter pessoal, salvo quando elementares do crime". Ora, "influência de estado puerperal" é, sem sombra de dúvida, uma circunstância de caráter pessoal e, também, integra o tipo do crime em comento. Portanto, pela regra do art. 30, o terceiro participante deveria, sim, responder por infanticídio, assim como o terceiro que participa de um peculato, mesmo não sendo servidor público, nas sanções desse crime especial estará incurso.

Nelson Hungria, para tentar escapar dessa objetividade legal, fez um esforço para justificar que "estado puerperal" seria uma circunstância personalíssima, e não meramente pessoal (como o peculato) e que, portanto, não estaria contemplada pela regra do art. 30, do CP[84].

À parte a aula magistral do mestre Hungria, temos que essa circunstância deve, sim, comunicar ao terceiro e, portanto, ficamos com a posição que admite que o participante responderá por infanticídio. Não há como fazer uma interpretação do art. 30 do CP in malam partem. Isso não é autorizado no Direito Penal democrático.

De fato, a sugestão pode não parecer justa. Afinal, como conceber que o estado puerperal se comunique a um terceiro? A solução da doutrina, de lege ferenda, é, nesse caso, interessante: extingue-se o infanticídio como crime próprio e passa-se a prever uma figura especial privilegiada (com cominação de pena específica), em sede de homicídio. Com isso, resolve-se o problema, pois o que hoje é uma elementar do tipo, passará a ser mera circunstância e, assim sendo, elimina-se a possibilidade de aplicação da regra do art. 30 do CP[85].

Todavia, é preciso notar de que concurso de pessoas se trata:

a) Parturiente e terceiro praticam a conduta típica (matar): tem-se, aqui, coautoria. Entendemos que o terceiro, nesse caso, responde por infanticídio, aplicando-se a regra do art. 30, do CP.

b) O terceiro mata o nascente ou recém-nascido e a parturiente funciona apenas como partícipe: nesse caso, temos que o fato principal é o homicídio. A mãe apenas contribui de forma acessória. Pela teoria monista do concurso de pessoas não se pode cindir os crimes. Ambos responderão pelo mesmo crime. Mas, qual? Infanticídio, ou homicídio. Entendemos, com Cezar Bitencourt, que o homicídio, por ser o fato principal, deverá prevalecer. À mãe, por conta de sua condição especial de diminuição de culpabilidade, e querendo participar de crime menos grave (infanticídio), deverá, neste caso, ser aplicada a regra do art. 29, parágrafo segundo, segundo a qual "se algum dos concorrentes quis participar de crime menos grave, ser-lhe-á aplicada a pena deste; essa pena será aumentada , até metade, na hipótese de ter sido previsível o resultado mais grave". Trata-se do chamado desvio subjetivo de condutas, perfeitamente aplicável no crime em tese, já que o dolo da mãe - pela condição especial - não é de homicídio, mas de infanticídio.

c) A mãe mata a vítima e o terceiro apenas colabora secundariamente: aqui não resta dúvida de que - com muito mais razão que na hipótese "a", o terceiro, como mero partícipe, irá responder por infanticídio.

84 In op. cit. páginas 229 e ss.

85 DE JESUS. Damásio E. In op. cit. Página 98.
BITENCOURT, Cezar Roberto. In op. cit. Página 152.

5. ABORTO

⊙ **Aborto provocado pela gestante ou com seu consentimento**

Art. 124 - Provocar aborto em si mesma ou consentir que outrem lho provoque:

Pena - detenção, de um a três anos.

Aborto provocado por terceiro

Art. 125 - Provocar aborto, sem o consentimento da gestante:

Pena - reclusão, de três a dez anos.

Art. 126 - Provocar aborto com o consentimento da gestante:

⊙ **Pena - reclusão, de um a quatro anos.**

Parágrafo único. Aplica-se a pena do artigo anterior, se a gestante não é maior de quatorze anos, ou é alienada ou debil mental, ou se o consentimento é obtido mediante fraude, grave ameaça ou violência

⊙ **Forma qualificada**

Art. 127 - As penas cominadas nos dois artigos anteriores são aumentadas de um terço, se, em conseqüência do aborto ou dos meios empregados para provocá-lo, a gestante sofre lesão corporal de natureza grave; e são duplicadas, se, por qualquer dessas causas, lhe sobrevém a morte.

Art. 128 - Não se pune o aborto praticado por médico:

⊙ **Aborto necessário**

I - se não há outro meio de salvar a vida da gestante;

Aborto no caso de gravidez resultante de estupro

II - se a gravidez resulta de estupro e o aborto é precedido de consentimento da gestante ou, quando incapaz, de seu representante legal.

5.1. Notas gerais e bem jurídico tutelado

O aborto (ou abortamento) é a interrupção da gravidez, com a consequente morte do produto da concepção. Configura-se com o ato de impedir que a criança venha a nascer, tirando sua vida ainda no ventre materno. O bem jurídico tutelado é, portanto, a vida humana intrauterina em qualquer fase de seu desenvolvimento[86], que vai desde o momento da concepção[87] até antes do início do parto.

---

86 *"Segundo o estágio de desenvolvimento do produto da concepção, o aborto se distingue em ovular, se praticado nos dois primeiros meses da gestação; embrionário, se perpetrado no terceiro ou no quarto mês de gestação; e fetal, quando praticado do quinto mês de gravidez em diante"*. PRADO, Luiz Regis. *Tratado de direito penal brasileiro: parte especial: volume 4, arts. 121 a 154-A...*, p. 120-121.

87 Há autores que defendem a existência de dois prismas para o início da gravidez: o biológico e o jurídico. Nesse sentido, segundo Rogério Sanches, *"o termo inicial para a prática do aborto é o começo da gravidez, que, do ponto de vista da biologia, se dá com a fecundação. Todavia, prevalece na ótica jurídica, que a gestação tem início com a implantação do óvulo fecundado no endométrio, isto é, com a sua fixação no útero materno (nidação)"* CUNHA, Rogério Sanches. *Manual de Direito Penal: parte especial (arts. 121 ao 361)...*, p. 105. Luiz Régis Prado, por sua vez, sustenta que pelo prisma jurídico, *"o aborto tem como limite mínimo necessário para sua existência a nidação, que ocorre cerca de quatorze dias após*

Nas hipóteses de aborto sem o consentimento da gestante, além da vida intrauterina, a lei protege a integridade física (e até mesmo a vida) e psíquica da gestante.

Tratando-se de crime material, consuma-se com a morte do feto ou do produto da concepção.

A tentativa é possível nas diversas modalidades do crime de aborto, quando o agente (gestante ou terceiro) dá início aos atos de execução do crime, com a intenção de consumá-lo, no entanto o iter criminis é interrompido por circunstâncias alheias à sua vontade (v.g. a gestante ingere droga abortiva, com essa finalidade, mas o feto é expulso do ventre materno com vida, e sobrevive).

Ressalte-se que na hipótese do feto ser expulso do ventre materno ainda com vida, e a morte sobrevir-lhe fora do ventre, mas em decorrência das manobras abortivas, tratar-se-á do crime de aborto (e não homicídio). De outra parte, se depois das manobras abortivas o feto sobrevive, mas vem a falecer por outra conduta punível, ter-se-á, em tese, homicídio ou infanticídio (e não aborto). Nesse sentido, Regis Prado leciona: "De fato, a mera interrupção da gestação, por si só, não implica aborto, dado que o feto pode ser expulso do ventre materno e sobreviver ou, embora com vida, ser morto por outra conduta punível (infanticídio ou homicídio)"[88].

O aborto pode ser natural, quando a interrupção da gravidez é espontânea; acidental, quando a interrupção se dá, por exemplo, em razão de uma queda da gestante; legal, nos casos permitidos por lei; ou criminoso, quando a interrupção é considerada ilícito penal.[89]

O Código Penal prevê as seguintes hipóteses de aborto criminoso: quando provocado pela gestante ou com seu consentimento (art. 124), quando provocado por terceiro, sem o consentimento da gestante (art. 125) ou com o seu consentimento (art. 126). Dispõe ainda sobre a "forma qualificada" do delito no art. 127, que se configura quando, em consequência do aborto ou dos meios empregados para provocá-lo, a gestante sofre lesão corporal de natureza grave ou lhe sobrevém a morte. Nesses casos, as penas cominadas são aumentadas de um terço (lesão corporal) ou duplicadas (morte).

As hipóteses de aborto legal estão previstas no art. 128 do Código Penal e ocorrem quando não há outro meio de salvar a vida da gestante (aborto necessário ou terapêutico) ou quando a gravidez resulta de estupro e o aborto é precedido de consentimento da gestante ou, quando incapaz, de seu representante legal (aborto humanitário ou sentimental).

---

a concepção...". Afirma, todavia, que biologicamente o começo da vida é marcado pela concepção ou fecundação. PRADO, Luiz Regis. *Tratado de direito penal brasileiro: parte especial: volume 4, arts. 121 a 154-A....*, p. 121.

88 PRADO, Luiz Regis. *Tratado de direito penal brasileiro: parte especial: volume 4, arts. 121 a 154-A....*, p. 120.

89 FREITAS, Patrícia Marques. *Os fetos anencéfalos e a Constituição Federal de 1988.* 1ª.ed. São Paulo: Ícone, 2011, p. 60 e 66.

5.2. O aborto provocado pela própria gestante e a conduta da gestante de consentir com o abortamento

⊙ **Aborto provocado pela gestante ou com seu consentimento**

Art. 124 - Provocar aborto em si mesma ou consentir que outrem lho provoque.

Pena: detenção, de 1 (um) a 3 (três) anos.

O art. 124 do Código Penal prevê duas formas de aborto criminoso cujo sujeito ativo é a própria gestante: provocar aborto em si mesma ou consentir que outrem lho provoque.

5.2.1. Autoaborto e descriminalização: aportes político-criminais

Questão extremamente polêmica (como não poderia deixar de ser, por envolver tema de moralidade política, no sentido empregado por Dworkin) diz com a legitimidade/necessidade (ou não) desse dispositivo legal, que proíbe criminalmente a conduta da mãe que pratica aborto em si própria ou consente que outra pessoa pratique os atos executórios. Desde já manifestamos que estamos absolutamente de acordo com que se continue a punir o aborto praticado por terceiro sem o consentimento da gestante, por evidente. Nossa observação aqui está especialmente direcionada ao autoaborto.

Vários argumentos são dirigidos a esse tema. Os contrários à criminalização e os favoráveis a que ela seja mantida. E são eles de várias ordens. Quem se posiciona a favor do aborto, isto é, pela sua retirada do CP, via de regra, invoca razões que passam por um suposto direito da mulher de dar destinação a seu corpo da forma que melhor lhe convier, ou que passam pela questão socioeconômica (como se vai garantir a criação e manutenção de uma criança em condições adversas?). Quem trilha o caminho contrário, pugnando pela manutenção da proibição penal, traz razões da ordem da moral comum, religiosa, etc.

Não vamos, aqui, entrar nesse debate. Nosso argumento vai transitar pela política criminal.

Não questionamos que a vida intrauterina merece proteção, tampouco temos por certo o argumento da existência de um direito da mulher, quando outra vida está em jogo.

Nosso ponto é o seguinte: não resta dúvida de que a cifra oculta do crime de aborto é incrivelmente alta. São pouquíssimos os casos de abortamento levados ao conhecimento do Poder Judiciário. E os poucos que são levados às agências de repressão apenas refletem a seletividade inerente ao sistema, isto é, possuem como foco mulheres de baixa renda que, sem ter condições de custear um procedimento seguro, acabam optando por drogas com efeito abortivo, ou clínicas sem nenhuma estrutura. Consequência disso? A morte não apenas do feto, mas de inúmeras mulheres (não raro em idade prematura), que não resistem aos efeitos dos meios abortivos extremamente arriscados que utilizam.

De outra banda, mulheres com poder aquisitivo mais alto seguem fazendo procedimentos de abortamento, de forma segura, em clínicas estruturadas e de fachada, que raramente são investigadas pelo poder de polícia.

E a norma penal, a esse passo, continua sendo uma triste hipocrisia. Porque, em razão da clara impunidade desse crime, a mulher que deixa de abortar, no Brasil, seguramente o faz por motivos morais e/ou religiosos, jamais por medo da sanção penal. Eis a prova viva de que o Direito Penal, principalmente nessa espécie delitiva, está longe de cumprir sua decantada função de prevenção geral negativa.

Entendemos, por fim, que aborto é um tema de saúde pública, que deveria ocupar a cena das políticas públicas, com seriedade. Nada adianta jogar o problema para o Direito Penal, pois, como visto, ele, de fato, é incapaz de resolver, à parte toda a proteção que a vida intrauterina mereça.

Dadas essas razões, somos absolutamente favoráveis à descriminalização do autoaborto (incluindo, aqui, o aborto praticado por terceiro, com o consentimento da gestante).

5.2.2. Sujeito ativo, elemento subjetivo e condutas punidas: crime próprio

A figura do artigo 124 somente pode ter a própria gestante como sujeito ativo, por isso se trata de crime próprio. Somente é punível a título de dolo (elemento subjetivo), ou seja, quando há vontade livre e consciente de interromper a gravidez ou de consentir para que outrem o faça (dolo direto) ou a gestante assume o risco de produzir o resultado morte do produto da concepção, aceitando-o como possível (dolo eventual)[90].

Note-se que se no momento da prática abortiva a mulher não está grávida ou o feto já se encontra morto, tem-se crime impossível (ou tentativa inidônea), por absoluta impropriedade do objeto, já que impossível a concreta consumação do crime de aborto (o que não exclui a possibilidade de outras incriminações em relação ao terceiro, como, por exemplo, lesões corporais – CP, art. 129). O mesmo se diz para a conduta da gestante que ingere medicamento absolutamente incapaz de provocar o aborto. Nesse caso, trata-se de crime impossível por absoluta ineficácia do meio (CP, art. 17).

O dispositivo legal divide-se em duas partes. Há duas condutas proibidas: praticar aborto em si própria "OU" permitir que outrem lho provoque.

---

90 Em relação ao aborto praticado com dolo eventual, Regis Prado exemplifica: "*Exemplo frequentemente apontado é o do agente que, pretendendo promover um nascimento prematuro, para fins de herança, prevê a possível morte do feto e aceita o risco de sua produção. De semelhante, a mulher que se entrega às práticas esportivas de alto impacto e que, prevendo a possibilidade de abortar, assume o risco do evento, incorrerá no delito em exame, se, em consequência desses exercícios, verifica-se a interrupção da gravidez com a morte do feto*". PRADO, Luiz Regis. *Tratado de direito penal brasileiro: parte especial: volume 4, arts. 121 a 154-A...*, p. 124.

Na primeira parte, a própria gestante pratica os atos de execução de matar. Ela mesma executa a manobra abortiva, por qualquer meio (trata-se de crime de forma livre, que admite vários meios de execução).

Na segunda parte, pune-se a conduta de manifestar o consentimento. A gestante é punida por dar o seu consentimento para que um terceiro pratique o aborto. Interessante essa hipótese, por se tratar de uma exceção à teoria monista do concurso de pessoas[91]. Muito embora o fato seja um só, a gestante responderá pela figura do art. 124, segunda parte, enquanto o terceiro (que pratica os atos executórios) responderá pelo crime descrito no art. 126, do CP.

5.3. Aborto provocado por terceiro, sem o consentimento da gestante

> **Art. 125** - Provocar aborto, sem o consentimento da gestante.
> Pena - reclusão de 3 (três) a 10 (dez) anos.

Trata-se da modalidade mais grave do crime de aborto.

Nesse caso, a gestante não consente com o abortamento. A conduta é praticada por terceiro, sem o aval da grávida. Nesse caso, portanto, não é somente a vida do feto que está sob tutela, senão a integridade física (e vida) da própria gestante. Exatamente por isso, a pena desse crime é bem mais elevada da prevista ao aborto provocado por terceiro com o consentimento da gestante (reclusão de 01 a 04 anos).

Trata-se de crime comum, portanto, qualquer pessoa pode ser sujeito ativo do crime.

Somente é punível a título de dolo, ou seja, quando há vontade livre e consciente de interromper a gravidez da gestante (dolo direto) ou assume-se o risco de produzir tal resultado (dolo eventual). Registre-se que se o agente pretende apenas lesionar a gestante (animus laedendi), sabendo da sua gravidez, e da violência empregada sobrevém o aborto, o crime será o de lesão corporal gravíssima, tipificado no art. 129, § 2º, V do Código Penal (e não aborto – CP, art. 125). Por outro lado, considerando que não há previsão legal para a modalidade culposa do delito, se o terceiro provoca o aborto na gestante culposamente, deverá responder pelo crime de lesão corporal culposa (CP, art. 129, § 6º).

Importante ressaltar que, para esse crime, não se exige qualquer tipo de violência (física ou moral), bastando o dissenso (ainda que silencioso) da gestante, isto é, basta a sua não concordância com o ato. A conduta pode ser realizada mediante dissimulação,

91 Segundo a teoria monista (ou unitária), toda pessoa que concorre para a realização do crime deverá responder por ele, o que não significa que a punição de todos os agentes dar-se-á da mesma forma, o que violaria os princípios da proporcionalidade e culpabilidade. *"Daí se dispor que o agente responderá 'na medida de sua culpabilidade' (CP, art. 29, caput); e que, 'se a participação for de menor importância, a pena pode ser diminuída de um sexto a um terço' (§ 1º)".* QUEIROZ, Paulo. *Curso de Direito Penal: parte geral. V.1. ...*, p. 319.

isto é, sem a gestante saber, como, por exemplo, ministrar uma droga com efeito abortivo, sem o conhecimento da mulher.

5.4. Aborto provocado por terceiro, com o consentimento da gestante

Art. 126 - Provocar aborto, com o consentimento da gestante.

Pena - reclusão de 1 (um) a 4 (quatro) anos.

Parágrafo único. Aplica-se a pena do artigo anterior, se a gestante não é maior de 14 (quatorze) anos, ou é alienada ou débil mental, ou se o consentimento é obtido mediante fraude, grave ameaça ou violência.

Já mencionamos que essa figura típica, juntamente com a segunda parte do art. 124, representa uma exceção à teoria monista do concurso de pessoas. Trata-se aqui, como ali, de um concurso necessário de pessoas.

O Código Penal, aqui, está punindo o terceiro que, mediante o consentimento dado pela gestante, provoca o aborto. Isto é, pratica os atos de execução de matar.

Somente é punível a título de dolo, ou seja, quando há vontade livre e consciente de interromper a gravidez da gestante (dolo direto) ou assume-se o risco de produzir tal resultado (dolo eventual), com o consentimento daquela.

O parágrafo único elenca as hipóteses em que o consentimento da gestante deve ser considerado inválido e, portanto, deve ser aplicada a pena do art. 125 (forma mais grave). As hipóteses são:

a) vítima não maior de 14 anos: critério objetivo usado pelo Código Penal nos crimes sexuais também (antiga presunção de violência e, hoje, estupro de vulnerável);

b) Vítima alienada ou débil mental: necessário analisar o caso concreto, para verificar até que ponto a alienação ou debilidade mental compromete, de fato, a capacidade de manifestação de vontade da gestante. Damásio de Jesus utiliza critério objetivo, entendendo que o caso, aqui, é da previsão do art. 26, caput, do CP, isto é, inimputabilidade penal[92].

c) Consentimento obtido mediante fraude, grave ameaça ou violência: são vícios de consentimento que se equiparam à ausência deste.

5.5. Causas de aumento de pena

⊙ **Forma qualificada**

Art. 127 - As penas cominadas nos dois artigos anteriores são aumentadas de um terço se, em consequência do aborto ou dos meios utilizados para provocá-lo, a gestante sofre lesão corporal de natureza grave; e são duplicadas se, por qualquer dessas causas, lhe sobrevem a morte.

92 In op. cit. Página 107.

Trata-se de majorantes específicas (e não qualificadoras, pois não há nova cominação de pena, mas somente quantum de aumento), em hipóteses de preterdolo, quando o sujeito ativo do crime (do art. 125 ou 126), em decorrência do aborto ou das manobras abortivas, vem a provocar lesão corporal grave ou a morte da gestante.

O crime, aqui, é preterdoloso, isto é, o dolo dirige-se ao aborto, mas as lesões e a morte somente podem ser concebidas a título de culpa. Se houver dolo nas lesões, ou na morte, haverá concurso formal impróprio de crimes (aborto + lesão grave / aborto + homicídio).

A causa de aumento não se aplica ao art. 124 (autoaborto) por uma razão muito simples: não se pune a autolesão no direito brasileiro.

5.6. Aborto permitido

Art. 128 - Não se pune o aborto praticado por médico:

⊙ **Aborto necessário**

I - se não há outro meio de salvar a vida da gestante

⊙ **Aborto no caso de gravidez resultante de estupro**

II - se a gravidez resulta de estupro e o aborto é precedido de consentimento da gestante ou, quando incapaz, de seu representante legal.

Trata-se de hipóteses de aborto permitido, também conhecidas como "aborto legal". Muito embora a lei mencione a expressão "não se pune", não entendemos se cuidar de causa extintiva de punibilidade.

Impende notar que esses dois permissivos legais somente se aplicam aos casos em que o aborto é praticado por médico. Caso o sujeito ativo não seja médico, a conduta não está protegida pelo art. 128.

A primeira hipótese (aborto necessário ou terapêutico) é claro estado de necessidade exculpante. Entre a vida do feto e da gestante, elimina-se a do feto, desde que não haja outro meio para salvá-la. Excludente de culpabilidade. E se a pessoa a praticar o abortamento não for médico? Aplica-se a excludente genérica (estado de necessidade), prevista no art. 24, do CP. Dadas as circunstâncias dessa hipótese de aborto permitido (perigo de vida da gestante), por óbvio não se exige autorização judicial.

A segunda hipótese (aborto humanitário ou sentimental ou ético) é a autorização da prática quando a gravidez resulta de estupro (conjunção carnal ou qualquer outro ato libidinoso, violento) e existe o consentimento da gestante (ou de seu representante legal, em caso de impossibilidade daquela). Tem-se, aqui, que, pelo fato da gravidez ter resultado de um ato criminoso e violento, a mulher não pode se ver obrigada a manter a gestação. Se a pessoa a praticar o abortamento não for médico, ao contrário do que ocorre no aborto necessário, aqui não há que se aplicar a excludente genérica do estado de necessidade, por total falta de preenchimento dos requisitos legais (v.g.

existência de perigo atual e inevitável), respondendo o terceiro, portanto, pelo crime de aborto.

Não se exige autorização judicial, sob pena de o tempo decorrido inviabilizar o abortamento seguro, tampouco sentença condenatória relativa ao crime sexual. Basta um registro de ocorrência e o consentimento expresso da gestante, pois se presumem verdadeiras as declarações prestadas à autoridade policial.

6. ABORTAMENTO DO FETO ANENCEFÁLICO

Tema de grande polêmica e relevância que tomou conta de grande parte dos debates jurídicos foi a questão do aborto de feto anencefálico, isto é, do feto com malformação craniana ou com hidroanencefalia. No ano de 2004, a Confederação Nacional dos Trabalhadores da Saúde (CNTS) ingressou no STF com uma ação de descumprimento de preceito fundamental (ADPF nº 54/DF), a fim de obter uma interpretação dos dispositivos do Código Penal relativos ao aborto conforme a Constituição, para que fosse declarado que a interrupção da gravidez de fetos anencefálicos não seria crime.[93]

Segundo Luiz Flávio Gomes, não se pediu ao STF que legislasse, mas sim que decidisse, de acordo com as normas constitucionais, "se o aborto anencefálico é ou não um fato típico, ou seja, um fato adequado ao tipo penal do aborto. É uma questão de tipicidade penal, não de 'ativismo judicial'". Ressalta, ainda, o autor a necessidade de se bem distinguir o aborto anencefálico do aborto profilático. No primeiro, a vida do feto é absolutamente inviável, o que é comprovado mediante diagnóstico médico preciso, enquanto que no segundo a vida extrauterina do feto é viável, entretanto, é interrompida por razões de profilaxia (depuração da raça, eugenia etc.). O aborto profilático é incontestavelmente criminoso.[94]

De acordo com Paulo Busato, sob a ótica dos valores jurídicos a serem preservados, não há distinção entre o aborto em que a gravidez resulta de estupro e do que decorre de uma gestação de um anencéfalo, pois ambas as situações "produzem semelhante aflição psicológica na mulher". No primeiro, a todo momento a mãe reviverá as terríveis cenas que produziram a gravidez e, no segundo, a cada dia da gestação viverá o desenvolvimento de um ser que caminha de forma inexorável para a morte.[95]

---

93 GOMES, Luiz Flávio. *Aborto anencefálico: exclusão da tipicidade material.* In: FRANCO, Alberto Silva; NUCCI, Guilherme de Souza (org.). Direito penal, v. 5. São Paulo: Editora Revista dos Tribunais, 2010, p. 558-559.

94 GOMES, Luiz Flávio. *Aborto anencefálico: exclusão da tipicidade material.* In: FRANCO, Alberto Silva; NUCCI, Guilherme de Souza (org.). Direito penal, v. 5. São Paulo: Editora Revista dos Tribunais, 2010, p. 559 e 564.

95 BUSATO, Paulo César. *Tipicidade material, aborto e anencefalia.* In: FRANCO, Alberto Silva; NUCCI, Guilherme de Souza (org.). Direito penal, v. 5. São Paulo: Editora Revista dos Tribunais, 2010, p. 743.

Em 1º de julho de 2007, o Ministro Marco Aurélio, relator da ação, concedeu medida cautelar, declarando que não haveria crime nos casos de fetos anencefálicos e determinando suspensão dos processos que tratassem sobre o assunto. Em seguida, o Pleno do STF cassou a liminar concedida pelo Ministro relator, contudo, manteve a determinação de suspensão dos processos que versassem sobre o tema.

Nos dias 11 e 12 de abril de 2012, portanto, oito anos após a proposição da ação, o STF julgou a ADPF nº 54/DF e, por maioria de votos (8 x 2), julgou procedente o pedido formulado, declarando a inconstitucionalidade da interpretação segundo a qual a interrupção da gravidez de feto anencéfalo seria conduta tipificada nos artigos 124, 126 e 128, I e II, do CP, prevalecendo, portanto, o voto do relator, Ministro Marco Aurélio, cujo vetor do decisum foi a total inexistência de vida em potencial extrauterina do feto anencéfalo. Segundo o relator,

> ...o feto anencéfalo, mesmo que biologicamente vivo, porque feito de células e tecidos vivos, seria juridicamente morto, de maneira que não deteria proteção jurídica, principalmente a jurídico-penal. Corroborou esse entendimento ao inferir o conceito jurídico de morte cerebral da Lei 9.434/97, de modo que seria impróprio falar em direito à vida intra ou extrauterina do anencéfalo, natimorto cerebral. Destarte, a interrupção de gestação de feto anencefálico não configuraria crime contra a vida, porquanto se revelaria conduta atípica.[96]

Para a maioria do STF, a tutela do direito à vida pressupõe a sua viabilidade, o que não existe no feto anencefálico. Os direitos e garantias individuais consagrados pela Constituição Federal tem como destinatário o indivíduo-pessoa, portanto, se o embrião tem possibilidade de tornar-se pessoa, deve ser protegido; caso contrário, como no caso do anencéfalo, não se justifica sua tutela jurídico-penal, principalmente diante de todo o sofrimento físico e psicológico da mulher. No voto vencedor do relator foi ainda ressaltado o caráter não absoluto do direito à vida segundo o próprio texto constitucional, que admite a pena de morte no caso de guerra declarada (art. 5º, XLVIII).[97]

Após o julgamento da ADPF nº 54/DF, tem-se que para a interrupção da gravidez de feto anencéfalo não é necessário autorização judicial, tal como nos casos do art. 128 do Código Penal (posição majoritária), bastando o diagnóstico de anencefalia do feto.[98]

96 Informativo STF nº 661.

97 No mesmo sentido decidido pelo STF na ADPF nº 54/DF, o anteprojeto do novo Código Penal (PLS nº 236/2012) prevê que não há crime de aborto "se comprovada a anencefalia ou quando o feto padecer de graves e incuráveis anomalias que inviabilizem a vida extra-uterina, em ambos os casos atestado por dois médicos;" e precedido do consentimento da gestante (art. 128, III do PLS nº 236).

98 CAVALCANTE, Márcio André Lopes. *Principais julgados do STF e STJ comentados 2012*. Manaus: Dizer o direito, 2013, p. 662.

CAPÍTULO II – DAS LESÕES CORPORAIS

LUCIANO SANTOS LOPES

1. INTRODUÇÃO: O PROBLEMA DO MÉTODO E A PARTE ESPECIAL DO DIREITO PENAL

A partir do método técnico jurídico, sistematizado por Arturo Rocco, o estudo do Direito Penal recebeu objeto próprio de estudo: as normas jurídico-penais. Mais que isto, houve a delimitação de um método próprio para o seu estudo. São etapas do método[1]: exegese, dogmática (junto com a constituição de um sistema) e a crítica[2].

Não se nega, evidentemente, que o método técnico jurídico trouxe contribuição inestimável às ciências penais. Trouxe método, acima de tudo. A norma passou a ser objeto dos estudos. Trata-se, pois, de manifestação do positivismo no Direito Penal.[3]

Não é este o espaço para discussões acerca do positivismo jurídico, bem como a definição de suas premissas e críticas. Pode-se, contudo, adotar a seguinte conclusão, reunindo no positivismo kelseniano (com a sua Teoria Pura do Direito) a síntese do pensamento positivista dentro do Direito (sem negar, evidentemente, as variantes que este modelo assume): a doutrina de Kelsen, que distingue as normas positivas das normas de Justiça[4], torna a ciência do Direito hermética em relação a adoção de valores legitimantes externos à formalização da norma jurídica.

---

1 ROCCO, Arturo. El problema y El método de la ciencia del derecho penal. 2 ed. Bogotá: Editorial Temis, 1982, p. 19 e ss.

2 Rocco é questionado por colocar esta fase no seu método. Se o objeto da ciência do Direito Penal é a norma positivada, como colocar sua crítica entre as fases do método. A crítica deveria ser verificada fora das fases do seu método, para ser livre em suas considerações.

3 Somente como ressalva. Quando Rocco escreveu sobre o "fracasso do positivismo" (ROCCO, Arturo. El problema y El método de la ciencia del derecho penal, p. 6), o que se analisou foi o positivismo criminológico italiano (escola penal que sucedeu a Escola Clássica de Carrara). Aqui, a discussão é outra.

4 Veja-se: "Abstrair da validade de toda e qualquer norma de justiça, tanto da validade daquela que está em contradição com uma norma jurídica positiva como daquela que está em harmonia com uma norma jurídica positiva, ou seja, admitir que a validade de uma norma do direito positivo é independente da validade da norma de justiça – o que significa que as duas normas não são consideradas como simultaneamente válidas – é justamente o princípio do positivismo jurídico." (KELSEN, Hans. O problema da justiça. 3 ed. Tradução de João Baptista Machado. São Paulo: Martins Fontes, 1998, p. 11.)

À ciência do Direito, na visão positivista de Kelsen, não interessava a indagação de como deveria ser o direito ou de como deve ele ser feito.[5] Estas são questões próprias da política do direito, que tratará de elucidar o problema da justiça (do seu conceito). Certo é que, para ele, a ética do direito não constitui função da ciência jurídica.

Ainda de acordo com o positivismo kelseniano, o cientista do direito deve assumir postura livre de valores diante da questão da justiça. Deve, pois, descrever a norma, bem como o conteúdo de justiça que ela abriga (sem apreciá-lo). Uma norma apenas pode ser deduzida de outra norma, bem como o dever ser somente pode ser derivado de outro dever ser. A validade da norma estaria ligada à existência de norma anterior formalmente válida.

Assim, para Kelsen, a fundamentação valorativa da validade de uma norma conduz à concepção de uma norma suprema, generalíssima, que carece de fundamentação justamente porque é pressuposta e constitui, assim, o princípio último, basilar, fundamento da teoria da justiça: trata-se da norma fundamental, da qual derivaria a validade formal das demais.[6]

O positivismo procurou dar ao Direito uma autonomia em relação às outras ciências. O método e o objeto deveriam ter enfoque normativo.[7] A conduta humana só seria objeto da ciência jurídica quando constituísse o conteúdo da norma, as relações inter-humanas só seriam objeto da ciência do direito quando fossem relações jurídicas (constituídas por normas).

Contudo, mesmo reconhecendo a importância metodológica do positivismo, pensa-se que a Teoria Geral do Direito não deve excluir outros saberes de seu método epistemológico. A Política, a Sociologia, a Economia, e principalmente a Filosofia, são legitimadoras da intervenção jurídica, porque são fundamentadoras de uma ideia de justiça. A busca racionalizante do direito leva a uma necessária interdisciplinaridade.

Assim, parece realmente inadequado o ceticismo positivista, que não quer debater o problema da legitimação do ordenamento jurídico através de critérios afastados da mera análise formal da construção da norma.

---

5 KELSEN, Hans. Teoria pura do direito. 6 ed. Tradução de João Baptista Machado. São Paulo: Martins Fontes, 1998, p. 75/76.

6 ALEXY, Robert. Conceito de validade do direito. Tradução de Gercélia Batista de Oliveira Mendes. São Paulo: Martins Fontes, 2011, p. 22/23.

7 Veja-se, neste sentido, a adesão de Rocco a este modelo positivista: "Porque, sea cual fuere la disciplina jurídica de que se trate, es simpre cierto ló que decía Orlando, a saber, que 'el criterio histórico, El social, el político, pero sobre todo El filosófico, con las formas más abstrusas de la metafísica más desenfrenada, ahogan el criterio jurídico casi hasta quitarle la vida', y que 'donde la niebla de la abstracción filosófica impide la percepción neta de los contornos, no hay derecho, porque derecho es precisión'." (ROCCO, Arturo. El problema y El método de la ciencia del derecho penal, p. 7/8).

Importa verificar, então, em que termos a complexa questão da legitimação do Direito Penal deve ser tratada. Certo é que, para o positivismo, há a equivocada utilização da legalidade formal como única forma de se resumir toda esta discussão.

A legalidade, de fato, oferece garantias à ordem jurídico-penal.

Entretanto, é preciso repensar o modelo formal de legalidade, que vem funcionando como fonte primordial, senão única, de legitimação do Direito. Esta concepção positivista leva a uma fundamentação jurídica simplificadora, confundindo validade com vigência.[8]

A legalidade que se pretende (estrita, material ou substancial), deve se vincular a valores eleitos: os direitos fundamentais. Ressalte-se que a necessidade de uma legalidade material não implica em desconsiderar o seu plano formal[9]. Ao contrário, aceitar sua leitura material significa acrescer legitimidade à norma vigente. As percepções se completam.

Certo é que não se pode compreender o Direito Penal fora do padrão constitucional.

Há, pois, que se fazer esta adequação do ordenamento jurídico. A hermenêutica constitucional deve ser capaz de trazer segurança e racionalidade ao ordenamento jurídico. Resta responder a uma tensão trazida por Sheila Sales:

> "O ponto frágil do modelo, no entanto, reside no problema político-ideológico: para que tal fundamento constitucional possa condicionar a feitura de um sistema de leis penais legítimo e racional, deve ter como pressuposto uma Constituição compatível com valores realmente democráticos, solidários, individuais e sociais, dos cidadãos, da sociedade civil e do Estado, para que não redunde em novas formas de irracionalismo."[10]

Em resposta a esta dúvida apresentada, pode-se afirmar que a Constituição que não respeite o paradigma dos direitos humanos não adquire legitimação para normatizar racionalmente um Estado democrático de direito. Nas Constituições modernas, inclusive, os direitos humanos se elevam ao plano de garantias fundamentais[11].

Será legítima a ordem jurídico-penal que maximize a tutela dos direitos fundamentais, inscritos na ordem constitucional. É fundamental tal tomada de posição no sistema penal.

---

8 FERRAJOLI, Luigi. Direito e razão: teoria do garantismo penal. Trad. Ana Paula Zomer et. al. São Paulo: Revista dos Tribunais, 2002, p. 76.

9 LUISI, todavia, isola a legalidade formal da material (substancial, para ele). Ele afirma "*que esta seria anterior, e poderia ser mesmo contra a lei, tendo como fonte uma espécie de Direito Natural, a ser pesquisado na natureza das coisas. É evidente que a chamada legalidade substancial implica na negação prática da reserva legal, posto que só no formal da lei é que se pode explicitar o princípio em análise.*" LUISI, Luiz. *Os princípios constitucionais penais*. 2 ed. rev. e aum. Porto Alegre: SAFe, 2003, p. 17).

10 SALES. Sheila Jorge Selim de Escritos de direito penal. Belo Horizonte: Movimento Editorial da Faculdade de Direito da UFMG, 2004, p. 98.

11 FERRAJOLI, Luigi. La ley del más débil. Traducción de Perfecto Andrés Ibañez y Andrea Greppi. Madrid: Editorial Trollla, 1999, p. 67.

Ainda, a instância normativa constitucional não deve formular apenas o limite ao poder de punir, devendo igualmente ser seu fundamento[12]. Não ratificar tal ideia significa afastar a Constituição da condução política da ordem jurídica.

A tutela de bens jurídicos[13], objeto da atuação penal[14], deve restar limitada e também fundamentada pela Constituição. Todavia, o ordenamento constitucional brasileiro não vincula expressamente "o legislador penal a tutelar somente bens jurídicos de explícita ou implícita relevância constitucional"[15]. Ocorre que não há a necessidade de regra expressa que ordene a tutela penal apenas de bens de relevo constitucional. Esta é uma constatação lógica de uma hermenêutica que se legitime pela tutela de direitos e garantias fundamentais.[16]

Em resumo, este é o eixo teórico da abordagem que se fará adiante. A análise sistemática dos crimes contra a pessoa (artigos 129 a 137 do Código Penal) será feita com o apoio do método técnico jurídico de Arturo Rocco (naquilo que for possível e necessário), sem que isto, todavia, retire o caráter hermenêutico constitucionalizado e valorativo (principiológico) do estudo. Desta premissa não se pode afastar.

O que se sustenta é que a hermenêutica jurídica deve receber os princípios como integrantes do arcabouço normativo, com força capaz de solucionar problemas concretos.

Recepção, essa, que reorganiza a argumentação do Direito para além das determinações meramente formais (positivistas), mas que não pode simplesmente sobrepor argumentos morais aos jurídicos. Antes, deve promover tal diálogo, mas sempre protegendo a segurança jurídica.

---

12 LOPES, Luciano Santos. Os elementos normativos do tipo penal e o princípio constitucional da legalidade. Porto Alegre: SAFe, 2006, p. 121 e ss.
Determinar que a proteção penal somente se apresenta como necessária quando houver ofensa séria a bem jurídico relevante não afasta a ideia de legitimação do direito penal pelos direitos fundamentais. Ao contrário, as premissas se completam. Pensar o sistema punitivo respeitador da ofensividade e da proporcionalidade (como seus limites) é entendê-lo respeitador e protetor dos direitos fundamentais (como seu fundamento).

13 Para o conceito de bem jurídico-penal, sua evolução e funções, ver Gomes (GOMES, Luiz Flávio. Norma e bem jurídico no direito penal. São Paulo: Revista dos Tribunais, 2002, p. 45 e ss); Greco e Tórtima (GRECO, Luís; TÓRTIMA, Fernanda Lara (organizadores). O bem jurídico como limitação do poder estatal de incriminar? Rio de Janeiro: Lumen Juris, 2011); Prado (PRADO, Luiz Régis. Bem jurídico-penal e constituição. São Paulo: Revista dos Tribunais, 1996, p. 27 e ss.).

14 ROXIN, Claus. Culpabilidad, prevención em derecho penal. Trad. Francisco Muñoz Conde. Madrid: Instituto Editorial REUS, 1981, p. 16.

15 SALES, Sheila Jorge Selim de. Escritos de direito penal, p. 114.

16 Contudo, o Direito Penal não é mero espelho do texto constitucional. Há necessidade de se verificar a escala valorativa que o valor adquire na Constituição. (ROXIN, Claus. Derecho penal; parte general. Tomo I. 2 ED. Alemana. Traducción por Diego-Manuel Luzón Peña, Miguel Díaz y García Conlledo e Javier de Vicente Remedal. Madrid: Civitas Ediciones, 2008 reimpresión, p. 55 e ss.).

Então, ao se admitir essa premissa (antes citada), igualmente se verifica a necessidade de fixação de seus limites interpretativos: a necessária inserção valorativa nas análises tipológicas que se seguirão não pode romper com a segurança jurídica.

Em outras palavras, o direito positivado efetivamente deve servir como limite interpretativo, sob pena de ocorrerem indeterminismos em conceitos jurídicos.

Essa limitação tem especial destaque na estrutura dogmática do Direito Penal, em face da natural ampliação da jurisdição constitucional nesse modelo argumentativo. A discussão principiológica se traduz, inevitavelmente, em um reforço normativo do texto constitucional. A preocupação com a segurança jurídica deve ser constante, portanto.

Em resumo, essa necessária, e adequada, recepção (dos princípios) deve ser organizada em torno de limitações interpretativas que impeçam a criação de uma ordem jurídica paralela àquela positivada.

Adiante, e finalizando esta parte introdutória, pode-se afirmar que a parte especial concretiza a parte geral do Código Penal. Dá funcionalidade ao estudo do Direito Penal.

Constata-se que existe um vácuo nos estudos das duas partes do Código Penal. Há um maior desenvolvimento das análises da parte geral.[17] Assim, adota-se a ideia da necessidade do estudo sistemático dos tipos penais na parte especial, sempre com uma perspectiva constitucionalizante. Isto porque a parte especial do Código Penal, com seus tipos em espécie (e, portanto, leva-se esta conclusão para toda a legislação extravagante), garante o princípio da legalidade. Por isto o seu estudo sistemático é fundamental.

Com estas premissas metodológicas definidas, segue o presente estudo.

2. ARTIGO 129 (LESÕES CORPORAIS)

⊙ **Lesão corporal**

Art. 129. Ofender a integridade corporal ou a saúde de outrem:

Pena – detenção, de três meses a um ano.

⊙ **Lesão corporal de natureza grave**

§ 1º Se resulta:

I – Incapacidade para as ocupações habituais, por mais de trinta dias;

II – perigo de vida;

III – debilidade permanente de membro, sentido ou função;

IV – aceleração de parto:

Pena – reclusão, de um a cinco anos.

17 Concluindo neste sentido: COSTA, José de Faria. Direito penal especial; contributo a uma sistematização dos problemas "especiais" da Parte Especial. Coimbra: Coimbra Editora, 2007, p. 13 e ss.

§ 2° Se resulta:

I - Incapacidade permanente para o trabalho;

II - enfermidade incuravel;

III - perda ou inutilização do membro, sentido ou função;

IV - deformidade permanente;

V - aborto:

Pena - reclusão, de dois a oito anos.

⊙ **Lesão corporal seguida de morte**

§ 3° Se resulta morte e as circunstâncias evidenciam que o agente não quís o resultado, nem assumiu o risco de produzí-lo:

Pena - reclusão, de quatro a doze anos.

⊙ **Diminuição de pena**

§ 4° Se o agente comete o crime impelido por motivo de relevante valor social ou moral ou sob o domínio de violenta emoção, logo em seguida a injusta provocação da vítima, o juiz pode reduzir a pena de um sexto a um terço.

⊙ **Substituição da pena**

§ 5° O juiz, não sendo graves as lesões, pode ainda substituir a pena de detenção pela de multa, de duzentos mil réis a dois contos de réis:

I - se ocorre qualquer das hipóteses do parágrafo anterior;

II - se as lesões são recíprocas.

⊙ **Lesão corporal culposa**

§ 6° Se a lesão é culposa:

Pena - detenção, de dois meses a um ano.

⊙ **Aumento de pena**

§ 7º Aumenta-se a pena de 1/3 (um terço) se ocorrer qualquer das hipóteses dos §§ 4º e 6º do art. 121 deste Código. (Redação dada pela Lei nº 12.720, de 2012)

§ 8º - Aplica-se à lesão culposa o disposto no § 5º do art. 121.(Redação dada pela Lei nº 8.069, de 1990)

⊙ **Violência Doméstica (Incluído pela Lei nº 10.886, de 2004)**

§ 9º Se a lesão for praticada contra ascendente, descendente, irmão, cônjuge ou companheiro, ou com quem conviva ou tenha convivido, ou, ainda, prevalecendo-se o agente das relações domésticas, de coabitação ou de hospitalidade: (Redação dada pela Lei nº 11.340, de 2006)

Pena - detenção, de 3 (três) meses a 3 (três) anos. (Redação dada pela Lei nº 11.340, de 2006)

§ 10. Nos casos previstos nos §§ 1º a 3º deste artigo, se as circunstâncias são as indicadas no § 9º deste artigo, aumenta-se a pena em 1/3 (um terço). (Incluído pela Lei nº 10.886, de 2004)

§ 11. Na hipótese do § 9º deste artigo, a pena será aumentada de um terço se o crime for cometido contra pessoa portadora de deficiência. (Incluído pela Lei nº 11.340, de 2006)

§ 12. Se a lesão for praticada contra autoridade ou agente descrito nos arts. 142 e 144 da Constituição Federal, integrantes do sistema prisional e da Força Nacional de Segurança Pública, no exercício da função ou em decorrência dela, ou contra seu cônjuge, companheiro ou parente consanguíneo até terceiro grau, em razão dessa condição, a pena é aumentada de um a dois terços. (Incluído pela Lei nº 13.142, de 2015)

Trata-se de delito comum (qualquer pessoa pode ser sujeito ativo ou passivo); comissivo (podendo haver a forma comissiva por omissão, sendo necessário verificar a posição de garantidor do autor do delito); de dano; material (resultado físico é necessário à consumação); e instantâneo. Pode ser doloso, culposo ou, ainda, pode haver o preterdolo.

2.1. O bem jurídico tutelado no delito de lesão corporal

A incolumidade da pessoa humana é o valor tutelado neste delito[18]. Tem-se, como objeto de proteção a normalidade funcional, anatômica, fisiológica e mental das pessoas.[19]

Aqui é necessária uma reflexão especial. Pensa-se que a necessidade constitucional de tutela da pessoa humana exige que o objeto jurídico da tutela vá além da mera proteção da integridade física aparente. Exige-se coisa outra.

A proteção constitucional à existência humana pressupõe que as pessoas devam ser tuteladas em toda a extensão das potencialidades. Em resumo, ao se proteger a incolumidade da pessoa humana, deve-se considerar sua existência como um todo indivisível. Noronha afirma mais: a questão se reveste de interesse social, que vai além da individualidade das pessoas vitimadas com o crime.[20]

Tal premissa explica, por exemplo, a opção aqui adotada de não se criminalizar a cirurgia de mudança de sexo (como lesão corporal praticada). Mesmo que formalmente possa se encaixar na tipicidade do artigo 129, do Código Penal (no seu parágrafo 2º, inciso IV), materialmente não se verifica ofensa ao valor protegido (incolumidade da pessoa humana). É preciso pensar o ser humano em sua plenitude e com liberdade de exercer o domínio sobre suas legitimas escolhas de vida. O que se pretende tutelar, constitucionalmente, é coisa diversa: a agressão, e não a liberdade de escolhas. Neste sentido pensa Nucci: "ainda que formalmente se possa falar em lesão corporal no caso de mudança de sexo do transexual – pessoa que rejeita expressamente no campo

---

18 Neste sentido: PRADO, Luiz Régis. Curso de direito penal brasileiro; parte especial. V 2. 7 ed. São Paulo: Revista dos Tribunais, 2008, p. 129.

19 Veja-se com Bruno o conceito deste crime: "Entende-se por lesão corporal qualquer alteração desfavorável produzida no organismo de outrem, anatômica ou funcional, local ou generalizada, de natureza física ou psíquica seja qual for o meio empregado para produzi-la." (BRUNO, Aníbal. Crimes contra a pessoa. 4 ed. Rio de Janeiro: Ed. Rio, 1976, p. 183.)

20 NORONHA, Magalhães. Direito penal. Volume 2. 3 ed. São Paulo: Saraiva, 1965, p. 78.

psicológico o seu sexo natural -, certamente não o é materialmente, pois o bem jurídico maior é garantir o bem estar do interessado."[21]

O próprio Conselho Federal de Medicina já se manifestou neste mesmo sentido, compartilhando esta constitucionalizada opinião de que a incolumidade das pessoas deve ser respeitada em sua essência e de todas as formas possíveis. Assim, está em vigor a Resolução CFM de nº 1955/2010 (Publicada no D.O.U. de 3 de setembro de 2010, Seção I, p. 109-10), que regulamenta a cirurgia de transgenitalização.

Duas outras questões, ainda sobre o bem jurídico protegido, devem ser colocadas: a não proteção da autolesão e o consentimento da vítima. Aqui também se coloca a questão das finalidades do Direito Penal. Não há a menor necessidade de intervenção punitiva quando a situação não surge de uma conduta praticada por terceiro (no caso da autolesão)[22] e quando a situação se encaixa em um plausível consentimento da vítima (por exemplo, nas lesões decorrentes das atividades esportivas e nas lesões decorrentes das atividades cirúrgicas).

Ressalvada a hipótese de punição por lesão corporal culposa (quando a prática for executada de forma negligente/imprudente/imperita), não se cogita punir a atividade oriunda de um exercício regular de um direito, ou do estrito cumprimento do dever legal.

Em resumo, em algumas situações não se verifica o dolo (tipo subjetivo fica prejudicado), e em outras haverá adequação social da conduta (a tipicidade material fica afastada). Poderá haver, também, a ausência de incremento do risco, o que afasta a imputação objetiva. Por fim, poderá haver excludentes de ilicitude, em algumas situações do consentimento do ofendido. A escolha e a utilização das hipóteses excludentes, aqui apresentadas, dependerão da concepção que o operador jurídico acerca da teoria do delito (finalismo, funcionalismo, etc.).

No que se refere especificamente ao consentimento dado pelo ofendido, será necessário investigar se a decisão foi emitida sem nenhum tipo de engano ou coação. A disponibilidade deste bem jurídico, para ser admitida, encontra estes limites, por evidente.[23]

---

21 NUCCI, Guilherme de Souza. Manual de direito penal; parte geral e parte especial. 8 ed. São Paulo: Revista dos tribunais, 2012, p. 677.

22 Somente se destaca a situação da autolesão ser um meio para cometimento de fraudes diversas. Neste caso haverá punição pelo delito-fim (por exemplo, o estelionato, artigo 171, § 2º, V, do Código Penal) que se desejou praticar (autolesão para obtenção de prêmio de seguro, por exemplo).

23 Concordando com Greco (GRECO, Rogério. Curso de direito penal; parte especial. V 2. 3 ed. Rio de Janeiro: Impetus, 2007, p. 300), para o consentimento, o bem tem que ser disponível, a vítima tem que ter capacidade de decidir e este consentimento tem que ser prévio ou concomitante com a conduta.

Bruno, ao seu tempo, também se preocupou com a situação de forma especial: "O que consente deve ser capaz de querer com eficácia jurídica e o seu ato exprimir a sua vontade real, sem compressão nem engano. Deve ainda conhecer a natureza do fato a que dá consentimento e as suas prováveis consequências. O consentimento deve proceder (sic) o gesto lesivo e ser válido no momento em que

Certo é que a questão do bem jurídico tutelado na lesão corporal não é tão simples como se supõe.[24] Para entendimento adequado do tema, há a necessidade de uma melhor compreensão do Direito a partir do referencial constitucional. A democrática e racional construção interpretativa do direito, na sua proposição legislativa e na sua aplicação prática, passa pelo reaprendizado da leitura da Constituição[25].

2.2. O tipo objetivo da lesão corporal

É de se analisar o conceito da expressão "ofensa". Como já explicado no item anterior, a proteção recai sobre todas as formas possíveis de violação da integridade física ou psíquica da pessoa humana. Quer-se proteger a "integridade corporal (inteireza do corpo humano) ou a saúde (normalidade das funções orgânicas, físicas e mentais do ser humano)."[26]

Não se cogita, aqui, a proteção da integridade moral, por óbvio. Por ofensa, tem-se a necessidade de verificar o dano à pessoa humana, que é o próprio objeto material

---

este se pratica. Antes disso, ele é revogável a qualquer momento." (BRUNO, Aníbal. Crimes contra a pessoa, p. 189.)

Noronha, ao contrário, colocava-se reticente quanto a este consentimento: "Trata-se de bem jurídico não apenas individual, mas social também, pois é inquestionável ser o Estado interessado na inviolabilidade corpórea e mental da pessoa. Por isso mesmo, não tem esta disponibilidade dêsse direito, inoperante sendo, pois, seu consentimento. A aquiescência do ofendido não descrimina o ato de terceiro lesivo desse interesse." (NORONHA, Magalhães. Direito penal. V. 2, p. 78.).

Hungria e Fragoso, igualmente, não admitem o consentimento do ofendido como excludente. O argumento é o mesmo de Noronha: o interesse social envolvido (HUNGRIA, Nelson; FRAGOSO, Heleno Cláudio. Comentários ao código penal. Volume 5. 5 ed. Belo Horizonte/Rio de Janeiro: Forense: 1979, p. 324.). Todavia, eles admitem a não punição de algumas situações que normalmente são sustentadas como formas de consentimento do ofendido: intervenção cirúrgica, extração de sangue para transfusão, violência esportiva, perfuração de orelhas, etc. Sustentam, estes autores, que nestes casos trata-se de ausência de dolo do autor, que para eles é coisa diversa do consentimento do ofendido. (HUNGRIA, Nelson; FRAGOSO, Heleno Cláudio. Comentários ao código penal. V. 5, p. 325).

Evidentemente, concorda-se com a disponibilidade do bem jurídico, desde que efetuado juízo adequado de proporcionalidade. Fica somente uma pergunta a ser respondida: como definir quando o bem tutelado é disponível? Somente uma adequada análise constitucionalizada da questão irá responder a esta questão.

24 Aníbal Bruno constatou a fragilidade deste conceito, se mal interpretado: "essa extensão do bem protegido, com a imprecisão que dela decorre, sobretudo em relação à intensidade que se requer em certas formas de ofensa ao corpo, para que justifiquem a incriminação, constitui uma das fragilidades da sistemática atual desse fato punível." (BRUNO, Aníbal. Crimes contra a pessoa, p. 187). De fato, a afirmação de Bruno continua atual.

25 HÄBERLE, Peter. Hermenêutica constitucional: a sociedade aberta dos intérpretes da constituição. Tradução de Gilmar Ferreira Mendes. Porto Alegre: SAFe, 2002, p. 11.

26 NUCCI, Guilherme de Souza. Manual de direito penal, p. 667.

Com Bitencourt: "Ofensa à integridade corporal compreende a alteração, anatômica ou funcional, interna ou externa, do corpo humano, (...). Ofensa à saúde compreende a alteração das funções fisiológicas do organismo ou perturbação psíquica." (BITENCOURT, Cezar Roberto. Tratado de direito penal; parte especial. V. 2. 4 ed. São Paulo: Saraiva, 2004, p. 179.)

do delito em questão (causando abalos físicos ou psíquicos consideráveis à tipicidade material do delito). Assim, ofender é tirar a integridade corporal ou da saúde.

Duas ressalvas são apresentadas por Bitencourt[27]: 1) perturbação do ânimo, ou mesmo a configuração da mera aflição, não caracterizam o delito de lesão corporal. Aqui não se ofende a saúde humana, tal como exige o verbo do tipo legal de crime em questão. 2) Igual raciocínio pode ser aplicado às situações de dor física ou crise nervosa, sem que exista correlato dano anatômico ou funcional.[28]

Adiante, o tipo legal de crime da lesão corporal é caráter material. Exige-se o dano efetivo à integridade corporal ou à saúde, para a consumação do delito. Por ser crime plurissubsistente, é admissível a tentativa, ressalvando-se os casos de lesão corporal culposa (§ 6º) e dolosa seguida de morte (§ 3º). Concordando com Hungria e Fragoso, pensa-se que é possível admitir tentativa em algumas situações de lesões graves e gravíssimas:

> "se as circunstâncias evidenciam o *animus vulnerandi*, mas deixam em dúvida se o agente pretendia uma lesão simples ou qualificada, a imputação deve inclinar-se pela solução mais favorável, seguindo o princípio de que *in dubio pro reo* (Galdino Siqueira). Há casos, porém, em que pode ser manifesta a gravidade da lesão tentada. Ninguém deixaria de reconhecer uma tentativa de lesão gravíssima no fato, por exemplo, de quem atira vitríolo na direção do rosto de seu inimigo, que, desviando-se tempestivamente, consegue escapar ileso."[29]

Contudo, não se admite tentativa, também, nos casos em que a qualificadora do delito determine um resultado agravado que seja imputado ao autor a título de culpa. É o caso dos parágrafos 1º, II (perigo de vida oriundo da lesão) e 2º, V (lesão que tenha como consequência o aborto). Se fosse admissível a tentativa nestes casos, os resultados agravados deveriam ser imputados a título de dolo, e os delitos seriam outros (homicídio tentado e aborto).[30]

Uma advertência de Bruno: "É preciso sempre distinguir a tentativa de lesão e a ameaça, mesmo quando o agente faz uso de arma para reforçar a ação intimidante do seu gesto."[31] O dolo diferencia estas duas figuras típicas, por evidente.

Por fim, ainda no que se refere à consumação do delito, não convence a ideia, um tanto difundida na doutrina, de que a tentativa de lesão corporal se confunde com o tipo legal da contravenção de vias de fato (artigo 21 da lei nº 3.688/41). Como a tentativa se liga à falha na obtenção do resultado naturalístico (tipo objetivo), pode-se concluir que são tipicidades distintas: lesão corporal tentada e vias de fato

27 Neste sentido: BITENCOURT, Cezar Roberto. Tratado de direito penal; parte especial, p. 179.

28 Apenas uma lembrança: o tipo penal não faz referência à dor "como mínimo conteúdo de fato da lesão corporal." (HUNGRIA, Nelson; FRAGOSO, Heleno Cláudio. Comentários ao código penal. V. 5, p. 324.)

29 HUNGRIA, Nelson; FRAGOSO, Heleno Cláudio. Comentários ao código penal. V. 5, p. 327/328.

30 Neste sentido: PRADO, Luiz Régis. Curso de direito penal brasileiro. V 2, p. 135.

31 BRUNO, Aníbal. Crimes contra a pessoa, p. 195.

consumada. Assim, o que diferencia as duas infrações é a parte subjetiva do tipo legal (o dolo). Difícil a prova judicial futura, portanto.

Todavia, é possível resolver este problema interpretativo do caso concreto com a aplicação dos princípios constitucionais aplicados ao Direito Penal. Em especial, os princípios da insignificância e da ofensividade fundamentam satisfatoriamente a construção hermenêutica que este aparente conflito de normas exige.[32]

Antes já foi afirmado que, além de ser fundamento da tutela punitiva, a Constituição deve ser também seu limite (com o respeito aos princípios da proporcionalidade, ofensividade, insignificância, entre outros). É o caso da contravenção de *vias de fato*. Sob o prisma da legalidade material, esta infração não atende aos critérios de racionalidade, necessários a ordenar a intervenção punitiva. Assim, é de se fazer uma adequada interpretação sobre a constitucionalidade deste tipo legal, em função do não respeito aos princípios elencados (e, portanto, por não respeitar a legalidade em seu sentido material).

2.3. O tipo subjetivo da lesão corporal

O delito de lesão corporal pode ser praticado nas formas dolosa e culposa, esta prevista no § 6º do artigo 129. O dolo (consciência e vontade) pode ser verificado nas suas formas direta e eventual, sem nenhum tipo de problema. Para tanto, é de se verificar o que a doutrina denomina *animus laedendi* ou *animus vulnerandi*.

Nas lesões seguidas de morte existe a figura do preterdolo, sendo o resultado morte imputado a título de culpa. Une-se o dolo da lesão corporal com a culpa pela morte. Se outra for a conjugação, outro será o delito praticado: homicídio culposo (se a lesão anterior foi culposa e esta conduta resultou na morte da vítima), homicídio doloso (se o resultado morte foi desejado a título de dolo).

2.4. Formas qualificadas do delito de lesão corporal (lesões graves e gravíssimas)

Os parágrafos 1º e 2º, do artigo 129, tipificam as formas qualificadas de lesão corporal. Tal como a doutrina denomina, está-se a analisar a lesão corporal de natureza grave (§ 1º) e a lesão corporal de natureza gravíssima (§ 2º). Somente como advertência, a lesão corporal leve é toda conduta que não se encaixe em nenhuma das formar derivadas do tipo legal em discussão (descritas nos parágrafos do artigo 129 do Código Penal).

Com cominações de penas diferenciadas do *caput*, as tipificações dos parágrafos têm maior desvalor do resultado. Há maior ofensa ao bem jurídico protegido, o que acarreta punição mais grave. Enquanto a lesão leve, do *caput* do artigo, tem pena privativa de liberdade cominada de 3 meses a 1 ano de detenção, a lesão grave do parágrafo 1º tem punição de 1 a 5 anos de reclusão. No parágrafo 2º, que contém as

32 Neste mesmo sentido: GRECO, Rogério. Curso de direito penal; parte especial, p. 298 e ss.

tipificações mais ofensivas ao bem jurídico tutelado (lesões gravíssimas), as penas são de 2 a 8 anos de reclusão.

Prado apresenta uma crítica interessante em relação a uma equiparação que foi equivocadamente feita pelo legislador: entre os resultados que qualificam a lesão corporal, existem imputações ao autor que são dolosas e outras que são culposas: "Postula-se, de conseguinte, a adoção de tratamento diverso, com a cominação de penas distintas para as lesões graves e gravíssimas causadas dolosa e culposamente, (...)."[33]

Hungria e Fragoso determinam a parte subjetiva destes tipos qualificados afirmando que em algumas hipóteses a ausência de vontade em relação ao resultado mais grave é efetivamente presumida (lesão seguida de morte, perigo de vida, lesão seguida de aborto). Nas outras situações, ainda segundo os autores:

> "basta que o agente tenha querido ofender a integridade física ou a saúde de outrem, pouco importando que tivesse visado, ou não, a um resultado diverso do que efetivamente ocorreu, (...). quem comete uma violência contra outrem deve sabe ou deve saber as consequências graves que podem ocorrer."[34]

Contudo, é de se tomar muito cuidado com a afirmação acima, para que entendimentos equivocados não sejam admitidos. Isto, porque o "caso fortuito, ou a imprevisibilidade do resultado, elidem a configuração da lesão corporal grave (art. 19, CP), permitindo apenas a caracterização da lesão corporal leve."[35] O citado artigo 19 concretiza o princípio constitucional da culpabilidade, organizando as ideias de Hungria e Fragoso de acordo com a ordem constitucional vigente e sua principiologia.[36]

São as seguintes condutas que qualificam a lesão corporal, no parágrafo 1º:

> "I – Incapacidade para as ocupações habituais, por mais de trinta dias;
>
> II – perigo de vida;
>
> III – debilidade permanente de membro, sentido ou função;
>
> IV – aceleração de parto."

Algumas questões devem ser esclarecidas, quanto a estas elementares típicas constantes do referido parágrafo 1º. Primeiramente, as ocupações habituais citadas no inciso I se relacionam com as atividades habituais e rotineiras da vítima, sem a necessidade de serem efetivamente laborais, ou mesmo remuneradas.[37] Devem ser lícitas, evidentemente. Ainda, a incapacidade e, por exclusão, a capacidade, não se refere à recuperação integral do ofendido (que pode estar apto às suas atividades rotineiras, mesmo antes de se curar totalmente das lesões sofridas). Finalmente, o

---

33 PRADO, Luiz Régis. Curso de direito penal brasileiro. V 2, p. 135 (nota de rodapé de nº 26).

34 HUNGRIA, Nelson; FRAGOSO, Heleno Cláudio. Comentários ao código penal. V. 5, p. 329.

35 PRADO, Luiz Régis. Curso de direito penal brasileiro. V 2, p. 135.

36 BATISTA, Nilo. Introdução crítica ao direito penal brasileiro. 4. ed. Rio de Janeiro: Revan, 1999, p. 104.

37 De outra forma, chegar-se ia à conclusão equivocada de que uma criança não poderia ser vítima desta forma qualificada de lesão corporal. Trata-se de conceito funcional, e não econômico (HUNGRIA, Nelson; FRAGOSO, Heleno Cláudio. Comentários ao código penal. V. 5, p. 329/330.)

prazo é objetivamente definido (30 dias) e a incapacidade deve ser atestada por pericia oficial, salvo nas exceções admitidas no Código de Processo Penal.

Em seguida, no inciso II, afirma-se pelo perigo de vida à vítima. Trata-se de uma prognose, evidentemente balizada por critérios sérios de probabilidade de resultado. Em resumo, não se trata de um perigo presumido. Trata-se, ao contrário, de hipótese clara de verificação de um perigo concreto e provado.[38] Como já afirmado, o resultado morte não pode ser intencional.

O inciso III criminaliza a lesão corporal grave que causa a debilidade permanente de membro, sentido ou função. Trata-se de uma redução da capacidade funcional da pessoa. Coisa diversa, constante do parágrafo 2º, é a perda ou inutilização total. O conceito de permanência tem que ser entendido de forma extensiva. A norma afirma menos do que deveria. Por permanente, entende-se um tempo cronológico indefinido ou imprevisível. E assim ainda será, mesmo que seja possível a recuperação da vítima em futuras intervenções médicas, momentaneamente não previstas. Em resumo, permanente não significa, necessariamente, perpétuo.[39] Por fim, uma explicação técnica:

> "membros são partes do corpo que se prendem ao tronco, podendo ser superiores ou inferiores: braços, mãos, pernas e pés; sentido é a faculdade de percepção, de constatação e, por extensão, de comunicação: visão, audição, olfato, paladar e tato; função é a atividade específica de cada órgão do corpo humano (ex.: respiratória, circulatória, digestiva, secretora, locomotora, reprodutora, sensitiva)."[40]

O último inciso (IV) do parágrafo 1º, versa sobre a aceleração do parto. Consiste no nascimento, com vida, do nascituro. Trata-se da antecipação querida do nascimento de um feto, sabidamente existente. De outra forma explicado, é necessário que o autor conheça a gravidez da vítima (sob pena de existir responsabilidade objetiva), e que exista o nascimento com vida (diferenciando este delito do parágrafo 2º, V).

Já o parágrafo 2º tipifica as lesões corporais gravíssimas. São as seguintes hipóteses:

> I – Incapacidade permanente para o trabalho;
>
> II – enfermidade incurável;
>
> III – perda ou inutilização do membro, sentido ou função;
>
> IV – deformidade permanente;
>
> V – aborto.

No inciso I o tipo descreve a incapacidade permanente para as atividades laborais, que devem ser lícitas. Trata-se da impossibilidade, indefinida no tempo, de exercício da atividade profissional especificamente praticada pela vítima.[41]

---

38 Neste sentido, por todos: BITENCOURT, Cezar Roberto. Tratado de direito penal; parte especial, p. 189.

39 Assim: NORONHA, Magalhães. Direito penal. V 2, p. 85.

40 BITENCOURT, Cezar Roberto. Tratado de direito penal; parte especial, p. 190.

41 Na doutrina predomina outra concepção, com a qual não se pode concordar: incapacidade para qualquer atividade laboral (assim: HUNGRIA, Nelson; FRAGOSO, Heleno Cláudio. Comentários ao código penal. V. 5, p. 336.).

O inciso II trata da enfermidade incurável, sendo que este adjetivo (incurável) deve ser analisado levando-se em consideração o atual estágio de evolução da medicina. Nada é absoluto em relação aos avanços da ciência.[42] O próximo inciso (III) descreve a punição mais grave pela perda ou inutilização de membro, sentido ou função. É um acréscimo punitivo em relação ao inciso III, do parágrafo 1º. Aqui, a perda deve ser total, ou a possibilidade de utilização deve ser nula, nenhuma.

O inciso IV descreve a deformidade permanente da vítima. Deformar significa "modificar esteticamente a forma anteriormente existente."[43] Tal modificação, deterioradora da higidez física (causando um dano estético), deve ser significativa (por evidente)[44], permanente (veja-se o que se escreveu antes sobre este conceito, que se difere da perpetuidade) e não há necessidade de ser visível de forma explícita (deformações mascaradas, ou escondidas por estratégias e disfarces da vítima, autorizam a qualificadora).

Concorda-se com Hungria e Fragoso, em termos, no que se relaciona à ideia de que o conceito de deformidade deve levar em consideração os aspectos objetivos (anatômicos) e subjetivos (as características da vítima, por exemplo)[45]. Somente se

---

Todavia, concorda-se com a crítica de Prado a esta ideia majoritária: "registre-se que a diretriz predominante é no sentido de não se limitar a incapacidade permanente à função específica desempenhada pela vítima. Essa interpretação, porém, circunscreve excessivamente a esfera de aplicação da qualificadora, visto que sempre será possível, em tese, que o sujeito passivo se dedique a atividade diversa daquela que exercia." (PRADO, Luiz Régis. Curso de direito penal brasileiro. V 2, p. 137. Nota de rodapé de nº 40.)

A finalidade protetiva da norma se dirige a punir mais gravemente o autor de um delito que inviabiliza a continuidade de uma vida laboral escolhida e determinada pela vítima. Trabalhos outros sempre existirão, esta é a verdade. Veja-se o exemplo dado por Greco: "se a vítima exercia uma atividade intelectual e, em razão das lesões sofridas, não mais poderá trabalhar em atividades dessa natureza, entendemos ser cabível a qualificadora." (GRECO, Rogério. Curso de direito penal; parte especial, p. 281).

42 "A incurabilidade é um juízo de probabilidade, que se conclui segundo os recursos de que ora dispõe a medicina em relação àquela doença e às condições pessoais do paciente e dos quais este se possa realmente valer." (BRUNO, Aníbal. Crimes contra a pessoa, p. 209.). Veja-se que coisa curiosa: é possível que uma determinada doença, considerada incurável à época em que Aníbal Bruno escreveu, tenha cura nos dias de hoje. E tal constatação não retira a tipicidade da qualificadora, por tudo o que antes se sustentou.

43 GRECO, Rogério. Curso de direito penal; parte especial, p. 283.

44 Neste sentido aqui sustentado: "Uns exigem que o dano estético seja de vulto, impressionando logo o observador; outros contentam-se com o prejuízo mínimo, e ainda outros colocam-se entre êsses dois grupos: a lesão à estética deve ser de certa monta, preocupando, causando mesmo vexame ao portador e desgosto ou desagrado a que o vê, sem ser necessário atingir os limites de coisa horripilante ou aleijão. É a opinião que nos parece mais certa." (NORONHA, Magalhães. Direito penal. V. 2, p. 87).

45 "a mesma cicatriz, que é, no rosto de uma mulher, uma desagradável quebra de harmonia ou uma deformidade flagrante, pode, se no rosto de um homem, até valorizá-lo, imprimindo cunho de masculinidade, ou de ar marcial. .. São inseparáveis, no conceito de deformidade, a condição de truncamento material da forma e a do dano ao valor social do paciente, sob o ponto de vista estético." (HUNGRIA, Nelson; FRAGOSO, Heleno Cláudio. Comentários ao código penal. V. 5, p. 340.)

faz o seguinte reparo: em modelo constitucional de Estado são inadmissíveis tutelas penais que levem em consideração critérios hoje tidos como preconceituosos. Não se está a afirmar que Hungria e Fragoso assim o fizeram. Não, de forma nenhuma. Somente se salienta que os tempos são outros e a pauta valorativa deve entender isto, ao eleger valores à interpretação e à normatização.

A lesão corporal será gravíssima quando ocasionar o resultado aborto (inciso V). Nesta hipótese preterdolosa, a intenção não pode ser ocasionar o aborto, claro. De outra forma, o crime seria outro (delito de aborto, artigo 125, do Código Penal). A análise é esta: dolo na lesão corporal e culpa no aborto. Para evitar a responsabilidade objetiva, é necessário existir previsibilidade objetiva acerca da gravidez da vítima.

Finalizando, a lei 13.142/2015 (acrescendo o inciso I-A, no artigo 1º da lei 8.072/1990) coloca esse parágrafo 2º, do art. 129, no rol de crimes hediondos.

2.5. Preterdolo (lesões corporais seguidas de morte)

O parágrafo § 3° trata da hipótese de preterdolo: dolo na lesão corporal e culpa na morte.[46] Veja-se que a própria legislação trata de afastar a ideia da morte dolosa, seja na modalidade direta (dolo direto) ou eventual. Para afastar de forma desejável a ideia de dolo na morte, a legislação pátria evitou a nomenclatura *homicídio preterintencional*.[47]

Novamente se afirma pela necessidade da previsibilidade quanto ao resultado morte. A previsibilidade objetiva é elementar dos tipos culposos e, portanto, não pode faltar na configuração deste resultado mais grave.

Outra questão que deve ser analisada de forma bem clara, para a configuração do preterdolo, é o nexo de causalidade (artigo 13 do Código Penal). Sobre o tema:

> "a conduta precedente que constitui o delito base e o resultado mais grave devem estar em uma relação de causalidade, de modo que o resultado mais grave decorra sempre da ação precedente e não de outras circunstâncias. Assim, por exemplo, não se dará o delito de lesão corporal seguida de morte (art. 129, § 3º, do CP), se o resultado morte não advier das lesões provocadas na vítima, mas da interferência de outros fatores.[48]

Trata-se de fundamental requisito para a evitação da responsabilidade objetiva. Veja-se, neste sentido, um interessante julgado do Superior Tribunal de Justiça (versando sobre a previsibilidade objetiva e sobre o nexo de causalidade, nas lesões corporais preterdolosas)[49]:

---

46 "Diz-se preterdoloso (de *praeter dolus*, isto é, além do dolo) ou preterintencional um crime quando, num mesmo tipo penal, conjugam-se dolo e culpa, de modo que o delito consiste na fusão de ambos. (QUEIROZ, Paulo. Curso de direito penal; parte geral. V 1, p. 251.)

47 HUNGRIA, Nelson; FRAGOSO, Heleno Cláudio. Comentários ao código penal. V. 5, p. 343.

48 TAVARES, Juarez. *Teoria do crime culposo.* 3 edição, integralmente revista e ampliada. Rio de Janeiro: Lumen Juris, 2009, p 477.

49 Neste julgamento, que inicialmente teve como relator o Ministro Sebastião Reis, houve um voto-vista da Ministra Maria Teresa de Assis Moura, que analisou de forma muito interessante a questão da previsibilidade objetiva, bem como o nexo causal necessário para a configuração deste resultado culposo agravado. Tratou, portanto, de analisar a vedação à responsabilidade objetiva no Direito Penal.

STJ: AGRAVO REGIMENTAL. RECURSO ESPECIAL CRIMINAL. LESÃO CORPORAL SEGUIDA DE MORTE. NEXO DE CAUSALIDADE ENTRE A CONDUTA DO AGENTE E O RESULTADO MORTE. INEXISTÊNCIA. DESCLASSIFICAÇÃO DO CRIME PARA LESÃO CORPORAL SIMPLES. MATÉRIA DE DIREITO. INAPLICABILIDADE DA SÚMULA 07 DO STJ. RECURSO PROVIDO.

1. Não incide a Súmula 07 do STJ quando os fatos delineados pelas instâncias ordinárias se revelarem incontroversos, de modo a permitir, na via especial, uma nova valoração jurídica, com a correta aplicação do Direito ao caso concreto.

2. Não há a configuração do crime de lesão corporal seguida de morte se a conduta do agente não foi a causa imediata do resultado morte, estando ausente o necessário nexo de causalidade.

3. Agravo regimental provido. Sentença restabelecida.

(AgRg no REsp 1094758/RS, Rel. Ministro SEBASTIÃO REIS JÚNIOR, Rel. p/ Acórdão Ministro VASCO DELLA GIUSTINA (DESEMBARGADOR CONVOCADO DO TJ/RS), SEXTA TURMA, julgado em 01/03/2012, DJe 15/10/2012)

Certo é que o desvalor do resultado morte (culposa), mais grave por evidente, agrega mais intensidade à punição da lesão corporal dolosa.

Somente um cuidado interpretativo: preterdolo é coisa diversa de crime qualificado pelo resultado. Trata-se de diferenciar espécie e gênero, respectivamente. Aquele (preterdolo) é uma das formas deste último (qualificado pelo resultado).

É possível, em resumo, que exista um resultado qualificador do delito que se origine também do dolo, tal como na ação originária (e que se afasta da ideia de preterdolo, portanto).[50] Algumas das lesões corporais graves, e gravíssimas, são qualificadas pelo resultado mais grave, sendo que deve haver dolo nas lesões e nas consequências mais graves. Veja-se, neste sentido, os comentários do item 2.4, anterior.

Finalizando, a lei 13.142/2015 (acrescendo o inciso I-A, no artigo 1º da lei 8.072/1990) coloca esse parágrafo 3º, do art. 129, no rol de crimes hediondos.

2.6. Causas de diminuição de pena e de substituição de pena

Os parágrafos 4º e 5º resolvem as questões de diminuição e de substituição de pena, respectivamente. Percebe-se que neles há a mesma redação dada para situações análogas que ocorrem na tipificação do homicídio com diminuição de pena (artigo 121, § 1º, do Código Penal). Remete-se à leitura daquele tópico, nesta obra coletiva. Tratam-se de situações nas quais o desvalor da ação é menor.

No que se refere à diminuição de pena (§ 4º), trata-se de direito subjetivo do autor do delito. Rompendo com critérios hermenêuticos positivistas (se foi tipificada em determinado parágrafo, não se aplica o benefício nos casos dos parágrafos posteriores), pensa-se que o benefício deve ser aplicado em qualquer modalidade de lesão corporal dolosa (leve, grave, gravíssima e seguida de morte). Trata-se de causa

50 QUEIROZ, Paulo. Curso de direito penal; parte geral. V 1. 8 ed. Salvador: Jus Pvdium, 2012, p. 251.

subjetiva de diminuição do desvalor da ação. Assim, é necessário utilizar um padrão político-criminal isonômico para todas as situações típicas de lesão corporal.[51]

Cabe a aplicação do § 4º, inclusive, nas hipóteses de violência doméstica (§9º). A ordem constitucional não autoriza distinções de tratamento que não se verifiquem proporcionais, em função de uma necessária proteção de gênero. Veja-se que não se está a questionar a proteção especial a determinados grupos raciais/étnicos/etc. Não. É coisa outra.

A igualdade material, que faz com que tutelas jurídicas sejam ajustadas às situações de fato diferenciadas, deve respeito ao princípio da proporcionalidade[52]. Apenas isto.

Quanto à substituição de pena (§ 5º), trata-se de outra interessante estratégia político-criminal de minimização dos efeitos criminógenos nocivos da condenação.

Neste caso, o desvalor da ação é ainda menor: 1) trata-se de lesão leve (caput), por expressa previsão legal; 2) deve haver uma diminuição da pena por uma das situações subjetivas do parágrafo 4º; ou 3) deve haver reciprocidade nas agressões.

A expressa indexação da substituição de pena privativa de liberdade apenas para as lesões leves não pode afastar a aplicação deste dispositivo para aquelas outras lesões (também leves) que ocorram por ocasião de violência doméstica. O argumento é o mesmo que antes se utilizou para a questão da diminuição de pena.

Assim, existem situações aptas à aplicação desta causa de diminuição de pena também na violência doméstica, mesmo sendo uma tutela diferenciada em razão de opções político-criminais. Uma melhor hermenêutica constitucional autoriza este entendimento. Tutelas diferenciadas não necessitam de rompimentos tão radicais com a proteção geral. Dialogam e se intercomunicam. É o caso.

2.7. Lesões corporais culposas

Há, para o delito de lesão corporal, expressa tipificação da modalidade culposa (§ 7º). E, como bem explica Prado, ao contrário do Direito Civil, não há distinção entre culpa leve e grave no Direito Penal.[53]

Significa afirmar que o legislador avaliou de forma menos intensa o desvalor da ação da lesão corporal culposa, desconsiderando os possíveis resultados mais graves

51 Neste sentido pensa Greco: GRECO, Rogério. Curso de direito penal; parte especial, p. 290.

52 A proporcionalidade é um postulado normativo específico, e se compõe de três conceitos parciais: idoneidade/adequação, necessidade e proporcionalidade (sentido estrito). (ÁVILA, Humberto. Teoria dos princípios; da definição à aplicação dos princípios jurídicos. 6 ed., revista e ampliada. São Paulo: Malheiros, 2006, p. 148 e ss.). Também ALEXY anota e conceitua estas três categorias (que denomina de três máximas parciais em relação à máxima da proporcionalidade) (ALEXY, Robert. Teoria dos direitos fundamentais. Trad. da 5ª ed. Alemã, por Virgílio Afonso da Silva. São Paulo: Malheiros, 2008, p. 588 e ss.).

53 PRADO, Luiz Régis. Curso de direito penal brasileiro. V 2, p. 141.

que podem surgir diante da agressão praticada. Certo é que, nos tipos culposos, o desvalor da ação é mais relevante que o desvalor do resultado.

Uma ressalva deve ser feita, no que tange à determinação da culpa em sentido estrito. Por motivos didáticos, alguns autores conceituam a culpa *stricto sensu* como parte do momento subjetivo do tipo.[54] Todavia, a estrutura do crime culposo é totalmente diversa, não comportando esta dicotomia: tipo subjetivo e tipo objetivo.

Neste caso, tipifica-se a conduta que teve seu agir destinado a fins não proibidos, ou permitidos, pelo Direito. A tipicidade do delito culposo decorre da ação com fins lícitos, que foi realizada sem a diligência devida e que tenha causado resultado juridicamente relevante.

Concorda-se com Tavares[55]: a culpa tem natureza normativa. Todavia, ainda de acordo com o autor, não se descarta um certo componente volitivo nos crimes culposos, consistente na relação de vontade final, e um componente objetivo, na causalidade. Está-se a afirmar que o agente manifesta vontade em relação ao fim almejado, e percebe-se esta vontade no seu agir causal, elaborado com a inobservância do dever objetivo de cuidado.

A censura por este agir descuidado do agente não se baseia neste fim almejado – no elemento subjetivo –, posto que este não tem valoração negativa para o Direito. Censura-se a conduta culposa pelo desvalor da ação descuidada, desde que não tenha sido observado o dever objetivo de cuidado. Deve existir, ainda, um resultado lesivo a bem jurídico tutelado.

Finalmente, existem duas questões ainda a serem tratadas, no que se refere à lesão culposa: aumento de pena e perdão judicial. Primeiro; o aumento de pena, constante do parágrafo 7º deste artigo 129, naquilo que se aplica à lesão corporal culposa. Explica-se.

Tal parágrafo (7º, do artigo 129), traz uma técnica de remissão complicada, que pode causar confusão interpretativa. Isto, porque há referência a dois parágrafos (4º e 6º), do artigo 121, CP (homicídio), que se referem a várias questões distintas. Melhor seria se a remissão fosse feita de forma fracionada, para evitar a confusão interpretativa.

O parágrafo 4º, do artigo 121 (homicídio), faz referência tanto ao delito culposo (em sua primeira parte), quanto ao crime doloso (em sua segunda parte). Já o parágrafo 6º, deste mesmo artigo 121 (homicídio), faz menção a crimes praticados com especial meio de agir, e com distinto elemento subjetivo do injusto (através de milícia privada, sob o pretexto de prestação de serviço de segurança; ou por grupo de extermínio).

---

54 Neste sentido: BITENCOURT, Cezar Roberto. Manual de direito penal; parte geral. V. 1. 17 ed. São Paulo: Saraiva, 2012, p. 194.

55 "TAVARES, Juarez. Teoria do crime culposo. 3 edição integralmente revista e ampliada. Rio de Janeiro: Lumen Juris, 2009, p. 296 e ss.

Pensa-se que este último aumento de pena, constante do parágrafo 6º, do artigo 121 (1/3 da pena), relaciona-se apenas com a modalidade delituosa dolosa, por óbvio.

Assim, a única parte do art. 129, parágrafo 7º, que tipifica aumento de pena à lesão corporal culposa, é a que faz remissão ao artigo 121, parágrafo 4º, primeira parte.[56]

Depois de realizada esta necessária contextualização normativa (nesta confusa técnica de remissão que foi utilizada neste caso), é tempo de explicar. A lesão corporal culposa terá aumento de pena (na proporção de 1/3, conforme prevê o art. 121, parágrafo 4º, primeira parte) quando: 1) houver inobservância de regra técnica de profissão, arte ou ofício; 2) ou quando o agente deixa de prestar imediato socorro à vítima, não procura diminuir as consequências do seu ato, ou foge para evitar prisão em flagrante.

A segunda questão final anunciada. Há, para o caso da lesão corporal culposa, a possibilidade do perdão judicial (§ 8º), nos mesmos moldes daquele que é concedido ao homicídio culposo (artigo 121, § 5º). Outro caso de remissão à tipificação do homicídio.

É o caso de se perdoar o delito existente e praticado, por já existirem graves consequências ao autor do crime, em função do resultado ocorrido ter lhe afetado direta e seriamente (perda de um familiar, por exemplo). Trata-se de hipótese de extinção da punibilidade (artigo 107, IX, do Código Penal).

2.8. Causas de aumento de pena e a inovação trazida pela lei 12.720/2012

Conforme se explicou no item anterior (2.7), o parágrafo 7º, deste artigo 129, faz remissões múltiplas, e distintas, ao artigo 121 do CP (homicídio), com a intenção de tipificar causas de aumento de pena para a lesão corporal.

Analisa-se, portanto, cada uma destas causas de aumento de pena do artigo 129 (tipificadas com a citada técnica de remissão). Apenas para situalizar a leitura, as referências são feitas aos parágrafos 4º e 6º, do artigo 121.

Na primeira parte do parágrafo 4º, do artigo 121 do CP, há o aumento de pena referente ao homicídio culposo. Tal causa já foi analisada no item 2.7, anterior, por se tratar de questão afeta à lesão corporal culposa.

Agora é tempo de analisar as causas de aumento de pena que se relacionam à lesão corporal dolosa. Assim, e interpretando a remissão realizada na segunda parte do parágrafo 4º, do artigo 121 do CP, há o aumento de pena referente ao homicídio doloso, quando o crime for praticado contra pessoa menor de 14 anos, ou maior de 60 anos. Consequentemente, também no crime de lesão corporal haverá o aumento de pena (na proporção de 1/3), quando o delito for praticado contra vítimas que tenham as faixas etárias antes anunciadas. Tudo conforme prevê o artigo 129, parágrafo 7º.

56 O restante desta remissão, constante do parágrafo 7º, do artigo 129 (que teve sua redação atualizada pela lei 12.720/12), será tratado no item 2.8.

E, agora conforme inovação legislativa trazida pela lei 12.720/2012, também haverá aumento de pena para o delito de lesão corporal (na proporção de 1/3), quando a sua prática pressupor um especial meio de agir, ou um distinto elemento subjetivo do injusto (através de milícia privada, sob o pretexto de prestação de serviço de segurança; ou por grupo de extermínio). Tudo conforme a remissão que o presente parágrafo 7º (do artigo 129) faz ao parágrafo 6º do artigo 121, do CP.

O legislador, diante da ocorrência destes graves fatos sociais, reveladores das mais variadas práticas ilegais de segurança particular (ofensivas à Constituição da República, de 1988), optou por desvalorar de forma mais intensa estas condutas. Isto porque, realmente, são praticadas de forma agressiva ao Estado Democrático de Direito.

A definição dos conceitos de grupo de extermínio, e de milícia privada, é fundamental para a efetiva compreensão desta causa de aumento de pena. São dois elementos normativos que requerem uma especial interpretação para a sua perfeita compreensão. Remete-se, neste particular, à conceituação já feita por ocasião da explicação do parágrafo 6º do delito de homicídio (art. 121), já feita nesta obra.

E, finalmente, quando se tratar de lesão corporal praticada através de milícia privada, há uma última análise. Para a configuração desta causa de aumento, é necessário que a prática do delito tenha a finalidade específica de prestação de serviço de segurança. Há, como antes anunciado, um especial fim de agir neste caso (elemento subjetivo do injusto)

As demais causas de aumento de pena, deste artigo 129 (constantes dos parágrafos 10, 11 e 12), serão tratadas nos itens seguintes, em virtude da pertinência temática mais adequada.

2.9. Causa de aumento de pena e a inovação trazida pela lei 13.142/2015

A lei 13.142, de 2015, trouxe acréscimos legislativos para delito de homicídio e, no que interessa a esse capítulo, acresceu o parágrafo 12 ao tipo penal da lesão corporal (art. 129).

Aumenta-se a pena da lesão corporal, de um a dois terços, quando o delito for praticado contra "autoridade ou agente descrito nos arts. 142 e 144 da Constituição Federal, integrantes do sistema prisional e da Força Nacional de Segurança Pública, no exercício da função ou em decorrência dela, ou contra seu cônjuge, companheiro ou parente consanguíneo até o terceiro grau".

Uma primeira anotação necessária: essa causa de aumento de pena se aplica à lesão corporal descrita no caput do artigo 129, bem como nas outras formas dolosas qualificadas (grave, gravíssima e seguida de morte).

Em resumo há dois requisitos a serem observados.

O primeiro deles se liga à verificação da condição da vítima, que deve ser autoridade ou agente descrito nos arts. 142 e 144 da Constituição Federal, integrantes do sistema prisional e da Força Nacional de Segurança Pública. Nesse sentido, também se aplica o aumento de pena quando a vítima tem relação de parentesco tal como determinada pelo tipo penal (cônjuge, companheiro ou parente consanguíneo até o terceiro grau).

O segundo requisito está relacionado à motivação do crime, que precisa ficar demonstrada: o delito deve ser praticado contra a vítima no exercício de suas funções ou em razão delas. Mesma análise deve ser feita (em relação a quem detenha tais funções) quando o delito for praticado contra parente dessa pessoa, tal como descrito no tipo penal.

Finalizando, a citada lei 13.142/2015 (acrescendo o inciso I-A, no artigo 1º da lei 8.072/1990) coloca esse parágrafo 3º, do art. 129, no rol de crimes hediondos.

2.10. Lesões corporais e a violência doméstica

Em atenção a uma política criminal que atenda às necessidades de proteções diferenciadas a grupos vitimizados diversos, foi concebida a legislação (inicialmente com a lei 10.886/04) que tutelava criminalmente a violência doméstica.

Trata-se de aumentar a censura, neste tipo legal de crime derivado, em virtude das relações domésticas. Nas hipóteses mencionadas no parágrafo 9º, percebe-se que as potenciais vítimas da lesão corporal têm em comum a relação mais próxima com o agressor. Seja pelo parentesco (ascendente, descendente, irmão, cônjuge ou companheiro), ou pelas demais formas de convívio mais próximo (com quem conviva ou tenha convivido, ou, ainda, prevalecendo-se o agente das relações domésticas, de coabitação ou de hospitalidade), entendeu-se por uma especial potencialidade ofensiva de tais lesões corporais. Havendo uma especial fragilidade destas vítimas, em relação ao agressor, justificar-se-ia a maior reprimenda (o maior desvalor desta ação).

Assim, no parágrafo 9º há uma especial forma de lesão corporal leve, diferente do caput do artigo 129, cujo desvalor da ação foi aumentado por opção político-criminal.

Já o parágrafo 10º estipula um aumento de pena (na proporção de 1/3) para as lesões graves (parágrafo 1º), gravíssimas (parágrafo 2º) e seguidas de morte (parágrafo 3º), caso as circunstâncias do artigo 9º sejam constatadas (vítimas com as especificidades ali descritas). São circunstâncias cumulativas: o afastamento da lesão leve (pela lesão grave/gravíssima/seguida de morte) e a existência das situações previstas no parágrafo 9º, deste artigo (contra as vítimas ali descritas, ou em situação de violência doméstica).

Ainda. O parágrafo 11º determina que a pena será aumentada de um terço, se a vítima por portadora de deficiência e se o delito de lesão corporal for cometido com as características previstas no parágrafo 9º (contra as vítimas ali descritas, ou em situação de violência doméstica). Também aqui (tal como no parágrafo 10º), existem condições cumulativas: a deficiência da vítima e a existência das situações previstas no parágrafo 9º, deste artigo.

Somente se faz necessário elucidar o significado de um elemento normativo, utilizado neste parágrafo 11º: o termo *deficiência*. Assim:

> "O conceito de pessoa portadora de deficiência é trazido pelos arts. 3º e 4º do Decreto 3.298, de 20 de dezembro de 1999, que regulamentou a Lei 7.853, de 24 de outubro de 1989 (...)". O Decreto referenciado diz que deficiência é "(...) toda perda ou anormalidade de uma estrutura ou função psicológica, fisiológica

ou anatômica que gere incapacidade para o desempenho de atividade, dentro do padrão considerado normal para o ser humano; (...)"[57]

É de se ressaltar, finalmente, que há diferença entre violência doméstica (aqui tratada) e violência de gênero (prevista na lei 11.340/06, denominada "Lei Maria da Penha", como sendo a violência doméstica e familiar contra a mulher em qualquer conduta baseada no gênero). São fenômenos distintos, que têm respostas político-criminais um tanto diversas.[58] Houve uma opção legislativa ainda mais específica, e censurante, no que tange à proteção de gênero (no caso, a mulher vitimada).

Resumidamente, a lei 11.340/06 acresceu normas punitivas, no delito de lesão corporal, de duas formas. Primeiramente, alterou o Código Penal, acrescendo censura qualificada à violência doméstica (instituindo o parágrafo 9°, deste artigo 129 do Código Penal). E, em segundo lugar (e como centralidade desta norma extravagante), trouxe um regramento específico para a violência de gênero (contra a mulher)[59].

Neste sentido, e corroborando com esta separação aqui apresentada, torna-se interessante verificar a jurisprudência do Superior Tribunal de Justiça (STJ). No julgado transcrito, ficam bem destacados os limites e critérios de aplicação da lei 11.340/06:

> STJ: Decorrente de Violência Doméstica, Qualificadora. Lesão Corporal Contra Homem. Violência Doméstica. O aumento de pena do § 9° do art. 129 do CP, alterado pela Lei n. 11.340/2006, aplica-se às lesões corporais cometidas contra homem no âmbito das relações domésticas. Apesar da Lei Maria da Penha ser destinada à proteção da mulher, o referido acréscimo visa tutelar as demais desigualdades encontradas nas relações domésticas. In casu, o paciente empurrou seu genitor, que com a queda sofreu lesões corporais. Assim, não há irregularidade em aplicar a qualificadora de violência doméstica às lesões corporais contra homem. Contudo, os institutos peculiares da citada lei só se aplicam quando a vítima for mulher. RHC 27.622-RJ, Rel. Min. Jorge Mussi, julgado em 7/8/2012. Informativo STJ n. 501 - Período: 1° a 10 de agosto de 2012.

---

57 CUNHA, Rogério Sanches. Direito penal; parte especial, v. 3. São Paulo: Revista dos Tribunais, 2008, p. 52. Coordenação de Luiz Flávio Gomes e Rogério Sanches Cunha.

58 Conforme explica Prado: "A Lei 11.340/2006 tem como escopo primordial fornecer os instrumentos necessários para combater a permissividade social em aceitar tal tipo de violência como naturais, amparadas pela idéia de superioridade do homem e da sua autoridade como garante da ordem familiar. Há o reconhecimento do que a violência nessas hipóteses não é simplesmente circunstancial, mas instrumental e útil para manter determinada ordem de valores estruturalmente discriminatória para a mulher." (PRADO, Luiz Régis. Curso de direito penal brasileiro. V 2, p. 143.). E o autor continua sua exposição, explicando bem a diferença que aqui se sustenta: "A violência doméstica e a violência de gênero são fenômenos diferentes – ainda que relacionados – decorrentes de causas distintas e que precisam de respostas penais autônomas. (...). Tem-se, assim, que a violência de gênero se refere aos atos de agressão ou de violência exercidos contra determinada pessoa por força de seu sexo feminino, e a violência doméstica diz respeito à sua prática no âmbito doméstico ou intra-familiar, ou a ele diretamente relacionado." (PRADO, Luiz Régis. Curso de direito penal brasileiro. V 2, p. 143.).

59 No caput do artigo 5°, da lei 11.340/06, há a expressa menção à lesão corporal praticada contra a mulher. Trata-se de uma opção político-criminal de proteção de gênero, diante de constatações de maior fragilidade eventualmente constatadas em algumas relações sociais.

Assim, quando a agressão doméstica tiver como vítima a mulher, com as exatas características da lei 11.340/06, prevalece esta tipificação extravagante. Contudo, repete-se a seguinte ressalva: toda tutela punitiva especial, em virtude de especiais necessidades político-criminais, deve respeito aos princípios legitimadores do Direito Penal (proporcionalidade, ofensividade, dignidade da pessoa humana, etc.).

Uma última questão merece atenção. A lei 11.340/06 trata das variadas violências que a mulher pode sofrer, no seu artigo 7º: física, psicológica, sexual, patrimonial, moral, etc. E, pensa-se, violência não é sinônimo de lesão corporal. E não é mesmo. Há violências de várias ordens (veja-se o rol acima), sendo que algumas delas não se relacionam com agressão física. Assim, e para fins desta tipificação de lesão corporal, concorda-se com Bitencourt: "O termo violência empregado no texto legal significa a força física, material, a *vis corporalis*. (...). Mais: a grave ameaça e as vias de fato, tradicionalmente classificadas como espécies do gênero violência, inegavelmente não se confundem com lesão corporal."[60]

2.11. Lesão corporal no Código Brasileiro de Trânsito

Atualmente, o Código Brasileiro de Trânsito (Lei 9503/97) tem a seguinte tipificação de lesão corporal:

> **Art. 303.** Praticar lesão corporal culposa na direção de veículo automotor:
>
> Penas – detenção, de seis meses a dois anos e suspensão ou proibição de se obter a permissão ou a habilitação para dirigir veículo automotor.
>
> § 1º Aumenta-se a pena de 1/3 (um terço) à metade, se ocorrer qualquer das hipóteses do § 1º do art. 302. (Renumerado do parágrafo único pela Lei nº 13.546, de 2017)
>
> § 2º A pena privativa de liberdade é de reclusão de dois a cinco anos, sem prejuízo das outras penas previstas neste artigo, se o agente conduz o veículo com capacidade psicomotora alterada em razão da influência de álcool ou de outra substância psicoativa que determine dependência, e se do crime resultar lesão corporal de natureza grave ou gravíssima. (Incluído pela Lei nº 13.546, de 2017)

Veja-se uma questão complicada: o legislador considerou o desvalor desta ação culposa no trânsito (6 meses a 2 anos, sem considerar aqui os aumentos maiores que constam dos parágrafos) maior do que o desvalor da ação da lesão leve (dolosa).

A opção político-criminal adotada no Código e Trânsito somente pode ser explicada, levando-se em consideração o desvalor da ação diferenciado em determinadas situações de risco. Desta forma, o legislador parece ter abordado a questão da seguinte maneira: pelo maior risco existente na atividade de direção de veículo automotor, e pela maior exposição de vítimas por ocasião desta conduta, faz-se necessário estipular um diferenciado desvalor da ação neste particular caso.

Todavia, e mesmo compreendendo estes motivos legislativos aqui cogitados, percebe-se que há clara desproporção nesta cominação de penas. A conduta culposa não pode ter censura maior que a conduta dolosa análoga. Percebe-se o absurdo nesta seguinte situação: uma pessoa deseja dolosamente agredir a vítima, e acerta seu veículo automotor nesta,

60 BITENCOURT, Cezar Roberto. Tratado de direito penal; parte especial, p. 206.

dolosamente. Receberá pena de 3 meses a 1 ano. Se este mesmo autor, ao invés de uma conduta dolosa, tivesse outra, de natureza culposa (distraiu-se na direção e causou a lesão corporal culposa, no trânsito), sua pena seria de 6 meses a 2 anos.

Concluindo: mesmo com a boa intenção legislativa, há equívoco político-criminal nesta tipificação do Código de Trânsito, que agride aos princípios constitucionais da proporcionalidade e da ofensividade.

Ainda em relação ao tipo penal em análise, há a inclusão de dois parágrafos (em substituição ao parágrafo único anteriormente existente).

No primeiro parágrafo existe a causa de aumento de pena (1/3 à metade), quando a situação fática se encaixar na remissão que o legislador fez ao artigo 302 do mesmo Código de Trânsito (homicídio culposo no trânsito).[61]

Trata-se de relevar maior desvalor às condutas que, de alguma forma, tragam maior capacidade de ofensa ao bem jurídico protegido. São situações fáticas que exigem uma intervenção jurídico penal mais intensa, na perspectiva do legislador.

No segundo parágrafo houve a definição típica (um tipo penal derivado, qualificado) na lesão corporal no trânsito, que tem como componente fático a condução de veículo automotor veículo com capacidade psicomotora alterada em razão da influência de álcool ou de outra substância psicoativa.

Frise-se que, como o parágrafo 2º está atrelado ao caput do artigo 303 (da lei 9.503/97), ainda se está a analisar um tipo culposo.

Trata-se de organizar a resposta estatal punitiva à questão da direção embriagada, que causa vítimas no trânsito. Há uma tentativa de melhor mensurar o grau de culpa (estrito senso), ao se entender que ausência de dever objetivo de cuidado, aqui (na situação da direção embriagada), é potencialmente maior que em outras situações diversas.

Uma ressalva: o parágrafo 2º, deste artigo 303, somente se aplica a lesões corporais graves ou gravíssimas. Então, conclui-se que, mesmo sendo um tipo penal culposo (qualificado), será necessário se recorrer às definições específicas das lesões corporais dolosas constantes dos §§ 1º (lesão grave) e 2º (lesão gravíssima) do artigo 129 do Código Penal.

Então, definiu-se um tipo culposo com um grau de reprovabilidade tão (ou quase tão) intenso quanto um delito doloso. Há questionamentos sobre a intensidade das penas definidas para essa espécie culposa (qualificada) de lesão corporal no trânsito (sob o efeito de álcool ou outra substância entorpecente).

---

61 O artigo 302, § 1º, do Código de Trânsito (lei 9.503/97), assim está redigido:

§ 1º- No homicídio culposo cometido na direção de veículo automotor, a pena é aumentada de 1/3 (um terço) à metade, se o agente: (Incluído pela Lei nº 12.971, de 2014)

I - não possuir Permissão para Dirigir ou Carteira de Habilitação; (Incluído pela Lei nº 12.971, de 2014)

II - praticá-lo em faixa de pedestres ou na calçada; (Incluído pela Lei nº 12.971, de 2014)

III - deixar de prestar socorro, quando possível fazê-lo sem risco pessoal, à vítima do acidente; (Incluído pela Lei nº 12.971, de 2014)

IV - no exercício de sua profissão ou atividade, estiver conduzindo veículo de transporte de passageiros. (Incluído pela Lei nº 12.971, de 2014).

2.12. A lesão corporal e outros crimes diversos: distinções e outras questões

Algumas distinções adiante sustentadas são especialmente importantes, posto que implicam na correta diferenciação de tipos legais de crime. Explica-se.

A conduta típica da lesão corporal pode ser confundida com outras tipificações que, aparentemente, são idênticas. Trata-se de conflito aparente de normas, que precisa necessariamente ser resolvido. Sob pena de ocorrência de *bis in idem*, cada conduta somente pode se identificar com uma norma incriminadora.

Havendo unidade de fato e pluralidade de normas que supostamente o regulam, é de se solucionar este problema, através da especialidade, subsidiariedade ou absorção (consunção). A norma de caráter especial prevalece em relação àquela que é geral; a norma subsidiária somente será aplicada quando não for o caso de aplicação da norma principal; e a norma mais ampla absorverá a de menor abrangência (o crime-meio será abrangido pelo crime-fim).[62]

Nas análises que se seguirão, ficará perceptível que há uma questão central sempre discutida: em geral a diferença entre tipos está na sua parte subjetiva. Assim, é fundamental saber como conceituar o dolo, e também como demonstrá-lo no caso concreto. É exatamente através da prova judicial dos seus elementos subjetivos que se diferenciam as figuras típicas diversas. A autoria e a materialidade do crime, de forma geral, ficam condicionadas à comprovação do tipo[63], com seus elementos objetivos, subjetivos[64] e normativos.

---

62 "A consunção terá lugar, afinal, quando a realização dos pressupostos de uma norma implique, ordinariamente, formas de um delito previsto por outra, de tal modo que o desvalor jurídico da conduta proibida segundo aquela – a norma consuntiva – abarque o desvalor próprio da conduta concomitante ou sucessiva proibida por esta – norma consumida." (HORTA, Frederico Gomes de Almeida. Do concurso aparente de normas penais. Rio de Janeiro: Lumen Juris, 2007, p. 148.)

63 Pacelli discorda dessa ideia: "(...) os exames da tipicidade e da ilicitude do fato não dizem respeito à matéria de prova. Cuida-se, ao contrário, de mero juízo de abstração, de valoração do fato (existente ou não) em relação à norma penal." (OLIVEIRA, Eugênio Pacelli de. Curso de processo penal. 13 ed., revista e atualizada. Rio de Janeiro: Lumen Juris, 2010. p. 348.).

Não se concorda com essa advertência de Pacelli. É evidente a diferença entre o fato concreto processualmente imputado ao acusado e a sua abstração típica. Não se questiona isso. Todavia, quando se produz prova quanto ao fato ocorrido, há a consequente incidência da norma penal que abstratamente tipificou essa conduta. Assim, ao se reconstituir o fato praticado, demonstra-se a existência concretizada da figura típica. Portanto, conclui Badaró, é necessário "analisar também o fato sob (sic) no enfoque do direito penal." (BADARÓ, Gustavo Henrique Righi Ivahy. Ônus da prova no processo penal. São Paulo: Revista dos Tribunais, 2003 p. 302.). A ilicitude, por mais óbvio ainda, é objeto de prova. Para se obter tal conclusão, basta verificar a distribuição do ônus probatório quanto às excludentes de ilicitude.

64 É obrigação da acusação comprovar o dolo e a culpa também. Contudo, vê-se claramente que a dificuldade probatória do dolo faz com que este elemento subjetivo do tipo seja presumido. Contra tal prática se manifesta Badaró: "(...), se é verdade que na investigação da subjetividade do agente, o fato externo é que indica o elemento interno, isto não quer dizer que o dolo possa ser presumido. O juiz deverá se convencer do dolo, ainda que, para tanto, deva se basear em elementos subjetivos." (BADARÓ, Gustavo Henrique Righi Ivahy. Ônus da prova no processo penal, p. 307.). Sobre o tema, assim também afirma Pacelli: "(...) a prova do dolo (...) e dos elementos subjetivos do tipo (...) são aferidas pela via do conhecimento dedutivo, a partir do exame de todas as circunstâncias já devidamente provadas e utilizando-se como critério de referência as regras da experiência comum do que ordinariamente acontece. É a via da racionalidade." (OLIVEIRA, Eugênio Pacelli de. Curso de processo penal, p. 348.).

2.12.1. Lesão corporal e outros crimes contra a vida

Uma primeira distinção deve ser feita entre a lesão corporal e os crimes contra a vida, quando tentados. Se a descrição típica objetiva não consegue realizar esta diferenciação, a análise do dolo deixa muito clara qual a intenção: *animus necandi* (intenção de matar), ou *animus vulnerandi* ou *laedendi* (intenção de ferir, de lesionar). Está, pois, no tipo subjetivo a diferença entre os dois delitos.

Ainda assim será quando se tratar da lesão corporal seguida de morte. Como já sustentado antes (item 2.5), novamente é a intenção que diferencia esta espécie de lesão corporal, preterdolosa, do homicídio doloso ou culposo. Haverá dolo na prática das lesões e culpa quanto ao resultado morte.

Quanto aos crimes contra a vida, ainda se pode afirmar que entre a lesão corporal e o homicídio consumado há o denominado crime progressivo. Na execução de uma conduta típica de um crime, há a gradação de ofensas ao bem jurídico protegido, que se intensificam e que levam ao resultado pretendido. Um crime é fase de realização do outro, mais grave. O delito menos grave é um meio, ou passagem obrigatória, para o delito mais grave.[65] Para se matar uma pessoa, ou abortar um feto, primeiro se lesiona a vítima (ou a gestante, no caso do aborto). Como antes analisado, aqui também os tipos diferem em virtude de suas composições subjetivas (o dolo).

Certo é que a lesão corporal será meio necessário, ou normal, para inúmeros outros crimes no Código Penal, e em legislações especiais. Não só em relação aos crimes contra a vida ocorre esta hipótese de crime progressivo.

2.12.2. Lesão corporal e o capítulo III, título I, da parte especial do Código Penal

Passando adiante, pode-se afirmar que os crimes periclitação da vida e da saúde (adiante apresentados), são subsidiários em relação à lesão corporal e a outros crimes contra a vida. Normalmente, os crimes de perigo são subsidiários em relação aos delitos de dano. O respeito aos princípios da ofensividade e da proporcionalidade determinam tal prudência.

Há outros critérios diferenciadores da lesão corporal, em relação a alguns tipos legais de crime do citado capítulo III. Diferenças, estas, que novamente se baseiam na intenção do agente ao praticar o ato típico. Veja-se, por exemplo, o caso dos maus tratos (artigo 136), que pode ser praticado através de lesão corporal. A intenção do agente vai definir qual dos dois crimes ocorreu.

A questão pode ser um pouco confusa quando se tratar de lesão corporal tentada. Como diferenciá-la dos crimes de perigo anteriormente citados?

A preocupação central de uma acusação judicial gira em torno da verificação formal dos elementos constituintes da figura típica que descreve a conduta hipoteticamente

65 PRADO, Luiz Regis. Curso de direito penal brasileiro; parte geral. V. 1. 11 ed. São Paulo: Revista dos Tribunais, 2011, p. 278.

cometida pelo acusado. Em resumo, a diferenciação ainda recairá sobre o dolo, e a prova de sua existência. A discussão se dirige ao caso concreto, que deve ser analisado para a diferenciação aqui proposta lograr o necessário êxito. Trata-se de capacidade de produção probatória do dolo, que é problemática.

2.12.3. *Outras questões interessantes*

Igual análise se faz, também, para diferenciar o crime de lesão corporal e os crimes de tortura (artigo 1º da lei 9.455/97) e abuso de autoridade (artigo 3º da lei 4898/65). A intenção diferencia as tipificações.

A diferença entre a lesão corporal tentada e a contravenção das vias de fato (artigo 21 da lei nº 3.688/41) foi tratada no item 2.2, anterior, quando se analisou a questão da consumação daquele primeiro delito. Remete-se à abordagem já realizada, portanto.

Por fim, agora não mais analisando as diferenças, é de se ressaltar também que a lesão corporal funciona como qualificadora, ou mesmo causa de aumento de pena, de diversos delitos no Código Penal e nas legislações extravagantes. Nos próprios capítulos III e IV, que serão destacados a seguir (artigos 130 a 137 do Código Penal), a lesão corporal grave é uma forma qualificada de cometimento de algumas das condutas ali tipificadas. No Código Penal há, ainda, o caso da injúria real (artigo 140, § 2º); roubo (artigo 157, § 3º), estupro (artigo 213, § 1º), entre outros tantos. Na legislação extravagante, apenas a título de exemplo, veja-se o caso da tortura (artigo 1º, §3º, da lei 9.455/97).

2.13. A aplicação dos princípios da insignificância e da adequação social

É possível, e recomendável, que os princípios da insignificância e da adequação social sejam aplicados no delito de lesão corporal. A estrutura dogmática do Direito Penal exige esta abordagem principiológica. Não se concebe a exegese de tipos penais com fórmulas prontas e sem a preocupação de legitimação material desta legalidade anunciada apenas formalmente.

O princípio da insignificância é determinado pelo Direito Penal, diante da constatação de que a sua finalidade é a proteção de bens jurídicos.[66] Através da censura àqueles que lesionaram bens/valores protegidos (ou ofereceram perigo sério de lesão), visa-se coibir a prática criminosa. É forma de exclusão da tipicidade de uma conduta.[67] No tipo penal, além de sua estrutura formal, deve haver uma verificação material. O tipo material exclui da esfera de punição as condutas insignificantes.

Deve existir uma proporcionalidade entre a gravidade da conduta e a intervenção penal. Pela ideia de ofensividade, por exclusão, chega-se ao princípio da insignificância. Tal princípio pode se manifestar de duas formas: ou o bem jurídico não é relevante

---

66 GOMES, Luiz Flávio. Princípio da ofensividade no direito penal. São Paulo: Revista dos Tribunais, 2002, p. 41/43.

67 GOMES, Luiz Flávio. Princípio da insignificância e outras excludentes de tipicidade. São Paulo: Revista dos Tribunais, 2009, p. 66/67.

para ser protegido pelo Direito Penal; ou o bem jurídico é relevante, mas a intensidade de sua agressão/ameaça, no caso concreto, foi insignificante.

No caso que está-se a analisar, o bem jurídico é relevante à proteção penal. Trata-se da segunda forma, antes anunciada. A integridade física e mental da pessoa humana é valor que tem dignidade penal. Assim, é preciso verificar se existem os outros pressupostos mínimos para a tutela penal[68]: necessidade e proporcionalidade na atuação.

Quando se percebe que a intensidade da lesão (ou da ameaça) é insignificante, percebe-se que não há necessidade de intervenção, e nem há proporcionalidade na atuação punitiva. É possível resolver o conflito instaurado com outras técnicas de controle social.[69] Certo é que esta prática ilícita não alcança a tipicidade material, pela irrelevante ofensa ao valor protegido. Assim, tal ilicitude deve ser censurada por outras vias.

Quando se trata de lesões corporais, há sempre o exemplo do agente que corta uma mecha de cabelo da vítima. Em que pese haver a dignidade do valor protegido (higidez física e mental), não parece efetivamente ser uma situação a ser resolvida no Direito Penal. Outras tantas condutas insignificantes não merecerão ser tipicamente consideradas lesões corporais. Apenas como uma reflexão final, é de se perceber que o princípio da insignificância sofre severas críticas de setores mais conservadores da dogmática penal. Pensa-se, todavia, que se a finalidade punitiva é proteger bens jurídicos eleitos, com critérios de ofensividade, é de se sustentar realmente a aplicabilidade daquele princípio excludente da tipicidade material.

A adequação social é o segundo princípio citado neste tópico. Sistematizado por Welzel[70], tem como significado o afastamento do tipo material quando a conduta praticada for socialmente permitida e adequada. Segundo o autor alemão: "En los tipos se advierte la naturaleza social y al mesmo tiempo histórica del derecho penal: indican las formas de conducta que suponen una infracción grave de los ordenes históricos de la vida social."[71]

---

68 Alice Bianchini afirma que os pressupostos mínimos para a intervenção penal podem ser divididos em três momentos (BIANCHINI, Alice. Pressupostos materiais mínimos da tutela penal. São Paulo: Revista dos Tribunais, 2002, p. 18/19.). O primeiro deles é exatamente a verificação da dignidade penal do bem jurídico tutelado (se pode ou não ser tutelado por meio de intervenção penal). Depois há a análise da ofensividade da lesão/ameaça ao bem protegido.
Em segundo lugar, determina-se a necessidade da tutela penal, em um direito penal de ultima ratio (direito penal mínimo). Por fim, resolve-se a questão da eficácia e adequação da intervenção penal (questão de proporcionalidade na atuação da tutela punitiva).

69 O controle social é um limitador da conduta do indivíduo. Pode aparecer difuso, encoberto nas relações sociais, como, por exemplo, nos papéis da família, escola, igreja, meios de comunicação, etc. O controle social também pode ser institucionalizado, explícito e estatal. Neste prisma institucional, pode ser não punitivo – como são as premissas do direito privado -, pode ser formalmente não punitivo – mas com uma carga de punição clara, como nas práticas psiquiátricas e nos asilos –, e pode ser, por último, formalmente punitivo – situação que é verificada no sistema penal.

70 WELZEL, Hans. El nuevo sistema del derecho penal; una introducción a la doctrina de la acción finalista. Traducción y notas de José Cerezo Mir. Montevidéu/Buenos Aires: B de F Ltda., 2006, p. 84 e ss.

71 WELZEL, Hans. El nuevo sistema del derecho penal, p. 85.

Isto significa afirmar que o Direito Penal não deve intervir na esfera de liberdade das pessoas quando a conduta em análise não for materialmente típica, em virtude da adequação social dos comportamentos formalmente típicos (que não são tidos como desviados). Trata-se da atualização interpretativa das pautas valorativas que em tempos pretéritos condicionaram as normatizações criminalizadoras.

O Direito se desenvolve em um processo de constante renovação, embasado em valores e princípios fundamentais. Aparece como processo histórico que se renova sempre.

A interpretação da norma deve ser vista de forma a adequá-la ao caso concreto, em função do momento social. O operador do Direito tem posição de relevo no processo interpretativo da norma penal. Deixa de ser repetidor da lei, para ser intérprete da valoração da norma.[72] Este trabalho fornece estabilidade à norma, estabelecendo comunicação entre a sociedade e o ordenamento jurídico.

Certo é que o significado do fato social, ensejador de valoração negativa e posterior tipificação penal, modifica-se ao longo dos tempos.

No caso da lesão corporal, o princípio da adequação social pode ser percebido na ausência de tipicidade material da conduta dos pais que furam a orelha da filha recém-nascida[73], para colocação de brincos. A aceitação das práticas esportivas, com conteúdo de contato físico (e, portanto, de violência), igualmente é exemplo de aplicação deste princípio.

2.14. Ação penal no delito de lesão corporal

Via de regra, nas lesões corporais leves, excetuando-se aquelas oriundas das relações domésticas (§9º), a competência para processamento judicial será dos Juizados Especiais criminais (artigo 61, da Lei 9.099/95). Situação diversa existirá quando houver concurso de crimes (material, formal) e a somatória das penas máximas cominadas ultrapassar os 2 anos permitidos no Juizado Especial. Admite-se o benefício da suspensão condicional do processo

---

72 Contudo, o intérprete da norma não pode arbitrária e subjetivamente alterar a linguagem. A interpretação tem caráter finalístico, com a compreensão do valor das palavras que lhe dão literalidade: a lei. As ambigüidades na linguagem devem ser afastadas, assim como tal interpretação deve obedecer a princípios norteadores do discurso jurídico. Afasta-se, assim, o poder autoritário do operador.

A linguística pode ser meio interpretativo adequado ao estudo do tipo penal, possibilitando uma constante atualização da linguagem no momento histórico da interpretação. Tal processo elucidativo respeita o significado que a sociedade confere à linguagem. É a valoração negativa de um fato pelo corpo social, anterior à sua tipificação, que confere o valor semântico à estrutura do referido tipo penal. Ao intérprete cabe descobrir o componente semântico da literalidade típica, para melhor valorar as condutas criminosas.

Com a linguística, fica mais clara a verificação do discurso jurídico -penal. Ao lado da discussão formal da linguística, uma zona periférica de estudos se formou, no intuito de decifrar o discurso como componente ideológico da linguagem.

Constata-se que uma prática discursiva somente se explica em função de uma dupla competência: primeiramente, específica, com um sistema interiorizado de regras linguísticas; e, posteriormente, com uma competência ideológica, geral, que torna implicitamente possível a totalidade das ações e das significações novas. (ROBIN, Régine. História e linguistica. Tradução de Adélia Bolle. São Paulo: Cultrix, 1973, p. 27) Introduzir uma segunda competência, de ordem ideológica, demonstra que o discurso não se limita apenas ao respeito de regras linguísticas formais. Não se reduz o discurso à língua. Acena-se para uma teoria de formações histórico-sociais no discurso.

73 GOMES, Luiz Flávio. Princípio da insignificância e outras excludentes de tipicidade, p. 160.

(artigo 89, lei 9.099/95). Neste caso, tal concessão também será feita aos delitos tipificados no § 9º (há pena mínima inferior a 1 ano, conforme exige-se para a concessão do benefício).

Nos casos de violência de gênero, contra a mulher, não se aplicam os institutos da Lei 9099/95, por expressa previsão legal (artigo 41 da lei 11.340/06). Pouco importa a quantidade de pena aplicada, conforme previu o legislador.

Conforme o artigo 88, da Lei 9099/95, a ação penal para os casos de lesão corporal leve (aqui incluída aquela lesão leve do § 9º, do código penal), e culposa, será pública condicionada à representação. Nas demais hipóteses a ação é pública incondicionada.

Nos casos de violência contra a mulher (lei 11.340/06), havia uma divergência quanto à ação penal. Pela leitura do artigo 41 desta lei, por não se aplicar a lei 9099/95 a estes delitos, a ação passaria a ser pública incondicionada nestes casos. Isto, porque o condicionamento para as ações penais, nos casos de lesões corporais leves e culposas, está no artigo 88 da lei 9.099/95. Não haveria aplicabilidade, portanto.

Já houve quem discordasse desta interpretação, por entender que haveria insustentável desigualdade de tratamento para as variadas formas de agressão.[74] De qualquer forma, o Supremo Tribunal Federal decidiu a questão (Ação Direta de Inconstitucionalidade – ADI 4424) [75]:

> "O Tribunal, por maioria e nos termos do voto do Relator, julgou procedente a ação direta para, dando interpretação conforme aos artigos 12, inciso I, e 16, ambos da Lei nº 11.340/2006, assentar a natureza incondicionada da ação penal em caso de crime de lesão, pouco importando a extensão desta, praticado contra a mulher no ambiente doméstico, contra o voto do Senhor Ministro Cezar Peluso (Presidente). (...) Plenário, 09.02.2012." (www.stf.jus.br)[76]

---

74 Neste sentido: GRECO, Rogério. Curso de direito penal; parte especial, p. 294.

75 Igualmente, veja-se na jurisprudência do STJ essa questão (tema 177): "PETIÇÃO. QUESTÃO DE ORDEM. RECURSOS REPETITIVOS. TEMA N. 177. CRIME DE LESÕES CORPORAIS COMETIDOS CONTRA A MULHER NO ÂMBITO DOMÉSTICO E FAMILIAR. NATUREZA DA AÇÃO PENAL. REVISÃO DO ENTENDIMENTO DAS TERCEIRA SEÇÃO DO STJ. ADEQUAÇÃO AO JULGAMENTO DA ADI N. 4.424/DF PELO STF E À SÚMULA N. 542 DO STJ. AÇÃO PÚBLICA INCONDICIONADA. 1. Considerando os princípios da segurança jurídica, da proteção da confiança e da isonomia, teve ser revisto o entendimento firmado pelo julgamento, sob o rito dos repetitivos, do REsp n. 1.097.042/DF, cuja quaestio iuris, acerca da natureza da ação penal nos crimes de lesão corporal cometidos contra a mulher no âmbito doméstico e familiar, foi apreciada pelo Plenário do Supremo Tribunal Federal em sentido oposto, já incorporado à jurisprudência mais recente deste STJ. 2. Assim, a tese fixada passa a ser a seguinte: a ação penal nos crimes de lesão corporal leve cometidos em detrimento da mulher, no âmbito doméstico e familiar, é pública incondicionada. 3. Questão de ordem acolhida a fim de proceder à revisão do entendimento consolidado por ocasião do julgamento do REsp n. 1.097.042/DF - Tema 177. (Pet 11.805/DF, Rel. Ministro ROGERIO SCHIETTI CRUZ, TERCEIRA SEÇÃO, julgado em 10/05/2017, DJe 17/05/2017)".

76 E, mais recentemente, o tema teve sua repercussão geral analisada: "STF: Recurso extraordinário com agravo. Repercussão Geral. 2. Crime de lesão corporal praticado contra a mulher no âmbito doméstico e familiar. Ação penal pública incondicionada. ADI 4.424. 3. Agravo conhecido e recurso extraordinário provido para cassar o acórdão proferido pela 1ª Câmara Criminal do Tribunal de Justiça do Estado do Paraná, determinando a apreciação do mérito da apelação interposta pelo Ministério Público Estadual. 4. Reafirmação de jurisprudência. (ARE 773765 RG, Relator(a): Min. GILMAR MENDES, julgado em 03/04/2014, ACÓRDÃO ELETRÔNICO REPERCUSSÃO GERAL - MÉRITO DJe-079 DIVULG 25-04-2014 PUBLIC 28-04-2014)".

CAPÍTULO III – DA PERICLITAÇÃO DA VIDA E DA SAÚDE

LUCIANO SANTOS LOPES

1. CONSIDERAÇÕES GERAIS: A QUESTÃO DO PERIGO NO DIREITO PENAL

O capítulo III, do título I da parte especial do Código Penal, tem como bens jurídicos tutelados a vida e a saúde, de modo geral e com variadas espécies típicas. São tutelas subsidiárias às anteriormente tipificadas (desde o homicídio, no artigo 121). Se nos tipos penais antecedentes são narrados crimes de dano, agora (a partir do artigo 130) são tipificados delitos de perigo, via de regra[1].

Assim, uma primeira palavra deve ser dirigida à dicotomia existente entre crimes de perigo e crimes de dano. Tal diferenciação é importante em função da ligação do tipo legal de crime com o princípio da ofensividade. Alguns delitos são tipificados em virtude das condutas efetivamente lesivas aos bens jurídicos protegidos (crimes de dano), enquanto outras condutas são típicas por causarem perigo ao valor tutelado (crimes de perigo).[2]

Os delitos de perigo podem ser concretos ou abstratos. São considerados concretos quando "a descrição do tipo aludir a um perigo ocorrido (real) de lesão, devendo ser comprovado."[3] Já os crimes de perigo abstrato são verificados quando "o legislador tipificar a conduta por julgá-la perigosa em si mesma, independentemente da demonstração e qualquer dano ou perigo concreto de dano, de sorte que a lei presume o perigo *juris et de jure*."[4]

---

1 Com algumas exceções: artigo 130, parágrafo 1º, artigo, 131, etc. São crimes de dano. Assim, por todos: GRECO, Rogério. Curso de direito penal; parte especial, p. 325.

2 Segundo Noronha, em acertada conclusão, é necessário definir a corrente de entendimento sobre o perigo: "Os subjetivistas sustentam ser êle mera criação de nosso espírito, pois trata-se de simples prognóstico ou expectativa. Os objetivistas proclamam ser o perigo um estado de fato ou um trecho da realidade. Uma terceira corrente – a nosso ver, a mais exata – concilia as precedentes. É objetivo-subjetiva. Não nega a realidade objetiva do perigo, mas sustenta igualmente a presença do juízo mental sôbre êle. De fato, se o perigo é concebível objetivamente, certo é também existir sempre apreciação subjetiva." (NORONHA, Magalhães. Direito penal. V. 2, p. 95.). Hungria e Fragoso têm esta mesma posição (HUNGRIA, Nelson; FRAGOSO, Heleno Cláudio. Comentários ao código penal. V. 5, p. 375). Concorda-se com a posição dos autores.

3 QUEIROZ, Paulo. Curso de direito penal; parte geral. V 1, p. 209.

4 QUEIROZ, Paulo. Curso de direito penal; parte geral. V 1, p. 209.

Basicamente, a diferença entre os delitos de perigo abstrato e concreto reside na ideia de que, naquele (abstrato), a constatação e a prova do perigo não fazem parte da figura típica. Já se encontram presumidos, pela abstração da legislação. Frise-se, novamente, que a tipificação do perigo é subsidiária em relação à criminalização do efetivo dano aos valores tutelados (bens jurídico-penais).

Uma questão final sobre esta exposição. Há uma recorrente crítica à constitucionalidade dos delitos de perigo abstrato, supostamente por não respeitarem o princípio da ofensividade. Explica-se. Ao se presumir de forma absoluta o perigo, o legislador acabaria por tipificar a simples desobediência ao seu comando normativo. Criar-se-ia a concepção abstrata do que venha a ser perigoso, sem a necessidade de verificação concreta. Trata-se de questão complicada e que não comporta um debate mais profundo neste espaço. Somente se anuncia: a discussão, e suas respostas possíveis, não são simples.

Todavia, uma constatação pode ser, aqui, apresentada. Ainda hoje, no atual estágio da dogmática penal (constitucionalizada), não se tem uma definitiva resposta à pergunta que se apresenta: "que qualidades deve assumir um comportamento para que o legislador se encontre legitimado a submeter a sua realização a sanções criminais?"[5] Completa-se este questionamento aqui transcrito: quando é necessária a antecipação da tutela penal, para a proteção do perigo de dano? E, mais que isto: quando é possível autorizar o legislador a definir, a priori (em abstrato), a existência do perigo?

Certo é que a ofensividade deve realmente funcionar como um dos limites constitucionais para a tutela penal[6]. Dos estudos sobre os bens jurídicos, é preciso entender que somente haverá a atuação punitiva estatal quando houver necessidade de proteção de bens jurídico-penais eleitos (quando estes forem efetivamente ameaçados ou agredidos).

Mais do que pensar a (in)constitucionalidade dos crimes de perigo abstrato, é preciso revisitar (e rechaçar) a ideia de administrativização da tutela penal, que ocorre

---

5 IENNACO, Rodrigo. *Bem jurídico e perigo abstrato*; um desenho hermenêutico da ofensividade. Belo Horizonte: D'Plácido, 2014, p. 81.

6 Como já explicado, adota-se a ideia de que a ordem constitucional funciona como fundamento e limite da tutela penal: fundamento quando se verifica que a punição se legitima à proteção de direitos fundamentais; e limite quando se constata que a intervenção penal deve respeitar os princípios constitucionais (proporcionalidade, ofensividade, ultima ratio, etc.).

Ainda sobre a ofensividade: "em suma, como nosso objetivo momentâneo é, tão somente, propor um acordo terminológico e conceitual sobre os principais aspectos da ofensividade penal, permitimo-nos chamar de fragmentariedade aquela noção de necessária relevância (constitucional) do bem jurídico tutelado; de ofensividade abstrata aquela ideia segundo a qual o legislador deve selecionar apenas as condutas com indiscutível potencialidade lesiva. Descrevendo-as de modo a ressaltar bem essa característica; e de ofensividade concreta aquela exigência de que o fato praticado provoque um dano perceptível ao bem jurídico, ou quando menos, exponha-o a uma bem delineada situação de perigo." (SILVEIRA, Fabiano Augusto Martins. A constituição e o princípio da ofensividade vinte anos depois. *In:* DANTAS, Bruno; *et. al.* (organizadores). *Constituição de 1988:* o Brasil 20 anos depois. Brasília: Senado Federal / Instituto Legislativo Brasileiro, 2008, p. 321/322.)

através da intervenção punitiva deste ramo do Direito em questões ligadas ao simples descumprimento de funções meramente administrativas (meros descumprimentos de deveres administrativos). Afasta-se, aqui sim (sem dúvida nenhuma), da ideia de ofensividade e de exclusiva proteção de bens jurídico-penais. Trata-se de um equívoco político-criminal.

Premissa básica deste fenômeno é a verificação da mudança considerável nas necessidades sociais que pleiteiam a atuação punitiva. A proteção a bens jurídicos adquire novos contornos com a constatação de uma sociedade de maiores riscos (tecnológicos, empresariais, bioéticos, financeiros, etc.)[7].

Com uma suposta necessidade mais intensa de proteção de valores supraindividuais, a tutela punitiva tem se antecipado ao dano, punindo o perigo de dano abstratamente. Mais que isto, a intervenção penal tem recaído sobre setores de atuação da mera regulação da Administração Pública.

Tem-se a experimentação de um Direito Penal simbólico. E, o pior, há a manipulação social que faz com que tal proposição, afastada de qualquer logicidade constitucional, apareça como ilusão de resolução de conflitos sociais. Segundo Sanchez "não parece que a sociedade atual esteja disposta a admitir um Direito Penal orientado ao paradigma do 'Direito Penal mínimo'"[8]

Fica perceptível que o Direito Penal tem se afastado de sua principiologia constitucional, que orienta a intervenção punitiva como *ultima ratio*. A noção fragmentária e subsidiária do Direito Penal tem sido deixada de lado quando se trata da tutela de interesses difusos. Antecipa-se a punição para antes da efetiva necessidade de proteção dos bens jurídicos eleitos à proteção, de forma a evitar a ofensa futura. Esta, contudo, deveria ser uma função da Administração Pública (e, portanto, do Direito Administrativo).

É evidente que não se pode desconsiderar estas novas formas de intervenção penal nesta sociedade de riscos. Tal negligência seria uma temeridade e não é isto que aqui se propõe. Ocorre apenas que este novo modelo de Direito Penal, na contramão do discurso simbolista, deve respeito à argumentação constitucionalista antes proposta.

Ao Direito Penal compete atuação punitiva quando houver exclusiva necessidade de proteção de bens jurídicos (com os direitos humanos positivados funcionando como fundamento da intervenção), desde que haja proporcionalidade nesta atuação.

Certo é que há uma confusão entre o que deve ser tutelado pelo Direito Penal (bens jurídicos) e o que deve restar protegido apenas pelo Direito Administrativo

7 Sobre a questão do risco, ver Beck (BECK, Ulrich. Sociedade de risco: rumo a outra modernidade. São Paulo: Editora 34, 2010.)

8 SANCHEZ, Jesus Maria Silva. A expansão do direito penal; aspectos da política criminal nas sociedades pós-industriais. Tradução Luiz Otávio de Oliveira Rocha. São Paulo: Revista dos Tribunais, 2002, p. 145.

(funções estatais de fiscalização). Esta preocupação, que já é recorrente nos estudos de Direito Penal Econômico, deve ser trazida para este capítulo do Código Penal, bem como para qualquer tutela de interesses supraindividuais. Veja-se a doutrina mais atualizada a este respeito:

> "De outro lado, embora a afirmação de que o Direito Penal constitua a *ultima ratio* no âmbito dos instrumentos de que dispõe o legislador para a tutela de determinadas situações esteja presente em todos os manuais, seu significado permanece frequentemente obscuro, fundamentalmente quando se trata da esfera penal econômica. Ressurge, nesse passo, a importância da diferenciação entre Direito Penal e Direito Administrativo, como critério de correção. (...).
>
> A fim de evitar a aplicação incorreta e antidemocrática do princípio da intervenção penal mínima, deve-se, então, tomar em conta, além do juízo de utilidade e imprescindibilidade do Direito Penal, também a idéia de sua função de proteção de bens jurídicos, a diferenciá-lo do Direito Administrativo. Sob esse aspecto, já não se trata propriamente do conceito de bem jurídico, mas, sim, de sua relação com a ofensividade, a justificar a intervenção penal apenas nos casos em que se puder verificá-la na previsão normativa incriminadora."[9]

Finalizando, a questão do perigo abstrato deve ser analisada, quanto à sua constitucionalidade (questão da ofensividade), considerando-se especialmente a necessária evitação da administrativização do Direito Penal (esta característica sim, atentatória ao princípio da ofensividade, sem a menor dúvida). O perigo, mesmo que abstrato, deve ser ligado a um valor de proteção necessária, e cuja ofensa (ou ameaça) deva ser punida criminalmente. Não se pode, portanto, utilizar-se equivocadamente da ideia de perigo abstrato para legitimar a tutela de meras funções estatais administrativas (afastando a fundamentação do Direito Penal na proteção exclusiva de bens jurídicos).

Mais que isto, a presunção do perigo abstrato não pode ser tida de forma absoluta, alijando-se a possibilidade do caso concreto retirar esta característica determinada *a priori* (como causa material de atipicidade).

Em resumo, de acordo com Queiroz, "há casos em que o perigo de lesão é de tal modo importante que a sua tipificação é plenamente justificável, razão pela qual não cabe afirmar, aprioristicamente, a inconstitucionalidade de todo e qualquer delito de perigo abstrato."[10]

Os artigos que se seguem são, todos eles, tipificações de crimes de perigo individual, cada qual com sua conduta narrada. Alguns tipos penais exigem o perigo concreto (por exemplo, na omissão de socorro, artigo 135, entre outros), enquanto outros se definem com o perigo abstrato (perigo de contágio venéreo, artigo 130[11], entre outros).

---

9 BECHARA, Ana Elisa Libertatore S. Critérios político-criminais da intervenção penal no âmbito econômico: uma lógica equivocada. In: FRANCO, Alberto Silva; LIRA, Rafael (coordenadores). Direito penal econômico; questões atuais. São Paulo: Revista dos Tribunais, 2011, p. 65.

10 QUEIROZ, Paulo. Curso de direito penal; parte geral. V 1, p. 210/211.

11 Greco discorda, entendendo que mesmo neste delito do artigo 130 o perigo é concreto (GRECO, Rogério. Curso de direito penal; parte especial, p. 313).

2. ARTIGO 130 (PERIGO DE CONTÁGIO VENÉREO)

Art. 130 – Expor alguém, por meio de relações sexuais ou qualquer ato libidinoso, a contágio de moléstia venérea, de que sabe ou deve saber que está contaminado:

Pena – detenção, de três meses a um ano, ou multa.

§ 1º – Se é intenção do agente transmitir a moléstia:

Pena – reclusão, de um a quatro anos, e multa.

§ 2º – Somente se procede mediante representação.

O bem jurídico-penal aqui tutelado é a incolumidade física da pessoa humana (vida e a saúde). Tratando-se de crime de perigo individual, quer-se a evitação da contaminação das pessoas em suas relações sexuais (não importando a espécie de ato sexual praticado).

Em que pese entender-se que melhor seria a tipificação do perigo concreto, o tipo legal em questão trata do perigo na sua forma abstrata. Não se exige a demonstração concreta do perigo na conduta de exposição a doenças venéreas. Pressupõe-se que este contato, por si só, é perigoso e deve ser proibido, para evitação de resultados danosos à saúde humana.

No que se refere ao tipo subjetivo, existem 3 expressões que merecem destaque: *sabe que está contaminado; deveria saber que está contaminado; e aquele que tem intenção de transmitir a doença (constante do parágrafo 1º)*. Respectivamente há: dolo de perigo (direto ou eventual); dolo de perigo (eventual); e dolo de dano direto. O crime é doloso, portanto.[12]

Concorda-se com Bitencourt[13], no que se refere à explicação dada às expressões *saber* e *dever saber*. Tais termos ainda carregam consigo a ideia da consciência da ilicitude no dolo (dolo normativo, ou *dolus malus*[14]). Isto, porque nenhuma elementar típica pode estar no âmbito de conhecimento apenas potencial do agente. Tem que ser atual a consciência fática.

O que pode ser potencial é a consciência do caráter proibido da conduta, no plano da culpabilidade. Assim, estas expressões devem ser consideradas apenas como moduladoras do grau de censura (pela atual ou potencial consciência da ilicitude). Concordando com Bitencourt, deve-se desconsiderar:

> "a existência das elementares 'sabe' e 'deve saber', para efeitos de classificação das espécies de dolo, possíveis no crime de perigo de contágio venéreo, até porque o dolo eventual não se compõe da simples possibilidade de consciência (deve saber), como sustentava a teoria da probabilidade."

A expressão *sabe* que está contaminado admite a existência de dolo direto ou eventual. O agente sabe dos riscos que existem na atividade sexual, ou ao menos

12 Noronha discorda desta classificação, entendendo que a expressão "deve saber" determina crime culposo. (NORONHA, Magalhães. Direito penal. V 2, p. 97.). Por todo exposto anteriormente, não se pode concordar com esta análise do autor.

13 BITENCOURT, Cezar Roberto. Tratado de direito penal; parte especial, p. 215 e seguintes.

14 Sobre a atualidade da discussão do dolus malus no Brasil, ver Queiroz (QUEIROZ, Paulo. Curso de direito penal; parte geral. V 1, p. 245).

deveria saber, por ter consciência atual de que está contaminado. Já a expressão *deve saber* define apenas a possibilidade do dolo eventual: o agente de que deveria saber que está contaminado, e não se previne. Ao se relacionar sexualmente, assume um risco de contágio, não se importando com a proteção do bem jurídico protegido.

Não se admite a forma culposa neste delito, em virtude da sua excepcional previsão, conforme determina o artigo 18 do Código Penal.

No § 1º há dolo direto de dano. O agente tem a intenção direta de causar dano à vítima (transmitir a moléstia sexual). Sua conduta vai além de querer causar perigo às pessoas.

O tipo objetivo tem a seguinte conduta: expor a contágio de moléstia venérea. Trata-se de um perigo direto e iminente, sendo desnecessária a transposição deste perigo para um resultado danoso. A conduta delituosa é praticada através das relações sexuais, ou de qualquer ato libidinoso capaz de transmitir doenças venéreas.

Trata-se de norma penal em branco[15], que exige complementação interpretativa. O conceito de doença venérea, por exemplo, exige o auxílio da literatura médica para ter seu significado efetivamente compreendido no tipo legal do presente crime.

Qualquer pessoa pode ser sujeito ativo, ou passivo, do crime.

Quanto ao resultado, por se tratar de delito de perigo, tem-se que a prática do ato sexual consuma o crime. O contágio propriamente analisado não deve ser considerado. Todavia, na forma qualificada do § 1º, é tido como exaurimento do crime (determinando um crime de dano)[16]. Trata-se, no parágrafo, de crime formal, que se consuma independentemente do resultado físico previsto ocorrer.

Admite-se tentativa, por evidente.

Por fim, a ação neste delito é pública condicionada à representação da vítima.

3. ARTIGO 131 (PERIGO DE CONTÁGIO DE MOLÉSTIA GRAVE)

Art. 131 – Praticar, com o fim de transmitir a outrem moléstia grave de que está contaminado, ato capaz de produzir o contágio:

Pena – reclusão, de um a quatro anos, e multa.

15 Norma penal em branco é uma figura típica que requer uma complementação de outro instrumento jurídico, ou mesmo de um ato administrativo, para que o conteúdo típico se complete (TIEDEMANN, Klaus. Wirtschaftsstrafrecht, p. 1071 Apud: SILVA, Pablo Rodrigo Aflen da. Leis penais em branco e o direito penal do risco; aspectos críticos e fundamentais. Rio de Janeiro: Lumen Juris, 2004, p. 62.)

Trata-se de técnica de remissão, na qual o legislador realiza a cominação legal reenviando parte da compreensão típica a outra estrutura normativa. (TIEDEMANN, Klaus. Wirtschaftsstrafrecht, p. 1071 Apud: SILVA, Pablo Rodrigo Aflen da. Leis penais em branco e o direito penal do risco, p. 62.)

16 Para Hungria e Fragoso, a rigor, este parágrafo deveria ser figurar como tentativa de lesão corporal, excepcionalmente tratada e punida como crime autônomo. (HUNGRIA, Nelson; FRAGOSO, Heleno Cláudio. Comentários ao código penal. V. 5, p. 406.)

Neste tipo legal de crime, a exemplo do restante do capítulo III, tem-se como bem jurídico a incolumidade física da pessoa (vida e saúde).

Há uma questão controversa: é crime de dano ou de perigo? Mesmo estando junto aos delitos de perigo (e o *nomen iuris* também fazendo esta menção), parece haver aqui uma tipificação de dano ao bem jurídico tutelado, aliando-se à classificação de crime formal[17]: o delito se consuma com prática da conduta tipificada (com o perigo causado), mas ainda há o resultado físico como exaurimento possível (sendo o dolo, portanto, de dano).[18]

É crime comum. Podem ser sujeitos, ativo e passivo, quaisquer pessoas. Não há nenhuma característica especial que determine a especialização dos sujeitos deste delito.

No que se refere ao tipo objetivo, eis a conduta descrita: qualquer conduta praticada pelo agente que possa transmitir a moléstia à vítima. É um tipo legal de realização livre, não havendo delimitação quanto à forma de contaminação. Basta que o *modus operandi* seja apto/idôneo à obtenção dos resultados pretendidos.[19]

Quanto às doenças venéreas, que podem ser consideradas moléstias graves em alguns casos, é preciso verificar a forma de realização da conduta típica: se foi por meio de atos sexuais, estará configurado o tipo legal do crime do artigo 130, parágrafo 1º; se, diferentemente, a forma de transmissão não se der através de ato sexual, estar-se-á com a tipicidade deste artigo 131.

Tal como o delito do artigo 130, trata-se de uma norma penal em branco. Exige-se alguns complementos valorativos também neste tipo legal de crime do artigo 131: conceito de moléstia grave, etc.

---

17 Hungria e Fragoso fazem uma distinção entre crimes de perigo e crimes formais (ou de consumação antecipada). Nestes últimos, o dolo é de dano e a consumação se antecipa ao efetivo dano (bastando o perigo). O resultado físico é mero exaurimento. Nos crimes de perigo, o exaurimento se dá com o próprio perigo (HUNGRIA, Nelson; FRAGOSO, Heleno Cláudio. Comentários ao código penal. V. 5, p. 382.).

18 Assim, concorda-se com Greco, que afirma se tratar de crime de dano (GRECO, Rogério. Curso de direito penal; parte especial, p. 326.). Prado traz outra explicação plausível para o resultado neste crime, mesmo sem deixar expresso que é de dano: trata-se de delito de resultado cortado, no qual o resultado está fora do tipo e não conta com a intervenção do autor (PRADO, Luiz Régis. Curso de direito penal brasileiro. V 2, p. 159.).

Todavia, esta posição não é pacífica. Bitencourt, por exemplo, afirma que, embora o crime seja de perigo, o dolo é de dano (BITENCOURT, Cezar Roberto. Tratado de direito penal; parte especial, p. 240.).

Também Bruno tem sua opinião sobre o tema: "Fala-se, então, em crime de consumação antecipada, denominação pouco exata, porque a consumação ocorre no momento justo fixado no tipo, que é da exposição a perigo do bem tutelado. O dolo é que pode ultrapassá-lo, visando a um resultado que excede a estrutura do tipo." (BRUNO, Aníbal. Crimes contra a pessoa, p. 215/216.)

19 Prado apresenta um exemplo de crime impossível (artigo 17, Código Penal): uma pessoa, contaminada por moléstia grave, praticar atos tendentes à contaminação de uma vítima que já está contaminada pela mesma moléstia. (PRADO, Luiz Régis. Curso de direito penal brasileiro. V 2, p. 159.)

Quanto à parte subjetiva do tipo em discussão, trata-se de crime doloso.[20] Não se admite a forma culposa, por ausência de previsão legal. Ainda no tipo objetivo, há a necessidade de verificação de elemento subjetivo do injusto[21]: fim especial de transmitir moléstia.

Reafirmando que a consumação deste delito se dá com a prática da conduta apta ao contágio (crime formal), ressalta-se que a tentativa é admissível.

Por fim, ressalta-se que a ação penal é pública incondicionada.

4. ARTIGO 132 (PERIGO PARA A VIDA E PARA A SAÚDE DE OUTREM)

Art. 132 – Expor a vida ou a saúde de outrem a perigo direto e iminente:

Pena – detenção, de três meses a um ano, se o fato não constitui crime mais grave.

Parágrafo único. A pena é aumentada de um sexto a um terço se a exposição da vida ou da saúde de outrem a perigo decorre do transporte de pessoas para a prestação de serviços em estabelecimentos de qualquer natureza, em desacordo com as normas legais. (Incluído pela Lei nº 9.777, de 29.12.1998)

Para repetir as expressões do item 46 da exposição de motivos da parte especial do Código Penal, "trata-se de crime de caráter eminentemente subsidiário." A descrição típica já afirma expressamente isto, ao cominar a pena: "(...) se o fato não constitui crime mais grave."

Em resumo, sua tipificação segue a fórmula genérica. Explica-se: a conduta analisada somente pode ser típica deste delito do artigo 132 se não houver crime mais grave. Normalmente esta noção de subsidiariedade é verificada entre crimes de perigo e de dano.

Por ser subsidiário, tal como se afirmou acima, o tipo legal do artigo 132 deveria preceder aos outros, neste capítulo III. Pode-se afirmar neste sentido, ainda, em virtude da constatação de que o princípio da especialidade também pode ser aplicado ao crime em questão: o tipo em discussão é genérico, havendo outros com tutelas mais

---

20 Como já explicado ao tratar da classificação do crime (dano ou perigo), neste delito há dolo de dano.

21 Por vezes, existem outros elementos subjetivos que demonstram intenções e tendências diversas do agente, não abrangidas pelo dolo. São os elementos subjetivos do injusto, que a doutrina antiga equivocadamente denominava 'dolo específico'. Nas letras de Daniela Marques: "os elementos subjetivos do injusto são elementos do campo psíquico-espiritual do agente, traduzidos em especiais tendências, intenções ou propósitos (fim especial de agir), que condicionam ou que fundamentam o juízo de ilicitude do comportamento." (MARQUES, Daniela de Freitas. Elementos subjetivos do injusto. Belo Horizonte: Del Rey, 2001, p. 119.).

São ânimos diferenciados e acrescidos à vontade do agente. Como são manifestações de vontade do sujeito, no sentido do proibido, somente podem existir elementos subjetivos do injusto em tipos dolosos. São vontades além do dolo, que dão uma conotação de maior ou menor censurabilidade à conduta proibida/ordenada: delito de intenção, delito de tendência, especial motivo de agir, momentos especiais de ânimo, entre outros.

Em resumo, os elementos subjetivos do injusto condicionam a ilicitude. A ausência deles acarreta a atipicidade de uma conduta que necessite deste ânimo acrescido para se tornar proibida/ordenada.

específicas e que devem prevalecer quando se realizar a necessária adequação típica da conduta praticada.[22]

O bem jurídico tutelado, novamente, é a vida e a saúde da pessoa humana. Nenhuma novidade, tomando-se em consideração os delitos anteriores deste capítulo III. Ainda, repetindo classificações um tanto padronizadas neste capítulo, trata-se de crime comum: sujeito ativo e sujeito passivo não precisam ter nenhuma característica especial.

Uma única ressalva deve ser feita quanto ao sujeito passivo: deve(m) ser pessoa(s) determinada(s), sob pena de o delito a ser tipificado ser outro, com a exposição de número indeterminado de vítimas ao perigo (crime de perigo comum, do artigo 250 do Código Penal).

No tipo objetivo, a conduta consiste em criar situação em que a vida, ou a saúde, de outrem fique exposta ao perigo. Evidentemente, não se tipifica o crime de exposição a perigo em face daquelas pessoas que têm o dever jurídico de enfrentamento deste perigo (artigo 13 do Código Penal), salvo se esta exposição ultrapassar os limites plausíveis. É, pois, crime de perigo concreto, individual e iminente.

Subjetivamente, trata-se de crime doloso (dolo de perigo, direto ou eventual). Deve existir a consciência e a intenção (ou a assunção do risco, no caso do dolo eventual) de expor a vida e a saúde da vítima ao perigo. Veja-se que se a intenção for ofender a integridade física ou psíquica da vítima, ou mesmo tirar-lhe a vida, o delito praticado será outro (o dolo será de dano): lesões corporais ou homicídio.[23]

Há um aumento de pena neste artigo 132, em seu parágrafo único: "a pena é aumentada de um sexto a um terço se a exposição da vida ou da saúde de outrem a perigo decorre do transporte de pessoas para a prestação de serviços em estabelecimentos de qualquer natureza, em desacordo com as normas legais."

Neste aumento de pena, percebe-se que o legislador entendeu existir um maior desvalor da ação, por ser mais ofensiva aos valores que se deseja proteger. Fez-, por, portanto, uma modulação da censura, de forma a tornar proporcional a tutela penal, em virtude da função exclusiva (do Direito Penal) de proteção dos bens jurídicos.

Finalizando, a ação penal é pública incondicionada.

---

22 Greco dá como exemplo, a especialidade do delito constante do artigo 311 do Código de Trânsito Brasileiro (Lei nº 9.503/97), que proíbe o tráfego em velocidade incompatível com a segurança, nas proximidades de escolas, hospitais, estações de embarque e desembarque de passageiros, logradouros estreitos, ou onde haja grande movimentação ou concentração de pessoas, gerando perigo de dano. (GRECO, Rogério. Curso de direito penal; parte especial, p. 333.)
Outro exemplo de especialidade está no artigo 15 da Lei nº 10.826/03 (estatuto do desarmamento): "disparar arma de fogo ou acionar munição em lugar habitado ou em suas adjacências, em via pública ou em direção a ela, desde que essa conduta não tenha como finalidade a prática de outro crime."
Como se percebe, o artigo 132 do Código Penal é geral em relação a estes outros delitos. Prevalecem estes últimos, por serem especiais.

23 Neste sentido, por todos: BRUNO, Aníbal. Crimes contra a pessoa, p. 187.

5. ARTIGO 133 (ABANDONO DE INCAPAZ)

Art. 133 - Abandonar pessoa que está sob seu cuidado, guarda, vigilância ou autoridade, e, por qualquer motivo, incapaz de defender-se dos riscos resultantes do abandono:

Pena - detenção, de seis meses a três anos.

§ 1º - Se do abandono resulta lesão corporal de natureza grave:

Pena - reclusão, de um a cinco anos.

§ 2º - Se resulta a morte:

Pena - reclusão, de quatro a doze anos.

Aumento de pena

§ 3º - As penas cominadas neste artigo aumentam-se de um terço:

I - se o abandono ocorre em lugar ermo;

II - se o agente é ascendente ou descendente, cônjuge, irmão, tutor ou curador da vítima.

III - se a vítima é maior de 60 (sessenta) anos (Incluído pela Lei nº 10.741, de 2003)

A segurança (integridade da vida e da saúde) da pessoa incapaz de se proteger do perigo é o bem jurídico aqui tutelado.[24]

Trata-se, neste artigo 133, de crime próprio. O sujeito ativo deve ter uma característica especial: ter relação de assistência com a vítima, ou ter dever de zelo. Podem ser autores deste crime aquelas pessoas que têm o dever: de cuidado (enfermeiro, por exemplo); de guarda (pais, tutores etc.); de vigilância (salva-vidas, guias contratados etc.); de autoridade (diretores, professores etc.).

Já a vítima (sujeito passivo), é todo aquele que está sob o cuidado do sujeito ativo. Mais ainda, deve ter consigo a caráter de incapaz de se defender dos riscos inerentes ao abandono que sofreu. Quanto ao conceito de incapacidade, aqui ligada à pouca (ou nenhuma) possibilidade de defesa em face do abandono, adota-se este apresentado por Prado. Não se associa, imediatamente, à incapacidade civil:

> "Tal incapacidade pode abarcar pessoas civilmente capazes, que, circunstancialmente, encontram-se impossibilitadas de oferecer resistência ao perigo advindo do abandono. Pode a incapacidade ser relativa - quando decorrente de determinadas situações (*v.g.*, adulto acometido de enfermidade, embriagado ou em local

24 Bitencourt tem posição diversa, baseado em uma questão de tipicidade. Para ele, não há menção de tutela à saúde e à vida do incapaz: "Não se estaria violando o princípio da tipicidade ao admitir elementares não contidas expressamente no tipo penal?" (BITENCOURT, Cezar Roberto. Tratado de direito penal; parte especial, p. 267).

Não se pode concordar com esta restrição proposta por Bitencourt. A legalidade não está ofendida, por evidente. Busca-se, aqui, sustentação em uma legalidade material, que deve atenção aos valores constitucionais fundantes da tutela penal. A racionalidade da tutela exige, obviamente, a proteção integral daqueles que não se defendem das adversidades de forma tão hábil quanto outros tantos (os incapazes). Tal verificação não agride, formal ou materialmente, o princípio constitucional em discussão (legalidade). Mais que isto, a descrição típica está perfeita. Alcança a mens legis com a clareza exigida pelo corolário da taxatividade.

desconhecido e perigoso etc.) – ou absoluta (*v.g.*, crianças de pouca idade etc.), durável (*v.g.*, menoridade, paralisia etc.) ou transitória (*v.g.*, enfermidade, embriaguez, sono profundo etc.)."[25]

No tipo objetivo, a conduta consiste em abandonar a vítima, deixando-a desassistida. Deve ser verificada a situação de perigo concreto nesta conduta, para o perfeito juízo de tipicidade. Ainda, o abandono que tipifica a conduta não precisa ser permanente. Pode ter caráter temporário, desde que a situação perigosa seja percebida concretamente.

Ainda, e nem precisava ser mencionado isto, o delito pode ser praticado na forma comissiva ou na forma omissiva. Se houver a omissão como conduta tipificadora, é de se verificar se o agente tinha o dever de garantidor (artigo 13 do Código Penal).

O dolo (direto ou eventual) determina o tipo subjetivo, não havendo previsão de modalidade culposa para este delito. Trata-se de dolo de perigo.

Em virtude de este delito ser de perigo concreto, a consumação se dá com o abandono efetivo, desde que haja a verificação *ex post* da situação perigosa.[26] Teoricamente, é possível afirmar pela existência de tentativa, quando a execução do crime for por ação.

Há, nos §§ 1º e 2º deste artigo, formas qualificadas do delito. O crime se torna de dano (qualificado pelo resultado), com o resultado de lesão grave (§ 1º) e de morte (§ 2º). São crimes preterdolosos, posto que os resultados qualificadores devem ser tidos a título de culpa. De outra forma, os delitos a serem tipificados seriam de lesão corporal grave e de homicídio.

No parágrafo 3º há aumento de pena (na proporção de 1/3), quando alguma das situações ali especificadas ocorre: local ermo; autor do crime é ascendente, descendente, cônjuge, irmão, tutor ou curador da vítima; e quando a vítima é maior de 60 anos.

Finalizando, a ação penal é pública incondicionada.

6. ARTIGO 134 (EXPOSIÇÃO OU ABANDONO DE RECÉM NASCIDO)

Art. 134 – Expor ou abandonar recém-nascido, para ocultar desonra própria:
Pena – detenção, de seis meses a dois anos.
§ 1º – Se do fato resulta lesão corporal de natureza grave:
Pena – detenção, de um a três anos.
§ 2º – Se resulta a morte:
Pena – detenção, de dois a seis anos.

Por mais uma oportunidade está-se a tutelar a segurança (saúde e a vida) da pessoa humana. Todavia, aqui com uma especialidade: o bem jurídico-penal em questão se liga ao recém-nascido. Prado percebe neste tipo legal de crime uma espécie privilegiada de abandono de incapaz, com motivação específica.[27]

25 PRADO, Luiz Régis. Curso de direito penal brasileiro. V 2, p. 169.
26 Entendendo ser crime de perigo concreto, por todos: NORONHA, Magalhães. Direito penal. V 2, p. 105.
27 PRADO, Luiz Régis. Curso de direito penal brasileiro. V 2, p. 169.

Assim, é importante conceituar esta vítima. Trata-se de elemento normativo, cuja imprecisão semântica pode ocasionar problemas interpretativos. O que se entende por recém-nascido? É termo médico, que necessita de explicação da literatura especializada, para obtenção do significado. Com Prado, as seguintes perspectivas conceituais:

> "alguns sustentam que o limite temporal da noção de recém nascido reside no momento em que o parto se torna conhecido por pessoa alheia ao circulo familiar; outros fixam prazo de sete ou de trinta dias após o nascimento; recomenda-se, de outro lado, o exame da queda do cordão umbilical."[28]

A literatura médica, todavia, indica outro parâmetro: "recém-nascido ou bebê (PB) / bebé (PE) é a denominação clínica usada em Pediatria dada a todas as crianças desde o nascimento até atingirem os 28 dias de vida. A partir desta data e até ao fim do primeiro ano de vida, a criança passa a ser designada por lactente."[29] Parece um dado mais objetivo e de melhor organização fática.

Contudo, uma questão deve ser agregada a este conceito. O delito ocorre para encobrir desonra ocasionada pelo nascimento. Assim, além do conceito médico de recém-nascido, é de se verificar se o parto foi (e se manteve) sigiloso. A questão se liga à ocultação de desonra.

O crime é próprio. O sujeito ativo é a mãe (gravidez extramatrimonial, viúva, adúltera etc.) ou pai (filho adulterino, incestuoso etc.). Assim afirma parte da doutrina[30], embora ainda exista controvérsia acerca da possibilidade do pai poder ser autor do delito.[31]

O tipo objetivo consiste em expor ou abandonar (que, pensa-se, engloba a figura da exposição) o recém-nascido. Há a necessidade, como já foi antes afirmado, de que

---

28 PRADO, Luiz Régis. Curso de direito penal brasileiro. V 2, p. 177.

Noronha afirma, com base na literatura de Flamínio Fávero, que o critério de se considerar o recém-nascido até o seu 7º dia de vida não destoa do conceito médico-legal. (NORONHA, Magalhães. Direito penal. V 2, p. 110.)

Hungria e Fragoso propõem um conceito subjetivo, sendo a noção de recém-nascido ligada ao conhecimento do parto por terceiros, fora do círculo da família (HUNGRIA, Nelson; FRAGOSO, Heleno Cláudio. Comentários ao código penal. V. 5, p. 438).

Por fim, Bruno tem uma opinião menos rígida: "Toda limitação precisa que se queira impor a esse período de tempo é arbitrária, mesmo aquela que se relacione com fato biológico, como seja a mumificação e quebra do cordão umbilical, que pode dar-se até no terceiro e quarto dia, reduzindo o prazo em que, sobre este fundamento, se poderia falar em recém-nascido. Será talvez preferível adotar uma fórmula mais flexível, admitindo-se como recém-nascida a criança nos primeiros dias após o parto, quando ainda se possa, pelo abandono, evitar a divulgação do nascimento e a desonra da mulher, que se quer impedir." (BRUNO, Aníbal. Crimes contra a pessoa, p. 231.). O problema, aqui, é a não adequação deste conceito à ideia de taxatividade do tipo.

29 http://pt.wikipedia.org/wiki/Rec%C3%A9m-nascido. Consulta realizada em 25 de novembro de 2012.

30 "Em que pese parte da doutrina sustentar critério restritivo, é forçoso reconhecer que também o pai adulterino ou incestuoso pode figurar como sujeito ativo do delito em estudo. Não, porém, o marido da mulher adúltera, pois a desonra, nesse caso, não é dele, mas da esposa infiel." (PRADO, Luiz Régis. Curso de direito penal brasileiro. V 2, p. 177.)

31 BRUNO, Aníbal. Crimes contra a pessoa, p. 230.

Neste sentido, também: BITENCOURT, Cezar Roberto. Tratado de direito penal; parte especial, p. 288.

o parto seja sigiloso. Isto, porque há uma finalidade específica (elemento subjetivo do injusto, que à frente será tratado) neste delito: ocultar (esconder) desonra própria. Trata-se, pois, de deixar o bebê ao desamparo, sem dispensar-lhe o necessário cuidado.

O crime é de perigo concreto, devendo ser verificado se o abandono, ou a exposição, causou perigo para o recém-nascido. A consumação se dá com a prática da conduta tida como perigosa (com o efetivo abandono ou exposição). Afirma-se mais, no sentido de que não há necessidade de duração indefinida da situação perigosa, que pode ser meramente momentânea. Admite-se tentativa, quando o delito for cometido na modalidade comissiva.

No tipo subjetivo tem-se o dolo de perigo (direto/eventual). Além disto, tem-se o elemento subjetivo do injusto: abandonar ou expor o recém-nascido para ocultar desonra própria (de ordem sexual). Trata-se de questão subjetiva (psicológica) do autor do delito, ligada à sua reputação. Claramente, há um resquício moralista ainda presente nesta tutela punitiva. Por mais que se entregue ao Direito Penal a função de exclusiva proteção de bens jurídicos, ainda há situações nas quais a questão moral tem reflexos expressos. Pensa-se que uma análise de proporcionalidade pode ser feita neste tipo legal de crime, para verificação da existência dos pressupostos mínimos da tutela penal. Certo é que, ainda, resta complicado o afastamento da tutela moral de alguns valores sociais.

Tal como no artigo 133, há aqui também os parágrafos 1º e 2º (formas qualificadas do delito). Existe a figura do preterdolo e o crime se torna de dano (qualificado pelo resultado), com o resultado de lesão grave (§ 1º) e de morte (§ 2º). Os resultados qualificadores devem ser tidos a título de culpa. Se a lesão é leve, entende-se que há absorção.

Finalizando, a ação penal é pública incondicionada.

7. ARTIGO 135 (OMISSÃO DE SOCORRO)

Art. 135 – Deixar de prestar assistência, quando possível fazê-lo sem risco pessoal, à criança abandonada ou extraviada, ou à pessoa inválida ou ferida, ao desamparo ou em grave e iminente perigo; ou não pedir, nesses casos, o socorro da autoridade pública:

Pena – detenção, de um a seis meses, ou multa.

Parágrafo único – A pena é aumentada de metade, se da omissão resulta lesão corporal de natureza grave, e triplicada, se resulta a morte.

A vida e a saúde da pessoa humana, novamente, figuram como valores tutelados neste tipo legal de crime. De acordo com Prado, o bem jurídico aqui protegido é indisponível. Isto significa que o crime se consuma independentemente da recusa/aceite da vítima em receber o auxílio necessário.[32]

Sem intencionar esgotar esta questão apresentada por Prado, é evidente que uma adequada hermenêutica constitucional deve ser utilizada para a análise desta

32 PRADO, Luiz Régis. Curso de direito penal brasileiro. V 2, p. 182.

recusa da vítima. O que aqui importa determinar é a perspectiva de como os direitos fundamentais sustentam a dignidade da pessoa humana, estabelecendo condições mínimas de vida e de desenvolvimento da personalidade. Busca-se o equilíbrio entre o Estado (*jus puniendi*) e a liberdade dos indivíduos.

Assim, torna-se necessário compreender que não existem direitos fundamentais absolutos. Mesmo em uma perspectiva constitucional existem conflitos por ocasião da aplicação dos tais direitos. É preciso entender que situações fáticas podem fazer conflitar dois ou mais princípios constitucionais que sustentam normativamente estes direitos fundamentais. Nenhum problema nesta constatação.

Os princípios têm condições de resolver o conflito normativo que as situações concretas apresentam. Eles podem ser mensurados quanto à aplicabilidade ao caso específico (qual deve prevalecer), sem que nenhum deles perca a vigência ou legitimidade.

Os conflitos entre os princípios constitucionais são resolvidos no plano do peso, e não de sua validade.[33] Em um caso concreto, um dos princípios conflitantes tem maior peso de aplicação especifica para aquela situação, sem que os demais percam a validade geral. Tal leitura se faz com a análise dos valores em conflito e esta escolha faz parte da interpretação da Constituição, que leva em consideração o postulado da proporcionalidade (já conceituado).

Em resumo, não se pode colocar como absoluta a ideia de que haverá a criminalização do agente que não socorre em virtude da recusa da vítima em ser assistida. O consentimento do ofendido pode afetar a teoria do delito de variadas formas, sendo possível que inexista censurabilidade à conduta aqui destacada. O caso concreto é que deve avaliar a disponibilidade desta proteção jurídica, analisando a forma como ocorreu a ofensa ao bem jurídico protegido. A ponderação de valores é necessária.

Objetivamente, voltando ao delito de omissão de socorro, a conduta com tais características (recusa da vítima em ser auxiliada), ainda que permaneça típica (posto que o consentimento do ofendido não figura como exigência de tipicidade), pode não ser censurada (culpável, pela inexigibilidade de conduta diversa), conforme o caso.

Veja-se que não se está a sustentar que é adequado não socorrer uma vítima em desamparo. Não. É coisa outra que se defende aqui. A intervenção penal, para a proteção dos valores escolhidos (bens jurídico-penais), deve levar em consideração uma série de questões objetivas e subjetivas, para autorizar a censura devida. É neste sentido que se propõe a análise de proporcionalidade e de ofensividade na conduta praticada pelo agente, para fins de aplicação do Direito Penal. Apenas isto.

---

33 "princípios colidentes não se excluem de maneira antinômica, perdendo um deles a existência jurídica, a validade e/ou a vigência; apenas se afastam diante da hipótese colocada ao juízo decisório" (ESPÍNDOLA, Ruy Samuel. Conceito de princípios constitucionais. 1. ed., 2. tiragem. São Paulo: Revista dos Tribunais, 1999, p. 248.)

É necessário um afastamento de entendimentos dogmáticos prontos e auto executáveis, sem nenhum mecanismo de análise de racionalidade. Não é assim que deve funcionar a legalidade, resumindo-se a um postulado formal. A legitimidade da norma (que funciona como mecanismo material/substancial de aferição da legalidade) deve ter posição de destaque na hermenêutica do Direito Penal.

Tratando-se de crime comum, qualquer pessoa pode ser sujeito ativo. Há um dever genérico de não se omitir. Questão polêmica é a que versa sobre a possibilidade de concurso de pessoas neste tipo de delito, por ser omissivo próprio. Uma parte da doutrina entende que não é possível tal hipótese.[34] Outra parte compreende como possível o concurso de pessoas.[35] Pensa-se que a segunda corrente resolve melhor o problema. Parece ser possível a coautoria e a participação nos crimes omissivos. No que tange à coautoria, frisa-se que este ensaio adota posição que não reflete o pensamento dominante sobre o tema, no Brasil.

Primeiramente, vale afirmar que, quanto à coautoria, a lógica é a mesma utilizada nos crimes comissivos. Há um vínculo subjetivo entre os coautores. Há nexo causal, de cunho normativo por se tratar de crime omissivo, entre o não fazer dos coautores, que atuam com um fim comum: não socorrer.

Portanto, há o concurso de pessoas, na modalidade coautoria, nos crimes omissivos, próprios ou impróprios. Assim pensa Bitencourt: "se o agente estiver igualmente obrigado a agir, não será partícipe, mas autor ou, como pensamos ser possível, coautor, desde que haja consciência de anuir à omissão de outrem.[36]".

Quanto à participação, a doutrina aceita-a com mais facilidade nos crimes omissivos. Pierangeli a aceita nos crimes omissivos impróprios, na forma de cumplicidade[37]. Bitencourt admite a participação em qualquer forma de omissão criminosa: própria ou imprópria[38]. A atividade acessória do partícipe é cabível nos crimes omissivos. Pode haver quem não tenha o domínio final da ação e mesmo assim

---

34 Por todos, Prado: "O crime de omissão de socorro não dá lugar ao concurso de pessoas (nem co-autoria, nem participação). (...). Não há falar em divisão de trabalho por falta de resolução comum para o fato: cada um transgride o seu particular dever." (PRADO, Luiz Régis. Curso de direito penal brasileiro. V 2, p. 184).

35 "Os crimes omissivos próprios, na nossa concepção, admitem tanto a co-autoria quanto a participação em sentido estrito." (BITENCOURT, Cezar Roberto. Tratado de direito penal; parte especial, p. 305).

36 BITENCOURT, Cezar Roberto. Manual de direito penal; parte geral, p. 559.
Contra: Pierangelli (PIERANGELI, José Henrique. Escritos jurídico-penais. 2 ed, revista, atualizada e ampliada. São Paulo: Revista dos Tribunais, 1999, p. 89) e Beatriz Vargas (VARGAS, Beatriz. Do concurso de pessoas; contribuição ao estudo do tema na nova parte geral do código penal brasileiro. Belo Horizonte: Del Rey, 1996, p. 201). A alegação dos referidos autores, ao negar a coautoria nos crimes omissivos é a de que aquele que se omite infringe um dever individual de agir, não cumprindo seu dever jurídico, que é de todo individual. Quantos forem os que não agirem, tantos serão os crimes cometidos. Tavares (TAVARES, Juarez. Teoria dos crimes omissivos. Madrid/São Paulo: Marcial Pons, 2012, p. 405/406) afirma que não há qualquer espécie de concurso nos crimes omissivos.

37 PIERANGELI, José Henrique. Escritos jurídico-penais. p. 89.

38 BITENCOURT, Cezar Roberto. Manual de direito penal; parte geral, p. 560.

participe dela, instigando ou auxiliando a conduta principal do omitente. Beatriz Vargas também afirma existir no ordenamento brasileiro a figura do *extraneus* partícipe do crime omissivo próprio do *intraneus*, e igualmente a participação do não garantidor na conduta típica omissiva imprópria do garantidor[39].

São sujeitos passivos deste delito as seguintes pessoas: crianças abandonadas ou extraviadas[40]; pessoas inválidas, feridas, em desamparo ou em grave e iminente perigo.

O tipo objetivo deste delito consiste em deixar de prestar assistência, quando tal auxílio não importar em risco pessoal para o agente, ou não pedir socorro da autoridade pública. Contudo, um cuidado: não se trata de tipo misto alternativo. Não se pode escolher livremente entre auxiliar ou acionar uma autoridade.[41] Não. Esta segunda medida é apenas subsidiária em relação à primeira: não havendo risco pessoal, é devido o socorro pessoal. Apenas se não for possível ajudar desta forma direta, é que se exige o acionamento de autoridade pública.

Uma ressalva: sendo o presente crime praticado por sujeito ativo comum, ficam de fora aquelas pessoas que têm o dever de garantidor (artigo 13, § 2º, do Código Penal). Estes, quando se omitem, cometem outros crimes: omissivos impróprios (que dependem de resultado físico para que as omissões sejam penalmente relevantes.)

Outra ressalva: o autor do delito não pode ter sido o causador da situação de perigo. Se esta for a situação (perigo causado pelo agente), o crime a ser tipificado é outro (lesão corporal, homicídio, etc.). Também neste sentido ordena o artigo 13, § 2º, do Código Penal.

Trata-se, como afirmado, de crime omissivo próprio. Pune-se a inação da pessoa que, podendo, não age. Ainda, é delito de perigo concreto. Assim, diante destas duas classificações, conclui-se que a consumação do crime se dá com a simples recusa em prestar socorro, independente do resultado que ocorra após. Por tudo isto, não se admite a tentativa.

No tipo subjetivo, exige-se o dolo. Do autor, exige-se a consciência e a intenção de não agir em uma situação de socorro que exige seu auxílio (respeitada a questão do dolo eventual, evidentemente). Não há forma culposa para este delito.

No parágrafo único do artigo 135 há aumento de pena para o caso de existirem consequências à vítima, em função da omissão do socorro necessário: lesão grave e morte. Novamente, tal como nos crimes anteriores, está-se diante da figura do preterdolo.

---

39 VARGAS, Beatriz. Do concurso de pessoas., p. 157.

40 De acordo com artigo 2º, da lei nº 8.069/90, criança é a pessoa com até 12 anos de idade, incompletos.

41 Ver, neste sentido, a doutrina de Hungria e Fragoso. Há apenas um mínimo de arbítrio, condicionado ao caso concreto e à efetividade que se deve dar ao socorro prestado (HUNGRIA, Nelson; FRAGOSO, Heleno Cláudio. Comentários ao código penal. V. 5, p. 443.).

Há uma questão ainda a ser lembrada, e que versa sobre o princípio da especialidade (para resolver conflito aparente de normas). Há omissão de socorro no Código de Trânsito Brasileiro (artigo 304, da Lei nº 9.503/97): "deixar o condutor de veículo, na ocasião do acidente, de prestar imediato socorro à vítima, ou, não podendo fazê-lo diretamente, por justa causa, deixar de solicitar auxílio da autoridade pública." Somente é de se registrar que tal artigo não se aplica quando a omissão de socorro no trânsito funcionar como causa de aumento de pena para os crimes de homicídio no trânsito e lesão corporal no trânsito (artigos 302, parágrafo único, III; e artigo 303, parágrafo único; ambos da Lei nº 9.503/97).

Por fim, registre-se que a ação penal é pública incondicionada.

8. ARTIGO 135-A (CONDICIONAMENTO DE ATENDIMENTO MÉDICO--HOSPITALAR EMERGENCIAL - INCLUÍDO PELA LEI Nº 12.653, DE 2012)

Art. 135-A. Exigir cheque-caução, nota promissória ou qualquer garantia, bem como o preenchimento prévio de formulários administrativos, como condição para o atendimento médico-hospitalar emergencial: (Incluído pela Lei nº 12.653, de 2012).

Pena – detenção, de 3 (três) meses a 1 (um) ano, e multa. (Incluído pela Lei nº 12.653, de 2012).

Parágrafo único. A pena é aumentada até o dobro se da negativa de atendimento resulta lesão corporal de natureza grave, e até o triplo se resulta a morte. (Incluído pela Lei nº 12.653, de 2012).

Em mais um delito de perigo, há a novidade trazida pela lei nº 12.653/12. Trata-se de punição criminal, subsidiária em relação aos crimes de dano (por evidente), para as pessoas que exigirem cheque-caução, nota promissória ou qualquer garantia, bem como o preenchimento prévio de formulários administrativos, como condição para o atendimento médico-hospitalar emergencial.

Uma primeira questão deve ser analisada, em relação a esta nova tipificação constante do artigo 135-A, do Código Penal. A leitura do artigo indica uma tendência do Direito Penal da modernidade: a sua administrativização[42]. Explica-se.

No tipo legal de crime em destaque, fica clara esta opção pela administrativização da tutela Penal, tornando a proteção simbólica. Não se sustenta, por óbvio, que seja lícito condicionar um atendimento médico de urgência à capacidade de pagamento desta atividade.

Todavia, controlar esta prestação de serviço de saúde é uma função da Administração Pública. Melhor seria censurar tal prática abusiva (narrada no artigo 135-A) com o Direito Administrativo Sancionador.[43] Isto porque o crime de omissão de socorro já consegue resolver bem, no âmbito penal, as questões aqui postas.

---

42 Sobre o tema, ver o item 1, do capítulo III, anterior.

43 Conforme Silveira (SILVEIRA, Renato de Mello Jorge. Direito Penal supra-individual; interesses difusos. São Paulo: Revista dos Tribunais, 2003, p. 199 e ss.).

Feitas estas considerações, passa-se a explicar este delito. Trata-se de crime de perigo abstrato, com presunção de ameaça ao bem jurídico feita pelo legislador. O bem jurídico protegido é a vida e a saúde humana, tal como na omissão de socorro. A bem da verdade, este tipo legal de crime do artigo 135-A nada mais é do que uma especialização daquele outro.

Sujeito ativo é todo funcionário de instituição hospitalar que praticar as condutas típicas, não sendo exigível o poder de gestão ou de decisão da administração hospitalar. Todavia, uma questão se coloca aqui à reflexão: a necessária determinação de autoria mediata, bem como a aceitação de excludentes diversas dos funcionários que diretamente fazem o atendimento ao público. Tais questões serão, com certeza, objeto de construção pela doutrina e jurisprudência pátria.

O sujeito passivo, por sua vez, é qualquer pessoa que tenha o atendimento médico de urgência condicionado às garantias mencionadas no artigo.

O delito se consuma com a negativa de atendimento médico, nas situações descritas.

No tipo objetivo, a conduta é condicionar o atendimento médico de urgência à entrega de cheque-caução, de nota promissória ou de qualquer garantia, bem como de preenchimento prévio de formulários administrativos. Há, como se percebe, a autorização para a interpretação analógica neste artigo: "qualquer garantia".

Um importante elemento normativo aparece no tipo: conceito de urgência no atendimento médico. É fundamental esta definição, para a tipificação do delito. Somente com apoio da medicina legal será possível definir as situações que tenham esta característica.

O tipo é doloso e exige a intenção de condicionar o atendimento médico, da forma como narrado no artigo. Se a intenção for outra, de causar lesões ou mesmo a morte, o crime é igualmente outro, por evidente.

Por fim, no parágrafo único há o aumento de pena em virtude da ocorrência de lesão corporal grave ou morte. Trata-se de preterdolo, devendo estes resultados serem tidos a título de culpa, sob pena de se tratar de outro crime (homicídio ou lesão corporal grave).

Todavia, uma questão deve ser aqui colocada: não havendo limite mínimo para o aumento de pena do parágrafo (só há limite máximo), fica ao arbítrio judicial a sua

---

Figueiredo Dias trabalha com ideia semelhante, anunciando a existência de um Direito Penal Secundário para resolver essas questões ligadas aos bens jurídicos difusos, com autonomia em relação ao Direito Penal tradicional. Assim é o conceito: "de um ponto de vista jurídico-formal, direito penal secundário é o conjunto de normas de natureza punitiva que constituem objecto de legislação extravagante e contêm, na sua generalidade, o sancionamento de ordenações de carácter administrativo." (DIAS, Jorge de Figueiredo. Para uma dogmática do direito penal secundário. Um contributo para a reforma do direito penal econômico e social português. In: D´ÁVILA, Fábio Roberto; SOUZA, Paulo Vinícius Sporleder de. Direito penal secundário, Coimbra/São Paulo: Coimbra Editora/Revista dos Tribunais, 2006, p. 27.).

quantificação. Tal liberdade de julgamento pode trazer distorções, por não haver um padrão de indexação desta fase de aplicação de pena. Não parece uma boa estratégia legislativa.

9. ARTIGO 136 (MAUS TRATOS)

Art. 136 – Expor a perigo a vida ou a saúde de pessoa sob sua autoridade, guarda ou vigilância, para fim de educação, ensino, tratamento ou custódia, quer privando-a de alimentação ou cuidados indispensáveis, quer sujeitando-a a trabalho excessivo ou inadequado, quer abusando de meios de correção ou disciplina:

Pena – detenção, de dois meses a um ano, ou multa.

§ 1º – Se do fato resulta lesão corporal de natureza grave:

Pena – reclusão, de um a quatro anos.

§ 2º – Se resulta a morte:

Pena – reclusão, de quatro a doze anos.

§ 3º – Aumenta-se a pena de um terço, se o crime é praticado contra pessoa menor de 14 (catorze) anos. (Incluído pela Lei nº 8.069, de 1990)

Este último tipo legal de crime do capítulo III ainda trata da vida e a saúde das pessoas humanas. Estes são os bens jurídicos aqui tutelados. Uma questão interessante se coloca à discussão: em que termos o Estado pode interferir nas esferas privadas e íntimas das pessoas, a ponto de proibir determinadas práticas corretivas que são consideradas abusivas?

Esta é a chave da compreensão: o que se deve entender por práticas correcionais abusivas? É necessário observar que a hermenêutica não deve ser entendida como um método que interpreta os textos do passado, mas como teoria do conhecimento caracterizada por sua historicidade intrínseca. Explica-se a importância desta conclusão.

A finalidade da norma jurídica é regular a vida em sociedade, protegendo os valores eleitos (bens jurídicos). A racionalidade reside neste ponto: a norma, atendendo a pressupostos de segurança jurídica, deve conseguir alcançar a realidade com seus modelos de comportamento. "A necessidade vital é que faz surgir a regra de Direito, e nesse enfoque ambas são mutáveis, dinâmicas, atualizáveis."[44]

Mais que isto, os comportamentos sociais, que exigem a intervenção punitiva estatal, estão em constante mutabilidade. A verificação da subsunção de uma conduta a um determinado tipo de legal de crime é questão complexa. Trata-se de operação hermenêutica que se liga, claramente, à verificação da colocação do problema interpretativo no plano de respeito aos padrões culturais de um povo, em determinado marco de tempo e espaço.

44 VARGAS, José Cirilo de. Direitos e garantias individuais no processo penal. Rio de Janeiro: Forense, 2002, p. 91.

O ponto é o seguinte: determinar o conteúdo de uma conduta de maus tratos passa por entender, sincrônica e diacronicamente, as pautas valorativas de uma determinada sociedade. Somente assim será possível determinar as necessárias intervenções punitivas, em face das ações ou omissões que não atendam aos preceitos normativos de proteção aos direitos fundamentais envolvidos na questão.

Trata-se de condicionar a punição aos valores sociais verificáveis historicamente na sociedade, e que são legitimantes do Direito. Há, finalmente, orientações constitucionais para a questão, que indiretamente mensuram a proporcionalidade de uma ação corretiva: a proteção integral da criança e do adolescente; o respeito à dignidade da pessoa humana; etc.

Tratando-se de delito próprio, têm-se como sujeitos ativos apenas as pessoas que tenham determinadas relações jurídicas com o sujeito passivo: autoridade, guarda ou vigilância. São questões ligadas à educação, ao ensino, ao tratamento ou à custódia. Se nenhuma destas relações existir, o delito existente será outro. Por sua vez, o sujeito passivo será a pessoa subordinada a uma das condições anteriores apresentadas.

O tipo objetivo do delito em questão consiste em expor a perigo a vítima: privando-a da alimentação indispensável; privando-a de cuidados indispensáveis; sujeitando-a a trabalho excessivo ou inadequado; ou abusando de meios corretivos ou disciplinares. Como se percebe, as formas de execução deste crime (tipo misto alternativo) podem configurar condutas permanentes ou instantâneas, comissivas ou omissivas.

No tipo subjetivo exige-se o dolo, direto ou eventual. Não se requer a intenção lesiva para a configuração do delito, bastando a consciência da exposição a perigo. Em resumo, é necessária a consciência do abuso praticado, por parte do sujeito ativo. Por falta de previsão expressa, não há forma culposa.

O crime se consuma com a exposição ao perigo efetivo. A tentativa é admissível nas formas comissivas. Trata-se, pois, de crime de perigo concreto.

Tal como existe nos crimes anteriores, deste capítulo III, há a previsão de censura diferenciada para as condutas que resultem em morte e lesão corporal grave. No caso deste artigo 136, há as qualificadoras dos §§ 1º (maus tratos que resultem em lesão corporal) e 2º (maus tratos que resultem em morte). São situações preterdolosas.

Há, ainda, a majorante constante do parágrafo 3º. Trata-se de aumento de pena para os delitos cometidos contra vítimas menores de 14 anos.

A ação é pública incondicionada.

CAPÍTULO IV – DA RIXA

LUCIANO SANTOS LOPES

Art. 137 – Participar de rixa, salvo para separar os contendores:

Pena – detenção, de quinze dias a dois meses, ou multa.

Parágrafo único – Se ocorre morte ou lesão corporal de natureza grave, aplica-se, pelo fato da participação na rixa, a pena de detenção, de seis meses a dois anos.

O crime de rixa tem algumas características bem específicas: confusão; briga, luta; mais de duas pessoas envolvidas; e ausência de determinação de condutas. Explica-se isto.

Trata-se de crime de perigo, tal como é o padrão deste capítulo. Aqui, tem-se a forma abstrata do perigo, pois presume-se *ex ante* que toda participação em uma luta generalizada importa presumidamente em perigo aos valores protegidos.[1]

O bem jurídico aqui tutelado, de forma subsidiária (como é a regra deste capítulo), é a incolumidade pessoal. Trata-se de proteger a integridade corpórea e saúde das pessoas. De forma indireta, tutela-se também a ordem pública e a disciplina de convivência civil.

No que se refere ao sujeito ativo, é de se constatar que este crime é plurissubjetivo, de concurso necessário. Assim, são necessárias três pessoas, no mínimo, para a tipificação do delito.[2] Trata-se de crime comum, ou seja, qualquer pessoa pode cometer esta infração.

Algumas questões são importantes para a definição do autor do crime de rixa. A primeira delas: não há a necessidade de identificação de todos os participantes da

---

1 PRADO, Luiz Régis. Curso de direito penal brasileiro. V 2, p. 206.

Greco entende de forma diversa, sustentando que a classificação correta para o delito de rixa é a de perigo concreto: "a participação na rixa importa numa efetiva criação de risco para a vida e a saúde das pessoas" (GRECO, Rogério. Curso de direito penal; parte especial, p. 398.).

Contudo, esta não parece uma definição adequada, posto que também o delito de perigo abstrato importa em definição de risco ao bem jurídico tutelado. A diferença entre a forma concreta e a abstrata de definição dos crimes de perigo está exatamente na forma como se constata o risco: ex ante (com presunção feita pelo legislador), ou ex post (com a obrigação, tipificada, de verificação do citado risco no caso concreto).

2 BITENCOURT, Cezar Roberto. Tratado de direito penal; parte especial, p. 324.

briga generalizada, para a tipificação da rixa. Basta existir a confirmação de que são mais de três envolvidos, e de que a confusão se generalizou. A justificativa da punição, mesmo sem a identificação de todos os envolvidos, é a de evitar a impunidade de rixentos já identificados.

Uma segunda questão se liga à autorização de se computar no número de participantes da rixa aquelas pessoas inimputáveis.[3] Isto se fundamenta no fato de que o inimputável, mesmo não sendo punido pelo Direito Penal (receberá medida de segurança, quando necessário), ainda assim contribui para a ofensa ao bem jurídico protegido e deve ser computado para que exista a autorização da intervenção punitiva na rixa.

Ainda, não importa qual o momento do ingresso do participante na rixa: antes ou durante a confusão instalada. Todos serão coautores do delito.

Contudo, é de se explicar uma diferença que pode causar confusão na definição do sujeito ativo: participar de uma rixa (como coautor da confusão generalizada) é diverso de ser partícipe do crime de rixa cometido por outras pessoas (estas sim, que participam da rixa como coautoras). Explica-se. O termo *participação*, que normalmente significa forma de concurso de pessoas diversa da coautoria (artigo 29 do Código Penal), neste crime específico figura como expressão típica. Assim, este termo pode significar duas coisas distintas: participar, como coautor, da rixa; e ser partícipe do crime de rixa de outra pessoa (instigando, induzindo ou fornecendo auxílio material para que outras pessoas participem da rixa).[4]

Por fim, existe a situação das pessoas que entram na confusão apenas com intenção de separar a briga já instalada. Por óbvio, não há o elemento subjetivo capaz de imputar a ela a tipicidade do delito de rixa. Quem quer separar a briga não é coautor desta mesma confusão.

Os próprios "rixentos" são sujeitos passivos do crime, cada um em relação às condutas dos demais.[5] Também serão vítimas do delito os terceiros expostos ao perigo.[6] Pensa-se, por fim, que a própria coletividade pode ser considerada vítima deste delito, em virtude da especificação do bem jurídico aqui tutelado.

A conduta descrita no tipo é participar da confusão (intervindo/contribuindo/tomando parte). As simples discussões generalizadas não tipificam a rixa. Há a necessidade das vias de fato e da falta de capacidade de saber individualizar os autores das agressões. Em resumo, há a necessidade da confusão. Trata-se da punição da violência recíproca.

No tipo subjetivo exige-se o dolo, não havendo a modalidade culposa. Ressalte-se que a intenção que tipifica a rixa é a de participar da briga generalizada, pouco

3 PRADO, Luiz Régis. Curso de direito penal brasileiro. V 2, p. 202.
4 PRADO, Luiz Régis. Curso de direito penal brasileiro. V 2, p. 204.
5 GRECO, Rogério. Curso de direito penal; parte especial, p. 399.
6 BITENCOURT, Cezar Roberto. Tratado de direito penal; parte especial, p. 323.

importando a causa que a originou.[7] Se houver deliberação de matar ou lesionar, por evidente, o delito é outro. Haverá a configuração do dolo de outros delitos, e por eles responderá o agente em caso de provocação de tais resultados (desde que identificada sua conduta, evidentemente).

O delito consuma-se com o início da rixa, não admitindo a tentativa[8]

No parágrafo único está tipificada a rixa qualificada pelo resultado ocorrido (lesão corporal ou morte) durante a confusão, ou como consequência dela. Neste caso, todos os participantes respondem pelo resultado qualificador do delito, caso não seja identificado o autor das lesões ou do homicídio. Até mesmo a vítima da lesão grave responderá pela rixa qualificada.[9] Esta pessoa, vitimada, está sendo punida com mais rigor (tal como as demais) por ter participado de uma rixa com maior intensidade de violação do bem jurídico protegido.

No caso da identificação ocorrer, este autor específico responderá pela lesão corporal grave ou pelo homicídio, em concurso de crimes com a rixa simples (de outra forma haveria um *bis in idem*)[10]. Os demais contendores continuarão a responder pela rixa qualificada.[11] Aquele coautor que sai da rixa antes do resultado qualificador somente responderá com tal maior intensidade punitiva apenas se for possível determinar sua ligação subjetiva com os fatos mais graves que posteriormente ocorreram.[12] O artigo 19, do Código Penal deve ser aqui lembrado: não se concebe responsabilidade objetiva. Aquele contendor que ingressa na confusão após a lesão grave, ou o homicídio, já ter ocorrido, não responderá pela qualificadora, pelo exato motivo elencado acima (proibição da responsabilidade objetiva).

A ação é pública incondicionada.

REFERÊNCIAS BIBLIOGRÁFICAS

ALEXY, Robert. *Teoria dos direitos fundamentais*. Trad. da 5ª ed. Alemã, por Virgílio Afonso da Silva. São Paulo: Malheiros, 2008.

______. *Conceito de validade do direito*. Tradução de Gercélia Batista de Oliveira Mendes. São Paulo: Martins Fontes, 2011.

---

7 BITENCOURT, Cezar Roberto. Tratado de direito penal; parte especial, p. 327.
Evidentemente, aquele que apenas se defende em uma confusão, em postura de legítima defesa, igualmente não tem sua conduta criminalizada (há a exclusão de ilicitude, por óbvio).

8 BITENCOURT, Cezar Roberto. Tratado de direito penal; parte especial, p. 327.
Magalhães Noronha tem posição diversa, sustentando que o delito se consuma "no momento e no lugar onde cessou a atividade dos contendores." (NORONHA, Magalhães. Apud BITENCOURT, Cezar Roberto. Tratado de direito penal; parte especial, p. 327.). Tal posição, realmente não se sustenta.

9 PRADO, Luiz Régis. Curso de direito penal brasileiro. V 2, p. 208.

10 Bitencourt pensa diferente. Para ele, o autor identificado da lesão corporal, ou do homicídio, responderá pelo respectivo delito acrescido da rixa qualificada. BITENCOURT, Cezar Roberto. Tratado de direito penal; parte especial, p. 329). Para evitar o bis in idem anunciado, não se adota esta posição.

11 PRADO, Luiz Régis. Curso de direito penal brasileiro. V 2, p. 208.

12 PRADO, Luiz Régis. Curso de direito penal brasileiro. V 2, p. 207.

ÁVILA, Humberto. *Teoria dos princípios*; da definição à aplicação dos princípios jurídicos. 6 ed., revista e ampliada. São Paulo: Malheiros, 2006.

BADARÓ, Gustavo Henrique Righi Ivahy. *Ônus da prova no processo penal*. São Paulo: Revista dos Tribunais, 2003.

BATISTA, Nilo. *Introdução crítica ao direito penal brasileiro*. 4. ed. Rio de Janeiro: Revan, 1999.

BECHARA, Ana Elisa Libertatore S. Critérios político-criminais da intervenção penal no âmbito econômico: uma lógica equivocada. *In*: FRANCO, Alberto Silva; LIRA, Rafael (coordenadores). *Direito penal econômico;* questões atuais. São Paulo: Revista dos Tribunais, 2011. P. 41 – 70.

BECK, Ulrich. *Sociedade de risco*: rumo a outra modernidade. São Paulo: Editora 34, 2010.

BIANCHINI, Alice. *Pressupostos materiais mínimos da tutela penal*. São Paulo: Revista dos Tribunais, 2002.

BITENCOURT, Cezar Roberto. *Tratado de direito penal*; parte especial. V. 2. 4 ed. São Paulo: Saraiva, 2004.

______. *Manual de direito penal*; parte geral. V. 1. 17 ed. São Paulo: Saraiva, 2012.

BRUNO, Aníbal. *Crimes contra a pessoa*. 4 ed. Rio de Janeiro: Ed. Rio, 1976.

CUNHA, Rogério Sanches. *Direito penal*; parte especial, v. 3. São Paulo: Revista dos Tribunais, 2008, p. 52. Coordenação de Luiz Flávio Gomes e Rogério Sanches Cunha.

DIAS, Jorge de Figueiredo. *Questões fundamentais do direito penal revisitadas*. São Paulo: Revista dos Tribunais, 1999.

______. Para uma dogmática do direito penal secundário. Um contributo para a reforma do direito penal econômico e social português. In: D´ÁVILA, Fábio Roberto; SOUZA, Paulo Vinícius Sporleder de. *Direito penal secundário*. Coimbra/São Paulo: Coimbra Editora/Revista dos Tribunais, 2006. P. 13 – 69.

COSTA, José de Faria. *Direito penal especial;* contributo a uma sistematização dos problemas "especiais" da Parte Especial. Coimbra: Coimbra Editora, 2007.

ESPÍNDOLA, Ruy Samuel. *Conceito de princípios constitucionais*. 1. ed., 2. tiragem. São Paulo: Revista dos Tribunais, 1999.

FERRAJOLI, Luigi. *Direito e razão*: teoria do garantismo penal. Trad. Ana Paula Zomer *et. al*. São Paulo: Revista dos Tribunais, 2002.

______. *La ley del más débil*. Traducción de Perfecto Andrés Ibañez y Andrea Greppi. Madrid: Editorial Trollla, 1999.

GOMES, Luiz Flávio. *Norma e bem jurídico no direito penal*. São Paulo: Revista dos Tribunais, 2002.

______. *Princípio da ofensividade no direito penal*. São Paulo: Revista dos Tribunais, 2002.

______. *Princípio da insignificância e outras excludentes de tipicidade*. São Paulo: Revista dos Tribunais, 2009.

GRECO, Luís; TÓRTIMA, Fernanda Lara (organizadores). *O bem jurídico como limitação do poder estatal de incriminar?* Rio de Janeiro: Lumen Juris, 2011.

GRECO, Rogério. *Curso de direito penal*; parte especial. V 2. 3 ed. Rio de Janeiro: Impetus, 2007.

HÄBERLE, Peter. *Hermenêutica constitucional*: a sociedade aberta dos intérpretes da constituição. Tradução de Gilmar Ferreira Mendes. Porto Alegre: SAFe, 2002.

HORTA, Frederico Gomes de Almeida. *Do concurso aparente de normas penais*. Rio de Janeiro: Lumen Juris, 2007.

HUNGRIA, Nelson; FRAGOSO, Heleno Cláudio. *Comentários ao código penal*. Volume 5. 5 ed. Belo Horizonte/Rio de Janeiro: Forense: 1979.

IENNACO, Rodrigo. *Bem jurídico e perigo abstrato*; um desenho hermenêutico da ofensividade. Belo Horizonte: D'Plácido, 2014.

KELSEN, Hans. *Teoria pura do direito*. 6 ed. Tradução de João Baptista Machado. São Paulo: Martins Fontes, 1998.

______. *O problema da justiça*. 3 ed. Tradução de João Baptista Machado. São Paulo: Martins Fontes, 1998.

LOPES, Luciano Santos. *Os elementos normativos do tipo penal e o princípio constitucional da legalidade*. Porto Alegre: SAFe, 2006.

LUISI, Luiz. *Os princípios constitucionais penais*. 2 ed. rev. e aum. Porto Alegre: SAFe, 2003.

MARQUES, Daniela de Freitas. *Elementos subjetivos do injusto*. Belo Horizonte: Del Rey, 2001.

NORONHA, Magalhães. *Direito penal*. Volume 2. 3 ed. São Paulo: Saraiva, 1965.

NUCCI, Guilherme de Souza. *Manual de direito penal*; parte geral e parte especial. 8 ed. São Paulo: Revista dos tribunais, 2012.

OLIVEIRA, Eugênio Pacelli de. *Curso de processo penal*. 13 ed., revista e atualizada. Rio de Janeiro: *Lumen Juris*, 2010.

PIERANGELI, José Henrique. *Escritos jurídico-penais*. 2 ed, revista, atualizada e ampliada. São Paulo: Revista dos Tribunais, 1999.

PRADO, Luiz Régis. *Bem jurídico-penal e constituição*. São Paulo: Revista dos Tribunais, 1996.

______. *Curso de direito penal brasileiro*; parte especial. V 2. 7 ed. São Paulo: Revista dos Tribunais, 2008.

______. *Curso de direito penal brasileiro*; parte geral. V. 1. 11 ed. São Paulo: Revista dos Tribunais, 2011.

QUEIROZ, Paulo. *Curso de direito penal*; parte geral. V 1. 8 ed. Salvador: Jus Pvdium, 2012.

ROBIN, Régine. *História e linguistica*. Tradução de Adélia Bolle. São Paulo: Cultrix, 1973.

ROCCO, Arturo. *El problema y El método de la ciencia del derecho penal*. 2 ed. Bogotá: Editorial Temis, 1982.

ROXIN, Claus. *Culpabilidad, prevención em derecho penal*. Trad. Francisco Muñoz Conde. Madrid: Instituto Editorial REUS, 1981.

______. *Derecho penal*; parte general. Tomo I. 2 ED. Alemana. Traducción por Diego-Manuel Luzón Peña, Miguel Díaz y García Conlledo e Javier de Vicente Remedal. Madrid: Civitas Ediciones, 2008 (reimpresión).

SALES. Sheila Jorge Selim de. *Escritos de direito penal*. Belo Horizonte: Movimento Editorial da Faculdade de Direito da UFMG, 2004.

SILVA SANCHEZ, Jesús-Maria. *A expansão do direito penal*; aspectos da política criminal nas sociedades pós-industriais. Tradução Luiz Otávio de Oliveira Rocha. São Paulo: Revista dos Tribunais, 2002.

SILVA, Pablo Rodrigo Alflen. *Leis penais em branco e o direito penal do risco*; aspectos críticos e fundamentais. Rio de Janeiro: Lumen Juris, 2004.

SILVEIRA, Fabiano Augusto Martins. A constituição e o princípio da ofensividade vinte anos depois. *In:* DANTAS, Bruno; *et. al.* (organizadores). *Constituição de 1988:* o Brasil 20 anos depois. Brasília: Senado Federal / Instituto Legislativo Brasileiro, 2008.

SILVEIRA, Renato de Mello Jorge. *Direito Penal supra*-individual; interesses difusos. São Paulo: Revista dos Tribunais, 2003.

TAVARES, Juarez. *Teoria do crime culposo*. 3 edição integralmente revista e ampliada. Rio de Janeiro: Lumen Juris, 2009.

______. *Teoria dos crimes omissivos*. Madrid/São Paulo: Marcial Pons, 2012.

VARGAS, Beatriz. *Do concurso de pessoas*; contribuição ao estudo do tema na nova parte geral do código penal brasileiro. Belo Horizonte: Del Rey, 1996.

VARGAS, José Cirilo de. *Direitos e garantias individuais no processo penal*. Rio de Janeiro: Forense, 2002.

http://pt.wikipedia.org/wiki/Rec%C3%A9m-nascido. Consulta realizada em 25 de novembro de 2012.

WELZEL, Hensel *nuevo sistema del derecho penal;* una introducción a la doctrina de la acción finalista. Traducción y notas de José Cerezo Mir. Montevidéu/Buenos Aires: B de F Ltda., 2006.

CAPÍTULO V – DOS CRIMES CONTRA HONRA

PAULO QUEIROZ E
LILIAN COUTINHO

1. TEORIA GERAL

Sob a rubrica de *crimes contra a honra* (Título I, Capítulo V), o Código Penal define os tipos de *calúnia* (art. 138), *difamação* (art. 139) e *injúria* (art.140), catálogo que não exaure, porém, todas as possíveis violações à honra, bem jurídico constitucionalmente protegido (CF, art. 5º, X[1]), uma vez que outras há na legislação especial, a exemplo do Código Eleitoral (Lei nº 4.737/65, arts. 324 a 327), do Código Penal Militar (Decreto-Lei nº 1.001/69, Título IV, Capítulo V), da Lei de Segurança Nacional (Lei nº 7.170/83, art. 26) e Código Brasileiro de Telecomunicações (Lei nº 4.117/65, art. 53, *i*).

A conduta poderá eventualmente configurar o crime do art. 96, § 1º, da Lei nº 10.741/2003 (Estatuto do Idoso), que tipifica a ação de "desdenhar, humilhar, menosprezar ou discriminar pessoa idosa, por qualquer motivo".

Por força do princípio da especialidade (*lex specialis derrogat legi generali*), tais leis prevalecem, como regra, sobre o Código Penal, no caso de conflito aparente de tipos penais.

Quanto à lei de imprensa (Lei nº 5.250/67), o Supremo Tribunal Federal decretou a *não recepção* dos crimes contra a honra nela previstos pela ordem constitucional vigente (ADPF nº 130, relator Ministro Aires Brito). Mas isso não significou *abolitio criminis*, pois, como a liberdade de imprensa não é absoluta, abusos cometidos por meio dela podem, ainda hoje, configurar delitos contra a honra previstos no Código Penal ou fora dele.

---

1 O art. 5º, X, da Constituição, dispõe: "são invioláveis a intimidade, a vida privada, a honra e a imagem das pessoas, assegurado o direito a indenização pelo dano material ou moral decorrente de sua violação." De modo similar, o Pacto de São José da Costa Rica prevê:
Artigo 11 – Proteção da honra e da dignidade. 1. Toda pessoa tem direito ao respeito da sua honra e ao reconhecimento de sua dignidade. 2. Ninguém pode ser objeto de ingerências arbitrárias ou abusivas em sua vida privada, em sua família, em seu domicílio ou em sua correspondência, nem de ofensas ilegais à sua honra ou reputação. 3. Toda pessoa tem direito à proteção da lei contra tais ingerências ou tais ofensas.

Há, ainda, a Lei nº 13.185/2015, que instituiu o programa de combate à intimidação sistemática ou *bullying*, que definiu como tal, entre outras ações, o insulto pessoal, o uso de apelidos pejorativos, as expressões preconceituosas, os xingamentos etc. Aliás, o art. 3º, II, da Lei, refere, expressamente, a difamação e a calúnia como possíveis formas de *bullying*. E a injúria – o insulto pessoal – é possivelmente a sua forma mais frequente.

Embora seja um tanto discutível, do ponto de vista político-criminal, a necessidade da intervenção penal no particular, por ser a *ultima ratio* do controle social formal, fato é que os códigos penais jamais ousaram descriminalizar tais comportamentos.

Ademais, casos há em que a ofensa à honra assume proporções tais que são tão ou mais graves do que a violação à integridade física, razão pela qual parece que não seria suficiente, ao menos nesses casos extremos, a simples responsabilização civil.

Note-se, mais, que, com alguma frequência, crimes mais graves, contra a vida, inclusive, são motivados por alguma espécie de calúnia, difamação ou injúria, a legitimar, também por isso, a intervenção jurídico-penal, a fim de prevenir, em caráter subsidiário, reações públicas ou privadas arbitrárias.

De todo modo, o que parece realmente desnecessária é a previsão de 03 (três) tipos penais autônomos.[2] Rigorosamente, bastariam dois tipos penais: difamação e injúria. A atual calúnia passaria a constituir uma forma qualificada de difamação. A propósito, os Códigos penais de 1830 e 1890 previam apenas dois crimes contra a honra: calúnia e injúria.

Naturalmente que também a unificação dos três tipos seria perfeitamente possível. Pode-se imaginar, por exemplo, um tipo de injúria ou difamação que dissesse simplesmente: "ofender gravemente a honra de alguém".

Como direito fundamental e expressão da dignidade humana, a honra deve ser protegida de modo geral e abstratamente.[3]

De acordo com Francisco Muñoz Conde, "a honra é um dos bem jurídicos mais sutis e mais difíceis de apreender do ponto de vista jurídico-penal. Isso se deve, sobretudo, a sua relativização. A existência de um ataque à honra depende dos mais diversos imponderáveis, da sensibilidade, do grau de formação, da situação tanto do sujeito passivo como ativo, e também das relações recíprocas entre ambos, assim como das circunstâncias do fato".[4]

O que se busca preservar no particular é, em última análise, a pretensão de respeito à própria personalidade, por ser a honra um valor social e moral da pessoa, inerente à dignidade humana.[5] Substancialmente, a ofensa à honra deve ser vista como

2 O projeto de novo Código Penal (Projeto de Lei do Senado nº 236,/2012) mantém essa estrutura tripartite dos crimes contra a honra (arts. 136, 137 e 138).

3 Tomás S. Vives Antón e outros. *Derecho Penal, Parte Especial*. Valencia: Tirant lo Blanch, 2010, p. 337.

4 *Derecho Penal*. Parte Especial. Madrid: Tirant lo Blanch, 2010, p. 296.

5 Heleno Cláudio Fragoso. *Lições de direito penal, parte especial*. Rio: Forense, 1995, p. 129.

ofensa à dignidade e sua projeção no mundo social.[6] A honra é, em suma, o conjunto dos atributos morais de alguém, reais ou imaginários.

Como observa José de Faria Costa, a honra é um bem jurídico complexo e incindível que inclui tanto o valor pessoal ou interior de cada indivíduo, radicando na sua dignidade, quanto à própria reputação ou consideração social exterior.[7]

Trata-se de bem jurídico disponível por excelência – não em termos absolutos, obviamente, pois implicaria criar uma espécie de *homo sacer* (pessoa excluída de todo direito), razão pela qual a ação penal é, como regra, de iniciativa privada, cabendo ao ofendido/querelante ou seu representante legal oferecer *queixa* por meio de advogado contra o ofensor/querelado. Por isso é dado ao seu titular *renunciar* ao direito de queixa (CP, art. 104), bem assim *perdoar* o autor da ofensa (CP, art. 105 e 106), importando em extinção da punibilidade (CP, art. 107, V).

Também por isso, os delitos contra a honra não se configuram sempre e quando o ofendido tiver consentido na ofensa, expressa ou tacitamente; mas, sendo vários os ofendidos, o consentimento de um não se comunicará aos demais e, pois, só produzirá efeitos unicamente em relação ao seu autor. Aliás, carecendo o crime de consistência material – o *crime não existe*, pois é socialmente construído conforme as reações sociais (processos de criminalização primária e secundária), aí incluídas as reações da própria vítima – tampouco haverá infração penal quando o sujeito supostamente ofendido não tomar a ofensa como tal e ignorá-la sem mais.

A doutrina costuma distinguir *honra comum* de *honra profissional*; a primeira é inerente a toda pessoa humana, a quem se assegura, indistintamente, a dignidade; a segunda é própria do exercício de atividade, ofício ou profissão. A lei, no entanto, não faz diferença alguma no particular, nem se compreenderia que o fizesse, motivo pelo qual a distinção é de todo irrelevante.

A execução dos crimes pode dar-se de diversos modos, como a *linguagem falada*, emitida diretamente ou por outros meios, como *internet*, telefone, rádio, televisão, e *a linguagem escrita* (manuscrito, datilografia, informática), mímica ou por meio simbólico ou figurativo (pintura, fotografia, caricatura) etc[8].

Por último, não é qualquer ato aparentemente ofensivo que deve ser considerado crime contra a honra, mas somente condutas realmente graves e manifestamente desonrosas.

1.1. Imunidade parlamentar e outras

Deputados e senadores são invioláveis, civil e penalmente, por quaisquer de suas opiniões, palavras e votos, conforme dispõe o art. 53 da Constituição. Deputados e

---

6 Juarez Tavares. Anotações aos crimes contra a honra. *Revista Brasileira de Ciências Criminais*, São Paulo, ano 20, v. 94, janeiro-fevereiro de 2012, p. 101.

7 *Comentário conimbricense do Código Penal*, Parte Especial, tomo 1. Coimbra: Coimbra editora, 1999, p. 607.

8 Hungria, *Comentários*, cit.

senadores não respondem, portanto, por crime contra honra sempre que o praticarem no exercício da atividade parlamentar ou em razão dela. Cuida-se de uma imunidade material que visa a garantir a plenitude do exercício da atividade parlamentar, assegurando ao seu titular a mais ampla liberdade de expressão e manifestação do pensamento.

Não se trata, todavia, de uma garantia absoluta, pois a pretensão de absolutizar a liberdade de expressão implicaria a negação mesma do direito à honra (e vice-versa), contrariamente aos princípios que informam o Estado Democrático de Direito. Enfim, direitos absolutos são política e logicamente incompatíveis com a ideia mesma de direito.

Com efeito, quer se refira ao exercício da atividade parlamentar, quer se reporte à advocacia, à crítica literária etc., nenhuma imunidade ou prerrogativa constitui um fim em si mesmo, mas um meio a serviço de um fim constitucionalmente legítimo e juridicamente razoável. Consequentemente, é nesse contexto e limites que hão de ser entendidas e interpretadas.

Justamente por isso, a mencionada imunidade material não alcança opiniões, palavras e votos que não tenham relação com o efetivo exercício da função parlamentar. Ademais, o manifesto abuso de toda e qualquer prerrogativa é sempre condenável.

Também aos vereadores é assegurada a inviolabilidade por suas opiniões, palavras e votos no exercício do mandato e na circunscrição do Município (CF, art. 29, VIII).

Previsão semelhante existe para advogados (CF, art. 133[9]), membros do Ministério Público (Lei nº 8.625/93, art. 41, V[10]) e há de existir para magistrados e outros, relativamente ao exercício de suas funções.

O Código prevê ainda (art. 142) que não constitui injúria ou difamação punível: a) a ofensa irrogada em juízo, na discussão da causa, pela parte ou por seu procurador; b) a opinião desfavorável da crítica literária, artística ou científica, salvo quando inequívoca a intenção de injuriar ou difamar; c) o conceito desfavorável emitido por funcionário público, em apreciação ou informação que preste no cumprimento de dever do ofício. O dispositivo não é aplicável à calúnia.

Em verdade, todas essas previsões constitucionais e legais visam a um mesmo fim: a) garantir o pleno exercício de atividade, profissão, arte ou ofício; b) assegurar a liberdade de manifestação do pensamento; c) fixar os limites entre a ofensa legítima e a ilegítima, e, pois, constitutiva de crime.

---

9 Art. 133 da CF dispõe: "O advogado é indispensável à administração da justiça, sendo inviolável por seus atos e manifestações no exercício da profissão, nos limites da lei."

10 Art. 41. Constituem prerrogativas dos membros do Ministério Público, no exercício de sua função, além de outras previstas na Lei Orgânica:

V – gozar de inviolabilidade pelas opiniões que externar ou pelo teor de suas manifestações processuais ou procedimentos, nos limites de sua independência funcional.

1.2. Honra objetiva e subjetiva?

A doutrina costuma diferenciar *honra objetiva* e *honra subjetiva*; a primeira é a imagem (reputação social) que as pessoas fazem do indivíduo; a segunda é o conceito que o próprio sujeito tem de si. Nesse sentido, escreve Magalhães Noronha:

> Certo é que a calúnia e a difamação são crimes afins – e esta a razão por que reunimos neste capítulo – pois ferem a *honra objetiva*, constituem-se da imputação de *fatos* e não dispensam a *comunicação* a outrem (...). Consuma-se a calúnia quando a imputação falsa se torna *conhecida* de outrem, que não o sujeito passivo. Nesse sentido, é necessário haver *publicidade*, pois, de outro modo, não existirá ofensa à honra objetiva, à *reputação* da pessoa.[11]

Todavia, uma tal diferenciação carece de fundamento, quer porque a lei não faz distinção no particular, quer porque a honra, como bem jurídico incindível, compreende tanto o sentimento objetivo quanto o subjetivo sobre a dignidade. Além disso, o que se quer realmente proteger penalmente é a pretensão de respeito à honra, inerente à própria personalidade, razão pela qual a separação resulta artificial e desnecessária.

Como bem observa Heleno Cláudio Fragoso, essa distinção esquemática não existe, porque em quaisquer dos crimes contra a honra o que se atinge, em suma, é pretensão ao respeito, interpenetrando-se os aspectos sentimentais e ético-sociais da honra.[12]

No mesmo sentido, Cezar Roberto Bitencourt afirma que "não nos parece adequado nem dogmaticamente acertado distinguir honra objetiva e subjetiva, o que não passa de adjetivação limitada, imprecisa e superficial, na medida em que não atinge a essência do bem juridicamente protegido."[13]

Também José de Faria Costa assinala no particular:

> Fácil é perceber que estes dois conceitos fáticos de honra apresentam insuficiências quando se pretende medir com elas a existência ou não de ofensa. Basta atentar-se – olhando, por ora, a ideia de honra subjetiva – na circunstância de ela, em rigor, nunca poder ser afetada, uma vez pertencer inteiramente a cada um, e, portanto, permanecer intocável (COSTA ANDRADE, *Liberdade de imprensa* 1996 79). Por outro lado, e em rigor, não só deixa fora de proteção penal as pessoas que, por qualquer razão (*v.g.*, idade, doença mental, embriaguez), não possuem capacidade para sentir ofensa, ou então as pessoas que não se consideram a si mesmas dignas de honra, como, de maneira inversa, atribui excessiva proteção a quem possui exagerada autoestima (...)
>
> Mas também a concepção objetiva de honra oferece flanco a críticas. De fato, ao equiparar a honra de uma pessoa ao real juízo valorativo que os demais membros da comunidade fazem dela, isto é, à sua reputação ou boa fama, faz-se depender a tutela penal de considerações de todo exteriores não à valia intrínseca da pessoa, mas, sobretudo, à sua radical e insuprimível dignidade.[14]

---

11 *Direito penal*, cit., pp. 119 e 123.

12 *Lições*, cit., p. 129-130.

13 *Tratado de Direito Penal*, v. 2. São Paulo: Saraiva, 2008, p. 281.

14 *Comentário*, cit., p. 603-604.

A maior prova da inconsistência dessa distinção entre honra objetiva e subjetiva reside no seguinte: mesmo que o indivíduo tenha a reputação social de um canalha e ele, inclusive, considere-se como tal, ainda assim fará jus à proteção legal da honra, quer porque não existem pessoas absolutamente desonradas, quer porque a Constituição assegura-lhe a inviolabilidade, quer porque a negação da honra em caráter absoluto importaria em grave violação da dignidade humana. Afinal, tratar-se-ia a pessoa humana, não como pessoa mesma, mas como coisa, como *res*.[15]

Enfim, a tutela constitucional é concedida independentemente do hétero ou autorreconhecimento da honra.

Em suma, apesar de a ação penal depender, como regra, de iniciativa do ofendido, e é de todo razoável que assim seja, a proteção constitucional da honra não está juridicamente condicionada nem à imagem que o indivíduo faz de si mesmo, nem à sua reputação social.

Consequentemente, é infundada a afirmação (comum na doutrina) de que a calúnia e a difamação ofendem a honra objetiva e que a injúria viola a honra subjetiva, mesmo porque tais delitos atingem o indivíduo exatamente da mesma forma e causam o mesmo desconforto e sofrimento.

Também por isso, não faz sentido algum condicionar, como pretende a doutrina, a consumação dos crimes de calúnia e difamação à circunstância de a imputação desonrosa chegar necessariamente ao conhecimento de terceiro, que não a própria vítima da ofensa.[16]

Voltaremos a esse assunto.

1.3. Sujeito ativo e passivo

Em princípio, todos são capazes de cometer e sofrer crimes contra a honra.

Discute-se, porém, se incapazes de um modo geral são passíveis de desonra.[17]

---

15 Como escreve Aníbal Bruno, a honra, que o direito penal protege contra a ofensa ou ameaça, é um bem jurídico que se atribui a todo homem, bem imaterial, incorporado à sua pessoa, variável segundo condições individuais e sociais, que pode ser diminuído, mas não de todo eliminado (...). Medidas punitivas como a declaração de infâmia ou a morte civil, com a desonra e a perda total da capacidade jurídica, não se conciliam com o direito moderno. Por mais baixo que tenha caído o indivíduo, haverá sempre em algum recanto do seu mundo moral um resto de dignidade, que a calúnia, a difamação ou a injúria poderão ofender e que o direito não deve deixar ao desamparo. Crimes contra a pessoa. Rio de Janeiro: Editora Rio, 1979, p. 272 e 274.

16 Exceção a isso é Heleno Cláudio Fragoso que afirma, quanto à difamação, "o crime se consuma desde que a imputação desonrosa chegue ao conhecimento do ofendido ou de qualquer outra pessoa", *Lições*, cit., p. 137.

17 Favoravelmente, Luiz Régis Prado: "De outra parte, assinala-se, com acerto, que as razões que justificam a incapacidade de culpabilidade não podem ser invocadas para excluir a proteção que a lei à reputação e ao sentimento de dignidade que os inimputáveis podem ter". *Curso de direito penal*, Parte Especial, v. 2. São Paulo: RT, 2010, p. 190.

Temos que, como a pretensão de respeito à honra é inerente à personalidade, pois todos, sem exceção, detêm-na, inclusive crianças, adolescentes e portadores de transtornos mentais[18], qualquer pessoa física pode, em tese, ser vítima dos crimes de calúnia, difamação e injúria. Afinal, tutelar a honra é tutelar a pessoa humana mesmo num de seus atributos mais importantes: a dignidade.

E mais: em tempos em que se condena solenemente o *bullying* e se conhecem suas nefastas consequências psicológicas, não se compreenderia que o vilipêndio à honra, que constitui uma de suas possíveis formas, ficasse impune, sem mais. Também por isso, parece-nos irrelevante, em princípio, condicionar a proteção da honra de incapazes à percepção imediata por eles da grave ofensa de que de são vítimas, sobretudo se tal ocorre ostensiva e repetidamente.

O Código pune também a *calúnia contra os mortos* (CP, art. 138, § 2º), hipótese em que o sujeito passivo do crime é os seus parentes, que têm interesse na preservação do nome e memória do morto, inclusive como forma de proteção da sua própria honra, não raro também ferida, ainda que de forma indireta. Mas essa excepcional proteção jurídico-penal, exclusiva da calúnia, não é aplicável aos crimes de difamação e injúria.

Como escreve Aníbal Bruno, a honra é um atributo dos vivos. É um bem ligado à personalidade do homem, que se perde com esta, vindo a morte. E não só sob o aspecto subjetivo, mas ainda objetivamente, como boa fama, o morto já não tem honra a defender. As coisas da vida não lhe pertencem. A calúnia e a difamação que se pretenda lançar sobre um morto, deslustrando-lhe a memória, ofende a reputação dos vivos sobre a qual virá refletir-se. O que parece afronta à honra do que morreu é agravo à dignidade dos que ficam, dos parentes que sobrevivem e a quem caberá o direito à ação punitiva, no caso, o cônjuge, ascendente, descendente ou irmão.[19]

Em síntese, protege-se a honra dos mortos no interesse dos vivos.

Discute-se se as pessoas jurídicas são passíveis de proteção penal no particular[20].

Os autores que a rechaçam alegam, em geral, relativamente à calúnia, que, como a pessoa jurídica não pode figurar como autora de crime, tampouco poderia ser vítima

18 De acordo com Hungria, cit., p. 48/50, "a solução que nos parece justa é a seguinte: quando a ofensa diz com a honra subjetiva (sentimento da própria dignidade), a existência do crime deve condicionada à capacidade de perceber a injúria por parte do sujeito passivo; quando, porém, a ofensa diz com a honra objetiva, o crime existe sempre, pois não se pode deixar de reconhecer que os incapazes em geral têm ou conservam uma certa reputação, que a lei deve proteger. Pouco importa, em qualquer caso, a inimputabilidade do sujeito passivo. Apesar de inimputáveis, os incapazes podem ser expostos à aversão ou irrisão pública, e seria iníquo deixar-se impune o injuriador ou difamar, como se a inimputabilidade, no dizer de ALTAVILLA, fosse um culpa que se tivesse de expiar com a perda da tutela penal", cit., p. 49/50. Também nesse sentido, Cezar Bitencourt, *Tratado*, p. 336/7.

19 *Crimes contra a pessoa*, cit., p. 272.

20 Contra, Hungria, cit., p. 44/48. Tendente a admiti-la, Cezar Bitencourt, cit. p. 339, ao menos quando a pessoa jurídica figurar como sujeito passivo de crimes contra a ordem econômica e financeira, contra o meio ambiente e contra a economia popular.

de tal delito, visto pressupor a imputação de fato definido como crime, exceto no caso de crime ambiental. Assim, por exemplo, Rogério Greco:

Assim, concluindo, poderá a pessoa jurídica figurar como sujeito passivo do crime de calúnia desde que o crime a ela atribuído falsamente seja tipificado na Lei 9.605/98. Nas demais hipóteses, ou seja, fora da Lei Ambiental, o fato deverá ser considerado crime de difamação, em face da impossibilidade de as demais infrações penais serem praticadas pelas pessoas morais.[21]

E autores há que não a admitem absolutamente. Nesse exato sentido escreve Juarez Tavares:

> A honra deve ser vista, essencialmente, como bem da pessoa e não da sociedade. Como tal, é erigida como sua condição de existência, a partir do reconhecimento de sua dignidade, que se afirma como elemento estrutural do Estado democrático, independentemente das habilidades ou deficiências de cada um. Quanto vista no sentido social, a honra não pode ser transformada em bem de utilidade, mas alinhavada igualmente como condição da ordem jurídica. Seguindo esse raciocínio, que correspondente precisamente aos objetivos traçados no próprio código penal, só podem ser *sujeitos passivos* de crimes contra a honra das pessoas individuais (...) Para tanto, basta o direito civil, capaz de impor indenização por atos lesivos aos interesses das empresas. Até pelo princípio da intervenção mínima, não se poderia admitir à pessoa jurídica essa qualidade de sujeito passivo de crime contra a honra. Mas, independentemente dessa abordagem de política criminal, a pessoa jurídica não possui dignidade e, portanto, não pode ser ofendida em sua honra.[22]

Temos, porém, que a empresa é passível, sim, de sofrer imputação de fato ou qualidade desonrosa, atribuição de delito, inclusive, e não necessariamente delito ambiental.

Primeiro, porque o Código fala de atribuição de "fato definido como crime" e não de "prática de crime". Segundo, porque o sucesso empresarial depende grandemente da sua reputação social (fama) no mercado em que atua. O bom nome da empresa é, portanto, tão ou mais importante do que o nome da pessoa física. Terceiro, porque, se a pessoa jurídica é passível de sofrer "dano moral" (Súmula 227 do STJ[23]), é perfeitamente possível que esse dano moral assuma também caráter criminoso.

Consequentemente, as pessoas jurídicas são, em tese, caluniáveis, difamáveis e injuriáveis. Assim, por exemplo, se lhe imputarmos a venda de produtos falsos, contrabandeados, roubados, o uso de trabalho escravo etc. E a definição jurídico-penal da conduta ofensiva à empresa dependerá, por um lado, de como o caluniador, difamador ou injuriador fará ou circunstanciará a respectiva imputação; e, por outro, de como o juiz interpretará os fatos.

---

21 *Direito penal*, Parte Especial, v. 2, cit., p. 411.

22 Anotações aos crimes contra a honra. *Revistas Brasileira de Ciências Criminais*, São Paulo, ano 20, v. 94, janeiro-fevereiro de 2012, p. 97/98. Assim também, Alberto Silva Franco. *Código Penal e sua interpretação*. São Paulo: RT, 2007, p. 720.

23 A Súmula 227 dispõe: "A pessoa jurídica pode sofrer dano moral".

Afinal, a distinção entre um crime e outro não preexiste à interpretação, mas é dela resultado, razão pela qual juízes e tribunais, não raro, divergem sobre a exata classificação dos fatos, ora entendendo que houve calúnia, ora difamação, ora injúria.

1.4. Dolo

Todos os crimes contra a honra são *dolosos*, razão pela qual, para sua configuração, é indispensável a intenção de caluniar, difamar ou injuriar, isto é, a consciência e vontade de ofender a honra alheia, por gestos, palavras ou escrito. Assim, sempre que o autor agir com *animus jocandi, animus consulendi, animus corrigendi, animus narrandi* ou *animus defendendi*, o delito não se configurará, porque ausente elemento subjetivo essencial: o dolo de ofender.

Com efeito, e conforme ensina Hungria, o *animus jocandi* é a intenção de gracejar apenas, provocar, divertir, como sói acontecer entre amigos, mas tal não há de compreender, evidentemente, as situações, mesmo entre amigos, em que por trás do gracejo se oculta claro propósito ofensivo, maledicente; o *animus consulendi* é a intenção de aconselhar, advertir, informar, espontaneamente ou mediante solicitação, a uma pessoa amiga ou que confia no informante, sobre vícios ou defeitos de outrem; *animus corrigendi* é a intenção de repreender ou admoestar alguém sob a nossa dependência, autoridade, guarda ou vigilância, com o fim de correção de vícios, erros, más inclinações ou qualidades; o *animus narrandi* é o relato que se faz sobre alguém, relativamente a algo que se presenciou, viu ou ouviu; e o *animus defendendi* é a intenção de proteger o próprio interesse, não se confundido, porém, com a retorsão, que é o revide de uma ofensa com outra. [24]

Não basta, por conseguinte, que as palavras sejam capazes a ofender; é necessário que sejam proferidas com esse *fim*.[25]

1.5. Consumação e tentativa

Todos os crimes contra a honra são formais, pois se consumam independentemente de efetivo dano ou prejuízo à vítima ou à sua reputação social.

De acordo com a doutrina, a consumação dos crimes de calúnia e difamação dá-se quando o fato imputado chega ao conhecimento de terceiro, não bastando, para tanto, que só o ofendido saiba da ofensa que lhe é feita. O mesmo não ocorreria com a injúria, que se consumaria tão logo o fato chegasse ao conhecimento da própria vítima ou de terceiro.

Esse entendimento tem como pressuposto a já assinalada distinção entre honra objetiva e honra subjetiva: a calúnia e a difamação ofenderiam a primeira, logo, dependeriam, para consumarem-se, do conhecimento de terceiro; já a injúria atingiria a segunda e, portanto, bastaria que a própria vítima ou terceiro dela tivesse ciência.

---

24 *Comentários*, cit, p. 58.

25 Magalhães Noronha, cit., p. 122.

Nesse exato sentido, escreve Hungria: "a calúnia se consuma desde que a falsa imputação é ouvida, lida ou percebida por uma só pessoa que seja, diversa do sujeito passivo". Aliás, é curioso que mesmo Cezar Roberto Bitencourt, que combate a distinção entre honra objetiva e subjetiva, insista nesse aspecto:

> É indispensável que a imputação chegue ao conhecimento de outra pessoa que não o ofendido, pois é a reputação de que o imputado goza na comunidade que deve ser lesada, e essa lesão somente existirá se alguém tomar conhecimento da imputação desonrosa. Com efeito, a reputação de alguém não é atingida e especialmente comprometida por fatos que sejam conhecidos somente por quem se diz ofendido. A opinião pessoal do ofendido, a sua valoração exclusiva, é insuficiente para caracterizar ao crime de difamação, pois, a exemplo da calúnia, não é o aspecto interno da honra que é lesado pelo crime.[26]

Não estamos de acordo com isso, porque, conforme vimos, a mencionada distinção entre honra objetiva e subjetiva é inconsistente.

Primeiro, porque, para fim de proteção da honra, o que importa, em princípio, não é o que um grupo de pessoas pensa do indivíduo ofendido, que, embora importante, é secundário, nem a verossimilhança e lesividade da ofensa que lhe é feita, mas o juízo que a própria vítima faz de si mesmo e como reage à imputação desonrosa que recai sobre ele.

Como observa Tomás S. Vives Antón e outros:

> Assentada a ideia de que a honra interna, como dignidade da pessoa, é o fator determinante da proteção jurídica, desencadeia o que García-Pablos denominou um *processo de socialização* do conceito de honra. A honra é assim reconhecida a toda pessoa pelo só fato de ser pessoa e se desliga, por força do princípio da igualidade, das concepções aristocráticas, plutocráticas ou meritocráticas. As peculiaridades representadas pela linhagem, posição social e econômica ou os méritos perderam a importância que tiveram no passado. O direito à honra, tal como o configura a Constituição, corresponde a todos e há de ter, por conseguinte, um conteúdo geral.[27]

Segundo, porque, se a consumação é a realização integral dos elementos do tipo (CP, art. 14, I), pouco importa, para tanto, se o crime, seja ele qual for, chegou ou não ao conhecimento de terceiro. E mais: somos todos perfeitamente caluniáveis, difamáveis e injuriáveis independentemente dessa circunstância.

E, do ponto de vista de quem sofre a desonra, é de todo irrelevante a classificação jurídico-penal dada aos fatos, que constitui uma questão técnica de somenos importância. Aliás, nem sempre é fácil distinguir, no caso concreto, um delito de outro, sobretudo a difamação da injúria.

Finalmente, se é possível a consumação do delito mesmo quando a vítima ignore eventualmente a ofensa que lhe é feita, não se compreenderia porque a consumação

26 *Tratado*, cit., p. 304.

27 Cit., p. 337.

não ocorresse quando a própria vítima tivesse direto e pessoal conhecimento do ato desonroso.

A publicidade do fato desonroso não é, pois, um elemento essencial, mas acidental dos crimes contra a honra.

Finalmente, se tais delitos são formais, conforme é corrente na doutrina, que, por isso, consumam-se independentemente de efetivo dano à honra, carece de fundamento, também por isso, semelhante exigência.

Consequentemente, a consumação da calúnia e da difamação não pode ficar condicionada ao conhecimento do fato por terceiro. Basta, com efeito, que a própria vítima ou qualquer outra pessoa tenha ciência da ofensa sofrida para que o delito se realize plenamente.

Nesse exato sentido, escreve, aliás, Francisco Muñoz Conde, a propósito dos crimes de injúria e calúnia previstos no Código Penal espanhol (arts. 208, 1 e 205):

> Para a sua consumação, a injúria tem que chegar ao conhecimento do injuriado; cabe, portanto, a tentativa, sobretudo nas injúrias por escrito. Se se considera, ao contrário, que não faz falta esse conhecimento, o delito se consuma com a mera exteriorização da injúria, sendo suficiente que haja chegado aos ouvidos dos demais, ainda que não sabia ainda o injuriado. Creio preferível a primeira opinião. O delito se consuma, em princípio, quando a injúria chega a ser conhecida pelo injuriado.[28]

Quanto à calúnia, que o autor considera uma forma agravada de injúria, a consumação se daria exatamente do mesmo modo.[29]

Em suma: para nós, a calúnia, a difamação e a injúria consumam-se exatamente da mesma forma: quando qualquer pessoa, o ofendido, inclusive, toma conhecimento do ato ofensivo ou desonroso. Assim, por exemplo, quem envia *e-mails* ou mensagens por *Whatsapp* a outrem, imputando-lhe fatos caluniosos, difamatórios ou injuriosos, caluniando-o, difamando-o ou injuriando-o gravemente, consuma tais delitos tão logo cheguem ao conhecimento da própria vítima ou de terceiro.

A tentativa é possível, mas dificilmente assumirá relevância jurídico-penal.

Não o é, porém, quando se tratar de calúnia, difamação ou injúria na forma verbal, porque ou as palavras ofensivas são proferidas, e o delito estará consumado, ou tal não ocorre, e crime alguma haverá.

A lição de Carrara permanece atualíssima no particular:

> Na injúria verbal não é possível cogitar de tentativa porque é impossível imaginar um começo de execução anterior à consumação e que subsista sem ela, requisito que é comum a todos os delitos cometidos por meio da palavra, pois, ou são proferidas as palavras injuriosas e o delito estará consumado, ou ainda não o foram e então não há tentativa punível, quer dizer, porque ainda não foi exteriorizada a

28 *Programa de derecho penal*, cit., p. 302.

29 Idem, p. 307.

intenção por meio de um ato executivo adequado, já que o agente se deteve por sua própria vontade.[30]

1.6. Concurso de crimes

O concurso de crimes (formal, material e continuidade delitiva) é perfeitamente possível, especialmente se se tratar de ofensas diversas proferidas em contextos distintos.

Com efeito, o STJ já decidiu pela possibilidade de imputação concomitante da prática dos crimes de calúnia, de difamação e de injúria ao agente que divulga em uma única carta dizeres aptos a configurar os referidos delitos, sobretudo no caso em que os trechos utilizados para caracterizar o crime de calúnia forem diversos dos empregados para demonstrar a prática do crime de difamação[31].

Apesar disso, como regra, quando se cuidar de ofensa proferida num único contexto, incidirá o princípio da consunção, segundo o qual a infração penal mais ampla absorverá a menos ampla, desde que constitua fase, parte, meio de execução ou simples desdobramento do tipo mais grave. Assim, por exemplo, quem, depois de injuriar outrem, chamando-o de "ladrão", refere furtos por ele supostamente praticados, responde por calúnia, exclusivamente.

Se se tratar de atos desonrosos subsumíveis em tipos previstos em leis penais especiais (Código Eleitoral etc.), estes prevalecerão sobre o Código Penal, em virtude do princípio da especialidade.

Nesse assunto – conflito aparente de tipos penais – não é possível, porém, avançar muito, pois tantas são as variáveis envolvidas que a solução definitiva quase sempre dependerá de como o caso concreto se apresentará.

1.7. Ofensas equívocas

Quando se tratar de ofensas equívocas ou ambíguas, seja quanto à forma, seja quanto ao conteúdo, seja quanto ao destinatário, o suposto ofendido poderá pedir explicações em juízo, a fim de que o respectivo autor as esclareça, conforme prevê o art. 144 do CP:

> Se de referências, alusões ou frases, se infere calúnia, difamação ou injúria, quem se julga ofendido pode pedir explicações em juízo. Aquele que se recusa a dá-las ou, a critério do juiz, não as dá satisfatórias, responde pela ofensa.

1.8. Ação Penal

Como regra, a ação penal é privada, isto é, de iniciativa exclusiva do ofendido ou seu representante legal, devendo a *queixa* ser intentada no prazo máximo de 06 (seis)

---

30 *Derecho Penal*, Parte Especial, v. 5, p. 193-194. Bogotá: Temis, 1973.

31 Conforme Informativo de Jurisprudência nº 557/STJ. Disponível em: https://ww2.stj.jus.br/jurisprudencia/externo/informativo/?acao=pesquisarumaedicao&livre=@cod=%270557%27.

meses, a contar do cometimento do fato e sua respectiva autoria, sob pena de decadência (CP, art. 103).

A ação penal será, porém, de iniciativa pública condicionada à representação do ofendido ou requisição do Ministro da Justiça, competindo ao Ministério Público oferecer *denúncia*, nas hipóteses que veremos mais tarde.

Se se tratar de crime contra a honra de servidor público em razão de suas funções, a legitimidade para propor a ação é concorrente, conforme dispõe a Súmula 714 do STF:

> Legitimidade Concorrente – Ação Penal por Crime Contra a Honra de Servidor Público – Exercício de Suas Funções.
>
> É concorrente a legitimidade do ofendido, mediante queixa, e do Ministério Público, condicionada à representação do ofendido, para a ação penal por crime contra a honra de servidor público em razão do exercício de suas funções.

1.9. Retratação

O art. 143 do Código admite a possibilidade de retratação antes da sentença, relativamente à calúnia e à difamação, isentando de pena o agente que se retrata. Não é admitida, contudo, para a injúria, embora fosse possível e politicamente recomendável.

A retratação consiste em reconhecer a improcedência da imputação do fato desonroso e desdizê-la, isto é, retirar o que foi dito e assim inocentar o ofendido. A retratação importa, portanto, numa confissão e arrependimento. Não é, pois, negar o fato desonroso imputado, tampouco a sua autoria.

É de ver que, conforme o parágrafo único do mencionado dispositivo, nos casos em que o querelado tenha praticado a calúnia ou a difamação utilizando-se de meios de comunicação, a retratação dar-se-á pelos mesmos meios em que se praticou a ofensa, se assim desejar o ofendido.

1.10. Causas de aumento de pena

De acordo com o art. 141 do CP, as penas são aumentadas de um terço quando se tratar de crime praticado contra:

> a) Presidente da República ou chefe de governo estrangeiro;
>
> b) funcionário público, em razão de suas funções;
>
> c) na presença de várias pessoas, ou por meio que facilite a divulgação da calúnia, da difamação ou da injúria;
>
> d) contra pessoa maior de 60 (sessenta) anos ou portadora de deficiência, exceto no caso de injúria.

No caso de crimes contra a honra em presença de várias pessoas, são necessários vários indivíduos capazes de perceberem, ouvirem ou entenderem a ofensa, razão pela qual não pode ser considerada, para tanto, quem, por qualquer razão, não tinha como dela se aperceber ou inteirar-se.

Quanto ao meio que facilite a divulgação (*e-mail*, redes sociais etc.), não é necessária prova da efetiva divulgação: basta que seja facilitada pelo instrumento concretamente empregado[32].

No caso de crime contra idoso ou portador de deficiência física ou mental, a incidência da causa de aumento exige que o agente conheça essa circunstância, em conformidade com o princípio da pessoalidade da pena. A lei não permite o aumento para o delito de injúria.

Já vimos que a conduta poderá eventualmente configurar o crime do art. 96, § 1º, da Lei nº 10.741/2003 (Estatuto do Idoso), que tipifica a ação de "desdenhar, humilhar, menosprezar ou discriminar pessoa idosa, por qualquer motivo".

Nos termos do §1º, se o crime for cometido mediante paga ou promessa de recompensa, aplica-se a pena em dobro. Ressalta-se que a Lei nº 13.964/2019 não gerou alteração de redação, modificando, tão somente, a unidade básica de articulação de parágrafo único para §1º.

1.11. Liberdade de expressão e a publicação de biografias - breve comentário sobre a ADI nº 4.815

Em junho de 2015, por unanimidade, o Plenário do STF julgou procedente a Ação Direta de Inconstitucionalidade - ADI nº 4.815 e declarou inexigível a autorização prévia para a publicação de biografias. A decisão deu interpretação conforme a Constituição Federal aos arts. 20 e 21 do Código Civil, em consonância com os direitos fundamentais à liberdade de expressão da atividade intelectual, artística, científica e de comunicação, independentemente de censura ou licença de pessoa biografada, relativamente a obras biográficas literárias ou audiovisuais (ou de seus familiares, em caso de pessoas falecidas)[33].

Reafirmou-se o direito à inviolabilidade da intimidade, da privacidade, da honra e da imagem da pessoa, nos termos do art. 5º, X, da CF. A Corte ressaltou, ainda, que os direitos do biografado não ficam desprotegidos, pois, em caso de uso abusivo da liberdade de expressão, a ordem jurídica brasileira garante tanto a reparação na esfera criminal (devido, principalmente, aos delitos de calúnia, injúria e difamação, tipificados no Código Penal), quando em sede cível, mediante indenização pelo dano material e moral decorrente da violação.

Logo, e no que nos importa, é plenamente cabível a responsabilização penal, por meio da ação penal pertinente, quando a publicação de biografia gerar ofensa à honra do biografado ou de terceiro desde que haja, é claro, o dolo de caluniar, difamar ou injuriar, isto é, a consciência e vontade de ofender a honra alheia.

32 Nesse sentido, Hungria, cit., p. 115.

33 STF. Ação Direta de Inconstitucionalidade nº 4815/DF. Relatora Ministra Carmen Lúcia. DJe: 29/01/2016. Disponível em: http://portal.stf.jus.br/processos/detalhe.asp?incidente=4271057.

1.12. Liberdade de expressão política e honra

É possível que, a pretexto de exercer a liberdade de pensamento e expressão, o agente se exceda e cometa crime contra a honra (calúnia, difamação ou injúria).

Mas, considerando a motivação, fins e contexto políticos em que as ofensas forem proferidas, aliada à crescente perda de credibilidade dos políticos brasileiros, por conta de sucessivas operações policiais, prisões, delações, condenações, investigações e processos criminais envolvendo figuras de todos os partidos políticos, a demonstrar a estrutural corrupção do sistema, é legítimo, justo e razoável tolerar-se, ao menos do ponto de vista penal, certas declarações ofensivas.

Com efeito, na vigência de princípios e regras democráticas de direito, a liberdade de expressão e de manifestação do pensamento deve ser a mais ampla possível, especialmente quando diga respeito a figuras públicas ou célebres, só podendo ser cerceada, e mais ainda, criminalizada, quando se tratar de ofensas manifestamente gratuitas, desleais ou falsas. Assim, por exemplo, se feitas em circunstâncias que nenhuma relação tenham com o exercício da atividade política.

Justo por isso, quão mais corrupto é o sistema político, tanto mais criticável ele é, razão pela qual maior será a liberdade de crítica dos partidos políticos e de seus agentes, especialmente quando envolvidos em episódios de corrupção, investigados, processados ou condenados criminalmente.

Ademais, a melhor e mais eficaz forma de proteção da honra e reputação da classe política, além do uso dos próprios meios de comunicação, é agir e fazer política honradamente, ao invés de ocupar os tribunais com questões de lana-caprina.

Mas, mesmo quando a liberdade de expressão for passível de justificada relativização, a intervenção penal, como último recurso do sistema de controle social, só deve ser admitida quando forem insuficientes as demais instâncias formais (civil etc.). O direito penal é, pois, a *ultima ratio*, não a *prima ratio*, de prevenção e repressão da criminalidade.

Em semelhante contexto, é de conceder-se, portanto, notadamente em relação a agentes e partidos políticos, o mais amplo direito de crítica. Afinal, como assinala Berdugo Gómez De La Torre, a perspectiva adotada a partir de precedentes da Suprema Corte Americana e o Tribunal Constitucional Alemão[34], é no sentido de que a liberdade de expressão há de preponderar sobre o direito à honra, por se entender que a discussão pública democrática deve carecer de impedimentos, ser robusta e amplamente aberta, podendo-se, por isso, formular-se, justamente, críticas duras ao governo e aos governantes, para que se cumpram os fins próprios de uma sociedade democrática.

Também por isso, o direito à intimidade há de oferecer maior proteção aos cidadãos comuns do que aos homens públicos ou pessoas célebres, em virtude de estes

34 Honor y libertad de expresión. Madrid: Tecnos, 1987, p. 109.

voluntariamente se exporem ao público, tendo de abdicar, em parte, da intimidade como preço da fama ou prestígio obtidos[35].

Assim, é de tolerar-se, ao menos no âmbito jurídico-penal, e sem que caracterizem crime contra a honra, certos termos ofensivos à honra.

Por fim, falta de educação, deselegância ou grosseria não é crime.

2. CALÚNIA

⊙ **Calúnia**

Art. 138 – Caluniar alguém, imputando-lhe falsamente fato definido como crime:

Pena – detenção, de seis meses a dois anos, e multa.

§ 1º – Na mesma pena incorre quem, sabendo falsa a imputação, a propala ou divulga.

§ 2º – É punível a calúnia contra os mortos.

⊙ **Exceção da verdade**

§ 3º – Admite-se a prova da verdade, salvo:

I – se, constituindo o fato imputado crime de ação privada, o ofendido não foi condenado por sentença irrecorrível;

II – se o fato é imputado a qualquer das pessoas indicadas no nº I do art. 141;

III – se do crime imputado, embora de ação pública, o ofendido foi absolvido por sentença irrecorrível.

2.1. Elementos constitutivos da calúnia

Remissão à *teoria geral.*

A calúnia é a imputação falsa de fato desonroso, constitutivo de crime.

O crime de calúnia requer, pois, para sua configuração: a) imputação de fato criminoso; b) falsidade da imputação; c) dolo.

Inicialmente, trata-se da atribuição de um *fato determinado*, isto é, minimamente circunstanciado, e não de simples qualidades ou atributos negativos, como ocorre na injúria. Mas isso não quer dizer que o agente deva fazer uma descrição pormenorizada do crime atribuído. Ou seja, a imputação não precisa, obviamente, ter conteúdo de uma *denúncia*, *queixa* ou *relatório* policial.

Basta, com efeito, que o seu autor refira uma conduta prevista em lei como crime, com um mínimo de precisão, atribuindo-lhe a respectiva autoria.

De acordo com Hungria, a determinação do fato imputado diz com a própria noção de calúnia, cuja especial gravidade está precisamente em que, com a menção de fatos, torna-se mais facilmente crível a imputação.[36]

35 Edilson Pereira de Farias. *Colisão de direitos*. Porto Alegre: Sérgio Fabris, 2000, p. 194.

36 *Comentários*, cit., p. 65.

Exige-se, ainda, que o fato imputado constitua *crime*, e não simples contravenção, ilícito civil ou conduta imoral apenas, razão pela qual, se lhe faltar o caráter criminoso, a calúnia não se caracterizará, podendo ocorrer delito diverso contra a honra – difamação, possivelmente.

Ademais, só há calúnia se a imputação for *falsa*, quer porque o fato jamais ocorreu, quer porque o autor não é o imputado, quer porque o fato se deu de forma absolutamente diversa do que pretende o caluniador.

Assim, por exemplo, se a imputação for em parte verdadeira e em parte falsa constituirá crime na parte em que é sabidamente mendaz (*v.g.*, dizer que alguém estuprou e matou, quando, em verdade, só houve estupro).

Justamente por isso, se a imputação for verdadeira, a calúnia não se caracterizará, configurando fato atípico, exceto se se tratar da hipótese do § 3º, que se comentará mais tarde. Enfim, a imputação de fato verdadeira pode, em caráter excepcional, configurar calúnia, ao menos conforme a doutrina majoritária.

Por força do princípio da presunção de inocência, segundo o qual ninguém será considerado culpado até o trânsito em julgado de sentença penal condenatória (CF, art. 5º, LVII[37]), a falsidade da imputação é presumida, cabendo, por isso, ao caluniador fazer prova em sentido contrário, isto é, demonstrar a veracidade de seu relato.

O dolo, como conhecimento e vontade de realização do tipo, pressupõe que o autor saiba (dolo direto) que a imputação é falsa ou que o é possivelmente (dolo eventual). Pressupõe, por conseguinte, consciência e vontade de ofender a honra alheia (reputação, dignidade ou decoro). Exige-se, enfim, *animus caluniandi.*

Hungria tem que "não é socialmente perigoso e deve ser posto à margem da punição o indivíduo que difama ou injuria outro na exaltação de um nobre objetivo, ou pelo seu amor à causa pública".[38]

Não há calúnia, por ausência de dolo, se o agente atuar de boa-fé, acreditando piamente na versão que lhe foi dada por outrem, pessoa física ou órgão de imprensa, ou simplesmente julgar veraz ou verossímil a imputação feita.

No caso de propalação ou divulgação de calúnia formulada por outrem (de que trata o § 1º), exige-se, porém, dolo direto, imperiosamente, em virtude da expressão "sabendo falsa a imputação" prevista no tipo. Consequentemente, se o agente tiver dúvida quanto à veracidade da imputação (dolo eventual), o fato não configurará essa modalidade de crime.

Não existe previsão legal de culpa.

37 Ninguém será considerado culpado até o trânsito em julgado de sentença penal condenatória.

38 *Comentários*, p. 54.

Em tese, qualquer pessoa física pode ser vítima de calúnia. Mas o assunto é dos mais controvertidos. Magalhães Noronha, por exemplo, tem que inimputáveis não podem cometer crime; logo, não podem sofrer imputação caluniosa.[39]

Ocorre, porém, que a lei fala de atribuição de "fato definido como crime", que não se confunde com "prática de crime", pouco importando, portanto, se quem o supostamente praticou é imputável ou não. O que de fato se exige é a tipicidade formal da conduta. Nada mais.

Ademais, a honra, como dimensão da personalidade ou da dignidade humana, é inerente a todos os indivíduos, não constituindo exclusividade de pessoas penalmente responsáveis. E mais: se a lei protege, inclusive, o nome e memória dos mortos, não se compreenderia que não tutelasse a dignidade e honra dos vivos, a pretexto de serem inimputáveis. Também aqui, aliás, não raro os parentes (pais etc.) são diretamente atingidos pela ofensa.

Com efeito, em tempos em que se condena solenemente o *bullying* e se conhecem suas nefastas consequências psicológicas, não se compreenderia que o vilipêndio à honra, que constitui uma de suas possíveis formas, ficasse impune, sem mais. Também por isso, parece-nos irrelevante, em princípio, condicionar a proteção da honra de incapazes à percepção imediata por eles da grave ofensa de que de são vítimas, sobretudo se tal ocorre ostensiva e repetidamente.

Por último, negar, absolutamente, tutela à honra de inimputáveis implicaria violação ao princípio da igualdade e ao princípio proibitivo de proteção deficiente (proporcionalidade). Criar-se-ia, ademais, uma espécie de *homo sacer,* isto é, pessoa destituída de direitos civis, hipótese de todo incompatível com o Estado Constitucional de Direito, que tem a dignidade humana como um de seus fundamentos essenciais.

Heleno Cláudio Fragoso tem razão, portanto, quando assinala[40]:

> Rejeitamos a distinção entre honra objetiva e honra subjetiva. Sujeito passivo dos crimes contra a honra é toda pessoa física, inclusive a criança e o inimputável, porque como pessoas humanas devem ser respeitadas na esfera social e moral, tendo a pretensão ao respeito inerente à personalidade humana, ainda que disto não tenham consciência.

Já vimos que também a pessoa jurídica é passível de calúnia, embora o tema seja dos mais controvertidos.

Finamente, responde por calúnia quem, sabendo falsa a imputação, propala-a ou a divulga. Significa, então, que, além do próprio caluniador, isto é, aquele que originariamente a praticou, responde penalmente quem maliciosamente se encarrega de disseminá-la, dando-lhe publicidade. Mas, diferentemente da calúnia propriamente dita, aqui o crime só é possível a título de dolo direto, conforme vimos.

---

39 *Direito Penal*, Parte Especial, cit., p. 171.

40 *Lições*, cit., p. 132.

Propalar e divulgar são, a rigor, expressões sinônimas, visto que, de acordo com o dicionário Houaiss, *propalar* é tornar público, espalhar, reiterar; e *divulgar* é publicar, propagar, alastrar etc.[41] Mas a doutrina tenta diferençá-los, sem muito sucesso.

2.2. Crimes análogos à calúnia

A calúnia não se confunde com a *denunciação caluniosa* de que trata o artigo 339 do CP:

> **Art. 339.** Dar causa à instauração de investigação policial, de processo judicial, instauração de investigação administrativa, inquérito civil ou ação de improbidade administrativa contra alguém, imputando-lhe crime de que o sabe inocente:
>
> Pena – reclusão, de dois a oito anos, e multa.
>
> § 1º – A pena é aumentada de sexta parte, se o agente se serve de anonimato ou de nome suposto.
>
> § 2º – A pena é diminuída de metade, se a imputação é de prática de contravenção.

É que a calúnia consiste na simples imputação falsa, de fato, constitutivo de crime, enquanto a denunciação caluniosa, que atenta contra a administração da justiça, é delito mais grave, que exige que o autor vá além disso e faça instaurar investigação policial, processo judicial (etc.) contra alguém, imputando-lhe infração penal (crime ou contravenção) de que o sabe inocente.

Rigorosamente, a denunciação caluniosa já compreende a calúnia em sua descrição típica, razão pela qual a absorve no caso de conflito aparente de normas (princípio da consunção).

Na hipótese de o agente atribuir-se, falsamente, a prática de crime, incidirá nas penas do art. 341 do CP, que dispõe:

> Acusar-se, perante a autoridade, de crime inexistente ou praticado por outrem:
>
> Pena – detenção, de três meses a dois anos, ou multa.

O fato poderá constituir, ainda, desacato (CP, art. 331), quando a ofensa for proferida contra funcionário público no exercício da função ou em razão dela.

De acordo com Hungria, se a ofensa é infligida, oralmente ou por atos, na presença do funcionário, o fato deixa de ser forma qualificada de crime contra a honra, para configura o crime de desacato, que, aliás, se apresenta ainda quando a ofensa não se refira ao exercício da função, uma vez que atinja o funcionário *in officio*, isto é, durante a sua específica atuação funcional.[42]

Por último, e conforme vimos, também os mortos são caluniáveis. Não são, todavia, difamáveis nem injuriáveis.

---

41 Rio de Janeiro Editora objetiva, 2001.

42 *Comentários*, cit., p. 112.

2.3. Exceção da verdade

Visto que a falsidade da imputação é elemento constitutivo da calúnia, sem a qual o tipo não se perfaz, o suposto caluniador poderá arguir, em sua defesa, a exceção da verdade, isto é, que atribuiu fato verdadeiro. Afinal, uma vez provada a veracidade da imputação, excluir-se-á a própria tipicidade da alegada calúnia.

A exceção da verdade visa, pois, a garantir: a) o direito ao contraditório e à ampla defesa; b) a liberdade de expressão; c) o princípio da presunção de inocência; d) a eventual apuração do crime imputado pelo suposto caluniador.

Apesar disso, é vedado ao pretenso caluniador valer-se da exceção nos seguintes casos (CP, art. 138, § 3º):

> I – se, constituindo o fato imputado crime de ação privada, o ofendido não foi condenado por sentença irrecorrível;
>
> II – se o fato é imputado a qualquer das pessoas indicadas no nº I do art. 141 (Presidente da República, chefe de governo estrangeiro e funcionário público em razão de suas funções);
>
> III – se do crime imputado, embora de ação pública, o ofendido foi absolvido por sentença irrecorrível.

Temos, porém, que os incisos I e II não foram *recepcionados* pela Constituição de 1988, por afrontarem, em especial, o direito ao contraditório e à ampla defesa e, pois, possibilitarem a condenação de pessoa inocente e por fato que, a rigor, não configura crime algum.[43]

Nesse exato sentido, escreve Rogério Greco:

> Apesar da autoridade dos mencionados autores (referindo-se a Hungria e Luiz Regis Prado), bem como da força dos raciocínios por eles expendidos, ousamos discordar da posição a que chegaram, uma vez que, analisando o fato sob o enfoque garantista, não seria razoável permitir a condenação de alguém que está sendo processado por ter, supostamente, praticado o crime de calúnia, imputando a outrem um fato *verdadeiro* definido como crime, não importando se a ação é ou não de iniciativa privada propriamente dita ou mesmo personalíssima.[44]

Também Juarez Tavares tem por revogado o inciso II, exclusivamente:

> No que toca à qualificação do ofendido, como Presidente da República ou chefe de governo estrangeiro, a restrição não tem fundamento é incompatível com a Constituição, porque não envolve a estabilidade da ordem jurídica, mas exclusivamente interesse político de preservação da confiança nos governantes. Não obsta à declaração de incompatibilidade dessa restrição com a Constituição a regra prevista nela mesma (art. 86, § 4º), no sentido de que "o Presidente da República, na

43 No mesmo sentido, Vicente Greco Filho, ao consignar, relativamente à vedação da exceção contra Presidente da República e chefe de Governo Estrangeiro, que "entendemos que aquelas restrições foram revogadas pela Constituição de 1988, tendo em vista a plenitude do regime democrático, no qual a verdade não admite restrição à sua emergência, qualquer que seja a autoridade envolvida". *Manual de Processo Penal*. São Paulo: Saraiva, 2010, p. 419. De modo similar, Rogério Greco, *Direito Penal*, parte especial, v. II. Niterói: 2012.

44 *Direito Penal*, Parte Especial, v. 2, p. 415. Em sentido contrário, Juarez Tavares, cit., p. 110.

vigência de seu mandato, não pode ser responsabilizado por atos estranhos ao exercício de suas funções". A circunstância de o Presidente da República não poder ser processado, durante o mandato, por fatos comuns ou praticados anteriormente, não pode impedir o exercício da ampla defesa e do contraditório, como direitos fundamentais do cidadão. É que a prova da verdade não implica, diretamente, o reconhecimento de culpa do ofendido, mas apenas que o fato que lhe é imputado é verdadeiro.[45]

Assim, a fim de compatibilizar o Código com a nova ordem constitucional, ou o juiz admite a exceção da verdade ou permite que o agente faça prova em sentido contrário pelos meios ordinários. Porque, com efeito, além de ofensa às garantias já mencionadas, a vedação legal da exceção da verdade em caráter absoluto implicaria violação ao princípio da isonomia, especialmente no caso de atribuição de crime ao Presidente da República e a chefe de governo estrangeiro.

Cezar Roberto Bitencourt considera, aliás, que o que a lei veda é a exceção da verdade, mas não o uso dos meios de prova hábeis a demonstrar a veracidade da imputação. Diz textualmente:

> A lei não diz, em lugar algum, que é *calúnia* imputar ao presidente da República fato verdadeiro definido como crime. Diz, apenas, que quem o fizer não poderá dispor do instituto da exceção da verdade. Só isso! Terá de defender-se normalmente, como nos crimes comuns. Aliás, a *falsidade* da imputação e seu corolário natural da *exceptio veritatis* são conceitos que remontam à antiguidade, pois Grécia e Roma já os valorizam adequadamente.

Quanto à vedação do inciso III, cuida-se, como escreve Hungria, de "uma ilação necessária do cânon jurídico segundo o qual *res judicata pro veritate habetur.* Desde que o ofendido já foi absolvido do crime imputado, por decisão irrecorrível, a falsidade da acusação se presume *juris et de jure.* Se a sentença criminal absolutória, uma vez passada em julgado, não pode ser revista, ainda que surjam novas provas, não se pode admitir que a qualquer pessoa seja dado provar contra a *res judicata.*"[46]

Finalmente, é possível nos mesmos casos mencionados alegar-se exceção de notoriedade, nos termos do art. 523 do CPP, que dispõe:

> Quando for oferecida a exceção da verdade ou da notoriedade do fato imputado, o querelante poderá contestar a exceção no prazo de dois dias, podendo ser inquiridas as testemunhas arroladas na queixa, ou outras indicadas naquele prazo, em substituição às primeiras, ou para completar o máximo legal.

2.3.1. *Exceção da verdade e o foro por prerrogativa de função*

Normalmente, o fato de a vítima de um crime deter prerrogativa de função é irrelevante para efeito de determinação da competência.

No entanto, em um processo por crime de calúnia, pode ocorrer de o réu alegar exceção da verdade a fim de provar que o suposto ofendido (v.g., juiz de direito)

---

45 *Anotações aos crimes sobre a honra*, cit., p. 110.

46 *Comentários*, p. 83.

praticou crime (v.g., corrupção). Nesse caso, se a exceção for julgada procedente, o ofendido terá praticado delito e responderá perante o tribunal competente. Como o juízo de primeiro grau não tem competência para julgar crime praticado por autoridade com prerrogativa de função, tampouco poderá decidir a exceção da verdade.

Justo por isso, se, em crime de calúnia, houver exceção da verdade contra a autoridade com foro especial que possivelmente cometeu crime (suposto ofendido), os autos serão remetidos ao tribunal competente para decidir a esse respeito (CPP, art. 85). Com efeito, o juízo de admissibilidade da exceção é feito pelo juiz de primeiro grau.

Se o tribunal acolher a exceção da verdade, julgará improcedente a queixa ou denúncia e remeterá cópia do processo ao Ministério Público para adoção das providências cabíveis. Caso contrário, devolverá os autos ao juízo de primeiro grau para julgar o processo.

Apesar de o art. 85 do CPP falar de "querelante", o incidente de que trata poderá também ocorrer em caso de denúncia, já que a ação penal por calúnia contra servidor púbico no exercício de suas funções pode ser instaurada por denúncia ou por queixa (Súmula 714 do STF).

Com a recente orientação do STF na Ação Penal n° 937/RJ[47], limitando a sua competência, em relação a deputados federais e senadores, aos delitos praticados durante o mandato e relacionados ao seu exercício, o art. 85 do CPP só incidirá quando se tratar de imputação de calúnia relativa ao exercício do mandato ou da função pública. Portanto, se, por exemplo, houver imputação de crime a um parlamentar federal sem relação alguma com o exercício do mandato, o STF não será competente para julgar a ação penal; e quem não tem competência para julgar o processo principal, tampouco terá para o acessório (exceção da verdade).

2.4. Ação penal

A ação penal é, com regra, de iniciativa privada.

Será pública condicionada à representação ou requisição do Ministro da Justiça, quando se tratar, respectivamente, de calúnia proferida:

a) contra funcionário público em razão de suas funções;

b) contra o Presidente da República ou chefe de governo estrangeiro.

47 Ação Penal n° 937/RJ, de 2018, Relator Ministro Luís Roberto Barroso. Decisão: O Tribunal, por maioria e nos termos do voto do Relator, resolveu questão de ordem no sentido de fixar as seguintes teses: "(i) O foro por prerrogativa de função aplica-se apenas aos crimes cometidos durante o exercício do cargo e relacionados às funções desempenhadas; e (ii) Após o final da instrução processual, com a publicação do despacho de intimação para apresentação de alegações finais, a competência para processar e julgar ações penais não será mais afetada em razão de o agente público vir a ocupar outro cargo ou deixar o cargo que ocupava, qualquer que seja o motivo" (...).

Já vimos que, quando se tratar de crime contra a honra de servidor público em razão de suas funções, a legitimidade para propor a ação é concorrente, conforme dispõe a Súmula 714 do STF:

> Legitimidade Concorrente – Ação Penal por Crime Contra a Honra de Servidor Público – Exercício de Suas Funções.
>
> É concorrente a legitimidade do ofendido, mediante queixa, e do Ministério Público, condicionada à representação do ofendido, para a ação penal por crime contra a honra de servidor público em razão do exercício de suas funções.

3. DIFAMAÇÃO

⊙ **Difamação**

Art. 139 – Difamar alguém, imputando-lhe fato ofensivo à sua reputação:

Pena – detenção, de três meses a um ano, e multa.

⊙ **Exceção da verdade**

Parágrafo único – A exceção da verdade somente se admite se o ofendido é funcionário público e a ofensa é relativa ao exercício de suas funções.

3.1. Elementos constitutivos da difamação

Remissão à *teoria geral.*

A difamação é a imputação de fato desonroso não constitutivo de crime.

O crime de difamação requer, pois, para sua configuração: a) imputação de fato ofensivo à reputação; b) dolo.

Inicialmente, trata-se da atribuição de um *fato determinado*, isto é, minimamente circunstanciado, e não de simples qualidades ou atributos negativos, como ocorre na injúria. Mas isso não quer dizer que o agente deva fazer uma descrição pormenorizada do fato atribuído. Ou seja, a imputação não precisa, obviamente, ter conteúdo de uma *denúncia*, *queixa* ou *relatório* policial.

Basta, com efeito, que o seu autor refira uma conduta ofensiva à reputação, com um mínimo de precisão.

Diversamente da calúnia, o fato deve ser ofensivo à reputação, mas não criminoso, pois, se o for, haverá calúnia, podendo, no entanto, constituir contravenção, ilícito civil ou conduta imoral apenas. Assim, por exemplo, atribuir a alguém o exercício da prostituição sempre que viaja para a Europa.

Para a configuração do delito, é absolutamente irrelevante, em princípio, a veracidade ou falsidade da imputação. Consequentemente, mesmo a imputação difamatória verdadeira constitui infração penal punível. Exceção a isso é difamação praticada contra funcionário público no exercício de suas funções.

O dolo, como conhecimento e vontade de realização do tipo, pressupõe que o autor saiba (dolo direto) que a imputação é ofensiva ou o é possivelmente (dolo eventual). Pressupõe, por conseguinte, consciência e vontade de ofender a honra alheia (reputação, boa fama). Exige-se, enfim, *animus difamandi.*

Conforme vimos, para Hungria, "não é socialmente perigoso e deve ser posto à margem da punição o indivíduo que difama ou injuria outro na exaltação de um nobre objetivo, ou pelo seu amor à causa pública".[48]

Não há difamação, por ausência de dolo, se o agente atuar de boa-fé ou com *animus narrandi* etc. Assim, por exemplo, a testemunha ao depor em juízo, o advogado ao peticionar etc.

No caso de propalação ou divulgação de difamação formulada por outrem, embora a lei não a preveja expressamente, há também crime punível sempre que o autor agir dolosamente, isto é, propalar ou divulgar fato difamatório de modo consciente e voluntário.

Não existe previsão legal de culpa.

Conforme vimos, qualquer *pessoa* pode ser autora e vítima de difamação, a pessoa jurídica inclusive.

3.2. Distinção entre calúnia e difamação

A distinção entre calúnia e difamação consiste no seguinte: enquanto a calúnia pressupõe que a imputação seja falsa e constitua crime definido em lei, a veracidade ou falsidade da imputação é irrelevante para fim de caraterização da difamação, de modo que existe difamação ainda que o fato desonroso seja verdadeiro. Ademais, o fato atribuído não precisa configurar crime algum. Aliás, não deve sê-lo, sob pena de configurar-se a calúnia.

3.3. Exceção da verdade

Como a veracidade da imputação é irrelevante para a configuração da difamação, não é possível, como regra, a exceção da verdade.

Com efeito, a exceção da verdade somente é admitida quando se tratar de difamação proferida contra funcionário público no exercício de suas funções, e em razão dela, hipótese em que, se o autor lograr provar a veracidade do seu relato, excluir-se-á a tipicidade. Também aqui é possível exceção de notoriedade, nos termos do art. 523 do CPP.

Visto que a lei exige, assim, dois requisitos simultâneos (ser funcionário público e nexo com o exercício funcional), segue-se que, se, quando da difamação, o difamado já tiver perdido a qualidade de servidor público, a exceção não será admitida. Afinal, funcionário público já não é mais.

48 *Comentários*, p. 54.

Caberá, porém, a *exceptio veritatis,* relativamente à difamação praticada durante o exercício funcional, e em razão dela, ainda que o suposto difamado venha a perder essa condição posteriormente à difamação que sofrera.[49]

No mais, o STJ firmou entendimento no sentido de que, nas demandas que seguem o rito dos processos de competência originária dos Tribunais Superiores, previsto na Lei nº 8.038/1990, é tempestiva a exceção da verdade apresentada no prazo da defesa prévia (art. 8º da referida Lei), ainda que o acusado tenha apresentado defesa preliminar (art. 4º do mesmo diploma)[50]:

> PENAL E PROCESSO PENAL. HABEAS CORPUS. 1. IMPETRAÇÃO SUBSTITUTIVA DO RECURSO PRÓPRIO. NÃO CABIMENTO. 2. CRIMES DE CALÚNIA E DIFAMAÇÃO CONTRA FUNCIONÁRIO PÚBLICO. EXCEÇÃO DA VERDADE. INSTRUMENTO REJEITADO POR INTEMPESTIVIDADE. AÇÃO PENAL ORIGINÁRIA. RITO DA LEI N. 8.038/1990. EXCEÇÃO APRESENTADA NA DATA DO INTERROGATÓRIO. PRAZO PARA APRESENTAÇÃO DA DEFESA PRÉVIA. ART. 8º DA LEI N. 8.038/1990. PRIMEIRA MANIFESTAÇÃO DA DEFESA NOS AUTOS. 3. INSTITUTO COM NATUREZA DE AÇÃO DECLARATÓRIA INCIDENTAL. PREVISÃO DE INSTRUÇÃO PROCESSUAL. ART. 523 DO CPP. IMPRESCINDIBILIDADE DA PRÉVIA INSTAURAÇÃO DA AÇÃO PENAL. INVIABILIDADE DE APRESENTAR REFERIDA DEFESA PROCESSUAL ANTES DO RECEBIMENTO DA DENÚNCIA. EXCEÇÃO DA VERDADE TEMPESTIVA. CONSTRANGIMENTO ILEGAL EVIDENCIADO. 4. PEDIDO DE SUSTENTAÇÃO ORAL NO JULGAMENTO DE EXCEÇÃO DA VERDADE. PLEITO SEM PREVISÃO NA LEI OU NO REGIMENTO INTERNO DO TJMG OU DO STF. AUSÊNCIA DE ILEGALIDADE. 5. HABEAS CORPUS NÃO CONHECIDO. ORDEM CONCEDIDA DE OFÍCIO, APENAS PARA RECONHECER A TEMPESTIVIDADE DA EXCEÇÃO DA VERDADE. (...) 2. A exceção da verdade é meio processual de defesa, é instituto de defesa indireta do réu, podendo ser apresentada nos processos em que se apuram crimes de calúnia e de difamação, quando praticado em detrimento de funcionário público no exercício de suas funções. Tem-se entendido que referido instituto defensivo deve ser apresentado na primeira oportunidade em que a defesa se manifestar nos autos. No entanto, o rito dos processos que tramitam em tribunais superiores prevê a apresentação de defesa preliminar antes mesmo do recebimento da denúncia, no prazo de 15 (quinze) dias, conforme dispõe o art. 4º da Lei n. 8.038/1990. Prevê, ademais, após o recebimento da denúncia, o prazo de 5 (cinco) dias para a defesa prévia, contado do interrogatório ou da intimação do defensor dativo, nos termos do art. 8º da referida Lei. 3. Um exame superficial poderia levar a crer que a primeira oportunidade para a defesa se manifestar nos autos, de fato, é no prazo de 15 (quinze) dias, antes mesmo do recebimento da denúncia. Contudo, sem o recebimento da inicial acusatória, nem ao menos é possível processar a exceção da verdade, que tramita simultaneamente com a ação penal, devendo ser resolvida antes da sentença de mérito. Outrossim, diante da natureza jurídica do instituto, que é verdadeira ação declaratória incidental, tem-se como pressuposto lógico a prévia instauração da ação penal. Assim, conclui-se que o prazo para apresentação da exceção da verdade, independentemente do rito procedimental adotado, deve ser o primeiro momento para a defesa se manifestar nos autos, após o efetivo início da ação penal, o que de fato ocorreu no presente caso. (...)

49 No mesmo sentido, Cezar Roberto Bitencourt, *Tratado*, cit., p. 397.

50 HC 202.548/MG, Quinta Turma, Relator Ministro Reynaldo Soares da Fonseca, *DJe* 01/12/2015.

3.4. Ação penal

A ação penal é, com regra, de iniciativa privada.

Será pública condicionada à representação ou requisição do Ministro da Justiça, quando se tratar, respectivamente, de difamação proferida: a) contra funcionário público em razão de suas funções; b) contra o Presidente da República ou chefe de governo estrangeiro.

4. INJÚRIA

⊙ **Injúria**

Art. 140 – Injuriar alguém, ofendendo-lhe a dignidade ou o decoro:

Pena – detenção, de um a seis meses, ou multa.

§ 1º – O juiz pode deixar de aplicar a pena:

I – quando o ofendido, de forma reprovável, provocou diretamente a injúria;

II – no caso de retorsão imediata, que consista em outra injúria.

§ 2º – Se a injúria consiste em violência ou vias de fato, que, por sua natureza ou pelo meio empregado, se considerem aviltantes:

Pena – detenção, de três meses a um ano, e multa, além da pena correspondente à violência.

§ 3º Se a injúria consiste na utilização de elementos referentes a raça, cor, etnia, religião, origem ou a condição de pessoa idosa ou portadora de deficiência: (Redação dada pela Lei nº 10.741, de 2003)

Pena – reclusão de um a três anos e multa. (Incluído pela Lei nº 9.459, de 1997)

4.1. Conceito, espécies e elementos constitutivos

Remissão à *teoria geral*.

A injúria é a manifestação, por qualquer meio, de um conceito ou pensamento que importe em ultraje, menoscabo ou vilipêndio contra alguém. Na sua essência, a injúria é uma manifestação de desrespeito e desprezo, um juízo de valor depreciativo capaz de ofender a honra da vítima.[51]

Conforme ensina Hungria, diversamente da calúnia e da difamação, não se exige aqui a imputação de fatos determinados, bastando a simples atribuição genérica de qualidades negativas ou reprováveis (criminosas ou simplesmente imorais) ou a vaga imputação de vícios ou defeitos vexatórios. Traduz uma opinião pessoal do agente, desacompanhada da menção de fatos concretos ou precisos. É a palavra insultuosa, o apelido aviltante, o xingamento, o gesto ultrajante, ou seja, todo e qualquer ato que exprima desprezo, escárnio etc.[52]

---

51 Aníbal Bruno, *Crimes contra a pessoa*, cit., p. 301.

52 *Comentários*, cit.

De acordo com o dicionário Houaiss, *dignidade* é qualidade moral que infunde respeito, consciência do próprio valor, honra; e *decoro* é recato no comportamento, decência, acatamento de normas morais etc.[53]

Diz-se *direta a* injúria quando o agente se refere a vícios ou defeitos do próprio ofendido; e *indireta* quando, ao contrário, a referência diz respeito a alguém a quem o ofendido estima (*v.g.*, ofender os pais etc.). É *imediata* quando proferida pelo próprio agente; e *mediata* quando se vale de outrem para injuriar (*v.g.*, uma criança) [54]

O Código prevê três formas de injúria: a) simples (art. 140); b) real (art. 140, § 2º); e c) preconceituosa (art. 140, § 3º).

Já vimos que a doutrina considera que, diferentemente da calúnia e da difamação, a injúria ofende, não a honra objetiva, mas a honra subjetiva. Mas nada disso procede, conforme vimos.

Também aqui só existe crime na forma dolosa (direta e eventual), pressupondo, por isso, conhecimento e vontade de realização dos elementos do tipo, isto é, dolo de injuriar, ofendendo a dignidade ou o decoro de outrem. Exige-se *animus injuriandi*.

Não existe previsão de culpa.

A injúria pode ser feita pelos meios mais variados: a palavra oral ou escrita, impressa, por *e-mails*, *blogs* ou redes sociais, o desenho, a imagem, a caricatura, a pintura, a escultura, a alegoria ou símbolos, gestos, sinais, atitudes, atos etc. E de forma direta ou indireta, manifesta ou veladamente.

Para fim de injúria, é de todo irrelevante se a ofensa proferida é verdadeira ou falsa, sendo suficiente que importe em grave desonra, vilipêndio, grosseria etc.

Ao contrário da calúnia e da difamação, a injúria não admite, em hipótese alguma, a exceção da verdade, embora tal fosse em tese possível.

A distinção entre injúria e desacato está em que no desacato (CP, art. 331[55]), que é crime contra a administração pública, o sujeito passivo é necessariamente funcionário público e a ofensa deve ser feita em sua presença, caso contrário, haverá injúria.

Quanto a saber quem pode figurar como vítima da injúria, conferir a *teoria geral*. Idem, quanto à consumação e tentativa.

4.2. Perdão judicial: provocação e retorsão

O juiz deixará de aplicar pena nos seguintes casos: a) quando o ofendido, de forma reprovável, provocou diretamente a injúria; b) no caso de retorsão imediata, que consista em outra injúria.

---

53 *Dicionário Houaiss da Língua Portuguesa*. Rio de Janeiro: Editora Objetiva, 2001.

54 Magalhães Noronha, cit., p. 135.

55 Art. 331 – Desacatar funcionário público no exercício da função ou em razão dela.

Trata-se de hipótese de perdão judicial, que implica extinção da punibilidade (CP, 107, IX).

A distinção entre retorsão e provocação consiste no seguinte: na retorsão, o injuriado reage a uma injúria com outra, enquanto na provocação o provocado revida uma conduta ofensiva que, apesar disso, não constitui injúria, pois, se o for, haverá retorsão.

Evidentemente que a retorsão pressupõe igualmente uma provocação, constituindo uma reação injuriosa a uma ação também injuriosa. E ambas exigem conexão entre as condutas recíprocas e a contemporaneidade das ações. Daí porque o tratamento penal é precisamente o mesmo: extinção da punibilidade.

A rigor, não havia necessidade alguma de o legislador fazer distinção no particular, visto tratar-se, nos dois casos, de uma retorsão a uma provocação. A atual provocação é, pois, uma retorsão com outro nome.

4.3. Formas qualificadas de injúria: real e preconceituosa

A injúria real consiste em violência ou vias de fato especialmente aviltantes (*v.g.*, socos, empurrão, puxão de orelha, gestos obscenos etc.). De acordo com Magalhães Noronha:

> É mister que a prática seja *aviltante*, em si mesma ou pelo meio usado, o que importa necessariamente tenha o agente a *intenção de ultrajar.* Casos comuns de injúria real são a chicotada, a bofetada, a esputação, o arremesso de excrementos etc.[56]

Além da injúria real, o agente responderá pela violência sempre que configurar infração penal autônoma (crime ou contravenção), a exemplo de lesões corporais.

A injúria preconceituosa consiste na utilização de elementos referentes a raça, cor, etnia, religião, origem ou a condição de pessoa idosa ou portadora de deficiência (CP, art. 140, § 3º).

Naturalmente que a injúria preconceituosa não se confunde com os crimes previstos na Lei nº 7.716/89, que cuida de punir, no essencial, o preconceito impeditivo do exercício de direito em razão de raça ou cor, contrariamente ao princípio da igualdade. Assim, por exemplo, negar emprego em empresa privada com pretexto racial, manifesta ou veladamente (art. 4º).

4.4. Ação penal

A ação penal é, com regra, de iniciativa privada.

Será pública condicionada à representação quando se tratar de: a) injúria contra funcionário público em razão de suas funções; b) injúria preconceituosa.

Quanto à injúria real, a ação penal será pública condicionada ou incondicionada, se, da violência, resultar lesão corporal leve (condicionada) ou grave (incondicionada).

---

56 *Direito Penal*, Parte Especial, cit., p. 138.

Cezar Bitencourt tem, no entanto, que a ação penal nunca será pública incondicionada, mesmo quando da violência resultar lesão grave.[57] Já Rogério Greco considera que, no caso de injúria real com lesão corporal (leve ou grave), a ação penal será pública incondicionada.[58]

E será pública condicionada à requisição do Ministro da Justiça quando a ofensa for proferida contra Presidente da República ou chefe de governo estrangeiro.

5. DOS CRIMES CONTRA A HONRA PRATICADOS POR MEIO DA INTERNET

O advento da internet e, mais recentemente, das redes sociais, trouxe novos contornos à prática de determinadas infrações penais. No caso dos crimes contra a honra, o uso da internet como meio de divulgação de ofensas está diretamente ligado à possibilidade do anonimato e à dificuldade de rastreamento. Tais características dos ambientes virtuais trouxeram uma sensação de impunidade que tem sido gradualmente superada graças ao desenvolvimento de recursos que possibilitam a identificação dos responsáveis pelas divulgações, mesmo quando realizadas mediante perfis falsos em redes sociais ou por *e-mails* fictícios[59].

Com relação à competência para processar e julgar os crimes contra a honra praticados por meio da internet, o STJ tem que, como regra, por se tratar de crimes formais, incidirá o art. 70 do CPP[60]:

> CONFLITO DE COMPETÊNCIA. CRIMES CONTRA A HONRA PRATICADOS PELA INTERNET. COMPETÊNCIA. VEICULAÇÃO DO CONTEÚDO OFENSIVO. FIXAÇÃO NO LOCAL DO TITULAR DO PRÓPRIO DOMÍNIO E QUE CRIOU A HOME PAGE ONDE É ABASTECIDO SEU CONTEÚDO. 1. Tratando-se de crimes contra a honra praticados pela internet, a competência deve ser firmar de acordo com a regra do art. 70 do Código de Processo Penal, segundo o qual "A competência será, de regra, determinada pelo lugar em que se consumar a infração, ou, no caso de tentativa, pelo lugar em que for praticado o último ato de execução". Isso porque constituem-se crimes formais e, portanto, consumam-se no momento de sua prática, independentemente da ocorrência de resultado naturalístico. Assim, a simples divulgação do conteúdo supostamente ofensivo na internet já é suficiente para delimitação da competência. 2. Esse local deve ser aquele de onde efetivamente partiu a publicação do conteúdo, o que ocorre no próprio local do domínio em que se encontra a home page, porquanto é ali que o titular do domínio alimenta o seu conteúdo, independentemente do local onde se hospeda o sitio eletrônico (provedor). 3. No caso, a veiculação da reportagem que deu ensejo ao inquérito policial partiu de sítio eletrônico cujo domínio era de empresa situada

57 *Tratado*, cit., p. 329.

58 *Curso*, cit., p. 450.

59 Sobre o tema "Informática e Direito: crimes cibernéticos", palestrou o ministro Rogério Schietti no XII Seminário Internacional Ítalo-Brasileiro de Estudos Jurídicos, realizado na sede do Superior Tribunal de Justiça em maio de 2018. Trechos disponíveis em: https://www.conjur.com.br/2017-mai-26/direito-nao-preparado-enfrentar-crime-digital-schietti.

60 CC 136.700/SP, *DJe* 01/10/2015, Terceira Seção, Relator Ministro Rogério Schietti Cruz.

> no Mato Grosso, razão pela qual a competência é do Juízo Federal da 5ª Vara da Seção Judiciária do Estado do Mato Grosso.

Portanto, tratando-se de calúnia, difamação ou injúria praticados em ambiente virtual, é competente o juízo do local onde as informações são alimentadas, ou seja, de onde partiram as publicações do conteúdo, sendo irrelevante o local do provedor.

Este, inclusive, já era o entendimento da Corte Superior para os casos de crime contra a honra cometidos por meio de publicação impressa em periódico de circulação nacional, como se vê do seguinte precedente[61]:

> PROCESSUAL PENAL. CONFLITO NEGATIVO DE COMPETÊNCIA. NOTÍCIA-CRIME PELA SUPOSTA PRÁTICA DOS DELITOS PREVISTOS NOS ARTS. 20 E 21 DA LEI 5.250/97 (LEI DE IMPRENSA). LEI NÃO RECEPCIONADA PELA CONSTITUIÇÃO FEDERAL. ADPF 130/DF. APLICAÇÃO DOS ARTS. 138 E 139 DO CP E ART. 70 DO CPP. DUAS SEQUÊNCIAS DE FATOS DISTINTOS. PUBLICAÇÃO DE REPORTAGENS VEICULADAS NA REVISTA ISTOÉ. COMPETÊNCIA DO JUÍZO DO LOCAL DA IMPRESSÃO DA REVISTA. MATÉRIAS DISPONIBILIZADAS NO BLOG "CONVERSA AFIADA". COMPETÊNCIA DO LOCAL EM QUE PRATICADOS OS ATOS DE PUBLICAÇÃO. CONFLITO CONHECIDO. COMPETÊNCIA DA JUSTIÇA FEDERAL PAULISTA. 1. Não recepcionada a Lei de Imprensa pela nova ordem Constitucional (ADPF 130/DF), quanto aos crimes contra a honra, aplicam-se, em princípio, as normas da legislação comum, quais sejam, art. 138 e seguintes do Código Penal e art. 69 e seguintes do Código de Processo Penal. 2. Na hipótese de crime contra a honra praticado por meio de publicação impressa de periódico, deve-se fixar a competência do Juízo onde ocorreu a impressão, tendo em vista ser o primeiro local onde as matérias produzidas chegaram ao conhecimento de outrem, nos moldes do art. 70 do Código de Processo Penal. Remanesce, na prática, o resultado processual obtido pela antiga aplicação da regra de competência prevista na não recepcionada Lei de Imprensa. 3. Crimes contra a honra praticados por meio de reportagens veiculadas pela internet ensejam a competência do Juízo do local onde foi concluída a ação delituosa, ou seja, onde se encontrava o responsável pela veiculação e divulgação de tais notícias. 4. Conheço do conflito para declarar competente o Juízo Federal da 4ª Vara Criminal da Seção Judiciária do Estado de São Paulo.

Note-se que o simples fato de o delito ocorrer por meio da internet não atrai, por si só, a competência da justiça federal, sendo necessário que o caso se enquadre em uma das hipóteses do art. 109, incisos IV ou V, da CF.

61 CC 106.625/DF, *DJe* 25/05/2010, Terceira Seção, Relator Ministro Arnaldo Esteves Lima.

CAPÍTULO VI – DOS CRIMES CONTRA A LIBERDADE INDIVIDUAL

ALDELEINE MELHOR BARBOSA

CRIMES CONTRA A LIBERDADE PESSOAL

1 CONSTRANGIMENTO ILEGAL

⊙ **Constrangimento ilegal**

Art. 146 - Constranger alguém, mediante violência ou grave ameaça, ou depois de lhe haver reduzido, por qualquer outro meio, a capacidade de resistência, a não fazer o que a lei permite, ou a fazer o que ela não manda:

Pena - detenção, de três meses a um ano, ou multa.

⊙ **Aumento de pena**

§ 1º - As penas aplicam-se cumulativamente e em dobro, quando, para a execução do crime, se reúnem mais de três pessoas, ou há emprego de armas.

§ 2º - Além das penas cominadas, aplicam-se as correspondentes à violência.

§ 3º - Não se compreendem na disposição deste artigo:

I - a intervenção médica ou cirúrgica, sem o consentimento do paciente ou de seu representante legal, se justificada por iminente perigo de vida;

II - a coação exercida para impedir suicídio.

1.1. Considerações iniciais

Trata-se de crime de menor potencial ofensivo[1], ainda que na forma majorada (§ 1º), cuja competência para processamento e julgamento é do Juizado Especial Criminal, salvo se praticado nos termos da Lei n.º 11.340/06 (Lei Maria da Penha), de ação penal pública incondicionada, comum, material, subsidiário, plurissubsistente e doloso.

Protege-se a liberdade, seja ela psíquica ou física, que vai da livre autodeterminação por motivos próprios (autonomia da íntima formação da vontade, liberdade

1 O art. 61 da Lei n.º 9.099/95, com redação conferida pela Lei n.º 11.313/06, estabelece que: "consideram-se infrações penais de menor potencial ofensivo, para os efeitos desta Lei, as contravenções penais e os crimes a que a lei comine pena máxima não superior a 2 (dois) anos, cumulada ou não com multa".

psíquica ou interna) até o movimento corpóreo no mundo externo ou abstenção desse movimento (livre atuação da vontade ou liberdade física).

Na definição de Nelson Hungria[2], é o crime básico contra a liberdade pessoal, consistindo no impedimento da "liberdade de ação ou inação".

Inclusive, referido bem goza de proteção também constitucional, como se vê do art. 5º, II, da Constituição: "ninguém será obrigado a fazer ou deixar de fazer alguma coisa senão em virtude de lei". Aliás, este é um direito fundamental, que detém *status* de cláusula pétrea, consagrado, inicialmente, na Constituição de 1824, sob as inspirações da Revolução Francesa, "que esboçou a ideia de liberdade como interesse tutelável, independentemente de qualquer outro", e que se reproduziu nas Constituições de 1891 e 1934, de 1946[3] e até mesmo na de 1967, com a emenda de 1969.

Assim, deduz-se facilmente que ao indivíduo é permitido fazer tudo o que a lei não proíbe, não podendo ser compelido a fazer o que a lei não determina, de modo que a violação a essas regras acaba por malferir, outrossim, o princípio da legalidade[4].

1.2. Sujeitos do crime

Qualquer pessoa pode ser sujeito ativo do crime de constrangimento ilegal (o legislador refere-se a "alguém"), sendo, portanto, este um crime comum, não se exigindo nenhuma qualidade especial do agente.

No entanto, em se tratando de funcionário público, o delito praticado será, a depender das circunstâncias do caso, aquele previsto no art. 322 (violência arbitrária) ou arts. 13 ou 15 da Lei n. 13.869/2019[5].

Por outro lado, o sujeito passivo é qualquer pessoa capaz de formação íntima da vontade[6], o que acaba por excluir os interditados, portadores de transtornos mentais etc. Porém, a deficiência física (ex.: tetraplégicos, cegos, surdos, mudos, etc.) não impede que o indivíduo seja sujeito passivo deste delito, obviamente.

E a criança ou adolescente? Entendemos que podem ser vítimas de constrangimento ilegal, desde que estejam aptas a decidirem sobre seus atos, mesmo que de forma limitada ou diminuta. Por isso, Magalhães Noronha[7] parece ter razão quando afirma que "pode constranger-se um menor de 15 anos, mas não há constrangimento ilegal contra o insano ou o menor de 2 anos". Assim, há de ser apreciado o caso concreto, ou seja, é preciso contextualizá-lo, não nos parecendo razoável excluir

---

2 HUNGRIA, Nelson. *Comentários ao Código Penal*. Vol. VI. 4ª Ed. Rio de Janeiro: Forense, 1958, p. 149.

3 HUNGRIA, Nelson. op. cit., p. 147.

4 DE BARROS, Flávio Augusto Monteiro *apud* BITTENCOURT, Cezar Roberto. *Direito Penal: Parte Especial*. Vol. II. 8ª Ed. São Paulo: Saraiva, 2008, p. 365.

5 BITTENCOURT, Cezar Roberto. op. cit., p.p. 365-366.

6 HUNGRIA, Nelson, op. cit., p. 155.

7 NORONHA, E. Magalhães. *Direito Penal*. Vol. II. 7ª Ed. São Paulo: Saraiva, 1972, p. 148.

arbitrariamente do rol dos sujeitos passivos a criança e o adolescente indiscriminadamente.

Sem prejuízo do exposto, não se pode olvidar que caso a criança ou adolescente esteja sob a autoridade, guarda ou vigilância do sujeito ativo, pode restar configurado o crime do art. 232 da Lei n.º 8.069/90[8], cuja pena varia de 6 (seis) meses a 2 (dois) anos de detenção.

Para além do caso das crianças e adolescentes, sempre que o sujeito passivo possuir certos atributos pessoais (ex.: idade, função, etc.) será necessário analisar a adequação típica.

Assim, se houver atentado contra a liberdade pessoal do Presidente da República, do Senado Federal, da Câmara dos Deputados ou do Supremo Tribunal Federal, o crime é o previsto no art. 28 da Lei de Segurança Nacional (Lei n.º 7.170/83)[9], cuja pena varia de 4 (quatro) a 12 (doze) anos de reclusão.

No mais, caso seja exigida, para acesso a relação de emprego ou sua manutenção, a realização de teste, exame, perícia, laudo, atestado, declaração ou qualquer outro procedimento relativo à esterilização ou a estado de gravidez, caracterizado estará o crime do art. 2º, I, da Lei n.º 9.029/95[10]. Outrossim, exigir atestado de esterilização para qualquer fim é crime, nos termos do art. 18 da Lei n.º 9.263/96.

Finalmente, havendo coação, de qualquer modo, para que o idoso doe, contrate, teste ou outorgue procuração, há de se aplicar o disposto no art. 107 da Lei n.º 10.741/03 (Estatuto do Idoso)[11].

1.3. Tipo objetivo e subjetivo

O verbo núcleo do tipo é constranger, que significa forçar, coagir, obrigar, etc., sendo que o ato pode ter por finalidade "não fazer o que a lei permite" ou "fazer o que ela não manda". Assim, no primeiro caso, o ofendido deve se omitir de fazer alguma coisa, enquanto na outra hipótese, se exigirá dele um comportamento comissivo, ou seja, uma ação no sentido de fazer o que a lei não determina.

Para a execução do delito, o sujeito ativo deve se valer da violência (*vis corporalis*), grave ameaça (*vis compulsiva*) ou qualquer outro meio, de modo a reduzir a capacidade de resistência da vítima (violência imprópria), utilizando, por exemplo, substâncias

8 Cf. art. 232 da Lei n.º 8.069/90: "Submeter criança ou adolescente sob sua autoridade, guarda ou vigilância a vexame ou a constrangimento: Pena - detenção de seis meses a dois anos".

9 Cf. art. 28 da Lei n.º Art. 28 - "Atentar contra a liberdade pessoal de qualquer das autoridades referidas no art. 26. Pena: reclusão, de 4 a 12 anos".

10 Cf. art. 2º, I, da Lei n.º 9.029/95: "constituem crime as seguintes práticas discriminatórias: I - a exigência de teste, exame, perícia, laudo, atestado, declaração ou qualquer outro procedimento relativo à esterilização ou a estado de gravidez (...) Pena: detenção de um a dois anos e multa".

11 Cf. art. 107 da Lei n.º 10.741/03: "Coagir, de qualquer modo, o idoso a doar, contratar, testar ou outorgar procuração: Pena – reclusão de 2 (dois) a 5 (cinco) anos".

entorpecentes, anestésicos, álcool, etc[12]. Não obstante isso, o crime é único, ainda que empregado mais de um dos meios de execução mencionados.

Contudo, caso a violência ou grave ameaça sejam exercidas para obrigar o sujeito passivo a praticar uma ação ou omissão de natureza delituosa, o crime a ser imputado ao agente coator será o de tortura, tipificado no art. 1º, I, b, da Lei n.º 9.455/97[13]. Por outro lado, o coagido, no caso de ter sido a violência física empregada de forma irresistível, não responde por crime algum, sendo a sua conduta atípica[14].

Há de se destacar, ainda, que a violência ou a grave ameaça podem ser dirigidas e empregadas, indiretamente, contra coisas ou outras pessoas que não aquelas que se pretende compelir a fazer ou deixar de fazer alguma coisa.

O Superior Tribunal de Justiça já decidiu que configura o crime de constrangimento ilegal o ato de o diretor de um hospital obrigar um médico a dispensar a empregada, líder sindical[15], bem como o fato de o sujeito apontar "arma de fogo para criança portadora de Síndrome de *Down*, visando a constranger o irmão de sua namorada a não oferecer resistência à sua pretensão de forçar a moça a deixar a casa em que se encontrava"[16].

---

12 HUNGRIA, Nelson. op.cit., p. 149.

13 Cf. art. 1º, I, b, da Lei n.º 9.455/97: "constitui crime de tortura: I - constranger alguém com emprego de violência ou grave ameaça, causando-lhe sofrimento físico ou mental (...) b) para provocar ação ou omissão de natureza criminosa".

14 BITTENCOURT, Cezar Roberto, op. cit., p. 370.

15 PENAL. PROCESSUAL. COMPETENCIA. CRIME CONTRA A ORGANIZAÇÃO DO TRABALHO. CONFIGURAÇÃO. 1. PROIBIR EMPREGADO, LIDER SINDICAL, DE INGRESSAR NO PREDIO ONDE PRESTA SERVIÇOS COMO CONTRATADO NÃO CONFIGURA CRIME CONTRA A ORGANIZAÇÃO DO TRABALHO. 2. A DEMISSÃO SEM JUSTA CAUSA DO EMPREGADO, LIDER SINDICAL, E ASSUNTO PARA A JUSTIÇA DO TRABALHO. 3. **A DECISÃO DA DIREÇÃO DO HOSPITAL OBRIGANDO O MEDICO A DISPENSAR A EMPREGADA, LIDER SINDICAL, CONSTITUI, EM TESE, CRIME DE CONSTRANGIMENTO ILEGAL (CP, ART. 146).** 4. CONFLITO CONHECIDO; COMPETENCIA DO SUSCITADO (grifo nosso) (CC 10.255/RS, Rel. Ministro EDSON VIDIGAL, TERCEIRA SECAO, julgado em 01/12/1994, DJ 20/02/1995, p. 3126).

16 HABEAS CORPUS (...) PRECEDENTES. ATIPICIDADE DOS DELITOS NÃO VERIFICADA PRONTAMENTE, SEM ESTREME DE DÚVIDAS. IMPOSSIBILIDADE DE SE DEFERIR O PRETENDIDO TRANCAMENTO. PRECEDENTES. ORDEM PARCIALMENTE CONHECIDA. NA PARTE ANALISADA, DENEGADO (...) 7. **Previsto no Código Penal, o delito de constrangimento ilegal (art. 146: "Constranger alguém, mediante violência ou grave ameaça, ou depois de lhe haver reduzido, por qualquer outro meio, a capacidade de resistência, a não fazer o que a lei permite, ou a fazer o que ela não manda), com causa de aumento de pena relativo ao emprego de arma de fogo (§ 1.º: As penas aplicam-se cumulativamente e em dobro, quando, para a execução do crime, se reúnem mais de três pessoas, ou há emprego de armas"), consuma-se "[q]uando o ofendido faz ou deixa de fazer a coisa a que foi constrangido" (CELSO DELMANTO, ROBERTO DELMANTO, ROBERTO DELMANTO JUNIOR e FÁBIO MACHADO DE ALMEIDA DELMANTO, in Código penal comentado, 7.ª ed., Rio de Janeiro: Renovar 2007, p. 141).**

No caso, o referido crime - possível a modalidade tentada (doutrina) - resta devidamente indicado na denúncia: o Paciente teria apontado arma de fogo para criança portadora de

Mas, é possível coagir alguém ilegalmente de forma omissiva? Parece que sim. O exemplo fornecido por Aníbal Bruno é o da enfermeira que deixa de alimentar o paciente, visando a obrigá-lo a determinado comportamento[17].

E se o crime de constrangimento ilegal for praticado com violência, sendo que esta, por si só, já configura crime ou contravenção? Há de se aplicar na hipótese o disposto no § 2º do art. 146 do Código Penal, que prevê: "além das penas cominadas, aplicam-se as correspondentes à violência".

Daí porque consta do item 51 da Exposição de Motivos da Parte Especial do Código Penal que "não há indagar, para diverso tratamento penal, se a privação da liberdade de agir foi obtida mediante violência, física ou moral, ou com o emprego de outro qualquer meio, como, por exemplo, se o agente, insidiosamente, faz a vítima ingerir um narcótico. A pena relativa ao constrangimento ilegal, como crime *sui generis*, é sempre a mesma. Se há emprego da *vis corporalis*, com resultado lesivo à pessoa da vítima, dá-se um concurso material de crimes".

Ainda sobre o tema, o Supremo Tribunal Federal já afirmou que "o fato constitutivo da violência real, pois, não se inclui na tipificação do constrangimento ilegal (C. Penal, art. 146, caput), como aliás se infere da objetividade jurídica deste". Na sequência, consigna que, comprovada a ausência de finalidade específica restam, no caso de violência real, duas infrações penais em concurso material: (a) constrangimento ilegal e homicídio; (b) constrangimento ilegal e lesões corporais; ou ainda, (c) constrangimento ilegal e vias de fato[18].

De mais a mais, se o fato não constituir crime mais grave, haverá a incidência apenas do art. 146 do Código Penal, em razão de seu caráter subsidiário. Aliás, reconhecendo a subsidiariedade do tipo penal em questão há inúmeros julgados do Pretório Excelso e do Superior Tribunal de Justiça[19].

Como é cediço, existe relação de subsidiariedade entre tipos penais quando a norma geral, visando a proteger um bem jurídico, descreve graus distintos de violação, ou seja, uma é auxiliar/subsidiária em face da outra, dita principal.

---

síndrome de down, visando a constranger o irmão de sua namorada a não oferecer resistência à sua pretensão de forçar a moça a deixar a casa em que se encontrava (...) 13. Writ parcialmente prejudicado. Na parte analisada, denegado (grifo nosso) (HC 151.530/PB, Rel. Ministra LAURITA VAZ, QUINTA TURMA, julgado em 18/05/2010, DJe 14/06/2010).

17 CUNHA, Rogério Sanches; GOMES, Luiz Flávio. *Direito Penal. Parte Especial*. Vol. III. São Paulo: RT, 2008, p. 92.

18 Cf. HC 86058, Relator(a): Min. SEPÚLVEDA PERTENCE, Primeira Turma, julgado em 25/10/2005, DJ 09-02-2007 PP-00030 EMENT VOL-02263-02 PP-00249.

19 Cf. STJ: HC 119.889/MG, Rel. Ministra JANE SILVA (DESEMBARGADORA CONVOCADA DO TJ/MG), SEXTA TURMA, julgado em 16/12/2008, DJe 02/02/2009; REsp 736.346/MG, Rel. Ministra LAURITA VAZ, QUINTA TURMA, julgado em 07/02/2006, DJ 20/03/2006, p. 342.
STF: STF, RHC 83548, Relator(a): Min. MARCO AURÉLIO, Relator(a) p/ Acórdão: Min. SEPÚLVEDA PERTENCE, Primeira Turma, julgado em 04/11/2003, DJ 26-03-2004 PP-00010 EMENT VOL-02145-02 PP-00366.

Essa relação de subsidiariedade tanto pode ser expressa (formal), quando a lei explicitamente condiciona a aplicabilidade da norma subsidiária à inaplicabilidade da norma principal, quanto tácita ou implícita (material), quando, não existindo previsão legal expressa, tal decorra de interpretação sistematizada[20].

No mais, Cezar Roberto Bittencourt[21] adverte que se o constrangimento visar pretensão legítima, poderá caracterizar o crime de exercício arbitrário das próprias razões (CP, art. 345). Além disso, prossegue o autor aduzindo que se a finalidade for legítima ou visar a evitar ato puramente imoral, como o incesto, o crime de constrangimento ilegal restará consumado. Caso contrário, se o constrangimento for praticado, por exemplo, para impedir a prática de uma infração penal, desde que observados os princípios da razoabilidade e proporcionalidade, o delito em análise não ocorrerá.

Percebe-se, então, que diversamente do crime de ameaça, para a caracterização do constrangimento ilegal não se exige que o mal prometido seja injusto. Por isso, pratica o crime do art. 146 do CP, por exemplo, o agente que obriga terceiro a manter relações de amizade com ele, sob pena de denunciá-lo às autoridades competentes por crime que tenha praticado[22].

Segundo Nelson Hungria, adotando distinção realizada por Manzini[23], a ilegitimidade da conduta pode ser absoluta ou relativa. No primeiro caso, o agente não tem faculdade de impor ao sujeito passivo a ação ou inação (ex.: deixar de passar em uma determinada rua); já na segunda hipótese, ao agente não é vedado exigir a ação ou omissão, mas ele carece do direito de empregar coação (ex.: pagamento de dívida de jogo).

Finalmente, o elemento subjetivo do tipo é o dolo, consistente na consciência e vontade de constranger ilegalmente o sujeito passivo, independentemente de sua motivação, não havendo previsão de culpa.

Assim, quando o constrangimento for o meio necessário para a prática dos crimes de roubo e estupro, por exemplo, cujo dolo é direcionado à lesão ou ameaça de lesão, respectivamente, ao patrimônio e à liberdade sexual, não subsiste o tipo do art. 146 do Código Penal, mas, sim, aqueles delitos mais graves.

1.4. Consumação e tentativa

Por se tratar de crime material, a exigir a ocorrência de um resultado naturalístico, e plurissubsistente, admite-se a tentativa. Porém, o delito se consuma com a coação praticada pelo agente e com a ação/omissão do sujeito passivo.

---

20 QUEIROZ, Paulo de Souza; BARBOSA, Aldeleine Melhor. Et al. *Direito Penal Acadêmico*. Rio de Janeiro: De Andréa Ferreira & Morgado Editores, 2008, p.p. 174-175.

21 BITTENCOURT, Cezar Roberto, op. cit., p. 357.

22 PRADO, Luiz Regis. *Curso de Direito Penal Brasileiro*. Vol. II. 10ª Ed. São Paulo: Editora Revista dos Tribunais, 2011, p. 313.

23 HUNGRIA, Nelson. op. cit., p. 150.

Enfim, a consumação ocorre quando o agente alcança o fim visado, ou seja, a ação ou omissão do ofendido[24]. É necessário que o ofendido dê início à conduta que lhe é imposta pelo autor do constrangimento.

1.5. Majorantes

A lei prevê a aplicação cumulativa da pena privativa de liberdade, em dobro, e de multa se houver reunião de mais de três pessoas para a execução do crime ou emprego de armas (CP, art. 146, § 1º).

A primeira majorante envolve o concurso de agentes, em razão do maior temor que a ação praticada, em unidade de desígnios, por mais de três pessoas causa à vítima, impossibilitando ou dificultando a resistência do ofendido. No entanto, é de ver que como a lei faz referência expressa à "execução do crime", em homenagem ao princípio da taxatividade, é preciso que o sujeito ativo participe diretamente dos atos executórios propriamente ditos, o que exclui, por óbvio desse rol, o autor intelectual e o partícipe[25].

A outra majorante se refere ao emprego de armas, por conta do maior risco à saúde e integridade da vítima. Por isso, para a sua incidência é preciso que haja o efetivo "emprego" da arma, não sendo suficiente que o(s) sujeito(s) ativo(s) esteja(m) armado(s). Dito de outro modo, o agente deve utilizar a arma contra o ofendido para praticar a violência ou grave ameaça, ou pela menos portá-la ostensivamente, a fim de intimidá-lo.

Cumpre salientar, ainda, que basta que um dos coautores empregue a arma para que incida a causa de aumento de pena, sendo certo que quando o legislador utilizou a expressão "armas", no plural, não quis se referir à quantidade, mas ao gênero, indicando que poderia se tratar tanto de arma de fogo quanto de uma arma branca[26].

Aliás, a arma pode ser própria, ou seja, instrumentos destinados a servir para ataque ou defesa, assim como impróprias, ou seja, aquelas que, embora destituídas destas finalidades, possam ser empregadas, já que detentoras de potencial lesivo (machados, facões, tesouras, navalhas, foices, etc.)[27]. Mas, a lei não faz distinção entre elas, de modo que sendo empregada a arma, seja própria ou imprópria, incidirá a majorante.

E se a arma for de brinquedo? Bem, nesse caso não há como ser majorada a pena do sujeito ativo, pois arma de brinquedo não é arma, já que destituída de qualquer

---

24 NORONHA, E. Magalhães, op. cit., p. 151.

25 Nesse sentido: BITTENCOURT, Cezar Roberto, op. cit, p. 373. Em sentido contrário: CAPEZ, Fernando. *Curso de Direito Penal. Parte Especial*. Vol. II. 11ª Ed. 2ª tiragem. São Paulo: Saraiva, 2011, p. 346.

26 Nesse sentido: HUNGRIA, Nelson, op. cit., p.p. 161-162. Em sentido contrário: BITTENCOURT, Cezar Roberto, op. cit., p.p. 373-374.

27 HUNGRIA, Nelson, op. cit., p.p. 162-163.

potencialidade lesiva[28]. Poderá servir, entretanto, o seu emprego para a configuração da grave ameaça, elementar do tipo de constrangimento ilegal.

É possível o concurso material do art. 146, § 1º, do Código Penal com o art. 14 da Lei nº 10.826/03? Temos que sim, desde que se verifique que o agente portava a arma permanentemente em momento anterior e não somente naquele em que empregou para a prática do constrangimento ilegal, caracterizando duas condutas autônomas, ensejando, por conseguinte, o reconhecimento de ilícitos independentes.

1.6. Exclusão do crime

Conforme previsão expressa contida nos incisos I e II do § 3º do art. 146 Código Penal, não se compreendem nas disposições do tipo penal, a intervenção médica ou cirúrgica, sem o consentimento do paciente ou de seu representante legal, se justificada por iminente perigo de vida, assim como a coação exercida para impedir suicídio.

É bem verdade que as hipóteses mencionadas poderiam configurar a excludente de antijuridicidade do estado de necessidade de terceiro, mas por opção do legislador foram erigidas à condição de afastamento do próprio tipo penal[29].

Desta forma, parece-nos que, caso um médico resolvesse, diante do grave quadro médico apresentado por seu paciente, Testemunha de Jeová, com risco de morte, realizar nele transfusão de sangue, sem o consentimento do enfermo (tratamento médico arbitrário), o profissional poderia se valer das disposições excludentes insertas no art. 146, § 3º, I, do Código Penal. Ao revês, a 9ª Câmara Criminal do Tribunal de Justiça de São Paulo decidiu que, "diante de uma ponderação de direitos constitucionais fundamentais (o direito à vida e a liberdade religiosa), morrendo a vítima, deve prevalecer a tutela da vida, motivo pelo qual, três acusados devem ser submetidos ao

---

28 Atentar para o fato de que o Superior Tribunal de Justiça, quando do julgamento do RESP n.º 213054/SP revogou o verbete da súmula 174 que dizia: "nos crimes de roubo, a intimidação feita com arma de brinquedo autoriza o aumento de pena". Eis a ementa:
RECURSO ESPECIAL. PENAL. ROUBO. EMPREGO DE ARMA DE BRINQUEDO. CAUSA ESPECIAL DE AUMENTO DE PENA PREVISTA NO INCISO I, § 2º, DO ART. 157, DO CÓDIGO PENAL. SÚMULA Nº 174/STJ. CANCELAMENTO.
O aumento especial de pena no crime de roubo em razão do emprego de arma de brinquedo (consagrado na Súmula 174-STJ) viola vários princípios basilares do Direito Penal, tais como o da legalidade (art. 5º, inciso XXXIX, da Constituição Federal e art. 1º, do Código Penal), do *ne bis in idem*, e da proporcionalidade da pena.
Ademais, a Súm. 174 perdeu o sentido com o advento da Lei 9.437, de 20.02.1997, que em seu art. 10, § 1º, inciso II, criminalizou a utilização de arma de brinquedo para o fim de cometer crimes. Cancelamento da Súm. 174-STJ. Recurso conhecido mas desprovido (REsp 213054/SP, Rel. Ministro JOSÉ ARNALDO DA FONSECA, TERCEIRA SEÇÃO, julgado em 24/10/2002, DJ 11/11/2002, p. 148).

29 Diversamente, para Mirabete, as previsões contidas no § 3º, I e II, do art. 146 do Código Penal configuram causas de exclusão da antijuridicidade (MIRABETE, Julio Fabrini. *Manual de Direito Penal. Parte Especial*. 20ª Ed. Vol. II. São Paulo: Atlas, 2003, p. 183).

Tribunal do Júri por terem impedido que uma jovem se submetesse a uma transfusão de sangue, culminando em sua morte"[30].

1.7. Jurisprudência

HABEAS CORPUS SUBSTITUTIVO DE RECURSO ESPECIAL. ROUBO MAJORADO E SEQUESTRO/ CÁRCERE PRIVADO. PLEITO DE DESCLASSIFICAÇÃO PARA O CRIME DE CONSTRANGIMENTO ILEGAL. **VÍTIMA COLOCADA NO PORTA-MALA DO CARRO. RESTRIÇÃO DA LIBERDADE POR CERCA DE MEIA HORA. CONDUTA QUE EXTRAPOLA O MERO CONSTRANGIMENTO.** CONDUTA PERMANENTE. HABEAS CORPUS NÃO CONHECIDO.

1. O habeas corpus não pode ser utilizado como substitutivo de recurso próprio, a fim de que não se desvirtue a finalidade dessa garantia constitucional, com a exceção de quando a ilegalidade apontada é flagrante, hipótese em que se concede a ordem de ofício.

2. O crime de sequestro/cárcer privado, tipificado no art.148 Código Penal, exige para a sua configuração a restrição da liberdade de ir e vir da vítima, sendo, assim, um crime permanente. Por outro lado, o delito de constrangimento ilegal, descrito no art. 146 do mesmo códex, possui a natureza de crime instantâneo.

4. **No caso, o paciente constrangeu a vítima a adentrar no porta-malas de seu veículo automotor (por cerca de 30 minutos), mediante grave ameaça exercida com emprego de uma arma de fogo, assumindo a direção do automóvel para praticar um novo delito de roubo. Assim, a conduta do paciente extrapolou o mero constrangimento ilegal, o que comprova o acerto do acórdão impugnado que tipificou a conduta como cárcere privado.**

5. Habeas corpus não conhecido (grifo nosso) (HC 395.978/SC, Rel. Ministro REYNALDO SOARES DA FONSECA, QUINTA TURMA, julgado em 19/04/2018, DJe 30/04/2018)

RECURSO ESPECIAL. ESTUPRO DE VULNERÁVEL. REEXAME DE PROVAS. DESNECESSIDADE. SÚMULA N. 7 DO STJ. AFASTAMENTO. **DOLO DE SATISFAÇÃO DA LASCÍVIA. DESCLASSIFICAÇÃO PARA O DELITO DO ART. 146 DO CP. VÍTIMA CRIANÇA. INCOMPATIBILIDADE. ART. 217-A DO CP.** CONSUMAÇÃO. QUALQUER ATO DE LIBIDINAGEM OFENSIVO À DIGNIDADE SEXUAL. AGRAVO REGIMENTAL PROVIDO.

1. Não há necessidade de reexame do arcabouço fático-probatório acostados aos autos quando a conclusão esposada no acórdão atacado deixa claro e bem delimitado todo o contexto fático em que os delitos foram perpetrados - incluindo todos os elementos do tipo descritos no art. 217-A, caput, do Código Penal.

2. **A Corte de origem, não obstante haja delineado e reconhecido a ocorrência de todos os elementos contidos naquele dispositivo do Código Penal, inclusive a intenção de satisfação da lascívia, invocou o delito do art. 146 do Código Penal, para livrar o acusado de reprimenda mais severa.**

3. Ao contrário do decidido pela Corte de origem e também em respeito ao princípio da proporcionalidade, a gravidade da conduta não pode ser considerada para

30 GOMES, Luiz Flávio. SOUSA, Áurea Maria Ferraz de. *Testemunha de Jeová e transfusão de sangue*. Disponível em http://www.lfg.com.br - 25 de novembro de 2010. Acesso em 12 de maio de 2013.

a tipificação do delito, mas deve incidir na culpabilidade do agente, para aplicação da sanção penal.

4. É pacífica a compreensão de que o delito de estupro de vulnerável se consuma com a prática de qualquer ato de libidinagem ofensivo à dignidade sexual da vítima. Precedentes.

5. Recurso especial provido, a fim de reconhecer a violação do art.

217-A, caput, do Código Penal e condenar o recorrido como incurso nesse dispositivo. Retorno dos autos ao Tribunal local, para que sejam analisadas as alegações relativas à dosimetria da pena e ao regime inicial de cumprimento da reprimenda, dispostas na apelação (grifo nosso) (REsp 1580298/GO, Rel. Ministro ROGERIO SCHIETTI CRUZ, SEXTA TURMA, julgado em 17/05/2016, DJe 24/05/2016).

PENAL E PROCESSUAL. AGRAVO REGIMENTAL EM AGRAVO NO RECURSO ESPECIAL.

ESTUPRO DE VULNERÁVEL. ELEMENTOS DO TIPO PENAL. ATO LIBIDINOSO.

MENOR DE 14 ANOS. DESCLASSIFICAÇÃO. INADEQUAÇÃO. CONSTRANGIMENTO ILEGAL. CRIME SUBSIDIÁRIO. ADEQUAÇÃO TÍPICA.

1. A definição da correta adequação típica das ações delituosas não representa reexame de provas, mas revaloração dos critérios jurídicos empregados para a tipificação penal do delito.

2. **O bem juridicamente tutelado pelo tipo descrito no art. 146 do Código Penal é a liberdade individual da pessoa, tanto física quanto psíquica. O crime em tela (art. 146, CP) possui natureza subsidiária e somente será considerado se o constrangimento não for elemento típico de outra infração penal.**

3. **Se a intenção do agente é a satisfação de seu desejo sexual, estando presentes os demais elementos constantes no tipo descrito no art. 217-A do Código Penal, evidencia-se a hipótese do delito de estupro de vulnerável, autorizando a imposição da reprimenda ali contida.**

4. Na expressão "ato libidinoso" estão contidos todos os atos de natureza sexual, que não a conjunção carnal, que tenham a finalidade de satisfazer a libido do agente.

5. Hipótese em que a conduta do réu constitui efetivo contato lascivo, voluptuoso e corpóreo, de libidinagem, com o propósito de satisfação de sua lascívia.

6. Agravo regimental a que se dá provimento (grifo nosso) (AgRg no AREsp 523.477/GO, Rel. Ministro GURGEL DE FARIA, QUINTA TURMA, julgado em 13/10/2015, DJe 28/10/2015).

PENAL E PROCESSUAL. AGRAVOS REGIMENTAIS NO RECURSO ESPECIAL.

ATENTADO VIOLENTO AO PUDOR. VIOLÊNCIA PRESUMIDA. DESCLASSIFICAÇÃO DO DELITO, EM SEDE DE APELAÇÃO, PARA CONSTRANGIMENTO ILEGAL (ART. 146 DO CP). PRETENSÃO DE NOVA QUALIFICAÇÃO JURÍDICA DOS FATOS. REEXAME DE PROVAS. IMPOSSIBILIDADE. SÚMULA 7 DO STJ.

1. A jurisprudência do Superior Tribunal de Justiça firmou-se no sentido de que todo ato libidinoso diverso da conjunção carnal, com propósito lascivo, praticado mediante violência ou grave ameaça, configura o delito tipificado no art. 214 do Código Penal, hoje revogado pela Lei n. 12.015/2009.

2. **Hipótese, contudo, em que o Tribunal de origem, soberano na análise das circunstâncias fáticas da causa, entendeu que a ação do acusado - toque superficial e fugaz nos seios da vítima, após a exposição do órgão sexual - não teve intensidade suficiente para causar dano grave ao bem jurídico tutelado, a ponto de autorizar a condenação do réu pelo crime de atentando violento ao pudor.**

3. **Há de se considerar, também, que o recorrido "não insistiu" na sua conduta, "pois não se utilizou de força física ou ameaça de mal ao sujeito passivo", restando reconhecida a configuração do delito descrito no art. 146 do Código Penal.**

4. A inversão do decidido demanda o reexame do conjunto fático-probatório dos autos, providência sabidamente incompatível com a via estreita do recurso especial, a teor da Súmula 7 desta Corte, razão pela qual o provimento atacado deve ser mantido por seus próprios fundamentos.

5. Agravos regimentais desprovidos (grifo nosso) (AgRg no REsp 1479456/GO, Rel. Ministro GURGEL DE FARIA, QUINTA TURMA, julgado em 26/05/2015, DJe 09/06/2015)

PENAL. RECURSO ESPECIAL. ART. 214 DO CP. VIOLAÇÃO A DISPOSITIVOS CONSTITUCIONAIS. INVIABILIDADE NA VIA ELEITA. **ATENTADO VIOLENTO AO PUDOR. CONFIGURAÇÃO. DESCLASSIFICAÇÃO PARA CONTRAVENÇÃO PENAL OU CONSTRANGIMENTO ILEGAL. INADMISSIBILIDADE.** CONSUMAÇÃO.

I - Em sede de recurso especial é inviável qualquer discussão de violação de normas constitucionais.

II - Em nosso sistema, o delito de atentado violento ao pudor engloba atos libidinosos de diferentes níveis, inclusive, os toques, os contatos voluptuosos e os beijos lascivos.

III - O delito de atentado violento ao pudor se consuma com a efetiva prática de ato libidinoso diverso da conjunção carnal. Na hipótese dos autos, os fatos descritos na denúncia, inquestionavelmente, caracterizam o delito em sua forma consumada.

Recurso parcialmente conhecido e, nesta parte, desprovido (grifo nosso) (REsp 1007121/ES, Rel. Ministro FELIX FISCHER, QUINTA TURMA, julgado em 20/08/2009, DJe 28/09/2009).

PROCESSUAL PENAL. HABEAS CORPUS. ROUBO CIRCUNSTANCIADO. ALEGAÇÃO DE AUSÊNCIA DE MOTIVAÇÃO PELO ACÓRDÃO DE TESE DEFENSIVA. INEXISTÊNCIA.

DESCLASSIFICAÇÃO DO CRIME DE ROUBO PARA O DE CONSTRANGIMENTO ILEGAL.

IMPOSSIBILIDADE. ORDEM DENEGADA.

1. Demonstrado com a transcrição de passagem do acórdão impugnado que ele abordou todas as teses suscitadas pela Defesa, não há que cogitar da existência de vício por ofensa ao artigo 93, IX da CR que recomendaria a declaração de nulidade do acórdão.

2. **A subtração de coisa alheia mediante violência é conduta que ofende o patrimônio, descrita pelo tipo penal do artigo 157 do Código Penal e não a**

liberdade, sendo impossível a sua desclassificação para constrangimento ilegal.

3. Ordem denegada (grifo nosso) (HC 119.889/MG, Rel. Ministra JANE SILVA (DESEMBARGADORA CONVOCADA DO TJ/MG), SEXTA TURMA, julgado em 16/12/2008, DJe 02/02/2009).

RECURSO ESPECIAL. DIREITO PENAL. **OFENSA À LIBERDADE SEXUAL. DOLO DE SATISFAÇÃO DA LASCÍVIA. CONSTRANGIMENTO ILEGAL. CRIME SUBSIDIÁRIO.**

RECONHECIMENTO. IMPOSSIBILIDADE.

1. Consubstancia-se atentado violento ao pudor todo ato libidinoso diverso da conjunção carnal, com propósito lascivo que, mediante violência ou grave ameaça, ofenda a liberdade sexual da vítima.

2. **Tendo o acórdão recorrido reconhecido a ofensa à liberdade sexual da menor, é indevida a tipificação da conduta do Réu apenas como o delito do art. 146, do Código Penal, já que o constrangimento ilegal é elementar do tipo objetivo do crime de atentado violento ao pudor, no qual a coação tem o especial fim de satisfação da concupiscência, por atos diversos da conjunção carnal.**

3. Recurso provido para anular o acórdão recorrido, restabelecendo a sentença condenatória de primeiro grau (grifo nosso) (REsp 736.346/MG, Rel. Ministra LAURITA VAZ, QUINTA TURMA, julgado em 07/02/2006, DJ 20/03/2006, p. 342).

PENAL. PROCESSUAL. COMPETENCIA. CRIME CONTRA A ORGANIZAÇÃO DO TRABALHO. CONFIGURAÇÃO.

1. PROIBIR EMPREGADO, LIDER SINDICAL, DE INGRESSAR NO PREDIO ONDE PRESTA SERVIÇOS COMO CONTRATADO NÃO CONFIGURA CRIME CONTRA A ORGANIZAÇÃO DO TRABALHO.

2. A DEMISSÃO SEM JUSTA CAUSA DO EMPREGADO, LIDER SINDICAL, E ASSUNTO PARA A JUSTIÇA DO TRABALHO.

3. **A DECISÃO DA DIREÇÃO DO HOSPITAL OBRIGANDO O MEDICO A DISPENSAR A EMPREGADA, LIDER SINDICAL, CONSTITUI, EM TESE, CRIME DE CONSTRANGIMENTO ILEGAL (CP, ART. 146).**

4. CONFLITO CONHECIDO; COMPETENCIA DO SUSCITADO (grifo nosso) (CC 10.255/RS, Rel. Ministro EDSON VIDIGAL, TERCEIRA SECAO, julgado em 01/12/1994, DJ 20/02/1995, p. 3126).

EMENTA: HABEAS CORPUS. CRIME DE CONSTRANGIMENTO ILEGAL. CAUSA DE AUMENTO DE PENA. USO DE ARMA. ARQUIVAMENTO DO DELITO DE PORTE ILEGAL DE ARMA DE FOGO. IRRELEVÂNCIA. CONFISSÃO. RÉU QUE NEGA NO INTERROGATÓRIO A VERACIDADE DOS FATOS NARRADOS NA DENÚNCIA. INOCORRÊNCIA. MULTA. INEXISTÊNCIA DE OFENSA À LIBERDADE DE LOCOMOÇÃO DO PACIENTE. NÃO-CONHECIMENTO DO PEDIDO, NESTA PARTE. HABEAS CORPUS PARCIALMENTE CONHECIDO E, NA PARTE CONHECIDA, INDEFERIDO.

O arquivamento de inquérito pela prática do crime do art. 10 da Lei 9.437/1997 não impede o reconhecimento, em desfavor do paciente, da

causa de aumento de pena prevista no § 1º do art. 146 do Código Penal. Enquanto a Lei 9.437/1997 define os crimes voltados à repressão do uso e porte de arma de fogo, a majorante do constrangimento ilegal ora em debate refere-se a qualquer arma, desde que ela tenha a capacidade de impingir à vítima a grave ameaça contida no caput do art. 146 do Código Penal. Não é possível o reconhecimento da confissão quando posteriormente o réu dá nova versão aos fatos narrados na denúncia, negando-lhes a veracidade. A pena de multa não constitui ofensa ao direito de liberdade do paciente. Por isso, e uma vez que o habeas corpus tem o fim precípuo de resguardar esse direito, a impetração não deve ser conhecida nesta parte. Pedido parcialmente conhecido e, na parte conhecida, indeferido (grifo nosso) (STF, HC 85005, Relator(a): Min. JOAQUIM BARBOSA, Segunda Turma, julgado em 01/03/2005, DJ 24-06-2005 PP-00073 EMENT VOL-02197-01 PP-00162).

EMENTA: I. Habeas corpus: cabimento para dar à versão do fato acertada pela instância de mérito a sua correta classificação jurídica, mais favorável ao paciente. **II. Constrangimento ilegal, seqüestro e rapto. Se o agente constrange a vítima à entrada em seu automóvel, visando à prática de atos de libidinagem, tem-se rapto violento (C.Pen., art. 219); não, seqüestro - que o fim libidinoso descaracteriza, nem simples constrangimento ilegal - que é tipo subsidiário, a aplicar-se quando o fato não constituir crime mais grave** (grifo nosso) (STF, RHC 83548, Relator(a): Min. MARCO AURÉLIO, Relator(a) p/ Acórdão: Min. SEPÚLVEDA PERTENCE, Primeira Turma, julgado em 04/11/2003, DJ 26-03-2004 PP-00010 EMENT VOL-02145-02 PP-00366).

2. AMEAÇA

⊙ **Ameaça**

Art. 147 - Ameaçar alguém, por palavra, escrito ou gesto, ou qualquer outro meio simbólico, de causar-lhe mal injusto e grave:

Pena - detenção, de um a seis meses, ou multa.

Parágrafo único - Somente se procede mediante representação.

2.1. Considerações iniciais

Trata-se de crime considerado de menor potencial ofensivo, cuja competência para processamento e julgamento é do Juizado Especial Criminal, salvo se praticado nos termos da Lei n.º 11.340/06 (Lei Maria da Penha), de ação penal pública condicionada, sendo a representação uma condição de procedibilidade. Além disso, é classificado como crime comum, formal, subsidiário e doloso.

Apesar de a ameaça constituir meio de execução de outros crimes, tais como o constrangimento ilegal, roubo, extorsão, etc., o que marca o seu caráter subsidiário, também configura, por si só, crime autônomo, conforme previsto no art. 147 do Código Penal.

Oportuno mencionar que não se deve confundir o crime de ameaça com o já visto crime de constrangimento ilegal. Acerca de tal distinção, Cezar Roberto Bittencourt[31]

31 BITTENCOURT, Cezar Roberto, op. cit., p.p. 378-379.

esclarece que neste último, "a ameaça e a consequente submissão da vontade do ofendido são meios para atingir outro fim, representando pelo fazer ou não fazer a que é constrangido". Já na ameaça, propriamente dita, "ao contrário, a finalidade do agente esgota-se na própria intimidação e na perturbação da tranquilidade e paz espirituais do ofendido".

O bem jurídico tutelado pela norma é a liberdade de autodeterminação, seja ela física ou psíquica, ou seja, o sossego, a tranquilidade e a paz do sujeito passivo.

2.2. Sujeitos do crime

O sujeito ativo pode ser qualquer pessoa, sendo, portanto, este um crime comum, não se exigindo nenhuma qualidade especial do agente.

No entanto, em se tratando de funcionário público, o delito praticado será, a depender das circunstâncias do caso, enquadrado na Lei n. 13.869/19.

Já o sujeito passivo é qualquer pessoa, determinada ou determinável, que possua capacidade de entendimento do mal prometido, o que acaba por excluir os interditados, portadores de transtornos mentais, etc. Ademais, o Superior Tribunal de Justiça já teve oportunidade de se pronunciar no sentido de não admitir a prática do crime de ameaça contra a pessoa jurídica[32].

2.3. Tipo objetivo e subjetivo

Ameaçar nada mais é do que intimidar e incutir medo em alguém, sendo que o crime de ameaça consiste na promessa de causar mal injusto e grave, por palavra, escrito ou gestou, bem como por qualquer outro meio simbólico (ex.: colocar um caixão na porta de alguém, enviar-lhe uma caveira ou o desenho de um punhal transfixando o corpo humano etc.)[33].

Logo, se o mal for justo - poderá configurar o exercício de um direito ou o cumprimento de um dever legal (ex.: acionar judicialmente um devedor ou prender um criminoso) -, ou não for grave, o delito em questão não restará configurado.

Como se vê, ao contrário do que ocorre no constrangimento ilegal, o mal deve ser injusto, não sendo preciso, contudo, que constitua ameaça de um crime.

---

32 No caso concreto, determinada pessoa, anonimamente, realizava ligações para um hospital, ameaçando colocar uma bomba no nosocômio.

Eis a ementa do julgado: RECURSO EM MANDADO DE SEGURANÇA. PENAL. CRIME DE AMEAÇA – ART. 147 DO C.P. SUJEITO PASSIVO. PESSOA JURÍDICA. IMPOSSIBILIDADE.

O Hospital impetrante, na qualidade de pessoa jurídica, não tem qualquer direito, muito menos líquido e certo, em ser incluído na relação penal que busca averiguação do crime de ameaça – art. 147 do Código Penal. Não obstante, pode acionar procedimento administrativo com vistas à possível punição das funcionárias envolvidas na esfera administrativa. Recurso desprovido (RMS 15.627/SP, Rel. Ministro JOSÉ ARNALDO DA FONSECA, QUINTA TURMA, julgado em 07/08/2003, DJ 08/09/2003, p. 343).

33 HUNGRIA, Nelson, op. cit, p. 184.

Tem-se questionado se o mal deve ser futuro. Sobre o assunto há divergências doutrinárias: Damásio[34] entende que não, ao passo que Rogério Greco[35] e Bittencourt[36] defendem que sim.

Vale notar, ainda, que a gradação da ameaça é apreciada de forma objetiva, sendo que, segundo o Supremo Tribunal Federal, a exigência de vantagem econômica indevida desloca o crime do artigo 147 - o de simples ameaça - para o de extorsão - artigo 158 -, ambos do Código Penal[37]. Por isso, o Pretório Excelso entendeu que configura extorsão e não ameaça o ato de exigir pagamento de certo valor, sob pena de destruição, para a devolução de máquinas subtraídas por terceiro.

Ademais, Mirabete destaca que a ameaça pode ser: a) direta (quando se promete mal a vítima); b) indireta ou reflexa (quando o mal será infligido a pessoa diversa do sujeito passivo); c) explícita (exibição de arma); d) implícita (no caso do devedor afirmar na presença do credor que só liquida suas dívidas com sangue); ou e) condicional (se o mal prometido estiver na dependência de um acontecimento, desde que este não se relacione com um comportamento da vítima exigido pelo sujeito ativo)[38].

Na modalidade de ameaça indireta, o mal prometido, de acordo com Luiz Regis Prado, também pode dizer respeito ao patrimônio da vítima[39].

Para a configuração do delito em análise, a ameaça tem de ser séria, apta a, realmente, amedrontar o sujeito passivo (ainda que a vítima não se intimide, afinal se trata de crime formal), de modo que se a ameaça se apresentar ineficaz, o crime não terá a potencialidade lesiva necessária à sua caracterização, salvo se o coagido acreditar, de fato, como provável ou possível (ex.: rituais de magia negra)[40].

Por isso, Nelson Hungria destaca, com precisão, que "pouco importa se o agente estava ou não disposto a cumprir a ameaça, uma vez que tenha esta a aparência de séria e o agente tinha consciência disso"[41], o crime restará caracterizado.

A ameaça praticada por pessoa embriagada ou em estado de ira e raiva configura o crime tipificado no art. 147 do Código Penal? Temos que sim, apesar de opiniões em sentido contrário. É que não se pode imaginar que a ira/raiva, bem como o uso de bebida alcoólica, inibam a vontade de intimidar. Pelo contrário, muitas vezes, tais sentimentos (ira/raiva) apenas potencializam a ameaça, assim como acontece com o sujeito

---

34 DE JESUS, Damásio Evangelista. *Direito Penal. Parte Especial*. 31ª Ed. Vol. II. São Paulo: Saraiva, 2011, p. 290.

35 GRECO, Rogério. *Curso de Direito Penal. Parte Especial*. 7ª Ed. Vol. II. Niterói: Rio de Janeiro, 2010, p. 488-490.

36 BITTENCOURT, Cezar Roberto. op. cit., *p*. 371.

37 Cf. HC 77208, Relator(a): Min. MARCO AURÉLIO, Segunda Turma, julgado em 08/09/1998, DJ 30-10-1998 PP-00004 EMENT VOL-01929-02 PP-00298.

38 MIRABETE, Julio Fabrini. op. cit., p. 184.

39 PRADO, Luiz Regis, op.cit, p. 323.

40 PRADO, Luiz Regis, op.cit, p. 323.

41 HUNGRIA, Nelson, op. cit., p. 185.

que fez uso do álcool, aumentando o temor da vítima[42]. Não bastasse isso, o art. 28 do Código Penal prevê que não excluem a imputabilidade penal a emoção ou a paixão e a embriaguez, voluntária ou culposa, pelo álcool ou substância de efeitos análogos.

Cumpre referir, ainda, que a ameaça não se confunde com a mera advertência ou com a "praga"/esconjuro, pois nestes casos o mal não depende da vontade do agente para se concretizar, não passando, portanto, de simples desejo de que ocorra[43]. Outrossim, não configura ameaça a que é proferida de modo vago (ex.: "você vai se arrepender", "fique certo que não esqueço o mal que me fazem")[44].

É possível o concurso material do art. 147 do Código Penal com o art. 14 da Lei nº 10.826/03? Parece que sim, desde que se verifique que o agente portava a arma permanentemente em momento anterior e não somente naquele em que empregou para a prática da ameaça, caracterizando duas condutas autônomas, ensejando, por conseguinte, o reconhecimento de ilícitos independentes.

E configura ameaça a intimidação realizada com uma arma de brinquedo ou desmuniciada? Temos que sim, e o acerto desta resposta parece estar com Nelson Hungria quando defende que "não deixa de ser ameaça criminosa a que é feita, por exemplo, com uma arma de fogo descarregada ou simulada. Não valerá ao agente alegar a ausência de intenção de executar a ameaça, pois esta é incriminada independentemente de tal intenção. O crime existe pelo simples fato da intimidação"[45].

Cumpre salientar, ainda, que a ameaça utilizada na cobrança de dívidas ou de qualquer outro procedimento que exponha o consumidor, injustificadamente, a ridículo ou interfira com seu trabalho, descanso ou lazer, caracteriza o delito do art. 71 da Lei n.º 8.078/90.

Finalmente, o elemento subjetivo do tipo é o dolo, consistente na consciência e vontade de ameaçar alguém de lhe causar mal injusto e grave, motivo pelo qual o *animus jocandi,* a bazófia e a jactância excluem o dolo[46].

2.4. Consumação e tentativa

Consuma-se o crime quando a vítima toma conhecimento do conteúdo da ameaça, não sendo necessário que cause medo ou temor no sujeito passivo, já que é suficiente a idoneidade de intimidar.

Já a tentativa é de difícil configuração, apesar de perceptível quando se trata de ameaça praticada por escrito (ex.: carta ou bilhete interceptado)[47].

42 Nesse sentido: DE JESUS, Damásio Evangelista. op. cit., p.p. 292-293; e GRECO, Rogério. op. cit., p. 494.

43 BITTENCOURT, Cezar Robert, op. cit., p. 383.

44 HUNGRIA, Nelson, op.cit., p. 186.

45 HUNGRIA, Nelson, op. cit., p. 186.

46 NORONHA, E. Magalhães, op. cit., p. 158.

47 Entretanto, Cezar Roberto Bitencourt é contrário à possibilidade de tentativa no crime de ameaça, por considerá-lo unissubsistente, ou seja, não passível de fracionamento (BITTENCOURT, Cezar Roberto. op. cit., 374).

2.5. Jurisprudência

AGRAVO REGIMENTAL NO RECURSO ESPECIAL. VIOLÊNCIA DOMÉSTICA. AMEAÇA.TIPICIDADE. RECONCILIAÇÃO. IRRELEVÂNCIA. SÚMULA 568/STJ AGRAVO DESPROVIDO.1. **O Superior Tribunal de Justiça tem jurisprudência reiterada de que não incide os princípios da insignificância e da bagatela imprópria aos crimes e às contravenções praticados mediante violência ou grave ameaça contra mulher, no âmbito das relações domésticas, dada a relevância penal da conduta. Logo, a reconciliação do casal não implica no reconhecimento da atipicidade material da conduta ou a desnecessidade de pena**" (ut, AgRg no REsp 1602827/MS, Rel. Ministro RIBEIRO DANTAS, Quinta Turma, DJe 09/11/2016) 2. Agravo regimental desprovido (grifo nosso) (AgRg no REsp 1743996/MS, Rel. Ministro REYNALDO SOARES DA FONSECA, QUINTA TURMA, julgado em 14/05/2019, DJe 23/05/2019).

RECURSO ESPECIAL. AMEAÇA. CRIME FORMAL. POTENCIALIDADE LESIVA DA CONDUTA. TIPICIDADE. RESTABELECIMENTO DA SENTENÇA CONDENATÓRIA. RECURSO PROVIDO.

1. **O crime de ameaça é de natureza formal, bastando para sua consumação que a intimidação seja suficiente para causar temor à vítima no momento em que praticado, restando a infração penal configurada ainda que a vítima não tenha se sentido ameaçada** (HC 372.327/RS, Rel. Ministro RIBEIRO DANTAS, QUINTA TURMA, DJe 23/3/2017).

2. Consignado pelo Tribunal a quo que o réu ameaçou a vítima de morte caso ela chamasse a polícia ou sua mãe passasse mal de novo, não há falar em atipicidade da conduta.

3. Recurso especial provido para restabelecer a sentença condenatória relativamente à condenação pelo crime de ameaça (grifo nosso) (REsp 1712678/DF, Rel. Ministro NEFI CORDEIRO, SEXTA TURMA, julgado em 02/04/2019, DJe 10/04/2019).

AGRAVO REGIMENTAL NO HABEAS CORPUS. CRIME DE AMEAÇA (ART. 147 DO CÓDIGO PENAL). AGRAVANTE DO ART. 61, II, "F", DO CÓDIGO PENAL. RITO DA LEI MARIA DA PENHA. BIS IN IDEM. INOCORRÊNCIA. 1. **A incidência da agravante prevista no art. 61, inciso II, alínea "f", do Código Penal, tem o objetivo de punir mais severamente o agente que pratica a infração prevalecendo-se das relações domésticas, no âmbito do seio familiar, de modo que fica impossibilitado o seu afastamento, porquanto, em relação ao delito capitulado no art. 147 do Código Penal, a incidência da agravante não tem o condão de configurar bis in idem, considerando que o cometimento do delito em âmbito doméstico é circunstância estranha às elementares do tipo de ameaça**. Precedentes. 2. Agravo regimental a que se nega provimento (grifo nosso) (AgRg no HC 461.797/SC, Rel. Ministro ANTONIO SALDANHA PALHEIRO, SEXTA TURMA, julgado em 11/12/2018, DJe 01/02/2019).

PENAL E PROCESSO PENAL. RECURSO EM HABEAS CORPUS. 1. TRANCAMENTO DA AÇÃO PENAL. EXCEPCIONALIDADE PRESENTE. 2. ART. 147 DO CP. CONDUTA ATÍPICA. AUSÊNCIA DE AMEAÇA. 3. RECURSO EM HABEAS CORPUS A QUE SE DÁ PROVIMENTO. PARECER MINISTERIAL FAVORÁVEL AO PROVIMENTO DA IRRESIGNAÇÃO RECURSAL 1. O trancamento da ação penal somente é possível na via estreita do habeas corpus em caráter excepcional, quando se comprovar, de plano, a inépcia da denúncia, a atipicidade da conduta, a incidência de causa de extinção da punibilidade ou a ausência de indícios de autoria ou de prova da materialidade do delito. 2. **O recorrente foi denunciado, em virtude de comentário em grupo de whatsapp da OAB, no qual, após colocar "emojis" rindo, comenta notícia sobre juiz que apanhou, com a seguinte frase: "se a moda pegar, diz q tem um juiz do crime q ainda vai apanhar muito em Cdr". Não se constata, todavia, em que medida referido comentário pode ser considerado como uma ameaça direcionada ao juiz da comarca, porquanto não tem tom de ameaça e nem foi dirigido à suposta vítima, cuidando-se de simples comentário em grupo de whatsapp da OAB. A tentativa de subsumir referida conduta ao crime do art. 147 do Código Penal não ultrapassa sequer o núcleo do tipo, consistente no verbo ameaçar, uma vez que, nem como muito esforço, se observa a intenção de intimidar alguém**. 3. Recurso em habeas corpus a que se dá provimento, para trancar a Ação Penal n. 0002073-36.2018.8.24.0012 (grifo nosso) (RHC 102.393/SC, Rel. Ministro REYNALDO SOARES DA FONSECA, QUINTA TURMA, julgado em 23/10/2018, DJe 31/10/2018).

CONFLITO DE COMPETÊNCIA. CRIME DE AMEAÇA PRATICADO POR WHATSAPP E FACEBOOK. ÂMBITO DE APLICAÇÃO DA LEI MARIA DA PENHA. DELITO FORMAL.

CONSUMAÇÃO NO LOCAL ONDE A VÍTIMA CONHECE DAS AMEAÇAS. CONFLITO DE COMPETÊNCIA CONHECIDO. DECLARADA A COMPETÊNCIA DO JUÍZO SUSCITADO.

1. **O crime de natureza formal, tal qual o tipo do art. 147 do Código Penal, se consuma no momento em que a vítima toma conhecimento da ameaça. 2. Segundo o art. 70, primeira parte, do Código de Processo Penal, "A competência será, de regra, determinada pelo lugar em que se consumar a infração"**. 3. **No caso, a vítima tomou conhecimento das ameaças, proferidas via Whatsapp e pela rede social Facebook, na Comarca de Naviraí, por meio do seu celular, local de consumação do delito e de onde requereu medidas protetivas.** 4. Independentemente do local em que praticadas as condutas de ameaça e da existência de fato anterior ocorrido na Comarca de Curitiba, deve-se compreender a medida protetiva como tutela inibitória que prestigia a sua finalidade de prevenção de riscos para a mulher, frente à possibilidade de violência doméstica e familiar.

5. Conflito conhecido para declarar a competência do Juízo da 1º Vara Criminal da Comarca de Naviraí/MS, ora suscitado (grifo nosso) (CC 156.284/PR, Rel. Ministro RIBEIRO DANTAS, TERCEIRA SEÇÃO, julgado em 28/02/2018, DJe 06/03/2018)

RHC. AÇÃO PENAL. DENÚNCIA. TRANCAMENTO AÇÃO PENAL. AMEAÇA. 1. Conforme luzidia corrente doutrinária e jurisprudencial, a justa causa apta a justificar o trancamento da ação penal é aquela perceptível ictu oculi, sem a necessidade de exame do conjunto fático-probatório, onde a ilegalidade é patente e evidenciada pela simples enunciação dos fatos a demonstrar a ausência de qualquer elemento indiciário que dê base à acusação. No entanto, se há descrição pelo Ministério Público de crime em tese, impõe-se o prosseguimento da ação. 2. **No crime de ameaça, a simples menção da denúncia de estar o acusado, por ocasião dos fatos, muito enraivecido, não produz o efeito de trancamento da ação por via de habeas corpus, circunstância a ser sopesada no âmbito da instrução criminal.** 3. Recurso improvido (grifo nosso) (RHC 10.553/SP, Rel. Ministro FERNANDO GONÇALVES, SEXTA TURMA, julgado em 06/02/2001, DJ 05/03/2001, p. 239)

EMENTA: HABEAS CORPUS. ALEGAÇÃO DE INEXISTÊNCIA DE JUSTA CAUSA PARA A AÇÃO PENAL. DENÚNCIA BASEADA APENAS NO REGISTRO DE OCORRÊNCIA FEITO PELA VÍTIMA. CRIME DE AMEAÇA. IMPORTÂNCIA DA

PALAVRA DA VÍTIMA. JUIZADOS ESPECIAIS CRIMINAIS. **Apesar de lastreada apenas no Registro de Ocorrência, a denúncia preenche os requisitos minimamente necessários a dar início à persecução penal, portando consigo elementos suficientes para que o acusado conheça o fato que lhe é imputado e possa dele se defender. Nos crimes de ameaça, a palavra da vítima se reveste de importância para a formação dos indícios de autoria, capazes de deflagrar a ação penal. Nos juizados especiais criminais, a acusação pode ser oferecida exclusivamente com base no Termo Circunstanciado de Ocorrência - TCO, dispensando-se o próprio inquérito policial.** Daí se mostrar prematuro o trancamento da ação penal. Habeas corpus indeferido (grifo nosso) (HC 85803, Relator(a): Min. CARLOS BRITTO, Primeira Turma, julgado em 30/08/2005, DJ 10-08-2006 PP-00026 EMENT VOL-02241-03 PP-00423 RTJ VOL-00199-01 PP-00318 RMP n. 31, 2009, p. 171-177)

CRIME DE AMEAÇA - ARTIGO 147 DO CÓDIGO PENAL - AUSÊNCIA DE CONFIGURAÇÃO - DISCUSSÃO ENTRE VIZINHOS. A ameaça de que se acabaria com a vítima e filha decorreu de discussão acalorada entre vizinhos, surgindo a retratação. Falta de justa causa para a ação penal (HC 82895, Relator(a): Min. MARCO AURÉLIO, Primeira Turma, julgado em 24/06/2003, DJ 08-08-2003 PP-00088 EMENT VOL-02118-02 PP-00411)

COMPETÊNCIA - HABEAS CORPUS - ATO DE TRIBUNAL DE ALÇADA CRIMINAL. Na dicção da ilustrada maioria, entendimento em relação ao qual guardo reservas, compete ao Supremo Tribunal Federal julgar todo e qualquer habeas corpus dirigido contra ato de tribunal ainda que não possua a qualificação de superior. Convicção pessoal colocada em segundo plano, em face de atuação em órgão fracionário. EXTORSÃO. **Configura o crime de extorsão a exigência de pagamento de certo valor, sob pena de destruição, para devolver-se máquinas subtraídas por terceiro. A gradação da ameaça é apreciada de forma objetiva, sendo que a exigência da vantagem econômica indevida desloca o crime do artigo 147 - o de simples ameaça - para o de extorsão - artigo 158 -, ambos do Código Penal** (grifo nosso) (HC 77208, Relator(a): Min. MARCO AURÉLIO, Segunda Turma, julgado em 08/09/1998, DJ 30-10-1998 PP-00004 EMENT VOL-01929-02 PP-00298)

3.SEQUESTRO E CÁRCERE PRIVADO

⊙ **Sequestro e cárcere privado**

Art. 148 - Privar alguém de sua liberdade, mediante seqüestro ou cárcere privado:

Pena - reclusão, de um a três anos.

§ 1º - A pena é de reclusão, de dois a cinco anos:

I - se a vítima é ascendente, descendente, cônjuge ou companheiro do agente ou maior de 60 (sessenta) anos; (Redação dada pela Lei nº 11.106, de 2005)

II - se o crime é praticado mediante internação da vítima em casa de saúde ou hospital;

III - se a privação da liberdade dura mais de 15 (quinze) dias.

IV - se o crime é praticado contra menor de 18 (dezoito) anos; (Incluído pela Lei nº 11.106, de 2005)

V - se o crime é praticado com fins libidinosos. (Incluído pela Lei nº 11.106, de 2005)

§ 2º - Se resulta à vítima, em razão de maus-tratos ou da natureza da detenção, grave sofrimento físico ou moral:

Pena - reclusão, de dois a oito anos.

3.1. Considerações iniciais

Trata-se de crime comum, material, permanente, plurissubsistente, comissivo ou omissivo, a depender das circunstâncias, e doloso, cuja ação penal é pública incondicionada.

Se preenchidos os requisitos legais, é cabível o Acordo de Não Persecução Penal - ANPP, na forma prevista no art. 28-A do Código de Processo Penal, com nova redação conferida pela Lei n. 13.964/2019.

Na modalidade simples do *caput*, cuja pena mínima é de um ano de reclusão, admite-se a proposta de suspensão condicional do processo, nos termos do art. 89 da Lei n.º 9.099/95.

O bem jurídico tutelado é a liberdade de movimento da pessoa humana (direito de ir, vir e ficar)[48]. Trata-se, portanto, de bem disponível, sendo que o consentimento da vítima, validamente externado, exclui o delito.

Entretanto, o consentimento não terá valor se violar princípios fundamentais de Direito Público ou de alguma forma ferir a dignidade da pessoa humana (ex.: privação da liberdade em caráter perpétuo ou por muito tempo, bem como prestação servil ou de qualquer modo ilícita)[49].

3.2. Sujeitos do crime

O crime é bicomum, ou seja, é comum tanto quanto ao sujeito ativo quanto ao passivo, não se exigindo nenhuma qualidade especial do autor, nem tampouco da vítima.

Cumpre registrar que, diversamente do que ocorre com os crimes anteriormente vistos, no sequestro ou cárcere privado o sujeito passivo pode ser um inimputável: portador de transtornos mentais ou criança/adolescente, sem nenhum problema.

No entanto, como bem adverte Cezar Roberto Bittencourt[50], em se tratando de autoria de funcionário público, o delito praticado poderá ser, a depender das circunstâncias do caso, um daqueles previstos na Lei n. 13.869/19 (abuso de autoridade); já se o ofendido for uma criança ou adolescente, os crimes poderão ser os tipificados nos artigos 230, 234 e 235 da Lei n.º 8.069/90[51].

Questiona-se se o indivíduo que utiliza cadeira de rodas poderia ser sujeito passivo desse delito. Nada impede, afinal mesmo estas pessoas têm mantida a liberdade de movimento, ainda que a custa de terceiros ou aparelhos que auxiliem na locomoção[52].

---

48 HUNGRIA, Nelson. op. cit., p. 192.

49 NORONHA, E. Magalhães. op. cit., p. 160.

50 BITTENCOURT, Cezar Roberto. op. cit., p. 388.

51 Art. 230 do ECA. Privar a criança ou o adolescente de sua liberdade, procedendo à sua apreensão sem estar em flagrante de ato infracional ou inexistindo ordem escrita da autoridade judiciária competente: Pena - detenção de seis meses a dois anos.

Art. 234 do ECA. Deixar a autoridade competente, sem justa causa, de ordenar a imediata liberação de criança ou adolescente, tão logo tenha conhecimento da ilegalidade da apreensão: Pena - detenção de seis meses a dois anos.

Art. 235 do ECA. Descumprir, injustificadamente, prazo fixado nesta Lei em benefício de adolescente privado de liberdade: Pena - detenção de seis meses a dois anos.

52 NORONHA, E. Magalhães. op. cit., p. 160.

Ademais, Mirabete ressalta que mesmo que o sujeito passivo tenha cerceada a sua liberdade de locomoção, legalmente, poderá ocorrer o crime se o sujeito ativo a reduz ainda mais[53]. O exemplo é dado por Magalhães Noronha, qual seja, acorrentar um preso, tirando-lhe a liberdade de locomoção que o regulamento presidiário lhe faculta[54].

3.3. Tipo objetivo e subjetivo

Com efeito, a lei refere-se ao sequestro e ao cárcere privado sem conceituá-los, nem tampouco distingui-los, apenando as duas condutas de forma semelhante.

Mas, é possível afirmar que o sequestro é a privação da liberdade sem confinamento/clausura (ex.: privação da liberdade em uma fazenda ou em um sítio). Por sua vez, o cárcere privado é uma espécie de sequestro em que há privação da liberdade, com o confinamento/clausura da vítima (ex.: privação da liberdade em um cômodo da casa)[55].

Entretanto, qual seria a importância de referida distinção? Como no cárcere privado há maior sofrimento para o ofendido, deve ser considerado pelo juiz no momento da dosimetria da pena, quando da análise da culpabilidade ou circunstâncias da prática do crime.

Trata-se de crime de execução livre, podendo ser antecedido de violência, grave ameaça ou qualquer outro meio de execução (ex.: fraude), já que a conduta é privar alguém de sua liberdade. Ademais, pode ser praticado por ação ou omissão (ex.: médico que não concede alta para o paciente já curado[56]).

Enfim, Nelson Hungria[57] enfatiza que são *essentialia* do crime em questão, na sua dupla forma (sequestro e cárcere privado): "a) detenção ou retenção de alguém em determinado lugar; b) dissentimento, explícito ou implícito, do sujeito passivo; c) ilegitimidade objetiva da retenção ou detenção; d) dolo".

É possível o concurso material entre o crime do art. 148 do Código Penal e o delito tipificado no art. 157, § 2º, V, do Código Penal, acrescentado pela Lei n.º 9.426/96?

---

53 MIRABETE, Julio Fabrini. op. cit., p. 195.

54 NORONHA, E. Magalhães. op. cit., p. 160.

55 Sobre a referida distinção NELSON HUNGRIA leciona que: "Parece-nos, entretanto, mais acertado dizer que o seqüestro é que o gênero e o cárcere privado a espécie, ou, por outras palavras, o seqüestro (arbitrária privação da liberdade de movimento no espaço) toma o nome tradicional de cárcere privado quando exercido *in domo privata* ou em qualquer recinto fechado, não destinado a prisão pública. Tanto no seqüestro, quanto no cárcere privado, é detida ou retida a pessoa em determinado lugar; mas, no cárcere privado, há a circunstância de clausura ou encerramento" (op.cit., p. 192).

56 Mas, se a não concessão da alta visa ao ressarcimento de despesas hospitalares, configurado estará o crime do art. 345 do Código Penal (exercício arbitrário das próprias razões).

57 HUNGRIA, Nelson. op. cit., p. 193.

Sim, desde que a liberdade da vítima seja restringida por tempo superior ao necessário à subtração de seus bens[58].

Por fim, o crime é punido a título de dolo, não se exigindo qualquer finalidade especial. Porém, sendo detectada uma finalidade específica, como por exemplo a intenção de escravizar ou a obtenção de vantagem econômica ou, ainda, a realização de justiça com as próprias mãos, poderão restar configurados, respectivamente, os crimes de plágio (CP, art. 149), extorsão mediante sequestro (CP, art. 159) e exercício arbitrário das próprias razões (CP, art. 345).

Para Nelson Hungria[59], no caso de disciplina doméstica, o abuso concretiza o crime de maus tratos (CP, art. 136).

3.4. Consumação e tentativa

O crime se consuma com a privação da liberdade do sujeito passivo. Mas, se trata de crime permanente, cuja consumação se protrai no tempo, razão pela qual: a) admite o flagrante a qualquer momento; e b) a prescrição só começa a correr depois de cessada a permanência.

O tempo em que a vítima fica privada de sua locomoção é importante para a consumação do crime? Não, é irrelevante, podendo interferir na dosimetria da pena, bem como na tipificação da conduta, deslocando do crime na modalidade simples do *caput*, para a qualificada do inciso III do § 1º do art. 148 do Código Penal[60].

A tentativa é admitida, por se tratar de um crime plurissubsistente, cuja execução é fracionada em vários atos.

3.5. Qualificadoras

A pena será de dois a cinco anos de reclusão se a vítima é ascendente, descendente, cônjuge ou companheiro do agente ou maior de 60 (sessenta) anos, conforme redação conferida pela Lei n.º 11.106/2005, afinal, com exceção da última situação, há violação do dever familiar a justificar a maior censurabilidade da conduta.

E se se tratar de filho adotivo? Incide a qualificadora, considerando-se o disposto no art. 227, § 6º, da Constituição[61].

É imprescindível que as qualidades da vítima, que ensejam o aumento de pena, ingressem na esfera de conhecimento do autor do delito, sob pena de se configurar o erro de tipo, afastando-se a incidência da qualificadora.

---

58 BITTENCOURT, Cezar Roberto. op. cit., p. 395.

59 HUNGRIA, Nelson. op. cit., p. 195.

60 Para Cezar Roberto Bittencourt, se a privação for rápida instantânea ou momentânea, não configurará o crime, admitindo-se, no máximo, sua figura tentada ou, quem sabe, constrangimento ilegal (op. cit., p 380).

61 Em sentido contrário: BITTENCOURT, Cezar Roberto. op. cit., p. 392; e HUNGRIA, Nelson. op. cit., p. 197.

De mais a mais, o rol legal é taxativo (*numerus clausus*), não abrangendo, por exemplo, colaterais, nem tampouco irmãos. Além disso, se a vítima possuir mais de uma das condições elencadas pela lei, a qualificadora incidirá uma única vez, devendo-se aplicar aqui a mesma lógica dos crimes de ação múltipla ou de conteúdo variado.

Como forma de evitar a ocorrência de *bis in idem*, o reconhecimento da qualificadora, por óbvio, afasta a incidência das agravantes previstas no art. 61, II, "a" (com exceção do irmão), e "h", do Código Penal[62].

Outrossim, a pena também é aumentada quando o crime é praticado mediante internação da vítima em casa de saúde ou hospital. É a denominada internação simulada ou fraudulenta.

Por outro lado, se o agente abandonar o idoso em hospitais, casas de saúde, entidades de longa permanência, configurado estará o crime do art. 98 Lei n.º 10.741/03 (Estatuto do Idoso), cuja pena é de detenção de 6 (seis) meses a 3 (três) anos e multa.

Também haverá elevação da pena quando a privação da liberdade durar mais de 15 (quinze) dias, pois nestes casos "o crime adquire um cunho de maior lesividade objetiva"[63]. Assim, nota-se que o tempo de duração da conduta não interfere na consumação do crime, mas, frise-se, na individualização da pena.

Igualmente, o preceito secundário é maior quando o crime é praticado contra menor de 18 (dezoito) anos, em conformidade com inclusão realizada pela Lei n.º 11.106/2005.

Por último, o aumento também ocorrerá se o crime for praticado com fins libidinosos. Antes do advento da Lei n.º 11.106/2005, que incluiu esta nova qualificadora no rol do § 1º do art. 148, sequestrar com fins libidinosos configurava rapto violento (CP, art. 219) ou rapto consensual (CP, art. 220). Mas, depois da referida alteração legislativa, o rapto consensual foi abolido - *abolitio criminis* - e o rapto violento agora está tipificado no art. 148, § 1º, V, do Código Penal - princípio da continuidade normativo-típica[64].

Logo, se o crime for praticado com fins libidinosos antes da Lei n.º 11.106/06, quando aplicável o art. 219 do Código Penal, cuja ação penal era privada, mas a denúncia só vier a ser oferecida quando já em vigor a nova lei? A ação penal se inicia mediante queixa ou denúncia, considerando que o crime do art. 148, § 1º, V, do Código Penal é de ação penal pública? Como a alteração traz mudanças no direito de punir (direito material), não pode haver retroatividade para prejudicar o sujeito ativo, motivo

62 BITTENCOURT, Cezar Roberto. op. cit., p. 393.

63 HUNGRIA, Nelson. op. cit., p. 197.

64 Não se deve confundir a *abolitio criminis* com o princípio da continuidade normativo-típica, pois no primeiro existe uma supressão formal, bem como uma supressão material da norma, sendo que a intenção do legislador não é mais considerar o fato como criminoso; já no segundo, há apenas alteração formal, mas manutenção do conteúdo da norma, sendo que a intenção do legislador, agora, é manter o fato como crime.

pela qual a ação penal deve ser iniciada por meio de queixa, que admite decadência, renúncia, perdão e perempção.

Não se pode deixar de mencionar, ainda, a qualificadora prevista no § 2º do art. 148 do Código Penal que prevê que se da ação resulta grave sofrimento físico ou mental na vítima, em razão de maus-tratos ou da natureza da detenção, a pena será de dois a oito anos de reclusão.

É preciso registrar, por último, que é plenamente possível a coexistência das qualificadoras do § 1º com as do § 2º do art. 148 do Código Penal, sendo que se houver duas qualificadoras concorrendo, o juiz deve aplicar a que for mais grave. Dito de outro modo, o § 2º deve servir para qualificar o delito, enquanto o § 1º do art. 148 do Código Penal, como circunstância judicial desfavorável, a ser considerado na fixação da pena-base.

3.6. Jurisprudência

PROCESSUAL PENAL. AGRAVO REGIMENTAL NO AGRAVO REGIMENTAL NO AGRAVO EM RECURSO ESPECIAL. SEQUESTRO E CÁRCERE PRIVADO. SÚMULA 7/STJ. NÃO INCIDÊNCIA. AGRAVO REGIMENTAL NÃO PROVIDO. 1. No caso, a pretensão recursal não demanda o reexame de provas, mas tão somente a revaloração jurídica dos fatos já expressamente delineados no acórdão objurgado, não incidindo, portanto, o óbice da Súmula 7/STJ. 2. **A intenção do agente de privar a liberdade da vítima está claramente demonstrada no acórdão. O réu mediante o emprego de violência física (golpes de faca) e psicológica (ameaças) impedia a vítima de sair da casa, anulando sua capacidade de autodeterminação, contrariando, assim, a norma penal prevista no art. 148 do CP.** 3. Agravo regimental a que se nega provimento (grifo nosso) (AgRg no AREsp 826.979/MT, Rel. Ministro RIBEIRO DANTAS, QUINTA TURMA, julgado em 26/06/2018, DJe 01/08/2018).

HABEAS CORPUS SUBSTITUTIVO DE RECURSO ESPECIAL. ROUBO MAJORADO E SEQUESTRO/ CÁRCERE PRIVADO. PLEITO DE DESCLASSIFICAÇÃO PARA O CRIME DE CONSTRANGIMENTO ILEGAL. VÍTIMA COLOCADA NO PORTA-MALA DO CARRO. RESTRIÇÃO DA LIBERDADE POR CERCA DE MEIA HORA. CONDUTA QUE EXTRAPOLA O MERO CONSTRANGIMENTO. CONDUTA PERMANENTE. HABEAS CORPUS NÃO CONHECIDO. 1. O habeas corpus não pode ser utilizado como substitutivo de recurso próprio, a fim de que não se desvirtue a finalidade dessa garantia constitucional, com a exceção de quando a ilegalidade apontada é flagrante, hipótese em que se concede a ordem de ofício. 2. **O crime de sequestro/cárcer privado, tipificado no art.148 Código Penal, exige para a sua configuração a restrição da liberdade de ir e vir da vítima, sendo, assim, um crime permanente. Por outro lado, o delito de constrangimento ilegal, descrito no art. 146 do mesmo códex, possui a natureza de crime instantâneo.** 4. **No caso, o paciente constrangeu a vítima a adentrar no porta-malas de seu veículo automotor (por cerca de 30 minutos), mediante grave ameaça exercida com emprego de uma arma de fogo, assumindo a direção do automóvel para praticar um novo delito de roubo. Assim, a conduta do paciente extrapolou o mero constrangimento ilegal, o que comprova o acerto do acórdão impugnado que tipificou a conduta como cárcere privado.** 5. Habeas corpus não conhecido (grifo nosso) (HC 395.978/SC, Rel. Ministro REYNALDO SOARES DA FONSECA, QUINTA TURMA, julgado em 19/04/2018, DJe 30/04/2018).

PENAL. RECURSO ESPECIAL. VIOLÊNCIA DOMÉSTICA E FAMILIAR CONTRA A MULHER. CONSTRANGIMENTO ILEGAL (ART. 146 DO CP). CÁRCERE PRIVADO (ART. 148 DO CP). PRIVAÇÃO DA LIBERDADE. VIOLÊNCIA PSICOLÓGICA E FÍSICA. 1. **A conduta típica do crime do art. 148 do CP consiste na restrição (parcial ou total) da liberdade de locomoção de alguém. Os meios para isso são o sequestro (retira a vítima de sua esfera de segurança para restringir sua liberdade) e o cárcere privado (colocação em confinamento). O elemento comum é a restrição à liberdade da vítima, bastando para a configuração do crime em questão que a vítima não tenha a faculdade de dirigir sua liberdade, sendo desnecessária a privação total de sua liberdade, ou seja, que fique totalmente impossibilitada de se retirar do local em que foi confinada. 2. No presente caso, ficou comprovado que a vítima, apesar de possuir a chave do portão de sua residência, estava impedida de sair de casa em razão da violência física e psicológica exercida pelo seu marido, ora réu, uma vez que, conforme constatado pelos depoimentos presentes no acórdão recorrido, tinha um temor absoluto e insuperável do que poderia acontecer se desobedecesse às ordens do acusado. 3. O dolo do réu encontra-se configurado na vontade de privar a vítima de sua liberdade de se locomover, empregando violência psicológica e física para impedi-la de sair de sua residência, anulando sua a capacidade de autodeterminação, mesmo esta tendo a chave do local. Assim, o constrangimento, exercido mediante violência e ameaças, tinha como objetivo privar sua liberdade de locomoção e de autodeterminação, o que configura o delito previsto no art. 148 do CP.** 4. Recurso especial provido para reconhecer a prática do delito previsto no art. 148 do Código Penal e determinar o retorno dos autos ao Tribunal a quo para que proceda à necessária dosimetria da pena (grifo nosso) (REsp 1622510/MS, Rel. Ministro REYNALDO SOARES DA FONSECA, QUINTA TURMA, julgado em 01/06/2017, DJe 09/06/2017)

Ementa: Processual Penal. Habeas corpus. Motim de presos, sequestro e cárcere privado, em concurso material (Arts. 148 e 354, c/c art. 69, todos do Código Penal). Prisão preventiva para garantia da ordem pública. Necessidade evidenciada pela periculosidade in concreto do paciente, revelada pelo modus operandi. 1. A prisão preventiva para garantia da ordem pública encontra justificativa idônea na periculosidade in concreto do paciente, revelada pelo modus operandi na prática delituosa. Precedentes: HC 104.346, Relator o Ministro LUIZ FUX, Primeira Turma, DJe de 01/08/11; HC 105.775, Relatora a Ministra CÁRMEN LÚCIA, Primeira Turma, DJe de 15/08/2011; HC 97.891, Relator o Ministro JOAQUIM BARBOSA, Segunda Turma, DJe de 11/11/2010; HC 104.510, Relatora a Ministra ELLEN GRACIE, Segunda Turma, DJe de 30/06/2011. 2. In casu, o paciente e outros, agindo com extrema violência em motim de presos e com a utilização de armas artesanais, entre as quais estiletes e paus, sequestraram e mantiveram em cárcere privado, durante oito horas, servidores públicos; condutas expressivas de acentuada periculosidade, justificando, por isso, a segregação cautelar para garantia da ordem pública, cujos fundamentos foram reiterados para negar o apelo em liberdade por ocasião da prolação da superveniente sentença, publicada em 2/9/2011, que o condenou pelos crimes tipificados nos arts. 148 e 354 do Código

Penal. 3. Parecer ministerial em consonância com os fundamentos invocados para a denegação da ordem. 4. Ordem denegada. (HC 108145, Relator(a): Min. LUIZ FUX, Primeira Turma, julgado em 22/05/2012, PROCESSO ELETRÔNICO DJe-119 DIVULG 18-06-2012 PUBLIC 19-06-2012)

EMENTA Recurso ordinário em habeas corpus. Paciente condenado a 14 anos e 2 meses de reclusão por formação de quadrilha, roubo circunstanciado (duas vezes), sequestro e cárcere privado (duas vezes). Continuidade delitiva não configurada. Necessidade de unidade de desígnios. Reexame de fatos e provas. Via estreita do HC imprópria. Quadrilha armada e roubo circunstanciado pelo emprego de arma. Bis in idem. Inocorrência. Cárcere privado. Retenção das vítimas em seu próprio veículo durante os roubos. Pretensão de exclusão dos crimes de sequestro. Supressão de instância. Matéria não debatida no Tribunal a quo. Recurso desprovido. Verificação, todavia, da ocorrência de novatio legis in melius. Reconhecimento da figura única do roubo qualificado (CP, art. 157, § 2º, inciso V, introduzido pela Lei nº 9.426/96). Ordem concedida de ofício para exclusão dos crimes de sequestro. 1. A via estreita do habeas corpus é inadequada para a incursão em aspectos fáticos do processo ou para a dilação probatória tendente a comprovar a existência dos requisitos objetivos e subjetivos para o reconhecimento da continuidade delitiva. 2. As condenações por roubo circunstanciado pelo emprego de arma e por quadrilha armada não configuram o vedado bis in idem, em face da autonomia dos crimes, bem como das circunstâncias que os qualificam. Precedentes. 3. A tese de que a retenção da vítima em seu próprio veículo durante o roubo não configura o crime de sequestro não foi apreciada nas instâncias antecedentes, inviabilizando sua análise nesta Corte, sob pena de indevida supressão de instância. 4. Conforme narrado na denúncia, as vítimas foram privadas momentaneamente de sua liberdade, sendo, contudo, postas espontaneamente em liberdade pelos roubadores tão logo assegurada a posse mansa e pacífica das res furtivae, o que enseja, nos termos do que dispõe o parágrafo único do art. 2º do ordenamento penal, a aplicação da novatio legis in melius, com o reconhecimento da figura única do roubo qualificado, na forma prevista no inciso V do § 2º do art. 157 do CP, introduzido pela Lei nº 9.426/96. 5. Recurso ordinário a que se nega provimento. Ordem de habeas corpus concedida de ofício (RHC 102984, Relator(a): Min. DIAS TOFFOLI, Primeira Turma, julgado em 08/02/2011, DJe-086 DIVULG 09-05-2011 PUBLIC 10-05-2011 EMENT VOL-02518-01 PP-00138)

4. REDUÇÃO A CONDIÇÃO ANÁLOGA À DE ESCRAVO

⊙ **Redução a condição análoga à de escravo**

Art. 149. Reduzir alguém a condição análoga à de escravo, quer submetendo-o a trabalhos forçados ou a jornada exaustiva, quer sujeitando-o a condições degradantes de trabalho, quer restringindo, por qualquer meio, sua locomoção em razão de dívida contraída com o empregador ou preposto: (Redação dada pela Lei nº 10.803, de 11.12.2003)

Pena - reclusão, de dois a oito anos, e multa, além da pena correspondente à violência. (Redação dada pela Lei nº 10.803, de 11.12.2003)

§ 1º Nas mesmas penas incorre quem: (Incluído pela Lei nº 10.803, de 11.12.2003)

I - cerceia o uso de qualquer meio de transporte por parte do trabalhador, com o fim de retê-lo no local de trabalho; (Incluído pela Lei nº 10.803, de 11.12.2003)

II - mantém vigilância ostensiva no local de trabalho ou se apodera de documentos ou objetos pessoais do trabalhador, com o fim de retê-lo no local de trabalho. (Incluído pela Lei nº 10.803, de 11.12.2003)

§ 2º A pena é aumentada de metade, se o crime é cometido: (Incluído pela Lei nº 10.803, de 11.12.2003)

I - contra criança ou adolescente; (Incluído pela Lei nº 10.803, de 11.12.2003)

II - por motivo de preconceito de raça, cor, etnia, religião ou origem. (Incluído pela Lei nº 10.803, de 11.12.2003)

4.1. Considerações iniciais

De acordo com o item 51 da Exposição de Motivos da parte especial do Código Penal, no artigo 149, é prevista uma entidade criminal ignorada do Código vigente: o fato de reduzir alguém, por qualquer meio, à condição análoga à de escravo, isto é, suprimir-lhe, de fato, o *status libertatis*, sujeitando o agente ao seu completo e discricionário poder. É o crime que os antigos chamavam *plagium*[65]. Não é desconhecida a sua prática entre nós, notadamente em certos pontos remotos do nosso país.

Se preenchidos os requisitos legais, é cabível o Acordo de Não Persecução Penal - ANPP, na forma prevista no art. 28-A do Código de Processo Penal, com nova redação conferida pela Lei n. 13.964/2019.

Na verdade, escravidão é uma situação de direito da qual o homem perde a própria personalidade, tornando-se, simplesmente, coisa. Sem amparo legal no Brasil (a escravidão), pune-se no art. 149 do Código Penal, a redução do homem à condição análoga à de escravo (estado de fato proibido por lei).

Trata-se de crime comum, material, permanente, comissivo e doloso, cuja ação é pública incondicionada.

O bem jurídico tutelado é a liberdade individual, em razão, inclusive, da posição topográfica do tipo, sendo certo que reduzir alguém à condição análoga à de escravo, suprimindo o seu *status libertatis*, acaba por violar diretamente o princípio da dignidade da pessoa humana.

O Supremo Tribunal Federal, contudo, quando do julgamento do RE 398041, entendeu que o crime em análise, presentes certas circunstâncias, pode caracterizar um crime contra a organização do trabalho, a atrair a competência da Justiça Federal. De fato, o Pretório Excelso decidiu "que quaisquer condutas que violem não só o sistema de órgãos e instituições que preservam, coletivamente, os direitos e deveres dos trabalhadores, mas também o homem trabalhador, atingindo-o nas esferas em que a Constituição lhe confere proteção máxima, enquadram-se na categoria dos crimes contra a organização do trabalho, se praticadas no contexto de relações de trabalho. Concluiu-se que, nesse contexto, o qual sofre influxo do princípio constitucional da

65 Há três espécie de plágio: a) político: alistar pessoa no exército de outra nação; b) literário: usurpação da obra de outrem; c) civil: o apossamento do homem livre, com animo de lucro. (NORONHA, E. Magalhães. op. cit., p. 163).

dignidade da pessoa humana, informador de todo o sistema jurídico-constitucional, a prática do crime em questão caracteriza-se como crime contra a organização do trabalho, de competência da justiça federal (CF, art. 109, VI)"[66].

Não obstante o entendimento firmado no referido precedente, a questão voltou a ser debatida no Supremo Tribunal Federal, no julgamento do RE 459510, tendo o Supremo Tribunal Federal decidido, em 26/11/2015, que a competência é mesmo da Justiça Federal, pois "o bem jurídico objeto de tutela pelo art. 149 do Código Penal vai além da liberdade individual, já que a prática da conduta em questão acaba por vilipendiar outros bens jurídicos protegidos constitucionalmente como a dignidade da pessoa humana, os direitos trabalhistas e previdenciários, indistintamente considerados"[67].

4.2. Sujeitos do crime

O crime é bicomum, ou seja, é comum tanto quanto ao sujeito ativo quanto ao passivo, não se exigindo nenhuma qualidade especial do autor e da vítima.

É certo, ainda, que não importam a idade, sexo etc., do sujeito passivo, desde que haja compatibilidade com o estado a que se quer submetê-lo[68].

Com efeito, no delito de redução a condição análoga à de escravo o consentimento do ofendido é ineficaz, já que ninguém pode abdicar, total e indefinidamente, do seu *status libertatis*, a configurar a anulação da própria personalidade[69].

---

66 Cf. RE 398041, Relator(a): Min. JOAQUIM BARBOSA, Tribunal Pleno, julgado em 30/11/2006, DJe-241 DIVULG 18-12-2008 PUBLIC 19-12-2008 EMENT VOL-02346-09 PP-02007 RTJ VOL-00209-02 PP-00869.

67 Ementa Recurso extraordinário. Constitucional. Penal. Processual Penal. Competência. Redução a condição análoga à de escravo. Conduta tipificada no art. 149 do Código Penal. Crime contra a organização do trabalho. Competência da Justiça Federal. Artigo 109, inciso VI, da Constituição Federal. Conhecimento e provimento do recurso. 1. O bem jurídico objeto de tutela pelo art. 149 do Código Penal vai além da liberdade individual, já que a prática da conduta em questão acaba por vilipendiar outros bens jurídicos protegidos constitucionalmente como a dignidade da pessoa humana, os direitos trabalhistas e previdenciários, indistintamente considerados. 2. A referida conduta acaba por frustrar os direitos assegurados pela lei trabalhista, atingindo, sobremodo, a organização do trabalho, que visa exatamente a consubstanciar o sistema social trazido pela Constituição Federal em seus arts. 7º e 8º, em conjunto com os postulados do art. 5º, cujo escopo, evidentemente, é proteger o trabalhador em todos os sentidos, evitando a usurpação de sua força de trabalho de forma vil. 3. É dever do Estado (lato sensu) proteger a atividade laboral do trabalhador por meio de sua organização social e trabalhista, bem como zelar pelo respeito à dignidade da pessoa humana (CF, art. 1º, inciso III). 4. **A conjugação harmoniosa dessas circunstâncias se mostra hábil para atrair para a competência da Justiça Federal (CF, art. 109, inciso VI) o processamento e o julgamento do feito.** 5. Recurso extraordinário do qual se conhece e ao qual se dá provimento (grifo nosso) (RE 459510, Relator(a): Min. CEZAR PELUSO, Relator(a) p/ Acórdão: Min. DIAS TOFFOLI, Tribunal Pleno, julgado em 26/11/2015, ACÓRDÃO ELETRÔNICO DJe-067 DIVULG 11-04-2016 PUBLIC 12-04-2016).

68 NORONHA, E. Magalhães. op. cit., p. 164.

69 HUNGRIA, Nelson. op. cit., p. 201.

No entanto, com a entrada em vigor da Lei n.º 10.803/03, que alterou todo o art. 149, com seus parágrafos e incisos, passou a ser necessária a existência de vínculo trabalhista entre autor e vítima, de sorte que se ausente essa relação, outro crime poderá restar configurado[70].

4.3. Tipo objetivo e subjetivo

O art. 149 do Código Penal pune a escravização, de fato, da criatura humana, uma vez que, juridicamente, a escravidão foi abolida em nosso país, por meio da Lei Áurea, em 13 de maio de 1888[71].

Portanto, reduzir alguém à condição análoga à de escravo é sujeitar a vítima ao poder do autor, suprimindo o seu *status libertatis*.

O crime, que antes era de execução livre, já que previa apenas que se reduzisse alguém à condição análoga à de escravo, com o advento da Lei n.º 10.803/03, passou a ser de ação vinculada, exigindo-se, agora, que a referida conduta se dê de formas específicas, ou seja, submetendo o ofendido a trabalhos forçados ou a jornada exaustiva, sujeitando-o a condições degradantes de trabalho, ou restringindo, por qualquer meio, sua locomoção em razão de dívida contraída com o empregador ou preposto.

No entanto, caso o sujeito ativo se valha do sequestro ou cárcere privado previsto no art. 148 do Código Penal, como meio de praticar o delito, este último (CP, art. 148) ficará absorvido pelo crime do art. 149 do Código Penal, em decorrência da aplicação do princípio da consunção/absorção.

De mais a mais, para incidir o art. 149 do Código Penal não é necessário haver maus tratos. Mas, se estes ocorrerem, serão considerados pelo juiz no momento da fixação da pena.

É preciso atentar, contudo, que não é qualquer irregularidade na relação trabalhista que configurará o crime em apreço, sendo imprescindível, portanto, que haja algo mais, de modo que a subordinação ultrapasse o essencial à caracterização da relação de trabalho e passe a configurar o crime de redução à condição análoga à de escravo.

Para Cezar Roberto Bittencourt, guardadas as devidas proporções, o art. 238 do Estatuto da Criança e do Adolescente, que prevê ser crime "prometer ou efetivar a entrega de filho ou pupilo a terceiro, mediante paga ou recompensa", é uma espécie *sui generis* do crime de reduzir alguém a condição análoga à de escravo, pois desde que a

70 BITTENCOURT, Cezar Roberto. op. cit., p. 400.

71 Não por outra razão o art. 589 do Código Civil, que trata da prestação de serviços não sujeito a leis trabalhistas ou leis especiais, prevê que "a prestação de serviços não poderá se convencionar por mais de quatro ano, embora o contrato tenha por causa o pagamento de dívida de quem o presta, ou se destine à execução de certa e determinada obra. Neste caso, decorridos quatro anos, dar-se-á por findo o contrato, ainda que não concluída a obra".

escravidão foi abolida em nosso país, vender alguém como *res* é dispensar-lhe tratamento semelhante ao que davam, no seu tempo, aos escravos[72].

Outrossim, há também o crime previsto no art. 239 da Lei n.º 8.069/90, que estabelece: "promover ou auxiliar a efetivação de ato destinado ao envio de criança ou adolescente para o exterior com inobservância das formalidades legais ou com o fito de obter lucro".

Finalmente, o elemento subjetivo do crime é o dolo, direto ou eventual, de subjugar um semelhante, reduzindo-lhe à condição análoga à de um escravo. Contudo, na figura equiparada do § 1º do art. 149 do Código Penal, o dolo tem finalidade especial de reter o trabalhador em seu local de trabalho, cerceando o uso de qualquer meio de transporte por parte do trabalhador (inciso I) ou mantendo vigilância ostensiva, bem como se apoderando de documentos ou objetos pessoais do operário (inciso II).

4.4. Consumação e tentativa

A consumação ocorre quando a vítima é efetivamente reduzida à condição análoga à de escravo, valendo lembrar que o crime é de natureza permanente. Dito de outro modo, o crime se consuma quando o sujeito passivo passa para o domínio ou poder de outrem, tornando-se submisso e servil[73].

A tentativa é perfeitamente possível, como, por exemplo, na hipótese em que o patrão tenta reter os documentos para que o trabalhador não deixe o local.

4.5. Majorantes

A pena será aumentada de metade se o crime é praticado contra criança ou adolescente.

É imprescindível, como se sabe, que as qualidades da vítima ingressem na esfera de conhecimento do autor do delito, sob pena de se configurar o erro de tipo, afastando-se a incidência da causa de aumento.

Da mesma forma, a pena é maior se o delito for cometido por motivo de preconceito de raça, cor, etnia, religião ou origem.

4.6. Jurisprudência

> AGRAVO REGIMENTAL NO AGRAVO EM RECURSO ESPECIAL. CRIME DO ART. 149 DO CÓDIGO PENAL. RESTRIÇÃO À LIBERDADE DO TRABALHADOR NÃO É CONDIÇÃO ÚNICA DE SUBSUNÇÃO TÍPICA. TRATAMENTO SUBUMANO AO TRABALHADOR. CONDIÇÕES DEGRADANTES DE TRABALHO. FATO TÍPICO. SÚMULA N. 568/STJ.
>
> AGRAVO NÃO PROVIDO. 1. O artigo 149 do Código Penal dispõe que configura crime a conduta de "reduzir alguém a condição análoga à de escravo, quer

72 BITTENCOURT, Cezar Roberto. op. cit., p. 391.

73 NORONHA, E. Magalhães. op. cit., p. 165.

submetendo-o a trabalhos forçados ou a jornada exaustiva, quer sujeitando-o a condições degradantes de trabalho, quer restringindo, por qualquer meio, sua locomoção em razão de dívida contraída com o empregador ou preposto". 2. **O crime de redução a condição análoga à de escravo pode ocorrer independentemente da restrição à liberdade de locomoção do trabalhador, uma vez que esta é apenas uma das formas de cometimento do delito, mas não é a única. O referido tipo penal prevê outras condutas que podem ofender o bem juridicamente tutelado, isto é, a liberdade de o indivíduo ir, vir e se autodeterminar, dentre elas submeter o sujeito passivo do delito a condições degradantes de trabalho. Precedentes do STJ e STF.** 3. Incidência da Súmula 568/STJ: "O relator, monocraticamente e no Superior Tribunal de Justiça, poderá dar ou negar provimento ao recurso quando houver entendimento dominante acerca do tema.". 4. Agravo regimental não provido (grifo nosso) (AgRg no AREsp 1467766/PR, Rel. Ministro REYNALDO SOARES DA FONSECA, QUINTA TURMA, julgado em 27/08/2019, DJe 10/09/2019).

AGRAVO REGIMENTAL NO HABEAS CORPUS. REDUÇÃO À CONDIÇÃO ANÁLOGA À DE ESCRAVO E FALSIFICAÇÃO DE DOCUMENTO PÚBLICO. BIS IN IDEM. NÃO OCORRÊNCIA. PAGAMENTO DE VERBAS PREVIDENCIÁRIAS. EXTINÇÃO DA PUNIBILIDADE. AUSENTE RELAÇÃO DE CAUSA E EFEITO ENTRE OS PAGAMENTOS REALIZADOS E O DELITO DE FALSIFICAÇÃO DE DOCUMENTO PÚBLICO. AGRAVO REGIMENTAL IMPROVIDO. 1. **O fato determinante para a condenação do réu pela prática delitiva do art. 149 do CP decorre das condições degradantes de labor rural a que as vítimas eram submetidas (não fornecimento de EPI, alojamentos insalubres, ausência de água potável, condições indignas para higiene e alimentação, bem como ausência de treinamento para utilização de motosserras), e, para a punição pela fraude processual, foram consideradas a ausência de folha de pagamento e de registro da CTPS, condutas autônomas, que não se confundem e, por consequência, não configuram bis in idem.** 2. O pagamento das verbas previdenciárias devidas conduz à extinção da punibilidade do crime de sonegação previdenciária (delito pelo qual sequer foi denunciado o paciente), em razão da eliminação de eventual mácula ao bem jurídico tutelado. A condenação do réu, contudo, pelo crime descrito no art. 297, § 4º, do CP, deveu-se ao falso incidente nas CTPS dos trabalhadores e à falta de emissão dos comprovantes de pagamentos realizados, não havendo, portanto, qualquer relação de causa e efeito entre o pagamento das verbas devidas e a pretendida extinção da punibilidade. 3. Agravo regimental improvido (grifo nosso) (AgRg no HC 486.268/SC, Rel. Ministro NEFI CORDEIRO, SEXTA TURMA, julgado em 28/03/2019, DJe 12/04/2019)

Ementa: INQUÉRITO. DENÚNCIA. ALICIAMENTO DE TRABALHADORES (ART. 207, § 1º, CP). FRUSTRAÇÃO DE DIREITO ASSEGURADO PELA LEGISLAÇÃO TRABALHISTA MAJORADO (ART. 203, § 1º, I, E § 2º, CP). REDUÇÃO A CONDIÇÃO ANÁLOGA À DE ESCRAVO (ART. 149). INDEPENDÊNCIA DE INSTÂNCIAS. JÚIZO DE PROBABILIDADE CONFIGURADO. DENÚNCIA RECEBIDA.

1. O art. 395 do CPP só permite a rejeição da denúncia quando for manifestamente inepta, faltar pressuposto processual ou condição para o exercício da ação penal, ou, ainda, faltar justa causa para o exercício da ação penal, situações que não se configuram na hipótese.

2. A persecução penal relativa à suposta prática dos crimes previstos nos arts. 207, § 1º (aliciamento de trabalhadores), 203, § 1º, I, e § 2º (frustração de direito

assegurado pela legislação trabalhista majorado), e 149 (redução a condição análoga à de escravo) do Código Penal, independe do prévio desfecho dos processos trabalhistas em curso, ante a independência de instâncias.

3. A orientação jurisprudencial relativa ao delito de sonegação tributária é inaplicável à situação, porquanto a redução ou supressão de tributo é elemento típico do crime do art. 1º da Lei nº 8.137/90, o mesmo não ocorrendo com relação aos delitos apontados na denúncia.

4. Os argumentos de fato suscitados pelo denunciado, como a temporariedade do vínculo de trabalho, a inexistência da servidão por dívida ou de qualquer coação, dentre outros, não merecem análise nesta sede de cognição sumária, que se limita a apurar a existência de justa causa, esta configurada pelas inúmeras provas colhidas pelo Ministério Público Federal.

5. Os elementos de prova acostados à denúncia são capazes de conduzir a um juízo de probabilidade a respeito da ocorrência do fato típico, antijurídico e culpável, bem como de sua autoria.

6. Denúncia recebida (Inq 2131, Relator(a): Min. ELLEN GRACIE, Relator(a) p/ Acórdão: Min. LUIZ FUX, Tribunal Pleno, julgado em 23/02/2012, ACÓRDÃO ELETRÔNICO DJe-154 DIVULG 06-08-2012 PUBLIC 07-08-2012)

EMENTA PENAL. REDUÇÃO A CONDIÇÃO ANÁLOGA A DE ESCRAVO. ESCRAVIDÃO MODERNA. DESNECESSIDADE DE COAÇÃO DIRETA CONTRA A LIBERDADE DE IR E VIR. DENÚNCIA RECEBIDA. Para configuração do crime do art. 149 do Código Penal, não é necessário que se prove a coação física da liberdade de ir e vir ou mesmo o cerceamento da liberdade de locomoção, bastando a submissão da vítima "a trabalhos forçados ou a jornada exaustiva" ou "a condições degradantes de trabalho", condutas alternativas previstas no tipo penal. A "escravidão moderna" é mais sutil do que a do século XIX e o cerceamento da liberdade pode decorrer de diversos constrangimentos econômicos e não necessariamente físicos. Priva-se alguém de sua liberdade e de sua dignidade tratando-o como coisa e não como pessoa humana, o que pode ser feito não só mediante coação, mas também pela violação intensa e persistente de seus direitos básicos, inclusive do direito ao trabalho digno. A violação do direito ao trabalho digno impacta a capacidade da vítima de realizar escolhas segundo a sua livre determinação. Isso também significa "reduzir alguém a condição análoga à de escravo". Não é qualquer violação dos direitos trabalhistas que configura trabalho escravo. Se a violação aos direitos do trabalho é intensa e persistente, se atinge níveis gritantes e se os trabalhadores são submetidos a trabalhos forçados, jornadas exaustivas ou a condições degradantes de trabalho, é possível, em tese, o enquadramento no crime do art. 149 do Código Penal, pois os trabalhadores estão recebendo o tratamento análogo ao de escravos, sendo privados de sua liberdade e de sua dignidade. Denúncia recebida pela presença dos requisitos legais (STF, Inq 3412, Relator(a): Min. MARCO AURÉLIO, Relator(a) p/ Acórdão: Min. ROSA WEBER, Tribunal Pleno, julgado em 29/03/2012, ACÓRDÃO ELETRÔNICO DJe-222 DIVULG 09-11-2012 PUBLIC 12-11-2012)

DIREITO PROCESSUAL PENAL. RECURSO EXTRAORDINÁRIO. COMPETÊNCIA DA JUSTIÇA FEDERAL. CRIMES DE REDUÇÃO À CONDIÇÃO ANÁLOGA À DE ESCRAVO, DE EXPOSIÇÃO DA VIDA E SAÚDE DESTES TRABALHADORES A PERIGO, DE FRUSTRAÇÃO DE DIREITOS TRABALHISTAS E OMISSÃO DE DADOS NA CARTEIRA DE TRABALHO E PREVIDÊNCIA SOCIAL. SUPOSTOS CRIMES

CONEXOS. RECURSO PARCIALMENTE CONHECIDO E, NESTA PARTE, PROVIDO.

1. O recurso extraordinário interposto pelo Ministério Público Federal abrange a questão da competência da justiça federal para os crimes de redução de trabalhadores à condição análoga à de escravo, de exposição da vida e saúde dos referidos trabalhadores a perigo, da frustração de seus direitos trabalhistas e de omissão de dados nas suas carteiras de trabalho e previdência social, e outros crimes supostamente conexos.

2. Relativamente aos pressupostos de admissibilidade do extraordinário, na parte referente à alegada competência da justiça federal para conhecer e julgar os crimes supostamente conexos às infrações de interesse da União, bem como o crime contra a Previdência Social (CP, art. 337-A), as questões suscitadas pelo recorrente demandariam o exame da normativa infraconstitucional (CPP, arts. 76, 78 e 79; CP, art. 337-A).

3. Desse modo, não há possibilidade de conhecimento de parte do recurso extraordinário interposto devido à natureza infraconstitucional das questões.

4. O acórdão recorrido manteve a decisão do juiz federal que declarou a incompetência da justiça federal para processar e julgar o crime de redução à condição análoga à de escravo, o crime de frustração de direito assegurado por lei trabalhista, o crime de omissão de dados da Carteira de Trabalho e Previdência Social e o crime de exposição da vida e saúde de trabalhadores a perigo. No caso, entendeu-se que não se trata de crimes contra a organização do trabalho, mas contra determinados trabalhadores, o que não atrai a competência da Justiça federal.

5. O Plenário do Supremo Tribunal Federal, no julgamento do RE 398.041 (rel. Min. Joaquim Barbosa, sessão de 30.11.2006), fixou a competência da Justiça federal para julgar os crimes de redução à condição análoga à de escravo, por entender "que quaisquer condutas que violem não só o sistema de órgãos e instituições que preservam, coletivamente, os direitos e deveres dos trabalhadores, mas também o homem trabalhador, atingindo-o nas esferas em que a Constituição lhe confere proteção máxima, enquadram-se na categoria dos crimes contra a organização do trabalho, se praticadas no contexto de relações de trabalho" (Informativo no 450).

6. As condutas atribuídas aos recorridos, em tese, violam bens jurídicos que extrapolam os limites da liberdade individual e da saúde dos trabalhadores reduzidos à condição análoga à de escravos, malferindo o princípio da dignidade da pessoa humana e da liberdade do trabalho. Entre os precedentes nesse sentido, refiro-me ao RE 480.138/RR, rel. Min. Gilmar Mendes, DJ 24.04.2008; RE 508.717/PA, rel. Min. Cármen Lúcia, DJ 11.04.2007.

7. Recurso extraordinário parcialmente conhecido e, nessa parte, provido (RE 541627, Relator(a): Min. ELLEN GRACIE, Segunda Turma, julgado em 14/10/2008, DJe-222 DIVULG 20-11-2008 PUBLIC 21-11-2008 EMENT VOL-02342-12 PP-02386 RTJ VOL-00208-02 PP-00853 RIOBTP v. 20, n. 237, 2009, p. 132-139)

CONFLITO DE COMPETÊNCIA. PROCESSUAL PENAL. CRIME DE REDUÇÃO A CONDIÇÃO ANÁLOGA À DE ESCRAVO. ART. 149 DO CÓDIGO PENAL. RESTRIÇÃO À LIBERDADE DO TRABALHADOR NÃO É CONDIÇÃO ÚNICA DE SUBSUNÇÃO TÍPICA.

TRATAMENTO SUBUMANO AO TRABALHADOR. COMPETÊNCIA DA JUSTIÇA FEDERAL.

1. Para configurar o delito do art. 149 do Código Penal não é imprescindível a restrição à liberdade de locomoção dos trabalhadores, a tanto também se admitindo a sujeição a condições degradantes, subumanas.

2. Tendo a denúncia imputado a submissão dos empregados a condições degradantes de trabalho (falta de garantias mínimas de saúde, segurança, higiene e alimentação), tem-se acusação por crime de redução a condição análoga à de escravo, de competência da jurisdição federal (STJ, CC 127.937/GO, Rel. Ministro NEFI CORDEIRO, TERCEIRA SEÇÃO, julgado em 28/05/2014, DJe 06/06/2014).

CONFLITO DE COMPETÊNCIA. CRIME DE REDUÇÃO A CONDIÇÃO ANÁLOGA À DE ESCRAVO. COMPETÊNCIA DA JUSTIÇA FEDERAL. PRECEDENTES DESTA CORTE E DO SUPREMO TRIBUNAL FEDERAL. COMPETÊNCIA DA JUSTIÇA FEDERAL.

- Nos termos da jurisprudência firmada nesta Corte e no Supremo Tribunal Federal, compete à Justiça Federal processar e julgar o crime de redução a condição análoga à de escravo, pois a conduta ilícita de suprimir dos trabalhadores direitos trabalhistas constitucionalmente conferidos viola o princípio da dignidade da pessoa humana, bem como todo o sistema de organização do trabalho e as instituições e órgãos que o protegem.

Conflito conhecido para declarar competente o Juízo Federal da 11ª Vara da Seção Judiciária do Estado de Goiás, ora suscitado (STJ, CC 132.884/GO, Rel. Ministra MARILZA MAYNARD (DESEMBARGADORA CONVOCADA DO TJ/SE), TERCEIRA SEÇÃO, julgado em 28/05/2014, DJe 10/06/2014).

5. TRÁFICO DE PESSOAS

⊙ **Tráfico de Pessoas**

Art. 149-A. Agenciar, aliciar, recrutar, transportar, transferir, comprar, alojar ou acolher pessoa, mediante grave ameaça, violência, coação, fraude ou abuso, com a finalidade de:

I - remover-lhe órgãos, tecidos ou partes do corpo;

II - submetê-la a trabalho em condições análogas à de escravo;

III - submetê-la a qualquer tipo de servidão;

IV - adoção ilegal; ou

V - exploração sexual.

Pena - reclusão, de 4 (quatro) a 8 (oito) anos, e multa.

§ 1º A pena é aumentada de um terço até a metade se:

I - o crime for cometido por funcionário público no exercício de suas funções ou a pretexto de exercê-las;

II - o crime for cometido contra criança, adolescente ou pessoa idosa ou com deficiência;

III - o agente se prevalecer de relações de parentesco, domésticas, de coabitação, de hospitalidade, de dependência econômica, de autoridade ou de superioridade hierárquica inerente ao exercício de emprego, cargo ou função; ou

IV - a vítima do tráfico de pessoas for retirada do território nacional.

§ 2º A pena é reduzida de um a dois terços se o agente for primário e não integrar organização criminosa.

5.1. Considerações iniciais

Com o advento da Lei n. 13.344, de 06 de outubro de 2016, que dispõe sobre a prevenção e repressão ao tráfico interno e internacional de pessoas e sobre medidas de atenção às vítimas, houve o acréscimo de novo tipo ao Código Penal, denominado "Tráfico de Pessoas" (CP, art. 149-A).

Importante mencionar que a questão do tráfico de pessoas já era tema abordado pela Convenção de Palermo (Convenção das Nações Unidas contra o Crime Organizado Transnacional), aprovada pela Assembleia-Geral da ONU, em 15 de novembro de 2000, data em que foi colocada à disposição dos Estados-membros para assinatura, e entrou em vigor no dia 29 de setembro de 2003.

Referida convenção possui três protocolos que abordam áreas específicas do crime organizado, a saber: o Protocolo Relativo à Prevenção, Repressão e Punição do Tráfico de Pessoas, em Especial Mulheres e Crianças; o Protocolo Relativo ao Combate ao Tráfico de Migrantes por Via Terrestre, Marítima e Aérea; e o Protocolo contra a fabricação e o tráfico ilícito de armas de fogo, suas peças e componentes e munições. Observa-se que os países devem ratificar a Convenção antes de aderir a qualquer um dos protocolos.

No Brasil, o Congresso Nacional aprovou, por meio do Decreto Legislativo nº 231, de 29 de maio de 2003, o texto da Convenção das Nações Unidas contra o Crime Organizado Transnacional, adotada em Nova York, em 15 de novembro de 2000 e por meio do Decreto n. 5.015, de 12 de março de 2004, foi promulgada a Convenção de Palermo em nosso País.

É certo, ainda, que o tráfico de pessoas era tipificado no Código Penal. Contudo, com o advento do art. 16 da Lei n. 13.344, de 06 de outubro de 2016, foi revogado expressamente os arts. 231 e 231-A do Código Penal, que previam:

> **Tráfico internacional de pessoa para fim de exploração sexual**
>
> Art. 231. Promover ou facilitar a entrada, no território nacional, de alguém que nele venha a exercer a prostituição ou outra forma de exploração sexual, ou a saída de alguém que vá exercê-la no estrangeiro.
>
> Pena - reclusão, de 3 (três) a 8 (oito) anos.
>
> § 1º Incorre na mesma pena aquele que agenciar, aliciar ou comprar a pessoa traficada, assim como, tendo conhecimento dessa condição, transportá-la, transferi-la ou alojá-la.
>
> § 2º A pena é aumentada da metade se:
>
> I - a vítima é menor de 18 (dezoito) anos
>
> II - a vítima, por enfermidade ou deficiência mental, não tem o necessário discernimento para a prática do ato;
>
> III - se o agente é ascendente, padrasto, madrasta, irmão, enteado, cônjuge, companheiro, tutor ou curador, preceptor ou empregador da vítima, ou se assumiu, por lei ou outra forma, obrigação de cuidado, proteção ou vigilância; ou
>
> IV - há emprego de violência, grave ameaça ou fraude.
>
> § 3º Se o crime é cometido com o fim de obter vantagem econômica, aplica-se também multa.

> **Tráfico interno de pessoa para fim de exploração sexual**
>
> Art. 231-A. Promover ou facilitar o deslocamento de alguém dentro do território nacional para o exercício da prostituição ou outra forma de exploração sexual:
>
> Pena - reclusão, de 2 (dois) a 6 (seis) anos.
>
> § 1º Incorre na mesma pena aquele que agenciar, aliciar, vender ou comprar a pessoa traficada, assim como, tendo conhecimento dessa condição, transportá-la, transferi-la ou alojá-la
>
> § 2º A pena é aumentada da metade se:
>
> I - a vítima é menor de 18 (dezoito) anos;
>
> II - a vítima, por enfermidade ou deficiência mental, não tem o necessário discernimento para a prática do ato;
>
> III - se o agente é ascendente, padrasto, madrasta, irmão, enteado, cônjuge, companheiro, tutor ou curador, preceptor ou empregador da vítima, ou se assumiu, por lei ou outra forma, obrigação de cuidado, proteção ou vigilância; ou
>
> IV - há emprego de violência, grave ameaça ou fraude.
>
> § 3º Se o crime é cometido com o fim de obter vantagem econômica, aplica-se também multa.

Como se nota, os tipos penais eram limitados ao trânsito internacional (CP, art. 231) ou dentro do território nacional (CP, art. 231-A) de pessoa, com o fim específico de prostituição ou exploração sexual, o que limitava por demais as previsões constantes na Convenção de Palermo.

Já o novel art. 149-A do Código Penal, de forma mais abrangente, se aproxima do disposto no art. 3º do Protocolo Relativo à Prevenção, Repressão e Punição do Tráfico de Pessoas, em Especial Mulheres e Crianças (anexo à Convenção de Palermo), que assim dispõe no item "a":

> A expressão "tráfico de pessoas" significa o recrutamento, o transporte, a transferência, o alojamento ou o acolhimento de pessoas, recorrendo à ameaça ou uso da força ou a outras formas de coação, ao rapto, à fraude, ao engano, ao abuso de autoridade ou à situação de vulnerabilidade ou à entrega ou aceitação de pagamentos ou benefícios para obter o consentimento de uma pessoa que tenha autoridade sobre outra para fins de exploração. **A exploração incluirá, no mínimo, a exploração da prostituição de outrem ou outras formas de exploração sexual, o trabalho ou serviços forçados, escravatura ou práticas similares à escravatura, a servidão ou a remoção de órgãos** (grifo nosso).

Importante registrar, ainda, que a revogação expressa dos arts. 231 e 231-A do Código Penal pela Lei n. 13.344/16 não implicou em *abolitio criminis,* pois os "meios executórios ("grave ameaça, violência, coação, fraude ou abuso") estavam previstos nas leis anteriores, a despeito de os verbos dos tipos primitivos (arts. 231 e 231-A) serem mais genéricos (tipo simples), os três eram causa de aumento ("grave ameaça, violência, fraude"); a "coação" (física ou moral) estava abrangida nas elementares "grave ameaça" e "violência".[74] Aplica-se, portanto, o princípio da continuidade normativo-típica, já que o fato criminoso permanece tipificado.

---

74 BARREIRO JÚNIOR, Edmilson da Costa. *O abuso e a vulnerabilidade no tráfico de pessoas, nos termos da Lei Federal 13.344 de 06.10.2016*. Disponível em: http://www.mpf.mp.br/atuacao-tematica/ccr2/

Desse modo, as ações penais em curso, nas quais o agente esteja sendo processado pela prática dos revogados arts. 231 e 231-A do Código Penal, devem prosseguir, em observância ao princípio da ultratividade da Lei Penal.

Por fim, em se tratando de lei mais gravosa, uma vez que as penas foram exacerbadas, não deve retroagir para prejudicar o acusado.

5.2. Sujeitos do crime

Qualquer pessoa pode ser sujeito ativo ou passivo do crime.

Ademais, o consentimento da vítima, em quaisquer das situações previstas no art. 149-A do Código Penal, é irrelevante. Inclusive, assim prevê expressamente o art. 3º, item "b", do Protocolo Relativo à Prevenção, Repressão e Punição do Tráfico de Pessoas, em Especial Mulheres e Crianças (anexo à Convenção de Palermo). Ao contrário, não se verificando a prática de quaisquer dos meios de execução descritos no tipo, o consentimento válido do ofendido, por óbvio, exclui o crime de tráfico de pessoas.

No relatório global sobre tráfico de pessoas da UNDOC [75](*United Nations Office on Drugs and Crime*) de 2018 há algumas conclusões dignas de nota sobre os sujeitos dessa modalidade criminosa, a saber:

> a) Os traficantes têm como alvo principal as mulheres e meninas;
>
> b) O tráfico para exploração sexual continua sendo a forma mais detectada;
>
> c) Nos últimos anos, registrou-se um aumento global na identificação de vítimas de tráfico de pessoas;
>
> d) O número global agregado mostra que a maioria das vítimas detectadas de tráfico globalmente são cidadãos dos países onde são detectadas.

Em um recorte para a realidade da América do Sul, vê-se que a grande maioria das vítimas detectadas é do gênero feminino, representando mais de 80% do total em 2016. Embora as mulheres representem uma pequena maioria geral das vítimas detectadas (51%), há também uma parcela significativa de vítimas crianças detectadas (37%). As meninas são detectadas com maior frequência do que os meninos.

Por outro lado, a maioria dos infratores do tráfico na América do Sul continua sendo homens. Cerca de dois terços dos investigados ou presos, processados ou condenados por tráfico em 2016 eram homens, com apenas pequenas variações entre as diferentes etapas do processo de justiça criminal.

O relatório em questão segue destacando que diferentes padrões de tráfico emergem em diferentes partes do mundo, juntamente com diferentes formas de exploração. Embora outras formas que não a exploração sexual e o trabalho forçado sejam

---

publicacoes/coletaneas-de-artigos/003_17_coletanea_de_artigos_trafico_de_pessoas.pdf. Acesso em 01 de jan. 20.

75 UNODC, Relatório Global sobre Tráfico de Pessoas 2018 (Publicação das Nações Unidas, Nº de venda E.19.IV.2). Disponível em: https://www.unodc.org/documents/lpo-brazil//Topics_TIP/Publicacoes/TiP_PT.pdf. Acesso em 06 jan de 20.

detectadas em taxas muito mais baixas, há especificidades geográficas a serem consideradas. O tráfico para casamentos forçados, por exemplo, é mais comumente detectado em partes do Sudeste Asiático, enquanto que o tráfico de crianças para adoção ilegal é registado nos países da América Central e do Sul. O tráfico para fins de criminalidade forçada é, sobretudo, registado na Europa Ocidental e Meridional, enquanto que o tráfico para remoção de órgãos é detectado principalmente no Norte de África, na Europa Central e do Sudeste e na Europa Oriental.

Por fim, correlações interessantes são realizadas a partir dos dados coletados pelo referido relatório global sobre tráfico de pessoas, como por exemplo a conexão entre traficante e vítima proporcionado por meio do uso da *internet*.

Lá consta que os traficantes inovam e tiram proveito das novas tecnologias para trabalhar de forma flexível, o que inclui o prolongamento de suas operações para além das fronteiras. A utilização de aplicativos baseados na Internet facilitou o processo de identificação das vítimas e o contato com elas, a logística da transferência de dinheiro e a coordenação entre diferentes grupos. Além disso, o anonimato e a facilidade de utilização de muitos serviços em linha simplificam um crime transnacional como o tráfico de pessoas.

Outrossim, os conflitos armados podem aumentar a vulnerabilidade ao tráfico de diferentes maneiras. Áreas com um Estado de Direito precário e sem recursos para enfrentar o crime proporcionam aos traficantes um terreno propício para suas operações. Isso é exacerbado por um maior número de pessoas em uma situação desesperadora, sem acesso às necessidades básicas. Alguns grupos armados envolvidos em conflitos podem explorar civis. Grupos armados e outros criminosos podem aproveitar a oportunidade para traficar vítimas – incluindo crianças – para exploração sexual, escravidão sexual, casamento forçado, combate armado e várias outras formas de trabalho forçado.

Em alguns campos de refugiados no Oriente Médio, por exemplo, foi documentado que meninas e mulheres jovens têm sido casadas sem consentimento e submetidas a exploração sexual em países vizinhos.

O rapto de mulheres e meninas para escravidão sexual foi relatado em muitos conflitos na África Central e Ocidental, bem como nos conflitos no Oriente Médio. Também foi relatado que mulheres e meninas são traficadas para casamento forçado nas mesmas áreas. O recrutamento de crianças para serem combatentes armados é amplamente documentado diversas áreas de conflito analisadas: da República Democrática do Congo à República Centro-Africana, bem como em conflitos no Oriente Médio e em outras partes da Ásia. Além disso, o estudo concluiu que os grupos armados recrutam crianças para sua exploração em trabalhos forçados em várias funções de apoio, desde a logística à preparação de alimentos. O recrutamento e exploração de crianças em indústrias extrativas foram relatados em zonas de conflito na África Subsaariana, em alguns casos, com o objetivo de financiar as atividades dos grupos armados.

5.3. Tipo objetivo e subjetivo

Os verbos núcleos do tipo são: a) Agenciar: tratar de negócios, defendendo os interesses de terceiro em uma tratativa, na condição de seu agente (espécie de intermediação); b) Aliciar: atrair, seduzir, etc.; c) Recrutar: alistar, reunir, convocar, etc.; d) Transportar: carregar etc.; e) Transferir: passar de um lugar para outro (não difere de transportar); f) Comprar: adquirir algo, mediante contraprestação financeira; g) Alojar: pôr, acomodar, abrigar, hospedar etc. Não difere de hospedar; h) Acolher: abrigar, amparar, oferecer refúgio. Não difere de alojar.

O legislador prevê que sobre a vítima tenha sido exercida alguma forma de grave ameaça (*vis compulsiva*), violência (*vis corporalis*), coação, fraude ou abuso para configuração do delito, diversamente do que se passava com os revogados arts. 231 e 231-A do Código Penal, onde o emprego da violência, grave ameaça ou fraude eram consideradas como causas de aumento de pena.

Acerca da coação vale referir que a sua inclusão antecedida da grave ameaça e violência é uma redundância absolutamente desnecessária, uma vez que já absorvida pelas situações anteriores (violência e grave ameaça)[76].

Temos que a expressão "abuso", abrange o abuso de autoridade, apesar de não se tratar de um crime funcional (valendo lembrar que se o crime for praticado por funcionário público incide a majorante do §1º do art. 149-A do Código Penal), ou qualquer outra que expresse uma vantagem sobre a situação de vulnerabilidade do sujeito passivo.

Sobre o tema, Micaela Amorim Ferreira e Paulo César Correia Borges[77], em artigo intitulado "Tráfico de Pessoas como problema internacional e panorama legislativo de combate" descrevem com muita propriedade que:

> A condição de vulnerabilidade é um dos principais motivos causadores do tráfico de pessoas, estando as vítimas geralmente desempregadas, em situação de pobreza, sem alternativas de trabalho. Conjuntamente, incidem os fatores sociais e culturais, como a situação dos imigrantes, das mães solteiras, histórico de violência familiar, baixo nível educativo, além da falta de informação sobre esse crime, dificultando sua prevenção.
>
> Seu perfil predominante é de mulheres, mães solteiras ou cabeças de famílias, imigrantes ou em exercício de prostituição, com faixa etária entre 23 e 37 anos, em situação de instabilidade socioeconômica. Ao traçar esse perfil, cabe apontar o fato de que os medos das vítimas, deixando de procurar autoridades, por receio de represália, encarceramento ou deportação, dificulta a formação da estatística base de estudo.

---

76 BITTENCOURT, Cezar Roberto. *A nova e equivocada tipificação do crime de tráfico de pessoas*. Revista Paradigma, Ribeirão Preto-SP, a. XXI, v. 25, n. 1, p. 2-26 Jan/jun, 2016.

77 FERREIRA, Micaela Amorim; BORGES, Paulo César Correia. *Tráfico de Pessoas como problema internacional e panorama legislativo de combate*. Disponível em: http://www.mpf.mp.br/atuacao-tematica/ccr2/publicacoes/coletaneas-de artigos/003_17_coletanea_de_artigos_trafico_de_pessoas.pdf. Acesso em 01 de jan. 20.

Ainda enfrentando essa questão, Edmilson da Costa Barreiro Júnior[78] chama a atenção para a necessidade de correlação entre o abuso e a vulnerabilidade, nos seguintes termos:

> Como a lei brasileira usou o termo "abuso" sem qualquer adjetivação, ele não está circunscrito a ato de autoridade pública. O tráfico não é crime funcional. Qualquer forma de se aproveitar da vulnerabilidade é uma forma de abuso. Como há outras elementares (coação, grave ameaça, violência e fraude) também contempladas, as demais formas estão compreendidas na elementar "abuso".
>
> Não é possível compreender tal elementar típica sem entender que as diversas formas de vulnerabilidade, protegidas pelos Tratados e Convenções Internacionais, estejam nela compreendidas. A vivência do Direito Internacional e do enfrentamento do tráfico humano pressupõe o enriquecimento desse conceito. O Direito não deve lutar contra a realidade quando há interpretação compatível para uma regulação razoável.

Como se nota, o legislador cuidou de abranger, praticamente, todas as etapas do tráfico, tipificando um crime de ação múltipla ou conteúdo variado (tipo misto alternativo).

Olvidou-se, contudo, como bem lembrado por Cézar Roberto Bittencourt do ato de vender alguém, "constituindo grande lacuna que não pode ser suprida por analogia, tampouco por interpretação analógica".

Por sua vez, a finalidade especial (dolo específico) está descrita nos cinco incisos do art. 149-A do Código Penal.

Percebe-se, então, que novas formas de exploração, para além da sexual, passam a ser objeto de punição, são elas: a) remoção de órgãos; b) escravatura; c) servidão e; d) adoção ilegal.

É certo que a Lei n. 9.434/97 já disciplina a remoção de órgãos, tecidos e partes do corpo humano para fins de transplante e tratamento, trazendo, inclusive, previsão de tipos penais (arts. 14 a 20). Contudo, a Lei n. 13.344/16 inova ao prever o tráfico de pessoas com tal finalidade.

De acordo com relatório global sobre tráfico de pessoas da UNDOC[79] (*United Nations Office on Drugs and Crime*) de 2018, em geral, o ritmo do crime é ditado pela escassez de órgãos no mercado global, uma vez que a disponibilidade de órgãos doados é limitada e ofuscada pela procura. As estimativas sugerem que 5 a 10% de todos os transplantes de rim e fígado são realizados com órgãos obtidos ilegalmente.

Evidências sugerem que os traficantes são hábeis ao trabalharem além das fronteiras nacionais. Eles se aproveitam do baixo desenvolvimento econômico de alguns

---

78 BARREIRO JÚNIOR, Edmilson da Costa. *O abuso e a vulnerabilidade no tráfico de pessoas, nos termos da Lei Federal 13.344 de 06.10.2016*. Disponível em: http://www.mpf.mp.br/atuacao-tematica/ccr2/publicacoes/coletaneas-de-artigos/003_17_coletanea_de_artigos_trafico_de_pessoas.pdf. Acesso em 01 de jan. 20.

79 UNODC, Relatório Global sobre Tráfico de Pessoas 2018 (Publicação das Nações Unidas, Nº de venda E.19.IV.2). Disponível em: https://www.unodc.org/documents/lpo-brazil//Topics_TIP/Publicacoes/TiP_PT.pdf. Acesso em 06 jan de 20.

países e dos conhecimentos médicos disponíveis em outros países. Além disso, eles operam de formas cada vez mais sofisticadas, aproveitando-se de ambientes corruptos e medidas fraudulentas e explorando pessoas em situação de miséria, pobreza e privação.

Ademais, uma tendência emergente é como o tráfico de pessoas para a remoção de órgãos é perpetrado por redes criminosas altamente organizadas.

Não por outra razão, o art. 9º da Lei n. 13.344, de 16 de outubro de 2016, prevê que se aplica, subsidiariamente, no que couber, o disposto na Lei n. 12.850, de 2 de agosto de 2013, que define Organização Criminosa e dá outras providências.

Por outro lado, a submissão a trabalho a condições análogas à de escravo já se encontra prevista no art. 149 do Código Penal, cujo comentário já foi anteriormente realizado.

Quanto a distinção entre escravidão e servidão, Rogério Sanches e Ronaldo Batista Pinto[80] concluem, com acerto que:

> "Se, todavia, cotejarmos as formas como o delito do art. 149 pode ser cometido com as definições de servidão acima transcritas(art. 1º da Convenção), veremos que as hipóteses de servidão estão inseridas no âmbito da redução a condição análoga à de escravo. Apesar da Convenção, no art. 7º, distinguir, para os seus próprios efeitos, a escravidão da servidão, devemos ter em mente que suas disposições são destinadas também a países que contemplam a escravidão como situação de direito, ou seja, que admitam a existência efetiva de escravos, tratados como propriedade alheia. Como já destacamos, no entanto, não há no Brasil a condição de escravo, razão pela qual pensamos não ser cabível a distinção".

Outrossim, convém referir que a adoção em nosso país é regulamentada pelo Estatuto da Criança e Adolescente, onde também constam tipos penais acerca do tema, a saber: arts. 238 (Prometer ou efetivar a entrega de filho ou pupilo a terceiro, mediante paga ou recompensa. Pena - reclusão de um a quatro anos, e multa) e 239, ambos do ECA (Promover ou auxiliar a efetivação de ato destinado ao envio de criança ou adolescente para o exterior com inobservância das formalidades legais ou com o fito de obter lucro. Pena - reclusão de quatro a seis anos, e multa).

Situação cada vez mais comum em nosso país e que tem chegado ao conhecimento, exigindo uma resposta do Poder Judiciário, diz respeito justamente aos casos em que a adoção ocorre sem a observâncias das normas previstas no Estatuto da Criança e Adolescente, nas denominadas "adoção à brasileira", onde o menor é entregue pela genitora a uma família por ela escolhida, sem que estejam no Cadastro Nacional de Adoção e sem que a criança também esteja inscrita no SNA, em decorrência de suspensão ou destituição do poder familiar.

80 CUNHA, Rogério Sanches; PINTO, Ronaldo Batista, *Tráfico de pessoas – Lei 13.344/16 comentada por artigos*. Salvador: JusPodivm, 2016., p. 148.

Em regra, a guarda de fato é exercida sobre certo período de tempo, suficiente para a formação de vínculos afetivos e em seguida o casal interessado ingressa com ação de adoção para "regularização" da situação.

Em decisão recente, ainda de dezembro de 2019, o Superior Tribunal de Justiça noticiou o seguinte[81]:

> O presidente do Superior Tribunal de Justiça (STJ), ministro João Otávio de Noronha, concedeu liminar para permitir que uma criança permaneça sob a guarda de um casal que a adotou de forma irregular, até o julgamento do mérito do habeas corpus, no qual pedem para mantê-la sob seus cuidados enquanto regularizam a adoção.
>
> O casal alega que cuida da criança desde que ela nasceu, em setembro de 2018, tendo sido entregue a eles pela mãe biológica na maternidade. Contaram que a gravidez foi indesejada, e que convenceram a mãe a ter a criança, comprometendo-se a criar o bebê. Em setembro de 2019, ajuizaram ação de adoção, mas o Tribunal de Justiça do Maranhão entendeu que eles não preencheram os requisitos legais, como o não cumprimento da ordem de inscrição no Cadastro Nacional de Adoção, além do recebimento em guarda de fato de criança não inscrita junto ao SNA, cuja mãe biológica não teve o poder familiar suspenso ou destituído.
>
> Após o tribunal local determinar a busca e apreensão e o acolhimento institucional da menor, o casal ajuizou habeas corpus no STJ sustentando, entre outros pontos, violação à liberdade de locomoção da criança, pois estaria sendo retirado seu direito de ir e vir, no sentido de poder se manter em um local seguro, bem cuidada por uma família que a ama.
>
> **Situação excepcional**
>
> Em sua decisão, o presidente do STJ explicou que a jurisprudência do STJ e do Supremo Tribunal Federal se firmou no sentido de que o habeas corpus não deve ser admitido como sucedâneo recursal, ressalvada a hipótese de flagrante ilegalidade ou de decisão teratológica, quando, então, poderá ser concedido de ofício.
>
> Segundo Noronha, há excepcionalmente no caso em análise para afastar essa regra processual, uma vez que deve prevalecer a absoluta supremacia do melhor interesse da criança. Para ele, a situação é delicada e urgente, pois a criança está na iminência de ser acolhida em instituição pública, "embora não esteja configurado efetivo prejuízo para sua pessoa decorrente da suposta adoção irregular".
>
> **Interesse da criança**
>
> A narrativa dos autos, entendeu o ministro, sugere que se trata da chamada "adoção à brasileira", tendo a menor sido entregue por sua mãe biológica aos autores da ação de adoção. Apesar da suposta ilegalidade cometida na forma de adoção efetivada, "o que denota reprovável conduta", o ministro observou que o cuidado dispensado à menor e o interesse do casal em regularizar a adoção são motivos suficientes para reverter, em caráter cautelar e provisório, a decisão que afastou a criança do casal.
>
> Noronha lembrou que, em situações similares, o STJ entende que deve prevalecer o melhor interesse da criança, privilegiando sua condição peculiar de pessoa em

81 Disponível em: http://www.stj.jus.br/sites/portalp/Paginas/Comunicacao/Noticias/Pelo-melhor-interesse-da-crianca—presidente-do-STJ-mantem-menor-com-casal-que-busca-regularizar-adocao.aspx. Acesso em 14 fev 2020.

> desenvolvimento. "Como já destacado em diversos precedentes, ao afeto tem-se atribuído valor jurídico e a dimensão socioafetiva da família tem ganhado largo espaço na doutrina e na jurisprudência, sempre atentas à evolução social", ressaltou.

A indagação que se faz é a seguinte: em uma situação hipotética de "adoção à brasileira", caso restasse demonstrado que o casal que está no exercício da guarda de fato do menor fez tudo isso, devidamente ciente e com a intenção de burlar o sistema de adoção, do qual é conhecedor, restaria configurado o crime previsto no art. 149-A, IV, do Código Penal ou até mesmo aquele previsto no art. 242 do mesmo Código Penal?

Formalmente, não nos parece que se possa excluir a tipicidade da conduta, já que presentes todos os seus elementos. Contudo, como justificar a intervenção do Direito Penal se, pelo melhor interesse da criança, esta deve permanecer na situação em que se encontra? Proporcionalmente falando, como a solução aceita como adequada pelo Estatuto da Criança e do Adolescente pode ser considerada criminosa pelo Direito Penal? Parece-nos que a tipicidade material aqui não resta caracterizada, evidenciando-se desproporcional a aplicação de uma sanção penal, por ser desnecessária e arbitrária, sobretudo diante da subsidiariedade que é ínsita ao Direito Penal.

Por fim, a última finalidade trazida pelo legislador se refere à exploração sexual, deixando de mencionar a expressão "prostituição" e com isso toda a polêmica causada no passado sobre o assunto, o que levou alguns autores, inclusive, a considerar os tipos dos arts. 231 e 231-A como parcialmente inconstitucionais, ao menos no que se refere à prostituição adulta livre.

Segundo Rogério Sanches, citando Eva Faleiros, a exploração sexual admite quatro modalidades: a) prostituição, cuja proibição penal se vê no art. 218-B e art. 228, ambos dos Código Penal; b) pornografia, incriminada nos arts. 240, 241, 241-A a 241-D, todos do ECA; c) turismo sexual; d) tráfico para fins sexuais[82].

5.4. Majorantes

A pena prevista ao crime de tráfico de pessoas é aumentada de 1/6 a 1/2 se o crime for cometido em uma das seguintes situações:

I - por funcionário público no exercício de suas funções ou a pretexto de exercê-las;

II - contra criança, adolescente ou pessoa idosa ou com deficiência;

III – se o agente se prevalecer de relações de parentesco, domésticas, de coabitação, de hospitalidade, de dependência econômica, de autoridade ou de superioridade hierárquica inerente ao exercício de emprego, cargo ou função; ou

IV – se a vítima do tráfico de pessoas for retirada do território nacional.

82 SANCHES, Rogério. *Manual de Direito Penal. Parte Especial.* 10ª Ed. Salvador: Juspodivm, 2018, p. 237.

No que se refere à majorante prevista no inciso IV do § 1º do art. 149-A do Código Penal, Rogério Sanches e Ronaldo Batista Pinto[83] observam que o legislador incorreu num erro grosseiro, pois antes a Lei punia a conduta que promovesse ou facilitasse a entrada ou a saída da vítima traficada. Porém, atualmente, a punição se restringe à conduta que visa apenas a retirar a vítima do nosso território. Como ficaria, então, a situação daquele que promove o ingresso da vítima em nosso país?

Em seguida, os próprios autores respondem que em **respeito ao princípio da legalidade, não há como configurar o crime majorado** (art. 149-A, §1º, IV, CP), mas o agente deve responder pela figura tipificada no art. 149-A do Código Penal, mantendo o caráter de tráfico transnacional, o que refletirá, inclusive, na competência da justiça federal para processamento e julgamento do delito.

Ademais, Cezar Roberto Bittencourt[84] chama atenção para um outro lapso do legislador. ao revogar o art. 231 e art. 231-A, ambos do Código Penal, retirando o tráfico de pessoas do título "Dos Crimes Contra a Dignidade Sexual", passando-o para o título "Dos Crimes Contra a Liberdade Individual", não mais incidem importantes causas de aumento de pena previstas no art. 234-A do Código Penal, quais sejam: a) se do crime resulta gravidez; b) se o agente transmite à vítima doença sexualmente transmissível de que sabe ou deveria saber ser portador.

5.5. Causa de diminuição de pena

Por fim, o novel § 2º do art. 149-A do Código Penal traz uma causa especial de diminuição de pena, de um a dois terços, para os casos de o autor ser primário e não integrar organização criminosa, muito se aproximando do art. 33, § 4º, da Lei n. 11.343/06.

A questão que surge sobre essa nova causa de diminuição diz respeito ao fato de ela retroagir ou não para beneficiar o autor do delito. Sobre o tema, o Superior Tribunal de Justiça já teve oportunidade de se manifestar, afirmando não ser cabível a combinação de leis. Assim, como as alterações trazidas pela Lei n. 13.344/2016 são mais gravosas, não pode apenas e de forma isolada o § 2º do art. 149-A do Código Penal retroagir para beneficiar.

Nucci[85] adverte, ainda, que o critério para graduar o *quantum* de diminuição deve levar em consideração o percurso percorrido pelo agente no *iter criminis*, de modo que quanto mais ele avançar na execução e exaurimento do delito, que é formal, independendo de resultado naturalístico, menor deve ser a redução a si aplicada.

---

83 CUNHA, Rogério Sanches; PINTO, Ronaldo Batista, *Tráfico de pessoas — Lei 13.344/16 comentada por artigos*. Salvador: JusPodivm, 2016.

84 BITTENCOURT, Cezar Roberto. *A nova e equivocada tipificação do crime de tráfico de pessoas*. Revista Paradigma, Ribeirão Preto-SP, a. XXI, v. 25, n. 1, p. 2-26 Jan/jun, 2016.

85 NUCCI, Guilherme de Souza. *Direito Penal. Parte Especial*. 2ª ed. Rio de Janeiro: Forense, 2018, p. 302.

5.6. Distinção entre tráfico de pessoas e contrabando de migrantes

Segundo a UNODC[86] o tráfico de pessoas não se confunde com o contrabando de migrantes, sendo que este último envolve a obtenção de benefício financeiro ou material pela entrada ilegal de uma pessoa num Estado no qual essa pessoa não seja natural ou residente.

As práticas se distinguem, em síntese, pelos seguintes aspectos:

- Consentimento

O contrabando de migrantes, mesmo em condições perigosas e degradantes, envolve o conhecimento e o consentimento da pessoa contrabandeada sobre o ato criminoso. No tráfico de pessoas, o consentimento da vítima de tráfico é irrelevante para que a ação seja caracterizada como tráfico ou exploração de seres humanos, uma vez que ele é, geralmente, obtido sob malogro.

- Exploração

O contrabando termina com a chegada do migrante em seu destino, enquanto o tráfico de pessoas envolve, após a chegada, a exploração da vítima pelos traficantes, para obtenção de algum benefício ou lucro, por meio da exploração. De um ponto de vista prático, as vítimas do tráfico humano tendem a ser afetadas mais severamente e necessitam de uma proteção maior.

- Caráter Transnacional

Contrabando de migrantes é sempre transnacional, enquanto o tráfico de pessoas pode ocorrer tanto internacionalmente quanto dentro do próprio país.

5.7. Jurisprudência

> PROCESSUAL PENAL. AGRAVO REGIMENTAL NO AGRAVO EM RECURSO ESPECIAL. TRÁFICO DE MULHERES. FUNDAMENTAÇÃO DEFICIENTE QUANTO À SUPOSTA VIOLAÇÃO DO ART. 155 DO CPP. SÚMULA 284/STF. PRETENSÃO DE ANULAÇÃO DO ACÓRDÃO E REALIZAÇÃO DE NOVO JULGAMENTO. REEXAME DO ACERVO FÁTICO-PROBATÓRIO. IMPOSSIBILIDADE. SÚMULA 7 DO STJ. INAPLICABILIDADE DA CAUSA DE DIMINUIÇÃO DA PENA PREVISTA NO ART. 149-A, § 2º, CP. IRRETROATIVIDADE DA LEI 13.344/2016 POR SER MAIS MALÉFICA. IMPOSSIBILIDADE DE COMBINAÇÃO DE LEIS. ART. 231, § 2º, DO CP MOSTRA-SE MAIS BENÉFICO. AGRAVO NÃO PROVIDO.
>
> 1. Verifica-se que o recurso especial apresenta fundamentação que não permite individualizar de que modo o Tribunal de origem teria violado o artigo 155 do CPP, de forma a atrair a tutela da instância especial. Dessa forma, incide à espécie a Súmula 284/STF, in verbis "é inadmissível o recurso extraordinário, quando a deficiência na sua fundamentação não permitir a exata compreensão da controvérsia." 2. Para desconstituir o entendimento firmado pelo Tribunal de origem e concluir pela anulação do acórdão para submeter a recorrente a novo julgamento, seria necessário o revolvimento do conjunto fático-probatório, o que é vedado pela Súmula 7/STJ. **3.**

86 Disponível em: obtenção de benefício financeiro ou material pela entrada ilegal de uma pessoa num Estado no qual essa pessoa não seja natural ou residente. Acesso em 17 fev 2020.

A pretensão de reconhecimento da causa de diminuição da pena prevista no art. 149-A, § 2º, do CP, não merece subsistir. A aplicação retroativa da Lei 13.344/2016 só poderá ocorrer em sua integralidade, porquanto o entendimento desta Corte Superior, é o de impossibilidade de combinação de leis. 4. Na hipótese, se aplicada a Lei 13.344/2016, além da diminuição da pena pleiteada pela agravante, deverá também ser incidir a causa de aumento prevista no § 1º, inciso IV, do art. 149-A na terceira fase da dosimetria da pena. Desta forma, o artigo 231, § 2º, do Código Penal, com a redação anterior às alterações legislativas efetuadas pelas Leis 11.106/05 e 12.015/09, mostra-se mais benéfico para a agravante, devendo ser mantida sua aplicação.

5. Agravo regimental não provido (grifo nosso) (AgRg no AREsp 1131361/RJ, Rel. Ministro RIBEIRO DANTAS, QUINTA TURMA, julgado em 19/09/2019, DJe 24/09/2019).

CRIMES CONTRA A INVIOLABILIDADE DO DOMICÍLIO

6. VIOLAÇÃO DE DOMICÍLIO

⊙ **Violação de domicílio**

Art. 150 - Entrar ou permanecer, clandestina ou astuciosamente, ou contra a vontade expressa ou tácita de quem de direito, em casa alheia ou em suas dependências:

Pena - detenção, de um a três meses, ou multa.

§ 1º - Se o crime é cometido durante a noite, ou em lugar ermo, ou com o emprego de violência ou de arma, ou por duas ou mais pessoas:

Pena - detenção, de seis meses a dois anos, além da pena correspondente à violência.

§ 2º - (Revogado pela Lei nº 13.869, de 2019)

§ 3º - Não constitui crime a entrada ou permanência em casa alheia ou em suas dependências:

I - durante o dia, com observância das formalidades legais, para efetuar prisão ou outra diligência;

II - a qualquer hora do dia ou da noite, quando algum crime está sendo ali praticado ou na iminência de o ser.

§ 4º - A expressão "casa" compreende:

I - qualquer compartimento habitado;

II - aposento ocupado de habitação coletiva;

III - compartimento não aberto ao público, onde alguém exerce profissão ou atividade.

§ 5º - Não se compreendem na expressão "casa":

I - hospedaria, estalagem ou qualquer outra habitação coletiva, enquanto aberta, salvo a restrição do n.º II do parágrafo anterior;

II - taverna, casa de jogo e outras do mesmo gênero.

6.1. Considerações iniciais

Trata-se de crime considerado de menor potencial ofensivo, ainda que na forma qualificada (§ 1º), cuja competência para processamento e julgamento é do Juizado Especial Criminal, salvo se praticado nos termos da Lei n.º 11.340/06 (Lei Maria da Penha), cuja a ação penal pública é incondicionada. O delito é comum, de mera conduta, instantâneo quando praticado o verbo "entrar", mas permanente no caso do verbo "permanecer", plurissubsistente, subsidiário, de conteúdo variado e doloso.

Mirabete[87] adverte que o *nomem juris* é impróprio, porque o tipo penal não se restringe ao domicílio, em seu conceito de direito civil, mas a todo lugar de habitação[88].

O bem jurídico tutelado pela norma ainda é a liberdade individual[89], sendo que a proteção à inviolabilidade domiciliar revela uma preocupação também com a intimidade e privacidade dos moradores da casa. Como bem resumiu Nelson Hungria, a lei penal está protegendo um dos redutos da liberdade individual[90].

Não por outra razão, aliás, o art. 5º, XI, da Constituição prevê que "a casa é asilo inviolável do indivíduo, ninguém nela podendo penetrar sem consentimento do morador, salvo em caso de flagrante delito ou desastre, ou para prestar socorro, ou, durante o dia, por determinação judicial".

A casa desabitada ou abandonada está abrangida pela proteção jurídico-penal do art. 150 do Código Penal? Não, já que o bem jurídico tutelado pela norma é a liberdade, privacidade/intimidade, como se viu, e não o patrimônio, sendo que se houver entrada/permanência nessas hipóteses, o crime poderá ser outro (ex.: esbulho possessório - art. 161, § 1º, II, do CP).

No mais, ainda que a casa seja habitada apenas eventualmente, como ocorre com as casas de praia ou de campo, a lei confere proteção legal, e a invasão nesses casos configura crime.

6.2. Sujeitos do crime

O crime é bicomum, ou seja, é comum tanto quanto ao sujeito ativo quanto ao passivo, não se exigindo nenhuma qualidade especial do autor e da vítima. Inclusive, podem ser autores do delito o proprietário da casa alugada, bem como cônjuge divorciado/separado que invade a casa do outro[91].

---

87 MIRABETE, Julio Fabrini. op. cit., p. 195.

88 Já BITTENCOURT, citando Flávio Augusto Monteiro de Barros destaca que "o que caracteriza, fundamentalmente, o domicílio, na ótica do diploma privado, é o 'lugar de residência com ânimo de definitivo', ao passo que para o Código Penal domicílio é a casa de moradia, o local reservado à intimidade do indivíduo ou à sua atividade privada, coincidindo ou não com a definição de domicílio civil. Nesse sentido, é absolutamente improcedente a afirmação critica de que o *nomen iuris* do delito - 'violação de domicílio' - ressente-se de defeito, porque não está em sintonia com o conceito civilístico, que corresponde à residência com ânimo de definitivo, ou ao centro de ocupações habituais, ou ao ponto central de negócios (arts. 31 a 33 do CC)" (BITTENCOURT, Cezar Roberto. op. cit., p. 401).

89 Magalhães Noronha adverte, ao comentar acerca do bem jurídico tutelado pela norma, que "não se trata, pois, como querem alguns autores, de proteção ao patrimônio) defendendo-se a posse ou a propriedade), à segurança pessoal ou à ordem pública. Quanto àquele critério, é manifesto que aqui não se protege a casa, isto é, a coisa, que é tutelada como tal, no setor dos delitos patrimoniais (p. ex., com a punição do dano)" (NORONHA, E. Magalhães. op. cit., p. 167).

90 HUNGRIA, Nelson. op. cit., p. 207.

91 BITTENCOURT, Cezar Roberto. op. cit., p. 415.

E se na residência em que reside um casal eles divergirem sobre a entrada/permanência do sujeito? Neste caso, temos que deve prevalecer a opinião daquele que dissentiu - *melior est conditio prohibentis*, sempre que a oposição corresponder a um interesse jurídico do opositor (não por mero capricho, despeito etc.) e não prejudique interesse equivalente ou maior daquele que concedeu a permissão[92].

Já no caso de habitação coletiva (colégio, convento, orfanato etc.), como bem adverte Bittencourt, o direito de impedir ou admitir é atribuído ao chefe ou diretor do estabelecimento[93]. No que toca aos prédios de apartamentos qualquer morador poderá impedir a entrada de estranhos não só nos seus aposentos como nos locais de uso comum (escadas, elevadores etc.), desde que não haja prejuízo aos direitos dos demais[94].

6.3. Tipo objetivo e subjetivo

Os verbos referidos pelo tipo penal são "entrar" e "permanecer" em casa alheia ou suas dependências, sendo que neste último caso a entrada é aceita pela vítima, em um primeiro momento, porém, o agente, posteriormente, se recusa a sair, permanecendo no local, agora, contra a vontade de quem de direito.

No entanto, se o autor entrar e também permanecer, clandestina ou astuciosamente, ou contra a vontade expressa ou tácita de quem de direito, em casa alheia ou em suas dependências, o crime é único, por se tratar de delito de ação múltipla ou de conteúdo variado.

A entrada/permanência pode ser clandestina (às ocultas, às escondidas ou furtivamente), com astúcia (mediante fraude, ardil ou artifício) - ex.: o agente finge ser um entregador de pizza ou funcionário da companhia elétrica -, ou contra a vontade expressa (por palavras, gestos, escritos ou atos) ou tácita (comportamentos que evidenciem o não consentimento) de quem de direito[95].

Finalmente, o elemento subjetivo do crime é o dolo, sem que seja exigida uma finalidade específica. Assim, se o sujeito ingressa em casa alheia pensando ser a sua própria ou quando está sendo perseguido e busca apenas esconder-se, não comete o crime em questão[96].

Diversamente, se a finalidade do agente for a prática de crime mais grave, sendo a invasão de domicílio o meio necessário para tanto, como pode acontecer no furto, roubo, homicídio, etc., restará absorvido por estes delitos mais graves. Por isso, Nelson Hungria esclarece que a violação de domicílio só se apresenta como crime autônomo quando: "a) seja fim a si mesma; b) sirva a fim não criminoso ou haja dúvida sobre o verdadeiro

---

92 CUNHA, Rogério Sanches; GOMES, Luiz Flávio. op. cit., *p. 102.*

93 BITTENCOURT, Cezar Roberto. op. cit., p. 405.

94 MIRABETE, Julio Fabrini. op. cit., p. 195.

95 NORONHA, E. Magalhães. op. cit., p.p. 169/170.

96 BITTENCOURT, Cezar Roberto. op. cit., p. 418.

fim do agente; c) seja simples ato preparatório de outro crime; d) haja desistência do agente quanto ao crime-fim; e) seja o crime-fim menos severamente punido"[97]. Como se nota, aqui reside a subsidiariedade do crime em questão (violação de domicílio).

Para Rogério Greco, é possível que o autor atue com dolo eventual, o que ocorreria quando o agente tem dúvida sobre a existência de consentimento para entrar em uma casa, mas mesmo assim, diz para si mesmo que isso não importa, pois ingressará no local de qualquer sorte, assumindo o risco de produzir o resultado[98].

6.4. Consumação e tentativa

Na modalidade entrar, o crime se consuma quando o agente ingressa em casa alheia contra a vontade do morador; já na modalidade permanecer o delito se consuma quando o autor continua na casa alheia, mesmo ciente do dissenso da vítima.

A tentativa é admitida, por se tratar de um crime plurissubsistente, porém, de difícil visualização na modalidade "permanecer"[99].

6.5. Qualificadoras

A pena do crime será de detenção, de seis meses a dois anos, além da pena correspondente à violência, quando o crime for cometido (CP, art. 150, § 1º, do CP):

a) **durante a noite**: noite que é o momento de obscuridade, não se confundindo com o repouso noturno referido no art. 155, § 1º, do Código Penal, sendo certo que a razão de ser da qualificadora é o fato de a ação do autor restar facilitada pela ausência de luz solar e até mesmo pela surpresa à vítima.

Contudo, Nelson Hungria adverte que a qualificadora em análise não incide no caso, por exemplo, de o indivíduo penetrar na casa alheia, à noite, em local bastante iluminado, de frente e de fundo, em decorrência da realização de um baile ou uma reunião festiva[100].

b) **em lugar ermo**: o crime praticado em local isolado, deserto, despovoado, etc., além de facilitar a prática do delito, dificulta a defesa do ofendido, o que gera um maior desvalor da ação do sujeito ativo, sendo esta a razão da qualificadora em questão.

c) **com emprego de violência**: inicialmente, é importante registrar que a violência referida pela lei pode ser exercida tanto contra a coisa[101], quanto contra a pessoa, já que a lei não faz qualquer distinção.

---

97 HUNGRIA, Nelson. op. cit., p. 209.

98 GRECO, Rogério. op. cit., p. 528.

99 Para Bittencourt (BITTENCOURT, Cezar Roberto. op. cit., p. 408) e Damásio (DE JESUS, Damásio Evangelista. op. cit., p. 309) é possível a tentativa na modalidade permanecer, já para Rogério Greco, nesta situação a tentativa não é possível (GRECO, Rogério. op. cit., p. 527).

100 HUNGRIA, Nelson. op. cit., p. 222.

101 Em sentido contrário: DELMANTO, Celso Et al. *Código Penal Comentado*. 5ª Ed. Atual. e Ampl. Rio de Janeiro: Renovar, 2000, p. 299; e GRECO, Rogério. op. cit., p. 529.

Ademais, questiona-se se o dispositivo legal ao referir à violência abrange a grave ameaça. Parece que não, afinal quando o legislador assim deseja, faz constar expressamente a frase "violência ou grave ameaça", distinguindo-as, portanto[102].

d) **com emprego de arma**: vale notar que as observações realizadas quando ao emprego de arma de fogo como majorante do art. 146, § 1º, do Código Penal são aqui aplicáveis.

e) **por duas ou mais pessoas**: em razão do maior temor que a ação praticada em unidade de desígnios por duas ou mais pessoas causa à vítima, impossibilitando ou dificultando a resistência do ofendido, justificado também está o aumento de pena.

6.6. Excludentes

Tendo em vista que nenhuma liberdade pública é absoluta, o § 3º do art. 150 estabelece que: não constitui crime a entrada ou permanência em casa alheia ou em suas dependências:

I - durante o dia, com observância das formalidades legais, para efetuar prisão ou outra diligência;

II - a qualquer hora do dia ou da noite, quando algum crime está sendo ali praticado ou na iminência de o ser[103].

Percebe-se ao confrontar referido dispositivo com o previsto no art. art. 5º, XI, da Constituição ("a casa é asilo inviolável do indivíduo, ninguém nela podendo penetrar sem consentimento do morador, salvo em caso de flagrante delito ou desastre, ou para prestar socorro, ou, durante o dia, por determinação judicial") que as hipóteses legais foram açambarcadas pelo texto constitucional, além de este último ter relativizado também a proteção domiciliar nos casos de desastre e para prestar socorro, o que, na verdade, pode acabar por configurar até uma legítima defesa de terceiro.

Outrossim, importante salientar que, apesar de o art. 150, § 3º, do Código Penal se referir a crime, o art. 5º, XI, da Constituição faz menção a flagrante delito, de sorte que é possível o ingresso em casa alheia contra a vontade de quem de direito em caso de flagrante delito de qualquer infração penal, seja crime ou contravenção[104].

6.7. Conceito de casa para efeitos penais

Para melhor conceituação e visando a correta adequação típica, é declarado pela lei que a expressão "casa" é compreensiva de "qualquer compartimento habitado" (ex.: apartamento, casa, barraca de *camping*, *trailers* etc.), "aposento ocupado de uma

102 HUNGRIA, Nelson. op. cit., p.p. 222/223.

103 Cezar Roberto Bittencourt entende que "como a atual Constituição refere-se, no particular, a 'flagrante delito', sendo posterior ao Código Penal, não recepcionou a locução 'ou na iminência de o ser', como autorizadora da violação legítima de domicílio" (BITTENCOURT, Cezar Roberto. op. cit., p. 419).

104 Em sentido contrário: BITTENCOURT, Cezar Roberto. op. cit., p. 418-419.

habitação coletiva" (ex.: hotel, pensão etc.) e "qualquer compartimento, não aberto ao público, onde alguém exerce profissão ou atividade" (ex.: escritório).

Assim, Nelson Hungria esclarece que a casa corresponda a uma construção física ou a um imóvel, sendo certo que o próprio carro dos saltimbancos, a barraca em que mora o seu proprietário ou, ainda, o casa automóvel dos norte-americanos (*motorhome*), são objeto da tutela penal[105].

Por outro lado, o legislador consignou que não se compreendem na expressão "casa" a hospedaria, estalagem ou qualquer outra habitação coletiva, enquanto aberta, bem como a taverna, casa de jogo[106] e outras do mesmo gênero.

Entretanto, o Supremo Tribunal Federal já teve oportunidade de se pronunciar no sentido de que o quarto de hotel, desde que ocupado, goza de proteção constitucional, sendo abrangido pelo conceito de casa[107]. Da mesma forma, decidiu que o escritório de contabilidade, por ser um espaço privado, não aberto ao público, está sujeito à proteção constitucional da inviolabilidade domiciliar[108].

Além disso, o Pretório já decidiu que o ingresso de Autoridade Policial, no período noturno, para instalação de equipamentos em escritório de advocacia, com autorização judicial, não caracteriza invasão de domicílio, sendo tal situação "não acobertada pela inviolabilidade constitucional. Inteligência do art. 5º, X e XI, da CF, art. 150, § 4º, III, do CP, e art. 7º, II, da Lei nº 8.906/94", pois "não opera a inviolabilidade do escritório de advocacia, quando o próprio advogado seja suspeito da prática de crime, sobretudo concebido e consumado no âmbito desse local de trabalho, sob pretexto de exercício da profissão"[109].

Por outro lado, o Superior Tribunal de Justiça entendeu que box, do tipo self storage, locado para fins de guarda de bens ou mercadorias, não merece a proteção constitucional elencada no inciso XI da Constituição, por não configurar ambiente privado no qual haja exercício de profissão ou atividade[110].

---

105 HUNGRIA, Nelson. op. cit., p. 215.

106 O art. 50, § 4º, da Lei de Contravenções Penais estabelece que: "Equiparam-se, para os efeitos penais, a lugar acessível ao público: a) a casa particular em que se realizam jogos de azar, quando deles habitualmente participam pessoas que não sejam da família de quem a ocupado; b) o hotel ou casa de habitação coletiva, a cujos hóspedes e moradores se proporciona jogo de azar; c) a sede ou dependência de sociedade ou associação, em que se realiza jogo de azar; d) o estabelecimento destinado à exploração de jogo de azar, ainda que se dissimule esse destino".

107 Cf. RHC 90376, Relator(a): Min. CELSO DE MELLO, Segunda Turma, julgado em 03/04/2007, DJe-018 DIVULG 17-05-2007 PUBLIC 18-05-2007 DJ 18-05-2007 PP-00113 EMENT VOL-02276-02 PP-00321 RTJ VOL-00202-02 PP-00764 RT v. 96, n. 864, 2007, p. 510-525 RCJ v. 21, n. 136, 2007, p. 145-147.

108 Cf. HC 82788, Relator(a): Min. CELSO DE MELLO, Segunda Turma, julgado em 12/04/2005, DJ 02-06-2006 PP-00043 EMENT VOL-02235-01 PP-00179 RTJ VOL-00201-01 PP-00170.

109 Cf. (Inq 2424, Relator(a): Min. CEZAR PELUSO, Tribunal Pleno, julgado em 26/11/2008, DJe-055 DIVULG 25-03-2010 PUBLIC 26-03-2010 EMENT VOL-02395-02 PP-00341).

110 STJ, RHC 86.561/SP, Rel. Ministro ANTONIO SALDANHA PALHEIRO, SEXTA TURMA, julgado em 21/08/2018, DJe 24/09/2018.

Por último, não se pode deixar de mencionar que a proteção legal abrange não só a casa, mas também as suas dependências, que compreendem, segundo Magalhães Noronha, lugares acessórios ou complementares da moraria ou habitação, tais como quintal, garagem, pátio, adega etc. Porém, é necessário que haja nas dependências algum obstáculo à passagem, a exemplo de uma cerca, tela, corrente, etc[111].

6.8. Jurisprudência

RECURSO ESPECIAL. VIOLAÇÃO DE DOMICÍLIO. ART. 150, § 1º, DO CÓDIGO PENAL. FATO PRATICADO EM CONTEXTO DE FUGA DA POLÍCIA, LOGO APÓS COMETIMENTO DE CRIMES DE ROUBO. ELEMENTO SUBJETIVO DO TIPO. AUSÊNCIA. RECURSO ESPECIAL IMPROVIDO. 1. **De acordo com as premissas fáticas delineadas no acórdão, a conduta de invasão de domicílio pelo acusado constituiu pos factum impunível, porquanto o réu teria adentrado na residência da vítima tão somente para fugir da abordagem policial após a prática dos crimes de roubo. 2. Considerando a fuga engendrada e, não havendo, por parte do acusado, a intenção de entrar ou permanecer, clandestina ou astuciosamente, ou contra a vontade expressa ou tácita de quem de direito, em casa alheia ou em suas dependências, não há falar em condenação pelo crime do art. 150, § 1º, do CP.** 3. O acolhimento da pretensão ministerial, de forma a restabelecer a condenação, exigiria revolvimento fático-probatório com o fim de verificar a existência do dolo do agente, o que não se admite na via do recurso especial, por encontrar óbice na Súmula 7/STJ. 4. Recurso especial improvido (grifo nosso) (REsp 1801919/DF, Rel. Ministro NEFI CORDEIRO, SEXTA TURMA, julgado em 17/09/2019, DJe 04/10/2019).

PROCESSUAL PENAL. AÇÃO PENAL. VIAS DE FATO E VIOLAÇÃO DE DOMICÍLIO QUALIFICADA PELA VIOLÊNCIA. SUBSIDIARIEDADE DA CONTRAVENÇÃO EM RELAÇÃO AO CRIME QUE FICA POR ESTE ABSORVIDA. TRANCAMENTO NESTE PARTICULAR. 1 - Pela descrição dos fatos narrados na denúncia, a contravenção penal de vias de fato fica absorvida pelo crime de invasão de domicílio qualificada pelo emprego de violência. Subsiste apenas o crime do art 150, §1º do Código Penal. 2 - Impetração substitutiva de recurso ordinário não conhecida, mas concedida a ordem, ex officio, apenas para trancar a ação penal pela contravenção penal de vias de fato (grifo nosso) (HC 333.672/RJ, Rel. Ministra MARIA THEREZA DE ASSIS MOURA, SEXTA TURMA, julgado em 15/10/2015, DJe 05/11/2015).

PROCESSUAL PENAL - HABEAS CORPUS - INTERROGATORIO JUDICIAL - AUSENCIA DE DEFENSOR - TRAFICO DE ENTORPECENTE - CRIME PERMANENTE - BUSCA DOMICILIAR - MANDADO JUDICIAL.

- O INTERROGATORIO JUDICIAL PRESCINDE DA PRESENÇA DE ADVOGADO, POIS, SENDO ATO PRIVATIVO DO JUIZ, NÃO ESTA SUJEITO AO PRINCIPIO DO CONTRADITORIO.

- TRATANDO-SE DE CRIME PERMANENTE, QUE VEIO A SE CONCRETIZAR COM A APREENSÃO DA DROGA, LEGITIMA SE APRESENTA A BUSCA DOMICILIAR REALIZADA SEM A EXIBIÇÃO DE MANDADO JUDICIAL, "EX VI" DO

111 NORONHA, E. Magalhães. op. cit., p. 171.

DISPOSTO NOS ARTIGOS 5., XI, CF. E 150 PAR. 3., II, DO CODIGO PENAL. - ORDEM DENEGADA. (HC 2.582/SP, Rel. Ministro CID FLAQUER SCARTEZZINI, QUINTA TURMA, julgado em 08/06/1994, DJ 01/08/1994, p. 18660).

PENAL. CRIME DE INVASÃO DE DOMICILIO (ART. 150 DO COD. PENAL). SUBSIDIARIEDADE. TRATANDO-SE DE CRIME SUBSIDIARIO, NÃO SUBSISTE AUTONOMAMENTE QUANDO FOI APENAS O MEIO PARA A PRATICA DE CRIME DE FURTO, MAIS GRAVE. SE ESTE ULTIMO NÃO SE CONSUMOU, RESTA A POSSIBILIDADE DE CARACTERIZAÇÃO DA TENTATIVA, NÃO SE PODENDO COGITAR DO RESSURGIMENTO DA NORMA SUBSIDIARIA RELATIVA A INVASÃO DE DOMICILIO, JA ABRANGIDA TOTALMENTE PELA NORMA INCRIMINADORA PRIMARIA. RECURSO ESPECIAL, PELA LETRA "A", NÃO CONHECIDO. (REsp 13.570/GO, Rel. Ministro ASSIS TOLEDO, QUINTA TURMA, julgado em 13/11/1991, DJ 02/12/1991, p. 17546).

E M E N T A: PROVA PENAL - BANIMENTO CONSTITUCIONAL DAS PROVAS ILÍCITAS (CF, ART. 5°, LVI) - ILICITUDE (ORIGINÁRIA E POR DERIVAÇÃO) - INADMISSIBILDADE - BUSCA E APREENSÃO DE MATERIAIS E EQUIPAMENTOS REALIZADA, SEM MANDADO JUDICIAL, EM QUARTO DE HOTEL AINDA OCUPADO - IMPOSSIBLIDADE - QUALIFICAÇÃO JURÍDICA DESSE ESPAÇO PRIVADO (QUARTO DE HOTEL, DESDE QUE OCUPADO) COMO "CASA", PARA EFEITO DA TUTELA CONSTITUCIONAL DA INVIOLABILIDADE DOMICILIAR - GARANTIA QUE TRADUZ LIMITAÇÃO CONSTITUCIONAL AO PODER DO ESTADO EM TEMA DE PERSECUÇÃO PENAL, MESMO EM SUA FASE PRÉ-PROCESSUAL - CONCEITO DE "CASA" PARA EFEITO DA PROTEÇÃO CONSTITUCIONAL (CF, ART. 5°, XI E CP, ART. 150, § 4°, II) - AMPLITUDE DESSA NOÇÃO CONCEITUAL, QUE TAMBÉM COMPREENDE OS APOSENTOS DE HABITAÇÃO COLETIVA (COMO, POR EXEMPLO, OS QUARTOS DE HOTEL, PENSÃO, MOTEL E HOSPEDARIA, DESDE QUE OCUPADOS): NECESSIDADE, EM TAL HIPÓTESE, DE MANDADO JUDICIAL (CF, ART. 5°, XI). IMPOSSIBILIDADE DE UTILIZAÇÃO, PELO MINISTÉRIO PÚBLICO, DE PROVA OBTIDA COM TRANSGRESSÃO À GARANTIA DA INVIOLABILIDADE DOMICILIAR - PROVA ILÍCITA - INIDONEIDADE JURÍDICA - RECURSO ORDINÁRIO PROVIDO. BUSCA E APREENSÃO EM APOSENTOS OCUPADOS DE HABITAÇÃO COLETIVA (COMO QUARTOS DE HOTEL) - SUBSUNÇÃO DESSE ESPAÇO PRIVADO, DESDE QUE OCUPADO, AO CONCEITO DE "CASA" - CONSEQÜENTE NECESSIDADE, EM TAL HIPÓTESE, DE MANDADO JUDICIAL, RESSALVADAS AS EXCEÇÕES PREVISTAS NO PRÓPRIO TEXTO CONSTITUCIONAL. - Para os fins da proteção jurídica a que se refere o art. 5°, XI, da Constituição da República, o conceito normativo de "casa" revela-se abrangente e, por estender-se a qualquer aposento de habitação coletiva, desde que ocupado (CP, art. 150, § 4°, II), compreende, observada essa específica limitação espacial, os quartos de hotel. Doutrina. Precedentes. - Sem que ocorra qualquer das situações excepcionais taxativamente previstas no texto constitucional (art. 5°, XI), nenhum agente público poderá, contra a vontade de quem de direito ("invito domino"), ingressar, durante o dia, sem mandado judicial, em aposento ocupado de habitação coletiva, sob pena de a prova resultante dessa diligência de busca e apreensão reputar-se inadmissível, porque impregnada de ilicitude originária. Doutrina. Precedentes (STF). ILICITUDE DA PROVA - INADMISSIBILIDADE DE SUA PRODUÇÃO EM JUÍZO (OU PERANTE QUALQUER INSTÂNCIA DE PODER) - INIDONEIDADE JURÍDICA DA PROVA RESULTANTE DA TRANSGRESSÃO ESTATAL AO REGIME CONSTITUCIONAL DOS DIREITOS E GARANTIAS INDIVIDUAIS. - A ação persecutória do Estado, qualquer que seja a instância de poder perante a qual se instaure, para revestir-se de legitimidade, não pode apoiar-se em elementos probatórios ilicitamente obtidos, sob pena de ofensa à garantia constitucional do "due process of law", que tem, no dogma da inadmissibilidade das provas ilícitas, uma de suas mais expressivas projeções concretizadoras no plano do nosso sistema de direito positivo. - A Constituição da República, em norma revestida de conteúdo vedatório (CF, art. 5º, LVI), desautoriza, por incompatível com os postulados que regem uma sociedade fundada em bases democráticas (CF, art. 1º), qualquer prova cuja obtenção, pelo Poder Público, derive de transgressão a cláusulas de ordem constitucional, repelindo, por isso mesmo, quaisquer elementos probatórios que resultem de violação do direito material (ou, até mesmo, do direito processual), não prevalecendo, em conseqüência, no ordenamento normativo brasileiro, em matéria de atividade probatória, a fórmula autoritária do "male captum, bene retentum". Doutrina. Precedentes. A QUESTÃO DA DOUTRINA DOS FRUTOS DA ÁRVORE ENVENENADA ("FRUITS OF THE POISONOUS TREE"): A QUESTÃO DA ILICITUDE POR DERIVAÇÃO. - Ninguém pode ser investigado, denunciado ou condenado com base, unicamente, em provas ilícitas, quer se trate de ilicitude originária, quer se cuide de ilicitude por derivação. Qualquer novo dado probatório, ainda que produzido, de modo válido, em momento subseqüente, não pode apoiar-se, não pode ter fundamento causal nem derivar de prova comprometida pela mácula da ilicitude originária. - A exclusão da prova originariamente ilícita - ou daquela afetada pelo vício da ilicitude por derivação - representa um dos meios mais expressivos destinados a conferir efetividade à garantia do "due process of law" e a tornar mais intensa, pelo banimento da prova ilicitamente obtida, a tutela constitucional que preserva os direitos e prerrogativas que assistem a qualquer acusado em sede processual penal. Doutrina. Precedentes. - A doutrina da ilicitude por derivação (teoria dos "frutos da árvore envenenada") repudia, por constitucionalmente inadmissíveis, os meios probatórios, que, não obstante produzidos, validamente, em momento ulterior, acham-se afetados, no entanto, pelo vício (gravíssimo) da ilicitude originária, que a eles se transmite, contaminando-os, por efeito de repercussão causal. Hipótese em que os novos dados probatórios somente foram conhecidos, pelo Poder Público, em razão de anterior transgressão praticada, originariamente, pelos agentes da persecução penal, que desrespeitaram a garantia constitucional da inviolabilidade domiciliar. - Revelam-se inadmissíveis, desse modo, em decorrência da ilicitude por derivação, os elementos probatórios a que os órgãos da persecução penal somente tiveram acesso em razão da prova originariamente ilícita, obtida como resultado da transgressão, por agentes estatais, de direitos e garantias constitucionais e legais, cuja eficácia condicionante, no plano do ordenamento positivo brasileiro, traduz significativa limitação de ordem jurídica ao poder do Estado em face dos cidadãos. - Se, no entanto, o órgão da persecução penal demonstrar que obteve, legitimamente, novos elementos de informação a partir de uma fonte autônoma de prova - que não guarde qualquer relação de dependência nem decorra da prova originariamente ilícita, com esta não mantendo vinculação causal -, tais dados probatórios revelar-se-ão plenamente admissíveis, porque não contaminados pela mácula da ilicitude originária. - A QUESTÃO DA FONTE AUTÔNOMA DE PROVA ("AN INDEPENDENT SOURCE") E A SUA DESVINCULAÇÃO CAUSAL DA PROVA ILICITAMENTE OBTIDA - DOUTRINA - PRECEDENTES DO SUPREMO TRIBUNAL FEDERAL - JURISPRUDÊNCIA COMPARADA (A EXPERIÊNCIA DA SUPREMA CORTE AMERICANA): CASOS "SILVERTHORNE LUMBER CO. V. UNITED STATES (1920); SEGURA V. UNITED STATES (1984); NIX V. WILLIAMS (1984); MURRAY V. UNITED STATES (1988)", v.g.. (RHC 90376, Relator(a): Min. CELSO DE MELLO, Segunda Turma, julgado em 03/04/2007, DJe-018 DIVULG 17-05-2007 PUBLIC 18-05-2007 DJ 18-05-2007 PP-00113 EMENT VOL-02276-02

PP-00321 RTJ VOL-00202-02 PP-00764 RT v. 96, n. 864, 2007, p. 510-525 RCJ v. 21, n. 136, 2007, p. 145-147).

EMENTAS: 1. COMPETÊNCIA. Criminal. Originária. Inquérito pendente no STF. Desmembramento. Não ocorrência. Mera remessa de cópia, a requerimento do MP, a juízo competente para apuração de fatos diversos, respeitantes a pessoas sem prerrogativa de foro especial. Inexistência de ações penais em curso e de conseqüente conexão. Questão de ordem resolvida nesse sentido. Preliminar repelida. Agravo regimental improvido. Voto vencido. Não se caracteriza desmembramento ilegal de ação penal, a mera remessa de cópia de inquérito, a requerimento do representante do Ministério Público, a outro juízo, competente para apurar fatos diversos, respeitantes a pessoas sujeitas a seu foro. 2. COMPETÊNCIA. Criminal. Ação penal. Magistrado de Tribunal Federal Regional. Condição de co-réu. Conexão da acusação com fatos imputados a Ministro do Superior Tribunal de Justiça. Pretensão de ser julgado perante este. Inadmissibilidade. Prerrogativa de foro. Irrenunciabilidade. Ofensa às garantias do juiz natural e da ampla defesa, elementares do devido processo legal. Inexistência. Feito da competência do Supremo. Precedentes. Preliminar rejeitada. Aplicação da súmula 704. Não viola as garantias do juiz natural e da ampla defesa, elementares do devido processo legal, a atração, por conexão ou continência, do processo do co-réu ao foro por prerrogativa de função de um dos denunciados, a qual é irrenunciável. 3. COMPETÊNCIA. Criminal. Inquéritos. Reunião perante o Supremo Tribunal Federal. Avocação. Inadmissibilidade. Conexão inexistente. Medida, ademais, facultativa. Número excessivo de acusados. Ausência de prejuízo à defesa. Preliminar repelida. Precedentes. Inteligência dos arts. 69, 76, 77 e 80 do CPP. Não quadra avocar inquérito policial, quando não haja conexão entre os fatos, nem conveniência de reunião de procedimentos ante o número excessivo de suspeitos ou investigados. 4. PROVA. Criminal. Interceptação telefônica. Necessidade demonstrada nas sucessivas decisões. Fundamentação bastante. Situação fática excepcional, insuscetível de apuração plena por outros meios. Subsidiariedade caracterizada. Preliminares rejeitadas. Aplicação dos arts. 5º, XII, e 93, IX, da CF, e arts. 2º, 4º, § 2º, e 5º, da Lei nº 9.296/96. Voto vencido. É lícita a interceptação telefônica, determinada em decisão judicial fundamentada, quando necessária, como único meio de prova, à apuração de fato delituoso. 5. PROVA. Criminal. Interceptação telefônica. Prazo legal de autorização. Prorrogações sucessivas. Admissibilidade. Fatos complexos e graves. Necessidade de investigação diferenciada e contínua. Motivações diversas. Ofensa ao art. 5º, caput, da Lei nº 9.296/96. Não ocorrência. Preliminar rejeitada. Voto vencido. É lícita a prorrogação do prazo legal de autorização para interceptação telefônica, ainda que de modo sucessivo, quando o fato seja complexo e, como tal, exija investigação diferenciada e contínua. 6. PROVA. Criminal. Interceptação telefônica. Prazo legal de autorização. Prorrogações sucessivas pelo Ministro Relator, também durante o recesso forense. Admissibilidade. Competência subsistente do Relator. Preliminar repelida. Voto vencido. O Ministro Relator de inquérito policial, objeto de supervisão do Supremo Tribunal Federal, tem competência para determinar, durante as férias e recesso forenses, realização de diligências e provas que dependam de decisão judicial, inclusive interceptação de conversação telefônica. 7. PROVA. Criminal. Escuta ambiental. Captação e interceptação de sinais eletromagnéticos, óticos ou acústicos. Meio probatório legalmente admitido. Fatos que configurariam crimes praticados por quadrilha ou bando ou organização criminosa. Autorização judicial circunstanciada. Previsão normativa expressa do procedimento. Preliminar repelida. Inteligência dos arts. 1º e 2º, IV, da Lei nº 9.034/95, com a redação da Lei nº 10.217/95. Para fins de persecução criminal de ilícitos praticados por quadrilha, bando, organização ou associação criminosa de qualquer tipo, são permitidos a captação e a interceptação de sinais eletromagnéticos, óticos e acústicos, bem como seu registro e análise, mediante circunstanciada autorização judicial. 8. PROVA. Criminal. Escuta ambiental e exploração de local. Captação de sinais óticos e acústicos. Escritório de advocacia. Ingresso da autoridade policial, no período noturno, para instalação de equipamento. Medidas autorizadas por decisão judicial. Invasão de domicílio. Não caracterização. Suspeita grave da prática de crime por advogado, no escritório, sob pretexto de exercício da profissão. Situação não acobertada pela inviolabilidade constitucional. Inteligência do art. 5º, X e XI, da CF, art. 150, § 4º, III, do CP, e art. 7º, II, da Lei nº 8.906/94. Preliminar rejeitada. Votos vencidos. Não opera a inviolabilidade do escritório de advocacia, quando o próprio advogado seja suspeito da prática de crime, sobretudo concebido e consumado no âmbito desse local de trabalho, sob pretexto de exercício da profissão. 9. PROVA. Criminal. Interceptação telefônica. Transcrição da totalidade das gravações. Desnecessidade. Gravações diárias e ininterruptas de diversos terminais durante período de 7 (sete) meses. Conteúdo sonoro armazenado em 2 (dois) DVDs e 1 (hum) HD, com mais de quinhentos mil arquivos. Impossibilidade material e inutilidade prática de reprodução gráfica. Suficiência da transcrição literal e integral das gravações em que se apoiou a denúncia. Acesso garantido às defesas também mediante meio magnético, com reabertura de prazo. Cerceamento de defesa não ocorrente. Preliminar repelida. Interpretação do art. 6º, § 1º, da Lei nº 9.296/96. Precedentes. Votos vencidos. O disposto no art. 6º, § 1º, da Lei federal nº 9.296, de 24 de julho de 1996, só comporta a interpretação sensata de que, salvo para fim ulterior, só é exigível, na formalização da prova de interceptação telefônica, a transcrição integral de tudo aquilo que seja relevante para esclarecer sobre os fatos da causa sub iudice. 10. PROVA. Criminal. Perícia. Documentos e objetos apreendidos. Laudos ainda em processo de elaboração. Juntada imediata antes do recebimento da denúncia. Inadmissibilidade. Prova não concluída nem usada pelo representante do Ministério Público na denúncia. Falta de interesse processual. Cerceamento de defesa inconcebível. Preliminar rejeitada. Não pode caracterizar cerceamento de defesa prévia contra a denúncia, a falta de laudo pericial em processo de elaboração e no qual não se baseou nem poderia ter-se baseado o representante do Ministério Público. 11. AÇÃO PENAL. Denúncia. Exposição clara e objetiva dos fatos. Acusações específicas baseadas nos elementos retóricos coligidos no inquérito policial. Possibilidade de plena defesa. Justa causa presente. Aptidão formal. Observância do disposto no art. 41 do CPP. Recebimento, exceto em relação ao crime previsto no art. 288 do CP, quanto a um dos denunciados. Votos vencidos. Deve ser recebida a denúncia que, baseada em elementos de prova, contém exposição clara e objetiva dos fatos delituosos e que, como tal, possibilita plena e ampla defesa aos acusados. 12. MAGISTRADO. Ação penal. Denúncia. Recebimento. Infrações penais graves. Afastamento do exercício da função jurisdicional. Aplicação do art. 29 da Lei Orgânica da Magistratura Nacional - LOMAN (Lei Complementar nº 35/79). Medida aconselhável de resguardo ao prestígio do cargo e à própria respeitabilidade do juiz. Ofensa ao art. 5º, LVII, da CF. Não ocorrência. Não viola a garantia constitucional da chamada presunção de inocência, o afastamento do cargo de magistrado contra o qual é recebida denúncia ou queixa (Inq 2424, Relator(a): Min. CEZAR PELUSO, Tribunal Pleno, julgado em 26/11/2008, DJe-055 DIVULG 25-03-2010 PUBLIC 26-03-2010 EMENT VOL-02395-02 PP-00341).

FISCALIZAÇÃO TRIBUTÁRIA - APREENSÃO DE LIVROS CONTÁBEIS E DOCUMENTOS FISCAIS REALIZADA, EM ESCRITÓRIO DE CONTABILIDADE, POR AGENTES FAZENDÁRIOS E POLICIAIS FEDERAIS, SEM MANDADO JUDICIAL - INADMISSIBILIDADE - ESPAÇO PRIVADO, NÃO ABERTO AO PÚBLICO,

SUJEITO À PROTEÇÃO CONSTITUCIONAL DA INVIOLABILIDADE DOMICILIAR (CF, ART. 5°, XI) - SUBSUNÇÃO AO CONCEITO NORMATIVO DE "CASA" - NECESSIDADE DE ORDEM JUDICIAL - ADMINISTRAÇÃO PÚBLICA E FISCALIZAÇÃO TRIBUTÁRIA - DEVER DE OBSERVÂNCIA, POR PARTE DE SEUS ÓRGÃOS E AGENTES, DOS LIMITES JURÍDICOS IMPOSTOS PELA CONSTITUIÇÃO E PELAS LEIS DA REPÚBLICA - IMPOSSIBILIDADE DE UTILIZAÇÃO, PELO MINISTÉRIO PÚBLICO, DE PROVA OBTIDA EM TRANSGRESSÃO À GARANTIA DA INVIOLABILIDADE DOMICILIAR - PROVA ILÍCITA - INIDONEIDADE JURÍDICA - "HABEAS CORPUS" DEFERIDO. ADMINISTRAÇÃO TRIBUTÁRIA - FISCALIZAÇÃO - PODERES - NECESSÁRIO RESPEITO AOS DIREITOS E GARANTIAS INDIVIDUAIS DOS CONTRIBUINTES E DE TERCEIROS. - Não são absolutos os poderes de que se acham investidos os órgãos e agentes da administração tributária, pois o Estado, em tema de tributação, inclusive em matéria de fiscalização tributária, está sujeito à observância de um complexo de direitos e prerrogativas que assistem, constitucionalmente, aos contribuintes e aos cidadãos em geral. Na realidade, os poderes do Estado encontram, nos direitos e garantias individuais, limites intransponíveis, cujo desrespeito pode caracterizar ilícito constitucional. - A administração tributária, por isso mesmo, embora podendo muito, não pode tudo. É que, ao Estado, é somente lícito atuar, "respeitados os direitos individuais e nos termos da lei" (CF, art. 145, § 1°), consideradas, sobretudo, e para esse específico efeito, as limitações jurídicas decorrentes do próprio sistema instituído pela Lei Fundamental, cuja eficácia - que prepondera sobre todos os órgãos e agentes fazendários - restringe-lhes o alcance do poder de que se acham investidos, especialmente quando exercido em face do contribuinte e dos cidadãos da República, que são titulares de garantias impregnadas de estatura constitucional e que, por tal razão, não podem ser transgredidas por aqueles que exercem a autoridade em nome do Estado. A GARANTIA DA INVIOLABILIDADE DOMICILIAR COMO LIMITAÇÃO CONSTITUCIONAL AO PODER DO ESTADO EM TEMA DE FISCALIZAÇÃO TRIBUTÁRIA - CONCEITO DE "CASA" PARA EFEITO DE PROTEÇÃO CONSTITUCIONAL - AMPLITUDE DESSA NOÇÃO CONCEITUAL, QUE TAMBÉM COMPREENDE OS ESPAÇOS PRIVADOS NÃO ABERTOS AO PÚBLICO, ONDE ALGUÉM EXERCE ATIVIDADE PROFISSIONAL: NECESSIDADE, EM TAL HIPÓTESE, DE MANDADO JUDICIAL (CF, ART. 5°, XI). - Para os fins da proteção jurídica a que se refere o art. 5°, XI, da Constituição da República, o conceito normativo de "casa" revela-se abrangente e, por estender-se a qualquer compartimento privado não aberto ao público, onde alguém exerce profissão ou atividade (CP, art. 150, § 4°, III), compreende, observada essa específica limitação espacial (área interna não acessível ao público), os escritórios profissionais, inclusive os de contabilidade, "embora sem conexão com a casa de moradia propriamente dita" (NELSON HUNGRIA). Doutrina. Precedentes. - Sem que ocorra qualquer das situações excepcionais taxativamente previstas no texto constitucional (art. 5°, XI), nenhum agente público, ainda que vinculado à administração tributária do Estado, poderá, contra a vontade de quem de direito ("invito domino"), ingressar, durante o dia, sem mandado judicial, em espaço privado não aberto ao público, onde alguém exerce sua atividade profissional, sob pena de a prova resultante da diligência de busca e apreensão assim executada reputar-se inadmissível, porque impregnada de ilicitude material. Doutrina. Precedentes específicos, em tema de fiscalização tributária, a propósito de escritórios de contabilidade (STF). - O atributo da auto-executoriedade dos atos administrativos, que traduz expressão concretizadora do "privilège du preálable", não prevalece sobre a garantia constitucional da inviolabilidade domiciliar, ainda que se cuide de atividade exercida pelo Poder Público em sede de fiscalização tributária. Doutrina. Precedentes. ILICITUDE DA PROVA - INADMISSIBILIDADE DE SUA PRODUÇÃO EM JUÍZO (OU PERANTE

QUALQUER INSTÂNCIA DE PODER) - INIDONEIDADE JURÍDICA DA PROVA RESULTANTE DE TRANSGRESSÃO ESTATAL AO REGIME CONSTITUCIONAL DOS DIREITOS E GARANTIAS INDIVIDUAIS. - A ação persecutória do Estado, qualquer que seja a instância de poder perante a qual se instaure, para revestir-se de legitimidade, não pode apoiar-se em elementos probatórios ilicitamente obtidos, sob pena de ofensa à garantia constitucional do "due process of law", que tem, no dogma da inadmissibilidade das provas ilícitas, uma de suas mais expressivas projeções concretizadoras no plano do nosso sistema de direito positivo. A "Exclusionary Rule" consagrada pela jurisprudência da Suprema Corte dos Estados Unidos da América como limitação ao poder do Estado de produzir prova em sede processual penal. - A Constituição da República, em norma revestida de conteúdo vedatório (CF, art. 5°, LVI), desautoriza, por incompatível com os postulados que regem uma sociedade fundada em bases democráticas (CF, art. 1°), qualquer prova cuja obtenção, pelo Poder Público, derive de transgressão a cláusulas de ordem constitucional, repelindo, por isso mesmo, quaisquer elementos probatórios que resultem de violação do direito material (ou, até mesmo, do direito processual), não prevalecendo, em conseqüência, no ordenamento normativo brasileiro, em matéria de atividade probatória, a fórmula autoritária do "male captum, bene retentum". Doutrina. Precedentes. - A circunstância de a administração estatal achar-se investida de poderes excepcionais que lhe permitem exercer a fiscalização em sede tributária não a exonera do dever de observar, para efeito do legítimo desempenho de tais prerrogativas, os limites impostos pela Constituição e pelas leis da República, sob pena de os órgãos governamentais incidirem em frontal desrespeito às garantias constitucionalmente asseguradas aos cidadãos em geral e aos contribuintes em particular. - Os procedimentos dos agentes da administração tributária que contrariem os postulados consagrados pela Constituição da República revelam-se inaceitáveis e não podem ser corroborados pelo Supremo Tribunal Federal, sob pena de inadmissível subversão dos postulados constitucionais que definem, de modo estrito, os limites - inultrapassáveis - que restringem os poderes do Estado em suas relações com os contribuintes e com terceiros (HC 82788, Relator(a): Min. CELSO DE MELLO, Segunda Turma, julgado em 12/04/2005, DJ 02-06-2006 PP-00043 EMENT VOL-02235-01 PP-00179 RTJ VOL-00201-01 PP-00170)

CRIMES CONTRA A INVIOLABILIDADE DE CORRESPONDÊNCIA

7. VIOLAÇÃO DE CORRESPONDÊNCIA

⊙ **Violação de correspondência**

Art. 151 - Devassar indevidamente o conteúdo de correspondência fechada, dirigida a outrem:

Pena - detenção, de um a seis meses, ou multa.

⊙ **Sonegação ou destruição de correspondência**

§ 1º - Na mesma pena incorre:

I - quem se apossa indevidamente de correspondência alheia, embora não fechada e, no todo ou em parte, a sonega ou destrói;

⊙ **Violação de comunicação telegráfica, radioelétrica ou telefônica**

II - quem indevidamente divulga, transmite a outrem ou utiliza abusivamente comunicação telegráfica ou radioelétrica dirigida a terceiro, ou conversação telefônica entre outras pessoas;

III - quem impede a comunicação ou a conversação referidas no número anterior;

IV - quem instala ou utiliza estação ou aparelho radioelétrico, sem observância de disposição legal.

§ 2º - As penas aumentam-se de metade, se há dano para outrem.

§ 3º - Se o agente comete o crime, com abuso de função em serviço postal, telegráfico, radioelétrico ou telefônico:

Pena - detenção, de um a três anos.

§ 4º - Somente se procede mediante representação, salvo nos casos do § 1º, IV, e do § 3º.

7.1. Considerações iniciais

Inicialmente, cumpre destacar que o art. 40 da Lei Postal (Lei n.º 6.538/78) estabelece que constitui crime:

> VIOLAÇÃO DE CORRESPONDÊNCIA
>
> Devassar indevidamente o conteúdo de correspondência fechada dirigida a outrem:
>
> Pena: detenção, até seis meses, ou pagamento não excedente a vinte dias-multa.
>
> SONEGAÇÃO OU DESTRUIÇÃO DE CORRESPONDÊNCIA.
>
> § 1º - Incorre nas mesmas penas quem se apossa indevidamente de correspondência alheia, embora não fechada, para sonegá-la ou destruí-la, no todo ou em parte.
>
> AUMENTO DE PENA
>
> § 2º - As penas aumentam-se da metade se há dano para outrem.

Percebe-se, então, que o *caput* do art. 151, bem como o § 1º, I, e o § 2º, do Código Penal foram revogados pela lei posterior e especial - Lei n.º 6.538/78[112]. Contudo, mesmo diante da semelhança dos preceitos primários, os preceitos secundários são diversos.

Trata-se de crime considerado de menor potencial ofensivo, ainda que na forma majorada (§ 2º), com exceção da figura qualificada (§3º), cuja competência para processamento e julgamento é do Juizado Especial Criminal, de ação penal pública condicionada à representação, em regra, sendo comum, instantâneo, comissivo, plurissubsistente e doloso.

Quando houver instalação ou utilização de estação ou aparelho radioelétrico, sem observância de disposição legal (inciso IV do § 1º), bem como se o crime for cometido com abuso de função em serviço postal, telegráfico, radioelétrico ou telefônico (§3º), a ação penal passa a ser pública condicionada à representação do ofendido.

Em suma, salvo nos casos em que seja atingido interesse da administração pública, só se procederá, em relação a qualquer das modalidades do crime, mediante representação.

---

112 Rogério Greco alerta que diante da revogação do *caput* do art. 151 do Código Penal, a aplicação dos parágrafos está completamente inviabilizada pela ausência da norma principal. GRECO, Rogério. op. cit., p. 542.

O Código Penal trata a violação de correspondência separadamente da violação de segredos, sendo certo que a inviolabilidade da correspondência é um interesse que reclama a tutela penal independentemente dos segredos acaso confiados por esse meio, conforme consta na sua exposição de motivos.

Assim, nota-se que os bens jurídicos protegidos pela norma são a inviolabilidade do sigilo da correspondência, das comunicações telegráficas e das comunicações telefônicas, que gozam, inclusive, de *status* constitucional.

Com efeito, o art. 5º, X e XII, da Constituição prevê que "são invioláveis a intimidade, a vida privada, a honra e a imagem das pessoas, assegurado o direito a indenização pelo dano material ou moral decorrente de sua violação" e que "é inviolável o sigilo da correspondência e das comunicações telegráficas, de dados e das comunicações telefônicas, salvo, no último caso, por ordem judicial, nas hipóteses e na forma que a lei estabelecer para fins de investigação criminal ou instrução processual penal".

Além disso, a questão está disciplinada pelas Leis n.º 6.538/78 e Lei n.º 9.296/96.

7.2. Sujeitos do crime

O crime é bicomum, ou seja, é comum tanto quanto ao sujeito ativo quanto ao passivo, não se exigindo nenhuma qualidade especial do autor e da vítima. No entanto, força é convir que o remetente e o destinatário, justamente por serem ofendidos, não podem praticar o crime.

7.3. Tipo objetivo e subjetivo

O art. 40, *caput*, e § 1º, da Lei n.º 6.538/70 (art. 151, *caput*, e § 1º, do Código Penal) tipificam condutas, identificadas pelos *nomen iuris* de violação de correspondência e sonegação ou destruição de correspondência, e o art. 151, § 1º, II a IV, do Código Penal, preveem a violação de comunicação telegráfica, radioelétrica ou telefônica:

a) **violação de correspondência**: a conduta consiste em devassar indevidamente o conteúdo de correspondência fechada, dirigida a outrem. Ora devassar, que constitui o verbo núcleo do tipo, nada mais é do que invadir, descobrir, perscrutar etc.

Além disso, o tipo não estabelece que a correspondência esteja aberta, sendo suficiente que o agente tome conhecimento de seu conteúdo, independentemente de sua relevância. Na verdade, exige-se que a correspondência esteja fechada e que a devassa seja ilegítima. Mas, caso a correspondência esteja aberta, desde que haja sonegação ou destruição, o tipo poderá ser o do § 1º, I, do art. 151 do Código Penal (apossamento indevido de correspondência). Do contrário, o fato é atípico.

Mais: a correspondência deve ser dirigida a pessoa determinada, pois se não é encaminhada a pessoa alguma ou o endereço não permite a identificação de pessoa certa, o tipo penal não restará caracterizado[113].

113 HUNGRIA, Nelson. op. cit., p. 236.

Indaga-se se o marido pode ler carta endereça à sua mulher e vice-versa, sem que isso configure crime. Damásio defende que a conduta é atípica, uma vez que a vida em comum produz comunhão de interesses e de intimidade entre os cônjuges que tal ato pode ser indelicado, mas não criminoso.[114] Não comungamos, porém, de igual entendimento, pois mesmo casados, cada um dos cônjuges preserva sua individualidade, bem como a sua intimidade e privacidade.

É claro que, havendo consentimento do titular do direito protegido a incidência penal é afastada, afinal a devassa deve ser indevida, mas o bem jurídico protegido pode ser objeto de renúncia.

De mais a mais, é certo que a lei não estabelece os meios ou formas pelas quais a correspondência pode ser violada, razão pela qual o crime é de forma livre e, ante o avanço tecnológico, a devassa de correspondência pode ser realizada das mais variadas maneiras, até mesmo sem abrir o invólucro onde aquela se encontra (com raio de luz, raio *laser* etc.)[115].

Questiona-se, diante da proteção constitucional prevista no art. 5º, I e XII, se o art. 240, § 1º, f, e o art. 243, § 2º, do Código de Processo Penal[116] foram recepcionados pela Constituição. Vem prevalecendo o entendimento de que não, destacando Cezar Roberto Bittencourt que a finalidade de "investigação criminal ou instrução processual penal", mesmo por ordem judicial, só foi excepcionada para autorizar a quebra do sigilo das comunicações telefônicas, de sorte que essa exceção específica para o autor apenas reforça o argumento de que, para as demais formas de comunicação - correspondência, comunicações telegráficas e de dados -, nem mesmo para fins investigatórios penais autorizariam a violação do sigilo constitucionalmente assegurado[117].

No entanto, Fernando Capez observa que como nenhuma liberdade individual é absoluta, desde que observados os princípios constitucionais e legais, seria possível a interceptação também das correspondências e as comunicações telegráficas e de dados, sempre que as liberdades públicas forem utilizadas como instrumento de salvaguarda de práticas ilícitas[118]. Do mesmo entendimento comunga Damásio de Jesus[119].

Cabe destacar que o art. 10 da Lei n.º 6.538/78 elenca algumas situações em que a abertura de carta não constitui violação de sigilo de correspondência, a saber: I - endereçada a homônimo, no mesmo endereço; II - que apresente indícios de conter

114 DE JESUS, Damásio Evangelista. op. cit., p. 317.

115 BITTENCOURT, Cezar Roberto. op. cit., p. 425.

116 Cf. Art. 240, § 1º, f, do CPP: "Proceder-se-á à busca domiciliar, quando fundadas razões a autorizarem, para: apreender cartas, abertas ou não, destinadas ao acusado ou em seu poder, quando haja suspeita de que o conhecimento do seu conteúdo possa ser útil à elucidação do fato".

Art. 243, § 2º, do CPP: "Não será permitida a apreensão de documento em poder do defensor do acusado, salvo quando constituir elemento do corpo de delito".

117 BITTENCOURT, Cezar Roberto. op. cit., p. 427.

118 CAPEZ, Fernando. op.cit., p. 394.

119 DE JESUS, Damásio Evangelista. op. cit., p. 317.

objeto sujeito a pagamento de tributos; III - que apresente indícios de conter valor não declarado, objeto ou substância de expedição, uso ou entrega proibidos; IV - que deva ser inutilizada, na forma prevista em regulamento, em virtude de impossibilidade de sua entrega e restituição.

E o preso? Pode ter o conteúdo de suas correspondências vistoriados pelas autoridades penitenciárias? A questão já foi levada ao Supremo Tribunal Federal, oportunidade em que se decidiu, quando do julgamento do HC n.º 70.814/SP, que "a administração penitenciaria, com fundamento em razoes de segurança pública, de disciplina prisional ou de preservação da ordem jurídica, pode, sempre excepcionalmente, e desde que respeitada a norma inscrita no art. 41, parágrafo único, da Lei n. 7.210/84, proceder a interceptação da correspondência remetida pelos sentenciados, eis que a cláusula tutelar da inviolabilidade do sigilo epistolar não pode constituir instrumento de salvaguarda de praticas ilícitas"[120].

E se a correspondência estiver escrita em uma língua desconhecida do autor? Neste caso, Rogério Greco entende que se trata de crime impossível[121]. O mesmo, aliás, ocorre, como adverte Nelson Hungria, no caso de o agente ser cego ou analfabeto[122].

Finalmente, constata-se que o Código Penal não definiu o conteúdo do que seria correspondência, devendo, contudo, ser o termo entendido como todo e qualquer meio de comunicação.

Não obstante isso, o art. 47 da Lei Postal define correspondência como sendo "toda comunicação de pessoa a pessoa, por meio de carta, através da via postal, ou por telegrama". O mesmo dispositivo legal conceitua: a) carta: objeto de correspondência, com ou sem envoltório, sob a forma de comunicação escrita, de natureza administrativa, social, comercial, ou qualquer outra, que contenha informação de interesse específico do destinatário; e b) telegrama: mensagem transmitida por sinalização elétrica ou radioelétrica, ou qualquer outra forma equivalente, a ser convertida em comunicação escrita, para entrega ao destinatário.

Mas, por correspondência, deve-se entender, segundo lição de Nelson Hungria[123], "toda comunicação de pessoa para pessoa (diversa da comunicação), por meio apto a fixar e transmitir a manifestação do pensamento", sendo a sua forma típica a carta.

Contudo, Magalhães Noronha ressalta, com propriedade, que, se pelo decurso do tempo ou outra causa qualquer, a correspondência tem apenas valor afetivo, de coleção, histórico, artístico etc., não pratica o crime. Por isso, exemplifica o autor que,

---

120 Cf. HC 70814, Relator(a): Min. CELSO DE MELLO, Primeira Turma, julgado em 01/03/1994, DJ 24-06-1994 PP-16649 EMENT VOL-01750-02 PP-00317 RTJ VOL-0176- PP-01136. No entanto, Cezar Roberto Bittencourt entende que "é absolutamente inconstitucional a `devassa' do conteúdo da correspondência destinada ao preso, realizada pelas autoridades penitenciárias" (BITTENCOURT, Cezar Roberto. op. cit., p. 439).

121 GRECO, Rogério. op. cit., p. 555.

122 HUNGRIA, Nelson. op. cit., p. 237. Em sentido contrário: NORONHA, E. Magalhães. op. cit., p. 180.

123 HUNGRIA, Nelson. op. cit., p. 232.

se alguém encontra uma carta de Napoleão a Josefina, não estaria cometendo o que crime que aqui analisamos[124].

b) apossamento indevido de correspondência: a ação criminosa exige que o sujeito se aposse (apodere-se/retenha) indevidamente de correspondência alheia, embora não fechada (logo, pode ser aberta, diversamente da situação anteriormente vista), no todo ou em parte, com o fim de sonegar (desviar/ocultar/omitir) ou destruir (inutilizar/destruir).

Pertinente a observação realizada por Cezar Roberto Bittencourt[125], no sentido de que, como a Lei n.º 6.538/78 alterou a redação do Código Penal, transformando as duas condutas nucleares, alternativas, "sonegar" e "destruir", em especial fim de agir da conduta de apossar-se, é de se concluir que: se o agente, sem se apossar de correspondência alheia, a sonega ou destrói, não pratica o crime.

c) violação de comunicação telegráfica, radioelétrica ou telefônica: é possível praticar o crime de três formas: c.1) divulgando (tornando público) indevidamente, transmitindo a outrem ou utilizando abusivamente comunicação telegráfica ou radioelétrica, dirigida a terceiro, ou conversa telefônica entre outras pessoas; c.2) impedindo a comunicação ou conversação referidas; c.3) instalando ou utilizando estação ou aparelho radioelétrico, sem observância de disposição legal.

Quanto à segunda forma (c.2), é importante destacar que o crime de interceptação telefônica está previsto no art. 10 da Lei n.º 9.296/96, nos seguintes termos: "constitui crime realizar interceptação de comunicações telefônicas, de informática ou telemática, ou quebrar segredo de justiça, sem autorização judicial ou com objetivos não autorizados em lei", cuja pena é de 2 (dois) a 4 (quatro) anos de reclusão e multa. Assim, é preciso reconhecer revogada a última parte do inciso II do § 1º do art. 151 do Código Penal.

Já no que toca à terceira forma (c.3), é de ver que o dispositivo também foi revogado pelo art. 70 da Lei de Telecomunicações (Lei n.º 4.117/62), que prevê que "constitui crime punível com a pena de detenção de 1 (um) a 2 (dois) anos, aumentada da metade se houver dano a terceiro, a instalação ou utilização de telecomunicações, sem observância do disposto nesta Lei e nos regulamentos".

Finalmente, o elemento subjetivo do crime é o dolo, ou seja, a vontade livre e consciente de praticar o crime, em quaisquer de suas modalidades.

7.4. Consumação e tentativa

Na hipótese do *caput*, o crime se consuma com a violação da correspondência, a partir do momento em que o agente toma conhecimento de seu conteúdo.

124 NORONHA, Magalhães. op. cit., p.p. 178/179.
125 BITTENCOURT, Cezar Roberto. op. cit., p. 440.

Por sua vez, no inciso I do § 1º do art. 151 o crime se consuma com o apossamento, sendo este, portanto, um crime formal.

Por fim, nos casos dos incisos II e III do § 1º do art. 151 a consumação se dá quando o autor divulga, transmite a outrem, utiliza abusivamente ou impede a comunicação ou a conversação telefônica, telegráfica ou radioelétrica.

A tentativa é admitida, por se tratar de um crime plurissubsistente.

7.5. Majorante

Consta do § 2º do art. 40 da Lei Postal (art. 151, § 2º, do Código Penal) que as penas aumentam-se de metade, se há dano para outrem.

O dano referido pelo legislador, abrange tanto o material quanto o moral, porém, deve ser devidamente caracterizado nos autos, a fim de que possa a pena do agente ser aumentada de metade.

7.6. Qualificadora

O legislador previu, ainda, a qualificadora do § 3º do art. 151 do Código Penal, com pena abstratamente cominada de 1 (um) a 3 (três) anos, no caso de o agente cometer o crime, com abuso de função em serviço postal, telegráfico, radioelétrico ou telefônico.

Contudo, o art. 43 da Lei n.º 6.538/78 consigna que os crimes contra o serviço postal, ou serviço de telegrama quando praticados por pessoa prevalecendo-se do cargo, ou em abuso da função, terão pena agravada.

Já o art. 58 da Lei n.º 4.117/62 dispõe que nos crimes de violação da telecomunicação, a que se referem esta Lei e o artigo 151 do Código Penal, caberão, ainda as seguintes penas: I - Para as concessionárias ou permissionárias as previstas no artigos 62 e 63, se culpados por ação ou omissão e independentemente da ação criminal. II - Para as pessoas físicas: a) 1 (um) a 2 (dois) anos de detenção ou perda de cargo ou emprego, apurada a responsabilidade em processo regular, iniciado com o afastamento imediato do acusado até decisão final; b) para autoridade responsável por violação da telecomunicação, as penas previstas na legislação em vigor serão aplicadas em dobro; c) serão suspensos ou cassados, na proporção da gravidade da infração, os certificados dos operadores profissionais e dos amadores responsáveis pelo crime de violação da telecomunicação.

Por isso, Luiz Regis Prado defende que o § 3º do art. 151 do Código Penal em análise está revogado, sendo que se houver abuso por parte de funcionário de telecomunicações, seria aplicável o art. 58 da Lei n.º 4.117/62, ao passo que nas demais hipóteses, aplicar-se-ia o art. 43 da Lei de Serviços Postais[126].

---

126 PRADO, Luiz Regis *apud* Rogério. GRECO, Rogério. op.cit., p. 549.

8. CORRESPONDÊNCIA COMERCIAL

⊙ **Correspondência comercial**

Art. 152 - Abusar da condição de sócio ou empregado de estabelecimento comercial ou industrial para, no todo ou em parte, desviar, sonegar, subtrair ou suprimir correspondência, ou revelar a estranho seu conteúdo:

Pena - detenção, de três meses a dois anos.

Parágrafo único - Somente se procede mediante representação.

8.1. Considerações iniciais

O tipo penal em questão versa, na verdade, sobre uma especial forma de violação de correspondência, porém, no âmbito comercial, de sorte que todos os comentários acima realizados, quando cabíveis, são também aqui aplicáveis.

Trata-se de crime considerado de menor potencial ofensivo, cuja competência para processamento e julgamento é do Juizado Especial Criminal, cuja a ação penal pública é condicionada à representação. Ademais, classifica-se como crime comum, instantâneo, comissivo, de forma livre, de ação múltipla ou conteúdo variado, plurissubsistente e doloso.

O bem jurídico tutelado pela norma ainda é o sigilo das correspondências.

Cezar Roberto Bittencourt[127] salienta, com acerto, que "na ótica do legislador, sigilos e segredos comerciais, invenções e novas tecnologias constituem interesses superiores aos protegidos no art. 151, pois somente esta avaliação justifica tamanha elevação da sanção penal".

8.2. Sujeitos do crime

Trata-se de um crime próprio, só podendo ser praticado pelo sócio ou empregado de estabelecimento comercial ou industrial. Por sua vez, sujeito passivo é o estabelecimento comercial ou industrial.

8.3. Tipo objetivo e subjetivo

A conduta incriminada é a de desviar, sonegar, subtrair ou suprimir correspondência, ou revelar a estranho - que pode ser qualquer pessoa - seu conteúdo, no todo ou em parte, abusando da condição de sócio ou empregado de estabelecimento comercial ou industrial.

Como se nota o crime é de ação múltipla ou conteúdo variado.

Rogério Greco defende que somente o comportamento que tiver alguma potencialidade danosa à empresa comercial ou indústria é que poderá ser considerado típico[128].

127 BITTENCOURT, Cezar Roberto. op. cit., p. 449.

128 GRECO, Rogério. op. cit., p. 558.

Já o elemento subjetivo é o dolo, ou seja, a vontade livre e consciente de violar o sigilo da correspondência comercial, de acordo com as condutas previstas no tipo em questão.

8.4. Consumação e tentativa

O crime se consuma com o desvio, sonegação, subtração ou supressão da correspondência, ou, ainda, no momento em que o seu conteúdo é revelado a um estranho.

A tentativa é admitida, por se tratar de um crime plurissubsistente.

CRIMES CONTRA A INVIOLABILIDADE DOS SEGREDOS

9. DIVULGAÇÃO DE SEGREDO

⊙ **Divulgação de segredo**

Art. 153 - Divulgar alguém, sem justa causa, conteúdo de documento particular ou de correspondência confidencial, de que é destinatário ou detentor, e cuja divulgação possa produzir dano a outrem:

Pena - detenção, de um a seis meses, ou multa.

§ 1º Somente se procede mediante representação. (Parágrafo único renumerado pela Lei nº 9.983, de 2000)

§ 1º-A. Divulgar, sem justa causa, informações sigilosas ou reservadas, assim definidas em lei, contidas ou não nos sistemas de informações ou banco de dados da Administração Pública: (Incluído pela Lei nº 9.983, de 2000)

Pena - detenção, de 1 (um) a 4 (quatro) anos, e multa. (Incluído pela Lei nº 9.983, de 2000)

§ 2º Quando resultar prejuízo para a Administração Pública, a ação penal será incondicionada. (Incluído pela Lei nº 9.983, de 2000)

9.1. Considerações iniciais

Trata-se de crime considerado de menor potencial ofensivo, com exceção da figura prevista no § 1º-A, cuja competência para processamento e julgamento é do Juizado Especial Criminal, de ação penal pública condicionada à representação, em regra, próprio quanto ao sujeito ativo, formal, comissivo, plurissubsistente e doloso.

Se preenchidos os requisitos legais, na modalidade qualificada (CP, art. 153, § 1º), é cabível o Acordo de Não Persecução Penal - ANPP, na forma prevista no art. 28-A do Código de Processo Penal, com nova redação conferida pela Lei n. 13.964/2019.

Entretanto, quando da conduta resultar prejuízo para a Administração Pública, a ação penal passa a ser pública incondicionada.

A norma protege a inviolabilidade de segredo ("aquilo que não deve ser revelado ou que se tem motivo ou interesse para ocultar"[129]), quando a sua divulgação possa causar dano a outrem, afinal todo indivíduo têm direito de impedir que terceiros tomem conhecimento de fatos secretos de sua vida privada.

129 HUNGRIA, Nelson. op. cit., p. 251.

É de ver que esta proteção legal diz respeito tão somente à segredos relacionados com a liberdade individual, de modo que se interesses outros forem atingidos, o crime poderá ser aquele do art. 325 ("Revelar fato de que tem ciência em razão do cargo e que deva permanecer em segredo, ou facilitar-lhe a revelação") ou do art. 326 ("Devassar o sigilo de proposta de concorrência pública, ou proporcionar a terceiro o ensejo de devassá-lo"), ambos do Código Penal, que são crimes praticados por funcionários públicos contra a Administração em geral.

Há, ainda, outros tipos penais que protegem a inviolabilidade do segredo, a saber: art. 94 da Lei n.º 8.666/93[130], art. 195 da Lei n.º 9.279/96[131] e arts. 13 e 21 da Lei n.º 7.170/83[132].

9.2. Sujeitos do crime

O sujeito ativo é apenas o destinatário ou detentor de documento particular ou correspondência confidencial. Por outro lado, sujeito passivo é o que possua legítimo interesse na manutenção do segredo, ainda que não tenha sido o remetendo da correspondência ou o responsável pela elaboração do documento particular[133].

---

130 Cf. Art. 94 da Lei n.º 8.666/93: "Devassar o sigilo de proposta apresentada em procedimento licitatório, ou proporcionar a terceiro o ensejo de devassá-lo: Pena - detenção, de 2 (dois) a 3 (três) anos, e multa".

131 Cf. Art. 195 da Lei n.º 9.279/96: "Comete crime de concorrência desleal quem: I - publica, por qualquer meio, falsa afirmação, em detrimento de concorrente, com o fim de obter vantagem; II - presta ou divulga, acerca de concorrente, falsa informação, com o fim de obter vantagem; III - emprega meio fraudulento, para desviar, em proveito próprio ou alheio, clientela de outrem; IV - usa expressão ou sinal de propaganda alheios, ou os imita, de modo a criar confusão entre os produtos ou estabelecimentos; V - usa, indevidamente, nome comercial, título de estabelecimento ou insígnia alheios ou vende, expõe ou oferece à venda ou tem em estoque produto com essas referências; VI - substitui, pelo seu próprio nome ou razão social, em produto de outrem, o nome ou razão social deste, sem o seu consentimento; VII - atribui-se, como meio de propaganda, recompensa ou distinção que não obteve; VIII - vende ou expõe ou oferece à venda, em recipiente ou invólucro de outrem, produto adulterado ou falsificado, ou dele se utiliza para negociar com produto da mesma espécie, embora não adulterado ou falsificado, se o fato não constitui crime mais grave; IX - dá ou promete dinheiro ou outra utilidade a empregado de concorrente, para que o empregado, faltando ao dever do emprego, lhe proporcione vantagem; X - recebe dinheiro ou outra utilidade, ou aceita promessa de paga ou recompensa, para, faltando ao dever de empregado, proporcionar vantagem a concorrente do empregador; XI - divulga, explora ou utiliza-se, sem autorização, de conhecimentos, informações ou dados confidenciais, utilizáveis na indústria, comércio ou prestação de serviços, excluídos aqueles que sejam de conhecimento público ou que sejam evidentes para um técnico no assunto, a que teve acesso mediante relação contratual ou empregatícia, mesmo após o término do contrato; XII - divulga, explora ou utiliza-se, sem autorização, de conhecimentos ou informações a que se refere o inciso anterior, obtidos por meios ilícitos ou a que teve acesso mediante fraude; ou XIII - vende, expõe ou oferece à venda produto, declarando ser objeto de patente depositada, ou concedida, ou de desenho industrial registrado, que não o seja, ou menciona-o, em anúncio ou papel comercial, como depositado ou patenteado, ou registrado, sem o ser; XIV - divulga, explora ou utiliza-se, sem autorização, de resultados de testes ou outros dados não divulgados, cuja elaboração envolva esforço considerável e que tenham sido apresentados a entidades governamentais como condição para aprovar a comercialização de produtos. Pena - detenção, de 3 (três) meses a 1 (um) ano, ou multa".

132 Cf. Art. 21 da Lei n.º 7.170/83: "Revelar segredo obtido em razão de cargo, emprego ou função pública, relativamente a planos, ações ou operações militares ou policiais contra rebeldes, insurretos ou revolucionários. Pena: reclusão, de 2 a 10 anos".

133 NORONHA, E. Magalhães. op. cit., p. 188.

Nelson Hungria defende que não comete o crime, salvo se o fato exposto é difamatório e injurioso, quem propala, por ouvir dizer, ou por lhe ter sido mostrado o documento ou correspondência pelo destinatário ou detentor[134].

9.3. Tipo objetivo e subjetivo

Para a consumação do delito, o tipo exige que o sujeito ativo divulgue a alguém, sem justa causa, conteúdo de documento particular ou de correspondência confidencial, de que é destinatário ou detentor, e cuja divulgação possa produzir dano a outrem.

Cabe observar que a divulgação, ou seja, tornar o segredo público, pode ocorrer pela imprensa, escrita ou falada, televisão, internet, etc. Em suma, qualquer meio que possibilite a comunicação a uma grande e indeterminada quantidade de pessoas.

Ademais, a lei estabelece que o segredo conste de uma correspondência confidencial ou de um documento particular, sendo que o conceito de documento pode ser extraído do disposto no art. 232 do Código de Processo Penal que diz: "consideram-se documentos quaisquer escritos, instrumentos ou papéis, públicos ou particulares"[135].

Como se nota, a divulgação de segredo constante de documento público não tipifica o crime em comento, podendo, no entanto, tal conduta ser enquadrada em outros tipos penais.

Não bastasse tudo isso, fácil perceber que o tipo penal requer que a divulgação possa causar dano a outrem. Vê-se que não se exige a ocorrência efetiva do dano, mas a sua mera possibilidade[136].

Além disso, a Exposição de Motivos da parte especial do Código Penal destaca que foi deixada à margem da proteção penal somente os segredos obtidos por confidência oral e não necessária. Não foi seguido o exemplo do Código italiano, que exclui da órbita do ilícito penal até mesmo a violação do segredo obtido por confidência escrita. Não é convincente a argumentação de Rocco: "Entre o segredo confiado oralmente e o confiado por escrito não há diferença substancial, e como a violação do segredo oral não constitui crime, nem mesmo quando o confidente se tenha obrigado a não revelá-lo, não se compreende porque a diversidade do meio usado, isto é, o escrito, deva tornar punível o fato". Ora, é indisfarçável a diferença entre divulgar ou revelar a confidência que outrem nos faz verbalmente e a que recebemos por escrito: no primeiro caso, a veracidade da comunicação pode ser posta em dúvida, dada a ausência de comprovação material; ao passo que, no segundo, há um corpus, que se impõe à credulidade geral. A traição da confiança, no segundo caso, é evidentemente mais grave do que no primeiro.

---

134 HUNGRIA, Nelson. op. cit., p.p. 251/252.

135 Na definição de Nelson Hungria, documento "é todo escrito de que resulte a prova de fato juridicamente relevante, tenha ou não caráter econômico" (HUNGRIA, Nelson. op. cit., p. 250).

136 NORONHA, E. Magalhães. op. cit., p. 188.

Por fim, a divulgação deve ser realizada sem justa causa (elemento normativo do tipo, que depende de valoração no caso concreto). Por isso, Cezar Roberto Bittencourt ressalta que poderão justificar a divulgação: a) *delatio criminis* (art. 5º, § 3º, do CPP); b) exercício de um direito; c) estrito cumprimento de dever legal, como no caso do art. 240, § 1º, letra f, do CPP; d) dever de testemunha em juízo, conforme previsão do art. 206 do CPP; e) quando houver consentimento do ofendido.[137]

O elemento subjetivo é o dolo, ou seja, a vontade livre e consciente de divulgar o conteúdo de documento particular ou correspondência confidencial, sabendo o agente do sigilo e de que sua conduta pode ser danosa.

9.4. Consumação e tentativa

O crime se consuma com a simples divulgação e como o tipo não exige efetivamente a ocorrência de dano, o delito, no caso, é formal.

A tentativa é admitida, por se tratar de um crime plurissubsistente, apesar de difícil ocorrência na prática. Mas, Magalhães Noronha adverte que a dificuldade de se admitir a tentativa "está em que se o titular do direito representar para a ação pública, será ele quem divulgará, acarretando para si mesmo o dano ou potencialidade de dano"[138].

9.5. Qualificadora

A Lei n.º 9983/00 alterou o artigo 153 do Código Penal para acrescentar o § 1º-A, a fim de tipificar a seguinte conduta: "Divulgar, sem justa causa, informações sigilosas ou reservadas, assim definidas em lei, contidas ou não nos sistemas de informações ou banco de dados da Administração Pública". No caso, o desvalor da ação e do resultado, por serem maiores, justifica a pena de 1 (um) a 4 (quatro) anos de detenção.

Percebe-se uma tentativa do legislador de se adequar às modernidades tecnológicas, na medida em que se refere a "sistemas de informação ou banco de dados".

10. VIOLAÇÃO DO SEGREDO PROFISSIONAL

> ⊙ **Violação do segredo profissional**
>
> **Art. 154** - Revelar alguém, sem justa causa, segredo, de que tem ciência em razão de função, ministério, ofício ou profissão, e cuja revelação possa produzir dano a outrem:
>
> Pena - detenção, de três meses a um ano, ou multa.
>
> Parágrafo único - Somente se procede mediante representação.

10.1. Considerações iniciais

Trata-se de crime considerado de menor potencial ofensivo, cuja competência para processamento e julgamento é do Juizado Especial Criminal, de ação penal

137 BITTENCOURT, Cezar Roberto. op.cit., p. 445.

138 NORONHA, E. Magalhães. op. cit., p. 188.

pública condicionada à representação, formal, próprio quanto ao sujeito ativo, comissivo, plurissubsistente e doloso.

Com efeito, todos os comentários relacionados com o crime anterior também são aqui aplicados, com o destaque de que, no caso específico, o segredo é obtido em razão de função, ministério, ofício ou profissão.

Como nos demais crimes, protege-se a liberdade individual, mais precisamente a inviolabilidade do segredo profissional.

10.2. Sujeitos do crime

Sujeito ativo é somente quem tem ciência do segredo em razão de função, ministério, ofício ou profissão, sendo certo que essa circunstância peculiar diz respeito não à pessoa, mas à atividade por ela exercida[139].

É o caso do segredo que o sujeito tem conhecimento por conta, por exemplo, do seu ofício de dentista, médico, psicólogo, advogado, padre etc. São os denominados confidentes necessários. Por via de consequência, como registra Magalhães Noronha[140], os auxiliares dos profissionais obrigados a guardar segredo, a exemplo do estagiário e enfermeira, também podem ser sujeitos ativos do crime.

Ademais, a depender de uma qualidade especial do sujeito, o crime pode ser outro: a) art. 325 do CP (violação de sigilo funcional)[141]; b) art. 10 da Lei Complementar n.º 105/2011 (quebra de sigilo das operações de instituições financeiras)[142]; c) art. 10 da Lei n.º 9.296/96 (violação de sigilo telefônico)[143]; d) art. 18 da Lei n.º 7.492/86 (violação de operação ou serviço prestado por instituição financeira)[144]; e) art. 169 da Lei n.º 11.101/05 (violação de sigilo empresarial)[145].

---

139 BITTENCOURT, Cezar Roberto. op. cit., p. 464.

140 NORONHA, E. Magalhães. op. cit., p. 192.

141 Cf. Art. 325 do CP: "Revelar fato de que tem ciência em razão do cargo e que deva permanecer em segredo, ou facilitar-lhe a revelação: Pena - detenção, de seis meses a dois anos, ou multa, se o fato não constitui crime mais grave".

142 Cf. Art. 10 da Lei Complementar n.º 105/2011: " A quebra de sigilo, fora das hipóteses autorizadas nesta Lei Complementar, constitui crime e sujeita os responsáveis à pena de reclusão, de um a quatro anos, e multa, aplicando-se, no que couber, o Código Penal, sem prejuízo de outras sanções cabíveis. Parágrafo único. Incorre nas mesmas penas quem omitir, retardar injustificadamente ou prestar falsamente as informações requeridas nos termos desta Lei Complementar".

143 Cf. Art. 10 da Lei n.º 9.296/96: "Constitui crime realizar interceptação de comunicações telefônicas, de informática ou telemática, ou quebrar segredo da Justiça, sem autorização judicial ou com objetivos não autorizados em lei. Pena: reclusão, de dois a quatro anos, e multa".

144 Cf. Art. 18 da Lei n.º 7.492/86: "Violar sigilo de operação ou de serviço prestado por instituição financeira ou integrante do sistema de distribuição de títulos mobiliários de que tenha conhecimento, em razão de ofício: Pena - Reclusão, de 1 (um) a 4 (quatro) anos, e multa".

145 Cf. Art. 169 da Lei n.º 11.101/05: "Art. 169. Violar, explorar ou divulgar, sem justa causa, sigilo empresarial ou dados confidenciais sobre operações ou serviços, contribuindo para a condução do devedor a estado de inviabilidade econômica ou financeira: Pena – reclusão, de 2 (dois) a 4 (quatro) anos, e multa".

Já o sujeito passivo pode ser qualquer pessoa, titular do segredo, pessoa física ou jurídica.

10.3. Tipo objetivo e subjetivo

Incorrerá na sanção penal todo aquele que revelar segredo, de que tenha ciência em razão de "função, ministério, ofício ou profissão", sem justa causa, e que possa produzir dano a outrem. E para a configuração do delito, é suficiente que o segredo tenha sido revelado a uma única pessoa.

Com propriedade, Magalhães Noronha pontua que o núcleo do tipo é dado pelo verbo "revelar", que significa descobrir, manifestar, denunciar, fazer conhecer, mostrar etc. Difere, assim, de "divulgar", que é difundir/propalar, como exige o art. 153 do Código Penal[146].

De acordo com Damásio, função é a incumbência determinada a uma pessoa, em face de lei, imposição judicial ou contrato, haja remuneração ou não (ex: função de tutor, curador, depositário judicial etc.); ministério é a incumbência determinada por uma situação de fato e não de direito (ex: sacerdote); ofício é a atividade eminentemente manual; e profissão é toda e qualquer forma de atividade, exercida com o fim de lucro.[147]

Por isso, o art. 207 do Código de Processo Penal prevê que "são proibidas de depor as pessoas que, em razão de função, ministério, ofício ou profissão, devam guardar segredo, salvo se, desobrigadas pela parte interessada, quiserem dar o seu testemunho".

Fernando Capez elenca as seguintes hipóteses como configuradoras de justa causa: a) quando para a cobrança judicial de honorários o profissional for obrigado a revelar os fatos sigilosos, por exemplo, cobrança de honorários advocatícios decorrentes do trabalho realizado pelo causídico em ação de investigação de paternidade; b) quando houver consentimento do titular do segredo, o que ocorre quando, por exemplo, o titular do segredo permite a revelação deste pelo profissional em depoimento em juízo (CPP, art. 207); c) quando a norma legal impuser a revelação do segredo, como no caso do art. 269 do Código Penal, que prevê a obrigatoriedade de o médico comunicar à autoridade a ocorrência de moléstia contagiosa[148].

Alegando sigilo profissional, é possível que hospital negue requisição ao Ministério Público de prontuário medico de paciente, necessário à apuração criminal? Em Sergipe, alguns nosocômios, com base no Código de Processo Penal e Código de Ética Médica (Resolução n.º 1931/2009), negaram-se a fornecer cópia de prontuário médico ao Órgão Ministerial requisitante, sob o pretexto de que a entrega só poderia ser feita à própria paciente ou por meio de determinação judicial.

---

146 NORONHA, E. Magalhães. op. cit., p. 193.
147 DE JESUS, Damásio Evangelista. op. cit., p. 336.
148 CAPEZ, Fernando. op. cit., p. 420.

De fato, o sigilo profissional não é, nem deve ser absoluto, principalmente quando se está diante de apuração de um fato possivelmente delituoso e se busca a comprovação da materialidade delitiva[149], essencial à propositura da ação penal respectiva, por parte do Órgão Ministerial.

Por fim, o elemento subjetivo é o dolo, ou seja, a vontade livre e consciente de revelar o segredo profissional, não se exigindo qualquer finalidade especial.

10.4. Consumação e tentativa

O crime se consuma com a simples revelação e como o tipo não exige efetivamente a ocorrência de dano, o delito, no caso, é formal.

A tentativa é admitida, por se tratar de um crime plurissubsistente, apesar de difícil ocorrência na prática.

10.5. Jurisprudência

> PENAL E PROCESSUAL PENAL. RECURSO DE "HABEAS CORPUS". INQUERITO POLICIAL. ADVOGADO. SIGILO PROFISSIONAL.1. NÃO PODE O ADVOGADO NEGAR-SE A COMPARECER E A DEPOR, COMO TESTEMUNHA, EM INQUERITO POLICIAL, PERANTE A AUTORIDADE QUE EXPEDE A INTIMAÇÃO, IMPONDO-SE-LHE, TODAVIA, O DEVER DE RECUSAR-SE A RESPONDER AS PERGUNTAS RELATIVAS A PORMENORES PROPRIOS DO SEGREDO PROFISSIONAL. 2. RECURSO IMPROVIDO (RHC 3.946/DF, Rel. Ministro ADHEMAR MACIEL, Rel. p/ Acórdão Ministro ANSELMO SANTIAGO, SEXTA TURMA, julgado em 13/12/1994, DJ 01/07/1996, p. 24097).

> RESPONSABILIDADE CIVIL. RECURSO ESPECIAL. INDENIZAÇÃO. DIVULGAÇÃO DE SEGREDOS DO ILUSIONISMO. QUADRO CONHECIDO COMO "MISTER M - O MÁGICO MASCARADO". AUSÊNCIA DE ATO ILÍCITO.
>
> 1. Não há norma jurídica que impeça a revelação dos alegados "segredos do ilusionismo", razão por que descabe imputar às emissoras de televisão qualquer responsabilidade civil por essa conduta. 2. A publicidade é a regra e o sigilo é exceção, que somente se justifica quando interesses mais caros à sociedade ou ao indivíduo estiverem em confronto com a liberdade de informar. No caso dos alegados "segredos do ilusionismo", não há bem jurídico de substancial relevância a ser protegido - que justifique a censura à informação. 3. Recurso especial parcialmente conhecido e não provido (REsp 1189975/RS, Rel. Ministro LUIS FELIPE SALOMÃO, QUARTA TURMA, julgado em 10/05/2011, DJe 18/05/2011).

---

149 O STJ já teve oportunidade de se manifestar sobre o tema, quando decidiu:
RECURSO EM MANDADO DE SEGURANÇA. ADMINISTRATIVO E CRIMINAL. REQUISIÇÃO DE PRONTUÁRIO. ATENDIMENTO A COTA MINISTERIAL. INVESTIGAÇÃO DE "QUEDA ACIDENTAL". ARTS. 11, 102 E 105 DO CÓDIGO DE ÉTICA. QUEBRA DE SIGILO PROFISSIONAL. NÃO VERIFICAÇÃO. **O sigilo profissional não é absoluto, contém exceções, conforme depreende-se da leitura dos respectivos dispositivos do Código de Ética. A hipótese dos autos abrange as exceções, considerando que a requisição do prontuário médico foi feita pelo juízo, em atendimento à cota ministerial, visando apurar possível prática de crime** contra a vida. Precedentes análogos. Recurso desprovido (grifo nosso) (RMS 11.453/SP, Rel. Ministro JOSÉ ARNALDO DA FONSECA, QUINTA TURMA, julgado em 17/06/2003, DJ 25/08/2003, p. 324).

11. INVASÃO DE DISPOSITIVO INFORMÁTICO

⊙ **Invasão de dispositivo informático**

Art. 154-A. Invadir dispositivo informático alheio, conectado ou não à rede de computadores, mediante violação indevida de mecanismo de segurança e com o fim de obter, adulterar ou destruir dados ou informações sem autorização expressa ou tácita do titular do dispositivo ou instalar vulnerabilidades para obter vantagem ilícita:

Pena - detenção, de 3 (três) meses a 1 (um) ano, e multa.

§ 1° Na mesma pena incorre quem produz, oferece, distribui, vende ou difunde dispositivo ou programa de computador com o intuito de permitir a prática da conduta definida no caput.

§ 2° Aumenta-se a pena de um sexto a um terço se da invasão resulta prejuízo econômico.

§ 3° Se da invasão resultar a obtenção de conteúdo de comunicações eletrônicas privadas, segredos comerciais ou industriais, informações sigilosas, assim definidas em lei, ou o controle remoto não autorizado do dispositivo invadido:

Pena - reclusão, de 6 (seis) meses a 2 (dois) anos, e multa, se a conduta não constitui crime mais grave.

§ 4° Na hipótese do § 3°, aumenta-se a pena de um a dois terços se houver divulgação, comercialização ou transmissão a terceiro, a qualquer título, dos dados ou informações obtidos.

§ 5° Aumenta-se a pena de um terço à metade se o crime for praticado contra:

I - Presidente da República, governadores e prefeitos;

II - Presidente do Supremo Tribunal Federal;

III - Presidente da Câmara dos Deputados, do Senado Federal, de Assembleia Legislativa de Estado, da Câmara Legislativa do Distrito Federal ou de Câmara Municipal; ou

IV - dirigente máximo da administração direta e indireta federal, estadual, municipal ou do Distrito Federal."

⊙ **Ação penal**

Art. 154-B. Nos crimes definidos no art. 154-A, somente se procede mediante representação, salvo se o crime é cometido contra a administração pública direta ou indireta de qualquer dos Poderes da União, Estados, Distrito Federal ou Municípios ou contra empresas concessionárias de serviços públicos."

11.1. Considerações Iniciais

A Lei n.° 12.737, de 30 de novembro de 2012, de autoria do Deputado Paulo Teixeira (PT/SP), conhecida como "Lei Carolina Dieckmann", em razão de a atriz ter tido o seu computador invadido, com posterior divulgação, na *internet*, de fotografias íntimas suas, acrescentou os arts. 154-A e 154-B ao Código Penal, fazendo surgir mais um tipo penal no país, qual seja, "Invasão de dispositivo informático".

No entanto, em decorrência do período de *vacatio legis*, a norma penal levou 120 (cento e vinte) dias, depois de sua publicação oficial, para entrar em vigor.

Pois bem. O novo crime do art. 154-A do Código Penal é considerado de menor potencial ofensivo, cuja competência para processamento e julgamento é do Juizado Especial Criminal, salvo no caso do § 4°. É delito comum, formal, comissivo, de ação múltipla ou conteúdo variado, plurissubsistente e doloso.

Se preenchidos os requisitos legais, no caso do § 4º do art. 154-A , é cabível o Acordo de Não Persecução Penal - ANPP, na forma prevista no art. 28-A do Código de Processo Penal, com nova redação conferida pela Lei n. 13.964/2019.

Como nos demais crimes, protege-se a liberdade individual, bem como a privacidade e intimidade, mas sob o enfoque da inviolabilidade de informações ou dados informáticos.

No mais, por se tratar de um bem disponível, por óbvio, o consentimento da vítima, validamente externado, exclui o delito.

11.2. Sujeitos do crime

O crime é bicomum, ou seja, é comum tanto quanto ao sujeito ativo quanto ao passivo, não se exigindo nenhuma qualidade especial do autor e da vítima.

No entanto, se o sujeito passivo for quaisquer das pessoas mencionadas no § 5º, a pena será aumentada de 1/3.

11.3. Tipo objetivo e subjetivo

Incorrerá na sanção penal, segundo o *caput* do art. 154-A do Código Penal, todo aquele que:

> a) invadir dispositivo informático alheio, conectado ou não à rede de computadores, mediante violação indevida de mecanismo de segurança e com o fim de obter, adulterar ou destruir dados ou informações sem autorização expressa ou tácita do titular do dispositivo.

Invadir significa entrar ou acessar sem permissão. Logo, se existir anuência ou autorização do sujeito, o crime não se caracterizará.

Além disso, percebe-se que o dispositivo informático alheio deve conter um mecanismo de segurança, como uma senha, por exemplo, não sendo crime, o acesso a mecanismos desprotegidos ou a obtenção de informações que, por sua natureza, não seriam passíveis de restrição ao acesso.

Por dispositivo informático deve-se entender computadores, *tablets*, *pendrives*, celulares, *smartphones*, discos externos, CDs, DVDs, etc., conectados ou não à internet, sendo certo que o acesso pode ocorrer, por exemplo, por meio de rede ou *Bluetooth*.

De mais a mais, segundo a Convenção de Budapeste, a qual o Brasil não é signatário, pode-se conceituar dados informáticos como sendo "qualquer dispositivo isolado ou grupo de dispositivos relacionados ou interligados, em que um ou mais entre eles, desenvolve, em execução de um programa, o tratamento automatizado dos dados" Já sistema informático é "qualquer dispositivo isolado ou em grupo de dispositivos relacionados ou interligados, em que um ou mais de entre eles desenvolve, em execução de um programa, o tratamento automatizado dos dados".

> b) ou instalar vulnerabilidades para obter vantagem ilícita.

Vulnerabilidade é uma falha no *software* ou sistema operacional que pode ser explorada por um atacante, resultando em violação de segurança.

Por isso, o tipo penal também criminaliza a conduta daquele que instala (coloca ou põe em funcionamento) vulnerabilidades, com o fim de obter qualquer tipo de vantagem ilícita, seja ela sexual, patrimonial, etc.

Vale notar, ainda, que por se tratar de crime de ação múltipla ou de conteúdo variado, ainda que o agente pratique as duas condutas - invadir dispositivo informático alheio ou instalar vulnerabilidades -, responderá por uma só delito.

Há, também, a figura equiparada ao *caput* prevista no §1º do art. 154-A do Código Penal, sancionando aquele que produz, oferece, distribui, vende ou difunde dispositivo ou programa de computador com o intuito de permitir a prática das condutas acima analisadas. Como se percebe, todas as ações mencionadas têm o só objetivo de possibilitar a prática do crime previsto no *caput* (invasão de dispositivo informático).

Enfim, vê-se que o legislador buscou criminalizar a produção e difusão de vírus de computador e códigos maliciosos, como os empregados para o roubo de senhas e outras atividades nocivas assemelhada. Assim, em face da ausência de dolo, não se pune a produção e distribuição de ferramentas que visem o mero teste de segurança de sistemas informáticos.

Por fim, o elemento subjetivo é o dolo, ou seja, a vontade livre e consciente de invadir o dispositivo informático alheio, sendo exigida, também, a finalidade especial de obtenção, adulteração ou destruição de dados ou informações.

11.4. Qualificadora

Se da invasão resultar a obtenção de conteúdo de comunicações eletrônicas privadas (ex: correio eletrônico/e-mail ou SMS/*Short Messaging Service*), segredos comerciais ou industriais, informações sigilosas, assim definidas em lei, ou o controle remoto (à distância) não autorizado do dispositivo invadido a pena é maior e varia de 6 (seis) meses a 2 (dois) anos de reclusão, bem como multa, se a conduta não constitui crime mais grave.

Depreende-se da leitura do dispositivo legal que o delito ali narrado é subsidiário, na medida em que o legislador ressalva expressamente que o tipo qualificado só incide "se a conduta não constitui crime mais grave".

Além disso, em quaisquer das hipóteses, a pena, ainda, pode ser aumentada de um a dois terços se houver divulgação, comercialização ou transmissão a terceiro, a qualquer título, dos dados ou informações obtidos, conforme estabelece o § 4º, já que a situação potencializa os danos sofridos pela vítima.

11.5. Majorante

Aumenta-se a pena de um sexto a um terço se da invasão resulta prejuízo econômico. Contudo, a majorante do § 2º do art. 154-A aplica-se apenas ao *caput* e ao § 1º desse tipo penal[150].

150 BITTENCOURT, Cezar Roberto. *Invasão de Dispositivo Informática in* http://atualidadesdodireito.com.br/cezarbitencourt/2012/12/17/invasao-de-dispositivo-informatico/ Acesso em 27 dez 2012.

Porém, a questão mais delicada, neste caso, é saber se a nova tipificação abrange também o *phishing*[151] e condutas assemelhadas.

Inicialmente, é de ver que, atualmente, o *phishing* melhor se adéqua ao tipo do furto qualificado mediante a fraude[152], já que, normalmente: a) o agente, iludindo a vigilância do correntista, utilizando senha de acesso indevidamente, logra obter a *res furtivae* sem que a vítima sequer percebesse que os valores estavam saindo de seu patrimônio; b) a retirada da *res furtivae* da esfera de disponibilidade da vítima é

---

151 "Em computação, *phishing*, termo oriundo do inglês (*fishing*) que quer dizer pesca, é uma forma de fraude eletrônica, caracterizada por tentativas de adquirir dados pessoais de diversos tipos; senhas, dados financeiros como número de cartões de crédito e outros dados pessoais. O ato consiste em um fraudador se fazer passar por uma pessoa ou empresa confiável enviando uma comunicação eletrônica oficial. Isto ocorre de várias maneiras, principalmente por email, mensagem instantânea, SMS, dentre outros. Como o nome propõe (Phishing), é uma tentativa de um fraudador tentar "pescar" informações pessoais de usuários desavisados ou inexperientes" (fonte: http://pt.wikipedia.org/wiki/Phishing. Acesso em 27 dez 2012.

152 Com efeito, para DAMÁSIO EVANGELISTA DE JESUS, a distinção entre o furto mediante fraude e o estelionato reside no seguinte: "No furto, a fraude ilude a vigilância do ofendido, que, por isso, não tem conhecimento de que o objeto material está saindo da esfera de seu patrimônio e ingressando na disponibilidade do sujeito ativo. No estelionato, ao contrário, a fraude visa a permitir que a vítima incida em erro. Por isso, voluntariamente se despoja de seus bens, tendo consciência de que eles estão saindo de seu patrimônio e ingressando na esfera de disponibilidade do autor" (DE JESUS, Damásio Evangelista. *Código Penal Anotado*. São Paulo: Saraiva, 2000. p.p. 541-542).

Por sua vez, acrescenta MIRABETE: "Distingue-se o furto com fraude, em que o engodo possibilita a subtração, do estelionato, em que o agente obtém a posse da coisa que lhe é transferida pela vítima por ter sido induzida em erro (RJDTACRIM 1/98). Na jurisprudência, apontam-se as seguintes diferenças: no primeiro há tirada contra a vontade da vítima; no segundo, a entrega é procedida livremente (RT 540/324 e 436/380; RJDTACRIM 5/101); no primeiro, há discordância da vítima; no segundo, o consentimento (RT 551/370-371); no furto, há amortecimento da vigilância; no estelionato, engodo (T 523/419); naquele, o engano é concomitante com a subtração; neste, é antecedente à entrega (RT 554/378, JTACrSP 68/233); a conduta do furto é de tirar, no estelionato é enganar para que a vítima entregue a coisa (RT 552/355, 653/303)" (MIRABETE, Júlio Fabbrini. *Manual de Direito Penal. Parte Especial*. Vol. II. 20ª ed. São Paulo: Atlas, 2003. p. 231-232).

Contudo, o Superior Tribunal de Justiça já teve oportunidade de se posicionar sobre o tema, quando decidiu que:

CONFLITO DE ATRIBUIÇÕES. MPF E JUIZ FEDERAL. IPL. MOVIMENTAÇÃO E SAQUES FRAUDULENTOS EM CONTA-CORRENTE DA CEF POR MEIO DA INTERNET. MANIFESTAÇÃO DO MPF PELA DEFINIÇÃO DA CONDUTA COMO FURTO MEDIANTE FRAUDE E DECLINAÇÃO DA COMPETÊNCIA PARA O LOCAL ONDE MANTIDA A CONTA-CORRENTE. INTERPRETAÇÃO DIVERSA DO JUÍZO FEDERAL, QUE ENTENDE TRATAR-SE DE ESTELIONATO. INEXISTÊNCIA DE CONFLITO DE ATRIBUIÇÕES. ARQUIVAMENTO INDIRETO. APLICAÇÃO ANALÓGICA DO ART. 28 DO CPP. PRECEDENTES DA 3A. SEÇÃO DESTA CORTE. PARECER DO MPF PELO NÃO CONHECIMENTO DO CONFLITO. CONFLITO DE ATRIBUIÇÃO NÃO CONHECIDO. 1. **A 3a. Seção desta Corte definiu que configura o crime de furto qualificado pela fraude a subtração de valores de conta corrente, mediante transferência ou saque bancários sem o consentimento do correntista;** assim, a competência deve ser definida pelo lugar da agência em que mantida a conta lesada (...) (grifo nosso) (STJ, CAt .222/MG, Rel. Ministro NAPOLEÃO NUNES MAIA FILHO, TERCEIRA SEÇÃO, julgado em 11/05/2011, DJe 16/05/2011).

realizada sem a sua ciência ou anuência, de maneira sorrateira, ludibriando-se a sua atenção, sendo que esta somente percebeu a prática do crime posteriormente.

Pois bem. Diante da nova redação do art. 154-A e § 2º do Código Penal, poder-se-ia dizer que condutas como as acima analisadas agora passariam a se adequar ao crime de violação de dispositivo informático, já que o agente invade um dispositivo, mediante violação indevida de um mecanismo de segurança, com o fim de obter dados/informações, resultando em prejuízo econômico.

Porém, entendemos que há de se aplicar na hipótese, em decorrência do princípio da especialidade, a forma qualificada prevista no § 3º, pois o sujeito ativo invade o dispositivo informático e obtém informações sigilosas - dados bancários, por exemplo -, cujo sigilo é protegido pela Lei Complementar n.º 105, de 10 de janeiro de 2001. Mas, como está previsto que este tipo penal é subsidiário, força é convir que prevalecerá o crime de furto mediante fraude sempre que ocorrer movimentações e saques fraudulentos em contas bancárias, por meio da *internet*[153].

Outrossim, aumenta-se a pena de um terço à metade se o crime for praticado contra: I - Presidente da República, governadores e prefeitos; II - Presidente do Supremo Tribunal Federal; III - Presidente da Câmara dos Deputados, do Senado Federal, de Assembleia Legislativa de Estado, da Câmara Legislativa do Distrito Federal ou de Câmara Municipal; ou IV - dirigente máximo da administração direta e indireta federal, estadual, municipal ou do Distrito Federal.

11.6. Consumação e tentativa

O delito se consuma, de forma instantânea, quando o sujeito ativo invade o dispositivo informática alheio, por meio da violação indevida de mecanismo de segurança ou instala vulnerabilidades.

Parece-nos que no caso de o agente estar em uma determinada cidade e invadir dispositivo informático alheio do sujeito passivo que se encontra cidade diversa, a competência para apurar e julgar eventual e futura ação penal é deste último local, pois ali se deu a invasão.

A tentativa é admitida em todas as modalidades, por se tratar de um crime plurissubsistente.

O crime em estudo, como já se viu, é formal, sendo que se o agente lograr êxito em obter, adulterar ou destruir os dados ou informações contidos no dispositivo informático, haverá mero exaurimento.

153 Vicente de Paula Rodrigues Maggio, tratando da hipótese de violação de sigilo bancário ou de instituição financeira (Lei 7.492, art. 18), adverte que por ser a pena mais grave (reclusão de um a quatro anos, e multa), o agente responde por este crime e não pelo delito de invasão de dispositivo informático qualificado (MAGGIO, Vicente de Paula Rodrigues. *Novo Crime: invasão de dispositivo informático - CP, art. 154-A*. In http://atualidadesdodireito.com.br/vicentemaggio/2012/12/16/invasao-de-dispositivo-informatico-cp-art-154-a/ Acesso em 27 dez 2012)

11.7. Ação Penal

Com efeito, o art. 154-B, também inserido no Código Penal pela Lei n.º 12.737, de 30 de novembro de 2012, estabelece que nos crimes definidos no art. 154-A, na forma simples ou qualificada, se procede mediante representação.

Mas, se o delito for cometido contra a administração pública, direta ou indireta, de qualquer dos Poderes da União, Estados, Distrito Federal ou Municípios ou contra empresas concessionárias de serviços públicos, a ação penal será pública incondicionada.

REFERÊNCIAS BIBLIOGRÁFICAS

BARREIRO JÚNIOR, Edmilson da Costa. *O abuso e a vulnerabilidade no tráfico de pessoas, nos termos da Lei Federal 13.344 de 06.10.2016*. Disponível em: http://www.mpf.mp.br/atuacao-tematica/ccr2/publicacoes/coletaneas-de-artigos/003_17_coletanea_de_artigos_trafico_de_pessoas.pdf. Acesso em 01 de jan. 20.

BITTENCOURT, Cezar Roberto. *Direito Penal: Parte Especial*. Vol. II. 8ª Ed. São Paulo: Saraiva, 2008.

__________. *Invasão de Dispositivo Informática in* http://atualidadesdodireito.com.br/cezarbitencourt/2012/12/17/invasao-de-dispositivo-informatico/ Acesso em 27 dez 2012.

__________. *A nova e equivocada tipificação do crime de tráfico de pessoas*. Revista Paradigma, Ribeirão Preto-SP, a. XXI, v. 25, n. 1, p. 2-26 Jan/jun, 2016.

CAPEZ, Fernando. *Curso de Direito Penal. Parte Especial*. Vol. II. 11ª Ed. 2ª tiragem. São Paulo: Saraiva, 2011.

CUNHA, Rogério Sanches; GOMES, Luiz Flávio. *Direito Penal. Parte Especial*. Vol. III. São Paulo: RT, 2008.

DE JESUS, Damásio Evangelista. *Código Penal Anotado*. São Paulo: Saraiva, 2000.

DE JESUS, Damásio Evangelista. Direito Penal. Parte Especial. 31ª Ed. Vol. II. São Paulo: Saraiva, 2011.

DELMANTO, Celso *Et al. Código Penal Comentado*. 5ª Ed. Atual. e Ampl. Rio de Janeiro: Renovar, 2000.

FERREIRA, Micaela Amorim; BORGES, Paulo César Correia. *Tráfico de Pessoas como problema internacional e panorama legislativo de combate*. Disponível em: http://www.mpf.mp.br/atuacao-tematica/ccr2/publicacoes/coletaneas-de-artigos/003_17_coletanea_de_artigos_trafico_de_pessoas.pdf. Acesso em 01 de jan. 20.

GOMES, Luiz Flávio. SOUSA, Áurea Maria Ferraz de. *Testemunha de Jeová e transfusão de sangue*. Disponível em http://www.lfg.com.br - 25 de novembro de 2010. Acesso em 12 de maio de 2013.

GONÇALVES, Victor Eduardo Rios. *Curso de Direito Penal. Parte Especial*. 2ª Ed. São Paulo: Saraiva Educação, 2018.

GRECO, Rogério. Curso de Direito Penal. Parte Especial. 7ª Ed. Vol. II. Niterói: Rio de Janeiro, 2010.

HUNGRIA, Nelson. Comentários ao Código Penal. Vol. VI. 4ª Ed. Rio de Janeiro: Forense, 1958.

MAGGIO, Vicente de Paula Rodrigues. *Novo Crime: invasão de dispositivo informático - CP, art. 154-A*. In http://atualidadesdodireito.com.br/vicentemaggio/2012/12/16/invasao-de-dispositivo-informatico-cp-art-154-a/ Acesso em 27 dez 2012.

MIRABETE, Julio Fabrini. *Código Penal Interpretado*. 5ª Ed. São Paulo: Atlas, 2005.

MIRABETE, Julio Fabrini. *Manual de Direito Penal. Parte Especial*. 20ª Ed. Vol. II. São Paulo: Atlas, 2003.

NORONHA, E. Magalhães. Direito Penal. Vol. II. 7ª Ed. São Paulo: Saraiva, 1972.

NUCCI, Guilherme de Souza. *Leis Penais e Processuais Comentadas*. 5ª Ed. 2ª tiragem. São Paulo: Revista dos Tribunais, 2010.

NUCCI, Guilherme de Souza. *Curso de Direito Penal*. Vol. II. 2ª Ed. Rio de Janeiro: Forense, 2018.

PRADO, Luiz Regis. *Curso de Direito Penal Brasileiro*. Vol. II. 10ª Ed. São Paulo: Editora Revista dos Tribunais, 2011.

QUEIROZ, Paulo de Souza; BARBOSA, Aldeleine Melhor. Et al. *Direito Penal Acadêmico*. Rio de Janeiro: De Andréa Ferreira & Morgado Editores, 2008.

CUNHA, Rogério Sanches; PINTO, Ronaldo Batista, *Tráfico de pessoas — Lei 13.344/16 comentada por artigos*. Salvador: JusPodivm, 2016.

CUNHA, Rogério Sanches. *Manual de Direito Penal. Volume Único*. 10ª Ed. Salvador: JusPodivm, 2018.

UNODC, Relatório Global sobre Tráfico de Pessoas 2018 (Publicação das Nações Unidas, Nº de venda E.19.IV.2). Disponível em: https://www.unodc.org/documents/lpo-brazil//Topics_TIP/Publicacoes/TiP_PT.pdf. Acesso em 06 jan de 20.

TÍTULO II – DOS CRIMES CONTRA O PATRIMÔNIO

CAPÍTULO I – DO FURTO

GAMIL FÖPPEL E
GABRIEL DALLA FAVERA DE OLIVEIRA

1. FURTO

⊙ **Furto**

Art. 155 – Subtrair, para si ou para outrem, coisa alheia móvel:

Pena – reclusão, de um a quatro anos, e multa.

§ 1º – A pena aumenta-se de um terço, se o crime é praticado durante o repouso noturno.

§ 2º – Se o criminoso é primário, e é de pequeno valor a coisa furtada, o juiz pode substituir a pena de reclusão pela de detenção, diminuí-la de um a dois terços, ou aplicar somente a pena de multa.

§ 3º – Equipara-se à coisa móvel a energia elétrica ou qualquer outra que tenha valor econômico.

⊙ **Furto qualificado**

§ 4º – A pena é de reclusão de dois a oito anos, e multa, se o crime é cometido:

I – com destruição ou rompimento de obstáculo à subtração da coisa;

II – com abuso de confiança, ou mediante fraude, escalada ou destreza;

III – com emprego de chave falsa;

IV – mediante concurso de duas ou mais pessoas.

§ 4º-A A pena é de reclusão de 4 (quatro) a 10 (dez) anos e multa, se houver emprego de explosivo ou de artefato análogo que cause perigo comum. (Incluído pela Lei nº 13.654, de 2018)

§ 5º – A pena é de reclusão de três a oito anos, se a subtração for de veículo automotor que venha a ser transportado para outro Estado ou para o exterior.

§ 6º A pena é de reclusão de 2 (dois) a 5 (cinco) anos se a subtração for de semovente domesticável de produção, ainda que abatido ou dividido em partes no local da subtração. (Incluído pela Lei nº 13.330, de 2016)

§ 7º A pena é de reclusão de 4 (quatro) a 10 (dez) anos e multa, se a subtração for de substâncias explosivas ou de acessórios que, conjunta ou isoladamente, possibilitem sua fabricação, montagem ou emprego. (Incluído pela Lei nº 13.654, de 2018)

1.1. Considerações preliminares

O legislador enceta o título atinente aos crimes patrimoniais partindo do tipo mais simplificado: o furto. Conforme será demonstrado, os crimes contra o patrimônio diferenciam-se uns dos outros pelas mais diversas nuances, seja o objeto material, a execução, o fim pretendido pelo agente *et cetera*. No mais das vezes, os crimes patrimoniais diferem uns dos outros pelos meios e modos de execução. O furto é, pois, como se demonstrará, o tipo básico e elementar no que diz respeito às coisas móveis e boa parte das considerações tecidas aqui servirão de substrato no exame dos tipos penais vindouros.

Note-se, inclusive, que, no próprio dispositivo legal, o legislador manteve-se fiel à premissa tocante à gradação pela complexidade, uma vez que parte da previsão do furto simples, no *caput*, e conclui, no § 7º, com a forma qualificada.

1.2. Bem jurídico tutelado

O bem jurídico tutelado pelo estatuto repressivo, *in casu*, é o patrimônio; tal esfera de proteção acoberta a propriedade, posse e detenção da coisa pelo sujeito passivo. Há de se convir com a doutrina majoritária[1] em que, no crime de furto, tutela-se, imediatamente, a situação de fato estabelecida entre o sujeito e o direito de usar, gozar e dispor de seus bens [a posse]; mediatamente, acautela-se o *jus uendi, jus frutendi et abutendi* existente entre o proprietário e o bem [a propriedade].[2]

Quanto à posse, porém, somente a legítima é tutelada pelo delito ora comentado. Deste modo, valendo-se de multicitado exemplo: no caso de ladrão que furta ladrão, aquele que detinha a posse da coisa advinda do primeiro furto não pode ser sujeito passivo do segundo crime, porque ilegítima a detenção da *res*. Isto não significa dizer, porém, que a segunda prática é indiferente penal, mas tão-somente que o sujeito passivo permanece sendo o verdadeiro e legítimo dono da coisa.

1.3. Sujeitos do delito

O furto é crime comum, razão pela qual o sujeito ativo pode ser toda e qualquer pessoa, à exceção, evidentemente, do proprietário, tendo em vista a elementar normativa do tipo legal *alheia*, que torna inviável o furto de coisa própria ainda quando se encontre na posse de terceiro. Assim, por exemplo, na hipótese de um sujeito que acerte um contrato de empréstimo e ceda, a título de garantia, um determinado bem seu, arrependa-se e, na calada da noite, subtraia-o de volta, não se haverá de falar na ocorrência de furto, porque própria e não alheia a coisa. Pode, no entanto, haver outro crime, como, por exemplo, a depender das circunstancias, o exercício arbitrário das próprias razões.

No caso do possuidor que inverte o *animus* – a natureza da posse da coisa que detém -, é hipótese de se discutir a prática de apropriação indébita, insculpida no artigo 168 do Código Penal. É possível, porém, que o possuidor possa cometer o furto

1 Magalhães Noronha, Damásio de Jesus, Heleno Cláudio Fragoso e Cezar Roberto Bitencourt.

2 Divergia no particular Maggiore: "*No obstante, hay que advertir que la propiedad se halla protegida en primer término, mientras la posesión, o mejor dicho la tenencia, está protegida únicamente de modo secundario e subordinado.*" MAGGIORE, Giuseppe. Derecho Penal: vol. V. Bogotá: Editorial Temis, 1972, p. 14.

quando a posse da coisa é vigiada; tal delito se dá, ordinariamente, na modalidade qualificada, tendo em vista que quase sempre o emprego de *fraude* faz-se imprescindível à subtração.

Quanto ao sujeito passivo, pode ser tanto o proprietário, o possuidor ou o detentor.

1.4. O tipo objetivo

Na análise do tipo objetivo do delito de furto, é oportuno recorrer à redação legal do dispositivo: *Subtrair, para si ou para outrem, coisa alheia móvel*. Incumbe, assim, analisar cada um dos referidos elementos. Observe-se, primeiramente, que o tipo legal deriva, direta e claramente, da disciplina romana do instituto. Os romanos elegeram o termo *contrectación* para designar o momento consumativo do delito de furto, como pontua CARRARA.[3] A palavra *contrectare* significa exatamente trasladar ou mover de um lugar a outro uma coisa, uma vez que tal termo deriva de *contrahere*, que, por sua vez, significa trazer para si.[4]

No Código Penal brasileiro, optou-se pelo verbo *subtrair* como núcleo do tipo legal. *Subtrair significa tirar, surrupiar, tirar às escondidas. Subtrair não é a simples retirada da coisa do lugar em que se encontrava; é necessário, a posteriori, sujeitá-la ao poder de disposição do agente.*[5] O núcleo do tipo descreve, portanto, exatamente a noção advertida pelos romanos, pois, mais do que a trasladação da coisa, exige-se que o seja feito *para si ou para outrem*; logo, é imprescindível que a *res* seja posta à disposição do agente ou de terceiro.

O objeto material do crime de furto é, como disciplina o Código Penal, *a coisa*[6] *alheia móvel*; coisa esta que, necessariamente, tem de possuir valor econômico, porquanto deve necessariamente integrar o patrimônio de seu proprietário. Como bem advertia CARRARA, "*a palavra coisa neste ponto não tem limites quanto ao valor. Desde que exista algum valor, por mínimo que seja, é sempre furto*".[7]

Hodiernamente, tal conclusão deve ser lida com cautelas, máxime em razão de o crime de furto ter servido de porta de entrada para a aplicação do princípio da

3 CARRARA, Francesco. Programa de Derecho Criminal: vol. IV. Buenos Aires: Editoral Depalma, 1946, § 2018.

4 HUNGRIA, Nelson. Comentários ao código penal: decreto n.º 2.848, de 7 de dezembro de 1940. 1. ed., Vol. VII, Rio de Janeiro: Forense, 1955, p. 13.

5 BITENCOURT, Cezar Roberto. *op. cit.* p. 5.

6 Ocupando-se da definição do objeto jurídico do delito, tem-se: "*En sentido jurídico, cosa es todo objeto con un valor económico determinable que puede ser objeto de derechos patrimoniales, lo que obliga a excluir del concepto a la luz natural o al aire, respecto de los cuales no puede establecerse relación patrimonial alguna. En las figuras de apoderamiento, puerto que se trata de tomar, una de las características necesarias ha de ser la de aprehensibilidad del elemento, de manera que se requiere que la cosa tenga una individualización suficiente que permita su traslado de un lugar a otro.*" ROMERO, Gladys Nancy. Delitos de hurto y robo. Revista de Derecho Penal: Fundación de Cultura Universitaria de Montevideo, n. 13, p. 253-265, dez. 2002, p. 260.

7 CARRARA, Francesco. *op. cit.* § 2026.

insignificância pelo Supremo Tribunal Federal, o que ocorreu no *leading case* do HC 84.412/SP[8], em 2004, através da lavra do Em. Ministro Celso de Mello. É dizer, com observância ao princípio da insignificância, não é todo e qualquer valor apto a configurar o delito de furto. Assim, se insignificante a conduta, tem-se afastada a tipicidade material do delito.

Certo é, contudo, que, para que se configure o delito de furto, faz-se premente que a coisa tenha valoração econômica.

Como advertido, o objeto material do crime é a *coisa*; o que se presta para firmar algumas premissas fundamentais: o ser humano, vivo, jamais pode ser objeto do crime em comento, exatamente porque coisa não é. Isto não significa dizer que a conduta de arrebatar ou subtrair determinada pessoa é indiferente penal, pois, conforme o caso concreto, deve responder o agente ou por sequestro, cárcere privado, subtração de incapazes, lesão corporal *et cetera*.

Quanto ao cadáver, em primeira análise, também não se mostra objeto do crime de furto, haja vista a existência de disciplina específica no artigo 211 do Código Penal: crimes contra o respeito aos mortos. Ocorre, entretanto, que, excepcionalmente, quando o cadáver compuser o patrimônio de alguém poderá ser objeto material de furto; o exemplo clássico manejado do cadáver potencialmente objeto do furto é

---

8 EMENTA: PRINCÍPIO DA INSIGNIFICÂNCIA – IDENTIFICAÇÃO DOS VETORES CUJA PRESENÇA LEGITIMA O RECONHECIMENTO DESSE POSTULADO DE POLÍTICA CRIMINAL – CONSEQÜENTE DESCARACTERIZAÇÃO DA TIPICIDADE PENAL EM SEU ASPECTO MATERIAL – DELITO DE FURTO – CONDENAÇÃO IMPOSTA A JOVEM DESEMPREGADO, COM APENAS 19 ANOS DE IDADE – "RES FURTIVA" NO VALOR DE R$ 25,00 (EQUIVALENTE A 9,61% DO SALÁRIO MÍNIMO ATUALMENTE EM VIGOR) – DOUTRINA – CONSIDERAÇÕES EM TORNO DA JURISPRUDÊNCIA DO STF – PEDIDO DEFERIDO. O PRINCÍPIO DA INSIGNIFICÂNCIA QUALIFICA-SE COMO FATOR DE DESCARACTERIZAÇÃO MATERIAL DA TIPICIDADE PENAL. – O princípio da insignificância – que deve ser analisado em conexão com os postulados da fragmentariedade e da intervenção mínima do Estado em matéria penal – tem o sentido de excluir ou de afastar a própria tipicidade penal, examinada na perspectiva de seu caráter material. Doutrina. Tal postulado – que considera necessária, na aferição do relevo material da tipicidade penal, a presença de certos vetores, tais como (a) a mínima ofensividade da conduta do agente, (b) a nenhuma periculosidade social da ação, (c) o reduzidíssimo grau de reprovabilidade do comportamento e (d) a inexpressividade da lesão jurídica provocada – apoiou-se, em seu processo de formulação teórica, no reconhecimento de que o caráter subsidiário do sistema penal reclama e impõe, em função dos próprios objetivos por ele visados, a intervenção mínima do Poder Público. O POSTULADO DA INSIGNIFICÂNCIA E A FUNÇÃO DO DIREITO PENAL: "DE MINIMIS, NON CURAT PRAETOR". – O sistema jurídico há de considerar a relevantíssima circunstância de que a privação da liberdade e a restrição de direitos do indivíduo somente se justificam quando estritamente necessárias à própria proteção das pessoas, da sociedade e de outros bens jurídicos que lhes sejam essenciais, notadamente naqueles casos em que os valores penalmente tutelados se exponham a dano, efetivo ou potencial, impregnado de significativa lesividade. O direito penal não se deve ocupar de condutas que produzam resultado, cujo desvalor – por não importar em lesão significativa a bens jurídicos relevantes – não represente, por isso mesmo, prejuízo importante, seja ao titular do bem jurídico tutelado, seja à integridade da própria ordem social. (HC 84412, Relator(a): Min. CELSO DE MELLO, Segunda Turma, julgado em 19/10/2004, DJ 19-11-2004 PP-00037 EMENT VOL-02173-02 PP-00229 RT v. 94, n. 834, 2005, p. 477-481 RTJ VOL-00192-03 PP-00963)

daquele pertencente a uma escola de medicina e utilizado para o fim do fomento ao estudo das ciências médicas.

Admite-se a bolsa de sangue, a dentadura, a prótese e a peruca enquanto objetos materiais do crime de furto. No que toca, porém, ao corte de cabelo compulsório impelido à vítima, tem-se configurada a prática de lesão corporal, ainda que a intenção do agente seja aferir vantagem econômica com a conduta; se a intenção do agente é valer-se do corte de cabelo forçado como meio de ofender a dignidade ou decoro da vítima, manifesta-se a possibilidade de concurso de crimes entre a lesão corporal e a modalidade qualificada de injúria consistente na injúria real.

Observe-se que a remoção de órgãos ou tecidos de pessoa ou cadáver dá azo à caracterização dos delitos previstos na Lei nº 9.434/97, cuja pena é sensivelmente mais gravosa. Incide nas penas previstas no referido diploma também aquele que vende, compra, recolhe, transporta, guarda ou distribui partes do corpo obtidas ilegalmente.

Hodiernamente, há nova modalidade de furto consistente na subtração do material genético animal. Consoante é sabido, há determinados animais que – pelos mais variados critérios – servem exclusivamente ao fornecimento de material genético para a reprodução; o referido material é dotado, portanto, de valor econômico.

Há de se observar a possibilidade, ao menos em tese, de os bens ilícitos serem objetos materiais do crime de furto [assim como de roubo], uma vez que a ilicitude não elide a sua relevância econômica, o que justifica e legitima a intervenção penal na tutela do patrimônio assacado. Significa dizer que, ainda que ilícita a coisa, a sua subtração implica ofensa ao patrimônio alheio, que é justamente o objeto da tutela do artigo em comento. Este é o entendimento sufragado no julgamento do *habeas corpus* 202784/SP pela Quinta Turma do Superior Tribunal de Justiça.[9]

1.4.1. Do elemento normativo do tipo: "alheia"

O objeto de tutela é a coisa *alheia*, o que não significa dizer apenas que a coisa não deve pertencer ao agente, mas que ela efetivamente pertença a alguém. Com fundamento no referido elemento normativo, reconhece-se que não se tutela no presente tipo penal a coisa abandonada (*res derelictae*), da coisa de ninguém (*res nullius*) e da coisa de todos (*res commune omnium*), exatamente porque não compõem, nestas hipóteses, o conjunto de bens, direitos e obrigações de quem quer que seja. Por sua vez, a

---

9 HABEAS CORPUS. PENAL. ROUBO QUALIFICADO TENTADO. CONDUTA TÍPICA MESMO QUANDO A RES FURTIVA NÃO É RESGUARDADA JURIDICAMENTE. (...)

1. É típica a conduta de roubar caça-níqueis porque, apesar de proibida a exploração de jogo de azar em nosso ordenamento jurídico, a res furtiva tem relevância econômica, sendo atingido o patrimônio da vítima, objeto jurídico tutelado pela lei penal.

(...)

3. Ordem concedida parcialmente para fixar o regime semiaberto para o inicial cumprimento da pena aplicada ao Paciente. (HC 202784/SP, Rel. Ministra LAURITA VAZ, QUINTA TURMA, julgado em 21/06/2011, DJe 28/06/2011)

coisa perdida (*res deperdita*) é tutelada pela previsão específica constante do art. 169, II, do Código Penal doravante examinada, uma vez que, ainda quando perdida, a coisa não deixa de compor o patrimônio de seu proprietário pelo que se justifica a tutela.

Elemento normativo do tipo que é, a configuração da elementar "*alheia*" é imprescindível à perfectibilização do crime de furto. Isto é, para que se possa falar na ocorrência do delito em comento, como advertido, faz-se premente que a coisa subtraída efetivamente pertença a outrem. Evidentemente, se a coisa não pertence a ninguém não há ofensa ao patrimônio que legitime e dê azo à intervenção penal na espécie. Como indicado por Damásio, "*a prova desse elemento do fato é importante: torna-se necessário que no processo existam elementos no sentido de que a coisa pertencia a alguém. Não é preciso identificar o proprietário ou possuidor. Imprescindível, entretanto, que se demonstre que a coisa era de alguém*".[10]

Como já se teve a oportunidade de indicar, o núcleo do tipo legal – subtrair – significa, tirar, retirar, surrupiar. Logo, o que distingue o furto dos demais crimes contra o patrimônio consiste exatamente na forma pela qual é realizado: mediante subtração; a utilização de qualquer expediente que vá além disso acaba por configurar crime diverso: a utilização de violência ou grave ameaça na subtração da coisa, por exemplo, caracteriza o crime de roubo, artigo 157 do Código Penal. Franqueia-se, ademais, que a subtração da coisa alheia móvel seja para si ou para outrem

Nada obstante o verbo nuclear do tipo seja *subtrair*, o que sugere que o agente deve sempre retirar a coisa da posse de outrem, é admissível, em tese, a ocorrência de furto da coisa que já detinha em sua posse. Ocorre, porém, que esta posse deve – necessariamente – ser precária e vigiada pelo legítimo possuidor ou proprietário. É imprescindível, pois, à configuração do furto que tenha por objeto a coisa em posse do agente o seu caráter precário aliado à vigilância da vítima. No casso de posse legítima e desvigiada da coisa, discutir-se-á a ocorrência da apropriação indébita prevista no art. 168-A do Código Penal.

No empreendimento do furto de coisa que o agente detém sob sua posse, a conduta em geral é levada a cabo *mediante abuso de confiança ou mediante fraude*. Imagine-se, como exemplo, a conduta levada a cabo pela diarista que, investida na posse de determinado bem para os fins de limpeza, sob a vigilância ostensiva do proprietário, põe-se a dissimular um mal súbito que lhe causa encenado desmaio cuja finalidade exclusiva é servir de meio para permitir a efetiva subtração da coisa e a sua evasão do local. No caso de posse desvigiada, por sua vez, cogita-se da ocorrência de apropriação indébita.

1.5. O elemento subjetivo do tipo

O elemento subjetivo no crime de furto é o dolo: vontade livre e consciente de *subtrair coisa alheia móvel*. Sim, é necessário que a vontade do agente abranja também a elementar normativa *alheia* sob pena de, ausente a representação quanto à

10 JESUS, Damásio de. Direito Penal, 2º volume, 32ed. São Paulo: Saraiva, 2012, p. 308.

propriedade da coisa, configurar-se erro de tipo, que afastaria, no caso, o dolo e, por consequência, a tipicidade. É o que se dá quando o agente subtrai coisa que supõe sua; porque ausente a consciência quanto ao caráter alheio da coisa, crime não haverá.

O elemento subjetivo especial do tipo traduz-se no *animus* de assenhorear-se definitivamente da coisa subtraída *para si ou para outrem*: é o que se conhece por *animus furandi* ou *animus rem sibi habendi*. Como elucidado por BITENCOURT, a ausência deste *animus* apropriativo (finalidade de apossamento) desnatura a figura do crime furto.[11] A presente questão terá sobrelevada importância quando do exame, *a posteriori*, da figura do furto de uso.

1.6. O momento consumativo

A questão atinente ao momento de consumação do crime de furto apresenta-se demasiado controversa, fato este que é evidenciado pela série de teorias que tiveram por escopo fundamentar a temática. As teorias clássicas acerca da consumação do furto são: a) *concreactio*, em que se exige meramente tocar a coisa; b) *apprehensio*, cuja exigência é efetivamente apreender (segurar) a coisa; c) *amotio*, que exige a remoção, a translação da coisa; d) *ablatio*, em que se exige a remoção e o acondicionamento da coisa no local originariamente planejado; fora, portanto, da esfera de vigilância da vítima.

Consoante a doutrina clássica, o crime se consuma quando da posse tranquila da coisa por parte do agente perpetrador do delito. Deste modo, para que se configure o delito de furto, crime material que é, faz-se premente que, primeiro, o agente efetivamente retire a coisa da esfera de disponibilidade da vítima e, segundo, estabeleça a posse tranquila sobre a coisa. É dizer, o delito consuma-se no exato momento em que a vítima não pode mais exercer as prerrogativas que detém sobre a coisa, seja a título de possuidor ou proprietário.

O posicionamento adotado nos Tribunais Superiores, contudo, vai de encontro ao quanto aqui sustentado. O entendimento assentado tanto no Supremo Tribunal Federal – desde o julgamento do Recurso Extraordinário 102490/SP – quanto no Superior Tribunal de Justiça – traduzida no Agravo Regimental no Recurso Especial 859952/RS – é de que a posse mansa e pacífica da coisa é dispensável à consumação dos delitos de furto e roubo, bastando para tanto que se apodere da coisa o agente. A teoria adotada pela jurisprudência é, pois, a *apprehensio*.

Neste sentido, o enunciado nº 582 da Súmula de Jurisprudência do Superior Tribunal de Justiça que, malgrado mencione o roubo, é plenamente aplicável ao furto em sua primeira parte: Consuma-se o crime de roubo com a inversão da posse do bem mediante emprego de violência ou grave ameaça, ainda que por breve tempo e em seguida à perseguição imediata ao agente e recuperação da coisa roubada, sendo prescindível

11 BITENCOURT, Cezar Roberto. *op. cit.* p. 13.

a posse mansa e pacífica ou desvigiada. STJ. 3ª Seção. Aprovada em 14/09/2016, DJe 19/09/2016.

Neste ponto, convém mencionar o Projeto de Lei do Senado Federal nº 236/2012 – Anteprojeto de Reforma do Código Penal – que se traduz deveras relevante. No parágrafo único do art. 24 do referido PLS[12], consta expressamente: "*Nos crimes contra o patrimônio, a inversão da posse do bem não caracteriza, por si só, a consumação do delito*". A intenção manifestada, *in casu*, é clara no sentido de superar o entendimento jurisprudencial hodierno que dá por consumado o delito com o mero apossamento da coisa pelo agente.

Fincada a premissa, são diversas as consequências advindas da teoria adotada quanto à consumação, máxime – evidentemente – no que diz respeito à tentativa. Tome-se como exemplo o batedor de carteiras que subtrai a coisa, tenta empreender fuga, mas é preso logo em sequência. Na doutrina clássica – que exige a posse mansa e pacífica da coisa -, é hipótese de furto tentado; no entendimento jurisprudência, é hipótese do crime consumado.

Quanto à tentativa impunível de furto – o crime impossível -, tem-se o exemplo do mesmo batedor de carteiras que, ao tentar arrebatar a carteira, erra o bote e atinge apenas o bolso vazio de um desavisado sujeito que a esqueceu em casa. É impunível a tentativa na espécie porque configurado o crime impossível dada a absoluta impropriedade do meio empregado pelo punguista. De outro modo, se o ladrão, intentando subtrair a carteira da vítima, por exemplo, erra apenas o bolso [desfere o bote no bolso esquerdo ao passo que a carteira encontra-se no bolso direito], há ocorrência de crime de furto na modalidade tentada.

A hipótese quanto à punibilidade no caso em que toda a empreitada do agente é, desde o início, monitorada pela equipe de segurança e, ao final e ao cabo, obstada antes da evasão do sujeito, gerou controvérsia na jurisprudência. O entendimento do Supremo Tribunal Federal, acompanhando neste ponto a tendência da jurisprudência majoritária, é de que não se há de falar em crime impossível, mas em crime tentado. Como se extrai do acórdão de julgamento do *Habeas Corpus* 106.351/RS, última oportunidade que teve o pretório de se manifestar sobre o tema, cuja lavra competiu ao Min. Gilmar Mendes: "*não há que se falar de meio absolutamente ineficaz para alcançar o resultado criminoso. Isso porque os sistemas de vigilância de estabelecimentos comerciais, ou até mesmo os constantes monitoramentos realizados por funcionários, não têm o condão de impedir totalmente a consumação do crime.*"[13]

---

12 Art. 24 do PLS 236/2012:"Art. 24. Há o início da execução quando o autor realiza uma das condutas constitutivas do tipo ou, Segundo seu plano delitivo, pratica atos imediatamente anteriores à realização do tipo, que exponham a perigo o bem jurídico protegido.

Parágrafo único: Nos crimes contra o patrimônio, a inversão da posse do bem não caracteriza, por si só, a consumação do delito"

13 HC 106351, Relator(a): Min. GILMAR MENDES, Segunda Turma, julgado em 01/02/2011, PROCESSO ELETRÔNICO DJe-030 DIVULG 14-02-2011 PUBLIC 15-02-2011

Dá-se o crime impossível, nos termos do artigo 17 do Código Penal, quando absolutamente *ineficaz o meio* ou ante a *absoluta impropriedade do objeto*. No caso, portanto, da monitoração – por câmeras de vídeo ou pela equipe de segurança -, entende-se atualmente que não se trata de meio absolutamente ineficaz, razão pela qual se classifica como crime tentado – ato punível, pois.

Consoante o pontuado, pouco importa para a configuração do delito que tenha sido exíguo o tempo em que o agente teve a posse da coisa; se houve, ainda que diminuto o lapso temporal, configurado o crime.

1.7. Classificação doutrinária

Antes de expor a classificação doutrinária do crime de furto, importa fazer breve digressão às modalidades de tipos penais[14], concebidas pela adoção dos mais variados critérios, como a natureza do elemento subjetivo (tipos dolosos e culposos), a relação entre ação e resultado (materiais, formais ou de mera conduta) ou segundo a conclusão imediata ou a manutenção temporal da situação típica (instantâneos ou permanentes).

Com efeito, segundo o elemento volitivo caracterizador da infração penal[15], diz-se o crime doloso *quando o agente quis o resultado* (dolo direto) *ou assumiu o risco de produzi-lo* (dolo eventual) e culposo *quando o agente deu causa ao resultado por imprudência, negligência ou imperícia*, segundo disposição expressa no art. 18 do Código Penal. Assim, por não haver previsão legal para figura culposa no crime de furto, seu elemento subjetivo sempre será **doloso**, uma vez que, *salvo os casos expressos em lei, ninguém pode ser punido por fato previsto como crime, senão quando o pratica dolosamente*.

A depender da conduta do sujeito ativo, os tipos podem ser classificados em comissivos ou omissivos. Enquanto os primeiros descrevem comportamentos ativos concretizados em ações, os últimos correspondem a comportamentos passivos, caracterizados como omissões de ações que infringem um dever jurídico de agir. Podem se apresentar como omissões próprias, as quais prescindem de resultado e são descritas de forma negativa no tipo penal (na fórmula deixar de fazer), e omissão imprópria (crime omissivo-comissivo), na qual se imputa resultado típico ao sujeito ativo, que podia e devia (por ser garantidor do bem jurídico) agir para evitá-lo.

No crime de furto, o verbo nuclear "*subtrair*" exige ação positiva para sua consumação, caracterizando-se, portanto, como crime **comissivo**. Entrementes, caso o agente seja garantidor (nos termos do artigo 13, § 2º do Código Penal), deve evitar o resultado, podendo ser responsabilizado pela omissão (imprópria).

Os crimes permanentes caracterizam-se pela possibilidade de sua consumação se protrair no tempo, em que se mantém a situação típica enquanto durar a violação

---

14 SANTOS, Juarez Cirino dos. Direito Penal – Parte Geral. 4. ed. Florianópolis: Conceito Editorial, 2010, p. 106/113.

15 BITENCOURT, Cezar Roberto. *op. cit.* p. 254.

ao bem jurídico respectivo. Nos crimes instantâneos, prescinde-se do fator temporal, completando-se com o cometimento da ação prevista no tipo. Tal classificação ganha relevo na delimitação do marco prescricional e na possibilidade de haver concurso material de crimes e de agentes após a consumação nos crimes permanentes.

Como a consumação se opera de imediato (ainda que possa haver divergências quanto seu exato momento), bastando a prática da conduta típica de subtrair coisa alheia, o crime de furto é **instantâneo**.

Os crimes de dano caracterizam-se pela lesão real do bem jurídico tutelado pela norma penal incriminadora. É dizer, a consumação do delito pressupõe a existência de dano efetivo e a sua ausência pode caracterizar a tentativa. Por sua vez, os crimes de perigo descrevem a produção de um perigo de dano, concreto ou abstrato, ao objeto de proteção. Nos crimes de perigo concreto, que reivindica a comprovação da probabilidade de superveniência de dano, a ausência de lesão é meramente acidental, alheia ao dolo do agente. Nos crimes de perigo abstrato, há mera presunção legal do risco.

O crime de furto, por causar efetiva lesão ao patrimônio do sujeito passivo, é classificado como tipo **de dano**.

Os crimes materiais são aqueles em que o resultado integra o próprio tipo penal, sua ocorrência é exigência para consumação do delito. Pode-se, portanto, separar a conduta do agente do resultado naturalístico (aquele que altera a realidade do mundo exterior), sendo que este poderá ser objeto de perícia técnica. Nos crimes formais, também há descrição de um resultado no tipo penal, mas o legislador antecipa a consumação, satisfazendo-a com a simples ação do agente. É dizer, pela natureza do bem jurídico tutelado, o legislador estabelece que a configuração do resultado seja concomitante à ação. Assim, o resultado não é naturalístico (pois não há alteração do mundo exterior), mas puramente jurídico. Nos crimes de mera conduta, pune-se a simples atividade do agente, sem ser necessária a ocorrência de qualquer resultado. É evidente, para a consumação do crime de furto, requer-se a diminuição do patrimônio da vítima, resultado naturalístico que caracteriza o indigitado ilícito como delito **material**.

Nos crimes plurissubjetivos, pela estrutura típica do delito, que exige mais de um sujeito ativo, há concurso necessário de agentes. Por sua vez, nos crimes unissubjetivos, uma única pessoa pode cometer o delito, sendo que o concurso de agentes é meramente eventual. O crime de furto é **unissubjetivo**, pois pode ser praticado por apenas um agente. Insta rememorar, contudo, a modalidade qualificada, prevista no art. 155, § 4º, inciso IV, quando o crime é cometido mediante concurso de duas ou mais pessoas.

Os crimes plurissubsistentes são aqueles nos quais o curso da infração penal pode ser dividido, pois o delito possui várias etapas/atos, estabelecidos no *iter criminis*. Por outro lado, crimes unissubsistentes são aqueles nos quais não há fracionamento da conduta, por constituir-se em ato único, concomitante à consumação, restando impossível a tentativa. O crime de furto pode ser fracionado em diversos atos, que compõe uma mesma conduta criminosa, sendo crime **plurissubsistente**.

Quanto ao sujeito ativo da infração, crime comum é aquele no qual não se exige qualquer qualidade específica do agente, podendo ser praticado por qualquer pessoa (imputável). Crime próprio é aquele em que o tipo penal exige certos requisitos por parte do sujeito ativo. É dizer que são crimes que só podem ser praticados por certas pessoas, pessoas estas dotadas de elemento diferenciador, referente a certa condição jurídica, natural, parentesco, profissional, entre outras.

Contrariamente, os crimes de mão própria somente podem ser cometidos por uma pessoa, o que afasta a possibilidade de coautoria. Vê-se, entretanto, que é possível a existência de participação no crime (a participação possui função acessória). Além da condição especial do agente, o crime não pode ser cometido por interposta pessoa. Por óbvio, o crime de furto não exige qualquer condição especial do agente, razão pela qual é classificado como delito **comum**.

1.8. Furto durante o período de repouso noturno

Consoante a disposição do artigo 155, § 1º, do Código Penal, aumenta-se de um terço a pena quando *o crime é praticado durante o repouso noturno*. Trata-se, portanto, de causa de majoração de pena e não de qualificadora como já se pretendeu em doutrina, uma vez que o dispositivo não fixa novos parâmetros máximo e mínimo do preceito sancionatório.

Quanto à previsão, recomenda-se prudência e comedimento na sua aplicação, porque absolutamente descontextualizada. Valha-se, neste ponto, da crítica tecida por BITENCOURT, no sentido de que se trata de vetusta previsão legal, que remonta ao direito romano, já abandonada pelas legislações da segunda metade do século XX, pois equivocado o argumento de que o sujeito que pratica o crime durante a noite é, por isto, mais temível, quando o cotidiano demonstra que *crimes os mais graves e cruéis são cometidos à luz do dia, com absoluto destemor às autoridades policiais*[16].

Adotando-se, portanto, a referida premissa, faz-se necessário interpretar o tipo legal em comento de forma restritiva. No que toca ao dispositivo legal, duas questões merecem destaque: a primeira delas diz respeito ao que compreende o *período noturno* e a segunda toca as consequências do significado de *repouso*.

Na primeira hipótese, nada obstante a relevante controvérsia a que já deu azo, resta esclarecer que o elemento normativo do tipo *período noturno* não se confunde com noite [ausência de luz solar], mas deve ser verificado, no caso concreto, observando os costumes da localidade tocantes à hora em que a comunidade se recolhe e levanta para a vida cotidiana.

Quanto ao *repouso*, acirrado debate se instala. Há diversos entendimentos quanto à necessidade de o local, o habitáculo, a residência ser habitado quando da prática do delito. As divergências sintetizam-se em: I – É necessário que o local seja habitado e

16 BITENCOURT, Cezar Roberto. *op. cit.* p.17.

que haja pessoa repousando; II – É desnecessário que o local seja habitado; III – É necessário que o local seja habitado e desnecessário que haja alguém em repouso.

O entendimento majoritário é bem expressado por LUIZ RÉGIS PRADO em que "*a majorante incide ainda que o furto ocorra em local desabitado, satisfazendo-se simplesmente com a circunstância de que seja praticado durante o momento, segundo os costumes locais, em que as pessoas estejam repousando*"[17]. Este é o entendimento firmado nos tribunais, máxime a partir do acórdão do julgamento de *Habeas Corpus* 29.153/MS pelo Superior Tribunal de Justiça.

E quanto ao lugar que justifica a incidência da causa de aumento, deve-se interpretá-lo restritivamente (casa, pensão, hotel etc.) ou extensivamente (loja, comércio, carro, ônibus etc.)? Imagine-se o caso do jovem que tem seu aparelho de telefone furtado durante o período noturno e enquanto dormia em ônibus no retorno para casa, configurar-se-ia a majorante? A resposta só pode ser negativa, uma vez que se deve interpretar a figura restritivamente e, assim, a sua incidência ocorre apenas quando daqueles locais destinados ao *repouso noturno*. O ônibus claramente não tem por finalidade o repouso, mas o transporte, logo o furto cometido em seu interior jamais poderá ter sua pena aumentada em razão da presente causa de aumento. A regra é simples: a causa de aumento incide apenas se o crime é cometido em lugar destinado ao repouso; se diferente disto, não se fala no aumento de pena. A jurisprudência da Quinta Turma do Superior Tribunal de Justiça, traduzida no julgamento do *Habeas Corpus* 29.153[18], segue, porém, posicionamento diverso, no que admite a incidência da causa de aumento ora comentada independentemente de se tratar de veículo ou estabelecimento, bem como de que detenha finalidade residencial ou comercial.

Um último aspecto: havia quem entendesse que a majorante analisada só se aplicaria à hipótese de furto simples. Se qualificado, inviável a exasperação de pena pelo *repouso noturno*. O fundamento era o seguinte: pretendesse aplicar a majoração também à forma qualificada, teria o legislador de tê-la posicionado (a majorante) após as qualificadoras, pois, em hipóteses maléficas ao réu, a topografia do Código Penal é absolutamente determinante.

Sucede que o Superior Tribunal de Justiça entendeu diversamente no julgamento do *Habeas Corpus* n. 306.450/SP[19] e aplicou a majorante do furto noturno [§ 1º] à modalidade qualificada [4º].

---

17 PRADO, Luiz Regis. Curso de direito penal brasileiro, volume 2: parte especial. São Paulo: Editora Revista dos Tribunais, 2007, p. 411.

18 CRIMINAL. HC. FURTO. CAUSA ESPECIAL DE AUMENTO. REPOUSO NOTURNO.ESTABELECIMENTO COMERCIAL. LOCAL DESABITADO. IRRELEVÂNCIA. ORDEM DENEGADA. Para a incidência da causa especial de aumento prevista no § 1º do art. 155 do Código Penal, é suficiente que a infração ocorra durante o repouso noturno, período de maior vulnerabilidade para as residências, lojas e veículos. É irrelevante o fato de se tratar de estabelecimento comercial ou de residência, habitada ou desabitada, bem como o fato de a vítima estar, ou não, efetivamente repousando. Ordem denegada. (HC 29153/MS, Rel. Ministro GILSON DIPP, QUINTA TURMA, julgado em 02/10/2003, DJ 03/11/2003, p. 335)

19 HABEAS CORPUS. ART. 155, § 1.º E § 4.º, I E IV, C.C. ART. 71, DO CÓDIGO PENAL. WRIT SUBSTITUTIVO DE REVISÃO CRIMINAL. VIA INADEQUADA. CRIME PRATICADO DURANTE O

1.9. Furto privilegiado ou furto mínimo

Nos termos do § 2º do artigo 155 do Código Penal, *se o criminoso é primário, e é de pequeno valor a coisa furtada, o juiz pode substituir a pena de reclusão pela de detenção, diminuí-la de um a dois terços, ou aplicar somente a pena de multa.* É a hipótese do furto mínimo, em que o menor valor da *res furtiva* e a primariedade do agente recomendam, em observância ao princípio da proporcionalidade, uma menor reprovação da conduta. Assim, como a previsão é benéfica ao réu, se cumpridos os requisitos, configura-se direito público subjetivo do acusado à causa de diminuição de pena, razão pela qual o juiz – mais do que meramente "*pode*" conceder – *deve* fazê-lo.[20]

Observe-se, desde já, que não se pode confundir esta causa de diminuição de pena com o princípio da insignificância. Em última análise, o exame da insignificância da conduta, que afasta a atipicidade, é questão antecedente à verificação desta disposição legal. Deste modo, se é caso de aplicação do § 2º do artigo 155 do Código Penal, a conclusão a que imediatamente se chega é: a conduta não é insignificante.[21]

De outro ponto, não se deve confundir o furto privilegiado com o furto famélico, porque neste não se há de falar em ocorrência de crime, uma vez que se trata de

---

REPOUSO NOTURNO. APLICAÇÃO DO ART. 155, § 1.º, DO CÓDIGO PENAL. FURTO QUALIFICADO. POSSIBILIDADE. DESCLASSIFICAÇÃO DO CRIME PARA A FORMA TENTADA. AFASTAMENTO DA CONTINUIDADE DELITIVA. REVOLVIMENTO FÁTICO-PROBATÓRIO. INVIABILIDADE. PENA-BASE. EXASPERAÇÃO. FUNDAMENTAÇÃO CONCRETA. ILEGALIDADE NÃO EVIDENCIADA. NÃO CONHECIMENTO.

[...]

2. A causa de aumento prevista no § 1.º do art. 155 do Código Penal, que se refere à prática do crime durante o repouso noturno - em que há maior possibilidade de êxito na empreitada criminosa em razão da menor vigilância do bem, mais vulnerável à subtração -, é aplicável tanto na forma simples como na qualificada do delito de furto. Tal entendimento revela, mutatis mutandis, a posição firmada por este Sodalício no julgamento do Recurso Especial Representativo de Controvérsia n.º 1.193.194/MG, de minha Relatoria, no qual afigurou-se possível o reconhecimento do privilégio previsto no § 2.º do art. 155 do Código Penal nos casos de furto qualificado (CP, art. 155, § 4.º), máxime se presentes os requisitos.

[...]

(HC 306.450/SP, Rel. Ministra MARIA THEREZA DE ASSIS MOURA, SEXTA TURMA, julgado em 04/12/2014, DJe 17/12/2014).

20 Esclarece bem sobre o ponto Álvaro Mayrink da Costa: "*Entendemos que o legislador criou um direito público subjetivo do réu com a aplicação da causa especial de diminuição de pena, quando satisfeitos os pressupostos legais. Não se trata de mera faculdade do juiz penal. a regra insculpida no § 2º do art. 155 do CP não estabelece mero indicador de individualização de pena, pois se trata de causa especial de diminuição de pena, sendo que o que se outorga à faculdade do julgador é a escolha de melhor estratégia de política criminal alternativa em relação à qualidade e à quantidade das sanções elencadas*". COSTA, Álvaro Mayrink da. Direito Penal: Parte Especial. 6. ed. Rio de Janeiro: Forense, 2010, p. 63.

21 "Convém distinguir (...) a figura do furto insignificante daquele de pequeno valor. O primeiro, como é cediço, autoriza o reconhecimento da atipicidade da conduta, ante a aplicação do princípio da insignificância. Já no que tange à coisa de pequeno valor, criou o legislador a causa de diminuição referente ao furto privilegiado, prevista no art. 155, § 2º, do CP." (HC 109.230, rel. min. Ricardo Lewandowski, julgamento em 18-10-2011, Segunda Turma, DJE de 1º -3-2012.)

conduta justificada, porque excluída a sua contrariedade ao direito – a antijuridicidade ou ilicitude. Assim, a conduta insignificante é atípica; o furto famélico é fato típico, porém lícito; o furto mínimo é típico, ilícito e culpável.

Há, como se viu, dois requisitos para a configuração do furto privilegiado; o primeiro deles consiste na necessária *primariedade* do réu: após a reforma da Parte Geral do Código Penal, em 1984, considera-se primário o sujeito que não tenha sido condenado por sentença penal transitada em julgado.[22] É dizer, a primariedade encerra-se exatamente com o trânsito em julgado [esgotamento da possibilidade de manejo de recurso em face da sentença penal condenatória]. Deste modo, o fato de figurar o sujeito como investigado em inquéritos policiais ou mesmo figurar como réu em ação penal diversa não obsta à configuração do furto mínimo, porque tais circunstâncias não infirmam a primariedade.

O outro requisito diz respeito à *"coisa de pequeno valor"*; quanto ao ponto, controvertida a doutrina. Certo é que, consoante a jurisprudência dominante, o valor deve ser analisado objetivamente, ao contrário do exame realizado para a aferição da insignificância, que é efetivado em relação à vítima. Na presente hipótese, não importam, portanto, as condições financeiras do sujeito passivo do delito de furto para a aferição do pequeno valor da coisa. Ou seja, o fato de ser miserável ou bilionário o sujeito passivo não repercute para a aferição do pequeno valor da coisa.

A tormenta consistiu exatamente no padrão a ser adotado para aferição da pouca monta da *res furtiva*, mas, hodiernamente, firmou-se o salário-mínimo vigente à data do fato como critério para tanto. Se a *res furtiva* custava menos do que o salário mínimo à época do fato[23], é *"coisa de pequeno valor"*. Quando tal requisito for acrescido à primariedade, configurar-se-á furto privilegiado.

Se, todavia, a coisa custa mais do que salário-mínimo vigente à época do fato, não se pode pugnar pela ocorrência da modalidade privilegiada. Não se deve adotar aqui um rigor matemático na aferição do valor limite para a configuração do salário-mínimo: há que se entender o pequeno valor como aquele *em torno do salário-mínimo*[24], tanto porque se trata de elemento normativo do tipo. Assim, quando a coisa supere em pouca monta o salário-mínimo, não se terá por excluída peremptoriamente a possibilidade de configuração do furto privilegiado; é preciso, pois, que se analise a questão *cum grano salis*.

---

22 BITENCOURT, Cezar Roberto. *op. cit.* p. 19-20.

23 "Furto. Pedido de reconhecimento de furto privilegiado (art. 155, § 2º, do CP): impossibilidade. Não preenchimento do requisito segundo o qual a coisa subtraída tem de ser de pequeno valor. Para o reconhecimento de furto privilegiado, o CP exige como segundo requisito que a coisa objeto do furto seja de pequeno valor. Na espécie vertente, os bens subtraídos foram avaliados em R$ 500,00, valor superior ao salário mínimo vigente à época do fato, R$ 350,00 (Lei 11.321/2006)." (RHC 111.138, rel. min. Cármen Lúcia, julgamento em 13-12-2011, Primeira Turma, DJE de 13-2-2012.)

24 GRECO, Rogério. Curso de Direito Penal: parte especial, volume III. Niterói/RJ: Impetus, 2009, p. 23.

Frise-se que, uma vez que se trata de delito instantâneo, o valor do salário-mínimo que serve de parâmetro é o do momento da consumação do delito, não o salário mínimo vigente quando da descoberta do crime ou da condenação.

A posição defendida tanto em doutrina quanto na jurisprudência indicava que a modalidade privilegiada não se aplicaria às figuras qualificadas do furto por fundamentos diversos, dentre os quais se destacavam: 1. O manifesto absurdo que seria aplicar o benefício em caso de uma conduta mais desvalorada; 2. A posição topográfica da forma privilegiada (§ 2º), porque anterior às formas qualificadas (§ 4º), impediria a aplicação.

Com as vênias devidas, defendia-se desde a primeira edição desta obra a insubsistência dos argumentos, pelo que se firmava a posição quanto à absoluta possibilidade de aplicação do privilégio mesmo às formas qualificadas. Apontou-se, neste desiderato, a inexistência de incompatibilidade entre as regras contidas nos dois parágrafos e que tal tese vinha sendo encampada pelo Supremo Tribunal Federal[25] e motivou, inclusive, uma guinada na orientação do Superior Tribunal de Justiça[26] que, com ressalvas, passou a admitir a sua aplicação à forma qualificada.

A ressalva, pois, contida no entendimento que passou a vigorar no Superior Tribunal de Justiça dizia respeito à limitação da figura *privilegiada-qualificada* aos casos em que a qualificadora fosse de natureza objetiva. Nesse sentido, de maneira cristalizar o novel entendimento, foi editado inclusive o enunciado nº 511 da Súmula de Jurisprudência daquele Tribunal, que reza: *"É possível o reconhecimento do privilégio previsto no § 2º do art. 155 do CP nos casos de crime de furto qualificado, se estiverem presentes a primariedade do agente, o pequeno valor da coisa e a qualificadora for de ordem objetiva."*

---

25 HC 96.843, rel. min. Ellen Gracie, julgamento em 24-3-2009, Segunda Turma, DJE de 24-4-2009; HC 103.245, rel. min. Dias Toffoli, julgamento em 31-8-2010, Primeira Turma, DJE de 23-11-2010; HC 102.490, rel. min. Ricardo Lewandowski, julgamento 1º -6-2010, Primeira Turma, DJE de 18-6-2010; HC 98.265, rel. min. Ayres Britto, julgamento em 24-3-2010, Primeira Turma, DJE de 14-5-2010; HC 99.581, rel. min. Cezar Peluso, julgamento em 2-2-2010, Segunda Turma, DJE de 5-3-2010. Vide: AP 481, rel. min. Dias Toffoli, julgamento em 8-9-2011, Plenário, DJE de 29-6-2012.

26 HABEAS CORPUS. DOSIMETRIA. FURTO QUALIFICADO. CONCURSO DE PESSOAS E EMPREGO DE CHAVE FALSA. PRIVILÉGIO DO § 2º DO ART. 155 DO CP. POSSIBILIDADE DE APLICAÇÃO. COMPATIBILIDADE COM A MODALIDADE QUALIFICADA. PRIMARIEDADE E PEQUENO VALOR DA RES FURTIVA. NATUREZA OBJETIVA DAS QUALIFICADORAS. RECONHECIMENTO DO PRIVILÉGIO DE RIGOR.CONSTRANGIMENTO ILEGAL EVIDENCIADO.

1. Embora a jurisprudência majoritária desta Corte Superior seja no sentido de que nos casos de furto qualificado não incide, em regra, o privilegium estatuído no § 2º do artigo 155 do Estatuto Penal, a orientação mais moderna, contudo, tem navegado na direção da compatibilidade das qualificadoras com o redutor, em casos excepcionais. Precedentes do STF e deste STJ.

2. Sendo o paciente primário, de pequeno valor a res furtiva, verificando-se que as qualificadoras do delito são de natureza objetiva – concurso de agentes e emprego de chave falsa – e que o fato criminoso não se revestiu de maior gravidade, devida a incidência do benefício legal do furto privilegiado, pois presente a excepcionalidade devida para o seu reconhecimento na espécie.

3. Ordem concedida. (HC 157684/SP, Rel. Ministro FELIX FISCHER, Rel. p/ Acórdão Ministro JORGE MUSSI, QUINTA TURMA, julgado em 07/12/2010, DJe 04/04/2011)

No exame do entendimento sumulado, importa consignar que a primeira parte das ressalvas, tocantes ao pequeno valor da coisa e à primariedade do agente, mostra-se absolutamente desnecessária, porquanto reproduz texto taxativo da lei. No mais, quanto à ressalva referente à natureza objetiva das qualificadoras, entende-se que, *data venia*, andou mal o Superior Tribunal de Justiça.

Ora, consoante se examinará nas linhas seguintes, diferentemente do homicídio – em que há qualificadoras de natureza claramente subjetiva -, no delito de furto, as hipóteses que qualificam o delito são marcadamente objetivas. A prova inconteste disto resulta da observação da própria redação dos incisos contidos no § 4º: todos eles quando combinados com o *caput* começam pela expressão *"se o crime é cometido com* [...]", à exceção do inciso IV que diz respeito ao concurso de agentes – também claramente objetivo. Assim, para concluir se ocorre a qualificadora, basta verificar objetivamente, por exemplo, se o crime é cometido *com chave falsa*; nada há, pois, de subjetivo *in casu*.

É cediço que as circunstâncias que dizem respeito aos meios e modos de execução do crime são de caráter objetivo. No caso do furto, todas as hipóteses contidas nos incisos são ou meio ou modo de praticar a subtração.

Parece, pois, perder completamente o sentido a ressalva contida no enunciado sumular, tendo em vista que tal aspecto somente servirá para polemizar a questão tocante à aplicação da figura privilegiada. Certamente haverá quem pretenda vislumbrar nos incisos do rol contido no § 4º modalidades de natureza subjetiva, como, por exemplo, o furto cometido com *"abuso de confiança"*. Sucede, porém, que, como advertido, tal modalidade é [também] de natureza objetiva, uma vez que reflete a maneira como o crime foi praticado e não o porquê de se tê-lo feito

Note-se, a título de exemplo, a diferença flagrante entre a figura do furto realizado *com abuso de* confiança e o homicídio realizado *por motivo fútil*. A distinção refere-se ao fato de que a qualificadora tocante ao motivo fútil, que é o móvel psicológico do agente, possui claramente natureza subjetiva. A futilidade do motivo é condição subjetiva que assuma a razão de ser [subjetiva] da prática criminosa empreendida. O que é absolutamente distinto do abuso de confiança que, como a chave falsa, é o mero instrumento [objetivo] de que se utiliza o agente para praticar o delito.

Feitas as considerações, defende-se a posição de que a modalidade privilegiada pode e, portanto, deve ser aplicada sem qualquer ressalva às figuras qualificadas. Note-se, como advertido, que este entendimento subsidiou a alteração da jurisprudência do STJ para permitir a aplicação da majorante do furto noturno [§ 1º] às qualificadoras com o que não se concorda pelas razões já expostas.

1.10. Furto de energia: equiparação de energia elétrica ou qualquer outra que tenha valor econômico à coisa alheia móvel

Nos termos do art. 155, § 3º, do Código Penal, à coisa móvel equipara-se a *energia elétrica ou qualquer outra que tenha valor econômico*; isto não significa dizer, porém, que a subtração de energia sempre configurará crime de furto. Como já se entende pacificamente nos tribunais, o furto de energia elétrica ocorre se subtraída antes da chegada ao medidor da residência. Se, entretanto, defrauda-se o aparelho medidor para que registre menor consumo, é hipótese do crime de estelionato.

No que toca ao presente tema, é necessário ter em mente a sua relevância dada a incomensurável evolução do volume de energia objeto de subtração nestes tempos e as várias consequências derivadas de tal fato. Num primeiro plano, é preciso observar que as Companhias Concessionárias são tributadas sobre o total de energia distribuída; ou seja, é cobrado tributo mesmo sobre a energia objeto de furto, fato este que repercute diretamente na manutenção da qualidade de prestação do serviço.

Observe-se, ademais, que a prática do furto de energia elétrica é passível de concretizar concorrentemente delito diverso, qual seja: o crime de atentado contra a segurança de serviço de utilidade pública, previsto no art. 265 do Código Penal.[27] O atentado tanto à segurança quanto ao funcionamento do dito serviço resta evidente, especialmente por conta da absoluta falta de técnica e zelo na instalação das escusas ligações diretas entre a rede de distribuição e as respectivas unidades consumidoras. Como se observa diariamente, tais "gatos" dão causa a sinistros dos mais diversos, inclusive de óbitos daqueles transeuntes que se veem próximos das irregulares ligações que não raro se rompem, caem, incendeiam ou eletrocutam.

Válido ainda pontuar que, nos termos da redação legal, o objeto do delito não se resume à energia elétrica, porque dotado de cláusula geral que abrange, dentre outras formas, a energia genética dos reprodutores já advertida, as energias térmicas, a energia solar, as energias luminosas, radioatividade, as energias cinéticas *et cetera*.

Como se lê, para que seja objeto do crime de furto basta que a energia tenha valor econômico e que seja suscetível de subtração; neste aspecto, como complementou HUNGRIA, *é claro que somente podem ser suscetíveis de subtração ou captação as que são separáveis das substâncias de que procedem, pois só então se tornam apresáveis e assenhoreáveis*.[28]

E quanto ao "sinal de televisão" por assinatura, é passível de equiparação à coisa móvel? É cediço que o sinal televisivo, à primeira, não se trata sequer de energia e, à segunda, não é passível de apreensão, razão pela qual flagrantemente não dá azo à ocorrência do crime em tela.[29] Diferentemente da energia elétrica, que implica perda patrimonial, prejuízo, para as empresas Concessionárias, o aproveitamento irregular de sinal de TV trata-se de mero deixar de ganhar, tendo em vista que não redunda em prejuízo economicamente apreciável por parte das empresas do ramo.

---

27 Art. 265: Atentar contra a segurança ou o funcionamento de serviço de água, luz, força ou calor, ou qualquer outro de utilidade pública. Penal – Reclusão de 1 (um) a 5 (cinco) anos.

28 HUNGRIA, Nelson. *op cit*. p. 35.

29 Esclarece BITENCOURT: *"Afora o fato de, em não sendo energia, não poder ser objeto material do crime de furto, o 'sinal de televisão' tampouco pode ser subtraído, pois, como já afirmamos, subtrair significa retirar, surrupiar, tirar às escondidas a coisa móvel de alguém"*. BITENCOURT, Cezar Roberto. *op. cit.* p. 57.

Ademais, tal como sufragado pela segunda turma do Supremo Tribunal Federal no julgamento do HC 97.261[30], não se poderia imputar o delito de furto a quem desvia sinal de televisão sem ferir de morte o princípio constitucional da estrita legalidade, porquanto – repise-se – sinal de TV não é energia. É idêntica a situação experimentada quando se refere à conexão de internet: a sua utilização clandestinamente é fato atípico. Ainda nesta toada, se não há sequer subtração, não se pode falar de ofensa ao patrimônio da suposta vítima. Assim, por todas as razões, é atípica a conduta de quem realiza a obtenção clandestina de "sinal de televisão" por assinatura e aplicável o mesmo raciocínio para a hipótese de acesso clandestino à internet.

A jurisprudência controverte, contudo, sobre o tema: no Superior Tribunal de Justiça, o entendimento é no sentido de que configura o crime de furto a conduta de efetuar ligação clandestina de TV a cabo, o que se verifica acórdão do Recurso Especial 1123747/RS. De outra banda, no Supremo Tribunal Federal, numa posição de viés garantista, entende-se atípica a conduta, tal como no acórdão já indicado.

Razão assiste ao STF no particular, tendo em vista que considerar furto a conduta de quem desvia sinal de televisão significaria vislumbrar criminosa a conduta de quem ingressa em loja apenas para se refrescar ao ar condicionado, de quem se aproveita da luz refletida da casa do vizinho para a leitura de um livro ou, ainda, de quem observa da varanda uma partida de futebol profissional cujo acesso é vinculado à compra de ingresso.[31] Como é cediço, o delito de furto – independentemente da legislação ou termos adotados em sua redação através dos tempos – sempre significou o deslocamento com a consequente privação da coisa para a vítima, o que flagrantemente não há em caso do sinal de televisão e internet.

No particular, o PLS nº 236/2012 visa a solver o dissenso doutrinário e jurisprudencial quanto ao tema, uma vez que sugere a seguinte redação ao § 1º do tipo legal em comento: *Equipara-se à coisa móvel o documento de identificação pessoal, a energia elétrica, a água ou gás canalizados, o sinal de televisão a cabo ou de internet ou item assemelhado que tenha valor econômico.* Não se alinha, portanto, com este posicionamento pelas mesmas razões expostas logo mais acima.

1.11. Furto qualificado

O delito de furto apresenta gradações de censurabilidade diversas a depender das circunstâncias e maneira pela qual foi cometido. Optou, então, o legislador por prever taxativamente no § 4º do artigo 155, observando o princípio da reserva legal, aquelas

30 "O sinal de TV a cabo não é energia, e assim, não pode ser objeto material do delito previsto no art. 155, § 3º, do CP. Daí a impossibilidade de se equiparar o desvio de sinal de TV a cabo ao delito descrito no referido dispositivo. Ademais, na esfera penal não se admite a aplicação da analogia para suprir lacunas, de modo a se criar penalidade não mencionada na lei (analogia in malam partem), sob pena de violação ao princípio constitucional da estrita legalidade." (HC 97.261, rel. min. Joaquim Barbosa, julgamento em 12-4-2011, Segunda Turma, DJE de 3-5-2011.)

31 SMOLIANSKI, Ricardo Daniel. Acerca del llamado hurto de señal de cable. Revista de Derecho Penal y Procesal Penal, Bueno Aires, n. 12, p. 1099-1103, ago., 2005, p. 1099

circunstâncias que tornam o crime qualificado, notadamente pelo maior desvalor da conduta. Posteriormente, com o advento de legislação superveniente, foram inseridos os §§ 5º, 6º e 7º, os quais igualmente contêm figuras qualificadas.

Neste ponto, é importante observar que, em regra, os Tribunais Superiores não têm admitido a incidência do princípio da insignificância nas modalidades qualificadas de furto, bem como quando haja reincidência na prática do delito. Houve, porém, recente rediscussão da matéria no Supremo Tribunal Federal cuja preocupação era verificar se estes fatos [qualificadora e reincidência] poderiam afastar peremptoriamente a aplicação da insignificância.

No julgamento do Habeas Corpus 123.108, fixou-se que é recomendável que a matéria seja examinada caso a caso, porquanto não seria conveniente a estipulação de regra inquebrantável neste particular. Há de se considerar *as díspares realidades sociais, econômicas e culturais existentes no País*.

Há de se louvar a referida decisão, porque o quadro instaurado na jurisprudência pátria era, quase sem exceção, vedar o reconhecimento da atipicidade material pela insignificância em razão de modalidade qualificada ou reincidência. O *decisum* implicará, no menos, maior e melhor reflexão sobre o tema.

Como bem elucidado por HUNGRIA, as qualificadoras "estranhas ao conceito básico do furto, tornam-se *elementares* de particular modalidade deste, a que a lei comina pena autônoma, bem mais severa que a do tipo fundamental, isto é, do chamado *furto simples*"[32]. Advirta-se, *ad principium*, que, à exceção da qualificadora consistente no abuso de confiança, todas as demais são de caráter objetivo. No concurso de agentes, todas são comunicáveis aos coautores, porquanto elementares do tipo.[33]

Cumpre, assim, examinar cada um dos incisos.

1.11.1. Com a destruição ou rompimento de obstáculos

A primeira das modalidades qualificadas configura-se quando o crime é cometido *"com destruição ou rompimento de obstáculo à subtração da coisa"*. É dizer, nesta passagem, o Código Penal diferencia o tratamento conferido à violência aplicada sobre a coisa daquela aplicada sobre a pessoa. Se a violência é empregada contra a pessoa, trata-se, no caso concreto, da hipótese de crime de roubo, previsto no artigo 157 do Código Penal, e não de furto qualificado.

A qualificadora consiste na destruição ou rompimento de *obstáculo*, que pode ser entendido como qualquer objeto ou instrumento manejado pelo sujeito passivo para proteger a *res furtiva*. A título de exemplo, reconhece-se como obstáculos: trincos, cadeados, fechadura, grade, cercado, fios de alta tensão, mas, no contraponto, não são

32 HUNGRIA, Nelson. *op cit.* p. 36.

33 Art. 30 do Código Penal.

assim considerados aqueles objetos que compõem a própria *res furtiva*, tais como porta, portão, vidros de automóveis.

De semelhante modo, não se entende como obstáculo a resistência que é inerente à própria coisa subtraída, ou seja, não se há de falar em crime qualificado pela *destruição ou rompimento de obstáculo* quando, como no clássico exemplo da doutrina, da subtração de árvore serrada pelo próprio agente ou ainda quando do quebrantamento de vidro para o arrombamento e subtração do próprio veículo automotor.[34] Não se perfazem modalidades qualificadas exatamente porque, nas hipóteses, a resistência vencida é aquela inata à própria coisa. É preciso, portanto, que a violência seja aplicada contra obstáculo necessariamente exterior à *res furtiva*.

Como ensina HUNGRIA, *destruir é subverter ou desfazer totalmente o obstáculo, enquanto romper é abrir uma brecha, é arrombar.*[35] A destruição ou rompimento do obstáculo, todavia, dá-se de forma livre por tantos meios quanto permita a capacidade inventiva do agente: arrebento, corte, serrilhado, estilhaçamento, fenda, corrosão, explosão, implosão etc. A violência é, assim, o meio pelo qual se realiza a subtração da coisa nesta modalidade qualificada, uma vez que apenas materializada através de destruição ou rompimento.

Imprescindível, ainda, que o ato – de violência – seja praticado durante o *iter criminis*, não importando se quando da subtração da coisa ou após: enquanto não consumado o furto, a violência aplicada contra o obstáculo é qualificadora do delito. Ademais, tratando-se a forma qualificada de crime que deixa vestígios, torna-se imprescindível a realização de perícia para a aferição do rompimento ou destruição do obstáculo, escusada apenas quando da impossibilidade de fazê-lo e suprida por outros meios de prova.

Questão controversa diz respeito ao furto de objeto que tenha sido deixado em interior de veículo automotor. Configura-se no caso o furto qualificado pelo rompimento de obstáculo quando, por exemplo, do quebrantamento do vidro lateral? O posicionamento tradicionalmente firmado tanto no Superior Tribunal de Justiça[36] quanto no Supremo Tribunal Federal[37] é no sentido de que *configura furto qualificado*

34 CRIMINAL. RECURSO ESPECIAL. FURTO QUALIFICADO. APROPRIAÇÃO DE RÁDIO COM CD QUE SE ENCONTRAVA NO INTERIOR DE VEÍCULO. ROMPIMENTO DE VIDROS DO AUTOMÓVEL. EXTERNO AO OBJETO DO FURTO. QUALIFICADORA CARACTERIZADA. RECURSO PROVIDO.

I – Dirigindo-se o furto à apropriação de rádio com CD localizados no interior de automóvel, e não do automóvel em si, considera-se este como obstáculo exterior àquele.

II – O rompimento de obstáculo externo ao objeto do furto caracteriza a circunstância qualificadora.

III – Recurso provido.

(REsp 755.207/RS, Rel. Ministro GILSON DIPP, QUINTA TURMA, julgado em 16/02/2006, DJ 13/03/2006, p. 364).

35 HUNGRIA, Nelson. *op cit.* p. 36.

36 AgRg no AREsp 144.032/DF, Rel. Ministro ADILSON VIEIRA MACABU, QUINTA TURMA, julgado em 12/06/2012, DJe 28/06/2012.

37 HC 110119, Relator(a): Min. DIAS TOFFOLI, Primeira Turma, julgado em 13/12/2011, PROCESSO ELETRÔNICO DJe-039 DIVULG 24-02-2012 PUBLIC 27-02-2012.

a violência contra coisa, considerado veículo, visando a adentrar no recinto para retirada de bens que nele se encontravam.

Ocorre, porém, que a incidência da qualificadora ora analisada à conduta delineada traduz-se invencível contrassenso: o furto do acessório [o cd player, por exemplo] é, desproporcionalmente, objeto de pena mais gravosa do que o furto do principal [do próprio veículo].[38] Encampando tais fundamentos, em julgamento demasiado relevante, a Sexta Turma do Superior Tribunal de Justiça, no exame do *Habeas Corpus* 153472/SP[39], assentou que, quando do rompimento de obstáculo, não se mostra razoável considerar de um lado qualificado o furto de som automotivo e, de outro, simples o furto do próprio veículo, pelo que concedeu parcialmente a ordem para afastar a qualificadora em comento.

Neste sentido, traduz-se valioso precedente na medida em que representa a ruptura com a vetusta linha de entendimento até aquele momento pacífica na jurisprudência dos Tribunais Superiores. Não se deve olvidar, porém, que a inteligência da Quinta Turma do próprio Superior Tribunal de Justiça[40] ainda é no sentido da verificação da qualificadora, assim como o Supremo Tribunal Federal.

1.11.2. Abuso de confiança, ou mediante fraude, escalada ou destreza

No inciso II do artigo 155 do Código Penal, são previstas quatro formas de consecução do delito qualificado. Na primeira delas, há a realização do furto qualificado mediante o abuso de confiança; o que justifica a maior censurabilidade do agente

---

38 Neste mesmo sentido as lições de DELMANTO: *"Não se aplica a qualificadora do rompimento de obstáculo quando o agente visa subtrair bem que se encontra no interior de automóvel, sob pena de agressão ao princípio da racionalidade: maior apenação do que a subtração do veículo, ou seja, acessório mais valorado que o principal."* DELMANTO, Celso [et al]. Código Penal Comentado. São Paulo: Saraiva, 2010, p. 462, assim como MIRABETE: ""(...) *sob pena de sancionar verdadeiro paradoxo ou abuso lógico, deve o juiz afastar a qualificadora do rompimento de obstáculo (art. 155, § 4º, I, do CP), no caso de arrombamento ou quebra de vidro para subtração de toca-fitas do interior do veículo. É que o furto do próprio carro não qualifica a infração, porque pratica a violência contra a coisa*".MIRABETE, Julio Fabbrini. Código Penal comentado. 6ª ed. São Paulo: Atlas, 2008, pp. 1308-1309.

39 PENAL. HABEAS CORPUS. FURTO QUALIFICADO. DESCLASSIFICAÇÃO. RECONHECIMENTO DA TENTATIVA. IMPOSSIBILIDADE. ENTENDIMENTO DO TRIBUNAL DE ORIGEM EM SINTONIA COM JURISPRUDÊNCIA DESTA CORTE. ILEGALIDADE MANIFESTA. AUSÊNCIA. QUALIFICADORA. ROMPIMENTO DE OBSTÁCULO INERENTE AO VEÍCULO PARA A SUBTRAÇÃO DE SOM AUTOMOTIVO. FURTO SIMPLES. RECONHECIMENTO. WRIT PARCIALMENTE CONHECIDO E, NESSA EXTENSÃO, CONCEDIDO.
(...) 5. Não se mostra razoável considerar o furto "qualificado" quando há rompimento do vidro do veículo para a subtração do som automotivo, e considerá-lo "simples" quando o rompimento se dá para a subtração do próprio veículo, razão pela qual deve se dar igual tratamento a ambos, considerando-se-os, portanto, como furtos "simples". 6. Habeas corpus parcialmente conhecido e, nessa extensão, concedido a fim de se afastar a qualificadora de rompimento de obstáculo e reduzir a reprimenda. (HC 153472/SP, Rel. Ministra MARIA THEREZA DE ASSIS MOURA, SEXTA TURMA, julgado em 21/08/2012, DJe 29/08/2012)

40 AgRg no REsp 1.364.606-DF, Rel. Min. Jorge Mussi, julgado em 22/10/2013.

nesta hipótese é a traição a que leva a cabo: valendo-se de confiança resultante de determinadas relações interpessoais com o proprietário ou possuidor da coisa, o agente subtrai a coisa facilitadamente.

A confiança é um sentimento interior de credibilidade, representando um vínculo subjetivo de respeito e consideração entre o agente e a vítima, o que pressupõe uma especial relação entre ambos. O abuso de confiança consiste em uma espécie de traição à confiança produto da relação entre sujeito ativo e passivo, que facilitou o acesso à coisa alheia.[41]

O clássico exemplo desta modalidade delitiva qualificada é o furto levado a cabo pelo empregado doméstico, que, aproveitando-se da relação de confiança estabelecida com o empregador e do acesso facilitado à *res furtiva*, subtrai objetos existentes na residência. Outra hipótese também muito aventada é a dos agentes que se valem da confiança firmada na relação de hospitalidade ou coabitação. Vale pontuar que, evidentemente, a aferição da qualificadora não se dá de modo objetivo com a mera verificação de relação empregatícia, por exemplo. É preciso mais, há de se demonstrar que efetivamente exista uma relação de confiança entre sujeito ativo e passivo e que o sujeito ativo tenha se valido disto para subtrair o bem.[42]

É preciso, neste ponto, diferençar esta modalidade qualificada do delito de apropriação indébita, artigo 168 do Código Penal. Na apropriação indébita, o agente tem a posse lícita não vigiada da coisa em nome de outrem e o *animus* de se assenhorear é superveniente; no furto qualificado pelo abuso de confiança, o agente não detém a posse definitiva, mas precária do objeto e o seu *animus* é anterior ao apossamento. Assim, resumindo o exemplo de DAMÁSIO, comete furto qualificado por abuso de confiança o sujeito que, numa biblioteca, apanhe o livro que lhe foi confiado pela bibliotecária e o esconda sob o paletó, subtraindo-o. Cometeria, entretanto, apropriação indébita, se tomasse o referido livro de empréstimo e, após, decidisse vendê-lo.[43]

No que toca à 2ª modalidade, dá-se *mediante fraude* o delito quando há o emprego de meios ardilosos ou insidiosos para ludibriar a vítima, para embaçar a sua vigilância sobre a coisa. Por sua própria natureza, o emprego de fraude não deixa de ser uma espécie de abuso de confiança, a diferença é que aqui a relação de confiança funda-se num ardil arquitetado pelo sujeito ativo do delito.

Inexiste previsão tocante à modalidade de fraude a ser adotada pelo agente; é, portanto, crime de forma livre. Cumpre, todavia, diferenciar a fraude qualificadora do furto

41 BITENCOURT, Cezar Roberto. *op. cit.* p. 25.

42 Como aduz Rogério Greco: "*A relação de confiança pressupõe liberdade, lealdade, credibilidade, presunção de honestidade entre as pessoas. Abusa o agente da confiança que nele fora depositada quando se aproveita dessa relação de fidelidade existente anteriormente para praticar a subtração. Desta forma, também para que se caracterize a qualificadora em questão, será preciso comprovar que, anteriormente à prática da subtração, havia, realmente, essa relação sincera de fidelidade, que trazia uma sensação de segurança à vítima*". GRECO, Rogério. *op. cit. p. 30.*

43 JESUS, Damásio de. Direito Penal, 2º Volume: parte especial. São Paulo: Saraiva, 2012, p. 327.

da fraude perfectibilizadora do estelionato: no furto, a fraude serve para reduzir ou suprimir a vigilância do sujeito passivo sobre a *res furtiva*, que é subtraída pelo sujeito ativo; no estelionato, a fraude presta-se a induzir a erro o sujeito passivo, que, enganado, ele próprio entrega a coisa ao sujeito passivo.

É importante ter em mente, no particular, que a fraude é compreendida na própria descrição da modalidade qualificada, razão pela qual é impossível – em atenção ao princípio da consunção – a pretensão de cominar as penas do furto qualificado pela fraude e do falso. Imagine-se a hipótese do agente que falsifica cartão de determinado estacionamento privado, adentra o local e furta objetos acondicionados nos veículos estacionados. Nesse caso, não se trata de concurso material, formal ou mesmo continuidade delitiva entre furto qualificado pela fraude e falsificação/utilização de documento falso, mas, sim, crime único de furto qualificado.

O furto mediante *escalada* tem lugar quando o sujeito ativo do delito logra penetrar num recinto ou sair dele por vias que, ordinariamente, não se destinam a este fim.[44] É a utilização de meio anormal, artificial ou impróprio, que demanda esforço incomum. Escalada não implica, necessariamente, subida, pois tanto é escalada galgar alturas quanto saltar fossos, rampas ou mesmo subterrâneos, desde que o faça para vencer obstáculos.[45]

É imprescindível que a penetração ou evasão do sujeito demande a utilização de meio instrumental ou emprego de esforço ou destreza incomum. Se não existe qualquer esforço por parte do agente para penetrar em uma determinada residência pela janela, por exemplo, não se pode falar em furto qualificado. Por sua vez, os meios artificiais para a *escalada* são todos os meios materiais que possibilitem, sem violência, a superação do obstáculo: escada, cordas, fios metálicos, andaimes, tábuas empregadas como passadiço, caixotes etc.[46]

A *destreza* consiste na habilidade do agente que possibilita a subtração da coisa sem que o sujeito passivo perceba a ação delitiva. Imprescindível, portanto, a

---

44 No mesmo sentido, aduz Jose Enrique Valencia M.: "*Sin mayores pruritos jurídicos ni literarios, la actividad de entrada o penetración para llegar al espacio elegido, venciendo la defensa preconstituida, natural o artificial que garantiza la custodia de la cosa, es la que cuenta para conformar el elemento objetivo del tipo calificado en cuestión, resultando del todo indiferentes los recursos utilizados para salir o evacuar el lugar, una vez efectuada la apropriación. Es el ingreso y no la salida lo que quebranta la protección tendida al objeto material. La dinámica comisiva de esta conducta pone en relieve una cierta destreza o habilidad, y la ejecucíon de un mayor esfuerzo de energía que permiten al agente, en el caso concreto, sobrepasar el circuito de custodia y seguridad adoptados por el derecho habiente para ingresar de tal forma al perímetro donde se halla el objeto.*" VALENCIA M, José Enrique. Hurto calificado. In: NIETO MARTÍN, Adán. Homenaje al Dr. Marino Barbero Santos in memorian II. Cuenca: Ediciones de la Universidad de Castilla – La Mancha: Universidad Salamanca, 2001, v.2. (Homenajes) 343.2 (460) H725. p 727-750, p. 736-737. É preciso, porém, atentar-se para o fato de que, em sede da doutrina majoritária espanhola, a escalada empregada na evasão do habitáculo não configura a qualificadora em comento, no que se afasta, portanto, da disciplina da matéria no ordenamento pátrio.

45 HUNGRIA, Nelson. *op cit.* p. 41.

46 HUNGRIA, Nelson. *op cit.* p. 42.

existência de determinada habilidade incomum; habilidade esta que justifica, inclusive, a maior censurabilidade da conduta, porque representa maior risco ao patrimônio e, consequentemente, torna mais dificultosa a sua proteção.

Se a destreza pressupõe uma habilidade especial – própria, mas não exclusiva – dos batedores de carteiras, *pick pockets* ou punguistas, não comete a modalidade qualificada aquele punguista que age aos olhos da vítima, ainda que o faça suficientemente rápido e impeça a reação daquela. Do mesmo modo, não se pode falar em destreza quando o agente é descoberto e impedido pela vítima em razão de sua inabilidade; *contrario sensu,* se a descoberta deu-se por mera sorte da vítima, nada obsta à configuração da forma qualificada.

O parâmetro para aferição da destreza é e deve sempre ser o da vítima. Assim, ainda que terceiro desconhecido impeça a ocorrência do delito, se a vítima não notou a ação delitiva em razão da habilidade do agente, configura-se a hipótese em comento.

1.11.3. Com emprego de chave falsa

Qualifica-se, também, o furto quando o agente vale-se de instrumento, com ou sem forma de chave, para abrir fechaduras em lugar da chave verdadeira, que se considera como sendo aquela utilizada por quem de direito. Dentre as chaves falsas, compreendem-se: gancho, grampo, alfinete, prego, fenda, cartão telefônico ou bancário, chave mestra, cópia não autorizada de cartão magnético de hotel *et cetera*. É, pois, o quanto firmado no Excelso Pretório: *"o conceito de chave falsa abrange a chave 'mixa' e todo e qualquer instrumento ou dispositivo empregado para abertura de fechaduras."*[47]

Se necessariamente *falsa* a chave para a configuração da qualificadora, é evidente que a utilização da chave verdadeira, ainda que obtida fraudulentamente, jamais dará azo à qualificação do delito, pelo menos não por este inciso, porque não preenchida elementar do tipo legal. Como elucida RÉGIS PRADO, "*de fato, a chave falsa é qualidade do instrumento estranho utilizado pelo agente, que não pode ser confundido com a chave verdadeira pertencente à vítima, tratando-se de equiparação não contemplada pela norma incriminadora.*"[48]

1.11.4. Mediante concurso de duas ou mais pessoas

Chega-se, finalmente, à última das qualificadoras prevista no artigo 155 do Código Penal, qual seja: o furto cometido *mediante o concurso de duas ou mais pessoas.* Exige-se a reunião consciente de duas ou mais pessoas para a prática do crime. O critério para a verificação do *concursus delinquentium* é de caráter objetivo, assim pouco importa que sejam todos os agentes penalmente responsáveis, razão pela qual se aplica a qualificadora ainda que um deles seja, por exemplo, inimputável. Ou ainda, porque objetivo o critério de verificação, aplica-se a qualificadora

47 HC 106.095, rel. min. Cármen Lúcia, julgamento em 3-5-2011, Primeira Turma, DJE de 19-5-2011.
48 PRADO, Luiz Regis. *op. cit. 415.*

mesmo que se evada um dos agentes do local do crime, desde que devidamente comprovada a sua presença.

Consoante porção majoritária da doutrina, na presente qualificadora deve-se observar as disposições atinentes ao concurso de pessoas insculpidas na parte geral do Código Penal. Uma exceção, contudo, é digna de nota: *é necessária a presença in loco dos concorrentes, ou seja, a cooperação deles na fase executiva do crime.*[49] O fundamento da ressalva feita consiste no seguinte: somente se caracteriza a maior eficiência da prática - que justifica a qualificadora - com a efetiva participação dos agentes, em conluio, na execução do delito.[50] Se apenas um executa o crime, não há razão de ser para a qualificação.[51]

É possível a existência de concurso de crimes entre o furto qualificado pelo concurso de agentes e o delito associação criminosa, art. 288 do Código Penal? Entende-se que sim. O argumento aventado é que o bem jurídico tutelado no furto - e roubo - é diferente daquele tutelado no delito de atual associação criminosa: patrimônio e paz pública, respectivamente, razão pela qual não se verifica a ocorrência de *bis in idem*. É o entendimento assentado no Supremo Tribunal Federal a partir do julgamento do *Habeas Corpus 76213/GO,* bem como no Superior Tribunal de Justiça: Recurso Especial 1287467/MG.

Ao revés do posicionamento firmado nos Tribunais Superiores, entende-se pela manifesta impossibilidade de concurso de crimes entre as duas previsões na exata medida em que qualificar a pena pelo concurso de agentes e imputar o delito autônomo de associação criminosa traduz sim manifesto *bis in idem*. Não se pode realizar a distinção entre os fins de proteção do concurso de pessoas que qualifica o furto e o tipo legal do art. 288, tanto assim que, como abordado, a qualificadora é definida a partir daquele tipo penal específico na medida em que exige - em grande parte - a ocorrência de seus requisitos. Nesta perspectiva, se existe uma quadrilha (associação criminosa) já formada para a prática de crimes de furto, há concurso de crimes entre associação criminosa e furto simples, desde que não se perfaça qualificadora diversa, é claro.

---

49 HUNGRIA, Nelson. *op. cit*, p. 44.

50 Há, evidentemente, divergência. Válido de menção os comentários de Heleno Cláudio Fragoso: "*Devemos, entender, portanto, que o legislador brasileiro, na qualificação do furto e de outros crimes, pelo concurso de agentes, atendeu à maior eficiência e perigo da criminalidade associada ou organizada, ou, ainda, da simples cooperação de outras pessoas na empresa criminosa, pela maior probabilidade de êxito que, evidentemente, envolve razões que independem da presença de todos os partícipes na execução material do crime.*" FRAGOSO, Heleno Cláudio. Revista Forense, n.º 173, p-502-506.

51 Observe-se para este fim trecho de acórdão exarado pela 2ª Turma do STF, cuja relatoria coube ao Min. Djaci Falcão: "*se o legislador visa, no caso, a punir mais gravemente a soma de esforços para a prática do crime, circunstância a que se agrega a da redução da capacidade de defesa da vítima, razão, a nosso ver, dessa agravação, parece-nos evidente que o preceito deva ser interpretado, teleologicamente, como endereçado à hipótese de cooperação de agentes na fase de execução do crime, única hipótese em que aquelas duas circunstâncias se fazem realmente presentes*". BITENCOURT, Cezar Roberto. *op. cit.* p. 32-33.

É de se ver que, no furto, a existência de concurso de pessoas representa, em verdade, uma qualificadora, com dobro de pena. No roubo, esta mesmíssima circunstância – concursus delinquentium – representa um aumento de pena de um a dois terços. Por conta disso, chegou-se a sustentar a aplicação por analogia *in bonam partem* da causa de aumento de pena do roubo para o furto. O STJ, porém, enunciou a súmula, vetando tal interpretação. Veja-se o enunciado 442: "É inadmissível aplicar, no furto qualificado, pelo concurso de agentes, a majorante do roubo".

1.12. furto com emprego de explosivo ou de artefato análogo que cause perigo comum

O legislador reformador inseriu nova modalidade qualificada do delito de furto por conduto da Lei nº 13.654/2018 nas hipóteses em que o ato se dê com "*emprego de explosivo ou de artefato análogo que cause perigo comum*". A indisfarçada pretensão legislativa visa à conferência de maior censura penal àquelas condutas consistentes em furtos a caixas eletrônicos localizados normalmente em agências bancárias, mas eventualmente em estabelecimentos comerciais outros.

Basta à configuração da modalidade qualificada ora analisada que o agente empregue, como instrumento delitivo, *explosivo* ou *artefato análogo que cause perigo comum*. O explosivo consiste em toda e qualquer artefato capaz de produzir explosão, detonação, propulsão ou efeito pirotécnico exigindo adicionalmente o Superior Tribunal de Justiça que seja idôneo a provocar alguma[52] destruição, a exemplo das comumente utilizadas bananas de dinamite. Consoante o Decreto nº 10.030/2019, *explosivo* é todo tipo de matéria que, quando iniciada, sofre decomposição muito rápida em produtos mais estáveis, com grande liberação de calor e desenvolvimento súbito de pressão.

A cláusula aberta consistente em artefato análogo que cause perigo comum volta-se a franquear a abertura necessária ao tipo legal e evitar o seu perecimento com a mera alteração da tecnologia utilizada para o empreendimento delitivo. Assim, os artefatos incendiários, por exemplo, estão igualmente inseridos na previsão típica ainda que não explosivos dês que causem perigo comum.

Há uma diferença, porém, a depender do instrumento utilizado. Pela própria redação legal, a utilização de explosivo autoriza a incidência da figura qualificada, o mesmo não se pode dizer do emprego de artefato análogo, porquanto aqui o legislador exige expressamente o resultado consistente na causação de perigo comum. É dizer, o explosivo possui potencial lesivo intrínseco suficiente a desencadear a manifestação da previsão típica; o artefato análogo não, pois é preciso que se verifique a causação de *perigo comum*. Há vozes em doutrina a sustentar que o *perigo comum* seria exigível às duas espécies instrumentais com o que, respeitosamente, não se concorda.

52 REsp 1627028/SP.

É plenamente possível a cumulação da causa de aumento de pena tocante ao furto praticado durante à noite com a presente figura qualificada, devendo responder o agente pelo art. 155, §4º-A c/c art. 155, § 1º, na esteira do quanto assentado jurisprudência acerca da irrelevância do exame da topografia do tipo penal, matéria já examinada no estudo concernente à majorante.

A pena cominada ao delito é de 4 (quatro) a 10 (dez) anos e multa. Nota-se, assim, que se trata da censura mais grave prevista no artigo 155 do Código Penal, o que poderia sugerir que, de fato, tratou-se de agravamento da censura em casos que tais. Ocorre, porém, que antes da inovação legislativa admitia-se, nos casos de arrombamento de caixas eletrônicos mediante explosão, o concurso formal impróprio entre o delito inscrito no art. 155, I, e o crime do art. 251, § 2º, ambos do Código Penal, desde que demonstrada a efetiva afetação da incolumidade pública, porque se tratam de tipos penais voltados à tutela de bens jurídicos distintos. Neste sentido, a pena mínima que era de 6 (seis) passou a ser de 4 (quatro) anos, a máxima que era de 16 (dezesseis) anos passou a ser de 10 (dez), todas de reclusão.

Tal constatação é vívido exemplo das manifestações denominadas de direito penal de emergência nas quais o propósito declarado não raro consiste em recrudescer o regime de persecução penal, mas a falta de aprofundamento de análise quanto às consequências da inovação legislativa provoca efeitos absolutamente contrários aos pretendidos, tal como evidenciado no presente caso.

1.13. Furto de veículo automotor

Trata-se, *in casu*, de uma figura qualificadora de caráter especial inserida no ordenamento através da Lei nº 9.426/96 que tem lugar sempre que a *res furtiva* consistir em veículo automotor, seja caminhão, automóvel, motocicleta, embarcação, aeronave *et cetera*. Com a criação deste dispositivo legal, pretendeu o legislador reforçar o caráter de prevenção geral da norma penal, ante a exasperação da pena cominada à espécie.

Nos termos da redação do dispositivo, não basta que o objeto do delito seja veículo automotor, mas é imprescindível *"que venha a ser transportado para outro Estado ou para o exterior"*. Resta evidente que se acaso o veículo permanecer adstrito ao território da mesma unidade da federação em que foi subtraído não se há de falar na aplicação da modalidade qualificada.

Outro aspecto que demanda atenção diz respeito ao momento consumativo do delito em questão. Nada obstante já se tenha a doutrina debruçado e divergido sobre o tema, é assente hodiernamente que só se consuma o crime quando do efetivo ingresso do veículo em outro Estado da Federação ou em território estrangeiro. É o que se depreende da própria redação do tipo legal. Inviável, bem assim, a configuração da tentativa qualificada no caso concreto do agente que, por exemplo, circular com o veículo furtado em rodovia estadual, a não ser que se comprove – devida e cabalmente – que o sujeito tinha por escopo deixar o Estado no qual subtraiu o veículo.

Observada a redação do dispositivo legal, é de se notar a inexistência de cominação de pena pecuniária. O legislador satisfez-se com a previsão da pena de reclusão de 03 (três) a 08 (oito) anos. Assim, em respeito à reserva legal, como não se presume o esquecimento, inaplicável pena de multa, tendo em vista a inexistência de disposição legal neste sentido.

Convém a doutrina em que, no acréscimo desta figura qualificadora especial, perdeu excelente oportunidade o legislador de prever o furto de uso ou *furtum usus*, que, nada obstante a posição de alguns doutrinadores, jamais foi positivado no ordenamento pátrio. O furto de uso caracteriza-se pela subtração da coisa infungível apenas momentaneamente, restituída, na íntegra, à esfera de disponibilidade do sujeito passivo. É conduta atípica porque inexistente o *animus rem sibi habendi* – que consiste na intenção de ter a coisa *definitivamente* para si[53]; no furto de uso, não se verifica o referido elemento subjetivo exigível no crime de furto, porquanto passadiça e momentânea a subtração.[54] O furto de uso é, pois, subjetivamente atípico: o sujeito jamais pretendeu apropriar-se da coisa.

Os requisitos para a configuração do furto de uso são, portanto: a) a infungibilidade da coisa; b) o *animus*, desde o início, de devolução da coisa; c) a utilização em um curto espaço de tempo; d) a devolução do objeto com sua integridade preservada; e) a devolução no local em que foi subtraída e antes que o sujeito passivo perceba.

Faz-se necessária, neste ponto, uma breve exposição concreta de cada um dos requisitos. a) não se admite furto de uso de dinheiro, por exemplo, exatamente porque bem fungível; b) não se admite furto de uso quando da subtração de veículo para fuga de perseguição policial, uma vez que o propósito de evasão torna manifesta a inexistência da intenção de restituí-lo; c) o longo lapso temporal decorrido é óbice à configuração do crime de uso, porquanto evidencia a inexistência da vontade de devolver a coisa; d) a devolução do automóvel subtraído danificado, com razoável consumo de combustível ou desgaste dos pneus não configura crime de uso, porquanto reflete

53 Como anotou Maggiore, "*o furto de uso tem todas as características do furto simples e por isso é incriminável: diferencia-se só pelo fim (objetivo e subjetivo) – que deve ser o direito ao uso momentâneo e não ao proveito – e por consequente restituição*". MAGGIORE, Giuseppe. Derecho Penal: vol. V. Bogotá: Editorial Temis, 1972, p. p. 968. Ranieri, por sua vez, via dois traços distintivos do furto de uso: " (...) *exige a restituição imediata da coisa à pessoa ofendida, após o eu uso momentâneo, e, segundo, o elemento psicológico, pois ao dolo específico do delito de furto junta-se o propósito de fazer uso momentâneo da coisa subtraída.*" Manuale de Diritto Penale. Vol. 3. Parte Speciale, Cedam-Padova, p. 446.

54 Quanto à evolução no tratamento do furto de uso pela legislação alemã, sufragava Franz Von Liszt: "*No direito romano o furtum usus foi expressamente incluído no furtum (§ 124, I). A idade média alemã tratou, ao contrário, alguns casos dessa natureza, o fato de utilizar-se alguém de cavalo alheio (Rubuaria, Espelho de Suábia) oou de barco alheio, o fato de cultivar terreno de outrem – como delitos especiais sujeitos à multa. A ciência e a praxe do Direito comum recorreram muitas vezes à concepção do Direito romano, mas quanto mais se desenvolvia a idéia moderna de furto, tanto menos nela se acomodava o uso indevido, a que falta de todo a intenção de se apropriação. Assim, vários códigos territoriais, como, por exemplo, o saxônio, foram levados a decretar uma pena especial e aplicável em geral ao uso indevido.*" LISZT, Franz von. Tratado de Direito Penal Alemão. T. II. Campinas: Russel Editores, 2003, p. 200.

consequências no patrimônio do sujeito passivo; e) se o agente deixa a coisa alhures, sem qualquer aviso ao proprietário, assume o risco de que não se opere a restituição e a hipótese se equipara à do ladrão que, depois de assenhorear-se da coisa, resolve abandoná-la, o que não o exime de responder por crime de furto.[55]

1.14. furto de semovente domesticável de produção

A Lei nº 13.330/2016 criou nova figura qualificada consistente na subtração de *semovente domesticável de produção, ainda que abatido ou dividido em partes no local da subtração.* Trata-se do abigeato. Novamente, o propósito legislativo restou induvidoso: censurar mais gravemente o furto de animais explorados economicamente, a exemplo de bovinos, suínos, caprinos *et cetera.*

Semovente, como é cediço, é que se move por si próprio. Notadamente, neste contexto, o objeto do delito consiste necessariamente em animais. Veja-se, porém, que há um qualificativo: é imprescindível que o animal seja domesticável, o que afasta a aplicação da norma aos animais selvagens por exemplo. Mas não apenas. É preciso ainda que o animal seja *de produção*; é dizer, o animal deve ser passível de ser criado e explorado em rebanho.

O legislador teve o cuidado de ressalvar que se configura o delito ainda que o objeto delitivo tenha sido abatido ou cindido em partes no local da subtração. Em suma, não há distinção entre a subtração do semovente vivo, abatido ou fracionado quando do ato da subtração.

Novamente, a pretensão legislativa não parece, de fato, alterar de maneira relevante o tratamento penal da questão. Antes mesmo da inovação legislativa, como regra, o abigeato já perfectibilizava furto qualificado, porque se trata de conduta normalmente realizada mediante o rompimento de obstáculo (art. 155, § 4º, I) e em concurso de pessoas (art. 155, § 4º, VI). Considerando-se, pois, que a pena ora cominada é de 2 (dois) a 5 (cinco) anos de reclusão, é possível dizer que igualmente se trata de norma penal tendencialmente benéfica, uma vez que a pena máxima cominada pelo § 4º do art. 155 é de 8 (oito) anos.

1.15. furto de substâncias explosivas ou de acessórios

Por conduto da Lei nº 13.654/2018, o legislador fez inserir o § 7º no art. 155 do Código Penal qualificando o furto de *substâncias explosivas ou de acessórios que, conjunta ou isoladamente, possibilitem sua fabricação, montagem ou emprego.* A figura delitiva apresenta nítida correlação com a previsão inserida no § 4º-A; a diferença consiste em que, no § 4-Aº, qualificou-se o emprego de instrumentos explosivos na subtração, já aqui, no § 7º, qualifica-se a subtração de tais instrumentos.

Ou seja, as substâncias explosivas e equiparadas qualificam o delito como instrumentos do crime (§ 4-Aº) e como objeto material do delito (§ 7º). Em sentido diverso,

---

55 HUNGRIA, Nelson. *op. cit.*

não se pode cogitar de concurso formal entre a presente modalidade qualificada e o delito de explosão, previsto no art. 251 do Código Penal, porque constatado o conflito aparente de normas penais é de se concluir, com a aplicação do princípio da subsidiariedade, que prevalece o art. 155, § 4º-A.

Quanto à definição de acessórios de substância explosiva, é possível observar que o Decreto nº 2.998/1999 ocupa-se de definir acessório como sendo o engenho primário ou secundário que suplementa um artigo principal para possibilitar ou melhorar o seu emprego (art. 3º, I); o acessório explosivo como o engenho não muito sensível, de elevada energia de ativação, que tem por finalidade fornecer energia suficiente à continuidade de um trem explosivo e que necessita de um acessório iniciador para ser ativado (art. 3º, III); e acessório iniciador como o engenho muito sensível, de pequena energia de ativação, cuja finalidade é proporcionar a energia necessária à iniciação de um trem explosivo (art. 3º, IV).

Em suma, pela redação do tipo legal, o *acessório* é todo e qualquer material ou substância que permite, conjunta ou isoladamente, fabricação, montagem ou emprego de substância explosiva.

A pena cominada é a mesma prevista pelo § 4º-A, 4 (quatro) a 10 (dez) anos de reclusão, o que parece não se adequar estritamente à proporcionalidade. Seriam, por acaso, igualmente censuráveis abstratamente a conduta de produzir artefato explosivo e efetivamente empregá-lo para o fim de subtrair coisa alheia móvel? Notadamente não. Optou, todavia, o legislador por equiparar as condutas.

1.16. Aspectos distintivos

Apesar de já se ter indicado ao longo do texto algumas das mais relevantes diferenciações entre o crime de furto e outras espécies delitivas, importa condensá-las e acrescer outras adicionais também julgadas relevantes. De modo a sistematizar o exame e facilitar a apreensão, quando houver necessidade de distinção entre dois crimes contidos no Capítulo referente aos delitos contra o patrimônio, o exame será sempre realizado no tipo legal posterior. Assim, o cotejamento entre furto (art. 155) e roubo (art. 157), por exemplo, será minudenciado quando no estudo do segundo delito.

1.16.1. Furto e exercício arbitrário das próprias razões

Observe-se que se o agente subtrai coisa que lhe pertence e está na posse legítima de terceiro, não se pode falar na prática de furto, tendo em vista a elementar do tipo "alheia", mas é possível a configuração do delito previsto no artigo 345 do Código Penal, qual seja o exercício arbitrário das próprias razões quando o crime é cometido para o fim de se ressarcir; se mais específicas as circunstâncias do fato (a coisa se encontra em poder de terceiro por determinação judicial ou convenção), haverá de se cogitar do cometimento da figura delitiva insculpida no art. 346 do Código Penal. O critério distintivo nestes casos é claramente a elementar "alheia" da redação legal da figura do furto, que é, portanto, imprescindível para a sua caracterização.

1.17. A pena e a ação penal

Ao furto simples é cominada a pena de reclusão de um a quatro anos e multa. Pelo *quantum* da pena mínima, que não ultrapassa um ano, admite-se a suspensão condicional do processo, nos termos do artigo 89 da Lei nº 9.099/1995. Na hipótese de o crime ser cometido durante o *repouso noturno*, a pena é aumentada de um terço. Quando da ocorrência do furto mínimo, ou seja, quando de pequeno valor a coisa e primário o agente, impõe-se, alternativamente, a substituição da pena de reclusão pela de detenção, a diminuição de um a dois terços ou a aplicação exclusivamente da pena de multa. No caso de furto qualificado, a pena é o dobro da cominada ao furto simples. Quanto à figura inserida no § 5º do art. 155 do Código Penal, subtração de veículo automotor que venha a ser transportado para outro Estado ou para o exterior, a pena é de três a oito anos, sem a previsão de multa.

A ação penal no crime de furto é sempre pública incondicionada.

1.18. Crimes patrimoniais e a lei Maria da Penha (lei n. 11.340/06):

É importante esclarecer os aspectos particulares da aplicação de todo e qualquer tipo penal quando houver a configuração de violência doméstica. Os comentários aqui realizados não se referem exclusivamente ao crime de furto, mas a todo crime em detrimento do patrimônio que se enquadre à Lei Maria da Penha.

A violência patrimonial é uma das modalidades de violência doméstica como se pode observar do art. 7º, IV, da Lei: *"a violência patrimonial, entendida como qualquer conduta que configure retenção, subtração, destruição parcial ou total de seus objetos, instrumentos de trabalho, documentos pessoais, bens, valores e direitos ou recursos econômicos, incluindo os destinados a satisfazer suas necessidades."*

A mera leitura já indica que a denominada *violência patrimonial* não está restrita aos crimes contra o patrimônio, podendo configurar crimes diversos previstos no Código Penal e na legislação especial, mas o importante aqui é fincar: crime patrimonial pode configurar uma modalidade de violência doméstica quando constantes os demais pressupostos para tanto, especialmente o que consta do art. 5º e dos seus incisos.

Uma vez configurando violência doméstica, é preciso ter em mente que, nos termos do art. 41, independentemente da pena cominada, não se aplica a Lei dos Juizados Especiais (Lei 9.099/95). Mais do não aplicar o *procedimento* nesta contido, não se aplicam as medidas despenalizadoras constantes da lei, que são várias, mas especialmente: a transação penal e a suspensão condicional do processo.

Isto restou assentado no âmbito do STJ pelo enunciado n. 536 da Súmula de Jurisprudência: *"A suspensão condicional do processo e a transação penal não se aplicam na hipótese de delitos sujeitos ao rito da Lei Maria da Penha"*. Além deste enunciado, o STJ também assentou o de n. 542: *"A ação penal relativa ao crime de lesão corporal resultante de violência doméstica contra a mulher é pública incondicionada"*. Trata-se da fixação da posição reiterada seguidamente pelo STJ e também pelo STF.

Quanto à natureza pública incondicionada da ação penal relativa à violência, tem-se como uma derivação do próprio afastamento da aplicabilidade dos dispositivos da

9.099/95, porque é lá, em seu art. 88 que consta: "*Além das hipóteses do Código Penal e da legislação especial, dependerá de representação a ação penal relativa aos crimes de lesões corporais leves e lesões culposas.*"

Ou seja, não se aplicando o dispositivo que exige representação em caso de lesões leves, tem-se que a violência – ainda que leve – contra a mulher é hipótese de ação pública incondicionada, o que, segundo os Tribunais, é mais consentâneo com os fins tutelados pela referida legislação especial.

Um último e repetido aviso: estas observações dizem respeito a todos os crimes doravante comentados e não se restringem meramente às hipóteses de furto.

1.19. Breve cotejamento com o PLS 236/2012

Como cediço, o Projeto de Lei do Senado Federal 236/2012 propõe a reforma do Código Penal, o que se revela demasiado relevante tendo em vista o vetusto caráter do diploma vigente. Neste sentido, insta tecer algumas breves proposições quanto às propostas contidas no referido PLS no que se refere aos crimes contra o patrimônio, especificamente, *in casu*, ao delito de furto, de maneira a fornecer um substrato adicional para o exame – inclusive prognóstico – da matéria.

Atrelado aos fins a que se destina o presente trabalho, é evidente que não se pretenderá esgotar a matéria, mas demonstrar os aspectos julgados mais relevantes.

Quanto ao delito de furto, a nota distintiva do referido PLS é notadamente a *descarceirização* desta modalidade criminosa. É dizer, reconhecendo-se que o presente delito é dos que mais dão causa ao encarceramento no Brasil[56], optou-se pela *adoção de mecanismos que evitam a pena de prisão.*

O que mais se destaca:

a) a redução da pena: de seis meses a três anos;
b) a reparação do dano como extintiva da punibilidade no furto simples ou com aumento de pena, desde que aceita pela vítima. O que tornou, nestes casos, a ação penal pública condicionada à representação;
c) a equiparação dos documentos pessoais às coisas móveis, o que em si parece inócuo, tendo em vista que é difícil vislumbrar hipótese em que se pretenda furtar exclusivamente o documento de identificação da vítima. É possível, porém, que o agente tenha, por exemplo, a finalidade de, mediante a utilização do documento pessoal subtraído, atribuir a si ou a outrem falsa identidade, mas nestes casos a subtração deve ser interpretada como mero crime meio;
d) o acréscimo das qualificadoras tocante à subtração mediante emprego de explosivo ou outro meio que cause perigo comum – com nítido escopo em reprimir mais

56 De acordo com o levantamento realizado pelo Departamento penitenciário Nacional, em junho de 2011, em crimes previstos no Código Penal, 72% dos crimes cometidos por homens são delitos patrimoniais; no que se refere às mulheres, 69%.

gravemente a conduta da explosão de caixas-eletrônicos – e à subtração de coisa pública ou se o agente se vale de momento de grande fragilidade da vítima.

2. DO DELITO DE FURTO DE COISA COMUM

⊙ **Furto de coisa comum**

Art. 156 – Subtrair o condômino, co-herdeiro ou sócio, para si ou para outrem, a quem legitimamente a detém, a coisa comum:

Pena – detenção, de seis meses a dois anos, ou multa.

§ 1º – Somente se procede mediante representação.

§ 2º – Não é punível a subtração de coisa comum fungível, cujo valor não excede a quota a que tem direito o agente.

2.1. Considerações preliminares

Trata-se o furto de coisa comum, como o próprio *nomen juris* sugere, de modalidade especial do delito de furto. Ao revés do Código Penal do Império, optou o legislador de 1940 em diferenciar a subtração da coisa comum da subtração da coisa alheia. Pelo que se observa, vê-se nesta hipótese delitiva menor gravidade na conduta do agente, uma vez que as penas cominadas traduzem exatamente a metade das previstas no artigo 155 do Código Penal.

Como se demonstrará, o presente tipo legal segue, em regra, o quanto sobredito quanto ao furto; deve-se notar, porém, que, evidentemente, é imprescindível aqui que a *res furtiva* pertença a, pelo menos, outra pessoa além do agente.

2.2. Bem jurídico tutelado e objeto material tutelado

Hipótese especial de crime de furto que é, tem, por consequência, como bem jurídico o patrimônio, expressado na posse e propriedade da coisa comum. Devendo-se sempre ter em mente as observações já tecidas quanto ao crime de furto.

O objeto material deve ser a coisa comum; isto é, aquela coisa que integra a patrimônio tanto do(s) sujeito(s) ativo(s) quanto passivo(s) do delito. A conduta do sócio que furta da sociedade empresária que compõe justifica a aplicação das penas cominadas ao presente delito? Não, a referida conduta amolda-se ao furto previsto no art. 155, tendo em vista que o patrimônio, neste caso, pertence exclusivamente à sociedade – e não às pessoas físicas dela componentes.

2.3. Sujeitos do delito

Observa-se na espécie a ocorrência de crime próprio, pois pressupõe que o agente detenha uma particular qualidade ou condição, uma vez que somente praticado por *condômino, coerdeiro ou sócio*. Note-se, todavia, que tais circunstâncias, em havendo concurso de agentes, são comunicáveis, nos termos do artigo 30 do Código Penal, porquanto elementares do tipo legal.

Quanto ao sujeito passivo, são o condômino, coerdeiro, sócio ou qualquer outro que detém a posse legítima da coisa. A legitimidade da posse é sempre fundamental, pois se operada a subtração contra quem não detenha a posse legítima da coisa comum não se há de falar na ocorrência do delito em espécie, mas do crime de furto simples.

2.4. A tipicidade objetiva e subjetiva

Condomínio é a propriedade, posse ou direito em comum, ou seja, aquele exercido por mais de um indivíduo ao mesmo tempo; os coerdeiros são herdeiros de um mesmo espólio; sócio é uma das pessoas que, mediante contrato, obriga-se a unir esforços e bens em prol da consecução de um fim comum.[57]

O núcleo do tipo é o mesmo do crime de furto, qual seja, o verbo *subtrair*. A diferença consiste no especial fim de agir, pois, na hipótese em comento, destina-se não à coisa alheia, mas à coisa comum de quem legitimamente a detém. A coisa, aqui também, deve necessariamente ser móvel. Se, todavia, a *res* estiver em posse do agente que a subtrai, é hipótese de apropriação indébita, e não do crime em comento.

Um ponto diferenciador diz respeito à fungibilidade da coisa, pois, como elucidava HUNGRIA, se a coisa é fungível (substituível por outra de mesma espécie, quantidade e qualidade) e o *quantum* subtraído não excede a cota a que tem direito o agente no todo homogêneo, o fato deixa de ser punível (§ 2ª do art. 156); persiste, porém, como objetivamente antijurídico, permanecendo, inclusive, como ilícito civil.[58] Se a coisa for infungível, ainda que o seu valor não supere o do quinhão individual, trata-se da hipótese de crime de furto de coisa comum.

Ademais, não se pode confundir o furto de coisa comum com as qualificadoras do furto simples: as qualificadoras previstas no § 4º são inaplicáveis ao crime de furto de coisa comum. Em ocorrendo qualquer uma das quais, não se poderá excluir o crime do artigo 156 ou lhe agravar a pena.

No caso de empregada violência contra a pessoa, configura-se o crime de roubo, previsto no artigo 157 do Código Penal, e de nada servirá o caráter comum da coisa para atenuação da reprimenda.

O elemento subjetivo do tipo de furto de coisa comum é o dolo. Exige-se, ainda, um especial fim de agir na conduta do agente consistente em se apoderar da coisa, para si ou para outrem. Imprescindível, bem assim, que sujeito saiba se tratar de coisa comum, mas se por erro acredita que seja alheia a coisa, ainda assim responderá pelo delito em comento, porquanto é inadmissível a imputação de crime mais grave (furto simples) do que aquele que efetivamente cometeu (furto de coisa comum). Na

57 BITENCOURT, Cezar Roberto. Tratado de direito penal: parte especial, volume 3, São Paulo: Saraiva, 2009, p. 62.

58 HUNGRIA, Nelson. Comentários ao código penal: decreto n.º 2.848, de 7 de dezembro de 1940. 1. ed., Vol. VII, Rio de Janeiro: Forense, 1955, p. 47.

hipótese, porém, de acreditar ser própria a coisa comum, porque manifesto o erro de tipo, é atípica a conduta.

2.5. Classificação doutrinária

Trata-se de crime **doloso**, porquanto não há previsão legal para modalidade culposa; **comissivo**, pois verbo nuclear exige ação positiva para sua consumação – caso agente seja garantidor (nos termos do artigo 13, § 2º do Código Penal), deve evitar a resultado, podendo ser responsabilizado pela omissão (imprópria); **instantâneo**, já que a consumação se opera de imediato, com a retirada da coisa da esfera de disponibilidade da vítima; **de dano**, por causar efetiva lesão ao patrimônio do sujeito passivo; **de forma livre**, pode ser praticado por qualquer meio, forma ou modo; **material**, visto que para sua consumação, requer-se a diminuição do patrimônio da vítima, consubstanciando um resultado naturalístico; **unissubjetivo**, pois pode ser praticado por apenas um agente; **plurissubsistente**, podendo ser fracionado em diversos atos, que compõe uma mesma conduta criminosa; **próprio**, uma vez que se exige condição específica do sujeito ativo, devendo ser *condômino, coerdeiro ou sócio*, é possível, contudo, ser cometido por interposta pessoa.

2.6. Do momento consumativo

O crime em comento consuma-se com a retirada da coisa da esfera de disponibilidade da vítima, garantindo-se, consequentemente, a posse da coisa, ainda que passadiça. Bem se vê que, como não poderia deixar de ser, quanto à consumação, aproxima-se sobremaneira do crime de furto comum.

Quando do mero apoderamento da coisa, sem, portanto, fazê-la ingressar em posse pacífica, tratar-se-á de delito na forma tentada, nos termos do art. 14 do Código Penal.

2.7. Da pena e da ação penal

Ao crime de furto de coisa comum comina-se a pena de seis meses a dois anos de detenção. A ação penal é publica condicionada à representação.

↳ CAPÍTULO II – DE ROUBO E DA EXTORSÃO

GAMIL FÖPPEL E
GABRIEL DALLA FAVERA DE OLIVEIRA

1. ROUBO

⊙ **Roubo**

Art. 157 – Subtrair coisa móvel alheia, para si ou para outrem, mediante grave ameaça ou violência a pessoa, ou depois de havê-la, por qualquer meio, reduzido à impossibilidade de resistência:

Pena – reclusão, de quatro a dez anos, e multa.

§ 1º – Na mesma pena incorre quem, logo depois de subtraída a coisa, emprega violência contra pessoa ou grave ameaça, a fim de assegurar a impunidade do crime ou a detenção da coisa para si ou para terceiro.

§ 2º – A pena aumenta-se de um terço até metade: (Redação dada pela Lei nº 13.654, de 2018)

I – (revogado) ; (Redação dada pela Lei nº 13.654, de 2018)

II – se há o concurso de duas ou mais pessoas;

III – se a vítima está em serviço de transporte de valores e o agente conhece tal circunstância.

IV – se a subtração for de veículo automotor que venha a ser transportado para outro Estado ou para o exterior; (Incluído pela Lei nº 9.426, de 1996)

V – se o agente mantém a vítima em seu poder, restringindo sua liberdade. (Incluído pela Lei nº 9.426, de 1996)

VI – se a subtração for de substâncias explosivas ou de acessórios que, conjunta ou isoladamente, possibilitem sua fabricação, montagem ou emprego. (Incluído pela Lei nº 13.654, de 2018)

VII - se a violência ou grave ameaça é exercida com emprego de arma branca; (Incluído pela Lei nº 13.964, de 2019)

§ 2º-A A pena aumenta-se de 2/3 (dois terços): (Incluído pela Lei nº 13.654, de 2018)

I – se a violência ou ameaça é exercida com emprego de arma de fogo; (Incluído pela Lei nº 13.654, de 2018)

II – se há destruição ou rompimento de obstáculo mediante o emprego de explosivo ou de artefato análogo que cause perigo comum. (Incluído pela Lei nº 13.654, de 2018)

§ 2º-B. Se a violência ou grave ameaça é exercida com emprego de arma de fogo de uso restrito ou proibido, aplica-se em dobro a pena prevista no *caput* deste artigo. *(Parágrafo acrescido pela Lei nº 13.964, de 24/12/2019, publicada na Edição Extra do DOU de 24/12/2019, em vigor 30 dias após a publicação)*

§ 3º Se da violência resulta: (Redação dada pela Lei nº 13.654, de 2018)

I – lesão corporal grave, a pena é de reclusão de 7 (sete) a 18 (dezoito) anos, e multa; (Incluído pela Lei nº 13.654, de 2018)

II – morte, a pena é de reclusão de 20 (vinte) a 30 (trinta) anos, e multa. (Incluído pela Lei nº 13.654, de 2018)

1.1. Considerações preliminares

Historicamente, o crime de roubo foi considerado mera espécie de furto qualificado pela grave ameaça, emprego de violência ou qualquer outro meio que reduza a resistência da vítima. Durante muito tempo, utilizava-se, inclusive, da nomenclatura *fur improbior* para designá-lo.

A cisão em tipos legais distintos, consoante advertido por HUNGRIA, consiste na:

> "(...) extrema gravidade do furto acompanhado de ofensa ou ataque à pessoa é que levou a contemplar-se, no caso, para especial rigor da punição, uma figura criminal independente, ao invés de uma simples *species* do *genus* "furto". À parte o meio violento ou impeditivo da resistência da vítima, coincide o roubo com o furto, pois é também subtração de coisa alheia móvel com o fim de tê-la o agente para si ou para outrem (...)"[1]

Nada obstante, porém, a coincidência entre o delito de roubo e o de furto, o que os distingue – meio violento ou impeditivo da resistência da vítima – tornou legítimo o destacamento do roubo e a sua maior penalização. Ocorre que, no ordenamento jurídico pátrio, tal cisão operou-se definitivamente apenas com a edição do Código Penal em vigor, uma vez que gerou o deslocamento da violência praticada contra a coisa do tipo de roubo para o de furto qualificado.

Diferentemente do furto, não se admite a aplicação do princípio da insignificância, ainda que diminuto o valor da coisa, porque se trata de crime praticado mediante violência física ou moral.

1.2. Bem jurídico tutelado e objeto material

Quanto ao bem jurídico objeto da tutela no crime de roubo, faz-se inevitável remontar à análise elaborada quando do estudo do crime de furto, porquanto ambos os delitos firmam seu *locus* no Título II do Código Penal, que se destina à previsão dos delitos contra o patrimônio. Partindo desta premissa, força é reconhecer que, também

1 HUNGRIA, Nelson. Comentários ao código penal: decreto n.º 2.848, de 7 de dezembro de 1940. 1. ed., Vol. VII, Rio de Janeiro: Forense, 1955, p. 51.

no roubo, tutela-se o patrimônio, no que engloba a propriedade, posse e detenção do sujeito passivo sobre a coisa.

Há, todavia, uma diferença fundamental: o delito de roubo caracteriza crime complexo, porquanto as elementares do tipo legal consubstanciam a descrição de fatos que, analisados separadamente, constituiriam crimes distintos. É dizer, no roubo, há a *subtração* (que, como observado, perfaz o delito de furto e, portanto, diz respeito ao patrimônio do agente), mas há também o emprego de meio violento ou que dificulte a resistência da vítima (o que poderia dar causa à lesão corporal, artigo 129 do Código Penal, ou ameaça, artigo 147 do Código Penal, delitos que tutelam a integridade corporal e a liberdade individual respectivamente).

Deste modo, pode-se dizer que, no delito de roubo, tutela-se, primordial, principal e imediatamente, o patrimônio do sujeito passivo, mesmo porque insculpido no Título II do Código Penal; mas, mediatamente, ocupa-se também da proteção da integridade corporal, a liberdade individual e até mesmo a vida, em caso de latrocínio.

O objeto jurídico do crime em comento é, imediatamente, a coisa alheia móvel e, mediatamente, o sujeito passivo sobre quem recai a violência.

1.3. Sujeito ativo e passivo

No que toca ao sujeito ativo do crime, nada há de novo. Podem ser sujeitos ativos do crime toda e qualquer pessoa, à exceção, como no crime de furto, do proprietário. Se a violência é empregada pelo próprio proprietário para reaver o bem, por exemplo, emprestado, não se fala na ocorrência do crime de roubo, mas, sim, de exercício arbitrário das próprias razões, artigo 345 do Código Penal, em concurso – a depender das circunstâncias – com a pena cominada à violência.

Quanto ao sujeito passivo, uma observação faz-se relevante. O crime de furto é complexo, por isso pluriofensivo, tendo em vista que tutela diversos bens jurídicos e de naturezas distintas. Assim, é possível imaginar hipóteses em que a violência [meio empregado para a subtração] seja dirigida à pessoa diversa do proprietário da coisa. O crime comporta, assim, dupla sujeição passiva.

Uma única prática do crime de roubo pode ter pessoas distintas por sujeitos passivos: uma vítima em relação à violência e outra em relação ao patrimônio. A consequência de tal conclusão é de que, além do proprietário, possuidor e detentor, o terceiro que seja também ofendido pode ser sujeito passivo do crime. Não se trata de hipótese de concurso de crimes, mas de crime único.

O que dizer da ação do agente que resulta em ofensa ao patrimônio de diversas vítimas, que é a hipótese do cada vez mais difundido roubo cometido em coletivos? Consoante já advertido no estudo do delito de furto, é firme o entendimento do Supremo Tribunal Federal pela configuração de concurso formal próprio de infrações e não crime único ou crime continuado, o que se dá sobremaneira por questões de política criminal, tendo em conta o elevadíssimo *quantum* da pena se aplicada a regra do concurso material de infrações.[2] É dizer, tratar o roubo de coletivo como concurso material ou mesmo continuado implicaria sempre uma pena demasiado elevada, o que representaria ofensa direta e manifesta ao princípio da proporcionalidade. Imagine-se o caso do roubo de objetos de dez pessoas em coletivo: em concurso material, cuja regra é o somatório das penas, a pena máxima do agente chegaria a inaceitáveis 100 anos. Opta-se, então, por ajustar tal prática às disposições do concurso formal próprio de delitos, em que a pena é aumentada de 1/6 até a metade.

1.4. A tipicidade objetiva e subjetiva

No exame do tipo objetivo do delito de roubo, é preciso ter sempre em mente a aproximação à figura do furto, de modo a facilitar o estudo e evitar a inútil e desgastante repetição das observações já realizadas.

O núcleo do tipo legal é igualmente *"subtrair"*, para si ou para outrem, coisa alheia móvel. À primeira vista, poderia parecer absolutamente coincidente com o delito encartado no artigo 155 do Código Penal; a divergência reside exatamente na maneira pela qual é subtraída a coisa: no crime de roubo, dá-se a subtração com o emprego de violência ou grave ameaça contra a pessoa. Ao contrário do furto, a violência contra a pessoa aqui é fundamental. É preciso observar que existe previsão de furto praticado com violência, artigo 155, § 4º, I, CP, porém esta violência dirige-se exclusivamente à coisa.

Por tais razões, aplica-se ao roubo boa parte dos comentários previamente tecidos quanto ao furto, à exceção, é claro, daqueles tocantes ao *modus operandi.*[3]

Nos termos do *caput*, no roubo, a subtração se dá *"mediante grave ameaça ou violência a pessoa, ou depois de havê-la, por qualquer meio, reduzido à impossibilidade de resistência"*. É dizer, imprescindível que se dê mediante *violência, grave ameaça* ou *qualquer meio* que impossibilite a resistência (sempre contra a pessoa), sendo crime de conduta vinculada. Os meios executórios são, portanto, circunstâncias elementares constitutivas do delito em comento; é o emprego de qualquer uma destas formas que marca a superação da fase preparatória e, portanto, o início da execução do roubo, desde que se volte, por óbvio, à violência ou à grave ameaça à subtração da coisa. [4]

1.4.1. A grave ameaça ou vis compulsiva

Como bem sintetizado por HUNGRIA, a *vis animo illata* configura *grave ameaça* quando "tendente a criar no espírito da vítima o fundado receio de iminente e grave

2 HC 91.615, rel. min. Cármen Lúcia, julgamento em 11-9-2007, Primeira Turma, DJE de 28-9-2007; HC 96.787, rel. min. Ayres Britto, julgamento em 31-5-2011, Segunda Turma, DJE de 21-11-2011; HC 103.887, rel. min. Gilmar Mendes, julgamento em 23-11-2010, Segunda Turma, DJE de 14-12-2010.

3 BITENCOURT, Cezar Roberto. Tratado de direito penal: parte especial, volume 3, São Paulo: Saraiva, 2009, p. 69.

4 BITENCOURT, Cezar Roberto. *op. cit.* p. 70.

mal, físico ou moral, injusto ou não, à sua pessoa, ou a pessoa que lhe seja particularmente cara, tornando-se idônea, pelo menos no caso concreto, a paralisar a reação contra o agente".[5] Um adendo apenas: o dano ou perigo incutido na ameaça não precisa necessariamente ser injusto, mas a ameaça em si tem por imprescindível a injustiça. É dizer, a ameaça tem de ser injusta, mas não o seu conteúdo.

É de se observar que a grave ameaça deve ser capaz de infundir fundado temor na vítima, subjugando-a aos propósitos do agente que, com fundamento nisto, lhe subtrai os bens. É imprescindível, portanto, que a ameaça seja idônea – que o mal proposto pelo agente seja factível. Deste modo, não pratica o crime de roubo o agente que, para fins de subtração dos bens da vítima, promete, a título de ameaça, torná-lo alcoólatra, por exemplo.

Aspecto relevante é que a verossimilhança da ameaça – a capacidade que tem o agente de levá-la a cabo – deve ser aferida a partir do ponto de vista da vítima, e não objetivamente. Assim, não se pode, aprioristicamente, acoimar de inidôneas determinadas ameaças, ainda que aos olhos do homem médio pareçam risíveis. É o que exemplifica HUNGRIA com os atos relacionados com a prática de magia negra ou feitiçaria, *pois há pessoas, imbuídas de crendices, que se deixam impressionar até o terror com semelhante espécie de ameaça.*[6]

É preciso, porém, como adverte GRECO, que se estabeleça um ponto de equilíbrio no subjetivismo da análise, sob pena de se banalizar o tipo legal de roubo, pois o agente deveria responder a título de roubo, ainda que não pretendesse a subtração dos bens da vítima, mas meramente pedir ajuda.[7] É o caso, por exemplo, daqueles sujeitos que se destinam a, entre os carros parados à espera da abertura do semáforo, pedir dinheiro, pois tal fato em si não se traduz em ameaça caracterizadora do delito em comento.

É preciso ainda que o mal prometido seja futuro, imediato e determinado.

1.4.2. *A violência física ou* vis corporalis

A violência contra a pessoa consiste no emprego de força sobre o corpo da vítima; para a caracterização de violência, é necessária e suficiente a mera ocorrência de lesão corporal de natureza leve ou mesmo vias de fato. A ocorrência de lesão corporal grave ou morte, como se demonstrará, qualifica o crime. Exige-se que a violência seja idônea para coagir a vítima, que seja, assim, suficiente para minar a sua resistência.[8]

Pergunta-se, então: o trombadinha [aquele sujeito que se vale de leve empurrão para subtrair os pertences dos transeuntes] pratica roubo? A questão reside

5 HUNGRIA, Nelson. *op. cit.* p. 52.
6 HUNGRIA, Nelson. *op. cit.* p. 52.
7 GRECO, Rogério. Curso de Direito Penal: parte especial, volume III. Niterói/RJ: Impetus, 2009, p. 62.
8 BITENCOURT, Cezar Roberto. *op. cit.* p. 71.

exatamente na destinação dada à trombada: se o agente mediante leve toque pretende apenas distrair a vítima, é hipótese de furto. Se há, todavia, trombada violenta que coaja a vítima, estar-se-á discutindo hipótese de roubo.

1.4.3. Qualquer outro meio de redução da resistência

Comete o crime de roubo o sujeito que subtraia determinado bem se valendo de *qualquer outro meio* diferente de *violência* e *grave ameaça* que reduza a resistência da vítima. É o que se denomina violência imprópria. Neste caso, o "agente, embora sem emprego de fôrça ou incutimento de medo, consegue privar à vítima o *poder de agir,* v. g.: narcotizando-a à *son insu* ou dissimuladamente, hipnotizando-a, induzindo-a a ingerir bebida alcoólica até a embriaguez, etc. Pressupõe que o outro 'qualquer meio', a que se refere o art. 157, *caput*, é empregado ardilosa ou sub-repticiamente, ou, pelo menos, desacompanhado, em sua aplicação, de violência física ou moral, pois do contrário, se confundiria com esta, sem necessidade da *equiparação legal*".[9]

É evidente que, no caso de a própria vítima colocar-se em situação de privação do seu poder de ação, não se fala na prática de roubo. É o caso, por exemplo, do sujeito que, alcoolizado, tem sua carteira subtraída; configura-se crime de furto, porque foi o próprio sujeito passivo que eliminou sua capacidade de resistência.

No que diz respeito ao elemento subjetivo, uma questão demanda comentário: é possível se falar em roubo de uso, tal como no furto? Explica-se: a conduta daquele sujeito que subtrai a coisa, mediante violência ou grave ameaça, sem o ânimo de tomá-la para si, mas meramente utilizá-la e devolvê-la num curto intervalo de tempo em toda a sua integridade é subjetivamente atípica? A resposta é não. Houve quem entendesse se tratar de roubo, porque a utilização de violência ou grave ameaça impediria a descaracterização do crime. Não parece ser este o caso, pois, *in casu*, a inexistência do *animus sibi habendi* torna impossível a caracterização do delito em comento, tal consideração não a torna, porém, indiferente penal, pois há previsão específica para a hipótese, qual seja: o crime de constrangimento ilegal, constante do art. 146 do Código Penal.

1.5. O roubo impróprio

No § 1º do artigo 157 do Código Penal, está insculpida a previsão do roubo impróprio. Como se lê, incorre na mesma pena de roubo *quem, logo depois de subtraída a coisa, emprega violência contra pessoa ou grave ameaça, a fim de assegurar a impunidade do crime ou a detenção da coisa para si ou para terceiro.* Como se observa, o que torna impróprio o roubo é o momento, *ex post* à subtração, em que se emprega a violência e a finalidade destinada a ela.

Ao contrário do roubo próprio, em que a *vis corporalis* ou *vis cumpulsiva* é o meio empregado para a subtração, por isso lançada antes ou durante o ato, no roubo

9 HUNGRIA, Nelson. *op. cit.* p. 52.

impróprio, o agente vale-se da violência ou da grave ameaça imediatamente depois de subtraída a coisa. No roubo impróprio, a violência e a grave ameaça não são meios para a subtração, mas meios para garantir a impunidade ou a detenção da coisa.

Admitindo-se que no roubo impróprio a violência ou grave ameaça são posteriores à subtração, força é convir em que, no primeiro momento, deu-se a prática de furto, portanto. Neste caso, o roubo impróprio nada mais é do que uma tentativa frustrada de furto em que se vale o sujeito ativo da violência ou grave ameaça para assegurar a impunidade do crime, porque descoberto, ou a detenção da coisa, porque combatido.

Por tais razões, não se admite tentativa de roubo impróprio, porque já configurado furto quando da inexistência de violência. É dizer, se a atuação do agente é obstada, depois da subtração, quando da prática de violência em face da vítima, já se teria consumado o furto, razão pela qual não se justifica falar em tentativa de roubo impróprio.

O emprego da violência física ou moral deve se dar *logo depois de subtraída a coisa*, pois imprescindível que os atos se deem em um mesmo contexto fático. Assim, o sujeito que, hoje, furta uma carteira e, um mês depois, confrontado pela vítima, ameaça-lhe de morte, não incide em roubo impróprio. As suas condutas devem ser analisadas separadamente, configurando-se as práticas de furto, art. 155 CP, e ameaça, art. 147 CP, em concurso de infrações.

Quanto às elementares da figura equiparada, razão assiste a BITENCOURT:

> "A elementar 'assegurar a impunidade' deve, necessariamente, receber interpretação relativa, isto é, não pode representar, tecnicamente, o sentido que, dogmaticamente, se pode emprestar a essa expressão, mas apenas o sentido de o agente pode desvencilhar-se de empecilhos que lhe dificultem a fuga, impedir, ao menos, momentaneamente, sua prisão, complicar seu reconhecimento pessoal etc. Nessa primeira hipótese, a detenção ou posse precária da *res* já está garantida, sendo, portanto, desnecessária a violência. Por outro lado, 'assegurar a detenção', segunda hipótese, refere-se ao simples êxito momentâneo da ação delituosa, isto é, que lhe permita ausentar-se do local na posse da coisa subtraída, não mais que isso."[10]

Digno de nota ainda o fato de o legislador, ao prever os meios de execução para o cometimento do roubo impróprio, ter optado por tipificar apenas as condutas praticadas mediante violência ou grave ameaça. Nada disse quanto à cláusula genérica "outros meios", portanto. Assim, nada obstante a celeuma doutrinária instaurada quanto às motivações desta omissão, por observância à legalidade, não se pode equiparar ao roubo a conduta de quem, após subtrair a coisa, empregue meios diversos da violência e da grave ameaça para o fim de assegurar a impunidade ou a detenção da coisa. Não se perfectibiliza o delito de roubo, seja próprio ou impróprio, mas é hipótese de crime de furto em eventual concurso de crimes a depender do *outro meio* utilizado pelo agente.

No que toca ao roubo impróprio, um acréscimo faz-se necessário quanto ao elemento subjetivo do tipo, pois, além do especial fim de agir já contido na figura do

10 BITENCOURT, Cezar Roberto. *op. cit.* p. 77.

caput [consistente em *apoderar-se da coisa alheia*], há o dolo específico voltado à finalidade de *assegurar a impunidade* ou a *detenção da coisa*.

1.6. Consumação e tentativa

Consoante o entendimento jurisprudencial hodierno, o crime de roubo consuma-se com a inversão da posse da coisa após o emprego de violência ou grave ameaça, independentemente, portanto, de posse mansa e pacífica. É o que se firmou no Supremo Tribunal Federal a partir do julgamento do *habeas corpus* 89.653/SP. Consuma-se o roubo mesmo no caso do agente que, depois de invertida a posse da coisa, ainda que não se evada da esfera da vigilância, é apreendido pela polícia.

Neste sentido, o enunciado nº 582 da Súmula de Jurisprudência do Superior Tribunal de Justiça: Consuma-se o crime de roubo com a inversão da posse do bem mediante emprego de violência ou grave ameaça, ainda que por breve tempo e em seguida à perseguição imediata ao agente e recuperação da coisa roubada, sendo prescindível a posse mansa e pacífica ou desvigiada. STJ. 3ª Seção. Aprovada em 14/09/2016, DJe 19/09/2016.

Note-se, porém, que, consoante o entendimento assentado no Supremo Tribunal Federal[11], no caso em que a ação delitiva é monitorada pela polícia e a fuga dos ladrões é obstada, trata-se de roubo na modalidade tentada. Não se trata de mudança na orientação do Excelso Pretório quanto à consumação do crime: basta, ainda, a mera inversão da posse para que se veja consumado, mas, no caso de monitoramento da ação [que dificulta sobremaneira a posse da coisa], é situação peculiar e diversa, por isso tentado o crime.

1.7. Classificação doutrinária

Trata-se de crime **doloso**, porquanto não há previsão legal para modalidade culposa; **comissivo**, pois verbo nuclear exige ação positiva para sua consumação; **instantâneo**, já que a consumação se opera de imediato, no momento em que o agente torna-se possuidor (ainda que não seja posse mansa e pacífica) da *res furtiva*, havida por meio violento ou grave ameaça; **de dano**, por causar efetiva lesão ao patrimônio do sujeito passivo; **de forma vinculada**, pode ser praticado por qualquer meio, forma ou modo, desde que verificada a violência ou grave ameaça; **material**, visto que para sua consumação, requer-se pelo menos a diminuição do patrimônio da vítima, podendo ser acrescida da ofensa a sua integridade física ou corporal, consubstanciando resultado naturalístico; **unissubjetivo**, pois pode ser praticado por apenas um agente, havendo previsão da modalidade qualificada, disposta no art. 157, § 2º, inciso II, quando o crime é cometido mediante concurso de duas ou mais pessoas; **plurissubsistente**, podendo ser fracionado em diversos atos, que compõe uma mesma conduta criminosa; **comum**, uma vez que não se exige qualquer condição especial do agente.

---

11 HC 104.593, rel. min. Luiz Fux, julgamento em 8-11-2011, Primeira Turma, DJE de 5-12-2011; HC 88.259, rel. min. Eros Grau, julgamento em 2-5-2006, Segunda Turma, DJE de 26-5-2006.

1.8. O roubo majorado

Adota-se, no particular, a ressalva feita por BITENCOURT tocante à imprescindível necessidade de bem demarcar as figuras constantes do § 2º do artigo 157 como causas de aumento de pena que são, pois inadmissível confundi-las ou compará-las à forma qualificada.[12] É majorante porque prevê apenas uma variação na gradação da pena sempre atida aos limites da pena mínima e máxima do tipo legal. A qualificadora, por sua vez, porquanto fixa novos limites legais, funda derivado e autônomo tipo penal.

Feita a ressalva, é possível verificar que, nos termos do § 2º, a pena do crime de furto é majorada, de um terço até a metade, quando:

> I – (revogado) (Redação dada pela Lei nº 13.654, de 2018);
>
> II – há o concurso de duas ou mais pessoas;
>
> III – a vítima está em serviço de transporte de valores e o agente conhece tal circunstância;
>
> IV – a subtração for de veículo automotor que venha a ser transportado para outro Estado ou para o exterior;
>
> V – o agente mantém a vítima em seu poder, restringindo sua liberdade;
>
> VI - se a subtração for de substâncias explosivas ou de acessórios que, conjunta ou isoladamente, possibilitem sua fabricação, montagem ou emprego;
>
> VII - se a violência ou grave ameaça é exercida com emprego de arma branca (Incluído pela Lei nº 13.964, de 2019).

Passa-se ao exame de cada uma das seis causas de aumento previstas no § 2º, que recentemente foi objeto de intensa atividade legislativa, máxime por conduto da Lei nº 13.654/2018 e da Lei nº 13.964/2019. Ademais, cuidar-se-á de analisar igualmente as duas causas de aumento acrescidas ao tipo legal por conduto da inserção do § 2º-A e § 2º-B, incluídos pelas Leis ns. 13.654/2018 e 13.964/2019 respectivamente:

> § 2º-A A pena aumenta-se de 2/3 (dois terços):
>
> I – se a violência ou ameaça é exercida com emprego de arma de fogo;
>
> II – se há destruição ou rompimento de obstáculo mediante o emprego de explosivo ou de artefato análogo que cause perigo comum.
>
> § 2º-B. Se a violência ou grave ameaça é exercida com emprego de arma de fogo de uso restrito ou proibido, aplica-se em dobro a pena prevista no caput deste artigo.

Diga-se, de logo, que a aplicação da pena, em havendo mais de uma causa de aumento, exige fundamentação concreta, não bastando a simplória menção ao número de exasperantes, nos termos do enunciado de súmula 443 do STJ, que dispõe, literalmente: "*O aumento na terceira fase de aplicação da pena no crime de roubo circunstanciado exige fundamentação concreta, não sendo suficiente para a sua exasperação a mera indicação do número de majorantes.*"

---

12 BITENCOURT, Cezar Roberto. *op. cit.* p. 80.

1.8.1. Se a violência ou ameaça é exercida com emprego de arma

No inciso I, previa o legislador o aumento de pena para o roubo quando cometido com o emprego de *arma*. Com o advento da Lei nº 13.654/2018, o inciso I do § 2° do art. 157 do Código Penal foi revogado e criado os novos § 2°-A e § 2°-B, que majoraram as penas dos crimes de roubo cometido com o emprego de *arma de fogo* em 2/3 (dois terços) e com o emprego de arma de fogo de uso proibido ou restrito no dobro. Supervenientemente, no bojo do *Pacote Anticrime*, inseriu-se o inciso VII no citado § 2°, razão pela qual os demais comentários serão realizados no tópico pertinente.

Em suma, cuidou o legislador de distinguir o regime de censura penal no tocante ao emprego de arma branca, arma de fogo e arma de fogo de uso proibido ou restrito, o que se mostra absolutamente consentâneo ao princípio de proporcionalidade notadamente ao mandamento constitucional de individualização das penas. A maneira, todavia, que a operação legislativa foi realizada é de todo criticável, consoante se observará.

1.8.2. Se há concurso de duas ou mais pessoas

Repetíveis aqui todos os comentários tecidos quanto à forma qualificada do crime de furto que tem a mesma natureza. Apenas para direcionar o estudo, é de se ressaltar que o fato de – no concurso de duas pessoas – um dos agentes ser inimputável não afasta a incidência da majorante. É o entendimento veiculado pelo Supremo Tribunal Federal através do HC 110.425/ES.

Quanto à possibilidade de concurso com o delito de roubo ou quadrilha, aplica-se aqui as mesmas disposições já deduzidas quando do exame do delito de furto. Ou seja, entende-se pela impossibilidade do dito concurso sob pena de violação ao *bis in idem*.

1.8.3. Se a vítima está em serviço de transporte de valores e o agente conhece tal circunstância

Com a disposição desta majorante, pretendeu o legislador conferir maior proteção àqueles sujeitos que têm por atividade o transporte de valores [o que não inclui o proprietário dos bens, evidentemente]. É de se observar, com a redação legal, que o ponto fulcral da causa de aumento é a condição de quem transporta o valor e não a mobilidade dos valores.

A partir da leitura deste inciso III, vislumbra-se imediatamente a hipótese do assalto a carro-forte, em que pese não tenha sido esta a motivação do legislador. Como lembra HUNGRIA:

> "A formulação da última agravante especial do roubo foi ditada pela frequência com que, atualmente, ocorrem assaltos a pessoas que, por dever de ofício ou mesmo acidentalmente, fazem o serviço de transporte de valores de uma localidade para outra ou, na mesma localidade, de um ponto para outro (empregados de banco, estafetas, coletores de renda, pagadores, caixeiros-viajantes, empregados de mineração etc.). O fato adquiriu em certos países, como os Estados Unidos, notadamente por obra de *gangsters*, uma feição verdadeiramente alarmante, no Brasil,

embora sem a mesma frequência, tem sido ele reproduzido (é recente o caso de assalto ao *pagador* da Estrada de Ferro Central, por quadrilheiros, no Estado de São Paulo.) "[13]

Resta evidente que os *valores* aduzidos no texto não se restringem a pecúnia exclusivamente, pois podem consistir em absolutamente qualquer outro bem valioso transportado, desde que, claro, possua valor de mercado. Tem-se como exemplo as pedras preciosas, títulos ao portador, obras de arte etc.

Há quem entenda inexigível que a vítima tenha o transporte de valores por serviço específico, significando dizer que, ainda que o transporte de valor seja uma dentre as suas atribuições, como no caso do *office-boy* por exemplo, configurar-se-á a causa de aumento de pena.[14] Não se pode, porém, concordar com tal interpretação, máxime porquanto a maior censurabilidade da conduta em comento reside justamente na qualidade específica do ofício da vítima.

A adoção da dita premissa traduz-se inegavelmente em um alargamento injustificado do âmbito de alcance da norma que, em última análise, representa violação ao princípio da legalidade. Note-se, por exemplo, que o roubo ao cobrador de ônibus representaria sempre modalidade qualificada por este inciso, o que não encontra amparo na jurisprudência pátria. É preferível e recomendável que se tome o tipo em comento, porque implica gravosas consequências, em sua acepção mais restrita.

Faz-se fundamental, ainda, que o sujeito ativo tenha consciência de que atenta contra quem tenha por ofício o transporte de valores. É imprescindível, portanto, o conhecimento da circunstância; se desconhecida a especial condição do sujeito passivo, esvazia-se a razão política da punição. Ainda que previsão neste sentido não houvesse, parece clara a inaplicabilidade da majorante ante o desconhecimento da circunstância em observâncias às regras da parte geral, máxime do erro de tipo insculpido no artigo 20 do CP.

1.8.4. Se a subtração for de veículo automotor que venha a ser transportado para outro estado ou para o exterior

Quanto à forma majorada em comento, aplicam-se as mesmas ressalvas tecidas a respeito da forma qualificada de furto. Não se tornará a tecê-las aqui exclusivamente para não extenuar desnecessariamente o leitor. Há, contudo, uma observação importante a se fazer: a questão atinente ao concurso desta causa de aumento com as demais.

Como bem ressaltado por DAMÁSIO[15], o concurso na hipótese em comento é verdadeiramente a regra, porque o crime de roubo de veículo automotor, ainda que para transporte, é geralmente cometido com o emprego de arma e mediante concurso de

13 HUNGRIA, Nelson. *op. cit.* pp. 55-56.

14 GRECO, Rogério. *op. cit.* p. 80.

15 JESUS, Damásio de. Direito Penal, 2º volume, 32ed. São Paulo: Saraiva, 2012, p. 383.

pessoas (art. 157, § 2º, I e II). Deste modo, a causa de aumento em comento surtirá pouco ou nenhum efeito, porque quando da sua ocorrência já teria sido agravada a pena por alguma das majorantes citadas. Como cediço, em havendo concurso de causas de aumento, servirá apenas como circunstância judicial, tendo em vista que não arrolada dentre as agravantes genéricas, artigo 61 do Código Penal.

1.8.5. Se o agente mantém a vítima em seu poder, restringindo sua liberdade

Dá-se outra modalidade majorada quando o agente, no cometimento do roubo, mantém a vítima em seu poder, restringindo, por consequência, sua liberdade. A figura em comento demanda uma análise demasiado cautelosa, uma vez que se situa em zona cinzenta, em território limítrofe entre tipos penais diversos. É dizer, não se basta para configurar a hipótese presente uma passadiça restrição de liberdade, porque tal ação estaria contida na figura elementar do roubo simples, bem como não se admite a aplicação desta previsão nos casos em que tal restrição mostre-se demasiado dilatada. É preciso temperamento na análise.

Não cuidou o legislador de estabelecer qual o tempo necessário para perfectibilizar a presente previsão, bem como não definiu o lapso temporal limite. Observe-se que a própria redação do dispositivo contribui para a sua fluidez, afinal a locução verbal *mantém a vítima em seu poder* não se presta a estabelecer qualquer baliza.

Na análise do presente dispositivo, a primeira das questões a ser pontuada é a de que a vítima da privação de liberdade deve ser necessariamente a mesma vítima do roubo, pois, se distintas, haverá concurso de crimes entre o roubo e extorsão mediante sequestro, art. 159 do Código Penal.

O ponto de toque na presente questão diz respeito aos limites temporais em que o agente *mantém a vítima em seu poder.* É preciso, por certo, que seja um intervalo de tempo juridicamente relevante, em circunstâncias, portanto, que extrapolem a grave ameaça contida no *caput*. Assim, se o agente, na prática do roubo, mantém a vítima em seu poder durante o tempo estritamente necessário para subtrair os seus pertences, não se trata da hipótese em comento, mas a do *caput*.

De outro modo, há também um limite máximo para que a manutenção da vítima amolde-se à hipótese ora comentada. Ocupou-se a doutrina de estabelecer os critérios presentemente assentados pela jurisprudência. São duas as possibilidades[16] em que se verifica a ocorrência desta causa de aumento prevista no artigo 157, § 2º, V: a) quando a manutenção da vítima configurar mero meio de execução do crime de roubo; tem-se a hipótese de roubo a determinada loja em que os funcionários são trancados no depósito enquanto perdura a prática delitiva; b) quando a manutenção da vítima for garantia contra a ação policial; tem-se a hipótese do agente que, ao anunciar o roubo de veículo, é descoberto e determina que a vítima o conduza.

16 JESUS, Damásio de. *op. cit.* p. 385.

É preciso, porém, cautela no exame do caso concreto para a verificação da ocorrência, por exemplo, de roubo ou extorsão mediante sequestro, pois mesmo nos casos em que se valha da privação da liberdade para impedir a ação policial pode configurar, a depender das circunstâncias, o crime mais grave. É o caso da vítima, por exemplo, mantida sob o poder dos criminosos durante vários dias sob o pretexto de evitar a comunicação do crime à polícia, tempo em que permanentemente é ameaçada física e moralmente. Neste caso, ainda que o escopo seja ocultar-se da ação policial, configura-se o delito mais gravoso previsto no art. 159 do Código Penal.

Consigne-se, ademais, que a modalidade de "sequestro relâmpago" passa a ser tratada como figura majorada do crime de extorsão, consoante se explanará em tópico próprio.

Fora daquelas hipóteses mencionadas, não se pode falar em roubo majorado pela manutenção da vítima em poder do agente. Se, depois da consumação do delito de roubo, mantém a vítima em seu poder, em ato absolutamente não relacionado com aquele crime pretérito, não há de se falar em roubo majorado, mas concurso de crimes entre roubo e extorsão mediante sequestro, art. 159 do Código Penal.

Esta figura delitiva passou a figurar no rol dos crimes hediondos por conduto da inserção do inciso II, alínea 'a', ao art. 1º da Lei nº 8.072/1990, que se deu pela Lei nº 13.964/2019 – Pacote Anticrime.

1.8.6. *Subtração de substâncias explosivas ou acessórios*

Por coerência, o legislador manteve a correspondência entre as modalidades qualificadas de furto (art. 155) e as majoradas de roubo (art. 157). Assim, meramente transpôs a novidade legislativa inserida nos parágrafos 4º-A e 7º do artigo 155 ao inciso VI do art. 157.

Trata-se da majoração de 1/3 até a metade da pena quando a subtração for de substâncias explosivas ou de acessórios que, conjunta ou isoladamente, possibilitem sua fabricação, montagem ou emprego. Ressalvadas as distinções entre furto e roubo já abordadas, remete-se o leitor para as observações já realizadas quanto à modalidade no estudo das qualificadoras do art. 155.

1.8.7. *Se a violência ou ameaça é exercida com emprego de arma branca, arma de fogo ou arma de fogo de uso proibido ou restrito*

Cuida-se de tratar, no mesmo tópico, do regime concernente ao emprego de *arma*, gênero no qual se inserem as armas brancas e as armas de fogo. Para além da aproximação natural das majorantes, a evolução do processo legislativo – que culminou por dissociá-las – recomenda a análise conjuntamente.

No contexto normativo prévio à alteração promovida pela Lei nº 13.654/2018, o roubo com emprego de arma (inciso I) seja de fogo, seja branca - faca, estilete ou qualquer elemento apto a causar dano à integridade física[17] – dava causa à elevação da pena em 1/3.

A partir do advento da referida Lei, o inciso I foi revogado e criada disciplina autônoma para o roubo com emprego de *arma de fogo* (§2º-A), agora respectivamente com aumento de 2/3. Neste momento, cindiram-se as espécies de arma: i) o emprego de arma branca deixou de configurar qualquer causa de aumento e, por via de consequência, dava azo apenas à configuração de roubo simples; ii) o emprego de arma de fogo passou a figurar como uma causa de aumento específica, com patamar de majoração da pena fixado em 2/3.

Insatisfeito, o inquieto legislador, por conduto da Lei nº 13.964/2019, em dezembro de 2019, procedeu à inserção do inciso VII no mesmíssimo §2º do art. 157 do Código Penal, prevendo expressa e especificamente o aumento de pena – agora de 1/3 até a metade – para o caso de emprego de *arma branca*. Mas não apenas: criou igualmente a majorante específica para o emprego de *arma de fogo de uso proibido ou restrito* (§2º-B), prevendo a aplicação em dobro da pena prevista para o roubo simples.

Quanto à aplicação da lei penal no tempo, tem-se que a Lei nº 13.654/2018 ao revogar a majoração para o emprego de arma branca configurou norma penal benéfica, com retroatividade autorizada constitucional e legislativamente, cuja aplicação já fora avalizada pelo Superior Tribunal de Justiça[18]. É dizer: operou *abolitio criminis*. As demais alterações foram todas *novatio legis in pejus*, uma vez que configuraram maior censura das condutas.

Tal dinâmica legislativa de sucessivas e contraditórias reformas reflete a adoção de uma política criminal absolutamente errática que provoca manifesta insegurança jurídica em um campo em que deveria prevalecer a previsibilidade.

Finalmente, todo e qualquer roubo praticado com arma branca redundará na configuração da majorante prevista no inciso VII do §2º, que acresce a pena de 1/3 até a metade.

---

17 PRADO, Luiz Regis. Curso de direito penal brasileiro, volume 2: parte especial. São Paulo: Editora Revista dos Tribunais, 2007, p. 433.

18 Vide a seguinte elucidativa ementa:

RECURSO ESPECIAL. ROUBO MAJORADO. PRINCÍPIO DA CORRELAÇÃO ENTRE A DENÚNCIA E A SENTENÇA. OFENSA. NÃO OCORRÊNCIA. DESCRIÇÃO. ROUBO CONSUMADO. POSSE MANSA E PACÍFICA. DESNECESSIDADE. RECURSO PROVIDO.

(...)

5. Extrai-se dos autos, ainda, que o delito foi praticado com emprego de arma branca, situação não mais abrangida pela majorante do roubo, cujo dispositivo de regência foi recentemente modificado pela Lei n. 13.654/2018, que revogou o inciso I do § 2º do art. 157 do Código Penal.

6 . Diante da abolitio criminis promovida pela lei mencionada e tendo em vista o disposto no art. 5º, XL, da Constituição Federal, de rigor a aplicação da novatio legis in mellius, excluindo-se a causa de aumento do cálculo dosimétrico.

7. Recurso provido para reconhecer a forma consumada do delito de roubo, com a concessão de ordem de habeas corpus de ofício para readequação da pena.

(STJ, Quinta Turma, REsp 1519860/RJ, Rel. Min. Jorge Mussi, julgado em 17/05/2018)

Ou seja, em 2018 o legislador aboliu a figura do crime majorado pelo emprego de arma branca, o que naturalmente implicou aplicação retroativa e, por consequência, a alteração de todos os casos precedentes em que a pena não se encontrava extinta. Ocorre que exatos 20 (vinte) meses e 1 (um) dia após esta profunda alteração, cuida o legislador reformador de reinserir a majorante pelo emprego de arma branca, dando causa assim a – mais um - "cavalo de pau" legislativo.

Naturalmente, *novatio legis in pejus* que é, só há de se falar em aplicação prospectiva da norma.

Há atualmente, portanto, três regimes quanto ao emprego de arma: se branca, dá causa ao aumento de pena de 1/3 até a metade com fundamento no art. 157, §2º, VII, do Código Penal; se de fogo, aumenta-se de 2/3 com fundamento no art. 157, §2º-A, do Código Penal; se de fogo mas de uso restrito ou proibido, eleva-se ao dobro a pena do roubo simples com fundamento no art. 157, §2º-A, do Código Penal.

O emprego de arma de fogo merece maior reprovação na exata medida em que infunde maior temor à vítima, o que, por via de consequência, reduz sobremaneira a sua capacidade de resistir ao intento criminoso face à maior lesividade e perigo representados pela utilização de arma.

A Lei nº 13.654/2018 procedeu, então, à inserção da majorante consistente no emprego de *arma de fogo* em patamar de 2/3 e, posteriormente, a Lei n. 13.964/2019 a inseriu no rol dos crimes hediondos.

Seguindo a mesma premissa de censurabilidade, o *Pacote Anticrime* elevou – ainda mais – a majoração no caso de emprego de arma de uso proibido ou restrito (no dobro), tendo igualmente inserido a conduta no rol dos crimes hediondos.

A respeito da majoração em patamar fixo, é preciso convir com PAULO QUEIROZ[19] em que se trata de medida notadamente desproporcional. A uma, porque a inflexibilidade gerada pelo patamar fixo obsta à própria individualização da pena em sentido estrito, uma vez que as circunstâncias em que se dá o emprego de arma variam entre si; a duas, porque a pena mínima do roubo praticado com emprego de arma de fogo será de 6 (seis) anos e 8 (oito) meses superando, assim, crimes claramente mais graves, a exemplo do homicídio simples (art. 121); a três, pela manifesta desproporção gerada com outros tipos penais aproximados, a exemplo da extorsão praticada com emprego de *arma*, que permanece sujeita ao patamar de 1/3 até a metade.

A arma de fogo consiste em arma que arremessa projéteis empregando a força expansiva dos gases gerados pela combustão de um propelente confinado em uma câmara que, normalmente, está solidária a um cano que tem a função de propiciar continuidade à combustão do propelente, além de direção e estabilidade ao projétil, na forma do art. 3º, III, do Decreto nº 2.998/1999.

---

19 Para maior aprofundamento do tema, vide texto específico de Paulo Queiroz *Sobre a pena do roubo com arma de fogo*. Disponível em: https://www.pauloqueiroz.net/sobre-a-pena-do-roubo-com-arma-de-fogo/. Acesso em 02/12/2019.

A primeira questão a ser esclarecida diz respeito à necessidade (ou não) de efetiva utilização da arma de fogo para configurar a figura majorada. O entendimento mais acertado é que o efetivo *emprego* da arma é absolutamente necessário, seja para violentar seja para ameaçar. A razão é demasiado simples: na redação legal, utiliza-se do termo *emprego*, que significa a aplicação o uso efetivo, razão porque nítida a exigência legal que a arma seja efetivamente empenhada.

Se a própria razão de ser da causa de aumento consiste no maior dano potencial causado pelo emprego de arma de fogo, o qual reduz ainda mais a capacidade de resistência da vítima, faz-se necessário que a arma tenha, portanto, idoneidade lesiva. É dizer, a arma tem de estar apta a provocar o temor que infunde. Neste sentido, o emprego de arma de fogo desmuniciada, com defeito ou de brinquedo não se presta a aumentar a pena do agente.

As armas de fogo inidôneas prestam-se para configurar a grave ameaça elementar do crime de roubo, mas não a majorante do inciso § 2º-A, inciso I. Note-se a respeito a oportuna revogação do enunciado nº 174 da Súmula de Jurisprudência do Superior Tribunal de Justiça que rezava: *No crime de roubo, a intimidação feita com arma de brinquedo autoriza o aumento da pena.* É cediço, assim, que a arma de brinquedo – ou qualquer arma inidônea – serve para perfectibilizar a grave ameaça constante do *caput*, por isso configura o roubo, porém inservível para dar azo à causa de aumento de pena ora estudada.

A questão de suma importância: é imprescindível a realização de perícia na arma para aferição de sua potencialidade lesiva e, assim, para autorizar a exasperação da pena? Em sede do Supremo Tribunal Federal vige(u) intenso debate quanto ao fato. A Primeira Turma ordinariamente entendia dispensável a perícia na arma para atestar a sua potencialidade lesiva desde que existentes outros meios de prova; a Segunda Turma entendia ordinariamente pela imprescindibilidade – em que pese tenha havido posicionamento contraditório no âmbito da própria turma. No julgamento da ação de *habeas corpus* nº 96.099/RS[20], entendeu-se por afetar o tema ao Pleno da Corte para

20 "EMENTA: ROUBO QUALIFICADO PELO EMPREGO DE ARMA DE FOGO. APREENSÃO E PERÍCIA PARA A COMPROVAÇÃO DE SEU POTENCIAL OFENSIVO. DESNECESSIDADE. CIRCUNSTÂNCIA QUE PODE SER EVIDENCIADA POR OUTROS MEIOS DE PROVA. ORDEM DENEGADA. I – Não se mostra necessária a apreensão e perícia da arma de fogo empregada no roubo para comprovar o seu potencial lesivo, visto que tal qualidade integra a própria natureza do artefato. II – Lesividade do instrumento que se encontra in re ipsa. III – A qualificadora do art. 157, § 2º, I, do Código Penal, pode ser evidenciada por qualquer meio de prova, em especial pela palavra da vítima – reduzida à impossibilidade de resistência pelo agente – ou pelo depoimento de testemunha presencial. IV – Se o acusado alegar o contrário ou sustentar a ausência de potencial lesivo da arma empregada para intimidar a vítima, será dele o ônus de produzir tal prova, nos termos do art. 156 do Código de Processo Penal. V – A arma de fogo, mesmo que não tenha o poder de disparar projéteis, pode ser empregada como instrumento contundente, apto a produzir lesões graves. VI – Hipótese que não guarda correspondência com o roubo praticado com arma de brinquedo. VII – Precedente do STF. VIII – Ordem indeferida. (HC 96099, Relator(a): Min. RICARDO LEWANDOWSKI, Tribunal Pleno, julgado em

o fim de uniformizar a jurisprudência e se concluiu pela desnecessidade de perícia comprobatória.

O entendimento que parece mais acertado é no sentido de que a perícia não é a única maneira de comprovar a potencialidade lesiva da arma, porém, se insuficientes os elementos coligidos aos autos, a sua realização faz-se imprescindível sob pena de se operar verdadeira presunção em desfavor do réu. É dizer, a perícia é dispensável apenas naqueles casos em que haja prova inconteste da potencialidade lesiva do artefato – o testemunho de efetivo disparo, por exemplo. Nos casos em que os elementos coligidos aos autos não fornecerem certeza quanto ao potencial de vulneração, impõe-se a realização do exame pericial. Parece ter sido esta a posição adotada pelo Superior Tribunal de Justiça[21].

1.8.8. Se há destruição ou rompimento de obstáculo mediante o emprego de explosivo ou de artefato análogo que cause perigo comum

Novamente, por coerência, o legislador manteve a correspondência entre as modalidades qualificadas de furto (art. 155) e as majoradas de roubo (art. 157). Assim, meramente transpôs a novidade legislativa inserida nos parágrafos 4º-A e 7º do artigo 155 ao inciso II, § 2º, do art. 157. A intenção é inequivocamente a mesma: censurar mais gravemente o ataque a caixas eletrônicos e, neste caso, possivelmente carros-fortes.

Trata-se da majoração em 2/3 até a metade da pena quando houver destruição ou rompimento de obstáculo mediante o emprego de explosivo ou de artefato análogo que cause perigo comum. Não se deve olvidar, naturalmente, que – por se tratar de roubo – é imprescindível que tenha havido adicionalmente em emprego de violência ou grave ameaça contra a pessoa.

Nos casos em que houver emprego de explosivo ou de artefato comum com destruição ou rompimento de obstáculo sem grave violência ou ameaça à pessoa perfectibilizar-se-á o tipo legal previsto no art. 155, § 4º-A, que absorve o art. 155, § 4º, I.

A respeito do sentido e alcance das elementares *destruição* e *rompimento*, remete-se o leitor para o exame realizado quanto ao tipo penal encartado no art. 155, § 4º, I, uma vez que não há distinção qualquer.

19/02/2009, DJe-104 DIVULG 04-06-2009 PUBLIC 05-06-2009 EMENT VOL-02363-03 PP-00498 LEXSTF v. 31, n. 367, 2009, p. 410-427 RJTJRS v. 45, n. 278, 2010, p. 44-55) "

21 Vide o excerto da seguinte ementa:

"(...)

III – O entendimento da Terceira Seção deste eg. Tribunal Superior é no sentido da prescindibilidade da apreensão e perícia da arma de fogo para a incidência da majorante, desde que evidenciada sua utilização por outros meios de provas, tais como a palavra da vítima ou o depoimento de testemunhas, como é o caso dos autos. Precedentes.

(AgRg no REsp 1773075/SP, Rel. Ministro FELIX FISCHER, QUINTA TURMA, julgado em 26/02/2019, DJe 07/03/2019)"

1.9. O roubo qualificado pelo resultado

Em nova redação conferida pela Lei nº 13.654, de 2018, o § 3º foi subdivido em dois incisos e se censurou ainda mais gravemente o delito de roubo que resulte em lesão corporal grave.

Nos termos do artigo 157, § 3º, do Código Penal se da violência resulta lesão corporal grave, a pena é de 7 (sete) a 18 (dezoito) anos, e multa (inciso I); se resulta morte, a pena é de 20 (vinte) a 30 (trinta) anos, e multa (inciso II).

Ressalte-se que, quanto ao resultado lesão grave, a redação originária do Código previa pena de 5 (cinco) a 15 (quinze) anos. Em alteração promovida pela Lei dos Crimes Hediondos em 1982, manteve-se. Por conduto da Lei nº 9.426/1996, elevou-se para 7 (sete) a 15 (quinze) anos. Em 2018, foi além o legislador. A continuar neste ritmo, a tendência é que lesão corporal e morte se equivalham em um futuro não tão remoto.

A maior censurabilidade do agente no caso está intimamente ligada ao maior desvalor de resultado que se dá com a lesão grave da integridade física ou morte da vítima. Advirta-se que o resultado lesão ou morte deve ter sido causado necessariamente a título de dolo ou culpa, porquanto não se admite a responsabilização penal objetiva pelo resultado[22], bem como deve derivar exclusivamente da *vis corporalis*, violência física, em observância à redação do tipo.

Cumpre anotar que tanto a lesão grave quanto a morte têm de necessariamente estar no mesmo contexto fático temporal do delito de roubo. É dizer, na hipótese de ter consumado o roubo, o agente que ceifa a vida da vítima para acautelar-se quanto a um eventual testemunho desfavorável incorre nas penas de roubo em concurso material com homicídio. Do mesmo modo, se o agente mata a vítima por um motivo diverso qualquer e, depois disto, resolve aproveitar e levar os seus pertences, ter-se-á o concurso material de infrações entre o homicídio e o furto.

Com efeito, insta registrar que, no caso do roubo qualificado pelo resultado, rompe-se com a orientação dominante de que os resultados que agravam o delito só se produzem mediante culpa e, quando dolosos, dão azo ao concurso de crimes. É dizer, a regra de que o delito agravado pelo resultado é preterdoloso [dolo no antecedente e culpa no consequente] é excepcionada no caso de roubo qualificado; a figura típica configura-se também quando há o dolo no consequente. Admitiu-se tal exceção aos crimes qualificados pelo resultado, porquanto demasiado gravosas as penas cominadas à modalidade qualificada.

---

22 Observe-se a este respeito o quanto aduzido por Jose Luis Clemente: "*Las lesiones (graves o gravísimas) deben ser causalmente determinadas por la violencia, la que debe recaer 'en las personas'. No es, por lo tanto indispensable que aquélla recaiga sobre la víctima mismo del robo, máxime, si como dijimos, puede ser ejercida antes, durante o después del apoderamiento o su tentativa con la finalidad señalada en el art. 164 última parte, pudiendo ser dolosa (lo que resulta lo más frecuente), o culposas, accidentales o preterintencionales.*" CLEMENTE, José Luis. Robo calificado por lesiones. Pensamiento Penal y Criminológico: Revista de derecho penal integrado, Córdoba, v. 3, n. 4, p. 255-271, 2002, p. 264.

O resultado pode, seja lesão grave ou morte, ser direcionado à vítima ou a terceiro que suporte a violência física. Frise-se, ainda, que as qualificadoras são aplicáveis tanto ao roubo próprio quanto ao roubo impróprio, bem como que as causas de aumento do roubo, constantes do § 2º, não se aplicam às modalidades qualificadas.

Como cediço, *lesão corporal de natureza grave* é de conotação ampla e deve ser entendida tanto como a lesão corporal grave, artigo 129, § 1º, quanto como a lesão corporal de natureza gravíssima, artigo 129, § 2º. Não se deve olvidar que a lesão de natureza leve já integra o próprio tipo legal do crime de roubo, uma vez que, em ocorrendo, manifesta-se a figura do *caput* do artigo 157 do Código Penal.

Na segunda parte do dispositivo, é prevista a figura do latrocínio que traduz a prática do homicídio enquanto meio para o roubo: *matar alguém para subtrair coisa alheia móvel*. Convém considerar que esta forma qualificada de roubo, doravante denominada latrocínio exclusivamente, foi inserida no rol dos crimes hediondos constante da Lei nº 8.072/1990; fato que acarreta diversas consequências prejudiciais ao investigado/réu, dentre as quais se destacam a impossibilidade de fiança, anistia, graça indulto, bem como a dilação do prazo limite para a prisão cautelar.

Como se nota, o latrocínio atenta também contra o bem jurídico vida e, nada obstante tal fato, preferiu o legislador incluí-lo no Título II do Código Penal, porque, no presente caso, entendeu a ofensa ao mais caro dos bens jurídicos como meio para a consecução de crime patrimonial. O latrocínio, portanto, continua sendo crime patrimonial.[23]

Como já se teve a oportunidade de sinalizar, não é imprescindível que exista coincidência entre a vítima do roubo e a vítima fatal. Assim, a morte de qualquer pessoa presta-se para configurar o latrocínio, desde que, é claro, tenha sido vitimada no contexto da prática do roubo. Esta observação exige um esclarecimento: se um dos assaltantes é morto durante a prática pela polícia, por uma das vítimas ou até por companheiro seu, não se configura o latrocínio, porquanto aí a morte não configura o meio para a prática do delito patrimonial; todavia, se a morte do assaltante deriva do erro na execução (art. 20, § 3º, do Código Penal) do disparo de comparsa seu que intentava eliminar uma das vítimas, configura-se o crime de latrocínio.

E a hipótese do comparsa que não efetuou o disparo quando da prática do roubo armado? A jurisprudência do Supremo Tribunal Federal é no sentido de que o fato de não ter realizado o disparo não é óbice à sua incriminação pelo latrocínio: HC 74.861/SP. Se rompido o nexo causal, todavia, antes da realização do disparo, com a prisão do coautor, por exemplo, não se pode imputar a ele as consequências advindas do resultado morte, HC 109.151/RJ.

E o caso em que há pluralidade de mortes e atingimento de único patrimônio? Decidiu o Superior Tribunal de Justiça, no Habeas Corpus nº 336.680/PR, que há

---

23 Observe-se a este respeito a redação do enunciado nº 603 da Súmula de Jurisprudência do Supremo Tribunal Federal: a competência para o processo e julgamento de latrocínio é do juiz singular e não do Tribunal do Júri.

concurso formal impróprio no latrocínio quando ocorre uma única subtração e mais de um resultado morte, uma vez que se trata de delito complexo, cujos bens jurídicos tutelados são o patrimônio e a vida.

Questão tormentosa verifica-se quando do exame da consumação do crime de latrocínio, porque diversas as hipóteses e teorias que se destinaram a explicá-la. Adotando uma linha de intelecção comum em doutrina, estudar-se-á, a partir de agora, as hipóteses mais relevantes tocantes à consumação.

Na primeira hipótese, tome-se por consumados o homicídio e a subtração. Neste caso, dificuldade não parece haver porquanto pacíficas doutrina e jurisprudência quanto à consumação do latrocínio, artigo 157, § 3º, do Código Penal.

Na segunda hipótese, imagine-se não consumado o homicídio e não consumada a subtração. Reconhecíveis, portanto, no caso concreto, a tentativa de homicídio bem como a tentativa de roubo. É unânime a doutrina em reconhecer a ocorrência do latrocínio tentado.

Na terceira hipótese, trabalha-se com o homicídio tentado e a subtração consumada. Nada obstante a sempre respeitável posição defendia por HUNGRIA[24], razão não lhe assiste no presente caso, pois tal hipótese não configura tentativa de homicídio qualificado, mas latrocínio tentado.

Na quarta hipótese, é de se imaginar o homicídio consumado e a subtração tentada. Esta é a hipótese concreta que mais acirrou os ânimos da doutrina, porém, hodiernamente, com a edição do enunciado número 610 da Súmula de Jurisprudência do Supremo Tribunal Federal, restou firmado o entendimento pelo latrocínio consumado. Observe-se a este respeito os termos do referido enunciado: *Há crime de latrocínio, quando o homicídio se consuma, ainda que não realize o agente a subtração de bens da vítima*. Para o Supremo Tribunal Federal, basta que exista a ocorrência do resultado morte para a configuração do latrocínio, ainda que não se consiga subtrair o bem pretendido. Cumpre frisar que o roubo é qualificado pela morte ou mortes; deste modo, se na subtração da coisa o agente ceifa a vida de mais de uma pessoa, fala-se na prática de crime único de latrocínio.

1.10. Aspectos distintivos

1.10.1. Roubo e Furto Qualificado pelo rompimento de obstáculo

A distinção a ser estabelecida é entre o delito de roubo e o delito de furto qualificado. No roubo, a violência é sempre empregada contra a pessoa; no furto qualificado, a violência é empregada contra a coisa. Por dedução lógica, o critério distintivo entre as figuras reside no direcionamento da violência (ou grave ameaça, no caso do roubo): se extrapola os limites da coisa, será hipótese de roubo. É de se ter em mente aqui

24 HUNGRIA, Nelson. *op. cit.* pp. 59-60.

sempre o exemplo abordado da trombada aplicada pelo sujeito para efetivar a subtração, uma vez que, a depender das circunstâncias, poderá caracterizar tanto furto quanto roubo.

1.11. A pena e a ação penal

No roubo simples, previsto no *caput* e § 1º, a pena é reclusão de quatro a dez anos e multa. No roubo majorado, insculpido no § 2º, eleva-se a pena de um terço até a metade. No roubo qualificado pelo resultado lesão corporal de natureza grave, inscrito na primeira parte do § 3º, comina-se reclusão de sete a quinze anos e multa; no latrocínio, qualificado pelo resultado morte, a pena cominada é de vinte a trinta anos e multa.

A ação penal em todas as hipóteses será pública incondicionada, cujo processamento e julgamento compete ao juiz singular, não ao tribunal do júri.

1.12. Breve cotejamento com o PLS 236/2012

É nítida a redução das penas cominadas ao delito de roubo: na previsão básica, a sanção que hoje é de quatro a dez anos passaria a ser de três a seis anos, bem como se autoriza a redução da pena se não ocorrer violência real, se a coisa for de pequeno valor e a vítima não sofrer dano psicológico de maior significação.

Os aspectos dignos de nota são:

- A conduta de *revelação forçada de senha ou código* é tipificado como modalidade de roubo, nada obstante a distinção dogmática aponte para a prática de extorsão, porque, segundo a exposição de motivos, "o apossamento nestes casos, ocorre em imediata sucessão à obtenção do segredo, não permitindo, à vítima, qualquer veleidade de comportamento independente.";[25]
- A previsão de qualificadora pelo *roubo cometido em interior de residência,* tendo em conta o máximo impacto psicológico derivado da conduta;
- A reprodução de aumento de pena previsto no furto pela *causação de perigo comum*;
- Propõe-se reordenação da figura do latrocínio mediante a indicação de que o resultado deve advir da atuação do agente em praticar o fato, assegurar a impunidade do crime ou a detenção da coisa.

2. EXTORSÃO

⊙ Extorsão

Art. 158 – Constranger alguém, mediante violência ou grave ameaça, e com o intuito de obter para si ou para outrem indevida vantagem econômica, a fazer, tolerar que se faça ou deixar fazer alguma coisa:

25 Lauda 302 da exposição de motivos.

Pena - reclusão, de quatro a dez anos, e multa.

§ 1º - Se o crime é cometido por duas ou mais pessoas, ou com emprego de arma, aumenta-se a pena de um terço até metade.

§ 2º - Aplica-se à extorsão praticada mediante violência o disposto no § 3º do artigo anterior.

§ 3º - Se o crime é cometido mediante a restrição da liberdade da vítima, e essa condição é necessária para a obtenção da vantagem econômica, a pena é de reclusão, de 6 (seis) a 12 (doze) anos, além da multa; se resulta lesão corporal grave ou morte, aplicam-se as penas previstas no art. 159, §§ 2º e 3º, respectivamente. (Incluído pela Lei nº 11.923, de 2009)

2.1. Considerações preliminares

O crime de extorsão consiste no fato de *constranger* alguém – com o emprego de violência ou grave ameaça e com a finalidade de obter, para si ou para terceiro, indevida vantagem econômica – a fazer, tolerar que se faça ou deixar de fazer alguma coisa. Observa-se a aproximação existente com o crime de roubo, o que, em determinadas situações concretas, torna, inclusive, demasiado árdua a capitulação delitiva de determinadas condutas.

O primeiro critério geralmente aventado para justificar a diferença entre extorsão e roubo consistiu exatamente no papel cabível à vítima, pois durante muito tempo se disse que quando a vítima, coagida, abre mão do bem em face do agente configura-se extorsão; ao passo que, ao contrário, quando o agente o subtrai configurar-se-ia roubo. E o caso do ladrão que, portando arma, "solicita" à vítima sua carteira em troca de não lhe exterminar a existência? Imagine-se que, paralisada, a vítima não pratique qualquer ato, o larápio, então, vagarosamente insira a mão no bolso da vítima e retire a carteira. No caso, haveria roubo pela *subtração* ou extorsão na modalidade *tolerar que se faça*? Sob o ponto de vista prático, como se verifica no exemplo, absolutamente insuficiente o comportamento da vítima para diferenciar os tipos penais.[26] Digna de menção a observação de DAMÁSIO: a diferença residiria exatamente na (im)prescindibilidade do procedimento da vítima; no roubo, o comportamento da vítima é prescindível para a obtenção do resultado, mas imprescindível na extorsão.[27]

HUNGRIA, por sua vez, estabelece nos seguinte termos a diferenciação: "se não se quer renunciar, sob o prisma técnico, a uma diferença constante entre extorsão e roubo, é forçoso reconhecer que a distinção não é outra coisa senão esta: no roubo, há uma *contractatio;* na extorsão, há uma *traditio.*"[28]

Nada obstante tais dificuldades, é possível sistematizar a distinção entre os delitos no seguinte quadro comparativo:

26 HUNGRIA, Nelson. Comentários ao código penal: decreto n.º 2.848, de 7 de dezembro de 1940. 1. ed., Vol. VII, Rio de Janeiro: Forense, 1955, p. 63.

27 JESUS, Damásio de. *op. cit.* p. 403.

28 HUNGRIA, Nelson. *op. cit.* p. 63.

ROUBO	EXTORSÃO
É crime material.	De acordo com a Súmula 96 do STJ, extorsão é crime formal que se consuma no momento em que a exigência é feita.
A ameaça é normalmente prometida para aquele instante.	A ameaça é normalmente voltada para o futuro.
O proveito patrimonial independe de qualquer atuação por parte da vítima: mesmo que a vítima não coopere, o bem pode ser subtraído pelo agente.	O proveito patrimonial está condicionado à atuação concreta da vítima: a conduta do agente é insuficiente *per si* para a obtenção da ilícita vantagem

2.2. Bem jurídico tutelado e objeto material do delito

Tal como o roubo, considera-se a extorsão crime complexo, porque praticado contra pessoa e patrimônio. Como se dá mediante violência ou grave ameaça, os bens jurídicos terminam por coincidir: patrimônio, liberdade individual e integridade física e psíquica.

O objeto material do delito é a pessoa contra a qual se pratica a extorsão.

2.3. Sujeito ativo e passivo

A exemplo do roubo, o *sujeito ativo* da extorsão pode ser qualquer pessoa.

Crime complexo que é, a extorsão admite pluralidade de vítimas. Assim, pode-se verificar a existência de vitimação no presente delito de quem não sofra a lesão patrimonial. É o exemplo do porteiro de prédio que, gravemente ameaçado, vê-se obrigado a permitir que os criminosos assaquem as residências dos moradores em gozo de férias. Há, portanto, dois sujeitos passivos: a vítima da *violência* ou *grave ameaça* e vítima da lesão patrimonial; se recaem sobre uma pessoa apenas, logicamente, há um sujeito passivo.

2.4. Tipicidade objetiva e subjetiva

Como advertido, a extorsão consiste em *constranger alguém, mediante violência ou grave ameaça, e com o intuito de obter para si ou para outrem indevida vantagem econômica, a fazer, tolerar que se faça ou deixar fazer alguma coisa*. Depreende-se da leitura do dispositivo, com fundamento em HUNGRIA, seguido neste particular por relevante parcela da doutrina, que: "São elementos da extorsão: a) o emprego da violência física ou moral (grave ameaça); b) coação, daí resultante, a fazer, tolerar ou omitir alguma coisa; c) intenção de obter, para si ou para outrem, indevida vantagem econômica."[29]

29 HUNGRIA, Nelson. *op. cit.* p. 65.

O núcleo do tipo *constranger* significa coação que é a obrigação determinada pelo sujeito ativo mediante violência ou grave ameaça.[30] Os requisitos *mediante violência* e *grave ameaça* já foram devidamente pormenorizados no estudo do crime de roubo previamente elaborado, razão pela qual desnecessário tornar a fazê-lo.

Admite-se, inclusive, a utilização de imposição de mal espiritual como instrumento de grave ameaça desde reste demonstrado nos autos que a ameaça infundiu temor na vítima, tal como decidiu o Superior Tribunal de Justiça no Recurso Especial nº 1299021/SP.

A divergência digna de nota consiste em que, diferentemente do roubo, na extorsão não é necessário que a ameaça seja em face da integridade física ou moral da vítima, mas pode, por exemplo, se tratar de um constrangimento econômico. Posicionou-se neste sentido o Superior Tribunal de Justiça, ao julgar o Recurso Especial 1207155/RS[31], em que se firmou a possibilidade de ocorrência de extorsão mediante a ameaça de destruição de patrimônio [motocicleta] da vítima.

A finalidade na extorsão é a obtenção, para si ou para outrem, *de vantagem econômica*. De saída, importa pontuar que o conceito *vantagem econômica* é demasiado mais amplo do que a *coisa alheia móvel* objeto dos delitos de furto e roubo, máxime

30 Quanto ao significado e limites do constrangimento, convém observar as lições de Maria Isabel Martinez Gonzalez: "*El sujeto activo obliga el pasivo, es decir, le impulsa a hacer algo, pero en la propia definición gramatical y en términos sinónimos encontramos un matriz que expresa un contenido ya antijurídico: no se trata de motivar la víctima, de inducirla, ni quisiera de convencerla con o sin engaño, sino de compelerla a obrar contra su voluntad. No se trata, pues, de esa obligación civil que nace de una relación jurídica libremente aceptada por los contrayentes. Estamos ante un ataque a la libertad, que por sí solo es ya desvalorable jurídico-penalmente, pero el autor persigue más cuando fuerza a la entrega, suscripción u otorgamiento.*" MARTINEZ GONZÁLEZ, María Isabel. El delito de extorsión. Cuadernos de Política Criminal, Madrid, n. 44, p. 371-419, 1991, p. 382.

31 PENAL E PROCESSO PENAL. RECURSO ESPECIAL. EXTORSÃO. AMEAÇA. BENS DA VÍTIMA CONSIDERADOS EM SUA AMPLITUDE. DESTRUIÇÃO DE MOTOCICLETA. CONDUTA TÍPICA. RETORNO DOS AUTOS À ORIGEM. APRECIAÇÃO DA TESE ABSOLUTÓRIA FORMULADA NA APELAÇÃO DEFENSIVA.

1. A ameaça – promessa de causar um mal -, enquanto meio de execução do crime de extorsão, deve sempre ser dirigida a uma pessoa (alguém), sujeito passivo do ato de constranger. De tal conclusão, porém, não deriva outra: a de que a ameaça se dirija apenas à integridade física ou moral da vítima, como apontou o Tribunal de origem.

2. É certo que a ameaça há de ser grave, isto é, hábil para intimidar a vítima; todavia, não é possível extrair do tipo nenhuma limitação quanto aos bens jurídicos a que tal meio coativo pode se dirigir. Doutrina.

3. Conforme se afirma na Exposição de Motivos do Código Penal, a extorsão é definida numa fórmula unitária, suficientemente ampla para abranger todos os casos possíveis na prática.

4. Configura o crime de extorsão a exigência de pagamento em troca da entrega de motocicleta furtada, sob a ameaça de destruição do bem. Precedente.

[...]

6. Recurso especial parcialmente provido.

(REsp 1207155/RS, Rel. Ministro SEBASTIÃO REIS JÚNIOR, SEXTA TURMA, julgado em 07/11/2013, DJe 26/11/2013) porque, na extorsão, nem mesmo materializada num corpo precisa ser a vantagem. Entende-se por vantagem econômica todo e qualquer interesse ou direito patrimonial do sujeito passivo como, por exemplo, o interesse voltado ao investimento em ações, ao mercado imobiliário, à promoção de cargo *et cetera*.

Ademais, a vantagem deve ter conteúdo econômico, sob pena de a conduta caracterizar outro tipo penal, a exemplo do constrangimento ilegal do art. 146 do Código Penal ou não se caracterizar tipo algum. Em que pese, existem semelhanças entre a extorsão e o constrangimento ilegal, a diferença consiste em que, no constrangimento ilegal, o sujeito ativo deseja que a vítima se comporte de determinada maneira, sem pretender com isso obter indevida vantagem econômica. Na extorsão, ao contrário, a coação é realizada com o objetivo expresso: obter indevida vantagem econômica.[32]

O tipo legal em comento possui o elemento normativo *indevida,* significa que, para que reste configurado o crime de extorsão, não basta que a vantagem seja econômica, mas também indevida. Deste modo, elementar do tipo que é, a sua não verificação dá causa a não configuração do crime de extorsão. Não significa dizer, porém, que será atípica a conduta, pois a referida elementar é o ponto de toque na diferenciação entre extorsão e exercício arbitrário das próprias razões, art. 345 do Código Penal. Assim, afastada a extorsão se legítima a vantagem, mas amoldável, em tese, ao delito de exercício arbitrário das próprias razões.

O constrangimento da vítima deve ser dirigido a que *faça, tolere que se faça ou deixe de fazer* alguma coisa. Na primeira das hipóteses, exige-se da vítima, através da violência ou da grave ameaça, um comportamento comissivo que garanta ou possibilite vantagem econômica ao sujeito ativo. É o exemplo daquele sujeito que, ameaçando de morte a vítima, constrange-a a transferir vultosa quantia para a sua conta bancária. Na segunda, através da violência ou grave ameaça, a vítima é constrangida a *tolerar que se faça* algo em detrimento de seu patrimônio ou de patrimônio sobre o qual detenha alguma responsabilidade; como exemplo, tem-se a hipótese do sujeito que, agredido fisicamente, é constrangido a permitir que o criminoso rasgue o cheque dado à vítima em garantia de dívida contraída. Por fim, há o constrangimento da vítima a *deixar de fazer algo*; *ad exemplum*, a conduta do agente que ameaça a vítima a revelar fatos escandalosos ou difamatórios[33] e em troca exige que deixe de operar o saque dos títulos de crédito que deu em garantia.

Como já teve oportunidade boa parte da doutrina de advertir, o termo "alguma coisa" constante do tipo legal como consequência da conduta ou ato da vítima constrangida a fazer, tolerar que se faça ou deixar de fazer é dotado de sentido genérico e pode, portanto, consistir em fato qualquer.

---

32 JESUS, Damásio de. *op. cit.* p. 404.

33 Como aduz Nélson Hungria: "*Uma das mais frequentes formas de extorsão é a praticada mediante a ameaça de revelação de fatos escandalosos ou difamatórios, para coagir o ameaçado a comprar o silencio do ameaçador. É a chantage, dos franceses, ou o blackmail, dos ingleses.*" HUNGRIA, Nelson. *op. cit.* pp. 66-67.

Importa registrar que é criminosa a conduta de quem, ainda que detentor do direito de causar o prejuízo ameaçado [como, por exemplo, executar os títulos da dívida que detém], exige, para não fazê-lo, qualquer vantagem não contemplada pelo direito.[34] Consoante o quanto bem sintetizado por SOLER: "Qualquer pessoa pode denunciar um fato: mas não é lícito exigir dinheiro para a abstenção, a menos que a exigência mesma se justifique, como no caso da vítima de um estelionato que requer reparação".[35]

Formuladas as premissas, imagine-se a hipótese de a vítima ser constrangida a sacar dinheiro de sua conta bancária mediante violência ou grave ameaça e, assim que efetuado o desconto, tem ainda seus bens pessoais subtraídos. Tratar-se-ia de crime único ou concurso de crimes? Ao que consta, trata-se de crime único, porquanto exclusivamente o bem jurídico patrimônio da vítima fora assacado num mesmo contexto de ação, devendo-se, assim, apenas aplicar a pena concernente ao delito mais grave. A jurisprudência afasta-se, porém, deste entendimento, no que entende ser o caso de concurso de crimes; nesta perspectiva, interessa saber qual seria então a natureza do concurso de delitos se material ou formal (próprio ou impróprio). Manifestou-se a este respeito o Supremo Tribunal Federal, quando do julgamento da ação de *Habeas Corpus* nº 98.960, pelo reconhecimento do concurso formal próprio, porque cometido através de ação única, inserido, portanto, no mesmo contexto fático e não tradutor de desígnios autônomos.

A tipicidade subjetiva do delito consiste exclusivamente no dolo, uma vez que não se admite a modalidade culposa. O dolo é traduzido na ação voluntária e consciente de, mediante violência ou grave ameaça, constranger a vítima a fazer, tolerar que se faça ou deixar de fazer coisa qualquer. Perceba-se que, neste caso, a finalidade tocante à obtenção de vantagem específica é elemento subjetivo especial do tipo que, portanto, não se confunde com o dolo.[36]

2.5. O momento consumativo

O delito de extorsão assume a condição de crime formal[37] no que, portanto, prescinde de resultado naturalístico para a sua consumação. Assim, consuma-se a extorsão

34 No original: "*Cualquiera puede denunciar un hecho: pero no es lícito exigir dinero por la abstención, salvo que la exigencia misma esté justificada, como en el caso de la víctima de una estafa que exige la reparación.*" FONTÁN BALESTRA, Carlos. La extorsión. Revista Síntese de Direito Penal e Processual Penal, Porto Alegre, v. 5, n. 26, p. 66-71, jun./jul. 2004.

35 FONTÁN BALESTRA, Carlos. *ibidem*.

36 Sobre o tema, bem pontuou Cezar Roberto Bitencourt: "*O dolo no crime de extorsão, é constituído pela vontade consciente de usar a violência ou grave ameaça para constranger alguém a fazer, tolerar que se faça ou deixar de fazer alguma coisa. No entanto, a obtenção de vantagem econômica constitui somente a finalidade intenção adicional de obter um resultado ulterior ou uma ulterior atividade, distinta, portanto, da realização ou consumação do tipo penal. A obtenção da vantagem econômica, com efeito, é uma finalidade ou ânimo que vai além da realização do tipo.*" BITENCOURT, Cezar Roberto. Tratado de direito penal: parte especial, volume 3, São Paulo: Saraiva, 2009, p. 103.

37 É de melhor aceitação o entendimento pela natureza formal do crime de extorsão, uma vez que inaceitáveis as consequências advindas do seu tratamento como delito material, tal como aduziu

com o comportamento da vítima constrangida, mediante violência ou grave ameaça, a fazer, tolerar que se faça ou deixar de fazer alguma coisa, independentemente da obtenção de vantagem indevida, tal como consta do enunciado nº 96 da Súmula de Jurisprudência do Superior Tribunal de Justiça. O resultado pode, assim, até ocorrer, porém a sua ocorrência não importa à consumação do crime, pois mero exaurimento.

Como já se advertiu, a obtenção da vantagem econômica, porque é elemento especial do tipo e não se confunde com o dolo, não é exigida para a consumação do delito em comento. É dizer, o crime consuma-se com o comportamento da vítima constrangida ainda que não obtida a vantagem econômica pretendida, que é mero exaurimento a ser ponderado quando do exame das circunstâncias judiciais, artigo 59 do Código Penal, na aplicação da pena.

Apesar de se tratar de crime formal, é cabível a tentativa no crime de extorsão exatamente porque não se consuma com o mero constrangimento, mas com o comportamento da vítima. Logo, se interrompida a pretensão criminosa por circunstâncias alheias à vontade do agente após o ato de constranger – que dá início ao *iter criminis* – e o comportamento da vítima – que consuma o delito -, flagrante a hipótese de crime tentado.

2.6. Classificação doutrinária

Trata-se de crime **doloso**, porquanto não há previsão legal para modalidade culposa; **comissivo**, pois verbo nuclear exige ação positiva para sua consumação; **instantâneo**, já que a consumação se opera de imediato, não se protraindo no tempo; **de dano**, por causar efetiva lesão ao bem jurídico tutelado; **de forma vinculada,** porquanto somente se realiza mediante constrangimento; **formal**, visto que para sua consumação, requer-se tão somente a ação de constranger ilegalmente a vítima, prescindindo do recebimento de indevida vantagem econômica, mero exaurimento do crime; **unissubjetivo**, pois pode ser praticado por apenas um agente, havendo previsão de aumento de pena, disposta no art. 158, § 1º, quando o crime é cometido mediante concurso de duas ou mais pessoas; **plurissubsistente**, podendo ser fracionado em diversos atos que compõe uma mesma conduta criminosa; **comum**, uma vez que não se exige qualquer condição especial do agente.

2.7. Causas de aumento de pena

Consoante a disposição do § 1º do delito de extorsão, *se o crime é cometido por duas ou mais pessoas, ou com emprego de arma, aumenta-se a pena de um terço até metade.* No

---

Barbato Júnior: "*Note-se que, ao se considerar a extorsão um crime material, considera-se por, conseguinte, que somente há consumação a partir da obtenção da indevida vantagem econômica. nesse caso, de acordo com observações anteriores, o artigo em tela protegera apenas e tão-somente o patrimônio da vítima. Não estaria em questão o constrangimento psicológico por ela sofrido e tampouco os males surgidos com a violência empregada. Isso corresponderia a uma inequívoca tentativa de suprimir a indissolúvel associação entre o patrimônio e a personalidade da vítima que, salvo engano, constitui a essência a ser preservada pelo dispositivo relativo ao crime de extorsão*". BARBATO JUNIOR, Roberto. Consumação do crime de extorsão: avenças e desavenças doutrinárias. Revista IOB de Direito Penal e Processual Penal, Porto Alegre, v. 8, n. 45, p. 62-71, ago./set. 2007, p. 70-71.

que toca ao concurso de pessoas, aplica-se o quanto já deduzido tanto no furto qualificado quanto no roubo majorado.

Na parte final do § 1º, cuida-se do aumento de pena com fundamento no emprego de arma. Quanto a este ponto, todavia, os comentários são os mesmos já tecidos sobre a majorante de mesma natureza do delito de roubo.

2.8. Extorsão qualificada

2.8.1. A extorsão qualificada pelo resultado

Aplica-se à extorsão a qualificadora do delito de roubo constante do § 3º do artigo 157, que consiste na exasperação pelo maior desvalor do resultado do crime praticado mediante violência quando há lesão corporal de natureza grave ou morte da vítima. Uma vez que se trata de mera aplicação daquela forma qualificada, não cabe tecer qualquer comentário adicional, mas apenas importar a previsão legal para o delito de extorsão quando da ocorrência dos nefastos resultados delitivos. Digno de ressalva apenas que a extorsão qualificada pelo resultado morte é incluída também no rol dos crimes hediondos, artigo 1º, III, da Lei nº 8.072/90.

2.8.2. O "sequestro relâmpago"

Sob o título da extorsão qualificada, tipificou aqui o legislador, na primeira parte do § 3º, a figura do sequestro-relâmpago: *Se o crime é cometido mediante a restrição da liberdade da vítima, e essa condição é necessária para a obtenção da vantagem econômica.*

É cediço que os fatos do cotidiano progridem em velocidade muito superior à atividade legislativa, fazendo com que diversas ofensas a bens jurídicos não estejam plenamente tuteladas por normas penais. Nesse sentido, surgiu grande celeuma na doutrina e jurisprudência nacionais quanto ao enquadramento típico do sequestro relâmpago, prática delitiva que não encontrava todos seus elementares adstritos a nenhum tipo penal.

Por vezes, para semelhantes casos fáticos, doutrina e jurisprudência interpretavam controvertidamente; ora se imputava o crime de roubo com restrição de liberdade (artigo 157, § 2º, V), de extorsão simples (artigo 158) ou mesmo de extorsão mediante sequestro (artigo 159), tipos penais deveras distintos entre si. A posição mais acertada parecia consistir na imputação do delito de extorsão, máxime por conta da desproporção manifesta ocorrida com a imputação do delito previsto no art. 159, cuja pena mínima é de oito anos.

Para solucionar tal problemática o legislador promulgou a Lei nº 11.923/2009, responsável pela inserção do § 3º no artigo 158 do Código Penal, sob o auspício de cominar uma pena proporcional à gravidade do delito. Como se percebe, com a edição da noviça qualificadora do delito de extorsão, o tipo penal pune conduta que já era tutelada antes – por previsões legais outras – e, neste sentido, representa inclusive um abrandamento do tratamento. A atual pena cominada ao delito na modalidade simples é de seis a doze anos de reclusão e multa (art. 158, § 3º), ao passo que o preceito secundário do delito de extorsão mediante sequestro (art. 159) é de oito a quinze anos e multa, além – é claro – da natureza hedionda deste segundo crime. A previsão, assim, porque mais benéfica – ou menos maléfica -, deve ser aplicada retroativamente naqueles casos em que o agente fora condenado pelo art. 159, máxime por conta das limitações impostas pelo tratamento do delito enquanto crime hediondo: vedação à concessão de graça, anistia, indulto *et cetera*.

Para a configuração do delito em comento é mister a ocorrência: 1. De constrangimento ilegal; 2. Que esse constrangimento seja praticado mediante restrição da liberdade da vítima; 3. Que tal restrição seja indispensável para se obter a vantagem econômica indevida. Não se exige, no entanto, para configuração do crime, que haja efetiva obtenção de vantagem econômica indevida.

Por ser uma qualificadora do crime de extorsão, o sequestro relâmpago compartilha elementares do tipo objetivo daquele delito, particularizando-se tão-somente pelo cerceamento da liberdade da vítima, que, sem o condicionamento de pagamento para a liberação, reitere-se, deve ser meio necessário para a obtenção da indevida vantagem econômica.

Exige-se dolo específico – ou seja, a vontade livre e consciente de constranger -somado ao especial fim de agir *obtenção indevida vantagem econômica*. Não há previsão, por óbvio, da modalidade culposa.

Como já explicitado, não se exige, para inteira realização do tipo, a obtenção da vantagem econômica indevida, que, na verdade, configura apenas o exaurimento da ação delituosa. A consumação ocorre com o efetivo constrangimento mediante violência ou grave ameaça e o cerceamento da liberdade da vítima. Admite-se a tentativa, pois o processo de execução pode ser desdobrado, exigindo-se, apenas, a idoneidade dos meios empregados.

Cumpre aclarar, ainda, que a qualificadora do crime de extorsão disposta no art. 158, § 3º, do Código Penal não derrogou a modalidade de roubo prevista no art. 157, § 2º, V, do mesmo diploma normativo. Os tipos penais distinguem-se na maneira como já esboçado.

Estará configurado o roubo quando o agente restringir a liberdade da vítima, mantendo-a em seu poder, para subtrair seu patrimônio. Nessa situação, o criminoso pode apoderar-se da coisa alheia móvel independentemente da efetiva colaboração da vítima. Exemplo: o agente subjuga a pessoa que estava no interior de um veículo, ingressa no mesmo e faz com que a vítima dirija por alguns quilômetros, antes de libertá-la e fugir com a posse do automóvel.

No sequestro relâmpago, contudo, por se tratar de uma modalidade de extorsão, o criminoso, com intuito de obter a indevida vantagem econômica, constrange a vítima para que esta faça, tolere que se faça ou deixe de fazer alguma coisa. Em outras palavras, neste delito o agente não consegue, por si só, obter o que pretende, necessitando que a vítima adote determinado comportamento (comissivo ou omissivo).

Exemplo: o agente subjuga a pessoa que estava no interior de um veículo, ingressa no mesmo e faz com que a vítima se desloque até um caixa eletrônico para a realização de saques em sua conta corrente; depois de ter obtido a ilícita vantagem, liberta o dono do automóvel e foge, sem levar consigo o veículo.

Não se deve confundir, igualmente, a presente qualificadora com a previsão autônoma da extorsão mediante sequestro. A distinção é bastante simples: no crime do art. 158, § 3º, que se denomina extorsão com sequestro, é a própria pessoa sequestrada que é extorquida. Já no crime de extorsão mediante sequestro do art. 159, a pessoa sequestrada é uma e a extorquida, outra (em geral familiares daquela). Para além disto, no crime de extorsão mediante sequestro, a vantagem é *condição ou preço* do resgate, o que incorre na presente qualificadora; no sequestro relâmpago, inexiste tal condicionamento.

Observe-se que incide a majorante do § 1º do art. 158 do Código Penal no caso da extorsão qualificada pela restrição da liberdade da vítima (§ 3º) consoante o entendimento firmado pelo Superior Tribunal de Justiça no REsp 1353693/RS. O fundamento sustante consiste em que o texto legal é unidade e que as normas se harmonizam, concluindo-se, a partir de uma interpretação sistemática do artigo 158 do Código Penal, que o seu § 1º não foi absorvido pelo § 3º, pois, como visto, o § 3º constitui-se qualificadora, estabelecendo outro mínimo e outro máximo da pena abstratamente cominada ao crime; já o § 1º prevê uma causa especial de aumento de pena.

Ao final, cumpre repisar que o sequestro relâmpago não é tratado como crime hediondo, tendo em vista que não se inclui no rol taxativo da Lei nº 8.072/90. O que dizer do sequestro relâmpago que redunda em morte: é tratado como hediondo? Num viés de legalidade estrita, entende-se que não, uma vez que não consta tal previsão do rol do art. 1º da Lei dos Crimes Hediondos.[38] Sucede que não se deve olvidar, num viés sistemático-teleológico de interpretação, que o delito em comento não é autônomo, mas vinculado à extorsão prevista no art. 158, bem como que a extorsão culminada com a morte resulta em crime hediondo. Não há razão, portanto, que justifique o tratamento como hediondo da extorsão com morte e não autorize que a extorsão qualificada (sequestro relâmpago) neste mesmo contexto não o seja. Entende-se, assim, que a prática de sequestro relâmpago é crime hediondo justamente porque subtipo de extorsão.

2.8.3. *Aspectos distintivos*

Extorsão e Constrangimento Ilegal: Se a natureza da vantagem obtida não é de ordem econômica, mas meramente moral, ter-se-á a prática do delito de constrangimento ilegal, previsto no art. 146, uma vez que, pela própria justaposição

38 NUCCI, Guilherme de Souza. Manual de Direito Penal. São Paulo: RT, 2009, p. 720.

topográfica do delito de extorsão, referida lesão não é objeto de sua tutela. A extorsão, como cediço, é crime complexo que atinge a pessoa e o seu patrimônio.

Extorsão e Ameaça: No delito de ameaça, sito no art. 147 do Código Penal, o agente tem por finalidade incutir medo na vítima, ao contrário do delito de extorsão em que se objetiva que a vitime adote um comportamento comissivo ou omissivo para, assim, possibilitar a obtenção de vantagem indevida. Nestas circunstâncias, o crime de extorsão sempre absorverá o de ameaça.

Extorsão e Crimes Contra a Dignidade Sexual: Pelas mesmas razões apontadas, se a finalidade do agente não é a obtenção de vantagem econômica, mas a satisfação da libido, não se cogita de hipótese de extorsão, mas de crime contra a dignidade sexual.

Extorsão e Concussão: O delito de concussão, previsto no artigo 316 do Código Penal, é uma espécie de extorsão praticada por funcionário público. A concussão é a exigência de vantagem indevida por funcionário público, logo as notas distintivas são: a) não há um constrangimento mediante violência ou grave ameaça da vítima, mas mera exigência; b) a vantagem não deve ser exclusivamente econômica, mas meramente indevida.

Extorsão e Exercício Arbitrário das Próprias Razões: O tipo legal apresenta o elemento normativo consistente no caráter indevido (ilícito) da vantagem obtida pelo agente; neste contexto, se devida (lícita) – ainda que supostamente – a vantagem, é hipótese do crime de exercício arbitrário das próprias razões, insculpido no art. 345 do Código Penal.

Extorsão e Roubo: Há uma tênue linha que separara a extorsão do roubo. Assim, de modo a diferenciar as referidas práticas, opta-se pela reutilização do seguinte quadro esquemático:

ROUBO	EXTORSÃO
Roubo é crime material.	De acordo com a Súmula 96 do STJ, extorsão é crime formal que se consuma no momento em que a exigência é feita.
A ameaça é normalmente prometida para aquele instante.	A ameaça é normalmente voltada para o futuro.
O proveito patrimonial independe de qualquer atuação por parte da vítima: mesmo que a vítima não coopere, o bem pode ser subtraído pelo agente.	O proveito patrimonial está condicionado à atuação concreta da vítima: a conduta do agente é insuficiente *per si* para a obtenção da ilícita vantagem

2.9. Pena e ação penal

Na modalidade simples, a pena cominada ao delito é a reclusão de quatro a dez anos e multa, elevada na modalidade majorada de um terço até a metade. Na figura qualificada pelo resultado lesão corporal de natureza grave, comina-se a pena de reclusão de sete a quinze anos e multa; na ocorrência do resultado morte, reclusão de vinte a trinta anos e multa. Na hipótese da qualificadora atinente ao sequestro relâmpago, a pena cominada é reclusão de seis a doze anos e multa.

A ação penal no crime de extorsão é pública incondicionada.

2.10. Breve cotejamento com o PLS 236/2012

O delito em comento foi objeto de uma mudança estrutural, tendo em vista que se propõe uma alteração do seu núcleo verbal de *constranger* alguém para *obter* vantagem. O que transmuda a natureza de crime formal (em que bastaria para a consumação o mero ato de constranger) para delito material (mediante imprescindibilidade da obtenção da vantagem para a consumação).

3. EXTORSÃO MEDIANTE SEQUESTRO

⊙ **Extorsão mediante sequestro**

Art. 159 – Sequestrar pessoa com o fim de obter, para si ou para outrem, qualquer vantagem, como condição ou preço do resgate: Vide Lei nº 8.072, de 1990 (Vide Lei nº 10.446, de 2002)

Pena – reclusão, de oito a quinze anos. (Redação dada pela Lei nº 8.072, de 1990)

§ 1º Se o sequestro dura mais de 24 (vinte e quatro) horas, se o sequestrado é menor de 18 (dezoito) ou maior de 60 (sessenta) anos, ou se o crime é cometido por bando ou quadrilha. Vide Lei nº 8.072, de 1990 (Redação dada pela Lei nº 10.741, de 2003)

Pena – reclusão, de doze a vinte anos. (Redação dada pela Lei nº 8.072, de 1990)

§ 2º – Se do fato resulta lesão corporal de natureza grave: Vide Lei nº 8.072, de 1990

Pena – reclusão, de dezesseis a vinte e quatro anos. (Redação dada pela Lei nº 8.072, de 1990)

§ 3º – Se resulta a morte: Vide Lei nº 8.072, de 1990

Pena – reclusão, de vinte e quatro a trinta anos. (Redação dada pela Lei nº 8.072, de 1990)

§ 4º – Se o crime é cometido em concurso, o concorrente que o denunciar à autoridade, facilitando a libertação do sequestrado, terá sua pena reduzida de um a dois terços. (Redação dada pela Lei nº 9.269, de 1996)

3.1. Considerações preliminares

A extorsão mediante sequestro é, sem dúvida, a mais grave das extorsões previstas pelo legislador, tendo em vista o rigorismo das penas cominadas, que, na forma qualificada pelo resultado morte, chega à pena máxima cominada abstratamente pelo legislador: 24 a 30 anos. Outro aspecto indicativo desta excessiva cen0, 3surabilidade da conduta sob análise reside no fato de que, antes da alteração legislativa operada pela Lei nº 12.683/12 – que revogou o rol taxativo dos crimes antecedentes da lavagem -, a extorsão mediante sequestro figurava como um dos delitos antecedentes.

Quando da sua previsão pelo legislador no atual Código Penal, apontava a doutrina que seu fundamento imediato era "*inspirada pelo antigo uso de guerra, de exigir-se um preço pelo resgate de prisioneiros*"[39], porque "*entre nós, conquanto já o previsse há cinquenta anos o Código, podemos dizer não ter até agora esse delito encontrado terreno propício*".[40]

Muito claramente, as objeções tecidas quanto à (in)ocorrência da prática em solo brasileiro não mais se aplicam, pois o tempo acabou por demonstrar a conveniência da previsão do presente tipo legal, notadamente quando do final do século XX. Mostra-se, então, demasiado acertada a ressalva tecida por MAGALHÃES NORONHA àquele tempo no sentido de que a pouca ou nenhuma ocorrência do delito "*não é razão, porém, para que olvidemos a providência legal, máxime se considerarmos que um código é, em regra, feito, para imperar, durante dezenas de anos, quando então outras condições e circunstâncias podem ensejar o delito.*"[41]

Como advertido, no final do século XX, a prática de extorsão mediante sequestro odiosamente difundiu-se no Brasil, o que acarretou, segundo AFRÂNIO SILVA JARDIM, na previsão do delito em comento no rol dos crimes hediondos:

> "Sob o impacto dos meios de comunicação de massa, mobilizados em face de extorsões mediante sequestro, que tinham vitimizado figuras importantes da elite econômica e social do país (caso Martinez, caso Salles, caso Diniz, caso Medina etc.), um medo difuso e irracional, acompanhado de uma desconfiança para com os órgãos oficiais de controle social, tomou conta da população, atuando como um mecanismo de pressão ao qual o legislativo não soube resistir. Na linha de pensamento da *Law and Order*, surgiu a Lei nº 8.072/90, que é, sem dúvida, um exemplo significativo de uma posição político-criminal que expressa, ao mesmo tempo, radicalismo e personalidade."[42]

Demonstrada, portanto, a radical mudança no contexto e relevância ocupados pelo presente delito na realidade histórico-social brasileira, convém deter-se sobre a análise da figura delitiva.

3.2. Bem jurídico tutelado

Como já se teve a oportunidade de indicar, os bens jurídicos tutelados no crime de extorsão mediante sequestro são os mesmos protegidos pelo delito de roubo, art. 157, e extorsão, art. 158: liberdade individual, patrimônio e integridade física da pessoa. Assim, como se vê, trata-se de crime complexo, porque comporta ofensa a diversos bens jurídicos, bem como de delito pluriofensivo, uma vez que é possível a pluralidade de sujeitos passivos.

Como pontuado por BITENCOURT[43], nada obstante se trate de delito essencialmente patrimonial uma vez que insculpido inclusive no título relativo aos crimes desta natureza, a supressão da liberdade da pessoa é o fundamento para a reprovação da conduta. Fato este que se justifica plenamente quando considerada a relevância que o bem jurídico liberdade detém em nosso ordenamento.

---

39 HUNGRIA, Nelson. Comentários ao código penal: decreto nº 2.848, de 7 de dezembro de 1940. 1. ed., Vol. VII, Rio de Janeiro: Forense, 1955, p. 69.

40 NORONHA, Magalhães. *op. cit.* p. 266.

41 NORONHA, Magalhães. *op. cit.* p. 266.

42 FRANCO, Alberto Silva. Crimes Hediondos. São Paulo: Ed. Revista dos Tribunais, 2000, p. 90-91.

43 BITENCOURT, Cezar Roberto. Tratado de direito penal: parte especial, volume 3, São Paulo: Saraiva, 2009, p. 113.

Os objetos materiais do delito são tanto a(s) pessoa(s) sequestrada(s) quanto a(s) extorquida(s).

3.3. Sujeitos do delito

O sujeito ativo do crime de extorsão mediante sequestro pode ser qualquer pessoa, tendo em vista que não se exige condição especial do agente; trata-se, pois, de crime comum.

O sujeito passivo é tanto quem sofre a lesão contra o seu patrimônio quanto quem tem sua liberdade restringida, pois é fora de dúvida a possibilidade de pluralidade de vítimas. É, inclusive, o mais comum nos casos deste delito, uma vez que o *modus operandi* da referida prática é justamente privar uma pessoa de liberdade e exigir de pessoa(s) outra(s), quase sempre de sua família, determinada importância para liberá-la. É evidente, porém, que a vantagem pode ser exigida da vítima que teve restringida a sua liberdade.

3.4. Tipicidade objetiva e subjetiva

A extorsão mediante sequestro nada mais é do que a extorsão qualificada pelo caráter constitutivo da violência ou do meio empregado para tornar premente ou eficaz a ameaça.[44] É assim que deve ser lido e interpretado o presente delito, como uma modalidade especial e mais gravosa da extorsão, que se caracteriza exatamente pelo *sequestro*.

É de se ver que a redação legal do artigo 159 não prevê o verbo nuclear constante do art. 158 do Código Penal e do próprio *nomen juris* do delito: *constranger*.[45] Tal fato, porém, não se presta para afastar ou seccionar o exame dos delitos, uma vez que, como advertido, a *extorsão mediante sequestro* é uma modalidade de *extorsão* em que o fundamento da punição dá-se com o *sequestro* e não com o *constrangimento ilegal* na sua forma simples. Por estas razões, empregou o legislador o núcleo típico *sequestrar*, ao invés de *constranger*.

Incide nas penas do delito, portanto, aquele que "*sequestrar pessoa com o fim de obter, para si ou para outrem, qualquer vantagem, como condição ou preço do resgate*". *Sequestro* é a arbitrária detenção ou retenção, precedida ou não de rapto, de uma pessoa em lugar ignorado ou oculto.[46] Sequestrar é reter, arrebatar, retirar alguém de circulação, contra a sua vontade, privando-o de sua liberdade.[47] O sequestro pressupõe, então, a privação da liberdade de alguém contra a sua vontade e o especial fim de agir caracterizado pela finalidade de *obter, para si ou para outrem, qualquer vantagem, como condição ou preço do resgate*.

---

44 HUNGRIA, Nelson. *op. cit.* p. 69.

45 Como elucida Bitencourt: "*De plano, ao examinar-se esta infração penal, num primeiro momento, depara-se com certa perplexidade: o nomen iuris não encontra correspondência no verbo nuclear contido no tipo penal, especialmente tendo-se em consideração o artigo anterior (art. 158): este dipositivo – extorsão – utiliza o verbo "constranger", ao passo que naquele (art. 159) – extorsão mediante sequestro – o verbo nuclear é "sequestrar", em nada se distinguindo do crime de sequestro previsto no art. 149 do Código Penal, no capítulo que cuida dos crimes contra a pessoa.*". BITENCOURT, Cezar Roberto. *op. cit.* p. 114.

46 HUNGRIA, Nelson. *op. cit.* p. 69.

47 BITENCOURT, Cezar Roberto. *op. cit.* p. 115.

O meio utilizado para levar o sequestro a cabo não se mostra relevante para a configuração do delito, porquanto em nada importa se o agente constrange a vítima mediante violência ou grave ameaça, a ilude, seduz, convence *et cetera*. Basta apenas que seja privada de sua liberdade. Ademais, pouco importa que perdure o sequestro para a perfectibilização do delito em comento, pois como elucida MAGALHÃES NORONHA: *"pode êle ser tanto breve quanto longo; o que é necessário é ter idoneidade, produzindo na vítima convicção de que a perda da liberdade não será momentânea, por estar subordinada ao preço do resgate."*[48]

Tormentosa questão dá-se quando do exame da natureza da *vantagem* pretendida pelo agente, pois diverge a doutrina quanto à (im)prescindibilidade do seu caráter econômico e indevido. Veja-se que o art. 159 do Código Penal trata apenas de *"outra vantagem"*, sem mencionar, portanto, o caráter econômico ou mesmo a natureza indevida. Há, entretanto, consolidada linha de entendimento, respaldada nas lições de Noronha e Hungria, que entende imprescindível tanto o caráter econômico quanto o indevido da vantagem.

Aduziu NORONHA que: "O Código fala em qualquer vantagem, não podendo o adjetivo referir-se à natureza desta, pois ainda aqui, evidentemente, ela há de ser, como no art. 158, econômica, sob pena de não haver razão para o delito ser classificado no presente título."[49] A referida linha de intelecção no sentido de exigir o caráter econômico da vantagem foi corroborada por grande parte da doutrina pátria[50]; há, porém, fundada divergência capitaneada por BITENCOURT.[51]

---

48 NORONHA, Magalhães. *op. cit.* p. 268.

49 NORONHA, Magalhães. *op. cit.* p. 279.

50 Observe-se, por exemplo, a lição de Nucci: *"(...) levando-se em conta que o tipo penal é uma extorsão cometida através de um sequestro, estando no contexto dos crimes patrimoniais, ela deve ser econômica. Preferimos esta última corrente, pois o crime do art. 159 tem o mesmo nomen juris do anterior, ou seja, extorsão, que é nitidamente patrimonial, não só porque fala em obtenção de vantagem econômica, mas também porque é crime contra o patrimônio. Ora, a extorsão mediante sequestro é a maneira de se obter a vantagem econômica, valendo-se da privação da liberdade de uma pessoa. O resgate tem um preço, que necessitava da conotação patrimonial. Não vemos sentido algum em incluir um crime cujo resultado visado pode ser ofensivo a outros bens jurídicos, que não o patrimônio, neste cenário. Se o legislador olvidou, no tipo penal, a palavra "econômica", para designar a vantagem – erros aliás, são bastante comuns na elaboração de leis -, não quer isso dizer que o intérprete deva ficar circunscrito à norma. Ademais, para extrair o real significado e o alcance do tipo penal incriminador, deve-se, sempre, promover o seu confronto com os demais tipos que fazem parte do mesmo capítulo onde está situado no Código Penal. Por isso, cremos que a extorsão mediante sequestro não passa de uma extorsão, cujo objetivo é uma vantagem econômica, praticada por meio particularizado, que é a privação da liberdade da vítima."* SOUZA, Guilherme de. Código Penal Comentado, 2005, p. 650. Neste mesmo viés, Luiz Regis Prado: *"No que tange à vantagem descrita no tipo, simples interpretação do dispositivo induziria à conclusão de que não deva ser necessariamente econômica. Contudo, outro deve ser o entendimento. De fato, a extorsão está encartada entre os delitos contra o patrimônio, sendo o delito-fim, e, no sequestro, apesar de o próprio tipo não especificar a natureza da vantagem, parece indefensável entendimento diverso. Tome-se o exemplo daquele que sequestra um menor para constranger a mãe à conjunção carnal. Aqui, afirma-se que não se caracteriza a ofensa patrimonial, sendo hipótese de sequestro com estupro consumado em concurso"*. PRADO, Luiz Regis. Curso de direito penal brasileiro, volume 2: parte especial. São Paulo: Editora Revista dos Tribunais, 2007, p. 432.

51 Nos termos da sua lição, *"a natureza econômica da vantagem é afastada pela elementar típica qualquer vantagem, que deixa clara a sua abrangência. Quando a lei quer limitar a espécie de vantagem, usa o elemento normativo indevida, injusta, sem justa causa (...). Assim, havendo sequestro para obter qualquer*

Ao que consta, porém, perfazendo uma interpretação sistemática do diploma de sabor repressivo, nada obstante tenha se valido o legislador de cláusula genérica na redação da figura, parece mais acertada a exigência da natureza econômica da vantagem. Não se pode perder de vista que, pela justaposição do delito dentre os crimes contra o patrimônio e pelo seu próprio *nomem juris:* o presente delito é mera modalidade de extorsão, assim deve respeitar seus critérios orientadores e, como cediço, no *caput* do art. 158, o legislador previu expressamente a natureza *econômica* e *indevida* da vantagem.

E tal vantagem econômica deve necessariamente ser indevida? Há duas correntes distintas quanto ao tema. Na primeira delas, aduzia HUNGRIA: "*O art. 159 fala em 'qualquer vantagem', sem dizê-la expressamente indevida, como faz quanto à extorsão in genere, pois seria isto supérfluo, desde que a sua ilegitimidade resulta de ser exigida como preço da cessação de um crime. Se o sequestro visa à obtenção de vantagem devida, o crime será o de 'exercício arbitrário das próprias razões' (art. 345), em concurso formal com o de sequestro (art. 148).*" Pelo contraponto, tem-se o quanto sustentado por BITENCOURT, que verifica dois equívocos no posicionamento adotado por Hungria: "*Curiosamente, o crime-fim seria menos grave do que o crime-meio, invertendo a ordem natural das coisas; afora a circunstância de, como demonstramos anteriormente, o sequestro do art. 148 não exigir especial fim de agir. Ademais, o fato de visar satisfação de pretensão ilegítima, por si só, não é suficiente para afastar a tipicidade do exercício arbitrário das próprias razões, ou, em outros termos, a legitimidade da pretensão visada não é decisiva para tipificar esse crime.*"[52]

Nada obstante a arguta crítica tecida, o entendimento que parece mais acertado é o mais restritivo: que vê imprescindível a natureza ilegítima da vantagem pretendida. É de se observar que a pretensão à vantagem legítima configura o delito previsto no artigo 345 do Código Penal, qual seja, o exercício arbitrário das próprias razões.[53]

Uma vez que não há previsão expressa de modalidade culposa, o elemento subjetivo do tipo é e sempre será o dolo, consistente na vontade livre e consciente de dar causa ao resultado punido pela lei penal: sequestrar alguém. O dolo específico ou elemento subjetivo especial do tipo é caracterizado pelo *fim de obter, para si ou para outrem, qualquer vantagem como condição ou preço do resgate.*

Quanto a este elemento subjetivo especial, força é pontuar que não é necessário que já esteja presente quando do sequestro da vítima, "*mas se posteriormente surge*

---

vantagem, para si ou para outrem – não importando a natureza econômica ou não (...) ". BITENCOURT, Cezar Roberto. *op. cit.*

52 BITENCOURT, Cezar Roberto. *op. cit.* p. *118.*

53 Em semelhante posição, Mirabete: "*Ausente essa finalidade, o fato pode constituir outro ilícito penal (sequestro, rapto, exercício arbitrário das próprias razões, constrangimento ilegal etc). Incluído o sequestro entre os crimes contra o patrimônio é necessário que haja um fim patrimonial na conduta do agente; será outro o ilícito se a vantagem pretendida é diversa. Deve-se também considerar que é expressa a lei no sentido de exigir que se trate de uma vantagem patrimonial indevida. Se devida, pode ocorrer o crime de exercício arbitrário das próprias razões em concurso com outro ilícito (constrangimento ilegal, lesões corporais etc).*". MIRABETE, Júlio Fabrini. Código Penal Interpretado, Ed. Atlas, S. Paulo, 1999, 1ª ed., pág. 1.025

com o escopo de obter dinheiro ou qualquer vantagem econômica, como preço da libertação, o sequestro é hábil do mesmo modo para caracterizar a extorsão aqui prevista".[54] É o exemplo do jovem rapaz que, depois de abandonado pela noiva, sequestra-a para o fim de – desesperadamente – reconciliar-se, porém, frustrada a tentativa originária, decide cobrar um determinado valor à família para a sua libertação.

3.5. Classificação doutrinária

Trata-se de crime **doloso**, porquanto não há previsão legal para modalidade culposa; **comissivo**, pois verbo nuclear exige ação positiva para sua consumação – caso o agente seja garantidor (nos termos do artigo 13, § 2º do Código Penal), deve evitar o sequestro, podendo ser responsabilizado pela omissão (imprópria); **permanente**, já que a consumação alonga-se no tempo, enquanto houver restrição da liberdade da vítima; **de dano**, por causar efetiva lesão ao bem jurídico tutelado; **de forma vinculada**, porquanto apenas realizado mediante sequestro; **formal**, visto que para sua consumação, requer-se tão somente a ação de constranger ilegalmente a vítima, prescindindo do recebimento de indevida vantagem econômica (resgate), mero exaurimento do crime; **unissubjetivo**, pois pode ser praticado por apenas um agente, havendo previsão da modalidade qualificada, prevista no § 1º,quando o crime é cometido por bando ou quadrilha (atual associação criminosa); **plurissubsistente**, podendo ser fracionado em diversos atos, que compõe uma mesma conduta criminosa; **comum**, uma vez que não se exige qualquer condição especial do agente.

3.6. Extorsão qualificada

No termos do § 1º, *se o sequestro dura mais de 24 (vinte e quatro) horas, se o sequestrado é menor de 18 (dezoito) ou maior de 60 (sessenta) anos, ou se o crime é cometido por bando ou quadrilha,* a pena será de *reclusão, de doze a vinte anos.*

A primeira das circunstâncias que qualificam o sequestro diz respeito à duração do tempo em que se priva a vítima de sua liberdade. Uma vez superado o limite de 24 horas da constrição da liberdade da vítima, a pena máxima cominada ao agente salta de 15 para 20 anos de reclusão. A justificativa para a reconhecida maior censurabilidade da conduta reside exatamente nos maiores danos físicos, psicológicos e emocionais que a privação além de 24 horas representa para o sequestrado. O termo inicial para o cômputo do prazo dá-se com a efetiva privação da liberdade da vítima, momento em que não mais pode, portanto, deslocar-se livremente.

A segunda circunstância qualificadora diz respeito à idade da vítima. Se menor de 18 anos, agrava-se a pena. A justificativa para a exasperação da pena no presente caso reside, principalmente, no maior potencial lesivo da infração, uma vez que, notadamente, o sequestro de crianças e adolescentes comove mais severamente o âmbito familiar, que se vê – ainda mais – impelido a fornecer a vantagem solicitada. Além

54 NORONHA, Magalhães. Direito Penal: crimes contra a pessoa e crimes contra o patrimônio. São Paulo: Saraiva, p. 268.

disso, é forçoso reconhecer que o sequestro de vítimas que não tenham atingido ainda a capacidade plena mostra-se relativamente facilitado, tendo em vista a impossibilidade, no mais das vezes, física e moral de resistência ao assédio.

Com a edição da Lei nº 10.741/2003 – Estatuto do Idoso – incluiu-se no parágrafo em questão a previsão da terceira figura qualificadora: que seja idosa a vítima. Discute-se, todavia, sob um viés de política criminal, a conveniência da previsão, uma vez que as condições do sujeito que tenha pouco mais de sessenta anos parecem não divergir substancialmente de um adulto com idade menor.[55]

A quarta e última das previsões qualificadoras constantes deste § 1º diz respeito ao crime cometido por bando ou quadrilha (atual associação criminosa). O bando e a quadrilha eram definidos, como crime autônomo, no artigo 288 do Código Penal e, para a sua ocorrência, exigia-se simplificadamente a reunião de mais de três pessoas para a prática de crimes. Sucede que, com a alteração legislativa promovida pela Lei nº 12.850/13, o agora tipo legal inscrito sobre o *nomen juris* associação criminosa passou a exigir a associação de três ou mais pessoas para o fim de cometer crimes.

É imprescindível ainda, tal como se dava com o delito de formação de bando ou quadrilha, que haja convergência de vontade entre os agentes para a prática indeterminada de crimes. Assim, depois da alteração legislativa, se o grupo é formado por três e um deles não tem consciência das atividades delitivas, não se configura a associação criminosa; se a reunião é para a prática de crime único, do mesmo modo, não se configura. Exige-se para a incidência da qualificadora, portanto, a ocorrência, nos estritos termos da lei, de associação criminosa que cometa o sequestro. Não se admite a relativização de qualquer das exigências. Observe-se, ainda, para fins de cotejamento a disposição encartada no art. 8º da Lei nº 8.072/90 no tocante à redefinição das penas do art. 288 do Código Penal quando se tratar de crimes hediondos, prática da tortura, tráfico ilícito de entorpecentes e drogas afins ou terrorismo.[56]

Quanto às formas qualificadas previstas nos §§ 2º e 3º, lesão corporal de natureza grave e morte advindas do fato, respectivamente, não se tecerá qualquer comentário adicional, porque já examinadas quando do estudo referente ao roubo qualificado pelo resultado.

3.7. Colaboração premiada: causa de diminuição de pena

Como consta do § 4º, *se o crime é cometido em concurso, o concorrente que o denunciar à autoridade, facilitando a libertação do sequestrado, terá sua pena reduzida de um a dois terços.* Trata-se do instituto da colaboração premiada - gênero do qual a *delação*

55 BITENCOURT, Cezar Roberto. *op. cit.* p. 120.

56 Art. 8º Será de três a seis anos de reclusão a pena prevista no art. 288 do Código Penal, quando se tratar de crimes hediondos, prática da tortura, tráfico ilícito de entorpecentes e drogas afins ou terrorismo.

Parágrafo único. O participante e o associado que denunciar à autoridade o bando ou quadrilha, possibilitando seu desmantelamento, terá a pena reduzida de um a dois terços.

premiada é espécie – e que se encontra em grande evidência, tendo em vista a sua revitalização legislativa especialmente com a lei 12.683/2012, que reformou dispositivos da Lei de Lavagem de capitais, e com a lei n. 12.850/2013, denominada Nova Lei de Combate ao Crime Organizado.

No que concerne à disposição em comento, cumpre mencionar que não basta que o concorrente denuncie a prática delitiva à autoridade; para fazer jus à causa de diminuição de pena, é imprescindível que as informações prestadas sirvam para facilitar a libertação do sequestrado. Insta, ainda, observar o disposto no artigo 13 da Lei nº 9.807/99[57], em que se prevê a possibilidade de concessão de perdão judicial ao delator primário que tenha contribuído efetiva e voluntariamente com a investigação e o processo criminal, desde que resulte na identificação dos demais coautores e partícipes do engendro criminoso, a libertação da vítima com sua integridade física preservada e a recuperação total ou parcial do produto do crime.

3.8. O momento consumativo

O sequestro é delito permanente e de mera atividade; isto significa que o delito consuma-se com o efetivo sequestro da vítima e a consumação se protrai no tempo. É dizer, no momento em que privada de sua liberdade a vítima, consuma-se o delito independentemente da obtenção da vantagem pretendida; tal consumação posterga-se no tempo enquanto durar a privação da liberdade. Como advertido, a obtenção de vantagem é mero exaurimento do delito.

É possível a tentativa, desde que obstados os atos do agente, por circunstâncias alheias à sua vontade, quando do arrebatamento da vítima.

3.9. Aspectos distintivos

Extorsão Mediante Sequestro e Sequestro e Cárcere Privado: O traço distintivo entre as duas espécies delitivas consiste na finalidade do agente; se visa à obtenção de vantagem, é hipótese do art. 159, mas se pretende apenas a privação de liberdade, tem-se o crime de sequestro e cárcere privado, previsto no art. 148 do Código Penal. Imagine-se, por exemplo, a hipótese daquele ex-namorado que, não aceitando o rompimento unilateral do relacionamento por parte de sua parceira, mantém a ex-namorada em cativeiro: comete o delito encartado no art. 148 do Código Penal.

Extorsão Mediante Sequestro e Extorsão com Sequestro: No delito em comento, a vantagem é exigida de pessoa diferente da própria vítima, que é mero meio para a obtenção daqueles valores. Na hipótese da extorsão com sequestro, art. 158, § 3º, do Código Penal, todavia, a vantagem é exigida da própria vítima. Ademais, na hipótese do art.159, a vantagem é exigida enquanto condição ou

57 Observe-se que, a partir da edição da Lei nº 9.807/99, todas as demais previsões tocantes à delação premiada tornaram-se subsidiárias a ela. Ademais, convém frisar que o tratamento legal do instituto da delação premiada não se esgotou no bojo da referida Lei, houve disposições posteriores complementares tal como a Lei nº 11.343/2006 – Lei Antitóxicos, por exemplo.

preço do resgate, ao contrário do art. 158, § 3º, em que é mero resultado do constrangimento levado a cabo pelo agente.

3.10. Pena e ação penal

A pena cominada ao delito é a reclusão de oito a quinze anos. Se qualificado na forma do § 1º [privação da liberdade que dura mais de 24 horas, sequestrado menor de 18 anos ou maior de 60 ou se o crime é cometido por associação criminosa], a pena é reclusão de doze a vinte anos. Se qualificado na forma do § 2º [lesão corporal de natureza grave], a pena cominada é reclusão de dezesseis a vinte e quatro anos. Se qualificado na forma do § 3º [ocorrência do resultado morte], comina-se a pena de reclusão de vinte e quatro a trinta anos.

A ação penal é publica incondicionada.

3.11. Breve cotejamento com o PLS 236/2012

Propõe-se semelhante reordenação mencionada no latrocínio quanto à qualificação pelo resultado: *Se, para praticar o fato, assegurar a impunidade do crime a detenção da vantagem, o agente causa lesão corporal grave, em qualquer grau, na vítima ou em terceira pessoa, apena será de 16 a 14 anos; se causa a morte, de 24 a 30 anos.*

A disciplina da delação premiada é objeto de aperfeiçoamento tal que merece transcrição: *Se o crime é cometido em concurso, o coautor ou partícipe que denunciar à autoridade, facilitando a libertação do sequestrado, terá sua pena reduzida de um a dois terços, ou terá a investigação arquivada pelo Ministério Público, implicando na extinção de punibilidade.*

4. EXTORSÃO INDIRETA

⊙ **Extorsão indireta**

Art. 160 – Exigir ou receber, como garantia de dívida, abusando da situação de alguém, documento que pode dar causa a procedimento criminal contra a vítima ou contra terceiro:

Pena – reclusão, de um a três anos, e multa.

4.1. Bem jurídico tutelado e objeto material do delito

A extorsão indireta é, também, crime pluriofensivo que tutela, num plano imediato, o patrimônio da vítima e, num plano secundário, a liberdade individual do sujeito. Segundo HUNGRIA, *com a sua incriminação, a lei quer proteger o economicamente mais fraco em face do economicamente mais forte*[58].

O objeto material do delito é o documento exigido ou recebido como garantia da dívida contraída pela vítima.

---

58 HUNGRIA, Nelson. Comentários ao código penal: decreto n.º 2.848, de 7 de dezembro de 1940. 1. ed., Vol. VII, Rio de Janeiro: Forense, 1955, p. 76.

4.2. Sujeitos do delito

É hipótese de crime comum, que pode, portanto, ser praticado por qualquer pessoa. Como se lê no item 57 da Exposição de Motivos da Parte Especial do Código Penal, o tipo legal tem por finalidade *coibir os torpes e opressivos expedientes a que recorrem, por vezes, os agentes da usura, para garantir-se contra o risco do dinheiro mutuado.* Em que pese a ressalva, não significa, porém, tratar-se de crime cometido exclusivamente por agiotas: pode ser praticado por toda e qualquer pessoa.

Quanto ao sujeito passivo, do mesmo modo, não se exige qualquer condição especial. É, no mais das vezes, vítima deste delito o devedor; admite-se, todavia, pluralidade de vítimas, razão pela qual se pode ter a lesão patrimonial em face de uma determinada pessoa e a extorsão praticada contra terceiro. Como pontua BITENCOURT, *a ação pode ser realizada contra o devedor, mas o documento exigido ou entregue pode incriminar terceiro.*[59]

4.3. Tipicidade objetiva e subjetiva

A extorsão indireta consiste em *exigir ou receber, como garantia de dívida, abusando da situação de alguém, documento que pode dar causa a procedimento criminal contra a vítima ou contra terceiro.* Depreende-se, portanto, que os requisitos para a perfectibilização do delito são: a) a exigência ou recebimento de documento que possa dar causa à ação penal contra a vítima ou contra terceiro; b) a existência de relação creditícia; c) o abuso da situação de necessidade do sujeito passivo.[60]

Exigir significa impor, obrigar, ordenar imperiosamente, neste caso, que a vítima entregue documento – cujo conteúdo tenha o condão de dar causa a procedimento criminal em face da vítima ou de terceiro – como garantia [ilegal] de uma determinada dívida. Observe-se, porém, que é prescindível à configuração da extorsão indireta que haja comportamento ativo por parte do agente, pois o mero recebimento do documento configura o crime, ainda que não o tenha exigido. No primeiro caso, o agente exige da vítima que entregue o referido documento, como garantia, para que forneça o crédito; na segunda hipótese, na impossibilidade de prestar qualquer garantia em face do crédito pretendido, a própria vítima oferece – e entrega – o documento.

Consoante o advertido, é indispensável que o sujeito ativo abuse da situação financeira da vítima. Como pontuado por DAMÁSIO, "*é requisito indeclinável do tipo a existência de uma situação angustiosa do ofendido, que o faz, premido pela necessidade, entregar, como garantia da dívida, ao sujeito ativo, o documento ilícito*".[61] É o que chama HUNGRIA de *dolo de aproveitamento;* frisa, porém, que não é preciso que se identifique uma situação de extrema necessidade, mas apenas que se saiba da situação de necessidade da vítima, independentemente da finalidade ou circunstâncias.[62]

---

59 BITENCOURT, Cezar Roberto. *op. cit.* p. 130.

60 BITENCOURT, Cezar Roberto. *op. cit.* p. 131.

61 JESUS, Damásio de. Direito Penal, 2º volume, 32ed. São Paulo: Saraiva, 2012, p. 416.

62 HUNGRIA, Nelson. *op. cit.* p. 79.

Quanto ao documento, público ou particular, exige-se apenas que o seu conteúdo possa dar azo a procedimento criminal em desfavor da vítima ou de terceiro: *satisfaz-se a lei com que o documento possa dar causa a procedimento-crime. Basta, então, a potencialidade; é suficiente ser apto a esse fim.*[63] Ademais, imprescindível que seja exigido ou cedido o documento como garantia da dívida contraída. A efetiva existência ou legitimidade da dívida não exclui o crime, pois a ilicitude reside na natureza criminalmente comprometedora do documento exigido e, assim, ilícito não deve ser o crédito, mas a garantia exigida.[64]

O elemento subjetivo da extorsão indireta é o dolo genérico de, consciente e voluntariamente, exigir ou receber o documento [que pode dar causa à instauração de procedimento criminal em desfavor da vítima ou de terceiro] como garantia da dívida. Como advertido, faz-se necessário que o sujeito ativo conheça da situação de aflição a que se vê submetida a vítima, pois expressamente previsto no tipo que atue *abusando da situação de alguém.*

4.4. Classificação doutrinária

Trata-se de crime **doloso**, porquanto não há previsão legal para modalidade culposa; **comissivo**, pois os verbos nucleares exigem ação positiva para sua consumação; **instantâneo**, já que a consumação não se alonga no tempo, operando-se de imediato; **de dano**, por causar efetiva lesão ao bem jurídico tutelado; **de forma livre**, pode ser praticado por qualquer meio, forma ou modo; **formal**, visto que na modalidade *exigir*, a consumação prescinde do recebimento do documento exigido; **unissubjetivo**, pois pode ser praticado por apenas um agente; **plurissubsistente**, podendo ser fracionado em diversos atos, que compõe uma mesma conduta criminosa; **comum**, uma vez que não se exige qualquer condição especial do agente.

4.5. O momento consumativo

O delito ocorre sob duas formas, *exigir* e *receber*. Consuma-se, portanto, a depender do caso concreto com a efetiva exigência ou recebimento. Na primeira modalidade é, portanto, crime formal o que torna dificultosa a ocorrência da tentativa do delito, uma vez que exigido o documento, consuma-se o delito. Na segunda modalidade, é crime material, tendo em vista que o recebimento implica efetiva tradição do documento, que passa da vítima para o sujeito ativo; nestas circunstâncias, torna-se mais factível a interrupção do caminho do crime e, portanto, da ocorrência da tentativa.

4.6. Pena e ação penal

É a modalidade mais branda de extorsão. As penas cominadas são: reclusão de um a três anos e multa. Como nas diversas modalidades, processa-se mediante ação penal pública incondicionada.

---

63 NORONHA, Magalhães. *op. cit.* p. 277.

64 BITENCOURT, Cezar Roberto. *op. cit.* p. 131.

4.7. Breve cotejamento com o PLS 236/2012

Propõe-se, tal como consta da Exposição de Motivos do Anteprojeto do Código Penal apresentado ao Senado da República, a supressão desta figura sob o fundamento de que tornou-se episódica "com a redução da utilização dos talonários de cheque, bem como diante do entendimento de que o pagamento da cártula emitida sem fundos, antes da denúncia, a impede."[65]

65 Consoante se verifica à p. 304 do Anteprojeto de Código Penal elaborado pela Comissão de Juristas instituída pelo Senado Federal a partir do requerimento nº 756/2011. Disponível em: http://www.ibccrim.org.br/upload/noticias/pdf/projeto.pdf. Acesso em 25 de outubro de 2012.

CAPÍTULO III – DA USURPAÇÃO

GAMIL FÖPPEL E
GABRIEL DALLA FAVERA DE OLIVEIRA

1. ALTERAÇÃO DE LIMITES

⊙ **Alteração de limites**

Art. 161 – Suprimir ou deslocar tapume, marco, ou qualquer outro sinal indicativo de linha divisória, para apropriar-se, no todo ou em parte, de coisa imóvel alheia:

Pena – detenção, de um a seis meses, e multa.

§ 1º – Na mesma pena incorre quem:

⊙ **Usurpação de águas**

I – desvia ou represa, em proveito próprio ou de outrem, águas alheias;

⊙ **Esbulho possessório**

II – invade, com violência a pessoa ou grave ameaça, ou mediante concurso de mais de duas pessoas, terreno ou edifício alheio, para o fim de esbulho possessório.

§ 2º – Se o agente usa de violência, incorre também na pena a esta cominada.

§ 3º – Se a propriedade é particular, e não há emprego de violência, somente se procede mediante queixa.

1.1. Considerações preliminares

Neste artigo intitulado genericamente de *usurpação* destinou-se o legislador à proteção da propriedade imobiliária. Utilizou-se para tanto de três figuras delitivas condensadas neste artigo 161: alteração de limites, usurpação de águas e esbulho possessório.

Neste ponto, escapando da tendência manifestada no diploma de sabor repressivo, tutela a propriedade imóvel, porquanto é inegável a sua maior preocupação do legislador com a proteção dos bens móveis, tendo em vista a plêiade de disposições tocantes a tal fim. Segundo NORONHA[1], *"a razão de ser de o Direito Penal proteger menos o imóvel e preocupar-se mais com os móveis encontra sua explicação em que o ato delituoso contra estes é muito mais irreparável do que contra aquêle."* É menos irreparável

1 NORONHA, Magalhães. Direito Penal: crimes contra a pessoa e crimes contra o patrimônio. São Paulo: Saraiva, p. 278.

a ofensa contra o bem imóvel na exata medida em que não pode ser subtraído e, por consequência, transladado.

Como cediço, o patrimônio imobiliário não pode ser objeto de subtração, mas é passível de arbitrário apossamento mediante invasão. A razão de ser da presente previsão reside exatamente neste ponto: conferir tutela ao imperturbável direito do proprietário ou possuidor sobre o prédio.

2. ALTERAÇÃO DE LIMITES

2.1. Bem jurídico tutelado

Os bens jurídicos protegidos são a propriedade e a posse sobre o bem imóvel. Tutela-se, *in casu*, a inviolabilidade do patrimônio imobiliário alheio, que, como frisado, a despeito de ser impassível de subtração, é passível de sofrer invasão. A natureza pública ou privada do bem é absolutamente prescindível para a configuração do delito.[2] Ademais, verifica-se claramente que não se tutelam diretamente os *tapumes, marcos ou qualquer outro sinal indicativo*, mas protegendo-os é garantida a posse tranquila e a propriedade.[3]

2.2. Sujeitos do delito

Quanto ao sujeito ativo do delito, pairou controvérsia na doutrina. Uma linha de entendimento sufragava que só poderia ser autor do delito o proprietário contíguo da propriedade invadida. Neste sentido, pontuava HUNGRIA: *"sujeito ativo da alteração de limites somente pode ser (à parte o caso de co-participação de outrem) o proprietário do prédio contíguo àquele cuja ilegítima apropriação é colimada."*[4]

De outro lado, posicionava-se a doutrina no entendimento de que o sujeito ativo poderia ser qualquer pessoa. Neste sentido, a lição de NORONHA: *"É sujeito ativo do delito quem, por si ou por outrem, suprime ou desloca sinal indicativo de linha divisória, com o fim de apropriar-se no todo ou em parte de coisa alheia imóvel."*[5]

Hodiernamente, há consenso na doutrina quanto à natureza de crime próprio do delito: apenas comete o crime o proprietário ou possuidor do terreno contíguo àquele de quem se apropria a fração ou totalidade da propriedade imóvel alheia.

Quanto à possibilidade de o futuro comprador figurar como sujeito ativo do delito, nos termos da lição de Hungria[6], é incompatível com o crime de alteração de

---

2 BITENCOURT, Cezar Roberto. *op. cit.* p. 137.

3 PRADO, Luiz Regis. Curso de direito penal brasileiro, volume 2: parte especial. São Paulo: Editora Revista dos Tribunais, 2007, p. 467.

4 HUNGRIA, Nelson. Comentários ao código penal: decreto n.º 2.848, de 7 de dezembro de 1940. 1. ed., Vol. VII, Rio de Janeiro: Forense, 1955, p. 85.

5 NORONHA, Magalhães. *op. cit.* p.280.

6 HUNGRIA, Nelson. *op. cit.* p. 85.

limites, porque é uma possibilidade condicionada à futura aquisição do imóvel. O fim de apropriação encartado no dispositivo é, claramente, imediato e não condicionado a um evento futuro e incerto.

No que toca ao cometimento do delito pelo condômino, basta que se trate de condomínio *pro diviso*, em que cada coproprietário detém a posse sobre fração certa e determinada do imóvel por contrato ou por modo tácito: não há óbice qualquer à configuração do delito. O que, *contrario sensu*, não ocorre no condomínio *pro indiviso*, uma vez que há composse sobre todo o imóvel.

E quanto aos movimentos populares – Movimento dos Sem Terra e Movimento dos Trabalhadores Sem Teto, por exemplo – que invadem propriedades – mediante a transposição de tapumes, cercas *et cetera* -, cometem o delito? Acredita-se que não. À primeira, porque, como ressaltado, trata-se de crime próprio em que o sujeito ativo é o proprietário ou possuidor do terreno contíguo ou condômino *pro diviso* da propriedade. À segunda, porque inexiste o elemento subjetivo exigido pelo tipo legal consistente em apropriar-se da propriedade alheia, não se devendo confundir o mero esbulho ou turbação civil com o crime de alteração de limites.[7]

Quanto ao sujeito passivo, podem ser o proprietário e o possuidor da propriedade imóvel invadida.

2.3. Tipicidade objetiva e subjetiva

A ação incriminada pela lei penal consiste em *suprimir ou deslocar tapume, marco, ou qualquer outro sinal indicativo de linha divisória, para apropriar-se, no todo ou em parte, de coisa imóvel alheia.* Os núcleos verbais do tipo legal em comento são *suprimir* – que é eliminar, fazer desaparecer, dar fim *et cetera* – e *deslocar* – movimentar, transferir, mudar de lugar.

O objeto material do delito, onde recai a supressão ou o deslocamento, é o *tapume, marco ou qualquer outro sinal indicativo de linha divisória. Tapume* é toda e qualquer cerca ou muro destinado a firmar o limite entre duas propriedades. Marco é toda coisa corpórea – pedra, piquete, postes, árvores, troncos, padrões *et cetera* – que, artificial ou naturalmente, colocado sobre a linha divisória, serve de limite. Caracteriza-se ainda como objeto material do delito *"qualquer outro sinal indicativo de linha divisória"*, fórmula genérica esta que abrange toda e qualquer forma de sinal, tal como valas, regos, sulcos, trilhas, cursos d'água *et cetera.* [8]

O que se exige no crime em exame é que haja supressão ou deslocamento dos sinais demarcadores do limite entre duas propriedades. Como analisado, os sinais prescindem de forma determinada, são toda e qualquer coisa que se preste para demarcar a linha limítrofe entre propriedades imóveis, desde que visíveis, ainda que suspensos.

---

7 DELMANTO, Celso [et al]. *op. cit.* p. 590.

8 HUNGRIA, Nelson. *op. cit.* p. 83.

É imprescindível, porém, que haja efetiva supressão ou deslocamento do *tapume, marco ou qualquer outro sinal*. Assim, a mera colocação de outros sinais, ainda que em terreno alheio, em regra, não configura o delito, porque inexistente alteração da linha divisória. Se, contudo, a colocação de novos sinais produzir alterações que a lei proíbe, tornando confusos ou irreconhecíveis os marcos originais, admite-se a configuração do delito.[9]

A referida alteração advinda da supressão ou deslocamento dos sinais não precisa se dar sobre toda a extensão da linha divisória, basta que seja em algum trecho dela e possibilite a apropriação de fração do terreno contíguo. Como pontua NORONHA[10], isto não significa dizer que a supressão ou deslocamento parcial dos referidos sinais configure o crime, porque haverá hipóteses em que a supressão de sinal não se preste a alteração da linha divisória. Imagine-se, *ad exemplum*, o caso do fazendeiro que remova uma centena de troncos que escoram a cerca entre a sua propriedade e a vizinha. Notadamente, neste caso, não houve alteração da linha divisória, que permanece imperturbada.

Tal como se lê no § 2º, se a usurpação, em qualquer das três modalidades, é cometida com o emprego de violência, incorre também o agente nas penas à violência cominadas. Quanto à natureza formal ou material do concurso, força é convir com BITENCOURT em que: "*os crimes de usurpação previstos no art. 161 praticados com violência que constitua em si mesmo crime configuram, em regra, concurso formal, quando forem objeto de ação de uma única mesma ação, ainda que dividida em vários atos.*"[11] É hipótese, porém, de concurso formal impróprio, em que se deve cumular ambas as penas nos termos da segunda parte do artigo 70 do Código Penal.

O elemento subjetivo do tipo é o dolo, consistente na vontade livre e consciente de suprimir ou deslocar tapume, marco ou qualquer outro sinal indicativo de linha limítrofe entre duas propriedades imóveis. É o dolo genérico, portanto.

Exige-se, ainda, o dolo específico verificável na locução *para apropriar-se*. Tal escopo é que especifica o dolo do crime em questão.[12] Deve o agente, mediante a alteração dos referidos sinais, propender à apropriação de fração ou integralidade do terreno contíguo. Se não tiver por finalidade a apropriação da propriedade contígua, poder-se-á perquirir a ocorrência de delitos outros – tal como o furto do tapume, por exemplo –, mas não a usurpação mediante a alteração de limites.

2.4. O momento consumativo

O crime consuma-se com a *supressão* ou *deslocamento* do tapume, marco ou qualquer outro sinal indicativo, independentemente da efetiva apropriação da parcela ou

9 BITENCOURT, Cezar Roberto. *op. cit.* p. 140.

10 NORONHA, Magalhães. *op. cit.* p. 282.

11 BITENCOURT, Cezar Roberto. *op. cit.* p. 153.

12 HUNGRIA, Nelson. *op. cit.* p. 84.

totalidade da propriedade imóvel limítrofe. Quanto à finalidade de se apropriar, basta que seja provada; não se faz imprescindível, portanto, a sua perfectibilização.

Nada obstante alguma divergência sobre a admissibilidade da tentativa, mostra-se mais coerente admiti-la como possível de ocorrência, tendo em vista que o agente pode ser surpreendido quando da efetiva alteração do sinal divisório.

2.5. Classificação doutrinária

Trata-se de crime **doloso**, porquanto não há previsão legal para modalidade culposa; **comissivo**, pois os verbos nucleares exigem ação positiva para sua consumação; **instantâneo**, já que a consumação não se alonga no tempo, operando-se de imediato; **de dano**, por causar efetiva lesão ao bem jurídico tutelado; **de forma livre**, pode ser praticado por qualquer meio, forma ou modo; **formal**, visto que descreve um resultado, mas não o exige para a consumação do delito; **unissubjetivo**, pois pode ser praticado por apenas um agente; **plurissubsistente**, podendo ser fracionado em diversos atos, que compõe uma mesma conduta criminosa.

3. USURPAÇÃO DE ÁGUAS

3.1. Bem jurídico tutelado

Tutela-se aqui também a propriedade e a posse imobiliárias, com especial ênfase no direito sobre o uso das águas. Como adverte BITENCOURT, *"protege-se, com efeito, uso gozo ou exploração das águas, segundo sua destinação. São protegidas as águas consideradas imóveis, (art. 79 do CC), enquanto parte líquida do solo, uma vez que as móveis ou mobilizadas recebem a proteção dos arts. 155 e 157."*[13]

3.2. Sujeitos do delito

No que toca ao sujeito ativo, trata-se de crime comum, uma vez que pode ser cometido por qualquer pessoa. Já no que respeita ao sujeito passivo, só podem ser vítimas do delito o proprietário ou o possuidor.

3.3. Tipicidade objetiva e subjetiva

Como se lê no § 1º, incide nas mesmas penas do *caput* quem *desvia ou represa, em proveito próprio ou de outrem, águas alheias*. Como elucidado por NORONHA, *"tem em vista a lei a ação de quem desvia, isto é, muda, desloca, desencaminha, altera, etc., o curso ou a situação das águas; como também a de quem represa, ou seja, reprime, susta, pára, etc., impedindo que corram, fluam ou derivem."*[14]

Faz-se imprescindível que as águas represadas ou desviadas efetivamente pertençam a alguém, tendo em vista que, se não sujeitas à posse de qualquer pessoa, não há

13 BITENCOURT, Cezar Roberto. *op. cit.* p. 144.

14 NORONHA, Magalhães. *op. cit.* p. 288.

de se falar em prática de crime contra o patrimônio. Isso não significa dizer, evidentemente, que as águas públicas não estariam incluídas no âmbito de proteção da norma; o desvio ou represamento de águas públicas configura, pois, o delito.

Conveniente a advertência feita por PAULO JOSÉ DA COSTA JR. no sentido de que a extração de modesta quantidade de água, manualmente ou através de bomba, não configura a conduta incriminada.[15] Deve-se ter sempre em vista o princípio da ofensividade, porquanto – clara e nitidamente – não se ocupou na presente previsão o legislador de pequenas frações, mas da apropriação de grandes e vultosas massas d'água.

Tal como se depreende da leitura do § 2º, se o agente vale-se de violência, incorre, também, nas penas à violência cominada. Ao que se aplicam os comentários já devidamente tecidos quanto à natureza formal do concurso de crimes daí derivado.

O elemento subjetivo do tipo é o dolo: a vontade, livre e consciente, de desviar ou represar as águas alheias, além do elemento subjetivo especial consistente no especial fim de obtê-las para si ou para outrem. Converge a doutrina no sentido de que se o desígnio do agente com o desvio ou represamento é meramente prejudicar o sujeito passivo e não obter as águas para si ou para outrem, não se verifica o crime em comento, mas o delito de dano, insculpido no art. 163 do Código Penal.

3.4. O momento consumativo

O crime consuma-se com o ato consistente em desviar ou represar a água alheia; dispensável, portanto, que o agente logre atingir proveito econômico derivado da obtenção das águas. É plenamente admissível a tentativa, uma vez que factível a interrupção do agente quando do desvio ou represamento.

3.5. Classificação doutrinária

Trata-se de crime **doloso**, porquanto não há previsão legal para modalidade culposa; **comissivo**, pois os verbos nucleares exigem ação positiva para sua consumação; **instantâneo** (modalidade *desviar*), já que a consumação não se alonga no tempo, operando-se de imediato, ou **permanente** (modalidade *represar*), a consumação protrai-se no tempo, enquanto durar o represamento; **de dano**, por causar efetiva lesão ao bem jurídico tutelado; **de forma livre**, pode ser praticado por qualquer meio, forma ou modo; **formal**(modalidade *desviar*), visto que descreve um resultado, mas não o exige para a consumação do delito, ou **material** (modalidade *represar*), pois requer resultado materialístico; **unissubjetivo**, pois pode ser praticado por apenas um agente; **plurissubsistente**, podendo ser fracionado em diversos atos, que compõe uma mesma conduta criminosa; **comum**, uma vez que não se exige qualquer condição especial do agente.

15 COSTA JÚNIOR, Paulo José da. Direito Penal: curso completo. São Paulo: Saraiva, 1999, p. 337.

4. O ESBULHO POSSESSÓRIO

4.1. Bem jurídico tutelado

No esbulho possessório, protege-se também a posse e a propriedade do imóvel. Tutela-se, igualmente, a integridade e a saúde física do possuidor ou proprietária, tendo em vista que o crime pode ser cometido mediante violência ou grave ameaça à pessoa.

4.2. Sujeitos do delito

Classifica-se como crime comum no tocante ao sujeito ativo, uma vez que pode ser cometido por qualquer pessoa, à exceção do proprietário e condômino, haja vista a previsão legal quanto ao objeto do delito: *terreno ou edifício alheio*. Seguindo a mesma lógica, o condômino *pro indiviso* [é o bem ou direito pertencente a diversas pessoas e que não se encontra dividido em partes] não comete o presente delito, porquanto não verificada a elementar normativa *alheio*.

Como cediço, o tipo legal exige que a invasão se dê mediante violência ou grave ameaça à pessoa ou mediante o concurso de mais de duas pessoas. Assim, o concurso, a depender das circunstâncias do crime, poderá ser necessário ou eventual. É evidente que se não houver emprego de violência ou grave ameaça contra a pessoa, o concurso de agentes é *necessário* à perfectibilização do delito. De outro modo, se empregada a violência ou grave ameaça, dispensável que haja a reunião de mais de duas pessoas para a consumação do delito.

O sujeito passivo do delito é todo aquele que se encontra na posse da propriedade, proprietário ou não, a qualquer título.

4.3. Tipicidade objetiva e subjetiva

Comete o crime de esbulho possessório quem *invade, com violência a pessoa ou grave ameaça, ou mediante concurso de mais de duas pessoas, terreno ou edifício alheio, para o fim de esbulho possessório*. Para Hungria[16], *invadir é penetrar, fazer incursão. Prédio alheio (particular ou público, rural ou urbano) é o que não pertence, total ou parcialmente, ao agente*.

O *modus* de execução do delito exige que seja mediante violência ou grave ameaça contra a pessoa ou mediante concurso de mais de duas pessoas. Quanto à violência e grave ameaça, não há qualquer comentário adicional ao quanto já delineado quando do exame do crime de roubo.

O legislador presumiu a violência no concurso de pessoas, razão pela qual entendeu configurável o delito com a mera reunião de mais de duas pessoas, ainda que não façam uso de violência ou grave ameaça.

16 HUNGRIA, Nelson. *op. cit.* p. 89.

Quanto ao ponto, vale frisar que relevante parcela da doutrina entende necessária a participação de, no mínimo, quatro pessoas para a configuração do delito; consoante a lição de NORONHA[17], *"se forem, pois, três os co-autores, não haverá a presunção de violência: o esbulho não será violento."*[18], pois – consoante entendia o referido autor – seria necessário o concurso do invasor com *mais de duas pessoas*.

Sucede que parece mais acertada a linha minoritária[19] no que se satisfaz o tipo com o concurso de, no mínimo, três pessoas. Pela leitura e interpretação do texto legal, não se verifica a exigência de que o invasor concorra com mais de duas pessoas, mas que a invasão se dê mediante o concurso de mais de duas pessoas. Assim, três pessoas que invadam terreno ou edifício alheio sem violência e grave ameaça cometem o crime em comento, qual seja: esbulho possessório.

Tal como se depreende da leitura do § 2º, se o agente vale-se de violência, incorre, também, nas penas à violência cominada. Ao que se aplicam os comentários já devidamente tecidos quanto à natureza formal do concurso de crimes.

O elemento subjetivo é o dolo genérico, consistente na vontade, livre e consciente, de invadir o terreno ou edifício alheio. O dolo específico, representado pela expressão normativa "para o fim de esbulho possessório" pressupõe o dolo genérico.[20] A finalidade do agente deve, portanto, ser a de ocupação, total ou parcial, do terreno ou edifício; se divergente desta, tratar-se-á de mero ilícito civil, ressalvada violência ou grave ameaça eventualmente cometida.[21]

Válido é pontuar, ao final, que a invasão de imóvel adquirido pelo Sistema Financeiro de Habitação perfaz hipótese prevista em legislação especial, qual seja: o artigo 9º da Lei nº 5.741/71.[22]

4.4. O momento consumativo

Consuma-se o delito com a invasão do terreno ou edifício alheio, ainda que não venha a ocorrer efetivamente o esbulho. A tentativa é admissível, porque, em tese, passível de interrupção o *iter criminis*.

---

17 Seguida por: PRADO, Luiz Regis. Curso de direito penal brasileiro, volume 2: parte especial. São Paulo: Editora Revista dos Tribunais, 2007, p. 474; JESUS, Damásio de. Direito Penal, 2º volume, 32 ed. São Paulo: Saraiva, 2012.

18 NORONHA, Magalhães. *op. cit.* p. 293.

19 BITENCOURT, Cezar Roberto. *op. cit.* p. 151, GRECO, Rogério. *op. cit.*. p. 150.

20 COSTA JÚNIOR, Paulo José da. *op. cit.* p. 338.

21 HUNGRIA, Nelson. *op. cit.* p. 89.

22 Art. 9º Constitui crime de ação pública, punido com a pena de detenção de 6 (seis) meses a 2 (dois) anos e multa de cinco a vinte salários mínimos, invadir alguém, ou ocupar, com o fim de esbulho possessório, terreno ou unidade residencial, construída ou em construção, objeto de financiamento do Sistema Financeiro da Habitação.

§ 1º Se o agente usa de violência, incorre também nas penas a esta cominada.

§ 2º É isento da pena de esbulho o agente que, espontaneamente, desocupa o imóvel antes de qualquer medida coativa.

4.5. Classificação doutrinária

Trata-se de crime **doloso**, porquanto não há previsão legal para modalidade culposa; **comissivo**, pois o verbo nuclear exige ação positiva para sua consumação; **instantâneo**, já que a consumação não se alonga no tempo, operando-se de imediato; **de dano**, por causar efetiva lesão ao bem jurídico tutelado; **de forma livre**, pode ser praticado por qualquer meio, forma ou modo; **formal**, pois requer resultado materialístico, representada na perda da posse da vítima; **unissubjetivo** (modalidade *com violência a pessoa ou grave ameaça*), pois pode ser praticado por apenas um agente, ou **plurissubjetivo** (modalidade *mediante concurso de mais de duas pessoas*), pelo necessário concurso de agentes previsto no tipo penal; **plurissubsistente**, podendo ser fracionado em diversos atos, que compõe uma mesma conduta criminosa; **comum**, uma vez que não se exige qualquer condição especial do agente.

5. PENA E AÇÃO PENAL

À usurpação, em qualquer das três modalidades, comina-se a pena de um a seis meses de detenção e multa. Se cometido mediante violência, aplica-se a pena respectiva em concurso formal impróprio de infrações, quando haja conduta única.

A ação penal é pública incondicionada, à exceção da hipótese em que se dê a usurpação em propriedade particular e sem violência, em que ação penal é de iniciativa privada.

6. SUPRESSÃO OU ALTERAÇÃO DE MARCA EM ANIMAIS

⊙ **Supressão ou alteração de marca em animais**

Art. 162 – Suprimir ou alterar, indevidamente, em gado ou rebanho alheio, marca ou sinal indicativo de propriedade:

Pena – detenção, de seis meses a três anos, e multa.

6.1. Considerações preliminares

Frise-se, à saída, a total impertinência do delito em comento, uma vez que se trata de disposição meramente virtual que não encontra ressonância na *praxis*. Não se sustenta aqui a inexistência da supressão ou alteração indevida de marca ou sinal indicativa de proprietário. Fato é, porém, que o ato de suprimir ou alterar será sempre impunível, uma vez que se trata claramente de conduta meramente instrumental.

Explica-se: a alteração ou supressão justifica-se única e exclusivamente como meio adotado pelo agente para dissimular a propriedade do animal e, assim, tomá-lo para si. Ora, se o agente altera a marca para tomar o animal para si, tal conduta configura clara e evidentemente a prática de furto: *subtrair para si ou para outrem coisa alheia móvel*, no caso, mediante supressão ou alteração indevida de marca ou sinal indicativo de propriedade. De outro modo, se o agente tem a posse sobre o animal e – com o fim de se apropriar – altera o sinal indicativo de propriedade, tem-se a apropriação indébita.

É dizer, o delito nunca terá uma existência própria e independente, razão pela qual jamais se configurará. Parece evidente a impossibilidade manifesta de concurso entre a previsão deste dispositivo e o crime de furto ou apropriação indébita efetivamente cometida, uma vez que o ato de suprimir ou alterar será ora antefato ora pós-fato impunível. Nada obstante a crítica tecida, força é examinar o dispositivo em comento.

6.2. Bem jurídico tutelado

No presente tipo legal, ao contrário das outras formas de usurpação, protege-se não a propriedade imóvel, mas as coisas móveis, tendo em vista que os bens jurídicos tutelados são a posse e a propriedade de semoventes: bois, vacas, carneiros, porcos *et cetera*. O semovente é considerado coisa móvel pelo direito penal mesmo quando imobilizado num prédio para a sua exploração industrial – imóvel por acessão intelectual – Código Civil, art. 43, III.

A marca e o sinal indicativo de propriedade são os objetos materiais do delito, não se podendo confundi-los com o bem jurídico protegido. É dizer, a supressão ou alteração de marca ou sinal nem sempre configurará o presente delito, mas somente quando tiver o condão de assacar a propriedade alheia, por isso exigido que o ato seja realizado *indevidamente*. O pecuarista que, por exemplo, adquire uma criação de bois e retira o brinco (sinal caracterizador da propriedade do vendedor) dos animais e os marca com o seu brasão não pratica o delito em comento.

6.3. Sujeitos do delito

Não há qualquer exigência especial quanto ao sujeito ativo. Qualquer pessoa pode, portanto, cometer o delito, inclusive o detentor em nome alheio. Quanto ao sujeito passivo, é a pessoa que detém a propriedade do gado ou rebanho cuja marca ou sinal sejam alterados ou suprimidos.

6.4. Tipicidade objetiva e subjetiva

Comete o delito quem *suprime ou altera, indevidamente, em gado ou rebanho alheio, marca ou sinal indicativo de propriedade*. Os núcleos do tipo em comento são *suprimir* e *alterar*: suprimir é retirar, fazer desaparecer, eliminar, extinguir *et cetera*; alterar, por sua vez, é modificar, mudar, transformar.

O agente suprime ou altera, *em gado ou rebanho alheio*, marca ou sinal indicativo de propriedade. Cumpre pontuar que pouco importa as distinções realizadas pela doutrina entre gado e rebanho, tendo em vista que basta conhecer do fato de que ambos significam "*uma pluralidade de animais quadrúpedes (bois, vacas, cavalos, carneiros, ovelhas etc.)*".[23] Não significa dizer, porém, que só cometerá o delito quem suprimir ou alterar marca ou sinal em mais de um animal, porque não se exige que a supressão ou

23 BITENCOURT, Cezar Roberto. *op. cit.* p. 159.

alteração seja realizada em gado ou rebanho, mas, sim, em animal que integre rebanho ou gado de terceira pessoa.

A conduta praticada em face de um único animal, isolado, que não integre gado ou rebanho, não tipifica o crime ora estudado[24], pois dificilmente haverá a confusão – que justifica o tipo penal – quando se trate de animal que não componha manada e, por isso mesmo, seja facilmente identificável, a despeito da supressão da marca ou sinal.[25]

A marca *"é o característico empregado, relativo à propriedade do animal, para distingui-los de outros. Consiste geralmente nas iniciais do proprietário, mas é frequente também o uso de desenhos – estrela, círculo etc."*[26]. A marca é o sinal perceptível aposto no semovente com o fim de identificá-lo e atestar a sua propriedade. A redação legal prevê ainda *sinal indicativo de propriedade*, que são todos e quaisquer caracteres que se prestem a identificar o animal e seu respectivo proprietário.

Não se deve olvidar da elementar do tipo *indevidamente*, porque, notadamente, se devida a supressão ou alteração, não se há de falar na ocorrência de crime. A hipótese que bem traduz a supressão devida da marca ou sinal é a do sujeito que adquire o rebanho de outro criador, porquanto, uma vez transferida a propriedade, nada mais devido e legítimo do que se alterar os sinais identificadores da terceira pessoa que os vendeu. Neste caso, porque devida a alteração, não incide o agente nas penas do delito ora examinado.

Depreende-se dos núcleos do tipo [*suprimir* e alterar] que é imprescindível à configuração do delito a existência de prévia marca ou sinal, porquanto não se pode falar em supressão ou alteração de marca ou sinal em animal desmarcado. Em última análise, se desmarcado, ainda que pertencente a rebanho, a conduta de apor marca ou sinal não configura supressão ou alteração de marca em animais.

O elemento subjetivo é o dolo consistente na vontade livre e consciente de suprimir ou alterar marca ou sinal indicativo de propriedade em animal. Mais do que isso, como cediço, é imprescindível que detenha o sujeito ativo o conhecimento sobre as elementares *indevidamente* e *alheia* do tipo legal. A ausência de consciência quanto a qualquer das duas resulta em erro de tipo, que, *in casu*, afasta a tipicidade da conduta.

Exigível, ainda, consoante a lição de NORONHA[27], que o agente tenha o escopo de apoderar-se dos semoventes: ele suprime ou altera a marca, para depois irrogar a propriedade. Com isso se configurará a usurpação, encontrando o dispositivo sua razão de ser colocado neste capítulo. Deste modo, ratifica-se: se o agente suprime ou altera a marca tendo em vista qualquer outra finalidade diversa da usurpação, é

---

24 FRAGOSO, Heleno Cláudio. Lições de Direito Penal. São Paulo: Forense, 2003, p 393.

25 HUNGRIA, Nelson. *op. cit.* p. 94.

26 NORONHA, Magalhães. Direito Penal: crimes contra a pessoa e crimes contra o patrimônio. São Paulo: Saraiva, p. 297.

27 NORONHA, Magalhães. *op. cit.* p. 298.

possível que haja a configuração de delito diverso, mas nunca o insculpido no art. 162 do Código Penal.

6.5. Classificação doutrinária

Trata-se de crime **doloso**, porquanto não há previsão legal para modalidade culposa; **comissivo**, pois os verbos nucleares exigem ação positiva para sua consumação; **instantâneo**, já que a consumação não se alonga no tempo, operando-se de imediato; **de dano**, por causar efetiva lesão ao bem jurídico tutelado; **de forma vinculada**, pode ser praticado exclusivamente mediante a alteração ou supressão de marca ou sinal indicativo de propriedade; **formal**, visto que descreve um resultado, mas não o exige para a consumação do delito; **unissubjetivo**, pois pode ser praticado por apenas um agente; **plurissubsistente**, podendo ser fracionado em diversos atos, que compõe uma mesma conduta criminosa; **comum**, uma vez que não se exige qualquer condição especial do agente.

6.6. O momento consumativo

Consuma-se o crime com a alteração ou supressão indevida da marca ou sinal de animal pertencente a gado ou rebanho alheio; prescindível, portanto, a ocorrência de efetiva usurpação. Pelas razões já expostas, a alteração em único animal perfaz o delito em comento.

As ações de suprimir e alterar, fragmentáveis que são, admitem a ocorrência de tentativa, porque pode o agente ser obstado antes da consumação.[28]

6.7. Pena e ação penal

Ao crime é cominada a pena de detenção de seis meses a três anos e multa.

A ação penal é pública incondicionada.

6.8. Breve cotejamento com o PLS 236/2012

Comungando das razões já delineadas neste estudo, propôs-se a supressão desta hipótese delitiva na medida em que não apresenta autonomia.

---

28 NORONHA, Magalhães. Direito Penal: crimes contra a pessoa e crimes contra o patrimônio. São Paulo: Saraiva, p. 299.

CAPÍTULO IV – DO DANO

GAMIL FÖPPEL E
GABRIEL DALLA FAVERA DE OLIVEIRA

1. DANO

> ⊙ **Dano**
>
> **Art. 163** – Destruir, inutilizar ou deteriorar coisa alheia:
>
> Pena – detenção, de um a seis meses, ou multa.
>
> ⊙ **Dano qualificado**
>
> Parágrafo único – Se o crime é cometido:
>
> I – com violência à pessoa ou grave ameaça;
>
> II – com emprego de substância inflamável ou explosiva, se o fato não constitui crime mais grave;
>
> III - contra o patrimônio da União, de Estado, do Distrito Federal, de Município ou de autarquia, fundação pública, empresa pública, sociedade de economia mista ou empresa concessionária de serviços públicos; (Redação dada pela Lei nº 13.531, de 2017)
>
> IV – por motivo egoístico ou com prejuízo considerável para a vítima:
>
> Pena – detenção, de seis meses a três anos, e multa, além da pena correspondente à violência.

1.1. Considerações preliminares

À primeira vista, insta diferenciar o crime de dano ora estudado do dano advindo da prática indeterminada de todo e qualquer crime. Este tipo autônomo de dano não se confunde nem mesmo com o dano patrimonial derivado dos crimes constantes deste mesmo título do Código Penal. Não se mostra coincidente, do mesmo modo, com o dano derivado do Direito Civil, haja vista o dano civil ser notadamente mais amplo.[1]

O dano aqui considerado é aquele praticado contra a coisa; é o dano físico, material, da própria coisa, por sua destruição, inutilização ou deterioração. Recai, portanto, sobre a coisa e exerce-se fisicamente sobre ela. O dano à coisa alheia é incriminado desde as mais antigas legislações. Em Roma, era intitulado *damnum injuria datum* e

1 NORONHA, Magalhães. *op. cit.* p. 300.

caracterizava-se pela restrição quanto ao seu objeto material: apenas as coisas imóveis, bem como pela sua punição tanto a título de dolo quanto a título de culpa.[2]

Hodiernamente, o dano é punível apenas a título de dolo, porém, diferentemente do tratamento outrora conferido, não se cinge exclusivamente à tutela das coisas imóveis: as coisas móveis são também objetos materiais em potencial do delito.

Válida de menção a lição de LUIZ REGIS PRADO[3] no sentido de que, nada obstante posicionamento doutrinário que vê na essência do crime de dano [porque se dá com a destruição de coisa útil sem nenhum proveito próprio] motivo de maior censurabilidade da conduta, parece insubsistente a linha de intelecção, uma vez que representa a preponderância da consideração moral sobre a política.

1.2. Bem jurídico tutelado

O bem jurídico objeto da tutela é o patrimônio público ou privado, seja posse ou propriedade. Ao contrário da expressiva maioria das outras infrações contidas neste título, o crime de dano prescinde de *animus lucrandi*, que, eventual, indireta e mediatamente, pode vir a ocorrer. Como sintetizou HUNGRIA: *"o damnum dans não visa a fim ou proveito econômico, mas apenas a lesar a propriedade alheia. Não impele o agente o animus lucrandi, mas o ódio, a vingança, o despeito, a inveja, o capricho, quando não o mero espírito de maldade (vandalismo, erostratismo, desprêzo pela propriedade alheia)."*[4]

É inegável o interesse público na manutenção da inviolabilidade do patrimônio mobiliário ou imobiliário[5] e o objeto material do delito é tanto a propriedade quanto a posse, nos exatos termos já advertidos. Exige-se, porém, que seja alheia a coisa [o que engloba tanto a coisa de terceiro como a que se ache em posse de terceiros], razão pela qual não há óbice a que o possuidor possa praticar o crime de dano, lesando o direito de propriedade de terceiro.[6] Nos termos do quanto já referido no exame do delito de furto, porque alheia, faz-se impossível que a *res nullius* e a *res derelicta* sejam objetos materiais do delito.

1.3. Sujeitos do delito

Inexigível qualquer condição especial do sujeito ativo do delito. É, portanto, crime comum, podendo ser cometido por qualquer pessoa à exceção do proprietário, em observância à elementar *alheia* do tipo legal; admite-se, porém, que o proprietário dane a coisa comum. Como advertido, nada obsta a que o possuidor cometa o crime em comento. Ademais, o condômino que deteriora a coisa comum incide também nas

---

2 HUNGRIA, Nelson. *op. cit.* p. 98.

3 PRADO, Luiz Regis. Curso de direito penal brasileiro, volume 2: parte especial. São Paulo: Editora Revista dos Tribunais, 2007, p. 485.

4 HUNGRIA, Nelson. *op. cit.* p. 96.

5 PRADO, Luiz Regis. *op. cit.* 2007.

6 NORONHA, Magalhães. *op. cit.* p. 301.

penas do crime em comento, a menos que fungível a coisa e a ofensa recaia nos limites da cota do agente.

Os sujeitos passivos do delito são o proprietário e o possuidor da coisa danificada.

1.4. Tipicidade objetiva e subjetiva

Incorrerá nas penas cominadas ao crime de dano aquele que *destruir, inutilizar ou deteriorar coisa alheia*. Advirta-se que o dano admite as modalidades comissiva e omissiva; imprescindível, porém, que a conduta ou omissão preste-se a destruir, inutilizar ou deteriorar coisa de outrem.

Teça-se, ainda que brevemente, os esclarecimentos basilares quanto aos núcleos do tipo legal, para o fim de que melhor se compreenda os comentários doravante deduzidos. Na destruição, a coisa cessa de subsistir na sua individualidade anterior, ainda que não desapareça a matéria de que se compõe; a destruição parcial, desde que acarrete a total imprestabilidade da coisa, equipara-se à destruição total. Na inutilização, a coisa não perde integralmente a sua individualidade, mas é reduzida, ainda que temporariamente, à inadequação ao fim a que se destina. Na deterioração, a coisa sofre ume estrago substancial, mas sem desintegrar-se totalmente, ficando apenas diminuída na sua utilidade específica ou desfalcada de valor econômico.[7]

Crime contra o patrimônio que é, tem por imprescindível a ocorrência de efetivo prejuízo – perda ou diminuição de valor econômico ou de utilidade – para o proprietário ou possuidor que derive diretamente do ato praticado pelo agente. Assim, possível a configuração do crime em comento ainda que a coisa não tenha valor de mercado, mas mero valor de uso. Como lembra NORONHA[8], é claro que só se pode falar em dano, quando há prejuízo para o ofendido, pela diminuição do valor ou utilidade. Se a alteração os elava, não há falar em delito.

Converge a doutrina em que é insuficiente a previsão típica, uma vez que não prevê o desaparecimento da coisa. Hungria entendia, inclusive, que o fazer desaparecer assimilava-se a destruir, aspecto no qual não foi seguido pela doutrina majoritária, máxime escorada na crítica de NORONHA: "*Improcede, portanto, dizer o douto HUNGRIA que a destruição compreende, por força de compreensão, o desaparecimento. Se assim fôsse, a lei teria sido redundante nos dispositivos invocados.*".[9] Referia-se Noronha às previsões dos artigos 305 e 356 do Código Penal, em que previu o legislador as condutas, respectivamente, de destruir, suprimir e ocultar, no primeiro, e, no segundo, inutilizar e deixar de restituir. Fato este que demonstra a impossibilidade de se inserir o *fazer desaparecer* na previsão *destruir*, uma vez que, consoante a interpretação sistemática do Código, são absolutamente distintos, tanto assim que, quando quis, previu cada um dos quais autonomamente o legislador.

7 HUNGRIA, Nelson. *op. cit.* p. 102.
8 NORONHA, Magalhães. *op. cit.* p. 303.
9 HUNGRIA, Nelson. *op. cit.* p. 304.

A conduta, portanto, de fazer desaparecer a coisa não se enquadra no tipo legal em comento.

Frise-se, ademais, que, no tocante à pichação, força é notar que é objeto de previsão específica constante da Lei dos Crimes Ambientais, mais precisamente em seu art. 65, cuja redação do *caput* é a seguinte: *Pichar ou por outro meio conspurcar edificação ou monumento urbano: Pena – detenção, de 3 (três) meses a 1 (um) ano, e multa.* A pichação, portanto, não se amolda ao delito de dano, uma vez que é prevista especificamente em outro diploma legislativo.

O elemento subjetivo do tipo é o dolo genérico manifestado na vontade, livre e consciente, de destruir, inutilizar ou deteriorar a coisa alheia. Em que pese o dissenso doutrinário quanto à exigência de elemento subjetivo especial consistente na finalidade de causar prejuízo, a doutrina firmou o entendimento quanto à inexistência de dolo específico, porquanto a criminalização do dano dá-se pela geração do prejuízo e não para a proteção da coisa em si.[10] Linha de entendimento muito bem sintetizada por NORONHA: "*Portanto, não é exigível nenhum dolo específico no crime de dano. Basta o genérico, isto é, a vontade e a consciência de destruir, inutilizar ou deteriorar o que é alheio.*"[11]

1.5. Classificação doutrinária

Trata-se de crime **doloso**, porquanto não há previsão legal para modalidade culposa; **comissivo**, pois os verbos nucleares exigem ação positiva para sua consumação; **instantâneo**, já que a consumação não se alonga no tempo, operando-se de imediato; **de dano**, por causar efetiva lesão ao bem jurídico tutelado; **de forma livre**, pode ser praticado por qualquer meio, forma ou modo; **material**, visto que produz resultado naturalístico; **unissubjetivo**, pois pode ser praticado por apenas um agente; **plurissubsistente**, podendo ser fracionado em diversos atos, que compõe uma mesma conduta criminosa; **comum**, uma vez que não se exige qualquer condição especial do agente.

1.6. Modalidades qualificadas

Consoante a previsão constante do parágrafo único do artigo 163 do Código Penal, considera-se qualificado o dano quando cometido:

a) com violência à pessoa ou grave ameaça;

b) com emprego de substância inflamável ou explosiva, se o fato não constitui crime mais grave;

c) contra o patrimônio da União, de Estado, do Distrito Federal, de Município ou de autarquia, fundação pública, empresa pública, sociedade de economia mista ou empresa concessionária de serviços públicos;

d) por motivo egoístico ou com prejuízo considerável para a vítima.

10 PRADO, Luiz Regis. *op. cit.* p. 487.

11 NORONHA, Magalhães. *op. cit.* p. 307.

Nas hipóteses qualificadas, entendeu o legislador que os taxativos *modus operandi* traduzem maior gravidade e tornam mais censurável a conduta, o que justifica a fixação de novos patamares mínimo e máximo para a pena.

1.6.1. *Dano praticado com violência ou grave ameaça*

Na primeira das modalidades qualificadas, qualifica-se o crime de dano quando da sua prática mediante violência ou grave ameaça contra pessoa. A violência - que pode ser tanto física quanto moral - deve ser empregada como meio para a consecução do delito, seja durante a execução do crime ou para assegurar a sua consumação. Não é necessário que a violência seja empregada em face do proprietário ou do possuidor da coisa danificada.

Insta destacar que a ameaça, artigo 147 do Código Penal, e as vias de fato, art. 21 da Lei das Contravenções Penais, são absorvidas por esta modalidade de dano qualificado. Se, todavia, a violência empregada causa lesão corporal na vítima, isto implica o cúmulo das penas; o que não significa dizer, entretanto, que é hipótese de concurso material de infrações, mas, sim, de concurso formal impróprio, cuja regra é a cumulação material das penas.[12]

1.6.2. *Dano praticado com emprego de substância inflamável ou explosiva, se o fato não constitui crime mais grave*

Acrescida a censurabilidade da conduta de quem pratica o crime de dano com o emprego de substância inflamável ou explosiva, desde que tal fato não constitua crime mais grave. Trata-se claramente de previsão subsidiária, que só se aplica nas hipóteses em que a utilização da substância inflamável ou explosiva não configure crime diverso e mais grave, como, por exemplo, os delitos de incêndio e explosão, insculpidos, respectivamente, nos artigos 250 e 251 do Código Penal.

A substância inflamável caracteriza-se pela facilidade, rapidez e violência com que acende e comunica o fogo, tem-se como exemplos o petróleo e seus derivados, o álcool, a benzina, a nafta *et cetera*. No que toca à substância explosiva, é a que atua com maior ou menor detonação ou estrondo. É a matéria capaz de produzir rebentação, tem-se como exemplos a dinamita, o explosivo plástico, o explosivo T.N.T., o salitre *et cetera*.[13]

---

12 Tal como delineado por BITENCOURT: "Registramos, desde logo, que consideramos grande equívoco afirmar que a violência implica concurso material de crimes, pois se ignora a verdadeira natureza desse concurso. (...) Com efeito, o que caracteriza o concurso material de crimes não é a soma ou cumulação de penas, como prevê o dispositivo em exame, mas a pluralidade de condutas, pois no concurso formal impróprio, isto é, naquele cuja conduta única produz dois ou mais crimes, resultantes de desígnios autônomos, as penas também são aplicadas cumulativamente". BITENCOURT, Cezar Roberto. Tratado de direito penal: parte especial, volume 3, São Paulo: Saraiva, 2009, p. 170.

13 NORONHA, Magalhães. *op. cit.* p. 308.

Imprescindível à configuração da modalidade qualificada que as referidas substâncias sejam utilizadas como meio empregado para a prática do dano; assim, se utilizada a substância após a consumação do delito, não se há falar modalidade qualificada do crime de dano, mas, a depender das circunstâncias fáticas, em concurso material de crimes.

1.6.3. *Dano praticado contra o patrimônio da União, de Estado, do Distrito Federal, de Município ou de autarquia, fundação pública, empresa pública, sociedade de economia mista ou empresa concessionária de serviços públicos*

O fundamento da maior censurabilidade do dano praticado contra o patrimônio público *obedece à razão de tutela mais enérgica àquela, que nem sempre dispõe de defesa direta, como sói acontecer com as coisas particulares*[14]. Ainda mais sintético HUNGRIA, para quem *"a ratio da agravação especial, aqui, é manifesta: os bens atingidos estão afetos ao interesse público."*[15]

Faz-se relevante constatar que o vocábulo *patrimônio* das pessoas jurídicas de direito público não deve ser interpretado na restritiva acepção civilista, nos termos do artigo 99 do Código Civil. Como apregoava HUNGRIA, a tutela penal *"abrange todos os bens públicos, que os dominicais, quer, com maioria de razão, os de uso público especial e os entregues ao uso comum do povo ou in ius populi."*[16] É evidente que não se pode abranger a incidência da qualificadora além de seus limites, razão pela qual o dano praticado contra os bens locados ao ente público – porque não integram o seu patrimônio – não qualifica o crime.

Uma grande questão sempre debatida dizia respeito ao fato de a *empresa pública* não constar do rol de sujeitos passivos que autorizavam a qualificação do delito antes da edição da Lei nº 13.531/2017. Ora, previa-se a concessionária de serviço público e mesmo a sociedade de economia mista, mas se olvidava da empresa pública. Um exame crítico indicava, inclusive, que a censurabilidade da conduta em face da empresa pública é digna de maior censurabilidade.

Àquele tempo o Superior Tribunal de Justiça firmara a tese da impossibilidade de se qualificar o crime de dano em face da empresa pública no julgamento do HC 57.544/SP com o seguinte fundamento:

> Ainda que com a previsão da forma qualificada do dano o legislador tenha pretendido proteger o patrimônio público de forma geral, e mesmo que a destruição ou a inutilização de bens de empresas públicas seja tão prejudicial quanto as cometidas em face das demais pessoas jurídicas mencionadas na normal penal incriminadora em exame, o certo é que, como visto, não se admite analogia in malam partem no Direito Penal, de modo que não é possível incluir a Caixa Econômica Federal no rol constante do dispositivo em apreço. Precedente do STJ.

14 NORONHA, Magalhães. *op. cit.* p. 308.

15 HUNGRIA, Nelson. *op. cit.* p.197.

16 HUNGRIA, Nelson. *op. cit.* p. 1007.

A discussão restou superada, todavia, com a nova redação conferida ao tipo legal, que enuncia especificamente a empresa pública e promoveu verdadeira atualização e especificação do dispositivo legal que, em sua redação revogada, mencionava: "(...) União, Estado, Município, empresa concessionária de serviços públicos ou sociedade de economia mista".

1.6.4. Dano praticado por motivo egoístico ou considerável prejuízo para a vítima

O motivo é o antecedente psicológico da conduta.[17] Como pontuara NORONHA[18], o motivo egoístico, no dispositivo em apreço, é o originado do egoísmo antissocial que provoca crime. É o egoísmo exacerbado, que, na satisfação dos interesses individuais, lesa, ofende e extingue os interesses dos semelhantes. A previsão típica não se destina à punição do egoísmo – que é um sentimento pessoal algo necessário para a vida social, porque diz diretamente com o instinto de conservação -, assim, o termo *egoísmo* deve ser interpretado como motivo antissocial, tais como ódio, a vingança, a inveja, a vaidade, o despeito *et cetera.*[19]

A outra forma qualificada diz respeito ao considerável prejuízo para a vítima advindo do dano praticado contra coisa sua. É, pois, manifesto que o prejuízo deve ser aferido em relação ao patrimônio da vítima e não objetivamente. Casos haverá, então, em que lesões de grande monta não representarão considerável prejuízo e, por via adversa, em que lesões relativamente pouco expressivas o serão.

1.7. O momento consumativo

O delito consuma-se com o efetivo dano causado. Crime material que é, o dano consuma-se quando, através da destruição, inutilização ou destruição, perfaz-se prejuízo para a vítima. Como advertido, prejuízo este que pode ser tanto do valor econômico quanto do valor utilidade. Ademais, forçoso repisar que não é preciso que mesmo a destruição, inutilização ou destruição parcial dão causa ao delito, desde que havido o prejuízo da vítima.

Porque crime material, o dano admite fracionamento do *iter criminis* e, por consequência, a tentativa.

1.7.1. Aspectos distintivos

Dano e Crime Ambiental: A aproximação entre o crime de dano e determinados delitos contra o meio ambiente é flagrante. Em última análise, há determinadas modalidades de dano específicas que o legislador entendeu por bem tutelar através da Lei nº 9.605/98 ao invés do Código Penal. Se o dano é cometido através de pichação, grafite

17 COSTA JÚNIOR, Paulo José da. *op. cit.* p. 343.

18 NORONHA, Magalhães. *op. cit.* p. 309.

19 BITENCOURT, Cezar Roberto. *op. cit.* p. 159.

ou qualquer outro meio de conspurcação de edifício ou monumento urbano, fala-se na prática do delito previsto no art. 50 da lei do Meio Ambiente. Se, todavia, o dano é cometido em face de bem especialmente protegido por lei, em razão de seu valor paisagístico, ecológico, turístico, artístico, histórico, cultural, religioso, arqueológico, etnográfico ou monumental, será hipótese do delito encartado no artigo 63 da Lei do Meio Ambiente.

1.8. Pena e ação penal

Na modalidade simples, aplica-se a pena de um a seis meses de detenção *ou* multa; na modalidade qualificada, detenção de seis meses a três anos *e* multa. A ação penal será de iniciativa privada na modalidade simples e na modalidade qualificada prevista no parágrafo único, IV. Nas outras três formas qualificadas, parágrafo único, I, II e II, a ação penal será pública incondicionada.

1.9. Breve cotejamento com o PLS 236/2012

De relevante, há a previsão da mesma causa extintiva de punibilidade prevista para o furto consistente na reparação do dano aceita pela vítima. Ademais, propõe-se a tipificação da figura de dano aos dados informáticos, cuja redação é a seguinte:

> Destruir, danificar, deteriorar, inutilizar, apagar, modificar, suprimir ou, de qualquer outra forma, interferir, indevidamente ou sem autorização, em dados informáticos, ainda que parcialmente:
>
> Pena – prisão, de seis meses a três anos.
>
> Parágrafo único. Na mesma pena incide quem produz, mantém, vende, obtém, importa ou por qualquer outra forma distribui, indevidamente ou sem autorização,dispositivos, programas e outros dados informáticos, destinados a destruir, inutilizar ou deteriorar coisa alheia.

2. INTRODUÇÃO OU ABANDONO DE ANIMAIS EM PROPRIEDADE ALHEIA

⊙ **Introdução ou abandono de animais em propriedade alheia**

Art. 164 – Introduzir ou deixar animais em propriedade alheia, sem consentimento de quem de direito, desde que o fato resulte prejuízo:

Pena – detenção, de quinze dias a seis meses, ou multa.

2.1. Considerações preliminares

A introdução ou a permanência de animais em propriedade alheia perfaz o chamado *pastoreio ilegítimo* ou *pastagem indevida.*[20] O fundamento da previsão é claramente a proteção da indústria agrícola, uma vez que abarca o legislador, no presente tipo legal, a tutela da propriedade rural: campos de cultura e criação. A preocupação

20 COSTA JÚNIOR, Paulo José da. *op. cit.* p. 343.

do legislador legitima-se cabalmente, máxime quando evidenciada a inegável vocação do país para a agricultura.

Parece, porém, não se sustentar mais a referida previsão, máxime pelo fato de que a conduta do sujeito que dolosamente abandona animal em prédio alheio e causa prejuízo (deterioração, inutilização ou destruição de seus bens) amolda-se ao crime de dano recém-abordado.

2.2. Bem jurídico tutelado

Os bens jurídicos tutelados no presente dispositivo são a posse e a propriedade imóvel, propriedade que deve ser entendida como *o terreno do prédio rural ou urbano, cultivado ou não, passível de danificação por animais.* Não se acompanha, no particular, a lição de Hungria[21] em que exigia apara a configuração do delito a existência de plantação no terreno ou imóvel, pois, como lembra GRECO, *"aquele que, por exemplo, introduz um cão em um apartamento alheio sem consentimento de quem de direito, causando-lhe prejuízo, responde pelo delito, responde pelo mencionado artigo (...) "*[22].

2.3. Sujeitos do delito

Não se exige qualquer condição específica quanto ao sujeito ativo: pode ser qualquer pessoa. Em que pese a divergência doutrinária quanto à (im) possibilidade de o crime ser praticado pelo proprietário, é de se convir com NORONHA em que *"sendo a posse, destacada do domínio, protegida pela disposição penal, segue-se que o proprietário pode ser sujeito ativo do crime, uma vez que o terreno ou imóvel esteja na posse justa de outrem."*[23] É evidente, porém, que o proprietário quando detém o domínio pleno do imóvel não pode cometer este crime, comete-o apenas quando não detenha, por óbvio, a posse direta sobre o imóvel.

O sujeito passivo do delito é o proprietário ou o possuidor – em posse justa – do imóvel em que forem introduzidos os animais.

2.4. Tipicidade objetiva e subjetiva

Comete o crime em comento quem *introduzir ou deixar animais em propriedade alheia, sem consentimento de quem de direito, desde que o fato resulte prejuízo. Introduzir* é fazer entrar, levar para dentro, fazer penetrar *et cetera*. Não importa se os animais entram sozinhos ou acompanhados, exige-se apenas que os animais sejam introduzidos ou deixados em propriedade alheia. *Deixar* significa separar-se de, largar, soltar, abandonar, permitir, consentir *et cetera*. No primeiro caso [introduzir], os

21 HUNGRIA, Nelson. *op. cit.* p. 108.

22 GRECO, Rogério. Curso de Direito Penal: parte especial, volume III. Niterói/RJ: Impetus, 2009, p. 184.

23 NORONHA, Magalhães. Direito Penal: crimes contra a pessoa e crimes contra o patrimônio. São Paulo: Saraiva, p. 312.

animais são deliberada e propositadamente tangidos ou propositadamente se lhes cria ensejo para incursão na propriedade alheia; no segundo [deixar], tendo os animais invadido a propriedade alheia à revelia do dono ou encarregado deles, este intencionalmente não os faz sair.[24]

É imprescindível ainda que os animais sejam introduzidos ou deixados em propriedade alheia *sem o consentimento de quem de direito*. Assim, se há consentimento do proprietário ou possuidor, não se há de falar na ocorrência do delito em tela. A existência do consentimento da vítima, *in casu*, afasta a própria tipicidade da conduta; não atua, portanto, na espécie, como causa justificante.

Além do quanto já exposto, faz-se premente a demonstração da existência de efetivo prejuízo para a vítima, porquanto, se faltante, atípica a conduta. Ademais, convém frisar que a introdução de apenas um único animal configura o delito em comento.

O elemento subjetivo é o dolo genérico consistente na vontade, livre e consciente, de introduzir ou deixar animais em propriedade alheia. O conhecimento sobre a elementar *alheia* é indispensável à configuração do delito. Não se exige dolo específico para configuração do delito, porque o fim de prejudicar é inato ao próprio dolo genérico. Existindo, porém, finalidade específica consistente na subtração de pasto, por exemplo, perfectibilizar-se-á crime diverso, tal como o furto, art. 155 do CP.

2.5. Classificação doutrinária

Trata-se de crime **doloso**, porquanto não há previsão legal para modalidade culposa; **comissivo** (modalidade *introduzir*), pois o verbo nuclear exige ação positiva para sua consumação, ou **omissivo** (modalidade *deixar*), que só se concretiza com inação do agente; **instantâneo**, já que a consumação não se alonga no tempo, operando-se de imediato; **de dano**, por causar efetiva lesão ao bem jurídico tutelado; **de forma vinculada**; **material**, visto que produz resultado naturalístico, sendo necessário para sua consumação, pois é elementar do crime; **unissubjetivo**, pois pode ser praticado por apenas um agente; **plurissubsistente**, podendo ser fracionado em diversos atos, que compõe uma mesma conduta criminosa; **comum**, uma vez que não se exige qualquer condição especial do agente.

2.6.. O momento consumativo

A consumação ocorre com a introdução ou com o abandono do animal em propriedade alheia.

Quanto à admissibilidade da tentativa, diverge a doutrina. Majoritariamente, entende-se o *prejuízo* experimentado pela vítima como condição objetiva de punibilidade e, por isso, não se admite a tentativa. Tal orientação doutrinária encontra anteparo nas lições de HUNGRIA: "*É condição objetiva do crime a superveniência de prejuízo. Se êste*

24 HUNGRIA, Nelson. *op. cit.* p. 108.

não ocorre, não se poderá reconhecer, sequer, tentativa, pois diversamente do dano no seu tipo fundamental, não é exigido, aqui, o animus nocendi."[25]

Divergia neste aspecto NORONHA, para quem, diferentemente do dispositivo correspondente na legislação italiana, admitia-se no ordenamento pátrio a tentativa na exata medida em que "*nosso estatuto, que não vê, nesses fatos desacompanhados de prejuízo, razão de punição, resulta que frequentemente serão atos de execução do crime, caracterizando a tentativa, presentes que sejam seus outros elementos.*"[26] É dizer, exatamente porque no ordenamento pátrio a prática dos atos de execução não configuram crime sem que haja o prejuízo, a sua falta redunda na tentativa do crime.

Hodiernamente, tem-se o abalizado posicionamento de BITENCOURT, que não vê no *prejuízo* condição objetiva de punibilidade, mas elementar do crime. Aduz, principalmente, que "*a exigência do prejuízo para consumar-se a infração não inviabiliza o reconhecimento da tentativa; pelo contrário, facilita sua identificação, pelo menos na modalidade introduzir animais em propriedade alheia.*"[27]

Filia-se o presente estudo à recém-referida corrente que não vê obstada a verificação da tentativa do crime em comento, uma vez que o *iter criminis* é perfeitamente passível de fracionamento, sendo factível que, por circunstâncias alheias à vontade do sujeito ativo, não se consume o crime. Tal como se viu, não tem a ausência de prejuízo o condão de afastar a possibilidade de fracionamento do *iter criminis*.

2.7. Pena e ação penal

A pena cominada é de 15 dias a seis meses de detenção ou multa. A ação penal é de iniciativa privada, nos termos do art. 167 do Código Penal.

2.8. Breve cotejamento com o PLS 236/2012

A presente figura não foi objeto de previsão no Projeto.

3. DANO EM COISA DE VALOR ARTÍSTICO, ARQUEOLÓGICO OU HISTÓRICO

⊙ **Dano em coisa de valor artístico, arqueológico ou histórico**

Art. 165 – Destruir, inutilizar ou deteriorar coisa tombada pela autoridade competente em virtude de valor artístico, arqueológico ou histórico:

Pena – detenção, de seis meses a dois anos, e multa.

---

25 HUNGRIA, Nelson. *op. cit.* p. 109.

26 NORONHA, Magalhães. *op. cit.* p. 315.

27 BITENCOURT, Cezar Roberto. Tratado de direito penal: parte especial, volume 3, São Paulo: Saraiva, 2009, p. 182.

3.1. Considerações preliminares

No artigo 165 do Código Penal cominava-se pena de seis meses a dois anos de detenção e multa a quem destruísse ou inutilizasse coisa tombada pela autoridade competente em virtude de valor artístico, arqueológico ou histórico. Diz-se *cominava* porque com a edição da Lei nº 9.605/98 o dispositivo ora em comento foi tacitamente revogado, tendo em vista a criação de tipo de injusto específico [*Lex especialis derrogat generalis*] e mais abrangente.

Na Lei dos Crimes Ambientais, tutela-se, em seu artigo 62[28], os bens, arquivos, registros, museus, bibliotecas, pinacotecas, instalação científica ou similar especialmente protegidos por lei, ato administrativo ou decisão judicial. Ao que se comina pena mais gravosa do que a prevista no Código Penal: seis meses a três anos de detenção e multa. Notadamente, a previsão do artigo 165 do Código Penal é completamente esgotada – e, por isso, revogada tacitamente – pelo art. 62, I, da Lei nº 9.605/98.

Justifica-se, porém, a abordagem do tipo legal em comento em razão da irretroatividade da lei penal maléfica, porquanto, como cediço, aos crimes cometidos antes de 12 de fevereiro de 1998, data em que se editou a Lei nº 9.605/98, aplica-se a disposição geral do Código Penal.

3.2. Bem jurídico tutelado

A tutela é destinada à intangibilidade do patrimônio artístico, histórico ou arqueológico. Protege-se, imediatamente, o patrimônio em seu aspecto imaterial – expressado pela concepção ideal e subjetiva do povo, pertencente a todos indistintamente[29] – e, mediatamente, o patrimônio em seu aspecto material. Tal fato se dá especialmente porque o dano representa lesão, *in concreto*, do patrimônio, e somente lesando este pode atingir aquele valor imaterial expresso pela concepção ideal subjetiva da população.[30]

O objeto material do delito é a coisa móvel ou imóvel tombada pela autoridade competente em virtude de valor artístico, arqueológico ou histórico. É imprescindível, então, que tenha ocorrido – e finalizado – o processo formal de tombamento do bem; se o dano é cometido em coisa pública que não foi objeto de tombamento, aplica-se o artigo 163, III, do Código Penal, que é hipótese prevista de dano qualificado.

---

28 Art. 62. Destruir, inutilizar ou deteriorar: I – bem especialmente protegido por lei, ato administrativo ou decisão judicial; II – arquivo, registro, museu, biblioteca, pinacoteca, instalação científica ou similar protegido por lei, ato administrativo ou decisão judicial: Pena – reclusão, de um a três anos, e multa. Parágrafo único. Se o crime for culposo, a pena é de seis meses a um ano de detenção, sem prejuízo da multa.

29 PRADO, Luiz Regis. Curso de direito penal brasileiro, volume 2: parte especial. São Paulo: Editora Revista dos Tribunais, 2007, p. 400.

30 BITENCOURT, Cezar Roberto. Tratado de direito penal: parte especial, volume 3, São Paulo: Saraiva, 2009, pp. 186/187.

3.3. Sujeitos do delito

Trata-se, quanto ao sujeito ativo, de crime comum, porque não se exige qualquer condição especial do sujeito ativo. O proprietário da coisa pode, também, incorrer nas penas do delito em comento, máxime pela ausência da elementar típica *alheia* constante da cabeça do artigo. É dizer, para que se configure o delito, não se exige que a coisa pertença a outrem, tendo em vista que fazê-lo representaria uma própria limitação do fim da norma, uma vez que é manifesto o interesse público na conservação das coisas com valor artístico, arqueológico ou histórico; mesmo quando se tenha de protegê-las dos atos levados a cabo pelo proprietário.

O sujeito passivo do delito é, em primeiro lugar, a pessoa jurídica de Direito Público interno, União, Estado ou Município, haja vista que, imediatamente, o crime lesa seu patrimônio cultural. Além deste, é também vítima do delito o proprietário ou possuidor da coisa, porquanto se presta o tipo legal, mediatamente, a tutelar o patrimônio em sua feição material.

3.4. Tipicidade objetiva e subjetiva

Cometia o delito quem, antes da Lei nº 9.605/98, *destruísse, inutilizasse ou deteriorasse coisa tombada pela autoridade competente em virtude de valor artístico, arqueológico ou histórico.* No que toca aos verbos que são núcleos do tipo em comento, aplica-se integralmente os comentários tecidos quando da análise do artigo 163 do Código Penal.

Se a coisa tombada pertence a pessoa jurídica de direito público interno, pontuava com acerto NORONHA:

> "O dano contra coisa tombada pertencente à União, ao Estado e ao Município é punido na forma do artigo 163, § único, nº III, cuja pena é maior do que a presente artigo, evidente sendo que a lei não poderia ver no tombamento daquela motivo para atenuar a pena, que é o que aconteceria se considerasse o fato como ajustável a êste artigo."[31]

Livre de reparo a conclusão tocante à perfectibilização do dano qualificado na espécie, uma vez que, claramente, considerar-se que, por exemplo, o dano contra coisa tombada pertencente à União, apenas porque tombada, é hipótese do tipo de injusto em comento, significa dizer que, porque tombada a coisa, é menos censurável a conduta do danificador, tendo em vista que as penas cominadas ao dano qualificado são notadamente mais severas do que as previstas no art. 165.

Como advertido, é imprescindível o tombamento, porém não suficiente. Alicerçado em HUNGRIA vislumbra-se que a adoção do tombamento da coisa como critério absoluto para a ocorrência do delito resulta em adstringir o juízo penal à eventual elasticidade de critério da autoridade administrativa incumbida do tombamento.[32]

---

31 NORONHA, Magalhães. Direito Penal: crimes contra a pessoa e crimes contra o patrimônio. São Paulo: Saraiva, p. 318.

32 HUNGRIA, Nelson. *op. cit.* p. 113.

Faz-se necessário, portanto, que a coisa tenha intrinsecamente valor artístico, arqueológico ou histórico.

Quanto à pichação, rememore-se que é objeto de previsão específica constante do art. 65 da Lei nº 9.095/98 – Lei dos Crimes Ambientais.

O elemento subjetivo do delito em comento é o dolo – vontade livre e consciente – de danificar [destruindo, inutilizando ou deteriorando] a coisa tombada pela autoridade competente em razão de seu valor artístico, arqueológico ou histórico. Não se exige do agente que tenha a consciência de que o bem é efetivamente tombado, mas é imprescindível que saiba tratar-se de bem de qualquer modo protegido.

É de se notar que, no tipo de injusto em comento, ao revés da disposição revogatória da Lei de Crimes Ambientais, não se prevê a modalidade culposa.

3.5. Classificação doutrinária

Trata-se de crime **doloso**, porquanto não há previsão legal para modalidade culposa; **comissivo**, pois o verbo nuclear exige ação positiva para sua consumação; **instantâneo**, já que a consumação não se alonga no tempo, operando-se de imediato; **de dano**, por causar efetiva lesão ao bem jurídico tutelado; **de forma livre**, pode ser praticado por qualquer meio, forma ou modo; **material**, visto que produz resultado naturalístico, sendo necessário para sua consumação; **unissubjetivo**, pois pode ser praticado por apenas um agente; **plurissubsistente**, podendo ser fracionado em diversos atos, que compõe uma mesma conduta criminosa; **comum**, uma vez que não se exige qualquer condição especial do agente.

3.6. O momento consumativo

Por se tratar de crime material, consuma-se o delito com a efetiva destruição, inutilização ou deterioração do bem tombado. É plenamente factível a cisão do *iter criminis*, razão pela qual é admissível a tentativa na presente hipótese.

3.7. Pena e ação penal

As penas cominadas ao delito são seis meses a dois anos de detenção e multa. A ação penal é de natureza pública incondicionada, cuja competência para processamento e julgamento é do Juizado Especial Criminal, uma vez que se trata de delito de menor potencial ofensivo.

3.8. Breve cotejamento com o PLS 236/2012

A presente figura foi deslocada para as modalidades qualificadas do delito de dano, o que se mostra acertado, tendo em vista que a presente modalidade delitiva jamais apresentou autonomia tal que a credenciasse a figurar como modalidade delitiva independente.

4. ALTERAÇÃO DE LOCAL ESPECIALMENTE PROTEGIDO

⊙ **Alteração de local especialmente protegido**

Art. 166 – Alterar, sem licença da autoridade competente, o aspecto de local especialmente protegido por lei:

Pena – detenção, de um mês a um ano, ou multa.

4.1. Considerações preliminares

O presente tipo legal – tal como o imediatamente antecedente – foi revogado tacitamente pelo artigo 63[33] da Lei nº 9.605/98. Na legislação específica, formula-se figura mais abrangente e mais gravosa, uma vez que a pena máxima, que é de um ano de detenção na disposição em comento, passa a três anos de detenção.

4.2. Bem jurídico tutelado

A tutela é destinada ao *ambiente* sob seu aspecto cultural-estético[34], em especial no que diz respeito à integridade do patrimônio público nacional.[35] Tutelam-se os bens imóveis que compõem o ambiente, cuja beleza advém da própria natureza [espontânea ou retocada pela mão do homem].[36]

4.3. Sujeitos do delito

Quanto aos sujeitos do delito, aplicam-se indistintamente os comentários tecidos no artigo precedente. Resumidamente, qualquer pessoa pode praticar o delito, inclusive o proprietário. O sujeito passivo é, imediatamente, a pessoa jurídica de direito público interno e, mediatamente, o proprietário ou possuidor.

4.4. Tipicidade objetiva e subjetiva

O delito em comento consiste em *alterar, sem licença da autoridade competente, o aspecto de local especialmente protegido por lei*. O núcleo do tipo é o verbo *alterar*, que significa mudar, modificar, desfigurar. A alteração implica mudança do estado anterior ou preexistente.[37] Como cediço, nada diz a maneira pela qual se leva a cabo a alteração, tendo em vista que prescinde de formalidade ou modo predeterminado.

---

33 Art. 63. Alterar o aspecto ou estrutura de edificação ou local especialmente protegido por lei, ato administrativo ou decisão judicial, em razão de seu valor paisagístico, ecológico, turístico, artístico, histórico, cultural, religioso, arqueológico, etnográfico ou monumental, sem autorização da autoridade competente ou em desacordo com a concedida: Pena – reclusão, de um a três anos, e multa.

34 BITENCOURT, Cezar Roberto. Tratado de direito penal: parte especial, volume 3, São Paulo: Saraiva, 2009, p. 192.

35 PRADO, Luiz Regis. *op. cit.*

36 HUNGRIA, Nelson. *op. cit.* p. 113.

37 NORONHA, Magalhães. Direito Penal: crimes contra a pessoa e crimes contra o patrimônio. São Paulo: Saraiva, p. 320.

Não se exige para a configuração do delito a alteração integral do local especialmente protegido por lei, bem como não se exige a ocorrência de dano, pois muitas vezes um simples senão que se faça inserir numa determinada propriedade, ainda que parcial e reversível, é o suficiente para quebrar a harmonia do conjunto ou ferir a estética.[38] Segundo HUNGRIA[39], basta para perfectibilizar o tipo legal em comento a simples alteração de aspecto, ainda que desacompanhada de destruição, inutilização ou deterioração sob o ponto de vista material ou substancial.

O ato de alterar deve se dar *sem a autorização da autoridade competente*, porque a autorização mediante licença da autoridade competente afasta o elemento normativo do tipo e, por consequência, a adequação típica da conduta. Reside talvez neste ponto o aspecto de maior relevância prática do delito em estudo, tendo em vista que há uma temerária superposição de licenças, o que acaba por dificultar sobremaneira o cumprimento deste requisito.

A superposição de licenças consiste nas várias esferas e graus que têm de ser instados a se manifestar quanto à alteração pretendida pelo sujeito. E pior: no mais das vezes, as respectivas esferas não comunicam o agente quanto à necessidade de licenças outras a serem emitidas por órgãos diversos. Nesta perspectiva, é plenamente justificável o erro sobre os elementos constitutivos do tipo (*sem licença da autoridade competente*) do sujeito que é denunciado por este delito em razão da ausência de autorização do IBAMA quando, por exemplo, tiver comparecido a órgão municipal e obtido a respectiva licença sem qualquer ressalva. Restaria, assim, afastado o dolo da conduta e, por consequência, a sua tipicidade.

O elemento subjetivo é o dolo genérico consistente na vontade livre e consciente de alterar local especialmente protegido por lei. A consciência quanto à especial proteção por lei da coisa alterada é imprescindível à configuração do tipo em comento. A inexistência de representação quanto ao fato, a depender das circunstâncias do caso concreto, pode redundar na aplicação da disposição insculpida no artigo 163 do Código Penal.

4.5. Classificação doutrinária

Trata-se de crime **doloso**, porquanto não há previsão legal para modalidade culposa; **comissivo**, pois o verbo nuclear exige ação positiva para sua consumação; **instantâneo**, já que a consumação não se alonga no tempo, operando-se de imediato; **de forma livre**, pois pode ser praticado por qualquer meio, forma ou modo; **material**, visto que produz resultado naturalístico, sendo necessário para sua consumação; **unissubjetivo**, pois pode ser praticado por apenas um agente; **plurissubsistente**, podendo ser fracionado em diversos atos, que compõe uma mesma conduta criminosa; **comum**, uma vez que não se exige qualquer condição especial do agente.

38 NORONHA, Magalhães. *op. cit.* p. 320.

39 HUNGRIA, Nelson. *op. cit.* p. 114.

4.6. O momento consumativo

Consuma-se o delito com a efetiva alteração do local. Como advertido, consuma-se com a alteração, pouco importando a ocorrência de dano. É plenamente factível a cisão do *iter criminis*, razão pela qual é admissível a tentativa na presente hipótese.

4.7. Pena e ação penal

As penas cominadas ao delito são um mês a um ano de detenção ou multa. A ação penal é de natureza pública incondicionada.

4.8. Breve cotejamento com o PLS 236/2012

A presente figura não foi objeto de previsão no Projeto.

↳ CAPÍTULO V– DA APROPRIAÇÃO INDÉBITA

GAMIL FÖPPEL E
GABRIEL DALLA FAVERA DE OLIVEIRA

1. APROPRIAÇÃO INDÉBITA

⊙ **Apropriação indébita**

Art. 168 – Apropriar-se de coisa alheia móvel, de que tem a posse ou a detenção:

Pena – reclusão, de um a quatro anos, e multa.

Aumento de pena

§ 1º – A pena é aumentada de um terço, quando o agente recebeu a coisa:

I – em depósito necessário;

II – na qualidade de tutor, curador, síndico, liquidatário, inventariante, testamenteiro ou depositário judicial;

III – em razão de ofício, emprego ou profissão.

1.1. Considerações preliminares

O tipo de injusto de apropriação indébita é claramente uma derivação do delito de furto. A prova cabal deste fato é que até o final do século XVIII, tal crime não era mais do que uma das espécies do gênero furto. No direito romano, desconheceu-se até mesmo a distinção oriunda do direito germânico entre *furtum proprium* (o que se dava com a subtração da coisa) e *furtum improprium* (ao invés da subtração, dava-se com o abuso de uma posse legítima precedente ou emprego de fraude), compreensivo da apropriação indébita e estelionato, que só mais tarde adquiriram autonomia.[1]

O surgimento da figura delitiva ora comentada deu-se na França sob o *nomem juris* "abuso de confiança" no Código de 1791, reproduzida posteriormente no Código de 1810. Converge, porém, a doutrina na preferência pela denominação adotada no Brasil – em reprodução do direito italiano –, uma vez que não restringe o tipo ao abuso de confiança. Não se discute que, na prática da apropriação indébita, há abuso

---

1 HUNGRIA, Nelson. Comentários ao código penal: decreto n.º 2.848, de 7 de dezembro de 1940. 1. ed., Vol. VII, Rio de Janeiro: Forense, 1955, p. 122.

de confiança por parte do agente, mas restringir o crime a isto é conferir feição estritamente pessoal, ao invés de patrimonial.[2]

Como advertia NORONHA, o delito de apropriação indébita marca justamente a transição entre os delitos cometidos com violência à coisa ou à pessoa [furto, roubo, extorsão, usurpação e dano] e os cometidos mediante fraude [estelionato e seguintes], por isso apresenta pontos de contato e diferenças com os crimes extremos dos artigos 155 e 171 do Código Penal.

1.2. Bem jurídico tutelado

O bem jurídico tutelado é a inviolabilidade patrimonial notadamente em relação à propriedade contra a apropriação indevida de quem tem a posse ou detenção da coisa alheia móvel. Deste modo, ao contrário do que sucede com o crime de furto, por exemplo, na apropriação indébita não se resguarda a posse.

Consoante o entendimento doutrinário, não só o direito de propriedade é objeto da proteção conferida pelo tipo penal em comento, mas também outros direitos patrimoniais. Exemplo disto são os *direitos reais de garantia*, como o usufruto e o penhor, também protegidos penalmente, uma vez que o usufrutuário, assim como o devedor, pode apropriar-se indevidamente da *res*, violando da mesma forma o direito do nu-proprietário ou do credor pignoratício.[3] Esta concepção deriva e compreende-se completamente com a razão fundamental do dispositivo: a proteção da propriedade – em todo e qualquer aspecto – da intenção do possuidor da coisa de dispor dela como se dono fosse.

O objeto material do delito é a coisa alheia móvel, a coisa imóvel removível e os semoventes; as coisas fungíveis podem, inclusive, ser apropriadas, desde que não se dê a restituição em qualidade e quantidade iguais às da coisa recebida.

1.3 . Sujeitos do delito

Qualquer pessoa possuidora ou detentora legitimamente de coisa alheia móvel pode ser sujeito ativo do crime em comento, o que, evidentemente, exclui o proprietário da coisa. O sujeito ativo do crime é o sujeito passivo da relação obrigacional estabelecida com a *traditio* do objeto.[4] Torna-se sujeito ativo do delito aquele que não cumpre com a obrigação – surgida com o recebimento da coisa – de devolvê-la, entregá-la ou utilizá-la para determinado fim, mas, ao revés, decide dela se apropriar como se dono fosse.

---

2 NORONHA, Magalhães. Direito Penal: crimes contra a pessoa e crimes contra o patrimônio. São Paulo: Saraiva, p. 323.

3 BITENCOURT, Cezar Roberto. Tratado de direito penal: parte especial, volume 3, São Paulo: Saraiva, 2009, p. 196.

4 NORONHA, Magalhães. *op. cit.* p. 325.

Quanto ao sujeito passivo, é qualquer pessoa, física ou jurídica, titular do direito patrimonial atingido pela ação tipificada. Ordinariamente, é o proprietário e, excepcionalmente, o mero possuidor quando a sua posse decorre de direito real – usufruto ou penhor –, porque vinculados à propriedade.[5]

1.4. Tipicidade objetiva e subjetiva

Comete o crime quem *se apropria de coisa alheia móvel, de que tem a posse ou a detenção*. Dizia bem PAULO JOSÉ DA COSTA JR.[6] que o núcleo do tipo *apropriar-se* não deve ser interpretado em sentido literal, equivalente a tornar própria a coisa alheia. Deve-se entender que o agente comporta-se em relação à coisa como se própria fosse; assim, executa os atos de disponibilidade, assume direitos de propriedade.

Apropriar-se, então, deve ser compreendido como a inversão da natureza da posse ou detenção. É a ação do sujeito que, com *animus rem sibi habendi*, passa a agir como se dono da coisa fosse. Cumpre frisar que é plenamente factível a aplicação do princípio da insignificância a depender das circunstâncias do caso concreto; é o que se verifica no julgamento do *habeas corpus* nº 91.920 pelo Supremo Tribunal Federal.[7]

Para a configuração do delito de apropriação indébita, exige-se a verificação de um pressuposto material da conduta: é preciso que o agente encontre-se na posse ou detenção legítima e desvigiada da coisa em nome de terceiro. O que é necessário e suficiente é que à ilícita apropriação preexista a justa posse ou detenção exercida pelo agente, em nome de outrem, sobre a coisa.[8]

A preexistência de posse ou detenção legítima da coisa em nome de outrem é indispensável à configuração do delito, porque imprescindível a verificação do *animus rem sibi habendi* – a intenção de tomar a coisa para si. Assim, se o agente já garante o recebimento da coisa mediante artifício ou ardil que induza a erro o sujeito passivo, é hipótese de crime diverso [estelionato] e não apropriação indébita. De outro passo, se antes do recebimento da coisa o agente já tem o *animus delinquendi*, não se configura o delito em comento, porque aí a coisa já é adquirida em nome próprio.

---

5 BITENCOURT, Cezar Roberto. *op. cit.* p. 197.

6 COSTA JÚNIOR, Paulo José da. *op. cit.* p. 350.

7 EMENTA: HABEAS CORPUS. PRINCÍPIO DA INSIGNIFICÂNCIA. CRIME DE RECEPTAÇÃO. OBJETO DE VALOR REDUZIDO. DEVOLUÇÃO ESPONTÂNEA À VÍTIMA. REQUISITOS DO CRIME DE BAGATELA PREENCHIDOS NO CASO CONCRETO. ATIPICIDADE MATERIAL DA CONDUTA. ORDEM CONCEDIDA. (...) 3. No caso, a receptação de um walk man, avaliado em R$ 94,00, e o posterior comparecimento do paciente perante à autoridade policial para devolver o bem ao seu dono, preenchem todos os requisitos do crime de bagatela, razão pela qual a conduta deve ser considerada materialmente atípica. 4. Ordem concedida para determinar o trancamento da ação penal de origem. (HC 91920, Relator(a): Min. JOAQUIM BARBOSA, Segunda Turma, julgado em 09/02/2010, DJe-045 DIVULG 11-03-2010 PUBLIC 12-03-2010 EMENT VOL-02393-02 PP-00372 LEXSTF v. 32, n. 376, 2010, p. 252-256)

8 HUNGRIA, Nelson. *op. cit.* p. 124.

O elemento subjetivo do delito em comento é o dolo genérico consistente na vontade livre e consciente de apropriação da coisa alheia móvel, da qual se tem precedentemente a posse ou detenção. Em que pese a ausência de *animus rem sibi habendi* exclua subjetivamente a apropriação indébita, não significa dizer que se trata de dolo específico, uma vez que não se exige no cometimento do crime em comento qualquer finalidade posterior à apropriação.

Como cediço, o dolo deve abranger todos os caracteres da descrição típica da conduta. Assim, na forma sintetizada proposta por BITENCOURT, "*o agente deve ter vontade e consciência de apropriar-se de coisa alheia, isto é, de tomar para si coisa que não lhe pertence. Essa é a representação subjetiva que deve abranger e orientar a ação do sujeito ativo.*"[9]

O que de mais relevante há quanto ao elemento subjetivo no crime de apropriação indébita é que o dolo de apropriação da coisa deve surgir após a *traditio* da *res*. É imprescindível que, antecedentemente, o agente – como já advertido – esteja imitido na posse ou detenção legítima de coisa alheia, sob pena de não se configurar o delito em comento.

É preciso que reste cabalmente demonstrado o *animus* do agente em apropriar-se da coisa, pois se a finalidade é diversa – como, por exemplo, a compensação de dívidas, a retenção pelo depositário para adimplemento do depositante dos gastos que se teve com a coisa, a indolência em devolver a coisa *et cetera*. Reconhecer tal fato não implica concordância com a tese de NORONHA, que via aí a comprovação da exigência do dolo específico no crime de apropriação indébita: "*o fim, de conseguir proveito (para si ou para outrem) configura, pois o dolo específico.*"[10] Ocorre, todavia, que exigir-se a comprovação do efetivo *animus* de apropriação não significa dizer, como consequência, que é exigido o fim de obter proveito. A comprovação da vontade de apropriar-se diz respeito ao dolo genérico intrínseco ao tipo e não a um imaginado dolo específico.

Se o agente já possui o *animus* de delinquir antes de receber a coisa, pode ter lugar o estelionato [se houve fraude], furto [se pretendia desde sempre subtrair a *res*] *et cetera*. Quanto à diferenciação entre apropriação indébita e furto, é preciso demarcar que neste crime o agente – sem qualquer título legitimador e movido pelo *animus delinquendi* precedente- subtrai clandestinamente a coisa móvel que, vigiada, estava em poder de seu titular; na apropriação indébita, o sujeito ativo recebe, mediante um título de transmissão possessória inicialmente lícito, as coisas móveis que o seu próprio titular entrega[11] e, após, já desvigiada, age com o *animus rem sibi habendi*.

O que dizer da conduta, então, do sujeito que se dirige a uma concessionária de veículos para o fim – verdadeiro ou aparente – de testar um determinado veículo e

9 BITENCOURT, Cezar Roberto. *op. cit.* p. 199.

10 NORONHA, Magalhães. *op. cit.* p. 332.

11 MORENO VERDEJO, Jaime. La apropriación indebida. Delitos y custiones penales em el ámbito emprearial. Madrid: Expansión/Garrigues & Andersen, 1999, 8 v. p. 259-285, 271/272.

posteriormente o toma para si? A resposta depende das circunstâncias: a) se o agente chega à concessionária com o propósito de efetivamente testar o veículo, pega as chaves, sai às ruas sozinho, e resolve não mais devolver o veículo, tem-se aí crime de apropriação indébita; b) se já chega na concessionária com o *animus* de subtrair o veículo, dá-se o estelionato; c) se sai da concessionário acompanhado do vendedor e, durante o percurso, simula qualquer sinistro que obrigue o vendedor a desembarcar do veículo, dá-se o furto mediante fraude.[12]

A devolução da coisa antes do recebimento da denúncia afasta o dolo? É firmado o entendimento no Superior Tribunal de Justiça de que a devolução da coisa, ainda que antes do recebimento da denúncia, máxime quando persistir dúvida quanto à integralidade da devolução, não implica afastamento do elemento subjetivo.[13]

Noutra vertente, com escora nos comentários de Miguel Reale Júnior[14], é de se verificar que se a devolução da coisa possuída logo após a solicitação do proprietário é dado revelador da inocorrência do dolo, é de se entender que o ânimo do agente revela-se, outrossim, inalterado, nos limites da atividade de simples possuidor, se a devolução ocorre não só antes de qualquer providência criminal como também antes do oferecimento da denúncia. Efetivamente, o ânimo de *dominus* não pode, sob pena de arbítrio, ser inferido, quando a devolução da coisa ocorre, anteriormente, à instauração do processo crime. Esta devolução anterior é prova suficiente de que o agente atuava, talvez com posse abusiva, mas jamais presidido pela intenção de se apropriar da coisa, tanto que a restituiu.

1.5. Classificação doutrinária

Trata-se de crime **doloso**, porquanto não há previsão legal para modalidade culposa; **comissivo** ou **omissivo**, podendo ser praticado por ação ou omissão de ação; **instantâneo**, já que a consumação não se alonga no tempo, operando-se de imediato; **de forma livre**, vez que pode ser praticado por qualquer meio, forma ou modo; **material**, visto que produz resultado naturalístico, sendo necessário para sua consumação; **unissubjetivo**, pois pode ser praticado por apenas um agente; **plurissubsistente**, podendo ser fracionado em diversos atos, que compõe uma mesma conduta criminosa; **comum**.

1.6. O momento consumativo

O momento de consumação do delito – reconhece a doutrina – é de difícil comprovação, uma vez que depende de uma atitude anímica do agente. O delito consuma-se

12 A orientação jurisprudencial é no sentido de definir tais casos como furto mediante fraude, uma vez que ordinariamente no contrato de seguro firmado pelas concessionárias não se prevê o ressarcimento derivado de estelionato.

13 REsp 897478/SP, Rel. Ministra MARIA THEREZA DE ASSIS MOURA, SEXTA TURMA, julgado em 19/10/2010, DJe 07/02/2011.

14 REALE JÚNIOR, Miguel. Apropriação indébita: restituição da coisa antes da denúncia [Comentário de jurisprudência]. Ciência Penal, Rio de Janeiro, v. 2, n. 1, p. 145-148, 1975.

quando o agente – consciente e voluntariamente –, com *animus rem sibi habendi*, apropria-se da coisa e passa agir como se dono dela fosse. Como este é um ato interno do agente e que, por isso, não necessariamente chega ao conhecimento da vítima, exige-se adicionalmente que o elemento subjetivo seja revelado em um ato exterior, que pode ser tanto o propósito de não mais restituir ou a consciência de não mais poder restituir.[15]

Há instaurada celeuma[16] quanto à admissibilidade da tentativa de apropriação indébita. Pontuava NORONHA[17] que a dificuldade da realização reside em que a apropriação indébita é crime instantâneo e tem como pressuposto material achar-se já a coisa na posse ou detenção do agente. Ora, considerando isso e atendendo-se a que a apropriação (consumação) se realiza por um ato de vontade do agente em relação à coisa, parece-nos problemática a hipótese de e fracionar a figura delituosa, isolando-se a intenção da consumação.

Adotando-se, porém, aquele referido momento consumativo do delito: com a exteriorização do propósito de restituir ou a consciência de não mais podê-lo, entende-se que o crime em comento é impassível de tentativa.

1.7. A apropriação indébita majorada

Como cediço, prevê o legislador no § 1º do art. 168 três formas majoradas de cometimento do delito em comento, as quais implicam aumento compulsório de um terço da pena. Entende o legislador que as condutas, discriminadas nos três incisos do § 1º – que, na verdade, é único – são objeto de maior censurabilidade e, por isso, recomendam uma especial majoração.

1.7.1. A coisa recebida em depósito necessário

É preciso recorrer às lições do direito civil neste primeiro momento, máxime no que toca às duas formas de depósito: necessário [art. 647 do Código Civil] e voluntário [art. 627 do Código Civil]. Verifica-se desde já que se a coisa é dada em depósito voluntário não se perfaz a majoração em comento, uma vez que é inequívoca a redação do inciso I no que exige a natureza *necessária* do depósito.

---

15 HUNGRIA, Nelson. *op. cit.* p. 132.

16 Dizia Hungria: "Não acolhemos a opinião daqueles que entendem não possível a *tentativa* de apropriação indébita. É ela configurável não apenas no exemplo clássico do mensageiro infiel que é surpreendido no mementos de violar o envelope que sabe conter valores, senão também toda a vez que a apropriação encerra um *iter* ou, como diz Hafter, se executa mediante um ato reconhecível *ab externo* ("einen äusserlich erkennbaren Akt"), como, por exemplo, venda ou penhor. Sòmente não se pode identificar a tentativa quando o *ato de vontade* do agente não é perceptível exteriormente, pois, em tal caso, segundo pondera Manzini, inexiste uma transição executiva da intenção para o ato consumativo." HUNGRIA, Nelson. *op. cit.* p. 141.

17 NORONHA, Magalhães. *op. cit.* p. 334.

O depósito necessário, por sua vez, pode ser legal ou miserável. O depósito é legal quando não se escolhe o depositário – o que é objeto de previsão normativa. De outro modo, o depósito miserável é aquele em que o depositante vê reduzida a sua possibilidade de escolha por circunstâncias excepcionais em razão de calamidade qualquer – que não pode anular por completo as possibilidades de escolha. São hipóteses que perfectibilizam o depósito miserável: a enchente, naufrágio, incêndio, terremoto *et cetera*.

Válido ressaltar que o depósito advindo da hospedagem equipara-se ao necessário nos termos do art. 649 do Código Civil. Nada obstante a existência de posicionamento que entende não equiparável para fins penais, porque ao direito penal nada dizem as ficções do direito privado[18], pouca diferença fará, tendo em vista que perfeitamente amoldável a conduta ao inciso III, em que se majora a pena quando a apropriação deriva de *ofício, emprego ou profissão*.

Apenas a apropriação de depósito miserável faz jus à majoração da pena; a apropriação do depósito legal, se praticada por funcionário público, pode dar causa ao peculato, por exemplo. O certo é que a apropriação de depósito legal não perfaz esta hipótese de apropriação indébita qualificada, mas pode até ser apropriação indébita majorada por outro fundamento.[19]

A maior censurabilidade da conduta consiste exatamente na capacidade dispositiva reduzida do depositante que se vê premido pelas circunstâncias a entregar a coisa ao agente. É evidente, então, que, na mesma proporção do decréscimo da capacidade do depositante, aumentado o dever de probidade do depositário, porquanto manifesto o caráter de dependência do primeiro em relação ao segundo.

1.7.2. Na qualidade de tutor, curador, síndico, liquidatário, inventariante, testamenteiro ou depositário judicial

Importa frisar que o inciso II é taxativo – como recomenda a dogmática penal quanto às previsões que desfavoreçam a condição do réu –, razão pela qual não se admite qualquer espécie de majoração por analogia ou equiparação. Nestes casos, existe uma maior reprovabilidade da conduta pela violação da nobreza dos encargos desempenhados por aquelas pessoas, que exercem também um múnus público; forçosa, então, a majoração da pena, uma vez que a defesa particular da coisa fica demasiado fragilizada.[20]

Convém conceituar brevemente cada um dos encargos previstos no inciso II. *Tutor* é aquele que, nos termos do art. 1.741 do Código Civil, sob a inspeção do juiz, administra os bens do tutelado, em proveito deste, cumprindo seus deveres com zelo e

---

18 HUNGRIA, Nelson. *op. cit*. p. 148.

19 BITENCOURT, Cezar Roberto. *op. cit*. p. 201.

20 PRADO, Luiz Regis. Curso de direito penal brasileiro, volume 2: parte especial. São Paulo: Editora Revista dos Tribunais, 2007, p. 515.

boa-fé. Nos termos do art. 1.767, o curador administra os bens dos maiores incapazes de fazê-lo, bem como orientam e protegem o próprio curatelado.

Ao síndico incumbia administrar a massa falida sob a supervisão do Juiz, tal como se previa no Decreto-Lei nº 7.661/45. Na nova Lei de Falências – Lei nº 11.101//2005 – alcunha de *administrador judicial* o outrora síndico. A figura do liquidatário não mais existe, razão pela qual não se justifica eventual comentário. Ao inventariante compete administrar o espólio até o final do julgamento da partilha, nos termos do art. 1.991 do Código Civil.

O testamenteiro é o responsável por fazer cumprir as disposições de última vontade do *de cujus*, expressadas em testamento. Ao depositário judiciário incumbe, nos termos do art. 148 do Código de Processo Civil, guardar e penhorar os bens penhorados, arrestados, sequestrados ou arrecadados.

1.7.3. *Em razão de ofício, emprego ou profissão*

No presente caso, a razão de ser da maior censurabilidade da conduta reside na violação de um dever especial de fidelidade assumido por quem recebe a coisa no exercício de ofício, emprego ou profissão.

É preciso, porém, que exista a relação de causalidade entre o exercício do ofício, emprego ou profissão e a apropriação da coisa. Se a entrega dá-se por razão diversa – que não implique o exercício profissional –, não se há de falar em forma majorada. Clarificante o exemplo de HUNGRIA: *"Assim, se confio a um joalheiro, meu amigo, um anel de brilhantes, não para consertar, mas para que o guarde, como poderia fazer qualquer outra pessoa de minha confiança, e êle se apropria da joia, comete apropriação indébita simples."*[21]

Nos termos do quanto pontuado por LUIZ RÉGIS PRADO[22], o ofício, em geral, diz respeito a uma arte mecânica ou manual (sapateiro, alfaiate, artesão etc.). O emprego caracteriza-se pela relação de subordinação entre o prestador de serviço e o beneficiário (vendedor, auxiliar administrativo, cobrador etc.) A profissão trata-se de atividade que exige certa qualificação técnica (dentista, engenheiro, médico, advogado, jornalista etc.).

1.8. Aspectos distintivos

Apropriação Indébita e Furto: Em um sem número de ocasiões, um determinado fato da vida pode se apresentar numa zona aparentemente cinzenta entre o furto e a apropriação indébita. É preciso, então, que se firme um critério distintivo rígido de maneira a permitir uma diferenciação entre ambas as figuras. O referido critério consiste exata e simplesmente na natureza vigiada ou desvigiada da liberdade que

21 HUNGRIA, Nelson. *op. cit.* p. 145.

22 PRADO, Luiz Regis. Curso de direito penal brasileiro, volume 2: parte especial. São Paulo: Editora Revista dos Tribunais, 2007, p. 516.

exerce sobre a coisa. É dizer, apenas se configurará apropriação indébita quando o agente possuía sobre a *res* uma liberdade desvigiada, tanto por conta da própria redação do tipo legal que exige, como fato precedente, a posse da coisa por parte do agente. Se havia vigilância, será hipótese de furto. A questão é tão clara quanto é simples: só se dá a apropriação quando o agente exerce sobre o bem uma liberdade desvigiada, um legítimo e desvigiado poder de disponibilidade física[23], porque, se vigiada a coisa, ter-se-á, em verdade, subtração.

Apropriação Indébita e Peculato: O peculato é crime praticado contra a administração em geral por funcionário público previsto no art. 312 do Código Penal. A redação da primeira parte deste artigo muito se assemelha à disposição do art. 168, a diferença reside, porém, justamente no sujeito ativo e passivo do delito. O peculato é a previsão específica da apropriação indébita que tem lugar quando a apropriação é levada a cabo por funcionário público no âmbito da administração.

Apropriação Indébita e Figuras Especiais: Há determinadas modalidades de apropriação que, por sua especialidade, foram objeto de disposições da legislação penal especial. A apropriação ou desvio de bens, proventos, pensão, ou qualquer outro rendimento do idoso, configura hipótese de delitiva encartada no Estatuto do Idoso, qual seja o art. 102 da Lei nº 10.741/2003. Por seu turno, se o sujeito ativo é responsável por instituição do Sistema Financeiro Nacional ou assemelhadas, há previsão específica constante do art. 5º da Lei nº 7.492/86 – Lei dos Crimes Contra o Sistema Financeiro Nacional. Tal como advertido, se se trata de apropriação de coisa destinada à incorporação imobiliária, tem-se a figura prevista no art. 65, § 1º, II, da Lei nº 4.591/64.

Ademais, observe-se a disposição constante do art. 552 da Consolidação das Leis Trabalhistas, que versa sobre a gestão financeira dos sindicatos e sua fiscalização: *os atos que importem em malversação ou dilapidação do patrimônio das associações ou entidades sindicais ficam equiparados ao crime de peculato julgado e punido na conformidade da legislação penal*. Sucede, porém, que tal artigo não fora recepcionado pela Constituição Federal, o que, no entanto, não torna impassível de ocorrência neste contexto a apropriação indébita.

1.9. Pena e ação penal

A pena cominada é de um a quatro anos de reclusão e multa. A ação penal é pública incondicionada.

1.10. Breve cotejamento com o PLS 236/2012

No presente delito, propõe-se a adoção daquela causa extintiva de punibilidade já constante do furto e do dano: extinção da punibilidade pela reparação do dano, exclusivamente se aceita pela vítima.

23 PRADO, Luiz Regis. *op. cit.* p. 513.

2. Apropriação indébita previdenciária

⊙ **Apropriação indébita previdenciária**

Art. 168-A. Deixar de repassar à previdência social as contribuições recolhidas dos contribuintes, no prazo e forma legal ou convencional: (Incluído pela Lei nº 9.983, de 2000)

Pena – reclusão, de 2 (dois) a 5 (cinco) anos, e multa. (Incluído pela Lei nº 9.983, de 2000)

§ 1º Nas mesmas penas incorre quem deixar de: (Incluído pela Lei nº 9.983, de 2000)

I – recolher, no prazo legal, contribuição ou outra importância destinada à previdência social que tenha sido descontada de pagamento efetuado a segurados, a terceiros ou arrecadada do público; (Incluído pela Lei nº 9.983, de 2000)

II – recolher contribuições devidas à previdência social que tenham integrado despesas contábeis ou custos relativos à venda de produtos ou à prestação de serviços; (Incluído pela Lei nº 9.983, de 2000)

III – pagar benefício devido a segurado, quando as respectivas cotas ou valores já tiverem sido reembolsados à empresa pela previdência social. (Incluído pela Lei nº 9.983, de 2000)

§ 2º É extinta a punibilidade se o agente, espontaneamente, declara, confessa e efetua o pagamento das contribuições, importâncias ou valores e presta as informações devidas à previdência social, na forma definida em lei ou regulamento, antes do início da ação fiscal. (Incluído pela Lei nº 9.983, de 2000)

§ 3º É facultado ao juiz deixar de aplicar a pena ou aplicar somente a de multa se o agente for primário e de bons antecedentes, desde que: (Incluído pela Lei nº 9.983, de 2000)

I – tenha promovido, após o início da ação fiscal e antes de oferecida a denúncia, o pagamento da contribuição social previdenciária, inclusive acessórios; ou (Incluído pela Lei nº 9.983, de 2000)

II – o valor das contribuições devidas, inclusive acessórios, seja igual ou inferior àquele estabelecido pela previdência social, administrativamente, como sendo o mínimo para o ajuizamento de suas execuções fiscais. (Incluído pela Lei nº 9.983, de 2000)

§ 4º A faculdade prevista no § 3º deste artigo não se aplica aos casos de parcelamento de contribuições cujo valor, inclusive dos acessórios, seja superior àquele estabelecido, administrativamente, como sendo o mínimo para o ajuizamento de suas execuções fiscais. (Incluído pela Lei nº 13.606, de 2018)

2.1. Considerações preliminares

O presente dispositivo foi inserido no Código Penal através da Lei nº 9.983/2000, que entrou em vigor em 14 de julho de 2000. Revogaram-se as disposições do artigo 95 da Lei nº 8.212/1991[24], que dispunha de extensivo rol de condutas criminosas em

24 Art. 95. Constitui crime:

a) deixar de incluir na folha de pagamentos da empresa os segurados empregado, empresário, trabalhador avulso ou autônomo que lhe prestem serviços;

b) deixar de lançar mensalmente nos títulos próprios da contabilidade da empresa o montante das quantias descontadas dos segurados e o das contribuições da empresa;

c) omitir total ou parcialmente receita ou lucro auferidos, remunerações pagas ou creditadas e demais fatos geradores de contribuições, descumprindo as normas legais pertinentes;

d) deixar de recolher, na época própria, contribuição ou outra importância devida à Seguridade Social e arrecadada dos segurados ou do público;

face dos interesses da Previdência. No que toca à apropriação indébita previdenciária, as alíneas *'d'* e *'f'* do referido diploma surgem como seus antecedentes remotos.

Os crimes contra a Previdência – vale frisar – são das poucas hipóteses em que se respeitou o princípio da reserva do código[25], tendo em vista que os quatro tipos: apropriação indébita, sonegação previdenciária, estelionato previdenciário e falsificação de carteira de trabalho foram transferidos da legislação especial para o Código Penal.

2.2. Bem jurídico tutelado e objeto material do delito

Quanto ao bem jurídico tutelado no presente tipo legal, verifica-se aparente imprecisão na doutrina, tendo em vista que há posicionamentos diversos; são descritos como bens jurídicos do delito o patrimônio[26], as fontes de custeio da seguridade social[27], o interesse patrimonial da Previdência Social, o processo de arrecadação e sua distribuição na despesa pública[28] *et cetera.*

Em que pese a aparente divergência, o bem jurídico tutelado no delito de apropriação indébita não parece ser outro que não o patrimônio da Previdência Social. O que, em maior ou menor medida, abarca as referidas conceituações. Nos termos de LUIZ RÉGIS PRADO[29], o bem jurídico lesado cumpre uma função representativa, uma vez que, na configuração do injusto, verifica-se a lesão a um bem jurídico imediato (conotação patrimonial: arrecadatória) e a um bem jurídico mediato, lesado com uma função representativa (o financiamento da Previdência Social).

---

e) deixar de recolher contribuições devidas à Seguridade Social que tenham integrado custos ou despesas contábeis relativos a produtos ou serviços vendidos;

f) deixar de pagar salário-família, salário-maternidade, auxílio-natalidade ou outro benefício devido a segurado, quando as respectivas quotas e valores já tiverem sido reembolsados à empresa; 25

g) inserir ou fazer inserir em folha de pagamentos, pessoa que não possui a qualidade de segurado obrigatório;

h) inserir ou fazer inserir em Carteira de Trabalho e Previdência Social do empregado, ou em documento que deva produzir efeito perante a Seguridade Social, declaração falsa ou diversa da que deveria ser feita;

i) inserir ou fazer inserir em documentos contábeis ou outros relacionados com as obrigações da empresa declaração falsa ou diversa da que deveria constar, bem como omitir elementos exigidos pelas normas legais ou regulamentares específicas;

j) obter ou tentar obter, para si ou para outrem, vantagem ilícita, em prejuízo direto ou indireto da Seguridade Social ou de suas entidades, induzindo ou mantendo alguém em erro, mediante artifício, contrafação, imitação, alteração ardilosa, falsificação ou qualquer outro meio fraudulento.

§ 1º No caso dos crimes caracterizados nas alíneas "d", "e" e "f" deste artigo, a pena será aquela estabelecida no art. 5º da Lei nº 7.492, de 16 de junho de 1986, aplicando-se à espécie as disposições constantes dos arts. 26, 27, 30, 31 e 33 do citado diploma legal.

25 FERRAJOLI, Luigi. Derecho y razón: teoria Del garantismo penal. Madrid: Trotta, 2001, p. 538.

26 GRECO, Rogério. Curso de Direito Penal: parte especial, volume III. Niterói/RJ: Impetus, 2009, p. 220.

27 BITENCOURT, Cezar Roberto. *op. cit.* p. 212.

28 PRADO, Luiz Regis. *op. cit.* p. 525.

29 PRADO, Luiz Regis. *op. cit.* p. 525.

O objeto material do delito é, muito claramente, a contribuição recolhida e não repassada.

2.3. Sujeito ativo e passivo

O sujeito ativo do delito seja do *caput* ou das formas assemelhadas é o agente que possui vínculo, legal ou convencional, com o INSS, pelo qual se obriga a repassar ou recolher a contribuição social, bem como a pagar o benefício ao segurado. Podem ser sujeitos ativos do delito, portanto, o titular de firma individual, os sócios solidários, contadores, gerentes de contabilidade *et cetera*.

O sujeito passivo do delito é o Estado, representado por sua autarquia: o Instituto Nacional do Seguro Social (INSS). Assim, a competência para o processamento e julgamento do presente delito será da Justiça Federal, uma vez que diz respeito, nos termos do art. 109 da Constituição Federal, a *bens, interesses ou serviços da União.*

2.4. Tipicidade objetiva e subjetiva

Incide no delito, na forma prevista no *caput*, quem *deixar de repassar à previdência social as contribuições recolhidas dos contribuintes, no prazo e forma legal ou convencional. Deixar de repassar* deve ser entendido como não transferir, não recolher ou não pagar à Previdência Social *as contribuições recolhidas dos contribuintes;* é não repassar, no prazo e na forma legal ou convencional, aos cofres da Previdência as contribuições recolhidas para este fim.

O agente desconta os valores das contribuições e não os repassa para a Previdência Social, na forma e no prazo legal ou convencional. Assim, é evidente a imprescindibilidade do prévio desconto das contribuições, uma vez que não se haveria de falar em deixar de repassar algo que jamais se teve. Se o agente não chega a descontar as contribuições, não se há falar em ilícito penal, mas em mera infração de natureza administrativa. A omissão no desconto dos tributos, portanto, não é criminosa.

Frise-se, à saída, que o mero fato de dever tributo não implica relevância penal à conduta: estar em débito perante a Previdência não é crime. A condição de devedor tributário torna-se, *in casu*, penalmente relevante quando o agente – depois de recolhidos os valores – entende por não repassá-los com a finalidade de se apropriar do montante. Neste contexto, importa registrar que a ausência de desconto da contribuição, do mesmo modo, não é criminosa, mas mera infração administrativa.

Trata-se de conduta mista, uma vez que a conduta tipificada consiste, num primeiro momento, em conduta comissiva: desconto dos tributos e, num segundo momento, em omissão de formalidade exigida pela lei: é a abstenção do agente de transferir os valores descontados para quem de direito, a Previdência Social.

As *contribuições* – elemento normativo do texto – devem ser entendidas apenas como aquelas destinadas ao custeio da Seguridade Social e os *contribuintes* são aqueles elegidos pela legislação previdenciária como responsáveis tributários.[30] As demais contribuições sociais são tuteladas pela Lei nº 8.137/90.

Necessário observar também que as formas e prazos legais para o repasse à Previdência Social dos valores recolhidos são instituídos pela Lei nº 8.212/91.

É de se observar, ainda, que o delito em comento admite a incidência do princípio da insignificância, cujo critério adotado deve ser o mesmo que rege o interesse da União na execução da dívida fiscal. Tal entendimento restou firmado após a edição da Lei nº 11.457/07, a partir de qual se incluiu os débitos provenientes das contribuições previdenciárias em dívida ativa da União, equiparando-os, portanto, aos débitos de natureza tributária.

O limite para a aferição da (in) significância da conduta firmado na jurisprudência[31] era de R$ 10.000,00 (dez mil reais) em decorrência do artigo 20 da Lei nº 10.522/02, alterado pela Lei nº 11.033/04.[32] Após a edição da portaria 75/2012 do Ministério da Fazenda, todavia, o mínimo exigível para a execução fiscal da dívida passou de R$ 10.000,00 (dez mil reais) para R$ 20.000,00 (vinte mil reais).[33] Parecia razoável que se realizasse uma readequação, assim, do parâmetro aferidor da significância da conduta, uma vez que claramente – dada a atual contextura socioeconômica – não entende mais a Fazenda conveniente sequer a inscrição dos débitos abaixo de vinte mil reais em dívida ativa.

Se não há interesse sequer na execução fiscal dos valores até aquele montante, o que dizer, então, da tipicidade material? Claramente não pode haver, uma vez que implicaria a subversão dos postulados mais elementares, dentre os quais, destacadamente, o caráter subsidiário e fragmentário de sua intervenção.

Quanto ao ponto, uma vez instado à manifestação o Superior Tribunal de Justiça, a 5ª e 6ª decidiram pela manutenção do patamar da insignificância em R$ 10.000,00 (dez mil reais), tal como se vê respectivamente nos julgamentos do Agravo Regimental em Agravo de Recursos Especiais nº 346.715/PR[34], julgado junho de 2014, e do Resp 1334500/PR, julgado em novembro de 2013.

---

30 PRADO, Luiz Regis. *op. cit.* p. 527.

31 Conforme ficou decidido pela Terceira Seção do STJ ao julgar o REsp 1.112.748.

32 Art. 20. Serão arquivados, sem baixa na distribuição, mediante requerimento do Procurador da Fazenda Nacional, os autos das execuções fiscais de débitos inscritos como Dívida Ativa da União pela Procuradoria-Geral da Fazenda Nacional ou por ela cobrados, de valor consolidado igual ou inferior a R$ 10.000,00 (dez mil reais).

33 Art. 1º da Portaria 75/2012 do Ministério da Fazenda: "Art. 1º Determinar: I – a não inscrição na Dívida Ativa da União de débito de um mesmo devedor com a Fazenda Nacional de valor consolidado igual ou inferior a R$ 1.000,00 (mil reais); e II – o não ajuizamento de execuções fiscais de débitos com a Fazenda Nacional, cujo valor consolidado seja igual ou inferior a R$ 20.000,00 (vinte mil reais)."

34 AGRAVO REGIMENTAL NO AGRAVO EM RECURSO ESPECIAL. DESCAMINHO. PRINCÍPIO DA INSIGNIFICÂNCIA. INAPLICABILIDADE. PRECEDENTES. LEI N.10.522/02. VALOR ELIDIDO

Sucede que a Primeira Turma do Excelso Pretório, em 2014, adotou posição diametralmente oposta, ao passo que reconheceu R$ 20.000,00 (vinte mil reais) como parâmetro da insignificância. É o que se comprova no exame dos *Habeas Corpus* nº 120617/PR, 120.438/SC e 118067/RS[35], julgados entre fevereiro e março.

O elemento subjetivo é dolo consistente na vontade, livre e consciente, de deixar de repassar à Previdência as contribuições recolhidas. Quanto à imprescindibilidade do dolo específico, divergem entre si doutrina e jurisprudência, porém a posição mais acertada parece ser a que exige o *animus rem sibi habendi*, uma vez que não há elemento outro qualquer que justifique a justaposição do presente dispositivo neste *locus* além de o especial fim de se apropriar dos recursos não repassados à Previdência.[36]

SUPERIOR A R$ 10.000,00 (DEZ MIL REAIS). PORTARIA N. 75/2012, DO MINISTÉRIO DA FAZENDA. DESCABIMENTO.

I – A 3ª Seção deste Superior Tribunal de Justiça, apreciando a questão da aplicação do princípio da insignificância ao crime de descaminho, no julgamento do Recurso Especial Representativo de Controvérsia n. 1.112.748/TO, sedimentou o entendimento segundo o qual somente é cabível o reconhecimento do delito de bagatela aos débitos tributários que não ultrapassem o teto de R$ 10.000,00 (dez mil reais), em conformidade com o art. 20 da Lei n. 10.522/2002.

II – A Portaria n. 75, de 22 de março de 2012, do Ministério da Fazenda, não conduz à conclusão diversa. Se a execução fiscal pode prosseguir por valor inferior a R$ 20.000,00 (vinte mil reais), consoante a disciplina legal, então tal montante não pode ser considerado insignificante.

III – In casu, o valor do tributo elidido é superior ao patamar fixado por esta Corte Superior.

IV – Agravo Regimental improvido.

(AgRg no AREsp 346.715/PR, Rel. Ministra REGINA HELENA COSTA, QUINTA TURMA, julgado em 05/06/2014, DJe 10/06/2014)

35 Ementa: PENAL E PROCESSUAL PENAL. HABEAS CORPUS IMPETRADO CONTRA ATO DE MINISTRO DE TRIBUNAL SUPERIOR. COMPETÊNCIA DO SUPREMO TRIBUNAL FEDERAL: ART. 102, I, "I", DA CF. MATÉRIA DE DIREITO ESTRITO. DESCAMINHO. PRINCÍPIO DA INSIGNIFICÂNCIA. APLICABILIDADE. HABEAS CORPUS EXTINTO. ORDEM DEFERIDA DE OFÍCIO. [...] 3. No crime de descaminho, o princípio da insignificância é aplicado quando o valor do tributo não recolhido aos cofres públicos for inferior ao limite de R$ 20.000,00 (vinte mil reais), previsto no artigo 20 da Lei 10.522/02, com as alterações introduzidas pelas Portarias 75 e 130 do Ministério da Fazenda. Precedentes: HC 120.617, Primeira Turma, Relatora a Ministra Rosa Weber, DJe de 20.02.14, e (HC 118.000, Segunda Turma, Relator o Ministro Ricardo Lewandowski, DJe de 17.09.13) [...] 7. Ordem de habeas corpus extinta, mas deferida de ofício a fim de reconhecer a atipicidade da conduta imputada ao paciente, determinando, por conseguinte, o trancamento da ação penal. (HC 118067, Relator(a): Min. LUIZ FUX, Primeira Turma, julgado em 25/03/2014, PROCESSO ELETRÔNICO DJe-071 DIVULG 09-04-2014 PUBLIC 10-04-2014)

36 A posição do Supremo Tribunal Federal é no sentido da dispensabilidade de verificação do fim de se apropriar dos valores: AP 516, Relator(a): Min. AYRES BRITTO, Tribunal Pleno, julgado em 27/09/2010. O Superior Tribunal de Justiça decidiu em sentido antipódico, verificado através do seguinte acórdão: PENAL. CRIME DE APROPRIAÇÃO INDÉBITA DE CONTRIBUIÇÃO PREVIDENCIÁRIA. TIPO PENAL (ART. 168-A DO CP). DOLO ESPECÍFICO. NECESSIDADE DE SE DEMONSTRAR A INTENÇÃO DE SE FURTAR AO RECOLHIMENTO TRIBUTÁRIO.

1 – O tipo do art. 168-A do Código Penal, embora tratando de crime omissivo próprio, não se esgota somente no "deixar de recolher", isto significando que, além da existência do débito, haverá a acusação de demonstrar a intenção específica ou vontade deliberada de pretender algum benefício com a supressão ou redução, já que o agente "podia e devia" realizar o recolhimento.

O que se dizer, então, da conduta do empresário que, atolado em dívidas, vê-se obrigado a descontar e não repassar os valores devidos sob pena de provocar o encerramento das atividades: incide nas penas cominadas ao delito em comento? A resposta é decerto negativa. Nada obstante o exemplo amolde-se formalmente ao dispositivo legal, fato é que a referida conduta certamente não constitui crime (fato típico, antijurídico e culpável), uma vez que carecerá de culpabilidade.

Se devidamente comprovada a absoluta impossibilidade de efetuação dos recolhimentos nos períodos indicados, estará configurada a inexigibilidade de conduta diversa, que afasta a culpabilidade do agente. É dizer, comprovando-se a incontornável situação da empresa, resta evidente que o agente não poderia atuar de modo diverso sem implicar, por exemplo, o encerramento das atividades, logo não se poderia dele exigir outro comportamento que não fosse a ausência de repasse das contribuições descontadas. Tal entendimento é assente na jurisprudência.

Frise-se apenas que, a depender das circunstâncias, pode-se discutir, inclusive, da ocorrência de estado de necessidade na conduta de quem não repassa os valores, o que excluiria a antijuridicidade do fato.

2.5. Classificação doutrinária

Trata-se de crime **doloso**, porquanto não há previsão legal para modalidade culposa; é crime **misto**, porque, num primeiro momento, exige uma conduta comissiva: o desconto da contribuição e, num segundo momento, tem por verbo nuclear "deixar de", o que expressa uma abstenção do agente; **instantâneo**, já que a consumação não se alonga no tempo, operando-se de imediato; **formal**, não se exige a produção de resultado naturalístico; **unissubjetivo**, pois pode ser praticado por apenas um agente; **unissubsistente**, não podendo ser fracionado em diversos atos, inadmitindo-se *a priori* a tentativa; **próprio**, uma vez que se exige condição especial do agente, qual seja, "vínculo legal ou convencional com o órgão previdenciário (INSS), pelo qual se obriga a repassar ou a recolher a contribuição social, bem como a pagar o benefício ao segurado"[37].

2.6. Figuras equiparadas

No § 1º, prevê o legislador, em três incisos, figuras equiparadas à previsão do *caput*. A conduta tipificada no *caput* tem a finalidade de punir o *substituto tributário*, que deve recolher à previdência social o quanto arrecadado do contribuinte e não

2 – Elemento subjetivo expressamente aferido pela sentença absolutória que, com base nas provas dos autos, concluiu pela sua inexistência, na espécie.

3 – Ordem concedida para restabelecer o édito de primeiro grau de jurisdição. (HC 150.574/SP, Rel. Ministra MARIA THEREZA DE ASSIS MOURA, SEXTA TURMA, julgado em 04/09/2012, DJe 09/10/2012)

37 PRADO, Luiz Regis. Curso de direito penal brasileiro, volume 2: parte especial, arts. 121 a 249. 9. ed. São Paulo: Revista dos Tribunais, 2010, p. 432.

repassado. Quanto às figuras descritas no § 1º, destinam-se ao contribuinte-empresário, que deve recolher a contribuição que arrecadou do contribuinte.[38]

2.6.1. *Inciso I*

Incorre nas penas do art. 168-A, § 1º, I, CP, quem *deixar de recolher, no prazo legal, contribuição ou outra importância destinada à previdência social que tenha sido descontada de pagamento efetuado a segurados, a terceiros ou arrecadada do público.* A presente conduta nada mais é do que, após descontada a contribuição ou outra importância do pagamento efetuado a segurados, terceiros ou arrecadada do público, não efetivar o repasse à Previdência Social.

Como advertido, pela redação da figura legal, é imprescindível a antecedência do efetivo desconto no pagamento realizado.

2.6.2. *Inciso II*

Incorre nas penas do art. 168-A, § 1º, II, CP, *quem deixar de recolher contribuições devidas à previdência social que tenham integrado despesas contábeis ou custos relativos à venda de produtos ou à prestação de serviços.* Neste caso, não se trata de deixar de repassar as contribuições recolhidas, mas de não repassar aquelas computadas nas despesas contabilizadas ou embutidas nos preços da venda de produtos ou prestação de serviços.

Assim, se, por exemplo, no preço do produto ou do serviço foi embutida a contribuição social devida e, depois de percebido o valor, não se repassou à Previdência Social, dá-se a ocorrência do delito.

2.6.3. *Inciso III*

Incorre nas penas do art. 168-A, § 1º, III, CP, quem *deixar de pagar benefício devido a segurado, quando as respectivas cotas ou valores já tiverem sido reembolsados à empresa pela previdência social.* Neste caso, em que pese reembolsada pela Previdência Social dos valores atinentes aos benefícios dos segurados, a empresa não os paga ao segurado. Neste caso, faz-se premente afirmar que o 'reembolso' é pressuposto para a configuração do delito.

2.7. Aspectos distintivos

Apropriação indébita previdenciária e sonegação de contribuição previdenciária: Em que pese ambos os delitos tenham a natureza de crime contra a Ordem Previdenciária, as normas insculpidas nos artigos 168-A e 337-A não se confundem. Na apropriação indébita, o empregador desconta do empregado o valor devido e não o repassa. Na

38 BITENCOURT, Cezar Roberto. Tratado de direito penal: parte especial, volume 3, São Paulo: Saraiva, 2009, p. 213.

sonegação, o empregador faz uma declaração falsa ou omite uma declaração verdadeira para reduzir a carga da contribuição patronal.

2.8. O momento consumativo

Consuma-se o delito com a efetiva prática da inversão da posse sobre os valores, o que resta demonstrado a partir do exercício de qualquer ato de disposição sobre o *quantum*. Não há óbice à ocorrência de tentativa, em que pese seja de difícil verificação.

Outra questão demasiado revisitada pela doutrina e jurisprudência diz respeito à aplicabilidade do enunciado nº 24 da Súmula de Jurisprudência Vinculante do Supremo Tribunal Federal ao delito em questão. Ou seja, a conclusão do procedimento na via administrativa fiscal é imprescindível à instauração da ação penal no crime de apropriação indébita previdenciária? Não parece haver dúvidas de que evidentemente só se pode admitir o oferecimento de denúncia pelo crime em comento após a conclusão do PAF correlato, tendo em vista que, antes disto, sequer a materialidade do delito estaria comprovada. As razões que autorizaram a edição do enunciado sumulado pelo STF após o julgamento do *Habeas Corpus* 81.611 são as mesmas que justificam a sua aplicação do crime ora tratado.

Como fica a prescrição nos casos em que o sujeito não tenha parcelado o débito, mas, em antecipação de efeitos da tutela determinada em ação civil, tenha obtido a suspensão da exigibilidade do crédito? Ora, tal como decidido pelo Superior Tribunal de Justiça, vê-se que não há outra solução que não seja suspender a fluência do prazo prescricional, porquanto a exigibilidade do crédito tornou-se imprescindível ao regular desenvolvimento da persecução penal.

2.9. Da extinção de punibilidade

Nos termos do §2º, extingue-se a punibilidade se o agente, espontaneamente, declara, confessa e efetua o pagamento das contribuições, importâncias ou valores e presta as informações devidas à previdência social antes do início da ação fiscal.

Destina-se a presente disposição àquele agente que, depois de perfazer alguma das condutas incriminadas, procura, espontaneamente, a Previdência Social antes da instauração da ação fiscal, para o fim de confessar a dívida e efetuar o pagamento das contribuições.

É de se convir com LUIZ REGIS PRADO[39] em que a interpretação do vocábulo *espontaneamente* deve se dar de forma extensiva, uma vez que pouco importa que a ideia de confessar o débito e quitá-lo tenha germinado da consciência do agente ou tenha sido implantada por pessoa diversa. O que importa é o fomento à honestidade fiscal do contribuinte, independentemente dos motivos que norteiem a sua conduta. Assim, deve-se aceitar também a declaração voluntária para o fim de exclusão da punibilidade do delito, e não meramente a espontânea.

---

39 PRADO, Luiz Regis. *op. cit.* p. 533.

É preciso, ainda, que o fato se dê antes do início da ação fiscal competente, mesmo porquanto, uma vez instaurada a ação fiscal, o órgão previdenciário já terá identificado o débito, razão pela qual não se há falar em espontaneidade, voluntariedade ou utilidade do ato.

O pagamento do quanto devido à Previdência Social deve se dar de forma integral para que se opere a extinção de sua punibilidade.

Quais os efeitos do parcelamento do débito? Houve quem entendesse indiferente o parcelamento do débito na hipótese de apropriação indébita previdenciária[40], uma vez que carecia tal previsão legal no dispositivo em comento. Com o que jamais se concordou, haja vista que, com fundamento no art. 68 da Lei nº 11.941/2009, via-se plenamente factível a suspensão da persecução penal com o advento do parcelamento do débito. Era esta, inclusive, a posição adotada no Supremo Tribunal Federal.[41]

---

40 É o que sustenta Baltazar: "Sendo considerado, de outro lado, revogado o art. 34 da Lei nº 9.249/95 e superada a interpretação jurisprudencial que emprestava ao parcelamento, com base em tal dispositivo o efeito de extinção da punibilidade imediata, tem-se que, para o delito do art. 168-A do CP somente o pagamento integral tem o efeito de determinar a extinção da punibilidade. Quer dizer, na literalidade da lei, ao contrário do que se dá com os crimes tributários objeto da Lei 8.137/90 e do art. 337-A do CP, o parcelamento não teria o efeito de determinar a suspensão da punibilidade em caso de apropriação indébita previdenciária, o que somente seria alcançado com o pagamento integral, a qualquer tempo, por força do § 2º do art. 9º da Lei 10.684/03. Sendo assim, o regime da extinção da punibilidade do crime de apropriação indébita é mais severo do que aquele previsto para a sonegação previdenciária (CP, art. 337-A) e para os crimes contra a ordem tributária previstos na Lei 8.137/90." BALTAZAR JUNIOR, José Paulo. Crimes Federais. 6ª Ed., Porto Alegre, Livraria do Advogado, 2010, p. 59.

41 "Embargos de declaração nos embargos de declaração no agravo regimental no agravo de instrumento. Matéria criminal. Questões afastadas nos julgamentos anteriores. Não há omissão, contradição ou obscuridade que autorize a oposição dos embargos. Recurso não conhecido. Precedentes. Crime de apropriação indébita previdenciária. Artigo 168-A do Código Penal. Débito previdenciário incluído no programa de parcelamento ordinário de débitos tributários. Lei nº 11.941/09. Suspensão da pretensão punitiva estatal e do prazo prescricional em razão do parcelamento dos débitos fiscais. Artigo 68 da lei de regência. Possibilidade. Habeas corpus concedido de ofício. 1. No julgamento dos últimos embargos declaratórios, as questões postas pela parte embargante foram enfrentadas adequadamente. Inexiste, portanto, qualquer dos vícios do art. 337 do RISTF. 2. Embargos de declaração não conhecidos. 3. Nos termos do art. 68 da Lei nº 11.941/09, a pretensão punitiva estatal, bem como a prescrição criminal, deve-se manter suspensa durante o período em que a pessoa jurídica relacionada com o agente infrator estiver incluída no regime de parcelamento de seus débitos junto à Fazenda Nacional. 4. Na espécie, o ora embargante acostou aos autos o devido comprovante do parcelamento do débito objeto da denúncia, visto que foi incluído do programa de parcelamento ordinário de débitos tributários. Juntou, ainda, prova da quitação das parcelas referentes aos meses de março e de abril do ano corrente. 5. Ordem de habeas corpus concedida de ofício para, nos termos dos arts. 68 e 69 da Lei nº 11.941/09, suspender a pretensão punitiva estatal nos autos da ação penal, pano de fundo do presente agravo de instrumento, bem como o respectivo prazo prescricional, até que haja a quitação do parcelamento ordinário em questão ou a ocorrência de seu eventual descumprimento, devendo o Juízo de origem acompanhar a ocorrência desses fatos. (AI 817100 AgR-ED-ED, Relator(a): Min. DIAS TOFFOLI, Primeira Turma, julgado em 05/06/2012, PROCESSO ELETRÔNICO DJe-126 DIVULG 27-06-2012 PUBLIC 28-06-2012) "

A aparente celeuma foi, todavia, peremptoriamente solvida com a edição da Lei nº 12.382/11, que alterou a redação do art. 83 da Lei nº 9.430/96[42] – que trata justamente acerca da legislação tributária federal, das contribuições sociais para a previdência social, do processo administrativo de consulta etc. A partir da referida alteração, tal como consta do art. 83, § 2º, da Lei nº 9.430/96: é suspensa a pretensão punitiva do Estado referente aos crimes contra a ordem tributária e previdenciária (168-A e 337-A do Código Penal) durante o tempo em que a pessoa jurídica correlata estiver incluída no parcelamento, desde que o pedido tenha sido deduzido antes do recebimento da denúncia.

2.10. Perdão judicial ou multa

Como consta do § 3º, ao juiz é facultado deixar de aplicar a pena ou aplicar apenas a pecuniária se o agente é primário e de bons antecedentes quando: I. após o início da ação fiscal e antes do oferecimento da denúncia, tenha efetuado o pagamento da contribuição social previdenciária, bem como dos acessórios; II. o valor das contribuições devidas, inclusive acessórios, seja igual ou inferior ao quanto estabelecido pela previdência social como sendo o patamar mínimo para o ajuizamento de suas execuções fiscais.

Quanto à questão referente ao valor desinteressante para o ajuizamento da execução fiscal, traduz-se absolutamente inóxia, uma vez que se o valor não autoriza sequer a execução fiscal, claramente a conduta é insignificante. Se insignificante, não se há de falar em perdão judicial ou multa, mas de atipicidade.

A Lei nº 13.606/2018 inseriu o § 4º ressalvando que *"a faculdade prevista no § 3o deste artigo não se aplica aos casos de parcelamento de contribuições cujo valor, inclusive dos acessórios, seja superior àquele estabelecido, administrativamente, como sendo o mínimo para o ajuizamento de suas execuções fiscais."*

---

42 Art. 83. A representação fiscal para fins penais relativa aos crimes contra a ordem tributária previstos nos arts. 1º e 2º da Lei nº 8.137, de 27 de dezembro de 1990, e aos crimes contra a Previdência Social, previstos nos arts. 168-A e 337-A do Decreto-Lei nº 2.848, de 7 de dezembro de 1940 (Código Penal), será encaminhada ao Ministério Público depois de proferida a decisão final, na esfera administrativa, sobre a exigência fiscal do crédito tributário correspondente. (Redação dada pela Lei nº 12.350, de 2010)

(...)

§ 2º É suspensa a pretensão punitiva do Estado referente aos crimes previstos no caput, durante o período em que a pessoa física ou a pessoa jurídica relacionada com o agente dos aludidos crimes estiver incluída no parcelamento, desde que o pedido de parcelamento tenha sido formalizado antes do recebimento da denúncia criminal. (Incluído pela Lei nº 12.382, de 2011).

§ 3º A prescrição criminal não corre durante o período de suspensão da pretensão punitiva. (Incluído pela Lei nº 12.382, de 2011).

§ 4º Extingue-se a punibilidade dos crimes referidos no caput quando a pessoa física ou a pessoa jurídica relacionada com o agente efetuar o pagamento integral dos débitos oriundos de tributos, inclusive acessórios, que tiverem sido objeto de concessão de parcelamento. (Incluído pela Lei nº 12.382, de 2011). (...)

2.11. Pena e ação penal

A pena cominada ao delito em comento é a reclusão de dois a cinco anos e multa. A ação penal é de iniciativa pública incondicionada e a competência para processamento e julgamento é Justiça Federal, nos termos do art. 109, I, da Constituição Federal.

2.12. Breve cotejamento com o PLS 236/2012

Com a readequação dos delitos contra a ordem tributária e previdenciária, não mais se previu o presente delito.

3. APROPRIAÇÃO DE COISA HAVIDA POR ERRO, CASO FORTUITO OU FORÇA DA NATUREZA

⊙ **Apropriação de coisa havida por erro, caso fortuito ou força da natureza.**

Art. 169 – Apropriar-se alguém de coisa alheia vinda ao seu poder por erro, caso fortuito ou força da natureza:

Pena – detenção, de um mês a um ano, ou multa.

Parágrafo único – Na mesma pena incorre:

⊙ **Apropriação de tesouro**

I – quem acha tesouro em prédio alheio e se apropria, no todo ou em parte, da quota a que tem direito o proprietário do prédio;

⊙ **Apropriação de coisa achada**

II – quem acha coisa alheia perdida e dela se apropria, total ou parcialmente, deixando de restituí-la ao dono ou legítimo possuidor ou de entregá-la à autoridade competente, dentro no prazo de quinze dias.

3.1. Bem jurídico tutelado e objeto material do delito

A lei penal na espécie tutela a inviolabilidade do patrimônio, máxime o direito de propriedade, porquanto o erro, o caso fortuito e a força da natureza têm o condão de transferir a posse ilegitimamente, mas não são aptos – em regra – a transferir a propriedade.

O objeto material do delito é a coisa alheia móvel que veio ao seu poder em razão do erro, do caso fortuito ou da força da natureza.

3.2. Sujeito ativo e passivo

O sujeito ativo do delito é qualquer que pessoa que se aposse da coisa em razão de qualquer um dos três eventos descritos no *caput*, uma vez que não se exige qualquer especial condição para a sua perfectibilização. Na toada do quanto advertido, desde que não seja fungível a coisa e o valor não exceda à sua cota parte, podem também o condômino e o coerdeiro figurarem enquanto autores do delito.

O sujeito passivo é quem experimenta a lesão patrimonial; é aquele que teve fração ou todo o seu patrimônio apropriado por terceiro em razão de erro, caso fortuito ou força maior.

3.3. Tipicidade objetiva e subjetiva

Comete o delito previsto no *caput* quem *apropria-se de coisa alheia vinda ao seu poder por erro, caso fortuito ou força da natureza.* O núcleo verbal do tipo legal – *apropriar-se* – é idêntico ao do artigo 168 do Código Penal, razão pela qual não se faz necessário tecer qualquer comentário, sob pena de se incorrer na mera repetição do quanto já pontuado. O mesmo se dá quanto à elementar do tipo *coisa alheia móvel.*

A coincidência nuclear entre os tipos insculpidos nos artigos 168 e 169 não significa a sua identidade, porque as normas incriminadoras divergem exatamente no fundamento pelo qual se dá a apropriação da coisa alheia: a coisa alheia não é entregue ao agente, mas vem a ele em razão do erro, caso fortuito ou força da natureza.

O *erro* pode consistir no engano quanto ao sujeito a quem se entrega a coisa, no engano quanto a coisa – dar uma por outra –, no engano quanto à existência de obrigação – supor uma obrigação que não existe –, no engano tocante ao *quantum* da obrigação assumida – dar mais do que deveria – *et cetera.* O fundamental é que o erro seja da vítima: que a coisa seja dada em erro. Se recebe em erro a coisa – por, enganadamente, achar que tinha crédito em face do quem lhe entrega a coisa -, não há crime, a não ser que aja com dolo superveniente e dela se aproprie o agente, mas incidirá nas penas da apropriação indébita do art. 168.

Ademais, não se poderá falar em apropriação indébita advinda de erro se o sujeito que recebe a coisa, mediante qualquer expediente, induziu ou favoreceu o engano da vítima, porque flagrantemente trata-se da hipótese perfectibilizadora de estelionato, art. 171 do Código Penal. É imprescindível que o sujeito receba a coisa de boa-fé.

O *caso fortuito* é o evento acidental que acaba por conduzir a coisa a terceiros. O caso fortuito abrange todo e qualquer evento estranho à vontade do dono da coisa, razão pela qual parece mesmo desnecessário ter estabelecido o legislador previsão adicional tocante à *força da natureza.* É evidente que, por exemplo, a ventania que arrebata uma bola de futebol de um vizinho e lança ao terreno contíguo é evento estranho à vontade de quem sofreu a redução patrimonial. É dizer, o caso fortuito abrange a força da natureza, pelo que parece despiciendo ter sido feita menção expressa.

Nunca é demais frisar que, no caso da ventania que arrebata a bola de futebol por exemplo, o mero ato de detenção por parte do vizinho que desconhece a procedência não é criminoso. É fundamental que ocorra a superveniente apropriação por parte do detentor, *ciente e consciente de faltar à obrigação ex lege de restituir aquilo que é de outrem.*[43]

3.3.1. Modalidades equiparadas

A apropriação de tesouro trata-se de modalidade especial de apropriação indébita e incorre nas penas a ela cominadas quem *acha tesouro em prédio alheio e se apropria, no*

43 HUNGRIA, Nelson. Comentários ao código penal: decreto n.º 2.848, de 7 de dezembro de 1940. 1. ed., Vol. VII, Rio de Janeiro: Forense, 1955, p. 148.

todo ou em parte, da quota a que tem direito o proprietário do prédio. Não se deve olvidar das lições de direito civil quanto ao regramento do achado de tesouro, especialmente a disposta no artigo 1.264 do Código Civil, uma vez que disciplina: *O depósito antigo de coisas preciosas, oculto e de cujo dono não haja memória, será dividido por igual entre o proprietário do prédio e o que achar o tesouro casualmente.*

O tipo penal em comento diz respeito exatamente à apropriação desta cota [50%] que cabe ao proprietário desconhecedor da existência de coisas preciosas em seu prédio. De outro modo, se o tesouro é encontrado por pessoa contratada para este fim – seja pelo proprietário seja por terceiro não autorizado – pertencerá integralmente ao dono do imóvel, nos termos do artigo 1.265 do Código Civil; a sua subtração implicará ocorrência do crime de furto.

Assim, dá-se o crime em comento quando, encontrado o tesouro – por causalidade – em prédio alheio, o agente se apropria total ou integralmente da fração que, legalmente, cabe ao proprietário. O mero ato, portanto, de encontrar e apreender o tesouro é indiferente penal; configura-se, porém, o crime quando da apropriação pelo descobridor de parte que não lhe pertence.

A apropriação de coisa achada, por sua vez, consiste no fato de quem *acha coisa alheia perdida e dela se apropria, total ou parcialmente, deixando de restituí-la ao dono ou legítimo possuidor ou de entregá-la à autoridade competente, dentro no prazo de quinze dias.* Consoante as lições comezinhas de direito civil, nos termos da disposição constante do artigo 1.233 do Código Civil, aquele que acha coisa alheia perdida pode recolhê-la para o fim de restituir ao dono ou legítimo possuidor, se conhecido, ou, na falta de identificação, entregá-la a autoridade competente no prazo máximo de 15 dias.

Válido é ressaltar que apreender a coisa perdida não é crime, configura-se o delito quando, após a apreensão, ciente da obrigação de entregá-la, o agente apropria-se da *res.* Os pressupostos para a ocorrência do delito são a invenção – a achada da coisa – e a apropriação da mesma.

O prazo de 15 dias trata-se de mera presunção *juris tantum*, uma vez que o mero fluir do prazo não implica reconhecimento do delito na hipótese em que o agente se encontre em erro; de outro passo, é possível que, antes do prazo, o agente aliene, por exemplo, a coisa, configurando o delito antes mesmo da fluência daquele prazo legalmente estipulado.

3.3.2. O elemento subjetivo

O elemento subjetivo do agente é o dolo consistente na vontade, livre e consciente, de se apropriar da coisa alheia nas hipóteses devidamente referidas. Imprescindível, ainda, o especial fim de obter vantagem em proveito próprio ou alheio.

Na apropriação de tesouro, o elemento subjetivo é igualmente o dolo consistente na apropriação da fração que cabe ao proprietário; o especial fim é, também, voltado para a obtenção, para si ou para outrem, de vantagem.

É inequívoco, porém, que o agente precisa ter ciência tanto da necessidade de repasse de fração do tesouro ao proprietário quanto da obrigação de entregar a coisa achada ao dono ou à autoridade competente, sob pena de não se configurarem os delitos.

3.4. Classificação doutrinária

Trata-se de crime **doloso**, porquanto não há previsão legal para modalidade culposa; **instantâneo**, já que a consumação não se alonga no tempo, operando-se de imediato; **de forma livre**, pode ser praticado por qualquer meio, forma ou modo; **material**, visto que produz resultado naturalístico, sendo necessário para sua consumação; **unissubjetivo**, pois pode ser praticado por apenas um agente; **plurissubsistente**, podendo ser fracionado em diversos atos, que compõe uma mesma conduta criminosa; **comum**, uma vez que não se exige qualquer condição especial do agente.

3.5. O momento consumativo

O delito em comento consuma-se com a efetiva inversão da natureza da posse, que é caracterizada pela prática de qualquer ato de disposição do agente sobre a coisa. No que toca ao crime de apropriação de tesouro, consuma-se quando o agente dispõe da parte do proprietário como se sua fosse ou quando se nega a repassá-la.

A tentativa é possível.

3.6. Apropriação privilegiada

Nos termos do quanto disciplinado no artigo 170 do Código Penal: *nos crimes previstos neste Capítulo, aplica-se o disposto no art. 155, § 2º*. É dizer, nos delitos insculpidos nos artigos 168, 168-A e 169, o juiz pode diminuir a pena de um a dois terços ou aplicar somente a multa, desde que primário o réu e de pequeno valor a coisa da qual se apropriou.

No caso da apropriação indébita previdenciária, o parâmetro para a aplicação da minorante não deve ser tomado como o pequeno valor da coisa, mas no valor fixado pelo Ministério da Fazenda como insignificante para o fim de legitimar a ação fiscal. Atualmente, após a alteração operada pela Portaria MF nº 75, autoriza-se a execução fiscal apenas dos valores consolidados que superem 20.000,00 (vinte mil reais). Frise-se, porém, que, nesta hipótese, não se fala em minoração de pena, mas em atipicidade da conduta.

Para maior aprofundamento, convém reler o tópico destinado a este fim quando do trato da correlata disposição no crime de furto.

3.7. Pena e ação penal

A pena cominada é um mês a um ano de detenção ou multa. Pena esta que pode ser minorada de um a dois terços na hipótese recém-descrita. A ação penal é pública incondicionada, à exceção das hipóteses previstas no artigo 182 do Código Penal, as quais serão devidamente abordadas no momento oportuno.

3.8. Breve cotejamento com o PLS 236/2012

A presente figura não foi objeto de previsão no Projeto, uma vez que os referidos casos devem ser analisados sob o pálio da figura do *caput*. Se se amoldam, configura o delito; se não, são meros fatos atípicos.

↳ CAPÍTULO VI – ESTELIONATO E OUTRAS FRAUDES

GAMIL FÖPPEL E
GABRIEL DALLA FAVERA DE OLIVEIRA

1. ESTELIONATO

⊙ **Estelionato**

Art. 171 – Obter, para si ou para outrem, vantagem ilícita, em prejuízo alheio, induzindo ou mantendo alguém em erro, mediante artifício, ardil, ou qualquer outro meio fraudulento:

Pena – reclusão, de um a cinco anos, e multa, de quinhentos mil réis a dez contos de réis.

§ 1º – Se o criminoso é primário, e é de pequeno valor o prejuízo, o juiz pode aplicar a pena conforme o disposto no art. 155, § 2º.

§ 2º – Nas mesmas penas incorre quem:

⊙ **Disposição de coisa alheia como própria**

I – vende, permuta, dá em pagamento, em locação ou em garantia coisa alheia como própria;

⊙ **Alienação ou oneração fraudulenta de coisa própria**

II – vende, permuta, dá em pagamento ou em garantia coisa própria inalienável, gravada de ônus ou litigiosa, ou imóvel que prometeu vender a terceiro, mediante pagamento em prestações, silenciando sobre qualquer dessas circunstâncias;

⊙ **Defraudação de penhor**

III – defrauda, mediante alienação não consentida pelo credor ou por outro modo, a garantia pignoratícia, quando tem a posse do objeto empenhado;

⊙ **Fraude na entrega de coisa**

IV – defrauda substância, qualidade ou quantidade de coisa que deve entregar a alguém;

⊙ **Fraude para recebimento de indenização ou valor de seguro**

V – destrói, total ou parcialmente, ou oculta coisa própria, ou lesa o próprio corpo ou a saúde, ou agrava as consequências da lesão ou doença, com o intuito de haver indenização ou valor de seguro;

⊙ **Fraude no pagamento por meio de cheque**

VI – emite cheque, sem suficiente provisão de fundos em poder do sacado, ou lhe frustra o pagamento.

§ 3º – A pena aumenta-se de um terço, se o crime é cometido em detrimento de entidade de direito público ou de instituto de economia popular, assistência social ou beneficência.

⊙ **Estelionato contra idoso**

§ 4º Aplica-se a pena em dobro se o crime for cometido contra idoso. (Incluído pela Lei nº 13.228, de 2015)

§ 5º Somente se procede mediante representação, salvo se a vítima for:

I - a Administração Pública, direta ou indireta;

II - criança ou adolescente;

III - pessoa com deficiência mental; ou

IV - maior de 70 (setenta) anos de idade ou incapaz.

1.1. Considerações preliminares

O estelionato é o marco de transposição, no Código Penal, daqueles delitos cometidos por violência, grave ameaça ou na clandestinidade para os delitos cometidos mediante fraude. Na lição de HUNGRIA, a fraude é uma forma evoluída de captação do alheio, uma vez que, ao contrário da violência que deixa sinais indiscretos ou evidentes e oferece o perigo da reação da vítima, a fraude dificilmente se deixa identificar pela vítima, porque sabe tomar a cor da verdade, da inocência e da candura.[1]

O estelionato não é crime praticado unilateralmente pelo agente, uma vez que para a sua perfectibilização faz-se imprescindível a cooperação da vítima, que se encontra em erro.

Não se deve nunca perder de vista, porém, que o estelionato é um crime patrimonial cometido por meio de fraude; não se confundem estelionato e fraude, portanto. O estelionato é o crime – censurado pela vantagem ilícita obtida – de cuja concepção a fraude é elemento essencial. Nada obstante a fraude seja seu elemento primacial, o estelionato com ela não se confunde, mesmo pelo fato de o legislador ter previsto outras figuras incriminadas também praticadas mediante fraude.

O estelionato sob este *nomen juris* foi previsto originariamente no Código Penal do Império, em 1830, inspirado no Direito Romano. Hodiernamente, a figura foi demasiado aperfeiçoada, uma vez que não mais se trata de mera fórmula casuística com a previsão de alguns determinados casos concretos, findados com uma fórmula genérica de difícil apreensão. Hoje, o estelionato possui um conceito melhor definido e não se restringe a determinadas formas antevistas e engessadas de ocorrência.

1.2. Bem jurídico e objeto material do delito

O bem jurídico tutelado é a inviolabilidade do patrimônio em relação aos assaques cometidos mediante fraude. Não se restringindo a isto exclusivamente, uma vez que, mediante a incriminação em comento, pretende-se também assegurar "*tanto o interesse social da confiança mútua nos relacionamentos patrimoniais individuais, quanto o*

1 HUNGRIA, Nelson. Comentários ao código penal: decreto n.º 2.848, de 7 de dezembro de 1940. 1. ed., Vol. VII, Rio de Janeiro: Forense, 1955, p. 160.

interesse público em impedir o emprego do engano para induzir quem quer que seja a prestações indevidas, com prejuízo alheio."[2]

1.3. Sujeito ativo e passivo

Não é exigida qualquer condição específica quanto ao sujeito ativo, razão pela qual qualquer pessoa pode cometer o delito. É possível, inclusive, que o condômino ou o coproprietário da coisa cometa ou concorra para o delito em comento.

É preciso que a(s) vítima(s) seja(m) pessoa(s) determinada(s); se indeterminada(s), pode se cogitar de crime contra a economia popular ou contra as relações de consumo, mas nunca de estelionato. Ademais, imprescindível que possua a vítima capacidade de discernimento, pois se faltante jamais se cogitará de indução em erro. É o que se dá, por exemplo, com as crianças e os alienados ou deficientes mentais, porque faltante a capacidade de autodeterminação; nestes casos, cogita-se da ocorrência do delito insculpido no artigo 173 do Código Penal, jamais em estelionato.

1.4. Tipicidade objetiva e subjetiva

Comete o delito de estelionato quem obtém, *para si ou para outrem, vantagem ilícita, em prejuízo alheio, induzindo ou mantendo alguém em erro, mediante artifício, ardil, ou qualquer outro meio fraudulento.* O tipo penal consiste em obter vantagem ilícita para si ou para outrem através do induzimento ou manutenção da vítima em erro, o que se dá mediante conduta fraudulenta – seja valendo-se de artifício, ardil ou outro meio fraudulento qualquer.

Como antevisto, o elemento fundamental do crime de estelionato é a fraude. Quanto a ela, em caráter preliminar, imprescindíveis algumas breves considerações. É de se ressaltar que não há qualquer diferença ontológica entre fraude civil e fraude penal. MAGGIORE já pontuava com argúcia que entre fraude penal e fraude civil – tal como geralmente entre ilícito penal e ilícito civil – não há diferença qualitativa, só existe uma diferença quantitativa, no sentido de que a lei penal só intervém para reprimir a fraude quando esta se apresenta com aquela intensidade especial que se traduz no emprego de artifícios e embustes idôneos. Quando existe este elemento, estabelecido pela lei positiva para criminalizar a fraude, este delito se converte em estelionato. Mas nesta transferência – que faz com que o ato se amolde sob as sanções penais, melhor do que as civis –, a fraude não muda de natureza.[3]

Não se trata, porém, de verificar a natureza da fraude – civil ou penal -, uma vez que o enquadramento da conduta ao tipo legal de estelionato depende, única e exclusivamente, da idoneidade lesiva da conduta. A questão fulcral reside, portanto, na gradação da lesão. Se de maior vulto, configura-se o estelionato e se legitima a ação

2 PRADO, Luiz Regis. Curso de direito penal brasileiro, volume 2: parte especial. São Paulo: Editora Revista dos Tribunais, 2007, p. 267.

3 MAGGIORE, Giuseppe. Derecho Penal: vol. V. Bogotá: Editorial Temis, 1972, p. 124.

penal.[4] Por estas razões, o mero inadimplemento contratual – sem a existência de dolo quando da prática dos atos de execução – não configura estelionato;[5] a arte de negociar igualmente não configura o delito em comento, desde que a habilidade não irrompa as balizas da legalidade.[6]

Dizia PAULO JOSÉ DA COSTA JR.[7] que a conduta divide-se em duas fases: no primeiro momento, a vítima é enganada mediante a utilização de expediente fraudulento; na sequência, o agente obtém, para si ou para outrem, a vantagem ilícita em prejuízo de outrem. Assim, faz-se fundamental a existência de duplo nexo de causalidade: o primeiro dá-se entre a utilização do meio fraudulento e o engano; o segundo entre o engano e a obtenção de vantagem ilícita.

O núcleo do tipo é o verbo *obter*, que consiste em alcançar, perfazer, conseguir, granjear; tal obtenção recai sobre a *vantagem ilícita*, aquela cuja consecução não esteja amparada no ordenamento; em última análise, é aquela obtenção de vantagem que é vedada pelo direito, por isso, evidentemente, ilícita. Como lembra GRECO[8], se se persegue a obtenção de vantagem lícita – a depender das circunstâncias – pode-se discutir a ocorrência de crime diverso, tal como o exercício arbitrário das próprias razões.

Não se comunga da tese de que a vantagem deve necessariamente ter caráter econômico. Válida neste ponto uma ressalva feita por BITENCOURT quando do seu rechaço ao argumento de que a vantagem tem de ser econômico porque o estelionato consta dentre os crimes contra o patrimônio: "*os crimes contra o patrimônio protegem a inviolabilidade patrimonial da sociedade em geral e da vítima em particular, o que não se confunde com a vantagem ilícita conseguida pelo agente. Por isso, não é a vantagem obtida que deve ter a natureza econômica; o prejuízo sofrido pela vítima é que deve ter essa qualidade.*"[9] Não é, portanto, a vantagem que deve ser econômica, mas o prejuízo experimentado que deve ser economicamente apreciável.

---

4 É o que pontuava Sólon Fernandes Filho: "*O problema é antes valorativo. A sanção penal destina-se, em regra, às ofensas de maior vulto, que mais seriamente atentam contra os interesses sociais. Diferença de essências não apresentam, assim, os dois ilícitos. A distinção reside na gravidade da violação à ordem jurídica. A realidade mostra serem numerosos os casos fraudulentos que não provocam, entretanto, a aplicação da sanção penal, como nos são testemunho os processos cíveis que versam sobre a moléstia da posse, abuso de direito, inadimplemento contratual etc.*" FILHO, Sólon Fernandes. Do Crime Falimentar – Fraude Civil e Fraude Penal Necessidade de Determinação do Sujeito Passivo – Anotações. São Paulo, janeiro/março 1983.

5 HC 87441, Relator(a): Min. GILMAR MENDES, Segunda Turma, julgado em 16/12/2008.

6 É o entendimento de Magalhães Noronha: "*Se assim não fosse, raro seria o negócio ou a transação em que se não divisaria fraude punível, pois, neles, são frequentes os pequenos ardis, os ligeiros artifícios, os leves expedientes visando a resultado rendoso.*" NORONHA, Magalhães. Direito Penal: crimes contra a pessoa e crimes contra o patrimônio. São Paulo: Saraiva, p.380.

7 COSTA JÚNIOR, Paulo José da. *op. cit.* p. 358.

8 GRECO, Rogério. Curso de Direito Penal: parte especial, volume III. Niterói/RJ: Impetus, 2009, p. 242.

9 BITENCOURT, Cezar Roberto. Tratado de direito penal: parte especial, volume 3, São Paulo: Saraiva, 2009, p. 237.

Advirta-se que a mera obtenção de vantagem ilícita não se basta para a configuração do delito, uma vez que tal obtenção deve redundar *em prejuízo alheio*. O prejuízo alheio é o que implica tanto a perda, redução, diminuição quanto o óbice ao crescimento do patrimônio de terceira pessoa. Se a obtenção de vantagem ilícita não redunda em prejuízo alheio ou se o prejuízo alheio não dá causa à obtenção de vantagem ilícita, não se há de falar na ocorrência de estelionato, uma vez que são ambos imprescindíveis à configuração do crime.

A obtenção da vantagem ilícita dá-se mediante o *induzimento ou manutenção de alguém em erro*. Entende-se por erro, consoante o sufragado por HUNGRIA, *"a falsa ou nenhuma representação da realidade concreta, funcionando como vício de consentimento da vítima"*.[10] É o agente que, arvorando-se na condição de preposto de empresa seguradora de saúde, recolhe da vítima determinado valor referente à suposta primeira parcela do seguro e desaparece. A indução pressupõe a ação do agente: é sempre de forma comissiva.

Induzir significa suscitar, incutir; é fazer surgir uma ideia na vítima que até aquele momento inexistia. No caso do crime em comento, a conduta de induzir traduz-se na conduta do agente que faz surgir no agente determinada representação enganada da realidade. O agente aqui tem a iniciativa de criar o erro. Repisando o exemplo declinado, seria o caso do sujeito que visita a residência da potencial vítima [que o desconhece absolutamente] e se apresenta na condição de preposto da dita empresa seguradora. Na manutenção do agente em erro, admite-se tanto a modalidade comissiva quanto a omissiva.

O que dizer do silêncio? O silêncio é meio apto a configurar o delito de estelionato quando possua o sujeito que silencie a condição de garante da vítima, quando detém a obrigação jurídica de se pronunciar, um dever especial de informar. Nestes casos, o silêncio traduz ardil e engano.[11]

É de se observar que não é imprescindível a criação – através da indução – do estado de erro em que se encontra a vítima, uma vez que previu o legislador a figura da manutenção em erro. Ou seja, é também estelionatário o agente que, embora não produza o erro em que encontra a vítima, não altera a contextura fática e, por isso, mantém a vítima com a representação enganada da realidade, em erro, portanto. Neste caso, a vítima já se encontra em erro que precede qualquer conduta do agente, o seu agir restringe-se à *violação do dever ético-jurídico de o revelar*[12]. Na moldura do exemplo manejado, é o caso do agente que recebe, por exemplo, a ligação da vítima que, por engano não provocado por ele, acredita tratar com um preposto da referida empresa seguradora; o agente – descumprindo o seu dever ético-jurídico de revelar a

10 *HUNGRIA, Nelson*. *op. cit.* p. 205.

11 DONNA, Edgardo Alberto; ESTEBAN DE LA FUENTE, Javier. Algunas reflexiones sobre el concepto de ardid o engaño en la estafa. Revista de Derecho Penal, Buenos Aires, n. 1, p. 465-497, 2000, p. 483.

12 HUNGRIA, Nelson. *op. cit.* p. 205.

realidade -, com o fim de obter vantagem ilícita, assume fraudulentamente a condição do preposto.

É preciso que o erro – criado ou mantido – pelo agente o tenha sido mediante *artifício, ardil ou qualquer outro meio fraudulento.* Aqui, optou o legislador pela abertura e incontinência da fórmula, tendo em vista que circunscrever as modalidades de cometimento do estelionato num rol taxativo invariavelmente poderia fazer morta a letra da lei, pois, como cediço, esta é das formas criminosas que mais evoluem e se adaptam ao longo do tempo. Não há, portanto, violação ao princípio da legalidade no viés taxatividade, desde que interpretado restritivamente.

Com amparo em NORONHA, o artifício – que, lexicologicamente, significa produto de arte, trabalho de artista – pressupõe certo aparato, quando se recorre à arte, para mistificar alguém. O artifício dá-se por palavras, gestos ou atos; ostensivo ou tácito; explícito ou implícito; comissivo ou omissivo. O ardil é, por sua vez, sinônimo de astúcia, manha ou sutileza; não é de natureza tão material, mas intelectual; é a tramoia, o estratagema levado a cabo pelo agente para enganar a vítima mediante a excitação na vítima da convicção, paixão ou emoção.[13]

De fato, pouco ou nada relevante a distinção entre artifício ou ardil, tendo em vista que ambos são espécies do gênero fraude, o que por si basta para a configuração do delito. É dizer, comete-se o estelionato mediante a utilização de qualquer meio fraudulento, dentre os que se incluem artifício e ardil.

É imprescindível à configuração do estelionato que o meio fraudulento adotado – seja ele qual for – mostre-se idôneo para induzir ou manter a vítima em erro. Ocorre, porém, que o parâmetro para o exame da aptidão do meio fraudulento não deve ser tomado no homem médio, mas, sim, na própria vítima. Assim, a fraude é idônea se capaz de induzir ou manter em erro a vítima no caso concreto. É de se convir com LUIZ REGIS PRADO[14] em que a defesa da teoria que tem por parâmetro a prudência do *homus medius* olvida-se de que são justamente os ingênuos e os simplórios as vítimas preferidas dos estelionatários, porque dotados de dificuldades com os argutos, de forma que são eles que merecem a tutela penal. Adotar, assim, o padrão médio de prudência é excluir da tutela penal justamente aquelas pessoas que mais dela necessitam, uma vez que dotadas de capacidade de resistência diminuída.

O estelionato pressupõe a falsidade; quanto ao ponto não se controverte. E se, no caso concreto, a fraude é perpetrada mediante a adoção da falsidade: há concurso de crimes entre o delito patrimonial e o delito contra a fé pública? Não se deve olvidar no particular do quanto disposto, no enunciado 17 da Súmula de Jurisprudência do Superior Tribunal de Justiça: "*Quando o falso se exaure no estelionato, sem mais potencialidade lesiva, é por este absorvido.*" Assim, quando o falso é meio para a prática de estelionato e sua potencialidade lesiva exaure-se no crime patrimonial, aquele é absorvido

13 NORONHA, Magalhães. *op. cit.* p. 365.

14 PRADO, Luiz Regis. *op. cit.* p. 564.

por este. Cumpre advertir, todavia, que não se admite jurisprudencialmente a absorção do crime de uso de documento falso pelo estelionato, porquanto não se daria aí a relação de dependência a justificar a absorção.[15]

O elemento subjetivo do estelionato consiste na vontade, livre e consciente, de enganar alguém, mediante a adoção de expediente fraudulento, para o fim de consecução de vantagem ilícita em prejuízo alheio. É indispensável que o dolo do agente abranja todos os elementos do delito, ou seja: a ação de induzimento ou manutenção, o meio fraudulento, a ilicitude da vantagem e o prejuízo alheio.

Na primeira modalidade – de induzimento – converge a doutrina que o dolo deve anteceder ao manejo da fraude e à obtenção de vantagem ilícita decorrente do erro da vítima, uma vez que a deliberação de assenhorear-se de coisa que já está sob domínio constitui apropriação indébita.[16] Na segunda modalidade – de manutenção – o dolo é concomitante ao erro: constatada a existência do erro, o dolo consiste exatamente em sua manutenção.[17] Do mesmo modo indispensável o elemento subjetivo especial do tipo, porque sem o especial fim de obter vantagem ilícita, para si ou para outrem, o mero fim de produzir prejuízo não perfaz a hipótese delitiva, uma vez que não se configura o núcleo do tipo: *obter*.

E se a vítima é motivada também por interesses espúrios, ilícitos e fraudulentos: tal fato implica óbice à configuração do estelionato? Durante longo tempo, parte da doutrina e jurisprudência entendiam que a torpeza bilateral [quando há má-fé também de parte da vítima] impossibilitaria a ocorrência do delito em comento. Sucede, todavia, que o tipo legal não exige a candura ou boa-fé do sujeito passivo, razão pela qual, ainda que ilícitos seus desígnios, nada obsta a que seja vítima do crime de estelionato. Neste sentido, o clássico acórdão de julgamento de ação de *habeas corpus* nº 33.015[18] prolatado pelo Supremo Tribunal Federal, cuja relatoria coube ao Ex-Min. Luiz Galotti.

---

15 HC 98.526, rel. min. Ricardo Lewandowski, julgamento em 29-6-2010, Primeira Turma, DJE de 20-8-2010.

16 PRADO, Luiz Regis. *op. cit.* P. 565.

17 BITENCOURT, Cezar Roberto. *op. cit.* p. 238.

18 ESTELIONATO. NÃO IMPEDE A SUA CONFIGURAÇÃO A CONDUTA ILICITA OU IMORAL DA VÍTIMA (TORPEZA BILATERAL). EMISSAO DE CHEQUE, SEM FUNDOS, EM PAGAMENTO DE DIVIDA DE JOGO PODE CONSTITUIR CRIME DE ESTELIONATO. O ARTIGO 1477 DO CÓDIGO CIVIL, EMBORA DISPONHA QUE AS DIVIDAS DE JOGO NÃO OBRIGAM A PAGAMENTO, TODAVIA ACRESCENTA: "MAS NÃO SE PODERA RECOBRAR A QUANTIA QUE VOLUNTARIAMENTE SE PAGOU". ASSIM, EMBORA O CHEQUE SEJA DADO PROSOLVENDO E NÃO PRO SOLUTO, FORÇA, FORÇA E RECONHECER QUE, SE O RÉU TIVESSE PROVISAO DE FUNDOS, O CHEQUE TERIA SIDO RECEBIDO E O RÉU NÃO TERIA AÇÃO PARA RECOBRAR A RESPECTIVA IMPORTANCIA. LOGO, NÃO HÁ NEGAR QUE, NA ESPÉCIE, A EMISSAO DO CHEQUE SEM FUNDOS IMPORTOU PARA A VÍTIMA UM DANO PATRIMONIAL. (HC 33015, Relator(a): Min. LUIZ GALLOTTI, PRIMEIRA TURMA, julgado em 28/04/1954, ADJ DATA 04-07-1955 PP-02220 ADJ DATA 04-07-1955 PP-02219)

1.5. Classificação doutrinária

Trata-se de crime **doloso**, porquanto não há previsão legal para modalidade culposa; **comissivo**, pois verbo nuclear exige ação positiva para sua consumação – caso o agente seja garantidor (nos termos do artigo 13, § 2º do Código Penal), deve evitar o sequestro, podendo ser responsabilizado pela omissão (imprópria); **instantâneo**, já que a consumação não se alonga no tempo, operando-se de imediato. Merece especial atenção a presente classificação, mormente a possibilidade de apresentar-se como crime permanente, entendimento aceito por parte da doutrina em relação ao uso de documento falso para obtenção de benefícios junto ao INSS. Evidente equívoco, bem observado por Bitencourt[19], que salienta a diferença entre crime permanente e continuidade delitiva; **de forma livre**, pode ser praticado por qualquer meio, forma ou modo; **material**, visto que produz resultado naturalístico, o que é necessário para sua consumação; **unissubjetivo**, pois pode ser praticado por apenas um agente; **plurissubsistente**, podendo ser fracionado em diversos atos, que compõe uma mesma conduta criminosa; **comum**, uma vez que não se exige qualquer condição especial do agente.

1.6. O momento consumativo

Crime material que é, o estelionato consuma-se quando da efetiva obtenção da vantagem ilícita correspondente ao prejuízo alheio, que decorre do erro induzido ou mantido pelo agente. Como se vê, são fundamentais à consumação do delito tanto a obtenção da vantagem quanto o prejuízo da vítima. Não se há falar em estelionato se a ilícita vantagem não representa prejuízo para a vítima e vice-versa.

É plenamente cindível o *iter criminis*, o que autoriza a verificação do delito na forma tentada. Há de ocorrer a tentativa quando, após iniciada a fase de execução com a prática dos atos necessários à fraude, o agente – por circunstâncias alheias à sua vontade – não obtém a vantagem.

Uma ressalva faz-se necessária: crime de cooperação que é [porque depende de um comportamento da vítima], os atos executórios iniciam-se com o engano da vítima; se a tentativa de engano não sucedeu bem, trata-se de meros atos preparatórios[20].

No caso da fraude que resulte em depósito ou transferência bancária, entendeu o Superior Tribunal de Justiça que o delito se consuma no momento do crédito do valor na conta do sujeito ativo do delito, em seu Informativo de Jurisprudência n. 565. No momento, portanto, da obtenção da vantagem.

Vale lembrar que STF e STJ fixaram que a causa de extinção de punibilidade prevista na Lei 10.684/2003 pelo pagamento do tributo não se aplica ao delito de estelionato em qualquer das suas modalidades, porquanto o tipo penal não consta do rol dos

---

19 BITENCOURT, Cezar Roberto. *op. cit.* p. 241.

20 BITENCOURT, Cezar Roberto. *op. cit.* p. 246.

crimes beneficiados pela medida, posição de que divergem os autores quando a vítima destes crimes for a união.

Outro aspecto neste ponto diz respeito à súmula 546 do STJ que surgiu para resolver antiga discussão: "*A competência para processar e julgar o crime de uso de documento falso é firmada em razão da entidade ou órgão ao qual foi apresentado o documento público, não importando a qualificação do órgão expedidor.*" Neste sentido, ainda que o estelionatário se valha de um documento falsificado de natureza federal, mas que se volte exclusivamente para o fim de ofender o patrimônio de outrem, em regra a competência será da justiça estadual: aqui é a absorção do crime-meio pelo crime-fim.

O mero fato de o documento federal falsificado ser utilizado não implica necessariamente a competência da Justiça Federal para processar e julgar o feito, porquanto isto não configura necessariamente ofensa a *bem, interesse ou serviço da União* contido no art. 109, IV, da Constituição Federal. Veja-se que a súmula diz respeito à competência para o **uso** do documento falso, o que pode ocorrer em crimes patrimoniais ou não.

1.7. A forma privilegiada de estelionato

Nos termos do § 1º, *se o criminoso é primário, e é de pequeno valor o prejuízo, o juiz pode aplicar a pena conforme o disposto no art. 155, § 2º.* Quanto ao ponto, apenas uma observação se faz necessária: é de se atentar que, diferentemente da previsão referida no crime de furto, aqui o parâmetro não é o pequeno valor da coisa, mas o pequeno valor do prejuízo.

A redação legal implica o fato de que, assim, a repercussão do delito deve sempre ser analisada em relação ao patrimônio da vítima. O valor da coisa isoladamente nada diz, pois, ainda que de pouco valor, pode representar gravíssimo prejuízo ou vice-versa.

Uma vez cumpridos os requisitos [primariedade do réu e pequeno valor do prejuízo], *deve* o juiz aplicar a pena de detenção, reduzi-la de um a dois terços ou aplicar somente a multa.

1.8. Formas equiparadas

O artigo 171 prevê em seu artigo 2º formas equiparadas ao estelionato. Como são, em última análise, espécies da figura inscrita no *caput*, significa dizer que os norteamentos fundamentais do tipo básico são aplicáveis também às subespécies, pois não haveria outra razão de se inscrevê-los neste artigo e equipará-los ao estelionato.

As figuras previstas são: disposição de coisa alheia como própria, alienação ou oneração fraudulenta de coisa própria, defraudação de penhor, fraude na entrega de coisa, fraude para recebimento de indenização ou valor de seguro e fraude no pagamento por meio de cheque.

1.9. Disposição de coisa alheia como própria

Incide na primeira das formas equiparadas, constante do art. 171, §2º, II, do Código Penal, quem *vende, permuta, dá em pagamento, em locação ou em garantia coisa alheia como própria*. Apreende-se já da leitura do dispositivo que se faz indispensável aqui a dupla relação de causalidade estudada no *caput*. É dizer, o manejo de fraude provoca o engano na vítima e do engano deriva a ilícita vantagem do agente.

É evidente que se a fraude tiver por objeto outros direitos reais que não os expressamente descritos não se há de falar em estelionato, uma vez que insuperável o óbice manifestado pela legalidade estrita; a firmação de promessa de compra e venda não é, por exemplo, objeto do delito.[21] Apenas ilustrativamente, a venda é o ato pelo qual se transfere a propriedade da coisa, móvel ou imóvel, mediante o pagamento do preço; a permuta é a transação contratual mediante a qual as partes se obrigam a dar uma coisa pela outra; a dação em pagamento ocorre quando o devedor dá – o que deve ser aceito pelo credor – em pagamento uma coisa ao invés do quantum devido; a locação é a cessão pelo locatário do uso e gozo de determinada coisa pelo locador; a dação em garantia consiste basicamente em penhor, anticrese e hipoteca, onde o agente oferece – respectivamente – em garantia da dívida assumida coisa móvel, os frutos e rendimentos ou coisa imóvel.

A fraude nesta figura consiste na conduta do agente que faz crer o sujeito passivo que a coisa cedida [em qualquer uma das formas descritas] efetivamente é de sua propriedade. O engano ou erro é efetivamente esta percepção falseada da realidade quanto à propriedade da coisa. Assim, são exigidas tanto a má-fé daquele que age como se dono da coisa fosse quanto a boa-fé daquele que a recebe, uma vez que, se consciente do engenho criminoso perpetrado, não se há de falar em erro e, por consequência, em estelionato. É possível o enquadramento do agente que recebe a coisa consciente da irregularidade do ato no crime de receptação, mas nunca no estelionato.

O fundamental nesta figura equiparada é perceber-se que a conduta incriminada é a daquele sujeito que dispõe de coisa alheia como se sua fosse. Como aduz GRECO[22], *os comportamentos vender, permutar, dar em pagamento, em locação ou em garantia pressupõem, como regra geral, que sejam, praticados por quem não é proprietário da coisa.* A

---

21 O art. 171 do CP tipifica, *in genere*, o crime de estelionato, ao passo que seu § 2º e inciso I dispõem, respectivamente, que 'nas mesmas penas incorre quem' 'vende, permuta, dá em pagamento, em locação ou em garantia coisa alheia como própria'. Trata-se do estelionato caracterizado pela disposição de coisa alheia como própria. O inciso I do § 2º do art. 171 prevê cinco condutas típicas: venda, permuta, dação em pagamento, em locação ou em garantia. O verbo vender expressa, exclusivamente, a compra e venda, não incluindo o mero compromisso de compra e venda. (...) As razões da impetração visam a demonstrar que o paciente não praticou nenhuma das condutas tipificadas no referido inciso I do § 2º do art. 171 do CP, uma vez que apenas firmou contratos de promessa de compra e venda de imóveis, e não a venda propriamente dita. Por isso que a imputação do crime que lhe é feita violaria o princípio da legalidade estrita, que deve ser observado em se tratando de norma penal incriminadora. De fato, em se tratando de normas penais incriminadoras, não há falar em analogia ou qualquer outro método de integração com o escopo de incriminar.(RHC 95.782, rel. min. Luiz Fux, Primeira Turma, julgamento em 2-8-2011, DJE de 18-8-2011.)"

22 GRECO, Rogério. Curso de Direito Penal: parte especial, volume III. Niterói/RJ: Impetus, 2009, p. 249.

atividade do agente é voltada sempre para a obtenção da ilícita vantagem que acarrete o prejuízo de outrem.

E se o agente, por exemplo, rouba a coisa e, posteriormente, vende a terceiro de boa-fé como se sua fosse, seria este o caso de concurso material de infrações entre os delitos de roubo e de estelionato? Há de se convir no particular com FRAGOSO[23] em que se verifica no caso um pós-fato impunível, uma vez que *os fatos posteriores que significam um aproveitamento e ocorrem regularmente depois do fato anterior são por este consumidos*, o que é exatamente o caso da venda da coisa roubada pelo ladrão. Noutro giro, pelo viés da ofensividade da conduta, é de se verificar que a venda do produto roubado não implica acréscimo na ofensa ao seu patrimônio, porquanto, uma vez subtraída a coisa, pouco importa à vítima com quem efetivamente esteja. Não é desarrazoado o entendimento ora sustentado máxime pelo fato de não haver no caso uma nova vitimização.

O sujeito ativo do delito é aquele que vende, permuta, dá em pagamento, loca ou dá em garantia coisa de outrem como se sua fosse; que se aplica inclusive para o condômino que dispõe da parte de outrem ou do todo do condomínio. O sujeito passivo do delito é quem experimenta o prejuízo patrimonial, podem ser, portanto, o efetivo proprietário da coisa ou quem a adquire de boa-fé.

Os outros aspectos do delito coincidem com o quanto analisado no *caput*, razão pela qual desnecessário tornar a examiná-los.

1.9.1. Alienação ou oneração fraudulenta de coisa própria

Incide nas penas da segunda forma equiparada ao estelionato quem *vende, permuta, dá em pagamento ou em garantia coisa própria inalienável, gravada de ônus ou litigiosa, ou imóvel que prometeu vender a terceiro, mediante pagamento em prestações, silenciando sobre qualquer dessas circunstâncias*. Nota-se à saída a distinção entre as previsões dos incisos I e II, enquanto a primeira versa sobre a disposição fraudulenta de coisa alheia a segunda trata da disposição – alienação ou oneração – fraudulenta de coisa própria.

Como cediço, há determinados institutos que retiram do proprietário o pleno direito sobre determinado bem móvel ou imóvel, em decorrência do que a sua esfera de disponibilidade sobre a *res* é reduzida. O tipo penal em comento visa a tutelar exatamente a impossibilidade de transposição pelo proprietário dos limites estabelecidos sobre o seu direito real de propriedade.

Os limites que não devem ser transpostos e que motivam a incidência nas penas deste artigo são: a cláusula de inalienabilidade do imóvel, que pode derivar da lei, convenção ou testamento; o ônus que grave a coisa, que é qualquer dos direitos reais derivado de lei ou contrato – penhor, anticrese, hipoteca, usufruto, servidão *et cetera;* quando a coisa é litigiosa, que é aquela objeto de discussão judicial; ou quando se trate de imóvel que prometeu vender a terceiro, mediante pagamento em prestações.

23 FRAGOSO, Heleno Cláudio. Lições de Direito Penal. São Paulo: Forense, 2003, p. 360.

Como se lê também do dispositivo, a conduta do agente concretiza-se com o silenciamento de sua parte a respeito de qualquer daquelas circunstâncias que representam verdadeiros limites à sua esfera de disponibilidade. Ou seja, é a conduta daquele que, por exemplo, vende um apartamento que sabe penhorado em ação de execução de dívida, silenciando quanto a este fato.

Cumpre mencionar, que a promessa de venda não compõe o rol das condutas criminalizadas. Assim, não se tratará do crime em comento se o sujeito firma contrato de promessa de venda de um bem qualquer gravado por cláusula de inalienabilidade, ainda que sobre o fato silencie. Se o sujeito vende, porém, um bem cuja venda havia sido prometida a terceiro, aí sim incide nas penas do delito.

O sujeito ativo do delito será sempre o proprietário possuidor da *res* inalienável que o vende, permuta, dá em pagamento ou em garantia. O sujeito passivo é aquele que entabulou a transação com o agente; é quem, portanto, sofrerá a potencial lesão patrimonial.

Quanto aos outros elementos, desnecessário qualquer comentário adicional, porquanto absolutamente convergentes com o quanto examinado no *caput*.

1.9.2. Defraudação de penhor

A terceira figura equiparada incrimina a conduta de quem *defrauda, mediante alienação não consentida pelo credor ou por outro modo, a garantia pignoratícia, quando tem a posse do objeto empenhado*. A conduta criminalizada é a defraudação do penhor; imprescindível, assim, que se firme o conceito deste elemento normativo do tipo, o que é oferecido pelo Código Civil. Nos termos do artigo 1.431 do C. C.: *constitui-se o penhor pela transferência efetiva da posse que, em garantia do débito ao credor ou a quem o represente, faz o devedor, ou alguém por ele, de uma coisa móvel, suscetível de alienação.*

O penhor nada mais é, portanto, do que um direito real de garantia que consiste na tradição de uma coisa móvel ou mobilizável, suscetível de alienação, realizada pelo devedor ou por terceiro ao credor, a fim de garantir o pagamento do débito contraído. O tipo legal em comento objetiva tutelar a relação econômica cuja garantia é pignoratícia [derivada do penhor].

A conduta consiste em defraudar [fraudar, espoliar, lesar, prejudicar *et cetera*], através de alienação [venda, permuta, locação *et cetera*] não consentida pelo credor pignoratício ou por outro modo [ocultação, deterioração, desvio *et cetera*], a garantia pignoratícia.

Observe-se que a consumação do delito dá-se com *o perecimento, total ou parcial, da garantia pignoratícia retida pelo devedor*[24], prescindível a obtenção de vantagem ilícita pelo agente.

24 COSTA JÚNIOR, Paulo José da. *op. cit.* p. 363.

O sujeito ativo do delito evidentemente é o proprietário da coisa móvel ou mobilizável cedida em garantia pignoratícia defraudada. O sujeito passivo é o credor pignoratício, aquele que viu esvaída a garantia do crédito cedido.

1.9.3. Fraude na entrega da coisa

Comete fraude na entrega da coisa quem *defrauda substância, qualidade ou quantidade de coisa que deve entregar a alguém.* O pressuposto do delito é que o agente tenha a obrigação de entregar coisa determinada a alguém, obrigação esta que pode derivar da lei, contrato ou de ordem judicial.

A conduta consiste em defraudar a coisa que deve ser entregue. A fraude pode recair na substância [que é a própria natureza da coisa: ao invés de entregar a barra de oura devida, entrega uma determinada barra de ferro tingida de amarelo], na qualidade [que é efetivamente a qualidade inferior da coisa entregue: ao invés de se entregar barra de ouro 24 quilates, entrega-se uma barra de ouro 18 quilates], na quantidade da coisa [que é o número, a dimensão, o peso, o volume da coisa: ao revés de se entregar as duas barras de ouro devidas, entrega-se uma apenas].

Não se deve olvidar que, igualmente, a conduta é dolosa e deve ser realizada mediante a utilização de fraude. Assim, o engano do devedor que erra a qualidade da coisa devida e entrega a pior não configura o crime em comento.

A consumação do delito não se dá quando da defraudação da coisa, mas quando de sua tradição. Deste modo, plenamente factível a tentativa, desde que obstado o agente – por circunstâncias alheias à sua vontade – antes da efetiva entrega da coisa.

O sujeito ativo do delito é quem tinha o dever de entregar a coisa determinada e a defrauda antes de fazê-lo. O sujeito passivo é quem tinha o direito de receber a coisa e não a recebe nas condições estabelecidas: aufere-a em condições diversas do quanto acertado porque defraudada.

1.9.4. Fraude para o recebimento de indenização ou valor de seguro

Comete a fraude criminalizada no § 2º, V, art. 171, do Código Penal quem *destrói, total ou parcialmente, ou oculta coisa própria, ou lesa o próprio corpo ou a saúde, ou agrava as consequências da lesão ou doença, com o intuito de haver indenização ou valor de seguro.* Na leitura do dispositivo, é possível seccionar o delito em duas modalidades de acordo com o objeto material do delito. Na primeira, volta-se o agente contra a coisa própria; na segunda, a conduta recai sobre o próprio corpo e a saúde.

Na hipótese de voltar-se para a coisa própria, comete o crime o agente que a destrói, total ou parcialmente, ou a oculta, com o intuito de obter a indenização ou o valor do seguro. Trata-se de hipótese relativamente comum na vida hodierna cotidiana e quem tem nos veículos automotores sua expressão máxima. É o exemplo daquele que – proprietário de veículo automotor já objeto da ação do tempo e, por isso, desvalorizado – arremessa o carro propositalmente contra um poste de energia objetivando destruí-lo, com o fim de fazer jus ao valor do seguro contratado para o referido veículo.

Noutro giro, pune-se a conduta de quem provoca lesões em seu próprio corpo ou em sua saúde, ou, ainda, agrava lesão preexistente, com o fim de alcançar a indenização ou o valor do seguro.

Como se vê, é pressuposto à ocorrência do crime a existência de um contrato de seguro válido. Trata-se, ademais, de crime formal que não exige o prejuízo do ofendido para a sua consumação, o que se dá com a destruição, ocultação ou autolesão, desde que já existente o fim de obtenção da indenização ou do valor do seguro, que assume a condição de elemento subjetivo especial do tipo.

O sujeito ativo é o proprietário da coisa destruída ou ocultada. O sujeito passivo é o segurador que tem a obrigação de pagar o valor da indenização acertada contratualmente, porquanto é quem experimenta a lesão patrimonial advinda da fraude.

1.9.5. Fraude no pagamento por meio de cheque

Comete o estelionato mediante o pagamento através de cheque quem *emite cheque, sem suficiente provisão de fundos em poder do sacado, ou lhe frustra o pagamento.* Visualizáveis, de pronto, duas modalidades: a emissão de cheque sem provisão de fundos e a frustração do pagamento daquele cheque provisionado.

O que há de mais relevante na análise do tipo em comento diz respeito principalmente à natureza dolosa do delito. Ou seja, o mero descuido ou falta de zelo quando do pagamento através de cheque não provisionado não perfaz o delito em comento, uma vez que se exige a fraude na conduta. É o que se extrai do enunciado nº 246 da Súmula de Jurisprudência do Supremo Tribunal Federal: "*Comprovado não ter havido fraude, não se configura o crime de emissão de cheque sem fundos.*"

Trata-se, portanto, de modalidade que só admite a forma dolosa dotada do especial fim de agir consistente na finalidade de auferir lucro. Neste sentido, *por mais culposo que seja o erro do agente, ao supor que dispunha de provisão bastante em poder do sacado, inexistirá o elemento subjetivo do crime.*[25]

Tendo por imprescindível a fraude para a caracterização do delito, resta evidente que não há crime quando a vítima tem conhecimento quanto à falta de provisão de fundos para o cheque e, ainda assim, o aceita. Inexiste estelionato *in casu* justamente porque não se induz a vítima a erro: não há fraude. As cartas do jogo são reveladas e os riscos assumidos.

Insta consignar que o cheque emitido em pagamento de dívida de natureza ilícita (prostituição ou dívida de jogo, por exemplo) é atípico, uma vez que tal esfera não é objeto de tutela pela norma penal. De semelhante modo, dá-se com a emissão fraudulenta de cheque sem provisão ou frustração de seu pagamento quando se refira à de dívida preexistente; é atípica a conduta, pois o agente não tem qualquer proveito com a fraude.

25 HUNGRIA, Nelson. *op. cit.* p. p. 246.

Ademais, o crime em comento somente tem lugar se preservadas as características inerentes do cheque, razão pela qual não se fala na ocorrência do presente delito se o cheque é dado em garantia, em pagamento de dívida pré-existente ou pós-datado.[26] Como cediço, o cheque é definido legalmente como ordem de pagamento à vista e deve respeitar os requisitos constantes do art. 1º da Lei nº 7.357/85; não tem data de vencimento, pois pagável mediante apresentação, razão pela qual – escapando destas características – não se pode falar na prática do crime em comento, uma vez que significa o desvirtuamento do título.[27]

A distinção entre as duas modalidades contidas no dispositivo é simples: a primeira diz respeito à emissão – colocação em circulação – do cheque dolosamente *sem provisão* de fundos -, isto é, o agente sabe da inexistência de capital para o saque do cheque e fraudulentamente o emite (frise-se que não basta a mera assinatura da ordem de pagamento, é preciso colocá-la em efetiva circulação); a segunda configura-se quando o agente emite o cheque *devidamente provisionado* e, posteriormente, frustra fraudulentamente o seu pagamento, mediante, por exemplo, o saque do saldo antes do desconto da ordem de pagamento.

Nada obstante tenha existido algum dissenso doutrinário e jurisprudencial, a posição amplamente majoritária hodiernamente dá conta de que o delito é de natureza material, uma vez que não se consuma com a mera *emissão* sem provisionamento ou *frustração* do pagamento, mas com a efetiva recusa de pagamento pelo sacado e a consequente lesão patrimonial. É o que se pode extrair, inclusive, numa interpretação orientada do enunciado nº 521 da Súmula de Jurisprudência do Supremo Tribunal Federal: "*O foro competente para o processo e julgamento dos crimes de estelionato, sob a modalidade da emissão dolosa de cheque sem provisão de fundos, é o do local onde se deu a recusa do pagamento pelo sacado*".

O pagamento do *quantum* devido antes do recebimento da denúncia tem o condão de extinguir a punibilidade do agente, tal como assentado no enunciado nº 554 da Súmula de Jurisprudência do Supremo Tribunal Federal: "*O pagamento de cheque emitido*

26 Observe-se para este fim o entendimento firmado por Basileu Garcia: "*Uma das hipóteses em que melhor se tem vislumbrado a ausência de desígnio fraudulento por parte do emissor, no mencionado sentido de não iludir ao beneficiário quanto à falta de fundos, está na pós-data. Se o cheque é pós-datado, via de regra é aquêle que o recebe tem a percepção segura da falta de fundos no ato da emissão. De outro modo dificilmente se compreenderia o motivo da pós-data, lançada exatamente para que o beneficiário ou portador não cobre de imediato o cheque.*" Garcia, Basileu. Problemas penais do cheque *in* Silva Franco, Alberto; Nucci, Guilherme de Souza. Doutrinas Essenciales: Direito Penal, v. 5. São Paulo: Editora Revista dos Tribunais, 2010, pp. 781-802, p. 785.

27 Observe, neste sentido, os comentários de Marcos Vinícius R.C. Doria: "*Quando é feita como garantia de negócio realizado (pós-datado ou pré-datado), como é uso frequente no comércio, a emissão não incide na sanção penal, por não ser causa de prejuízo. Nesse caso, constitui mera operação de natureza vil, estranha ao âmbito do Direito Penal. A função do cheque é servir de meio de pagamento à vista, tendo sua finalidade desvirtuada quando emitido visando situações outras, como, por exemplo, a garantia de compras parceladas.*" DORIA, Marcos Vinicius R. C. Do Estelionato e Outras Fraudes. Campinas: ME Editora, 2005, p. 114.

sem provisão de fundos, após o recebimento da denúncia, não obsta ao prosseguimento da ação penal."

1.9.6. Estelionato contra idoso

No dia 28 de dezembro de 2015, o legislador brasileiro fez inserir um parágrafo 4º ao art. 171 do Código Penal com a seguinte redação: Aplica-se a pena em dobro se o crime for cometido contra idoso. Criou-se, portanto, modalidade qualificada do crime de estelionato quando cometido em face de idoso. A pena do delito cometido em face do idoso passa a ser de dois a dez anos e multa.

É de simples apreensão a figura, porquanto cria um tipo qualificado com sujeito passivo próprio, exigindo-se que a vítima possua objetivamente a condição de idoso. O conceito de idoso consta da Lei n. 10.741/03 – Estatuto do Idoso – que o define como sendo a pessoa de idade igual ou superior a 60 anos.

Vale a ressalva aqui que a questão já foi objeto de vivo debate em doutrina, especialmente quanto às diversas previsões da legislação criminal em que constou a expressão "maior de sessenta anos", o que implicou discussão sobre a possibilidade de englobar aqueles com exatos 60 anos ou não. Por uma leitura teleológica e de espectro constitucional, considerando os fins do próprio Estatuto e a nítida orientação da Carta Magna com a tutela dos vulneráveis, resta assentado que inclusive naqueles casos deve-se aplicar o conceito constante no art. 1º do Estatuto.

É dizer: ainda quando conste da legislação penal a expressão maior de sessenta anos, deve-se entender tutelada a vítima que conste com exatos sessenta anos. No presente caso, relembre-se que o legislador fez questão de fazer constar a expressão idoso, o que remete diretamente para o art. 1º da Lei n. 10.741/03.

Superados os aspectos objetivos da análise da nova figura qualificada, é importante observá-la criticamente. É evidente a legitimação da preocupação com a tutela mais depurada dos sujeitos passivos que apresentem maior vulnerabilidade, no que se enquadram os idosos. Sucede, porém, que o legislador pátrio vale-se das reprimendas penais como primeira medida e de maneira quase irrefletida, o que deriva numa série de inconsistências que tornam o ordenamento jurídico-penal absolutamente desforme.

Se a preocupação é com a maior vulnerabilidade do patrimônio dos idosos especialmente quando a fraude é instrumento do crime, qual a razão de não se tutelar igualmente os delitos de furto [em que o idoso é presa mais fácil para a destreza do agente] ou roubo [em que a capacidade de resistência do idoso é menor em face da violência ou grave ameaça]? Em última análise, a regra é de que o patrimônio das pessoas idosas está mais exposto à atuação delitiva em todos os crimes do Título II do Código, o que não autorizaria a diferenciação realizada pelo legislador.

A sanha pela expansão penal é, todavia, tão desenfreada que impede o melhor desenvolvimento legislativo. A presente inclusão criou uma contradição manifesta com o art. 173 do Código Penal, em que se pune o abuso de incapazes. Se o crime cometido resulta em vantagem para o agente e prejuízo de criança ou alienado mental, por exemplo, a pena é de dois a seis anos e multa; se, todavia, a vítima de estelionato é idosa, a pena é de dois a dez anos e multa!

Como sustentar que a conduta em face do idoso é mais censurável do que aquela praticada em face da criança ou do alienado mental? Certamente não haverá como, o que denota o caráter açodado e simbólico da novel previsão. É evidente, porém, que não se poderá transpor a nova figura para as hipóteses do art. 173 numa tentativa de equalizar o sistema devendo-se respeitar a legalidade estrita.

Trata-se de nítida manifestação do direito penal simbólico de cariz consequencialista – que obteve, inclusive, máxima expressão no ano de 2015 -, em que pouco importa o efetivo enfrentamento ao núcleo da questão [ofensa ao patrimônio dos idosos], mas funciona como um instrumento cada vez menos útil de conferir [falsa] sensação de segurança pública à sociedade dada alta carga moral da previsão legislativa.

Observe-se, ao final, apenas que, em se tratando de *novatio legis in pejus* – que cria consequências mais graves para a conduta -, há de se ter especial atenção com relação à aplicação da lei penal no tempo. Vale aqui a observância do direito fundamental inscrito no art. 5º, XL, da Constituição: a lei penal não retroagirá, salvo para beneficiar o réu, ao lado de uma especial atenção ao enunciado n. 711 da Súmula do STF: A lei penal mais grave aplica-se ao crime continuado ou ao crime permanente, se a sua vigência é anterior à cessação da continuidade ou da permanência.

1.9.7. Aspectos distintivos

Estelionato e Furto: No estelionato, a lesão ao patrimônio é empreendida por meio fraudulento, artifício ou ardil, que motiva a vítima – induzida a erro – a entregar ela própria a coisa ao agente. No furto, a lesão dá-se mediante a subtração; a gente mesmo interfere na esfera patrimonial da vítima. Ademais, o estelionato admite como objeto material do crime também os bens imóveis.

Estelionato e Roubo: Exatamente as mesmas razões manifestadas na distinção logo acima, tendo em vista que a diferença entre furto e roubo consiste apenas no meio empregado para a subtração.

Estelionato e Apropriação Indébita: Em ambos os casos, a vítima cede a coisa ao agente. No estelionato, por erro; na apropriação indébita, por justo título. Ocorre também que, no estelionato, o dolo do agente é anterior à ação (ao apossamento da coisa); na apropriação indébita, o dolo é posterior: o agente somente firma o *animus rem sibi habendi* depois de receber a coisa por justo título.

Estelionato e Extorsão: No estelionato, haja vista a fraude empregada pelo agente, a vítima é levada a firmar uma representação falseada da realidade e com fundamento nisto, em erro, adota o comportamento pretendido pelo agente. Na extorsão, de outro modo, a vítima tem a real compreensão dos fatos ocorridos e somente age motivada pelo constrangimento exercido agente. Demasiado distintas, pois, as referidas figuras.

Estelionato e Moeda Falsa: Quanto ao crime de moeda falsa, o estelionato funciona como tipo penal subsidiário, uma vez que a tentativa de introdução de moeda grosseiramente falsificada em circulação configurará, em tese, o estelionato. Isto é que consta, inclusive, do enunciado n. 73 da Súmula do STJ. Um adendo apenas: se a moeda não detiver qualquer potencial de produzir o engano e a falsidade for, portanto, perceptível *primo ictu oculi* certamente se discutirá a ocorrência de crime impossível.

1.10. Causa de aumento de pena

Aumenta-se de um terço a pena *se o crime é cometido em detrimento de entidade de direito público ou de instituto de economia popular, assistência social ou beneficência*. A majoração da pena reside na maior culpabilidade da conduta perpetrada pelo agente quando em face destes sujeitos passivos específicos, uma vez que as *entidades arroladas prestam serviços fundamentais à sociedade*.[28]

Entidades de direito público são a União, os Estados, os Municípios, o Distrito Federal, suas Autarquias e entidades paraestatais. Os institutos de economia popular, assistência social ou beneficência são aqueles destinados ao interesse econômico do povo ou a um indeterminado número de pessoas e os que atendem a fins de filantropia, de solidariedade humana, de caridade[29] *et cetera*.

Observe-se, ainda, o enunciado nº 24 da Súmula de Jurisprudência do Superior Tribunal de Justiça: *Aplica-se ao crime de estelionato, em que figure como vítima entidade autárquica da Previdência Social, a qualificadora do § 3º do Art. 171 do Código Penal.*

1.11. Pena e ação penal

A pena cominada ao delito de estelionato é a reclusão de um a cinco anos e multa. No caso de ser primário o agente e de pequeno valor o prejuízo, deve o juiz substituir a pena de reclusão pela detenção, diminuir a pena de um a dois terços ou aplicar somente a pena de multa. Se praticada a conduta contra entidade de direito público ou de instituto de economia popular, assistência social ou beneficência, a pena será aumentada de um terço.

A ação penal era de iniciativa pública incondicionada para todos os casos. Regime este que foi profundamente alterado pelo advento da Lei nº 13.964/2019 – denominado *Pacote Anticrime* -. Consoante se depreende do § 5º do art. 171, inserido pelo novel dispositivo, em regra, a ação penal no crime de estelionato passa a ser pública condicionada à representação.

A ação permanecerá pública incondicionada apenas nos casos em que a vítima for: a Administração Pública, direta ou indireta, criança ou adolescente, pessoa com deficiência mental, maior de 70 (setenta) anos de idade ou incapaz. A razão para tanto

28 GRECO, Rogério. Curso de Direito Penal: parte especial, volume III. Niterói/RJ: Impetus, 2009, p. 258.

29 HUNGRIA, Nelson. *op. cit.* p. 261.

é evidente e diz respeito à presunção legal de maior vulnerabilidade das vítimas, bem como à especial tutela do patrimônio público.

Assim, quanto à ação penal, o estelionato passa a figurar ao lado dos crimes de furto de coisa comum (art. 156), outras fraudes (art. 176) e das previsões específicas do art. 182 como sendo as únicas hipóteses de crimes contra o patrimônio com ação penal pública condicionada à representação.

Não se identifica, porém, fundamento razoável para mais aproximar o processamento do crime de estelionato do furto de coisa comum do que do furto simples (art. 155), que permanece como sendo de ação pública. Exigir-se representação prévia da vítima de estelionato, crime complexo e dissimulado por natureza, pode colocar em xeque a eficiência da persecução penal. Basta observar, por exemplo, que não raro há vítimas que jamais tomam conhecimento do delito e diversas outras que apenas o tomam muito tempo após a ocorrência dos fatos.[30]

Há aqui uma nítida questão tocante ao direito intertemporal: ora, o legislador – a rigor – criou uma condição de procedibilidade antes inexistente ao processamento da persecução dos crimes de estelionato. É cediço que as normas que digam respeito à natureza da ação penal possuem natureza de norma processual penal material, são de natureza híbrida, portanto. A relevância disto é que se sujeitam, quanto à aplicação no tempo, aos mandamentos que regem a aplicação da lei penal previstos no art. 5º, XXXIX e XL, da Constituição Federal e art. 2º do Código Penal.

Assim, em última análise, a legislação reformadora – ao criar nova etapa prévia necessária à persecução penal – perfectibiliza *novatio legis in melius* porquanto favorece a situação do eventual réu. Gozará, portanto, de aplicação retroativa.

Neste quadro, não se vislumbra outra alternativa senão a de se determinar a suspensão de todos os inquéritos e processos pela prática do crime de estelionato, à exceção dos casos ressalvados pelo próprio Código, para que se determine a intimação da vítima ou quem de direito para que, se o caso, ofereça representação. Note-se que toda e qualquer manifestação já deduzida pela vítima nos autos mostra-se suficiente para atender tal condição de procedibilidade, que prescinde de qualquer formalidade, razão pela qual não se há de falar em suspensão em casos que tais.

Não obstante haja quem defenda que o prazo para tal exercício seria de 30 (trinta) dias com fundamento na aplicação analógica do art. 91 da Lei nº 9.099/95, tem-se que o mais correto é a fixação do prazo de 6 (seis) meses, na forma como previsto no art. 30 do Código de Processo Penal. Em não tendo havido previsão específica pelo legislador no caso específico, a redução – por analogia – do prazo decadencial fixado pelo Código de Processo Penal redundaria em vulneração, a um do princípio da isonomia,

30 Não se está a sustentar, evidentemente, que haveria aí decadência do direito de representação, porquanto é cediço que o prazo de 6 (seis) meses para tanto apenas flui a partir da ciência pela vítima da identidade do autor do delito, na forma do art. 38 do Código de Processo Penal. Reduzir-se-ão, por certo, as chances de sucesso na investigação apenas iniciada meses, quiçá anos, após o cometimento do delito.

porque não há distinção justificável de tal tratamento e, a dois, do princípio da proporcionalidade em seu viés de vedação da proteção deficiente.

1.12. Breve cotejamento com o PLS 236/2012

Propõe-se: a) a previsão da causa extintiva de punibilidade consistente na reparação do dano, bem como da possibilidade de aplicação exclusiva da pena de multa, desde que de pequeno valor a lesão patrimonial; b) a causa de aumento de pena quando cometido em face do poder público ou quando é destinado a produzir efeitos em número expressivo de vítimas – ressalvada, é claro, a hipótese do concurso formal, quando aplicável; c) revogam-se aquelas formas específicas equiparadas, tendo em vista que são absolutamente desnecessárias, porque os comportamentos já encontram guarida no *caput*.

2. DUPLICATA SIMULADA

⊙ **Duplicata simulada**

Art. 172 – Emitir fatura, duplicata ou nota de venda que não corresponda à mercadoria vendida, em quantidade ou qualidade, ou ao serviço prestado. (Redação dada pela Lei nº 8.137, de 27.12.1990)

Pena – detenção, de 2 (dois) a 4 (quatro) anos, e multa. (Redação dada pela Lei nº 8.137, de 27.12.1990)

Parágrafo único. Nas mesmas penas incorrerá aquêle que falsificar ou adulterar a escrituração do Livro de Registro de Duplicatas. (Incluído pela Lei nº 5.474. de 1968).

2.1. Bem jurídico e objeto material do delito

O bem jurídico tutelado é a inviolabilidade do patrimônio, máxime aquelas relações econômicas derivadas do comércio mercantil, uma vez que tem por escopo primacial garantir a credibilidade dos títulos de comércio: fatura, duplicata e nota de venda.

2.2. Sujeito ativo e passivo

O sujeito ativo do delito é quem emite a fatura, duplicata ou nota de venda simulada de uma mercadoria ou serviço divergente em quantidade ou qualidade do quanto efetivamente vendido ou prestado. O sujeito passivo é quem aceita a duplicata sem *causa debendi* de boa-fé, seja ele o próprio recebedor [que possui garantia vazia] ou mesmo o sacado [que pode eventualmente sofrer com o protesto do título]. No caso de o sacado, consciente da ilicitude, aceitar a duplicata simulada para dar maior credibilidade ao título, responde em concurso de agentes com o sacador – que é o emitente.

2.3. Tipicidade objetiva e subjetiva

Comete o delito em comento quem emite *fatura, duplicata ou nota de venda que não corresponda à mercadoria vendida, em quantidade ou qualidade, ou ao serviço prestado.* Faz-se premente analisar à saída os elementos normativos do tipo legal – que são também os objetos materiais – consistentes nos títulos de crédito expressados pelo legislador.

Nos termos do art. 1º da Lei nº 5.474/68, a *fatura* é o documento extraído pelo vendedor e apresentado ao comprador, em todos os contratos de compra e venda, que "*discriminará as mercadorias vendidas ou, quando convier ao vendedor, indicará somente os números e valores das notas parciais expedidas por ocasião das vendas, despachos ou entregas das mercadorias.*" A fatura nada mais é do que uma certidão que deve acompanhar a mercadoria ou o serviço prestado, não comercializável ou endossável, porque não se trata de título de crédito.[31] A nota de venda é entendida como sinônimo de fatura.

A duplicata, por sua vez, nos termos do art. 2º da Lei nº 5.474/68, é o título de crédito advindo de determinada fatura; ou seja, a duplicata é o exclusivo título de crédito que se presta a documentar a fatura e, por consequência, garantir sua circulação como efeito comercial. A duplicata é o título que representa o crédito constituído pelo fornecimento de mercadorias ou serviços, registrado em fatura.

Observe-se o que o fundamento do delito é a simulação da fatura, duplicata ou nota de venda, significando dizer que o título não deve corresponder à efetiva venda ou prestação de serviços realizada em quantidade ou qualidade. Assim, são criminosas tanto a conduta de quem emite, por exemplo, fatura da venda de 3 televisores quando, na verdade, vendeu apenas 1 quanto a daquele que emite a duplicata da venda de televisor de 60 polegadas quando o objeto da transação era dotado de 21 polegadas.

Aduziu o legislador que a falta de correspondência deve ser em relação à quantidade ou qualidade da *mercadoria vendida ou serviço prestado*, o que deixa a impressão de que é imprescindível à consumação que haja a efetiva venda ou prestação. É evidente que não passou de mero lapso redacional do legislador, uma vez que é também criminosa a conduta de quem emite duplicata de venda ou serviço não realizado, sob pena de o dispositivo em comento perder a sua razão de ser.

A conduta reprimida é daquele sujeito – normalmente pessoa jurídica – que simula o título de crédito para eventualmente, por exemplo, tomar financiamento em instituição financeira assentado no título forjado. Como forma de antecipar a tutela, abrangeu o legislador a incidência do tipo legal na simulação tanto da fatura quanto da nota de venda.

O elemento subjetivo do tipo é o dolo genérico consistente na vontade, livre e consciente, de simular fatura, duplicata ou nota de venda, de maneira a que não corresponda, em qualidade ou quantidade, à venda realizada [ou não] ou serviço prestado [ou não]. Impunível se a falta de correspondência deriva de conduta culposa do agente.

---

31 BITENCOURT, Cezar Roberto. Tratado de direito penal: parte especial, volume 3, São Paulo: Saraiva, 2009, p. 253-254.

2.3.1. Figura equiparada: falsificação ou adulteração da escrituração do livro de registro de duplicatas

No parágrafo único do artigo em comento, previu o legislador modalidade que equiparou ao *caput* consistente em *falsificar ou adulterar a escrituração do Livro de Registro de Duplicatas*. O livro de duplicatas é exigência inescusável do comerciante que adote o regime de vendas através do referido título de crédito, nos termos do art. 19 da Lei nº 5.474/68.

O referido livro deve conter a escrituração cronológica de "*tôdas as duplicatas emitidas, com o número de ordem, data e valor das faturas originárias e data de sua expedição; nome e domicílio do comprador; anotações das reformas; prorrogações e outras circunstâncias necessárias.*" Percebe-se, assim, a relevância do livro de duplicatas que não pode sequer "*conter emendas, borrões, rasuras ou entrelinhas*".

Os núcleos do tipo já são bastante conhecidos: falsificar e adulterar. No caso em comento, falsificar significar registrar no livro venda ou serviço inexistente; adulterar significa viciar um lançamento prévio realizado.

É evidente que não existe concurso de crimes entre o delito do *caput* e do parágrafo único, uma vez que o registro falsificado de uma nota simulada emitida pelo agente trata-se claramente de pós-fato impunível.

O elemento subjetivo do tipo é o dolo consistente na vontade, livre e consciente, de falsificar ou adulterar a escrituração e do livro de registro de duplicatas.

2.4. Classificação doutrinária

Trata-se de crime **doloso**, porquanto não há previsão legal para modalidade culposa; **instantâneo**, já que a consumação não se prolonga no tempo, operando-se de imediato; **de forma livre**, pode ser praticado por qualquer meio, forma ou modo; **formal**, visto que prescinde resultado naturalístico, sendo necessário para sua consumação; **unissubjetivo**, pois pode ser praticado por apenas um agente; **plurissubsistente**, podendo ser fracionado em diversos atos, que compõe uma mesma conduta criminosa; **comum**, uma vez que não se exige qualquer condição especial do agente.

2.5. O momento consumativo

A figura do *caput* consuma-se com a colação em circulação do título, independentemente de eventual prejuízo do recebedor ou do sacado.

Aduz LUIZ REGIS PRADO[32] que é inquebrantável o *iter criminis*, uma vez que *ou o agente coloca o título em circulação, consumando a infração, ou retém consigo, havendo na hipótese apenas ato preparatório*; toma, portanto, como impossível a tentativa. Noutra vertente, BITENCOURT[33] entende arriscada a negação da possibilidade de tentativa,

32 PRADO, Luiz Regis. *op. cit.* p. 594/595.

33 BITENCOURT, Cezar Roberto. Tratado de direito penal: parte especial, volume 3, São Paulo: Saraiva, 2009, p. 255.

uma vez que *a casuística oferece determinadas situações que podem perfeitamente configurar a tentativa.*

A figura equiparada prevista no parágrafo único consuma-se com a efetiva falsificação ou adulteração. Admite-se a tentativa, porquanto possível o fracionamento do *iter criminis.*

2.6. Pena e ação penal

A pena cominada ao delito é a detenção de dois a quatro anos e multa.

A ação penal é de iniciativa pública e incondicionada.

2.7. Breve cotejamento com o PLS 236/2012

Pretende-se uma modernização do tipo legal,[34] inclusive com o aumento do limite máximo da pena, porque "é crime ontologicamente de estelionato"[35], razão pela qual, de mesmo modo, é alcançado pelas medidas *descarceirizadoras.*

3. ABUSO DE INCAPAZES

⊙ **Abuso de incapazes**

Art. 173 – Abusar, em proveito próprio ou alheio, de necessidade, paixão ou inexperiência de menor, ou da alienação ou debilidade mental de outrem, induzindo qualquer deles à prática de ato suscetível de produzir efeito jurídico, em prejuízo próprio ou de terceiro:

Pena – reclusão, de dois a seis anos, e multa.

3.1. Bem jurídico e objeto material do delito

O bem jurídico tutelado é a inviolabilidade do patrimônio, máxime aquele patrimônio referente aos menores e incapazes, de forma a evitar o abuso em face dos referidos sujeitos que são claramente hipossuficientes e, por isso, merecedores de tutela específica.

O objeto material é a própria vítima do delito.

3.2. Sujeito ativo e passivo

O sujeito ativo do delito pode ser qualquer pessoa, tendo em vista que não se exige do perpetrador do abuso qualquer condição especial. Comete o crime quem abusa,

34 Nestes termos, a previsão: Art. 169. Obter vantagem indevida mediante emissão, transferência ou aceitação de duplicata ou boleto dela decorrente que não corresponda juntamente com a fatura respectiva, a uma venda efetiva de bens ou a uma real prestação de serviços:

Pena – prisão, de um a cinco anos.

§ 1º Incorre na mesma pena quem falsifica ou adultera a escrituração do Livro de Registro de Duplicatas ou arquivo eletrônico equivalente.

§ 2º Aplicam-se a este crime as regras sobre multa exclusiva, extinção da punibilidade e ação penal previstas para o estelionato

35 Consoante se verifica à p. 310 do Anteprojeto de Código Penal elaborado pela Comissão de Juristas instituída pelo Senado Federal a partir do requerimento nº 756/2011. Disponível em: http://www.ibccrim.org.br/upload/noticias/pdf/projeto.pdf. Acesso em 25 de outubro de 2012.

em proveito próprio ou alheio, do menor ou do alienado, induzindo à prática de ato suscetível de produzir efeito jurídico [patrimonial], em prejuízo próprio ou terceiro.

Os sujeitos passivos do delito são o menor e o alienado ou débil mental que, abusados, respectivamente, em sua paixão e inexperiência ou alienação mental, praticam ato que pode implicar – ainda que eventualmente – repercussão no patrimônio próprio ou de terceiro. Entende-se como *menor* o sujeito que ainda não tenha completados os 18 anos de idade, pouco importando a maioridade civil. *O alienado mental* é o portador de mórbida alteração psíquica, que tem por condão privá-lo do uso da razão da faculdade de autocrítica e de autogoverno; o *débil mental* é o mórbido deficiente psíquico, igualmente desprovido de discernimento e autodeterminação[36], incluem-se aqui os idiotas e os imbecis, porquanto são portadores de distúrbios ainda mais gravosos que a debilidade mental, razão pela qual recomendada a sua especial tutela.

3.3. Tipicidade objetiva e subjetiva

Comete o delito em comento quem *abusa, em proveito próprio ou alheio, de necessidade, paixão ou inexperiência de menor, ou da alienação ou debilidade mental de outrem, induzindo qualquer deles à prática de ato suscetível de produzir efeito jurídico, em prejuízo próprio ou de terceiro.*

Parta-se do núcleo do tipo legal: o verbo *abusar.* Abusar é utilizado no sentido de tirar vantagem, aproveitar-se, auferir proveito, prevalecer-se *et cetera.* É dizer, a conduta é realizada através do prevalecimento do agente mediante o abuso da condição da menoridade ou alienação mental da vítima, para o fim de induzi-la à prática de ato suscetível de produzir efeitos jurídicos.

Não se olvide que a ação levada a cabo pelo aproveitador pode se dar em proveito próprio ou alheio.

Quanto ao menor, deve o agente abusar de sua *necessidade, paixão ou inexperiência.* Em última análise, como pontua BITENCOURT[37], são expressões sinônimas na medida em que produzem no menor o mesmo resultado: tornam-no mais vulnerável e desprotegido, carente de amparo e de proteção legal. No cometimento do presente delito, o agente deve, portanto, abusar destas elementares do tipo legal.

Abreviadamente, deve-se entender a *necessidade* como toda e *qualquer exigência existencial, orgânica, intelectual ou moral*[38] do indivíduo; a *paixão* deve ser entendida como sentimento mais ou menos arrebatador que obste à racionalização plena do ato praticado pela vítima; a *inexperiência* assimila-se, *in casu*, à imaturidade, uma vez que

---

36 HUNGRIA, Nelson. Comentários ao código penal: decreto n.º 2.848, de 7 de dezembro de 1940. 1. ed., Vol. VII, Rio de Janeiro: Forense, 1955, p. 261.

37 BITENCOURT, Cezar Roberto. Tratado de direito penal: parte especial, volume 3, São Paulo: Saraiva, 2009, p. 258.

38 COSTA JÚNIOR, Paulo José da. *op. cit.* p. 370.

significa a inexistência de representação por parte da vítima das circunstâncias elementares à tomada de determinada decisão de caráter socioeconômico.

É importante ressaltar que se o agente vale-se de fraude e induz em erro o menor sem abusar da sua necessidade, paixão ou inexperiência, não se há de falar em abuso de incapaz, mas em estelionato. Sob outro aspecto, se o agente coopta menor na tenra idade para a subtração de coisa que lhe pertença, de igual maneira não se tem abuso de incapaz, mas prática do crime de furto.

No que diz respeito ao abuso dos alienados ou débeis mentais, não se tem por necessário o abuso da necessidade, paixão ou inexperiência. O abuso aí deve ser voltado para o aproveitamento desta especial condição da vítima, que a fragiliza sobremaneira para a prática de determinados atos da vida em sociedade.

O abuso deve ser voltado para a indução da vítima à prática de ato suscetível de produzir efeito jurídico. O referido induzimento prescinde de meio determinado, uma vez que pode se dar através de *conselhos, exortações, promessas, artifícios ou ardis*, o imprescindível é que haja uma relação de causa e efeito entre o abuso e a necessidade, abuso e paixão, abuso e inexperiência[39] ou abuso e alienação ou debilidade mental.

O ato praticado pela vítima deve ser suscetível de produzir efeito jurídico, ou seja, ele tem de ser capaz de operar efeitos no mundo do Direito. Perquire-se, então, se a nulidade do ato derivada da menoridade [incapacidade] da vítima impede a perfectibilização do crime. Evidentemente que não, porque se assim fosse perder-se-ia boa parte da razão de ser do dispositivo[40], tendo em vista que o menor, porque incapaz, não mais seria sujeito passivo do delito.

Não se discute, porém, que quando eivado ato de nulidade diversa da incapacidade da vítima que o impeça de produzir efeitos jurídicos não há crime, porque inescapável à subsunção do fato à norma a verificação da ocorrência de todas as elementares típicas.

Assim como a vantagem injusta derivada do abuso, o prejuízo pode ser tanto da vítima como de terceiro. É dizer, ainda que se utilize do menor como meio para a obtenção de uma vantagem que repercutirá no patrimônio de terceira pessoa, ter-se-á por consumado o abuso de incapaz. Frise-se, todavia, que o efetivo dano não é imprescindível à configuração do delito, uma vez que se trata de crime formal.

O elemento subjetivo do tipo legal é configurado pelo dolo genérico consistente na vontade, livre e consciente, de induzir o menor à prática do ato de disposição patrimonial, acrescido ao elemento subjetivo especial tocante ao fim de obter proveito indevido para si ou para outrem.

Consequência disto é que o desconhecimento das especiais condições da vítima [menoridade e alienação ou debilidade mental] afasta a ocorrência do crime porque

39 COSTA JÚNIOR, Paulo José da. *op. cit.* p. 371.
40 PRADO, Luiz Regis. *op. cit.* p. 601.

manifesto o erro de tipo. Assim, o agente que negocia com um determinado sujeito – que supõe ser dotado de todas as suas faculdades mentais – e adquire dele mercadoria abaixo do preço de mercado não comete o delito. Se há dúvida quanto à condição do menor ou do alienado mental, porém, não se afasta a incidência do crime, porque *quem duvida não ignora e, se pratica o ato, arrisca-se*[41]; manifesta a possibilidade de verificação do dolo eventual na espécie.

3.4. Classificação doutrinária

Trata-se de crime **doloso**; **instantâneo**; **de forma livre**; **formal**; **unissubjetivo**; **plurissubsistente** e **comum**.

3.5. O momento consumativo

A figura do *caput* consuma-se com a prática do ato pelo incapaz induzido pelo agente, independentemente da obtenção do proveito almejado. É possível a verificação da tentativa, uma vez que plenamente factível o fracionamento do *iter criminis*.

3.6. Pena e ação penal

A pena cominada ao delito é a reclusão de dois a seis anos e multa.

A ação penal é de iniciativa pública e incondicionada.

4. INDUZIMENTO À ESPECULAÇÃO

⊙ **Induzimento à especulação**

Art. 174 – Abusar, em proveito próprio ou alheio, da inexperiência ou da simplicidade ou inferioridade mental de outrem, induzindo-o à prática de jogo ou aposta, ou à especulação com títulos ou mercadorias, sabendo ou devendo saber que a operação é ruinosa:

Pena – reclusão, de um a três anos, e multa.

4.1. Bem jurídico e objeto material do delito

O bem jurídico tutelado é a inviolabilidade do patrimônio, especialmente, *in casu*, o patrimônio pertencente às *pessoas simples, ignorantes ou inexperientes contra a burla, a fraude ou o ardil simbolizados por apostas ou jogos e até mesmo pela especulação com títulos ou mercadorias.*[42]

O objeto material do delito é a prática de jogos, apostas e especulação com títulos ou mercadorias.

41 NORONHA, Magalhães. Direito Penal: crimes contra a pessoa e crimes contra o patrimônio. São Paulo: Saraiva, p. 460.

42 BITENCOURT, Cezar Roberto. Tratado de direito penal: parte especial, volume 3, São Paulo: Saraiva, 2009, p. 263.

4.2. Sujeito ativo e passivo

O sujeito ativo do delito pode ser qualquer pessoa, tendo em vista que não se exige do perpetrador do abuso qualquer condição especial. Comete o crime quem induz a vítima – pessoa simples, ignorante ou inexperiente – à prática daqueles atos descritos no tipo legal.

O sujeito passivo do delito pode ser qualquer pessoa, desde que inexperiente, simples ou dotada de capacidade mental inferior.

4.3. Tipicidade objetiva e subjetiva

Incide nas penas do delito em comento quem *abusa, em proveito próprio ou alheio, da inexperiência ou da simplicidade ou inferioridade mental de outrem, induzindo-o à prática de jogo ou aposta, ou à especulação com títulos ou mercadorias, sabendo ou devendo saber que a operação é ruinosa.*

Quanto ao núcleo *abusar* pertinentes, porque coincidentes, os comentários tecidos no artigo imediatamente precedente, razão pela qual desnecessário repeti-las. O mesmo se diz quanto ao *induzimento*.

O abuso aqui deve ser em relação à *inexperiência, simplicidade ou inferioridade mental de outrem*. A *inexperiência* da vítima é também elementar do delito de abuso de incapaz já estudado e apresenta idêntica conceituação: significa a inexistência de representação por parte da vítima das circunstâncias elementares à tomada de determinada decisão consistente na prática de jogo ou aposta ou na especulação com títulos ou mercadorias; a *simplicidade* diz respeito à inexistência de malícia ou astúcia, o que fragiliza sobremaneira a condição da vítima perante os velhacos; a *inferioridade mental* consiste em qualquer tipo de retardo no desenvolvimento mental [que, sob nenhuma hipótese, pode ser confundido com alienação ou debilidade, porque de grau inferior].

A vítima é induzida à prática de *jogo ou aposta ou especulação com títulos ou mercadorias*. Jogo e aposta diferenciam-se entre si na medida em que naquele o resultado depende da habilidade do jogador conquanto neste é atribuível exclusivamente à álea, à eventualidade. Como lembram BITENCOURT[43] e LUIZ RÉGIS PRADO[44], pouco importa se lícito ou ilícito o ato, uma vez que se busca tutelar a condição de hipossuficiente da vítima, igualmente lesada quando da indução à prática ruinosa de jogo legal ou ilegal, por exemplo.

A *especulação* no tipo em comento significa a operação no mercado financeiro com o intuito de obter lucro. Não cuida o legislador de tutelar toda e qualquer especulação, mas tão-somente a referente a títulos e mercadorias; *título* é o documento que certifica a propriedade sobre um determinado bem ou valor; *mercadoria* é todo e qualquer bem potencialmente objeto de uma relação de compra e venda.

---

43 BITENCOURT, Cezar Roberto. Tratado de direito penal: parte especial, volume 3, São Paulo: Saraiva, 2009, p. 264.

44 PRADO, Luiz Regis. *op. cit.* p. 605.

No que toca à especulação, observe-se que é imprescindível que o agente *saiba ou deva saber que a operação é ruinosa*. Assim, se o agente induz o sujeito simples à prática de determinado ato especulativo referente a determinados títulos imobiliários julgando-o potencialmente lucrativo, não responde pelo delito em comento. É preciso, então, que o agente saiba ou devesse saber do insucesso da operação para a configuração do delito.[45]

O elemento subjetivo do tipo é o dolo genérico tocante à vontade, livre e consciente, de induzir a vítima à prática de jogo, aposta ou especulação com títulos ou mercadorias; a ser complementado pelo elemento subjetivo especial manifestado no interesse de obtenção de proveito próprio ou alheio.

Aplicáveis aqui os mesmos comentários tocantes à necessidade imprescindível de que o agente conheça da especial circunstância da vítima que implica seu desfavorecimento [inexperiência, simplicidade ou inferioridade mental], pois a ausência desta representação traduz inequívoco erro de tipo.

4.4. Classificação doutrinária

Trata-se de crime **doloso**; **instantâneo**; **de forma livre**; **formal**; **unissubjetivo**; **plurissubsistente** e **comum**.

4.5. Momento consumativo

O delito ora objeto de estudo consuma-se com a prática pela vítima do jogo, aposta ou especulação com títulos ou mercadorias, razão pela qual não se exige para a consumação a obtenção de proveito econômico. Delito de consumação antecipada que é, nada interfere na consumação do crime a eventual obtenção de benefício na empreitada, uma vez que se incrimina a criação do perigo em abstrato. Em outras palavras, ainda que a vítima do delito aufira lucro na prática do ato induzido pelo agente, estará configurado o delito e comento.

Admite-se a tentativa.

4.6. Pena e ação penal

A pena cominada ao delito é a reclusão de um a três anos e multa.

A ação penal é de iniciativa pública e incondicionada.

45 Relevante crítica doutrinária tecida quanto à adoção pelo legislador da fórmula "*sabendo ou devendo saber* que a operação é ruinosa", uma vez que a interpretação literal implica presunção de culpa e responsabilização objetiva do agente. Neste panorama, adota-se a interpretação levada a cabo NELSON HUNGRIA no sentido de que tal passagem, como advertido, significa simplesmente que o agente é punido ainda que não tenha certeza quanto ao insucesso da operação, desde que conheça fatos que autorizam antever tal resultado.

4.7. Breve cotejamento com o PLS 236/2012

A presente figura não foi objeto de previsão no Projeto, porque "repete, apenas com detalhamento no objeto, a trajetória essencial do estelionato".[46]

5. FRAUDE NO COMÉRCIO

⊙ **Fraude no comércio**

Art. 175 – Enganar, no exercício de atividade comercial, o adquirente ou consumidor:

I – vendendo, como verdadeira ou perfeita, mercadoria falsificada ou deteriorada;

II – entregando uma mercadoria por outra:

Pena – detenção, de seis meses a dois anos, ou multa.

§ 1º – Alterar em obra que lhe é encomendada a qualidade ou o peso de metal ou substituir, no mesmo caso, pedra verdadeira por falsa ou por outra de menor valor; vender pedra falsa por verdadeira; vender, como precioso, metal de ou outra qualidade:

Pena – reclusão, de um a cinco anos, e multa.

§ 2º – É aplicável o disposto no art. 155, § 2º.

5.1. Bem jurídico e objeto material do delito

O bem jurídico tutelado é a inviolabilidade do patrimônio, especialmente, *in casu*, protege-se o patrimônio contra a adoção de fraude no comércio, resguardando, subsidiariamente, *a boa-fé e honestidade, que devem ser os pilares da relação estabelecida no comércio, cuja atividade é de fundamental importância para a satisfação das necessidades materiais da coletividade.*[47]

O objeto material do delito é a mercadoria sobre a qual recai a conduta do agente. Quanto à mercadoria, oportuno esclarecer que é toda e qualquer coisa que se compra ou vende; é em verdade tudo o que se produz para fins de comércio, não para uso, no que se incluem as coisas móveis e semoventes. Se a mercadoria é substância medicinal ou alimentícia, pode-se configurar delito contra a saúde pública [art. 272, § 1º, e 273 do Código Penal] e não contra o patrimônio, tal como advertia Hungria[48].

5.2. Sujeito ativo e passivo

Pode ser sujeito ativo do delito exclusivamente o comerciante ou comerciário, uma vez que se exige na figura típica que o engano se dê no exercício da atividade comercial. Converge a doutrina que a fraude empregada pelo agente destituído desta específica qualidade configura o delito previsto no art. 171, § 2º, IV, do Código Penal.

O sujeito passivo pode ser qualquer pessoa, desde que adquirente ou consumidor da *res*.

---

46 Página 303 do Anteprojeto de Código Penal.

47 PRADO, Luiz Regis. *op. cit.* p. 610.

48 HUNGRIA, Nelson. Comentários ao código penal: decreto n.º 2.848, de 7 de dezembro de 1940. 1. ed., Vol. VII, Rio de Janeiro: Forense, 1955, p. 268.

5.3. Tipicidade objetiva e subjetiva

Pune-se a conduta de quem *engana, no exercício de atividade comercial, o adquirente ou consumidor*. Enganar, como cediço, é iludir, ludibriar, induzir em erro o adquirente ou consumidor, no exercício da atividade comercial. Em atenção ao princípio da legalidade, o legislador optou por taxar as modalidades pela que se comete o delito.

Frise-se, primeiramente, seguindo a lição de NORONHA[49], que o legislador rege o tipo sob e a égide do núcleo *enganar o adquirente ou consumidor*, porém tal fato não significa dizer que é imprescindível o emprego de artifício, ardil ou outro meio fraudulento previamente no sentido de induzir o comprador à aquisição da coisa. O engano está na efetivação, na realização mesma da venda ou entrega.

No inciso I, comete o crime quem *vende, como verdadeira ou perfeita, mercadoria falsificada ou deteriorada*. Observe-se que a lei penal refere-se exclusivamente à *venda*, que consiste na transferência de propriedade da *res* de uma pessoa para outra, razão pela qual atos de disposição divergentes da venda, ainda que assemelhados, não configuram o tipo, tal como a permuta e a dação em pagamento por exemplo.

O objeto do delito nesta primeira forma é a mercadoria – coisa móvel ou semovente – objeto de *falsificação* ou *deterioração*. Consoante a lição de NORONHA[50], *falsifica mercadoria o agente que, conservando-lhe o aspecto de verdadeira, nela introduz substâncias ou componentes diversos dos que entram em sua constituição; ou dela tira elementos dando-a, entretanto, como verdadeira*. A mercadoria falsificada é a que sofre adulteração – seja pela introdução ou retirada de elementos – e é dada como genuína.

No que toca à mercadoria *deteriorada*, convém dizer que é aquela cujo estado se opõe à perfeição, tal como prevê o legislador. É a mercadoria objeto de estrago total ou parcial. Deteriorada é a mercadoria parcialmente estragada ou avariada; a fraude aí consiste exatamente em disfarçá-la, de maneira a torná-la intata ou perfeita[51].

Na segunda modalidade do delito, a conduta incriminada consiste em *entregar uma mercadoria por outra*. Ao invés da primeira modalidade, em que se pune a *venda* de mercadoria falsificada ou deteriorada, aqui se criminaliza a *entrega* de coisa essencialmente diferente, seja pela própria substância, quantidade ou qualidade.

É evidente pressuposto do crime a existência prévia de uma relação de caráter obrigacional em que se incumba a uma das partes a entrega de coisa previamente determinada e individualizada, sob pena de não se poder configurar o delito. Ademais, crime patrimonial que é, fundamental que a coisa entregue em substituição à devida seja de menor valor.

O tipo subjetivo é o dolo genérico consistente na vontade, livre e consciente, de vender mercadoria falsificada ou deteriorada ou entregar uma mercadoria por outra.

---

49 NORONHA, Magalhães. *op. cit.* p. 444.

50 NORONHA, Magalhães. *op. cit.* p. 445.

51 HUNGRIA, Nelson. Comentários ao código penal: decreto n.º 2.848, de 7 de dezembro de 1940. 1. ed., Vol. VII, Rio de Janeiro: Forense, 1955, p. 267.

É imprescindível que o agente tenha consciência de que engana a vítima na venda da mercadoria falsificada ou adulterada ou na entrega de coisa diversa da acertada, sobe pena de não se configurar o delito.

A questão mais atual e que gera maior turbulência na doutrina tocante ao tipo legal em comento diz respeito à ocorrência de sua revogação tácita – ou não – pelas leis nº 8.137/90 [Lei dos crimes contra a ordem tributária, econômica e contra as relações de consumo, e dá outras providências] e 8.078/90 [Código de Defesa do Consumidor].

Nos termos do art. 7º, IX, da Lei nº 8.137/90: *vender, ter em depósito para vender ou expor à venda ou, de qualquer forma, entregar matéria-prima ou mercadoria, em condições impróprias ao consumo.* Em outro quadro, o art. 18, § 6º, da Lei nº 8.078/90 completa o sentido: *São impróprios ao uso e consumo: I – os produtos cujos prazos de validade estejam vencidos; II – os produtos deteriorados, alterados, adulterados, avariados, falsificados, corrompidos, fraudados, nocivos à vida ou à saúde, perigosos ou, ainda, aqueles em desacordo com as normas regulamentares de fabricação, distribuição ou apresentação; III – os produtos que, por qualquer motivo, se revelem inadequados ao fim a que se destinam.*

Como cediço, nos termos do art. 2º, § 1º, da Lei de Introdução ao Código Civil: *A lei posterior revoga a anterior quando (...) regule inteiramente a matéria de que tratava a lei anterior*, resta saber se houve, no caso concreto, por parte dos posteriores diplomas legais a regulação completa da matéria antevista no artigo 175 do Código Penal.

No exame dos dispositivos, é possível verificar que a primeira modalidade do delito ora objeto de estudo é integralmente prevista pela posterior legislação, uma vez que tanto a mercadoria falsificada quanto a adulterada são consideradas impróprias para consumo, nos termos da conjugação dos dispositivos elencados. Entende-se revogado, portanto, o inciso art. 175, I, do Código Penal.[52]

No que toca ao inciso II, todavia, não parece ter sido objeto de preocupação do legislador quando da renovação das previsões, uma vez que *entregar um objeto por outro* não incide em qualquer das modalidades de impropriedade para consumo. É dizer, o fato de se operar a troca da coisa por outro não implica a sua impropriedade para o consumo. Permanece, assim, inalterada.

Assim, é possível que haja, em tese, conflito aparente de normas penais entre as disposições deste artigo do Código Penal e os dispositivos da legislação especial. Em havendo, deve-se aplicar evidentemente os princípios norteadores do conflito aparente, máxime a especialidade. É possível, em hipótese, até mesmo o concurso de crimes entre as disposições, desde que não violem o mesmo bem jurídico, o que configuraria flagrantemente *bis in idem*.

5.3.1. Modalidades qualificadas

Nos termos do § 1º do artigo em comento, o delito é qualificado se o agente *altera em obra que lhe é encomendada a qualidade ou o peso de metal ou substitui, no mesmo caso,*

52 Neste sentido: PRADO, Luiz Regis. *op. cit.* p. 612; COSTA JÚNIOR, Paulo José da. *op. cit.* p. 547 e GRECO, Rogério. *op. cit.* p. 290.

pedra verdadeira por falsa ou por outra de menor valor; vende pedra falsa por verdadeira; vende, como precioso, metal de ou outra qualidade.

A razão de ser da qualificadora reside, primeiro, no maior potencial danoso do delito, uma vez que sabidamente os objetos do crime são de valor elevado; secundariamente, justifica-se a exasperação da pena na maior dificuldade da vítima em perceber a prática criminosa, uma vez que atividade demasiado técnica e específica.

A modalidade qualificada é subdividida em quatro espécies: *alterar* a qualidade ou peso do metal em obra que lhe é encomendada; *substituir*, no mesmo caso, a pedra verdadeira por falsa; *vender* pedra falsa por verdadeira; *vender* material de outra qualidade como se precioso fosse.

Como se vê, nas duas primeiras hipóteses, a prática se dá mediante a violação da confiança depositada pela vítima que encomenda uma obra do agente [colar de brilhantes, moldura em ouro *et cetera*] com a determinação do material a ser utilizado. Na realização da obra, o agente fraudulentamente ou *altera* a qualidade ou o pesa do material empregado ou *substitui* pedra verdadeira por falsa.

Nas duas figuras últimas, não poderia ser mais objetiva a redação, uma vez que qualifica as penas de quem venda pedra falsa por verdadeira ou material de outra qualidade como se precioso fosse.

5.3.2. Forma privilegiada

Nos termos do § 2º, se de pequeno valor a coisa e primário o agente, o juiz *deve* substituir a pena de reclusão pela de detenção [no caso da figura qualificada], diminuí-la de um a dois terços, ou aplicar somente a pena de multa.

5.4. Classificação doutrinária

É hipótese de crime **doloso**, porque não prevê modalidade culposa; **instantâneo**; **de forma livre**; **material**; **plurissubsistente**; **próprio** no que toca ao sujeito ativo, uma vez que é cometido apenas pelo comerciante ou comerciário e **comum** no que respeita ao sujeito passivo.

5.5. O momento consumativo

A consumação se dá com o efetivo engano da vítima, operado através da venda ou entrega da mercadoria ao adquirente ou consumidor. É admissível, portanto, a tentativa.

5.6. Aspectos distintivos

Fraude no Comércio e Estelionato: Como cediço, o delito de fraude no comércio é crime próprio a ser praticado exclusivamente por comerciante ou comerciário. Neste sentido, se a fraude é cometida por sujeito que não é comerciante ou comerciário, tem-se a hipótese do delito de estelionato, previsto no art. 171 do Código Penal.

Fraude no Comércio e Figuras Especiais: A depender da natureza do produto objeto da fraude, haverá de se cogitar da ocorrência de tipos penais específicos. É o caso das substâncias alimentícias e medicinais que, respectivamente, são tuteladas nos arts. 272 e 273 do Código Penal.

5.7. Pena e ação penal

A pena cominada à modalidade simples é a detenção de seis meses a dois anos ou multa; na modalidade qualificada, reclusão de um a cinco anos e multa. É possível, ainda, a aplicação da forma privilegiada tal como o analisado.

A ação penal é pública incondicionada.

5.8. Breve cotejamento com o PLS 236/2012

A presente figura não foi objeto de previsão no Projeto, porque "repete, apenas com detalhamento no objeto, a trajetória essencial do estelionato".[53]

6. OUTRAS FRAUDES

⊙ **Outras fraudes**

Art. 176 – Tomar refeição em restaurante, alojar-se em hotel ou utilizar-se de meio de transporte sem dispor de recursos para efetuar o pagamento:

Pena – detenção, de quinze dias a dois meses, ou multa.

Parágrafo único – Somente se procede mediante representação, e o juiz pode, conforme as circunstâncias, deixar de aplicar a pena.

6.1. Bem jurídico e objeto material do delito

Como resta evidente o bem jurídico protegido é claramente determinado pela norma, qual seja: o patrimônio dos proprietários de restaurantes, hotéis e frota de veículos de transportes. Tutela-se o referido âmbito patrimonial contra a adoção de expediente fraudulento tão comum nesta seara, dada a relativa facilidade de consecução do fim criminoso, uma vez que, por convenção, são obrigações quitadas em momento *ex post*. Ou seja, nas referidas atividades, o preço é quitado após a fruição do serviço.

O objeto material pode ser tanto a pessoa ou a coisa contra a qual dirige a sua conduta o agente.

6.2. Sujeito ativo e passivo

Não há qualquer exigência específica quanto ao sujeito ativo. É dizer, o sujeito ativo é qualquer pessoa que tome refeição, aloje-se em hotel ou se utiliza de meio de transporte sem dispor de recursos para efetuar o pagamento. Válida a ressalva quanto

53 Página 313 do Anteprojeto de Código Penal.

à impossibilidade de o incapaz figurar como sujeito ativo[54], uma vez que inabilitado para assumir a obrigação civil que é pressuposto do crime.

O sujeito passivo é quem presta o serviço: é quem experimenta a lesão patrimonial, seja pessoa física ou jurídica. Não se deve olvidar que, no mais das vezes, o sujeito a quem se dirige a fraude não é o que experimenta a lesão patrimonial, tal como ocorre com o estelionato. É o exemplo clássico do garçom que atende – e é enganado pelo mendaz –, cuja lesão patrimonial, todavia, é experimentada pelo dono do estabelecimento.

6.3. Tipicidade objetiva e subjetiva

Como advertido, o tipo legal prevês três diferentes figuras delitivas, as quais serão analisadas cada uma a seu tempo: *tomar refeição; alojar-se em hotel e utilizar meio de transporte* sem dispor de recursos para efetuar o pagamento.

Em qualquer das três hipóteses, é indispensável à configuração do crime em comento que o agente não disponha de recursos para efetuar o pagamento da obrigação assumida. No presente caso, a fraude consiste exatamente na simulação do agente que cria o engano de possuir os recursos para o pagamento da obrigação; a fraude é silenciar sobre a indisponibilidade de recursos criando na vítima ou em seu preposto a ideia de que se quitará normalmente o débito contraído. *O sujeito ativo deve apresentar-se e conduzir-se de modo que gere na vítima a habitual convicção de que satisfará a prestação do serviço; deve, enfim, agir e apresentar-se como faz o freguês honesto.*[55]

Na primeira das três modalidades, o agente *toma refeição em restaurante sem dispor de recursos* para tanto; na *refeição* contida no tipo, incluem-se também as bebidas, uma vez que sentido não há, por exemplo, na proteção do patrimônio da vítima em relação à coisa porque sólida ou pastosa e inexistência de tutela em relação ao líquido – que não raras as vezes é, inclusive, de maior valor econômico.

O termo *restaurante* deve ser lido como todo e qualquer estabelecimento em que se comercialize refeições, tais como lanchonetes, cafés, clubes, boates *et cetera*. É fundamental, porém, que a refeição seja tomada *no* estabelecimento como reza a norma; se contratado o serviço *delivery*, por exemplo, não se poderá falar no crime deste artigo, o que não impede a configuração do estelionato.

Quanto ao *alojar-se em hotel*, tem-se por hotel todo e qualquer estabelecimento que tem por finalidade o recebimento e acolhimento de hóspedes, tais como pousadas, motéis, pensões, albergues *et cetera*. Indiferente a duração do alojamento, basta que o agente faça uso – ainda que breve – dos cômodos privativos.

Na utilização de meio de transporte, tem-se os táxis, ônibus, metrô ou qualquer outro meio de transporte coletivo, rodoviário, aquaviário ou aeroviário. É preciso apenas que se trate de evento cujo pagamento é acertado depois da prestação do serviço: se a aquisição

54 BITENCOURT, Cezar Roberto. *op. cit.* p. 273.

55 NORONHA, Magalhães. Direito Penal: crimes contra a pessoa e crimes contra o patrimônio. São Paulo: Saraiva, p. 452.

de bilhete é requisito da utilização do serviço [por isso, anterior] e o agente – mediante fraude – ingressa no meio de transporte, responderá pelo crime de estelionato.

O elemento subjetivo do tipo é o dolo consistente na vontade, livre e consciente, de tomar refeição em restaurante, alojar-se em hotel ou utilizar-se de meio de transporte sem dispor de recursos para o pagamento. Não se deve olvidar que o dolo deve abranger todas as elementares do tipo legal e que não há a previsão da forma culposa; assim, por exemplo, o sujeito que, no momento de quitar o débito contraído, percebe o extravio de sua carteira, não responde pelo crime, porque flagrante a atipicidade.

6.4. Classificação doutrinária

Trata-se de crime **doloso**; **instantâneo**; **de forma livre**; **material**; **unissubjetivo**; **plurissubsistente** e **comum**.

6.5. O momento consumativo

Nada obstante depreenda-se da leitura do tipo legal que se trataria de crime *de simples atividade*[56], convém doutrina e jurisprudência hodiernas em que se trata de crime material: consuma-se com o efetivo prejuízo advindo do expediente fraudulento adotado.

O *iter criminis* é passível de fracionamento, razão pela qual absolutamente admissível a tentativa.

6.6. Pena e ação penal

A pena cominada ao delito é a detenção de quinze dias a dois meses ou multa.

A ação penal é pública condicionada à representação do ofendido. É possível a concessão de *perdão judicial*, a depender das circunstâncias do fato, como se lê no parágrafo único do correlato artigo.

6.7. Breve cotejamento com o PLS 236/2012

A presente figura não foi objeto de previsão no Projeto, porque "repete, apenas com detalhamento no objeto, a trajetória essencial do estelionato".[57]

7. FRAUDES E ABUSOS NA FUNDAÇÃO OU ADMINISTRAÇÃO DE SOCIEDADE POR AÇÕES

⊙ **Fraudes e abusos na fundação ou administração de sociedade por ações**

Art. 177 – Promover a fundação de sociedade por ações, fazendo, em prospecto ou em comunicação ao público ou à assembléia, afirmação falsa sobre a constituição da sociedade, ou ocultando fraudulentamente fato a ela relativo:

56 Tal como entendia NORONHA, para quem o delito se consumava com quando contraída a obrigação; ou seja, assim que prestado o serviço. *op. cit.* p. 452.

57 Página 313 do Anteprojeto de Código Penal.

Pena – reclusão, de um a quatro anos, e multa, se o fato não constitui crime contra a economia popular.

§ 1º – Incorrem na mesma pena, se o fato não constitui crime contra a economia popular: (Vide Lei nº 1.521, de 1951)

I – o diretor, o gerente ou o fiscal de sociedade por ações, que, em prospecto, relatório, parecer, balanço ou comunicação ao público ou à assembléia, faz afirmação falsa sobre as condições econômicas da sociedade, ou oculta fraudulentamente, no todo ou em parte, fato a elas relativo;

II – o diretor, o gerente ou o fiscal que promove, por qualquer artifício, falsa cotação das ações ou de outros títulos da sociedade;

III – o diretor ou o gerente que toma empréstimo à sociedade ou usa, em proveito próprio ou de terceiro, dos bens ou haveres sociais, sem prévia autorização da assembléia geral;

IV – o diretor ou o gerente que compra ou vende, por conta da sociedade, ações por ela emitidas, salvo quando a lei o permite;

V – o diretor ou o gerente que, como garantia de crédito social, aceita em penhor ou em caução ações da própria sociedade;

VI – o diretor ou o gerente que, na falta de balanço, em desacordo com este, ou mediante balanço falso, distribui lucros ou dividendos fictícios;

VII – o diretor, o gerente ou o fiscal que, por interposta pessoa, ou conluiado com acionista, consegue a aprovação de conta ou parecer;

VIII – o liquidante, nos casos dos ns. I, II, III, IV, V e VII;

IX – o representante da sociedade anônima estrangeira, autorizada a funcionar no País, que pratica os atos mencionados nos ns. I e II, ou dá falsa informação ao Governo.

§ 2º – Incorre na pena de detenção, de seis meses a dois anos, e multa, o acionista que, a fim de obter vantagem para si ou para outrem, negocia o voto nas deliberações de assembléia geral.

7.1. Considerações preliminares

Trata-se a presente disposição do que se convenciona alcunhar de direito penal societário, cuja pluralidade e complexidade das previsões são de logo reconhecidas. Como bem se estabelecerá, são todas as previsões de natureza patrimonial divergentes umas das outras tanto pela objetividade jurídica quanto pela estrutura.

Não se confundem, porém, com as demais modalidades de crimes contra o patrimônio, uma vez que aqui são resguardados interesses difundidos, bem como pela antecipação da intervenção penal – em que se pune não o dano sofrido, mas o perigo representado ao patrimônio de um sem número de pessoas.[58]

Recomenda-se demasiada atenção ao presente tipo penal, máxime porque marcadamente objeto de conflito aparente de normas, haja vista a existência da Lei nº 1.521/51 – Lei de Economia Popular -, em que são previstos diversos comportamentos coincidentes com os constates deste artigo 177 do Código Penal.

58 COSTA JÚNIOR, Paulo José da. *op. cit.* p. 376.

7.2. Bem jurídico e objeto material do delito

O bem jurídico tutelado pela norma é o patrimônio daqueles sujeitos que investem na sociedade por ações, porém, dado o caráter difuso do âmbito de incidência do tipo, não se restringe a tal bem jurídico exclusivamente, tem por escopo o resguardo da própria viabilidade e credibilidade das relações econômicas entabuladas.

Como aduz PAULO JOSÉ DA COSTA JR.[59], situa-se a tutela penal da própria economia nacional, entendida esta tanto como a *ordem econômica*, indispensável ao desenvolvimento ordenado de diversas iniciativas singulares, quanto como *potencial econômico*, que é o conjunto de recursos e energias produtoras.

7.3. Sujeito ativo e passivo

No que toca ao *caput*, cometem o delito os fundadores da sociedade que fazem afirmação falsa ou ocultação fraudulenta. Nada impede, porém, o concurso de outras pessoas que, embora não fundadoras da sociedade, participam do engendro fraudulento quando de sua fundação. É delito próprio, portanto, uma vez que o legislador delimita os exclusivos sujeitos ativos do tipo.

O sujeito passivo é qualquer pessoa, física ou jurídica, prejudicada com o investimento em sociedade por ações fundado ou motivado pela veiculação de informação falsa ou por omissão fraudulenta.

7.4. Tipicidade objetiva e subjetiva

Comete o delito insculpido no *caput* quem *promover a fundação de sociedade por ações, fazendo, em prospecto ou em comunicação ao público ou à assembléia, afirmação falsa sobre a constituição da sociedade, ou ocultando fraudulentamente fato a ela relativo*. Observe-se que a conduta incriminada diz respeito exatamente à adoção do expediente fraudulento quando da promoção da instituição da sociedade por ações. O momento é, portanto, muito bem definido: é o da subscrição das ações da correlata sociedade.

Valendo-se do Código Civil como anteparo, sociedades por ações são a sociedade anônima e a sociedade em comandita por ações; na primeira, como reza o art. 1.088 do C. C., *o capital divide-se em ações, obrigando-se cada sócio ou acionista somente pelo preço de emissão das ações que subscrever ou adquirir*, diverge a segunda na medida em que, como consta do art. 1.091 do C. C., *somente o acionista tem qualidade para administrar a sociedade e, como diretor, responde subsidiária e ilimitadamente pelas obrigações da sociedade*.

A conduta incriminada é a regida pelo núcleo do tipo legal: *promover* e se dá sob duas diferentes formas, como anteviu o legislador: faz-se afirmação falsa sobre a constituição da sociedade *ou* se oculta fraudulentamente fato a ela relativo.

59 COSTA JÚNIOR, Paulo José da. *op. cit.* p. 377.

Afirmação falsa é a que não corresponde à verdade dos fatos; é a desconforme com a realidade. A referida afirmação falseada pode se dar sobre diversos objetos e de distintas formas, pois, como lembra NORONHA[60], perfaz o tipo a simulação de subscrições ou entradas, a designação de pessoas de grande conceito ou representação social como se ligadas a empresa estivessem, a mentira sobre o objeto em que recairá a atividade da companhia, a afirmação mendaz sobre os recursos técnicos que ela possui para realizar sua finalidade, a assertiva mentirosa sobre a produção e o consumo de produtos em desconformidade com as reais possibilidades da companhia etc.

Não se deve, porém, confundir o mero otimismo exacerbado com afirmação falsa; é preciso temperamento na análise, uma vez que é da natureza dos investidores elevada carga de otimismo e de lisonjeiras recomendações à atividade, porquanto não é fim da lei o afastamento do risco do negócio, mas apenas do engano perpetrado através da adoção de expediente fraudulento. Nesta linha, sustentava HUNGRIA que: "As opiniões, apreciações, ou previsões, por mais excessivamente lisonjeiras, não constituem engano fraudulento, desde que os fatos sejam expostos sem adulteração da realidade."[61]

No que toca à segunda modalidade, previu-se como criminosa a conduta de ocultar fraudulentamente fato relativo à empresa; significa dizer que os fundadores ocultam informações reais e verdadeiras acerca da empresa. É fundamental, porém, que tal informação ocultada seja sobre fat*o preciso e de iniludível relevância.*[62] Se omitido fato irrelevante, não se há de falar na prática do delito.

Nos termos da lei, é preciso que a afirmação falsa ou a ocultação de fato se dê em *prospecto ou em comunicação ao público ou à assembléia.* Nos termos do artigo 84 da Lei nº 6.404/76[63], *o prospecto deverá mencionar, com precisão e clareza, as bases da companhia*

60 NORONHA, Magalhães. Direito Penal: crimes contra a pessoa e crimes contra o patrimônio. São Paulo: Saraiva, p. 457.

61 HUNGRIA, Nelson. Comentários ao código penal: decreto n.º 2.848, de 7 de dezembro de 1940. 1. ed., Vol. VII, Rio de Janeiro: Forense, 1955, p. 276.

62 HUNGRIA, Nelson. *op. cit.* p. 276.

63 Art. 84. O prospecto deverá mencionar, com precisão e clareza, as bases da companhia e os motivos que justifiquem a expectativa de bom êxito do empreendimento, e em especial: I – o valor do capital social a ser subscrito, o modo de sua realização e a existência ou não de autorização para aumento futuro; II – a parte do capital a ser formada com bens, a discriminação desses bens e o valor a eles atribuídos pelos fundadores; III – o número, as espécies e classes de ações em que se dividirá o capital; o valor nominal das ações, e o preço da emissão das ações; IV – a importância da entrada a ser realizada no ato da subscrição; V – as obrigações assumidas pelos fundadores, os contratos assinados no interesse da futura companhia e as quantias já despendidas e por despender; VI – as vantagens particulares, a que terão direito os fundadores ou terceiros, e o dispositivo do projeto do estatuto que as regula; VII – a autorização governamental para constituir-se a companhia, se necessária; VIII – as datas de início e término da subscrição e as instituições autorizadas a receber as entradas; IX – a solução prevista para o caso de excesso de subscrição; X – o prazo dentro do qual deverá realizar-se a assembléia de constituição da companhia, ou a preliminar para avaliação dos bens, se for o caso; XI – o nome, nacionalidade, estado civil, profissão e residência dos fundadores, ou, se pessoa jurídica, a firma ou denominação, nacionalidade e sede, bem como o número e espécie de ações que cada um

e os motivos que justifiquem a expectativa de bom êxito do empreendimento, e em especial. A *comunicação ao público* dá-se normalmente pela publicação na imprensa, mas não se afastam outros meios de publicidade, como a circular, os anúncios, os boletins, o rádio etc.[64] Finalmente, a *assembléia* refere-se à reunião geral dos subscritores voltada para a aprovação dos laudos de avaliação de bens, como reza o art. 8º da Lei nº 6.404/76.

O elemento subjetivo do tipo é o dolo consistente na vontade, livre e consciente, de promover a fundação da sociedade por ações fazendo afirmação falsa sobre a sua constituição ou ocultando fraudulentamente fato relevante.

7.5. Do caráter subsidiário do crime em comento

Na leitura do preceito secundário, vê-se que o legislador gizou que se aplicam as penas do art. 177, *caput,* do Código Penal, *se o fato não constitui crime contra a economia popular.* Os crimes contra a economia popular estão contidos, como advertido, na Lei nº 1.521/51 e o seu art. 3º contém previsões que muito se assemelham à figura do *caput*, tome-se por exemplo a seguinte: *VII – dar indicações ou fazer afirmações falsas em prospectos ou anúncios, para fim de substituição, compra ou venda de títulos, ações ou quotas.*

A questão gira em torno de qual o critério a se manejar para a aplicação de um ou de outro dispositivo, uma vez que a censura varia sensivelmente de um dispositivo para outro: no Código Penal, a pena de reclusão é de um a quatro anos aliada à multa; na Lei dos crimes contra a Economia Popular, a pena cominada é a detenção de dois a dez anos e multa.

Nada obstante as formulações da doutrina clássica afetas ao alcance do dano e do perigo representado pela fraude, é de se convir com BITENCOURT em que a solução deverá ser, necessariamente, a tradicional, isto é, aquela oferecida pelos princípios orientadores do conflito aparente de normas. Neste caso, excepcionalmente, deve-se ter mais em conta dois princípios para a resolução do conflito aparente: a *especialidade* e a *subsidiariedade.*

7.6. Figuras equiparadas

Faz-se premente frisar que se aplicam às figuras doravante mencionadas todos os comentários tocantes à subsidiariedade, uma vez que prevista expressamente no § 1º.

7.6.1. Fraude sobre as condições econômicas de sociedades por ações

Na primeira das modalidades equiparadas, constante do inciso I do § 1º do artigo 177 do Código Penal, incrimina-se *o diretor, o gerente ou o fiscal de sociedade por ações,*

---

houver subscrito, XII – a instituição financeira intermediária do lançamento, em cujo poder ficarão depositados os originais do prospecto e do projeto de estatuto, com os documentos a que fizerem menção, para exame de qualquer interessado.

64 NORONHA, Magalhães. *op. cit.* p. 457.

que, em prospecto, relatório, parecer, balanço ou comunicação ao público ou à assembléia, faz afirmação falsa sobre as condições econômicas da sociedade, ou oculta fraudulentamente, no todo ou em parte, fato a elas relativo.

Crime claramente próprio que é, somente o cometem o diretor, o gerente, o fiscal ou o liquidante [art. 177, VIII, CP], porém não se exclui a possibilidade de concurso de agentes com sujeitos que não ocupem tais funções e que concorram para o delito. Assemelha-se demasiadamente à previsão do *caput*, uma vez que assemelhadas as modalidades de fazer afirmação falsa ou ocultar fraudulentamente, todavia não se confundem. Qualquer pessoa é potencial vítima do delito.

Na presente hipótese, a afirmação falsa ou a ocultação fraudulenta deve necessariamente ser sobre as condições econômicas da sociedade, que são *os dados fictícios lançados nos referidos documentos, ou informações que não foram ali consignadas, com o escopo de tornar a empresa aparentemente próspera, possibilitando não só o aumento do capital, através de subscrições de ações feitas pelos iludidos, como também dilatando, com a conduta omissiva, o prejuízo dos acionistas e até mesmo de terceiros interessados em investir na empresa ou financiá-la.*[65]

Imprescindível aqui também que a informação seja relevante e tenha o condão de exercer influência sobre as decisões ou deliberações da assembleia e de quem mais possuir interesse na sociedade.[66]

O *prospecto* aqui é o que se relaciona ao aumento de capital mediante a subscrição pública; *relatório* é o documento em que se veicula os negócios entabulados pela sociedade e os demais fatos administrativos relevantes; *parecer* é o documento elaborado pelo conselho fiscal aos acionistas e à assembleia geral quando da solicitação de informações; *balanço* é o documento que demonstra a situação econômica da sociedade, formula-se após a finalização do exercício social; *comunicação ao público ou à assembleia* é fórmula genérica que abarca toda e qualquer meio de comunicação de que a empresa lance mão.

O elemento subjetivo do tipo é o mesmo do *caput*. Crime formal que é, prescinde da superveniência de dano; consuma-se, pois, com veiculação da informação falsa ou com a ocultação nos documentos referidos no tipo. Quanto à tentativa, é teoricamente possível.

7.6.2. *Falsa cotação de ações ou de outros títulos*

Incide nas penas da figura delitiva encartada no inciso *II o diretor, o gerente ou o fiscal que promove, por qualquer artifício, falsa cotação das ações ou de outros títulos da sociedade.*

Hipótese igualmente de crime próprio cometido apenas pelo diretor, gerente, fiscal ou liquidante. Aplicáveis, no mais, as observações constantes da figura do inciso I. O sujeito passivo pode ser qualquer pessoa, física ou jurídica.

65 PRADO, Luiz Regis. *op. cit.* p. 627.

66 BITENCOURT, Cezar Roberto. *op. cit.* p. 285.

As *ações* são valores mobiliários de uma determinada sociedade anônima ou comandita por ações que, uma vez particularizadas, definem como um todo o capital social das sociedades. *Outros títulos* correspondem às partes beneficiárias, debêntures e bônus de subscrição.

A *cotação falsa* é aquela que não corresponde ao valor experimentado pela ação ou pelo título no mercado. Trata-se, como lembra HUNGRIA[67], da criação de mercados fictícios para encarecimento dos títulos da sociedade para o fim da obtenção dos lucros artificiais derivados ou, ao contrário, a pressão pela baixa da cotação das ações para que a própria empresa possa adquiri-las a um preço artificialmente abaixo do valor mercado. É, em síntese, uma violação às leis do mercado, regulados pelo contrapeso entre oferta e demanda.

O crime pode ser cometido de forma livre, tendo em vista que prevê o legislador a fórmula genérica *"por qualquer artifício"*. Ou seja, desde que possua idoneidade para influenciar o mercado, a simples mentira é, em tese, censurável pelo delito em comento.

O elemento subjetivo é representado pelo dolo consistente na vontade, livre e consciente, de promover – por qualquer artifício – a falsa cotação das ações ou de outros títulos. Crime formal, consuma-se com a falsa cotação das ações ou títulos. A tentativa é, em tese, admissível.

7.7. Empréstimo ou uso indevido de bens ou haveres da sociedade

No inciso III, criminaliza-se a conduta do diretor, gerente ou liquidante *que toma empréstimo à sociedade ou usa, em proveito próprio ou de terceiro, dos bens ou haveres sociais, sem prévia autorização da assembleia geral.* Quanto aos sujeitos ativo e passivo do delito, desnecessário qualquer reparo ou complemento.

Tutela-se com a presente figura a boa administração das sociedades por ações contra os atos daqueles administradores desonestos que intentam a obtenção de proveito, para si ou para outrem, em detrimento da empresa que integram. Assim, para a prática daqueles determinados atos, prevê o legislador a necessidade prévia de autorização da assembleia geral, de modo a evidenciar a clandestinidade do ato objeto de incriminação.

As ações incriminadas são representadas pelos núcleos do tipo *tomar* empréstimo e *usar* bens ou haveres, em proveito próprio ou alheio, sem prévia autorização da assembleia.

Como cediço, para que o diretor, gerente ou liquidante tome empréstimo à sociedade é imprescindível a prévia anuência expressa da assembleia para tanto.[68] Se,

---

67 HUNGRIA, Nelson. *op. cit.* p. 282.

68 Art. 154. O administrador deve exercer as atribuições que a lei e o estatuto lhe conferem para lograr os fins e no interesse da companhia, satisfeitas as exigências do bem público e da função social da empresa.
(...) § 2º É vedado ao administrador:

todavia, independentemente da autorização, o agente o toma empréstimo à sociedade, responde pelo delito. Como cediço, o empréstimo é contrato pelo qual se toma determinada coisa com a obrigação de devolvê-la em sua espécie e gênero; tanto pode ser de coisas fungíveis quanto de coisas não fungíveis (comodato).

O *uso, em proveito próprio ou de terceiro, dos bens ou haveres sociais, sem prévia autorização da assembleia* consiste em beneficiar-se ou a terceiro com o patrimônio alheio; o patrimônio da empresa não é confundível com o patrimônio do diretor, gerente ou liquidante. Os *bens* são tanto *móveis* quanto *imóveis; os haveres* são considerados os créditos da sociedade.

Não se deve perder de vista que, no caso de o sujeito apoderar-se da coisa como se dono fosse, ou seja, com *animus rem sibi habendi*, estar-se-á diante da prática de apropriação indébita majorada [art. 168, § 3º, CP], e não deste delito, uma vez que, *in casu*, pune-se a tomada em empréstimo e uso da *res*.

O elemento subjetivo do tipo é o dolo traduzido na vontade, livre e consciente, de praticar as condutas descritas na fórmula legal. Ademais, exige-se o elemento subjetivo especial tocante ao fim de obtenção de proveito próprio ou de terceiro. Crime formal, não exige a superveniência de prejuízo à empresa; consuma-se com a tomada de empréstimo ou uso de bens ou haveres da sociedade. Por estas razões, uma eventual autorização da assembleia geral em momento *ex post* não tem o condão de excluir o crime, porque já consumado. É admissível a tentativa.

7.7.1. Compra e venda ilegal de ações em nome da sociedade

Incide nesta disposição do inciso IV *o diretor, o gerente ou liquidante que compra ou vende, por conta da sociedade, ações por ela emitidas, salvo quando a lei o permite*. É princípio fundamental que à companhia é vedada a negociação com as próprias ações, insculpido no art. 30 da Lei nº 6.404/76: *A companhia não poderá negociar com as próprias ações*.

A tutela do dispositivo em comento destina-se exatamente a garantir a eficácia da dita norma, uma vez que tais negociações têm o condão de causar *redução clandestina do capital social, em prejuízo da empresa ou a garantia oferecida aos credores, ou evitar especulações no sentido da alta ou a baixa fictícia das ações e outras fraudes.*[69]

O elemento subjetivo do tipo é o dolo consistente na vontade, livre e consciente, de realizar quaisquer dos atos previstos na figura delitiva. Consuma-se com a compra ou venda de ações em nome da sociedade; crime formal, portanto. A tentativa é admissível.

---

a) praticar ato de liberalidade à custa da companhia; b) sem prévia autorização da assembléia-geral ou do conselho de administração, tomar por empréstimo recursos ou bens da companhia, ou usar, em proveito próprio, de sociedade em que tenha interesse, ou de terceiros, os seus bens, serviços ou crédito; c) receber de terceiros, sem autorização estatutária ou da assembléia-geral, qualquer modalidade de vantagem pessoal, direta ou indireta, em razão do exercício de seu cargo.

69 HUNGRIA, Nelson. *op. cit.* p. 284.

7.7.2. *Caução de ações da própria sociedade*

Comete o delito encartado no inciso V *o diretor, o gerente ou* o liquidante *que, como garantia de crédito social, aceita em penhor ou em caução ações da própria sociedade.* A referida proibição consta, também, do art. 30, § 3º, da Lei nº 6.404/76: *A companhia não poderá receber em garantia as próprias ações, salvo para assegurar a gestão dos seus administradores.* A razão de ser da presente incriminação é flagrante: se se admitisse que a sociedade, em garantia de crédito que possua, recebesse ações dela própria, assumiria simultaneamente a condição de credora e fiadora do referido crédito. A garantia seria, assim, vazia. É dizer, se as ações são, em verdade, documentos representativos da dívida da sociedade para com o acionista, tomá-las como garantia de eventual crédito significaria para a sociedade ter seu crédito assegurado por sua dívida.

Observe-se que a ação objeto de incriminação é aceitar em penhor ou em caução ações da própria sociedade. Neste contexto, importa sinalizar que *penhor* e *caução* – elementos normativos do tipo – são formas de garantia; o primeiro, nos termos do art. 1.431 do Código Civil, *constitui-se pela transferência efetiva da posse que, em garantia do débito ao credor ou a quem o represente, faz o devedor, ou alguém por ele, de uma coisa móvel, suscetível de alienação*, já a caução nada mais é do que o oferecimento de garantia real ou pessoal ao cumprimento de obrigação assumida.

Para a configuração da figura em comento, é pressuposto que a sociedade possua um determinado crédito e, em garantia dele, o gerente, o diretor ou liquidante aceite ações da própria companhia em caução ou em penhor.

O elemento subjetivo do tipo é o dolo manifestado na vontade, livre e consciente, de aceitar como garantia do crédito ações da própria sociedade. Consuma-se com a mera aceitação, tendo em vista que não se exige a efetiva ocorrência de prejuízo, que é, *in casu*, potencial, uma vez que as ações são meras garantias fictas. A tentativa é, em tese, admissível.

7.7.3. *Distribuição de lucros ou dividendos fictícios*

Incide nas penas cominadas à prática prevista no inciso VI *o diretor ou o gerente que, na falta de balanço, em desacordo com este, ou mediante balanço falso, distribui lucros ou dividendos fictício.* Pune-se, *in casu*, a conduta daqueles que, fraudulentamente, intentam transmitir uma falseada impressão de prosperidade do empreendimento ou mesmo se apropriar dos valores pertencentes à sociedade mediante a distribuição de lucros ou dividendos fictícios.

Tal como reza o art. 201 da Lei nº 6.404/76, a companhia somente pode pagar dividendos mediante a comprovação e na proporção do lucro líquido do exercício, de lucros acumulados e de reserva de lucros e, no caso das ações preferenciais de que trata o § 5º do artigo 17, à conta de reserva de capital. Se não observados os referidos regramentos quando do repasse de dividendos, é de se verificar, de pronto, o indício desta prática criminosa.

Como cediço, a verificação da existência de lucros ou dividendos dá-se anualmente através do balanço, razão pela qual se torna o referido documento objeto do delito, uma vez que punida a distribuição de lucros ou dividendos sem o devido balanço, em desacordo ou fundados em balanço falso.

Assim, se distribuídos os lucros sem o balanço, tal distribuição é arbitrária e injustificável; se em desacordo com o balanço ou fundado em balanço falso, a distribuição é indevida. Serão, antes, parcelas do capital que se distribuem e não seus frutos e rendimentos.[70]

Como lembra Hungria, no caso de falseamento do balanço, não está afastada a possibilidade de concurso de crimes entre o presente dispositivo e a falsidade do art. 299 ou o uso de documento falso do art. 304 do Código Penal.[71]

O elemento subjetivo do tipo é dolo consistente na vontade, livre e consciente, de distribuir lucros ou dividendos fictícios. Consuma-se com o ato de distribuição que nada mais é do que pagar ou creditar os dividendos aos acionistas. A tentativa é admissível.

7.7.4. *Aprovação fraudulenta de conta ou parecer*

Comete o crime em comento *o diretor, o gerente, o fiscal ou o* liquidante *que, por interposta pessoa, ou conluiado com acionista, consegue a aprovação de conta ou parecer.* Na assembleia geral, reúne-se a sociedade para, dentre outras coisas, votar pela aprovação ou não das contas apresentadas pela administração e pareceres elaborados pelo conselho fiscal. *Por uma razão moral, não podem votar os diretores e o conselho fiscal, os primeiros em relação às suas contas, o segundo em relação ao seu parecer.*[72]

Como pontuou Hungria[73], o *modus faciendi* tanto é a interposição de pessoa quanto o conluio com acionista: no primeiro, há a utilização de testa de ferro, a quem os sujeitos ativos do delito, burlando a proibição de votarem na aprovação das respectivas contas ou pareceres, hajam confiado ações para que possa votar na assembleia geral; no segundo, dá-se o suborno ou aliciamento de acionista autêntico para que vote pela aprovação.

É imprescindível, porém, que a conta ou o parecer esteja eivado de fraude e, por isso, não corresponda à verdade dos fatos, de modo que represente potencial risco para a saúde financeira da sociedade ou terceiros. Os acionistas conluiados e o testa de ferro são coautores do delito.[74]

O elemento subjetivo do tipo é o dolo consistente na vontade, livre e consciente, de que conta ou parecer fraudado. Consuma-se com a aprovação pela assembleia geral das contas ou dos pareceres objetos de fraude. A tentativa é, portanto, admissível.

---

70 NORONHA, Magalhães. *op. cit.* p. 462.

71 HUNGRIA, Nelson. *op. cit.* p. 285.

72 NORONHA, Magalhães. *op. cit.* p. 462.

73 HUNGRIA, Nelson. *op. cit.* p. 286.

74 HUNGRIA, Nelson. *op. cit.* p. 286.

7.7.5. *Os crimes cometidos pelo liquidante*

Nos termos do inciso VIII, tal como já advertido em cada uma das oportunas figuras equiparadas, pune-se *o liquidante nos casos dos ns. I, II, III, IV, V e VII.* Como cediço, na liquidação da sociedade – que pode se dar judicial ou extrajudicialmente -, a companhia é representada pelo liquidante, razão pela qual se justifica a especial tutela.

7.7.6. *Crimes cometidos pelo representante da sociedade estrangeira*

Como se lê no inciso IX, pune-se nas penas do artigo 177 *o representante da sociedade anônima estrangeira, autorizada a funcionar no País, que pratica os atos mencionados nos ns. I e II, ou dá falsa informação ao Governo.* É dizer, pune-se o representante se comete fraude com relação à situação econômica da sociedade (I), se procede com falsa cotação de ações ou títulos (II) ou se presta informação falsa ao Governo.

Pune-se o delito exclusivamente a título de dolo e a sua consumação dá-se exatamente como antevisto nos tópicos referente aos incisos I e II, bem como, na última hipótese, quando da prestação de informação falsa.

7.8. Classificação doutrinária

Trata-se de crime **doloso**; **instantâneo**; **de forma livre**; **formal**; **unissubjetivo**; **plurissubsistente**; **próprio**; **subsidiário**, tendo em vista que há ressalva expressa no tipo legal quanto à imprescindível observância *"se o fato não constitui crime contra a economia popular"*.

7.9. O crime cometido pelo acionista

Incrimina-se no § 2º a conduta do acionista que, *a fim de obter vantagem para si ou para outrem, negocia o voto nas deliberações de assembleia geral.* Pretende-se tutelar com este dispositivo a lisura e retidão das assembleias gerais, uma vez que o voto é o instrumento pelo qual os acionistas manifestam seus interesses e vontades perante o órgão máximo das sociedades anônimas.[75]

Trata-se de crime próprio: cometido exclusivamente pelo acionista; nada impede, porém, a existência do concurso de pessoas. Os sujeitos passivos são tanto a sociedade quanto os demais acionistas.

O núcleo do tipo – *negociar* – engloba tanto o ato de comprar quanto o ato de vender, tendo em vista que ambos traduzem negócio. Há de se verificar o especial fim de obtenção de vantagem para si ou para outrem através da negociação, pois é esta particularidade que mantém vigente o dispositivo.

É dizer, com a alteração operada no art. 118 da lei nº 6.404/76, admitiu-se o acordo de acionistas, porém tal previsão não implica revogação do dispositivo em comento na exata e exclusiva medida em que aqui o acordo firma-se com o fim de obtenção de

75 BITENCOURT, Cezar Roberto. *op. cit.* p. 293.

vantagem, enquanto o acordo de acionistas é de ordem política e não visa ao benefício dos acionistas em geral.

Oportuno ressaltar que somente tem aplicação o presente dispositivo quando a negociação não implique configuração da previsão constante do art. 177, § 1º, VII, do Código Penal.

O elemento subjetivo do tipo é dolo consistente na vontade, livre e consciente, de negociar o voto aliado ao especial fim de obter vantagem para si ou para outrem. O delito consuma-se com a mera negociação do voto, prescindindo de qualquer repercussão no âmbito da sociedade. A tentativa é admissível.

7.10. Pena e ação penal

As penas cominadas ao delito do *caput* e às figuras equiparadas no § 1º são reclusão de um a quatro anos e multa. No que toca à negociação do voto, que consta do § 2º, as penas cominadas são a detenção de seis meses a dois anos ou multa.

A ação penal é pública incondicionada.

7.11. Breve cotejamento com o PLS 236/2012

A presente figura não foi objeto de previsão no Projeto, porque "repete, apenas com detalhamento no objeto, a trajetória essencial do estelionato".[76]

8. EMISSÃO IRREGULAR DE CONHECIMENTO DE DEPÓSITO OU *WARRANT*

⊙ **Emissão irregular de conhecimento de depósito ou warrant.**

Art. 178 – Emitir conhecimento de depósito ou warrant, em desacordo com disposição legal:

Pena – reclusão, de um a quatro anos, e multa.

8.1. Considerações preliminares

No presente dispositivo, cuida o legislador de tutelar a relação estabelecida com empresas de armazéns gerais. Fixe-se, à saída, portanto, que, nos termos do art. 1º do Decreto 1.102, datado de 21 de novembro de 1903, armazém geral tem *por fim a guarda e conservação de mercadorias e a emissão de títulos especiais*.

A relação dá-se da seguinte maneira: o depositante entrega os produtos ou mercadorias ao armazém geral [depositário], que assume a responsabilidade pela sua conservação. Quando da entrega, o depositante recebe dois títulos: o conhecimento de depósito e o *warrant*. O primeiro é o título que representa a propriedade do depositante sobre o produto depositado, o que garante a liberalidade de disposição através do endosso do título; o *warrant* refere-se à posse e é título pignoratício, uma vez que

76 Página 313 do Anteprojeto de Código Penal.

atribui ao seu portador o direito real de penhor sobre a mercadoria especificada até o valor do débito.

É esta relação jurídica que visa a tutelar o presente dispositivo.

8.2. Bem jurídico tutelado

O bem jurídico tutelado é, numa esfera imediata, o patrimônio – máxime o representado pelos títulos de conhecimento e *warrant* – e, mediatamente, a fé pública.

O objeto material pode ser tanto o conhecimento de depósito quanto o *warrant* em desacordo com a disposição legal.

8.3. Sujeito ativo e passivo

O sujeito ativo é quem emite o conhecimento de depósito ou o *warrant* em desacordo com disposição legal. Ordinariamente, é o próprio depositário que o comete; nada impede, porém, que seja, no ato, representado por preposto, bem como que haja concurso de pessoas.

O sujeito passivo pode ser tanto o portador quanto o endossatário dos títulos emitidos em desacordo com disposição legal.

8.4. Tipicidade objetiva e subjetiva

Comete o delito em comento quem *emite conhecimento de depósito ou warrant, em desacordo com disposição legal*. O núcleo do tipo – *emitir* – significa preencher, assinar e pôr em circulação o conhecimento de depósito ou *warrant;* a referida emissão deve ser *em desacordo com a disposição legal*; este correlato elemento normativo deve ser examinado a partir das disposições do Decreto Lei 1.102, em que constam os protocolos para a emissão dos referidos títulos.

Neste contexto, observe-se que PAULO JOSÉ DA COSTA JR.[77] elencou as seguintes modalidades de irregularidades previstas no diploma legislativo referido: empresa irregularmente constituída, inexistência de mercadorias especificadas com estando em depósito, empréstimos ou negociações feitas por empresários ou administradores de armazéns gerais e desvio (total ou parcial), fraude ou substituição de mercadoria de que são depositários empresários ou administradores de armazéns. Ao que se acrescenta ainda: a emissão de mais de um título para a mesma mercadoria ou produto mencionado nos títulos.[78]

O elemento subjetivo do delito é dolo consistente na vontade, livre e consciente, de emitir qualquer dos títulos referidos em desacordo com a disposição legal.

77 COSTA JÚNIOR, Paulo José da. *op. cit.* p. 432.
78 BITENCOURT, Cezar Roberto. *op. cit.* p. 298.

8.5. Classificação doutrinária

Trata-se de crime **doloso**; **instantâneo**; **de forma livre**; **formal**; **monossubjetivo**; **plurissubsistente** e **próprio** tanto no que se refere ao sujeito ativo quanto no que se refere ao sujeito passivo.

8.6. O momento consumativo

O crime consuma-se com a circulação dos títulos, prescindindo, porém, da ocorrência de efetivo prejuízo.

Não se admite a tentativa: uma vez endossado, é posto em circulação e consuma-se o delito; se não há endosso, não se adentra a fase executória e é, portanto, impassível de reprimenda.

8.7. Pena e ação penal

As penas cominadas ao delito são a reclusão de um a quatro anos e multa.

A ação penal é pública incondicionada.

8.8. Breve cotejamento com o PLS 236/2012

A presente figura não foi objeto de previsão no Projeto, porque "repete, apenas com detalhamento no objeto, a trajetória essencial do estelionato".[79]

9. FRAUDE À EXECUÇÃO

⊙ **Fraude à execução**

Art. 179 – Fraudar execução, alienando, desviando, destruindo ou danificando bens, ou simulando dívidas:

Pena – detenção, de seis meses a dois anos, ou multa.

Parágrafo único – Somente se procede mediante queixa.

9.1. Bem jurídico e objeto material do delito

O bem jurídico objeto de tutela é – num primeiro plano – o patrimônio, uma vez que, mediante a adoção da conduta referida no tipo, põe-se em risco a realização do crédito constituído que dá azo à execução forçada; numa via oblíqua, protege-se também a administração da justiça, tendo em vista que a fraude à execução traduz-se em assaque e desprestígio à decisão judicial que determinou a execução do devedor.

O objeto material é o bem alienado, desviado, destruído ou danificado.

9.2. Sujeito ativo e passivo

O sujeito ativo é exclusivamente o devedor que sofre a execução e que tem os seus bens como garantia do crédito de terceiros. Válido é pontuar, com escora em

79 Página 313 do Anteprojeto de Código Penal.

HUNGRIA, que, no caso de simulação de dívida, aquele que se arvora na condição de detentor do fictício crédito incorre nas penas do delito, porquanto coautor do crime.

O sujeito passivo é o credor que aciona judicialmente o devedor e, em razão da adoção de fraudulenta conduta por parte deste, vê-se carente de garantias para a realização dos valores objeto da ação executória intentada.

9.3. Tipicidade objetiva e subjetiva

Comete o crime insculpido no artigo 179 do Código Penal aquele que *fraudar execução, alienando, desviando, destruindo ou danificando bens, ou simulando dívidas*. Note-se à saída que o tipo legal fala em *fraudar a execução*, o que demonstra claramente qual o pressuposto para a ocorrência do delito: a existência de processo judicial de execução em que se vincule credor e devedor. Não comete, assim, o crime aquele devedor que dispõe dos bens ainda quando do processo de conhecimento, pois *se o legislador quisesse incluir os processos de conhecimento e cautelar, teria adotado outra terminologia menos restritiva*.[80]

É preciso, porém, que tenha sido citado da ação o executado para a configuração do delito em comento? Entende-se que não, uma vez que basta ter o devedor a ciência da ação, ainda que não consumado o ato de comunicação processual, para que se justifique a sanção penal em caso de fraude. É dizer, pode muito bem o devedor, tomando conhecimento da propositura de ação executória antes de sua citação, alienar os bens que garantiriam o crédito, inviabilizando, da mesma maneira fraudulenta, a execução correspondente.

Exige-se a ciência inequívoca do devedor quanto à existência da ação, não a comunicação oficial do processo.

O agente pode fraudar a execução utilizando-se de diferentes meios. Na primeira das modalidades previstas, a fraude à execução dá-se mediante a *alienação de bens*. Alienação, como cediço, é a transferência do domínio de bem a terceiro, o que compreende a própria cessão de direitos. Ocorre, entretanto, que, em sede de direito penal, ao contrário do quanto ocorrido no âmbito civil, não se presume a fraude no ato de alienação do bem, ainda que existente a demanda executória. É imprescindível a comprovação do elemento subjetivo do agente quando da realização do ato: é dizer, alienou o bem para fraudar a execução ou, por exemplo, para angariar recursos para investimento em determinado negócio que tem o condão de salvá-lo da ruína financeira.[81]

A segunda modalidade prevista pelo legislador é o *desvio de bens*, o que significa fraudar a execução mediante a dação de destinação diversa à coisa. Pune-se o desvio porque, uma vez existente execução em face do devedor, não mais perdura a irrestrita liberalidade sobre os bens que garantam a dívida. Assim, o emprego do bem em qualquer finalidade diversa da garantia do crédito, perfectibiliza o crime, o que compreende, inclusive, a sua ocultação.[82]

---

80 BITENCOURT, Cezar Roberto. *op. cit.* p. 302.

81 HUNGRIA, Nelson. Comentários ao código penal: decreto n.º 2.848, de 7 de dezembro de 1940. 1. ed., Vol. VII, Rio de Janeiro: Forense, 1955, p. 291.

82 NORONHA, Magalhães. *op. cit.* p. 472.

É possível a defraudação da execução mediante a *destruição* do bem, que compreende, *in casu*, a inutilização total do bem: é o atentado contra a sua essência ou forma primitivas, que implica sua própria subsistência. A *danificação* do bem é a destruição em grau reduzido, é a destruição parcial, é a redução do valor útil da coisa que não a elimine por completo.

A última das hipóteses pelas quais se comete o delito é a *simulação de dívidas* por parte do devedor. Nesta hipótese, o devedor aumenta seu passivo artificiosa e fraudulentamente em detrimento dos verdadeiros credores. Como aduziu NORONHA, *a consequência é a sonegação de bens em proveito próprio, à custa da alegação falsa do direito de outrem sobre eles, subtraindo-os, destarte, à execução, ou tornando-a ineficaz, pelo passivo apresentado.*[83] Se, porém, valeu-se de falsidade qualquer para levar a cabo a simulação, é hipótese de concurso de crimes.

A tipicidade subjetiva da fraude à execução é composta pelo dolo aliado ao elemento subjetivo especial do injusto. O dolo, *in casu*, nada mais é do que a vontade, livre e consciente, de – mediante qualquer das condutas descritas – fraudar a execução. O elemento subjetivo especial consubstancia-se na vontade de prejudicar os credores da ação de execução que se pretende frustrar.

9.4. Classificação doutrinária

Trata-se de crime **doloso**; **instantâneo**; **de forma livre**; **material**; **monossubjetivo**; **plurissubsistente** e **próprio** tanto no que se refere ao sujeito ativo quanto no que se refere ao sujeito passivo.

9.5. O momento consumativo

Consuma-se o delito com a operação de fraude na execução que implique a impossibilidade de solvência do débito constituído. Não basta a realização das condutas mencionadas no tipo, é preciso que delas derive a impossibilidade de solvência do débito.

Crime material que é, admite tentativa.

9.6. Pena e ação penal

As penas cominadas ao delito é detenção de seis meses a dois anos ou multa.

A ação penal é de iniciativa privada, somente procedida mediante queixa-crime. Excepcionalmente, se cometido o crime em detrimento do patrimônio ou interesse da União, Estado ou Município, a ação penal será pública, nos termos do artigo 24, § 2º, do Código de Processo Penal.

9.7. Breve cotejamento com o PLS 236/2012

Propõe-se a majoração da pena cominada ao presente delito porque considerada insuficiente: de um a quatro anos.

---

83 NORONHA, Magalhães. *op. cit.* p. 472.

CAPÍTULO VII – RECEPTAÇÃO

GAMIL FÖPPEL E
GABRIEL DALLA FAVERA DE OLIVEIRA

1. RECEPTAÇÃO

⊙ **Receptação**

Art. 180 – Adquirir, receber, transportar, conduzir ou ocultar, em proveito próprio ou alheio, coisa que sabe ser produto de crime, ou influir para que terceiro, de boa-fé, a adquira, receba ou oculte: (Redação dada pela Lei nº 9.426, de 1996)

Pena – reclusão, de um a quatro anos, e multa. (Redação dada pela Lei nº 9.426, de 1996)

⊙ **Receptação qualificada (Redação dada pela Lei nº 9.426, de 1996)**

§ 1º – Adquirir, receber, transportar, conduzir, ocultar, ter em depósito, desmontar, montar, remontar, vender, expor à venda, ou de qualquer forma utilizar, em proveito próprio ou alheio, no exercício de atividade comercial ou industrial, coisa que deve saber ser produto de crime: (Redação dada pela Lei nº 9.426, de 1996)

Pena – reclusão, de três a oito anos, e multa. (Redação dada pela Lei nº 9.426, de 1996)

§ 2º – Equipara-se à atividade comercial, para efeito do parágrafo anterior, qualquer forma de comércio irregular ou clandestino, inclusive o exercício em residência. (Redação dada pela Lei nº 9.426, de 1996)

§ 3º – Adquirir ou receber coisa que, por sua natureza ou pela desproporção entre o valor e o preço, ou pela condição de quem a oferece, deve presumir-se obtida por meio criminoso: (Redação dada pela Lei nº 9.426, de 1996)

Pena – detenção, de um mês a um ano, ou multa, ou ambas as penas. (Redação dada pela Lei nº 9.426, de 1996)

§ 4º – A receptação é punível, ainda que desconhecido ou isento de pena o autor do crime de que proveio a coisa. (Redação dada pela Lei nº 9.426, de 1996)

§ 5º – Na hipótese do § 3º, se o criminoso é primário, pode o juiz, tendo em consideração as circunstâncias, deixar de aplicar a pena. Na receptação dolosa aplica-se o disposto no § 2º do art. 155. (Incluído pela Lei nº 9.426, de 1996)

§ 6º Tratando-se de bens do patrimônio da União, de Estado, do Distrito Federal, de Município ou de autarquia, fundação pública, empresa pública, sociedade de economia mista ou empresa concessionária de serviços públicos, aplica-se em dobro a pena prevista no caput deste artigo. (Redação dada pela Lei nº 13.531, de 2017)

1.1. Considerações preliminares

Chega-se à última das figuras delitivas constantes do Título II do Código Penal: a receptação é o derradeiro dos crimes patrimoniais. O presente delito é certamente das hipóteses mais verificadas no cotidiano das sociedades pós-modernas; natural e consequentemente, é marcado também porque expressiva manifestação das ditas cifras negras, em que o crime não chega ao conhecimento das autoridades.

1.2. Bem jurídico e objeto material do delito

O bem jurídico tutelado é a inviolabilidade patrimonial – o que engloba inclusive a posse. Não se pode dizer, porém, que, na receptação, tutela-se também e exclusivamente o patrimônio da vítima do crime precedente, tendo em vista que não necessariamente o crime-base tem natureza patrimonial. É dizer, o objeto material do delito pode ter advindo da prática do delito de falsificação de moeda, por exemplo; tal fato afasta a tese de que a receptação tem por condão a tutela do patrimônio da vítima do delito antecedente.

Nada obstante não se tenha cuidado de prevê-lo expressamente o legislador, o objeto material do delito é sempre a coisa *móvel* produto de crime. Como pontuava HUNGRIA[1], um imóvel não pode ser receptado, pois a receptação pressupõe um deslocamento da *res* do poder de quem ilegitimamente a detém para a do receptador.

1.3. Sujeito ativo e passivo

Não se exige qualquer condição ou particularidade para que se cometa o crime: toda e qualquer pessoa pode cometer o crime de receptação, à exceção, no caso concreto, daqueles que cometeram ou participaram da ação delitiva antecedente; neste caso, a receptação é pós-fato impunível. É possível, inclusive, que o proprietário da coisa cometa o crime, quando, por exemplo, *o sujeito realiza um contrato de penhor com terceiro, entregando-lhe como garantia um relógio que venha a ser furtado* e, posteriormente, adquirido junto ao larápio pelo proprietário.[2]

O sujeito passivo é o mesmo do crime precedente. A vítima da receptação é a mesma vítima do crime de que deriva a *res* [do crime antecedente, portanto].

1.4. Tipicidade objetiva e subjetiva: *caput*

Comete o crime de receptação simples o sujeito que *adquirir, receber, transportar, conduzir ou ocultar, em proveito próprio ou alheio, coisa que sabe ser produto de crime, ou influir para que terceiro, de boa-fé, a adquira, receba ou oculte*. O tipo legal apresenta duas modalidades de receptação: própria e imprópria. Na primeira, pune-se quem adquire recebe, transporta, conduz ou oculta, em proveito próprio ou alheio, coisa que sabe

1 HUNGRIA, Nelson. *op. cit.* p. 298.

2 JESUS, Damásio de. Direito Penal, 2º volume, 32ed. São Paulo: Saraiva, 2012, p. 532.

produto de crime; na imprópria, quem influa para que terceiro, de boa-fé, adquira, receba ou oculte a coisa.

A premissa fundamental da qual se deve partir no estudo do delito de receptação é a imprescindibilidade do crime antecedente. É dizer, só se há de falar em receptação de produto de crime [que é antecedente, evidentemente]. Assim, quanto ao crime antecedente, é preciso firmar as seguintes ponderações: I. não se exige o trânsito em julgado da sentença penal condenatória para a verificação da receptação; há casos em que, ainda que arquivado o inquérito ou não recebida a denúncia, por exemplo, ocorre receptação; II. Não é toda e qualquer sentença do processo referente ao crime antecedente que implica consequências ao delito de receptação; a absolvição só afasta a receptação quando tem por fundamento a atipicidade do crime antecedente ou a sua inocorrência material do fato imputado.

1.5. Receptação própria

Examine-se, assim, primeiro a modalidade própria: trata-se de tipo misto cumulativo, em que são previstos diversos núcleos verbais, mas a prática de qualquer deles é suficiente para a configuração do crime, bem como a prática de diversos redunda em crime único.

Na primeira conduta incriminada, tem-se o núcleo *adquirir*, que nada mais é do que a obtenção da coisa a título de domínio, gratuita ou onerosamente – neste, caso, pouco importa se o preço pago pelo receptador foi justo ou não. Em NORONHA lê-se que a ação: "compreende não só a compra, mas qualquer outro meio hábil ou idôneo que conduza ao mesmo resultado."[3] É imprescindível, porém, que a aquisição se dê com a efetiva tradição da coisa, sem o que não se tem por consumado o delito.[4]

Tem-se como segunda conduta o núcleo verbal *receber*, que significa a tomada de posse da coisa entregue a qualquer outro título que não seja de propriedade.[5] Vale frisar que é desimportante se longo ou curto o prazo que retém a *res* ou a finalidade destinada. *Transportar*, que consiste na terceira modalidade, é transmudar a coisa de um lugar para outro. *Conduzir* – quarta modalidade – é dirigir ou pilotar um veículo qualquer, automóvel, motocicleta, caminhão, ônibus *et cetera*.

A derradeira modalidade da receptação própria é a *ocultação*: dissimulação da posse da coisa por meio de escondimento desta.[6] Como esclarecia NORONHA, *exprime a ação de subtraí-la* [a *res*] *das vistas de outrem; colocá-la em lugar onde não possa ser encontrada; ou apresentada por forma que a torne irreconhecível, tudo fazendo difícil ou impossível a recuperação.*[7]

---

3 NORONHA, Magalhães. Direito Penal: crimes contra a pessoa e crimes contra o patrimônio. São Paulo: Saraiva, p. 483.

4 HUNGRIA, Nelson. *op. cit.* p. 297.

5 HUNGRIA, Nelson. *op. cit.* p. 297.

6 HUNGRIA, Nelson. *op. cit.* p. 297.

7 NORONHA, Magalhães. *op. cit.* p. 484.

1.6. Receptação imprópria

Como advertido, comete o crime de receptação em sua modalidade imprópria quem *influa para que terceiro, de boa-fé, a adquira, receba ou oculte* [a coisa produto de crime]. É o que se entende como mediação criminosa[8], uma vez que o agente não comete nenhuma das ações incriminadas, mas age como mediador para que terceiro as pratique. Perceba-se que é pressuposto do crime a boa-fé do terceiro; significa dizer, então, que o terceiro – quando de boa-fé – não responde pelo delito. Se estiver de má-fé, evidentemente, responde também pelo delito em concurso de agentes com o mediador.

Mais restritivamente, na modalidade imprópria, não se preveem como condutas incriminadas o fato de influir para que terceiro, de boa-fé, *transporte* ou *conduza* a *res* produto de crime. Trata-se aparentemente de lapso do legislador que, com a alteração operada pela Lei nº 9.426/96, estendeu a punição às referidas condutas apenas na modalidade própria, olvidando-se de fazê-lo na imprópria, que permaneceu com a redação original. Assim, *influir* para que terceiro, de boa-fé, transporte ou conduza coisa advinda de crime é conduta atípica.

Demasiado válida a observação de BITENCOURT[9] no sentido de que a figura do *caput* é curiosamente tipo misto alternativo e cumulativo. A cumulação se dá quando o agente pratique receptação própria – mediante qualquer das condutas – e simultaneamente cometa o delito na modalidade imprópria. Neste caso, terá o agente cometido dois crimes.

1.7. Aspectos comuns

como cediço, independentemente da modalidade – seja própria ou imprópria – fato é que a conduta deve recair sobre coisa *que sabe ser produto de crime*. Não se tome o produto de crime apenas como aquela coisa havida diretamente dele, porque não faz qualquer diferença à incidência da lei penal que o receptador adquira um montante furtado da vítima ou um determinado bem qualquer – desde que móvel – que tenha sido adquirido fazendo uso do montante furtado. Aduzia HUNGRIA[10] neste sentido que *a situação patrimonial ilícita decorrente do crime a quo não desaparece, como é claro, pelo fato de ter sido substituída a coisa diretamente obtida com aquele.*

Situação diversa, porém, é a tocante aos instrumentos do crime. Se alguém adquire, oculta, recebe, transporta *etc.* instrumento de crime não comete receptação, mas, a depender do caso, incide nas penas do artigo 348 do Código Penal – favorecimento pessoal. A razão de o instrumento não ser objeto do delito em comento é flagrante: a previsão exclusiva no tipo legal do produto criminoso enquanto objeto material do

8 NORONHA, Magalhães. *op. cit.* p. 484.

9 BITENCOURT, Cezar Roberto. Tratado de direito penal: parte especial, volume 3, São Paulo: Saraiva, 2009, p. 310-311.

10 HUNGRIA, Nelson. *op. cit.* p. 298.

delito. Ademais, é de se convir com NORONHA[11] em que uma vez que se assume a receptação como crime patrimonial, imputar tal delito a quem adquire o instrumento do crime é dizer que a vítima deste suposto delito é o criminoso dono do instrumento, e não a vítima do crime precedente. A situação do *preço do delito* é idêntica: o valor pago pelo mandante não é produto do crime.

É indispensável que a coisa seja produto de *crime*, no que, portanto, não se enquadram ilícito civil, ato infracional, contravenção *et cetera*. É dizer, se adquirido produto proveniente de qualquer prática penalmente atípica, não se fala em receptação. É o caso, por exemplo, do montante advindo, de "jogo do bicho", art. 58 da Lei de Contravenções Penais.

É plenamente factível a ocorrência de receptação de receptação, uma vez que tanto é produto de crime o resultado do crime originário quanto o que provém de intercorrente receptação.[12] Atente-se, porém, que está quebrantada a cadeia criminosa se a coisa é recebida por terceiro de boa-fé; assim, se o sujeito adquire a coisa deste terceiro de boa-fé, ainda que saiba ser produto de crime, não incide nas penas deste delito.

Atualíssima a advertência de HUNGRIA[13] no sentido de que a receptação de coisas várias, ainda que de crimes distintos, se ocorrido num mesmo contexto de ação, trata-se crime único. Diferentemente, se diversas as coisas, ainda que todas advindas do mesmo crime, porém diluídas as receptações no tempo, pode se dar a receptação continuada, desde que cumpridos os requisitos para tanto.

O elemento subjetivo do delito é exclusivamente o dolo direto consistente na vontade, livre e consciente, de – na receptação própria – receber, transportar, conduzir ou ocultar coisa que sabe ser produto de crime; na receptação imprópria, o dolo consiste na vontade, livre e consciente, de influir para que terceiro, de boa-fé, adquira, receba ou oculte a coisa. Como advertido, não se admite nesta figura o dolo eventual, tendo em vista que a redação legal não o permite ao fixar a necessidade de consciência quanto à proveniência da coisa.

Ademais, exige-se o elemento subjetivo especial do injusto traduzido na obtenção de vantagem em proveito próprio ou alheio. É este especial fim que distingue a receptação do delito de favorecimento real, previsto no art. 349 do CP, porque neste delito o fim do agente é meramente auxiliar o autor da infração.

Não se admite a punição do presente delito a título de dolo subsequente. Assim, quando o agente recebe a coisa de boa-fé, ainda que posteriormente descubra da ilegal proveniência, não comete o crime; a não ser, é claro, que influa terceiro de boa-fé a adquiri-la, recebê-la ou ocultá-la, porque cometeria aí receptação imprópria.

---

11 NORONHA, Magalhães. *op. cit.* p. 488.

12 BITENCOURT, Cezar Roberto. Tratado de direito penal: parte especial, volume 3, São Paulo: Saraiva, 2009, p. 312.

13 HUNGRIA, Nelson. *op. cit.* p. 299.

Aplicável à figura do *caput* a forma privilegiada constante do art. 155, § 2º, do Código Penal, é o que se lê no § 5º do disposto *sub examine.*

1.8. Receptação qualificada

Consoante o depreendido do § 1º, previu o legislador – com a alteração advinda da Lei nº 9.426/96 – uma figura de receptação qualificada, em que se julgou necessária a exasperação da pena cominada ao delito ali inscrito, que saltou consideravelmente de um a quatro para três a oito anos de reclusão.

Comete receptação qualificada quem *adquirir, receber, transportar, conduzir, ocultar, ter em depósito, desmontar, montar, remontar, vender, expor à venda, ou de qualquer forma utilizar, em proveito próprio ou alheio, no exercício de atividade comercial ou industrial, coisa que deve saber ser produto de crime.* Nota-se, claramente, a inserção de núcleos verbais que não constam do *caput*: ter em depósito, desmontar, montar, remontar vender, expor à venda, além da previsão genérica, o que, diferente do que sustenta fração da doutrina[14], não serve para ilidir a qualificação da receptação e fazer do § 1º crime autônomo.[15]

É de se notar que o legislador entendeu por bem qualificar o delito em razão da especial circunstância em que se pratica a conduta descrita: *no exercício de atividade comercial ou industrial.* Não se deve olvidar que o referido elemento normativo do tipo quer significar não apenas o regular exercício de atividade comercial, mas também aquele irregular ou clandestino, inclusive o realizado em residência. Trata-se, em verdade, da disposição contida no § 2º, que se destina flagrantemente a abranger a incidência do tipo legal, especialmente aos populares desmanches de veículos. Olvidou-se, porém de equiparar a indústria irregular, de modo que, se cometida a conduta no exercício de atividade industrial irregular ou clandestina, não se há falar em receptação.

Quanto às ações previstas pelo legislador – que totalizam impressionantes 12 verbos – no tipo misto alternativo, insta tecer os fundamentais comentários acerca apenas daquelas não abordadas quando do exame do *caput.* A primeira consiste em *ter em depósito,* o que caracteriza infração penal de natureza permanente, uma vez que

---

14 A referida corrente é bem representada por Damásio: "*O dispositivo não descreve causa de aumento de pena ou qualificador. Não contém meras circunstâncias. Cuida-se de figura autônoma: menciona seis verbos que não se encontram no caput, repete cinco condutas e apresenta dois elementos subjetivos do tipo. Não é um simples acréscimo à figura reitora da receptação.*" JESUS, Damásio de. Direito Penal, 2º volume, 32ed. São Paulo: Saraiva, 2012, p. 535.

15 No particular, razão assiste à linha de intelecção esposada por Bitencourt: "*Contudo, isso não quer dizer que a falta de técnica legislativa, com a inclusão de algumas condutas inexistentes no tipo fundamental e a inclusão de elementos normativos e subjetivos, seja suficiente para desnaturar conceitualmente a figura qualificada de receptação, assim denominada pelo legislador e tipologicamente situada em parágrafo do artigo definidor do tipo básico, que, a nosso juízo, é suficiente para identificá-las.*" BITENCOURT, Cezar Roberto. Tratado de direito penal: parte especial, volume 3, São Paulo: Saraiva, 2009, p. 321.

significa reter, guardar, conservar, manter, em nome próprio ou de terceiro, gratuita ou onerosamente, a *res*.

Desmontar é separar as peças de um todo, é desencaixar. *Montar*, por sua vez, evidentemente, é, porque antônimo de desmontar, juntar as peças do todo, é encaixar. *Remontar* é o montar novamente o que fora desmontado. Muito claramente, tais condutas dizem respeito diretamente ao comércio ilegal de veículos produto de crime, marcadamente de furto e roubo.

A conduta de *vender* é o ato do comerciante ou do industrial consistente em operar a transferência da ilegal posse da coisa produto de crime mediante o pagamento de preço. *Expor à venda* é exibir, mostrar, oferecer a coisa produto de crime.

A derradeira previsão é *de qualquer forma utilizar* a coisa, o que significa aplicar qualquer finalidade, usar, empregar, fazer uso independentemente do porquê e para que.

A inovação operada na figura qualificada que mais recebe críticas de ordem doutrinária é a constante no objeto do delito: *coisa que deve saber ser produto de crime*. Observe-se que a restritiva redação do *caput*, que só admite o dolo direto, foi substituída por esta temerária forma, que torna possível o cometimento do delito norteado pelo dolo eventual. O elemento subjetivo da forma qualificada, então, é o dolo – direto ou eventual – que consiste na vontade, livre e consciente, de realizar qualquer das condutas descritas no exercício da atividade comercial ou industrial. Não se deve olvidar do elemento subjetivo especial constante também do *caput:* em proveito próprio ou alheio. Intocadas as observações atinentes à impossibilidade do dolo subsequente.

É de se observar, ainda, que a falta de técnica legislativa conduz ao entendimento de que, no caso de cometimento de qualquer das ações contidas no § 1º com a plena ciência da *res* enquanto produto de crime, redundaria na atipicidade da conduta, porque se menciona exclusivamente a coisa que *deve saber* o agente produto de crime, afastando, em tese, a incidência do tipo quando se tenha certeza da ilegal proveniência. Deve-se, porém, ter em mente que se trata de manifesta falta de técnica na redação da figura qualificada, uma vez que a intenção do legislador foi – evidentemente – englobar inclusive o dolo eventual, e não exclusive.[16]

---

16 DIREITO PENAL. HABEAS CORPUS. ART. 180, § 1º DO CÓDIGO PENAL. CONSTITUCIONALIDADE. ORDEM DENEGADA. 1. A conduta descrita no § 1º do art. 180 do Código Penal é evidentemente mais gravosa do que aquela descrita no caput do dispositivo, eis que voltada para a prática delituosa pelo comerciante ou industrial, que, pela própria atividade profissional, possui maior facilidade para agir como receptador de mercadoria ilícita. 2. Não obstante a falta de técnica na redação do dispositivo em comento, a modalidade qualificada do § 1º abrange tanto do dolo direto como o dolo eventual, ou seja, alcança a conduta de quem "sabe" e de quem "deve saber" ser a coisa produto de crime. 3. Ora, se o tipo pune a forma mais leve de dolo (eventual), a conclusão lógica é de que, com maior razão, também o faz em relação à forma mais grave (dolo direto), ainda que não o diga expressamente. 4. Se o dolo eventual está presente no tipo penal, parece evidente que o dolo direto também esteja, pois o menor se insere no maior. 5. Deste modo, não há que se falar em violação aos princípios da razoabilidade e da proporcionalidade, como pretende o impetrante. 6. Ante o exposto,

Aplicável também à figura qualificada a forma privilegiada constante do art. 155, § 2º, do Código Penal, é o que se lê no § 5º do disposto *sub examine*.

1.9. Classificação doutrinária

Quanto ao *caput*, é crime **doloso**; **instantâneo** nas condutas de *adquirir e receber* e **permanente** enquanto *transportar, conduzir* ou *ocultar* a *res*; **de forma livre**; **material** na modalidade própria e **formal** na imprópria; **monossubjetivo**; **plurissubsistente** e **comum**.

Quanto ao § 1º, é hipótese de crime **doloso**, porque não prevê modalidade culposa; **permanente** nas modalidades *ter em depósito, expor à venda* e *ocultar* e **instantâneo** nas demais; **de forma livre**; **material**; **monossubjetivo**; **plurissubsistente**; **próprio** no que toca ao sujeito ativo, uma vez que é cometido apenas pelo comerciante ou industrial e **comum** no que respeita ao sujeito passivo.

1.10. Receptação culposa

Nada obstante não se firme no § 3º a rubrica expressa do crime culposo – consagrada através da expressão recorrente utilizada pelo legislador "se o crime é culposo" – trata-se de previsão da modalidade culposa de receptação. Apõe-se que incide nas penas notadamente mais brandas [detenção de um mês a um ano, ou multa, ou ambas] quem *adquirir ou receber coisa que, por sua natureza ou pela desproporção entre o valor e o preço, ou pela condição de quem a oferece, deve presumir-se obtida por meio criminoso.*

Limita-se a conduta aos núcleos *adquirir* ou *receber*, já devidamente analisados. O que há de relevante é que, neste caso, em razão da natureza da coisa, da desproporção entre valor e preço ou pela condição de quem oferece, deve o agente presumi-la obtida por meio criminoso. Interessante notar que, em que pese não tenha optado pela redação naturalmente aberta do tipo culposo, a razão de ser contida no dispositivo é a mesma: a inobservância do dever objetivo de cuidado.

Neste sentido, pontua GRECO[17] que a inobservância do dever objetivo de cuidado deverá ser apontada com clareza, de maneira a tornar possível a punição do agente por esta infração penal. A prática dos comportamentos descritos pelo legislador meramente indica a ocorrência do delito, o que não afasta – por certo – a necessidade de sua demonstração no caso.

O primeiro dos critérios adotados pela lei penal para a aferição da presunção da obtenção criminosa da coisa é referente à *sua natureza*. É dizer, aquele sujeito que recebe a coisa e, por suas características essenciais: pelo conjunto de todos os seus

denego a ordem de habeas corpus. (HC 97344, Relator(a): Min. ELLEN GRACIE, Segunda Turma, julgado em 12/05/2009, DJe-099 DIVULG 28-05-2009 PUBLIC 29-05-2009 EMENT VOL-02362-07 PP-01288 RTJ VOL-00211- PP-00459)

17 GRECO, Rogério. Curso de Direito Penal: parte especial, volume III. Niterói/RJ: Impetus, 2009, p. 354.

atributos e propriedades, fica em sobreaviso quanto à possível obtenção criminosa da mesma, comete o crime. Exemplo clássico é o do sujeito que, residente em região frequentada por turistas, adquire um determinado aparelho eletrônico ainda não lançado no país e que consta gravado com letras em mandarim que fazem alusão às iniciais do proprietário da coisa.

O segundo dos critérios diz respeito à *desproporção entre o valor e o preço*. Consoante o esclarecido por NORONHA, cuida a lei da desproporção entre o preço [expressão em moeda do valor] e o valor de troca da coisa, isto é, da disparidade entre o valor que a coisa notoriamente apresenta, por sua utilidade geral ou comercial e sua expressão monetária [que é o preço, e que, em regra, portanto, deve ser correspondente].[18] Resta evidente que tal indício é suficiente para criar no comprador a suspeita quanto à ilícita proveniência da coisa. Tome-se, por exemplo, a situação de quem adquire cem reais pelo valor de uma determinada máquina fotográfica profissional, que é cotada por dois mil reais. É flagrante o indício da proveniência ilícita da coisa, uma vez que manifestamente inferior o preço pago pelo sujeito.[19]

O derradeiro dos indícios da proveniência ilegal da coisa diz respeito à *condição de quem oferece*. Não se trata meramente de condição física ou aparente, em que pese sejam também relevantes neste exame [é o caso do indigente, do mendigo, do esbaforido, do maltrapilho *et cetera*]. É possível que, por exemplo, por circunstâncias outras que não expressadas fisicamente, possa o adquirente presumir a obtenção criminosa da coisa: é o caso, por exemplo, de sujeito bem trajado, mas sabidamente viciado em alucinógenos, que oferece um aparelho de som veicular, ainda que a preço justo.

Inadmissível, também, a culpa consequente: se recebe ou adquire a coisa de boa-fé o agente, ainda que, porventura, descubra de seu caráter ilícito não comete o crime.

Frise-se, ademais, que, nos termos do § 5º, na hipótese de receptação culposa, pode o juiz, tendo em consideração as circunstâncias, deixar de aplicar a pena se o criminoso é primário. Trata-se de cláusula que prevê o perdão judicial e, portanto, benéfica ao réu, razão pela qual, preenchidos os requisitos: primariedade do agente e favoráveis as circunstâncias judiciais, *deve* o juiz conceder o perdão. Como consta do enunciado nº 28 da Súmula de Jurisprudência do Superior Tribunal de Justiça, a sentença que concede o perdão judicial é declaratória da extinção de punibilidade, não subsistindo qualquer efeito jurídico.

1.11. O momento consumativo

As modalidades do *caput* – receptação própria e imprópria – são respectivamente crime material e formal. Assim, consuma-se a primeira com a efetiva tradição da

---

18 NORONHA, Magalhães. Direito Penal: crimes contra a pessoa e crimes contra o patrimônio. São Paulo: Saraiva, p. 493.

19 É o que entende HUNGRIA: "*O preço desproporcionado, pago pelo adquirente, quer dizer preço vil ou de tal modo inferior ao justo valor da coisa, que faria qualquer pessoa de senso médio desconfiar ou presumir que se tratava de objeto proveniente de crime.*" HUNGRIA, Nelson. *op. cit.* p. 313.

coisa, o que, por consequência, torna admissível a tentativa; consuma-se a segunda com a mera prática de qualquer ato a influir para que o terceiro de boa-fé pratique a conduta objetivada, o que torna inadmissível a tentativa.

A forma qualificada é crime material que, portanto, consuma-se com a prática de quaisquer dos núcleos constantes do tipo que redunde na obtenção da coisa pelo agente, o que torna factível a tentativa. Na modalidade culposa, consuma-se com o a aquisição ou recebimento da coisa, inviável a tentativa porque crime culposo.

1.12. Autonomia da receptação em relação à elucidação ou punição do crime de que proveio a coisa

Como cediço, é pressuposto da receptação que a coisa provenha de crime precedente. Ocorre, entretanto, que, como consta do § 4º, *a receptação é punível, ainda que desconhecido ou isento de pena o autor do crime de que proveio a coisa*. Deste modo, o fato de não se ter por descoberta a autoria do delito de que proveio a coisa ou, ainda que descoberta – se por qualquer causa isento de pena o agente -, é punível a receptação.

1.13. Causa de aumento de pena

Tal como se lê no § 6º, aplica-se a pena do caput [reclusão, de um a quatro anos, e multa] em dobro se se trata de *bens do patrimônio da União, de Estado, do Distrito Federal, de Município ou de autarquia, fundação pública, empresa pública, sociedade de economia mista ou empresa concessionária de serviços públicos, aplica-se em dobro a pena prevista no caput deste artigo*. Como sintetiza LUIZ REGIS PRADO[20], a majoração da pena reside no fato de que o agente atinge bem pertencente à própria coletividade, o que implica maior reprovabilidade pessoal de sua conduta, atuando, portanto, a majorante sobre a sua culpabilidade.

Observe-se que a Lei nº 13.561/2017 promoveu alterações no § 6º, a exemplo do que ocorrera com o crime de dano, para o fim de ajustar a redação da majorante em questão, que era dirigida aos "bens e instalações do patrimônio da União, Estado, Município, empresa concessionária de serviços públicos ou sociedade de economia mista, a pena prevista no caput deste artigo aplica-se em dobro."

1.14. Pena e ação penal

Às figuras do *caput* comina-se a pena de reclusão de um a quatro anos e multa; à modalidade qualificada comina-se a pena de reclusão de três a oito anos e multa; à modalidade culposa comina-se a pena de detenção de um mês a um ano ou multa, ou ambas. Se a receptação se dá com relação a bens ou instalações do patrimônio da União, Estado, Município, empresa concessionária de serviços públicos ou sociedade de economia mista, aplica-se a pena do *caput* em dobro.

A ação penal é pública incondicionada.

---

20 PRADO, Luiz Regis. *op. cit.* p. 661.

1.15. Breve cotejamento com o PLS 236/2012

As alterações propostas dizem respeito à majoração do limite das penas à figura simples cominadas pelo caráter criminógeno: no *caput*, o máximo da pena passa de quatro para cinco anos. No que toca à modalidade qualificada, a proposição é reduzir o limite máxime de oito para seis anos, uma vez que o intervalo entre o patamar mínimo foi considerado demasiado extenso.

O PLS propõe ainda a supressão do seguinte excerto da modalidade qualificada: *coisa que deve saber ser produto de crime*, de maneira a solver a tormentosa controvérsia – discutida no presente trabalho – quanto à (falta) de proporcionalidade no tratamento mais severo do dolo eventual do que o dolo direito contido no *caput*. Assim, tal como o *caput*, a modalidade qualificada somente admitiria o dolo direito.

2. RECEPTAÇÃO DE ANIMAL

⊙ **Receptação de animal**

Art. 180-A. Adquirir, receber, transportar, conduzir, ocultar, ter em depósito ou vender, com a finalidade de produção ou de comercialização, semovente domesticável de produção, ainda que abatido ou dividido em partes, que deve saber ser produto de crime: (Incluído pela Lei nº 13.330, de 2016)

Pena - reclusão, de 2 (dois) a 5 (cinco) anos, e multa. (Incluído pela Lei nº 13.330, de 2016)

2.1. Considerações preliminares

O presente tipo legal foi inserido pela Lei nº 13.330/2016 criando uma nova figura típica consistente em modalidade qualificada de receptação em razão do abigeato anteriormente praticado. Trata-se de previsão inserida no visível empreendimento legislativo voltado ao maior censuramento do furto de animais exploráveis economicamente.

2.2. Bem jurídico tutelado

O bem jurídico tutelado pela norma é naturalmente o patrimônio, em especial o tráfego e comercialização lícita de animais domesticáveis de produção, cujo produto se destina à exportação ou ao consumo interno, como sustenta Luiz Régis Prado.[21]

2.3. Sujeitos do delito

No plano ativo, trata-se de delito comum, podendo figurar como autor qualquer pessoa. No plano passivo, a vítima é a mesma do crime antecedente (abigeato).

2.4. Tipicidade objetiva e subjetiva

Os núcleos verbais consistem em adquirir, receber, transportar, conduzir, ocultar, ter em depósito ou vender, cujos alcance e significados são exatos àqueles elaborados

21 Prado, Luiz Régis. Curso de Direito Penal Brasileiro. V. II. São Paulo: Thomson Reuters, Brasil, 2018, p. 73.

no exame do delito previsto no art. 180, razão pela qual desnecessários ulteriores comentários a respeito.

O legislador cuidou de inserir, porém, um especial fim de agir consistente na finalidade de produção ou de comercialização. Ou seja, para além do fim de produzir ou comercializar, qualquer outra motivação – a exemplo do consumo ou, por mais esdrúxulo que possa parecer, a própria criação do animal – torna atípica a conduta.

Observe-se que o legislador vale-se da abertura do tipo penal com a inserção da fórmula *coisa que deve saber ser produto de crime, já devidamente abordada quando do trato do art. 180, § 1º, do Código Penal. Assim, igualmente se afasta da modalidade do caput do art. 180, em que legislador fixa a necessidade de dolo direto.*

2.5. Classificação doutrinária

É hipótese de crime **doloso**, porque não prevê modalidade culposa; **permanente** nas modalidades *ter em depósito* e *ocultar* e **instantâneo** nas demais; **de forma livre**; **material**; **monossubjetivo**; **plurissubsistente**; e **comum.**

2.6. Pena e ação penal

Prevê o tipo a pena de 2 (dois) a 5 (cinco) anos de reclusão, além da multa. A ação penal é pública e incondicionada.

CAPÍTULO VIII – DISPOSIÇÕES GERAIS

GAMIL FÖPPEL E
GABRIEL DALLA FAVERA DE OLIVEIRA

Art. 181 – É isento de pena quem comete qualquer dos crimes previstos neste título, em prejuízo: (Vide Lei nº 10.741, de 2003)

I – do cônjuge, na constância da sociedade conjugal;

II – de ascendente ou descendente, seja o parentesco legítimo ou ilegítimo, seja civil ou natural.

Art. 182 – Somente se procede mediante representação, se o crime previsto neste título é cometido em prejuízo: (Vide Lei nº 10.741, de 2003)

I – do cônjuge desquitado ou judicialmente separado;

II – de irmão, legítimo ou ilegítimo;

III – de tio ou sobrinho, com quem o agente coabita.

Art. 183 – Não se aplica o disposto nos dois artigos anteriores:

I – se o crime é de roubo ou de extorsão, ou, em geral, quando haja emprego de grave ameaça ou violência à pessoa;

II – ao estranho que participa do crime.

III – se o crime é praticado contra pessoa com idade igual ou superior a 60 (sessenta) anos. (Incluído pela Lei nº 10.741, de 2003)

1. CONSIDERAÇÕES PRELIMINARES

Esgotadas as previsões dos crimes atinentes à tutela do patrimônio, ocupa-se o legislador de aduzir, entre os artigos 181 e 183, as disposições gerais do Título II do Código Penal. Consoante será abordado, trata-se neste ponto das imunidades penais de ordem absoluta e relativa. Há uma plêiade de razões voltadas à justificação das ditas imunidades, seja pela preponderância dos interesses familiares sobre os patrimoniais, o menor alarma social com a impunidade e as razões de ordem político-criminal.

2. IMUNIDADE PENAL ABSOLUTA

O artigo 181 torna isento de pena quem comete o crime em prejuízo do cônjuge, na constância da sociedade conjugal; de ascendente ou descendente, seja o parentesco legítimo ou ilegítimo, civil ou natural. Assim, traduzem-se as imunidades em verdadeiras escusas absolutórias, uma vez que verdadeiras condições negativas de punibilidade.

Advirta-se, de pronto, que tais escusas não têm o condão de afastar a tipicidade, ilicitude ou a culpabilidade do agente, mas – apenas e tão-somente – impedem a aplicação da pena às pessoas naquelas especiais circunstâncias constantes do art. 181. Neste panorama, porque circunstâncias derivadas de especial condição pessoal[1], a imunidade não se estende a terceiro, afinal, conduta do terceiro permanece típica, ilícita, culpável e punível.

A primeira das escusas absolutórias diz respeito ao cônjuge que comete crime patrimonial, sem violência física ou moral, na constância da sociedade conjugal. Como cediço, a sociedade conjugal surge com o casamento que produz efeitos civis; nos termos do art. 1.514 do Código Civil: *o casamento se realiza no momento em que o homem e a mulher manifestam, perante o juiz, a sua vontade de estabelecer vínculo conjugal, e o juiz os declara casados.*

A sociedade conjugal estende-se, nos termos do art. 1.571 do Código Civil, até a morte de um dos cônjuges; até a nulidade ou anulação do casamento; até a separação judicial; até o divórcio. Frise-se apenas que, com a alteração promovida pela emenda constitucional nº 66, que alterou a redação do § 6º do art. 226 da Constituição Federal[2], *o casamento civil pode ser dissolvido pelo divórcio.*

Assim, enquanto não cessada a sociedade conjugal, a imunidade absoluta estende-se ao cônjuge que cometa o crime. Significa dizer, então, que eventual separação de corpos mesmo antes do cometimento do fato não obsta à configuração da imunidade, porque inalterada a sociedade conjugal; pelo mesmo princípio, separação judicial posterior ao fato não obsta à aplicação da escusa absolutória.

E quanto à união estável? Há controvérsia doutrinária quanto à possibilidade de aplicação da escusa absolutória em caso de união estável, filia-se, porém, ao quanto sustentado por LUIZ REGIS PRADO[3] no sentido de que é possível a eventual extensão da imunidade ao companheiro, desde que legalmente formalizada através de, por exemplo, contrato de convivência devidamente registrado ou, judicialmente, mediante ação declaratória de sua existência.

Consoante a disposição do inciso II, é isento de pena quem comete ilícito penal em desfavor de ascendente ou descendente, seja o parentesco legítimo ou ilegítimo, seja civil ou natural. Frise-se, à saída, que, em seu artigo 6º, a Constituição Federal pôs fim a qualquer discriminação com relação à filiação, razão pela qual não mais subsiste a distinção quanto à legitimidade do parentesco.

Observe-se que ascendentes e descendentes são os parentes vinculados em linha reta: bisavô, avô, filho, neto *et cetera*. Não limita o Código Penal a incidência da escusa

---

1 PRADO, Luiz Regis. *op. cit.* p. 667.

2 Redação revogada: O casamento civil pode ser dissolvido pelo divórcio, após prévia separação judicial por mais de um ano nos casos expressos em lei, ou comprovada separação de fato por mais de dois anos.

3 PRADO, Luiz Regis. *op. cit.* p. 667.

absolutória, razão pela qual desimportante se o crime é cometido pelo bisneto em relação ao bisavô ou se do filho para o pai. Aplicável, sempre, a escusa absolutória.

Dada a restritiva redação do dispositivo, não se estende, porém, a imunidade aos parentes afins: sogro, nora, genro *et cetera*.

3. IMUNIDADE PENAL RELATIVA

No art. 182, há a previsão das imunidades chamadas relativas, que não tem o condão de afastar a punibilidade do agente, mas criam um determinado obstáculo ao exercício da ação penal.[4] Nas hipóteses mencionadas, faz-se imprescindível a verificação da condição de procedibilidade consistente na representação do ofendido.

O presente artigo transmuta a natureza dos delitos cometidos em face do cônjuge desquitado ou judicialmente separado; de irmão, legítimo ou ilegítimo; de tio ou sobrinho, com quem o agente coabita: passa de pública incondicionada à pública condicionada à representação.

As hipóteses são demasiado simples; quanto à primeira, convém tecer breves apontamentos: era imprescindível que tivesse havido separação judicial, ou seja, aplicava-se o art. 182, I, CP, a partir do trânsito em julgado da sentença que tivesse decretado a separação judicial. Antes disto, era caso para a aplicação do artigo 181, I, CP, porque existente ainda a sociedade conjugal.

Sucede que, como advertido em linhas pretéritas, emenda constitucional nº 66, que alterou a redação do § 6º do art. 226, findou a necessidade da separação judicial enquanto requisito para a concessão do divórcio e, a partir deste ponto, muito se discute no campo do Direito Civil acerca da revogação ou não do instituto da separação judicial.

No que diz respeito ao presente exame, há de se levar em conta os seguintes argumentos: nada impede que o legislador infraconstitucional regule o instituto da separação judicial; o referido instituto consta, por exemplo, do Projeto de Novo Código de Processo Civil; há o enunciado 514 da V Jornada de Direito Civil do Conselho da Justiça Federal neste sentido: *Enunciado CJF 514 – A Emenda Constitucional n. 66/2010 não extinguiu o instituto da separação judicial e extrajudicial.*

Em atenção a tais aspectos, bem como em observância da natureza benéfica da previsão penal ora discutida – que se trata de cláusula de imunidade penal relativa que condiciona à representação a ação penal em face do cônjuge separado judicialmente -, tem-se por muito claro que aquelas discussões travadas no campo do Direito Civil após a promulgação da Emenda Constitucional 66 não tem o condão de alterar a aplicação do art. 182, I, do Código Penal.

4 BITENCOURT, Cezar Roberto. Tratado de direito penal: parte especial, volume 3, São Paulo: Saraiva, 2009, p. 345.

Quanto ao inciso II, desnecessário qualquer comentário, uma vez que parece incontroverso o seu conteúdo: se cometido crime entre irmãos, unilaterais ou bilaterais, tem lugar a aplicação do dispositivo.

No inciso III, o legislador amplia um pouco mais o rol, uma vez que prevê a possibilidade de aplicação desta *imunidade relativa* em crime praticado entre tio e sobrinho. Não basta a mera relação colateral, todavia, é preciso ainda que exista coabitação, que deve ser entendida como *morar junto; é morar na mesma casa*. É necessário que coabitem quando da prática do crime, razão pela qual coabitação anterior ou posterior em nada implica. É imprescindível, porém, que seja demonstrada a estabilidade da coabitação, tal como se vê no julgamento do HC 112.668/RS pelo Supremo Tribunal Federal.

4. CLÁUSULAS EXCEPCIONAIS

Prevê o legislador, nos incisos do artigo 183, três hipóteses que excepcionam a aplicação das imunidades absolutas e relativas quando se tratar de roubo ou de extorsão, ou, em geral, quando haja emprego de grave ameaça ou violência à pessoa; em relação ao estranho que participa do crime; se o crime é praticado contra pessoa com idade igual ou superior a sessenta anos.

TÍTULO III – DOS CRIMES CONTRA A PROPRIEDADE IMATERIAL

CAPÍTULO I – DOS CRIMES CONTRA A PROPRIEDADE INTELECTUAL

DENIVAL FRANCISCO DA SILVA[1]

1. INTRODUÇÃO

A preocupação com a proteção ao direito autoral tem previsão no ordenamento jurídico aplicado no Brasil deste as Ordenações Afonsinas e Manuelinas. No Código Criminal do Império, de 1830, o tema era tratado no art. 261,[2] no Título sobre os crimes contra a propriedade, como uma espécie *sui generis* de furto.[3]

Com o Código Penal de 1890 ampliou-se o leque de proteção dos direitos autorais, fazendo-o em vários dispositivos.[4]

Diante da necessidade de melhor sistematização, o legislador de 1940 buscou condensou os tipos penais no Título III da Parte Especial do Código Penal, com o tema Dos Crimes Contra a Propriedade Intelectual, dividindo-o em quatro capítulos, assim nominados: Capítulo I – *Dos Crimes Contra a Propriedade Intelectual*; II – *Dos Crimes Contra o Privilégio de Invenção*; III – *Dos Crimes Contra as Marcas de Indústria e Comércio*; IV – *Dos Crimes de Concorrência Desleal.*

Dado aos avanços tecnológicos e industriais e a necessidade de acompanhar as mudanças sociais num mundo em constante desenvolvimento, somado aos interesses de grupos econômicos com forte poder de pressão política, este tópico, por certo, é daqueles que mais sofreram alterações na legislação desde sua codificação em 1940. Este fenômeno

---

1 Doutor em Ciências Jurídicas (UNIVALI/SC). Mestre em Direito (UFPE). Juiz de Direito e Professor em Goiânia – GO.

2 TINÔCO, Antonio Luiz Ferreira. **Código Criminal do Império do Brazil annotado**. Ed. Fac-símile. Brasília: Senado Federal, Conselho Editorial, 2003 (Coleção história do direito brasileiro). p. 459: *Art. 261. Imprimir, gravar, lithografhar ou introduzir quaesquer escriptos ou estampas que tiverem sido feitos, compostos ou traduzidos por cidadãos brasileiros, emquanto estes viverem, e dez anos depois de sua morte, se deixarem herdeiros. Penas: Perda de todos os exemplares para o autor ou traductor, ou seus herdeiros, ou, na falta deles, do seu valor e outro tanto, e de multa igual ao tresdobro do valor dos exemplares. Se os escriptos ou estampas pertencerem a corporações, a proibição de imprimir, gravar, lithographar ou introduzir, durará sómente por espaço de dez anos.*

3 BITENCOURT, Cezar Roberto. **Tratado de Direito Penal:** Parte Especial. Vol. 3. São Paulo: Saraiva, 2009. p. 348.

4 *Idem.*

ocorreu, sobretudo, a partir da década de 1980, em face da expansão do mercado fonográfico e cinematográfico, e em razão do enorme impacto econômico que este setor passou a gerir. Não sem motivo, ocorreram diversas modificações e/ou derrogações de dispositivos legais, sucessivamente com a edição das Leis nºs 6.895/1980, 8.635/1993, 9.279/1996 e 10.695/2003.

A rigor, a Lei nº 9.279/1996 é que trouxe grande alteração, extraindo do Código Penal os três primeiros capítulos, passando a regular tal matéria com o título: *os direitos e obrigações relativos à propriedade industrial*. Com isso, restaram no Código Penal apenas os crimes referentes ao Capítulo I, do Título III, da Parte Especial, que tratam da *propriedade intelectual*.

Mesmo assim, logo em seguida, a Lei nº 10.695/2003 excluiu o crime descrito no art. 185 (*usurpação de nome ou pseudônimo alheio*), sobrando apenas as figuras típicas previstas na descrição do art. 184 que foram então completamente alteradas por esta lei.

Por derradeiro, nesta última modificação, deu-se nova redação ao art. 186 que versa sobre a titularidade do exercício de ação para os crimes previstos neste Título e Capítulo.

Além destas modificações no Código Penal, foi editada a Lei nº 9.609/1998 que *dispõe sobre a proteção da propriedade intelectual de programa de computador, e sua comercialização no país*, tema também atinente à salvaguarda dos direitos autorais e que sequer poderia ter sido cogitado na elaboração do Código Penal, em 1940.

Porquanto, feitas tais digressões, urge aclarar que o presente Título III – Dos Crimes Contra a Propriedade Imaterial – resumiu, ao Capítulo I. Destarte, em razão da edição de legislações especiais para os demais temais que envolvia este título, o Código Penal passou a cuidar exclusivamente dos Crimes Contra a Propriedade Intelectual, e que serão aqui objetos de análises.

2. ANÁLISES DOS TIPOS PREVISTOS NO CÓDIGO PENAL

Art. 184 – Violar direitos de autor e os que lhe são conexos :

Pena – detenção, de 3 (três) meses a 1 (um) ano, ou multa.

§ 1º Se a violação consistir em reprodução total ou parcial, com intuito de lucro direto ou indireto, por qualquer meio ou processo, de obra intelectual, interpretação, execução ou fonograma, sem autorização expressa do autor, do artista intérprete ou executante, do produtor, conforme o caso, ou de quem os represente:

Pena – reclusão, de 2 (dois) a 4 (quatro) anos, e multa.

§ 2º Na mesma pena do § 1º incorre quem, com o intuito de lucro direto ou indireto, distribui, vende, expõe à venda, aluga, introduz no País, adquire, oculta, tem em depósito, original ou cópia de obra intelectual ou fonograma reproduzido com violação do direito de autor, do direito de artista intérprete ou executante ou do direito do produtor de fonograma, ou, ainda, aluga original ou cópia de obra intelectual ou fonograma, sem a expressa autorização dos titulares dos direitos ou de quem os represente.

§ 3º Se a violação consistir no oferecimento ao público, mediante cabo, fibra ótica, satélite, ondas ou qualquer outro sistema que permita ao usuário realizar a seleção da obra ou produção para recebê-la em um tempo e lugar previamente determinados por quem formula a demanda, com intuito de lucro, direto ou indireto, sem autorização expressa, conforme o caso, do autor, do artista intérprete ou executante, do produtor de fonograma, ou de quem os represente:

Pena – reclusão, de 2 (dois) a 4 (quatro) anos, e multa.

§ 4º O disposto nos §§ 1º, 2º e 3º não se aplica quando se tratar de exceção ou limitação ao direito de autor ou os que lhe são conexos, em conformidade com o previsto na Lei nº 9.610, de 19 de fevereiro de 1998, nem a cópia de obra intelectual ou fonograma, em um só exemplar, para uso privado do copista, sem intuito de lucro direto ou indireto.

2.1. O bem jurídico da propriedade imaterial: violação de direito autoral

A propriedade intelectual recebe proteção penal, mais especificamente, em face da necessidade de se assegurar a reserva patrimonial que sobre ela recai. O artista ou o detentor da propriedade imaterial, vive do esforço de sua criação e produção, e é esta atividade que lhe propicia rendimentos. É certo que a seu redor há todo aparato comercial que fatura com essa produção, fazendo da arte do autor bem de consumo, e, porquanto produto que gera lucratividade.

Neste sentido revela-se, mais uma vez, o vínculo direito e o papel do direito penal como instrumento de preservação de interesses econômicos. Isso, todavia, não pode confundir com a proteção do bem jurídico tutelado neste título. A importância de se destacar este tema é que, em termos práticos, será sempre necessário identificar se há um sujeito passivo sofrendo violação de sua produção intelectual, para o fim de incidência destas previsões penais.

Ressaltada esta questão, O bem jurídico penal em proteção é o *direito autoral* e *conexo*, e que tem por objeto a *propriedade imaterial*, envolvendo uma complexidade de direitos de cunho *moral e patrimonial*.

Há um outro aspecto que merece ser observado em face aos direitos autorais. É que, atualmente, há diversas vias e meios disponíveis para acessar as obras literárias e artísticas, sem que haja a permissão e sequer conhecimento do próprio autor. Isso se deve a expansão dos instrumentos digitais que permitem reproduções sem a necessidade do meio físico, bastando acesso à *internet* ou a um pequeno equipamento eletrônico que pode copiar e armazenar discografias, bibliotecas e filmotecas quase infinitas para o uso do portador.

Ainda, neste contexto, o cerco a eventual prática indevida desta natureza, com efetivo prejuízo comercial à produção artística, é que esta "arte de pirataria" extrapola os limites territoriais, consistindo em prática de porte transnacional. A partir de um equipamento eletrônico, com conexão via internet, se é possível acessar banco de dados em plataformas fora do território nacional, dificultando assim a identificação de infratores dos direitos autorais, e a contenção, inclusive em razão de conflitos normativos e de jurisdição.

É bem verdade que existe uma conjunção de interesses globais em relação ao assunto e, com isso, há uma tentativa de cerco intensiva aos sítios virtuais que violam as regras protetivas dos direitos autorais, inclusive com sanções aos países que omitem providências no sentido de combate a esta forma de pirataria. Com isso, ferramentas de rastreamento aos infratores e, mecanismos mais fechados para impedir a reprodução sem custeio dos direitos autorais têm sido mais rigorosos.

Como o eixo de análise aqui é exclusivo ao art. 184 do Código Penal, há de se destacar que referido preceito normativo não se restringem a tais práticas via mundo virtual. A interpretação, retransmissão, representação, gravação, reprodução por cópias (isso ocorre com frequência na obra impressa, como livros), ou qualquer outra modalidade de disseminação pública da obra, sem a compensação aos seus autores, são também modalidades de condutas insertas no tipo.

O tipo penal em destaque acresce como conduta proibida a *violação de direitos conexos aos autorais*. Ou seja, aqueles que, embora se refira aos direitos sobre a propriedade imaterial, não se ligam diretamente à pessoa do autor, ou ao atributo criativo de sua obra. O entendimento é de que nestes, diversamente dos direitos do autor, que atingem os artistas, alcançam os produtores, aqueles que financiam e bancam os criadores, como as empresas produtoras (gravadoras fonográficas, editoras, produtoras de filmes) e as emissoras de rádio e de televisão.[5]

De qualquer forma, seja para os direitos autorais, assim como para os direitos conexos, há necessidade de suas especificações por outra norma, neste caso pela Lei nº 9.610/1998 que define ambos os direitos aqui protegidos. Tratam-se, portanto, de normas penais em branco, e que neste caso é suplementada por legislação de igual magnitude, arrefecendo a discussão quanto a violação do princípio da reserva legal.

2.2. Elementos objetivos, subjetivos e competência

A produção intelectual é o objeto material deste tipo penal. Os direitos autorais nascem para o autor com a criação da obra, seja ela artística, literária, científica, acadêmica ou cultural, podendo ter repercussões morais ou patrimoniais.

Para os conexos atingem não o ato de criação, mas o direito daqueles que acercam o autor, com sua produção, reprodução, exposição, comercialização (mesmo originais sem permissão)[6], enfim todos os atos secundários que envolvem o conteúdo sobre proteção.

5 BITENCOURT, Cezar Roberto. **Tratado de Direito Penal:** Parte Especial. Vol. 3. São Paulo: Saraiva, 2009. P. 349/350.

6 NUCCI, Guilherme de Souza. **Código Penal Comentado**. 3 ed. São Paulo: Revista dos Tribunais, 2003. p. 739.

A conduta *violar significa infringir, transgredir, ofender o direito autoral, ainda que não haja proveito lucrativo direto*. No caso da pura violação, à revelia do autor ou sem pagar-lhe pelo uso, estará o autor incorrendo no *caput* do preceito proibido. As penas previstas são de 3 meses a 1 ano de detenção e multa. Trata-se, portanto, de infração de menor potencial ofensiva, cuja competência é do Juizado Especial, dos Estados ou do Distrito Federal. Todavia, se a *vítima for entidades de direito público, autarquia, empresa pública, sociedade de economia mista ou fundação instituída pelo Poder Público Federal*, a competência será do Juizado Especial na Justiça Federal.

Se, com tudo isso, pretende o autor obter lucro direto ou indireto com a reprodução parcial ou total para comercialização, incorrerá na proibição do § 1º deste mesmo artigo. Todavia, no caso de estar *distribuindo, vendendo, expondo à venda, alugando, introduzindo no País, adquirindo, ocultando, tendo em depósito, original ou cópia de obra intelectual ou fonograma reproduzido com violação do direito de autor*, a norma proibida é aquela prevista no § 2º.

Por derradeiro, tratando-se de conduta onde o agente *oferece ao público, mediante cabo, fibra ótica, satélite, ondas ou qualquer outro sistema que permita ao usuário realizar a seleção da obra ou produção para recebê-la em um tempo e lugar previamente determinados por quem formula a demanda, com intuito de lucro, direto ou indireto, sem autorização expressa ao contrário*, incorrerá nas sanções dispostas no § 3º.

Para os crimes descritos nos parágrafos, inseridos pela Lei nº 10.695/2003, as penas são idênticas a todos eles, privativa de liberdade de 2 a 4 anos de reclusão e multa. É em decorrência do fim de lucratividade que a pena se eleva nestes tipos. Feito isso, não se incluem no conceito de infração de menor potencial ofensivo, sendo da competência da justiça comum estadual. De igual modo cabe a mesma ressalva anteriormente mencionada, sendo a competência da Justiça Federal nas situações descritas acima.

O elemento subjetivo em quaisquer das condutas é o dolo, importando na consciência de que a conduta infringe o direito autoral a partir da violação, seja com fim específico (parágrafos) ou não (*caput*).

2.3. A comercialização de produtos não originais

Os tipos penais previstos no art. 184, § 2º, têm na prática como grande público alvo o vendedor de CD e DVD piratas. O imperativo do sistema penal alcança e apanha aquele que revende a reprodução não autorizada de mercado fonográfico, cinematográfico e softwares, principalmente de jogos eletrônicos, ainda que não seja ele o falsificador.

Neste caso a norma proibitiva não exige que o adquirente seja enganado. Aliás é bem ciente o comprador, porque busca com o produto falsificado obter o bem por custos menores que aqueles ofertados nos originais.

Na prática, os autos de prisões em flagrante que chegam ao Judiciário são específicos e exclusivamente de vendedores ambulantes que buscam, por meio deste comércio ilegal, fontes financeiras para sustento pessoal e da família.

A verdade é que o sistema penal, enquanto atento a esta ilicitude, serve de instrumento para perseguir indivíduos que não têm qualificações profissionais para o mercado formal e não dispõe de outros meios de se ganhar a vida (como de resto tem sido noutras modalidades criminosas), senão o comércio informal de bens de consumo.

Relegado a plano nenhum está realidade, o poder punitivo persegue-se o dito infrator como assim definido na conduta proibida. Há uma desproporção entre a suposta violação de bem jurídico – por vezes sequer há identificação do sujeito passivo – com a ação repressora que se estabelece sobre estes comerciantes informais. Dá-se a conduta uma gravidade muito além do que efetivamente é, mesmo afastando-se a análise sob a necessidade de sua criminalização.

O tratamento dispensado ao agente da conduta criminalizada é severo, como se estivesse diante de francas agressões à ordem pública. Pior, como se a venda deste tipo de mercadoria "pirateada" não dependesse de consumidores, que preferem obter o produto falsificado a pagar os preços aviltantes da indústria fonográfica.

Neste aspecto há uma extrema hipocrisia. Afinal, não existe comerciante sem consumidor e aqueles que adquirem não são vítimas ou muito menos praticantes também de alguma conduta ilícita, como se dá, por exemplo, na corrupção que tem duas vias, ativa e passiva.

Os artistas, autores das obras em situação de ilicitude, raramente tomam conhecimento do fato e sequer dispensam interesse concreto nesta perseguição. E não sem motivo. Não existe artista sem ouvinte. Não existe indústria fonográfica sem sucesso de seus contratados. Nisso, por meio de *merchandising* bem elaboradas, os produtores conseguem alavancar verdadeiras fraudes do ponto de vista artístico ou no mínimo de gosto muito duvidoso, e que sobrevive por ínfimo espasmo de tempo, sendo produto efêmero e para descarte rápido, a grande medida de expansão e mesmo do sucesso, deve-se principalmente pela atuação deste mercado informal que acaba por dinamizar a divulgação da obra.

O que se quer afirmar é que, por incrível que possa parecer, a falsificação de CD e outros produtos da indústria fonográfica e cinematográfica, nada mais faz do que fechar um círculo vicioso, no qual todos se postam de bons atores, mas que é extremamente vantajosa do ponto de vista de *marketing*.

Não se proclama, com isso, a atividade ilícita da falsificação e pirataria, porque é um verdadeiro cancro da economia, atingindo, sobretudo, a economia formal e estruturada. Todavia, por outro lado, ninguém se aventura na árdua tarefa de oferecer na rua produtos falsificados com o intento de enriquecer, senão auferir o bastante para própria sobrevivência.

Qual o argumento, então, para pena tão severa para este fato descrito como típico? É, senão, a defesa inconteste da lucratividade dos grandes monopolizadores do mercado fonográfico, em detrimento à dignidade humana daqueles que sobrevivem, a duras penas, com os parcos recursos auferidos com esta mercancia.[7] Mesmo assim, ainda que admitido o intolerável, não se pode imaginar que CD´s falsificados, que servem como *merchandising* e divulgação da obra de seus protagonistas, valham mais que a liberdade humana.

Ao fim, a disseminação do produto não original chega a tal ponto que, muitos que julgam, muitos que prendem, muitos que acusam, muitos que legislam, muitos que governam, muitos que auferem autos rendimentos com suas lícitas atividades econômicas, têm em seus repertórios musicais o "CD e o DVD Genérico". Haja hipocrisia!

2.4. Condutas atípicas

O art. 46 da Lei nº 9.610/2003, descreve uma série de situações em que não se configura ofensa ao direito do autor, como consta, por exemplo, no inciso II: *a reprodução, em um só exemplar de pequenos trechos, para uso privado do copista, desde que feita por este, sem intuito de lucro.* O objetivo é resguardar situações em que não há o expresso interesse em violar, embora seja necessária a utilização, ainda que sem a aquiescência do autor.

Entretanto, fora as situações legalmente previstas, não se podem conceber como ilícitas outras condutas de pequena ou nenhuma relevância ao bem jurídico, como no caso de reprodução fonográfica para uso pessoal. A cópia de uma música, por exemplo. Neste caso haverá ausência de tipicidade material, ante a insignificância da conduta, não merecendo a censura penal.

Fechando a questão, vale registrar a tendência que começa a infundir nos Tribunais:

---

7 Em brilhante voto, o Juiz Substituto em Segundo Grau, Dr. Sival Guerra Pires, do Tribunal de Justiça de Goiás, traz inquietantes indagações:

Cabe examinar, pois, se se mostra compatível com a noção conceitual de Estado Democrático de Direito, a instituição de crime a fim de garantir exclusivamente aos titulares de direito autoral proteção penal nas situações em que a ilicitude do comportamento não viola de modo ***grave*** *bens, interesses ou valores que, embora tutelados pelo ordenamento, não se caracterizam pela essencialidade e não é completamente prejudicial aos titulares dos direitos.*

Noutros termos, o estabelecimento de tipo penal para tutela de interesse econômico ***lucrativo específico****, que envolve benefício* ***não necessário*** *à vida em sociedade e que não é de todo prejudicial, não representa privilégio a uma restrita categoria – os titulares de direitos autorais?*

Evidente que o tipo penal é, ao mesmo tempo, uma garantia à liberdade do cidadão – por retratar literalmente os fatos tidos como crime –, mas também um meio de garantir, por intermédio de suficiente proteção, a tutela de valores relevantes para o convívio social como um todo.

Entretanto, tratando-se de providência extrema, com potencial para interferir na esfera jurídica da liberdade, é discutível se a mesma, na medida em que desproporcionalmente faz preponderar interesses econômicos específicos sobre o direito de ir e vir, atende ao princípio da razoabilidade enquanto mecanismo para garantir, especificamente, a inocorrência ***de venda, depósito e exposição à venda de reproduções desautorizadas de músicas.*** (como no original). (GOIÁS. TJGO. **Ap. 200890953910**. Relator Juiz Substituto em Segundo Grau. Sival Guerra Pires. Julgamento 14/05/2015. http://www.tjgo.jus.br/index.php/consulta-atosjudiciais. Pesquisa em 02/11/2015).

> ***EMENTA**: APELAÇÃO CRIMINAL. VIOLAÇÃO DE DIREITO AUTORAL. TIPO PENAL E O ESTADO DEMOCRÁTICO DE DIREITO. PERTINÊNCIA PARCIAL DA SÚMULA 502, DO STJ, COM DIREITOS AUTORAIS MUSICAIS. **ATIPICIDADE MATERIAL POR RESTRITA LESIVIDADE AO CONVÍVIO SOCIAL, PORQUE PRODUTORA DE CONCOMITANTES EFEITOS BENÉFICOS E MALÉFICOS AOS TITULARES DAQUELES DIREITOS E PELO ANACRONISMO DA PREVISÃO CRIMINAL**. I – Sob uma perspectiva diversa daquelas discorridas nos precedentes que deram origem à Súmula 502, do STJ, que aborda de modo um tanto genérico os direitos autorais, tem-se que, embora ilícitas, as condutas relativas à "venda, exposição à venda (...) e ter em depósito" CD's e DVD's pertinentes, especificamente, à execução musical, importa, de modo concomitante, em efeitos práticos benéficos e maléficos para os titulares daqueles direitos (diverso do que ocorre com outras manifestações artísticas), além de se tratar de comportamento de restrita lesividade social, carecendo, pois, de tipicidade material. II – A facilidade de amplo acesso às mais diversas manifestações musicais pela internet reflete a dimensão anacrônica daquela previsão criminal do art. 184, § 2º, do Código Penal, quanto a direitos autorais referentes à música. APELAÇÃO CONHECIDA E PROVIDA.* (os negritos não são do original).[8]

Essa posição, ainda que incipiente nos tribunais, tem cada vez mais ganhado corpo, acompanhando assim o entendimento prevalecente na doutrina de que, em hipóteses de venda ou comercialização de CD e DVS não originais, a tendência é do reconhecimento da atipicidade material, considerando, na espécie, a pouco (ou nenhuma) lesividade de interesse penal causada.

2.5. Da necessidade da intervenção penal

Ressalvadas as hipóteses de clara evidência de situação em que prevalece o princípio da insignificância, e as críticas em relação a determinadas formas que alcançam exclusivamente apenas um dos integrantes desta rede de ilicitude, justo a extremidade mais frágil, não há como afastar a incidência do direito penal para proteção destes bens jurídicos, porque aqui se está diante de situações em que outras esferas de controle social não alcançam. Não sem motivo. Toda rede que se forma em torno da prática destas condutas é clandestina e não formais, não sendo possível ser atingidas por outros instrumentos repressivos do Estado.

Deverás, não se pode admitir que referida proteção sirva, de modo transverso, de protecionismo ao mercado informal e exploração comercial de produtos deliberadamente, em desprezo ao consumidor e aos autores das obras. No entanto, não se duvida que o alto custo do produto autoral tem contribuído de modo decisivo para que seja pirateado, posto que o original se torna inviável ao consumo de alguns. Não sem motivos a atividade ilícita não deixa de existir e mesmo de se expandir, apesar das medidas repressivas que acabam recaindo apenas sobre alguns poucos, sempre no extremo dessa cadeia de prática ilícita, o vendedor ambulante, cuja atividade encerra o ciclo, não o comércio que continuará vigoroso.

8 GOIÁS. TJGO. **Ap. 200890953910**. Relator Juiz Substituto em Segundo Grau Sival Guerra Pires. Julgamento 14/05/2015. <http://www.tjgo.jus.br/index.php/consulta-atosjudiciais≥. Pesquisa em 02/11/2015.

Um grande passo para reversão pela busca consumerista de produtos pirateados, seria com a redução do preço do produto original. Estas medidas devem partir dos produtores, porém que parece não haver interesse. A regra é simples: quanto menor o preço, maiores as vendas, menores razões haverão para se buscar o produto falsificado, e menor, ainda, as condições de produzir o não original, pela desmotivação de lucro. Ou seja, a melhor forma de combate a qualquer forma de pirataria, é fazer com que as reproduções e explorações não autorizadas da propriedade intelectual não se tornem tentadoras, diante da redução do valor de venda de produtos originais.

2.6. Consumação e tentativa, sujeitos e classificação

Os crimes previstos no art. 184 e seus parágrafos consumam-se com o ato de *violar* mesmo sem um fim específico (*caput*), ou com o objetivo de lucratividade (parágrafos).

Em quaisquer das modalidades é perfeitamente possível a tentativa.

Trata-se de crimes comuns, podendo ter como agente qualquer pessoa. Quanto ao sujeito passivo, em princípio o autor, mas também pode alcançar terceiro se cessionário do direito autoral, ou ainda os herdeiros e sucessores daquele que detém o direito autoral. Ainda, no caso dos conexos, o produtor, o intérprete, o artista, o editor, bem como a pessoa jurídica que assume direitos conexos ao do autor, como analisado anteriormente.

A exceção das condutas *expor a venda* e *ter em depósito* que se projetam no tempo, porquanto *permanentes*, todas as demais são formas instantâneas de crime.

3. AÇÃO PENAL E SUA TITULARIDADE

> **Art. 186** – Procede-se mediante:
>
> I – queixa, nos crimes previstos no *caput* do art. 184;
>
> II – ação penal pública incondicionada, nos crimes previstos nos §§ 1º e 2ºdo art. 184;
>
> III – ação penal pública incondicionada, nos crimes cometidos em desfavor de entidades de direito público, autarquia, empresa pública, sociedade de economia mista ou fundação instituída pelo Poder Público;
>
> IV – ação penal pública condicionada à representação, nos crimes previstos no § 3º do art. 184.

O Código Penal, na parte Geral, precisamente no art. 100, estabelece que a ação penal em regra é sempre *pública incondicionada*, significando que seu titular é o Ministério Público e que não dependerá de ninguém ingresso desta ação.

Assim, não há necessidade de explicação desta condição para todo tipo penal, bastando fazê-lo nas exceções. Quando se tratar de *ação penal pública condicionada*, onde embora sendo titular o Ministério Público, não poderá ajuizá-la se não dispuser de manifestação de vontade da vítima (representação) ou do Ministro da Justiça (requisição). No caso de *ação penal privada* a advertência legal é que somente se *processará mediante queixa*, isto é, apenas a vítima ou seu representante legal possuem legitimidade para o exercício do direito de ação.

Assim, o que se nota é que o legislador laborou em excesso neste preceito normativo. Bastava ter tratado das exceções, o que faz desprezível ao menos a hipótese do inciso II, vez que aqui se insere na regra geral. Quanto ao inciso III, onde a ação também é de natureza pública incondicionada, para os casos em que *entidades de direito público, autarquia, empresa pública, sociedade de economia mista ou fundação instituída pelo Poder Público* sejam vítimas, deveria tê-lo feito quando tratou das exceções, deixando claros que estes entes não se acomodariam nestas exclusões.

Destarte, ponderadas sobre tais questões, tem-se o resumo da natureza e titularidade das ações: a) *ação penal privada*: para o art. 184, *caput* (como regra); b) *ação penal pública condicionada à representação*: na hipótese do § 3º (como regra); c) *ação penal pública incondicionada*: nas figuras dos §§ 1º e 2º e nas demais figuras quando for vítima entidades de direito público, autarquia, empresa pública, sociedade de economia mista ou fundação instituída pelo Poder Público.

REFERÊNCIAS BIBLIOGRÁFICAS

BITENCOURT, Cezar Roberto. **Código Penal Comentado**. São Paulo: Saraiva, 2002.

______. Cezar Roberto. **Tratado de Direito Penal:** Parte Especial. Vol. 3. São Paulo: Saraiva, 2009.

DELMANTO, Celso e outros. **Código Penal Comentado**. 4ª edição. Rio de Janeiro: Renovar, 1998.

GOIÁS. TJGO. **Ap. 200890953910**. Relator Juiz Substituto em Segundo Grau Sival Guerra Pires. Julgamento 14/05/2015. <http://www.tjgo.jus.br/index.php/consulta-atosjudiciais>. Pesquisa em 02/11/2015.

GONÇALVES, Victor Eduardo Rios. **Direito Penal Esquematizado**. Parte Especial. São Paulo: Saraiva, 2011.

JESUS, Damásio E. de. **Direito Penal:** Parte Geral. Vol. 1. 23 edição. São Paulo: Saraiva, 1999.

MIRABETE, Julio Fabbrini. **Manual de Direito Penal**: Parte Especial. Arts. 121 a 234. Vol. 2. 16ª edição. São Paulo: Atlas, 2000.

NUCCI, Guilherme de Souza. **Código Penal Comentado**. 2ª edição. São Paulo: RT, 2002.

TELES, Ney Moura. **Direito Penal:** Parte Especial. Arts. 121 a 212. Vol. 2. 2ª edição. São Paulo: Atlas, 2006.

TÍTULO IV – DOS CRIMES CONTRA A ORGANIZAÇÃO DO TRABALHO

CAPÍTULO 1 - INTRODUÇÃO

DENIVAL FRANCISCO DA SILVA

1. A DEPENDÊNCIA E OS CONFLITOS ENTRE CAPITAL E TRABALHO

As dicotomias entre capital e trabalho existem desde a cisão dos meios de produção entre patrões e empregados. O apossamento dos mecanismos de produção em mãos de uns e a necessidade de venda da força de trabalho por outros, sempre gerou relações não muito amistosas, ainda que isso tenha consistido num passo bem à frente da situação anterior de permissibilidade da exploração do trabalho escravo, prática advinda das antigas civilizações.

A submissão do outro ao trabalho forçado chegava a tal ponto que o escravo perdia a própria condição humana, então considerada como uma coisa (*res*) integrante do acervo patrimonial de seu dono.

A preocupação com as liberdades humanas assume de vez repercussão política e jurídica a partir do século XVIII, com o iluminismo e seu marco na Revolução Francesa em 1789. A revolução industrial ascendeu ainda mais esta relação atribulada entre os detentores dos instrumentos de produção e a força de trabalho. As questões relativas à exploração do trabalhador, com imposição de cargas pesadas, com a extensão das horas trabalhadas e exigência de esforços humanos até seu esgotamento, tudo sob extrema vigilância e rigor, fez eclodir manifestações de massa de trabalhadores reivindicando condições mais humanas. Este processo teve grande importância a partir dos movimentos grevistas na Bélgica, em 1830, avançando com as Constituições com destaque aos valores sociais, do México em 1908 e da Alemanha em 1919, bem ainda, e anteriormente, com a *Encíclica Rerum Novarum*, do Papa Leão XIII, em 1891.

Todos estes movimentos reforçaram a ideia de que a liberdade de trabalho se insere dentre os direitos fundamentais, surgindo a necessidade de sua proteção. Desde então, o direito a não escravidão, insere-se entre os direitos humanos de 1ª geração (ou dimensão) e, ao lado da dignidade humana, embora integrante dela, são os únicos valores fundamentais absolutos.

A Declaração dos Direitos Humanos em 1948, e a criação da OIT (Organização Internacional do Trabalho), agência da ONU (Organização das Nações Unidas), reafirmaram a essência dos direitos sociais, dando efetiva importância à proteção do trabalho, como exercício livre de atividade laboral humana.

No Brasil a legislação trabalhista ganhou destaque na década de 1940, com o governo de Vargas, considerado o pai dos trabalhadores, por ter editado regramento beneficiando a classe trabalhadora e que embora tenha trazido bastantes inovações, ao invés de nominar como código (nova legislação sobre a matéria), a denominou de Consolidação das Leis Trabalhistas (CLT), como se fosse apenas um trabalho de composição das diversas legislações esparsas sobre o tema e que precisavam ser condensadas. Esta artimanha política permitiu que não fossem percebidas novidades, evitando movimento de resistência por parte dos empregadores. O fato é que referida legislação ainda é o texto básico da legislação trabalhista brasileira, apesar das modificações neste curso, sobretudo com o advento da Constituição de 1988.

Há de se ressaltar, todavia, que em virtude da ascendência neoliberal, os avanços tecnológicos e a modernização de equipamentos, com a substituição maciça de mão de obra, sobretudo a partir deste século, as relações empregatícias tomaram novos rumos, com enorme queda de poder de pressão dos trabalhadores, até mesmo pelo enfraquecimento dos sindicatos e da capacidade de reivindicação associativa.

Concomitante à tarefa consolidadora era preciso dar proteção penal à organização do trabalho, como atividade que deve ser exercida livremente. A simultaneidade com a legislação trabalhista propiciou que o Código Penal, tratasse com relevo o tema da proteção à liberdade do exercício laboral, reservando o Título IV, da Parte Especial, que em 10 artigos aborda os Crimes contra a Organização do Trabalho.

Porém, considerando a época da edição da Parte Especial do Código Penal (1940), é inegável considerar o distanciamento entre a real necessidade de proteção das relações de trabalho, com os interesses das partes então envolvidas nos vínculos trabalhistas do momento. A legislação é produto do parlamento, pela tarefa de seus membros. Neste sentido, é mais que sabido que os vícios da representação política, posto que nunca significa a representatividade correspondente aos contingentes dos diversos segmentos sociais. Pode-se imaginar que essa relação na década de 1940, com o jogo político dos feudos eleitorais, diante da visão patriarcal e em decorrência do poder dos "coronéis" (verdadeiros senhores mandatários), era completamente nula, posto que a casa legislativa era formada exclusivamente por patrões.

No entanto, foi esse legislativo que editou esse capítulo do Código Penal e que, mesmo decorrido mais de meio século, e superadas algumas Constituições – promulgada, outorgada, promulgada – continua intocável. Isso demonstra, com clarividência, a pouca ou quase nenhuma eficácia das disposições penais quanto a esse tema, porque nunca, efetivamente, incomodou maus empregadores.

2. O TRABALHO NA PERSPECTIVA DA CONSTITUIÇÃO FEDERAL DE 1988

Constituição Federal de 1988 aborda o valor trabalho sobre diversas perspectivas, não se limitando a ideia imediata que surge da exclusiva relação empregatícia entre quem detém os meios de produção com aquele que dispõe da força laborativa. Logo no art. 1°, IV, inseriu *os valores sociais do trabalho*, juntamente com *a livre iniciativa*, como um dos fundamentos da República Federativa do Brasil e do Estado Democrático de Direito. Este fato tem grande relevância, porque destaca de início o viés social do tema, em prevalência aos interesses econômicos que dele decorre.

Sobre a essencialidade do trabalho como um direito social, a Constituição Federal resguarda sua proteção no art. 6º, fazendo-o inserir no rol das prestações positivas que devem ser asseguradas pelo Estado direta e indiretamente, de modo a proporcionar melhoria das condições de vida aos mais necessitados socialmente.

De modo específico, e ainda como tema de direito social, a Constituição Federal enfatiza nos seus arts. 7º a 11 um conjunto de princípios e regras sobre os quais é erigido um sistema de proteção dos direitos dos trabalhadores brasileiros. Em relação a isto o texto constitucional merece certa crítica por ter se envolvido com minudências dos direitos trabalhistas, matéria que haveria de ser reservada para a legislação infraconstitucional. Conquanto, o jogo político que se formou na constituinte e a preocupação em conquistar e preservar direitos da classe trabalhadora exigiu, naquele momento, que fossem descritos os direitos assegurados aos trabalhadores.

Complementando a atribuição social do trabalho, a Constituição volta a repercutir o tema com total ênfase no Título VIII que trata detidamente Da Ordem Social. Sob este contexto o art. 193 destaca: *A ordem social tem como base o primado do trabalho, e como objeto o bem estar e a justiça sociais.*

Ainda como faceta protetiva do bem jurídico trabalho, a Constituição Federal ressalva sua valorização como um dos fins perseguidos pela Ordem Econômica, como assinala o seu art. 170 da Constituição.

Depois de mais de 27 anos da promulgação da Constituição de 1988, e decorridos mais de 12 anos de impasse no Congresso para modificação do art. 243 do seu texto, finalmente foi aprovada a Emenda Constitucional 81/2014, que inseriu entre as causas de expropriação da propriedade privada, incluindo rural e urbana, a constatação de que fora utilizada para fins de exploração de trabalho escravo. Com essa modificação, ficou assim a redação do referido artigo:

Art. 243. As propriedades rurais e urbanas de qualquer região do País onde forem localizadas culturas ilegais de plantas psicotrópicas ou a exploração de trabalho escravo na forma da lei serão expropriadas e destinadas à reforma agrária e a programas de habitação popular, sem qualquer indenização ao proprietário e sem prejuízo de outras sanções previstas em lei, observado, no que couber, o disposto no art. 5º. [1]

Essa modificação constitucional, se efetivada, será um passo decisivo no combate ao trabalho escravo, com eficiência e resultados muito mais promissores que as soluções até então dadas. Com isso, soma-se às medidas sancionatórias que já constavam na legislação, nas esferas trabalhistas, administrativas e penais.

1 BRASIL. **Constituição Federal**. (Redação dada pela Emenda Constitucional nº 81, de 2014). <http://www.planalto.gov.br/ccivil_03/Constituicao/Constituicao.htm>. Pesquisa em 10/11/2015.

É, portanto, nesta perspectiva constitucional, corroborado pelos instrumentos internacionais sobre o assunto, sobretudo expedidos pela OIT – Organização Internacional do Trabalho – que deve ser analisado o tema da liberdade do exercício laboral, como bem jurídico a ser preservado pelo Direito Penal.

3. DA PROTEÇÃO À LIBERDADE DE TRABALHO NO CÓDIGO PENAL

Os crimes previstos no Título IV, da Parte Especial do Código Penal, que trata Dos Crimes Contra a Organização do Trabalho (arts. 197/207), sofreram pequenas modificações neste decurso de tempo desde a edição do Decreto-Lei 2.848, de 07/12/1940 (Código Penal), não obstante a sociedade tenha enfrentado consideráveis mudanças neste mais de meio século de história, inclusive nas relações entre forças de trabalho e meios de produção.

Os vínculos trabalhistas, a concepção entre capital e trabalho e a própria definição de bem jurídico protegido, sofreram profundas modificações, não representando mais os propósitos da primeira metade do século XX. A atividade produtiva era restrita aos meios de produção internos e basicamente cindia ao esforço físico do trabalhador. A preocupação com os fatores econômicos da atividade produtiva era o motivador para a proteção penal, tanto que o título destaca a "Organização do Trabalho", a despeito de o bem jurídico "liberdade do trabalho", envolvendo *a dignidade, a liberdade, segurança e higiene do trabalho, valores históricos dos trabalhadores assalariados.*[2]

Naquele instante não se tinha a dimensão social do trabalho que se denota no atual texto constitucional e, embora os tipos penais resguardem a liberdade de escolha quanto ao exercício da atividade laborativa, cominando sanções a quem a ele se interponha, o foco de proteção era de modo velado o valor econômico desta atividade – e por isso não poderia ser interrompida – do que propriamente com a dimensão social de sua prestação e de quem o exercita. É preciso, portanto, fazer uma releitura deste bem jurídico, adequando-o aos valores jurídicos e políticos da atualidade, voltados à proteção do trabalho como valor social e parcela da dignidade do trabalhador, como quis o constituinte de 1988.

Trata-se de adequação da norma à disposição constitucional. Diríamos até que se trata de atentar para as descrições típicas, a despeito do título que tem centrado o olhar do intérprete. Não é necessário redimensionar as tipificações penais, mas apenas dar-lhe efetivo sentido, enquanto normas reservadas à preservação de o bem jurídico liberdade de trabalho, adrede a amplitude do valor liberdade.

Não se trata, ao contrário, de buscar uma interpretação extensiva, com o intuito de ampliar o conteúdo dos tipos penais de modo a censurar condutas não ditas expressamente na lei, o que, aliás, é vedado, mas precisar a leitura frente ao próprio ao princípio da reserva legal (arts. 5º, XXXIX da CF e 1º do CP), porque todos os elementos dos tipos estão dispostos, bastando mudar o foco quanto a compreensão explícita

---

2 ARAÚJO Jr., João Marcelo. **Dos crimes contra a ordem econômica**. São Paulo: RT, 1995. p. 191.

de seus objetos: *atentado contra a liberdade de trabalho (arts. 197, 203, 206 e 207), de contrato de trabalho (art. 198), de associação (arts. 199, 200, 201, 202).*

Nestes elementos se é possível, plenamente, enaltecer a liberdade do exercício laboral como bem máximo tutelado, porque há interesse público quanto a sua preservação. Trata-se de parcela evidente do *princípio fundamental liberdade* e por consequência da própria dignidade humana, valor absoluto e eixo vetor de toda ordem jurídica e política brasileira. Significa dizer que a reserva penal estatuída nestes tipos, ainda que um único indivíduo seja diretamente atingido, transcende ao enfoque individual do trabalhador como vítima destas figuras típicas, porque há interesse coletivo quanto à garantia dos princípios da liberdade e, sobretudo, da dignidade humana.

Por último, cabe enfatizar, que em se tratando de relações empregatícias, não há nada mais desprezível do que a exploração da mão-de-obra alheia, com a submissão do elo frágil dessa relação, o trabalhador, à situação de puro aviltamento e indignidade, sujeitando-o à condição quase (senão própria) de escravo.

Curioso que, em se tratando de Organização de Trabalho não tem nada mais pontual e merecedor de intervenção penal do que atitude desta natureza. No entanto, embora a conduta seja tipificada, o legislador penal a inseriu com o *nomem iuris* de "*redução a condição análoga à de escravo*", no Título I, Dos Crimes contra a Pessoa, em seu Capítulo IV, que trata dos Crimes Contra a Liberdade Individual, especificamente no art. 149.

Não há dúvida alguma que a escravidão (ou sua forma análoga, como prefere o legislador) é forma latente de subversão da liberdade individual, pela simples razão de sujeição do indivíduo a trabalhar sob condições vis, degradantes, em decorrência de pressões físicas, morais e econômicas de alguém em relação àquele que tem que dispor sob coerção de sua força laboral. Alguns autores chegam a afirmar que existem apenas dois valores absolutos no plano dos direitos constitucionalmente assegurados. A *dignidade humana*[3], que serve de parâmetro para ponderação de todos os demais, e, o impedimento da *sujeição de outrem à situação de escravidão.*

Talvez reste, de fato, apenas esta última hipótese, porque diante de um conflito de princípios constitucionais, por mais que se tenha a dignidade humana como critério para ponderar, em alguma medida a dignidade alheia será afetada. Basta imaginar que a própria segregação de liberdade, pela prisão, é motivo de ofensa a liberdade individual e, por mais que seja dado ao Estado o poder de punir, sempre haverá, indubitavelmente, uma parcela de indignidade ao submetido a essa forma de intervenção estatal.

---

3 O Ministro Celso de Melo, traduzindo a importância da dignidade humana como eixo central de toda ordem jurídica e política de inspiração democrática, denomina-a como [...] *verdadeiro valor-fonte que conforma e inspira todo o ordenamento constitucional vigente em nosso País e que traduz, de modo expressivo, um dos fundamentos em que se assenta, entre nós, a ordem republicana e democrática consagrada pelo sistema de direito constitucional positivo.* (BRASIL. STF. **HC 85.237**. Rel. Min. Celso de Melo. j. 17/03/05. DJ 29/04/05).

Noutra via, a não-escravidão é direito absoluto e que, de modo algum, poderá ser relativizado. Ninguém deve ser subjugado a qualquer forma de trabalho forçado, contra sua vontade, sob condições aviltantes e indignas (veja que a dignidade é atributo inerente ao indivíduo e que estará afetada sempre que se pretenda submeter o indivíduo a trabalhos forçados ou em condições degradantes). Porquanto, não existe situação alguma em que se possa ponderar em desfavor da imposição forçada de trabalho ao indivíduo.

Justo por isso, qualquer forma de ofensa à liberdade individual, quanto ao exercício de atividade laboral, quer pela imposição de trabalhos forçados, e/ou com a supressão de direitos básicos inerentes nessa imposição de trabalho, estará diante de ofensa que transcende à pessoa do indivíduo, posto que se trata de uma agressão ao ente humano, pelo aviltamento da dignidade e de todos os aspectos de civilidade e sociabilidade que devem nutrir as relações humanas. Visto assim, a dimensão e impacto ofensivo da conduta é ainda mais aguda, pois afeta o coletivo pela agressão ao pacto humanitário que deve existir entre todos nós.

Por tais motivos, o crime de *redução a condição análoga à de escravo* deveria ter sido alojado neste Capítulo dos Crimes Contra a Organização do Trabalho, porque diz respeito às relações de trabalho como um todo, cuja ofensa atinge todos os trabalhadores.

4. AS RELAÇÕES DE TRABALHO NO SÉCULO XXI: AS NOVAS FORMAS DE ESCRAVIDÃO

A escravidão dos dias atuais não perdeu a velha forma de modelos exploratórios e indignos. Embora não exista mais os grilhões, correntes, os chicotes golpeados pelos feitores, muitas das relações empregatícias utilizam outras formas de pressão e coerção ao trabalhador, fazendo deles meras mercadorias de trabalho como no período escravagista.

Mesmo assim, e ainda que em menor escala, persistem as formas de escravidão reconhecidas daqueles tempos sombrios e deploráveis, com a submissão de seres humanos a condições aviltantes e indignas. No mundo de redução de força trabalho braçal e que a cada dia exige maior qualificação, somado ao êxodo de refugiados – no Brasil se destaca imigrantes que saíram de seus países sem nenhuma planejamento para viver no exterior, por questões políticas ou em razão do caos social e econômico, ou ainda na perspectiva de uma vida melhor, inclusive de países latinos e vizinhos, como venezuelanos, haitianos e bolivianos – faz com que haja uma enorme massa de trabalhadores não qualificados, tecnicamente ou civilmente (porque estrangeiros sem entrada formal), e que se tornam presas fáceis para a exploração em atividades laborais insalubres e verdadeiramente escravocratas.

É triste reconhecer que o Brasil, depois de um período auspicioso na questão do combate ao trabalho escravo, na primeira década deste século, reconhecidamente pela OIT, não manteve um compromisso com este propósito, tendo, inclusive, retrocedido em alguns aspectos. Somada a mudança de paradigmas, e em decorrência delas, as reformas trabalhistas recentes, aliados a novos métodos de "relações empregatícias", camufladas em atividades autônomas e empreendedorismo, tem gerando novas formas de escravidão, ainda não reconhecidas oficialmente.

Diante deste quadro, é incrível constatar que em pleno século XXI práticas bizarras de submissão de pessoas a trabalhos forçados, em situações degradantes não deixaram de existir. O escravo atual não é mais buscado sob chibata, muitos se apresentam ao explorador na vã esperança de um emprego descente, quando veem na armadilha de verdadeiros aprisionamentos sem celas (por vezes até mesmo com celas). As formas antigas do açoite, do terror e punição (também por vezes ainda utilizados), se aliaram a intimidação com a retenção de meios de fuga e sobrevivência, com o receio do denuncismo, da perda de vínculos definitivos com familiares, e na própria esperança de mudança do quadro caótico em que se encontra.

Agregue a tais fatores, as relações de emprego deterioram numa velocidade abissal, nesta segunda década de 2000. Os sindicatos foram perdendo forças na mesma medida que as antigas atividades agregadoras de mão de obra qualificadas foram sendo esvaziadas pelo processo de modernização. As linhas de produção das indústrias – sobretudo automobilística, e toda rede acessória que a acompanha – já não empregam como antes e, ainda assim, podem migrar facilmente para locais onde o valor da mão de obra seja menos oneroso, e onde haja incentivos fiscais alvissareiros. O mesmo acontece com a prestação de serviços em geral, minguadas sobremaneira pelas novas tecnologias, que fazem reduzida a necessidade de força humana. Para se ter um exemplo claro dessa situação, basta imaginar a atividade laboral em instituições bancárias. Nos dias atuais, com as novas tecnologias, os próprios clientes de bancos realizam quase todas as operações que envolvam seus interesses, a partir de um equipamento eletrônico com acesso à internet, mesmo um aparelho telefônico, dispensando-se muito da tarefa que antes era dada a um empregado da instituição.

Alguns dirão que na verdade os avanços tecnológicos propiciaram uma migração dos serviços e até de profissões. De fato, o processo histórico e social é dinâmico e novas atividades vão surgindo. Porém, as novas tecnologias não reduzem a necessidade da presença humana para desempenho de muitas tarefas, como, para aquelas que restam se exigem cada vez mais qualificação, o que reflete duplamente no quantitativo de mão de obra. Essa equação não fecha, porque não há oferta de vagas para toda massa de pessoas que dependem e vivem da venda de sua força de trabalho.

Mesmo assim, quando a mão de obra poderia ser um empecilho – um pequeno e possível redutor de ganhos ao patronato – com a globalização não se tem mais barreiras para migrar coisas e empreendimentos, permitindo-se a transferência de plataformas de produção para outros territórios, onde as relações de empregos sejam mais deploráveis. Por outro lado, os avanços tecnológicos e a automatização, ao reduzir boa parte dessa mão de obra, quando não houve mais como glosar, terceirizou serviços retirando do epicentro das linhas de produções a ebulição dos movimentos de trabalhadores, fazendo da força de trabalho – como sempre – apenas mais um produto de fácil substituição. Com isso, como o terceirizado não tem vínculos direto com o dono do negócio, ao qual basta determinar ao seu prestador – empregador terceirizado – que substitua a mão de obra indesejada, de tal modo que, mesmo se quisesse, não poderia mais interferir de modo decisivo no processo produtivo, ainda que de forma legalmente prevista, pelo instituto da greve.

Outro fator determinante e decorrente de tudo isso, é o surgimento de outras formas de trabalho e que responde por diversos nomes, todos sob o disfarce de empreendedorismo e modernidade. Atende bem aos interesses do grande capital, no modelo mais pujante neoliberal, assacando as liberdades individuais e suprimindo direitos sociais. Trata de fenômeno global, que sob o manto da modernização das atividades, transfere ao trabalhador a ilusão de empreendedor ou colaborador, rompendo ou precarizando o vínculo de trabalho.

Modelos dessa nova tendência atende pelo neologismo da "*ifoodização*"[4], do trabalhador sem patrão, sem direitos trabalhistas, sem previdência e assistência social, sem cartão de ponto, mas com toda a responsabilidade e todos os riscos da atividade, vendendo a ilusão a esse novo "empregado" de que agora é também um empreendedor[5]. Pode ainda ser chamado de "uberização"[6], com iguais riscos do negócio ao "empreendedor", intermediado por uma empresa que não assegura vínculo empregatício,

4 O termo "ifoodização" é um neologismo para se referir ao trabalho de entregadores delivery que se esparramou pelo mundo. Advém da adjetivação do nome da empresa "*Ifood*", não por ter sido a primeira (provavelmente), mas por ser aquela mais conhecida, ao menos, no cenário nacional.

5 A justiça espanhola, em maio de 2019, por órgão equivalente aos da Justiça do Trabalho no Brasil – *Juzgado de lo Social*, em Madrid – em decisão histórica, reconheceu que a tarefa dos entregadores, vinculados a empresa de entregas *delivery*, não são autônomos, mas verdadeiramente assalariados. Isso porque, dependem destas empresas para prestação de seus serviços e o fazem sob suas condições e determinações. (Vide: ***La Justicia declara que los 'riders' de Deliveroo son trabajadores asalariados y no autónomos.*** *El Juzgado de lo Social número 19 de Madrid da la razón a la Seguridad Social e interpreta que los repartidores dependían de la empresa para desarrollar sus funciones.* Disponível em: <https://www.publico.es/sociedad/falsos-autonomos-justicia-declara-riders-deliveroo-son-trabajadores-asalariados-no-autonomos.html>. Acesso em 10 dez 2019.)

No Brasil, também já houve reconhecimento de vínculos trabalhistas entre o prestador e a empresa do aplicativo dos serviços oferecidos, como "ifood" e "uber" (*v.g.:* GAZETAWEB.COM/NOTÍCIAS. Por Thiago Gomes. **Juiz de AL reconhece vínculo empregatício de entregador de comida por aplicativo:** Sentença inédita no Estado determinou pagamento de indenização a motoboy. **Portal Gazetaweb.com**. Matéria atualizada em 09/12/2019. Disponível em: <https://gazetaweb.globo.com/portal/noticia/2019/12/juiz-de-al-reconhece-vinculo-empregaticio-de-entregador-de-comida-por-aplicativo_92317.php>. Acesso em 15 dez 2019; REVISTA EXAME. **Justiça reconhece vínculo empregatício entre motorista e Uber**: A Uber foi condenada a assinar a carteira de trabalho do motorista e vai ter que pagar horas extras, adicional noturno, multa e verbas rescisórias. Por Camila Pati. Portal Editora Abril/Exame. Disponível em: <https://exame.abril.com.br/carreira/justica-reconhece-vinculo-empregaticio-entre-motorista-e-uber/>. Publicado em 14 fev 2017. Acesso em 15 dez 2019.*)*, no entanto estas decisões não são mantidas em instâncias superiores, sendo todos, até então, reformadas, por entender os tribunais a inexistência de vínculos empregatícios nestas relações.

6 Assim como "ifoodização", "uberização" também decorre desse fenômeno global de precarização da atividade laboral. De igual modo, o termo faz referência à empresa "Uber", e que, igualmente, possui enorme expressividade diante do público no seu ramo de atividade, com serviço de transporte de passageiros contrato por aplicativo de celular e que é, então, prestado por credenciados que viabiliza

que não tem rosto, que ninguém vê ou sabe onde fica, que não paga tributos e avança sobre mercados de profissionais regulares, como taxistas.[7] Nestas atividades, o "empreendedor" (trabalhador) tem que se comprometer com uma carga horária exaustiva, com trabalho noturno, sem finais de semana e feriados, porque seus rendimentos dependem exclusivamente do seu "empenho".

Mesmo no formato tradicional de emprego fixo, com vínculo trabalhista, muitos já se viram inseridos no modelo de suposta independência e autonomia. São os chamados *home office*, essa nova forma de romper vínculos diretos com o empregador, mas que, todavia, mantém o empregado (funcionário) manipulado à distância, e sob maior pressão. Não interessa a pessoa, o rosto, interessa produção. Nesta relação, o empregado supõe dono de suas ações, sem chefia, sem comando, porém a realidade não é bem esta. Embora pense possuir mais autonomia e liberdade, vive preso nas amarras da relação empregatícia, com redução de custos ao empregador, mas com perda de referências pessoais e grupal, com assunção de maiores responsabilidades e comprometimento da sua vida pessoal. Isso tudo se dá pela *perda do espaço geográfico* e da *noção temporal*, como, sobretudo, pela *interferência na privacidade* e na *sociabilidade familiar*, e rompimento do elo associativo e colaborativo *com outros colegas de ofício*.

Ao tempo que a implementação do *home office* permite que o trabalhador saia da repartição, do departamento, da seção, da empresa, do espaço comercial, enfim, o faz encastelar na própria residência, acabando por provocar uma confusão entre o exercício da atividade profissional com a vida íntima e privada. A ausência de um ambiente físico definido não o desobriga de compromissos, ao contrário, o faz mais comprometido, porque se vê o tempo todo atrelado a um computador portátil ou ao

---

toda a atividade, inclusive dispondo do seu próprio veículo, tendo que pagar percentagens de suas corridas à empresa que, por sua vez, teoricamente, não assume risco algum.

7 Para melhor compreensão do termo e do tema, merece destaque a entrevista da Dra. Ludmila Costhek Abílio, da qual se reproduz aqui alguns trechos: *A uberização do trabalho se refere a uma série de transformações do trabalho, que em realidade estão em curso há décadas. A empresa Uber deu visibilidade a uma nova forma de organização, controle e gerenciamento do trabalho, que está assentada nestes processos. [...] a questão da eliminação do vínculo empregatício. O trabalhador é um nanoempreendedor, e a empresa não é uma empregadora, mas uma parceira, não há qualquer tipo de contrato de trabalho, nem mesmo de prestação de serviços. Este trabalhador passa a ser definido como um microempreendedor, que tem liberdade sobre seu próprio trabalho, que não tem patrão, que administra sua própria vida para sobreviver. Um trabalhador que arca ele próprio com os riscos, com uma série de custos, e não conta com os direitos que vinham associados à exploração de seu trabalho. [...] Há muito tempo o trabalhador foi, no discurso do mercado, transformado em "colaborador". A uberização parece consolidar esta perspectiva, que, em realidade, é mais uma forma de obscurecer a exploração e tornar ainda mais precária a condição do trabalhador. [...] esta transformação não é meramente discursiva. É como se a flexibilização finalmente chegasse ao resultado almejado que está em processo há décadas: o de transformar o trabalhador em trabalhador just-in-time, ou seja, um trabalhador disponível ao trabalho e que pode ser utilizado na exata medida das demandas do capital.* (IHU - Instituto Humanitas Unisinos. **Uberização traz ao debate a relação entre precarização do trabalho e tecnologia.** Revista do Instituto Humanitas Unisinos. IHU *On-Line*. Edição 503, de 24 abr 2017. Reportagem de Ricardo Machado. Entrevistada Dra. Ludmila Costhek Abílio. Disponível em: <http://www.ihuonline.unisinos.br/artigo/6826-uberizacao-traz-ao-debate-a-relacao-entre-precarizacao-do-trabalho-e-tecnologia>. Acesso em 15 dez 2019.)

smartfone que o autoriza a um contato direto e permanente com a atividade laboral. Por mais que seja identificado como um *home worker*, sem uma boa dose de autodisciplina, acaba por exercer sua tarefa em qualquer *tempo* e *localidade*, inclusive nos ambientes e momentos mais íntimos e privados. Isso provoca a perda de relações sociais e comprometimento dos vínculos familiares, impondo sacrifícios de sociabilidade a si e a estas pessoas que lhe são próximas.

O *home worker* se vê quase sempre numa encruzilhada e pressão, não só pela necessidade de maior desempenho, como, ao misturar as tarefas como empregado de um determinado empregador e aquelas domésticas (aqui incluídas, inclusive, o momento de atenção a eventuais filhos ou outros familiares), tende a não render suficientemente, o que demanda maior tempo para execução das primeiras. Por vezes, quando se permite e se é possível, tem que se ocupar das obrigações de seu vínculo trabalhista em momentos mais inadequados, como no momento de *relax* de outros familiares, em altas horas da noite, em finais de semana e feriados, em momentos, por vezes, até mesmo de enfermidade.

Essa forma de desempenho de tarefas pelo *home office* traz, também, um reflexo negativo no que tange às relações *colaborativas* e *associativas* entre os colegas da unidade empregadora. Isso enfraquece as relações de sociabilidade entre os trabalhadores e a perda da força grupal em reivindicações comuns. É forma moderna de alienação, de ausência do coletivo, de interrelação com outros colegas, da supressão de direitos e conquistas trabalhistas.

Por derradeiro, a confiança do empregador no desempenho do empregado, mesmo à distância, não vem carreada de liberdade, mas promove a transferência de responsabilidades e compromissos que não são próprios do empregado e que, na situação, se sente senhor de si e, por isso, tem que dar conta das tarefas que lhes são impostas. Tudo isso propicia uma confusão da vida funcional com a vida privada, provocando a mistura de tarefas pessoais com as atividades empregatícias que invade o domicílio, o horário de lazer, o convívio com pessoas queridas, os fins de semana e feriados, a localidade e a própria paz pessoal, porque se vê escravizada pela obrigação de ter que apresentar resultados, independentemente das circunstâncias.

Enfim, não há como tratar de Organização do Trabalho nos dias atuais, inclusive para se pensar na necessidade de se estabelecer novas formas de proteção, se necessário pela via penal, sem refletir sobre essas novas modalidades de prestação de serviços. São modelos, alguns deles sem regulação como atividade laboral (no caso da "*ifoodização*" e "*uberização*"), que dão a falsa sensação ao "empregado" de deter o poder de decidir o momento certo para desempenho das tarefas do trabalho remunerado – que em regra passam a ser em escala maior do que quando desempenhada no espaço do empregador, sob o falso argumento de que é mais prático e facilitador – , mas, no fundo, quer e exige dele maior dedicação e tempo, fazendo-o cumprir carga horária muito além daquela que lhe seria exigida anteriormente, sem intervalos e sem extras, para conseguir rendimentos compatíveis a um vínculo normal. Nestas atividades, o fato de estar parado é perder para o "concorrente", neste caso alguém em igual condição e que antes era um colega, um aliado em iguais interesses e reivindicações.

5.INTERVENÇÃO PENAL PARA PROTEÇÃO DOS BENS JURÍDICOS TUTELADOS AOS CRIMES CONTRA A ORGANIZAÇÃO DO TRABALHO

O bem jurídico tutelado nos Crimes Contra a Organização do Trabalho não é o trabalhador individual, mas o coletivo, posto que visa proteger as relações de laborais, preservando a estreita harmonia dos interesses empregatícios, em favor do empregador e do empregado.

Sobre os aspectos desta proteção e os nuances jurídicos penais sob os institutos criminalizados é o que trataremos a seguir.

5.1. Incidência do princípio da insignificância sobre os Crimes Contra a Organização do Trabalho

O primeiro aspecto a ser analisado neste tópico é quanto à possibilidade da incidência ou não do princípio da insignificância nos crimes previstos neste capítulo. Este princípio, não expresso em lei, é acolhido plenamente pela doutrina e jurisprudência, a fim de excluir a tipicidade material de determinada conduta que, embora formalmente descrita, na situação concreta não haveria necessidade da intervenção penal ante a mínima ofensividade causada.

Não é pela pena cominada ao tipo penal em abstrato que se afasta a tipicidade. Este parâmetro corrobora a análise, mas não é decisivo, posto que, se assim o fosse, estaria afetando à própria descrição formal, esvaziando toda discussão.

Sob este olhar, os tipos penais descritos neste Título VI, trazem como padrão penas privativas de liberdade com máximo de 2 anos, ressalvadas as hipóteses dos arts. 202 (Invasão de estabelecimento industrial, comercial ou agrícola. Sabotagem) e 207 (Aliciamento de trabalhadores de um local para outro do território nacional) para os quais o teto é de 3 anos – este último em razão da correção produzida pela Lei 9.777/1998 – e, na situação de aumento de pena prevista no art. 203, § 2º, que faz extrapolar a pena máxima para mais de 2 anos.

Deduzidas estas hipóteses, os demais crimes são da competência dos juizados especiais criminais, por serem infrações penais de menor potencial ofensivo, consoante define a Lei 9.099/1995:

> *Art. 61. Consideram-se infrações penais de menor potencial ofensivo, para os efeitos desta Lei, as contravenções penais e os crimes a que a lei comine pena máxima não superior a 2 (dois) anos, cumulada ou não com multa).*

Assim, se o parâmetro da sanção cominada abstratamente fosse o referencial para se afirmar que para determinado tipo penal se aplica ou não o princípio da insignificância, a política criminal adequada deveria ser a descriminalização, tarefa exclusiva do legislador. Sem adentrar na discussão quanto a possibilidade de discriminação de diversas condutas típicas, o fato é que, fosse adotado o critério de pequena gravidade, pela quantidade de pena, todos os crimes da competência dos juizados especiais cairiam por terra. Este elemento é apenas um a ser agregado a outros para admissão da incidência do princípio despenalizador.

Não é também porque o legislador aferiu pena de pequena monta – e não está aqui uma defesa do direito penal máximo com o qual não comungamos – que se deva menosprezar o bem jurídico tutelado, ainda que a fixação de pena, em todas suas etapas, tenha que obedecer a critérios de razoabilidade e proporcionalidade.

A perspectiva da insignificância implica na análise da tipicidade, submetendo-se o fato concreto à previsão legal. Como a descrição típica destina-se a uma conduta em abstrato, o legislador não dispõe de antemão, no ato da edição da lei, de elementos excludentes da tipicidade, mas que na avaliação *in* concreto torna-se irrelevante à intervenção do poder punitivo. Por isso, cabe aos aplicadores do direito, no exercício interpretativo da situação posta, averiguar da possibilidade de afastamento da tipicidade em virtude da insignificante ofensa ao bem jurídico, que não justificaria o controle pela via da intervenção penal.

Portanto, é a partir da análise de determinados fatores, não precisamente somados, que se depura a insignificância e que se revela na:

a) reduzida valoração dada abstratamente, medida pela baixa penalização e os reflexos do caso concreto;

b) pequena repercussão e mínima ofensa ao bem jurídico tutelado;

c) possibilidade de satisfação dos interesses protegidos noutras esferas de solução de conflito;

d) restabelecimento da harmonia social sem a interferência do direito penal (embora seja solução quase nunca alcançada pelo sistema penal);

e) necessidade de preservar a mínima intervenção do direito penal nas relações humanas.[8]

5.2. Da possibilidade de exclusão destas descrições típicas como modalidades próprias

É importante frisar que o direito penal tem *caráter fragmentário e subsidiário*[9], não alcançando todas as condutas lesivas a bens jurídicos. As escolhas dos bens a serem protegidos e os critérios de tutela penal fazem parte de uma política criminal definidos no ato do legislador (de forma expressa, velada ou subjacente).

---

8 BRASIL. STF. **HC 94415 / RS**. Rel. Min. Eros Grau. <http://www.stf.jus.br/portal/pesquisa/listarPesquisa.asp?termo=HC %2094415%20/%20RS>. Pesquisa em 02/11/2015.

9 HASSEMER, Winfried. **Direito Penal:** fundamentos, estrutura, política. Tradução Adriana Beckman Meirelles et al. Porto Alegre: Sergio Antonio Fabris Editor, 2008; QUEIROZ, Paulo. **Do Caráter Subsidiário do Direito Penal**: lineamentos para um direito penal mínimo. Belo Horizonte: Del Rey. 1998.

Na concepção de uma correta política criminal, o sistema punitivo somente deveria ser acionado quando fracassassem todas as demais esferas primárias, formais e informais, de controle social, ao se mostrarem ineficazes ou proporcionalmente incapazes de reprimirem as ofensas aos interesses destacados.

Vê-se, porquanto, que mesmo diante do princípio da insignificância, e por mais extensivo que seja sua aplicabilidade, trata-se de posição doutrinária e jurisprudencial e que não integra uma concepção de política criminal, que devem determinar a necessidade e efetividade das ações intervencionistas do Estado.

Diante de tais premissas, nota-se que muitas das condutas descritas neste capítulo não precisariam da intervenção estatal pela via do sistema penal. Em muitas delas, pode-se perfeitamente sancionar aquele que explora a liberdade laborativa, pela via do direito administrativo e trabalhista, inclusive impondo-se medidas compensatórias aos verdadeiros vitimados pelas ações ofensivas às relações de trabalho, os trabalhadores aliciados.

As relações de emprego decorrem sempre do *trinômio: propriedade, capital e trabalho*. Sendo assim, todo aquele que emprega detém capital e propriedade, para o que depende da força de trabalho alheio. A Constituição Federal de 1988 assegura o direito à propriedade (art. 5º, XXII), mas determina que deva atender sua função social (art. 5º, XXIII). Assim, o direito administrativo pode perfeitamente dar solução a tais conflitos, cerceando o direito à propriedade daqueles que não fazem uso devido de seus bens, sobretudo quando utilizado para segregação da plena liberdade de trabalho de quem só dispõe da força de seu labor como produto comerciável.

A recente alteração da redação do art. 243 da Constituição (comentado acima), atende justo este princípio da função social da propriedade, além, é claro, de ressaltar a dignidade humana como eixo gravitacional de todo a ordem jurídica e política. Trata-se de medida com maior impacto ao infrator do que os caminhos até então propiciados pela esfera penal.

Assim, ampliadas as estas hipóteses de solução na via administrativa, com a previsão constitucional da expropriação, naquelas outras condutas em que haja violência física ou moral, e que em si caracterizam outros tipos penais, bastaria que fossem aplicados os tipos penais relativos à violência a integridade física (lesões corporais), moral (ameaça, constrangimento ilegal) e em relação ao patrimônio (dano).

6. COMPETÊNCIA PARA PROCESSAR E JULGAR, E NATUREZA DA AÇÃO PENAL

Como matéria de ordem constitucional, o art. 109, VI, define como da competência dos juízes federais processar e julgar os crimes contra a organização do trabalho, descritos no Título IV, da Parte Especial, do Código Penal. Por muito tempo o STJ (STJ 3ª Seção, CComp. 9.976-SP; STJ 17.932/MG; RHC 15.702/MA) reservava a competência da justiça federal somente quando houvesse *ofensa ao sistema de órgãos e instituições destinados a preservar coletivamente o trabalho*, não estendendo a situação de determinados trabalhadores, configurando interesses individualizados, caso em que a competência seria da justiça estadual. Entretanto, esse entendimento migrou para o sentido oposto, acompanhando a posição do SFT.[10]

As críticas que fazemos nas edições anteriores, a posição reducionista da competência da Justiça Federal, embora pareça não ter mais razão de ser, em virtude da mudança de entendimento do STJ, merece ser ainda enfatizada para ficarem claros os motivos da definição dessa competência. O *bem jurídico protegido nos crimes contra a organização do trabalho é a instituição do trabalho,* como o próprio título indica. independentemente do número de trabalhadores afetados. Basta a percepção da literalidade da disposição constitucional para se ter exata essa pretensão, não se compreende o porquê dessa compreensão. Vejamos à redação art. 109:

> Art. 109. Aos juízes federais compete processar e julgar:
>
> [...]
>
> IV – os crimes políticos e as infrações penais praticadas em detrimento de bens, serviços ou interesse da União ou de suas entidades autárquicas ou empresas públicas, excluídas as contravenções e ressalvada a competência da Justiça Militar e da Justiça Eleitoral;
>
> [...]
>
> VI – os crimes contra a organização do trabalho e, nos casos determinados por lei, contra o sistema financeiro e a ordem econômico-financeira; (grifo nosso).

A posição superada levava em consideração a conjunção das disposições dos incisos IV e VI, do art. 109, quando se trata de tópicos completamente diferentes. Diante da disposição dos incisos e suas incidências, vê-se que não são cumulativos, ao contrário, estabelecem situações diversas. Enquanto o inciso IV é norma geral porque atinge infrações penais indistintas, e que define a competência da justiça federal em razão da vítima (*União, suas autarquias e empresas públicas*), o inciso VI projeta a competência para os Crimes Contra a Organização do Trabalho em virtude do bem jurídico protegido, não se exigindo que haja interesse da União ou de seus entes.

E não haveria outra forma de interpretar, porque fosse preciso agregar os requisitos descritos em ambos incisos (IV e VI), não haveria necessidade da redação do

---

10 CONFLITO DE **COMPETÊNCIA.** CRIME DE REDUÇÃO A CONDIÇÃO ANÁLOGA À DE **ESCRAVO. COMPETÊNCIA** DA JUSTIÇA FEDERAL. PRECEDENTES DESTA CORTE E DO SUPREMO TRIBUNAL FEDERAL. **COMPETÊNCIA** DA JUSTIÇA FEDERAL. Nos termos da jurisprudência flrmada nesta Corte e no Supremo Tribunal Federal, compete à Justiça Federal processar e julgar o crime de redução a condição análoga à de **escravo,** pois a conduta ilícita de suprimir dos trabalhadores direitos trabalhistas constitucionalmente conferidos viola o princípio da dignidade da pessoa humana, bem como todo o sistema de organização do **trabalho** e as instituições e órgãos que o protegem. Conflito conhecido para declarar competente o Juízo Federal da 11ª Vara da Seção Judiciária do Estado de Goiás, ora suscitado. (BRASIL. STJ. **CC 132884/GO**. 3ª Seção. Relatora Min. Marilza Maynard (Desembargadora Convocada do TJ/SE). Data julgamento 28/05/2014. DJe 10/06/2014. <http://www.stj.jus.br/SCON/jurisprudencia/doc.jsp?livre=COMPET %CANCIA+TRABALHO+ESCRAVO&&b=ACOR&p=false&t=JURIDICO&l=10&i=4. Pesquisa 02/11/2015.) No mesmo sentido: RHC 58.160 / SP; CC 127937/GO.

último, que a rigor faz exceção ao regramento do primeiro. Ademais, detraindo a dimensão coletiva das vítimas afetas, previsão inclusive não descrita nos tipos penais em análise, haverá verdadeira exclusão total da competência da justiça federal para estes crimes, em detrimento ao dispositivo constitucional.

Retornando ao inciso VI vê-se que há duas situações diferenciadas. Na primeira parte da descrição, ao mencionar os Crimes contra a Organização do Trabalho, não traz nenhum condicionamento extra; na segunda parte, ao referir-se aos Crimes contra o Sistema Financeiro e a Ordem Econômica e Financeira, faz alusão clara de que a competência da justiça federal será excepcional, somente quando houver *previsão em lei*. Assim, da análise das duas situações, tem-se que, fosse para excluir a competência da justiça federal aos Crimes contra a Organização do Trabalho, a condicionante inserta na segunda parte deste inciso seria obviamente extensiva a todos as modalidades delitivas ali descritas.

O que se tem evidente, inclusive pela definição do título como Crimes Contra a Organização do Trabalho, é que, por suas naturezas atingem mais que o interesse do Estado quando a regulação da atividade, e a proteção de seus cidadãos, como o bem individual do trabalhador e que o personifica, que é a própria dignidade e a liberdade de proceder conforme sua vontade, respeitadas as determinações legais. Tanto a dignidade quanto a liberdade (*lato sensu*) são princípios que servem de sustentáculos à República Federativa do Brasil e ao Estado Democrático de Direito.

O STF pôs fim àquele entendimento mais restrito, marcando o sentido exato pretendido no texto constitucional. No Recurso Especial 398.041, da relatoria do min. Joaquim Barbosa, compreendeu que a competência da justiça federal para os Crimes contra a Organização do Trabalho não é definida pela extensão dos trabalhadores ofendidos diretamente, mas decorre da própria violação ao sistema de órgãos que a preservam, como o "homem trabalhador", ser dotado de dignidade e detentor de máxima proteção no texto constitucional. Eis trecho deste voto que bem sintetiza este entendimento:

> [...] condutas que violem não só o sistema de órgãos e instituições que preservam, coletivamente, os direitos e deveres dos trabalhadores, mas também o homem trabalhador, atingindo-o nas esferas em que a Constituição lhe confere proteção máxima, enquadram-se na categoria dos crimes contra a organização do trabalho, se praticadas no contexto de relações de trabalho. [11]

Diante desta inovação jurisprudencial não restam dúvidas quanto à competência da Justiça Federal para os crimes descritos neste capítulo, definida em razão da matéria e, porquanto, absoluta, não se podendo ser modificada.

11 BRASIL. STF. **RE 398.041**. Rel. Joaquim Barbosa, sessão de 30/11/2006. Informativo 450. STF. http://www.stf.jus.br/arquivo/informativo/documento/informativo450.htm. Pesquisa em 02/11/2015.

Ressalvadas as hipóteses dos arts. 202 e 207, onde o máximo das penas privativas de liberdade estão fixadas em 3 anos, nos demais tipos deste Título as penas não excedem a 2 anos, sendo por isso infrações de menor potencial ofensivo (art. 61, da Lei 9.099/1995). Daí que a competência, ressalvados os tipos penais descritos nos artigos acima indicados, será então do juizado especial federal.

Todos os crimes descritos neste título são de *ação penal pública incondicionada*, cujo titular é o Ministério Público, sem depender de representação de qualquer pessoa.

7. O PROBLEMA NUCLEAR DOS TIPOS DESCRITOS NESTE TÍTULO

Todos os tipos penais trazem um verbo nuclear para identificação da conduta proibida, que pode ser comissiva (ação) ou omissiva (omissão, não fazer quando a lei determina que faça). A conduta punível deve adequar exatamente àquela descrita na lei.

O verbo *constranger*, e que está presente em todos os tipos penais descritos neste Título, significa *coagir, forçar, obrigar alguém a fazer ou deixar de fazer alguma coisa.* O constrangimento não alcança seu fim se não vier acompanhado de outro elemento que imponha à vítima temor caso não atenda aos interesses levianos de seu algoz. Não sem razão toda vez que a legislação penal traz o termo constrangimento, como fator de incriminação penal, logo em sequência introduz a expressão *mediante ameaça* ou *mediante violência*. Pode-se então afirmar que não existe constrangimento, para fins de incriminação penal, sem a conjunção de ameaça ou violência, porque são estes elementos que retiram a possibilidade de resistência da vítima a ponto de gerar ofensa ao bem jurídico protegido pelo direito penal que é a liberdade.

O constrangimento sem violência ou ameaça, se não constituiu outra forma incriminadora, mesmo que esteja implícito, como no caso dos crimes contra a honra (art. 138/140), não terá nenhuma repercussão criminal. Daí que a exclusão dos termos resultará sempre em atipicidade, relativa ou absoluta.

É certo que na ordem valorativa destes elementos agregados, a violência assume papel de maior relevância, em virtude de sua maior gravidade comparada à ameaça, merecendo, por conseguinte, sanção mais severa.

Neste caso, o único elemento indissociável do constrangimento para formação da norma incriminadora é a *ameaça* e que existirá sempre, mesmo quando o agente já chegue violentando (o que antecede a violência ou o seu início, é por si um ato de ameaça). A violência em si, por ser situação mais gravosa, serviria então como elemento para qualificar à conduta ou trazer-lhe uma causa de aumento de pena, para quaisquer das formas de constrangimento previstos em tipos penais, como no art. 146 onde está a matriz de todos os demais.

Porém, do modo como o elemento violência compôs estes tipos penais, passou a ser a um só tempo essencial e alternativo a hipótese de ameaça. A falta de ambos, sequer se poderá dizer da hipótese de constrangimento, porque aquele que supostamente fora constrangido não terá sofrido coação ou sido forçado a fazer ou não fazer algo. Sua conduta será livre, não havendo por esta razão fato típico a ser punido.

De um lado, a violência que em si configura conduta típica, com pena cominada superior ao constrangimento, em face ao princípio da consunção – uma das soluções dadas para o problema do conflito aparente de normas – desaparecerá aquela, porque a conduta mais grave absorverá a menos gravosa. Para compreender melhor o fato, basta observar que em caso de constrangimento com ameaça não haverá o concurso com o crime específico de ameaça (art. 147), embora esta conduta, em si, já consista em constrangimento porque leva a vítima a temer o ofensor.

Por outro lado, toda violência decorre de um ato de constrangimento, da sujeição da vítima à agressividade do agente. Porém o inverso não é verídico. Não existe constrangimento sem violência ou ameaça. A este propósito a legislação mais recente tratou de classificar a violência em suas diversas formas, assim definidas no art. 7º da Lei 11.340/2006 (Lei Maria da Penha): física, psicológica, sexual, patrimonial e moral. Também a hipótese da violência moral, no caso do assédio sexual tipificado pelo art. 216-A e que foi introduzido no Código Penal pela Lei 10.224/2001.

Como o legislador preferiu pela inserção do termo violência na redação do tipo penal, é ele parte integrante (elementar do tipo), e sua exclusão redunda em atipicidade absoluta.

8. CONCURSO DE CRIMES

Existem entendimentos divergentes quanto a ocorrência ou não de concurso de crimes nas hipóteses em que o tipo penal além de cominar penas, determina seja aplicada também a pena correspondente à figura da violência. Isso se dá nos arts. 197, 196, 198, 199, 200, 203 e 204. Em outros termos significa que nestes tipos penais que carregam consigo a pena privativa de liberdade e multa, soma-se ainda a pena relativa ao crime relativo à violência sofrida (lesão corporal, homicídio).

Em que pese às posições doutrinárias divergentes, ousamos afirmar que não se trata de nenhuma das hipóteses.

Primeiro, *se fosse admitir* a hipótese de concurso haveria de ser formal, porque nas hipóteses descritas nos artigos em discussão registra-se *apenas uma conduta*, com mais de um resultado. O fato da forma de aplicação de pena seguir a regra do cúmulo material não *poderia* servir de indutor para a modalidade do concurso material, afinal é também o padrão adotado para a hipótese do concurso formal imperfeito (art. 70, *caput*, 2ª parte, CP) e que então se *verificaria*.

Adverte Paulo Queiroz, citando Jescheck, que o ponto central sobre o concurso de crime é que *o conteúdo do injusto e da culpabilidade de uma ação punível pode ser determinado exaustivamente conforme uma das normas tomadas em consideração, razão pela qual desaparece a necessidade ulterior de pena.*[12]

---

12 QUEIROZ, Paulo. **Curso de Direito Penal:** Parte Geral. Vol. 1. 8ª edição. Salvador: Juspodivm, 2012. p. 120.

No caso do concurso de crimes haverá, a rigor, mais de um crime e porquanto *mais de uma pena* (sistema de cumulação de penas que se aplica no caso de concurso material - art. 69, CP - no concurso formal imperfeito - art. 70, caput, 2ª parte - e no caso de concurso formal, conquanto como regra mais benéfica ao infrator - art. 70, parágrafo único, CP), ou *somente uma delas mais aumentada* (sistema da exasperação que ocorre no concurso formal perfeito - art. 70, *caput*, 1ª parte, CP - e no crime continuado - art. 71, CP).

Na situação do conflito aparente, em razão da especialidade, subsidiariedade ou da consunção, haverá a absorção da figura típica mais leve, fruto de um dos resultados incriminadores possíveis, pela aquela mais grave.

Frente a tais premissas, o que se tem em princípio na descrição das penas previstas nos tipos penais em debate, é um verdadeiro excesso insuperável por parte do legislador ao determinar a imposição de outra pena, em cúmulo material, à pena descrita no tipo penal. Neste aspecto, *poder-se-ia* invocar o princípio da reserva legal - não há crime e não pena, sem previa cominação legal - para se afirmar que é impossível agregar pena sem prévia cominação.

A rigor, o termo violência, o qual faz repercutir a incidência de outra pena, é na verdade elementar constitutiva dos tipos relativos à supressão da liberdade de trabalho, sem os quais não haverá norma penal incriminadora, ao menos na perspectiva protetiva da liberdade do exercício da atividade laboral. Como elementar do tipo não pode servir para aplicação simultânea de normas penais diversas sobre um único fato porque se estaria impingindo desvalor em duplicidade a mesma conduta, comportamento que fere o princípio do *ne bis in idem*.

Acontece que a violência em si constitui figuras típicas mais graves que os crimes especificados neste Título em estudo, como é o caso da lesão corporal grave, e seguida de morte (art. 129, §§ 1º, 2º e 3º do CP) e o homicídio em qualquer de suas espécies (art. 121, CP). Destarte, os Crimes contra a Organização do Trabalho, serão absorvidos pelos crimes que tenha como elemento específico a violência, neste caso solucionado o conflito aparente de normas pelo princípio da consunção, servindo então como circunstância agravante em razão da torpeza (art. 61, II, a, CP), ou como qualificadora, como no caso do homicídio (art. 121, § 2º, I última figura, CP).

Tratando-se de lesões corporais leves (art. 129, *caput*, CP), cuja pena é inferior às penas previstas para os Crimes contra a Organização do Trabalho, a absorção será inversa e neste caso aplica-se tão somente a pena destes crimes, porque a violência é sua elementar constitutiva.

CAPÍTULO 2- ANÁLISE DOS TIPOS PENAIS

DENIVAL FRANCISCO DA SILVA

1. ATENTADO CONTRA A LIBERDADE DE TRABALHO

> **Art. 197** – Constranger Alguém, Mediante Violência Ou Grave Ameaça:
>
> I – a exercer ou não exercer arte, ofício, profissão ou indústria, ou a trabalhar ou não trabalhar durante certo período ou em determinados dias:
>
> Pena – detenção, de um mês a um ano, e multa, além da pena correspondente à violência;
>
> II – a abrir ou fechar o seu estabelecimento de trabalho, ou a participar de parede ou paralisação de atividade econômica:
>
> Pena – detenção, de três meses a um ano, e multa, além da pena correspondente à violência

1.1. Conceito e sujeitos do crime

No *caput* está o verbo central *constranger* que significa coação, imposição a outrem de conduta indesejada, forçando-a a fazer algo ou alguma coisa. Mas a conduta do agente não se resume a esta violação. Exige a complementação com os verbos inseridos nos incisos (*exercer* ou *não exercer, trabalhar* ou *não trabalhar, abrir* ou *fechar,* e *participar*), acrescidos ainda das elementares *grave ameaça* ou *violência*. Somente juntando todo este acervo se terá a descrição típica incriminadora.

Não raro a legislação apresenta problemas sérios de sistematização. Este artigo 197 é exemplo claro deste fato porque traz duas descrições penais, em seus respectivos incisos, com penas independentes, modificada apenas na pena mínima. Bastaria uma descrição com única cominação de pena, não havendo razões para distinção. Ademais, mesmo que fosse necessária a valoração diferenciada, por questão de sistematização, deveria ter tratada a segunda hipótese como causa de aumento de pena especial, inserta num parágrafo deste artigo.

Ao buscar a diferenciação o legislador cometeu um grave equívoco, porque cominou pena desproporcionalmente, afinal previu penas correspondentes no topo, mas diferiu no mínimo. Este critério de cominação de pena fere o princípio da proporcionalidade e da individualização da pena, não sendo permitido ao legislador escolhas de forma aleatória para fixação da sanção, alterando somente uma das extremidades. Depois, ao distinguir apenas na pena mínima, torna igual à censura em relação às condutas onde deveriam efetivamente distinguir, que é no seu teto. Na espécie o descompasso é perceptível ao se verificar que quando mais grave a conduta do agente, na segunda descrição típica, mais se assemelhará a conduta menos grave prevista no primeiro inciso.

O bem jurídico protegido é a liberdade de trabalhar ou de exercer atividade artística, ofício, profissão ou indústria.

Trata-se de crime comum, não se exigindo qualidade especial do agente para sua prática. Não obstante, pela descrição das elementares, é certo que o tipo volta-se à conduta que venha impedir que outras pessoas exerçam suas atividades laborais, inclusive o proprietário.

Quanto ao sujeito passivo há de ser a pessoa física, embora haja quem diga que pessoas jurídicas também possam ser vitimadas em razão da expressão "estabelecimento de trabalho," contido no inciso II.[1] Porém, é necessário observar que referida expressão vem precedida de "seu", referindo-se a "alguém" (pessoa física/sujeito passivo), enunciado no *caput* e que por isso está excluída a figura da pessoa jurídica.

1.2. Elementos objetivos e subjetivos

O constrangimento ilegal, em si, é modalidade criminosa prevista no art. 146 do Código Penal. O que difere neste caso é a sua especificidade, voltada a atentar contra a liberdade de trabalho.

Dentre as possibilidades previstas de atentado a esta liberdade, faz-se referência a quatro hipóteses, sendo as três primeiras sempre com as alternativas opostas positivas e negativas, assinaladas nas seguintes condutas: a) *exercer* ou *não exercer*, arte, ofício, profissão ou indústria; b) *trabalhar* ou *não trabalhar* durante certo período ou em determinados dias; c) *abrir* ou *fechar* o seu estabelecimento de trabalho; d) *participar* de parede ou paralisação de atividade econômica.

Embora o tipo tenha como objeto jurídico a liberdade de trabalho, esta última hipótese, em especial, atém-se ao aspecto econômico da atividade, e não o trabalho enquanto direito social assegurado a todos.

As atividades artísticas, oficiais, profissionais ou na indústria, exige qualidade técnica do agente, enquanto atividade econômica atende qualquer outra forma de trabalho na qual não se exija atributo especial.

O elemento subjetivo é o dolo que se concretiza com a vontade consciente de atentar contra a liberdade de trabalho da vítima, suprimindo sua livre disponibilidade laboral, mediante violência ou grave ameaça.

1.3. Consumação e tentativa, e classificação

Embora possa parecer, em primeira análise, crime de mera conduta, trata-se de crime de execução complexa, vez que se exige coação por parte do agente e a submissão da vítima. O atentado que não consegue interferir na liberdade da vítima não satisfaz as elementares do tipo sendo um verdadeiro irrelevante penal.

---

1 TELES, Ney Moura. **Direito Penal**: Parte Especial. Arts. 121 a 212. Vol. 2. 2ª edição. São Paulo: Atlas, 2006. p. 480.

Daí que a consumação somente se dá com a confluência do constrangimento e a efetiva subtração da liberdade de outrem, coagido a não praticar livremente o trabalho ou forçado a fazê-lo.

Admite-se a tentativa em qualquer de suas modalidades, quando, embora tenham sido esgotados todos os atos de constrição por parte do agente, o resultado não se efetiva por circunstâncias alheias a sua vontade.

Trata-se de crime comum (não exige condição especial do agente), comissivo (depende de ação do agente), doloso (exige vontade consciente), material (só se consuma com o resultado), que por ser instantâneo (resultado imediato à ação) ou permanente (projeta no tempo) na situação em que a vítima é impedida ou obrigada a trabalhar durante certo período ou em determinados dias (I, 2ª parte).

2. ATENTADO CONTRA A LIBERDADE DE CONTRATO DE TRABALHO E BOICOTAGEM VIOLENTA

Art. 198 – Constranger alguém, mediante violência ou grave ameaça, a celebrar contrato de trabalho, ou a não fornecer a outrem ou não adquirir de outrem matéria-prima ou produto industrial ou agrícola:

Pena – detenção, de um mês a um ano, e multa, além da pena correspondente à violência.

2.1. Conceito e sujeitos do crime

O elemento novo acrescido neste tipo penal descrito no art. 198 está na finalidade do constrangimento. Enquanto nas hipóteses previstas no tipo anterior o fim almejado pelo agente é cercear a liberdade pura e simples da atividade laboral, na descrição desta figura típica o constrangimento antecipa ao próprio exercício da atividade laborativa ou ao desempenho dela, porque alcança seu antecedente que a celebração forçada do contrato de trabalho, ou o impedimento ao fornecimento de matéria-prima ou produto industrial ou agrícola.

Observa-se que o tipo tem mandamentos positivos e negativos. Na primeira figura sua ocorrência dá-se com a coação (positivo), atentando contra a liberdade de contrato de trabalho, para obtenção deste pacto laboral. Na segunda e terceira figuras o constrangimento é no sentido inverso (negativo), denominada de *boicotagem violenta*, cujo fim é o de impedir o fornecimento ou a aquisição de matéria-prima ou produto industrial ou agrícola.

As penas são rigidamente idênticas àquelas fixadas no primeiro tipo penal anteriormente analisado, contendo igual situação de cumulação, além das sanções acessórias, com outra pena privativa de liberdade em razão em caso de violência: *de 1 (um) mês a 1 (um) ano, e multa, além da pena correspondente à violência.* Porquanto, vale a mesma ponderação quanto a ofensa ao princípio da proporcionalidade.

Tanto o sujeito ativo, quanto o passivo, pode ser qualquer pessoa, não se exigindo condição especial de quaisquer deles.

Em relação aos elementos do tipo, merece destacar que o contrato de trabalho a que se refere o título não precisa, necessariamente, ser escrito, por ausência expressa desta exigência, inclusive no próprio direito do trabalho que admite o pacto laboral verbal.

Para o caso da boicotagem violenta, protege-se a liberdade daquele que pretende adquirir, fornecer, ou de desempenhar ou realizar a atividade econômica a que se destina a matéria-prima ou produto agrícola ou industrial. O agente cerceia a vítima na sua livre vontade de fornecê-los ou de adquiri-los.

Não se exige que esta supressão da vontade se dê somente na hipótese de compra e venda, mas em qualquer modalidade de aquisição e fornecimento, mesmo que a título gratuito ou em caráter de barganha.

Somente se concretiza na modalidade dolosa. A consumação dá-se com a celebração do contrato, para a primeira figura, e com o efetivo impedimento à vítima para que forneça ou adquira matéria prima ou produto agrícola ou industrial.

Em ambas situações admitem-se a tentativa.

2.2. Elementos objetivos e subjetivos

O elemento objetivo do tipo é o ato de *constranger*, mediante violência ou grave ameaça. O fim almejado é *cerceamento da liberdade de celebração do contrato de trabalho*, exigindo que a vítima o celebre contra sua vontade (conduta positiva), *e a boicotagem* que implica em *fornecer*, *deixar de fornecer* ou *adquirir* de outrem matéria-prima ou produto industrial ou agrícola (conduta positiva ou negativa).

Há nesta descrição duas figuras típicas, sempre dolosas, que consistem na consciência e vontade de impedir a livre contratação, impondo condições indesejadas pela vítima, e boicotando a entrega e aquisição de matéria-prima ou produto industrial.

2.3. Consumação e tentativa, classificação

Trata-se de crime material que se consuma quando a vítima, diante do constrangimento sofrido em razão de ameaça ou violência, acaba rendendo-se à imposição do agressor, fazendo aquilo que a lei não obriga ou deixando de fazer o que não é proibido. Mesmo que o contrato de trabalho seja depois anulado, em virtude de vício, não se excluíra a conduta típica que se consumou no momento de sua celebração.

Comporta tentativa quando o agressor, depois de exaurida sua ação e com ela reduzindo a capacidade de resistência da vítima em razão do temor ou lesões (em razão da violência) que lhe foi causado, o crime acaba não se consumando por circunstâncias alheias a do agente.

É *crime comum*, porque não se exige condição ou qualidade especial do agente. Somente se pune por dolo, vez que não existe previsão de conduta culposa. Pode ser *instantâneo* em qualquer das hipóteses descritas no tipo (celebração do contrato) ou *permanente*, eventualmente nas últimas hipóteses (*fornecer* ou *adquirir*).

3. ATENTADO CONTRA A LIBERDADE DE ASSOCIAÇÃO

Art. 199 – Constranger alguém, mediante violência ou grave ameaça, a participar ou deixar de participar de determinado sindicato ou associação profissional:

Pena – detenção, de um mês a um ano, e multa, além da pena correspondente à violência.

3.1. Conceito e sujeitos do crime

A Constituição de 1934 é que primeiro assegurou o direito a sindicalização no Brasil, não arredando mais do ordenamento jurídico. Com o Código Penal 1940 houve a proteção penal, como prevista neste art. 199.

A atual Constituição Federal trata a liberdade de sindicalização como um direito fundamental (art. 5º, XVII, XVIII e XX, CF) e depois, no art. 8º, assegura a liberdade associativa e sindical, regendo suas condições.

A tutela penal visa justamente garantir a plena liberdade do indivíduo em decidir se associar ou sindicalizar, participar ou não participar destas organizações.

O tipo penal não exige condição particular do agente ou da vítima, podendo qualquer pessoa ser sujeito ativo ou passivo deste crime.

3.2. Elementos objetivos e subjetivos

Assim como nos crimes anteriores, o *constrangimento* mediante *violência ou grave ameaça* é o foco central do tipo, aqui dirigida para o fim de impedir ou exigir que a vítima filie-se a determinado sindicado ou associe-se a entidade profissional.

Ney Moura Teles afirma que o tipo penal não impõe a conduta da filiação ou associação, bastando contrariar a vontade da vítima, mesmo que não integrante destas entidades, delas participem.[2]Divergimos. Nota-se, na leitura integral do texto legal, que a norma proibitiva refere-se à *participação de determinado sindicado ou associação* e não, *isoladamente,* de uma ou outra atividade desenvolvida por estas entidades, fato que não teria relevância para esta descrição típica, podendo, quando muito, configurar constrangimento previsto no art. 146 do Código Penal.

Assim, os requisitos filiação e associação são imprescindíveis, porque somente deste modo a vítima poderá participar *do* (de + o) sindicado ou *da* (de + a) associação profissional, condutas que implicam na aderência as disposições regulamentares da entidade.

De igual modo aos tipos penais antes analisados, o elemento subjetivo desta modalidade criminosa é o dolo, constituído pela livre e consciente vontade de constranger alguém para participar ou não participar de sindicado ou associação.

2 TELES, Ney Moura. **Direito Penal:** Parte Especial. Arts. 121 a 212. Vol. 2. 2ª edição. São Paulo: Atlas, 2006. p. 485.

3.3. Consumação e tentativa, classificação

Está-se diante de um crime material, cuja consumação opera-se no instante em que a vítima inicia sua participação no sindicado ou na associação ou, ao contrário, se viu impedida de fazê-lo.

É perfeitamente possível a tentativa, quando se constatar que, não obstante o exaurimento dos meios coativos empregados pelo agente, a vítima constrangida e sem poder desvencilhar da imposição, acaba não realizando à conduta por razões alheias a vontade de ambos.

É crime comum, doloso, material, permanente ou instantâneo, seguindo igual classificação dos tipos penais antecedentes.

4. PARALISAÇÃO DE TRABALHO, SEGUIDA DE VIOLÊNCIA OU PERTURBAÇÃO DA ORDEM

> **Art. 200** – Participar de suspensão ou abandono coletivo de trabalho, praticando violência contra pessoa ou contra coisa:
>
> Pena – detenção, de um mês a um ano, e multa, além da pena correspondente à violência.
>
> Parágrafo único – Para que se considere coletivo o abandono de trabalho é indispensável o concurso de, pelo menos, três empregados.

4.1. Conceito e sujeitos do crime

O crime descrito no art. 200 coíbe a *suspensão* ou *abandono* coletivo trabalho, *desde que* mediante violência contra pessoa ou coisa. A descrição traz duas situações distintas: a) *suspensão coletiva do trabalho*, que consiste na paralisação na atividade produtiva promovida pelos empregadores, o denominado *lockout*, ou a greve patronal; b) *abandono coletivo do trabalho*, que significa a interrupção do trabalho provocada pelos trabalhadores, o que se conhece tradicionalmente pela greve. e que na atualidade, diferentemente do momento da edição deste tipo penal, é direito assegurado na Constituição Federal (art. 9º) e regulamentado por lei (Lei 7.783/1989).

Em quaisquer das modalidades não basta à suspensão ou o abandono coletivo do trabalho, mas deve ser consentâneo com a prática de violência, contra pessoa ou coisa, para receber censura penal.

4.2. Críticas sobre a descrição típica e sua descriminalização

É bem verdade que a relações sociais e trabalhistas evoluíram nesta mais de meio século da edição do Código Penal, tendo o direito de greve ganhado maior notoriedade ao ser inserido da Constituição Federal de 1988, como direito fundamental dos trabalhadores.

Desde modo, a partir da Constituição Federal não se pode conceber a incriminação de qualquer conduta que tenha em referência o direito de greve. Ou seja, diante do princípio da liberdade, o exercício do direito de greve é garantia fundamental e que não pode de modo algum ser segregado, senão contidos os excessos, como referido no art. 9º, § 2º ao impor responsabilidade e sujeição às penas da lei os casos de abusos, individuais ou coletivos.

Assim, ao ser regulamentado o dispositivo constitucional com a edição da Lei 7.783/1989, foi definitivamente assegurando aos trabalhadores a oportunidade do exercício de greve e os interesses que por meio dele deve defender (art. 1º). Não obstante, deve ser cumprido dentre limites legais, como assinala seu art. 15: *A responsabilidade pelos atos praticados, ilícitos ou crimes cometidos, **no curso da greve**, será apurada, **conforme o caso**, segundo a legislação trabalhista, civil ou penal.*

É certo que o art. 200 só incrimina o fato quando na *participação* da *suspensão* (empregadores) ou no *abandono* (trabalhadores), houver *prática de violência*. A violência isolada nada constitui, senão quando atinge bens jurídicos relevantes, como a integridade física de outrem (lesões corporais), à vida de terceiro (como no homicídio), o patrimônio alheio (dano, roubo, etc.).

Não existe texto de lei sem sentido, principalmente quando sua interpretação assegura direitos fundamentais como a liberdade. Assim, a interpretação penal há de ser sempre restritiva quando favorável ao infrator, não sendo possível ao intérprete dar-lhe maior sentido com o fim de prejudica-lo. Ao contrário, sendo necessário, diante de confusões, dúvidas, omissões, subjetivismos e outras abstrações legislativas, deve-se estender seu raio de alcance para o fim de beneficiar o incriminado.

Conjugando os preceitos legais em análise, o que se observa é que a figura típica descrita no art. 200 do Código Penal, na parte que trata do abandono (greve dos trabalhadores), foi derrogada.

Quanto ao direito de greve, tem-se que o art. 15, da Lei 7.783/1989, ao regulamentar matéria constitucional, evidencia que não se pode mais atribuir atos ilícitos *com o exercício do abandono coletivo do trabalho*. Uma coisa é o pleno exercício de greve (garantia constitucional); outra coisa é a responsabilidade dos envolvidos pelos eventuais abusos e excessos cometidos ***no seu curso***, como descreve o mencionado dispositivo legal, ***e não em decorrência*** *dela*.

A violência só pode ser concebida como proibitivo penal a partir de sua integração com outros elementos do tipo e, neste caso, não havendo mais como fazê-lo frente ao pleno direito do exercício de greve, garantia constitucional, os atos violentos decorridos ***no seu curso*** somente poderão ter relevo na órbita penal se subsumirem-se a outras figuras típicas (lesão corporal, homicídio, dano, etc.).

De outro lado, se este não for o argumento suficiente, está-se diante de um conflito aparente de norma, como analisado acima.

No que tange à primeira parte do art. 200, do Código Penal, ao cuidar *da suspensão coletiva do trabalho*, conduta exclusiva de empregadores, na ótica de prejuízos e danos a atividade produtiva, trazendo embaraços sociais e econômicos à satisfação de bens e serviços, não repercute mais nos dias atuais, de uma economia globalizada com severa concorrência e competitividade, quer no plano interno ou externo. Neste cenário, não dá para imaginar boicote de empregadores com o fim de gerar instabilidade econômica por demanda de produtos, os verdadeiros objetos de proteção desta norma penal. Ainda que isso pudesse ocorrer, o governo central disporia de instrumentos de política econômica para coibir seus efeitos, como retirando barreiras alfandegárias, abrindo ou facilitando o mercado externo, favorecendo assim o ingresso de produtos e serviços importados.

É fato que nem por isso pode-se afirmar que não haja possibilidade da ocorrência de "greve patronal", com a prática de violência, nos moldes delineados. Conquanto, trata-se de hipótese tão remota e improvável que até mesmo antes não se vê registro de aplicação deste dispositivo penal, tendo-se o empregador como sujeito ativo. A propósito, pode-se inclusive afirmar que é mais certo que a inserção do empregador, também como sujeito ativo na descrição típica, tenha servido de lenitivo para edição da norma, escamoteando o verdadeiro fim ideológico do preceito, não deixando evidente que o fim único era a restrição o direito de greve.

Cabe observar que a Lei 7.783/1989 veda a suspensão do trabalho pelo empregador na forma de boicote de negociação trabalhista ou de dificultá-la, consoante redação do art. 17 assim expresso: *Fica vedada a paralisação das atividades, por iniciativa do empregador, com o objetivo de frustrar negociação ou dificultar o atendimento de reivindicações dos respectivos empregados (lockout).*

Porém esta disposição legal não é norma penal, porque não comina pena. Fora isso, o art. 15, como já visto, determina *a responsabilização trabalhista, civil e penal aos excessos,* também sem especificar as possíveis condutas puníveis.

5. PARALISAÇÃO DE TRABALHO DE INTERESSE COLETIVO

Art. 201 – Participar de suspensão ou abandono coletivo de trabalho, provocando a interrupção de obra pública ou serviço de interesse coletivo:

Pena – detenção, de seis meses a dois anos, e multa.

5.1. Conceito e sujeitos do crime

Assim como no artigo precedente, o art. 201 criminaliza a *participação de suspensão ou abandono coletivo de trabalho,* quando atinge serviços específicos de interesse coletivo e obras públicas, não necessitando que haja prática de atos de violência, bastando à pura e simples paralisação.

A análise quanto ao sujeito ativo do crime é a mesma do art. 200: patrões para o caso da suspensão e empregados, para o caso do abandono.

5.2. Críticas sobre a descrição típica e sua descriminalização

O referido dispositivo não coaduna com a atual ordem constitucional que assegura o direito de greve (art. 9º) sem criar limitações quanto ao seu exercício em razão de nenhuma categoria ou espécie de serviços. Ao contrário, o art. 162 da Constituição revogada, expressamente proibia greve nos serviços públicos e nas atividades essenciais e, por isso, a simples paralisação coletiva destes serviços enunciados no tipo do art. 201 do Código Penal consumação à conduta delitiva.

Frente a esta nova concepção do direito de greve, pode-se assegurar que esta norma penal incriminadora não foi recepcionada com o vigente texto constitucional. Assim, *o tipo penal descrito no art. 201 do Código Penal não tem mais aplicabilidade*, vez que a conduta anteriormente valorada pela norma foi explicitamente descriminalizada pela vontade constituinte de 1988.

Apesar destas evidências normativas, e da plena liberdade do direito de greve como uma garantia constitucional, *sem exclusão a qualquer categoria ou serviços*, alguns doutrinadores ainda sustentam que o art. 201 do Código Penal está em vigor.[3] Mas não estamos isolados no entendimento diverso. Tantos outros autores, provavelmente em maior número, entendem que o art. 201 do Código Penal não é mais aplicável. Par demonstrar: *Assim, o art. 201 do CP é inaplicável*[4]; *... não tem mais aplicação a figura típica do art. 201*[5]; *Em face da CR/88, que consagrou o direito de greve de forma ampla, o dispositivo do art. 201 do CP não está a merecer aplicação.*[6]

6. INVASÃO DE ESTABELECIMENTO INDUSTRIAL, COMERCIAL OU AGRÍCOLA. SABOTAGEM

Art. 202 – Invadir ou ocupar estabelecimento industrial, comercial ou agrícola, com o intuito de impedir ou embaraçar o curso normal do trabalho, ou com o mesmo fim danificar o estabelecimento ou as coisas nele existentes ou delas dispor:

Pena – reclusão, de um a três anos, e multa.

3 MIRABETE, Julio Fabbrini. **Manual de Direito Penal**: Parte Especial. Arts. 121 a 234. Vol. 2. 16ª edição. São Paulo: Atlas, 2000. p. 382. Justifica: *"Diante dos arts. 1º, 2º e 11 da Lei de Greve (Lei nº 7.783/89), deve-se entender que o art. 201 continua em vigor, mas que não basta que se trate de obra pública, mas é necessário que ela caracterize serviço ou atividade essencial, ou seja, aquelas que, não atendidas, colocam em perigo iminente a sobrevivência, a saúde ou a segurança da população"*. ESTEFAM, André. **Direito Penal**. Vol. 3. São Paulo: Saraiva, 2011. P. 81/83 (ao comentar o art. 201 traz um tópico específico com o seguinte tema: *Recepção pela Carta Federal de 1988*). TELES, Ney Moura. **Direito Penal:** *Parte Especial. Arts. 121 a 212. Vol. 2. 2ª edição. São Paulo: Atlas, 2006. p. 489/490* (este autor não adentra na discussão de sua vigência, conquanto, pela análise que faz do tipo, deixa entender que sua posição é neste sentido). JESUS, Damásio E. de. **Direito Penal**: Parte Geral. Vol. 3. 14ª edição. São Paulo: Saraiva, 1999. p. 39.(Coloca-se no meio termo: para ele não houve derrogação do art. 201, conquanto tem sua vigência suspensa enquanto não houver definição, por lei ordinária, do que é serviço ou atividades essenciais, consoante exige o art. 9º, § 1º da Constituição Federal).

4 BITENCOURT, Cezar Roberto. **Código Penal Comentado**. São Paulo: Saraiva, 2002. p. 824.

5 NUCCI, Guilherme de Souza. **Código Penal Comentado**. 2ª edição. São Paulo: RT, 2002. p. 630.

6 Dentre outros: DELMANTO, Celso e outros. **Código Penal Comentado**. 4ª edição. Rio de Janeiro: Renovar, 1998. P. 382; BITENCOURT, Cezar Roberto. **Tratado de Direito Penal**. 5ª edição. São Paulo: Saraiva, 2009. p. 382; FRANCO, Alberto Silva *et al.* **Código Penal e sua interpretação jurisprudencial.** 7ª edição. São Paulo: Revista dos Tribunais, 2001; PRADO, Luiz Regis. **Curso de Direito Penal brasileiro:** Parte Especial. Volume 2. São Paulo: Revista dos Tribunais, 2000. P. 101 e 102.

6.1. Conceito e sujeitos do crime

A descrição típica traz condutas definidas pelos verbos *invadir* e *ocupar*, estabelecimento industrial, comercial ou agrícola, e que são complementadas pelos outros verbos, *impedir* ou *embaraçar* o franco seguimento das atividades normais de trabalho, ou, com o intuito de *danificar* suas instalações ou as coisas nele existentes.

Invadir consiste no ingresso forçado, contra a vontade de seu proprietário ou responsável. *Ocupar* implica na tomada da posse da coisa invadida. Porém, o ato de invadir e ocupar, puramente, sem que tenha como propósito um dos fins descritos no tipo, não o caracterizara, podendo tais condutas, neste caso, subsumir a outra modalidade criminosa, invasão de domicílio.

Destarte, não basta a invasão ou ocupação. Tais ações devem destinar-se a uma das finalidades descritas no tipo, indicadas nos verbos *impedir* ou *embaraçar*, e *danificar*. *Impedir* significa não deixa acontecer, obstaculizar, evitar que as atividades de trabalho nos estabelecimentos designados tenham curso normal. *Embaraçar* é o ato de atrapalhar, criar problemas e dificuldades à fluência normal do trabalho. Quanto à conduta de *danificar* constitui a forma típica da *sabotagem* e que pode ter objeto três fins diversos: a) provocar danos no estabelecimento; b) destruir ou causar estragos nas coisas ali contidas; c) dispor das coisas ali existentes.

O bem jurídico sobre proteção é a organização do trabalho, tendo como sujeito passivo a coletividade, e, o patrimônio, onde o sujeito passivo é o proprietário. O sujeito ativo em quaisquer das modalidades pode ser qualquer pessoa.

6.2. Elementos objetivos e subjetivos

Na primeira parte do tipo há duas condutas prescritas pelos verbos invadir e ocupar. Já para a segunda parte, que define a *sabotagem*, as condutas são danificar e dispor.

Em ambas o elemento subjetivo é o dolo, a real intenção de invadir, ocupar, danificar estabelecimento industrial, comercial ou agrícola, ou dispor das coisas nele existentes. Todos estes atos volitivos devem ainda estar associados ao intento de impedir ou embaraçar o curso normal do trabalho. Depurada tais finalidades, não haverá, ao menos, esta configuração típica, podendo constituir outras infrações penais não especiais, como a invasão de domicílio e o crime de dano.

6.3. Consumação e tentativa, classificação

A *consumação* dá-se quando o estabelecimento industrial, comercial ou agrícola é invadido ou ocupado pelo agente, para os fins previstos na redação do artigo. Comporta *tentativa* em qualquer hipótese.

Trata-se de crime comum em relação ao agente, doloso, formal e permanente. Damásio de Jesus afirma que o crime será instantâneo no caso do dano.[7] Conquanto

7 JESUS, Damásio E. de. **Direito Penal:** Parte Geral. Vol. 3. 14ª edição. São Paulo: Saraiva, 1999. p. 45.

deve-se registrar que o dano, por si só, não configura o tipo penal em análise. É necessário que haja a invasão ou ocupação e deste ato advenha a consequência danosa. Como as duas condutas precedentes são por permanentes, se houver no curso desta permanência diversos atos de violência ao patrimônio do estabelecimento, não se haverá incidência de concurso de crimes e, por isso, não perde a natureza de permanente.

7. FRUSTRAÇÃO DE DIREITO ASSEGURADO POR LEI TRABALHISTA

Art. 203 – Frustrar, mediante fraude ou violência, direito assegurado pela legislação do trabalho:

Pena – detenção de um ano a dois anos, e multa, além da pena correspondente à violência.

§ 1º Na mesma pena incorre quem:

– obriga ou coage alguém a usar mercadorias de determinado estabelecimento, para impossibilitar o desligamento do serviço em virtude de dívida;

– impede alguém de se desligar de serviços de qualquer natureza, mediante coação ou por meio da retenção de seus documentos pessoais ou contratuais.

§ 2º A pena é aumentada de um sexto a um terço se a vítima é menor de dezoito anos, idosa, gestante, indígena ou portadora de deficiência física ou mental.

7.1. Conceito e sujeitos do crime

Frustrar na acepção aqui empregada, tem sentido de iludir, ludibriar, privar, com o fim de violar direito trabalhista. A conduta somente será adequada à descrição típica se este ato decorrer de *fraude* ou *violência*, sendo por isso tais figuras elementares que se alternam na subsunção da conduta ao tipo.

Por depender de complemento noutra legislação (*frustrar direito assegurado na legislação trabalhista*) trata-se de uma norma penal em branco, para muitos se trata de forma incriminatória inaceitável por ferir o princípio da reserva legal, vez que remete sua complementação a norma inferior.[8] Vale o escólio de Eugénio Raul Zaffaroni e Nilo Batista, dois dos mais expressivos doutrinadores penais de nosso tempo, que depois de severa crítica em relação a modalidade de norma penal em branco, concluem: *A lei penal em branco sempre foi lesiva ao princípio da legalidade formal e, além disso, abriu as portas para a analogia e para a aplicação retroativa, motivos suficientes para considera-la inconstitucional.*[9]

A Lei nº 9.777/1998 acrescentou a este artigo dois novos parágrafos. No § 1º inseriu novas condutas típicas, distribuídas em dois incisos, as quais imputam iguais penais do tipo previsto no *caput*, inclusive, o fez por remissão. No § 2º instituiu causa

---

8 QUEIROZ, Paulo. **Direito Penal**: Parte Geral. 4ª edição. Rio de Janeiro: Lumen Juris, 2008. p. 45.

9 ZAFFARONI, E. Raul & BATISTA, Nilo e outros. **Direito Penal Brasileiro**. Primeiro Volume. Teoria Geral do Direito Penal. Rio de Janeiro: Revan, 2003. p. 206.

de aumento de pena que serve não só ao § 1º como passou a acudir também o ilícito penal do *caput*.

Os novos tipos consistem em: a) *obrigar* ou *coagir* alguém a usar mercadorias de determinado estabelecimento, para *impossibilitar* o desligamento do serviço em virtude de dívida; b) *impedir* alguém de se *desligar* de serviços de qualquer natureza, *mediante coação ou por meio da retenção* de seus documentos pessoais ou contratuais.

Tem-se nestas novas modalidades criminosas formas de coibição do aviltamento da dignidade e liberdade dos trabalhadores, nestes casos feitos reféns de seus aliciadores ou empregadores, ficando dependentes de dívidas ou compromissos insuperáveis, enquanto persiste o interesse daqueles que os detém.

Os bens jurídicos protegidos são todos e quaisquer direitos protegidos pela legislação trabalhista. Neste particular, vale anotar que o constituinte de 1988 trouxe para o texto constitucional um enorme acervo de direitos trabalhistas, expressamente descritos no seu art. 7º a 11.

Assim, além das disposições constitucionais que complementam a norma penal em branco, serve também de suplemento a CLT – Consolidação das Leis Trabalhistas – como qualquer outro ordenamento em que haja previsão de direitos trabalhistas.

Esta forma de submissão humana, extraindo do indivíduo sua força de trabalho sem compensá-lo como prevê a lei trabalhista, ou cerceando-lhe a liberdade de locomoção ou de opção para aquisição de mercadorias, é sendo dúvida algo abjeto, desprezível, inclusive porque em certa medida assemelha-se a escravidão. Porquanto, deveria ter e que merecido na legislação penal reprimendas mais severas. Não se pugna pelo direito penal máximo e nem se quer acreditar seja o direito penal eficaz para solução desta forma de exploração humana. Todavia, uma vez considerado como bem jurídico de interesse penal, dever-se-ia, em razão do próprio princípio da proporcionalidade, ser valorado com maior prestígio[10] – diante das penas fixadas, tratam-se de infrações de menor potencial ofensivo – , inclusive (se isso é atingível) para se alcançar o caráter preventivo, inibindo que práticas desta natureza sejam cometidas.

O sujeito ativo destas condutas pode ser qualquer pessoa que emprega, seu preposto (gerente ou responsável pelo comando dos empregados) ou alicia empregados para terceiros.

O sujeito passivo é o Estado pela ofensa à organização do trabalho, como *qualquer pessoa*, que tenha seu direito trabalhista frustrado ou sua liberdade de opção de *escolha de mercadorias ou estabelecimento*, ou *de locomoção*, ou ainda *retidos documentos*, sempre em virtude de relação de trabalho.

10 TELES, Ney Moura. **Direito Penal**: Parte Especial. Arts. 121 a 212. Vol. 2. 2ª edição. São Paulo: Atlas, 2006. p. 495.

7.2. Elementos objetivos e subjetivos

A ação afirmar-se no ato de *frustrar, impedir, privar* a liberdade do trabalhador, mediante *fraude ou violência*, sonegando-lhe direitos trabalhistas.

Além disso, a tipificação do § 1º, I, traz os verbos *obriga* ou *coagir*. *Coagir* significa constranger, forçar (física ou psicológica), impor a própria vontade em detrimento da liberdade do outro. Quanto a obrigar, consiste em exigir que se cumpra determinada coisa, compromissada ou não. Acontece que para impor uma obrigação, se não decorrente de um contrato de trabalho obediente às normas trabalhistas, somente será possível mediante o emprego de violência, fraude ou coação. Como referido verbo encontra-se somente neste § 1º, I, tem-se que sua incidência dependerá sempre de coação, sendo desnecessária sua inserção no tipo, vez que já traz o verbo coagir.

No inciso II a conduta é *impedir o desligamento*, para que o agente vale de coação ou com a retenção de documentos da vítima.

O elemento subjetivo em todas estas condutas é o dolo, exigindo que o agente tenha consciência de que se vale da violência, da fraude ou da coação para atingir o objetivo de privar a vítima de seus direitos trabalhistas.

7.3. Causa de aumento de pena

A Lei nº 9.777/1998 inseriu também o § 2º, o qual prescreve causa de aumento de pena de um sexto a um terço, se o crime tiver como *vítima menor de 18 anos, pessoa idosa, gestante, indígena ou portadora de deficiência física ou mental*. Neste caso o legislador extraiu do art. 61 do Código Penal as vítimas que ali servem genericamente como circunstância agravante, trazendo-as para o tipo como causa de aumento de pena, a exceção do indígena não previsto no rol das agravantes, mas sob o mesmo fundamento da necessidade de proteção especial em razão de suas maiores fragilidades diante do agente, nesta conduta delitiva. Por óbvio, em tal situação, aplica-se somente a causa de aumento, senão incorrer-se-á num *bis in idem*.

Desta descrição o termo pessoa idosa não tinha uma definição precisa, assentindo apenas os autores de que não se poderia negar esta condição à pessoa maior de 70, em razão do que já dispunha o art. 77, § 2º e 115 do Código Penal.[11]

Todavia, a Lei nº 10.741/2003 (Estatuto do Idoso), traz e seu art. 1º conceito objetivo de idoso, qual seja toda pessoa com idade igual ou superior a 60 anos.

7.4. Consumação e tentativa, classificação

A consumação dos tipos penais descritos neste art. 203, *caput* e § 1º, I e II, dão-se, respectivamente, no instante em que *se suprime* o direito trabalhista, depois, quando o trabalhador (vítima) *utiliza ou adquire* as mercadorias no comércio indicado pelo agente.

Em quaisquer das figuras admite-se a tentativa.

---

11 MIRABETE, Julio Fabbrini. **Manual de Direito Penal**: Parte Especial. Arts. 121 a 234. Vol. 2. 16ª edição. São Paulo: Atlas, 2000. p. 386 e 392.

8. FRUSTRAÇÃO DE LEI SOBRE A NACIONALIZAÇÃO DO TRABALHO

Art. 204 – Frustrar, mediante fraude ou violência, obrigação legal relativa à nacionalização do trabalho:

Pena – detenção, de um mês a um ano, e multa, além da pena correspondente à violência.

8.1. Conceito e sujeitos do crime

O verbo nuclear é o mesmo do artigo anterior, tendo igual definição. O que difere é que a frustração neste tipo tem *o fim de descumprir uma obrigação legal*. Também requer que a frustração se dê mediante *fraude ou violência*, que integram o tipo como elementares.

De igual modo, trata-se de norma penal em branco (*obrigação legal relativa à nacionalização do* trabalho) e que *dependia* de normativa complementar. Porém, em relação a esta forma de tipificação para qual se exige suplementação noutra ordenação, reiteram-se os comentários do artigo anterior.

8.2. O tipo penal diante da Constituição de 1988

A obrigação legal quanto à nacionalização do trabalho, a que se reporta o tipo penal, não é mais exigência de ingresso de trabalhadores no país. Existem sim regras para imigração e permanência de estrangeiro no país. Porém, uma vez ingresso regularmente, a Constituição de 1988 não permite qualquer forma de distinção, em face do disposto no art. 5º, *caput*: *Todos são iguais perante a lei, sem distinção de qualquer natureza, garantindo-se aos brasileiros e aos estrangeiros residentes no País a inviolabilidade do direito à vida, à liberdade, à igualdade, à segurança e à propriedade, nos termos seguintes.*

Apesar do princípio da igualdade estampado neste art. 5º, o revogado art. 178, § 2º, do texto original da Constituição trazia uma cláusula de reserva, na seguinte situação: *Serão brasileiros os armadores, os proprietários, os comandantes e dois terços, pelo menos, dos tripulantes de embarcações nacionais.* Não sem tempo este artigo foi completamente alterado pela Emenda Constitucional 7/1995, superando inclusive a discussão sobre norma constitucional inconstitucional, porque acabou com a exclusividade e reserva mínima de postos de trabalho aos brasileiros, para o exercício das atividades que ali descrevia.

Porquanto, face ao princípio da igualdade como expresso na Constituição Federal, está-se diante de normativa também não recepcionada pela ordem constitucional vigente, como registra Fabbrini Mirabete. *Assim, passaram a ser incompatíveis com a Carta Magna as obrigações legais relativas à nacionalização do trabalho, tornando inócuo o dispositivo em estudo.*[12]

12 MIRABETE, Julio Fabbrini. **Manual de Direito Penal:** Parte Especial. Arts. 121 a 234. Vol. 2. 16ª edição. São Paulo: Atlas, 2000. p. 386.

9. EXERCÍCIO DE ATIVIDADE COM INFRAÇÃO DE DECISÃO ADMINISTRATIVA

> **Art. 205** – Exercer atividade, de que está impedido por decisão administrativa:
>
> Pena – detenção, de três meses a dois anos, ou multa.

9.1. Conceito e sujeitos do crime

O tipo descrito no art. 205 traz um mandamento negativo em virtude de uma decisão administrativa. Trata-se da proibição do exercício de atividade quando impedido administrativamente a fazê-lo.

O bem jurídico tutelado é a garantia da eficácia da decisão administrativa, isto é, existe interesse estatal que suas determinações sejam cumpridas. Neste caso, em princípio há uma imposição de uma sanção administrativa, pela qual o Estado impede o indivíduo do exercício de alguma atividade, em razão de uma falha ou falta de condições específicas para isso. Depois, em caso de descumprimento a esta decisão administrativa, impõe ao indivíduo desobediente a sanção criminal.

O descumprimento de decisão judicial importa na infringência do art. 330 (crime de desobediência), ou do art. 359 (crime de desobediência a decisão judicial sobre perda ou suspensão de direito), ambos do Código Penal.

O sujeito ativo violador deste art. 205, embora não lhe seja exigido nenhuma condição especial, enquanto desempenho de atividade, não pode ser qualquer pessoa, afinal a administração pública não pode sair cerceando atividades laborais para as quais não há o mínimo interesse ou razão para intervir. Por exemplo: não há motivo e sequer meios jurídicos para que o poder público imponha a um comerciário, a um trabalhador da construção civil, a um torneiro mecânico, ou qualquer outra atividade que não requeira inscrição ou registro especial, uma penalidade administrativa impedindo-o do exercício destas atividades.

Assim, muito embora não haja no tipo especificidade da atividade que o poder público possa impedir, não se está por certo diante de um *crime comum*, porque nem todo e qualquer trabalhador estará sujeito a sua prática, vez que depende de uma condição especial que é a proibição administrativa do exercício da atividade. Cezar Bitencourt afirma que neste caso há uma espécie *sui generis* de crime próprio, porque só aquele que o poder público pode conter é que poderá incidir nesta modalidade penal.[13]

De fato, somente o indivíduo que teve por decisão administrativa a imposição do impedimento do exercício da atividade – para tanto se deve atender àquela atividade para qual se exige registro ou autorização do poder público, ou ainda seja por ele fiscalizada – é que poderá ser sujeito ativo do crime em estudo.

---

13 BITENCOURT, Cezar Roberto. **Tratado de Direito Penal:** Parte Especial. Vol. 3. São Paulo: Saraiva, 2009. p. 396.

Noutro particular, deve-se atentar que nem sempre o fato de haver impedimento administrativo para o exercício de atividade, pelo poder público, a desobediência a esta determinação enseja a prática deste crime. Em determinadas situações de descumprimento de decisões administrativas o direito penal trata como crime específico, como no caso de um motorista, que teve sua habilitação suspensa administrativamente, venha a exercer a atividade antes do término do período de proibição, violando assim a norma penal incriminadora descrita no art. 307 da Lei nº 9.503/1997 (Código de Trânsito Brasileiro).[14]

Destarte, *trata-se de crime próprio*, porque se exige qualidade específica do agente, neste caso, aquele que exerce atividade que dependa de registro, autorização ou fiscalização do poder público, e desde que o ato de desobediência em si não constitua crime.

9.2. Elementos objetivos e subjetivos

A conduta proibida no tipo é *exercer* que significa desempenhar, realizar, desenvolver. Exercer exige o complemento, neste caso *atividade*, que por sua vez implica em desempenho laboral. Para caracterização da conduta é necessário que o exercício da atividade impedida administrativamente pelo poder público, seja prática habitual e rotineira do agente. Não se insere na tipificação, porquanto, o desempenho da atividade sem que haja caráter de habitualidade, porque essa característica é fundamental para sua incidência.

O elemento subjetivo constitutivo do tipo é o dolo, exigindo-se do agente consciência da proibição de exercer a atividade, praticando-a mesmo em contraposição ao mandamento administrativo.

9.3. Consumação e tentativa, classificação

Por se tratar de crime habitual, não se admite tentativa[15], requerendo para sua consumação a reiteração da prática do exercício da atividade impedida.

Trata-se de crime doloso, próprio e habitual.

---

14 Lei nº 9.503/1997 (Código de Trânsito Brasileiro): *Art. 307. Violar a suspensão ou a proibição de se obter a permissão ou a habilitação para dirigir veículo automotor imposta com fundamento neste Código: Penas – detenção, de 6 (seis) meses a 1 (um) ano e multa, com nova imposição adicional de idêntico prazo de suspensão ou proibição.*

15 **Crime habitual e por isso não se admite tentativa:** MIRABETE, Julio Fabbrini. **Manual de Direito Penal:** Parte Especial. Arts. 121 a 234. Vol. 2. 16ª edição. São Paulo: Atlas, 2000. p. 389; TELES, Ney Moura. **Direito Penal**: Parte Especial. Arts. 121 a 212. Vol. 2. 2ª edição. São Paulo: Atlas, 2006. p. 500; JESUS, Damásio E. de. **Direito Penal:** Parte Geral. Vol. 3. 14ª edição. São Paulo: Saraiva, 1999. p. 56; BITENCOURT, Cezar Roberto. **Tratado de Direito Penal:** Parte Especial. Vol. 3. São Paulo: Saraiva, 2009. p. 398; NUCCI, Guilherme de Souza. **Código Penal Comentado**. 2ª edição. São Paulo: RT, 2002. p. 640; DELMANTO, Celso e outros. **Código Penal Comentado**. 4ª edição. Rio de Janeiro: Renovar, 1998. p. 385. GONÇALVES, Victor Eduardo Rios. **Direito Penal Esquematizado**. Parte Especial. São Paulo: Saraiva, 2011. p. 494.**Não se trata de crime habitual e por isso admite-se tentativa:** ESTEFAM, André. **Direito Penal**. Vol. 3. São Paulo: Saraiva, 2011. p. 92; NORONHA, Magalhães E. *apud* FRANCO, Alberto Silva e outros. **Código Penal e sua Interpretação Jurisprudencial**. 5ª edição. São Paulo: RT, 1995. p. 2376.

10. ALICIAMENTO PARA O FIM DE EMIGRAÇÃO

Art. 206 – Recrutar trabalhadores, mediante fraude, com o fim de leva-los para território estrangeiro.

Pena – detenção, de 1 (um) a 3 (três) anos e multa.

10.1. Conceito e sujeitos do crime

Recrutar é o ato de cooptar, de seduzir, de aliciar. O tipo penal exige na sua configuração que recrutamento se dê *mediante fraude*. Trata-se de elemento novo inserido pela reforma deste artigo pela Lei nº 8.683/1993, modificando a redação original do Código de 1940 que não exige a fraude.

Dado importante a ser observado é que o tipo penal refere-se a *trabalhadores* – no plural – não bastando, portanto, para configuração típica, o induzimento enganoso de um único indivíduo. Todavia nem de modo implícito pode-se afirmar que seja preciso mais que dois trabalhadores, como quer alguns autores. O argumento de que seja necessário no mínimo três, em virtude do fato de que quando a lei se contenta com o número mínimo de duas pessoas o faz expressamente,[16] não nos parece justificador, inclusive porque, em especial neste título, o art. 200 ao tratar do abandono coletivo de trabalho (greve), em seu parágrafo único registra que para tanto é indispensável pelo menos o concurso de três agentes.

Assim, o plural que exceda a dois é que deve ser esclarecido e não por pura dedução inversa, sem que isso seja consentâneo com a própria regência nominal.

Pouco importa as condições de trabalho que estes trabalhadores terão no estrangeiro, embora pela própria forma de captação induza que não atenderam as normas trabalhistas brasileiras e, provavelmente, também do país de destino. Ainda assim, desde que a saída tenha se dado mediante fraude, haverá o crime, porque o bem jurídico protegido é o interesse do Estado na permanência dos trabalhadores em território nacional, por duas razões fundamentais.

Primeiro diante da perspectiva de que a saída será danosa para economia nacional, em face da evasão de força de trabalho. Esta justificativa não tem mais pertinência na atualidade, ante os efeitos da globalização que internacionalizou inclusive o trabalho. Aliás, do ponto de vista de política social e econômica é mais preocupante o ingresso de força de trabalho estrangeira, ainda que não se possa colocar barreiras, concorrendo com os trabalhadores nacionais, do que o caminho inverso.

Segundo, e com forte razão, ante ao temor de que o trabalhador retirado de forma fraudulenta do território nacional estará sujeito a sérias violações nas relações

---

16 BITENCOURT, Cezar Roberto. **Tratado de Direito Penal**: Parte Especial. Vol. 3. São Paulo: Saraiva, 2009. p. 400; GONÇALVES, Victor Eduardo Rios. **Direito Penal Esquematizado**. Parte Especial. São Paulo: Saraiva, 2011. p. 486.

trabalhistas, inclusive pelo modo em que fora em retirado (mediante fraude), agredindo a dignidade de um ente nacional.

Assim, como se trata de crime contra a organização do trabalho, pouco importa qual a atividade que será desenvolvida no exterior, se ilícita no território nacional, ou lá exercida irregularmente.

Qualquer pessoa pode ser sujeito ativo do crime. Quanto ao sujeito passivo, em primeiro plano o Estado, e no segundo momento o indivíduo, levado mediante engano para trabalhar no exterior.

10.2. Elementos objetivos e subjetivos

A conduta central é recrutar, no sentido de atrair trabalhadores, com o fim de exercerem suas atividades no exterior. O verbo recrutar indica uma ação antecede ao próprio ato de emigração. Por isso, não é necessário para configurar criminosa que os trabalhadores angariados sejam levados para o exterior, bastando que sejam convencidos, mediante fraude, a irem trabalhar em país estrangeiro.

Somente haverá a modalidade criminosa, portanto, se houver a fraude. Implica dizer que o elemento sedutor que levaram os aliciados a se convencerem da proposta de trabalho, deve estar caracterizado o suficiente para fazer com que acreditassem nas vantagens, promessas, condições empregatícias e rentabilidade que haverão de obter trabalhando fora do Brasil.

O elemento subjetivo é o dolo e consiste na pretensão de atrair trabalhadores para atividades fora do país. É premente que o agente queira e saiba que está induzindo os recrutados com meios fraudulentos.

10.3. Consumação e tentativa, classificação

O crime consuma-se com o ato de aliciar, não exigindo que haja a transferência dos trabalhadores para o exterior.

Quanto à tentativa há posicionamentos distintos entre os autores. Alguns a admite;[17] outros em tese;[18] por fim, aqueles que não a admitem em hipótese alguma,

---

17 MIRABETE, Julio Fabbrini. Manual de Direito Penal: Parte Especial. Arts. 121 a 234. Vol. 2. 16ª edição. São Paulo: Atlas, 2000. p. 390; TELES, Ney Moura. **Direito Penal:** Parte Especial. Arts. 121 a 212. Vol. 2. 2ª edição. São Paulo: Atlas, 2006. p. 502; JESUS, Damásio E. de. **Direito Penal:** Parte Geral. Vol. 3. 14ª edição. São Paulo: Saraiva, 1999. p. 60; NUCCI, Guilherme de Souza. **Código Penal Comentado**. 2ª edição. São Paulo: RT, 2002. p. 641; GONÇALVES, Victor Eduardo Rios. **Direito Penal Esquematizado**. Parte Especial. São Paulo: Saraiva, 2011. P 495; ESTEFAM, André. **Direito Penal**. Vol. 3. São Paulo: Saraiva, 2011. p.95; GREGO, Rogério. Curso de Direito Penal. Parte Especial. Vol. III. 11ª edição. Niterói/RJ: Impetus. 2014, p. 423.

18 BITENCOURT, Cezar Roberto. **Tratado de Direito Penal:** Parte Especial. Vol. 3. São Paulo: Saraiva, 2009. p. 401; DELMANTO, Celso e outros. **Código Penal Comentado**. 4ª edição. Rio de Janeiro: Renovar, 1998. p. 387.

entendendo que se trata de mera conduta.[19] Porém, filiamos à primeira posição, não vendo óbice algum para que haja interrupção consumativa por fatos alheios à vontade do agente. O ato de recrutar exige jogo de sedução e de convencimento. Assim, depois de exaurida todas as fases e, não logrando êxito em agenciar trabalhadores, por circunstâncias contrárias a deliberação do agente, se estará diante de um crime tentado.

É crime doloso, comum, formal.

11. ALICIAMENTO DE TRABALHADORES DE UM LOCAL PARA OUTRO DO TERRITÓRIO NACIONAL

Art. 207 – Aliciar trabalhadores, com o fim de levá-los de uma para outra localidade do território nacional:

Pena – detenção de um a três anos, e multa.

§ 1º Incorre na mesma pena quem recrutar trabalhadores fora da localidade de execução do trabalho, dentro do território nacional, mediante fraude ou cobrança de qualquer quantia do trabalhador, ou, ainda, não assegurar condições do seu retorno ao local de origem.

§ 2º A pena é aumentada de um sexto a um terço se a vítima é menor de dezoito anos, idosa, gestante, indígena ou portadora de deficiência física ou mental.

11.1. Conceito e sujeitos do crime

Aliciar é o mesmo que recrutar, como previsto no artigo antecedente. Todavia, neste tipo penal, o aliciamento é para deslocamento de trabalhadores dentro do próprio território e não se exige que a cooptação se dê mediante de fraude.

Assim como no tipo precedente, o ato de aliciar deve ser dirigido a *trabalhadores* (no plural), bastando seja ao menos dois, como analisado.

A Lei nº 9.777/1998 acresceu dois parágrafos a este artigo. No § 1º, traz duas novas condutas, incriminando o ato de ***recrutar*** *trabalhadores fora da localidade de execução do trabalho, dentro do território nacional, mediante fraude ou cobrança de qualquer quantia do trabalhador*; e o ato de ***não assegurar*** *a estes trabalhadores recrutados, condições do retorno ao local de origem.*

Em que pese aparentarem mais gravosas as condutas descritas no § 1º as penas são as mesmas para a descrição típica do *caput*, detenção de 1 a 3 anos e multa.

O dispositivo penal do *caput* visa proteger o interesse do Estado, inibindo a migração de trabalhadores. Para a figura prevista no § 1º, além do interesse delineado na cabeça do artigo, tem-se também o interesse na preservação da dignidade dos trabalhadores, coibindo a exploração de mão de obra supostamente mais barata e subjugada às péssimas condições trabalhistas, retirados de suas localidades domiciliares

19 NORONHA, Magalhães E. apud FRANCO, Alberto Silva e outros. **Código Penal e sua Interpretação Jurisprudencial.** 5ª edição. São Paulo: RT, 1995. p. 2376.

para exercício de atividades laborais fora, ainda que no próprio território nacional, conquanto, mediante fraude, exigindo-lhes pagamento para este agenciamento e migração, ou sem assegurar-lhes condições de retorno aos seus locais de origem.

Qualquer pessoa pode ser sujeito ativo das figuras típicas previstas neste artigo e seu parágrafo. O sujeito passivo é o Estado, imediatamente, e os próprios trabalhadores aliciados, para os quais também não se exige condição especial.

11.2. Elementos objetivos e subjetivos

Há verdadeira semelhança entre estas figuras descritas nestes tipos descritos no art. 207, com aquela prevista no art. 206. A diferença elementar é que no artigo anterior o aliciamento visa levarem os trabalhadores para exercício de atividade laboral no exterior (imigração), enquanto neste em estudo o fim é deslocar trabalhadores dentro do próprio território nacional (migração).

Não há precisão de distância do deslocamento, conquanto o simples fato de desalojar de sua origem para trabalhar é o suficiente para incidência da norma proibida, sem contida as demais elementares dos tipos.

A fraude, não descrita no *caput*, e que é elementar do tipo no art. 206, está inserta no § 1º. As penas se equivalem.

Assim como no artigo anterior, o elemento subjetivo é o dolo, consistente na vontade consciente de atingir todos os elementos do tipo, dentre eles, o fim especial que é migrar trabalhadores no território nacional.

11.3. Causa de aumento de pena

A causa de aumento de pena previsto § 2º, inserido pela Lei nº 9.777/1998, é coincidente com a mesma causa descrita, também no § 2º do art. 203, igualmente inovado pela legislação reformadora.

Destarte, os mesmos comentários feitos na análise desta causa de aumento no art. 203 (*vide item* 8.7.3) servem integralmente para a situação em comento.

11.4. Consumação e tentativa, classificação

Da mesma forma indicada para o art. 206, os crimes previstos neste art. 207 consumam-se com o ato de aliciar, não sendo necessária, neste caso, a migração dos trabalhadores.

Na situação da segunda parte do § 1º, deste art. 207, a consumação dá-se no instante em que os trabalhadores têm negadas as condições necessárias para retornarem ao local de onde vieram.

Em relação à tentativa, no que tange ao *caput* e a primeira parte do § 1º, prevalecem as divergências levantadas no artigo anterior, e as conclusões a que ali chegamos. Neste caso *não será possível tentativa*, porque o simples gesto de negar as condições para retorno configura o delito.

Tratam-se de crimes dolosos, comuns, formais, instantâneos, comissivos, salvo a última figura, descrita no § 1º, que é omissivo.

REFERÊNCIAS BIBLIOGRÁFICAS

ARAÚJO Jr., João Marcelo. **Dos crimes contra a ordem econômica**. São Paulo: RT, 1995.

BRASIL. STF. **HC 85.237**. Rel. Min. Celso de Melo. j. 17/03/05. DJ 29/04/05.

______. **HC 94415 / RS**. Rel. Min. Eros Grau. <http://www.stf.jus.br/portal/pesquisa/listarPesquisa.asp?termo=HC %2094415%20/%20RS>. Pesquisa em 02/11/2015.

______. **RE 398.041**. Rel. Joaquim Barbosa, sessão de 30/11/2006. Informativo 450 STF. http://www.stf.jus.br/arquivo/informativo/documento/informativo450.htm. Pesquisa em 02/11/2015.

BRASIL. STJ. **CC 132884/GO**. 3ª Seção. Relatora Min. Marilza Maynard (Desembargadora Convocada do TJ/SE). Data julgamento 28/05/2014. DJe 10/06/2014. http://www.stj.jus.br/SCON/jurisprudencia/doc.jsp?livre=COMPET.

%CANCIA+TRABALHO+ESCRAVO&&b=ACOR&p=false&t=JURIDICO&l=10&i=4. Pesquisa 02/11/2015.

BITENCOURT, Cezar Roberto. **Código Penal Comentado**. São Paulo: Saraiva, 2002. ________. Cezar Roberto. **Tratado de Direito Penal:** Parte Especial. Vol. 3. São Paulo: Saraiva, 2009.

DELMANTO, Celso e outros. **Código Penal Comentado**. 4ª edição. Rio de Janeiro: Renovar, 1998.

ESTEFAM, André. **Direito Penal.** Vol. 3. São Paulo: Saraiva, 2011.

FRANCO, Alberto Silva *et al*. **Código Penal e sua interpretação jurisprudencial.** 7ª edição. São Paulo: Revista dos Tribunais, 2001.

GAZETAWEB.COM/NOTÍCIAS. Por Thiago Gomes. **Juiz de AL reconhece vínculo empregatício de entregador de comida por aplicativo:** Sentença inédita no Estado determinou pagamento de indenização a motoboy. **Portal Gazetaweb.com**. Matéria atualizada em 09/12/2019. Disponível em: <https://gazetaweb.globo.com/portal/noticia/2019/12/juiz-de-al-reconhece-vinculo-empregaticio-de-entregador-de-comida-por-aplicativo_92317.php>. Acesso em 15 dez 2019. GONÇALVES, Victor Eduardo Rios. **Direito Penal Esquematizado**. Parte Especial. São Paulo: Saraiva, 2011.

GREGO, Rogério. **Curso de Direito Penal**. Parte Especial. Vol. III. 11ª edição. Niterói/RJ: Impetus. 2014.

HASSEMER, Winfried. **Direito Penal:** fundamentos, estrutura, política. Tradução Adriana Beckman Meirelles et al. Porto Alegre: Sergio Antonio Fabris Editor, 2008.

IHU - Instituto Humanitas Unisinos. **Uberização traz ao debate a relação entre precarização do trabalho e tecnologia.** Revista do Instituto Humanitas Unisinos. IHU *On-Line*. Edição 503, de 24 abr 2017. Reportagem de Ricardo Machado. Entrevistada Dra. Ludmila Costhek Abílio. Disponível em: <http://www.ihuonline.unisinos.br/artigo/6826-uberizacao-traz-ao-debate-a-relacao-entre-precarizacao-do-trabalho-e-tecnologia>. Acesso em 15 dez 2019.

JESUS, Damásio E. de. **Direito Penal:** Parte Geral. Vol. 1. 23 ed. São Paulo: Saraiva, 1999.

MIRABETE, Julio Fabbrini. **Manual de Direito Penal:** Parte Especial. Arts. 121 a 234. Vol. 2. 16ª edição. São Paulo: Atlas, 2000.

NORONHA, Magalhães E. apud FRANCO, Alberto Silva e outros. **Código Penal e sua Interpretação Jurisprudencial.** 5ª edição. São Paulo: RT, 1995.

NUCCI, Guilherme de Souza. **Código Penal Comentado**. 2ª edição. São Paulo: RT, 2002.

PRADO, Luiz Regis. **Curso de Direito Penal brasileiro:** Parte Especial. Volume 2. São Paulo: Revista dos Tribunais, 2000.

QUEIROZ, Paulo. **Do Caráter Subsidiário do Direito Penal:** lineamentos para um direito penal mínimo. Belo Horizonte: Del Rey. 1998.

_______. **Curso de Direito Penal:** Parte Geral. Vol. 1. 8ª edição. Salvador: Juspodivm, 2012.

_______. **Direito Penal:** Parte Geral. 4ª edição. Rio de Janeiro: Lumen Juris, 2008.

REVISTA EXAME. **Justiça reconhece vínculo empregatício entre motorista e Uber**: A Uber foi condenada a assinar a carteira de trabalho do motorista e vai ter que pagar horas extras, adicional noturno, multa e verbas rescisórias. Por Camila Pati. Portal Editora Abril/Exame. Disponível em: <https://exame.abril.com.br/carreira/justica-reconhece-vinculo-empregaticio-entre-motorista-e-uber/>. Publicado em 14 fev 2017. Acesso em 15 dez 2019.

TELES, Ney Moura. **Direito Penal:** Parte Especial. Arts. 121 a 212. Vol. 2. 2ª edição. São Paulo: Atlas, 2006.

ZAFFARONI, E. Raul & BATISTA, Nilo e outros. **Direito Penal Brasileiro**. Primeiro Volume. Teoria Geral do Direito Penal. Rio de Janeiro: Revan, 2003.

TÍTULO V – DOS CRIMES CONTRA O SENTIMENTO RELIGIOSO E CONTRA O RESPEITO AOS MORTOS

↳ CAPÍTULO I – DOS CRIMES CONTRA O SENTIMENTO RELIGIOSO

GIOVANE SANTIN

1. ULTRAJE A CULTO E IMPEDIMENTO OU PERTURBAÇÃO DE ATO A ELE RELATIVO

⊙ **Ultraje a culto e impedimento ou perturbação de ato a ele relativo**

Art. 208 – Escarnecer de alguém publicamente, por motivo de crença ou função religiosa; impedir ou perturbar cerimônia ou prática de culto religioso; vilipendiar publicamente ato ou objeto de culto religioso:

Pena – detenção, de 1 (um) ano, ou multa.

Parágrafo único. Se há emprego de violência, a pena é aumentada de um terço, sem prejuízo da correspondente à violência.

1.1. Objeto jurídico e sujeitos do crime

Não há criminalidade sem criminalização. O crime não existe. É criado. Somente será crime aquilo que a lei define como tal. Por isso, o Direito Penal se torna imprescindível para legitimar um sistema caracterizado pela seletividade e estigmatização de seres humanos que serão rotulados como criminosos.

As condutas humanas que serão caracterizadas como crime é resultado de um juízo de valor dos legisladores que definem o bem jurídico a ser tutelado pelo direito penal de acordo com os mais diversos interesses. Conforme Oscar Mellim Filho tanto as normas jurídicas de natureza civil quanto criminal *"são fruto de uma elaboração técnica pelo Estado, encarnado na figura do legislador, a partir de seu próprio desejo, enquanto interesse de uma classe, agrupamento ou mesmo de um único indivíduo"*[1].

Essa "falácia naturalista" reduz os fatos às normas ou deduz uma norma dos fatos com intuito de o Estado controlar/impedir – pela intimidação e medo (instrumentos poderosos de controle social) - que as condutas definidas como crime sejam praticadas.

A crença na lei penal como instrumento eficaz no controle da criminalidade foi destaque no final do século XVIII pela teoria da coação psicológica de Paul Johann

1 FILHO, Oscar Mellim. *Criminalização e Seleção no Sistema Judiciário Penal.* São Paulo: IBCCRIM, 2010. p. 47.

Anselm Von Feuerbach. Embora a realidade tenha demonstrado ao longo dos anos os equívocos da referida teoria[2], é comum os discursos propagados de que a criminalidade poderá ser reduzida pelo rigor das leis penais ao causar uma intimidação social.

Nesse aspecto, não haverá apenas uma seleção de condutas humanas que serão consideradas como crime pelo poder constituído, mas também um tratamento punitivo representado pela escolha da pena a ser imposta.

A real função das leis penais não é a redução dos índices de criminalidade, mas sim a sua construção social por razões políticas e interesses do político, sendo o Direito Penal a matriz teórica de legitimação de um sistema punitivo e de criminalização.

Por outro lado, o artigo 5º, inciso VI, da Constituição da República, estabelece que é inviolável a liberdade de consciência e de crença, assegurando o livre exercício dos cultos religiosos e garantindo proteção aos locais de culto e a suas liturgias.

Assim, todo cidadão tem o direito de manifestar sua fé por meio da religião que melhor se adaptar às suas convicções, razão pela qual o tipo penal tutela tanto o sentimento religioso quanto a liberdade de culto.

Considerando que se trata de crime comum, uma vez que a norma incriminadora não exige nenhuma condição ou qualidade específica do agente, qualquer pessoa poderá praticá-lo.

Quanto ao sujeito passivo, é necessário diferenciar primeira modalidade – *escarnecer de alguém publicamente* – das duas últimas figuras – *impedir ou perturbar cerimônia ou prática de culto religioso e vilipendiar publicamente ato ou objeto de culto religioso*, senão vejamos o ensinamento de Rogério Greco:

> *"Sujeitos passivos são aqueles que foram escarnecidos publicamente, por motivo de crença ou função religiosa; os crentes que foram impedidos de participar de cerimônia ou culto religioso, ou mesmo perturbados durante sua realização; ou, ainda, todos aqueles que estavam ligados ao ato ou objeto de culto religioso que foi profanado, vilipendiado pelo agente. Nas duas últimas hipóteses, podemos considerá-las como características do chamado crime vago, que atinge um número indeterminado de pessoas"*[3].

1.2. Tipo objetivo

O tipo penal criminaliza três condutas diferentes, as quais devem ser analisadas separadamente, quais sejam: escarnecer de alguém por motivo de religião;

---

2 Juarez Cirino dos Santos destaca dois defeitos graves da Teoria da Coação Psicológica: *"primeiro, a falta de critério limitador da pena transforma a ameaça pena em terrorismo estatal – como indica a lei de crimes hediondos, essa infeliz invenção do legislador brasileiro; segundo, a natureza exemplar da pena como prevenção geral negativa viola a dignidade humana porque os acusados reais são punidos de forma exemplar para influenciar a conduta de acusados potenciais – em outras palavras, aumenta-se injustamente o sofrimento dos acusados reais para desestimular o comportamento criminoso de acusados potenciais"*. In: Direito Penal – Parte Geral. 4ª ed. rev. atual. Florianópolis: Conceito Editorial, 2010. p. 427.

3 GRECO, Rogério. *Curso de Direito Penal – Parte Especial*. v. 3. Rio de Janeiro: Impetus, 2012. p. 431-432.

impedimento ou perturbação de culto religioso e vilipêndio de ato ou objeto de culto. Dessa forma, analisaremos cada uma dessas condutas individualmente.

O primeiro verbo nuclear do tipo consiste em *escarnecer*, cujo significado é ridicularizar, insultar, zombar ou humilhar determinada pessoa em razão de sua crença ou função religiosa. Contudo, verifica-se que o termo *publicamente* é elemento fundamental para a caracterização do injusto, isto é, não basta que o escárnio seja por motivo religioso, é necessário que seja praticado na presença de várias pessoas ou "*por intermédio de instrumentos hábeis para sua propagação (v.g., jornal, televisão, rádio, cartaz, outdoor ou outro meio de comunicação pública)* "[4], alcançando pessoas indeterminadas.

Exige-se também que a conduta do agente tenho sido praticada por motivo de *crença ou função religiosa da vítima*. Nelson Hungria leciona que

> "*crença religiosa é a fé, a convicção da verdade de tal ou qual doutrina acerca da divindade ou poderes sobrenaturais. Função religiosa entende-se, aqui, o ministério exercido ou estado assumido por quem participa da celebração de um culto ou de uma organização religiosa (padre católico, frade, freira, sacristão, irmão leigo, rabino judaico, pastor protestante, sacerdote budista, médium espírita, etc.)* ".[5]

A norma incriminadora também responsabiliza o agente que *impedir ou perturbar cerimônia ou prática de culto religioso*. Nessa hipótese, a conduta consiste em não permitir o início, obstar ou suspender com perturbação, evitar, tumultuar, alterar ou atrapalhar o curso regular da cerimônia ou do culto.

Para a caracterização do delito nas modalidades em análise, é necessário que a conduta do agente seja de considerável monta, e não um singelo ato incapaz de romper com a continuidade do evento. Na lição de José Henrique Pierangeli a perturbação ocorrerá "

> *nas vias de fato, ameaças em altos brados, vaias, vozes propositadamente dissonantes com as orações que se professam, no bater de pés, uso de matracas, disparos de arma de fogo, explosões, emissão de gases tóxicos, usos de aparelhos de som. A modalidade impedir inclui a colocação de obstáculos à entrada do templo, mas outros procedimentos também podem perturbar ou impedir o ato, como a instalação de carro de som (trio elétrico) em frente de uma igreja, emitindo por tempo considerável sons exageradamente altos que impedem ouvir a palavra do sacerdote*[6] e, consequentemente, impedindo a realização da cerimônia ou do culto religioso.

Tanto a cerimônia quanto o culto religioso são elementos do tipo, os quais foram diferenciados por Luiz Regis Prado da seguinte forma: a primeira

> "*é a manifestação exterior do culto religioso (missa, culto, batismo, casamento, procissão etc.). Esta não precisa ser realizada necessariamente dentro de uma igreja ou templo para ser denominada cerimônia, pode também ser fora desses locais, como ocorre com a procissão, certos casamentos e missas ao ar livre. Prática de culto religioso é uma*

---

4 PRADO, Luiz Regis. *Curso de Direito Penal Brasileiro*. v. 2. 8ª edição. São Paulo: Revista dos Tribunais, 2010. p. 570.

5 HUNGRIA, Nelson. LACERDA, Romão Cortês de. FRAGOSO, Heleno. *Comentários ao Código Penal*. Volume VIII. 5ª edição. Rio de Janeiro: Forense, 1981. p. 61.

6 PIERANGELI, José Henrique. *Manual de Direito Penal Brasileiro – Parte Especial*. 2ª edição. São Paulo: Revista dos Tribunais, 2007. p. 445.

> *atividade menos solene, mas que está correlacionada com o culto (oração coletiva na igreja ou sinagoga, ensino de catecismo, sessão espírita)"*[7].

Por último, o artigo 208 do Código Penal se refere ao ato de *vilipendiar publicamente ato ou objeto de culto religioso.* O verbo nuclear do tipo – *vilipendiar* – quer dizer aviltar, desprezar, humilhar em local público, qualquer *ato ou objeto de culto religioso*[8]. Lembra Nelson Hungria que só haverá o crime se o vilipêndio – que pode consistir em palavras injuriosas, atos ou escritos – for praticado na presença de muitas ou várias pessoas, não importando se dentro ou forma de local público ou privado. O penalista mineiro também ensina que para a caracterização do delito é necessário que o objeto de culto religioso sobre o qual recai a conduta esteja consagrado ao culto, não havendo proteção para aqueles que ainda estiverem expostos à venda numa casa comercial[9].

1.3. Tipo subjetivo

O crime é punível apenas a título de dolo, que no caso caracteriza-se pela vontade livre e consciente do agente em praticar qualquer das condutas previstas na norma penal incriminadora, todavia, na primeira e terceira modalidade *é* imprescindível o especial motivo de agir, o qual segundo Luiz Regis Prado[10] é que o agente atue *"em razão de crença ou função religiosa ou com o fim de ofender o sentimento religioso do sujeito passivo, caso contrário configurará apenas o crime de difamação ou injúria (arts. 139 ou 140, CP).*

1.4. Consumação e tentativa

Quanto ao momento consumativo, é preciso distinguir as três modalidades previstas no artigo 208 do Código Penal.

A primeira conduta (escarnecer de alguém publicamente por motivo de crença ou função religiosa), por se tratar de crime de mera atividade, se consuma no momento que o agente insultar alguém publicamente, por motivo de crença ou função religiosa. A Doutrina, em geral, admite a tentativa quando o escárnio for praticado por escrito[11], e a ação for interrompida por circunstâncias alheias à vontade do agente antes da consumação.

Na segunda e terceira figuras (*impedir ou perturbar cerimônia ou prática de culto religioso; vilipendiar publicamente ato ou objeto de culto religioso),* a consumação ocorre

---

7 PRADO, Luiz Regis. *op. cit.* p. 571.

8 De acordo com os ensinamentos de Rogério Sanches e Luiz Flávio Gomes *"ato, aqui, é uma ação religiosa que abrange tanto a cerimônia como o culto. Objeto Religioso é qualquer bem corpóreo ligado à realização do culto (imagens, templos, documentos, crucifixos etc.)"* In: *Direito Penal: parte especial.* v. 3. São Paulo: Revista dos Tribunais, 2008. p. 219.

9 Cf. HUNGRIA, Nelson. LACERDA, Romão Cortês de. FRAGOSO, Heleno. *op. cit.* p. 64-65.

10 PRADO, Luiz Regis. *op. cit.* p. 572.

11 Nesse sentido: ESTEFAM, André. *Direito Penal – Parte Especial.* v. 3. São Paulo: Saraiva, 2011. p. 106; CUNHA, Rogério Sanches. GOMES, Luiz Flávio. *Direito Penal: parte especial.* v. 3. São Paulo: Revista dos Tribunais, 2008. p. 219.

quando o agente consegue efetivamente interromper ou atrapalhar o culto ou a cerimônia religiosa, bem como com a realização do vilipêndio e, por trataram-se de crimes materiais, a tentativa é possível.

1.5. Causa de aumento de pena

O parágrafo único do artigo 208 prevê a incidência de aumento de pena no patamar de 1/3 (um terço) no caso do crime ser praticado com emprego de violência. Contudo, o dispositivo dispõe que além da referida majoração, aplica-se em cúmulo material a pena correspondente à violência (lesão corporal), o que caracteriza uma dupla punição em razão do mesmo fato e, consequentemente, viola o princípio do *non bis in idem*.

1.6. Ação penal

A ação penal é pública incondicionada.

↳ CAPÍTULO II – DOS CRIMES CONTRA O RESPEITO AOS MORTOS

GIOVANE SANTIN

1. IMPEDIMENTO OU PERTURBAÇÃO DE CERIMÔNIA FUNERÁRIA

⊙ **Impedimento ou perturbação de cerimônia funerária**

Art. 209 – Impedir ou perturbar enterro ou cerimônia funerária:

Pena – detenção, de 1 (um) mês a 1 (um) ano, ou multa.

Parágrafo único. Se há emprego de violência, a pena é aumentada de um terço, sem prejuízo da correspondente à violência.

1.1. Objeto jurídico e sujeitos do crime

O item 68 da Exposição de Motivos do Código Penal dispõe que *"são classificados como species do mesmo genus os crimes contra o sentimento religioso e contra o respeito aos mortos"*, sendo este último objeto de nossa análise a partir de agora. No entanto, não podemos deixar de mencionar a afinidade existente entre uns e outros, pois conforme Nelson Hungria[1] o respeito aos mortos reveste-se de um cunho religioso e de relevante valor ético-social, sendo, por isso, um interesse jurídico digno da tutela penal.

Por isso, o bem penalmente protegido pelo artigo 209 do Código Penal é o sentimento de respeito aos mortos, resguardando-se *"a incolumidade dos atos fúnebres, do cadáver em si mesmo e da sepultura"*.[2]

O sujeito ativo do crime de impedimento ou perturbação de cerimônia funerária poderá ser qualquer pessoa, uma vez que trata-se de crime comum. Por sua vez, o sujeito passivo é a coletividade, a qual pode ser representada pela família, pelos amigos do falecido ou aqueles que estiverem acompanhando o ato.

1.2. Tipo objetivo

As condutas descritas no tipo são *impedir*, cujo significado pode ser impossibilitar ou obstar, e *perturbar*, que significa estorvar, o regular andamento do enterro ou

1 Cf. HUNGRIA, Nelson. LACERDA, Romão Cortês de. FRAGOSO, Heleno. *op. cit.* p. 68 e 69.

2 Idem.

cerimônia funerária, isto é, pune-se tanto quem não permite que os referidos atos se concretizem quanto aquele que atrapalha seu normal desenvolvimento.

Rogério Greco lembra que *"trata-se de um tipo misto alternativo no qual o agente, se praticar os dois comportamentos por ele previstos, deverá responder por uma única infração penal. Assim, poderá ter, inicialmente, perturbado a realização de uma cerimônia funerária que, por fim, acabou sendo impedida de ser realizada em virtude da conduta por ele praticada"*[3].

O dispositivo ainda dispõe que o impedimento ou perturbação deve recair sobre o *enterro ou cerimônia funerária,* os quais são diferenciados por Nelson Hungria da seguinte forma: *"Por enterro entende-se a trasladação do cadáver, com ou sem acompanhamento, para o lugar onde deve ser inumado. Cerimônia funerária é todo ato de assistência ou homenagem que se presta a um defunto. Trata-se de cerimônia secular ou civil, pois que, se tem caráter religioso (ex: encomendação, missa de corpo presente, etc.), o crime enquadra-se no art. 208. São cerimônias funerárias, por exemplo, o amortamento, o embalsamento, a câmara ardente, o velório, as honras fúnebres junto à sepultura, etc. A própria cremação autorizada é cerimônia funerária"*[4].

O meio utilizado pelo autor do injusto para produzir o impedimento ou perturbação do enterro ou cerimônia funerária deve ser apto para alcançar o resultado pretendido, sendo cabível as mais variadas hipóteses (ameaças, ofensas, vaias, etc), entretanto, se houver emprego de violência a pena poderá ser aumentada de 1/3 (um terço), sem prejuízo da correspondente à violência (artigo 209, parágrafo único, do CP).

Conforme referimos na análise do parágrafo único do artigo 208 do Código Penal, essa previsão de causa de aumento de pena em 1/3 (um terço) cumulada com a pena respectiva à violência é de constitucionalidade, no mínimo, questionável, pois no nosso entendimento há flagrante violação ao princípio do *non bis in idem.*

1.3. Tipo subjetivo

O delito descrito no artigo 209 é composto pela vontade livre e consciente de impedir ou perturbar enterro ou cerimônia fúnebre, isto é, trata-se de crime que exige o dolo para sua caracterização, não havendo previsão da modalidade culposa.

1.4. Consumação e tentativa

O delito se consuma no instante em que o autor impedir ou perturbar o enterro ou a cerimônia fúnebre. Considerando que se trata de crime material, a tentativa é possível quando não houver a consumação do delito por circunstâncias alheias à vontade do agente.

3 GRECO, Rogério. *op. cit.* p. 436.

4 HUNGRIA, Nelson. LACERDA, Romão Cortês de. FRAGOSO, Heleno. *op. cit.* p. 69.

1.5. Ação penal

A ação penal é pública incondicionada.

2. VIOLAÇÃO DE SEPULTURA

> ⊙ **Violação de Sepultura**
>
> **Art. 210** – Violar ou profanar sepultura ou urna funerária:
>
> Pena – reclusão, de 1 (um) a 3 (três) anos, e multa.

2.1. Objeto jurídico e sujeitos do crime

Prevalece na doutrina brasileira o entendimento de que o bem jurídico tutelado pelo delito descrito no artigo 210 do Código Penal é o sentimento de respeito aos mortos. Entretanto, na doutrina internacional é possível citar quatro correntes divergentes a respeito do assunto, quais sejam: para a primeira corrente o bem penalmente protegido é a saúde pública; para uma segunda corrente, o bem jurídico é o sentimento religioso; a terceira corrente considera que a sepultura o bem tutelado e a quarta corrente, que prevalece entre os autores, é a que assinala que a tutela jurídica do crime de violação de sepultura é o sentimento de respeito aos mortos[5].

Por se tratar de crime comum, qualquer pessoa que violar ou profanar sepultura ou urna funerária, será sujeito ativo do crime descrito no artigo em análise.

Assim como no artigo anterior, o sujeito passivo é a coletividade, a qual pode ser representada pela família e pelos amigos do falecido.

2.2. Tipo objetivo

As condutas típicas previstas na redação desse artigo são *violar* (alterar, abrir) *ou profanar* (vilipendiar, aviltar) *sepultura ou urna funerária*. Na lição de Pierangeli[6],

> *"sepultura ou sepulcro é o local onde são inumados o cadáver com todos os objetos e ornamentos que a ela estão ligados permanentemente, como seus ornamentos, estátuas de santos ou anjos em mármore, metal, louça ou pedra, a santa cruz, os vasos destinados à colocação de flores.* Por outro lado, urna funeral dever ser considerada como o *"recipiente onde são colocadas as cinzas (urna cinerária) e os ossos (urna ossuária). As duas diferem por suas dimensões, formas e estrutura, mas ambas estão devidamente tuteladas pela lei penal".*

Apesar da semelhança existente entre os verbos violar e profanar, os quais são entendidos por alguns autores como sinônimos, Luiz Régis Prado citando Mazzilli afirma que

5 A propósito ver: PRADO, Luiz Regis. *Curso de Direito Penal Brasileiro.* v. 2. 8ª edição. São Paulo: Revista dos Tribunais, 2010. p. 581; PIERANGELI, José Henrique. *Manual de Direito Penal Brasileiro – Parte Especial.* 2ª edição. São Paulo: Revista dos Tribunais, 2007. p. 451.

6 PIERANGELI, José Henrique. *op. cit.* p. 452.

> *"profanação contém em si uma idéia de ultraje (...) enquanto o de violação contém mais uma idéia física de descobrimento ou abertura que necessitará ser arbitrária para ser criminosa"*, sendo possível concluir que *"é perfeitamente possível a um agente profanar sem violar (v.g., desenhar figuras obscenas na lápide sem abrir a sepultura), embora não se possa dizer sempre o mesmo do inverso"*[7].

Portanto, é possível o agente incorrer nos dois verbos nucleares do tipo, situação que não caracterizará concurso de crimes, uma vez que por se tratar de tipo penal misto cumulativo, deverá responder por um único delito.

2.3. Tipo subjetivo

O crime é punível apenas a título de dolo, o qual caracteriza-se pela vontade livre e consciente do agente em violar ou profanar sepultura ou urna funerária, cujo elemento subjetivo do tipo (dolo específico) é o de *levar a efeito comportamentos que denotam desrespeito pelo lugar de descanso de partes do corpo ou mesmo cinzas do morto*[8].

Por isso, se o intuito do agente era apenas o de subtrair pertences existentes sobre a sepultura ou urna funerária, sem que ocorra violação das mesmas, haverá configuração apenas do crime de furto. No entanto, se houver a violação da sepultura com o intuito de subtrair para si ou para outrem pertences do cadáver, entendemos que o agente deverá ser responsabilizado apenas pelo crime descrito no artigo 210 do Código Penal, uma vez que os objetos deixados com o morto não pertencem a mais ninguém[9].

2.4. Consumação e tentativa

A consumação do delito ocorrerá no momento em que ocorrer a violação ou profanação da urna funerária. Considerando que se trata de crime material, a tentativa é possível quando não houver a consumação do delito por circunstâncias alheias à vontade do agente.

Interessante a lição de Luiz Regis Prado quando afirma que

> *"na hipótese de profanação, consuma-se o delito com qualquer ato de vandalismo sobre a sepultura, ou de alteração chocante, de aviltamento, de grosseira irreverência, como por exemplo: arrancar a lápide, quebrar os ornamentos, apagar a inscrição, escrever sobre o túmulo palavras obscenas ou injuriosas, fixar símbolos infamantes, destruir a cruz de assinalamento etc. (...) A tentativa é admissível, salvo em duas situações: na hipótese de*

---

7 PRADO, Luiz Regis. *op. cit.* p. 582.

8 GRECO, Rogério. *op. cit.* p. 440. Em sentido contrário, Luiz Regis Prado: *"Na primeira modalidade, não se exige qualquer especial fim de agir. Basta a simples vontade de abrir ou arrebentar a sepultura ou a urna funerária, sendo portanto indiferente o escopo pretendido pelo agente (v.g., lucro, fanatismo, curiosidade, rever um ente querido). Na segunda, ao contrário, é imprescindível o elemento subjetivo do injusto (intenção de ultrajar ou macular), pois, caso não esteja presente esse propósito, a conduta será atípica"* (In:. *Curso de Direito Penal Brasileiro.* v. 2. 8ª edição. São Paulo: Revista dos Tribunais, 2010. p. 583.

9 GRECO, Rogério. *op. cit.* p. 441.

> *violação, pois sua tentativa já constitui profanação consumada, e quando houver ultraje por palavras orais em público"*[10].

Importante lembrar o ensinamento trazido pela doutrina no sentido de que a violação à sepultura ou urna funerária sem os restos mortais de um ser humano torna a consumação impossível em razão da absoluta impropriedade do objeto, aplicando-se o disposto no artigo 17 do Código Penal[11].

2.5. Ação penal

A ação penal é pública incondicionada.

3. DESTRUIÇÃO, SUBTRAÇÃO OU OCULTAÇÃO DE CADÁVER

> ⊙ **Destruição, subtração ou ocultação de cadáver**
> **Art. 211** – Destruir, subtrair ou ocultar cadáver ou parte dele:
> Pena: Reclusão, de 1 (um) a 3 (três) anos e multa.

3.1. Objeto jurídico e sujeitos do crime

O bem jurídico protegido pelo artigo 211 do Código Penal permanece sendo o sentimento de respeito aos mortos.

Estamos diante de um crime comum, porque a norma penal não exige qualidade essencial do sujeito ativo, podendo ser qualquer pessoa que destruir, subtrair ou ocultar cadáver ou parte dele.

O sujeito passivo continua sendo coletividade, representada especialmente pela família do morto.

3.2. Tipo objetivo

O crime previsto no artigo 211 do Código Penal pode ser cometido quando o agente praticar qualquer das três condutas representadas pelos verbos *destruir* (aniquilar, arruinar) *subtrair* (fazer desaparecer, apoderar-se) *ou ocultar* (esconder) cadáver ou parte dele. Trata-se de tipo penal misto alternativo, razão pela qual o agente deverá responder por um único delito se praticar mais de um dos comportamentos descritos no tipo, desde que efetuadas no mesmo contexto fático e sobre idêntico objeto material.

Para a caracterização do delito em estudo, é necessário limitarmos a abrangência do conceito de cadáver, o qual pode ser entendido como o corpo sem vida que mantém

10 PRADO, Luiz Regis. *op. cit.* p. 584.

11 Artigo 17 do CP: Não se pune a tentativa quando, por ineficácia absoluta do meio ou por absoluta impropriedade do objeto, é impossível consumar-se o crime.

os traços característicos e identificadores de um ser humano, ou seja, *não se considera cadáver a múmia (...) e os esqueletos como peças destinadas ao estudo*[12].

Ainda, na lição de Guilherme de Souza Nucci considera-se cadáver

> *"o corpo de feto morto (desde que possua semblante humano), expulso do útero materno sem vida. Afinal, não se demanda, no tipo penal, a preexistência de vida para que se possa denominar os restos de ser humano como cadáver"*[13]

O objeto material do crime descrito no artigo 211 do Código Penal não se limita ao cadáver como um todo, mas também qualquer *parte dele* que pode ter sido separada em virtude das causas da morte, como por exemplo, acidente automobilístico ou aéreo. Salienta Nelson Hungria que

> *"os restos de cadáver em completa decomposição, bem como suas cinzas, não são parte dele, do mesmo modo que os escombros de uma casa desabada ou incendiada já não participam do que se chama 'casa'. Em tais casos, o que se poderá identificar é o crime de violação de sepultura ou urna funerária, tão-somente"*[14].

3.3. Tipo subjetivo

O delito é composto pela vontade livre e consciente de destruir, subtrair ou ocultar cadáver ou parte dele, tratando-se de crime que exige o dolo para sua caracterização, não havendo previsão da modalidade culposa.

3.4. Consumação e tentativa

O crime se consuma com a efetiva destruição, subtração ou ocultação do objeto material, no entanto, os momentos consumativos poderão variar conforme a ação do autor do injusto, por exemplo,

> *"na destruição, o crime se consuma com a extinção do cadáver ou parte dele. Havendo subtração, a consumação ocorre no momento em que o cadáver é retirado da esfera de proteção dos familiares ou responsáveis pelo cemitério. A ocultação, por sua vez, estará consumada com o desaparecimento, ainda que temporário, do cadáver ou suas partes"*[15]

Considerando que se trata de crime material, a tentativa é possível quando não houver a consumação do delito por circunstâncias alheias à vontade do agente.

3.5. Ação penal

A ação penal é pública incondicionada.

12 Cf. PIERANGELI, José Henrique. *op. cit.* p. 454.

13 NUCCI, Guilherme de Souza. *Manual de Direito Penal. Parte Geral e Especial.* Ed. 7. São Paulo: Revista dos Tribunais, 2011. p. 826.

14 HUNGRIA, Nelson. LACERDA, Romão Cortês de. FRAGOSO, Heleno. *op. cit.* p. 73.

15 CUNHA, Rogério Sanches. GOMES, Luiz Flávio. *Op. cit.* p. 223.

4. VILIPÊNDIO A CADÁVER

⊙ **Vilipêndio a cadáver**

Art. 212 – Vilipendiar cadáver ou suas cinzas:

Pena – Detenção de 1 (um) a 3 (três) anos e multa.

4.1. Objeto jurídico e sujeitos do crime

Assim como nos artigos anteriores, o bem jurídico protegido neste artigo é o sentimento de respeito aos mortos.

O sujeito ativo poderá ser qualquer pessoa, tratando-se, também nessa hipótese, de crime comum.

Da mesma forma que os demais crimes contra o sentimento de respeito aos mortos, o sujeito passivo é a coletividade, representada, particularmente, pela família do falecido.

4.2. Tipo objetivo

O verbo nuclear descrita na norma penal incriminadora é *vilipendiar* cujo significado é ofender, desprezar, desdenhar, o cadáver ou suas cinzas.

Pratica o crime descrito no artigo 212 do Código Penal aquele que *"tirar as vestes do cadáver, escarrar sobre ele, cortar-lhe algum membro, derramar excrementos ou dispersar acintosamente as cinzas"*[16], bem como aquele que sente compulsão sexual mórbida por cadáveres e para satisfazer sua lascívia pratica atos libidinosos com defuntos (necrofilia).

Embora o objeto material do crime previsto neste dispositivo também seja o cadáver, a interpretação deve ser diferente daquela realizada no artigo anterior – *corpo sem vida que mantém os traços característicos e identificadores de um ser humano* – considerando que a conduta criminosa também pode recair sobre as *cinzas*. Por isso, no caso do artigo 212 do Código Penal, o corpo humano já decomposto e suas partes, o esqueleto humano e os resíduos decorrentes da cremação do cadáver, devem ser inseridos na noção de cadáver e suas cinzas[17].

Importante lembrar que apesar de esqueletos ou caveiras poderem ser objetos materiais desse delito, mas para tanto é necessário constatar se os restos mortais ainda suscitam o sentimento de desrespeito para com os mortos.

4.3. Tipo subjetivo

Trata-se de crime praticado somente na modalidade dolosa, consubstanciada na vontade livre e consciente de praticar a ação prevista no tipo, acrescida do elemento

16 MAYRINK, Álvaro da Costa. *Direito Penal – Parte Especial*. v. VI. 6ª Ed. Rio de Janeiro: Forense, 2010. p. 154.

17 Cf. ESTEFAM, André. *Direito Penal – Parte Especial*. v. 3. São Paulo: Saraiva, 2011. p. 126.

subjetivo do injusto (dolo específico), que consistente no fato do agente agir "*com o propósito de ultrajar, vilipendiar, o cadáver, suas partes ou suas cinzas; caso contrário, não se tipifica o delito*"[18].

4.4. Consumação e tentativa

O delito se consuma no instante em que o autor praticar os atos de ultraje, que também podem ser caracterizados por meio de palavras ou gestos.

A tentativa é admissível, "*mesmo na expressão verbal, quando o vilipêndio é formado por um encadeamento de palavras que formam a ofensa, isto é, quando se apresentar um iter criminis real, que possa ser interrompido. A impossibilidade resulta na ofensa irrogada numa única palavra, numa única emissão de voz. Numa palavra, unissubsistente*"[19].

4.5. Ação penal

A ação penal é pública incondicionada.

REFERÊNCIAS BIBLIOGRÁFICAS

CUNHA, Rogério Sanches. GOMES, Luiz Flávio. **Direito Penal: parte especial.** v. 3. São Paulo: Revista dos Tribunais, 2008.

ESTEFAM, André. **Direito Penal - Parte Especial.** v. 3. São Paulo: Saraiva, 2011.

GRECO, Rogério. **Curso de Direito Penal - Parte Especial.** v. 3. Rio de Janeiro: Impetus, 2012.

HUNGRIA, Nelson. LACERDA, Romão Cortês de. FRAGOSO, Heleno. **Comentários ao Código Penal**. Volume VIII. 5ª edição. Rio de Janeiro: Forense, 1981.

MAYRINK, Álvaro da Costa. **Direito Penal - Parte Especial.** v. VI. 6ª Ed. Rio de Janeiro: Forense, 2010. p. 154.

NUCCI, Guilherme de Souza. **Manual de Direito Penal. Parte Geral e Especial.** Ed. 7. São Paulo: Revista dos Tribunais, 2011.

PIERANGELI, José Henrique. **Manual de Direito Penal Brasileiro - Parte Especial.** 2ª edição. São Paulo: Revista dos Tribunais, 2007.

PRADO, Luiz Regis. **Curso de Direito Penal Brasileiro.** v. 2. 8ª edição. São Paulo: Revista dos Tribunais, 2010.

18 PRADO, Luiz Regis. *op. cit.* p. 592.

19 PIERANGELI, José Henrique. *op. cit.* p. 458.

TÍTULO VI – DOS CRIMES CONTRA A DIGNIDADE SEXUAL

CAPÍTULO INTRODUTÓRIO

PAULO QUEIROZ E
LILIAN COUTINHO

1. INTRODUÇÃO

Os crimes sexuais constituem um dos capítulos mais interessantes e curiosos do direito penal, pleno de paternalismo[1], hipocrisia, tabus e preconceitos morais.[2]

Aliás, no particular tão íntima é a relação entre direito e moral que é praticamente impossível saber onde começa um e termina o outro.[3] Justamente por isso, convém formular e responder, inicialmente, à seguinte pergunta: por que reprimir práticas sexuais, se a atividade sexual é essencial à perpetuação da espécie? Ou, ainda, por que punir algo tão necessário e útil (e mesmo prazeroso) à espécie?[4]

---

1 Sobre o assunto, vide Heloísa Stellita. Paternalismo, moralismo e direito penal: alguns crimes suspeitos em nosso direito positivo. *Boletim IBCCRIM*, São Paulo, ano 15, nº 179, p. 17-18, out. 2007.

2 O preconceito está presente nos próprios adjetivos usados para designar, por exemplo, a mulher que se prostitui. Assim, Magalhães Noronha chama-a de "zabaneira", "michelas", "hetaira", "barregã", "meretriz", "marafona", "fregona", "rameira", "decaída" e, obviamente, "prostituta". *Direito Penal*, cit., p. 238/240.

3 Prova dessa confusão entre direito e moral está (também) no próprio tom dos comentaristas, pois em nenhum outro lugar se vê linguagem e comentários tão frequentemente duros e carregados de reprovação moral. Nélson Hungria, por exemplo, escreveu, a propósito da exploração da prostituição: "E esta é uma nota comum entre proxenetas, rufiões e traficantes de mulheres: todos corvejam em torno da libidinagem de outrem, ora como mediadores, fomentadores ou auxiliares, ora como especuladores parasitários. São moscas da mesma cloaca, vermes da mesma podridão (...). De tais indivíduos se pode dizer que são os espécimes mais abjetos do gênero humano. São tênias da prostituição, os parasitas do vil mercado dos prazeres sexuais". Comentários ao Código Penal, cit., p. 269. Por sua vez, Rogério Greco, referindo-se a esse mesmo trecho de Hungria, observa: "Genial a passagem escrita pelo maior penalista que o Brasil já conheceu. Se Hungria já se indignava com a existência do proxeneta tradicional, que diria ele a respeito daquele que, como ocorre nos dias de hoje, explora nossas crianças e adolescentes menores de 14 (catorze) anos? Esses, realmente, fazem parte da escória da sociedade". *Direito Penal*, Parte Especial, cit., p. 544.

4 De acordo com Wilhelm Reich, "a causa imediata de muitos males assoladores pode ser determinada pelo fato de que o homem é a única espécie que não satisfaz a lei natural da sexualidade. A morte de milhares de pessoas na guerra é o resultado de manifesta negação social da vida. Essa negação, por sua vez, é expressão e consequência de perturbações psíquicas e somáticas da atividade vital. O processo vital, i.e., o processo expansivo do prazer biológico, é o processo vital produtivo per se. A função do orgasmo. São Paulo: Círculo do Livro, 1975, p. 16.

A resposta mais provável seria: não se pune a atividade sexual em si mesma, mas a relação sexual violenta, não consentida ou indesejada, razão pela qual o que se busca proteger é a própria liberdade de autodeterminação sexual de homens e mulheres.[5]

Mas isso não é de todo exato, uma vez que em diversos momentos o legislador (no Brasil e no mundo) criminaliza, direta ou indiretamente, condutas sexuais não violentas e livremente consentidas, contrariamente à própria vontade dos sujeitos sexualmente envolvidos.

Parece-nos, assim, que, para além da autodeterminação sexual, o legislador, confessada ou inconfessadamente, pretende também ditar uma determinada moral sexual (dominante), que, segundo a sua perspectiva, seria a moral sexual saudável, digna, enfim.[6]

E mais, trata-se, em geral, de uma pretensão de moralização da sexualidade grandemente conservadora, anti-hedonista e pouco secular, que de algum modo vê o ato sexual como perigoso, nocivo e capaz de corromper ou degradar o indivíduo. Cuida-se, enfim, de uma moral sexual que, a pretexto de ditar a moral sexual digna, parece não perceber que a atividade sexual é, antes de tudo, uma atividade fisiológica tão natural, necessária e prazerosa quanto qualquer outra, a exemplo de comer, beber etc.

Parece que, apesar de tudo, o homem atual ainda se envergonha de sua sexualidade e por isso busca, com alguma frequência, reprimir formas legítimas de manifestação da liberdade sexual ou que de nenhum modo lesionam bens jurídicos. Só assim se explica, aliás, o excesso de tipos penais sexuais e a previsão de crimes sem vítima ou mesmo irrelevantes.[7]

---

5 Jorge de Figueiredo Dias (Comentário Conimbricense do Código Penal, parte especial, tomo 1. Coimbra: Coimbra Editora, 1999, p. 445) fala de autoconformação da vida e da prática sexuais da pessoa, relativamente aos crimes contra a liberdade sexual previstos no Código Penal português.

6 Para Vera Regina Pereira de Andrade, os tipos penais sexuais se prestam, em verdade, a proteger "a moral sexual dominante, e não a liberdade sexual feminina, que, por isso mesmo, é pervertida (a mulher que diz 'não' quer dizer 'talvez'; a mulher que diz 'talvez' quer diz 'sim'...), pois o sistema penal é ineficaz para proteger o livre exercício da sexualidade feminina e o domínio do próprio corpo". Ainda de acordo com a referida autora, a intervenção penal é ineficaz e arbitrariamente seletiva, visto que "além da violência sexual representada por diversas condutas masculinas (estupro, assédio), a mulher torna-se vítima da violência institucional (plurifacetada) do sistema penal que expressa e reproduz a violência estrutural das relações sociais capitalistas (a desigualdade de classes) e patriarcais (a desigualdade de gêneros) de nossas sociedades e os estereótipos que elas criam e se recriam no sistema penal e são especialmente visíveis no campo da moral sexual dominante. Consequentemente, a criminalização de novas condutas sexuais só ilusoriamente representa um avanço do movimento feminista no Brasil ou que esteja defendendo melhor os interesses da mulher ou a construção de sua cidadania". *Sistema penal máximo x cidadania mínima*. Porto Alegre: Livraria do Advogado Editora, 2003, pp. 100 e 86.

7 Essa obsessão por reprimir práticas sexuais é antiga. Exemplo frisante disso é o Livro V das Ordenações Filipinas (1603-1830), que punia um sem número de condutas sexuais, tais como: "dos que cometem pecado de sodomia e com alimárias"; "do infiel que dorme com alguma cristã e do cristão que dorme com infiel"; "das que dormem com suas parentes e afins"; "do que dorme com mulher virgem

A história dos crimes sexuais é, portanto, em última análise, a história da secularização dos costumes e práticas sexuais.[8] E é também uma parte significativa da repressão ao corpo e prazer, sobretudo repressão ao corpo e prazer femininos. Não é por acaso que até recentemente a doutrina entendia que mulher casada não podia ser vítima de estupro praticado pelo marido; que o casamento com o estuprador ou mesmo com um terceiro extinguia a punibilidade; que somente a mulher honesta era passível de proteção por determinados tipos penais; que o homem podia ferir ou matar a mulher em legítima defesa da honra, em virtude de adultério etc.

Ademais, os tipos sexuais são, essencialmente, crimes de homens contra mulheres, e não o contrário, pois raramente uma mulher é sujeito ativo de crime sexual, e mais raro ainda contra homem.

Vê-se, assim, que a mulher é, com frequência, vítima da violência sexual duplamente: no momento da prática do crime e quando o sistema penal é chamado a intervir, já que reproduz os estereótipos socialmente vigentes.

De todo modo, temos que a intervenção penal no âmbito da sexualidade só faz sentido se se prestar à proteção da própria liberdade de autodeterminação sexual de adultos e à proteção do desenvolvimento pleno e saudável de crianças, adolescentes e incapazes em geral, isto é, a tutela penal estatal só faz sentido quando vise a proteger o indivíduo contra ações de terceiros (o Estado, inclusive) que violem o direito de toda pessoa humana de se relacionar ou não se relacionar sexualmente com quem quiser, quando quiser, se quiser, como quiser.[9]

A liberdade há de ser, portanto, o alfa e o ômega, o começo e fim, o sentido e o limite da tutela penal, que, como vimos, é subsidiária e há de ficar reservada para os casos de absoluta necessidade de proteção da segurança dos cidadãos.

Também por isso, cumpre não perder de vista que a dimensão sexual é apenas uma das possíveis formas de expressão da liberdade humana; logo, a liberdade (substantivo) há de vir primeiro; e o sexual (adjetivo), depois.

---

ou viúva que estiver em poder de seu pai"; "do que dorme com mulher virgem ou viúva honesta"; "do que dorme com mulher casada" etc.

8 A propósito do tratamento da sexualidade no Islã, escreve Ayaan Hirsi Ali: "Afirmar que a opressão das mulheres nada tem a ver com o islã e é 'apenas' um costume tradicional consiste numa desonestidade intelectual, numa falácia. Os dois elementos são indissociáveis. O código de honra e vergonha pode ser tribal e pré-islâmico, nas suas origens, mas é hoje uma parte integral da religião e dos costumes do islã. Os assassinatos cometidos em nome da honra afirmam aquilo que o islã também afirma: que as mulheres são subordinadas aos homens e devem manter-se como propriedade sexual deles". Nômade. São Paulo: Companhias das Letras, 2011, p. 238.

9 Como assinala Jorge de Figueiredo Dias, "cada pessoa adulta tem o direito de se determinar como quiser em matéria sexual, seja quanto às práticas a que se dedica, seja quanto ao momento ou ao lugar em que a elas se entrega ou ao (s) parceiro (s), também adulto (s), com quem as partilha – pressuposto que aquelas sejam levadas a cabo em privado e este (s) nelas consinta (m). Se e quando esta liberdade for lesada de forma importante a intervenção penal encontra-se legitimada e, mais do que isso, torna-se necessária". *Comentário Conimbricense do Código Penal*, Parte Especial, tomo 1. Coimbra: Coimbra Editora, 1999, p. 445.

Afinal, os crimes sexuais são puníveis pelas mesmas razões que são puníveis os demais crimes: são condutas que importam numa grave violação à liberdade de outrem. Justamente por isso, seria razoável que fizessem parte dos crimes contra a pessoa, ao invés de constituírem um título próprio.

Consequentemente, o Estado também não pode, a pretexto de afirmar a liberdade (ou dignidade) sexual, negá-la ou limitá-la sem uma justificação plausível e tampouco criminalizá-la arbitrariamente.

Os crimes sexuais devem, por conseguinte, prestar-se a dois objetivos primordiais: proteger a liberdade individual de autodeterminar-se sexualmente e assegurar, contra abusos de terceiro, as condições necessárias ao desenvolvimento sexual pleno e saudável de crianças, adolescentes e incapazes em geral.[10]

E ainda que não seja o único bem jurídico tutelado, a liberdade sexual – entendida como a faculdade de toda pessoa humana de determinar-se autônoma e livremente quanto ao exercício de sua sexualidade[11] – constitui o interesse fundamental a ser protegido jurídico-penalmente e que deve, por isso, orientar todos os demais.

Justamente por isso, deve ser objeto de descriminalização tudo quanto não representar grave violação ao direito do próprio indivíduo de autodeterminar-se sexualmente. O mesmo deve ocorrer, com maior razão, com os tipos penais que, a pretexto de proteger a liberdade sexual, criminalizam-na, direta ou indiretamente, por serem manifestamente inconstitucionais (v.g., mediação para servir a lascívia de outrem).

Não fazem, pois, sentido, entre outros; logo, deveriam ser abolidos, os seguintes tipos penais: mediação para servir a lascívia de outrem (CP, art. 227), favorecimento da prostituição ou outra forma de exploração sexual (CP, art. 228), casa de prostituição (CP, art. 229), rufianismo (CP, art. 230), ato obsceno (CP, art. 233), escrito ou objeto obsceno (CP, art. 234).[12]

---

10 De acordo com Francisco Muñoz Conde, quanto à proteção sexual de incapazes, o que se busca proteger é sua liberdade futura, isto é, a normal evolução e desenvolvimento de sua personalidade, para que, quando adulto, decida livremente sobre seu comportamento sexual; e no caso de incapaz ou deficiente mental, evitar que seja utilizado como objeto sexual de terceiros que abusem de sua situação para satisfazer seus desejos sexuais. *Derecho Penal*, Parte Especial. Valencia: Tirant lo blanch, 2010, p. 217. Apesar disso, reconhece (idem, p. 218) que, no caso de menores, o exercício da sexualidade é proibido na medida em que pode afetar a evolução e desenvolvimento de sua personalidade e produzir alterações importantes que incidam em sua vida ou em seu equilíbrio psíquico no futuro. Certo é, porém, que esse presumido prejuízo ao desenvolvimento mental saudável não está comprovado cientificamente e, inclusive, quando não existe violência, pode, ao contrário, favorecer o desenvolvimento psíquico e uma maior afetividade nas relações interpessoais futuras.

11 Tomás S. Vives Antón e outros. *Derecho Penal*, Parte Especial. Valencia: Tirant lo blanch, 2010, p. 223.

12 Em sentido semelhante, Renato Mello Jorge Silveira. *Crimes sexuais*. São Paulo: Quartier Latin, 2008. E Alberto Silva Franco. *Código Penal e sua interpretação*. São Paulo: RT, 2007. E Luiz Carlos dos Santos Gonçalves. *Mandados expressos de criminalização e a proteção de direitos fundamentais na Constituição brasileira de 1988*. Belo Horizonte: Editora Fórum, 2007.

É que nenhuma dessas infrações importa, em princípio, numa violação grave à liberdade de autodeterminação sexual, razão pela qual hão de ser abolidas, seja por lei, seja por decisão judicial. E independentemente da descriminalização aqui proposta, eventuais abusos contra a liberdade são passíveis de configuração de outros delitos (v.g., sequestro ou cárcere privado, redução a condição análoga à de escravo, tráfico de pessoas etc.), especialmente no que diz respeito ao exercício da prostituição.

E mais, a prática do que se convencionou chamar (pejorativamente) de prostituição[13] constitui, em verdade, uma das possibilidades legítimas de exercício da própria liberdade de autodeterminação sexual. Por conseguinte, a prostituição, como toda e qualquer prestação de serviço, pode ser realizada autonomamente ou com mediação de terceiro.

Subjacente a isso está o preconceito moral de que existe ou é possível sexo desinteressado, e que o sexo só é digno quando gratuito e indigno se oneroso.

De mais a mais, o legislador não pode pretender proteger pessoas adultas contra suas próprias decisões, isto é, contra si mesmas, tratando-as ou castigando-as como se fossem crianças indefesas.

Além disso, o que não pode ser proibido pela via direta – refiro-me ao exercício pleno da liberdade sexual, gratuita ou onerosamente (prostituição) – não pode ser vedado pela via indireta: a exploração dessa atividade (lenocínio).

Enfim, a criminalização do lenocínio encerra, em última análise, a criminalização da própria liberdade de autodeterminação sexual, em nome de preconceito e hipocrisia incompatíveis, inclusive, com o modelo capitalista de produção, razão pela qual todos os tipos que proíbem a exploração da prostituição (adulta) são claramente inconstitucionais (CF, art. 5º, X, XIII, XLI).[14]

---

13 Nem sempre foi assim na história, que conheceu uma prostituição sagrada e profana. De acordo com Nancy Qualls Corbett, "em matriarcados antigos, natureza e fertilidade consistiam no âmago da existência. As pessoas viviam próximas à natureza, muito embora seus deuses e deusas fossem divindades da natureza. Suas divindades comandavam o destino, proporcionando ou negando abundância à terra. A paixão erótica era inerente à natureza do indivíduo. Desejo e resposta sexual, vivenciados com poder regenerativo, eram reconhecidos como dádiva ou bênção do divino. A natureza sexual do homem e da mulher e sua atitude religiosa eram inseparáveis. Em seus louvores de agradecimento, ou em suas súplicas, eles ofereciam o ato sexual à deusa, reverenciada pelo amor e pela paixão. Tratava-se de ato honroso e respeitoso, que agradava tanto ao divino quanto ao mortal. A prática da prostituição sagrada surgiu dentro desse sistema religioso matriarcal, e por conseguinte não fez separação entre sexualidade e espiritualidade (...). Qualquer quer fosse a razão ou combinação de razões que levaram ao seu desenvolvimento, não há dúvida de que a prostituição sagrada existiu por milhares de anos e em muitas civilizações. Independente da deusa da fertilidade, do amor e da paixão ser venerada, a prostituta sagrada era membro integral da comunidade". *A prostituta sagrada:* a face eterna do feminino. São Paulo: Paulus, 1990, p. 38/39.

14 Em sentido similar, escreve Cezar Roberto Bitencourt, a propósito do crime de favorecimento da prostituição de que trata o art. 228 do CP: "Contraditoriamente, para um legislador que pretende proteger *a liberdade sexual individual*, que é a finalidade que este texto se atribui (Lei nº 12.015/2009), criminaliza, ao menos tempo, o *exercício dessa liberdade*. Com efeito, tratando-se de prostituição entre adultos, sem violência ou grave ameaça, temos dificuldade em aceitar que o legislador infraconstitucional tenha

Finalmente, o direito penal é a fortaleza e os canhões dos demais direitos (Alfonso de Castro), razão pela qual sua intervenção, como *ultima ratio* do controle social formal, há de pressupor o fracasso de outras instâncias de prevenção menos lesivas e socialmente mais adequadas.

2. OS TIPOS QUE CRIMINALIZAM A INTERMEDIAÇÃO DA PROSTITUIÇÃO ADULTA SÃO INCONSTITUCIONAIS

É consenso entre os autores que a prostituição não constitui crime; logo, homens e mulheres adultos podem livremente praticá-la, não podendo sofrer nenhum tipo de constrangimento legal ou ilegal.

De fato, o exercício da prostituição não é crime. E mais importante: não o é porque a sua eventual criminalização seria inconstitucional, pois implicaria violação à liberdade de autodeterminação sexual (CF, art. 5º, X e XIII e XLI).

É que indivíduos adultos têm, em princípio, o direito de se orientarem sexualmente e exercerem a sua sexualidade como quiserem, plenamente. O que não podem fazer é, a pretexto de exercê-la, violar a liberdade de outrem. Exatamente por isso, a legitimidade da tipificação do estupro é incontestável, por traduzir uma gravíssima violação à liberdade da pessoa estuprada (real ou potencial).

E essa liberdade de autodeterminação sexual compreende, entre outras, a de ter relações sexuais gratuita ou onerosamente, e, inclusive, exercer a prostituição. Enfim, a prostituição constitui uma das possibilidades legítimas de exercício da sexualidade num Estado (laico) de Direito.

Apesar disso, a doutrina tem, em geral, por legítimos os tipos penais que tipificam a intermediação da prostituição, isto é, o lenocínio, termo que designa as possíveis formas de favorecimento e exploração da prostituição (rufianismo, casa de prostituição etc.).

Ocorre que também a criminalização do lenocínio é inconstitucional, por implicar a proibição indireta de uma atividade diretamente permitida (ou tolerada).

Afinal, aquilo que a lei não pode proibir pela via direta (prostituição), não pode vedar pela via indireta (lenocínio).

Finalmente, não impressiona a violência ou grave ameaça eventualmente usada para o cometimento desses delitos, visto que já constituem crimes autônomos, independentemente de ter relação com a prostituição (v.g., redução a condição análoga à de escravo, maus-tratos etc.).

Exatamente por isso, a inconstitucionalidade do lenocínio não atinge outros tipos penais relacionados com a prostituição, quer façam parte de suas formas qualificadas ou majoradas, quer sejam punidos autonomamente.

---

legitimidade para criminalizar exatamente o *exercício livre da sexualidade* de cada um (art. 5º, incisos X e XLI). *Direito Penal*, cit., p. 152.

A criminalização do lenocínio só é legítima, portanto, quando tiver por vítimas crianças, adolescentes e incapazes em geral (violência sexual contra vulneráveis).

3. TEORIA GERAL DOS CRIMES CONTRA A LIBERDADE SEXUAL E CONTRA VULNERÁVEL

3.1. Introdução

O Título VI do Código Penal, dos crimes contra a dignidade sexual[15], compreende 08 (oito) capítulos: capítulo I, dos crimes contra a liberdade sexual; capítulo I-A, da exposição da intimidade sexual; capítulo II, dos crimes contra vulnerável; capítulo III, do rapto, atualmente revogado; capítulo IV, disposições gerais; capítulo V, do lenocínio e do tráfico de pessoa para fim de prostituição ou outra forma de exploração sexual, que mantém esta nomenclatura apesar da revogação dos tipos penais do art. 231 e 231-A do CP; capítulo VI, do ultraje público ao pudor; e capítulo VII, disposições gerais.

Sob esse título de crimes contra a dignidade sexual, o Código define infrações que, por vezes, pouco ou nada têm em comum, a exemplo do estupro (art. 213) e o escrito ou objeto obsceno (art. 234). Justamente por isso, não é tarefa fácil formular uma teoria do bem jurídico capaz de cobrir casos tão díspares.

No Código Criminal do Império de 1830, os tipos sexuais faziam parte do capítulo relativo aos *crimes contra a segurança da honra*. No Código Penal Republicano de 1890 integravam o Título VIII, *dos crimes contra a segurança da honra e honestidade das famílias e do ultraje público ao pudor*. No Código Penal de 1940 constavam *dos crimes contra os costumes*.

O Título VI, que tinha por título original "*dos crimes contra os costumes*", foi reformado pela Lei nº 12.015 de 7 de agosto de 2009 que, além de atualizar-lhe o nome para "*crimes contra a dignidade sexual*", revogou e reformulou alguns tipos penais, bem como criou outros novos, modificando-lhe, ainda, as disposições gerais quanto à titularidade da ação penal e causas de aumento de pena etc.

As principais modificações foram as seguintes: 1) fundiu os crimes de estupro e atentado violento ao pudor num só artigo (213), revogando o artigo 214 (atentado violento ao pudor). Consequentemente, a proibição que constava do art. 214 passou a integrar o novo artigo 213; 2) criou o tipo de estupro de vulnerável (217-A); 3) aboliu a ação penal privada; 4) deu especial proteção aos menores de 18 anos.

---

15 Apesar de estar em voga, o título não é dos mais precisos porque nem tudo aí previsto tem a ver com a dignidade sexual. Ademais, e conforme assinala Alberto Silva Franco, "em matéria de sexualidade enquanto componente inafastável do ser humano, não se cuida de sexo digno e indigno, mas tão somente de sexo realizado com liberdade ou sem liberdade posto em prática mediante violência ou coação, ou seja, com um nível maior ou menor de ofensa à autodeterminação sexual do parceiro. Destarte, toda lesão à liberdade sexual da pessoa humana encontra seu núcleo na falta de consensualidade. Fora daí não há conduta sexual que deva ser objeto de consideração na área penal". *Código Penal e sua interpretação*. São Paulo: RT, 2007, p. 1.019.

Com o advento da Lei nº 12.015/2009, ficou expressamente previsto no Código Penal que os processos penais em que se apuram crimes definidos neste título correrão em segredo de justiça (CP, art. 234-B). Apesar de o Código falar de processo, o sigilo deve atingir também o respectivo inquérito policial, porque, do contrário, semelhante previsão seria inútil.

Na parte em que dispõe mais favoravelmente ao réu (v.g., abolição de tipos), a reforma retroage para beneficiá-lo (*abolitio criminis e novatio legis in mellius*); e é irretroativa naquilo que lhe é desfavorável (*novatio legis in pejus*), incidindo, por isso, somente sobre os fatos ocorridos após a sua entrada em vigor.

O Código Penal Militar prevê crimes semelhantes àqueles, objeto da reforma, razão pela qual cumpria também modificá-los substancialmente. Mas o legislador nada fez no particular, de modo que o CPM permanece como sempre foi, criando uma situação dificilmente compatível com o princípio da isonomia.

Alguns anos depois, foi publicada a Lei nº 12.978 de 21 de maio de 2014, apenas para alterar o nome jurídico do crime do art. 218-B do CP para "favorecimento da prostituição ou de outra forma de exploração sexual de criança ou adolescente ou vulnerável" e classificá-lo como crime hediondo.

Recentemente, o título referente aos crimes contra a dignidade sexual sofreu nova reforma com a edição da Lei nº 13.718 de 24 de setembro de 2018, cujas principais modificações foram: 1) criação dos novos tipos penais de importunação sexual (CP, art. 215-A) e divulgação de cena de estupro (CP, art. 218-C); 2) tornar pública incondicionada a natureza da ação penal dos crimes contra a liberdade sexual e dos crimes sexuais contra vulnerável; 3) estabelecer causas de aumento para esses crimes, com destaque para o estupro coletivo e o estupro corretivo (CP, art. 226); 4): alteração das majorantes que podem incidir em qualquer dos crimes contra a dignidade sexual (CP, art. 234-A); 5) revogar a contravenção penal de importunação ofensiva ao pudor (LCP, art. 61).

Além disso, em 20 de dezembro foi publicada a Lei nº 13.772/2018 que, dentre outras providências, inseriu o novo Capítulo I-A ao Título VI do CP, criando o tipo penal do art. 216-B, que criminaliza o registro não autorizado de conteúdo com cena de nudez ou ato sexual ou libidinoso de caráter íntimo e privado.

Com as mudanças, os capítulos (I, I-A e II) dos crimes contra a liberdade sexual, da exposição da intimidade sexual e dos crimes sexuais contra vulnerável, agora comentados, compreendem os seguintes delitos: 1) estupro (art. 213); 2) violação sexual mediante fraude (art. 215); 3) importunação sexual (art. 215-A); 4) assédio sexual (art. 216-A); 5) registro não autorizado da intimidade sexual (art. 216-B); 6) estupro de vulnerável (art. 217-A); 7) corrupção de menor de 14 anos (art. 218); 8) satisfação da lascívia mediante presença de criança ou adolescente (art. 218-A); 9) favorecimento da prostituição ou de outra forma de exploração sexual de criança ou adolescente ou de vulnerável (art. 218-B); 10) divulgação de cena de estupro ou de cena de estupro de vulnerável, de cena de sexo ou de pornografia (CP, art. 218-C).

Com a entrada em vigor da Lei nº 13.718/2018, o art. 226 do CP prevê que incidem os seguintes aumentos de pena nos crimes contra a liberdade sexual (Capítulo I) e contra vulnerável (Capítulo II): a) de quarta parte, se o crime é cometido com o concurso de duas ou mais pessoas; b) de metade, se o agente é ascendente, padrasto ou madrasta, tio, irmão, cônjuge, companheiro, tutor, curador, preceptor ou empregador da vítima ou por qualquer outro título tiver autoridade sobre ela; c) de 1/3 (um terço) a 2/3 (dois terços), se o crime é praticado mediante concurso de dois ou mais agentes (estupro coletivo); d) de 1/3 (um terço) a 2/3 (dois terços), se o crime é praticado para controlar o comportamento social ou sexual da vítima (estupro corretivo).

Houve modificação, ainda, nas causas de aumento de pena previstas no art. 234-A do CP, que incidem em todos os crimes contra a dignidade sexual (Capítulos I, II, V e VI): a) de metade a 2/3 (dois terços), se do crime resulta gravidez; b) de 1/3 (um terço) a 2/3 (dois terços), se o agente transmite à vítima doença sexualmente transmissível de que sabe ou deveria saber ser portador, ou se a vítima é idosa ou pessoa com deficiência.

A contravenção penal do art. 61 da LCP, que tipificava o ato de importunar alguém, em lugar público ou acessível ao público, de modo ofensivo ao pudor, foi revogada pela recente reforma, dando lugar ao novo crime de importunação sexual do art. 215-A do CP, que consiste em praticar contra alguém e sem a sua anuência ato libidinoso com o objetivo de satisfazer a própria lascívia ou a de terceiro.

Novamente, na parte em que dispõe mais favoravelmente ao réu (v.g., abolição de tipos), a reforma retroage para beneficiá-lo (*abolitio criminis e novatio legis in mellius*); e é irretroativa naquilo que lhe é desfavorável (*novatio legis in pejus*), incidindo, por isso, somente sobre os fatos ocorridos após a sua entrada em vigor.

O respectivo processo penal correrá em segredo de justiça (CP, art. 234-B). Apesar de o Código falar de processo, o sigilo deve atingir também o respectivo inquérito policial, porque, do contrário, semelhante previsão seria inútil.

Por fim, é de ver que, além dos tipos já referidos, há outros similares previstos na Lei nº 8.069/90 (Estatuto da Criança e do Adolescente). E, ainda, que quando houver sequestro para fins libidinosos, incidirá o art. 148, § 1º, V, do CP.

3.2. Bem jurídico protegido

Como vimos, os crimes contra a liberdade sexual têm por finalidade precípua garantir a liberdade de autodeterminação sexual, isto é, visam a assegurar o direito de todo indivíduo adulto ou capaz de orientar-se sexualmente (homem ou mulher) e de manter ou não manter relações sexuais com quem quiser, se quiser, quando quiser, como quiser. Justamente por isso, nenhum tipo penal pode, a pretexto de proteger a liberdade de autodeterminação sexual, estabelecer restrições indevidas ou mesmo criminalizá-la, como por vezes ocorre.

No que se refere a crianças, adolescentes e incapazes em geral (crimes contra vulneráveis), como lhes falta ou a lei lhes nega a capacidade de autodeterminação em matéria sexual, a função (declarada) dos tipos penais é assegurar, a juízo do Estado, o seu desenvolvimento pleno e saudável (psíquico e sexual), a fim de que, quando adultos, possam decidir livremente.

Como assinala Francisco Muñoz Conde, quanto à proteção sexual de incapazes, o que se busca tutelar é sua liberdade futura, isto é, a normal evolução e desenvolvimento de sua personalidade, para que, quando adulto, decida livremente sobre seu comportamento sexual; e no caso de incapaz ou deficiente mental, evitar que seja utilizado como objeto sexual de terceiros que abusem de sua situação para satisfazer seus desejos sexuais.[16]

Além disso, os tipos contra a liberdade sexual e vulneráveis visam a proteger a integridade física e a vida etc., especialmente por meio dos crimes qualificados pelo resultado lesão grave e morte.

No essencial, os delitos agora comentados são, por conseguinte, pluriofensivos, pois ofendem mais de um bem jurídico.

3.3. Consentimento válido do ofendido

Os crimes contra a liberdade sexual (capítulo I) pressupõem a ausência de consentimento válido do ofendido, razão pela qual o respectivo tipo não se configurará quando houver prova de que a suposta vítima consentiu, validamente, e sem nenhum tipo de vício (coação, fraude, erro etc.), na prática dos atos tidos por criminosos. O consentimento válido pode dar-se expressa ou tacitamente.

O consentimento válido do ofendido importa, portanto, em ausência de tipicidade.

Mas o eventual consentimento é juridicamente inválido, logo, irrelevante, para os crimes praticados contra vulnerável (capítulo II), visto que a lei os declara incapazes de consentirem validamente. Exatamente por isso, há estupro de vulnerável ainda que o ofendido (v.g., menor de 14 anos) queira e consinta a relação sexual.

O consentimento é também irrelevante quanto a diversos outros delitos, a exemplo do lenocínio etc.

Conforme veremos, discute-se se essa previsão legal de vulnerabilidade é absoluta ou relativa, isto é, se admite ou não prova em sentido contrário.

3.3.1. O consentimento do adolescente nos crimes sexuais

Como se sabe, nos crimes contra a liberdade sexual (Título VI, Capítulo I), o consentimento do ofendido importa em exclusão do crime. Não há, por exemplo, estupro ou assédio criminoso, mas exercício regular de direito, sempre que a relação sexual resultar de livre manifestação das partes.

---

16 *Derecho Penal*, Parte Especial. Valencia: Tirant lo Blanch, 2010, p. 217.

No caso de estupro de vulnerável (CP, art. 217-A), a situação é diversa, pois inválido o eventual consentimento da vítima (menor de catorze anos ou incapaz na forma da lei). Aliás, o novo § 5º do art. 217-A do CP prevê expressamente que as penas do crime de estupro de vulnerável (na forma do *caput* e seus parágrafos) aplicam-se independentemente do consentimento da vítima ou do fato de ela ter mantido relações sexuais anteriormente ao crime.

Este, inclusive, já era o entendimento editado na Súmula 593/STJ de 6 de novembro de 2017, segundo a qual "o crime de estupro de vulnerável se configura com a conjunção carnal ou prática de ato libidinoso com menor de 14 anos, sendo irrelevante eventual consentimento da vítima para a prática do ato, sua experiência sexual anterior ou existência de relacionamento amoroso com o agente".

Assim, como a condição legal de vulnerável cessa aos catorze anos, segue-se que, a partir dessa idade, o indivíduo adquire a capacidade de consentir validamente, podendo exercer a sua sexualidade plenamente.

Se assim é, a configuração dos tipos penais sexuais há, em princípio, de pressupor a ausência de consentimento válido do ofendido. Nesse sentido, o art. 240 da Lei nº 8.069/90 (ECA):

> **Art. 240**. Produzir, reproduzir, dirigir, fotografar, filmar ou registrar, por qualquer meio, cena de sexo explícito ou pornográfica, envolvendo criança ou adolescente: (Redação dada pela Lei nº 11.829, de 2008)
>
> Pena – reclusão, de 4 (quatro) a 8 (oito) anos, e multa. (Redação dada pela Lei nº 11.829, de 2008)

Ou seja, se a lei assegura o pleno exercício do direito à autodeterminação sexual a partir dos 14 anos, há de também reconhecer a possibilidade de realização de atos derivados, por constituírem um seu desdobramento lógico. Afinal, quem pode praticar os atos principais, há de poder realizar os atos acessórios. Mais concretamente: quem pode ter relação sexual pode, igualmente, fotografá-la, filmá-la, divulgá-la etc. No particular, quem pode o mais há de poder o menos, portanto.

Nos crimes sexuais, por conseguinte, o consentimento do maior de 14 anos será válido sempre que se tratar de ato livremente praticado, uma vez que já não ostenta a condição legal de vulnerável. Não há ato infracional tampouco relativamente aos próprios adolescentes não vulneráveis que tenham praticado o ato sexual sem vício de consentimento.

E assim deve ser porque, se considerarmos irrelevante o consentimento do adolescente não vulnerável, a lei estará, em verdade, a negar o direito à autodeterminação sexual, que é, por excelência, o bem jurídico orientador da intervenção penal no particular. A lei castigaria um crime sem vítima.

3.4. Os crimes contra a dignidade sexual são dolosos

Todos os crimes contra a dignidade sexual são dolosos, razão pela qual pressupõem, forçosamente, o conhecimento e vontade de realização dos elementos do tipo de que se trata. Não há, pois, dolo, se faltar um desses elementos essenciais. Exatamente por isso, se, por exemplo, o autor, no estupro de vulnerável, desconhece a condição de vulnerabilidade da vítima (*v.g.*, tem fundadas razões para acreditar que ela é maior de 14 anos), não responderá penalmente.

Não há dolo, em princípio, relativamente às carícias, ainda que em regiões erógenas, feitas por pais e amigos (ou mesmo estranhos) em crianças e adolescentes, sempre que a intenção seja apenas expressar carinho ou brincar simplesmente.

Tampouco constituem crime certos atos legitimamente praticados em rituais religiosos (circuncisão etc.). Assim, por exemplo, o *metzitzah*, praticado por judeus ortodoxos, realizado em recém-nascidos, no qual o *mohel* (que realiza a circuncisão), depois de remover o prepúcio, suga, com a boca, o sangue causado pelo corte no pênis do bebê.

E a distinção é importante, porque, do contrário, já não seria possível separar a legítima expressão de carinho do ato manifestamente libidinoso que vise à satisfação da lascívia.

Se houver erro de tipo, inevitável ou evitável, ficará afastada a imputação, uma vez que essa modalidade de erro exclui o dolo (CP, art. 20).

Não há previsão de culpa. Consequentemente, nenhum crime é imputável a título de simples imprudência, negligência ou imperícia.

3.5. Elementos subjetivos do tipo?

A doutrina distinguia – distinção atualmente superada – entre *dolo genérico* e *dolo específico*. O dolo genérico – escrevia Magalhães Noronha – "reside na vontade de realizar o tipo descrito na lei", enquanto o dolo específico "é considerado como um fim especial e próprio do delito".[17] De acordo com tal formulação, o dolo compreendia todos os elementos do tipo; mas haveria um dolo genérico, compreensivo do tipo objetivo e, eventualmente, um dolo específico, compreensivo dos elementos subjetivos especiais referidos no tipo.

Uma vez superada tal distinção, por se entender que o dolo é um só, permaneceu-se adotando, porém, um conceito restritivo de dolo, isto é, dolo como realização do *tipo objetivo* unicamente, razão pela qual a doutrina atual fala de elementos *subjetivos do tipo* ou *elementos subjetivos do injusto*, para assim designar "todos aqueles requisitos de caráter subjetivo distintos do dolo que o tipo exige para sua realização". Numa palavra, o que antes se chamava dolo específico, chama-se atualmente *elementos subjetivos do tipo* ou *elementos subjetivos do injusto*. Assim, por exemplo, o "para si ou para outrem" no furto (CP, art. 155) e o "intuito de obter vantagem econômica", na extorsão (CP, art. 158), não fariam parte do conceito de dolo.

---

17 *Direito Penal*, Parte Geral, cit.

Os elementos subjetivos do injusto seriam, enfim, conforme definição de Daniela Marques, elementos do campo psíquico-espiritual do agente, traduzidos em especiais tendências, intenções ou propósitos (fim especial de agir) que condicionam ou que fundamentam o juízo de ilicitude do comportamento.[18] Deu-se, portanto, uma nova denominação ao antigo dolo específico. E, de acordo com Muñoz Conde, esses elementos subjetivos específicos não coincidem com o dolo, pois são tendências especiais ou motivos que o legislador exige nalguns casos, além do dolo, para constituir o tipo de algum delito, como, por exemplo, o ânimo de injuriar no crime de injúria.[19]

Não estamos de acordo com isso, porém. Sim, porque, se dolo é a realização do tipo penal, consciente e voluntariamente, e se não existe dolo em si, mas dolo de realizar um tipo legal determinado, o dolo há de compreender, forçosamente, todos os elementos referidos tipo, não fazendo sentido algum excluir os assim chamados elementos subjetivos do injusto.

Além do mais, quer porque a linguagem é estruturalmente aberta, quer porque não existe conhecimento sem mediação do sujeito, quer porque a interpretação constitui o ser do direito, a pretendida distinção entre elementos objetivos, subjetivos e normativos do tipo não é mais sustentável. Como assinala Rosa Maria Cardoso da Cunha, é arbitrária a distinção feita pelo pensamento dogmático entre elementos descritivos e normativos, com o fim de situar apenas estes últimos como objeto valorativo do juízo, porque tal distinção desconsidera a circunstância de que nenhum elemento do tipo pode ser conhecido pela simples verificação sensorial. Com efeito, mesmo expressões como homem, casa, membro etc. apontam para objetos que reclamam um juízo histórico e valorativo.[20]

O dolo, portanto, entendido como realização dos elementos do tipo, deve compreender tudo que o tipo legal de crime contiver, expressa ou tacitamente, inclusive porque o dolo não é um estado mental do sujeito, mas uma imputação a esse título (a título de dolo).[21]

3.6. O estupro é o tipo fundamental

O estupro (violento e de vulnerável) é o tipo penal fundamental, visto que constitui a infração mais relevante e mais gravemente punida. Logo, todos os demais são acessórios, razão pela qual a sua aplicabilidade requer, logicamente, a impossibilidade de incidência do tipo principal (estupro). Assim, por exemplo, não responde por assédio, mas estupro, o autor que, mediante violência ou grave ameaça, constrange a

18 *Elementos subjetivos do injusto*, cit., p. 119.

19 *Teoria Geral do Delito*, cit., p. 65. No mesmo sentido, Cezar Bitencourt: "o especial fim de agir ou motivo de agir, embora amplie o aspecto subjetivo do tipo, não integra o dolo nem com ele se confunde, uma vez que (...) o dolo esgota-se com a consciência e a vontade de realizar a ação com finalidade de obter o resultado delituoso" (*Manual*, cit., p. 216).

20 *O caráter retórico do princípio da legalidade*. Porto Alegre: 1979, p. 64.

21 Vide Paulo Queiroz. *Direito Penal*. Parte Geral. 8. edição. Salvador: Juspodium, 2012.

vítima assediada à prática de conjunção carnal ou outro ato libidinoso. E ainda que não haja violência ou grave ameaça, o agente responderá por estupro de vulnerável, se se tratar de vítima que se encontre nessa condição legal (menor de 14 anos etc.).

3.7. Os crimes contra a liberdade sexual e contra vulnerável são comissivos

Todos os crimes contra a liberdade sexual e contra vulnerável são comissivos, visto que exigem, de parte do sujeito ativo, o cometimento de uma ação, e não simples omissão. Assim, por exemplo, o estupro (CP, art. 213), que consiste em constranger, mediante violência ou grave ameaça, alguém à conjunção carnal ou praticar ou permitir que se pratique outro ato libidinoso.

É possível a ocorrência de omissão dolosa imprópria, desde que o omitente (garante), nos termos do Código (CP, art. 13, § 2º), tenha conhecimento de um delito contra a liberdade sexual ou contra vulnerável e possa concretamente agir, mas nada faça no sentido de evitá-lo. Assim, por exemplo, a mulher, que, embora sabendo que o marido mantém relações sexuais com as filhas menores de 14 anos, se omite dolosamente, responde por estupro de vulnerável (omissão imprópria dolosa).

Não existe a possibilidade de omissão imprópria culposa, uma vez que nenhum tipo prevê a forma culposa.

3.8. Os crimes contra liberdade sexual e contra vulnerável são comuns

Os crimes contra a liberdade sexual e contra vulnerável são comuns, podendo ser praticado por qualquer pessoa. Com efeito, à exceção do assédio sexual (CP, art. 216-A), que é um crime próprio ou especial, visto que só pode ser praticado por quem se encontre numa condição de superioridade hierárquica ou ascensão relativamente ao ofendido, todos os demais tipos não exigem condição especial alguma por parte do sujeito ativo.

No que tange ao sujeito passivo, os crimes contra vulnerável só podem ter como vítima, obviamente, os indivíduos assim declarados legalmente (menor de 14 anos etc.). Do contrário, os tipos não se perfazem.

3.9. Ação penal

Desde o advento da Lei nº 12.015/2009, que deu nova redação aos crimes contra os costumes, os denominados crimes contra a dignidade sexual – aí incluído o estupro – são, normalmente, crimes de ação pública condicionada à representação. Havia, contudo, exceções, a exemplo do estupro de vulnerável (CP, art. 217-A) e aquele contra menor de dezoito anos, os quais são de ação penal pública incondicionada.

Como a lei não havia excepcionado o estupro qualificado por lesão corporal grave ou morte, tornando-o, de modo explícito, de ação pública incondicionada, parte da doutrina passou a entender que a ação penal dependeria de representação. Contudo, a jurisprudência se consolidou com o entendimento de tratar-se de crimes de ação penal pública incondicionada, porque tanto a lesão grave quanto o homicídio são delitos de ação penal pública incondicionada[22].

Essa discussão restou superada com a edição da Lei nº 13.718, de 24 de setembro de 2018, que deu nova redação ao art. 225 do CP, tornando todos os crimes contra a liberdade sexual e contra vulnerável de ação pública incondicionada. Na verdade, a nova redação era desnecessária. Bastaria abolir o art. 225 do CP.

Com relação à lesão corporal praticada contra mulher regida pela Lei nº 11.340/2006 (Lei Maria da Penha), a matéria há muito está pacificada no sentido de que se trata de crime de ação penal pública incondicionada. Nesse sentido, é a Súmula 542 do STJ: "a ação penal relativa ao crime de lesão corporal resultante de violência doméstica contra a mulher é pública incondicionada".

Com a nova previsão do art. 225 do CP, pode-se afirmar, portanto, que todos os crimes contra a dignidade sexual são de ação penal pública incondicionada.

Finalmente, como se trata de modificação mais gravosa para o réu (*novatio legis in pejus*), incidirá apenas sobre os crimes ocorridos após a sua entrada em vigor.

3.10. Causas de aumento de pena

A Lei nº 13.718/2018 alterou o art. 226 do CP, que trata das causas de aumento de pena nos crimes contra a liberdade sexual e contra vulnerável.

Segundo a nova redação do art. 226 do CP, a pena é aumentada:

a) de quarta parte, se o crime é cometido com o concurso de 2 (duas) ou mais pessoas: com a alteração, a causa de aumento do inciso I se aplica aos crimes contra a liberdade sexual e contra vulnerável, com exceção dos tipos penais de estupro (CP, art. 213) e estupro de vulnerável (CP, art. 217-A), que passam a ser majorados pela causa de aumento do inciso IV, alínea "a" (estupro coletivo).

b) de metade, se o agente é ascendente, padrasto ou madrasta, tio, irmão, cônjuge, companheiro, tutor, curador, preceptor ou empregador da vítima ou por qualquer outro título tiver autoridade sobre ela: a Lei apenas altera a redação do inciso de "tem autoridade" para "tiver autoridade", com o objetivo de garantir que haja a penalização do agente ainda que o vínculo entre este e a vítima não seja atual.

c) de 1/3 (um terço) a 2/3 (dois terços), no caso de estupro coletivo ou estupro corretivo.

3.10.1. Estupro Coletivo (CP, art. 226, inciso IV, alínea "a")

Como visto, a causa de aumento prevista no art. 226, inciso I do CP não mais se aplica aos crimes de estupro e estupro de vulnerável, havendo previsão específica e mais rigorosa no inciso IV, alínea "a". Assim, no caso de concurso de dois ou mais

---

22 Vide Paulo Queiroz. *Ação Penal*. Disponível em: http://www.pauloqueiroz.net/acao-penal.

agentes, estes crimes passam a ser majorados à razão de 1/3 (um terço) a 2/3 (dois terços), configurando-se o chamado “estupro coletivo”.

3.10.2. Estupro Corretivo (CP, art. 226, inciso IV, alínea “b”)

Trata-se de dispositivo que visa punir mais gravemente o estupro praticado com a finalidade de controlar o comportamento social ou a orientação sexual da vítima, perpetrado, em regra, contra homossexuais, bissexuais ou transexuais, para impor a heterossexualidade.

Quando praticado em tais circunstâncias, a pena do crime de estupro ou de estupro de vulnerável sofrerá acréscimo de 1/3 (um terço) a 2/3 (dois terços).

CAPÍTULO 1 – DOS CRIMES CONTRA A LIBERDADE SEXUAL

1. ESTUPRO

> ⊙ **Estupro**
>
> **Art. 213.** Constranger alguém, mediante violência ou grave ameaça, a ter conjunção carnal ou a praticar ou permitir que com ele se pratique outro ato libidinoso: (Redação dada pela Lei nº 12.015, de 2009)
>
> Pena – reclusão, de 6 (seis) a 10 (dez) anos. (Redação dada pela Lei nº 12.015, de 2009)
>
> § 1º Se da conduta resulta lesão corporal de natureza grave ou se a vítima é menor de 18 (dezoito) ou maior de 14 (catorze) anos: (Incluído pela Lei nº 12.015, de 2009)
>
> Pena – reclusão, de 8 (oito) a 12 (doze) anos. (Incluído pela Lei nº 12.015, de 2009)
>
> § 2º Se da conduta resulta morte: (Incluído pela Lei nº 12.015, de 2009)
>
> Pena – reclusão, de 12 (doze) a 30 (trinta) anos (Incluído pela Lei nº 12.015, de 2009)

1.1. Definição legal e elementos constitutivos

Trata-se de um tipo de constrangimento ilegal imposto a alguém, homem ou mulher, visando à satisfação de um desejo sexual (libido). É crime definido como hediondo em quaisquer de suas formas, isto é, simples e qualificado, consumado e tentado (Lei nº 8.072/90, art. 1º, V).

O estupro é o tipo penal fundamental, relativamente aos demais crimes contra a liberdade sexual (assédio etc.), que são acessórios, razão pela qual a ocorrência desses últimos pressupõe a não incidência do tipo principal.

Para a configuração do crime, exige-se o concurso simultâneo dos seguintes requisitos:

a) ato de constranger a vítima a;

b) mediante uso de violência ou grave ameaça;

c) ter conjunção carnal; ou

d) praticar ou permitir que se pratique outro ato libidinoso.

Constranger é coagir, forçar, obrigar, tolher a vontade de; não há, pois, constrangimento, tampouco constrangimento ilegal, se houver consentimento válido do ofendido, antes ou durante o ato, mas um fato atípico, penalmente irrelevante. No entanto, haverá estupro, se, não obstante o consentimento inicialmente dado, a vítima mudar de ideia durante a relação sexual e a ela se opuser firme e manifestamente, e desde que o agente, usando de violência ou grave ameaça, atue no sentido de vencer a resistência que lhe é agora oposta.

Na modalidade constranger a ter conjunção carnal, tipifica-se a conjunção sexual forçada entre o agente (homem, forçosamente) e a mulher (cópula); na forma de constranger a praticar outro ato libidinoso, a vítima é coagida a realizar ato libidinoso no próprio agente ou em terceiro; e no permitir que se pratique, é obrigada a tolerar que com ela se realize outro ato libidinoso diverso da conjunção. O mais comum é que ambas as formas de constrangimento sejam praticadas simultânea ou sucessivamente.

Quando se tratar de estupro de vulnerável, o consentimento eventualmente dado pelo ofendido é, em princípio, juridicamente irrelevante, porque inválido.

A violência necessária à caracterização do tipo é qualquer ação física empregada pelo agente para anular a resistência da vítima e assim consumar o delito. E a grave ameaça é a promessa de praticar um mal grave (legal ou ilegal, justo ou injusto) contra a vítima ou terceiro e assim impedir que resista ao ilegal constrangimento que lhe é imposto.

Quando houver surpresa ou qualquer outro meio que impeça a vítima de esboçar reação[1], a exemplo de uso de droga, hipnose etc., o caso será de estupro de vulnerável (CP, art. 217-A).

Como a violência e a grave ameaça fazem parte do tipo penal, segue-se que eventuais escoriações, vias de fato e lesões leves que resultem do estupro não são autonomamente puníveis, uma vez que ficam absorvidas por este delito (princípio da consunção). Já a lesão grave e a morte qualificam o crime.

Por conjunção carnal se deve entender a conjunção sexual entre o homem e a mulher, isto é, a cópula (sexo vaginal). Por sua vez, ato libidinoso é termo generalíssimo que corresponde a todo e qualquer ato destinado à satisfação da libido (sexo anal, oral etc.), razão pela qual compreende a própria conjunção carnal como uma de suas possíveis formas. Exatamente por isso, era, a rigor, desnecessária a referência expressa à conjunção.

Só existe estupro, em princípio, se houver conjunção carnal ou outro ato libidinoso contra a vontade expressa da vítima, que se opõe manifestamente ao ilegal constrangimento que lhe é imposto. Como assinala Hungria, o dissenso da vítima deve ser sincero e positivo, manifestando-se por inequívoca resistência. Não basta uma platônica ausência de adesão, uma recusa meramente verbal, uma posição passiva ou inerte. É necessária uma vontade decidida e militantemente contrária, uma oposição que só a violência física ou moral consiga vencer.[2]

---

1 No mesmo sentido, Damásio de Jesus. *Direito Penal*. Parte Especial, v. 3. São Paulo: Saraiva, 2011, p. 128. No sentido de que a surpresa configura, porém, o estupro violento, Magalhães Noronha, cit.

2 *Comentários*, cit., p. 118.

Isso não quer dizer, porém, que a vítima deva resistir até a exaustão, sobretudo se a resistência significar grave perigo à sua vida ou integridade física.

Ademais, cumpre considerar o contexto e as condições pessoais dos envolvidos (autores e vítimas), mesmo porque vítimas há que se amedrontam facilmente e outras há que resistem o quanto podem. Já vimos que não constitui crime certos atos legitimamente praticados em rituais religiosos (circuncisão etc.). Assim, por exemplo, o *metzitzah*, praticado por judeus ortodoxos, realizado em recém-nascidos, no qual o *mohel* (que realiza a circuncisão), depois de remover o prepúcio, suga, com a boca, o sangue causado pelo corte no pênis do bebê.

Não há crime, em princípio, relativamente a casais que praticam sadomasoquismo, em virtude do consentimento válido das partes.

Cuida-se de crime comum que pode ser praticado por e contra qualquer pessoa, homem ou mulher; logo, não se exige condição especial alguma por parte do sujeito ativo ou passivo, de modo que qualquer um pode praticá-lo ou sofrê-lo, prostituto (a) inclusive. A discussão sobre a possibilidade de mulher casada ser vítima de estupro praticado pelo marido já não tem qualquer sentido nos dias atuais. Afinal, a mulher casada pode, evidentemente, ser vítima de estupro praticado pelo marido sempre que, por qualquer razão, se opuser à relação sexual.

O tipo exige necessariamente o dolo, entendido como consciência e vontade de realização dos elementos do tipo, isto é, consciência e vontade de constranger alguém, mediante violência ou grave ameaça, a ter conjunção carnal ou a praticar ou permitir que com ele se pratique outro ato libidinoso. Não há, pois, dolo sempre que o autor tiver fundadas razões para acreditar que a vítima consente validamente na realização do ato ou apenas finge resistir (v.g., casal de namorados).

No caso de estupro de vulnerável, não há tampouco dolo, mas erro de tipo, que o exclui, se o agente supuser, fundadamente, que a vítima não é juridicamente vulnerável (v.g., se tiver bons motivos para acreditar que o ofendido é maior de 14 anos).

Convém transcrever, a propósito, o seguinte precedente do STJ[3]:

> AGRAVO REGIMENTAL NO RECURSO ESPECIAL. ESTUPRO DE VULNERÁVEL. DESCLASSIFICAÇÃO PARA ESTUPRO SIMPLES. ESTUPRO QUALIFICADO PELA IDADE DAS VÍTIMAS. AFASTAMENTO DA QUALIFICADORA. ERRO DE TIPO. REVOLVIMENTO DO CONTEÚDO FÁTICO-PROBATÓRIO. INVIABILIDADE.1. Hipótese em que o Tribunal a quo entendeu que o acusado não possuía dolo de praticar atos libidinosos com vítimas menores de 14 anos, pois as abordava em via pública de maneira aleatória, razão pela qual foi realizada a desclassificação da conduta do crime de estupro de vulnerável para o crime de estupro simples (art. 213 do CP). Pelas mesmas razões, foi decotada a qualificadora do art. 213, §1º, do CP em relação às condutas praticadas contra vítimas com idade entre 14 e 18 anos à época dos fatos. 2. Não se ignora o entendimento firmado no âmbito desse Superior Tribunal de Justiça no sentido de que o estupro de vulnerável possui presunção absoluta de violência, sendo irrelevante aspectos externos como o

3 AgRg no REsp 1639356/MG, *DJe* de 19/02/2018, Quinta Turma, Relator Ministro Jorge Mussi.

consentimento ou experiência sexual da vítima. 3. O desconhecimento da idade da vítima pode circunstancialmente excluir o dolo do acusado quanto à condição de vulnerável, bem como descaracterizar a qualificadora do art. 213, §1º, do CP, mediante a ocorrência do chamado erro de tipo (art. 20 do CP). 4. A análise acerca da ocorrência de erro quanto à idade da vítima, de modo a se afastar o dolo do agente (direto ou eventual), implicaria o necessário reexame do conteúdo fático-probatório dos autos, o que é vedado no julgamento do recurso especial, nos termos da Súmula 7 deste Superior Tribunal de Justiça. 5. Agravo desprovido.

Para a configuração do dolo, é irrelevante que o agente vise (também) a outros fins não sexuais (vingança, humilhação etc.).

Não há previsão de culpa.

1.2. Configuração de ato libidinoso típico

Nem todo ato libidinoso importa em crime de estupro.

Com efeito, o tipo penal, ao restringir o delito ao ato de *praticar ou permitir que com ele se pratique outro ato libidinoso*, não contemplou aquelas hipóteses em que a vítima é constrangida, não a praticar ou permitir que com ela se pratique algum ato libidinoso, mas a assistir a atos sexuais praticados pelo próprio autor consigo mesmo ou com terceiro ou entre terceiros. Consequentemente, o estupro pressupõe, necessariamente, a participação ativa ou passiva da própria vítima, quer com o autor, quer com terceiro, quer consigo mesma. Assim, o só ato de constranger alguém, com violência ou grave ameaça, a assistir a ato libidinoso não caracteriza o crime de estupro, uma vez que não se está aí a constranger alguém a *praticar* ou *permitir que com ele se pratique outro ato libidinoso*. Assim, para a configuração do tipo em questão, é essencial uma intervenção sobre o corpo da vítima, constrangendo-a *a praticar ou permitir que com ela se pratique um tal ato*. Enfim, o ato libidinoso tem de ser praticado *pela*, *com* ou *sobre* a vítima coagida.[4]

Exatamente por isso, não comete esse crime, mas importunação sexual (CP, art. 215-A), o indivíduo que constrange a vítima a assistir a ato de libidinagem praticado por terceiros, uma vez que a vítima não estaria praticando o ato, nem permitindo que com ela fosse praticado.[5] Não há, portanto, estupro sem intervenção material do ofendido no fato incriminado, porque é indispensável sua participação, razão pela qual é necessária a sua presença, visto que sua pessoa é elemento do próprio tipo sem cujo concurso o crime não se perfaz.[6]

Também por isso, a simples contemplação da nudez de alguém (a chamada visão lasciva), mediante violência ou grave ameaça, não configura o delito de que estamos tratando, mas importunação sexual ou, ainda, constrangimento ilegal. De modo diverso, porém, Magalhães Noronha tem que a visão lasciva caracterizaria o atual delito

4 Nélson Hungria, cit., p. 136.

5 Magalhães Noronha. *Direito Penal*. Parte Especial, v. 3. São Paulo: Saraiva, 2003, p. 92. No mesmo sentido, Hungria, cit., p. 136: "não constitui o crime a constrangida assistência a ato de libertinagem".

6 Magalhães Noronha. *Direito Penal*. Parte Especial, v. 3. São Paulo: Saraiva, 2003, p. 92.

de estupro, visto que "se um indivíduo arroja-se sobre uma donzela, desnudando-a para mirá-la, comete crime de atentado violento ao pudor, pois, mediante violência, a constrange a suportar e tolerar que com ela se pratique ato libidinoso ou lascivo".[7]

Não constitui estupro tampouco o simples fato de proferir palavras obscenas ou o só ato de manifestar o desejo de praticar algum ato libidinoso com alguém, porque é necessário que haja algum tipo de contato físico ou corpóreo com a vítima, pelo menos, que o seu corpo entre em jogo, para o fim de libidinagem.[8]

O que pode vir a ser outro ato libidinoso – isto é, destinado a consumar um desejo de caráter sexual – é impossível de ser listado, uma vez que a imaginação humana é fertilíssima no particular. De todo modo, há de consistir numa conduta relevante que importe em grave constrangimento à vítima (sexo anal, oral etc.), razão pela qual não pode ser considerado como tal atos que, embora libidinosos do ponto de vista do próprio autor, não o sejam objetivamente (v.g., tocar o cabelo de uma criança ou beijar-lhe o rosto, relativamente ao estupro de vulnerável).

1.3. Princípio da insignificância

Não constitui estupro o cometimento de atos absolutamente insignificantes, ainda que eventualmente libidinosos. O Código Penal português[9] exige, aliás, expressamente, para a configuração do crime de coacção sexual e outros delitos sexuais, que se trate de acto sexual de relevo, razão pela qual os atos considerados insignificantes não são passíveis de proteção pelo tipo penal em causa. Como escreve Jorge de Figueiredo Dias, "ficam excluídos do tipo actos que, embora 'pesados' ou em si 'significantes' por impróprios, desonestos, de mau gosto ou despudorados, todavia, pela sua pequena quantidade, ocasionalidade ou instantaneidade, não entravem de forma importante a livre determinação sexual da vítima".[10]

Por muito tempo se discutiu se o beijo lascivo poderia ou não configurar o crime de estupro. Que o beijo (a depender do modo e lugar) figura entre as possíveis formas de libidinagem, é fora de dúvida. A questão fundamental residia em saber, porém, se um tal ato, como outros tantos de igual ou menor importância, poderia ser considerado digno de proteção penal. E, para nós, não se poderia ter à conta de estupro, crime hediondo que é, condutas que, embora formalmente libidinosas, não importavam num constrangimento grave à liberdade sexual do ofendido, razão pela qual o princípio da insignificância teria plena aplicação. E uma vez reconhecida a insignificância

7 *Direito Penal*, cit., p. 92.

8 Hungria, cit., p. 137.

9 Com efeito, o art. 163, 1, dispõe: "Quem, por meio de violência, ameaça grave, ou depois de, para esse fim, a ter tornado inconsciente ou posto na impossibilidade de resistir, constranger outra pessoa a sofrer ou a praticar, consigo ou com outrem, **acto sexual de relevo**, é punido com pena de prisão de 1 a 8 anos." (O grifo não consta do original).

10 *Comentário Conimbricense do Código Penal*. Parte Especial, tomo 1. Coimbra: Coimbra Editora, 1999, p. 449.

dos atos, relativamente ao tipo legal de estupro, seguia-se, então, ou a desclassificação para infração penal menos grave (v.g., constrangimento ilegal ou a contravenção do art. 61 da LCP, agora revogada) ou a absolvição pura e simples.

Com a reforma da Lei nº 13.718/2018, a discussão foi superada porque o novo tipo penal de importunação sexual ("praticar contra alguém e sem a sua anuência ato libidinoso para satisfazer a própria lascívia ou a de terceiro") claramente compreende a prática do beijo lascivo sem anuência da vítima.

Por outro lado, se obtido mediante violência ou grave ameaça, o beijo lascivo importará em crime de estupro. Nesse sentido é o recente precedente do STJ[11]:

> PENAL E PROCESSO PENAL. RECURSO ORDINÁRIO EM HABEAS CORPUS. ESTUPRO. TRANCAMENTO DA REPRESENTAÇÃO DE ATO INFRACIONAL. TIPICIDADE DA CONDUTA. BEIJO LASCIVO E OUTROS ATOS LIBIDINOSOS. VIOLÊNCIA. UTILIZAÇÃO DE FORÇA FÍSICA. VÍTIMA SUBJUGADA. JUSTA CAUSA. OCORRÊNCIA. PALAVRA DA VÍTIMA E TESTEMUNHAS. RECURSO DESPROVIDO. (...) 3. O estupro é, pois, crime complexo em sentido amplo, constituindo-se de constrangimento ilegal voltado para uma finalidade específica, consistente em conjunção carnal ou outro ato libidinoso. Ademais, a execução desta conduta típica especial de constrangimento ilegal possui elementos especializantes de meio de execução, consistentes na violência (vis absoluta ou vis corporalis) ou grave ameaça (vis compulsiva). A grave ameaça, também conhecida como violência moral, é a promessa de realização de mal grave, futuro e sério contra a vítima (direta ou imediata) ou pessoa que lhe é próxima (indireta ou mediata). Por sua vez, a violência caracteriza-se pelo emprego de força física sobre a vítima, consistente em lesões corporais ou vias de fato. Pode ser direta ou imediata, quando dirigida contra o ofendido, ou indireta ou mediata, se voltada contra pessoa ou coisa ligada à vítima por laços de parentesco ou afeto. 4. O beijo lascivo ingressa no rol dos atos libidinosos e, se obtido mediante violência ou grave ameaça, importa na configuração do crime de estupro. Evidentemente, não são lascivos os beijos rápidos lançados na face ou mesmo nos lábios, sendo preciso haver beijos prolongados e invasivos, com resistência da pessoa beijada, ou então dos beijos eróticos lançados em partes impudicas do corpo da vítima. Por conseguinte, verificar-se-á estupro mediante violência caso a conduta do beijo invasivo busque a satisfação da lascívia, desde que haja intuito de subjugar, humilhar, submeter a vítima à força do agente, consciente de sua superioridade física. 5. No caso, resta evidente a utilização de força física, conquanto ausentes vestígios de lesão, para beijar a vítima contra sua vontade, e ainda lhe esfregar o órgão genital ereto, tendo o recorrente parado apenas por ter sido impedido por testemunha. Em tese, tal conduta amolda-se à hipótese típica do crime de estupro, para realização de atos libidinosos, cometido por meio de violência, consistente no emprego de força física contra a vítima, subjugando-a pela superioridade física do agente, até porque aquela possui limitações físicas decorrentes da ataxia cerebelar. 6. Ressalte-se que não há falar em aplicação retroativa, em tese, do crime de importunação sexual (CP, art. 215-A), porquanto a prova semiplena angariada até o momento levam à conclusão de utilização de violência para a prática do ato libidinoso, o que afasta a incidência da novatio legis in mellius, trazida pela Lei n. 13.718/2018, porquanto funciona como elemento especializante do crime de estupro. (...) 9. Recurso desprovido.

11 RHC 93.906/PA, DJe 26/03/2019, Quinta Turma, Relator Ministro Ribeiro Dantas

1.4. Consumação e concurso de crimes

Se a consumação é a completa realização dos elementos do tipo, segue-se, então, que tal ocorrerá sempre que o agente lograr constranger a vítima a praticar conjunção carnal ou outro ato libidinoso. A consumação da conjunção carnal ocorrerá com a penetração do pênis na cavidade vaginal, total ou parcialmente. E a consumação de outro ato libidinoso se dará com a efetiva realização de algum ato libidinoso diverso da conjunção carnal.

Naturalmente que o crime estará consumado, e não simplesmente tentado, ainda que os atos praticados estejam aquém do projeto de crime arquitetado pelo autor (v.g., se, pretendendo realizar conjunção sexual ao final, iniciasse o crime com atos libidinosos preliminares, sendo preso antes de executar aquele último ato).

E haverá tentativa de crime sempre que, iniciada a sua execução, o autor não conseguir consumá-lo por circunstâncias alheias à sua vontade (v.g., reação da vítima ou de terceiro), isto é, sempre que não conseguir praticar algum ato de libidinagem, não obstante o emprego de violência ou grave ameaça.

Se, num mesmo contexto, o agente conseguir praticar conjunção carnal e outro ato libidinoso, como é comum, aliás, haverá crime único, e não concurso de delitos, visto que o tipo pressupõe o constranger a praticar conjunção carnal ou permitir que se pratique outro ato libidinoso, razão pela qual, se realizar ou um ou outro ou ambos, haverá um só delito: estupro.

O Superior Tribunal de Justiça vinha entendendo, porém, que se trata de crime misto cumulativo (e não misto alternativo), razão pela qual haveria concurso de crimes.

1.5. Concurso de crimes no STJ

No Superior Tribunal de Justiça vinha prevalecendo o entendimento de que, se o agente cometesse, num mesmo contexto, conjunção carnal e outro ato libidinoso, haveria concurso de crimes, e não crime único, sob o argumento de que o tipo penal seria misto cumulativo, isto é, um tipo que definiria mais de um crime. Nesse sentido[12]:

> HABEAS CORPUS. ESTUPRO E ATENTADO VIOLENTO AO PUDOR. CONTINUIDADE DELITIVA. REUNIÃO DOS DELITOS EM UM ÚNICO ARTIGO COM A EDIÇÃO DA Lei 12.015/09. POSSIBILIDADE DO RECONHECIMENTO DA CONTINUIDADE DELITIVA (ART. 71 DO CPB). CRIMES DA MESMA ESPÉCIE. RESSALVA DO PONTO DE VISTA DO RELATOR. SENTENÇA CONDENATÓRIA TRANSITADA EM JULGADO ANTES DA Lei 12.015/09. RETROATIVIDADE QUE DEVE SER APRECIADA PELO JUÍZO DA EXECUÇÃO. SÚMULA 611 DO STF. PARECER DO MPF PELA DENEGAÇÃO DA ORDEM. HABEAS CORPUS NÃO CONHECIDO. ORDEM CONCEDIDA, DE OFÍCIO, APENAS PARA DETERMINAR A REMESSA DOS AUTOS AO JUÍZO DA EXECUÇÃO A FIM DE QUE APRECIE O PEDIDO DE APLICAÇÃO DA LEI MAIS BENÉFICA, COMO ENTENDER DE DIREITO. 1. Embora a Lei 12.015/09 tenha reunido em um único artigo as condutas

12 HC nº 139.334-DF, Relator Ministro Napoleão Nunes Maia Filho, de 20/05/2011.

> delitivas anteriormente previstas em tipos autônomos (estupro e atentado violento ao pudor, respectivamente, antigos arts. 213 e 214 do CPB), a prática das duas condutas, ainda que no mesmo contexto fático, deve ser individualmente punida, somando-se as penas. 2. O art. 213 do CPB, após a alteração introduzida pela Lei 12.015/09, deve ser classificado como um tipo misto cumulativo, porquanto a prática de mais de uma conduta ali prevista, quando não representar ato libidinoso em progressão à prática de conjunção carnal, sem dúvida agrega maior desvalor ao fato. 3. A cópula anal ou a felação, realizadas no mesmo contexto fático que a conjunção carnal, não podem ser consideradas como um desdobramento de um só crime, pois constituem atos libidinosos autônomos e independentes da conjunção carnal, havendo, na verdade, violação a preceitos primários diversos. 4. Ainda que previstos no mesmo tipo penal, é nítida a ausência de homogeneidade na forma de execução entre a conjunção carnal e o outro ato libidinoso de penetração, porquanto os elementos subjetivos e descritivos dos delitos em comento são diversos. Dest'arte, considerando-se autônomas as condutas e a forma de execução, forçoso o afastamento da continuidade delitiva.

O equívoco era manifesto.[13]

Primeiro, porque já vimos que a conjunção carnal constitui uma das possíveis formas de ato de libidinagem, a qual, a rigor, não precisaria constar expressamente do tipo; segundo, porque, em verdade, se o agente praticar um ou outro ato ou ambos, realizará um só e mesmo tipo penal; terceiro, porque, ao contrário da legislação revogada, que tipificava autonomamente, em artigos diversos, o estupro e o atentado violento ao pudor, a reforma superou a distinção por considerá-la desnecessária; quarto, porque a própria classificação (crime misto cumulativo) de que se valem os precedentes carece de fundamento e não implica forçosamente concurso de crimes; quinto, porque interpretar cada ato libidinoso como constitutivo de um crime autônomo, relativamente a um só e mesmo tipo penal, importa em violação ao princípio *ne bis in idem*.

Finalmente, o estupro não é de modo algum um crime misto (alternativo ou cumulativo), visto que o tipo refere um único verbo (constranger), sendo que o ter e o praticar ou permitir que se pratique apenas o complementam.[14]

E mais, do ponto de vista da estrutura típica, o estupro nada tem de especial em comparação com outros delitos de única ação, que, embora criminalizem um só verbo (constranger, ofender, subtrair etc.), podem ser distintamente praticados sem que isso importe em concurso de crimes. Assim, por exemplo, pratica um só crime de lesão

---

13 No sentido aqui proposto, Damásio de Jesus: "...Isso importa que a prática de mais de um ato libidinoso de relevo, como a conjunção carnal e o coito anal, cometidos no mesmo contexto fático em face do mesmo sujeito ativo, caracterizam crime único (e não mais concurso material). Não aquiescemos com o ponto de vista que sustenta cuidar-se de o tipo penal insculpido no art. 213 de tipo misto cumulativo, ou seja, de uma disposição legal que contém dentro de si mais de um crime. Cuida-se, na verdade, de tipo misto alternativo, já que o constrangimento pode se dar para obrigá-la à *intromissio penis in vaginam* ou a ato lascivo diverso. É evidente, contudo, que a multiplicidade de atos libidinosos em tais condições deverá ser tomada em conta por ocasião da dosagem da pena, resultando no reconhecimento de circunstâncias judiciais desfavoráveis ao agente (nos termos do art. 59, caput, do CP)."

14 No mesmo sentido, Cleber Masson, cit., p. 17/18.

corporal (CP, art. 129) o agente que, num mesmo contexto, ofende diversamente a integridade física de alguém (v.g., golpeando-o com instrumentos diversos e em partes distintas do corpo). O mesmo ocorre (crime único) com o autor de furto (CP, art. 155), que, numa única noite, entra numa casa e aí subtrai coisas diversas de modo também diverso (v.g., ora usando chave falsa, ora escalada, ora destreza).

A interpretação que dominou no STJ mais parecia, portanto, um esforço do tribunal no sentido de fazer prevalecer a jurisprudência que se consolidara anteriormente à reforma.

O mais razoável seria, por conseguinte, que, reconhecida a unidade de crime, o juiz, quando da individualização, procedesse à fixação de uma pena compatível com as circunstâncias do caso, aí incluídas a natureza e a quantidade de atos libidinosos praticados.

Justamente por isso, o STJ reviu aquela posição, passando a reconhecer a unidade de crime, entendimento que ainda se mantém, conforme precedente abaixo[15]:

> RECURSO ESPECIAL. PENAL. ESTUPRO E ATENTADO VIOLENTO AO PUDOR. CRIME ÚNICO. DOSIMETRIA. COMBINAÇÃO DE LEIS. IMPOSSIBILIDADE. JULGADO PROFERIDO EM HABEAS CORPUS. INAPTIDÃO PARA COMPROVAÇÃO DA DIVERGÊNCIA. DISSÍDIO JURISPRUDENCIAL NÃO DEMONSTRADO. DISPOSITIVO CONSTITUCIONAL. ANÁLISE. IMPOSSIBILIDADE. AUSÊNCIA DE INDICAÇÃO DO DISPOSITIVO LEGAL TIDO POR VIOLADO. INCIDÊNCIA DA SÚMULA N. 284 DO STF. DESCLASSIFICAÇÃO. PREQUESTIONAMENTO. REQUISITO DE ADMISSIBILIDADE DO APELO EXTREMO. AUSÊNCIA. SÚMULAS N. 282 E 356 DO STF. INCIDÊNCIA. SUPRESSÃO DE INSTÂNCIA. RECURSO ESPECIAL DO MINISTÉRIO PÚBLICO PARCIALMENTE CONHECIDO E, NESTA EXTENSÃO, PROVIDO. AGRAVO EM RECURSO ESPECIAL DA DEFESA CONHECIDO PARA NÃO CONHECER DO RECURSO ESPECIAL. 1. A atual jurisprudência desta Corte Superior entende que, "como a Lei 12.015/2009 unificou os crimes de estupro e atentado violento ao pudor em um mesmo tipo penal, deve ser reconhecida a existência de crime único de estupro, caso as condutas tenham sido praticadas contra a mesma vítima e no mesmo contexto fático" (AgRg no AREsp n. 233.559/BA, Rel. Ministra Assusete Magalhães, 6ª T., DJe 10/2/2014, destaquei), o que torna inviável a incidência do concurso material de crimes, previsto no art. 69 do Código Penal. 2. Também ficou assentado neste Tribunal Superior o entendimento que em casos como os dos autos, os atos libidinosos diversos da conjunção carnal poderão ser negativamente valorados, por ocasião da dosagem da pena-base, na análise das circunstâncias elencadas no art. 59 do Código Penal. (...) 9. Recurso especial do Ministério Público parcialmente conhecido e, nesta extensão, provido, para afastar a combinação de leis e determinar o retorno dos autos ao Tribunal de origem, para que proceda à adequação da pena aos termos da Lei n. 12.015/2009. Agravo em recurso especial da defesa conhecido para não conhecer do recurso especial.

Advirta-se, porém, que o concurso de crimes (formal, material e continuado) é perfeitamente possível, desde que os atos sejam praticados em contextos distintos e autônomos.

15 REsp 1288328/DF, DJe 15/05/2017, Sexta Turma, Relator Ministro Rogério Schietti Cruz.

1.6. Formas qualificadas

O agente responderá na forma qualificada sempre que houver: a) lesão corporal de natureza grave; b) morte; c) a vítima for menor de 18 e maior de 14 anos.

Inicialmente, chama a atenção o fato de o legislador equiparar duas situações manifestamente díspares: estupro com lesão grave ou gravíssima e o estupro contra vítima menor de 18 anos, cominando-lhes a mesma pena, afinal estuprar e lesionar gravemente alguém é muito mais lesivo do que estuprar sem mais, independentemente da questão etária. Exemplificando: estuprar uma mulher maior de 18 anos e lesioná-la gravemente (v.g., mutilando-lhe o órgão genital) é muitíssimo mais grave do que violentar alguém com 17 anos, sem, todavia, ofender-lhe a integridade física de modo grave. Não obstante isso, a lei trata tais situações de modo igual, como se tivessem algo em comum.

A lei equiparou, pois, o que não é justamente equipável, violando o princípio da isonomia, a exigir atenção e cuidado redobrados do juiz por ocasião da individualização da pena.

A lesão corporal grave, que consta do art. 129, §§ 1º e 2º, do Código, e a morte qualificam o crime tanto a título de dolo quanto de culpa, tratando-se, por isso, de um crime qualificado pelo resultado, que compreende o preterdolo (fusão de dolo e culpa) como uma de suas possíveis formas. Mas o assunto é dos mais controvertidos, uma vez que parte da doutrina tem que, se houver dolo (direto ou eventual), ocorrerá, em verdade, concurso de crimes[16].

A incidência da qualificadora pressupõe, logicamente, lesão grave ou morte que resultem da violência empregada para a consumação do estupro, razão pelo qual o nexo causal entre o tipo e o resultado que o qualifica é essencial. Exatamente por isso, se, consumado o estupro, o agente decidir lesionar ou matar a vítima, haverá concurso de crimes (estupro e homicídio ou lesões), porque autonomamente queridos e praticados.

O agente também responderá na forma qualificada quando a vítima for menor de 18 e maior de 14 anos. A qualificadora não incide, porém, se, ao tempo da ação, e não do resultado (CP, art. 4º), o ofendido for ainda menor 14 anos ou já tiver completado 18 anos, o que se dá no momento exato em que isso ocorre. Contrariamente ao que pretendem alguns autores, no dia do seu aniversário a vítima já é maior de 14 anos ou maior de 18 anos, conforme o caso, razão pela qual não é preciso esperar o dia seguinte para ser considerada como tal.[17]

Quando a vítima for menor de 14 anos, dar-se-á o estupro de vulnerável. A idade deve ser provada por certidão de nascimento ou documento equivalente.

16 No sentido de que a qualificadora só incide quando houver preterdolo, Rogério Greco, cit., e Luiz Regis Prado. *Curso de Direito Penal Brasileiro*, v. 2. São Paulo: RT, 2010.

17 Contrariamente ao que pretende Cleber Masson (*Direito Penal*, cit., p. 22), o art. 11 do Código Penal, que trata das frações não computáveis da pena, não tem relação alguma com esse assunto.

1.7. Causas de aumento de pena

A pena é assim aumentada (art. 226): a) de metade, se o agente é ascendente, padrasto ou madrasta, tio, irmão, cônjuge, companheiro, tutor, curador, preceptor ou empregador da vítima ou por qualquer outro título tiver autoridade sobre ela; b) de 1/3 (um terço) a 2/3 (dois terços), se o crime é praticado mediante concurso de 2 (dois) ou mais agentes (estupro coletivo); c) de 1/3 (um terço) a 2/3 (dois terços), se o crime é praticado para controlar o comportamento social ou sexual da vítima (estupro corretivo). O rol é taxativo.

A pena é ainda aumentada (art. 234-A, III e IV): a) de metade a 2/3 (dois terços), se do crime resulta gravidez; b) de 1/3 (um terço) a 2/3 (dois terços), se o agente transmite à vítima doença sexualmente transmissível de que sabe ou deveria saber portador, ou se a vítima é idosa ou pessoa com deficiência.

Já vimos que as lesões leves (escoriações etc.) ficam absorvidas pelo estupro, em razão do princípio da consunção, segundo o qual o crime-fim (estupro) absorve o crime-meio (lesões).

1.8. Estupro e atentado violento ao pudor a partir da Lei nº 12.015/ 2009

Conforme vimos, a partir a Lei nº 12.015/2009, o crime de estupro passou a ter a seguinte redação: "Constranger alguém, mediante violência ou grave ameaça, a ter conjunção carnal ou a praticar ou permitir que com ele se pratique outro ato libidinoso".

Vê-se, pois, que, comparada à anterior ("constranger mulher à conjunção carnal, mediante violência ou grave ameaça"), a atual redação é bem mais ampla, a ponto de compreender, por inteiro, o tipo de atentado violento ao pudor previsto no art. 214 do CP ("constranger alguém, mediante violência ou grave ameaça, a praticar ou permitir que com ele se pratique ato libidinoso diverso da conjunção carnal").

Enfim, o atual crime de estupro abrange, além do estupro propriamente dito, o antigo atentado violento ao pudor, razão pela qual é evidente que o art. 214 acabou por ser revogado, expressamente, inclusive (art. 7º). É que o legislador fundiu, num só tipo, os antigos delitos de estupro e atentado violento ao pudor.

Apesar de revogado o art. 214, não houve abolição do crime de atentado violento ao pudor, que agora passa a fazer parte do crime de estupro. Não há cuidar, pois, de abolitio criminis, mas de simples mudança do nomen juris da infração, como convinha, aliás, visto que realmente não fazia sentido a velha distinção entre estupro e atentado violento ao pudor. No essencial, tudo continua, portanto, como antes.

Não obstante isso, a expressa revogação do art. 214 tem importantes consequências práticas.

Com efeito, se antes da reforma parte da jurisprudência relutava em admitir a continuidade delitiva entre os crimes de estupro e atentado violento ao pudor, ao argumento de que não eram "crimes da mesma espécie" (CP, art. 71), já agora semelhante alegação restou superada, em virtude da fusão dos tipos dos arts. 213 e 214. Exatamente por isso, caberá, inclusive, habeas corpus/revisão criminal em favor dos réus condenados por concurso (material) desses crimes, para o fim de, reconhecida a continuidade, proceder-se ao recálculo da pena, se o próprio juiz da execução não o fizer. Está claro que o reconhecimento da continuidade delitiva só será possível se o único obstáculo para tanto tiver sido a alegação de não se tratar de "crimes da mesma espécie".

Trata-se, como se vê, de um caso de retroatividade da lei penal em razão de *novatio legis in mellius.*

Ademais, não existe (mais) concurso formal ou material de crimes, mas crime único, sempre que o agente praticar, num mesmo contexto, atos libidinosos e conjunção carnal, mesmo porque a lei tratou, claramente, a conjunção como espécie do gênero atos libidinosos, além de tais atos fazerem agora parte de um mesmo tipo penal. Também por isso, os réus eventualmente condenados, em concurso formal ou material de estupro e atentado violento, por praticarem, num mesmo contexto, tais atos (libidinosos), farão jus à revisão da pena. *Novatio legis in mellius*, novamente.

Já vimos o que o STJ pensa sobre o assunto.

1.9. Estupro "virtual"

Temos que os crimes de estupro e de estupro de vulnerável exigem a participação ativa ou passiva da própria vítima com o autor ou com um terceiro, razão pela qual a simples contemplação da nudez de alguém mediante violência ou grave ameaça (a chamada visão lasciva) não o caracteriza, podendo configurar outro delito (importunação sexual, constrangimento ilegal etc.).

O Superior Tribunal de Justiça tem, no entanto, precedente em sentido contrário, considerando dispensável o contato físico entre o autor e a vítima desses delitos, admitindo, por isso, o chamado estupro virtual. Eis o precedente[18]:

> RECURSO EM HABEAS CORPUS. ESTUPRO DE VULNERÁVEL EM CONTINUIDADE DELITIVA. TRANCAMENTO DA AÇÃO PENAL. AUSÊNCIA DE JUSTA CAUSA E ATIPICIDADE DA CONDUTA. CONTEMPLAÇÃO LASCIVA DE MENOR DESNUDA. ATO LIBIDINOSO CARACTERIZADO. TESE RECURSAL QUE DEMANDA REEXAME FÁTICO-PROBATÓRIO. AUSÊNCIA DE FLAGRANTE ILEGALIDADE. RECURSO DESPROVIDO. O Parquet classificou a conduta do recorrente como ato libidinoso diverso da conjunção carnal, praticado contra vítima de 10 anos de idade. Extrai-se da peça acusatória que as corrés teriam atraído e levado a ofendida até um motel, onde, mediante pagamento, o acusado teria incorrido na contemplação lasciva da menor de idade desnuda. Discute-se se a inocorrência de efetivo contato físico entre o recorrente e a vítima autorizaria a desclassificação do delito ou mesmo a absolvição sumária do acusado. A maior parte da doutrina penalista pátria orienta no sentido de que a contemplação lasciva configura o ato libidinoso constitutivo dos tipos dos arts. 213 e 217-A do Código Penal - CP, sendo irrelevante, para a consumação dos delitos, que haja contato físico entre ofensor e ofendido. O delito imputado ao recorrente se encontra em capítulo inserto no Título VI do CP, que tutela a dignidade sexual. Cuidando-se

18 RHC 70.976/MS, *DJe* 10/08/2016, Quinta Turma, Relator Ministro Joel Ilan Paciornik.

de vítima de dez anos de idade, conduzida, ao menos em tese, a motel e obrigada a despir-se diante de adulto que efetuara pagamento para contemplar a menor em sua nudez, parece dispensável a ocorrência de efetivo contato físico para que se tenha por consumado o ato lascivo que configura ofensa à dignidade sexual da menor. Com efeito, a dignidade sexual não se ofende somente com lesões de natureza física. A maior ou menor gravidade do ato libidinoso praticado, em decorrência a adição de lesões físicas ao transtorno psíquico que a conduta supostamente praticada enseja na vítima, constitui matéria afeta à dosimetria da pena, na hipótese de eventual procedência da ação penal. In casu, revelam-se pormenorizadamente descritos, à luz do que exige o art. 41 do Código de Processo Penal - CPP, os fatos que, em tese, configurariam a prática, pelo recorrente, dos elementos do tipo previsto no art. 217-A do CP: prática de ato libidinoso diverso da conjunção carnal com vítima menor de 14 anos. A denúncia descreve de forma clara e individualizada as condutas imputadas ao recorrente e em que extensão elas, em tese, constituem o crime de cuja prática é acusado, autorizando o pleno exercício do direito de defesa e demonstrando a justa causa para a deflagração da ação penal. (...) Recurso desprovido.

Seguindo essa orientação, a justiça do Piauí, num caso em que o agente criou perfis falsos em redes sociais e passou a exigir que a vítima enviasse fotos se masturbando, sob ameaça de divulgar fotos íntimas de que já dispunha, entendeu que houve o crime de estupro (CP, art. 213).

De acordo com esse entendimento, é possível, portanto, o estupro (virtual) quando o autor constranger alguém, mediante violência ou grave ameaça, a praticar ato libidinoso em si mesmo. Se a vítima for vulnerável, o agente incidirá no crime do art. 217-A do CP.

1.10. Ação penal

Já vimos que, por força do art. 225 do CP, com nova redação dada pela Lei nº 13.718/2018, todos os crimes contra a liberdade sexual e sexuais contra vulnerável são de ação penal pública incondicionada.

2. VIOLAÇÃO SEXUAL MEDIANTE FRAUDE

⊙ **Violação sexual mediante fraude (Redação dada pela Lei nº 12.015, de 2009)**

Art. 215. Ter conjunção carnal ou praticar outro ato libidinoso com alguém, mediante fraude ou outro meio que impeça ou dificulte a livre manifestação de vontade da vítima: (Redação dada pela Lei nº 12.015, de 2009)

Pena – reclusão, de 2 (dois) a 6 (seis) anos. (Redação dada pela Lei nº 12.015, de 2009)

Parágrafo único. Se o crime é cometido com o fim de obter vantagem econômica, aplica-se também multa. (Redação dada pela Lei nº 12.015, de 2009)

Trata-se de um tipo penal absolutamente desnecessário que, ao invés de ampliar a proteção da liberdade sexual, pode em tese enfraquecê-la.

É que tanto a fraude quanto o uso de meio que impeça ou dificulte a livre manifestação de vontade da vítima já figuram entre as possíveis formas de realização do tipo de estupro de vulnerável (CP, art. 217-A). Assim, por exemplo, pratica estupro de vulnerável o médico (ou alguém que se faz passar por médico) que ilude a paciente sobre a necessidade de uma intervenção a fim de dopá-la e a seguir manter relação sexual com ela.

Magalhães Noronha, embora reconhecendo a raridade o crime, dava como exemplos (improváveis nos dias atuais): um indivíduo que convenceu a noiva de ser o casamento religioso o único válido, abandonando-a depois que a possuiu. E o caso de um pajé que fazia suas consulentes acreditarem que tinham no ventre aranhas e baratas que deveriam ser retiradas por meio da relação sexual.[19]

E Rogério Greco refere os seguintes: a) irmão gêmeo que mantém relação sexual com a cunhada, fazendo-se passar pelo marido; b) alguém que se faz passar por estilista que, a pretexto de examinar o corpo das modelos, toque as partes íntimas; c) médico que, sem necessidade, realiza exame de toque somente para satisfazer sua libido[20]. E há ainda quem refira a relação sexual mantida por alguém que em baile de máscaras se faz passar pelo companheiro da vítima.

Ocorre que o primeiro e segundo exemplos são improváveis, além de raríssimos; e todos eles, incluindo o terceiro e quarto, são passíveis de repressão suficiente no âmbito administrativo e civil.

Na verdade, o tipo só fazia mesmo sentido quando, na sua redação original, pretendia proteger a mulher honesta e ingênua contra indivíduo que, usando de algum artifício ilegal, só assim lograria manter conjunção sexual com a infeliz.

O legislador teria agido melhor, portanto, se, ao invés de dar nova redação ao art. 215, abolisse o tipo em questão.[21]

De todo modo, a caracterização do delito pressupõe, logicamente, como tipo acessório que é, a não incidência do crime principal (estupro violento ou estupro de vulnerável).

Justamente por isso, sempre que a conduta puder ser classificada como estupro, quer porque houve emprego de violência ou grave ameaça, quer porque o ofendido é vulnerável nos termos da lei, o tipo agora comentado ficará prejudicado.

Também por isso, a fraude não pode implicar a privação de sentidos, nem supressão da capacidade de autodeterminação, sob pena de configurar crime mais grave (estupro etc.).[22]

---

19 *Direito Penal*, cit., p. 106.

20 *Direito Penal*, Parte Especial, cit.

21 No mesmo sentido, Cezar Roberto Bitencourt, *Direito Penal*, cit., p. 62, que tem o tipo por desnecessário e perfeitamente revogável; idem, Luiz Regis Prado, Direito Penal, cit., que considera "duvidosa" a necessidade do tipo. Assim também Anabela Miranda Rodrigues, relativamente ao tipo similar do Código Penal português. *Comentário Conimbricense do Código Penal*, cit.

22 Magalhães Noronha, cit., p. 107.

Trata-se de crime comum que pode ser praticado por e contra qualquer pessoa, homem ou mulher.

O tipo exige fraude, quer dizer, ardil ou artifício destinado a iludir a vítima e assim manter conjunção carnal ou praticar outro ato libidinoso. A definição do que seja um e outro ato já vimos ao tratar do estupro.

E há crime ainda que o erro não seja produzido pelo agente, mas desde que nele seja mantido o sujeito passivo, uma vez que manter alguém em erro que não provocou, aproveitando-se dessa situação, é equiparado à fraude.[23]

Quando não houver fraude ou a vítima percebê-la a tempo e ainda assim mantiver relação sexual, o tipo legal em causa não se configurará, visto que o consentimento válido do ofendido afasta a imputação. Se, percebida a fraude a tempo, a vítima se opuser ao ato e o agente usar de violência ou grave ameaça a fim de consumá-lo, haverá estupro, consumado ou tentado, conforme o caso.

Também não há o aludido delito se a vítima tiver dúvida quanto a identidade do autor e, apesar disso, seguir adiante, assumindo os riscos da relação sexual obtida por meio de fraude.

Já nos casos em que houver a prática de ato libidinoso sem a anuência da vítima, ausente o elemento fraude e a violência ou grave ameaça, temos o crime de importunação sexual (CP, art. 215-A).

Quando for o caso de fraude grosseira, e, pois, facilmente perceptível, estará configurada a hipótese de crime impossível de que trata o art. 17 do Código, em razão de ineficácia absoluta do meio ou por absoluta impropriedade do objeto ou conjugação de ambos.

O crime é doloso, exigindo, por isso, conhecimento e vontade de realização dos elementos do tipo: ter conjunção carnal ou praticar ato libidinoso mediante fraude ou outro meio que impeça ou dificulte a livre manifestação da vontade da vítima.

Não há previsão de culpa.

A consumação dá-se com a realização da conjunção carnal ou outro ato libidinoso; e a tentativa ocorrerá sempre que, iniciada a execução do crime, o agente não lograr consumar a conjunção carnal ou outro ato libidinoso mediante fraude.

Se o crime for cometido com o fim de obter vantagem econômica, aplicar-se-á também pena de multa.

A ação penal é pública incondicionada.

---

23 Magalhães Noronha, cit, p. 107.

3. IMPORTUNAÇÃO SEXUAL

⊙ **Importunação sexual (Incluído pela Lei nº 13.718, de 2018)**

Art. 215-A. Praticar contra alguém e sem a sua anuência ato libidinoso com o objetivo de satisfazer a própria lascívia ou a de terceiro: (Incluído pela Lei nº 13.718, de 2018).

Pena - reclusão, de 1 (um) a 5 (cinco) anos, se o ato não constitui crime mais grave. (Incluído pela Lei nº 13.718, de 2018)

3.1. Considerações gerais

No dia 29 de agosto de 2017, um homem foi preso em flagrante após ejacular em uma passageira em um ônibus na Avenida Paulista, em São Paulo/SP. O autor, que já tinha cinco passagens pela polícia pela mesma prática, foi solto no mesmo dia e preso novamente dois dias depois após esfregar o pênis em outra passageira na mesma localidade. Foi-lhe imputado o crime de estupro por seis vezes.

O caso chamou a atenção para uma situação recorrente em transportes públicos. Somente no dia 27 de setembro de 2017 houve três episódios semelhantes em São Paulo com grande repercussão na imprensa. Os autores foram denunciados pelo crime de violação sexual mediante fraude, mas a prisão em flagrante logo foi revogada, porque se entendeu que, apesar da gravidade e repugnância, os fatos não configuravam crime, mas a contravenção penal de importunação ofensiva ao pudor.

Era assim evidente que, não obstante a reforma promovida pela Lei nº 12.015/2009 do título relativo aos crimes contra a dignidade sexual, condutas como ejacular em alguém, apalpar, beijar à força etc., não encontravam subsunção nos tipos penais existentes. De fato, fazia-se um esforço interpretativo muito grande para enquadrá-las ora no crime de estupro – apesar da ausência de violência ou grave ameaça à pessoa, ora no crime de violação sexual mediante fraude – embora não houvesse fraude.

Na maior parte dos casos, as práticas acabavam desclassificadas para a contravenção penal de importunação ofensiva ao pudor, que, malgrado correta do ponto de vista técnico, encerrava proteção deficiente e, pois, violação ao princípio da proporcionalidade (proibição de proteção deficiente), já que punível apenas com pena de multa.

Justo por isso, cerca de um ano depois foi publicada, e entrou em vigor, a Lei nº 13.718 de 24 de setembro de 2018, que, dentre outras medidas, criou o tipo de importunação sexual (CP, art. 215-A) e revogou a contravenção penal de importunação ofensiva ao pudor (LCP, art. 61).

O novo tipo penal comina pena de 1 a 5 anos de reclusão para aquele que praticar contra alguém e sem a sua anuência ato libidinoso para satisfazer a lascívia própria ou a de terceiro.

O delito é expressamente subsidiário, já que não incide quando a conduta caracterizar crime mais grave, a exemplo de estupro ou de estupro de vulnerável.

Com efeito, quando forem praticados tais crimes (principais), o art. 215-A do CP ficará prejudicado. Assim, quem importunar sexualmente menor de 14 anos, com ele (ou ela) praticando conjunção carnal ou outro ato libidinoso, responderá por estupro de vulnerável previsto no art. 217-A, não por importunação sexual. Nem é possível a aplicação simultânea dos tipos (*ne bis in idem*).

No ponto, convém transcrever o seguinte precedente[24]:

> AGRAVO REGIMENTAL EM REVISÃO CRIMINAL. CONDENAÇÃO PELO CRIME DE ESTUPRO DE VULNERÁVEL (ART. 217-A DO CP). PEDIDO DE RECLASSIFICAÇÃO DA CONDUTA PARA O CRIME DE IMPORTUNAÇÃO SEXUAL (ART. 215-A, CP - LEI 13.718/2018). PEDIDO QUE NÃO SE ENQUADRA NOS INCISOS DO ART. 621 DO CPP. APLICAÇÃO DE NOVATIO LEGIS IN MELLIUS: COMPETÊNCIA DO JUÍZO DA EXECUÇÃO. ART. 66 DA LEP. SÚM. 611/STF. INCOMPETÊNCIA DO STJ PARA CONCEDER HABEAS CORPUS DE OFÍCIO PARA REFORMAR DECISÃO DE SEUS PRÓPRIOS ÓRGÃO JULGADORES. (...) 5. De qualquer forma, sobre o tema meritório em tela, tem prevalecido no Superior Tribunal de Justiça a impossibilidade de desclassificação da figura do estupro de vulnerável para o art. 215-A do Código Penal, uma vez que referido tipo penal é praticado sem violência ou grave ameaça, e o tipo penal imputado ao agravante (art. 217-A do Código Penal) inclui a presunção absoluta de violência ou grave ameaça, por se tratar de menor de 14 anos. Precedentes da Quinta e da Sexta Turmas do STJ: AgRg no HC 491.481/SC, Rel. Ministro RIBEIRO DANTAS, Quinta Turma, julgado em 04/06/2019, DJe 11/06/2019; AgRg no AREsp 1.168.566/SP, Rel. Ministro ANTONIO SALDANHA PALHEIRO, Sexta Turma, julgado em 23/04/2019, DJe 03/05/201; AgRg no REsp 1.761.248/MG, Rel. Ministro SEBASTIÃO REIS JÚNIOR, Sexta Turma, julgado em 23/04/2019, DJe 03/05/2019 e AgRg no AREsp 1.361.865/MG, Rel. Ministra LAURITA VAZ, Sexta Turma, julgado em 07/02/2019, DJe 01/03/2019. Ressalva, no ponto, do entendimento do Relator em sentido diverso. Questão pendente de decisão na Primeira Turma do colendo STF (HC 134.591/SP, Rel. Min. Marco Aurélio, Sessão de 18/12/2018, voto-vista pendente do Min. Luiz Fux - Informativo 928). 6. Agravo regimental a que se nega provimento.

3.1.1. Revogação da contravenção penal de importunação ofensiva ao pudor

Além de criar o tipo penal agora comentado, a Lei nº 13.718/2018 revogou a contravenção de importunação ofensiva ao pudor prevista no art. 61 da LCP. Embora semelhantes, os tipos são distintos na forma e no conteúdo.

Com efeito, a contravenção penal consistia em "importunar alguém, em lugar público ou acessível ao público, de modo ofensivo ao pudor", punida com pena multa. Por se tratar de contravenção penal, logo, infração de menor potencial ofensivo, lavrava-se termo circunstanciado e, quando o autor assumisse o compromisso de comparecer em juízo, não se lhe impunha a prisão em flagrante, nem se lhe exigia fiança. Além disso, havia a possibilidade de transação penal, propondo-se a aplicação imediata de pena restritiva de direitos ou multa, não constando na certidão de antecedentes criminais.

---

24 AgRg na RvCr 4.969/DF, DJe 01/07/2019, Terceira Seção, Relator Ministro Reynaldo Soares Da Fonseca.

Já o novo art. 215-A tipifica a conduta de "praticar contra alguém e sem a sua anuência ato libidinoso com o objetivo de satisfazer a própria lascívia ou a de terceiro", punida com pena de 1 a 5 anos de reclusão, se o ato não constituir crime mais grave.

Atualmente é irrelevante se o ato ilícito é praticado em local público (ou acessível ao público) ou privado, porque num e noutro caso haverá crime.

Havendo flagrante delito, lavrar-se-á auto de prisão em flagrante, podendo a prisão ser convertida em prisão preventiva, em prisão temporária ou em medida cautelar diversa da prisão; se ilegal, a prisão em flagrante será relaxada. Como a pena privativa de liberdade máxima excede a 4 anos, somente a autoridade judiciária poderá arbitrar fiança, não a autoridade policial.

É possível a suspensão condicional do processo quando presentes os requisitos do art. 89 da Lei nº 9.099/1995, se o fato não configurar violência doméstica e familiar contra a mulher, visto que a pena mínima cominada é de reclusão por 1 ano.

Incide o princípio da continuidade típico-normativa, porque a conduta já era punida antes da reforma, ainda que a título de contravenção.

A nova norma não retroage, pois é mais gravosa (*novatio legis in pejus*), razão pela qual só é aplicável às infrações penais (consumadas ou tentadas) ocorridas após a sua entrada em vigor.

3.2. Tipo penal objetivo e subjetivo

O delito consiste em praticar contra alguém e sem a sua anuência ato libidinoso com o objetivo de satisfazer a própria lascívia ou a de terceiro. O tipo exige, pois, os seguintes requisitos: a) prática de ato libidinoso contra alguém; b) falta de anuência da vítima; c) fim de satisfazer a lascívia própria ou de terceiro.

Praticar ato libidinoso contra alguém é cometer qualquer ação de caráter sexual contra pessoa ou pessoas determinadas, razão pela qual não há esse delito quando o agente realiza ato libidinoso sem se dirigir a alguém especificamente (v.g., masturbação em lugar público).

Justo por isso, possivelmente haverá ato obsceno em lugar público (CP, art. 233[25]), não este delito, quando o agente praticar ato libidinoso consentido com outrem ou em si mesmo publicamente (v.g. manter relações sexuais com a companheira num parque).

Nem existe crime, mas legítimo exercício da liberdade sexual, quando houver consentimento válido da suposta vítima. A importunação sexual consentida não é importunação, mas uma conduta atípica (em regra).

Quando se tratar de pessoa vulnerável, incapaz de consentir validamente, haverá, em tese, estupro de vulnerável ou outro delito contra vulnerável. Se o agente fizer uso de violência ou grave ameaça à pessoa, incidirá no crime de estupro.

25 Ato obsceno. Art. 233 – Praticar ato obsceno em lugar público, ou aberto ou exposto ao público: Pena – detenção, de três meses a um ano, ou multa.

Como se exige uma ação (praticar), a simples omissão (omissão própria) é penalmente irrelevante. Mas é possível imputar o crime a quem (garante), tendo o dever legal de agir e de evitar o resultado, se omitir dolosamente (omissão imprópria), se presentes os requisitos do art. 13, §2°, do Código Penal.

Já vimos que é irrelevante se o ato ocorre em lugar público ou privado, pois em ambos os casos o delito estará configurado.

O tipo é expressamente subsidiário ("se o ato não constitui crime mais grave"), razão pela qual sempre que ficar configurado delito mais grave (estupro etc.), ficará prejudicado. Afinal, se houver emprego de violência ou grave ameaça à pessoa, haverá estupro (CP, art. 213); se a vítima for menor de 14 anos etc., estupro de vulnerável (CP, art. 217-A).

O delito só é punível na forma dolosa (direta ou eventual), ou seja, o agente deve praticar o ato sabendo-o libidinoso (sexual) com a intenção de satisfazer a lascívia própria ou de terceiro. Se o autor acreditar fundadamente que a vítima consente no ato, não há dolo (erro de tipo).

O crime não é punível a título culposo.

Discute-se se é possível cometer o delito por meios virtuais e tecnológicos, como, por exemplo, durante filmagens por webcans, ou por meio de redes sociais. Com efeito, há quem considere que a presença física da vítima não é essencial, mas acidental, razão pela qual bastaria que o ato fosse praticado contra alguém determinado, ofendendo-lhe a dignidade ou liberdade sexuais, por qualquer meio[26]. Nesse sentido, incide no tipo, por exemplo, aquele que, participando de jogos ou aulas on-line com uso de sistema de vídeo e áudio, se masturba enquanto fala com usuário que não anuiu com tal prática, constrangendo-o.

Por outro lado, não incide neste tipo, mas no artigo 218-C do CP, o agente que disponibiliza, divulga ou publica registros audiovisuais com cena de estupro, sexo ou pornografia por meio de sistema de comunicação ou sistema de informática.

Como a intervenção sobre o corpo não é essencial, o crime estará também configurado quando a vítima for constrangida a assistir ao ato libidinoso praticado com outrem ou com o próprio agente (masturbação etc.), sem prejuízo de eventual concurso com outros delitos.

O só ato de proferir palavras obscenas contra alguém ou de realizar "cantadas" com linguagem chula são atípicas.

---

26 De acordo com Nucci, "... a evolução tecnológica já propicia a presença – estar em determinado lugar ao mesmo tempo em que algo ocorre – por meio de aparelhos apropriados. Portanto, o menor pode a tudo assistir ou presenciar por meio de câmaras e aparelhos de TV ou monitores. A situação é válida para a configuração do tipo penal, uma vez que não se exige qualquer toque físico em relação à vítima" (NUCCI, Guilherme de Souza, *Crimes contra a dignidade sexual* – Comentários da Lei 12.015, São Paulo, Revista dos Tribunais, 2009, p. 50 apud BITENCOURT, Cezar Roberto. Disponível em: https://www.conjur.com.br/2018-set-30/cezar-bitencourt-anatomia-crime-importunacao-sexual).

3.3. Sujeito ativo e sujeito passivo

O crime é comum, podendo ser praticado por e contra qualquer pessoa. Quando a vítima for vulnerável na forma da lei, poderá haver estupro de vulnerável ou delito similar, que prevalecerá por ser o tipo principal e mais grave. Em tese, é possível inclusive a importunação sexual entre cônjuges etc. Nesse caso, incide causa de aumento de pena (CP, art. 226).

Já vimos que, quando não houver uma vítima ou vítimas determinadas, o crime não se configurará, podendo haver, no máximo, ato obsceno em lugar público (CP, art. 233). Assim, incide no crime de importunação quem se masturbar contra passageiro em transporte público; mas, se o fizer solitariamente, responderá pelo delito de ato obsceno.

Quando o ato libidinoso for praticado na presença de menor de 14 anos ou se este for induzido a presenciá-lo, haverá o crime de satisfação da lascívia mediante presença de criança ou adolescente (CP, art. 218-C).

Haverá coautoria ou participação dolosa quando duas ou mais pessoas praticaram o ato libidinoso conjuntamente.

3.4. Causas de aumento de pena

De acordo com o art. 226 do CP, a pena é aumentada: a) de quarta parte, se o crime é cometido com o concurso de duas ou mais pessoas; b) de metade, se o agente for ascendente, padrasto ou madrasta, tio, irmão, cônjuge, companheiro, tutor, curador, preceptor ou empregador da vítima ou por qualquer outro título tiver autoridade sobre ela.

Embora o elenco das causas de aumento seja taxativo, não meramente exemplificativo, razão pela qual não poderia ser ampliado por decisão judicial, por força da vedação da analogia *in malam partem,* fato é que o artigo 226 do CP se vale da chamada *interpretação analógica* ("ou por qualquer outro título tiver autoridade sobre ela"). Logo, o aumento de pena de metade poderá incidir sempre que se tratar de agente que se encontrar numa condição de autoridade semelhante aos ascendentes etc.

Se houver concurso de causas especiais de aumento de pena (v.g., ascendentes que cometem o delito em coautoria), o juiz poderá aplicar uma só causa de aumento, prevalecendo, porém, a que mais aumenta (CP, art. 68, parágrafo único). Justo por isso, admite-se que o juiz possa utilizar as demais causas de aumento na primeira e na terceira fase da individualização da pena, desde que não haja *bis in idem* e seja respeitado o percentual máximo de aumento previsto em lei[27].

27 Agravo regimental no agravo em recurso especial. Penal. Roubo circunstanciado. Emprego de arma e concurso de pessoas. Uso de uma majorante como fundamento para exasperar a pena-base. Possibilidade. Fundamentos novos utilizados pelo Tribunal de Apelação. Reformatio in pejus. Não ocorrência. Agravo regimental desprovido. (...) 2. De acordo com a jurisprudência desta Corte Superior, é plenamente possível, diante do reconhecimento de várias causas de aumento de pena previstas no

Quando houver ilegal constrangimento com o fim de obter vantagem ou favorecimento sexual, valendo-se o agente da sua condição de superior hierárquico ou ascendência inerentes ao exercício de emprego, cargo ou função, haverá assédio sexual (CP, art. 216-A).

Por fim, conforme dispõe o art. 234-A, IV, do CP, também é possível o aumento de 1/3 (um terço) a 2/3 (dois terços) da pena se o agente transmitir à vítima doença sexualmente transmissível de que sabe ou deveria saber ser portador, ou se a vítima for idosa ou pessoa com deficiência.

3.5. Aspectos processuais

Atualmente todos os crimes contra a dignidade sexual são de ação penal pública incondicionada. A lei, por ser mais gravosa penal e processualmente, só incidirá sobre os delitos cometidos a partir da sua entrada em vigor.

O inquérito e o processo correrão em sigilo.

A competência para processar e julgar é, como regra, da justiça estadual comum. Quando houver ofensa a bens, serviços ou interesses diretos da União, das suas autarquias e empresas públicas, a competência será da justiça federal (CF, art. 109, IV), a exemplo de importunação sexual praticada por ou contra servidor público federal no exercício da função.

A pena cominada é de 1 a 5 anos de reclusão, se o ato não constituir crime mais grave. É possível a suspensão condicional do processo, desde que preenchidos os demais requisitos do art. 89 da Lei no 9.099/1995. Há vedação à incidência de tal instituto nos casos de violência doméstica e familiar contra a mulher, conforme a Súmula 536/STJ, segundo a qual "a suspensão condicional do processo e a transação penal não se aplicam na hipótese de delitos sujeitos ao rito da Lei Maria da Penha".

3.6. O beijo lascivo

Por muito tempo se discutiu se o beijo lascivo poderia ou não configurar o crime de estupro. Que o beijo (a depender do modo e lugar) figura entre as possíveis formas de libidinagem, é fora de dúvida. A questão fundamental residia em saber, porém, se um tal ato, como outros tantos de igual ou menor importância, poderia ser considerado digno de proteção penal. E, para nós, não se poderia ter à conta de estupro, crime hediondo que é, condutas que, embora formalmente libidinosas, não importavam num constrangimento grave à liberdade sexual do ofendido, razão pela qual o princípio da insignificância teria plena aplicação. E

mesmo tipo penal, deslocar a incidência de algumas delas para a primeira fase, para fins de majoração da pena-base, desde que a reprimenda não seja exasperada, pelo mesmo motivo, na terceira etapa da dosimetria da pena e que seja observado o percentual legal máximo previsto pela incidência das majorantes (AgRg no REsp 1551168/AL, Rel. Ministro Rogerio Schietti Cruz, DJe 02/03/2016). Precedentes. (...) (AgRg no AREsp 1075013/ES, Quinta Turma, Relator Ministro Reynaldo Soares Da Fonseca, *DJe* 21/06/2017).

uma vez reconhecida a insignificância dos atos, relativamente ao tipo legal de estupro, seguia-se, então, ou a desclassificação para infração penal menos grave (v.g., constrangimento ilegal ou a contravenção do art. 61 da LCP, agora revogada) ou a absolvição pura e simples.

Com a reforma da Lei nº 13.718/2018, a discussão foi superada porque a importunação sexual ("praticar contra alguém e sem a sua anuência ato libidinoso para satisfazer a própria lascívia ou a de terceiro") claramente compreende a prática do beijo lascivo sem anuência da vítima. Por outro lado, e conforme entendimento firmado pelo STJ[28], o beijo lascivo importará em crime de estupro se obtido mediante violência ou grave ameaça.

4. ASSÉDIO SEXUAL

⊙ **Assédio sexual (Incluído pela Lei nº 10.224, de 15 de 2001)**

Art. 216-A. Constranger alguém com o intuito de obter vantagem ou favorecimento sexual, prevalecendo-se o agente da sua condição de superior hierárquico ou ascendência inerentes ao exercício de emprego, cargo ou função." (Incluído pela Lei nº 10.224, de 15 de 2001)

Pena – detenção, de 1 (um) a 2 (dois) anos. (Incluído pela Lei nº 10.224, de 15 de 2001)

Parágrafo único. (VETADO) (Incluído pela Lei nº 10.224, de 15 de 2001)

§ 2º A pena é aumentada em até um terço se a vítima é menor de 18 (dezoito) anos. (Incluído pela Lei nº 12.015, de 2009)

Como se vê, apesar do nome, o Código preferiu o verbo constranger a assediar; e impropriamente, seja porque não referiu o complemento verbal que o verbo exige[29], por ser transitivo (quem constrange, constrange alguém a fazer ou deixar de fazer algo), seja porque o usou, não no sentido de coagir, obrigar, forçar, mas no sentido de assediar ou mesmo causar constrangimento, isto é, molestar, importunar, causar desconforto ou mal-estar em alguém.

Também aqui a criminalização era desnecessária, quer porque semelhante conduta já está de algum modo prevista noutros tipos penas (v.g., constrangimento ilegal), quer porque é passível de repressão suficiente por outros ramos do direito, especialmente pelo direito trabalhista, administrativo e civil.

O assédio é um tipo acessório que pressupõe a não configuração do tipo principal (estupro). Exatamente por isso, se houver violência ou grave ameaça, incidirá o tipo de estupro. E se a vítima for menor de 14 anos, haverá (possivelmente) estupro de vulnerável (tentado ou consumado).

---

28 *Vide tópico 1.1.3, referente ao crime de estupro (CP, art.213).*

29 Nesse sentido é o Código Português (art. 164 – 2): "Quem, abusando de autoridade resultante de uma relação de dependência hierárquica, económica ou de trabalho, constranger outra pessoa, por meio de ordem ou ameaça não compreendida no número anterior, a sofrer ou a praticar cópula, coito anal ou coito oral, consigo ou com outrem, é punido com pena de prisão até 3 anos".

Só existe assédio criminoso se de fato houver constrangimento grave visando à obtenção de favores sexuais. Justamente por isso, o crime não se configura com a só demonstração de interesse em namorar alguém ou em cortejá-lo normalmente (v.g., promover na carreira, presentear, mandar flores etc.), sobretudo se a suposta vítima não demonstra nenhum tipo de insatisfação ou desconforto. Como escreve Cezar Roberto Bitencourt, assediar sexualmente implica importunação séria, grave, ofensiva, chantagista ou ameaçadora, razão pela qual simples gracejos, meros galanteios ou paqueras não importam na configuração de crime.[30]

Aliás, de acordo com a Organização Internacional do Trabalho (OIT), o assédio sexual consiste em "atos, insinuações, contatos físicos forçados, convites impertinentes, desde que apresentem uma das características a seguir: a) ser uma condição clara para manter o emprego; b) influir nas promoções da carreira do assediado; c) prejudicar o rendimento profissional, humilhar, insultar ou intimidar a vítima".

Se assim não fosse, já não seria possível distinguir entre o assédio legal e ilegal, ou seja, entre o assédio tolerável e intolerável, digno e indigno sexualmente.[31]

Trata-se de um crime que ocorre no âmbito das relações de trabalho (público ou privado), não necessariamente no ambiente de trabalho ou durante o expediente, e que objetiva proteger indivíduos que, nesse contexto, sejam molestados por seus superiores hierárquicos visando à obtenção de favores sexuais.

Não há crime, todavia, se o assédio nada tiver a ver com a relação de trabalho ou equivalente.

E não há crime tampouco se a pessoa assediada consente, claramente, com as investidas feitas pelo seu superior hierárquico, inclusive porque o consentimento válido do suposto ofendido afasta a incidência do tipo.

O delito pode ser praticado por e contra qualquer pessoa, homem ou mulher, indiferentemente. Apesar disso, cuida-se de crime especial (ou próprio) porque o tipo exige, de parte do sujeito ativo, uma condição especial: posição de superioridade hierárquica sobre a pessoa que sofre o assédio. Não pode haver, por conseguinte, assédio criminoso entre pessoas que se encontrem numa situação de simetria (igualdade) hierárquica ou sem hierarquia alguma. E tampouco pode o inferior

30 *Direito Penal*, Parte Especial, cit., p. 79.

31 Justamente por isso, não assiste razão a Luiz Regis Prado quando diz textualmente: "de acordo com a redação desse artigo, o delito, como já assinalado, abrange tanto a conduta desprovida de maiores intenções (v.g., uma simples cantada do chefe em sua secretária) quanto a prática de assédio como chantagem, vale dizer, com o escopo de obter favores sexuais sob pena de represália no âmbito laboral (v.g., ameaça de demissão). Apenas essa última, entretanto, deveria dar azo à configuração do delito em apreço, sob pena de lesão ao princípio da intervenção mínima". Curso de Direito Penal, cit., p.614. Apesar disso, o citado autor sustenta, mais adiante, que "um simples galanteio ou até mesmo entrega de mimos ou presentes ao empregado ou funcionário inferior não se amolda ao tipo em exame. O que caracteriza o assédio é a importunação constrangedora do assediador na busca do ato sexual pretendido, revestida do dissenso da vítima, ofendida na sua liberdade sexual e dignidade", ibidem, p. 617.

hierárquico praticar crime de assédio contra seu superior hierárquico. Tratar-se-á de assédio penalmente irrelevante (atípico).

Também por isso, não existe assédio sexual criminoso por parte de professores, padres, pastores etc., relativamente a alunos e frequentadores de uma dada denominação religiosa, por não haver entre eles relação de superioridade hierárquica ou ascendência decorrente de emprego, cargo ou função. O assunto é dos mais controvertidos, porém.

Existe crime, todavia, se se tratar de professor que exerça cargo de direção e nessa condição assedie aluno a ele de algum modo subordinado. O mesmo ocorre quanto a padres e pastores em situação similar.[32]

Quanto à possibilidade de prostituto(a) figurar como vítima de assédio sexual, os autores respondem afirmativamente.[33]

Ocorre, porém, que os exemplos que referem nada têm a ver com o exercício efetivo da prostituição. Com efeito, enquanto funcionária de uma determinada empresa, é evidente que qualquer pessoa pode ser vítima de assédio sexual criminoso, independentemente do que faça fora dela, habitual ou esporadicamente. Além do mais, o atuar como prostituta é apenas um rótulo (pejorativo) para alguém que tem mil outros atributos – mãe, filha, estudante, funcionária etc. E nenhuma prostituta o é permanentemente, mas somente durante o tempo e lugar em que oferece e presta seus serviços. E enquanto empregada de uma determinada firma ou servidora pública, prostituta não é, obviamente.

Mas quando se encontrar no exercício efetivo da prostituição, não é possível cogitar, evidentemente, de assédio criminoso, sobretudo por ausência dos elementos constitutivos do tipo.

Apesar de alguns autores pretenderem limitar o alcance do tipo ao assédio ocorrido no serviço público,[34] em virtude da expressão *superior hierárquico*, o crime é perfeitamente possível no âmbito das relações privadas de trabalho, inclusive porque o tipo refere também a *ascendência inerente a emprego*. Além do mais, a relação hierárquica não é uma exclusividade do serviço público.

---

32 No sentido do texto, Luiz Regis Prado, Direito Penal, cit., p. 614/5: "Superior hierárquico, como elemento normativo do tipo, é condição que decorre de uma relação laboral, tanto no âmbito da administração pública como da iniciativa privada, em que determinado agente, por força normativa, ou por contrato de trabalho, detém sobre outro funcionário ou empregado, no sentido de dar ordens, fiscalizar, delegar ou avocar atribuições, conceder privilégios funcionais." Também assim, Cezar Roberto Bitencourt, *Direito penal*, parte especial. São Paulo: Saraiva, 2011, p. 82; e Nucci, cit.. No sentido contrário, Damásio de Jesus, cit., 147.

33 Nesse sentido, Rogério Greco e Cleber Masson, cit.

34 Nesse sentido, Rogério Greco, *Direito Penal*, cit., p. 518: "A expressão superior hierárquico indica uma relação de Direito Público, vale dizer, de Direito Administrativo, não se incluindo nela as relações de Direito Privado".

O crime pressupõe uma atuação necessariamente dolosa, isto é, exige-se conhecimento e vontade de assediar a vítima objetivando obter favores sexuais. Não existe assédio criminoso, portanto, se a ação visa a propósitos legítimos ou de caráter não sexual ou se o autor desconhece a relação hierárquica etc.

Não há previsão de culpa.

O crime é formal porque se consuma com o só fato de o agente constranger a vítima com a finalidade de obter favores sexuais, independentemente de consegui-lo. Se, além do assédio, o agente mantiver conjunção carnal ou praticar ato libidinoso com a vítima assediada, tal importará em exaurimento de delito já previamente consumado.

Obviamente que, se houver emprego de violência ou grave ameaça à pessoa, haverá crime de estupro, unicamente, consumado ou tentado.

Não incide a causa de aumento de que trata o art. 226, II, do Código[35], relativamente ao empregador da vítima ou pessoa tenha autoridade sobre ela, por já figurar como elemento do tipo, sob pena de *bis in idem*.

A pena é aumentada em até um terço se a vítima é menor de 18 (dezoito) anos.

A ação penal é, sempre, pública incondicionada.

---

35 Aumento de pena.

Art. 226 – A pena é aumentada: I – de quarta parte, se o crime é cometido com o concurso de 2 (duas) ou mais pessoas. II – de metade, se o agente é ascendente, padrasto ou madrasta, tio, irmão, cônjuge, companheiro, tutor, curador, preceptor ou empregador da vítima ou por qualquer outro título tiver autoridade sobre ela; IV - de 1/3 (um terço) a 2/3 (dois terços), se o crime é praticado: a) Estupro coletivo: mediante concurso de 2 (dois) ou mais agentes; (Incluído pela Lei nº 13.718, de 2018); b) Estupro corretivo: para controlar o comportamento social ou sexual da vítima. (Incluído pela Lei nº 13.718, de 2018).

↳ CAPÍTULO 2 – DA EXPOSIÇÃO DA INTIMIDADE SEXUAL

1. REGISTRO NÃO AUTORIZADO DA INTIMIDADE SEXUAL

⊙ **Registro não autorizado da intimidade sexual**

Art. 216-B. Produzir, fotografar, filmar ou registrar, por qualquer meio, conteúdo com cena de nudez ou ato sexual ou libidinoso de caráter íntimo e privado sem autorização dos participantes: (Incluído pela Lei nº 13.772, de 2018)

Pena - detenção, de 6 (seis) meses a 1 (um) ano, e multa.

Parágrafo único. Na mesma pena incorre quem realiza montagem em fotografia, vídeo, áudio ou qualquer outro registro com o fim de incluir pessoa em cena de nudez ou ato sexual ou libidinoso de caráter íntimo. (Incluído pela Lei nº 13.772, de 2018)

1.1. Considerações gerais

No dia 19 de dezembro, foi sancionada a Lei nº 13.772/2018, que, além de modificar a Lei nº 11.340/2006 (Lei Maria da Penha), alterou o Código Penal e criou o art. 216-B, tipificando o registro não autorizado de conteúdo com cena de nudez ou ato sexual ou libidinoso de caráter íntimo e privado.

O art. 216-B comina pena de 6 meses a 1 ano de detenção e multa para quem produzir, fotografar, filmar ou registrar, por qualquer meio, conteúdo com cena de nudez ou ato sexual ou libidinoso de caráter íntimo e privado sem autorização dos participantes. Também tipifica (parágrafo único) a ação de realizar montagem em fotografia, vídeo, áudio ou qualquer outro registro com o fim de incluir pessoa em cena de nudez ou ato sexual ou libidinoso de caráter íntimo.

É delito semelhante àquele previsto no art. 240 da Lei nº 8.069/1990 (ECA)[1], que configura crime contra crianças ou adolescentes, cominando penas mais graves.

---

1 Lei nº 8.069, Art. 240. Produzir, reproduzir, dirigir, fotografar, filmar ou registrar, por qualquer meio, cena de sexo explícito ou pornográfica, envolvendo criança ou adolescente: (Redação dada pela Lei nº 11.829, de 2008) Pena – reclusão, de 4 (quatro) a 8 (oito) anos, e multa. (Redação dada pela Lei nº 11.829, de 2008) § 1º Incorre nas mesmas penas quem agencia, facilita, recruta, coage, ou de qualquer modo intermedeia a participação de criança ou adolescente nas cenas referidas no caput deste artigo, ou ainda quem com esses contracena. (Redação dada pela Lei nº 11.829, de 2008)

1.2. Tipo penal objetivo e subjetivo

Trata-se de crime de ação múltipla ou plurinuclear, havendo quatro núcleos que compõem o tipo penal, quais sejam: 1) produzir; 2) fotografar; 3) filmar; 4) registrar. Todas as condutas tipificam, em suma, o ato de elaborar, capturar, gerar, gravar o ato sexual ou libidinoso de terceiros, sem autorização destes.

O registro pode ocorrer por qualquer meio, como com o uso de câmeras, filmadoras, aparelho celular, gravador etc. O conteúdo deve ser cena de nudez ou de ato sexual ou libidinoso de caráter íntimo e privado.

Não há crime quando houver consentimento válido dos ofendidos (de todos). Se apenas alguns dos participantes do ato autorizarem-no, ainda assim o delito estará configurado contra aqueles que não o consentiram. A falta de consentimento (expresso ou tácito) é, portanto, essencial para a configuração do delito.

Se o ato que a lei tipifica (sexual, de nudez etc.) for praticado em lugar público, poderá também ocorrer o delito de ato obsceno em lugar público (CP, art. 233).

Embora o tipo fale de cena de nudez ou ato sexual ou libidinoso de **caráter íntimo e privado,** isso não significa que a publicidade do ato torne a ação atípica. Com efeito, duas ou mais pessoas podem produzir uma cena de nudez, sexual ou libidinosa em lugar público e, ainda assim, haverá crime se um terceiro ou quaisquer deles (dos participantes do ato), sem a necessária autorização, fotografá-la, filmá-la ou registrá-la.

Incide no crime o agente que registra a cena ou ato sexual ou libidinoso com o consentimento de apenas um ou mais dos envolvidos, por haver violação da intimidade dos demais. Haverá coautoria ou participação se houver conluio entre o agente que registra e aquele que autorizou o registro visando à exposição da intimidade dos demais participantes.

Quando, além do registro não autorizado, houver a efetiva divulgação do material, o agente incidirá nas penas do art. 216-C e do art. 218-B, em concurso de crimes (formal, material ou continuidade delitiva).

O crime é doloso; exige-se, pois, consciência e vontade de realizar os elementos do tipo, isto é, consciência e vontade de produzir, fotografar, filmar ou registrar, por qualquer meio, cena de nudez ou ato sexual ou libidinoso de caráter íntimo e privado sem autorização dos participantes.

Não há previsão de culpa.

---

§ 2º Aumenta-se a pena de 1/3 (um terço) se o agente comete o crime: (Redação dada pela Lei nº 11.829, de 2008) I – no exercício de cargo ou função pública ou a pretexto de exercê-la; (Redação dada pela Lei nº 11.829, de 2008) II – prevalecendo-se de relações domésticas, de coabitação ou de hospitalidade; ou (Redação dada pela Lei nº 11.829, de 2008) III – prevalecendo-se de relações de parentesco consangüíneo ou afim até o terceiro grau, ou por adoção, de tutor, curador, preceptor, empregador da vítima ou de quem, a qualquer outro título, tenha autoridade sobre ela, ou com seu consentimento. (Incluído pela Lei nº 11.829, de 2008)

A consumação dá-se no momento em que é realizada uma das ações típicas. Admite-se a forma tentada, como, por exemplo, quando as vítimas, antes da prática dos atos sexuais, encontram a câmera instalada pelo locador para registrá-los, no quarto da casa alugada[2].

1.2.1. Figura equiparada

O parágrafo único do art. 216-B do CP prevê, ainda, a forma equiparada do delito, que consiste em realizar montagem em fotografia, vídeo, áudio ou qualquer outro registro com o fim de incluir pessoa em cena de nudez ou ato sexual ou libidinoso de caráter íntimo.

A lei tipifica aqui os casos em que a vítima não participou efetivamente da cena de nudez ou do ato sexual, mas foi falsamente nela incluída pelo agente por meios ou ferramentas de edição de imagens ou áudios.

Realizar é fabricar, produzir, processar, gerar, preparar, editar. *Montagem* é o resultado da edição ou modificação de imagem ou gravação; é a preparação ou disposição de peças ou partes de um conjunto.

O objeto material do delito são fotografias, vídeos, áudios ou quaisquer outros registros.

Se, além da produção do vídeo etc., houver divulgação do material fabricado, o autor poderá também responder pelo delito do art. 218-C do CP.

Tal como previsto no *caput* do artigo, o delito descrito no parágrafo único é doloso. Exige-se ainda o fim específico de incluir pessoa em cena de nudez ou ato sexual ou libidinoso e caráter íntimo.

Não há previsão de culpa.

1.3. Sujeito ativo e sujeito passivo

O crime é comum, podendo ser praticado por e contra qualquer pessoa.

Mas quando figurar com vítima criança ou adolescente, que têm proteção legal específica, incidirá o ECA, por ser lei especial (*lex specialis derrogat legi generali*).

Assim, por exemplo, quem produzir, reproduzir, dirigir, fotografar, filmar ou registrar, por qualquer meio, cena de sexo explícito ou pornográfica envolvendo criança ou adolescente responderá pelo crime do art. 240 do ECA, que comina reclusão de 4 a 8 anos e multa.

1.4. Classificação

Trata-se de tipo misto alternativo, havendo crime único caso o agente pratique mais de uma das condutas previstas, em um mesmo contexto fático e contra as mesmas vítimas.

2 Nesse sentido, Rogério Sanches Cunha. Disponível em: https://meusitejuridico.editorajuspodivm.com.br/2018/12/20/breves-comentarios-leis-13-76918-prisao-domiciliar-13-77118-feminicidio-e--13-77218-registro-nao-autorizado-de-nudez-ou-ato-sexual.

Como se exige uma ação (produzir, fotografar, filmar, registrar ou realizar montagem), a simples omissão (omissão própria) é penalmente irrelevante. Contudo, é possível imputar o crime a quem (garante), tendo o dever legal de agir e de evitar o resultado, se omitir dolosamente (omissão imprópria), se presentes os requisitos do art. 13, §2°, do Código Penal. É o caso da mãe que presencia o parceiro registrando os atos sexuais de sua filha com o namorado e nada faz.

Todos os núcleos do tipo admitem a coautoria e participação. É coautor, por exemplo, aquele que contrata terceiro para registrar os atos sexuais praticados com sua parceira, sem sua autorização. É partícipe quem, não sendo autor ou coautor, instiga ou induz outrem a realizar montagem com o fim de inserir o rosto de terceiro em fotografia contendo cena de nudez ou ato sexual ou libidinoso de caráter íntimo.

Quanto ao momento consumativo, é crime instantâneo, havendo consumação imediata no momento da prática da conduta descrita no tipo.

Todas as hipóteses configuram crime unissubjetivo ou de concurso eventual, podendo ser praticadas por uma única pessoa.

Por fim, é tipo plurissubsistente, por tratar-se de condutas que admitem fracionamento. Por consequência, admitem tentativa.

1.5. Causas de aumento de pena

Nos termos do art. 226 do CP, a pena é aumentada: a) da quarta parte, se o crime for cometido com o concurso de duas ou mais pessoas; b) de metade, se o agente for ascendente, padrasto ou madrasta, tio, irmão, cônjuge, companheiro, tutor, curador, preceptor ou empregador da vítima ou por qualquer outro título tiver autoridade sobre ela.

Quanto ao disposto no art. 234-A, inciso IV, do CP, apenas incidirá aumento de 1/3 (um terço) a 2/3 (dois terços) nos casos em que a vítima for idosa ou pessoa com deficiência.

1.6. Aspectos processuais

A ação penal é pública incondicionada e a competência para processar e julgar é, como regra, da justiça estadual comum.

O inquérito e o processo correrão em sigilo.

A pena cominada é de 6 meses a 1 ano de detenção. Logo, é possível a transação penal (Lei nº 9.099/1995, art. 76), bem como a suspensão condicional do processo, desde que preenchidos os demais requisitos do art. 89 da Lei nº 9.099/1995. Note-se, contudo, que a mesma lei que criou o tipo penal ora estudado reconheceu que a violação da intimidade da mulher configura violência doméstica e familiar. Nesse caso, há vedação à incidência de tais institutos, pois, conforme a Súmula 536/STJ, *"a suspensão condicional do processo e a transação penal não se aplicam na hipótese de delitos sujeitos ao rito da Lei Maria da Penha"*.

↳ CAPÍTULO 3 – DOS CRIMES SEXUAIS CONTRA VULNERÁVEL

1. ESTUPRO DE VULNERÁVEL

⊙ **Estupro de vulnerável (Incluído pela Lei nº 12.015, de 2009)**

Art. 217-A. Ter conjunção carnal ou praticar outro ato libidinoso com menor de 14 (catorze) anos: (Incluído pela Lei nº 12.015, de 2009)

Pena – reclusão, de 8 (oito) a 15 (quinze) anos. (Incluído pela Lei nº 12.015, de 2009)

§ 1º Incorre na mesma pena quem pratica as ações descritas no caput com alguém que, por enfermidade ou deficiência mental, não tem o necessário discernimento para a prática do ato, ou que, por qualquer outra causa, não pode oferecer resistência. (Incluído pela Lei nº 12.015, de 2009)

§ 2º (VETADO) (Incluído pela Lei nº 12.015, de 2009)

§ 3º Se da conduta resulta lesão corporal de natureza grave: (Incluído pela Lei nº 12.015, de 2009)

Pena – reclusão, de 10 (dez) a 20 (vinte) anos. (Incluído pela Lei nº 12.015, de 2009)

§ 4º Se da conduta resulta morte: (Incluído pela Lei nº 12.015, de 2009)

Pena – reclusão, de 12 (doze) a 30 (trinta) anos.(Incluído pela Lei nº 12.015, de 2009)

§ 5º As penas previstas no caput e nos §§ 1º, 3º e 4º deste artigo aplicam-se independentemente do consentimento da vítima ou do fato de ela ter mantido relações sexuais anteriormente ao crime. (Incluído pela Lei nº 13.718, de 2018).

1.1. Considerações gerais

Remissão ao que ficou dito sobre a teoria geral dos crimes contra a liberdade sexual e contra vulnerável. Idem, quanto ao estupro.

Trata-se de crime definido como hediondo em quaisquer de suas formas, isto é, simples e qualificado, consumado e tentado (Lei nº 8.072/90, art. 1º, VI).

Inicialmente, dois aspectos chamam a atenção: o primeiro é que a redação deste tipo não coincide, exatamente, com a do art. 213, já que não refere o "permitir que com ele se pratique outro ato libidinoso" que consta do estupro violento. Significa, pois, que o tipo agora comentado é aparentemente mais restrito, visto que não compreende as hipóteses em que o agente induz a vítima, não a praticar com ela algum ato libidinoso, mas a permitir que com ela se pratique um tal ato. E mais, o verbo constranger não faz parte do tipo.

O segundo aspecto a ser destacado é que, embora as condutas sejam essencialmente as mesmas, a pena cominada ao estupro de vulnerável (na forma simples) é mais alta: aqui, 8 a 15 anos de reclusão; lá, 6 a 10 anos de reclusão. A falta de critério na cominação de penas fica ainda mais evidente quando comparamos as figuras qualificadas do estupro violento e de vulnerável. Com efeito, embora cominem a mesma pena para o caso de morte do ofendido (reclusão de 12 a 30 anos), preveem penas diversas para a hipótese de lesão grave: no estupro violento, reclusão de 8 a 12 anos; e no estupro de vulnerável, reclusão de 10 a 20 anos.

Note-se, ainda, que, embora se trate de crime praticado, em princípio, sem violência ou grave ameaça à pessoa, a lei comina pena (reclusão de 8 a 15 anos) típica de crimes violentos graves ou gravíssimos. Com efeito, a pena mínima é igual ou excede, inclusive, àquela prevista para o estupro (art. 213), o homicídio doloso, a extorsão mediante sequestro, a lesão corporal seguida de morte etc.

A desconformidade com os princípios de isonomia e proporcionalidade é manifesta, portanto, visto que um comportamento de igual ou menor gravidade (estupro de vulnerável) é punido com pena superior ao delito mais grave (estupro violento etc.), razão pela qual o juiz deve ter especial atenção ao proceder à individualização da pena. Parece evidente, por exemplo, que estuprar, com emprego de violência, alguém com 14 anos de idade é bem mais grave do que ter relações sexuais consentidas com uma menor de 13 anos, sem nenhum tipo de violência.

Como assinala Jorge de Figueiredo Dias, trata-se de crime que visa a proteger a autodeterminação sexual, mas de uma forma muito particular: não em face de condutas que representem a extorsão de contatos sexuais de modo coativo ou análogo, mas em face de condutas de natureza sexual que, em consideração da pouca idade da vítima, podem, mesmo sem coação, prejudicar gravemente o livre desenvolvimento da sua personalidade.[1]

Secundariamente, protegem-se também a integridade física e a vida, especialmente nos crimes qualificados pela lesão corporal grave e a morte.

1.2. Elementos do tipo

O tipo pressupõe a realização de conjunção carnal ou outro ato libidinoso com menor de 14 anos ou vulnerável por outra razão legal. Já vimos que a conjunção carnal é a cópula entre o homem e a mulher; e ato libidinoso é termo generalíssimo que corresponde a todo e qualquer ato destinado à satisfação da libido, razão pela qual compreende a própria conjunção carnal como uma de suas possíveis formas.

O crime existe com ou sem violência ou grave ameaça, uma vez que não são elementos essenciais, mas acidentais do tipo. Significa que, se houver violência ou

---

1 *Comentário Conimbricense do Código Penal*, cit., p. 541. Ainda de acordo com Jorge de Figueiredo Dias, a lei presume que a prática de atos sexuais com menor, em menor ou por menor de certa idade prejudica o desenvolvimento global do próprio menor, cit., p. 541.

grave ameaça contra vulnerável, incidirá o art. 217-A, e não o art. 213, visto que o agente terá realizado a ação de ter ou praticar conjunção carnal ou outro ato libidinoso.

De acordo com o §5º do art. 217-A do CP, acrescentado pela Lei nº 13.718/2018, as penas previstas ao tipo penal aplicam-se independentemente do consentimento da vítima ou do fato de ela ter mantido relações sexuais anteriormente ao crime.

Este, inclusive, já era o entendimento editado na Súmula 593/STJ de 6 de novembro de 2017, segundo a qual "o crime de estupro de vulnerável se configura com a conjunção carnal ou prática de ato libidinoso com menor de 14 anos, sendo irrelevante eventual consentimento da vítima para a prática do ato, sua experiência sexual anterior ou existência de relacionamento amoroso com o agente".

Não há crime, em princípio, relativamente às carícias, ainda que em regiões erógenas, feitas por pais e amigos (ou mesmo estranhos) em crianças e adolescentes. E a distinção é importante, porque, do contrário, já não seria possível separar a legítima expressão de carinho do ato manifestamente libidinoso que vise à satisfação da lascívia.

Já vimos que tampouco constituem crime certos atos legitimamente praticados em rituais religiosos (circuncisão etc.). Assim, por exemplo, o metzitzah, praticado por judeus ortodoxos, realizado em recém-nascidos, no qual o mohel (que faz a circuncisão), depois de remover o prepúcio, suga, com a boca, o sangue causado pelo corte no pênis do bebê.

A configuração do estupro de vulnerável pressupõe, ademais, que o agente tenha conhecimento da condição legal de vulnerabilidade, pois, do contrário, não agirá dolosamente (erro de tipo).

E se o agente, mediante violência ou grave ameaça, mantiver relações sexuais com pessoa vulnerável, ignorando essa circunstância, responde, não por estupro de vulnerável (erro de tipo), mas por estupro violento.

Não há previsão de culpa.

A ação penal é pública incondicionada, como em todos os crimes contra a dignidade sexual.

1.3. Casos de vulnerabilidade

O Código tem por vulneráveis e, portanto, passíveis de crime de estupro independentemente do uso de violência ou grave ameaça, os indivíduos que se encontram numa das seguintes hipóteses:

a) menor de 14 anos;

b) quem, por enfermidade ou deficiência mental, não tem o necessário discernimento para a prática do ato;

c) ou que, por qualquer outra causa, não pode oferecer resistência.

São casos em que o legislador, valendo-se de um critério de política criminal, declara tais indivíduos incapazes de consentirem validamente, negando-se-lhes o direito de decidirem por conta própria sobre a sua própria autodeterminação sexual.

1.3.1. Menor de 14 anos

À semelhança do que se passava antes da reforma promovida pela Lei nº 12.015/2009, há estupro, se, não obstante eventual consentimento, a vítima for menor de 14 anos. Antes da reforma a lei dispunha que "presume-se a violência, se a vítima é menor de 14 anos". Com a reforma, a expressão presunção de violência será substituída por vulnerável. Apesar disso, temos que a controvérsia que havia antes, sobre o caráter absoluto ou relativo da presunção, permanece, quer porque toda lei, por mais clara, pressupõe e exige interpretação, quer porque as palavras não têm, em princípio, o condão de mudar a realidade, quer porque, subjacente à ideia de vulnerabilidade, há uma presunção de que tais pessoas são incapazes de autoproteção ou autodeterminação.

Voltaremos a isso.

Se o ofendido já houver completado 14 anos, os atos libidinosos são, em princípio, atípicos. A idade deve ser provada por meio de certidão de nascimento ou documento equivalente.

1.3.2. Portador de transtorno mental

De acordo com a classificação de "Transtornos Mentais e de Comportamento da CID10" (Organização Mundial de Saúde – OMS), a inimputabilidade, total ou parcial, pode ou não resultar, dentre outros, dos seguintes transtornos: demência na doença de Alzheimer, demência vascular, transtornos mentais decorrentes de lesão e disfunção cerebrais, transtornos mentais decorrentes de uso de substância psicoativa, esquizofrenia, transtornos do humor (afetivos), transtorno afetivo bipolar, transtorno depressivo recorrente, transtornos neuróticos relacionados ao estresse, transtornos alimentares, transtornos mentais e de comportamentos associados ao puerpério, transtornos específicos de personalidade (transtorno de personalidade paranoide, esquizoide, antissocial), retardo mental (leve, moderado, grave, profundo) etc. Como transtornos de hábitos e impulsos, são citados: o jogo patológico, o comportamento incendiário patológico (piromania), roubo patológico (cleptomania); etc.

Em junho de 2018, após vinte e oito anos de vigência da mencionada CID 10, a Organização Mundial da Saúde – OMS anunciou a atualização da classificação para a nova CID 11. A versão final será oficialmente apresentada em maio de 2019, na Assembleia Mundial da Saúde, com previsão de entrada em vigor em janeiro de 2022[2].

2 Como divulgaram as Nações Unidas. Disponível em: https://nacoesunidas.org/oms-lanca-nova-classificacao-internacional-de-doencas.

Dentre os pontos que chamam a atenção está a retirada do capítulo que tratava dos transtornos de identidade sexual e preferência sexual, que deixam de ser considerados doenças mentais. O termo utilizado passa a ser "incongruência de gênero", inserido no capítulo sobre saúde sexual. A OMS justifica a inserção da "incongruência de gênero" pela necessidade de se garantir atendimento às demandas específicas de saúde da população *trans*[3].

Embora portador de algum transtorno mental importante, o indivíduo pode levar uma vida absolutamente normal, sobretudo quando adequadamente tratado/medicado. Consequentemente, para a configuração do estupro de vulnerável, não basta que o ofendido seja enfermo ou deficiente mental (conforme expressão usada pelo Código); é necessário, ainda, que seja incapaz de autodeterminação (inimputável), visto que o transtorno não implica necessariamente a inimputabilidade. Aliás, rigorosamente falando, não existem fenômenos psiquiátricos, mas apenas uma interpretação psiquiátrica dos fenômenos (Nietzsche).

Note-se que o novo §5º entra em conflito com o §1º ao dispor expressamente que as penas do crime de estupro de vulnerável enfermo ou deficiente mental aplicam-se independentemente do consentimento da vítima. Isso porque, ao prever que as penas serão aplicadas "independentemente do consentimento da vítima ou do fato de ela ter mantido relações sexuais anteriormente ao crime" o dispositivo afasta, por completo, a possibilidade de anuência, tornando-se irrelevante saber se a vítima possuía ou não o necessário discernimento para consentir. Em outros termos, bastaria constatar que a vítima apresentava a condição de enfermidade ou deficiência mental para a configuração do tipo[4]. Não bastasse isso, o dispositivo também entra em conflito com o Estatuto da Pessoa com Deficiência (Lei nº 13.146/2016), que visa a maior autonomia e assegura o direito à sexualidade às pessoas com deficiência.

Nesse exato sentido, escreve Rogério Sanches[5]:

> (...) No entanto, o acréscimo do § 5º no art 217-A provoca efetivo conflito entre o Estatuto da Pessoa com Deficiência e o Código Penal. Com efeito, se a disposição legal estabelece que se caracteriza o crime independentemente do consentimento da vítima, impede-se que se apure se a enfermidade ou a deficiência mental provoca a falta de discernimento para consentir, o que acaba restringindo a abrangência do estatuto que visa a garantir a maior autonomia possível às pessoas com deficiência. A nova disposição contraria, ademais, o próprio § 1º, que, como demonstramos linhas acima, pressupõe, sem a menor sombra de dúvida, que o portador de enfermidade ou doente mental seja desprovido de capacidade de compreender a natureza do ato consentido. Ora, se é assim, a capacidade de consentimento deve afastar o delito. Diante disso, parece-nos mais adequado interpretar

3 Conforme anunciado pelas Nações Unidas. Disponível em: https://nacoesunidas.org/oms-anuncia-retirada-dos-transtornos-de-identidade-de-genero-lista-saude-mental.

4 No mesmo sentido, leciona Rogério Sanches Cunha. Disponível no link: http://s3.meusitejuridico.com.br/2018/09/140afc83-crimes-sexuais-lei-13718-18.pdf.

5 Texto disponível no link: http://s3.meusitejuridico.com.br/2018/09/140afc83-crimes-sexuais-lei-13718-18.pdf.

> restritivamente a regra inserida no § 5º, que deve se ater às situações que envolvam o caput do art. 217-A, ou seja, os menores de quatorze anos. (...)

Temos, portanto, que a previsão do §5º deve ser interpretada restritivamente, se atendo, tão somente, aos casos de estupro de menores de 14 anos, de modo a compatibilizar as disposições penais e os direitos das pessoas com deficiência, notadamente no que diz respeito a sua autonomia, sexualidade e direitos reprodutivos.

A inimputabilidade decorrente de transtorno mental e, pois, a impossibilidade de resistir ao estupro, deve ser provada por meio de perícia.

Havendo dúvida razoável sobre a capacidade de autoproteção, incide o princípio *in dubio pro reo.*

1.3.3. Ofendido impossibilitado de oferecer resistência

Haverá também estupro de vulnerável sempre que se tratar de ofendido que, por qualquer razão, esteja, no momento do crime, impossibilitado de oferecer resistência. Como refere Hungria, a incapacidade de resistência (de reação, de defesa) pode resultar de variadíssimas causas (transitórias ou permanentes): enfermidade, paralisia dos membros, idade avançada, excepcional esgotamento, sono mórbido, síncopes, desmaios, delírios, uso de droga lícita ou ilícita, hipnose etc.[6]

Para tanto, é irrelevante se foi o próprio agente, a vítima ou terceiro quem deu causa à situação de vulnerabilidade.

Quanto à incidência das disposições do §5º, remetemos ao que foi dito com relação ao portador de transtorno mental.

1.4. Caráter relativo da vulnerabilidade

Discute-se se o estado de vulnerabilidade é absoluto ou relativo, isto é, se admite ou não prova em sentido contrário, apesar da idade da vítima etc.[7]

De acordo com o STJ, em entendimento firmado na Súmula 593, "o crime de estupro de vulnerável se configura com a conjunção carnal ou prática de ato libidinoso com menor de 14 anos, sendo irrelevante eventual consentimento da vítima para a prática do ato, sua experiência sexual anterior ou existência de relacionamento amoroso com o agente".

Com a reforma promovida pela Lei nº 13.718/2018, foi acrescentado o §5º ao art. 217-A do CP para prever expressamente que as penas do crime de estupro de vulnerável (na forma do *caput* e seus parágrafos) aplicam-se independentemente do

6 *Comentários*, cit., p. 247.

7 No sentido de que se trata de presunção relativa, Francisco Muñoz Conde, cit., p. 220; Cezar Roberto Bitencourt. *Direito Penal*. Parte Especial, v. 4. São Paulo: Saraiva, 2011; e Alberto Silva Franco. *Código Penal e sua intepretação*. São Paulo: RT, 2007. No sentido contrário, Rogério Greco. *Direito Penal*. Parte Especial, v. 3. Niterói: Impetus, 2011, entre outros.

consentimento da vítima ou do fato de ela ter mantido relações sexuais anteriormente ao crime.

Pois bem. Temos que as hipóteses legais de vulnerabilidade têm, necessariamente, caráter relativo, admitindo, por isso, prova em sentido contrário.

Primeiro, porque a história é um elemento essencial do direito, por isso que as presunções legais (a condição de vulnerável encerra uma presunção legal (implícita) de impossibilidade de autodefesa) têm, em princípio, valor relativo. Segundo, porque o legislador não pode suprimir a liberdade de alguém a pretexto de protegê-la. Terceiro, porque não existem direitos absolutos, uma vez que a absolutização de um direito implicaria, inevitavelmente, a negação mesma do direito (v.g., absolutizar o direito à liberdade de expressão importaria na anulação do direito à honra e vice-versa).

Justamente por isso é que as presunções legais hão de ter caráter relativo, porque, do contrário, os mais inofensivos atos libidinosos passados entre crianças ou entre adolescentes constituiriam ato infracional e os sujeitariam à medida socioeducativa, nos termos do Estatuto da Criança e do Adolescente. O mesmo ocorreria com portadores de transtorno mental, que ficariam privados do direito fundamental a uma vida sexual regular e, por consequência, do direito de procriar, casar etc.

Que se trata de presunção relativa, a admitir prova em sentido contrário, ao menos no que toca aos portadores de transtorno mental e incapazes de oferecer resistência, é o que se conclui da leitura da própria lei, ao exigir, além da condição de enfermidade ou deficiência mental, que o ofendido não tenha o "necessário discernimento para a prática do ato, ou que, por qualquer outra causa, não pode oferecer resistência" (CP, art. 217-A, §1º). Já tecemos críticas quanto à extensão do §5º, que, ao nosso ver, deve ser interpretado restritivamente, se atendo, tão somente, aos casos de estupro de menores de 14 anos.

Note-se ainda que por vezes tais relações (namoros etc.) ocorrem com o conhecimento e a anuência dos próprios pais ou responsáveis pelos indivíduos tidos por vulneráveis.

E mais, os autores que sustentam o caráter absoluto da vulnerabilidade da vítima menor de 14 anos não raro admitem o caráter relativo dos demais casos, contraditoriamente, uma vez têm o mesmo tratamento legal, razão pela qual devem ser orientados segundo os mesmos princípios e terem uma mesma interpretação sistemática. O princípio da isonomia o exige.

Além do mais, a proteção penal não pode ter lugar quando for perfeitamente possível uma autoproteção por parte do próprio indivíduo, sob pena de violação ao princípio de lesividade.

Finalmente, a iniciação sexual na adolescência não é necessariamente nociva, motivo pelo qual a presumida nocividade constitui, em verdade, um preconceito moral.[8]

8 De acordo com José Angelo Gaiarsa (*Poder e Prazer*. São Paulo: Editora Ágora, 1986, p. 21/27)., "se quisermos um mundo menos violento (e mais feliz) temos que rediscutir – pensando na coletividade e no

Que a condição legal de vulnerabilidade é relativa, parece irrecusável, portanto. A questão verdadeiramente problemática reside em saber quando e sob que condições é ou não legítimo afastá-la.

Temos que a relativização da condição legal de vulnerável é, em princípio, legítima ou não punível quando se tratar: a) de relações afetivas/sexuais entre crianças e crianças ou entre adolescentes e adolescentes ou, ainda, entre adolescentes e crianças; b) de relações entre casais de amigos/namorados; c) quando não houver indício algum de abuso.

A não ser assim, a troca de carícias íntimas entre dois adolescentes de 13 anos, por exemplo, configuraria crime de estupro, e estupro recíproco, dada a vulnerabilidade de ambos os envolvidos. Consequentemente, responderiam por ato infracional, nos termos da ECA, podendo sofrer internação, inclusive, de até 3 anos.

Por conseguinte, ao menos em relação a adolescentes (maiores de doze anos), é razoável admitir-se prova em sentido contrário à previsão legal de vulnerabilidade, de modo a afastar a imputação de crime sempre que se provar que, em razão de maturidade (precoce), o indivíduo de fato não sofreu absolutamente constrangimento ilegal algum, inclusive porque lhe era perfeitamente possível resistir, sem mais, ao ato.[9]

Ademais, como visto na parte geral do presente curso, tampouco pode responder por estupro de vulnerável o índio que, atuando segundo suas tradições e costumes, coabita ou acasala antes dos 14 anos de idade.

Não cabe afastar a presunção legal – só por isso –, porém, relativamente a crianças ou adolescentes que exerçam a prostituição, uma vez que, em geral, estão numa situação de maior vulnerabilidade social/material, e por vezes com histórico de abuso sexual, a justificar, plenamente, o reconhecimento do crime de estupro por parte de quem, aproveitando-se dessa condição, pratica conjunção carnal ou ato libidinoso com tais pessoas.

1.5. Elementos constitutivos do tipo: caráter acidental da violência ou grave ameaça

No crime de estupro de vulnerável, diversamente do estupro violento, a violência ou grave ameaça não é um elemento essencial, mas acidental do tipo, uma vez que

futuro da espécie – o erotismo infantil e a permissão sexual para adolescentes. Sinteticamente: quem está muito interessado em sexo e prazer não está muito interessado em violência". Segundo James W Prescott, citado por Gaiarsa (idem), "entre os seres humanos, uma personalidade orientada para o prazer raramente exibe condutas violentas ou agressivas, e uma personalidade violenta tem pouca capacidade para tolerar, experimentar ou gozar atividades sensualmente prazenteiras. A relação recíproca entre prazer e violência é altamente significativa, porque certas experiências sensoriais durante os períodos iniciais do desenvolvimento criarão uma predisposição neuropsicológica para comportamentos posteriores, estejam eles orientados para a violência ou orientados para o prazer".

9 Como assinala Tomás S. Vives Antón e outros, é um exagero presumir que toda relação sexual entre um adulto e um menor é prejudicial para este, visto que um menor de 13 anos pode conhecer perfeitamente o significado de uma ação sexual e suas possíveis consequências. *Derecho Penal*, Parte Especial, cit., p. 225.

pode configurar-se com ou sem o emprego de violência, com ou sem o consentimento do ofendido. Tanto é assim que também o estupro de vulnerável admite as qualificadoras da lesão corporal grave e da morte (CP, art. 217-A, §§ 3º e 4º).

Justamente por isso, quando o estupro contra vulnerável for praticado com violência ou grave ameaça, o agente responderá, não segundo o art. 213, mas conforme o 217-A, uma vez que ele já assim responderia por vitimar alguém que se encontra na condição legal de vulnerável. Consequentemente, se, além da condição legal de vulnerável, houver uso de violência ou grave ameaça, o autor responderá por este delito, e não por estupro violento, na forma simples ou qualificada, inclusive porque o estupro de vulnerável é, de certo modo,[10] um tipo especial relativamente ao estupro violento (*lex specialis derrogat legi generali*).

Pelas mesmas razões, não há falar em desclassificação para o crime de importunação sexual (CP, art. 215-A) nas hipóteses em que não houver o emprego de violência ou grave ameaça pelo agente.

Este é, inclusive, entendimento já consolidado pelo STJ, como se vê no seguinte precedente[11]:

> PROCESSO PENAL. EMBARGOS DE DECLARAÇÃO NOS EMBARGOS DE DECLARAÇÃO NO AGRAVO REGIMENTAL NO AGRAVO EM RECURSO ESPECIAL. ESTUPRO DE VULNERÁVEL. PLEITO DE DESCLASSIFICAÇÃO PARA IMPORTUNAÇÃO SEXUAL. INVIABILIDADE. OMISSÃO. OCORRÊNCIA. EMBARGOS DE DECLARAÇÃO ACOLHIDOS SEM EFEITOS INFRINGENTES. 1. Os embargos de declaração são cabíveis quando houver ambiguidade, obscuridade, contradição ou omissão, a teor do art. 619 do Código de Processo Penal - CPP, e erro material, conforme art. 1022, III, do Código de Processo Civil - CPC. 2. Houve efetivamente omissão no julgado no tocante à alegação de que o acórdão embargado deixou de analisar os termos da petição constante às fls. 809/816, com pedido de desclassificação do delito de estupro de vulnerável para importunação sexual. 3. É firme o entendimento jurisprudencial desta Corte Superior no sentido da "impossibilidade de desclassificação da figura do estupro de vulnerável para o art. 215-A do Código Penal, uma vez que o referido tipo penal é praticado sem violência ou grave ameaça, e o tipo penal imputado ao agravante (art. 217-A do Código Penal) inclui a presunção absoluta de violência ou grave ameaça, por se tratar de menor de 14 anos" (AgRg na RvCr 4969/DF, Rel. Ministro REYNALDO SOARES DA FONSECA, TERCEIRA SEÇÃO, DJe 1º/7/2019). 4. Embargos de declaração acolhidos, sem efeitos infringentes.

Também por isso, e ao contrário do que afirmam Rogério Greco e Cleber Masson[12], tampouco cabe falar de concurso de estupro de vulnerável com constrangimen-

---

10 Digo de certo modo, porque o estupro de vulnerável só é, a rigor, um tipo especial, relativamente ao estupro violento (tipo geral), se entendermos a vulnerabilidade como uma forma de violência em sentido amplo, de sorte que todo estupro de vulnerável seria um estupro violento, mas nem todo estupro violento seria um estupro de vulnerável. Assim entendido, as especializantes do estupro de vulnerável seriam a idade etc.

11 EDcl nos EDcl no AgRg no AREsp 1276776/RS, DJe 19/12/2019, Quinta Turma, Relator Ministro Joel Ilan Paciornik.

12 Rogério Greco escreve textualmente (*Direito Penal*, cit., p. 539): "O art. 217-A do Código Penal não exige que o delito seja praticado mediante o emprego de violência física (vis absoluta) ou

to ilegal, ameaça ou lesões leves, pois semelhante interpretação importaria em *bis in idem*, punindo-se duplamente. Lembre-se, ainda, que a pena cominada ao estupro de vulnerável é mais grave do que a pena do estupro violento.

Eventuais escoriações, lesões leves e vias de fato ficam absorvidas pelo tipo (princípio da consunção).

1.6. Profissional de saúde como autor

Questão delicada é a possibilidade de configuração e comprovação deste crime por parte de profissionais que, em razão do exercício de suas funções, tenham acesso às partes íntimas de pacientes sob seus cuidados (médico, enfermeiro etc.).

Naturalmente que crime algum haverá, mas realização pura e simples de uma atividade lícita, sempre que o profissional se limitar a praticar os atos estritamente necessários à investigação ou tratamento em causa.

Somente haverá estupro de vulnerável se o profissional de saúde, valendo-se da situação de vulnerabilidade em que o paciente se encontra (menor de 14 anos, deficiente mental etc.), praticar algum ato libidinoso (sobretudo a conjunção sexual) manifestamente desnecessário ou inadequado e o fizer dolosamente.

E se a vítima não for vulnerável nos termos da lei, o caso poderá eventualmente caracterizar o crime de violação sexual mediante fraude (CP, art. 215).

1.7. Princípio da insignificância

Não constitui estupro de vulnerável o cometimento de atos absolutamente insignificantes, ainda que eventualmente libidinosos. O Código Penal português[13] exige, aliás, expressamente, para a configuração do crime de coacção sexual e outros delitos sexuais, que se trate de acto sexual de relevo, razão pela qual os atos considerados insignificantes não são passíveis de proteção pelo tipo penal em causa. Como escreve

grave ameaça (vis compulsiva). O simples fato de ter conjunção carnal ou prática de outro libidinoso com pessoa considerada vulnerável, mesmo com o consentimento desta, já importa na prática do crime. No entanto, poderá o delito ser praticado através do emprego de violência física ou mesmo da grave ameaça, como ocorre com o estupro tipificado no art. 213 do Código Penal. Nesse caso, pergunta-se: poderia falar-se em concurso de crimes? A resposta só pode ser positiva. Não sendo elemento constante do tipo de estupor de vulnerável, será possível o reconhecimento do concurso material entre o delito de lesão corporal (leve, grave ou gravíssima), ou ameaça, com o tipo do art. 217-A." E Cleber Masson diz o seguinte: "E também devem ser a eles atribuídos, em concurso material, os crimes de lesão corporal leve (CP, art. 129, caput) ou de ameaça (CP, art. 147), resultantes da violência ou da grave ameaça, pois não funcionam como meios de execução do estupro de vulnerável." *Direito Penal*, v. 3, parte especial. São Paulo: Método, 2011, p. 62.

13 Com efeito, o art. 163, 1, dispõe: "Quem, por meio de violência, ameaça grave, ou depois de, para esse fim, a ter tornado inconsciente ou posto na impossibilidade de resistir, constranger outra pessoa a sofrer ou a praticar, consigo ou com outrem, **acto sexual de relevo**, é punido com pena de prisão de 1 a 8 anos." (O grifo não consta do original).

Jorge de Figueiredo Dias, "ficam excluídos do tipo actos que, embora 'pesados' ou em si 'significantes' por impróprios, desonestos, de mau gosto ou despudorados, todavia, pela sua pequena quantidade, ocasionalidade ou instantaneidade, não entravem de forma importante a livre determinação sexual da vítima".[14]

Por muito tempo se discutiu se o beijo lascivo poderia ou não configurar o crime de estupro. Que o beijo (a depender do modo e lugar) figura entre as possíveis formas de libidinagem, é fora de dúvida. A questão fundamental residia em saber, porém, se um tal ato, como outros tantos de igual ou menor importância, poderia ser considerado digno de proteção penal. E, para nós, não se poderia ter à conta de estupro, crime hediondo que é, condutas que, embora formalmente libidinosas, não importavam num constrangimento grave à liberdade sexual do ofendido, razão pela qual o princípio da insignificância teria plena aplicação. E uma vez reconhecida a insignificância dos atos, relativamente ao tipo legal de estupro, seguia-se, então, ou a desclassificação para infração penal menos grave (v.g., constrangimento ilegal ou a contravenção do art. 61 da LCP, agora revogada) ou a absolvição pura e simples.

Com a reforma da Lei nº 13.718/2018, a discussão foi superada porque o novo tipo penal de importunação sexual ("praticar contra alguém e sem a sua anuência ato libidinoso para satisfazer a própria lascívia ou a de terceiro") claramente compreende a prática do beijo lascivo sem anuência da vítima. Por outro lado, e conforme entendimento firmado pelo STJ[15], o beijo lascivo importará em crime de estupro se obtido mediante violência ou grave ameaça.

No caso de beijo lascivo contra vítima vulnerável, o crime será, em regra, o do art. 217-A do CP. Assim entendeu o STF, ao denegar a ordem em habeas corpus visando a desclassificação do mencionado delito para a conduta prevista no art. 65 da LCP[16]. Por maioria, a Primeira Turma decidiu que a prática de qualquer ato libidinoso diverso ou a conduta de manter conjunção carnal com menor de 14 anos se subsume, em regra, ao tipo penal de estupro de vulnerável, restando indiferente o consentimento da vítima[17].

1.8. Qualificadoras e causas de aumento de pena

À semelhança do estupro violento, o estupro de vulnerável é qualificado pela lesão corporal grave e a morte. As lesões leves ficam absorvidas pelo estupro, em razão do princípio da consunção, segundo o qual o crime-fim (estupro) absorve o crime-meio (lesões).

---

14 *Comentário Conimbricense do Código Penal*. Parte Especial, tomo 1. Coimbra: Coimbra Editora, 1999, p. 449.

15 *Vide tópico 1.1.3, referente ao crime de estupro (CP, art.213).*

16 *LCP, Art. 65. Molestar alguém ou perturbar-lhe a tranquilidade, por acinte ou por motivo reprovável: Pena – prisão simples, de quinze dias a dois meses, ou multa, de duzentos mil réis a dois contos de réis.*

17 *Informativo 954/STF, HC 134591/SP, rel. orig. Min. Marco Aurélio, red. p/ o ac. Min. Alexandre de Moraes, 1/10/2019*

Já vimos que a violência ou grave ameaça não é um elemento essencial, mas acidental no estupro de vulnerável, que, por conseguinte, pode existir com ou sem violência real, com ou sem o consentimento do ofendido.

A lesão corporal grave, que consta do art. 129, §§ 1º e 2º, do Código, e a morte qualificam o crime tanto a título de dolo quanto de culpa, tratando-se, por isso, de um crime qualificado pelo resultado, que compreende o preterdolo (fusão de dolo e culpa) como uma de suas possíveis formas. Mas o assunto é dos mais controvertidos, uma vez que parte da doutrina tem que, se houver dolo (direto ou eventual), ocorrerá, em verdade, concurso de crimes[18].

A incidência da qualificadora pressupõe, logicamente, lesão grave ou morte que resultem da violência empregada para a consumação do estupro, razão pelo qual o nexo causal entre o tipo e o resultado que o qualifica é essencial. Exatamente por isso, se, consumado o estupro, o agente decidir lesionar ou matar a vítima, haverá concurso de crimes (estupro e homicídio ou lesões), porque autonomamente queridos e praticados.

E a pena é assim aumentada (art. 226): a) de metade, se o agente é ascendente, padrasto ou madrasta, tio, irmão, cônjuge, companheiro, tutor, curador, preceptor ou empregador da vítima ou por qualquer outro título tiver autoridade sobre ela; b) de 1/3 (um terço) a 2/3 (dois terços), se o crime é praticado mediante concurso de dois ou mais agentes (estupro coletivo); c) de 1/3 (um terço) a 2/3 (dois terços), se o crime é praticado para controlar o comportamento social ou sexual da vítima (estupro corretivo). O rol é taxativo.

A pena é ainda aumentada (CP, art. 234-A, III e IV): de metade a 2/3 (dois terços), se do crime resulta gravidez; e de 1/3 (um terço) a 2/3 (dois terços), se o agente transmite à vítima doença sexualmente transmissível de que sabe ou deveria saber portador, ou se a vítima é idosa ou pessoa com deficiência.

2.CORRUPÇÃO DE MENORES

⊙ **Corrupção de menores**

Art. 218. Induzir alguém menor de 14 (catorze) anos a satisfazer a lascívia de outrem: (Redação dada pela Lei nº 12.015, de 2009)

Pena – reclusão, de 2 (dois) a 5 (cinco) anos. (Redação dada pela Lei nº 12.015, de 2009)

Cuida-se de um tipo absolutamente desnecessário. Primeiro, porque a indução de que trata o artigo já figura entre as possíveis formas de participação dolosa em crime de estupro de vulnerável, uma vez que "quem, de qualquer modo, concorre para o crime incide nas

18 No sentido de que a qualificadora só incide quando houver preterdolo, Rogério Greco, cit., e Luiz Regis Prado. *Curso de Direito Penal Brasileiro*, v. 2. São Paulo: RT, 2010.

penas a este cominadas, na medida de sua culpabilidade" (CP, art. 29) [19]. Segundo, porque, embora comine pena para o indutor, o artigo em questão estranhamente não tipificou a conduta do sujeito beneficiado pela indução. Terceiro, porque, malgrado refira o menor de 14 anos como vítima, não fez referência alguma aos demais incapazes de que trata o estupro de vulnerável. Quarto, porque, se se pretendia castigar a indução autonomamente, isto é, ainda que não se realizem atos de execução do estupro de vulnerável (consumação ou tentativa), como de fato ocorreu, força é convir que não se trata de conduta jurídico-penalmente relevante, que, por isso, não justifica a intervenção penal, inevitavelmente traumática, cirúrgica e negativa (García-Pablos).

O legislador teria feito melhor, portanto, se nada previsse a esse respeito ou criasse um tipo especial relativamente ao estupro de vulnerável.

Trata-se de mais um delito acessório que pressupõe a não incidência do tipo principal (estupro de vulnerável). Justamente por isso, se o sujeito beneficiado pela indução praticar conjunção carnal ou outro ato libidinoso, o respectivo indutor responderá, em princípio, como coautor ou partícipe de estupro de vulnerável (CP, art. 29).

O tipo exige o concurso de três requisitos simultâneos: a) ato de induzir; b) menor de 14 anos; c) a satisfazer a lascívia de outrem.

Induzir é sugerir, instigar, persuadir a vítima a praticar ato visando a satisfazer a lascívia de outrem. O crime só pode ser praticado contra menor de 14 anos, circunstância a ser provada mediante documento hábil. O tipo não incide, por conseguinte, se se tratar de outro incapaz que não seja o menor de 14 anos (v.g., portador de transtorno mental). Tampouco haverá este delito se a pessoa induzida for maior de 14 anos.

E o induzimento deve visar a satisfazer a lascívia de outrem, significando dizer que a vítima menor de 14 anos deverá realizar ou permitir que com ela se realize algum ato libidinoso, especialmente atos libidinosos contemplativos (v.g., dançar sensualmente, mostrar o corpo), desde que não configurem estupro de vulnerável. Com efeito, se se exigir da vítima algum ato libidinoso passível de ser classificado como estupro, incidirá esse tipo principal e mais grave. Afinal, já vimos que todo tipo subsidiário pressupõe, logicamente, a impossibilidade de incidência do tipo principal.

Como o tipo requer a satisfação da lascívia de outrem, não o caracteriza a conduta destinada à satisfação da lascívia do próprio indutor. O outrem a que se refere o artigo tanto pode ser uma pessoa como um grupo determinado de pessoas (v.g., hóspedes de um hotel de luxo).

Para a consumação do tipo, é suficiente que o agente induza menor de 14 anos a satisfazer a lascívia de outrem, razão pela qual o crime se perfaz ainda que nenhum ato concreto seja realizado pela vítima induzida. Cuida-se, pois, de crime formal, que se consuma com o só ato de induzir menor de 14 anos a satisfazer a lascívia de outrem. Se a vítima efetivamente praticar algum ato visando a satisfazer a lascívia

19 De modo similar, mas não coincidente, Nucci. *Crimes contra a dignidade sexual*. São Paulo: RT, 2010, p. 119/120.

de alguém, tal configurará exaurimento de crime já consumado, podendo eventualmente também caracterizar-se infração mais grave.

Trata-se de crime comum que pode ser praticado por qualquer pessoa. Responde pelo delito o autor ou autores da indução. O tipo não previu, estranhamente, a punibilidade do próprio sujeito beneficiado pela indução. E, conforme vimos, tampouco existe esse crime, se o beneficiado pela indução é o próprio indutor, e não o outrem a que se refere o tipo. A vítima da indução deve ser forçosamente menor de 14 anos.

O crime é doloso, devendo, pois, provar-se o conhecimento e vontade de realização dos elementos do tipo. Exatamente por isso, não há o crime se o indutor tiver fundadas razões para acreditar que a vítima é maior de 14 anos (erro de tipo).

Não há previsão de culpa.

Finalmente, o tipo em questão não se confunde com o previsto no art. 244-B da Lei nº 8.069/90 (Estatuto da Criança e do Adolescente), que dispõe: "Corromper ou facilitar a corrupção de menor de 18 (dezoito) anos, com ele praticando infração penal ou induzindo-o a praticá-la".

Primeiro, porque esse art. 218 do CP, que trata especificamente de conduta lesiva à dignidade sexual, é especial em relação ao art. 244-B do Estatuto, que é aplicável à coautoria e à participação, com menor de 18 anos, em infração penal de qualquer natureza (crime ou contravenção).

Segundo, porque os elementos constitutivos dos respectivos tipos penais são diversos: aqui, o crime consiste em induzir menor de 14 anos a satisfazer a lascívia de outrem; e lá, o delito reside em corromper ou facilitar a corrupção de menor de 18 anos, com ele praticando infração penal ou induzindo-o a praticá-la.

Vê-se, pois, que, no delito do art. 218, figura como vítima menor de 14 anos; enquanto o crime do art. 244-B tem por ofendido menor de 18 anos; e mais: no delito do art. 218 o menor de 14 anos é vítima; já no crime do art. 244-B o menor de 18 anos é, simultaneamente, vítima e coautor ou partícipe de infração penal.

A ação penal é pública incondicionada.

3. SATISFAÇÃO DE LASCÍVIA MEDIANTE PRESENÇA DE CRIANÇA OU ADOLESCENTE

⊙ **Satisfação de lascívia mediante presença de criança ou adolescente (Incluído pela Lei nº 12.015, de 2009)**

Art. 218-A. Praticar, na presença de alguém menor de 14 (catorze) anos, ou induzi-lo a presenciar, conjunção carnal ou outro ato libidinoso, a fim de satisfazer lascívia própria ou de outrem: (Incluído pela Lei nº 12.015, de 2009)

Pena – reclusão, de 2 (dois) a 4 (quatro) anos. (Incluído pela Lei nº 12.015, de 2009)

O tipo criminaliza o ato de praticar conjunção carnal ou outro ato libidinoso na presença de menor de 14 anos ou a simples indução a presenciá-lo, visando a satisfazer a lascívia própria ou de terceiros.

No primeiro caso, o agente pratica conjunção carnal ou ato de libidinagem na presença de criança ou adolescente e no segundo instiga/estimula menor de 14 anos a presenciá-lo.

Não se pune o simples fato de manter relações sexuais na presença de menor de 14 anos, sobretudo se o indivíduo ou casal adota os cuidados necessários à ocultação do ato de libidinagem que pratica. O só fato de manter relações sexuais em presença de menor de 14 anos é atípico. Com efeito, o que realmente se tipifica é a conjunção carnal ou ato libidinoso praticado claramente e, mais, que é assim realizado a fim de satisfazer a lascívia própria ou de outrem. Trata-se, por conseguinte, de ato de libidinagem praticado com a participação contemplativa/passiva de menor de 14 anos, que, embora não participe ativamente do ato, assiste à sua realização.

Naturalmente que não há crime quando se tratar de prática de ato libidinoso na presença de maior de 14 anos, ainda que seja vulnerável nos termos da lei (v.g., portador de transtorno mental).

De acordo com Nucci, embora o tipo fale de *presença* e *presenciar*, a presença física do menor de 14 anos no local onde ocorre o ato é dispensável. Com efeito, para este autor, o crime é perfeitamente possível quando, embora ausente (fisicamente) do local, o menor assiste ou presencia atos libidinosos por meio de câmaras e aparelhos de TV ou monitores. Também por isso, o crime estará configurado se o agente promover a visualização de filmes pornográficos por menores de 14 anos.[20] Já Cezar Roberto Bitencourt defende a posição contrária, no sentido de que a presença física do menor é indispensável.[21]

Se, durante o ato, a vítima menor de 14 anos vier a atuar ativamente, quer praticando conjunção carnal, quer realizando ato libidinoso, haverá estupro de vulnerável, que, por ser o tipo principal, absorverá o tipo acessório em causa (princípio da consunção).

Cuida-se de crime comum que pode ser praticado por qualquer pessoa. A vítima é forçosamente menor de 14 anos.

O crime é doloso, pressupondo conhecimento e vontade de praticar, ou induzir a praticar, na presença de menor de 14 anos, conjunção carnal ou outro ato libidinoso a fim de satisfazer a lascívia própria ou de outrem.

Não há previsão de culpa.

Finalmente, o tipo em questão não se confunde com aquele previsto no art. 241-D do ECA, visto que os elementos dos respectivos tipos são claramente diversos. Com efeito, o art. 241-D do ECA define como crime o ato de "aliciar, assediar, instigar ou constranger, por qualquer meio de comunicação, criança, com o fim de com ela praticar ato libidinoso".

A ação penal é pública incondicionada.

---

20 *Crimes contra a dignidade sexual*, cit., p. 125.

21 *Direito Penal*, Parte Especial, cit., p. 115.

4. FAVORECIMENTO DA PROSTITUIÇÃO OU DE OUTRA FORMA DE EXPLORAÇÃO SEXUAL DE CRIANÇA OU ADOLESCENTE OU DE VULNERÁVEL

⊙ **Favorecimento da prostituição ou de outra forma de exploração sexual de criança ou adolescente ou de vulnerável. (Redação dada pela Lei nº 12.978, de 2014)**

Art. 218-B. Submeter, induzir ou atrair à prostituição ou outra forma de exploração sexual alguém menor de 18 (dezoito) anos ou que, por enfermidade ou deficiência mental, não tem o necessário discernimento para a prática do ato, facilitá-la, impedir ou dificultar que a abandone: (Incluído pela Lei nº 12.015, de 2009)

Pena – reclusão, de 4 (quatro) a 10 (dez) anos. (Incluído pela Lei nº 12.015, de 2009)

§ 1º Se o crime é praticado com o fim de obter vantagem econômica, aplica-se também multa. (Incluído pela Lei nº 12.015, de 2009)

§ 2º Incorre nas mesmas penas: (Incluído pela Lei nº 12.015, de 2009)

I – quem pratica conjunção carnal ou outro ato libidinoso com alguém menor de 18 (dezoito) e maior de 14 (catorze) anos na situação descrita no **caput** deste artigo; (Incluído pela Lei nº 12.015, de 2009)

II – o proprietário, o gerente ou o responsável pelo local em que se verifiquem as práticas referidas no **caput** deste artigo. (Incluído pela Lei nº 12.015, de 2009)

§ 3º Na hipótese do inciso II do § 2º, constitui efeito obrigatório da condenação a cassação da licença de localização e de funcionamento do estabelecimento.(Incluído pela Lei nº 12.015, de 2009)

A Lei nº 12.978, de 21 de maio de 2014, alterou o nome jurídico do delito para favorecimento da prostituição ou de outra forma de exploração sexual de criança ou adolescente ou de vulnerável. Além disso, acresceu ao art. 1º da Lei nº 8.072/90 o inciso VIII, para incluir este art. 218-B, caput, e §§ 1º e 2º, no rol dos crimes hediondos.

Obviamente que, por constituir *novatio legis in pejus*, a alteração legislativa só é aplicável aos crimes (consumados ou tentados) praticados posteriormente à sua entrada em vigor.

O tipo comentado criminaliza uma das possíveis formas de lenocínio, isto é, a exploração da prostituição alheia.

Mas, diversamente do artigo 228 do Código Penal e outros, esse artigo 218-B visa a proteger, especificamente, crianças, adolescente e vulneráveis. Trata-se, por conseguinte, de um tipo legal especial que prevalece sobre os tipos gerais que eventualmente concorram com ele (*lex specialis derrogat legi generali*).

Submeter (à prostituição) é impor, subjugar, sujeitar; induzir é instigar, dar a ideia; atrair é sugerir, incentivar, oferecer vantagens; facilitar é favorecer, remover obstáculos; impedir (que abandone a prostituição) é criar obstáculos, obstar, proibir; dificultar (que a abandone) é criar dificuldades, tornar custoso.

Todos esses verbos estão associados ao exercício da prostituição, que é a prestação de serviço de natureza sexual mediante pagamento. A outra forma de exploração sexual a que alude o tipo é qualquer atividade semelhante à prostituição que importe em degradação da dignidade da vítima sexualmente explorada.

O crime é comum, podendo ser praticado por qualquer pessoa. O sujeito passivo é necessariamente criança, adolescente ou vulnerável nos termos da lei. O conceito de criança e adolescente é dado pelo art. 2º da Lei nº 8.069/90 (ECA): "Considera-se criança, para os efeitos desta Lei, a pessoa até doze anos de idade incompletos, e adolescente aquela entre doze e dezoito anos de idade".

Também comete o delito o sujeito que, conhecendo o favorecimento da prostituição ou outra forma de exploração sexual de vulnerável, nos termos definidos no art. 218-B, pratica conjunção carnal ou outro ato libidinoso com menor de 18 (dezoito) e maior de 14 (catorze) anos, conforme dispõe o § 2º, I.

Recentemente, o STJ firmou entendimento de que não basta aferir a idade da vítima, devendo-se averiguar se o menor de 18 anos ou a pessoa enferma ou doente mental, não tem o necessário discernimento para a prática do ato, ou por outra causa não pode oferecer resistência. Nesse sentido[22]:

> HABEAS CORPUS. IMPETRAÇÃO EM SUBSTITUIÇÃO AO RECURSO CABÍVEL. UTILIZAÇÃO INDEVIDA DO REMÉDIO CONSTITUCIONAL. VIOLAÇÃO AO SISTEMA RECURSAL. NÃO CONHECIMENTO. (...). ATIPICIDADE DA CONDUTA IMPUTADA AO PACIENTE. ATOS LIBIDINOSOS PRATICADOS COM CONSENTIMENTO DAS VÍTIMAS. IRRELEVÂNCIA. ENQUADRAMENTO DOS ADOLESCENTES NO CONCEITO DE RELATIVAMENTE VULNERÁVEIS CONTIDO NO ARTIGO 218-B DO CÓDIGO PENAL. PUNIÇÃO APENAS DA TERCEIRA PESSOA QUE INSERE O MENOR NA PROSTITUIÇÃO OU EM OUTRA FORMA DE EXPLORAÇÃO SEXUAL. IMPOSSIBILIDADE. RESPONSABILIDADE PENAL DO AGENTE QUE PRATICA ATO LIBIDINOSO COM MENOR SUBMETIDO, INDUZIDO OU ATRAÍDO À PROSTITUIÇÃO OU OUTRA FORMA DE EXPLORAÇÃO SEXUAL. INTELIGÊNCIA DO INCISO I DO § 2º DO ALUDIDO DISPOSITIVO LEGAL. COAÇÃO ILEGAL NÃO CONFIGURADA. 1. Nos termos do artigo 218-B do Código Penal, são punidos tanto aquele que capta a vítima, inserindo-a na prostituição ou outra forma de exploração sexual (caput), como também o cliente do menor prostituído ou sexualmente explorado (§ 1º). 2. Na espécie, o paciente, a quem se imputou a exploração sexual dos ofendidos, também figurou como "cliente" dos menores, com eles praticando atos libidinosos, fatos que se enquadram na figura do inciso I do § 2º do artigo 218-B do Estatuto Repressivo. Precedentes. 3. O crime de favorecimento da prostituição ou outra forma de exploração sexual de criança ou adolescente busca proteger a dignidade sexual do vulnerável, assegurando que possa se desenvolver de forma saudável, e, no momento apropriado, decidir livremente o seu comportamento sexual. 4. Diferentemente do que ocorre nos artigos 217-A, 218 e 218-A do Código Penal, nos quais o legislador presumiu de forma absoluta a vulnerabilidade dos menores de 14 (catorze) anos, no artigo 218-B não basta aferir a idade da vítima, devendo-se averiguar se o menor de 18 (dezoito) anos não tem o necessário discernimento para a prática do ato, ou por outra causa não pode oferecer resistência, o que ocorre, na maioria das vezes, mediante a comprovação de que se entrega à prostituição devido às suas más condições financeiras. Doutrina. 5. No caso dos autos, não há que se falar em atipicidade da conduta sob o argumento de que os adolescentes teriam consentido com a prática dos atos libidinosos, uma vez que a vulnerabilidade dos ofendidos restou devidamente comprovada no acórdão impugnado, tendo a autoridade impetrada registrado que

22 HC 371.633/SP, DJe 26/03/2019, Quinta Turma, Relator Ministro Jorge Mussi.

> o paciente, aproveitando-se da situação de miserabilidade dos ofendidos, os atraiu a se prostituírem, com eles mantendo relações sexuais mediante pagamento, o que caracteriza o delito do artigo 218-B, § 2º, inciso I, do Código Penal. (...)

Portanto, a enfermidade ou deficiência mental a que se refere o tipo é condição necessária, mas não suficiente, para a configuração do delito em questão. Vide o que ficou dito sobre o estupro de vulnerável.

Do mesmo modo, e diferentemente do que ocorre nos arts. 217-A, 218 e 218-A do Código Penal, nos quais o legislador presumiu de forma absoluta a vulnerabilidade dos menores de 14 anos, no art. 218-B não basta aferir a idade da vítima, devendo-se averiguar se o menor de 18 anos não tem o necessário discernimento para a prática do ato, ou por outra causa não pode oferecer resistência.

Quando se tratar de menor de 14 anos ou vulnerável nos termos da lei, o agente responderá (também) por estupro de vulnerável, tipo principal e mais grave, em concurso de crimes (formal, material ou continuidade delitiva).

Parece que não incide no crime (§ 2º, I) quem, fora do contexto definido no art. 218-B, mantém relações sexuais mediante pagamento, seja quando a prostituição é exercida de forma autônoma e voluntariamente, sem nenhum tipo de favorecimento da prostituição ou outra forma de exploração sexual de vulnerável por terceiro, seja quando o autor ignora o tipo de exploração a que a vítima prostituída é submetida (ausência de dolo).[23]Em suma, o só fato de praticar, mediante pagamento, atos libidinosos com vulneráveis não configura, ou não configura necessariamente, o delito do art. 218-B, embora possa caracterizar estupro de vulnerável ou outro tipo similar.

Exatamente por isso, não responderia pelo crime previsto no art. 218-B, § 2º, I, o agente que contratasse, por exemplo, os serviços de uma garota/garoto de 17 anos que, por sua conta e risco, se prostituísse nas ruas, sem nenhuma exploração de terceiro. Ademais, seria razoável, nesse caso, admitir-se o consentimento válido do (suposto) ofendido.

Também responde pelo crime o proprietário, o gerente ou o responsável pelo local em que se verifiquem as práticas referidas no caput do artigo 218-B. Naturalmente que, para tanto, é essencial que tais agentes tenham conhecimento da prática do crime de favorecimento à prostituição de vulnerável que ali se realize, porque, do contrário, haveria responsabilidade penal objetiva ou sem culpa.

O crime é sempre doloso, pressupondo conhecimento e vontade de realização dos elementos do tipo, relativamente aos autores, coautores e partícipes.

Não há previsão de culpa.

23 No mesmo sentido Nucci: "Ressalte-se que o cliente somente pode ser punido se o menor de 18 anos enfrentar qualquer situação descrita no caput (submissão, induzimento, atração, facilitação, impedimento ou dificuldade). Cuidando-se de ato voluntário do menor de 18 anos, qualquer relacionamento com ele mantido, ainda que sob a veste da prostituição, é atípico." *Crimes contra a dignidade sexual*, cit., p. 134. Assim também, Cezar Roberto Bitencourt, *Direito Penal*, cit., p. 125.

A ação penal é pública incondicionada.

Na hipótese do inciso II do § 2º, constitui efeito obrigatório da condenação a cassação da licença de localização e de funcionamento do estabelecimento.

Houve revogação (tácita) do artigo 244-A do ECA, que dispunha: "Submeter criança ou adolescente, como tais definidos no caput do art. 2º desta Lei, à prostituição ou à exploração sexual".

5. DIVULGAÇÃO DE CENA DE ESTUPRO OU DE CENA DE ESTUPRO DE VULNERÁVEL, DE CENA DE SEXO OU DE PORNOGRAFIA

⊙ **Divulgação de cena de estupro ou de cena de estupro de vulnerável, de cena de sexo ou de pornografia (Incluído pela Lei nº 13.718, de 2018).**

Art. 218-C. Oferecer, trocar, disponibilizar, transmitir, vender ou expor à venda, distribuir, publicar ou divulgar, por qualquer meio - inclusive por meio de comunicação de massa ou sistema de informática ou telemática -, fotografia, vídeo ou outro registro audiovisual que contenha cena de estupro ou de estupro de vulnerável ou que faça apologia ou induza a sua prática, ou, sem o consentimento da vítima, cena de sexo, nudez ou pornografia: (Incluído pela Lei nº 13.718, de 2018).

Pena - reclusão, de 1 (um) a 5 (cinco) anos, se o fato não constitui crime mais grave. (Incluído pela Lei nº 13.718, de 2018).

Aumento de pena (Incluído pela Lei nº 13.718, de 2018).

§ 1º A pena é aumentada de 1/3 (um terço) a 2/3 (dois terços) se o crime é praticado por agente que mantém ou tenha mantido relação íntima de afeto com a vítima ou com o fim de vingança ou humilhação. (Incluído pela Lei nº 13.718, de 2018).

Exclusão de ilicitude (Incluído pela Lei nº 13.718, de 2018).

§ 2º Não há crime quando o agente pratica as condutas descritas no caput deste artigo em publicação de natureza jornalística, científica, cultural ou acadêmica com a adoção de recurso que impossibilite a identificação da vítima, ressalvada sua prévia autorização, caso seja maior de 18 (dezoito) anos. (Incluído pela Lei nº 13.718, de 2018).

5.1. Considerações gerais

Inegavelmente, o Direito não acompanhou o rápido desenvolvimento das tecnologias computacionais. Até recentemente, contávamos com pouca previsão legal para enfrentamento da criminalidade digital[24]. Na tentativa de atualizar as disposições legais e aproximar o Direito da evolução digital, várias leis foram recentemente editadas, a exemplo da Lei nº 12.965/2014 – Marco Civil da Internet (que estabelece princípios, garantias, direitos e deveres para o uso da internet no Brasil), Lei nº 12.737/2012 – Lei Carolina Dieckmann (que dispõe sobre a tipificação criminal de delitos informáticos), Lei nº 13.441/17 (que alterou o ECA para prever a infiltração de agentes

24 SCHIETTI, op. cit, on-line.

de polícia na internet com o fim de investigar crimes contra a dignidade sexual de criança e adolescente), Lei nº 13.642/2018 – Lei Lola (que acrescenta atribuição à Polícia Federal para investigar crimes praticados pela internet que difundam conteúdo misógino), Lei nº 13.709/2018 – Lei da Proteção de Dados Pessoais (que dispõe sobre a proteção de dados pessoais, inclusive nos meios digitais) e outras.

Apesar das várias reformas, o compartilhamento de conteúdo íntimo ou de material de caráter vexatório e constrangedor ainda exigia a adoção de novas medidas legislativas que tornassem possível a responsabilização criminal nessa nova realidade. Ademais, se antes, para a divulgação destes materiais, era necessária a distribuição física por meio de fotografias impressas, CDs, DVDs e outros dispositivos, com a internet a propagação ocorre através de *sites*, *chats*, redes sociais, *e-mails* e outras ferramentas digitais e virtuais, ganhando grandes proporções em curto espaço de tempo[25].

Nesse contexto, a edição da Lei nº 13.718/2018 acrescentou o art. 218-C ao CP para prever o crime de divulgação de cena de estupro ou de cena de estupro de vulnerável, de cena de sexo ou de pornografia.

O novo tipo penal prevê a pena de 1 a 5 anos de reclusão para aquele que oferecer, trocar, disponibilizar, transmitir, vender ou expor à venda, distribuir, publicar ou divulgar, por qualquer meio (inclusive por meio de comunicação de massa ou sistema de informática ou telemática), fotografia, vídeo ou outro registro audiovisual que contenha cena de estupro ou de estupro de vulnerável ou que faça apologia ou induza a sua prática, ou, sem o consentimento da vítima, cena de sexo, nudez ou pornografia. Trata-se de tipo semelhante àqueles previstos nos artigos 241 a 241-A da Lei nº 8.069/90 (ECA)[26], que definem crimes contra crianças e adolescentes e, de um modo geral, cominam penas mais graves.

A divulgação de cena de estupro é crime expressamente subsidiário ("se o fato não constitui crime mais grave"). Justo por isso, quando se tratar de delito praticado contra criança e adolescente (menores de 18 anos), como regra a lei especial prevalecerá (*lex specialis derrogat legi generali*). Assim, por exemplo, o agente que vender ou expuser à venda fotografia, vídeo ou outro registro que contenha cena de sexo explícito ou pornográfica envolvendo criança ou adolescente, responderá pelo crime do art. 241 do ECA, que comina reclusão de 4 (quatro) a 8 (oito) anos, e multa.

25 Sobre o assunto, Alessandro Gonçalves Barreto e Karolinne Brasil Barreto. Disponível em: https://www.migalhas.com.br/dePeso/16,MI288717,81042 Lei+1371818+criminalizacao+da+divulgacao+de+cena+de+sexo+nudez+e.

26 Lei nº 8.069/1990, Art. 241. Vender ou expor à venda fotografia, vídeo ou outro registro que contenha cena de sexo explícito ou pornográfica envolvendo criança ou adolescente: Pena – reclusão, de 4 (quatro) a 8 (oito) anos, e multa. (Redação dada pela Lei nº 11.829, de 2008) Art. 241-A. Oferecer, trocar, disponibilizar, transmitir, distribuir, publicar ou divulgar por qualquer meio, inclusive por meio de sistema de informática ou telemático, fotografia, vídeo ou outro registro que contenha cena de sexo explícito ou pornográfica envolvendo criança ou adolescente: Pena – reclusão, de 3 (três) a 6 (seis) anos, e multa. (Incluído pela Lei nº 11.829, de 2008) (...).

O §1º prevê causas de aumento aos casos em que o delito seja praticado por agente que mantém ou tenha mantido relação íntima de afeto com a vítima, bem como para quando a conduta for praticada com fins de vingança ou de humilhação.

Por fim, a fim de garantir a liberdade de expressão e de informação, previu-se hipótese de excludente de ilicitude aos casos em que a conduta ocorra no contexto de publicação de natureza jornalística, científica, cultural ou acadêmica com a adoção de recurso que impossibilite a identificação da vítima, ressalvada sua prévia autorização, caso seja maior de 18 anos.

5.2. Bem jurídico protegido

Como todos os crimes constantes no Título VI, o tipo penal visa a proteção da dignidade sexual dos indivíduos em geral.

Com exceção de crianças e adolescentes, que têm proteção legal especial, qualquer pessoa (outros vulneráveis na forma da lei, inclusive) poderá figurar como vítima no art. 218-C. Assim, apesar de estar inserido no capítulo relativo aos crimes sexuais contra vulnerável, o dispositivo protege tanto o desenvolvimento pleno e saudável (psíquico e sexual) dos incapazes tutelados por este tipo penal (aqueles que por enfermidade ou deficiência mental não têm o discernimento para a prática do ato ou que por qualquer outra causa não podem oferecer resistência), quanto a liberdade sexual dos indivíduos capazes. Isso é o que se conclui facilmente da leitura do dispositivo ao criminalizar, além da divulgação da cena de estupro de vulnerável, a divulgação de cena de estupro na forma do art. 213 do CP, bem como pela possibilidade de consentimento da vítima para a divulgação de cena de sexo, nudez ou pornografia.

5.3. Tipo penal objetivo e tipo penal subjetivo

Trata-se de crime de ação múltipla ou plurinuclear, havendo nove núcleos que compõem o tipo penal, quais sejam: 1) oferecer: ofertar, dar, propor para aceitação; 2) trocar: permutar, comutar; 3) disponibilizar: liberar, permitir o acesso, pôr à disposição; 4) transmitir: passar, ceder, remeter; 5) vender: ceder em troca de dinheiro ou quantia, alienar mediante valor; 6) expor à venda: exibir com fins de alienação, oferecer para a compra; 7) distribuir: compartilhar, difundir; 8) publicar: tornar público, veicular; 9) divulgar: difundir, disseminar, propagar.

O art. 218-C pune a ação de quem "trafica" cena de estupro etc., mas não pune o simples "consumo", isto é, a aquisição, posse ou armazenamento do material ilícito, diversamente do art. 241-B do ECA[27]. Portanto, não comete crime aquele que adquire, possui ou armazena, em qualquer meio, fotografia, vídeo ou registro audiovisual que

27 Lei nº 8.069, art. 241-B. Adquirir, possuir ou armazenar, por qualquer meio, fotografia, vídeo ou outra forma de registro que contenha cena de sexo explícito ou pornográfica envolvendo criança ou adolescente: Pena – reclusão, de 1 (um) a 4 (quatro) anos, e multa (Incluído pela Lei nº 11.829, de 2008) (...).

contenha cena de estupro, estupro de vulnerável, sexo, nudez ou pornografia, ressalvados os casos que envolvam criança ou adolescente.

Também não se pune a mera ameaça de divulgação do material, que, como vimos, pode vir a configurar a prática de estupro virtual ou de extorsão[28].

A prática pode ocorrer "por qualquer meio, inclusive por meio de comunicação de massa ou sistema de informática ou telemática". De fato, o maior número de condutas delitivas dessa natureza ocorre por meio da internet, de redes sociais e outros meios digitais. Mas o tipo igualmente abrange o meio físico, como materiais impressos, *folders*, dispositivos físicos (CDs, DVDs, *pen-drives*), entre outros. Nesse sentido, comete o crime ora em estudo o agente que imprime as fotografias e as distribui; ou que transporta as filmagens para componentes eletrônicos e os vende ou expõe a venda; ou que divulga vídeo em rede social fazendo apologia à prática de estupro; etc.

O objeto material do tipo são as fotografias, fotos, vídeos, filmagens, enfim, quaisquer registros audiovisuais contendo, necessariamente, um dos conteúdos exigidos pelo tipo penal[29], os quais oportunamente analisaremos.

"Fotografia" é a imagem obtida por processo de reprodução de imagem em superfície fotossensível, por meio da ação da luz ou eletronicamente. "Vídeo" é a técnica de reprodução eletrônica de imagens em movimento. A expressão "outro registro audiovisual" abrange todas as demais formas de comunicação que combinem som e imagem, ou produto que contenha som e imagem sincronizadas.

"Cena" é aquilo que se oferece à vista, por qualquer dos meios acima explicitados. A cena pressupõe algo visível, exposto aos olhos, identificável pelo sentido da visão, ou simultaneamente perceptível à visão e à audição Nesse sentido, não estão abrangidos pelo conceito de "cena" as meras gravações de áudio e outros registros que não contenham, simultânea ou exclusivamente, conteúdo perceptível ao sentido da visão.

Quanto ao conteúdo encontrado nas fotografias, vídeos ou outros registros audiovisuais, o tipo penal prevê três hipóteses: a) cena de estupro ou de estupro de vulnerável; b) cena que faça apologia ou induza a prática do estupro ou do estupro de vulnerável; c) sem consentimento da vítima, cena de sexo, nudez ou pornografia.

a) **Cena de estupro ou de estupro de vulnerável:** a definição do que são os crimes de estupro e estupro de vulnerável já foi amplamente debatida ao tratarmos dos arts. 213 e 217-A, ambos do CP. Mas reforçamos que, para efeito de tipificação do tipo penal ora estudado, o conceito de vulnerável não abrange crianças e adolescentes, que encontram proteção legal especial nos arts. 241 e 241-A do ECA.

28 Vide o tópico referente ao crime de estupro (CP, art. 213).

29 CUNHA, Rogério Sanches. Disponível em: https://meusitejuridico.editorajuspodivm.com.br/2018/09/25/lei-13-71818-introduz-modificacoes-nos-crimes-contra-dignidade-sexual.

b) **Cena que faça apologia ou induza a prática de estupro ou de estupro de vulnerável:** nesta hipótese, o tipo não exige que a fotografia, vídeo ou outro registro audiovisual contenha cena explícita de estupro ou de estupro de vulnerável, bastando que esta faça apologia ou induza a prática do ato de conjunção carnal ou do ato libidinoso.

"Fazer apologia" significa enaltecer, valorizar, defender ou justificar o ato, incentivando a sua prática ou repetição. Logo, faz apologia ao estupro tanto aquele que defende ou aconselha a prática futura de um estupro, quanto aquele que enaltece a violência sexual já ocorrida, de maneira individual ou genérica[30]. Nesse sentido, a apologia à prática de estupro não se confunde com o tipo penal de apologia de crime ou criminoso, pois o tipo penal do art. 287 do CP pune apenas aquele que enaltece o fato delitivo pretérito, acontecido e com perpetrador ao menos identificável.

"Induzir" é provocar, suscitar, inspirar, sugerir uma ideia que não havia sido concebida anteriormente. Trata-se de modalidade que não admite tentativa, sendo atípica a conduta caso a pessoa supostamente induzida não pratique ou tente praticar o estupro ou estupro de vulnerável. Portanto, o ato de estuprar (que pode ser consumado ou tentado) não se confunde com a ação autônoma de induzir alguém a praticar o ato de estupro (que não admite tentativa).

c) **Registros de cena de sexo, nudez ou pornografia, sem o consentimento da vítima:** como vimos, se a lei assegura o pleno exercício do direito à autodeterminação sexual a partir dos 14 anos, há de também reconhecer a possibilidade de realização de atos derivados, por constituírem seu desdobramento lógico. Afinal, quem pode praticar os atos principais, há de poder realizar os atos acessórios. Mais concretamente: quem pode ter relação sexual pode, igualmente, fotografá-la, filmá-la, divulgá-la etc. Nesse sentido, essa é a única modalidade que admite o consentimento, de modo que o respectivo tipo não se configurará quando houver prova de que a suposta vítima concordou, validamente, e sem nenhum tipo de vício (coação, fraude, erro etc.), com a divulgação do material com registros de cena de sexo, nudez ou pornografia, que a envolvem. O consentimento válido do ofendido importa, portanto, em ausência de tipicidade. Note-se, todavia, que o eventual consentimento é juridicamente inválido, logo, irrelevante, em todos os casos em que o crime for praticado contra portadores de transtorno mental e incapazes de oferecer resistência, visto que a lei os declara incapazes de consentir validamente.

O tipo penal subjetivo é necessariamente o dolo, entendido como a consciência e vontade de realizar os elementos do tipo, isto é, consciência e vontade de divulgar, oferecer, trocar, disponibilizar etc., o material que contém cena de estupro ou estupro de vulnerável, ou que faça apologia ou induza a sua prática, ou, sem o consentimento da vítima, cena de sexo, nudez ou pornografia. Não há previsão da modalidade culposa.

30 Nesse sentido, Rogério Sanches Cunha (op. cit, on-line).

A consumação dá-se no momento em que é realizada uma das ações típicas. Todas as modalidades admitem a forma tentada, com exceção da modalidade "oferecer"[31] e de indução à prática do estupro ou do estupro de vulnerável, por não serem atos passíveis de fracionamento.

5.4. Classificação

O crime do art. 218-C do CP é tipo misto alternativo, havendo crime único caso o agente pratique mais de uma das condutas previstas, em um mesmo contexto fático e contra a mesma vítima.

Como se exige uma ação (oferecer, trocar, disponibilizar, divulgar etc.), a simples omissão (omissão própria) é penalmente irrelevante. Mas é possível imputar o crime a quem (garante), tendo o dever legal de agir e de evitar o resultado, se omitir dolosamente (omissão imprópria), se presentes os requisitos do art. 13, §2°, do Código Penal. É o caso da mãe que presencia o parceiro divulgando fotos nuas de sua filha e nada faz.

Trata-se de crime comum, não se exigindo qualquer qualidade especial do agente, exceto nos casos em que incidirem a causa de aumento por manter ou ter mantido relação íntima de afeto com a vítima (CP, art. 218-C, §1º, primeira parte). Com efeito, qualquer pessoa poderá figurar como vítima no art. 218-C, com exceção de crianças e adolescentes, que, como vimos, têm proteção legal especial.

Todos os núcleos do tipo admitem a coautoria e participação. São coautores, por exemplo, aqueles que possuem juntos *site* ou *blog* na internet no qual publicam, oferecem, distribuem fotografias, vídeos ou outros registros audiovisuais que contenham cena de estupro, pornografia etc. É partícipe o colega que instiga o outro a postar em rede social o vídeo íntimo que este e sua namorada gravaram.

O tipo é expressamente subsidiário ("se o ato não constitui crime mais grave"), razão pela qual sempre que ficar configurado delito mais grave (publicação de pornografia infantil etc.), ficará prejudicado.

Em regra, a divulgação de material íntimo configura crime formal (a consumação não exige qualquer resultado) e de perigo abstrato (cuja lesão ao bem jurídico é presumida pela lei). Exceção é a modalidade de indução à prática de estupro, única modalidade que constitui crime material (exige que haja a prática ou a tentativa de estupro) e de dano (somente se consuma com a efetiva lesão ao bem jurídico tutelado).

Quanto ao momento consumativo, trata-se ora de crime permanente (nas modalidades disponibilizar, expor a venda, publicar e divulgar, nas quais a execução se protrai no tempo), ora de crime instantâneo (oferecer, trocar, transmitir, vender, distribuir, fazer apologia e induzir à prática de estupro, casos em que há consumação imediata, no momento da prática da conduta descrita no tipo).

31 CUNHA, op. cit, on-line.

Com exceção de "trocar" (concurso necessário), todas as hipóteses configuram crime unissubjetivo ou de concurso eventual, podendo ser praticadas por uma única pessoa.

Por fim, é tipo unissubsistente nas modalidades "oferecer" e "induzir a prática de estupro" (casos que não admitem fracionamento da conduta e, por consequência, não se admite tentativa), e plurissubsistente nos demais casos (que, portanto, admitem tentativa).

5.5. Causas de aumento de pena

O §1º do art. 218-C do CP delimita o aumento de pena à razão de 1/3 (um terço) a 2/3 (dois terços) para dois casos específicos: 1) quando a conduta é praticada por agente que mantém ou que tenha mantido relação íntima de afeto com a vítima; ou 2) quando o autor agir com o fim de vingança ou humilhação.

5.5.1. Relação íntima de afeto

"Relação íntima de afeto" é termo que abrange casamento, união estável ou namoro, não se configurando nos casos de relacionamentos passageiros, fugazes ou esporádicos. O objetivo é punir mais severamente aquele que trai a confiança que se presume existente entre pessoas que se envolvem intimamente. São casos em que, geralmente, a fotografia, vídeo ou registro audiovisual foi feito de maneira consentida, com posterior divulgação não autorizada[32].

Ao utilizar a expressão "que mantém ou que tenha mantido", o dispositivo busca abranger as práticas ocorridas tanto no contexto do relacionamento atual e existente, quanto as perpetradas após o término, incidindo a causa de aumento mesmo quando o crime for cometido por ex-cônjuge, ex-companheiro (a) ou ex-namorado (a), em relacionamento hetero ou homoafetivo. Não se exige fim específico de agir do autor, apesar de ser possível (e recorrente) que a divulgação ocorra com fim de vingança ou de humilhação, confundindo-se com a segunda hipótese autônoma de aumento prevista no §1º.

5.5.2. Com fim de vingança ou humilhação

Também incide a causa de aumento nos casos em que a conduta do caput for cometida com o fim específico de vingança ou humilhação.

"Vingança" é sinônimo de retaliação, revanche, revide. Para que haja a vingança, é necessário que exista ato anterior da vítima, seja ele idôneo ou inidôneo, que leve o agente a querer revidar. Nesse sentido, apesar do dispositivo não exigir qualidade especial do agente, conclui-se que deva ser amigo (a), conhecido (a) ou alguém que teve contato preexistente com a vítima (como uma "amiga" que transmite em rede social cena de sexo ou foto íntima da colega, apenas para vingar-se por ter sido

32 CUNHA, op. cit, on-line.

deixada sozinha em uma festa). Com efeito, o principal objetivo do dispositivo é punir o chamado *revenge porn* ou "pornografia de vingança", praticado por ex-cônjuges, ex-companheiros (as) ou ex-namorados (as) que não se conformam com o término do relacionamento e que, por essa razão, divulgam material íntimo do antigo parceiro[33].

Já humilhar consiste em envergonhar, rebaixar, ridicularizar, degradar, expor ao vexame. Diversamente da vingança, a humilhação não pressupõe qualquer ato anterior da vítima ou contato preexistente entre os sujeitos, podendo ocorrer a divulgação do material por qualquer pessoa. É o caso da mulher que fotografa desconhecida trocando de roupa no banheiro da academia e, posteriormente, publica a imagem da nudez em rede social, com consciência e vontade de humilhá-la, ridicularizando o seu corpo.

5.5.3. Outras causas de aumento de pena

Assim como nos demais crimes contra a liberdade sexual e sexuais contra vulneráveis (exceto o estupro e estupro de vulnerável, que possuem previsão específica), incide o aumento da quarta parte se o crime for cometido com o concurso de duas ou mais pessoas (CP, art. 226, I).

Por outro lado, não há falar na causa de aumento de que trata o art. 226, II, do CP, relativamente ao cônjuge ou companheiro (a), devendo incidir a majorante prevista no próprio art. 218-C, §1º, do CP, sob pena de *bis in idem*. O mesmo vale aos casos em que qualquer dos outros agentes (ascendente, padrasto ou madrasta, tio, irmão etc.) agir com o fim de específico de vingança ou de humilhação.

As causas de aumento previstas no art. 234-A do CP são incompatíveis com o tipo, com exceção do aumento de 1/3 (um terço) a 2/3 (dois terços) quando a vítima for idosa ou pessoa com deficiência.

5.6. Excludente de ilicitude

O §1º do art. 218-C do CP dispõe sobre a possibilidade de exclusão da ilicitude nos casos em que o agente pratica as condutas descritas no caput em publicação de natureza jornalística, científica, cultural ou acadêmica. O objetivo do dispositivo é, além de assegurar o pleno exercício do direito à autodeterminação sexual, garantir as liberdades de expressão, de manifestação do pensamento, de criação, de expressão e da informação.

Para que incida a excludente, é necessário que ocorra uma das duas medidas: 1) que haja a adoção de recurso que impossibilite a identificação da vítima; ou 2) tratando-se de maior de 18 anos, que haja a prévia autorização.

No primeiro caso, não são necessárias grandes considerações: trata-se do uso de recursos que, por exemplo, modificam a voz e alteram a fisionomia da vítima, sendo obrigatório que tais mecanismos impossibilitem a identificação do sujeito.

33 Nesse sentido, lecionam Rogério Sanches e Vladimir Aras.

Não havendo o uso desses recursos, resta apenas uma segunda hipótese em que a publicação poderá ser feita sem configurar o crime: caso haja a prévia autorização do maior de 18 anos. Trata-se, na verdade, de situação que sequer precisaria ser prevista, por confundir-se com a causa supralegal de excludente de ilicitude por consentimento do ofendido. Ademais, como vimos, os menores de 18 anos não podem figurar como vítimas no art. 218-C, sendo desnecessária a delimitação da idade no caso.

A autorização deve ser prévia, não sendo possível a incidência da excludente de ilicitude caso, após a publicação, a vítima se manifeste anuindo com a prática delitiva.

5.7. Aspectos processuais

5.7.1. Ação Penal e Competência

Conforme dito, todos os crimes contra a dignidade sexual são de ação penal pública incondicionada e os processos que os apuram devem correr em segredo de justiça.

A competência para processar e julgar o crime do art. 218-C do CP será, como regra, da justiça estadual comum.

O simples fato de a divulgação do material ocorrer por meio da internet não altera a competência, cabendo à justiça federal processar e julgar o feito apenas quando o delito se enquadrar em uma das hipóteses elencadas no art. 109, incisos IV e V, da CF[34]. Nesse sentido, permanece competente a justiça estadual nas hipóteses em que a conduta for praticada por meio da troca de informações privadas, como em conversas por aplicativos (*Whatsapp, Telegram, Signal* etc.) ou através de *e-mail* ou *chat* entre residentes no Brasil (casos em que a comunicação se restringe aos destinatários escolhidos pelo emissor do material).

Outra é a solução nos casos de publicação de pornografia infantil por meio da rede mundial de computadores, por tratar-se de crime que o Brasil se comprometeu a combater, previsto na Convenção sobre Direitos da Criança. Neste caso, a competência para processar e julgar será da justiça federal[35]. Por outro lado, caso a conduta ocorra por

---

34 Art. 109. Aos juízes federais compete processar e julgar: (...) IV - os crimes políticos e as infrações penais praticadas em detrimento de bens, serviços ou interesse da União ou de suas entidades autárquicas ou empresas públicas, excluídas as contravenções e ressalvada a competência da Justiça Militar e da Justiça Eleitoral; V - os crimes previstos em tratado ou convenção internacional, quando, iniciada a execução no País, o resultado tenha ou devesse ter ocorrido no estrangeiro, ou reciprocamente; (...).

35 "Compete à Justiça Federal processar e julgar os crimes consistentes em disponibilizar ou adquirir material pornográfico envolvendo criança ou adolescente (ECA, artigos 241, 241-A e 241-B), quando praticados por meio da rede mundial de computadores. Com base nessa orientação, o Plenário, por maioria, negou provimento a recurso extraordinário em que se discutia a competência processual para julgamento de tais crimes. O Tribunal entendeu que a competência da Justiça Federal decorreria da incidência do art. 109, V, da CF. (...)" (Informativo 805/STF, RE 628624/MG, rel. orig. Min. Marco Aurélio, red. p/ o acórdão Min. Edson Fachin, 28 e 29.10.2015).

meio de troca de informações privadas (e-*mails* e *chats* em geral), a regra é a mesma do crime do art. 218-C do CP: competência da justiça estadual[36].

5.7.2. Suspensão condicional do processo

A pena cominada é de 1 a 5 anos de reclusão, se o ato não constituir crime mais grave. Assim, é possível a suspensão condicional do processo, desde que preenchidos os demais requisitos do art. 89 da Lei nº 9.099/1995.

Caso incida uma das causas de aumento do §1º, torna-se inviável a aplicação do instituto, já que a pena mínima a ser considerada passa a ser de 1 ano e 4 meses. Além disso, há vedação à incidência de tal instituto nos casos de violência doméstica e familiar contra a mulher, conforme a Súmula 536/STJ, segundo a qual "a suspensão condicional do processo e a transação penal não se aplicam na hipótese de delitos sujeitos ao rito da Lei Maria da Penha".

5.8. Da remoção do conteúdo divulgado

Como visto, o desenvolvimento da internet tornou possível que em poucos minutos uma publicação seja acessada por milhões de pessoas e seja compartilhada em velocidade e escala praticamente ilimitadas. De fato, hoje a maior parte das condutas que se amoldam ao tipo penal do art. 218-C do CP ocorrem na rede mundial de computadores. Nesse contexto, além da identificação e punição do responsável pela divulgação da cena de estupro, estupro de vulnerável, sexo, nudez ou pornografia, é necessário que sejam efetivadas medidas com o objetivo de remoção do conteúdo publicado[37].

A Lei nº 12.965 de 23 de abril de 2014, conhecida como "Marco Civil da Internet" estabeleceu princípios, garantias, direitos e deveres para o uso da internet no Brasil. Com efeito, o art. 21 da referida Lei prevê que o provedor de aplicações de internet que disponibilize conteúdo gerado por terceiros será responsabilizado subsidiariamente pela violação da intimidade decorrente da divulgação, sem autorização de seus participantes, de imagens, de vídeos ou de outros materiais contendo cenas de nudez ou de atos sexuais de caráter privado.

Essa responsabilização apenas ocorrerá quando, após o recebimento de notificação pelo participante ou seu representante legal, o provedor deixar de promover, de

36 "(...) Por sua vez, tanto no aplicativo *Whatsapp* quanto nos diálogos (*chat*) estabelecidos na rede social *Facebook*, a comunicação se dá entre destinatários escolhidos pelo emissor da mensagem. Trata-se de troca de informação privada que não está acessível a qualquer pessoa. Assim sendo, não preenchido o requisito estabelecido pela Corte Suprema, de que a postagem de conteúdo pedófilo-pornográfico tenha sido feita em cenário propício ao livre acesso, deve-se ter em conta que a definição do Juízo competente em tais hipóteses se dá em razão do âmbito de divulgação e publicação do referido conteúdo, o que revela a competência da Justiça Estadual" (Informativo 603/STJ, CC 150.564/MG, Rel. Min. Reynaldo Soares da Fonseca, *DJE* 2/5/2017).

37 Sobre o tema, Alessandro Gonçalves Barreto e Beatriz Silveira Brasil na obra "*Manual de Investigação Cibernética à Luz do Marco Civil da Internet*".

forma diligente, no âmbito e nos limites técnicos do seu serviço, a indisponibilização desse conteúdo. Note-se que o dever do provedor de atuar para a retirada do material independe de ordem judicial, bastando a notificação pelo usuário. Para tanto, o parágrafo único do mencionado artigo delimita que a notificação deve conter, sob pena de nulidade, elementos que permitam a identificação específica do material apontado como violador da intimidade do participante e a verificação da legitimidade para apresentação do pedido.

No caso de publicação de pornografia infantil, o art. 241-A, §2º do ECA já traz disposição específica punindo o responsável técnico que, oficialmente notificado, deixa de remover vídeo ou outro registro que contenha cena de sexo explícito ou pornográfica envolvendo criança ou adolescente[38]. Nessa hipótese, não se trata de mera responsabilidade civil, mas, sim, de crime com pena de 3 a 6 anos de reclusão e multa.

38 Lei nº 8.069/1990, art. 241-A. (...) § 2o As condutas tipificadas nos incisos I e II do § 1o deste artigo são puníveis quando o responsável legal pela prestação do serviço, oficialmente notificado, deixa de desabilitar o acesso ao conteúdo ilícito de que trata o caput deste artigo.

CAPÍTULO 4 – DO LENOCÍNIO E DO TRÁFICO DE PESSOA PARA FIM DE PROSTITUIÇÃO OU OUTRA FORMA DE EXPLORAÇÃO SEXUAL

1. LEGITIMIDADE DA INCRIMINAÇÃO

O capítulo V do Título VI do Código Penal cuida do lenocínio e do tráfico de pessoa para fim de prostituição ou outra forma de exploração sexual.

Inicialmente, é de ver que os crimes de tráfico internacional de pessoa para fim de exploração sexual (art. 231) e tráfico interno de pessoa para fim de exploração sexual (art. 231-A) foram revogados pela Lei nº 13.344/2016, que dispõe sobre a prevenção e repressão ao tráfico interno e internacional de pessoas e sobre medidas de atenção às vítimas. Incide, no caso, o princípio da continuidade típico-normativa, pois a mencionada lei criou o novo tipo penal do tráfico de pessoas (CP, art. 149-A), previsto como crime contra a liberdade individual, mais abrangente que os tipos revogados.

Apesar disso, o *nomen iuris* do capítulo V restou inalterado, de modo que continua fazendo referência (equivocadamente) a esses tipos penais.

Posteriormente, a Lei nº 13.445/2017 (Lei de Migração) alterou o CP para acrescentar o novo tipo penal de promoção de migração ilegal que, como veremos, foi indevidamente inserido no título relativo aos crimes contra a dignidade sexual.

Após tais reformas, o Capítulo V do Título VI define 5 (cinco) condutas criminosas:

1) mediação para servir a lascívia de outrem (art. 227);
2) favorecimento da prostituição ou outra forma de exploração sexual (art. 228);
3) casa de prostituição (art. 229);
4) rufianismo (art. 230);
5) promoção de migração ilegal (art. 232-A).

A legitimidade da proibição do lenocínio é controvertida, havendo posicionamento contrário e a favor da incriminação.

O Supremo Tribunal Federal, ao apreciar habeas corpus visando a trancar ação penal por crime de casa de prostituição, assim decidiu[1]:

> EMENTA: HABEAS CORPUS. CONSTITUCIONAL. PROCESSUAL PENAL. CASA DE PROSTITUIÇÃO. APLICAÇÃO DOS PRINCÍPIOS DA FRAGMENTARIEDADE E DA ADEQUAÇÃO SOCIAL: IMPOSSIBILIDADE. CONDUTA TÍPICA. CONSTRANGIMENTO NÃO CONFIGURADO. 1. No crime de manter casa de prostituição, imputado aos Pacientes, os bens jurídicos protegidos são a moralidade sexual e os bons costumes, valores de elevada importância social a serem resguardados pelo Direito Penal, não havendo que se falar em aplicação do princípio da fragmentariedade. 2. Quanto à aplicação do princípio da adequação social, esse, por si só, não tem o condão de revogar tipos penais. Nos termos do art. 2º da Lei de Introdução às Normas do Direito Brasileiro (com alteração da Lei nº 12.376/2010), "não se destinando à vigência temporária, a lei terá vigor até que outra a modifique ou revogue". 3. Mesmo que a conduta imputada aos Pacientes fizesse parte dos costumes ou fosse socialmente aceita, isso não seria suficiente para revogar a lei penal em vigor. 4. Habeas corpus denegado.

E este também foi o entendimento firmado pelo Superior Tribunal de Justiça[2]:

> AGRAVO REGIMENTAL NO RECURSO ESPECIAL. CASA DE PROSTITUIÇÃO. PRINCÍPIO DA ADEQUAÇÃO SOCIAL. INAPLICABILIDADE. REEXAME DE PROVA. AUSÊNCIA. AGRAVO REGIMENTAL DESPROVIDO. I - De acordo com o entendimento firmado pelo Superior Tribunal de Justiça - STJ, não se aplica o princípio da adequação social aos crimes de favorecimento da prostituição ou manutenção de casa de prostituição. II - Decisão agravada que deve ser mantida por seus próprios fundamentos, uma vez que as razões do agravo regimental não cuidam de infirmar os fundamentos da decisão recorrida. III- Agravo regimental desprovido.

No sentido contrário, é a jurisprudência do Tribunal de Justiça do Rio Grande do Sul[3]:

> Ementa: APELAÇÕES CRIMINAIS. CRIMES CONTRA A DIGNIDADE SEXUAL. ARTS. 218-B E 229, AMBOS DO CÓDIGO PENAL. ART. 243 DA LEI Nº 8.069/90. CONDENAÇÃO MANTIDA (FAVORECIMENTO DA PROSTITUIÇÃO OU DE OUTRA FORMA DE EXPLORAÇÃO SEXUAL DE CRIANÇA OU ADOLESCENTE OU DE VULNERÁVEL). ABSOLVIÇÃO CONFIRMADA (CASA DE PROSTITUIÇÃO E FORNECIMENTO DE BEBIDA ALCOÓLICA A ADOLESCENTE). CONDUTAS ATÍPICAS. ADEQUAÇÃO SOCIAL. FATO COMETIDO ANTES DA ALTERAÇÃO PROMOVIDA PELA LEI N.º 13.106/2015. 1. No particular, em relação ao crime do art. 218-B do CP, tanto a existência quanto a autoria restaram devidamente comprovadas pelas provas coletadas no curso da persecução penal, demonstrando que a acusada efetivamente facilitou a prostituição de menor de idade por meio de fornecimento de quartos e preservativos para a realização de programas, bem como auferiu vantagem econômica ao alugar os quartos para que os clientes realizassem os programas sexuais com a menor de idade. Condenação mantida. 2. A conduta prevista no art.

1 HC 104467/RS, Primeira Turma, Relatora Ministra Carmen Lúcia, Julgamento: 08/02/2011.

2 AgRg no REsp 1508423/MG, Sexta Turma, Relator Ministro Ericson Maranho (Desembargador Convocado do TJ/SP), *DJe* 17/09/2015.

3 Apelação Crime nº 70077305266, Quinta Câmara Criminal, Tribunal de Justiça do RS, Relator: Lizete Andreis Sebben, Julgado em 04/07/2018.

> 229 do CP deve ser considerada atípica visto que aceita socialmente. Princípio da adequação social. Absolvição confirmada. 3. (...). APELAÇÕES DESPROVIDAS.

Subjacente a isso, além da questão moral, está a discussão sobre os limites do poder punitivo do Estado. A questão fundamental reside em saber, portanto, se o Estado, contrariamente à vontade dos próprios indivíduos que pretende proteger – indivíduos adultos e capazes –, pode criminalizar, direta ou indiretamente, certas práticas tidas como ofensivas à dignidade da pessoa humana, concretamente considerada.

Nélson Hungria, ao sustentar a legitimidade da intervenção penal no particular, afirmava:

> Talvez se afigure, prima facie, que nos países, como o nosso, em que não se proíbe a prostituição em si mesma, seja injustificável a repressão dos lenões, pois, se tal ou qual fato é permitido ou penalmente indiferente, não se deveriam, coerentemente, incriminar os que lhe são famulativos ou acessórios (*accessorium sequitur suum principale*). Este raciocínio, porém, estaria abstraindo que a política criminal muitas vezes desatende à lógica, para seguir critérios de oportunidade e conveniência. A prostituição é tolerada como uma fatalidade da vida social, mas a ordem jurídica faltaria à sua finalidade se deixasse de reprimir aqueles que, de qualquer modo, contribuem para maior fomento e extensão dessa chaga social. Se a prostituição é um mal deplorável, não deixa de ser, até certo ponto, em que pese aos moralistas teóricos, necessário. Embora se deva procurar reduzi-la ao mínimo possível, seria desacerto a sua incriminação. Sem querer fazer elogio, cumpre reconhecer-lhe uma função preventiva na entrosagem da máquina social: é uma válvula de escapamento à pressão de recusável instinto, que jamais se apaziguou na fórmula social da monogamia, e reclama satisfação até mesmo que o homem atinja a idade civil do casamento ou a suficiente aptidão para assumir os encargos da formação de um lar. Anular o meretrício, se isso fora possível, seria inquestionavelmente orientar a imoralidade para o recesso dos lares e fazer referver a libido para a prática de todos os crimes sociais.[4]

Apesar disso, Hungria reconhecia que "a prostituição é um mal inextirpável. Ignorada, tolerada, regulamentada ou proibida, sempre existiu e há de existir sempre. É inútil tentar extingui-la".[5]

Em termos semelhantes, e com uma argumentação um tanto curiosa, dizia Magalhães Noronha:

> Enquanto a casa paterna e das famílias se fecharem para a donzela seduzida; enquanto a mulher viver na dependência econômica do homem e enquanto todos os adultos não casarem – aliás, bem cedo –, haverá prostituição. Pode ela variar de forma, tomar diversos aspectos – de portas abertas, clandestinamente etc. – mas existirá sempre. Imagine-se se hipoteticamente conseguisse o Estado asilar e acolher em estabelecimentos de assistência social todas as infelizes, qual a situação dos milhares de milhões de homens solteiros e viúvos? É visível que mais que nunca o homossexualismo campearia e se multiplicariam assustadoramente os atentados contra a honra das famílias. De uma coisa podemos estar certos: não é pelo fato de considerá-la crime que desaparecerá.[6]

---

4 *Comentários ao Código Penal*. Rio de Janeiro: Forense, 1959, p. 269/270.

5 *Comentários ao Código Penal*, cit., p. 276.

6 *Direito Penal*. São Paulo: Saraiva, 2003, p. 213.

Enfim, o discurso punitivo é essencialmente o mesmo: embora a prostituição seja inevitável e até necessária, ela é em si mesma um mal, uma atividade imoral e repugnante, que não pode ou não deve ser criminalizada. Apesar disso, a criminalização de quem explore a prostituição (lenocínio) estaria plenamente justificada.

Temos que semelhante justificação, além de grandemente hipócrita, é insustentável político-criminalmente.

Em primeiro lugar, porque as pessoas (homens e mulheres adultas) são, em princípio, livres para exercerem a sua sexualidade como quiserem, plenamente, podendo fazê-lo gratuita ou onerosamente. Além disso, o Estado não pode nem deve pretender proteger pessoas adultas e capazes contra suas próprias decisões, como se fossem crianças indefesas.

Em segundo lugar, porque, contrariamente ao que pretende o discurso punitivo legitimante, aquilo que não pode ou não deve ser proibido/criminalizado pela via direta, não pode nem deve (como regra) ser proibido/criminalizado pela via indireta. Consequentemente, também a conduta do sujeito/empresa que explore a prostituição não pode nem deve ser tipificada, razão pela qual a atividade deve ser autorizada e legalmente explorada.

Em terceiro lugar, porque proibir o lenocínio não é controlá-lo nem preveni-lo, mas simplesmente remetê-lo para a clandestinidade, onde não existe absolutamente controle (oficial) algum, razão pela qual a intervenção penal é no particular tão inadequada quanto contraproducente, pois cria mais problemas do que resolve. Em suma, aquilo que é geralmente apontado como sendo um efeito nocivo do lenocínio é, em realidade, por ele causado, isto é, causado pela proibição que recai sobre ele.

Em quarto lugar, porque, uma vez regulamentado o exercício da prostituição, poder-se-ia exercer um controle mínimo por parte do Estado, visando a proteger clientes e prestadores de serviço (prostitutas etc.), garantindo-lhes, inclusive, como toda atividade legal, direitos trabalhistas, previdenciários etc.

Em quinto lugar, porque, a pretexto de proteger, por meio da criminalização, a dignidade da sexual, tais indivíduos (prostitutas, clientes etc.) ficam, em verdade, absolutamente desprotegidos e vulneráveis, e submetidos a toda sorte de violência e constrangimentos ilegais. Assim, ao invés de tutelar a dignidade humana, o Estado acaba por negá-la e violá-la sistematicamente, tratando tais indivíduos, não como sujeitos de direito, mas como simples objeto, negando-lhes a liberdade de decidirem por conta própria.

Em sexto lugar, porque a exploração da prostituição é, em princípio, um crime sem vítima (exceto quando envolva crianças, adolescentes e incapazes em geral). E eventuais crimes (maus-tratos, sequestro ou cárcere privado, extorsão etc.) contra prostitutos (as) (ou mesmo clientes) já são autonomamente puníveis e podem eventualmente figurar como causas de aumento de pena ou qualificadoras de tais delitos.

Finalmente, não é preciso muito esforço para imaginar atividades que, embora legais, sejam mais indignas ou penosas do que o exercício da prostituição, especialmente em razão das condições degradantes, desumanas etc. Nem cabe ignorar que a prostituição está presente em todos os lugares: jornais, televisão, cinema, internet, outdoor, casas de massagem etc., a demonstrar considerável tolerância e adequação social.

Enfim, quanto ao lenocínio, embora o Estado possa intervir por outros meios mais adequados e menos lesivos à liberdade, não está minimamente justificada a criminalização, motivo pelo qual a pena pública constitui uma violência absolutamente despropositada e injustificável.[7]

Em síntese, a intervenção penal no particular só é legítima quando tiver crianças, adolescentes e incapazes em geral como vítimas.

Cumpre, por isso, abolir todos os crimes de que se ocupa o Capítulo V do Título VI, seja por meio de lei, seja por meio de interpretação judicial da lei e da Constituição.

1.1. Inconstitucionalidade dos tipos que criminalizam a intermediação da prostituição adulta (lenocínio)

É consenso entre os autores que a prostituição não constitui crime; logo, homens e mulheres adultos podem livremente praticá-la, não podendo sofrer nenhum tipo de constrangimento legal ou ilegal.

De fato, o exercício da prostituição não é crime. E mais importante: não o é porque a sua eventual criminalização seria inconstitucional, pois importaria em violação à liberdade de autodeterminação sexual (CF, art. 5º, X, XIII e XLI).

É que indivíduos adultos têm, em princípio, o direito de se orientarem sexualmente e exercerem a sua sexualidade como quiserem, plenamente. O que não podem fazer é, a pretexto de exercê-la, violar a liberdade de outrem. Exatamente por isso, a legitimidade da tipificação do estupro é incontestável, por traduzir uma gravíssima violação à liberdade da pessoa estuprada (real ou potencial).

E essa liberdade de autodeterminação sexual compreende, entre outras, a de ter relações sexuais gratuita ou onerosamente, e, inclusive, exercer a prostituição. Enfim, a prostituição constitui uma das possibilidades legítimas de exercício da sexualidade num Estado (laico) de Direito.

Apesar disso, a doutrina tem, em geral, por legítimos os tipos penais que criminalizam a intermediação da prostituição, isto é, o lenocínio, termo que designa as possíveis formas de favorecimento e exploração da prostituição (rufianismo, casa de prostituição etc.).

---

7 Em sentido similar, escreve Cezar Roberto Bitencourt, a propósito do crime de favorecimento da prostituição de que trata o art. 228 do CP: "Contraditoriamente, para um legislador que pretende proteger a liberdade sexual individual, que é a finalidade que este texto se atribui (Lei nº 12.015/2009), criminaliza, ao menos tempo, o exercício dessa liberdade. Com efeito, tratando-se de prostituição entre adultos, sem violência ou grave ameaça, temos dificuldade em aceitar que o legislador infraconstitucional tenha legitimidade para criminalizar exatamente o exercício livre da sexualidade de cada um (art. 5º, incisos X e XLI). *Direito Penal*, cit., p. 152.

Ocorre que também a criminalização do lenocínio é inconstitucional, por implicar a proibição indireta de uma atividade diretamente permitida (ou tolerada).

Afinal, aquilo que a lei não pode proibir pela via direta (prostituição), não pode vedar pela via indireta (lenocínio).

Finalmente, não impressiona a violência ou grave ameaça eventualmente usada para o cometimento desses delitos, visto que já constituem crimes autônomos, independentemente de ter relação com a prostituição (v.g., redução a condição análoga à de escravo).

Exatamente por isso, a inconstitucionalidade do lenocínio não atinge outros tipos penais relacionados com a prostituição, quer façam parte de suas formas qualificadas ou majoradas, quer sejam punidos autonomamente.

Cabe repetir, portanto: a criminalização do lenocínio só é legítima quando tiver por vítimas crianças, adolescentes e incapazes em geral.

1.2. Bem jurídico tutelado

Vê-se, portanto, que, contrariamente à doutrina e ao próprio nome do título (dos crimes contra a dignidade sexual), os crimes agora comentados não protegem, a rigor, bem jurídico algum, ou ao menos não protegem a dignidade da pessoa humana adequadamente.

Primeiro, porque não existe, em princípio, violação à liberdade de autodeterminação dos sujeitos que livremente decidem exercer a prostituição, mas, ao contrário, criminalização dessa liberdade. Segundo, porque cabe aos próprios indivíduos eleger o que é e não é sexualmente digno ou conveniente para suas vidas. Terceiro, porque, também por isso, compete-lhes decidir se exercem a prostituição autonomamente ou se recorrem aos serviços de um intermediário/lenão (indivíduo ou empresa).

Finalmente, porque possíveis abusos contra a liberdade pessoal sempre poderão configurar crimes já existentes, podendo eventualmente qualificá-los.

Tais tipos são, pois, crimes sem vítima, por isso que perfeitamente abolíveis.

1.3. Consentimento do ofendido

Para a caracterização do lenocínio e afins, é irrelevante (como regra) o eventual consentimento do ofendido, porque, se assim não fosse, não faria sentido algum a própria criminalização. Afinal, quase sempre o indivíduo (homem ou mulher) que exerce a prostituição o faz voluntária e conscientemente.

Não estamos de acordo, portanto, com Cezar Roberto Bitencourt, quando assinala, a propósito do crime de casa de prostituição, que o consentimento do titular de um bem jurídico disponível, como é o exercício da prostituição, afasta a contrariedade à norma jurídica, ainda que eventualmente a conduta consentida venha a se adequar a um modelo abstrato de proibição. Nesse caso, o consentimento opera como causa justificante supralegal, afastando a proibição da conduta.[8]

Apesar disso, temos que a tipificação do lenocínio é inconstitucional pelas razões já vistas.

1.4. Classificação e ação penal

Todas as formas de lenocínio são dolosas, pressupondo conhecimento e vontade de realização dos elementos do respectivo tipo.

Não há previsão de culpa.

E são crimes comuns que podem ser praticados por e contra qualquer pessoa.

A ação penal é pública incondicionada.

2. MEDIAÇÃO PARA SERVIR A LASCÍVIA DE OUTREM

⊙ **Mediação para servir a lascívia de outrem**

Art. 227 – Induzir alguém a satisfazer a lascívia de outrem:

Pena – reclusão, de um a três anos.

§ 1º Se a vítima é maior de 14 (catorze) e menor de 18 (dezoito) anos, ou se o agente é seu ascendente, descendente, cônjuge ou companheiro, irmão, tutor ou curador ou pessoa a quem esteja confiada para fins de educação, de tratamento ou de guarda: (Redação dada pela Lei nº 11.106, de 2005)

Pena – reclusão, de dois a cinco anos.

§ 2º – Se o crime é cometido com emprego de violência, grave ameaça ou fraude:

Pena – reclusão, de dois a oito anos, além da pena correspondente à violência.

§ 3º – Se o crime é cometido com o fim de lucro, aplica-se também multa.

2.1. Elementos constitutivos

Esse artigo só não é absolutamente igual ao art. 218 do Código por uma única particularidade: enquanto o artigo 218 objetiva proteger menores de 14 (catorze) anos, este art. 227 pretende tutelar maiores de 14 anos e adultos, inclusive. No mais, os tipos são em tudo idênticos.

Trata-se de um tipo que, além de desnecessário, é manifestamente inconstitucional. Com efeito, se as relações sexuais entre indivíduos adultos (e indivíduos sexualmente capazes) são legítimas, legítimas hão de ser também, consequentemente, toda e qualquer mediação para tanto.

Assim, a pretexto de proteger a dignidade sexual, o Código viola, claramente, a liberdade de autodeterminação sexual de pessoas adultas ou sexualmente capazes.

---

8 *Direito Penal*, Parte Especial, cit., p. 167.

Afinal, a lei criminaliza o exercício puro e simples de um direito constitucionalmente assegurado.

Ademais, se o crime, tal como prevê o § 2º, for praticado com emprego de violência, grave ameaça ou fraude, haverá crime de estupro ou violação sexual mediante fraude (coautoria ou participação).

No mais, o que ficou dito quanto ao art. 218 vale também aqui.

O tipo exige o concurso de dois requisitos simultâneos: a) ato de induzir alguém; b) a satisfazer a lascívia de outrem.

Induzir é sugerir, instigar, persuadir a praticar ato visando a satisfazer a lascívia de outrem. Satisfazer a lascívia é praticar conjunção carnal ou qualquer outro ato libidinoso.

Como o tipo requer a satisfação da lascívia de outrem, e não a própria, não o caracteriza a conduta destinada à satisfação da lascívia do próprio indutor/mediador. O outrem a que se refere o artigo tanto pode ser uma pessoa como um grupo determinado de pessoas.

Não há o crime, evidentemente, quando o agente se limita a apresentar um casal, visando a aproximá-los e possibilitar um *affair*.

Para a consumação do tipo, é suficiente que o agente induza alguém a satisfazer a lascívia de outrem, razão pela qual o crime se perfaz ainda que nenhum ato concreto se realize pela pessoa induzida.

Cuida-se, por conseguinte, de crime formal, que se consuma com o só ato de induzir alguém a satisfazer a lascívia de outrem. Se a vítima efetivamente praticar algum ato visando a satisfazer a lascívia de alguém, tal configurará exaurimento de crime já consumado.

Advirta-se que não é esse o entendimento (majoritário) da doutrina, que o considera um crime material. Mas o delito é de fato formal, e não material, porque o tipo fala de induzir a satisfazer a lascívia, e não satisfazer a lascívia, motivo pelo qual, para consumá-lo, basta a simples indução à satisfação da lascívia, pouco importando se tal resultado vem a realizar concretamente.

Trata-se de crime comum que pode ser praticado por e contra qualquer pessoa.

Como vimos, tampouco existe esse crime, se o beneficiado pela indução é o próprio mediador, e não o outrem a que se refere o tipo.

Quando a vítima da indução for menor de 14 anos, incidirá o crime do art. 218 do CP.

O crime é doloso, pressupondo conhecimento e vontade de realização dos elementos do tipo.

Não há previsão de culpa.

A ação penal é pública incondicionada.

2.2. Formas qualificadas

A pena é de reclusão de 2 a 5 anos (§ 1º), se a vítima é maior de 14 (catorze) e menor de 18 (dezoito) anos, ou se o agente é seu ascendente, descendente, cônjuge ou companheiro, irmão, tutor ou curador ou pessoa a quem esteja confiada para fins de educação, de tratamento ou de guarda.

Já vimos que haverá (possivelmente) crime contra vulnerável quando a vítima for menor de 14 anos.

Se houver fim de lucro, aplicar-se-á também pena de multa.

De acordo com o 227, § 2º, se o crime é cometido com emprego de violência ou grave ameaça ou fraude, a pena é de 2 a 8 anos de reclusão, além da pena correspondente à violência.

3. FAVORECIMENTO DA PROSTITUIÇÃO OU OUTRA FORMA DE EXPLORAÇÃO SEXUAL

⊙ **Favorecimento da prostituição ou outra forma de exploração sexual (Redação dada pela Lei nº 12.015, de 2009)**

Art. 228. Induzir ou atrair alguém à prostituição ou outra forma de exploração sexual, facilitá-la, impedir ou dificultar que alguém a abandone: (Redação dada pela Lei nº 12.015, de 2009)

Pena – reclusão, de 2 (dois) a 5 (cinco) anos, e multa. (Redação dada pela Lei nº 12.015, de 2009)

§ 1º Se o agente é ascendente, padrasto, madrasta, irmão, enteado, cônjuge, companheiro, tutor ou curador, preceptor ou empregador da vítima, ou se assumiu, por lei ou outra forma, obrigação de cuidado, proteção ou vigilância: (Redação dada pela Lei nº 12.015, de 2009)

Pena – reclusão, de 3 (três) a 8 (oito) anos. (Redação dada pela Lei nº 12.015, de 2009)

§ 2º – Se o crime, é cometido com emprego de violência, grave ameaça ou fraude:

Pena – reclusão, de quatro a dez anos, além da pena correspondente à violência.

§ 3º – Se o crime é cometido com o fim de lucro, aplica-se também multa.

Já vimos que se trata de um tipo inconstitucional, visto criminalizar, ainda que por via oblíqua, a liberdade de autodeterminação sexual de pessoa adulta de cobrar pagamento por prestação de natureza sexual, pessoalmente ou com mediação de terceiro.

Induzir é instigar, dar a ideia; atrair é sugerir, incentivar, oferecer vantagens; facilitar é favorecer, remover obstáculos; impedir (que abandone a prostituição) é criar empecilho, obstar, proibir; dificultar (que a abandone) é criar dificuldades, tornar custoso.

Todos esses verbos estão associados ao exercício da prostituição, que é a prestação de serviço de natureza sexual mediante pagamento. A outra forma de exploração sexual a que alude o tipo é qualquer atividade semelhante à prostituição que importe em degradação da dignidade da vítima sexualmente explorada.

Apesar disso, o tipo penal não é habitual, uma vez que se configura com o só fato de induzir, atrair, facilitar, impedir ou dificultar o abandono da prostituição, razão pela qual um só ato isolado pode, em tese, consumá-lo. Enfim, embora a prostituição seja habitual, o crime de favorecimento da prostituição não o é.[9]

Cuida-se de um tipo de múltipla ação, que se perfez com a realização de um ou alguns dos verbos referidos; se o agente praticar mais de um, haverá crime único.

É dispensável que o autor do favorecimento vise ao lucro, que pode ou não existir, mas que é irrelevante para efeito de configuração do delito.

Trata-se de crime comum que pode ser praticado por e contra qualquer pessoa, não necessariamente prostituta. No entanto, há quem entenda que, relativamente à pessoa já prostituída, não é possível a configuração do tipo na modalidade induzir e atrair.[10]

O crime é doloso, pressupondo conhecimento e vontade de realização dos elementos do tipo.

Não há previsão de culpa.

O agente responderá na forma qualificada se for ascendente, padrasto, madrasta, irmão, enteado, cônjuge, companheiro, tutor ou curador, preceptor ou empregador da vítima, ou se assumiu, por lei ou outra forma, obrigação de cuidado, proteção ou vigilância.

O crime será também qualificado se houver emprego de violência, grave ameaça ou fraude.

Quando houver fim de lucro, aplicar-se-á também pena de multa.

A ação penal é pública incondicionada.

4. CASA DE PROSTITUIÇÃO

⊙ **Casa de prostituição**

Art. 229. Manter, por conta própria ou de terceiro, estabelecimento em que ocorra exploração sexual, haja, ou não, intuito de lucro ou mediação direta do proprietário ou gerente: (Redação dada pela Lei nº 12.015, de 2009)

Pena – reclusão, de dois a cinco anos, e multa.

Já vimos que se trata de um tipo inconstitucional, visto criminalizar, ainda que por via oblíqua, a liberdade de autodeterminação sexual de pessoa adulta de cobrar pagamento por prestação de natureza sexual, pessoalmente ou com mediação de terceiro.

---

9 No sentido de que o crime é habitual, Cezar Roberto Bitencourt, cit.

10 Nesse sentido, Cezar Roberto Bitencourt, *Direito Penal*, Parte Especial, cit., p. 153.

Apesar do nomen juris (casa de prostituição), a incriminação não se limita à manutenção da casa de prostituição: estende-se, de modo geral, à manutenção de qualquer lugar destinado à prostituição ou exploração sexual[11]. Assim, por exemplo, casas de massagens, hotéis e boates destinados à prostituição ou exploração sexual. Não é o caso, porém, de motéis, que, em geral, estão abertos a todos os interessados, indistintamente.

É expressamente dispensável que o autor do favorecimento vise ao lucro, que pode ou não existir, mas que é irrelevante para efeito de configuração do tipo.

O delito é habitual, a exigir a reiteração de atos capazes de configurarem a manutenção, e não simples instalação, de casa de prostituição. Consequentemente, a manutenção de estabelecimento que só acidentalmente se presta a intermediar ou explorar a prostituição não é suficiente para a caracterização do tipo.

A doutrina é uníssona em classificar o delito como habitual.[12] Apesar disso, alguns autores trabalham com um conceito equívoco de habitualidade. Exemplo disso é Magalhães Noronha, para quem, "exprime o art. 229 a ação física pelo verbo manter, que significa sustentar, conservar, permanecer, prover etc. Em síntese, podemos dizer que mantém casa de prostituição quem, por sua atuação, faz com que ela exista. O verbo usado pelo legislador está a indicar, para a caracterização do delito, o requisito da habitualidade, sem que isso importe necessariamente a repetição de atos de meretrício ou libidinagem. Um que seja pode demonstrar ser o local destinado a essas práticas. Se, depois de instalado o prostíbulo, houver um contato carnal mercenário e intervier a polícia, não se dirá que ali não era conventilho."[13]

Com efeito, os crimes habituais não se confundem com os permanentes, porque, se nos habituais a reiteração de atos é um requisito essencial sem o qual o tipo não se perfaz, nos permanentes, ao contrário, a reiteração é acidental, motivo pelo qual o crime se realiza independentemente disso, a título consumado ou tentado. Justamente por isso, o ato de sequestrar alguém (crime permanente), por exemplo, já constitui crime (consumado ou tentado), independentemente de o sequestro se estender

11 Hungria, *Comentários*, cit., p. 290.

12 No sentido do texto, Cezar Roberto Bitencourt: "Este crime é habitual, exigindo a prática reiterada do mesmo comportamento para caracterizá-lo, não podendo ser confundido com o crime permanente. Tratando-se de crime habitual, por certo, a prática de um ou outro encontro 'amoroso' é insuficiente para consumar o delito, cuja tipificação exige a prática repetida de condutas que, isoladamente, constituem um indiferente penal. Aliás, a descrição anterior deste tipo penal referia-se a 'encontros' no plural, que deixava clara a necessidade de uma pluralidade de encontros para, num mínimo, atender essa elementar típica". Cezar Roberto Bitencourt, *Direito Penal*, cit., p. 167/168.

13 *Direito Penal*, cit., p. 230. Também equívoco é o conceito de habitualidade com que trabalha Rogério Greco: "Embora seja considerado um crime habitual, acreditamos que a consumação ocorra com, por exemplo, a inauguração do lugar em que ocorra a exploração sexual. A abertura de um bordel, a nosso ver, já configuraria a consumação do delito, independentemente, até mesmo, de que algum casal já tenha ali se relacionado sexualmente". Rogério Greco, *Direito Penal*, cit., p. 602.

no tempo. No entanto, a associação de três ou mais pessoas para cometer um único crime não configura associação criminosa (CP, art. 288), delito habitual que é.

Tampouco cabe confundir crime habitual com crime continuado, visto que na continuidade delitiva (CP, art. 71) cada ato isolado constitui crime autônomo, diversamente dos habituais, em que isso não ocorre. Ou seja, a continuidade delitiva é um concurso material de crimes tratado como constitutivo de crime único.

Enfim, ao contrário do crime continuado, as ações repetidas que constituem o crime habitual, quando isoladamente consideradas, não configuram infração penal alguma, porque somente a reiteração é que faz surgir um tal delito.[14]

Feita a distinção entre crimes habituais, permanentes e continuados, segue-se que, para a configuração do crime de casa de prostituição, é indispensável a reiteração de atos que caracterizem a referida habitualidade, de modo que atos isolados ou esporádicos não são suficientes para tanto. Faltando o requisito da habitualidade, o fato é atípico.

O crime não ocorre relativamente à prostituta que mantém, sozinha, sua própria casa, onde recebe clientes, visto que o exercício pessoal (sem intermediação do lenão) da prostituição não constitui delito. O fato é também atípico quanto a prostitutas que apenas dividem o mesmo espaço físico e respectivas despesas (aluguel de imóvel etc.). Mas o delito se caracterizará se, além dos seus próprios serviços, a prostituta explorar os serviços de outras.

Naturalmente que o só fato ser proprietário ou legítimo possuidor de imóvel não faz do seu titular, só por isso, autor ou coautor de crime, se nele se mantiver casa de prostituição sem o seu conhecimento ou anuência, sob pena de responsabilidade penal objetiva ou sem culpa.

Trata-se de crime comum que pode ser praticado por qualquer pessoa, homem ou melhor, prostituta inclusive.

Por se tratar de delito habitual, é indispensável a configuração da habitualidade, sem cuja existência o tipo não se perfaz. Não é possível a tentativa, porque ou bem está configurada a habitualidade e, pois, a consumação; ou bem não está, e o fato é atípico.

O crime é doloso, pressupondo o conhecimento e vontade de manter estabelecimento onde se exerce a prostituição ou outra forma de exploração sexual.

Não há previsão de culpa.

A ação penal é pública incondicionada.

---

14 Hungria, *Comentários*, v. II, p. 45.

5. RUFIANISMO

⊙ **Rufianismo**

Art. 230 – Tirar proveito da prostituição alheia, participando diretamente de seus lucros ou fazendo-se sustentar, no todo ou em parte, por quem a exerça:

Pena – reclusão, de um a quatro anos, e multa.

§ 1º Se a vítima é menor de 18 (dezoito) e maior de 14 (catorze) anos ou se o crime é cometido por ascendente, padrasto, madrasta, irmão, enteado, cônjuge, companheiro, tutor ou curador, preceptor ou empregador da vítima, ou por quem assumiu, por lei ou outra forma, obrigação de cuidado, proteção ou vigilância: (Redação dada pela Lei nº 12.015, de 2009)

Pena – reclusão, de 3 (três) a 6 (seis) anos, e multa. (Redação dada pela Lei nº 12.015, de 2009)

§ 2º Se o crime é cometido mediante violência, grave ameaça, fraude ou outro meio que impeça ou dificulte a livre manifestação da vontade da vítima: (Redação dada pela Lei nº 12.015, de 2009)

Pena – reclusão, de 2 (dois) a 8 (oito) anos, sem prejuízo da pena correspondente à violência. (Redação dada pela Lei nº 12.015, de 2009)

Já vimos que se trata de um tipo inconstitucional, visto criminalizar, ainda que por via oblíqua, a liberdade de autodeterminação sexual de pessoa adulta de cobrar pagamento por prestação de natureza sexual, pessoalmente ou com mediação de terceiro.

Cuida-se de um tipo penal que pretende, em tese, proteger a prostituta contra o rufião que a explora, quer obtendo vantagens com o exercício da prostituição alheia, quer obrigando-a a sustentá-lo.

Exige-se, para a configuração do tipo, relativamente ao agente: a) que tire proveito da prostituição alheia participando dos seus lucros; ou b) fazendo-se sustentar, total ou parcialmente, pela prostituta.

Tirar proveito é auferir vantagens, lucrar com; e fazer-se sustentar é impor a quem a exerça o ônus de mantê-lo ou suportar (custear) suas despesas.

O tipo não se configura, evidentemente, quando se tratar de tirar vantagem de prostituição própria, visto que a norma fala de prostituição alheia.

E nem alcança aquelas pessoas que, embora dependam eventualmente da prostituta e sejam por ela mantidos (marido, filhos etc.), não a explorem de modo algum, uma vez que a norma visa a coibir as ações de quem a manipula ou exige vantagens indevidas.[15]

---

15 No mesmo sentido, Magalhães Noronha: "De observar-se que não se confunde a figura do rufião com a do indivíduo casado ou amancebado da prostituta desde que não participe dos lucros. (...). Igualmente não é rufião o moço bonito, alcunhado, via de regra, gigolô, que se serve gratuitamente da prostituta e, uma vez ou outra, recebe presentes seus. Não importa isso participar dos lucros ou fazer sustentar-se." *Direito Penal*, cit., p. 237.

Não responde por rufianismo tampouco quem simplesmente presta algum serviço lícito à prostituta e cobra por isso (v.g., aluga o imóvel em que a prostituta oferece e presta serviço).

O delito é habitual, a exigir a reiteração de atos capazes de configurarem o rufianismo. Consequentemente, atos esporádicos não são suficientes para caracterização do tipo. Sobre a distinção entre crime habitual, permanente e continuado, vide comentários ao delito de casa de prostituição.

O crime é comum, podendo ser praticado por e contra qualquer pessoa, homem ou mulher.

O delito é doloso, pressupondo conhecimento e vontade de tirar proveito da prostituição alheia ou fazer-se sustentar por quem a exerce.

Não há previsão de culpa.

O crime é qualificado sempre que for cometido mediante violência, grave ameaça, fraude ou outro meio que impeça ou dificulte a livre manifestação da vontade da vítima.

O delito é também qualificado quando a vítima for menor de 18 (dezoito) e maior de 14 (catorze) anos ou se o crime é cometido por ascendente, padrasto, madrasta, irmão, enteado, cônjuge, companheiro, tutor ou curador, preceptor ou empregador da vítima, ou por quem assumiu, por lei ou outra forma, obrigação de cuidado, proteção ou vigilância. O rol é taxativo.

Por se tratar de delito habitual, é indispensável a configuração da habitualidade, sem cuja existência o tipo não se perfaz.

Não é possível a tentativa, porque ou bem está configurada a habitualidade e, pois, a consumação; ou bem não está, e o fato é atípico.

A ação penal é pública incondicionada.

6. PROMOÇÃO DE MIGRAÇÃO ILEGAL

⊙ **Promoção de migração ilegal**

Art. 232-A. Promover, por qualquer meio, com o fim de obter vantagem econômica, a entrada ilegal de estrangeiro em território nacional ou de brasileiro em país estrangeiro: (Incluído pela Lei nº 13.445, de 2017)

Pena - reclusão, de 2 (dois) a 5 (cinco) anos, e multa. (Incluído pela Lei nº 13.445, de 2017)

§ 1º Na mesma pena incorre quem promover, por qualquer meio, com o fim de obter vantagem econômica, a saída de estrangeiro do território nacional para ingressar ilegalmente em país estrangeiro. (Incluído pela Lei nº 13.445, de 2017)

§ 2º A pena é aumentada de 1/6 (um sexto) a 1/3 (um terço) se: (Incluído pela Lei nº 13.445, de 2017)

I - o crime é cometido com violência; ou (Incluído pela Lei nº 13.445, de 2017)

II - a vítima é submetida a condição desumana ou degradante. (Incluído pela Lei nº 13.445, de 2017)

§ 3º A pena prevista para o crime será aplicada sem prejuízo das correspondentes às infrações conexas. (Incluído pela Lei nº 13.445, de 2017)

6.1. Considerações gerais

Em 20 de novembro de 2017, foi publicada a Lei nº 13.445/2017 que instituiu a Lei de Migração, dispondo sobre os direitos e os deveres do migrante e do visitante, regulando a sua entrada e estada no Brasil e estabelecendo princípios e diretrizes para as políticas públicas para o emigrante.

A nova lei revogou o Estatuto do Estrangeiro (Lei nº 6.815/1980) e é considerada um avanço em termos de proteção de direitos humanos no Brasil[16]. Isso porque a Lei nº 6.815/1980, implementada ainda durante o regime militar, tinha como principal objetivo a proteção da segurança e dos interesses nacionais, considerando o estrangeiro uma "ameaça"[17]. Já a Lei de Migração passa a tratar o estrangeiro como sujeito de direitos, delimitando que ao migrante é garantida, no território nacional, em condição de igualdade com os nacionais, a inviolabilidade do direito à vida, à liberdade, à igualdade, à segurança e à propriedade, assegurando, ainda, outros direitos e garantias[18].

No que nos importa, a nova lei alterou o Código Penal para acrescentar o art. 232-A, que dispõe sobre o crime de promoção de migração ilegal. O tipo penal prevê a pena de 2 a 5 anos de reclusão para aquele que promover, por qualquer meio, com o fim de obter vantagem econômica, a entrada ilegal de estrangeiro em território nacional ou de brasileiro em país estrangeiro, bem como àquele que, nas mesmas condições e com a mesma finalidade, promover a saída de estrangeiro do território nacional para ingressar ilegalmente em país estrangeiro. Trata-se, por exemplo, da conduta dos chamados "coiotes", que conduzem imigrantes por áreas de fronteira, mediante pagamento, para que estes ingressem em outro país de maneira ilegal.

Com efeito, o §3º dispõe expressamente que as penas serão aplicadas sem prejuízo das correspondentes às infrações conexas, afastando-se, portanto, a incidência do

---

16 Nesse sentido, Carolina de Abreu Batista Claro afirma que "...saem do primeiro plano as perspectivas de segurança e interesse nacionais e entram as óticas dos direitos humanos dos migrantes e da igualdade entre brasileiros e imigrantes. Em segundo lugar, a lei estabelece princípios e diretrizes que guiarão uma futura política migratória brasileira e também prevê proteção para apátridas, asilados e brasileiros emigrados". Disponível em: https://www12.senado.leg.br/noticias/especiais/especial-cidadania/migracao-nova-lei-assegura-direitos-e-combate-a-discriminacao.

17 O art. 2º do Estatuto do Estrangeiro delimitava que "na aplicação desta Lei atender-se-á precipuamente à segurança nacional, à organização institucional, aos interesses políticos, sócio-econômicos e culturais do Brasil, bem assim à defesa do trabalhador nacional".

18 No ponto, ver o art. 4º da Lei nº 13.445/2017.

princípio da consunção[19]. Justo por isso, quem promove a entrada ilegal de estrangeiro no Brasil, mediante recebimento de quantia, utilizando-se de documentos fraudulentos, responderá tanto pelo crime do art. 232-A do CP, quanto pelo crime contra a fé pública, em concurso material obrigatório.

6.1.1. *Da promoção de migração ilegal e do tráfico de pessoas (CP, art. 149-A)*

A promoção de migração ilegal e o tráfico de pessoas são tipos penais distintos.

Como veremos oportunamente, o tipo penal de promoção de migração ilegal tem como sujeito passivo o Estado e, apesar de previsto como crime contra a dignidade sexual, tutela a ordem pública e a paz social. Com efeito, a conduta é sempre dolosa, exigindo-se, além da consciência e vontade de praticar a conduta prevista no tipo, o fim específico de obtenção de vantagem econômica.

Já o crime de tráfico de pessoas encontra-se previsto no art. 149-A do CP e criminaliza a conduta daquele que agenciar, aliciar, recrutar, transportar, transferir, comprar, alojar ou acolher pessoa, mediante grave ameaça, violência, coação, fraude ou abuso, com a finalidade de remoção de órgãos, adoção ilegal, exploração sexual etc. Diferentemente do que ocorre na promoção de migração ilegal, o tráfico de pessoas pode ocorrer mesmo quando há a circulação legal da vítima entre países diversos[20]. O sujeito passivo é a pessoa física prejudicada pela conduta prevista no tipo e o bem jurídico tutelado é a liberdade individual.

6.1.2. *Da promoção de migração ilegal e do reingresso de estrangeiro expulso (CP, art. 338)*

O delito ora estudado também não se confunde com o tipo penal de reingresso de estrangeiro expulso.

Incide nas penas do art. 338 do CP o estrangeiro expulso que reingressa no território nacional. Há previsão, tão somente, da hipótese de sujeito de outra nacionalidade que volta ao Brasil, sendo impossível a prática da conduta por brasileiros. Trata-se de crime de mão própria, de modo que o autor é o próprio estrangeiro (apesar de

---

19 Divergente é o entendimento de Bitencourt, que sustenta que "discordamos do entendimento do respeitável do Prof. Rogério Sanches, para quem tal previsão afastaria o princípio da consunção. Nesse sentido, dentre outros exemplos, Sanches sustenta que se, por exemplo, a entrada ilegal no território nacional – ou a saída dele – se der por meio da falsificação de documentos, o agente responderia por este crime em concurso material com o crime de falso. Na nossa ótica, contudo, esta última infração seria afastada por se tratar de crime-meio, e assim por diante. De qualquer sorte é bom ficar atento a esse tipo de questão que, certamente, deverá ser resolvida pelo entendimento jurisprudencial das cortes superiores" (BITENCOURT, op. cit, p. 228).

20 Nesse sentido, afirma Cleber Masson (*Direito Penal* – Parte Especial – Vol. 3: Parte Especial (arts. 213 a 359-H) – Volume 3. Rio de Janeiro: Editora Método, 2018. 8. ed. p. 944-946).

admitir-se, excepcionalmente, a participação de terceira pessoa)[21]. Por outro lado, o sujeito ativo do crime do art. 232-A do CP não é o estrangeiro, mas, sim, aquele que promove a entrada ilegal deste no território nacional (ou de brasileiro em país estrangeiro), por qualquer meio e com a finalidade de obter vantagem econômica.

6.2. Bem jurídico protegido

Inicialmente, cumpre notar que o tipo penal do art. 232-A não visa a tutela da dignidade sexual, tampouco possui qualquer menção de conotação sexual, sendo absolutamente inadequada a sua inserção no Título VI, especificamente no Capítulo V, que trata do lenocínio e do revogado tráfico de pessoas para fim de prostituição ou exploração sexual[22].

Cleber Masson entende que o crime de promoção de migração ilegal visa proteger, sobretudo, a soberania nacional, bem como a segurança nacional e a manutenção da ordem interna. Nesse sentido, e ante a evidente ofensa a interesses da União, sustenta que o mais correto seria a inserção da infração penal no Título XI, como crime contra a Administração Pública[23].

Diferente é o entendimento de Cezar Roberto Bitencourt, que defende que o mencionado tipo penal não pode ser concebido como crime contra a soberania nacional, porque somente outro Estado pode, eventualmente, colocar em risco a soberania do Brasil. Trata-se, pois, de delito que pode ser cometido por indivíduo qualquer, atentando contra a ordem pública, a ordem jurídica e a paz social. Concordamos com o posicionamento do autor quando afirma[24]:

> O bem jurídico tutelado pelo crime de promoção de migração ilegal é a própria ordem e a paz social ou, mais precisamente, aquela sensação coletiva de segurança e tranquilidade, garantida pela ordem jurídica. Pode-se considerar, a rigor, ordem e paz social como bem jurídicos tutelados pela novel infração penal.

Nesse sentido, Bitencourt defende que o novo tipo penal visa proteger a ordem pública em seu aspecto objetivo, qual seja, a coexistência harmônica e pacífica dos cidadãos. Quanto à paz social, visa a defesa da sensação de bem-estar, de proteção e segurança geral, a qual poderia ser abalada caso houvesse conhecimento coletivo da ocorrência de condutas dessa espécie.

6.3. Sujeito ativo e sujeito passivo

O sujeito ativo pode ser qualquer pessoa, não se exigindo qualidade especial do agente.

---

21 Recomendamos a leitura do tipo penal na presente obra.

22 No mesmo sentido, Rogério Sanches Cunha, em artigo eletrônico disponível em: http://meusitejuridico.com.br/2017/05/26/crime-de-promocao-de-migracao-ilegal-lei-no-13-44517-breves-consideracoes/). O mesmo diz Cleber Masson (op. cit, p. 944).

23 MASSON, op. cit, p. 944.

24 BITENCOURT, op. cit, p. 221.

Por sua vez, o sujeito passivo do crime de promoção de migração ilegal é o Estado, mais precisamente a União, que é a pessoa jurídica de direito público interno responsável pela entrada e saída de pessoas do território[25]. Note-se que a pessoa física (estrangeiro ou brasileiro) prejudicada pelo delito é objeto material do crime, e não sujeito passivo, pois o titular do bem jurídico tutelado e lesado é o Estado.

6.4. Tipo penal objetivo e tipo penal subjetivo

Vimos que o *caput* do art. 232-A do CP tipifica a conduta de "promover, por qualquer meio, com o fim de obter vantagem econômica, a entrada ilegal de estrangeiro em território nacional ou de brasileiro em país estrangeiro".

Desde já, cumpre notar que há críticas quanto à tipificação da conduta de promover a "entrada ilegal de brasileiro em país estrangeiro" e não da saída ilegal do brasileiro do território nacional. No ponto, destacamos o posicionamento de Rogério Sanches[26]:

> a nosso ver, teria feito melhor o legislador se, no lugar de punir a promoção da *entrada* ilegal de brasileiro em país estrangeiro (*caput*), punisse a *saída* ilegal de brasileiro do território nacional para ingressar em país estrangeiro. Isso no mínimo tornaria a apuração mais simplificada, pois se o tipo condiciona a caracterização do crime à entrada em outro país, há de se demonstrar o efetivo ingresso, providência que pode depender da colaboração de autoridades internacionais. Uma vez que fosse punida a saída, isso seria dispensável.

"Promover" é viabilizar, providenciar, propiciar, causar, efetuar. O núcleo do tipo deve ser compreendido de forma ampla, abrangendo toda e qualquer ação com o intuito de viabilizar a migração ilegal de estrangeiro no território brasileiro ou de brasileiro em país estrangeiro. Portanto, pune-se quem o agencia, quem o transporta, quem o recebe, enfim, todos aqueles que praticarem ato com o propósito de tornar possível a migração ilegal de terceiro[27].

Note-se que o dispositivo não tipifica a conduta daquele que entra ilegalmente no território, mas, tão somente, a daquele que promove a entrada ilegal de outrem. Isso porque a Lei de Migração prevê expressamente que a política migratória brasileira é regida, dentre outros princípios e diretrizes, pela não criminalização da migração (Lei nº 13.445/2017, art. 3º, III).

---

25 MASSON, op. cit, p. 945.

26 Op. cit, on-line. No mesmo sentido critica Bitencourt, ao sustentar que "nem se poderá justificar essa injustificável criminalização com a invocação do art. 7º do Código Penal, por não se adequar a nenhuma das hipóteses ali previstas. Trata-se, por outro lado, de previsão legal de difícil aplicação prática, pois, se ocorrer, quando ocorrer, dependerá de informação e, principalmente, da boa vontade das autoridades estrangeiras, que nem sempre ocorre. Teria sido menos infeliz se houvesse sido criminalizada a conduta de sair ilegalmente do país, nas mesmas circunstâncias" (BITENCOURT, op. cit, p. 223).

27 CUNHA, op. cit, on-line.

"Entrada ilegal" é aquela que se dá sem a concordância do Estado, ou seja, sem o preenchimento das condições exigidas ou da emissão da documentação necessária para a entrada e/ou permanência no território. Nesse sentido, trata-se de norma penal em branco, havendo a necessidade de análise das regras constantes na Lei de Migração para que se defina se a entrada ocorreu de maneira ilegal[28]. A entrada pode ser promovida "por qualquer meio", podendo ocorrer por fronteira terrestre, marítima, aérea, fluvial etc., mediante o uso de formas clandestinas e fraudulentas[29].

A conduta prevista no tipo exige o fim específico de obter vantagem econômica, compreendendo todo e qualquer interesse patrimonial, lucro ou ganhos indevidos. Não estará configurado o crime caso o agente vise vantagem de outra natureza (como favores sexuais), ou mesmo se agir com o único fim de auxiliar a pessoa que pretende entrar ilegalmente no território.

É de ver que o tipo não exige o efetivo recebimento da vantagem econômica pretendida, o que configura mero exaurimento da ação delituosa. Basta, pois, a intenção de obtê-la.

O objeto material do delito é o estrangeiro ou o brasileiro que migrar ilegalmente. O conceito de "brasileiro" encontra-se previsto no art. 12 da Constituição Federal[30]. Por exclusão, são considerados "estrangeiros" todos aqueles que não se inserirem na definição de brasileiro nato ou naturalizado.

Por fim, "território" é todo o espaço físico onde o Estado exerce a sua soberania. No caso do território brasileiro, além da área geográfica, considera-se, para efeitos penais, a extensão prevista no art. 5º, §§ 1º e 2º do CP[31].

---

28 NUCCI, op. cit, p. 1.269.

29 MASSON, op. cit, p. 944.

30 Art. 12. São brasileiros: I - natos:a) os nascidos na República Federativa do Brasil, ainda que de pais estrangeiros, desde que estes não estejam a serviço de seu país; b) os nascidos no estrangeiro, de pai brasileiro ou mãe brasileira, desde que qualquer deles esteja a serviço da República Federativa do Brasil; c) os nascidos no estrangeiro de pai brasileiro ou de mãe brasileira, desde que sejam registrados em repartição brasileira competente ou venham a residir na República Federativa do Brasil e optem, em qualquer tempo, depois de atingida a maioridade, pela nacionalidade brasileira; (Redação dada pela Emenda Constitucional nº 54, de 2007) II - naturalizados: a) os que, na forma da lei, adquiram a nacionalidade brasileira, exigidas aos originários de países de língua portuguesa apenas residência por um ano ininterrupto e idoneidade moral; b) os estrangeiros de qualquer nacionalidade, residentes na República Federativa do Brasil há mais de quinze anos ininterruptos e sem condenação penal, desde que requeiram a nacionalidade brasileira.

31 CP, art. 5º - (...) § 1º - Para os efeitos penais, consideram-se como extensão do território nacional as embarcações e aeronaves brasileiras, de natureza pública ou a serviço do governo brasileiro onde quer que se encontrem, bem como as aeronaves e as embarcações brasileiras, mercantes ou de propriedade privada, que se achem, respectivamente, no espaço aéreo correspondente ou em alto-mar. (Redação dada pela Lei nº 7.209, de 1984) § 2º - É também aplicável a lei brasileira aos crimes praticados a bordo de aeronaves ou embarcações estrangeiras de propriedade privada, achando-se aquelas em pouso no território nacional ou em vôo no espaço aéreo correspondente, e estas em porto ou mar territorial do Brasil. (Redação dada pela Lei nº 7.209, de 1984)

A consumação se dá com a efetiva entrada ilegal do estrangeiro no território nacional, ou com a efetiva entrada ilegal do brasileiro em outro país. É plenamente cabível a tentativa, ocorrendo nos casos em que o agente adotar as medidas necessárias para a migração ilegal do terceiro, mas não alcançar seu propósito por circunstâncias alheias a sua vontade.

6.4.1. Figura equiparada

O § 1º do art. 232-A do CP prevê, ainda, a forma equiparada do delito, consistente em "promover, por qualquer meio, com o fim de obter vantagem econômica, a saída de estrangeiro do território nacional para ingressar ilegalmente em país estrangeiro". O preceito secundário é o mesmo previsto ao *caput*, qual seja, 2 a 5 anos de reclusão e multa.

Como se vê, o § 1º se diferencia da forma do *caput* ao punir, adequadamente, a conduta daquele que promove a saída, e não a entrada de estrangeiro no território nacional. No caso, a saída deve ocorrer por motivo específico: para ingresso ilegal em país estrangeiro. Logo, não há falar em crime caso a entrada no outro território ocorra conforme os ditames legais.

Não se exige o efetivo ingresso do estrangeiro no país estrangeiro, bastando que fique provada a motivação, a finalidade de ingressar de maneira irregular no outro país, que é o fim específico exigido pelo tipo ("para ingressar ilegalmente em país estrangeiro")[32].

O tipo penal não faz referência à condição do estrangeiro, pouco importando se este entrou e permanece de maneira legal ou ilegal no Brasil. A ilegalidade a ser punida se encontra, tão somente, na entrada no outro país[33].

Destaca-se, ainda, a possibilidade de concurso material do tipo penal do *caput* com a forma prevista no § 1º, nos casos em que o agente, com o fim de receber vantagem econômica, promove a entrada ilegal de um estrangeiro no Brasil para, ato contínuo, promover sua saída para ingresso ilegal em outro país.

No mais, tudo o que foi dito em relação ao *caput* vale também aqui.

6.5. Classificação

O crime de promoção de migração ilegal é crime comum, não se exigindo qualquer qualidade especial do sujeito ativo. Com efeito, é possível a ocorrência de coautoria ou participação, estendendo-se a responsabilidade penal a todos aqueles que tenham concorrido para o crime de algum modo.

Como se exige uma ação (promover), a simples omissão (omissão própria) é penalmente irrelevante. Mas é possível imputar o crime a quem (garante), tendo o dever

---

32 BITENCOURT, op. cit, p. 224.

33 MASSON, op. cit, p. 945.

legal de agir e de evitar o resultado, se omitir dolosamente (omissão imprópria), se presentes os requisitos do art. 13, §2°, do Código Penal. É o caso, por exemplo, do policial de fronteira que presencia a prática delitiva e nada faz, omitindo-se em sua obrigação de impedir a entrada ilegal de estrangeiro no Brasil.

O tipo penal exige necessariamente o dolo, consistente no conhecimento e vontade de promover a entrada ilegal do terceiro (ou a saída, no caso da figura equiparada), com o fim específico de obter vantagem de natureza econômica. Não há previsão da modalidade culposa.

Trata-se, ainda, de crime material ou causal (consumando-se com a efetiva entrada ou saída), unissubjetivo (ou de concurso eventual), plurissubsistente (admitindo a modalidade tentada), instantâneo (pois há consumação imediata, no momento da prática da conduta descrita no tipo, não se alongando no tempo) e de forma livre (ademais, o próprio tipo admite a promoção por qualquer meio).

6.6. Causas de aumento

O § 2º do art. 232-A do CP prevê que a pena será aumentada de 1/6 (um sexto) a 2/3 (dois terços) em duas hipóteses: a) se o crime for cometido com violência; b) se a vítima for submetida a condição desumana ou degradante.

Como visto em outros tipos penais, "violência" é o emprego de força física, mediante lesão corporal ou vias de fato. Com efeito, incidirá a causa de aumento caso a violência seja empregada contra qualquer pessoa, seja contra o estrangeiro/brasileiro que ilegalmente entrou no país, seja contra agente público ou terceiro para possibilitar a consumação do delito[34]. Exemplo é o sujeito que espanca policial de fronteira para possibilitar que estrangeiro entre ilegalmente no território brasileiro sem ser notado[35]. Não há falar em aumento caso haja grave ameaça, por falta de previsão legal.

Na segunda hipótese, "condição desumana ou degradante" diz respeito a condições cruéis, perversas, deploráveis, que provocam dor e sofrimento físico ou mental, que impõem esforços além dos limites razoáveis etc. É o caso da submissão a caminhadas extensas e exaustivas, sem água e alimentação adequada[36], ou da transferência em barcos ou embarcações superlotadas, sem os requisitos mínimos de segurança. Note-se que, neste caso, há previsão expressa de que apenas incidirá a causa de aumento caso a vítima, e tão somente ela, seja submetida a tais condições. Logo, não há falar nesta

---

34 Entendemos que a violência contra a coisa não se adequa à previsão deste dispositivo legal e, portanto, não leva à incidência da majorante deste inciso. Como leciona Bitencourt, "embora o texto não o diga, essa violência deve ser praticada contra a pessoa e não contra a coisa, ou, se preferirem contra o obstáculo ou contra o patrimônio, pela singela razão de que a violência agrava seriamente o desvalor da ação do agente. Logo, eventual violência contra a coisa, na nossa concepção, não se adequa à previsão deste dispositivo legal (...)" (BITENCOURT, op. cit, p. 227).

35 MASSON, op. cit, p. 946.

36 NUCCI, op. cit, p. 1.270.

majorante caso a situação diga respeito a terceira pessoa, sem prejuízo da incidência em outros tipos penais.

6.7. Concurso material obrigatório

O art. 232-A, §3°, do CP, prevê que a pena prevista para o crime será aplicada sem prejuízo das correspondentes às infrações conexas. Significa que haverá concurso material obrigatório entre a promoção de migração ilegal e os crimes ou contravenções penais com ela relacionadas.

Por isso, não incide o princípio da consunção caso a entrada ilegal do estrangeiro sê dê por meio da falsificação de passaporte, respondendo o agente pelos delitos dos arts. 232-A e 297 do CP, em concurso material[37]. Se houver uso de violência para efetivar a entrada de brasileiro em território estrangeiro, causando lesão corporal de natureza grave, o autor incidirá nas penas do arts. 232-A, § 2º, e 129, § 1º, do CP.

6.8. Aspectos processuais

A ação penal é pública incondicionada.

A competência para processar e julgar o delito de promoção de migração ilegal é da justiça federal, por se tratar de infração penal praticada contra os interesses da União (CF, art. 109, inciso IV)[38].

Por fim, a Lei n° 9.099/95 não incide, já que não se trata de crime de médio ou menor potencial ofensivo.

---

37 CUNHA, op. cit, on-line.

38 Também entendem pela competência federal em razão dos bens jurídicos tutelados, Cleber Masson, (op. cit, p. 946) e Rogério Sanches Cunha (op. cit, on-line). Por sua vez, Vladimir Aras afirma que a competência para processar e julgar é federal por força do art. 109, inciso V, da CF, já que se cuida de delito transnacional (ou potencialmente transnacional, quando tentado), com previsão em tratado internacional vigente no Brasil, qual seja, o Protocolo à Convenção de Palermo ou Protocolo Adicional à Convenção das Nações Unidas contra o Crime Organizado Transnacional, relativo ao Combate ao Tráfico de Migrantes por Via Terrestre, Marítima e Aérea (Decreto nº 5.017/2004). Disponível em: https://vladimiraras.blog/2017/11/21/a-nova-lei-migratoria/ Por fim, Bitencourt defende a competência federal com fundamento no inciso X do mesmo artigo (art. 109. Aos juízes federais compete processar e julgar: (...) X - os crimes de ingresso ou permanência irregular de estrangeiro, a execução de carta rogatória, após o "exequatur", e de sentença estrangeira, após a homologação, as causas referentes à nacionalidade, inclusive a respectiva opção, e à naturalização).

CAPÍTULO 5 – DO ULTRAJE PÚBLICO AO PUDOR

O Capítulo VI do Título VI (do ultraje público ao pudor) prevê dois crimes: ato obsceno (art. 233) e escrito ou objeto obsceno (art. 234).

Trata-se de um capítulo que já não faz qualquer sentido nos dias atuais, visto que o ato obsceno não ofende gravemente a dignidade sexual de ninguém (no máximo, dá causa a algum desconforto ou constrangimento) e é passível de repressão suficiente no âmbito administrativo; e o escrito ou objeto obsceno, além de obsoleto, é francamente inconstitucional, por violar tanto a liberdade de autodeterminação sexual quanto a de manifestação artística e cultural (CF, art. 5º, IX).[1]

Com efeito, no que tange à liberdade de autodeterminação sexual, já vimos que o Estado não pode criminalizá-la sob nenhum pretexto; e no que se refere à liberdade artística e cultural, a Constituição (art. 5º, IX) prevê que "é livre a expressão da atividade intelectual, artística, científica e de comunicação, independentemente de censura ou licença", razão pela qual, ao invés de sofrer restrição de caráter penal, cumpre assegurar-lhe o pleno exercício.

Ademais, rigorosamente falando, não existem fenômenos morais (ou imorais), mas apenas uma interpretação moral dos fenômenos (Nietzsche), de modo que a distinção entre a boa e a má arte e entre o obsceno e o não obsceno não depende tanto da obra, mas da interpretação que recai sobre ela, uma vez que o caráter artístico de algo não é uma qualidade daquilo que designamos como tal, mas uma relação entre o sujeito e a coisa assim designada.

Mas isso não quer dizer que tais atividades não possam sofrer regulamentação administrava conforme a idade dos interessados etc. O que não pode ocorrer é a censura

---

1 No mesmo sentido do texto, Cezar Roberto Bitencourt (*Direito Penal*, cit., p. 191): "A nosso juízo, essa superada infração penal devia, de há muito, ter sido extirpada do direito positivo brasileiro, especialmente a partir da vigência da Constituição Federal de 1988, que tenta eliminar toda forma de censura às atividades artísticas e culturais". E Nucci: "Ademais, mantendo-se a vigência dos tipos incriminadores dos artigos 233 e 234, pode-se atingir problemas mais sérios, concernentes à liberdade de expressão artística, cultural e propagandística, afinal, não são poucos os casos de pessoas que se apresentam nuas ou seminuas, expondo a genitália para finalidades variadas. Desde a sessão de fotos em local público até aposição de cartazes com modelos em via pública. Sob tal enfoque, está-se entregando a avaliação desse grau de sutileza, entre o artístico-cultural-propagandística e o obsceno". *Comentários*, cit., p. 170. De modo semelhante, Rogério Greco (*Direito Penal*, cit.).

que importe, por exemplo, na proibição de determinados livros que supostamente ultrajariam o pudor ou seriam obscenos (v.g., livros de Sade ou Sacher Masoch[2]).

Os tipos já não fazem também sentido por conta do advento da internet, espaço facilmente acessível em que se pode encontrar de tudo em termos de informação e imagem (erótica, pornográfica, obscena etc.), bem como do florescimento da indústria de filmes (e literatura) pornográficos e o surgimento de sex shops etc..

De mais a mais, quando se percebe alguém praticando ato obsceno em lugar público, o melhor a fazer é, em princípio, evitar o local, desviar os olhos ou convidá-lo a se conter ou a retirar-se, eventualmente com apoio policial, inclusive.

Finalmente, quanto à proteção de crianças e adolescentes, a Lei nº 8.069/90 já prevê diversos tipos penais (arts. 240 a 241-C).

1. ATO OBSCENO

⊙ **Ato obsceno**

Art. 233 – Praticar ato obsceno em lugar público, ou aberto ou exposto ao público:

Pena – detenção, de 3 (três) meses a 1 (um) ano, ou multa.

Já vimos que o tipo é perfeitamente suprimível.

Em março de 2018, o STF reconheceu a existência de questão constitucional e a repercussão geral da matéria para discutir a inconstitucionalidade do crime de ato obsceno por suposta afronta ao princípio da reserva legal (CF, art. 5º, inciso XXXIX), pois, ao tipificar-se a conduta sem esclarecer quais ações poderiam ou não ser qualificadas como “obscenas”, o tipo penal qualificar-se-ia como “excessivamente aberto”, violando a taxatividade. A questão foi cadastrada como Tema 989 e aguarda julgamento.

Por ato deve entender-se um movimento corpóreo voluntário, razão pela qual a simples palavra ou dito não o configura; e por obsceno o que fere, grosseiramente, o sentimento médio de pudor[3].

De acordo com Hungria, não é necessário que o ato represente uma expansão erótica ou vise à excitação da lascívia alheia: desde que, sob o prisma objetivo, se

---

2 Apesar do talento literário do marquês de Sade, tem razão Michel Onfray quando afirma que “poucos leram os 120 dias de Sodoma, livro que considero um grande romance fascista, se me permitem o anacronismo. Homem de letras e filósofo, delinquente sexual e relacional, marquês oportunista, encarnação do feudalismo mais intratável, revolucionário durante a Revolução, sem escrúpulos, ele goza da fascinação rara e difícil no mundinho das letras em que se pode contar nos dedos de uma mão os nomes daqueles que, lúcidos, lançam sobre o homem e a obra um olhar clarividente: Raymond Queneau, Albert Camus, Max Horkheimer, Theodor W. Adorno,Hannah Arendt, ou seja, antifascistas notórios.” *Contra-história da filosofia*. São Paulo: Martins Fontes, 2012, p. 266.

3 Hungria, *Comentários*, cit., p. 309/310.

apresente em colisão com o pudor público, ou idôneo a suscitar o sentimento comum de vergonha, pouco importa que o agente, embora deva ter a consciência disso, haja procedido, por exemplo, *jocandi animo* ou *demonstrandi causa*, ou para exercer uma vingança, sem qualquer título de lubricidade.[4]

Enfim, por integrar o título dos crimes contra a dignidade sexual, segue-se que o ato obsceno deve ter cunho sexual em sentido amplo, para compreender não só os atos normalmente sexuais como os seus equivalentes, desde que ofensivos ao pudor público.[5]

Para a configuração do tipo, é essencial que o ato obsceno seja praticado em lugar público, aberto ou exposto ao público. Consequentemente, se for praticado em lugar privado ou de acesso limitado a um determinado grupo de pessoas, o tipo não se configurará.

O tipo também não incide quando se tratar de local que, embora púbico ou acessível ao público, não costuma ser frequentando ou não o é em determinados horários (v.g., praia isolada).

Segundo a lei e a doutrina, trata-se de crime que visa a tutelar o pudor público, razão pela qual tem como sujeito passivo a coletividade ultrajada.

Por ser crime de mera conduta ou simples atividade[6], não é indispensável que a prática do ato obsceno em lugar público tenha sido efetivamente vista por alguém. Basta a probabilidade de que isso possa ocorrer.

De todo modo, há de consistir em algo grave e manifestamente obsceno. Também por isso, é essencial considerar o contexto em que o ato tido por obsceno se realiza. Assim, por exemplo, não pratica ato obsceno o banhista que frequenta praia de nudismo e lá mantém, eventualmente, relações sexuais.

Convém transcrever, a propósito, o seguinte precedente do STF[7]:

> EMENTA: Habeas corpus. Ato obsceno (art. 233 do Código Penal). 2. Simulação de masturbação e exibição das nádegas, após o término de peça teatral, em reação a vaias do público. 3. Discussão sobre a caracterização da ofensa ao pudor público. Não se pode olvidar o contexto em se verificou o ato incriminado. O exame objetivo do caso concreto demonstra que a discussão está integralmente inserida no contexto da liberdade de expressão, ainda que inadequada e deseducada. 4. A sociedade moderna dispõe de mecanismos próprios e adequados, como a própria crítica, para esse tipo de situação, dispensando-se o enquadramento penal. 5. Empate na decisão. Deferimento da ordem para trancar a ação penal. Ressalva dos votos dos Ministros Carlos Velloso e Ellen Gracie, que defendiam que a questão não pode ser resolvida na via estreita do habeas corpus.

---

4 *Comentários*, cit., p. 310.

5 Magalhães Noronha, *Direito Penal*, cit., p. 250.

6 No sentido de que se trata de crime formal, Rogério Greco e Cezar Roberto Bitencourt, cit.

7 HC 83996/RJ, *DJ* 26/08/2005, Relator Ministro Carlos Veloso.

O ato obsceno praticado tanto pode ser real (v.g., exibição pública dos órgãos genitais) como simulado (v.g., simulação de relações sexuais).

Não caracteriza o delito, em princípio, a simples realização de atividades fisiológicas (v.g., urinar em lugar público), exceto se o agente o fizer com o manifesto propósito de exibir publicamente as partes pudendas.[8]

Não há crime, em princípio, quando se tratar de obscenidade que integre atos de uma peça teatral, cinematográfica etc., pois, do contrário, violar-se-ia a liberdade de expressão artística e cultural.

Trata-se de delito comum que pode ser praticado por qualquer pessoa. De acordo com a lei e a doutrina, a vítima é a coletividade ultrajada.

O tipo é doloso, pressupondo conhecimento e vontade de praticar ato que sabe obsceno em lugar público, aberto ou exposto ao público. Não é necessário, porém, que o agente tenha a intenção de ofender o público ou escandalizar.

Não há previsão de culpa.

A consumação dá-se com a efetiva prática do ato obsceno em lugar público, aberto ou exposto ao público. A tentativa é possível, mas de difícil ocorrência.

A ação penal é pública incondicionada.

2. ESCRITO OU OBJETO OBSCENO

⊙ **Escrito ou objeto obsceno**

Art. 234 – Fazer, importar, exportar, adquirir ou ter sob sua guarda, para fim de comércio, de distribuição ou de exposição pública, escrito, desenho, pintura, estampa ou qualquer objeto obsceno:

Pena – detenção, de 6 (seis) meses a 2 (dois) anos, ou multa.

Parágrafo único – Incorre na mesma pena quem:

I – vende, distribui ou expõe à venda ou ao público qualquer dos objetos referidos neste artigo;

II – realiza, em lugar público ou acessível ao público, representação teatral, ou exibição cinematográfica de caráter obsceno, ou qualquer outro espetáculo, que tenha o mesmo caráter;

III – realiza, em lugar público ou acessível ao público, ou pelo rádio, audição ou recitação de caráter obsceno.

Já vimos que se trata de um tipo que, além de ultrapassado, é francamente inconstitucional, por violar tanto a liberdade de autodeterminação sexual quanto a liberdade de manifestação artística e cultural (CF, art. 5º, IX).[9]

8 De modo similar, Magalhães Noronha, idem.

9 No mesmo sentido do texto, Cezar Roberto Bitencourt (Direito Penal, cit., p. 191): "A nosso juízo, essa superada infração penal devia, de há muito, ter sido extirpada do direito positivo brasileiro, especialmente a partir da vigência da Constituição Federal de 1988, que tenta eliminar toda forma

Com efeito, no que tange à liberdade de autodeterminação sexual, já vimos que o Estado não pode criminalizá-la sob nenhum pretexto; e no que se refere à liberdade artística e cultural, a Constituição (art. 5º, IX) prevê que "é livre a expressão da atividade intelectual, artística, científica e de comunicação, independentemente de censura ou licença", razão pela qual, ao invés de sofrer restrição de caráter penal, cumpre assegurar-lhe o pleno exercício.

Não bastasse isso, com o desenvolvimento da indústria de filmes pornográficos, o surgimento de sex shops e o advento da internet, entre outros, o tipo já não faz qualquer sentido nos dias atuais.

Fazer é produzir; importar é trazer de outro país, introduzir em território nacional; exportar é remeter para o estrangeiro; adquirir é obter, gratuita ou onerosamente; ter sob sua guarda é guardar, conservar, manter.

Como o tipo refere o fim de comércio, de distribuição ou de exposição pública, o crime não se configura quando o escrito ou objeto tido por obsceno se destina ao uso pessoal ou privado ou sem qualquer finalidade comercial.

A coisa passível de caracterizar escrito ou objeto obsceno já consta do tipo explicitamente: escrito, desenho, pintura, estampa ou qualquer objeto obsceno.

Trata-se de crime de múltipla ação (composto por vários verbos típicos), razão pela qual a realização e um ou mais ações típicas constitui, em princípio, um só crime, e não vários.

O delito é comum, podendo ser praticado por qualquer pessoa. O sujeito passivo é a coletividade cujo pudor é ultrajado (supostamente).

A consumação dá-se com a realização de alguma das ações previstas no tipo: fazer, importar, exportar adquirir ou guardar escrito ou objeto obsceno com a finalidade especificada na lei. A tentativa ocorrerá sempre que, por circunstâncias alheias à sua vontade, o agente não lograr realizá-la plenamente.

O tipo é doloso; logo, exige que o agente atue com consciência e vontade de fazer, importar, exportar etc. escrito ou objeto que sabe obsceno, visando a fins de comercialização, divulgação etc.

Não há previsão de culpa.

Quando de se tratar de importação e exportação de escrito ou objeto obsceno, o crime é internacional, razão pela qual o respectivo processo penal correrá perante a justiça federal (CF, art. 109, IV e V).

---

de censura às atividades artísticas e culturais.". E Nucci: "Ademais, mantendo-se a vigência dos tipos incriminadores dos artigos 233 e 234, pode-se atingir problemas mais sérios, concernentes à liberdade de expressão artística, cultural e propagandística, afinal, não são poucos os casos de pessoas que se apresentam nuas ou seminuas, expondo a genitália para finalidades variadas. Desde a sessão de fotos em local público até aposição de cartazes com modelos em via pública. Sob tal enfoque, está-se entregando a avaliação desse grau de sutileza, entre o artístico-cultural-propagandística e o obsceno." *Comentários*, cit., p. 170. De modo semelhante, Rogério Greco (*Direito Penal*, cit.).

A ação penal é pública incondicionada.

Finalmente, responde também pelo crime o agente que:

a) vende, distribui ou expõe à venda ou ao público qualquer dos objetos referidos neste artigo;

b) realiza, em lugar público ou acessível ao público, representação teatral, ou exibição cinematográfica de caráter obsceno, ou qualquer outro espetáculo, que tenha o mesmo caráter;

c) realiza, em lugar público ou acessível ao público, ou pelo rádio, audição ou recitação de caráter obsceno.

TÍTULO VII – DOS CRIMES CONTRA A FAMÍLIA

CAPÍTULO I – DOS CRIMES CONTRA O CASAMENTO

GIOVANE SANTIN

1. BIGAMIA

> ⊙ **Bigamia**
>
> **Art. 235** – Contrair alguém, sendo casado, novo casamento:
>
> Pena – reclusão, de 02 (dois) a 06 (seis) anos.
>
> § 1º Aquele que, não sendo casado, contrai casamento com pessoa casada, conhecendo essa circunstância, é punido com reclusão ou detenção, de 1 (um) a 3 (três) anos.
>
> § 2º Anulado por qualquer motivo o primeiro casamento, ou o outro por motivo que não a bigamia, considera-se inexistente o crime.

1.1. Objeto jurídico e sujeitos do crime

As famílias nas civilizações ocidentais, por via de regra, preservam em sua estrutura a monogamia, valores enraizados em razão da forte influência que o cristianismo exerce sobre estas civilizações.

Contrapondo as bases religiosas ocidentais, verificam-se nos países que adotam a religião muçulmana valores antagônicos ao cristianismo, uma vez que é plenamente possível ao homem contrair matrimônio com mais de uma esposa, fortalecendo o instituto que no Brasil é denominado de bigamia.

É notório que o tema envolve questões culturais, morais e religiosas[1], razão pela qual entendemos que nos crimes contra a família previstos no Código Penal Brasileiro há uma excessiva invasão do Estado no âmbito familiar, o que pode gerar sérias consequências sociais e político criminais, além de violar o princípio da secularização[2].

No aspecto social, Gerson Faustino Rosa e Gisele Mendes de Carvalho[3] mencionam que a personalidade de cada família se constitui por possuir um ambiente

---

1 A respeito ler: QUEIROZ, Paulo. *Curso de Direito Penal – Parte Geral.* v. 1. 8ª Ed. Salvador: JusPodivm, 2012.

2 Sobre o assunto ver: CARVALHO, Salo. *Penas e Garantias.* 3ª ed. rev. atual. Rio de Janeiro: Lumen Juris, 2008.

3 ROSA, Gerson Faustino. CARVALHO, Gisele Mendes de. *Contra os crimes contra a família: pelo fim do Título VII da Parte Especial do Código Penal Brasileiro.* In: Boletim do Instituto Brasileiro de Ciências Criminais nº 258. Mês de Maio de 2014. p. 5.

específico, motivo pelo qual deve lhe ser concedida plena independência, livre de regulamentações estatais que interfiram no seu funcionamento, ou seja, se o Estado começa a interferir, por exemplo, em detalhes da educação das crianças criando uma legislação de como os pais devem se comportar em relação a seus filhos, ele não apenas invade competências que não são suas, mas prejudica seriamente a formação individual familiar, comprometendo a própria ideia de liberdade.

No âmbito penal, é sabido que a criminalização de condutas de pequena significação social revela a crise que afeta o direito penal moderno que por não conseguir cumprir a função de proteção dos bens jurídicos mais relevantes, acaba levando os cidadãos à descrença tanto nas agências penais quanto aos objetivos da leis e, automaticamente, legitima o discurso dos movimentos repressivistas da necessidade de uma legislação cada vez mais rigorosa.

A propósito, Rodrigo Ghiringhelli de Azevedo[4] salienta que

> a falência da capacidade de resposta do sistema penal, vítima de uma evidente sobrecarga de expectativas, e a decorrente ilegitimidade que daí decorre, já que não desempenha de maneira satisfatória as funções de prevenção geral e especial que o justificam, tem levado os chamados movimentos de lei e ordem a pedirem sempre mais do mesmo, ou seja: já que o remédio não funciona, vamos aumentar a dose. O perigo, obviamente, é matar o paciente.

Paradoxalmente essa racionalidade repressora também poderia provocar o que Zaffaroni chama de catástrofe social, pois, se por alguma circunstância as agências penais fossem incrementadas para atender toda a demanda programada legislativamente, chegaríamos ao ponto de se criminalizar toda a população várias vezes. Por exemplo, se todos os crimes contra a família, contra o patrimônio e contra os mortos previstos no Código Penal fossem concretamente punidos, praticamente não haveria habitante que não fosse criminalizado[5].

Por isso, concordamos com o entendimento de Gerson Faustino Rosa e Gisele Mendes de Carvalho ao sugerirem o fim do Título VII da Parte Especial do Código Penal[6], pois *"a descriminalização dos delitos contra o casamento e contra a assistência familiar é um improrrogável imperativo nascido do indispensável respeito à liberdade individual, que colocaria a legislação pátria em consonância com as novas tendências do Direito Penal minimalista. Isso não significa que tais tendências incentivem a subversão da instituição familiar, mas somente tornam transparente que o Direito Penal repressor tornou-se absolutamente ineficiente neste tópico"*.

---

4 AZEVEDO, Rodrigo Ghiringuelli de. *Para Além do Punitivismo – A invenção de novas alternativas de combate à violência para uma sociedade democrática e complexa.* In: Violência e Controle Social na Contemporaneidade: Anais do I Ciclo de Estudos e debates sobre violência e controle social. Porto Alegre: PUCRS, 2006. p. 11.

5 Cf. ZAFFARONI, Eugenio Raul. *Em busca das penas perdidas. A perda de legitimidade do sistema penal.* Tradução: Vânia Romano Pedrosa, Almir Lopes da Conceição. Rio de Janeiro: Revan, 1991. p. 26-27.

6 Idem.

E mais, considerando o caráter subsidiário do direito penal, sua intervenção só se justifica quando as demais formas de controle social forem ineficazes, as quais incluem intervenções morais, culturais, religiosas e os demais ramos do direito. Se o atual Código Civil veda o casamento de pessoas casadas[7], não há razão para a intervenção penal do Estado, pois o que busca a legislação penal já está tutelado pela norma Civil, quando, esta, eiva de nulidade o casamento realizado na constância de outro matrimônio.

Superada essa análise crítica, o bem juridicamente protegido pela norma penal descrita no artigo 235 do Código Penal é o casamento monogâmico e, consequentemente, a organização familiar, considerada pelo artigo 226 da Constituição da República a base da sociedade, razão pela qual merece especial proteção do Estado.

O crime de bigamia descrito no *caput* do artigo 235, por tratar-se de um crime próprio, tem como sujeito ativo a pessoa que contrai novas núpcias sendo casada. Nos casos do § 1º, o autor do fato será todo solteiro, viúvo ou divorciado que celebrar matrimônio com pessoa casada, estando ciente dessa condição impeditiva.

Os sujeitos passivos são o cônjuge do primeiro casamento e o do segundo, caso esta(e) desconheça a existência do primeiro matrimônio.

No entanto, a doutrina entende que os sujeitos passivos são o Estado e a família e, secundariamente o cônjuge do primeiro casamento e o contraente do segundo, desde que de boa-fé[8].

Merece destaque o entendimento de José Henrique Pierangeli, o qual entendemos perfeitamente aplicável a todos os crimes no Título VII do Código Penal:

> formalmente o Estado é sempre sujeito passivo, como titular do ordenamento jurídico que ele próprio constrói. Mas, posicioná-lo aqui como sujeito passivo prioritário, parece-nos uma interpretação eivada de autoritarismo, próprio de uma legislação nascida em período de exceção, num Estado de Direito, como é o nosso, onde se cria uma legislação penal liberal, tudo isso soa incompreensível[9].

1.2. Tipo objetivo e exclusão do crime

Pressuposto necessário para a caracterização do tipo penal é a existência de casamento anterior celebrado de acordo com as disposições dos artigos 1.525 a 1.542 do Código Civil e que se encontre vigente ao tempo do segundo matrimônio. O verbo descrito no tipo é *contrair*, que significa contratar, ajustar, convolar, motivo pelo qual se considera bígamo o sujeito que contrair novas núpcias já sendo casado, sendo

---

7 Art. 1.521. Não podem casar: (...)
VI – as pessoas casadas.

8 Prado, Luiz Regis. *Curso de Direito Penal Brasileiro.* v. 2. 8ª edição. São Paulo: Revista dos Tribunais, 2010. p. 681.

9 Pierangeli, José Henrique. *Manual de Direito Penal Brasileiro – Parte Especial.* 2ª edição. São Paulo: Revista dos Tribunais, 2007. p. 546.

insuficiente apenas a união estável, sob pena de configurar analogia *in malam partem*, conforme preleciona Rogério Greco:

> Não se pode, por via analógica, ampliar o conteúdo figura típica que somente exigiu a existência de um casamento anterior, como um dos elementos necessários ao reconhecimento do delito de bigamia. A própria Constituição Federal não confunde o casamento com a união estável, dizendo, no § 3° do seu art. 226, que, para efeitos da proteção do Estado, é reconhecida a união estável entre o homem e a mulher como entidade familiar, devendo a lei facilitar sua conversão em casamento".[10]

Nos casos do § 1° do artigo 235 também pratica o crime de bigamia aquele que embora não seja casado (solteiro, viúvo, ou divorciado) [11] conhece o impedimento do outro, no entanto o ignora e contrai casamento. Nessa hipótese temos a forma privilegiada do crime de bigamia e, consequentemente, a punição será mais leve que aquela prevista no *caput*, ou seja, de um a três anos de reclusão ou detenção.

No entanto, o item 76 da Exposição de motivos do Código Penal descreve que

> "o crime de bigamia existe desde que, ao tempo do segundo casamento, estava vigente o primeiro; mas, se este, a seguir, é judicialmente declarado nulo, o crime se extingue, pois a declaração de nulidade retroage ex tunc. Igualmente não subsistirá o crime se vier a ser anulado o segundo casamento, por motivo outro que não o próprio impedimento do matrimônio anterior (pois a bigamia não pode excluir-se a si mesma) ".

Por isso, a prática do crime de bigamia pressupõe a existência formal e a vigência de casamento contraído anteriormente, ou seja, uma vez anulado o primeiro matrimônio ou até mesmo o casamento posterior considera-se atípica a conduta do agente, nos termos do § 2° do artigo 235 do Código Penal. Apesar do dispositivo utilizar o termo ***anulado***, Cezar Bitencourt salienta que *"é irrelevante ser o matrimônio anterior nulo ou anulável"* [12].

As hipóteses em que o casamento contraído será considerado nulo estão previstas no artigo 1.548[13] e anulável no artigo 1.550[14] ambos do Código Civil.

---

10 GRECO, Rogério. *Curso de Direito Penal – Parte Especial*. v. 3. Rio de Janeiro: Impetus, 2012. p. 654.

11 Mirabete entende que *"a morte do primeiro cônjuge, o divórcio e a anulação do casamento anterior não podem ser presumidos, devem ser comprovados pelo réu, especialmente quando se declarou solteiro por ocasião do segundo casamento, evidenciando uma consciência dolosa"* (Manual de Direito Penal – Parte Especial. v. 3. 26ª edição. São Paulo: Atlas, 2012. p. 5-6.

12 BITENCOURT, Cezar Roberto. *Código Penal Comentado*. 2 ed. atual. São Paulo: Saraiva, 2004. p. 236.

13 Art. 1.548. É nulo o casamento contraído:
I – pelo enfermo mental sem o necessário discernimento para os atos da vida civil;
II – por infringência de impedimento.

14 Art. 1.550. É anulável o casamento:
I – de quem não completou a idade mínima para casar;
II – do menor em idade núbil, quando não autorizado por seu representante legal;
III – por vício da vontade, nos termos dos arts. 1.556 a 1.558;
IV – do incapaz de consentir ou manifestar, de modo inequívoco, o consentimento;
V – realizado pelo mandatário, sem que ele ou o outro contraente soubesse da revogação do mandato, e não sobrevindo coabitação entre os cônjuges;
VI – por incompetência da autoridade celebrante.

Cumpre salientar que a dissolução do matrimônio ou a cessação dos efeitos civis deste, ocorre com o divórcio. Nos casos de separação judicial, o crime estará caracterizado se for celebrado novo casamento, tendo em vista que a referida medida não põe fim ao vínculo matrimonial[15].

1.3. Tipo Subjetivo

O delito de bigamia descrito no *caput* é composto pela vontade livre e consciente de contrair novo casamento durante a vigência de matrimônio anterior, isto é, trata-se de crime que exige o dolo para sua caracterização, não havendo previsão da modalidade culposa. Por isso, não haverá crime na hipótese de *erro*[16] sobre o impedimento existente para contrair novo casamento. No caso de dúvida a respeito da vigência do primeiro casamento, a doutrina tem entendido que será possível a imputação do injusto ao contraente casado por estar caracterizado o dolo eventual.

Poderá haver erro sobre a ilicitude do fato[17] se alguém, de pouca cultura ou instrução, não souber, por exemplo, distinguir separação judicial de divórcio, desconhecendo o caráter ilícito de seu comportamento ao acreditar que a primeira medida é suficiente para celebrar novo casamento, conforme já se decidiu[18].

Quanto ao tipo previsto no § 1º do artigo 235, não basta para caracterização do fato criminoso o dolo eventual, pois a norma incriminadora exige do agente que não possui nenhum impedimento o *conhecimento* do casamento anterior do outro contraente, ou seja, é necessário que a conduta seja praticada com dolo direto.

1.4. Concurso de crimes

Por outro lado, considerando que a falsa declaração do autor sobre a inexistência de impedimento para a celebração do segundo casamento é ato necessário para a consumação do crime de bigamia, é possível afirmar que houve concurso material de crimes?

A doutrina[19] e a jurisprudência[20] têm se manifestado no sentido de que a falsidade ideológica é uma etapa necessária para a consumação do crime de bigamia, devendo

15 Cf. Pierangeli, José Henrique. *Manual de Direito Penal Brasileiro – Parte Especial.* 2ª edição. São Paulo: Revista dos Tribunais, 2007. p. 543.

16 Art. 20 do CP. O erro sobre elemento constitutivo do tipo legal de crime exclui o dolo, mas permite a punição por crime culposo, se previsto em lei.

17 Art. 21 do CP. O desconhecimento da lei é inescusável. O erro sobre a ilicitude do fato, se inevitável, isenta de pena; se evitável, poderá diminuí-la de um sexto a um terço.

18 TJMG. Apelação Criminal n. 1.0000.00.301935-3/000, Rel. Des. Gomes Lima, Terceira Câmara Criminal, julgamento em 06/05/2003.

19 Nesse sentido: Mirabete, Júlio Fabbrini; Mirabete, Renato N. *op. cit.* p. 7-8; Prado, Luiz Regis. *Curso de Direito Penal Brasileiro.* v. 2. 8ª edição. São Paulo: Revista dos Tribunais, 2010. p. 683; Pierangeli, José Henrique. *Manual de Direito Penal Brasileiro – Parte Especial.* 2ª edição. São Paulo: Revista dos Tribunais, 2007. p. 544. Bitencourt, Cezar Roberto. *Tratado de Direito Penal – Parte Especial.* v. 4. 6ª edição. São Paulo: Saraiva, 2012. p. 212.

20 HC 39.583/MS, Rel. Ministra Laurita Vaz, Quinta Turma, julgado em 08/03/2005 e HC 2859/RJ, Rel. Min. Luiz Vicente Cernichiaro. Sexta Turma, Julgado em 28-11-1994.

o crime-fim absorver o delito-meio, solucionando-se o conflito pelo princípio da consunção.

Em sentido contrário, afirma Fernando Capez que se "*o delito de bigamia chega a ser tentado ou atinge a consumação, haverá concurso material entre a falsidade documental e a bigamia, uma vez que os momentos consumativos e os objetos jurídicos são diversos*"[21]. Ocorre que se persistir essa interpretação estaríamos abolindo praticamente a possibilidade de absorção de um crime por outro, considerando que entre a violação de domicílio e o furto, o porte de arma e homicídio, entre outros exemplos, os momentos consumativos e os objetos jurídicos também são distintos. No entanto, é sabido que nessas hipóteses tanto o crime de furto absorve a violação de domicílio quanto o homicídio o porte de arma.

Por isso, entendemos que a aplicação do princípio da consunção é a solução correta para o conflito em questão, e como diz José Henrique Pierangeli "*dois outros fundamentos podem ser agregados: a tendência mundial pela descriminalização, e a desproporção da pena*"[22].

1.5. Consumação e tentativa

A celebração ocorre de acordo com o Código Civil, e o ato estará consumado no momento em que os nubentes manifestam suas vontades de constituírem vínculo conjugal perante o Juiz, o qual os declaram casados, segundo o Art. 1.514 do referido diploma legal.

A tentativa, embora de difícil configuração é possível. Se após a manifestação positiva dos nubentes, e antes do juiz os declarar casados houver uma interrupção por circunstâncias alheias à vontade dos agentes, houve tentativa[23].

1.6. Ação penal

A ação penal é pública incondicionada.

2. INDUZIMENTO A ERRO ESSENCIAL E OCULTAÇÃO DE IMPEDIMENTO

⊙ **Induzimento a erro essencial e ocultação de impedimento**

Art. 236 – Contrair casamento, induzindo em erro essencial o outro contraente, ou ocultando-lhe impedimento que não seja casamento anterior:

Pena – detenção, 6 (seis) meses a 2 (dois) anos.

Parágrafo único. A ação penal depende de queixa do contraente enganado e não pode ser intentada senão depois de transitar em julgado a sentença que, por motivo de erro ou impedimento, anule o casamento.

21 CAPEZ, Fernando. Curso de Direito Penal. V. 3. 10ª Edição. São Paulo: Saraiva, 2012. p. 186.

22 Pierangeli, José Henrique. *op. cit.* p. 544.

23 A propósito: HUNGRIA, Nelson. LACERDA, Romão Cortês de. FRAGOSO, Heleno. *Comentários ao Código Penal.* Volume VIII. 5ª edição. Rio de Janeiro: Forense, 1981. p. 351.

2.1. Objeto jurídico e sujeitos do crime

Seguindo a crítica realizada anteriormente, também se verifica na criminalização da conduta descrita neste tipo penal a incidência elevada de valores morais e religiosos, o que vai de encontro ao conteúdo estabelecido pelos princípios da secularização e da intervenção mínima, ainda que a pretensão do legislador tenha sido tutelar a regular formação da família em razão das consequências que podem advir com o casamento, conforme estabelecem os artigos 1.565 e 1.566 do Código Civil.

Por tratar-se de crime comum, uma vez que o tipo penal não exige nenhuma condição ou qualidade específica do autor do injusto, qualquer pessoa que se casa com outra induzindo-a em erro ou ocultando-lhe impedimento pode ser sujeito ativo do crime em estudo.

Com relação ao sujeito passivo, ao contrário do que aduz parte da doutrina[24] e, conforme exposto na análise do crime de bigamia, entendemos que não pode ser o Estado[25], mas sim o contraente enganado ou a quem foi ocultado o impedimento.

2.2. Tipo objetivo

O tipo penal criminaliza a conduta de *contrair casamento* em duas hipóteses, quais sejam: *induzindo em erro essencial* o sujeito passivo e *ocultando impedimento,* desde que não seja casamento anterior, pois neste caso caracterizaria o delito de bigamia. É imprescindível analisar o que caracteriza o *erro essencial e* o *impedimento,* tendo em vista que o referido dispositivo trata-se de norma penal em branco.

Na primeira modalidade, é necessário complementar o tipo incriminador com o disposto no artigo 1.557 do Código Civil, o qual considera erro essencial sobre a pessoa do outro cônjuge:

> I – o que diz respeito à sua identidade, sua honra e boa fama, sendo esse erro tal que o seu conhecimento ulterior torne insuportável a vida em comum ao cônjuge enganado;
>
> II – a ignorância de crime, anterior ao casamento, que, por sua natureza, torne insuportável a vida conjugal;
>
> III - a ignorância, anterior ao casamento, de defeito físico irremediável que não caracterize deficiência ou de moléstia grave e transmissível, por contágio ou por herança, capaz de pôr em risco a saúde do outro cônjuge ou de sua descendência; (Redação dada pela Lei nº 13.146, de 2015) (Vigência)
>
> IV - (Revogado) . (Redação dada pela Lei nº 13.146, de 2015) (Vigência)

Na segunda modalidade, também precisamos recorrer ao Código Civil para verificar quais são os impedimentos que tornam o matrimônio nulo ou anulável. O artigo 1.521 do CC, dispõe que estão impedidos de casar:

---

24 CAPEZ, Fernando. *op. cit.* p. 189.

25 Ver BITENCOURT, Cezar Roberto. *Tratado de Direito Penal – Parte Especial.* v. 4. 6ª edição. São Paulo: Saraiva, 2012. p. 212 e 215.

> I – os ascendentes com os descendentes, seja o parentesco natural ou civil;
>
> II – os afins em linha reta;
>
> III – o adotante com quem foi cônjuge do adotado e o adotado com quem o foi do adotante;
>
> IV – os irmãos, unilaterais ou bilaterais, e demais colaterais, até o terceiro grau inclusive;
>
> V – o adotado com o filho do adotante;
>
> VI – as pessoas casadas;
>
> VII – o cônjuge sobrevivente com o condenado por homicídio ou tentativa de homicídio contra o seu consorte.

Cumpre lembrar que para haver a caracterização do delito é necessário a demonstração de que tanto o induzimento quanto a ocultação ocorra por uma manobra positiva, comissiva[26], pois *o simples silêncio ou a ocultação fraudulenta por omissão não são suficientes para a caracterização do delito em apreço.*[27]

2.3. Tipo subjetivo

Ante a inexistência de previsão de modalidade culposa, o crime é punível apenas a título de dolo, que no caso caracteriza-se pela vontade livre e consciente de contrair matrimônio, induzindo o contraente em erro essencial ou ocultando impedimento existente.

2.4. Consumação e tentativa

Considerando que a queixa do cônjuge enganado após a ocorrência do trânsito em julgado da sentença que, por motivo de erro, anular o casamento, é condição de procedibilidade para apuração do injusto, entende-se que a tentativa é inadmissível. Guilherme de Souza Nucci sustenta que o legislador criou

> "uma condição para haver a punição do agente: ser o casamento anulado efetivamente. Assim, ainda que tenha sido enganado, pode ser que o agente permaneça casado, como no caso da pessoa que se casa com moça que possui defeito físico irremediável. Logo, não há punição alguma para o agente. Apesar de configurado o delito, não há punibilidade" [28].

Entretanto, concordamos com Cezar Bitencourt[29] no sentido de que

> "o trânsito em julgado de sentença que anulou o casamento constitui pressuposto processual ou condição objetiva procedibilidade, que não se confunde com a

---

26 Cf. HUNGRIA, Nelson. LACERDA, Romão Cortês de. FRAGOSO, Heleno. *Comentários ao Código Penal.* Volume VIII. 5ª edição. Rio de Janeiro: Forense, 1981. p. 357.

27 Prado, Luiz Regis. *Curso de Direito Penal Brasileiro.* v. 2. 8ª edição. São Paulo: Revista dos Tribunais, 2010. p. 687.

28 NUCCI, Guilherme de Souza. *Manual de Direito Penal – Parte Geral e Especial.* 7ª edição. Rev. Atual. São Paulo: Revista dos Tribunais, 2011. p. 890.

29 BITENCOURT, Cezar Roberto. *Tratado de Direito Penal – Parte Especial.* v. 4. 6ª edição. São Paulo: Saraiva, 2012. p. 215.

existência do crime ou com condição objetiva de punibilidade. Trata-se apenas de condição para o exercício válido da ação penal.

Por outro lado, consuma-se o crime com a celebração do casamento, ou seja, depois de serem declarados casados pelo juiz[30].

2.5. Ação penal

Conforme exposto anteriormente, em razão do disposto parágrafo único trata-se de crime que se apura mediante queixa, portanto, a ação penal é privada personalíssima e somente poderá se intentada pelo cônjuge enganado após o trânsito em julgado da sentença que, por motivo de erro ou impedimento, anular o casamento.

3. CONHECIMENTO PRÉVIO DE IMPEDIMENTO

⊙ **Conhecimento prévio de impedimento**

Art. 237 – contrair casamento, conhecendo a existência de impedimento que lhe cause a nulidade absoluta:

Pena – detenção, de 3 (três) meses a 1 (um) ano.

3.1. Objeto jurídico e sujeitos do crime

Trata-se de mais uma conduta que o legislador busca tutelar a regular formação da família por meio da criminalização, demonstrando, mais uma vez, a opção por uma política criminal intervencionista na elaboração do Código Penal de 1940, a qual busca a ampliação do controle estatal através do Direito Penal.

O sujeito ativo do delito pode ser qualquer pessoa que contraia casamento sabendo da existência do impedimento absoluto e, no caso dos dois cônjuges terem ciência, ambos serão autores.

O sujeito passivo será o contraente enganado, mas, caso os dois cônjuges tenham conhecimento do impedimento, o sujeito passivo será o Estado.

3.2. Tipo objetivo

Como em todos os tipos estudados até aqui, a norma consubstancia-se no verbo contrair (casamento), isto é, ajustar a união entre duas pessoas, devidamente habilitadas e legitimadas pela norma civil, formalizando o vínculo conjugal e assumindo juridicamente o enlace matrimonial.

A norma incriminadora prescreve que o sujeito que contrair casamento deverá ter pleno conhecimento da existência de impedimento que lhe cause a nulidade absoluta, sendo que tais hipóteses estão descritas no artigo 1.521, incisos I a VII, do Código Civil, com exceção do inciso VI que caracteriza a bigamia.

---

30 Cf. GRECO, Rogério. *op. cit.* p. 664-665.

No caso do cônjuge de boa-fé não ter ciência do conhecimento do impedimento, em razão da ocultação ter se dado por ato fraudulento (conduta comissiva) do autor do injusto, teremos, em tese, o delito previsto no artigo 236 do Código Penal.

A propósito, a diferença fundamental entre os artigos 236 e 237 reside justamente no fato de que naquele a ocultação deve obrigatoriamente estar acompanhada de um ato comissivo que faz a vítima permanecer em estado de ignorância e, neste, a ação é puramente omissiva, não exigindo o emprego de artifício ou ardil, bastando que o autor esteja ciente do impedimento.

3.3. Tipo subjetivo

A exemplo dos crimes analisados anteriormente, para que o delito em comento seja praticado é necessária a presença do dolo, consistente na vontade livre e consciente do ou dos nubentes em contrair o casamento tendo conhecimento de impedimento que lhe cause nulidade. Ocorrendo erro ou dúvida quanto a existência do impedimento, a doutrina[31] entende que poderá caracterizar dolo eventual. No entanto, a lei exige o "conhecimento" do impedimento, ou seja, somente a ciência efetiva dele (dolo direto) caracteriza o crime[32].

Não existe previsão legal para a modalidade culposa.

3.4. Consumação e tentativa

A consumação ocorrerá no momento em que houver a efetiva realização do casamento, nos termos do disposto no artigo 1.514 do Código Civil.

A tentativa é admissível e, assim como descrito na análise do crime de bigamia, ocorrerá se após a manifestação positiva dos nubentes, e antes do juiz os declarar casados houver uma intervenção de terceiro que impeça a conclusão da cerimônia, declarando e provando o impedimento[33] e, consequentemente, a interrupção por circunstâncias alheias à vontade do autor do fato.

3.5. Ação penal

A ação penal é pública incondicionada.

4. SIMULAÇÃO DE AUTORIDADE PARA CELEBRAÇÃO DE CASAMENTO

⊙ **Simulação de autoridade para celebração de casamento**

Art. 238 – Atribuir-se falsamente autoridade para celebração de casamento:

Pena – detenção, de 1 (um) a 3 (três) anos, se o fato não constitui crime mais grave.

31 NORONHA, E. Magalhães. *Direito Penal.* Volume 3. 15ª Edição. São Paulo: Saraiva, 1978. p. 412.

32 Nesse sentido: Mirabete, Júlio Fabbrini; Mirabete, Renato N. *op. cit.* p. 12.

33 Pierangeli, José Henrique. *Manual de Direito Penal Brasileiro – Parte Especial.* 2ª edição. São Paulo: Revista dos Tribunais, 2007. p. 549.

4.1. Objeto jurídico e sujeitos do crime

Apesar do crime de simulação de autoridade para celebração do casamento tutelar a regular formação do matrimônio e da família, este delito representa uma forma especial de usurpação da função pública, punida com pena superior (veja-se art. 328)[34].

Considerando que se trata de crime comum, qualquer pessoa que não tenha prerrogativa para celebrar casamento, e que se passa por autoridade para realizá-lo, será sujeito ativo do delito previsto no artigo 238 do Código Penal.

O sujeito passivo são os cônjuges enganados pelo presidente da cerimônia. Cumpre salientar que conhecemos o entendimento de que a vítima é o Estado e secundariamente os cônjuges iludidos, no entanto, mantemos a crítica realizada quando da análise dos sujeitos do crime de bigamia.

4.2. Tipo objetivo

O Código Civil determina que o casamento deverá ser celebrado no dia, hora e lugar previamente designados pela *autoridade que houver de presidir o ato,* mediante petição dos contraentes (art. 1.533 do Código Civil). Assim, é necessário que a celebração do casamento seja realizada por autoridade competente, a qual, em regra, é o juiz de paz[35], sob pena de anulação (artigo 1.550, inciso VI, do Código Civil).

O núcleo do tipo penal consiste em simular, ou melhor, fazer-se passar falsamente por autoridade competente e apta para a celebração de matrimônio, ou seja, o autor do crime intitula-se dissimuladamente juiz de paz para presidir e receber as manifestações dos nubentes, realizando o casamento.

Cumpre salientar que trata-se de um delito subsidiário, pois, nos casos em que o agente aferir vantagem na usurpação da função pública, será aplicado o disposto no parágrafo único do artigo 328 do Código Penal, tendo em vista que "o fato constitui crime mais grave".

4.3. Tipo subjetivo

Considerando a exigência da vontade livre e consciente do agente em *atribuir-se falsamente* autoridade para celebração de casamento, está consubstanciada a necessidade do dolo para caracterização do delito.

Não existe previsão legal para a modalidade culposa.

---

34 Cf. HUNGRIA, Nelson. LACERDA, Romão Cortês de. FRAGOSO, Heleno. *Comentários ao Código Penal.* Volume VIII. 5ª edição. Rio de Janeiro: Forense, 1981. p. 363.

35 O texto republicano determina em seu artigo 98, inciso II, que a União, no Distrito Federal e nos Territórios, e os Estados criarão a justiça de paz, remunerada, composta de cidadãos eleitos pelo voto direto, universal e secreto, com mandato de quatro anos e competência para, na forma da lei, celebrar casamentos, verificar, de ofício ou em face de impugnação apresentada, o processo de habilitação e exercer atribuições conciliatórias, sem caráter jurisdicional, além de outras previstas na legislação.

4.4. Consumação e tentativa

Trata-se de crime formal, ou seja, o ato estará consumado no momento que o sujeito lhe atribuir a falsa identidade, assim, a celebração será mero exaurimento do delito.

Embora parte da doutrina admita a tentativa, concordamos com o entendimento de Nelson Hungria, Romão Cortês de Lacerda, Heleno Fragoso[36] e Cezar Roberto Bitencourt, o qual assevera que *"não se pode perder de vista que o tipo penal, por si só, já representa antecipação da punibilidade de condutas que não iriam além de simples atos preparatórios, que, via de regra, não são puníveis. Com efeito, algumas vezes, o legislador transforma esses atos em tipos penais especiais, fugindo à regra geral, como ocorre com 'atribuir-se falsamente autoridade para celebração casamento' (art. 238), que seria apenas a preparação da simulação de casamento (art. 239) etc. De sorte que esses atos, que teoricamente seriam preparatórios, constituem, por si mesmos, figuras delituosas"*[37].

4.5. Ação penal

A ação penal é pública incondicionada.

5. SIMULAÇÃO DE CASAMENTO

> ⊙ **Simulação de casamento**
>
> **Art. 239** - simular casamento mediante engano de outra pessoa:
>
> Pena - detenção de 1 (um) a 3 (três) anos, se o fato não constituir elemento de crime mais grave

5.1. Objeto jurídico e sujeitos do crime

Permanece a intenção do legislador em tutelar a regular formação do casamento e, consequentemente, a organização da família.

Trata-se de crime comum porque a norma penal não exige qualidade essencial do agente, podendo ser qualquer pessoa que simule o casamento, bastando que um dos contraentes ou ambos tenham a convicção de que estão legalmente se casando. No caso de ambos contraentes serem enganados, Luiz Regis Prado cita a hipótese de poder ser autor o juiz e/ou o oficial de Registro Civil[38], pois não há dúvidas que podem simular casamento mediante engano de outra pessoa.

---

36 Os autores verberam que "o crime se consuma com o atribuir-se alguém falsamente autoridade (delito formal), não parece admissível na hipótese, a tentativa". In: *Comentários ao Código Penal.* Volume VIII. 5ª edição. Rio de Janeiro: Forense, 1981. p. 364.

37 Cf. BITENCOURT, Cezar Roberto. *Tratado de Direito Penal – Parte Geral.* v. 1. 6ª edição. São Paulo: Saraiva, 2012. p. 362.

38 PRADO, Luiz Regis. *Curso de Direito Penal Brasileiro.* v. 2. 8ª edição. São Paulo: Revista dos Tribunais, 2010. p. 695.

Consequentemente, o sujeito passivo pode ser o contraente ou contraentes[39] ou o representante legal (ascendente, tutor ou curador) quando seu consentimento for essencial para a celebração do casamento.

5.2. Tipo objetivo

A conduta descrita no tipo é *simular* casamento em detrimento de outra pessoa, ou seja, o verbo nuclear utilizado na norma incriminadora tem o sentido de fingir, enganar, disfarçar o casamento para que o outro contraente ou seus responsáveis tenham convicção de que o matrimônio não se trata de uma farsa.

Para caracterização do delito é necessário que o meio utilizado seja apto a enganar ou iludir a outra pessoa, caso contrário estaremos diante de crime impossível por absoluta ineficácia do meio empregado (art. 17 do Código Penal), lembrando também que *a* simples representação de estar se casando para zombar dos amigos é insuficiente para caracterizar o delito[40].

Ainda, na lição de Romão Cortês de Lacerda e outros[41] *"para execução do crime é necessário que a celebração do casamento não seja séria, isto é, que tenha havido falsa atribuição de autoridade para celebração. Se a celebração foi séria, houve sempre um casamento, pouco importando a existência de erro por parte dos contraentes, ou de qualquer impedimento (arts. 236 e 237). Assim, o crime que ora se trata é irmão gêmeo do previsto no artigo 238, sendo, aliás, punido com a mesma pena (detenção por um a três anos), se não constituir o fato crime mais grave ou elemento de crime mais grave"*, por tratar-se de delito expressamente subsidiário.

5.3. Tipo subjetivo

Diante da inexistência de previsão legal de modalidade culposa, o crime é punível apenas a título de dolo, que no caso caracteriza-se pela vontade livre e consciente de simular casamento mediante engano de outra pessoa.

5.4. Consumação e tentativa

A consumação do delito ocorre com o encerramento da falsa cerimônia, razão pela qual *"o agente tem de percorrer um iter mais ou menos longo, possibilitando a sua interrupção"*[42] por motivos alheios à sua vontade, hipótese em que se admitirá a tentativa.

---

39 José Henrique Pierangeli salienta que é preferível não usar a palavra cônjuge *porque aqui o casamento não existe, apenas um simulacro dele, que não produz efeitos jurídicos*. In: *Manual de Direito Penal Brasileiro – Parte Especial.* 2ª edição. São Paulo: Revista dos Tribunais, 2007. p. 551.

40 Cf. BITENCOURT, Cezar Roberto. *Tratado de Direito Penal – Parte Especial.* v. 4. 6ª edição. São Paulo: Saraiva, 2012. p. 224.

41 HUNGRIA, Nelson. LACERDA, Romão Cortês de. FRAGOSO, Heleno. *Comentários ao Código Penal.* Volume VIII. 5ª edição. Rio de Janeiro: Forense, 1981. p. 366.

42 PIERANGELI, José Henrique. *Manual de Direito Penal Brasileiro – Parte Especial.* 2ª edição. São Paulo: Revista dos Tribunais, 2007. p. 551.

5.5. Ação penal

A ação penal é pública incondicionada.

Art. 240 – Adultério (Revogado).

CAPÍTULO II – DOS CRIMES CONTRA O ESTADO DE FILIAÇÃO

GIOVANE SANTIN

1. REGISTRO DE NASCIMENTO INEXISTENTE

⊙ **Registro de nascimento inexistente**

Art. 241 – Promover no registro civil a inscrição de nascimento inexistente:

Pena – reclusão, de 2 (dois) a 6 (seis) anos.

1.1. Objeto jurídico e sujeitos do crime

Embora a intenção do legislador tenha sido a de tutelar a regular formação da família, bem como o estado de filiação, coadunamos com Rogério Greco no sentido de que o delito em questão *"é uma forma especializada do crime de falso, haja vista que o agente fornece, falsamente, os dados exigidos pelo art. 54 da Lei de Registros Públicos ao Cartório do Registro Civil, a fim de promover a inscrição de nascimento inexistente"*[1], razão pela qual a fé pública também pode ser considerada como objeto de proteção dessa norma penal.

O crime em destaque pode ser perpetrado por qualquer pessoa, admitindo coautoria ou participação, que pode se dar por testemunhas de seu registro no ofício próprio, desde que tenham conhecimento da falsidade do ato, e por médico que emitiu a certidão de nascimento vivo[2].

Sujeito Passivo pode ser qualquer pessoa que, de alguma forma, seja prejudicada com o registro inexistente. Para Estefam, sujeito passivo *"são os pais a quem o nascimento inexistente foi atribuído e os membros da família e quando os autores do delito forem as pessoas a quem se atribui a paternidade ou maternidade, os prejudicados pelo delito"*[3].

Contudo, na lição de Bitencourt deve-se *"ter a cautela de não confundir sujeito passivo com prejudicados pelo crime. Não se afasta a possibilidade de, em determinadas circunstâncias, não haver sujeito passivo strictu sensu"*[4].

---

1 GRECO, Rogério. *op. cit.* p. 680.

2 Cf. PRADO, Luiz Regis. *op. cit.*. p. 698.

3 ESTEFAM, André. *Direito Penal – Parte Especial.* v. 3. São Paulo: Saraiva, 2011. p. 268.

4 BITENCOURT, Cezar Roberto. *op. cit.* p. 226.

1.2. Tipo objetivo

A conduta descrita no tipo consiste em promover, que significa dar origem, requerer, gerar, efetuar, realizar ou propor no registro civil um nascimento que não existiu, logo a pessoa é fictícia.

Percebe-se claramente que a caracterização do delito se dá com um único meio executivo que é a falsidade ideológica (artigo 299 do CP) fazendo com que o serventuário inscreva em livro de registro um nascimento que não existiu, bem como a inscrição de filho nascido morto como se vivo estivesse. No entanto, o crime de falso será absorvido pelo delito previsto no artigo em epígrafe (241 do CP), tanto pelo princípio da especialidade quanto pelo princípio da consunção.

1.3. Tipo subjetivo

O delito previsto no artigo 241 do Código Penal só pode ser praticado dolosamente, isto é, o agente deve agir de forma livre e consciente com o intuito de promover o registro civil de nascimento inexistente.

1.4. Consumação e tentativa

A consumação ocorre no instante que for efetivada a inscrição do nascimento inexistente no cartório de registro civil, seja qual for os efeitos que pode causar.

Admite-se a tentativa quando, por exemplo, o agente declarara no Registro Civil nascimento inexistente, mas este não é escrito no livro adequado por circunstâncias alheias à sua vontade. Contudo, entendemos que nessas hipóteses, é possível a caracterização de crime impossível (artigo 17 do CP) se, o oficial do registro civil perceber que a falsificação do documento necessário para o registro é grosseira, sendo totalmente ineficaz para a consumação do crime.

1.5. Ação penal

A ação penal é pública incondicionada.

2. PARTO SUPOSTO. SUPRESSÃO OU ALTERAÇÃO DE DIREITO INERENTE AO ESTADO CIVIL DE RECÉM-NASCIDO

⊙ **Parto suposto. Supressão ou alteração de direito inerente ao estado civil de recém-nascido**

Art. 242 – Dar parto alheio como próprio; registrar como seu o filho de outrem; ocultar recém-nascido ou substituí-lo, suprimindo ou alterando direito inerente ao estado de civil:

Pena – reclusão, de 2 (dois) a 6 (seis) anos.

Parágrafo Único. Se o crime é praticado por reconhecida nobreza:

Pena – detenção, de 1 (um) a 2 (dois) anos, podendo o juiz deixar de aplicar a pena.

2.1. Objeto jurídico e sujeitos do crime

Percebe-se que o núcleo da norma incriminadora possui quatro formas de conduta, motivo pelo qual se trata de tipo penal misto cumulativo. Analisando a redação do referido dispositivo, a as modalidades típicas consistem em *dar parto alheio como próprio, registrar como seu o filho de outrem, ocultar ou substituir recém-nascido* para suprimir ou alterar direito inerente ao estado civil.

Assim como no artigo anterior, tutela-se o estado de filiação e, no caso da conduta de *registrar como seu o filho de outrem*, a fé pública do Registro Civil.

Quanto ao sujeito ativo, a primeira figura típica – *dar parto alheio como próprio* – trata-se de crime próprio, uma vez que somente a mulher poderá praticá-lo. As demais figuras tratam-se de crime comum, podendo qualquer pessoa ser autor do injusto.

O sujeito passivo poderá ser qualquer pessoa prejudicada pela conduta praticada pelo sujeito ativo, por exemplo, "*herdeiros, nas duas primeiras hipóteses, pois terão que dividir, indevidamente, sua parte na herança com aquele que a ela não faz jus; o próprio recém-nascido, ou mesmo de outras pessoas que foram lesadas com a prática da conduta típica*"[5].

2.2. Tipo objetivo

Conforme mencionado anteriormente, por tratar-se de um tipo misto cumulativo são múltiplas as condutas descritas no artigo 242 do Código Penal, sendo possível que o agente incorra em mais de uma delas, hipótese que ocorrerá o concurso material de crimes. Por isso, analisaremos cada um desses delitos individualmente.

2.3. Parto suposto

A primeira figura típica será perpetrada quando uma mulher atribuir-lhe parto alheio como próprio e, ao contrário do crime descrito no artigo anterior, para a caracterização do delito é necessário que exista o nascimento de uma criança, bem como a criação de uma situação duradoura que envolva efetivamente uma alteração de fato no *status* familiar da criança ou que demonstre a introdução desta na família. Isto quer dizer que a mera declaração de que a criança é seu filho não constitui crime[6].

Ademais, é dispensável a inscrição da criança no registro civil, hipótese que pode configurar a segunda modalidade descrita no tipo e, consequentemente, na hipótese de pluralidade de condutas – a mulher além de atribuir parto alheio como próprio e depois registra a criança como se fora sua – teremos concurso material de crimes.

5 GRECO, Rogério. *op. cit.* p. 688.

6 Confira-se: PIERANGELI, José Henrique. op. cit. p. 556. PRADO, Luiz Regis. *op. cit.*. p. 701. MAYRINK, Álvaro da Costa. *Direito Penal – Parte Especial*. v. VI. 6ª Ed. Rio de Janeiro: Forense, 2010. p. 377.

Por outro lado, o crime não será perpetrado se a mulher der parto próprio como alheio, exceto se estiver na condição de partícipe com aquela que afirmou inveridicamente ser a mãe verdadeira[7].

2.4. Registrar filho alheio como próprio

A infração ocorrerá quando o homem ou a mulher efetuam a inscrição no registro civil das pessoas naturais de determinada criança, filho de outrem, como se fossem pais biológicos dela.

Entretanto, também pode ocorrer o que vem sendo chamado de "adoção à brasileira", isto é, quando os agentes registrarem filho de outrem com o consentimento da mãe biológica. Nesta hipótese, pode ser aplicado o disposto parágrafo único, caso seja entendido que o fato foi praticado por reconhecida nobreza.

2.5. Ocultação ou Substituição de recém-nascido

A parte final do dispositivo tipifica a conduta de ocultar ou substituir recém-nascido com o intuito de suprimir direitos que lhe são intrínsecos ao estado familiar.

O verbo ocultar significa encobrir, esconder, a criança para que seu nascimento não seja conhecido e, consequentemente, suprimir ou alterar direito inerente ao seu estado civil, ou seja, *"basta que o agente não apresente o neonato, advindo dessa conduta a supressão ou alteração de seu status familiae. A não realização da inscrição do nascimento no Registro Civil, com a finalidade de suprimir direito do recém-nascido – por exemplo, obstar que o figure como herdeiro -, configura o delito se acompanhada da privação de direito concernente ao estado civil"*[8].

Esclarece Romão Côrtes Lacerda[9] que no caso da criança nascer morta, a não realização do registro não constitui o crime de ocultação de recém-nascido, pois o natimorto não tem estado civil, e a referida omissão não lhe suprime qualquer direito.

Por fim, a conduta de *substituir* possui o significado de trocar o recém-nascido por outra criança com o intuito de suprimir ou alterar direito inerente ao estado civil de ambos. Essa hipótese pode ocorrer quando *"uma mãe, diante da malformação de seu bebê, troca-o na maternidade por outra criança, passando a cuidarem as respectivas mães do filho alheio, como se fora seu (uma delas, entretanto, é a autora do crime e a outra, vítima"*[10]. Contudo, se a substituição for realizada com consentimento das duas mães, o crime terá sido praticado por ambas, pouco importando o momento que for realizada ou não a efetiva inscrição das crianças no registro civil.

7 Nesse sentido: ESTEFAM, André. *Direito Penal – Parte Especial.* v. 3. São Paulo: Saraiva, 2011. p. 271.
8 PRADO, Luiz Regis. *op. cit.*. p. 702.
9 HUNGRIA, Nelson. LACERDA, Romão Cortês de. FRAGOSO, Heleno. *op. cit.* p. 386.
10 ESTEFAM, André. *Direito Penal – Parte Especial.* v. 3. São Paulo: Saraiva, 2011. p. 273.

A lei não traz um conceito preciso sobre a denominação "recém-nascido", mas a interpretação correta, em consonância com o princípio da taxatividade, é entender o referido recém-nascido como neonato, ou seja, a criança que nasceu há poucos dias.

O autor do injusto deve dirigir sua atuação com escopo de suprimir ou alterar o estado de filiação da criança, vez que sem este objetivo o fato é atípico.

2.6. Tipo subjetivo

Todos as condutas descritas no caput exigem para a configuração o dolo, entretanto, nas modalidades *ocultar recém-nascido ou substituí-lo* o agente terá que agir com o especial fim de *suprimir ou alterar direito inerente ao estado de civil* dos neonatos.

2.7. Consumação e tentativa

No tocante ao momento consumativo, é preciso realizar as distinções existentes entre as quatro modalidades previstas no artigo 242 do Código Penal. Nesse sentido, preleciona Luiz Regis Prado[11] que na hipótese do parto suposto a consumação *verifica-se quando criada situação duradoura que realmente implique alteração do status familae da criança"*; na segunda figura, a consumação ocorrerá *"com o efetivo registro do filho alheio como se fosse próprio"*; nas duas últimas hipóteses, *"com a supressão ou alteração de direito inerente ao estado civil. Logo, se da ocultação ou da supressão não resultou a privação de direito do neonato, haverá unicamente tentativa"*.

Todos os tipos penais descritos no *caput* comportam a tentativa.

2.8. CRIME PRIVILEGIADO E PERDÃO JUDICIAL

O parágrafo único do artigo 242 do Código Penal, prevê tanto a forma privilegiada (redução de pena para detenção, de um a dois anos) das quatro figuras descritas no *caput,* quanto a possibilidade de extinção da punibilidade pelo perdão judicial (artigo 107, inciso IX, do Código Penal), nos casos em que o crime for praticado por motivo de reconhecida nobreza[12].

Ambas hipóteses tratam-se de direito subjetivo do autor do injusto, e compete ao juiz avaliar e decidir, sempre de forma devidamente fundamentada, pelo reconhecimento do privilégio ou pela extinção da punibilidade pelo perdão judicial. Guilherme de Souza Nucci[13] entende que o magistrado deverá levar em consideração as condições

11 Cf. PRADO, Luiz Regis. *op. cit.*. p. 702.

12 Motivo de reconhecida nobreza *"é o digno, altruísta, elevado e generoso, como, por exemplo, o do agente que, diante da miséria a que é submetida a criança, gerada por pais sem a mínima condição de subsistência, a registra como própria, com a finalidade de lhe garantir adequado desenvolvimento."* (CUNHA, Rogério Sanches. GOMES, Luiz Flávio. *Direito Penal: parte especial.* v. 3. São Paulo: Revista dos Tribunais, 2008. p. 261.

13 NUCCI, Guilherme de Souza. *Manual de Direito Penal: Parte Geral e Parte Especial.* 7ª Ed. rev. atual. São Paulo: Revista dos Tribunais, 2011. p. 896.

pessoais do acusado (maus antecedentes, reincidência, conduta social, etc.) para definir qual das duas hipóteses deverá ser aplicada no caso em concreto.

2.9. Ação penal

A ação penal é pública incondicionada.

3. SONEGAÇÃO DE ESTADO DE FILIAÇÃO

⊙ Sonegação de estado de filiação

Art. 243 - Deixar em asilo de expostos ou outra instituição de assistência filho próprio ou alheio, ocultando-lhe a filiação ou atribuindo-lhe outra, com fim de prejudicar direito inerente ao estado civil:

Pena - reclusão, de 1 (um) a 5 (cinco) anos, e multa

3.1. Objeto jurídico e sujeitos do crime

Da mesma forma que nos artigos anteriores (241 e 242 do CP), continua-se tutelando a organização familiar e o estado de filiação, com especial destaque para a proteção dos direitos civis da criança.

Quando se tratar da figura *deixar filho alheio,* o sujeito ativo poderá ser qualquer pessoa, tratando-se, nessa hipótese, de crime comum. Contudo, quando a modalidade foi *deixar filho próprio,* os autores do injusto poderão ser somente os pais da criança.

O sujeito passivo é o infante que teve os direitos inerentes ao estado civil prejudicados pela ocultação ou pela atribuição de outra filiação.

3.2. Elemento objetivo

O verbo deixar deve ser entendido como largar, abandonar filho próprio ou alheio em abrigo de crianças abandonadas, creches ou orfanatos, ocultando ou atribuindo filiação inidônea, com escopo de prejudicar direito inerente ao estado civil da mesma.

Romão Cortês de Lacerda afirma que *"elemento do crime é o conhecer o agente a filiação da criança que expõe, e ocultá-la, isto é, no caso, deixar de a declarar, ou declará-la falsamente. Assim, se alguém, ocultando o estado civil de uma criança, a depõe em uma casa particular, e o dono da casa, a seu turno, a deixa no asilo, não se configura o crime, a cargo do último. Deve notar-se que não se trata, aqui, de punir o abandono de menor, mas a alteração ou supressão do estado civil"*[14].

Portanto, é possível afirmar que nos casos em que a criança for deixada nos locais indicados no artigo 243 do Código Penal com a informação correta a respeito de sua filiação, não haverá o crime. Também não incorrerá nas penas da referida norma

---

14 HUNGRIA, Nelson. LACERDA, Romão Cortês de. FRAGOSO, Heleno. *op. cit.* p. 390.

incriminadora a pessoa que abandonar a criança no asilo de expostos ou outra instituição de assistência, desconhecendo a filiação do menor.

3.3. Elemento subjetivo

É o dolo, vontade livre e consciente de deixar filho próprio ou alheio em asilo de expostos ou instituição de assistência, ocultando-lhe a filiação ou atribuindo-lhe outra. O tipo também exige para sua caracterização o elemento subjetivo especial representado pela expressão *com o fim de prejudicar direito inerente ao estado civil,* isto é, o agente sonegando o estado de filiação, pode querer omitir o menor de herança, ou mesmo privá-lo dos alimentos devidos[15]

Não há previsão para a modalidade culposa.

3.4. Consumação e tentativa

Ocorre a consumação do crime com o abandono da criança nos locais indicados no tipo com a exigida ocultação ou alteração de sua filiação.

A tentativa é possível, desde que, após iniciada a ação de abandonar a criança em asilo de expostos ou instituição de assistência haja uma circunstância alheia à vontade do agente que impeça a consumação do fato.

3.5. Ação penal

A ação penal é pública incondicionada.

15 CUNHA, Rogério Sanches. GOMES, Luiz Flávio. *op. cit.* p. 262.

↳ CAPÍTULO III – DOS CRIMES CONTRA A ASSISTÊNCIA FAMILIAR

GIOVANE SANTIN

1. ABANDONO MATERIAL

⊙ **Abandono material**

Art. 244. Deixar, sem justa causa, de prover a subsistência do cônjuge, ou de filho menor de 18 (dezoito) anos ou inapto para o trabalho, ou de ascendente inválido ou maior de 60 (sessenta) anos, não lhes proporcionando os recursos necessários ou faltando ao pagamento de pensão alimentícia judicialmente acordada, fixada ou majorada; deixar, sem justa causa, de socorrer descendente ou ascendente, gravemente enfermo:

Pena – detenção, de 1 (um) a 4 (quatro) anos e multa, de uma a dez vezes o maior salário mínimo vigente no País.

Parágrafo único – Nas mesmas penas incide quem, sendo solvente, frustra ou ilide, de qualquer modo, inclusive por abandono injustificado de emprego ou função, o pagamento de pensão alimentícia judicialmente acordada, fixada ou majorada.

1.1. Objeto jurídico e sujeitos do crime

O delito de abandono material está inserido no capítulo referente aos crimes contra a assistência familiar, cujo bem jurídico tutelado é a regular manutenção da família, pretendendo-se garantir a subsistência e o amparo de seus membros. Seguindo a análise crítica mencionada no início deste título, *"o Direito Penal não poderia ser utilizado para tutelar a assistência familiar, uma vez que o Direito Civil é não só suficiente para tanto, como também mais eficaz que o Direito Penal, em especial com relação ao delito de abandono material decorrente do não pagamento da pensão judicialmente acordada, uma vez que possibilita inclusive a prisão do alimentante. Além disso, admite-se na esfera cível a perda do poder familiar por simples decisão judicial, ao passo que na seara criminal não será possível a perda do poder familiar pelo cometimento dos crimes de abandono"*[1].

Analisando o artigo 244 do Código Penal, podemos perceber que o núcleo da norma incriminadora possui três formas de conduta, razão pela qual se trata de tipo penal

---

1 ROSA, Gerson Faustino. CARVALHO, Gisele Mendes de. *Contra os crimes contra a família: pelo fim do Título VII da Parte Especial do Código Penal Brasileiro.* In: Boletim do Instituto Brasileiro de Ciências Criminais nº 258. Mês de Maio de 2014. p. 5.

misto cumulativo. A redação prevê como modalidades típicas: a) deixar, sem justa causa, de prover a subsistência do cônjuge, ou de filho menor de dezoito anos ou inapto para o trabalho, ou de ascendente inválido ou maior de sessenta anos, não lhes proporcionando os recursos necessários; b) faltar ao pagamento de pensão alimentícia judicialmente acordada, fixada ou majorada; c) deixar, sem justa causa, de socorrer descendente ou ascendente, gravemente enfermo.

Dessa forma, por se tratar de um crime próprio, podem figurar como sujeitos ativos do injusto os cônjuges, os pais ou descendentes da vítima.

Os sujeitos passivos podem ser o cônjuge, o descendente menor de dezoito anos ou inapto para o trabalho, e o ascendente inválido ou maior de sessenta anos, bem como o descendente ou ascendente gravemente enfermo.

1.2. Tipo objetivo

Por cuidar-se de um tipo misto cumulativo são múltiplas as condutas descritas no artigo 244 do Código Penal, sendo possível que o agente incorra em mais de uma delas, hipótese em que poderá ocorrer tanto o concurso material de crimes quanto a prática de uma única infração penal[2]. Assim, analisaremos cada um desses delitos separadamente.

Na primeira parte do dispositivo, pune-se o autor que injustificadamente se omite no dever de fornecer os recursos necessários para subsistência (alimentação, vestuário, saúde, etc.) do cônjuge, ou de filho menor de dezoito anos ou inapto para o trabalho, ou de ascendente inválido ou maior de sessenta anos. Segundo Álvaro Mayrink da Costa, *"cuida-se de injusto permanente e o lapso de tempo da conduta omissiva deve ser relevante para colocar em risco de dano a saúde ou a vida do sujeito passivo"*[3].

Por sua vez, o elemento normativo do tipo representado pela expressão "**sem justa causa**" pressupõe a capacidade do omitente em fornecer os recursos essenciais para a sobrevivência do sujeito passivo, deixando de fazê-lo sem justificativa plausível. Nessa linha de raciocínio André Estefam citando Nelson Hungria explica que *"aquele que omite o dever de assistência à família por carência de recursos é um desgraçado, e não um delinquente"*[4].

Na segunda modalidade descrita no tipo, pune-se também por abandono material aquele que faltar ao pagamento da pensão alimentícia judicialmente acordada, fixada ou majorada.

---

2 Didaticamente Rogério Greco exemplifica as hipóteses: *"poderá o agente deixar de prover a subsistência de filho menor de 18 anos não lhe proporcionando os recursos necessários, em virtude do não pagamento de pensão alimentícia. Nesse caso, o tipo seria considerado misto alternativo, tendo havido, consequentemente, a prática de uma única infração penal. Por outro lado, poderá o agente faltar com o pagamento da pensão alimentícia devida a seu filho e, ao mesmo tempo, deixar de socorrê-lo quando acometido de grave enfermidade, oportunidade em que deverá ser responsabilizado duplamente, em concurso material, de acordo com a regra constante do art. 69 do Código Penal"* (In: *Curso de Direito Penal – Parte Especial.* v. 3. Rio de Janeiro: Impetus, 2012. p. 701).

3 MAYRINK, Álvaro da Costa. *op. cit.* p. 398.

4 HUNGRIA, Nelson APUD ESTEFAM, André. *op. cit.* p. 287.

Quanto à prestação de alimentos o Código Civil estabelece que se trata de uma obrigação recíproca entre parentes, cônjuges ou companheiros[5], desde que aquele que os pretende não tenha condições de satisfazer suas necessidades vitais, e aquele, de quem se reclama, possa fornecê-los sem prejuízo do necessário ao próprio sustento[6]. Nessa hipótese, para a caracterização do delito é exigível que a pensão alimentícia seja fixada por acordo homologado pelo juiz ou em razão de sentença condenatória que estabeleceu ou majorou a renda mensal do alimentado.

Por outro lado, o agente só poderá ser responsabilizado por abandono material se faltar com o pagamento da pensão alimentícia podendo fazê-lo, ou seja, havendo fato superveniente (como por exemplo, demissão do emprego) que o impeça de honrar o compromisso firmado judicialmente, haverá justa causa na prática conduta omissiva e, consequentemente, restará excluída a tipicidade.

A terceira modalidade prevista na norma penal incriminadora, consiste no fato do sujeito ativo deixar, sem justa causa, de socorrer descendente ou ascendente, gravemente enfermo. Diferente da conduta prevista na primeira figura do artigo 244 do Código Penal, não se trata mais de "subsistência", mas de assistência (medicamento, internação hospitalar, etc.) a ascendente ou descendente com grave enfermidade, a qual pode ser tanto física quanto psíquica.

A obrigação dos pais em criar e educar os filhos, bem como dos descendentes em assistirem os ascendentes na velhice ou enfermidade, além de um dever ético, possui previsão no artigo 229 da Constituição da República[7].

Por fim, o tipo do parágrafo único equipara ao do *caput,* aquele que, sendo solvente, frustra ou ilide, de qualquer modo, inclusive por abandono injustificado de emprego ou função, o pagamento de pensão alimentícia judicialmente acordada, fixada ou majorada, ou seja, também pratica o crime de abandono material o agente que de *qualquer modo,* engana ou suprime o pagamento da obrigação alimentar. Ainda, pune-se o indivíduo que, sem justa causa, abandona o emprego com o intuito de evitar que seja descontado de seus vencimentos os valores referentes ao débito alimentício.

1.3. Tipo subjetivo

O crime é punível apenas a título de dolo, que no caso caracteriza-se pela vontade livre e consciente do agente em praticar qualquer das condutas previstas na norma penal incriminadora.

---

5 **Art. 1.694**. Podem os parentes, os cônjuges ou companheiros pedir uns aos outros os alimentos de que necessitem para viver de modo compatível com a sua condição social, inclusive para atender às necessidades de sua educação.

6 **Art. 1.695**. São devidos os alimentos quando quem os pretende não tem bens suficientes, nem pode prover, pelo seu trabalho, à própria mantença, e aquele, de quem se reclamam, pode fornecê-los, sem desfalque do necessário ao seu sustento.

7 **Art. 229.** Os pais têm o dever de assistir, criar e educar os filhos menores, e os filhos maiores têm o dever de ajudar e amparar os pais na velhice, carência ou enfermidade.

1.4. Consumação e tentativa

Quanto ao momento consumativo, é preciso distinguir as três modalidades previstas no artigo 244 do Código Penal.

A primeira conduta (deixar, sem justa causa, de prover a subsistência do cônjuge, ou de filho menor de dezoito anos ou inapto para o trabalho, ou de ascendente inválido ou maior de sessenta anos, não lhes proporcionando os recursos necessários), se consuma no momento da omissão (crime omissivo próprio). Contudo, a jurisprudência[8] têm se manifestado no sentido de que para caracterizar o delito de abandono material é necessário que o sujeito ativo deixe de prover a subsistência da vítima por um período de tempo juridicamente relevante.

Na segunda conduta, o crime consuma-se com quando o omitente deixa de efetuar o pagamento da pensão alimentícia acordada, fixada ou majorada judicialmente. Entretanto, o delito de abandono material não se confunde com o simples inadimplemento da pensão alimentícia, razão pela qual entendemos que nessa modalidade também é imprescindível para a caracterização que o agente deixe de pagar a pensão alimentícia, podendo fazê-lo, por um lapso temporal relevante. Caso contrário, toda e qualquer inadimplência alimentícia será crime e, nos parece, que essa não era a intenção do legislador.

A terceira e última modalidade prevista no tipo (deixar, sem justa causa, de socorrer descendente ou ascendente, gravemente enfermo), consuma-se com a omissão do agente socorrer – dar assistência – descendente ou ascendente gravemente enfermo.

Considerando que se trata de crime omissivo próprio, a tentativa é inadmissível.

1.5. Ação penal

A ação penal é pública incondicionada.

2. ENTREGA DE FILHO MENOR A PESSOA INIDÔNEA

⊙ **Entrega de filho menor a pessoa inidônea**

Art. 245 – Entregar filho menor de 18 (dezoito) anos a pessoa em cuja companhia saiba ou deva saber que o menor fica moral ou materialmente em perigo:

Pena – detenção, de 1 (um) a 2 (dois) anos.

§ 1º – A pena é de 1 (um) a 4 (quatro) anos de reclusão, se o agente pratica delito para obter lucro, ou se o menor é enviado para o exterior.

§ 2º – Incorre, também, na pena do parágrafo anterior quem, embora excluído o perigo moral ou material, auxilia a efetivação de ato destinado ao envio de menor para o exterior, com o fito de obter lucro.

---

8 Nesse sentido: Embargos Infringentes e de Nulidade n. 70044118453/TJRS. Rel. Des. Carlos Alberto Etcheverry. Quarto Grupo Criminal. Julgado em 30 de setembro de 2011.

2.1. Objeto jurídico e sujeitos do crime

O bem jurídico protegido pelo artigo 245 do Código Penal continua sendo assistência familiar, ou conforme assevera Luiz Regis Prado busca-se a *"proteção devida aos filhos menores de dezoito anos. Buca-se evitar que convivam ou tenham contato com pessoa inidônea, cuja companhia possa implicar perigo moral ou material*[9].

Pelo disposto na referida norma penal, trata-se de um crime próprio, razão pela qual se exige uma qualidade essencial do sujeito ativo que, neste caso, somente pode ser praticado pelos pais.

O sujeito passivo é o filho menor de dezoito anos.

2.2. Tipo objetivo

A conduta descrita no tipo é *entregar* filho menor de dezoito anos a pessoa em cuja companhia saiba ou deva saber que o menor fica moral ou materialmente em perigo, isto é, o verbo nuclear utilizado na norma incriminadora tem o sentido de deixar o filho menor de dezoito anos sob os cuidados ou guarda de qualquer pessoa que possa colocá-lo em situação de perigo moral ou material.

Na lição de Guilherme de Souza Nucci, *"perigo material é o que se pode verificar sensitivamente (permitir que o menor se envolva com atividades de extremo risco, comprometedoras de sua integridade física); perigo moral é o que não é detectado pelos sentidos, referindo-se às atividades comprometedoras da boa formação moral da pessoa humana (permitir que o menor se envolva com prostituição ou atividades criminosas) "*[10].

Para a caracterização do delito é imprescindível que o autor do injusto tenha conhecimento da situação de perigo moral ou material que irá expor seu filho, entregando-o a pessoa inidônea e, ao contrário do exposto no artigo 244 do Código Penal, lembra Luiz Regis Prado que, neste caso, *"não se exige que a permanência da vítima em companhia de pessoa inidônea seja por longo lapso temporal"*[11].

No § 1º do artigo 245, temos duas hipóteses de qualificadoras que aumentam a pena máxima prevista no caput de 2 (dois) de detenção para 4 (quatro) anos de reclusão. A primeira qualificadora trata-se de elemento subjetivo do injusto, uma vez que o agente pratica a conduta com o intuito de obter lucro. Contudo, para a caracterização da qualificadora basta que o filho seja entregue pelo sujeito com o propósito de auferir lucro, sendo dispensável a obtenção da vantagem econômica pretendida.

O § 2º do artigo 245 determina que incorre na mesma pena prevista no § 1º, o agente que embora excluído o perigo moral ou material, auxilia a efetivação de ato destinado ao envio de menor para o exterior, com o fito de obter lucro. Entretanto, o

---

9 PRADO, Luiz Regis. *op. cit.* p. 717.

10 NUCCI, Guilherme de Souza. *Código Penal Comentado.* Ed. 10. São Paulo: Revista dos Tribunais, 2010. p. 984-985.

11 PRADO, Luiz Regis. *op. cit.* p. 717.

dispositivo em epígrafe foi revogado tacitamente pelo artigo 239 da Lei n. 8.069/1990 (Estatuto da Criança e do Adolescente)[12].

2.3. Tipo subjetivo

O delito é composto pela vontade livre e consciente do agente em entregar seu filho menor de dezoito anos à pessoa inidônea, com a qual a vítima pode ficar exposta a perigo moral ou material, tratando-se de crime que exige o dolo (direto ou eventual) para sua caracterização, não havendo previsão legal para a modalidade culposa.

2.4. Consumação e tentativa

Embora parte da doutrina entenda que a consumação do crime ocorre com simples entrega do menor de dezoito anos a pessoa inidônea[13], coadunamos com o entendimento de Rogério Greco quando afirma que *"somente podemos entender como consumada a presente infração penal quando ficar efetivamente demonstrado que o menor se encontrou, concretamente, numa situação de perigo moral ou material"*[14]. Embora de difícil configuração, a tentativa é admissível.

2.5. Ação penal

A ação penal é pública incondicionada.

3. ABANDONO INTELECTUAL

⊙ **Abandono intelectual**

Art. 246 – Deixar, sem justa causa, de prover à instrução primária de filho em idade escolar:

Pena – detenção, de quinze dias a um mês, ou multa.

3.1. Objeto jurídico e sujeitos do crime

O artigo 205 da Constituição da República, estabelece que *"a educação, direito de todos e dever do Estado e da Família, será promovida e incentivada com a colaboração da sociedade, visando ao pleno desenvolvimento da pessoa, seu preparo para o exercício da cidadania e sua qualificação para o trabalho"*.

O Código Penal, por sua vez, busca por meio do disposto no seu artigo 246 tutelar o direito dos filhos em idade escolar receberem o ensino fundamental com o intuito prepará-los para o convívio social.

---

12 Art. 239. Promover ou auxiliar a efetivação de ato destinado ao envio de criança ou adolescente para o exterior com inobservância das formalidades legais ou com o fito de obter lucro:
Pena: reclusão de quatro a seis anos, e multa.

13 A propósito: CAPEZ, Fernando. Curso de Direito Penal. V. 3. 10ª Edição. São Paulo: Saraiva, 2012. p. 214; PRADO, Luiz Regis. *op. cit.* p. 718; Pierangeli, José Henrique. *op. cit.* p. 565.

14 GRECO, Rogério. *Op. cit.* p. 711.

Assim, analisando a redação do artigo em análise, verifica-se que o sujeito ativo do delito são somente os pais, razão pela qual se trata de um crime próprio.

O sujeito passivo é o filho em idade escolar, estabelecida de sete a quatorze anos.

3.2. Tipo objetivo

O crime disposto no artigo 246 do Código Penal, caracteriza-se pela omissão injustificada dos pais em providenciar a instrução primária do filho em idade escolar.

Contudo, o elemento normativo do tipo representado pela expressão "**sem justa causa**" pressupõe a capacidade do omitente em prover a educação do filho menor entre sete e quatorze anos, deixando de fazê-lo sem justificativa plausível. Esclarece Pierangeli que *"haverá justa causa quando faltar o estabelecimento de ensino adequado na zona rural, quando grande é a dificuldade em face da distância entre a moradia e a escola e não existe condução, na falta de vaga, etc"*[15].

3.3. Tipo subjetivo

O crime é punível apenas a título de dolo, que no caso caracteriza-se pela vontade livre e consciente do agente em não prover a educação fundamental ao filho em idade escolar.

Não há previsão legal para a modalidade culposa.

3.4. Consumação e tentativa

O delito se consuma com a omissão (crime omissivo próprio) dos pais em promover a devida instrução primária ao filho em idade escolar. Entretanto, a doutrina[16] têm se manifestado no sentido de que para caracterizar o delito de abandono intelectual é necessário que o sujeito passivo tenha ficado sem a devida instrução um período de tempo juridicamente relevante.

3.5. Ação penal

A ação penal é pública incondicionada.

4. ARTIGO 247

Art. 247 – Permitir alguém que menor de dezoito anos, sujeito a seu poder ou confiado à sua guarda ou vigilância:

I – frequente casa de jogo ou mal-afamada, ou conviva com pessoa viciosa ou de má vida;

II – frequente espetáculo capaz de pervertê-lo ou de ofender-lhe o pudor, ou participe de representação de igual natureza;

15 PIERANGELI, José Henrique. *op. cit.* p. 567.

16 CUNHA, Rogério Sanches. GOMES, Luiz Flávio. *Direito Penal: parte especial.* v. 3. São Paulo: Revista dos Tribunais, 2008. p. 267; BITENCOURT, Cezar Roberto. *Tratado de Direito Penal – Parte Especial.* v. 4. 6ª edição. São Paulo: Saraiva, 2012. p. 241.

III – resida ou trabalhe em casa de prostituição;

IV – mendigue ou sirva a mendigo para excitar a comiseração pública:

Pena – detenção, de um a três meses, ou multa.

4.1. Objeto jurídico e sujeitos do crime

O bem jurídico tutelado pelo delito descrito no artigo 247 do Código Penal é formação moral do menor de dezoito anos, *procurando resguardar a incolumidade moral e preservar a integridade do caráter do menor, ameaçadas pela frequência a determinados ambientes ou pela realização de certas atividades suscetíveis de corrompê-lo*"[17].

Além dos pais, o sujeito ativo desse crime pode ser qualquer pessoa que tenha o menor sujeito a seu poder ou confiado à sua guarda ou vigilância.

O sujeito passivo é o menor de dezoito anos sob o poder, guarda ou vigilância do autor do injusto.

4.2. Tipo objetivo

Verifica-se que o artigo 247 do Código Penal, possui quatro ações típicas, razão pela qual se trata de tipo penal misto cumulativo. Assim, a norma penal criminaliza a conduta de quem *permitir que menor de dezoito anos sujeito a seu poder ou confiado à sua guarda ou vigilância*, pratique as seguintes condutas: I) frequente casa de jogo ou mal-afamada, ou conviva com pessoa viciosa ou de má vida; II) frequente espetáculo capaz de pervertê-lo ou de ofender-lhe o pudor, ou participe de representação de igual natureza; III) resida ou trabalhe em casa de prostituição e IV) mendigue ou sirva a mendigo para excitar a comiseração pública.

Na primeira figura o agente consente que o menor de dezoito anos frequente com habitualidade[18] casa de jogo ou mal-afamada (casas de tolerância, prostíbulos) ou que conviva com proxenetas, viciados em drogas, criminosos, etc. Entende Rogério Greco que locais destinados ao jogo de bilhar ou *lan house* não devem ser entendidas como "casa de jogo ou mal-afamada" mas, sim, aquelas "*em que o menor convive com pessoas acostumadas ao risco patrimonial que envolve o jogo, podendo chegar, até mesmo, à insolvência, a exemplo do que ocorre com o jogo de pôquer*"[19].

Na segunda hipótese, para a caracterização do crime também é necessário que a vítima compareça reiteradamente em espetáculo capaz de pervertê-la ou de ofender-lhe o pudor, como por exemplo, apresentações obscenas, com sexo explícito, etc.

---

17 PRADO, Luiz Regis. *op. cit.* p. 724.

18 Cezar Bitencourt esclarece que "*o comparecimento uma ou outra vez ao local proibido é insuficiente para caracterizar o verbo frequentar, que tem sentido de reiteração, repetição, ou seja, habitualidade. Somente o comparecimento reiterado terá idoneidade para tipificar a conduta proibida nos incisos I e II do dispositivo em exame*" (*Tratado de Direito Penal – Parte Especial*. v. 4. 6ª edição. São Paulo: Saraiva, 2012. p. 243).

19 GRECO, Rogério. *Curso de Direito Penal – Parte Especial*. v. 3. Rio de Janeiro: Impetus, 2012. p. 722.

O disposto no inciso II pune ainda o agente que permitir que a vítima faça parte de representações que tenham a mesma natureza acima descrita, contudo, para a caracterização de abandono material na modalidade "participar", basta que o menor realize a conduta uma única vez, não sendo necessário a habitualidade.

Importante salientar que os artigos 240 e 241 do Estatuto da Criança e do Adolescente pune o agente que *"produzir ou dirigir representação teatral, televisiva, cinematográfica, atividade fotográfica ou de qualquer outro meio visual, utilizando-se de criança ou adolescente em cena pornográfica, de sexo explícito ou vexatória"*, bem como aquele que *"apresentar, produzir, vender, fornecer, divulgar ou publicar, por qualquer meio de comunicação, inclusive rede mundial de computadores ou internet, fotografias ou imagens com pornografia ou cenas de sexo explícito envolvendo criança ou adolescente"*.

A terceira conduta típica se aperfeiçoa quando os pais ou qualquer pessoa que tenha a guarda ou vigilância do menor de 18 (dezoito) anos, permitir que o mesmo "resida ou trabalhe" (condutas que exigem habitualidade) em local onde se realiza o comércio sexual. Pertinente os esclarecimentos de Rogério Sanches e Luiz Flávio Gomes no sentido de que *"a possibilidade de o menor trabalhar em casa de prostituição, não se refere o tipo, obviamente, à sua submissão ao meretrício, que constitui conduta típica específica no art. 244-A do ECA (Lei 8.069/90), mas a outras atividades que ali possa exercer sem que seja o comércio carnal"*[20].

A última modalidade descrita no tipo consiste na permissão para que o menor mendigue ou sirva a mendigo para despertar a piedade e compaixão pública. Verifica-se que o inciso IV, divide-se em duas figuras típicas: na primeira, o agente permite que a mendicância seja praticada pelo próprio infante; na segunda, o menor de 18 (dezoito) anos serve ao mendigo[21] para excitar a comiseração pública.

4.3. Tipo subjetivo

O crime é punível apenas a título de dolo, que no caso caracteriza-se pela vontade livre e consciente do agente em permitir que o menor de dezoito anos, sujeito a seu poder guarda ou vigilância, pratique qualquer das atividades descritas nos incisos do artigo 247.

Há consenso na doutrina no sentido de que na hipótese prevista no inciso IV, é necessário também para caracterização do delito o elemento subjetivo do tipo, uma vez que o agente deve agir para *excitar a "comiseração pública"*.

Não há previsão legal para a modalidade culposa.

---

20 CUNHA, Rogério Sanches. GOMES, Luiz Flávio. *Direito Penal: parte especial*. v. 3. São Paulo: Revista dos Tribunais, 2008. p. 269.

21 Rogério Greco salienta que *"tem sido uma prática usual até mesmo o "aluguel" de crianças para que, juntamente como uma pessoa maior de idade, se passe por seu filho, a fim de excitar a comiseração pública, ou seja, fazer com que as pessoas se sensibilizem, nelas despertando um sentimento de compaixão para com aquela situação e, assim, deem algum tipo de oferta em dinheiro para o pedinte"* (*Curso de Direito Penal – Parte Especial*. v. 3. Rio de Janeiro: Impetus, 2012. p. 723).

4.4. Consumação e tentativa

Havendo permissão anterior, o crime se consuma quando o menor de dezoito anos praticar qualquer uma das condutas descritas no tipo. Contudo, se a permissão for posterior, a consumação ocorre com a concordância do agente que tem o menor sujeito a seu poder ou confiado à sua guarda ou vigilância.

Embora parte da doutrina entenda que se trata de um crime de perigo abstrato, razão pela qual para a consumação do delito ocorre mesmo sem a existência de perigo para a integridade moral do menor, mais uma vez concordamos com Rogério Greco no sentido de que, nesse caso, o crime é de perigo concreto, exigindo para sua consumação que seja *"demonstrado nos autos se a conduta praticada pelo menor, levada a efeito com a permissão daquele a quem estava sujeito a seu poder ou confiado à sua guarda ou vigilância, trouxe efetivamente, perigo para a sua formação moral"*[22].

A tentativa é admissível somente se a permissão ocorrer antes da prática da conduta do menor de dezoito anos.

4.5. Ação penal

A ação penal é pública incondicionada.

22 GRECO, Rogério. *op. cit.* p. 724.

CAPÍTULO IV – DOS CRIMES CONTRA O PÁTRIO PODER, TUTELA, OU CURATELA

1. INDUZIMENTO A FUGA, ENTREGA ARBITRÁRIA OU SONEGAÇÃO DE INCAPAZES

⊙ **Induzimento a fuga, entrega arbitrária ou sonegação de incapazes**

Art. 248 – Induzir menor de dezoito anos, ou interdito, a fugir do lugar em que se acha por determinação de quem sobre ele exerce autoridade, em virtude de lei ou de ordem judicial; confiar a outrem sem ordem do pai, do tutor ou do curador algum menor de dezoito anos ou interdito, ou deixar, sem justa causa, de entregá-lo a quem legitimamente o reclame:

Pena – detenção, de um mês a um ano, ou multa.

1.1. Objeto jurídico e sujeitos do crime

Embora a rubrica utilize o termo "pátrio poder", em razão da substituição realizada pelo Código Civil de 2002, entendemos que os bens juridicamente protegidos pelo artigo 248 do Código Penal são o poder familiar, a tutela e a curatela, garantindo-se tanto os direitos destes sobre os menores quanto os interesses dos próprios infantes.

Por se tratar de um crime comum, uma vez que a norma penal não exige qualidade essencial do sujeito ativo, qualquer pessoa poderá praticar o crime de induzimento à fuga, entrega arbitrária ou sonegação de incapazes.

Por sua vez, os sujeitos passivos são os pais, tutores ou curadores e, segundo a doutrina majoritária, os menores de dezoito anos ou interdito[1].

1.2. Tipo objetivo

O artigo 248 do Código Penal possui três ações típicas, punindo, consequentemente, quem:

1 Romão Cortes de Lacerda entende que sujeito passivo é o pai, a mãe, o tutor ou curador, e não o menor ou interdito (*Comentários ao Código Penal*. Volume VIII. 5ª edição. Rio de Janeiro: Forense, 1981. p. 472).

I) induzir menor de dezoito anos, ou interdito, a fugir do lugar em que se acha por determinação de quem sobre ele exerce autoridade, em virtude de lei ou de ordem judicial;

II) confiar a outrem sem ordem do pai, do tutor ou do curador algum menor de dezoito anos ou interdito;

III) deixar, sem justa causa, de entregá-lo a quem legitimamente o reclame.

A primeira modalidade típica é representada pelo verbo *"induzir"*, cujo significado é instigar ou despertar no menor de dezoito anos ou interdito – por meio de promessas, propostas, etc – a intenção de fugir do local onde se encontra (hospital, escola, creche, etc) por determinação dos pais, do tutor ou curador, conforme a situação. Pierangeli salienta que para haver o delito é necessário que o induzimento seja promovido no sentido de que *"o menor escape por seus próprios meios, e para os fins a que se determinar"* e desde que a fuga represente um abandono de certa duração, pois o *"abandono momentâneo, como a incitação para um passeio ou ida a uma partida de futebol"*[2], não é suficiente para caracterizar o injusto.

A segunda figura típica ocorre quando o sujeito ativo, sem autorização expressa ou tácita dos pais, tutor ou curador, confia o menor ou interdito aos cuidados de um terceiro, ou seja, *"a entrega arbitrária concretiza-se no fato do agente (diretor de colégio, de asilo, de casa de saúde, etc) que entrega menor ou interdito a outrem, sem autorização, verbal ou por escrito, do sujeito passivo"*[3].

Por fim, na terceira conduta prevista no tipo pune-se o autor que injustificadamente deixa de entregar o menor ou interdito que está regularmente em sua posse, a quem o reclama de forma legítima (pais, tutor ou curador). Os elementos normativos do tipo são representados pelas expressões "**sem justa causa**" que pressupõe a possibilidade do omitente entregar o menor ou interdito ao sujeito passivo, deixando de fazê-lo sem justificativa plausível, e "**legitimamente**", o qual é *"utilizado no dispositivo porque casos há em que detentor do poder familiar pode não ter a guarda legal do incapaz, não sendo a pessoa habilitada a raclamá-lo. Assim, por exemplo, quando houver separação judicial entre os cônjuges e a criança encontra-se sob a guarda da genitora, o pai não será legitimado a fazê-lo"*[4].

1.3. Tipo subjetivo

O crime é punível apenas a título de dolo, que no caso caracteriza-se pela vontade livre e consciente do agente em induzir menor de dezoito anos ou interdito a empreender fuga, de confiá-lo a outrem sem ordem dos pais, do tutor ou do curador, ou deixar de entregá-lo a quem legitimamente o reclama sem justificativa idônea.

Não há previsão legal para a modalidade culposa.

---

2 PIERANGELI, José Henrique. *op. cit.* p. 572.

3 HUNGRIA, Nelson. LACERDA, Romão Cortês de. FRAGOSO, Heleno. *op. cit.* p. 473.

4 ESTEFAM, André. *op. cit.* p. 313.

1.4. Consumação e tentativa

Quanto à primeira figura prevista no tipo, coadunamos com o entendimento majoritário da doutrina no sentido de que a consumação ocorre com a efetiva fuga do menor de dezoito anos, uma vez que se trata de crime material.

Por se tratar de crime de mera conduta, a segunda modalidade se consuma no momento que o agente entregar o incapaz a outrem, sem ordem do pai, do tutor ou do curador.

Na terceira hipótese o crime se consuma com a recusa injustificada do autor do injusto. Conforme demonstrado nos artigos 244 e 246 do Código Penal, entendemos também que nessa hipótese, para a caracterização do crime, é necessário que *"a retenção indevida protraia-se por tempo juridicamente relevante (crime permanente)"*[5].

Verifica-se que nessa última modalidade temos um crime omissivo próprio, sendo incabível a tentativa.

1.5. Ação penal

A ação penal é pública incondicionada.

2. SUBTRAÇÃO DE INCAPAZES

⊙ **Subtração de incapazes**

Art. 249 – Subtrair menor de dezoito anos ou interdito ao poder de quem o tem sob sua guarda em virtude de lei ou de ordem judicial:

Pena – detenção, de dois meses a dois anos, se o fato não constitui elemento de outro crime.

§ 1º – O fato de ser o agente pai ou tutor do menor ou curador do interdito não o exime de pena, se destituído ou temporariamente privado do pátrio poder, tutela, curatela ou guarda.

§ 2º – No caso de restituição do menor ou do interdito, se este não sofreu maus-tratos ou privações, o juiz pode deixar de aplicar pena.

2.1. Objeto jurídico e sujeitos do crime

O artigo 249 do Código Penal também protege o poder familiar, a tutela ou curatela, ou seja, *"os bem jurídicos protegidos são a garantia e a proteção da instituição familiar, particularmente em relação aos direitos relativos ao poder familiar, à tutela ou à curatela, mais especificamente os direitos a seu exercício"*[6].

Por se tratar de um crime comum, uma vez que a norma penal não exige qualidade essencial do sujeito ativo, qualquer pessoa poderá praticar o crime de subtração de incapazes. Inclusive o § 1º dispõe que o próprio pai do menor, tutor ou curador do

---

5 PRADO, Luiz Regis. *op. cit.* p. 730.

6 BITENCOURT, Cezar Roberto. *Tratado de Direito Penal – Parte Especial.* v. 4. 6ª edição. São Paulo: Saraiva, 2012. p. 247.

interdito podem ser autores do injusto, quando destituídos ou temporariamente privados do pátrio poder, tutela, curatela ou guarda.

Os sujeitos passivos podem ser os pais, tutores ou curadores, bem como o incapaz subtraído.

2.2. Tipo objetivo

O crime previsto no artigo 249 do Código Penal pode ser cometido quando o agente praticar a conduta representada pelo verbo *subtrair*, que é utilizado no sentido de apoderar-se ou retirar menor de dezoito anos ou interdito do poder de quem o tem sob sua guarda em virtude de lei ou ordem judicial.

O *modus operandi* do autor para afastar o menor de dezoito anos ou interdito é irrelevante para a caracterização do delito, podendo haver anuência do menor ou do interdito ou não, bem como emprego de violência ou grave ameaça. No entanto, *"se o menor ou interdito foge por seus próprios meios do lugar em que se encontra por determinação de quem sobre ele exerce autoridade e depois vai ter com terceiro, não se perfaz a subtração de incapaz, mas, conforme o caso, o delito de induzimento a fuga (art. 248), se foi aconselhado ou persuadido a fugir pelo agente"*[7].

O § 1º do artigo 249 do Código Penal estabelece ainda que os pais[8], o tutor ou curador também serão responsabilizados pelo delito descrito no *caput* se, destituídos ou temporariamente privados do pátrio poder, subtraírem menor ou interdito de quem legitimamente mantém a guarda.

No § 2º do artigo 249 do Código Penal temos a previsão de perdão judicial para o caso de restituição do menor ou interdito, sem que este tenha sofrido maus-tratos ou privações. Contudo, para a concessão do perdão judicial é necessário que a entrega do menor tenha ocorrido voluntariamente, uma vez que será inadmissível a extinção da punibilidade se a restituição ocorrer por qualquer meio que exclua a espontaneidade do ato.

2.3. Tipo subjetivo

O crime é punível apenas a título de dolo, que no caso caracteriza-se pela vontade livre e consciente do agente subtrair o menor de dezoito anos ou interdito de quem o tem sob sua guarda em virtude de lei ou ordem judicial.

Não há previsão legal para a modalidade culposa.

2.4. Consumação e tentativa

Conforme o entendimento dominante da doutrina o delito se consuma no momento em que o menor de dezoito anos ou interdito é retirado da esfera de proteção do

7 PRADO, Luiz Regis. *op. cit.* p. 733.

8 Rogério Greco lembra que onde se lê pai, interprete-se pais, ou seja, pai e mãe. (*Curso de Direito Penal – Parte Especial.* v. 3. Rio de Janeiro: Impetus, 2012. p. 734).

responsável pela guarda, isto é, *"com a efetiva subtração do incapaz, mesmo que o agente não consiga consolidar seu domínio sobre a vítima, mantendo um posse intranquila"*[9].

Embora de difícil caracterização, a tentativa é admissível.

2.5. Ação penal

A ação penal é pública incondicionada.

REFERÊNCIAS BIBLIOGRÁFICAS

AZEVEDO, Rodrigo Ghiringuelli de. *Para Além do Punitivismo – A invenção de novas alternativas de combate à violência para uma sociedade democrática e complexa.* In: Violência e Controle Social na Contemporaneidade: Anais do I Ciclo de Estudos e debates sobre violência e controle social. Porto Alegre: PUCRS, 2006.

BITENCOURT, Cezar Roberto. *Tratado de Direito Penal – Parte Especial.* v. 4. 6ª edição. São Paulo: Saraiva, 2012.

BITENCOURT, Cezar Roberto. *Código Penal Comentado.* 2ª ed. atual. São Paulo: Saraiva, 2004.

CAPEZ, Fernando. *Curso de Direito Penal.* V. 3. 10ª Edição. São Paulo: Saraiva, 2012.

CARVALHO, Salo. *Penas e Garantias.* 3ª ed. rev. atual. Rio de Janeiro: Lumen Juris, 2008.

CUNHA, Rogério Sanches. GOMES, Luiz Flávio. *Direito Penal: parte especial.* v. 3. São Paulo: Revista dos Tribunais, 2008.

ESTEFAM, André. *Direito Penal – Parte Especial.* v. 3. São Paulo: Saraiva, 2011.

GRECO, Rogério. *Curso de Direito Penal – Parte Especial.* v. 3. Rio de Janeiro: Impetus, 2012.

HUNGRIA, Nelson. LACERDA, Romão Cortês de. FRAGOSO, Heleno. *Comentários ao Código Penal.* Volume VIII. 5ª edição. Rio de Janeiro: Forense, 1981.

MAYRINK, Álvaro da Costa. *Direito Penal – Parte Especial.* v. VI. 6ª Ed. Rio de Janeiro: Forense, 2010. p. 154.

MIRABETE, Júlio Fabbrini; MIRABETE, Renato N. *Manual de Direito Penal – Parte Especial.* v. 3. 26ª edição. São Paulo: Atlas, 2012.

NUCCI, Guilherme de Souza. *Manual de Direito Penal. Parte Geral e Especial.* Ed. 7. São Paulo: Revista dos Tribunais, 2011.

PIERANGELI, José Henrique. *Manual de Direito Penal Brasileiro – Parte Especial.* 2ª edição. São Paulo: Revista dos Tribunais, 2007.

PRADO, Luiz Regis. *Curso de Direito Penal Brasileiro.* v. 2. 8ª edição. São Paulo: Revista dos Tribunais, 2010.

QUEIROZ, Paulo. *Curso de Direito Penal – Parte Geral.* v. 1. 8ª Ed. Salvador: JusPodivm, 2012.

ZAFFARONI, Eugenio Raul. *Em busca das penas perdidas. A perda de legitimidade do sistema penal.* Tradução: Vânia Romano Pedrosa, Almir Lopes da Conceição. Rio de Janeiro: Revan, 1991.

9 BITENCOURT, Cezar Roberto. *op. cit.* p. 248.

TÍTULO VIII – DOS CRIMES CONTRA A INCOLUMIDADE PÚBLICA

CAPÍTULO INTRODUTÓRIO

MARCUS MOTA MOREIRA LOPES[1]

1. CONCEITOS DE BEM JURÍDICO E INCOLUMIDADE PÚBLICA

Inicialmente, e conforme vimos no volume 1 deste "Curso de Direito Penal", o bem jurídico penal é todo valor ou interesse (individual ou coletivo) legitimamente protegível pelo Direito Penal, sendo certo que seu objeto não pode ser sistematizado de forma exaustiva, considerando que a sua definição depende dos fins e limites constitucionalmente assinalados ao Estado. Um rol taxativo não faria sentido, considerando que a sociedade e, consequentemente, a noção de bem jurídico, está constantemente em mutação.

Nesse sentido, relembramos que a importância primordial do bem jurídico é a limitação do poder punitivo estatal, que se dá, principalmente, em três dimensões voltadas ao legislador: a) **dimensão garantista**: as leis não podem criminalizar toda e qualquer coisa, visto que a norma penal está sujeita, no atual momento do neoconstitucionalismo, à observância dos limites implícitos e explícitos dos direitos fundamentais, em especial a liberdade de ir e vir; b) **dimensão político-criminal**: O legislador não pode tipificar condutas que não sejam imprescindíveis à preservação dos valores mais relevantes da sociedade, pois essas e somente essas (condutas) devem ser objeto de proteção do sistema jurídico-penal. Daí a necessidade de se observarem os princípios decorrentes da intervenção mínima (ofensividade, subsidiariedade e fragmentariedade); c) **dimensão punitiva**: a delimitação do bem jurídico confunde-se com a teoria dos fins da pena, para a qual é ilegítima a criminalização de comportamentos que não atenda igualmente à função especial (individual) de reprimir, proporcionalmente, a prática criminosa (fração razoável da pena em abstrato), de ressocializar o apenado e de evitar a reincidência.

Portanto, é comum a afirmação de que, em um Estado Democrático de Direito, não existe norma penal sem objeto jurídico, o mesmo não ocorrendo, porém, com o objeto material do crime, que se trata apenas da coisa ou pessoa sobre a qual recai a conduta criminosa praticada. Conforme veremos nos comentários dos crimes em

---

1 Assessor de Gabinete e Analista Judiciário do Tribunal de Justiça do Distrito Federal e Territórios. Graduado em Direito pelo Centro Universitário de Brasília (UniCEUB). Especialista em Direito pela Fundação Escola Superior do Ministério Público do Distrito Federal e Territórios – FESMPDFT.

espécie, alguns deles não possuem objeto material, apenas objeto jurídico (bem jurídico assegurado pela norma penal).

Entretanto, para Roxin, nada impede, em princípio, que o legislador criminalize condutas que não correspondam a bem jurídico algum. Basta que haja a necessidade de criar uma proteção específica, independentemente de ela interessar diretamente ao homem ou não. Assim por exemplo, ele menciona o crime de maus-tratos a animais[2], que no Brasil é delito ambiental (art. 32 da Lei nº 9.605/98) A criminalização, nesse caso, é válida, porque o sentimento de solidariedade para com os animais, especialmente os domésticos, nos permite considerá-los como "irmãos de espécies diferentes", razão pela qual é necessário protegê-los também:

> (...) 4. Un punto neurálgico lo constituye también el tipo de los malos tratos a animales (§ 17 TierSchG), que siempre se cita como prueba de que incluso sin lesión de bienes jurídicos há de admitirse la punición. Y efectivamente cabe preguntar como va a ser últil para la libertad del ciudadano o el aseguramiento del sistema social la "protección de la vida y bienestar del animal", a la que quiere servir la TierSchG según sus próprias manifestaciones. No obstante, hay que considerar admisible la punición de los malos tratos a los animales. Pero ello no significa que em este caso se proteja una mera concepción moral, sino que hay que partir de la base de que el legislador, em una especie de solidaridad entre las criaturas, también considera a los animales superiores como nuestros semejantes, como "hermanos distintos", y los protege como tales. Según esto, em la protección de la convivencia humana se incluye también, aunque com diferente atenuación, junto a la vida humana em formación la vida de los animales superiores. Su sentimiento de dolor se equipara hasta un cierto grado al del hombre. El § 90 a BGB responde a dicha concepción. (...)

Portanto, hoje é possível existir crime sem bem jurídico, embora seja perfeitamente discutível a legitimidade de tal norma em um determinado contexto social.

No mais, do ponto de vista da teoria funcionalista teleológica (racional-final) de Claus Roxin, **o bem jurídico penal é a condição necessária, mas não suficiente, para a incriminação,** pois pode bastar o Direito Civil, o Direito do Trabalho etc.

Isso posto, analisaremos então o que se entende por "incolumidade pública", como bem jurídico tutelado pelo Direito Penal.

Segundo o Dicionário Houaiss de Língua Portuguesa, "**incolumidade**" significa "qualidade ou condição de incólume", ou seja, "isenção de perigo, de dano", "segurança" e "situação daquilo que está protegido e seguro". Em sentido jurídico, a incolumidade se refere à tranquilidade pública, à paz social.

O Código Penal adota o termo "incolumidade pública" para diferenciar os crimes previstos no seu Título VIII dos penais que protegem a chamada "incolumidade individual" ou "incolumidade privada", previstos, quais sejam, aqueles que constam do

2 ROXIN, Claus. *Derecho Penal*. Parte General. Tomo I. Fundamentos. La estructura de la teoría del delito. 1ª edición. Version Española. Reimpressión, 2008.
Madrid (España): Civitas Editaciones L. S., 2006, p. 59, parágrafo 21.

Capítulo III do Título I do CP, que trata da "periclitação da vida e da saúde". Segundo Nelson Hungria[3], "O nosso Código Penal, depois de, na classe dos crimes contra a pessoa e sob a rubrica de 'periclitação da vida e da saúde', incriminar especialmente fatos que põem em risco a incolumidade individual, isto é, circunscrita a pessoa ou pessoas individualmente determinadas, cuidou, em título autônomo, sob a epígrafe 'Dos crimes contra a incolumidade pública', de fatos que acarretam a situação de perigo a indeterminado ou não individuado número de pessoas ou coisas."

Nelson Hungria explica, ainda, que o termo "tranquilidade pública" não pode ser empregado como sinônimo, pois dá a entender que os crimes dessa natureza pressupõem, necessariamente, a efetiva perturbação social, de uma intranquilidade coletiva, classificando-se como de perigo concreto, exclusivamente. Assim, andou bem o legislador ao adotar a atual nomenclatura, porque, de fato, a intenção do Código foi de criminalizar a simples existência do perigo extensivo ou comum. Quanto à indeterminação do sujeito ou do alvo, afirmamos que, *a contrario sensu*, se o perigo atingir exclusivamente pessoas certas, não será caso de punição por crimes contra a incolumidade pública. Esta é a razão do porquê de os crimes previstos neste Título serem classificados como **vagos**, precisamente pelo fato de que o risco social é protegido penalmente de forma genérica e indistinta, incluindo todo conjunto de bens e pessoas da coletividade.

É por isso que, para esse consagrado autor, a incolumidade, do latim *incolumitas*, **é o estado de preservação ou segurança em face de possíveis eventos lesivos, que pode dizer respeito tanto a coisas quanto a pessoas**.

A partir disso, entendemos que o conceito jurídico de "incolumidade pública" é mais específico do que o sentido linguístico dessa expressão e contém dois elementos essenciais: **a) a existência de uma situação de risco concreto (experimentado) ou abstrato (presumido pela lei, ainda que não tenha ocorrido no mundo dos fatos) e b) a indeterminação do sujeito ou do objeto tutelados**.

Em conclusão, podemos dizer, sinteticamente, que a incolumidade pública é o *status* de normalidade e segurança de um número indeterminado de indivíduos e bens (coletividade), tutelado direta ou indiretamente por normas penais especialmente voltadas à preveniam e repressão de riscos difusos proibidos.

Ressaltamos, ainda, que a proteção à incolumidade pública não é exclusiva do Título VII do Código Penal ou do Título VI do Código Penal Militar; ela está prevista em normas de outros diplomas penais, a exemplo dos arts. 308 e 309 da Lei nº 9.503/98 (Código de Trânsito Brasileiro), dos delitos do Capítulo III da Parte Especial do Decreto-lei nº 3.688/41 (Lei de Contravenções Penais), delitos previstos na Lei de Drogas, disparo de arma de fogo (art. 15 da Lei nº 10.826/03) etc.

3 HUNGRIA, Nelson. *Comentários ao Código Penal*. Vol. IX. 2ª Edição. Rio de Janeiro: Forense, 1959, p. 9-10.

2. TEORIAS SOBRE O PERIGO PENALMENTE PROTEGIDO

Estamos de acordo com a ideia de que a indeterminação do risco é a nota característica do perigo comum. Este, por sua vez, que pode ser definido como "o perigo dirigido contra um círculo, previamente incalculável na sua extensão, de pessoas ou coisas não individualmente determinadas."[4]. Desse modo, pouco importa se uma ou várias pessoas tenham sido expostos ao risco, o delito contra a incolumidade pública já estará consumado pela ocorrência do perigo.

Entretanto, existem algumas teorias mencionadas por Nelson Hungria e Edgard Magalhães Noronha[5] cuja finalidade é o conceito jurídico de perigo, para fins de imputação.

A primeira é a **teoria subjetiva** (defendida por Janka, Von Buri e Finger), que diz que o perigo é resultado de um estado mental do homem, é uma criação mental, razão pela qual não existe objetivamente ou concretamente. Dessa forma, o risco não existe na realidade, porque é uma hipótese, uma suposição, o que nos leva a concluir que perigo é fruto da imperfeição humana, pois não nos seria possível apreender todas as causas e consequências dos fenômenos físicos.

De acordo com esse entendimento, verifica-se que essa concepção tem acentuada influência nas teorias de René Descartes e Immanuel Kant, cujo conjunto formou a base da ultrapassada "filosofa da consciência". Em última análise, o perigo é a materialização do medo, conclusão que se chega sem considerar, ignorando qualquer concepção de probabilidade ou possibilidade estatística de um futuro evento danoso.

É evidente que o equívoco de tal formulação, que considera tão somente o defeito intelectual criminalizar condutas. E, mais, não seria possível justificar a aplicação da pena em um Estado Democrático de Direito com base apenas em um sentimento um medo ou receio preconcebidos. Sim, porque, se adotamos a ideia de bem jurídico, a tutela penal deve encontrar respaldo na necessidade real de proteção da coletividade.

A segunda é a **teoria objetiva**, de Von Kries, para quem o perigo, em sentido contrário, é uma realidade puramente fática, ou seja, é um trecho da realidade, um estado de fato que contém, por si só, as condições necessárias para a produção de um evento lesivo. Desse modo, o risco é necessariamente um fenômeno físico objetivamente possível.

Esse modelo teórico, em sentido oposto, também não atende às necessidades de justificação do perigo coletivo como bem jurídico tutelável. Sim, porque, se o risco deve se apresentar no mundo fático necessariamente, apenas os delitos de perigo concreto seriam passíveis de tipificação. Mas o problema maior dessa teoria é que ignora completamente a influência dos valores sociais que permeiam a elaboração das leis e orientam que tipo de condutas devem ser consideradas mais graves, para fins de

4 *Ibidem*, p. 10, 13-15.

5 NORONHA, Edgard Magalhães. *Direito Penal*. Vol. 3. 27ª edição. São Paulo: Saraiva, 2003, p. 317-319.

criação da norma penal incriminadora. É certo ainda que tais valores são determinantes, inclusive, para verificar se uma norma de perigo ainda encontra legitimidade, de acordo com as constantes transformações da sociedade. De todo modo, a noção de perigo também parte de uma criação humana, que não pode ser desconsiderada.

Fala-se, ainda, de uma terceira espécie, **a teoria objetivo-subjetiva** (defendida por Artur Rocco). Ela tem o mérito de conciliar as duas anteriores, sendo, por tanto, mais completa. Nesse sentido, levam-se em conta tanto a concepção de perigo objetiva (existência de um fenômeno) quanto a subjetiva (produto da razão humana). Assim sendo, pode-se afirmar que essa teoria se baseia em uma prognose consistente na verificação de um fato ocorrido e a sua qualificação como sendo perigoso ou não, de acordo com uma certa base de avaliação subjetivista.

Dito de outro modo: perigo é a possibilidade de dano mas sobre ela é necessário um juízo decorrente de um raciocínio silogístico (premissa maior, consistente na regra de experiência sobre um determinado fenômeno e a sua relação com suas causas, e premissa menor, a existência do próprio fenômeno). Como se vê, essa era a teoria considerada mais acertada pela doutrina clássica[6].

Entretanto, não concordamos que, atualmente, nenhuma delas explica adequadamente o que seja perigo como bem jurídico especialmente protegido, visto que nenhuma delas aborda a importância dos valores que determinam a criminalização e das alterações do contexto social em que a norma está necessariamente contida.

Com razão, pois, Rodrigo Iennaco[7], ao dizer que "Deve-se reconhecer, ademais, afastando-se de uma concepção parmenídica (estática) do ser, que o sujeito, além de biológico, determinado por características moleculares e causais, dotados de características que assinalam sua identidade e diversidade, situa-se num ambiente social e jurídico, devendo-se considerar, portanto, um quadro de relações e valores a que se podem associar princípios outros, relacionados à condição humana do ser: exclusão, inclusão e comunicabilidade".

Por isso, entendemos que a **teoria da ação significativa** (Vives Antón e Fletcher) é a que melhor explica e justifica o conceito de perigo, pois é concebida a partir da filosofia da linguagem de Wittigenstein e evolui com a adoção de outras teorias linguísticas, como a teoria comunicativa de Jürgen Habermas. Assim, supera o modelo cartesiano de relação pura entre "homem-fenômeno" ou "objeto e observador".

---

6 Conforme conclui Nelson Hungria, "Se é certo que se pode conceber objetivamente o perigo, não é menos certo que tal concepção não poderá alhear-se a um *quid* subjetivo, isto é, à apreciação sintética das circunstâncias. O perigo, por isso mesmo que indicado por circunstâncias objetivas, não é um elemento arbitrário. Se se tratasse de uma pura impressão subjetiva, com êle não poderia operar o direito penal, que deixaria de tutelar, realisticamente, a incolumidade de bens jurídicos, para afeiçoar-se à maior ou menor impressionabilidade dos indivíduos.".

7 IENNACO, Rodrigo. *Bem Jurídico e Perigo Abstrato*: um desenho hermenêutico da Ofensividade. Belo Horizonte: Editora D'Plácido, 2014, p. 65-66.

Em resumo, a teoria da ação significativa parte do pressuposto de que qualquer fenômeno deve ser compreendido e contextualizado conforme o sentido dado pelas normas da sociedade. A partir daí é que se justificará a intervenção penal em determinados comportamentos humanos, que deverão ser socialmente significativos, necessários.

Assim escreve Rodrigo Iennaco, em referência ao entendimento de Walter Arnaud Mascarenhas Jr.[8]:

> A concepção significativa de ação tem seu foco nas interpretações que são dadas ao comportamento humano de acordo com normatização social. Portanto, a determinação do sentido da ação não se dá pela *intencionalidade* subjetiva, mas pelas normas sociais que a definem. O dolo, por assim dizer, "se afasta de seu peculiar aspecto psicológico, sai da cabeia do agente e vai para a cabeia do intérprete, na forma de expressão de sentido":
>
> [...] pois para conhecer esses processos seria necessário ter acesso a sua mente, o que é impraticável. Só ó possível analisar suas *manifestações externas*; pois é através dessas manifestações externas que se pode averiguar a bagagem de conhecimentos do autor (as técnicas que domina – que podia e o que não podia prever – ou calcular) e entender assim, ao menos parcialmente, suas intenções expressas na ação.
>
> Já Fletcher, alinhando-se ao pensamento de Dilthley, mas sem negar os postulados básicos do finalismo de Welzel, defende que se abandone uma explicação científica que conceba a ação como produto de forças causais, em favor da "compreensão de como o ser humano atua quando efetivamente o faz [...]
>
> Com isso, conclui que o modo adequado de compreender o comportamento humano se dá a partir de sua "configuração contextual", ou seja, "é preciso recorrer ao método compreensivo, ou mesmo, ao uso da linguagem, nos moldes de Wittgenstein. [...]

Assim, apropriando-nos desse modelo teórico de ação significativa, concluímos que o conceito de perigo, como bem jurídico-penal, pode ser melhor explicado como sendo um conjunto de situações fenomênicas ou puramente valorativas que traduzem determinado consenso social sobre um risco grave de lesão à coletividade ou a pessoas e coisas determinadas.

3. FORMAS DE PERIGO CONCRETO E PERIGO ABSTRATO

Em razão da proteção penal especial do perigo, há muito surgiu uma classificação que até hoje é objeto de controvérsias doutrinárias, qual seja: crimes de perigo concreto e crimes de perigo abstrato, que diz respeito especificamente ao resultado, um dos elementos do fato típico. Assim sendo, a tipicidade da conduta se perfaz com a simples ocorrência do perigo.

Crime de perigo concreto é aquele que exige a efetiva demonstração de uma situação de risco à coletividade no caso concreto, como, por exemplo, o crime de incêndio. Entretanto, caso pessoas ou coisas não sejam expostas a perigo comum, não

8 IENNACO, Rodrigo, *idem*, p. 70-71.

há falar em consumação de crime de incêndio, mas de dano, de crime ambiental ou qualquer outro que possa ser praticado por meio de ateamento de fogo.

Crime de perigo abstrato ou de perigo presumido ou de pura desobediência é aquele que em que a situação de risco coletivo é presumida pela própria norma penal, de forma absoluta ou *jure et de jure* (de direito e por direito), sendo o exemplo mais marcante na atualidade é o tráfico de drogas e demais tipos penais constantes da Lei nº 11.343/06. Assim, mesmo que ninguém venha a consumir um determinado entorpecente proibido nos termos da Portaria SVS/MS nº 344/08, o agente que a transportou terá, só por isso, consumado do delito do art. 33 da Lei de Drogas, estando sujeito a uma pena de 5 (cinco) a 15 (quinze) anos.

A classificação de crime de perigo concreto não desperta muito interesse, visto que nele é exigida a prova do perigo real, independentemente de um resultado material (dano), cujo ônus de demonstrar incumbe ao Estado.

Ocorre que muito se discute hoje sobre a inconstitucionalidade dos crimes de perigo abstrato, especialmente porque haveria violação ao princípio da intervenção mínima, mais especificamente o da lesividade (*nullun crimen sine iniuria*), considerando que a lei acaba por criminalizar uma mera desobediência à norma jurídica, mesmo que não se tenha verificado qualquer periculosidade na conduta.

Apesar disso, entendemos legítima a criminalização de tipos de crime abstrato, pelas mesmas razões expostas por Paulo Queiroz[9]: "Parece-nos, porém, que há casos em que o perigo de lesão é de tal modo importante que a sua tipificação é plenamente justificável, razão pela qual não cabe afirmar, aprioristicamente, a inconstitucionalidade de todo e qualquer delito de perigo abstrato. O problema fundamental reside, portanto, no tipo de perigo que se pretende evitar e na forma como se realiza essa proteção.".

Assim, é possível concluir que os tipos de perigo abstrato são, em princípio, constitucionais, visto que eles visam à não ocorrência de um dano considerado grave, por meio de uma antecipação da tutela penal considerada essencial à manutenção da estabilidade social, de modo semelhante ao que acontece na tipificação de atos preparatórios (perigo de inundação, petrechos de falsificação de moeda, associação criminosa e muitos outros).

Nesse sentido, Rodrigo Iennaco[10] menciona que a doutrina estrangeira desenvolveu teorias que indicavam a insuficiência dessa classificação doutrinária para uma compreensão dos crimes de perigo, o que de certa forma confirma uma tentativa de legitimar a tipificação do perigo abstrato. Assim, apresenta outras subdivisões de categorias jurídicas a seguir:

1) Classificação de Manuel Gómez Tomillo:

9 QUEIROZ, Paulo. *Direito Penal*. Parte Geral. Volume 1. 11ª Edição. Salvador: Juspodivm, 2015. p. 216.

10 *op. cit.*, p. 90-93.

1.1)Crimes de perigo abstrato lato sensu:

a) Crimes de perigo abstrato puro ou stricto sensu: não requerem uma situação de risco ao bem jurídico, que é presumida pela norma (jure et de jure);

b) Crimes de perigo hipotético, de perigo abstrato-concreto ou de atitude abstrata: são condutas viáveis para gerar um resultado lesivo (concreto), mas não exige que, para fins de consumação, tenha efetivamente havido risco a vítimas ou coisas indeterminadas.

2) Classificação de Giammarco Azzali:

2.1)Crimes de perigo presumido: Não exigem análise judicial de efetiva subsistência do perigo, que se constitui pela própria norma (jure et de jure);

2.2)Crimes de perigo abstrato-concreto ou de atitude abstrata; crimes nos quais o juiz deve analisar a existência de perigo com base em algumas circunstâncias concretas, ainda que com algumas generalizações ou abstrações. Esta categoria ainda se subdividiria em:

a) Crimes de perigo genérico e

b) Crimes de perigo potencial.

Também assim é a lição de Paulo César Busato, no que se refere ao crime de perigo abstrato-concreto[11]:

> Uma doutrina minimalista do Direito penal tenda negar a legitimidade dos crimes de perigo abstrato por considerá-los um exagerado avanço de barreiras de imputação. Não parece correta a negativa taxativa, sem maiores considerações, ainda que seja forçoso reconhecer que o uso da técnica de tipificação do crime de perigo abstrato deva corresponder ao emprego de outros elementos na composição do tipo que, de alguma maneira, logrem compensar o adiantamento de barreiras de imputação que representa.
>
> Por essa razão, inclusive, tem surgido recentemente na doutrina um grupo de situações concretas que vêm sendo consideradas intermediárias entre o perigo concreto eu perigo abstrato e vêm sendo chamadas de d**elito de perigo abstrato-concreto, delito de atitude ou potencial lesivo (Eignungsdelikt), ou ainda delito de periculosidade (Gefährlichkeitsdelikt), como, por exemplo, os delitos de exposição a consumo de produto que pode causar dano à saúde humana ou ainda – ressalvado o excessivo uso de elementos normativos do tipo – o crime de poluição do art. 54 da Lei nº 9.605, de 12 de fevereiro de 1998, em que existe a referência à mera possibilidade de causar danos à saúde humana**.
>
> Evidentemente, se o caso fosse de referência ao consumo exclusivo que uma determinada pessoa faz de um produto oriundo de um produtor identificado, bem como, em se tratando de uma poluição de um curso de água determinado que é aproveitado unicamente por uma vítima determinada, que se contamina, a solução poderia ser dada pelo tipo penal do homicídio ou das lesões corporais, com a concretude necessária e desejável. **Mas, uma vez que haja distribuição massiva do produto e sua exposição à venda a um sem-número de pessoas, ou que a poluição seja do ar, sujeita à circulação dos ventos, ou do mar, ou**

11 BUSATO, Paulo César. *Direito Penal*. Parte Geral. 2ª Edição. São Paulo: Atlas, 2015, p. 317.

> **de um rio de cuja água se beneficiem distintas pessoas, os cursos causais perdem-se no anonimato, exigindo uma fórmula de adiantamento da imputação**. (Grifo nosso)

Finalmente, e apesar de tudo o que foi dito, temos que toda essa problematização do delito de perigo abstrato é desnecessária, seja porque não é possível delimitar conceitos precisos de novas classificações e muito menos a utilidade dessas nomenclaturas (crítica que vale para a doutrina brasileira, interessada em criação de termos jurídicos inúteis), seja porque esse conceito tem por objetivo analisar a estrutura da própria norma penal e não verificar eventual legitimidade ou proporcionalidade da criminalização.

Note-se, ainda, que esses modelos de perigo podem ser combinados com as seguintes classes[12]: **perigo atual ou iminente**, ou seja, quando há possibilidade presente ou efetiva do dano, pouco importando a persistência ou permanência dessa possibilidade e **perigo futuro/perigo mediato**, em que existe a probabilidade eventual ou futura de advir o perigo em si, não se cogitando aqui a probabilidade do dano. É o chamado **crime de perigo de perigo**.

4. CLASSIFICAÇÃO DO CÓDIGO PENAL

Além de todas essas propostas doutrinárias, o próprio Código Penal adotou categorias próprias de perigo à incolumidade pública. Assim, o seu Título VIII foi dividido da seguinte forma:

Capítulo I – Dos crimes de perigo comum: de acordo com a Exposição de Motivos da Parte Especial do CP, (item 80) essa é a classe dos crimes que mais nitidamente ou imediatamente criam uma situação de perigo de dano a um indefinido número de pessoas, se comparados com os das demais subclasses. Contém 9 (nove) tipos penais dolosos a saber: 1) incêndio (art. 250, *caput* e § 1º), 2) explosão (art. 251, *caput* e §§ 1º e 2º, primeira parte), 3) uso de gás tóxico ou asfixiante (art. 252, *caput*), 4) fabrico, fornecimento, aquisição, posse ou transporte de explosivos ou gás tóxico ou asfixiante (art. 253), 5) inundação (art. 254), 6) perigo de inundação (art. 255), 7) desabamento ou desmoronamento (art. 256, *caput*), 8) subtração, ocultação ou inutilização de material de salvamento (art. 257) e 9) difusão de doença ou praga (art. 259, *caput*, embora boa parte da doutrina o considere tacitamente revogado pela Lei de Crimes Ambientais).

Inclui, ainda, 6 (seis) modalidades culposas: 1) incêndio culposo (art. 250, § 2º), 2) explosão culposa (art. 251, § 3º), 3) uso culposo de gás tóxico ou asfixiante (art. 252, parágrafo único), 4) inundação culposa (atecnicamente previsto no preceito secundário do art. 254), 5) desabamento ou desmoronamento culposo (art. 256, parágrafo único). 6) difusão culposa de doença ou praga.

---

12 HUNGRIA, Nelson. *Comentários ao Código Penal*. Vol. I. Tomo II. 2ª Edição. Rio de Janeiro: Forense, 1959, p. 20.

Cumpre ressaltar a importância do art. 258 do CP, que prevê as chamadas formas "qualificadas" de crime de perigo comum: "Se do crime doloso de perigo comum resulta lesão corporal de natureza grave, a pena privativa de liberdade é aumentada de metade; se resulta morte, é aplicada em dobro. No caso de culpa, se do fato resulta lesão corporal, a pena aumenta-se de metade; se resulta morte, aplica-se a pena cominada ao homicídio culposo, aumentada de um terço."

De acordo com a doutrina, rigorosamente falando, não se trata aqui de qualificadoras, porque não existe previsão de uma nova pena por causa de um maior desvalor da ação ou do resultado. São, na verdade, causas especiais de aumento de pena, que se somarão a qualquer os tipos penais previstos neste Título VIII, nos termos dos arts. 263 e 285 do Código. Consequentemente, essas circunstâncias majorantes não incidirão em alguns casos, quando o próprio tipo penal previr sobre uma pena específica para os casos de lesão corporal e morte. **Como se pode observar, essas majorantes são todas formas preterdolosas.**

Só há uma forma qualificada preterdolosa prevista como tipo autônomo neste capítulo, que é a explosão com os resultados previstos no art. 250, § 1º, II, alíneas "a" a "h", conforme disposto no art. 251, 2º, segunda parte.

Capítulo II – Dos crimes contra a segurança dos meios de comunicação e transporte e outros serviços públicos: o título é autoexplicativo, e acrescentamos apenas que, na atualidade, esses tipos penais vêm sendo considerados cada vez mais importantes, visto que na era da informação nos tornamos cada vez mais dependentes do regular funcionamento dos serviços de telecomunicação. Além disso, a sociedade passa a consumir cada vez mais energia e água, além de utilizar muito mais os meios de transportes, em especial o avião e o metrô, sendo imprescindível a antecipação da tutela penal aos riscos que tais serviços possam vir a estar sujeitos. São 6 (seis) crimes dolosos a saber: 1) perigo de desastre ferroviário (art. 260, *caput*), 2) atentado contra a segurança de transporte marítimo, fluvial ou aéreo (art. 261, *caput*), 3) atentado contra a segurança de outro meio de transporte (art. 262, *caput*), 4) arremesso de projétil (art. 264, *caput*), 5) atentado contra a segurança de serviço de utilidade pública (art. 265, *caput*) e 6) interrupção ou perturbação de serviço telegráfico, telefônico, informático, telemático ou de informação de utilidade pública (art. 266, *caput* e parágrafo único).

Aqui foram previstos também 5 (cinco) crimes qualificados por resultados preterdolosos, em tipos penais autônomos: 1) desastre ferroviário (art. 260, § 1º), 2) sinistro em transporte marítimo, fluvial ou aéreo (art. 261, § 1º), 3) desastre em outro meio de transporte (art. 262, § 1º), 4) arremesso de projétil qualificado pela lesão corporal e pela morte (art. 264, parágrafo único); 5) Dano por subtração de material essencial à segurança de serviço de utilidade pública (art. 265, parágrafo único).

Constam, ainda, 3 (três) crimes culposos, que aqui pressupõe a ocorrência de dano efetivo, não somente de perigo: 1) desastre ferroviário culposo (art. 260, § 2º), 2) sinistro culposo em transporte marítimo fluvial ou aéreo (art. 261, § 3º), 3) desastre culposo em outro meio de transporte (art. 252, § 2º).

Por fim, uma observação à aplicação das causas especiais de aumento de pena do art. 258 do CP, aplicável a este Capítulo II por disposição expressa do art. 263 do CP: salvo quanto ao delito de arremesso de projétil qualificado por lesão corporal ou morte, não há empecilho à causa de aplicação de aumento de pena para as demais formas preterdolosas, porque nelas o resultado não querido pelo agente é apenas o desastre envolvendo um dos meios de transporte. Se disso sobrevier morte, aplicam-se cumulativamente, as majorantes sobre a pena prevista nos demais artigos a título de preterdolo. (Ex.: é possível punir com pena em dobro se vier a ocorrer um desastre ferroviário, combinando-se os arts. 260, § 1º, e 263 do Código Penal, já que as lesões corporais graves (basta serem simples em caso de culpa) e o resultado morte não estão previstas como elementos do desastre efetivo em ferrovia).

Capítulo III – Dos crimes contra a saúde pública: Os crimes dolosos praticados vigentes no Capítulo III do Título VIII do CP são 16 (dezesseis): 1) epidemia (art. 267, *caput* e § 1º), 2) infração de medida sanitária preventiva (art. 268, *caput* e parágrafo único), 3) omissão de notificação de doença (art. 269), 4) envenenamento de água potável ou de substância alimentícia ou medicinal (art. 270, *caput* e § 1º), 5) corrupção ou poluição de água potável (art. 271, *caput*), 6) falsificação, corrupção, adulteração ou alteração de substância ou produtos alimentícios (art. 272, *caput*, §§ 1º e 1º-A), 7) falsificação, corrupção, adulteração ou alteração de produto destinado a fins terapêuticos ou medicinais (art. 273, *caput*, §§ 1º, 1º-A e 1º-B), 8) emprego de processo proibido ou de substância não permitida (art. 274), 9) invólucro ou recipiente com falsa indicação (art. 275), 10) produto ou substância nas condições dos dois artigos anteriores (art. 276), 11) substância destinada à falsificação (art. 277), 12) outras substâncias nocivas à saúde pública (art. 278, *caput*), 13) medicamento em desacordo com receita médica (art. 280, *caput*), 14) exercício ilegal da medicina, arte dentária ou farmacêutica (art. 282), 15) charlatanismo (art. 283) e 16) curandeirismo (art. 284).

Estão previstos 7 (sete) delitos culposos contra a saúde pública: 1) epidemia culposa simples e qualificada pela morte (art. 267, § 2º), 2) envenenamento culposo de água potável de água potável ou de substância alimentícia ou medicinal (art. 270, § 2º), 3) corrupção culposa de água potável (art. 271, parágrafo único), 4) falsificação, corrupção, adulteração ou alterações de substâncias, produtos alimentícios ou 5) destinados a fins terapêuticos ou medicinais (arts. 272, § 2º e 273, § 2º), 6) fabricar, vender, expor à venda, ter em depósito para vender ou entregar a consumo, culposamente, outras substâncias nocivas à saúde (art. 278, parágrafo único) e 7) fornecimento culposo de medicamento em desacordo com receita médica (art. 280, parágrafo único).

Finalmente, o único crime qualificado pelo resultado preterdoloso previsto em tipo autônomo é a epidemia com resultado morte (art. 267, § 1º). E, nos termos do art. 285 do CP, a ele não se aplicam as causas de aumento do art. 258 do CP, sob pena de *bis in idem*. Fora isso, todos os demais crimes são passíveis de ter suas penas majoradas pela lesão corporal grave (em metade) ou pela morte (em dobro) nas modalidades dolosas ou, nas formas culposas, pela lesão corporal (qualquer espécie) e pela morte (aumento de um terço sobre a pena equivalente ao homicídio culposo).

CAPÍTULO I – DOS CRIMES DE PERIGO COMUM

1. INCÊNDIO

Incêndio

Art. 250 – Causar incêndio, expondo a perigo a vida, a integridade física ou o patrimônio de outrem:

Pena – reclusão, de três a seis anos, e multa.

Aumento de pena

§ 1º – As penas aumentam-se de um terço:

I – se o crime é cometido com intuito de obter vantagem pecuniária em proveito próprio ou alheio;

II – se o incêndio é:

a) em casa habitada ou destinada a habitação;

b) em edifício público ou destinado a uso público ou a obra de assistência social ou de cultura;

c) em embarcação, aeronave, comboio ou veículo de transporte coletivo;

d) em estação ferroviária ou aeródromo;

e) em estaleiro, fábrica ou oficina;

f) em depósito de explosivo, combustível ou inflamável;

g) em poço petrolífico ou galeria de mineração;

h) em lavoura, pastagem, mata ou floresta.

Incêndio culposo

§ 2º – Se culposo o incêndio, é pena de detenção, de 6 (seis) meses a 2 (dois) anos.

1.1. Bem jurídico protegido e objeto material do crime

O bem jurídico protegido mediato (ou seja, aquele que está sempre presente, embora não seja diretamente atingido com a prática criminosa) é a incolumidade pública, e o imediato (o objeto direto da proteção da norma penal) é a segurança da vida e da integridade física das pessoas (vida e integridade física) e das coisas expostas ao risco ou ao dano provocado pelo incêndio.

Por sua vez, o objeto material do crime é, segundo entendimento tradicional, a coisa ou pessoa sobre a qual recai a conduta. Dito de outro modo, o que está ou foi efetivamente exposto ao perigo ou ao dano. Assim, são os indivíduos ou bens pessoas expostas ao perigo comum no caso concreto.

No curso da História, nem sempre o incêndio foi considerado crime autônomo, pois era visto mais como um meio de realização de outros delitos, como homicídio, dano, roubo etc., conforme lição de Nelson Hungria[1].

Segundo o autor, na Grécia antiga e em Roma, o incendiário poderia ser punido com a morte. Ademais, o fogo servia como instrumento de aplicação da pena capital, conforme previsão na Lei das XII Tábuas. Havia também a distinção entre o incêndio provocado com a finalidade de causar dano a propriedade e de ocasionar perigo comum às pessoas, presumindo-se o dolo de matar.

Os *humiliores*[2] (integrantes da classe mais humilde da sociedade), por exemplo, eram condenados à queima na fogueira (vivicoumbustão), denominada de "extremo suplício" pela Inquisição (*vivicomburium, subjectio ad bestias, crux*). O incêndio culposo também era punível, embora na forma de simples reparação do dano. Mas só a partir da Idade Média, o incêndio tornou-se crime autônomo, embora estivesse classificado entre os crimes contra a propriedade.

No Brasil, após o seu descobrimento e desde a sua colonização, o crime de incêndio passou a ser punido sem pena de morte. Aqui, o Direito Penal começou a ser aplicado por meio das Ordenações Afonsinas, Ordenações Manuelinas e, principalmente, das Ordenações Filipinas (crime do título LXXXVI do Livro V), que, a depender da classe social do indivíduo, poderia ensejar pena açoitamento, prisão, degredo ou simples reparação do prejuízo.

Porém, o Código Criminal do Império de 1830 retrocedeu, pois, ao contrário do que era nas Ordenações, o incêndio passou a ser considerado apenas circunstância agravante genérica (art. 16, 2º[3]) e escusa absolutória do crime "de entrada em casa alheia" (art. 209[4]). À semelhança do Direito Romano, o incêndio não foi tratado autonomamente.

Posteriormente, o incêndio foi criminalizado de forma especial pela Lei nº 3.311, de 15 de outubro de 1886 sob diversas formas, nos seus arts. 4º ao 9º, mas delas não

1 HUNGRIA, Nelson. Comentários ao Código Penal. Vol. IX. 2ª Edição. Rio de Janeiro: Forense, 1959, p. 22-23.

2 O significado desse termo latino pode ser encontrado na Wiley Online Library, de onde o traduzimos livremente: Humiliores ("the more humble persons") is the Latin term referring to a less privileged order of society, and is employed as a legal category inlaw compilations of the Roman high and Late Antique Empire. Disponível em <http://goo.gl/QNTwUs>.

3 Art. 16. São circumstancias agravantes: (...) 2º Ter o delinquente commettido o crime com veneno, incendio, ou inundação. (...)

4 Art. 209. Entrar na casa alheia de noite, sem consentimento de quem nella morar. Penas – de prisão por dous a seis mezes, e multa correspondente á metade do tempo. Não terá porém lugar a pena: 1º No caso de incendio, ou ruina actual da casa, ou das immediatas. 2º No caso de inundação. 3º No caso de ser de dentro pedido soccorro. 4º No caso de se estar alli commettendo algum crime de violencia contra pessoa.

se depreendia nada que pudesse concluir pela proteção à incolumidade pública. Ao que tudo indica, tais modos de incendiar visavam a proteger a vida, a incolumidade física e a propriedade, especificamente.

Sobreveio, então, o Código Penal de 1890, que, ao reproduzir boa parte dos tipos penais trazidos pela Lei nº 3.311/1886, destacou o incêndio como crime de perigo comum, tutelando a incolumidade pública em seus arts. 136 a 148. Pode-se verificar que o incêndio causado nos edifícios mencionados no art. 136[5] trazia uma presunção de periculosidade, de acordo com a qualidade ou a destinação da coisa atingida, uma vez que, *a contrario sensu*, o respectivo art. 147 afirmava expressamente: "O incendio de cousas, não comprehendidas neste capitulo, será regulado pelas disposições que se applicam ao damno.". Ou seja, nos demais casos e excluídos ainda os outros tipos penais, o fogo seria empregado como meio de prática de crimes patrimoniais, especialmente o dano (arts. 326 a 329 do CP de 1890).

Finalmente, no Código Penal vigente (Decreto-lei nº 2.848/40), o crime de incêndio restou tipificado em um único artigo (art. 250), reunindo em si várias circunstâncias majorantes que antes constituíam crimes autônomos. E inovou, ainda, ao prever uma modalidade culposa em seu § 2º, ampliando a proteção à incolumidade pública. Sim, porque no diploma anterior o incêndio não doloso poderia ser tratado tanto como dano quanto fato atípico.

O objeto material do delito pode ser qualquer bem que sirva de combustível para a criação e/ou manutenção das chamas. Segundo Nucci[6] é a substância ou objeto incendiado.

1.2. Tipo penal objetivo e tipo penal subjetivo

O núcleo do tipo penal objetivo é "causar incêndio". Segundo o Dicionário Aurélio de Língua Portuguesa, "**causar**" significa motivar, originar, produzir. Já "**incêndio**" significa "ato ou efeito de incendiar" e/ou "Fogo que lavra com intensidade, destruindo e, às vezes, causando prejuízos". **"Expor a perigo"** significa criar uma situação de risco. Entretanto, o termo do *caput* "expondo a perigo" não faz parte do núcleo do

5 Art. 136. Incendiar edifício, ou construção, de qualquer natureza, propria ou alheia, habitada ou destinada á habitação, ou a reuniões publicas ou particulares, ainda que o incendio possa ser extincto logo depois da sua manifestação e sejam insignificantes os estragos produzidos: Penas de prisão cellular por dous a seis annos, e multa de 5 a 20% do damno causado. Incluemse na significação dos termos construção habitada ou destinada á habitação: 1º, os armazens; 2º, as oficinas; 3º, as casas de banho e natação; 4º, as embarcações ou navios; 5º, os vehiculos de estradas de ferro pertencentes a comboio de passageiros, em movimento, ou na occasião de entrar em movimento; 6º, as casas de machinas, armazens e edifícios dos estabelecimentos agricolas. Paragrapho unico. O proprio dono não ficará isento das penas deste artigo, sem provar que o objecto por elle incendiado já não tinha algum dos destinos ou usos especificados, e que do incendio não poderia resultar perigo commum ou prejuizo de terceiro. (grifo nosso).

6 NUCCI apud GRECO, Rogério. Curso de Direito Penal. Parte Especial. Vol. 14. 9ª edição. Niterói: Impetus, 2013, p. 5.

tipo, mas é uma condição de eficácia da conduta de "causar incêndio". É um termo que serve para enfatizar que, para a tipificação deste crime, é essencial que tenha havido um risco concreto à vida, à integridade física ou patrimônio de outrem. E esses bens jurídicos enumerados têm por função delimitar a incidência do crime.

Por sua vez, o "**perigo**" é "circunstância que prenuncia um mal para alguém ou para alguma coisa" ou mesmo "estado ou situação que inspira cuidado; gravidade". Existe um sentido jurídico[7] indicado para essa palavra, e transcrevemos o que consta do Dicionário Houaiss de Língua Portuguesa: "perigo presente, que já começou a produzir dano ou que inevitavelmente o produzirá". Mas, como dissemos no capítulo introdutório, esse conceito é impreciso, porque, limita-se ao delito de perigo concreto, pressupondo a existência de probabilidade concreta de risco.

O tipo subjetivo é o **dolo**, ou seja, vontade e consciência dirigidas a provocar perigo à vida, à integridade física ou ao patrimônio. Então, a depender do plano mental do agente, poderão ocorrer outras infrações penais se ele não visar à periclitação desses bens jurídicos.

Assim por exemplo é necessário **o dolo de causar incêndio**, para causar perigo comum, de forma a diferenciá-lo dos crimes do art. 41 da Lei nº 9.605/98. É que nos crimes ambientais o objeto jurídico tutelado é o meio ambiente natural, e a norma visa a evitar o dano. Já no art. 250 do CP não se busca evitar o dano à coisa que foi utilizada como combustível para o fogo, mas, sim, que a sociedade não seja ao menos exposta aos riscos inerentes a pessoas ou coisas, decorrentes da expansão das chamas.

Em resumo, pode-se concluir o seguinte: **no crime de causar incêndio em mata ou floresta (art. 250, § 1º, "h", do CP) o agente deve visar a causar risco à coletividade (dolo de perigo), vulnerando a incolumidade pública. Já no delito de "provocar incêndio em mata ou floresta" (art. 41 da Lei de Crimes Ambientais) o plano mental do sujeito é de danificar a flora (dolo de dano), o bem jurídico "meio ambiente".**

Nada impede, ainda, que o crime ambiental venha a ser absorvido pelo crime ora em análise, que é bem mais grave, caso o agente aja a título de dolo eventual, assumindo, posteriormente, o risco de produzir um perigo coletivo, não se limitando a causar dano a mata ou floresta. É um caso de **progressão criminosa**, ou seja, o agente, que tinha inicialmente a intenção de praticar um crime com pena mais leve, substitui o seu dolo (agora um dolo de perigo), e aproveita seu *modus operandi* para praticar um

7 A título de comparação, o sentido jurídico de "perigo" no Dicionário Aurélio é "situação de fato da qual decorre temor de uma lesão física ou moral a uma pessoa ou de uma ofensa aos direitos dela.". Tal conceito não nos parece o mais adequado, por restringir o alcance do termo ao risco causado a pessoas. Mas o perigo tratado no Título VII do Código Penal é juridicamente relevante também quanto ao patrimônio, haja vista que a incolumidade pública se refere a uma tutela amplíssima da coletividade, que pode ser ameaçada pelo só risco aos bens coletivos. Ademais, a incolumidade pessoal (que compreende os bens jurídicos vida, integridade física e integridade moral), é especialmente protegida pelos crimes anteriores constantes dos Capítulos I a V do Título I da Parte Especial.

delito mais grave. **Isso implica a punibilidade do agente apenas quanto ao crime de incêndio, pela aplicação do princípio da consunção**.

Isso nos leva a uma outra questão: e se quando o agente, ao provocar o incêndio, vier a causar simultaneamente, risco ou lesão a outros bens jurídicos, sem possibilidade de absorção de um crime por outro, será possível o concurso formal de crimes?

Depende, simultaneamente, do ânimo do sujeito e da concretização do risco. Se o dolo for direcionado a um único bem jurídico e, ao mesmo tempo, não for constatado perigo comum, só responderá por um delito, **por meio de aplicação do princípio da especialidade (*lex especialis derogat generali*)**. Segundo autores como Masson[8] e Greco[9], se o agente quiser utilizar fogo com a intenção de matar alguém, praticará crime de homicídio qualificado (CP, art. 121, § 2º, III) ou, visando ferir apenas, lesão corporal simples, grave ou seguida de morte (CP, art. 129, *caput*, §§ 1º a 3º). Se quiser incendiar seu próprio carro com o fim de adquirir prêmio de seguro contratado, responderá por crime de estelionato, nos termos do art. 171, § 2º, V, do CP, bem como por delito de dano (simples ou qualificado pelo uso de substância inflamável ou explosiva – art. 163, *caput* e/ou parágrafo único, II, do CP), se a intenção é destruir coisa alheia[10].

Referindo lição de Luiz Régis Prado em sua obra *Crimes contra o ambiente*, Bitencourt[11] afirma que, **não havendo perigo comum**, o agente responde apenas pelos crimes ambientais dos arts. 41 e 54 da Lei nº 9.605/98 se, por meio do incêndio, o fim desse ato for de causar danos em mata ou floresta ou de provocar poluição com resultados lesivos à saúde humana, à fora ou à fauna, respectivamente. Mas se o incêndio atingir lavoura ou pastagem, existindo risco concreto à coletividade, o agente responderá apenas pelo incêndio majorado do art. 250, § 1º, II, h).

Adicionamos que não é mais possível a punição pelas contravenções florestais do art. 26, e, da Lei nº 4.771/65[12], pois esse diploma normativo foi integralmente revogado pelo novo Código Florestal (Lei nº 12.651/12), sendo, pois, *novatio legis* descriminalizadora nesse particular.

Por outro lado, se do incêndio doloso ou culposo, voltados para a prática de outro crime, sobrevier perigo comum, a doutrina entende haverá concurso formal impróprio (ou seja, as penas serão somadas do mesmo modo que é feito no concurso material – CP, art. 70, parágrafo único), em razão da existência de desígnios autônomos,

---

8 MASSON, Cleber. Direito Penal esquematizado. Parte Especial. Vol. 3. São Paulo: Método, 2011, p. 225.

9 GRECO, Rogério. Curso de Direito Penal, cit., p. 9-10.

10 Neste sentido, também: HUNGRIA, Nelson. Comentários ao Código Penal. Vol. IX. 2ª Edição. Rio de Janeiro: Forense, 1959, p. 24; e BITENCOURT, Cezar Roberto. Tratado de Direito Penal. Parte Especial. Vol. 4. 5ª edição. São Paulo: Saraiva, 2011, p. 246.

11 Ibidem, p. 247.

12 Art. 26. Constituem contravenções penais, puníveis com três meses a um ano de prisão simples ou multa de uma a cem vezes o salário mínimo mensal, do lugar e da data da infração ou ambas as penas cumulativamente: (...) e) fazer fogo, por qualquer modo, em florestas e demais formas de vegetação, sem tomar as precauções adequadas (...).

sendo um deles para a criação de perigo à incolumidade pública. Essa regra é aplicável também aos crimes citados acima. E os doutrinadores já citados dão outros exemplos de concurso formal impróprio: se o incêndio causado atentar contra a segurança nacional (art. 20 da Lei nº 7.170/83), se, além do perigo, o agente quer matar ou ferir determinada pessoa etc., o agente responderá pelo incêndio e pelo homicídio/lesão corporal.

Não diremos que é impossível existir o concurso formal próprio (CP, art. 70, *caput*), em relação a dois ou mais crimes que tutelam bens jurídicos diversos, mas tal situação parece ser de difícil configuração, especialmente porque, ao causar incêndio, o agente deve ter dolo de causar perigo comum, e em caso de morte, por exemplo, responderá, em regra, pelo crime do art. 250 do CP somado à causa de aumento de pena prevista no art. 258 do CP, já que terá praticado crime preterdoloso (conduta dolosa quanto à periclitação e culposa quanto ao resultado morte, por exemplo)[13].

De acordo com tudo o que expusemos até agora, é o seguinte precedente do Tribunal Regional Federal da 5ª Região:

> PENAL E PROCESSUAL PENAL. TRIBO INDÍGENA XUCURU. CERCEAMENTO DE DEFESA. NÃO CONFIGURADO. PRINCÍPIOS DO CONTRADITÓRIO E DA AMPLA DEFESA. OBSERVÂNCIA. INÉPCIA DA DENÚNCIA. INOCORRÊNCIA. INEXISTÊNCIA DE
>
> AFRONTA AO PRINCÍPIO DO JUIZ NATURAL. CRIME DE INCÊNDIO. ART. 250, PARÁG. 1º. CRIME DE PERIGO CONCRETO E EXTENSIVO À COLETIVIDADE. PRINCÍPIO DA CONSUNÇÃO.
>
> MATERIALIDADE E AUTORIA SUFICIENTEMENTE PROVADAS. CAUSA ESPECIAL DE AUMENTO. CASA HABITADA OU DESTINADA À HABITAÇÃO. (...) 7. Resta sobejamente comprovada a prática do delito de incêndio, previsto no art. 250, parag. 1º, inciso II, alínea a, do CPB, por todos os acusados constantes deste feito. São documentos, laudos, material fotográfico, depoimentos e oitivas de diversas testemunhas que indicam a presença dos denunciados tanto no primeiro momento delituoso, ocorrido na Fazenda Curral do Boi, logo após o atentado sofrido pelo Cacique Marcos Luidson, como em um segundo momento, quando a multidão de índios se direcionou à Vila de Cimbres, mais precisamente á residência do índio Biá, participando das destruições por meio de incêndios promovidas em móveis e imóveis. 8. No crime de incêndio, necessário que exista perigo concreto para número indeterminado de pessoas ou bens, ou seja, efetiva situação de perigo para a vida, a incolumidade física ou patrimônio de outrem, o que ocorreu na hipótese. O delito de dano qualificado, previsto no art. 163, parág. único, II (dano, com emprego de substância inflamável ou explosiva), restou absorvido pelo delito mais grave de incêndio (princípio da consunção). 9. Os ofendidos expuseram os fatos com uma riqueza de detalhes tal, que o que se tem é a total coincidência dos relatos, uns com os outros, em coerência com os demais elementos produzidos nos autos. Os depoimentos prestados por ofendidos diretamente podem ser considerados para efeito de fundamentar o decreto condenatório, desde que tais elementos se encaixem na conjuntura do feito, apresentando adequação e

13 Em sentido contrário, pela impossibilidade de concurso de crimes nos casos das majorantes do art. 258 do CP, Greco (Curso, cit., p. 61-62) e Bitencourt (Tratado, cit., p. 196).

> amoldando-se de forma a apontar para a verossimilhança da acusação, como ocorreu no caso. Precedente: TRF2, ACR 200351130006888, Desembargador Federal ABEL GOMES, Primeira Turma Especializada, 15/10/2008. 10. Em crimes perpetrados por multidão à palavra da vítima deve se imprimir relevância, mormente no que diz respeito à identificação dos infratores. Essa relevância aumenta quando a identificação mostra-se corroborada por outras vítimas, e não se avista um motivo especial para se apontar esse ou aquele indivíduo como um dos partícipes da ocorrência criminosa. 11. Não há como prosperar a argumentação da defesa no sentido de que o ônibus de placa KGI-2945, de propriedade do ofendido Biá, que foi destruído pelo incêndio, não seria veículo de transporte coletivo. A alínea c, do inciso I, parág. 1°, do art. 250, não fala em transporte coletivo público, mas apenas em transporte coletivo, sendo qualquer meio utilizado para conduzir várias pessoas de um lugar para outro, a exemplo de um ônibus. (...) 13. Crimes de dano e invasão de domicílio absorvidos pelo crime de incêndio. Princípio da consunção. (...) 15. A gravidade do delito de incêndio com exposição a perigo de vida, a integridade física ou ao patrimônio de outrem já se faz considerada no próprio tipo e justificada pela pena mínima elevada de 3 anos e maior gravidade ainda advinda de o incêndio ser praticado em casa habitada ou destinada à habitação ou em veículo de transporte coletivo, também já se mostra ponderada no aumento de pena previsto no parág. 1°., inciso II, do art. 250, do CPB. Pena-base no mínimo legal de 3 anos. (...) (ACR 200683020003653, Desembargador Federal Manoel Erhardt, TRF5 – Primeira Turma, DJE – Data: 29/11/2012 – Página: 117.)

O crime é de forma livre, podendo ser praticado por qualquer meio. A título de exemplo, Hungria[14] ensina que é indiferente o processo ou modo de ateamento do fogo à coisa, ou seja, se dá causa diretamente à ignição ou por predisposição de causas físico-químicas como a provocação de um curto-circuito elétrico, abertura de botijão de gás, na certeza de que alguém entrará no recinto e riscará um fósforo etc. É possível agir tanto por ação quanto por omissão, seja causando diretamente o incêndio, seja pela omissão de apagar um simples fogo.

Não é necessário que o perigo seja resultado das chamas, bastando que do incêndio exista a periclitação social, já que, segundo Masson, é possível que se instale, por conta disso, uma situação de pânico generalizado ou tumulto[15].

1.3. Sujeito ativo e sujeito passivo

Qualquer pessoa pode ser sujeito ativo dos crimes do art. 250 do CP, pois o tipo penal não exige uma condição especial para praticá-lo, bastando que cause incêndio com o fim de expor a perigo a vida, a integridade física ou o patrimônio de outrem.

O sujeito passivo é a coletividade, já que estamos tratando de crime contra a incolumidade pública, sendo, pois, um crime vago, ou seja, a sua tutela é de um número indeterminado de pessoas, e é nesse sentido que deverá estar contido o plano mental do agente; caso contrário, deverá responder por outro crime (homicídio, lesão corporal etc.).

---

14 Comentários ao Código Penal, cit., p. 25.

15 MASSON, Direito Penal esquematizado, cit., p. 224.

1.4. Formas majoradas e crime culposo

Existem dois tipos de majorantes do crime de incêndio: as que se referem a uma finalidade especial do agente e as relacionadas à natureza ou destinação da coisa. Como dito, essas circunstâncias antes constituíam modalidades autônomas de incêndio (Lei nº 3.311/1886). Agora todas elas são causas de aumento de pena de 1/3 (um terço) do crime de incêndio. Estudaremos uma por uma.

I – se o crime é cometido com intuito de obter vantagem pecuniária em proveito próprio ou alheio

Trata-se de majorante com base em um fim específico almejado pelo autor do delito, qual seja, de obter dinheiro, no sentido usual da nossa linguagem, embora se saiba que seu radical latino vem da palavra *pecus*, que dizia respeito à riqueza materializada em gado, ou outro tipo de riqueza semelhante. Então, o ganho visado pelo agente deve ser um valor monetário, seja para si, seja para outrem.

Uma controvérsia doutrinária importante se refere ao âmbito de aplicação desse inciso. Conforme posto por Greco[16], há dois posicionamentos: a) um, mais restrito, é no sentido de que a vantagem do agente deve ser motivo determinante relativa ao próprio incendiário, porque a majorante visa a punir mais gravemente um maior grau de perversidade do autor, de modo que ele não se aplica no caso de prática de incêndio mediante paga ou promessa de recompensa, prevista como agravante genérica (atualmente, do art. 62, IV, do Código Penal). É o entendimento de autores como Hungria[17]; b) outra, mais abrangente, diz que pouco importa se houve 'paga' ou promessa de recompensa. Bastaria a existência do ânimo de lucro, sendo irrelevante o fato de eventualmente o agente vier a receber ou não a vantagem pecuniária prometida[18].

Concordamos com a segunda corrente doutrinária, porque atende melhor à proteção da incolumidade pública atualmente. Com efeito, o agente pode querer a vantagem pecuniária se for estimulado para isso, normalmente por meio de pagamento ou de promessa de pagamento. Não aplicar a causa de aumento de 1/3 (um terço) nesse caso seria o mesmo que premiar o réu que age igualmente com maior reprovação (maior torpeza ou desvio da conduta socialmente esperada) com uma exasperação mais branda, por meio das agravantes dos arts. 61, II, d, e/ou do art. 62, IV, todos do Código Penal[19]. Isso tornaria o bem jurídico tutelado insuficientemente protegido.

Para a primeira corrente, o crime só seria aplicável em casos de quase impossibilidade de prova da motivação, a não ser que haja nos autos confissão, por exemplo, incendiar

16 Curso de Direito Penal, cit., p. 6-7.

17 Comentários ao Código Penal, cit., p. 28.

18 Neste sentido também Guilherme de Souza Nucci.

19 Art. 61 – São circunstâncias que sempre agravam a pena, quando não constituem ou qualificam o crime: I – a reincidência; II – ter o agente cometido o crime: d) com emprego de veneno, fogo, explosivo, tortura ou outro meio insidioso ou cruel, ou de que podia resultar perigo comum; (...)

Art. 62 – A pena será ainda agravada em relação ao agente que: (...) IV – executa o crime, ou nele participa, mediante paga ou promessa de recompensa.

a casa própria para poupar gastos com demolição, incendiar casa alheia para que o fogo atinja sua própria residência, de modo a aparentar que a culpa do incêndio foi o vizinho e viabilizar futura indenização. Mas pensamos que não é esse o melhor entendimento, pois a motivação de lucro se torna mais relevante e mais atentatória à segurança da coletividade quando se passa a oferecer dinheiro para a prática de incêndios.

Os casos seguintes se referem às causas de aumento de pena pela natureza ou destinação específica da coisa. Não se trata de crimes preterdolosos, pois a lei presume que os bens listados no inciso II do § 1º do art. 250 do CP possuem relevância jurídica diferenciada, no sentido de que o incêndio a eles causa maior risco à ordem pública ou causa um maior prejuízo econômico. A causa de aumento de pena aqui decorre de uma valoração em razão do objeto material utilizado como combustível das chamas. Convém lembrar que, caso o agente tenha dolo apenas de destruir e o perigo comum não venha a ocorrer ao menos culposamente, o agente responderá ou por dano simples ou por dano qualificado, conforme o caso.

II – se o incêndio é:

a) em casa habitada ou destinada a habitação: O objeto material é casa em sentido amplo (não se restringe ao domicílio, nos termos dos arts. 70 a 78 do Código Civil), ou seja, qualquer construção que sirva para a acomodação de alguém, independentemente de seu tamanho, local ou se ela só venha a ser utilizada esporadicamente. Não importa se ela está atualmente ocupada por alguém na ocasião do incêndio, o que importa é a destinação especial do edifício para habitação humana.

A expressão "casa destinada à habitação" parece ser redundante, mas, no sentido que empregamos, é a estrutura construída pelo homem, que pode servir tanto para estada ou moradia, independentemente de sua natureza, desde que tenha essa destinação. Ex.: albergues, colônias de férias, hotéis etc.

Nesse exato sentido, também é a jurisprudência do STJ:

> PENAL. HABEAS CORPUS SUBSTITUTIVO DE RECURSO PRÓPRIO. INADEQUAÇÃO. INCÊNDIO MAJORADO. DESCLASSIFICAÇÃO DA CONDUTA PARA DANO QUALIFICADO. IMPROPRIEDADE DA VIA ELEITA. ÓBICE AO REVOLVIMENTO FÁTICO-PROBATÓRIO. PERIGO AO PATRIMÔNIO DA VÍTIMA. RESIDÊNCIA DESABITADA. CRIME CONFIGURADO. WRIT NÃO CONHECIDO. (...) 4. No caso, após o término da instrução criminal, foi reconhecida a prática do crime de incêndio, por ter o ora paciente exposto a perigo o patrimônio das vítimas, sendo desnecessária a comprovação do risco à higidez física, nos termos do defensivo nas razões da impetração. Em verdade, o art. 250, caput, do CP tipifica a conduta de causar incêndio, expondo a vida, a integralidade física ou o patrimônio das vítimas a perigo. 5. É exigível para a configuração do crime tão somente o dolo de perigo, independentemente de qualquer finalidade específica, sendo bastante a consciência da possibilidade de prejudicar terceiro, assim como a comprovação do efetivo risco de expor a vida, a integralidade física e o patrimônio do ofendido a perigo. 6. Quanto à causa de aumento do art. 250, § 1º, II, "a", impõe-se a incidência da referida majorante ainda que a residência não estivesse desocupada no momento da prática delituosa, pois o texto legal menciona "casa habitada ou destinada a habitação".7. Writ não conhecido. (HC 437.468/SP, Rel. Ministro RIBEIRO DANTAS, QUINTA TURMA, julgado em 19/06/2018, DJe 28/06/2018)

b) em edifício público ou destinado a uso público ou a obra de assistência social ou de cultura: como é fácil perceber, pela importância de qualquer edifício público, seja em caráter permanente, seja em caráter temporário, a lei previu também causa de aumento de pena para os edifícios públicos (aqui incluídos todos, os de uso comum do povo, de uso especial e os dominicais) e as construções particulares que sejam destinadas a uso público (ex.: casas de *shows*, teatros, feiras livres etc.). Como aqui se trata da tutela de bens de acordo não só com a sua natureza, mas com a destinação, temos que incidirá esta causa de aumento aos locais que, embora de domínio privado, venha a ser transitória ou definitivamente ocupados para um fim de utilidade pública (Ex.: prédio ocupado temporariamente para a prestação de serviços de saúde, terrenos com imissão na posse do Estado por procedimento de desapropriação e outros). A lei também deu proteção aos locais destinados à assistência social, instituição essencial que contribui para a redução das desigualdades sociais e para a garantia do mínimo existencial às pessoas, bem como às entidades de fomento à cultura, que representa a expressão, sob quaisquer formas, do conjunto de práticas que acabam por caracterizar a identidade do povo brasileiro. Diga-se de passagem, que a cultura e as manifestações culturais constituem patrimônio cultural brasileiro, nos termos do art. 216 da Constituição Federal.

c) em embarcação, aeronave, comboio ou veículo de transporte coletivo; Aeronave, segundo o Código Brasileiro de Aeronáutica (art. 106 da Lei nº 7.565/1986) é "todo aparelho manobrável em voo, que possa sustentar-se e circular no espaço aéreo, mediante reações aerodinâmicas, apto a transportar pessoas ou coisas", enquanto o conceito legal de embarcação é, nos termos do art. 2º da Lei nº 9.537/97 (lei que dispõe sobre a segurança do tráfego aquaviário), "qualquer construção, inclusive as plataformas flutuantes e, quando rebocadas, as fixas, sujeita a inscrição na autoridade marítima e suscetível de se locomover na água, por meios próprios ou não, transportando pessoas ou cargas.". Comboio é "um conjunto de veículos que se dirigem para um mesmo destino" ou "carros de munições e mantimentos que acompanham forças militares". (Dicionário Aurélio). Logo, a aglomeração de veículos, parada ou em movimento, só constitui comboio se visarem a chegar, juntos, em um lugar determinado. Não constitui comboio, por exemplo, o "engarrafamento" de automóveis. Finalmente, veículo de transporte coletivo é todo aquele que é destinado ao transporte de várias pessoas (passageiros), mediante contraprestação ou não, havendo aqui uma circunstância de interesse público. Assim a majorante incidirá se o incêndio for provocado em ônibus, metrô, táxi, bondes etc. Aqui também independe se o veículo estiver ocupado ou não, pois, no mínimo, se protege, ainda que indiretamente, o correto funcionamento dos serviços públicos. Ademais, caso algum passageiro venha a morrer por conta do incêndio, haverá concurso material ou formal com o crime de homicídio.

d) em estação ferroviária ou aeródromo: estação ferroviária é "um lugar em que se processa embarque e desembarque de passageiros e/ou carga de trens". Aeródromo, por sua vez, é "área delimitada em terra, na água, ou flutuante, destinada a pouso e decolagem de aeronaves". É um gênero, não sinônimo de aeroporto, que é espécie de aeródromo "que dispõe de instalações próprias para os serviços de chegada e partida, carga e descarga e manutenção de aeronaves, assim como de atendimento, embarque e desembarque de passageiros; campo de aviação"[20].

e) em estaleiro, fábrica ou oficina: Estaleiro é o local onde se

constroem e/ou consertam embarcações. Fábrica é "lugar ou estabelecimento onde se manufaturam utensílios, gêneros, roupas, máquinas e várias outras mercadorias" e oficina é "lugar onde se exerce um ofício" ou "onde se fazem consertos." O objetivo desta alínea é agravar o incêndio porque esses locais dizem respeito às bases da economia nacional, conferindo uma proteção maior aos meios de produção e circulação de bens.

f) em depósito de explosivo, combustível ou inflamável: como se verifica facilmente, o incêndio causado em locais de armazenamento de substâncias que reagem violentamente com o fogo ou aumento de temperatura, causando explosão ou queima de modo a aumentar consideravelmente as chamas, é mais gravemente punido pela alta periculosidade que causa à coletividade.

g) em poço petrolífico ou galeria de mineração; poios petrolíferos são locais onde se encontra petróleo, combustível líquido natural, formado quase só de hidrocarbonetos, que se encontra em poros de rochas sedimentares. Galeria de mineração é uma passagem ou caminho feito no solo, com vistas à exploração de recursos minerais. Entendemos que o sentido da maior reprovabilidade do incêndio se dá por dois motivos: 1) Econômico, uma vez que o petróleo ainda é um dos recursos mais valiosos para a economia mundial, haja vista sua ampla utilização para produção de combustíveis e de um sem número de produtos industrializados. É por isso, inclusive, que a Constituição Federal (art. 177) instituiu um regime de especial sobre a exploração e utilização do petróleo, tamanha a sua importância. O mesmo pode ser dito da mineração, uma vez que o Brasil se destaca no comércio mundial como grande exportador de *commodities*. 2) Segurança, pois, o petróleo é substância altamente inflamável, e a sua queima tem potencial de causar perigo em grandes proporções. Como se sabe, também é comum o uso máquinas escavadeiras e, na maioria dos casos, de explosivos e outras substâncias de efeitos análogos como métodos de lavra de minérios. Um incêndio causado nessas áreas põe em risco maior a incolumidade pública, justificando a incidência da causa de aumento.

h) em lavoura, pastagem, mata ou floresta. Lavoura é o cultivo da terra para sementeira ou plantação, normalmente voltada para a prática da agricultura, enquanto a pastagem é o terreno que contém o pasto, erva que serve para a alimentação do gado. Mata é o 'conjunto de árvores de porte médio, naturais ou cultivadas'[21] e floresta

---

20 Todas as referências semânticas deste título foram extraídas do Dicionário Aurélio Buarque de Holanda.

21 BALTAZAR JUNIOR, José Paulo. Crimes Federais. 9ª Edição. São Paulo: Saraiva, 2014, p. 1.049.

'é a formação arbórea densa, de alto porte, que recobra área de terra mais ou menos extensa'[22].

Convém ressaltar, mais uma vez, que, em se tratando de incêndio causado em mata ou floresta, a tipificação pode variar: se o agente, dolosamente, quiser, com essa conduta, causar perigo comum, ameaçando a vida, integridade física ou patrimônio de outrem, incidirá neste art. 250, § 1º, II, h, CP. Mas se o agente quiser causar risco ao meio ambiente apenas, causando incêndio à mata ou floresta, e se não houver maior potencialidade lesiva, responderá apenas pelo crime ambiental do art. 41 da Lei nº 9.605/98. No primeiro caso, a conduta é mais ampla e mais gravosa, abrangendo o crime ambiental, **pela aplicação do princípio da consunção ou absorção**.

Incêndio culposo – o art. 250, § 2º, do CP, prevê uma modalidade culposa, quando o agente causa o incêndio sem observar um dever objetivo de cuidado, a título de negligência, imprudência ou imperícia. Nesse caso, a pena é de detenção, de 6 (seis) meses a 2 (dois) anos.

Ao contrário do que ocorre na modalidade dolosa, não incidem as majorantes do § 1º do art. 250 do CP, tendo em vista a autonomia do crime culposo descrito no § 2º. Independentemente do local culposamente incendiado, os limites da pena cominada não sofrerão aumento, a não ser no caso de lesão corporal (aumento de metade) ou morte (aplicação da pena do homicídio culposo mais um terço), nos termos do art. 258, segunda parte, do CP.

1.5. Consumação e tentativa

Para que seja configurado, o incêndio deve, necessariamente, causar perigo concreto à incolumidade pública, não bastando a só potencialidade de risco. É imprescindível a realização de perícia, por exigência do art. 173 do Código de Processo Penal, que dispõe: "Art. 173. No caso de incêndio, os peritos verificarão a causa e o lugar em que houver começado, o perigo que dele tiver resultado para a vida ou para o patrimônio alheio, a extensão do dano e o seu valor e as demais circunstâncias que interessarem à elucidação do fato." Além disso, se o crime deixa vestígios (crime não transeunte), o art. 158 do mesmo diploma processual exige o respectivo exame de corpo de delito para sua comprovação.

Consequentemente é atípico o fato de o agente causar incêndio mediante combustão de bem próprio e em lugar ermo ou isolado, sem potencialidade para oferecer perigo comum, uma vez que o incêndio, necessariamente, deve expor a perigo a vida, a integridade física ou o patrimônio de outrem. Assim o entende, Hungria[23]:

> (...) O Código de 1890 obedecia ao critério de presumir *juris et de jure* o perigo comum no tocante ao incêndio, e daí a casuística e diferenciações com que achou prudente disciplinar a matéria (abstraindo, porém, que também o incêndio de coisas diversas das enumeradas taxativamente poderia criar perigo comum). Pelo

22 PRADO, Luiz Régis. Crimes contra o ambiente. 5ª Edição. São Paulo: RT, 2013, p. 213.

23 Comentários do Código Penal, cit., p. 24-25.

> Código vigente, ao contrário, o crime o crime de incêndio está condicionado ao *efetivo* ou *concreto* perigo comum, tornando-se, portanto, indiferente (quanto ao tipo simples ou fundamental) a qualidade ou destinação da coisa atingida. Também suprimiu, por ociosa, a explicação de que não é criminoso o incêndio que atinge coisa pertencente ao próprio agente e não acarrete perigo comum. Se êste não apresenta, é obvio que não há falar em crime de incêndio, seja alheia ou própria a coisa a que for ateado o fogo. (...) Antes de tudo, a coisa a que se põe fogo deve achar-se em lugar no qual o incêndio possa difundir-se, ameaçando coisas outras ou pessoas, indeterminadamente. Incendiar, por exemplo, um *telheiro* isolado no campo inculto ou uma casa em ruína, inabitada e solitária, será crime de dano (se se trata como é obvio, de propriedade alheia), e não crime de incêndio. (...)

O crime é de perigo concreto[36], portanto. Não há falar de crime consumado ou tentado se em momento algum houve risco à segurança da coletividade, ou seja, de um número indeterminado de pessoas, como, por exemplo, o faz Bitencourt[24] ao dizer que o crime pressupõe a exposição de perigo comum, ou seja, sem o dano potencial à vida, integridade física ou o patrimônio de outrem, não há falar de delito de incêndio.

A tentativa é admissível, pois, em tese, é possível falar em início da fase executória do *iter criminis*, em consequência da possibilidade de divisão, no plano mental, dos atos praticados pelo agente (crime plurissubsistente). Cleber Masson[25] exemplifica: "'A', munido de galões de gasolina, a derrama por todos os cômodos de uma casa

> 36 Relevante mencionar a propósito, a distinção de Hungria (1959, p. 15-6) entre perigo concreto e perigo abstrato nos crimes contra a incolumidade pública: "Na análise dos tipos de crimes que fazem periclitar a incolumidade pública, verifica-se que a situação de perigo é reconhecível ora in abstracto, ora in concreto. Perigo abstrato é o que a lei presume, juris et de jure, inserto em determinado fato, pouco importando, assim, que não se realize, no caso ocorrente, por alguma circunstância excepcional, um perigo efetivo (ex.: desarranjo de linha férrea, crimes contra a saúde pública em geral). Perigo concreto é o que se verifica realmente, dependente de tal verificarão (ocorrência) a existência do crime, como, por exemplo, no caso de incêndio, inundação, etc. Em qualquer caso, porém, a lei não deixa o reconhecimento do perigo ao juízo do agente: na hipótese de perigo in abstracto, funda-se no quod plerumque accidit, para, aprioristicamente, considerar perigoso tal ou qual fato; na hipótese de perigo in concreto, dependente êste de um juízo a posteriori, não é ainda a opinião do agente que se há de ter em conta, mas o entendimento comum na apreciação das circunstâncias. O elemento subjetivo, portanto, no tocante aos crimes em questão, que tanto podem ser dolosos ou culposos, é (além da vontade refere à ação ou omissão) a consciência (dolo) ou possibilidade de consciência (culpa) de que se provoca a situação objetiva que a lei presume como de perigo comum (perigo comum abstrato), ou que é efetivamente tal, em face de circunstâncias consideradas segundo o critério ou experiência geral (perigo comum concreto)."

situada em rua movimentada e repleta de pessoas, e, antes de riscar o fósforo para atear o fogo, é detido pelo proprietário da residência." O mesmo ocorre quando o agente já tenha criado as chamas, mas deixa de se tornar incêndio por circunstâncias

---

24 Tratado de Direito Penal, cit., p. 245.

25 Direito Penal esquematizado, cit., p. 226.

alheias à sua vontade: "'A' ateia fogo no apartamento de um prédio; todavia, antes de as chamas tomarem proporções inerentes ao incêndio, estas são controladas pelos bombeiros."

1.6. Classificação doutrinária

Comum, porque pode ser praticado por qualquer pessoa; **Vago,** pois o sujeito passivo é a coletividade, de forma genérica, com vítima indeterminada; **Doloso**, nas formas do *caput* e do § 1º do art. 250 do CP e **culposo** no caso do respectivo § 2º. **Comissivo**, praticado, em regra, por meio de uma ação, sem prejuízo de responder por omissão imprópria, se o agente era responsável em garantir a não ocorrência do crime (CP, art. 13, § 2º); **De ação única**, porque possui apenas uma conduta descrita no núcleo do tipo penal (causar incêndio). **De ação livre,** pois pode ser praticado por qualquer meio, ainda que não previsto pelo legislador. **Material ou causal**, porque depende da ocorrência das circunstâncias indicadas na lei, no caso, a periclitação à vida, à integridade física ou ao patrimônio de outrem. **De perigo concreto ou não presumido,** porque a existência do perigo deve ser comprovada. E como deixa vestígios, é **não transeunte**. **Instantâneo,** porque está consumado a partir do momento em que o agente pratica a conduta descrita no tipo, não se protraindo para o futuro. Haverá, após, exaurimento (*post factum*) do crime. **Unissubjetivo ou de concurso eventual de pessoas**, pois pode ser praticado por um ou mais sujeitos.

1.7. Causas de aumento de pena

O art. 258 do CP dispõe sobre as "formas qualificadas dos crimes de perigo comum", mas, segundo a opinião da doutrina, trata-se de causas de aumento de pena da Parte Especial, uma vez que não são preceitos secundários autônomos e fazem remissão a penas preexistentes.

O referido dispositivo prevê:

> Se do crime doloso de perigo comum resulta lesão corporal de natureza grave, a pena privativa de liberdade é aumentada de metade; se resulta morte, é aplicada em dobro. No caso de culpa, se do fato resulta lesão corporal, a pena aumenta-se de metade; se resulta morte, aplica-se a pena cominada ao homicídio culposo, aumentada de um terço.

A norma se aplica a todos os crimes deste Capítulo I, que trata dos crimes de perigo comum (arts. 250 a 257 e 259). Considerando as causas acima transcritas, as penas poderão ser arbitradas nos seguintes termos:

> **a) quando o crime for preterdoloso**: a.1) aplica-se o aumento de metade (1/2) se sobrevier lesão corporal **grave ou gravíssima**, resultando em uma pena de 4 (quatro) anos e 6 (seis) meses a 9 (nove) anos de reclusão, na forma simples do *caput* do art. 250 e de 6 (seis) a 12 (doze) anos de reclusão nas várias formas majoradas do respectivo § 1º; a.2) aumenta-se a pena em dobro se ocorrer morte, ficando em 6 (seis) a 12 (doze) anos de reclusão na forma simples e de 8 (oito) a 16 (dezesseis) anos no caso do art. 250, § 1º do CP;

b) quando o crime for **culposo** (crime qualificado pelo resultado **também culposo** – culpa + culpa): b.1) aplica-se o aumento de metade (1/2) se sobrevier **lesão corporal** (leve, média, grave ou gravíssima) cuja pena será de 9 (nove) meses a 3 (três) anos de detenção; b.2) aplica-se a pena do homicídio culposo aumentada de um terço (1/3), em caso de morte (a pena será arbitrada entre 1 ano e seis meses a quatro anos e seis meses de detenção).

Cumpre notar que o resultado perigoso das condutas qualificadas pelo resultado (preterdolosas e culposas), deve ser necessariamente previsível, uma vez que nessa situação também não se admite responsabilidade penal objetiva, já que um direito penal democrático é um direito penal do fato, ou seja, pune-se o agente pelo aquilo que deseja fazer (vedação do *versari in re illicita*[26]).

Isso porque o art. 19 do CP determina que "Pelo resultado que agrava especialmente a pena, só responde o agente que o houver causado ao menos culposamente". A propósito, é a lição de Nelson Hungria[27]:

> (...) Discute-se se, para o reconhecimento da qualificação, os referidos eventos, embora não previstos, devem ser previsíveis. Em face do nosso Código, que não pactua em caso algum com a responsabilidade objetiva ("Exposição de motivos", nº 13), ainda no caso da *versatio in re illicita*, a solução não pode deixar de ser no sentido afirmativo. Assim, se o agente sabia que a casa incendiada era desabitada, mas acontecendo que, clandestinamente, um vagabundo aí se recolhera para dormir e vem a ser atingido pelas chamas, não será reconhecível a qualificativa. (...)

1.8. Infrações penais assemelhadas da legislação específica

1.8.1. Crime previsto no Código Penal Militar

Incêndio

Art. 268. Causar incêndio **em lugar sujeito à administração militar**, expondo a perigo a vida, a integridade física ou o patrimônio de outrem:

Pena – reclusão, de três a **oito** anos.

§ 1º A pena é agravada: Agravação de pena;

I – se o crime é cometido com intuito de obter vantagem pecuniária para si ou para outrem; II – se o incêndio é:

a) em casa habitada ou destinada a habitação;

b) em edifício público ou qualquer construção destinada a uso público ou a obra de assistência social ou de cultura;

c) em **navio**, aeronave, comboio ou veículo de transporte coletivo;

d) em estação ferroviária, **rodoviária**, aeródromo ou **construção portuária**;

---

26 O termo vem do brocardo latino *qui in re illicita versatur tenetur etiam pro casu*, ou seja: "quem se ocupa com coisa ilícita, fica responsável pelos seus efeitos". Logo, ao contrário ao que propõe a expressão, atualmente a doutrina leciona que, se o resultado produzido, culposo ou doloso, não for ao menos objetivamente previsível, não poderá ser imputado ao agente.

27 Comentários ao Código Penal, cit., p. 32.

e) em estaleiro, fábrica ou oficina;

f) em depósito de explosivo, combustível ou inflamável;

g) em poio petrolífero ou galeria de mineração;

h) em lavoura, pastagem, mata ou floresta.

§ 2º Se culposo o incêndio: Incêndio culposo

Pena – detenção, de seis meses a dois anos.

A redação desse crime no CPM, no geral, é idêntica à do CP. Entretanto, as pequenas diferenças destacadas acima merecem alguns comentários.

O *caput* do art. 268 é similar, distinguindo-se pelo fato de se limitar a um local sujeito à Administração Militar. A pena cominada é mais severa, de 3 (três) a 8 (oito) anos de reclusão, considerando que a pena máxima prevista no art. 250 do Código Penal é de 6 (seis) anos.

Entretanto, o mesmo não pode ser dito em relação às formas do § 1º. É que no CPM, todas elas são circunstâncias agravantes específicas da sua Parte Especial, enquanto esse rol, no CP, elenca causas de aumento de pena em 1/3 (um terço). Significa dizer que, ao contrário do que ocorre na forma simples do *caput*, o crime militar é mais brando, pois as agravantes são consideradas na segunda fase de aplicação da pena, não podendo ultrapassar o patamar máximo fixado em lei. Em comparação, o art. 250, § 1º, do CP cominará reprimenda mais severa, porque se computado o aumento de pena, ficará de 4 (quatro) a 8 (oito) anos de reclusão, com pena mínima superior.

Sobre a alínea "c", inciso II, § 1º, do art. 268 do CPM, existe menção a navio no lugar de embarcação. Essa diferença é relevante porque esses termos não são sinônimos. Para fins de agravamento de pena, o incêndio deve ser provocado necessariamente em navio, que é um tipo específico de embarcação de grande porte, voltado ou para transporte coletivo de pessoas ou para fins militares. Isso será explicado com mais detalhes nos comentários relativos ao crime do art. 261 do CP.

Quanto à alínea "d", é de ver que foram incluídas as rodovias e as construções portuárias. Adiantamos que o Capítulo II do Código Penal não tutela a segurança das vias públicas em geral. Mas o Código Penal Militar, no seu Capítulo II, por vezes tutela não só essas vias, mas as rodovias e portos, porque são de interesse nacional, tanto do ponto de vista econômico quanto do ponto de vista estratégico-operacional. Daí serem elencadas aqui como circunstâncias agravantes.

Por outro lado, o crime de incêndio culposo é exatamente o mesmo daquele previsto no Código Penal, inclusive ambos cominam a mesma pena de 6 (seis) meses a 2 (dois) anos de reclusão.

Ressalte-se, por fim, que o CPM também prevê causas de aumento de pena em decorrência de lesões corporais e morte, para as formas preterdolosas e culposas:

Formas qualificadas pelo resultado

Art. 277. Se do crime doloso de perigo comum resulta, além da vontade do agente, lesão grave, a pena é aumentada de metade; se resulta morte, é aplicada em dôbro. No caso de culpa, se do fato resulta lesão corporal, a pena aumenta-se de metade; se resulta morte, aplica-se a pena cominada ao homicídio culposo, aumentada de um têrço.

Finalmente, importante destacar que o Código Penal Militar prevê um único delito contra a incolumidade pública **em tempo de guerra**, de tipo remetido aos crimes dos arts. 268 a 276 e 278, que se referem aos delitos de perigo comum, puníveis exclusivamente na forma dolosa:

Crimes de perigo comum

Art. 386. Praticar crime de perigo comum definido nos arts. 268 a 276 e 278, na modalidade dolosa:

I – se o fato compromete ou pode comprometer a preparação, a eficiência ou as operações militares;

II – se o fato é praticado em zona de efetivas operações militares e dêle resulta morte: Pena – morte, grau máximo; reclusão, de vinte anos, grau mínimo.

1.8.2. *Crime da Lei da Segurança Nacional (LSN – Lei nº 7.170/83)*

Art. 20. Devastar, saquear, extorquir, roubar, seqüestrar, manter em cárcere privado, incendiar, depredar, provocar explosão, praticar atentado pessoal ou atos de terrorismo, por inconformismo político ou para obtenção de fundos destinados à manutenção de organizações políticas clandestinas ou subversivas.

Pena: reclusão, de 3 a 10 anos.

Parágrafo único – Se do fato resulta lesão corporal grave, a pena aumenta-se até o dobro; se resulta morte, aumenta-se até o triplo.

A conduta de incendiar deve estar ligada a um ânimo específico do agente: inconformismo político ou de obtenção de fundos para manter organizações políticas que atuem contra os princípios que regem a República Federativa do Brasil e a democracia. Nesse caso, responderá pelo delito em questão, mais gravoso, pela aplicação do princípio da especialidade. A pena é sensivelmente maior, de 3 (três) a 10 (dez) anos.

Nesta forma especial de incêndio, basta que o agente ponha fogo com o dolo exigido pelo art. 20 da LSN para que o crime seja tipificado. Entendemos, portanto que o perigo à incolumidade pública, neste caso, é abstratamente presumido pelo legislador, já que atenta diretamente contra a Segurança Nacional. Esse crime, ao contrário do art. 250 do CP, é de **perigo abstrato.** Assim o é em virtude da maior importância da proteção do bem jurídico, que se refere à incolumidade pública e, ao mesmo tempo, à segurança nacional.

Outra diferença é que o tipo penal possui causas especiais próprias de aumento de pena, estando o causador do perigo/dano sujeito à aplicação da pena em dobro (6 a 20 anos) se ocorrer lesão corporal grave e em triplo (9 a 30 anos de reclusão), sobrevindo morte. Também aqui tais circunstâncias são inerentes ao **preterdolo**, ou seja, não devem estar no plano mental do agente, pois seu objetivo deve ser a periclitação da Segurança Nacional. Se houver intenção de matar, por exemplo, responderá por homicídio do art. 121 do Código Penal ou mesmo pelo crime do art. 29 da LSN, se a finalidade do agente for de matar os Presidentes da República, do Senado Federal, da Câmara dos Deputados e o do Supremo Tribunal Federal.

1.8.3. Lei de Crimes Ambientais (Lei nº 9.605/98, arts. 41 e 42)

> **Art. 41.** Provocar incêndio em mata ou floresta:
>
> Pena – reclusão, de dois a quatro anos, e multa.
>
> Parágrafo único. Se o crime é culposo, a pena é de detenção de seis meses a um ano, e multa.

Esse delito assemelha-se ao do Código Penal pela menção à conduta de "provocar incêndio". Aqui também valem os comentários anteriores a respeito do Significado de incêndio[28], ou seja, fogo intenso que é apto a causar perigo ou prejuízo, de modo que o simples ato de incendiar (atear fogo, infamar), sem potencialidade lesiva, não mais configura infração penal. A contravenção florestal prevista no art. 26, e, da Lei nº 4.771/65 foi revogada pelo novo Código Florestal (Lei nº 12.651/12), que não previu norma semelhante, conforme dissemos anteriormente.

Sobre o conceito de mata e floresta, vide a análise anterior do art. 250, § 1º, II, h, do CP.

Outras duas diferenças podem ser apontadas: a primeira é que o art. 250 do CP tutela a incolumidade pública de uma forma mais ampla, em caso de perigo a vida, integridade física ou patrimônio de outrem, enquanto este crime específico tutela o meio ambiente, sem exigência dessas circunstâncias elementares; a segunda diz respeito ao dolo. Neste crime do art. 41 da Lei de Crimes Ambientais é necessária a consciência e vontade dirigida especialmente para causar incêndio às matas ou florestas. Já no crime do Código Penal, é irrelevante o objetivo almejado pelo autor, bastando que ele tenha consciência e vontade de causar, de qualquer modo, risco à incolumidade pública em geral.

> **Art. 42.** Fabricar, vender, transportar ou soltar balões que possam provocar incêndios nas florestas e demais formas de vegetação, em áreas urbanas ou qualquer tipo de assentamento humano: Pena – detenção de um a três anos ou multa, ou ambas as penas cumulativamente.

Esse delito em especial não trata de uma modalidade de incêndio, mas de uma potencialidade dele. Dessa forma, restou proibida a venda, fabrico, transporte ou liberação de balões não tripulados com propulsão por ar quente, que normalmente possuem um aparato (suporte) de fogos de artifício embutido para seu deslocamento, o que eleva o risco de queimadas e explosões ao meio ambiente, principalmente em casas e edifícios. Ficou tacitamente revogada a parte final do art. 28, parágrafo único, da Lei de Contravenções Penais[29], elevando-se a pena de 15 dias a 2 meses de prisão simples ou multa para detenção, de 1 a 3 anos ou multa, cumulativamente ou não.

---

28 Nesse sentido, Baltazar Júnior (Crimes Federais, cit., p. 1.049) ensina que: "por incêndio se entende o 'fogo descontrolado e de proporções em ambiente arbóreo protegido pela lei ambiental' (STJ, REsp, 933356, Maria Thereza, 6ª T., u., 18.12.07; TRF4, AC 2005.72.04.010264-0, Paulo Afonso, 8ª T., u., 17.9.08)."

29 Art. 28. Disparar arma de fogo em lugar habitado ou em suas adjacências, em via pública ou em direção a ela: Pena – prisão simples, de um a seis meses, ou multa, de trezentos mil réis a três contos de réis. Parágrafo único. Incorre na pena de prisão simples, de quinze dias a dois meses, ou multa,

Caso venha a ocorrer dano ou exposição a perigo em razão de incêndio ou explosão decorrente da soltura de balões, aplicar-se-ão as regras do concurso formal de crimes, próprio ou impróprio conforme o plano mental do agente, nos termos do art. 70, *caput*, e parágrafo único, do Código Penal.

1.9. Potencialidade ofensiva

Inicialmente, nota-se que o crime de incêndio doloso, tanto na sua forma simples quanto nas formas majorada (art. 250, § 1º, I e II) e preterdolosa (art. 258 do CP) é de alto potencial ofensivo. É que a pena prevista no art. 250, *caput*, do CP, é de 3 (três) a 6 (seis) anos de reclusão, razão pela qual não cabe transação penal e suspensão condicional do processo, porque pressupõem, respectivamente, pena máxima não superior a 2 (dois) anos e pena mínima não superior a 1 (um) ano, nos termos dos arts. 61 e 89 da Lei nº 9.099/95[30]. Porém, na modalidade culposa (art. 250, § 2º, do CP), praticada em sua forma simples (sem aumentos de pena), será crime **de menor potencial ofensivo**, porque a pena prevista é de 6 (seis) meses a 2 (dois) anos de detenção, ensejando a transação penal (aplicação imediata de pena restritiva de direitos ou multas sem outros efeitos penais), pois sua pena máxima não ultrapassa 2 (dois) anos.

Mas esse crime culposo será de **médio potencial ofensivo** em caso de **lesão corporal** (leve, grave ou gravíssima), pois o art. 258 diz que a pena sofrerá um aumento de metade, ficando em 9 (nove) meses a 3 (três) anos de detenção. Isso porque pena mínima está dentro do limite legal de 1 (um) ano (Lei nº 9.099/95, art. 89).

Por fim, **não se admitirá transação penal ou suspensão condicional se resultar morte**, porque o art. 258 determina que seja aplicada, nesse caso, a pena do homicídio culposo (cominada em 1 a 3 anos de detenção) aumentada de 1/3 (um terço), como causa especial de aumento. O legislador considerou que a morte causada em uma situação de perigo provocada pelo sujeito ativo será de elevado potencial ofensivo, pois a pena mínima ficará superior a 1 (um) ano de reclusão, ou seja, 1 (um) ano e 4 (quatro) meses a 4 (quatro) anos de reclusão.

---

de duzentos mil réis a dois contos de réis, quem, em lugar habitado ou em suas adjacências, em via pública ou em direção a ela, sem licença da autoridade, causa deflagração perigosa, queima fogo de artifício ou solta balão aceso.

30 Art. 61. Consideram-se infrações penais de menor potencial ofensivo, para os efeitos desta Lei, as contravenções penais e os crimes a que a lei comine pena máxima não superior a 2 (dois) anos, cumulada ou não com multa.

Art. 89. Nos crimes em que a pena mínima cominada for igual ou inferior a um ano, abrangidas ou não por esta Lei, o Ministério Público, ao oferecer a denúncia, poderá propor a suspensão do processo, por dois a quatro anos, desde que o acusado não esteja sendo processado ou não tenha sido condenado por outro crime, presentes os demais requisitos que autorizariam a suspensão condicional da pena (art. 77 do Código Penal).

1.10. Ação penal e competência do juízo

A ação penal é pública incondicionada, uma vez que o Código não exige iniciativa privativa do ofendido, representação ou requisição do Ministro da Justiça (CP, art. 100). De fato, o condicionamento da ação penal nos crimes previstos no Título VII, parece ser incompatível com a proteção do interesse público relativo à tutela judicial da incolumidade pública em geral.

A competência será, em regra, da Justiça Estadual, a não ser que o incêndio cause prejuízo a bens, serviços ou interesses da União, de suas entidades autárquicas, de suas empresas públicas ou que venha a ocorrer em navios ou aeronaves (ressalvada a competência da Justiça Militar), nos termos do art. 109, IV e IX, CF[31].

Destacamos que se o incêndio versar sobre disputa de interesses indígenas e de populações tradicionais[32] (a exemplo dos quilombolas), a competência também será da Justiça Federal, tanto pelo inciso IV quanto pelo inciso V do art. 109 da Constituição: "os crimes previstos em tratado ou convenção internacional, quando, iniciada a execução no País, o resultado tenha ou devesse ter ocorrido no estrangeiro, ou reciprocamente".

Nesse exato sentido, escreve Carvalho[33]:

> (...) **Na norma do inc. V do art. 109, se inclui o crime contra as população indígenas, a teor do Dec. 58.824, de 14.07.1966, que aprovou a "Convenção sobre a Proteção e Integração das População Indígenas e outras População Tribais e Semitribais de Países Independentes"** (Néri da Silveira, CNJ 851-AM, DJU 07.06.1971, p. 2.691; Costa Lima, HC 7.292-AM, DJU 22.08.1998, p. 20.471).
>
> **Os crimes contra os índios, dentro da Convenção aprovada pelo Dec. 58.824/66, envolvendo conflito pela posse de terra, pertencem duplamente à competência da Justiça Federal, na aplicação dos incs. IV e V, do art. 109, CF.**
>
> Nilson Naves enfatizou na vigência do comando constitucional anterior: Constitucional e Penal. Crimes praticados contra índios (CP, art. 121, § 2º, inc. IV, 129, 150, § 1º e 228,
>
> Parágrafo único, c.c o art. 29), envolvendo conflito pela posse de terras. Estando as terras ocupadas pelos silvícolas incluídas entre os bens da União (CF, arts. 4º

31 Art. 109. Aos juízes federais compete processar e julgar: (...) IV – os crimes políticos e as infrações penais praticadas em detrimento de bens, serviços ou interesse da União ou de suas entidades autárquicas ou empresas públicas, excluídas as contravenções e ressalvada a competência da Justiça Militar e da Justiça Eleitoral; (...) IX – os crimes cometidos a bordo de navios ou aeronaves, ressalvada a competência da Justiça Militar;

32 A propósito, o conceito de populações tradicionais é amplo, e abrange indígenas e quilombolas, dentre outros (ribeirinhos, ciganos etc.). A diferença é que essas duas últimas gozam de proteção legal e constitucional expressas. Apesar disso, temos que a competência para tutelar os demais direitos comunitários também é da Justiça Federal, nos termos do art. 109, V, CF, em virtude de Convenção Internacional ratificada pelo Brasil, conforme se verá em seguida, e do art. 1º da Convenção nº 169 da OIT.

33 Competência da Justiça Federal, cit. p. 433-434.

e 198), decorre daí o interesse particular, específico e direto, a recomendar, por si só, a competência federal. Existência, ademais, em tese, de crime previsto em tratado ou convenção internacional. Aplicação do art. 125, IV e V da Constituição. Pedido de *habeas corpus* indeferido (HC 6.819-MG, DJU 30.04.2987, p. 7.718).

E também Leite Soares: Fatos delituosos praticados contra índios dentro da reserva indígena. **Competência da Justiça Federal (Júri) para processar e julgar os crimes dolosos contra a vida e aqueles outros conexos, porque caracterizado, *in casu*, o interesse da União Federal. Existência, ademais, de crime previsto em tratado ou convenção internacional.**

Aplicação do art. 109, III, IV e V, CF/88 (RC 93.01.21259-5-PR, DJU-II 29.11.1993, p. 52469). (Grifo nosso)

Como se viu, a jurisprudência desde antes da Constituição vigente era pela competência federal para julgamento dos crimes envolvendo interesses indígenas. Aliás, esse mesmo entendimento era aplicado, *a contrario sensu*, para crimes praticados por indígenas e contra indígenas determinados. Nesse caso, a competência é da Justiça Estadual, porque não existe interesse de etnias indígenas e de populações tradicionais. E o Superior Tribunal de Justiça (STJ) acabou por consolidar esse entendimento na Súmula nº 140, nos seguintes termos: "Compete à Justiça comum estadual processar e julgar crime em que o indígena figura como autor ou vítima".

A súmula não será aplicada quando se verificar, no caso concreto, aos direitos relativos à preservação da população indígena como um todo, especialmente no que se refere a sua cultura e as suas terras tradicionalmente ocupadas, nos termos do art. 231, *caput*, da Constituição[47]. Assim, um incêndio, relacionado com essa causa ou que tenha essa motivação será submetido à apreciação por uma Vara Federal.

Também é da Justiça Federal a competência para processar e julgar crimes praticados contra comunidades tradicionais de ascendência da raia negra, pelo mesmo fundamento constitucional (art. 109, IV e V, CF). Sim, porque o interesse federal se faz presente pela atuação da Fundação Cultural Palmares, Fundação Pública federal vinculada ao Ministério da Cultura e criada pela Lei nº 7.668/88. Suas atribuições estão nos arts. 1º e 2º [34] e suas atribuições principais são o de valorizar e preservar a

34 Art. 1º. Fica o Poder Executivo autorizado a constituir a Fundação Cultural Palmares – FCP, vinculada ao Ministério da Cultura, com sede e foro no Distrito Federal, com a finalidade de promover a preservação dos valores culturais, sociais e econômicos decorrentes da influência negra na formação da sociedade brasileira. Art. 2º A Fundação Cultural Palmares – FCP poderá atuar, em todo o Território Nacional, diretamente ou mediante convênios ou contratos com os Estados, Municípios e entidades públicas ou privadas, cabendo-lhe: I – promover e apoiar eventos relacionados com os seus objetivos, inclusive visando à integração cultural, social, econômica e política do negro no contexto social do País; II – promover e apoiar o intercâmbio com outros países e com entidades internacionais, através do Ministério das Relações Exteriores, para a realização de pesquisas, estudos e eventos relativos à história e à cultura dos povos negros. III – realizar a identificaião dos remanescentes das comunidades dos quilombos, proceder ao reconhecimento, à delimitação e à demarcação das terras por eles ocupadas e conferir-lhes a correspondente titulaião. (Com a Redação dada pela Medida Provisória no 2.143-34, de 28 de junho de 2001) Parágrafo único. A Fundação Cultural Palmares – FCP é também parte legítima para promover o registro dos títulos de propriedade nos respectivos cartórios

cultura decorrente da influência negra no Brasil e, antigamente, identificar os povos remanescentes de quilombos e proceder ao reconhecimento, delimitação e demarcação das terras por eles ocupadas, conferindo-lhes a propriedade, em atendimento ao disposto no art. 68 da ADCT da Constituição: "Aos remanescentes das comunidades dos quilombos que estejam ocupando suas terras é reconhecida a propriedade definitiva, devendo o Estado emitir-lhes os títulos respectivos.".

Hoje a delimitação e a demarcação das terras ocupadas por remanescentes de quilombos são exercidas pelo Instituto Nacional de Colonização e Reforma Agrária – INCRA, em virtude da superveniência do Decreto nº 4.887/2007. Portanto, existe interesse federal quando ocorre violação ou perigo às atividades de do INCRA ligadas à proteção dessas populações tradicionais.

É possível que, a essa altura, o leitor esteja pensando na seguinte pergunta: E o inciso XI do art. 109 da Constituição também não serve de fundamento para justificar a competência criminal da Justiça Federal, já que refere "a disputa sobre interesses indígenas"?

Atualmente, sim. Na verdade, o inciso XI tem sido utilizado como o principal fundamento para a manutenção da competência federal, tanto no STJ quanto nos Tribunais Regionais Federais, em conjunto ou não com o já mencionado inciso IV. Mas nem sempre foi assim, e por isso deixamos para falar dele ao final. Conforme entendimento (já superado) de Carvalho[35], o mencionado dispositivo foi uma inovação constitucional que abrangeria apenas as causas cíveis, nos seguintes termos:

> (...) A disputa sobre direitos indígenas tem conotação especificamente cível, abrangendo apenas as controvérsias atinentes à posse, invasão, ocupação, exploração e temas afins da terra indígena.
>
> Não abarca o crime contra o indígena, nem cometido pelo indígena, mesmo que proveniente da disputa sobre a terra.
>
> No aspecto, a lição de José Delgado é esclarecedora: A regra do art. 109, XI deve ser interpretada com a mensagem limitativa do seu conteúdo. Só se firma a competência da Justiça Federal quando ocorrer disputa sobre direitos indígenas, o que deve conduzir o intérprete a concluir que tal competência só se firma quando de instalar algum litígio cível que tenha como objeto jurídico qualquer direito que, de modo específico, proteja o indígena. Na ação criminal, não se pode decidir sobre qualquer pretensão que porventura as partes tenham a respeito de posse de terras indígenas. O que deve ser centrado para afixação da competência é o bem jurídico maior atingido, que foi a vida do ser humano (RC-61-PE, DJU-II 29.04.1994, P. 19445).
>
> Também de Vicente Leal: A regra de competência inscrita no art. 109, XI, da Constituição, que atribui à Justiça Federal o processo e julgamento das demandas sobre direitos indígenas, não alcança as ações penais fundadas em crimes praticados por silvícolas, mesmo no interior da reserva indígena (CC 6.419-8MT, DJU-I 27.03.1995, p. 7.124). (...)

---

imobiliários." (NR) (Com a Redação dada pela Medida Provisória no 2.143-34, de 28 de junho de 2001).

35 Competência da Justiça Federal, cit., p. 236-237.

Mas tal controvérsia não mais existe, pois o STJ e os Tribunais Regionais Federais decidiram simplificar a questão e a competência federal hoje, em relação aos crimes envolvendo comunidades indígenas, é fixada principalmente por meio do inciso XI, acompanhado ou não do dos incisos IV e V do art. 109, CF. Para ilustrar a evolução jurisprudencial consolidada nesse sentido, desde o ano 2000, citamos um dos julgamentos, pelo Superior Tribunal de Justiça, do "Massacre de Haximú[36]", episódio em

36 EMENTA: CONSTITUCIONAL E PROCESSUAL PENAL – RECURSO ESPECIAL – CRIMINAL – CRIME DE GENOCÍDIO CONEXO COM OUTROS DELITOS – COMPETÊNCIA – JUSTIÇA FEDERAL – JUIZ SINGULAR – ETNIA – ÍNDIOS YANOMAMI – ALÍNEA "A", DO ART. 1º, DA LEI Nº 2.889/56 C/C ART. 74, PARÁG. 1º, DO CPP E ART. 5º, XXXVIII, DA CF – PREQUESTIONAMENTO IMPLÍCITO – CONHECIMENTO – SENTENÇA MONOCRÁTICA RESTABELECIDA. 1 – Inicialmente, reconhecida extinta a punibilidade de FRANCISCO ALVES RODRIGUES, em virtude de seu falecimento, conforme certidão de óbito juntada às fs. 1.807 dos autos (art. 107, I, CP). 2 – Aos réus-recorridos é imputada a perpetração dos delitos de lavra garimpeira ilegal, contrabando ou descaminho, ocultação de cadáver, dano, formação de quadrilha ou bando, todos em conexão com genocídio e associação para o genocídio, na figura da alínea "a", do art. 1º da Lei nº 2.889/56, cometidos contra os índios YANOMAMI, no chamado "MASSACRE DE HAXIMÚ", que resultou na morte de 12 índios, sendo 01 homem adulto, 02 mulheres, 01 idosa cega, 03 moças e 05 crianças (entre 01 e 08 anos de idade), bem como em 03 índios feridos, entre eles, 02 crianças. 3 – Esta Corte, através de seu Órgão Especial, posicionou-se no sentido de que a violação à determinada norma legal ou dissídio sobre sua interpretação, não requer, necessariamente, que tal dispositivo tenha sido expressamente mencionado no v. acórdão do Tribunal de origem. Cuida-se do chamado prequestionamento implícito (cf. EREsp nº s 181.682/PE, 144.844/RS e 155.321/SP). Sendo a hipótese dos autos, afasta-se a aplicabilidade da Súmula 356/STF para conhecer do recurso, no tocante à suposta infringência aos arts. 74, parag. 1º, do Código de Processo Penal e 1º, "a", da Lei nº 2.889/56. 4 – Como bem asseverado pela r. sentença e pelo v. decisum colegiado, cuida-se, primeiramente, de competência federal, porquanto deflui do fato de terem sido praticados delitos penais em detrimento de bens tutelados pela União Federal, envolvendo, no caso concreto, direitos indígenas, entre eles, o direito maior à própria vida (art. 109, incisos IV e XI, da Constituição Federal). Precedente do STF (RE nº 179.485/2-AM). Logo, a esta Corte de Uniformização sobeja, apenas e tão somente, a análise do crime de genocídio e a competência para seu julgamento, em face ao art. 74, parag. 1º, do Código de Processo Penal, tido como violado. 5 – Pratica genocídio quem, intencionalmente, pretende destruir, no todo ou em parte, um grupo nacional, étnico, racial ou religioso, cometendo, para tanto, atos como o assassinato de membros do grupo, dano grave à sua integridade física ou mental, submissão intencional destes ou, ainda, tome medidas a impedir os nascimentos no seio do grupo, bem como promova a transferência forçada de menores do grupo para outro. Inteligência dos arts. 2º da Convenção Contra o Genocídio, ratificada pelo Decreto nº 30.822/52, c/c 1º, alínea "a", da Lei nº 2.889/56. 6 – Neste diapasão, no caso sub judice, o bem jurídico tutelado não é a vida do indivíduo considerado em si mesmo, mas sim a vida em comum do grupo de homens ou parte deste, ou seja, da comunidade de povos, mais precisamente, da etnia dos silvícolas integrantes da tribo HAXIMÚ, dos YANOMAMI, localizada em terras férteis para a lavra garimpeira. 7 – O crime de genocídio tem objetividade jurídica, tipos objetivos e subjetivos, bem como sujeito passivo, inteiramente distintos daqueles arrolados como crimes contra a vida. Assim, a ideia de submeter tal crime ao Tribunal do Júri encontra óbice no próprio ordenamento processual penal, porquanto não há em seu bojo previsão para este delito, sendo possível apenas e somente a condenação dos crimes especificamente nele previstos, não se podendo neles incluir, desta forma, qualquer crime que haja morte da vítima, ainda que causada dolosamente. Aplicação dos arts. 5º, inciso XXXVIII, da Constituição Federal c/c 74, parag. 1º, do Código de Processo Penal. 8 – Recurso conhecido e provido para, reformando o v. aresto a quo, declarar competente o Juiz Singular Federal para apreciar os delitos arrolados na denúncia, devendo o Tribunal de origem julgar as apelações que restaram, naquela oportunidade, prejudicadas, bem

que houve prática de genocídio contra os índios da tribo Yanomami, por conta da sua repercussão nacional.

Em conclusão, a competência federal para processar e julgar crimes, especialmente o de incêndio, objeto do presente estudo, pode ser esquematizada nos seguintes termos:

a) **quanto aos índios**, se a.1) houver violação a direitos da co- munidade indígena, abstratamente considerada; a.2) versar sobre conflitos de terras tradicionalmente ocupadas por eles, por se tratar de bem da União (CF, art. 20, XI); a.3) se acarretar perigo ou prejuízo às atividades de entidade pública federal de proteção dos índios, a exemplo da FUNAI (Fundação Nacional do Índio), vinculada ao Ministério da Justiça. O fundamento é o art. 109, XI, cumulativamente ou não com os incisos IV e V, todos da Constituição, e o Decreto nº 58.824/66 que internalizou a Convenção sobre a Proteção e Integração das Populações Indígenas e outras Populações Tribais e Semitribais de Países Independentes.

b) **quanto às população tradicionais (ex.: quilombolas)**, se

b.1) houver violação a direitos da comunidade em geral; b.2) versar sobre conflitos de terras tradicionalmente ocupadas por eles, cuja propriedade é deles próprios (e não da União), conforme determina o art. 68, ADCT, CF; b.3) às atividades de entidade pública federal de proteção, como é o caso do INCRA, autarquia federal atualmente responsável pela identificação e titulação da propriedade das terras (por força do Decreto nº 4.887/2003) e da Fundação Cultural Palmares, vinculada ao Ministério da Cultura. Justifica-se pelo art. 109, IV e V, CF, e pelo Decreto nº 58.824/66 acima mencionado.

2. EXPLOSÃO

⊙ **Explosão**

Art. 251 – Expor a perigo a vida, a integridade física ou o patrimônio de outrem, mediante explosão, arremesso ou simples colocação de engenho de dinamite ou de substância de efeitos análogos: Pena – reclusão, de três a seis anos, e multa.

§ 1º – Se a substância utilizada não é dinamite ou explosivo de efeitos análogos: Pena – reclusão, de um a quatro anos, e multa.

⊙ **Aumento de pena**

§ 2º – As penas aumentam-se de um terço, se ocorre qualquer das hipóteses previstas no § 1º, I, do artigo anterior, ou é visada ou atingida qualquer das coisas enumeradas no nº II do mesmo parágrafo.

⊙ **Modalidade culposa**

§ 3º – No caso de culpa, se a explosão é de dinamite ou substância de efeitos análogos, a pena é de detenção, de 6 (seis) meses a 2 (dois) anos; nos demais casos, é de detenção, de 3 (três) meses a 1 (um) ano.

---

como o pedido de liberdade provisória formulado às fs. 1.823/1.832 destes autos. Decretada extinta a punibilidade em relação ao réu FRANCISCO ALVES RODRIGUES, nos termos do art. 107, I, do CP, em razão de seu falecimento. (RESP 199900617339, JORGE SCARTEZZINI, STJ – QUINTA TURMA, DJ DATA: 30/10/2000 PG:00174 JSTJ VOL.:00022 PG:00339 LEXSTJ VOL.:00139 PG:00368 RSTJ VOL.:00139 PG:00505 RT VOL.:00786 PG:00605. DTPB:.)

2.1. Bem jurídico protegido e objeto material do crime

O bem jurídico protegido mediato é a incolumidade pública e o imediato é a segurança das pessoas e do patrimônio alheio que estejam próximos ao engenho ou à substância perigosos, bem como aqueles que foram expostos à explosão provocada por ação humana.

O objeto material do delito é a coisa explodida, que pode ser dinamite, outra substância de efeitos análogos, conforme previsão do *caput*, ou, ainda, qualquer outra substância diversa que dê causa à explosão, causando perigo à coletividade, nos termos do § 1º.

2.2. Tipo penal objetivo e tipo penal subjetivo

O núcleo do tipo penal objetivo é **"Expor a perigo"**, ou seja, criar uma situação de risco. É um termo que serve para enfatizar que, para a tipificação deste crime, é essencial que tenha havido um risco concreto à vida, à integridade física ou patrimônio de outrem. E esses bens jurídicos enumerados têm por função delimitar a incidência do crime. Por sua vez, o "**perigo**" é "circunstância que prenuncia um mal para alguém ou para alguma coisa" ou mesmo "estado ou situação que inspira cuidado; gravidade". Existe um sentido jurídico[37] indicado para essa palavra, e transcrevemos o que consta do Dicionário Houaiss de Língua Portuguesa, pela sua precisão: "perigo presente, que já começou a produzir dano ou que inevitavelmente o produzirá".

Entretanto, a conduta de expor a perigo é genérica e está limitada em seguida pelo termo *mediante*, indicando, na sequência mais três condutas (embora não estejam elas em sua forma verbal): explosão, arremesso e simples colocação. **Explosão**, segundo o Dicionário Aurélio de Língua Portuguesa, é "a comoção seguida de detonação e produzida pelo desenvolvimento repentino de uma força ou pela expansão súbita de um gás; detonação, estouro." **Arremesso** é o mesmo que atirar, lançar com força para longe, arrojar, fazer caminhar com ímpeto, impelir. Literalmente, não é qualquer lançamento que será caracterizado como arremesso, a não ser aquele realizado com certo grau de força ou violência. O ato de arremessar pode ser realizado por qualquer meio, com as próprias mãos ou por meio de algum outro mecanismo. E **Simples colocação** é o só ato de "por, aplicar, empregar". O **engenho** a ser explodido, arremessado ou colocado é definido como "qualquer máquina ou aparelho", materializado em uma bomba por exemplo.

Logo, e embora haja controvérsia doutrinária[38], pensamos que o crime **é de forma vinculada**, uma vez que a exposição a perigo não pode ser realizada por qualquer

37 A título de comparação, o sentido jurídico de "perigo" no Dicionário Aurélio é "situação de fato da qual decorre o temor de uma lesão física ou moral a uma pessoa ou de uma ofensa aos direitos dela." Tal conceito não nos parece o mais adequado, por restringir o alcance do termo ao risco causado a pessoas. Mas o perigo tratado no Título VII do Código Penal é juridicamente relevante também quanto ao patrimônio, haja vista que a incolumidade pública se refere a uma tutela amplíssima da coletividade, que pode ser ameaçada pelo só risco aos bens coletivos. Ademais, a incolumidade pessoal (que compreende os bens jurídicos vida, integridade física e integridade moral), é especialmente protegida pelos crimes anteriores constantes dos Capítulos I a V do Título I da Parte Especial.

38 Masson (Direito Penal, cit., p. 236) e Bitencourt (Tratado, cit., p. 250) defendem que o crime pode ser praticado por qualquer meio de execução, sendo, pois, crime de ação livre.

meio. O crime do art. 251, *caput*, do CP só pode se consumar, necessariamente, mediante colocação, arremesso e explosão do engenho. Dessa forma, se alguém se valer de fogo, querendo explodir um edifício, poderá responder por incêndio, homicídio qualificado etc., mas não por explosão.

A expressão "dinamite ou substância de efeitos análogos" é definida por Nelson Hungria[39] nos seguintes termos:

> (...) *Dinamite* é a nitroglicerina, que NOBEL tornou mais praticamente utilizável mediante absorção dela por certas matérias sólidas, comumente terras ou areias silicosas. O *absorvente* pode ser *ativo*, isto é, um outro explosivo, como, por exemplo, o algodão-pólvora, aumentando-se, então, a potência destruidora. Há grande variedade de substâncias explosivas com efeitos idênticos aos da dinamite: os derivados da nitrobenzina (belite), do nitrotolueno (trotil ou tolite), do nitrocresol (cresilite), da nitronaftalina (schneiderite), a chedite, a sedutite, a ruturite, a grisulite, a melinite, as gelatinas explosivas, os explosivos TNT, os explosivos à base de ar líquido etc. etc. O engenho a que se refere o texto legal é a bomba, aparelho, máquina infernal ou qualquer artefato formado ou combinado com substância explosiva. É irrelevante o modo pelo qual possa produzir-se a explosão: se por combinação química, percussão ou acendimento. (...)

Observe-se que no início o legislador mencionou a dinamite como parâmetro de explosivo, trazendo em seguida uma fórmula genérica. É dizer, a norma será complementada pelo uso da técnica da interpretação analógica ou *intra legem*, ou seja, permite ao juiz, segundo seu prudente arbítrio, verificar, no caso concreto, se a substância utilizada na explosão é ou não de efeitos análogos aos da dinamite. Se isso não for verificado, o autor responderá pela forma privilegiada do art. 251, § 1º, do CP.

Para Bitencourt[40] a exposição a perigo deve ser dirigida à vida, integridade física ou patrimônio de outrem, ou seja, a um número incerto de pessoas. Isso o difere do crime do art. 132 do CP, que se refere à integridade de uma pessoa determinada. Também assim, se não há risco à coletividade, mas lesão ao meio ambiente (fauna), o agente responderá pelo crime ambiental do art. 35, I, da Lei nº 9.605/98[41]. Ainda nessa linha de pensamento, destacamos a lição de Masson[42], que diferencia explosão efetiva do delito previsto no art. 16, parágrafo único, da Lei nº 10.826/03:

> (...) O art. 16, parágrafo único, inc. III, da Lei 10.826/2003 – Estatuto do Desarmamento comina a pena de reclusão, de três a seis anos, e multa, àquele que "possuir, detiver, fabricar ou empregar artefato explosivo ou incendiário, sem autorização ou em desacordo com determinação legal ou regulamentar".
>
> Esse crime, de perigo abstrato ou presumido, não se confunde com a explosão, delito de perigo comum e concreto. Em verdade, o crime previsto no Estatuto do Desarmamento se contenta com a simples utilização de artefato explosivo, sem

39 Comentários ao Código Penal, cit., p. 38-39.

40 Tratado, cit., p. 250.

41 Art. 35. Pescar mediante a utilização de: I – explosivos ou substâncias que, em contato com a água, produzam efeito semelhante; II – substâncias tóxicas, ou outro meio proibido pela autoridade competente: Pena – reclusão de um ano a cinco anos.

42 Direito Penal esquematizado, cit., p. 238-239.

> autorização ou em desacordo com determinação legal ou regulamentar, a exemplo daquele que detona uma bomba de grandes proporções em local deserto sem autorização para tanto; a explosão, por sua vez, reclama a efetiva exposição de pessoas indeterminadas ao risco de dano, no tocante à vida, à integridade física ou ao patrimônio, como na hipótese de pessoa que detona um engenho de dinamite em praia pública. (...)

Note-se que parte da doutrina considera que o art. 16, III, da Lei nº 10.826/03 revogou integralmente o art. 251 do CP. Nesse exato sentido, escreve Alexis Augusto Couto de Brito[43]:

> (...) A situação se demonstra um pouco mais complexa quanto à aplicação do artigo 251 que prevê o crime de explosão. A nova legislação não previu qualquer diferença entre os explosivos compostos por dinamite ou substâncias análogas e os que não possuírem um potencial dessa natureza, como é ocaso da pólvora. Se mantivermos a aplicação dos dois dispositivos, teríamos uma situação aberrante: em casos de simples porte de uma bomba de pólvora, estaríamos diante da hipótese da lei 10.826/03, que prevê pena de 34 a 6 anos de prisão. Mas, se ao contrário, ocorresse efetivamente uma explosão desta mesma bomba e um perigo concreto à vida ou integridade física de outrem, ou seja, situação fática muito mais grave que o simples porte, a pena seria a de 1 a 4 anos de prisão. Destarte, o melhor entendimento seria aceitar-se a revogação do artigo 251 e seu parágrafo 1º do Código penal, subsistindo os parágrafos 2º (causas de aumento) e 3º (modalidade culposa). Todavia, estaríamos admitindo a possibilidade da manutenção dos parágrafos de um artigo cujo *caput* não mais existiria, o que na verdade equivaleria à formação de uma terceira norma composta pela junção da lei 10.826/03 e o Código Penal. É certo que ao intérprete deve-se dar a tarefa de esclarecer o texto proposto e não recriá-lo. Portanto, sugerimos a revogação tácita do art. 251 bem como de seus parágrafos enquanto não for sanada esta antinomia. (...)

Discordamos dessa posição, e preferimos adotar o entendimento intermediário de que a revogação tácita ocorreu **apenas para a simples colocação de engenho, descrita na parte final do *caput* do art. 251 do CP**. De fato, ela está contida na conduta de "empregar artefato explosivo ou incendiário, sem autorização ou em desacordo com determinação legal ou regulamentar".

Por outro lado, o mesmo não vale a exposição a perigo mediante explosão e arremesso de substâncias explosivas, que não encontram correspondência com esse tipo penal, seja porque nem o arremesso nem a própria explosão, foram regulamentadas posteriormente pela lei especial, seja porque a revogação tácita e parcial somente da parte final do art. 251 do Código Penal, evita questionamentos quanto à estrutura do crime e dos demais tipos derivados nos §§ 2º e 3º.

No mais, consideramos apenas a revogação parcial (também tácita) do art. 253 do CP, mas falaremos disso adiante, em capítulo específico.

O tipo subjetivo é o **dolo**, ou seja, vontade e consciência dirigidas a provocar perigo à vida, à integridade física ou ao patrimônio de terceiros, mediante explosão, sabendo-se que esta acarretaria perigo comum. O autor pode explodir tanto coisa

---

43 BRITO, Alexis Augusto Couto de. *Estatuto do Desarmamento*. São Paulo: RCS Editora, 2005, p. 97-98.

própria quanto coisa alheia, mas deve querer produzir um risco a pessoas não individualizadas, mesmo não querendo atingi-las efetivamente. Então, a depender do plano mental do agente, poderão ocorrer outras infrações penais se ele quiser resultado diverso[44]. Portanto, se intentar matar pessoa determinada, responderá por homicídio qualificado pelo emprego de explosivo (e também por explosão, em concurso formal impróprio, se houver desejo autônomo de causar perigo à incolumidade pública). Se o agente suscitar terror generalizado, por motivações políticas, responderá pelo art. 20 da Lei da Segurança Nacional.

Nesse contexto, cumpre, aprofundar a respeito a uma prática criminosa que vem sendo cada vez mais evidenciada no Brasil: **a explosão de caixas eletrônicos bancários**. Afinal essa conduta configura crime de explosão?

Após o ano de 2017, após o fechamento desta edição, verificou-se que passaram a surgir julgados referentes a este crime com o art. 251 do CP, no sentido de que, em princípio, não cabe a aplicação do princípio da consunção ou absorção do roubo ou furto pelo crime de explosão e vice-versa, diante da distinta proteção de bens jurídicos: patrimônio e incolumidade pública.

Há muito, porém, o Tribunal de Justiça do Distrito Federal e Territórios (TJDFT) inovou no seguinte precedente, reconhecendo, inclusive, a existência de concurso formal entre os crimes de furto e de explosão, de acordo com a ementa transcrita a seguir:

> APELAÇÃO CRIMINAL. QUADRILHA ARMADA. FURTO QUALIFICADO. CONCURSO DE AGENTES. ARROMBAMENTO. EXPLOSÃO. PORTE DE ARMA DE FOGO. USO PERMITIDO. USO RESTRITO. CORRUPÇÃO DE MENOR. AUTORIA E MATERIALIDADE. COMPROVADAS. PROVA DA MENORIDADE. AUSÊNCIA. INCERTEZA PROBATÓRIA. ABSOLVIÇÃO. CONSUNÇÃO. IMPOSSIBILIDADE. DOSIMETRIA. CIRCUNSTÂNCIAS JUDICIAIS. FUNDAMENTOS DIVERSOS. CONFISSÃO EXTRAJUDICIAL. ATENUANTE. ADMISSIBILIDADE. MULTIRREINCIDÊNCIA. COMPENSAÇÃO INTEGRAL. IMPOSSIBILIDADE. PEDIDO DE RESTITUIÇÃO. PROVA DO DIREITO. AUSÊNCIA. EXTENSÃO AO CORRÉU. ARTIGO 580 DO CÓDIGO DE PROCESSO PENAL. RECURSOS PARCIALMENTE PROVIDOS. MAIORIA. 1. As provas dos autos atestam que os acusados associaram-se em quadrilha armada, de forma estável, permanente e com predisposição comum de meios, para realizarem diversos crimes de roubos, furtos, inclusive com arrombamento e explosão de terminais bancários em várias unidades da Federação e no Distrito Federal. 2. Não há como se atribuir unidade de desígnios entre os crimes de explosão para o rompimento de obstáculo do crime de furto qualificado, que não se harmonização em identidades de fins, levando em consideração que todas tem autonomia; e, por exceção, somente alguns fragmentos do todo se relacionam. (...) 10. Recursos parcialmente providos em menor extensão. Maioria. (Acórdão n.874132, 20130110801694APR, Relator: SILVÂNIO BARBOSA DOS SANTOS, Relator Designado: JOÃO TIMÓTEO DE OLIVEIRA, Revisor: JOÃO TIMÓTEO DE OLIVEIRA, 2ª Turma Criminal, Data de Julgamento: 11/06/2015, Publicado no DJE: 17/06/2015. Pág.: 71)

44 Comentários ao Código Penal, cit., p. 39.

No inteiro teor do acórdão, o argumento principal do relator foi o seguinte: "Isso porque, além de o furto e a explosão serem tipos penais que tutelam bens jurídicos distintos, é certo que o arrombamento poderia ser realizado de inúmeras outras formas e com a escolha de outros locais, porém os agentes optaram por colocar em risco a vida, a integridade física e o patrimônio de outros indivíduos, e não apenas da vítima do furto, dando origem à situação de perigo comum e configurando, assim, o delito autônomo de explosão".

Concordamos com esse precedente, mas precisamos destacar que não é em todo e qualquer caso de explosão de caixas eletrônicos em que ocorrerá a incidência deste tipo penal, em concurso com o furto mediante destruição ou rompimento de obstáculo (CP, art. 155, § 4º, I). O crime de explosão, já adiantamos, é de perigo concreto, e deve haver demonstração de existência de efetiva periculosidade. Assim, por exemplo, se o impacto causado pelo explosivo causar danos às estruturas adjacentes do caixa, quebrar as portas de vidro ao redor, etc., o crime de explosão estará consumado (a depender do caso, se a destruição for evidente, pode-se até dispensar o laudo pericial, se não for possível realizá-lo). Entretanto, se o engenho causou dano exclusivamente no dispositivo que se procurou romper, sem atingir outras máquinas, com impacto bem reduzido, não ocorrerá crime contra a incolumidade pública, pois tal ato servirá apenas para qualificar o furto como meio de destruição do obstáculo para a aquisição ilícita do dinheiro.

Nesse sentido, haverá concurso formal de crimes (CP, art. 70, *caput*), pois o agente, mediante um único ato, terá atingido bens jurídicos diversos (patrimônio e incolumidade pública). E se um transeunte vier a morrer ou ser lesionado gravemente, a regra permanece, mas o delito de explosão será majorado de metade ou em dobro a depender do caso, nos termos do art. 258 do CP (causas preterdolosas de aumento de pena).

Finalmente, pensamos que o uso de dinamite e substâncias de efeitos análogos é incompatível com o dolo de ferir, haja vista o seu alto potencial destrutivo, devendo o agente responder por crime de explosão ou crime mais grave, se atingir pessoa. Mas essa interpretação limita-se à forma do *caput*, mais gravosa. Temos que em relação à forma privilegiada, é perfeitamente possível a desclassificação para a lesão corporal, já que se trata de uso de substância de natureza diversa e menos ofensiva, e poderá ser configurada a lesão corporal, de acordo com o caso concreto.

A discussão acima ainda permanece parcialmente válida, uma vez que, em 24 de abril de 2018, entrou em vigência a Lei nº 13.654/2018, que criou uma qualificadora do delito de furto e, quanto ao roubo, uma causa de aumento de pena bem maior, de 2/3 (dois terços) quando forem utilizados explosivos ou artefato análogo que cause perigo comum. Entretanto, tal lei foi objeto de diversas arguições de inconstitucionalidade tanto na primeira instância da Justiça Estadual quanto nos respectivos Tribunais de Justiça.

A questão foi rapidamente apreciada pelas cortes, diante da urgente necessidade de manifestação quanto à validade da revogação da redação anterior do inciso I do §

2º do art. 157 do CP, uma vez que ao revogar o dispositivo que mencionava o uso de arma (poderia ser arma de fogo, arma branca ou armas impróprias (improvisadas) própria, e ao especificar no novo § 2º-A, I, apenas a "arma de fogo", acabou, por equívoco na alteração da norma pelo Congresso Nacional, proteger insuficientemente o bem jurídico, já que as armas não classificadas como "de fogo" a partir da vigência da nova lei, seriam punidas tão-somente pelo "caput", em violação ao princípio da proporcionalidade, já que incidiriam nas mesmas apenas os que praticassem roubo simples, ao menos em abstrato, de quem utilizasse, por exemplo, facas, pedações de pau, materiais perfurantes etc.

Algumas decisões, justificando a constitucionalidade da norma, mencionam, porém, que tal questão seria resolvida na fixação da pena-base, quando poderiam ser consideradas desfavoráveis alguma das circunstâncias do art. 59 do CP pelo uso de armas brancas e impróprias.

Entretanto, a alteração legislativa acabou por criar um grave problema de insegurança jurídica, uma vez que cada órgão especial dos Tribunal de Justiça pode apreciar, diferentemente, a mesma questão, ou seja, pela constitucionalidade ou não da norma. E foi exatamente isso o que aconteceu no Distrito Federal e em São Paulo.

Enquanto a Corte Distrital decidiu que a Lei nº 13.654/2018 seria formalmente inconstitucional, por vício no processo legislativo. É que a CORELE, Comissão de Revisão Legislativa, acabou incluindo na redação final o inciso da nova majorante da arma de fogo, que sequer foi discutida nas comissões por onde tramitou, motivo pelo qual, nos autos nº **2018.00.2.005802-5 ARI**, concluiu-se que a CORELE se excedeu em sua atribuição a viciar toda a lei, pois, segundo o TJDFT, não poderia ter realizado tal inclusão pois sua função é de apenas revisar o texto aprovado, nos seguintes termos:

> **ARGUIÇÃO DE INCONSTITUCIONALIDADE. ART. 4º DA LEI 13.654/18. PROCESSO LEGISLATIVO. VÍCIO NA TRAMITAÇÃO DO PROJETO DE LEI NO SENADO FEDERAL. I - Da análise da tramitação do projeto de lei que deu origem à Lei 13.654/18, constata-se que houve vício procedimental no Senado Federal, especificamente quanto ao erro na publicação do texto final do PLS nº 149/15 aprovado pela Comissão de Constituição, Justiça e Cidadania, que não permitiu o conhecimento da matéria pelos demais Senadores e a eventual interposição de recurso para apreciação do Plenário. II - A supressão de uma fase do processo legislativo quanto à revogação do inc. I do § 2º do art. 157 do Código Penal - causa de aumento da pena para o crime de roubo com o emprego de arma que não seja arma de fogo - configura a inconstitucionalidade formal do art. 4º da Lei 13.654/18, por manifesta violação aos arts. 58, § 2º, inc. I, da CF e 91 do Regimento Interno do Senado Federal. III - Arguição de inconstitucionalidade julgada procedente. Efeitos inter pars e ex nunc. Maioria. (Acórdão 1134967, 20180020058025ARI, Relator: VERA ANDRIGHI, CONSELHO ESPECIAL, data de julgamento: 23/10/2018, publicado no DJE: 8/11/2018. Pág.: 33)**

Diante disso, até a presente data, a Lei nº 13.654/18 não se aplica ao Distrito Federal, por inconstitucionalidade formal, estando lá vigente a redação anterior dos crimes de roubo e de furto. Consequentemente, o entendimento acima pelo concurso formal de crimes desses delitos com o crime de explosão continua válido.

Entretanto, no Estado de São Paulo, o resultado foi contrário. A Corte Especial do TJSP afirmou, nos autos nº **0017882-48.2018.8.26.0000** que a Lei nº 13.654/2018 é constitucional, inexistindo qualquer vício no processo legislativo, considerando que eu mero erro de publicação da norma não seria suficiente para invalidar todo o processo legislativo.

Apesar de o Superior Tribunal de Justiça, até o momento, em processos subjetivos, como o *Habeas Corpus*, ter se manifestado pela aplicação da Lei nº 13.654/18, reputando-a como válida a partir de sua vigência, não enfrentou definitivamente a questão por meio da arguição de inconstitucionalidade e também não unificou a jurisprudência divergente dos dois Tribunais de Justiça que citamos, cujas decisões tem caráter vinculante para suas parcelas de jurisdição.

Urge, portanto, que o STJ, corte responsável pela unificação da jurisprudência infraconstitucional, se pronuncie em definitivo por meio de um dos procedimentos formadores de "precedentes vinculantes", diante da importância e a repercussão de tais crimes em nossa sociedade.

2.3. Sujeito ativo e sujeito passivo

Qualquer pessoa pode ser sujeito ativo dos crimes do art. 251 do CP, pois o tipo penal não exige uma condição especial para praticá-lo, bastando que cause explosão ou então arremesse/coloque explosivo com o fim de expor a perigo a vida, a integridade física ou o patrimônio de outrem.

O sujeito passivo é a coletividade, já que estamos tratando de crime contra a incolumidade pública, sendo, pois, um crime vago, ou seja, a sua tutela é de um número indeterminado de pessoas, e é nesse sentido que deverá estar contido o plano mental do agente; caso contrário, deverá responder por outro crime (homicídio, lesão corporal etc.). Apesar disso, será possível identificar a existência de vítimas determinadas que estiverem presente no local da explosão.

2.4. Forma privilegiada e majorada e crime culposo Modalidade privilegiada

O art. 251, § 1º, do CP dispõe que:

> "Se a substância utilizada não é dinamite ou explosivo de efeitos análogos: Pena – reclusão, de um a quatro anos, e multa.". Como se percebe, se a substância não é equiparada ao potencial destrutivo da dinamite, e havendo perigo coletivo, o agente será apenado de forma mais branda. É o caso da pólvora, das bombas caseiras produzidas com ácido úrico (ou urina), ácido nítrico, alumínio em pó etc.[45].

45 Nelson Hungria (1959, p. 40) assevera que: "Segundo a clássica definição de SARRAU, explosivo é 'todo corpo capaz de se transformar em gás à temperatura elevada'. Na sua decomposição brusca, passando do estado sólido ou líquido ao estado gasoso, o explosivo opera a violenta deslocação e

Consequentemente, *a contrario sensu*, se o agente causa explosão e não se vale de nenhuma substância com capacidade explosiva, não responderá por nenhuma das formas de explosão, sem prejuízo de outras tipificações.

Ocorre que, na linha da argumentação anterior sobre o tipo penal fundamental, concordamos com a **revogação tácita da forma privilegiada do § 1º**, que prevê pena de 1 a 4 anos de reclusão. De fato, viola o princípio da proporcionalidade punir uma explosão ou um arremesso de engenho explosivo, com pena inferior, produzidos sem dinamite ou substância de efeitos análogos, causando perigo concreto, em comparação com a reprimenda de 3 a 6 anos pelo só porte detenção fabrico ou emprego de artefato explosivo ou incendiário, constante do art. 16, III, da Lei nº 10.826/03. **Formas majoradas** – Diz o § 2º do art. 251 do Código Penal: "As penas aumentam-se de um terço, se ocorre qualquer das hipóteses previstas no § 1º, I, do artigo anterior, ou é visada ou atingida qualquer das coisas enumeradas no nº II do mesmo parágrafo.". Isto é, faz remissão expressa às causas de aumento de pena do crime de incêndio. Desse modo, remetemos o leitor ao tópico do crime anterior (art. 250 do CP).

Explosão culposa – o art. 250, § 3º, do CP, prevê duas modalidades culposas, quando o agente causa explosão sem observar um dever objetivo de cuidado, a título de negligência, imprudência ou imperícia. Nesse caso, a pena é de detenção, de 6 (seis) meses a 2 (dois) anos se a explosão é de dinamite ou de substância de efeitos análogos e de 3 (três) meses a 1 (um) ano nos demais casos (uso de outras substâncias). Outra diferença importante é que a forma culposa exige a ocorrência de explosão, necessariamente. Por exemplo, se alguém vier a colocar ou arremessar qualquer engenho explosivo, sem saber da natureza do seu conteúdo ou acreditando piamente que não se trata de substância dessa natureza, o fato será atípico.

À semelhança do que ocorre com o crime de incêndio, não incidem as majorantes do § 2º do art. 251 do CP, tendo em vista a autonomia do crime culposo descrito no § 3º. Independentemente do resultado da explosão, os limites da pena cominada não sofrerão aumento, a não ser no caso de lesão corporal (aumento de metade) ou morte (aplicação da pena do homicídio culposo mais um terço), nos termos do art. 258, segunda parte, do CP.

2.5. Consumação e tentativa

Para que seja configurada, a explosão deve, necessariamente, causar perigo concreto à incolumidade pública, não bastando a só potencialidade de risco. Ademais, é um delito que deixa vestígios (crime não transeunte), razão pela qual o art. 158 do

---

destruição de coisas circunjacentes. Os explosivos de que cuida o § 1º do artigo 251' são, por exemplos, todas as formas da pólvora pícrica, o algodão-pólvora ou piroxilina, os produtos do cloreto de potássio etc. A lei fala em explosivo, e como tal se deve entender a substância tecnicamente tal ou especificamente destinada a explodir, mediante sua própria desintegração, e não também aquele que eventualmente pode determinar explosão, sem desintegração da própria essência, como, p. ex.: o vapor d'água".

Código de Processo Penal exige o respectivo exame de corpo de delito para sua comprovação.

O crime é de perigo concreto, portanto. Não há falar de crime consumado ou tentado se em momento algum houve risco à segurança da coletividade, ou seja, de um número indeterminado de pessoas. Se não houver perigo nessa extensão, poderá ocorrer o crime de dano qualificado (art. 163, parágrafo único, II, CP).

Segundo Hungria[46], nos casos de simples arremesso ou colocação de engenhos explosivos, eles devem ser relativamente capazes de causar uma explosão destruidora. Portanto, a inidoneidade relativa do meio ou do objeto não exclui o crime. Mas se a substância não era apta a explodir, será caso de crime impossível (CP, art. 17), impondo-se a absolvição por atipicidade da conduta.

A tentativa é admissível, pois, em tese, é possível falar em início da fase executória do *iter criminis*, em consequência da possibilidade de divisão, no plano mental, dos atos praticados pelo agente (crime plurissubsistente). Mas é de difícil configuração, uma vez que o tipo penal quis abranger também os atos preparatórios da explosão, no caso, colocação e arremesso do engenho explosivo. Como exemplo, será tentado o crime se alguém vier a impedir o autor de arremessar o artefato em um prédio ou na rua, ou, ainda, se os policiais souberem antecipadamente que determinado indivíduo quer alocar uma bomba em determinado local e vierem a prendê-lo no caminho.

Todavia, se o objeto perigoso for deixado em qualquer lugar (ou seja, quando cessar o transporte do explosivo) ou se for arremessado, independentemente de haver explosão, o crime do art. 251 estará consumado a partir de então. E, obviamente, uma vez explodida a dinamite ou substância de efeitos análogos, não há falar de tentativa.

Para mais detalhes sobre concurso de crimes contra a incolumidade pública e outros delitos, remetemos o leitor aos comentários referentes ao crime do art. 250 do CP (incêndio).

2.6. Classificação doutrinária

Comum, porque pode ser praticado por qualquer pessoa; **Vago,** pois o sujeito passivo é a coletividade, de forma genérica, com vítima indeterminada; **Doloso**, nas formas do *caput* e dos §§ 1º e 2º do art. 251 do CP e **culposo** no caso do respectivo § 3º. **Comissivo**, praticado, em regra, por meio de uma ação, sem prejuízo de responder por omissão imprópria, se o agente era responsável em garantir a não ocorrência do crime (CP, art. 13, § 2º); **De ação múltipla ou de conteúdo variado**, porque, embora só haja o verbo "expor" no infinitivo, ela é complementada pelas palavras explosão, arremesso e colocação. **De ação vinculada,** pois só pode ser praticado se o autor do crime vier a colocar, arremessar, explodir ou der causa à explosão. **Material ou causal, apenas quanto à explosão,** porque depende da ocorrência das circunstâncias indicadas na lei, no caso, a periclitação à vida, à integridade física ou ao patrimônio de

46 Comentários ao Código Penal, cit., p. 38.

outrem. No mais, as condutas de arremessar e colocar são **de mera conduta**, bastando realizar a exposição a perigo por esses meios. **De perigo concreto ou não presumido,** porque a existência do perigo deve ser comprovada. E como deixa vestígios, é **não transeunte**. **Instantâneo,** porque está consumado a partir do momento em que o agente pratica a conduta descrita no tipo, não se protraindo para o futuro. Haverá, após, exaurimento (*post factum*) do crime. **Unissubjetivo ou de concurso eventual de pessoas**, pois pode ser praticado por um ou mais sujeitos.

2.7. Causas de aumento de pena

O art. 258 do CP dispõe sobre as "formas qualificadas dos crimes de perigo comum", mas, segundo a opinião da doutrina, trata-se de causas de aumento de pena da Parte Especial, uma vez que não são preceitos secundários autônomos e fazem remissão a penas preexistentes.

O referido dispositivo prevê:

> Se do crime doloso de perigo comum resulta lesão corporal de natureza grave, a pena privativa de liberdade é aumentada de metade; se resulta morte, é aplicada em dobro. No caso de culpa, se do fato resulta lesão corporal, a pena aumenta-se de metade; se resulta morte, aplica-se a pena cominada ao homicídio culposo, aumentada de um terço.

Como se vê, a norma se aplica a todos os crimes deste Capítulo I, que trata dos crimes de perigo comum (arts. 250 a 257 e 259). Considerando as causas acima transcritas, as penas poderão ser arbitradas nos seguintes termos:

a) quando o crime for preterdoloso: a.1) aplica-se o aumento de metade (1/2) se sobrevier lesão corporal **grave ou gravíssima**,

a.1.2) resultará em uma pena de 4 (quatro) anos e 6 (seis) meses a 9 (nove) anos de reclusão, na forma do *caput* do art. 251 (uso de dinamite ou substância de efeitos análogos) e de 1 (um) ano e 6 (seis) meses a 6 (seis) anos de reclusão no crime privilegiado do seu § 1º (uso de outras substâncias); a.2) aumenta-se a pena em dobro **se ocorrer morte**, ficando em 6 (seis) a 12 (doze) anos de reclusão na primeira figura e de 2 (dois) a 8 (oito) anos na segunda figura.

Note-se que as penas calculadas acima podem ser combinadas com a causa de aumento de pena de 1/3 (um terço) do § 2º do art. 251 do CP. Nessa situação, ocorrendo lesão corporal grave ou gravíssima, a pena final será arbitrada entre os limites mínimo e máximo de 6 (seis) a 12 (doze) anos de reclusão (com uso de dinamite e substância de efeitos análogos) e de 2 (dois) a 8 (oito) anos de reclusão. Sobrevindo morte, a primeira figura poderá ser fixada de 8 (oito) a 16 (anos) de reclusão e a segunda (privilegiada), de 2 (dois) anos e 8 (oito) meses a 10 (dez) anos e 8 (oito) meses de reclusão.

b) quando o crime for **culposo** (crime qualificado pelo resultado **também culposo** – culpa + culpa): b.1) aplica-se o aumento de metade (1/2) se sobrevier **lesão corporal** (leve, média, grave ou gravíssima) cuja pena será de 9 (nove) meses a 3 (três) anos de detenção (com uso de dinamite/substância de efeitos análogos) e de 4 (quatro) meses e 15 (quinze) dias a 1 (um) ano e 6 (seis) meses de detenção (uso de outras substâncias); b.2) aplica-se a pena do homicídio culposo aumentada de um terço (1/3), em caso de morte (a pena será arbitrada entre 1 ano e seis meses a quatro anos e seis meses de detenção). Nesse caso, nova pena será a mesma, independentemente da substância utilizada como explosiva, por expressa disposição legal do art. 258, parte final, do CP.

Reiteramos que as causas de aumento de pena do § 1º, I, do art. 250, (por força de remissão expressa do art. 251, § 2º, do CP), não incidirão para os crimes culposos, ainda que essas circunstâncias ocorram no caso concreto, em virtude da autonomia das modalidades culposas.

2.8. Infrações penais assemelhadas da legislação específica

2.8.1. Crime do Código Penal Militar

Explosão

Art. 269. Causar ou tentar causar explosão, em lugar sujeito à Administração militar, expondo a perigo a vida, a integridade ou o patrimônio de outrem:

Pena – reclusão, até quatro anos.

Forma qualificada

§ 1º Se a substância utilizada é dinamite ou outra de efeitos análogos:

Pena – reclusão, de três a oito anos. Agravação de pena

§ 2º **A pena é agravada** se ocorre qualquer das hipóteses previstas no § 1º, nº I, do artigo anterior, ou é visada ou atingida qualquer das coisas enumeradas no nº II do mesmo

§ 3º Se a explosão é causada pelo desencadeamento de energia nuclear:
Pena – reclusão, de cinco a vinte anos.

Modalidade culposa

§ 4º No caso de culpa, se a explosão é causada por dinamite ou substância de efeitos análogos, a pena é detenção, de seis meses a dois anos**; se é causada pelo desencadeamento de energia nuclear, detenção de três a dez anos**; nos demais casos, detenção de três meses a um ano.

Inicialmente, o tipo penal em questão é diferente porque exige de que o seja praticado, necessariamente, em lugar sujeito à Administração militar. Ademais, a disposição dos crimes é diferente, porque a figura do *caput* equivale à forma privilegiada do art. 251, § 2º, do CP (embora não haja previsão de pena mínima, ela é de 1 (um) ano de reclusão, nos termos do art. 58 do CPM[47]), enquanto o § 1º equivale ao *caput* do delito no Código Penal, mas como **crime qualificado pelo uso de dinamite ou substância de efeitos análogos.** A pena máxima desse crime militar é mais severa, superior em 2 (dois) anos, em comparação.

47 Art. 58 do Código Penal Militar: Mínimos e máximos genéricos O mínimo da pena de reclusão é de um ano, e o máximo de trinta anos; o mínimo da pena.

Mas o destaque vai para o delito do § 3º do art. 269 do CPM, que trata da explosão causada por energia nuclear, prevista exclusivamente na legislação militar. A detonação com uso desse tipo de energia, considerada até hoje como uma das mais perigosas (se não for a mais), é o mais grave delito contra a incolumidade pública, pois comina pena em abstrato de 5 (cinco) a 20 (vinte) anos de reclusão.

E o CPM é levemente mais brando no que se refere às circunstâncias previstas para o crime de incêndio, quais sejam: explosão relativa ou a uma finalidade especial do agente ou pela natureza ou destinação da coisa explodida. É que ao invés de majorar a pena necessariamente em 1/3 (um terço), é considerada circunstância agravante, o que, para a legislação castrense, significa um aumento de pena de 1/5 (um quinto) a 1/3 (um terço), nos termos do art. 73 do CPM[62].

Os crimes culposos de ambos os códigos são punidos com a mesma pena, salvo quando a explosão desencadeada por energia nuclear por negligência, imprudência ou imperícia, cominando reprimenda de 3 (três) a 10 (dez) anos de detenção.

Ressalte-se que o CPM também prevê causas de aumento de pena em decorrência de lesões corporais e morte, para as formas preterdolosas e culposas:

> **Formas qualificadas pelo resultado**
>
> **Art. 277.** Se do crime doloso de perigo comum resulta, além da vontade do agente, lesão grave, a pena é aumentada de metade; se resulta morte, é aplicada em dôbro. No caso de detenção é de trinta dias, e o máximo de dez anos.

Como se vê, **a explosão nuclear dolosa se causar morte de alguém, terá pena máxima de 40 (quarenta) anos de reclusão,** embora o agente só possa cumprir, no máximo, 30 (trinta) anos, nos termos do art. 81 do Código Penal Militar[48].

Finalmente, importante destacar que o Código Penal Militar prevê um único delito contra a incolumidade pública **em tempo de guerra**, de tipo remetido aos crimes dos arts. 268 a 276 e 278, que se referem aos delitos de perigo comum, puníveis exclusivamente na forma dolosa:

> **Crimes de perigo comum**
>
> **Art. 386.** Praticar crime de perigo comum definido nos arts. 268 a 276 e 278, na modalidade dolosa:
>
> I - se o fato compromete ou pode comprometer a preparação, a eficiência ou as operações militares;
>
> II - se o fato é praticado em zona de efetivas operações militares e dêle resulta morte: Pena - morte, grau máximo; reclusão, de vinte anos, grau mínimo.

2.8.2. Crime da Lei da Segurança Nacional (LSN - Lei nº 7.170/83)

> **Art. 20.** Devastar, saquear, extorquir, roubar, seqüestrar, manter em cárcere privado, incendiar, depredar, **provocar explosão**, praticar atentado pessoal ou atos

48 Limite da pena unificada Art. 81. A pena unificada não pode ultrapassar de trinta anos, se é de reclusão, ou de quinze anos, se é de detenção.

> de terrorismo, por inconformismo político ou para obtenção de fundos destinados à manutenção de organizações políticas clandestinas ou subversivas.
>
> Pena: reclusão, de 3 a 10 anos.
>
> Parágrafo único – Se do fato resulta lesão corporal grave, a pena aumenta-se até o dobro; se resulta morte, aumenta-se até o triplo.

Como já adiantamos, se a provocação de explosão for motivada por inconformismo político ou para obtenção de financiamento de organizações paramilitares, o agente responderá pelo crime em comento. Entretanto, o arremesso e a simples colocação de substância explosiva não ensejarão responsabilidade pelo crime do art. 20 da Lei da Segurança Nacional, por ausência de previsão legal, assim como a explosão culposa. Apesar disso, o autor do crime responderá pelo crime do art. 251 do Código Penal se colocá-la ou arremessá-la dolosamente, seja qual for a sua motivação.

Quanto aos demais aspectos desse artigo, remetemos o leitor aos comentários relativos ao crime anterior (CP, art. 250 – incêndio).

2.8.3. Crime relativo às minas terrestres antipessoais (Lei nº 10.300/01)

> **Art. 2º** É crime o emprego, o desenvolvimento, a fabricação, a comercialização, a importação, a exportação, a aquisição, a estocagem, a retenção ou a transferência, direta ou indiretamente, de minas terrestres antipessoal no território nacional:
>
> Pena: reclusão, de 4 (quatro) a 6 (seis) anos e multa.
>
> § 1º A pena é acrescida de 1/3 (um terço) se o agente for funcionário público civil ou militar.
>
> § 2º A pena é acrescida de metade em caso de reincidência.
>
> § 3º Não constitui crime a retenção de minas antipessoal pelas Forças Armadas, em quantidade a ser fixada pelo Poder Executivo, e o seu manuseio e transferência dentro do território nacional, para fins do desenvolvimento de técnicas de detecção, desminagem ou destruição de minas pelos militares.

Segundo consta expressamente do art. 3º da Lei nº 10.300/01, "o cumprimento desta Lei dar-se-á de acordo com o cronograma inserto na Convenção sobre a Proibição do Uso, Armazenamento, Produção e Transferência de Minas Antipessoal e sobre sua Destruição, mais conhecida como "Tratado de Ottawa". Com efeito, a criminalização dessa conduta no Brasil deu cumprimento ao art. 9º desse tratado: "Cada Estado Parte tomará todas as medidas legais, administrativas e outras apropriadas, inclusive a imposição de sanções penais, para prevenir e reprimir toda atividade proibida a um Estado Parte de acordo com esta Convenção executada em território ou por pessoas sob sua jurisdição ou controle.".

Em resumo, o *caput* dessa norma penal proíbe a existência e a permanência de minas terrestres no país, já que o escopo da Convenção foi de destruir e abandonar o uso de minas terrestres antipessoais, em razão do sofrimento e morte causados até hoje por esses instrumentos de guerra, que, pelo só fato de permanecerem enterrados, causam temor à população e limitam a liberdade de ir e vir, bem como dificultam o desenvolvimento econômico e a repatriação de refugiados, dentre vários outros problemas.

O § 1º prevê um aumento de pena de 1/3 (um terço) se o sujeito ativo do crime for funcionário público civil ou militar, em razão de o servidor presentar ou representar o Estado, conforme o caso, motivo pelo qual se praticar quaisquer das condutas do *caput* a lei presumirá uma maior gravidade do ato. Assim, estará sujeito a uma pena de 5 (cinco) anos e 4 (quatro) meses a 8 (oito) anos de reclusão.

O § 2º prevê que a pena será acrescida de metade em caso de reincidência, ou seja, com pena de 6 (seis) a 9 (nove) anos de reclusão. Note-se, que, segundo nossa opinião, esse dispositivo deve ser interpretado restritivamente, no sentido de considerar que somente a **reincidência específica na prática deste crime** dará causa à majorante, pois, do contrário, violar-se-ia o princípio da proporcionalidade ao aplicar-se tamanha reprimenda a alguém pelo fato de ter sido condenado por furto ou receptação, por exemplo.

Relembre-se que, segundo o art. 64, I, do Código Penal, só poderá ser considerado reincidente (genérico ou específico) se, a partir do cumprimento de pena, praticar nova infração penal em até 5 (cinco) anos. Atualmente, após esse lapso temporal, o agente readquire a primariedade, visto que os maus antecedentes também se extinguem com a reincidência, conforme precedente da 2ª Turma Supremo Tribunal Federal (HC nº 126.315/SP – acórdão pendente de publicação).

O crime é de alto potencial ofensivo, pois as penas mínima e máxima são bastante elevadas, não se permitindo a transação penal ou a suspensão condicional do processo. A competência para a seu processamento e julgamento é da Justiça Estadual, pois embora exista um interesse nacional na erradicação das minas terrestres, não há, em princípio, detrimento de bens, serviços ou interesse da União, suas autarquias, fundações ou empresas públicas, como exige o art. 109, IV, da Constituição Federal.

2.8.4. Contravenção do art. 28, parágrafo único, do Decreto-lei nº 3.688/41

> **Art. 28.** Disparar arma de fogo em lugar habitado ou em suas adjacências, em via pública ou em direção a ela:
>
> Pena – prisão simples, de um a seis meses, ou multa, de trezentos mil réis a três contos de réis.
>
> Parágrafo único. Incorre na pena de prisão simples, de quinze dias a dois meses, ou multa, de duzentos mil réis a dois contos de réis, quem, em lugar habitado ou em suas adjacências, em via pública ou em direção a ela, sem licença da autoridade, causa defagração perigosa, **queima fogo de artifício** ou solta balão aceso.

Trata-se de infração penal específica, aplicável quando houver deflagração perigosa, queima de fogo de artifício ou soltura de balão aceso. Sobre o assunto, Greco[49] traz como ilustração o HC nº 104.952/SP, julgado pelo Superior Tribunal de Justiça, que entendeu que essa infração penal é subsidiária, incidindo quando não houver perigo comum causado pela conduta explosiva:

49 Curso de Direito Penal, cit., p. 20-21.

> HABEAS CORPUS. CRIME DE EXPLOSÃO. FOGOS DE ARTIFÍCIO. INEXISTÊNCIA DE PERIGO CONCRETO E DE DANO AO PATRIMÔNIO DE OUTREM. Estando o tipo do art. 251 do CP, crime de explosão, entre aqueles denominados de perigo comum, é de se exigir, como circunstância elementar, a comprovação de que a conduta explosiva causou efetiva afronta à vida e à integridade física das pessoas ou concreto dano ao patrimônio de outrem, sob pena de faltar à acusação a devida demonstração da tipicidade. Por isso, ação de arremessar fogos e artifícios em local ocasionalmente despovoado, cuja consequência danosa ao ambiente foi nenhuma, não pode ser tido pela vertente do crime de explosão, podendo, no máximo se referir à contravenção do art. 28 do Decreto-Lei 3688/41, a qual se encontra abrangida pela prescrição. Ordem concedida para trancar a ação penal. (HC 104.952/SP, Rel. Ministra MARIA THEREZA DE ASSIS MOURA, SEXTA TURMA, julgado em 10/02/2009, DJe 02/03/2009)

É infração subsidiária do crime de explosão, mas discordamos dos argumentos utilizados no acórdão. Com efeito, o art. 28, parágrafo único é o primeiro do Capítulo III da Lei de Contravenções Penais, intitulado "Das contravenções referentes à incolumidade pública". **É dizer, que para sua tipificação, também é preciso que haja a existência de perigo comum, do mesmo modo como ocorre com o delito do art. 251 do CP.** A relação de subsidiariedade não está na pena cominada de prisão simples, de 15 (quinze) dias a 2 (dois) meses, embora seja ela bem menor. Está, mais precisamente, na natureza da substância utilizada nos fogos de artifício, que é, sem dúvida, diversa da dinamite ou de efeitos análogos, uma vez que, na maioria dos casos, são confeccionados principalmente com pólvora e luminescentes. **Em conclusão, essa contravenção penal é subsidiária do art. 16, III, do Estatuto do Desarmamento, visto que a explosão privilegiada (art. 251, § 1º, do Código Penal) foi tacitamente revogada, conforme já referimos.**

2.9. Potencialidade ofensiva

Os crimes de explosão dolosa, seja na sua forma simples (*caput*), seja nas formas majorada e preterdolosa (art. 258 do CP) seja, ainda, na forma privilegiada e majorada (combinação dos §§ 1º e 2º do art. 251 do Código Penal**), são de alto potencial ofensivo**, razão pela qual não cabe transação penal e suspensão condicional do processo, porque pressupõem, respectivamente, pena máxima não superior a 2 (dois) anos e pena mínima não superior a 1 (um) ano, nos termos dos arts. 61 e 89 da Lei nº 9.099/95[50].

---

50 Art. 61. Consideram-se infrações penais de menor potencial ofensivo, para os efeitos desta Lei, as contravenções penais e os crimes a que a lei comine pena máxima não superior a 2 (dois) anos, cumulada ou não com multa.

Art. 89. Nos crimes em que a pena mínima cominada for igual ou inferior a um ano, abrangidas ou não por esta Lei, o Ministério Público, ao oferecer a denúncia, poderá propor a suspensão do processo, por dois a quatro anos, desde que o acusado não esteja sendo processado ou não tenha sido condenado por outro crime, presentes os demais requisitos que autorizariam a suspensão condicional da pena (art. 77 do Código Penal).

Art. 73 do CPM: Quantum da agravação ou atenuação. Quando a lei determina a agravação ou atenuação da pena sem mencionar o quantum, deve o juiz fixá-lo entre um quinto e um têrço, guardados

Porém, nas suas modalidades culposas (art. 251, § 3º, do CP), praticadas na forma simples (sem aumentos de pena), serão crimes **de menor potencial ofensivo**, porque as penas previstas são de 6 (seis) meses a 2 (dois) anos de detenção (no caso de uso de dinamite ou substância de efeitos análogos) e de 3 (três) meses a 1 (um) ano (uso de substância diversa), ensejando a transação penal (aplicação imediata de pena restritiva de direitos ou multas sem outros efeitos penais), pois sua pena máxima não ultrapassa 2 (dois) anos. **Aliás, também será de menor potencial ofensivo a explosão culposa provocada com substância diversa da dinamite e/ou análoga**, pois sua pena máxima, majorada de metade, será de 1 (um) ano e 6 (seis) meses.

Mas, se utilizada dinamite substância de efeitos análogos, o crime culposo será de **médio potencial ofensivo** em caso de **lesão corporal** (leve, grave ou gravíssima), pois o art. 258 diz que a pena sofrerá um aumento de metade, ficando em 9 (nove) meses a 3 (três) anos de detenção. Sim, porque a pena mínima está dentro do limite legal de 1 (um) ano (Lei nº 9.099/95, art. 89), autorizando, ao menos, a concessão do *sursis processual*.

Por fim, **não se admitirá transação penal ou suspensão condicional se resultar morte**, porque o art. 258 determina que seja aplicada, nesse caso, a pena do homicídio culposo (cominada em 1 a 3 anos de detenção) aumentada de 1/3 (um terço), como causa especial de aumento. O legislador considerou que a morte causada em uma situação de perigo provocada pelo sujeito ativo será de elevado potencial ofensivo, pois a pena mínima ficará superior a 1 (um) ano de reclusão, ou seja, 1 (um) ano e 4 (quatro) meses a 4 (quatro) anos de reclusão.

2.10. Ação penal e competência do juízo

A ação penal é pública incondicionada, uma vez que o Código não exige iniciativa privativa do ofendido, representação ou requisição do Ministro da Justiça (CP, art. 100). De fato, o condicionamento da ação penal nos crimes previstos no Título VII, parece ser incompatível com a proteção do interesse público relativo à tutela judicial da incolumidade pública em geral.

A competência será, em regra, da Justiça Estadual, a não ser que o incêndio cause prejuízo a bens, serviços ou interesses da União, de suas entidades autárquicas, de suas empresas públicas ou que venha a ocorrer em navios ou aeronaves (ressalvada a competência da Justiça Militar), nos termos do art. 109, IV e IX, CF[51].

---

os limites da pena cominada ao crime. Em caso de culpa, se do fato resulta lesão corporal, a pena aumenta-se de metade; se resulta morte, aplica-se a pena cominada ao homicídio culposo, aumentada de um têrço.

51 Art. 109. Aos juízes federais compete processar e julgar: (...) IV – os crimes políticos e as infrações penais praticadas em detrimento de bens, serviços ou interesse da União ou de suas entidades autárquicas ou empresas públicas, excluídas as contravenções e ressalvada a competência da Justiça Militar e da Justiça Eleitoral; (...) IX – os crimes cometidos a bordo de navios ou aeronaves, ressalvada a competência da Justiça Militar.

No mais, quanto à possibilidade de competência da Justiça Federal pela presença de interesses indígenas, ver este mesmo tópico relacionado ao crime anterior (incêndio – art. 250 do CP).

3. USO DE GÁS TÓXICO OU ASFIXIANTE

⊙ **Uso de gás tóxico ou asfixiante**

Art. 252. Expor a perigo a vida, a integridade física ou o patrimônio de outrem, usando de gás tóxico ou asfixiante: Pena – reclusão, de um a quatro anos, e multa.

⊙ **Modalidade Culposa**

Parágrafo único – Se o crime é culposo: Pena – detenção, de três meses a um ano.

3.1. Bem jurídico protegido e objeto material do crime

O bem jurídico protegido mediato é a incolumidade pública e o imediato é segurança das pessoas e do patrimônio alheio que possam ficar expostos aos gases venenosos ou sufocantes liberados no ar. O objeto material do delito são os próprios gases tóxicos e/ou asfixiantes.

3.2. Tipo penal objetivo e tipo penal subjetivo

O núcleo do tipo penal objetivo é **"Expor a perigo"**, ou seja, criar uma situação de risco. É um termo que serve para enfatizar que, para a tipificação deste crime, é essencial que tenha havido um risco concreto à vida, à integridade física ou patrimônio de outrem. E esses bens jurídicos enumerados têm por função delimitar a incidência do crime. Por sua vez, o "**perigo**" é "circunstância que prenuncia um mal para alguém ou para alguma coisa" ou mesmo "estado ou situação que inspira cuidado; gravidade". Existe um sentido jurídico[52] indicado para essa palavra, e transcrevemos o que consta do Dicionário Houaiss de Língua Portuguesa, pela sua precisão: "perigo presente, que já começou a produzir dano ou que inevitavelmente o produzirá".

Entretanto, a conduta de expor a perigo é genérica, e está limitada em seguida pelo termo *usando de gás tóxico ou asfixiante*. Mas o que seria então um **gás**? O Dicionário Aurélio de Língua Portuguesa o define, no sentido que nos interessa, como "fluido infinitamente compressível, cujo volume é o do recipiente que o contém" e "fluido compressível em que as interações moleculares são bastante fracas, a agitação térmica

52 A título de comparação, o sentido jurídico de "perigo" no Dicionário Aurélio é "situação de fato da qual decorre o temor de uma lesão física ou moral a uma pessoa ou de uma ofensa aos direitos dela." Tal conceito não nos parece o mais adequado, por restringir o alcance do termo ao risco causado a pessoas. Mas o perigo tratado no Título VII do Código Penal é juridicamente relevante também quanto ao patrimônio, haja vista que a incolumidade pública se refere a uma tutela amplíssima da coletividade, que pode ser ameaçada pelo só risco aos bens coletivos. Ademais, a incolumidade pessoal (que compreende os bens jurídicos vida, integridade física e integridade moral), é especialmente protegida pelos crimes anteriores constantes dos Capítulos I a V do Título I da Parte Especial.

é permanente e notável, e não existe organização espacial". Logo em seguida define **gás asfixiante**, que parece ter um sentido mais amplo: "**produto químico** que tem ação fisiológica asfixiante", sabendo que produtos químicos não se limitam a gases.

Mas de acordo com a doutrina[53], **gás tóxico** é aquele que atua por envenenamento (ácido cianídrico, cloreto de fenilcarbina, cloreto ou brometo de benzil, cloropicrina, iodacetona, etilcarbazol etc.), e **gás asfixiante** (gases de cloro, bromo, bromacetona, clorossulfato de metila, cloro formiato de triclorometila (palita), fiosgeno etc.) é o que afeta, de modo puramente mecânico, as vias respiratórias, determinando a sufocação. Nesse sentido, os gases *cegantes* também são espécies de gás tóxico. Como se vê, parece que a tipicidade da conduta depende de o objeto material do crime estar na forma gasosa, necessariamente, no momento de sua liberação.

Isso posto, pensamos que também é típica a conduta de alguém colocar em uma superfície grande quantidade de substância líquida altamente tóxica ou asfixiante, desde que ela tenha capacidade de evaporar e se misturar ao ar, sem decomposição dos elementos que a tornam nocivas à vida, à integridade física ou ao patrimônio de outrem.

Os gases utilizados não precisam ser necessariamente mortais. Basta que ofereçam risco aos bens jurídicos tutelados no tipo[54].

O tipo subjetivo é o **dolo**, ou seja, vontade e consciência dirigidas a provocar perigo à vida, à integridade física ou ao patrimônio de outrem. Então, a depender do plano mental do agente, poderão ocorrer outras infrações penais se ele não visar à periclitação desses bens jurídicos. Dessa forma, não haverá crime se o agente, em local isolado, libera tais gases com o fim de apenas testá-los ou soltá-los no ar, ainda que isso possa trazer risco a ele mesmo, já que o tipo penal refere perigo a terceiros.

Cumpre, ainda, falar sobre o uso de gás lacrimogêneo por policiais. Parte da doutrina, em referência a Bento de Faria, em seu Código Penal brasileiro comentado, diz que esse procedimento é lícito, desde que seja feito de forma moderada, apenas com o fim de paralisar a eventuais ameaças e manter a ordem pública, como acontece muito em manifestações populares, protestos etc.

Configura, em princípio, excludente de ilicitude (estrito cumprimento do dever legal). Segundo Greco, se a autoridade policial abusar de suas prerrogativas e lançar gás lacrimogêneo desnecessariamente deverá ser responsabilizada pela prática do crime do art. 252 do Código Penal. E estamos de acordo com isso. Mas adicionamos que é possível o concurso formal com o delito de abuso de autoridade, previsto no art. 3º, alínea "i" c/c art. 6º, §§ 3º ao 5º, da Lei nº 4.898/65[55] sujeitando o autor, cumulativa-

53 HUNGRIA, Comentários ao Código Penal, cit., p. 42-43.

54 NORONHA, Edgard Magalhães. Direito Penal. Vol. 3. 27ª edição. São Paulo: Saraiva, 2003, p. 335.

55 Art. 3º. Constitui abuso de autoridade qualquer atentado: (...) i) à incolumidade física do indivíduo; (...) Art. 6º O abuso de autoridade sujeitará o seu autor à sanção administrativa civil e penal. (...) § 3º A sanção penal será aplicada de acordo com as regras dos artigos 42 a 56 do Código Penal e consistirá

mente ou não, à detenção de 10 (dez) dias a 6 (seis) meses, perda do cargo e inabilitação para o exercício de qualquer função pública até três anos, multa e proibição de exercer atividades policiais ou militares no Município da culpa pelo prazo de 1 (um) a 5 (cinco) anos. É que nesse caso o agente público, com um único ato, terá causado tanto o perigo comum quanto a violação à integridade física de alguém.

Sobre a aplicação do concurso formal impróprio com outros crimes, pela existência de ânimos autônomos, ver os comentários relativos ao crime de incêndio (CP, art. 250).

Crime culposo – O art. 252, parágrafo único, do CP, prevê uma modalidade culposa, quando o agente libera gases tóxicos ou asfixiantes que ofereçam risco à coletividade sem observar um dever objetivo de cuidado, a título de negligência, imprudência ou imperícia. Nesse caso, a pena é de detenção, de 3 (três) meses a 1 (um) ano. Nesse sentido, Masson[56] exemplifica a situação de um químico que emite gás tóxico ou asfixiante no interior de uma fábrica frequentada por inúmeras pessoas, sem ter certeza da natureza do gás que carregava, expondo a perigo a vida, de terceiros. Pelo fato de o agente ser um químico, a imperícia fica caracterizada.

Entretanto, ressaltamos que se for uma pessoa que não tenha absolutamente conhecimento algum sobre substâncias químicas, e se ela desconhece, empiricamente, o perigo do gás liberado no ar, a conduta será atípica por ausência de dolo, já que, não sendo previsível para ele a superveniência do perigo, não se caracterizará a imprudência.

3.3. Sujeito ativo e sujeito passivo

Qualquer pessoa pode ser sujeito ativo dos crimes do art. 252 do CP, pois o tipo penal não exige uma condição especial para praticá-lo, bastando que libere no ar gases tóxicos ou asfixiantes com o fim de expor a perigo a vida, a integridade física ou o patrimônio de outrem.

O sujeito passivo é a coletividade, já que estamos tratando de crime contra a incolumidade pública, sendo, pois, um crime vago, ou seja, a sua tutela é de um número indeterminado de pessoas, e é nesse sentido que deverá estar contido o plano mental do agente; caso contrário, deverá responder por outro crime (homicídio, lesão corporal etc.). Apesar disso, será possível identificar a existência de vítimas determinadas que estiverem próximos ao local contaminado.

---

em: a) multa de cem a cinco mil cruzeiros; b) detenção por dez dias a seis meses; c) perda do cargo e a inabilitação para o exercício de qualquer outra função pública por prazo até três anos. § 4º As penas previstas no parágrafo anterior poderão ser aplicadas autônoma ou cumulativamente. § 5º Quando o abuso for cometido por agente de autoridade policial, civil ou militar, de qualquer categoria, poderá ser cominada a pena autônoma ou acessória, de não poder o acusado exercer funções de natureza policial ou militar no município da culpa, por prazo de um a cinco anos.

56 Direito Penal esquematizado, cit., p. 242.

3.4. Consumação e tentativa

O crime se consuma no exato momento que a coletividade fica exposta ao perigo, que pode ser a qualquer momento logo após a emissão dos gases tóxicos/asfixiantes. A duração e a extensão do risco devem ser averiguadas mediante exame pericial específico.

Para que seja configurada, a exposição a perigo deve, necessariamente, causar perigo concreto à incolumidade pública, independentemente da efetiva lesão aos bens jurídicos tutelados. Ademais, é um delito que deixa vestígios (crime não transeunte), razão pela qual o art. 158 do Código de Processo Penal exige o respectivo exame de corpo de delito para sua comprovação.

Nesse exato sentido, entende Hungria[57]:

> (...) Trata-se, também aqui, de crime de perigo: para sua consumação, basta a simples criação de perigo comum, independentemente de efetivo *eventus damni* (que, aliás, não se compreende no dolo do agente). O perigo, porém, tal como no tocante ao incêndio e à explosão, tem de ser averiguado ou comprovado *in concreto*, isto é, cumpre demonstrar que a vida ou a saúde de outrem correu efetivo risco (...)

O crime é de perigo concreto, portanto. Não há falar de crime consumado ou tentado se em momento algum houve risco à segurança da coletividade, ou seja, de um número indeterminado de pessoas. Se não houver perigo nessa extensão, poderá ocorrer o crime de dano qualificado (art. 163, parágrafo único, II, CP), ou até mesmo homicídio qualificado por emprego de meio que possa causar perigo comum ou asfixia, no caso do gás asfixiante (art. 121, § 2º, III, quarta e sétima figuras).

Embora a doutrina majoritária entenda que a tentativa é admissível, ousamos discordar. Com efeito, é dificílimo precisar se houve início da execução ou consumação propriamente dita. Se o agente inicia atos com a finalidade de lançar os gases tóxicos e é interrompido, não há crime, porque, em princípio, os atos preparatórios só são puníveis se a lei discriminar expressamente tais atos no tipo. E se ele chega a liberar uma pequena quantidade dessa substância, mas alguém o impede de continuar, das duas uma: ou a conduta é atípica por ausência de *perigo concreto*, pela insuficiência deles no ar, ou o delito está consumado, se o laudo pericial indicar que aquela substância tinha potencial de causar risco à incolumidade pública. E assim por diante. Enfim, a possibilidade de se visualizar separadamente cada ato praticado pelo agente não implica, necessariamente, na existência de tentativa.

Finalmente, para mais detalhes sobre concurso de crimes contra a incolumidade pública e outros delitos, remetemos o leitor aos comentários referentes ao crime do art. 250 do CP (incêndio).

---

57 Comentários ao Código Penal, cit., p. 42.

3.5. Classificação doutrinária

Comum, porque pode ser praticado por qualquer pessoa; **Vago,** pois o sujeito passivo é a coletividade, de forma genérica, com vítima indeterminada; **Doloso**, nas formas do *caput* e do § 1º do art. 250 do CP e **culposo** no caso do respectivo § 2º. **Comissivo**, praticado, em regra, por meio de uma ação, sem prejuízo de responder por omissão imprópria, se o agente era responsável em garantir a não ocorrência do crime (CP, art. 13, § 2º); **De ação única**, porque possui apenas uma conduta descrita no núcleo do tipo penal (expor a perigo). **De ação vinculada,** pois a lei determina que a exposição ao risco só pode ocorrer pelo emprego de dois meios: gás tóxico e/ou gás asfixiante. **Material ou causal**, porque depende da ocorrência das circunstâncias indicadas na lei, no caso, a periclitação à vida, à integridade física ou ao patrimônio de outrem. **De perigo concreto ou não presumido,** porque a existência do perigo deve ser comprovada, principalmente mediante perícia. E como deixa vestígios, é **não transeunte**. **Instantâneo,** porque está consumado a partir do momento em que o agente pratica a conduta descrita no tipo, não se protraindo para o futuro. Haverá, após, exaurimento (*post factum*) do crime. **Unissubjetivo ou de concurso eventual de pessoas**, pois pode ser praticado por um ou mais sujeitos.

3.6. Causas de aumento de pena

O art. 258 do CP dispõe sobre as "formas qualificadas dos crimes de perigo comum", mas, segundo a opinião da doutrina, trata-se de causas de aumento de pena da Parte Especial, uma vez que não são preceitos secundários autônomos e fazem remissão a penas preexistentes.

O referido dispositivo prevê:

> Se do crime doloso de perigo comum resulta lesão corporal de natureza grave, a pena privativa de liberdade é aumentada de metade; se resulta morte, é aplicada em dobro. No caso de culpa, se do fato resulta lesão corporal, a pena aumenta-se de metade; se resulta morte, aplica-se a pena cominada ao homicídio culposo, aumentada de um terço.

Como se observa, esse dispositivo aplica-se a todos os crimes deste Capítulo I, que trata dos crimes de perigo comum (arts. 250 a 257 e 259). Considerando as causas acima transcritas, as penas poderão ser arbitradas nos seguintes termos:

a) quando o crime for preterdoloso: a.1) aplica-se o aumento de metade (1/2) se sobrevier lesão corporal **grave ou gravíssima**, resultando em uma pena de 1 (um) ano e 6 (seis) meses 6 (seis) anos de reclusão; a.2) aumenta-se a pena em dobro se ocorrer morte, ficando em 2 (dois) a 8 (oito) anos de reclusão;

b) quando o crime for **culposo** (crime qualificado pelo resultado **também culposo** – culpa + culpa): b.1) aplica-se o aumento de metade (1/2) se sobrevier **lesão corporal** (leve, média, grave ou gravíssima) cuja pena será de 4 (quatro) meses e 15 (quinze) dias a 1 (um) ano e 6 (seis) meses de detenção; b.2) aplica-se a pena do homicídio culposo aumentada de um terço (1/3), em caso de morte (a pena será arbitrada entre 1 ano e seis meses a quatro anos e seis meses de detenção).

3.7. Infrações penais assemelhadas da legislação específica

3.7.1. Crime do Código Penal Militar

Emprêgo de gás tóxico ou asfixiante

Art. 270. Expor a perigo a vida, a integridade física ou o patrimônio de outrem, em lugar sujeito à Administração militar, usando de gás tóxico ou asfixiante ou prejudicial de qualquer modo à incolumidade da pessoa ou da coisa: Pena – reclusão, até cinco anos. Modalidade culposa Parágrafo único. Se o crime é culposo:

Pena – detenção, de seis meses a dois anos.

Esse crime apresenta três diferenças, além do seu *nomen juris*: a) a elementar do tipo "sujeito à Administração militar"; b) a maior amplitude dos meios utilizados para a sua prática, que não se limita ao gás tóxico ou asfixiante, mas qualquer outro gás que seja prejudicial à incolumidade da pessoa ou da coisa (basta ser venenoso para o organismo humano ou que tenha potencial corrosivo de bens materiais); c) as penas são mais severas: é de 1 a 5 (cinco) anos para a modalidade dolosa[58] (a pena máxima é superior em 1 (um) ano em relação ao art. 252, *caput*, do CP) e de 6 (seis) meses a 2 (dois) anos para a culposa (é o dobro daquela prevista no parágrafo único do art. 252 do CP).

Ressalte-se que o CPM também prevê causas de aumento de pena em decorrência de lesões corporais e morte, para as formas preterdolosas e culposas:

Formas qualificadas pelo resultado

Art. 277. Se do crime doloso de perigo comum resulta, além da vontade do agente, lesão grave, a pena é aumentada de metade; se resulta morte, é aplicada em dôbro. No caso de culpa, se do fato resulta lesão corporal, a pena aumenta-se de metade; se resulta morte, aplica-se a pena cominada ao homicídio culposo, aumentada de um têrço.

Finalmente, importante destacar que o Código Penal Militar prevê um único delito contra a incolumidade pública **em tempo de guerra**, de tipo remetido aos crimes dos arts. 268 a 276 e 278, que se referem aos delitos de perigo comum, puníveis exclusivamente na forma dolosa:

Crimes de perigo comum

Art. 386. Praticar crime de perigo comum definido nos arts. 268 a 276 e 278, na modalidade dolosa:

I – se o fato compromete ou pode comprometer a preparação, a eficiência ou as operações militares;

II – se o fato é praticado em zona de efetivas operações militares e dêle resulta morte: Pena – morte, grau máximo; reclusão, de vinte anos, grau mínimo.

58 Embora o preceito secundário não diga expressamente o mínimo, ele pode ser inferido a partir do art. 58 do CPM: Mínimos e máximos genéricos O mínimo da pena de reclusão é de um ano, e o máximo de trinta anos; o mínimo da pena de detenção é de trinta dias, e o máximo de dez anos.

3.7.2. *Crimes da Lei de Crimes Ambientais (Lei nº 9.605/98)*

> **Art. 54.** Causar poluição de qualquer natureza em níveis tais que resultem ou possam resultar em danos à saúde humana, ou que provoquem a mortandade de animais ou a destruição significativa da fora:
>
> Pena – reclusão, de um a quatro anos, e multa.
>
> § 1º Se o crime é culposo:
>
> Pena – detenção, de seis meses a um ano, e multa.
>
> § 2º Se o crime:
>
> I – tornar uma área, urbana ou rural, imprópria para a ocupação humana;
>
> II – causar poluição atmosférica que provoque a retirada, ainda que momentânea, dos habitantes das áreas afetadas, ou que cause danos diretos à saúde da população;
>
> III – causar poluição hídrica que torne necessária a interrupção do abastecimento público de água de uma comunidade;
>
> IV – dificultar ou impedir o uso público das praias;
>
> V – ocorrer por lançamento de resíduos sólidos, líquidos ou gasosos, ou detritos, óleos ou substâncias oleosas, em desacordo com as exigências estabelecidas em leis ou regulamentos:
>
> Pena – reclusão, de um a cinco anos.

Dois são os tipos assemelhados dos crimes ambientais: 1) o do *caput*, que é crime de ação livre, desde que o meio poluente empregado tenha potencial lesivo à saúde humana ou que provoque morte de animais ou destruição da fora. Nesse caso, a poluição pode ser causada tanto por resíduos sólidos, líquidos ou gasosos. É um perigo em pequena escala, uma vez que, nesse caso, pressupõe a ausência de atividade fiscalizada pela autoridade administrativa. A pena é a mesma do art. 252, *caput*, do CP; 2) as condutas do § 2º do art. 54 da Lei nº 9.605/98, que se referem a uma emissão de poluentes com uma intensidade bem maior, de modo a causar risco à vida humana, e à saúde em grandes proporções. A pena máxima é 1 (um) ano superior a do Código Penal. Aqui o crime é potencialmente mais grave, pois, são utilizados gases tóxicos nos poluentes em larga escala, não só pelo risco que traz ao bioma ameaçado, mas pelo risco que traz ao meio ambiente e à população.

3.7.3. *Crime relativo ao uso de armas químicas*

> Art. 4º Constitui crime:
>
> I – fazer uso de armas químicas ou realizar, no Brasil, atividade que envolva a pesquisa, produção, estocagem, aquisição, transferência, importação ou exportação de armas químicas ou de substâncias químicas abrangidas pela CPAQ com a finalidade de produção de tais armas;
>
> II – contribuir, direta ou indiretamente, por ação ou omissão,para o uso de armas químicas ou para a realização, no Brasil ou no exterior, das atividades arroladas no inciso I:
>
> Pena – reclusão, de 1 (um) a 10 (dez) anos.

Este crime especial foi criado para dar cumprimento às obrigações contraídas na Convenção Internacional sobre a Proibição do Desenvolvimento, Produção, Estocagem e Uso das Armas Químicas e sobre a Destruição das Armas Químicas existentes no mundo (CPAQ), nos termos de seu artigo VII, 1.a. Desse modo, incide em crime qualquer conduta relativa ao uso, pesquisa, produção importação etc. em relação a armas químicas, bem como qualquer contribuição (participação) nesse sentido, considerando que são uns dos mais insidiosos meios de destruição em massa.

Se por um lado a pena máxima de 10 (dez) anos parece ser adequada à gravidade do delito em questão, o mesmo não se pode dizer da sua pena mínima de 1 (um) ano, pois se o agente fizer uso de uma arma química (na hipótese de não haver lesão a outros bens jurídicos), ele terá direito à suspensão condicional do processo, medida despenalizadora que parece incompatível com a necessidade de reprimir e prevenir essa conduta, por meio de tratado internacional.

3.7.4. Contravenção do art. 38 do Decreto-lei nº 3.688/41

> **Art. 38.** Provocar, abusivamente, emissão de fumaça, vapor ou gás, que possa ofender ou molestar alguém:
>
> Pena – multa, de duzentos mil réis a dois contos de réis.

De acordo com Greco[59] e Masson[60], a diferença é que a contravenção penal tem potencial lesivo menor, pois normalmente é um *minus* em relação ao crime (no caso, o uso de gás tóxico).

Expõem que os efeitos da emissão de fumaça, vapor ou gases nocivos à saúde são de longo prazo, ou seja, não é possível quantificar o prejuízo causado à pessoa e, ademais, faz parte da vida urbana conviver com a constante emissão de todos os tipos de poluentes, que certamente trazem todo tipo de doenças crônicas e colaboram para a diminuição da qualidade de vida e para o surgimento de câncer, alergias e, algumas vezes, a morte.

Entretanto, deles discordamos quando dizem que a contravenção é aplicável quando não houver perigo a um número indeterminado de pessoas. É que o delito está contido no Capítulo III da Lei de Contravenções Penais, intitulado "Das contravenções referentes à incolumidade pública", do mesmo modo que o Título VII do Código Penal. A diferença entre crime e contravenção é, sim, de intensidade, mas do meio utilizado e não do grau de generalização do perigo. Em conclusão, se não houver risco à coletividade por meio da provocação abusiva de fumaça vapor ou gás, o fato será manifestamente atípico, se não configurar crime mais grave. Nesse caso, parece mais correto inferir que o agente responderá pelo crime do art. 132 do Código Penal[61], que se refere à integridade individual.

---

59 Curso de Direito Penal, cit., p. 28.

60 Direito Penal esquematizado, cit., p. 244.

61 Perigo para a vida ou saúde de outrem Art. 132 – Expor a vida ou a saúde de outrem a perigo direto e iminente: Pena – detenção, de três meses a um ano, se o fato não constitui crime mais grave.

Aqui, diferentemente, não se pune a emissão de fumaça, vapor ou gás que possa ofender o patrimônio ou outros bens jurídicos, por ausência de previsão legal. E como é uma conduta mais branda, entendemos que a possibilidade de "ofender ou molestar alguém" refere-se à integridade física do homem, apenas.

Convém ressaltar, por fim, que ambas as infrações penais pressupõem a existência de um perigo concreto à incolumidade pública, diferindo apenas quanto à intensidade do risco decorrente do gás utilizado.

3.8. Potencialidade ofensiva

Inicialmente, nota-se que a exposição a perigo pelo uso de gás tóxico ou asfixiante na sua forma simples **é crime de médio potencial ofensivo**, possibilitando apenas a suspensão condicional do processo, uma vez que a sua pena mínima não ultrapassa 1 (um) ano. Por outro lado, incabível a transação penal porque a pena máxima cominada é superior a 2 (dois) anos, conforme se vê dos arts. 61 e 89 da Lei nº 9.099/95[62].

Nas suas formas preterdolosas (art. 258 do CP), **é de alto potencial ofensivo**. É que a pena prevista no art. 252, *caput*, do CP, é de 1 (um) a 4 (quatro) anos de reclusão, razão pela qual não cabe transação penal e suspensão condicional do processo, porque pressupõem, respectivamente, pena máxima não superior a 2 (dois) anos e pena mínima não superior a 1 (um) ano.

Porém, na modalidade culposa (art. 252, parágrafo único, do CP), praticada na sua forma simples (sem aumentos de pena), **é crime de menor potencial ofensivo**, porque a pena prevista é de 3 (três) meses a 1 (um) ano de detenção, ensejando a transação penal (aplicação imediata de pena restritiva de direitos ou multas sem outros efeitos penais), pois sua pena máxima não ultrapassa 2 (dois) anos. E o mesmo se dará em caso de **lesão corporal** (leve, grave ou gravíssima), pois o art. 258 diz que a pena máxima sofrerá um aumento de metade, e ainda assim estará abaixo do limite legal de 2 (dois) anos (Lei nº 9.099/95, art. 61). Por fim, **não se admitirá transação penal ou suspensão condicional se resultar morte**, porque o art. 258 determina que seja aplicada, nesse caso, a pena do homicídio culposo (cominada em 1 a 3 anos de detenção) aumentada de 1/3 (um terço), como causa especial de aumento. O legislador considerou que a morte causada em uma situação de perigo provocada pelo sujeito

---

Parágrafo único. A pena é aumentada de um sexto a um terço se a exposição da vida ou da saúde de outrem a perigo decorre do transporte de pessoas para a prestação de serviços em estabelecimentos de qualquer natureza, em desacordo com as normas legais.

62 Art. 61. Consideram-se infrações penais de menor potencial ofensivo, para os efeitos desta Lei, as contravenções penais e os crimes a que a lei comine pena máxima não superior a 2 (dois) anos, cumulada ou não com multa.

Art. 89. Nos crimes em que a pena mínima cominada for igual ou inferior a um ano, abrangidas ou não por esta Lei, o Ministério Público, ao oferecer a denúncia, poderá propor a suspensão do processo, por dois a quatro anos, desde que o acusado não esteja sendo processado ou não tenha sido condenado por outro crime, presentes os demais requisitos que autorizariam a suspensão condicional da pena (art. 77 do Código Penal).

ativo é de elevado potencial ofensivo, pois a pena mínima ficará superior a 1 (um) ano de reclusão, ou seja, 1 (um) ano e 4 (quatro) meses a 4 (quatro) anos de reclusão.

3.9. Ação penal e competência do juízo

A ação penal é pública incondicionada, uma vez que o Código não exige iniciativa privativa do ofendido, representação ou requisição do Ministro da Justiça (CP, art. 100). De fato, o condicionamento da ação penal nos crimes previstos no Título VII, parece ser incompatível com a proteção do interesse público relativo à tutela judicial da incolumidade pública em geral.

A competência será, em regra, da Justiça Estadual, a não ser que os gases tóxicos ou asfixiantes causem prejuízo a bens, serviços ou interesses da União, de suas entidades autárquicas, de suas empresas públicas ou que venha a ocorrer em navios ou aeronaves (ressalvada a competência da Justiça Militar), nos termos do art. 109, IV e IX, CF[63]. Assim, por exemplo, é o precedente do Superior Tribunal de Justiça:

> CONFLITO DE COMPETÊNCIA. PORTE DE ARTEFATO EXPLOSIVO.INEXISTÊNCIA DE LESÃO A BENS, SERVIÇOS OU INTERESSES DA UNIÃO E DE CRIME CONTRA A SEGURANÇA NACIONAL. COMPETÊNCIA DA JUSTIÇA COMUM ESTADUAL. I - O porte de artefato explosivo não enseja a competência federal, face à inexistência de lesão a bens, serviços ou interesses da União, não se configurando, também, como crime contra a segurança nacional se a motivação não tinha natureza política. II - Restando evidenciado o delito do art. 253 do CP, sobressai a competência da Justiça Comum Estadual. III - Conflito conhecido para declarar a competência do Juízo de Direito da 2ª Vara Criminal da Comarca de Duque de Caxias-RJ.(CC 21.227/RJ, Rel. Ministro GILSON DIPP, TERCEIRA SEÇÃO, julgado em 16/12/1998, DJ 17/02/1999, p. 116)

No mais, quanto à possibilidade de competência da Justiça Federal pela presença de interesses indígenas, ver este mesmo tópico relacionado ao crime de incêndio – art. 250 do CP.

4. FABRICO, FORNECIMENTO, AQUISIÇÃO, POSSE OU TRANSPORTE DE EXPLOSIVOS OU GÁS TÓXICO, OU ASFIXIANTE

⊙ **Fabrico, fornecimento, aquisição, posse ou transporte de explosivos ou gás tóxico, ou asfixiante**

Art. 253. Fabricar, fornecer, adquirir, possuir ou transportar, sem licença da autoridade, substância ou engenho explosivo, gás tóxico ou asfixiante, ou material destinado à sua fabricação:

Pena – detenção, de seis meses a dois anos, e multa.

---

63 Art. 109. Aos juízes federais compete processar e julgar: (...) IV – os crimes políticos e as infrações penais praticadas em detrimento de bens, serviços ou interesse da União ou de suas entidades autárquicas ou empresas públicas, excluídas as contravenções e ressalvada a competência da Justiça Militar e da Justiça Eleitoral; (...) IX – os crimes cometidos a bordo de navios ou aeronaves, ressalvada a competência da Justiça Militar.

4.1. Bem jurídico protegido e objeto material do crime

O bem jurídico protegido é a incolumidade pública. O objeto material do delito é a substância, engenho explosivo, gás tóxico ou asfixiante, ou, ainda, materiais destinados à fabricação delas.

4.2. Tipo penal objetivo e tipo penal subjetivo

Vários são os núcleos do tipo penal, cinco no total: fabricar, fornecer, adquirir, possuir ou transportar. Na definição de Hungria[64]:

> (...) ***Fabricar*** é elaborar, por meio mecânico ou químico, mediante transformação ou combinação de matérias, um produto destinado a fim prático. Na modalidade de "fabrico", o crime se consuma desde que o processo elaborativo esteja em curso, pouco importando que o produto não possa ainda ocasionar o efeito que lhe é próprio (Manzini). Tal entendimento tanto mais se impõe quanto a lei equipara à fabricação do explosivo ou gás a precedente fabricação do material destinado àquela. ***Fornecer*** é entregar a outrem o produto, a título gratuito ou oneroso. ***Adquirir*** é obter o explosivo ou gás onerosa ou gratuitamente (compra e venda, troca, doação, empréstimo), pouco importando que ainda não tenha havido a *traditio* da *res*. ***Possuir*** é ter a coisa sob sua guarda ou à sua disposição, seja consigo mesmo ou em sua casa, ou alhures. ***Transportar***, finalmente, é a condução ou remoção do produto de um lugar para outro, por contra própria ou alheia (...)

Aqui há um elemento normativo do tipo especial: "sem licença da autoridade", a qual, segundo Bitencourt[65], refere a uma causa de justificação, que, uma vez presente, exclui a tipicidade. Se o autor do delito desconhece a necessidade de tal licença, haverá erro de tipo. E se a possuir, o fato será lícito, pois agirá em exercício regular de direito.

Note-se o entendimento de Masson[66], para quem esse elemento normativo do tipo classifica o crime como **norma penal em branco heterogênea**, pois "a conduta criminosa reclama complementação por ato da Administração Pública, ente legitimado a conceder ou não licença (...)".

Não estamos de acordo. Só existe norma penal em branco se o próprio tipo, tácita ou expressamente, remeter a sua complementação a outra norma de grau inferior. Portanto, os tipos abertos ou vagos, como é o caso, não necessitam de nenhum adendo. O que ocorre é que a autoridade administrativa verificará em concreto se o particular cumpre os requisitos já previstos em lei ou em ato administrativo para exercer a sua atividade.

Nesse exato sentido, escreve Paulo Queiroz[67]:

> (...) De todo modo, só há autêntica lei penal em branco quando o tipo legal de crime, apesar de descrever a ação típica com seus elementos essenciais (objetivos,

---

64 Comentários ao Código Penal, cit., p. 44.

65 Tratado de Direito Penal, cit., p. 256.

66 Direito Penal esquematizado, cit., p. 246.

67 QUEIROZ, Paulo. Direito Penal. Parte Geral. Vol. 1. 10ª Edição, revista, ampliada e atualizada. Salvador: Juspodivm, 2014, p. 79.

subjetivos ou normativos) e cominar a respectiva pena, remeter, expressa ou tacitamente, a complementação do preceito primário incriminador a uma norma de mesmo grau hierárquico (homogênea) ou de grau inferior (heterogênea). Há autores que restringem ainda mais esse conceito, entendendo que não se pode considerar como lei penal em branco aquelas normas que remetem a sua complementação a uma norma de mesmo nível hierárquico.

Exatamente por isso, não são leis penais em branco os tipos ditos abertos, em virtude da vagueza da descrição de seus termos (*v.g.*, culposos), nem tampouco os que simplesmente recorrem a elementos normativos, como, por exemplo, o "sem licença ou autorização da autoridade competente", ou o "em desacordo com a lei" etc., presentes em muitos tipos penais, inclusive em tipos penais em branco, como a lei de droga, a demonstrar que, apesar da distinção que se deve fazer, tais classificações não são incompatíveis entre si, podendo a lei penal ser simultaneamente em branco e aberto.

Finalmente, "material destinado à sua fabricação" é todo aquele voltado para a confecção de explosivos, gases tóxicos ou asfixiantes. Aqui, independe de o material ter potencial para causar reações, como a pólvora, por exemplo. Qualquer componente químico, ainda que seja inofensivo, pode ser objeto material do delito, desde que ele esteja sujeito à fiscalização da autoridade competente.

4.3. Sujeito ativo e sujeito passivo

Qualquer pessoa pode ser sujeito ativo dos crimes do art. 253 do CP, pois o tipo penal não exige uma condição especial para praticá-lo.

O sujeito passivo é a coletividade, já que estamos tratando de crime contra a incolumidade pública, sendo, pois, um crime vago, ou seja, a sua tutela é de um número indeterminado de pessoas, e é nesse sentido que deverá estar contido o plano mental do agente; caso contrário, deverá responder por outro crime (homicídio, lesão corporal etc.).

4.4. Classificação doutrinária

Comum, porque pode ser praticado por qualquer pessoa; **Vago,** pois o sujeito passivo é a coletividade, de forma genérica, com vítima indeterminada; **Doloso**, exclusivamente. **Comissivo**, praticado, em regra, por meio de uma ação, sem prejuízo de responder por omissão imprópria, se o agente era responsável em garantir a não ocorrência do crime (CP, art. 13, § 2º); **De ação múltipla**, porque possui cinco condutas que viabilizam a consumação (fabricar, fornecer, adquirir, possuir e transportar). **De ação livre,** pois pode ser praticado por qualquer meio, ainda que não previsto pelo legislador. **Formal ou de consumação antecipada**, porque não depende necessariamente da ocorrência de efetiva lesão à vida, à integridade física ou ao patrimônio de outrem, bastando a periclitação. **De perigo abstrato** (doutrina majoritária) porque o perigo é presumido de forma absoluta (*juris et de jure*) de modo que não é necessário exame pericial para comprová-lo. Em sentido contrário, Greco[68] entende que o crime

68 Curso de Direito Penal, cit., p. 33.

é de perigo concreto. E como deixa vestígios, é **não transeunte**. **Instantâneo,** porque está consumado a partir do momento em que o agente pratica a conduta descrita no tipo, não se protraindo para o futuro. Haverá, após, exaurimento (*post factum*) do crime. **Unissubjetivo ou de concurso eventual de pessoas**, pois pode ser praticado por um ou mais sujeitos. **Obstáculo**, porque o tipo penal visa especialmente à criminalização de atos preparatórios de outros crimes, no caso, dos arts. 251 e 252 do Código Penal (explosão, arremesso e colocação de explosivo, e uso de gás tóxico ou asfixiante).

4.5. Consumação e tentativa

O crime se consuma com a só prática da fabricação, fornecimento, aquisição, posse e transporte de substância ou engenho explosivo, gás tóxico ou asfixiante, ou material destinado à sua fabricação, sem licença da autoridade competente. Conforme dito antes, quanto à fabricação, a consumação ocorre desde quando a produção estava em curso, independentemente se a substância não chegou a ser confeccionada, pois a atividade é irregular. A aquisição e o fornecimento desses materiais podem ser tanto a título gratuito quanto oneroso, pois a lei quer coibir a circulação ilegal de materiais que possam produzir engenhos perigosos. Finalmente, a posse e o transporte são puníveis independentemente de esses substratos estarem ou não com o autor do delito. Ele será possuidor mesmo que estejam guardados em sua casa, do mesmo modo que será transportador se alguém o faz por sua determinação, mediante pagamento ou não.

Com isso concluímos que o crime **é de perigo abstrato ou presumido**, pois se o art. 253 do CP criminalizou diversos atos preparatórios dos crimes de explosão (CP, art. 251) e de uso de gás tóxico ou asfixiante (art. 252) é porque já os considera arriscados à incolumidade pública antecipadamente. É, por isso, classificado como **crime obstáculo**.

Se em um mesmo contexto fático o agente fabrica e logo após o fornece ou o guarda consigo, embora tenha praticado duas condutas do tipo, responderá por um só crime, pois, caso contrário, ocorreria *bis in idem*, ou seja, o agente seria punido duas vezes pelo mesmo ato delituoso. É, pois, **tipo misto alternativo, de ação múltipla ou de conteúdo variado.**

Nesse exato sentido, escreve Hungria[69]:

> (...) Diversamente do que ocorre com os crimes de perigo comum em geral, não é necessária, aqui, a efetiva superveniência do *eventos periculi*: basta a possibilidade, que a lei presume *juris et de jure*, de perigo comum (ainda que remoto). Trata-se de um ato preparatório, que o legislador entendeu de bom aviso erigir em crime *sui generis* ou *per sè stante*. Seu conteúdo de fato é variado (*Mischtatbestand*), mas o crime não deixa de ser único quando o mesmo agente pratica mais de um dos atos previstos no texto legal (crime progressivo). (...)

69 Comentários ao Código Penal, cit., p. 44.

Finalmente, a tentativa é inadmissível, segundo opinião da doutrina majoritária, pois a criminalização e tipificação da conduta estão nos atos preparatórios, anteriores ao início da execução. Só resta impunível, então, a simples cogitação. Em sentido contrário, Greco[70] e Bitencourt[71] entendem que a tentativa é possível ao menos teoricamente, porque o *iter criminis* é fracionável. Filiamo-nos à primeira corrente, porque o fracionamento ou não dos atos não implica, por si só, a possibilidade de distinção entre atos preparatórios e atos de execução. *Mutatis mutandis*, com maior razão não há falar de tentativa na infração penal em questão, pois é ainda mais difícil imaginar a realização de "atos preparatórios de atos preparatórios". É mais lógico, portanto, pensar que ou o fato é impunível, por estar ainda na esfera de pensamento do agente (ex.: o agente quer fabricar explosivo, mas não chega a adquirir o produto ilegalmente, já que por circunstâncias alheias a sua vontade, não foi entregue no endereço correto), ou o crime está consumado (nesse mesmo exemplo, se ele recebe o material, incide na prática de aquisição e posse).

4.6. Causas de aumento de pena

O art. 258 do CP dispõe sobre as "formas qualificadas dos crimes de perigo comum", mas, segundo a opinião da doutrina, trata-se de causas de aumento de pena da Parte Especial, uma vez que não são preceitos secundários autônomos e fazem remissão a penas preexistentes.

O referido dispositivo prevê:

> Se do crime doloso de perigo comum resulta lesão corporal de natureza grave, a pena privativa de liberdade é aumentada de metade; se resulta morte, é aplicada em dobro. No caso de culpa, se do fato resulta lesão corporal, a pena aumenta-se de metade; se resulta morte, aplica-se a pena cominada ao homicídio culposo, aumentada de um terço.

Como se vê, esse dispositivo aplica-se a todos os crimes deste Capítulo I, que trata dos crimes de perigo comum (arts. 250 a 257 e 259). Considerando as causas acima transcritas, as penas poderão ser arbitradas nos seguintes termos, apenas no caso de preterdolo (não existe, como vimos, modalidade culposa): a) aplica-se o aumento de metade (1/2) se sobrevier lesão corporal **grave ou gravíssima**, resultando em uma pena de 9 (nove) meses a 3 (três) anos de reclusão; b) aumenta-se a pena em dobro se ocorrer morte, ficando de 1 (um) a 4 (quatro) anos de reclusão.

4.7. Infrações penais assemelhadas da legislação específica

4.7.1. Crime da Lei da Segurança Nacional (LSN – Lei nº 7.170/83)

> **Art. 12.** Importar ou introduzir, no território nacional, por qualquer forma, sem autorização da autoridade federal competente, armamento ou material militar privativo das Forças Armadas.

70 Curso de Direito Penal, cit., p. 34.

71 Tratado de Direito Penal, cit., p. 256.

Pena: reclusão, de 3 a 10 anos.

Parágrafo único – Na mesma pena incorre quem, sem autorização legal, fabrica, vende, transporta, recebe, oculta, mantém em depósito ou distribui o armamento ou material militar de que trata este artigo.

Não existe crime assemelhado no Código Penal Militar, mas a LSN fez a previsão. Aqui estão incluídos os atos de importar, introduzir e ocultar em território nacional, além da fabricação venda/distribuição, transporte e recebimento (aquisição), análogos àqueles previstos no art. 253 do CP. Note-se que somente a autoridade federal é competente para a autorização relativa a material ou armamento militar. De acordo com o art. 11 do Decreto nº 5.123/04[72], que regulamentou a Lei nº 10.826/03, essa autoridade é o Comando do Exército.

A pena é bem maior, de 3 (três) a 10 (dez) anos de **reclusão**, em comparação com o delito do Código penal (cuja pena é de 6 meses a 2 anos de **detenção**). Ademais, **o agente incide nesse delito pela simples prática dessas condutas**, já que o tipo não exige nenhum ânimo específico de subversão à ordem democrática ou de fomento à organização paramilitares etc., embora esse elemento subjetivo esteja presente em vários outros[73][74].

Finalmente, importante destacar que o Código Penal Militar prevê um único delito contra a incolumidade pública **em tempo de guerra**, de tipo remetido aos crimes dos arts. 268 a 276 e 278, que se referem aos delitos de perigo comum, puníveis exclusivamente na forma dolosa:

Crimes de perigo comum

Art. 386. Praticar crime de perigo comum definido nos arts. 268 a 276 e 278, na modalidade dolosa:

I – se o fato compromete ou pode comprometer a preparação, a eficiência ou as operações militares;

II – se o fato é praticado em zona de efetivas operações militares e dêle resulta morte: Pena – morte, grau máximo; reclusão, de vinte anos, grau mínimo.

4.7.2. Crime do Estatuto do Desarmamento (Lei nº 10.826/2003)

Posse ou porte ilegal de arma de fogo de uso restrito Art. 16. Possuir, deter, portar, adquirir, fornecer, receber, ter em depósito, transportar, ceder, ainda que gratuitamente, emprestar, remeter, empregar, manter sob sua guarda ou ocultar

72 Art. 11. Arma de fogo de uso restrito é aquela de uso exclusivo das Forças Armadas, de instituições de segurança pública e de pessoas físicas e jurídicas habilitadas, devidamente autorizadas pelo Comando do Exército, de acordo com legislação específica.

73 De acordo com Nelson Hungria (1959, p. 45), "o crime subsistirá mesmo quando não haja intenção subversiva."

74 Em sentido contrário, Magalhães Noronha (2003, p. 338) afirma que é necessário um escopo especial, no sentido de atentar contra o regime política ou a ordem social para que se configure o crime do art. 12 da Lei da Segurança Nacional.

> arma de fogo, acessório ou munição de uso proibido ou restrito, sem autorização e em desacordo com determinação legal ou regulamentar:
>
> Pena – reclusão, de 3 (três) a 6 (seis) anos, e multa.
>
> § 1º . Nas mesmas penas incorre quem:
>
> (...)
>
> III – possuir, detiver, fabricar ou empregar **artefato explosivo** ou incendiário, sem autorização ou em desacordo com determinação legal ou regulamentar:
>
> (...)
>
> V – vender, entregar ou fornecer, ainda que gratuitamente, arma de fogo, acessório, munição ou explosivo a criança ou adolescente; e
>
> VI – produzir, recarregar ou reciclar, sem autorização legal, ou adulterar, de qualquer forma, munição ou explosivo.

Da simples leitura do dispositivo, vê-se que ele tratou de um dos objetos materiais do art. 253 do CP, qual seja, o **engenho explosivo.** Isso fez surgir certa controvérsia doutrinária sobre a revogação tácita ou não da infração do Código Penal, total ou parcialmente. Há duas correntes:

1) houve revogação tácita parcial em relação aos núcleos fabricar e possuir substância ou engenho explosivo, devendo-se aplicar integralmente o crime do parágrafo único do art. 16 do Estatuto do Desarmamento[75];

2) houve revogação total do art. 253 do CP (quanto ao artefato explosivo), entendendo que o fornecimento ou transporte de materiais explosivos pressupõem também a aquisição, a posse ou a detenção deles em algum momento[76].

Concordamos em parte com a primeira corrente. É que a revogação tácita e parcial só ocorreu em relação ao fabrico, aquisição e posse de engenho/artefato explosivo, uma vez que a Lei nº 10.826/03 não criminalizou as condutas de fornecer (vender) e transportar no inciso III do § 1º do art. 16.

Aliás, convém destacar que a **produção de substância explosiva** foi tratada no inciso VI, e não no inciso III. No mais, o Código Penal permanece incólume quanto ao fornecimento, aquisição posse ou transporte dessa substância.

E não houve revogação quanto às demais substâncias destinadas à sua fabricação, por ausência de previsão legal no particular. Discordamos, ainda, de Fernando Capez, porque, embora seja lógico pensar que a fabricação de artefato explosivo, por exemplo, depende de posse ou detenção dos materiais que o compõem, faz sentido que todas essas condutas sejam previstas separadamente. É que cada uma delas depende de demonstração no caso concreto, se se pretende uma condenação. Ora, se no curso do processo penal ficou provado o transporte (que pode ser realizado sem a posse ou detenção se for a mando de um terceiro), não se pode condenar o réu também pela posse, detenção e aquisição, sob pena de responsabilidade penal objetiva.

75 É o entendimento de autores como Rogério Greco (Curso de Direito Penal, cit., p. 36).

76 Assim o lecionam autores como Fernando Capez (Estatuto do Desarmamento, cit., p. 132-3).

Sobre o inciso V, temos que ele revogou (tacitamente) todo o delito previsto antes no art. 242 do Estatuto da Criança e do Adolescente, como se observa mediante simples comparação: *"Art.242. Vender, fornecer ainda que gratuitamente ou entregar, de qualquer forma, a criança ou adolescente arma, munição ou explosivo: Pena – reclusão, de 3 (três) a 6 (seis) anos. (Redação dada pela Lei nº 10.764, de 12.11.2003)"*. Ou seja, pouco adiantou a Lei nº 10.764/03 aumentar a pena no ECA, pois logo em seguida a Lei nº 10.826/03 veio para dispor integralmente a matéria, cominando inclusive pena mais grave, ocorrendo, pois, *novatio legis in pejus*.

4.7.3. Crime do Estatuto da Criança e do Adolescente (ECA – Lei nº 8.069/90)

> **Art. 244.** Vender, fornecer ainda que gratuitamente ou entregar, de qualquer forma, a criança ou adolescente fogos de estampido ou de artifício, exceto aqueles que, pelo seu reduzido potencial, sejam incapazes de provocar qualquer dano físico em caso de utilização indevida: Pena – detenção de seis meses a dois anos, e multa.

O ECA possui ainda um crime autônomo de menor potencial ofensivo, em razão do reduzido grau de periculosidade do artefato explosivo (fogo de estampido ou de artifício), quando for vendido, entregue ou fornecido a criança ou adolescente. Aqui também é pressuposto que tais aparatos sejam capazes de causar dano à integridade física. Embora esteja em uma legislação de proteção especial aos menores, o presente crime é subsidiário, portanto.

4.7.4. Crimes relativos a atividades nucleares (Lei nº 6.453/77)

> **Art. 22.** Possuir, adquirir, transferir, transportar, guardar ou trazer consigo material nuclear, sem a necessária autorização.
>
> Pena: reclusão, de dois a seis anos.
>
> **Art. 26.** Deixar de observar as normas de segurança ou de proteção relativas à instalação nuclear ou ao uso, transporte, posse e guarda de material nuclear, expondo a perigo a vida, a integridade física ou o patrimônio de outrem.
>
> Pena: reclusão, de dois a oito anos.

De forma semelhante ao artigo 253 do CP, as condutas de possuir, adquirir, transferir (fornecer), guardar ou trazer consigo (possuir) e transportar foram criminalizadas quando se refere a material nuclear, sem autorização. É que a manipulação de elementos nucleares é atividade de interesse nacional, mas também oferece grande risco à coletividade, se comparada com explosivos, gases tóxicos etc., razão pela qual a pena cominada é muito maior: de 2 a 6 anos **de reclusão**. Também é crime de perigo abstrato ou presumido.

E no outro artigo, o transporte, uso, posse e guarda do material nuclear é em princípio lícita, sendo punida apenas quando a pessoa autorizada deixa de observar normas de segurança ou de proteção, sendo essa conduta ainda mais grave pelo fato de que pode resultar periclitação à vida não só das pessoas que estão na instalação, mas também da população local. Só que nesse caso (art. 26 da Lei nº 6.453/77), ao contrário do art. 22, o perigo deve ser comprovado, já que deve haver exposição ao risco à vida, integridade física ou patrimônio de outrem.

4.8. Potencialidade ofensiva

Inicialmente, o delito do art. 253 do CP, na sua forma simples, é de **menor potencial ofensivo**, porque a pena prevista é de 6 (seis) meses a 2 (dois) anos de detenção, ensejando a transação penal (aplicação imediata de pena restritiva de direitos ou multas sem outros efeitos penais), pois sua pena máxima não ultrapassa 2 (dois) anos de acordo com os arts. 61 c/c 76 da Lei nº 9.099/95 (Lei dos Juizados Especiais).

Já as formas preterdolosas que resultem em lesão corporal grave e mortes, aumentadas, respectivamente, de ½ (metade) e em dobro, serão de **médio potencial ofensivo**. É que ambas as penas mínimas não ultrapassarão a 1 (um) ano, cabendo, portanto, a suspensão condicional do processo (*sursis* processual), de acordo com o art. 89 da Lei nº 9.099/95, conforme dito anteriormente.

4.9. Ação penal e competência do juízo

A ação penal é pública incondicionada, uma vez que o Código não exige iniciativa privativa do ofendido, representação ou requisição do Ministro da Justiça (CP, art. 100). De fato, o condicionamento da ação penal nos crimes previstos no Título VII, parece ser incompatível com a proteção do interesse público relativo à tutela judicial da incolumidade pública em geral.

A competência será da Justiça Estadual, especialmente porque o fabrico, fornecimento aquisição, posse e transporte dos materiais indicados no tipo não causam risco ou prejuízo a bens, serviços ou interesses da União, de suas entidades autárquicas de suas empresas públicas. Podemos imaginar um exemplo de competência da Justiça Federal, quando tais condutas forem praticadas a bordo de navio ou aeronaves, nos termos do art. 109, IX, CF[77].

5. INUNDAÇÃO

⊙ **Inundação**

Art. 254. Causar inundação, expondo a perigo a vida, a integridade física ou o patrimônio de outrem:

Pena – reclusão, de três a seis anos, e multa, no caso de dolo, ou detenção, de seis meses a dois anos, no caso de culpa.

5.1. Bem jurídico protegido e objeto material do crime

O bem jurídico protegido mediato é a incolumidade pública e o imediato é segurança das pessoas que estejam presentes na ocasião de inundação. O objeto material do delito é a grande quantidade de água, desviada ou liberada, que seja suficiente para causar perigo à incolumidade pública.

77 Art. 109. Aos juízes federais compete processar e julgar: (...) IX – os crimes cometidos a bordo de navios ou aeronaves, ressalvada a competência da Justiça Militar.

De acordo com Noronha[78], o crime de inundação foi tipificado até o Código Penal de 1980. O Código Criminal do Império de 1830 apenas o considerava como circunstância agravante no seu art. 16[79] e como qualificadora do homicídio, no seu art. 192. Acrescentamos que, à semelhança do incêndio, também era escusa absolutória do crime de "entrada em casa alheia" (art. 209[80]). Narra que o CP/1890 o definiu, no seu art. 142, como "Causar inundação da propriedade alheia ou expô-la a esse ou outro perigo, abrindo comportas, rompendo represas, açudes, aquedutos ou destruindo diques ou qualquer obra de defesa comum". Havia dois problemas com esse delito: equiparava a inundação ao perigo de inundação e mencionava os meios de execução, dando a entender que o rol de condutas era taxativo, limitando injustificavelmente a incidência do tipo. É dizer, ainda, que esse crime é exatamente o mesmo daquele previsto no art. 11 da Lei nº 3.311/1886, que inicialmente autonomizou os crimes contra a incolumidade pública, após as Ordenações Filipinas.

O Código Penal vigente acabou por tornar o tipo mais abrangente, especialmente pelo fato de suprimir o termo *alheia*, possibilitando que o agente venha a responder por inundação ainda que venha a destruir coisa própria, se disso sobrevier periclitação à coletividade. Ademais, criou um tipo penal específico para a conduta perigosa tendente a causar inundação, prevista no art. 255 do CP.

5.2. Tipo penal objetivo e tipo penal subjetivo

O núcleo do tipo penal objetivo é "causar incêndio". Segundo o Dicionário Houaiss de Língua Portuguesa, **causar** significa motivar, originar, produzir. Já **inundação** significa "grande alagamento ou fluidez no volume de águas, em consequência de chuvas, subida de maré etc.; enchente, cheia; grande afluência ou abundância". **Expor a perigo** é um termo enfático, uma vez que um dos sentidos do verbo "expor" é justamente "colocar em perigo, arriscar", em duas de suas transitividades verbais.

Por sua vez, o "**perigo**" é "circunstância que prenuncia um mal para alguém ou para alguma coisa" ou mesmo "estado ou situação que inspira cuidado; gravidade". Existe um sentido jurídico indicado para essa palavra: "perigo presente, que já começou a produzir dano ou que inevitavelmente o produzirá".

Logo, se, por exemplo, o sujeito der causa a um derramamento de grande quantidade de água, apta a causar dano à vida, integridade física ou patrimônio alheio, por qualquer meio (desviando grandes cursos de água, rompendo diques ou represas etc.),

78 Direito Penal, cit., p. 339.

79 Art. 16. São circumstancias agravantes: (...) 2º Ter o delinquente commettido o crime com veneno, incendio, ou inundação. (...).

80 Art. 209. Entrar na casa alheia de noite, sem consentimento de quem nella morar. Penas – de prisão por dous a seis mezes, e multa correspondente á metade do tempo. Não terá porém lugar a pena: 1º No caso de incendio, ou ruina actual da casa, ou das immediatas. 2º No caso de inundação. 3º No caso de ser de dentro pedido soccorro. 4º No caso de se estar alli commettendo algum crime de violencia contra pessoa.

consumará o crime. Conforme Manzini[81], em regra o alagamento deverá ao correr com abundância e ímpeto. Mas também será tipificado se a invasão das águas for lenta, mas constante, de forma instantânea ou continuada, em lugar não destinado a elas, constituindo perigo para a população do lugar ou para um número indeterminado de pessoas. Caso não exista essa situação de risco coletivo, poderá haver responsabilidade penal pela prática do crime do art. 132 do Código Penal[82], crime expressamente subsidiário de perigo individual.

O **tipo subjetivo é o dolo**, ou seja, vontade e consciência dirigidas a provocar perigo à vida, à integridade física ou ao patrimônio. Então, a depender do plano mental do agente, poderão ocorrer outras infrações penais se ele não visar à periclitação desses bens jurídicos.

Sobre a possibilidade do concurso entre o crime de inundação e outros crimes, sejam eles referentes a outros bens jurídicos ou não, ver nossos comentários sobre o crime de incêndio.

Ressalte-se, ainda, que, não havendo perigo comum, se a finalidade for de auferir vantagem patrimonial, responderá pelo crime de usurpação de águas (art. 161, § 1º, I, CP). Se quiser destruir coisa alheia, incidirá nas penas pela prática de dano (art. 163 do CP). Nelson Hungria[83] afirma, ainda, que se o objetivo do agente for de **devastar** por meio da inundação efetiva, haverá crime da Lei de Segurança Nacional.

Modalidade culposa – o Código Penal, neste caso, previu a forma culposa na segunda parte do preceito secundário do tipo, ao dizer que a pena é "(...) de 6 (seis) meses a 2 (dois) anos no caso de culpa (...)". Assim, o agente responderá por uma pena bem menor quando causar inundação sem observar um dever objetivo de cuidado, a título de negligência, imprudência ou imperícia. O resultado perigoso, necessariamente, deve ser previsível, sob pena de se configurar responsabilidade penal objetiva (vedação do *versari in re illicita*).

5.3. Sujeito ativo e sujeito passivo

Qualquer pessoa pode ser sujeito ativo dos crimes do art. 254 do CP, pois o tipo penal não exige uma condição especial para praticá-lo, bastando que cause inundação com o fim de expor a perigo a vida, a integridade física ou o patrimônio de outrem.

O sujeito passivo é a coletividade, já que estamos tratando de crime contra a incolumidade pública, sendo, pois, um crime vago, ou seja, a sua tutela é de um número indeterminado de pessoas, e é nesse sentido que deverá estar contido o plano mental

81 MANZINI apud NORONHA, Direito Penal, cit., p. 340.

82 Perigo para a vida ou saúde de outrem Art. 132 – Expor a vida ou a saúde de outrem a perigo direto e iminente: Pena – detenção, de três meses a um ano, se o fato não constitui crime mais grave. Parágrafo único. A pena é aumentada de um sexto a um terço se a exposição da vida ou da saúde de outrem a perigo decorre do transporte de pessoas para a prestação de serviços em estabelecimentos de qualquer natureza, em desacordo com as normas legais. (Incluído pela Lei nº 9.777, de 29.12.1998).

83 Comentários ao Código Penal, cit., p. 49.

do agente; caso contrário, deverá responder por outro crime (homicídio, lesão corporal etc.). Apesar disso, será possível identificar a existência de vítimas determinadas que estiverem presentes no local da inundação.

5.4. Consumação e tentativa

Para que seja configurada, a inundação deve, necessariamente, causar perigo concreto à incolumidade pública, não bastando a só potencialidade de risco. É imprescindível a realização de perícia, uma vez que o crime deixa vestígios (crime não transeunte), o art.

158 do Código de Processo Penal exige exame de corpo de delito para sua comprovação. Também assim é o respectivo art. 175 do CPP: "Serão sujeitos a exame os instrumentos empregados para a prática da infração, a fim de se lhes verificar a natureza e a eficiência."

O crime se consuma no exato momento do surgimento do perigo à vida, integridade física ou patrimônio alheios, causado pela invasão das águas. Todos os atos posteriores estarão na fase de exaurimento da inundação (*post factum*), sendo perfeitamente possível o concurso formal impróprio com outros crimes, se o dolo do agente abrangia tanto o risco à coletividade quanto ao desejo de matar, lesionar, danificar e assim por diante. Logo, **é crime instantâneo**, embora os efeitos da inundação possam ter efeitos permanentes.

Como já adiantamos, não é qualquer deslocamento de água que caracterizará a inundação, seja ele causado por ação ou por omissão. Com efeito, segundo Noronha[84]:

> (...) Requisitos da inundação são a quantidade das águas e o perigo por elas causado. Com efeito, não é qualquer extravasamento que será inundação. A mudança do curso de um minúsculo arroio não produzirá a inundação que a lei aqui pune. É que o *ratio* desta é a incolumidade pública, sendo, pois, imprescindível que a inundação acarrete perigo para a coletividade, elemento expressamente exigido pelo tipo – "...expondo a perigo...".

Consequentemente, é necessário o perigo comum, o que importa certa magnitude da inundação, circunstância a ser apurada no caso, já que se trata de crime de perigo concreto.

Temos até aqui nos referido à ação do agente. Cremos, porém, que o delito também se dará por *omissão*. Se alguém involuntariamente abre uma brecha em um dique e não a repara ou não envida os esforços necessários para tapá-la, porém, mantém-se inativo, já agora tendo o desígnio de inundar, sua omissão é criminosa. (...)

O crime é de perigo concreto[85], portanto. Não há falar de crime consumado ou tentado se em momento algum houve risco à segurança da coletividade, ou seja, de

---

84 Direito Penal, cit., p 340.

85 Relevante mencionar a propósito, a distinção de Nelson Hungria (1959, p. 15-6) entre perigo concreto e perigo abstrato nos crimes contra a incolumidade pública: "Na análise dos tipos de crimes que fazem periclitar a incolumidade pública, verifica-se que a situação de perigo é reconhecível ora in

um número indeterminado de pessoas, como por exemplo. Para Bitencourt[86], o crime pressupõe a exposição de perigo comum, ou seja, sem o dano potencial à vida, integridade física ou o patrimônio de outrem, não há falar de delito de inundação.

Convém destacar que a consumação do crime de inundação muitas vezes ocorre de forma omissiva, quando o responsável por uma empresa, no exercício de sua atividade comercial, não toma as devidas precauções para evitar o desastre, como tem acontecido recentemente em vários empreendimentos ligados à geração de energia, como barragens, causando sério risco à população. Entretanto, deve-se sempre apurar nesse caso a relevância da omissão, já que se trata de crime em regra comissivo, nos termos do art. 13, § 2º, do Código Penal, para que o agente venha a responder penalmente. Assim é a jurisprudência do STJ:

> PROCESSUAL PENAL. HABEAS CORPUS. INUNDAÇÃO E CRIME AMBIENTAL. TRANCAMENTO DA AÇÃO PENAL. AUSÊNCIA DE JUSTA CAUSA. OCORRÊNCIA. DELITOS OMISSIVOS. GARANTE. ART. 13, § 2º, DO CÓDIGO PENAL. REQUISITOS OBJETIVO E SUBJETIVO. NÃO-PREENCHIMENTO. CONSTRANGIMENTO ILEGAL CONFIGURADO. ORDEM CONCEDIDA. 1. Para que um agente seja sujeito ativo de delito omissivo, além dos elementos objetivos do próprio tipo penal, necessário se faz o preenchimento dos elementos contidos no art. 13 do Código Penal: a situação típica ou de perigo para o bem jurídico, o poder de agir e a posição de garantidor. 2. Ausente um dos elementos indispensáveis para caracterizar um agente sujeito ativo de delito omissivo "poder de agir", previstos no art. 13 do Código Penal, falta justa causa para o prosseguimento da ação penal, em face da atipicidade da conduta. 3. Ordem concedida. (HC 94.543/RJ, Rel. Ministro NAPOLEÃO NUNES MAIA FILHO, Rel. p/ Acórdão Ministro ARNALDO ESTEVES LIMA, QUINTA TURMA, julgado em 17/09/2009, DJe 13/10/2009)

A tentativa é admissível, pois, em tese, é possível falar em início da fase executória do *iter criminis*, em consequência da possibilidade de divisão, no plano mental, dos atos praticados pelo agente (crime plurissubsistente). Um exemplo disso é quando o sujeito, após invadir um reservatório de água, aciona os controles no sentido de abrir todas as comportas, a fim de inundar um pequeno povoado ribeirinho, mas um dos Seguranças do local o vê a tempo e o impede.

---

abstracto, ora in concreto. Perigo abstrato é o que a lei presume, juris et de jure, inserto em determinado fato, pouco importando, assim, que não se realize, no caso ocorrente, por alguma circunstância excepcional, um perigo efetivo (ex.: desarranjo de linha férrea, crimes contra a saúde pública em geral). Perigo concreto é o que se verifica realmente, dependente de tal verificarão (ocorrência) a existência do crime, como, por exemplo, no caso de incêndio, inundação, etc. Em qualquer caso, porém, a lei não deixa o reconhecimento do perigo ao juízo do agente: na hipótese de perigo in abstracto, funda-se no quod plerumque accidit, para, aprioristicamente, considerar perigoso tal ou qual fato; na hipótese de perigo in concreto, dependente êste de um juízo a posteriori, não é ainda a opinião do agente que se há de ter em conta, mas o entendimento comum na apreciação das circunstâncias. O elemento subjetivo, portanto, no tocante aos crimes em questão, que tanto podem ser dolosos ou culposos, é (além da vontade refere à ação ou omissão) a consciência (dolo) ou possibilidade de consciência (culpa) de que se provoca a situação objetiva que a lei presume como de perigo comum (perigo comum abstrato), ou que é efetivamente tal, em face de circunstâncias consideradas segundo o critério ou experiência geral (perigo comum concreto)."

86 Tratado de Direito Penal, cit., p. 259.

Bitencourt[87] atenta, ainda, para a distinção entre a tentativa de inundação e o crime de perigo de inundação, tratado no próximo artigo, se dá pelo elemento subjetivo, pois no perigo de inundação o agente não quer o alagamento e nem assume o risco de produzi-lo. Concordamos com essa distinção, mas só restará tipificado o delito do art. 255 do CP (perigo de inundação) se o agente souber ou previr que a sua conduta é perigosa, embora não queira causar a inundação propriamente dita.

5.5. Classificação doutrinária

Comum, porque pode ser praticado por qualquer pessoa; **Vago,** pois o sujeito passivo é a coletividade, de forma genérica, com vítima indeterminada; **Doloso**, na primeira parte do preceito secundário do art. 254 do CP e **culposo** na segunda parte. **Comissivo**, praticado, em regra, por meio de uma ação, sem prejuízo de responder por omissão imprópria, se o agente era responsável em garantir a não ocorrência do crime (CP, art. 13, § 2º); **De ação única**, porque possui uma única conduta a ser praticada, no caso, causar inundação. **De ação livre,** pois pode ser praticado por qualquer meio, ainda que não previsto pelo legislador. **Material ou causal**, porque depende da ocorrência das circunstâncias indicadas na lei, no caso, a periclitação à vida, à integridade física ou ao patrimônio de outrem. **De perigo concreto ou não presumido,** porque a existência do perigo deve ser comprovada. E como deixa vestígios, é **não transeunte**. **Instantâneo,** porque está consumado a partir do momento em que o agente pratica a conduta descrita no tipo, não se protraindo para o futuro. Haverá, após, exaurimento (*post factum*) do crime. **Unissubjetivo ou de concurso eventual de pessoas**, pois pode ser praticado por um ou mais sujeitos.

5.6. Causas de aumento de pena

O art. 258 do CP dispõe sobre as "formas qualificadas dos crimes de perigo comum", mas, segundo a opinião da doutrina, trata-se de causas de aumento de pena da Parte Especial, uma vez que não são preceitos secundários autônomos e fazem remissão a penas preexistentes.

O referido dispositivo prevê:

> Se do crime doloso de perigo comum resulta lesão corporal de natureza grave, a pena privativa de liberdade é aumentada de metade; se resulta morte, é aplicada em dobro. No caso de culpa, se do fato resulta lesão corporal, a pena aumenta-se de metade; se resulta morte, aplica-se a pena cominada ao homicídio culposo, aumentada de um terço.

Como se vê, esse dispositivo aplica-se a todos os crimes deste Capítulo I, que trata dos crimes de perigo comum (arts. 250 a 257 e 259). Considerando as causas acima transcritas, as penas poderão ser arbitradas nos seguintes termos:

> a) **quando o crime for preterdoloso**: a.1) aplica-se o aumento de metade (1/2) se sobrevier lesão corporal **grave ou gravíssima**, resultando em uma pena de 4

87 Ibidem, p. 260.

(quatro) anos e 6 (seis) meses a 9 (nove) anos de reclusão, na forma do *caput* do art. 254; a.2) aumenta-se a pena em dobro se ocorrer morte, ficando em 6 (seis) a 12 (doze) anos de reclusão.

b) quando o crime for **culposo** (crime qualificado pelo resultado **também culposo** – culpa + culpa): b.1) aplica-se o aumento de metade (1/2) se sobrevier **lesão corporal** (leve, média, grave ou gravíssima) cuja pena será de 9 (nove) meses a 3 (três) anos de detenção; b.2) aplica-se a pena do homicídio culposo aumentada de um terço (1/3), em caso de morte (a pena será arbitrada entre 1 ano e seis meses a quatro anos e seis meses de detenção).

5.7. Infrações penais assemelhadas da legislação específica

5.7.1. Crime do Código Penal Militar

Inundação

Art. 272. Causar inundação, em lugar sujeito à Administração militar, expondo a perigo a vida, a integridade física ou o patrimônio de outrem:

Pena – reclusão, de três a oito anos.

Modalidade culposa

Parágrafo único. Se o crime é culposo:

Pena – detenção, de seis meses a dois anos.

Da simples leitura se nota que o tipo penal primário é o mesmo do art. 254 do Código Penal, com a diferença de que o delito deve ser praticado, necessariamente, em lugar sujeito à Administração militar. A pena (preceito secundário) desse crime militar é mais severa, pois a pena máxima é superior quando comparada com a do tipo do CP, que comina pena de 3 (três) a 6 (seis) anos de reclusão. Finalmente, os crimes culposos de ambos os códigos são punidos com a mesma pena.

Ressalte-se que o CPM também prevê causas de aumento de pena em decorrência de lesões corporais e morte, para as formas preterdolosas e culposas:

Formas qualificadas pelo resultado

Art. 277. Se do crime doloso de perigo comum resulta, além da vontade do agente, lesão grave, a pena é aumentada de metade; se resulta morte, é aplicada em dôbro. No caso de culpa, se do fato resulta lesão corporal, a pena aumenta-se de metade; se resulta morte, aplica-se a pena cominada ao homicídio culposo, aumentada de um têrço.

Finalmente, importante destacar que o Código Penal Militar prevê um único delito contra a incolumidade pública **em tempo de guerra**, de tipo remetido aos crimes dos arts. 268 a 276 e 278, que se referem aos delitos de perigo comum, puníveis exclusivamente na forma dolosa:

Crimes de perigo comum

Art. 386. Praticar crime de perigo comum definido nos arts. 268 a 276 e 278, na modalidade dolosa:

I – se o fato compromete ou pode comprometer a preparação, a eficiência ou as operações militares;

II – se o fato é praticado em zona de efetivas operações militares e dêle resulta morte:

Pena – morte, grau máximo; reclusão, de vinte anos, grau mínimo.

5.7.2. Crime da Lei da Segurança Nacional (LSN – Lei nº 7.170/83)

Art. 20. Devastar, saquear, extorquir, roubar, seqüestrar, manter em cárcere privado, incendiar, depredar, provocar explosão, praticar atentado pessoal ou atos de terrorismo, por inconformismo político ou para obtenção de fundos destinados à manutenção de organizações políticas clandestinas ou subversivas.

Pena: reclusão, de 3 a 10 anos.

Parágrafo único – Se do fato resulta lesão corporal grave, a pena aumenta-se até o dobro; se resulta morte, aumenta-se até o triplo.

Como já adiantamos, a inundação com o fim de devastar (arruinar, destruir, assolar), motivada por inconformismo político ou para obtenção de financiamento de organizações paramilitares, o agente responderá pelo crime em comento. No mais, remetemos o leitor aos comentários relativos ao crime de incêndio (CP, art. 250), para mais detalhes, a fim de evitar repetições.

5.8. Potencialidade ofensiva

Nota-se que o crime de inundação dolosa é de **alto potencial ofensivo**, haja vista que o no *caput* do art. 254 do CP já prevê uma pena de 3 (três) a 6 (seis) anos de reclusão. Logo, não cabe transação penal e suspensão condicional do processo, porque pressupõem, respectivamente, pena máxima não superior a 2 (dois) anos e pena mínima não superior a 1 (um) ano, nos termos dos arts. 61 e 89 da Lei nº 9.099/95[88]. E com maior razão em relação às formas preterdolosas com resultado lesão grave e morte, cujas penas serão, conforme vimos, aumentadas de ½ (metade) e em dobro, respectivamente.

Porém, a modalidade culposa (art. 250, § 2º, do CP), praticada na sua forma simples (sem aumentos de pena), será **crime de menor potencial ofensivo**, porque a pena prevista é de 6 (seis) meses a 2 (dois) anos de detenção, ensejando a transação penal (aplicação imediata de pena restritiva de direitos ou multas sem outros efeitos penais), pois sua pena máxima não ultrapassa 2 (dois) anos.

Mas esse crime culposo será de **médio potencial ofensivo** em caso de **lesão corporal** (leve, grave ou gravíssima), pois o art. 258 diz que a pena sofrerá um aumento

88 Art. 61. Consideram-se infrações penais de menor potencial ofensivo, para os efeitos desta Lei, as contravenções penais e os crimes a que a lei comine pena máxima não superior a 2 (dois) anos, cumulada ou não com multa.

Art. 89. Nos crimes em que a pena mínima cominada for igual ou inferior a um ano, abrangidas ou não por esta Lei, o Ministério Público, ao oferecer a denúncia, poderá propor a suspensão do processo, por dois a quatro anos, desde que o acusado não esteja sendo processado ou não tenha sido condenado por outro crime, presentes os demais requisitos que autorizariam a suspensão condicional da pena (art. 77 do Código Penal).

de metade, ficando em 9 (nove) meses a 3 (três) anos de detenção. Sim, porque a pena mínima está dentro do limite legal de 1 (um) ano (Lei nº 9.099/95, art. 89).

Por fim, **não se admitirá transação penal ou suspensão condicional se resultar morte**, porque o art. 258 determina que seja aplicada, nesse caso, a pena do homicídio culposo (cominada em 1 a 3 anos de detenção) aumentada de 1/3 (um terço), como causa especial de aumento. O legislador considerou que a morte causada em uma situação de perigo provocada pelo sujeito ativo será de elevado potencial ofensivo, pois a pena mínima ficará superior a 1 (um) ano de reclusão, ou seja, 1 (um) ano e 4 (quatro) meses a 4 (quatro) anos de reclusão.

5.9. Ação penal e competência do juízo

A ação penal é pública incondicionada, uma vez que o Código não exige iniciativa privativa do ofendido, representação ou requisição do Ministro da Justiça (CP, art. 100). De fato, o condicionamento da ação penal nos crimes previstos no Título VII, parece ser incompatível com a proteção do interesse público relativo à tutela judicial da incolumidade pública em geral.

A competência será, em regra, da Justiça Estadual, a não ser que a inundação cause risco ou prejuízo a bens, serviços ou interesses da União, de suas entidades autárquicas de suas empresas públicas, (ressalvada a competência da Justiça Militar), nos termos do art. 109, IV, CF[89].

A competência será da Justiça Federal também quando o perigo ou desastre decorrente da inundação atingir interesses de minorias ou de indígenas, que se enquadram respectivamente, nos incisos IV e XI do art. 109 da Constituição. Para mais informações sobre o tema, conferir comentários no último tópico do crime de incêndio (art. 250 do CP).

5.10. Tópico especial: responsabilidade penal na tragédia de Mariana/MG

Em 5 de novembro de 2015, ocorreu o rompimento de uma barragem no Município de Mariana/MG, ocasionando um dos maiores desastres já causados em território nacional. A represa foi construída e vinha sendo mantida pela empresa SAMARCO, mineradora cuja sócia de 50% do seu capital é a Vale do Rio Doce S/A. Após o rompimento da estrutura, a água carregou consigo grande quantidade de lama e minérios, destruindo completamente o povoado de Bento Rodrigues, e alguns outros próximos, o que acarretou uma gravíssima calamidade pública, com centenas de mortes.

89 Art. 109. Aos juízes federais compete processar e julgar: (...) IV – os crimes políticos e as infrações penais praticadas em detrimento de bens, serviços ou interesse da União ou de suas entidades autárquicas ou empresas públicas, excluídas as contravenções e ressalvada a competência da Justiça Militar e da Justiça Eleitoral.

A água e a lama foram de tamanha quantidade que forçaram seu rumo em direção ao mar territorial brasileiro, desembocando no Estado do Espírito Santo. Dentre várias irregularidades que foram apuradas na conservação da barragem, constatou-se que, pelo menos desde o ano de 2013, a empresa SAMARCO tinha conhecimento de que havia risco de rompimento. Não bastasse isso, a empresa nunca efetivou procedimentos mínimos de segurança para alertar a população mais próxima sobre os riscos ou para fins de organizar uma evacuação preventiva do local. O resultado foi um desastre ambiental sem precedentes, com incontáveis mortes por meio de soterramento pela lama, que após endurecer, impediu a busca satisfatória dos corpos dos falecidos.

Isso posto, é possível que haja responsabilidade penal pelos fatos acima narrados?

Entendemos que sim. Os diretores e administradores da SAMARCO, bem como os agentes responsáveis mais diretamente para a conservação da represa estão sujeitos a responder por crime de inundação, majorada pela ocorrência das mortes. Mas a que título responderão, se nenhum deles agiu ativamente para provocar a fuga das águas da represa?

Em primeiro lugar, todos os sujeitos acima indicados praticaram o crime na modalidade de omissão imprópria, ou de forma “comissiva por omissão”, nos termos do art. 13, § 2º, “c”, do Código Penal, mais especificamente. Sim, porque houve de fato uma **ingerência**, ou seja, por meio do seu comportamento anterior (inércia dos gestores e de seus empregados), não só criaram o risco da ocorrência do resultado, como houve de fato um resultado catastrófico, violando gravemente a incolumidade pública. Assim, responderão nas penas do art. 254 do CP, como se tivessem praticado uma conduta comissiva propriamente dita.

Em segundo lugar, e à primeira vista, eles responderiam por **inundação culposa majorada pelas mortes**, com pena do homicídio culposo aumentada de 1/3 (um terço), nos termos do art. 258 do CP. Com efeito, não há dúvida de que houve uma negligência grave e persistente durante muitos anos, de modo que o total descuido com o patrimônio nacional ambiental e com as vidas foram se perpetuando por meio de uma omissão contínua no sentido de evitar a tragédia.

Finalmente, não podemos deixar de ressaltar que, ao que tudo indica, os responsáveis são passíveis de incidir na pena da **inundação preterdolosa majorada pelas mortes** em dobro, que é de 6 (seis) a 12 (doze) anos de reclusão. A depender do resultado completo das investigações, poderá ser evidenciado que não houve simplesmente uma culpa consciente, mas, sim, um **dolo eventual**. É dizer que é bem provável que, mesmo após estarem cientes dos problemas que a barragem de Mariana/MG apresentavam, com grave risco de seu rompimento, assumiram o risco de produzir as mortes de centenas de pessoas e um dano ambiental que só poderá ser revertido pela natureza daqui a mais ou menos 100 (cem) anos. Não é necessário muito esforço para imaginar o que poderia acontecer se tamanha quantidade de água fiosse liberada, com altíssima pressão, sobre os povoados e sobre as florestas, ainda mais quando os empresários sabem dos riscos com antecedência. Enfim, é perfeitamente possível que eles venham responder por inundação dolosa, e subsidiariamente (e no mínimo), por título de culpa, que já é evidente.

6. PERIGO DE INUNDAÇÃO

⊙ **Perigo de inundação**

Art. 255 – Remover, destruir ou inutilizar, em prédio próprio ou alheio, expondo a perigo a vida, a integridade física ou o patrimônio de outrem, obstáculo natural ou obra destinada a impedir inundação: Pena – reclusão, de um a três anos, e multa.

6.1. Bem jurídico protegido e objeto material do crime

O bem jurídico protegido mediato é a incolumidade pública e o imediato é a segurança das pessoas que vivem ou estejam próximas ao prédio onde se apresenta o perigo de inundação. O objeto material do delito é o obstáculo natural ou obra destinada a impedir eventual inundação.

Conforme vimos no breve histórico do crime anterior, o Código Penal vigente inovou ao criar outro delito, com maior abrangência, em relação à segunda parte do art. 142 da Consolidação das Leis Penais ou Consolidação Desembargador Vicente Piragibe (Decreto nº 22.213, de 14 de dezembro de 1932)[90]. Contudo, esse crime poderia integrar o tipo penal anterior, assim como era anteriormente, seja como um crime privilegiado, seja como causa minorante ou privilegiadora do delito lá previsto, como acontece com vários crimes contra a incolumidade pública. Ao que tudo indica, o legislador quis punir de forma autônoma quaisquer atos tendentes a causar inundação em determinado local, por entender relevantes os atos que são preparatórios do art. 254 do CP.

Os objetos materiais do delito são o obstáculo natural e a obra destinada a impedir inundação. Em comparação com o mencionado artigo 142, o alcance do tipo penal foi bastante ampliado, porque previu mais condutas e não mais limitou seu objeto a represas, açudes, aquedutos, diques, eliminando eventuais dúvidas acerca da taxatividade desse rol.

6.2. Tipo penal objetivo e tipo penal subjetivo

Três são os núcleos do tipo penal objetivo: remover, destruir e inutilizar. Segundo o Dicionário Houaiss de Língua Portuguesa, **remover** é tornar a mover, transportar, fazer desaparecer, colocar fora do caminho, afastar. Já **destruir** significa pôr no chão

90 A "Consolidaião Piragibe" fez uma compilaião das leis especiais penais, anexando-as ao Código Penal de 1890, que já continha 412 artigos. Em seu art. 142, tanto a inundação quanto o perigo de inundação integravam o mesmo tipo penal: "Causar a inundação da propriedade alheia, ou expô-la a esse, ou outro perigo, abrindo comportas, rompendo reprezas, aiudes, aqueductos, ou destruindo diques ou qualquer obra de defesa commum: Penas – de prisão cellular por um a tres annos e multa de 5 a 20% do damno causado."

o que está construído, demolir, causar a perda, arruinar, devastar, estragar. Por sua vez, **inutilizar** é tornar inútil ou incapaz, ou seja, sem utilidade ou serventia, causar dano, destruir ou danificar e também comprometer o uso, a validade ou o funcionamento. **Prédio** seria um imóvel construído para qualquer finalidade; casa, edifício, construção de vários andares, industrial, comercial ou residencial. **Expor a perigo** é um termo enfático, uma vez que um dos sentidos do verbo "expor" é justamente "colocar em perigo, arriscar", em duas de suas transitividades verbais.

Por sua vez, o "**perigo**" é "circunstância que prenuncia um mal para alguém ou para alguma coisa" ou mesmo "estado ou situação que inspira cuidado; gravidade". Existe um sentido jurídico indicado para essa palavra: "perigo presente, que já começou a produzir dano ou que inevitavelmente o produzirá".

Por **obstáculo natural**, Noronha[91] afirma que a lei se refere à defesa ou proteção criada pela própria natureza, como as margens de um rio, que se forem escavadas, podem fazê-lo transbordar e correr fora de seu curso. E **a obra destinada a impedir a inundação** é aquela construída pelo homem, podendo ser diques, barragens, comportas ou qualquer outra que venha a ter essa finalidade, de acordo com o caso concreto. Não há rol taxativo de objetos materiais, portanto, sendo permitida a aplicação da interpretação analógica ou *intra legem*, a fim de determiná-la.

tipo subjetivo é o dolo, ou seja, vontade e consciência dirigidas a provocar perigo à vida, à integridade física ou ao patrimônio. Então, a depender do plano mental do agente, poderão ocorrer outras infrações penais se ele não visar à periclitação desses bens jurídicos.

É importante falar que a remoção, a inutilização ou a destruição não podem visar diretamente a uma futura inundação, caso contrário, responderá pelo delito do art. 254 do Código Penal, pois, para a doutrina majoritária, este tipo penal nada mais é do que um ato preparatório criminalizado de forma autônoma. É, por isso, classificado como **crime obstáculo**[92]. Diz, mais, que se trata **de tipo misto alternativo, de ação múltipla ou de conteúdo variado**, de modo que a prática de mais de um núcleo do tipo, quanto ao mesmo objeto material, caracteriza um único delito. Assim por exemplo, é a remoção de obstáculo natural instalado em prédio alheio e a sua consequente inutilização.

O agente pode não querer a inundação, mas, caso ela venha a ocorrer, se não houver ao menos elementos que permitam aferir previsibilidade do resultado decorrente da sua conduta, o resultado perigoso/danoso não poderá ser-lhe imputado[93]. Será, apenas, mero exaurimento do crime do art. 255 do CP. Caso não exista essa situação de risco coletivo, poderá haver responsabilidade penal pela prática do crime do art. 132 do Código Penal[94], crime expressamente subsidiário de perigo individual.

91 Direito Penal, cit., p. 342.

92 MASSON, Direito Penal esquematizado, cit., p. 256.

93 BITENCOURT, Tratado de Direito Penal, cit., p. 262.

94 Perigo para a vida ou saúde de outrem Art. 132 – Expor a vida ou a saúde de outrem a perigo direto e iminente: Pena – detenção, de três meses a um ano, se o fato não constitui crime mais grave.

6.3. Sujeito ativo e sujeito passivo

Qualquer pessoa pode ser sujeito ativo dos crimes do art. 255 do CP, pois o tipo penal não exige uma condição especial para praticá-lo.

> sujeito passivo é a coletividade, já que estamos tratando de crime contra a incolumidade pública, sendo, pois, um crime vago, ou seja, a sua tutela é de um número indeterminado de pessoas, e é nesse sentido que deverá estar contido o plano mental do agente; caso contrário, deverá responder por outro crime (homicídio, lesão corporal etc.). Apesar disso, será possível identificar a existência de vítimas determinadas que estiverem presentes no local onde há perigo de inundação.

6.4. Consumação e tentativa

Para que seja configurado, deve necessariamente existir perigo concreto à incolumidade pública. Mas, ao contrário do delito anterior, a simples demonstração de risco de inundação é suficiente para caracterizar o crime em análise. É imprescindível a realização de perícia, uma vez que o crime deixa vestígios (crime não transeunte), o art. 158 do Código de Processo Penal exige exame de corpo de delito para sua comprovação. Também assim é o respectivo art. 175 do CPP: "Serão sujeitos a exame os instrumentos empregados para a prática da infração, a fim de se lhes verificar a natureza e a eficiência."

> O crime se consuma no exato momento do surgimento do perigo à vida, integridade física ou patrimônio alheios, causado pela remoção, destruição ou inutilização de obstáculo natural ou obra destinada a impedir a inundação, em propriedade do próprio agente ou não. Todos os atos posteriores estarão na fase de exaurimento da inundação (*post factum*), sendo perfeitamente possível o concurso formal impróprio com outros crimes, se o dolo do agente abranger tanto o risco à coletividade quanto ao desejo de matar, lesionar, danificar e assim por diante. Logo, **é crime instantâneo**, embora os efeitos da inundação possam ter efeitos permanentes.

Sobre concurso de crimes, Hungria[95] entende ser possível a aplicação do concurso de crimes do art. 255 com o crime de inundação culposa: "*Quid juris*, se sobrevém a prevista, mas não querida inundação? O agente responderá por concurso formal de *perigo de inundação* e *inundação culposa*." Concordamos com esse entendimento, desde que, frise-se, a inundação futura seja previsível.

A expressão "expondo a perigo a vida, a integridade física ou o patrimônio de outrem" indica que se trata de crime é de perigo concreto. Não há falar de crime consumado se em momento algum houve risco à segurança da coletividade, ou seja, de um número indeterminado de pessoas. Como exemplo, Magalhães Noronha[96] afirma com precisão:

Parágrafo único. A pena é aumentada de um sexto a um terço se a exposição da vida ou da saúde de outrem a perigo decorre do transporte de pessoas para a prestação de serviços em estabelecimentos de qualquer natureza, em desacordo com as normas legais. (Incluído pela Lei nº 9.777, de 29.12.1998)

95 Comentários ao Código Penal, cit., p. 50.

96 Direito Penal, cit., p. 342.

> (...) Consuma-se o delito com a criação do perigo, isto é, quando surge ou se instala a situação perigosa, que pode não ser concomitante às ações previstas na lei. O momento da ruptura etc. Pode não coincidir com o do perigo manifesto, como no caso de perfuração do dique de um rio, com vistas a cheia iminente, ou na hipótese de simples enfraquecimento de uma barragem, visando-se ao desmoronamento pela pressão de água ou pela ação das chuvas. (...)

A tentativa, conforme se vê da doutrina majoritária[97], não é admissível, porque o agente não pode tentar aquilo que não quer, no caso, a inundação. O dolo do agente deve ficar adstrito às ações de remover, destruir ou inutilizar obstáculo natural ou obra destinada a impedir inundação, sabendo, ao mesmo tempo em que causa risco futuro de sua ocorrência. A tentativa, de acordo com o que já explicamos, só é compatível com a prática voluntária e consciente para causar a inundação, diretamente. Logo, se uma pessoa empreender esforços para romper as comportas de uma represa e não obtiver sucesso, não haverá crime a ser punido.

6.5. Classificação doutrinária

Comum, porque pode ser praticado por qualquer pessoa; **Vago,** pois o sujeito passivo é a coletividade, de forma genérica, com vítima indeterminada; **Doloso**, exclusivamente. **Comissivo**, praticado, em regra, por meio de uma ação, sem prejuízo de responder por omissão imprópria, se o agente era responsável em garantir a não ocorrência do crime (CP, art. 13, § 2º); **De ação múltipla**, porque possui três condutas que viabilizam a consumação do crime (remover, destruir ou inutilizar). **De ação livre,** pois pode ser praticado por qualquer meio, ainda que não previsto pelo legislador. **Formal ou de consumação antecipada**, porque não depende necessariamente da ocorrência de efetiva lesão à vida, à integridade física ou ao patrimônio de outrem, bastando a periclitação. **De perigo concreto ou não presumido,** porque a existência do perigo deve ser comprovada. E como deixa vestígios, é **não transeunte**. **Instantâneo,** porque está consumado a partir do momento em que o agente pratica a conduta descrita no tipo, não se protraindo para o futuro. Haverá, após, exaurimento (*post factum*) do crime. **Unissubjetivo ou de concurso eventual de pessoas**, pois pode ser praticado por um ou mais sujeitos. **Obstáculo**, porque o tipo penal visa especialmente à criminalização de atos preparatórios de outro crime, no caso, o do art. 254 do CP (inundação).

6.6. Causas de aumento de pena

O art. 258 do CP dispõe sobre as "formas qualificadas dos crimes de perigo comum", mas, segundo a opinião da doutrina, trata-se de causas de aumento de pena da Parte Especial, uma vez que não são preceitos secundários autônomos e fazem remissão a penas preexistentes.

O referido dispositivo prevê:

> Se do crime doloso de perigo comum resulta lesão corporal de natureza grave, a pena privativa de liberdade é aumentada de metade; se resulta morte, é aplicada

97 Noronha, Guilherme de Souza Nucci e outros.

em dobro. No caso de culpa, se do fato resulta lesão corporal, a pena aumenta-se de metade; se resulta morte, aplica-se a pena cominada ao homicídio culposo, aumentada de um terço.

Como se vê, esse dispositivo aplica-se a todos os crimes deste Capítulo I, que trata dos crimes de perigo comum (arts. 250 a 257 e 259). Considerando as causas acima transcritas, as penas poderão ser arbitradas nos seguintes termos, apenas no caso de preterdolo (não existe, como vimos, modalidade culposa): a) aplica-se o aumento de metade (1/2) se sobrevier lesão corporal **grave ou gravíssima**, resultando em uma pena de 1 (um) ano e 6 (seis) meses a 4 (quatro) anos e 6 (seis) meses de reclusão; b) aumenta-se a pena em dobro se ocorrer morte, ficando em 2 (dois) a 6 (seis) anos de reclusão.

6.7. Crime do Código Penal Militar

Perigo de inundação

Art. 273. Remover, destruir ou inutilizar obstáculo natural ou obra destinada a impedir inundação, expondo a perigo a vida, a integridade física ou o patrimônio de outrem, em lugar sujeito à Administração militar:

Pena – reclusão, de dois a quatro anos.

O tipo penal primário é o mesmo do art. 255 do Código Penal, com a diferença de que aqui, a infração deve ser praticada, necessariamente, em lugar sujeito à Administração militar. A pena (preceito secundário) desse crime militar também é mais severa, cominando penas mínima e máxima superior em um ano em comparação com o tipo do CP, que comina pena de 1 (um) a 3 (três) anos de reclusão.

Ressalte-se, por fim, que o CPM também prevê causas de aumento de pena em decorrência de lesões corporais e morte para as formas preterdolosas:

Formas qualificadas pelo resultado

Art. 277. Se do crime doloso de perigo comum resulta, além da vontade do agente, lesão grave, a pena é aumentada de metade; se resulta morte, é aplicada em dôbro. No caso de culpa, se do fato resulta lesão corporal, a pena aumenta-se de metade; se resulta morte, aplica-se a pena cominada ao homicídio culposo, aumentada de um têrço.

Finalmente, importante destacar que o Código Penal Militar prevê um único delito contra a incolumidade pública **em tempo de guerra**, de tipo remetido aos crimes dos arts. 268 a 276 e 278, que se referem aos delitos de perigo comum, puníveis exclusivamente na forma dolosa:

Crimes de perigo comum

Art. 386. Praticar crime de perigo comum definido nos arts. 268 a 276 e 278, na modalidade dolosa:

I – se o fato compromete ou pode comprometer a preparação, a eficiência ou as operações militares;

II – se o fato é praticado em zona de efetivas operações militares e dêle resulta morte: Pena – morte, grau máximo; reclusão, de vinte anos, grau mínimo.

6.8. Potencialidade ofensiva

Inicialmente, o delito de perigo de inundação é de médio potencial ofensivo, haja vista que o caput do art. 255 do CP comina pena mínima não superior a 1 (um) ano, sendo admissível a suspensão condicional do processo, nos termos do art. 89 da Lei nº 9.099/95[98].

Porém, as formas preterdolosas com resultado lesão grave e morte, aumentadas de metade e em dobro, respectivamente, nos termos do já mencionado art. 258 do CP, serão de **alto potencial ofensivo.** Sim, porque, no primeiro caso, a pena mínima ficará em 1 (um) ano e 6 (seis) meses, enquanto no segundo, em 2 (dois) anos. Logo, ambos superam o limite mínimo de 1 (um) ano, não cabendo mais medidas despenalizadoras.

6.9. Ação penal e competência do juízo

A ação penal é pública incondicionada, uma vez que o Código não exige iniciativa privativa do ofendido, representação ou requisição do Ministro da Justiça (CP, art. 100). De fato, o condicionamento da ação penal nos crimes previstos no Título VII, parece ser incompatível com a proteção do interesse público relativo à tutela judicial da incolumidade pública em geral.

A competência será, em regra, da Justiça Estadual, a não ser que a inundação cause risco ou prejuízo a bens, serviços ou interesses da União, de suas entidades autárquicas de suas empresas públicas,(ressalvada a competência da Justiça Militar), nos termos do art. 109, IV, CF[99].

A competência será da Justiça Federal também quando o perigo ou desastre decorrente da inundação atingir interesses de minorias ou de indígenas, que se enquadram respectivamente, nos incisos IV e XI do art. 109 da Constituição. Para mais detalhes sobre o tema, conferir comentários no último tópico do crime de incêndio (art. 250 do CP).

7. DESABAMENTO OU DESMORONAMENTO

> ⊙ **Desabamento ou desmoronamento**
>
> **Art. 256**. Causar desabamento ou desmoronamento, expondo a perigo a vida, a integridade física ou o patrimônio de outrem: Pena – reclusão, de um a quatro anos e multa.

---

98 Art. 89. Nos crimes em que a pena mínima cominada for igual ou inferior a um ano, abrangidas ou não por esta Lei, o Ministério Público, ao oferecer a denúncia, poderá propor a suspensão do processo, por dois a quatro anos, desde que o acusado não esteja sendo processado ou não tenha sido condenado por outro crime, presentes os demais requisitos que autorizariam a suspensão condicional da pena (Art. 77 do Código Penal).

99 Art. 109. Aos juízes federais compete processar e julgar: (...) IV – os crimes políticos e as infrações penais praticadas em detrimento de bens, serviços ou interesse da União ou de suas entidades autárquicas ou empresas públicas, excluídas as contravenções e ressalvada a competência da Justiça Militar e da Justiça Eleitoral.

⊙ **Modalidade culposa**

Parágrafo único – Se o crime é culposo:

Pena – detenção, de seis meses a um ano

7.1. Bem jurídico protegido e objeto material do crime

O bem jurídico protegido é a incolumidade pública. O objeto material do crime é tudo aquilo que se encontra sujeito a perigo no local onde ocorreu o desabamento ou o desmoronamento, principalmente a vida, a integridade física e a propriedade alheia, como as casas, edifícios, ruas, veículos etc.

7.2. Tipo penal objetivo e tipo penal subjetivo

O núcleo do tipo penal é "causar desabamento ou desmoronamento". Segundo o Dicionário Aurélio de Língua Portuguesa, "**causar**" significa motivar, originar, produzir. "Desabamento" é o ato ou efeito de desabar, que, por sua vez, é cair, ruir, abater-se. E desmoronamento é o mesmo que ato ou efeito de desmoronar, queda ou derrubamento de muro, edifício etc.

Como se percebe, as palavras desabamento e desmoronamento são sinônimas para a Gramática, podendo ser utilizadas indistintamente em relação a construções humanas ou eventos naturais. **Entretanto, para o Direito Penal, esses termos têm significados distintos e cada um tem um sentido específico.**

Com efeito, Hungria[100] aponta que o presente tipo penal se inspirou no Código Penal suíço que, em seu art. 277, dispunha a respeito daquele que, intencionalmente, causa o desabamento de uma construção ou o desmoronamento, expondo conscientemente a perigo a vida ou integridade corporal das pessoas ou a propriedade de outrem. Por conta disso, é que se adotou a distinção entre os atos ou efeitos de desabar e desmoronar. Assim sendo, os sentidos jurídicos desses elementos do tipo são os seguintes: **"Desabamento"** restringe-se à queda de construções em geral, produtos do trabalho humano (edifícios, pontes, paredões, andaimes etc.). **"Desmoronamento"** refere-se mais à queda de formações telúricas (de terra, solo natural), como os morros, colinas, rochedos, pedreiras, barrancos, ravinas e outros. Assim também foi a Exposição de Motivos da Parte Especial do CP, escrita por Francisco Campos, Ministro da Justiça à época, ao comentar o crime em questão: "fato de causar, em prédio próprio ou alheio, desabamento total ou parcial de alguma construção, ou qualquer desmoronamento, expondo a perigo a vida, integridade física ou patrimônio de outrem.".

Expor a perigo significa criar uma situação de risco. Entretanto, o termo do *caput* "expondo a perigo" não faz parte do núcleo do tipo, mas é uma condição de eficácia da conduta de "causar desabamento ou desmoronamento". É um termo que serve para

100 Comentários ao Código Penal, cit., p. 61.

enfatizar que, para a tipificação deste crime, é essencial que tenha havido um risco concreto à vida, à integridade física ou patrimônio de outrem. E esses bens jurídicos enumerados têm por função delimitar a incidência do crime. Imagine-se, por exemplo, que alguém cause desabamento de um mausoléu situado em localidade isolada, pretendendo ofender a memória de quem lá se encontrava sepultado, assumindo o risco de causar perigo a terceiros. Nesse caso, se não houve periclitação a esses bens, ele responderá por crime de violação de sepultura (CP, art. 210) e dano qualificado (CP, art. 163, II e/ou IV)[101].

Não ocorrendo perigo comum, o agente responderá, subsidiariamente, pela contravenção do art. 29 da Lei de Contravenções Penais, se ocorrer desabamento. No caso de desmoronamento, o fato é atípico. Entraremos em mais detalhes em tópico específico.

O tipo subjetivo é o **dolo**, ou seja, vontade e consciência dirigidas a provocar perigo à vida, à integridade física ou ao patrimônio. Então, a depender do plano mental do agente, poderão ocorrer outras infrações penais se ele não visar à periclitação desses bens jurídicos.

Cumpre ressaltar, que, a exemplo do que vimos na citação da Exposição de Motivos do Código Penal, não importa se o desabamento ou desmoronamento é de casa/terreno próprio ou não. O importante é que a conduta praticada pelo agente cause risco à incolumidade pública, materializada na vida, integridade física ou patrimônio alheio. Portanto, aquele que, com o objetivo de destruir as casas de seus desafetos, que moram em um terreno de nível inferior ao seu, derruba sua residência para dar causa a um desmoronamento de terra e rochas, responderá pelo delito em exame, sem prejuízo de eventual concurso de crimes com o delito de dano, se houver somente risco ou prejuízo ao patrimônio. Havendo lesão corporal e/ou morte, responderá pelo crime com as causas de aumento do art. 258, salvo se o dolo era dirigido para esses resultados.

7.3. Sujeito ativo e sujeito passivo

Qualquer pessoa pode ser sujeito ativo dos crimes do art. 256 do CP, pois o tipo penal não exige uma condição especial para praticá-lo, bastando que cause desabamento ou desmoronamento com o fim de expor a perigo a vida, a integridade física ou o patrimônio de outrem.

O sujeito passivo é a coletividade, já que estamos tratando de crime contra a incolumidade pública, sendo, pois, um crime vago, ou seja, a sua tutela é de um número

---

101 Art. 163 – Destruir, inutilizar ou deteriorar coisa alheia: Pena – detenção, de um a seis meses, ou multa. Dano qualificado Parágrafo único – Se o crime é cometido: II – com emprego de substância inflamável ou explosiva, se o fato não constitui crime mais grave (...) IV – por motivo egoístico ou com prejuízo considerável para a vítima: Pena – detenção, de seis meses a três anos, e multa, além da pena correspondente à violência. (...) Violação de sepultura Art. 210 – Violar ou profanar sepultura ou urna funerária: Pena – reclusão, de um a três anos, e multa.

indeterminado de pessoas, e é nesse sentido que deverá estar contido o plano mental do agente; caso contrário, deverá responder por outro crime (homicídio, lesão corporal etc.).

Por exemplo, quando o fim do agente é eliminar a vida de alguém, o crime será homicídio qualificado (consumado ou tentado, conforme o caso) em concurso formal com o crime ora em exame (se houve criação de perigo comum). E se o fato for praticado mediante emprego de dinamite ou explosivo de efeito análogo, o crime será o de explosão, absorvido o de desabamento ou desmoronamento[102].

7.4. Crime culposo

O Parágrafo único do art. 256 do CP dispõe que "se o crime é culposo: Pena – detenção, de seis meses a um ano". A pena é sensivelmente menor porque o desastre ocorrido não estava no plano mental do agente (dolo), mas ocorreu por simples inobservância de um dever objetivo de cuidado a todos imposta, segundo prudente arbítrio do juiz na análise do caso concreto, ou mesmo, no plano abstrato, de acordo com o critério do "homem médio". Sendo o fato objetivamente previsível, portanto, o agente será responsabilizado, esteja ele consciente ou não da repercussão de sua ação ou omissão (imprópria). Ex.: alguém, querendo ampliar o espaço de sua casa, decide reformá-la e, dentre outras coisas, destrói uma parede na qual desconhecia a existência de uma das colunas de sustentação do edifício, ocasionando o seu desabamento, criando risco de dano às casas de seus vizinhos.

7.5. Consumação e tentativa

Para que seja configurado, o crime deve, necessariamente, causar perigo concreto à incolumidade pública, não bastando a só potencialidade de risco. Ademais, é um delito que deixa vestígios (crime não transeunte), razão pela qual o art. 158 do Código de Processo Penal exige o respectivo exame de corpo de delito para sua comprovação.

O crime é de perigo concreto, portanto. Não há falar de crime consumado ou tentado se em momento algum houve risco à segurança da coletividade, ou seja, de um número indeterminado de pessoas, como por exemplo, Bitencourt[103], ao dizer que o crime pressupõe a exposição de perigo comum, ou seja, sem o dano potencial à vida, integridade física ou o patrimônio de outrem, não há falar de delito de incêndio.

A tentativa é admissível, pois, em tese, é possível falar em início da fase executória do *iter criminis*, em consequência da possibilidade de divisão, no plano mental, dos atos praticados pelo agente (crime plurissubsistente).

Para mais detalhes sobre concurso de crimes contra a incolumidade pública e outros delitos, remetemos o leitor aos comentários referentes ao crime do art. 250 do CP (incêndio).

---

102 HUNGRIA, Comentários ao Código Penal, cit., p. 52.

103 Tratado de Direito Penal, cit., p. 245.

7.6. Classificação doutrinária

Comum, porque pode ser praticado por qualquer pessoa; **Vago,** pois o sujeito passivo é a coletividade, de forma genérica, com vítima indeterminada; **Doloso**, na forma do *caput* do art. 256 do CP e **culposo** no caso do respectivo parágrafo único. **Comissivo**, praticado, em regra, por meio de uma ação, sem prejuízo de responder por omissão imprópria, se o agente era responsável em garantir a não ocorrência do crime (CP, art. 13, § 2º); **De ação única**, porque possui apenas uma conduta descrita no núcleo do tipo penal (causar desabamento ou desmoronamento). **De ação livre,** pois pode ser praticado por qualquer meio, ainda que não previsto pelo legislador. **Material ou causal**, porque depende da ocorrência das circunstâncias indicadas na lei, no caso, a periclitação à vida, à integridade física ou ao patrimônio de outrem. **De perigo concreto ou não presumido,** porque a existência do perigo deve ser comprovada. E como deixa vestígios, é **não transeunte**. **Instantâneo,** porque está consumado a partir do momento em que o agente pratica a conduta descrita no tipo, não se protraindo para o futuro. Haverá, após, exaurimento (*post factum*) do crime. **Unissubjetivo ou de concurso eventual de pessoas**, pois pode ser praticado por um ou mais sujeitos.

7.7. Causas de aumento de pena

O art. 258 do CP dispõe sobre as "formas qualificadas dos crimes de perigo comum", mas, segundo a opinião da doutrina, trata-se de causas de aumento de pena da Parte Especial, uma vez que não são preceitos secundários autônomos e fazem remissão a penas preexistentes.

O referido dispositivo prevê:

> Se do crime doloso de perigo comum resulta lesão corporal de natureza grave, a pena privativa de liberdade é aumentada de metade; se resulta morte, é aplicada em dobro. No caso de culpa, se do fato resulta lesão corporal, a pena aumenta-se de metade; se resulta morte, aplica-se a pena cominada ao homicídio culposo, aumentada de um terço.

Como se vê, esse dispositivo aplica-se a todos os crimes deste Capítulo I, que trata dos crimes de perigo comum (arts. 250 a 257 e 259). Considerando as causas acima transcritas, as penas poderão ser arbitradas nos seguintes termos:

a) quando o crime for preterdoloso: a.1) aplica-se o aumento de metade (1/2) se sobrevier lesão corporal **grave ou gravíssima**, resultando em uma pena de 1 (um) ano e 6 (seis) meses a 6 (seis) anos de reclusão, na forma do *caput* do art. 256 do CP; a.2) aumenta-se a pena em dobro se ocorrer morte, ficando de 2 (dois) a 8 (oito) anos de reclusão.

b) quando o crime for **culposo** e ocorrendo desastre ou dano (crime qualificado pelo resultado **também culposo** – culpa + culpa):

b.1) aplica-se o aumento de metade (1/2) se sobrevier **lesão corporal** (leve, média, grave ou gravíssima) cuja pena será de 1 (um) ano a 2 (dois) anos de detenção; b.2) aplica-se a pena do homicídio culposo aumentada de um terço (1/3), em caso de morte (a pena será arbitrada entre 1 ano e seis meses a quatro anos e seis meses de detenção).

7.8. Infrações penais assemelhadas da legislação específica

7.8.1. *Crime previsto no Código Penal Militar (CPM)*

> **Desabamento ou desmoronamento**
>
> **Art. 274.** Causar desabamento ou desmoronamento, em lugar sujeito à Administração militar, expondo a perigo a vida, a integridade física ou o patrimônio de outrem:
>
> Pena – reclusão, até cinco anos. **Modalidade culposa**
>
> Parágrafo único. Se o crime é culposo:
>
> Pena – detenção, de seis meses a dois anos.

Da simples leitura desse dispositivo, vemos que os tipos penais são idênticos ao do Código Penal, a não ser pelas diferenças: a) pelo fato de conter um elemento do tipo a mais, no caso, "estar em lugar sujeito à Administração militar" e b) as penas dos crimes doloso e culposo são mais severas. Embora a forma dolosa não preveja pena mínima, ela é de 1 (um) ano de reclusão, nos termos do art. 58 do CPM[104], mas a pena máxima é superior, cominada em 5 (cinco) anos de reclusão.

E a forma culposa do CPM também tem reprimenda maior. A pena mínima é a mesma (seis meses), mas a pena máxima foi fixada em dobro, ou seja, em 2 (dois) anos de detenção.

Ressalte-se, por fim, que o CPM também prevê causas de aumento de pena em decorrência de lesões corporais e morte, para as formas preterdolosas e culposas:

> **Formas qualificadas pelo resultado**
>
> **Art. 277.** Se do crime doloso de perigo comum resulta, além da vontade do agente, lesão grave, a pena é aumentada de metade; se resulta morte, é aplicada em dôbro. No caso de culpa, se do fato resulta lesão corporal, a pena aumenta-se de metade; se resulta morte, aplica-se a pena cominada ao homicídio culposo, aumentada de um têrço.

Finalmente, importante destacar que o Código Penal Militar prevê um único delito contra a incolumidade pública **em tempo de guerra**, de tipo remetido aos crimes dos arts. 268 a 276 e 278, que se referem aos delitos de perigo comum, puníveis exclusivamente na forma dolosa:

> Crimes de perigo comum Art. 386. Praticar crime de perigo comum definido nos arts. 268 a 276 e 278, na modalidade dolosa: I – se o fato compromete ou pode comprometer a preparação, a eficiência ou as operações militares; II – se o fato

104 Art. 58 do Código Penal Militar: Mínimos e máximos genéricos O mínimo da pena de reclusão é de um ano, e o máximo de trinta anos; o mínimo da pena de detenção é de trinta dias, e o máximo de dez anos.

é praticado em zona de efetivas operações militares e dêle resulta morte: Pena – morte, grau máximo; reclusão, de vinte anos, grau mínimo.

7.8.2. *Infração da Lei de Contravenções Penais (Decreto-lei nº 3.688/41)*

Art. 29. Provocar o desabamento de construção ou, por erro no projeto ou na execução, dar-lhe causa:

Pena – multa, de um a dez contos de réis, se o fato não constitui crime contra a incolumidade pública.

Conforme já adiantamos, se a conduta praticada ocorrer sem risco à incolumidade pública, o agente responderá por contravenção penal, que é infração penal expressamente subsidiária.

Segundo o entendimento da doutrina, vimos que desabamento é restrito às edificações humanas, o que foi seguido pela Lei de Contravenções penais, haja vista falar de "desabamento de construção". Entretanto, o art. 29 da LCP omitiu o desmoronamento, referente aos materiais naturais (solo, terra etc.), razão pela qual é forçoso concluir que, caso alguém dê ensejo a um desmoronamento de terras sem que ocorra perigo comum, o fato será atípico, por ausência de previsão legal.

Esse tipo penal prevê uma elementar adicional, qual seja, o "erro no projeto ou na execução". Se o desabamento sobrevier por conta de erro do projetista ou do ou do executor da obra (engenheiro civil, arquiteto, mestre-de-obras, pedreiros ou qualquer profissional que se responsabilize pela segurança da edificação), praticará contravenção penal.

A pena é de multa, isoladamente, e será arbitrada pelo juiz em caso de condenação. Talvez por isso Greco[105] entenda que seria melhor revogar o presente dispositivo, por carecer de tipicidade material em razão de sua insignificância. O autor propõe ou que o agente responda pelo crime do art. 256 do CP ou que as condutas narradas neste art. 29 sejam consideradas atípicas, por serem penalmente irrelevantes, em virtude da ausência de periculosidade social.

7.9. Potencialidade ofensiva

Inicialmente, nota-se que o crime de desabamento/desmoronamento doloso na sua forma simples **é crime de médio potencial ofensivo**, possibilitando apenas a suspensão condicional do processo, uma vez que a sua pena mínima não ultrapassa 1 (um) ano. Por outro lado, incabível a transação penal porque a pena máxima cominada é superior a 2 (dois) anos, conforme se vê dos arts. 61 e 89 da Lei nº 9.099/95[106]

---

105 Curso de Direito Penal, cit., p. 50.

106 Art. 61. Consideram-se infrações penais de menor potencial ofensivo, para os efeitos desta Lei, as contravenções penais e os crimes a que a lei comine pena máxima não superior a 2 (dois) anos, cumulada ou não com multa.

Art. 89. Nos crimes em que a pena mínima cominada for igual ou inferior a um ano, abrangidas ou não por esta Lei, o Ministério Público, ao oferecer a denúncia, poderá propor a suspensão do

Nas suas formas preterdolosas (art. 258 do CP), **é de alto potencial ofensivo**. É que a pena prevista no art. 256, *caput*, do CP, é de 1 (um) a 4 (quatro) anos de reclusão, razão pela qual não cabe transação penal e suspensão condicional do processo, porque pressupõem, respectivamente, pena máxima não superior a 2 (dois) anos e pena mínima não superior a 1 (um) ano, nos termos dos arts. 61 e 89 da Lei nº 9.099/95.

Porém, na modalidade culposa (art. 250, § 2º, do CP), praticada na forma simples (sem aumentos de pena), **é crime de menor potencial ofensivo**, porque a pena prevista é de 6 (seis) meses a 1 (um) ano de detenção, ensejando a transação penal (aplicação imediata de pena restritiva de direitos ou multas sem outros efeitos penais), pois sua pena máxima não ultrapassa 2 (dois) anos. E o mesmo se dará em caso de **lesão corporal** (leve, grave ou gravíssima), pois o art. 258 diz que a pena sofrerá um aumento de metade, ficando de 1 (um) a 2 (dois) anos de reclusão. Sim, porque a pena máxima está dentro do limite legal de 2 (dois) anos (Lei nº 9.099/95, art. 61).

Por fim, **não se admitirá transação penal ou suspensão condicional se resultar morte**, porque o art. 258 determina que seja aplicada, nesse caso, a pena do homicídio culposo (cominada em 1 a 3 anos de detenção) aumentada de 1/3 (um terço), como causa especial de aumento. O legislador considerou que a morte causada em uma situação de perigo provocada pelo sujeito ativo será de elevado potencial ofensivo, pois a pena mínima ficará superior a 1 (um) ano de reclusão, ou seja, 1 (um) ano e 4 (quatro) meses a 4 (quatro) anos de reclusão.

7.10. Ação penal e competência do juízo

A ação penal é pública incondicionada, uma vez que o Código não exige iniciativa privativa do ofendido, representação ou requisição do Ministro da Justiça (CP, art. 100). De fato, o condicionamento da ação penal nos crimes previstos no Título VII, parece ser incompatível com a proteção do interesse público relativo à tutela judicial da incolumidade pública em geral.

A competência será, em regra, da Justiça Estadual, a não ser que o incêndio cause prejuízo a bens, serviços ou interesses da União, de suas entidades autárquicas, de suas empresas, públicas nos termos do art. 109, IV, CF[107].

processo, por dois a quatro anos, desde que o acusado não esteja sendo processado ou não tenha sido condenado por outro crime, presentes os demais requisitos que autorizariam a suspensão condicional da pena (art. 77 do Código Penal).

107 Art. 109. Aos juízes federais compete processar e julgar: (...) IV – os crimes políticos e as infrações penais praticadas em detrimento de bens, serviços ou interesse da União ou de suas entidades autárquicas ou empresas públicas, excluídas as contravenções e ressalvada a competência da Justiça Militar e da Justiça Eleitoral.

8. SUBTRAÇÃO, OCULTAÇÃO OU INUTILIZAÇÃO DE MATERIAL DE SALVAMENTO

⊙ **Subtração, ocultação ou inutilização de material de salvamento**

Art. 257. Subtrair, ocultar ou inutilizar, por ocasião de incêndio, inundação, naufrágio, ou outro desastre ou calamidade, aparelho, material ou qualquer meio destinado a serviço de combate ao perigo, de socorro ou salvamento; ou impedir ou dificultar serviço de tal natureza:
Pena – reclusão, de dois a cinco anos, e multa.

8.1. Bem jurídico protegido e objeto material do crime

O bem jurídico protegido mediato é a incolumidade pública e o imediato é segurança das pessoas que estejam presentes na ocasião de incêndio, inundação, naufrágio ou outro desastre ou calamidade. Dito de outro modo: o tipo penal visa a evitar que a situação de perigo comum seja agravada no local, de modo a não diminuir as chances preexistentes de salvamento de vítimas determinadas.

Os objetos materiais do delito são os seguintes bens: aparelho, material ou qualquer meio destinado a serviço de combate ao perigo, de socorro ou salvamento. Também estão incluídos, na parte final do *caput*, os próprios serviços de resgate ou de contenção da situação perigosa.

8.2. Tipo penal objetivo e tipo penal subjetivo

Conforme observa Hungria[108], o *nomen juris* não corresponde a todo o conteúdo do tipo penal, e seria mais adequado que o título fosse genérico (favorecimento de perigo comum), como é o caso da legislação alemã. Os núcleos do tipo penal consistem em subtrair, ocultar ou inutilizar os bens descritos no tipo, bem como impedir ou dificultar os serviços de combate ao perigo, de socorro ou salvamento.

Segundo o Dicionário Houaiss, "**subtrair**", no sentido do texto, é apropriar-se de algo, usando de astúcia ou de fraude; furtar, surrupiar, afanar, fazer desaparecer, retirar, eliminar, omitir;

"**Ocultar**" é não deixar ver, não revelar, não demonstrar, disfarçar, dissimular; e "inutilizar" é tornar inútil ou incapaz, ou seja, sem utilidade ou serventia, causar dano, destruir ou danificar e também comprometer o uso, a validade ou o funcionamento. "**Impedir**" significa dificultar o curso, interromper, atalhar, obstruir, opor-se, não consentir, proibir. "**Dificultar**" é tornar difícil ou trabalhoso, complicar-se, pôr dificuldade, obstáculo[109].

O tipo objetivo possui duas fórmulas genéricas. A primeira é "ou outro desastre ou calamidade". O desastre pode ser considerado o dano ocorrido em decorrência da

108 Comentários ao Código Penal, cit., p. 53-54.

109 Quanto aos conceitos de incêndio e inundação, remetemos o leitor aos comentários do crime do art. 250 e 254 do CP. Sobre o conceito de naufrágio ver o tópico do art. 261.

ocasião de perigo e esse mesmo sentido será empregado nos crimes do Capítulo II deste Título VII (crimes contra a segurança dos meios de comunicação e transporte e outros serviços públicos). E "calamidade" vem precedida de uma enumeração exemplificativa, devendo ser compreendida como uma grave situação de risco de grandes proporções ou de proporções similares a um incêndio, inundação ou naufrágio.

A segunda consiste em "qualquer meio destinado a serviço de combate ao perigo, de socorro ou salvamento". Por **meio de combate ao perigo** entende-se por aquele que será aplicado diretamente na situação de periclitação social, de modo a prevenir uma situação de risco iminente ou de diminuir seus os efeitos e consequências, a exemplo dos extintores de fogo, dos alarmes, das mangueiras de incêndio, barreiras de contenção de morros prestes a desmoronar etc. Já **meio de socorro**, é aquele que serve para auxílio, benefício, ajuda ou assistência a alguém que se acha em situação de perigo, desamparo, doença e outros. Ou seja, é voltado especialmente para o cuidado da integridade física e da saúde das pessoas, como é o caso da ambulância, dos medicamentos, máscaras de oxigênio e *kit* de primeiros socorros. Por fim, **meio de salvamento** é definido como de salvação para lugar onde alguém ou alguma coisa está segura e sem risco, bom êxito, sucesso (botes salva-vidas, escadas de incêndio, cordas, etc.).

Já os serviços são o trabalho ou exercício de uma atividade, os quais, no caso do *caput*, devem dizer respeito a uma prestação de combate ao perigo, socorro ou salvamento. Não há uma divisão exata de serviços para cada uma das circunstâncias acima mencionadas, uma vez que, por exemplo, o serviço de corpo de bombeiros, a depender do caso concreto, poderá ser de qualquer espécie. Por exemplo: isolamento de prédio prestes a desabar (combate ao perigo), prestação de primeiros socorros no local (socorro) e resgate de pessoas que se encontram dentro de uma casa em chamas (salvamento).

Segundo a doutrina majoritária, o crime é **de ação múltipla** ou **tipo misto alternativo**, de modo que se o agente, por exemplo, cometer em um mesmo contexto de incêndio a conduta de ocultar um extintor de fogo e impedir os bombeiros de adentrarem o recinto em chamas, praticará um único crime do art. 257 do CP, sem prejuízo, é claro, de responder por outros delitos autônomos, se for o caso.

Vale a pena conferir, ainda, a lição de Hungria[110], ao dizer que esses bens (meios instrumentais) devem ser especificamente aqueles destinados ou manifestamente adequados ao serviço de debelação do perigo ou salvamento (ex.: bombas de incêndio, caixas de alarma, extintores de fogo, salva-vidas, ambulâncias, padiolas, barcos, escadas, cordas, redes de salvamento, cisternas, medicamentos, desinfetantes etc.). Por outro lado, o impedimento e a dificultação podem ser praticados por meios violentos (emprego de força ou grave ameaça) ou fraudulentos (comunicação falsa de ordens,

110 Comentários ao Código Penal, cit., p. 54.

falsa indicação do local do sinistro etc.), sejam esses meios pessoais ou reais (destruição de uma ponte de comunicação com o local do desastre).

Sobre os objetos materiais do crime, existem dois posicionamentos acerca do alcance da expressão "qualquer meio destinado a serviço de combate ao perigo, socorro ou salvamento":

a) o primeiro, adotado por Delmanto[111], é no sentido de que os bens inutilizados, ocultados ou subtraídos sejam aqueles que são construídos especialmente para eventual situação de perigo, pois está escrito "aparelho, material, ou qualquer meio **destinado** a serviço de combate ao perigo, de socorro ou salvamento (...)"; b) o segundo, seguido por Masson[112], entende que essa expressão deve abranger também outros objetos ou meios que, apesar de não serem unicamente direcionados ao serviço de combate ao perigo, de socorro ou salvamento, também podem servir para tais finalidades (ex: alguém destrói o único rádio em uma zona rural em uma situação de incêndio, impedindo qualquer pedido de socorro ao corpo de bombeiros).

Pois bem, temos que a razão está com a segunda corrente. A uma, porque o rol de bens enumerados é exemplificativo, havendo previsão ao final de cláusula genérica (qualquer meio), tendo em vista que, não raras vezes, o legislador não consegue prever expressamente todos os casos de incidência da norma jurídica. A duas, porque não há violação ao princípio da legalidade (analogia *in malam partem*), uma vez que enumeração de bens e serviços do art. 257 do CP é ampla, devendo ser completada no caso concreto pelo juiz. Trata-se, portanto de caso de **interpretação analógica ou *intra legem***, à semelhança do que ocorre com algumas circunstâncias qualificadoras do homicídio (motivo fútil, motivo torpe, outro meio insidioso ou cruel, qualquer meio que impossibilite a defesa da vítima etc.). E a três, porque semelhante interpretação garante proteção suficiente à incolumidade pública, ainda mais necessária em uma situação de perigo ou calamidade. Não parece correto considerar, por exemplo, que, em uma situação de grave risco, o agente, dolosamente, destrua o único telefone celular (bem particular) disponível para chamar as autoridades competentes e venha a responder responda, tão somente, por crime de dano simples ou qualificado por motivo egoístico. Nessa situação em especial, não só esse meio de comunicação se tornou indispensável para o socorro como também o autor agravou o perigo comum, lesão não só o patrimônio de terceiro como a segurança da coletividade.

Logo, é forçoso concluir que, em princípio, os bens subtraídos, ocultados ou inutilizados sejam voltados para o fim de combate ao perigo, socorro ou salvamento, mas, em casos extremos, o juiz pode vir a considerar que qualquer bem pode se tornar

111 DELMANTO, Celso; DELMANTO, Roberto; DELMANTO JÚNIOR, Roberto; DELMANTO, Fábio M. De Almeida. Código Penal comentado. 7ª Edição. Rio de Janeiro: Renovar, 2007, p. 667.

112 Direito Penal esquematizado, cit., p. 261-262.

essencial para essas finalidades. São os **bens circunstancialmente úteis**, na nomenclatura de Damásio de Jesus[113].

O tipo penal subjetivo é o **dolo**, ou seja, vontade e consciência dirigidas a não utilização dos materiais necessários à redução/ combate ao perigo existente bem como ao embaraço da prestação desses serviços.

A doutrina afirma, ainda, que os motivos determinantes do crime são irrelevantes para sua caracterização. Acrescentamos que em uma situação de perigo, pouco importa se os bens de salvaguarda são próprios ou alheios, pois o tipo penal não faz essa restrição. Não poderia alguém, em princípio, inutilizar o extintor de fogo contido em seu próprio veículo em uma situação de incêndio, sob pena de incorrer nas penas do crime em apreço.

8.3. Sujeito ativo e sujeito passivo

Qualquer pessoa pode ser sujeito ativo dos crimes do art. 257 do CP, pois o tipo penal não exige uma condição especial para praticá-lo, bastando que subtraia, oculte ou inutilize material de salvamento ou venha a embaraçar de qualquer modo os serviços dessa natureza, em situação de calamidade, com o fim de expor a perigo a vida, a integridade física ou o patrimônio de outrem.

O sujeito passivo é a coletividade, já que estamos tratando de crime contra a incolumidade pública, sendo, pois, um crime vago, ou seja, a sua tutela é de um número indeterminado de pessoas, e é nesse sentido que deverá estar contido o plano mental do agente; caso contrário, deverá responder por outro crime (homicídio, lesão corporal etc.). Apesar disso, será possível identificar a existência de vítimas determinadas que estiverem presente no local do incêndio, inundação, naufrágio ou outro desastre ou calamidade.

8.4. Consumação e tentativa

Inicialmente, deve-se atentar ao fato de que o presente delito tem um pressuposto especial: a preexistência da situação de incêndio, inundação, naufrágio ou outro desastre ou calamidade, por se tratar de elemento objetivo do tipo.

É que, acordo com a doutrina majoritária, o crime é de **perigo abstrato**, porque se consuma com a simples subtração, ocultação ou inutilização dos objetos mencionados no tipo, pouco importando ulteriores eventos como a substituição ou reparo dos objetos extraviados. Nesses casos, o agente poderá ser beneficiado a redução de pena a título do arrependimento posterior (CP, art. 16).

113 A conduta do sujeito deve recair sobre aparelho, material ou qualquer meio destinado a serviço de combate ao perigo, de socorro ou salvamento. Também são objetos materiais aqueles que, embora não especificamente destinados aos serviços que a lei tutela, sejam úteis para tal finalidade." (DAMÁSIO DE JESUS, 2002, p. 302).

Outros doutrinadores, como Greco[114] e Delmanto[115] defendem que o crime é de perigo concreto, porque existe a necessidade de observar princípio da lesividade do Direito Penal, que exige a comprovação de ofensa ao bem juridicamente protegido. Eis interessante exemplo de Greco:

> (...) Assim, imagine-se a hipótese daquele que, durante um incêndio, percebendo que no interior de um carro de bombeiros havia um número enorme de machados, que eram utilizados para derrubar obstáculos de forma geral, aproveitando-se de que o veículo se encontrava estacionado, bem como percebendo que todos os bombeiros estavam agindo no sentido de debelar o fogo, subtrai um dos machados. Pergunta-se: A conduta do sujeito, no caso concreto, teria trazido perigo para a incolumidade pública? A resposta só pode ser negativa, tendo em vista a existência, naquele local, de outros machados que poderiam ser utilizados, caso fiossem necessários.

Há, ainda, uma corrente intermediária[116], para a qual o art. 257 do CP é de perigo abstrato quanto aos bens nele indicados e de perigo concreto quanto ao impedimento ou dificultação dos serviços de combate ao perigo, socorro ou salvamento, uma vez que o embaraço é resultado indispensável para a tipificação.

Apesar dos argumentos em sentido contrário, estamos com a corrente majoritária, ou seja, entendemos que o crime é de perigo abstrato em todas as cinco condutas. Com efeito, o tipo penal deixa claro que o perigo é condição essencial de existência de crime, ou seja, ele próprio já descreve atos potencialmente lesivos. Por consequência, qualquer conduta que aumente o risco à incolumidade pública tem presunção de periculosidade.

Entendimento contrário autorizaria, inclusive, a inaplicabilidade do art. 257 por ausência de tipicidade material. Também por isso, não nos parece correto afirmar que apenas as condutas de "impedir" e "dificultar" são de perigo concreto, já que os verbos contêm em si mesmos a noção de perigo presumido. Sim, pois, uma vez que tais atos são praticados, já houve um agravamento das circunstâncias preexistentes.

Discordamos do primeiro entendimento, porque houve, de fato, perigo (presumido) com a subtração de um dos machados de incêndio. É que, em casos como esse, é comum que as chamas venham a se espalhar rapidamente se não forem apagadas em um curto espaço de tempo, podendo causar a morte de pessoas e alcançar prédios vizinhos. Os bombeiros poderiam pedir reforços ou mesmo contar com ajuda de voluntários para romper os obstáculos mais rapidamente para a salvação dos populares. Portanto, com a falta do material, a situação de risco de morte ou de aumento do perigo já teria ocorrido no momento da subtração, embora naquele momento a calamidade estivesse aparentemente controlada. É o perigo que a própria lei presumiu.

Por tudo isso, arrematamos: a) o crime é de **perigo abstrato**, pois a prática das ações descritas no tipo é suficiente para demonstrar a situação de risco coletivo,

---

114 Curso de Direito Penal, cit., p. 55.

115 Código Penal Comentado, cit., p. 662.

116 Comentários ao Código Penal, cit., p. 54.

dispensando laudo pericial; b) o crime é de natureza **formal** e essa classificação não se confunde com a anterior, pois aqui, como se sabe, a consumação do crime ocorre independentemente da ocorrência de um resultado naturalístico. Vale dizer: é prescindível a lesão à vida, à saúde ou ao patrimônio de terceiros[117].

Note-se, mais, que a existência do crime independe da origem do perigo, se veio de caso fortuito, força maior, de outro crime anterior etc.[118]

Quanto à possibilidade de concurso de crimes, cumpre fazer algumas ponderações, a fim de dirimir outra divergência doutrinária.

Sobre esse ponto, Hungria[119] defende a possibilidade de concurso material de crimes em todos os casos: se foi o próprio agente quem deu causa à situação de perigo (incêndio etc.), responderá pelo crime em questão e pelo crime de perigo comum. Diz que se o *processus* empregado constitui crime (furto, dano, constrangimento ilegal, violência física ou moral, resistência etc.), haverá, igualmente, concurso material.

Concordando em parte (apenas quanto ao concurso entre crimes autônomos), Delmanto[120] professa que, se o agente dá causa ao desastre e ainda pratica o delito deste art. 257, haverá concurso (formal ou material, conforme o caso) de crimes. Todavia, não poderia haver concurso deste art. 257 com os crimes de furto e dano, pois já compõem o tipo do art. 257 as ações de subtrair e inutilizar; nesse caso, estando presentes os pressupostos do crime do art. 257 (dentre os quais o perigo comum concreto), configura-se tão somente *este* crime, restando o crime-meio absorvido.

Temos que é melhor adotar uma posição intermediária, no que se refere aos crimes dos arts. 155 (furto) e 163 (dano), do Código Penal. De fato, se existe relação necessária de meio e fim entre delitos, é justo aplicar apenas uma norma incriminadora, ou a mais abrangente ou a mais grave, pela aplicação do **princípio da consunção ou absorção**, sob pena de ocorrência de *bis in idem*, punindo o agente duplamente pelo mesmo fato.

Entretanto, entendemos que é perfeitamente possível o concurso (material ou formal) dos crimes mencionados: se o furto ou o dano aos bens dirigidos ao combate ao perigo, socorro ou salvamento ocorreram logo antes da existência do perigo ou se o agente, criando o risco coletivo, venha a praticar furto de materiais que não chegaram a se tornar substancialmente úteis. Mas se condutas dos arts. 155 e 163 do CP forem praticadas em detrimento dos bens e serviços mencionados no tipo (durante a circunstância periclitante), praticar-se-á este delito contra a incolumidade pública.

117 Neste sentido, MASSON, Direito Penal esquematizado, cit., p. 263.

118 Segundo Delmanto (Código Penal, cit., p.667): "(...) Para que haja crime deve a conduta incriminada ser praticada por ocasião de incêndio, inundação, naufrágio, ou outro desastre ou calamidade, sendo indiferente que tais situações sejam resultado de crime ou advenham de caso fortuito ou força maior. Não havendo qualquer dessas situações, inexiste o crime deste art. 257, podendo haver outro (p. ex. furto, peculato)".

119 Comentários ao Código Penal, cit., p. 55.

120 Código Penal Comentado, cit., p. 667.

Logo, concluímos que é possível ocorrer concurso entre o crime do art. 257 do CP e outros, desde que o agente, no contexto da calamidade: a) cause, dolosamente, lesão a outro bem jurídico b) crie novo perigo concreto, agravando ou não a situação de calamidade preexistente, se se tratar de delito contra a incolumidade pública; c) que o outro crime não seja meio para a consumação da subtração, ocultação ou inutilização de material de salvamento.

Finalmente, alinhavamos que a simples recusa em prestar ajuda não concretiza o crime. O impedimento ou embaraço deve resultar de ação e não de omissão, salvo se o omitente tinha o dever legal de agir para enfrentar o perigo (bombeiro, por exemplo).

Com razão, portanto, Noronha[121]:

> (...) A segunda parte da oração soa: impedir ou dificultar serviço de tal natureza. Já agora o agente se conduz de modo que obsta ou frustra aqueles serviços (combate, socorro ou salvamento), usando os mais diversos processos: violência física, moral, fraude etc. Trata-se de forma *comissiva*. O simples fato de recusar o próprio auxílio não concretiza o crime em exame, porque o impedimento ou o obstáculo deve ser determinado por ação e não por simples omissão, escreve Manzini, acrescentando, entretanto (aliás, como já dissemos também), salvo se houver o dever o dever jurídico de o agente impedir o evento, como o bombeiro, o marinheiro etc. (...)

Se durante as circunstâncias do *caput* a pessoa não tinha a obrigação de garantidora (CP, art. 13, § 2º), não responderá pelo crime de subtração, ocultação ou inutilização de material de salvamento, pois as condutas do art. 257 do Código Penal são comissivas. Poderá responder, porém, por crime omissivo próprio, no caso, omissão de socorro (CP, art. 135), se deixar de prestar assistência, quando possível fazê-lo sem risco pessoal, ou se não pedir auxílio às autoridades competentes.

A tentativa é admissível, pois, em tese, é possível falar em início da fase executória do *iter criminis*, em consequência da possibilidade de divisão, no plano mental, dos atos praticados pelo agente (crime plurissubsistente). Um exemplo clássico é o caso em que alguém tenta retirar o extintor do prédio que se encontra incendiado, mas é impedido pelas vítimas do evento.

8.5. Classificação doutrinária

Comum, porque pode ser praticado por qualquer pessoa; **Vago**, pois o sujeito passivo é a coletividade, de forma genérica, com vítima indeterminada, embora, no caso concreto, seja possível verificar a existência de vítimas determinadas; **Doloso,** exclusivamente. **Comissivo,** praticado, em regra, por meio de uma ação, sem prejuízo de responder por omissão imprópria, se o agente era responsável em garantir a não ocorrência do crime (CP, art. 13, § 2º); **De ação múltipla ou de conteúdo variado,** porque possui mais de uma conduta descrita no tipo penal (Subtrair, ocultar ou inutilizar; impedir ou dificultar). **De ação livre,** pois pode ser praticado por qualquer

121 Direito Penal, cit., p. 347.

meio, ainda que não previsto pelo legislador. **Material ou causal,** porque depende da ocorrência das circunstâncias indicadas na lei, no caso, a periclitação à vida, à integridade física ou ao patrimônio de outrem. **De perigo abstrato**

(doutrina majoritária) porque o perigo é presumido de forma absoluta (*juris et de jure*) de modo que não é necessário exame pericial para comprová-lo[122]. E como deixa vestígios, é **não transeunte. Instantâneo,** nas condutas de "subtrair" e "inutilizar" porque nelas o crime está consumado a partir do momento em que o agente pratica a conduta descrita no tipo, não se protraindo para o futuro. **Haverá, após, exaurimento (*post factum*) do crime.** Contudo, é **crime permanente** quanto ao núcleo "ocultar", ou seja, o delito permanece praticado enquanto o material de salvamento permanecer escondido. **Unissubjetivo ou de concurso eventual de pessoas**, pois pode ser praticado por um ou mais sujeitos.

8.6. Causas de aumento de pena

O art. 258 do CP dispõe sobre as "formas qualificadas dos crimes de perigo comum", mas, segundo a opinião da doutrina, trata-se de causas de aumento de pena da Parte Especial, uma vez que não são preceitos secundários autônomos e fazem remissão a penas preexistentes.

O referido dispositivo prevê:

> Se do crime doloso de perigo comum resulta lesão corporal de natureza grave, a pena privativa de liberdade é aumentada de metade; se resulta morte, é aplicada em dobro. No caso de culpa, se do fato resulta lesão corporal, a pena aumenta-se de metade; se resulta morte, aplica-se a pena cominada ao homicídio culposo, aumentada de um terço.

Como se vê, esse dispositivo aplica-se a todos os crimes deste Capítulo I, que trata dos crimes de perigo comum (arts. 250 a 257 e 259). Considerando que o tipo penal do art. 257 não prevê modalidade culposa, só incidirão as majorantes da 1ª parte do dispositivo, relativas às formas preterdolosas (quando o resultado mais grave ocorrer culposamente).

Logo, no caso de preterdolo (ação dolosa + resultado culposo):

a) aplica-se o aumento de metade (1/2) se sobrevier lesão corporal **grave ou gravíssima**, resultando em uma pena de 3 (três) a 7 (sete) anos e 6 (seis) meses de reclusão; b) aumenta-se a pena em dobro se ocorrer morte, ficando em 4 (quatro) a 10 (dez) anos de reclusão.

8.7. Crime do Código Penal Militar

> **Subtração, ocultação ou inutilização de material de socorro**
>
> **Art. 275.** Subtrair, ocultar ou inutilizar, por ocasião de incêndio, inundação, naufrágio, ou outro desastre ou calamidade, aparelho, material ou qualquer meio

122 Em sentido contrário, Greco (Curso, cit., p. 55) e Delmanto (Código Penal, cit., p. 668) entendem que o delito é de perigo concreto, devendo haver comprovação de perigo efetivo.

> destinado a serviço de combate ao perigo, de socorro ou salvamento; ou impedir ou dificultar serviço de tal natureza: Pena – reclusão, de três a seis anos.

Da simples leitura se nota que o tipo penal primário é, literalmente, o mesmo do art. 257 do Código Penal. Destacamos que a única diferença é a pena (preceito secundário), que é mais severa, pois seus limites mínimo e máximo são superiores em um ano: enquanto o CP comina pena de 2 (dois) a 5 (cinco) anos de reclusão, o CPM o faz em 3 (três) a 6 (seis) anos de reclusão.

No mais, pouco importa se o local é ou não sujeito à Administração militar, por ausência de previsão legal. Para que esse crime militar seja tipificado, dependerá do cumprimento dos requisitos do art. 9º, II, e III, d, do Código Penal Militar[123].

Ressalte-se que o CPM também prevê causas de aumento de pena em decorrência de lesões corporais e morte, para as formas preterdolosas:

> **Formas qualificadas pelo resultado**
>
> **Art. 277**. Se do crime doloso de perigo comum resulta, além da vontade do agente, lesão grave, a pena é aumentada de metade; se resulta morte, é aplicada em dôbro. No caso de culpa, se do fato resulta lesão corporal, a pena aumenta-se de metade; se resulta morte, aplica-se a pena cominada ao homicídio culposo, aumentada de um têrço.

Finalmente, importante destacar que o Código Penal Militar prevê um único delito contra a incolumidade pública **em tempo de guerra**, de tipo remetido aos crimes

---

123 Art. 9º do CPM: Consideram-se crimes militares, em tempo de paz: I – os crimes de que trata êste Código, quando definidos de modo diverso na lei penal comum, ou nela não previstos, qualquer que seja o agente, salvo disposição especial; II II os crimes previstos neste Código e os previstos na legislação penal, quando praticados(Redação dada pela Lei nº 13.491, de 2017): a) por militar em situação de atividade ou assemelhado, contra militar na mesma situação ou assemelhado; b) por militar em situação de atividade ou assemelhado, em lugar sujeito à Administração militar, contra militar da reserva, ou reformado, ou assemelhado, ou civil; c) por militar em serviço ou atuando em razão da função, em comissão de natureza militar, ou em formatura, ainda que fora do lugar sujeito à Administração militar contra militar da reserva, ou reformado, ou civil; (Redação dada pela Lei nº 9.299, de 8.8.1996) d) por militar durante o período de manobras ou exercício, contra militar da reserva, ou reformado, ou assemelhado, ou civil; e) por militar em situação de atividade, ou assemelhado, contra o patrimônio sob a Administração militar, ou a ordem administrativa militar; f) revogada. (Vide Lei nº 9.299, de 8.8.1996); III – os crimes praticados por militar da reserva, ou reformado, ou por civil, contra as instituições militares, considerando-se como tais não só os compreendidos no inciso I, como os do inciso II, nos seguintes casos: a) contra o patrimônio sob a Administração militar, ou contra a ordem administrativa militar; b) em lugar sujeito à Administração militar contra militar em situação de atividade ou assemelhado, ou contra funcionário de Ministério militar ou da Justiça Militar, no exercício de função inerente ao seu cargo; c) contra militar em formatura, ou durante o período de prontidão, vigilância, observação, exploração, exercício, acampamento, acantonamento ou manobras; d) ainda que fora do lugar sujeito à Administração militar, contra militar em função de natureza militar, ou no desempenho de serviço de vigilância, garantia e preservação da ordem pública, administrativa ou judiciária, quando legalmente requisitado para aquêle fim, ou em obediência a determinação legal superior. Parágrafo único. Os crimes de que trata este artigo quando dolosos contra a vida e cometidos contra civil serão da competência da Justiça comum, salvo quando praticados no contexto de ação militar realizada na forma do art. 303 da Lei nº 7.565, de 19 de dezembro de 1986 – Código Brasileiro de Aeronáutica. (Redação dada pela Lei nº 12.432, de 2011) (grifo nosso).

dos arts. 268 a 276 e 278, que se referem aos delitos de perigo comum, puníveis exclusivamente na forma dolosa:

> Crimes de perigo comum Art. 386. Praticar crime de perigo comum definido nos arts. 268 a 276 e 278, na modalidade dolosa: I – se o fato compromete ou pode comprometer a preparação, a eficiência ou as operações militares; II – se o fato é praticado em zona de efetivas operações militares e dêle resulta morte: Pena – morte, grau máximo; reclusão, de vinte anos, grau mínimo.

8.8. Potencialidade ofensiva

Nota-se que o crime de subtração, ocultação ou inutilização de material de salvamento doloso é de **alto potencial ofensivo**, em todas as suas formas, haja vista que a sua forma simples prevista no *caput* do art. 257 do CP já prevê uma pena de 2 (dois) a 5 (cinco) anos, razão pela qual não cabe transação penal e suspensão condicional do processo, porque pressupõem, respectivamente, pena máxima não superior a 2 (dois) anos e pena mínima não superior a 1 (um) ano, nos termos dos arts. 61 e 89 da Lei nº 9.099/95[124]. E com maior razão em relação às formas preterdolosas com resultado lesão grave e morte, cujas penas serão, como visto, aumentadas de ½ (metade) e em dobro, respectivamente.

8.9. Ação penal e competência do juízo

A ação penal é pública incondicionada, uma vez que o Código não exige iniciativa privativa do ofendido, representação ou requisição do Ministro da Justiça (CP, art. 100). De fato, o condicionamento da ação penal nos crimes previstos no Título VII, parece ser incompatível com a proteção do interesse público relativo à tutela judicial da incolumidade pública em geral.

A competência será, em regra, da Justiça Estadual. Mas há alguns casos em que a competência para processar e julgar o feito será da Justiça Federal.

Se imaginarmos que, em uma situação de incêndio ocorrido em certo edifício onde funcione órgão público federal, determinada pessoa oculte vários extintores localizados nos andares, a situação de perigo agravada pela conduta criminosa acarretará perigo ou lesão, direta ou indireta aos bens da repartição, uma vez que isso impedirá que o fogo venha a ser apagado mais rapidamente. Nesse exato sentido, é o art. 109, IV, CF, que diz: "os crimes políticos e as infrações penais praticadas em detrimento de bens, serviços ou interesse da União ou de suas entidades autárquicas ou

124 Art. 61. Consideram-se infrações penais de menor potencial ofensivo, para os efeitos desta Lei, as contravenções penais e os crimes a que a lei comine pena máxima não superior a 2 (dois) anos, cumulada ou não com multa.

Art. 89. Nos crimes em que a pena mínima cominada for igual ou inferior a um ano, abrangidas ou não por esta Lei, o Ministério Público, ao oferecer a denúncia, poderá propor a suspensão do processo, por dois a quatro anos, desde que o acusado não esteja sendo processado ou não tenha sido condenado por outro crime, presentes os demais requisitos que autorizariam a suspensão condicional da pena (art. 77 do Código Penal).

empresas públicas, excluídas as contravenções e ressalvada a competência da Justiça Militar e da Justiça Eleitoral".

Outro exemplo hipotético é a **ocultação ou inutilização do material de salvamento** dentro de navios ou aeronaves, por disposição expressa do art. 109, IX, da Constituição[125]. Se alguém extraviar, dolosamente, boias e botes salva-vidas de um navio (grande embarcação) durante um naufrágio ou mesmo quando o agente, a bordo de uma aeronave à deriva após um pouso de emergência, destrói a parte inferior dos assentos do avião, que normalmente servem como objeto flutuante. Ou, ainda, quando o agente consegue ter acesso ao rádio comunicador do piloto e impede que as equipes de salvamento venham socorrer a tripulação e os passageiros, afirmando que a notícia do desastre era uma brincadeira ou "alarme falso", impedindo o socorro.

9. DIFUSÃO DE DOENÇA OU PRAGA

⊙ **Difusão de doença ou praga**

Art. 259. Difundir doença ou praga que possa causar dano a floresta, plantação ou animais de utilidade econômica: Pena – reclusão, de dois a cinco anos, e multa.

Modalidade culposa Parágrafo único – No caso de culpa, a pena é de detenção, de um a seis meses, ou multa.

9.1. Bem jurídico protegido, objeto material do crime e revogação tácita do art. 259 do CP

O bem jurídico protegido (mediato) é a incolumidade pública e o imediato é a saúde dos animais e plantas essenciais para o desenvolvimento da agricultura e da pecuária, atividades importantes para economia nacional. Além disso, a norma penal protege o meio ambiente, mais especificamente a fora e a fauna. O objeto material do crime é tudo aquilo que se encontra sujeito a perigo no local onde ocorreu o desabamento ou o desmoronamento, principalmente a vida, a integridade física e a propriedade alheia, como as casas, edifícios, ruas, veículos etc. Confira-se, a propósito, a lição de Nelson Hungria[126]:

> No Brasil, cuja riqueza principal assenta na agricultura e na pecuária, o legislador não podia vacilar em reconhecer a legitimidade da incriminação dos fatos de que ora se cogita. Os dois artigos do Código suíço foram unificados pelo nosso, com a seguinte redação: "Difundir doença ou praga que possa causar dano a floresta, plantação ou animais de utilidade econômica". São tristemente famosas as doenças ou pragas que costumam afetar animais e plantas (epizootias, epiftias), dada a sua contagiosidade e poder destruidor (exs.: febre aftosa, garrotilho, sarna, floxera, *broca* etc.).

125 Art. 109. Aos juízes federais compete processar e julgar (...) IX – os crimes cometidos a bordo de navios ou aeronaves, ressalvada a competência da Justiça Militar.

126 Comentários ao Código Penal, cit., p. 56.

A doutrina majoritária defende que esse tipo penal foi tacitamente revogado pelo art. 61 da Lei nº 9.605/98, posição com a qual concordamos. Eis o que consta do delito que o sucedeu:

> **Art. 61**. Disseminar doença ou praga ou espécies que possam causar dano à agricultura, à pecuária, à fauna, à fora ou aos ecossistemas: Pena – reclusão, de um a quatro anos, e multa.

Como se vê da semelhança entre os crimes, vemos que a norma penal tutela, a um só tempo, dois bens jurídicos: a incolumidade pública e o meio ambiente.

O objeto material do delito é a própria doença ou praga que cause epizootias e epifitias, ou seja, devem ser agentes patogênicos e/ou parasitas de espécies animais ou vegetais imprescindíveis à agricultura, pecuária, fauna, fora e ao equilíbrio dos ecossistemas.

9.2. Tipo penal objetivo e tipo penal subjetivo

O núcleo do tipo não oferece maiores questionamentos, razão pela qual transcrevemos e ratificamos integralmente a lição de Baltazar Júnior[127]:

> (...) **43.1 Tipo objetivo**
>
> O delito consiste em: "Disseminar doença ou praga ou espécies que possam causar dano à agricultura, à pecuária, à fauna, à fora ou aos ecossistemas".
>
> O dispositivo em questão revogou o art. 259, caput, do CP.
>
> Disseminar é espalhar, propagar, difundir, fazer chegar. O tipo é aberto, podendo ocorrer pela utilização de sementes contaminadas, pela mistura de espécimes contaminadas com outras saudáveis ou pelo mero transporte de espécimes portadores da doença ou praga (Machado: 19)
>
> **43.3. Consumação**
>
> Com a disseminação, não se exigindo que a prática seja habitual ou apresente dolo. Ao contrário do tipo revogado, do art. 259 do CP, não há previsão de forma culposa.

Como se vê, a lei de crimes ambientais foi benéfica, em dois aspectos: 1) houve redução de pena, de 2 a 5 anos **de reclusão** para 1 (um) a 4 (quatro) anos **de detenção** *(novatio legis in mellius)*; 2) não houve mais previsão de forma culposa (*abolitio criminis)*. Embora haja controvérsia doutrinária, pensamos que não subsiste mais o crime culposo antes previsto no parágrafo único do art. 259 do CP, seja porque o delito culposo é acessório e deve acompanhar sempre o principal, seja porque, em caso de dúvida, a interpretação deve sempre favorecer o réu (aplicação do princípio *in dubio pro reo*).

O tipo penal subjetivo é o **dolo**, admitida a forma eventual (Machado: 19).

Não foi reconhecido o dolo no caso em que o plantio das espécies exóticas contava com apoio da Prefeitura Municipal, não tendo havido autuação por parte do IBAMA

127 Crimes Federais, cit., p. 1.086.

por ocasião do plantio (TRF4, AC 0000153302005404107, Márcio Rocha, 7ª T., u., 9.11.10).

9.3. Sujeito ativo e sujeito passivo

Qualquer pessoa pode ser sujeito ativo, pois o tipo penal não exige uma condição especial para praticá-lo. O sujeito passivo é a coletividade.

9.4. Consumação e tentativa

O crime se consuma no momento da difusão da doença ou praga por obra do agente, configurando-se o perigo às atividades de agricultura e pecuária, bem como à fauna, à fora ou aos ecossistemas. Basta a disseminação, não se exigindo que a prática seja habitual.

Finalmente, a tentativa é inadmissível, embora haja opinião em sentido contrário. Para Greco[128] e Bitencourt[129], a tentativa é possível ao menos teoricamente, porque o *iter criminis* é fracionável. É porque, embora seja possível fracionar o *iter criminis,* não há como diferenciar o exato momento do início da execução da última prática de ato preparatório. Ou o agente efetivamente propaga a doença/praga, ainda que em quantidade pequena (consumação), ou, se não vem a fazê-lo, por circunstâncias alheias à sua vontade, não cria risco algum à incolumidade pública. Logo, o fracionamento ou não dos atos não implica, por si só, a possibilidade de distinção entre atos preparatórios e atos de execução.

Assim por exemplo, se uma pessoa quer causar grande desequilíbrio em lavouras por meio da liberação de grande quantidade de insetos e eles não vêm a destruir a lavoura por qualquer motivo (desvio de percurso, morte etc.), o crime está consumado, pois a existência do perigo é manifesta. Mas se eles ainda estão enclausurados e um terceiro impede a disseminação da praga, o fato é atípico.

9.5. Classificação doutrinária

Comum, porque pode ser praticado por qualquer pessoa; **Vago**, pois o sujeito passivo é a coletividade, de forma genérica, com vítima indeterminada, embora, no caso concreto, seja possível verificar a existência de vítimas determinadas; Doloso, exclusivamente. **Comissivo**, praticado, em regra, por meio de uma ação, sem prejuízo de responder por omissão imprópria, se o agente era responsável em garantir a não ocorrência do crime (CP, art. 13, § 2º); **De ação única**, porque possui apenas uma conduta descrita no tipo penal (disseminar). **De ação livre**, pois pode ser praticado por qualquer meio, ainda que não previsto pelo legislador, no sentido de difundir doenças e pragas nocivas a animais, plantas e meio ambiente. **Formal ou de consumação antecipada**, porque independe da ocorrência de sejam de morte da fauna, destruição

128 Curso de Direito Penal, cit., p. 65.

129 Tratado de Direito Penal, p. 256.

da fora ou desequilíbrio de um ecossistema. Basta que a disseminação traga risco ao meio ambiente e à incolumidade pública. **De perigo abstrato** (doutrina majoritária) porque o perigo é presumido de forma absoluta (*juris et de jure*) de modo que não é necessário exame pericial para comprová-lo[130]. E como deixa vestígios, é **não transeunte**. **Instantâneo**, porque a consumação ocorrerá a partir do momento em que o agente pratica a conduta descrita no tipo, não se protraindo para o futuro. Haverá, após, exaurimento (*post factum*) do crime. **Unissubjetivo ou de concurso eventual de pessoas**, pois pode ser praticado por um ou mais sujeitos.

9.6. Causas de aumento de pena

O art. 258 do CP dispõe sobre as "formas qualificadas dos crimes de perigo comum", mas, segundo a opinião da doutrina, trata-se de causas de aumento de pena da Parte Especial, uma vez que não são preceitos secundários autônomos e fazem remissão a penas preexistentes.

Entretanto, como vige o art. 61 da Lei nº 9.605/98, temos que, atualmente, não mais se aplicam essas causas de aumento de pena.

Antes da revogação tácita, eram cabíveis as causas de aumento do art. 258, também para a conduta culposa ao contrário do que afirma Greco[131], pelo fato de que o crime de difusão de doença ou praga estar localizado logo após, no art. 259. Isso, por si só, não justificaria a sua exclusão.

E, a toda evidência, a Lei nº 9.605/98 (Lei de Crimes Ambientais) adotou entendimento contrário, uma vez que o tipo revogador do

art. 61 encontra-se na sua Seção III (Da Polução e outros Crimes Ambientais), sujeitando o autor de crime a causas de aumento de pena idênticas às do art. 258 do CP: **Art. 58**. Nos crimes dolosos previstos nesta Seção, as penas serão aumentadas: I – de um sexto a um terço, se resulta dano irreversível à fora ou ao meio ambiente em geral; II – de um terço até a metade, se resulta lesão corporal de natureza grave em outrem; III – até o dobro, se resultar a morte de outrem.

> Parágrafo único. As penalidades previstas neste artigo somente serão aplicadas se do fato não resultar crime mais grave.

9.7. Crime do Código Penal Militar

> **Difusão de epizootia ou praga vegetal**
>
> **Art. 278.** Difundir doença ou praga que possa causar dano a floresta, plantação, pastagem ou animais de utilidade econômica ou militar, em lugar sob Administração militar:
>
> Pena – reclusão, até três anos. Modalidade culposa
>
> Parágrafo único. No caso de culpa, a pena é de detenção, até seis meses.

130 Em sentido contrário, Greco (Curso de Direito Penal, cit., p. 65).

131 Ibidem, p. 61.

O Art. 278 Código Penal Militar, apresenta algumas diferenças, a saber: previu a pastagem e os animais de utilidade econômica ou militar (ex.: cavalos, pombos-correios) como bens jurídicos tutelados, determinou que a incidência do fato deve se dar em lugar sob a Administração militar, possui pena mais branda que o crime do art. 61 da Lei nº 9.605/98 ora vigente (a pena máxima é de 3 anos ao invés de 4 anos) e ainda subsiste a modalidade culposa, cuja pena é de detenção, até seis meses. Embora não haja previsão de penas mínimas, elas são, respectivamente, de 1 (um) ano de reclusão, e 15 (quinze) dias de detenção, nos termos do art. 58 do CPM[132].

Mas, ao contrário do que ocorria no Código Penal e ocorre na Lei de Crimes Ambientais e nos demais crimes militares de perigo comum, temos que não é possível aplicar as causas de aumento de pena decorrentes de preterdolo e de condutas duplamente culposas (na ação e no resultado). É que o art. 277 do CPM[133], só incide se houver ao menos a concretização de dano ou lesão a pessoas. E como o tipo penal visa à proteção da economia, do meio ambiente e também a saúde dos animais e plantas utilizados na pecuária e na agricultura, ele é incompatível com essas formas qualificadas pelo resultado.

Finalmente, importante destacar que o Código Penal Militar prevê um único delito contra a incolumidade pública **em tempo de guerra**, de tipo remetido aos crimes dos arts. 268 a 276 e 278, que se referem aos delitos de perigo comum, puníveis exclusivamente na forma dolosa:

> **Crimes de perigo comum**
>
> **Art. 386**. Praticar crime de perigo comum definido nos arts. 268 a 276 e 278, na modalidade dolosa: I – se o fato compromete ou pode comprometer a preparação, a eficiência ou as operações militares; II – se o fato é praticado em zona de efetivas operações militares e dêle resulta morte: Pena – morte, grau máximo; reclusão, de vinte anos, grau mínimo.

9.8. Potencialidade ofensiva

O crime é de **médio potencial ofensivo**, pois, embora a pena máxima seja superior a 2 (dois) anos, inviabilizando a transação penal, a pena mínima é igual a 1 (um) ano, cabendo, portanto, a suspensão condicional do processo (*sursis* processual), de acordo com o art. 89 da Lei nº 9.099/95.

9.9. Ação penal e competência do juízo

A ação penal é pública incondicionada, uma vez que o Código não exige iniciativa privativa do ofendido, representação ou requisição do Ministro da Justiça (CP, art.

---

132 Art. 58 do Código Penal Militar: Mínimos e máximos genéricos O mínimo da pena de reclusão é de um ano, e o máximo de trinta anos; o mínimo da pena de detenção é de trinta dias, e o máximo de dez anos.

133 Formas qualificadas pelo resultado Art. 277. Se do crime doloso de perigo comum resulta, além da vontade do agente, lesão grave, a pena é aumentada de metade; se resulta morte, é aplicada em dôbro. No caso de culpa, se do fato resulta lesão corporal, a pena aumenta-se de metade; se resulta morte, aplicase a pena cominada ao homicídio culposo, aumentada de um têrço.

100). De fato, o condicionamento da ação penal nos crimes previstos no Título VII, parece ser incompatível com a proteção do interesse público relativo à tutela judicial da incolumidade pública em geral.

A competência será, em regra, da Justiça Estadual, especialmente em virtude do cancelamento da Súmula nº 91 do Superior Tribunal de Justiça, que dizia: "*Compete à justiça federal processar e julgar os crimes praticados contra a fauna*".

Mas há alguns casos em que a competência para processar e julgar o feito será da Justiça Federal. É quando, por exemplo, a difusão de doença ou praga ocorrer em Unidades de Conservação instituídas pela União, nos termos do art. 109, IV, da Constituição Federal.

CAPÍTULO II – DOS CRIMES CONTRA A SEGURANÇA DOS MEIOS DE COMUNICAÇÃO E TRANSPORTE E OUTROS SERVIÇOS PÚBLICOS

MARCUS MOTA MOREIRA LOPES

1. PERIGO DE DESASTRE FERROVIÁRIO

⊙ **Perigo de desastre ferroviário**

Art. 260. Impedir ou perturbar serviço de estrada de ferro:

I – destruindo, danificando ou desarranjando, total ou parcialmente, linha férrea, material rodante ou de tração, obra-de-arte ou instalação;

II – colocando obstáculo na linha;

III - transmitindo falso aviso acerca do movimento dos veículos ou interrompendo ou embaraçando o funcionamento de telégrafo, telefone ou rádio-telegrafia;

IV - praticando outro ato de que possa resultar desastre:

Pena - reclusão, de dois a cinco anos, e multa.

⊙ **Desastre ferroviário**

§ 1º Se do fato resulta desastre:

Pena - reclusão, de quatro a doze anos, e multa.

§ 2º No caso de culpa, ocorrendo desastre:

Pena - detenção, de seis meses a dois anos.

§ 3º Para os efeitos deste artigo, entende-se por estrada de ferro qualquer via de comunicação em que circulem veículos de tração mecânica, em trilhos ou por meio de cabo aéreo.

1.1. Bem jurídico protegido e objeto material do crime

O bem jurídico protegido mediato é a incolumidade pública e o imediato é a segurança e a credibilidade do serviço de estradas de ferro.

A estrada de ferro constante do *caput* do art. 260 do Código Penal é o objeto material do delito. Seu conceito jurídico-penal é trazido pelo seu § 3º, que dispõe: “Para os efeitos deste artigo, entende-se por estrada de ferro qualquer via de comunicação em que circulam veículos de tração mecânica, em trilhos ou por meio de cabo aéreo”.

Nelson Hungria[1] define que esse conceito depende de dois pressupostos: 1) a existência de veículos de transporte coletivo sobre trilhos ou sustentados sobre fios metálicos e 2) tração mecânica, originada por qualquer meio, como eletricidade, vapor, explosão etc. Exemplos doutrinários podem ser citados como as filovias do Pão de Açúcar, no Rio de Janeiro, trens, bondes e metrôs.

Diz, ainda, que a norma penal incidirá se houver perigo ou sinistro, quer se trate de ferrovia pública quer se trate de ferrovia particular (mantida por empresas privadas, industriais ou agrícolas), com a finalidade específica de transporte de pessoal ou de mercadorias, desde que o meio seja **público**, termo que aqui deve ser interpretado no sentido de **coletivo**.

A tração mecânica pode ser entendida, pela Física, como o processo físico em que uma força tangencial é transmitida sobre uma interface situada entre dois corpos, por meio de uma fricção pura ou por meio de um fluido interveniente (pode ser o ar, por exemplo), resultando em movimento, repouso ou transmissão de força[2].

Por conta disso, incluímos aqui também como transporte de tração mecânica o *MagLev (Magnetic Levitation Vehicle)*[3] um moderno trem que se move sobre trilhos, mas sem tocá-los, por meio de levitação magnética, causada pela repulsão de gigantescos eletroímãs localizados no veículo e nos trilhos. Existe, aqui, a propulsão (movimento) causada pela diferença das polaridades dos ímãs, controlada por motores elétricos instalados, e também a tração mecânica propriamente dita, entre os campos magnéticos que se repelem e o ar, e, indiretamente, entre o trem e os trilhos. Em conclusão, o fato de não haver fricção de rodas diretamente com a linha férrea, mas levitação, não o desclassifica do conceito de serviço de estrada de ferro, seja porque está incluso nos conceitos físico e jurídico acima, seja porque a ausência delas causa considerável impacto na velocidade de deslocamento e na economia de energia, antes desperdiçada pelo atrito entre os metais. Logo, a existência ou não de fricção direta entre as linhas férreas e as rodas do veículo é penalmente irrelevante.

Não se deve perder de vista que o presente tipo penal visa à proteção jurídica específica dos transportes ferroviários, assim entendidos, nos termos acima, daqueles que se movem por meio de linhas de ferro ou de cabos, a fim de responsabilizar o agente que der causa a qualquer tipo de perigo ou efetivo desastre. Evitam-se, desta maneira, eventuais equívocos com outros delitos previstos no Código Penal, inclusive aqueles classificados no título VII do Código Penal (crimes contra a incolumidade

1 Comentários ao Código Penal, cit., p. 77-78.

2 Livre tradução do conceito da obra citada na Wikipedia <http://goo.gl/9IFNE7>: Traction is defned as: a physical process in which a tangential force is transmitted across an interface between two bodies through dry friction or an intervening fuid flm resulting in motion, stoppage or the transmission of power (Copyright: "Mechanical Wear Fundamentals and Testing" by Raymond George Bayer).

3 Conceito retirado do sítio eletrônico http://en.wikipedia.org/wiki/Maglev.

pública), a exemplo do art. 266 do CP, que trata da interrupção ou perturbação de serviço telegráfico, radiotelegráfco, telefônico, telemático ou de informação de utilidade pública (estes dois últimos incluídos pela Lei nº 12.737/12), ou de seus restabelecimentos. Enquanto naquele o direito penal visa a coibir o embaraço do fornecimento mesmo dos serviços mesmos, de forma genérica, o presente art. 260, III, do CP, é mais restrito, porque o uso desses meios de comunicação se refere, direta ou indiretamente, ao bom andamento da comunicação nas ferrovias.

Daí falar que, com base no **princípio da especialidade (*lex especialis derogat generali*)**, o tipo do art. 260, III, do CP, prevalece sobre o descrito no art. 266, em se tratando de serviços de estrada de ferro. Esse princípio é aceito pela doutrina majoritária.

Em sentido contrário, Hungria[4] entende que o caso é de aplicação do **princípio da consunção/absorção**, quando o tipo do art. 260, *caput* ou § 1º, absorve o do art. 266, todos do Código Penal, no que é acompanhado, atualmente, por Bitencourt[5].

1.2. Tipo penal objetivo e tipo penal subjetivo

O tipo objetivo consiste em **impedir** ou **perturbar** o serviço de estrada de ferro, desde que ocorra, necessariamente, nos termos dos incisos I a IV:

> I – destruir, danificar ou desarranjar, total ou parcialmente, linha férrea (trilhos e demais componentes colocados sobre o terreno), material rodante ou de tração (vagões, freios, rodas), obra de arte (ex.: túneis, pontes etc.);
>
> II – colocar obstáculo na linha;
>
> III – transmitir falso aviso acerca do movimento dos veículos ;interromper ou embaraçar telégrafo telefone ou radiotelegrafa necessários à comunicação com os trens e, finalmente,
>
> IV – praticar outro ato de que possa resultar desastre.

No caso do primeiro inciso, o impedimento ou perturbação é causado por aquele que destrói (arruína, extingue ou faz desaparecer), danifica (prejudica, deteriora, estraga) ou desarranja (desorganiza) linha férrea, de modo a criar um perigo de desastre na ferrovia. O termo "total ou parcialmente" se refere ao verbo desarranjar apenas, tendo em vista o grau de desordem que pode ser causado pelo agente e também o fato de que a destruição deve ser total, enquanto o dano se refere, obviamente, a uma destruição parcial.

O segundo inciso trata de colocação de obstáculo na linha, possivelmente a forma mais comum de praticar o crime, haja vista a facilidade de executá-lo e a dificuldade que pode existir na identificação do sujeito. Não é qualquer obstáculo que enseja a consumação do crime, mas aquele que, tenha capacidade de causar perigo ao serviço ferroviário, o que só poderá ser apurado mediante perícia. O obstáculo pode ser

4 Comentários ao Código Penal, cit., p. 65.

5 Tratado de Direito Penal, p. 275.

qualquer tipo de material, componente ou não da linha férrea, desde que lá esteja em desacordo com o modo regular de utilização, sendo apto a causar a obstrução da via.

No caso do inciso terceiro, conforme vimos, é forma especial de impedimento ou perturbação de serviços de telecomunicações em relação ao delito do art. 266 do CP, pois nesse caso eles devem se referir diretamente ao bom andamento do transporte ferroviário.

O crime é de ação múltipla, mas nos casos dos incisos I a III, é de forma vinculada, ou seja, deve ser necessariamente praticado da forma exigida pelo Código Penal.

No caso do inciso IV, por exclusão, o delito é de ação livre, ou seja, pode ser praticado por qualquer meio, desde que ofereça perigo concreto ao serviço de estrada de ferro. O legislador aqui permite o uso da técnica da interpretação analógica ou *intra legem*, ou seja, permite ao juiz, segundo seu prudente arbítrio, verificar, no caso concreto, qual é o ato que possa resultar desastre ao serviço ferroviário. De fato, é impossível tipificar, em um rol taxativo, toda e qualquer situação sujeita à incidência da norma. Optou-se pela sua composição pelo magistrado, que se incumbe de complementá-la e atualizá-la, caso a caso; de outro modo, a legislação penal tornar-se-ia por demais complexa e de difícil aplicabilidade, pois certos *modus operandi* poderiam escapar da tipificação penal, resultando em impunidade de certas formas de depredação dos serviços ferroviários.

Seguindo a linha de raciocínio anterior, o princípio da especialidade aplica-se à forma prevista no art. 260, IV, do CP (não se limitando, aqui, apenas aos crimes contra a incolumidade pública), por fazer referência a qualquer tipo de ato tendente a resultar desastre em ferrovia. Ou seja, para esse tipo de serviço/transporte, prevalece a incidência do delito em questão.

Excetua-se, contudo, da incidência deste último inciso, o crime de **incêndio praticado em estação ferroviária**, causa de aumento de pena (de um terço) do art. 250, § 1º, II, d, do CP, devendo prevalecer o princípio da especialidade. A uma, porque o dolo do agente é de causar incêndio, sendo a perturbação ou impedimento do serviço férreo mero exaurimento (*post factum*). Ademais, não é o caso de consunção pelo art. 260, IV, do CP, pois, em regra, o crime mais grave (crime fim) é que absorve o mais brando (crime meio), sendo certo que o incêndio é mais específico e ensejará aplicação de pena mais severa, de 4 (quatro) a 8 (oito) anos de reclusão (aumento de 1/3 sobre a pena cominada de 3 a 6 anos no *caput* do art. 250), em comparação com o crime de perigo de desastre. O mesmo raciocínio vale também em benefício do réu, na superveniência de desastre provocado pelo incêndio. Aqui **não se aplicará** a qualificadora do art. 260, § 1º, do CP, que prevê pena maior, de 4 (quatro) a 12 (doze) anos de reclusão, porque é modalidade preterdolosa, o acidente não poderá estar no plano do agente.

O tipo subjetivo é o **dolo**, ou seja, a vontade conscientemente dirigida a um perigo concreto. Nesse sentido, se um agente causa uma simulação de desastre, por qualquer razão (vontade de ter reconhecimento perante o público, ganho de um prêmio etc.), colocando em risco a vida de passageiros de um trem, responderá pelo delito do art.

260 do CP, em qualquer uma das suas formas (dolosa ou preterdolosa), já que assumiu, no exemplo, risco de dano.

1.3. Sujeito ativo e sujeito passivo

Qualquer pessoa pode ser sujeito ativo dos crimes de perigo de desastre ferroviário ou de desastre ferroviário (art. 260, § 1º, do CP). É porque esses tipos penais não exigem uma condição especial para praticá-los, bastando que impeçam ou perturbem o serviço de estrada de ferro, resultando ou não desastre. Tanto um particular quanto um servidor público responsável pela manutenção desse serviço poderão ser igualmente incursos no crime. A diferença é que o funcionário público, na segunda fase de aplicação da pena, terá uma reprimenda maior, pois o abuso de poder e a violação de dever inerente ao cargo, ofício ministério ou profissão é circunstância agravante, nos termos do art. 62, II, g, do CP.

O sujeito passivo é a coletividade, já que estamos tratando de crime contra a incolumidade pública, sendo, pois, um crime vago, ou seja, a sua tutela é de um número indeterminado de pessoas, e é nesse sentido que deverá estar contido o plano mental do agente; caso contrário, deverá responder por outro crime (homicídio, lesão corporal etc.). É claro que existe a possibilidade de ele ser responsabilizado por um crime contra a incolumidade pública em concurso formal ou material se assumiu o risco de produzir um resultado contra a vítima pretendida e também, reflexamente, contra a coletividade, a depender se ambos tiveram sua execução iniciada ou concretizada mediante um único ato ou mais de um, respectivamente.

1.4. Crime qualificado (pelo resultado mais gravoso) e crime culposo

Desastre ferroviário – em adição ao perigo do art. 260, *caput*, do CP, o § 1º prevê uma forma de crime qualificado pelo resultado, que, no caso, é classificado como preterdoloso, uma vez que, embora dolosa a ação perigosa, o resultado dele decorrente ocorrerá a título de culpa, ou seja, não poderia estar incluído no plano mental do agente, sob pena de responder por crime diverso ou até mesmo em concurso com o crime de perigo. Essa é uma circunstância qualificadora, porque prevê um novo tipo penal secundário com pena autônoma, de 4 (quatro) a 12 (doze) anos de reclusão.

Segundo lição de Hungria[6] reproduzida por expressiva doutrina[7], o desastre é definido como uma situação de dano grave, extenso e complexo a pessoas (passageiros ou funcionários) ou coisas (cargas transportadas, material ferroviário). Se não há ao menos dano, não há falar de desastre ferroviário, mas apenas do crime de perigo do *caput*. Diz, mais, que um simples descarrilamento de vagões ou mesmo o acionamento dos freios de duas locomotivas na iminência de se chocarem, sem maiores consequências, são exemplos que não chegam a caracterizar o desastre.

6 Comentários ao Código Penal, cit., p. 71.

7 Ad exemplum, Rogério Greco, cit.

Desastre culposo – o art. 260, § 2º, do CP, prevê uma modalidade culposa, que é uma forma privilegiada de desastre ferroviário. Textualmente, no caso de culpa, ocorrendo desastre, a pena é de detenção, de 6 (seis) meses a 2 (dois) anos.

A pena é sensivelmente menor, porque, o desastre ocorrido não estava no plano mental do agente (dolo), mas ocorreu por simples inobservância de um dever objetivo de cuidado a todos imposta, segundo prudente arbítrio do juiz na análise do caso concreto, ou mesmo, no plano abstrato, de acordo com o critério do "homem médio". Sendo o fato objetivamente previsível, portanto, o agente será responsabilizado, esteja ele consciente ou não da repercussão de sua ação ou omissão (imprópria). Ex.: um funcionário responsável pelo controle de duas linhas férreas passíveis de comunicação deixa de acionar a alavanca que separa os trilhos, porque naquele dia havia chegado atrasado ao serviço e havia esquecido que, naquele horário, duas locomotivas trafegavam em sentidos opostos, ocasionando a colisão entre elas.

1.5. Consumação e tentativa

O crime se consuma no exato momento em que surge o perigo real de possível desastre. O prolongamento do perigo será mero exaurimento (*post factum* impunível), pois, a consumação é instantânea, em um momento específico. Sobrevindo um acidente, incidirão os tipos penais dos §§ 1º e 2º do art. 260 do CP, conforme haja dolo ou culpa.

Em todos os casos, a tentativa é admissível, pois, em tese, é possível falar em início da fase executória do *iter criminis*, em consequência da possibilidade de divisão, no plano mental, dos atos praticados pelo agente (crime plurissubsistente).

Simulação de perigo – A simulação ou simulacro de perigo não é, em princípio, suficiente para caracterizar o crime de perigo de desastre ferroviário, porque falta o dolo do agente, ou seja, vontade e representação direcionadas para a criação de um perigo possível. Sua intenção, no mais das vezes, é tão somente jocosa. Um exemplo disso é no caso do inciso III, quando determinada pessoa dá falso aviso de risco de colisão de trens, apenas pela diversão de ver o alarme dos funcionários da ferrovia. Esse fato, por si só, é um indiferente penal.

Situação diversa, contudo, é se vier a ocorrer o desastre, em consequência da brincadeira. Neste caso, o agente poderá responder pela forma privilegiada do desastre culposo, nos termos do art. 260, § 2º, do CP, podendo ser combinado até mesmo com as causas de aumento de pena do art. 258, sobrevindo lesão corporal ou morte de pelo menos um dos envolvidos no evento.

Outro exemplo doutrinário é a simulação de desastre por parte de um vigia da linha férrea, visando receber um prêmio instituído pela companhia ferroviária para aquele que efetivamente impedisse um sinistro. Se não existir nenhum risco, o agente poderá responder, subsidiariamente, por estelionato (CP, art. 171, *caput*). **"Surfe ferroviário"** – Existe discussão doutrinária sobre o "surfe" em vagões de trens, ou seja, quando uma pessoa permanece do lado de fora dos vagões de trem em movimento. Dois posicionamentos são apontados por Masson[8]:

> a) não há falar no crime tipificado no art. 260 do Código Penal, pois a conduta do "surfista urbano" limita-se a expor a perigo sua própria vida. Falta, portanto, o dolo de criar a situação de perigo de desastre ferroviário, colocando em risco a incolumidade pública (posição de Rogério Sanches Cunha); e
>
> b) O "surfista" de trem, ao pendurar-se nos vagões, prejudica o sistema de acionamento de portas das composições férreas, impedindo seu regular funcionamento, colocando em risco não somente a si próprio, mas também a integridade física e a vida de inúmeras pessoas, ensejando o reconhecimento do crime de desastre ferroviário, na forma do art. 260, inc. IV, do Código Penal.

Pois bem. Temos que a razão está com o primeiro pensamento, conforme sugerimos neste livro até o momento. Sim, porque o Direito Penal, no Brasil, não pune nenhuma forma de autolesão, mesmo quando resulta suicídio, ou mesmo de autocolocação em perigo, desde que tais situações não adquiram maiores proporções.

Ademais, o crime de perigo de desastre ferroviário é de **perigo concreto**, devendo ser apurado caso a caso e demonstrado por perícia, depreendendo-se que devem existir vestígios. Nesses exemplos, nada disso se verifica, já que o indivíduo se limita a permanecer acima do veículo em movimento e isso por si só não é apto para causar, em princípio, risco à incolumidade do serviço de transporte em apreço, assim agindo por sua conta e risco.

Também porque a massa da pessoa que está sobre o vagão é desprezível em comparação com a massa desse pesadíssimo veículo, sendo o peso corporal do "surfista" irrelevante no sentido de prejudicar o funcionamento do sistema de segurança, composto por freios, portas etc.

1.6. Classificação doutrinária

Comum, porque pode ser praticado por qualquer pessoa; **Vago,** pois o sujeito passivo é a coletividade, de forma genérica, com vítima indeterminada; **Doloso**, no crime de perigo do *caput* do art. 260 do CP, **preterdoloso** no crime de desastre ferroviário do § 1º e **culposo** no caso do § 2º, se sobrevier desastre (desastre ferroviário culposo); **Comissivo**, praticado, em regra, por meio de uma ação, sem prejuízo de responder por omissão imprópria, se o agente era responsável em garantir a não ocorrência do crime (CP, art. 13, § 2º); **De ação múltipla ou de conteúdo variado**, porque possui mais de uma conduta no tipo penal (impedir ou perturbar). **De forma vinculada** nos casos dos incisos I a III do art. 260 do CP, não admitindo outra forma de realização dos atos descritos no *caput*. Entretanto, no caso do inciso IV, entendemos que é de **ação livre**, pois outras formas de agir não previstas pelo legislador podem dar causa à tipificação do delito. **Formal, de consumação antecipada ou de resultado cortado**, já que o

8 Direito Penal esquematizado, cit., p. 273.

resultado previsto no tipo é irrelevante para fins de consumação, bastando praticar as condutas descritas no tipo penal. Tais classificações são equívocas, pois a tentativa é possível se o crime for **plurissubsistente,** quando ação criminosa é divisível em vários atos, partes ou etapas, do *iter criminis*. Essa classificação restringe-se ao crime de perigo de desastre ferroviário.

Já os **desastres ferroviários** classificam-se em: preterdoloso (qualificado) e culposo, são **materiais ou causais**, porque dependem da ocorrência dos eventos danosos indicados na lei. **De perigo concreto ou não presumido** porque a existência do perigo deve ser comprovada. E como deixa vestígios, é **não transeunte**. **Instantâneo,** porque está consumado a partir do momento em que o agente pratica a conduta descrita no tipo, não se protraindo para o futuro. Haverá, após, exaurimento (*post factum*) do crime. **Unissubjetivo ou de concurso eventual de pessoas**. Pode ser praticado por um ou mais sujeitos.

1.7. Causas de aumento de pena

O art. 263 do Código Penal, prevendo uma forma "qualificada" diz que "se de qualquer dos crimes previstos nos arts. 260 a 262, no caso de desastre ou sinistro, resulta lesão corporal ou morte, aplica-se o disposto no art. 258."

Como já visto, o art. 258 dispõe sobre as "formas qualificadas dos crimes de perigo comum", mas, segundo a opinião da doutrina, trata-se de causa de aumento de pena da Parte Especial, uma vez que não são preceitos secundários autônomos e fazem remissão a penas preexistentes.

Aplicam-se as mesmas causas de aumento dos crimes de perigo comum (Capítulo I) aos delitos contra a segurança dos meios de comunicação e transporte e outros serviços públicos, quando o for o caso de preterdolo, ou seja, quando houver dolo na conduta e culpa quanto ao seu resultado mais gravoso.

Atente-se para o fato de que essas circunstâncias **legais só são compatíveis com a ocorrência de desastre efetivo** (art. 260, §§ 1º e 2º, do CP), por conta da ocorrência de lesão a outros bens jurídicos, como a vida ou a integridade física da pessoa. São elas:

> a) **quando o crime for preterdoloso (havendo desastre ou dano)**: a.1) aplica-se o aumento de metade (1/2) se sobrevier lesão corporal **grave ou gravíssima**, resultando em uma pena de 6 (seis) a 18 (dezoito) anos de reclusão; a.2) aumenta-se a pena em dobro se ocorrer morte, ficando de 8 (oito) a 24 (vinte e quatro) anos de reclusão;
>
> b) quando o crime for **culposo** e ocorrendo desastre ou dano (crime qualificado pelo resultado **também culposo** – culpa + culpa): b.1) aplica-se o aumento de metade (1/2) se sobrevier **lesão corporal** (leve, média, grave ou gravíssima) cuja pena ficará de 9 (nove) meses a 3 (três) anos de detenção; aplica-se a pena do homicídio culposo aumentada de um terço (1/3), em caso de morte (a pena será arbitrada entre 1 ano e seis meses a quatro anos e seis meses de detenção).

1.8. Infrações penais assemelhadas da legislação específica

1.8.1. Crime previsto no Código Penal Militar

Perigo de desastre ferroviário

Art. 282. Impedir ou perturbar serviço de estrada de ferro, sob Administração ou requisição militar emanada de ordem legal:

I – danificando ou desarranjando, total ou parcialmente, linha férrea, material rodante ou de tração, obra de arte ou instalação;

II – colocando obstáculo na linha;

III – transmitindo falso aviso acêrca do movimento dos veículos,ou interrompendo ou embaraçando o funcionamento dos meios de comunicação;

IV – praticando qualquer outro ato de que possa resultar desastre:

Pena – reclusão, de dois a cinco anos.

Desastre efetivo

§ 1º Se do fato resulta desastre: Pena – reclusão, de quatro a doze anos.

§ 2º Se o agente quis causar o desastre ou assumiu o risco de produzi-lo:

Pena – reclusão, de quatro a quinze anos. (FORMA DOLOSA NÃO PREVISTA NO CP).

Modalidade culposa

§ 3º No caso de culpa, ocorrendo desastre: Pena – detenção, de seis meses a dois anos. Conceito de "estrada de ferro"

§ 4º Para os efeitos dêste artigo, entende-se por "estrada de ferro" qualquer via de comunicação em que circulem veículos de tração mecânica, em trilhos ou por meio de cabo aéreo.

A redação do tipo penal análogo, previsto no CPM (art. 282), é rigorosamente a mesma, salvo quanto: a) a aplicação cumulativa de multa, em relação a todos os crimes; b) a previsão de **uma forma qualificada pelo resultado não preterdolosa (dolo + dolo)**, constando inclusive tanto o dolo direto quanto o dolo eventual. Essa pena é um pouco superior à forma preterdolosa (reclusão, de 4 a 15 anos) prevista no CP. Nesse caso, a exasperação se justifica em razão do maior desvalor do resultado, pois o agente não se limita a causar um perigo concreto, mas dirige sua atuação para alcançar uma finalidade que o ultrapassa, no sentido de atingir um resultado danoso. Justamente por isso, esse delito é de difícil ocorrência, não só por ser específico da Justiça castrense, mas também pelo fato de que essa intenção normalmente é dirigida para praticar homicídio, lesões corporais ou dano patrimonial.

Consequentemente, no Código Penal, a forma qualificada só incidirá se o resultado mais gravoso não foi imaginado pelo autor (preterdolo), em atos dolosos e culposos.

Ressalte-se, por fim, que o CPM também prevê causas de aumento de pena em decorrência de lesões corporais e morte, para as formas preterdolosas e culposas:

Art. 285. Se de qualquer dos crimes previstos nos arts. 282 a 284, no caso de desastre ou sinistro, resulta morte de alguém, aplica-se o disposto no art. 277.

Formas qualificadas pelo resultado

Art. 277. Se do crime doloso de perigo comum resulta, além da vontade do agente, lesão grave, a pena é aumentada de metade; se resulta morte, é aplicada em dôbro. No caso de culpa, se do fato resulta lesão corporal, a pena aumenta-se de metade; se resulta morte, aplica-se a pena cominada ao homicídio culposo, aumentada de um têrço.

Uma última peculiaridade da legislação penal militar: existe uma circunstância agravante específica no art. 289 do CPM, restrita aos crimes contra os meios de transporte e de comunicações militares:

Aumento de pena

Art. 289. Nos crimes previstos neste capítulo, a pena será agravada, se forem cometidos em ocasião de calamidade pública.

1.8.2. Crime da Lei da Segurança Nacional (LSN – Lei nº 7.170/83)

Art. 15. Praticar sabotagem contra instalações militares, meios de comunicações, meios e vias de transporte, estaleiros, portos, aeroportos, fábricas, usinas, barragem, depósitos e outras instalações congêneres.

Pena: reclusão, de 3 a 10 anos.

§ 1º – Se do fato resulta:

a) lesão corporal grave, a pena aumenta-se até a metade;

b) dano, destruição ou neutralização de meios de defesa ou de Segurança; paralisação, total ou parcial, de atividade ou serviços públicos reputados essenciais para a defesa, a segurança ou a economia do País, a pena aumenta-se até o dobro; c) morte, a pena aumenta-se até o triplo.

§ 2º – Punem-se os atos preparatórios de sabotagem com a pena deste artigo reduzida de dois terços, se o fato não constitui crime mais grave.

Note-se que Hungria[9] afirma que o tipo do Código Penal poderia ter se referido, sinteticamente, ao termo "sabotagem" do serviço ferroviário, ainda mais porque qualquer ato que possa gerar perigo de dano pode ser nele incluído de forma mais ampla, como foi feito no presente delito contra a segurança nacional. A sabotagem aqui diz respeito ao perigo concreto causado, já que a existência de dano é causa de aumento de pena do CP de metade. E pelo fato de tutelar bens de importância sensível à segurança nacional, a depender de que vias de transporte (aqui inclusas as ferrovias) se trata, a aplicar-se-á o crime especial, que tem pena cominada substancialmente maior, de 3 (três) a 10 (dez) anos de reclusão, mas isso em relação ao perigo de desastre ferroviário, que prevê pena de 2 (dois) a 5 (cinco) anos de reclusão.

Se sobrevier desastre ferroviário, o art. 260, § 1º, do Código Penal prevê uma qualificadora, conforme vimos. Já no art. 15, § 1º, da Lei nº 7.170/83, o dano, destruição ou neutralização de meios de defesa ou de segurança; paralisação, total ou parcial, de atividade ou serviços públicos reputados essenciais para a defesa, a segurança ou a

9 Comentários ao Código Penal, cit., p. 64.

economia do País são todos causas de aumento de pena, **podendo aumentar a pena até o dobro** (não obrigatoriamente), ou seja, **poderá** ser majorada para 6 (seis) a 20 (vinte) anos de reclusão, enquanto aquela prevista no desastre ferroviário constante do CP, que prevê pena de 4 (quatro) a 12 (doze) anos de reclusão, poderá ser fixada de 8 (oito) a 24 (vinte e quatro) anos.

Se resulta lesão corporal **grave** (ou gravíssima), a causa de aumento de pena não é a mesma da prevista no CP, que será sempre de metade, conforme arts. 260, *caput*, 258 e 263 do CP, resultando 6 (seis) a 18 (dezoito) anos de reclusão. É claro que, conforme dito, as "formas qualificadas" que dão causa à majoração das penas dependem necessariamente de ocorrência de sinistro. Neste tipo penal especial, essa mesma circunstância **poderá** acarretar majoração de **até metade**, no máximo de 4 (quatro) anos e 6 (seis) meses a 15 (quinze) anos de reclusão. Como se vê, o referido delito contra a segurança nacional é mais brando do que o previsto no Código Penal no particular, se se constar apenas lesão corporal grave.

Finalmente, ocorrendo o resultado morte, que é sempre preterdoloso nos crimes contra a incolumidade pública, a Lei da Segurança Nacional dispõe que a pena será aplicada **até o triplo**, podendo ser fixada em 9 (nove) a 30 (trinta) anos de reclusão, independentemente de ocorrência de haver dano ou lesão corporal grave, pois esse resultado abrange os demais.

No Código Penal, a morte é causa de aplicação da pena sempre em dobro, ou seja, fica em 8 (oito) a 24 (vinte e quatro) anos de reclusão.

Não faremos comparação com as demais condutas porque a Lei da Segurança Nacional não prevê modalidade culposa para o caso de sabotagem dos serviços e instalações constantes do art. 15, *caput* e § 1º, dentre as quais podemos destacar, neste espaço, aqueles relativos ao serviço ferroviário.

Finalmente, não podemos deixar de destacar que o art. 15, § 2º, excepcionalmente, criminaliza a só realização de atos preparatórios, prevendo uma causa de diminuição de pena de 2/3 (dois) terços, quando se destinam à sabotagem.

1.9. Potencialidade ofensiva

Conforme pudemos constatar, os crimes de perigo de desastre ferroviário e sua forma qualificada preterdolosa (desastre efetivo) são de alto potencial ofensivo. Neste último caso, havendo lesão corporal grave, a pena aumenta-se de metade, e se sobrevier a morte, será aplicada em dobro, nos termos do art. 258, primeira parte, do CP.

Somente o desastre ferroviário culposo (art. 260, § 2º, do CP), praticado na sua forma simples (sem aumento de pena) será crime de menor potencial ofensivo, porque a pena prevista é de 6 (seis) meses a 2 (dois) anos de detenção, ensejando a transação penal (aplicação imediata de pena restritiva de direitos ou multas sem outros efeitos penais), pois sua pena máxima não ultrapassa 2 (dois) anos de acordo com os arts. 61 c/c 76 da Lei nº 9.099/95 (Lei dos Juizados Especiais). **Caso ocorra lesão corporal** (leve, grave ou gravíssima) após o desastre culposo, o art. 258 diz que a pena sofrerá um aumento de metade, ficando agora em 9 (nove) meses a 3 (três) anos de detenção. Será, pois, crime de **médio potencial ofensivo**, já que, se, por um lado, a pena máxima ultrapassa 2 (dois) anos, a pena mínima permanece dentro do limite de 1 (um) ano, cabendo, pois, a suspensão condicional do processo, nos termos do art. 89 da Lei nº 9.099/95.

Porém, o desastre ferroviário culposo **não admitirá transação penal ou suspensão condicional se resultar morte**, porque o art. 258 determina que será aplicada, nesse caso, a pena do homicídio culposo (cominada em 1 a 3 anos de detenção) aumentada de 1/3 (um terço), como causa especial de aumento. O legislador considerou que a morte causada em uma situação de perigo provocada pelo sujeito ativo tornará o delito como sendo de elevado potencial ofensivo, pois a pena mínima ficará superior a 1 (um) ano de reclusão, ou seja, 1 (um) ano e 4 (quatro) meses a 4 (quatro) anos de reclusão.

1.10. Ação penal e competência do juízo

A ação penal é pública incondicionada, uma vez que o Código não exige iniciativa privativa do ofendido, representação ou requisição do Ministro da Justiça (CP, art. 100). De fato, o condicionamento da ação penal nos crimes previstos no Título VII, parece ser incompatível com a proteção do interesse público relativo à tutela judicial da incolumidade pública em geral.

A competência para o processamento e julgamento dos crimes previstos no art. 260 do CP é da Justiça Estadual (competência residual), uma vez que não há, em princípio, interesse da União, suas autarquias, fundações ou empresas públicas, no que se refere às linhas férreas, conforme exigido no art. 109, da Constituição, especialmente o inciso IV[10]. Sobre o tema, Confira-se o precedente mais recente do Superior Tribunal de Justiça (Informativo nº 551, de 3 de dezembro de 2014):

> PENAL. PROCESSUAL PENAL. RECURSO ORDINÁRIO EM HABEAS CORPUS. CRIME DE PERIGO DE DESASTRE FERROVIÁRIO.
>
> AUSÊNCIA DE OFENSA DIRETA A BENS, SERVIÇOS E INTERESSES DA UNIÃO. COMPETÊNCIA DA JUSTIÇA ESTADUAL. TRANCAMENTO DO INQUÉRITO INSTAURADO PELA POLÍCIA FEDERAL. 1. O bem jurídico tutelado pelo crime de perigo de desastre ferroviário é a incolumidade pública, consubstanciada na segurança dos meios de comunicação e transporte.
>
> Indiretamente, também se tutelam a vida e a integridade física das pessoas vítimas do desastre. 2. Ausente especificada ofensa direta a bens, serviços e interesses da União, não se dá hipótese de competência da Justiça Federal para persecuião do crime previsto no art. 260, IV, § 2º, c/c art. 263, ambos do Código Penal, a teor do art. 109, IV, da Constituição Federal. 3.
>
> Trancamento determinado do inquérito policial instaurado pela Polícia Federal, com sua remessa à Polícia Civil, tendo em vista o reconhecimento da competência

10 Art. 109. Aos Juízes Federais compete processar e julgar: (...) IV – os crimes políticos e as infrações penais praticadas em detrimento de bens, serviços ou interesse da União ou de suas entidades autárquicas ou empresas públicas, excluídas as contravenções e ressalvada a competência da Justiça Militar e da Justiça Eleitoral.

> estadual para o feito. 4. Recurso ordinário em habeas corpus provido. (RHC 50.054/SP, Rel. Ministro NEFI CORDEIRO, SEXTA TURMA, julgado em 04/11/2014, DJe 14/11/2014)

A competência, em regra, é da Justiça Estadual também porque o art. 1º da Lei nº 8.693/93 determinou a transferência de todo o capital das extintas Rede Ferroviária Federal S/A (RFF/SA) e Rede Federal de Armazéns Gerais Ferroviários S.A. (AGEF) para a União, a qual, por sua vez, transferiu a competência da prestação desses serviços já existentes, aos Estados e Municípios, de acordo com o art. 3º da mesma lei.

Atente-se, porém, à possibilidade de ser esse crime processado e julgado perante a Justiça Federal. Sim, porque a Lei nº 11.772/08 buscou revitalizar o serviço ferroviário no Brasil, razão pela qual a União criou a VALEC – Engenharia, Construções e Ferrovias S/A, transformada em empresa pública (art. 8º). Ademais, o art. 9º dessa lei prevê diversas atribuições a ela, inclusive:

> (...) IV – construir, operar e explorar estradas de ferro, sistemas acessórios de armazenagem, transferência e manuseio de produtos e bens a serem transportados e, ainda, instalações e sistemas de interligação de estradas de ferro com outras modalidades de transportes (...) VI – promover o desenvolvimento dos sistemas de transporte de cargas sobre trilhos, objetivando seu aprimoramento e a absorção de novas tecnologias;

A competência será da Justiça Federal nesses casos, já que haverá interesse dos serviços de empresa pública federal.

No mais, o Superior Tribunal de Justiça, no julgamento do RHC nº 50054 dispôs que a competência da Justiça Estadual é a regra, nos termos aqui mencionados:

> PENAL. PROCESSUAL PENAL. RECURSO ORDINÁRIO EM HABEAS CORPUS. CRIME DE PERIGO DE DESASTRE FERROVIÁRIO. AUSÊNCIA DE OFENSA DIRETA A BENS, SERVIÇOS E INTERESSES DA UNIÃO. COMPETÊNCIA DA JUSTIÇA ESTADUAL. TRANCAMENTO DO INQUÉRITO INSTAURADO PELA POLÍCIA FEDERAL. 1. O bem jurídico tutelado pelo crime de perigo de desastre ferroviário é a incolumidade pública, consubstanciada na segurança dos meios de comunicação e transporte. Indiretamente, também se tutelam a vida e a integridade física das pessoas vítimas do desastre. 2. Ausente especificada ofensa direta a bens, serviços e interesses da União, não se dá hipótese de competência da Justiça Federal para persecução do crime previsto no art. 260, IV, §2º, c/c art. 263, ambos do Código Penal, a teor do art. 109, IV, da Constituição Federal. 3. Trancamento determinado do inquérito policial instaurado pela Polícia Federal, com sua remessa à Polícia Civil, tendo em vista o reconhecimento da competência estadual para o feito. 4. Recurso ordinário em habeas corpus provido. (RHC 50.054/SP, Rel. Ministro NEFI CORDEIRO, SEXTA TURMA, julgado em 04/11/2014, DJe 14/11/2014)

2. ATENTADO CONTRA A SEGURANÇA DE TRANSPORTE MARÍTIMO, FLUVIAL OU AÉREO

⊙ **Atentado contra a segurança de transporte marítimo, fluvial ou aéreo.**

Art. 261 – Expor a perigo embarcação ou aeronave, própria ou alheia, ou praticar qualquer ato tendente a impedir ou dificultar navegação marítima, fluvial ou aérea:

Pena – reclusão, de dois a cinco anos.

⊙ **Sinistro em transporte marítimo, fluvial ou aéreo**

§ 1º – Se do fato resulta naufrágio, submersão ou encalhe de embarcação ou a queda ou destruição de aeronave:

Pena – reclusão, de quatro a doze anos.

⊙ **Prática do crime com o fim de lucro**

§ 2º – Aplica-se, também, a pena de multa, se o agente pratica o crime com intuito de obter vantagem econômica, para si ou para outrem.

⊙ **Modalidade culposa**

§ 3º – No caso de culpa, se ocorre o sinistro:

Pena – detenção, de seis meses a dois anos.

2.1. Bem jurídico protegido e objeto material do crime

O bem jurídico protegido mediato é a incolumidade pública e o imediato é a segurança e a credibilidade dos serviços de transporte marítimo, fluvial ou aéreo.

Segundo ensina Hungria[11] esse tipo penal não visa à proteção do transporte lacustre, pois o legislador entendeu que essa forma de navegação era tão restrita[12] que não poderia ser equiparada aos demais transportes marítimos. Por isso, o transporte nos lagos é penalmente protegido no art. 262 do CP, que prevê punição mais branda.

As penas do art. 261 do CP são exatamente as mesmas dos crimes de perigo de desastre ferroviário e de desastre efetivo, previstos para o transporte ferroviário. Ou seja, em termos de lesão ao bem jurídico tutelado, o legislador considerou que os meios aéreos, marítimos e fluviais também devem ser considerados mais graves.

É importante ressaltar que as embarcações e aeronaves tuteladas por esse dispositivo legal, de acordo com a doutrina majoritária, **devem necessariamente estar voltadas para o transporte coletivo de pessoas indeterminadas**. Se visarem apenas ao transporte de número reduzido de passageiros, se tiverem caráter estritamente privado, como aviões e jatos particulares, ou se atenderam a outras finalidades, como realização de acrobacias, não há falar de tipificação nos crimes do art. 261 do CP, tanto nas modalidades de perigo quanto nas de desastre efetivo.

Um caso concreto ilustrativo, que foi manchete do *Correio Braziliense,* ocorreu em 22/2/2014, no Município de Luziânia/GO, durante uma travessia no Rio Corumbá. Onze pessoas, sendo dez familiares e o condutor (que não tinha habilitação para pilotar), estavam em uma embarcação com capacidade para apenas cinco passageiros. Por conta do excesso de pessoas e da imperícia do piloto, que realizou uma manobra

---

11 Comentários ao Código Penal, cit., p. 79.

12 Conforme o autor, à época a navegação lacustre era restrita à Lagoa dos Patos e à Lagoa Mirim, situadas no Rio Grande do Sul.

brusca, ocasionando rápida entrada de água, a canoa virou e quatro crianças, uma adolescente e dois adultos morreram afogados.

O motorista da embarcação e os demais sobreviveram, e a Polícia Civil investiga a prática de homicídio culposo. Concordamos com essa imputação, pois a canoa é uma embarcação muito pequena e não é apropriada para o transporte coletivo de passageiros, tampouco foi projetada para transpor um rio. O investigado não poderia responder pelo crime de sinistro em transporte fluvial, nem mesmo com a causa de aumento do art. 258 do CP (que comina pena do homicídio culposo aumentada de um terço, se resultar morte).

Note-se, mais, que se qualquer embarcação ou aeronave, independentemente da sua finalidade ou porte, estiverem sujeitas à fiscalização estatal, haverá o crime em questão se obstar o regular funcionamento da navegação aérea, marítima ou fluvial, como veremos em seguida.

2.2. Tipo penal objetivo e tipo penal subjetivo

De acordo com o Dicionário Aurélio de Língua Portuguesa, "embarcação" é toda construção destinada a navegar sobre a água, enquanto "aeronave" é a designação genérica dos aparelhos pelos quais se navega no ar[13].

Aeronave, para o Código Brasileiro de Aeronáutica (art. 106 da Lei nº 7.565/1986) é "todo aparelho manobrável em voo, que possa sustentar-se e circular no espaço aéreo, mediante reações aerodinâmicas, apto a transportar pessoas ou coisas." A fiscalização do transporte aéreo é realizada pela Agência Nacional de Aviação Civil (ANAC), criada pela Lei nº 11.182/05.

E o conceito legal de embarcação, nos termos do art. 2º da Lei nº 9.537/97 (lei que dispõe sobre a segurança do tráfego aquaviário), é "qualquer construção, inclusive as plataformas flutuantes e, quando rebocadas, as fixas, sujeita a inscrição na autoridade marítima e suscetível de se locomover na água, por meios próprios ou não, transportando pessoas ou cargas". O órgão fiscalizador, conforme arts. 3º e 39 da Lei nº 9.537/97, é a autoridade marítima, atualmente, o Ministério da Defesa, que inclui a competência do anterior Ministério da Marinha.

Navegação é a atividade de conduzir uma embarcação ou aeronave de um ponto a outro[14]. E, conforme entendimento majoritário da doutrina, pouco importa se o veículo está em movimento ou não, mas exige-se que o bem seja utilizado necessariamente para o transporte público, especialmente porque está inserido no Capítulo II do Título

13 Existem dois tipos de aeronave: aeróstatos, que são mais leves que o ar, e aeródinos, mais pesados, como os aviões e helicópteros em geral. Nelson Hungria (1959, p. 80) define os aviões como sendo aeroplanos, se possuem asas fixas; ornitóptero, com asas batentes (como pássaro), helicóptero, com asas rotativas, e autogiros, com asas giratórias livres. Já entre os aeróstatos, que utilizam como meio de sustentação um gás mais leve que o ar, a aeronave pode ser um balão (se não possuir mecanismo de propulsão) ou um dirigível (se tiver meios próprios de propulsão).

14 MASSON, Direito Penal esquematizado, cit., p. 275.

VI do Código Penal. Além disso, o porte da aeronave ou embarcação será essencial para fins de determinação da competência, conforme veremos em tópico específico.

Pois bem, dois são os núcleos do tipo: expor a perigo (embarcação ou aeronave própria ou alheia) e praticar qualquer ato tendente a impedir ou dificultar (navegação aérea, fluvial ou marítima).

Expor a perigo significa criar uma situação de risco. No caso, a embarcação ou aeronave devem experimentar um risco de acidente ou de mau funcionamento.

Praticar qualquer ato tendente a impedir ou dificultar significa agir, de forma ampla, no sentido de embaraçar a circulação ou o sistema de navegação aéreo, fluvial ou marítimo.

Essas condutas são bastante semelhantes, especialmente porque a exposição a perigo e a prática de atos tendentes a impedir ou dificultar a navegação devem ser idôneos a causar um perigo aos meios de transporte. A diferença está precisamente no alcance de cada uma delas: a primeira visa a proteger **o veículo transportador em si**, sendo um perigo de dano pontual, enquanto a segunda diz respeito à higidez do **sistema de navegação** aérea, fluvial ou marítima, cuja turbação pode acarretar perigo ou desastre não só aos veículos, mas também às operações de segurança a eles pertinentes.

O perigo de dano deve ser concreto em todos os casos.

Desses conceitos linguísticos e legais podemos inferir duas coisas, considerando o bem jurídico tutelado pelo art. 261/CP: a primeira, é que, **em relação à conduta de exposição a perigo, não é qualquer aeronave ou embarcação que está protegida por este tipo penal**, uma vez que devem estar voltadas, necessariamente, para o transporte coletivo, pois o bem jurídico protegido é a incolumidade pública inerente aos transportes. Consequentemente, **a conduta deve ter aptidão de causar um perigo generalizado**, ou seja, de modo a impedir ou dificultar algum sistema de navegação marítimo, fluvial ou aéreo. E a segunda, quanto à prática de qualquer ato tendente a impedir ou perturbar a navegação aérea, marítima e fluvial, também protegidas pelo tipo penal, têm de estar voltadas à coordenação dos meios de locomoção postos à disposição da coletividade. **Inclusive, nesse segundo caso, a sua turbação pode ser ocasionada por meio de aeronaves ou embarcações de pequeno porte e de uso particular.**

Tanto faz se a propriedade do meio transporte é pública ou particular (exercida por meio de concessionários, permissionários ou autorizada), à semelhança dos crimes realizados contra o transporte ferroviário.

Em relação à conduta de "praticar qualquer ato tendente a impedir ou dificultar navegação marítima, fluvial ou aérea", é irrelevante o porte da aeronave ou da embarcação, uma vez que o objeto material aqui é mais abstrato e esse tipo de perigo sistêmico pode ser praticado por qualquer meio.

O tipo subjetivo é o **dolo**, ou seja, a vontade conscientemente dirigida a um perigo concreto à incolumidade de um meio de transporte, independentemente de qualquer outra finalidade desejada pelo agente. Basta que ele tenha consciência e vontade no sentido de atentar contra a segurança de transporte marítimo, fluvial ou aérea.

Note-se, por fim, que o § 2º do art. 261 do CP[15] diz que, **se houver intuito de lucro (elemento subjetivo do tipo), aplica-se também a pena de multa**. É o caso, por exemplo, dos concessionários e permissionários desses serviços públicos de transporte, quando buscam a aumentar indevidamente os lucros, em detrimento da segurança que devem garantir durante a exploração dessa atividade. A ideia do legislador é que o particular tenha cuidado especial em relação aos serviços delegados pelo Estado.

Essa situação é bastante comum na exploração de transportes em grandes rios como o Amazonas e o São Francisco. Nesses locais, certos empresários exploradores da navegação de balsas permitem, dolosamente, que as embarcações trafeguem com excesso de passageiros, o que por si só já configura o perigo, em especial a segurança das pessoas transportadas. A fim de coibir o aumento dos lucros em sacrifício da incolumidade pública (quanto mais passageiros por viagem, maior o ganho), o Código Penal previu a multa como reação adequada do sistema penal, desde que seja arbitrada proporcionalmente aos fatos que vieram a ser apurados.

O crime é de forma livre, podendo ser praticado por qualquer meio. A título de exemplo, Hungria[16] cita o abalroamento, colisão ou investimento de uma nave contra outra, criar brecha em embarcação (permitindo a entrada de água), destruir ou remover aparelhos ou peias indispensáveis à orientação ou segurança da embarcação ou aeronave; apagar, inutilizar ou deslocar sinais guiadores; remover boias ou faróis, colocar falsos faróis ou transmitir falsos avisos, tornar impraticável algum ancoradouro ou campo de pouso etc.

Aqui também, à semelhança dos transportes ferroviários, o crime previsto no art. 266 do CP, que trata da interrupção ou perturbação de serviço telegráfico, radiotelegráfco, telefônico, telemático ou de informação de utilidade pública (estes dois últimos incluídos pela Lei nº 12.737/12), ou de seus restabelecimentos, não se aplica quando se trata de comunicação relativa à navegação aérea, fluvial ou marítima. Enquanto nesse o Direito Penal visa a coibir o embaraço do fornecimento mesmo dos serviços, genericamente, o presente art. 261 do CP, é mais restrito e, portanto, mais específico, motivo pelo qual se aplica o **princípio da especialidade (*lex especialis derogat generali*)**, prevalecendo sobre o delito do art. 266 do CP, que é crime subsidiário.

Havendo, periclitação por destruição do veículo, com emprego de **incêndio**, incide o crime do art. 250, § 1º, II, c, do CP com aumento de pena (de um terço). Se for com uso de **dinamite ou substância de efeitos análogos**, estará tipificado o crime do art.

---

15 Art. 261, § 2º, do CP: Aplica-se, também, a pena de multa, se o agente pratica o crime com intuito de obter vantagem econômica, para si ou para outrem.

16 Comentários ao Código Penal, cit., p. 81.

251, *caput* e § 2º do CP (também com aumento de um terço), pela aplicação do princípio da especialidade. A uma, porque o dolo do agente é de causar incêndio ou explosão, sendo a perturbação ou impedimento do serviço férreo mero exaurimento (*post factum*). Ademais, não é o caso de consunção porque, em regra, o crime mais grave (crime fim) é que absorve o mais brando (crime meio), sendo certo que o incêndio e a explosão são mais específicos têm pena mais severa, de 4 (quatro) a 8 (oito) anos de reclusão (aumento de 1/3 sobre a pena cominada de 3 a 6 anos no *caput* dos art. 250 e 251, *caput*), em comparação com o crime de perigo.

Contudo, se a explosão ao transporte público se der **pelo uso de qualquer outra substância**, incidirá a forma privilegiada do art. 251, §§ 1º e 2º, do CP, também aumentada de 1/3 (um terço) (art. 250, § 1º, II, c, CP), com pena menor, de 1 (um) ano e 4 (quatro) meses a 5 (cinco) anos e 4 (quatro) meses de reclusão. Ora, a pena mínima é inferior ao do crime do art. 261 do CP, mas a pena máxima excede a 5 (cinco) anos.

Nessa situação ocorrerá consunção/absorção do crime do art. 261 do CP? Pensamos que sim. A situação de perigo comum existirá em ambos os crimes, mas a explosão abrangerá a conduta de atentado aos transportes, visto que, atingido o meio de transporte coletivo, incidirá a majorante, tornando mais gravoso o art. 251, com base na pena máxima. E a regra é que o crime consuntivo seja o mais abrangente, seja pela sua gravidade, seja pela sua amplitude em relação ao crime consumido.

2.3. Sujeito ativo e sujeito passivo

Qualquer pessoa pode ser sujeito ativo dos crimes do art. 261, do CP. É que esses tipos penais não exigem uma condição especial para praticá-los, bastando que impeçam ou perturbem, resultando ou não desastre.

Tanto um particular quanto um servidor público responsável pela manutenção desse serviço poderão ser igualmente incursos no crime. A diferença é que o funcionário público, na segunda fase de aplicação da pena, terá uma reprimenda maior, pois o abuso de poder e a violação de dever inerente ao cargo, ofício ministério ou profissão é circunstância agravante, nos termos do art. 62, II, g, do CP.

O sujeito passivo é a coletividade, já que estamos tratando de crime contra a incolumidade pública, sendo, pois, um crime vago, ou seja, a sua tutela é de um número indeterminado de pessoas, e é nesse sentido que deverá estar contido o plano mental do agente; caso contrário, deverá responder por outro crime (homicídio, lesão corporal etc.). É claro que existe a possibilidade de ele ser responsabilizado por um crime contra a incolumidade pública em concurso formal ou material se assumiu o risco de produzir um resultado contra a vítima pretendida e também, reflexamente, contra a coletividade, a depender se ambos tiveram sua execução iniciada ou concretizada mediante um único ato ou mais de um, respectivamente.

2.4. Crime qualificado (pelo resultado mais gravoso) e crime culposo

Sinistro em transporte marítimo, fluvial ou aéreo – o § 1º do art. 261 do CP prevê uma forma de crime qualificado pelo resultado, que, no caso, é classificado como preterdoloso, uma vez que, embora dolosa a ação perigosa, o resultado dele decorrente ocorrerá a título de culpa, ou seja, não poderia estar incluído no plano mental do agente, sob pena de responder por crime diverso ou até mesmo em concurso com o crime de perigo.

Desta forma, temos que "se do fato resulta naufrágio, submersão ou encalhe de embarcação ou a queda ou destruição de aeronave", a pena cominada será de 4 (quatro) a 12 (doze) anos de reclusão. O art. 261, § 1º, do CP, é, portanto, uma circunstância qualificadora, porque prevê um novo tipo penal secundário com pena autônoma.

Em sentido contrário, Nelson Hungria[17] diz que não se trata de crime preterdoloso, mas de exaurimento, embora o legislador tenha considerado essa condição com maior rigor. Discordamos de seu posicionamento porque, embora seja perfeitamente possível a prática de crime diverso na fase de exaurimento do delito anterior, entendemos que o resultado mais gravoso estará mais bem classificado na fase de consumação[18].

Na lição de Hungria[19], **naufrágio** (*navis fragium*) significa rompimento, varação, encalhe, tombamento, afundamento ou ruína que cause abandono da embarcação. Está relacionado à destruição total ou parcial, causada normalmente por choque mecânico. **Submersão** é afundamento total ou parcial da embarcação. **Encalhe** é a fixação em determinado lugar, quando, sem submersão, a embarcação fica impedida de se locomover. **Queda** é a projeção desgovernada da aeronave em direção ao solo ou à água, não conseguindo se manter no ar. **Destruição** é a submersão ou a demolição total ou parcial, no ar ou em terra firme.

Desastre culposo – o art. 261, § 3º, do CP, prevê uma modalidade culposa, que é uma forma privilegiada de desastre aéreo, marítimo, fluvial ou lacustre. No caso de culpa, ocorrendo desastre, a pena é de detenção, de 6 (seis) meses a 2 (dois) anos.

A pena é sensivelmente menor porque o desastre ocorrido não estava no plano mental do agente (dolo), mas ocorreu por simples inobservância de um dever objetivo de cuidado a todos imposta, segundo prudente arbítrio do juiz na análise do caso concreto, ou mesmo, no plano abstrato, de acordo com o critério do "homem médio". Sendo o fato objetivamente previsível, portanto, o agente será responsabilizado, esteja ele consciente ou não da repercussão de sua ação ou omissão (imprópria). Ex.: um funcionário responsável pelo controle de linhas aéreas sai para almoçar e deixa a torre de comando sem ninguém em seu lugar, pensando que seu substituto estava chegando no recinto, causando abalroamento entre aeronaves na pista de pouso. Ex.2: o comandante ou o

---

17 Comentários ao Código Penal, cit., p. 83.

18 Nesse sentido, Greco (Curso, cit., p. 81) e Masson (Direito Penal, cit., p. 278).

19 Comentários ao Código Penal, cit., p. 83.

responsável por realizar o ancoramento de um navio estacionado deixa de fazê-lo, ocasionando a movimentação à deriva do barco causando danos às instalações portuárias.

2.5. Consumação e tentativa

O crime se consuma no exato momento em que surge o perigo real de possível desastre. O prolongamento do perigo será mero exaurimento (*post factum* impunível), pois a consumação é instantânea, em um momento específico. Sobrevindo um acidente, incidirão os tipos penais dos §§ 1º e 3º do art. 261 do CP, conforme haja dolo ou culpa.

A tentativa é admissível, pois, em tese, é possível falar em início da fase executória do *iter criminis*, em consequência da possibilidade de divisão, no plano mental, dos atos praticados pelo agente (crime plurissubsistente). É impossível, relembre-se, em relação aos delitos de desastre, que são preterdolosos.

Os crimes são de perigo concreto em todos os casos. Não há falar de crime consumado ou tentado se em momento algum houve risco à segurança dos meios de transporte, como, por exemplo, um simples encalhe de navio próximo à terra firme ou a navegação temporária de aeronave em rota diversa daquela programada. Tudo dependerá da análise do caso, especialmente por meio de perícia, se exigível a utilização de conhecimentos técnicos para a verificação da existência ou não do perigo.

"Desembarque à revelia"[20] – é uma forma curiosa de consumação dos crimes previstos no art. 261, do CP. Consiste, basicamente, no abandono de uma aeronave em pouso, muitas vezes em desobediência às ordens do comandante ou da tripulação. Desse modo, o agente transita indevidamente pela pista de pouso, dando causa ao cancelamento de autorizações de pousos/decolagens de outros aviões por parte das autoridades aeroportuárias. O perigo concreto à incolumidade dos transportes coletivos aéreos surge especialmente quando, em decorrência disso, ocorre impedimento ou atraso em aterrissar, quando há necessidade de se arremeter o avião em vias de pouso ou de impedir a movimentação ou aproximação de outras aeronaves na pista.

Outra curiosidade é que o Código Brasileiro de Aeronáutica (Lei nº 7.565/86) e seus regulamentos respectivos preveem somente sanções administrativas para o piloto e para a sua tripulação, quando deixarem de cumprir normas e procedimentos relativos à segurança da aviação e à prevenção de acidentes (arts. 87, 299 a 302). Deste modo, o particular, quando abandona à revelia a aeronave, responderá pelo crime do art. 261 do CP, porque evidente que há ao menos a perturbação da navegação aérea, a qual pode ser praticada por qualquer ato.

---

20 Tomamos por referencial o Processo Administrativo nº 00067.006152/2012-93 da Agência Nacional de Aviação Civil (ANAC), que contém diversas notas técnicas sobre o assunto. A Nota Técnica nº 5/2013 citou os arts. 261 e 262 do CP, os arts. 87, 299 a 302 do Código de Aeronáutica, a RBAC 61 E 135 e a RBHA 91.

2.6. Classificação doutrinária

Comum, porque pode ser praticado por qualquer pessoa; **Vago,** pois o sujeito passivo é a coletividade, de forma genérica, com vítima indeterminada; **Doloso**, no crime de perigo do *caput* do art. 261 do CP, **preterdoloso** no crime de desastre do § 1º e **culposo** no caso do § 3º, se sobrevier desastre. **Comissivo**, praticado, em regra, por meio de uma ação, sem prejuízo de responder por omissão imprópria, se o agente era responsável em garantir a não ocorrência do crime (CP, art. 13, § 2º); **De ação múltipla ou de conteúdo variado**, porque possui mais de uma conduta no tipo penal (Expor a perigo, impedir e perturbar). **De ação livre,** pois pode ser praticado por qualquer meio, ainda que não previstas pelo legislador. **Formal, de consumação antecipada ou de resultado cortado**, já que o resultado previsto no tipo é irrelevante para fins de consumação, bastando praticar as condutas descritas no tipo penal. Tais classificações são equívocas, pois a tentativa é possível se o crime for **plurissubsistente,** quando a ação criminosa é divisível em vários atos, partes ou etapas do *iter criminis*. Essa classificação restringe-se ao crime de perigo; Já os sinistros em transporte marítimo, fluvial ou aéreo, preterdoloso (qualificado) e culposo, são **materiais ou causais**, porque dependem da ocorrência dos eventos danosos indicados na lei. **De perigo concreto ou não presumido** porque a existência do perigo deve ser comprovada. E como deixa vestígios, é **não transeunte**. **Instantâneo,** porque está consumado a partir do momento em que o agente pratica a conduta descrita no tipo, não se protraindo para o futuro. Haverá, após, exaurimento (*post factum*) do crime. **Unissubjetivo ou de concurso eventual de pessoas**. Pode ser praticado por um ou mais sujeitos.

2.7. Causas de aumento de pena

O art. 263 do Código Penal, prevendo uma forma "qualificada", diz que "se de qualquer dos crimes previstos nos arts. 260 a 262, no caso de desastre ou sinistro, resulta lesão corporal ou morte, aplica-se o disposto no art. 258."

Como já visto, o art. 258 dispõe sobre as "formas qualificadas dos crimes de perigo comum", mas, segundo a opinião da doutrina, trata-se de causa de aumento de pena da Parte Especial, uma vez que não são preceitos secundários autônomos e fazem remissão a penas preexistentes.

Aplicam-se as mesmas causas de aumento dos crimes de perigo comum (Capítulo I) aos delitos contra a segurança dos meios de comunicação e transporte e outros serviços públicos, quando o for o caso de preterdolo, ou seja, havendo dolo na conduta e culpa quanto ao seu resultado mais gravoso.

Atente-se para o fato de que essas circunstâncias **legais só são compatíveis com a ocorrência de desastre efetivo** (art. 261, §§ 1º e 3º, do CP), por conta da ocorrência de lesão a outros bens jurídicos, como a vida ou a integridade física da pessoa. São elas:

a) **quando o crime for preterdoloso (havendo desastre ou dano)**: a.1) aplica-se o aumento de metade (1/2) se disso sobrevier lesão corporal **grave ou**

gravíssima, resultando em uma pena de 6 (seis) a 18 (dezoito) anos de reclusão; a.2) aumenta-se a pena em dobro se ocorrer morte, ficando de 8 (oito) a 24 (vinte e quatro) anos de reclusão;

b) quando o crime for **culposo** e ocorrendo desastre ou dano (crime qualificado pelo resultado **também culposo** – culpa + culpa): b.1) aplica-se o aumento de metade (1/2) se sobrevier **lesão corporal** (leve, média, grave ou gravíssima) cuja pena ficará de 9 (nove) meses a 3 (três) anos de detenção; aplica-se a pena do homicídio culposo aumentada de um terço (1/3), em caso de morte (a pena será arbitrada entre 1 ano e seis meses a quatro anos e seis meses de detenção).

2.8. Infrações penais assemelhadas da legislação específica

2.8.1. Crime previsto no Código Penal Militar

Atentado contra transporte

Art. 283. Expor a perigo aeronave, ou navio próprio ou alheio, sob guarda, proteção ou requisição militar emanada de ordem legal, ou em lugar sujeito à Administração militar, bem como praticar qualquer ato tendente a impedir ou dificultar navegação aérea, marítima, fluvial ou lacustre sob Administração, guarda ou proteção militar:

Pena – reclusão, de dois a cinco anos.

Superveniência de sinistro § 1º Se do fato resulta naufrágio, submersão ou encalhe do navio, ou a queda ou destruição da aeronave: Pena – reclusão, de quatro a doze anos. Modalidade culposa § 2º No caso de culpa, se ocorre o sinistro: Pena – detenção, de seis meses a dois anos.

A redação do tipo penal análogo, previsto no CPM (art. 283), é rigorosamente a mesma, salvo quanto: a) a ausência de previsão da multa cumulativa; b) a circunstância de que o meio de transporte deve estar sob a guarda, proteção ou requisição militar, ou em lugar sujeito à Administração militar.

Ressalte-se, por fim, que o CPM também prevê causas de aumento de pena em decorrência de lesões corporais e morte, para as formas preterdolosas e culposas:

Art. 285. Se de qualquer dos crimes previstos nos arts. 282 a 284, no caso de desastre ou sinistro, resulta morte de alguém, aplica-se o disposto no art. 277.

Formas qualificadas pelo resultado

Art. 277. Se do crime doloso de perigo comum resulta, além da vontade do agente, lesão grave, a pena é aumentada de metade; se resulta morte, é aplicada em dôbro. No caso de culpa, se do fato resulta lesão corporal, a pena aumenta-se de metade; se resulta morte, aplica-se a pena cominada ao homicídio culposo, aumentada de um têrço.

Como se vê, as penas e as formas qualificadas pelo resultado são as mesmas do art. 261 c/c art. 258 do CP.

Uma última peculiaridade da legislação penal militar: existe uma circunstância agravante específica no art. 289 do CPM, restrita aos crimes contra os meios de transporte e de comunicações militares:

> **Aumento de pena**
>
> **Art. 289.** Nos crimes previstos neste capítulo, a pena será agravada, se forem cometidos em ocasião de calamidade pública.

2.8.2. Crime da Lei da Segurança Nacional (LSN – Lei nº 7.170/83)

Considerando que o art. 15 da LSN também inclui uma forma assemelhada ao do tipo do art. 261 do CP, fazemos remissão aos comentários relativos ao crime de perigo de desastre ferroviário (CP, art. 260).

Ressaltamos, porém, que o *caput* esse tipo especial visa à proteção não só dos meios de transporte militares, mas também das vias utilizadas pelas forças armadas, conferindo uma lista mais ampla de objetos materiais tutelados, por referir, "Praticar sabotagem contra instalações militares, meios de comunicações, meios e vias de transporte, estaleiros, portos, aeroportos, fábricas, usinas, barragem, depósitos e outras instalações congêneres".

2.8.3. Infrações da Lei de Contravenções Penais (Decreto-lei nº 3.688/41)

> Art. 34. Dirigir veículos na via pública, ou embarcações em águas públicas, pondo em perigo a segurança alheia:
>
> Pena – prisão simples, de quinze das a três meses, ou multa, de trezentos mil réis a dois contos de réis.

Existe controvérsia doutrinária acerca da revogação tácita parcial dessa contravenção penal, pela superveniência do Código de Trânsito Brasileiro, que tutela apenas o transporte terrestre (art. 1º). Mas o que nos interessa é que a direção de embarcações em águas públicas se assemelha ao crime do art. 261 do CP, sendo um *minus* em relação ao tipo penal, mais especificamente em relação à primeira figura: "Expor a perigo embarcação ou aeronave, própria ou alheia".

Note-se que a contravenção pressupõe que a pessoa esteja habilitada para dirigir a embarcação e que venha a colocar em risco a segurança pessoal de outrem[21]. Consequentemente, se o agente não possuir habilitação e criar perigo aos passageiros, incidirá o crime do art. 261 do CP. **Art. 35.** Entregar-se na prática da aviação, a acrobacias ou a vôos baixos, fora da zona em que a lei o permite, ou fazer descer a aeronave fora dos lugares destinados a esse fim:

> Pena – prisão simples, de quinze dias a três meses, ou multa, de quinhentos mil réis a cinco contos de réis.

Conhecido na doutrina pelo *nomen juris* "abuso na prática da aviação", essa contravenção difere do crime contra a incolumidade pública pelo fato de que o piloto da aeronave é pessoa habilitada para exercer a aviação e realiza acrobacias e voos baixos fora da zona permitida legalmente. Mas o risco aqui provocado pelo agente é controlado, não vindo, em princípio, a causar perigo à incolumidade pública, embora tal situação

21 Há contravenções específicas pela direção sem habilitação, como, por exemplo, o art. 33 da LCP.

possa ocorrer quando o piloto perde o controle da situação (culposamente) ou quando assume o risco de realizar manobras além das suas capacidades (dolo eventual).

Ademais, essa contravenção tutela do exercício regular da aviação e não a segurança dos meios de transportes em geral, razão pela qual seu objeto não se confunde com o crime do art. 261, *caput*, do CP.

2.8.4. *Crime previsto na Lei de Drogas (Lei nº 11.343/06)*

> **Art. 39.** Conduzir embarcação ou aeronave após o consumo de drogas, expondo a dano potencial a incolumidade de outrem:
>
> Pena – detenção, de 6 (seis) meses a 3 (três) anos, além da apreensão do veículo, cassação da habilitação respectiva ou proibição de obtê-la, pelo mesmo prazo da pena privativa de liberdade aplicada, e pagamento de 200 (duzentos) a 400 (quatrocentos) dias-multa.
>
> Parágrafo único. As penas de prisão e multa, aplicadas cumulativamente com as demais, serão de 4 (quatro) a 6 (seis) anos e de 400 (quatrocentos) a 600 (seiscentos) dias-multa, se o veículo referido no caput deste artigo for de transporte coletivo de passageiros.

Esse delito tem algumas peculiaridades. Ele acumula dois tipos penais, sendo que na conduta do *caput* é de perigo comum (assemelhado àqueles que constam do Capítulo I do Título VII do CP), enquanto a do parágrafo único é contra a segurança dos transportes públicos, assemelhado com o art. 261 do CP, pois diz respeito ao uso de aeronave ou embarcação.

Além disso, esse crime é próprio do condutor da embarcação, que, necessariamente, deve ter consumido anteriormente drogas ilícitas, de modo a tornar o transporte arriscado para os passageiros.

Outra característica é que o delito do *caput* pode ser consumado mesmo quando for aeronave ou embarcação voltada para o uso particular, seja porque não está inserido no Código Penal, que pressupõe transporte coletivo de passageiros, seja porque o dano potencial é contra a incolumidade "de outrem", não exigindo um número indeterminado de pessoas.

Entretanto, quanto ao tipo do parágrafo único, mais grave, não basta que a embarcação ou aeronave seja de porte muito pequeno, uma vez que há necessidade de que sejam apropriadas para o transporte coletivo de passageiros, consequentemente, não será possível aplicar a causa de aumento de pena do art. 40, III, última figura, da Lei nº 11.343/06, sob pena de incidir em *bis in idem* na individualização judicial da pena. É que a elementar "transporte público" pode ser considerada como sinônimo de "transporte coletivo de passageiros", haja vista que esse serviço público é concedido, permitido ou autorizado pela União, nos termos do art. 21, XII, da Constituição.

2.8.5. *Crimes previstos na Lei de responsabilidade civil e criminal por atos relacionados a atividades nucleares (Lei nº 6.453/77)*

> **Art. 26.** Deixar de observar as normas de segurança ou de proteção relativas à instalação nuclear ou ao uso, transporte, posse e guarda de material nuclear, expondo a perigo a vida, a integridade física ou o patrimônio de outrem.

Pena: reclusão, de dois a oito anos.

Art. 27. Impedir ou dificultar o funcionamento de instalação nuclear ou o transporte de material nuclear. Pena: reclusão, de quatro a dez anos

Esses delitos se assemelham com os arts. 261 e 262 do CP na medida em que tratam do transporte de materiais nucleares, por qualquer meio, nos casos de provocação de perigo de dano.

Entretanto, embora contenha tipos penais de perigo com penas mais altas, essa lei não previu nenhuma modalidade de desastre efetivo deles decorrente, que resulte em lesão corporal ou morte. Não obstante a omissão, **temos que se aplicam as causas especiais de aumento de pena previstas no Código Penal Militar, citadas anteriormente.** Sim, porque o art. 19 da Lei nº

6.453/77 dispõe expressamente que "Constituem crimes na exploração e utilização de energia nuclear os descritos neste Capítulo, **além dos tipificados na legislação sobre segurança nacional** e nas demais leis.", razão pela qual concluímos que esses crimes também são atentatórios à segurança nacional. E, por sua vez, a Lei nº 7.170/83, em seu art. 7º, *caput*, diz que "Na aplicação desta Lei, observar-se-á, no que couber, a Parte Geral do Código Penal Militar **e, subsidiariamente, a sua Parte Especial**".

Logo, em caso de lesões corporais decorrentes crimes dos arts. 26 e 27 da Lei nº 6.453/77, se houver dolo e resultado culposo não desejado (preterdolo), as penas serão aumentadas de metade.

Havendo morte, aplicar-se-ão em dobro.

2.9. Potencialidade ofensiva

Os crimes de atentado contra a segurança de transporte marítimo, fluvial ou aéreo e sua forma qualificada preterdolosa (sinistro) são de alto potencial ofensivo. No caso do desastre, havendo lesão corporal grave a pena aumenta-se de metade, e se sobrevier morte, será aplicada em dobro, nos termos do art. 258, primeira parte, do CP.

Somente a modalidade culposa (art. 260, § 2º, do CP), praticada na sua forma simples (sem aumento de pena) será crime de menor potencial ofensivo, porque a pena prevista é de 6 (seis) meses a 2 (dois) anos de detenção, ensejando a transação penal (aplicação imediata de pena restritiva de direitos ou multas sem outros efeitos penais), em razão da pena máxima não ultrapassar 2 (dois) anos de acordo com os arts. 61 c/c 76 da Lei nº 9.099/95 (Lei dos Juizados Especiais). **Caso ocorra lesão corporal** (leve, grave ou gravíssima) após o desastre culposo, o art. 258 diz que a pena sofrerá um aumento de metade, ficando agora em 9 (nove) meses a 3 (três) anos de detenção. Será, pois, crime de **médio potencial ofensivo**, já que, se, por um lado, a pena máxima ultrapassa 2 (dois) anos, a pena mínima permanece dentro do limite de 1 (um) ano, cabendo a suspensão condicional do processo, nos termos do art. 89 da Lei nº 9.099/95.

Porém, os desastres aéreo, marítimo ou fluvial culposos **não admitirão transação penal ou suspensão condicional se resultar morte**, porque o art. 258 determina que seja aplicada, nesse caso, a pena do homicídio culposo (cominada em 1 a 3 anos de detenção) aumentada de 1/3 (um terço), como causa especial de aumento. O legislador considerou que a morte causada em uma situação de perigo provocada pelo sujeito ativo tornará o delito como sendo de elevado potencial ofensivo, pois a pena mínima ficará superior a 1 (um) ano de reclusão, ou seja, 1 (um) ano e 4 (quatro) meses a 4 (quatro) anos de reclusão.

2.10. Ação penal e competência do juízo

A ação penal é pública incondicionada, uma vez que o Código não exige iniciativa privativa do ofendido, representação ou requisição do Ministro da Justiça (CP, art. 100). De fato, o condicionamento da ação penal nos crimes previstos no Título VII, parece ser incompatível com a proteção do interesse público relativo à tutela judicial da incolumidade pública em geral.

Em relação à competência, inicialmente, cumpre destacar que, independentemente do dispositivo constitucional, o agente será processado e julgado na Justiça Federal se o crime violar, no caso concreto, interesse relacionado à fiscalização de órgão público federal, segundo dispõe o art. 109, IV, CF[22] e nos exatos termos da Súmula nº 122 do Superior Tribunal de Justiça, que diz: "compete à Justiça Federal o processo e julgamento unificado dos crimes conexos de competência federal e estadual, não se aplicando a regra do Art. 78, II, "a", do Código de Processo Penal".

Porém, a questão é mais complexa, haja vista que o tipo do art. 261 do CP fala, genericamente, de "embarcação ou aeronave" e a Constituição Federal, em seu art. 109, inciso IX, diz que a competência é dos juízes federais para processar e julgar "os crimes cometidos a bordo de navios ou aeronaves, ressalvada a competência da Justiça Militar".

O que a jurisprudência entende, então, por navios ou aeronaves? Segundo o Superior Tribunal de Justiça e os Tribunais Regionais Federais, navio é uma embarcação, necessariamente, de **grande porte**, com aptidão para navegação em alto-mar. Logo, os crimes contra a incolumidade pública envolvendo qualquer outra embarcação (voltada, claro, para o transporte coletivo) serão, em regra, apurados na Justiça Estadual, por expressa disposição constitucional. Anteriormente, a definição de navio constava do Decreto nº 15.788/22[23], já revogado, que tratava da hipoteca naval.

---

22 IV – os crimes políticos e as infrações penais praticadas em detrimento de bens, serviços ou interesse da União ou de suas entidades autárquicas ou empresas públicas, excluídas as contravenções e ressalvada a competência da Justiça Militar e da Justiça Eleitoral.

23 Art. 3º Considera-se navio toda construção náutica destinada à navegação de longo curso, de grande ou pequena cabotagem, apropriada ao transporte marítimo ou fluvial.

O grande porte do navio pode ser compreendido por interpretação sistemática com o art. 1.473 do Código Civil[24], que equipara navios e aeronaves aos bens imóveis, já que estão sujeitos à hipoteca. Por isso, a doutrina civilista os classifica como bens especiais.

O Significado de aeronaves foi tratado anteriormente, mas esse termo deve ser compreendido no mesmo contexto do navio, espécie do gênero embarcação. Dito de outro modo, não será todo crime praticado em toda aeronave que atrairá a competência da Justiça Federal, como as de pequeno porte (ex.: "ultraleves"), e as de uso estritamente privado (jatinhos particulares). Em princípio, as aeronaves referidas na Constituição são aquelas capazes de realizar longos voos, comerciais ou não, capazes de transportar passageiros em longos trajetos.

Nesse sentido, escreve Aury Lopes Jr[25]:

> Mas, o que se entende por navio e aeronave? Eis o problema de se utilizar uma cláusula genérica. A jurisprudência ao longo dos anos vem construindo esses conceitos para justificar a intervenção da Justiça Federal apenas quando estivermos diante de navios ou aeronaves de grande porte. Não se tratando de navio com capacidade para navegação em alto-mar, em águas internacionais (potencial de deslocamento internacional) ou avião de grande porte, com autonomia para viagens internacionais ou, ao menos, deslocamento por longas distâncias, cruzando mais de um Estado da Federação, a competência é da Justiça Estadual. (...)

Destacamos que também neste sentido são os seguintes precedentes:

> CONFLITO DE COMPETÊNCIA. DESENVOLVIMENTO CLANDESTINO DE ATIVIDADES DE TELECOMUNICAÇÃO. CRIME COMETIDO A BORDO DE NAVIO ANCORADO NO PORTO DE PARANAGUÁ.
>
> SITUAÇÃO DE POTENCIAL DESLOCAMENTO. COMPETÊNCIA DA JUSTIÇA FEDERAL. 1. A Constituição Federal, em seu art. 109, IX, expressamente aponta a competência da Justiça Federal para processar e julgar "os crimes cometidos a bordo de navios ou aeronaves, ressalvada a competência da Justiça Militar". 2. Em razão da imprecisão do termo "navio" utilizado no referido dispositivo constitucional, a doutrina e a jurisprudência construíram o entendimento de que "navio" seria embarcação de grande porte o que, evidentemente, excluiria a competência para processar e julgar crimes cometidos a bordo de outros tipos de embarcações, isto é, aqueles que não tivessem tamanho e autonomia consideráveis que pudessem ser deslocados para águas internacionais. 3. Restringindo-se ainda mais o alcance do termo "navio", previsto no art. 109, IX, da Constituição, a interpretação que se dá ao referido dispositivo deve agregar outro aspecto, a saber, que ela se encontre em situação de deslocamento internacional ou em situação de potencial deslocamento. 4. Os tripulantes do navio que se benefciavam da utilização de centrais telefônicas clandestinas, para realizar chamadas internacionais, pertenciam a embarcação que estava em trânsito no Porto de Paranaguá, o que caracteriza, sem dúvida, situação de potencial deslocamento. Assim, a competência, vista sob esse viés, é da Justiça Federal. 5. Conflito conhecido para declarar competente o

---

24 Art. 1.473. Podem ser objeto de hipoteca: (...) VI – os navios; VII – as aeronaves (...).

25 LOPES JR., Aury. Direito Processual Penal. 10ª edição. 2ª Tiragem. São Paulo: Saraiva, 2013, p. 464-465.

Juízo Federal e Juizado Especial de Paranaguá – SJ/PR. (CC 118.503/PR, Rel. Ministro ROGERIO SCHIETTI CRUZ, TERCEIRA SEÇÃO, julgado em 22/04/2015, DJe 28/04/2015) **(Informativo nº 560 do STJ, de 17 de abril a 3 de maio de 2015)**

PENAL. CONFLITO DE COMPETÊNCIA. CRIME DE HOMICÍDIO

CULPOSO. ART. 109, INCISO IX, DA CF/88. CRIME COMETIDO A BORDO DE NAVIO. CIRCUNSTÂNCIA NÃO CONFIGURADA. COMPETÊNCIA DA JUSTIÇA ESTADUAL. 1. A expressão "a bordo de navio", constante do art. 109, inciso IX, da CF/88, significa interior de embarcação de grande porte. 2. Realizando-se uma interpretação teleológica da locução, tem-se que a norma visa abranger as hipóteses em que tripulantes e passageiros, pelo potencial marítimo do navio, possam ser deslocados para águas territoriais internacionais. 3. Se à vitima não é implementado este potencial de deslocamento internacional, inexistindo o efetivo ingresso no navio, resta afastada a competência da Justiça Federal. 4. Conflito conhecido para declarar a competência do Juízo de Direito da 6ª Vara Criminal da Comarca de Santos/SP, suscitante. EMEN: (CC 200400689194, ARNALDO ESTEVES LIMA, STJ - TERCEIRA SEÇÃO, DJ DATA:02/03/2005 PG:00184 ..DTPB:.)

PENAL. PROCESSUAL PENAL. COMPETÊNCIA. CRIME A "BORDO DE NAVIO" (ARTIGO 261, CP). TRANSPORTE DE PASSAGEIROS ACIMA DO LIMITE PERMITIDO. MARINHA DO BRASIL.

FISCALIZAÇÃO. ARTIGOS 109, IX E IV, CF/88). EXEGESE. 1. Narra a denúncia que o Acusado praticou, em tese, o crime do artigo 261, do Código Penal, por ter transportado passageiros em embarcação de sua propriedade em número excessivo. 2. A expressão "a bordo de navio" (artigo 109, IX, CF/88) significa interior de embarcação de grande porte apta a realizar viagens marítimas. 3. Compete à Justiça Estadual processar e julgar os crimes praticados em embarcações de pequeno porte. 4.

Hipótese em que não tem aplicação o inciso IV do artigo 109, CF/88. 5. Recurso improvido (RSE 200332000077442, DESEMBARGADOR FEDERAL MÁRIO CÉSAR RIBEIRO, TRF1 - QUARTA TURMA, e-DJF1 DATA:31/01/2011 PAGINA:128.)

Por fim, quanto à segurança dos aeroportos, o Tribunal Regional Federal da 1ª Região entendeu que a competência é da Justiça Federal por existência de interesse da União, uma vez que o órgão fiscalizador dos aeroportos é a INFRAERO, empresa pública federal:

PENAL. PROCESSO PENAL. COMPETÊNCIA DA JUSTIÇA FEDERAL. EXPOSIÇÃO DE AERONAVE A PERIGO. ART. 261 DO CÓDIGO PENAL. PRESCRIÇÃO PELA PENA EM CONCRETO. MENORES DE 21 ANOS AO TEMPO DO CRIME. ELEMENTO SUBJETIVO NÃO IDENTIFICADO. ABSOLVIÇÃO. SENTENÇA REFORMADA. PROVIMENTO. 1. Não há que se cogitar *in casu* na incompetência da Justiça Federal para o julgamento do presente feito, pois a conduta em tese delituosa atingiu bem jurídico de interesse da União, considerando que a segurança dos aeroportos do país é controlada por empresa pública federal. (...) 3. *In casu*, percebe-se da denúncia de fs. 04/10 que os acusados foram denunciados pela suposta prática da conduta descrita na primeira parte do art. 261, do Código Penal, qual seja, "expor a perigo embarcação ou aeronave, própria ou alheia". Nota-se,

> pois, na conduta dos acusados a presença dos elementos objetivos do tipo penal em questão. No entanto, no caso específico dos autos, constata-se não ter restado configurado o elemento subjetivo do tipo penal em questão. 4. Sentença reformada. 5. Apelação provida. (ACR 200242000007166, DESEMBARGADOR FEDERAL I'TALO FIORAVANTI SABO MENDES, TRF1 – QUARTA TURMA, e-DJF1 DATA:21/05/2009 PAGINA:167.)

Por fim, o Supremo Tribunal Federal sedimentou que a competência, em se tratando de aeronaves, em pouso ou em voo, a competência é sempre da Justiça Federal (RHC 86.998/SP):

> EMENTA: RECURSO ORDINÁRIO EM HABEAS CORPUS. CONSTITUCIONAL. PROCESSUAL PENAL. COMPETÊNCIA JURISDICIONAL. CRIMES DE ROUBO QUALIFICADO E FORMAÇÃO DE QUADRILHA PRATICADOS A BORDO DE AERONAVE. ART. 109, INC. IX, DA CONSTITUIÇÃO DA REPÚBLICA. COMPETÊNCIA DA JUSTIÇA FEDERAL. PRECEDENTES. RECURSO DESPROVIDO. 1. É da Justiça Federal a competência para processar e julgar crime praticado a bordo de aeronave (art. 109, inc. IX, da Constituição da República), pouco importando se esta encontra-se em ar ou em terra e, ainda, quem seja o sujeito passivo do delito. Precedentes. 2. Onde a Constituição não distingue, não compete ao intérprete distinguir. 3. Recurso desprovido. (RHC 86998, Relator(a): Min. MARCO AURÉLIO, Relator(a) p/ Acórdão: Min. CÁRMEN LÚCIA, Primeira Turma, julgado em 13/02/2007, DJe-004 DIVULG 26-04-2007 PUBLIC 27-04-2007 DJ 27-04-2007 PP-00070 EMENT VOL-02273-02 PP-00223 RT v. 96, nº 863, 2007, p. 501506)

Já quanto aos navios, existe um precedente do Superior Tribunal de Justiça em sentido contrário (CC 116011/SP, Rel. Min. Gilson Dipp, 3ª Seção, julgado em 23/11/2011), defendendo que a Justiça Estadual é competente quando o navio estiver ancorado, enquanto que a Justiça Federal processaria o feito se o navio se encontrasse em deslocamento internacional ou estivesse prestes a fazê-lo.

Entretanto, discordamos desse entendimento, seja porque a Constituição não fez distinção entre competências no particular, salvo quanto à Justiça Militar, seja porque a competência penal internacional referida no art. 109 só se dá mediante crimes previstos em Tratado ou Convenção internacionais, o que não foi o caso dos autos (homicídio culposo), seja porque o aresto não traz nenhum outro fundamento a não ser outro precedente, o qual, por sua vez, também refere um julgado que era inaplicável, já que não se tratava de navio, mas de embarcação de pequeno porte, seja porque está correto o entendimento majoritário referido anteriormente.

Em conclusão, a competência pode ser assim esquematizada: 1) Justiça Federal: a) quando houver crimes que atinjam interesse da União, por meio de violação a qualquer de seus serviços, principalmente a fiscalização (que é mais comum no caso concreto); b) crimes praticados a bordo de navios, ou seja, embarcações de grande porte aptas a realizar navegação em alto-mar; c) crimes praticados a bordo de aeronaves de grande porte, com autonomia para transportar passageiros por longas distâncias; 2) Justiça Estadual: nos demais casos, porque sua competência é residual.

3. ATENTADO CONTRA A SEGURANÇA DE OUTRO MEIODE TRANSPORTE

⊙ **Atentado contra a segurança de outro meio de transporte**

Art. 262 – Expor a perigo outro meio de transporte público, impedir-lhe ou dificultar-lhe o funcionamento: Pena – detenção, de um a dois anos.

§ 1º – Se do fato resulta desastre, a pena é de reclusão, de dois a cinco anos.

§ 2º – No caso de culpa, se ocorre desastre: Pena – detenção, de três meses a um ano.

3.1. Bem jurídico protegido e objeto material do crime

O bem jurídico protegido mediato é a incolumidade pública e o imediato é a segurança e a credibilidade dos demais meios de transporte não especificados nos arts. 260 e 261 do CP, anteriormente estudados.

Conforme vimos, em termos de navegação aquaviária, inclui-se aqui o transporte coletivo lacustre, uma vez que essa forma de navegação é bastante restrita. Ex.: balsas.

Quanto à navegação terrestre, a doutrina aponta exemplos como o transporte rodoviário (táxi, ônibus, veículos puxados por animais etc.). Ou seja, é caso de interpretação extensiva, devendo abranger todos meios de transporte que sejam de interesse coletivo[26]. Excluem-se, portanto, os veículos utilizados para fins eminentemente privados.

3.2. Tipo penal objetivo e tipo penal subjetivo

Pois bem, dois são os núcleos do tipo: expor a perigo (outro meio de transporte público) e praticar qualquer ato tendente a impedir-lhe ou dificultar-lhe o funcionamento.

Expor a perigo significa criar uma situação de risco. No caso, a embarcação ou aeronave deve experimentar um risco de acidente ou de mau funcionamento.

Praticar qualquer ato tendente a impedir ou dificultar é agir, de forma ampla, no sentido de embaraçar o funcionamento do veículo de transporte coletivo. Aqui não se fala de sistema de navegação, uma vez que os demais meios de transporte em regra dispensam um monitoramento de navegação mais complexo, como é o caso dos navios e das aeronaves.

Essas condutas são bastante semelhantes, especialmente porque a exposição a perigo e a prática de atos tendentes a impedir ou dificultar a navegação devem ser idôneos a causar um perigo. De igual modo protege-se a integridade do veículo e o regular funcionamento do seu mecanismo de propulsão, bastando que ocorra um perigo de dano pontual.

26 Confra-se, a propósito, Greco (Curso, cit., p. 86).

Tanto faz se a propriedade do meio transporte é pública ou particular (exercida por meio de concessionários, permissionários ou autorizada), à semelhança dos crimes realizados contra o transporte ferroviário.

O tipo subjetivo é o **dolo**, ou seja, a vontade conscientemente dirigida a um perigo concreto à incolumidade de um meio de transporte, independentemente de qualquer outra finalidade desejada pelo agente. Basta que ele tenha consciência e vontade no sentido de atentar contra a segurança de qualquer meio de transporte não previsto nos arts. 260 e 261 do CP. **Por isso, é possível dizer que é expressamente crime subsidiário ou residual.**

O crime é de forma livre, podendo ser praticado por qualquer meio. A título de exemplo, Hungria[27] citava o abalroamento, colisão ou investimento de uma nave contra outra, criar brecha em embarcação (permitindo a entrada de água), destruir ou remover aparelhos ou peias indispensáveis à orientação ou segurança da embarcação ou aeronave; apagar, inutilizar ou deslocar sinais guiadores; remover boias ou faróis, colocar falsos faróis ou transmitir falsos avisos, tornar impraticável algum ancoradouro ou campo de pouso etc.

Cumpre ressaltar, a doutrina tem considerado que o uso de qualquer outro meio de transporte voltado para a finalidade de matar alguém não tipifica o delito do art. 262, mas o de homicídio (art. 121), em concurso formal próprio ou impróprio se o agente expuser a coletividade em risco durante a execução de seu plano. De fato, de acordo com o a teoria finalista, a tipificação depende, em princípio, do fim almejado pelo agente, que nesse caso é de matar pessoa determinada e não de causar risco à incolumidade pública (salvo no caso de concurso de crimes, devendo ser demonstrado que o agente assumiu o risco de causar risco ao público). Além disso, se assim não fosse, haveria proteção deficiente do bem jurídico vida, já que o delito em estudo prevê uma pena bem mais branda.

As penas do art. 262 do CP são mais brandas porque o *caput* comina pena de detenção, de 1 (um) a 2 (dois) anos, e, havendo desastre, reclusão, de 2 (dois) a 5 (cinco) anos. De fato, o legislador considerou que a lesão aos demais meios de transporte é menos importante, em comparação com a segurança exigida no transporte ferroviário, marítimo, fluvial e aéreo.

3.3. Sujeito ativo e sujeito passivo

Qualquer pessoa pode ser sujeito ativo dos crimes do art. 261, do CP. É porque esses tipos penais não exigem uma condição especial para praticá-los, bastando que impeçam ou perturbem, resultando ou não desastre.

Tanto um particular quanto um servidor público responsável pela manutenção desse serviço poderão ser igualmente incursos no crime. A diferença é que o funcionário público, na segunda fase de aplicação da pena, terá uma reprimenda maior, pois o

27 Comentários ao Código Penal, cit., p. 81.

abuso de poder e a violação de dever inerente ao cargo, ofício ministério ou profissão é circunstância agravante, nos termos do art. 62, II, g, do CP.

O sujeito passivo é a coletividade, já que estamos tratando de crime contra a incolumidade pública, sendo, pois, um crime vago, ou seja, a sua tutela é de um número indeterminado de pessoas, e é nesse sentido que deverá estar contido o plano mental do agente; caso contrário, deverá responder por outro crime (homicídio, lesão corporal etc.). É claro que existe a possibilidade de ele ser responsabilizado por um crime contra a incolumidade pública em concurso formal ou material se assumiu o risco de produzir um resultado contra a vítima pretendida e também, reflexamente, contra a coletividade, a depender se ambos tiveram sua execução iniciada ou concretizada mediante um único ato ou mais de um, respectivamente.

3.4. Crime qualificado (pelo resultado mais gravoso) e crime culposo

Desastre em outros meios de transporte público – o § 1º do art. 262 do CP prevê uma forma de crime qualificado pelo resultado, que, no caso, é classificado como preterdoloso, uma vez que, embora dolosa a ação perigosa, o resultado dele decorrente ocorrerá a título de culpa, ou seja, não poderia estar incluído no plano mental do agente, sob pena de responder por crime diverso ou até mesmo em concurso com o crime de perigo.

A pena é inferior àquela cominada para os crimes anteriores (reclusão, de 2 a 5 anos), pois o legislador valorou que o risco à incolumidade pública é inferior aos que ocorreriam em serviços ferroviários, aéreos, marítimos e fluviais.

Aqui o desastre pode ocorrer por qualquer meio e de qualquer forma, uma vez que o tipo penal não diz quais são os eventos danosos, limitando-se a dizer "se do fato resulta desastre". A título ilustrativo, podemos dizer que haverá desastre se ocorrer naufrágio, submersão ou encalhe de embarcações voltadas à navegação lacustre, abalroamento ou destruição de ônibus de transporte coletivo urbano etc.

Desastre culposo – o art. 262, § 2º, do CP, prevê uma modalidade culposa, que é uma forma privilegiada de desastre aéreo, marítimo, fluvial ou lacustre. No caso de culpa, ocorrendo desastre, a pena é de detenção, de 3 (três) meses a 1 (um) ano.

A pena é sensivelmente menor, porque o desastre ocorrido não estava no plano mental do agente (dolo), mas ocorreu por simples inobservância de um dever objetivo de cuidado a todos imposta, segundo prudente arbítrio do juiz na análise do caso concreto, ou mesmo, no plano abstrato, de acordo com o critério do "homem médio". Sendo o fato objetivamente previsível, portanto, o agente será responsabilizado, esteja ele consciente ou não da repercussão de sua ação ou omissão (imprópria).

Note-se, ainda, que, se o agente se valer de veículo automotor e causar morte culposamente responderá pelo delito do art. 302 do CTB[28].

---

28 Art. 302. Praticar homicídio culposo na direção de veículo automotor: Penas – detenção, de dois a quatro anos, e suspensão ou proibição de se obter a permissão ou a habilitação para dirigir veículo automotor.

3.5. Consumação e tentativa

O crime se consuma no exato momento em que surge o perigo real de possível desastre. O prolongamento do perigo será mero exaurimento (*post factum* impunível), pois a consumação é instantânea, em um momento específico. Sobrevindo um acidente, incidirão os tipos penais dos §§ 1º e 2º do art. 262 do CP, conforme haja dolo ou culpa.

A tentativa é admissível, pois, em tese, é possível falar em início da fase executória do *iter criminis*, em consequência da possibilidade de divisão, no plano mental, dos atos praticados pelo agente (crime plurissubsistente). É impossível, relembre-se, em relação aos delitos de desastre, que são preterdolosos.

Os crimes são de perigo concreto em todos os casos. Não há falar de crime consumado ou tentado se em momento algum houve risco à segurança dos meios de transporte, como, por exemplo, no caso de um motorista de ônibus realizar viagens sem realização qualquer revisão regular no mecanismo do veículo. Se essa conduta em particular oferece ou não risco ao funcionamento dos transportes nas vias públicas, isso deve ser apurado por meio de perícia.

3.6. Classificação doutrinária

Comum, porque pode ser praticado por qualquer pessoa; **Vago,** pois o sujeito passivo é a coletividade, de forma genérica, com vítima indeterminada; **Doloso**, no crime de perigo do *caput* do art. 261 do CP, **preterdoloso** no crime de desastre do § 1º e **culposo** no caso do § 3º, se sobrevier desastre. **Comissivo**, praticado, em regra, por meio de uma ação, sem prejuízo de responder por omissão imprópria, se o agente era responsável em garantir a não ocorrência do crime (CP, art. 13, § 2º); **De ação múltipla ou de conteúdo variado**, porque possui mais de uma conduta no tipo penal (expor a perigo, impedir e perturbar). **De ação livre,** pois pode ser praticado por qualquer meio, ainda que não previstas pelo legislador. **Formal, de consumação antecipada ou de resultado cortado**, já que o resultado previsto no tipo é irrelevante para fins de consumação, bastando praticar as condutas descritas no tipo penal. Tais classificações são equívocas, pois a tentativa é possível se o crime for **plurissubsistente,** quando ação criminosa é divisível em vários atos, partes ou etapas do *iter criminis*. Essa classificação restringe-se ao crime de perigo; Já os desastres, qualificado e culposo, são **materiais ou causais**, porque dependem da ocorrência dos eventos danosos indicados na lei. **De perigo concreto ou não presumido** porque a existência do perigo deve ser comprovada. E como deixa vestígios, é **não transeunte**. **Instantâneo,** porque está consumado a partir do momento em que o agente pratica a conduta descrita no tipo, não se protraindo para o futuro. Haverá, após, exaurimento (*post factum*) do crime. **Unissubjetivo ou de concurso eventual de pessoas**. Pode ser praticado por um ou mais sujeitos.

3.7. Causas de aumento de pena

O art. 263 do Código Penal, prevendo uma forma "qualificada" diz que "se de qualquer dos crimes previstos nos arts. 260 a 262, no caso de desastre ou sinistro, resulta lesão corporal ou morte, aplica-se o disposto no art. 258."

Como já visto, o art. 258 dispõe sobre as "formas qualificadas dos crimes de perigo comum", mas, segundo a opinião da doutrina, trata-se de causas de aumento de pena da Parte Especial, uma vez que não são preceitos secundários autônomos e fazem remissão a penas preexistentes.

Aplicam-se as mesmas causas de aumento dos crimes de perigo comum (Capítulo I) aos delitos contra a segurança dos meios de comunicação e transporte e outros serviços públicos, quando o for o caso de preterdolo, ou seja, há dolo na conduta e culpa quanto ao seu resultado mais gravoso.

Atente-se para o fato de que essas circunstâncias **legais só são compatíveis com a ocorrência de desastre efetivo** (art. 262, §§

1º e 2º, do CP), por conta da ocorrência de lesão a outros bens jurídicos, como a vida ou a integridade física da pessoa. São elas:

> a) **quando o crime for preterdoloso (havendo desastre ou dano)**: a.1) aplica-se o aumento de metade (1/2) se disso sobrevier lesão corporal **grave ou gravíssima**, resultando em uma pena de 3 (três) a 7 (sete) anos e 6 (seis) meses de reclusão; a.2) aumenta-se a pena em dobro se ocorrer morte, ficando em 4 (quatro) a 10 (dez) anos de reclusão;
>
> b) quando o crime for **culposo** e ocorrendo desastre ou dano (crime qualificado pelo resultado **também culposo** – culpa + culpa): b.1) aplica-se o aumento de metade (1/2) se sobrevier **lesão corporal** (leve, média, grave ou gravíssima) cuja pena será de 4 (quatro) meses e 15 (quinze) dias a 1 (um) ano e 6 (seis) meses de detenção; b.2) aplica-se a pena do homicídio culposo aumentada de um terço (1/3), em caso de morte (a pena será arbitrada entre 1 ano e seis meses a quatro anos e seis meses de detenção).

3.8. Infrações penais assemelhadas da legislação específica

3.8.1. Crime previsto no Código Penal Militar

> **Atentado contra viatura ou outro meio de transporte Art. 284.** Expor a perigo viatura ou outro meio de transporte militar, ou sob guarda, proteção ou requisição militar emanada de ordem legal, impedir-lhe ou dificultar-lhe o funcionamento:
>
> Pena – reclusão, até três anos. Desastre efetivo 1º Se do fato resulta desastre, a pena é reclusão de dois a cinco anos. Modalidade culposa 2º No caso de culpa, se ocorre desastre:
>
> Pena – detenção, até um ano.

Uma diferença substancial desse delito em relação aos anteriores previstos no CPM é que não há menção aos meios de transporte militares relacionados ao "transporte coletivo". O objeto material do crime pode ser qualquer viatura ou meio de transporte sujeito à Administração militar, desde que venha a causar efetivo risco à incolumidade pública.

Esse crime é mais grave não só por cominar uma pena máxima de 3 (três) anos, mas também porque ele é punido com reclusão, e não com detenção, como é no Código Penal. No mais, as reprimendas são as mesmas do art. 262 do CP.

Ressalte-se, por fim, que o CPM também prevê causas de aumento de pena em decorrência de lesões corporais e morte, para as formas preterdolosas e culposas:

> **Art. 285.** Se de qualquer dos crimes previstos nos arts. 282 a 284, no caso de desastre ou sinistro, resulta morte de alguém, aplica-se o disposto no art. 277.
>
> **Formas qualificadas pelo resultado**
>
> **Art. 277.** Se do crime doloso de perigo comum resulta, além da vontade do agente, lesão grave, a pena é aumentada de metade; se resulta morte, é aplicada em dôbro. No caso de culpa, se do fato resulta lesão corporal, a pena aumenta-se de metade; se resulta morte, aplica-se a pena cominada ao homicídio culposo, aumentada de um têrço.

Como se vê, as penas e as formas qualificadas pelo resultado são as mesmas do art. 261 c/c art. 258 do CP.

Uma última peculiaridade da legislação penal militar: existe uma circunstância agravante específica no art. 289 do CPM, restrita aos crimes contra os meios de transporte e de comunicações militares:

> **Aumento de pena**
>
> Art. 289. Nos crimes previstos neste capítulo, a pena será agravada, se forem cometidos em ocasião de calamidade pública.

3.8.2. Crime da Lei da Segurança Nacional (LSN – Lei nº 7.170/83):

Considerando que o art. 15 da LSN também inclui uma forma assemelhada ao do tipo do art. 262 do CP, fazemos remissão aos comentários relativos ao crime de perigo de desastre ferroviário (CP, art. 260).

Ressaltamos, porém, que o *caput* esse tipo especial visa à proteção não só dos meios de transporte militares, mas também das vias utilizadas pelas forças armadas, conferindo uma lista mais ampla de objetos materiais tutelados, por referir, "Praticar sabotagem contra instalações militares, meios de comunicações, meios e vias de transporte, estaleiros, portos, aeroportos, fábricas, usinas, barragem, depósitos e outras instalações congêneres".

3.8.3. Crimes previstos na Lei de responsabilidade civil e criminal por atos relacionados a atividades nucleares (Lei nº 6.453/77)

Remetemos o leitor ao item 8.5, relativo ao crime do art. 261 do CP, uma vez que os arts. 26 e 27 da Lei nº 6.453/77 também se referem aos demais meios de transporte coletivo.

3.9. Potencialidade ofensiva

O crime de atentado previsto no *caput* (cuja pena cominada é de 1 a 2 anos de detenção) e na sua modalidade de desastre culposa (art. 260, § 2º, do CP), praticada na sua forma simples (sem aumentos de pena), será crime de menor potencial ofensivo, porque a pena prevista é de 3 (três) meses a 1 (um) ano de detenção, ensejando a transação penal (aplicação imediata de pena restritiva de direitos ou multas sem outros efeitos penais), pois a pena máxima não ultrapassa 2 (dois) anos de acordo com os arts. 61 c/c 76 da Lei nº 9.099/95 (Lei dos Juizados Especiais).

Também será de menor potencial ofensivo em caso de **lesão corporal** (leve, grave ou gravíssima) após o desastre culposo, pois o art. 258 diz que a pena sofrerá um aumento de metade, ficando em 4 (quatro) meses e 15 (quinze) dias a 1 (um) ano e 6 (seis) de detenção. Sim, porque a pena máxima está dentro do limite legal.

Porém, o desastre **não admitirá transação penal ou suspensão condicional se resultar morte** porque o art. 258 determina que seja aplicada, nesse caso, a pena do homicídio culposo (cominada em 1 a 3 anos de detenção) aumentada de 1/3 (um terço), como causa especial de aumento. O legislador considerou que a morte causada em uma situação de perigo provocada pelo sujeito ativo tornará o delito como sendo de elevado potencial ofensivo, pois a pena mínima ficará superior a 1 (um) ano de reclusão, ou seja, 1 (um) ano e 4 (quatro) meses a 4 (quatro) anos de reclusão.

Finalmente, a forma qualificada preterdolosa (desastre) é de alto potencial ofensivo. É que a pena inicialmente prevista é de 2 (dois) a 5 (cinco) anos de reclusão, e será aumentada de metade havendo lesão corporal grave. Sobrevindo morte, será aplicada em dobro, nos termos do art. 258, primeira parte, do CP, conforme vimos anteriormente.

3.10. Ação penal e competência do juízo

A ação penal é pública incondicionada, uma vez que o Código não exige iniciativa privativa do ofendido, representação ou requisição do Ministro da Justiça (CP, art. 100). De fato, o condicionamento da ação penal nos crimes previstos no Título VII, parece ser incompatível com a proteção do interesse público relativo à tutela judicial da incolumidade pública em geral.

A competência será, em regra, da Justiça Estadual, a não ser que o atentado contra a segurança de outros meios de transporte acarrete lesão a interesse da União, de suas entidades autárquicas de suas empresas públicas. Nesse caso, o crime será processado e julgado na Justiça Federal se o crime violar, no caso concreto, interesse relacionado à fiscalização de órgão público federal, com as ressalvas do art. 109, IV, CF[29].

4. ARREMESSO DE PROJÉTIL

⊙ **Arremesso de projétil**

Art. 264. Arremessar projétil contra veículo, em movimento, destinado ao transporte público por terra, por água ou pelo ar:

29 IV – os crimes políticos e as infrações penais praticadas em detrimento de bens, serviços ou interesse da União ou de suas entidades autárquicas ou empresas públicas, excluídas as contravenções e ressalvada a competência da Justiça Militar e da Justiça Eleitoral.

Pena – detenção, de um a seis meses.

Parágrafo único – Se do fato resulta lesão corporal, a pena é de detenção, de 6 (seis) meses a 2 (dois) anos; se resulta morte, a pena é a do art. 121, § 3º, aumentada de um terço.

4.1. Bem jurídico protegido e objeto material do crime

O bem jurídico protegido mediato é a incolumidade pública e o imediato é a segurança de qualquer veículo de transporte público (aéreo, terrestre e marítimo). O objeto material é o veículo em si.

Segundo Hungria[30], o Código Penal de 1890 equiparava o arremesso de projétil ao perigo de desastre ou ao desastre efetivo aos meios de transporte, o que tornava a proteção penal insuficiente, haja vista que o tipo penal existente limitava-se apenas ao transporte por meio de comboio, deixando de lado a proteção de vários outros[31]. Tendo em vista essa preocupação, o legislador optou por criar um delito autônomo, válido para qualquer tipo de transporte público, seja ele público ou particular (de propriedade de concessionários e permissionários de serviço público, por exemplo).

Pensamos, porém, que a existência do tipo penal em apreço parece desnecessária, pois poderia ser meio de execução dos crimes do art. 260, IV (serviços de transporte ferroviário), art. 261 (embarcações e aeronaves de navegação marítima, fluvial ou aérea) e art. 262 (demais formas de transporte), todos do Código Penal. Sim, porque são de ação livre, podendo ser praticados, inclusive, pelo arremesso de projétil, de forma a embaraçar o funcionamento dos serviços viários tutelados no presente Capítulo II do Título VII. Conclui-se, portanto, que os dispositivos legais anteriores cuidaram de resolver o problema.

Feita a crítica, devemos então delimitar os exatos contornos da proteção jurídica do art. 264 do Código Penal. Entendemos que se trata de crime subsidiário, haja vista que a intenção do agente não visa ao embaraço do funcionamento do serviço de transportes em geral, mas, sim, causar perigo a determinado veículo em movimento utilizado pelo público, causando, também, risco um número indeterminado de pessoas, inclusive as que estão próximas das vias.

4.2. Tipo penal objetivo e tipo penal subjetivo

A conduta criminosa consiste em "arremessar", ou seja, atirar, lançar com força para longe, arrojar, fazer caminhar com ímpeto, impelir. Literalmente, não é qualquer

---

30 Comentários ao Código Penal, cit., p. 86.

31 "Art. 150. Nas mesmas penas, e guardadas as mesmas distinções, incorrerá aquelle que arremessar projectis, ou corpos contundentes, contra um comboio de passageiros em movimento." Aqui se cominada a mesma pena do art. 149, referente ao transporte ferroviário. "Pena – prisão cellular por seis mezes a um anno e multa de 5% a 20 % do damno causado."

lançamento que será caracterizado como arremesso, a não ser aquele realizado com certo grau de força ou violência.

O arremesso pode ser realizado por qualquer meio, com as próprias mãos ou por meio de algum outro mecanismo que não seja classificado como arma de fogo (atiradeiras, estilingues e outros).

O conceito de **projétil (projéteis) ou projetil (projetis)**[32] é aquilo que pode ser arremessado, e, mais especificamente, qualquer sólido pesado que se mova no espaço, abandonado a si mesmo depois de haver recebido impulso; projétil balístico. É, ainda, qualquer objeto lançado para fazer mal e também pode ser um corpo arremessado por arma de fogo.

Temos que a arma de fogo não diz respeito ao tipo penal em questão, mas, sim, ao tipo penal especial do art. 15 da Lei nº 10.826/03.

Independentemente do sentido literal que se lhe dê, o projétil deve ser apto a causar dano a um veículo de transporte público. A doutrina majoritária é no sentido de que tanto objetos sólidos quanto líquidos podem ser considerados projéteis, se existe potencialidade lesiva (Ex.: arremesso de ácido de alto teor corrosivo nos pneus de um ônibus que trafega). Para Hungria[33] é atípico o arremesso de objetos que causam apenas sujeira, como ovos e limões de cheiro.

O termo "em movimento" é elementar objetiva do delito, razão pela qual não há falar de arremesso de projétil em veículos estacionados ou parados, mas, sim, de dano (CP, art. 163).

Também assim a expressão "destinado ao transporte público" trata de um crime de perigo contra a sociedade. Se um objeto for arremessado em veículo pertencente a um particular em movimento, não existirá crime contra a segurança dos transportes e o agente poderá responder por crime diverso. Conclui-se que tanto o número de passageiros quanto a forma de tração do veículo são penalmente irrelevantes, desde que o veículo se destine ao transporte de **pessoas em geral**, e não de determinadas pessoas, como um automóvel de uso pessoal.

O **tipo penal subjetivo** é o **dolo**, ou seja, a vontade livre e consciente de arremessar projétil capaz de causar perigo a algum meio de transporte que se encontre em movimento. Não existe elemento subjetivo especial para a tipificação do crime, sendo irrelevante perquirir acerca do objetivo final da conduta por ele idealizada.

O tipo não prevê modalidade culposa, até porque, pelo arremesso puramente leviano, é possível inferir que há, no mínimo, assunção do risco de produzir situação periclitante, devendo responder a título de dolo eventual.

4.3. Sujeito ativo e sujeito passivo

Qualquer pessoa pode ser sujeito ativo do crime, que não exige nenhuma condição especial para praticá-lo, bastando que o projétil seja arremessado contra veículo

32 Significados conforme o Dicionário Aurélio de Língua Portuguesa.

33 Comentários ao Código Penal, cit., p. 86.

de transporte público. Nada impede que o funcionário público responsável pelo serviço, tenha pena agravada na segunda fase de aplicação da pena, pois o abuso de poder e a violação de dever inerente ao cargo, ofício ministério ou profissão é circunstância agravante, nos termos do art. 62, II, g, do CP.

O sujeito passivo é a coletividade, já que estamos tratando de crime contra a incolumidade pública, sendo, pois, um crime vago, ou seja, a sua tutela é de um número indeterminado de pessoas, e é nesse sentido que deverá estar contido o plano mental do agente; caso contrário, deverá responder por outro crime (homicídio, lesão corporal etc.).

É possível que o agente seja responsabilizado por crime contra a incolumidade pública e outro crime diverso (*aberratio criminis ou aberratio delicti*), em concurso formal, se ocorre resultado diverso do pretendido e a consumação do arremesso de projétil, nos termos do art. 74 do Código Penal[34]. Seguindo exemplo consagrado na doutrina, por analogia, é perfeitamente possível que ele realize o arremesso e cause lesões corporais culposas (art. 129, § 6º, do CP) a alguém, respondendo por ambos. Se danificar coisa, não responderá penalmente, pela ausência de previsão da modalidade culposa do dano.

4.4. Consumação e tentativa

O crime se consuma com a realização do arremesso do projétil em direção ao veículo de transporte público em movimento, seja ele qual for, pois surge então o perigo (abstrato) à incolumidade pública[35].

Embora seja válida a proposta de inconstitucionalidade dos crimes de perigo abstrato, adotamos aqui a primeira corrente, no sentido de admitir o perigo presumido. Pensamos que essa presunção legal (*juris et de jure*) é válida, uma vez que o legislador considerou que o risco causado pelo arremesso do projétil pode alcançar consequências imprevisíveis, às vezes de grandes proporções, embora haja incerteza disso no momento do ato praticado pelo autor. Basta imaginar alguém lançando um pedaço grande de concreto na pista, próximo de um ônibus que trafega a 60 Km/h, completamente lotado. A depender da perícia e dos reflexos do condutor do veículo, é possível que desvie a tempo do obstáculo na pista, causando ao menos certo temor aos passageiros, pela manobra brusca (que se torna mais perigosa, tendo em vista o peso suportado pelo ônibus com lotação máxima).

Pois bem, salvo a última situação, o exemplo acima o perigo efetivamente existiu desde o lançamento do projétil, só não vindo a ocorrer sinistro por mérito ou pela sorte

---

34 Art. 74 – Fora dos casos do artigo anterior, quando, por acidente ou erro na execução do crime, sobrevém resultado diverso do pretendido, o agente responde por culpa, se o fato é previsto como crime culposo; se ocorre também o resultado pretendido, aplica-se a regra do art. 70 deste Código.

35 Em sentido contrário, para Greco (Curso, cit., p. 93) o crime é de perigo concreto, em respeito a princípio da lesividade do Direito Penal, razão pela qual o dano ou o perigo devem estar suficientemente demonstrados caso a caso.

do condutor do ônibus. Ademais, o concreto lançado na pista, por conta disso, está oferecendo perigo não só a um ônibus, mas a vários outros que porventura passariam por ali. E tanto é possível inferir o risco, no plano mental, ao se considerar que o crime vem a ser praticado em faixas exclusivas de tráfego de meios de transporte público (normalmente a pista do lado direito), haja vista que, em princípio, eles só poderão transitar por aí, sendo quase certa a situação iminente de acidentes, já que para desviar do projétil, pode ser necessário "invadir" a faixa onde transitam veículos particulares.

É forçoso concluir, pois, que, em relação ao crime do art. 264, *caput* do CP, o legislador agiu acertadamente ao criminalizar e presumir desde logo o perigo na conduta de arremessar o projétil, pois ele pode acarretar situações imprevisíveis de situações de perigo, e, potencialmente, de dano ou lesão corporal.

A possibilidade da tentativa é controvertida. Existem dois entendimentos:

No primeiro, a tentativa é possível, pela da divisão dos atos do *iter criminis* e pela existência do início da fase executiva do delito. O crime seria, então, plurissubsistente, e essa situação é exemplificada pelo ato de um terceiro (transeunte ou autoridade pública) que impede oportunamente a realização do lançamento. A essa corrente fliam-se Cleber Masson e Paulo José da Costa Júnior, dentre outros.

No segundo, acolhido pela doutrina majoritária[36], o delito é unissubsistente, não admitindo a tentativa. O argumento é que não existem atos executórios antes da consumação, mas atos preparatórios, em regra, impuníveis no Direito Penal.

Concordamos com o segundo entendimento. Dizer que há tentativa em atos pretéritos como a preparação do lançamento do projétil durante a espera do transporte público, ou mesmo quando alguém imobiliza a tempo o sujeito que visa arremessar objeto pesado, contravém os princípios da intervenção mínima e da lesividade. Ora, de fato o perigo só se presume após a realização completa do ato; consequentemente, não existe risco algum quando da interrupção desses procedimentos, sendo mais correto falar no caso de crime impossível ou tentativa inidônea, porque o meio teria se tornado absolutamente ineficaz.

4.5. Crime qualificado e causa de aumento de pena (pelo resultado mais gravoso)

O art. 264, parágrafo único, do CP dispõe que "se do fato resulta lesão corporal, a pena é de detenção, de seis meses a dois anos; se resulta morte, a pena é a do art. 121, § 3º, aumentada de um terço". Essas figuras são preterdolosas e, portanto, dependem dos resultados neles descritos.

A primeira figura é propriamente uma qualificadora do arremesso de projétil, já que prevê tipo penal secundário autônomo, com pena substancialmente maior, caso ocorra lesão corporal.

---

36 Esse entendimento é adotado por Greco (Curso, cit., p. 94), Bitencourt (Tratado, cit., p. 285) e outros.

A segunda figura, mais severa, importa causa de aumento de pena, remetendo à aplicação da pena do homicídio culposo, somada em um terço.

Como esses tipos dependem necessariamente de sinistro (lesão corporal ou morte), são crimes **materiais ou causais**, da mesma forma que ocorre em relação aos crimes anteriormente estudados (arts. 260 a 262 do Código Penal). Aqui também, por conseguinte não se admite a tentativa, pois o resultado mais gravoso não deve estar no plano mental do agente, embora fosse ao menos previsível.

Assim sendo, nos termos do exemplo dado no tópico antecedente, é provável (talvez mais ainda do que no primeiro caso), que um ônibus venha a colidir com o projétil no solo frontalmente ou talvez em uma das rodas vindo a capotar, provocando lesões corporais/morte às pessoas que nele se encontravam.

4.6. Classificação doutrinária

Comum, porque pode ser praticado por qualquer pessoa; **Vago,** pois o sujeito passivo é a coletividade, de forma genérica, com vítima indeterminada; **Doloso**, no crime de perigo do *caput* do art. 260 do CP, **preterdoloso** no crime de desastre ferroviário do § 1º e **culposo** no caso do § 2º, se sobrevier desastre (desastre ferroviário culposo); **Comissivo**, praticado, em regra, por meio de uma ação, sem prejuízo de responder por omissão imprópria, se o agente era responsável em garantir a não ocorrência do crime (CP, art. 13, § 2º); **De ação única,** consistente em arremessar o projétil. De **ação livre**, pois o arremesso pode ser realizado por qualquer meio ou instrumento. **Formal, de consumação antecipada ou de resultado cortado**, já que o resultado previsto no tipo é irrelevante para fins de consumação, bastando praticar as condutas descritas no tipo penal. Tais classificações são equívocas, pois a tentativa é possível quando a ação criminosa é divisível em vários atos, partes ou etapas, do *iter criminis*. Embora seja esse o entendimento majoritário, pensamos que o crime seria melhor classificado como de mera conduta, seja porque o resultado naturalístico não está previsto no tipo, seja porque o simples arremesso consuma o crime. Consequentemente, é **unissubsistente**, por não admitir a tentativa, conforme expusemos acima. Já as formas qualificadas do parágrafo único do art. 264 do CP, são **materiais ou causais**, porque dependem da ocorrência do resultado naturalístico, lesão corporal (leve, ao menos) ou morte. **De perigo abstrato** (doutrina majoritária) porque o perigo é presumido de forma absoluta (*juris et de jure*)[37]. E como pode deixar vestígios, é **não transeunte**. **Instantâneo,** porque está consumado a partir do momento em que o agente pratica a conduta descrita no tipo, não se protraindo para o futuro. Não se exige que o alvo (veículo de transporte público) seja atingido. **Unissubjetivo ou de concurso eventual de pessoas**. Pode ser praticado por um ou mais sujeitos.

---

37 Em sentido contrário, Greco (Curso, cit., p. 93) entende que o delito é de perigo concreto, devendo haver comprovação de perigo efetivo.

4.7. Infrações penais assemelhadas da legislação específica

4.7.1. Crime previsto no Código Penal Militar

> **Arremêsso de projétil**
>
> **Art. 286.** Arremessar projétil contra veículo militar, em movimento, destinado a transporte por terra, por água ou pelo ar:
>
> Pena – detenção, até seis meses.
>
> **Forma qualificada pelo resultado**
>
> Parágrafo único. Se do fato resulta lesão corporal, a pena é de detenção, de seis meses a dois anos; se resulta morte, a pena é a do homicídio culposo, aumentada de um têrço.

Como se vê, praticamente não há diferença entre os crimes previstos no CPM e no CP, a não ser pelo fato de que o veículo visado deve pertencer às Forças Armadas para ser crime militar e não há pena mínima.

4.7.2. Crime previsto no Estatuto do Desarmamento (Lei nº 10.826/03)

> **Disparo de arma de fogo**
>
> **Art. 15.** Disparar arma de fogo ou acionar munição em lugar
>
> habitado ou em suas adjacências, em via pública ou em direção a ela, desde que essa conduta não tenha como finalidade a prática de outro crime:
>
> Pena – reclusão, de 2 (dois) a 4 (quatro) anos, e multa.

O art. 15 da Lei nº 10.826/03 trata deste crime contra a incolumidade pública, quando o projétil é arremessado (disparado) mediante utilização de arma de fogo. Devido o potencial ofensivo desse mecanismo, o seu acionamento puro e simples em lugar habitado, em via pública ou em direção a ela (ainda que sem a presença de terceiros) já caracteriza sua consumação, por importar perigo abstrato ou presumido à coletividade.

Essa conduta é bem mais ampla do que a prevista no art. 264 do CP, já que o arremesso não depende de existência de qualquer meio de transporte público em movimento.

É delito expressamente subsidiário, pois se o disparo visar à prática de outro crime (homicídio, lesão corporal etc.), não incidirá no caso concreto, nem mesmo a título de concurso formal.

4.8. Potencialidade ofensiva

Os crimes de arremesso de projétil, na forma simples e qualificada (preterdolosa) resultante em lesão corporal (leve, média, grave ou gravíssima), são de menor potencial ofensivo, porque suas penas são de 1 (um) a 6 (seis) meses de detenção (art. 264, *caput*, do CP) e de 6 (seis) meses a 2 (dois) anos de reclusão (art. 264, parágrafo único, primeira parte, do CP), respectivamente, dando ensejo à transação penal (aplicação imediata de pena restritiva de direitos ou multas sem outros efeitos penais). É que as penas máximas não ultrapassam 2 (dois) anos, de acordo com os arts. 61 c/c 76 da Lei nº 9.099/95 (Lei dos Juizados Especiais).

Contudo, se o arremesso de projétil for qualificado pela morte (art. 264, parágrafo único, parte final), aplica-se a pena do homicídio culposo (de 1 a 3 anos) aumentada de um terço, ou seja, de 1 (um) ano e 4 (quatro) meses a 4 (quatro) anos de detenção, sendo, pois, de **elevado potencial ofensivo**, já que a pena mínima fica superior ao patamar de 1 (um) ano, cabendo, pois, a suspensão condicional do processo, conforme o art. 89 da Lei nº 9.099/95.

4.9. Ação penal e competência do juízo

A ação penal é pública incondicionada, uma vez que o Código não exige iniciativa privativa do ofendido, representação ou requisição do Ministro da Justiça (CP, art. 100). De fato, o condicionamento da ação penal nos crimes previstos no Título VII, parece ser incompatível com a proteção do interesse público relativo à tutela judicial da incolumidade pública em geral.

A competência para o processamento e julgamento dos crimes previstos no art. 260 do CP é da Justiça Estadual (competência residual), uma vez que não há, em princípio, interesse da União, suas autarquias, fundações ou empresas públicas. Observem-se, porém, as exceções tratadas anteriormente nos crimes dos arts. 260 a 262 do CP, sobre a possibilidade (mais remota) de competência da Justiça Federal.

5. ATENTADO CONTRA A SEGURANÇA DE SERVIÇO DE UTILIDADE PÚBLICA

⊙ **Atentado contra a segurança de serviço de utilidade pública**

Art. 265. Atentar contra a segurança ou o funcionamento de serviço de água, luz, força ou calor, ou qualquer outro de utilidade pública: Pena – reclusão, de um a cinco anos, e multa.

Parágrafo único – Aumentar-se-á a pena de 1/3 (um terço) até a metade, se o dano ocorrer em virtude de subtração de material essencial ao funcionamento dos serviços. (Incluído pela Lei nº 5.346, de 3.11.1967)

5.1. Bem jurídico protegido e objeto material do crime

O bem jurídico protegido mediato é a incolumidade pública e o imediato é a segurança e/ou o regular funcionamento dos serviços de água, luz, força ou calor e qualquer outro de utilidade pública.

Conforme a lição de Hungria[38], o crime em estudo integrou a ordem jurídica pela primeira vez com o Código Penal, em 1940, inspirado nos Códigos italiano, polonês e dinamarquês, observando que o artigo iniciou com casuística de serviços e terminou com uma cláusula genérica ("ou qualquer outro de utilidade pública").

38 Comentários ao Código Penal, cit., p. 87-89.

Segundo o autor, o tipo criminaliza todo ato tendente a perturbar, de modo mais ou menos extenso, os serviços de água, luz, força e calor (aquecimento, calefação), mas vários outros podem exemplificados, como serviço de assistência hospitalar, serviço de gás, serviço de limpeza pública etc. Pode ser praticado, pois, por meio de danificação de usinas, represas, reservatórios, cabines de distribuição, aparelhos, fios, postes, encanamentos, ou quaisquer instalações necessárias à produção, prestação ou continuado fornecimento de luz, energia, água etc. Diz, mais, que pouco importa se o serviço é prestado diretamente pelo o Estado ou por meio de seus concessionários.

Assim, por exemplo, poderíamos incluir aqui o serviço postal, embora a lei que o regule (Lei nº 6.538/78) tenha previsto crimes específicos, nos respectivos arts. 36 a 42. É que nenhum desses delitos se refere à segurança ou ao regular funcionamento do serviço postal. Quando muito, o art. 42 comina uma pena de até 2 (dois) meses de detenção ou multa no caso de violação do monopólio da União. Aliás, se não fosse possível enquadrá-lo no art. 265 do CP, esse bem jurídico estaria sem proteção na esfera penal, o que seria um absurdo, já que o seu funcionamento e continuidade são imprescindíveis à coletividade.

5.2. Tipo penal objetivo e tipo penal subjetivo

O tipo objetivo consiste em **atentar** contra a segurança ou o funcionamento dos serviços enumerados acima, além de outros não elencados.

Segundo o Dicionário Aurélio de Língua Portuguesa, o sentido de atentar tratado no texto é empreender, cometer, ou perpetrar um **atentado,** que, por sua vez, significa tentativa ou execução de crime.

Segurança é, para o que nos interessa, o ato ou efeito de segurar, ou seja, de manter livre de perigo, de risco, ou mesmo protegido, acautelado, garantido.

Funcionamento é o mesmo que exercer funções, no caso, a prestação contínua e regular dos serviços de utilidade pública a que se refere o art. 265 do CP.

De acordo com Masson[39], "o atentado pode consistir tanto na destruição, danificação ou inutilização dos meios de produção ou captação (usinas, oficinas, construções, aparelhos, depósitos, represas etc.) como na distribuição, (postes, fios, encanamentos etc.)".

O Código Penal enumera, primeiramente, serviços públicos em espécie (água, luz, força ou calor) para depois incluir uma cláusula que só pode ser completada por meio da interpretação do juiz, que deverá indicar, no caso concreto, outro serviço de utilidade pública. Por que assim procedeu?

Pensamos que a razão disso é para melhor diferenciar este delito dos demais, que tutelam bens jurídicos diversos (transportes coletivos e aos meios de comunicação). É que se o tipo fosse descrito apenas como "atentar contra a segurança ou o

39 Direito Penal esquematizado, cit., p. 289.

funcionamento de serviço de utilidade pública", o enunciado ficaria por demais genérico, e acabaria incluindo até os delitos dos arts. 260 e 261 do CP, que, além de também dizerem respeito a serviços de utilidade pública, têm penas mais altas.

Para Hungria[40], o crime é de perigo abstrato, ou seja, é presumido pela lei, sendo considerado existente com a simples prática da conduta, em face da relevância dos serviços públicos prestados[41].

Por outro lado, Greco[42] discorda dessa corrente doutrinária, porque, de acordo com o princípio da lesividade, o efetivo perigo deve sempre ser demonstrado; caso contrário, será um fato penalmente irrelevante, já que o Direito Penal visa à proteção dos bens jurídicos que venham a ser concretamente lesados.

Finalmente, Hungria afirma que se o agente visa a ofender a ordem político-social, o crime será aquele constante da Lei da Segurança Nacional[43].

O tipo subjetivo é o **dolo**, ou seja, a vontade conscientemente dirigida a um perigo à incolumidade de um serviço de utilidade pública, independentemente de qualquer outra finalidade desejada pelo agente.

O crime é de forma livre, podendo ser praticado por qualquer meio.

Havendo, porém, perigo aos serviços de utilidade pública com emprego de **incêndio**, incide o crime do art. 250, § 1º, II, c, do CP com aumento de pena (de um terço). Se for com uso de **dinamite ou substância de efeitos análogos**, estará tipificado o crime do art. 251, *caput* e § 2º do CP (também com aumento de um terço), pela aplicação do princípio da especialidade. A uma, porque o dolo do agente é de causar incêndio ou explosão, sendo a perturbação ou impedimento do serviço férreo mero exaurimento (*post factum*). Ademais, não é o caso de consunção porque, em regra, o crime mais grave (crime fim) é que absorve o mais brando (crime meio), sendo certo que o incêndio e a explosão são mais específicos e têm pena mais severa, de 4 (quatro) a 8 (oito) anos de reclusão (aumento de 1/3 sobre a pena cominada de 3 a 6 anos no *caput* dos art. 250 e 251, *caput*), em comparação com o crime de perigo.

Ainda, segundo Greco[44] trata-se de tipo misto alternativo, ou seja, se houver atentado aos serviços de utilidade pública (*caput*) e furto de material essencial ao funcionamento (parágrafo único) em um mesmo contexto fático, o agente terá praticado apenas um crime.

---

40 Comentários ao Código Penal, cit., p. 88.

41 Também assim o entendem Bitencourt (Tratado, cit., p. 288) e Masson (Direito Penal esquematizado, cit., p. 290).

42 Curso de Direito Penal, cit., p. 99.

43 O autor se referia ao art. 13 da Lei nº 1.802/53, vigente à época. Atualmente, a Segurança Nacional é protegida pela Lei nº 7.170/83, especificamente em seu art. 15, que trata da sabotagem contra instalações militares, meios de comunicações, meios e vias de transporte, estaleiros, portos, aeroportos, fábricas, usinas, barragem, depósitos e outras instalações congêneres.

44 Curso de Direito Penal, cit., p. 98.

Apesar disso, entendemos ser possível o concurso de crimes quando ele tiver intenção e praticar de praticar mais de uma das condutas descritas no art. 265 do CP (dois atentados, dois furtos, cumulativamente) etc.

5.3. Sujeito ativo e sujeito passivo

Qualquer pessoa pode ser sujeito ativo dos crimes do art. 265 do CP. É porque esses tipos penais não exigem uma condição especial para praticá-los, bastando que impeçam ou perturbem, resultando ou não desastre.

Tanto um particular quanto um servidor público responsável pela manutenção desse serviço poderão ser igualmente incursos no crime. A diferença é que o funcionário público, na segunda fase de aplicação da pena, terá uma reprimenda maior, pois o abuso de poder e a violação de dever inerente ao cargo, ofício ministério ou profissão é circunstância agravante, nos termos do art. 62, II, g, do CP.

O sujeito passivo é a coletividade, já que estamos tratando de crime contra a incolumidade pública, sendo, pois, um crime vago, ou seja, a sua tutela é de um número indeterminado de pessoas, e é nesse sentido que deverá estar contido o plano mental do agente; caso contrário, deverá responder por outro crime (homicídio, lesão corporal etc.).

5.4. Consumação e tentativa

O crime se consuma no exato momento em que surge o perigo real de interrupção do fornecimento dos serviços de utilidade pública. O prolongamento do perigo neste delito será mero exaurimento (*post factum* impunível), pois, a consumação é instantânea, em um momento específico. Sobrevindo um acidente, essa circunstância poderá ser utilizada em desfavor do réu, preferencialmente, como agravante genérica do art. 61, II, d, última figura, do CP[45] (2ª fase), ou na fase da individualização judicial da pena (1ª fase – CP, art. 59).

O crime é de natureza **formal, ou de consumação antecipada**, porque se aperfeiçoa com a prática da conduta de criar um perigo coletivo, independentemente de um resultado danoso posterior.

Entretanto, quanto à **forma majorada** do parágrafo único do art. 265 do CP, **o crime é de dano**, conforme se depreende da simples leitura do tipo: "Aumentar-se-á a pena de 1/3 (um terço) até a metade, se o dano ocorrer em virtude de subtração de material essencial ao funcionamento dos serviços". É uma forma especial de furto, direcionado especialmente à causação de um perigo à segurança ou funcionamento dos mesmos. Como se vê, ao contrário da forma anterior, aqui (furto de materiais

45 Art. 61 – São circunstâncias que sempre agravam a pena, quando não constituem ou qualificam o crime (...) d) com emprego de veneno, fogo, explosivo, tortura ou outro meio insidioso ou cruel, ou de que podia resultar perigo comum.

essenciais) deve haver demonstração de que houve o comprometimento das instalações dos serviços por meio de um resultado danoso, sendo, portanto, **crime material**.

Obviamente, o dolo do agente deve ser direcionado à periclitação dos serviços de utilidade pública. Caso ele queira furtar materiais sem que tenha a menor noção de que eles sejam essenciais à manutenção do fornecimento ou da segurança, ele deverá responder pelo crime de furto, simples ou qualificado (art. 155 do CP), a depender da forma como foi praticado. Um exemplo muito comum é o furto de fios de cobre de estações de fornecimento de luz, pois ele visa apenas a revendê-los, não estando no seu imaginário eventual interrupção de fornecimento de energia elétrica para a população.

Rogério Greco sinaliza a existência de controvérsia doutrinária sobre o cabimento da tentativa. Afirma que Nucci, em seu Código Penal comentado, defende não ser possível a tentativa, porque esse delito é de atentado e a lei pune antecipadamente, a título de consumação, o início da execução. Arremata que é ilógico sustentar a hipótese de "tentativa de tentar"[46].

Concordamos com o autor, no sentido da admissibilidade da tentativa, pois, em tese, é possível falar em início da fase executória do *iter criminis*, em consequência da possibilidade de divisão, no plano mental, dos atos praticados pelo agente (crime plurissubsistente), embora a maioria da doutrina entenda que é de difícil configuração na prática, ainda mais quando se considera que é crime de perigo abstrato.

Como exemplo de tentativa, Masson[47] descreve quando um servidor de uma companhia de fornecimento de água decide cortar arbitrariamente o fornecimento para prejudicar os moradores, quando é subitamente impedido por outro funcionário, que percebeu a intenção do agente. Mas esse exemplo não resolve o problema, pois é perfeitamente possível sustentar que se não veio a ocorrer o perigo, não houve crime algum. É possível imaginar que os atos narrados sejam atos meramente preparatórios apenas.

5.5. Classificação doutrinária

Comum, porque pode ser praticado por qualquer pessoa; **Vago,** pois o sujeito passivo é a coletividade, de forma genérica, com vítima indeterminada; **Doloso**, exclusivamente, tanto no crime de perigo do *caput,* quanto no delito de furto específico do parágrafo único do art. 265 do CP. **Comissivo**, praticado, em regra, por meio de uma ação, sem prejuízo de responder por omissão imprópria, se o agente era responsável em garantir a não ocorrência do crime (CP, art. 13, § 2º); De **ação livre**, pois o perigo aos serviços de utilidade pública e o furto de materiais indispensáveis para o seu funcionamento podem ser realizados por qualquer meio ou instrumento. **Formal, de consumação antecipada ou de resultado cortado**, já que o resultado previsto no

46 NUCCI, p. 887, apud GRECO, Curso de Direito Penal, cit., p. 99.
47 MASSON, Direito Penal esquematizado, cit., p. 290.

tipo é irrelevante para fins de consumação, bastando praticar as condutas descritas no tipo penal. Tais classificações são equívocas, pois a tentativa é possível quando a ação criminosa é divisível em vários atos, partes ou etapas, do *iter criminis*. Porém, quanto ao crime do art. 265, parágrafo único, do CP, **é material ou causal**. **De perigo abstrato** (doutrina majoritária) porque o perigo é presumido de forma absoluta (*juris et de jure*)[48]. E como pode deixar vestígios, é **não transeunte**. **Instantâneo,** porque está consumado a partir do momento em que o agente pratica a conduta descrita no tipo, não se protraindo para o futuro.

Unissubjetivo ou de concurso eventual de pessoas. Pode ser praticado por um ou mais sujeitos.

5.6. Infrações penais assemelhadas da legislação específica

5.6.1. Crime previsto no Código Penal Militar

> **Atentado contra serviço de utilidade militar**
>
> **Art. 287.** Atentar contra a segurança ou o funcionamento de serviço de água, luz, fôria ou acesso, ou qualquer outro de utilidade, em edifício ou outro lugar sujeito à Administração militar:
>
> Pena – reclusão, até cinco anos.
>
> Parágrafo único. Aumentar-se-á a pena de um têrço até metade, se o dano ocorrer em virtude de subtração de material essencial ao funcionamento do serviço.

As penas cominadas são as mesmas do art. 265 do CP, inclusive a causa de aumento de pena prevista no parágrafo único.

Duas distinções podem ser apontadas: a primeira, porque ele se restringe ao atentado de instalação sujeita à Administração militar; a segunda, é que não existe previsão de serviço de fornecimento de calor, até porque, em princípio, nada tem a ver com os serviços militares.

Mas no lugar dele, estão previstos o serviço de acesso ou qualquer outro de utilidade relativa a edifícios ou instalações militares. Embora aqui também haja uma fórmula genérica (interpretação analógica ou *intra legem*).

Ressalte-se, por fim, que o Código Penal Militar também neste crime em particular, assim como ocorre no CP, não há previsão causas de aumento de pena em decorrência de lesões corporais e morte, porque o art. 285 c/c art. 277 do CPM diz que elas se aplicam apenas aos crimes dos arts. 282 a 284, que, como visto, são os crimes contra os transportes militares.

Continua sendo possível a incidência da circunstância agravante específica no art. 289 do CPM, restrita aos crimes contra os meios de transporte e de comunicações militares:

48 Em sentido contrário, Greco (Curso de Direito Penal, cit., p. 99) entende que o delito é de perigo concreto, devendo haver comprovação de perigo efetivo.

Aumento de pena

Art. 289. Nos crimes previstos neste capítulo, a pena será agravada, se forem cometidos em ocasião de calamidade pública.

É de se notar, aqui, que o enunciado do Capítulo II do Título VI do CPM (Dos crimes contra os meios de transporte e de comunicação) está incompleto, porque esqueceu de mencionar o crime do art. 287, que trata de bem jurídico diverso: a segurança dos serviços de utilidade militar.

5.6.2. *Crime da Lei da Segurança Nacional (LSN – Lei nº 7.170/83)*

Considerando que o art. 15 da LSN também inclui uma forma assemelhada à do tipo do art. 265 do CP, fazemos remissão aos comentários relativos ao crime de perigo de desastre ferroviário (CP, art. 260).

Ressaltamos, porém, que o *caput* esse tipo protege também as instalações militares ao referir, "Praticar sabotagem contra instalações militares, meios de comunicações, meios e vias de transporte, estaleiros, portos, aeroportos, fábricas, usinas, barragem, depósitos e outras instalações congêneres".

Mas em termos de tipificação, aplica-se essa norma especial quando, além de ocorrer o atentado contra a instalação militar, esteja presente o dolo do agente em causar risco à segurança nacional, conforme Bitencourt[49].

Uma diferença importante é que nesse tipo penal existem causas especiais de aumento de pena, o que não ocorre no CP (o art. 263 restringe a aplicação das causas de aumento do art. 258 aos crimes dos arts. 260 a 262). A exasperação das penas nesses casos do art. 15, § 1º, da LSN, é expressiva, considerando-se ainda a pena cominada de 3 (três) a 10 (dez) anos de reclusão[50].

5.6.3. *Crimes previstos na Lei de responsabilidade civil e criminal por atos relacionados a atividades nucleares (Lei nº 6.453/77)*

Art. 26 – Deixar de observar as normas de segurança ou de proteção relativas à instalação nuclear ou ao uso, transporte, posse e guarda de material nuclear, expondo a perigo a vida, a integridade física ou o patrimônio de outrem.

Pena: reclusão, de dois a oito anos.

Art. 27 – Impedir ou dificultar o funcionamento de instalação nuclear ou o transporte de material nuclear.

Pena: reclusão, de quatro a dez anos.

---

49 Tratado de Direito Penal, cit., p. 289.

50 Art. 15, § 1º da LSN: Se do fato resulta: a) lesão corporal grave, a pena aumenta-se até a metade; b) dano, destruição ou neutralização de meios de defesa ou de segurança; paralisação, total ou parcial, de atividade ou serviços públicos reputados essenciais para a defesa, a segurança ou a economia do País, a pena aumenta-se até o dobro; c) morte, a pena aumenta-se até o triplo.

Assim como os arts. 261 e 262, esse crime também tutela a segurança das instalações, assemelhado ao crime do art. 265 do CP.

Entretanto, embora contenha tipos penais de perigo com penas mais altas, esta lei não previu nenhuma modalidade de desastre efetivo deles decorrente, que resultem em lesão corporal ou morte. Não obstante a omissão, **temos que se aplicam as causas especiais de aumento de pena previstas no Código Penal Militar, citadas anteriormente.** Sim, porque o art. 19 da Lei nº 6.453/77 dispõe expressamente que "Constituem crimes na exploração e utilização de energia nuclear os descritos neste Capítulo, **além dos tipificados na legislação sobre segurança nacional** e nas demais leis.", razão pela qual concluímos que esses crimes também são atentatórios à segurança nacional. E, por sua vez, a Lei nº 7.170/83, em seu art. 7º, *caput*, diz que "Na aplicação desta Lei, observar-se-á, no que couber, a Parte Geral do Código Penal Militar **e, subsidiariamente, a sua Parte Especial**."

Logo, em caso de lesões corporais decorrentes crimes dos arts. 26 e 27 da Lei nº 6.453/77, se houver dolo e resultado culposo não querido (preterdolo), as penas serão aumentadas de metade. Havendo morte, aplicar-se-ão em dobro.

5.7. Potencialidade ofensiva

O crime de atentado contra a segurança ou funcionamento dos serviços de utilidade pública **é de médio potencial ofensivo**, porque sua pena máxima ultrapassa o limite de 2 (dois) anos, de acordo com os arts. 61 e 76 da Lei nº 9.099/95 (Lei dos Juizados Especiais), não sendo cabível a transação penal. Contudo, permanece a possibilidade de ser oferecida a suspensão condicional do processo (*sursis processual*), nos termos do art. 89 da Lei nº 9.099/95, porque a pena mínima não ultrapassa 1 (um) ano.

Já na forma majorada do parágrafo único do art. 265 do CP (relembrando que não se aplicam as causas de aumento do art. 258, por falta de previsão no art. 263 do Código Penal), se ocorrer dano em virtude de subtração de material essencial ao funcionamento dos serviços, o delito é de **alto potencial ofensivo**, pois a pena será aumentada de 1/3 (um terço) até 1/2 (metade). Temos, com isso, que se o aumento estiver no patamar mínimo, ficará de 1 (um) ano e 4 (quatro) meses a 6 (seis) anos e 8 (oito) meses de reclusão. Se a majorante for fixada no máximo, a pena resultante é de 1 (um) ano e 6 (seis) meses a 7 (sete) anos e 6 (seis) meses de reclusão.

5.8. Ação penal e competência do juízo

A ação penal é pública incondicionada, uma vez que o Código não exige iniciativa privativa do ofendido, representação ou requisição do Ministro da Justiça (CP, art. 100). De fato, o condicionamento da ação penal nos crimes previstos no Título VII parece ser incompatível com a proteção do interesse público relativo à tutela judicial da incolumidade pública em geral.

A competência será, em regra, da Justiça Estadual, a não ser que o serviço de utilidade pública seja exercido diretamente pela União, ou por uma de suas entidades autárquicas ou empresas públicas. Nesse caso, o crime será processado e julgado na Justiça Federal se o crime violar, no caso concreto, interesse relacionado à fiscalização de órgão público federal, com as ressalvas do art. 109, IV, CF.

Se o serviço for mantido for por sociedade de economia mista, a competência será da Justiça Estadual, uma vez que não está incluído nesse rol de entidades públicas, ainda que a maior parte do capital ou controle acionário seja da União ou de outra pessoa jurídica federal.

6. INTERRUPÇÃO OU PERTURBAÇÃO DE SERVIÇOTELEGRÁFICO, TELEFÔNICO, INFORMÁTICO, TELEMÁTICO OU DE INFORMAÇÃO DE UTILIDADE PÚBLICA

⊙ **Interrupção ou perturbação de serviço telegráfico, telefônico, informático, telemático ou de informação de utilidade pública (Redação dada pela Lei nº 12.737, de 2012)**

Art. 266 – Interromper ou perturbar serviço telegráfico, radiotelegráfico ou telefônico, impedir ou dificultar-lhe o restabelecimento: Pena – detenção, de um a três anos, e multa.

§ 1º Incorre na mesma pena quem interrompe serviço telemático ou de informação de utilidade pública, ou impede ou dificulta-lhe o restabelecimento. (Incluído pela Lei nº 12.737, de 2012)

§ 2º Aplicam-se as penas em dobro se o crime é cometido por ocasião de calamidade pública. (Incluído pela Lei nº 12.737, de 2012)

6.1 Bem jurídico protegido e objeto material do crime

O bem jurídico protegido mediato é a incolumidade pública e o imediato é a segurança e/ou o regular funcionamento dos serviços telegráfico, radiotelegráfco, telefônico, telemático e de informação de utilidade pública.

Antes, o rol era taxativo, limitando-se aos três primeiros serviços elencados acima. Mas a Lei nº 12.737/12 incluiu uma cláusula genérica (informação de utilidade pública), bem como o serviço telemático, que diz respeito à comunicação por meio da informática.

Pensamos que o serviço postal não pode ser objeto material deste crime, porque ele é **serviço de utilidade pública**, não se enquadrando como telegráfico, telefônico, informático, telemático ou de **informação de utilidade pública**. Assim esse serviço é tutelado no art. 265 do CP, conforme comentários anteriores.

Trataremos disso com mais detalhes em seguida.

6.2. Tipo penal objetivo e tipo penal subjetivo

Com a vigência da Lei nº 12.737/12, o art. 266 do Código Penal passou a ter dois tipos penais, ambos cominando uma única pena. Compõe-se agora da forma do *caput*, que não sofreu alterações, e do delito assemelhado no § 1º, incluído pela Lei nº 12.737/12.

Segundo Hungria e Noronha[51], **interromper** é fazer cessar, paralisar um dos serviços, enquanto **perturbar** é o mesmo que atrapalhar, retardar, desarranjar parcialmente. **Impedir** significa opor-se totalmente, no sentido de impossibilitar a recuperação de alguém ou alguma coisa, e **dificultar**, tornar difícil, estorvar ou embaraçar. As duas primeiras ações se referem ao ataque a um serviço de comunicação que estava funcionando regularmente. As duas últimas dizem respeito a atos ocorridos durante uma situação de crise dos serviços e o autor do delito atrapalha o seu restabelecimento.

Nos termos do art. 4º [52] da Lei nº 4.117/62 (Código Brasileiro de Telecomunicações)[53], "**Telegrafia** é o processo de telecomunicação destinado à transmissão de escritos, pelo uso de um código de sinais. **Telefonia** é o processo de telecomunicação destinado à transmissão da palavra falada ou de sons". **Radiotelegrafia** tão somente é a realização do telégrafo sem uso de fo, apenas por ondas eletromagnéticas. É certo que a telegrafa e a radiotelegrafa caíram em desuso, devido à evolução dos meios comunicativos, mas ainda são objetos materiais tutelados pelo Direito Penal, pois, como se sabe, não se revoga a norma pelo costume, ou pelo não uso (*dissuetudo*). Esses três serviços são originários do tipo penal. Os outros dois serviços foram incluídos pela Lei nº 12.737/12.

Quanto ao conceito de **serviço telemático**, transcrevemos a lição de Rogério Greco[54], pela pertinência de sua obra, que está atualizada no particular:

> (...) Por serviço telemático, podemos entender o conjunto de serviços informáticos fornecidos através de uma rede de telecomunicação. Informática, a precisa definição de Pablo Guillermo Lucero e Alejandro Andrés Kohen é:
>
> "a ciência aplicada que trata do estudo e aplicação do processamento automático da informação, mediante a utilização de elementos eletrônicos e sistemas de computação. O termo 'informatique' é um acrônimo das palavras francesas 'information' e 'automatique', o qual foi utilizado pelo engenheiro francês Philippe Dreyfus no ano de 1962 para sua empresa Societé d'Informatique Appliquée. Posteriormente, esse termo começou a ser utilizado pelas diferentes línguas quando se desejava contemplar a questão do processamento automático da informação,

51 HUNGRIA, Comentários ao Código Penal, cit., p. 89 e NORONHA, Direito Penal, cit., p. 381.

52 Art. 4º Para os efeitos desta lei, constituem serviços de telecomunicações a transmissão, emissão ou recepção de símbolos, caracteres, sinais, escritos, imagens, sons ou informações de qualquer natureza, por fio, rádio, eletricidade, meios óticos ou qualquer outro processo eletromagnético. Telegrafa é o processo de telecomunicação destinado à transmissão de escritos, pelo uso de um código de sinais. Telefonia é o processo de telecomunicação destinado à transmissão da palavra falada ou de sons.

53 A Lei nº 9.472/97, conhecida como "Lei da Anatel" ou "Lei das Telecomunicações" revogou a Lei nº 4.117/62, salvo quanto à matéria penal não tratada por ela e os serviços e radiodifusão. Apesar disso, temos que o conceito legal da lei anterior permanece válido, uma vez que a legislação mais recente também não tratou de conceituar o que seria telegrafa nem telefonia, embora as refira como espécies do gênero telecomunicação, nos termos de seu art. 69, parágrafo único.

54 202 Curso de Direito Penal, cit., p. 104.

sendo assim que, ingressando no mundo castelhano, se conceitualizou com a palavra 'informática'".

Sérvio de informação de utilidade pública diz respeito a toda prestação de serviço cuja finalidade é notificar os serviços que, de alguma forma, sejam úteis à população em geral, a exemplo das informações correspondentes aos serviços de água, luz, gás, emissão de documentos, pessoas desaparecidas, segurança pública etc. (...)

Finalmente, serviço de **informação de utilidade pública** é aquele destinado à prestação de informações de relevante interesse público, como por exemplo, além dos acima citados, o serviço de informações da aeronáutica, serviço de informações de medicamentos, serviços de atendimento ao consumidor – SAC e muitos outros.

Como se vê, a Lei nº 12.737/12 tratou de atualizar o tipo penal, uma vez que os serviços telemáticos constituem hoje a mais importante e mais rápida forma de comunicação social. Atualmente, é comum que cada pessoa tenha uma conta de correio eletrônico (*email*) e *smartphones* (telefones que também servem como computadores de mão), que só têm razão de ser pela existência de uma conexão de *internet*. Com isso, o Código Penal passou a tutelar a integridade dos serviços oferecidos por provedores de acesso e fornecedores de conexão de dados, viabilizando a navegação na rede mundial de computadores.

Igual importância foi dada aos serviços de informação de utilidade pública, que se fazem cada vez mais necessários em uma sociedade cada vez mais moderna e, portanto, mais complexa. E o aumento do fluxo das informações tem fortalecido essas prestações de interesse social. Destacamos, os serviços de informação de pessoas desaparecidas e o *disque-denúncia*, cuja importância aumenta cada vez mais, por possibilitarem uma participação direta da população no sentido de resolver graves questões sociais, como, por exemplo, o desaparecimento de pessoas portadoras de deficiência mental, a violência doméstica, prevenção de homicídios, recuperação de bens roubados ou furtados.

Logo, a crítica de Noronha[55] no sentido de que os crimes contra os serviços de comunicação não ofereceriam em si risco a incolumidade pública, perdeu sua razão de ser com o passar do tempo[56], uma vez que a informação, propagada por diversos meios, atualmente é um dos principais fatores que impulsionam o desenvolvimento humano, tanto do ponto de vista social quanto do ponto de vista tecnológico-científico. Qualquer atentado generalizado aos serviços que mantém a transmissão do pensamento é (ou passou a ser) potencialmente perigoso à sociedade. Relembre-se que, se a comunicação é impedida ou perturbada em uma situação de calamidade pública, o agente responderá por crime de perigo comum, ou o art. 257 do CP (subtração, ocultação ou inutilização de material de salvamento) ou inundação, incêndio, desabamento ou desmoronamento etc. a depender dos atos dolosos praticados no caso concreto.

55 Direito Penal, cit., p. 356.

56 1.029. Generalidades sobre os crimes do Capítulo II do Título VII. Não é pacífica na doutrina a conceituação dos delitos que integram este Capítulo do Código.

Destarte, chamamos a atenção para o fato de que o serviço postal e o serviço de telegrama não estão incluídos na proteção do art. 266 do CP. Em primeiro lugar, porque não estão descritos no tipo. Em segundo lugar, porque estão disciplinados em lei específica, qual seja, a Lei nº 6.538/78[57]. E em terceiro lugar,

Ninguém põe em dúvida que os delitos contra meios de transporte coletivo atentam contra a incolumidade pública e sejam de perigo comum. Já o mesmo, entretanto, não acontece com os fatos que recaem sobre os meios de comunicação, tendo por objeto a transmissão da palavra, os quais nem sempre lesam aquela objetividade jurídica. Esta última opinião parece-nos mais procedente. A rigor, os crimes contra os meios de comunicação do pensamento (atentados contra o telégrafo, telefone etc.) não oferecem invariavelmente perigo coletivo: o atraso de uma notícia pode importar a probabilidade de um mal a indeterminado número de pessoas, porém não é necessariamente que isso acontece, já que a natureza da comunicação pode não conter em si esse perigo. Difere o fato de impedir-se o pedido telegráfico de socorro de uma região inundada, da solicitação frustrada para que se envie a determinada localidade material destinado a comemoração qualquer.

Porque não são, a rigor, atividades de telecomunicações[58], gênero dos serviços de comunicação constantes do *caput*, especialmente pelo fato de serem explorados em regime de monopólio pela União. Ou seja, **serão tutelados pelo art. 265 do CP, pois são serviços de utilidade pública**, razão pela qual, inclusive, o delito anterior comina pena mais severa.

A Lei nº 12.737/12 também procurou criminalizar outras condutas praticáveis por meio informático, quando não haja risco à incolumidade pública. Com isso, se for contra particular, responderá ou por violação de correspondência (art. 151, § 1º, III, CP) ou violação de dispositivo informático (CP, art. 154-A), ambos crimes contra a liberdade individual.

O crime é de **tipo misto alternativo ou de ação múltipla**, ou seja, se o agente praticar, em um mesmo contexto fático, duas ou mais ações típicas, responderá por

---

57 De fato, a natureza dos serviços postais e de telegrafa (que não se confunde com o telégrafo) é diversa, como se infere dos conceitos da Lei nº 6.538/78: (...) Art. 7º – Constitui serviço postal o recebimento, expedição, transporte e entrega de objetos de correspondência, valores e encomendas, conforme definido em regulamento. § 1º – São objetos de correspondência: a) carta; b) cartão-postal; c) impresso; d) cecograma; e) pequena – encomenda. § 2º – Constitui serviço postal relativo a valores: a) remessa de dinheiro através de carta com valor declarado; b) remessa de ordem de pagamento por meio de vale-postal; c) recebimento de tributos, prestações, contribuições e obrigações pagáveis à vista, por via postal. § 3º – Constitui serviço postal.

58 O art. 60 da Lei nº 9.742/97 dispõe: "Sérvio de telecomunicações é o conjunto de atividades que possibilita a oferta de telecomunicação. § 1º Telecomunicação é a transmissão, emissão ou recepção, por fio, radioeletricidade, meios ópticos ou qualquer outro processo eletromagnético, de símbolos, caracteres, sinais, escritos, imagens, sons ou informações de qualquer natureza. § 2º Estação de telecomunicações é o conjunto de equipamentos ou aparelhos, dispositivos e demais meios necessários à realização de telecomunicação, seus acessórios e periféricos, e, quando for o caso, as instalações que os abrigam e complementam, inclusive terminais portáteis".

um único delito do art. 266 do CP, sob pena de violação ao princípio *ne bis in idem*, no sentido de relativo a encomendas a remessa e entrega de objetos, com ou sem valor mercantil, por via postal. (...) Art. 25 – Constitui serviço de telegrama o recebimento, transmissão e entrega de mensagens escritas, conforme definido em regulamento. Art. 26 – São atividades correlatas ao serviço de telegrama: I – venda de publicações divulgando regulamentos, normas, tarifas, e outros assuntos referentes ao serviço de telegrama; II – exploração de publicidade comercial em formulários de telegrama. Parágrafo único – A inserção de propaganda e a comercialização de publicidade nos formulários de uso no serviço de telegrama é privativa da empresa exploradora do serviço de telegrama. Art. 27 – O serviço público de telegrama é explorado pela União em regime de monopólio. (...)

Evitar uma dupla punição pelo mesmo fato. Desse modo, se houver uma perturbação ao sistema de uma operadora de telefonia em larga escala e, em seguida, os serviços de comunicação vierem a ser efetivamente impedidos, não será o caso de punir o autor duas vezes. E pode ser praticado por qualquer meio.

O tipo subjetivo é o **dolo**, ou seja, a vontade conscientemente dirigida a um perigo à incolumidade de um serviço de utilidade pública, independentemente de qualquer outra finalidade desejada pelo agente.

Da mesma forma como ocorre no delito anterior, se o perigo aos serviços do art. 266 do CP for provocado com emprego de **incêndio**, incide o crime do art. 250, § 1º, II, c, do CP com aumento de pena (de um terço). Se for com uso de **dinamite ou substância de efeitos análogos**, estará tipificado o crime do art. 251, *caput* e § 2º do CP (também com aumento de um terço), pela aplicação do princípio da especialidade. A uma, porque o dolo do agente é de causar incêndio ou explosão, sendo a perturbação ou impedimento do serviço férreo mero exaurimento (*post factum*). Ademais, não é o caso de consunção porque, em regra, o crime mais grave (crime fim) é que absorve o mais brando (crime meio), sendo certo que o incêndio e a explosão são mais específicos e têm pena mais severa, de 4 (quatro) a 8 (oito) anos de reclusão (aumento de 1/3 sobre a pena cominada de 3 a 6 anos no *caput* dos art. 250 e 251, *caput*).

E se uma pessoa vier a morrer por conta da interrupção dos serviços de comunicação? Aí dependerá de uma análise mais detida dos elementos de informação colhidos no processo, a fim de determinar com mais precisão qual é o dolo do agente. Vejamos um exemplo: um pai de família está enfartando e necessita de atendimento ambulatorial urgente, mas, devido à inoperabilidade dos serviços telefônicos por conta da atuação de um *hacker* que invadiu e inutilizou temporariamente os sistemas, a vítima vem a falecer. Nessa situação, embora a morte decorra da interrupção do serviço de telecomunicações, essa circunstância só poderá ser utilizada para fins de majoração da pena-base (CP, art. 59), sob pena de responsabilidade objetiva, pois o criminoso, em princípio, visava apenas à cessação dos serviços. Todavia, se esses resultados estiverem no seu plano mental, assumindo o risco de matar, aí sim, o agente poderá ser responsável pelo delito de homicídio, se a inutilização dos meios comunicativos for considerada como *modus operandi*.

6.3. Sujeito ativo e sujeito passivo

Qualquer pessoa pode ser sujeito ativo dos crimes do art. 266, *caput*, e § 1º, do Código Penal. É porque esses tipos penais não exigem uma condição especial para praticá-los, bastando que impeçam ou perturbem, resultando ou não desastre.

Tanto um particular quanto um servidor público responsável pela manutenção desse serviço poderão ser igualmente incursos no crime. A diferença é que o funcionário público, na segunda fase de aplicação da pena, terá uma reprimenda maior, pois o abuso de poder e a violação de dever inerente ao cargo, ofício ministério ou profissão é circunstância agravante, nos termos do art. 62, II, g, do CP.

O sujeito passivo é a coletividade, já que estamos tratando de crime contra a incolumidade pública, sendo, pois, um crime vago, ou seja, a sua tutela é de um número indeterminado de pessoas, e é nesse sentido que deverá estar contido o plano mental do agente; caso contrário, deverá responder por outro crime (homicídio, lesão corporal etc.).

6.4. Consumação e tentativa

O crime se consuma no exato momento em que surge o perigo real de interrupção ou perturbação dos serviços de comunicação. O prolongamento do perigo neste delito será mero exaurimento (*post factum* impunível), pois, a consumação é instantânea, em um momento específico. E esse perigo aparece justamente com a prática das condutas de interromper ou perturbar, bem como de impedir ou dificultar o restabelecimento dos serviços de comunicação (telégrafo, radiotelegrafo, telefone, telemático e de informação de utilidade pública), porque se trata de **crime de perigo abstrato**, ou seja, a lei o presume com a realização da conduta típica. Nesse sentido, Hungria[59] esclarece que diversamente do Código Italiano (seu modelo preferido), o nosso Código, como já vimos, "não condiciona a existência do crime, na espécie, ao efetivo advento de perigo extensivo: preferiu adotar o critério de presumir tal perigo".

De acordo com a doutrina clássica[60], a tentativa é inadmissível. Portanto, se a interrupção ou perturbação não ocorrer por circunstâncias alheias à vontade do agente, o fato será atípico, porque inidôneo a produzir qualquer perigo à coletividade. E se determinada pessoa não conseguir impedir ou dificultar o restabelecimento do serviço, será devido à impropriedade absoluta do meio que empregou, sendo tal conduta atípica pelo instituto do crime impossível ou tentativa inidônea (CP, art. 17).

Em sentido contrário, a doutrina moderna[61] defende, pelo menos em tese, a admissibilidade da tentativa, seja pela subdivisão dos atos do *iter criminis*, seja pelo fato de o delito ser plurissubsistente. Conforme críticas anteriores, esses motivos são insuficientes, *per si*, para caracterizar a possibilidade de crime tentado, uma vez que é

59 Comentários ao Código Penal, cit., p. 89.
60 Nelson Hungria, Magalhães Noronha e outros.
61 Rogério Greco, Cleber Masson, Cezar Roberto Bitencourt e outros.

sempre possível imaginar, na maioria dos casos, a divisão dos atos delituosos em partes mais ou menos sequenciadas. Apesar disso, pensamos que ela pode ser admitida, se for possível diferenciar o último ato de execução do momento da consumação. É o que ocorre quando o delito do art. 266 for executado por meio informático ou cibernético. Um especialista em programação de computadores pode tentar invadir um sistema de telefonia de determinado Estado e não atingir seu intento por circunstâncias alheias à sua vontade, que podem se materializar pela proteção com programas defensivos (*anti-spyware,* antivírus etc.).

6.5. Classificação doutrinária

Comum, porque pode ser praticado por qualquer pessoa; **Vago,** pois o sujeito passivo é a coletividade, de forma genérica, com vítima indeterminada; **Doloso**, exclusivamente, em todas as suas formas. **Comissivo**, praticado, em regra, por meio de uma ação, sem prejuízo de responder por omissão imprópria, se o agente era responsável em garantir a não ocorrência do crime (CP, art. 13, § 2º); De **ação livre**, pois o perigo aos serviços de utilidade pública, decorrentes de interrupção ou perturbação, pode ser causado por qualquer meio ou instrumento. **Formal, de consumação antecipada ou de resultado cortado**, já que o resultado previsto no tipo é irrelevante para fins de consumação, bastando praticar as condutas descritas no tipo penal. **De perigo abstrato** (doutrina majoritária) porque o perigo é presumido de forma absoluta (*juris et de jure*) E como pode deixar vestígios, é **não transeunte**. **Instantâneo,** porque está consumado a partir do momento em que o agente pratica a conduta descrita no tipo, não se protraindo para o futuro. **Unissubjetivo ou de concurso eventual de pessoas**. Pode ser praticado por um ou mais sujeitos.

6.6. Causa de aumento de pena

O art. 266, § 2º, do Código Penal determina "aplicam-se as penas em dobro se o crime é cometido por ocasião de calamidade pública". É uma causa de aumento **circunstancial**, ou seja, independe de ocorrência de sinistro ou lesão a bens jurídicos diversos, bastando que a prática das condutas se dê em situação de calamidade pública, que é uma grave situação de risco de grandes proporções ou de proporções similares (peste, fome, epidemia, invasão de um país inimigo, incêndio, inundação etc.). É precisamente o mesmo caso da agravante genérica do art. 62, II, j, do CP, que, obviamente, não poderá incidir neste caso, sob pena de ocorrência de *bis in idem* na individualização judicial da pena. Com efeito, esta majorante reflete que os serviços de comunicação se tornam imprescindíveis nessa condição de emergência pública.

Além disso, é uma majorante especial da infração, haja vista que o art. 263 do CP[62] não incluiu o art. 266 no seu rol, inviabilizando uma maior punição em caso de ocorrência de lesão corporal grave (aumento de pena de metade) e morte do art. 258

62 Forma qualificada Art. 263 – Se de qualquer dos crimes previstos nos arts. 260 a 262, no caso de desastre ou sinistro, resulta lesão corporal ou morte, aplicase o disposto no art. 258.

do mesmo diploma (aplicação da pena em dobro). A pena será dobrada, portanto, uma única vez, ficando em 2 (dois) a 6 (seis) anos de detenção.

Se por um lado a pena é aplicada em dobro pela só existência de circunstância calamitosa, por outro não aqui também será possível imputar o crime de homicídio, doloso ou culposo, se sobrevier a morte de alguém por conta da interrupção do serviço de telecomunicações, embora a situação de perigo esteja presente e o agente ainda assim realize a conduta típica. Mas isso, claro, se eventuais óbitos não estiverem no seu plano mental, e se não estiver, conscientemente, assumido o risco de matar. De acordo com Noronha[63]: "atingindo um número considerável de pessoas o infortúnio, o fato do sujeito ativo torna mais certo o perigo coletivo, ao mesmo tempo em que revela sua falta de sentimento de humanidade e procedimento ignóbil, que não se detém diante de situação que inspira antes solidariedade e auxílio a seu semelhante".

6.7. Infrações penais assemelhadas da legislação específica

6.7.1. Crime previsto no Código Penal Militar

Interrupção ou perturbação de serviço ou meio de comunicação

Art. 288. Interromper, perturbar ou dificultar serviço telegráfico, telefônico, telemétrico, de televisão, telepercepção, sinalização, ou outro meio de comunicação militar; ou impedir ou dificultar a sua instalação em lugar sujeito à Administração militar, ou desde que para esta seja de interêsse qualquer daqueles serviços ou meios:

Pena – detenção, de um a três anos.

Embora a pena seja a mesma do crime do art. 266 do CP (embora sem cominação de multa), esse tipo do Código Penal Militar é bem mais amplo. De início, a norma nunca teve um rol taxativo, uma vez que refere vários outros serviços não elencados na legislação comum (telemétrico, televisão, telepercepção e sinalização) e ao fim traz uma fórmula genérica (ou outro meio de comunicação militar), que pode ser individualizada pelo juiz do caso concreto por meio da interpretação analógica ou *intra legem*.

Embora esse delito não tenha sido atualizado, como sucedeu com o Código Penal, isso não é necessário, pois, segundo conceito retirado do sítio eletrônico *Wikipedia*[64], o serviço telemétrico diz respeito a comunicações sem fio em geral, incluindo telefone, redes de computadores e outros. Destaque-se, ademais, que o delito deve ser praticado contra as comunicações militares.

---

63 Direito Penal, cit., p. 383.

64 "A telemetria geralmente refere-se a comunicações sem fio (i.e. usa um sistema de rádio para implementar um enlace de dados), porém pode também referir-se aos dados transferidos sobre outras mídias , tais como telefone, redes de computadores ou através de um enlace óptico. No setor automotivo e de logística as informações também podem ser transmitidas via telemóvel, em interfaces próprias para transmissão de dados (GPRS e EDGE no sistema GSM e 1xRTT no sistema CDMA)" Acesso: pt.wikipedia.org/wiki/Telemetria.

A segunda parte do dispositivo fala de condutas que só estão presentes no CPM, quais sejam, de dificultar ou impedir a instalação dos serviços mencionados acima, em lugar sujeito à Administração militar ou em qualquer localidade, desde que, nesse último caso, ela seja de interesse dos serviços ou meios de comunicação militares.

Ressalte-se, por fim, que no Código Penal Militar não há previsão causas de aumento de pena em decorrência de lesões corporais e morte, porque o art. 285 c/c art. 277 do CPM diz que elas se aplicam apenas aos crimes dos arts. 282 a 284, que, como visto, são os crimes contra os transportes militares.

Continua sendo possível, porém, a incidência da circunstância agravante específica no art. 289 do CPM, restrita aos crimes contra os meios de transporte e de comunicações militares:

> **Aumento de pena**
>
> **Art. 289.** Nos crimes previstos neste capítulo, a pena será agravada, se forem cometidos em ocasião de calamidade pública.

6.7.2. Crimes contra as telecomunicações:

> **Art. 70** da Lei nº 4.117/62: Constitui crime punível com a pena de detenção de 1 (um) a 2 (dois) anos, aumentada da metade se houver dano a terceiro, a instalação ou utilização de telecomunicações, sem observância do disposto nesta Lei e nos regulamentos
>
> **Art. 183** da Lei nº 9.472/97 – Desenvolver clandestinamente atividades de telecomunicação:
>
> Pena – detenção de dois a quatro anos, aumentada da metade se houver dano a terceiro, e multa de R$ 10.000,00 (dez mil reais) .Parágrafo único. Incorre na mesma pena quem, direta ou indiretamente, concorrer para o crime.

Em sua natureza, esses crimes em muito se assemelham ao art. 266 do CP, pois se referem à proteção dos meios de comunicação em geral. A diferença principal é o bem jurídico tutelado: enquanto o Código Penal protege a incolumidade pública, materializada na segurança dos meios de comunicação, a Lei nº 9.472/97 (Lei da Anatel) visam à defesa dos sistemas de telecomunicações, e à regular utilização desses meios, independentemente se houve ou não perigo.

A reprimenda inicial prevista no Código Brasileiro de Telecomunicações é mais branda que a do CP, pois prevê igualmente detenção, de 1 (um) a 2 (dois) anos. Porém, havendo dano a terceiro, será um pouco mais grave, pois será aumentada de metade (nesse caso, a pena será de 1 (um) ano e 6 (seis) meses a 3 (três) anos de detenção).

Quanto ao tipo do art. 183, suas penas mínima e máxima são superiores em 1 (um) ano, em comparação com a infração do Código Penal, e, havendo dano a terceiro, ficará em 3 (três) a 6 (seis) anos de detenção. Não podemos deixar de notar que tais penas são desproporcionais, visto que, em princípio, os atos voltados especialmente para a obstrução ou descontinuidade dos serviços de comunicação são potencialmente mais graves do que o exercício irregular ou clandestino de atividades de telecomunicações. E mais: se houver dano a uma só pessoa, essa infração penal terá pena equivalente às formas básicas do art. 250 (incêndio) e 254 (inundação), que pressupõem atos de periculosidade social muito mais elevada.

Dito isso, destacamos a seguinte controvérsia, que até hoje não está definitivamente resolvida: o art. 183 da Lei nº 9.472/97 revogou (tacitamente) o art. 70 da Lei nº 4.117/62. Sobre o tema, escreve Baltazar Júnior[65]:

> (...) O mesmo diploma legal, em seu art. 215, I, estabeleceu que: "Ficam revogados: I – a Lei 4.117, de 27 de agosto de 1962, salvo quanto à matéria penal não tratada nesta Lei e quanto aos preceitos relativos à radiodifusão.".

A partir daí, instalou-se dissenso na jurisprudência sobre a revogação, ou não, do precitado art. 70 da Lei 4.117/62 pelo art. 183 da Lei nº 9.472/97.

A primeira corrente, que adoto, é pela vigência do art. 70, mesmo após o advento da nova lei, considerando: a) que a CF, em seu art. 21, incisos XI e XII, a, diferencia dos serviços de telecomunicações e de radiodifusão, sendo aplicável a lei nova aos primeiros, e a antiga, aos segundos; b) a própria Lei 9.472/97, em seu art. 215, ressalvou a vigência da Lei 4.117/62 quanto à matéria penal não tratada na lei nova e aos preceitos *relativos à radiodifusão*; c) a doutrina diferencia a radiodifusão como uma espécie do gênero telecomunicações (Greco Filho: 43-90; Silva:79); d) o CP, em seu art. 151, hoje revogado, mas que estabelecia o crime de violação de comunicação telegráfica, radioelétrica ou telefônica, diferenciava a radiodifusão, objeto do seu inciso IV, das *telecomunicações*, versadas nos incisos II e III; e) tal entendimento é razoável, se considerado que, as mais das vezes, os feitos relativos à radiodifusão dizem com emissoras comunitárias, de baixa potência, e, ainda que assim não fosse, estaria aberta ao legislador a possibilidade de cominação de pena menor para tais fatos; f) esse entendimento permite que tais fatos delituosos permaneçam na competência do JEC, consagrando as medidas despenalizadoras daí decorrentes (Leis nº 9.099/95 e 10.259/01); g) é essa a posição adotada pelo STJ, que deve ser observada, tendo em vista que aquele tribunal detém a missão constitucional de uniformizar a interpretação da lei federal (CF, art. 105, III).

Há, porém, entendimento minoritário pela revogação do art. 70, aplicando-se o art. 183 da Lei 9.472/97 aos fatos posteriores à sua entrada em vigor, tanto em casos que envolvam telecomunicações em sentido estrito quanto radiodifusão, com os seguintes argumentos: a) a redação de ambos os dispositivos é similar, ambos referindo-se a *telecomunicações*; b) a própria Lei 9.472/97, em seu art. 60, apresenta conceito de *telecomunicação* abrangente da radiodifusão, como segue (...)

E, ao que parece, os precedentes mais recentes do Supremo Tribunal Federal também são no sentido da coexistência de ambos os crimes, em consonância com a jurisprudência do Superior

65 Crimes Federais, cit., p. 962-963.

Tribunal de Justiça:

Ementa: PenaL E PROCESSUAL PENAL. HABEAS CORPUS. DESENVOLVIMENTO CLANDESTINO DE ATIVIDADE DE TELECOMUNICAÇÃO. ART. 183 DA LEI 9.472/97. PRINCÍPIO DA INSIGNIFICÂNCIA. INAPLICABILIDADE. ORDEM DENEGADA. 1. O princípio da insignificância incide quando presentes, cumulativamente, as seguintes condições objetivas: (a) mínima ofensividade da conduta do agente, (b) nenhuma periculosidade social da ação, (c) grau reduzido de reprovabilidade do comportamento, e (d) inexpressividade da lesão jurídica provocada. 2. É "inegável a expressividade do bem jurídico tutelado pelo art. 183 da Lei 9.472/1997 consubstanciado no adequado e no seguro funcionamento dos serviços de comunicação regularmente instalados no país. A suposta operação de rádio clandestina em frequência capaz de interferir no regular funcionamento dos serviços de comunicação devidamente autorizados impede a aplicação do princípio da insignificância" (HC 119.979, Primeira Turma, Relatora a Ministra Rosa Weber, DJe de 03.02.14). No mesmo sentido: HC 111.518, Segunda Turma, Relatora a Ministra Cármen Lúcia, DJe de 26.06.13. 3. In casu, o paciente foi condenado pela prática do crime previsto no artigo 183 da Lei 9.472-97 (desenvolver clandestinamente atividade de telecomunicação), por operar a emissora de radiodifusão sonora Rádio ACE FM, utilizando-se da radiofrequência 103,9 MHz, sem a devida autorização legal. Na sentença condenatória, o magistrado destacou que "o laudo pericial (fs. 126/128) foi apurado que tais aparelhos apreendidos teriam condições de interferir em sinais nas faixas de frequências próximas, pelo que não há falar-se em aplicação do 'princípio da insignificância'" (sem grifos no original). 4. Ademais, "a conduta tipificada no art. 70 do antigo Código Brasileiro de Telecomunicações diferencia-se daquela prevista no art. 183 da nova Lei de Telecomunicações por força do requisito da habitualidade (...). A atividade de telecomunicações desenvolvida de forma habitual e clandestina tipifica delito previsto no art. 183 da Lei 9.472/1997 e não aquele previsto no art. 70 da Lei 4.117/1962" (HC 115.137, Primeira Turma, de que fui relator, DJe de 13.02.14). 5. Ordem denegada. (HC 120602, Relator(a): Min. LUIZ FUX, Primeira Turma, julgado em 25/02/2014, PROCESSO ELETRÔNICO DJe-053 DIVULG 17-032014 PUBLIC 18-03-2014)

EMENTA: PENAL E PROCESSUAL PENAL. HABEAS CORPUS. DESENVOLVIMENTO CLANDESTINO DE ATIVIDADE DE TELECOMUNICAÇÕES. RÁDIO COMUNITÁRIA. TIPIFICAÇÃO DA CONDUTA. PRETENSÃO DE DESCLASSIFICAÇÃO PARA O TIPO DO ART. 70 DA LEI Nº 4.117/1962. IMPOSSIBILIDADE. HABITUALIDADE E CLANDESTINIDADE DA CONDUTA. INCIDÊNCIA DO ART. 183 DA LEI Nº 9.472/1997. ORDEM DENEGADA. 1. A conduta tipificada no art. 70 do antigo Código Brasileiro de Telecomunicações diferencia-se daquela prevista no art. 183 da nova Lei de Telecomunicações por força do requisito da habitualidade. Precedente: (HC 93.870/SP, Rel. Min. Joaquim Barbosa, Segunda Turma, DJe de 10/09/2010). 2. A atividade de telecomunicações desenvolvida de forma habitual e clandestina tipifica delito previsto no art. 183 da Lei 9.472/1997 e não aquele previsto no art. 70 da Lei 4.117/1962. 3. In casu, a) o paciente foi denunciado com incurso no art. 183 da Lei 9.472/97, pela suposta prática de utilização e desenvolvimento ilícito de sistema de telecomunicações, por meio da Rádio Evangélica FM, cujo seria o proprietário. b) Consoante destacou a Procuradoria Geral da República, "os aspectos da habitualidade e da clandestinidade não demandam qualquer discussão, uma vez que o próprio paciente confessou que desenvolveu a atividade de radiodifusão no Município de Piracuruca/PI, sem registro nos órgãos competentes, pelo período de nove meses no ano de 2006, encerrando tal prática apenas quando da fiscalização realizada pelos agentes da ANATEL". 4. Ordem denegada. (HC 115137, Relator(a): Min. LUIZ FUX, Primeira Turma, julgado em

17/12/2013, PROCESSO ELETRÔNICO DJe-030 DIVULG 12-022014 PUBLIC 13-02-2014)

Se não houve revogação, resta saber quando se tipifica um e outro. Conforme expõe Baltazar Júnior[66], são três as correntes:

> Uma vez entendido que a lei nº 4.117/62 segue em vigor, resta verificar quais os casos em que se aplica uma ou outra das normas.
>
> Para a primeira corrente, a distinção se dá entre a atividade exercida sem observância do disposto na lei ou no regulamento – caso em que seria aplicável a lei antiga – e atividade exercida de forma clandestina – quando incidiria a lei nova (...) Nos termos do Parágrafo único do art. 184 da Lei 9.472/97: "Considera-se clandestina a atividade desenvolvida sem a competente concessão, permissão ou autorização de serviço, de uso de radiofrequência e de exploração de satélite".
>
> A segunda corrente afirma a incidência do art. 183 da Lei 9.472/97 em caso de atividade praticada de forma habitual enquanto o art. 70 da Lei 4.117/62 seria aplicado em caso de prática eventual (STF, HC 93870, Joaquim Barbosa, 20.4.2010; TRF-4, CC 00051696720104040000, Cláudia Cristófani [conv.], 4ª S, DJ 28.6.10).
>
> Para a terceira corrente, a lei antiga aplica-se à radiodifusão, enquanto a lei nova aplica-se aos casos que envolvam telecomunicações (...)

Temos que a razão está com a primeira corrente, que está mais de acordo com a literalidade dos dispositivos. A conduta mais gravosa (art. 183) é aquela que é exercida clandestinamente, sem qualquer autorização estatal. A outra, mais branda, é uma **norma penal em branco**, que pressupõe tanto uma autorização, permissão ou concessão preexistente, quanto a posterior inobservância da lei ou do regulamento desses serviços, a exemplo de quando o agente ultrapassa os limites da sua permissão.

6.8. Potencialidade ofensiva

O crime de interrupção ou perturbação de serviços telegráficos, telefônicos, informáticos, telemáticos ou de informação de utilidade pública é de **médio potencial ofensivo**, porque sua pena máxima ultrapassa o limite de 2 (dois) anos, de acordo com os arts. 61 e 76 da Lei nº 9.099/95 (Lei dos Juizados Especiais), não sendo cabível a transação penal. Contudo, permanece a possibilidade de ser oferecida a suspensão condicional do processo (*sursis processual*), nos termos do art. 89 da Lei nº 9.099/95, porque a pena mínima não ultrapassa 1 (um) ano.

Já na forma majorada § 2º do art. 266 do CP (relembrando que não se aplicam as causas de aumento do art. 258, por falta de previsão no art. 263 do Código Penal), se o delito vier a ser praticado por ocasião de calamidade pública, o delito será de **alto potencial ofensivo**, pois a pena será aplicada em dobro, resultando em 2 (dois) a 6 (seis) anos de detenção.

6.9. Ação penal e competência do juízo

A ação penal é pública incondicionada, uma vez que o Código não exige iniciativa privativa do ofendido, representação ou requisição do Ministro da Justiça (CP, art.

66 Crimes Federais, cit., p. 964.

100). De fato, o condicionamento da ação penal nos crimes previstos no Título VII, parece ser incompatível com a proteção do interesse público relativo à tutela judicial da incolumidade pública em geral.

A competência será da Justiça Federal, ainda que os serviços de comunicação não sejam explorados diretamente pela União, ou por uma de suas entidades autárquicas ou empresas públicas. É que existe, ainda, o interesse da Agência Nacional de Telecomunicações (ANATEL)[67], autarquia pública federal encarregada de regulá-los e fiscalizá-los diretamente, nos termos do art. 19 da Lei nº 9.472/98 o que atrai essa competência do art. 109, IV, da Constituição. É irrelevante, portanto, se o serviço for mantido por sociedade de economia mista.

67 Art. 8º da Lei nº 9.472/97: Fica criada a Agência Nacional de Telecomunicações, entidade integrante da Administração Pública Federal indireta, submetida a regime autárquico especial e vinculada ao Ministério das Comunicações, com a função de órgão regulador das telecomunicações, com sede no Distrito Federal, podendo estabelecer unidades regionais.

↳ CAPÍTULO III – DOS CRIMES CONTRA A SAÚDE PÚBLICA

MARCUS MOTA MOREIRA LOPES

1. EPIDEMIA

⊙ **Epidemia**

Art. 267. Causar epidemia, mediante a propagação de germes patogênicos: Pena – reclusão, de dez a quinze anos. (Redação dada pela Lei nº 8.072, de 25.7.1990)

§ 1º – Se do fato resulta morte, a pena é aplicada em dobro.

§ 2º – No caso de culpa, a pena é de detenção, de um a dois anos, ou, se resulta morte, de dois a quatro anos.

1.1. Bem jurídico protegido e objeto material do crime

O bem jurídico protegido mediato é a incolumidade pública e o imediato é a preservação das condições normais da saúde pública, no sentido de não agravamento do nível de patologias preexistente em determinada localidade.

O objeto material do delito são os germes patogênicos, que devem ter potencial de causar epidemia pela sua propagação.

1.2. Tipo penal objetivo e tipo penal subjetivo

> O tipo penal objetivo consiste em "**causar epidemia**", mediante propagação "de germes patogênicos". Segundo o Dicionário Aurélio de Língua Portuguesa, "**causar**" significa motivar, originar, produzir. **Epidemia** tem dois sentidos que nos interessam. Um é a "doença que surge rápida num lugar e acomete simultaneamente grande número de pessoas" e o outro, "surto de agravação duma endemia". Muitas são as moléstias epidêmicas, como a gripe espanhola, a cólera, a febre tifoide, a cólera, febre amarela, tracoma, difteria, paralisia infantil etc.

Vários são os Significados de **propagar,** mas aqui nos interessam dois: "desenvolver-se por contágio" e "difundir-se, expandir-se, alastrar-se, propalar-se, grassar". **Germes patogênicos** são "micróbios, ou seja, micro-organismos capazes de produzir doenças no homem e nos animais, e causar fermentação e putrefação", como protozoários, cogumelos, bactérias e vírus.

A doutrina costuma diferenciar epidemia, endemia e pandemia. Consultando o vernáculo, **endemia** é a doença que existe constantemente em determinado lugar e ataca número maior ou menor de indivíduos. Um exemplo de doença endêmica é a dengue, que sempre reaparece quando a população não toma as medidas devidas de precaução, a fim de evitar a reprodução do mosquito transmissor (ex: não deixar água para em baldes e vasos). **Pandemia** é a epidemia generalizada. A doutrina apresenta conceitos similares. Segundo Noronha[1], a pandemia importaria a disseminação da epidemia em extensa área do globo terrestre, enquanto a endemia seria a doença infecciosa própria de determinada localidade, onde se instala e permanece.

Em resumo: **endemia** é um surgimento de doença que aparece e reaparece em uma região específica, normalmente de pouca extensão. A **epidemia** é um surto de uma doença em uma região maior, atacando um número grande de indivíduos. Apesar disso, ela se caracteriza como transitória e acidental, o que não necessariamente se refere ao caráter mais ou menos letal da enfermidade. Finalmente, **pandemia** é a epidemia que ocorre em proporções muito maiores, atingindo uma área vasta no globo terrestre, e, por vezes, mais de um continente.

Existe, então, uma gradação entre essas três formas de propagação. Se o tipo do art. 267 do CP criminaliza a epidemia, temos que se alguém der causa a uma endemia, não poderá incidir no presente delito. Se o legislador determinou que a partir da epidemia é que há risco à saúde pública, não é possível punir o agente por um resultado que é um *minus* (até porque a endemia é de surgimento recorrente, sendo difícil demonstrar que uma pessoa tenha iniciado a contaminação). Por outro lado, se o autor do crime, como resultado de sua propagação de germes patogênicos, vem a causar uma pandemia, deve ser punido nas penas deste artigo, uma vez que ela não deixa de ser uma epidemia de dimensões superiores.

Atente-se ainda para a observação de Hungria, no sentido de que se a doença não for prejudicial aos seres humanos, mas sim a animais (zoofitias) e vegetais (epifitias), o crime poderá ser o previsto no art. 61 da Lei nº 9.650/98, que revogou o delito do art. 259 do CP (difusão de doença ou praga)[2].

O **tipo penal subjetivo** é o **dolo**, ou seja, consciência e vontade dirigidas para a finalidade de criar um perigo à coletividade. Então, se o agente não quer causar risco à saúde pública, mas sim a pessoas determinadas, incidirá nas penas do art. 131 do Código Penal "**Perigo de contágio de moléstia grave: Praticar, com o fim de transmitir a outrem moléstia grave de que está contaminado, ato capaz de produzir o contágio: Pena – reclusão, de um a quatro anos, e multa**".

Se houver intenção de matar pessoas determinadas, não incidirá a causa de aumento de pena preterdolosa do art. 267, § 1º do CP. Praticar-se-á homicídio qualificado

1 NORONHA apud BITENCOURT, Tratado de Direito Penal, cit., p. 294.

2 Comentários ao Código Penal, cit., p. 100.

(CP, art. 121, § 2º, III), uma vez que o meio empregado para causar suposta epidemia deve ter o potencial de causar perigo comum.

Entretanto, a conduta de causar epidemia é genérica e está limitada em seguida pelo termo *mediante*, indicando, na sequência o ato de propagar germes patogênicos. Logo, e de acordo com a linha de entendimento que adotamos desde o Capítulo I, pensamos que o crime **é de forma vinculada**, uma vez que a provocação do perigo causado pela epidemia não pode ser realizada por qualquer meio a não ser a propagação de micro-organismos nocivos à saúde humana. Se quiser difundir determinada doença por meio de poluição, intoxicação etc. responderá por crime diverso (corrupção de água potável, crime ambiental do art. 54 da Lei nº 9.605/98, uso de gás tóxico ou asfixiante e assim por diante).

Mas responderá pelo delito do art. 267, aquele que se valer de armas biológicas para provocar epidemia, inclusive quem o faz com intuito de praticar atos de terrorismo, por inconformismo político, pela aplicação do **princípio da consunção ou absorção**. Sim, porque, em regra, o crime mais grave e mais abrangente deve absorver o menor, que é o caso do art. 20 da Lei nº 7.170/83[3] (Lei da Segurança Nacional), já que a que lhe é cominada é de 3 (três) a 10 (dez) anos.

1.3. Sujeito ativo e sujeito passivo

Qualquer pessoa pode ser sujeito ativo dos crimes do art. 267 do CP porque esses tipos penais não exigem uma condição especial para praticá-los.

Tanto um particular quanto um servidor público da área da saúde podem incorrer nas penas desse artigo. A diferença é que o funcionário público, nessas condições, na segunda fase de aplicação da pena, poderá ter a sua pena agravada, pois o abuso de poder e a violação de dever inerente ao cargo, ofício ministério ou profissão é circunstância agravante, nos termos do art. 62, II, g, do CP.

O sujeito passivo é a coletividade, já que estamos tratando de crime contra a incolumidade pública, sendo, pois, um crime vago, ou seja, a sua tutela é de um número indeterminado de pessoas, e é nesse sentido que deverá estar contido o plano mental do agente; caso contrário, deverá responder por outro crime (homicídio, lesão corporal etc.).

1.4. Consumação e tentativa

O delito se consuma no exato momento em que surge o perigo à coletividade, ou seja, quando se atesta a existência da epidemia. Portanto, é **instantâneo de efeitos permanentes**, porque o perigo permanecerá existindo após a consumação, embora

3 Art. 20 – Devastar, saquear, extorquir, roubar, seqüestrar, manter em cárcere privado, incendiar, depredar, provocar explosão, praticar atentado pessoal ou atos de terrorismo, por inconformismo político ou para obtenção de fundos destinados à manutenção de organizações políticas clandestinas ou subversivas. Pena: reclusão, de 3 a 10 anos.

a epidemia tenha efeitos transitórios. O que importa é que na fase de exaurimento o perigo se protraia no tempo. Nelson Hungria[4] diz que "a instalação da epidemia se dá com a apresentação de certo número de casos sucessivos, a indicar a progressiva difusão da moléstia.". Além disso, "é indiferente o *modus faciendi* da propagação dos micro-organismos: inoculação direta em alguém, contaminação de águas ou substâncias alimentícias, disseminação em ambiente fechado ou aberto etc.".

O crime é de perigo concreto, portanto. Não há falar de crime consumado ou tentado se em momento algum houve risco à segurança da coletividade. Porém, o assunto é objeto de controvérsia doutrinária, conforme expõem Greco[5] e Bitencourt[6]. Para uma primeira corrente, capitaneada por Delmanto, o crime é de perigo abstrato, ou seja, o risco é presumido desde a realização da conduta delituosa, qual seja, a provocação, por meio de ato humano, de uma epidemia, a qual por si só já põe risco à incolumidade pública. Outro entendimento, de Noronha, classifica a epidemia como sendo de dano efetivo, uma vez que a existência da disseminação da patologia em larga escala pressupõe lesão efetiva à saúde de várias pessoas. Por sua vez, Paulo José da Costa Júnior entende que existe a um só tempo o dano para quem foi contagiado e o perigo em relação a quem não foi.

Mas nós aqui adotamos a classificação de **crime de perigo concreto ou não presumido**, por duas razões: a) a ocorrência de lesão à saúde de indivíduos, inicialmente, é pressuposto ou meio para a posterior caracterização de uma epidemia, com o aparecimento de doenças, posteriormente, em larga escala. É a própria razão de ser da tipificação; b) o perigo comum que permeia o art. 267 do Código Penal é o resultado da soma de diversas situações de perigo individuais, englobando-as. Em outras palavras, o delito de epidemia é crime progressivo em relação a outras formas não extensivas de perigo, a exemplo dos já mencionados arts. 131 e 132 do CP (crimes contra a integridade física pessoal).

A tentativa é admissível, uma vez que é possível visualizar a divisão das etapas do *iter criminis*, especialmente entre o último ato de execução e a sua consumação (crime plurissubsistente). Assim por exemplo, o sujeito ativo lança poderosos germes patogênicos na água, a fim de contaminar o reservatório de água que alimenta todo um Estado. Mas, por circunstâncias alheias à sua vontade, os micróbios não sobrevivem ou ficam muito enfraquecidos, tornando-se inaptos para causar doenças. Outro caso de tentativa é de Hungria, quando as autoridades públicas tomam medidas sanitárias eficazes para evitar ulterior contágio.

1.5. Forma majorada (crime hediondo) e crime culposo qualificado

Crime hediondo do art. 267, § 1º, do Código Penal – O referido dispositivo legal dispõe que "se do fato resulta morte, a pena é aplicada em dobro". Um enunciado curto, que traz diversas implicações legais importantes.

4 Comentários ao Código Penal, cit., p. 101.
5 Curso de Direito Penal, cit., p. 110.
6 Tratado de Direito Penal, cit., p. 295.

A primeira delas é que agora a pena ficará de 20 (vinte) a 30 (trinta) anos de reclusão, uma das maiores penas do ordenamento jurídico. E para tanto, basta que ocorra uma única morte, desde que decorra necessariamente da epidemia provocada pelo sujeito ativo. Se sobrevierem outros óbitos, o agente responderá por crime único, pois eles estão incluídos na fase de exaurimento (*post factum*); mas essa circunstância pode servir para exasperar a pena base acima do mínimo legal (CP, art. 59).

A segunda é que a epidemia com resultado morte é **crime hediondo**, nos termos do art. 1º, VII, da Lei nº 8.072/90, sendo, pois, uma das condutas selecionadas como as mais reprováveis e repugnantes do Direito Penal. Isso traz uma série de consequências trazidas no art. 2º [7] desse mesmo diploma legal, e no art. 5º, XLIII, CF[8], a saber: 1) impedimento aos benefícios da anistia, graça individual e graça coletiva (indulto); 2) fiança como medida cautelar diversa da prisão (CPP, art. 319); 3) progressão de regime mais difícil de ser conseguida, devendo cumprir 2/5 (dois quintos) da pena se for réu primário ou 3/5 (três quintos), se for reincidente; 4) em caso de condenação, a prisão é a regra, sendo que a fundamentação do juiz é no sentido de libertar. Apesar disso, em muitos casos, o Superior Tribunal de Justiça tem relativizado o entendimento da sua antiga Súmula nº 9[9] (de 1990), dizendo que a prisão aqui também só pode ser decretada pela presença dos requisitos da prisão preventiva; 5) sujeição à eventual prisão temporária pelo prazo de **até trinta dias** prorrogáveis pelo mesmo prazo fixado no momento da sua decretação, ao contrário dos demais delitos, cujo prazo máximo é de 5 (cinco) dias (art. 1º, III, i, da Lei nº 7.960/89[10]).

É possível o concurso formal **impróprio** entre o delito de epidemia com resultado morte e o homicídio qualificado, aplicando-se a regra do cúmulo material de penas

---

7 Art. 2º Os crimes hediondos, a prática da tortura, o tráfico ilícito de entorpecentes e drogas afins e o terrorismo são insuscetíveis de: I – anistia, graça e indulto; II – fiança § 1º A pena por crime previsto neste artigo será cumprida inicialmente em regime fechado. (Redação dada pela Lei nº 11.464, de 2007) § 2º A progressão de regime, no caso dos condenados aos crimes previstos neste artigo, dar-se-á após o cumprimento de 2/5 (dois quintos) da pena, se o apenado for primário, e de 3/5 (três quintos), se reincidente. (Redação dada pela Lei nº 11.464, de 2007) § 3º Em caso de sentença condenatória, o juiz decidirá fundamentadamente se o réu poderá apelar em liberdade. (Redação dada pela Lei nº 11.464, de 2007) § 4º A prisão temporária, sobre a qual dispõe a Lei no 7.960, de 21 de dezembro de 1989, nos crimes previstos neste artigo, terá o prazo de 30 (trinta) dias, prorrogável por igual período em caso de extrema e comprovada necessidade.

8 Art. 5º, XLIII, da Constituição: XLIII – a lei considerará crimes inafiançáveis e insuscetíveis de graça ou anistia a prática da tortura, o tráfico ilícito de entorpecentes e drogas afins, o terrorismo e os definidos como crimes hediondos, por eles respondendo os mandantes, os executores e os que, podendo evitá-los, se omitirem;

9 Súmula nº 9/STJ: A exigência da prisão provisória, para apelar, não ofende a garantia constitucional da presunção de inocência.

10 Art. 1º Caberá prisão temporária: I – quando imprescindível para as investigações do inquérito policial; II – quando o indicado não tiver residência fixa ou não fornecer elementos necessários ao esclarecimento de sua identidade; III – quando houver fundadas razões, de acordo com qualquer prova admitida na legislação penal, de autoria ou participação do indiciado nos seguintes crimes: (...) i) epidemia com resultado de morte (art. 267, § 1º); (...)

(CP, art. 70, parágrafo único), uma vez que o agente, necessariamente, deve agir com desígnio autônomo de matar certa pessoa, embora seja difícil imaginar que o agente queira causar perigo comum somente para eliminar apenas um alvo determinado. Ausente essa finalidade homicida (*animus necandi*), responderá "apenas" por esta modalidade preterdolosa.

Epidemias culposas – o art. 267, § 2º, do CP, prevê duas modalidades culposas: quando o agente causa epidemia sem observar um dever objetivo de cuidado, a título de negligência, imprudência ou imperícia. Nesse caso, a pena é de detenção, de 1 (um) a 2 (dois) anos se houver contaminação de pessoas, causando-lhes doenças e lesões corporais, e de 2 (dois) a 4 (quatro) anos se sobrevier morte. Masson[11] cita como exemplo um médico que, negligentemente, troca as injeções a serem distribuídas à população a título de vacina contra gripe suína, colocando no lugar outro vírus, provocando uma epidemia posteriormente. Outro caso possível é quando ocorre um desastre de laboratório, no sentido de que um agente responsável por estudar uma superbactéria isolada em certo recipiente, que vem a se quebrar por seu descuido (negligência), difundindo-se no meio ambiente, e ocasionado um surto de epidemia.

TÓPICO ESPECIAL – PANDEMIA DO NOVO CORONAVÍRUS (COVID-19)

Estamos vivendo agora uma pandemia diferenciada, que assola toda a humanidade, não se limitando a alguns países, como houve com o vírus ebola, por exemplo. Esta doença disseminada de forma global está mudando toda a forma de viver da maioria das sociedades e vem atingindo proporções cada vez maiores, em razão do seu alto poder de contágio.

O que se sabe ao certo é que o Novo Coronavírus (SARS – COVID -19), surgiu na cidade de Wuhan, capital da província de Hubei, na República Popular da China. Muito se especulou que esse vírus, diante de alto potencial de contaminação e letalidade, teria sido criado em um laboratório dessa localidade, conforme várias "teorias da conspiração" do uso desse vírus como uma arma biológica.

Nada disso foi minimamente comprovado, contudo. O que se verificou até o momento é que o novo coronavírus surgiu da mesma forma que pandemias anteriores também oriundas de território chinês (outras SARS, como a gripe aviária, gripe suína dentre outras), muito provavelmente nos "wet markets". É que na China algumas espécies exóticas são utilizadas na alimentação e são mantidas vivas em jaulas ou em cativeiro nesses mercados, onde se matam os animais logo após serem escolhidos pelo cliente como alimento.

Em tais condições, muitas dessas espécies, não de todo empregadas para a alimentação no restante do mundo, vinham sendo mantidas aprisionadas com outros seres vivos, o que acarretou a transmissão das várias formas de coronavírus já existentes, principalmente o SARS-COVID-02, de uma espécie para a outra. Disso, ao infectarem esses animais, os vírus sofreram uma mutação, característica principal

11 MASSON, Direito Penal esquematizado, cit., p. 300.

desses organismos, e essa nova forma de vida, apelidada de Novo Coronavírus, passou a infectar praticamente a espécie humana.

Por se tratar de uma outra Síndrome Respiratória Aguda Grave (SARS, em inglês), não se sabia que seu potencial lesivo era ainda maior, uma vez que, além das demais partes do sistema respiratório, como o vírus da gripe, H1N1, dentre outros, (que podem causar, portanto, enfermidades que podem evoluir para uma pneumonia generalizada), o COVID-19, ao infectar o ser humano, adere às membranas e mucosas do pulmão, causando uma grave deficiência respiratória. Assim, basta que o sistema imunológico da pessoa estar enfraquecido para que o vírus possa gerar várias consequências, com chance de deixar sequelas e, principalmente, de causar a morte, por falência do sistema respiratório, se tal situação ainda não acarreta o avanço e a contaminação por várias outras doenças "oportunistas".

Até o fechamento desta edição, o Novo Coronavírus (SARS-COVID-19) infectou, no mundo todo, mais de 11.304.534 pessoas, sendo que apenas 6.111.195 se recuperaram da doença e já causou mais de meio milhão de mortes (531.659 de pessoas).

No Brasil, a curva de infecção subiu de forma impressionante após o relaxamento das medidas de isolamento social, por falta de cooperação, de espírito coletivo e de força de vontade dos próprios brasileiros, isso sem falar das medidas adotadas pelo Governo para reabrir o comércio, ainda que com algumas restrições impostas, que, como se vê diuturnamente na mídia e também nas ruas, dificilmente serão cumpridas, diante da baixa adesão do nosso povo às medidas básicas de contenção da pandemia, especialmente o isolamento e o distanciamento sociais. Atualmente, foram confirmados 1.603.055 casos, com recuperação de 978.615 de pessoas, mas já morreram quase 65.000 brasileiros em razão dessa doença.

Isso posto, não há dúvida de que, caso haja uma propagação dolosa do COVID-19 no Brasil, tal fato caracterizará crime hediondo, diante da grande letalidade do vírus.

Entretanto, na prática, a tipificação na modalidade dolosa é muito difícil, uma vez que a simples propagação, sem causar a pandemia, que já é preexistente no território nacional, é atípica. Além disso, é ainda mais improvável se demonstrar o dolo, ainda que na forma eventual, já que o agente deve ter a finalidade ou assumir o risco de causar a propagação do vírus em escala pandêmica.

Ainda mesmo em que se cogitasse, como se fez há alguns meses, de que tal vírus foi criado em laboratório, ou seja, por atividade humana premeditada, tal poderia ter diversas razões, como realização de testes, criação de novas vacinas, dentre várias outras. Seria quase impossível comprovar que tal vírus fosse propagado com o fim de assolar a humanidade.

Mais fácil é se cogitar, contudo, na forma culposa do crime de epidemia, em razão de imprudência, negligência ou imperícia na manipulação de um vírus tão perigoso, desde que fosse possível que eventuais culpados pudessem representar minimamente a chance de propagação e de contágio em proporções gigantes. A mera culpa, nesse caso, também não tipificaria o delito, sob pena de punição por responsabilidade objetiva, ou "versari in re illicita", conforme vimos anteriormente no capítulo introdutório.

Finalmente, de acordo com o entendimento aqui exposto, a propagação dolosa ou culposa que possa acarretar uma pandemia também é tipificada no art. 268 do Código Penal, apesar de falar de "epidemia". Aqui, a legislação disse menos do que deveria, devendo, portanto, ser interpretada extensivamente, já que não faz sentido algum punir quem causa epidemia e não o fazer em relação aos mesmos fatos, com consequências ainda maiores, como é o caso de uma pandemia. De todo modo, a "pandemia" não deixa de ser uma "epidemia" em maior escala.

De se destacar, portanto, que o mesmo não se pode falar sobre as "endemias", já que tais enfermidades são sazonais e necessitam de controle constante e rigoroso, de forma que, na maioria das vezes, não são propagados por ação humana, como é o caso do vírus da dengue, no Brasil, transmissível pelo mosquito "aedes aegypti".

1.6. Classificação doutrinária

Comum, porque pode ser praticado por qualquer pessoa; **Vago**, pois o sujeito passivo é a coletividade, de forma genérica, com vítima indeterminada;

Doloso, nas formas do caput e do § 1º do art. 267 do CP e **culposo** nos casos do respectivo § 2º.

Comissivo, praticado, em regra, por meio de uma ação, sem prejuízo de responder por omissão imprópria, se o agente era responsável em garantir a não ocorrência do crime (CP, art. 13, § 2º);

De ação única, porque, só existe uma conduta típica, de causar epidemia.

De ação vinculada, pois só pode ser praticado se o autor do crime vier praticar o crime mediante a propagação de germes patogênicos.

Material ou causal, porque depende da ocorrência das circunstâncias indicadas na lei, no caso, a periclitação à vida, à integridade física ou ao patrimônio de outrem.

De perigo concreto ou não presumido, porque a existência do perigo deve ser comprovada. Existe controvérsia doutrinária no particular, no sentido de ser delito de perigo abstrato ou de dano[12]. E como deixa vestígios, é não transeunte.

Instantâneo, porque está consumado a partir do momento em que o agente pratica a conduta descrita no tipo, não se protraindo para o futuro. Haverá, após, exaurimento (*post factum*) do crime.

Unissubjetivo ou de concurso eventual de pessoas, pois pode ser praticado por um ou mais sujeitos.

1.7. Causas de aumento de pena

Apenas aqui não se aplicam as causas especiais de aumento de pena, por expressa disposição do legal do art. 285 do CP: "Aplica-se o disposto no art. 258 aos crimes previstos neste Capítulo, **salvo quanto ao definido no art. 267**". O legislador considerou que para este crime

12 Neste sentido Greco (Curso, cit., p. 110) e Bitencourt (Tratado, cit., p. 295).

de perigo, cujas penas já são muito altas (de 10 a 15 anos de reclusão para a forma dolosa e de 2 a 4 anos para a culposa), só haverá aumento em caso de morte, caso em que será majorada em dobro. Aplicar-se-á, portanto, a forma preterdolosa especial do art. 267 § 1º do CP.

1.8. Infrações penais assemelhadas da legislação específica

1.8.1. Crimes do Código Penal Militar

> **Epidemia**
>
> **Art. 292.** Causar epidemia, em lugar sujeito à Administração militar, mediante propagação de germes patogênicos:
>
> Pena – reclusão, de cinco a quinze anos. Forma qualificada 1º Se do fato resulta morte, a pena é aplicada em dôbro. Modalidade culposa 2º No caso de culpa, a pena é de detenção, de um a dois anos, ou, se resulta morte, de dois a quatro anos.
> **Envenenamento, corrupção ou epidemia**
>
> **Art. 385.** Envenenar ou corromper água potável, víveres ou forragens, **ou causar epidemia mediante a propagação de germes patogênicos, se o fato compromete ou pode comprometer a preparação, a eficiência ou as operações militares, ou de qualquer forma atenta contra a segurança externa do país**:
>
> Pena – morte, grau máximo; reclusão, de vinte anos, grau mínimo. Modalidade culposa
>
> Parágrafo único. Se o crime é culposo:
>
> Pena – detenção, de dois a oito anos.

O art. 292 do CPM aplica-se em tempo de paz, quando a conduta descrita no tipo penal se materializa em lugar sujeito à Administração militar. Outra diferença marcante é que o legislador, como sempre acontece, esqueceu-se de atualizar o Código Penal Militar. Não só a pena permaneceu em 5 (cinco) a 15 (quinze) anos como também a epidemia com resultado morte não é crime hediondo, por ausência de previsão no art. 1º da Lei nº 8.072/90, assim como o homicídio, o estupro etc. No mais, a causa de aumento de pena e os crimes culposos são idênticos aos do Código Penal.

Há, ainda, o enunciado normativo do art. 385 da legislação castrense, incidente em tempo de guerra, que comina pena de morte em seu grau máximo e 20 (vinte) anos no seu grau mínimo. Ele possui uma elementar objetiva especial, que obriga a epidemia causada a comprometer ou ter o potencial de comprometer a preparação, a eficiência ou operações militares, bem como atentar contra a segurança externa (a segurança nacional, no sentido de fragilizar a atuação das Forças Armadas durante a invasão estrangeira) deve. De outro modo, o delito em questão não se tipificará.

Talvez seja por isso que, curiosamente, a epidemia (3ª figura) está inserida no respectivo Capítulo VII, intitulado "Do dano". Logo, será **crime de dano efetivo**, se houver o mencionado comprometimento às atividades militares, e de perigo concreto, se tiver potencial para tanto, havendo, porém, necessidade de demonstração do risco no caso concreto. É o que se depreende da sua localização topográfica do delito no Livro II do CPM[13], que, aliás, não elenca crimes contra a saúde pública.

---

13 De fato, o Código Penal Militar prevê em seu Livro II (Dos crimes militares em tempo de guerra) crimes contra a incolumidade pública no Capítulo IX, condensados apenas no art. 386, que, por sua

1.9. Potencialidade ofensiva

Inicialmente, é de ver que ambas as formas (dolosa e preterdolosa) são de alto potencial ofensivo, pois o art. 267, *caput*, e § 1º, do CP cominam, respectivamente, penas de 10 (dez) a 15 (quinze) anos de reclusão e de 20 (vinte) a 30 (trinta) anos se ocorrer morte, razão pela qual não cabe transação penal e suspensão condicional do processo, porque pressupõem, respectivamente, pena máxima não superior a 2 (dois) anos e pena mínima não superior a 1 (um) ano, nos termos dos arts. 61 e 89 da Lei nº 9.099/95[14].

Porém, na modalidade culposa (art. 267, § 2º, primeira parte, do CP), praticada na sua forma simples (sem aumentos de pena), será crime **de menor potencial ofensivo**, porque a pena prevista é de 1 (um) a 2 (dois) anos de detenção, ensejando a transação penal (aplicação imediata de pena restritiva de direitos ou multas sem outros efeitos penais).

Mas o crime culposo qualificado pela morte será de **alto potencial ofensivo**, pois o legislador previu para ele um preceito secundário autônomo, de 2 (dois) a 4 (quatro) anos de detenção.

1.10. Ação penal e competência do juízo

A ação penal é pública incondicionada, uma vez que o Código não exige iniciativa privativa do ofendido, representação ou requisição do Ministro da Justiça (CP, art. 100). De fato, o condicionamento da ação penal nos crimes previstos no Título VII, parece ser incompatível com a proteção do interesse público relativo à tutela judicial da incolumidade pública em geral.

A competência para o processamento e julgamento dos crimes previstos no art. 267 do CP é da Justiça Estadual (competência residual), uma vez que não há, em princípio, interesse da União, suas autarquias, fundações ou empresas públicas (CF, art. 109, IV). Nesse sentido, não procede o fundamento de que o crime de competência federal, pela obrigatoriedade da União de fiscalizar a área da saúde. Com efeito, nos termos dos 23, III, e arts. 196 a 197, todos da Constituição[15], a saúde pública é de atribuição de todos os entes federativos, sem preponderância de uns sobre outros. E cada um em sua esfera

---

vez, limita-se a remeter aos delitos de perigo aos tipos aplicáveis em tempo de paz. (Confra-se, a propósitos, nossos comentários nos tópicos relativos aos crimes militares, referentes ao Capítulo I do Título VII do Código Penal.

14 Art. 61. Consideram-se infrações penais de menor potencial ofensivo, para os efeitos desta Lei, as contravenções penais e os crimes a que a lei comine pena máxima não superior a 2 (dois) anos, cumulada ou não com multa.

Art. 89. Nos crimes em que a pena mínima cominada for igual ou inferior a um ano, abrangidas ou não por esta Lei, o Ministério Público, ao oferecer a denúncia, poderá propor a suspensão do processo, por dois a quatro anos, desde que o acusado não esteja sendo processado ou não tenha sido condenado por outro crime, presentes os demais requisitos que autorizariam a suspensão condicional da pena (art. 77 do Código Penal).

15 Art. 23. É competência comum da União, dos Estados, do Distrito Federal e dos Municípios:

(...)

de competência é responsável pela fiscalização, regulamentação e controle dos serviços e ações de saúde, sem prejuízo de auxílio na execução dessas medidas dos particulares, pessoas físicas ou jurídicas. Além disso, não existe uma competência específica no art. 109, CF sobre crimes contra a saúde pública, razão pela qual só a análise do caso concreto poderá eventualmente determinar algum interesse federal no feito, o que não será a regra.

Eventualmente, será da Justiça Federal se o agente quer propagar epidemia com o fim de atingir comunidades indígenas e tradicionais, pois aí se aplicam os incisos IV e XI do art. 109 da Constituição (ver mais detalhes neste tópico relativo ao crime de incêndio – art. 250).

2. INFRAÇÃO DE MEDIDA SANITÁRIA PREVENTIVA

⊙ **Infração de medida sanitária preventiva**

Art. 268. Infringir determinação do poder público, destinada a impedir introdução ou propagação de doença contagiosa: Pena – detenção, de um mês a um ano, e multa. Parágrafo único – A pena é aumentada de um terço, se o agente é funcionário da saúde pública ou exerce a profissão de médico, farmacêutico, dentista ou enfermeiro.

2.1. Bem jurídico protegido e objeto material do crime

O bem jurídico protegido mediato é a incolumidade pública e o imediato é a estabilidade da saúde pública.

O objeto material é a própria determinação do poder público, no sentido de evitar propagação ou a introdução de doenças contagiosas.

2.2. Tipo penal objetivo e tipo penal subjetivo

O tipo penal objetivo consiste em "infringir determinação do Poder Público, destinada a impedir introdução ou propagação de doença contagiosa". Infringir significa violar, transgredir, desrespeitar.

O Poder Público aqui mencionado pode ser qualquer entidade Estatal, a União, os Estados, o Distrito Federal ou os Municípios.

Por "determinação do Poder Público", a doutrina majoritária entende que é aquela que tenha caráter obrigatório, cogente, não podendo ser mera recomendação ou advertência. Essa ordem, destinada a conter a propagação de doenças, pode advir

---

II – cuidar da saúde e assistência pública, da proteção e garantia das pessoas portadoras de deficiência;

Art. 196. A saúde é direito de todos e dever do Estado, garantido mediante políticas sociais e econômicas que visem à redução do risco de doença e de outros agravos e ao acesso universal e igualitário às ações e serviços para sua promoção, proteção e recuperação.

Art. 197. São de relevância pública as ações e serviços de saúde, cabendo ao Poder Público dispor, nos termos da lei, sobre sua regulamentação, fiscalização e controle, devendo sua execução ser feita diretamente ou através de terceiros e, também, por pessoa física ou jurídica de direito privado.

tanto de lei quanto de norma expedida pela autoridade administrativa competente, já que não existe nenhuma limitação acerca da natureza da norma pelo tipo penal.

É de ver, portanto que o crime necessita de complementação. Trata-se, então de **norma penal em branco**, que pode ser homogênea, se o complemento estiver previsto em lei em sentido formal e material, ou heterogênea, se advir de outro ato normativo. É o entendimento majoritário, conforme ensina Nelson Hungria[16]:

> A entidade criminal de que cuida o art. 268, a que corresponde a rubrica lateral "infração de medida sanitária preventiva", tem a sua fonte nos arts. 327 do Cód. Penal alemão e 205 do Cód. Penal argentino. Consiste no fato de "infringir determinação do poder público, destinada a impedir introdução ou propagação de doença contagiosa" (a pena cominada é de detenção, de um mês a um ano, e multa, de duzentos a três mil cruzeiros). Trata se de um caso típico de *lei penal em branco*: seu *complemento* são as eventuais determinações do *poder público* (mediante editais ou portarias, oficialmente publicadas para o conhecimento geral) concernentes a medidas preventivas contra a incursão ou difusão de moléstia contagiosa (isto é, transmissível por contágio). Tais medidas poderão ter, ou não, base em regulamento permanente. *Poder público* quer dizer, aqui, autoridade competente (federal, estadual ou municipal). O crime consuma-se com o simples fato da transgressão da medida ou determinação. Esta deve ter caráter obrigatório (quer no sentido de um *facere*, quer no de um *omittere*) e não de mero *conselho ou advertência*. (...)

Em sentido contrário, Greco[17] diz que só pode ser norma penal homogênea, ao argumento de que, em respeito ao princípio da legalidade, só o Poder Legislativo poderá definir quais determinações deverão ser observadas pelo agente.

Se a determinação do poder público é elemento do crime, a denúncia deve ser instruída com o respectivo documento oficial (original ou cópia), sob pena de inépcia da denúncia, ou de absolvição por ausência de prova da materialidade delitiva.

Sobre a disciplina das normas penais em branco, Guillherme de Souza Nucci[18] traz um entendimento interessante no que se refere ao crime em estudo, haja vista que pode ocorrer tanto a retroatividade quanto a ultratividade do preceito secundário heterogêneo (determinação do poder público). Se o ato administrativo em questão vier a ser revogado, em regra, haverá *abolitio criminis*, ou seja, haverá retroatividade benéfica para tornar atípicas todas as condutas anteriormente praticadas.

Entretanto, se a determinação do poder público vier a ser revogada pelo simples fato de que a doença contagiosa não mais existe ou não mais existir risco à saúde pública, não haverá atipicidade. Confira-se:

> (...) Vale destacar, por derradeiro, que, excepcionalmente, pode-se encontrar norma penal em branco que admita as duas possibilidades: aplicação do art. 2º, tornando retroativo o complemento mais benigno, ou aplicação do art. 3º, tornando ultrativo o complemento mais prejudicial. Menciona o art. 268 do Código Penal:

---

16 Comentários ao Código Penal, cit., p. 102-103.

17 Curso de Direito Penal, cit., p. 115.

18 NUCCI, Guilherme de Souza. Manual de Direito Penal. 10ª Edição. Rio de Janeiro: Forense, 2014, p. 68.

> "Infringir determinação do poder público, destinada a impedir introdução ou propagação de doença contagiosa". A normal é considerada em branco, pois depende de complemento, que é a "determinação do poder público" no cenário das doenças contagiosas. Caso exista a revogação da referida determinação, porque não se tratava de doença efetivamente contagiosa, é natural que haja a retroatividade benéfica para envolver todos aqueles que estiverem sendo processados – ou tiverem sido condenados – pelo delito, por terem infringido a determinação.
>
> Entretanto, caso ocorra a revogação da determinação do poder público, porque a doença contagiosa, que já se propagava, cessou de fazê-lo, é certo que o complemento é ultrativo, isto é, aqueles que estiverem sendo processado por terem infringido a determinação devem continuar respondendo pela infração penal. Portanto, o complemento, quando é vago demais, necessitando-se analisar qual é a determinação do poder público e qual foi o motivo da sua revogação, dá margem a aplicações diversas. (...)

Logo, todos os agentes que a infringiram permanecerão sendo processados, à semelhança do que ocorre com as leis temporárias (CP, art. 3º). Sim, porque aqui não houve uma mera discricionariedade do Estado, mas o ato não mais subsiste porque seu motivo, no caso concreto deixou de existir. Não fosse assim, a norma penal em questão teria sempre um prazo de validade, estaria condicionada a punir o agente até que a doença contagiosa não mais exista, e os infratores poderiam ver-se injustamente livres do delito pelo sabor das circunstâncias, o que não é razoável, visto que houve de fato a consumação do crime com risco à saúde pública

Finalmente, a medida deve estar "destinada a impedir introdução ou propagação de doença contagiosa". **Impedir** significa dificultar o curso, interromper, atalhar, obstruir, opor-se, não consentir, proibir. **Introduzir, no contexto do tipo,** é o mesmo que "encabeçar, iniciar, começar" é e **propagar,** é "desenvolver-se por contágio", "difundir-se, expandir-se, alastrar-se, propalar-se, grassar". Aqui a propagação se diferencia da introdução também porque pressupõe uma enfermidade preexistente. A **doença contagiosa** é a moléstia causada por micro-organismos que infectam o corpo humano, com potencial de contaminar outras pessoas, como o sarampo, caxumba, coqueluche, hanseníase (lepra) etc.

O tipo penal subjetivo é o **dolo**, ou seja, vontade e consciência dirigidas para uma finalidade específica, no caso, de infringir a determinação do Poder Público no exercício de seu poder de polícia para evitar o surgimento ou a disseminação de uma doença contagiosa.

A ação será atípica quando a autoridade pública aja com desvio de poder (nas modalidades abuso de poder e/ou desvio de finalidade) pela exclusão da culpabilidade, seja por ausência de dolo, seja por falta da potencial consciência da ilicitude. Ora, o cidadão não é obrigado a obedecer a uma ordem ilegal, ainda que ela não seja manifesta, embora se arrisque a ter de demonstrar isso em juízo. Desconstituídas as presunções de legalidade (por incompetência absoluta para proferir a determinação, por exemplo), de legitimidade ou de veracidade do ato administrativo será caso de absolvição. Ademais, isso está em conformidade com o **princípio da subsidiariedade do Direito Penal**, pois se o fato não é passível de cumprimento na esfera administrativa, quanto mais na esfera penal.

Diante da franca expansão da pandemia do Novo Coronavírus (SARS-COVID-19) no Brasil, cujo primeiro caso aqui registrado foi do dia 26/2/2020, em São Paulo (https://

coronavirus.saude.gov.br/resposta-brasileira-a-emergencia), foi publicada, antes mesmo desse marco, a Lei nº 13.979, de 6 de fevereiro de 2020, alterada posteriormente pela Medida Provisória nº 926, de 20 de março de 2020 e, há bastante destempo, diga-se de passagem, pelas Leis nº 14.006, de 28 de maio de 2020, e nº 14.019, de 2 de julho de 2020, diante da já anunciada disseminação da pandemia no mundo, quando já havia atingido em larga escala a Itália. Essa lei prevê, em seu art. 3º, oito medidas sanitárias preventivas a serem adotadas pelas autoridades competentes para evitar a disseminação do Novo Coronavírus em território nacional, nos seguintes termos:

> Art. 3º Para enfrentamento da emergência de saúde pública de importância internacional decorrente do coronavírus, as autoridades poderão adotar, no âmbito de suas competências, dentre outras, as seguintes medidas: (Redação dada pela Medida Provisória nº 926, de 2020)
>
> **I - isolamento;**
>
> **II - quarentena;**
>
> **III - determinação de realização compulsória de: a) exames médicos; b) testes laboratoriais; c) coleta de amostras clínicas; d) vacinação e outras medidas profiláticas; ou e) tratamentos médicos específicos;**
>
> **III-A – uso obrigatório de máscaras de proteção individual; (Incluído pela Lei nº 14.019, de 2020)**
>
> IV - estudo ou investigação epidemiológica;
>
> V - exumação, necropsia, cremação e manejo de cadáver;
>
> VI - restrição excepcional e temporária, conforme recomendação técnica e fundamentada da Agência Nacional de Vigilância Sanitária, por rodovias, portos ou aeroportos de: (Redação dada pela Medida Provisória nº 926, de 2020) a) entrada e saída do País; e (Incluído pela Medida Provisória nº 926, de 2020); b) locomoção interestadual e intermunicipal; (Incluído pela Medida Provisória nº 926, de 2020)
>
> VII - requisição de bens e serviços de pessoas naturais e jurídicas, hipótese em que será garantido o pagamento posterior de indenização justa; e
>
> **VIII – autorização excepcional e temporária para a importação e distribuição de quaisquer materiais, medicamentos, equipamentos e insumos da área de saúde sujeitos à vigilância sanitária sem registro na Anvisa considerados essenciais para auxiliar no combate à pandemia do coronavírus, desde que: (Redação dada pela Lei nº 14.006, de 2020) a) registrados por pelo menos 1 (uma) das seguintes autoridades sanitárias estrangeiras e autorizados à distribuição comercial em seus respectivos países: (Redação dada pela Lei nº 14.006, de 2020) 1. Food and Drug Administration (FDA); (Incluído pela Lei nº 14.006, de 2020) 2. European Medicines Agency (EMA); (Incluído pela Lei nº 14.006, de 2020) 3. Pharmaceuticals and Medical Devices Agency (PMDA); (Incluído pela Lei nº 14.006, de 2020) 4. National Medical Products Administration (NMPA); (Incluído pela Lei nº 14.006, de 2020); b) (revogada) (...)**

Como se trata de norma penal "em branco" que encontra seu complemento nessa lei, é classificada como "norma penal em branco homogênea" "norma penal em branco homóloga" ou "norma penal em branco imprópria", uma vez que o diploma principal que prevê o crime (Código Penal) e a norma que o complementa foram ambas editadas pelo Poder Legislativo, estando em mesmo patamar de hierarquia, podendo uma revogar a outra, expressa ou tacitamente, o que não ocorre nas normas penais em branco "heterogêneas", em que o complemento, previsto em norma infralegal, não é capaz de criar direitos ou obrigações, mas apenas regulamenta uma norma legal.

A obrigatoriedade de todos em obedecer às medidas sanitárias acima consta do § 4º do referido artigo: "As pessoas deverão sujeitar-se ao cumprimento das medidas previstas neste artigo, e o descumprimento delas acarretará responsabilização, nos termos previstos em lei." Obviamente, aqui se incluem as responsabilizações em todas as esferas, civil, administrativa e, principalmente, a penal. Mas tal norma não possui eficácia imediata, salvo quanto ao uso da máscara de proteção individual, cuja previsão a norma já diz que é "obrigatória".

Além disso, o uso da máscara é previsto em artigo específico (art. 3º-A), e sua compulsoriedade é irrestrita, conforme se vê abaixo:

> Art. 3º-A. É obrigatório manter boca e nariz cobertos por máscara de proteção individual, conforme a legislação sanitária e na forma de regulamentação estabelecida pelo Poder Executivo federal, para circulação em espaços públicos e privados acessíveis ao público, em vias públicas e em transportes públicos coletivos, bem como em: I – veículos de transporte remunerado privado individual de passageiros por aplicativo ou por meio de táxis; II – ônibus, aeronaves ou embarcações de uso coletivo fretados; III – (VETADO). §§ 1º ao 6º (VETADO)§ 7º A obrigação prevista no caput deste artigo será dispensada no caso de pessoas com transtorno do espectro autista, com deficiência intelectual, com deficiências sensoriais ou com quaisquer outras deficiências que as impeçam de fazer o uso adequado de máscara de proteção facial, conforme declaração médica, que poderá ser obtida por meio digital, bem como no caso de crianças com menos de 3 (três) anos de idade. (Incluído pela Lei nº 14.019, de 2020)

Curiosamente, a exigência do uso de máscara, se violada, só tipificará o crime de infração de medida sanitária preventiva somente a partir de 3 de julho de 2020, data da publicação da Lei nº 14.019/2020, que, lamentavelmente, há bastante destempo, passou a prever essa exigibilidade. Aguardou-se, de forma irresponsável a nosso ver, o ainda crescente aumento da contaminação e do número de mortos em razão da pandemia do coronavírus, já prevista desde fevereiro deste ano. Somente cinco meses depois aproximadamente, é que tornou obrigatória a medida mais eficaz e de mais fácil adoção pelo povo brasileiro para evitar o aumento do contágio da doença.

Não podemos deixar de opinar dessa forma, uma vez que boa parte da população não aderiu ao uso da máscara antes da sua obrigatoriedade, o que teria sido essencial para evitar a franca expansão da doença e o maior número de mortes que ora se vê. Conforme dissemos no tópico pertinente ao crime de epidemia, o Brasil conta 1.604.585 pessoas contaminadas, já se aproximando da marca de 65.000 mortos só em razão do COVID-19. Desses, apenas 978.615 foram recuperados.

Todas essas constatações, dentre várias outras, que não cabe aqui mencionar para não se desviar muito do tema, revelam, infelizmente, o atual estágio de educação, de consciência social, de empatia com o próximo de boa parte do povo brasileiro: um baixo nível civilizatório, marcado pela prevalência dos desejos primitivos e egoísticos de boa parte dos cidadãos, que se traduzem em não usar a máscara de proteção facial, diante dos incômodos que tais medidas essências trazem, em inculcarem a si mesmos as crenças de que o vírus não existe ou de que não é perigoso ou de que não será contaminado em que a automedicação, com uso de remédios de eficácia ainda bastante duvidosa e não comprovada, aglomeração de pessoas ao ar livre, expondo os demais concidadãos etc.

Quanto às demais medidas, a legislação referente à pandemia do Novo Coronavírus é leniente quanto à possibilidade de responsabilização criminal, visto que tanto no "caput" quanto nos §§ 1º, 5º, 7º e 8º do art. 3º[19], interpretados em conjunto, dispõem que as medidas **podem** ser adotadas pelas autoridades competentes, não que devem. Além disso, as medidas de isolamento e de quarentena se sujeitam ao período determinado pelo Ministro de Estado da Saúde, limitando a obrigatoriedade e a incidência da norma penal, nos termos das condições e prazos estabelecidos.

Além disso, todos os atos necessitam ter embasamento prévio em estudos científicos.

Como se vê, a conclusão a que se chega é que, caso o Ministério da Saúde, os gestores locais e a Agência Nacional de Vigilância Sanitária – ANVISA, observando-se cada qual sua esfera de atribuição legal para adotar uma ou algumas medidas sanitárias preventivas, não implementarem as que lhes cabem, após o atendimento de todos esses requisitos legais, não será possível a tipificação no crime do art. 268 do Código Penal. Somente após a adoção formal das medidas, dentre outras (**o rol é exemplificativo**, nos termos do "caput"), pelos entes federativos, é que se poderá falar de crime de infração de medida sanitária preventiva, salvo quanto ao uso obrigatório da máscara de proteção facial, conforme vimos.

2.3. Sujeito ativo e sujeito passivo

Qualquer pessoa pode ser sujeito ativo do crime, que não exige nenhuma condição especial para praticá-lo. O funcionário público responsável pelo serviço, tenha pena agravada na segunda fase de aplicação da pena, pois o abuso de poder e a violação de dever inerente ao cargo, ofício ministério ou profissão é circunstância agravante, nos termos do art. 62, II, g, do CP, desde que não seja médico, farmacêutico, dentista ou enfermeiro, os quais estarão sujeito à causa de aumento de pena de 1/3 (um terço) constante do parágrafo único do art. 268 do Código Penal.

---

19 § 1º As medidas previstas neste artigo **somente poderão ser determinadas com base em evidências científicas e em análises sobre as informações estratégicas em saúde e deverão ser limitadas no tempo e no espaço ao mínimo indispensável à promoção e à preservação da saúde pública**. (...) § 5º Ato do Ministro de Estado da Saúde: I - disporá sobre as condições e os prazos aplicáveis às medidas previstas nos incisos I e II do **caput** deste artigo (...) § 7º As medidas previstas neste artigo **poderão ser adotadas**: I – pelo Ministério da Saúde, exceto a constante do inciso VIII do **caput** deste artigo; (Redação dada pela Lei nº 14.006, de 2020); II – pelos gestores locais de saúde, desde que autorizados pelo Ministério da Saúde, nas hipóteses dos incisos I, II, V e VI do **caput** deste artigo; (Redação dada pela Lei nº 14.006, de 2020) (Vide ADI 6343); III - pelos gestores locais de saúde, nas hipóteses dos incisos III, IV e VII do **caput** deste artigo. IV – pela Anvisa, na hipótese do inciso VIII do **caput** deste artigo. (Incluído pela Lei nº 14.006, de 2020) § 8º As medidas previstas neste artigo, **quando adotadas**, deverão resguardar o exercício e o funcionamento de serviços públicos e atividades essenciais.

O sujeito passivo é a coletividade, já que estamos tratando de crime contra a incolumidade pública, sendo, pois, um crime vago, ou seja, a sua tutela é de um número indeterminado de pessoas, e é nesse sentido que deverá estar contido o plano mental do agente; caso contrário, deverá responder por outro crime (homicídio, lesão corporal etc.).

2.4. Consumação e tentativa

O crime se consuma no exato momento do descumprimento da determinação do Poder público, razão pela qual o delito é de perigo abstrato ou presumido, sendo irrelevante a introdução ou propagação da doença, já que o *nomen juris* do art. 268 do CP refere medida sanitária **preventiva**. Também pouco importa que o agente esteja inoculado com os micróbios patogênicos. Mencionando exemplo de Hungria[20], incide nesse crime aquele que, tão somente, escapa de área de quarentena, campo de concentração, hospital de isolamento e outros.

Outros exemplos, que têm sido objeto de atuação constante dos Ministérios Públicos Estaduais, dizem respeito ao abate ou conservação de carnes em desrespeito às normas regulamentadoras de higiene e prevenção de doenças (fora de matadouros ou em locais não autorizados). Entretanto, é preciso ressaltar que caso esses insumos sejam destinados à venda, em contrariedade ao art. 18, § 6º, do Código de Defesa do Consumidor[21], a jurisprudência entende que o caso é de crime contra as relações de consumo do art. 7º, IX, da Lei nº 8.137/90: "Art. 7º. Constitui crime contra as relações de consumo: (...) IX – vender, ter em depósito para vender ou expor à venda ou, de qualquer forma, entregar matéria-prima ou mercadoria, em condições impróprias ao consumo. Pena – detenção, de 2 (dois) a 5 (cinco) anos, ou multa" [22].

Portanto, pode-se inferir que o crime contra as relações de consumo é progressivo em relação ao do art. 268 do CP, se a carne extraída clandestinamente for oferecida no mercado consumidor. Se isso não ocorrer, a infração do Código Penal será tipificada autonomamente desde que não tenha havido dolo de comercializar e que, de outra forma, a mercadoria tenha sido exposta à coletividade, de forma a causar perigo à saúde pública. Exemplificamos com o acondicionamento dessa carne em determinado armazém para consumo próprio, sem adoção de qualquer forma de conservação, de modo a ocasionar a sua putrefação e, em consequência disso, a difusão de enfermidades decorrentes de parasitas para outros alimentos vendidos em uma feira próxima, surgindo, então, teníase, ascaridíase e tantas outras.

---

20 Comentários ao Código Penal, cit., p. 103.

21 Art. 18. (...) § 6º – São impróprios ao uso e consumo: I – Os produtos cujos prazos de validade estejam vencidos; II – Os produtos deteriorados, alterados, adulterados, avariados, falsificados, corrompidos, fraudados, nocivos à vida ou à saúde, perigosos ou, ainda, aqueles em desacordo com as normas regulamentares de fabricação, distribuição ou apresentação; III – Os produtos que, por qualquer motivo, se revelem inadequados ao fim a que se destinam".

22 Sobre o tema, confira-se o interessante artigo de Gustavo Senna Miranda, intitulado Apontamentos criminais sobre abate clandestino, disponível no sítio eletrônico da Associação Nacional dos Membros do Ministério Público: <http://goo.gl/vkd7Fl>.

A tentativa é admissível, pois, em tese, é possível falar em início da fase executória do *iter criminis*, em consequência da possibilidade de divisão, no plano mental, dos atos praticados pelo agente (crime plurissubsistente).

2.5. Classificação doutrinária

Comum, porque pode ser praticado por qualquer pessoa. **Doloso**, exclusivamente. **Comissivo**, praticado, em regra, por meio de uma ação, sem prejuízo de responder por omissão imprópria, se o agente era responsável em garantir a não ocorrência do crime (CP, art. 13, § 2º); **De ação única,** consistente em infringir determinação do poder público de caráter preventivo de doenças contagiosas. De **ação livre**, porque a infração pode ser praticada por qualquer meio. **Formal, de consumação antecipada ou de resultado cortado**, já que o resultado previsto no tipo é irrelevante para fins de consumação, bastando praticar a conduta descrita no tipo penal. Tais classificações são equívocas, pois a tentativa é possível quando a ação criminosa é divisível em vários atos, partes ou etapas, do *iter criminis*. De **perigo abstrato** (doutrina majoritária) porque o perigo é presumido de forma absoluta (*juris et de jure*)[23]. E como pode deixar vestígios, é **não transeunte**. **Instantâneo,** porque está consumado a partir do momento em que o agente pratica a conduta descrita no tipo, não se protraindo para o futuro. **Unissubjetivo ou de concurso eventual de pessoas**. Pode ser praticado por um ou mais sujeitos.

2.6. Causa de aumento de pena

O parágrafo único do art. 268 do Código Penal dispõe que "a pena é aumentada de um terço, se o agente é funcionário da saúde pública ou exerce a profissão de médico, farmacêutico, dentista ou enfermeiro". Da simples leitura do dispositivo, depreende-se que o maior rigor da lei penal se justifica porque tais profissionais são da área da saúde, e deles se espera um comportamento diferenciado, pois se presume que tenham conhecimentos técnicos sobre prevenção e controle de moléstias infectocontagiosas. A propósito, Bitencourt[24] observa que deve haver uma real violação de dever inerente a essas profissões no caso concreto. O simples exercício de cargo público de saúde, medicina, farmácia, odontologia ou enfermaria, por si só, não enseja a causa de aumento de pena, a menos que eles estejam em serviço.

2.7. Potencialidade ofensiva

É crime de **menor potencial ofensivo**, dando ensejo à transação penal (aplicação imediata de pena restritiva de direitos ou multas sem outros efeitos penais). É que a pena máxima não ultrapassa 2 (dois) anos, de acordo com os arts. 61 c/c 76 da Lei nº 9.099/95 (Lei dos Juizados Especiais).

Caso ocorra lesão corporal grave, o art. 258 diz que a pena sofrerá um aumento de metade, ficando agora em 1 (um) mês e 15 (quinze) dias a 1 (um) ano e 6 (seis) meses de detenção na forma simples art. 268, *caput*, do CP. Se sobrevier morte, a pena será

23 Em sentido contrário, Greco (Curso, cit., p. 116) entende que o delito é de perigo concreto, devendo haver comprovação de perigo efetivo.

24 Tratado de Direito Penal, cit. p. 298.

aumentada em dobro, ou seja, ficará em 2 (dois) meses a 2 (dois) anos de detenção. Logo, o crime aqui também **será sempre de menor potencial ofensivo**, ainda se houver resultado mais gravoso decorrente do perigo.

Se for praticado por funcionário de saúde pública, médico, farmacêutico, dentista ou enfermeiro (art. 268, parágrafo único, do CP), incidirá o aumento de 1/3 (um terço), ficando a pena cominada de 1 (um) mês e 10 (dez) dias a 1 (um) ano e 4 (quatro) meses de reclusão. Se ocorrerem as causas preterdolosas de aumento de pena do art. 258 c/c art. 285 do Código Penal, o preceito secundário será de 2 (dois) meses a 2 (dois) anos de detenção (lesão corporal grave) ou de 2 (dois) meses e 20 (vinte) dias a 2 (dois) anos e 8 (oito) meses de detenção.

Desse modo, conclui-se que só será de **médio potencial ofensivo**, se da infração de medida sanitária ou preventiva for praticada, cumulativamente, pelos profissionais de saúde e se resultar morte, já que, se, por um lado, a pena máxima ultrapassa 2 (dois) anos, por outro, a pena mínima permanece dentro do limite de 1 (um) ano, cabendo, pois, a suspensão condicional do processo, nos termos do art. 89 da Lei nº 9.099/95.

Como a infração de medida sanitária preventiva é crime necessariamente doloso, não se aplicam os demais aumentos da segunda parte do art. 258 do CP, quais sejam, aumento de metade também para a lesão corporal leve, média, e aplicação da pena do homicídio culposo aumentada de um terço.

2.8. Ação penal e competência do juízo

A ação penal é pública incondicionada, uma vez que o Código não exige iniciativa privativa do ofendido, representação ou requisição do Ministro da Justiça (CP, art. 100). De fato, o condicionamento da ação penal nos crimes previstos no Título VII, parece ser incompatível com a proteção do interesse público relativo à tutela judicial da incolumidade pública em geral.

A competência para o processamento e julgamento dos crimes previstos no art. 268 do CP é da Justiça Estadual (competência residual), uma vez que não há, em princípio, interesse da União, suas autarquias, fundações ou empresas públicas (CF, art. 109, IV). Nesse sentido, não procede o fundamento de que o crime de competência federal, pela obrigatoriedade da União de fiscalizar a área da saúde. Com efeito, nos termos dos 23, III, e arts. 196 a 197, todos da Constituição[25], a saúde pública é de atribuição de todos os entes federativos, sem preponderância de uns sobre outros. E cada um em sua esfera de competência é responsável pela fiscalização, regulamentação e controle dos serviços e ações de saúde, sem prejuízo de auxílio na execução dessas medidas dos particulares, pessoas físicas ou jurídicas.

25 Art. 23. É competência comum da União, dos Estados, do Distrito Federal e dos Municípios: (...) II – cuidar da saúde e assistência pública, da proteção e garantia das pessoas portadoras de deficiência;

Art. 196. A saúde é direito de todos e dever do Estado, garantido mediante políticas sociais e econômicas que visem à redução do risco de doença e de outros agravos e ao acesso universal e igualitário às ações e serviços para sua promoção, proteção e recuperação.

Art. 197. São de relevância pública as ações e serviços de saúde, cabendo ao Poder Público dispor, nos termos da lei, sobre sua regulamentação, fiscalização e controle, devendo sua execução ser feita diretamente ou através de terceiros e, também, por pessoa física ou jurídica de direito privado.

3. OMISSÃO DE NOTIFICAÇÃO DE DOENÇA

⊙ **Omissão de notificação de doença**

Art. 269. Deixar o médico de denunciar à autoridade pública doença cuja notificação é compulsória:

Pena – detenção, de 6 (seis) meses a 2 (dois) anos, e multa.

3.1. Bem jurídico protegido e objeto material do crime

O bem jurídico protegido mediato é a incolumidade pública e o imediato é estabilidade da saúde pública. O objeto material é a própria notificação compulsória da doença.

Na lição de Hungria[26], a omissão em denunciar determinadas doenças é grave porque impede a adoção de medidas preventivas e repressivas, razão pela qual a lei optou por criminalizá-la.

De fato, a ausência de aviso imediato em relação a certas enfermidades acaba por colocar em risco a sociedade, em virtude do destaque da atividade administrativa sanitária. Tanto é assim que se diz na doutrina que, sendo essa notificação um dever do médico, não pode ele responder por violação de sigilo profissional, do art. 154 do Código Penal[27]. É que falta a subsunção da conduta ao elemento normativo do tipo "justa causa".

3.2. Tipo penal objetivo e tipo penal subjetivo

O tipo penal objetivo consiste em "deixar o médico de denunciar à autoridade pública doença cuja notificação seja compulsória". A locução verbal "deixar de denunciar", que é núcleo do tipo, não está no sentido processual (de oferecer a denúncia), mas, sim, na linguagem comum, pois tem o sentido de informar, noticiar, notificar.

Inicialmente, é de ver que o crime necessita de complementação. Trata-se, então **norma penal em branco**. E é heterogênea, porque o complemento não se limita aos ditames de outro diploma legal, mas sim de regulamentos administrativos. No caso em apreço, o responsável pela edição dessas outras normas é o Ministério da Saúde.

As doenças de notificação compulsória são as definidas pelo art. 7º da Lei nº 6.259/75: "(...) I – de doenças que podem implicar medidas de isolamento ou quarentena, de acordo com o Regulamento Sanitário Internacional; II – de doenças constantes de relação elaborada pelo Ministério da Saúde, para cada Unidade da Federação, a ser atualizada periodicamente". A obrigatoriedade da notificação também consta do art. 169 da Consolidação das Leis do Trabalho: "será obrigatória a notificação das doenças profissionais e das produzidas em virtude de condições especiais de trabalho,

26 Comentários ao Código Penal, cit., p. 104.

27 Art. 154 – Revelar alguém, sem justa causa, segredo, de que tem ciência em razão de função, ministério, ofício ou profissão, e cuja revelação possa produzir dano a outrem: Pena – detenção, de três meses a um ano, ou multa. Parágrafo único – Somente se procede mediante representação.

comprovadas ou objeto de suspeita, de conformidade com as instruções expedidas pelo Ministério do Trabalho."

Muitas enfermidades foram catalogadas, no decorrer dos anos, em sucessivas listas constantes das mais diversas Portarias, após a vigência desta última lei, cada qual ampliando a lista: Decreto nº 78.231/76 Portaria Ministerial nº 608, de 28 de outubro de 1979, Portaria nº 542, de 22 de dezembro de 1986, Portaria nº 1.100/96, Portaria no 1.461/GM/MS, de 22 de dezembro de 1999, Portaria nº 993/GM de 04 de setembro de 2000, Portaria nº 1943, de 18 de outubro de 2001 e Portaria Nº 2.472, de 31 de agosto de 2010.

Esta última norma foi substituída pela **Portaria MS nº 104, de 25 de janeiro de 2011, atualmente em vigor**. Além de prever as doenças anteriormente catalogadas, incluiu a esquistossomose, acidentes com animais peçonhentos, a sífilis adquirida, violência doméstica e sexual/outras violências e as decorrentes de acidentes do trabalho.

A autoridade pública, no âmbito federal, é o Ministério da Saúde. Nas esferas estadual e municipal, são as respectivas Secretarias e Agências de Vigilância Sanitária.

O **tipo penal subjetivo** é o **dolo**, ou seja, a vontade livre e consciente de omitir a existência de doença cuja notificação seja compulsória. Não existe elemento subjetivo especial para a tipificação do crime, sendo irrelevante perquirir acerca do objetivo final da conduta por ele idealizada.

O tipo não prevê modalidade culposa, até porque, a omissão pura e simples para efeitos legais, é no mínimo dolo eventual. O médico omitente assume, passivamente, o risco de contribuir com a proliferação da moléstia, cujo perigo a lei presume absolutamente.

Se a notificação da doença é compulsória, existe exceção ao segredo profissional[28], uma vez que o agente agirá com a excludente de ilicitude do estrito cumprimento do dever legal[29].

3.3. Sujeito ativo e sujeito passivo

O sujeito ativo é apenas o médico. Outro profissional da saúde (farmacêutico, enfermeiro etc.) só poderá responder em concurso de agentes com o médico, uma vez que as circunstâncias e as condições de caráter pessoal não se comunicam a terceiros, salvo se elementar do crime (CP, art. 30).

O sujeito passivo é a coletividade, já que estamos tratando de crime contra a incolumidade pública, sendo, pois, um **crime vago** (não existe vítima determinada).

3.4. Consumação e tentativa

O crime se consuma com a simples omissão de notificar a doença, após o conhecimento pelo médico. Mas quando, de fato, ela ocorre?

---

28 O Código Penal prevê que a violação de segredo profissional no art. 154, que dispõe: Revelar alguém, sem justa causa, segredo de que tem ciência em razão de função, ministério, ofício ou profissão, e cuja revelaião possa produzir dano a outrem: Pena – detenção, de três meses a um ano, ou multa.

29 HUNGRIA, Comentários ao Código Penal, cit., p. 104.

Depende. Nos Anexos I e III da Portaria nº 104, de 25 de janeiro de 2011, constam, respectivamente, a Lista de Notificação Compulsória - LNC[30], contando 45 (quarenta e cinco) doenças e a Lista de Notificação Compulsória em Unidades Sentinelas - LNCS[31].

Os arts. 2º e 6º desse regulamento não preveem nenhum prazo para a notificação. O juiz deve, segundo seu prudente arbítrio e levando em consideração as circunstâncias do caso concreto, determinar o prazo razoável para que o crime seja considerado consumado.

Situação diversa é o do Anexo II, a Lista de Notificação Compulsória Imediata - LNCI, cujo art. 4º § 1º, determina que as doenças, agravos e eventos constantes do Anexo II da Portaria, devem ser notificados às Secretarias Estaduais e Municipais de Saúde (SES e SMS) em, no máximo, **24 (vinte e quatro) horas a partir da suspeita inicial**. As SES e SMS também deverão informar imediatamente à SVS/MS:

> **I - Caso suspeito ou confirmado de**: 1. Botulismo; 2. Carbúnculo ou Antraz; 3. Cólera; 4. Dengue nas seguintes situações: - Dengue com complicações (DCC), - Síndrome do Choque da Dengue (SCD), - Febre Hemorrágica da Dengue (FHD), - Óbito por Dengue - Dengue pelo sorotipo DENV 4 nos estados sem transmissão endêmica desse sorotipo; 5. Doença de Chagas Aguda; 6. Doença conhecida sem circulação ou com circulação esporádica no território nacional que não constam no Anexo I desta Portaria, como: Rocio, Mayaro, Oropouche, Saint Louis, Ilhéus, Mormo, Encefalites Equinas do Leste, Oeste e Venezuelana, Chikungunya, Encefalite Japonesa, entre outras; 7. Febre Amarela; 8. Febre do Nilo Ocidental; 9. Hantavirose; 10. Infuenza humana por novo subtipo; 11. Peste; 12. Poliomielite; 13. Raiva Humana; 14. Sarampo; 15. Rubéola; 16. Síndrome Respiratória Aguda Grave associada ao Coronavírus (SARS-CoV); 17. Varíola; 18. Tularemia; e 19. Síndrome de Rubéola Congênita (SRC**)**.

30 1. Acidentes por animais peçonhentos; 2. Atendimento antirrábico; 3. Botulismo; 4. Carbúnculo ou Antraz; 5. Cólera; 6. Coqueluche; 7. Dengue; 8. Difteria; 9. Doença de Creutzfeldt-Jakob; 10. Doença Meningocócica e outras Meningites; 11. Doenças de Chagas Aguda; 12. Esquistossomose; 13. Eventos Adversos Pós-Vacinação; 14. Febre Amarela; 15. Febre do Nilo Ocidental; 16. Febre Maculosa; 17. Febre Tifóide; 18. Hanseníase; 19. Hantavirose; 20. Hepatites Virais; 21. Infecião pelo vírus da imunodeficiência humana - HIV em gestantes e crianças expostas ao risco de transmissão vertical; 22. Infuenza humana por novo subtipo; 23. Intoxicações Exógenas (por substâncias químicas, incluindo agrotóxicos, gases tóxicos e metais pesados); 24. Leishmaniose Tegumentar Americana; 25. Leishmaniose Visceral; 26. Leptospirose; 27. Malária; 28. Paralisia Flácida Aguda; 29. Peste; 30.Poliomielite; 31. Raiva Humana; 32. Rubéola; 33. Sarampo; 34. Sífilis Adquirida; 35. Sífilis Congênita; 36. Sífilis em Gestante; 37. Síndrome da Imunodeficiência Adquirida - AIDS; 38. Síndrome da Rubéola Congênita; 39. Síndrome do Corrimento Uretral Masculino; 40. Síndrome Respiratória Aguda Grave associada ao Coronavírus (SARS-CoV); 41. Tétano; 42. Tuberculose; 43. Tularemia; 44. Varíola; e 45. Violência doméstica, sexual e/ou outras violências.

31 1. Acidente com exposição a material biológico relacionado ao trabalho; 2. Acidente de trabalho com mutilações; 3. Acidente de trabalho em crianças e adolescentes; 4. Acidente de trabalho fatal; 5. Câncer Relacionado ao Trabalho; 6. Dermatoses ocupacionais; 7. Distúrbios Ostemusculares Relacionados ao Trabalho (DORT) 8. Infuenza humana; 9. Perda Auditiva Induzida por Ruído - PAIR relacionada ao trabalho; 10. Pneumoconioses relacionadas ao trabalho; 11. Pneumonias; 12. Rotavírus; 13. Toxoplasmose adquirida na gestação e congênita; e 14. Transtornos Mentais Relacionados ao Trabalho.

> **II – Surto ou agregação de casos ou óbitos por**: 1. Difteria; 2. Doença Meningocócica; 3. Doença Transmitida por Alimentos (DTA) em embarcações ou aeronaves; 4. Infuenza Humana; 5. Meningites Virais; 6. Outros eventos de potencial relevância em saúde pública, após a avaliação de risco de acordo com o Anexo II do RSI 2005, destacando-se: a. Alteração no padrão epidemiológico de doença conhecida, independente de constar no Anexo I desta Portaria; b. Doença de origem desconhecida; c. Exposição a contaminantes químicos; d. Exposição à água para consumo humano fora dos padrões preconizados pela SVS; e.
>
> Exposição ao ar contaminado, fora dos padrões preconizados pela Resolução do CONAMA; f. Acidentes envolvendo radiações ionizantes e não ionizantes por fontes não controladas, por fontes utilizadas nas atividades industriais ou médicas e acidentes de transporte com produtos radioativos da classe 7 da ONU. g. Desastres de origem natural ou antropogênica quando houver desalojados ou desabrigados; h. Desastres de origem natural ou antropogênica quando houver comprometimento da capacidade de funcionamento e infraestrutura das unidades de saúde locais em consequência evento.
>
> **III – Doença, morte ou evidência de animais com agente etiológico que podem acarretar a ocorrência de doenças em humanos, destaca-se entre outras classes de animais**:
>
> 1. Primatas não humanos 2. Equinos 3. Aves 4. Morcegos Raiva: Morcego morto sem causa definida ou encontrado em situação não usual, tais como: voos diurnos, atividade alimentar diurna, incoordenação de movimentos, agressividade, contrações musculares, paralisias, encontrado durante o dia no chão ou em paredes. 5. Canídeos Raiva: canídeos domésticos ou silvestres que apresentaram doença com sintomatologia neurológica e evoluíram para morte num período de até 10 dias ou confirmado laboratorialmente para raiva. Leishmaniose visceral: primeiro registro de canídeo doméstico em área indene, confirmado por meio da identificação laboratorial da espécie Leishmania chagasi. 6. Roedores silvestres Peste: Roedores silvestres mortos em áreas de focos naturais de peste.

Em conclusão, se houver notificação dessas doenças do Anexo II após o prazo, será causa de diminuição de pena decorrente do arrependimento posterior (CP, art. 16), mas não de atipicidade, pois o perigo já se presumiu.

Consequentemente, o crime **não admite a forma tentada**, pois o ato omissivo não pode ser fracionado (crime unissubsistente).

3.5. Classificação doutrinária

Próprio ou especial, porque a lei determina, como condição ou qualidade especial do agente, que apenas o médico pode praticá-lo. **Vago,** pois o sujeito passivo é a coletividade, de forma genérica, com vítima indeterminada; **Omissivo próprio ou puro**, porque se consuma com a simples inobservância da norma penal. **De ação única e vinculada,** consistente em deixar de denunciar doença de notificação compulsória à autoridade competente, e porque o legislador previu que o crime só ocorrerá por meio da mesma forma e conduta. **De mera conduta**, pois o Código Penal criminaliza a simples atividade do agente (aqui, a omissão), sem descrever qualquer resultado naturalístico. Para a lei, as consequências do ato são irrelevantes. É **unissubsistente**, porque não é possível separar o início da fase de execução, havendo apenas atos preparatórios ou consumação. Não cabe, pois, falar de tentativa[32]. Cezar Roberto Bitencourt, por sua vez, entende que o crime é formal, porque a conduta não causa nenhuma alteração no mundo dos fatos. Diz, ainda, que o crime é plurissubsistente, podendo a conduta ser fracionada, embora diga que não é admissível a tentativa. **De perigo abstrato** (doutrina majoritária) porque o perigo é presumido de forma absoluta (*juris et de jure*)[33]. É crime **transeunte**, pois a omissão pura e simples não deixa vestígios. **Instantâneo,** porque está consumado a partir do momento em que o agente pratica a conduta descrita no tipo, não se protraindo para o futuro (após 24 horas a partir da suspeita inicial da existência da moléstia). **Unissubjetivo ou de concurso eventual de pessoas**. Pode ser praticado por um ou mais sujeitos.

3.6. Causas de aumento de pena

De acordo com o art. 285 c/c art. 258 do CP, aplica-se aos crimes contra a saúde pública (salvo o delito de epidemia – art. 267) as "formas qualificadas" previstas para os crimes de perigo comum.

As formas preterdolosas consistem em aumento de pena em metade (1/2) quando sobrevier lesão corporal grave ou gravíssima e em dobro se ocorrer morte, em decorrência da prática livre e consciência de crime contra a saúde pública.

Inexistindo forma culposa, não incidem as demais causas de aumento (culpa + culpa).

3.7. Crime assemelhado do Código Penal Militar

> **Omissão de notificação de doença**
>
> **Art. 297.** Deixar o médico militar, no exercício da função, de denunciar à autoridade pública doença cuja notificação é compulsória:
>
> Pena – detenção, de seis meses a dois anos.

O tipo penal, previsto também para o médico militar, não traz nenhuma diferença substancial em relação ao crime do art. 269 do CP e a pena é exatamente a mesma. A elementar "no exercício da função" é desnecessária, já que se trata de crime próprio ou especial que só pode ser praticado por aquele que exerce a profissão de médico.

Apesar disso, cumpre destacar que a superveniência de lesão corporal ou morte, em decorrência da omissão de notificação da doença é penalmente irrelevante para o Direito Penal Militar, pois o CPM não prevê causa assemelhada de aumento de pena do art. 258 c/c art. 285, do Código Penal.

---

32 Assim o entende MASSON, Direito Penal esquematizado, cit., p. 306.

33 Em sentido contrário, Greco (Curso, cit., p. 125) entende que o delito é de perigo concreto, devendo haver comprovação de perigo efetivo.

3.8. Potencialidade ofensiva

É crime de **menor potencial ofensivo**, dando ensejo à transação penal (aplicação imediata de pena restritiva de direitos ou multas sem outros efeitos penais). É que a pena máxima não ultrapassa 2 (dois) anos, de acordo com os arts. 61 c/c 76 da Lei nº 9.099/95 (Lei dos Juizados Especiais).

Caso ocorra lesão corporal grave, o art. 258 diz que a pena sofrerá um aumento de metade, ficando agora em 9 (nove) meses a 3 (três) anos de detenção. Se sobrevier a morte, a pena será aumentada em dobro, ou seja, ficara de 1 (um) a 4 (quatro) anos de detenção.

Em ambos os casos, tratar-se-ão de crimes de **médio potencial ofensivo**, já que, se, por um lado, a pena máxima ultrapassa 2 (dois) anos, a pena mínima permanece dentro do limite de 1 (um) ano, cabendo, pois, a suspensão condicional do processo, nos termos do art. 89 da Lei nº 9.099/95.

Como a omissão de notificação de doença é crime necessariamente doloso, não se aplicam os demais aumentos da segunda parte do art. 258 do CP, quais sejam, aumento de metade também para a lesão corporal leve, média, e aplicação da pena do homicídio culposo aumentada de um terço. E não poderia ser diferente, sob pena de violação ao o princípio da proporcionalidade, pois o evento morte tornaria a pena do crime culposo (se existisse) maior do que a prevista para a forma dolosa.

3.9. Ação penal e competência do juízo

A ação penal é pública incondicionada, uma vez que o Código não exige iniciativa privativa do ofendido, representação ou requisição do Ministro da Justiça (CP, art. 100). De fato, o condicionamento da ação penal nos crimes previstos no Título VII, parece ser incompatível com a proteção do interesse público relativo à tutela judicial da incolumidade pública em geral.

A competência para o processamento e julgamento dos crimes previstos no art. 269 do CP é da Justiça Estadual (competência residual), uma vez que não há, em princípio, interesse especial da União, suas autarquias, fundações ou empresas públicas (CF, art. 109, IV). Com efeito, nos termos dos 23, III, e arts. 196 a 197, todos da Constituição[34], a saúde pública é de atribuição de todos os entes federativos, sem preponderância de uns sobre outros. E cada um em sua esfera de competência é responsável pela fiscalização, regulamentação e controle dos serviços e ações de saúde, sem prejuízo de auxílio na execução dessas medidas dos particulares, pessoas físicas ou jurídicas.

---

34 Art. 23. É competência comum da União, dos Estados, do Distrito Federal e dos Municípios: (...) II – cuidar da saúde e assistência pública, da proteção e garantia das pessoas portadoras de deficiência;
Art. 196. A saúde é direito de todos e dever do Estado, garantido mediante políticas sociais e econômicas que visem à redução do risco de doença e de outros agravos e ao acesso universal e igualitário às ações e serviços para sua promoção, proteção e recuperação.
Art. 197. São de relevância pública as ações e serviços de saúde, cabendo ao Poder Público dispor, nos termos da lei, sobre sua regulamentação, fiscalização e controle, devendo sua execução ser feita diretamente ou através de terceiros e, também, por pessoa física ou jurídica de direito privado.

4. ENVENENAMENTO DE ÁGUA POTÁVEL OU DE SUBSTÂNCIA ALIMENTÍCIA OU MEDICINAL

⊙ **Envenenamento de água potável ou de substância alimentícia ou medicinal**

Art. 270. Envenenar água potável, de uso comum ou particular, ou substância alimentícia ou medicinal destinada a consumo:

Pena – reclusão, de dez a quinze anos. (Redação dada pela Lei nº 8.072, de 25.7.1990)

§ 1º – Está sujeito à mesma pena quem entrega a consumo ou tem em depósito, para o fim de ser distribuída, a água ou a substância envenenada.

⊙ **Modalidade culposa**

§ 2º – Se o crime é culposo:

Pena – detenção, de seis meses a dois anos.

4.1. Bem jurídico protegido e objeto material do crime

O bem jurídico protegido mediato é a incolumidade pública e o imediato é a preservação das condições normais da saúde pública, no sentido de não agravamento do nível de patologias preexistente em determinada localidade.

Os objetos materiais do delito são a água, substância alimentícia ou medicinal envenenadas, que, voltadas para o consumo humano, tornaram-se impróprias para essa finalidade.

4.2. Tipo penal objetivo e tipo penal subjetivo

O tipo penal objetivo consiste em "envenenar água potável, de uso comum ou particular, ou substância alimentícia ou medicinal destinada a consumo". De acordo com o Dicionário Aurélio de Língua Portuguesa, por **envenenar,** entende-se "ministrar veneno, intoxicar, estragar, corromper, perverter". Mas as condutas relativas à corrupção/perversão/estrago dizem mais respeito ao próximo delito, que veremos adiante. Mais precisamente é a colocação de **veneno**, que é uma substância que altera ou destrói as funções vitais (peçonha, tóxico). **A água potável** (óxido de dihidrogênio) é o líquido incolor essencial à vida e conveniente para o consumo, isenta de quantidade considerável de sais minerais ou de micróbios nocivos. **Substância alimentícia** é parte real ou essencial de alguma coisa para a sobrevivência de um organismo, nutritiva, que alimenta. **Substância medicinal** é aquela que serve de medicamento ou remédio, que cura, que auxilia no restabelecimento/manutenção das funções vitais.

É essencial que a água potável seja **destinada** ao uso de qualquer pessoa, voltada para saciar a sede de um número determinado ou indeterminado de seres humanos (de uso particular ou comum). E não é só a água tratada em reservatórios que pode ser objeto material do crime. O tipo não faz essa restrição. Toda água potável (água doce), inclusive aquela que se encontra em seu estado natural (em rios, lagos etc.), é passível de envenenamento criminoso já que ela tem potencial para ser consumida por alguém. Quanto à substância alimentícia/medicinal, **não importa se as suas propriedades**

químicas estejam reduzidas ou alteradas: havendo envenenamento, o agente responderá pelo art. 270 do Código Penal, pois basta que ela seja "destinada a consumo".

A contrario sensu, se a água ou substância já estiver contaminada ou se for comprovadamente imprópria para ser ingerida, não incidirá nas penas deste delito, pela ineficácia absoluta do meio (crime impossível – CP, art. 17). Mas tal ato não deixará de ser criminoso, porque o agente responderá por crime ambiental, principalmente os arts. 33 (delito contra a fauna) e 54, *caput*, e § 2º, da Lei nº 9.605/98 (poluição simples ou qualificada)[35].

O **tipo penal subjetivo** é o **dolo**, ou seja, consciência e vontade dirigidas para a finalidade de criar um perigo à coletividade. Então, se o agente não quer causar risco à saúde pública, mas, sim, a pessoas determinadas, incidirá nas penas do art. 132 do Código Penal, crime expressamente subsidiário: "**Perigo para a vida ou saúde de outrem.** Art. 132 – Expor a vida ou a saúde de outrem a perigo direto e iminente: Pena – detenção, de três meses a um ano, se o fato não constitui crime mais grave. (...)".

Se houver intenção de matar pessoas determinadas praticar-se-á homicídio qualificado (CP, art. 121, § 2º, III), uma vez que o meio empregado para causar suposta epidemia deve ter o potencial de causar perigo comum. É possível a aplicação do concurso formal impróprio (CP, art. 70, parágrafo único), quando o sujeito ativo possui desígnios autônomos: criar risco coletivo e cindir a vida de certa pessoa. Desse modo, não incidirá para o crime contra a incolumidade pública a causa de aumento de pena em dobro se sobrevier morte, porque ele só pode ocorrer a título de preterdolo (ação dolosa seguida de um resultado culposo, embora previsível). Portanto, responderia pelo art. 270 do CP na sua forma simples cumulada com a pena do homicídio simples (CP, art. 121, *caput*). Sim, porque, nesta situação, haveria *bis in idem* se o emprego do veneno (envenenamento) fosse valorado duplamente, tanto para fazer incidir o crime contra a saúde pública quanto para qualificar o delito contra a vida.

O crime **é de forma vinculada**, uma vez que a provocação do perigo causado só pode ocorrer por meio de envenenamento.

Também aqui incidirá aquele que se valer de armas biológicas para provocar envenenamento em água potável ou em substância alimentícia ou medicinal, inclusive quem o faz por inconformismo político, pela aplicação do **princípio da consunção**

---

35 Art. 33. Provocar, pela emissão de efuentes ou carreamento de materiais, o perecimento de espécimes da fauna aquática existentes em rios, lagos, açudes, lagoas, baías ou águas jurisdicionais brasileiras: Pena – detenção, de um a três anos, ou multa, ou ambas cumulativamente. (...)Art. 54. Causar poluição de qualquer natureza em níveis tais que resultem ou possam resultar em danos à saúde humana, ou que provoquem a mortandade de animais ou a destruição significativa da fora: Pena – reclusão, de um a quatro anos, e multa. § 1º Se o crime é culposo: Pena – detenção, de seis meses a um ano, e multa. § 2º Se o crime: I – tornar uma área, urbana ou rural, imprópria para a ocupação humana; II – causar poluição atmosférica que provoque a retirada, ainda que momentânea, dos habitantes das áreas afetadas, ou que cause danos diretos à saúde da população; III – causar poluição hídrica que torne necessária a interrupção do abastecimento público de água de uma comunidade; IV – dificultar ou impedir o uso público das praias; V – ocorrer por lançamento de resíduos sólidos, líquidos ou gasosos, ou detritos, óleos ou substâncias oleosas, em desacordo com as exigências estabelecidas em leis ou regulamentos: Pena – reclusão, de um a cinco anos.

ou absorção. Sim, porque, em regra, o crime mais grave e mais abrangente deve absorver o menor, que é o caso do art. 20 da Lei nº 7.170/83[36] (Lei da Segurança Nacional), já que sua pena cominada é de 3 (três) a 10 (dez) anos de reclusão.

Finalmente, não se tipificará a infração penal do art. 270 do CP se a água ou substância envenenada de uso particular forem utilizadas de forma restritíssima, por exemplo, aquelas que são destinadas ao consumo exclusivamente por uma família, porque não haverá perigo concreto à sociedade. Assim, a responsabilidade penal será por crime contra a vida ou crime de perigo à vida ou a saúde individual[37].

Exclusão do rol de Crimes Hediondos – Antigamente, o envenenamento de água potável ou de substância alimentícia ou medicinal **qualificado pela morte** constava do rol inicial de crimes hediondos do art. 1º da Lei nº 8.072/90. E, ao que tudo indica, a simples menção ao **art. 270 c/c art. 285 do Código Penal**, na redação original, classificava como **hediondos tanto a forma dolosa quanto a culposa,** pois esta última também é passível de "qualificação" pelo resultado morte. Ademais, até hoje não existe disposição legal que limite a hediondez às formas dolosas, que são mais reprováveis. Logo, podemos afirmar que, até 1994, o art. 270, § 2º, qualificado pela morte era **crime culposo hediondo**.

Mas, posteriormente, a Lei nº 8.930/94, revogou todas as modalidades do art. 270 do CP. Então, atualmente **não é mais crime hediondo**, independentemente de qualquer resultado ocorrido a título de culpa ou preterdolo. Houve uma *novatio legis in mellius*, nesse particular, porque a legislação posterior é mais benéfica em relação a possíveis réus. Ao invés de se sujeitarem ao regime mais severo do art. 2º da Lei de Crimes Hediondos, eles poderão progredir de regime, receber anistia graça e indulto e livramento condicional nos moldes do Código Penal e poderão, em regra, responder em liberdade em caso de condenação etc. Apesar disso, o art. 270 c/c art. 285, parte final, do CP ainda está na lista de crimes que admitem a prisão temporária, (art. 1º, III, j, da Lei nº 7.960/89[38]), mas agora sua duração é pelo prazo normal de até 5 (cinco) dias prorrogáveis pelo mesmo prazo fixado inicialmente para a sua decretação.

Cumpre notar, ainda, que as demais formas do art. 270 do CP (dolosas na forma simples, preterdolosas com lesão corporal grave/gravíssima, culposas na forma simples e majoradas pela superveniência de lesão corporal de qualquer natureza), **nunca tiveram caráter hediondo, exceto quando tais atos são direcionados para a**

---

36 Art. 20 – Devastar, saquear, extorquir, roubar, seqüestrar, manter em cárcere privado, incendiar, depredar, provocar explosão, praticar atentado pessoal ou atos de terrorismo, por inconformismo político ou para obtenção de fundos destinados à manutenção de organizações políticas clandestinas ou subversivas. Pena: reclusão, de 3 a 10 anos.

37 HUNGRIA, Comentários ao Código Penal, cit., p. 109.

38 Art. 1º Caberá prisão temporária: I – quando imprescindível para as investigações do inquérito policial; II – quando o indicado não tiver residência fixa ou não fornecer elementos necessários ao esclarecimento de sua identidade; III – quando houver fundadas razões, de acordo com qualquer prova admitida na legislação penal, de autoria ou participação do indiciado nos seguintes crimes: (...) i) epidemia com resultado de morte (art. 267, § 1º); (...)

prática de genocídio, no sentido de destruição física de grupo nacional, étnico, cultural, racial ou religioso, nos termos do art. 1º, c, da Lei nº 2.889/56.

4.3. Sujeito ativo e sujeito passivo

Qualquer pessoa pode ser sujeito ativo dos crimes do art. 270 do CP, porque esses tipos penais não exigem uma condição especial para praticá-los.

Tanto um particular quanto um servidor público da área da saúde podem incorrer nas penas desse artigo. A diferença é que o funcionário público, nessas condições, na segunda fase de aplicação da pena, poderá ter a sua reprimenda agravada, pois o abuso de poder e a violação de dever inerente ao cargo, ofício ministério ou profissão é circunstância agravante, nos termos do art. 62, II, g, do CP.

O sujeito passivo é a coletividade, já que estamos tratando de crime contra a incolumidade pública, sendo, pois, um crime vago, ou seja, a sua tutela é de um número indeterminado de pessoas, e é nesse sentido que deverá estar contido o plano mental do agente; caso contrário, deverá responder por outro crime (homicídio, lesão corporal etc.).

4.4. Consumação e tentativa

O delito se consuma no exato momento em que surge o perigo à coletividade, ou seja, quando ocorre o envenenamento, independentemente de existência de dano efetivo a vida ou saúde de outrem (crime formal ou de consumação antecipada). Também é **instantâneo de efeitos permanentes**, porque o perigo permanecerá existindo após a consumação, já que a água potável ou a substância alimentícia ou medicinal ficará permanentemente comprometida pela ação do veneno. O que importa é que na fase de exaurimento o perigo se protraia no tempo.

E trata-se de delito **de perigo abstrato**, uma vez que o legislador presume, desde o envenenamento, o perigo à coletividade, em razão da natureza dos elementos envenenados (água potável de uso comum ou particular e substância alimentícia ou medicinal) e também porque o tipo penal exige que eles sejam voltados ao consumo humano, de forma ostensiva.

A tentativa é admissível, uma vez que é possível visualizar a divisão das etapas do *iter criminis*, especialmente entre o último ato de execução e a sua consumação (crime plurissubsistente). Assim por exemplo, o sujeito ativo lança veneno na água, a fim de contaminar o reservatório de água que alimenta todo um Estado. Mas, por circunstâncias alheias à sua vontade, os micróbios não sobrevivem ou ficam muito enfraquecidos, tornando-se inaptos para causar doenças. Outro caso de tentativa é de Hungria, quando as autoridades públicas tomam medidas sanitárias eficazes para evitar ulterior contágio.

4.5. Forma equiparada e crime culposo

O § 1º do art. 270 do Código Penal diz que "está sujeito à mesma pena quem entrega a consumo ou tem em depósito par ao fim de ser distribuída, a água ou a substância envenenada.". **Entregar a consumo,** de acordo com o Dicionário Aurélio de Língua Portuguesa, significa passar às mãos ou à posse a alguém, ou ainda restituir, devolver. No caso, o passe/repasse/devolução da substância ou água envenenada deve visar ao consumo humano, dando a entender que a conduta é punível se realizada a título gratuito ou oneroso. Mas, no segundo caso, que se realiza por meio de venda, somente a água pode ser objeto material do crime, haja vista que o comércio de substância alimentícia ou medicinal, adulterados por qualquer forma (até por envenenamento) é punido nos arts. 272 e 273 do CP. **Ter em depósito** é o mesmo que manter, conservar em local próprio e seguro. Entretanto, a tipificação dessa conduta não ocorre se a manutenção da substância/água envenenada para si, até porque, em princípio, de nenhuma utilidade será para o depositário. Exige-se mais, que haja uma finalidade específica de distribuição, pois é exatamente nisso em que consiste a existência do perigo à saúde pública.

Esse dispositivo, que prevê um delito autônomo na fase de exaurimento da conduta do *caput* (envenenamento), é de **ação múltipla ou de conteúdo variado**, sendo aplicável, em tese, a um outro sujeito ativo que não tenha causado o envenenamento. Dito de outro modo, incidirá nessas penas aquele que não praticou nenhuma das condutas do *caput*. Se aquele que envenenou praticar, em seguida, a entrega a consumo ou o depósito para fins de distribuição, responderá por crime único, qual seja, a forma do *caput*, que é pressuposto do art. 270, § 1º, do CP, **pela aplicação do princípio da consunção ou absorção**. Nesse exato sentido escreve Hungria: "53. **Interferência 'post factum'**. (...) Entende-se que a entrega a consumo ou a posse para distribuição seja realizada por pessoa diversa do autor do envenenamento, pois, do contrário, haveria *crime progressivo* ou, seja, crime único e unidade de pena."[39].

Note-se, mais, que enquanto a conduta de entregar a consumo é instantânea (perfaz-se em um único momento), o depósito para fim de distribuição é crime permanente, pois a consumação do delito se mantém enquanto a água ou substância se encontrar em sua esfera de disponibilidade.

Envenenamento culposo – o art. 270, § 2º, do CP, prevê uma modalidade culposa, quando o agente envenena água potável ou substância alimentícia ou medicinal sem observar um dever objetivo de cuidado, a título de negligência, imprudência ou imperícia. Nesse caso, a pena é de detenção, de 6 (seis) meses a 2 (dois) anos.

Quanto às ações do § 1º do art. 270 do CP, é cabível que a entrega e o depósito desses insumos envenenados sejam realizados culposamente, embora seja de difícil configuração, pois muitas vezes o comerciante, por exemplo, assume a possibilidade de produzir o risco à saúde pública (dolo eventual), ao invés de arcar com o prejuízo decorrente do descarte deles. Vejamos um exemplo, então, de culpa: o dono de uma farmácia recebe a notícia de que alguns remédios do lote de medicamentos que está para chegar encontram-se envenenados, mas, depois, distrai-se e esquece-se de fazer a triagem necessária para não misturar os produtos próprios daqueles impróprios para consumo.

4.6. Classificação doutrinária

Comum, porque pode ser praticado por qualquer pessoa; **Vago**, pois o sujeito passivo é a coletividade, de forma genérica, com vítima indeterminada; **Doloso**, nas

39 Comentários ao Código Penal, cit., p. 109-110.

formas do *caput* e do § 1º do art. 270 do CP e **culposo** no caso do respectivo § 2º. **Comissivo**, praticado, em regra, por meio de uma ação, sem prejuízo de responder por omissão imprópria, se o agente era responsável em garantir a não ocorrência do crime (CP, art. 13, § 2º); **De ação única** em relação ao *caput*, que prevê apenas a conduta, de envenenar água potável, de uso comum ou particular, bem como substância alimentícia ou medicinal, e de ação múltipla no parágrafo § 1º que tipifica a entrega a consumo ou manutenção em depósito para posterior distribuição da água ou substância envenenada. **De ação vinculada**, pois só pode ser praticado exclusivamente mediante envenenamento ou então pela entrega a consumo e guardar em depósito. **Formal, de consumação antecipada ou de resultado cortado**, já que o resultado previsto no tipo é irrelevante para fins de consumação, bastando praticar a conduta descrita no tipo penal. **De perigo abstrato** (doutrina majoritária) porque o perigo é presumido de forma absoluta (*juris et de jure*)[40]. **Instantâneo**, porque está consumado a partir do momento em que o agente pratica a conduta descrita no tipo, não se protraindo para o futuro. Haverá, após, exaurimento (*post factum*) do crime. **Unissubjetivo ou de concurso eventual de pessoas**, pois pode ser praticado por um ou mais sujeitos.

4.7. Causas de aumento de pena

O art. 258 do CP dispõe sobre as "formas qualificadas dos crimes de perigo comum", mas, segundo a opinião da doutrina, trata-se de causas de aumento de pena da Parte Especial, uma vez que não são preceitos secundários autônomos e fazem remissão a penas preexistentes.

O referido dispositivo prevê:

> Se do crime doloso de perigo comum resulta lesão corporal de natureza grave, a pena privativa de liberdade é aumentada de metade; se resulta morte, é aplicada em dobro. No caso de culpa, se do fato resulta lesão corporal, a pena aumenta-se de metade; se resulta morte, aplica-se a pena cominada ao homicídio culposo, aumentada de um terço.

Tais circunstâncias são aplicáveis aos crimes do Capítulo III (Dos crimes contra a saúde pública), salvo o do art. 267 (epidemias dolosa e culposa) quer porque só se qualifica pelo resultado morte, com aplicação de pena em dobro, quer porque existe expressa disposição legal no art. 285 do CP: "Aplica-se o disposto no art. 258 aos crimes previstos neste Capítulo, salvo quanto ao definido no art. 267". Isso posto, as penas serão cominadas em abstrato serão acrescidas da seguinte forma:

> a) **quando o crime for preterdoloso**: a.1) aplica-se o aumento de metade (1/2) se sobrevier lesão corporal **grave ou gravíssima**, resultando em uma pena de 15 (quinze) a 22 (vinte e dois) anos e 6 (seis) meses de reclusão; a.2) aumenta-se a pena em dobro se ocorrer morte, ficando em 20 (vinte) a 30 (trinta) anos de reclusão.
>
> b) quando o crime for **culposo** (crime qualificado pelo resultado **também culposo** – culpa + culpa): b.1) aplica-se o aumento de metade (1/2) se sobrevier **lesão corporal** (leve, média, grave ou gravíssima) cuja pena será de 9 (nove) meses a 3

40 Em sentido contrário, Greco (Curso, cit., p. 129-130) entende que o delito é de perigo concreto, devendo haver comprovação de perigo efetivo.

(três) anos de detenção; b.2) aplica-se a pena do homicídio culposo aumentada de um terço (1/3), em caso de morte (a pena será arbitrada entre 1 ano e seis meses a quatro anos e seis meses de detenção).

4.8. Infrações penais assemelhadas da legislação específica

4.8.1. Crimes do Código Penal Militar

Envenenamento com perigo extensivo

Art. 293. Envenenar água potável ou substância alimentícia ou medicinal, expondo a perigo a saúde de militares em manobras ou exercício, ou de indefinido número de pessoas, em lugar sujeito à Administração militar:

Pena – reclusão, de cinco a quinze anos. Caso assimilado 1º Está sujeito à mesma pena quem em lugar sujeito à Administração militar, entrega a consumo, ou tem em depósito, para o fim de ser distribuída, água ou substância envenenada. Forma qualificada 2º Se resulta a morte de alguém:

Pena – reclusão, de quinze a trinta anos. Modalidade culposa 3º Se o crime é culposo, a pena é de detenção, de seis meses a dois anos; ou, se resulta a morte, de dois a quatro anos. **Envenenamento, corrupção ou epidemia**

Art. 385. Envenenar ou corromper **água potável, víveres ou forragens**, ou causar epidemia mediante a propagação de germes patogênicos, se o fato compromete ou pode comprometer a preparação, a eficiência ou as operações militares, ou de qualquer forma atenta contra a segurança externa do país:

Pena – morte, grau máximo; reclusão, de vinte anos, grau mínimo. Modalidade culposa

Parágrafo único. Se o crime é culposo:

Pena – detenção, de dois a oito anos.

O art. 293 do CPM aplica-se em tempo de paz, quando a conduta descrita no tipo penal se materializa em lugar sujeito à Administração militar, se expõe a perigo um número indeterminado de pessoas, ou quando essa exposição se dá em relação à saúde de militares em manobras ou em exercício (aqui não importa o lugar onde estiverem). Aqui também o legislador, como sempre acontece, esqueceu-se de atualizar o Código Penal Militar, porque a pena da modalidade simples permaneceu em 5 (cinco) a 15 (quinze) anos. Outra diferença notável é que o código castrense só admite o preterdolo se o resultado culposo for a morte. Não é possível majorar a pena por lesões corporais, nos crimes militares contra a saúde pública, pois as formas qualificadas pelo resultado mais gravoso e a agravante da Parte Especial (CPM, arts. 277 e 279) só incidem nos crimes de perigo comum. De todo modo, o § 2º do art. 293 do CPM também pune em dobro em caso de óbito, mas na forma de qualificadora, com pena de 20 (vinte) a 30 (trinta) anos de reclusão. A modalidade culposa aqui é bem mais severa, pois comina pena de detenção de 2 (dois) a 8 (oito) anos, quatro vezes maior que a rubrica do Código Penal (art. 270, § 2º).

Há, ainda, o enunciado normativo do art. 385 do Código Penal Militar, incidente em tempo de guerra, que comina pena de morte em seu grau máximo e 20 (vinte) anos no seu grau mínimo. Ele possui uma elementar objetiva especial, limitando o envenenamento de água potável, víveres (mantimentos militares, como rações operacionais) ou forragens (plantas ou grãos comumente utilizados para alimentação do gado), que deve comprometer a preparação, a eficiência ou operações militares, bem como atentar contra a segurança externa (a segurança nacional, no sentido de fragilizar a atuação das Forças Armadas durante a invasão estrangeira) deve. De outro modo, o delito em questão não se tipificará.

Talvez seja por isso que, curiosamente, a epidemia (3ª figura) está inserida no respectivo Capítulo VII, intitulado "Do dano". Logo, será **crime de dano efetivo**, se houver o mencionado comprometimento às atividades militares, e de perigo concreto, se tiver potencial para tanto, havendo, porém, necessidade de demonstração do risco no caso concreto. É o que se depreende da sua localização topográfica do delito no Livro II do CPM[41], que, aliás, não elenca crimes contra a saúde pública.

4.8.2. Crimes de genocídio (arts. 1º a 3º da Lei nº 2.889/56)

> **Art. 1º Quem, com a intenção de destruir, no todo ou em parte, grupo nacional, étnico, racial ou religioso, como tal:** (...) **c) submeter intencionalmente o grupo a condições de existência capazes de ocasionar-lhe a destruição física total ou parcial (...) Será punido**: Com as penas do art. 121, § 2º, do Código Penal, no caso da letra a; Com as penas do art. 129, § 2º, no caso da letra b; **Com as penas do art. 270, no caso da letra c**; Com as penas do art. 125, no caso da letra d; Com as penas do art. 148, no caso da letra e;

O genocídio é um dos mais antigos crimes cuja repressão é aceita pela quase totalidade da comunidade internacional, tanto do ponto de vista formal, pela assinatura e ratificação de tratados internacionais quanto também do ponto de vista consuetudinário, pois a tutela dos grupos nacionais, étnicos, culturais, raciais e religiosos é norma de *jus cogens*, porque faz parte no núcleo essencial do sistema de proteção internacional de direitos humanos. Inclusive, o seu julgamento e processamento está previsto no âmbito de competência do Tribunal Penal Internacional, ao qual o Brasil se sujeita, pois internalizou o Estatuto de Roma[42] por meio do Decreto nº 4.388/2002.

O envenenamento de água potável ou de substância alimentícia ou medicinal utilizado como meio para a prática de genocídio é crime hediondo nos termos do art. 1º, parágrafo único, da Lei nº 8.072/90: "Considera-se também hediondo o crime de genocídio previsto nos arts. 1º, 2º e 3º da Lei nº 2.889, de 1º de outubro de 1956, tentado ou consumado. (Parágrafo incluído pela Lei nº 8.930, de 1994)". O objetivo, no caso do art. 1º, c, desse diploma legal, é a destruição física, total ou parcial, no sentido de violar a integridade física de um dos grupos mencionados. Havendo dolo de matar (animus necandi), a pena a ser aplicada é a do homicídio qualificado.

---

41 De fato, o Código Penal Militar prevê em seu Livro II (Dos crimes militares em tempo de guerra) crimes contra a incolumidade pública no Capítulo IX, condensados apenas no art. 386, que, por sua vez, limita-se a remeter aos delitos de perigo aos tipos aplicáveis em tempo de paz. (Confra-se, a propósitos, nossos comentários nos tópicos relativos aos crimes militares, referentes ao Capítulo I do Título VII do Código Penal.

42 Art. 5º Crimes da competência do Tribunal 1. A competência do Tribunal restringir-se-á aos crimes mais graves, que afetam a comunidade internacional no seu conjunto. Nos termos do presente Estatuto, o Tribunal terá competência para julgar os seguintes crimes: a) O crime de genocídio; b) Crimes contra a humanidade; c) Crimes de guerra; d) O crime de agressão. (...) Artigo 6º Crime de Genocídio Para os efeitos do presente Estatuto, entende-se por "genocídio".

É da Justiça federal a competência no processamento e julgamento do genocídio praticado por meio do da ação típica do art. 270, *caput* e 1º, do CP (não se admite aqui a forma culposa, seja porque não existe genocídio culposo, seja porque o dolo é necessário, com o fim especial de especial de eliminar grupo nacional, raia, etnia cultura ou religião). Sim, porque o Brasil ratificou, com o Decreto nº 39.822/1952, a Convenção para a Prevenção e a Repressão do Crime de Genocídio de 1948, para em seguida tipificá-lo como delito autônomo quatro anos depois.

E o art. 109, V, V-A e § 5º, da Constituição Federal, determina:

> **Art. 109**. Aos juízes federais compete processar e julgar: (...) V – os crimes previstos em tratado ou convenção internacional, quando, iniciada a execução no País, o resultado tenha ou devesse ter ocorrido no estrangeiro, ou reciprocamente; V-A as causas relativas a direitos humanos a que se refere o § 5º deste artigo;(Incluído pela Emenda Constitucional nº 45, de 2004) (...) § 5º Nas hipóteses de grave violação de direitos humanos, o Procurador-Geral da República, com a finalidade de assegurar o qualquer um dos atos que a seguir se enumeram, praticado com intenção de destruir, no todo ou em parte, um grupo nacional, étnico, racial ou religioso, enquanto tal: a) Homicídio de membros do grupo; b) Ofensas graves à integridade física ou mental de membros do grupo; c) Sujeição intencional do grupo a condições de vida com vista a provocar a sua destruição física, total ou parcial; d) Imposição de medidas destinadas a impedir nascimentos no seio do grupo; e) Transferência, à força, de crianças do grupo para outro grupo. cumprimento de obrigações decorrentes de tratados internacionais de direitos humanos dos quais o Brasil seja parte, poderá suscitar, perante o Superior Tribunal de Justiça, em qualquer fase do inquérito ou processo, incidente de deslocamento de competência para a Justiça Federal. (Incluído pela Emenda Constitucional nº 45, de 2004)

4.9. Potencialidade ofensiva

Inicialmente, é de ver que ambas as formas (dolosa e preterdolosa) são de **alto potencial ofensivo**, pois o art. 270, *caput*, e § 1º, do CP já cominam, em suas formas simples, pena de 10 (dez) a 15 (quinze) anos de reclusão, razão pela qual não cabe transação penal e suspensão condicional do processo, porque pressupõem, respectivamente, pena máxima não superior a 2 (dois) anos e pena mínima não superior a 1 (um) ano, nos termos dos arts. 61 e 89 da Lei nº 9.099/95[43].

Porém, na modalidade culposa (art. 270, § 2º, primeira parte, do CP), praticada em sua forma simples (sem aumentos de pena), será crime **de menor potencial ofensivo**, porque a pena prevista é de 6 (seis) meses a 2 (dois) anos de detenção, ensejando a transação penal (aplicação imediata de pena restritiva de direitos ou multas sem outros efeitos penais).

---

43 Art. 61. Consideram-se infrações penais de menor potencial ofensivo, para os efeitos desta Lei, as contravenções penais e os crimes a que a lei comine pena máxima não superior a 2 (dois) anos, cumulada ou não com multa. Art. 89. Nos crimes em que a pena mínima cominada for igual ou inferior a um ano, abrangidas ou não por esta Lei, o Ministério Público, ao oferecer a denúncia, poderá propor a suspensão do processo, por dois a quatro anos, desde que o acusado não esteja sendo processado ou não tenha sido condenado por outro crime, presentes os demais requisitos que autorizariam a suspensão condicional da pena (art. 77 do Código Penal).

Mas esse crime culposo será de **médio potencial ofensivo** em caso de **lesão corporal** (leve, grave ou gravíssima), pois o art. 258 diz que a pena sofrerá um aumento de metade, ficando em 9 (nove) meses a 3 (três) anos de detenção. Sim, porque a pena mínima está dentro do limite legal de 1 (um) ano (Lei nº 9.099/95, art. 89).

Por fim, **não se admitirá transação penal ou suspensão condicional se resultar morte**, porque o art. 258 determina que seja aplicada, nesse caso, a pena do homicídio culposo (cominada em 1 a 3 anos de detenção) aumentada de 1/3 (um terço), como causa especial de aumento (pena de 1 (um) ano e 4 (quatro) meses a 4 (quatro) anos de reclusão). O legislador considerou que a morte causada em uma situação de perigo provocada pelo sujeito ativo será de elevado potencial ofensivo, pois tanto a pena mínima quanto a máxima ficarão acima dos limites legais acima mencionados.

4.10. Ação penal e competência do juízo

A ação penal é pública incondicionada, uma vez que o Código não exige iniciativa privativa do ofendido, representação ou requisição do Ministro da Justiça (CP, art. 100). De fato, o condicionamento da ação penal nos crimes previstos no Título VII, parece ser incompatível com a proteção do interesse público relativo à tutela judicial da incolumidade pública em geral.

A competência para o processamento e julgamento dos crimes previstos no art. 270 do CP é da Justiça Estadual (competência residual), uma vez que não há, em princípio, interesse da União, suas autarquias, fundações ou empresas públicas (CF, art. 109, IV). Com efeito, nos termos dos 23, III, e arts. 196 a 197, todos da Constituição[44], a saúde pública é de atribuição de todos os entes federativos, sem preponderância de uns sobre outros. E cada um em sua esfera de competência é responsável pela fiscalização, regulamentação e controle dos serviços e ações de saúde, sem prejuízo de auxílio na execução dessas medidas dos particulares, pessoas físicas ou jurídicas. Além disso, não existe uma competência específica no art. 109, CF sobre crimes contra a saúde pública, razão pela qual só a análise do caso concreto poderá eventualmente determinar algum interesse federal no feito, o que não será a regra.

Eventualmente, será da Justiça Federal se o envenenamento da água potável ou da substância medicinal ou alimentícia for praticado com o fim de atingir comunidades indígenas e tradicionais, pois aí se aplicam os incisos IV e XI do art. 109 da Constituição (ver mais detalhes neste tópico relativo ao crime de incêndio – art. 250).

---

44 Art. 23. É competência comum da União, dos Estados, do Distrito Federal e dos Municípios: (...) II – cuidar da saúde e assistência pública, da proteção e garantia das pessoas portadoras de deficiência;
Art. 196. A saúde é direito de todos e dever do Estado, garantido mediante políticas sociais e econômicas que visem à redução do risco de doença e de outros agravos e ao acesso universal e igualitário às ações e serviços para sua promoção, proteção e recuperação.
Art. 197. São de relevância pública as ações e serviços de saúde, cabendo ao Poder Público dispor, nos termos da lei, sobre sua regulamentação, fiscalização e controle, devendo sua execução ser feita diretamente ou através de terceiros e, também, por pessoa física ou jurídica de direito privado.

5. CORRUPÇÃO OU POLUIÇÃO DE ÁGUA POTÁVEL

⊙ **Corrupção ou poluição de água potável**

Art. 271. Corromper ou poluir água potável, de uso comum ou particular, tornando-a imprópria para consumo ou nociva à saúde: Pena - reclusão, de dois a cinco anos.

⊙ **Modalidade culposa**

Parágrafo único - Se o crime é culposo: Pena - detenção, de dois meses a um ano.

5.1. Bem jurídico protegido e objeto material do crime

O bem jurídico protegido mediato é a incolumidade pública e o imediato é a condição preexistente de saúde da coletividade.

O objeto material do delito é a água corrompida ou poluída por alguém, que, voltada para o consumo humano, tornou-se imprópria para isso ou nociva à saúde.

5.2. Tipo penal objetivo e tipo penal subjetivo

O tipo penal objetivo consiste em "corromper ou poluir água potável, de uso comum ou particular, tornando-a imprópria para consumo ou nociva à saúde". De acordo com o Dicionário Aurélio de Língua Portuguesa, **Corromper** significa "tornar podre, estragar, decompor". Deve haver alteração da essência da água, tornando-a nociva à saúde ou imprópria para consumo, em virtude de mau cheiro, mau sabor, consistência adulterada etc. **Poluir** é "sujar ou corromper, tornando algo nocivo à saúde". Embora tenha sentido gramatical semelhante à conduta anterior, a poluição aqui será no sentido de conspurcar, sujar. **A água potável** (óxido de dihidrogênio) é o líquido incolor essencial à vida e conveniente para o consumo, isenta de quantidade considerável de sais minerais ou de micróbios nocivos. É essencial que a água potável seja **destinada** ao uso de qualquer pessoa, voltadas para saciar a sede de um número indeterminado ou determinado de seres humanos (de uso comum ou particular). Logo, não é só a água tratada em reservatórios que pode ser objeto material do crime.

Se a água já estiver corrompida ou poluída e for, comprovadamente, imprópria para ser ingerida, não incidirá nas penas deste delito, pela ineficácia absoluta do meio (crime impossível - CP, art. 17). Mas tal ato não deixará de ser criminoso, porque o agente responderá por crime ambiental, principalmente os arts. 33 (delito contra a fauna) e 54, *caput*, e § 2º, da Lei nº 9.605/98 (poluição simples ou qualificada).

O **tipo penal subjetivo** é o **dolo**, ou seja, consciência e vontade dirigidas para a finalidade de criar um perigo à coletividade. Então, se o agente não quer causar risco à saúde pública, mas, sim, a pessoas determinadas, incidirá nas penas do art. 132 do Código Penal, crime expressamente subsidiário: "**Perigo para a vida ou saúde de outrem** Art. 132 - Expor a vida ou a saúde de outrem a perigo direto e iminente: Pena - detenção, de três meses a um ano, se o fato não constitui crime mais grave. (...)".

O crime é de **ação livre**, uma vez que a provocação do perigo, por meio de corrupção ou poluição da água, pode ser realizada por qualquer meio. Além disso, é de tipo misto alternativo ou de conteúdo variado, de modo que se o agente vier a corromper a água e depois poluí-la logo em seguida, responderá por apenas um único crime, sob pena de ocorrência de *bis in idem*, no sentido de apenas duas vezes um só ato penalmente relevante.

Finalmente, não se tipificará a infração penal do art. 271 do CP se a água ou substância envenenada de uso particular for utilizada de forma restritíssima, por exemplo, aquela destinada ao consumo exclusivo de uma família, porque não haverá perigo concreto à sociedade. Assim, a responsabilidade penal será por crime contra a vida ou crime de perigo à vida ou a saúde individual[45].

5.3. Sujeito ativo e sujeito passivo

Qualquer pessoa pode ser sujeito ativo dos crimes do art. 271 do CP, porque esses tipos penais não exigem uma condição especial para praticá-los.

Tanto um particular quanto um servidor público da área da saúde podem incorrer nas penas desse artigo. A diferença é que o funcionário público, nessas condições, na segunda fase de aplicação da pena, poderá ter a sua pena agravada, pois o abuso de poder e a violação de dever inerente ao cargo, ofício ministério ou profissão é circunstância agravante, nos termos do art. 62, II, g, do CP (por exemplo, um funcionário público de empresa pública responsável pelo tratamento de água e esgoto).

O sujeito passivo é a coletividade, já que estamos tratando de crime contra a incolumidade pública, sendo, pois, um crime vago, ou seja, a sua tutela é de um número indeterminado de pessoas, e é nesse sentido que deverá estar contido o plano mental do agente; caso contrário, deverá responder por outro crime (homicídio, lesão corporal etc.).

5.4. Consumação e tentativa

O delito se consuma no exato momento em que surge o perigo à coletividade, ou seja, quando ocorre o envenenamento, independentemente de existência de dano efetivo a vida ou saúde de outrem (crime formal ou de consumação antecipada). Também é **instantâneo de efeitos permanentes**, porque o perigo permanecerá existindo após a corrupção ou poluição da água potável, que ficará contaminada, se não permanentemente, por um período de tempo razoável. O que importa é que na fase de exaurimento o perigo se protraia no tempo.

E trata-se de delito **de perigo abstrato**, uma vez que o legislador presume, desde a consumação dos atos criminosos, o perigo à coletividade, em razão da natureza dos elementos envenenados (água potável de uso comum) e porque o tipo penal exige que a água seja voltada ao consumo humano, de forma ostensiva.

A tentativa é admissível, uma vez que é possível visualizar a divisão das etapas do *iter criminis*, especialmente entre o último ato de execução e a sua consumação (crime plurissubsistente). Assim por exemplo, o sujeito ativo lança veneno na água, a fim

45 HUNGRIA, Comentários ao Código Penal, cit., p. 110-111.

de contaminar o reservatório que alimenta todo um Estado. Mas, por circunstâncias alheias à sua vontade, os micróbios não sobrevivem ou ficam muito enfraquecidos, tornando-se inaptos para causar doenças. Outro caso de tentativa é de Hungria, quando as autoridades públicas tomam medidas sanitárias eficazes para evitar ulterior contágio.

5.5. Crime culposo

O art. 271, parágrafo único, do CP, prevê uma modalidade culposa, quando o agente corrompe ou polui água potável sem observar um dever objetivo de cuidado, a título de negligência, imprudência ou imperícia. Nesse caso, a pena é de detenção, de 2 (dois) meses a 1 (um) ano.

Um exemplo possível é quando um funcionário de uma companhia de saneamento de água e esgoto, responsável por tratar a água, coloca, levianamente, quantidades de cloro e flúor excessivas e, acreditando que isso não trará prejuízo potencial à saúde pública, a libera para o consumo de uma cidade próxima, mesmo estando imprópria para esse fm.

5.6. Classificação doutrinária

Comum, porque pode ser praticado por qualquer pessoa; **Vago**, pois o sujeito passivo é a coletividade, de forma genérica, com vítima indeterminada; **Doloso**, na forma do *caput* do art. 271 do CP, e **culposo** no caso do parágrafo único. **Comissivo**, praticado, em regra, por meio de uma ação, sem prejuízo de responder por omissão imprópria, se o agente era responsável em garantir a não ocorrência do crime (CP, art. 13, § 2º); **De ação múltipla**, pois duas são as ações típicas, a de corromper e a de poluir. Se ambas forem praticadas em um mesmo contexto, responderá por um só crime. **De ação livre**, pois tais ações podem ser praticadas por qualquer meio ou instrumento. **Formal, de consumação antecipada ou de resultado cortado**, já que o resultado previsto no tipo é irrelevante para fins de consumação, bastando praticar a conduta descrita no tipo penal. **De** perigo **abstrato** (doutrina majoritária) porque o perigo é presumido de forma absoluta (*juris et de jure*)[46]. **Instantâneo**, porque está consumado a partir do momento em que o agente pratica a conduta descrita no tipo, não se protraindo para o futuro. Haverá, após, exaurimento (*post factum*) do crime. **Unissubjetivo ou de concurso eventual de pessoas**, pois pode ser praticado por um ou mais sujeitos.

5.7. Causas de aumento de pena

O art. 258 do CP dispõe sobre as "formas qualificadas dos crimes de perigo comum", mas, segundo a opinião da doutrina, trata-se de causas de aumento de pena da Parte Especial, uma vez que não são preceitos secundários autônomos e fazem remissão a penas preexistentes.

O referido dispositivo prevê:

> Se do crime doloso de perigo comum resulta lesão corporal de natureza grave, a pena privativa de liberdade é aumentada de metade; se resulta morte, é aplicada

46 Em sentido contrário, Greco (Curso, cit., p. 136) entende que o delito é de perigo concreto, devendo haver comprovação de perigo efetivo.

> em dobro. No caso de culpa, se do fato resulta lesão corporal, a pena aumenta-se de metade; se resulta morte, aplica-se a pena cominada ao homicídio culposo, aumentada de um terço.

Tais circunstâncias são aplicáveis aos crimes do Capítulo III (Dos crimes contra a saúde pública), salvo o do art. 267 (epidemias dolosa e culposa) quer porque só se qualifica pelo resultado morte, com aplicação de pena em dobro, quer porque existe expressa disposição legal no art. 285 do CP: "Aplica-se o disposto no art. 258 aos crimes previstos neste Capítulo, salvo quanto ao definido no art. 267". Isso posto, as penas serão cominadas em abstrato serão acrescidas da seguinte forma:

> a) **quando o crime for preterdoloso**: a.1) aplica-se o aumento de metade (1/2) se sobrevier lesão corporal **grave ou gravíssima**, resultando em uma pena de 3 (três) a 7 (sete) anos e 6 (seis) meses reclusão; a.2) aumenta-se a pena em dobro se ocorrer morte, ficando em 4 (quatro) a 10 (dez) anos de reclusão.
>
> b) quando o crime for **culposo** (crime qualificado pelo resultado **também culposo** – culpa + culpa): b.1) aplica-se o aumento de metade (1/2) se sobrevier **lesão corporal** (leve, média, grave ou gravíssima), cuja pena será de 3 (três) meses a 1 (um) ano e 6 (seis) meses de detenção; b.2) aplica-se a pena do homicídio culposo aumentada de um terço (1/3), em caso de morte (a pena será arbitrada entre 1 ano e seis meses a quatro anos e seis meses de detenção).

5.8. Infrações penais assemelhadas da legislação específica

5.8.1. Crimes do Código Penal Militar

> **Corrupção ou poluição de água potável**
>
> **Art. 294.** Corromper ou poluir água potável de uso de quartel, fortaleza, unidade, navio, aeronave ou estabelecimento militar, ou de tropa em manobras ou exercício, tornando-a imprópria para consumo ou nociva à saúde:
> Pena – reclusão, de dois a cinco anos. Modalidade culposa Parágrafo único. Se o crime é culposo:
>
> Pena – detenção, de dois meses a um ano.
>
> **Envenenamento, corrupção ou epidemia**
>
> **Art. 385.** Envenenar ou **corromper água potável**, **víveres ou forragens**, ou causar epidemia mediante a propagação de germes patogênicos, se o fato compromete ou pode comprometer a preparação, a eficiência ou as operações militares, ou de qualquer forma atenta contra a segurança externa do país:
> Pena – morte, grau máximo; reclusão, de vinte anos, grau mínimo. Modalidade culposa
>
> Parágrafo único. Se o crime é culposo:
>
> Pena – detenção, de dois a oito anos.

O art. 294 do CPM, aplicável em tempo de paz, diferencia-se do art. 271 do CP no que se refere ao uso da água potável, que não é comum ou particular, mas sim de quartel, fortaleza, unidade (grupamento, pelotão, divisão, batalhão), navio (embarcação de grande porte), aeronave (qualquer aparato humano que consiga se manter no ar, mediante propulsão) ou estabelecimento militar, e, ainda, de tropa em manobras (movimentação) ou exercício, onde estiverem. No mais, os delitos são idênticos.

Sobre o art. 385 do CPM que é crime militar em tempo de guerra, remetemos o leitor aos comentários dos arts. 267 e 270 do Código Penal onde o tratamos com mais detalhes, a fim de evitar repetições desnecessárias.

5.8.2. Crime da Lei de Crimes Ambientais (Lei nº 9.605/98)

> **Art. 54**. Causar poluição de qualquer natureza em níveis tais que resultem ou possam resultar em danos à saúde humana, ou que provoquem a mortandade de animais ou a destruição significativa da fora:
>
> Pena – reclusão, de um a quatro anos, e multa.
>
> § 1º Se o crime é culposo:
>
> Pena – detenção, de seis meses a um ano, e multa.
>
> § 2º Se o crime:
>
> I – tornar uma área, urbana ou rural, imprópria para a ocupação humana;
>
> II – causar poluição atmosférica que provoque a retirada, ainda que momentânea, dos habitantes das áreas afetadas, ou que cause danos diretos à saúde da população;
>
> III – **causar poluição hídrica que torne necessária a interrupção do abastecimento público de água de uma comunidade**;
>
> IV – dificultar ou impedir o uso público das praias;
>
> V – ocorrer por lançamento de resíduos sólidos, líquidos ou gasosos, ou detritos, óleos ou substâncias oleosas, em desacordo com as exigências estabelecidas em leis ou regulamentos:
>
> Pena – reclusão, de um a cinco anos.

Existe controvérsia na doutrina sobre a revogação tácita e integral do art. 271 do CP pelo delito ora em análise. Rogério Greco[47] e Bitencourt[48] apontam que Ney Moura Teles, e Luiz Régis Prado dizem que houve continuidade típica normativa por parte da Lei Ambiental, ao argumento de que essa norma alcança toda a descrição típica prevista no Código Penal.

Entretanto, não concordamos com isso. A uma, porque o crime contra o ambiente é bem mais restrito, pois só se refere à poluição hídrica que interfira no abastecimento público de água. Mas a descrição da infração penal comum não se restringe ao uso comum, mas também ao particular. Não haverá crime ambiental se a água corrompida ou poluída for a de um poio artesiano de uma determinada propriedade, por exemplo. A duas, porque o tipo da lei especial exige demonstração da necessidade da interrupção do abastecimento público de água, o que não existe no art. 271 do CP.

A três, porque, além de a descrição da conduta criminosa ser bem diferente, as penas também o são. Se se entendesse pela revogação ocorreria uma situação de desproporcionalidade da penalização: a forma dolosa seria punida de forma mais branda (a pena mínima passaria a ser de 1 ano de reclusão), enquanto a modalidade culposa seria mais rigorosa, já que a negligência, imprudência e imperícia no art. 54 da Lei nº

47 Curso de Direito Penal, cit., p. 126.

48 Tratado de Direito Penal, cit., p. 306-307.

9.605/98, teria pena mínima superior em 4 (quatro) meses. Concluímos, portanto, que não houve de revogação tácita, nem ao menos parcial. São **crimes autônomos**, dada a especificidade fática de cada um deles, nos termos mencionados.

5.9. Potencialidade ofensiva

Inicialmente, o crime do art. 271, caput, do CP é de alto potencial ofensivo porque na sua forma simples comina pena de 2 (dois) a 5 (cinco) anos de reclusão, razão pela qual não cabe transação penal e suspensão condicional do processo, porque pressupõem, respectivamente, pena máxima não superior a 2 (dois) anos e pena mínima não superior a 1 (um) ano, nos termos dos arts. 61 e 89 da Lei nº 9.099/95[49].

Porém, na modalidade culposa (art. 270, § 2º, primeira parte, do CP), praticada na sua forma simples (sem aumentos de pena), será crime **de menor potencial ofensivo**, porque a pena prevista é de 2

(dois) meses a 1 (um) ano de detenção, ensejando a transação penal (aplicação imediata de pena restritiva de direitos ou multas sem outros efeitos penais). E assim será se sobrevier resultado de lesão corporal (leve, grave ou gravíssima), pois o art. 258 diz que a pena sofrerá um aumento de metade, e sua pena máxima permanecerá dentro do limite legal.

Por fim, **não se admitirá transação penal ou suspensão condicional se resultar morte**, porque o art. 258 determina que seja aplicada, nesse caso, a pena do homicídio culposo (cominada em 1 a 3 anos de detenção) aumentada de 1/3 (um terço), como causa especial de aumento (pena de 1 (um) ano e 4 (quatro) meses a 4 (quatro) anos de reclusão). O legislador considerou que a morte causada em uma situação de perigo provocada pelo sujeito ativo será de elevado potencial ofensivo, pois tanto a pena mínima quanto a máxima ficarão acima dos limites legais acima mencionados.

5.10. Ação penal e competência do juízo

A ação penal é pública incondicionada, uma vez que o Código não exige iniciativa privativa do ofendido, representação ou requisição do Ministro da Justiça (CP, art. 100). De fato, o condicionamento da ação penal nos crimes previstos no Título VII, parece ser incompatível com a proteção do interesse público relativo à tutela judicial da incolumidade pública em geral.

A competência para o processamento e julgamento dos crimes previstos no art. 271 do CP é da Justiça Estadual (competência residual), uma vez que não há, em princípio, interesse da União, suas autarquias, fundações ou empresas públicas (CF, art. 109, IV). Com efeito, nos

---

49 Art. 61. Consideram-se infrações penais de menor potencial ofensivo, para os efeitos desta Lei, as contravenções penais e os crimes a que a lei comine pena máxima não superior a 2 (dois) anos, cumulada ou não com multa.

Art. 89. Nos crimes em que a pena mínima cominada for igual ou inferior a um ano, abrangidas ou não por esta Lei, o Ministério Público, ao oferecer a denúncia, poderá propor a suspensão do processo, por dois a quatro anos, desde que o acusado não esteja sendo processado ou não tenha sido condenado por outro crime, presentes os demais requisitos que autorizariam a suspensão condicional da pena (art. 77 do Código Penal).

termos dos 23, III, e arts. 196 a 197, todos da Constituição[50], a saúde pública é de atribuição de todos os entes federativos, sem preponderância de uns sobre outros. E cada um em sua esfera de competência é responsável pela fiscalização, regulamentação e controle dos serviços e ações de saúde, sem prejuízo de auxílio na execução dessas medidas dos particulares, pessoas físicas ou jurídicas. Além disso, não existe uma competência específica no art. 109, CF sobre crimes contra a saúde pública, razão pela qual só a análise do caso concreto poderá eventualmente determinar algum interesse federal no feito, o que não será a regra.

Eventualmente, será da Justiça Federal se o agente quer corromper ou poluir água potável com o fim de atingir comunidades indígenas e tradicionais, pois aí se aplicam os incisos IV e XI do art. 109 da Constituição (ver mais detalhes neste tópico relativo ao crime de incêndio – art. 250).

6. FALSIFICAÇÃO, CORRUPÇÃO, ADULTERAÇÃO OUALTERAÇÃO DE SUBSTÂNCIA OU PRODUTOS ALIMENTÍCIOS

⊙ **Falsificação, corrupção, adulteração ou alteração de substância ou produtos alimentícios (Redação dada pela Lei nº 9.677, de 2.7.1998)**

Art. 272. Corromper, adulterar, falsificar ou alterar substância ou produto alimentício destinado a consumo, tornando-o nociva à saúde ou reduzindo-lhe o valor nutritivo: (Redação dada pela Lei nº 9.677, de 2.7.1998)

Pena – reclusão, de 4 (quatro) a 8 (oito) anos, e multa. (Redação dada pela Lei nº 9.677, de 2.7.1998)

§ 1º A – Incorre nas penas deste artigo quem fabrica, vende, expõe à venda, importa, tem em depósito para vender ou, de qualquer forma, distribui ou entrega a consumo a substância alimentícia ou o produto falsificado, corrompido ou adulterado. (Incluído pela Lei nº 9.677, de 2.7.1998)

§ 1º – Está sujeito às mesmas penas quem pratica as ações previstas neste artigo em relação a bebidas, com ou sem teor alcoólico. (Redação dada pela Lei nº 9.677, de 2.7.1998)

⊙ **Modalidade culposa**

§ 2º – Se o crime é culposo: (Redação dada pela Lei nº 9.677, de 2.7.1998)

Pena – detenção, de 1 (um) a 2 (dois) anos, e multa. (Redação dada pela Lei nº 9.677, de 2.7.1998)

6.1. Bem jurídico protegido e objeto material do crime

O bem jurídico protegido mediato é a incolumidade pública e o imediato é saúde pública, que pode ser ameaçada mediante a alteração indevida de substâncias ou produtos alimentícios destinados a consumo[51].

---

50 Art. 23. É competência comum da União, dos Estados, do Distrito Federal e dos Municípios: (...) II – cuidar da saúde e assistência pública, da proteção e garantia das pessoas portadoras de deficiência;

Art. 196. A saúde é direito de todos e dever do Estado, garantido mediante políticas sociais e econômicas que visem à redução do risco de doença e de outros agravos e ao acesso universal e igualitário às ações e serviços para sua promoção, proteção e recuperação.

Art. 197. São de relevância pública as ações e serviços de saúde, cabendo ao Poder Público dispor, nos termos da lei, sobre sua regulamentação, fiscalização e controle, devendo sua execução ser feita diretamente ou através de terceiros e, também, por pessoa física ou jurídica de direito privado.

51 Cezar Roberto Bitencourt, cit., p. 308, diz que as ações incriminadas apresentam-se normalmente como fraude ou lesão patrimonial em atos de comércio, aliadas ao perigo comum que produzem à saúde pública.

O objeto material do delito é a própria substância ou produto alimentício destinado a consumo humano (bebidas, cereais, embutidos, sorvetes etc.) que se tornaram impróprios para essa finalidade, seja pela sua nocividade direta à saúde (nocividade positiva) seja pela redução de seu valor nutritivo (nocividade negativa).

Segundo observa Masson[52], a Lei nº 9.677/98, denominada vulgarmente de "Lei dos Remédios", alterou Significativamente a redação original do art. 272 do CP abaixo transcrita:

> **Art. 272.** Corromper, adulterar ou falsificar substância alimentícia ou medicinal destinada a consumo, tornando-a nociva à saúde:
>
> Pena – reclusão, de dois a seis anos, e multa, de cinco a quinze contos de réis.
>
> § 1º Está sujeito à mesma pena quem vende, expõe à venda, tem em depósito para vender ou, de qualquer forma, entrega a consumo a substância corrompida, adulterada ou falsificada. **Modalidade culposa**
>
> § 2º Se o crime é culposo:
>
> Pena – detenção, de seis meses a um ano, e multa, de quinhentos mil réis a dois contos de réis.

Quanto ao *caput*, houve uma transferência de duas elementares do art. 273 para o crime em questão, quais sejam, a conduta de alterar e a de reduzir o valor nutritivo. Nessa linha de entendimento, foi retirado o termo "medicinal", uma vez que agora esse tipo de produto, juntamente com aqueles que possuem potencial terapêutico, passou a ser tutelado pelo artigo subsequente (art. 273).

Foram incluídas, ainda, no § 1º-A, as condutas assemelhadas de fabricar, importar e distribuir, bem como uma regra explicativa sobre a fabricação, venda etc. de bebidas com ou sem teor alcoólico.

No mais, todas as penas foram aumentadas de forma bastante drástica. A pena cominada a título de dolo era de 2 (dois) a 6 (seis) anos de reclusão e passou a ser de 4 (quatro) a 8 (oito) anos. E o crime culposo passou a prever o dobro de pena: detenção de 1 (um) a 2 (dois) anos.

Pois bem, a alteração legislativa até hoje sofre diversas críticas doutrinárias, haja vista que equiparou a nocividade à saúde e a redução do valor nutritivo da substância/produto alimentício, situação de clara desproporcionalidade. Sim, porque, a redução do valor nutritivo, por si só, não importa em perigo concreto, parecendo ser, antes, uma conduta penalmente irrelevante. Tal elementar deveria ter sido revogada, mas agora quem, por exemplo, realiza alteração de determinado bem de consumo alimentar para reduzir o valor nutritivo estará sujeito às mesmas penas de quem, dolosamente, quer causar risco à saúde pública, já que essa é a ideia que justifica a expressão "tornando-o nocivo à saúde".

Isso também vale para as bebidas, principalmente as de teor alcoólico. Como as cervejas, vinhos etc. são alimentos de consumo recreativo, fica difícil verificar, no caso concreto, qual é o risco à saúde pública e no que consiste a redução do valor nutritivo em bebidas dessa natureza. De mais a mais, e § 1º é de todo inútil, pois, seja como

52 MASSON, Direito Penal esquematizado, cit., p. 317.

for, seu conteúdo poderia se depreender do termo do *caput* "substância ou produto alimentício destinado ao consumo".

Com isso, houve flagrante violação dos princípios da proporcionalidade, da proibição de excesso (*ubermassverbot*) e da isonomia.

Nesse exato sentido, escreve Miguel Reale Jr[53]:

> A afronta aos princípios da proporcionalidade e da ofensividade brotam *ictu oculi*, seja no que tange à ausência de relevância penal das novas condutas descritas, seja na desproporção das penas infligidas em ponderação com o dano ou perigo de dano à saúde pública decorrente da conduta incriminada.
>
> A lei modificativa distinguiu as condutas por seu objeto material, separando as que recaem sobre substância alimentícia das que atuam sobre substância medicinal. Dessa forma, o art. 272 refere à corrupção, alteração e falsificação de *substância ou produto alimentício*, "tornando-o nocivo à saúde ou reduzindo-lhe o valor nutritivo", e sancionando gravemente com pena mínima de quatro anos e máxima de oito anos de reclusão.
>
> Destarte, no art. 272, exige-se, à configuração do delito, que a substância ou o produto alimentício torne-se nocivo à saúde ou reduzindo-lhe o seu valor nutritivo, juntando, sob o mesmo tratamento penal, condutas de lesividade flagrante diversa, sujeitas às mesmas elevadas penas. A desproporção é dado nitidamente caracterizador do apressado legislador casuístico, que atua despoticamente em pretensa "defesa da saúde". (...)

Diante disso, cumpre destacar que, nesses casos, especialmente em razão de pena aparentemente tão severa **para casos de redução do valor nutritivo**, **é de rigor que haja a comprovação do perigo concreto à saúde pública**, constatando-se, especialmente, se tal fato importa alguma forma de prejuízo à saúde dos consumidores, a caracterizar um "fato do produto ou do serviço", nos termos do Código de Defesa do Consumidor. Caso contrário, tal fato será materialmente atípico, sendo que tal demanda poderá se limitar à adoção de medidas administrativas pertinentes bem como a competente ação indenizatória na esfera cível.

6.2. Tipo penal objetivo e tipo penal subjetivo

O tipo penal objetivo consiste em "corromper, adulterar, falsificar ou alterar substância ou produto alimentício destinado a consumo, tornando-o nociva à saúde ou reduzindo-lhe o valor nutritivo". De acordo com o Dicionário Aurélio de Língua Portuguesa, **Corromper** significa "tornar podre, estragar, decompor". Deve haver alteração apta a tornar a substância ou alimento, nocivas à saúde ou tão somente, reduzir-lhes o valor nutritivo. **Adulterar** é "deturpar, piorar, descaracterizar", enquanto **falsificar** é "imitar ou alterar com fraude, adulterar, reproduzir, contrafazer". Por fim, **alterar** é o mesmo que "mudar, modificar, transformar".

53 REALE JR., Miguel. A inconstitucionalidade da lei dos remédios. In: Revista dos Tribunais. Ano 88. Volume 763. São Paulo: RT, 1999, p. 422-423.

Substância é a parte essencial de alguma coisa, e **produto**, no sentido do tipo, é "o resultado da produção, algo fabricado pelo homem, e especialmente, por seu trabalho associado ao capital e à técnica". **Produto ou substância alimentícia** é aquela que é útil para a sobrevivência, nutritivo, que alimenta. Ele deve estar voltado para a alimentação da sociedade em geral. **Nocivo à saúde** é aquilo que é nóxio, é dizer, que prejudica ou que causa dano à saúde. Finalmente, **redução do valor nutritivo** é a diminuição da quantidade de nutrientes (carboidratos, proteínas, vitaminas etc.) e de energia (calorias) que deveriam constar no momento da circulação no mercado consumidor.

De fato, parece que as ações típicas significam praticamente a mesma coisa, haja vista que todas têm o objetivo de causar depreciação à substância ou produto alimentício voltado ao consumo, seja reduzindo o seu valor nutritivo, seja tornando-os nocivos à coletividade.

O **tipo penal subjetivo** é o **dolo**, ou seja, consciência e vontade dirigidas para a finalidade de criar um perigo à coletividade. Então, se o agente não quer causar risco à saúde pública, mas sim a pessoas determinadas, incidirá nas penas do art. 132 do Código Penal, crime expressamente subsidiário: "**Perigo para a vida ou saúde de outrem.** Art. 132 – Expor a vida ou a saúde de outrem a perigo direto e iminente: Pena – detenção, de três meses a um ano, se o fato não constitui crime mais grave. (...)"

O crime **é de forma livre**, uma vez que a falsificação, corrupção, adulteração ou alteração de substância ou produto alimentício pode ocorrer por qualquer meio. Além disso, é **de tipo misto alternativo ou de conteúdo variado**, de modo que se o agente vier a corromper a água e depois poluí-la logo em seguida, responderá por apenas um único crime, sob pena de ocorrência de *bis in idem*, no sentido de apenas duas vezes um só ato penalmente relevante.

6.3. Sujeito ativo e sujeito passivo

Qualquer pessoa pode ser sujeito ativo dos crimes do art. 272 do CP, porque esses tipos penais não exigem uma condição especial para praticá-los.

Tanto um particular quanto um servidor público da área da saúde podem incorrer nas penas desse artigo. A diferença é que o funcionário público, nessas condições, na segunda fase de aplicação da pena, poderá ter a sua pena agravada, pois o abuso de poder e a violação de dever inerente ao cargo, ofício ministério ou profissão é circunstância agravante, nos termos do art. 62, II, g, do CP (por exemplo, um agente de vigilância sanitária ou um funcionário de uma empresa farmacêutica responsável pelo controle da produção dos alimentos).

O sujeito passivo é a coletividade, já que estamos tratando de crime contra a incolumidade pública, sendo, pois, um crime vago, ou seja, a sua tutela é de um número indeterminado de pessoas, e é nesse sentido que deverá estar contido o plano mental do agente; caso contrário, deverá responder por outro crime (homicídio, lesão corporal etc.).

6.4. Consumação e tentativa

O delito se consuma no exato momento em que surge o perigo à coletividade, ou seja, podendo ocorrer em duas situações distintas: ou quando surge o risco de se causar um dano direto à saúde de terceiros ou no momento da redução do valor nutritivo ou efeito benéfico da substância.

Também é **instantâneo de efeitos permanentes**, porque o perigo permanecerá existindo após a corrupção adulteração falsificação ou alteração dos produtos alimentícios, que permanecerá, se não definitivamente, por período de tempo razoável. O que importa é que na fase de exaurimento o perigo se protraia no tempo.

A conduta deve, necessariamente, causar perigo à incolumidade pública, independentemente da efetiva lesão aos bens jurídicos tutelados. Ademais, é um delito que deixa vestígios (crime não transeunte), razão pela qual o art. 158 do Código de Processo Penal exige o respectivo exame de corpo de delito para sua comprovação.

O crime é de perigo concreto, portanto. Não há falar de crime consumado ou tentado se em momento algum houve risco à segurança da coletividade, ou seja, a um número indeterminado de pessoas. Se não houver perigo nessa extensão, poderá ocorrer o crime de lesão corporal (CP, art. 129) ou até mesmo homicídio qualificado por emprego de veneno ou de meio que possa causar perigo comum (CP, art. 121, § 2º, III).

Estamos de acordo, portanto, com o entendimento de Nelson Hungria[54], que distingue, inclusive, dois tipos de nocividade (positiva e negativa):

> (...) O crime atinge o *summatum opus* com a simples criação do perigo comum, independentemente de qualquer evento ulterior. Nem mesmo é necessário que a substância seja efetivamente entregue a consumo, bastando que seja destinada a tal fm. O perigo deve ser averiguado *in concreto* (não o presume a lei), isto é, deve ser apurado que a substância adquiriu a propriedade de ser nociva à saúde humana. Trata-se de nocividade positiva, isto é, capacidade de causar diretamente dano à saúde; e não simples nocividade negativa, isto é, de redução do valor nutritivo ou do efeito benéfico da substância, sem perigo imediato à saúde (...)

A tentativa é admissível, uma vez que é possível visualizar a divisão das etapas do *iter criminis*, especialmente entre o último ato de execução e a sua consumação (crime plurissubsistente). Essa é a regra. Entendemos, todavia, que o *conatus* (crime tentado) não é possível em relação às condutas de expor à venda e de ter em depósito para vender, por duas razões: a primeira, porque normalmente os atos que lhes antecedem são meramente preparatórios, penalmente irrelevantes, não havendo falar de atos executórios. Assim, se um comerciante, sabendo que adquire produtos alimentícios nocivos à saúde, perde-os durante o transporte para um mercado de sua propriedade, não pratica crime algum, pois não há tipificação da conduta de adquirir simplesmente e não houve efetivo depósito ou exposição dos bens. E a segunda, porque o agente, em outras situações, praticará uma das outras condutas descritas no art. 272 do CP (*caput* e parágrafos), antes da guarda para vender ou da exposição à venda que serão *post factum* impuníveis, a exemplo daquele que falsifica ou fabrica substância ou produto alimentício destinado ao consumo.

---

54 HUNGRIA, Nelson. Op. cit., p. 115.

6.5. Formas assemelhadas e crime culposo Crimes assemelhados

Os §§ 1º e 1º – A do art. 272 do CP trazem outros crimes assemelhados à falsificação, corrupção, adulteração e alteração de substância ou produtos alimentícios:

Fabricar significa "produzir na fábrica, manufaturar, preparar". **Vender** é o mesmo que "alienar ou ceder por certo preio; trocar por dinheiro ou interesse, negociar, entregar mediante remuneração ou recompensa." **Expor**, neste contexto, é "pôr à vista, apresentar em exposição, mostrar, apresentar, exibir"; logo, **expor à venda** é mostrar publicamente um bem destinado ao comércio. **Importar**, por sua vez, "é fazer ingressar em território nacional, dar causa ao ingresso de produto estrangeiro". **Ter em depósito para vender** é o mesmo que manter, conservar em local próprio e seguro. Exige-se uma finalidade específica de distribuição. **Distribuir** implica "dar, entregar, dirigir, endereçar". **Entregar a consumo** significa passar às mãos ou à posse a alguém, ou ainda restituir, devolver, para que outra pessoa venha a consumi-la. Ela ocorre a título gratuito, pois não se trata de venda. **Produto**, no sentido do tipo, é "o resultado da produção, algo fabricado pelo homem, e especialmente, por seu trabalho associado ao capital e à técnica".

É crime de tipo remetido, uma vez que não possui preceito secundário (pena) próprio, referenciando à pena cominada para as condutas do *caput*, equiparando-as e punindo-as também com reclusão de 4 (quatro) a 8 (oito) anos.

Também aqui é **crime de tipo misto alternativo ou de conteúdo variado**.

Falsificação, corrupção, adulteração ou alteração culposas – O § 2º do art. 272 do CP, prevê uma modalidade culposa, ou seja, a título de negligência, imprudência ou imperícia, nos seguintes termos: "Se o crime é culposo: Pena – detenção, de 1 (um) a 2 (dois) anos, e multa.". O dispositivo é extremamente genérico e isso gera dúvidas quanto à sua tipificação, uma vez que nem todas as condutas do *caput* são compatíveis com a negligência, imprudência ou imperícia. Entendemos que a conduta de **ter em depósito para vender** é necessariamente dolosa, porque pressupõe uma finalidade específica desejada pelo agente, no caso, de vender posteriormente a substância nociva à saúde. Se a mantém em depósito é porque está consciente e quer utilizá-la posteriormente para circulação no comércio.

Finalmente, entendemos que a conduta de fabricar quase sempre será dolosa, pois, se por um lado os esforços envidados no sentido da fabricação não se compatibilizam com a negligência ou imprudência, **admite-se a culpa apenas na modalidade imperícia**. Por exemplo, quando um químico realiza a mistura incorreta de conservantes e reagentes na produção de embutidos, tornando-os nocivos à saúde ou reduzindo-lhes o valor nutritivo.

As demais ações típicas podem ser praticadas culposamente, sem restrições.

6.6. Classificação doutrinária

Comum, porque pode ser praticado por qualquer pessoa; **Vago**, pois o sujeito passivo é a coletividade, de forma genérica, com vítima indeterminada; **Doloso**, na forma do *caput* e condutas assemelhadas dos §§ 1º e 1º – A do art. 272 do CP, e **culposo** no caso do respectivo § 2º. **Comissivo**, praticado, em regra, por meio de uma ação, sem prejuízo de responder por omissão imprópria, se o agente era responsável em garantir a não ocorrência do crime (CP, art. 13, § 2º); **De ação múltipla**, pois quatro são as ações típicas da cabeia do dispositivo, (corromper, adulterar, falsificar ou alterar) e mais 7 (sete) do § 1º – A (fabricar, vender, expor à venda, importar, ter em depósito para vender ou distribuir ou entregar a consumo). Se forem praticadas em um mesmo contexto, responderá por um só crime. **De ação livre**, pois essas ações podem ser praticadas por qualquer meio ou instrumento. **Formal, de consumação antecipada ou de resultado cortado**, já que o resultado previsto no tipo é irrelevante para fins de consumação, bastando praticar a conduta descrita no tipo penal. **De perigo concreto**, pois o risco à saúde pública deve ser demonstrado no caso concreto, especialmente por meio de laudo pericial. **Instantâneo**, porque está consumado a partir do momento em que o agente pratica as condutas descritas no tipo, não se protraindo para o futuro. Haverá, após, exaurimento (*post factum*) do crime. **Unissubjetivo ou de concurso eventual de pessoas**, pois pode ser praticado por um ou mais sujeitos.

6.7. Causas de aumento de pena

O art. 258 do CP dispõe sobre as "formas qualificadas dos crimes de perigo comum", mas, segundo a opinião da doutrina, trata-se de causas de aumento de pena da Parte Especial, uma vez que não são preceitos secundários autônomos e fazem remissão a penas preexistentes.

O referido dispositivo prevê:

> Se do crime doloso de perigo comum resulta lesão corporal de natureza grave, a pena privativa de liberdade é aumentada de metade; se resulta morte, é aplicada em dobro. No caso de culpa, se do fato resulta lesão corporal, a pena aumenta-se de metade; se resulta morte, aplica-se a pena cominada ao homicídio culposo, aumentada de um terço.

Tais circunstâncias são aplicáveis aos crimes do Capítulo III (Dos crimes contra a saúde pública), salvo o do art. 267 (epidemias dolosa e culposa) quer porque só se qualifica pelo resultado morte, com aplicação de pena em dobro, quer porque existe expressa disposição legal no art. 285 do CP: "Aplica-se o disposto no art. 258 aos crimes previstos neste Capítulo, salvo quanto ao definido no art. 267." Isso posto, as penas serão cominadas em abstrato serão acrescidas da seguinte forma:

> a) **quando o crime for preterdoloso**: a.1) aplica-se o aumento de metade (1/2) se sobrevier lesão corporal **grave ou gravíssima**, resultando em uma pena de 6 (seis) a 12 (doze) anos de reclusão; a.2) aumenta-se a pena em dobro se ocorrer morte, ficando em 8 (oito) a 16 (dezesseis) anos de reclusão.
>
> b) quando o crime for **culposo** (crime qualificado pelo resultado **também culposo** – culpa + culpa): b.1) aplica-se o aumento de metade (1/2) se sobrevier **lesão corporal** (leve, média, grave ou gravíssima), cuja pena será de 1 (um) ano e 6 (seis) meses a 3 (três) anos de detenção; b.2) aplica-se a pena do homicídio culposo aumentada de um terço (1/3), em caso de morte (a pena será arbitrada entre 1 ano e seis meses a quatro anos e seis meses de detenção).

6.8. Infrações penais assemelhadas da legislação específica

6.8.1. Crimes do Código Penal Militar

Fornecimento de substância nociva

Art. 295. Fornecer às fôrças armadas substância alimentícia ou medicinal corrompida, adulterada ou falsificada, tornada, assim, nociva à saúde:

Pena – reclusão, de dois a seis anos. Modalidade culposa Parágrafo único. Se o crime é culposo:

Pena – detenção, de seis meses a dois anos.

Art. 296. Fornecer às fôrças armadas substância alimentícia ou medicinal alterada, reduzindo, assim, o seu valor nutritivo ou terapêutico:

Pena – detenção, de seis meses a dois anos. Modalidade culposa Parágrafo único. Se o crime é culposo:

Pena – detenção, até seis meses.

Envenenamento, corrupção ou epidemia

Art. 385. Envenenar ou **corromper água potável**, **víveres ou forragens**, ou causar epidemia mediante a propagação de germes patogênicos, se o fato compromete ou pode comprometer a preparação, a eficiência ou as operações militares, ou de qualquer forma atenta contra a segurança externa do país:

Pena – morte, grau máximo; reclusão, de vinte anos, grau mínimo. Modalidade culposa

Parágrafo único. Se o crime é culposo:

Pena – detenção, de dois a oito anos.

Como sempre acontece, o Código Penal Militar também foi esquecido pela Lei dos Remédios, embora o legislador, por razões políticas (e outras razões que aqui não ousamos mencionar), quisesse ampliar ao máximo o âmbito de proteção do ordenamento jurídico dos gêneros alimentícios e dos remédios. Mas o CPM restou inalterado (desatualizado), mantendo a sua estrutura típica nos mesmos moldes das redações originais dos arts. 272 e 273 do CP, qual seja: a de punir a falsificação corrupção ou adulteração em um tipo e criminalizar, separadamente, a alteração (conduta menos grave) em outro.

São delitos aplicáveis em tempos de paz, e cada um deles tratou, conjuntamente, de todos os produtos voltados para o consumo, relacionados à saúde pública (alimentícios, terapêuticos e medicinais). As penas da legislação castrense, bem ou mal, também foram inalteradas, mas, de qualquer modo, já eram mais brandas do que os crimes do Código Penal.

Sobre o art. 385 do CPM que é crime militar em tempo de guerra, remetemos o leitor aos comentários dos arts. 267, 270 e 271 do Código Penal onde o tratamos com mais detalhes, a fim de evitar repetições desnecessárias.

6.8.2. Crime contra a economia popular (Lei nº 1.521/51)

Art. 2º. São crimes desta natureza: (...) V – misturar gêneros e mercadorias de espécies diferentes, expô-los à venda ou vendêlos, como puros; misturar gêneros e mercadorias de qualidades desiguais para expô-los à venda ou vendê-los por preio marcado para os de mais alto custo; (...)

Pena – detenção, de 6 (seis) meses a 2 (dois) anos, e multa, de dois mil a cinqüenta mil cruzeiros.

O delito contra a economia popular criminaliza uma conduta de fraude no comércio, na forma de **adulteração** por meio de mistura de gêneros e mercadorias de espécies diferentes. Para que ele incida no caso concreto (princípio da especialidade – *lex specialis derogat generali*), devem estar presentes dois requisitos: 1) não haver risco à saúde pública e sim risco à economia, pelo comércio de produtos impuros ou de composição diversa da que deveriam possuir; 2) adulteração anterior e, após, a exposição à venda ou efetiva alienação dos bens mencionados. A simples guarda desses gêneros e mercadorias sem oferta ao mercado de consumo não tipifica essa infração penal.

6.9. Potencialidade ofensiva

Inicialmente, os crimes do art. 272, *caput*, e §§ 1º e 1º – A (delitos assemelhados) do CP são de **alto potencial ofensivo** porque na sua forma simples, já cominam pena de 4 (quatro) a 8 (oito) anos de reclusão, razão pela qual não cabe transação penal e suspensão condicional do processo (*sursis* processual), porque pressupõem, respectivamente, pena máxima não superior a 2 (dois) anos e pena mínima não superior a 1 (um) ano, nos termos dos arts. 61 c/c art. 76, e 89 da Lei nº 9.099/95[55].

Porém, na modalidade culposa (art. 272, § 2º, do CP), praticada na sua forma simples (sem aumentos de pena), será crime **de menor potencial ofensivo**, porque a pena prevista é de 1 (um) a 2

(dois) anos de detenção, ensejando a transação penal (aplicação imediata de pena restritiva de direitos ou multas sem outros efeitos penais). Entretanto, sobrevindo qualquer lesão corporal como resultado não desejado, será **de alto potencial ofensivo** porque não só a pena máxima ultrapassará o limite, mas a pena mínima também.

Por fim, **não se admitirá transação penal ou suspensão condicional se resultar morte**, porque o art. 258 determina que seja aplicada, nesse caso, a pena do homicídio culposo (cominada em 1 a 3 anos de detenção) aumentada de 1/3 (um terço), como causa especial de aumento (pena de 1 (um) ano e 4 (quatro) meses a 4 (quatro) anos de reclusão). O legislador considerou que a morte causada em uma situação de perigo provocada pelo sujeito ativo será de elevado potencial ofensivo, pois tanto a pena mínima quanto a máxima ficarão acima dos limites legais acima mencionados.

6.10. Ação penal e competência do juízo

A ação penal é pública incondicionada, uma vez que o Código não exige iniciativa privativa do ofendido, representação ou requisição do Ministro da Justiça (CP, art.

---

55 Art. 61. Consideram-se infrações penais de menor potencial ofensivo, para os efeitos desta Lei, as contravenções penais e os crimes a que a lei comine pena máxima não superior a 2 (dois) anos, cumulada ou não com multa.

Art. 89. Nos crimes em que a pena mínima cominada for igual ou inferior a um ano, abrangidas ou não por esta Lei, o Ministério Público, ao oferecer a denúncia, poderá propor a suspensão do processo, por dois a quatro anos, desde que o acusado não esteja sendo processado ou não tenha sido condenado por outro crime, presentes os demais requisitos que autorizariam a suspensão condicional da pena (art. 77 do Código Penal).

100). De fato, o condicionamento da ação penal nos crimes previstos no Título VII, parece ser incompatível com a proteção do interesse público relativo à tutela judicial da incolumidade pública em geral.

A competência para o processamento e julgamento dos crimes previstos no art. 272 do CP é da Justiça Estadual (competência residual), uma vez que não há, em princípio, interesse da União, suas autarquias, fundações ou empresas públicas (CF, art. 109, IV). Com efeito, nos termos dos 23, III, e arts. 196 a 197, todos da Constituição[56], a saúde pública é de atribuição de todos os entes federativos, sem preponderância de uns sobre outros. E cada um em sua esfera de competência é responsável pela fiscalização, regulamentação e controle dos serviços e ações de saúde, sem prejuízo de auxílio na execução dessas medidas dos particulares, pessoas físicas ou jurídicas.

Entretanto, a competência é da Justiça Federal quando se tratar de venda, importação ou distribuição de substância ou produtos alimentícios para outros países, uma vez que existe o interesse da União na fiscalização quanto à entrada e saída dessas mercadorias, nos termos do art. 21, XXII, da Constituição Federal: "Art. 21. Compete à União (...) XXII – executar os serviços de polícia marítima, aeroportuária e de fronteiras". E o mesmo se dá quanto às bebidas, com ou sem teor alcoólico (art. 272, § 1º), cuja fiscalização cabe ao Ministério da Agricultura, por expressa disposição legal (art. 2º da Lei nº 8.918/94[57]).

Também a competência será da Justiça Federal se o agente quer atentar contra a saúde pública, pondo em risco as comunidades indígenas e tradicionais, pela falsificação adulteração, corrupção ou alteração dos produtos que lhe sejam eventualmente distribuídos, pois aí se aplicam os incisos IV e XI do art. 109 da Constituição (ver mais detalhes neste tópico relativo ao crime de incêndio – art. 250).

7. FALSIFICAÇÃO, CORRUPÇÃO, ADULTERAÇÃO OU ALTERAÇÃO DE PRODUTO DESTINADO A FINS TERAPÊUTICOS OU MEDICINAIS

⊙ **Falsificação, corrupção, adulteração ou alteração de produto destinado a fins terapêuticos ou medicinais (Redação dada pela Lei nº 9.677, de 2.7.1998)**

---

56 Art. 23. É competência comum da União, dos Estados, do Distrito Federal e dos Municípios: (...) II – cuidar da saúde e assistência pública, da proteção e garantia das pessoas portadoras de deficiência;
Art. 196. A saúde é direito de todos e dever do Estado, garantido mediante políticas sociais e econômicas que visem à redução do risco de doença e de outros agravos e ao acesso universal e igualitário às ações e serviços para sua promoção, proteção e recuperação.
Art. 197. São de relevância pública as ações e serviços de saúde, cabendo ao Poder Público dispor, nos termos da lei, sobre sua regulamentação, fiscalização e controle, devendo sua execução ser feita diretamente ou através de terceiros e, também, por pessoa física ou jurídica de direito privado.

57 Art. 2º. O registro, a padronização, a classificação e, ainda, a inspeção e a fiscalização da produção e do comércio de bebidas, em relação aos seus aspectos tecnológicos, competem ao Ministério da Agricultura, Pecuária e Abastecimento, ou órgão estadual competente credenciado por esse Ministério, na forma do regulamento. (Redação dada pela Lei nº 13.001, de 2014)

Art. 273 – Falsificar, corromper, adulterar ou alterar produto destinado a fins terapêuticos ou medicinais: (Redação dada pela Lei nº 9.677, de 2.7.1998)

Pena – reclusão, de 10 (dez) a 15 (quinze) anos, e multa. (Redação dada pela Lei nº 9.677, de 2.7.1998)

§ 1º – Nas mesmas penas incorre quem importa, vende, expõe à venda, tem em depósito para vender ou, de qualquer forma, distribui ou entrega a consumo o produto falsificado, corrompido, adulterado ou alterado. (Redação dada pela Lei nº 9.677, de 2.7.1998)

§ 1º – A – Incluem-se entre os produtos a que se refere este artigo os medicamentos, as matérias-primas, os insumos farmacêuticos, os cosméticos, os saneantes e os de uso em diagnóstico. (Incluído pela Lei nº 9.677, de 2.7.1998)

§ 1º – B – Está sujeito às penas deste artigo quem pratica as ações previstas no § 1º em relação a produtos em qualquer das seguintes condições: (Incluído pela Lei nº 9.677, de 2.7.1998)

I – sem registro, quando exigível, no órgão de vigilância sanitária competente; (Incluído pela Lei nº 9.677, de 2.7.1998)

II – em desacordo com a fórmula constante do registro previsto no inciso anterior; (Incluído pela Lei nº 9.677, de 2.7.1998)

III – sem as características de identidade e qualidade admitidas para a sua comercialização; (Incluído pela Lei nº 9.677, de 2.7.1998)

IV – com redução de seu valor terapêutico ou de sua atividade; (Incluído pela Lei nº 9.677, de 2.7.1998)

V – de procedência ignorada; (Incluído pela Lei nº 9.677, de 2.7.1998)

VI– adquiridos de estabelecimento sem licença da autoridade sanitária competente. (Incluído pela Lei nº 9.677, de 2.7.1998)

⊙ **Modalidade culposa**

§ 2º – Se o crime é culposo: Pena – detenção, de 1 (um) a 3 (três) anos, e multa. (Redação dada pela Lei nº 9.677, de 2.7.1998)

7.1. Bem jurídico protegido e objeto material do crime

O bem jurídico protegido mediato é a incolumidade pública e o imediato é saúde pública, que pode ser ameaçada mediante a alteração indevida de substâncias ou produtos destinados a fins terapêuticos ou medicinais. Visam necessariamente ao consumo humano[58].

O objeto material do delito é a própria substância ou produto terapêutico ou medicinal. A título de exemplo, fornecido pelo próprio § 1º – A deste dispositivo, também o são os medicamentos, as matérias-primas, os insumos farmacêuticos, os cosméticos, os saneantes e os de uso em diagnóstico. Sobre esses conceitos, reproduzimos aqui a lição de Cleber Masson[59]:

58 Cezar Roberto Bitencourt, cit., p. 312, diz que as ações incriminadas apresentam-se normalmente como fraude ou lesão patrimonial em atos de comércio, aliadas ao perigo comum que produzem à saúde pública.

59 Direito Penal esquematizado, cit., p. 323-4.

> **Medicamentos** são os produtos destinados ao tratamento de uma doença ou ao controle dos seus efeitos. Nesse sentido, o art. 4º, inc. II, da Lei 5.991/1973 define o medicamento como o produto farmacêutico, tecnicamente obtido ou elabora, com finalidade proflática, curativa, paliativa ou para fins de diagnóstico"
>
> **Matérias-primas** são as substâncias brutas essenciais para o fabrico de produtos destinados a fins terapêuticos ou medicinais. Nos termos do art. 3º, inc. XII, da Lei 6.360/1976: "Matérias-primas: substâncias ativas ou inativas que se empregam na fabricação de medicamentos e de outros produtos abrangidos por esta Lei, tanto as que permanecem inalteradas quanto as passíveis de sofrer modificações".
>
> Por sua vez, o art. 4º, inc. III, da Lei 5.991/1973 conceitua o **insumo farmacêutico** como a "droga ou matéria prima aditiva ou complementar de qualquer natureza, destinada a emprego em medicamentos, quando for o caso, e seus recipientes". **Cosméticos**, de acordo com a definição contida do art. 3º, inc. V, da Lei 6.360/1976, são os "produtos para uso externo, destinados à proteção ou ao embelezamento das diferentes partes do corpo, tais como pós faciais, talcos, cremes de beleza, creme para as mãos, soluções leitosas, cremosas e adstringentes, loções para as mãos, bases de maquilagem e óleos cosméticos, ruges, *blushes*, batons, lápis labiais, preparados antissolares, bronzeadores e simulatórios, rímeis, sombras delineadores, tinturas capilares, agentes clareadores de cabelos, preparados para ondular e para alisar cabelos, fixadores de cabelos, laquês, brilhantinas e similares, loções capilares, depilatórios e epilatórios, preparados para unhas e outros".
>
> Por sua vez, saneantes são os produtos voltados para a higienização e limpeza de locais, visando assegurar as condições básicas à qualidade de vida da pessoa em geral (...) Finalmente, **produtos de uso em diagnóstico** são os utilizados para conhecimento ou determinação de doenças (...)

A Lei nº 9.677/98 ("Lei dos Remédios") alterou significativamente a redação original dos arts. 272 e 273 do CP, que previa o seguinte:

> **Art. 272**. Corromper, adulterar ou falsificar substância alimentícia ou medicinal destinada a consumo, tornando-a nociva à saúde:
>
> Pena – reclusão, de dois a seis anos, e multa, de cinco a quinze contos de réis.
>
> § 1º Está sujeito à mesma pena quem vende, expõe à venda, tem em depósito para vender ou, de qualquer forma, entrega a consumo a substância corrompida, adulterada ou falsificada. **Modalidade culposa**
>
> § 2º Se o crime é culposo:
>
> Pena – detenção, de seis meses a um ano, e multa, de quinhentos mil réis a dois contos de réis.
>
> **Alteração de substância alimentícia ou medicinal**
>
> **Art. 273**. Alterar substância alimentícia ou medicinal:
>
> I – modificando-lhe a qualidade ou reduzindo-lhe o valor nutritivo ou terapêutico;
>
> II – suprimindo, total ou parcialmente, qualquer elemento de sua composição normal, ou substituindo-o por outro de qualidade inferior:
>
> Pena – reclusão, de um a três anos, e multa, de um a cinco contos de réis.
>
> § 1º Na mesma pena incorre quem vende, expõe à venda, tem em depósito para vender ou, de qualquer forma, entrega a consumo a substância alterada nos termos deste artigo.
>
> **Modalidade culposa**
>
> § 2º Se o crime é culposo:
>
> Pena – detenção, de dois a seis meses, e multa, de duzentos mil réis a um conto de réis.

As alterações ocorridas foram basicamente as seguintes: a) divisão entre os crimes dos arts. 272 e 273 em relação à natureza do bem jurídico protegido: agora o crime anterior trata da substância e **dos produtos** alimentícios, sejam eles nocivos à saúde ou com reduzido valor nutritivo, enquanto o presente delito tutela as substâncias **e também os produtos** destinados a fins terapêuticos ou medicinais, quando tiverem seu potencial reduzido ou anulado mediante as ações descritas no tipo; b) a previsão, em ambos os dispositivos, da prática de *alterar*; c) o deslocamento das elementares "modificando-lhe a qualidade ou reduzindo-lhe o valor nutritivo ou terapêutico" para o art. 272 do CP, por se referirem à nocividade negativa provocada nos alimentos em geral, bem como a exclusão da conduta "suprimindo, total ou parcialmente, qualquer elemento de sua composição normal, ou substituindo-o por outro de qualidade inferior" (por estar compreendida na redução do valor nutritivo ou terapêutico e por que tal conduta está mais próxima de configurar crime contra as relações de consumo ou contra a economia popular); d) inclusão nas condutas assemelhadas do § 1º – A do art. 272 do CP de fabricar, importar e distribuir, bem como uma regra explicativa sobre a fabricação, venda etc. de bebidas com ou sem teor alcoólico e a inclusão no § 1º do art. 273 do CP das práticas de importar e distribuir (a fabricação dos produtos ou substâncias terapêuticas ou medicinais é **lícita**, em princípio); e) aumento desproporcional das penas cominadas: e.1) **a título de dolo**, o art. 272 do CP antes, previa pena de reclusão, de 2 (dois) a 6 (seis) anos, passando agora para 4 (quatro) a 8 (oito) anos. E o art. 273 do CP, que tinha pena de 1 (um) a 3 (três) anos de reclusão prevê atualmente pena de 10 (dez) a 15 (quinze) anos de reclusão; e.2) **a título de culpa**, houve também modificação substancial. O art. 272, § 2º, do CP dispunha que a reprimenda era de 6 (seis) meses a 1 (um) ano de detenção, mas agora foi fixada em dobro, ou seja, de 1 (um) a 2 (dois) anos de detenção. Ao mesmo tempo, o preceito secundário do § 2º do art. 273 do CP partiu de 2 (dois) a 6 (seis) meses de detenção para 1 (um) a 3 (três) anos de detenção, equiparando – a ao crime de homicídio culposo. **Isso fará com que as formas qualificadas pelo resultado do art. 258, parte final, do CP, fiquem equiparadas, violando o princípio da proporcionalidade, como veremos adiante**.

Não bastasse tudo isso, a Lei nº 9.695/98, **incluiu os crimes ora em estudo (salvo a forma culposa) no rol dos crimes hediondos**, mais especificamente no art. 1º, VII-A , da Lei nº 8.072/90[60], lista das condutas consideradas como as mais reprováveis e repugnantes do Direito Penal. Isso traz uma série de consequências previstas no art. 2º desse

60 Art. 1º São considerados hediondos os seguintes crimes, todos tipificados no Decreto-Lei no 2.848, de 7 de dezembro de 1940 – Código Penal, consumados ou tentados: (Redação dada pela Lei nº 8.930, de 1994) (Vide Lei nº 7.210, de 1984) VII-B – falsificação, corrupção, adulteração ou alteração de produto destinado a fins terapêuticos ou medicinais (art. 273, caput e § 1º, § 1º – A e § 1º – B, com a redação dada pela Lei no 9.677, de 2 de julho de 1998). (Inciso incluído pela Lei nº 9.695, de 1998) (...)

mesmo diploma legal[61], e no art. 5º, XLIII, CF[62], a saber: 1) impedimento aos benefícios da anistia, graça individual e graça coletiva (indulto); 2) fiança como medida cautelar diversa da prisão (CPP, art. 319); 3) progressão de regime mais difícil de ser conseguida, devendo cumprir 2/5 (dois quintos) da pena se for réu primário ou 3/5 (três quintos), se for reincidente; 4) em caso de condenação, a prisão é a regra, sendo que a fundamentação do juiz é no sentido de libertar. Apesar disso, em muitos casos, o Superior Tribunal de Justiça tem relativizado o entendimento da sua antiga Súmula nº 9[63] (feita em 1990), dizendo que a prisão aqui também só pode ser decretada pela presença dos requisitos da prisão preventiva; 5) sujeição à eventual prisão temporária pelo prazo de **até trinta dias** prorrogáveis pelo mesmo prazo fixado no momento da sua decretação, ao contrário dos demais delitos, cujo prazo máximo é de 5 (cinco) dias (art. 1º, III, i, da Lei nº 7.960/89[64]).

Pois bem, as alterações legislativas até hoje sofrem diversas críticas doutrinárias, e, a nosso ver, com razão, por conta de diversas inobservâncias a princípios basilares do Direito Penal, como proporcionalidade, lesividade, da proibição de excesso (*ubermassverbot*) isonomia etc. Trataremos disso adiante.

7.2. Tipo penal objetivo e tipo penal subjetivo

O tipo penal objetivo consiste em "corromper, adulterar, falsificar ou alterar substância ou produto alimentício destinado a consumo, tornando-o nociva à saúde ou reduzindo-lhe o valor nutritivo". De acordo com o Dicionário Aurélio de Língua Portuguesa, **Corromper** significa "tornar podre, estragar, decompor". Assim, deve haver alteração apta a tornar a substância ou alimento, nocivas à saúde ou tão somente, reduzir-lhes o valor nutritivo.

---

61 Art. 2º Os crimes hediondos, a prática da tortura, o tráfico ilícito de entorpecentes e drogas afins e o terrorismo são insuscetíveis de: I – anistia, graça e indulto; II – fiança § 1º A pena por crime previsto neste artigo será cumprida inicialmente em regime fechado. (Redação dada pela Lei nº 11.464, de 2007) § 2º A progressão de regime, no caso dos condenados aos crimes previstos neste artigo, dar-se-á após o cumprimento de 2/5 (dois quintos) da pena, se o apenado for primário, e de 3/5 (três quintos), se reincidente. (Redação dada pela Lei nº 11.464, de 2007) § 3º Em caso de sentença condenatória, o juiz decidirá fundamentadamente se o réu poderá apelar em liberdade. (Redação dada pela Lei nº 11.464, de 2007) § 4º A prisão temporária, sobre a qual dispõe a Lei no 7.960, de 21 de dezembro de 1989, nos crimes previstos neste artigo, terá o prazo de 30 (trinta) dias, prorrogável por igual período em caso de extrema e comprovada necessidade.

62 Art. 5º, XLIII, da Constituição: XLIII – a lei considerará crimes inafiançáveis e insuscetíveis de graça ou anistia a prática da tortura, o tráfico ilícito de entorpecentes e drogas afins, o terrorismo e os definidos como crimes hediondos, por eles respondendo os mandantes, os executores e os que, podendo evitá-los, se omitirem;

63 Súmula nº 9/STJ: A exigência da prisão provisória, para apelar, não ofende a garantia constitucional da presunção de inocência.

64 Art. 1º Caberá prisão temporária: I – quando imprescindível para as investigações do inquérito policial; II – quando o indicado não tiver residência fixa ou não fornecer elementos necessários ao esclarecimento de sua identidade; III – quando houver fundadas razões, de acordo com qualquer prova admitida na legislação penal, de autoria ou participação do indiciado nos seguintes crimes: (...) i) epidemia com resultado de morte (art. 267, § 1º); (...).

Adulterar é "deturpar, piorar, descaracterizar", enquanto **falsificar** é "imitar ou alterar com fraude, adulterar, reproduzir, contrafazer". Por fim, **alterar** é o mesmo que "mudar, modificar, transformar". **Substância** é a parte essencial de alguma coisa, e **produto**, no sentido do tipo, é "o resultado da produção, algo fabricado pelo homem, e especialmente, por seu trabalho associado ao capital e à técnica". Assim, **substância/produto destinados a fim alimentício** serve para a sobrevivência de um organismo, para nutrição. **Substância/produto destinado a fim terapêutico ou medicinal** é aquela que serve de medicamento ou remédio, que cura, que auxilia no restabelecimento/manutenção das funções vitais, ou então para o alívio de dores e mal-estar.

De fato, parece que as ações típicas significam praticamente a mesma coisa, haja vista que todas têm o objetivo de causar depreciação à substância ou produto alimentício voltado ao consumo, seja reduzindo o seu valor nutritivo, seja tornando-os nocivos à coletividade.

Cumpre acrescentar, ainda, que, apesar do conceito de substância ou produto destinado a fim terapêutico ou medicinal acima, podemos ser induzidos a pensar que se limitam a medicamentos, até porque as diversas alterações do tipo penal se deram por meio da legislação apelidada de "Lei dos Remédios". Entretanto**, também podem ser considerados produtos ou substâncias também os instrumentos médicos utilizados para intervenções cirúrgicas, a exemplo de bisturis e semelhantes, bem como as anestesias**. Sim, porque, o "caput" do art. 273 do CP é genérico, referindo-se à qualquer produto voltado terapêuticos ou medicinais. Ademais, o rol do § 1º do mesmo dispositivo é meramente exemplificativo, apesar de mencionar apenas medicamentos, e o § 1º-A apenas incluiu mais exemplos, para aumentar a abrangência da norma legal, **de modo que a interpretação do termo "produtos" deve ser extensiva e não restritiva**.

Consignamos aqui outro equívoco da Lei nº 9.677/98, ao prever a conduta de **alterar** no *caput* do art. 273 do CP. Sim, porque há dúvidas se existirá crime caso a alteração do produto/substância for no sentido de aumentar o seu valor terapêutico ou medicinal. Se for esse o caso, parece-nos que é atípico, até porque esse ato, na redação anterior, era complementado por outros incisos, que traziam várias formas de supressão ou diminuição da eficácia do bem: "I – modificando-lhe a qualidade ou reduzindo-lhe o valor nutritivo ou terapêutico; II – suprimindo, total ou parcialmente, qualquer elemento de sua composição normal, ou substituindo-o por outro de qualidade inferior".

Após a alteração legislativa, o tipo penal criminaliza, ao contrário do delito antecedente, apenas a **nocividade negativa**, que é a redução do valor terapêutico do produto ou substância destinados a fins terapêuticos ou medicinais.

O **tipo penal subjetivo** é o **dolo**, ou seja, consciência e vontade dirigidas para a finalidade de criar um perigo à coletividade. Então, se o agente não quer causar risco à saúde pública, mas sim a pessoas determinadas, incidirá nas penas do art. 132 do Código Penal, crime expressamente subsidiário: "**Perigo para a vida ou saúde de outrem** Art. 132 – Expor a vida ou a saúde de outrem a perigo direto e iminente: Pena – detenção, de três meses a um ano, se o fato não constitui crime mais grave. (...)". Pouco importa para a configuração do crime a finalidade lucrativa, pois também são criminalizadas quaisquer formas de circulação gratuita das substâncias ou produtos nas circunstâncias referidas no tipo penal.

O crime **é de forma livre**, uma vez que a falsificação, corrupção, adulteração ou alteração de substância ou produto alimentício pode ocorrer por qualquer meio. Além disso, é **de tipo misto alternativo ou de conteúdo variado**, de modo que se o agente vier a adulterar produto destinado a fins terapêuticos ou medicinais e depois corromper logo em seguida, responderá por apenas um único crime, sob pena de ocorrência de *bis in idem*, no sentido de apenas duas vezes um só ato penalmente relevante. Isso vale também para as condutas dos §§ 1º, 1º – A e 1º – B do art. 273 do CP que pressupõem sejam praticadas por pessoa diversa daquela que corrompeu, falsificou, adulterou ou alterou o produto ou a substância, pois, do contrário, haveria *crime progressivo* ou, seja, crime único e unidade de pena. Nesse sentido, escreve Nelson Hungria[65]:

> (...) Deve entender-se que o agente, aqui, é pessoa diversa da que corrompeu, adulterou ou falsificou a substância (alimentícia ou medicinal), pois, do contrário, haveria *crime progressivo* e seria aplicável unitariamente a pena do *caput* do artigo. Também crime único (progressivo) tem-se de reconhecer quando a mesma pessoa, sucessivamente, expõe à venda ou tem em depósito para vender e vende ou, de qualquer modo, entrega a consumo tal ou qual substância. Haverá, porém, *crime continuado* se diversas e sucessivas forem as vítimas da fraude ou se uma só pessoa fôr vítima por mais de uma vez. Não é necessário que o agente seja comerciante, ou que se apresente um *ato de comércio*. (...)

É de notar-se, mais, que o Superior Tribunal de Justiça já julgou em algumas oportunidades que **não é possível aplicar o princípio da insignificância** ao crime em apreço, independentemente da quantidade de medicamentos adulterados ou de circulação ilegal no país:

> RECURSO ORDINÁRIO EM HABEAS CORPUS. IMPORTAÇÃO E EXPOSIÇÃO À VENDA DE PRODUTO DESTINADO A FINS TERAPÊUTICOS OU MEDICINAIS. 1. ATIPICIDADE DA CONDUTA. APLICAÇÃO DO PRINCÍPIO DA INSIGNIFICÂNCIA. 2. MEDICAMENTO DE VENDA PROIBIDA. MÍNIMA OFENSIVIDADE. NÃO OCORRÊNCIA. RISCO À SAÚDE PÚBLICA. 3. DESCLASSIFICAÇÃO DO CRIME PARA CONTRABANDO OU DESCAMINHO. IMPOSSIBILIDADE. MATÉRIA DE PROVA. 4. RECURSO ORDINÁRIO IMPROVIDO. 1. A lei penal não deve ser invocada para atuar em hipóteses desprovidas de significação social, razão pela qual os princípios da insignificância e da intervenção mínima surgem para evitar situações dessa natureza, atuando como instrumentos de interpretação restrita do tipo penal. 2. No caso, não há como reconhecer o reduzido grau de reprovabilidade ou a mínima ofensividade da conduta, pois a quantidade de medicamentos apreendidos, a saber, 59 (cinquenta e nove) comprimidos de PRAMIL – vasodilatador utilizado no tratamento da disfunção erétil e que não possui registro na ANVISA, não podendo, portanto, ser comercializado no Brasil – e a clara destinação comercial, caracterizada pelo local da apreensão, afastam a aplicação do princípio da insignificância, pois indiscutível o risco à saúde pública decorrente da exposição, à venda, de medicamento proibido. 3. O pleito de desclassificação do crime de importar e expor à venda produto destinado a fins terapêuticos ou medicinais para o crime de contrabando ou de descaminho exige, necessariamente, o revolvimento do conteúdo fático-probatório,

65 Comentários ao Código Penal, cit., p. 115.

procedimento incompatível com a via processual do habeas corpus. 4. Recurso ordinário a que se nega provimento. (RHC 31.352/RS, Rel. Ministro MARCO AURÉLIO BELLIZZE, QUINTA TURMA, julgado em 11/04/2013, DJe 18/04/2013)

7.3. Sujeito ativo e sujeito passivo

Qualquer pessoa pode ser sujeito ativo dos crimes do art. 273 do CP, porque esses tipos penais não exigem uma condição especial para praticá-los.

Assim, tanto um particular quanto um servidor público da área da saúde podem incorrer nas penas desse artigo. A diferença é que o funcionário público, nessas condições, na segunda fase de aplicação da pena, poderá ter a sua pena agravada, pois o abuso de poder e a violação de dever inerente ao cargo, ofício ministério ou profissão é circunstância agravante, nos termos do art. 62, II, g, do CP (por exemplo, um agente de vigilância sanitária ou um funcionário de uma empresa farmacêutica responsável pelo controle da produção de medicamentos).

O sujeito passivo é a coletividade, já que estamos tratando de crime contra a incolumidade pública, sendo, pois, um crime vago, ou seja, a sua tutela é de um número indeterminado de pessoas, e é nesse sentido que deverá estar contido o plano mental do agente; caso contrário, deverá responder por outro crime (homicídio, lesão corporal etc.). Claro, alguém que recebeu o medicamento nas condições do art. 273 do CP será vítima, mas o importante é que o autor do crime não tenha querido atingi-la especificamente.

7.4. Formas assemelhadas, crime culposo, e discussão sobre a inconstitucionalidade da criminalização

Crimes assemelhados - os §§ 1º e 1º - B do art. 273 do CP trazem outros crimes assemelhados à falsificação, corrupção, adulteração e alteração de substância ou produtos alimentícios:

> § 1º - Nas mesmas penas incorre quem importa, vende, expõe à venda, tem em depósito para vender ou, de qualquer forma, distribui ou entrega a consumo o produto falsificado, corrompido, adulterado ou alterado. (Redação dada pela Lei nº 9.677, de 2.7.1998)
>
> § 1º - B - Está sujeito às penas deste artigo quem pratica as ações previstas no § 1º em relação a produtos em qualquer das seguintes condições: (Incluído pela Lei nº 9.677, de 2.7.1998)
>
> I - sem registro, quando exigível, no órgão de vigilância sanitária competente; (Incluído pela Lei nº 9.677, de 2.7.1998)
>
> II - em desacordo com a fórmula constante do registro previsto no inciso anterior; (Incluído pela Lei nº 9.677, de 2.7.1998)
>
> III- sem as características de identidade e qualidade admitidas para a sua comercialização; (Incluído pela Lei nº 9.677, de 2.7.1998)
>
> IV - com redução de seu valor terapêutico ou de sua atividade;(Incluído pela Lei nº 9.677, de 2.7.1998)
>
> V - de procedência ignorada; (Incluído pela Lei nº 9.677, de2.7.1998)
>
> VI - adquiridos de estabelecimento sem licença da autoridade sanitária competente. (Incluído pela Lei nº 9.677, de 2.7.1998)

Importar, por sua vez, "é fazer ingressar em território nacional, dar causa ao ingresso de produto estrangeiro". **Vender** é o mesmo que "alienar ou ceder por certo preio; trocar por dinheiro ou interesse, negociar, entregar mediante remuneração ou recompensa". **Expor**, neste contexto, é "pôr à vista, apresentar em exposição, mostrar, apresentar, exibir"; logo, **expor à venda** é mostrar publicamente um bem destinado ao comércio. **Ter em depósito para vender** é o mesmo que manter, conservar em local próprio e seguro. Exige-se uma finalidade específica de distribuição. **Distribuir** implica "dar, entregar, dirigir, endereçar". **Entregar a consumo** significa passar às mãos ou à posse a alguém, ou ainda restituir, devolver, para que outra pessoa venha a consumi-la. Ela ocorre a título gratuito, pois não se trata de venda. **Produto**, no sentido do tipo, é "o resultado da produção, algo fabricado pelo homem, e especialmente, por seu trabalho associado ao capital e à técnica.".

São crimes de tipo remetido, uma vez que não possuem preceitos secundários (pena) próprios. Assim, faz remissão à pena cominada para as condutas do *caput*, equiparando-as para todos os efeitos, punindo-as também com reclusão de 10 (dez) a 15 (quinze) anos.

Observa-se que nem todas as condutas se referem a um comércio proibido. Algumas dizem respeito à mera circulação dos produtos/substâncias, independente de contraprestação.

Nesse sentido, importante ressaltar que é manifestamente **atípico o uso**, para consumo próprio, **de substâncias ou produtos voltados para fins terapêuticos ou medicinais**, a exemplo de anabolizantes e de remédios vendidos com autorização legal, comprados sem a necessária receita médica. Sim, porque, de acordo com o princípio da alteridade, o Direito Penal não pode punir atos que não ofendam seriamente bens jurídicos ou que representem má disposição de interesse próprio. De fato, Paulo Queiroz[66] tem razão ao dizer que "(...) se são invioláveis a liberdade, a intimidade (art. 5º) e a vida privada, e se é explícita a sua vocação libertária, segue-se que nenhum ato de constrição a liberdade pode ser tolerado, salvo quando, em virtude do abuso no seu exercício, resultar dano/lesão à liberdade de outrem".

Assim, por exemplo, se um fisiculturista, um praticante de musculação etc., quiser adquirir um anabolizante não autorizado para a venda no Brasil, almejando maximizar o desempenho nas atividades físicas ou, ainda, para melhorar a estética corporal, não responderá por crime algum, desde que o consumo seja **próprio**. Entretanto, se esses mesmos indivíduos oferecerem a mercadoria ilegal para terceiros, incorrerão no crime em questão, nas modalidades "distribuir" ou "entregar a consumo".

Por iguais razões, o mesmo se aplica aos hipocondríacos, que, na ânsia de se automedicarem para prevenir ou tratar de doenças, por mais que tal decisão seja lamentável e socialmente reprovável, não incorrerão em nenhuma prática delituosa, nem mesmo a título de coautoria ou participação, já que não existirá liame subjetivo entre consumidor e aquele que vende irregularmente os bens mencionados na norma penal.

66 Curso de Direito Penal. Parte Geral, cit., p. 95.

Também aqui é **crime de tipo misto alternativo ou de conteúdo variado**. Portanto, se em um mesmo contexto o agente ter em depósito para vender e posteriormente entregar a consumo ou distribuir, praticará um único crime (hipótese de progressão criminosa ou crime progressivo).

Pois bem. São várias as críticas doutrinárias contra a "Lei dos Remédios" que violou os princípios da proporcionalidade e da lesividade/ofensividade penal, pelas mais diversas razões: a) equiparação indevida dos medicamentos e seus insumos/matérias-primas com os cosméticos e saneantes, que deveriam ser punidos de forma mais branda; b) exagero da pena cominada de 10 (dez) a 15 (quinze) anos de reclusão em relação aos §§ 1º ao 1º – B, bem como do delito culposo (§ 2º), entendendo-a razoável apenas para o *caput*.

Quanto à primeira assertiva, relativa aos objetos materiais do delito, o legislador não poderia punir com o mesmo rigor aquele que, por exemplo, falsifica um medicamento daquele que faz o mesmo com um cosmético. É claro que isso pode causar várias consequências negativas para as partes externas do corpo (pele, por exemplo) de quem o usa, mas a gravidade do perigo ou até mesmo do dano não se compara à dos medicamentos, que são normalmente de uso interno. Ou seja, o remédio é ingerido e assimilado pelo organismo, e poderá causar efeitos nocivos e imprevisíveis. Portanto, não se justifica igual penalidade aplicada aos cosméticos. Isso também vale para os produtos saneantes. É desarrazoado aplicar uma reprimenda tão severa àquele que adulterou ou corrompeu um desinfetante de banheiro ou um sabão em pó, ainda mais ao se considerar que tais atos importarão em prática de crime hediondo, com todas as consequências penais e processuais decorrentes dessa qualificação.

Também não parece correta a previsão dos insumos farmacêuticos e os produtos de uso em diagnóstico, que estão um tanto distantes do risco à saúde pública, em se tratando de causalidade do perigo ou do dano. Não se sabe em que medida os insumos serão nocivos se não forem misturados ou preparados para compor determinada substância, tampouco se, durante a elaboração/fabricação dos remédios, perderão seu potencial nocivo. Os de uso em diagnóstico servem para detectar doenças, mas isso por si só não caracteriza risco coletivo, ou, quando muito, só individualmente, a ensejar a aplicação dos crimes contra a integridade individual mencionados anteriormente quando falamos do tipo penal objetivo.

A respeito dos núcleos do tipo referentes aos demais produtos destinados a fins terapêuticos ou medicinais, não vemos problema na pena em abstrato. Sim, porque a falsificação, corrupção, adulteração ou alteração (para reduzir a qualidade) desses bens causa um grave perigo à coletividade, que estará exposta ao risco generalizado à saúde a partir das práticas. Haverá possibilidade de, eventualmente, as pessoas estarem sujeitas a efeitos colaterais diversos do previsto, de desenvolverem outras doenças, ou de sofrerem lesões corporais e morte. Isso tudo é agravado pelo fato de que somente com uma perícia, provavelmente após a ocorrência de algum evento danoso, é que, será possível descobrir que se trata de produto ou substância adulterada, falsificada, corrompida ou alterada, pois externamente os comprimidos, ampolas etc. são iguais, não distinguíveis a olho nu, e, em boa parte das vezes, estão lacrados em invólucros. Assim, pela dificuldade na detecção dos remédios nessas condições e, consequentemente, pela alta periculosidade, concreta e abstrata de tais ações, concluímos que a pena de reclusão de 10 (dez) a 15 (quinze) anos é adequada, mas apenas para o *caput* e para os medicamentos e respectivas matérias primas do § 1º-A do art. 273 do CP.

Para os demais casos (§§ 1º e 1º-B), salvo os incisos III e IV, a pena é flagrantemente inconstitucional, porque os atos não passam de simples descumprimento de normas administrativas sanitárias, puníveis com advertência, apreensão e inutilização, interdição, cancelamento do registro e/ou multa.

Nesse sentido, as ações previstas no § 1º que digam respeito a produtos **sem registro, quando exigível, no órgão de vigilância sanitária competente** (inciso I) foram criminalizadas indevidamente, ainda mais: com elevadíssima pena. Com efeito, o art. 10, I, da Lei nº 6.437/77 diz que constitui infração:

> (...) construir, instalar ou fazer funcionar, em qualquer parte do território nacional, laboratórios de produção de medicamentos, drogas, insumos, cosméticos, produtos de higiene, dietéticos, correlatos, ou quaisquer outros estabelecimentos que fabriquem alimentos, aditivos para alimentos, bebidas, embalagens, saneantes e demais produtos que interessem à saúde pública, sem registro, licença e autorizações do órgão sanitário competente ou contrariando as normas legais pertinentes:
>
> Pena – advertência, interdição, cancelamento de autorização e de licença, e/ou multa. (...)

Ora, se tais condutas são passíveis de gradação nos termos do art. 2º e 4º da mesma lei, podendo ser até consideradas leves, não há nenhuma razão lógica para torná-las criminosas com pena de 10 (dez) a 15 (quinze) anos de reclusão. E Reale Jr.[67] considera que isso penaliza duplamente o particular, visto que a Administração Pública é a principal responsável por não registrar medicamentos que poderiam ser utilizados pela população, por ineficiência de seus serviços. Às vezes, a concessão do registro demora anos, embora o Estado esteja obrigado a concedê-lo em no máximo 90 (noventa) dias, nos termos do art. 12, § 3º, da Lei nº 6.360/76.

No caso de produto **em desacordo com a fórmula constante do registro prévio do inciso anterior** (inciso II), também houve tipificação indevida, já que independe de nocividade positiva ou negativa. Logo, dá a entender que pratica ato penalmente relevante mesmo se alteração visar a um aumento do valor terapêutico. Ademais, a situação descrita é similar ao do inciso XVI do art. 10 da Lei nº 6.437/77, que fala de "alterar o processo de fabricação dos produtos sujeitos a controle sanitário, modificar os seus componentes básicos, nome, e demais elementos objeto do registro, sem a necessária autorização do órgão sanitário competente".

Mas as práticas referentes aos produtos **sem as características de identidade e qualidade admitidos para a sua comercialização ou com redução de seu valor terapêutico ou de sua atividade** (incisos III e IV) são, em princípio, constitucionais, já que pressupõem a falsificação, corrupção, adulteração ou alteração constantes

67 A inconstitucionalidade da Lei dos Remédios, cit., p. 426-431.

do *caput* do art. 273 do CP, estando em quase no mesmo patamar de periculosidade. Só que é imprescindível a realização de perícia para a verificarão da real potencialidade lesiva à saúde pública, que não pode ser presumida, por exemplo, sem a observância de regras de comercialização, que deve ser apurada tão somente na esfera administrativa (art. 10, XV, da Lei nº 6.437/77), sujeitando o infrator às sanções de advertência, inutilização, interdição e/ou multa.

A propósito dos produtos **de procedência ignorada** (inciso V), é de ver que o legislador acabou, sem mais, por submeter a essa elevada pena aquele faz a venda, independentemente de qualquer possibilidade de lesão ao bem jurídico tutelado (incolumidade pública), razão pela qual o dispositivo é de constitucionalidade duvidosa. Nesse sentido, Reale Jr.[68] aponta que:

> (...) A circunstância de não constar a indicação do produtor pode nada mais ser do que vício do rótulo. Quem apenas fabrica produto registrado, não mencionando a sua procedência nada ignora e, portanto, nos termos da Lei, não comete delito. Porém, quem importa ou venda este produto incide nas penas de 10 a 15 anos de reclusão. Portanto, a procedência é de ser ignorada por quem, para se tipificar tão grave delito?
>
> O abuso do legislador, na escolha caprichosa e desarrazoada de fatos como delituosos, levou à criminalização de meras transgressões administrativas em processo de *burocratização do Direito Penal*, também verificado no inciso VI do § 1º – B da Lei 9.677/98.
>
> A inconstitucionalidade é flagrante dada a desproporção insuperável entre a gravidade do fato e a gravidade da sanção, tendo em vista a possível absoluta correção do produto vendido nestas condições, distante de qualquer ataque ao bem jurídico.
>
> (...)

Logo, o inciso V seria inconstitucional por violar **o princípio da taxatividade, da certeza ou da determinação**, uma vez que a norma penal deve descrever condutas delitivas com o maior grau de precisão possível, até mesmo para possibilitar ao réu um mínimo de direito de defesa no curso de eventual processo a que responder. Finalmente, no tocante aos produtos **adquiridos de estabelecimento sem licença da autoridade sanitária competente**[69] (inciso VI), a inconstitucionalidade está, do mesmo modo que no item anterior, na desproporção entre a criminalização do particular em relação aos empresários que produzem medicamentos etc. sem qualquer autorização estatal. De fato, o funcionamento ilegal de laboratório está incluso no art. 10, I, da Lei nº 6.437/77 como infração sanitária, com pena de advertência, interdição, cancelamento de autorização e de licença, e/ou multa. Entretanto, aquele que pratica qualquer ato do § 1º, poderá ser punido também na esfera penal, incorrendo em crime hediondo. E os

68 Ibidem, p. 430.

69 A autoridade competente para conceder licença é do órgão de vigilância sanitária estadual, pois o Ministério da Saúde limita-se a autorizar o funcionamento das empresas, de acordo com o art. 2º da Lei nº 6.360/76: Art. 2º – Somente poderão extrair, produzir, fabricar, transformar, sintetizar, purificar, fracionar, embalar, reembalar, importar, exportar, armazenar ou expedir os produtos de que trata o Art. 1º as empresas para tal fim autorizadas pelo Ministério da Saúde e cujos estabelecimentos hajam sido licenciados pelo órgão sanitário das Unidades Federativas em que se localizem.

responsáveis por esses estabelecimentos clandestinos deveriam ser punidos mais severamente em relação aos comerciantes, mas não é isso o que acontece.

Apesar dos motivos acima, entendemos que não há razão suficiente para declarar a inconstitucionalidade material **do preceito primário** do art. 273, §§ 1º – A e 1º – B, do Código Penal. É que, embora a redação incluída pela "Lei dos Remédios" não esteja de acordo com os limites constitucionais (implícitos) que devem nortear a criminalização, o fato é que a sua utilização pode ser realizada, ponderadamente, no caso concreto. Ademais, nada impede que o legislador possa criar tipos penais que representam mera desobediência administrativa, a exemplo do que ocorre com o delito de desobediência (CP, art. 330). Entendimento contrário implicaria, por exemplo, a inconstitucionalidade material de vários delitos que se referem à ausência de autorização legal, a exemplo dos crimes contra a Administração Pública, crimes contra a Ordem Tributária (Lei nº 8.137/90) delito do art. 253 do CP (Fabricar, fornecer, adquirir, possuir ou transportar, **sem licença da autoridade**, substância ou engenho explosivo, gás tóxico ou asfixiante, ou material destinado à sua fabricação) etc.

Logo, não vemos problema algum em criminalizar atos que importem em violação a determinações administrativas, especialmente se eles são lesivos/ofensivos a bens jurídicos individuais ou coletivos.

Mas isso não se pode dizer do preceito secundário (pena) de 10 (dez) a 15 (quinze) anos de reclusão, cuja aplicação, até hoje, tem sido objeto de viva controvérsia, até no que se refere aos limites da interpretação judicial.

Com efeito, juízes e tribunais têm adotado uma solução com o fim de minimizar essa situação, especialmente a dos comerciantes, que incidem no art. 273, §§ 1º e 1º – B, do CP: a de reduzir a pena mínima, com o uso da analogia *in bonam partem*. Para isso, o parâmetro de correção utilizado é a pena do tráfico de droga (Lei nº 11.343/06, art. 33), considerado como o delito de perigo abstrato contra a saúde pública mais grave do ordenamento jurídico, quer pela sua reprovabilidade social, quer pela pena cominada, de 5 (cinco) a 15 (quinze) anos de reclusão.

Esse raciocínio tornou-se possível pela semelhança de situações jurídicas, uma vez que ambos tratam de um comércio proibido, divergindo apenas pelo fato de que os princípios ativos dos medicamentos não são de uso proscrito no Brasil. Até mesmo o Ministério Público tem se manifestado para reconhecer a inconstitucionalidade da penalização.

Nesse exato sentido, é o Parecer do Procurador Regional da República Paulo Queiroz[70-71], cujo teor destacamos no essencial:

> (...) No mérito, é de reconhecer-se a absoluta desproporção da pena cominada ao tipo penal em questão (CP, art. 273, § 1º B, incisos I, V e VI), que passou a figurar, inclusive, no rol dos crimes equiparados a hediondo (Lei nº 8.072/90, art. 1º, VII-B, com a redação dada pela Lei nº 9.695/98).

70 Parecer nº 4333/2010/PQ/PRR 1ª Região nos autos da AP nº 0000806.

71 2009.4.01.3200 (2009.32.00.000809-7)/AM.

Em primeiro lugar, porque se trata de um crime de perigo (abstrato) em que a lei presume absolutamente a nocividade das substâncias expostas à venda, independentemente de qualquer dano a terceiro. Perigo abstrato – são palavras de HUNGRIA – é o que a lei presume, *juris et de jure*, inserto em determinado fato, pouco importando que não se realize, no caso concreto, por alguma circunstância excepcional, um perigo efetivo.[72]

E por se tratar de crime de perigo abstrato, é, pois, irrelevante que determinada substância seja incapaz de produzir, concretamente, danos à saúde dos usuários ou de causar dependência, bastando a simples ausência de autorização legal para a comercialização do produto.

Em tese, dada a falta de dano concreto aos usuários, o legislador poderia, inclusive, tratar tais infrações como simples ilícito administrativo, sujeitando os infratores à pena de multa e semelhantes, além da apreensão do produto e interdição do estabelecimento comercial. Aliás, antes do advento da Lei nº 9.677/98, as condutas especificamente imputadas ao recorrente não constituíam crime (aparentemente), visto que os arts. 272 e 273 do Código Penal não as tipificavam expressamente.

Em segundo lugar, porque, em princípio, crimes de perigo, especialmente crimes de perigo abstrato, não podem ser punidos com penas superiores aos correlatos crimes de dano, sob pena de violação ao princípio da proporcionalidade. Sim, porque os crimes de perigo visam a evitar os crimes de dano; e, pois, constituem uma forma de antecipação da tutela penal. Afinal, o dano é a realização de um perigo e o perigo constitui uma possibilidade de dano. A rigor, portanto, o crime de que estamos tratando consiste na simples desobediência à norma proibitiva.

Pois bem, no caso dos autos, o que se vê é a absoluta desproporção entre a pena cominada/aplicada (mínimo de 10 e máximo de 15 anos de reclusão), sobretudo se comparada a tipos de dano ou mesmo crimes de perigo tão ou mais graves.

Com efeito, a pena mínima cominada/aplicada ao crime do art. 273, § 1º – B (e incisos), do CP, excede em mais de três vezes a pena máxima do homicídio culposo (CP, art. 121, § 3º), corresponde a quase o dobro da pena mínima do homicídio doloso simples (CP, art. 121, *caput*), é igual à pena máxima do aborto provocado sem consentimento da gestante (CP, art. 125), além de corresponder à cinco vezes a pena mínima da lesão corporal de natureza grave (CP, art. 129, § 1º).

E se se fizer uma comparação com os mais graves tipos de perigo, ver-se-á quão desproporcional é a pena criticada. Veja-se, por exemplo, que a atual Lei de Drogas (Lei nº 11.343/2006) comina, para o tráfico ilícito (art. 33), pena mínima de 5 anos de reclusão (e máxima de 15 anos); e, mais, admite a redução da pena em até 2/3, se o réu for primário, de bons antecedentes e sem envolvimento com organização criminosa (art. 33, § 4º).

Enfim, tudo está a demonstrar a absoluta desproporção entre a pena cominada ao art. 273, § 1º – B (e incisos), e o sistema penal como um todo, a recomendar, tal como propõe o apelante, a aplicação alternativa de pena prevista para conduta similar.

Note-se, mais, a revelar mais contundentemente a desproporção da pena cominada/aplicada, que o recorrente não responde pelo crime principal (e mais grave) de que cuida o art. 273, *caput*, do Código (falsificação, corrupção, adulteração ou alteração de produto destinado a fins terapêuticos ou medicinais), mas por conduta (menos grave) equiparada penalmente a tanto, a saber: expor à venda produto sem registro, de procedência ignorada e adquirido de estabelecimento sem licença da autoridade competente (CP, art. 273, § 1º – B, incisos I, V e VI).

72 Comentários ao Código Penal, Título VIII, v. IX. Rio: Forense, 1959, p.15.

> Vê-se, assim, que a nova redação do art. 273 do CP acabou por colocar em pé de igualdade condutas absolutamente distintas do ponto de vista da lesividade/gravidade que representam, igualando situações jurídico-penalmente inigualáveis.
>
> Exatamente por isso é que alguns autores passaram a defender, inclusive, a inconstitucionalidade (total ou parcial) das modificações introduzidas pela Lei nº 9.677/98, a exemplo de MIGUEL REALE JR e ALBERTO SILVA FRANCO.[73]
>
> Parece-nos, porém, que o caso não é, propriamente, de inconstitucionalidade da proibição mesma que o tipo penal encerra (preceito primário), mas tão somente da pena cominada (preceito secundário), porque não houve, em princípio, excesso do legislador quando decidiu, segundo critério de conveniência político-criminal sempre questionável, criminalizar as condutas de que trata o atual art. 273 do CP. Dito de outro modo: houve excesso quanto à penalização, mas não quanto à criminalização, a admitir a possibilidade de interpretação conforme a Constituição.[74].

Nestes termos também se manifestou a Procuradora Regional da República da 3ª Região Samantha Chantal Dobrowolski:

> Deve-se assentar, de início, que, embora o bem jurídico tutelado pelo tipo penal seja de suma importância – a saúde pública – nota-se que a mudança empreendida pelo legislador não foi bem-sucedida.
>
> Diversas condutas delitivas que violam outros bens jurídicos caros à sociedade possuem reprimendas em patamar muito inferior ao do tipo penal em questão, a saber: homicídio simples, art. 121, do CP (vida), estupro simples, art. 213, *caput*, do CP (dignidade sexual), extorsão mediante sequestro, art. 159, *caput*, do CP (liberdade individual). Pode-se inferir facilmente, com esta breve comparação, o grau de incompatibilidade lógica e teleológica deste dispositivo frente ao ordenamento jurídico pátrio.
>
> Neste diapasão, vê-se que o art. 273 do Código Penal, com as mudanças advindas da Lei nº 9.677/98, reveste-se de patente inconstitucionalidade por afronta ao princípio da proporcionalidade, já que as bases que alicerçaram a majoração da pena em abstrato do citado tipo penal são irreais, ou, ainda que existentes, em total descompasso com uma visão sistêmica de ordem jurídica.
>
> Nesta linha de pensamento, correto o entendimento que defende a aplicação às condutas do tipo penal do artigo 273 do Código Penal, das penas determinadas pelo artigo 33, *caput*, da Lei nº 11.343/06[75], a qual estabelece pena corporal de 5 (cinco) a 15 (quinze) anos de reclusão, de modo a dirimir as violações causadas pelo *decisum*

---

73 Miguel Reale Jr.: A inconstitucionalidade da lei de remédios. Revista dos Tribunais, 763, São Paulo: RT, 1999. Alberto Silva Franco: crimes hediondos. São Paulo: RT, 2005, pp. 363/365. No mesmo sentido, Celso Delmanto e outros: Código Penal Comentado: S.Paulo, Renovar, 2007. Criticando a alteração: Guilherme de Souza Nucci: Código Penal Comentado. São Paulo: RT, 2002. Idem, Luiz Regis Prado: Curso de direito Penal Brasileiro, v.3, São Paulo: RT, 2008.

74 De acordo com Canotilho, "o princípio da interpretação das leis em conformidade com a Constituição é fundamentalmente um princípio de controlo (tem como função assegurar a constitucionalidade da interpretação) e ganha relevância autónoma quando a utilização dos vários elementos interpretativos não permite a obtenção de um sentido inequívoco dentre os vários significados da norma. Daí a sua formulação básica: no caso de normas polissémicas ou plurissignificativas deve dar-se preferência à interpretação que lhe dê um sentido em conformidade com a Constituição. CANOTILHO, J.J. Gomes. Direito Constitucional e Teoria da Constituição. 7ª Edição. Coimbra: Almedina, 2003, p.1226.

75 Ou, se os fatos forem anteriores à vigência desta Lei, que se aplique as penas do art. 12 da Lei 6.368/76 (03 a 15 anos de reclusão).

atacado em sede recursal. Para tanto, note-se a similaridade entre os bens jurídicos protegidos pelos dispositivos em apreço. Nesta linha de pensamento, correto o entendimento, observado em recentes decisões do C. STJ, que defende a aplicação às condutas do tipo penal do art. 273 do Código Penal, das penas determinadas pelo art. 33, *caput*, da Lei nº 11.343/2006, que estabelece pena corporal de 5 (cinco) a 15 (quinze) anos de reclusão. Confiram-se as mencionadas decisões do C. STJ que seguem essa mesma interpretação em casos similares ao presente: (...)

"PENAL E PROCESSO PENAL. RECURSO ESPECIAL. JUÍZO DE ADMISSIBILIDADE. INCIDÊNCIA DA SÚMULA 126/STJ. AUSÊNCIA DE INTERPOSIÇÃO SIMULTÂNEA DE RECURSO EXTRAORDINÁRIO.

CONTRARIEDADE AOS ARTS. 1º, 53, 59, II, E 273, § 1º e 1º – B, I e VI, DO CP. NÃO OCORRÊNCIA. MITIGAÇÃO DO PRECEITO SECUNDÁRIO DO ART. 273 DO CP. POSSIBILIDADE. PRINCÍPIO DA RAZOABILIDADE E DA PROPORCIONALIDADE. RECURSO ESPECIAL ADESIVO. OFENSA AO ART. 44 DO CP. OCORRÊNCIA. POSSIBILIDADE DE SUBSTITUIÇÃO DA PENA PRIVATIVA DE LIBERDADE POR RESTRITIVA DE DIREITOS. RECURSO ESPECIAL DO PARQUET A QUE SE NEGA PROVIMENTO E APELO

ADESIVO A QUE SE DÁ PROVIMENTO, PARA SUBSTITUIR A PENA DA RECORRENTE, ALTERANDO-SE, DE OFÍCIO, O REGIME DE CUMPRIMENTO DA PENA PARA O ABERTO. (...) 2. A Lei 9.677/98, ao alterar a pena prevista para os delitos descritos no artigo 273 do Código Penal, mostrou-se excessivamente desproporcional, cabendo, portanto, ao Judiciário promover o ajuste principiológico da norma. 3. Tratando-se de crime hediondo, de perigo abstrato, que tem como bem jurídico tutelado a saúde pública, mostrase razoável a aplicação do preceito secundário do delito de tráfico de drogas ao crime de falsificação, corrupção, adulteração ou alteração de produto destinado a fins terapêuticos ou medicinais. 4. O Superior Tribunal de Justiça, por diversas vezes, já assentou a possibilidade de início do cumprimento da pena em regime aberto, bem como de substituição da pena privativa de liberdade por restritiva de direitos, àqueles que tenham praticado crime de tráfico ilícito de entorpecentes ou outro crime hediondo, antes da entrada em vigor das Leis 11.343/06 e 11.464/07. 5. Recurso Especial do Ministério Público não conhecido, dando-se provimento ao Apelo adesivo de Vilma Maria Segalin, para determinar ao Juízo da Vara das Execuções a substituição da pena privativa de liberdade por restritiva de direitos, concedendo-se, de ofício, o regime aberto para cumprimento da pena." (STJ, Resp 915442/SC, Proc. nº 2007/0010944-9, Rel. Min. Maria Thereza de Assis Moura, Sexta Turma, 01/02/2011) (grifou-se)

Com efeito, o legislador está adstrito ao princípio da proporcionalidade, o qual é uma decorrência do princípio geral e maior da isonomia, que tem sede constitucional. Deles infere-se a obrigatoriedade de ser dispensado, pelo legislador, igual tratamento para situações idênticas, sobretudo em sede penal. Quando isto não ocorre, cabe ao Judiciário proceder à devida adequação, nos casos concretos, a fim de preservar os direitos e garantias constitucionalmente estabelecidos. (...)

Desta forma, exsurge cristalina a inconstitucionalidade da pena mínima em abstrato estatuída no art. 273, § 1º – B do CP, porque, ao violar a proporcionalidade entre intensidade da sanção devida à lesão perpetrada, e a natureza do bem jurídico protegido, agravando irrazoavelmente a situação do agente que nela incide, em relação aos agentes que realizam tráfico internacional de entorpecentes, ela fere a própria igualdade constitucionalmente consagrada (...) Este equívoco deve ser corrigido, portanto, reconhecendo-se inconstitucional a punição em tese prevista para o agente que incide no art. 273, § 1º – B, I, do CP, mais precisamente a reprimenda corporal mínima, a qual deve ser então ajustada e aplicada, inclusive por analogia, apenas nos termos e limites estabelecidos para o tipo do art. 33 da Lei 11.343/2006, de modo a se atribuir sanção proporcional à efetiva lesão causada, isto é, cinco a quinze anos e multa. (...)

Por fim, destacamos que a Corte Especial do Superior Tribunal de Justiça pacificou a matéria, no que diz respeito à desproporcionalidade do preceito secundário do art. 273, §§ 1º e 1º-B, V, do CP, **embora aqui não seja o caso de aplicação simultânea de dois preceitos primários (tipo) acabou-se, por via indireta, realizando uma combinação de leis penais, criando-se uma terceira norma (*lex tertia*), com uso do preceito secundário do art. 33 da Lei nº 11.343/2006.** Confira-se, a seguir, esse importante julgado:

> ARGUIÇÃO DE INCONSTITUCIONALIDADE PRECEITO SECUNDÁRIO DO ART. 273, § 1º-B, V, DO CP. CRIME DE TER EM DEPÓSITO, PARA VENDA, PRODUTO DESTINADO A FINS TERAPÊUTICOS OU MEDICINAIS DE PROCEDÊNCIA IGNORADA. OFENSA AO PRINCÍPIO DA PROPORCIONALIDADE. 1. A intervenção estatal por meio do Direito Penal deve ser sempre guiada pelo princípio da proporcionalidade, incumbindo também ao legislador o dever de observar esse princípio como proibição de excesso e como proibição de proteção insuficiente. 2. É viável a fiscalização judicial da constitucionalidade dessa atividade legislativa, examinando, como diz o Ministro Gilmar Mendes, se o legislador considerou suficientemente os fatos e prognoses e se utilizou de sua margem de ação de forma adequada para a proteção suficiente dos bens jurídicos fundamentais. 3. Em atenção ao princípio constitucional da proporcionalidade e razoabilidade das leis restritivas de direitos (CF, art. 5º, LIV), é imprescindível a atuação do Judiciário para corrigir o exagero e ajustar a pena cominada à conduta inscrita no art. 273, § 1º-B, do Código Penal. 4. O crime de ter em depósito, para venda, produto destinado a fins terapêuticos ou medicinais de procedência ignorada é de perigo abstrato e independe da prova da ocorrência de efetivo risco para quem quer que seja. E a indispensabilidade do dano concreto à saúde do pretenso usuário do produto evidencia ainda mais a falta de harmonia entre o delito e a pena abstratamente cominada (de 10 a 15 anos de reclusão) se comparado, por exemplo, com o crime de tráfico ilícito de drogas – notoriamente mais grave e cujo bem jurídico também é a saúde pública. 5. A ausência de relevância penal da conduta, a desproporção da pena em ponderação com o dano ou perigo de dano à saúde pública decorrente da ação e a inexistência de consequência calamitosa do agir convergem para que se conclua pela falta de razoabilidade da pena prevista na lei. A restrição da liberdade individual não pode ser excessiva, mas compatível e proporcional à ofensa causada pelo comportamento humano criminoso. 6. Arguição acolhida para declarar inconstitucional o preceito secundário da norma. (AI no HC 239.363/PR, Rel. Ministro SEBASTIÃO REIS JÚNIOR, CORTE ESPECIAL, julgado em 26/02/2015, DJe 10/04/2015)

É realmente uma situação delicada, pois o que na verdade o Poder Judiciário tem feito, ao aplicar uma pena de outro crime (tráfico de droga) em substituição àquela prevista no art. 273 do CP, por semelhança entre as condutas e bens jurídicos (analogia), é**, sim, criar uma terceira lei para o caso concreto, menos injusta, diga-se de passagem**. A diferença é que aqui não existe conflito de leis no tempo (direito intertemporal), entre leis anteriores mais benéficas e leis posteriores parcialmente mais severas.

Seja como for, a incidência do princípio da proporcionalidade acabou por justificar a redução da pena mínima por meio da aplicação da pena mais parecida com o tipo, por analogia, entendimento que perdura até o fechamento desta nova edição, conforme se vê do seguinte precedente:

> PROCESSUAL PENAL E PENAL. AGRAVO REGIMENTAL NO RECURSO ESPECIAL.IMPORTAÇÃO DE MEDICAMENTO SEM REGISTRO NA AUTORIDADE SANITÁRIA. ART.273, §1º-B, DO CÓDIGO PENAL - CP. INCONSTITUCIONALIDADE

> DO PRECEITO SECUNDÁRIO. APLICAÇÃO DA PENA PREVISTA NO ART. 33 DA LEI N.11.343/06 E MINORANTE § 4º. AGRAVO REGIMENTAL DESPROVIDO. 1. **Esta Corte reconheceu a inconstitucionalidade do preceito secundário do art. 273, §1º-B, do Código Penal, determinando a aplicação da pena prevista no art. 33 da Lei 11.343/2006, com a possibilidade de cabimento da minorante do § 4º do referido dispositivo.** 2. Consta dos autos que o agravante foi denunciado pela prática de crime de importação de medicamento sem registro na autoridade sanitária competente (740 cartelas de pramil). A conduta amolda-se à do art. 273, § 1º-B, I, do Código Penal, devendo ser aplicada a pena do art. 33 da Lei 11.343/06, com minorante do § 4º do referido dispositivo. 2. Agravo regimental desprovido. (AgRg no REsp 1810273/SP, Rel. Ministro JOEL ILAN PACIORNIK, QUINTA TURMA, julgado em 01/10/2019, DJe 07/10/2019)

Cumpre destacar, por fim, que existe divergência entre a 5ª e a 6ª Turmas do Superior Tribunal de Justiça, quanto à possibilidade de aplicação da causa de redução de pena do § 4º do art. 33 da Lei nº 11.343/06, aplicável em princípio aos "mulas" do tráfico também por analogia, ou seja, pessoas arregimentadas para o transporte destes produtos terepêuticos ou medicinais, sem se dedicar a essa atividade de forma habitual ou sem integrar organização criminosa, conforme se vê do seguinte precedente:

> AGRAVO REGIMENTAL NO RECURSO ESPECIAL. CRIME DO ART 273, §1°-B, I E V, DO CÓDIGO PENAL. PRECEITO SECUNDÁRIO DO ART. 33 DA LEI 11.343/2006 FIXADO PELO TRIBUNAL DE ORIGEM. MINORANTE DO ART. 33, § 4°, DA REFERIDA LEI NÃO APLICADA PELA EXISTÊNCIA DE MAUS ANTECEDENTES. VETORIAL AFASTADA NESTA CORTE. INCIDÊNCIA DA CAUSA DE DIMINUIÇÃO. IMPOSSIBILIDADE. AUSÊNCIA DE PREVISÃO LEGAL. DETRAÇÃO. FALTA DE PREQUESTIONAMENTO. AGRAVO IMPROVIDO. **1. Nos termos da jurisprudência desta Corte Superior, não é cabível, por ausência de previsão legal, a aplicação da minorante prevista no § 4º do art. 33 da Lei 11.343/06 aos crimes previstos no art. 273, § 1°-B, do CP, mesmo nas hipóteses em que se tenha utilizado o preceito secundário do crime de tráfico de drogas**. 2. Não analisada pelo Tribunal a quo a matéria referente à detração, carece o recurso especial do indispensável requisito do prequestionamento. Incidência das Súmulas 282 e 356 do STF. 3. As alterações trazidas pela Lei n. 12.736/2012 não afastaram a competência concorrente do Juízo das Execuções para a detração, nos termos do art. 66 da Lei n. 7.210/1984, sempre que o magistrado sentenciante não houver adotado tal providência. Agravo regimental desprovido (AgRg no REsp 1716664/SP, Rel. Ministro FELIX FISCHER, QUINTA TURMA, julgado em 17/05/2018, DJe 28/05/2018). 4. Agravo regimental improvido. (AgRg no REsp 1740663/PR, Rel. Ministro NEFI CORDEIRO, SEXTA TURMA, julgado em 11/06/2019, DJe 21/06/2019) (grifo nosso)

Falsificação, corrupção, adulteração ou alteração culposas – O § 2º do art. 273 do CP, prevê uma modalidade culposa, ou seja, a título de negligência, imprudência ou imperícia, nos seguintes termos: "Se o crime é culposo: Pena – detenção, de 1 (um) a 3 (dois) anos, e multa.". O dispositivo é extremamente genérico e isso gera dúvidas quanto à sua tipificação, uma vez que nem todas as condutas do *caput* são compatíveis com a negligência, imprudência ou imperícia. Assim, entendemos a conduta de **ter em depósito para vender** é necessariamente dolosa, porque pressupõe uma finalidade específica desejada pelo agente, no caso, de vender posteriormente a substância nociva à saúde. Se a mantém em depósito é porque está consciente e quer utilizá-la posteriormente para circulação no comércio.

As demais ações típicas podem ser praticadas culposamente, sem restrições.

Finalmente, é imprescindível analisar as consequências da pena fixada pelo legislador, majorada para detenção de 1 a 3 anos.

Inicialmente, causa certo espanto que essa punição, independentemente de ocorrência de resultado mais gravoso (como lesões corporais e morte) seja equiparada ao homicídio culposo, que prevê a mesma pena, nos termos do art. 121, § 3º, do CP, sendo um também uma constatação de violação a diversos princípios do Direito Penal, especialmente no que se refere à proporcionalidade entre os bens jurídicos tutelados. De fato, essa é a maior pena cominada entre todos os crimes culposos previstos no Código Penal, na forma simples. Mas, ainda assim, o agente encontra-se aqui em situação pior, pois não há a possibilidade de perdão judicial[76]. Um homicida poderá se valer desse benefício, mas um vendedor, importador etc. de produtos destinados a fins terapêuticos ou medicinais não, por ausência (talvez proposital) de disposição legal semelhante.

Não é só. O legislador olvidou-se das causas especiais de aumento de pena do art. 258 do CP, aplicáveis por extensão aos crimes contra a saúde pública por força do art. 285 do mesmo diploma. A ideia do Código, conforme tratamos já exaustivamente, era a de punir mais severamente aquele que causa um perigo de proporção tal que possibilite um resultado mais grave, embora não querido pelo sujeito ativo, tanto para as condutas dolosas quanto as condutas culposas. E na segunda parte do preceito, está escrito o seguinte: "(...) No caso de culpa, se do fato resulta lesão corporal, a pena aumenta-se de metade; se resulta morte, aplica-se a pena cominada ao homicídio culposo, aumentada de um terço". É perfeitamente justificável que a morte culposa nesse caso seja punida mais severamente do que o homicídio culposo, uma vez que nos crimes contra a incolumidade pública as vítimas em potencial são indeterminadas. Logo, se uma pessoa morre por conta do perigo causado pelo agente, existiu, em tese, probabilidade de vários outros óbitos, daí o aumento de pena de 1/3 (um terço), **elevando a pena do crime (culposo) pena de 1 (um) ano e 4 (quatro) meses a 4 (quatro) anos de reclusão.**

Mas o que foi esquecido é que, se se quisesse guardar proporcionalidade sistêmica em todo o Código Penal, **não se poderia fixar pena máxima acima de 2 (dois) anos para os crimes culposos na forma simples (sem mais potencialidade lesiva), como ocorreu.** Não foi percebido que as lesões corporais causadas também culposamente, de qualquer natureza (leve, média, grave ou gravíssima), recebem tratamento uniforme, ou seja, são todas elas aumentadas de ½ (metade). E essa exasperação deixará a reprimenda em 1 (um) ano e 6 (seis) meses a 4 (quatro) anos e 6 (seis) meses de reclusão, ou seja, **superior ao resultado morte previsto no mesmo art. 258 do CP (!).** Tal situação é inconcebível e acaba por desarmonizar o Código Penal

76 (...) Homicídio culposo § 3º Se o homicídio é culposo: (Vide Lei nº 4.611, de 1965) Pena – detenção, de um a três anos (...) 5º – Na hipótese de homicídio culposo, o juiz poderá deixar de aplicar a pena, se as consequências da infração atingirem o próprio agente de forma tão grave que a sanção penal se torne desnecessária. (Incluído pela Lei nº 6.416, de 24.5.1977).

no sentido de que a maior pena prevista a título de culpa era a de 4 (quatro) anos de reclusão[77], se alguém **morresse** por conta de um perigo causado à coletividade.

Fica assim então a situação esdrúxula: se alguém vender culposamente medicamento adulterado, por exemplo, ficará na expectativa de que nada aconteça ou que a vítima venha a falecer, pois se ela sofrer qualquer tipo de lesão corporal (lesões leves etc.) estará o autor sujeito a uma punição mais rigorosa.

Urge, pois, que seja declarada a inconstitucionalidade do preceito secundário do art. 273, § 2º, do Código Penal, pelas razões expostas.

7.5. Consumação e tentativa

O delito se consuma no exato momento em que surge o perigo à coletividade, ou seja, quando ocorre o envenenamento, independentemente de existência de dano efetivo a vida ou saúde de outrem (crime formal ou de consumação antecipada). Também é **instantâneo de efeitos permanentes** porque o perigo permanecerá existindo após a corrupção adulteração falsificação ou alteração dos produtos, que permanecerá, se não definitivamente, por período razoável. O que importa é que na fase de exaurimento o perigo se protraia no tempo. **A exceção é o ato de ter em depósito para vender**, que é crime **permanente**. Enquanto os produtos/substâncias estiverem na posse do agente, haverá consumação ao longo do tempo, com estado permanente de flagrante delito.

Para que seja configurada, a exposição a perigo deve, necessariamente, causar perigo concreto à incolumidade pública, independentemente da efetiva lesão aos bens jurídicos tutelados. Ademais, é um delito que deixa vestígios (crime não transeunte), razão pela qual o art. 158 do Código de Processo Penal exige o respectivo exame de corpo de delito para sua comprovação.

O crime é de perigo concreto, portanto. Não há falar de crime consumado ou tentado se em momento algum houve risco à segurança da coletividade, ou seja, de um número indeterminado de pessoas. Se não houver perigo nessa extensão, poderá ocorrer o crime de dano qualificado (art. 163, parágrafo único, II, CP), ou até mesmo homicídio qualificado por emprego de veneno ou de meio que possa causar perigo comum (CP, art. 121, § 2º, III). De fato, entendemos que a perícia é essencial no sentido de verificar se o produto ou substância voltado a fins terapêuticos ou medicinais é apto a causar risco à coletividade. Se assim não for, todo o art. 273 do Código Penal poderia ser considerado inconstitucional, por inobservância dos princípios da proporcionalidade e da ofensividade[78].

77 A propósito, a epidemia culposa com resultado morte (CP, art. 267, § 2º, parte fnal), já vimos, é uma norma secundária autônoma dos arts. 285 c/c art. 258 do CP e ainda observa esse limite máximo, pois prevê pena de 2 (dois) a 4 (quatro) anos de detenção.

78 REALE JR., Miguel. cit., p. 431: (...) A inconstitucionalidade por lesão aos valores e princípios constitucionais é patente, dada a extensão da desmedida promovida pela novel normativa penal. Isto posto, posso, com segurança, alcançar as seguintes conclusões, que exponho de forma articulada para a melhor visualização da matéria: a) as normas contidas na Lei 9.677/98, no que tange à tipificação

Paulo Queiroz[79] entende que, em caso de ausência de lesão à saúde pública, é caso de desclassificação para o crime de contrabando (atualmente previsto no art. 334-A, II, III a V, do Código Penal, com a redação da Lei nº 13.008 de 26/6/2014[80]):

> (...) Com efeito, dizer que o crime de perigo abstrato se consuma independentemente de um perigo real não significa que possam existir tipos penais que criminalizem o não perigo, isto é, que resultem de um simples capricho do legislador de proibir pelo prazer de proibir prazer de proibir, mesmo porque a intervenção penal implica, inevitavelmente, limitação de direitos individuais. E mais: a pretexto de proteger bens jurídicos, a intervenção penal pode eventualmente significar a violação sistemática desses bens. (...)

Entretanto, ao que tudo indica, o Superior Tribunal de Justiça ainda mantém o entendimento de que se aplica a norma em estudo, pelo princípio da especialidade, não sendo possível sua desclassificação para o crime de contrabando:

> AGRAVO REGIMENTAL NO RECURSO ESPECIAL. IMPORTAÇÃO IRREGULAR DE MEDICAMENTO SEM REGISTRO NA ANVISA. ARTIGO 273, § 1º E § 1º-B, DO CÓDIGO PENAL. CAPITULAÇÃO LEGAL. PRINCÍPIO DA ESPECIALIDADE. AGRAVO DESPROVIDO. 1. "A conduta de introduzir no país produtos destinados a fins terapêuticos ou medicinais sem registro no órgão de vigilância sanitária competente ou de procedência ignorada, se subsume ao delito do artigo 273, §§ 1º, 1º-B, I e V, do Código Penal, não cabendo desclassificação para o delito de

---

de crimes contra a saúde pública, nem sempre guardam adequada relação com o bem jurídico constitucionalmente tutelado, qual seja, a saúde pública; b) as novas regras atingem, em seu conjunto, os princípios constitucionais da proporcionalidade e da ofensividade; c) a normativa do art. 273, caput, § 1º – B, I, II, III, V e VI padece de incontornável inconstitucionalidade, uma vez que os fatos incriminados ou c.1) não são de molde a ameaçar colocar em risco ou lesar interesses relevantes, ou c.2) ferem, frontalmente, os princípios constitucionais da proporcionalidade e da ofensividade, atingindo os valores supremos da liberdade e da Justiça; d) as pelas regras do art. 273, caput, parágrafo primeiro e § 1º – A, e o inc. IV do art. § 1º – B, embora firam os mesmos princípios, podem ser salvas se receberem interpretação que as conforme à Constituição. Para tanto, os crimes aí tipificados devem ser tido como crimes de perigo concreto, dependendo, portanto, par aa sua efetiva configuração, da comprovação de risco real à saúde pública, em razão da nocividade negativa, ou seja, da perda ou redução significativa dos predicados do produto.

79 Parecer lançado nos autos da Ap nº 0000806-58.2009.4.01.3200 (2009.32.00.000809-7)/AM.

80 Contrabando Art. 334-A. Importar ou exportar mercadoria proibida: (Incluído pela Lei nº 13.008, de 26.6.2014) Pena – reclusão, de 2 (dois) a 5 (cinco) anos. (Incluído pela Lei nº 13.008, de 26.6.2014) § 1º Incorre na mesma pena quem: (Incluído pela Lei nº 13.008, de 26.6.2014) I – pratica fato assimilado, em lei especial, a contrabando; (Incluído pela Lei nº 13.008, de 26.6.2014) II – importa ou exporta clandestinamente mercadoria que dependa de registro, análise ou autorização de órgão público competente; (Incluído pela Lei nº 13.008, de 26.6.2014) III – reinsere no território nacional mercadoria brasileira destinada à exportação; (Incluído pela Lei nº 13.008, de 26.6.2014) IV – vende, expõe à venda, mantém em depósito ou, de qualquer forma, utiliza em proveito próprio ou alheio, no exercício de atividade comercial ou industrial, mercadoria proibida pela lei brasileira; (Incluído pela Lei nº 13.008, de 26.6.2014) V – adquire, recebe ou oculta, em proveito próprio ou alheio, no exercício de atividade comercial ou industrial, mercadoria proibida pela lei brasileira. (Incluído pela Lei nº 13.008, de 26.6.2014) § 2º – Equipara-se às atividades comerciais, para os efeitos deste artigo, qualquer forma de comércio irregular ou clandestino de mercadorias estrangeiras, inclusive o exercido em residências. (Incluído pela Lei nº 4.729, de 14.7.1965) § 3º A pena aplica-se em dobro se o crime de contrabando é praticado em transporte aéreo, marítimo ou fluvial. (Incluído pela Lei nº 13.008, de 26.6.2014)

contrabando, em obediência ao Princípio da Especialidade" (REsp n. 1.728.166/SP, Rel. Ministro JORGE MUSSI, Quinta Turma, DJe 19/9/2018). 2. Agravo regimental desprovido. (AgRg no REsp 1788515/SC, Rel. Ministro REYNALDO SOARES DA FONSECA, QUINTA TURMA, julgado em 07/05/2019, DJe 20/05/2019)

Consequentemente, se o perigo (concreto ou abstrato) pressupõe (conceitualmente) a possibilidade de dano, não há crime algum se se verificar a inocuidade de um determinado produto ou substância.

Justamente por isso é que não há crime de tráfico de droga se a substância apreendida já não dispunha de seu princípio ativo, visto que a rigor droga não é (mais); nem há crime de moeda falsa se se tratar de falso grosseiro, por carecer de potencialidade lesiva. É que, embora ambos sejam delitos classificáveis como de perigo (e/ou formal), os quais, por conseguinte, consumam-se

independentemente de a droga ou moeda ter sido concretamente usada ou posta em circulação, prejudicando indivíduos concretos, eles não se perfazem sempre que se constatar a ineficácia absoluta do meio ou a absoluta impropriedade do objeto (crime impossível: CP, art. 17).

Não se deve, pois, confundir a presunção legal de perigo (perigo abstrato) com a ausência mesma de perigo.

O que exatamente foi considerado irregular nos produtos periciados? Eis o que concluiu o primeiro laudo (f. 122), precisamente: 1) O LACTON, que é um laxativo, deve ser comercializado com um novo registro, visto que o registro anterior não é válido; 2) O SULFASEDAR, indicado contra germes sensíveis, teve seu pedido de renovação indeferido; 3) O EXTRATO HEPÁTICO, indicado para colerético, não possui registro na ANVISA; 4) O ELIXIR PAREGÓRICO, antiespasmódico, não tem registro; 5) O VICK VAPORUB, de uso tópico, também está sem registro.

No mais, foi dito que "os demais produtos estão em conformidade em relação à validade de seu registro junto a ANVISA, inclusive para alguns produtos que se encontram com o registro vencido, porém fizeram o pedido de renovação de registro do produto".

O laudo em momento algum afirmou que tais produtos fossem nocivos à saúde, devendo-se presumir, em princípio, justamente o contrário. Já vimos também que parte deles obteve posterior registro/autorização da ANVISA.

Já o segundo Laudo, que não examinou remédios, mas fitoterápicos (sabonetes, acetona, óleo bronzeador, preservativo, parafina bronzeadora, cure band, pílulas naturais etc.) concluiu, f. 134, item 5, que "o Elixir Paregórico, Sebo de Holanda Dolly, Óleo Bronzeador, Pílulas naturais diversa são de ordem vegetal/animal e não possuem registro na ANVISA". Disse ainda que o Cure-Band, o veneno para ratos, o Flaying Panther e o Preservativo "Amore Mio" são de origem estrangeira.

Especificamente quanto à nocividade à saúde dos produtos irregulares, consignou que "o agrotóxico carbamato presente no produto item 31, veneno para ratos, é de uso exclusivo agrícola, não podendo ser comercializado para uso doméstico...".

Enfim, o que se tem são (principalmente) remédios que, embora comercializados de forma irregular no país, porque sem registro/autorização junto à ANVISA (Agencia Nacional de Vigilância Sanitária), não importam, em princípio, em grave perigo de dano à saúde dos usuários, mesmo porque estão destinados a fazer um bem à saúde, tanto é assim que parte deles já foi regularmente vendida no Brasil.

Os demais são produtos de higiene inofensivos e um veneno para ratos não destinado ao consumo humano.

Em semelhante contexto, força é convir que não restou configurando o crime do art. 273, § 1º – B, do CP.

> O caso é, por conseguinte, de desclassificação para o delito do art. 334, § 1º, *c* (contrabando ou descaminho), visto que o apelante vendeu, expôs à venda e manteve em depósito, no exercício de atividade comercial, mercadoria de procedência estrangeria que sabia ser de introdução clandestina no território nacional. (...)

Contudo, esse entendimento não tem sido adotado pelo Superior Tribunal de Justiça, que diz ser possível realizar a desclassificação:

> PENAL. IMPORTAÇÃO ILEGAL DE MEDICAMENTOS. ART. 273, § 1º – B, INCISOS I, V E VI, DO CÓDIGO PENAL. SENTENÇA CONDENATÓRIA QUE APLICOU AO RÉU A PENA PREVISTA NO CRIME DE CONTRABANDO. PRINCÍPIO DA PROPORCIONALIDADE. CORTE REGIONAL QUE IMPÔS A REPRIMENDA DO TRÁFICO DE ENTORPECENTES. IMPOSSIBILIDADE. 1. Não é dado ao juiz, em razão do princípio da proporcionalidade, aplicar ao réu condenado a determinado tipo penal sanção diversa daquela legalmente prevista (preceito secundário da norma). 2. In casu, a aplicação, pelo Juiz sentenciante, da reprimenda prevista para o delito de contrabando (art. 334, caput, do CP) ao réu condenado pelo crime tipificado art. 273, § 1º – B, incs. I, V e VI, do CP) foi incorreta, do mesmo modo a aplicação da pena do tráfico de drogas realizado pelo Tribunal a quo. 3. No entanto, na ausência de recurso da acusação a fim de proceder a correta tipificação do fato ao preceito secundário da norma penal, é vedado a esta Corte Superior anular o acórdão recorrido, ou, até mesmo elevar a reprimenda. 4. Diante da dificuldade processual, a melhor solução é o restabelecimento do decreto de 1º grau. 5. Recurso especial do Parquet a que se nega provimento e o da Defesa provido para restabelecer a sentença condenatória. (REsp 1050890/PR, Rel. Ministro JORGE MUSSI, QUINTA TURMA, julgado em 13/12/2011, DJe 02/02/2012)

Em sentido contrário, Bitencourt[81] preceitua que o crime é de perigo abstrato, presumido pela lei, bastando o agente praticar qualquer das condutas do art. 271, *caput* e parágrafos, do CP. Ao que parece, a jurisprudência do Superior Tribunal de Justiça acolheu tal entendimento quanto aos crimes do art. 273, §§ 1º e 1º – B, do CP, embora por vezes refira à natureza formal do crime:

> AGRAVO REGIMENTAL NO AGRAVO EM RECURSO ESPECIAL. ART. 273, § 1º – B, DO CP. VENDA DE MEDICAMENTO SEM REGISTRO DA AUTORIDADE COMPETENTE E POR PESSOA NÃO HABILITADA. COMPROVAÇÃO DA AUTORIA E DA MATERIALIDADE. EXAME PERICIAL. DESNECESSIDADE. PRECEDENTES DO SUPERIOR TRIBUNAL DE JUSTIÇA. AGRAVO REGIMENTAL IMPROVIDO. 1. O entendimento do aresto recorrido coaduna-se com a jurisprudência desta

81 Tratado de Direito Penal, cit., p. 313.

Corte Superior, no sentido de ser desnecessária a realização de exame pericial para comprovar a prática do crime previsto no art. 273, § 1º – B, do CP, uma vez que se trata de delito formal, que se satisfaz com a venda, exposição à venda, depósito, distribuição ou entrega a consumo de produto sem registro, quando exigível, no órgão de vigilância sanitária competente, sendo exatamente esse o caso dos autos.2. Agravo regimental improvido. (AgRg no AREsp 198.307/PR,Rel. Ministro CAMPOS MARQUES (DESEMBARGADOR CONVOCADO DO TJ/PR), QUINTA TURMA, julgado em 21/02/2013, DJe 27/02/2013) HABEAS CORPUS. ART. 273, CAPUT, E §§ 1º E 1º – B, INCISO I, DO CÓDIGO PENAL. FISCAIS DA ANVISA QUE ATESTARAM QUE O ESTABELECIMENTO COMERCIAL ADMINISTRADO PELOS PACIENTES VENDIA PRODUTOS SEM O EXIGÍVEL REGISTRO DA AGÊNCIA. FÉ PÚBLICA DOS SERVIDORES DA AGÊNCIA REGULADORA. DESNECESSIDADE DE PERÍCIA. IMPETRANTES QUE NÃO TROUXERAM SIMPLES DOCUMENTAÇÃO AOS AUTOS DEMONSTRANDO QUE OS PRODUTOS NÃO ESTARIAM SUJEITOS À VIGILÂNCIA SANITÁRIA. JUSTA CAUSA PARA A AÇÃO PENAL CONFIGURADA. ORDEM DE HABEAS CORPUS DENEGADA. 1.

Importar, vender, expor à venda, ter em depósito para vender ou, de qualquer forma, distribuir ou entregar a consumo, produtos destinado a fins terapêuticos ou medicinais, sem registro no órgão de vigilância sanitária competente, quando exigível, são condutas tipificadas como crime (inteligência combinada do art. 273, caput, e §§ 1º e 1º – B, inciso I, do Código Penal). 2. Para a prática da referida conduta não é exigível perícia, bastando a ausência de registro na ANVISA, obrigatório na hipótese de insumos destinados a fins terapêuticos ou medicinais. Referidas características dos produtos podem ser atestadas por fiscal técnico da Agência, conhecedor das normas de regulação e que, no exercício do seu mister, tem fé pública.

3. A gama de produtos sujeitos ao regime sanitário é extensa e abrangente, compreendendo medicamentos, insumos farmacêuticos, drogas e correlatos, que não podem ser industrializados, expostos à venda, ou entregues a consumo, sem o registro do órgão competente. Arts. 1º e 12, da Lei nº 6360/76, e regulamento (arts. 1º e 12, do Decreto nº 79.094/76). 4. No caso, outrossim, em nenhum momento os Impetrantes afirmaram, ou demonstraram, que os produtos apreendidos no estabelecimento dos Pacientes (loja de suplementos alimentares) não estariam sujeitos ao regime de vigilância sanitária, para o que bastaria a simples demonstração das normas pertinentes. Desta feita, não ocorre a falta de justa causa para a ação penal, devendo o juízo de culpabilidade na espécie ser procedido pelas instâncias ordinárias. 5. Ordem de habeas corpus denegada. (HC 177.972/BA, Rel. Ministra LAURITA VAZ, QUINTA TURMA, julgado em 28/08/2012, DJe 05/09/2012)

Assim como no crime anterior, a tentativa é admissível, uma vez que é possível visualizar a divisão das etapas do *iter criminis*, especialmente entre o último ato de execução e a sua consumação (crime plurissubsistente). Essa é a regra. Entendemos, todavia, que o *conatus* (crime tentado) não é possível em relação às condutas de expor à venda e de ter em depósito para vender (art. 273, § 1º /CP), por duas razões: a primeira, porque, normalmente os atos que lhes antecedem são meramente preparatórios, penalmente irrelevantes, não havendo falar de atos executórios. Assim, se um comerciante, sabendo que adquire remédios adulterados, perde-os durante o transporte para sua farmácia, não pratica crime algum, pois não há tipificação da conduta de adquirir e não houve efetivo depósito ou exposição dos bens. E a segunda, porque o agente, em outras situações, praticará uma das outras condutas descritas no art. 273 do CP (*caput* e parágrafos), antes da guarda para vender ou exposição à venda que serão *post factum* impuníveis, a exemplo daquele que falsifica ou adultera medicamentos antes de comercializá-los.

7.6. Classificação doutrinária

Comum, porque pode ser praticado por qualquer pessoa; **Vago**, pois o sujeito passivo é a coletividade, de forma genérica, com vítima indeterminada; **Doloso**, na forma do *caput* e condutas assemelhadas dos §§ 1º e 1º – B do art. 273 do CP, e **culposo** no caso do respectivo § 2º. **Comissivo**, praticado, em regra, por meio de uma ação, sem prejuízo de responder por omissão imprópria, se o agente era responsável em garantir a não ocorrência do crime (CP, art. 13, § 2º); **De ação múltipla**, pois quatro são as ações típicas da cabeia do dispositivo, (corromper, adulterar, falsificar ou alterar) e mais 6 (seis) do § 1º – B (importar, vender, expor à venda, ter em depósito para vender ou distribuir ou entregar a consumo). Se forem praticadas em um mesmo contexto, o agente responderá por um só crime. **De ação livre**, pois essas ações podem ser praticadas por qualquer meio ou instrumento. **Formal, de consumação antecipada ou de resultado cortado**, já que o resultado previsto no tipo é irrelevante para fins de consumação, bastando praticar a conduta descrita no tipo penal. De **perigo concreto**, pois o risco à saúde pública deve ser demonstrado no caso concreto, especialmente por meio de laudo pericial. **Instantâneo** porque está consumado a partir do momento em que o agente pratica as condutas descritas no tipo, não se protraindo para o futuro. Haverá, após, exaurimento (*post factum*) do crime. A exceção é o ato **de ter em depósito para vender, que é crime permanente**. **Unissubjetivo ou de concurso eventual de pessoas**, pois pode ser praticado por um ou mais sujeitos.

7.7. Causas de aumento de pena

O art. 258 do CP dispõe sobre as "formas qualificadas dos crimes de perigo comum", mas, segundo a opinião da doutrina, trata-se de causas de aumento de pena da Parte Especial, uma vez que não são preceitos secundários autônomos e fazem remissão a penas preexistentes.

O referido dispositivo prevê:

> Se do crime doloso de perigo comum resulta lesão corporal de natureza grave, a pena privativa de liberdade é aumentada de metade; se resulta morte, é aplicada em dobro. No caso de culpa, se do fato resulta lesão corporal, a pena aumenta-se de metade; se resulta morte, aplica-se a pena cominada ao homicídio culposo, aumentada de um terço.

Tais circunstâncias são aplicáveis aos crimes do Capítulo III (Dos crimes contra a saúde pública), salvo o do art. 267 (epidemias dolosa e culposa), quer porque só se qualifica pelo resultado morte, com aplicação de pena em dobro, quer porque existe expressa disposição legal no art. 285 do CP: "Aplica-se o disposto no art. 258 aos crimes previstos neste Capítulo, salvo quanto ao definido no art. 267". Isso posto, as penas serão cominadas em abstrato serão acrescidas da seguinte forma:

> a) **quando o crime for preterdoloso**: a.1) aplica-se o aumento de metade (1/2) se sobrevier lesão corporal **grave ou gravíssima**, resultando em uma pena de 15 (quinze) a 22 (vinte e dois) anos e 6 (seis) meses de reclusão; a.2) aumenta-se

a pena em dobro se ocorrer morte, ficando em 20 (vinte) a 30 (trinta) anos de reclusão.

b) quando o crime for **culposo** (crime qualificado pelo resultado **também culposo** – culpa + culpa): b.1) aplica-se o aumento de metade (1/2) se sobrevier **lesão corporal** (leve, média, grave ou gravíssima), cuja pena será de 1 (um) ano e 6 (seis) meses a 4 (quatro) anos e 6 (seis) meses de detenção; b.2) aplica-se a pena do homicídio culposo aumentada de um terço (1/3), em caso de morte (a pena será arbitrada, também, entre 1 ano e seis meses a quatro anos e seis meses de detenção).

Como estamos vendo agora, aqui está mais uma incoerência da Lei nº 9.677/98, a qual, é certo, passou completamente despercebida: **nestes crimes culposos, o legislador acabou equiparando as lesões corporais de qualquer natureza ao resultado morte, haja vista que as penas são exatamente a mesmas**. Ao cominar pena de 1 ano e 3 meses de detenção para todas as modalidades de crimes culposos, acabou por equipará-las ao homicídio culposo (CP, art. 121, § 3º), em clara desproporcionalidade em relação aos bens jurídicos tutelados pelo Direito Penal. Assim, se uma única pessoa sofrer uma lesão corporal leve em decorrência de uma venda (culposa) de certo medicamento adulterado, terá responsabilidade penal equiparada à hipótese de que tivesse de fato matado alguém com sua conduta. Mais uma necessária correção a ser feita, eventualmente, por meio de controle concentrado de constitucionalidade.

7.8. Infrações penais assemelhadas da legislação específica

7.8.1. Crimes do Código Penal Militar

Fornecimento de substância nociva

Art. 295. Fornecer às fôrças armadas substância alimentícia ou medicinal corrompida, adulterada ou falsificada, tornada, assim, nociva à saúde:

Pena – reclusão, de dois a seis anos. Modalidade culposa Parágrafo único. Se o crime é culposo:

Pena – detenção, de seis meses a dois anos.

Art. 296. Fornecer às fôrças armadas substância alimentícia ou

medicinal alterada, reduzindo, assim, o seu valor nutritivo ou terapêutico:

Pena – detenção, de seis meses a dois anos. Modalidade culposa Parágrafo único. Se o crime é culposo:

Pena – detenção, até seis meses.

Envenenamento, corrupção ou epidemia

Art. 385. Envenenar ou **corromper água potável**, **víveres ou forragens**, ou causar epidemia mediante a propagação de germes patogênicos, se o fato compromete ou pode comprometer a preparação, a eficiência ou as operações militares, ou de qualquer forma atenta contra a segurança externa do país:

Pena – morte, grau máximo; reclusão, de vinte anos, grau mínimo. Modalidade culposa

Parágrafo único. Se o crime é culposo:

Pena – detenção, de dois a oito anos.

7.8.2. *Crime contra a economia popular (Lei nº 1.521/51)*

> **Art. 2º**. São crimes desta natureza: (...) V – misturar gêneros e mercadorias de espécies diferentes, expô-los à venda ou vendê-los, como puros; misturar gêneros e mercadorias de qualidades desiguais para expô-los à venda ou vendê-los por preio marcado para os de mais alto custo; (...)
>
> Pena – detenção, de 6 (seis) meses a 2 (dois) anos, e multa, de dois mil a cinqüenta mil cruzeiros.

Sobre os crimes assemelhados, conferir os comentários do art. 272 do Código Penal, uma vez que lá tratamos deles e que as semelhanças se repetem, até porque, como dissemos, a legislação especial careceu de atualização e continua a tratar, conjuntamente, dos produtos alimentícios, terapêuticos e medicinais, indistintamente.

Finalmente, quanto ao art. 385 do CPM (crime militar em tempo de guerra), remetemos o leitor aos comentários dos arts. 267, 270 e 271 do Código Penal, a fim de evitar repetições desnecessárias.

7.9. Potencialidade ofensiva

Inicialmente, os crimes do art. 273, *caput*, e §§ 1º e 1º – B (delitos assemelhados) do CP são de **alto potencial ofensivo** já que cominam, em suas formas simples, pena de 10 (dez) a 15 (quinze) anos de reclusão, razão pela qual não cabe transação penal e suspensão condicional do processo (*sursis* processual), porque pressupõem, respectivamente, pena máxima não superior a 2 (dois) anos e pena mínima não superior a 1 (um) ano, nos termos dos arts. 61 c/c art. 76, e 89 da Lei nº 9.099/95[82].

Porém, na modalidade culposa (art. 273, § 2º, do CP), praticada na sua forma simples (sem aumentos de pena), será crime **de médio potencial ofensivo**, porque a pena prevista é de 1 (um) a 3 (três) anos de detenção (superior em um ano em relação à forma culposa do crime anterior), ensejando apenas a suspensão condicional do processo. Entretanto, sobrevindo qualquer lesão corporal como resultado não desejado, será **de alto potencial ofensivo** porque tanto a pena mínima quanto a máxima ultrapassarão os limites legais da Lei dos Juizados Especiais.

Por fim, **não se admitirá transação penal ou suspensão condicional se resultar morte**, porque o art. 258 determina que seja aplicada, nesse caso, a pena do homicídio culposo (cominada em 1 a 3 anos de detenção) aumentada de 1/3 (um terço), como causa especial de aumento (pena de 1 (um) ano e 4 (quatro) meses a 4 (quatro) anos de reclusão). O legislador considerou que a morte causada em uma situação

---

82 Art. 61. Consideram-se infrações penais de menor potencial ofensivo, para os efeitos desta Lei, as contravenções penais e os crimes a que a lei comine pena máxima não superior a 2 (dois) anos, cumulada ou não com multa.

Art. 89. Nos crimes em que a pena mínima cominada for igual ou inferior a um ano, abrangidas ou não por esta Lei, o Ministério Público, ao oferecer a denúncia, poderá propor a suspensão do processo, por dois a quatro anos, desde que o acusado não esteja sendo processado ou não tenha sido condenado por outro crime, presentes os demais requisitos que autorizariam a suspensão condicional da pena (art. 77 do Código Penal).

de perigo provocada pelo sujeito ativo será de elevado potencial ofensivo, já que as penas (mínima e máxima) ficarão acima dos limites legais mencionados.

7.10. Ação penal e competência do juízo

A ação penal é pública incondicionada, uma vez que o Código não exige iniciativa privativa do ofendido, representação ou requisição do Ministro da Justiça (CP, art. 100). De fato, o condicionamento da ação penal nos crimes previstos no Título VII, parece ser incompatível com a proteção do interesse público relativo à tutela judicial da incolumidade pública em geral.

A competência para o processamento e julgamento dos crimes previstos no art. 273 do CP é da Justiça Estadual (competência residual), uma vez que não há, em princípio, interesse da União, suas autarquias, fundações ou empresas públicas (CF, art. 109, IV). Com efeito, nos termos dos arts. 23, III, 196 e 197, todos da Constituição[83], a saúde pública é de atribuição de todos os entes federativos, sem preponderância de uns sobre outros. E cada um em sua esfera de competência é responsável pela fiscalização, regulamentação e controle dos serviços e ações de saúde, sem prejuízo de auxílio na execução dessas medidas dos particulares, pessoas físicas ou jurídicas.

Entretanto, a competência é da Justiça Federal quando se tratar de venda, depósito para vender, importação ou distribuição, para outros países, de substância ou produtos terapêuticos ou medicinais, uma vez que existe o interesse da União na fiscalização quanto à entrada e saída dessas mercadorias, nos termos do art. 21, XXII, da Constituição Federal: "Art. 21. Compete à União (...) XXII – executar os serviços de polícia marítima, aeroportuária e de fronteiras". Em resumo: deve haver pelo menos **fortes indícios de internacionalidade do delito**. E o mesmo, obviamente, ocorrerá em caso de concurso do crime do art. 273 do CP (quando for processado e julgado na Justiça Estadual) com outro de competência da Justiça Federal. Esse, aliás, é o entendimento do Superior Tribunal de Justiça:

> HABEAS CORPUS SUBSTITUTIVO DE RECURSO ESPECIAL. CRIMES PREVISTOS NO ART. 273, § 1º E § 1º – B, INCISOS I E II, DO CÓDIGO PENAL. INTERNACIONALIDADE DO CRIME EVIDENCIADA PELA DENÚNCIA. RÉU CONDENADO PELA JUSTIÇA COMUM ESTADUAL. IMPOSSIBILIDADE. COMPETÊNCIA DA JUSTIÇA FEDERAL. PRECEDENTES. HABEAS CORPUS NÃO CONHECIDO. CONCESSÃO DA ORDEM DE HABEAS CORPUS DE OFÍCIO. 1. A Primeira Turma do Supremo Tribunal Federal e ambas as Turmas desta Corte, após evolução jurisprudencial, passaram a não mais admitir a impetração de habeas corpus em substituição ao recurso

83 Art. 23. É competência comum da União, dos Estados, do Distrito Federal e dos Municípios: (...) II – cuidar da saúde e assistência pública, da proteção e garantia das pessoas portadoras de deficiência;

Art. 196. A saúde é direito de todos e dever do Estado, garantido mediante políticas sociais e econômicas que visem à redução do risco de doença e de outros agravos e ao acesso universal e igualitário às ações e serviços para sua promoção, proteção e recuperação.

Art. 197. São de relevância pública as ações e serviços de saúde, cabendo ao Poder Público dispor, nos termos da lei, sobre sua regulamentação, fiscalização e controle, devendo sua execução ser feita diretamente ou através de terceiros e, também, por pessoa física ou jurídica de direito privado.

ordinário, nas hipóteses em que esse último é cabível, em razão da competência do Pretório Excelso e deste Superior Tribunal tratar-se de matéria de direito estrito, prevista taxativamente na Constituição da República. 2. Esse entendimento tem sido adotado pela Quinta Turma do Superior Tribunal de Justiça também nos casos de utilização do habeas corpus em substituição ao recurso especial, com a ressalva da posição pessoal desta Relatora, sem prejuízo de, eventualmente, se for o caso, deferir-se a ordem de ofício, em caso de flagrante ilegalidade. 3. A sentença proferida por magistrado absolutamente incompetente em razão da matéria é nula. 4. **Na hipótese, a denúncia explicitou conduta relativa à importação de produto destinado a fins terapêuticos ou medicinais, que tem a comercialização proibida no país. 5. Segundo a orientação firmada neste Superior Tribunal de Justiça, havendo indícios de internacionalidade da substância, compete à Justiça Federal o processamento e o julgamento do crime previsto no artigo 273, § 1º – B, incisos I e V, do Código**

Penal. 6. Habeas corpus não conhecido. Ordem de habeas corpus concedida de ofício, para, reconhecendo a incompetência da Justiça Estadual do Estado de São Paulo, anular o processo crime *ab initio*. (HC 290.088/SP, Rel. Ministra LAURITA VAZ, QUINTA TURMA, julgado em 15/05/2014, DJe 23/05/2014) (grifo nosso)

CONFLITO NEGATIVO DE COMPETÊNCIA. PENAL. ARTIGOS 334 E 273, §§ 1º E 1º – B, DO CÓDIGO PENAL. NÃO COMPROVAÇÃO DA INTERNACIONALIDADE DO DELITO. AUSÊNCIA DE CONEXÃO ENTRE OS DELITOS. COMPETÊNCIA DA JUSTIÇA FEDERAL PARA JULGAR O DELITO DO ART. 334 DO CP E DA JUSTIÇA ESTADUAL PARA JULGAR O DELITO DO ART. 273, §§ 1º E 1º – B, DO CÓDIGO PENAL. 1. É competente a Justiça Federal para julgar o crime previsto no art. 334 do CódigoPenal, uma vez que a União é a responsável pela fiscalização e tributação das mercadorias apreendidas. **2. O crime previsto nos parágrafos do art. 273 do Código Penal, só será de competência da Justiça Federal, quando evidenciada a transnacionalidade da conduta ou a presença de conexão instrumental ou probatória, o que não é o caso dos autos.** 3.Conflito conhecido para declarar competente o Juízo Federal da 1ª Vara de Ribeirão Preto – SJ/SP, o suscitante, para o processamento do delito previsto no art. 334 do Código Penal e, do Juízo de Direito da 1ª Vara de São Joaquim da Barra – SP, o suscitado, em relação ao crime previsto no art. 273, §§ 1º e 1º – B, do Código Penal. (CC 126.223/SP, Rel. Ministra ALDERITA RAMOS DE OLIVEIRA (DESEMBARGADORA CONVOCADA DO TJ/PE), TERCEIRA SEÇÃO, julgado em 08/05/2013, DJe 15/05/2013)

CONFLITO NEGATIVO DE COMPETÊNCIA. PENAL. IMPORTAÇÃO E TRANSPORTE DE MEDICAMENTOS DESTINADOS A FINS TERAPÊUTICOS OU MEDICINAIS. ARTIGO 273, § 1º – B, DO CÓDIGO PENAL. COMPROVAÇÃO DA INTERNACIONALIDADE DO DELITO. COMPETÊNCIA DA JUSTIÇA FEDERAL. **1. Na linha do entendimento desta Corte, a competência para o processo e julgamento de crimes contra a saúde pública é concorrente aos entes da Federação. Somente se constatada a internacionalidade da conduta, firma-se a competência da Justiça Federal para o cometimento e processamento do feito.** 2. A hipótese dos autos denota a existência, em tese, de lesão a bens, interesses ou serviços da União, porquanto presentes indícios de que o acusado é o responsável pelo ingresso do produto trazido do Paraguai em território nacional, o que configura a internacionalidade da conduta. 3.Conflito conhecido para determinar a competência do Juízo Federal da 1ª Vara Criminal de Foz do Iguaiu – SJ/PR. (CC 119.594/PR, Rel. Ministra ALDERITA RAMOS DE OLIVEIRA (DESEMBARGADORA CONVOCADA DO TJ/PE), TERCEIRA SEÇÃO, julgado em 12/09/2012, DJe 18/09/2012) (grifo nosso)

Também será de competência da Justiça Federal se o agente quer atentar contra a saúde pública, pondo em risco as comunidades indígenas e tradicionais, pela falsificação adulteração, corrupção ou alteração dos produtos que lhe sejam eventualmente distribuídos, os incisos IV e XI do art. 109 da Constituição (ver mais detalhes neste tópico relativo ao crime de incêndio – art. 250).

Finalmente, uma nota sobre a alteração do art. 1º da Lei nº 10.446/02. Eis o dispositivo legal:

> **Art. 1º** Na forma do inciso I do § 1º do art. 144 da Constituição, quando houver repercussão interestadual ou internacional que exija repressão uniforme, poderá o Departamento de Polícia Federal do Ministério da Justiça, sem prejuízo da responsabilidade dos órgãos de segurança pública arrolados no art. 144 da Constituição Federal, em especial das Polícias Militares e Civis dos Estados, proceder à investigação, dentre outras, das seguintes infrações penais:
>
> I – seqüestro, cárcere privado e extorsão mediante seqüestro (arts. 148 e 159 do Código Penal), se o agente foi impelido por motivação política ou quando praticado em razão da função pública exercida pela vítima
>
> II – formação de cartel (incisos I, a, II, III e VII do art. 4º da Lei nº 8.137, de 27 de dezembro de 1990); e
>
> III– relativas à violação a direitos humanos, que a RepúblicaFederativa do Brasil se comprometeu a reprimir em decorrência de tratados internacionais de que seja parte; e
>
> IV – furto, roubo ou receptação de cargas, inclusive bens evalores, transportadas em operação interestadual ou internacional, quando houver indícios da atuação de quadrilha ou bando em mais de um Estado da Federação.
>
> V – falsificação, corrupção, adulteração ou alteração de produto destinado a fins terapêuticos ou medicinais e venda, inclusive pela internet, depósito ou distribuição do produto falsificado, corrompido, adulterado ou alterado (art. 273 do Decreto-Lei nº 2.848, de 7 de dezembro de 1940 – Código Penal) (Incluído pela Lei nº 12.894, de 2013).
>
> **Parágrafo único. Atendidos os pressupostos do caput**, o
>
> Departamento de Polícia Federal procederá à apuração de outros casos, desde que tal providência seja autorizada ou determinada pelo Ministro de Estado da Justiça. (Grifo nosso)

Como se vê, a Lei nº 12.894/13 incluiu o inciso V para prever atribuição da Polícia Federal (não competência, que é parcela do poder jurisdicional) para investigar, especificamente, a falsificação, corrupção, adulteração, alteração, depósito (para vender, necessariamente, pois, como já vimos, esse ânimo é exigido pelo § 1º do art. 273 do CP) e distribuição do produto terapêutico ou medicinal falsificado, corrompido, adulterado ou alterado. Essa medida visa a uma repressão uniforme, não só quando há repercussão interestadual e internacional, mas também em caso de comércio por meio da *internet*. Foi uma tentativa de evitar a jurisprudência do Superior Tribunal de Justiça, que diz que a venda, por si só, no meio cibernético, não atrai a competência da Justiça Federal[84].

84 É a justificativa apresentada pelo Senador Humberto Costa, autor do Projeto de Lei do Senado nº 368/2011, que originou a Lei nº 12.894/13: (...) A Polícia Federal tem encontrado dificuldades

Todavia, três condutas típicas permanecem excluídas do inciso V do art. 1º da Lei nº 10.446/02: importar, expor à venda e entregar a consumo. Quanto à importação, não há maiores dificuldades de entendimento, já que a remessa de produtos ou substâncias para outro país pressupõe a internacionalidade do crime. A atribuição é mesmo da Polícia Federal, nos termos do art. 144 , § 1º, I e III, da Constituição[85]. A entrega do produto ou substância ao consumo, que obviamente é impossível de se realizar só pela *internet,* será investigada, em regra, na Justiça Estadual, salvo se tiver repercussão interestadual ou internacional, conforme a constitucional.

Embora o Congresso Nacional intentasse suprir eventuais lacunas sobre a matéria, entendemos que ainda há dúvidas a respeito exposição à venda de produtos na *internet*. Enquanto não se verifica uma solução plausível para a questão, a competência para processar e julgar o feito será da Justiça Estadual e, por conseguinte, a atribuição para as atividades investigativas será da Polícia dos Estados, salvo, é claro, nos casos previstos na Carta Magna. Aplica-se, por ora, *mutatis mutandis*, o entendimento do STJ quanto às demais formas de comércio ilegal por meio telemático, salvo se demonstrada concretamente, a existência de repercussão exigida pela Lei nº 10.446/2002:

> CONFLITO NEGATIVO DE COMPETÊNCIA. PENAL E PROCESSUAL PENAL. COMERCIALIZAÇÃO DE DVD'S FALSIFICADOS. VIOLAÇÃO DE DIREITOS AUTORAIS.

---

jurídicas para realizar operações de combate à falsificação e à venda de medicamentos pela internet, em razão do recente posicionamento do Superior Tribunal de Justiça no sentido de apenas reconhecer o interesse da União, e, portanto, a competência da Polícia Federal, nos casos em que "houver indícios da internacionalidade do delito" (conferir, por exemplo, Conflito de Competência nº 110497/SP, Rel. Min. Maria Thereza Rocha de Assis Moura, 04/04/2011). Nesse cenário de incerteza jurisprudencial, o objetivo do presente projeto de lei é tentar encontrar uma solução para minorar futuros Conflitos de competência, com a inclusão do crime previsto no art. 273 do Código Penal na Lei nº 10.446, de 2002, que autoriza a atuação da Polícia Federal para investigar determinados crimes que apresentem repercussão interestadual. Doravante, a falsificação e a venda irregular de medicamentos pela internet poderão ser fiscalizadas pela Polícia Federal nas hipóteses previstas na citada lei, e não apenas em casos de "internacionalidade". Suprimos, assim, uma grave lacuna na legislação processual penal brasileira. Julgamos tratar-se de alteração legislativa relevante, e que muito contribuirá para agregar eficiência ao combate à venda de medicamentos falsificados no Brasil.

85 Art. 144. A segurança pública, dever do Estado, direito e responsabilidade de todos, é exercida para a preservação da ordem pública e da incolumidade das pessoas e do patrimônio, através dos seguintes órgãos: I – polícia federal; II – polícia rodoviária federal; III – polícia ferroviária federal; IV – polícias civis; V – polícias militares e corpos de bombeiros militares; VI - polícias penais federal, estaduais e distrital.(Redação dada pela Emenda Constitucional nº 104, de 2019) § 1º A polícia federal, instituída por lei como órgão permanente, organizado e mantido pela União e estruturado em carreira, destina-se a: (Redação dada pela Emenda Constitucional nº 19, de 1998) I – apurar infrações penais contra a ordem política e social ou em detrimento de bens, serviços e interesses da União ou de suas entidades autárquicas e empresas públicas, assim como outras infrações cuja prática tenha repercussão interestadual ou internacional e exija repressão uniforme, segundo se dispuser em lei; II – prevenir e reprimir o tráfico ilícito de entorpecentes e drogas afins, o contrabando e o descaminho, sem prejuízo da ação fazendária e de outros órgãos públicos nas respectivas áreas de competência; III – exercer as funções de polícia marítima, aérea e de fronteiras; III – exercer as funções de polícia marítima, aeroportuária e de fronteiras; (Redação dada pela Emenda Constitucional nº 19, de 1998) IV – exercer, com exclusividade, as funções de polícia judiciária da União.

ARTIGO 184, § 2º DO CÓDIGO PENAL. INCOMPETÊNCIA DO JUÍZO FEDERAL. AUSÊNCIA DE INDÍCIOS DA INTERNACIONALIDADE DA CONDUTA. CONFLITO CONHECIDO PARA DECLARAR A COMPETÊNCIA DO JUÍZO DE DIREITO DA 2a. VARA DE DIREITO CRIMINAL E DE EXECUÇÕES PENAIS DA COMARCA DE CONSELHEIRO LAFAIETE/MG, O SUSCITADO. 1. A conduta de comercializar obras artísticas falsificadas (DVDs) caracteriza o delito de violação de direito autoral, em atenção ao princípio da especialidade. Não havendo notícia da ocorrência de comercialização do produto além das fronteiras, afastada está a competência da Justiça Federal para o exame do feito. A mera divulgação da venda por meio da internet, *tout court*, não tem o condão de conduzir ao reconhecimento da transnacionalidade, e, via de consequência, a competência de Justiça Federal. 2. Conflito conhecido para determinar competente o suscitado, Juízo de Direito da 2ª Vara Criminal e de Execuções Penais de Conselheiro Lafaiete/MG. (CC 116.820/MG, Rel. Ministra MARIA THEREZA DE ASSIS MOURA, TERCEIRA SEÇÃO, julgado em 10/08/2011, DJe 18/08/2011)

8. EMPREGO DE PROCESSO PROIBIDO OU DESUBSTÂNCIA NÃO PERMITIDA

⊙ Emprego de processo proibido ou de substância não permitida

Art. 274. Empregar, no fabrico de produto destinado a consumo, revestimento, gaseificação artificial, matéria corante, substância aromática, antisséptica, conservadora ou qualquer outra não expressamente permitida pela legislação sanitária: Pena – reclusão, de 1 (um) a 5 (cinco) anos, e multa. (Redação dada pela Lei nº 9.677, de 2.7.1998)

8.1. Bem jurídico protegido e objeto material do crime

O bem jurídico protegido mediato é a incolumidade pública e o imediato é a saúde pública, a fim de evitar a disseminação de produtos que tenham sido produzidos em desacordo com a legislação sanitária.

O objeto material do delito é qualquer produto destinado a consumo humano, uma vez que a norma legal não faz limitação quanto a sua destinação (alimentação, terapêutico ou medicinal).

A Lei nº 9.677/98[86] ("Lei dos Remédios"), visando a uma tutela casuística e exagerada da saúde pública, alterou o preceito secundário do tipo em estudo. Assim a pena anterior de 1 a 3 **meses** de **detenção** passou para 1 (um) a 5 **anos** de **reclusão**.

8.2. Tipo penal objetivo e tipo penal subjetivo

O tipo penal objetivo consiste em "empregar, no fabrico de produto destinado a consumo, revestimento, gaseificação artificial, matéria corante, substância aromática, antisséptica, conservadora ou qualquer outra não expressamente permitida pela legislação sanitária".

86 Eis a Redação original: "Art. 277. Vender, expor à venda, ter em depósito ou ceder substância destinada à falsificação de produto alimentício ou medicinal: Pena – detenção, de seis meses a um ano, e multa, de quinhentos mil réis a cinco contos de réis".

Conforme descreve Damásio de Jesus[87], **empregar** é a utilização no fabrico do produto destinado a consumo (ao comércio). **Gaseificação artificial** é o processo utilizado na fabricação de refrigerantes ou de certas bebidas alcoólicas. **Matéria corante** é a substância utilizada para dar cor aos alimentos. **Substância aromática** é a que confere determinado aroma aos alimentos. **Substância antisséptica**, a que é utilizada para evitar a fermentação. **Conservadora** ou conservante é a que retarda ou impede a beneficiação do alimento.

Por fim, "qualquer outra substância não expressamente permitida pela legislação sanitária" (substâncias estabilizantes, acidulantes, flavorizantes etc.) é uma fórmula genérica utilizada no sentido de apontar que o rol de substâncias proibidas não se limita às que estão descritas no tipo, sendo essa lista meramente exemplificativa. Dito de outro modo: a fórmula legal é *numerus apertus* e pode ser complementado no caso concreto pelo juiz, por meio da interpretação analógica ou *intra legem*, à semelhança do que ocorre com o homicídio qualificado (ou qualquer meio insidioso ou cruel, outro meio de que possa resultar em perigo comum) e outros crimes.

Trata-se de **norma penal em branco homogênea,** pois o delito necessita de complementação por outra norma de mesmo grau hierárquico (lei). E como se trata de competência concorrente da União, Estados e Distrito Federal (CF, art. 24, V – produção e consumo), há de se recorrer às normas gerais federais (dentre elas o Decreto-lei nº 986/69, que institui normas básicas sobre alimentos) e, principalmente, às normas específicas editadas por cada Estado-membro da Federação.

O tipo penal subjetivo é o **dolo**, ou seja, vontade e consciência dirigidas para a finalidade descrita no tipo penal. Nesse sentido, o agente deve saber que está produzindo algo com uso de substâncias que não deveriam fazer parte da composição do bem de consumo ou que não sejam expressamente permitidas pela legislação sanitária. Caso contrário, o fato será manifestamente atípico, uma vez que não existe previsão de modalidade culposa.

8.3. Sujeito ativo e sujeito passivo

Qualquer pessoa pode ser sujeito ativo dos crimes do art. 274 do CP, porque esses tipos penais não exigem uma condição especial para praticá-los.

Tanto um particular quanto um servidor público podem incorrer nas penas desse artigo. A diferença é que o funcionário público, nessas condições, na segunda fase de aplicação da pena, poderá ter a sua reprimenda agravada, pois o abuso de poder e a violação de dever inerente ao cargo, ofício ministério ou profissão é circunstância agravante, nos termos do art. 62, II, g, do CP (por exemplo, um agente de vigilância sanitária).

> O sujeito passivo é a coletividade, já que estamos tratando de crime contra a incolumidade pública, sendo, pois, um crime vago, ou seja, não haverá uma vítima determinada em princípio.

87 JESUS, Damásio E. de. Direito Penal. Parte Especial. Volume 3. 20ª edição. São Paulo: Saraiva, 2011, p. 355.

8.4. Consumação e tentativa

O delito se consuma no exato momento em que surge o perigo à coletividade, ou seja, quando ocorre a inculcação de substância inexistente no produto ou, se existente, a informação (falsa) de que o remédio ou alimento possui propriedades inferiores. É **crime instantâneo de efeitos permanentes**, porque, embora a consumação ocorra em um único momento, os seus efeitos (potencial de periculosidade à saúde pública) se estenderá pela fase de exaurimento (*post factum*), protraindo-se para o futuro. É que não é possível desconstituir posteriormente as propriedades do produto fabricado com uso de substâncias e matérias não expressamente permitidas pela legislação sanitária.

E trata-se de delito **de perigo abstrato**, uma vez que o legislador presume, desde a consumação dos atos criminosos, o perigo à coletividade, em razão divergência entre as informações do invólucro ou recipiente dos produtos alimentícios, terapêuticos ou medicinais, quanto à existência de substância que não faz parte deles ou em relação à menor quantidade do princípio ativo ou valor.

A tentativa é admissível, por tratar-se de crime plurissubsistente, sendo possível fracionar as condutas do tipo no *iter criminis*, especialmente quanto ao último ato de execução e a consumação.

8.5. Classificação doutrinária

Comum, porque pode ser praticado por qualquer pessoa; **Vago,** pois o sujeito passivo é a coletividade, de forma genérica, com vítima indeterminada; **Doloso**, exclusivamente. **Comissivo**, praticado, em regra, por meio de uma ação, sem prejuízo de responder por omissão imprópria, se o agente era responsável em garantir a não ocorrência do crime (CP, art. 13, § 2º); **De ação única**, porque possui apenas um núcleo do tipo (empregar). **De ação vinculada,** pois pode ser praticada exclusivamente pelo emprego de revestimento, gaseificação artifcial, matéria corante, substância aromática, antisséptica, conservadora ou qualquer outra que não poderia ser utilizada. Ademais, essa conduta deve ocorrer durante o fabrico do produto destinado a consumo. **Formal ou de consumação antecipada**, porque não depende necessariamente da ocorrência de efetiva lesão à vida, à integridade física ou ao patrimônio de outrem, bastando a periclitação. **De perigo abstrato** (doutrina majoritária) porque o perigo é presumido de forma absoluta (*juris et de jure*) de modo que não é necessário exame pericial para comprová-lo[88]. E como deixa vestígios, é **não transeunte**. **Instantâneo de efeitos permanentes,** uma vez que a conduta de empregar consuma-se em um momento específico, e, apesar disso, seus efeitos permanecerão inalterados. **Unissubjetivo ou de concurso eventual de pessoas**, pois pode ser praticado por um ou mais sujeitos.

8.6. Causas de aumento de pena

> O art. 258 do CP dispõe sobre as "formas qualificadas dos crimes de perigo comum", mas, segundo a opinião da doutrina, trata-se de causas de aumento de

88 Em sentido contrário, Greco (Curso, cit., p. 158) entende que o crime é de perigo concreto.

pena da Parte Especial, uma vez que não são preceitos secundários autônomos e fazem remissão a penas preexistentes.

O referido dispositivo prevê:

> Se do crime doloso de perigo comum resulta lesão corporal de natureza grave, a pena privativa de liberdade é aumentada de metade; se resulta morte, é aplicada em dobro. No caso de culpa, se do fato resulta lesão corporal, a pena aumenta-se de metade; se resulta morte, aplica-se a pena cominada ao homicídio culposo, aumentada de um terço.

Tais circunstâncias são aplicáveis aos crimes do Capítulo III (Dos crimes contra a saúde pública), salvo o do art. 267 (epidemias dolosa e culposa), quer porque só se qualifica pelo resultado morte, com aplicação de pena em dobro, quer porque existe expressa disposição legal no art. 285 do CP: "Aplica-se o disposto no art. 258 aos crimes previstos neste Capítulo, salvo quanto ao definido no art. 267." (Epidemia dolosa e culposa). Isso posto, as penas cominadas em abstrato serão acrescidas da seguinte forma: a) **quando o crime for preterdoloso**: a) aplica-se o aumento de metade (1/2) se sobrevier lesão corporal **grave ou gravíssima**, resultando em uma pena de 1 (um) ano e 6 (seis) meses a 7 (sete) anos e 6 (seis) meses de reclusão; b) aumenta-se a pena em dobro se ocorrer morte, ficando em 2 (dois) a 10 (dez) anos de reclusão.

8.7. Crime contra a economia popular (art. 2º da Lei nº1.521/51)

> **Art. 2º**. São crimes desta natureza (...) III – expor à venda ou vender mercadoria ou produto alimentício, cujo fabrico haja desatendido a determinações oficiais, quanto ao peso e composição;
>
> Pena – detenção, de 6 (seis) meses a 2 (dois) anos, e multa, de dois mil a cinqüenta mil cruzeiros.

Embora o referido dispositivo legal tenha sido parcialmente revogado pelo art. 7º, II, da Lei nº 8.137/90, por ter tratado posteriormente da venda ou exposição à venda de **mercadorias** em desacordo com o peso e composição, está em vigor no que se refere aos **produtos alimentícios**. A diferença básica é que o art. 274 do CP incide durante o processo de produção da substância alimentícia, que, por afetar diretamente a saúde pública das pessoas que potencialmente a consumirá, é punida de forma mais grave, com pena de reclusão de 1 (um) a 5 (cinco) anos. Já o crime da economia popular encontra tipicidade após fabricação, quando a substância já esteja lançada no mercado de consumo, exposta à venda ou já vendida. A pena, neste caso, é bem mais branda, especialmente porque a Lei nº 1.521/51, quanto aos crimes nela elencados, nunca sofreu qualquer atualização.

8.8. Potencialidade ofensiva

Inicialmente, o crime do art. 274 do CP, é de **médio potencial ofensivo**, pois, embora a pena máxima seja superior a 2 (dois) anos, inviabilizando a transação penal, a pena mínima é igual a 1 (um) ano, cabendo, portanto, a suspensão condicional do processo (*sursis* processual), de acordo com o art. 89 da Lei nº 9.099/95[89]. Porém, será de **alto poten-**

89 Art. 89. Nos crimes em que a pena mínima cominada for igual ou inferior a um ano, abrangidas ou não por esta Lei, o Ministério Público, ao oferecer a denúncia, poderá propor a suspensão do

cial ofensivo nas formas preterdolosas do art. 258, primeira parte, do Código Penal, já que, ocorrendo lesão corporal grave ou morte, as penas serão majoradas, respectivamente, em ½ (metade) e em dobro, ultrapassando o limite da pena mínima. Consequentemente, não caberão as medidas despenalizadoras prevista na Lei dos Juizados Especiais.

8.9. Ação penal e competência do juízo

A ação penal é pública incondicionada, uma vez que o Código não exige iniciativa privativa do ofendido, representação ou requisição do Ministro da Justiça (CP, art. 100). De fato, o condicionamento da ação penal nos crimes previstos no Título VII, parece ser incompatível com a proteção do interesse público relativo à tutela judicial da incolumidade pública em geral.

A competência para o processamento e julgamento dos crimes previstos no art. 274 do CP é da Justiça Estadual (competência residual), uma vez que não há, em princípio, interesse da União, suas autarquias, fundações ou empresas públicas (CF, art. 109, IV). Com efeito, nos termos dos 23, III, e arts. 196 a 197, todos da Constituição[90], a saúde pública é de atribuição de todos os entes federativos, sem preponderância de uns sobre outros. E cada um em sua esfera de competência é responsável pela fiscalização, regulamentação e controle dos serviços e ações de saúde, sem prejuízo de auxílio na execução dessas medidas dos particulares, pessoas físicas ou jurídicas.

9. INVÓLUCRO OU RECIPIENTE COM FALSA INDICAÇÃO

> ⊙ **Invólucro ou recipiente com falsa indicação**
>
> **Art. 275.** Inculcar, em invólucro ou recipiente de produtos alimentícios, terapêuticos ou medicinais, a existência de substância que não se encontra em seu conteúdo ou que nele existe em quantidade menor que a mencionada: (Redação dada pela Lei nº 9.677, de 2.7.1998) Pena – reclusão, de 1 (um) a 5 (cinco) anos, e multa. (Redação dada pela Lei nº 9.677, de 2.7.1998)

9.1. Bem jurídico protegido e objeto material do crime

O bem jurídico protegido mediato é a incolumidade pública, e o imediato é a saúde pública, a fim de evitar a disseminação de produtos que contenham informações

processo, por dois a quatro anos, desde que o acusado não esteja sendo processado ou não tenha sido condenado por outro crime, presentes os demais requisitos que autorizariam a suspensão condicional da pena (art. 77 do Código Penal).

90 Art. 23. É competência comum da União, dos Estados, do Distrito Federal e dos Municípios: (...)
II – cuidar da saúde e assistência pública, da proteção e garantia das pessoas portadoras de deficiência
Art. 196. A saúde é direito de todos e dever do Estado, garantido mediante políticas sociais e econômicas que visem à redução do risco de doença e de outros agravos e ao acesso universal e igualitário às ações e serviços para sua promoção, proteção e recuperação.
Art. 197. São de relevância pública as ações e serviços de saúde, cabendo ao Poder Público dispor, nos termos da lei, sobre sua regulamentação, fiscalização e controle, devendo sua execução ser feita diretamente ou através de terceiros e, também, por pessoa física ou jurídica de direito privado.

inverídicas acerca da natureza da substância que os compõem em seus invólucros ou recipientes.

O objeto material do delito é o produto alimentício, terapêutico ou medicinal.

A Lei nº 9.677/98[91] ("Lei dos Remédios"), visando a uma tutela casuística e exagerada da saúde pública, alterou drasticamente o tipo penal, de duas formas: uma, incluindo a proteção aos produtos terapêuticos, e outra, exasperando a pena de forma desproporcional, passando de 1 a 3 **meses** de **detenção** para 1 (um) a 5 **anos** de **reclusão.**

9.2. Tipo penal objetivo e tipo penal subjetivo

O tipo penal objetivo consiste em "Inculcar, em invólucro ou recipiente de produtos alimentícios, terapêuticos ou medicinais, a existência de substância que não se encontra em seu conteúdo ou que nele existe em quantidade menor que a mencionada". Segundo Bitencourt[92], o núcleo do tipo **inculcar**, no sentido da descrição típica, é fazer "falsa indicação, dar a entender, indicar, citar" a existência de substância que não se encontra no conteúdo de produtos alimentícios, terapêuticos ou medicinais ou que nele existem em quantidade inferior à mencionada. Ressaltamos que a infração penal em comento é diversa do art. 273 do Código Penal, haja vista que, no presente caso, não há qualquer alteração real do conteúdo do produto ou substância medicinal ou terapêutica. A razão de ser do tipo penal é evitar a distribuição de um remédio com informações erradas, porque até mesmo a diferença entre concentrações de princípios ativos em cápsulas, drágeas, elixires etc. tem potencial de causar danos à saúde de terceiros.

O tipo penal subjetivo é o **dolo**, ou seja, vontade e consciência dirigidas para a finalidade descrita no tipo penal. Nesse sentido, saber que está colocando no invólucro/recipiente informação que não corresponde à realidade do remédio ou alimento. Caso contrário, o fato será manifestamente atípico, uma vez que não existe previsão de modalidade culposa.

9.3. Sujeito ativo e sujeito passivo

Qualquer pessoa pode ser sujeito ativo dos crimes do art. 275 do CP, porque esses tipos penais não exigem uma condição especial para praticá-los.

Tanto um particular quanto um servidor público podem incorrer nas penas desse artigo. A diferença é que o funcionário público, nessas condições, na segunda fase de aplicação da pena, poderá ter a sua reprimenda agravada, pois o abuso de poder e a violação de dever inerente ao cargo, ofício ministério ou profissão é circunstância agravante, nos termos do art. 62, II, g, do CP (por exemplo, um agente de vigilância sanitária).

O sujeito passivo é a coletividade, já que estamos tratando de crime contra a incolumidade pública, sendo, pois, um crime vago, ou seja, não haverá uma vítima determinada em princípio.

---

91 Eis a redação original: "Art. 277. Vender, expor à venda, ter em depósito ou ceder substância destinada à falsificação de produto alimentício ou medicinal: Pena – detenção, de seis meses a um ano, e multa, de quinhentos mil réis a cinco contos de réis".

92 Tratado de Direito Penal, cit., p. 318.

9.4. Consumação e tentativa

O delito se consuma no exato momento em que surge o perigo à coletividade, ou seja, quando ocorre a inculcação de substância inexistente no produto ou, se existente, a informação (falsa) de que o remédio ou alimento possui propriedades inferiores. É **crime instantâneo de efeitos permanentes**, porque, embora a consumação ocorra em um único momento, o perigo permanecerá desde a inculcação da informação equivocada ou imprecisa, protraindo-se para o futuro.

E trata-se de delito **de perigo abstrato**, uma vez que o legislador presume, desde a consumação dos atos criminosos, o perigo à coletividade, em razão divergência entre as informações do invólucro ou recipiente dos produtos alimentícios, terapêuticos ou medicinais, quanto à existência de substância que não faz parte deles ou em relação à menor quantidade do princípio ativo ou valor.

A tentativa é admissível, por tratar-se de crimeplurissubsistente, sendo possível fracionar as condutas do tipo no *iter criminis*, especialmente quanto ao último ato de execução e a consumação.

9.5. Classificação doutrinária

Comum, porque pode ser praticado por qualquer pessoa; **Vago,** pois o sujeito passivo é a coletividade, de forma genérica, com vítima indeterminada; **Doloso**, exclusivamente. **Comissivo**, praticado, em regra, por meio de uma ação, sem prejuízo de responder por omissão imprópria, se o agente era responsável em garantir a não ocorrência do crime (CP, art. 13, § 2º); **De ação única**, porque possui apenas um núcleo do tipo (inculcar). **De ação livre,** pois pode ser praticado por qualquer meio, ainda que não previsto pelo legislador. **Formal ou de consumação antecipada**, porque não depende necessariamente da ocorrência de efetiva lesão à vida, à integridade física ou ao patrimônio de outrem, bastando a periclitação. **De perigo abstrato** (doutrina majoritária) porque o perigo é presumido de forma absoluta (*juris et de jure*) de modo que não é necessário exame pericial para comprová-lo[93]. E como deixa vestígios, é **não transeunte**. **Instantâneo** quanto às condutas de vender e entregar a consumo**,** porque se aperfeiçoam a partir do momento em que o agente as pratica, não se protraindo para o futuro. Haverá, após, exaurimento (*post factum*) do crime. Mas será crime permanente nos casos da exposição à venda ou ter em depósito, haja vista que a permanência desses atos enseja a consumação duradoura do crime. **Unissubjetivo ou de concurso eventual de pessoas**, pois pode ser praticado por um ou mais sujeitos.

9.6. Causas de aumento de pena

O art. 258 do CP dispõe sobre as "formas qualificadas dos crimes de perigo comum", mas, segundo a opinião da doutrina, trata-se de causas de aumento de pena da Parte Especial, uma vez que não são preceitos secundários autônomos e fazem remissão a penas preexistentes.

93 Em sentido contrário, Greco (Curso, cit., p. 158) entende que o crime é de perigo concreto.

O referido dispositivo prevê:

> Se do crime doloso de perigo comum resulta lesão corporal de natureza grave, a pena privativa de liberdade é aumentada de metade; se resulta morte, é aplicada em dobro. No caso de culpa, se do fato resulta lesão corporal, a pena aumenta-se de metade; se resulta morte, aplica-se a pena cominada ao homicídio culposo, aumentada de um terço.

Tais circunstâncias são aplicáveis aos crimes do Capítulo III (Dos crimes contra a saúde pública), salvo o do art. 267 (epidemias dolosa e culposa) quer porque só se qualifica pelo resultado morte, com aplicação de pena em dobro, quer porque existe expressa disposição legal no art. 285 do CP: "Aplica-se o disposto no art. 258 aos crimes previstos neste Capítulo, salvo quanto ao definido no art. 267." (Epidemia dolosa e culposa). Isso posto, as penas serão cominadas em abstrato serão acrescidas da seguinte forma: a) **quando o crime for preterdoloso**:

a) aplica-se o aumento de metade (1/2) se sobrevier lesão corporal **grave ou gravíssima**, resultando em uma pena de 1 (um) ano e 6 (seis) meses a 7 (sete) anos e 6 (seis) meses de reclusão;

b) aumenta-se a pena em dobro se ocorrer morte, ficando em 2(dois) a 10 (dez) anos de reclusão.

9.7. Crime da Lei nº 8.078/90 (Código de Defesa do Consumidor)

> Art. 63. Omitir dizeres ou sinais ostensivos sobre a nocividade ou periculosidade de produtos, nas embalagens, nos invólucros, recipientes ou publicidade:
>
> Pena – Detenção de seis meses a dois anos e multa. § 1º Incorrerá nas mesmas penas quem deixar de alertar, mediante recomendações escritas ostensivas, sobre a periculosidade do serviço a ser prestado. § 2º Se o crime é culposo:
>
> Pena – Detenção de um a seis meses ou multa.

O Código de Defesa do Consumidor traz crimes contra as relações de consumo diversas do art. 7º da Lei nº 8.137/90. O art. 66 do CDC, especialmente traz uma forma assimilada ao do art. 275 do CP, pois também diz respeito às informações contidas em invólucros e recipientes de qualquer produto (não somente os alimentícios, terapêuticos ou medicinais). Algumas diferenças devem ser destacadas, a saber: a) enquanto a norma do Código Penal prevê condutas comissivas, o tipo em análise é omissivo próprio; b) refere-se também a qualquer tipo de embalagem e também à publicidade enganosa[94]

---

94 Vide, a propósito, a normatização relativa à publicidade (arts. 36 a 38 do CDC): Art. 36. A publicidade deve ser veiculada de tal forma que o consumidor, fácil e imediatamente, a identifique como tal. Parágrafo único. O fornecedor, na publicidade de seus produtos ou serviços, manterá, em seu poder, para informação dos legítimos interessados, os dados fáticos, técnicos e científicos que dão sustentação à mensagem.

Art. 37. É proibida toda publicidade enganosa ou abusiva. § 1º É enganosa qualquer modalidade de informação ou comunicação de caráter publicitário, inteira ou parcialmente falsa, ou, por qualquer outro modo, mesmo por omissão, capaz de induzir em erro o consumidor a respeito da natureza, características, qualidade, quantidade, propriedades, origem, preio e quaisquer outros dados sobre produtos e serviços. § 2º É abusiva, dentre outras a publicidade discriminatória de qualquer natureza, a que incite à violência, explore o medo ou a superstição, se aproveite da deficiência de julgamento e experiência da criança, desrespeita valores ambientais, ou que seja capaz de induzir o consumidor a se comportar de forma prejudicial ou perigosa dos produtos; c) a pena é bem mais branda quanto à omissão; d) existe previsão de modalidade culposa.

9.8. Potencialidade ofensiva

Inicialmente, o crime do art. 275, caput, do CP, é de **médio potencial ofensivo**, pois, embora a pena máxima seja superior a 2 (dois) anos, inviabilizando a transação penal, a pena mínima é igual a 1 (um) ano, cabendo, portanto, a suspensão condicional do processo (sursis processual), de acordo com o art. 89 da Lei nº 9.099/95[95]. Porém, será de **alto potencial ofensivo** nas formas preterdolosas do art. 258, primeira parte, do Código Penal, já que, ocorrendo lesão corporal grave ou morte, as penas serão majoradas, respectivamente, em ½ (metade) e em dobro, ultrapassando o limite da pena mínima. Consequentemente, não caberão as medidas despenalizadoras prevista na Lei dos Juizados Especiais.

9.9. Ação penal e competência do juízo

A ação penal é pública incondicionada, uma vez que o Código não exige iniciativa privativa do ofendido, representação ou requisição do Ministro da Justiça (CP, art. 100). De fato, o condicionamento da ação penal nos crimes previstos no Título VII, parece ser incompatível com a proteção do interesse público relativo à tutela judicial da incolumidade pública em geral.

A competência para o processamento e julgamento dos crimes previstos no art. 275 do CP é da Justiça Estadual (competência residual), uma vez que não há, em princípio, interesse da União, suas autarquias, fundações ou empresas públicas (CF, art. 109, IV). Com efeito, nos termos dos 23, III, e arts. 196 a 197, todos da Constituição[96], a saúde pública é de atribuição de todos os entes federativos, sem preponderância de uns sobre outros. E cada um em sua esfera de competência é responsável pela

---

à sua saúde ou segurança. § 3º Para os efeitos deste código, a publicidade é enganosa por omissão quando deixar de informar sobre dado essencial do produto ou serviço. § 4º (Vetado).

Art. 38. O ônus da prova da veracidade e correção da informação ou comunicação publicitária cabe a quem as patrocina.

95 Art. 89. Nos crimes em que a pena mínima cominada for igual ou inferior a um ano, abrangidas ou não por esta Lei, o Ministério Público, ao oferecer a denúncia, poderá propor a suspensão do processo, por dois a quatro anos, desde que o acusado não esteja sendo processado ou não tenha sido condenado por outro crime, presentes os demais requisitos que autorizariam a suspensão condicional da pena (art. 77 do Código Penal).

96 Art. 23. É competência comum da União, dos Estados, do Distrito Federal e dos Municípios:

(...)

II – cuidar da saúde e assistência pública, da proteção e garantia das pessoas portadoras de deficiência;

Art. 196. A saúde é direito de todos e dever do Estado, garantido mediante políticas sociais e econômicas que visem à redução do risco de doença e de outros agravos e ao acesso universal e igualitário às ações e serviços para sua promoção, proteção e recuperação.

Art. 197. São de relevância pública as ações e serviços de saúde, cabendo ao Poder Público dispor, nos termos da lei, sobre sua regulamentação, fiscalização e controle, devendo sua execução ser feita diretamente ou através de terceiros e, também, por pessoa física ou jurídica de direito privado.

fiscalização, regulamentação e controle dos serviços e ações de saúde, sem prejuízo de auxílio na execução dessas medidas dos particulares, pessoas físicas ou jurídicas.

10. PRODUTO OU SUBSTÂNCIA NAS CONDIÇÕES DOS DOIS ARTIGOS ANTERIORES

⊙ **Produto ou substância nas condições dos dois artigos anteriores**

Art. 276. Vender, expor à venda, ter em depósito para vender ou, de qualquer forma, entregar a consumo produto nas condições dos arts. 274 e 275. Pena – reclusão, de 1 (um) a 5 (cinco) anos, e multa. (Redação dada pela Lei nº 9.677, de 2.7.1998)

10.1. Bem jurídico protegido e objeto material do crime

O bem jurídico protegido mediato é a incolumidade pública e o imediato é a saúde pública, a fim de evitar a disseminação de produtos fabricados com desrespeito à regulamentação ou que tenha em sua embalagem ou invólucro informações inverídicas acerca da natureza da substância que os compõem.

O objeto material do delito é qualquer produto nas condições dos arts. 274 e 275, ou seja, respectivamente: a) com emprego de revestimento, gaseificação artificial, matéria corante, substância aromática, antisséptica, conservadora ou qualquer outra não expressamente permitida pela legislação sanitária durante o fabrico, bem como b) o produto alimentício, terapêutico ou medicinal em cujo invólucro ou recipiente conste a existência de substância que não se encontra em seu conteúdo ou que nele existe em quantidade menor que a mencionada.

Aqui também a Lei nº 9.677/98 ("Lei dos Remédios") aumentou consideravelmente a pena, que antes era de apenas de 1 (um) a 3 (três) meses de detenção. No mais, não alterou a redação do preceito primário.

10.2. Tipo penal objetivo e tipo penal subjetivo

O tipo penal objetivo consiste em "vender, expor à venda, ter em depósito para vender ou, de qualquer forma, entregar a consumo produto nas condições dos arts. 274 e 275". É composto, então de quatro núcleos. Segundo o Dicionário Aurélio de Língua Portuguesa, **Vender** é o mesmo que "alienar ou ceder por certo preio; trocar por dinheiro ou interesse, negociar, entregar mediante remuneração ou recompensa." **Expor**, neste contexto, é "pôr à vista, apresentar em exposição, mostrar, apresentar, exibir"; logo, **expor à venda** é mostrar publicamente um bem destinado ao comércio. **Ter em depósito para vender** é o mesmo que manter, conservar em local próprio e seguro. Exige-se uma finalidade específica de distribuição. **Entregar a consumo** significa passar às mãos ou à posse a alguém, ou ainda restituir, devolver, para que outra pessoa venha a consumi-la. Ela ocorre a título gratuito, pois não se trata de venda. **Produto**, no sentido do tipo, é "o resultado da produção, algo fabricado pelo homem, e especialmente, por seu trabalho associado ao capital e à técnica".

O tipo penal subjetivo é o **dolo**, ou seja, vontade e consciência dirigidas para a finalidade descrita no tipo penal. Nesse sentido, o autor do crime deve conhecer a nocividade da coisa ou da substância, porque é elementar do delito.

O crime é de **tipo misto alternativo**, ou seja, se o agente praticar mais de uma conduta em um mesmo contexto, será punido apenas por crime único, sob pena de *bis in idem*, no sentido de punir o acusado mais de uma vez por um único fato criminoso.

10.3. Sujeito ativo e sujeito passivo

Qualquer pessoa pode ser sujeito ativo dos crimes do art. 276 do CP, porque esses tipos penais não exigem uma condição especial para praticá-los.

Tanto um particular quanto um servidor público podem incorrer nas penas desse artigo. A diferença é que o funcionário público, nessas condições, na segunda fase de aplicação da pena, poderá ter a sua reprimenda agravada, pois o abuso de poder e a violação de dever inerente ao cargo, ofício ministério ou profissão é circunstância agravante, nos termos do art. 62, II, g, do CP (por exemplo, um agente de vigilância sanitária).

O sujeito passivo é a coletividade, já que estamos tratando de crime contra a incolumidade pública, sendo, pois, um crime vago, ou seja, não haverá uma vítima determinada em princípio.

10.4. Consumação e tentativa

O delito se consuma no exato momento em que surge o perigo à coletividade, ou seja, quando ocorre a venda, exposição à venda, manutenção em depósito para vender, ou entrega a consumo por qualquer meio ou forma, nas condições dos arts. 274 e 275 do CP.

E trata-se de delito **de perigo abstrato**, uma vez que o legislador presume, desde a consumação dos atos criminosos, o perigo à coletividade, em razão divergência entre as informações do invólucro ou recipiente dos produtos alimentícios, terapêuticos ou medicinais, quanto à existência de substância que não faz parte deles ou em relação à menor quantidade do princípio ativo ou valor.

A tentativa é admissível por tratar-se de crime plurissubsistente, sendo possível fracionar as condutas do tipo no *iter criminis*, especialmente quanto ao último ato de execução e a consumação.

10.5. Classificação doutrinária

Comum, porque pode ser praticado por qualquer pessoa; **Vago,** pois o sujeito passivo é a coletividade, de forma genérica, com vítima indeterminada; **Doloso**, exclusivamente. **Comissivo**, praticado, em regra, por meio de uma ação, sem prejuízo de responder por omissão imprópria, se o agente era responsável em garantir a não ocorrência do crime (CP, art. 13, § 2º); **De ação múltipla**, porque possui quatro condutas que viabilizam a consumação (vender, expor à venda, ter em depósito para vender e entregar a consumo). **De ação livre,** pois pode ser praticado por qualquer meio, ainda que não previsto pelo legislador. **Formal ou de consumação antecipada**, porque não depende necessariamente da ocorrência de efetiva lesão à vida, à integridade física ou ao patrimônio de outrem, bastando a periclitação. **De perigo abstrato** (doutrina majoritária) porque o perigo é presumido de forma absoluta (*juris et de jure*) de modo que não é necessário exame pericial para comprová-lo[97]. E como deixa vestígios, é **não transeunte**. **Instantâneo** quanto às condutas de vender e entregar a consumo, porque se aperfeiçoam a partir do momento em que o agente as pratica, não se protraindo para o futuro. Haverá, após, exaurimento (*post factum*) do crime. Mas será **crime permanente** nos casos da exposição à venda ou ter em depósito, haja vista que a permanência desses atos enseja a consumação duradoura do crime. **Unissubjetivo ou de concurso eventual de pessoas**, pois pode ser praticado por um ou mais sujeitos.

10.6. Causas de aumento de pena

O art. 258 do CP dispõe sobre as "formas qualificadas dos crimes de perigo comum", mas, segundo a opinião da doutrina, trata-se de causas de aumento de pena da Parte Especial, uma vez que não são preceitos secundários autônomos e fazem remissão a penas preexistentes.

O referido dispositivo prevê:

> Se do crime doloso de perigo comum resulta lesão corporal de natureza grave, a pena privativa de liberdade é aumentada de metade; se resulta morte, é aplicada em dobro. No caso de culpa, se do fato resulta lesão corporal, a pena aumenta-se de metade; se resulta morte, aplica-se a pena cominada ao homicídio culposo, aumentada de um terço.

Tais circunstâncias são aplicáveis aos crimes do Capítulo III (Dos crimes contra a saúde pública), salvo o do art. 267 (epidemias dolosa e culposa) quer porque só se qualifica pelo resultado morte, com aplicação de pena em dobro, quer porque existe expressa disposição legal no art. 285 do CP: "Aplica-se o disposto no art. 258 aos crimes previstos neste Capítulo, salvo quanto ao definido no art. 267." (Epidemia dolosa e culposa). Isso posto, as penas serão cominadas em abstrato serão acrescidas da seguinte forma: a) **quando o crime for preterdoloso**: a) aplica-se o aumento de metade (1/2) se sobrevier lesão corporal **grave ou gravíssima**, resultando em uma pena de 1 (um) ano e 6 (seis) meses a 7 (sete) anos e 6 (seis) meses de reclusão; b) aumenta-se a pena em dobro se ocorrer morte, ficando em 2 (dois) a 10 (dez) anos de reclusão.

10.7. Infrações penais assemelhadas da legislação específica

10.7.1. Crime contra as relações de consumo (Lei nº 8.137/90)

> **Art. 7º** Constitui crime contra as relações de consumo
>
> (...)
>
> II – vender ou expor à venda mercadoria cuja embalagem, tipo, especificação, peso ou composição esteja em desacordo com as prescrições legais, ou que não corresponda à respectiva classificação oficial
>
> (...)
>
> Pena – detenção, de 2 (dois) a 5 (cinco) anos, ou multa.

97 Em sentido contrário, Greco (Curso, cit., p. 162) entende que o crime é de perigo concreto.

Como se percebe, o tipo penal assemelhado se refere às condições já mencionadas dos arts. 274 e 275 do CP, especialmente quanto a não correspondência dos produtos com as prescrições legais. Mas aqui não se incluem os produtos alimentícios, que são objeto da infração penal subsequente. A pena é um pouco mais grave quanto à pena mínima, que é superior em 1 (um) ano, se comparada com o art. 276 do Código Penal, o que pode causar certa estranheza, pois a saúde pública, ao menos em termos quantitativos de pena, pode ser considerada menos lesiva à ordem jurídica. E qualquer outra mercadoria, diferente de produtos terapêuticos ou medicinais, teria uma proteção mais acentuada, o que nos parece um contrassenso.

10.7.2. Crime contra a economia popular (Lei nº 1.521/51)

> **Art. 2º.** São crimes desta natureza. (...)
>
> III – expor à venda ou vender mercadoria ou produto alimentício, cujo fabrico haja desatendido a determinações oficiais, quanto ao peso e composição;
>
> Pena – detenção, de 6 (seis) meses a 2 (dois) anos, e multa, de dois mil a cinqüenta mil cruzeiros.

Neste outro delito, vemos que ele foi parcialmente revogado pelo art. 7º da Lei nº 8.137/90, haja vista que tratou inteiramente da venda ou exposição à venda de **mercadorias** em desacordo com o peso e composição. No mais, está em vigor, pois faz referência aos produtos alimentícios que são referidos nos arts. 272, 274 a 277 do Código Penal. É notável que, na legislação especial, os produtos alimentícios são considerados menos importantes que as demais mercadorias, pois é de menor potencial ofensivo. Isso porque os tipos penais da Lei nº 1.521/51 só porque nunca foram atualizados ou modificados. Desse modo, não havendo risco à saúde pública, aplicar-se-á este artigo, subsidiariamente.

10.8. Potencialidade ofensiva

Inicialmente, o crime do art. 276, *caput*, do CP, é de **médio potencial ofensivo**, pois, embora a pena máxima seja superior a 2 (dois) anos, inviabilizando a transação penal, a pena mínima é igual a 1 (um) ano, cabendo, portanto, a suspensão condicional do processo (*sursis* processual), de acordo com o art. 89 da Lei nº 9.099/95[98]. Porém, será de **alto potencial ofensivo** nas formas preterdolosas do art. 258, primeira parte, do Código Penal, já que, ocorrendo lesão corporal grave ou morte, as penas serão majoradas, respectivamente, em ½ (metade) e em dobro, ultrapassando o limite da pena mínima. Consequentemente, não caberão as medidas despenalizadoras previstas na Lei dos Juizados Especiais.

98 Art. 89. Nos crimes em que a pena mínima cominada for igual ou inferior a um ano, abrangidas ou não por esta Lei, o Ministério Público, ao oferecer a denúncia, poderá propor a suspensão do processo, por dois a quatro anos, desde que o acusado não esteja sendo processado ou não tenha sido condenado por outro crime, presentes os demais requisitos que autorizariam a suspensão condicional da pena (art. 77 do Código Penal).

10.9. Ação penal e competência do juízo

A ação penal é pública incondicionada, uma vez que o Código não exige iniciativa privativa do ofendido, representação ou requisição do Ministro da Justiça (CP, art. 100). De fato, o condicionamento da ação penal nos crimes previstos no Título VII, parece ser incompatível com a proteção do interesse público relativo à tutela judicial da incolumidade pública em geral.

A competência para o processamento e julgamento dos crimes previstos no art. 276 do CP é da Justiça Estadual (competência residual), uma vez que não há, em princípio, interesse da União, suas autarquias, fundações ou empresas públicas (CF, art. 109, IV). Com efeito, nos termos dos 23, III, e arts. 196 a 197, todos da Constituição[99], a saúde pública é de atribuição de todos os entes federativos, sem preponderância de uns sobre outros. E cada um em sua esfera de competência é responsável pela fiscalização, regulamentação e controle dos serviços e ações de saúde, sem prejuízo de auxílio na execução dessas medidas dos particulares, pessoas físicas ou jurídicas. Além disso, não existe uma competência específica no art. 109, CF sobre crimes contra a saúde pública, razão pela qual só a análise do caso concreto poderá eventualmente determinar algum interesse federal no feito.

11. SUBSTÂNCIA DESTINADA À FALSIFICAÇÃO

⊙ **Substância destinada à falsificação**

Art. 277 – Vender, expor à venda, ter em depósito ou ceder substância destinada à falsificação de produtos alimentícios, terapêuticos ou medicinais: (Redação dada pela Lei nº 9.677, de 2.7.1998)
Pena – reclusão, de 1 (um) a 5 (cinco) anos, e multa. (Redação dada pela Lei nº 9.677, de 2.7.1998)

11.1. Bem jurídico protegido e objeto material do crime

O bem jurídico protegido mediato é a incolumidade pública e o imediato é a saúde pública, a fim de evitar ou diminuir a possibilidade de falsificação de medicamentos e alimentos.

O objeto material do delito é qualquer substância destinada à falsificação desses produtos.

Aqui também a tão criticada Lei nº 9.677/98[100] ("Lei dos Remédios") causou sensível alteração no tipo penal, incluindo também os produtos terapêuticos e para aumentar a pena drasticamente, que antes era de apenas 6 (seis) meses a 1 (um) ano de detenção.

---

99 Art. 23. É competência comum da União, dos Estados, do Distrito Federal e dos Municípios: (...) II – cuidar da saúde e assistência pública, da proteção e garantia das pessoas portadoras de deficiência;
Art. 196. A saúde é direito de todos e dever do Estado, garantido mediante políticas sociais e econômicas que visem à redução do risco de doença e de outros agravos e ao acesso universal e igualitário às ações e serviços para sua promoção, proteção e recuperação.
Art. 197. São de relevância pública as ações e serviços de saúde, cabendo ao Poder Público dispor, nos termos da lei, sobre sua regulamentação, fiscalização e controle, devendo sua execução ser feita diretamente ou através de terceiros e, também, por pessoa física ou jurídica de direito privado.

100 Eis a Redação original: "Art. 277. Vender, expor à venda, ter em depósito ou ceder substância destinada à falsificação de produto alimentício ou medicinal: Pena – detenção, de seis meses a um ano, e multa, de quinhentos mil réis a cinco contos de réis".

11.2. Tipo penal objetivo e tipo penal subjetivo

tipo penal objetivo consiste em "vender, expor à venda, terem depósito ou ceder substância destinada à falsificação de produtos alimentícios, terapêuticos ou medicinais". É composto, então de quatro núcleos. Segundo o Dicionário Aurélio de Língua Portuguesa, **vender** é o mesmo que "alienar ou ceder por certo preio; trocar por dinheiro ou interesse, negociar, entregar mediante remuneração ou recompensa." **Expor**, neste contexto, é "pôr à vista, apresentar em exposição, mostrar, apresentar, exibir"; logo, **expor à venda** é mostrar publicamente um bem destinado ao comércio. **Ter em depósito** é o mesmo que manter, conservar em local próprio e seguro, independentemente de qualquer destinação posterior da substância. **Ceder** significa transferir a alguém, gratuitamente, pôr à disposição, emprestar. **Produto**, no sentido do tipo, é "o resultado da produção, algo fabricado pelo homem, e especialmente, por seu trabalho associado ao capital e à técnica". **Produto alimentício** é aquele que é útil para a sobrevivência, nutritivo, que alimenta; **produto terapêutico** diz respeito à terapêutica, "área da medicina que estuda e põe em prática os meios adequados para aliviar ou curar os doentes"; e **produto medicinal** é o que foi elaborado para curar ou auxiliar no restabelecimento/manutenção das funções vitais.

Segundo Hungria[101], o crime só se tipifica se a substância for de uso restrito, de venda proibida, com determinados corantes, ácidos, conservantes antissépticos etc., uma vez que a nossa legislação foi inspirada na Lei alemã de 5 de julho de 1927. Entretanto, a doutrina majoritária entende, corretamente, que não existe limitação quanto à natureza da substância, especialmente por conta do termo "destinada à falsificação" e não "exclusiva para falsificação". Nesse sentido, em seu Código Penal comentado Flamínio Fávero[102] entende que basta que o meio empregado confira aos produtos aparência de autenticidade do bem, a exemplo da farinha de linhaça, farelo de trigo, de milho de arroz, de mostarda e outras planas medicinais, que, após a retirada de seus princípios ativos, ainda podem ser reaproveitadas para a manipulação de remédios falsificados. **O tipo penal subjetivo** é o **dolo**, ou seja, vontade e consciência dirigidas para a finalidade descrita no tipo penal. Nesse sentido, o autor do crime deve conhecer a nocividade da coisa ou da substância, porque é elementar do delito.

O crime é de **tipo misto alternativo**, ou seja, se o agente praticar mais de uma conduta em um mesmo contexto, será punido apenas por crime único, sob pena de *bis in idem*, no sentido de punir o acusado mais de uma vez por um único fato criminoso.

11.3. Sujeito ativo e sujeito passivo

Qualquer pessoa pode ser sujeito ativo dos crimes do art. 277 do CP, porque esses tipos penais não exigem uma condição especial para praticá-los.

Tanto um particular quanto um servidor público podem incorrer nas penas desse artigo. A diferença é que o funcionário público, nessas condições, na segunda fase de aplicação da pena, poderá ter a sua reprimenda agravada, pois o abuso de poder e a violação

101 Comentários ao Código Penal, cit., p. 122.

102 FAVERO apud MASSON, Direito Penal esquematizado, cit., p. 339.

de dever inerente ao cargo, ofício ministério ou profissão é circunstância agravante, nos termos do art. 62, II, g, do CP (por exemplo, um agente de vigilância sanitária).

O sujeito passivo é a coletividade, já que estamos tratando de crime contra a incolumidade pública, sendo, pois, um crime vago, ou seja, não haverá uma vítima determinada em princípio.

11.4. Consumação e tentativa

O crime se consuma com a só prática da venda, exposição à venda, manutenção em depósito ou cessão de substância destinada à falsificação de produtos alimentícios, terapêuticos ou medicinais.

Isso posto, concluímos que o crime **é de perigo abstrato ou presumido**, pois se o art. 277 do CP criminalizou diversos atos preparatórios dos crimes dos artigos 272 e 273 do mesmo diploma penal, é porque já os considera arriscados à incolumidade pública antecipadamente, sendo correto classificá-lo como **crime obstáculo**.

Se em um mesmo contexto fático o agente fabrica e logo após o fornece ou o guarda consigo, embora tenha praticado duas condutas do tipo, responderá por um só crime, pois, caso contrário, ocorreria *bis in idem*, ou seja, o agente seria punido duas vezes pelo mesmo ato delituoso. É, pois, **tipo misto alternativo, de ação múltipla ou de conteúdo variado.**

Finalmente, a tentativa é inadmissível, segundo opinião da doutrina majoritária, pois a criminalização e tipificação da conduta estão nos atos preparatórios, anteriores ao início da execução. Só resta impunível, então, a simples cogitação. Em sentido contrário, Greco[103] e Bitencourt[104] entendem que a tentativa é possível ao menos teoricamente, porque o *iter criminis* é fracionável. Filiamo-nos à primeira corrente, porque, o fracionamento ou não dos atos não implica, por si só, a possibilidade de distinção entre atos preparatórios e atos de execução. *Mutatis mutandis*, com maior razão não há falar de tentativa na infração penal em questão, pois é ainda mais difícil imaginar a realização de "atos preparatórios de atos preparatórios". Portanto, é mais lógico pensar que ou o fato é impunível, por estar ainda na esfera de pensamento do agente.

11.5. Classificação doutrinária

Comum, porque pode ser praticado por qualquer pessoa; **Vago,** pois o sujeito passivo é a coletividade, de forma genérica, com vítima indeterminada; **Doloso**, exclusivamente. **Comissivo**, praticado, em regra, por meio de uma ação, sem prejuízo de responder por omissão imprópria, se o agente era responsável em garantir a não ocorrência do crime (CP, art. 13, § 2º); **De ação múltipla**, porque possui quatro condutas que viabilizam a consumação (vender, expor à venda, ter em depósito e ceder). **De ação livre,** pois pode ser praticado por qualquer meio, ainda que não previsto pelo legislador. **Formal ou de consumação antecipada**, porque não depende necessariamente da ocorrência de efetiva lesão à vida, à integridade física ou ao patrimônio de

103 Curso de Direito Penal, cit., p. 167.

104 Tratado de Direito Penal, cit., p. 324.

outrem, bastando a periclitação. **De perigo abstrato** (doutrina majoritária) porque o perigo é presumido de forma absoluta (*juris et de jure*) de modo que não é necessário exame pericial para comprová-lo[105]. E como deixa vestígios, é **não transeunte**. **Instantâneo** quanto às condutas de vender e ceder, porque se consumam a partir do momento em que o agente as pratica, não se protraindo para o futuro. Haverá, após, exaurimento (*post factum*) do crime. Mas será **crime permanente** nos casos da exposição à venda ou ter em depósito, haja vista que a permanência desses atos enseja a consumação duradoura do crime. **Unissubjetivo ou de concurso eventual de pessoas**, pois pode ser praticado por um ou mais sujeitos. **Obstáculo**, porque o tipo penal visa especialmente à criminalização de atos preparatórios de outros crimes, no caso, dos arts. 272 (falsificação, corrupção, adulteração ou alteração de substância ou produtos alimentícios) e 273 (falsificação, corrupção, adulteração ou alteração de produto destinado a fins terapêuticos ou medicinais), ambos do Código Penal.

11.6. Causas de aumento de pena

O art. 258 do CP dispõe sobre as "formas qualificadas dos crimes de perigo comum", mas, segundo a opinião da doutrina, trata-se de causas de aumento de pena da Parte Especial, uma vez que não são preceitos secundários autônomos e fazem remissão a penas preexistentes.

O referido dispositivo prevê:

> Se do crime doloso de perigo comum resulta lesão corporal de natureza grave, a pena privativa de liberdade é aumentada de metade; se resulta morte, é aplicada em dobro. No caso de culpa, se do fato resulta lesão corporal, a pena aumenta-se de metade; se resulta morte, aplica-se a pena cominada ao homicídio culposo, aumentada de um terço.

Tais circunstâncias são aplicáveis aos crimes do Capítulo III (Dos crimes contra a saúde pública), salvo o do art. 267 (epidemias dolosa e culposa) quer porque só se qualifica pelo resultado morte, com aplicação de pena em dobro, quer porque existe expressa disposição legal no art. 285 do CP: "Aplica-se o disposto no art. 258 aos crimes previstos neste Capítulo, salvo quanto ao definido no art. 267." (Epidemia dolosa e culposa). Isso posto, as penas serão cominadas em abstrato serão acrescidas da seguinte forma: a) **quando o crime for preterdoloso**: a) aplica-se o aumento de metade (1/2) se sobrevier lesão corporal **grave ou gravíssima**, resultando em uma pena de 1 (um) ano e 6 (seis) meses a 7 (sete) anos e 6 (seis) meses de reclusão; b) aumenta-se a pena em dobro se ocorrer morte, ficando em 2 (dois) a 10 (dez) anos de reclusão.

11.7. Potencialidade ofensiva

Inicialmente, o crime do art. 277, caput, do CP, é de **médio potencial ofensivo**, pois, embora a pena máxima seja superior a 2 (dois) anos, inviabilizando a transação penal, a pena mínima é igual a 1 (um) ano, cabendo, portanto, a suspensão condicional

105 Em sentido contrário, Greco (Curso, cit., p. 166) entende que o crime é de perigo concreto.

do processo (sursis processual), de acordo com o art. 89 da Lei nº9.099/95[106]. Porém, será de **alto potencial ofensivo** nas formas preterdolosas do art. 258, primeira parte, do Código Penal, já que, ocorrendo lesão corporal grave ou morte, as penas serão majoradas, respectivamente, em ½ (metade) e em dobro, ultrapassando o limite da pena mínima. Consequentemente, não caberão as medidas despenalizadoras prevista na Lei dos Juizados Especiais.

11.8. Ação penal e competência do juízo

A ação penal é pública incondicionada, uma vez que o Código não exige iniciativa privativa do ofendido, representação ou requisição do Ministro da Justiça (CP, art. 100). De fato, o condicionamento da ação penal nos crimes previstos no Título VII, parece ser incompatível com a proteção do interesse público relativo à tutela judicial da incolumidade pública em geral.

A competência para o processamento e julgamento dos crimes previstos no art. 277 do CP é da Justiça Estadual (competência residual), uma vez que não há, em princípio, interesse da União, suas autarquias, fundações ou empresas públicas (CF, art. 109, IV). Com efeito, nos termos dos 23, III, e arts. 196 a 197, todos da Constituição[107], a saúde pública é de atribuição de todos os entes federativos, sem preponderância de uns sobre outros. E cada um em sua esfera de competência é responsável pela fiscalização, regulamentação e controle dos serviços e ações de saúde, sem prejuízo de auxílio na execução dessas medidas dos particulares, pessoas físicas ou jurídicas.

12. OUTRAS SUBSTÂNCIAS NOCIVAS À SAÚDE PÚBLICA

⊙ **Outras substâncias nocivas à saúde pública**

Art. 278. Fabricar, vender, expor à venda, ter em depósito para vender ou, de qualquer forma, entregar a consumo coisa ou substância nociva à saúde, ainda que não destinada à alimentação ou a fim medicinal: Pena – detenção, de um a três anos, e multa.

---

106 Art. 89. Nos crimes em que a pena mínima cominada for igual ou inferior a um ano, abrangidas ou não por esta Lei, o Ministério Público, ao oferecer a denúncia, poderá propor a suspensão do processo, por dois a quatro anos, desde que o acusado não esteja sendo processado ou não tenha sido condenado por outro crime, presentes os demais requisitos que autorizariam a suspensão condicional da pena (art. 77 do Código Penal).

107 Art. 23. É competência comum da União, dos Estados, do Distrito Federal e dos Municípios: (...) II – cuidar da saúde e assistência pública, da proteção e garantia das pessoas portadoras de deficiência;

Art. 196. A saúde é direito de todos e dever do Estado, garantido mediante políticas sociais e econômicas que visem à redução do risco de doença e de outros agravos e ao acesso universal e igualitário às ações e serviços para sua promoção, proteção e recuperação.

Art. 197. São de relevância pública as ações e serviços de saúde, cabendo ao Poder Público dispor, nos termos da lei, sobre sua regulamentação, fiscalização e controle, devendo sua execução ser feita diretamente ou através de terceiros e, também, por pessoa física ou jurídica de direito privado.

⊙ **Modalidade culposa**

Parágrafo único – Se o crime é culposo: Pena – detenção, de dois meses a um ano.

12.1. Bem jurídico protegido e objeto material do crime

A bem jurídico protegido mediato é a incolumidade pública e o imediato é a saúde pública, no sentido de proteger terceiros que possam entrar em contato eventualmente com substâncias nocivas à saúde.

O objeto material do delito é qualquer substância nociva à saúde, ainda que não destinada à alimentação ou fim medicinal.

12.2. Tipo penal objetivo e tipo penal subjetivo

O tipo penal objetivo consiste em "fabricar, vender, expor à venda, ter em depósito para vender ou, de qualquer forma, entregar a consumo coisa ou substância nociva à saúde, ainda que não destinada à alimentação ou a fim medicinal". É composto, então de cinco núcleos. Segundo o Dicionário Aurélio de Língua Portuguesa, **Fabricar** significa "produzir na fábrica, manufaturar, preparar". **Vender** é o mesmo que "alienar ou ceder por certo preio; trocar por dinheiro ou interesse, negociar, entregar mediante remuneração ou recompensa." **Expor**, neste contexto, é "Pôr à vista, apresentar em exposição, mostrar, apresentar, exibir"; logo, **expor à venda** é mostrar publicamente um bem destinado ao comércio. **Ter em depósito para vender** é o mesmo que manter, conservar em local próprio e seguro. Entretanto, a tipificação dessa conduta não ocorre se a manutenção da substância nociva à saúde envenenada para si, até porque, em princípio, de nenhuma utilidade será para o depositário. Exige-se mais, que exista uma finalidade específica de distribuição, pois é nisso exatamente em que consiste a existência do perigo à saúde pública. **Entregar a consumo** significa passar às mãos ou à posse a alguém, ou ainda restituir, devolver, para que outra pessoa venha a consumi-la. Ela ocorre a título gratuito, pois não se trata de venda. **Substância nociva à saúde** é a parte real ou essencial de alguma coisa que é nóxia, é dizer, que prejudica ou que causa dano à saúde. Alimentação é nutrição, essencial à sobrevivência de um organismo vivo. E **fim medicinal** é o objetivo de curar, auxiliar no restabelecimento/manutenção das funções vitais.

A doutrina costuma dar exemplos de substâncias nocivas à saúde, seguindo as lições de Hungria[108]:

> (...) É sabido que certos objetos ou substância, embora não destinados à ingestão, podem, em virtude de sua má ou irregular composição, prejudicar, e, às vezes seriamente, a saúde de quem dêles se utiliza. É o que pode acontecer em relação, por exemplo, às pastas dentifrícias, colutórios em geral, cosméticos, *batons*, perfumes, cigarros, chupetas ou mamadeiras para crianças, utensílios de cozinha, talheres etc. etc. É preciso que a coisa ou substância seja destinada a consumo (ou uso) (...)

108 Comentários ao Código Penal, cit., p. 123.

O tipo penal subjetivo é o **dolo**, ou seja, vontade e consciência dirigidas para a finalidade descrita no tipo penal. Nesse sentido, o autor do crime deve conhecer a nocividade da coisa ou da substância, porque é elementar do delito.

O crime é de tipo misto alternativo, ou seja, se o agente praticar mais de uma conduta em um mesmo contexto, será punido apenas por crime único, sob pena de *bis in idem*, no sentido de punir o acusado mais de uma vez por um único fato criminoso.

12.3. Sujeito ativo e sujeito passivo

Qualquer pessoa pode ser sujeito ativo dos crimes do art. 278 do CP, porque esses tipos penais não exigem uma condição especial para praticá-los.

Tanto um particular quanto um servidor público podem incorrer nas penas desse artigo. A diferença é que o funcionário público, nessas condições, na segunda fase de aplicação da pena, poderá ter a sua reprimenda agravada, pois o abuso de poder e a violação de dever inerente ao cargo, ofício ministério ou profissão é circunstância agravante, nos termos do art. 62, II, g, do CP (por exemplo, um agente de vigilância sanitária).

O sujeito passivo é a coletividade, já que estamos tratando de crime contra a incolumidade pública, sendo, pois, um crime vago, ou seja, não haverá uma vítima determinada em princípio.

12.4. Consumação e tentativa

O crime se consuma no exato momento que a coletividade fica exposta ao perigo, por meio da venda, exposição à venda, depósito ou cessão de substância destinada à falsificação, independentemente da efetiva lesão aos bens jurídicos tutelados. Ademais, é um delito que deixa vestígios (crime não transeunte), razão pela qual o art. 158 do Código de Processo Penal exige o respectivo exame de corpo de delito para sua comprovação.

O crime é de perigo concreto, portanto. Não há falar de crime consumado ou tentado se em momento algum houve risco à segurança da coletividade, ou seja, de um número indeterminado de pessoas. Concordamos com Greco[109], que representa a doutrina minoritária. De fato, não faz sentido dizer, que, detectada a nocividade da substância, o perigo se presume com a só fabricação, venda, exposição e depósito para a venda ou entrega a consumo. É essencial que seja demonstrado, no caso concreto, não só o conhecimento da utilidade das substâncias para falsificar produtos alimentícios, terapêuticos ou medicinais, mas também qual é efetivamente o risco social causado à incolumidade pública.

A tentativa é admissível por tratar-se de crime plurissubsistente, sendo possível fracionar as condutas do tipo no *iter criminis*, especialmente quanto ao último ato de execução e a consumação.

12.5. Crime culposo

O art. 278, parágrafo único, do CP, prevê uma modalidade culposa: "Se o crime é culposo: Pena – detenção, de 2 (dois) meses a 1 (um) ano." O dispositivo é extremamente

109 Curso de Direito Penal, cit., p. 170.

genérico e isso gera dúvidas quanto à sua tipificação, uma vez que nem todas as condutas do caput são compatíveis com a negligência, imprudência ou imperícia. Admitem a forma culposa os núcleos: vender, expor à venda e entregar a consumo, que podem acontecer, por exemplo, por distração ou esquecimento quanto à nocividade da coisa.

Todavia, a conduta de ter em depósito para vender é necessariamente dolosa, porque pressupõe uma finalidade específica desejada pelo agente, no caso, de vender posteriormente a substância nociva à saúde. Se a mantém em depósito é porque está consciente e quer utilizá-la posteriormente para circulação no comércio.

Finalmente, entendemos que a conduta de fabricar quase sempre será dolosa, pois, se por um lado os esforços envidados no sentido da fabricação não se compatibilizam com a negligência ou imprudência, por outro, admite-se a culpa na modalidade imperícia. Por exemplo, um químico realiza a mistura incorreta de reagentes para a fabricação de um produto de limpeza, vindo a produzir um ácido altamente corrosivo e venenoso, expondo os demais trabalhadores da fábrica a um grave risco de sofrer lesões corporais ou morte. Ainda assim, situação parecida é de difícil configuração no caso concreto, mas, ao menos em tese, é possível.

12.6. Classificação doutrinária

Comum, porque pode ser praticado por qualquer pessoa; **Vago,** pois o sujeito passivo é a coletividade, de forma genérica, com vítima indeterminada; **Doloso**, na forma do *caput*, e culposo, na conduta do parágrafo único do art. 278. **Comissivo**, praticado, em regra, por meio de uma ação, sem prejuízo de responder por omissão imprópria, se o agente era responsável em garantir a não ocorrência do crime (CP, art. 13, § 2º); **De ação múltipla**, porque possui cinco condutas que viabilizam a consumação (fabricar, vender, expor à venda, ter em depósito para vender e entregar a consumo). **De ação livre,** pois pode ser praticado por qualquer meio, ainda que não previsto pelo legislador. **Formal ou de consumação antecipada**, porque não depende necessariamente da ocorrência de efetiva lesão, pois o dano será mero exaurimento do crime. **De perigo concreto** (doutrina minoritária, com a qual concordamos) porque o deve ser demonstrado no caso concreto, pela nocividade da coisa ou substância e pelo perigo à saúde da coletividade. E como deixa vestígios, é **não transeunte**. **Instantâneo,** quanto à fabricação, venda e entrega a consumo porque está consumado a partir do momento em que o agente pratica a conduta descrita no tipo, não se protraindo para o futuro. Haverá, após, exaurimento (*post factum*) do crime. Mas é **permanente** quanto à exposição à venda ou a manutenção em depósito para vender, uma vez que, nelas a consumação se protrai no tempo, enquanto estiverem expostas ou mantidas. **Unissubjetivo ou de concurso eventual de pessoas**, pois pode ser praticado por um ou mais sujeitos.

12.7. Causas de aumento de pena

O art. 258 do CP dispõe sobre as "formas qualificadas dos crimes de perigo comum", mas, segundo a opinião da doutrina, trata-se de causas de aumento de pena da Parte Especial, uma vez que não são preceitos secundários autônomos e fazem remissão a penas preexistentes.

O referido dispositivo prevê:

> Se do crime doloso de perigo comum resulta lesão corporal de natureza grave, a pena privativa de liberdade é aumentada de metade; se resulta morte, é aplicada em dobro. No caso de culpa, se do fato resulta lesão corporal, a pena aumenta-se de metade; se resulta morte, aplica-se a pena cominada ao homicídio culposo, aumentada de um terço.

Tais circunstâncias são aplicáveis aos crimes do Capítulo III (Dos crimes contra a saúde pública), salvo o do art. 267 (epidemias dolosa e culposa) quer porque só se qualifica pelo resultado morte, com aplicação de pena em dobro, quer porque existe expressa disposição legal no art. 285 do CP: "Aplica-se o disposto no art. 258 aos crimes previstos neste Capítulo, salvo quanto ao definido no art. 267." (Epidemia dolosa e culposa). Isso posto, as penas serão cominadas em abstrato serão acrescidas da seguinte forma:

> **a) quando o crime for preterdoloso:** a.1) aplica-se o aumento de metade (1/2) se sobrevier lesão corporal **grave ou gravíssima**, resultando em uma pena de 1 (um) ano e 6 (seis) meses a 4 (quatro) anos e 6 (seis) meses de detenção; a.2) aumenta-se a pena em dobro se ocorrer morte, ficando em 2 (dois) a 6 (seis) anos de reclusão.
>
> **b) quando o crime for culposo** (crime qualificado pelo resultado **também culposo** – culpa + culpa): b.1) aplica-se o aumento de metade (1/2) se sobrevier **lesão corporal** (leve, média, grave ou gravíssima), cuja pena será de 3 (três) meses a 1 (um) ano e 6 (seis) meses de detenção; b.2) aplica-se a pena do homicídio culposo aumentada de um terço (1/3), em caso de morte (a pena será arbitrada entre 1 ano e seis meses a quatro anos e seis meses de detenção).

12.8. Infrações penais assemelhadas da legislação específica

12.8.1. Tráfico de drogas e oferta a consumo para pessoa de seu relacionamento (art. 33, caput, e § 3º, da Lei nº 11.343/06)

> **Art. 33.** Importar, exportar, remeter, preparar, produzir, **fabricar**, adquirir, **vender, expor à venda**, oferecer, **ter em depósito**, transportar, trazer consigo, guardar, prescrever, ministrar, **entregar a consumo** ou fornecer drogas, ainda que gratuitamente, sem autorização ou em desacordo com determinação legal ou regulamentar:
>
> Pena – reclusão de 5 (cinco) a 15 (quinze) anos e pagamento de 500 (quinhentos) a 1.500 (mil e quinhentos) dias-multa.
>
> § 1º Nas mesmas penas incorre quem:
>
> I – importa, exporta, remete, produz, fabrica, adquire, vende, expõe à venda, oferece, fornece, tem em depósito, transporta, traz consigo ou guarda, ainda que gratuitamente, sem autorização ou em desacordo com determinação legal ou regulamentar, matéria-prima, insumo ou produto químico destinado à preparação de drogas;
>
> II – semeia, cultiva ou faz a colheita, sem autorização ou em desacordo com determinação legal ou regulamentar, de plantas que se constituam em matéria-prima para a preparação de drogas;
>
> III – utiliza local ou bem de qualquer natureza de que tem a propriedade, posse, Administração, guarda ou vigilância, ou consente que outrem dele se utilize, ainda

que gratuitamente, sem autorização ou em desacordo com determinação legal ou regulamentar, para o tráfico ilícito de drogas.

IV - vende ou entrega drogas ou matéria-prima, insumo ou produto químico destinado à preparação de drogas, sem autorização ou em desacordo com a determinação legal ou regulamentar, a agente policial disfarçado, quando presentes elementos probatórios razoáveis de conduta criminal preexistente.

§ 2º Induzir, instigar ou auxiliar alguém ao uso indevido de droga: (Vide ADI nº 4.274)

Pena – detenção, de 1 (um) a 3 (três) anos, e multa de 100 (cem) a 300 (trezentos) dias-multa.

§ 3º **Oferecer droga, eventualmente e sem objetivo de lucro, a pessoa de seu relacionamento, para juntos a consumirem:**

Pena – detenção, de 6 (seis) meses a 1 (um) ano, e pagamento de 700 (setecentos) a 1.500 (mil e quinhentos) dias-multa, sem prejuízo das penas previstas no art. 28.

§ 4º Nos delitos definidos no caput e no § 1º deste artigo, as penas poderão ser reduzidas de um sexto a dois terços, vedada a conversão em penas restritivas de direitos, desde que o agente seja primário, de bons antecedentes, não se dedique às atividades criminosas nem integre organização criminosa. (Vide Resolução nº 5, de 2012)

Em se tratando de entorpecentes de uso proscrito, independentemente do seu potencial terapêutico, medicinal ou alimentício, pois se presumem perigosas à saúde pública (crime de perigo abstrato) será caso de tráfico de droga e condutas afins, nos termos do artigo acima mencionado. Trata-se de uma das mais graves criminalizações do ordenamento jurídico, já que no *caput* constam 18 (dezoito) núcleos do tipo, especialmente a fabricação, venda, exposição para vender, ter em depósito e entrega a consumo. A pena é extremamente severa: de 5 (cinco) a 15 (quinze) anos de **reclusão.** O regime de pena é mais gravoso e a reprimenda é cinco vezes maior que a do art. 278 do CP. Difere também pelo fato de não prever modalidade culposa.

Por outro lado, a pena é um pouco mais branda no caso da oferta eventual de droga ilícita de qualquer natureza, desde que seja para pessoa de seu relacionamento, para fins de consumo particular entre ofertante e ofertado.

Note-se, por fim, este tipo é norma penal em branco heterogênea, pois o seu complemento está em norma infralegal, no caso, a Portaria nº 344/98 da Agência Nacional de Vigilância Sanitária. A propósito, foram incluídas, na atualização de 18/2/2014, mais 21 (vinte e um) princípios ativos na lista de drogas de uso proibido[110].

12.8.2. Crime previsto na Lei nº 7.802/89 (Lei dos agrotóxicos)

Art. 15. Aquele que produzir, comercializar, transportar, aplicar, prestar serviço, der destinação a resíduos e embalagens vazias de agrotóxicos, seus componentes e afins, em descumprimento às exigências estabelecidas na legislação pertinente estará sujeito à pena de reclusão, de dois a quatro anos, além de multa.

110 Essa notícia pode ser encontrada no sítio eletrônico da ANVISA, por meio do presente link: <http://goo.gl/ZQrShQ>.

Como se vê, o delito se aproxima do tipo do art. 278 do CP quando a substância nociva à saúde for o agrotóxico[111], ou seja, produto químico comumente utilizado para o controle de pragas (insetos, parasitas, fungos etc.) que atacam as plantações, a fim de imunização dos vegetais. Aqui a criminalização é mais ampla, pois se pune a produção, comercialização, transporte, aplicação, prestação de serviço, destinação a resíduos e embalagens vazias de agrotóxicos em descumprimento às exigências legais. A pena também é mais severa, pois sua pena é superior em um ano.

12.9. Potencialidade ofensiva

Inicialmente, o crime do art. 278, caput, do CP, é de médio potencial ofensivo, pois, embora a pena máxima seja superior a 2 (dois) anos, inviabilizando a transação penal, a pena mínima é igual a 1 (um) ano, cabendo, portanto, a suspensão condicional do processo (sursis processual), de acordo com o art. 89 da Lei nº 9.099/95[112]. Porém, será de alto potencial ofensivo nas formas preterdolosas do art. 258, primeira parte, do Código Penal, já que, ocorrendo lesão corporal grave ou morte, as penas serão majoradas, respectivamente, em ½ (metade) e em dobro, ultrapassando o limite da pena mínima. Consequentemente, não caberão as medidas despenalizadoras prevista na Lei dos Juizados Especiais.

Porém, esse crime culposo (art. 280, parágrafo único, do CP), praticado na sua forma simples (sem aumentos de pena), será crime **de menor potencial ofensivo**, porque a pena prevista é de 2 (dois) meses a 1 (um) ano de detenção, ensejando a transação penal (aplicação imediata de pena restritiva de direitos ou multas sem outros efeitos penais). Também assim será se sobrevier resultado de lesão corporal (leve, grave ou gravíssima), pois o art. 258 diz que a pena sofrerá um aumento de metade, e sua pena máxima permanecerá dentro do limite legal.

Por fim, **não se admitirá transação penal ou suspensão condicional se resultar morte**, porque o art. 258 determina que seja aplicada, nesse caso, a pena do homicídio culposo (cominada em 1 a 3 anos de detenção) aumentada de 1/3 (um terço), como causa especial de aumento (pena de 1 (um) ano e 4 (quatro) meses a 4 (quatro) anos de reclusão). O legislador considerou que a morte causada em uma situação de perigo provocada pelo sujeito ativo será de elevado potencial ofensivo, pois tanto a pena mínima quanto a máxima ficarão acima dos limites legais acima mencionados.

---

111 Art. 2º da Lei nº 7.802/89: Para os efeitos desta Lei, consideram-se: I – agrotóxicos e afins: a) os produtos e os agentes de processos físicos, químicos ou biológicos, destinados ao uso nos setores de produção, no armazenamento e beneficiamento de produtos agrícolas, nas pastagens, na proteção de florestas, nativas ou implantadas, e de outros ecossistemas e também de ambientes urbanos, hídricos e industriais, cuja finalidade seja alterar a composição da fora ou da fauna, a fim de preservá-las da ação danosa de seres vivos considerados nocivos; b) substâncias e produtos, empregados como desfolhantes, dessecantes, estimuladores e inibidores de crescimento; II – componentes: os princípios ativos, os produtos técnicos, suas matériasprimas, os ingredientes inertes e aditivos usados na fabricação de agrotóxicos e afins.

112 Art. 89. Nos crimes em que a pena mínima cominada for igual ou inferior a um ano, abrangidas ou não por esta Lei, o Ministério Público, ao oferecer a denúncia, poderá propor a suspensão do processo, por dois a quatro anos, desde que o acusado não esteja sendo processado ou não tenha sido condenado por outro crime, presentes os demais requisitos que autorizariam a suspensão condicional da pena (art. 77 do Código Penal).

12.10. Ação penal e competência do juízo

A ação penal é pública incondicionada, uma vez que o Código não exige iniciativa privativa do ofendido, representação ou requisição do Ministro da Justiça (CP, art. 100). De fato, o condicionamento da ação penal nos crimes previstos no Título VII, parece ser incompatível com a proteção do interesse público relativo à tutela judicial da incolumidade pública em geral.

A competência para o processamento e julgamento dos crimes previstos no art. 278 do CP é da Justiça Estadual (competência residual), uma vez que não há, em princípio, interesse da União, suas autarquias, fundações ou empresas públicas (CF, art. 109, IV). Com efeito, nos termos dos 23, III, e arts. 196 a 197, todos da Constituição[113], a saúde pública é de atribuição de todos os entes federativos, sem preponderância de uns sobre outros. E cada um em sua esfera de competência é responsável pela fiscalização, regulamentação e controle dos serviços e ações de saúde, sem prejuízo de auxílio na execução dessas medidas dos particulares, pessoas físicas ou jurídicas. Além disso, não existe uma competência específica no art. 109, CF sobre crimes contra a saúde pública, razão pela qual só a análise do caso concreto poderá eventualmente determinar algum interesse federal no feito.

13. SUBSTÂNCIA AVARIADA

⊙ **Substância avariada (revogado)**

Art. 279. Vender, ter em depósito para vender ou expor à venda ou, de qualquer forma, entregar a consumo substância alimentícia ou medicinal avariada. Pena – detenção, de um a três anos, ou multa, de um a dez contos de réis. (Revogado pela Lei nº 8.137, de 27.12.1990)

O presente tipo penal foi expressamente revogado pela Lei nº 8.137/90, mais especificamente porque seu art. 7º, inciso IX passou a tratar de todo o seu conteúdo, nos seguintes termos:

> **Art. 7º**. Constitui crime contra as relações de consumo: (...) IX – vender, ter em depósito para vender ou expor à venda ou, de qualquer forma, entregar matéria-prima ou mercadoria, em condições impróprias ao consumo;
>
> Pena – detenção, de 2 (dois) a 5 (cinco) anos, ou multa. (...)
>
> Parágrafo único. Nas hipóteses dos incisos II, III e IX pune-se a modalidade culposa, reduzindo-se a pena e a detenção de 1/3 (um terço) ou a de multa à quinta parte.

---

113 Art. 23. É competência comum da União, dos Estados, do Distrito Federal e dos Municípios: (...) II – cuidar da saúde e assistência pública, da proteção e garantia das pessoas portadoras de deficiência;

Art. 196. A saúde é direito de todos e dever do Estado, garantido mediante políticas sociais e econômicas que visem à redução do risco de doença e de outros agravos e ao acesso universal e igualitário às ações e serviços para sua promoção, proteção e recuperação.

Art. 197. São de relevância pública as ações e serviços de saúde, cabendo ao Poder Público dispor, nos termos da lei, sobre sua regulamentação, fiscalização e controle, devendo sua execução ser feita diretamente ou através de terceiros e, também, por pessoa física ou jurídica de direito privado.

Inicialmente, é possível constatar que essa revogação não importou em continuidade normativo-típica[114], embora os núcleos do tipo ("vender", "ter em depósito para vender" ou "expor à venda", e "entregar") constem do artigo supramencionado. Em primeiro lugar, porque o bem jurídico tutelado não é mais a saúde pública (a não ser indiretamente), mas as relações de consumo, uma vez que a norma passou a integrar o ramo do "Direito Penal Econômico", cuja importância vem aumentando pela necessidade de maio eficácia no combate aos crimes do "colarinho branco" (*white collar crimes*), os quais normalmente vêm acompanhados de prática de organização criminosa. E esses criminosos em especial, não raro, são pessoas que detém alto poder aquisitivo e muitos exercem o comércio na condição de empresários. Em segundo lugar, porque o novo tipo tem um alcance muito maior, pois não mais se limita à "substância alimentícia ou medicinal avariada". O objeto material do delito passou a ser qualquer matéria-prima ou mercadoria em condições impróprias para o consumo. Em terceiro lugar, porque a pena, embora ainda seja de detenção, sofreu exasperação, indo de 1 (um) a 3 (três) anos para 2 (dois) a 5 (cinco) anos e, em quarto lugar, porque, houve inovação legislativa no sentido de prever agora uma modalidade culposa sem preceito secundário autônomo, mas com causa de diminuição de pena de 1/3 (um terço) ou multa de 1/5 (um quinto) do valor dos bens expostos ao comércio. Portanto, houve *novatio legis in pejus* no particular, pela criação de um novo tipo penal.

Em conclusão, houve criação de um tipo penal completamente novo, razão pela qual houve *abolitio criminis* para aqueles que, à época, estavam sendo processados ou cumpriam a pena relativa ao crime do art. 259 do CP. Atualmente, essa discussão só tem valor teórico, ainda mais porque passados mais de 23 anos da alteração legislativa.

Finalmente, transcrevemos, por sua pertinência, os comentários de Luiz Régis Prado[115] a respeito do delito, no essencial:

> A ação típica prevista no inciso IX consiste em vender (consubstanciada na ação de comercializar, ou seja, transferir propriedade para outra pessoa, mediante pagamento), ter em depósito para vender (que significa guardar, conservar, deter,

114 O princípio da continuidade normativo-típica vinha sido utilizado pela jurisprudência com dois objetivos bem definidos: 1) reconhecer a migração do tipo para outro diploma legal, sem solução de continuidade, no sentido de esclarecer a ausência de alteração substancial da norma e, consequentemente, afastar a tese de abolitio criminis sustentada pela defesa em favor de quem respondia pelo delito revogado; 2) evitar a ocorrência de prescrição da pretensão punitiva, por conta da alteração legislativa. Esse princípio serviu anteriormente para justificar a manutenção da punibilidade do art. 95, alínea "d", da Lei nº 8.212/91, revogado pela Lei nº 9.963/2000 (art. 3º) e transportado para o art. 168-A do Código Penal (apropriação indébita previdenciária) (vide RHC 88144/STF) e atualmente vem sendo utilizada para afastar a absolvição pela prática de atentado violento ao pudor, norma do art. 214 do CP que foi revogada pela Lei nº 12.045/2009. O argumento é de que a prática de ato libidinoso diverso da conjunção carnal passou a ser incluída no tipo fundamental do estupro (CP, art. 213), ou seja, não desapareceu do ornamento jurídico e tampo sofreu modificação da conduta, mudando, no final das contas apenas seu nomen juris. Confira-se, a propósito, o julgamento do HC nº 215.444/BA (HC 201101869140, JORGE MUSSI, STJ – QUINTA TURMA, DJE DATA:21/11/2013).

115 Crimes contra o ambiente, cit., p. 145-148.

implicando posse ou detenção com o fim posterior de colocar à venda a matéria-prima ou mercadoria imprópria para o consumo) ou expor à venda (que expressa pôr à vista, mostrar, apresentar, oferecer, exibir para a venda) ou, de qualquer forma, entregar (designa a translação de uma mercadoria ou matéria prima para cumprimento de uma obrigação contratual) matéria prima ou mercadoria em condições impróprias ao consumo.

Trata-se de norma penal em branco, já que a matéria prima ou mercadoria consideradas impróprias ao consumo encontram-se mencionadas na Lei nº 8.078/1990 (Código de Defesa do Consumidor), em seu art. 18, § 6º: "Art. 18. (...) § 6º – São impróprios ao uso e consumo: – Os produtos cujos prazos de validade estejam vencidos; – Os produtos beneficiados, alterados, adulterados, avariados, falsificados, corrompidos, fraudados, nocivos à vida ou à saúde, perigosos ou, ainda, aqueles em desacordo com as normas regulamentares de fabricação, distribuição ou apresentação; – Os produtos que, por qualquer motivo, se revelem inadequados ao fim a que se destinam".

(...) A última modalidade típica prevista se consuma quando o agente vende ou mantém em depósito para vender ou expor à venda ou, de qualquer forma, entregar matéria-prima ou mercadorias em condições impróprias ao consumo (art. 7º, IX). A tentativa é admissível nas hipóteses de vender e entregar, nas demais, em princípio não. Finalmente, cumpre ressaltar que a Lei 8.137/1990 agasalha a forma culposa para essa figura (art. 7º, Parágrafo único). (...)

14. MEDICAMENTO EM DESACORDO COM RECEITA MÉDICA

⊙ **Medicamento em desacordo com receita médica**

Art. 280. Fornecer substância medicinal em desacordo com receita médica:

Pena – detenção, de um a três anos, ou multa.

⊙ **Modalidade culposa**

Parágrafo único – Se o crime é culposo: Pena – detenção, de dois meses a um ano.

14.1. Bem jurídico protegido e objeto material do crime

O bem jurídico protegido mediato é a incolumidade pública e o imediato é preservação da saúde pública abstratamente considerada, haja vista que o fornecimento de substância medicinal diversa daquela constante da receita médica (que se presume por legítima e adequada às reais necessidades reais do paciente) deve guardar rigorosa observância com os estudos científicos da medicina a serem aplicados no caso concreto, de acordo com a real necessidade do paciente.

O objeto material do delito é substância medicinal inadequada para o tratamento de saúde, não estar indicada na prescrição contida na receita médica.

14.2. Tipo penal objetivo e tipo penal subjetivo

O tipo penal objetivo consiste em "fornecer substância medicinal em desacordo com receita médica". De acordo com o Dicionário Aurélio de Língua Portuguesa, o núcleo **Fornecer** significa "dar, abastecer ou prover". **Substância medicinal** é parte real ou essencial de alguma coisa que serve de medicamento ou remédio, que cura, que auxilia no restabelecimento/manutenção das funções vitais. **Receita médica** é "a indicação escrita de uma prescrição médica". Mas quando se trata de substância sujeita a controle especial (entorpecentes de uso permitido ou controlado, imunodepressores e outros), esse documento é denominado a Notificação de Receita, segundo dispõem os arts. 1º e 35 da Resolução nº 344/98 da Agência Nacional da Saúde[116].

O **tipo penal subjetivo** é o **dolo**, ou seja, consciência e vontade dirigidas para a finalidade de criar um perigo à coletividade. Então, se o agente não quer causar risco à saúde pública, mas sim a pessoas determinadas, incidirá nas penas do art. 132 do Código Penal, crime expressamente subsidiário: "**Perigo para a vida ou saúde de outrem** Art. 132 – Expor a vida ou a saúde de outrem a perigo direto e iminente: Pena – detenção, de três meses a um ano, se o fato não constitui crime mais grave. (...)".

O crime **é de forma vinculada**, uma vez que a provocação do perigo causado só pode ocorrer por meio de fornecimento de substância medicinal diversa do que consta em receita médica.

14.3. Sujeito ativo e sujeito passivo

Qualquer pessoa pode ser sujeito ativo dos crimes do art. 280 do CP, porque esses tipos penais não exigem uma condição especial para praticá-los.

Tanto um particular quanto um servidor público da área da saúde podem incorrer nas penas desse artigo. A diferença é que o funcionário público, nessas condições, na segunda fase de aplicação da pena, poderá ter a sua reprimenda agravada, pois o abuso de poder e a violação de dever inerente ao cargo, ofício ministério ou profissão é circunstância agravante, nos termos do art. 62, II, g, do CP.

O sujeito passivo é aqui é o indivíduo que apresenta a receita médica e recebe medicamento diverso. Não se vislumbra risco ou dano à incolumidade pública.

14.4. Consumação e tentativa

O delito se consuma no exato momento em que o farmacêutico ou a pessoa autorizada distribui substância medicinal diversa da que consta em receita médica, onerosa ou gratuitamente. É **instantâneo**, porque o crime se consuma em um único momento, havendo, após, exaurimento (*post factum*).

116 Art. 1º Para os efeitos deste Regulamento Técnico e para a sua adequada aplicação, são adotadas as seguintes definições: (...) Notificação de Receita – Documento padronizado destinado à notificação da prescrição de medicamentos: a) entorpecentes (cor amarela), b) psicotrópicos (cor azul) e c) retinóides de uso sistêmico e imunossupressores (cor branca). A Notificação concernente aos dois primeiros grupos (a e b) deverá ser formada por profissional devidamente inscrito no Conselho Regional de Medicina, no Conselho Regional de Medicina Veterinária ou no Conselho Regional de Odontologia; a concernente ao terceiro grupo (c), exclusivamente por profissional devidamente inscrito no Conselho Regional de Medicina. Art. 35 A Notificação de Receita é o documento que acompanhado de receita autoriza a dispensação de medicamentos a base de substâncias constantes das listas "A1" e "A2" (entorpecentes), "A3", "B1" e "B2" (psicotrópicas), "C2" (retinóicas para uso sistêmico) e "C3" (imunossupressoras), deste Regulamento Técnico e de suas atualizações.

Sobre o momento consumativo, discordamos parcialmente de Greco[117] porque o caso é mesmo de **perigo abstrato**. É que a conduta é *per si* perigosa pelo fato de que é impossível prever o que se sucederá a uma pessoa se consumir a substância medicinal diversa da que foi prescrita. Existe potencialidade de ocorrer efeitos colaterais imprevisíveis, além de dano aos órgãos e, ainda, uma remota probabilidade de morte. Entretanto, tem razão o autor ao afirmar que o crime em questão (medicamento em desacordo com receita médica) não oferece risco algum à saúde pública, mas, sim, a um indivíduo determinado, razão pela qual deveria estar no Capítulo III do Título I da Parte Especial do Código Penal (Da periclitação da vida e da saúde).

Segundo a doutrina majoritária, a tentativa é possível, já que se trata de crime plurissubsistente, ou seja, passível de ser divido em diversos atos no *iter criminis*. Bitencourt[118] exemplifica com a interrupção por um terceiro da entrega do medicamento e diz que a tentativa não se confunde com a simples detenção ou exposição a comércio.

14.5. Crime culposo

O art. 280, parágrafo único, do CP, prevê uma modalidade culposa, quando o agente fornece substância medicinal em desacordo com receita médica culposamente sem observar um dever objetivo de cuidado, a título de negligência, imprudência ou imperícia. Nesse caso, a pena é de detenção, de 2 (dois) meses a 1 (um) ano. Isso pode ocorrer no caso de um farmacêutico, sem prestar a devida atenção no que está escrito (de forma legível), fornece medicamento com princípio ativo com nome parecido, que não consta da receita médica.

14.6. Classificação doutrinária

Comum, pois pode ser praticado por qualquer pessoa. Em sentido contrário, Hungria[119], para quem apenas o farmacêutico é responsável pelo fornecimento do remédio; **Vago**, pois o sujeito passivo é a coletividade, de forma genérica, com vítima indeterminada; **Doloso**, quanto ao *caput*, e **culposo** no caso do parágrafo único. **Comissivo**, praticado, em regra, por meio de uma ação, sem prejuízo de responder por omissão imprópria, se o agente era responsável em garantir a não ocorrência do crime (CP, art. 13, § 2º); **De ação única**, pois só há um núcleo do tipo, no caso, fornecer. **De ação vinculada**, pois só pode ser praticado mediante fornecimento de substância medicinal diversa da que consta na receita médica. **Formal, de consumação antecipada ou de resultado cortado**, já que o resultado previsto no tipo é irrelevante para fins de consumação, bastando praticar a conduta descrita no tipo penal. **De perigo abstrato** (doutrina majoritária), porque o perigo é presumido de forma absoluta (*juris et de jure*)[120]. **Instantâneo**, porque está consumado a partir do momento em que

117 Curso de Direito Penal, cit., p. 173-174.

118 Tratado de Direito Penal, cit., p. 330.

119 Comentários ao Código Penal, cit., p. 125.

120 Em sentido contrário, Greco (Curso, cit., p. 174) entende que o delito é de perigo concreto, devendo haver comprovação de risco efetivo.

o agente pratica a conduta descrita no tipo, não se protraindo para o futuro. Haverá, após, exaurimento (*post factum*) do crime. **Unissubjetivo ou de concurso eventual de pessoas**, pois pode ser praticado por um ou mais sujeitos.

14.7. Causas de aumento de pena

O art. 258 do CP dispõe sobre as "formas qualificadas dos crimes de perigo comum", mas, segundo a opinião da doutrina, trata-se de causas de aumento de pena da Parte Especial, uma vez que não são preceitos secundários autônomos e fazem remissão a penas preexistentes.

O referido dispositivo prevê:

> Se do crime doloso de perigo comum resulta lesão corporal de natureza grave, a pena privativa de liberdade é aumentada de metade; se resulta morte, é aplicada em dobro. No caso de culpa, se do fato resulta lesão corporal, a pena aumenta-se de metade; se resulta morte, aplica-se a pena cominada ao homicídio culposo, aumentada de um terço.

Tais circunstâncias são aplicáveis aos crimes do Capítulo III (Dos crimes contra a saúde pública), salvo o do art. 267 (epidemias dolosa e culposa) quer porque só se qualifica pelo resultado morte, com aplicação de pena em dobro, quer porque existe expressa disposição legal no art. 285 do CP: "Aplica-se o disposto no art. 258 aos crimes previstos neste Capítulo, salvo quanto ao definido no art. 267." (Epidemia dolosa e culposa). Portanto, as penas serão cominadas em abstrato serão acrescidas da seguinte forma:

> a) **quando o crime for preterdoloso**: a.1) aplica-se o aumento de metade (1/2) se sobrevier lesão corporal **grave ou gravíssima**, resultando em uma pena de 1 (um) ano e 6 (seis) meses a 4 (quatro) anos e 6 (seis) meses de detenção; a.2) aumenta-se a pena em dobro se ocorrer morte, ficando em 2 (dois) a 6 (seis) anos de reclusão.
>
> b) quando o crime for **culposo** (crime qualificado pelo resultado **também culposo** – culpa + culpa): b.1) aplica-se o aumento de metade (1/2) se sobrevier **lesão corporal** (leve, média, grave ou gravíssima), cuja pena será de 3 (três) meses a 1 (um) ano e 6 (seis) meses de detenção; b.2) aplica-se a pena do homicídio culposo aumentada de um terço (1/3), em caso de morte (a pena será arbitrada entre 1 ano e seis meses a quatro anos e seis meses de detenção).

14.8. Potencialidade ofensiva

Inicialmente, o crime do art. 280, caput, do CP é de médio potencial ofensivo, pois, embora a pena máxima seja superior a 2(dois) anos, inviabilizando a transação penal, a pena mínima é igual a 1 (um) ano, cabendo, portanto, a suspensão condicional do processo (sursis processual), de acordo com o art. 89 da Lei nº 9.099/95[121]. Porém, será de alto potencial ofensivo nas formas preterdolosas do art. 258, primeira parte, do Código Penal, já que, ocorrendo lesão corporal grave ou morte, as penas serão majoradas, respectivamente,

---

121 Art. 89. Nos crimes em que a pena mínima cominada for igual ou inferior a um ano, abrangidas ou não por esta Lei, o Ministério Público, ao oferecer a denúncia, poderá propor a suspensão do processo, por dois a quatro anos, desde que o acusado não esteja sendo processado ou não tenha sido condenado por outro crime, presentes os demais requisitos que autorizariam a suspensão condicional da pena (art. 77 do Código Penal).

em ½ (metade) e em dobro, ultrapassando o limite da pena mínima. Consequentemente, não caberão as medidas despenalizadoras prevista na Lei dos Juizados Especiais.

Porém, esse crime culposo (art. 280, parágrafo único, do CP), praticado na sua forma simples (sem aumentos de pena), será crime **de menor potencial ofensivo**, porque a pena prevista é de 2 (dois) meses a 1 (um) ano de detenção, ensejando a transação penal (aplicação imediata de pena restritiva de direitos ou multas sem outros efeitos penais). E assim será se sobrevier resultado de lesão corporal (leve, grave ou gravíssima), pois o art. 258 diz que a pena sofrerá um aumento de metade, e sua pena máxima permanecerá dentro do limite legal.

Por fim, **não se admitirá transação penal ou suspensão condicional se resultar morte**, porque o art. 258 determina que seja aplicada, nesse caso, a pena do homicídio culposo (cominada em 1 a 3 anos de detenção) aumentada de 1/3 (um terço), como causa especial de aumento (pena de 1 (um) ano e 4 (quatro) meses a 4 (quatro) anos de reclusão). O legislador considerou que a morte causada em uma situação de perigo provocada pelo sujeito ativo será de elevado potencial ofensivo, pois tanto a pena mínima quanto a máxima ficarão acima dos limites legais acima mencionados.

14.9. Ação penal e competência do juízo

A ação penal é pública incondicionada, uma vez que o Código não exige iniciativa privativa do ofendido, representação ou requisição do Ministro da Justiça (CP, art. 100). De fato, o condicionamento da ação penal nos crimes previstos no Título VII, parece ser incompatível com a proteção do interesse público relativo à tutela judicial da incolumidade pública em geral.

A competência para o processamento e julgamento dos crimes previstos no art. 280 do CP é da Justiça Estadual (competência residual), uma vez que não há, em princípio, interesse da União, suas autarquias, fundações ou empresas públicas (CF, art. 109, IV). Com efeito, nos termos dos 23, III, e arts. 196 a 197, todos da Constituição[122], a saúde pública é de atribuição de todos os entes federativos, sem preponderância de uns sobre outros. E cada um em sua esfera de competência é responsável pela fiscalização, regulamentação e controle dos serviços e ações de saúde, sem prejuízo de auxílio na execução dessas medidas dos particulares, pessoas físicas ou jurídicas.

---

122 Art. 23. É competência comum da União, dos Estados, do Distrito Federal e dos Municípios: (...) II – cuidar da saúde e assistência pública, da proteção e garantia das pessoas portadoras de deficiência;

Art. 196. A saúde é direito de todos e dever do Estado, garantido mediante políticas sociais e econômicas que visem à redução do risco de doença e de outros agravos e ao acesso universal e igualitário às ações e serviços para sua promoção, proteção e recuperação.

Art. 197. São de relevância pública as ações e serviços de saúde, cabendo ao Poder Público dispor, nos termos da lei, sobre sua regulamentação, fiscalização e controle, devendo sua execução ser feita diretamente ou através de terceiros e, também, por pessoa física ou jurídica de direito privado.

14.10. Comércio clandestino ou facilitação do uso de entorpecentes (revogado)

O tipo do art. 281 sofreu constantes alterações com o passar das décadas, tendo sido finalmente revogado expressamente pela Lei nº 6.368/76, que passou a tratar especificamente da matéria até o ano de 2006, quando foi revogado pela Lei nº 11.343/06 em vigor. Dentre outras coisas, visando a um controle mais eficiente sobre entorpecentes de uso proscrito no Brasil, essa lei instituiu o Sistema Nacional de Políticas Públicas sobre Drogas – SISNAD; prescreveu medidas para prevenção do uso indevido, atenção e reinserção social de usuários e dependentes de drogas; e definiu crimes em seus arts. 33 a 39, além de procedimento especial em processo penal etc.

Enfim, não trataremos dessas tipificações, uma vez que, pela relevância e complexidade do tema, é objeto de estudo para uma obra inteira, como, aliás, tem sido feito pelos doutrinadores[123].

15. EXERCÍCIO ILEGAL DA MEDICINA, ARTE DENTÁRIA OU FARMACÊUTICA

⊙ **Exercício ilegal da medicina, arte dentária ou farmacêutica**

Art. 282. Exercer, ainda que a título gratuito, a profissão de médico, dentista ou farmacêutico, sem autorização legal ou excedendo-lhe os limites:

Pena – detenção, de seis meses a dois anos.

Parágrafo único – Se o crime é praticado com o fim de lucro, aplica-se também multa.

15.1. Bem jurídico protegido e objeto material do crime

O bem jurídico protegido mediato é a incolumidade pública e o imediato é a saúde pública, que ficaria ameaçada se fosse permitido que pessoas não habilitadas ou consideradas inaptas para exercer a medicina, arte dentária ou farmácia exponham a coletividade em risco. Pune-se a clandestinidade habitual do agente, porque tal procedimento é considerado perigoso, por falta de legitimidade e de sujeição aos atos de fiscalização dos conselhos profissionais.

15.2. Tipo penal objetivo e tipo penal subjetivo

O tipo penal objetivo consiste em "exercer, ainda que a título gratuito, a profissão de médico, dentista ou farmacêutico, sem autorização legal ou excedendo-lhe os limites". De acordo com o Dicionário Aurélio de Língua Portuguesa, **exercer** significa preencher os deveres, as funções ou obrigações inerentes a um cargo, ou desempenhar,

123 Recomendamos a leitura de obra dedicada exclusivamente à matéria, de coautoria do coordenador desta Parte Especial, Paulo Queiroz, em conjunto com Alexandre Bizzotto e Andréia de Brito Rodrigues: Comentários Críticos à Lei de Drogas. 3ª edição (completamente revista e ampliada). Rio de Janeiro: Lumen Juris, 2010.

cumprir uma função. **Título gratuito** é o mesmo que graciosamente, sem qualquer espécie de contraprestação, seja ela em pecúnia ou não. **Sem autorização legal** é o exercício da profissão de médico, dentista ou farmacêutico sem habilitação, ou seja, sem a inscrição no órgão competente fiscalizador. Logo a existência do diploma de faculdade/universidade não autoriza, por si só o exercício da profissão. No mais das vezes, a exemplo da advocacia, é necessário, antes, que se faia um exame de admissão profissional, como é o "Exame da Ordem". Finalmente, **exceder os limites** é extrapolar o âmbito da profissão, em desobediência à regulamentação administrativa (Códigos de Ética) ou praticar atos que são restritos, embora relacionados à profissão, a exemplo de um ortopedista que, além de prescrever tratamentos, realiza sessões de massagem sem conhecimentos técnicos para tanto.

Cumpre ressaltar que o exercício das demais profissões ou atividades, embora relacionados à área da saúde, não tipifica o crime em questão, como é o caso das parteiras, veterinários, profissionais de educação física, sob pena de violação ao princípio da vedação da analogia *in malam partem*, ou seja, em desfavor do acusado.

Convém notar que o **protético**[124], profissional de arte dentária, responderá pelo crime do art. 282 do CP se exercer a odontologia, por remissão expressa do art. 8º da Lei nº 6.710/79: "Art. 8º Às infrações da presente Lei aplica-se o disposto no art. 282, do Decreto-lei nº 2.848, da 7 de dezembro de 1940."

Se o profissional exerce a medicina, arte dentária ou farmácia estando impedido judicialmente de fazê-lo, incorrerá nas penas do art. 359 do CP (crime contra a Administração da Justiça)[125] e, se essa suspensão for por decisão da autoridade administrativa, praticará o crime do art. 205 do mesmo diploma penal (crime contra a organização do trabalho)[126], **pela aplicação do princípio da especialidade** (*lex especialis derogat generali*). É que, em ambos os casos, não há exercício da profissão sem autorização ou em extrapolação dos limites da lei, mas, sim, de descumprimento de determinação de ato emanado de funcionário público (juiz ou autoridade administrativa)[127].

O **tipo penal subjetivo** é o **dolo**, ou seja, consciência e vontade dirigidas para a finalidade de criar um perigo à coletividade. Então, se o agente não quer causar risco à saúde pública, mas sim a pessoas determinadas, incidirá nas penas do art. 132 do Código Penal, crime expressamente subsidiário: "**Perigo para a vida ou saúde de outrem.** Art. 132 – Expor a vida ou a saúde de outrem a perigo direto e iminente: Pena – detenção, de três meses a um ano, se o fato não constitui crime mais grave. (...)"

124 A Lei nº 6.710/79, que regulamenta a profissão de Técnico em Prótese Dentária, determina, em seu artigo 4º, É vedado aos Técnicos em Prótese Dentária: I – prestar, sob qualquer forma, assistência direta a clientes; II – manter, em sua oficina, equipamento e instrumental específico de consultório dentário; III – fazer propaganda de seus serviços ao público em geral.

125 Desobediência a decisão judicial sobre perda ou suspensão de direito Art. 359 – Exercer função, atividade, direito, autoridade ou múnus, de que foi suspenso ou privado por decisão judicial: Pena – detenção, de três meses a dois anos, ou multa.

126 Exercício de atividade com infração de decisão administrativa Art. 205 – Exercer atividade, de que está impedido por decisão administrativa: Pena – detenção, de três meses a dois anos, ou multa.

127 MASSON, Direito Penal esquematizado, cit., p. 355-356.

Note-se, por fim, que o parágrafo único do art. 282 do CP diz que, **se houver intuito de lucro (elemento subjetivo do tipo), aplica-se também multa**. Esse dispositivo visa a punir o agente também financeiramente porque, além de exercer a profissão de forma ilegal ou acima dos limites que lhe são impostos, o agente ainda cobra uma contraprestação para fazê-lo, pois o percebimento de salários torna-se ainda mais reprovável a habitualidade do crime. *A contrario sensu*, não incidirá a pena pecuniária caso o agente exerça a medicina, arte dentária ou farmácia a título gratuito, independentemente da motivação interna do sujeito (caridade, favores, realização pessoal) ou, no caso do excesso aos limites legais, a contraprestação sirva para remunerar os atos excessivos.

15.3. Sujeito ativo e sujeito passivo

Quanto ao exercício da profissão sem autorização legal, o crime é comum, pois qualquer pessoa pode ser sujeito ativo do crime, porque não se exige dele uma condição especial para praticá-lo. Aliás, a ausência dessa condição é essencial para a caracterização dessa modalidade criminosa. Entretanto, o mesmo não se dá quanto ao excesso dos limites da profissão, pois o autor deverá estar habilitado ao exercício da medicina, arte dentária ou farmácia, razão pela qual agora a infração penal será classificada como comum ou especial.

Aqui o agente não poderá ter a sua pena agravada pelo art. 62, II, g, do CP, pois o abuso de poder e a violação de dever inerente ao cargo, ofício ministério ou profissão é circunstância elementar do delito.

O sujeito passivo é a coletividade, já que estamos tratando de crime contra a incolumidade pública, sendo, pois, um crime vago, ou seja, a sua tutela é de um número indeterminado de pessoas, e é nesse sentido que deverá estar contido o plano mental do agente; caso contrário, deverá responder por outro crime (homicídio, lesão corporal etc.).

15.4. Consumação e tentativa

O delito se consuma no exato momento em que surge o perigo à coletividade, ou seja, quando a atividade irregular ou ilegal exercitada de forma contínua. Portanto, o crime é **habitual**, uma vez que a conduta de "exercer" exige a prática reiterada e uniforme dos elementos típicos do art. 282, a caracterizar um estilo de vida profissional em desacordo com os requisitos legais ou em manifesta extrapolação aos seus limites. Dessa forma, não há falar de continuidade delitiva (CP, art. 71), mas, sim, de **crime único**.

E trata-se de delito **de perigo abstrato**, uma vez que o legislador presume, desde a consumação dos atos criminosos, o perigo à coletividade, das profissões de médico, de arte dentária ou farmácia, consideradas como mais importantes. Não é difícil perceber que o exercício dessas atividades por pessoa não habilitada é especialmente danosa à saúde pública, pois a prescrição de tratamento médico nessas condições pode causar, em número indeterminado de pessoas, outros problemas de saúde ou agravamento de enfermidades preexistentes.

A tentativa é inadmissível, segundo a doutrina majoritária, uma vez que o exercício ilegal da medicina, arte dentária ou farmacêutica, por ser crime habitual, e esse delito, por sua natureza, não é compatível com a não consumação por circunstâncias alheias à vontade do agente. Logo, se o exercício dessa atividade ocorrer uma única vez ou esporadicamente, o fato será atípico, sem prejuízo de incursão em outro crime (homicídio, perigo para a saúde de outrem etc.).[128]

15.5. Classificação doutrinária

Comum, na modalidade de exercício ilegal, porque pode ser praticado por qualquer pessoa e **próprio ou especial** de médico, farmacêutico ou profissional de arte dentária (dentista e técnico em prótese dentária), no exercício além dos limites legais; **Vago**, pois o sujeito passivo é a coletividade, de forma genérica, com vítima indeterminada; **Doloso**, exclusivamente. **Comissivo**, praticado, em regra, por meio de uma ação, sem prejuízo de responder por omissão imprópria, se o agente era responsável em garantir a não ocorrência do crime (CP, art. 13, § 2º); **De ação simples**, pois só há um núcleo do tipo (exercer). **De ação livre**, pois só pode ser praticado por qualquer meio. **Formal, de consumação antecipada ou de resultado cortado**, já que o resultado previsto no tipo é irrelevante para fins de consumação, bastando praticar a conduta descrita no tipo penal. **De perigo abstrato** (doutrina majoritária) porque o perigo é presumido de forma absoluta (*juris et de jure*)[129]. **Habitual**, porque a tipificação do crime necessita de uma prática reiterada de condutas de tal forma que caracterize um meio de vida, sendo impunível o exercício esporádico ou isolado da medicina, farmacêutica ou arte dentária. O exercício aleatório ou esporádico não tipifica o delito. **Unissubjetivo ou de concurso eventual de pessoas**, pois pode ser praticado por um ou mais sujeitos.

15.6. Causas de aumento de pena

O art. 258 do CP dispõe sobre as “formas qualificadas dos crimes de perigo comum”, mas, segundo a opinião da doutrina, trata-se de causas de aumento de pena da Parte Especial, uma vez que não são preceitos secundários autônomos e fazem remissão a penas preexistentes.

O referido dispositivo prevê:

> Se do crime doloso de perigo comum resulta lesão corporal de natureza grave, a pena privativa de liberdade é aumentada de metade; se resulta morte, é aplicada em dobro. No caso de culpa, se do fato resulta lesão corporal, a pena aumenta-se de metade; se resulta morte, aplica-se a pena cominada ao homicídio culposo, aumentada de um terço.

Tais circunstâncias são aplicáveis aos crimes do Capítulo III (Dos crimes contra a saúde pública), salvo o do art. 267 (epidemias dolosa e culposa) quer porque só se qualifica pelo resultado morte, com aplicação de pena em dobro, quer porque existe expressa disposição legal no art. 285 do CP: “Aplica-se o disposto no art. 258 aos crimes previstos

---

128 Em sentido contrário, admitindo a tentativa quando o autor do delito é surpreendido realizando seu primeiro atendimento médico, odontológico ou farmacêutico, Greco (Curso, cit., p. 181-182) e Masson (Direito Penal, cit., p. 359).

129 Também em sentido contrário, Greco (idem) entende que o delito é de perigo concreto, devendo haver comprovação de perigo efetivo.

neste Capítulo, salvo quanto ao definido no art. 267." (Epidemia dolosa e culposa). Isso posto, as penas serão cominadas em abstrato serão acrescidas da seguinte forma: a) aplica-se o aumento de metade (1/2) se sobrevier lesão corporal **grave ou gravíssima**, resultando em uma pena de 9 (nove) meses a 3 (três) anos detenção; b) aumenta-se a pena em dobro se ocorrer morte, ficando em 1 (um) a 4 (quatro) anos de detenção.

15.7. Contravenção penal (art. 47 do Decreto-lei nº 3.688/41)

> **Art. 47.** Exercer profissão ou atividade econômica ou anunciar que a exerce, sem preencher as condições a que por lei está subordinado o seu exercício:
>
> Pena – prisão simples, de quinze dias a três meses, ou multa, de quinhentos mil réis a cinco contos de réis.

A presente infração penal encontra-se no capítulo das contravenções relativas à organização do trabalho (Capítulo VI), porque aplicável a toda e qualquer profissão regulamentada, haja vista que, a regra, é o livre exercício de qualquer atividade laboral, nos termos do art. 5º, XIII, da Constituição Federal[130]. Se a profissão é regulamentada por lei, a exemplo da advocacia, engenharia, enfermagem etc., o agente responderá por esta contravenção se não atender os requisitos legais para o seu exercício.

As exceções, como vimos, são as profissões de médico, farmacêutico e as relativas à arte dentária, pois são especialmente tuteladas no art. 282 do CP, pois o legislador considerou que esses profissionais têm uma responsabilidade maior relativamente à saúde pública. Note-se, ainda, que o art. 47 da Lei de Contravenções Penais não pune o exercício excessivo dos seus limites legais, sendo um fato penalmente irrelevante. É possível, contudo, a aplicação de sanções administrativas no âmbito dos órgãos de regulação profissionais (Ordem dos Advogados do Brasil, Conselho Federal de Contabilidade e outros).

15.8. Potencialidade ofensiva

Inicialmente, o delito do art. 282 do CP, na sua forma simples ou cumulada com multa (fim de lucro), é de **menor potencial ofensivo**, porque a pena prevista é de 6 (seis) meses a 2 (dois) anos de detenção, ensejando a transação penal (aplicação imediata de pena restritiva de direitos ou multas sem outros efeitos penais), pois sua pena máxima não ultrapassa 2 (dois) anos de acordo com os arts. 61 c/c 76 da Lei nº 9.099/95 (Lei dos Juizados Especiais).

Já as formas preterdolosas que resultem em lesão corporal grave e mortes, aumentadas, respectivamente, de ½ (metade) e em dobro, serão de **médio potencial ofensivo**. É que ambas as penas mínimas não ultrapassarão a 1 (um) ano, cabendo, portanto, a suspensão condicional do processo (*sursis* processual), de acordo com o art. 89 da Lei nº 9.099/95, conforme dissemos anteriormente.

130 Art. 5º Todos são iguais perante a lei, sem distinção de qualquer natureza, garantindo-se aos brasileiros e aos estrangeiros residentes no País a inviolabilidade do direito à vida, à liberdade, à igualdade, à segurança e à propriedade, nos termos seguintes: (...) XIII – é livre o exercício de qualquer trabalho, ofício ou profissão, atendidas as qualificações profissionais que a lei estabelecer.

15.9. Ação penal e competência do juízo

A ação penal é pública incondicionada, uma vez que o Código não exige iniciativa privativa do ofendido, representação ou requisição do Ministro da Justiça (CP, art. 100). De fato, o condicionamento da ação penal nos crimes previstos no Título VII, parece ser incompatível com a proteção do interesse público relativo à tutela judicial da incolumidade pública em geral.

A competência para o processamento e julgamento dos crimes previstos no art. 282 do CP é da Justiça Estadual (competência residual), uma vez que não há, em princípio, interesse da União, suas autarquias, fundações ou empresas públicas (CF, art. 109, IV).

Com efeito, nos termos dos 23, III, e arts. 196 a 197, todos da Constituição[131], a saúde pública é de atribuição de todos os entes federativos, sem preponderância de uns sobre outros. E cada um em sua esfera de competência é responsável pela fiscalização, regulamentação e controle dos serviços e ações de saúde, sem prejuízo de auxílio na execução dessas medidas dos particulares, pessoas físicas ou jurídicas. Confira-se, nesse sentido, o seguinte precedente do Superior Tribunal de Justiça:

> PENAL E PROCESSUAL PENAL. RECURSO ORDINÁRIO EM HABEAS CORPUS. EXERCÍCIO ILEGAL DA MEDICINA, ARTE DENTÁRIA OU FARMACÊUTICA. FALSIDADE IDEOLÓGICA. ART. 89, CAPUT E § 2º DA LEI Nº 8.666/93. ALEGAÇÃO DE INCOMPETÊNCIA DA JUSTIÇA ESTADUAL. NULIDADE. INOCORRÊNCIA. I – A competência da Justiça Federal, expressa no art. 109, IV, da Constituição Federal, restringe-se às hipóteses em que as infrações penais são perpetradas em detrimento de bens, serviços ou interesses da União, ou de suas autarquias ou empresas públicas. II – In casu, não restou demonstrada qualquer circunstância capaz de justificar a competência da Justiça Federal para processar e julgar o presente feito, conquanto, o cerne da controvérsia gira em torno da prática em tese do delito previsto no Parágrafo único do art. 89 da Lei nº 8.666/93, sem, contudo, se vislumbrar, ao menos prima facie, qualquer violação à interesse da União ou de suas autarquias ou empresas públicas. Recurso desprovido. (RHC 16.127/MG, Rel. Ministro FELIX FISCHER, QUINTA TURMA, julgado em 28/09/2004, DJ 03/11/2004, p. 207)

16. CHARLATANISMO

> ⊙ **Charlatanismo**
>
> **Art. 283.** Inculcar ou anunciar cura por meio secreto ou infalível: Pena – detenção, de três meses a um ano, e multa.

---

131 Art. 23. É competência comum da União, dos Estados, do Distrito Federal e dos Municípios: (...) II – cuidar da saúde e assistência pública, da proteção e garantia das pessoas portadoras de deficiência;

Art. 196. A saúde é direito de todos e dever do Estado, garantido mediante políticas sociais e econômicas que visem à redução do risco de doença e de outros agravos e ao acesso universal e igualitário às ações e serviços para sua promoção, proteção e recuperação.

Art. 197. São de relevância pública as ações e serviços de saúde, cabendo ao Poder Público dispor, nos termos da lei, sobre sua regulamentação, fiscalização e controle, devendo sua execução ser feita diretamente ou através de terceiros e, também, por pessoa física ou jurídica de direito privado.

16.1. Bem jurídico protegido e objeto material do crime

O bem jurídico protegido mediato é a incolumidade pública e o imediato é a saúde pública, que ficaria ameaçada se se permitisse a divulgação, por qualquer pessoa, a anunciação de cura por outros meios que não os científicos. De fato, o risco está na possibilidade de enganação de pessoas por parte dos charlatães, que propalam meios "milagrosos", sabendo que são ineficazes para aquilo que propõem. De fato, o Dicionário Aurélio de Língua Portuguesa define o **charlatão** como "vendedor público de drogas, cujas virtudes apregoa com exagero; explorador da boa-fé do público; impostor, embusteiro, trapaceiro".

16.2. Tipo penal objetivo e tipo penal subjetivo

O tipo penal objetivo consiste em "inculcar ou anunciar a cura por meio secreto ou infalível"**. Inculcar** significa "recomendar elogiosamente, apregoar, propor, indicar, aconselhar" enquanto **anunciar**, no sentido que nos interessa, é "dar a conhecer, fazer saber, noticiar, publicar". **Cura** é "o restabelecimento ou tratamento preventivo da saúde". Por **meio secreto,** entende-se "aquele que é oculto, desconhecido da ciência e do senso comum" e, por **meio infalível**, "aquele que não falha, que não é passível de erros".

O **tipo penal subjetivo** é o **dolo**, ou seja, consciência e vontade dirigidas para a finalidade de criar um perigo à coletividade, consistente na divulgação enganosa de cura por meio secreto ou infalível.

A doutrina costuma mencionar também **a diferença entre o charlatão e aquele que exerce ilegalmente a profissão de médico, dentista ou farmacêutico**. No caso do crime em análise, ou o agente sabe que os meios infalíveis ou secretos são ineficazes, ou simplesmente desconhece os limites da sua eficácia em relação a determinadas doenças. Já no art. 282 do CP, o agente tem certeza da eficácia das áreas da saúde neles mencionadas, mas não pode ou recusa-se a se habilitar como médico, dentista, protético ou farmacêutico.

Cumpre destacar que o crime de charlatanismo não se confunde com o de estelionato (CP, art. 171). É certo que, em ambos os casos, existe a intenção de enganar terceiros, mas essa é a única semelhança entre esses crimes. Como se sabe, o estelionato é crime patrimonial, enquanto o charlatanismo tem como bem jurídico tutelado a saúde pública. E no estelionato o agente usa-se de um ardil, de modo a induzir o terceiro em erro, enquanto no tipo do art. 283 do CP, ele procura realizar o convencimento puro e simples, por meio de inculcação ou anunciação da cura. É possível que o agente possa se valer de alguns artifícios para realizar o convencimento, como por exemplo, contratar um assistente que, por ser um excelente ator, diz ter se curado por meio de um método que só o seu patrão conhece. Mas essa artimanha não é essencial ao tipo, que visa à propagação da eficácia dos métodos de cura do charlatão, ao contrário do que ocorre no crime patrimonial, pois sem algum artifício não se configura o crime. Finalmente, o interesse do estelionatário é lucrar, é a finalidade específica que o art. 171 do CP considera reprovável. Contudo, na infração penal que analisamos agora, o lucro é circunstância acidental. Para o preceito primário do art. 283 do Código Penal, o que se reprova em primeiro lugar é o descrédito, provocado pelo autor dos meios científicos e dos profissionais de saúde, fazendo passar a ideia de que ele é quem monopoliza as formas realmente eficazes no combate das doenças.

16.3. Sujeito ativo e sujeito passivo

O crime do art. 283 do CP é comum, pois qualquer pessoa pode ser sujeito ativo do crime, porque não se exige dele uma condição especial para praticá-lo. Tanto um particular quanto um profissional da área da saúde podem incorrer nas penas desse artigo. A diferença é que o funcionário público, nessas condições, na segunda fase de aplicação da pena, poderá ter a sua reprimenda agravada, pois o abuso de poder e a violação de dever inerente ao cargo, ofício ministério ou profissão é circunstância agravante, nos termos do art. 62, II, g, do CP (por exemplo, médico, dentista, farmacêutico, enfermeiro etc.).

Para Bitencourt[132], anúncio da cura pode ser praticado por médicos, parteiras, massagistas, se agirem em desacordo com as determinações do Decreto-lei nº 4.113/42[133]. Isso vale também para os cirurgiões-dentistas[134].

O sujeito passivo é a coletividade, já que estamos tratando de crime contra a incolumidade pública, sendo, pois, um crime vago.

Mas se o sujeito ativo realmente acreditar na eficácia dos meios que propõe, poderá incorrer nas penas do delito subsequente (curandeirismo).

16.4. Consumação e tentativa

O crime é instantâneo, consuma-se no exato momento da inculcação ou anunciação da cura, por meio secreto ou infalível. É crime de tipo misto alternativo, uma vez que se o agente anuncia e inculca, no mesmo contexto, o agente responderá por um único crime, sob pena de *bis in idem*, no sentido de se punir o acusado duas vezes pelo mesmo fato ou circunstância. É desnecessário, ainda, que o paciente venha a ser definitivamente tratado pelo charlatão.

---

132 Tratado de Direito Penal, cit., p. 335-336.

133 DOS MÉDICOS E CIRURGIÕES DENTISTAS Art. 1º É proibido aos médicos anunciar: I – cura de determinadas doenças, para as quais não haja tratamento próprio, segundo os atuais conhecimentos científicos; II – tratamento para evitar a gravidez, ou interromper a gestação, claramente ou em termos que induzam a estes fins; III – exercício de mais de duas especialidades, sendo facultada a enumeração de doenças, órgãos ou sistemas compreendidos na especialização; IV – consultas por meio de correspondência, pela imprensa, caixa postal, rádio ou processos análogos; V – especialidade ainda não admitida pelo ensino médico, ou que não tenha tido a sanção das sociedades médicas; VI – prestação de serviços gratuitos, em consultórios particulares; VII – sistematicamente, agradecimentos manifestados por clientes e que atentem contra a ética médica; VIII – com alusões detratoras a escolas médicas e a processos terapêuticos admitidos pela legislação do pais; IX – com referências a métodos de tratamento e diagnóstico não consagrados na prática corrente ou que não tenham tido a sanção das sociedades médicas; X – atestados de cura de determinadas doenças, para as quais não haja tratamento estabelecido, por meio de preparados farmacêuticos. § 1º As proibições deste artigo estendem-se, no que for aplicável, aos cirurgiões dentistas. § 2º Não se compreende nas proibições deste artigo anunciar o médico ou o cirurgião dentista seus títulos científicos, o preio da consulta, referências genéricas à aparelhagem (raio X, rádio, aparelhos de eletricidade médica, de fisioterapia e outros semelhantes); ou divulgar, pela imprensa ou pelo rádio, conselhos de higiene e assuntos de medicina ou de ordem doutrinária, sem caráter de terapêutica individual. DAS PARTEIRAS, DOS MASSAGISTAS E ENFERMEIROS Art. 2º É proibido às parteiras, aos massagistas e aos enfermeiros fazer referências a tratamentos de doenças ou de estado mórbido de qualquer espécie. Art. 3º As parteiras, os massagistas e os enfermeiros estão obrigados a mencionar em seus anúncios o nome, título profissional e local onde são encontrados. (...).

134 Art. 7º, b, da Lei nº 5.081/76 – anunciar cura de determinadas doenças, para as quais não haja tratamento eficaz.

Essas circunstâncias serão mero exaurimento do crime de charlatanismo. Em sentido contrário, Hungria[135] entende que a prática do charlatanismo uma única vez tipifica o crime.

E trata-se de delito **de perigo abstrato**, uma vez que o legislador presume, desde a consumação dos atos criminosos, o perigo à coletividade, na divulgação falsa de cura por meio secreto ou infalível, de forma constante. Tal conduta realmente oferece risco presumido à saúde pública, dada a imprevisibilidade dessa inculcação ou anúncio diretamente à população, pois tem potencial para fazer com que várias pessoas, ávidas pela cura de suas enfermidades, sobretudo as mais difíceis de tratamento ou as que não tem ainda, serão influenciadas a confiar seu bem-estar a pessoas não qualificadas, deixando de procurar os médicos ou outros especialistas.

A tentativa é admissível, embora seja de difícil ocorrência uma vez que se trata de crime plurissubsistente, ou seja, passível de divisão no *iter criminis*, especialmente entre o último ato de execução e a consumação. Um exemplo possível é quando o charlatão começa a discursar, por exemplo, no sentido de ter descoberto um remédio especial para a cura do câncer, mas aí a polícia o aborda no exato momento e interrompe a sua atuação. Neste caso, não conseguiu convencer terceiros a acreditarem em sua mentira, por circunstâncias alheias a sua vontade.

16.5. Classificação doutrinária

Comum, porque pode ser praticado por qualquer pessoa, inclusive os profissionais da saúde, fora dos limites que a lei lhe permite; **Vago**, pois o sujeito passivo é a coletividade, de forma genérica, com vítima indeterminada; **Doloso**, exclusivamente. **Comissivo**, praticado, em regra, por meio de uma ação, sem prejuízo de responder por omissão imprópria, se o agente era responsável em garantir a não ocorrência do crime (CP, art. 13, § 2º); **De ação múltipla**, pois só há dois núcleos do tipo (inculcar e anunciar). **De ação livre**, pois pode ser praticado por qualquer meio. **Formal, de consumação antecipada ou de resultado cortado**, já que o resultado previsto no tipo é irrelevante para fins de consumação, bastando praticar a conduta descrita no tipo penal. **De perigo abstrato** (doutrina majoritária) porque o perigo é presumido de forma absoluta (*juris et de jure*)[136]. **Instantâneo**, porque se consuma em um único momento, não se protraindo para o futuro. O exercício aleatório ou esporádico não tipifica o delito. **Unissubjetivo ou de concurso eventual de pessoas**, pois pode ser praticado por um ou mais sujeitos.

16.6. Causas de aumento de pena

O art. 258 do CP dispõe sobre as "formas qualificadas dos crimes de perigo comum", mas, segundo a opinião da doutrina, trata-se de causas de aumento de pena da Parte Especial, uma vez que não são preceitos secundários autônomos e fazem remissão a penas preexistentes.

---

135 Comentários ao Código Penal, cit., p. 154.

136 Em sentido contrário, Greco (Curso, cit., p. 189-190) entende que o delito é de perigo concreto, devendo haver comprovação de perigo efetivo.

O referido dispositivo prevê:

> Se do crime doloso de perigo comum resulta lesão corporal de natureza grave, a pena privativa de liberdade é aumentada de metade; se resulta morte, é aplicada em dobro. No caso de culpa, se do fato resulta lesão corporal, a pena aumenta-se de metade; se resulta morte, aplica-se a pena cominada ao homicídio culposo, aumentada de um terço.

Tais circunstâncias são aplicáveis aos crimes do Capítulo III (Dos crimes contra a saúde pública), salvo o do art. 267 (epidemias dolosa e culposa) quer porque só se qualifica pelo resultado morte, com aplicação de pena em dobro, quer porque existe expressa disposição legal no art. 285 do CP: "Aplica-se o disposto no art. 258 aos crimes previstos neste Capítulo, salvo quanto ao definido no art. 267." (Epidemia dolosa e culposa). Isso posto, as penas serão cominadas em abstrato serão acrescidas da seguinte forma: a) aplica-se o aumento de metade (1/2) se sobrevier lesão corporal **grave ou gravíssima**, resultando em uma pena de 4 (quatro) meses e 15 (quinze) dias a 1 (um) ano e 6 (seis) meses de detenção; b) aumenta-se a pena em dobro se ocorrer morte, ficando em 6 (seis) meses a 2 (dois) anos de detenção.

16.7. Potencialidade ofensiva

O delito do art. 283 do CP, em qualquer de suas formas (inclusive com as causas de aumento preterdolosas do art. 258 do CP) será de **menor potencial ofensivo**, porque em nenhum caso a pena máxima ultrapassará 2 (dois) anos de acordo com os arts. 61 c/c 76 da Lei nº 9.099/95 (Lei dos Juizados Especiais), mesmo se ocorrer, posteriormente, a morte de alguém, o que nos parece um tanto inusitado. Mas o critério legal visa apenas indiretamente a natureza do bem jurídico lesado e o resultado provocado.

16.8. Ação penal e competência do juízo

A ação penal é pública incondicionada, uma vez que o Código não exige iniciativa privativa do ofendido, representação ou requisição do Ministro da Justiça (CP, art. 100). De fato, o condicionamento da ação penal nos crimes previstos no Título VII, parece ser incompatível com a proteção do interesse público relativo à tutela judicial da incolumidade pública em geral.

A competência para o processamento e julgamento dos crimes previstos no art. 283 do CP é da Justiça Estadual (competência residual), uma vez que não há, em princípio, interesse da União, suas autarquias, fundações ou empresas públicas (CF, art. 109, IV). Com efeito, nos termos dos 23, III, e arts. 196 a 197, todos da Constituição[137],

137 Art. 23. É competência comum da União, dos Estados, do Distrito Federal e dos Municípios: (...) II – cuidar da saúde e assistência pública, da proteção e garantia das pessoas portadoras de deficiência;

Art. 196. A saúde é direito de todos e dever do Estado, garantido mediante políticas sociais e econômicas que visem à redução do risco de doença e de outros agravos e ao acesso universal e igualitário às ações e serviços para sua promoção, proteção e recuperação.

Art. 197. São de relevância pública as ações e serviços de saúde, cabendo ao Poder Público dispor, nos termos da lei, sobre sua regulamentação, fiscalização e controle, devendo sua execução ser feita diretamente ou através de terceiros e, também, por pessoa física ou jurídica de direito privado.

a saúde pública é de atribuição de todos os entes federativos, sem preponderância de uns sobre outros. E cada um em sua esfera de competência é responsável pela fiscalização, regulamentação e controle dos serviços e ações de saúde, sem prejuízo de auxílio na execução dessas medidas dos particulares, pessoas físicas ou jurídicas.

17. CURANDEIRISMO

⊙ **Curandeirismo**

Art. 284. Exercer o curandeirismo:

I – prescrevendo, ministrando ou aplicando, habitualmente, qualquer substância;

II – usando gestos, palavras ou qualquer outro meio;

III – fazendo diagnósticos:

Pena – detenção, de seis meses a dois anos.

Parágrafo único – Se o crime é praticado mediante remuneração, o agente fica também sujeito à multa.

17.1. Bem jurídico protegido e objeto material do crime

O bem jurídico protegido mediato é a incolumidade pública e o imediato é a saúde pública, que ficaria ameaçada se fosse permitido que pessoas sem conhecimento técnico-científico expusessem a coletividade a risco, por meio de prescrição de remédios, realização de procedimentos de intervenção cirúrgica etc.

Os objetos materiais do crime são as substâncias prescritas ministradas ou aplicadas, os gestos palavras ou qualquer outro meio utilizado para o exercício do curandeirismo ou os diagnósticos realizados por quem não tem permissão legal para fazê-lo.

17.2. Tipo penal objetivo e tipo penal subjetivo

O tipo penal objetivo consiste em "exercer o curandeirismo". De acordo com o Dicionário Aurélio de Língua Portuguesa, **exercer** significa preencher os deveres, as funções ou obrigações inerentes a um cargo, ou desempenhar, cumprir uma função. Sobre o crime em comento, só poderemos considerar o exercício de uma função ou atividade, uma vez que não existe cargo de curandeiro, até porque a ideia é criminalizar. E **curandeirismo** é o conjunto de práticas do curandeiro, ou seja, "aquele que cura sem título nem habilitações, em geral por meio de rezas ou feitiçarias".

Pois bem, o exercício do curandeirismo é mais bem explicado pelo Código Penal por meio de múltiplas condutas elencadas em seguida: I – prescrevendo, ministrando ou aplicando, habitualmente, qualquer substância, II – usando gestos, palavras ou qualquer outro meio; III – fazendo diagnósticos, ou seja, realizando o reconhecimento ou determinação de uma doença pelos sintomas.

Note-se que outros atos não descritos no tipo que digam respeito ao exercício do curandeirismo são passíveis de tipificação, uma vez que o inciso II prevê uma fórmula genérica (qualquer outro meio), podendo, no caso concreto, ser utilizada pelo juiz para fins de condenação, inclusive. É caso, portanto, de interpretação analógica ou *intra legem*, como ocorre em várias qualificadoras do homicídio (outro meio insidioso ou cruel, meio que possa causar perigo comum etc.).

O **tipo penal subjetivo** é o **dolo**, ou seja, consciência e vontade dirigidas para a finalidade de criar um perigo à coletividade. Então, se o agente não quer causar risco à saúde pública, mas sim a pessoas determinadas, incidirá nas penas do art. 132 do Código Penal, crime expressamente subsidiário: "**Perigo para a vida ou saúde de outrem.** Art. 132 – Expor a vida ou a saúde de outrem a perigo direto e iminente: Pena – detenção, de três meses a um ano, se o fato não constitui crime mais grave. (...)".

Convém ressaltar que o crime de curandeirismo se diferencia do charlatanismo justamente na intenção do agente: aqui, no art. 284 do CP, o agente, seja ele ignorante ou estudioso (até porque pode ser realizado pelo próprio médico ou qualquer profissional), crê realmente que os seus meios são aptos a realizar a cura de doenças e enfermidades. Já o charlatão, agente ativo do art. 286 do diploma penal, sabe que as suas promessas de cura são falsas até porque, não raras vezes, nem mesmo ele sabe explicar minimamente os meios secretos ou infalíveis que inculca ou anuncia.

Note-se, por fim, que o parágrafo único do art. 284 do CP diz que, **se houver intuito de lucro (elemento subjetivo do tipo), aplica-se também multa**. Esse dispositivo visa a punir o agente também financeiramente porque, além de exercer o curandeirismo, o agente ainda cobra uma contraprestação para fazê-lo.

17.3. Sujeito ativo e sujeito passivo

O crime é comum, pois qualquer pessoa pode ser sujeito ativo do crime, porque não se exige dele uma condição especial para praticá-lo.

Aqui o agente não poderá ter a sua pena agravada pelo art. 62, II, g, do CP, pois o abuso de poder e a violação de dever inerente ao cargo, ofício ministério ou profissão é circunstância elementar do delito. Embora não seja de fácil verificarão, em tese, é possível que um médico, por exemplo, venha a exercer o curandeirismo fora de seu horário de trabalho. Tal procedimento pode ser passível de punição pelo Código de Ética Médica, por violação aos seguintes deveres:

> (...)
>
> **Art. 10.** Acumpliciar-se com os que exercem ilegalmente a Medicina ou com profissionais ou instituições médicas nas quais se pratiquem atos ilícitos.
>
> **Art. 11**. Receitar, atestar ou emitir laudos de forma secreta ou ilegível, sem a devida identificação de seu número de registro no Conselho Regional de Medicina da sua jurisdição, bem como assinar em branco folhas de receituários, atestados, laudos ou quaisquer outros documentos médicos. (...)

O sujeito passivo é a coletividade, já que estamos tratando de crime contra a incolumidade pública, sendo, pois, um crime vago, ou seja, a sua tutela é de um número indeterminado de pessoas, e é nesse sentido que deverá estar contido o plano mental do agente; caso contrário, deverá responder por outro crime (homicídio, lesão corporal etc.).

17.4. Consumação e tentativa

O delito se consuma no exato momento em que surge o perigo à coletividade, ou seja, quando a atividade irregular ou ilegal é exercitada de forma contínua. Portanto, o crime é **habitual**, uma vez que a conduta de "exercer" exige a prática reiterada e uniforme dos elementos típicos do art. 284, a caracterizar um estilo de vida profissional em desacordo com os requisitos legais ou em manifesta extrapolação aos seus limites. Dessa forma, não há falar de continuidade delitiva (CP, art. 71), mas, sim, de **crime único**. Nesse sentido, é irrelevante o fato de o termo *habitualmente* estar incluído apenas no inciso I, relativo à prescrição, Administração ou aplicação de substância. É que, como já foi dito antes, todas as condutas (incisos I a III) estão compreendidas no tipo básico de "exercer o curandeirismo".

E trata-se de delito **de perigo abstrato**, uma vez que o legislador presume, desde a consumação dos atos criminosos, o perigo à coletividade, das profissões de médico, de arte dentária ou farmácia, consideradas como mais importantes. Não é difícil perceber que o exercício dessas atividades por pessoa não habilitada é especialmente perigoso à saúde pública, pois a prescrição de tratamento médico nessas condições pode causar, em número indeterminado de pessoas, outros problemas de saúde ou agravamento de enfermidades preexistentes.

A tentativa é inadmissível para a doutrina majoritária, uma vez que o exercício de curandeirismo é crime habitual, e esse delito, por sua natureza, não é compatível com a não consumação por circunstâncias alheias à vontade do agente. Logo, se o exercício do curandeirismo ocorrer uma única vez ou esporadicamente, o fato será atípico, sem prejuízo de incursão em outro crime (homicídio, perigo para a saúde de outrem etc.)[138].

17.5. Classificação doutrinária

Comum, porque pode ser praticado por qualquer pessoa, inclusive médicos e profissionais da saúde; **Vago**, pois o sujeito passivo é a coletividade, de forma genérica, com vítima indeterminada; **Doloso**, exclusivamente. **Comissivo**, praticado, em regra, por meio de uma ação, sem prejuízo de responder por omissão imprópria, se o agente era responsável em garantir a não ocorrência do crime (CP, art. 13, § 2º); **De ação múltipla**, pois além do núcleo do tipo exercer, há as condutas de prescrever, ministrar, aplicar, usar gestos, palavras ou qualquer meio e fazer diagnósticos. **De ação vinculada**, pois o curandeirismo só pode ser praticado nas formas dos incisos I a III do art. 284 do CP. **Formal, de consumação antecipada ou de resultado cortado**, já que o resultado previsto no tipo é irrelevante para fins de consumação, bastando praticar a conduta descrita no tipo penal. **De perigo abstrato** (doutrina majoritária) porque o perigo é presumido de forma absoluta (*juris et de jure*)[139]. **Habitual**, porque a tipificação do crime necessita de uma prática reiterada de condutas de tal forma que caracterize um meio de

---

138 Em sentido contrário, admitindo a tentativa quando o autor do delito é surpreendido realizando seu primeiro atendimento médico, odontológico ou farmacêutico, Greco (Curso, cit., p. 194) e Masson (Direito Penal, cit., p. 371).

139 Em sentido contrário, Rogério Greco (Curso, cit., p. 181) entende que o delito é de perigo concreto, devendo haver comprovação de perigo efetivo.

vida, sendo impunível o exercício esporádico ou isolado do curandeirismo. O exercício aleatório ou esporádico não tipifica o delito. **Unissubjetivo ou de concurso eventual de pessoas**, pois pode ser praticado por um ou mais sujeitos.

17.6. Causas de aumento de pena

O art. 258 do CP dispõe sobre as "formas qualificadas dos crimes de perigo comum", mas, segundo a opinião da doutrina, trata-se de causas de aumento de pena da Parte Especial, uma vez que não são preceitos secundários autônomos e fazem remissão a penas preexistentes.

O referido dispositivo prevê:

> Se do crime doloso de perigo comum resulta lesão corporal de natureza grave, a pena privativa de liberdade é aumentada de metade; se resulta morte, é aplicada em dobro. No caso de culpa, se do fato resulta lesão corporal, a pena aumenta-se de metade; se resulta morte, aplica-se a pena cominada ao homicídio culposo, aumentada de um terço.

Tais circunstâncias são aplicáveis aos crimes do Capítulo III (Dos crimes contra a saúde pública), salvo o do art. 267 (epidemias dolosa e culposa) quer porque só se qualifica pelo resultado morte, com aplicação de pena em dobro, quer porque existe expressa disposição legal no art. 285 do CP: "Aplica-se o disposto no art. 258 aos crimes previstos neste Capítulo, salvo quanto ao definido no art. 267." (Epidemia dolosa e culposa). Isso posto, as penas serão cominadas em abstrato serão acrescidas da seguinte forma: a) aplica-se o aumento de metade (1/2) se sobrevier lesão corporal **grave ou gravíssima**, resultando em uma pena de 9 (nove) meses a 3 (três) anos detenção; b) aumenta-se a pena em dobro se ocorrer morte, ficando em 1 (um) a 4 (quatro) anos de detenção.

17.7. Potencialidade ofensiva

Inicialmente, o delito do art. 282 do CP, na sua forma simples ou cumulada com multa (fim de lucro), é de **menor potencial ofensivo**, porque a pena prevista é de 6 (seis) meses a 2 (dois) anos de detenção, ensejando a transação penal (aplicação imediata de pena restritiva de direitos ou multas sem outros efeitos penais), pois sua pena máxima não ultrapassa 2 (dois) anos de acordo com os arts. 61 c/c 76 da Lei nº 9.099/95 (Lei dos Juizados Especiais).

Já as formas preterdolosas que resultem em lesão corporal grave e mortes, aumentadas, respectivamente, de ½ (metade) e em dobro, serão de **médio potencial ofensivo**. É que ambas as penas mínimas não ultrapassarão a 1 (um) ano, cabendo, portanto, a suspensão condicional do processo (*sursis* processual), de acordo com o art. 89 da Lei nº 9.099/95, conforme dissemos anteriormente.

17.8. Ação penal e competência do juízo

A ação penal é pública incondicionada, uma vez que o Código não exige iniciativa privativa do ofendido, representação ou requisição do Ministro da Justiça (CP, art. 100). De fato, o condicionamento da ação penal nos crimes previstos no Título VII, parece ser incompatível com a proteção do interesse público relativo à tutela judicial da incolumidade pública em geral.

A competência para o processamento e julgamento dos crimes previstos no art. 284 do CP é da Justiça Estadual (competência residual), uma vez que não há, em princípio, interesse da União, suas autarquias, fundações ou empresas públicas (CF, art. 109, IV). Com efeito, nos termos dos 23, III, e arts. 196 a 197, todos da Constituição[140], a saúde pública é de atribuição de todos os entes federativos, sem preponderância de uns sobre outros. E cada um em sua esfera de competência é responsável pela fiscalização, regulamentação e controle dos serviços e ações de saúde, sem prejuízo de auxílio na execução dessas medidas dos particulares, pessoas físicas ou jurídicas.

REFERÊNCIAS

BALTAZAR JUNIOR, José Paulo. *Crimes Federais*. 9ª Edição. São Paulo: Saraiva, 2014.

BITENCOURT, Cezar Roberto. *Tratado de Direito Penal*. Parte Especial. Vol. 4. 5ª edição. São Paulo: Saraiva, 2011.

BRITO, Alexis Augusto Couto de. *Estatuto do Desarmamento*. São Paulo: RCS Editora, 2005.

BUSATO, Paulo César. *Direito Penal*. Parte Geral. 2ª Edição. São Paulo: Atlas, 2015.

CARVALHO, Vladimir Souza. *Competência da Justiça Federal*. 6ª Edição. 2ª Tiragem. Curitiba: Juruá, 2006.

DELMANTO, Celso; DELMANTO, Roberto; DELMANTO JÚNIOR, Roberto; DELMANTO, Fábio M. De Almeida. *Código Penal comentado*. 7ª Edição. Rio de Janeiro: Renovar, 2007.

DOBROWOLSKI, Samantha Chantal. *Apelação Criminal. Art. 273, § 1º – B, I, do Código Penal. Produtos farmacêuticos sujeitos a controle especial. Inconstitucionalidade da norma. Aplicação da pena do art. 33 da Lei 11.343/06. Materialidade e autoria delitivas comprovadas. Dolo evidenciado. Razoabilidade quanto à aplicação do preceito secundário previsto ao tráfico de entorpecentes (exceto quanto à pena de multa e circunstâncias judiciais e legais), diante da inconstitucionalidade da pena privativa de liberdade abstratamente cominada no tipo penal do art. 273 do CP (prequestionamento da matéria, tendo em vista que já rejeitada a arguição de inconstitucionalidade pelo Órgão Especial desta C. Corte Regional). Apelação de Volney. Princípio da insignificância. Descabimento. Pena-base fixada no mínimo legal. Impossibilidade de aplicação aquém do piso. Inteligência do art. 59, inciso II, do CP. Parecer pelo total desprovimento do recurso do réu.* PRR3ª REGIÃO-MANIFESTAÇÃO-21300/2014 nos autos da Apelação Criminal nº 0000202-75.2007.4.03.6122 (TRF-3). Em 12 de abril de 2014.

FERREIRA, Aurélio Buarque de Holanda. Novo Dicionário de Língua Portuguesa. 2ª Edição. 16ª impressão. Rio de Janeiro: Nova Fronteira, 1986.

GOMES, Luiz Flávio; CUNHA, Rogério Sanches. Direito Penal. Parte especial. Vol. 3. São Paulo: RT, 2008.

GRECO, Rogério. *Curso de Direito Penal*. Parte Especial. Vol. 14. 9ª edição. Niterói: Impetus, 2013.

HUNGRIA, Nelson. *Comentários ao Código Penal*. Vol. I. Tomo II. 2ª Edição. Rio de Janeiro: Forense, 1959

________. *Comentários ao Código Penal*. Vol. IX. 2ª Edição. Rio de Janeiro: Forense, 1959.

IENNACO, Rodrigo. *Bem Jurídico e Perigo Abstrato*: um desenho hermenêutico da Ofensividade. Belo Horizonte: Editora D'Plácido, 2014

JESUS, Damásio E. de. Direito Penal. Parte Especial. Volume 3. 20ª edição. São Paulo: Saraiva, 2011.

LOPES JR., Aury. *Direito Processual Penal*. 10ª edição. 2ª Tiragem. São Paulo: Saraiva, 2013.

MASSON, Cleber. *Direito Penal esquematizado*. Parte Especial. Vol. 3. São Paulo: Método, 2011.

NUCCI, Guilherme de Souza. Manual de Direito Penal. 10ª Edição. Rio de Janeiro: Forense, 2014, p. 68.

140 Art. 23. É competência comum da União, dos Estados, do Distrito Federal e dos Municípios: (...) II – cuidar da saúde e assistência pública, da proteção e garantia das pessoas portadoras de deficiência; Art. 196. A saúde é direito de todos e dever do Estado, garantido mediante políticas sociais e econômicas que visem à redução do risco de doença e de outros agravos e ao acesso universal e igualitário às ações e serviços para sua promoção, proteção e recuperação Art. 197. São de relevância pública as ações e serviços de saúde, cabendo ao Poder Público dispor, nos termos da lei, sobre sua regulamentação, fiscalização e controle, devendo sua execução ser feita diretamente ou através de terceiros e, também, por pessoa física ou jurídica de direito privado.

MIRANDA, Gustavo Senna. *Apontamentos criminais sobre abate clandestino*. Artigo disponível no sítio eletrônico da Associação Nacional dos Membros do Ministério Público: < http://goo.gl/vkd7Fl>.

NORONHA, Edgard Magalhães. *Direito Penal*. Vol. 3. 27ª edição. São Paulo: Saraiva, 2003.

PRADO, Luiz Régis. *Crimes contra o ambiente*. 5ª Edição. São Paulo: RT, 2013.

_______. *Direito Penal Econômico*. 4ª Edição. São Paulo: RT, 2011.

QUEIROZ, Paulo. *Direito Penal*. Parte Geral. Vol. 1. 10ª Edição, revista, ampliada e atualizada. Salvador: Juspodivm, 2014.

_______. *Apelação criminal. Preceito primário do art. 273 do Código Penal Constitucional. Pena cominada desproporcional. Analogia in bonam partem. Aplicação da Lei de Drogas, mais favorável, relativamente à pena cominada. Combinação de leis. Solução legal e conforme os princípios constitucionais. Parecer pelo improvimento do recurso.* Parecer nº7153/2013/PQ/PRR 1ª REGIÃO, nos autos da Ap nº 0010922-26.2010.4.01.3803/MG (TRF 1ª Região). Em 15/7/2013.

_______. *Apelação criminal. Crime do art. 273, § 1º – B, incisos I, V e VI, do Código Penal. Crime hediondo. Perigo abstrato ou presumido. Pena absolutamente desproporcional. Inconstitucionalidade por violação ao princípio da proporcionalidade. Desclassificação para o crime de contrabando ou descaminho. Competência da Justiça Federal. Parecer pelo provimento parcial do recurso.* Parecer nº 4333/2010/PQ/PRR 1ª Região nos autos da Ap nº 0000806-58.2009.4.01.3200 (2009.32.00.000809-7)/AM (TRF 1ª Região). Em 17/8/2010.

REALE JR., Miguel. *A inconstitucionalidade da lei dos remédios*. In: *Revista dos Tribunais*. Fasc. Pen. Primeira Seção. Ano 88. Volume 763. São Paulo: RT, maio de 1999.

ROXIN, Claus. *Derecho Penal*. Parte General. Tomo I. Fundamentos. La estructura de la teoría del delito. 1ª edición. Version española. Reimpressión, 2008. Madrid (España): Civitas Editaciones L. S.

TÍTULO IX – DOS CRIMES CONTRA A PAZ PÚBLICA

DOS CRIMES CONTRA A PAZ PÚBLICA

CARLOS EDUARDO DE OLIVEIRA VASCONCELOS[1]

1. INTRODUÇÃO

1.1. Generalidades

Os quatro crimes que compõem este título são exemplos autênticos de tudo aquilo que um Direito Penal liberal, democrático, protetor de bens jurídicos e fiel às tradições do Iluminismo pretende evitar – mas nem sempre pode. Todos eles classificam-se como crimes de perigo comum abstrato, por vezes *abstratíssimos*. Dois deles – incitação ao crime e apologia de crime ou criminoso – são contestados pela doutrina como restrições às liberdades constitucionais de manifestação do pensamento (CR art. 5º IV) e de expressão da atividade intelectual, artística, científica e de comunicação (CR art. 5º IX), enquanto outros dois – associação criminosa (antes quadrilha ou bando) e constituição de milícia privada – traduzem restrições à liberdade de reunião e associação (CR art. 5º XVI, XVII, XVIII e XIX). Todos eles, de certa forma, punem "maus pensamentos", "más intenções", atos preparatórios de possíveis crimes, em relação aos quais, não fossem as previsões deste título, não constituiriam sequer tentativa. Eles também constituem exceções à regra geral do art. 31 do Código Penal, segundo a qual, "o ajuste, a determinação ou instigação e o auxílio, *salvo disposição expressa em contrário,* não são puníveis, se o crime não chega, pelo menos, a ser tentado." Um deles – apologia de crime ou criminoso – não passa de uma forma *indireta* da prática de outro – incitação ao crime.

Felizmente, o legislador brasileiro cogitou de apenas 4 crimes atentatórios ao bem jurídico paz pública (além de variações mais ou menos incongruentes na legislação extravagante) e tipos inseridos em outros capítulos ou títulos. O Código Penal português[2] (arts. 297º a 306º), além desses, previu o motim, motim armado, a desobediência a ordem de dispersão de reunião pública, ameaça com prática de crime, abuso e simulação de sinais de perigo. O StGB alemão[3], a partir do § 123, dedica à paz pública mais de 20 parágrafos, dentre os quais, além dos previstos no CP brasileiro, uma

---

1 O autor agradece aos leitores que contribuíram com sugestões à edição anterior, todas incorporadas à presente. Favor encaminhar observações e críticas ao endereço vsc51@hotmail.com.

2 Código Penal português, na versão de 2010. Da Secção II (Dos crimes contra a paz pública), que define os crimes acima, lei específica posterior retirou os tipos de organizações terroristas e terrorismo.

3 Strafgesetzbuch (StGB) – Código penal alemão, §§ 123 a 145d.

espécie mais abrangente de invasão de domicílio (Hausfriedensbruch), formação de agrupamento armado, formação de associação terrorista, difusão de ódio contra uma parcela da população, exibição de violência, exercício ilegal de função pública, abuso de títulos, indicativos de profissões e anúncios, deixar de reportar à autoridade certos crimes de cujo planejamento tenha ciência, abandono proibido de local de acidente, fraude para a emigração, abuso de serviços de emergência ou dano a instalações para prestar socorro; ofensa à proibição de profissão, comunicação falsa de crime.

Dessa extensa lista se pode concluir, pelo menos como consenso no Direito comparado, que os crimes contra a paz pública e crimes de perigo abstrato em geral converteram-se num "mal necessário" de nossa época. De maneira geral, eles punem comportamentos tidos pelo legislador como perigosos, porque tendem à prática de crimes de dano tão graves que o estado não pode se permitir deixar que eles aconteçam, ou sejam iniciados, para acionar seu aparelho repressivo.

1.2. Objetividade jurídica

Também o bem jurídico protegido pelos crimes em análise é dos mais abstratos e fugazes. Primeiramente, há que se ter bem claro que o bem jurídico protegido pelos crimes contra a paz pública não se confunde com os bens jurídicos protegidos pelos crimes de que constituem atos preparatórios. Assim, o bem jurídico protegido pelo tipos incitação ao crime e apologia de crime ou criminoso é distinto do bem jurídico tutelado pelo crime incitado ou elogiado; o bem jurídico ofendido pela associação criminosa (antes quadrilha ou bando) ou pela milícia privada tampouco se confunde com o bem jurídico ofendido pelos crimes por elas planejados.

Desde longa data, na discussão do bem jurídico tutelado pelos crimes deste título, os autores controvertem acerca das diferenças entre *paz pública* e *ordem pública*, e ainda extraem acepções *objetivas* e *subjetivas* dessas expressões[4].

Alguns ordenamentos jurídicos preferiram inserir os crimes aqui discutidos sob a rubrica de "crimes contra a ordem pública"[5]. Mas é intuitivo que essa expressão tem alcance mais amplo do que paz pública: a ordem pública teria uma conotação material ou objetiva, enquanto a paz pública teria um sentido subjetivo, correspondente a um sentimento ou consciência, uma confiança no poder protetor da ordem jurídica. NELSON HUNGRIA discorre sobre a paz pública como a dimensão subjetiva da ordem pública, definindo-a como "o sentimento coletivo de paz que a ordem jurídica assegura". Esclarecendo melhor, esses crimes não apresentam "efetiva perturbação da *ordem pública* ou da *paz pública* no sentido material, mas apenas se cria a possibilidade de tal perturbação, decorrendo daí uma situação de alarma no seio da coletividade, isto é, a quebra do sentimento geral de tranquilidade, de sossego, de paz, que corresponde à confiança na continuidade normal da ordem jurídico-social." (HUNGRIA, 163). Em

4 Assim, longamente, BITENCOURT, 342-344 e 375-376, mas também HUNGRIA, 163-164.

5 Segundo BITENCOURT, 341, os códigos italiano e argentino (e acrescento também o alemão) preferiram a terminologia "crimes contra a ordem pública", enquanto Brasil, França, Suíça, Uruguai (e acrescento também Portugal) optaram pela expressão mais enxuta "crimes contra a paz pública".

outros termos, o bem jurídico em questão é um sentimento, uma opinião de tranquilidade e segurança. Constitui dever do estado proteger essa consciência. Os crimes contra a paz pública perturbam precisamente esse sentimento ou opinião, ainda que não se concretize do fato delituoso uma perturbação efetiva e mensurável da ordem pública.

Pode-se, pois, concluir que paz pública é precisamente aquela vertente subjetiva da ordem pública, consubstanciada no sentimento coletivo e difuso de tranquilidade e segurança indispensável à convivência social.

1.3. Sujeitos do crime

Todos os crimes deste título são comuns, isto é, podem ser praticados por qualquer pessoa; no caso das associações criminosas, o caráter subjetivo dos comportamentos exige pluralidade de sujeitos ativos, sob pena de o crime não se concretizar.

Sujeito passivo será sempre a coletividade, nunca o potencial ofendido pelo crime instigado, enaltecido ou planejado pela associação criminosa. Aqui se percebe mais um aspecto peculiar desses crimes contra a paz pública, que os expõe a fortes críticas da doutrina: eles descrevem condutas materialmente inócuas, se vistas isoladamente, que em certos casos clamam por descriminalização, como a apologia de crime ou criminoso (art. 287), mesmo quando apontam para a prática de atos delituosos mais temidos e com maior potencial de periculosidade, como as organizações criminosas, grupos de extermínio e associações terroristas. Daí se pode afirmar que, na raiz de um crime contra a paz pública, está a preocupação preventiva do estado de que sua ordem jurídica ofereça segurança e tranquilidade aos jurisdicionados.

1.4. Tipo subjetivo

Todas as condutas contempladas neste título são dolosas, algumas exigindo um especial fim de agir, como a finalidade de cometer crimes em geral, no caso da associação criminosa (art. 288) ou de cometer crimes definidos no Código Penal (*sic*), no caso das milícias privadas (art. 288-A).

1.5. Consumação e tentativa

Mesmo que algumas das condutas comportem fracionamento temporal, ver-se-á que razões político-criminais determinam que a jurisprudência e mesmo a doutrina quase sempre deixem a tentativa impune. Afinal, como condenar alguém por tentar praticar atos preparatórios que, se consumados, só constituem crime devido à previsão legal, pois, do contrário, não constituiriam sequer tentativa do crime de resultado material almejado pelo agente!

1.6. Classificação doutrinária

Numa apreciação inicial e com algum risco de generalização, pode-se afirmar que os crimes de que trata este título são *dolosos, formais, comissivos, comuns, acessórios, instantâneos, permanentes, de perigo abstrato* e *de ação múltipla*[6], conforme será demonstrado na análise de cada um dos tipos.

Destacam-se como marcos desses crimes as classificações como *formal, instantâneo* e *de perigo abstrato.* O crime formal é aquele cuja consumação não depende de um resultado danoso. O legislador, temendo esse resultado material, antecipa a consumação para o momento em que ocorre uma situação de perigo, daí o crime de perigo abstrato. Verifica-se aqui uma "impaciência do legislador" (MIRABETE, 3, 193), que sempre se expõe a críticas e só se justifica em situações excepcionais, quando o resultado material é de tamanha gravidade, que abala as estruturas da sociedade e do ordenamento jurídico. É o que ocorre, por exemplo, com o fenômeno do terrorismo, ou do crime organizado para fins de corrupção, ou da associação para extermínio de pessoas ou o genocídio.

1.7. Concurso de crimes

A jurisprudência, seguida pela doutrina, é expressiva em situações de concurso com os crimes deste título. Afinal, a incitação ao crime pode se combinar com a prática ou pelo menos a tentativa desse crime. A apologia de crime ou criminoso pode determinar a prática de outros crimes da mesma natureza dos elogiados. A associação criminosa, inclusive em suas modalidades especiais, e também o novo tipo "organização criminosa", introduzido pela Lei nº 12.850/2013, decerto constituem condutas autônomas em sua configuração, mas o receio que infundem resulta precisamente da gravidade dos crimes que se dispõem a praticar. Não há uma regra única para as diversas hipóteses de concurso que a realidade oferece, pelo que serão analisadas casuisticamente nos comentários a cada modelo incriminador.

1.8. Confronto

Uma eventual "consolidação das leis penais" em vigor no Brasil traria muito mais tipos penais para o título da paz pública. Em caráter exemplificativo, sem pretensão exaustiva, cabe mencionar formas de incitação ao crime previstas na Lei de Segurança Nacional, no Código Penal Militar, no Código Brasileiro de Telecomunicações, na Lei nº 7.716/1989 (crimes de racismo), na Lei do Genocídio, na Lei de Imprensa, na Lei de Drogas. Associações criminosas, além do tipo básico do art. 288 (agora com a redação da Lei nº 12.850/2013), são previstas na Lei dos Crimes Hediondos, na Lei de Lavagem de Dinheiro, na Lei de Drogas, na Lei do Genocídio. A recente Lei nº 12.850/2013, tipificou uma forma qualificada de associação criminosa, há muito reclamada pela doutrina e pelo Direito internacional, a "organização criminosa". A polêmica Lei nº 10.826/2003, conhecida como Estatuto do Desarmamento, está toda dedicada à paz pública. Leis processuais penais preveem instrumentos de investigação mais incisivos somente para alguns desses crimes, assim como medidas cautelares e regimes

6 Para uma ampla exposição sobre os principais critérios de classificação dos crimes, cf. PAULO QUEIROZ, 209-219.

prisionais diferenciados. Há projetos em discussão no Parlamento que almejam criminalizar associações para o terrorismo. Se vingar o Anteprojeto de Código Penal em tramitação no Senado da República, o Título da Paz Pública será consideravelmente ampliado para abarcar capítulos sobre terrorismo, armas de fogo, eventos esportivos e culturais e "outros crimes contra a paz pública", onde estarão inseridos os atuais incitação ao crime, associação criminosa, organização criminosa e milícia, além de perturbação do sossego e jogos de azar e do bicho (arts. 239-258 do Anteprojeto de Código Penal do Senado)[7]

2. INCITAÇÃO AO CRIME

⊙ **Incitação ao crime**

Art. 286. Incitar, publicamente, a prática de crime:

Pena – detenção, de 3 (três) a 6 (seis) meses, ou multa.

2.1. Generalidades

O primeiro tipo penal deste Título incrimina a incitação pública à prática de crime. Levada a extremos, a previsão pode traduzir cerceamento à liberdade de manifestação do pensamento (CR 5º IV), pois impede a crítica a preceitos incriminadores que não contam com o consenso da sociedade (*v.g.* drogas, aborto, certos crimes sexuais como adultério e sedução, auxílio à morte). No entanto, a História mostra a conveniência de se manter a incriminação, pelo potencial de insegurança e tumulto que o incitamento público ao crime pode trazer[8]. Sua prática por pessoas e grupos mal intencionados, hoje amplificada e amplificável por modernos meios e técnicas de comunicação e difusão, inclusive a mídia digital, pode propalar inverdades, desatar ódio, preconceitos de toda natureza e manifestações coletivas de violência. Certos episódios contemporâneos de genocídio, crimes contra a humanidade, perseguição religiosa, discurso de ódio, violência contra grupos sociais vulneráveis e linchamentos de criminosos ou suspeitos costumam ter na sua gênese um deliberado incitamento público. No entanto, como acontece com os demais tipos penais deste título, não se confunde com o crime incitado nem depende de sua concretização.

2.2. Objetividade jurídica

Como já visto na introdução a este título, o bem jurídico tutelado, se de bem jurídico aqui se puder falar, é a paz pública, isto é, o sentimento coletivo e difuso de

7 Também no Senado tramita o PL nº 599/2013, que define os crimes de terrorismo e dá outras providências. *On-line: http://www.senado.leg.br/atividade/materia/detalhes.asp?p_cod_mate=115549,* acesso em 31.07.2014.

8 Sobre a gênese desse crime e sua introdução no Direito brasileiro, cf. NELSON HUNGRIA 165-166; FRAGOSO 277-278 e MAGALHÃES NORONHA 87-88.

tranquilidade e segurança indispensável à convivência social. Portanto, não se confunde com o mesmo bem jurídico lesado pelo crime incitado.

2.3. Sujeitos do crime

Tratando-se o tipo em análise de crime comum, não próprio, qualquer pessoa pode ser seu autor, que pode agir individual ou coletivamente, em concurso eventual de agentes. Sujeito passivo será a coletividade, cuja paz é ameaçada pela pública incitação à prática de crime. Mais que a coletividade, o estado, que tem a obrigação de garantir a segurança e o bem-estar dessa coletividade, vê sua missão dificultada pelo incitamento público ao crime.

2.4. Tipo objetivo

O núcleo do tipo é "incitar" a prática de crime, que significa atiçar, concitar, encorajar, estimular, excitar, exortar, incentivar, induzir, inflamar, instigar, provocar. Considera a doutrina, a partir de NELSON HUNGRIA (168-169), que o crime de incitamento não se configura com a incitação *in genere,* isto é, a instigação à prática de crimes em geral. É preciso que ela se refira a fato ou crime determinado, ainda que não faça especificações quanto a modo de execução, autor, vítima e outros aspectos – não homicídios em geral, mas um *certo* homicídio (ou vários) (BITENCOURT, 348-349). Ver-se-á que a incitação a certos crimes (genocídio, contra a segurança nacional, prática do racismo) ou por certos meios (imprensa) poderá constituir crime previsto em legislação especial. Do próprio enunciado normativo, resulta que não constituirá crime a incitação à prática de contravenção penal ou de ato meramente imoral.

A publicidade é elemento normativo essencial à configuração do tipo em análise. A incitação praticada numa reunião privada ou familiar, apesar de percebida por diversas pessoas, não constituirá o crime de incitamento, embora possa configurar ato preparatório de outro. Por outro lado, a publicidade pode também resultar do lugar, momento e outras circunstâncias que tornem possível a audição, por indeterminado número de indivíduos, do incitamento ao crime (NORONHA, 89). Na lição de HUNGRIA (166), a incitação deve ser percebida ou perceptível por indeterminado número de pessoas, pois, do contrário, não acarretaria o alarma coletivo. Evidentemente, o dolo deve abranger a publicidade.

Não apenas a palavra falada discursivamente, mas também gritos, interjeições, escritos (boletins, cartazes), gestos ou representações teatrais e música podem servir de meio para a prática desse crime. NELSON HUNGRIA (166-167) aponta o exemplo daquele que lança a primeira pedra contra a adúltera, a fim de que a multidão siga seu exemplo.

No entanto, para que o emprego desse tipo penal não suscite questões de constitucionalidade, convém salientar que o crime não se configura quando o agente defende uma tese *de lege ferenda,* de descriminalização de determinada conduta. Já HUNGRIA (171) admitia que "se não apresenta o crime quando apenas se faz a defesa de uma tese sobre a ilegitimidade ou sem-razão da incriminação de tal ou qual fato, como, por exemplo, o *homicídio eutanásico,* o *crime de Otelo,* etc. Não há, aqui, o *animus instigandi delicti,* mas apenas uma opinião no sentido da exclusão do crime, *de lege ferenda.*"

2.5. Tipo subjetivo

O tipo subjetivo é o dolo, consistente na vontade livre e consciente de incitar à prática de crime. O dolo abrange a publicidade, isto é, o agente precisa não só agir com vontade de instigar a prática de crime como também ter consciência de que procede publicamente, que sua ação é ou poderá ser percebida por número indeterminado de pessoas (HUNGRIA, 171; BITENCOURT, 351). Não há a forma culposa.

2.6. Consumação e tentativa

O crime se consuma com o pronunciamento das palavras, divulgação dos escritos ou quaisquer outros atos tendentes ao incitamento, sempre pressuposta a publicidade. A consumação prescinde de que alguém inicie a execução da infração penal incitada, o que, se ocorrer, constituiria outro crime. Tampouco é necessário que ocorra efetivamente a perturbação da paz pública ou que o ato produza algum efeito específico nas pessoas, ambas situações de difícil aferição empírica.

A tentativa é tecnicamente possível, como já reconhecia HUNGRIA (171), quando o modo de execução comportar fracionamento, por exemplo, com a apreensão de cartazes e folhetos, ou, atualmente, se o agente for surpreendido no momento em que disponibiliza na rede mundial de computadores, *internet,* material de incitamento armazenado em seu computador. Boa parte da doutrina admite a tentativa em tais circunstâncias, com a possível discordância de BITENCOURT (352), bem verdade que por razões mais político-criminais do que lógico-sistemáticas. Entende ele que, sendo o próprio tipo em análise composto de atos que, não fosse esta incriminação, poderiam ser preparatórios de outros crimes (se tanto), seria um exagero incriminar tentativa de atos preparatórios. Aduz que, havendo publicidade, o crime já estaria consumado e que, sem publicidade, não haveria crime algum, nem sequer tentado. Por isso, recomenda ao intérprete "muita parcimônia no exame de possível configuração de tentativa".

No entanto, todo tipo penal, com ou sem resultado material, constitui um corte da realidade selecionado pelo legislador e, como tal, uma distorção dessa realidade. O que possibilita a tentativa de uma infração penal não é o exagero ou a justeza da incriminação, e sim a possibilidade de cindir ou fracionar os atos de execução no tempo, de modo a configurar situação em que esses atos são iniciados, mas o resultado previsto no tipo não se consuma por circunstâncias alheias à vontade do agente, conforme a definição de tentativa do art. 14 II do CP. Reconhecemos que, em certos casos, poderia haver um exagero na incriminação e até que poderia haver dificuldade na produção de prova da publicidade como integrante do dolo do agente. Mas, daí, não dá para concluir pela impossibilidade da tentativa sempre.

2.7. Classificação doutrinária

A incitação ao crime classifica-se como crime *comum, formal, comissivo, unissubjetivo, plurissubsistente, instantâneo, de perigo comum abstrato* e *subsidiário.*

Comum ele é, porque pode ser praticado por qualquer pessoa; **formal,** porque sua consumação não exige qualquer resultado, nem mesmo uma perturbação efetiva da paz pública; **comissivo,** porque seu verbo nuclear – incitar – exige uma atuação positiva do agente; **unissubjetivo,** porque pode ser praticado por um único agente, sem repelir o concurso eventual de pessoas; **plurissubsistente,** porque a conduta, conforme a forma de execução escolhida, pode se fracionar em vários atos – daí a possibilidade em tese de tentativa; **instantâneo,** porque o resultado se produz de imediato, com a só publicidade do incitamento – o que não impede, mas dificulta sobremaneira, a possibilidade de tentativa; **de perigo comum abstrato,** porque presumidamente tem o potencial de incitar a outros crimes e abalar a paz pública; **subsidiário,** porque só será aplicado quando não houver tipo penal específico no código ou em lei especial.

2.8. Concurso de crimes

A principal controvérsia neste tópico refere-se ao concurso do incitamento com a prática do crime incitado. Como visto, a incitação é punida por si mesma, independentemente de ter ensejado a prática do crime incitado. Entende HUNGRIA (169-170) que, ocorrendo o crime incitado, haverá ofensa a dois bens jurídicos: a paz pública e o que constitui objeto de proteção do crime incitado. Este não absorve aquele. Quanto ao instigador responder também pelo crime incitado, é mister que a causalidade venha a ser demonstrada entre o crime instigado e a instigação, quando então o instigador será punido em concurso material. Diversamente, sustenta DELMANTO (818), a meu ver com razão, que a dupla punição, seja a título de concurso material ou formal, constitui inaceitável *bis in idem*. Afinal, conforme dispõe o art. 31 CP, a instigação é uma forma de participação no crime (incitado), desde que este seja pelo menos tentado.

2.9. Confronto

O incitamento ao crime constitui uma das ressalvas contempladas pelo art. 31 do CP, segundo o qual a determinação e instigação, *salvo disposição expressa em contrário,* não são puníveis se o crime não for, pelo menos, tentado. Assim, se o crime instigado é pelo menos tentado, o instigador que para ele concorreu, quer a instigação tenha sido pública ou não, por ele responderá "na medida de sua culpabilidade" consoante o art. 29 do CP.

Outra ressalva ao art. 31 do CP e que também afasta a incidência do tipo subsidiário do art. 286 é o induzimento, instigação ou auxílio ao suicídio, modalidade de crime contra a vida prevista no art. 122, sujeito a julgamento pelo Tribunal do Júri e com previsão de pena de reclusão de 2 a 6 anos, se o suicídio se consuma, e de 1 a 3 anos, se da tentativa de suicídio resulta lesão corporal de natureza grave, penas estas que serão duplicadas se o crime é praticado por motivo egoístico ou se a vítima é menor ou tem diminuída, por qualquer causa, a capacidade de resistência.

A **Lei nº 7.170/83 (Lei de Segurança Nacional),** art. 23 pune com reclusão de 1 a 4 anos não apenas o incitamento à prática de qualquer dos crimes nela previstos como também o incitamento à subversão da ordem política ou social, à animosidade entre as Forças Armadas ou entre estas e as classes sociais ou as instituições civis e à luta com violência entre as classes sociais. Seu art. 22 pune com pena de detenção de 1 a 4 anos (aumentada de 1/3, se a conduta for praticada em local de trabalho ou por meio de rádio ou televisão) a propaganda em público dos seguintes fatos: "processos violentos ou ilegais para alteração da ordem política ou social; de discriminação racial, de luta pela violência entre as classes sociais, de perseguição religiosa; de guerra; de qualquer dos crimes previstos nesta Lei". Ademais, incide na mesma pena quem distribui ou redistribui: fundos destinados a realizar a propaganda; ostensivamente ou clandestinamente, boletins ou panfletos contendo a mesma propaganda. Por fim, ressalva que não constitui propaganda criminosa "a exposição, a crítica ou o debate de quaisquer doutrinas".

O **Código Penal Militar**, dentre os crimes militares em tempo de paz, sob a rubrica "dos crimes contra a autoridade ou disciplina militar", tipifica, no art. 155, o incitamento à desobediência, à indisciplina ou à prática de crime militar, sob ameaça de sanção de reclusão de 2 a 4 anos, pena esta também estendida àquele que introduz, afixa ou distribui, em lugar sujeito à administração militar, impressos, manuscritos ou material mimeografado, fotocopiado ou gravado, em que se contenha incitamento à prática dos atos mencionados. O art. 154 comina reclusão de 2 a 4 anos ao aliciamento de militar ou assemelhado para a prática dos crimes de motim, revolta, organização de grupo para a prática de violência, omissão de lealdade militar e conspiração, previstos nos arts. 149-153 do mesmo diploma legal.

O **Código Brasileiro de Telecomunicações (Lei nº 4.117/1962)** prevê como infração *administrativa* de abuso no exercício da liberdade da radiodifusão o emprego desse meio de comunicação para a prática de crime ou contravenção, inclusive, dentre outros, incitar a desobediência às leis ou decisões judiciais, divulgar segredos de estado ou assuntos que prejudiquem a defesa nacional, promover campanha discriminatória de classe, cor, raça ou religião, comprometer as relações internacionais do País, caluniar, injuriar ou difamar os Poderes Legislativo, Executivo ou Judiciário (*sic*) ou os respectivos membros, veicular notícias falsas, com perigo para a ordem pública, econômica e social.

A **Lei nº 9.472/1997,** que dispõe sobre a organização dos serviços de telecomunicações e institui órgão regulador, tipifica condutas que poderiam configurar atos preparatórios do tipo ora em análise, o que, de certa forma, desmente a concepção de que o crime de incitamento, por ser ato preparatório de outro crime, não comporta *jamais* a tentativa. Aqui, estamos diante de uma impaciência ainda maior do legislador, pois ele incrimina conduta que poderia constituir ato preparatório de ato preparatório. Com efeito, o art. 183 da lei indicada incrimina o desenvolvimento clandestino de atividades de telecomunicações, não importa suas finalidades, cominando penas de detenção de 2 a 4 anos, aumentada da metade se houver dano a terceiros, e multa de 10 mil reais.

A **Lei nº 7.716/1989,** que define os crimes resultantes de preconceito de raça ou de cor, prevê, no art. 20 *caput*, o incitamento ou induzimento, no mesmo patamar da ação incitada, como modalidade de prática do crime de racismo, consubstanciado na discriminação ou preconceito de raça, cor, etnia, religião ou procedência nacional, sob pena de reclusão de 1 a 3 anos e multa. À pena de reclusão de 2 a 5 anos, além de multa sujeita-se também quem "fabricar, comercializar, distribuir ou veicular símbolos, emblemas, ornamentos, distintivos ou propaganda que utilizem a cruz suástica ou gamada, para fins de divulgação do nazismo". A igual pena se sujeitará quem cometer os crimes do *caput* desse artigo através dos meios de comunicação social ou publicação de qualquer natureza.

Dando cumprimento aos compromissos internacionais assumidos pelo Brasil na **Convenção para a Prevenção e a Repressão do Crime de Genocídio,** de 1948, a **Lei nº 2.889/1956** define no seu art. 3º o incitamento direto e público à prática de crimes de genocídio, cominando como pena a metade da pena cominada ao crime incitado, mas ressalvando que a pena será a mesma, se o crime incitado se consumar. Se cometido pela imprensa, o incitamento ao genocídio sofrerá o acréscimo de pena de 1/3.

A **Lei de Imprensa (Lei nº 5.250/1967),** antes de ser fulminada pelo Supremo Tribunal Federal em Arguição de Descumprimento de Preceito Fundamental (ADPF nº 130-7), que, por maioria, declarou-a integralmente não recepcionada pela Constituição de 1988 – isto em 2009, 21 anos depois da vigência da Constituição –, previa, no seu art. 19, o incitamento à prática de qualquer infração às leis penais, compreendendo, portanto, para além do disposto no art. 286 CP, também o incitamento à prática de contravenção penal. As penas cominadas eram 1/3 da prevista para a infração provocada, até o máximo de 1 ano de detenção, ou multa de 1 a 20 salários-mínimos. Se a incitação fosse seguida da prática do crime, as penas seriam as mesmas a este cominadas (§ 1º).

A **Lei de Drogas (Lei nº 11.343/2006)** prevê, no art. 33 § 2º, a conduta de "induzir, instigar ou auxiliar alguém ao uso indevido de droga", sujeita às penas de 1 a 3 anos de detenção e 100 a 300 dias-multa. Trata-se de uma forma mitigada do velho art. 12 § 2º I da ab-rogada Lei nº 6.368/76, que cominava as mesmas penas do tráfico ao induzimento, instigação ou auxílio ao uso de droga. Convém lembrar que as mesmas autoridades policiais, zelosas na aplicação desse dispositivo para reprimir portadores de camisetas, participantes de debates acadêmicos, atos públicos pela descriminalização, "marchas da maconha" e manifestações musicais que evocavam ou enalteciam o uso da maconha, em ostensiva promiscuidade com a imprensa sensacionalista, violavam o art. 17 da mesma lei, que previa a pena de detenção de 2 a 6 anos ou multa de 20 a 50 dias-multa, sem prejuízo das sanções administrativas a que estiver sujeito o infrator, a quem violasse o sigilo legal de inquéritos e processos criminais que tinham por objeto crimes de drogas, com os olhos complacentes do Ministério Público e dos juízes. O segredo, previsto no art. 26 de então, era ou deveria ser rigoroso: ele era absoluto durante o inquérito policial, e sua quebra durante a ação penal dependia de autorização judicial. O *medo* quase paranoico de perda de poder e identidade das autoridades policiais, de alguns agentes do Ministério Público e magistrados, que resultaria de uma descriminalização total ou parcial do uso e tráfico de drogas, desafia a análise psicológica. Trata-se de tema que, ao lado do aborto e dos crimes contra a dignidade sexual, mereceriam estudo sob a ótica de como o Direito penal, último ramo do Direito a se desligar do divino e sobrenatural, se relaciona com o prazer. No entanto, já não mais constitui um consenso mundial que a repressão penal seja a melhor solução para se lidar com o real problema da disseminação e do abuso das drogas.[9] Felizmente, agora por último, em 2011, o STF, na ADIn nº 4.274, deliberou por unanimidade dar ao § 2º do art. 33 da Lei de Drogas interpretação conforme à Constituição, para dele excluir qualquer significado que enseje a proibição de manifestações e debates públicos acerca da descriminalização ou legalização do uso de drogas ou de qualquer substância que leve o ser humano ao entorpecimento episódico, ou então viciado, das suas faculdades psicofísicas". Ainda da Lei de Drogas, extrai-se o § 3º do mesmo art. 33, que comina sanções de 6 meses a 1 ano de detenção e 700 a 1.500 dias multa, a quem oferecer droga, eventualmente e sem objetivo de lucro, a pessoa de seu relacionamento, para juntos a consumirem – isto, sem prejuízo também da incidência do art. 28 da mesma lei, que criminaliza, embora com sanções não privativas de liberdade, a posse de droga para consumo pessoal. Em todos esses casos da Lei de Drogas, a modalidade assemelhada prescinde da publicidade da conduta.

No novo Título VI do CP, alusivo aos crimes contra a dignidade sexual, encontraremos as seguintes formas de instigação ou induzimento, todas elas prescindindo do elemento publicidade: induzir menor de 14 anos a satisfazer a lascívia de outrem (art. 218); induzir menor de 14 anos a presenciar conjunção carnal ou outro ato libidinoso, a fim de satisfazer a lascívia própria ou de outrem (art. 218-A); induzir ou atrair à prostituição ou outra forma de exploração sexual alguém menor de 18 anos ou que não tenha o necessário discernimento para a prática do ato (art. 218-B); induzir alguém (maior de 14 anos) a satisfazer a lascívia de outrem (art. 227); induzir ou atrair alguém à prostituição ou outra forma de exploração sexual (art. 228); agenciar, aliciar ou comprar pessoa que tenha sido traficada para o território nacional ou para o exterior, para o exercício da prostituição ou outra forma de exploração sexual (art.

9 Para uma descrição dos danos da criminalização e uma política criminal de redução de danos e controle do comércio de drogas pelo estado (e não por organizações criminosas, como ocorre atualmente), confira-se Winfried HASSEMER, *Descriminalização dos crimes de droga, in:* **Direito penal: fundamentos, estrutura, política,** pp. 315-336.

231 § 1º); agenciar, aliciar vender ou comprar pessoa traficada dentro do território nacional para o exercício da prostituição ou outra forma de exploração sexual (art. 231-A § 1º), e ainda fazer, importar, exportar, adquirir ou ter sob sua guarda, para fim de comércio, de distribuição ou de exposição pública, escrito, desenho, pintura, estampa ou qualquer objeto obsceno, assim como vender, distribuir ou expor à venda ou ao público tais objetos, realizar representação teatral, exibição cinematográfica ou qualquer outro espetáculo de caráter obsceno, e realizar, em lugar público ou a ele acessível, ou pelo rádio, audição ou recitação de caráter obsceno (art. 234). Para considerações sobre a atualidade dessas incriminações, remetemo-nos à rubrica desta obra dedicada aos crimes contra a dignidade sexual, da autoria de PAULO QUEIROZ. Aqui, cumpre apenas ressaltar que, no concurso aparente de normas, tais incitações terão preferência sobre o tipo do art. 286 do Código Penal, que incide subsidiariamente na falta de previsão especial.

2.10. Pena

Alternativamente, o preceito secundário da norma penal do art. 286 comina pena de detenção, de 3 a 6 meses, *ou* multa. Ver-se-á que tais limites de pena conferem ao crime o caráter de *menor potencial ofensivo,* atraindo a competência do Juizado Especial Criminal. Também a suspensão condicional do processo, prevista no art. 89 da Lei nº 9.090/95, poderá ser aplicada como alternativa ao processo e à penalização, desde que recebida a denúncia.

2.11. Questões processuais

A **ação penal** do crime de incitação será pública incondicionada (CP art. 100 *caput).* Dificilmente a inércia do Ministério Público poderia abrir caminho para o exercício da ação privada subsidiária (CPP art. 29, Constituição art. 5º LIX). A despeito da previsão constitucional, é conhecida a má vontade dos juízos e tribunais com esse instituto, e, no caso, nem mesmo o potencial ofendido pelo crime incitado (ex. a possível vítima de um homicídio instigado pelo autor do crime de instigação) poderia se apresentar como uma das pessoas legitimadas para seu exercício, já que sujeito passivo da ofensa à paz pública é a coletividade, salvo uma mudança de mentalidade na leitura do que seja ofendido para os fins do art. 29 CPP ou 100 § 3º do Código Penal, para o que muito ajudaria a norma constitucional pertinente, por não delimitar o universo dos legitimados.

A **competência** para o processo e julgamento será, em primeira linha, do Juizado Especial Criminal, que se destina a infrações penais de menor potencial ofensivo, que compreendem as contravenções penais e os crimes a que a lei atribui pena máxima privativa de liberdade não superior a 2 anos, cumulada ou não com multa (Lei nº 9.099/95, arts. 60 e 61). Nesse caso, dispõe a lei de regência que a investigação preliminar será conduzida em termo circunstanciado, e não em inquérito policial. Embora possível a detenção em estado de flagrância para o cumprimento das formalidades de perpetuação do fato, ela não subsistirá se seu autor assumir o compromisso de comparecer ao Juizado Especial, e também porque não cabe em regra prisão preventiva para esse crime, salvo para o autor não primário (CPP 313 II) e desde que presentes os pressupostos de sua necessidade (CPP 312). Ainda assim, caberia verificar se não seria o caso de aplicação de medida cautelar diversa da prisão, dentre as previstas no art. 319 do CPP. Cabe, porém, registrar que um dos objetivos primordiais do Juizado Especial é evitar a imposição de pena privativa de liberdade (e, por imperativo da proporcionalidade, não ensejar medida cautelar mais gravosa que a pena a ser recebida). No Juizado Especial, a solução mais desejada pelo legislador consiste na composição dos danos e na aceitação da proposta (do MP) de aplicação imediata de pena não privativa de liberdade (art. 72 e 76), que poderá ser restritiva de direitos ou multa. Não sendo possível a transação, o MP oferecerá denúncia que, se recebida, desencadeará o procedimento sumaríssimo previsto nos arts. 77 ss. da lei de regência. Evidentemente, a competência poderá ser deslocada para o Juízo ordinário, seja pela complexidade ou outras circunstâncias do caso que não permitam uma tramitação célere (art. 77 § 2º), seja em decorrência da não localização do autor do fato (art. 66 parágrafo único).

Não há nenhuma dificuldade em se imaginar situações em que a competência será transferida ao Juizado Especial Criminal Federal, por exemplo, quando o crime incitado referir-se a linchamento de preso sob custódia da Justiça Federal, ou invasão e dano de prédio público federal, ou agressão a algum funcionário federal em razão de sua função.

Como já antecipado, no malogro da composição e da pena proposta pelo MP, a **suspensão condicional do processo** é plenamente aceitável para o crime em apreço, uma vez que o instituto despenalizador se destina, segundo o art. 89 da Lei nº 9.099/95, a crimes em que a pena mínima cominada for igual ou inferior a 1 ano, sejam eles de competência do juizado especial ou do ordinário.

3. APOLOGIA DE CRIME OU CRIMINOSO

⊙ **Apologia de crime ou criminoso**

Art. 287. Fazer, publicamente, apologia de fato criminoso ou de autor de crime:

Pena – detenção, de 3 (três) a 6 (seis) meses, ou multa.

3.1. Generalidades

Se o tipo da incitação, precedentemente analisado, merece críticas por criminalizar atos preparatórios de crime que pode não acontecer, o modelo ora em análise, que ameaça de sanção a mera apologia de crime ou criminoso, incide ainda mais na censura doutrinária, pois incrimina a incitação indireta, que resultaria do elogio a um crime ocorrido ou a seu autor. O enunciado não tem tradição no Direito brasileiro, tendo sido por primeira vez introduzido no Código Penal de 1940, possivelmente inspirado no congênere italiano de 1889 (Código *Zanardelli*). No código italiano de 1930 (Código *Rocco*), a conduta vinha prevista conjuntamente com o crime de incitação, como uma modalidade deste ou tipo a ele assemelhado, situação que ainda perdura no atual art. 414, embora restrito à apologia ao crime, sem contemplar expressamente a apologia ao criminoso[10].

As controvérsias doutrinárias sobre o sentido e alcance da previsão denunciam sua constitucionalidade duvidosa: o crime objeto da apologia deve ser um acontecimento pretérito ou pode ser um fato futuro? Basta o fato do crime, ou é preciso uma condenação irrecorrível? O autor do crime enaltecido é alguém irremediavelmente condenado, ou pode ser o acusado, denunciado, suspeito ou quem foi preso em flagrante? Qual é o limite entre a *defesa* pública do autor do fato ou a crítica contundente à criminalização de uma conduta e a apologia do crime ou criminoso? Na verdade, o tipo pune preventivamente uma iniciativa *indireta* de incitação ao crime, que, de si, já é uma prevenção do crime incitado, como são todos os crimes de perigo e, notadamente, os crimes contra a paz pública. Melhor faria o legislador futuro se simplesmente abolisse a previsão, que não faz a menor falta ao ordenamento jurídico e submete a liberdade de expressão a interpretações circunstanciais das autoridades da persecução penal. De resto, mesmo com sua abolição, nada impediria que se considerasse o elogio ao crime ou criminoso, conforme as circunstâncias, como um meio para a prática do incitamento ao crime.

3.2. Objetividade jurídica

Como já visto na introdução a este Título, o bem jurídico tutelado, se de bem jurídico se puder falar aqui, é a paz pública, isto é, aquela vertente subjetiva da ordem pública que se traduz na sensação de tranquilidade e segurança. Decerto o bem jurídico de que aqui se cogita não se confunde com aquele ofendido pelo fato criminoso ou pelo autor do crime enaltecido. Se o bem jurídico já é de difícil apreensão no tipo precedente, aqui sua pertinência é ainda mais tênue. De certa forma, o tipo em análise proíbe a manifestação de opinião favorável a fato criminoso ou seu autor, presumindo que ela tenha o potencial de incitar a prática de crime – talvez um resquício do Absolutismo, que via como desobediência qualquer manifestação de pensamento contrária à autoridade e a seus atos.

3.3. Sujeitos do crime

Tratando-se de crime comum, não próprio, qualquer pessoa pode ser seu sujeito ativo, agindo individualmente ou em concurso eventual de agentes. Sujeito passivo será a coletividade, cuja paz se vê ameaçada pela pública exaltação de fato criminoso ou de seu autor como tal. Mais que a coletividade, o estado, que tem a obrigação de garantir a segurança e o bem-estar dessa coletividade e administrar a Justiça penal, vê sua missão dificultada pela manifestação de rebeldia em relação a seu funcionamento.

10 Sobre a gênese desse crime, cf. BITENCOURT 354, FRAGOSO 282-283, MAGALHÃES NORONHA 92-93.

3.4. Tipo objetivo

É possível conceber a *instigação ao crime* como gênero que compreende as espécies *direta* e *indireta*. Nesse caso, o precedente art. 286 (*incitação)* define a instigação *direta*, enquanto o art. 287 (*apologia de fato criminoso ou de seu autor* feita publicamente), contempla a espécie de instigação *indireta*. Tal distinção já era apontada por HUNGRIA (172), segundo quem, na incitação "exorta-se ou aconselha-se indissimuladamente", enquanto na apologia "justifica-se, apóia-se, exalta-se, aplaude-se, e de tal modo que se torna *implícita* a instigação". Também FRAGOSO (283) e MAGALHÃES NORONHA (92) percebiam os dois modelos de conduta como verso e reverso de uma mesma medalha. Para o primeiro, "*fazer apologia,* no sentido em que a ação é prevista pela lei penal, é defender, justificar, exaltar, aprovar ou elogiar, de maneira perigosa, isto é, de forma que constitua incentivo indireto ou implícito à repetição da ação delituosa". Já o segundo, a propósito da apologia, asseverava que "é um incitamento mais hábil ou ardiloso do que o precedente, mas não o deixa de ser. É incitação *indireta.*" "Fazer apologia" é o núcleo da conduta típica, significando "elogiar, exaltar, enaltecer, destacar qualidade, virtude ou aptidão do autor enquanto criminoso, ou vantagens, benefícios ou consequências favoráveis do fato criminoso" (BITENCOURT 355).

É certamente tênue o limite entre a apologia definida neste artigo e a livre manifestação do pensamento assegurada na Constituição, tão tênue que lança sérias dúvidas sobre a constitucionalidade da incriminação. Convém colher da doutrina mais abalizada exemplos de como traçar esses limites, pelo menos no plano retórico. Eles se prestam, quando menos, a ajudar o aplicador do Direito a reconhecer tais limites no mundo dos fatos. HUNGRIA (172) exclui da apologia a "simples *apreciação favorável* (formulada em termos sóbrios) ou *defesa* (advocatícia ou por espírito de piedade)" e aduz que "não se pode identificar apologia numa crítica honesta e serena, ainda que ousada, dirigida, por exemplo, contra a suposta ilegitimidade de um preceito incriminador ou contra uma sentença condenatória." MAGALHÃES NORONHA (93) oferece maior número de exemplos do que *não* constitui o crime em análise: "não é apologista quem se limita a justificar ou explicar a conduta delituosa, bem como a apontar qualidades ou atributos do delinquente, em contrapeso ao fato criminoso. Muito menos o será a crítica ou apreciação de dispositivo legal ou de uma decisão. Mesmo o apoio moral, o conforto etc., em determinadas circunstâncias, não é apologia de criminoso, como pode acontecer em relação a um réu condenado, quando as provas contra ele são fracas e incompletas, dando margem a dúvidas. Tal proceder pode traduzir crítica ou censura à Justiça, não, porém, elogio de criminoso, pois é a existência deste que, precisamente, no caso, se põe em dúvida." Além disso, exclui da tipificação o pronunciamento a favor do criminoso decorrente de "longa e velha amizade por ele, exaltando, então, seu passado honesto e bom, apontando a personalidade nada recomendável da vítima, examinando as condições em que o fato ocorreu etc. Tudo isso constitui *defesa* e não apologia." E FRAGOSO (283) ressalta que não basta "a simples manifestação de solidariedade, defesa ou apreciação favorável, ainda que veemente, não sendo punível a mera opinião. Apologia não é *defesa.*"

Na precisão terminológica que distingue o código brasileiro, diz o artigo 287 que a apologia deve ser "de *fato* criminoso ou de *autor* de crime". Daí se deveria concluir que o crime enaltecido constitui fato pretérito, acontecido, e que seu perpetrador seja alguém pelo menos identificável. Do contrário estar-se-ia incriminando a apologia de uma *ideia, intenção,* e não de um *fato*. Portanto, é corrente outra distinção com o artigo precedente, segundo a qual a incitação tem em vista fato futuro, enquanto a apologia contempla fato pretérito. Tal distinção já vinha da doutrina italiana, conforme noticia BITENCOURT (356-357), e é acatada pela generalidade da doutrina brasileira[11], salvo HUNGRIA (172-173), segundo quem "pouco importa que o mesmo seja considerado *in concreto* ou *in abstracto,* como episódio já ocorrido ou acontecimento futuro".

Como no artigo anterior, não pairam dúvidas aqui de que a apologia deve referir-se a fato criminoso e autor de crime, e não a fato contravencional e seu autor. De igual forma, não satisfaz o elemento constitutivo do tipo a apologia de fato imoral, como a prostituição e o suicídio.

Mas há dúvidas quanto à pertinência da apologia (e da incitação) de crime culposo. A ela se opõe veementemente BITENCOURT (358), com o abono de quase toda a doutrina precedente, argumentando que "não há, enfim, como admitir *apologia* (instigação, estímulo ou incentivo), direta ou indireta, à prática de um fato criminoso não intencional!". Também FRAGOSO (284), evocando a doutrina italiana no particular, é da mesma opinião. Talvez seja correto reconhecer que a apologia de um fato delituoso produto de negligência dificilmente tenha aptidão para ofender a paz pública. Mas não dá para excluir sua tipicidade *a priori*. Nesse sentido, parece mais acertada a reflexão de MIRABETE (Curso, 157): "A hipótese não deve ser afastada, podendo fazer-se a apologia da conduta de determinada pessoa pela sua flagrante imprudência em dirigir em velocidade excessiva, causando com isso morte ou lesões na vítima, por exemplo. Ninguém negará que o elogio a um infrator do trânsito que praticou um ou vários homicídios culposos tem potencialmente a idoneidade para atingir a tranquilidade e segurança coletivas." A isto se deve acrescentar que, nos momentos em que a apologia mais compromete a paz pública (para quem a admite *antes* do trânsito em julgado de sentença condenatória, claro!), nem sempre é possível aferir com segurança o elemento subjetivo do crime elogiado, em vista da fronteira fugaz entre o dolo eventual e a culpa consciente. Essas observações de MIRABETE são proféticas. Afinal, com a multiplicação dos acidentes de trânsito causados pelo uso de álcool ou pela direção imprudente em *rachas* e outras competições em via pública, ninguém negará que há um caldo de cultura na sociedade brasileira que enaltece e justifica essa atitude de desprezo pela vida, com potencial de influir na mentalidade de condutores jovens e iniciantes.

Mas, infelizmente, a clareza terminológica do dispositivo comentado não foi capaz de dissipar todas as dúvidas e situações suscitadas pela doutrina, notadamente

11 Por todos, veja-se MAGALHÃES NORONHA, 94-95; FRAGOSO, 283-284; MIRABETE, Curso, 157; REGIS PRADO, 185.

em relação à apologia do *autor* de fato criminoso – o que pode ser um indício de que o próprio fato delituoso a ser descrito com palavras é que padece de precisão. Decerto, para quem exige que o crime seja um fato pretérito, a apologia do autor só pode se referir a autor de crime, por tê-lo cometido, e não por se dispor a cometê-lo. Mas as certezas param aí. O autor elogiado precisa estar condenado por decisão transitada em julgado? Ou basta ser suspeito, indiciado, denunciado, acusado ou condenado por sentença recorrível? Se for preso em flagrante, haveria que distinguir entre o flagrante próprio e as demais modalidades, a fim de se poder rotulá-lo de "autor" e assim incriminar a conduta de quem elogia seu ato?

Entendo que a configuração do tipo em apreço exige fato pretérito, pelas razões já expostas, mas não uma sentença condenatória transitada em julgado[12]. Se o fato existiu e seu suposto autor é elogiado por tê-lo cometido, ainda que seja presumivelmente inocente por imperativo constitucional enquanto não seja condenado, a paz pública já está ameaçada e a incitação indireta consumada pela motivação do elogio. Aliás, um elogio ao crime ou ao criminoso depois do trânsito em julgado da sentença condenatório seria inócuo ou não ameaça tanto a paz pública quanto aquele praticado durante as primeiras apurações do crime incitado.

Como quer que seja, o elogio do autor do crime por outras motivações, como sua personalidade e suas qualidades pessoais, não pode configurar o crime de apologia. O mesmo se deve dizer de críticas à atuação da Justiça no caso concreto, à fragilidade da prova coligida ou às autoridades da persecução penal na apuração do fato e da autoria, pois, nesses casos, estar-se-á abertamente censurando a manifestação do pensamento (BITENCOURT, 357). A longa amizade pelo autor do crime, motivando alusões a seu passado ou ao mau comportamento da vítima, constitui outro exemplo, agora de MAGALHÃES NORONHA (93), de mero exercício de defesa ou manifestação do pensamento.

Assim como no modelo típico anterior, urge que a apologia de crime ou criminoso se faça publicamente, "em condições que permitam a percepção de um número indefinido de pessoas; somente assim poderá resultar *perigo à paz pública,* juridicamente entendido como a *probabilidade ou o perigo* de o crime ser repetido por outrem", na expressão de BITENCOURT (358). O meio de publicidade – reuniões, sala de aula, imprensa escrita, TV, *internet,* radiodifusão ou qualquer outro – são irrelevantes para a configuração do crime, desde que apto a conferir *publicidade* ao elogio.

A doutrina levanta sérias dúvidas sobre a recepção desse tipo penal pela ordem constitucional inaugurada em 1988, que assegura a livre manifestação do pensamento e a expressão da atividade intelectual, artística, científica e de comunicação, independentemente de censura ou licença (CR art. 5º IV e IX). Sob outro ângulo, é intolerável, no estado democrático de Direito, a criminalização de fatos que não tenham a aptidão de pelo menos pôr em risco bem jurídico socialmente relevante. No caso da

12 No sentido de que o crime ou autor elogiados devam figurar em condenação irrecorrível, BITENCOURT, 361; e NUCCI, Manual, 979; DELMANTO, 820.

apologia, já vimos que ela constitui incitação indireta, sendo a própria incitação (art. 286) um crime de perigo abstrato. Trata-se, pois, de uma incitação *implícita,* presumida, da manifestação de pensamento de quem elogia ato criminoso ou seu autor publicamente. Não bastassem essas objeções, ainda seria de se perguntar qual a utilidade político-criminal de um tipo penal como esse. O próprio Código Penal, como visto, antes mesmo de qualquer regime constitucional, já erige como princípio geral, no art. 31, que "o ajuste, a determinação ou instigação e o auxílio, *salvo disposição expressa em contrário,* não são puníveis, se o crime não chega, pelo menos, a ser tentado", consagrando um Direito penal que pune ações antissociais e não intenções, ideias ou pensamentos.

Por tudo isso, é recomendável muita cautela na interpretação do dispositivo legal em análise, notadamente no tocante à definição de "fato criminoso" e "autor". Falta um instrumento aferidor incontroverso dos limites do tipo penal. A diferença entre a apologia de crime ou criminoso e a simples manifestação da liberdade de pensamento, na prática, será meramente circunstancial, pelo que dependeria muito da avaliação subjetiva dessas circunstâncias pelo intérprete ocasional. A definição legal fluida se presta "a toda sorte de perseguições políticas, religiosas, ideológicas, morais ou pura e simplesmente vingativas", conforme acerba crítica formulada por BITENCOURT (359). Em síntese desse mesmo autor, "criminalizar a 'tentativa' de *instigação implícita, indireta,* isto é, uma *pseudoinstigação,* pura e simples (que nem mesmo ato preparatório constitui), não há interpretação que possa torna-la 'conforme à Constituição'." (BITENCOURT, 362-363)

3.5. Tipo subjetivo

O tipo subjetivo é o dolo, consistente na vontade livre e consciente de fazer apologia de crime ou autor de crime. O dolo abrange a publicidade, isto é, o agente precisa não só agir com vontade de enaltecer o crime ou seu autor, como também ter consciência de que procede publicamente, que sua ação é ou poderá ser percebida por número indeterminado de pessoas. A imprecisão do fato descrito na norma (mais do que uma imprecisão da própria descrição, como visto) não autoriza o intérprete a "rechear" o dolo com elementos não contidos na definição legal. Assim, não é aceitável a exigência da consciência ou intenção da instigação indireta derivada da apologia, bastando o potencial da conduta para a instigação indireta[13]. Decerto o potencial de instigação há de ser sério, isto é, apto a convencer o destinatário imediato da comunicação a praticar crime semelhante.

Não há a forma culposa à míngua de expressa previsão legal.

3.6. Consumação e tentativa

A consumação se dará com a percepção do elogio por um número indeterminado de pessoas, prescindindo-se de qualquer exaurimento ulterior. Embora seja

13 No sentido de que se deve exigir a consciência da incitação, BITENCOURT, 363.

tecnicamente possível (preparação de um discurso apologético, cartazes, *banners*, criação de um *site* na *internet* etc.), seria um exagero admitir a tentativa de uma conduta que, se consumada, nada mais seria do que a tentativa (apologia, incitação indireta), quando muito, de um ato preparatório (incitação direta) de um crime que pode não ocorrer sequer como tentativa.

3.7. Classificação doutrinária

A apologia de crime ou criminoso classifica-se como crime *comum, formal, comissivo, de forma livre, unissubjetivo, unissubsistente ou plurissubsistente, instantâneo* e de *perigo comum abstrato.*

Comum ele é, porque pode ser praticado por qualquer pessoa; **formal**, porque sua consumação não exige qualquer resultado, nem mesmo uma perturbação efetiva da paz pública; **comissivo**, porque seu verbo nuclear – fazer apologia – exige uma atuação positiva do agente; **de forma livre,** porque o agente pode praticá-lo por qualquer meio, inclusive quanto ao veículo de dar publicidade à elegia; **unissubjetivo**, porque pode ser praticado por um único agente, sem repelir o concurso eventual de pessoas; **unissubsistente** ou **plurissubsistente,** conforme se realize em ato único, sem preparação nem atos de execução, ou possa se fracionar em vários atos – daí a possibilidade, em tese, de tentativa; **instantâneo,** porque o resultado se produz de imediato, com a só publicidade do incitamento – o que não impede, mas dificulta sobremaneira, a possibilidade de tentativa; **de perigo comum abstrato,** porque presumidamente tem o potencial de incitar pessoas à prática de outros crimes e, com isto, abalar a paz pública.

3.8. Concurso de crimes

Assim como no modelo de incitação, também no crime de apologia há consenso na doutrina de que sua consumação não depende de ulteriores resultados derivados da conduta. Ocorrido o crime disfarçadamente sugerido pelo elogio, *desde que demonstrado o nexo de causalidade,* haverá concurso material entre ambos: a apologia e o que dela decorreu (NELSON HUNGRIA, 173). Todavia, a dupla punição, por mais que seja tecnicamente sustentável, parece um exagero desnecessário.

O mesmo se pode dizer da apologia simultânea de diversos crimes ou criminosos, porque, de duas uma: ou a conduta do agente, por se tornar mais fluida e menos consistente, perde seriedade e, portanto, aptidão para ofender o bem jurídico tutelado, consoante BITENCOURT (364), ou deverá ser considerada na individualização da pena, por sugerir intensidade do dolo ou grau de culpabilidade. Nesses casos também parece exagero ver concurso de crimes entre várias apologias, ainda que sob o benefício do concurso formal.

3.9. Confronto

Os tipos assemelhados previstos nos **arts. 22 e 23 da Lei nº 7.170/83 (Lei de Segurança Nacional) e no art. 155 do Código Penal Militar,** já comentados a propósito do tipo do art. 286 do CP (incitamento ao crime), podem se revestir, conforme o modo de sua execução, de características que os assemelham à apologia de crime ou criminoso ora discutida.

A **Lei de Imprensa (Lei nº 5.250/1967),** antes de ser fulminada pelo Supremo Tribunal Federal em Arguição de Descumprimento de Preceito Fundamental (ADPF nº 130-7), que, por maioria, declarou-a integralmente não recepcionada pela Constituição de 1988 – isto em 2009, mais de duas décadas depois da promulgação da Constituição –, previa, no § 2º de seu art. 19, tipo idêntico ao art. 287 do Código penal, com pena de 3 meses a 1 ano de detenção ou multa de 1 a 20 salários mínimos da região.

Haverá também conflito aparente de normas quando a conduta do agente, embora reúna todos os elementos constitutivos da apologia, é praticada ao abrigo de garantias constitucionais, como a liberdade de manifestação do pensamento e a livre expressão da atividade intelectual, artística, científica e de comunicação, independentemente de censura ou licença (CR art. 5º IV e IX). Segundo CELSO DELMANTO (820), o Direito penal pune o *abuso* no exercício dessas liberdades, não o seu exercício regular. Dependendo do caso, não haverá antijuridicidade ou ilicitude na conduta daquele que, por exemplo, propugna pela descriminalização do aborto, do porte de droga para uso próprio, da eutanásia e do suicídio assistido. Observa o mesmo DELMANTO que, "defender a descriminalização de certas condutas previstas em lei como crime, não é fazer apologia de fato criminoso ou de autor de crime". O mesmo vale para a conduta daquele que usa camiseta com a estampa da folha da maconha, por ser inócua para caracterizar o crime de apologia (ou incitação) e estar abrangida pela garantia constitucional da liberdade de manifestação do pensamento.

3.10. Pena

As penas cominadas para este crime são as mesmas do modelo do artigo 286, isto é, 3 a 6 meses de detenção *ou* multa. De igual modo, esses limites de pena conferem-lhe o caráter de *menor potencial ofensivo,* atraindo a competência do Juizado Especial Criminal e permitindo também a suspensão condicional do processo.

3.11. Questões processuais

A **ação penal** para o crime de apologia será pública incondicionada (CP art. 100 *caput).* Dificilmente a inércia do Ministério Público poderia abrir caminho para o exercício da ação privada subsidiária (CPP art. 29, Constituição art. 5º LIX). A despeito da previsão constitucional, é conhecida a má vontade dos juízos e tribunais com esse instituto, e, no caso, nem mesmo o potencial ofendido pelo crime ou criminoso elogiado (ex. a vítima de homicídio tentado enaltecido pelo autor do crime de apologia) poderia se apresentar como uma das pessoas legitimadas para seu exercício, já que sujeito passivo da ofensa à paz pública é a coletividade, salvo uma mudança de mentalidade na leitura do que seja ofendido para os fins do art. 29 CPP ou 100 § 3º do CP, para o que muito ajudaria a norma constitucional pertinente, que não delimita o universo dos legitimados.

A **competência** para o processo e julgamento será, em primeira linha, do Juizado Especial Criminal, que se destina a infrações penais de menor potencial ofensivo, que compreendem as contravenções penais e os crimes a que a lei comine pena máxima privativa de liberdade não superior a 2 anos, cumulada ou não com multa (Lei nº 9.099/95 arts. 60 e 61). Nesse caso, dispõe a aludida lei que a investigação preliminar será conduzida em termo circunstanciado, e não em inquérito policial. Embora possível a detenção em estado de flagrância para o cumprimento das formalidades de perpetuação do fato, ela não subsistirá se seu autor assumir o compromisso de comparecer ao Juizado Especial, e também porque não cabe em regra prisão preventiva para esse crime, salvo para o autor não primário (CPP 313 II) e desde que presentes os pressupostos de sua necessidade (CPP 312). Ainda assim, caberia verificar se não seria o caso de aplicação de medida cautelar diversa da prisão, dentre as previstas no art. 319 do CPP. Cumpre, porém, assinalar que um dos objetivos primordiais do Juizado Especial é evitar a imposição de pena privativa de liberdade (e, por imperativo da proporcionalidade, não ensejar medida cautelar mais gravosa que a pena a ser recebida). No Juizado Especial, a solução mais desejada pelo legislador consiste na composição dos danos e na aceitação da proposta (feita pelo MP) de aplicação imediata de pena não privativa de liberdade (art. 72 e 76), que poderá ser restritiva de direitos ou multa. Não sendo possível a transação, o MP oferecerá denúncia que, se recebida, desencadeará o procedimento sumaríssimo previsto nos arts. 77 ss. da lei de regência. Evidentemente, a competência poderá ser deslocada para o Juízo ordinário, seja pela complexidade ou outras circunstâncias do caso que não permitam uma tramitação célere (art. 77 § 2º), seja em decorrência da não localização do autor do fato (art. 66 parágrafo único).

A competência será do Juizado Especial Criminal Federal nas hipóteses previstas no art. 109 da Constituição da República, por exemplo, quando o crime ou criminoso elogiados tenham por alvo bem, serviço ou interesse da União ou de suas entidades, como a agressão a algum funcionário federal (IBAMA, FUNAI, Receita Federal) em razão de sua função.

Como já antecipado, no malogro da composição e da pena proposta pelo MP, a **suspensão condicional do processo** é plenamente aceitável para o crime em apreço, uma vez que o instituto despenalizador se destina, segundo o art. 89 da Lei nº 9.099/95, a crimes em que a pena mínima cominada for igual ou inferior a 1 ano, sejam eles de competência do juizado especial ou do ordinário.

4. ASSOCIAÇÃO CRIMINOSA

⊙ **Associação criminosa**

Art. 288. Associarem-se três ou mais pessoas, para o fim específico de cometer crimes:

Pena – reclusão, de 1 (um) a 3 (três) anos.

Parágrafo único. A pena aumenta-se até a metade se a associação é armada ou se houver a participação de criança ou adolescente.

Lei nº 8.072, de 25.07.1990 ("Lei dos Crimes Hediondos")

Art. 8º. Será de 3 (três) a 6 (seis) anos de reclusão a pena prevista no art. 288 do Código Penal, quando se tratar de crimes hediondos, prática de tortura, tráfico ilícito de entorpecentes e drogas afins ou terrorismo.

Parágrafo único. O participante e o associado que denunciar à autoridade o bando ou quadrilha, possibilitando seu desmantelamento, terá a pena reduzida de 1 (um) a 2/3 (dois terços).

Lei nº 11.343, de 23.08.2006 ("Lei de Drogas")

Art. 35. Associarem-se duas ou mais pessoas para o fim de praticar, reiteradamente ou não, qualquer dos crimes previstos nos arts. 33, caput e § 1º, e 34 desta Lei.

Pena – reclusão, de 3 (três) a 10 (dez) anos, e pagamento de 700 (setecentos) a 1.200 (mil e duzentos) dias multa.

Parágrafo único. Nas mesmas penas do caput deste artigo incorre quem se associa para a prática reiterada do crime definido no art. 36 desta Lei.

Lei nº 2.889, de 1º.10.1956 ("Lei do Genocídio")

Art. 2º. Associarem-se mais de três pessoas para prática dos crimes mencionados no artigo anterior:

Pena – metade da cominada aos crimes ali previstos.

4.1. Impactos da Lei nº 12.850/2013 no ordenamento jurídico brasileiro: associação criminosa ao invés de quadrilha ou bando – o novo art. 288 do Código penal

Em 2 de agosto de 2013, ingressou no universo jurídico a esperada "Lei das Organizações Criminosas", com início de vigência marcado para 19 de setembro de 2013[14]. Durante a *vacatio legis,* permaneceram vigentes todas as normas que a nova lei se propôs a modificar ou revogar, nomeadamente o art. 288 do Código Penal e a Lei nº 9.034/1995 (velha Lei das Organizações Criminosas). Após o início de sua vigência, a nova lei passou a ter aplicação imediata para suas disposições de cunho processual penal (CPP art. 2º), mas conviveu e ainda convive com a legislação revogada, segundo os princípios da retroatividade e da ultratividade da lei penal mais benigna (CP art. 2º)[15].

Além de alterar o art. 288 do Código Penal, a Lei nº 12.850/2013 introduziu tipos penais de organização criminosa, com o que impactou a vigência da Lei nº 12.694/2012; disciplinou ou detalhou medidas invasivas de investigação e coleta de provas; estabeleceu normas processuais penais; definiu crimes destinados a tutelar o esforço investigativo e persecutório contra organizações criminosas; alterou a pena do crime de falso testemunho ou falsa perícia, definido no art. 342 do Código Penal.

---

14 O Art. 27 prevê entrada em vigor depois de decorridos 45 dias de sua publicação oficial, que ocorreu em 05.08.2013. A contagem se faz computando-se o dia da publicação e o último dia do prazo de vacância estabelecido, de modo que a vigência terá início no dia subsequente ao último do prazo, nos termos do art. 8º § 1º da Lei Complementar nº 95/1998. Portanto, a nova lei vigora desde 19 de setembro de 2013.

15 Sobre a eficácia da lei penal no tempo em mais profundidade, confiram-se os comentários à Parte Geral do Código Penal, da autoria de PAULO QUEIROZ.

Nesta rubrica serão abordados da nova lei apenas aspectos que repercutem no crime de associação criminosa, definido no art. 288 do CP, relegando-se a análise das demais disposições para o tópico dedicado aos crimes de organização criminosa.

Ao ab-rogar o art. 288 do Código Penal, o art. 24 da Lei nº 12.850/2013 baniu de nossa terminologia criminal a arraigada denominação "quadrilha ou bando" e a substituiu por "associação criminosa", mais precisa e coincidente com denominações utilizadas no Direito comparado. Passado quase um ano da edição da nova lei, percebe-se que nem a imprensa nem os tribunais nem a opinião pública esclarecida tiveram tempo de assimilar a nova expressão.

O legislador não apenas modificou o rótulo, mas também o conteúdo. "Quadrilha" sugere o número mínimo de quatro, como figurava na velha redação do art. 288. A nova redação contenta-se com o ajuste de três pessoas para a configuração da associação criminosa. O parágrafo único do art. 288 também sofreu modificação. Ele ainda mantém a majorante para a associação criminosa armada, mas reduz sua quantidade máxima para a fração de "até" metade da pena aplicada (e não o dobro, como antes), acrescenta a participação de criança ou adolescente como nova causa de aumento, na mesma fração.

A modalidade especial de quadrilha, aliás, associação criminosa, estabelecida no art. 8º da Lei dos Crimes Hediondos (Lei nº 8.072/1990), que comina pena de reclusão de 3 a 6 anos quando o objeto da associação seja a prática de crimes hediondos, tortura, tráfico ilícito de entorpecentes e drogas afins ou terrorismo, além de contemplar, no parágrafo único, a colaboração premiada específica, não sofreu derrogação pela nova lei.

Os meios operacionais incisivos de obtenção de prova definidos na nova lei estão expressamente predispostos para os tipos de "organização criminosa", pelo que não podem ser aplicados à modalidade básica de associação criminosa ora em apreço, *salvo* – talvez – na hipótese de associação voltada à prática de crimes hediondos e outros equiparados, conforme consta no art. 8º da Lei nº 8.072/1990.

4.2. Generalidades

Poucos tipos de nosso elenco de crimes oferecem tantas **dificuldades de sistematização** como a noção de associação criminosa, singelamente definida no artigo 288 como a associação de três ou mais pessoas, para o fim específico de cometer crimes. Essa aparente singeleza, decorrente de sua previsão e depuração ao longo do tempo, mal dissimula sua complexidade, o alcance de seu emprego na prática e sua enorme carga emocional nos debates político-criminais da atualidade[16]. Se o ordenamento jurídico contasse apenas com esse enunciado, o problema seria menor. Mas a noção de associação ilícita se caracteriza também por grande **dispersão normativa,**

16 É previsível que, com o advento da Lei nº 12.850/2013, este tipo básico se esvazie de conteúdos passionais, que passarão a girar em torno das novas previsões de "organização criminosa".

inclusive com a sobreposição de definições legais que tratam da mesma coisa ou de realidades contíguas.

Assim, ao lado do art. 288, tem-se a **associação para a prática de genocídio,** prevista no art. 2º da Lei nº 2.889/56. Se a finalidade da associação criminosa for a **prática de crimes hediondos**, tortura, tráfico de drogas ou terrorismo, a pena está prevista no art. 8º da Lei nº 8.072/1990, e não no art. 288 do CP. No caso da **associação para a prática do tráfico de drogas,** o fervor criminalizante do legislador entendeu de criar uma associação de duas ou mais pessoas (e não de quatro, como previa a antiga redação do art. 288 do CP e a atual definição de organização criminosa, ou de três, como atualmente previsto no tipo básico de associação criminosa) no art. 35 da Lei nº 11.343/2006. E ainda não estamos falando da claudicância e incoerência do legislador no manejo do conceito de "organização criminosa", que será analisada no próximo tópico. Por último, o esforço de "mostrar serviço" através da criminalização, revela-se também no art. 288-A do Código penal, introduzido pela Lei nº 12.720/2012, para definir o crime de **constituição de milícia privada,** também objeto de análise em tópico apropriado.

Com a denominação de quadrilha ou bando, o tipo básico de associação criminosa foi introduzido no Direito penal brasileiro pelo Código penal de 1940, mas tem seu precursor, segundo alguns autores, no "ajuntamento ilícito" previsto no art. 285 do Código Criminal do Império e no art. 119 do Código penal de 1890, o qual, no entanto, não trazia a marca da permanência e estabilidade que caracteriza a definição atual[17]. A denominação "associação criminosa" é mais precisa que as precedentes "quadrilha ou bando". Estas, apesar de profundamente arraigadas na consciência e cultura jurídica nacionais, não são muito esclarecedoras tecnicamente, tanto assim que eram empregadas conjuntamente ou como palavras sinônimas. Sua introdução no ordenamento jurídico brasileiro se fez num contexto de banditismo rural, segundo o magistério de BALTAZAR (113), que atribui "quadrilha" ao grupo atuante no meio urbano, e "bando" ao atuante no meio rural.

Os exemplos de NELSON HUNGRIA e de MAGALHÃES NORONHA chegam a ser pitorescos e até nostálgicos, em face das modernas manifestações da criminalidade organizada: o *cangaceirismo* do sertão nordestino, rapinantes noturnos, salteadores de bancos em localidades remotas, *abigeatores* (ladrões de gado), moedeiros falsos, contrabandistas e, "ultimamente, ladrões de automóveis"[18]. MAGALHÃES NORONHA (99-100) evoca famosas "quadrilhas" urbanas de outros tempos e, na zona rural, menciona o movimento de Antônio Conselheiro no sertão da Bahia, além de diversas manifestações do *cangaceirismo*.

Ver-se-á que o crime de associação criminosa, por punir atos preparatórios de crime que não precisa sequer ser tentado, constituir uma modalidade acentuada e

---

17 Mais sobre a gênese desse crime e sua introdução no Direito brasileiro em NELSON HUNGRIA, 174; BITENCOURT, 366-367; MAGALHÃES NORONHA, 98-100; DELMANTO, 821.

18 NELSON HUNGRIA, 175-176, com extensa nota de rodapé sobre o fenômeno do *cangaceirismo*.

autônoma de concurso de agentes e traduzir uma limitação legítima ao direito constitucional de associação (CR art. 5º XVII[19]), presta-se a toda sorte de elucubrações políticas e político-criminais, no sentido de afiar as garras do sistema penal. Essa constatação não equivale a admitir que os ordenamentos jurídicos contemporâneos, do ponto de vista político-criminal, possam prescindir do tipo.

Dada a natureza de crime permanente da associação criminosa, é possível, em tese, prender em flagrante alguém que está em seu lar, de pijama e no repouso noturno (embora os tribunais, de forma seletiva, pragmática mas pouco técnica, limitem essa possibilidade). Também não é raro que policiais, agentes do Ministério Público e magistrados apressadamente vejam associação no ajuntamento de pessoas, ainda que efêmero, que tenham perpetrado crime causador de maior comoção pública. Também à conta de sua natureza de crime permanente e de forma livre, a associação criminosa possibilita, de certa forma, a criminalização da mera intenção ou ideia de cometer delitos, acabando por culpabilizar a (má) conduta de vida mais do que o ato antissocial que busca reprimir.

A utilização política das noções de associação criminosa e, especialmente, de criminalidade organizada, tem permitido a produção de um discurso legitimador da corrosão das garantias individuais na persecução penal simultaneamente ao aparelhamento do sistema repressivo com meios mais incisivos de investigação e controle. No caso do Brasil, ocorreram leis que introduziram meios operacionais para a prevenção e repressão de organizações criminosas – ação controlada, quebra de diversos sigilos protegidos constitucionalmente, gravação ambiental, infiltração policial, colaboração premiada etc. –, mas não se deram ao trabalho de definir legalmente "organização criminosa" (caso da Lei nº 9.034/1995) ou definiram-na, sem dotá-la de sanção penal (caso da Lei nº 12.694/2012), deficiência que só foi suprida pela superveniente Lei nº 12.850/2013.

Por tudo isso, é possível afirmar que, ao criar o modelo delituoso de associação criminosa, o estado busca mais a autoproteção do que o bem-estar da população ou a paz pública. Afinal, uma associação para fins ilícitos, mesmo antes do processo de globalização, vem sendo vista como uma ameaça política ao poder estatal, pois se erige como instância de poder avessa ao controle jurídico e social, com potencial de confrontar o estado e estimular outros comportamentos análogos.

Uma associação criminosa constitui o embrião ou uma modalidade incipiente e qualitativamente menos grave de uma organização criminosa. A própria noção de associação criminosa, levada aos extremos de seus elementos constitutivos, conduz inevitavelmente à ideia de organização criminosa. Aliás, não é demais perceber que o estado moderno, por trás de todas as teorias que buscam explicar ou legitimar sua supremacia e a sujeição dos súditos, historicamente se apresenta como o "crime

19 Constituição da República, art. 5º XVII: "é plena a liberdade de associação para fins lícitos, vedada a de caráter paramilitar".

organizado que deu certo"[20], na medida em que um grupo da malfeitores conseguiu se sobrepor aos concorrentes no domínio sobre um território geográfico, passou a oferecer proteção e serviços à população e, ao cabo de revoluções, "domesticou-se" no estado democrático de Direito que hoje conhecemos.

Enquanto o Direito brasileiro não contava com uma definição de organização criminosa dotada de sanção penal, era comumente aceito que esta era uma forma exponencial do crime de quadrilha. Várias leis aludiam a organização criminosa sem defini-la. Enquanto isso, considerava-se que uma organização criminosa constituiria crime se ela se revestisse, pelo menos, das características da quadrilha, conforme definida no velho art. 288 do Código Penal. Logo veio uma definição do fenômeno sem previsão de pena (Lei nº 12.694/2012 art. 2º), seguida de nova definição, agora, finalmente, com cominação de pena (Lei nº 12.850/2013).

A despeito de todas as críticas que legitimamente se lhe possam endereçar, cabe registrar o amplo consenso internacional, chancelado por vários documentos oficiais das Nações Unidas, em torno da necessidade de se definir e criminalizar associações ou organizações criminosas como tais, como uma realidade independente dos crimes que venham a perpetrar.

4.3. Objetividade jurídica

É incontroverso que este é o crime mais relevante do ponto de vista político-criminal do Título da Paz Pública. Vale aqui tudo o que foi dito acerca do bem jurídico no tópico introdutório a este título.

No caso específico do crime de associação, a criminalização atinge o fenômeno mesmo da associação para fins delituosos, vista como elemento conturbador do sentimento coletivo de segurança ou paz pública, "independentemente da respectiva atuação programática" (HUNGRIA, 177), ou seja, a só associação estável e permanente para o fim de praticar crimes já constitui o crime, independentemente da perpetração dos crimes pretendidos. O perigo da associação criminosa é sensivelmente maior do que o de seus congêneres do mesmo título do código, porque descreve uma agremiação constituída com o propósito de praticar ofensas concretas a esses bens jurídicos (MAGALHÃES NORONHA, 100).

É difícil falar de associação criminosa sem se referir ao modelo mais evoluído de organização criminosa. Ambas constituem agremiações que, no seu ramo de atuação, concorrem com ou desafiam o poder do estado. É comum que seu espectro de atuação seja proporcionado pelo próprio estado (ou pela falta dele) e por *déficits* de implementação (eficácia) do ordenamento jurídico. A demonstração mais eloquente dessa assertiva é fornecida pelos variados crimes de corrupção e pela ausência do estado nas franjas da sociedade, como favelas e comunidades carentes. O principal antídoto

20 TILLY, Charles. *War Making and State Making as Organized Crime, in:* Evans / Rueschemeyer / Skocpol(ed.). **Bringing the State Back In,** pp. 169-191.

contra associações criminosas é, portanto, maior presença do estado, não apenas como repressor, mas como protagonista de políticas públicas e regulamentador eficiente da atividade econômica, a fim de tornar o mercado do crime menos atrativo.

4.4. Sujeitos do crime

Tratando-se de crime necessariamente coletivo e plurissubjetivo ou de concurso necessário, de condutas convergentes, qualquer pessoa que empreste sua adesão à associação criminosa poderá ser seu sujeito ativo. Mas a configuração do crime só se dá a partir da existência de pelo menos três membros do grupo, de maneira que ele se constitui a partir da adesão do terceiro membro, e sua permanência cessa quando, por qualquer razão, passe a contar com número de integrantes menor que três. Decerto não é preciso que o agente seja também autor ou partícipe de crimes praticados pela associação[21]. Sobre atributos pessoais do membro da *societas sceleris* – imputabilidade, extinção da punibilidade, morte etc. – veja-se tópico alusivo ao tipo subjetivo.

Sujeito passivo é a coletividade e o estado, atingidos no bem jurídico da paz pública que titularizam. Não sendo um crime de dano ou resultado material, a associação criminosa não produz *vítimas* no sentido civilístico. A mesma dificuldade de se identificar uma vítima vale para o crime de organização criminosa, como se verá oportunamente. Frequentemente, quem sofre a ação da associação ou organização criminosa não se vê em conflito com ela, e sim em convergência de interesses.

4.5. Tipo objetivo

O núcleo do tipo é "associarem-se" – que significa "ajuntarem-se, reunirem-se, aliarem-se, agregarem-se" (DELMANTO, 822), organizarem-se, unir esforços (BALTAZAR JUNIOR, 113), agruparem-se, congregarem-se – pelo menos três pessoas com o propósito específico de cometer crimes. O núcleo "associarem-se" exprime a ideia de estabilidade ou permanência, embora não exija perpetuidade. Segundo HUNGRIA (177-178), a nota da estabilidade ou permanência é essencial à configuração do tipo, sem a qual se tratará de mero concurso (eventual) de agentes para a prática de uma infração penal, que necessita pelo menos ser tentada. Não basta, portanto, a coparticipação criminosa, entendida como um ocasional e transitório concerto de vontades para a perpetração de determinado crime, "é preciso que o acordo verse sobre uma duradoura atuação em comum, no sentido da prática de crimes não precisamente individuados ou apenas ajustados quanto à espécie" (HUNGRIA, 178). É bem verdade que a estabilidade ou permanência é frequentemente inferida da sucessão e do modo de execução de crimes por um mesmo grupo de três ou mais pessoas, pois as associações criminosas não costumam expor-se em estatutos ou contratos sociais. Nesse sentido, "o conceito de associação para fins penais [é] mais amplo que aquele contemplado no

21 Para situações concretas de autoria em crime de associação criminosa contempladas pela jurisprudência, ainda na velha conformação de quadrilha, com número mínimo de quatro membros, cf. BALTAZAR JUNIOR, 113, e DELMANTO, 825-826.

direito privado (...), não se exigindo a utilização de uma forma de associação ou sociedade exigida pela legislação civil ou empresarial" (BALTAZAR JUNIOR, 113). Segundo HUNGRIA (178), "associação" não quer dizer que tenha estatutos, regulamentos, normas disciplinares, bastando uma organização social rudimentar, "a caracterizar-se apenas pela continuada vontade de um esforço comum". Todavia, não é suficiente a prática de delito por três ou mais comparsas, sendo imprescindível a organização, a preordenação dolosa. Dentre as situações recolhidas da jurisprudência por DELMANTO (826), merecem menção aqui: é necessário um ânimo associativo prévio, uma conjugação de esforços duradoura dos membros; a sucessividade de eventuais atuações grupais não substitui a necessidade do vínculo associativo prévio; basta a preparação estável, pois não se exige a habitualidade na prática dos crimes; basta que se trate de uma associação permanente, com trabalho comum e combinado, prescindindo-se da prática frequente de crimes.

Discute-se também a **qualidade ou aptidão dos integrantes do grupo** para a realização do número mínimo de três para perfazer o crime de associação. É preciso conhecer e individualizar todos? Menores ou de outro modo inimputáveis contam? A extinção da punibilidade em relação a um deles desfaz a associação? No ponto, restam aplicáveis à nova redação do art. 288 do CP as discussões travadas sob o enfoque da antiga "quadrilha ou bando", que previa a associação de mais de três pessoas. Assim, HUNGRIA (178) considera os inimputáveis, desde que possam manifestar o *quantum satis* de entendimento e vontade para o acordo em torno do fim comum. Igualmente sustenta que a impossibilidade de identificação de algum dos componentes, por se achar foragido, por exemplo, não impede o reconhecimento do crime, desde que haja a certeza moral de sua existência (HUNGRIA, 179). DELMANTO (822), depois de sumariar a doutrina francamente favorável ao cômputo de inimputáveis, foragidos e não identificados para o perfazimento do número mínimo de integrantes, posiciona-se em sentido adverso, aduzindo, quanto aos inimputáveis, que, "não sendo eles penalmente responsáveis, sua associação aos demais – que exigiria vontade livre e consciente, por tratar-se de crime doloso – não pode ter relevância para os fins do art. 288 do CP", e, quanto aos não identificados, que, "sem sua identificação, não se pode saber se ele é ou não inimputável e se agiu dolosamente. Ainda DELMANTO (827), discorrendo sobre a jurisprudência nacional no particular, destaca os seguintes enunciados (ainda tendo em vista o número mínimo de quatro, conforme a disciplina anterior): o número mínimo é considerado objetivamente, no momento da consumação, pouco importando se depois houve prescrição para alguns, restando condenado número menor que o previsto no art. 288 – STF RT 604/461, RTJ 124/999; a configuração do número mínimo de integrantes exige que sejam sempre os mesmos os autores das infrações (TJ-SP); absolvido um dos membros, não mais se pode cogitar de associação, por falta do número mínimo de agentes (TFR, TJ-SP); a impossibilidade de identificar um dos autores não obsta ao reconhecimento do número de agentes exigido (TJ-SP); a inimputabilidade de alguns não descaracteriza o crime (TJ-RJ, TJ-SP). Resumindo a jurisprudência mais recente dos tribunais superiores e regionais federais, BALTAZAR JUNIOR (114 e 122) conclui que são computados:

a) os inimputáveis,
b) os agentes em relação aos quais tenha sido reconhecida a extinção da punibilidade, pela prescrição em prazo reduzido, pela pena em concreto ou pelo pagamento do tributo devido,
c) os agentes não identificados, desde que haja certeza de sua existência e adesão à *societas sceleris*.

O desmembramento de processos em que havia imputação de quadrilha costumava ser uma boa perspectiva para a defesa conseguir a desconstituição do crime[22]. Atualmente, parece que o incidente processual não mais influencia o juízo condenatório, como se verifica na APn 623, em que a Corte Especial do STJ recebeu denúncia contra uma só pessoa pelo crime de quadrilha, enquanto os demais denunciados, por não terem foro privilegiado, respondiam por idêntica imputação na primeira instância[23]. Aliás, tanto o STF quanto o STJ já proclamaram que o crime de associação não pressupõe, necessariamente, condenação de todos os agentes num mesmo processo e pela mesma sentença, conforme precedentes colacionados e comentados por BALTAZAR JUNIOR (121).

Existe consenso doutrinário e jurisprudencial, malgrado discrepâncias isoladas, de que **não pode haver associação para a prática de crime único, crime culposo, crime continuado, crime permanente ou contravenção penal.** No primeiro caso (crime único), faltaria a *finalidade indeterminada*, que seria ínsita à definição legal (BITENCOURT, 378; HUNGRIA, 178). No segundo caso (crime culposo), como há involuntariedade do evento, "é inconcebível que alguém se proponha a um resultado que não quer" (MAGALHÃES NORONHA, 103). No terceiro caso (crime continuado), faltaria a pluralidade de crimes e a própria estabilidade da associação (DELMANTO, 826), além de ocorrer uma incompatibilidade conceitual entre crime único (que resulta da ficção jurídica do crime continuado) e criminalidade profissional, que subjaz à ideia de associação criminosa[24]. Tampouco se reconhece associação criminosa com finalidade de praticar um crime permanente (ex. manter uma casa de prostituição ou sequestrar uma pessoa célebre), porque é crime único, que se esgota na sua consumação, resultante do concurso eventual de vontades (MAGALHÃES NORONHA, 103).

No tocante à **estrutura da associação criminosa,** indaga-se sobre seu grau de organização mínimo, isto é, se deve ostentar uma chefia, hierarquia, divisão de

---

22 DELMANTO, 827, registra precedente do TJ-SP em que se anulou a condenação de três integrantes de uma quadrilha, apenas porque o quarto agente, acusado em processo desmembrado, ainda não tinha sido julgado, "hipótese que levaria ao seu inadequado prejulgamento".

23 Também DELMANTO, 827, registra julgado do STJ, segundo o qual permanece configurado o delito do art. 288, mesmo se em grau de apelação ocorrer anulação do processo em relação a corréus e restarem somente dois condenados – STJ RT 772/546.

24 Nesse sentido, BALTAZAR JUNIOR, 119, embora anotando também precedentes de tribunais federais em sentido contrário. MAGALHÃES NORONHA, 103, no entanto, defende que pode, sim, haver associação para a prática de crimes continuados, pois estes se desdobram em vários atos delituosos, que só constituem uma unidade por ficção jurídica destinada unicamente à fixação da pena.

tarefas ou, quando menos, uma individualização das ações. HUNGRIA (178) exige pelo menos uma organização rudimentar, "a caracterizar-se apenas pela continuada vontade de um esfôrço comum". Não precisa ter um chefe[25] nem é de sua essência a nítida divisão de tarefas, embora essas características se apresentem com frequência, em maior ou menor grau de sofisticação, na realidade das associações criminosas. NELSON HUNGRIA (178) acrescenta que nem mesmo é necessário que os comparsas se conheçam pessoalmente ou se reúnam regularmente, podendo se comunicar mediante emissários ou correspondência – assertiva que é tanto mais aceitável com o progresso dos meios eletrônicos de comunicação.[26] O ingresso em nosso ordenamento jurídico do tipo penal organização criminosa torna essa discussão menos preciosista e até supérflua. Se esta última, a teor do art. 1º § 1º da Lei nº 12.850/2013, caracteriza-se pela associação de quatro ou mais pessoas, estruturalmente ordenada e com distribuição de tarefas, ainda que informalmente, há que se concluir que não é lícito ao intérprete, por força do princípio da legalidade, inserir na configuração do crime de associação delituosa elementos não previstos na definição respectiva.

4.6. Tipo subjetivo

O dolo deve abranger a vontade livre e consciente de se associar para o fim específico de cometer crimes, o que também compreende a estabilidade ou permanência e o elemento subjetivo, consubstanciado no especial fim de praticar crimes. Trata-se do *"meeting of minds with regard to a common design to do something unlawful"*, exigido pelo direito anglo-saxônico para a configuração do crime aproximadamente equivalente à associação criminosa, a *conspiracy*[27]. Não há, portanto, a modalidade culposa. O agente responderá pela sua adesão à associação criminosa, mas não necessariamente pelos crimes que esta praticar, se ele para eles não concorrer (FRAGOSO, 289). A finalidade de realizar lucro não é essencial ao tipo em comento, mas a intenção de praticar crimes, sim, desfigurando-se o crime se as finalidades forem imorais ou ilícitas, mas não criminosas, como a prática de contravenções penais. Observa MAGALHÃES NORONHA (103-104) que pouco importa que os crimes pretendidos pela associação sejam de algum ponto de vista moralmente aceitáveis, como o furto aos ricos para doar aos pobres, tampouco o motivo íntimo faz alguma diferença na configuração do crime, como o desejo de enriquecer, a revolta contra a injustiça etc. Anota BITENCOURT (380-381) que é indispensável que o agente tenha consciência de que participa de uma agremiação voltada a delinquir, não bastando que a tenha servido como empregado,

25 De MAGALHÃES NORONHA, 102, colhe-se: "quase sempre, tem a associação criminosa um chefe ou dirigente – o mais perigoso, o mais inteligente ou o mais idoso. Certo é também que comumente seus componentes têm tarefas determinadas etc., porém nada disso é indispensável à existência daquela."

26 Cf. jurisprudência sobre grau de organização, chefia e divisão de tarefas na associação criminosa em BALTAZAR JUNIOR, 114, que aponta precedentes no sentido de que a divisão de tarefas constitui traço essencial para o reconhecimento da infração penal.

27 Kent Roach, **Criminal Law,** 127.

"laranja", motorista, ou até que pratique algum dos crimes, se não tem a consciência de integrar uma associação de três ou mais pessoas, com estabilidade e permanência, com o fim de cometer crimes.

De lege ferenda, critica NUCCI, a meu ver com inteira razão, a exclusão pela definição legal das associações voltadas à prática de contravenção penal, nos seguintes termos: "trata-se de uma falha, pois há muitas contravenções (jogo do bicho, por exemplo), que possuem autênticas associações criminosas liderando a sua prática; deveriam os associados ser punidos com base no art. 288 do CP, mas se cuida de fato atípico."[28]

A prova do vínculo associativo é sempre problemática, podendo ocorrer, idealmente, pela demonstração de ligação entre os membros do grupo, como reuniões, decisões comuns, recibos, livros contábeis, correspondência etc. (BALTAZAR JUNIOR, 115), ou indutivamente, através da demonstração dos crimes já praticados pela agremiação. É concebível a coautoria de crime praticado pela associação concomitantemente à absolvição pelo crime de associação criminosa por falta de provas (BALTAZAR JUNIOR, 116).

4.7. Consumação e tentativa

O crime de associação se consuma no *momento associativo,* isto é, aquele em que pelo menos três pessoas se associam permanentemente para a prática de crimes, "pois com este já se apresenta um perigo suficientemente grave para alarmar o público ou conturbar a paz ou tranquilidade de ânimo da convivência civil", conforme a lição de HUNGRIA (177). O momento da consumação equivale ao da *convergência de vontades* para o cometimento de um número indefinido de crimes (BALTAZAR JUNIOR, 116). Não fosse a previsão legal do art. 288, esse momento não passaria de mero *ato preparatório,* penalmente irrelevante até mesmo a título de tentativa do crime pretendido. A partir da consumação, o delito se reveste da natureza de infração permanente. A consumação prescinde do início da execução de qualquer dos crimes objetivados pela associação (HUNGRIA, 177).

O caráter permanente não autoriza a dupla condenação pelo mesmo crime de associação criminosa em momentos distintos de sua duração ou em conexão com crimes perpetrados contra vítimas diversas. No entanto, a permanência se considera cessada com o oferecimento da denúncia, permitindo nova persecução penal por idêntico crime que se constituiu após esse ato processual (BALTAZAR JUNIOR, 118). Também não se exclui que um mesmo agente pertença, concomitantemente, a duas associações delituosas distintas, hipótese em que responderá por ambas.

Apesar de prescindíveis para a configuração da *societas sceleris,* a prática de outros crimes costuma ser o elemento de prova da existência da associação estável e permanente. Na verdade, há duas maneiras de se provar o crime de associação, visto que os

28 SOUZA NUCCI, Manual de Direito penal, p. 967.

infratores não costumam documentar sua associação. Ou se prova o agrupamento estável e permanente através de provas indiciárias, como filmagens de reuniões, contatos telefônicos, troca de correspondência, fluxo de dinheiro entre contas bancárias, ou se rastreia sua existência através dos crimes por ela praticados (HUNGRIA, 180-181). O primeiro caminho é o mais difícil, visto que uma associação criminosa não terá a forma jurídica e a visibilidade de uma associação civil ou comercial[29]. No entanto, já se considerou como prova da associação criminosa a constituição de empresa que exerce, paralela e simultaneamente, atividades lícitas e ilícitas de forma reiterada (BALTAZAR JUNIOR, 115). O segundo caminho é mais fácil, mas também mais arriscado para a acusação, visto que a não comprovação dos crimes que sugerem a existência da associação conduz inevitavelmente à desconfiguração desta, ou, pelo menos, à absolvição por falta de provas. Observa BALTAZAR JUNIOR (116) que, "na grande maioria dos casos, (...), a quadrilha será reconhecida em função de crimes efetivamente cometidos, o que aliás, servirá como prova de sua existência". Nesse caso, deve a denúncia demonstrar que a associação visava à prática de crimes mais ou menos determinados, indicando a existência concreta de planejamentos para o seu cometimento, nos termos do art. 41 do CPP. Os crimes visados devem ser palpáveis, não imaginários. Este caminho é tanto mais arriscado, quando se observa a tática da acusação de ofertar denúncia somente por quadrilha, evitando assim a revogação ou relaxamento da prisão cautelar por excesso de prazo, enquanto se apura ou completa a análise das provas dos crimes por ela praticados. Como os crimes da associação não são objeto desta primeira denúncia, onde são apresentados apenas como indícios da *societas sceleris* e a título de ilustração, fica mais fácil para a defesa infirmá-los, a fim de lograr a absolvição quanto ao crime de associação por falta de provas, o que também repercutirá se e quando vier nova denúncia pelos crimes por ela praticados. Apesar da autonomia reconhecida pela unanimidade da doutrina e da jurisprudência entre o crime de associação e os por ela praticados (DELMANTO, 825-826), DELMANTO noticia julgados em que a não comprovação dos crimes da agremiação determinou também a absolvição da imputação de associação (826). Na falta de prova sobre a associação, seja porque não demonstrado o vínculo associativo ou seu caráter de permanência, seja porque não demonstrada a existência de crimes capazes de provar esse vínculo, impõe-se a absolvição em nome do princípio *in dubio pro reo*. (DELMANTO, 827)

Uma vez consumado, o crime se prolonga no tempo, enquanto perdura a associação, daí sua característica essencial de crime permanente (DELMANTO, 823), o que tem exigido certa moderação da jurisprudência na convalidação de prisões em flagrante só pelo crime de associação.

A forma tentada não é admitida, porquanto o crime é unissubsistente. Na lição de DELMANTO (823), "ou as pessoas se associaram efetivamente para a prática de crimes, e o crime está consumado; ou não o fizeram, não passando a conduta de mera

29 Sobre as dificuldades de se provar o momento consumativo exato da associação criminosa, BALTAZAR JUNIOR, 114.

intenção ou mesmo de atos preparatórios impuníveis". E assim deve ser, porque a criminalização da mera associação de fins criminosos, sem que tais fins sejam atingidos, já constitui de *per se* a incriminação de atos preparatórios que, do contrário, não configurariam sequer crime tentado, porque não traduzem atos de execução de qualquer crime[30].

4.8. Classificação doutrinária

Dentre as classificações mais completas para o crime de associação delituosa, destaca-se a empreendida por BITENCOURT (382): trata-se de crime *formal, de forma livre, comissivo, permanente, de perigo comum abstrato, plurissubjetivo* e *unissubsistente*. ***Comum*** ele é, por poder ser praticado por qualquer pessoa imputável, sem que se lhe exija qualquer qualidade especial. ***Formal*** se diz do crime que não exige qualquer resultado naturalístico, caso da associação criminosa, que se perfaz com o mero encontro de vontades, independendo do ulterior início da execução dos crimes pretendidos (DELMANTO, 825-826). A associação se classifica também como crime *de* ***forma livre,*** porque pode ser praticado por qualquer meio ao alcance do agente. É crime ***comissivo,*** porque só pode ser praticado mediante ato concreto do agente, nunca por mera omissão. O caráter ***permanente*** é dos mais marcantes do crime de associação, significando que sua consumação se alonga no tempo, enquanto perdurar a permanência do ajuste, o número mínimo de três membros e o agente dela não se retirar[31]. Outro traço distintivo que a associação delituosa partilha com todos os crimes contra a paz pública é sua classificação como *crime* ***de perigo abstrato,*** isto é, aquele que coloca em risco número indeterminado de pessoas. ***Plurissubjetivo*** (ou coletivo) ele também é, porque exige concurso necessário em sua própria estrutura típica de pelo menos três pessoas. Como a conduta não admite fracionamento (daí não permitir tampouco a tentativa), concretizando-se com o mero ajuste de vontades, diz-se da associação ser crime ***unissubsistente***.

4.9. Concurso de crimes

Sua natureza de ato preparatório para a perpetração de outros crimes e a circunstância de vários de seus elementos estarem total ou parcialmente presentes ou contidos em outros tipos penais (concurso de pessoas, emprego de arma como causa de aumento) fez surgir extensa doutrina e copiosa jurisprudência sobre o concurso da associação criminosa com outros crimes. Decerto é possível em tese a formação da associação sem concurso com qualquer outro crime, mas trata-se de hipótese de difícil concretização prática. No concurso de crimes, uma das indagações mais recorrentes é a possibilidade de se condenar por associação e, ao mesmo tempo, em concurso

30 No entanto, o Código penal alemão (StGB, § 129, *Absatz 3)* expressamente considera punível a tentativa de formar uma associação criminosa.

31 Daí resulta que o agente que sofreu condenação anterior por associação em processo judicial diverso não pode ser condenado novamente pela prática do mesmo fato delituoso, sob pena de *bis in idem*, consoante jurisprudência do STF recolhida por DELMANTO, 826.

material, por roubo em concurso (eventual) de agentes, ou ainda, se condenar por associação armada (art. 288 parágrafo único) em concurso material com roubo em concurso (eventual) de agentes e com emprego de arma.

Vejamos algumas das situações mais frequentes de concurso com o crime em análise, sempre em concurso material (CP art. 69), convém salientar, consoante informa FRAGOSO (289).

A despeito do concurso material, a responsabilidade por cada um dos crimes será sempre individual. Portanto, o pertencimento à associação não torna alguém autor, coautor ou partícipe de todos os crimes por ela praticados. Já HUNGRIA (179) preconizava que "o simples fato de pertencer à quadrilha ou bando não importa, inexoravelmente, ou automaticamente, que qualquer dos associados responda por todo e qualquer crime integrado no programa da associação". Noutros termos, segundo BITENCOURT (383), "pelo *crime de quadrilha* respondem todos os integrantes do bando; agora, pelos crimes que *este* (bando) praticar respondem somente quem deles tomar parte (concurso de pessoas): uma coisa é a *formação de quadrilha,* outra, são os crimes que ela efetivamente pratica; por *aquela,* com efeito, respondem todos os seus membros, por *estes,* somente os agentes que efetivamente o perpetraram."[32]

Não se há de confundir associação criminosa com o concurso eventual de pessoas ou a coautoria[33]. Nem mesmo a coautoria em diversos crimes constitui, por si só, indicativo de associação. A doutrina formula duras críticas a atuações dos órgãos da persecução penal e do judiciário, que se apressam em ver associação criminosa em qualquer crime cometido por três pessoas ou mais. DELMANTO (824) adverte: "é necessário que haja, portanto, um maior controle por parte dos juízes e tribunais ao analisarem denúncias ou pedidos de prisão temporária nos casos em que caracterizado mero concurso de pessoas, e não uma quadrilha propriamente dita."[34]. Ademais, há divergência no tocante à possibilidade de associação concomitantemente a crimes praticados em concurso de agentes por alguns de seus integrantes. Para DELMANTO haveria *bis in idem* na punição por associação e pelo concurso de agentes no crime por ela praticado. Diversamente, HUNGRIA (180) sustenta que "a reunião de todos ou de alguns para esse crime individuado é circunstância que não se identifica com a anterior associação para delinquir. (...) O crime qualificado pelo concurso de agentes não absorve ou exclui o crime de quadrilha ou bando, pela singela razão de que não é *necessária* a precedência deste para a prática daquele."[35]

A maioria da doutrina rejeita a configuração de associação para a prática de crime continuado, visto que o tipo do art. 288 estabelece o fim de "crimes", enquanto o

32 No mesmo sentido, DELMANTO, 823 e 825-826.

33 Para distinções bem claras entre as duas situações, DELMANTO, 823-824 e 829.

34 Já CARRARA, *apud* FRAGOSO, 286-287, criticava a tendência de acusadores em verem na reunião ocasional de criminosos os elementos da associação.

35 Farta jurisprudência em ambos os sentidos em DELMANTO, 828, referindo-se também ao furto qualificado pelo concurso eventual de agentes em concurso (material) com quadrilha.

crime continuado, ainda que por ficção legal, é crime único. Se não pode haver quadrilha para a prática de crime único, tampouco poderia haver para crime continuado – é o que pensam HUNGRIA (178) e DELMANTO (823). Diversamente, sustentam FRAGOSO (288, refutando especificamente os argumentos de HUNGRIA) e MAGALHÃES NORONHA (103) a possibilidade de associação para crimes continuados, mas não para o permanente, que é único a todos os títulos.[36]

Outra questão recorrente na prática é a existência ou não de *bis in idem* entre a associação majorada pelo emprego de arma e o roubo com a mesma majorante, ou entre associação armada e porte ilegal de arma. DELMANTO (823) entende que, no caso do roubo, a majorante "arma" não pode incidir duas vezes, preconizando que os agentes respondam, em concurso material, por associação armada e roubo simples. Todavia, em outra passagem, noticia jurisprudência que admite o acréscimo pelo emprego de arma, tanto na associação quanto no roubo, porque "o porte de arma que qualifica a quadrilha (perigo abstrato) não é equivalente ao emprego efetivo de arma que qualifica o roubo (perigo concreto)"; trata-se de tipos autônomos, com objetividades jurídicas diversas (DELMANTO, 827). Esta parece ser a concepção tecnicamente mais acertada, pois pode haver associação armada que pratique roubo sem emprego de armas, assim como associação não armada que pratique roubo eventualmente com emprego de armas. O concurso entre associação armada e porte ilegal de arma também é geralmente admitido, como noticiam BALTAZAR JUNIOR (118-119) e DELMANTO (828).

Quanto aos crimes de sonegação fiscal, a jurisprudência geralmente tem mantido a associação independentemente do destino peculiar dos crimes tributários. Este é o caso, quando há extinção da punibilidade pelo parcelamento do débito junto à autoridade tributária. O mesmo sucede em caso de adesão da empresa ao REFIS: subsiste o crime de associação, mesmo com a suspensão da punibilidade dos crimes tributários. Em síntese, conforme julgado conduzido pelo Ministro FÉLIX FISCHER, do STJ, "o aperfeiçoamento do delito de quadrilha ou bando não depende da prática ou da punibilidade dos crimes a cuja comissão se destinava a associação criminosa"[37]. De igual forma, registra BALTAZAR JUNIOR (121) que, "ao contrário do que se dá com os crimes de sonegação, (...) não se exige o lançamento definitivo para o oferecimento de denúncia por quadrilha para sonegação fiscal, como no caso em que é imputada 'a criação de uma organização, especificamente voltada para a sonegação fiscal, narrando fatos outros como a criação de empresas fantasmas, utilização de 'laranjas', declarações de endereços inexistentes ou indicação de endereços iguais para firmas diversas, alterações frequentes na constituição social das empresas, inclusive com sucessões em firmas estrangeiras, nos chamados 'paraísos fiscais' (supostamente para

36 Também a jurisprudência se divide quanto à possibilidade de associação para a prática de crime continuado, como noticia BALTAZAR JUNIOR, 119, com vários paradigmas do STF, STJ e tribunais federais.

37 DELMANTO, 828; o julgado do STJ é o HC Nº 49.470-PB, rel. Min. Felix Fischer, julgado pela 5ª Turma.

dificultar a localização de seus responsáveis legais), emissão de notas fiscais e faturas para fornecer aparência de legalidade, entre outras coisas".

Além dessas controvérsias, BALTAZAR JUNIOR (118-119), deparou com as seguintes situações na jurisprudência: há concurso material entre associação criminosa e extorsão mediante sequestro com mais de 24 horas de duração (CP art. 159 § 1º); extorsão mediante sequestro em concurso de pessoas; falsidade ideológica; crime falimentar; gestão fraudulenta (Lei nº 7.492/86 art. 4º) e operação irregular de instituição financeira (art. 16 da mesma Lei).

4.10. Confronto

A **Lei de Segurança Nacional (Lei nº 7.170/1983)** prevê duas modalidades de associação criminosa. O art. 16 pune com a pena de reclusão de 1 a 5 anos quem "integrar ou manter associação, partido, comitê, entidade de classe ou grupamento que tenha por objetivo a mudança do regime vigente ou do Estado de Direito, por meios violentos ou com emprego de grave ameaça". Malgrado a loquacidade da definição legal característica da fabricação de normas dos regimes autoritários, o tipo corresponde a uma associação criminosa, embora omitindo o número mínimo de integrantes, com o fim especial de mudar o regime vigente ou o estado Direito por meios violentos ou com emprego de grave ameaça, seja lá o que isso for. Um tipo assim tão aberto e tão passível de manipulação não merece figurar num Direito penal democrático e fiel às tradições iluministas.

O art. 24 da LSN pune com a pena de reclusão de 2 a 8 anos a conduta de "constituir, integrar ou manter organização ilegal de tipo militar, de qualquer forma ou natureza, armada ou não, com ou sem fardamento, com finalidade combativa". Quem engendrou essa norma ficou devendo esclarecimentos sobre "organização ilegal de tipo militar", principalmente por admiti-la "de qualquer forma ou natureza, armada ou não, com ou sem fardamento".

As deficiências técnicas dessas normas não permitem sequer seu emprego para a repressão de associações terroristas, milícia privada[38] ou qualquer organização voltada à desestabilização do estado de Direito e do regime democrático. O Brasil necessita uma lei de segurança do estado e das instituições democráticas dotada de legitimidade e apuro técnico.

A **Lei do Genocídio (Lei nº 2.889/1956)** tipifica no art. 2º a associação de mais de três pessoas para a prática dos crimes nela definidos. Tais crimes compreendem homicídio, lesão corporal, imposição de condições de existência capazes de causar a destruição física total ou parcial de um grupo, medidas destinadas a impedir o nascimento de crianças de um grupo, transferência forçada de crianças – sempre com a intenção de destruir, no todo ou em parte, grupo nacional, étnico, racial ou religioso, como tal, que são os únicos critérios para se reconhecer genocídio no plano internacional. A

38 Para esse fenômeno das milícias privadas, sobreveio o art. 288-A do Código Penal, que será comentado mais adiante neste mesmo Título.

lei busca implementar, no plano interno, com transcrição quase literal dos tipos, a Convenção das Nações Unidas para a prevenção e repressão do crime de genocídio, de 1948, mas o faz de maneira atabalhoada, ao não especificar as penas cominadas, preferindo fazer remissão às penas para os crimes de homicídio qualificado, lesões corporais, envenenamento de água potável ou de substância alimentícia ou medicinal, sequestro ou cárcere privado, conforme o ato material em que se concretiza o genocídio. No caso da associação para o genocídio, pior ainda, a pena corresponde à metade daquela que seria cominada à espécie de genocídio pretendida pela associação.

A nova **Lei de Drogas (Lei nº 11.343/2006)** contempla o crime de **associação para o tráfico** no art. 35, que comina a pena de reclusão de 3 a 10 anos, além de multa, para a associação de duas ou mais pessoas com o escopo de praticar, "reiteradamente ou não", qualquer dos crimes de tráfico definidos no abrangente art. 33 e seu § 1º e o crime de manuseio de petrechos para fabricação, preparação, produção ou transformação de drogas, previsto no art. 34. Prossegue o parágrafo único do art. 35 em ameaçar com a mesma sanção penal o ingresso em associação voltada à prática "reiterada" do crime de financiar ou custear o tráfico, conforme previsto no art. 36 da mesma lei. Portanto, uma associação para o tráfico de drogas está sujeita a pena mais exacerbada do que uma associação criminosa com uso de arma, inclusive se objetivar a prática de crimes hediondos.

No campo das drogas, o legislador populista e conservador se excedeu na repressão da mera associação, imputação frequentemente utilizada na prática, quando as autoridades policiais não encontram drogas no momento da prisão em flagrante. Inicialmente, tinha-se a velha quadrilha, com mínimo de quatro pessoas (atualmente associação criminosa, com mínimo de três integrantes), prevista no art. 288 do Código penal. Já então seria de se perguntar: para que um tipo específico de associação para o tráfico de drogas? Logo, a **Lei nº 8.072/1990, Lei dos crimes hediondos,** em seu art. 8º, aumentou as penas cominadas à quadrilha original (reclusão de 1 a 3 anos), para reclusão de 3 a 6 anos, quando se tratar de agremiação voltada à prática de crimes hediondos, tortura, *tráfico de drogas* ou terrorismo (ainda nem sequer definido, ou seja, associação para praticar um crime não definido em lei). E a jurisprudência ainda discute se é possível aumentar a pena para a associação definida no art. 8º da Lei dos crimes hediondos, quando ela se apresente armada ou com emprego de menor, conforme prevê o parágrafo único do art. 288 do Código penal para o tipo do *caput*. Como se tudo isso não bastasse, vem o art. 35 da Lei de Drogas a definir uma associação de dois para o tráfico de drogas, com a previsão de penas de 3 a 10 anos de reclusão, mais multa, e a doutrina e jurisprudência se põem a debater acerca do concurso (aparente?) de normas entre o modelo do art. 35 e o do art. 8º da Lei nº 8.072/1990[39].

39 A propósito dessa discussão, BALTAZAR JUNIOR, 117, e DELMANTO, 821. Este último entende, a meu ver com razão, que o art. 35 da Lei nº 11.343/2006 derrogou o art. 8º da Lei nº 8.072/1990, no que se refere ao tráfico de drogas. Antes do advento da nova Lei de Drogas, noticia DELMANTO, 828, que o entendimento corrente era de que o art. 8º da Lei dos crimes hediondos ab-rogara o art. 14 da Lei nº 6.368/76, antiga Lei de Drogas, o qual definia a associação para o tráfico, de modo que o integrante

Finalmente neste tópico, o conceito de associação criminosa costuma aparecer como circunstância majorante de pena ou qualificadora para determinados crimes, ainda sob a denominação de quadrilha. É o caso da extorsão mediante sequestro, definida no art. 159 do CP. O § 1º, introduzido pela Lei nº 10.741/2003, prevê modalidade qualificada, com pena de reclusão de 12 a 30 anos, quando, alternativamente, o sequestro dura mais de 24 horas, o sequestrado é menor de 18 ou maior de 60 anos, ou o crime é cometido por bando ou quadrilha[40]. É também o caso do crime de lavagem de dinheiro, definido no art. 1º da Lei nº 9.613/1998, cujo § 4º impõe o aumento de um a dois terços na pena, se os crimes nessa lei definidos forem praticados de forma reiterada ou por intermédio de organização criminosa.

4.11. Pena

À cominação básica de reclusão de 1 a 3 anos, contida no art. 288 do CP, agregam-se várias questões ditadas por outras normas codificadas e extravagantes. Inicialmente, o parágrafo único prevê o aumento da pena até a metade, quando a associação é armada ou contar com a participação de criança e adolescente. Trata-se de causas de aumento especiais, a serem aplicada na terceira fase da dosimetria da pena. A partir de jurisprudência do STF, constitui entendimento pacífico que basta o uso de arma por um dos membros para qualificar a associação como armada, ou até mesmo a mera posse de armas entre os associados[41]. No entanto, observa DELMANTO, 824, que, no caso de ocorrer apenas um integrante armado, impõe-se que os demais pelo menos tenham conhecimento da existência da arma, sob pena de ocorrer responsabilidade penal sem culpa. Também considera necessário, para a incidência da majorante, que "alguma arma" tenha sido encontrada em poder do bando, principalmente depois do cancelamento da Súmula nº 174 do STJ, que permitia a majoração do roubo pelo emprego de arma de brinquedo.[42] A causa de aumento do concurso de criança ou adolescente, por ter sido acrescentada pela Lei nº 12.850/2013, ainda reclama decurso de tempo para sua compreensão pelos tribunais. Por ora, o que se pode afirmar é que a

---

da associação para o tráfico seria punido pela quadrilha do art. 8º da Lei nº 8.072/1990, e não pelo tipo especial de associação para o tráfico. Mas também indica julgado do STF que aplicou o art. 14 da Lei nº 6.368/1976 em detrimento do art. 8º da Lei dos crimes hediondos, em contemplação do princípio da especialidade.

40 Mas há o entendimento de que, diante da condenação por quadrilha, não se pode aplicar a causa de aumento do § 1º do art. 159, por incidir na proibição do *bis in idem* – BALTAZAR JUNIOR, 117.

41 Cf. BALTAZAR JUNIOR, 117, que acrescenta o elucidativo trecho de julgado do STF: "Incide a causa especial de duplicação da pena, quando a própria inteireza lógica da imputação formulada na denúncia e acolhida na sentença reclama a circunstância de a associação dispor de armamentos, na medida mesma em que uma de suas atividades-fim seria a eliminação física de intrusos não desejados na exploração cartelizada da contravenção, a que se dedicavam os seus integrantes" (HC nº 70.919-RJ, 1ª T., rel. Min. SEPÚLVEDA PERTENCE, caso alusivo ao jogo do bicho).

42 Para julgados em diferentes sentidos quanto à suficiência de apenas um integrante da quadrilha estar armado, DELMANTO, 829.

previsão legal fortalece o entendimento de que a associação criminosa pode contar com inimputável para o cômputo do número mínimo de integrantes.

A associação destinada à prática de crimes hediondos, tortura, tráfico ilícito de drogas e terrorismo, como visto, conta com pena mais elevada, de 3 a 6 anos de reclusão, conforme previsto no art. 8º da Lei nº 8.072/1990. Crimes hediondos são os enumerados no art. 1º da referida lei, a saber, homicídio em atividade típica de grupo de extermínio ou qualificado; latrocínio, extorsão qualificada pela morte, extorsão mediante sequestro em todas as suas modalidades; estupro, inclusive de vulnerável; epidemia com resultado morte; falsificação, corrupção, adulteração ou alteração de produto destinado a fins terapêuticos ou medicinais e genocídio. Considera-se aceitável que, sobre a pena mais elevada cominada para a associação destinada a esses crimes, ainda seja possível aplicar a majorante de até metade da pena, conforme previsão do parágrafo único do art. 288 do Código Penal (BALTAZAR JUNIOR, 117), quando haja emprego de arma ou participação de criança ou adolescente.

A agravante do art. 62 I do Código Penal, destinada a quem "promove, ou organiza a cooperação no crime ou dirige a atividade dos demais agentes", tanto pode ser aplicada na individualização do crime de associação quanto na dos crimes dela resultantes, sem a eiva do *bis in idem,* quando comprovado que o agente, em uns e outros, teve atuação predominante na direção dos demais envolvidos (jurisprudência do STF compilada e comentada por BALTAZAR JUNIOR, 116-117).

De resto, a **Lei nº 9.613/1998 ("Lei de Lavagem de Dinheiro"),** no § 4º do art. 1º, contempla majorante de um a dois terços na pena dos crimes definido no *caput*[43] do mesmo artigo, quando cometidos de forma reiterada *ou por intermédio de organização criminosa.*

---

43 Lei nº 9.613/1998. **"Art. 1º.** Ocultar ou dissimular a natureza, origem, localização, disposição, movimentação ou propriedade de bens, direitos ou valores provenientes, direta ou indiretamente, de infração penal. **Pena:** reclusão, de 3 (três) a 10 (dez) anos, e multa. **§ 1º.** Incorre na mesma pena quem, para ocultar ou dissimular a utilização de bens, direitos ou valores provenientes de infração penal: **I** – os converte em ativos lícitos; **II** – os adquire, recebe, troca, negocia, dá ou recebe em garantia, guarda, tem em depósito, movimenta ou transfere; **III** – importa ou exporta bens com valores não correspondentes aos verdadeiros. **§ 2º.** Incorre, ainda, na mesma pena quem: **I** – utiliza, na atividade econômica ou financeira, bens, direitos ou valores provenientes de infração penal; **II** – participa de grupo, associação ou escritório tendo conhecimento de que sua atividade principal ou secundária é dirigida à prática de crimes previstos nesta lei. **§ 3º.** A tentativa é punida nos termos do parágrafo único do art. 14 do Código Penal. **§ 4º.** A pena será aumentada de 1 (um) a 2/3 (dois terços), se os crimes definidos nesta Lei forem cometidos de forma reiterada ou por intermédio de organização criminosa. **§ 5º.** A pena poderá ser reduzida de 1 (um) a 2/3 (dois terços) e ser cumprida em regime aberto ou semiaberto, facultando-se ao juiz deixar de aplicá-la ou substituí-la, a qualquer tempo, por pena restritiva de direitos, se o autor, coautor ou partícipe colaborar espontaneamente com as autoridades, prestando esclarecimentos que conduzam à apuração das infrações penais, à identificação dos autores, coautores e partícipes, ou à localização dos bens, direitos ou valores objeto do crime."

4.11.1. *Redução de pena por colaboração premiada*

A maioria das previsões legais de **delação ou colaboração premiada** são ditadas em contexto de associação ou organização criminosa, quando menos, em concurso (eventual) de agentes. No Brasil, a ainda incipiente colaboração premiada é aplicada pelo juiz e remete-se à individualização da pena, mais precisamente à terceira fase da dosimetria, podendo constituir minorante ou causa de isenção total de pena. É o caso do parágrafo único do **art. 8º da Lei nº 8.072/1990,** que prevê a redução de pena de um a dois terços.

Seguem, na mesma linha e na ordem cronológica, o **§ 2º do art. 25 da Lei nº 7.492/1986,** alusivo aos crimes contra o sistema financeiro, e o **parágrafo único do art. 16 da Lei nº 8.137/1990,** alusivo aos crimes contra a ordem tributária, econômica e as relações de consumo, ambos acrescidos pela Lei nº 9.080/1995. A benesse se estende aos crimes previstos nas respectivas leis, desde que cometidos "em quadrilha ou coautoria", que o colaborador confesse sua parte nos crimes e forneça às autoridades policial ou judicial elementos capazes de revelar "toda a trama delituosa". O **§ 4º do art. 159 do Código Penal** (extorsão mediante sequestro), em redação determinada pela Lei nº 9.269/1996, prevê a redução de um a dois terços na pena do autor ou partícipe que denunciar o fato à autoridade, de modo a facilitar a libertação do sequestrado, prescindindo-se do contexto de associação criminosa e bastando que o sequestro tenha sido cometido em concurso eventual de agentes[44]. O **§ 5º do art. 1º da Lei nº 9.613/1998** (Lei dos crimes de lavagem de dinheiro), em redação dada pela Lei nº 12.683/2012, oferece não só a redução de pena nas frações anteriormente indicadas, como também o regime inicial aberto ou semiaberto, o perdão judicial e a substituição da pena privativa de liberdade por restrições de direitos, para o autor ou partícipe que preste esclarecimentos capazes de conduzir à apuração das infrações penais, à identificação dos demais autores, coautores ou partícipes, ou à localização dos bens, direitos ou valores objeto do crime. Nesse caso, observa DELMANTO (825), não se exige a existência de associação criminosa nem que o acusado traga elementos para a identificação de outros autores, bastando que traga elementos aptos à localização dos bens para se habilitar à minorante. O autor elogia a possibilidade de liberalização do regime prisional, substituição ou isenção de pena, pois "retira do delator o medo de represálias na prisão, incentivando a delação e, consequentemente, favorecendo a elucidação dos crimes".

A Lei de Proteção de Testemunhas **(Lei nº 9.807/1999)** é certamente a mais generosa com réus colaboradores, tanto nas medidas que oferece quando nos pressupostos que impõe. Não há necessidade do contexto de associação ou organização criminosa. Seus arts. 13 e 14 oferecem desde a redução de pena nas frações fixadas em leis anteriores até o perdão judicial que extingue a punibilidade, conforme a relevância

---

44 Comentando esse artigo, DELMANTO, 586-587, observa que a redução de pena não tem incentivado muitos acusados a colaborar, pelo receio de represálias na prisão. Ele sugere que, em casos de extorsão mediante sequestro, dever-se-ia oferecer isenção total da pena por razões de política criminal.

da colaboração para a identificação dos demais coautores ou partícipes do crime, a localização da vítima com sua vida e integridade física preservadas e a recuperação total ou parcial do produto do crime, e conforme os antecedentes e a personalidade do beneficiado, a natureza, circunstâncias, gravidade e repercussão social do fato criminoso. Além disso, prevê uma série de medidas de proteção ao colaborador preso ou em liberdade, tanto em relação a sua segurança e integridade física, quanto em medidas processuais destinadas a acelerar e antecipar a tramitação do processo e a concretização de sua colaboração.

A nova Lei de Drogas **(Lei nº 11.343/2006)** também prevê a colaboração premiada no **art. 41** para o indiciado ou acusado que colaborar na identificação dos demais coautores ou partícipes e na recuperação total ou parcial do produto do crime. Como nos exemplos anteriores, não se exige aqui a constituição de associação. Mas, em todos esses casos, a própria natureza das coisas determina que a colaboração premiada só terá terreno fértil quando ocorra pelo menos a pluralidade de agentes (autores, coautores ou partícipes), ainda que eventual.

Para os crimes contra ordem econômica **(Lei nº 8.137/1990)** e demais crimes diretamente relacionados à prática de cartel, tais como os tipificados na **Lei nº 8.666/1993** e o próprio crime de associação criminosa do Código Penal, prevê o **art. 87 e seu parágrafo único da Lei nº 12.529/2011** ("Lei do CADE") a extinção da punibilidade em decorrência do cumprimento do "acordo de leniência" celebrado entre o CADE e pessoas físicas ou jurídicas autoras de infração à ordem econômica, nos termos do art. 86 da mesma lei. Esse acordo prevê, dentre outras medidas e condições, a identificação dos demais envolvidos na infração e a obtenção de informações e documentos que a comprovem. Tais dispositivos se expõem a sérias objeções de constitucionalidade, pois possibilitam a extinção da punibilidade em via administrativa, sem a participação do titular da ação penal pública, que é o Ministério Público, e sem a chancela do Poder Judiciário.

Das mesmas dúvidas de constitucionalidade padece a modalidade de autodelação premiada prevista na **Lei nº 12.651/2012** ("Código Florestal"), cujo **artigo 60 e §§** prevê a extinção da punibilidade para crimes ambientais **(Lei nº 9.605/1998 arts. 38, 39 e 48),** em decorrência da efetiva regularização de imóvel ou posse rural perante o órgão ambiental competente, a critério da administração pública, sem qualquer participação dos órgãos da persecução penal.

Em todos os casos de colaboração premiada previstos em contextos de associação ou organização criminosa, convém salientar a inconveniência de que o prêmio se restrinja a esses crimes, pelo menos do ponto de vista político-criminal. Como observa DELMANTO (824), a redução de pena ou mesmo a extinção da punibilidade no crime de associação não seria estímulo suficiente para induzir alguém a delatar crimes com as penas mais altas previstas em nosso ordenamento jurídico, tais o homicídio qualificado e a extorsão mediante sequestro com resultado morte. Referindo-se ao parágrafo único do art. 8º da Lei dos Crimes Hediondos, MIRABETE (164) observa que "a má redação da lei torna cabível também a redução da pena ao quadrilheiro quanto aos crimes nela mencionados e por ele praticados na ação da quadrilha, já que o artigo 8º, parágrafo único, da Lei nº 8.072, refere-se não só ao 'associado' (componente da quadrilha), mas também ao 'participante' (do crime) que possibilitar o desmantelamento do bando. Como a lei não contém palavras inúteis, o termo 'participante' só pode referir-se a quem colaborar na prática da infração praticada pelo bando e não ao crime de quadrilha."

4.12. Questões processuais

A **ação penal** é pública incondicionada, devendo ser obrigatoriamente deflagrada pelo Ministério Público, assim como a polícia judiciária deverá promover as investigações pertinentes com a só *notitia criminis* que chegue a seu conhecimento por qualquer meio.

A investigação preliminar (inquérito policial) contra policial suspeito de participar em organização criminosa será conduzida pela corregedoria de polícia respectiva, a quem incumbirá comunicar a instauração ao Ministério Público, que designará membro para acompanhar as diligências. Não se trata de uma exclusividade na investigação ao contrário do que possa parecer da redação truncada do § 7º do art. 2º, e sim uma atribuição para a condução do inquérito policial. Portanto, nada impede que as provas de materialidade e autoria ou participação de policial em organização criminosa provenham de investigação conduzida pelo próprio Ministério Público ou qualquer outro órgão, desde que em observância das garantias constitucionais de qualquer suspeito, indiciado ou acusado.

Cabe a suspensão condicional do processo para o tipo básico do *caput* do art. 288 do CP, pois o art. 89 da Lei nº 9.099/1995 prevê como condição objetiva do instituto a pena mínima igual ou inferior a um ano[45].

A **competência jurisdicional** será em regra da Justiça estadual, só passando à esfera da Justiça Federal nas hipóteses do art. 109 da Constituição, o que, na prática, será definido segundo a titularidade do bem jurídico visado pelos crimes pretendidos pela associação criminosa. Neste ponto, reporto-me às considerações feitas acerca da competência para o processo e julgamento do crime de associação criminosa.

A **prisão temporária** é cabível para autor ou suspeito do crime de associação, nos termos do art. 1º III *l* da Lei nº 7.960/1989. (DELMANTO, 822). Tal prisão terá a duração de 5 dias, prorrogável uma só vez por igual prazo mediante "extrema e comprovada necessidade", nos termos do art. 2º *caput* da mesma lei. Para os crimes hediondos, a prática de tortura, o tráfico de drogas e o terrorismo, a duração da prisão temporária poderá atingir o prazo de 30 dias, prorrogáveis uma vez por igual período, mediante as mesmas condições ("extrema e comprovada necessidade"), nos termos do § 4º do art. 2º da Lei nº 8.072/1990.

A **prisão em flagrante** deveria seguir as características do crime permanente, isto é, o agente se encontra no estado de flagrância enquanto não cessar a permanência, consoante o art. 303 do CPP. Mas, devido à circunstância de que o tipo legal criminaliza

---

45 Assim expõem DELMANTO, 821; BITENCOURT, 385; LUIZ REGIS PRADO, p. 193.

atos que, de outro modo, seriam preparatórios, incapazes de configurar sequer uma tentativa de crime de resultado, a jurisprudência tem sido cautelosa em homologar tais prisões. Segundo julgado do STJ compilado por DELMANTO, 827, "para prisão em flagrante no crime de quadrilha é necessário, ao menos, que o agente, surpreendido, esteja realizando uma ação que faça supor associação para fim de cometer crimes, não podendo fundamentar-se em meras investigações policiais" (STJ – RHC nº 9.535, **DJU 2.5.2000** p. 150; DELMANTO, 568-573). Assim, julgados como o ora transcrito exigem algo mais que a simples suspeita no momento da captura (DELMANTO 568-573). No entanto, em julgado mais recente, o STJ entendeu que "o crime de quadrilha ou bando, dada sua natureza permanente, autoriza a prisão em flagrante durante todo o lapso temporal em que se verificar a manutenção da associação dos consortes."[46]. Talvez se possa afirmar que, no quadro atual da jurisprudência, a higidez do flagrante em crime de associação delituosa dependerá muito de circunstâncias acidentais, como a espécie de crime a que se dedica a agremiação (tráfico, quase sempre), a robustez dos indícios coligidos em relação aos crimes supostamente por ela perpetrados, o órgão julgador e até a compreensão que da matéria tenha o relator.

Ainda por decorrência da natureza permanente da associação, considera-se que não há desrespeito à inviolabilidade do domicílio no ingresso na casa sem mandado judicial, a fim de efetuar a prisão em flagrante de suspeito de integrar organização criminosa, já que incide a exceção ressalvada no art. 5º XI da Constituição[47], consoante precedente do STF[48].

A expressa ab-rogação da Lei nº 9.034/1995 pela Lei nº 12.850/2013, deixa no ar uma grande dúvida: cabe ainda a ação controlada para o crime de associação criminosa? Tal instituto, conforme se sabe, consiste no diferimento da prisão em flagrante para momento taticamente mais oportuno, sem que o agente policial incorra em crime de prevaricação, já que, na falta dessa autorização legal, a prisão em flagrante é sempre obrigatória para o agente policial que se depare com crime de ação pública. O art. 2º II da Lei nº 9.034/1995 previa a ação controlada para crimes de quadrilha. Atualmente, a possibilidade de postergação da prisão em flagrante só está expressamente autorizada na Lei nº 12.850/2013 para crimes de organização criminosa.

Quanto à **prisão preventiva**, a mera constituição de associação ou organização criminosa, a depender de seu grau de periculosidade, operacionalidade e continuidade das atividades delituosas, é razão suficiente para tornar a segregação cautelar necessária. Este é o caso, segundo o STF, quando há notícia de que a lei do silêncio foi implantada por pessoas em relação às quais é imputado o crime de associação visando ao extermínio. É também o caso, segundo o STJ, diante de associação ou organização

46 STJ – HC nº 157.886-SP, 5ª T., rel. Min. GILSON DIPP. **DJe 20.02.2011.**

47 Constituição da República, art. 5º XII: "a casa é asilo inviolável do indivíduo, ninguém nela podendo penetrar sem consentimento do morador, salvo em caso de flagrante delito ou desastre, ou para prestar socorro, ou, durante o dia, por determinação judicial."

48 STF – HC nº 74.127, 2ª T., Rel. Min. CARLOS VELLOSO, julgado em 15.04.1997, **DJU 13-06-1997 p. 26.693**, cf. também BALTAZAR JUNIOR, 120.

criminosa com "poder econômico, de articulação e mobilização, com força suficiente para embaraçar o curso processual, com possibilidade de haver coação e vingança contra as testemunhas arroladas no processo" (exemplos colacionados por BALTAZAR JUNIOR, 630).

Costuma-se discutir o grau de detalhamento da individualização das condutas dos integrantes da associação na respectiva denúncia do Ministério Público. Boa parte da doutrina insiste na necessidade da descrição detalhada da conduta de cada um dos membros do grupo criminoso. Na jurisprudência, porém, tem prevalecido a aceitação da descrição genérica, desde que a denúncia demonstre a união do número mínimo de pessoas em organização criminosa, postergando-se a individualização das condutas para a instrução criminal (MASSON, 975-976 e 987).

5. MODALIDADES DE ORGANIZAÇÃO CRIMINOSA

Lei nº 12.850, de 05.08.2013. Define organização criminosa e dispõe sobre a investigação criminal, os meios de obtenção da prova, infrações penais correlatas e o procedimento criminal a ser aplicado

Art. 1º. Esta Lei define organização criminosa e dispõe sobre a investigação criminal, os meios de obtenção da prova, infrações penais correlatas e o procedimento criminal a ser aplicado.

§ 1º. Considera-se organização criminosa a associação de quatro ou mais pessoas estruturalmente ordenada e caracterizada pela divisão de tarefas, ainda que informalmente, com objetivo de obter, direta ou indiretamente, vantagem de qualquer natureza, mediante a prática de infrações penais cujas penas máximas sejam superiores a 4 (quatro) anos, ou que sejam de caráter transnacional.

§ 2º. Esta Lei se aplica também:

I – às infrações penais previstas em tratado ou convenção internacional quando, iniciada a execução no País, o resultado tenha ou devesse ter ocorrido no estrangeiro, ou reciprocamente;

II – às organizações terroristas, entendidas como aquelas voltadas para a prática dos atos de terrorismo legalmente definidos. (Redação dada pela lei nº 13.260, de 2016)

Art. 2º. Promover, constituir, financiar ou integrar, pessoalmente ou por interposta pessoa, organização criminosa:

Pena – reclusão, de 3 (três) a 8 (oito) anos, e multa, sem prejuízo das penas correspondentes às demais infrações penais praticadas.

§ 1º. Nas mesmas penas incorre quem impede ou, de qualquer forma, embaraça a investigação de infração penal que envolva organização criminosa.

§ 2º. As penas aumentam-se até a metade se na atuação da organização criminosa houver emprego de arma de fogo.

§ 3º. A pena é agravada para quem exerce o comando, individual ou coletivo, da organização criminosa, ainda que não pratique pessoalmente atos de execução.

§ 4º. A pena é aumentada de 1/6 (um sexto) a 2/3 (dois terços):

I – se há participação de criança ou adolescente;

II – se há concurso de funcionário público, valendo-se a organização criminosa dessa condição para a prática de infração penal;

III – se o produto ou proveito da infração penal destinar-se, no todo ou em parte, ao exterior;

IV – se a organização criminosa mantém conexão com outras organizações criminosas independentes;

V – se as circunstâncias do fato evidenciarem a transnacionalidade da organização.

§ 5º. Se houver indícios suficientes de que o funcionário público integra organização criminosa, poderá o juiz determinar seu afastamento cautelar do cargo, emprego ou função, sem prejuízo da remuneração, quando a medida se fizer necessária à investigação ou instrução processual.

§ 6º. A condenação com trânsito em julgado acarretará ao funcionário público a perda do cargo, função, emprego ou mandato eletivo e a interdição para o exercício de função ou cargo público pelo prazo de 8 (oito) anos subsequentes ao cumprimento da pena.

§ 7º. Se houver indícios de participação de policial nos crimes de que trata esta Lei, a Corregedoria de Polícia instaurará inquérito policial e comunicará ao Ministério Público, que designará membro para acompanhar o feito até a sua conclusão.

§ 8º As lideranças de organizações criminosas armadas ou que tenham armas à disposição deverão iniciar o cumprimento da pena em estabelecimentos penais de segurança máxima. (Incluído pela Lei nº 13.964, de 2019)

§ 9º O condenado expressamente em sentença por integrar organização criminosa ou por crime praticado por meio de organização criminosa não poderá progredir de regime de cumprimento de pena ou obter livramento condicional ou outros benefícios prisionais se houver elementos probatórios que indiquem a manutenção do vínculo associativo. (Incluído pela Lei nº 13.964, de 2019)

....

Art. 18. Revelar a identidade, fotografar ou filmar o colaborador, sem sua prévia autorização por escrito:

Pena – reclusão, de 1 (um) a 3 (três) anos, e multa.

Art. 19. Imputar falsamente, sob pretexto de colaboração com a Justiça, a prática de infração penal a pessoa que sabe ser inocente, ou revelar informações sobre a estrutura de organização criminosa que sabe inverídicas:

Pena – reclusão, de um (um) a 4 (quatro) anos, e multa.

Art. 20. Descumprir determinação de sigilo das investigações que envolvam a ação controlada e a infiltração de agentes:

Pena – reclusão, de 1 (um) a 4 (quatro) anos, e multa.

Art. 21. Recusar ou omitir dados cadastrais, registros, documentos e informações requisitadas pelo juiz, Ministério Público ou delegado de polícia, no curso de investigação ou do processo:

Pena – reclusão, de 6 (seis) meses a 2 (dois) anos, e multa.

Parágrafo único. Na mesma pena incorre quem, de forma indevida, se apossa, propala, divulga ou faz uso dos dados cadastrais de que trata esta Lei.

Lei nº 9.613, de 03.03.1998 ("Lei de Lavagem de Dinheiro").

Art. 1º. Define o crime de lavagem ou ocultação de bens, direitos e valores.

§ 4º. A pena será aumentada de 1 (um) a 2/3 (dois terços), se os crimes definidos nesta Lei forem cometidos de forma reiterada ou por intermédio de organização criminosa.

Lei nº 2.889, de 1º.10.1956 ("Lei do Genocídio")

Art. 2º. Associarem-se mais de três pessoas para prática dos crimes mencionados no artigo anterior:

Pena – metade da cominada aos crimes ali previstos.

Convenção das Nações Unidas contra o Crime Organizado Transnacional ("Convenção de Palermo") – Decreto nº 5.015, de 03 12.2004

Artigo 2 – Terminologia

Para efeitos da presente Convenção, entende-se por:

a) "Grupo criminoso organizado" - grupo estruturado de três ou mais pessoas, existente há algum tempo e atuando concertadamente com o propósito de cometer uma ou mais infrações graves ou enunciadas na presente Convenção, com a intenção de obter, direta ou indiretamente, um benefício econômico ou outro benefício material; (...)

c) "Grupo estruturado" - grupo formado de maneira não fortuita para a prática imediata de uma infração, ainda que os seus membros não tenham funções formalmente definidas, que não haja continuidade na sua composição e que não disponha de uma estrutura elaborada;

(...).

Artigo 5 – Criminalização da participação em um grupo criminoso organizado

1. Cada Estado Parte adotará as medidas legislativas ou outras que sejam necessárias para caracterizar como infração penal, quando praticado intencionalmente:

a) Um dos atos seguintes, ou ambos, enquanto infrações penais distintas das que impliquem a tentativa ou a consumação da atividade criminosa:

i) O entendimento com uma ou mais pessoas para a prática de uma infração grave, com uma intenção direta ou indiretamente relacionada com a obtenção de um benefício econômico ou outro benefício material e, quando assim prescrever o direito interno, envolvendo um ato praticado por um dos participantes para concretizar o que foi acordado ou envolvendo a participação de um grupo criminoso organizado;

ii) A conduta de qualquer pessoa que, conhecendo a finalidade e a atividade criminosa geral de um grupo criminoso organizado, ou a sua intenção de cometer as infrações em questão, participe ativamente em:

a) Atividades ilícitas do grupo criminoso organizado;

b) Outras atividades do grupo criminoso organizado, sabendo que a sua participação contribuirá para a finalidade criminosa acima referida;

c) O ato de organizar, dirigir, ajudar, incitar, facilitar ou aconselhar a prática de uma infração grave que envolva a participação de um grupo criminoso organizado.

2. O conhecimento, a intenção, a finalidade, a motivação ou o acordo a que se refere o parágrafo 1 do presente Artigo poderão inferir-se de circunstâncias factuais objetivas.

3. Os Estados Partes cujo direito interno condicione a incriminação pelas infrações referidas no inciso i) da alínea a) do parágrafo 1 do presente Artigo ao envolvimento de um grupo criminoso organizado diligenciarão no sentido de que o seu direito interno abranja todas as infrações graves que envolvam a participação de grupos

criminosos organizados. Estes Estados Partes, assim como os Estados Partes cujo direito interno condicione a incriminação pelas infrações definidas no inciso i) da alínea a) do parágrafo 1 do presente Artigo à prática de um ato concertado, informarão deste fato o Secretário Geral da Organização das Nações Unidas, no momento da assinatura ou do depósito do seu instrumento de ratificação, aceitação, aprovação ou adesão à presente Convenção.

Lei nº 12.694, de 24.07.2012.

Art. 2º. Para os efeitos desta lei, considera-se organização criminosa a associação, de 3 (três) ou mais pessoas, estruturalmente ordenada e caracterizada pela divisão de tarefas, ainda que informalmente, com objetivo de obter, direta ou indiretamente, vantagem de qualquer natureza, mediante a prática de crimes cuja pena máxima seja igual ou superior a 4 (quatro) anos ou que sejam de caráter transnacional.

5.1. Aspectos criminológicos e político-criminais

São conhecidas e compreensíveis as dificuldades de se delimitar os conceitos de "crime organizado", "criminalidade organizada" e "organização criminosa". O fenômeno é portador de forte carga emocional e assume grande importância nos últimos anos, notadamente em decorrência da globalização e do incremento da comunicação em escala planetária.

De outro lado, cabe perguntar, nos dias que correm: qual crime não é "organizado"? Até o pequeno furto, o pequeno tráfico de drogas, o descaminho dos "sacoleiros", o furto ou dano praticado em estacionamentos de veículos podem ser vistos como tentáculos ou capilarizações de grandes estruturas criminosas, que alimentam um mercado em caráter empresarial. Talvez só reste o homicídio passional como modalidade de crime "desorganizado", ou pelo menos "não organizado". Assim, um conceito útil de crime "organizado" precisa extremá-lo qualitativamente de outras manifestações da criminalidade, sob pena de não isolar uma espécie de um gênero maior.

Afora as definições legais *de lege lata,* não há um consenso suficientemente estabilizado na doutrina sobre o que seja criminalidade organizada[49]. Quase todas as tentativas de se depurar um conceito aceitável – o grau de organização da quadrilha, a atividade criminosa em base habitual e profissional, a finalidade de lucro, dentre outros critérios – parecem não deixar muita coisa de fora, tornando o conceito supérfluo ou meramente retórico. Todos esses fenômenos de criminalidade não passam de manifestações modernas de algo já conhecido, sem apresentarem nada de substancialmente novo (HASSEMER, Segurança, 268-269). Urge, pois, se não quisermos continuar combatendo algo que não conhecemos nem "compensar ignorância criminológica com intensidade da repressão" (HASSEMER, Segurança, 270), isolar um potencial de ameaça qualitativamente novo, capaz de tornar útil uma definição de criminalidade organizada.

49 Exaustivamente e sobre seu modo de manifestação no Brasil, Guaracy MINGARDI, **O Estado e o crime organizado.**

Na dificuldade de encontrar essa definição, a doutrina costuma indicar características que *normalmente* (mas não *necessariamente)* estão presentes nas manifestações reais comumente aceitas como criminalidade organizada. Esse critério não é satisfatório, porque as características apresentadas não são *essenciais* à ideia de crime organizado e sim apresentam-se na realidade criminosa com maior ou menor frequência. Compilando a doutrina nacional e internacional, assim como a jurisprudência, BALTAZAR JUNIOR (623-630) oferece 18 dessas características, que serão a seguir brevemente comentadas:

1) *Pluralidade de agentes.* Trata-se de característica **essencial**, exigida na maioria das tentativas de definição legal, ainda que não haja consenso sobre o número mínimo de integrantes.

2) *Estabilidade e permanência.* Também é característica tida por **essencial**, destinada a excluir do conceito o concurso eventual de agentes e o delito isolado, cometido com algum grau de organização e planejamento.

3) *Finalidade de lucro.* É certo que a maioria das manifestações tidas por criminalidade organizada estão voltadas a algum tipo de proveito econômico. O art. 416-*bis* do CPP italiano, possivelmente pioneiro em tentar definir o fenômeno (com o *nomen juris* de associação de tipo mafioso), atribui grande relevo à finalidade econômica da agremiação criminosa, ao lado da intenção de se apoderar de setores do estado ou de serviços públicos, nos seguintes termos: "*L'associazione è di tipo mafioso quando coloro che ne fanno parte si avvalgono della forza di intimidazione del vincolo associativo e della condizione di assoggettamento e di omertà che ne deriva per commettere delitti, per acquisire in modo diretto o indiretto la gestione o comunque il controlo di attività economiche, di concessioni, di autorizzazioni, appalti e servizi pubblici o per realizzare profitti o vantaggi ingiusti per sé o per altri ovvero al fine di impedire od ostacolare il libero esercizio del voto o di procurare voti a sé o ad altri in ocasione di consultazioni elettorali.*" Cabe observar que, a se considerar esta como uma característica essencial da organização criminosa, dela ficarão excluídas as associações terroristas e outras associações criminosas de escopo político[50]. Também o art. 299 do Código Penal português e o § 129 do StGB alemão excluem o proveito econômico da definição.

4) *Divisão de trabalho.* Deveria ser um elemento próprio da ideia de organização criminosa, mas em verdade não a distingue. Qual crime em concurso de agentes ou quadrilha não tem, atualmente, um mínimo de divisão de tarefas? Por outro lado, algumas associações tidas por organizações criminosas, de cunho familiar, por exemplo, não apresentariam com nitidez o elemento em apreço. No entanto, pode-se concluir, com BALTAZAR JUNIOR (624), que, "quanto maior o grau de organização e o número de integrantes, provavelmente será maior também o grau de divisão de tarefas e especialização". Já se viu que a novel definição brasileira de

50 Ver-se-á, porém, que a nova definição brasileira do crime de organização, assim como a associação criminosa, não incluem o proveito material no escopo da agremiação.

organização criminosa alude a "estruturalmente ordenada e caracterizada pela divisão de tarefas, *ainda que informalmente*". Esta última ressalva acaba por enfraquecer o elemento descritivo do tipo, parecendo que o legislador dá com uma mão, mas, temendo que a criminalidade organizada assuma outras formas (cf. características sob 6, 10, 11 e 18 *infra),* não se compromete com o elemento que acaba de formular. Novamente, trata-se de elemento *descritivo* do fenômeno em estudo, mas não necessário para sua definição.

5) *Estrutura empresarial.* É certo que, aceitando-se a finalidade econômica (elemento nº 3, *supra)* da organização criminosa, uma estrutura empresarial estará presente, mais ou menos com a mesma frequência com que se encontrará a divisão de trabalho. Como a agremiação se destina à estabilidade, sempre haverá uma profissionalização da atividade criminosa, que se materializará num planejamento, por mínimo que seja, na contabilidade dos ingressos e do custeio, na remuneração de seus integrantes e na cobrança do proveito econômico que aufere criminosamente, e, não por último, na destruição de provas e intimidação da concorrência.

6) *Hierarquia.* Trata-se de característica de um tempo já superado e nostálgico do crime organizado, que não necessariamente comparece nas formações contemporâneas. Costuma-se apontar a seguinte tipologia mínima de membros de uma organização criminosa: os *dirigentes*, que tomam decisões, mas não se envolvem nas práticas delituosas e possuem uma atividade lícita ostensiva de empresário ou político; os *guarda-costas,* que cuidam do patrimônio e supervisionam as atividades imediatamente criminosas; e os *soldados,* aqueles que diretamente praticam os crimes que constituem o objeto da organização criminosa. Todavia, por razões óbvias, esse modelo inicial vem sendo substituído por redes de coordenação, com vinculação horizontal, ocorrendo uma fragmentação do poder que dificulta seu conhecimento e repressão pelo estado.

7) *Disciplina.* Trata-se de característica que se justapõe ou sobrepõe às quatro precedentes ou delas decorre. Não é tida por essencial à organização criminosa, mas acaba resultando da necessidade de autoproteção.

8) *Conexão com o estado.* Este é sem dúvida o traço mais marcante da criminalidade organizada, ao qual dedicarei mais atenção logo abaixo. Em geral, o crime organizado ocupa espaços vazios ou frágeis do ordenamento jurídico, ou se apodera de setores do estado para a distribuição de serviços e o auferimento de vantagens econômicas. A conexão se estabelece através da corrupção ou do clientelismo. Embora seja certo que o crime organizado em regra não almeje substituir-se ao estado, ele se propõe a ocupar seu lugar em alguns setores de atividade ou depende de sua neutralização ou docilidade para exercer privadamente funções públicas ou dirigir a alocação de serviços públicos.

9) *Violência.* Trata-se de característica que subjaz à atividade exercida pela organização criminosa, embora não seja sua finalidade ou sequer o meio de consecução de seus objetivos. A violência pode ocorrer internamente, para manter a disciplina; contra concorrentes; contra pessoas ou entidades que se recusem a se submeter

aos tentáculos da organização; contra agentes estatais voltados à fiscalização, prevenção e repressão dos atos ilícitos por ela praticados. No entanto, a violência como prática frequente está presente mais na criminalidade *desorganizada*, de massa, do que na criminalidade organizada, para a qual se torna antieconômica. Pode-se afirmar, com BALTAZAR JUNIOR (627), que a violência diminui na proporção inversa do aumento do grau de organização e profissionalismo.

10) *Entrelaçamento ou relações de rede com outras organizações.* As ideias de cooperação, horizontalização e coordenação, em oposição à hierarquização, determinam que as organizações criminosas cultivem bons relacionamentos com suas congêneres, o poder público, a imprensa, fornecedores e clientes. A *promiscuidade* com outras estruturas, legais ou ilegais, é condição para que a organização criminosa seja aceita e pouco percebida na comunidade.

11) *Flexibilidade e mobilidade dos agentes.* Trata-se de condição de sobrevivência das organizações criminosas num meio globalizado e intensamente conectado. Tal característica estará necessariamente presente nos modelos horizontalizados de organização.

12) *Mercado ilícito ou exploração ilícita de mercados lícitos.* Quase sempre, o terreno fértil do crime organizado situa-se na atuação do mercado de serviços proibidos mas com alta demanda, como drogas, armas, prostituição, jogos proibidos, e tráfico de pessoas. Ele também viceja na distribuição dirigida de bens e serviços escassos a cargo de agências do estado ou concessionárias inoperantes, tais o transporte público, distribuição de gás, eletricidade e sinais de TV.

13) *Monopólio ou cartel.* Trata-se, segundo BALTAZAR JUNIOR (628), de característica mais presente em organizações criminosas tradicionais, que seguem o modelo hierarquizado mafioso, e menos presente no modelo de rede, em que não há propriamente imposições entre os concorrentes.

14) *Controle territorial.* Esta é outra característica mais presente no tradicional modelo mafioso de criminalidade organizada e, pode-se dizer, está na raiz do surgimento histórico do estado moderno. Nesse caso, ocorre o emprego de violência e outros métodos menos sofisticados de sujeição. Exemplos no Brasil não faltam, como a criminalidade que domina as favelas do Rio de Janeiro, o *jogo do bicho*[51], a prostituição, o transporte público de massa, a coleta de lixo, as milícias privadas (não fosse a previsão legal específica para elas, contida no art. 288-A).

15) *Uso de meios tecnológicos sofisticados.* Certamente estará presente em toda organização criminosa, mas não a distingue de outras formas de crime. Os meios tecnológicos estão hoje ao alcance de qualquer pessoa, notadamente a tecnologia da informação e da comunicação.

---

51 Na definição brasileira, uma agremiação voltada à administração do jogo do bicho não será nem associação nem organização criminosa, porque sua finalidade é a prática de contravenção penal, e não crime.

16) *Transnacionalidade ou internacionalidade.* Decorre da mobilidade sem precedentes de bens e pessoas. Essa característica torna a criminalidade organizada um crime *transnacional* (em oposição a crimes *internacionais,* como o genocídio, o crime contra a humanidade e a tortura), pelo menos potencialmente ou em suas ramificações. Muitas vezes, o serviço prestado pelas organizações criminosas consiste em aproximar os produtores dos fornecedores, distantes geograficamente e separados por inúmeras barreiras legais ou burocráticas.

17) *Embaraço do curso processual.* Este traço das organizações criminosas relaciona-se com o uso potencial da violência e a imposição da "lei do silêncio". Segundo BALTAZAR JUNIOR (629-630), trata-se do "sistemático emprego de meios para evitar ou dificultar a produção de prova, seja de forma antecipada, seja pela imposição de lei do silêncio, (...), seja no curso do processo, com ofertas de cooptação, pressão, violência efetiva ou disposição para o uso de violência contra testemunhas, peritos e agentes policiais do MP ou magistrados. Durante o processo, é de mencionar ainda a tática de tumultuar o andamento da ação penal, na busca de atraso que possa levar à soltura, em procedimentos como o arrolamento de testemunhas desnecessárias ou inexistentes, residentes em outros estados ou países, ou de difícil oitiva, como políticos de alto escalão ou diretores de grandes empresas." Acrescentamos, como aspecto relevante dessa característica, a prática de usar os meios processuais, inclusive penais, contra os agentes públicos, investigadores, acusadores ou magistrados. Nesses casos, a defesa se pratica não *no* processo, mas *contra* o processo, através da "fulanização" da acusação, isto é, a investida dos acusados contra as pessoas dos agentes públicos incumbidos da persecução penal, numa espécie de "reconvenção penal", que inclui queixas-crimes, representações criminais, representações disciplinares (no CNMP, CNJ, Corregedorias de Polícia), ações de dano moral no juízo cível, tudo com o efeito de *isolar* o investigador/acusador/julgador da instituição a que pertence e intimidá-lo. Evidentemente, não se está diante de um traço definidor da criminalidade organizada, mas a prática acontece mais cedo ou mais tarde, segundo o grau de poder social, político ou econômico dos acusados e a partir do momento em que os mecanismos coercitivos do sistema penal começam a surtir efeito no caso concreto. Propicia uma certa *relativização* das imputações, viabilizando, pelo menos no plano retórico, o argumento *tu quoque*[52], "igualando" acusadores e acusados. Nas organizações que contem com integrantes protegidos pelo *foro privilegiado,* ou grandes empresários, celebridades do mundo do esporte, das artes ou das comunicações, essa forma de defesa através do ataque tem efeito esmagador sobre os agentes do estado, porque sempre haverá algum ato processual ou investigativo que pode ser explorado como falha, abuso de poder ou "perseguição".

---

52 *Argumentum ad hominem* ou *tu quoque* é uma falácia que se verifica quando alguém procura negar uma proposição com uma crítica a seu autor e não a seu conteúdo, resumidamente: "você também".

18) *Compartimentalização.* Consiste na criação de uma cadeia de comando que particiona a organização em compartimentos estanques, de modo que o executor imediato dos atos raramente conhece a origem da ordem que recebe. Preso um dos elementos da cadeia de comando, dificilmente ele terá condições de delatar toda a estrutura delituosa, ainda que o queira. É provável que essa conformação em *células* tenha sido transmitida ao crime organizado a partir do contato com organizações terroristas e grupos guerrilheiros.[53]

É possível ainda, com base na experiência, indicar espécies de crime ou campos da criminalidade preferenciais de atuação das organizações criminosas: tráfico clandestino de lixo nos países industrializados, tráfico de drogas, corrupção, extorsão mediante a cobrança de "pedágios", "seguros" ou "taxas de proteção"; crimes econômicos e financeiros em grande escala; crimes ambientais; contra a ordem tributária; contrabando de armas; tráfico de pessoas; criminalidade financeira internacional, lavagem de dinheiro[54]. No Brasil, vamos encontrá-la na disputa pelo tráfico de drogas nas favelas do Rio de Janeiro, no *jogo do bicho* (embora a só prática dessa contravenção penal não configure uma associação nem organização *criminosa,* segundo a definição legal), nas licitações e no superfaturamento de grandes obras públicas, no roubo de cargas de caminhões, nas concessões de transporte público de massa, nas práticas religiosas que instrumentalizam congregações para o recolhimento de elevados valores em dinheiro e a formação de capital eleitoral, e nas múltiplas possibilidades de corrupção e *venda de sentenças* que gravitam em torno de tribunais e órgãos de controle do poder público.

Além das características acima apontadas, outro modo de tentar **construir um conceito útil de criminalidade organizada consiste em distingui-la da *criminalidade de massa,*** *criminalidade de rua* ou criminalidade comum, que é a que mais assusta e intimida a população, afetando sensivelmente o bem jurídico paz pública. Ela é cada vez mais praticada por quadrilhas organizadas e de forma empresarial, mas isto não a converte em criminalidade organizada. Ela compreende assaltos de rua, invasões de apartamentos e condomínios, pequeno e mediano comércio de drogas, furtos de automóveis e bicicletas, delinquência juvenil; roubo e outros tipos de violência contra pessoas mais vulneráveis nas ruas (idosos, mulheres, crianças, hipossuficientes); violência contra minorias étnicas ou sexuais. No Brasil, vamos encontrá-la nos *arrastões* nas praias, nas invasões coletivas de supermercados, na distribuição de drogas nas universidades[55].

A manipulação do medo coletivo difuso e da sensação de insegurança que se apodera da população em decorrência dessa criminalidade permite o direcionamento da opinião pública e propicia a prática de um *populismo legislativo penal,* que preconiza penas mais

53 Para uma atualização dessas características da organização criminosa, cf. BALTAZAR JUNIOR, **Crime organizado e proibição de insuficiência,** pp. 123-145.

54 Vários exemplos em HASSEMER, *Segurança pública,* 270, e BITENCOURT, 367-368.

55 Exemplos colhidos em BITENCOURT, 371.

severas, medidas investigativas mais incisivas e invasivas, investimentos em armamentos e equipamentos para a segurança pública. Ao mesmo tempo que se equipa de material e normas, usando como pretexto a criminalidade de massa, o estado retira-se da luta contra o crime de rua em favor de empresas de segurança privada, o que se constitui, segundo HASSEMER (*Segurança,* 281), "num escândalo da política de segurança e num perigo para o estado de Direito", pois se privatiza "um campo que é o cerne do estado". Em consequência dessa tendência, aprofunda-se a desigualdade entre ricos e pobres na fruição do bem jurídico segurança, também um direito humano fundamental, e compromete-se a obediência à lei pelas agências de prevenção e persecução penal. Os remédios para essa criminalidade custam caro, mais caro do que a adoção de leis com restrições à liberdade individual diante da investigação criminal: prevenção técnica, policiamento ostensivo, oportunidades aos jovens nos bairros periféricos, trabalhos sociais com moradores de rua, creches, inovações na política de drogas[56].

É assim que, no discurso penal populista e conservador que se observa no meio político e na grande imprensa, usa-se passionalmente a expressão "criminalidade organizada" ou equivalentes, em referência à criminalidade de massa, como pretexto para leis mais duras e restrições da liberdade individual em nome da segurança pública. Daí a conveniência, para esses setores mas não para o estado democrático de Direito, de se manter a expressão "crime organizado" indefinida. Ocorre que o medo do crime e a criminalidade não são como a coisa e sua imagem no espelho; pelo contrário, "não existe a mais remota relação causal entre ameaça e sentimento de ameaça (...): há mais medo do crime entre grupos sociais onde a probabilidade de ser sua vítima é mais remota. A recíproca também é verdadeira." (HASSEMER, *Segurança,* 276).

De todas as características apontadas como presentes na criminalidade organizada, nenhuma parece tão essencial como sua **necessária conexão com o estado.** Essa é a posição de HASSEMER, que passo a transcrever e comentar a seguir. "Proponho (...) usar a expressão 'criminalidade organizada' somente quando o braço com o qual pretendemos combater toda e qualquer forma de criminalidade seja tolhido ou paralisado: quando Legislativo, Executivo ou Judiciário se tornem extorquíveis ou venais." (*Segurança pública,* 268). "Esse potencial eu vejo no assalto, usurpação ou infiltração de setores centrais da ordem estatal, procedido por organizações criminosas. Somente quando seja possível influenciar criminosamente a definição, a elucidação ou o julgamento de infrações penais é que a estrutura criminosa ter-se-á estabilizado. Neste momento confundem-se os limites entre criminalidade e combate à criminalidade que delimitam um estado de Direito." (*Segurança pública,* 269). Falando especificamente da corrupção, prática indispensável à criminalidade organizada com essa conceituação (ao lado também do clientelismo), esse autor alemão a descreve como "aquelas situações nas quais a criminalidade se apoderou dos braços que tinham a missão de combatê-la" e formula

56 Como já afirmado, as drogas constituem o ponto de encontro entre a criminalidade organizada e a de massa. Uma proposta consistente e detalhada de política de drogas pode ser vista em HASSEMER, *Descriminalização dos crimes de drogas,* 315-336.

o seguinte juízo: "Quando as instituições de combate à criminalidade caem nas mãos da criminalidade, como tem sido relatado em relação a alguns estados, então um novo tempo terá começado. Tomando como correto o entendimento de que a corrupção é um processo sorrateiro e contagioso, que não conhece fronteiras e se alastra desde o órgão encarregado da administração e fiscalização de obras públicas até a polícia criminal, tornam-se plausíveis as exigências político-criminais de combater a corrupção imediatamente por toda parte e com a maior severidade." (*Perspectivas,* 311-312).

Autores brasileiros também acolhem essa proposta de conceituação, embora ela não seja ainda consensual nos meios político-criminais, doutrinários ou jurisprudenciais. Sobre ela discorrem longamente BITENCOURT (367-374) e BALTAZAR JUNIOR (625-627) [57].

Linhas atrás, mencionei o entendimento de que o estado moderno é "o crime organizado que deu certo". Isto não equivale a dizer que o crime organizado, em sua conformação atual, tenha como fim último a conquista do estado, ao contrário de organizações terroristas ou grupos guerrilheiros. A rigor, a "legalização" de seu negócio seria sua ruína para a criminalidade organizada, de que são exemplos o tráfico de drogas, a prostituição, a corrupção e as fraudes em licitações. A criminalidade organizada quer se servir do estado, não substituí-lo, mesmo nas situações em que tenha reivindicações territoriais sobre áreas ditas "liberadas", onde realize alguns serviços públicos, como nas favelas do Rio de Janeiro.

Esses aspectos da criminalidade organizada certamente apontam para meios investigativos diferenciados, como a escuta telefônica e ambiental, a colaboração ou delação premiada, a proteção de testemunhas e colaboradores etc. Mas também apontam para soluções de políticas públicas não penais, visto que o crime organizado atua nas franjas ou debilidades do estado de Direito. Além da debilidade do estado, a criminalidade organizada viceja onde há grandes riscos que caracterizam a vida moderna. Nesses casos, o Direito penal, afastando-se de sua missão histórica de punir resultados danosos intencionais, propõe-se a gerenciar o risco, apresentando à sociedade "um culpado". Evocando medidas extrapenais de curto prazo, HASSEMER (*Perspectivas,* 312) sugere: "desfazer elos da cadeia organizacional da corrupção introduzindo-se o rodízio frequente daqueles que ocupam posições sedutoras"; isolar as tarefas de planejamento, fiscalização e execução das tarefas de licitação, julgamento e adjudicação de obras ou aquisições públicas nas áreas mais vulneráveis da Administração; procedimentos de inspeção inovadores e auditorias internas; estabelecimento de um sistema interministerial de informações que utilize critérios comprovadamente confiáveis. A longo prazo, ele vislumbra nada menos que um novo ramo do Direito, um "direito interventivo", destinado a lidar

57 BALTAZAR JUNIOR aponta também como subprodutos ou decorrências da conexão entre o crime organizado e o estado as características da violência, do entrelaçamento com outras organizações, da flexibilidade dos agentes, da exploração de mercado ilícito ou exploração ilícita de mercados lícitos, do controle territorial e do embaraço do curso processual.

com os riscos da vida moderna e deixar ao Direito penal sua missão de tutela de bens jurídicos (HASSEMER, *Perspectivas, 313-314).*

O esforço de identificar fenômenos contemporâneos de desvio à noção de organização criminosa leva inevitavelmente à indagação acerca das atividades de **terrorismo**, grupos guerrilheiros e, um fenômeno marcadamente brasileiro, do **Movimento Nacional dos Sem-Terra (MST).**

O terrorismo compartilha com o crime organizado a mesma dificuldade de definição, mas por razão diversa. Não há consenso na comunidade internacional sobre sua definição, porque alguns estados, notadamente Estados Unidos da América e Israel, hesitam em aceitar um conceito que abranja o *terrorismo de estado.* Numa era de *guerras assimétricas,* é comum que órgãos de segurança dos estados pratiquem ações que muito se assemelham ao terrorismo, como o assassinato de líderes comunitários, o sequestro de pessoas em território estrangeiro, o financiamento de conspirações para a derrubada de um regime político constitucional hostil, o treinamento e equipamento clandestino de grupos armados, o ataque a alvos militares onde a perspectiva de baixas civis é avaliada sob a ótica de custo-benefício e repercussão negativa na opinião pública. De outro lado, há uma dificuldade em distinguir o terrorismo das guerras de libertação, que tiveram início ao tempo do processo de descolonização da África e Ásia, a partir dos anos sessenta, mas se prolongam em lutas de autodeterminação de parcelas do território ou etnias de alguns estados. Há uma dificuldade adicional em equiparar terrorismo a crime organizado para quem exige na configuração deste a finalidade do lucro ou proveito econômico. É bem verdade que a realidade mostra exemplos de promiscuidade entre crime organizado e terrorismo, em que chefes do crime organizado passam incorporar princípios éticos, morais e políticos em seu discurso, e organizações terroristas (e também grupos guerrilheiros) passam a roubar, sequestrar e extorquir para financiar suas atividades. Também se pode observar que o crime organizado tem sido financiador de várias iniciativas terroristas, inclusive com a intermediação de estados[58]. Por último, ainda que se admitam similitudes entre uma organização criminosa (prescindindo-se da finalidade econômica) e uma organização terrorista, é preciso assinalar que a prática do terrorismo não depende necessariamente de uma organização. Os atentados ocorridos durante a Maratona de Boston, em abril de 2013, apontam para a figura do *lobo solitário,* pessoa que pratica atos terroristas isolados, por convicção política ou religiosa, sem qualquer vinculação a uma organização, nem mesmo um treinamento militar ou ideológico.

58 Está comprovado em várias audiências do Congresso dos Estados Unidos que, a partir de certo momento após a derrota na Guerra do Vietnã, a CIA, órgão de inteligência estadunidense, vendo-se em dificuldade de obter dinheiro público para financiar atividades de insurgência em países hostis (*v.g.* Nicarágua) devido à crescente oposição do povo e, afinal, do Congresso Nacional, para a liberação de verbas, passou a estimular o tráfico internacional de drogas como fonte de receita para financiar a compra de armamentos para movimentos terroristas ou insurgentes por ela apoiados. Cf. para amplo relato de fontes oficiais, Mahmood Mamdani, **Good Muslim, Bad Muslim: America, the Cold War and the Roots of Terrorism.**

Os grupos guerrilheiros diferem do terrorismo pelo seu modo de atuação. As guerrilhas geralmente propagam suas convicções políticas evitando atemorizar a população através da violência contra pessoas inocentes. Também pretendem a conquista do poder político por meios violentos, no que igualmente se diferenciam do terrorismo. As guerrilhas também diferem da criminalidade organizada pela ausência do escopo e proveito econômico. Tanto grupos guerrilheiros quanto terroristas têm o propósito de praticar crimes contra a paz pública, tais a segurança do estado e das instituições democráticas. Seus crimes, ou melhor, os crimes para os quais se unem em associação, revestem-se de um escopo político.

Pode-se ainda identificar o terrorismo como um método de ação ou uma estratégia de comunicação. Não existe uma "criminalidade terrorista". Muitos crimes podem ser cometidos como terrorismo, se atingem vítimas inocentes, com o propósito de infundir pânico na população e, assim colher algum resultado do poder político. Portanto, pode haver organização criminosa, grupo guerrilheiro, movimento social, movimento de libertação nacional, os quais, tenham fins econômicos ou políticos, pratiquem eventualmente atos de terrorismo.

Quanto ao MST, há alguma jurisprudência nos tribunais brasileiros, geralmente excluindo a imputação de quadrilha e a pecha de organização criminosa, a despeito da ocorrência de outros crimes no contexto de suas atividades de ocupação de terras. CELSO DELMANTO reproduz julgado do TJ-SP que assim assentou: "Inexistindo prova de que os integrantes do MST se associaram para cometerem crimes de furto e dano, figuras que, corriqueiramente, ocorrem no curso das invasões, não há se falar em quadrilha ou bando; este delito exige associação para o cometimento de crimes e não para outro fim, da qual resultem ou possam resultar na prática de delitos"[59]. BALTAZAR JUNIOR, a propósito do crime de quadrilha, encontrou o seguinte julgado no acervo do TRF-1: "considerar a invasão pacífica de terras por trabalhadores rurais desempregados e desesperados, que têm de sustentar mulher e filhos, como um ato criminoso é fechar os olhos para a realidade vivida neste país, diante da falta de uma política agrária séria e abrangente. Estes não podem e não devem ser equiparados a uma organização criminosa ao tentarem sobreviver, chamando a atenção do Governo Federal para suas dificuldades."[60]

Embora se possa argumentar, tecnicamente, que o MST, em certas situações, possui as características de uma organização criminosa, rotulá-lo como tal constitui uma opção política que acaba por deslegitimar o Direito penal e o próprio estado de Direito. O MST possui decerto as características de estabilidade e permanência. Em suas ocupações de terras, além do próprio ato de ocupar, podem ocorrer crimes, como é próprio de um movimento de massas. Aliás, não há desobediência civil sem desobediência, inclusive a normas penais. Mas há que se reconhecer que algumas das infrações penais praticadas pelo MST são injustificáveis até mesmo no contexto de sua pregação, como o cárcere privado de

59 TJSP RT 787/594, DELMANTO, 826.

60 BALTAZAR JUNIOR, 115; TRF1, RCCR 2002.38.020014.21-9-MG.

funcionários públicos, a invasão de terras produtivas e o dano ao patrimônio público. Não deve haver tolerância do estado de Direito com essas práticas que por vezes se revestem de características nitidamente terroristas, só porque se trata de um movimento social legítimo. Por outro lado, considerando a injusta distribuição de terras que caracteriza o Brasil em relação a outras nações que, em algum momento, promoveram uma reforma agrária digna desse nome, é difícil recusar legitimidade a um movimento que procura, através da desobediência civil, *pressionar* as autoridades para a distribuição de terras improdutivas a quem nela se disponha a residir e trabalhar.

Portanto, criminalizar o MST como tal traduz uma opção político-criminal e política em sentido amplo que deve ser evitada. Agora, seus excessos, roubos, furtos, sequestros, cárcere privado e especulação com terras distribuídas e com verbas para o desenvolvimento dos assentamentos não devem ser vistos com condescendência, porque a proteção do patrimônio e da integridade física são objetivos do estado de Direito que convêm aos próprios interesses do MST.

5.2. Âmbito e alcance da Lei nº 12.850/2013

Até 2012, não havia no Brasil uma definição legal de organização criminosa aceita pela comunidade jurídica, embora já existissem numerosas alusões à expressão em textos de lei. Tanto assim que, a partir da Lei nº 9.034/1995, rotulada de "Lei das organizações criminosas", nosso ordenamento jurídico passou a contar com uma lei "sobre a utilização de meios operacionais para a prevenção e repressão de ações praticadas por organizações criminosas", mais tarde ampliada para definir e regular meios de prova e procedimentos investigatórios que versem sobre ilícitos decorrentes de ações praticadas por quadrilha ou bando ou organizações ou associações criminosas de qualquer tipo". Assim, organização criminosa deveria ser entendida como uma quadrilha mais elaborada. Havia meios processuais e investigatórios destinados a reprimi-la, mas não havia uma definição no ordenamento jurídico nacional.

Não obstante, já então vigorava no País uma definição legal do fenômeno, estampada na Convenção de Palermo, conforme apontado no subtítulo anterior. Na falta de um tipo legal, adotava-se a definição da **Convenção das Nações Unidas contra o Crime Organizado Transnacional ("Convenção de Palermo"),** cujo art. 2 estabelece que "grupo criminoso organizado" é o "grupo estruturado de três ou mais pessoas, existente há algum tempo e atuando concertadamente com o propósito de cometer uma ou mais infrações graves ou enunciadas na presente Convenção, com a intenção de obter, direta ou indiretamente, um benefício econômico ou outro benefício material". Essa convenção, desde quando ratificada pelo Brasil e promulgada pelo Decreto nº 5.015, de 3.12.2004, integra nosso ordenamento jurídico. O dispositivo convencional transcrito decerto não tem força de norma incriminadora, não tanto pelas razões apontadas por DELMANTO (79, nota ao art. 1º do Código Penal sobre reserva legal) – ausência de lei ordinária e inobservância do rito constitucionalmente previsto para tanto – e sim porque não contém todos os elementos de uma norma penal incriminadora, notadamente porque não indica a sanção penal aplicável[61], embora defina com alguma precisão a conduta incriminada[62].

Ocorre que o Supremo Tribunal Federal não aceitava a definição convencional de organização criminosa, única então disponível. No HC nº 96.007-SP[63], relator o Ministro MARCO AURÉLIO, a 1ª Turma do STF deferiu *habeas corpus* para trancar ação penal em desfavor de dirigentes da agremiação religiosa "Renascer de Cristo", acusados do crime de lavagem de dinheiro e ocultação de bens resultantes de crime praticado por organização criminosa, ao tempo em que o art. 1º da Lei nº 9.613/98, definidor do tipo em questão, enumerava os crimes antecedentes, entre eles o "praticado *por* organização criminosa", objeto do revogado inciso VII[64]. Para tanto, o julgamento invocou o princípio constitucional da reserva legal (CR art. 5º XXXIX) – *nullum crimen nulla poena sine lege praevia*. No entanto, poder-se-ia objetar a essa argumentação que o antigo inciso VII do art. 1º da Lei de Lavagem de Dinheiro não enunciava propriamente um "crime antecedente", ao contrário dos outros incisos, pois sua redação levava à inferência de que qualquer crime poderia ser o antecedente, desde que "praticado *por* organização criminosa". Ora, isto não equivalia a estabelecer que a lavagem de dinheiro só estaria configurada se tivesse como *crime antecedente* a organização criminosa. Ainda que se admitisse que o ordenamento jurídico nacional não oferecia um tipo penal incriminador de organização criminosa (salvo a velha quadrilha), era perfeitamente possível argumentar que a definição convencional, indiscutivelmente integrante do Direito interno, era apta a delimitar o fenômeno, quando menos para configurar o crime de lavagem ou ocultação de bens.

Sobreveio a já mencionada Lei nº 12.694/2012, cujo art. 2º, até que enfim, fixou como elementos da organização criminosa o número mínimo de 3 associados, a estrutura ordenada e caracterizada pela divisão de tarefas e o objetivo de praticar crimes com pena máxima igual ou superior a 4 anos ou de caráter transnacional. Essa lei teve a pretensão de dispor sobre o processo e o julgamento colegiado em primeiro grau

---

61 DELMANTO, 79, em favor de seu entendimento, aponta que o próprio art. 5º da Convenção de Palermo exorta os estados-partes a adotarem as medidas legislativas ou outras que sejam necessárias para definir como infração penal em seus direitos internos o grupo criminoso organizado, em previsão distinta dos crimes praticados pela associação criminosa. No entanto, entendemos que o Direito penal brasileiro, até por outros atos internacionais a que aderiu (v.g., Tratado de Roma, que, dentre outras providências, institui o Tribunal Penal Internacional), é permeável a criminalizações promovidas por tratados internacionais, desde que devidamente ratificados e promulgados, e que contenham todos os elementos da definição legal, salientando, porém, que esta não parece ser a posição do STF, de acordo com julgados que proferiu em que deu pela falta de uma definição estritamente *legal*.

62 Em sentido oposto, considerando aceitável a definição proveniente da Convenção de Palermo, BALTAZAR JUNIOR, 622.

63 STF – HC nº 96.007-SP, 1ª T., rel. Min. MARCO AURÉLIO, *v.u.*, jg. em 12.06.2012, **Informativo STF nº 670, de 11 a 15 de junho de 2012.**

64 Atualmente, com a reforma promovida pela Lei nº 12.683/2012, o art. 1º da Lei nº 9.613/98 não mais contém um rol exaustivo de crimes que podem figurar como antecedente da lavagem de dinheiro.

de jurisdição de crimes praticados por organizações criminosas; altera o Decreto-Lei nº 2.848, de 7 de dezembro de 1940 – Código Penal, o Decreto-Lei nº 3.689, de 3 de outubro de 1941 – Código de Processo Penal, e as Leis nos 9.503, de 23 de setembro de 1997 – Código de Trânsito Brasileiro, e 10.826, de 22 de dezembro de 2003; e dá outras providências". Seu art. 2º continha a seguinte definição: "para os efeitos desta Lei, considera-se organização criminosa a associação, de 3 (três) ou mais pessoas, estruturalmente ordenada e caracterizada pela divisão de tarefas, ainda que informalmente, com objetivo de obter, direta ou indiretamente, vantagem de qualquer natureza, mediante a prática de crimes cuja pena máxima seja igual ou superior a 4 (quatro) anos ou que sejam de caráter transnacional."

Todo esse quadro legal sofreu profunda transformação com a edição da Lei nº 12.850, de 5 de agosto de 2013, que "define organização criminosa e dispõe sobre a investigação criminal, os meios de obtenção da prova, infrações penais correlatas e o procedimento criminal; altera o Decreto-lei 2.848, de 7 de dezembro de 1940 (Código Penal); revoga a Lei 9.034, de 3 de maio de 1995; e dá outras providências".

Assim, o objeto da nova lei é mais amplo do que faz supor seu art. 26, que se limita à revogação expressa da Lei nº 9.034/1995, omitindo-se até mesmo do jargão supérfluo, mas usual "revogam-se as disposições em contrário", presente na maioria de nossas leis. Já o *caput* do art. 1º delimita o objeto da lei nesses termos: "define organização criminosa e dispõe sobre a investigação criminal, os meios de obtenção de prova, infrações penais correlatas e o procedimento criminal a ser aplicado". Portanto, trata-se de uma lei que contém normas penais e processuais penais. Mais do que derrogar ou ab-rogar leis específicas, a nova lei incide sobre um vasto campo normativo de extrema atualidade no Direito penal e Direito processual penal brasileiro e mesmo mundial. A inovação mais esperada é certamente a definição e incriminação da organização criminosa, da qual todas as demais decorrem.

Assim, em apertada síntese, a Lei nº 12.850 define organização criminosa e, pela primeira vez, até que enfim, a provê de sanção penal. Derroga o art. 288 do Código Penal para banir de nossa terminologia criminal a denominação "quadrilha ou bando" e substituí-la por "associação criminosa", mais precisa e coincidente com denominações utilizadas no Direito comparado (art. 24). Para deixar de ser "quadrilha", suprime a exigência de quatro, passando a contentar-se com três pessoas para a configuração da associação criminosa. Promove alteração na pena cominada para o crime de falso testemunho ou falsa perícia (CP art. 342, Lei nº 12.850 art. 25).

As prescrições processuais e os meios de obtenção de prova disciplinados nessa lei estendem-se "às infrações penais previstas em tratado ou convenção internacional quando, iniciada a execução no País, o resultado tenha ou devesse ter ocorrido no estrangeiro, ou reciprocamente"; "às organizações terroristas internacionais, reconhecidas segundo as normas de direito internacional, por foro do qual o Brasil faça parte, cujos atos de suporte ao terrorismo, bem como os atos preparatórios ou de execução de atos terroristas, ocorram ou possam ocorrer em território nacional" (art. 1º § 2º I e II). O legislador ainda não se animou a definir terrorismo, ou organização terrorista, apesar de o fenômeno estar enunciado na Constituição e em numerosas leis. Também o alcance da lei não significa a equiparação de terrorismo a organização criminosa, o que não merece crítica. Afinal, já se viu que a ação terrorista nem sempre é praticada por organização terrorista, já que a abrangente vigilância praticada a pretexto da chamada "guerra ao terror" acabou por produzir "lobos solitários".

Alguns dos meios de obtenção de prova, embora já existentes no Direito nacional, sofreram profundas modificações ou detalhamentos. É o caso nomeadamente da colaboração premiada, antes chamada de delação premiada, e do emprego do agente infiltrado. Se o aprimoramento desses institutos merece encômios, a falta de sua regulamentação uniforme, aplicável a todos os crimes a que se destina – hediondos, lavagem de dinheiro, organizações criminosas – só contribui para a notável incongruência da legislação processual penal brasileira, há muito retalhada para resolver problemas político-criminais imediatos, sem uma preocupação com a harmonia e racionalidade do sistema.

Com as ressalvas apontadas nos tópicos seguintes, pode-se considerar a nova lei um avanço nos esforços do estado e da sociedade de reprimir a criminalidade organizada em suas variadas formas. Ela aproxima nosso ordenamento jurídico um pouco mais do que é preconizado pelos tratados internacionais sobre a matéria, principalmente a Convenção das Nações Unidas contra o Crime Organizado Transnacional – Convenção de Palermo (Decreto nº 5.015/2004). Durante sua tramitação na Câmara dos Deputados, deu-se oportunidade à contribuição especializada ENCCLA (Estratégia Nacional de Combate à Corrupção e à Lavagem de Dinheiro), tendo o projeto de lei sofrido poucas modificações no Senado.

No mais, ainda é prematuro oferecer agora comentários concludentes sobre uma legislação que mal saiu do prazo de vacância e ainda convive com a anterior pelos princípios da ultratividade da lei mais benigna e da própria reserva legal. Ainda não houve tempo para a reflexão detida sobre o conjunto de suas disposições e os juízes e tribunais ainda não se pronunciaram a seu respeito ou não cristalizaram sua interpretação em julgados reiterados. Portanto, o que se segue não pode pretender mais do que oferecer reflexões iniciais sobre como possivelmente a nova lei será entendida e aplicada.

5.3. Generalidades sobre os crimes de organização criminosa

Inicialmente, cabe registrar que são vários os crimes que giram em torno da definição legal de organização criminosa: promover, constituir, financiar ou integrar, pessoalmente ou por interposta pessoa. Também impedir ou, de qualquer forma, embaraçar a investigação de infração criminosa relacionada a uma organização criminosa. Além disso, a lei erigiu alguns tipos penais, chamados de "infrações penais correlatas", destinados a flanquear o esforço do sistema penal em investigar, processar e punir crimes de organizações criminosas.

Organização criminosa, segundo a nova lei, é a associação de 4 ou mais pessoas estruturalmente ordenada e caracterizada pela divisão de tarefas, ainda que informalmente, com objetivo de obter, direta ou indiretamente, vantagem de qualquer natureza, mediante a prática de infrações penais cujas penas máximas sejam superiores a 4 anos, ou que sejam de caráter transnacional. Enquanto essa definição figura no § 1º do art. 1º da referida lei, a incriminação vem no art. 2º, que comina as penas de 3 a 8 anos de reclusão e multa, sem prejuízo das penas correspondentes às demais infrações penais praticadas.

A criminalidade organizada é a forma por excelência como se apresenta a criminalidade dita "moderna". Ela ameaça a paz pública, por certo, mas também abala próprias as bases do estado de Direito, porque se interpõe entre este e a população como uma instância de poder egoístico e despido de qualquer controle democrático. De uma certa forma, o estado se vê na organização criminosa, porque também ele, em algum momento no passado, estabeleceu-se num território como uma milícia armada que prevaleceu por ter expulsado as outras que competiam.

Por tudo isso, a disciplina jurídico-penal da organização criminosa é indispensável ao bom funcionamento do estado moderno. Como visto, a noção de crime organizado permite manipulações da opinião pública e, em casos concretos, até abusos de poder. Mas, de outro lado, as organizações criminosas, as verdadeiras, são a maior ameaça atual ao estado de Direito. Seu estudo e sua compreensão – se possível de uma perspectiva multidisciplinar, porque as soluções não serão encontradas apenas no arsenal fornecido pelo Direito penal – é obrigação de qualquer operador ou estudioso das ciências penais.

5.4. Objetividade jurídica

Vale aqui, com as devidas adaptações, tudo quanto já foi dito na rubrica própria do capítulo alusivo ao crime de associação criminosa. Trata-se do fenômeno criminoso que mais ameaça o estado de Direito e o ordenamento jurídico contemporâneo. Talvez por isso, a expressão é frequentemente usada com fins políticos e populistas, numa acepção tão ampla, que qualquer crime praticado em concurso de agentes, na falta de um conceito preciso, passa a ser apontado como emanação do "crime organizado". A organização criminosa pode também ser vista como a feição moderna e exponencial da associação criminosa (antiga quadrilha), em relação à qual traz um *plus* em complexidade, organização e potencial de lesão a bens jurídicos que transcendem a mera paz pública. Em suas formas extremas, sobretudo quando possuem tentáculos no estado, pretensões territoriais, controle de mercados e emprego de violência, a organização criminosa ameaça a própria segurança do estado, e não apenas a proverbial paz pública.

A organização criminosa é uma associação criminosa mais complexa, qualitativamente mais poderosa, profissional e eficiente. Ela deve ter, no mínimo, todos os elementos constitutivos da associação. Dito de outro modo, toda organização criminosa contém em si os elementos de uma associação criminosa[65].

---

65 Antes que tivéssemos um crime de organização criminosa, essas afirmações eram essenciais para a configuração de uma organização criminosa, isto é, só se podia condenar integrantes de uma

5.5. Sujeitos do crime

Antes que houvesse lei definindo um tipo penal de organização criminosa, recorria-se à definição de quadrilha que, em termos de sujeito ativo, requeria o concurso necessário de pelo menos 4 membros. Atualmente, a nova definição de associação criminosa, que substituiu a quadrilha no art. 288 do Código Penal, requer o concurso de apenas 3 pessoas. No entanto, a nova definição de organização criminosa, ora em análise, requer o concurso mínimo de 4 pessoas, diferentemente da definição de organização criminosa adotada pelo art. 2º da Lei nº 12.694/2012, que se contenta com o mínimo de 3 integrantes, fiel à definição da Convenção de Palermo, e da associação para o tráfico de drogas, que se configura com duas pessoas apenas (art. 35 da Lei nº 11.343/2006).

Quanto ao sujeito passivo, a mesma dificuldade de se identificar uma vítima da associação criminosa vale para o crime de organização criminosa, como se verá oportunamente. Frequentemente, quem sofre a ação da associação ou organização criminosa não se vê em conflito com ela, e sim em convergência de interesses[66].

5.6. Tipo subjetivo

Aqui cabem alguns comentários adicionais em relação ao que foi apresentado quanto ao antigo crime de quadrilha, atual associação criminosa.

A opção técnico-legislativa do legislador foi de definir, separadamente, o fenômeno da organização criminosa e a cominação de penas para o fenômeno e as formas equiparadas. A definição segue basicamente aquela formulada pela Lei nº 12.694/2012, modificando apenas a quantidade mínima de integrantes e a pena mínima dos crimes almejados, conforme consta do § 1º do art. 1º da Lei nº 12.850/2013. Portanto, será preciso o concurso de pelo menos 4 pessoas em associação estável e permanente. Essa associação deverá revestir-se de estruturação ordenada e divisão de tarefas, ainda que informal, e nisto começa a se distinguir da associação criminosa comum. Por outro lado, aquilo que na doutrina e até pelo senso comum distinguia a quadrilha da organização criminosa, isto é, a estruturação ordenada e a divisão de tarefas, agora passou a ser um traço distintivo indispensável para a organização criminosa. Não há exigência

organização criminosa se fosse possível demonstrar que estavam organizados em quadrilha. As assertivas ainda permanecem válidas e úteis no quadro atual, quando menos para relacionar os dois tipos penais. Nesse sentido, BALTAZAR JUNIOR (120-121) reproduz julgado que, na falta de uma definição de organização criminosa, assim relacionava os dois conceitos: "o conceito de organização criminosa é tema que pode até conduzir a uma certa controvérsia no plano doutrinário, mas, a jurisprudência é sólida no sentido de que o artigo 288 do Código Penal (...) é o tipo incriminador que retrata essa figura penal."

66 Como se pode ver em BALTAZAR JUNIOR, 628, as pessoas que vivenciam a ação das organizações criminosas frequentemente beneficiam-se de sua atuação, seja no fornecimento de mercadorias, na prestação de serviços, na proteção ao funcionamento do negócio, e não estão em condições de escolher ou recusar seus serviços, seja porque paira uma ameaça difusa de emprego de violência, seja porque o estado está virtualmente ausente nos serviços que deveria prestar.

de um chefe ou de algum tipo de hierarquia, embora um e outra possam acontecer concretamente. A finalidade dessa organização estruturada e caracterizada pela divisão de tarefas deve ser a de obter, direta ou indiretamente, vantagem de qualquer natureza mediante a prática de infrações penais. Mas não basta a associação com essas características voltada ao objetivo de auferir vantagem da prática de qualquer infração penal. É preciso que as infrações penais objetivadas pela organização tenham a cominação de pena máxima superior a 4 anos (na Lei nº 12.694/2012, a organização criminosa se configurava já para a prática de crimes com pena prevista *igual* ou *superior* a 4 anos). Alternativamente, os crimes visados poderão ter pena menor, desde que apresentem o "caráter transnacional". Assim, ou os crimes visados pela agremiação têm pena máxima superior a quatro anos, ou têm caráter transnacional, em qualquer caso com o número mínimo de quatro integrantes. Do contrário, não estará configurada a organização criminosa mas, talvez, uma associação criminosa.

As condutas configuradoras do crime de organização criminosa estão previstas no art. 2º, cujos parágrafos, numa verdadeira *lambança* técnico-legislativa, também definem formas equiparadas, agravantes, majorantes, medidas cautelares e até mesmo efeitos da condenação e disposições específicas para a investigação de agente policial na sociedade criminosa. O tipo objetivo comporta quatro verbos nucleares, a saber, promover, constituir, financiar ou integrar... organização criminosa, no que se diferencia do modelo de associação criminosa (ou quadrilha), que contempla apenas o verbo "associarem-se". Assim, pratica organização criminosa aquele que **promove**, isto é, dá impulso a; **constitui,** isto é, funda, forma, compõe, institui; **financia,** isto é, sustenta, custeia, banca, provê o capital necessário para; ou **integra,** isto é, inclui-se em, adere a, associa-se a organização criminosa, conforme definida no art. 1º § 1º. As ações expressas por esses verbos podem ser praticadas "pessoalmente ou por interposta pessoa", o que parece um exagero, pois acaba por instituir um "mandante" de organização criminosa sem qualquer utilidade prática, pois nada mais é do que um membro da associação.

Formas equiparadas, providas das mesmas sanções cominadas aos tipos básicos, são previstas no § 1º do mesmo artigo 2º, isto é, todo aquele que "impede ou, de qualquer forma, embaraça a investigação de infração penal que envolva organização criminosa".

É lamentável que a definição legal de organização criminosa não tenha contemplado o traço que mais justifica sua existência como forma qualificada de associação criminosa e o temor que infunde em relação à criminalidade comum, que é sua vinculação com o estado. Afinal, o que potencializa a ameaça representada por uma organização criminosa é precisamente seus tentáculos dentro do estado, através da corrupção, da cooptação, do clientelismo e, como consequência ou em potencial, sua aptidão a neutralizar o monopólio da violência legítima. Na prática, nenhuma organização criminosa será digna desse nome se não dispuser de capacidade de mobilizar poder do estado para viabilizar sua atividade econômica, oferecer serviços normalmente prestados pelo estado e neutralizar os agentes da lei incumbidos de coibir sua atividade ilícita.

A organização criminosa exige o objetivo de obter "vantagem de qualquer natureza", não apenas econômica, neste ponto idêntica à definição da Lei nº 12.694/2012. O modelo de associação criminosa (CP art. 288), nem mesmo o auferimento de vantagem exige para sua configuração, contendo-se com o "fim específico de cometer crimes". A definição da Convenção de Palermo é mais restrita, pois exige que a agremiação de no mínimo três pessoas tenha o propósito de cometer infrações penais graves com a "finalidade de obter (...) um benefício econômico ou outro benefício material". Assim, a definição brasileira inclui a agremiação que pratique crimes com finalidades políticas, como um grupo guerrilheiro ou um grupo terrorista, algo que não foi cogitado pela Convenção de Palermo.

5.7. Confronto

Seria desejável que o novo tipo penal da organização criminosa bem como a nova vestimenta do crime de quadrilha como associação criminosa tivessem o condão de ab-rogar a **associação para o tráfico de drogas,** prevista no art. 35 da Lei nº 11.343/2006 com a associação de apenas duas pessoas. Afinal, a Lei nº 12.850/2013 é posterior à Lei de Drogas, pelo que, por princípio elementar de conflito intertemporal de lei, deveria revogar a lei anterior que com ela seja incompatível. Mas não é só isso. Qual princípio da proporcionalidade conseguiria justificar que uma associação para o tráfico, constituída de duas pessoas, tenha pena de 3 a 10 anos, infinitamente superior ao patamar de 1 a 3 anos da associação criminosa, com composição mínima de 3 pessoas, ou que os 3 a 6 anos de reclusão, quando tal associação voltar-se à prática de crimes hediondos, tortura, tráfico ilícito de entorpecentes e drogas afins ou terrorismo, como preconiza o art. 8º da Lei nº 8.072/1990? Igualmente, o novo crime de organização criminosa, com o mínimo de 4 integrantes, prevê pena de 3 a 8 anos, quer se trate de organização voltada à prática de corrupção, homicídio por encomenda, roubos de cargas com emprego de violência nas estradas. Como assim, uma associação de duas pessoas para a prática do tráfico de drogas sujeitará os agentes à reclusão de 3 a 10 anos?

A **Lei nº 9.034/1995** (antiga "Lei das Organizações Criminosas") é a única que mereceu revogação expressa pela Lei nº 12.850/2013. A substituição dispensa comentários por ora, porque a lei anterior tinha cunho marcadamente processual, inclusive prevendo meios operacionais mais incisivos que os codificados para a investigação e prova, ao passo que a nova lei, além de seu conteúdo de direito material, abrange todo o objeto daquela, inclusive disciplinando os institutos com mais detalhes.

A **Lei nº 12.694/2012** é aquela que, por primeira vez, definiu organização criminosa no ordenamento jurídico nacional, embora sem criminalizá-la, e instituiu o triunvirato de juízes para julgamento de crimes. Tratou-se de uma resposta político-legislativa, um tanto atabalhoada e passional, ao brutal homicídio da Juíza de Direito da 4ª Vara Criminal de São Gonçalo, Rio de Janeiro Patrícia Acioli, ocorrido em 12 de agosto de 2011. Instituiu um triunvirato facultativo de juízes de 1ª instância para o julgamento de crimes praticados por organização criminosa, sujeito a ato de vontade do juiz competente, além de prever medidas mais enérgicas de proteção a magistrados. Como não houve revogação expressa dessa lei, deverá o ordenamento jurídico brasileiro conviver com duas acepções de organização criminosa: uma, para os fins da Lei nº 12.694/2012, notadamente a formação do triunvirato de juízes de 1ª instância, e outra constituinte de um tipo penal provido de sanção correspondente? A primeira definição, como visto, se contenta com três integrantes e abrange crimes com pena igual ou superior a 4 anos, no que é mais fiel à Convenção de Palermo; a segunda requer o número mínimo de quatro membros e abrange crimes com pena superior a 4 anos.

Sobre essa perplexidade, peço vênia para transcrever RENATO BRASILEIRO DE LIMA (512-513), lapidar tanto na crítica quanto na solução que oferece: "Por mais que a Lei nº 12.850/13 não faça qualquer referência à revogação parcial da Lei n. 12.694/12, especificamente no tocante ao conceito de organizações criminosas, é no mínimo estranho aceitarmos a superposição de conceitos distintos para definir tema de tamanha relevância para o Direito Penal e Processual Penal. é bem verdade que o art. 9º da LC 95/98, com redação dada pela LC nº 107/01, determina que a cláusula de revogação de lei nova deve enumerar, expressamente, as leis e disposições revogadas, o que não ocorreu na hipótese sob comento, já que o art. 26 da Lei nº 12.850/13 revogou expressamente apenas a Lei nº 9.034/95, sem fazer qualquer referência ao conceito de organização criminosa constante do art. 2º da Lei nº 12.694/12. No entanto, a falta de técnica por parte do legislador – que, aliás, tem se tornado uma rotina -, não pode justificar a convivência de normas jurídicas incompatíveis entre si, tratando do conceito de organizações criminosas de maneira conflitante. Por consequência, como se trata de norma posterior que tratou da matéria em sentido diverso, parece-nos que o novel conceito de organização criminosa constante do art. 1º, § 1º, da Lei nº 12,850/13, revogou tacitamente o art. 2º da Lei nº 12.694/12, nos termos do art. 2º, § 1º, da Lei de Introdução às normas do Direito Brasileiro. Se, de um lado, sustentamos que o conceito de organização criminosa deve ser unificado em torno da definição constante do art. 1º, §1º, da Lei nº 12.850/13, daí não se pode concluir que a Lei nº 12.694/12 teria sido integralmente revogada. Ora, por mais que tenha havido a revogação tácita do art. 2º da Lei nº 12.694/12 pela Lei nº 12.850/13, os demais dispositivos constantes desta Lei permanecem com plena vigência. Afinal, o objeto desses dois diplomas normativos é distinto: enquanto a Lei nº 12.694/12 dispõe sobre a formação do juízo colegiado para o julgamento de crimes praticados por organizações criminosas, a Lei nº 12.850/13 define o crime de organização criminosa, infrações penais correlatas, regulamentando a investigação criminal e meios de obtenção de prova. Subsiste, pois, a possibilidade de formação do juízo colegiado para o julgamento de crimes praticados por organizações criminosas, tal qual disposto no art. 1º da lei nº 12.694/12. Porém, para fins de conceituação de organizações criminosas, há de ser utilizada a definição constante do art. 1º, § 1º, da Lei nº 12.850/13, que revogou tacitamente o disposto no art. 2º da Lei nº 12.694/12."[67]

67 No mesmo sentido, EUGENIO PACELLI DE OLIVEIRA, pp. 6-7.

A sucessão dessas leis – 9.034/1995, 12.694/2012, 12.720/2012 (que criou o crime de milícia armada) e 12.850/2013, e poderíamos retroceder também à Lei dos Crimes Hediondos, 8.072/1990 e outras – revela a falta de critério do legislador, sua desorganização, e mesmo a falta de um projeto político-criminal. A Lei nº 9.034/1995 estabeleceu uma série de medidas investigativas e processuais para organizações e associações criminosas, algo que a Lei nº 8.072/1990 já tinha feito antes, para crimes hediondos e equiparados, mas nenhuma delas se animou a definir "organização criminosa". Vem a Lei nº 12.694/2012 que, pressionada por fatos concretos, define "organização criminosa" e cria o "triunvirato" para julgar crimes praticados por ela, mas não lhe comina qualquer pena. Logo a seguir, a Lei 12.710/2012 acrescenta o art. 288-A ao Código Penal com uma figura de milícia privada totalmente supérflua, além de confusa, a não ser para "mostrar serviço" como coroamento dos trabalhos de uma Comissão Parlamentar de Inquérito. O triunvirato facultativo da Lei nº 12.694/2012 pode levar a situações constrangedoras: é o juiz processante que solicita sua formação. Ao fazê-lo, de certa maneira, veicula aos acusados ou investigados a mensagem de que tem a intenção de condenar, pois, do contrário, para absolver, ele agiria sozinho. O julgamento será secreto, mas é evidente para os condenados que o juiz processante decidiu pela condenação. E não pode ser desprezada a possibilidade de se propalar, em relação ao juiz que solicita a formação do trio, a imagem de "medroso" ou "condenador", o que não contribui para a segurança pessoal dos magistrados.

5.8. Penas

As penas cominadas são reclusão, de 3 a 8 anos e multa, sem prejuízo das penas correspondentes às demais infrações penais praticadas, que se agregarão às reprimendas da organização criminosa em concurso material, como já ocorria com o crime de quadrilha.

Ao longo dos parágrafos do artigo 2º, a nova lei mistura modalidades equiparadas ao tipo básico, majorantes e agravantes, sem muito critério. Assim é que o § 1º, já analisado antes, equipara ao tipo básico as condutas de impedir ou embaraçar investigação criminal sobre organização criminosa, cominando as mesmas penas. O § 3º prevê uma agravante destinada ao chefe da organização criminosa, seja em comando individual ou coletivo, e não precisava dizer que ela incide mesmo que ele não pratique pessoalmente atos de execução. Já os §§ 2º e 4º preveem majorantes, primeiramente, com aumento até a metade, se houver emprego de arma de fogo; em segundo lugar, com aumento de 1/6 a 2/3, se há participação de criança ou adolescente; ou concurso de funcionário público valendo-se a organização criminosa de sua condição; ou se o produto ou proveito da infração penal destinar-se ao exterior; ou se a organização mantém conexão com agremiações congêneres; e, por último, se as circunstâncias evidenciarem a transnacionalidade da organização.

Dentre os meios de obtenção da prova, cabe aqui alusão à **colaboração premiada,** novo rótulo da delação premiada, menos estigmatizante. Ele ainda está estruturado predominantemente como causa de redução ou isenção de pena, daí sua inclusão nesta rubrica. Em algumas situações, porém, ele assume natureza de *plea bargain,* renúncia legal ao poder de denunciar por razões utilitárias, externada em acordos que se apresentam como verdadeiros contratos, e ainda de perdão judicial, modalidade de extinção da punibilidade.

Sua disciplina na nova lei é extensa e detalhada, ocupando os arts. 4º a 7º. Na nova conformação, o benefício deverá derivar de acordo escrito (conteúdo indicado no art. 6º), sujeito a homologação judicial, tal como já amplamente praticado.

Dentre as inovações, uma delas, a previsão de que também a autoridade policial poderá promover o acordo de delação, talvez não resista a um controle de constitucionalidade à luz do art. 129 I da Carta Magna.

A recusa do juiz em homologar o acordo segue o procedimento do pedido de arquivamento, conforme previsto no art. 28 do CPP (§ 2º).

Há também a previsão de o MP retardar o oferecimento da denúncia (art. 4º § 3º) por até 6 meses, prorrogáveis por igual período, "até que sejam cumpridas as medidas de colaboração", com a concomitante suspensão da fluência do prazo prescricional. Semelhantemente, a lei prevê o acordo de imunidade, mediante o qual o Ministério Público deixa de denunciar o colaborador, desde que este não seja o líder da organização criminosa e seja o primeiro a prestar efetiva colaboração.

Numerosas lacunas das leis anteriores, reclamadas pela doutrina e pela jurisprudência, foram supridas pela nova lei. Os resultados almejados pela colaboração estão enumerados exaustivamente nos incisos do art. 4º. Em sua maior parte, foram colhidos da legislação precedente, que não os tinha sistematizados como agora.

A nova lei oferece vários critérios para o proponente da colaboração e o juiz modularem o benefício a ser oferecido e homologado, desde o perdão judicial até a redução da pena privativa de liberdade em até 2/3, passando por sua substituição por restritiva de direitos. Também a colaboração posterior à sentença poderá ser contemplada com premiação menor (§ 5º), compreendendo a diminuição da pena até a metade ou a progressão de regime, ainda que não preenchidos seus requisitos objetivos. Há possibilidade de retratação da disposição de colaborar (art. 4º § 10), hipótese em que as provas autoincriminatórias produzidas pelo colaborador não poderão ser aproveitadas em seu desfavor. O § 14 do art. 4º determina que o colaborador renunciará, assistido por advogado, ao direito ao silêncio, sujeitando-se ao compromisso legal de dizer a verdade. Mas, como sempre poderá retratar-se, será que o colaborador que se cala ou mente sujeitar-se-á às iras do falso testemunho?

Um critério de prudência que deveria ser intuitivo vem agora disposto no § 16 do art. 4º: "nenhuma sentença condenatória será proferida com fundamento apenas nas declarações do agente colaborador." Porém, a obviedade não é supérflua: de um lado, serve de advertência ao investigador, acusador e julgador afoitos e coíbe uma "indústria da delação" bem como abusos de poder pelas autoridades da persecução penal. Por outro lado, a proibição refere-se apenas às "declarações" do agente colaborador, não à prova obtida ou propiciada graças aos conhecimentos que ele trouxe aos autos. Como se sabe, o colaborador vale mais pelo que mostra do que pelo que declara.

O artigo 5º contém extenso catálogo de direitos do colaborador. Essa iniciativa deve ser saudada, tanto pela falta de tradição da prática de colaboração premiada no Brasil quanto para infundir mais segurança e certeza jurídica aos termos de colaboração. Para além de seu caráter eminentemente jurídico, tais direitos têm um papel pedagógico para as autoridades da persecução penal, que não poderão chantagear o colaborador nem prometer-lhe o que legalmente não podem nem pretendem cumprir.

No mais, peço ao leitor reportar-me à discussão da colaboração premiada oferecida nos comentários ao art. 288 do Código Penal. Aqui, basta lembrar que há previsões de colaboração premiada na Lei nº 9.613/1998 ("Lei de Lavagem de Dinheiro"), Lei nº 7.492/1986 ("Lei do Colarinho Branco"), Lei nº 9.807/1999 (proteção de testemunhas), Lei nº 11.343/2006 (Lei de Drogas), Lei nº 12.529/2011 ("Lei do CADE") e Lei nº 12.651/2012 (Código Florestal). A maioria delas refere-se a "quadrilha", ou melhor, "associação criminosa". Quando a referência se der também a organização criminosa, devem prevalecer as regras da Lei nº 12.850/2013. Mas, tratando-se de normas processuais, não há princípio de interpretação que impeça uma "combinação de leis", desde que venha em benefício do colaborador e da busca da verdade, não se devendo reconhecer em favor das pessoas incriminadas qualquer "direito adquirido" a esta ou aquela disciplina da colaboração premiada.

5.9. Questões processuais

A **ação penal** é pública incondicionada, devendo ser obrigatoriamente deflagrada pelo Ministério Público, sem possibilidade de suspensão condicional do processo, assim como a polícia judiciária deverá promover as investigações pertinentes com a só *notitia criminis* que chegue a seu conhecimento por qualquer meio.

No tocante à **competência jurisdicional,** não há particularidades dignas de nota, a não ser o que remanesce da Lei nº 12.694/2012, que será discutido logo a seguir. Vale ainda lembrar que o âmbito da Justiça Federal será delimitado, na prática, pela titularidade do bem jurídico visado pelos crimes pretendidos pela organização criminosa. Em regra, a competência será da Justiça estadual, só passando à esfera da Justiça Federal nas hipóteses em que os crimes pretendidos pela organização criminosa se amoldarem ao rol do art. 109 da Constituição. No mais, reporto-me às considerações feitas acerca da competência para o processo e julgamento do crime de associação criminosa, inteiramente aplicáveis aqui.

A Lei nº 12.694/2012 estabeleceu a formação de colegiado em primeiro grau de jurisdição para a prática de diversos atos processuais em processos ou procedimentos que tenham por objeto crimes praticados por organizações criminosas (como tal definidas no respectivo art. 2º). Estranha essa modificação de competência, que deixa a critério do juiz natural, e não ao órgão revisional, a prerrogativa de "decidir pela formação de colegiado" integrado por dois outros juízes recrutados por sorteio eletrônico. Talvez seja esta uma versão brasileira do "juiz sem rosto" utilizado em outros tempos na Colômbia e no Peru, uma resposta apressada a fatos concretos de assassinato de magistrados no País. Salvo melhor juízo, e como já manifestado antes, entendo que essa lei subsiste em todos os seus termos, exceto no tocante à definição de organização criminosa, que deixa de ser aquela prevista em seu art. 2º para se conformar à nova definição, contida no art. 1º § 1º da Lei nº 12.850/2013.

O **procedimento** a ser observado será o ordinário previsto no Código penal, com a só ressalva do parágrafo único do art. 22 da Lei das Organizações Criminosas, que prevê a duração da prisão preventiva em 120 dias com uma prorrogação.

A nova lei é silente quanto ao cabimento da **prisão temporária** para autores de organização criminosa, e a Lei nº 7.960/1989, em seu art. 1º III *l* a prevê para o crime de quadrilha ou bando (hoje associação criminosa), definido no art. 288 do Código Penal. Entendo que não se há de excluir a organização criminosa da possibilidade de prisão temporária. Afinal, trata-se de norma processual, e não de direito material. A associação criminosa é um *minus* em relação à organização criminosa, isto é, todos os elementos da primeira estarão presentes na segunda, que dela difere por critérios de quantidade ou intensidade. Já o inverso não pode ser sustentado: medidas invasivas ou constritivas previstas para a investigação de organização criminosa não podem ser aplicadas para crimes de associação criminosa.

Tal prisão terá a duração de 5 dias, prorrogável uma só vez por igual prazo mediante "extrema e comprovada necessidade", nos termos do art. 2º *caput* da mesma lei. Os crimes de organização criminosa não são rotulados como hediondos nem a Lei nº 12.850/2013 determina que se lhes aplique as disposições próprias daqueles, a exemplo da previsão da duração da prisão temporária por 30 dias, prorrogáveis uma vez por igual período, mediante as mesmas condições ("extrema e comprovada necessidade"), nos termos do § 4º do art. 2º da Lei nº 8.072/1990. Nesse caso, a prisão temporária pelo prazo mais longo concedido para crimes hediondos e equiparados só poderá se aplicar a suspeitos de organização criminosa quando este crime estiver conexo com algum hediondo ou equiparado.

Como já visto em relação à associação criminosa, a **prisão em flagrante** deveria seguir as características do crime permanente, isto é, o agente se encontra no estado de flagrância enquanto não cessar a permanência, consoante o art. 303 do CPP. Mas, devido à circunstância de que o tipo legal criminaliza atos que, de outro modo, seriam preparatórios, incapazes de configurar sequer uma tentativa de crime de resultado, é previsível que a jurisprudência se mantenha cautelosa na homologação de tais prisões.

Ainda por decorrência da natureza permanente da organização criminosa, não haverá desrespeito à inviolabilidade do domicílio no ingresso na casa sem mandado judicial, a fim de efetuar a prisão em flagrante de suspeito de integrar organização criminosa, já que incide a exceção ressalvada no art. 5º XI da Constituição[68], consoante precedente do STF[69].

---

68 Constituição da República, art. 5º XII: "a casa é asilo inviolável do indivíduo, ninguém nela podendo penetrar sem consentimento do morador, salvo em caso de flagrante delito ou desastre, ou para prestar socorro, ou, durante o dia, por determinação judicial."

69 STF – HC nº 74.127, 2ª T., Rel. Min. CARLOS VELLOSO, julgado em 15.04.1997, **DJU 13-06-1997 p. 26.693**, cf. também BALTAZAR JUNIOR, 120.

Com a expressa ab-rogação da Lei nº 9.034/1995 pela Lei nº 12.850/2013, a possibilidade de postergação da prisão em flagrante, denominada de **ação controlada,** não mais é cabível para o crime de associação criminosa. Tal instituto, conforme se sabe, consiste no diferimento da prisão em flagrante ou de outra intervenção administrativa para momento taticamente mais oportuno e eficaz para a formação de provas (art. 8º § 1º), sem que o agente policial incorra em crime de prevaricação, já que, na falta dessa autorização legal, a prisão em flagrante é sempre obrigatória para o agente policial que se depare com crime de ação pública. Portanto, a ação controlada enseja uma "relativização do dever policial de ação imediata ante o flagrante delito" (BALTAZAR JUNIOR, 631).

Segundo a nova disciplina contida nos arts. 8º e 9º da Lei nº 12.850/2013, a ação controlada passa a depender de *comunicação* ao juiz (e não de sua autorização), que, se for o caso, estabelecer-lhe-á limites e noticiará sua realização ao Ministério Público. Nisso este meio operacional difere do art. 2º II da ab-rogada Lei nº 9.034/1995, que não exigia qualquer autorização ou comunicação judicial, e também da medida análoga prevista na Lei de Drogas (Lei nº 11.343/2006, art. 53 II) que depende de autorização judicial, com prévia oitiva do Ministério Público. O art. 9º, ao discorrer sobre a ação controlada que envolva a transposição de fronteiras internacionais, não passa de *wishful thinking,* mas tem o mérito de contemplar um ingrediente de cooperação jurídica internacional, cada vez mais necessária entre países limítrofes, quer integrem o Mercosul ou não.

Quanto à **prisão preventiva**, a mera constituição da organização criminosa, a depender de seu grau de periculosidade, operacionalidade e continuidade das atividades delituosas, é razão suficiente para tornar a segregação cautelar necessária. Este é o caso, segundo o STF, quando há notícia de que a lei do silêncio foi implantada por pessoas em relação às quais é imputado o crime de associação visando ao extermínio. É também o caso, segundo o STJ, diante de associação ou organização criminosa com "poder econômico, de articulação e mobilização, com força suficiente para embaraçar o curso processual, com possibilidade de haver coação e vingança contra as testemunhas arroladas no processo" (exemplos colacionados por BALTAZAR JUNIOR, 630).

Com respeito à **individualização das condutas dos integrantes de organização criminosa na respectiva denúncia,** como já foi observado nos comentários à associação criminosa, boa parte da doutrina insiste na necessidade da descrição detalhada da conduta de cada um dos membros do grupo criminoso. Na jurisprudência, porém, tem prevalecido a aceitação da descrição genérica, desde que a denúncia demonstre a união do número mínimo de pessoas em organização criminosa, postergando-se a individualização das condutas para a instrução criminal (MASSON, 975-976 e 987).

5.9.1. Meios de prova, operacionais e preventivos

Além da exaustiva disciplina da colaboração premiada comentada páginas atrás (arts. 4º -9º), a nova lei contempla, em seu art. 3º, os seguintes meios de obtenção da prova (art. 3º): captação ambiental de sinais eletromagnéticos, ópticos ou acústicos; ação controlada (arts. 8º e 9º); acesso a registros de ligações telefônicas e telemáticas, a dados cadastrais constantes de bancos de dados públicos ou privados e a informações eleitorais ou comerciais (arts. 15-17); interceptação de comunicações telefônicas e telemáticas, nos termos da legislação precedente; afastamento dos sigilos financeiro, bancário e fiscal, nos termos da legislação precedente; infiltração, por policiais, em atividades de investigação (arts. 10-14); cooperação entre instituições e órgãos federais, distritais, estaduais e municipais.

Vários desses meios eram já contemplados em outras leis, notadamente na ab-rogada Lei nº 9.034/1995. Seu âmbito de aplicação era mais amplo, a saber, "ilícitos decorrentes de ações praticadas por quadrilha ou bando ou organizações ou associações criminosas de qualquer tipo" (art. 1º). Já a nova legislação, conforme expressamente estabelecido no art. 1º § 2º da Lei nº 12.850/2013, aplica-se "às infrações penais previstas em tratado ou convenção internacional quando, iniciada a execução no País, o resultado tenha ou devesse ter ocorrido no estrangeiro, ou reciprocamente", mesmo que não praticadas por organização criminosa, acrescento eu; e "às organizações terroristas internacionais, reconhecidas segundo as normas de direito internacional, por foro do qual o Brasil faça parte, cujos atos de suporte ao terrorismo, bem como os atos preparatórios ou de execução de atos terroristas, ocorram ou possam ocorrer em território nacional". Ao contrário da legislação anterior, nenhuma dessas medidas pode ser aplicada a associações criminosas só por sê-lo, a não ser que elas se subsumam na ampliação operada pelo citado § 2º do art. 1º. Essa omissão só pode ser vista como *cochilo* imperdoável do legislador. Dela resulta que os meios constritivos cogitados na Lei das Organizações Criminosas não poderão ser empregados na apuração de associações para o genocídio que circunscrevam seus atos ao território nacional. Quanto ao tráfico de drogas, se não for praticado por organização criminosa conforme a definição legal, só poderá contar com os meios investigatórios previstos no art. 53 da Lei nº 11.343/2006, quais sejam, a infiltração e a ação controlada, todos dependentes de prévia autorização judicial, ouvido o Ministério Público.

A captação ambiental de sinais eletromagnéticos, ópticos ou acústicos, mais conhecida como **"interceptação ambiental"**, não mais exige a "circunstanciada autorização judicial" antes prevista no art. 2º inciso IV da Lei nº 9.034/1995. Trata-se de meio de investigação de grande utilidade na elucidação de crimes praticados por organizações criminosas, desde que associado a outras apurações. A captação inclui tanto imagem quanto som. A despeito da dispensa da autorização judicial, esta será necessária quando a medida exija a introdução de equipamento em ambientes privados, notadamente o domicílio, por força de norma constitucional. Portanto, alguns ambientes dependerão de autorização judicial para serem monitorados, em consideração à proteção da vida privada, da intimidade e da inviolabilidade do domicílio. Confrontando a jurisprudência sob a égide da Lei nº 9.034/1995, BALTAZAR JUNIOR, 639-640, colhe as seguintes situações, em caráter exemplificativo, que prescindem da autorização judicial: a) a gravação autorizada por um dos interlocutores, sem o conhecimento dos demais, em especial quando produzida em ambiente de repartição pública, onde vigora o princípio da publicidade e da moralidade; b) a filmagem realizada em via pública; c) a filmagem realizada por ocupante de imóvel residencial que instala equipamento em sua própria vaga de garagem a fim de identificar autor de dano em veículo de sua propriedade; d) a filmagem de concussão levada a efeito por jornalista em via pública.

Sobre a **ação controlada,** por se tratar-se de meio operacional que relativiza a inevitabilidade da prisão em flagrante, foi tratada no tópico anterior.

O **acesso a dados (registros de ligações telefônicas e telemáticas, dados cadastrais constantes de bancos de dados públicos ou privados e informações eleitorais ou comerciais)** passa a contar com notável reforço normativo nos arts. 15-17 da nova lei. Na práxis da persecução penal, é comum que empresas de telefonia e bancos, temendo ações judiciais, se recusem a fornecer tais dados ao Ministério Público ou à autoridade policial sem a apresentação de ordem judicial, o que já não era exigido mesmo antes do advento da nova lei. Disposição análoga já figurava no art. 17-B da Lei nº 9.613/1998 (Lei de Lavagem de Dinheiro), inserido pela Lei nº 12.683/2012. Agora, reitera-se que o delegado de polícia e o Ministério Público terão acesso aos dados cadastrais de investigados, e explicita-se, "independentemente de autorização judicial" (art. 15), enunciando como obrigados a Justiça Eleitoral, empresas telefônicas, instituições financeiras, provedores de internet e administradoras de cartão de crédito. Aliás, a recusa ao fornecimento desses dados constitui crime, com pena cominada de 6 meses a dois anos de reclusão e multa, conforme previsão do art. 21 da mesma lei.

Não fosse o reforço que a nova lei empresta a essa modalidade de prova, poder-se-ia considerar as previsões supérfluas porquanto já previstas em outros diplomas legais como modalidade clássica de prova, a exemplo do art. 232 do CPP, que trata da prova "documental". Por isso, convém situar a prova resultante das medidas cogitadas pelos arts. 15-17 no contexto do arsenal de provas tradicionalmente admitidas pelo processo penal brasileiro e em legislação extravagante precedente à nova lei. Assim, o sigilo fiscal vem previsto no art. 198 do Código Tributário Nacional, que também trata das exceções no interesse da persecução penal e de seu intercâmbio entre diferentes órgãos da administração pública. Corresponde às informações obtidas por servidores fazendários, em razão do ofício, "sobre a situação econômica ou financeira do sujeito passivo ou de terceiros e sobre a natureza e o estado de seus negócios ou atividades". Embora a autoridade fazendária não necessite de autorização judicial para comunicar a ocorrência de crime em tese (CTN art. 198 § 2º I – representação fiscal para fins penais), a jurisprudência não é pacífica quanto à prerrogativa do Ministério Público de requisitar dados acobertados pelo sigilo fiscal, a despeito de previsão na Lei Complementar nº 75/93 art. 8º, conforme amplamente noticiado e discutido por BALTAZAR JUNIOR 636-637. O *sigilo financeiro ou bancário* tem suas principais normas tratadas na Lei Complementar nº 105/2001, cujo art. 1º define a regra geral de que "as instituições financeiras conservarão sigilo em suas operações ativas e passivas e serviços prestados". A troca de informações cadastrais entre instituições financeiras não caracteriza quebra ilegal do sigilo, assim como a comunicação da prática de infração penal ou administrativa às autoridades competentes (§ 3º). A autoridade judiciária poderá decretar, fundamentadamente, a quebra do sigilo bancário para a apuração de qualquer ilícito penal, e, notadamente, para a apuração de crime de terrorismo, tráfico de drogas, contrabando ou tráfico de armas, munições e petrechos para sua fabricação; extorsão mediante sequestro, crimes contra o sistema financeiro nacional, contra a administração pública, a ordem tributária e a previdência social; lavagem de dinheiro ou ocultação de bens, direitos e valores (§ 4º)[70].

De todas as medidas investigativas e operacionais, a **infiltração policial** é certamente a que mais sofreu detalhamentos e mais inovações oferece. Esse meio de prova era meramente enunciado em leis anteriores (art. 53 I da Lei nº 11.343/2006 e art. 2º V da ab-rogada Lei nº 9.034/1995), sem que o legislador se posicionasse sobre as delicadas questões que seu emprego suscita, a mais notável das quais seria o alcance da autorização do agente infiltrado para praticar infrações penais a fim de preservar sua vida e integridade física depois que mergulhasse no mundo do crime. Isso explica a timidez de seu emprego na investigação de organizações criminosas até o presente, com a provável exceção da repressão ao tráfico de drogas, para a qual a infiltração ofereceria menores riscos, até por obter resultados em prazo mais curto.

Agora, a infiltração de agentes está disciplinada nos arts. 10-14 da Lei nº 12.850/2013. O delegado de polícia (expressão raramente empregada pelas leis para se referir à autoridade judicial) poderá representar à autoridade judiciária pela sua realização, que também pode ser requerida pelo Ministério Público. Se solicitada no curso de inquérito policial, será precedida de "circunstanciada, motivada e sigilosa autorização judicial, que estabelecerá seus limites" (art. 10 *caput).* No requerimento ou representação, será preciso demonstrar os indícios do crime de organização criminosa e a impossibilidade de produzir a prova por outros meios disponíveis e menos arriscados (§ 2º). Sua duração será de 6 meses, admitindo prorrogações devidamente justificadas (§ 3º).

Qual a natureza jurídica da infração penal praticada pelo agente infiltrado? Afinal, ele terá que fingir ser *um deles,* e as organizações criminosas costumam submeter seus novos membros a rituais de iniciação, que poderiam começar, por exemplo, por um assalto a banco com emprego de arma. Abstraindo-se de indagações acerca da constitucionalidade de tal medida, uma abordagem sistêmica da atuação do infiltrado conduziria suas ações aparentemente delituosas à excludente do estrito cumprimento do dever legal, na pior das hipóteses (para ele) à excludente supralegal de inexigibilidade de outra conduta. Essa parece ter sido a preferência do legislador, que, no parágrafo único do art. 13 estabeleceu que "não é punível, no âmbito da infiltração, a prática de crime pelo agente infiltrado no curso da investigação, quando inexigível conduta diversa".

---

70 Ampla exposição da matéria em BALTAZAR JUNIOR, 637-638.

Não deixa de causar perplexidade que a decisão judicial sobre a infiltração, que disporá sobre uma atividade extremamente arriscada para o agente policial, deverá ser produzida no prazo de 24 horas (art. 12 § 1º), enquanto a homologação do acordo de colaboração premiada, menos fatal e definitivo, conta com o prazo de 48 horas (art. 7º § 1º), além de merecer uma derradeira apreciação de sua eficácia por ocasião da sentença (art. 4º § 11). Essa ostensiva incongruência numa mesma lei parece justificar a percepção de que prazos processuais, no Brasil, não passam de uma referência sem qualquer âncora na realidade.

A nova lei prossegue em disciplinar o modo de aproveitamento da prova obtida pela infiltração durante a instrução processual, tentando compatibilizar a ampla defesa com a necessidade de proteção do agente infiltrado. Dispõe o § 2º do art. 2º que os autos apartados da infiltração acompanharão a futura denúncia, quando serão disponibilizados à defesa, assegurando-se a preservação da identidade do agente. Aliás, sua identificação, que poderia ser vista como necessária para o aperfeiçoamento do contraditório e da ampla defesa, acabaria por inutilizá-lo para futuras missões semelhantes.

O art. 13 firma o princípio de que o agente infiltrado responderá por atuação abusiva e desproporcional, ao tempo em que expressamente proclama a exclusão de antijuridicidade em relação a crimes cometidos pelo agente público no âmbito da infiltração, embora pareça confundir justificação do crime com exclusão da culpabilidade, ao condicionar o benefício à inexigibilidade de conduta diversa.

O art. 14 enumera direitos do agente infiltrado, dentre os quais, o principal deles, também admitido no direito comparado, de não ser obrigado a aceitar ou continuar na infiltração. Ademais, tem direito à alteração de sua identidade e à proteção conferida a testemunhas, vítimas e colaboradores, nos termos da Lei nº 9.807/1999; à preservação de seu nome, qualificação, imagem, voz e demais informações pessoais durante a investigação e o processo criminal, e a não ser fotografado, filmado ou ter sua identidade revelada pelos meios de comunicação sem sua prévia autorização por escrito. Como esse último direito é provido de sanção penal, como será visto a seguir, pode ser que sua tutela se faça a expensas da liberdade de imprensa.

Existe uma técnica policial que se aproxima da infiltração, mas não encontra previsão legal: a **história-cobertura.** Neste caso, um agente disfarçado se introduzirá no cenário do crime, sem se associar à quadrilha ou organização criminosa. É o caso, por exemplo, de policial disfarçado de assessor ou servidor, a fim de observar, em determinado órgão público ou tribunal, práticas suspeitas de fraude em licitação ou corrupção passiva. Entendo que não seria necessária qualquer disciplina legal dessa prática, uma vez que nada mais é do que uma atividade investigativa normal, sem qualquer invasão ou restrição de direitos individuais protegidos constitucionalmente.

Em conclusão, pode-se afirmar que a maioria das condições consideradas por BALTAZAR JÚNIOR (644) como minimamente necessárias para conferir maior segurança jurídica à infiltração foram atendidas pela nova legislação que a maioria das definições legais consideradas por BALTAZAR JUNIOR (644) minimamente necessárias para conferir maior segurança jurídica à infiltração foram atendidas pela nova legislação: a) competência para autorização e execução; b) requisitos, com limitação aos casos de aplicação e cláusula de subsidiariedade; c) limites de tempo, atuação, com especial atenção ao tema dos delitos eventualmente cometidos pelo agente, da previsão da concessão de identidade falsa e do controle; d) revelação da identidade do agente e seu depoimento na instrução processual penal.

Quanto a **medidas cautelares,** chama a atenção, inicialmente, o afastamento provisório de funcionário público do respectivo cargo, emprego ou função, sem prejuízo da remuneração, desde que a medida seja necessária à investigação ou instrução processual (art. 2º § 5º). Com o trânsito em julgado da sentença condenatória, esse afastamento será convertido em perda do cargo, emprego, função ou mandato eletivo e na interdição para seu exercício pelos 8 anos subsequentes ao cumprimento da pena (art. 2º § 6º). Tais disposições se acham dispersas no artigo que define o tipo penal de organização criminosa, ao lado de agravantes e majorantes. Ademais, o § 7º do mesmo art. 2º cria uma espécie de "privilégio de investigação" para o suspeito que seja policial, entregue à respectiva Corregedoria de Polícia, a quem caberá instaurar o respectivo inquérito policial, de acompanhamento facultado ao Ministério Público. Para que tal absurdo não se concretize, urge que se interprete o dispositivo como um dever da Corregedoria de Polícia, e não como um direito do policial a ser somente por ela investigado.

No outro extremo geográfico do diploma normativo, no parágrafo único do art. 22, situado nas disposições finais, há uma prescrição concernente à **prisão preventiva,** determinando sua duração pelo prazo máximo de 120 dias, prorrogáveis por igual período mediante fundamentação exaustiva. Aqui, o legislador incide no mesmo erro que cometeu no art. 8º da Lei nº 9.034/1995, quando esta fixara a duração máxima de 81 dias. Decerto havia um difuso entendimento jurisprudencial e doutrinário, jamais até então inscrito em atos normativos, que fixava o prazo de 81 dias para o encerramento da instrução criminal em relação a pessoa presa desde o flagrante, o qual servia de diretriz ou parâmetro para a aferição da legalidade de prisões provisórias injustificavelmente demoradas, quando desafiadas nos tribunais por *habeas corpus*. Precisamente na hora de disciplinar a investigação e instrução criminal de organizações criminosas, o legislador resolveu *canonizar* esse prazo. O resultado foi que, para a criminalidade "pé-de-chinelo", não havia disposição de lei expressa fixando a duração da prisão cautelar, mas apenas a difusa construção pretoriana dos 81 dias, que podia ou não ser aplicada ao caso concreto, ao passo que, para as organizações criminosas, o prazo se apresentava peremptório e improrrogável, o que tornou mais fácil para pessoas processadas segundo a Lei das Organizações Criminosas obter *habeas corpus* liberatórios por excesso de prazo do que para pessoas acusadas de crimes comuns. Na nova ordem, a perplexidade será menor à vista dos prazos ampliados, mas o problema persiste, agravado devido à atual sublimação da presunção de não culpabilidade praticada em tribunais brasileiros para acusados bem assistidos de defesa técnica, fenômeno sem paralelo no direito comparado das nações mais avançadas em termos de tutela penal.

5.10. Disposições penais correlatas

Fiel a um tipo de comportamento legislativo caracterizado por inserir numa lei disposições que nada têm a ver com seu propósito, mas tiram proveito do clima político-criminal que a possibilitou, a Lei nº 12.850/2013 criou novos tipos penais, nem sempre tão correlatos, e alterou alguns já existentes.

Quanto à alteração de tipos penais já existentes, ao lado da nova definição do antigo crime de quadrilha ou bando mediante modificação do art. 288 do Código Penal (art. 24), o art. 25 modificou a pena do crime de falso testemunho ou falsa perícia, que, no seu modelo mais simples, previsto no *caput* do art. 342 do Código Penal, passa a ser de reclusão de 2 a 4 anos, além de multa, em vez da reclusão de 1 a 3 anos mais multa. Não está claro se tal alteração teve o escopo de intimidar o potencial colaborador, quando renuncia ao silêncio e assume o compromisso legal de dizer a verdade. Se for este o caso, o legislador deveria ter sido mais explícito na redação do § 14. Afinal, não chega a ser uma novidade no plano do Direito comparado a incriminação da falsa declaração de acusado que se proponha a dizer a verdade.

As novas incriminações referem-se a fatos ocorridos na investigação e na obtenção de prova, conforme enunciado no título da seção que compreende os arts. 18 a 21.

O tipo de art. 18 – revelar a identidade, fotografar ou filmar o colaborador, sem sua prévia autorização por escrito, com pena de reclusão de 1 a 4 anos e multa – suscita indagações de constitucionalidade, pelo menos enquanto a liberdade de imprensa, decerto por traumas do passado, for compreendida como valor absoluto e fim em si mesmo, segundo se costuma extrair do inciso IX do art. 5º da Constituição da República.

O art. 19 pune com reclusão de 1 a 4 anos e multa a denunciação caluniosa do colaborador – imputar falsamente, sob pretexto de colaboração com a Justiça, a prática de infração penal a pessoa que sabe ser inocente, ou revelar informações sobre a estrutura de organização criminosa que sabe inverídicas. A denunciação caluniosa original, prevista no art. 339 do Código Penal, em seu tipo básico, comina pena de reclusão de 2 a 8 anos, além de multa, e prescinde do fim especial "a pretexto de colaboração com a Justiça".

O art. 20 comina com reclusão de 1 a 4 anos e multa a conduta de violação do segredo de justiça, tanto em relação ao sigilo das investigações que envolvam a ação controlada quanto à infiltração policial. Complementa este dispositivo o art. 23 da mesma lei, que estabelece o poder da autoridade judicial de decretar o sigilo da investigação, "para garantia da celeridade e da eficácia das diligências investigatórias," mas ressalva o acesso do defensor ao conteúdo desse sigilo, ressalvados os elementos informativos referentes a diligências em andamento.

A disciplina do segredo ou sigilo e a incriminação de sua violação reclamam estudo e sistematização no Direito brasileiro. Sem pretensão de exaurimento, observo que há disposições incriminadoras no art. 325 do Código penal (entre os crimes praticados por funcionário público contra a administração pública) e nos arts. 153 e 154 (divulgação e violação de segredo profissional, respectivamente). Há disposições que instituem o segredo de Justiça no art. 234-B do Código penal, alusivo aos crimes contra a dignidade sexual, e no art. 8º da Lei nº 9.296/1996, alusivo à interceptação de escutas telefônicas, neste último caso também com a cominação de pena para sua violação, consoante o art. 10º. A falta de uma sistematização tem permitido que tribunais, juízes e relatores de processos criminais gravem de segredo de Justiça o que bem entendem, segundo suas próprias convicções, por vezes apenas porque o investigado ou processado é detentor de algum cargo público ou mera celebridade do mundo econômico-financeiro. Também tem permitido, na outra ponta, alguns abusos por parte de autoridades policiais, Ministério Público e magistrados, que divulgam para a imprensa matérias que deveriam estar em segredo de Justiça. A partir de alguns casos isolados desses abusos, surge periodicamente no Congresso Nacional iniciativas de "leis da mordaça", buscando criminalizar com mais severidade a inconfidência de policiais e membros do Ministério Público. A jurisprudência criou também o sigilo bancário, ao lado do sigilo fiscal, estabelecido originariamente no art. 198 do Código Tributário Nacional, de onde migrou para outros atos normativos. A incerteza jurídica no tema também permitiu que a jurisprudência, a pretexto de uma certa leitura da Constituição, praticamente revogasse o art. 20 do Código de processo penal, que timidamente procura assegurar, no inquérito policial, "o sigilo necessário à elucidação do fato".

O art. 21 institui um tipo especial de desobediência (CP art. 330) ao incriminar a recusa ou omissão no fornecimento de dados cadastrais, registros, documentos e informações requisitadas pelo juiz, Ministério Público ou delegado de polícia no curso de investigação ou do processo, conforme assegurado no art. 15, cominando a pena de reclusão de 6 meses a dois anos e multa. O art. 15 e os dois que se lhe seguem referem-se ao acesso da autoridade policial e do Ministério Público, independentemente de autorização judicial, a dados cadastrais do investigado mantidos pela Justiça Eleitoral, empresas telefônicas, instituições financeiras, provedores de internet e administradoras de cartão de crédito. Para tanto, impõe a lei às empresas de transporte, concessionárias de telefonia fixa ou móvel a conservação dos dados cadastrais de seus usuários.

6. CONSTITUIÇÃO DE MILÍCIA PRIVADA

⊙ **Constituição de milícia privada**

Art. 288-A. Constituir, organizar, integrar, manter ou custear organização paramilitar, milícia particular, grupo ou esquadrão com a finalidade de praticar qualquer dos crimes previstos neste Código:

Pena – reclusão, de 4 (quatro) a 8 (oito) anos. (artigo e parágrafo acrescentados pela Lei nº 12.720/2012)

6.1. Generalidades

O crime de constituição de milícia privada ou grupo paramilitar foi incorporado ao Código Penal pela Lei nº 12.720, de 27.09.2012 ("Dispõe sobre o crime de extermínio de seres humanos"), que também estabeleceu majorante de 1/3 a metade para os crimes de homicídio e lesão corporal, "se o crime for praticado por milícia privada, sob o pretexto de prestação de serviço de segurança, ou por grupo de extermínio", consoante os §§ 6º e 7º, respectivamente acrescidos aos arts. 121 e 129 do Código Penal.

As críticas ao legislador pelo novo artigo vêm de todas as direções: por tê-lo editado e por tê-lo editado com o alcance e limites que dele resultaram. Apesar da seriedade das condutas nele definidas e da indiscutível boa intenção do legislador, não é exagerado afirmar que se trata de uma típica atuação conhecida por "Direito penal simbólico", mais ou menos equivalente à expressão vulgar "jogar para a plateia"[71]. Salvo as incertezas quanto ao número mínimo de integrantes (2? 3? 4?) não há nada nele que já não esteja descrito em outros tipos penais. Sem ele, nossa legislação penal já era profusa em modalidades de associação criminosa, desde o tipo básico do artigo precedente, passando pela associação para a prática de crimes hediondos ou equiparados, e chegando à associação para o tráfico. Por outro lado, o novo artigo trouxe perplexidades difíceis de compreender: por que o art. 288-A só contempla crimes definidos no Código penal, e não os que estão fora dele (*v.g.* tortura)? Por que contempla todo e qualquer crime do Código penal, embora a lei que o introduziu no código se refira, em sua ementa, ao "crime de extermínio de seres humanos"? Para que a nova previsão, se o homicídio "praticado em atividade típica de grupo de extermínio, ainda que cometido por um só agente", além de configurar homicídio qualificado, constitui crime hediondo, nos termos do art. 1º I da Lei nº 8.072/1990, e o crime de associação para cometê-lo já conta com previsão de pena no art. 8º da mesma lei?

Além dessas objeções sistêmicas, ocorrem críticas quanto à técnica de redação empregada, que foge ao princípio constitucional da reserva legal ou estrita legalidade, ao se apresentar como tipo penal aberto, a ponto de poder tornar ineficaz o preceito, pois não define "organização paramilitar", nem "milícia particular", muito menos "grupo" ou "esquadrão", expressões que não têm definição precisa em nenhum domínio, chegando mesmo a variar seus significados em diferentes tempos históricos e regiões geográficas.

Como quer que seja, há que se reconhecer um comando constitucional de criminalizar no art. 5º XVII da Constituição, que proclama a plena liberdade de associação para fins lícitos, "vedada a de caráter paramilitar", decerto para afirmar a exclusividade do estado no tocante ao uso do poder coercitivo, seu monopólio do emprego legítimo da violência (MASSON 985).

Este comando de criminalização tem também matriz internacional, através dos Princípios relativos a uma eficaz prevenção e investigação de execuções extralegais, arbitrárias e sumárias, adotados pelo Conselho Econômico e Social das Nações

71 Veja-se, a esse respeito, menos vulgar, Winfried HASSEMER, *Direito penal simbólico e tutela de bens jurídicos.*

Unidas em 24.05.1989 e aprovados pela Assembleia-Geral das Nações Unidas em 15.12.1989[72], cujo item 1 estabelece:

> "Os governos proibirão por lei todas as execuções extralegais, arbitrárias ou sumárias e zelarão para que todas essas execuções se tipifiquem como delitos em seu direito penal e sejam sancionáveis com penas adequadas que levem em conta a gravidade de tais delitos. Não poderão ser invocadas, para justificar essas execuções, circunstâncias excepcionais, como, por exemplo, o estado de guerra ou de risco de guerra, a instabilidade política interna, nem nenhuma outra emergência pública. Essas execuções não se efetuarão em nenhuma circunstância, nem sequer em situações de conflito armado interno, abuso ou uso ilegal da força por parte de um funcionário público ou de outra pessoa que atue em caráter oficial ou de uma pessoa que promova a instigação, ou com o consentimento ou aquiescência daquela, nem tampouco em situações nas quais a morte ocorra na prisão. Esta proibição prevalecerá sobre os decretos promulgados pela autoridade executiva."

No mesmo ano de edição do art. 288-A, também se editou a Lei nº 12.694, de 24.07.2012, que "dispõe sobre o processo e o julgamento colegiado em primeiro grau de jurisdição de crimes praticados por organizações criminosas; (...); e dá outras providências". Dentre essas "outras" providências, a nova lei definiu, em seu art. 2º, organização criminosa como "a associação, de 3 (três) ou mais pessoas, estruturalmente ordenada e caracterizada pela divisão de tarefas, ainda que informalmente, com objetivo de obter, direta ou indiretamente, vantagem de qualquer natureza, mediante a prática de crimes cuja pena máxima seja igual ou superior a 4 (quatro) anos ou que sejam de caráter transnacional". Finalmente, o Brasil estava adimplindo (mas apenas em parte) sua obrigação internacional externada no art. 5 da Convenção de Palermo, ao fixar, certo ou errado, uma definição para organização criminosa. No entanto, não foi a ponto de defini-la como tipo penal, munido de sanção apropriada, o que só aconteceu com a posterior edição da Lei nº 12.850/2013.

Na verdade, a maior crítica que se poderia dirigir ao legislador penal de 2012, tanto na edição do art. 288-A quanto na definição de organização criminosa, refere-se ao que deixou de fazer. Deu o passo mais polêmico de definir "organização criminosa" na citada Lei nº 12.694/2012, mas não lhe atribuiu uma sanção penal. E deixou de definir um crime que seria efetivamente novidade no ordenamento jurídico brasileiro e que vem sendo muito reclamado pela doutrina internacional, qual seja, o desaparecimento forçado de pessoas, que, pela sua natureza de crime permanente e ofensiva de diversos bens jurídicos que não apenas a vida, desperta receios em setores que pretendem manter impunes as atrocidades cometidas durante a ditadura militar que governou o Brasil de 1964 a 1985[73].

72 *On-line in: http://www.dhnet.org.br/direitos/sip/onu/exec/exec89.htm*, acesso em 09.05.2013.

73 Eis como o desaparecimento forçado de pessoas é definido pelo Estatuto de Roma, que criou o Tribunal Internacional e foi ratificado pelo Brasil: "por 'desaparecimento forçado de pessoas' entende-se a detenção, a prisão ou o sequestro de pessoas por um Estado ou uma organização política ou com a autorização, o apoio ou a concordância destes, seguidos de recusa a reconhecer tal estado de privação de liberdade ou a prestar qualquer informação sobre a situação ou localização dessas pessoas, com o propósito de lhes negar a proteção da lei por um prolongado período de tempo" – Estatuto de

6.2. Objetividade jurídica

Como já visto na introdução a este título, o bem jurídico tutelado, se de bem jurídico aqui se puder falar, é a paz pública, isto é, o sentimento coletivo e difuso de tranquilidade e segurança indispensável à convivência social. Portanto, não se confunde com o mesmo bem jurídico lesado pelo crime incitado. A mera existência de uma milícia privada já constitui um elemento conturbador do sentimento coletivo de segurança ou paz jurídica. No caso específico deste crime, pode-se ir mais além da paz pública, para considerar como ofendido o bem jurídico da própria segurança do estado e das instituições democráticas, que não se compadecem com o emprego privado de violência para a solução, justa ou injusta, de conflitos. No entanto, cabe ressaltar que a proteção conferida pelo art. 288-A peca por deficiência e por excesso: por deficiência, porque criminaliza apenas as organizações que especifica, "com a finalidade de praticar qualquer dos crimes *previstos neste Código*", e não as que objetivem a prática de crimes previstos *fora* do Código; por excesso, porque, do elenco de crimes previstos no Código penal, nem todos se revestem de tal gravidade que justifique a criminalização da mera associação para sua prática.

6.3. Sujeitos do crime

Tratando-se de crime comum ou geral, que não exige qualidade especial do autor, sujeito ativo pode ser qualquer pessoa. Sua característica de plurissubjetivo (ou plurilateral ou de concurso necessário) impõe a pluralidade de agentes, imputáveis ou não, em número mínimo que a doutrina controverte entre dois e quatro membros.

A norma é silente quanto ao número mínimo de pessoas. GUILHERME DE SOUZA NUCCI (Manual, 525; CP compacto, 984) entende que bastam duas. Três é o número mínimo exigido por CLEBER MASSON (987), com base em interpretação sistemática e na técnica legislativa empregada pelo Código Penal, que costuma ser explícito quando exige "pelo menos duas pessoas" (*v.g.* arts. 155 § 4º IV, 157 § 2º II e 158 § 1º) e quando exige "mais de três pessoas" (*v.g.* arts. 146 § 1º I e 288, este na velha versão). Daí conclui que, nas situações que exigem pluralidade de pessoas, sem indicação do número, devem existir pelo menos três. Este seria o caso dos arts. 137 e 141 III do CP. Esse ponto de vista, de alguma forma, robusteceu-se com o advento da Lei nº 12.694/2012, de efêmera vigência e que passou a definir organização criminosa (ainda não como um tipo penal!), no seu art. 2º, como "a associação, de 3 (três) ou mais pessoas, estruturalmente ordenada e caracterizada pela divisão de tarefas, ainda que informalmente, com objetivo de obter, direta ou indiretamente, vantagem de qualquer natureza, mediante a prática de crimes cuja pena máxima seja igual ou superior a 4 (quatro) anos ou que sejam de caráter transnacional." Outra corrente, reportando-se ao velho art. 288 do CP, extrai da omissão legislativa o número mínimo de 4 integrantes. A controvérsia não se dissipa na configuração resultante da Lei nº 12.850/2013,

---

Roma do Tribunal Penal Internacional, art. 7º (1)(*i*) e (2)(*i*), promulgado pelo Decreto nnº 4.388, de 25.09.2002.

que fixou o número mínimo de três membros para a associação criminosa do art. 288 e quatro membros para o novo crime de organização criminosa.

Qualquer que seja o número mínimo de integrantes para a configuração do crime de milícia privada, vale o que foi dito em relação ao crime de associação criminosa no tocante à qualidade dos agentes. Assim, incluem-se na conformação mínima os inimputáveis, desde que apresentem um desenvolvimento mental suficiente para integrar conscientemente uma agremiação ilícita. A existência de pessoas não identificadas não impede a persecução penal contra os membros identificados, desde que exista a certeza moral sobre sua existência e os demais elementos do tipo. Também a extinção da punibilidade em relação a algum dos membros da milícia não interfere no número mínimo (MASSON, 987-988)

Sujeito passivo é a sociedade como um todo, a coletividade, eis que se trata de crime **vago,** e nós acrescentaríamos o próprio estado, porque todo crime contra a paz pública atenta de uma maneira peculiar contra a estabilidade e a confiança no Direito. Não há, porém, um sujeito passivo imediato, uma vítima, devido a que se trata de crime de perigo comum abstrato, cuja consumação independe de resultado materialmente danoso.

6.4. Tipo objetivo

Os verbos nucleares do tipo são *constituir, organizar, integrar, manter* e *custear* organização paramilitar, milícia particular, grupo ou esquadrão. **Constituir** é formar, criar, fundar ou dar existência. **Organizar** é estabelecer as bases de funcionamento ou racionalizar os meios e pessoas disponíveis, estruturar ou pôr em ordem; encontrar a melhor maneira de agir. **Integrar** é tomar parte, tornar-se membro. **Manter** é sustentar com habitualidade, prover, também conservar ou defender. **Custear** é financiar, pagar os custos, arcar com os custos financeiros da manutenção. Eles expressam condutas alternativas, qualquer delas suficiente para a configuração do crime; a prática de mais de um verbo do núcleo não significa pluralidade de crimes, como quando alguém, simultânea ou sucessivamente, constitua, integre e custeie uma mesma associação.

As entidades proibidas pelo tipo penal são *organização paramilitar, milícia particular, grupo ou esquadrão,* e nisso o comando legal se expõe a poderosas críticas, ao não definir nenhum deles. **Organização paramilitar** geralmente é definida como agrupamento de pessoas armadas, imitando uma corporação militar oficial. Segundo MASSON (985), é a "associação civil, desvinculada do Estado, armada e com estrutura análoga às instituições militares, que utiliza táticas e técnicas policiais ou militares para alcançar seus objetivos", aduzindo que ela é frequentemente integrada ou constituída por militares de carreira ou reformados, decerto clandestinamente, para perseguir fins político-partidários, religiosos ou de outra natureza. **Milícia particular** é um grupo militar que age ao largo da lei.[74] Mais analiticamente, MASSON (985)

74 Cf. ROGERIO GRECO, para um amplo relato sobre as atividades desenvolvidas pelas milícias do Rio de Janeiro, segundo apurado por CPI da Assembleia Legislativa dirigida pelo Deputado Marcelo

oferece a seguinte descrição do fenômeno: "é o agrupamento armado e estruturado de civis – inclusive com a participação de militares fora das suas funções – com a pretensa finalidade de restaurar a segurança em locais controlados pela criminalidade, em face da inoperância e desídia do Poder Público. Para tanto, seus integrantes apresentam-se como verdadeiros 'heróis' de uma comunidade carente e fragilizada, e como recompensa são remunerados por empresários e pelas pessoas em geral. Contudo, diversas pessoas são coagidas à colaboração financeira, mediante violência física ou grave ameaça.". ROGÉRIO SANCHES CUNHA define milícia (armada) como o "grupo de pessoas (civis ou não, (...)) armado, tendo como finalidade (anunciada) devolver a segurança retirada das comunidades mais carentes, restaurando a paz. Para tanto, mediante coação, os agentes ocupam determinado espaço territorial. A proteção oferecida nesse espaço ignora o monopólio estatal de controle social, valendo-se de violência e grave ameaça." No Brasil, costuma-se aludir às polícias militares e seus integrantes como milícias e milicianos, resquício dos tempos da dominação portuguesa e do Império, quando "milícia" designava tropas de segunda linha, que constituíam reservas do exército, tido como tropa de primeira linha (ROGERIO GRECO). A carga pejorativa associada ao termo milícia e que certamente está presente na definição legal é recente[75]. **Grupo** ou **esquadrão** não tem uma definição precisa, comparecendo na definição legal com caráter residual, para abarcar qualquer tipo de milícia. Ambos os termos referem-se ao **grupo de extermínio,** expressão que não figura no texto legal mas resulta da interpretação sistemática da Lei nº 12.720/2012, que, além de acrescentar este artigo ao Código penal, acrescentou os §§ 6º ao art. 121 e 7º ao art. 129 do mesmo código, e cuja ementa enuncia que "dispõe sobre o crime de extermínio de seres humanos". **Grupo de extermínio** é definido por MASSON (985) como "a associação de matadores, composta de particulares e muitas vezes também por policiais, autointitulados 'justiceiros', que buscam eliminar pessoas deliberadamente rotuladas como perigosas ou inconvenientes aos anseios da coletividade". Para CUNHA, "por grupo de extermínio entende-se a reunião de pessoas, matadores, 'justiceiros' (civis ou não) que atuam na ausência ou leniência do poder público, tendo como finalidade a matança generalizada, chacina de pessoas supostamente etiquetadas como marginais ou perigosas."

Depois de constatar a imprecisão terminológica do art. 288-A do Código Penal, MARCELO RODRIGUES DA SILVA observa que, "na realidade tenta a doutrina

---

Freixo, bem como para tentativas de definir o termo. Reproduzindo opinião do sociólogo MARCELO CANO na mesma CPI, ele aponta as seguintes características essenciais à milícia: "1. controle de um território e da população que nele habita por parte de um grupo armado irregular; 2. o caráter coativo desse controle; 3. o ânimo de lucro individual como motivação central; 4. um discurso de legitimação referido à proteção dos moradores e à instauração de uma ordem; 5. a participação ativa e reconhecida de agentes do Estado."

75 As dificuldades de definição do termo milícia estiveram presentes nos trabalhos da Comissão Parlamentar de Inquérito instituída pela Assembleia Legislativa do Estado do Rio de Janeiro, com o propósito de investigar a atuação desses grupos armados nas comunidades periféricas da do estado, conforme amplamente noticiado por ROGERIO GRECO.

enquadrar milícia privada dentro do contexto vivenciado pela sociedade, dos costumes locais dos justiceiros, esquadrões da morte, grupos de extermínio, organizações paramilitares, o que é inadmissível para o direito penal, haja vista que tal prática configura verdadeiro costume praeter legem (supletivo ou integrativo), pois se destina a suprir lacunas da lei." Reportando-se à doutrina sobre a teoria do crime, critica a "possibilidade de elementos normativos culturais, morais ou extrajudiciais (que 'são os que envolvem conceitos próprios de outras disciplinas do conhecimento, artísticas, literárias, científicas ou técnicas' – são seus exemplos: 'ato obsceno, pudor, ato libidinoso, arte, etc.') integrarem o tipo penal."

Assim como na associação criminosa básica e em modalidades derivadas, há que se provar a durabilidade e estabilidade da milícia privada como condição para que constitua crime autônomo, que se consuma independentemente da prática dos crimes objetivados pela agremiação. Do contrário, haverá mero concurso eventual de agentes, que se apresentará como coautoria ou participação, nos termos do art. 29 do Código Penal, além de qualificadora, agravante ou causa de aumento da pena. "O acordo ilícito entre os agentes deve envolver uma duradoura, mas não necessariamente perpétua, atuação em comum, no sentido da realização de crimes indeterminados" (MASSON, 985)

O tipo ainda compreende o fim especial de "praticar qualquer dos crimes previstos no Código Penal", certamente somente os dolosos, independentemente do bem jurídico protegido ou da qualidade ou quantidade da pena cominada – crimes contra a pessoa, contra o patrimônio, a dignidade sexual etc. Não se compreende o *cochilo,* ou pior, a deliberação do legislador em excluir da incidência do crime a associação para a prática de crimes definidos na legislação especial, como genocídio, lavagem de dinheiro, tráfico de drogas, tortura, por mais que se argumente que tais associações não seriam atípicas, porque se subsumiriam, quando menos, ao modelo básico de associação criminosa, definido no artigo precedente. Na verdade, essa justificativa justifica mais do que deve, porque também serviria para simplesmente excluir o crime de milícia privada. Pode-se também afirmar, com MARCELO RODRIGUES DA SILVA, que o novo artigo ultrapassou o mandado de criminalização contido na Resolução 44/162 das Nações Unidas, sobre execuções extralegais, arbitrárias e sumárias. Diríamos mais, que o artigo cometeu a proeza de simultaneamente ultrapassar e ficar aquém do mandado internacional, pois uma interpretação literal dirá que o crime compreende associações voltadas à prática de bigamia, ato obsceno, violação de direito autoral, crimes culposos, dentre outros previstos no Código penal, ao passo que deixou de fora crimes típicos de grupos de extermínio previstos em leis extravagantes. Uma possibilidade de restrição do espectro de crimes a que se dedicaria a milícia privada, dentre os previstos no Código Penal, reporta-se a uma interpretação teleológica ou lógico-sistemática da lei que criou o tipo de ilícito, Lei nº 12.720/2012, que "dispõe sobre o crime de extermínio de seres humanos". Trata-se de uma tentativa de "salvar" o tipo incriminador, consistente em ancorar seu alcance no § 6º do art. 121 do CP, introduzido pela mesma lei, para estabelecer que a milícia particular consiste no agrupamento de pessoas "sob o pretexto de prestação de serviços de segurança".

Nessa ótica, a milícia do art. 288-A só estaria configurada em associações que tivessem por finalidade crimes previstos no Código Penal que, direta ou indiretamente, levassem ao extermínio de pessoas, tais o homicídio, lesões corporais graves, estupro seguido de morte, sequestro, cárcere privado etc. Segundo MARCELO RODRIGUES DA SILVA, que propõe tal interpretação, este passaria a ser mais um traço diferenciador (diríamos *especificador)* do crime de milícia privada em relação ao crime de associação criminosa.

6.5. Tipo subjetivo

O elemento subjetivo do tipo é o dolo, que neste caso deve abranger o fim especial de agir, a saber, "cometer crimes previstos no Código Penal". Esse é um dos traços distintivos do tipo em apreço em relação ao tipo básico de associação criminosa. Mas a essa altura já é possível perceber que a inovação nada acrescenta que já não fosse abrangido pelo art. 288.

Não há forma culposa, pela própria natureza da definição legal.

6.6. Consumação e tentativa

O crime se consuma com o "encontro de vontades" – claro, desde que presente o dolo, abrangente não só da consciência de se estar constituindo, organizando, integrando, mantendo ou custeando uma associação criminosa, como também da finalidade de praticar crimes definidos no Código Penal. Na expressão de NUCCI (985), é "quando o grupo se tornar duradouro e estável"; nas modalidades de *manter* e *custear,* "quando se demonstrar a habitualidade" desses comportamentos, isto é, é necessário uma reiteração de condutas. Tratando-se de crime formal, também referido como de consumação antecipada ou resultado cortado (em relação ao crime material que busca evitar), sua consumação é instantânea no momento do encontro de vontades e perdura no tempo daí em diante. De outro ângulo, sendo crime de perigo comum e abstrato, basta a reunião estável de pessoas com a finalidade especificada na definição legal para se ter por ofendida a paz pública, com a perturbação da tranquilidade da sociedade. Não se há de exigir sequer atos preparatórios dos crimes pretendidos pela agremiação (MASSON, 988). Para as pessoas que ingressarem na milícia já existente, a consumação terá lugar no momento da adesão.

Nas modalidades de "manter" e "custear", é indispensável a cuidadosa verificação da presença do dolo. O tipo incriminador não incide sobre aquelas pessoas que contribuem financeiramente para a milícia local por medo de retaliações ou de supressão da "proteção" por ela oferecida. Há que se buscar também uma habitualidade nessas duas condutas, pois a contribuição única ou esporádica, sem o atributo da habitualidade, retira-lhe a característica de estabilidade e permanência, pelo menos para o agente que contribui, mantém ou custeia.

Assim como na associação criminosa, a natureza permanente do crime de milícia privada significa que o momento consumativo se prolonga no tempo, enquanto subsistir a associação com todos os seus elementos constitutivos, e seus integrantes estarão em estado de flagrância durante esse tempo, caso sejam presos. O abandono ou retirada do grupo de um de seus membros faz cessar a consumação para ele, mas não elide o crime, porque não equivale a desistência voluntária ou arrependimento eficaz, de vez que o crime já se consumara com o encontro das vontades (MASSON, 988-989; MARCELO RODRIGUES DA SILVA).

Comentando a incidência das milícias no Brasil, relata MARCELO RODRIGUES DA SILVA: "as milícias estão organizadas no Rio de Janeiro, São Paulo, Minas, Bahia, Espírito Santo, Ceará, Paraíba, Pernambuco, Mato Grosso do Sul, Alagoas e Pará, conforme aponta o Jornal 'O Globo'. Sua ação é especialmente verificada na zona urbana, mas também operam no meio rural, sendo contratadas por fazendeiros e grileiros, como ocorre nas regiões do Pará e do Mato Grosso do Sul. Nas áreas urbanas, ordinariamente proporcionam às comunidades suposta assistência em face de bandidos e traficantes, dos quais se livram sumariamente, utilizando homens, tempo, métodos e armas do poder público. Na sequência, tornam-se eles mesmos um perigo para a sociedade, passando a ameaçar todos os que não aceitam suas 'regras' para receber 'serviços' como fornecimento de gás, acesso à internet, etc. – e aqui está o verdadeiro problema do artigo 288-A do Código Penal no que tange aos núcleos do tipo: manter e custear."

Não há que se cogitar de tentativa, porque o delito depende da estabilidade e permanência. Ou elas estão presentes, e o crime estará consumado instantaneamente, ou não estão presentes, e não há crime, já que os atos preparatórios são penalmente irrelevantes. Do ponto de vista político-criminal, seria também um exagero insuportável ao estado de Direito buscar uma tentativa nas hipóteses em que o comportamento pudesse ser fracionado, porque a mera definição legal já constitui, por si, a criminalização de atos preparatórios de outros crimes, os quais não seriam puníveis nem mesmo a título de tentativa, nos termos do art. 31 do CP, que proclama a regra geral da impunibilidade do ajuste, da determinação, instigação ou do auxílio, "salvo disposição expressa em contrário", como a de que ora se cuida. Tampouco, por análogas razões, comportam tentativa as duas condutas habituais, expressas nos verbos "manter" e "custear".

6.7. Classificação doutrinária

Trata-se de crime, *comum, formal, de forma livre, comissivo,* podendo eventualmente manifestar-se como *omissivo impróprio; vago, permanente* nas formas "constituir", "organizar", "integrar", mas *habitual* nas formas "manter" e "custear"; *de perigo comum abstrato, plurissubjetivo, de condutas paralelas, de ação múltipla* e *plurissubsistente.*

Comum ou geral ele é, porque pode ser praticado por qualquer pessoa; **formal, de consumação antecipada ou de resultado cortado,** porque não se exige resultado naturalístico para sua consumação e porque o tipo pune uma conduta que, de outro modo, não passaria de atos preparatórios de outro crime; **de forma livre,** porque pode ser cometido por qualquer meio hábil, a critério do agente; **comissivo,** porque exige comportamentos ativos dos agentes, podendo eventualmente ser **omissivo**

impróprio ou **comissivo por omissão,** nas hipóteses em que o agente tenha o dever jurídico de impedir o resultado, consoante o art. 13 § 2º do CP; **vago,** uma vez que não atinge o patrimônio jurídico de um sujeito passivo específico e imediato; **permanente** nas formas "constituir", "organizar", "integrar", porque sua consumação se prolonga no tempo, enquanto persistirem seus elementos objetivos e subjetivos, mas podendo se apresentar como **habitual** nas formas "manter" e "custear", consoante NUCCI (Manual, 985), porque resultará da reiteração dessas ações; **de perigo comum abstrato,** porque coloca um número indeterminado de pessoas em perigo *ex vi lege*, daí prescindindo de um sujeito passivo imediato; **plurissubjetivo, plurilateral** ou **de concurso necessário,** porque só pode ser cometido por uma pluralidade de sujeitos; **de condutas paralelas,** pois os diversos sujeitos auxiliam-se mutuamente com vistas ao objetivo compartilhado por todos (MASSON, 987); **de ação múltipla,** porque comporta realização pela prática de várias condutas enumeradas no tipo penal (NUCCI, CP compacto, 525-526); e, finalmente, **plurissubsistente,** porque seus efeitos persistem mesmo depois que cessa sua permanência. Também é comum atribuir-se aos diversos crimes de associação criminosa a característica de **crime obstáculo,** querendo significar a criminalização de atos preparatórios de outros delitos, cuja concretização, de tão grave, o estado precisa evitar por todos os meios. Tal característica constitui mais um argumento político-criminal para a exclusão da tentativa, mesmo que seja materialmente possível.

6.8. Concurso de crimes

Os membros da milícia ou grupo paramilitar que cometerem os crimes para cuja execução ela foi constituída responderão por eles em concurso material com o de formação de milícia (MASSON, 989-990). Aqueles que, embora tendo participado do planejamento dos crimes materiais, não tenham participado de sua execução, serão responsabilizados apenas pelo crime de milícia privada. Entende MASSON (990) que a prática de homicídio ou lesão corporal com as circunstâncias majorantes, respectivamente, do § 6º do art. 121 ou do § 7º do art. 129 – crime praticado por milícia privada a título de prestação serviço de segurança, ou por grupo de extermínio – não impede, a pretexto da proibição do *bis in idem,* a dupla condenação, pelo crime de milícia privada e pelo crime contra a vida ou a integridade física com a majorante. Apesar de esses parágrafos terem sido acrescidos aos arts. 121 e 129 do CP pela mesma Lei nº 12.720/2012, não há qualquer relação de dependência ou subordinação entre eles, que, ademais, objetivam a proteção de bens jurídicos distintos. Na verdade, quando ocorre o homicídio ou a lesão corporal, praticado por milícia ou grupo de extermínio, o crime de milícia já estava consumado muito antes, com a paz pública definitivamente abalada antes da prática dos crimes de resultado material afinal perpetrados.

É possível a dupla condenação do mesmo agente por crimes de milícia privada em duas situações, sem que se possa alegar *bis in idem*: quando o agente pertencer a mais de uma milícia privada perfeitamente delimitada e quando reconstituir a mesma milícia, ou com ela prosseguir, depois do oferecimento da denúncia, quando se presume ter cessado a permanência do crime (MARCELO RODRIGUES DA SILVA).

6.9. Confronto

O tipo milícia privada difere do artigo precedente, definidor da associação criminosa, pela sua finalidade mais restrita, que é a de praticar qualquer dos crimes previstos *no Código Penal,* e pela quantidade mínima de membros: enquanto a associação criminosa se compõe de três ou mais integrantes, a milícia poderia funcionar, segundo alguns (NUCCI, Manual, 984), com apenas 2 associados. Além disso, está ínsito à definição de milícia privada o emprego habitual e necessário de arma, enquanto na associação criminosa o emprego de arma comparece como causa de aumento prevista no parágrafo único do art. 288.

No **conflito intertemporal de leis entre milícia privada e associação criminosa,** incidirá a Súmula nº 711 do STF, segundo a qual "a lei penal mais grave aplica-se ao crime continuado ou ao crime permanente, se sua vigência é anterior à cessação da continuidade ou da permanência". Vale dizer que uma milícia privada, constituída antes do advento do art. 288-A e que continue em funcionamento após o início de sua vigência, sujeitar-se-á à pena mais grave nele prevista, e não à pena do art. 288, porque o crime continuado prolonga seu momento consumativo no tempo.

Por sua natureza e pelas razões que inspiraram sua inclusão no Código, deveria ser considerado **crime hediondo,** mas não o é, por não figurar no *numerus clausus* do art. 1º da Lei nº 8.072/90. Aliás, é hediondo o crime de homicídio qualificado e aquele "praticado em atividade típica de grupo de extermínio, **ainda que cometido por um só agente",** mas não o é a milícia, ou grupo de extermínio ou grupo paramilitar constituído para a prática de homicídio – outro *cochilo* imperdoável do legislador.

O **art. 24 da Lei nº 7.170/1983** pune com a pena de reclusão de 2 a 8 anos a conduta de "constituir, integrar ou manter organização ilegal de tipo militar, de qualquer forma ou natureza, armada ou não, com ou sem fardamento, com finalidade combativa". Valem aqui as considerações acima desenvolvidas acerca do crime de associação criminosa: quem engendrou essa norma ficou devendo esclarecimentos sobre "organização ilegal de tipo militar", principalmente por admiti-la "de qualquer forma ou natureza, armada ou não, com ou sem fardamento".

Também o crime de genocídio tem por alvo o extermínio de seres humanos e a lei específica, **Lei nº 2.889/1956, no art. 2º,** contempla uma associação de mais de três pessoas para a prática desse crime internacional. No entanto, para a configuração do genocídio, é necessária a motivação de destruir, no todo ou em parte, grupo nacional, étnico, racial ou religioso como tal. Na falta dessa motivação, ou diante do escopo de destruir, por exemplo, grupo de afinidade meramente política, o delito será mesmo o do art. 288-A do CP.[76]

---

76 Para um quadro comparativo entre a milícia privada (CP 288-A), a associação para o genocídio e a organização ilegal de tipo militar (art. 24 da Lei nº 7.170/1983), cf. MARCELO RODRIGUES DA SILVA, *on-line, in:* http://jus.com.br/revista/texto/22822/constituicao-de-milicia-privada-artigo--288-a-do-código-penal-uma-lei-fadada-ao-fracasso, acesso em 09.05.2013.

6.10. Pena

Fixados os limites de 4 a 8 anos de reclusão, o crime exclui a suspensão condicional do processo (Lei nº 9.099/95 art. 89), mas não exclui a aplicação de penas restritivas de direitos substitutivas da privativa de liberdade, nos moldes do art. 44 do CP, nem a imposição do regime inicial intermediário, conforme o art. 33 do mesmo código.

6.11. Questões processuais

Embora boa parte da doutrina insista na necessidade da descrição detalhada da conduta de cada um dos membros do grupo criminoso, tem prevalecido na jurisprudência a aceitação da descrição genérica, desde que a denúncia demonstre a união do número mínimo de pessoas em organização paramilitar ou milícia privada, postergando-se a individualização das condutas para a instrução criminal (MASSON, 987).

Caso se considere a milícia privada como modalidade especial de "organização criminosa", aplica-se-lhe a disposição do art. 1º da Lei nº 12.694/2012, que prevê a **formação de colegiado** em primeiro grau de jurisdição para a prática de diversos atos processuais, desde que haja fundado risco à integridade física do juiz singular competente. O mesmo não sucederá, caso se veja na milícia privada modalidade especial de "associação criminosa".

Cabe também indagar sobre a **competência estadual ou federal,** considerando que a Constituição da República, no art. 5º XLIV, estabelece um mandado de criminalização para "a ação de grupos armados, civis ou militares, contra a ordem constitucional e o Estado Democrático", considerada crime inafiançável e imprescritível. À míngua de previsão expressa no art. 109 da Constituição, que enumera a competência da Justiça Federal taxativamente, e considerando a notável tendência restritiva da competência federal praticada atualmente pelos Tribunais Superiores, é de se concluir que dificilmente a competência seria retirada da Justiça estadual. Todavia, o deslocamento dessa competência é possível, nos termos do art. 109 V-A e § 5º da Constituição, introduzidos pela Emenda Constitucional nº 45/2004. É mister que se trate de "grave violação dos direitos humanos" e que exista o risco concreto de descumprimento de obrigações decorrentes de tratados internacionais de direitos humanos dos quais o Brasil seja parte. A legitimidade ativa para suscitar o **Incidente de Deslocamento de Competência** nestes termos perante o Superior Tribunal de Justiça é deferida com exclusividade ao Procurador Geral da República. Neste ponto, cabe destacar que os dois primeiros incidentes de deslocamento de competência ajuizados perante o STJ tiveram por objeto crimes praticados por grupos de extermínio. No IDC nº 1, alusivo ao homicídio da irmã Dorothy Stangl, o deslocamento foi indeferido, valendo destacar da ementa respectiva o seguinte trecho, que fixou balizas muito claras para seu acolhimento: "O deslocamento de competência – em que a existência de crime praticado com grave violação aos direitos humanos é pressuposto de admissibilidade do pedido – deve atender ao princípio da proporcionalidade (adequação, necessidade e proporcionalidade em sentido estrito), compreendido na demonstração concreta de risco de descumprimento de obrigações decorrentes de tratados internacionais firmados pelo Brasil, resultante da inércia, negligência, falta de vontade política ou de condições reais do Estado-membro, por suas instituições, em proceder à devida persecução penal. No caso, não há a cumulatividade de tais requisitos, a justificar que se acolha o incidente."[77] O segundo incidente dessa natureza foi acolhido por maioria pelo STJ, referindo-se ao homicídio do vereador e advogado, ativista de Direitos Humanos, Manoel Bezerra de Mattos Neto, fato ocorrido na divisa entre os Estados de Paraíba e Pernambuco, onde operava um grupo de extermínio que já havia sido objeto de deliberação da Corte Interamericana de Direitos Humanos[78].

---

77 STJ - IDC nº 1-PA, rel. Min. ARNALDO ESTEVES LIMA, 3ª S., jg.em 08.06.2005, *v.u.*, **DJU 10.10.2005, p. 217; RSTJ 198:435.**

78 STJ - IDC nº 2-DF, rel. Min. LAURITA VAZ, 3ª S., jg.em 27.10.2010, *v.m.*, **DJe 22.11.2010.** Da respectiva ementa, merecem transcrição os seguintes trechos: "INCIDENTE DE DESLOCAMENTO DE COMPETÊNCIA. JUSTIÇAS ESTADUAIS DOS ESTADOS DA PARAÍBA E DE PERNAMBUCO. HOMICÍDIO DE VEREADOR, NOTÓRIO DEFENSOR DOS DIREITOS HUMANOS, AUTOR DE DIVERSAS DENÚNCIAS CONTRA A ATUAÇÃO DE GRUPOS DE EXTERMÍNIO NA FRONTEIRA DOS DOIS ESTADOS. AMEAÇAS, ATENTADOS E ASSASSINATOS CONTRA TESTEMUNHAS E DENUNCIANTES. ATENDIDOS OS PRESSUPOSTOS CONSTITUCIONAIS PARA A EXCEPCIONAL MEDIDA. 1. A teor do § 5º do art. 109 da Constituição Federal, introduzido pela Emenda Constitucional nº 45/2004, o incidente de deslocamento de competência para a Justiça Federal fundamenta-se, essencialmente, em três pressupostos: a existência de grave violação a direitos humanos; o risco de responsabilização internacional decorrente do descumprimento de obrigações jurídicas assumidas em tratados internacionais; e a incapacidade das instâncias e autoridades locais em oferecer respostas efetivas. **2.** Fatos que motivaram o pedido de deslocamento deduzido pelo Procurador-Geral da República: o advogado e vereador pernambucano MANOEL BEZERRA DE MATTOS NETO foi assassinado em 24/01/2009, no Município de Pitimbu/PB, depois de sofrer diversas ameaças e vários atentados, em decorrência, ao que tudo leva a crer, de sua persistente e conhecida atuação contra grupos de extermínio que agem impunes há mais de uma década na divisa dos Estados da Paraíba e de Pernambuco, entre os Municípios de Pedras de Fogo e Itambé. 3. A existência de grave violação a direitos humanos, primeiro pressuposto, está sobejamente demonstrado: esse tipo de assassinato, pelas circunstâncias e motivação até aqui reveladas, sem dúvida, expõe uma lesão que extrapola os limites de um crime de homicídio ordinário, na medida em que fere, além do precioso bem da vida, a própria base do Estado, que é desafiado por grupos de criminosos que chamam para si as prerrogativas exclusivas dos órgãos e entes públicos, abalando sobremaneira a ordem social. 4. O risco de responsabilização internacional pelo descumprimento de obrigações derivadas de tratados internacionais aos quais o Brasil anuiu (dentre eles, vale destacar, a Convenção Americana de Direitos Humanos, mais conhecido como "Pacto de San Jose da Costa Rica") é bastante considerável, mormente pelo fato de já ter havido pronunciamentos da Comissão Interamericana de Direitos Humanos, com expressa recomendação ao Brasil para adoção de medidas cautelares de proteção a pessoas ameaçadas pelo tão propalado grupo de extermínio atuante na divisa dos Estados da Paraíba e Pernambuco, as quais, no entanto, ou deixaram de ser cumpridas ou não foram efetivas. Além do homicídio de MANOEL MATTOS, outras três testemunhas da CPI da Câmara dos Deputados foram mortos, dentre eles LUIZ TOMÉ DA SILVA FILHO, ex-pistoleiro, que decidiu denunciar e testemunhar contra os outros delinquentes. Também FLÁVIO MANOEL DA SILVA, testemunha da CPI da Pistolagem e do Narcotráfico da Assembleia Legislativa do Estado da Paraíba, foi assassinado a tiros em Pedra de Fogo, Paraíba, quatro dias após ter prestado depoimento à Relatora Especial da ONU sobre Execuções Sumárias, arbitrárias ou Extrajudiciais. E, mais recentemente, uma das testemunhas do caso Manoel Mattos, o Maximiano Rodrigues Alves, sofreu um atentado a bala no município de Itambé, Pernambuco, e escapou por pouco. Há conhecidas ameaças de morte contra Promotores e

REFERÊNCIAS BIBLIOGRÁFICAS

ALONSO, José Antonio / MULAS-GRANADOS, Carlos (dirs.). **Corrupción, cohesión social y desarrollo: el caso de Iberoamerica.** Madrid: FCE, 2011.

BALTAZAR JUNIOR, José Paulo. **Crime organizado e proibição de insuficiência.** Porto Alegre: Livraria do Advogado Editora, 2010.

BALTAZAR JUNIOR, José Paulo. **Crimes federais.** 8.ed.rev.,atual.e ampl. Porto Alegre: Livraria do Advogado Editora, 2012, pp. 113-122 e 622-673.

BITENCOURT, Cezar Roberto. **Tratado de Direito Penal, 4: Parte Especial.** 5.ed. São Paulo: Saraiva, 2011, pp. 341-385.

BRASILEIRO DE LIMA, Renato. **Manual de processo penal.** 2.ed. Salvador: Editora Jus Podium, 2014, pp. 510-518.

CUNHA, Rogério Sanches. *Comentários à Lei nº 12.720, de 27 de setembro de 2012. On-line in:* Atualidades do Direito, 29.09.2012, Disponível em: < http://atualidadesdodireito.com.br/rogeriosanches/2012/09/28/comentarios-a-lei-no-12-720-de-27-de-setembro-de-2012/>. Acesso em: 5 maio 2013.

DELMANTO, Celso [*et al.*]. **Código Penal Comentado: acompanhado de comentários, jurisprudência, súmulas em matéria penal e legislação complementar.** 8.ed.rev.atual.e ampl. São Paulo: Saraiva, 2010.

FRAGOSO, Heleno Cláudio. **Lições de Direito Penal: Parte Especial: Arts. 123 a 359 CP.** 3.ed. Rio de Janeiro: Forense, 1981, pp. 276-290.

GRECO, Rogerio. *Comentários sobre o crime de constituição de milícia privada Art. 288-A do Código Penal. On-line in:* **Rogerio Greco site oficial,** disponível em: <http://www.rogeriogreco.com.br/?p=2179>. Acesso em 5 maio 2013.

GRECO, Rogério. **Curso de Direito penal: Parte Especial, vol. IV: artigos 250 a 361 do Código Penal.** 7.ed. Niterói: Impetus, 2011, pp. 195-220.

HASSEMER, Winfried. *Descriminalização dos crimes de drogas,* trad. Carlos Eduardo de Oliveira Vasconcelos. *In:* HASSEMER, Winfried. **Direito penal: fundamentos, estrutura, política.** Porto Alegre: Sergio Antonio Fabris Editor, 2008, pp. 315-336.

HASSEMER, Winfried. *Direito penal simbólico e tutela de bens jurídicos,* trad. Carlos Eduardo de Oliveira Vasconcelos. *In:* HASSEMER, Winfried. **Direito penal: fundamentos, estrutura, política.** Porto Alegre: Sergio Antonio Fabris Editor, 2008, pp. 209-230.

HASSEMER, Winfried. **Direito penal: fundamentos, estrutura, política.** Organização e revisão Carlos Eduardo de Oliveira Vasconcelos, tradução Adriana Beckman Meirelles, Carlos Eduardo de

---

Juízes do Estado da Paraíba, que exercem suas funções no local do crime, bem assim contra a família da vítima Manoel Mattos e contra dois Deputados Federais. 5. É notória a incapacidade das instâncias e autoridades locais em oferecer respostas efetivas, reconhecida a limitação e precariedade dos meios por elas próprias. Há quase um pronunciamento uníssono em favor do deslocamento da competência para a Justiça Federal, dentre eles, com especial relevo: o Ministro da Justiça; o Governador do Estado da Paraíba; o Governador de Pernambuco; a Secretaria Executiva de Justiça de Direitos Humanos; a Ordem dos Advogados do Brasil; a Procuradoria-Geral de Justiça do Ministério Público do Estado da Paraíba. 6. (...) 7. Pedido ministerial parcialmente acolhido para deferir o deslocamento de competência para a Justiça Federal no Estado da Paraíba da ação penal nº 022.2009.000.127-8, a ser distribuída para o Juízo Federal Criminal com jurisdição no local do fato principal; bem como da investigação de fatos diretamente relacionados ao crime em tela. Outras medidas determinadas, nos termos do voto da Relatora."

Oliveira Vasconcelos, Felipe Rhenius Nitzke, Mariana Ribeiro de Souza e Odim Brandão Ferreira. Porto Alegre: Sergio Antonio Fabris Editor, 2008.

HASSEMER, Winfried. *Perspectivas de uma nova política criminal,* trad. Adriana Beckman Meirelles. *In:* HASSEMER, Winfried. **Direito penal: fundamentos, estrutura, política.** Porto Alegre: Sergio Antonio Fabris Editor, 2008, pp. 287-314.

HASSEMER, Winfried. *Segurança pública no estado de Direito,* trad. Carlos Eduardo de Oliveira Vasconcelos. *In:* HASSEMER, Winfried. **Direito penal: fundamentos, estrutura, política.** Porto Alegre: Sergio Antonio Fabris Editor, 2008, pp. 263-285.

HUNGRIA, Nelson. **Comentários ao Código Penal.** Vol. IX (Arts. 250-361). 2.ed. Rio de Janeiro: Forense. 1959, pp. 161-181.

LATTANZI, Giorgio. **Codice penale annotato com la giurisprudenza e norme complementari.** Milato: Dott. A. Giuffrè Editore, 1995, pp. 1094-1139 (Anotações aos arts. 414-421).

MAGALHÃES NORONHA, Edgard. **Direito penal. 4º vol. (Dos crimes contra a saúde pública a Disposições finais).** 13ª ed. Rio de Janeiro: Forense, 1981, pp. 84-106.

MAMDANI, Mahmood. **Good Muslim, Bad Muslim: America, the Cold War and the Roots of Terror.** New York, Pantheon Books, 2004.

MASSON, Cleber. **Código penal comentado.** Rio de Janeiro: Forense / São Paulo: Método. 2013, pp. 967-990.

MINGARDI, Guaraci. **O Estado e o crime organizado.** São Paulo: Instituto Brasileiro de Ciências Criminais (IBCCrim) / Complexo Jurídico Damásio, 1998.

MIRABETE, Julio Fabbrini / FABBRINI, Renato N. **Manual de Direito Penal, volume 3: Parte Especial: arts. 235 a 361 do CP.** 26.ed.rev.e atual. até 5 de janeiro de 2012. São Paulo: Atlas, 2012, pp. 153-166.

NAÇÕES UNIDAS. *Princípios relativos a uma eficaz prevenção e investigação de execuções extralegais, arbitrárias e sumárias: adotados pelo Conselho Econômico e Social das Nações Unidas em 24 de maio de 1989, através da Resolução 1989/65, e aprovados pela Assembleia Geral das Nações Unidas em 15 de dezembro de 1989, através da Resolução 44/162. On-line in: http://www.dhnet.org.br/direitos/sip/onu/exec/exec89.htm,* acesso em 09.05.2013.

NUCCI, Guilherme de Souza. **Código penal comentado: versão compacta.** 2.ed.reformul. São Paulo: Editora Revista dos Tribunais, 2013, pp. 522-526.

NUCCI, Guilherme de Souza. **Manual de direito penal.** 10.ed.rev.,atual.e ampl. São Paulo: Editora Revista dos Tribunais, 2014, pp. 963-983.

PACELLI DE OLIVEIRA, Eugênio / FISCHER, Douglas. *Adendo* à 5ª Edição do **Comentários ao Código de Processo Penal e sua Jurisprudência,** *on-line in:* www.eugeniopacelly.com.br/atualizacoes

PINTO DE ALBUQUERQUE, Paulo Sérgio. **Comentário do Código Penal: à luz da Constituição da República e da Convenção Europeia dos Direitos do Homem.** 2.ed.actual. Lisboa: Universidade Católica Editora, 2010, pp. 834-850, alusivas aos arts. 297º a 306º.

QUEIROZ, Paulo. **Direito penal: Parte Geral: volume 1.** 10.ed. Salvador (BA): Jus Podium, 2014.

REGIS PRADO, LUIZ. **Curso de Direito Penal brasileiro, vol. 3: Parte Especial: arts. 250 a 359-H.** 6.ed.rev.atual.e ampl. São Paulo: Revista dos Tribunais, 2010, pp. 179-194.

ROACH, Kent. **Criminal Law.** 4.ed. Toronto: Irwin Law Inc., 2009, pp. 127-131.

SCHÖNKE, Adolf / SCHRÖDER, Horst **Strafgesetzbuch Kommentar.** 25., neubearb.Aufl.von Theodor Lenckner, Peter Cramer, Albin Eser und Walter Stree. München: Verlag C.H.Beck, 1997, pp. 1060-1179, alusivas aos §§ 123-145d do StGB.

SILVA FRANCO, Alberto / STOCO, Rui (Coord.). **Código penal e sua interpretação jurisprudencial. Vol. 2. Parte Especial.** 7ª ed.rev.,atual.e ampl. São Paulo: Editora Revista dos Tribunais, 2001, pp. 3512-3548, anotações aos arts. 286 a 288 do Código Penal por José SILVA JUNIOR.

SILVA, Marcelo Rodrigues da. *Constituição de milícia privada. Artigo 288-a do Código Penal: uma lei fadada ao fracasso? Comentários à Lei nº 12.720/2012.* Jus Navigandi, Teresina, ano 17, n. 3394, 16 out. 2012. Disponível em: <http://jus.com.br/revista/texto/22822>. Acesso em:1 maio 2013.

TILLY, Charles. *War Making and State Making as Organized Crime, in:* Evans, Peter B. / Rueschemeyer, Dietrich / Skocpol, Theda (ed.). **Bringing the State Back In.** Cambridge: Cambridge University Press, 1985, S. 169-191.

↳ TÍTULO X – DOS CRIMES CONTRA A FÉ PÚBLICA

CAPÍTULO INTRODUTÓRIO

RAFAEL SANTANA

1. CONSIDERAÇÕES INTRODUTÓRIAS

O estudo dos crimes contra a fé pública remete à compreensão prévia da expressão fé pública, tal o sentido conotativo que deriva da apropriação do conceito de crença religiosa, com o significado vernáculo de confiança absoluta em algo ou alguém, por imposição ou mera adesão, de natureza emocional, a um conjunto de "verdades" ditas reveladas, por força da tradição escrita ou oral, presente em todas as religiões, de tempos imemoriais. Formam-se, assim, as crenças, as crendices, a fé, como algo imaterial.

De modo muito semelhante sucede com a necessidade de tutelar a chamada fé pública, com esse mesmo sentido de imaterialidade, embora não de irrealidade, pela confiança (fé) que a sociedade, espontaneamente ou por imposição do Estado, deposita em certos objetos, sinais e formas exteriores, importantes instrumentos de ordenação da vida social, a partir de regras de direito público e de direito privado. E essa confiança de tal sorte se afirma, autonomamente, como um fenômeno coletivo e permanente, que se justifica sua tutela como bem jurídico autônomo, pois não se trata de fato contingente ou de repercussão apenas na esfera individual, como ocorre, por exemplo, nas espécies de falsidades que caracterizam o crime de estelionato.

Na lição de Hungria,

> "A fé pública não é uma pura abstração do espírito humano, mas um conceito elaborado pela consciência de palpitante realidade entre os fatos sociais. A rubrica 'Crimes contra a fé pública', a que nosso estatuto penal subordina seus preceitos e sanções em tôrno aos crimes de falsidade, é de inteiro acêrto. Se se deixa de relacionar tais crimes a essa objetividade jurídica, estar-se-ia retornando à sua antiga indistinção com o estelionato ou fraude patrimonial, e ficaria sem explicação razoável a continuidade do seu caráter de crimes formais, isto é, da regra segundo a qual, para sua integração, basta a editio falsi (posto que capaz de êxito), dispensada a efetiva ocorrência de um eventus damni."

Historicamente, remonta ao direito romano a identificação da fé pública como interesse digno de proteção penal. Foi a Lex Cornelia Testamentaria et Nummaria que trouxe a autônoma incriminação do *falsum*, destacado da fraude patrimonial (estelionato), a qual pressupunha um prejuízo efetivo, diversamente do delito de falsidade, para cuja consumação bastava a mera potencialidade de dano.

Já a categorização da fé pública como específico bem jurídico, referido à confiança pública de que são depositárias certas pessoas, em razão de determinado ofício (e.g., funcionários públicos), ou coisas, por força do seu valor probatório atribuído pelo Estado, foi obra da doutrina penal do início do século XIX, sob a influência de Rosshirt, na Alemanha, e de Filangieri, na Itália, tidos como precursores da reunião dos delitos de falsidade numa categoria homogênea de condutas designadas "crimes contra a fé pública".

Com esta rubrica, os crimes de falsidade foram primeiramente positivados no Código Penal da Baviera, em 1813, generalizando-se, a partir de então, o título "crimes contra a fé pública", que passou a ser adotado na maior parte das codificações latino-americanas, inclusive no Brasil.

Muitas foram as críticas à formulação doutrinária de um conceito de fé pública, a exemplo daquela desferida por Binding: "O que seja realmente esta fé pública, quase ninguém teve a ousadia de estabelecer. E quem tenta fazê-lo seriamente logo naufraga". Carmignani, na Itália, escreveu que "poder-se-ia sem maiores inconvenientes omitir esta classe de delitos", cujo "inventor [Filangieri] parece não ter meditado sobre o assunto com suficiente maturidade".

O argumento central invocado por esses autores é o de que a fé pública não passa de mera abstração, um "imaginário bem jurídico" que, ainda segundo Binding, "não corresponde a manifestação alguma da vida jurídica"; ou, nas palavras de Delitala, "constitui uma categoria abstrata que se presta a agrupar diversas hipóteses delituosas com base na identidade do meio, embora não represente qualquer interesse capaz de merecer tutela penal".

Tais objeções à proteção penal da fides publica, todavia, não resistem à evidência de que "a realidade não é só a que se apresenta com os objetos corporais do mundo exterior, a incidir sob os nossos sentidos. A fé pública é, sem dúvida, uma realidade da vida coletiva, é um fenômeno social, provocado pela necessidade do curso normal dos negócios".

Deveras, é um imperativo mesmo do convívio em sociedade a tutela dessa confiança que os indivíduos têm na genuinidade e eficácia dos símbolos que permeiam suas mais diversas interações. Trata-se, essa crença, de fenômeno ligado ao contínuo progresso das relações sociais de todos os matizes, que se veriam engessadas se fosse necessária, a cada transação comercial ou demonstração de um fato, e.g., a perquirição acerca da autenticidade e/ou veracidade de um documento.

Conceitualmente, portanto, fé pública é o "sentimento coletivo de confiança na legitimidade dos sinais de valor, na fôrça probatória ou eficácia jurídica das formas jurídicas de autenticação ou atestação, na qualidade ou identidade das pessoas".

A frustração da crença na legitimidade desses objetos se materializa através da falsidade, na qual reside a essência das condutas típicas que atentam contra o bem jurídico fé pública.

Segundo Costa Jr.,

> "apresenta-se a falsidade sob dois aspectos diversos. Em algumas hipóteses, o falso configura a antítese do genuíno. Em outras, como o oposto do verdadeiro, como o inautêntico".

Chegou-se a sustentar, no passado, que a objetividade jurídica do crime de falso residiria no direito à verdade. Mas a mentira, em si mesma, abstraída de qualquer ofensa a interesse de terceiros, constitui mera infração da moral, e não do direito, de modo que, a partir dessa premissa, buscou-se melhor fundamento para a incriminação do falsum: a violação do dever da verdade só é punível quando importa lesão da fé pública, com potencial prejuízo alheio.

Diz Muñoz Conde, neste sentido, que

> "la verdad que aquí interesa no es la verdad en sentido filosófico, sino la apariencia de conformidad a la realidad que engendran determinados signos, nombres, documentos, trajes, etc. Esta apariencia de verdad que generan tales signos engendra una confianza, una fe, en la sociedad, en el público en general, la fe pública que se protege por el Estado en cuanto es necesaria para el tráfico jurídico y puede servir como medio de prueba o autenticación."

Expostas essas premissas, importa ressaltar que a configuração do delito de falsum pressupõe três requisitos gerais: i) imitação ou alteração da verdade sobre fato juridicamente relevante; ii) potencialidade de dano; iii) dolo.

Dá-se a imitação quando o agente forma ou fabrica o objeto material falso. Já a alteração recai sobre o objeto genuíno. Apresenta-se também esse requisito quando se formula declaração falsa, a exemplo do que ocorre na falsidade ideológica, hipótese em que o falsum reside não na falta de autenticidade, mas na ausência de veracidade.

É fundamental que a conduta delituosa seja adequada a induzir em erro, vale dizer, deve ser idônea a fazer passar por legítimo ou verdadeiro um objeto que é falso. Como preleciona Costa Jr, "o objeto da falsidade, para induzir o sujeito passivo em engano, haverá de conter um quid de verdadeiro, de autêntico, de fiel à verdade, de modo a inspirar confiança. Da fidelidade, portanto, deriva a confiança que o ofendido vem a depositar no objeto, que acredita como verdadeiro, quando em realidade não o é".

A falsidade grosseira, por não possuir idoneidade para despertar confiança, revela-se incapaz de conduzir ao engano um número indeterminado de pessoas.

O segundo requisito essencial é a relevância jurídica da falsidade, consubstanciada na potencialidade de lesão (*praejudicium alterius*). Diz Fragoso: "Não se pune o falso inócuo, que não envolve qualquer dano ou perigo de dano". E acrescenta que "isso se aplica a todos os crimes de falso, embora somente em alguns haja expressa referência ao dano potencial". O dano aí referido, concreto ou potencial, recai sobre a confiabilidade do objeto tutelado perante a coletividade, independentemente de eventual prejuízo econômico experimentado por qualquer pessoa.

Nesse contexto, sob a compreensão de que os crimes de falsum atentam essencialmente contra interesses jurídicos de conteúdo não-patrimonial, a jurisprudência pretoriana tem rechaçado, em casos que tais, a aplicação do princípio da insignificância, como se lê no seguinte julgado do Superior Tribunal de Justiça:

> CRIMINAL. RECURSO ESPECIAL. MOEDA FALSA. PRINCÍPIO DA INSIGNIFICÂNCIA. INAPLICABILIDADE. RECURSO PROVIDO. I – A jurisprudência desta Corte é firme no sentido da inaplicabilidade do princípio da insignificância ao delito de moeda falsa, uma vez que se trata de crime contra a fé pública. Precedentes. II – **Independentemente do fato de o paciente ter sido apreendido com apenas uma nota supostamente falsa – e sendo falsa, o valor impresso tem importância reduzida – o delito é relevante devido à natureza do bem jurídico tutelado**. III – Irresignação que deve ser acolhida para determinar o recebimento da denúncia oferecida contra o recorrido, bem como o prosseguimento da ação penal. IV – Recurso provido, nos termos do voto do relator. (REsp 1251681/MG, Rel. Ministro GILSON DIPP, QUINTA TURMA, julgado em 22/11/2011, DJe 01/12/2011)

Em situações excepcionais, todavia, a reduzidíssima ofensividade da conduta pode conduzir à aplicação do princípio da insignificância mesmo em casos de crimes contra a fé pública, como já decidiu o Tribunal Regional Federal da 3a Região, nos termos da ementa abaixo colacionada:

> PENAL. APELAÇÃO CRIMINAL. CRIME DE MOEDA FALSA. PRINCIPIO DA INSIGNIFICÂNCIA. RECONHECIMENTO, EM SITUAÇÕES EXCEPCIONAIS. ABSOLVIÇÃO. RECURSO PROVIDO. 1. O apelante foi denunciado e condenado a 3 anos de reclusão e 10 dias-multa, pelo crime do artigo 289, § 1°, do Código Penal, por introduzir em circulação uma cédula de R$ 5,00 (cinco reais) em Pilar do Sul/SP, ao comprar dois pacotes de pipoca. 2. **Flexibilização do princípio da insignificância, aplicado à hipótese dos autos para absolver o apelante ao qual se imputa crime contra a fé pública; resultado da reflexão acerca da proporcionalidade entre os fatos que acontecem no mundo dos fenômenos e as previsões legais. E, ainda, sobre a proporcionalidade do rigor aplicado a determinados tipos legais, considerando que há crimes que capitulam infrações gravíssimas e são apenados de forma mais branda que outros**. 3. Recurso provido. (TRF-3 – ACR: 4621 SP 2000.61.10.004621-7, Relator: JUIZA CONVOCADA SILVIA ROCHA, Data de Julgamento: 21/06/2011, PRIMEIRA TURMA)

Por derradeiro, apresenta-se também como requisito indispensável o dolo do falsum, que, segundo Hungria, "é a vontade e consciência de imitação da verdade inerente a certos objetos, sinais ou formas, de modo a criar a possibilidade de conculcação de relações jurídicas e consequente quebrantamento da confiança pública nesses objetos, sinais ou formas".

Em variadas situações, o falso é utilizado como meio para o cometimento de outros delitos, a exemplo do estelionato. Em tais casos, dever-se-á perquirir se a hipótese é de concurso de crimes ou de delito único, por força da consunção. Sobre o tema, o Superior Tribunal de Justiça editou a Súmula no 17: "Quando o falso se exaure no estelionato, sem mais potencialidade lesiva, é por este absorvido".

Apesar de se referir unicamente ao estelionato, o verbete sumular compreende qualquer outro delito posterior que absorva o falsum, podendo-se mencionar, e.g., a sonegação fiscal (art. 1° da Lei 8.137/90).

Vale ainda registrar que, embora seja a fé pública o bem jurídico penalmente tutelado pelas normas incriminadoras constantes do Título X do Código Penal, outros bens e interesses, ainda que de forma secundária, encontram também proteção em diversos tipos penais ali positivados, como sói acontecer em relação ao patrimônio, no delito de moeda falsa (art. 289), como exemplifica Rogério Greco.

A falsidade está no centro das condutas típicas previstas nos diversos artigos que compõem o Título X do Código Penal, que é dividido em quatro capítulos: I – Da moeda falsa; II – Da falsidade de títulos e outros papéis públicos; III – Da falsidade documental; IV – De outras falsidades. Faz-se, por diante, a análise particularizada de cada uma das infrações contra a fé pública elencadas no Título X.

CAPÍTULO I – DA MOEDA FALSA

RAFAEL SANTANA

1. INTRODUÇÃO

A aparição da falsificação da moeda, como lembra Muñoz Conde, coincide com o surgimento mesmo da moeda como meio de pagamento, quando determinados objetos, metais nobres, pedras preciosas etc., foram adquirindo uma aceitação geral na sociedade, que lhes assinalava um valor que podia ser cambiado por outras mercadorias e servir para adquiri-las. Esse valor correspondia ao da mercadoria que se pretendia obter, convertendo-se a moeda no meio ideal para facilitar as transações econômicas e, ao mesmo tempo, em um signo fiduciário socialmente aceito.

Para reforçar essa aceitação geral dos metais preciosos e convertê-los em unidades que servissem como valores de câmbio na vida econômica, o Estado se encarregou de controlar e monopolizar estas unidades de valor, impondo-as como meio legal de pagamento. O tráfico monetário se convertia assim em um interesse estatal.

Sem embargo de também constituir uma lesão contra os interesses do particular, que experimenta prejuízo em seu patrimônio, e do Estado, ofendido em seu monopólio de emissão do dinheiro, o delito de moeda falsa consagrou-se, na generalidade das codificações penais, como violação dos interesses da coletividade, por atentar contra a confiança, a fé pública que engendra o valor da moeda nas relações socioeconômicas.

O Código Penal brasileiro possui capítulo denominado "Da Moeda Falsa" (Capítulo I do Título X). Nele estão reunidos os crimes de moeda falsa (art. 289), os assimilados ao de moeda falsa (art. 290), petrechos para falsificação de moeda (art. 291) e emissão de título ao portador sem permissão legal (art. 292), adiante examinados.

2. MOEDA FALSA

⊙ **Moeda Falsa**

Art. 289 – Falsificar, fabricando-a ou alterando-a, moeda metálica ou papel-moeda de curso legal no país ou no estrangeiro:

Pena – reclusão, de três a doze anos, e multa.

§ 1º – Nas mesmas penas incorre quem, por conta própria ou alheia, importa ou exporta, adquire, vende, troca, cede, empresta, guarda ou introduz na circulação moeda falsa.

§ 2º – Quem, tendo recebido de boa-fé, como verdadeira, moeda falsa ou alterada, a restitui à circulação, depois de conhecer a falsidade, é punido com detenção, de seis meses a dois anos, e multa.

§ 3º – É punido com reclusão, de três a quinze anos, e multa, o funcionário público ou diretor, gerente, ou fiscal de banco de emissão que fabrica, emite ou autoriza a fabricação ou emissão:

I – de moeda com título ou peso inferior ao determinado em lei;

II – de papel-moeda em quantidade superior à autorizada.

§ 4º – Nas mesmas penas incorre quem desvia e faz circular moeda, cuja circulação não estava ainda autorizada.

2.1. Tipo penal e bem jurídico tutelado

O art. 289, caput, do Código Penal tipifica a conduta de "falsificar, fabricando-a ou alterando-a, moeda metálica ou papel-moeda de curso legal no país ou no estrangeiro".

A norma incriminadora protege a fé pública, especificamente a confiança na legitimidade do dinheiro, sem a qual seria inviável o curso normal dos negócios.

2.2. Classificação doutrinária

Cuida-se de crime comum, doloso, comissivo, de forma livre, instantâneo, monossubjetivo e plurissubsistente.

2.3. Sujeitos do crime

O delito de moeda falsa é comum, ou seja, pode ser praticado por qualquer pessoa, já que o tipo previsto no caput do art. 289 não exige do sujeito ativo qualquer condição ou qualidade especial.

O sujeito passivo da infração é a coletividade e, secundariamente, o particular lesado pela conduta.

2.4. Elementos objetivos do tipo

A ação incriminada consiste em falsificar, fabricando-a ou adulterando-a, moeda de curso legal no país ou no exterior.

A falsificação (imitação do verdadeiro) pode se dar através da fabricação ou da alteração. Fabricar é contrafazer, criar materialmente a moeda. Alterar é modificar o dinheiro já existente, aumentando-lhe o valor. Não caracteriza esse crime o ato de substituir, seja na moeda metálica, seja no papel-moeda, letras ou números, para diminuir o respectivo valor nominal. Como justifica Hungria, "não está isso, é certo, consignado na lei, com todas as letras, mas impõe-se como inferência lógica, pois o falso numário não é um puro fim em si mesmo, uma 'arte por amor à arte', mas a criação de um meio de locupletação ilícita, ainda que a lei não exija o *animus lucri faciendi* para especificar o dolo desse crime".

O objeto material da ação é a moeda metálica ou o papel-moeda (cédula de dinheiro). A moeda deve possuir curso legal ou forçado, que consiste na sua obrigatória aceitação, por força de lei.

Se a moeda já se encontra fora de circulação, inexiste o crime do art. 289, podendo eventualmente configurar-se o delito de estelionato (art. 171, CP).

Também não constitui o crime do art. 289 a falsificação grosseira da moeda, dada a incapacidade de enganar a generalidade das pessoas. Sua utilização, entretanto, poderá igualmente caracterizar, em tese, a infração tipificada no art. 171 do Código Penal, na dicção da Súmula no 73 do Superior Tribunal de Justiça: "A utilização de papel-moeda grosseiramente falsificado configura, em tese, o crime de estelionato, da competência da Justiça Estadual".

2.5. Elemento subjetivo do tipo

O tipo admite tão-somente a modalidade dolosa. Realiza-o, portanto, quem age com vontade livre e consciente de falsificar moeda, fabricando-a ou alterando-a. É imprescindível o conhecimento do sujeito ativo acerca do curso legal da moeda, no Brasil ou no exterior.

2.6. Consumação e tentativa

A consumação do crime se dá no momento do fabrico ou da alteração da moeda, não se exigindo que seja ela colocada em circulação ou que sobrevenha prejuízo econômico para terceiro.

Se o próprio autor da falsificação coloca em circulação o dinheiro, responde somente pelo delito do art. 298, *caput*, do CP, considerando-se a introdução no mercado um pós-fato impunível.

Admite-se a tentativa, a exemplo da hipótese em que que o agente é flagrado ao iniciar a fabricação ou alteração da moeda.

3. CIRCULAÇÃO DE MOEDA FALSA

3.1. Tipo penal

Dispõe o § 1º do art. 289 que "nas mesmas penas incorre quem, por conta própria ou alheia, importa ou exporta, adquire, vende, troca, cede, empresta, guarda ou introduz na circulação moeda falsa".

3.2. Classificação doutrinária

Delito comum, doloso, comissivo, de forma livre, instantâneo (quanto às condutas de importar, exportar, adquirir, vender, trocar, ceder, emprestar, e introduzir) e permanente (na ação de guardar) e plurissubsistente.

3.3. Sujeitos do crime

A circulação de moeda falsa pode ser praticada por qualquer pessoa. Se o responsável pela introdução do dinheiro ilegítimo no mercado também realizou o tipo fundamental previsto no caput do art. 289, responde somente pelo crime de moeda falsa.

Sujeito passivo do crime é a coletividade. Também o é, secundariamente, a pessoa que sofre eventual lesão patrimonial.

3.4. Elementos objetivos do tipo

Comete o crime previsto no § 1º aquele que, por conta própria ou alheia, importa (promove o ingresso, por qualquer meio, da moeda no país) ou exporta (promove a saída do objeto do território nacional), adquire (obtém), vende (aliena), troca (permuta), cede (dá), empresta, (entrega o bem em caráter provisório, com a promessa de devolução) guarda (conserva) ou introduz na circulação (passa a terceiro) moeda falsa.

Trata-se de tipo misto alternativo, configurando-se infração única a prática de mais de uma das condutas nucleares nele descritas.

Embora não reproduzida nesse § 1º a expressão "de curso legal no país ou no estrangeiro", evidentemente também se exige que o dinheiro falso posto em circulação constitua imitação de moeda cuja aceitação seja obrigatória. Vale dizer: se a moeda já não possui curso legal no momento em que o agente pratica quaisquer dos núcleos verbais do tipo, não se configura o delito previsto no § 1º, podendo-se cogitar eventualmente da prática de estelionato (art. 171, CP).

3.5. Elemento subjetivo do tipo

É o dolo, consistente na vontade livre e consciente de importar ou exportar, adquirir, vender, trocar, ceder, emprestar, guardar ou introduzir na circulação moeda falsa. É indispensável o conhecimento da falsidade do objeto material, assim como a circunstância de possuir o dinheiro imitado curso legal no Brasil ou no exterior.

3.6. Consumação e tentativa

Consuma-se o crime no instante da realização de quaisquer das ações descritas no tipo. Em relação à conduta de guardar, que constitui infração de natureza permanente, a consumação se prolonga no tempo, enquanto durar a conservação da moeda falsa.

O *conatus* é admissível, podendo-se citar o exemplo do agente que tenta importar moeda falsa e é flagrado prestes a recebê-la na fronteira.

4. TIPO PRIVILEGIADO: RESTITUIÇÃO À CIRCULAÇÃO DE MOEDA FALSA RECEBIDA DE BOA-FÉ

4.1. Tipo penal

O § 2º do art. 289 estabelece punição mais branda para o agente que, "tendo recebido de boa-fé, como verdadeira, moeda falsa ou alterada, a restitui à circulação, depois de conhecer a falsidade".

4.2. Classificação doutrinária

Crime comum, doloso, comissivo, de forma livre, instantâneo e plurissubsistente.

4.3. Sujeitos do crime

A reintrodução de moeda falsa em circulação é delito comum, podendo ser perpetrada por qualquer pessoa, excluído o responsável pela falsificação.

Sujeito passivo do crime é a coletividade. Também o é, de modo secundário, quem experimenta eventual prejuízo em seu patrimônio.

4.4. Elementos objetivos do tipo

Incide no tipo do § 2º o agente que põe em circulação moeda falsa que recebeu de boa-fé, supondo-a inicialmente verdadeira, mas conhecendo a falsidade no momento de transmiti-la a terceiro.

4.5. Elemento subjetivo do tipo

Somente a título de dolo (direto) é punível a conduta descrita no § 2º. Exige-se do agente, no instante em que põe a moeda ilegítima em circulação, o inequívoco conhecimento da falsidade. Traz o tipo, ademais, um elemento subjetivo especial, qual seja, a boa-fé de que deve estar imbuído o autor no ato de recebimento do dinheiro. Se já conhecia a falsidade da moeda, agindo de má-fé, a conduta amolda-se ao tipo do § 1º.

4.6. Consumação e tentativa

O momento consumativo se dá quando o agente põe em circulação a moeda falsa. Admite-se a tentativa, e.g., quando o sujeito ativo é flagrado no instante em que vai entregar a moeda falsa a outrem.

5. FABRICAÇÃO OU EMISSÃO IRREGULAR DE MOEDA

5.1. Tipo penal

O § 3º do art. 289 tipifica a conduta do "funcionário público ou diretor, gerente, ou fiscal de banco de emissão que fabrica, emite ou autoriza a fabricação ou emissão: I – de moeda com título ou peso inferior ao determinado em lei; II – de papel-moeda em quantidade superior à autorizada".

5.2. Classificação doutrinária

Delito próprio, doloso, comissivo, de forma livre, instantâneo e plurissubsistente.

5.3. Sujeitos do crime

Trata-se de crime próprio, com sujeição ativa restrita a determinadas pessoas: o funcionário público, o diretor, gerente ou fiscal de banco de emissão de moeda. Releva notar que não se cuida aqui de qualquer funcionário público, mas somente daquele que possui atribuição de emitir ou autorizar a fabricação ou emissão de moeda.

Sujeito passivo é a coletividade.

5.4. Elementos objetivos do tipo

As condutas incriminadas consistem em emitir ou autorizar a fabricação ou emissão de moeda metálica ou papel-moeda.

No inciso I, proíbe-se a fabricação ou emissão de moeda metálica com título ou peso inferior ao previsto em lei. Título é a proporção ou teor da liga metálica legalmente estabelecida para a composição da moeda.

Já o inciso II tipifica o fabrico ou emissão de papel-moeda em quantidade superior à autorizada. A produção de quantidade inferior não caracteriza o delito. Indiferente penal também é a fabricação ou emissão de moeda metálica em quantidade superior à autorizada.

5.5. Elemento subjetivo do tipo

Tipo de injusto doloso, pressupõe vontade livre e consciente de emitir ou autorizar a fabricação ou emissão de moeda metálica, com conhecimento da inferioridade do título ou peso (inciso I), ou de papel-moeda, com ciência da quantidade excessiva (inciso II).

5.6. Consumação e tentativa

O crime se consuma no momento da fabricação, da emissão, ou da autorização da emissão da moeda. Na hipótese de autorização, a consumação prescinde de ulterior fabrico ou emissão. Trata-se, nesse caso, de delito formal, diversamente das condutas de fabricar ou emitir, que encerram crime material.

A tentativa é admissível.

6. DESVIO E CIRCULAÇÃO ANTECIPADA

6.1. Tipo penal

O § 4º estabelece punição para o agente que "desvia e faz circular moeda, cuja circulação não estava ainda autorizada".

6.2. Classificação doutrinária

Crime comum, doloso, comissivo, de forma livre, instantâneo e plurissubsistente.

6.3. Sujeitos do crime

O delito do § 4º pode ser cometido por qualquer pessoa.

Sujeito passivo é a coletividade.

6.4. Elementos objetivos do tipo

A conduta incriminada é a de desviar e fazer circular moeda verdadeira, fabricada regularmente, colocando-a em circulação antes da autorização da autoridade responsável.

O desvio que deve preceder a introdução da moeda em circulação, segundo Hungria, "faz supor intuito de locupletação por parte do agente, e poderia ser considerado, à parte, como peculato ou malversação (se o agente é funcionário na posse da moeda fabricada ou abusando de sua qualidade), apropriação indébita (no caso, p. ex., do agente que é empregado da empresa a quem o Estado haja confiado o fabrico da moeda), ou furto; mas a lei entendeu de identificar na espécie uma unidade jurídica (crime complexo ou progressivo), ficando excluído o concurso de crimes, material ou formal".

6.5. Elemento subjetivo do tipo

É o dolo, consistente na vontade livre e consciente de desviar e fazer circular a moeda, sabendo o agente que a circulação ainda não estava autorizada.

6.6. Consumação e tentativa

O crime se consuma com a colocação da moeda em circulação. Se o agente realiza tão-somente o desvio, mas, por circunstâncias alheias à sua vontade, não logra a introdução do dinheiro no circuito financeiro, caracteriza-se a tentativa.

7. PENAS, AÇÃO PENAL E COMPETÊNCIA

Para o crime de moeda falsa, previsto no caput do art. 289, a pena cominada é de reclusão, de 3 (três) a 12 (doze) anos, e multa, mesma reprimenda estabelecida para o delito de circulação de moeda falsa (§ 1º).

A restituição à circulação de moeda falsa recebida de boa-fé (§ 2º) é sancionada com detenção, de 6 (seis) meses a 2 (dois) anos, e multa.

Para os tipos qualificados dos §§ 3º e 4º, a pena é de reclusão, de 3 (três) a 15 (quinze) anos, e multa.

A ação penal é pública incondicionada.

A competência para o processo e julgamento do crime de moeda falsa é da Justiça Federal.

Ao Juizado Especial Criminal compete o processo e julgamento do crime previsto no § 2º do art. 289 (circulação de moeda falsa), em razão da pena máxima cominada, que não supera o limite de 2 (dois) anos, nos termos do art. 61 da Lei nº 9.099/95.

8. CRIMES ASSIMILADOS AO DE MOEDA FALSA

⊙ **Crimes assimilados ao de moeda falsa**

Art. 290 – Formar cédula, nota ou bilhete representativo de moeda com fragmentos de cédulas, notas ou bilhetes verdadeiros; suprimir, em nota, cédula ou bilhete recolhidos, para o fim de restituí-los à circulação, sinal indicativo de sua inutilização; restituir à circulação cédula, nota ou bilhete em tais condições, ou já recolhidos para o fim de inutilização:

Pena – reclusão, de dois a oito anos, e multa.

Parágrafo único – O máximo da reclusão é elevado a doze anos e multa, se o crime é cometido por funcionário que trabalha na repartição onde o dinheiro se achava recolhido, ou nela tem fácil ingresso, em razão do cargo.

8.1. Tipo penal e bem jurídico tutelado

O art. 290 tipifica as condutas de "formar cédula, nota ou bilhete representativo de moeda com fragmentos de cédulas, notas ou bilhetes verdadeiros; suprimir, em nota, cédula ou bilhete recolhidos, para o fim de restituí-los à circulação, sinal indicativo de sua inutilização; restituir à circulação cédula, nota ou bilhete em tais condições, ou já recolhidos para o fim de inutilização".

Tutela-se a fé pública.

8.2. Classificação doutrinária

Crime comum, doloso, comissivo, de forma vinculada, instantâneo e plurissubsistente.

8.3. Sujeitos do crime

Infração penal comum, pode ser praticada por qualquer pessoa, já que o tipo não requisita qualquer condição especial do agente.

Sujeito passivo da infração é a coletividade e, de modo secundário, a pessoa eventualmente lesada pela conduta.

8.4. Elementos objetivos do tipo

O tipo penal descreve quatro modalidades delituosas:

a) formação de cédula, nota ou bilhete representativo de moeda com fragmentos de cédulas, notas ou bilhetes verdadeiros: trata-se da justaposição de partes de cédulas, notas ou bilhetes, formando um novo objeto, com aparência de verdadeiro e capaz de circular como tal. Como ressalta Magalhães Noronha, a hipótese "não se confunde com a aposição de números e dizeres de uma cédula verdadeira em outra, para que represente maior valor, quando haverá alteração e não formação".

b) supressão, em nota, cédula ou bilhete recolhidos, de sinal indicativo de sua inutilização: amolda-se a essa norma incriminadora a supressão (eliminação ou remoção) de marcas de inutilização (carimbo, perfuração etc.) de nota, cédula ou bilhete (verdadeiros) já recolhidos.

c) restituição à circulação de cédula, nota ou bilhete em tais condições: incide nessa figura típica o agente que recoloca em circulação cédula, nota ou bilhete nas condições indicadas nos itens anteriores (formação do objeto através de justaposição ou supressão de sinal indicativo de sua inutilização).

d) restituição à circulação de cédula, nota ou bilhete já recolhidos para o fim de inutilização: nessa última hipótese, o sujeito restitui à circulação o objeto material ainda não inutilizado, mas que já foi recolhido para essa finalidade.

O tipo penal é misto alternativo, ou seja, o agente comete crime único quando forma a cédula e a coloca em circulação.

8.5. Elemento subjetivo do tipo

Nas ações de formar e restituir, o tipo exige apenas o dolo, consistente na vontade livre e consciente de realizar os elementos objetivos. Já na conduta de suprimir, além do dolo, exige-se o especial fim de restituir à circulação os objetos materiais.

8.6. Consumação e tentativa

O crime atinge o momento consumativo quando a cédula, nota ou bilhete é formado ou restituído à circulação, ou quando é suprimido o sinal indicativo de sua inutilização.

Nas hipóteses de formação de cédula e supressão de sinal que indica sua inutilização, prescinde-se da colocação em circulação para a consumação do delito.

A tentativa é admissível em quaisquer das modalidades típicas.

8.7. Tipo qualificado

O parágrafo único do art. 290 eleva o patamar máximo da pena "se o crime é cometido por funcionário que trabalha na repartição onde o dinheiro se achava recolhido, ou nela tem fácil ingresso, em razão do cargo".

Há, nessa hipótese, além da ofensa à fé pública, violação de dever funcional por parte do agente, circunstância que justifica a apenação mais gravosa.

8.8. Penas e ação penal

A pena cominada para o delito do caput do art. 290 é de reclusão, de 2 (dois) a 8 (oito) anos, e multa.

Para o tipo qualificado do parágrafo único, o máximo da reclusão é elevado a 12 (doze) anos, além da pena de multa.

A ação penal é pública incondicionada.

9. PETRECHOS PARA FALSIFICAÇÃO DE MOEDA

⊙ **Petrechos para falsificação de moeda**

Art. 291 – Fabricar, adquirir, fornecer, a título oneroso ou gratuito, possuir ou guardar maquinismo, aparelho, instrumento ou qualquer objeto especialmente destinado à falsificação de moeda:

Pena – reclusão, de dois a seis anos, e multa.

10. TIPO PENAL E BEM JURÍDICO TUT1ELADO

O art. 291 tipifica as condutas de "fabricar, adquirir, fornecer, a título oneroso ou gratuito, possuir ou guardar maquinismo, aparelho, instrumento ou qualquer objeto especialmente destinado à falsificação de moeda".

O bem jurídico protegido é a fé pública, potencialmente vulnerado pelo risco de falsificação de moeda. Criminalizou-se, com esse tipo penal autônomo, uma série de atos meramente preparatórios da falsidade material.

10.1. Classificação doutrinária

Crime comum, doloso, comissivo, de forma livre, instantâneo (nas ações de fabricar, adquirir e fornecer) e permanente (nas condutas de possuir e guardar), e plurissubsistente.

10.2. Sujeitos do crime

O delito de petrechos para falsificação de moeda pode ser praticado por qualquer pessoa, já que o tipo não exige do sujeito ativo uma qualidade especial qualquer.

Sujeito passivo é a coletividade.

10.3. Elementos objetivos do tipo

Compõem o tipo os atos de fabricar (produzir), adquirir (obter), fornecer (entregar), a título oneroso ou gratuito, possuir (ter a posse) ou guardar (ter em depósito) maquinismo, aparelho, instrumento ou qualquer objeto especialmente destinado à falsificação de moeda. O petrecho deve ser, de forma inequívoca, especificamente vocacionado para a falsificação de dinheiro (moeda metálica ou papel-moeda).

Trata-se de tipo misto alternativo, configurando-se delito único a prática de mais de uma das condutas nele previstas.

10.4. Elemento subjetivo do tipo

O elemento subjetivo do tipo de petrechos para falsificação é o dolo, consistente na vontade livre e consciente de realizar as condutas incriminadas, com inequívoco conhecimento da destinação específica dos objetos materiais.

10.5. Consumação e tentativa

Consuma-se o crime com o fabrico, a aquisição, o fornecimento, a posse ou a guarda do petrecho para falsificação de moeda.

A tentativa é admissível, exceto em relação às condutas de possuir e fornecer, sendo certo que esta última pressupõe uma posse anterior, momento em que já estaria consumada a infração.

Se o agente, além de fabricar, adquirir, fornecer, possuir ou guardar o petrecho, utiliza-o para fabricar moeda falsa, responde tão-somente pelo crime do art. 289 do Código Penal, que absorve a conduta típica do art. 291 (antefato impunível).

10.6. Penas e ação penal

A pena cominada ao delito de petrechos para falsificação de moeda é de reclusão, de 2 (dois) a 6 (seis) anos, e multa.

A ação penal é pública incondicionada.

11. EMISSÃO DE TÍTULO AO PORTADOR SEM PERMISSÃO LEGAL

⊙ **Emissão de Título ao Portador sem Permissão Legal**

Art. 292 – Emitir, sem permissão legal, nota, bilhete, ficha, vale ou título que contenha promessa de pagamento em dinheiro ao portador ou a que falte indicação do nome da pessoa a quem deva ser pago:

Pena – detenção, de um a seis meses, ou multa.

Parágrafo único – Quem recebe ou utiliza como dinheiro qualquer dos documentos referidos neste artigo incorre na pena de detenção, de quinze dias a três meses, ou multa.

11.1. Tipo penal e bem jurídico tutelado

Dispõe o art. 292, caput, do Código Penal que constitui crime o ato de “emitir, sem permissão legal, nota, bilhete, ficha, vale ou título que contenha promessa de pagamento em dinheiro ao portador ou a que falte indicação do nome da pessoa a quem deva ser pago”.

Tutela-se a fé pública com a repressão à emissão irregular de títulos ao portador, sob a compreensão de que sua circulação afeta a moeda de curso legal.

11.2. Classificação doutrinária

Crime comum, doloso, comissivo, de forma livre, instantâneo e plurissubsistente.

11.3. Sujeitos do crime

Delito comum, pode ser praticado por qualquer pessoa.

Sujeito passivo é a coletividade e, de forma secundária, a pessoa ocasionalmente lesada pela conduta.

11.4. Elementos objetivos do tipo

A conduta típica é representada pelo núcleo verbal emitir, que tem aí o significado de colocar em circulação qualquer dos objetos materiais (nota, bilhete, ficha, vale ou título) mencionados no texto legal, tendo em vista que se trata de crime contra fé pública, não bastando para a configuração do delito a mera criação do título de crédito.

O título ao portador instrumentaliza o dever de pagar certa quantia ao detentor que o apresenta. É transmissível por tradição, prescindindo-se de endosso ou autorização de quem o emitiu. A norma incriminadora limita os títulos ao portador que podem constituir objeto material do crime do art. 292 àqueles que contêm promessa de pagamento em dinheiro. Segundo Fragoso, "é também título ao portador aquêle a que falta indicação do nome do favorecido".

11.5. Elemento normativo do tipo

O tipo penal possui um elemento normativo, representado pela expressão "sem permissão legal". Cuida-se, *in casu*, de norma penal em branco, de modo que a subsunção da conduta ao tipo pressupõe o conhecimento, por meio de regra extrapenal, das hipóteses em que se permite a emissão dos papéis referidos no art. 292.

Evidentemente, a existência de permissão legal torna o fato atípico.

11.6. Elemento subjetivo do tipo

O elemento subjetivo do tipo é o dolo, consistente na vontade livre e consciente de emitir (colocar em circulação) qualquer dos objetos materiais descritos na norma penal, com inequívoco conhecimento da falta de permissão legal.

11.7. Consumação e tentativa

O delito atinge o momento consumativo com a colocação do título em circulação, independentemente do advento de prejuízo para terceiro ou da obtenção de lucro ilícito (crime formal).

Admite-se a tentativa.

11.8. Tipo privilegiado: recebimento ou utilização dos papéis como dinheiro

A teor do parágrafo único do art. 292, sujeita-se a pena reduzida "quem recebe ou utiliza como dinheiro qualquer dos documentos referidos neste artigo".

A conduta tipificada consiste no recebimento ou utilização dos papéis indicados no *caput* do art. 292 como se dinheiro fossem. A norma penal responsabiliza, nessa hipótese, o tomador do título, ou seja, aquele que o recebe ou o utiliza, contribuindo assim para sua circulação irregular.

O elemento subjetivo do tipo privilegiado é o dolo, consistente na vontade livre e consciente de receber ou utilizar nota, bilhete, ficha, vale ou título que contenha promessa de pagamento em dinheiro ao portador ou a que falte indicação do nome da pessoa a quem deva ser pago, sabendo-se da falta de permissão legal.

11.9. Penas e ação penal

A pena cominada ao delito previsto no caput do art. 292 é de detenção, de 1 (um) a 6 (seis) meses, ou multa.

O crime do parágrafo único é punido com detenção, de 15 (quinze) dias a 3 (três) meses, ou multa.

A ação penal é pública incondicionada.

A competência para o processo e julgamento do crime de emissão de título ao portador sem permissão legal, seja a figura do caput, seja o tipo privilegiado do parágrafo único do art. 292, é do Juizado Especial Criminal, tendo em conta que a pena máxima cominada, em ambos dispositivos, não excede o limite de 2 (dois) anos, nos termos do art. 61 da Lei nº 9.099/95.

CAPÍTULO II – DA FALSIDADE DE TÍTULOS E OUTROS PAPÉIS PÚBLICOS

RAFAEL SANTANA

1. INTRODUÇÃO

No Capítulo II do Título X, o Estatuto Penal cuidou da tutela de certos papéis públicos representativos de valores ou concernentes a valores de responsabilidade do Estado, ou à arrecadação de rendas públicas. Consoante Hungria, "dada essa proximidade, mas não identidade, quer com o falsum numário, quer com o falsum documental, o legislador entendeu de bom aviso reunir os crimes contra a fé pública atinentes a tais papéis numa classe autônoma, situada na linha de fronteira entre aquelas duas species de falsum".

2. DA FALSIDADE DE PAPÉIS PÚBLICOS

⊙ **Da falsidade de papéis públicos**

Art. 293 – Falsificar, fabricando-os ou alterando-os:

I – selo destinado a controle tributário, papel selado ou qualquer papel de emissão legal destinado à arrecadação de tributo;

II – papel de crédito público que não seja moeda de curso legal;

III – vale postal;

IV – cautela de penhor, caderneta de depósito de caixa econômica ou de outro estabelecimento mantido por entidade de direito público;

V – talão, recibo, guia, alvará ou qualquer outro documento relativo a arrecadação de rendas públicas ou a depósito ou caução por que o poder público seja responsável;

VI – bilhete, passe ou conhecimento de empresa de transporte administrada pela União, por Estado ou por Município:

Pena – reclusão, de dois a oito anos, e multa.

§ 1º Incorre na mesma pena quem:

I – usa, guarda, possui ou detém qualquer dos papéis falsificados a que se refere este artigo;

II – importa, exporta, adquire, vende, troca, cede, empresta, guarda, fornece ou restitui à circulação selo falsificado destinado a controle tributário;

III – importa, exporta, adquire, vende, expõe à venda, mantém em depósito, guarda, troca, cede, empresta, fornece, porta ou, de qualquer forma, utiliza em proveito próprio ou alheio, no exercício de atividade comercial ou industrial, produto ou mercadoria:

a) em que tenha sido aplicado selo que se destine a controle tributário, falsificado;

b) sem selo oficial, nos casos em que a legislação tributária determina a obrigatoriedade de sua aplicação.

§ 2º – Suprimir, em qualquer desses papéis, quando legítimos, com o fim de torná-los novamente utilizáveis, carimbo ou sinal indicativo de sua inutilização:

Pena – reclusão, de um a quatro anos, e multa.

§ 3º – Incorre na mesma pena quem usa, depois de alterado, qualquer dos papéis a que se refere o parágrafo anterior.

§ 4º – Quem usa ou restitui à circulação, embora recibo de boa-fé, qualquer dos papéis falsificados ou alterados, a que se referem este artigo e o seu § 2º, depois de conhecer a falsidade ou alteração, incorre na pena de detenção, de 6 (seis) meses a 2 (dois) anos, ou multa.

§ 5º – Equipara-se a atividade comercial, para os fins do inciso III do § 1º, qualquer forma de comércio irregular ou clandestino, inclusive o exercido em vias, praças ou outros logradouros públicos e em residências.

2.1. Tipo penal e bem jurídico tutelado

Dispõe o art. 293, caput, do Código Penal, que constitui crime o ato de "falsificar, fabricando-os ou alterando-os: I – selo destinado a controle tributário, papel selado ou qualquer papel de emissão legal destinado à arrecadação de tributo; II – papel de crédito público que não seja moeda de curso legal; III – vale postal; IV – cautela de penhor, caderneta de depósito de caixa econômica ou de outro estabelecimento mantido por entidade de direito público; V – talão, recibo, guia, alvará ou qualquer outro documento relativo a arrecadação de rendas públicas ou a depósito ou caução por que o poder público seja responsável; VI – bilhete, passe ou conhecimento de empresa de transporte administrada pela União, por Estado ou por Município".

O bem jurídico tutelado é a fé pública, especificamente no que concerne à salvaguarda da legitimidade dos papéis públicos listados no tipo penal. Protege também o Código, no inciso I do art. 293, o interesse arrecadatório do Fisco.

2.2. Classificação doutrinária

Crime comum, doloso, comissivo, de forma livre, instantâneo e plurissubsistente.

2.3. Sujeitos do crime

Crime comum, pode ser praticado por qualquer pessoa. Se cometido por funcionário público, prevalecendo-se este do cargo, a pena é aumentada nos termos do art. 295 do Código Penal.

Sujeito passivo é a coletividade.

2.4. Elementos objetivos do tipo

O tipo fundamental da falsidade de papéis públicos, previsto no caput do art. 293, proíbe a conduta de falsificar, através de fabricação ou alteração, os documentos elencados nos incisos I a VI.

Fabricar é contrafazer, criar materialmente o documento. Alterar é modificar o objeto (autêntico) já existente.

O inciso I, na redação dada pela Lei 11.035/2004, refere-se ao (i) selo destinado a controle tributário, que "é a marca feita por carimbo, sinete, chancela ou máquina, inclusive por meio de estampilha"; ao (ii) papel selado, que é aquele que já traz o selo gravado em seu corpo através de processo mecânico; e a (iii) qualquer papel de emissão legal destinado à arrecadação de tributo, fórmula genérica que abrange os demais papéis eventualmente criados para atender aos fins arrecadatórios do Fisco.

Os papéis de crédito público previstos no inciso II são os títulos da dívida pública (e.g., apólices, debêntures) emitidos pela União, Estado ou Município e que exprimem uma obrigação dessas pessoas jurídicas. Segundo disposição literal desse inciso, configura o crime a falsificação de papel público que não seja moeda de curso legal.

O inciso III, que refere-se ao vale postal, foi revogado pelo art. 36 da Lei 6.538/78, que estabeleceu o seguinte tipo penal: "Falsificar, fabricando ou adulterando, selo, outra fórmula de franqueamento ou vale-postal. Pena: reclusão, até 8 (oito) anos, e pagamento de 5 (cinco) a 15 (quinze) dias-multa." O art. 47 da mesma Lei positivou ainda o conceito de vale-postal: título emitido por unidade postal à vista de um depósito de quantia para pagamento na mesma ou em outra unidade postal.

No inciso IV estão arroladas a (i) cautela de penhor, que é um título de crédito cuja apresentação, uma vez realizado o pagamento da quantia emprestada, obriga a entrega do objeto empenhado, e a (ii) caderneta de depósito de caixa econômica ou de outro estabelecimento mantido por entidade de direito público, documento em absoluto desuso nos dias atuais. É a antiga e popular "caderneta de poupança", livreto entregue ao depositante e que contém as informações sobre os valores depositados.

O inciso V elenca documentos relacionados à arrecadação de rendas públicas ou a depósito ou caução por que o poder público seja responsável. Talão é a parte destacável de caderno ou livro oficial, no qual remanesce um "canhoto" com as mesmas informações. Recibo é a declaração de recebimento de um valor qualquer. Guia é o documento emitido por entidade arrecadadora ou a ela endereçado para o fim de recolhimento de valores devidos. Alvará, "aqui, é o documento ou título expedido por autoridade administrativa ou judicial autorizando algum ato concernente à arrecadação fiscal ou ao depósito ou caução sob responsabilidade do poder público".

Por derradeiro, o inciso VI refere-se aos seguintes papéis emitidos por empresa de transporte (terrestre, marítimo, fluvial ou aéreo) administrada pela União, por Estado ou por Município: (i) bilhete, que é o documento comprado para utilizar o transporte; (ii) passe, que é o documento obtido gratuitamente para transporte de pessoa; e (iii) conhecimento, que é o papel referente ao transporte de coisas.

2.5. Elemento subjetivo do tipo

O elemento subjetivo é o dolo, consistente na vontade livre e consciente de falsificar, fabricando-o ou alterando-o, qualquer dos papéis públicos referidos nos incisos I a VI.

2.6. Consumação e tentativa

Consuma-se o delito com a fabricação ou a alteração do papel público, independentemente da ocorrência de dano (crime formal). A utilização do objeto falso caracteriza o crime autônomo do § 1º, desde que o usuário não seja o autor da contrafação.

Admite-se a tentativa.

3. USO DE PAPÉIS PÚBLICOS FALSIFICADOS E OUTRAS CONDUTAS EQUIPARADAS

3.1. Tipo penal

Nos termos do art. 293, § 1º, incorre na mesma pena prevista no caput o agente que "I – usa, guarda, possui ou detém qualquer dos papéis falsificados a que se refere este artigo; II – importa, exporta, adquire, vende, troca, cede, empresta, guarda, fornece ou restitui à circulação selo falsificado destinado a controle tributário; III – importa, exporta, adquire, vende, expõe à venda, mantém em depósito, guarda, troca, cede, empresta, fornece, porta ou, de qualquer forma, utiliza em proveito próprio ou alheio, no exercício de atividade comercial ou industrial, produto ou mercadoria: a) em que tenha sido aplicado selo que se destine a controle tributário, falsificado; b) sem selo oficial, nos casos em que a legislação tributária determina a obrigatoriedade de sua aplicação". Em sua redação originária, o Estatuto Repressivo punia no § 1º do art. 293 apenas o uso dos papéis falsificados. As demais ações típicas previstas nos incisos I a III foram incluídas pela Lei nº 11.035/2004, com o que se supriu a lacuna da norma incriminadora.

3.2. Classificação doutrinária

Crime comum, doloso, comissivo, de forma livre, instantâneo (nas condutas de usar, importar, exportar, adquirir, vender, trocar, ceder, emprestar, fornecer, restituir à circulação, utilizar) e permanente (nas condutas de guardar, possuir, deter, manter em depósito, portar), unissubsistente (usar, guardar, possuir, deter) e plurissubsistente (nas demais condutas).

3.3. Sujeitos do crime

Qualquer indivíduo pode ser sujeito ativo da infração, desde que não seja o autor da falsificação prévia, caso em que o uso ou as demais condutas equiparadas serão absorvidos por aquele crime (princípio da consunção).

Sujeito passivo é a coletividade.

3.4. Elementos objetivos do tipo

No inciso I, além do núcleo verbal usar, com o significado de empregar o papel falsificado em sua destinação específica, dele valendo-se o agente como se verdadeiro fosse, estão previstas as condutas típicas de guardar, possuir ou deter qualquer dos papéis públicos falsificados.

O inciso II, acrescentado pela Lei nº 11.035/2004, prevê as ações típicas de importar (introduzir no território brasileiro), exportar (remeter para o exterior) adquirir (obter), vender (alienar) trocar (permutar), ceder (dar), emprestar (entregar com expectativa de devolução), guardar (abrigar), fornecer (suprir) ou restituir (reintroduzir) à circulação selo falsificado destinado a controle tributário.

O inciso III, igualmente acrescido ao dispositivo codificado pela Lei nº 11.035/2004, incrimina as condutas de quem, no exercício de atividade comercial ou industrial, importa, exporta, adquire, vende, expõe à venda, mantém em depósito, guarda, troca, cede, empresta, fornece, porta ou, de qualquer forma, utiliza em proveito próprio ou alheio, produto ou mercadoria: a) em que tenha sido aplicado selo que se destine a controle tributário, falsificado; b) sem selo oficial, nos casos em que a legislação tributária determina a obrigatoriedade de sua aplicação.

Equipara-se à atividade comercial, para os fins do inciso III do § 1º, qualquer forma de comércio irregular ou clandestino, inclusive o exercido em vias, praças ou outros logradouros públicos e em residências, nos termos do § 5º do art. 293, do CP. Trata-se, nas palavras de Cezar Roberto Bitencourt, da responsabilização penal dos camelôs: "Com efeito, todas as condutas descritas no novo tipo penal, com exceção de "exportar", são próprias do conhecido comércio informal (irregular ou clandestino) praticado, fundamentalmente, pelos camelôs e sacoleiros (...). A abrangência do parágrafo em exame não deixa nenhuma modalidade de comércio informal fora do alcance do poder repressivo penal público".

3.5. Elemento subjetivo do tipo

O elemento subjetivo é o dolo, consistente na vontade livre e consciente de praticar qualquer das condutas típicas, com o conhecimento da falsidade do papel público (inciso I) ou do selo destinado a controle tributário (incisos II e III, a) ou, ainda, com a ciência da inexistência, no produto ou mercadoria, de selo oficial cuja aplicação a legislação tributária repute obrigatória (inciso III, b).

3.6. Consumação e tentativa

Consuma-se o delito com a prática de qualquer uma das diversas condutas previstas nos três incisos. A tentativa é inadmissível nas ações de usar, guardar, possuir, deter, em relação as quais não se vislumbra a possibilidade de fracionamento do iter criminis.

4. SUPRESSÃO DE CARIMBO OU SINAL DE INUTILIZAÇÃO

4.1. Tipo penal

O art. 293, § 2º, tipifica a conduta de "suprimir, em qualquer desses papéis, quando legítimos, com o fim de torná-los novamente utilizáveis, carimbo ou sinal indicativo de sua inutilização".

4.2. Classificação doutrinária

Crime comum, doloso, comissivo, de forma livre, instantâneo e plurissubsistente.

4.3. Sujeitos do crime

Qualquer pessoa pode cometer o delito. Sujeito passivo é a coletividade.

4.4. Elementos objetivos do tipo

A ação delituosa consiste em suprimir (remover) o sinal identificador da prévia inutilização do papel.

O objeto material sobre o qual recai a infração deve ser verdadeiro, já que o tipo alude a papéis legítimos.

4.5. Elementos subjetivos do tipo

O dolo é o elemento subjetivo do tipo penal, consubstanciado na vontade livre e consciente de eliminar o carimbo ou sinal indicativo de que o objeto material é inservível. Demais disso, há no tipo um elemento subjetivo especial, qual seja, a finalidade de tornar os papéis novamente utilizáveis.

4.6. Consumação e tentativa

O crime se consuma com a remoção do sinal indicativo da inutilização do objeto material, prescindindo-se da sua reutilização. Se o autor da supressão torna a utilizar o papel, tem-se aí um pós-fato impunível. Se terceira pessoa faz uso do papel com sinal de inutilização eliminado, incorre no tipo do § 3º do art. 293, adiante analisado.

A tentativa é admissível, hipoteticamente. Pode-se cogitar, e. g., do agente flagrado no momento em que está removendo o carimbo ou sinal, mas que não chega a eliminá-lo por completo.

5. USO DE PAPÉIS COM SUPRESSÃO DE CARIMBO OU SINAL DE INUTILIZAÇÃO

5.1. Tipo penal

Nos termos do § 3º do art. 293, "incorre na mesma pena quem usa, depois de alterado, qualquer dos papéis a que se refere o parágrafo anterior".

5.2. Classificação doutrinária

Crime comum, doloso, comissivo, de forma livre, instantâneo e unissubsistente.

5.3. Sujeitos do crime

Qualquer pessoa pode ser sujeito ativo da infração, desde que não seja o autor da supressão do sinal indicativo da inutilização do papel, hipótese em que o uso restará absorvido pelo crime anterior (princípio da consunção).

Sujeito passivo é a coletividade.

5.4. Elementos objetivos do tipo

A conduta típica consiste na utilização de papel do qual foi suprimido carimbo ou sinal identificador de sua inutilização.

5.5. Elemento subjetivo do tipo

O dolo é o elemento subjetivo dessa figura típica, consistente na vontade livre e consciente de fazer uso do objeto material do qual se eliminou sinal indicativo de inutilização, desde que inequivocamente conhecida pelo agente tal supressão.

5.6. Consumação e tentativa

Consuma-se o injusto penal com a utilização do papel alterado.

A tentativa é inadmissível, não se vislumbrando, no ato de usar, a possibilidade de fracionamento do iter criminis.

6. USO OU RESTITUIÇÃO À CIRCULAÇÃO DE PAPÉIS RECEBIDOS DE BOA-FÉ

6.1. Tipo penal

Incide no tipo § 4º do art. 293 "quem usa ou restitui à circulação, embora recibo de boa-fé, qualquer dos papéis falsificados ou alterados, a que se referem este artigo e o seu § 2º, depois de conhecer a falsidade ou alteração".

6.2. Classificação doutrinária

Crime comum, doloso, comissivo, de forma livre, instantâneo, unissubsistente (usar) e plurissubsistente (restituir à circulação).

6.3. Sujeitos do crime

O sujeito ativo pode ser qualquer pessoa, à exceção do autor da falsificação do papel ou da supressão do sinal indicativo da sua inutilização.

Sujeito passivo é a coletividade.

6.4. Elementos objetivos do tipo

A conduta incriminada consiste na ação de usar (empregar o objeto material em sua destinação específica) ou restituir à circulação (entregar o objeto a terceiro) o papel falsificado (caput) ou alterado (§ 2º).

6.5. Elemento subjetivo do tipo

Além do dolo, correspondente à vontade livre e consciente de usar ou restituir à circulação papel falsificado ou alterado, o tipo do § 4º elenca outros dois elementos subjetivos, quais sejam, (i) a boa-fé com que o agente deve ter recebido o objeto material e (ii) o inequívoco conhecimento de sua falsidade ou alteração no momento em que o utiliza ou o restitui à circulação.

6.6. Consumação e tentativa

O crime alcança o momento consumativo quando o agente utiliza ou restitui à circulação o objeto material.

A tentativa de restituição à circulação é possível. Já em relação à conduta de usar, o conatus é inadmissível.

6.7. Penas e ação penal

A pena cominada às figuras típicas do caput e do § 1º do art. 293 é de reclusão, de 2 (dois) a 8 (oito) meses, e multa.

Para os crimes dos §§ 2º e 3º, a sanção fixada é de reclusão, de 1 (um) a 4 (quatro) anos, e multa.

O § 4º prevê pena de detenção, de 6 (seis) meses a 2 (dois) anos, ou multa.

Se o agente é funcionário público e comete o crime prevalecendo-se de tal condição, aumenta-se a pena de sexta parte, nos termos do art. 295 do Código Penal.

A ação penal é pública incondicionada.

A competência para o processo e julgamento do crime previsto no § 4º do art. 293 é do Juizado Especial Criminal, tendo em vista que a pena máxima cominada não supera o limite de 2 (dois) anos, conforme disposto no art. 61 da Lei nº 9.099/95.

7. PETRECHOS DE FALSIFICAÇÃO

⊙ **Petrechos de falsificação**

Art. 294 – Fabricar, adquirir, fornecer, possuir ou guardar objeto especialmente destinado à falsificação de qualquer dos papéis referidos no artigo anterior:

Pena – reclusão, de um a três anos, e multa.

Art. 295 – Se o agente é funcionário público, e comete o crime prevalecendo-se do cargo, aumenta-se a pena de sexta parte.

7.1. Tipo penal e bem jurídico tutelado

Sob a rubrica de petrechos de falsificação, o art. 294 do Código Penal tipifica as condutas de "fabricar, adquirir, fornecer, possuir ou guardar objeto especialmente destinado à falsificação de qualquer dos papéis referidos no artigo anterior".

A norma penal visa à proteção da fé pública, potencialmente vulnerada pelo risco de falsificação dos papéis públicos mencionados no art. 293 do Estatuto Repressivo. Esse tipo penal autônomo, assim como aquele previsto no art. 291 do CP, criminaliza uma série de condutas meramente preparatórias da falsificação ou da alteração, constituindo verdadeira "antecipação da tutela penal".

7.2. Classificação doutrinária

Crime comum, doloso, comissivo, de forma livre, instantâneo (nas ações de fabricar, adquirir e fornecer) e permanente (nas condutas de guardar, possuir, deter, manter em depósito, portar), unissubsistente (possuir e guardar) e plurissubsistente.

7.3. Sujeitos do crime

O crime de petrechos para falsificação de papéis públicos pode ser praticado por qualquer pessoa, já que o tipo não exige do sujeito ativo qualquer atributo peculiar.

Sujeito passivo é a coletividade.

7.4. Elementos objetivos do tipo

As condutas típicas consistem em fabricar (produzir), adquirir (obter), fornecer (entregar), possuir (ter a posse) ou guardar (ter em depósito) objeto especialmente destinado à falsificação de qualquer dos papéis referidos no art. 293 do CP. O petrecho deve ser inequivocamente predisposto à falsificação do objeto a que o tipo alude.

Cuida-se de tipo misto alternativo, configurando-se delito único a prática de mais de uma das condutas nele previstas.

Se o petrecho for destinado à falsificação de selo, outra fórmula de franqueamento ou vale-postal, incide na espécie o tipo penal do art. 38 da Lei nº 6.538/78, que sanciona com reclusão, de até 3 (três) anos, e multa, as ações de fabricar, fornecer, ainda que gratuitamente, possuir, guardar, ou colocar em circulação objeto especialmente destinado à falsificação daqueles sinais públicos.

7.5. Elemento subjetivo do tipo

O elemento subjetivo é o dolo, consistente na vontade livre e consciente de fabricar, adquirir, fornecer, possuir ou guardar o objeto material (petrecho de falsificação), com induvidoso conhecimento de sua destinação específica.

7.6. Consumação e tentativa

Consuma-se o crime com o fabrico, a aquisição, o fornecimento, a posse ou a guarda do petrecho para falsificação dos papéis públicos referidos no art. 293 do CP.

A tentativa é admissível, exceto em relação aos núcleos verbais possuir e fornecer (conduta que pressupõe posse anterior, momento em que já estaria consumada a infração).

Se o agente possuidor do petrecho faz uso deste para falsificar qualquer dos papéis públicos previstos no art. 293, responde tão-somente por este último crime, que absorve a conduta típica do art. 294 (antefato impunível).

7.7. Penas e ação penal

Pune-se o delito do art. 294 do código Penal com reclusão, de 1 (um) a 3 (três) anos, e multa.

Tratando-se de crime praticado por funcionário público que se vale do cargo para tanto, a pena é aumentada de sexta parte, nos termos do art. 295 do CP.

A ação penal é pública incondicionada.

CAPÍTULO III – DA FALSIDADE DOCUMENTAL

RAFAEL SANTANA

1. CONCEITO E REQUISITOS DO DOCUMENTO

Não há, no Código Penal Brasileiro, ao contrário do que se observa em algumas codificações estrangeiras, um conceito de documento para os fins das normas incriminadoras das diversas espécies de falsidade nele previstas. Na lição de Fragoso, documento é "todo escrito devido a um autor determinado, contendo exposição de fatos ou declaração de vontade, dotado de significação ou relevância jurídica". Aduz Hungria que, "na esfera jurídico-penal, a expressão 'falsidade documental' vale o mesmo que 'falsidade cartular', podendo ser assim definida: imitação ou deformação fraudulenta da verdade em um papel escrito, no sentido de concular uma relação jurídica ou causar um prejuízo juridicamente apreciável".

A forma escrita é, ainda hoje, majoritariamente apontada pela doutrina brasileira como requisito indispensável do documento para efeitos criminais. Em sentido divergente, defendendo um conceito mais amplo desse objeto material, posiciona-se Luis Regis Prado, nos seguintes termos:

> "Sem dúvida que o papel escrito é o principal e mais frequente documento, como quer a doutrina brasileira; entretanto, não é possível negar, também, que da mesma forma como o homem encontrou no papel um repositório para suas manifestações de vontade ou registro de seus fatos e atos, a evolução da ciência e da tecnologia, introduzindo outros meios de perpetuação da memória e do pensamento, vai paulatinamente exigindo a ampliação do conceito de documento, sob pena de se deixar desprotegido o bem jurídico tutelado. Difunde-se o uso de fitas taquigráficas, de películas fotográficas, de discos ou fitas videofonográficos e de outros suportes propiciados pela tecnologia para a condensação do pensamento humano, e a tal realidade não pode ficar infenso o Direito. Desse modo, v.g., como deixar de reconhecer o crime de falsidade documental na hipótese de o agente adulterar a um microfilme utilizado como única forma de registro de determinados atos de relevância jurídica por uma repartiao pública? Ou se o objeto da falsificação é um disquete de computador onde se armazenam escrituras públicas num órgão que tenha abandonado o uso de arquivos de papel? Nem se diga que haveria ofensa ao princípio da legalidade, ou que seja vedada interpretação extensiva in mallam partem, já que a lei, ao referir-se a documento, público ou particular, estampa um elemento normativo que demanda valoração jurídica, a cargo do intérprete".

O magistério de Regis Prado alinha-se a respeitável doutrina espanhola, na qual se destaca a obra de Muñoz Conde, para quem "el concepto de documento es un concepto poroso y como tal abierto al futuro, admitiendo, por tanto, otras formas de materialización de los hechos distinta a la escrita, siempre que ello pueda tener alguna eficacia jurídica y acoger los demás requisitos que exige el concepto mismo de documento". Deveras, à luz do Código Penal espanhol, cujo art. 26 oferece um conceito amplo desse objeto material, é plenamente legítima a conclusão de que outros suportes além do papel escrito podem mesmo servir de materialização do documento.

Sucede, todavia, que tal interpretação extensiva não se revela a mais adequada ao direito positivo brasileiro, sendo certo que o Código Penal pátrio, em pelo menos um dispositivo (art. 299), alude expressamente ao caráter escrito do documento. Deveras, consoante Rogério Greco, "se for levada a efeito uma interpretação sistêmica dos artigos que compõem o capítulo relativo à falsidade documental, concluiremos, permissa vênia, que o documento mencionado por todos os tipos penais deverá ser aquele obrigatoriamente escrito".

Demais disso, impõe-se aqui a estrita observância do princípio da taxatividade, cujo conteúdo é exposto com precisão por Zaffaroni e Nilo Batista:

> "O **princípio da máxima taxatividade** se manifesta no **âmbito interpretativo** por meio de uma **proibição absoluta da analogia** in malam partem. Enquanto o direito civil provê segurança jurídica tratando de resolver o maior número possível de conflitos, razão pela qual 'quando a lei for omissa o juiz decidirá o caso de acordo com a analogia, os costumes e os princípios gerais de direito' (art. 4º da lei de introdução ao Código Civil), **a segurança jurídica que toca ao direito penal consiste exatamente em recusar tratamento aos conflitos que não se inscrevam taxativamente na criminalização primária**. Enquanto o direito civil cumpre melhor sua função de segurança jurídica quando coloca o poder público a serviço da solução do maior número possível de conflitos, tendendo portanto a corresponder a um sistema contínuo – sem lacunas -, **o direito penal se estrutura como um sistema descontínuo de ilicitudes pontuais que não podem ser ampliadas pela interpretação, doutrinária ou jurisprudencial**".

De lege ferenda, todavia, é de se esperar a previsão normativa expressa de outras formas de materialização dos documentos para fins penais, a exemplo do registro eletrônico, uma tendência irreversível dos dias atuais. Neste exato sentido, o recente Anteprojeto de Código Penal, em trâmite no Senado da República, estabelece conceito amplo desse objeto material da falsidade, nos termos do seu art. 262, § 3º: "Considera-se documento público qualquer papel, selo, sinal, carimbo, marca, imagem, logotipo, assinatura, cifra, código, página ou **registro eletrônico** ou outro item assemelhado de uso próprio de servidor público" (destacou-se).

Doutrinariamente, além da forma escrita, são tidos como indispensáveis os seguintes requisitos do documento: autoria determinada; conteúdo (manifestação de vontade ou exposição de fato); e relevância jurídica.

Autor do documento é a pessoa a quem se imputa a declaração de vontade ou a expressão do pensamento nele contida. Diz Fragoso que, normalmente, "a identificação do autor é feita pela assinatura aposta ao documento, mas não se exclui que possa decorrer do próprio conteúdo, desde que a lei não exija expressamente a subscrição".

O conteúdo é outro requisito essencial do documento. Com efeito, deve ele necessariamente conter uma manifestação do pensamento, materializada pela exposição de um fato ou por uma declaração de vontade.

Por fim, impõe-se que o documento possua relevância jurídica, é dizer, o escrito deve ser destinado a servir (instrumento) ou ser eventualmente utilizável (documento de ocasião) como meio de prova.

À luz dessa característica fundamental, pode-se afirmar, com Hungria, que "não é falsidade documental a mentira em declarações meramente enunciativas ou sobre fatos que o documento não é especificamente destinado a provar".

2. FALSIDADE MATERIAL E FALSIDADE IDEOLÓGICA

Diz-se material a falsidade que recai sobre a essência do documento, que o atinge "em sua forma exterior ou extrínseca, em sua materialidade gráfica ou perceptível". Apresenta-se ela sob duas formas: a contrafação e a alteração.

A contrafação, conforme Hungria, "é a confecção ex integro de alguma coisa à semelhança a de outra, de modo a provocar engano quanto à sua autenticidade". A alteração, por sua vez, "é a modificação da natureza, aspecto ou essência de alguma das coisas ou formas que gozam de fé pública".

Na falsidade ideológica, diversamente, o documento não é contrafeito nem alterado, mas o seu conteúdo não corresponde à verdade. O falsum, nesse caso, recai sobre o que nele vem atestado. Embora genuíno, o documento não é verdadeiro.

3. FALSIFICAÇÃO DE SELO OU SINAL PÚBLICO

⊙ **Falsificação de Selo ou Sinal Público**

Art. 296 – Falsificar, fabricando-os ou alterando-os:

I – selo público destinado a autenticar atos oficiais da União, de Estado ou de Município;

II – selo ou sinal atribuído por lei a entidade de direito público, ou a autoridade, ou sinal público de tabelião:

Pena – reclusão, de dois a seis anos, e multa.

§ 1º – Incorre nas mesmas penas:

I – quem faz uso do selo ou sinal falsificado;

II – quem utiliza indevidamente o selo ou sinal verdadeiro em prejuízo de outrem ou em proveito próprio ou alheio.

III – quem altera, falsifica ou faz uso indevido de marcas, logotipos, siglas ou quaisquer outros símbolos utilizados ou identificadores de órgãos ou entidades da Administração Pública.

§ 2º – Se o agente é funcionário público, e comete o crime prevalecendo-se do cargo, aumenta-se a pena de sexta parte.

3.1. Tipo penal e bem jurídico tutelado

O art. 296, caput, do Código Penal, incrimina a conduta de "falsificar, fabricando-os ou alterando-os: I – selo público destinado a autenticar atos oficiais da União, de Estado ou de Município; II – selo ou sinal atribuído por lei a entidade de direito público, ou a autoridade, ou sinal público de tabelião".

O bem jurídico protegido é a fé pública, especificamente no que pertine à autenticidade dos sinais identificadores de certas autoridades públicas e de atos delas emanados.

3.2. Classificação doutrinária

Crime comum, doloso, comissivo, de forma livre, instantâneo e plurissubsistente.

3.3. Sujeitos do crime

Crime comum, pode ser praticado por qualquer pessoa, já que o tipo previsto no caput do art. 296 não exige do sujeito ativo qualquer condição ou qualidade especial.

Se o agente é funcionário público, e comete o crime prevalecendo-se do cargo, aplica-se o aumento de pena previsto no § 2º do art. 296.

Sujeito passivo é a coletividade.

3.4. Elementos objetivos do tipo

A ação típica é a de falsificar, fabricando-os ou adulterando-os, o selo ou sinal público previstos nos incisos I e II do art. 296.

A falsificação (imitação do verdadeiro) pode se realizar através da fabricação ou da alteração. Fabricar ou contrafazer equivale a criar materialmente o objeto. Alterar é modificar selo ou sinal público já existente.

O objeto material da ação típica é o selo público destinado a autenticar atos oficiais da União, de Estado ou de Município (inciso I); ou selo ou sinal atribuído por lei a entidade de direito público, ou a autoridade, ou sinal público de tabelião (inciso II). Tais objetos, apesar de figurar o art. 296 no capítulo da falsidade documental, não constituem propriamente documentos, mas são, conforme Fragoso, "comumente empregados como elementos de certificação ou autenticação documental, o que justifica a classificação. Uma vez apostos ao documento, tais selos passam a fazer parte integrante dele".

Não configura o crime do art. 296 a falsificação grosseira de selo ou sinal público, haja vista a incapacidade de engano da generalidade das pessoas. Sua utilização, entretanto, poderá caracterizar, eventualmente, delito patrimonial, como o estelionato. Valem aqui as mesmas considerações já esboçadas em relação à falsificação grosseira de moeda, matéria objeto da Súmula no 73 do Superior Tribunal de Justiça: "A utilização de papel-moeda grosseiramente falsificado configura, em tese, o crime de estelionato, da competência da Justiça Estadual".

3.5. Elemento subjetivo do tipo

O tipo admite tão-somente a modalidade dolosa. Realiza-o, portanto, quem age com vontade livre e consciente de falsificar o selo ou sinal público, fabricando-o ou alterando-o.

3.6. Consumação e tentativa

A consumação do crime se dá no momento do fabrico ou da alteração do objeto material, prescindindo-se de uso ulterior, hipótese em que se verificará a prática do delito previsto no art. 296, § 1º, I, do CP, desde que o autor seja pessoa diversa.

Admite-se a tentativa, podendo-se cogitar no momento em que o agente é surpreendido ao iniciar o fabrico ou alteração do selo ou sinal público.

4. CONDUTAS EQUIPARADAS À FALSIFICAÇÃO DE SELO OU SINAL PÚBLICO

4.1. Tipo penal

A teor do § 1º do art. 296, "incorre nas mesmas penas: I – quem faz uso do selo ou sinal falsificado; II – quem utiliza indevidamente o selo ou sinal verdadeiro em prejuízo de outrem ou em proveito próprio ou alheio; III – quem altera, falsifica ou faz uso indevido de marcas, logotipos, siglas ou quaisquer outros símbolos utilizados ou identificadores de órgãos ou entidades da Administração Pública".

4.2. Classificação doutrinária

Crime comum, doloso, comissivo, de forma livre, instantâneo, unissubsistente (fazer uso, utilizar) e plurissubsistente (alterar, falsificar).

4.3. Sujeitos do crime

Qualquer pessoa pode ser sujeito ativo dos crimes previstos nesse § 1º, já que em nenhuma das hipóteses típicas dos incisos I a III se exige do autor do fato qualquer condição ou qualidade especial.

Se o usuário do objeto falsificado é o próprio autor da falsificação, a utilização é tida como pós-fato impunível.

Se o agente é funcionário público, e comete o crime prevalecendo-se do cargo, aumenta-se a pena, nos termos do § 2º do mesmo art. 296.

Sujeito passivo é a coletividade.

4.4. Elementos objetivos do tipo

Três são as figuras típicas previstas no § 1º do art. 296. A primeira delas é a conduta de fazer uso de selo ou sinal falsificado (inciso I). A utilização que a norma incrimina corresponde à destinação regular do selo ou sinal público, a exemplo do seu emprego para autenticar ato oficial.

Já o inciso II tipifica a utilização indevida de selo ou sinal verdadeiro em prejuízo de outrem ou em proveito do próprio agente ou de terceiro. Nota-se que nessa hipótese inexiste falsificação do objeto material. Pune-se quem usa indevidamente (elemento normativo do tipo) selo ou sinal público genuíno.

O inciso III, incluído pela Lei nº 9.988/2000, prevê as ações de alterar, falsificar ou fazer uso indevido de marca (sinal formado por um desenho, emblema ou letras e que se associa a determinada coisa), logotipo (marca composta pelo agrupamento de letras ou siglas), sigla (conjunto das letras iniciais de palavras fundamentais, que designam algo ou alguém) ou quaisquer outros símbolos (interpretação analógica) utilizados ou identificadores de órgãos ou entidades da Administração Pública. Diversamente da tipificação adotada nos dispositivos anteriores, o inciso III reúne as condutas de falsificar/alterar e de usar os objetos materiais elencados em seu texto (tipo misto alternativo).

4.5. Elementos subjetivos do tipo

O dolo é o elemento subjetivo em todas as condutas típicas dos incisos I a III. Vislumbra-se, outrossim, a presença de elemento subjetivo especial no tipo do inciso II, qual seja, a finalidade de causar prejuízo a terceiro ou de obter proveito próprio ou para outrem.

4.6. Consumação e tentativa

A consumação do crime se dá com o uso do selo ou sinal público falsificado (inciso I) ou verdadeiro (inciso II), ou com a alteração, falsificação ou uso de quaisquer dos símbolos indicados no inciso III.

Nos incisos I e II, a tentativa é inadmissível. Já no inciso III, admite-se o conatus em relação à falsificação e à alteração.

5. PENA E AÇÃO PENAL

A pena imposta ao crime de falsificação de selo ou sinal público, tanto à conduta descrita no caput, quanto às figuras a ela equiparadas pelo § 1º do art. 296, é de reclusão, de 2 (dois) a 6 (seis) anos, e multa.

Se o agente é funcionário público, e pratica o delito prevalecendo-se do cargo, a pena é aumentada de sexta parte, conforme previsão do § 2º do art. 296.

6. FALSIFICAÇÃO DE DOCUMENTO PÚBLICO

⊙ **Falsificação de Documento Público**

Art. 297 – Falsificar, no todo ou em parte, documento público, ou alterar documento público verdadeiro:

Pena – reclusão, de dois a seis anos, e multa.

§ 1º – Se o agente é funcionário público, e comete o crime prevalecendo-se do cargo, aumenta-se a pena de sexta parte.

§ 2º – Para os efeitos penais, equiparam-se a documento público o emanado de entidade paraestatal, o título ao portador ou transmissível por endosso, as ações de sociedade comercial, os livros mercantis e o testamento particular.

§ 3º Nas mesmas penas incorre quem insere ou faz inserir:

I – na folha de pagamento ou em documento de informações que seja destinado a fazer prova perante a previdência social, pessoa que não possua a qualidade de segurado obrigatório;

II – na Carteira de Trabalho e Previdência Social do empregado ou em documento que deva produzir efeito perante a previdência social, declaração falsa ou diversa da que deveria ter sido escrita;

III – em documento contábil ou em qualquer outro documento relacionado com as obrigações da empresa perante a previdência social, declaração falsa ou diversa da que deveria ter constado.

§ 4º – Nas mesmas penas incorre quem omite, nos documentos mencionados no § 3º, nome do segurado e seus dados pessoais, a remuneração, a vigência do contrato de trabalho ou de prestação de serviços.

6.1. Tipo penal e bem jurídico tutelado

O art. 297, caput, do Código Penal tipifica a conduta de "falsificar, no todo ou em parte, documento público, ou alterar documento público verdadeiro".

O bem jurídico tutelado é a fé pública, particularmente a autenticidade dos documentos públicos, com vistas a impedir a fraude probatória.

6.2. Classificação doutrinária

Crime comum, doloso, comissivo, de forma livre, instantâneo e plurissubsistente.

6.3. Sujeitos do crime

A falsificação de documento público pode ser praticada por qualquer pessoa, já que o tipo previsto no caput do art. 297 não exige do sujeito ativo qualquer condição ou qualidade específica.

Se o agente é funcionário público, e comete o crime prevalecendo-se do cargo, aumenta-se a pena, nos termos do § 1º do art. 297.

Sujeito passivo é a coletividade.

7. ELEMENTOS OBJETIVOS DO TIPO

A norma incriminadora prevê as ações de (i) falsificar, no todo ou em parte, documento público; e (ii) alterar documento público verdadeiro.

A falsificação total se dá com a formação de um documento antes inexistente (*ex novo et ex integro*).

Já a falsificação parcial pressupõe a existência prévia de um documento e ocorre, consoante Hungria, "quando se apresentam atos acessórios falsos (registro, endosso, quitação, fiança, aval etc.) acrescidos a documento verdadeiro (acréscimo que pode ser feito pelo próprio autor do documento ou terceiros), ou quando alguém, deparando papel firmado por outrem em branco ou contendo declaração de vontade sem assinatura, preenche aquele com uma confissão de dívida (não confundir com o caso em que o falsário tem a faculdade de preencher o papel assinado em branco e o faz em desacordo com o pactuado, o que constitui falsidade ideológica) ou apõe, no segundo caso, a imitada assinatura de quem escreveu a declaração (investindo-se, ou a terceiro, na situação de portador ou titular do crédito) ".

A alteração é a modificação feita no documento autêntico, já definitivamente formado, através de rasura, acréscimo ou qualquer outra forma eficaz, de modo a nele introduzir ou substituir letras, palavras ou números que alterem ponto relevante. A correção de meros erros materiais não constitui crime.

Tanto a contrafação quanto a alteração recaem sobre o documento enquanto objeto material, modificando-lhe a essência, contrapondo-se, portanto, à falsidade ideológica ou intelectual, que consiste na falta de veracidade do conteúdo expressado pelo documento.

O objeto material da ação típica é o documento público, que é o emanado de funcionário público com competência para sua expedição, observadas as formalidades legais.

Na lição de Costa Jr., "é indiferente que o documento provenha de autoridade nacional ou estrangeira, desde que esta seja reconhecida como tal pelo país de origem e o ato tenha atendido às prescrições regulamentares locais (lex loci) ".

São considerados documentos públicos os traslados, certidões, cópias autênticas ou fotocópias autenticadas deles.

Consoante Paulo Queiroz, "a cópia de documento original só é passível de ser considerada (juridicamente) documento, quer para fins civis, quer para fins penais, quando devidamente autenticada pelo órgão ou autoridade competente. A simples fotocópia não é documento, rigorosamente. Consequentemente, quando a contrafação recai sobre cópia não autenticada de documento, é de se concluir que, por faltar elemento essencial do tipo, não está caracterizado o delito do art. 297 do Código. O fato é atípico"[1].

Por outro lado, não se considera documento público o documento particular a que se apôs sinal público ou reconhecimento de firma ou de autenticação, "eis que tal interferência estatal não confere fé pública ao ato privado, mas tão-só à sua existência e autenticidade, isto é, o documento privado não se transforma em público".

Nos termos do art. 297, § 2º, do CP, equiparam-se a documento público, para efeitos penais, o emanado de entidade paraestatal, o título ao portador ou transmissível por endosso, as ações de sociedade comercial, os livros mercantis e o testamento particular".

7.1. Elemento subjetivo do tipo

Somente a título doloso é punível a conduta de falsificar documento público ou alterar documento público verdadeiro.

---

1 Parecer nº 7535/2013/PQ/PRR 1ª Região, na Ação Penal nº 0040677-18.2011.4.01.3300/TRF 1ª Região.

7.2. Consumação e tentativa

Consuma-se a infração penal com a contrafação do documento público ou com a alteração do documento público verdadeiro, prescindindo-se de posterior uso, hipótese em que se verificará a prática do delito previsto no art. 304 do CP, desde que o autor seja pessoa diversa.

A tentativa é admissível nas duas modalidades de conduta típica (falsificação e alteração).

8. FALSIDADE DE DOCUMENTOS DESTINADOS À PREVIDÊNCIA SOCIAL

8.1. Tipos penais

A Lei nº 9.983/2000 acrescentou ao art. 297 o § 3º, estabelecendo que "nas mesmas penas incorre quem insere ou faz inserir: I – na folha de pagamento ou em documento de informações que seja destinado a fazer prova perante a previdência social, pessoa que não possua a qualidade de segurado obrigatório; II – na Carteira de Trabalho e Previdência Social do empregado ou em documento que deva produzir efeito perante a previdência social, declaração falsa ou diversa da que deveria ter sido escrita; III – em documento contábil ou em qualquer outro documento relacionado com as obrigações da empresa perante a previdência social, declaração falsa ou diversa da que deveria ter constado".

Inseriu também o § 4º, com a seguinte redação: "Nas mesmas penas incorre quem omite, nos documentos mencionados no § 3º, nome do segurado e seus dados pessoais, a remuneração, a vigência do contrato de trabalho ou de prestação de serviços".

8.2. Classificação doutrinária

Crime comum, doloso, comissivo (§ 3º) e omissivo impróprio (§ 4º), de forma vinculada, instantâneo e plurissubsistente.

8.3. Sujeitos do crime

A falsidade de documentos destinados à previdência social, assim no § 3º como no § 4º, é delito comum, podendo ser praticado por qualquer pessoa, pois não requisita o tipo qualquer qualidade especial do sujeito ativo.

Sujeito passivo é a coletividade.

8.4. Elementos objetivos do tipo

Observa-se, inicialmente, que essas figuras típicas foram inseridas em dispositivo inadequado, como adverte Bitencourt: "Chega a ser constrangedora a equivocada inclusão no art. 297 (que trata de falsidade material) de condutas que identificam falsidade ideológica, quando deveriam ter sido introduzidas no art. 299, com a cominação de pena que lhes parecceresse adequada".

Com efeito, nas modalidades de falsum descritas nos §§ 3º e 4º não ocorre contrafação ou alteração do documento, mas a inserção de conteúdo inverídico ou a omissão de dados que dele deveriam constar. A falsidade, nesses casos, recai sobre o teor ideativo do documento, que é genuíno, porém não verdadeiro.

Eis as condutas incriminadas:

i) inserir ou fazer inserir: na folha de pagamento ou em documento de informações que seja destinado a fazer prova perante a previdência social, pessoa que não possua a qualidade de segurado obrigatório (inciso I); na Carteira de Trabalho e Previdência Social do empregado ou em documento que deva produzir efeito perante a previdência social, declaração falsa ou diversa da que deveria ter sido escrita (inciso II); em documento contábil ou em qualquer outro documento relacionado com as obrigações da empresa perante a previdência social, declaração falsa ou diversa da que deveria ter constado (inciso III).

ii) omitir, nos documentos mencionados no § 3º, nome do segurado e seus dados pessoais, a remuneração, a vigência do contrato de trabalho ou de prestação de serviços.

8.5. Elemento subjetivo do tipo

O tipo subjetivo é caracterizado pelo dolo, consistente na vontade livre e consciente de inserir ou fazer inserir, nos documentos indicados nos incisos I a III do § 3º, conteúdo falso ou diverso do que neles deveria constar, ou ainda de omitir, nos mesmos documentos, nome do segurado e seus dados pessoais, a remuneração, a vigência do contrato de trabalho ou de prestação de serviços.

Não exige o tipo em exame qualquer elemento subjetivo especial do agente, distinguindo-se, como lembra Damásio de Jesus, daquele previsto no art. 337-A, do CP, "pois neste há a finalidade específica de sonegação de contribuições previdenciárias".

8.6. Consumação e tentativa

Consuma-se a infração penal com a prática de qualquer dos comportamentos descritos no tipo, prescindindo-se da posterior utilização dos documentos ideologicamente falsos.

Admite-se a tentativa em todas as modalidades típicas.

9. PENA E AÇÃO PENAL

A pena cominada ao delito do caput é a mesma prevista nos §§ 3º e 4º do art. 297: reclusão, de 2 (dois) a 6 (seis) anos, e multa.

Se o agente é funcionário público e comete o crime prevalecendo-se do cargo, aumenta-se a pena de sexta parte, a teor do § 1º do art. 297.

A ação penal é pública incondicionada.

10. FALSIFICAÇÃO DE DOCUMENTO PARTICULAR

⊙ **Falsificação de Documento Particular**

Art. 298 – Falsificar, no todo ou em parte, documento particular ou alterar documento particular verdadeiro:

Pena – reclusão, de um a cinco anos, e multa.

⊙ **Falsificação de cartão**

Parágrafo único. Para fins do disposto no caput, equipara-se a documento particular o cartão de crédito ou débito.

10.1. Tipo penal e bem jurídico tutelado

Nos moldes do art. 298 do Código Penal, constitui crime "falsificar, no todo ou em parte, documento particular, ou alterar documento particular verdadeiro".

A redação do tipo é semelhante àquela do caput do art. 297, distinguindo-se apenas pelo objeto material da infração. Tutela-se igualmente a fé pública, especificamente quanto à autenticidade do documento particular, que, embora não se imponha com a mesma força simbólica do documento público à fé coletiva, possui também eficácia probatória. Não há, com efeito, qualquer diferença ontológica entre as duas espécies delituosas, vislumbrando-se tão-somente distinção quanto à gravidade da infração, que é menos acentuada na falsificação de documento particular, circunstância que repercute na cominação de pena mais branda para esse crime.

10.2. Classificação doutrinária

Crime comum, doloso, comissivo, de forma livre, instantâneo e plurissubsistente.

10.3. Sujeitos do crime

Qualquer pessoa pode ser sujeito ativo da falsificação de documento particular, não prevendo o tipo penal qualquer condição ou qualidade especial do agente.

Sujeito passivo é a coletividade.

10.4. Elementos objetivos do tipo

As condutas típicas são as mesmas da norma incriminadora anterior: (i) falsificar, no todo ou em parte, documento particular; e (ii) alterar documento particular verdadeiro.

O objeto material da ação típica é o documento particular, cujo conceito é obtido de forma negativa: documento particular é aquele que não é público, nem mesmo por equiparação.

O parágrafo único do art. 298, inserido no Código Penal pela Lei nº 12.737/12, equipara ao documento particular, para os fins da norma incriminadora prevista no caput, o cartão de crédito ou débito.

10.5. Elemento subjetivo do tipo

O elemento subjetivo do injusto é o dolo, consistente na vontade livre e consciente de falsificar documento particular ou alterar documento particular verdadeiro.

10.6. Consumação e tentativa

O crime alcança o momento consumativo com a contrafação do documento particular ou com a alteração do documento particular verdadeiro. O uso ulterior do documento falso, se praticado por outra pessoa que não o autor da falsificação, caracteriza o crime do art. 304 do CP.

Admite-se a tentativa nas duas modalidades de ação típica (falsificação e alteração).

10.7. Pena e ação penal

O crime de falsificação de documento particular é punido com reclusão, de 1 (um) a 5 (cinco) anos, e multa.

A ação penal é pública incondicionada.

11. FALSIDADE IDEOLÓGICA

⊙ **Falsidade ideológica**

Art. 299 – Omitir, em documento público ou particular, declaração que dele devia constar, ou nele inserir ou fazer inserir declaração falsa ou diversa da que devia ser escrita, com o fim de prejudicar direito, criar obrigação ou alterar a verdade sobre fato juridicamente relevante:

Pena – reclusão, de um a cinco anos, e multa, se o documento é público, e reclusão de um a três anos, e multa, se o documento é particular.

Parágrafo único – Se o agente é funcionário público, e comete o crime prevalecendo-se do cargo, ou se a falsificação ou alteração é de assentamento de registro civil, aumenta-se a pena de sexta parte. GRECO, Rogério. Ob. cit., p. 349.

11.1. Tipo penal e bem jurídico tutelado

O art. 299 do Código Penal tipifica as condutas de "omitir, em documento público ou particular, declaração que dele devia constar, ou nele inserir ou fazer inserir declaração falsa ou diversa da que devia ser escrita, com o fim de prejudicar direito, criar obrigação ou alterar a verdade sobre fato juridicamente relevante".

O bem jurídico tutelado é a fé pública, particularmente a veracidade dos documentos públicos e particulares em seu conteúdo intelectual.

11.2. Classificação doutrinária

Crime comum, doloso, omissivo próprio (quanto à conduta de omitir) e comissivo (nas ações de inserir e fazer inserir), de forma livre, instantâneo e plurissubsistente.

11.3. Sujeitos do crime

Qualquer pessoa pode ser sujeito ativo do crime de falsidade ideológica, tendo em vista que o tipo previsto no *caput* do art. 297 não exige qualquer condição ou qualidade específica do agente.

Se, todavia, o agente é funcionário público, e comete o crime prevalecendo-se do cargo, aumenta-se a pena, nos termos do parágrafo único do art. 299.

Sujeito passivo é a coletividade.

11.4. Elementos objetivos do tipo

Três são as modalidades de conduta incriminada, uma omissiva e duas comissivas: (i) omitir, em documento público ou particular, declaração que dele devia constar, ou nele (ii) inserir ou (iii) fazer inserir declaração falsa ou diversa da que devia ser escrita.

Objeto material do delito é o documento genuíno, público ou particular.

Conduta que desperta especial atenção é o abusivo preenchimento de folha assinada em branco, hipótese que a Exposição de Motivos do Código Penal trata como crime de falsidade ideológica. O tipo objetivo, todavia, nem sempre corresponderá ao previsto no art. 299 do CP, devendo-se avaliar as circunstâncias em que o papel ingressou na disponibilidade do agente.

Fragoso sintetiza muito bem a questão:

> "1. Se a folha, total ou parcialmente em branco, estiver na posse legítima do agente, para que ele a preencha de acordo com entendimento havido com o signatário, seu preenchimento abusivo será falsidade ideológica. Neste caso, o agente insere ou faz inserir declaração diversa da que deveria ser escrita'.
>
> 2. Se o papel foi confiado ao agente para guarda ou depósito, ou se ele vem a obtê-lo por meio ilegítimo (furto, roubo, apropriação indébita, extorsão etc.), o seu preenchimento constituirá falsidade material. Tal hipótese em nada difere da contrafação documental. A contrafação será total (formação do documento falso), se o papel contiver apenas a assinatura, e será parcial, se o agente preencher alguns claros existentes.
>
> 3. Haverá falsidade material se, na hipótese acima figurada (no 1), houver sido revogado o mandato ad scribendum, ou tiver cessado a obrigação ou faculdade de preencher o papel".

11.5. Elementos subjetivos do tipo

Dois são os elementos subjetivos do tipo: o dolo, consistente na vontade livre e consciente de omitir declaração devida ou inserir ou fazer inserir declaração falsa ou diversa da que devia ser escrita no documento; e mais o elemento subjetivo especial consubstanciado na finalidade de prejudicar direito, criar obrigação ou alterar a verdade sobre fato juridicamente relevante.

Essa referência expressamente consignada no caput do art. 299 só reforça uma característica comum à generalidade dos delitos de falsidade documental: o potencial praejudicium alterius. Como bem ressalta Hungria, "não podem ser objeto do crimen falsi os documentos juridicamente inócuos, isto é, alheios à prova de qualquer direito ou obrigação, ou a fato com efetiva ou eventual relevância na órbita jurídica".

11.6. Consumação e tentativa

Consuma-se o delito no instante da produção completa do documento com a omissão de declaração devida ou a inserção de declaração falsa ou diversa da que devia ser escrita.

Tem-se, na primeira modalidade típica, crime omissivo próprio, que não admite tentativa. Nas demais hipóteses, o conatus é possível.

11.7. Falsidade de registro civil

Nos termos do parágrafo único do art. 299, aumenta-se a pena se a falsificação ou alteração é de assentamento de registro civil, vale dizer, quando recai sobre documentos públicos relacionados aos atos previstos na Lei nº 6.015/73 (Lei de Registros Públicos), a exemplo dos nascimentos, casamentos, óbitos etc.

O registro de filho alheio como próprio ("adoção à brasileira"), conduta que no passado era tida como enquadrável no parágrafo único do art. 299, passou a ter previsão específica no art. 242 do Código Penal, alterado pela Lei nº 6.898/81.

11.8. Pena e ação penal

A pena cominada à falsidade ideológica é de reclusão, de 1 (um) a 5 (cinco) anos, e multa, se o documento é público; e reclusão, de 1 (um) a 3 (três) anos, e multa, se o documento é particular.

Aumenta-se a pena de sexta parte se o agente é funcionário público, e comete o crime prevalecendo-se do cargo, ou se falsificação ou alteração é de assentamento de registro civil, a teor do § 1º do art. 297.

A ação penal é pública incondicionada.

12. FALSO RECONHECIMENTO DE FIRMA OU LETRA

⊙ **Falso reconhecimento de firma ou letra**

Art. 300 – Reconhecer, como verdadeira, no exercício de função pública, firma ou letra que o não seja:

Pena – reclusão, de um a cinco anos, e multa, se o documento é público; e de um a três anos, e multa, se o documento é particular.

12.1. Tipo penal e bem jurídico tutelado

Dispõe o art. 300 do Estatuto Penal que constitui crime o ato de "reconhecer, como verdadeira, no exercício de função pública, firma ou letra que o não seja".

A fé pública é o bem jurídico protegido pela norma incriminadora.

12.2. Classificação doutrinária

Crime próprio, doloso, comissivo, de forma vinculada, instantâneo e plurissubsistente.

12.3. Sujeitos do crime

Trata-se de delito próprio, pois o tipo penal prevê que o sujeito ativo, ao tempo do crime, esteja no exercício de função pública específica de reconhecimento de firma ou letra. Consoante Rogério Greco, "se o agente, embora funcionário público, estiver afastado, por algum motivo, de suas funções públicas, ou não possuir atribuições para o ato, não ocorrerá o delito em estudo, podendo, se for o caso, ser aplicado o art. 299 do Código Penal, que prevê o delito de falsidade ideológica, embora as penas sejam idênticas".

Sujeito passivo é a coletividade.

12.4. Elementos objetivos do tipo

A conduta típica consiste em reconhecer (atestar, declarar) como verdadeira firma (assinatura, por extenso ou abreviada) ou letra (sinal gráfico elementar com que se representa o vocábulo da língua escrita) que não o seja.

O reconhecimento pode ser autêntico, quando a assinatura ou o escrito é feito na presença do funcionário público que atesta sua veracidade; por semelhança, quando a firma ou letra é reconhecida mediante comparação com aquela que o cartório possui em seus arquivos; ou indireto, quando dois declarantes, por escrito, afirmam que a firma ou letra é de determinada pessoa.

12.5. Elemento subjetivo do tipo

O elemento subjetivo do injusto é o dolo, consistente na vontade livre e consciente de reconhecer a veracidade da firma ou letra, tendo conhecimento de sua falsidade.

12.6. Consumação e tentativa

Consuma-se o delito no momento em que o funcionário público, sabedor da falsidade da firma ou letra lançada no documento, reconhece-a como verdadeira.

Admite-se a tentativa.

12.7. Pena e ação penal

O crime de falso reconhecimento de firma ou letra é sancionado com reclusão, de 1 (um) a 5 (cinco) anos, e multa, se o documento é público; e reclusão, de 1 (um) a 3 (três) anos, e multa, se o documento é particular.

A ação penal é pública incondicionada.

13. CERTIDÃO OU ATESTADO IDEOLOGICAMENTE FALSO

⊙ **Certidão ou Atestado Ideologicamente Falso**

Art. 301 - Atestar ou certificar falsamente, em razão de função pública, fato ou circunstância que habilite alguém a obter cargo público, isenção de ônus ou de serviço de caráter público, ou qualquer outra vantagem:

Pena - detenção, de dois meses a um ano.

⊙ **Falsidade material de atestado ou certidão**

§ 1º - Falsificar, no todo ou em parte, atestado ou certidão, ou alterar o teor de certidão ou de atestado verdadeiro, para prova de fato ou circunstância que habilite alguém a obter cargo público, isenção de ônus ou de serviço de caráter público, ou qualquer outra vantagem:

Pena - detenção, de três meses a dois anos.

§ 2º - Se o crime é praticado com o fim de lucro, aplica-se, além da pena privativa de liberdade, a de multa.

13.1. Tipo penal e bem jurídico tutelado

Constitui crime contra a fé pública, nos termos do art. 301 do CP, "atestar ou certificar falsamente, em razão de função pública, fato ou circunstância que habilite alguém a obter cargo público, isenção de ônus ou de serviço de caráter público, ou qualquer outra vantagem".

Trata-se de mais uma conduta típica que seria abarcada pela figura básica da falsidade ideológica (art. 299), mas preferiu o legislador confiná-la em dispositivo específico, com o qual se busca impedir que o agente público, valendo-se de sua função, expeça atestado ideologicamente falso e hábil a promover a obtenção, por terceiro, de vantagem indevida perante a Administração Pública.

13.2. Classificação doutrinária

Crime próprio, doloso, comissivo, de forma livre, instantâneo e plurissubsistente.

13.3. Sujeitos do crime

Autor da infração é o funcionário público com atribuição para atestar o fato ou circunstância ensejadora da obtenção da vantagem indevida, em detrimento do Estado, sujeito passivo do delito.

13.4. Elementos objetivos do tipo

As condutas incriminadas são representadas pelos núcleos verbais atestar e certificar. Atestar, para os fins do tipo penal, é declarar, com conhecimento pessoal obtido no exercício da função pública, a ocorrência de determinado fato ou circunstância. Certificar equivale a afirmar a veracidade de um fato ou circunstância contido em documento público.

A falsidade deve recair sobre fato ou circunstância que seja condição indispensável para a obtenção de vantagem perante a Administração, a exemplo daquelas arroladas pelo tipo penal: acesso a cargo público e isenção de ônus ou de serviço de caráter público.

13.5. Elemento subjetivo do tipo

O elemento subjetivo do injusto é o dolo, consistente na vontade livre e consciente de atestar ou certificar fato ou circunstância nos moldes descritos no tipo penal, com conhecimento de que o documento se destina a provar fato ou circunstância ensejadora de obtenção de vantagem perante a Administração Pública.

13.6. Consumação e tentativa

Consuma-se o crime quando o funcionário público transmite o documento (certidão ou atestado) falso ao terceiro interessado, independentemente de sua utilização com o fim de obtenção da indevida vantagem.

Admite-se a tentativa.

14. FALSIDADE MATERIAL DE ATESTADO OU CERTIDÃO

14.1. Tipo penal

O § 1º do art. 301 tipifica a conduta de "falsificar, no todo ou em parte, atestado ou certidão, ou alterar o teor de certidão ou de atestado verdadeiro, para prova de fato ou circunstância que habilite alguém a obter cargo público, isenção de ônus ou de serviço de caráter público, ou qualquer outra vantagem".

14.2. Classificação doutrinária

Crime comum, doloso, comissivo, de forma livre, instantâneo e plurissubsistente.

14.3. Sujeitos do crime

O sujeito ativo do crime de falsidade material de atestado ou certidão pode ser qualquer pessoa.

Sujeito passivo é o Estado.

14.4. Elementos objetivos do tipo

As ações típicas consistem na falsificação total, que se dá com a formação do atestado ou certidão antes inexistente, ou parcial, que pressupõe a existência prévia do documento; e na alteração, que é a modificação feita no atestado ou certidão verdadeira, já definitivamente formada.

É imprescindível que a certidão ou o atestado materialmente falso, tal como na infração prevista no caput do art. 301, seja destinado a provar fato ou circunstância que habilite alguém a obter vantagem perante a Administração, à semelhança daquelas que o tipo penal enumera: acesso a cargo público e isenção de ônus ou de serviço de caráter público.

14.5. Elemento subjetivo do tipo

O elemento subjetivo do injusto é o dolo, consistente na vontade livre e consciente de falsificar atestado ou certidão, ou alterar o teor de certidão ou de atestado verdadeiro, com conhecimento de que o documento se destina a provar fato ou circunstância que habilite alguém a obter vantagem perante a Administração Pública.

14.6. Consumação e tentativa

O crime previsto no § 1º do art. 301 se consuma com a falsificação do atestado ou certidão, ou com a alteração do teor de certidão ou de atestado verdadeiro, independentemente de sua utilização com o fim de obtenção da vantagem indevida.

Admite-se a tentativa.

14.7. Circunstância Qualificadora

A teor do § 2º do art. 301, "se o crime é praticado com o fim de lucro, aplica-se, além da pena privativa de liberdade, a de multa".

O animus lucri faciendi, elemento subjetivo especial do injusto, qualifica tanto o delito do caput (certidão ou atestado ideologicamente falso) quanto o descrito no § 1º (falsidade material de atestado ou certidão) do art. 301.

14.8. Penas e ação penal

A pena cominada ao crime de atestado ideologicamente falso (art. 301, caput) é de detenção, de 2 (dois) meses a 1 (um) ano.

A falsidade material de atestado ou certidão (art. 301, § 1º) é punida com detenção, de 3 (três) meses a 2 (dois) anos.

A ação penal é pública incondicionada.

Compete ao Juizado Especial Criminal o processo e julgamento dos crimes previstos no caput e no § 1º do art. 301, em razão da pena máxima cominada, que não excede o limite de 2 (dois) anos, nos termos do art. 61 da Lei nº 9.099/95.

15. FALSIDADE DE ATESTADO MÉDICO

⊙ **Falsidade de Atestado Médico**

Art. 302 – Dar o médico, no exercício da sua profissão, atestado falso:

Pena – detenção, de um mês a um ano.

Parágrafo único – Se o crime é cometido com o fim de lucro, aplica-se também multa.

15.1. Tipo penal e bem jurídico tutelado

O art. 302 do CP tipifica a conduta de "dar o médico, no exercício da sua profissão, atestado falso".

Cuida-se de outra modalidade específica de falsum ideológico, também atentatória contra a fé pública, mas sancionada de modo menos gravoso. Procedente é a crítica de Rogério Greco: "Na verdade, não andou bem o legislador ao punir com menos rigor o delito de falsidade de atestado médico, uma vez que o seu comportamento é tão ou mais censurável do que aquele previsto pelo art. 299 do Código Penal".

15.2. Classificação doutrinária

Crime próprio, doloso, comissivo, de forma vinculada, instantâneo e plurissubsistente.

15.3. Sujeitos do crime

Sujeito ativo é o médico (crime próprio).

Se o profissional da medicina é funcionário público e, nesta condição, fornece atestado falso capaz de habilitar terceiro à obtenção de indevida vantagem perante a Administração Pública, a subsunção da conduta se dá ao tipo penal do 301 do CP.

Sujeito passivo do delito é a coletividade.

15.4. Elementos objetivos do tipo

A ação incriminada é dar (fornecer, entregar) atestado médico falso.

A falsidade, no tipo em análise, é a ideológica, e o conteúdo do atestado, materialmente autêntico, deve estar relacionado com fato que compete ao médico constatar, independentemente de especialização. Ordinariamente, o atestado se refere à existência de determinada enfermidade.

É imprescindível que os fatos ou circunstâncias sobre os quais o documento verse tenham relevância jurídica, como ressalta Costa Jr: "A falsidade deverá recair sobre aspectos fundamentais do fato. Se a inveracidade disser respeito a circunstâncias acidentais ou secundárias, como o local em que o paciente foi examinado, as vestes que trajava, quem estava em sua companhia, não há falsidade juridicamente relevante".

15.5. Elemento subjetivo do tipo

O dolo é o elemento subjetivo e consiste na vontade livre e consciente de fornecer atestado médico, com conhecimento da falsidade do seu conteúdo.

15.6. Consumação e tentativa

Consuma-se o crime com a transmissão do atestado falso ao terceiro interessado, independentemente da destinação dada por esse último ao documento.

Admite-se a tentativa.

15.7. Circunstância Qualificadora

Reproduzindo norma constante do § 2º do art. 301, o Código Penal, no parágrafo único do art. 302, dispõe que: "se o crime é cometido com o fim de lucro, aplica-se também multa".

Para a configuração do tipo qualificado, é prescindível a obtenção do lucro, sendo suficiente a motivação de auferir a vantagem financeira com o fornecimento do atestado falso.

15.8. Penas e ação penal

Pune-se a falsidade de atestado médico com detenção, de 1 (um) mês a 1 (um) ano.

Se o crime é cometido com finalidade de lucro, nos termos do parágrafo único do art. 302, aplica-se também a pena de multa.

A ação penal é pública incondicionada.

Compete ao Juizado Especial Criminal o processo e julgamento do delito de falsidade de atestado médico, em razão da pena máxima cominada, que não excede o limite de 2 (dois) anos, nos termos do art. 61 da Lei nº 9.099/95.

16. REPRODUÇÃO OU ADULTERAÇÃO DE SELO OU PEÇA FILATÉLICA

⊙ **Reprodução ou adulteração de selo ou peça filatélica**

Art. 303 – Reproduzir ou alterar selo ou peça filatélica que tenha valor para coleção, salvo quando a reprodução ou a alteração está visivelmente anotada na face ou no verso do selo ou peça:

Pena – detenção, de um a três anos, e multa.

Parágrafo único – Na mesma pena incorre quem, para fins de comércio, faz uso do selo ou peça filatélica.

16.1. Tipo penal e bem jurídico tutelado

Dispõe o art. 303 do Código Penal que constitui crime contra a fé pública o ato de "reproduzir ou alterar selo ou peça filatélica que tenha valor para coleção, salvo quando a reprodução ou a alteração está visivelmente anotada na face ou no verso do selo ou peça".

Esse dispositivo foi revogado pela Lei nº 6.538/78, cujo art. 39, alterando parcialmente a redação original da norma incriminadora, tipificou conduta idêntica: "reproduzir ou alterar selo ou peça filatélica de valor para coleção, salvo quando a reprodução ou a alteração estiver visivelmente anotada na face ou no verso do selo ou peça".

16.2. Classificação doutrinária

Crime comum, doloso, comissivo, de forma livre, instantâneo e plurissubsistente.

16.3. Sujeitos do crime

Crime comum, pode ser praticado por qualquer pessoa.

Sujeito passivo é a coletividade, assim como a pessoa que experimenta prejuízo com a conduta do agente.

16.4. Elementos objetivos do tipo

Dois são os núcleos verbais que representam as condutas incriminadas: reproduzir (copiar, imitar) e alterar (adulterar, contrafazer parcialmente).

Os objetos materiais sobre os quais recaem as ações típicas são o selo (estampilha postal, adesiva ou fixa, ou estampa produzida por meio de máquina de franquear correspondência, destinadas a comprovar o pagamento da prestação de um serviço postal), ou peça filatélica (a que se destina exclusivamente à coleção ou só tem valia para tal fim). O selo de correio, mesmo quando imprestável para fim postal, por já haver sido utilizado ou por já ter sido posto fora de circulação, continua a ser protegido contra a falsidade, desde que tenha valor para coleção (elemento normativo do tipo).

Não há crime, a teor da expressa ressalva constante do tipo penal, quando a reprodução ou a alteração estiver visivelmente anotada na face ou no verso do selo ou peça, pois, em tal hipótese, fica claro que o agente não possui a finalidade de induzir terceiras pessoas a erro.

A mera posse do selo ou peça contrafeita, por parte de quem não foi o responsável pela falsificação e não possui fim comercial, não configura o delito do art. 303 do CP.

16.5. Elemento subjetivo do tipo

O elemento subjetivo do tipo é o dolo: vontade livre e consciente de reproduzir ou alterar selo ou peça filatélica, com conhecimento do seu valor para coleção.

16.6. Consumação e tentativa

Consuma-se o delito no momento em que é finalizada a reprodução ou alteração do objeto material.

A tentativa é admissível, a exemplo da situação em que o agente é flagrado ao alterar o selo ou peça de filatelia.

16.7. Uso para fins comerciais

O parágrafo único do art. 39 da Lei nº 6.538/78, com redação semelhante àquela que constava do revogado parágrafo único do art. 303 do CP, dispõe que "incorre nas mesmas penas quem, para fins de comércio, faz uso de selo ou peça filatélica de valor para coleção, ilegalmente reproduzidos ou alterados".

A ação incriminada é fazer uso, com fins comerciais, que significa vender ou permutar o objeto material.

Se o próprio autor da falsificação comercializa o selo ou peça, responde tão-somente pelo delito do caput, constituindo pós-fato impunível a utilização do objeto reproduzido ou alterado.

16.8. Penas e ação penal

O art. 39 da Lei nº 6.538/78 comina ao delito pena de detenção, até 2 (dois) anos, e multa.

A ação penal é pública incondicionada.

O processo e julgamento do crime de reprodução e adulteração de selo ou peça filatélica compete ao Juizado Especial Criminal, tendo em vista que a pena máxima cominada à infração não ultrapassa o limite de 2 (dois) anos, conforme previsão do art. 61 da Lei nº 9.099/95.

17. USO DE DOCUMENTO FALSO

> ⊙ **Uso de documento falso**
>
> **Art. 304** – Fazer uso de qualquer dos papéis falsificados ou alterados, a que se referem os arts. 297 a 302:
>
> Pena – a cominada à falsificação ou à alteração.

17.1. Tipo penal e bem jurídico tutelado

Nos termos do art. 304 do CP, constitui crime "fazer uso de qualquer dos papéis falsificados ou alterados, a que se referem os arts. 297 a 302".

Tão ofensivo à fé pública quanto a falsificação material ou ideológica é a utilização do documento falso, tanto que o Código Penal impõe idêntica sanção ao falsificador e ao usuário. Como destaca Hungria, "é com o uso que o documento falso vai exercer a função maléfica a que é destinado".

17.2. Classificação doutrinária

Crime comum, doloso, comissivo, de forma livre, instantâneo e unissubsistente.

17.3. Sujeitos do crime

Qualquer pessoa pode ser sujeito ativo do delito. Se o próprio autor da falsificação fizer uso do documento, responde por crime único.

Sujeito passivo é a coletividade e, secundariamente, a pessoa lesada pela infração.

17.4. Elementos objetivos do tipo

A conduta incriminada consiste em fazer uso, ou seja, empregar o documento "em sua específica destinação probatória, isto é, como evidência dos fatos juridicamente relevantes a que seu conteúdo se refere, fazendo-o passar por autêntico ou verídico". Invocando o escólio de Manzini, aduz Hungria que "é preciso que o documento saia da esfera pessoal do agente, iniciando-se uma relação qualquer com outra pessoa, de modo a determinar efeitos jurídicos".

Os objetos materiais da conduta tipificada são o documento público (art. 297) ou particular (art. 298), material ou ideologicamente falso (art. 299), o documento com falso reconhecimento de firma ou letra (art. 300), de certidão ou atestado ideológica ou materialmente falso (art. 301) e o atestado médico falso (art. 302).

A utilização de documento grosseiramente falsificado não constitui o delito do art. 304 do Código Penal. Também não configura esse crime o uso de fotocópia ou cópia não autenticadas.

17.5. Elemento subjetivo do tipo

O dolo é o elemento subjetivo do tipo, compreendendo, além da vontade livre e consciente de fazer uso do documento, o conhecimento de sua falsidade.

17.6. Consumação e tentativa

Consuma-se o crime com o inequívoco ato de utilização do documento falso, independentemente de efetiva obtenção de vantagem pelo autor ou ocorrência de prejuízo para terceiro.

A tentativa é inadmissível, já que "qualquer começo de uso é o uso".

17.7. Penas e ação penal

Nos termos do art. 304 do CP, o uso de documento falso é sancionado com a mesma correspondente à falsificação ou à alteração previstas nos artigos 297 a 302 do Código Penal.

A ação penal é pública incondicionada.

A depender da pena cominada à falsificação ou à alteração, poderá ser competente para o processo e julgamento do uso de documento falso o Juizado Especial Criminal, sempre que a pena máxima não ultrapassar o limite de 2 (dois) anos, nos moldes do art. 61 da Lei nº 9.099/95.

Cuidando-se de uso de passaporte falso, a competência para o processo e julgamento, a teor da Súmula no 200 do Superior Tribunal de Justiça, é do Juízo Federal do lugar onde o delito se consumou.

18. SUPRESSÃO DE DOCUMENTO

⊙ **Supressão de documento**

Art. 305 – Destruir, suprimir ou ocultar, em benefício próprio ou de outrem, ou em prejuízo alheio, documento público ou particular verdadeiro, de que não podia dispor:

Pena – reclusão, de dois a seis anos, e multa, se o documento é público, e reclusão, de um a cinco anos, e multa, se o documento é particular.

18.1. Tipo penal e bem jurídico tutelado

Nos termos do art. 305 do CP, constitui crime "destruir, suprimir ou ocultar, em benefício próprio ou de outrem, ou em prejuízo alheio, documento público ou particular verdadeiro, de que não podia dispor".

Cuida-se de modalidade imprópria ou indireta de falsidade, tendo em vista que o agente não falsifica o objeto material da infração. Sem embargo, conforme Hungria, "se é falsidade alterar um documento, a lógica exige que se considere tal o destruí-lo, suprimí-lo ou ocultá-lo, pois com isto também se ludibria a fé pública. Fazer desaperecer uma prova verdadeira de um fato verdadeiro é dar aparência de não provado ou de inexistente aquilo que é verdadeiro e juridicamente certo, o que, sem dúvida, equivale ao falsum".

18.2. Classificação doutrinária

Crime comum, doloso, comissivo, de forma livre, instantâneo (nas modalidades destruir e suprimir) e permanente (na conduta de ocultar) e plurissubsistente.

18.3. Sujeitos do crime

Crime comum, pode ser cometido por qualquer pessoa.

Sujeito passivo é a coletividade indistinta e a pessoa concretamente prejudicada pela supressão do documento.

18.4. Elementos objetivos do tipo

O tipo penal arrola três núcleos verbais representativos da conduta incriminada: destruir, com o significado de "subverter o documento, ainda quando não seja consumido o material (papel) de que se compõe (ex.: queimar, dilacerar, submeter à ação de um corrosivo, etc.) "; suprimir, que aí possui o sentido de fazer desaparecer (ainda que sem destruir ou ocultar), como, v.g., riscar, tornar ilegível, etc.) "; e ocultar (esconder o documento, retirando-o da disponibilidade do legítimo interessado).

O objeto material da infração é o documento público ou particular, desde que verdadeiro, a teor da expressa previsão do art. 306. Se a supressão é de documento falso, poderá configurar-se, eventualmente, outra infração penal, atentatória de bem jurídico diverso, a exemplo dos delitos contra a administração pública previstos nos artigos 314 (extravio, sonegação ou inutilização de livro ou documento) e 337 (subtração ou inutilização de livro ou documento), ou contra a administração da justiça, como o disposto no art. 356 (sonegação de papel ou objeto de valor probatório), observadas, evidentemente, as particularidades de cada um desses tipos penais.

Demais disso, deve cuidar-se de documento insubstituível em seu valor probatório, vale dizer, "inexiste o delito o art. 305 do CP, quando se tratar de documentos que sejam traslados, certidões ou cópias originais constantes de livros notariais ou de arquivo de repartição pública, pois, em tal caso, com a facilidade de obtenção de outros traslados, certidões ou cópias, não estará conculcada a prova do fato ou relação jurídica de que se trate".

18.5. Elementos subjetivos do tipo

Além do dolo, consistente na vontade livre e consciente de destruir, suprimir ou ocultar o documento que se sabe verdadeiro, o tipo possui um elemento subjetivo especial, consubstanciado no particular fim de frustrar a eficácia probante do objeto material, em benefício próprio ou de outrem, ou em prejuízo alheio.

18.6. Consumação e tentativa

O momento consumativo se dá com a prática de qualquer das condutas descritas no tipo, independentemente da obtenção do benefício ou da causação do prejuízo.

A tentativa é admissível.

18.7. Penas e ação penal

A pena imposta ao crime de supressão de documento é de reclusão de 2 (dois) a 6 (seis) anos, e multa, se o documento é público; e reclusão, de 1 (um) a 5 (cinco) anos, e multa, se o documento é particular.

A ação penal é pública incondicionada.

↳CAPÍTULO IV – DE OUTRAS FALSIDADES

RAFAEL SANTANA

1. INTRODUÇÃO

Com a rubrica "De outras falsidades", o Capítulo IV do Título X reúne as figuras típicas da falsificação do sinal empregado no contraste de metal precioso ou na fiscalização alfandegária, ou para outros fins (art. 306); da falsa identidade (art. 307), do uso de documento de identidade alheio (art. 308), da fraude de lei sobre estrangeiro (art. 309), da simulação de propriedade ou posse em nome de estrangeiro (art. 310), e da adulteração de sinal identificador de veículo automotor (art. 311). Passa-se, a seguir, a tratar de cada uma dessas figuras típicas.

2. FALSIFICAÇÃO DO SINAL EMPREGADO NO CONTRASTE DE METAL PRECIOSO OU NA FISCALIZAÇÃO ALFANDEGÁRIA, OU PARA OUTROS FINS

⊙ **Falsificação do sinal empregado no contraste de metal precioso ou na fiscalização alfandegária, ou para outros fins**

Art. 306 – Falsificar, fabricando-o ou alterando-o, marca ou sinal empregado pelo poder público no contraste de metal precioso ou na fiscalização alfandegária, ou usar marca ou sinal dessa natureza, falsificado por outrem:

Pena – reclusão, de dois a seis anos, e multa.

Parágrafo único – Se a marca ou sinal falsificado é o que usa a autoridade pública para o fim de fiscalização sanitária, ou para autenticar ou encerrar determinados objetos, ou comprovar o cumprimento de formalidade legal:

Pena – reclusão ou detenção, de um a três anos, e multa.

2.1. Tipo penal e bem jurídico tutelado

Nos termos do art. 306, constitui crime "falsificar, fabricando-o ou alterando-o, marca ou sinal empregado pelo poder público no contraste de metal precioso ou na fiscalização alfandegária, ou usar marca ou sinal dessa natureza, falsificado por outrem".

O bem jurídico protegido é a fé pública, especialmente no que concerne à autenticidade dos sinais oficiais indicados no tipo.

2.2. Classificação doutrinária

Crime comum, doloso, comissivo, de forma livre, instantâneo, unissubsistente (na modalidade usar) e plurissubsistente (nas demais condutas).

2.3. Sujeitos do crime

Crime comum, pode ser praticado por qualquer pessoa, já que o tipo previsto no caput do art. 306 não exige do sujeito ativo qualquer condição ou qualidade especial.

Sujeito passivo é a coletividade e, secundariamente, a pessoa eventualmente prejudicada com a falsificação.

2.4. Elementos objetivos do tipo

Realiza o tipo penal do caput do art. 306 quem falsifica, fabricando-o ou alterando-o, marca ou sinal empregado pelo poder público no contraste de metal precioso ou na fiscalização alfandegária, ou usa marca ou sinal dessa natureza, falsificado por outrem.

Se o mesmo agente falsifica e utiliza posteriormente o objeto, essa última ação é penalmente irrelevante, pois o próprio tipo penal ressalva que o uso só é punível se se tratar de marca ou sinal falsificado por outrem.

O objeto material do crime é a marca ou sinal. Segundo Bento de Faria, "sinal é uma determinada impressão simbólica do poder público, destinada à legitimidade do metal precioso. A marca, que não se confunde com a de natureza industrial, é propriamente um selo de garantia, também destinado a comprovar a autenticidade de determinados objetos ou a certificar publicamente a qualidade ou o estado do respectivo conteúdo, ou a inculcar o cumprimento de formalidade legal. Contrastar significa a fixação de quilates dos metais preciosos, permitindo, assim, ao público a exata apreciação do respectivo valor".

2.5. Elemento subjetivo do tipo

O tipo admite tão-somente a modalidade dolosa. Somente comete o crime, portanto, quem age com vontade livre e consciente de falsificar o sinal oficial, fabricando-o ou alterando-o, ou ainda quem dele se utiliza, sabendo ter sido falsificado por outrem.

2.6. Consumação e tentativa

A consumação do delito se dá no momento do fabrico ou da alteração do objeto material, ou do seu ulterior uso, por pessoa diversa do autor da falsificação.

Exceto em relação à conduta de usar, admite-se a tentativa, podendo-se cogitar no momento em que o agente é surpreendido ao iniciar o fabrico ou alteração do sinal oficial.

2.7. Tipo privilegiado

Impõe o parágrafo único do art. 306 pena mais branda "se a marca ou sinal falsificado é o que usa a autoridade pública para o fim de fiscalização sanitária, ou para autenticar ou encerrar determinados objetos, ou comprovar o cumprimento de formalidade legal".

A autoridade pública a que o tipo alude pode ser federal, estadual, distrital ou municipal.

A conduta incriminada consiste na falsificação de marca ou sinal utilizado na fiscalização sanitária (atividade de verificação das condições de saúde e higiene), ou para autenticar (reconhecer como verdadeiro) ou encerrar (guardar) determinados objetos, ou comprovar (confirmar) o cumprimento de formalidade legal.

2.8. Penas e ação penal

A pena cominada ao crime do caput do art. 306 é de reclusão, de 2 (dois) a 6 (seis) anos, e multa.

O delito previsto no parágrafo único é apenado com detenção, de 1 (um) a 3 (três) anos, e multa.

A ação penal é pública incondicionada.

3. FALSA IDENTIDADE

⊙ **Falsa identidade**

Art. 307 – Atribuir-se ou atribuir a terceiro falsa identidade para obter vantagem, em proveito próprio ou alheio, ou para causar dano a outrem:

Pena – detenção, de três meses a um ano, ou multa, se o fato não constitui elemento de crime mais grave.

3.1. Tipo penal e bem jurídico tutelado

Constitui crime, nos termos do art. 307, "atribuir-se ou atribuir a terceiro falsa identidade para obter vantagem, em proveito próprio ou alheio, ou para causar dano a outrem".

Cuida-se de modalidade de "falsidade pessoal", assim chamada por recair sobre a identidade, estado, qualidade ou condição da pessoa.

O bem jurídico tutelado é a fé pública, especificamente a crença na veracidade dos atributos que permitem identificar e distinguir cada indivíduo dos demais.

3.2. Classificação doutrinária

Crime comum, doloso, comissivo, de forma livre, instantâneo e unissubsistente (em regra, podendo ser eventualmente plurissubsistente, como na hipótese de o agente valer-se de um escrito para praticar o delito).

3.3. Sujeitos do crime

A falsa identidade pode ser praticada por qualquer pessoa (crime comum).

Sujeito passivo é a coletividade e, eventualmente, a pessoa lesada pela conduta do agente.

3.4. Elementos objetivos do tipo

A conduta incriminada consiste na atribuição, a si próprio ou a terceiro, de falsa identidade. O núcleo atribuir tem aí o significado de fazer-se passar ou a outrem por pessoa diversa, real ou inexistente.

Infração contra a contra a fé pública que é, a configuração do crime de falsa identidade pressupõe a indução em erro. É imprescindível, pois, que a conduta seja apta a ludibriar alguém, com o fim de obtenção de vantagem ou de provocação de prejuízo a terceiro. A vantagem ou o dano podem ser de natureza material ou moral.

Não comete o crime, conforme Damásio de Jesus, "quem somente silencia a respeito da errônea identidade que lhe é atribuída. Dessa forma, inexiste delito na conduta de quem, confundido com terceiro, não esclarece ao interlocutor sua verdadeira identidade".

Também não constitui a infração penal prevista no art. 307 do CP, na lição de Guilherme Nucci, "a conduta do agente que se atribui falsa identidade para escapar da ação policial, evitando sua prisão". Nessa hipótese, o autor "está, em verdade, buscando fugir ao cerceamento de sua liberdade. Ora, se a lei permite que a pessoa já presa possa fugir, sem emprego de violência, considerando isso fato atípico, é natural que a atribuição de falsa identidade para atingir o mesmo fim também não possa ser assim considerada".

Outro, contudo, é o entendimento atual do Supremo Tribunal Federal e do Superior Tribunal de Justiça a respeito do tema, como se infere da leitura das ementas adiante transcritas:

> CONSTITUCIONAL. PENAL. CRIME DE FALSA IDENTIDADE. ARTIGO 307 DO CÓDIGO PENAL. ATRIBUIÇÃO DE FALSA INDENTIDADE PERANTE AUTORIDADE POLICIAL. ALEGAÇÃO DE AUTODEFESA. ARTIGO 5º, INCISO LXIII, DA CONSTITUIÇÃO. MATÉRIA COM REPERCUSSÃO GERAL. CONFIRMAÇÃO DA JURISPRUDÊNCIA DA CORTE NO SENTIDO DA IMPOSSIBILIDADE. TIPICIDADE DA CONDUTA CONFIGURADA. O princípio constitucional da autodefesa (art. 5º, inciso LXIII, da CF/88) não alcança aquele que atribui falsa identidade perante autoridade policial com o intento de ocultar maus antecedentes, sendo, portanto, típica a conduta praticada pelo agente (art. 307 do CP). O tema possui densidade constitucional e extrapola os limites subjetivos das partes (STF, RE 640139 RG/DF – REPERCUSSÃO GERAL NO RECURSO EXTRAORDINÁRIO, Relator: Min. DIAS TOFFOLI, Julgamento: 22/09/2011).

> USO DE DOCUMENTO FALSO (ARTIGO 304 DO CÓDIGO PENAL). APRESENTAÇÃO DE FALSA IDENTIDADE PARA EVITAR PRISÃO. PACIENTE FORAGIDO. AUTODEFESA QUE NÃO ABRANGE O DIREITO À CORRETA IDENTIFICAÇÃO CIVIL. CONDUTA TÍPICA. CONSTRANGIMENTO ILEGAL NÃO EVIDENCIADO. 1. Esta Corte Superior de Justiça, em razão do julgamento do RE 640.139/DF pelo Supremo Tribunal Federal, cuja repercussão geral foi reconhecida, pacificou entendimento no sentido de que o princípio constitucional da ampla defesa não alcança aquele que se atribui falsa identidade perante autoridade policial com o

objetivo de ocultar maus antecedentes, sendo, portanto, típica a conduta praticada pelo agente. 2. O uso de documento falso com o intuito de ocultar a condição de foragido da Justiça não encontra amparo na garantia constitucional de não se auto-incriminar, tendo em vista que esta abrange tão somente o direito de o acusado não produzir provas contra si e não a de mentir quanto à sua identificação civil, dificultando ou mesmo frustrando a aplicação da Justiça Penal. (STJ, HC 176405 / RO, STJ, 5ª Turma, Rel. Ministro JORGE MUSSI, DJe 03/05/2013)

Por fim, importa ainda destacar que o art. 307 cuida de delito expressamente subsidiário, sendo certo que o preceito secundário da norma penal ressalva que só é punível a falsa identidade "se o fato não constitui elemento de crime mais grave". Com efeito, se a falsa atribuição de identidade, por exemplo, for meio utilizado pelo agente para obter vantagem ilícita, induzindo em erro o ofendido, o crime a ser imputado é o de estelionato (art. 171 do CP). Em casos que tais, a falsa identidade perde sua autonomia e é absorvida pelo delito mais grave.

3.5. Elemento subjetivo do tipo

Somente a conduta dolosa configura o crime do art. 307. O tipo penal também prevê um elemento subjetivo especial, qual seja, a finalidade de obter vantagem, em proveito próprio ou alheio, ou de causar dano a terceiro.

3.6. Consumação e tentativa

Consuma-se o crime do art. 307 no momento da falsa atribuição de identidade, independentemente da obtenção da vantagem ou da provocação de dano (crime formal).

A tentativa é inadmissível se a falsa atribuição se dá por meio verbal. Por escrito, o conatus é teoricamente possível, como no exemplo da carta extraviada.

3.7. Penas e ação penal

A pena cominada à falsa identidade é de detenção, de 3 (três) meses a 1 (um) ano, ou multa.

A ação penal é pública incondicionada.

A competência para o processo e julgamento do crime do art. 307 é do Juizado Especial Criminal, tendo em conta que a pena máxima cominada não excede o limite de 2 (dois) anos, nos termos do art. 61 da Lei nº 9.099/95.

4. USO DE DOCUMENTO DE IDENTIDADE ALHEIA

⊙ **Uso de documento de identidade alheia**

Art. 308 – Usar, como próprio, passaporte, título de eleitor, caderneta de reservista ou qualquer documento de identidade alheia ou ceder a outrem, para que dele se utilize, documento dessa natureza, próprio ou de terceiro:

Pena – detenção, de quatro meses a dois anos, e multa, se o fato não constitui elemento de crime mais grave.

4.1. Tipo penal e bem jurídico tutelado

Na dicção do art. 308 do Código Penal, constitui crime "usar, como próprio, passaporte, título de eleitor, caderneta de reservista ou qualquer documento de identidade alheia ou ceder a outrem, para que dele se utilize, documento dessa natureza, próprio ou de terceiro".

O bem jurídico tutelado pela norma é a fé pública, notadamente a confiança nos documentos de identificação pessoal.

4.2. Classificação doutrinária

Crime comum, doloso, comissivo, de forma livre, instantâneo, unissubsistente (na conduta de usar) e plurissubsistente (na ação de ceder).

4.3. Sujeitos do crime

O uso de documento de identidade alheia pode ser praticado por qualquer pessoa, não se exigindo do sujeito ativo qualquer condição ou qualidade específica.

Sujeito passivo é a coletividade.

4.4. Elementos objetivos do tipo

As ações tipificadas são o uso de documento de identificação alheia como próprio e a cessão de documento da mesma natureza, próprio ou de terceiro, a outrem, para que dele se utilize.

O tipo traz uma relação casuística dos objetos materiais da infração (passaporte, título de eleitor, caderneta de reservista), seguida de uma cláusula genérica (qualquer documento de identidade), de modo a abranger outros documentos válidos de identificação, de que são exemplos a cédula de RG, a carteira de trabalho etc.

Assim como a falsa identidade, o delito previsto no art. 308 do CP é expressamente subsidiário, pois consta do preceito sancionador da norma que só terá punição o uso de documento de identidade alheia se esse fato não constituir elemento de crime mais grave.

4.5. Elemento subjetivo do tipo

Elemento subjetivo do injusto é o dolo, consistente na vontade livre e consciente de usar o documento de identidade alheia como próprio, ou de ceder documento da mesma natureza, próprio ou de terceiro, para que outra pessoa dele se utilize.

4.6. Consumação e tentativa

Dá-se a consumação do crime previsto no art. 308 com o efetivo uso do documento ou com sua entrega a terceiro, para que dele se utilize. Nessa segunda hipótese (cessão), é dispensável que a pessoa que recebeu do agente o documento venha efetivamente a fazer uso dele.

A tentativa é admissível apenas em relação à conduta de ceder, tendo em vista que o início do uso já consuma o fato punível.

4.7. Penas e ação penal

O uso de documento de identidade alheia é punido com detenção, de 4 (quatro) meses a 2 (dois) anos, e multa.

A ação penal é pública incondicionada.

Compete ao Juizado Especial Criminal o processo e julgamento do crime do art. 308 do CP, pois a pena máxima cominada não supera o limite de 2 (dois) anos, estabelecido pelo art. 61 da Lei nº 9.099/95.

5. FRAUDE DE LEI SOBRE ESTRANGEIRO

⊙ **Fraude de lei sobre estrangeiro**

Art. 309 - Usar o estrangeiro, para entrar ou permanecer no território nacional, nome que não é o seu:

Pena - detenção, de um a três anos, e multa.

Parágrafo único - Atribuir a estrangeiro falsa qualidade para promover-lhe a entrada em território nacional:

Pena - reclusão, de um a quatro anos, e multa.

5.1. Tipo penal e bem jurídico tutelado

Dispõe o art. 309, caput, do CP, que constitui crime "usar o estrangeiro, para entrar ou permanecer no território nacional, nome que não é o seu".

Além da fé pública, tutela-se a política imigratória adotada pelo Brasil, relacionada a valores como a segurança nacional, a organização institucional, os interesses políticos, socioeconômicos e culturais do país, bem assim a defesa do trabalhador nacional.

5.2. Classificação doutrinária

Crime próprio, doloso, comissivo, de forma vinculada, instantâneo e unissubsistente.

5.3. Sujeitos do crime

Crime próprio, somente pode ser cometido pelo estrangeiro.

Sujeito passivo é a coletividade.

5.4. Elementos objetivos do tipo

A conduta incriminada consiste em usar (empregar, utilizar) nome falso (fictício ou de terceiro) para entrar ou permanecer no território nacional (espaço geográfico no qual o Estado exerce sua soberania).

Consoante Regis Prado, "é irrelevante que o uso do nome seja acompanhado, ou não, da exibição de documento com o nome mendaz declinado pelo agente. Assim, tanto comete o crime o agente que apenas afirma, verbalmente, nome que não é o seu, como o que apresenta, como seu, passaporte ou outro documento de terceira pessoa".

Por outro lado, não comete o crime do art. 309 o estrangeiro que "atribui, falsamente, a si mesmo uma profissão, um estado civil etc. (...), não se admitindo, em obediência ao princípio da legalidade, a utilização da analogia in malam partem".

5.5. Elementos subjetivos do tipo

O tipo subjetivo é composto pelo dolo, consistente na vontade livre e consciente de usar o estrangeiro nome que não é o seu, e pelo elemento subjetivo especial identificado na especial finalidade de ingressar ou permanecer no território brasileiro.

5.6. Tipo qualificado

O Código Penal, no parágrafo único do art. 309, estabelece sanção mais gravosa para o agente que "atribuir a estrangeiro falsa qualidade para promover-lhe a entrada em território nacional".

Diversamente da figura típica do *caput*, o delito previsto no parágrafo único do art. 309 é cometido não pelo estrangeiro que pretende ingressar no país, mas por terceiro que, com essa finalidade, atribui ao alienígena uma falsa qualidade (e.g., médico, engenheiro, sacerdote, militar etc.).

Impõe-se ressaltar que a qualidade falsamente imputada ao estrangeiro deve ser uma condição para a obtenção da sua entrada no país, como adverte Regis Prado:

> "É preciso que a falsa qualidade atribuída tenha nexo lógico com os requisitos exigidos para o ingresso do alienígena em território nacional. Assim, v.g., configura o tipo afirmar falsamente que o estrangeiro é ministro de confissão religiosa, para propiciar sua entrada na condição do art. 13, inciso VII, da Lei nº 6.815/80. De outro lado, não haverá o crime se a atribuição da falsa qualidade nenhuma relação tem com as exigências legais ou regulamentares para admissão no território brasileiro (v.g., atribui-lhe formação universitária, quando o estrangeiro pleiteia visto de turista), porque nesse caso o falso é inócuo".

É atípico o comportamento de atribuir falsa qualidade ao estrangeiro com o objetivo de garantir-lhe a permanência no país.

5.7. Consumação e tentativa

Consuma-se o crime previsto no caput do art. 309 com o uso pelo estrangeiro de nome imaginário ou de terceiro, prescindindo-se da sua efetiva entrada ou permanência no país.

Já a infração qualificada, prevista no parágrafo único, alcança a consumação no momento em que o agente atribui ao estrangeiro falsa qualidade, independentemente de seu ingresso no território nacional.

O uso é incompatível com a forma tentada, pois o seu início já implica na consumação do crime.

5.8. Penas e ação penal

A pena cominada ao crime do caput do art. 309 é de reclusão, de 1 (um) a 3 (três) anos, e multa.

Já o preceito secundário do parágrafo único estabelece a pena de reclusão, 1 (um) a 4 (quatro) anos, e multa.

A ação penal é pública incondicionada.

6. SIMULAÇÃO DE PROPRIEDADE OU POSSE EM NOME DE ESTRANGEIRO

> ⊙ **Simulação de propriedade ou posse em nome de estrangeiro**
>
> **Art. 310** – Prestar-se a figurar como proprietário ou possuidor de ação, título ou valor pertencente a estrangeiro, nos casos em que a este é vedada por lei a propriedade ou a posse de tais bens:
>
> Pena – detenção, de seis meses a três anos, e multa.

6.1. Tipo penal e bem jurídico tutelado

Nos termos do art. 310, constitui crime "prestar-se a figurar como proprietário ou possuidor de ação, título ou valor pertencente a estrangeiro, nos casos em que a este é vedada por lei a propriedade ou a posse de tais bens".

Tutela-se a fé pública (no que pertine à veracidade probatória) e outros interesses (ordem político-econômica e segurança nacionais) relacionados à proibição imposta ao estrangeiro de ser proprietário ou possuidor de determinados bens no Brasil.

6.2. Classificação doutrinária

Crime próprio, doloso, comissivo, de forma livre, instantâneo e plurissubsistente.

6.3. Sujeitos do crime

Somente pessoa de nacionalidade brasileira (nato ou naturalizado) pode cometer o delito em exame.

Sujeito passivo é a coletividade.

6.4. Elementos objetivos do tipo

A conduta incriminada é a de prestar-se a figurar como proprietário ou possuidor de ação, título ou valor pertencente a estrangeiro, nos casos em que a este é vedada por lei a propriedade ou a posse de tais bens.

O autor dessa infração penal é popularmente conhecido como "testa-de-ferro" ou "laranja", expressões que remetem à ideia de simulação da figura do proprietário ou possuidor de determinado bem.

Cuida-se de norma penal em branco, dada a necessidade de complementação do seu conteúdo através de outro diploma legal, de modo a identificar as hipóteses em que se veda ao estrangeiro a posse ou a propriedade de ações, títulos ou valores.

6.5. Elemento subjetivo do tipo

O elemento subjetivo é o dolo, consistente na vontade livre e consciente de prestar-se a figurar como proprietário ou possuidor de bem pertencente a estrangeiro, com conhecimento da proibição legal a este imposta.

6.6. Consumação e tentativa

Ocorre a consumação do delito no momento em que o agente assume a condição de possuidor ou proprietário do bem.

Admite-se a tentativa.

6.7. Penas e ação penal

A infração tipificada no art. 310 do CP é sancionada com detenção, de 6 (seis) meses a 3 (três) anos, e multa.

A ação penal é pública incondicionada.

⊙ **Adulteração de sinal identificador de veículo automotor**

Art. 311 – Adulterar ou remarcar número de chassi ou qualquer sinal identificador de veículo automotor, de seu componente ou equipamento:

Pena – reclusão, de três a seis anos, e multa.

§ 1º – Se o agente comete o crime no exercício da função pública ou em razão dela, a pena é aumentada de um terço.

§ 2º – Incorre nas mesmas penas o funcionário público que contribui para o licenciamento ou registro do veículo remarcado ou adulterado, fornecendo indevidamente material ou informação oficial.

6.8. Tipo penal e bem jurídico tutelado

O art. 311 do CP incrimina a conduta de "adulterar ou remarcar número de chassi ou qualquer sinal identificador de veículo automotor, de seu componente ou equipamento".

A inclusão do delito de adulteração de sinal identificador de veículo automotor no Código Penal, pela Lei nº 9.426/96, foi fruto, consoante Rogério Greco, "de uma 'nova onda de criminalidade', que teve início quando os proprietários de oficinas mecânicas, ou mesmo pessoas com habilidades no conserto de veículos, passaram a auxiliar grupos criminosos, modificando os sinais identificadores dos veículos que tinham sido objeto de infração penal (furto, roubo, receptação) ". O tipo do art. 311 veio "preencher essa lacuna, uma vez que aqueles que auxiliavam esses grupos criminosos, geralmente, ficavam impunes, pois somente intervinham após a consumação da infração penal, ou seja, após, por exemplo, a prática do furto ou roubo, quando já não era mais possível o recurso ao art. 29 do Código Penal, que prevê o concurso de pessoas, a não ser que o sujeito que levava a efeito a adulteração ou a remarcação do chassi, v.g., fizesse parte do grupo".

O bem jurídico autonomamente protegido pela norma do art. 311 é a fé pública, independentemente da punição pelo delito contra o patrimônio, podendo, se for a hipótese, haver o concurso de infrações penais.

6.9. Classificação doutrinária

Crime comum, doloso, comissivo, de forma livre, instantâneo e plurissubsistente.

6.10. Sujeitos do crime

Cuida-se de crime comum, podendo ser praticado por qualquer pessoa. Se o agente é funcionário público e comete o crime no exercício da função ou em razão dela, a pena é aumentada, nos termos do § 1º do art. 311.

Sujeito passivo é a coletividade.

6.11. Elementos objetivos do tipo

A conduta típica vem representada pelos núcleos verbais adulterar (modificar, alterar) e remarcar (marcar novamente). O objeto material da infração é qualquer sinal identificador de veículo automotor – a exemplo do número de chassi, como casuisticamente preceitua a norma incriminadora -, de seu componente ou equipamento.

6.12. Elemento subjetivo do tipo

O dolo é elemento subjetivo do injusto, compreendendo a vontade livre e consciente de adulterar ou remarcar o objeto material.

6.13. Consumação e tentativa

O momento consumativo se dá com a adulteração ou remarcação do sinal identificador, de componente ou equipamento do automóvel.

A tentativa é admissível.

6.14. Contribuição do funcionário público para o licenciamento ou registro de veículo com sinal de identificação adulterado ou remarcado

O § 2º submete às mesmas penas do caput do art. 311 "o funcionário público que contribui para o licenciamento ou registro do veículo remarcado ou adulterado, fornecendo indevidamente material ou informação oficial".

Nota-se, inicialmente, a má redação do tipo: não é o veículo que é adulterado ou remarcado, mas algum dos seus sinais identificadores.

Cuida-se de crime próprio: somente pode praticá-lo o funcionário público que, valendo-se de sua função, fornece material (papel específico para confecção de documento, placa etc.) ou informação (código, senha, número de chassi etc.), contribuindo assim para o licenciamento (autorização anual de trânsito) ou registro (inscrição junto ao órgão de trânsito) do veículo.

Vale ainda observar que consta do tipo um elemento normativo: o fornecimento de material ou informação oficial deve ser indevido. Se devido, o fato será atípico.

6.15. Penas e ação penal

A pena cominada ao crime do caput é a mesma imposta à infração prevista no § 2º do art. 311: reclusão, de 3 (três) a 6 (seis) anos, e multa.

Se o agente pratica o crime no exercício da função pública ou em razão dela, a pena é aumentada de um terço, nos termos do § 1º do art. 311 do CP.

A ação penal é pública incondicionada.

CAPÍTULO V – DAS FRAUDES EM CERTAMES DE INTERESSE PÚBLICO

RAFAEL SANTANA

1. INTRODUÇÃO

O capítulo V foi acrescentado ao Título X do Código Penal pela Lei nº 12.550/2011. Trata-se de inovação legislativa motivada pelo recrudescimento, nos últimos anos, da prática de fraudes diversas em concursos para ingresso no serviço público e em exames vestibulares para acesso a cursos muito disputados do ensino superior.

Justifica-se a inclusão do novel tipo penal no título reservado aos crimes contra a fé pública em razão de se poder identificar, como bem jurídico tutelado, a "crença coletiva acerca da veracidade, autenticidade e lisura" dos certames previstos nos incisos do art. 311-A, dispositivo único do Capítulo V e que possui o mesmo nomen juris desse.

2. FRAUDES EM CERTAMES DE INTERESSE PÚBLICO

⊙ **Fraudes em certames de interesse público**

Art. 311-A. Utilizar ou divulgar, indevidamente, com o fim de beneficiar a si ou a outrem, ou de comprometer a credibilidade do certame, conteúdo sigiloso de:

I – concurso público;

II – avaliação ou exame públicos;

III – processo seletivo para ingresso no ensino superior; ou

IV – exame ou processo seletivo previstos em lei:

Pena – reclusão, de 1 (um) a 4 (quatro) anos, e multa.

§ 1º Nas mesmas penas incorre quem permite ou facilita, por qualquer meio, o acesso de pessoas não autorizadas às informações mencionadas no caput.

§ 2º Se da ação ou omissão resulta dano à administração pública.

Pena – reclusão, de 2 (dois) a 6 (seis) anos, e multa.

§ 3º Aumenta-se a pena de 1/3 (um terço) se o fato é cometido por funcionário público.

2.1. Tipo penal e bem jurídico tutelado

Dispõe o art. 311-A que constitui crime "utilizar ou divulgar, indevidamente, com o fim de beneficiar a si ou a outrem, ou de comprometer a credibilidade do certame, conteúdo sigiloso de: I – concurso público; II – avaliação ou exame públicos; III – processo seletivo para ingresso no ensino superior; ou IV – exame ou processo seletivo previstos em lei.

Protege-se, como já mencionado, a fé pública, particularmente a confiança coletivizada na legitimidade dos certames de interesse público.

2.2. Classificação doutrinária

Crime comum, doloso, comissivo, de forma livre, instantâneo e plurissubsistente.

2.3. Sujeitos do crime

Crime comum, pode ser praticado por qualquer pessoa, pois o tipo não exige do sujeito ativo qualquer condição especial.

Se o fato é cometido por funcionário público, aumenta-se a pena nos termos do § 3º do art. 311-A.

Sujeito passivo é a coletividade.

2.4. Elementos objetivos do tipo

As condutas incriminadas são as de utilizar (usar, empregar) e divulgar (difundir, propagar), indevidamente (elemento normativo), as informações sigilosas. É desnecessário que a divulgação seja feita a um número indeterminado de pessoas, configurando-se o crime com a comunicação feita a um só indivíduo.

O objeto material corresponde ao conteúdo sigiloso de questões, temas ou gabaritos de provas a serem aplicadas nos certames previstos nos incisos I a IV: concurso público (concurso para ingresso no serviço público); avaliação ou exame públicos (de que é exemplo o Exame de Ordem, requisito para o exercício da advocacia); processo seletivo para ingresso no ensino superior (exame vestibular); ou exame ou processo seletivo previstos em lei (a exemplo do Exame Nacional do Ensino Médio – ENEM) .

Não possui adequação típica a conduta do aluno que utiliza ou divulga conteúdo sigiloso de avaliações regulares em instituições de ensino, ainda que públicas, como assinala Damásio de Jesus: "O discente que frauda a prova bimestral ou semestral, mesmo o fazendo em faculdade pública, depois de obter as questões prévia e ilicitamente e beneficiar a si próprio ou a terceiro, não pratica crime algum".

Questão tormentosa diz respeito à chamada "cola eletrônica", que consiste na difusão do conteúdo sigiloso através de aparelhos transmissor e receptor. Antes da criação do tipo penal do art. 311-A, cogitava-se que tal prática poderia caracterizar delito de estelionato ou de falsidade ideológica, entendimento rechaçado pelo Supremo Tribunal Federal e pelo Superior Tribunal de Justiça, que firmaram conclusão acerca da atipicidade da conduta, conforme os julgados adiante transcritos:

> "A 'cola eletrônica' em vestibulares não configura o tipo penal da falsidade ideológica ou de estelionato qualificado, consistindo em conduta atípica, de acordo com o entendimento do Supremo Tribunal Federal".
>
> "Fraudar vestibular, utilizando-se de cola eletrônica (aparelhos transmissor e receptor), malgrado contenha alto grau de reprovação social, ainda não possui em nosso ordenamento penal qualquer norma sancionadora (INQ 1145/STF). Writ concedido para reconhecer a atipicidade da 'cola eletrônica' e trancar a ação penal no que diz respeito às condutas tipificadas nos arts. 171, § 3º e 299 do Código Penal, mantida a persecução penal em relação as demais condutas típicas e autônomas".

A partir da vigência da norma incriminadora prevista no art. 311-A, é de indagar-se se a prática da cola eletrônica encontrará sempre adequação ao novo tipo penal. Eis a percuciente observação de Rogério Greco:

> "(...) se o agente que está transmitindo as respostas ao receptor, ou seja, ao candidato que está participando do certame, havia tomado conhecimento do gabarito oficial e, agora, indevidamente, estava divulgando-o para que o agente receptor o utilizasse no caderno de respostas, poderemos concluir pela prática do delito de fraudes em certames de interesse público. Agora, se o agente que está transmitindo as respostas havia tomado conhecimento das questões, já agora públicas, por meio do receptor, e as estava respondendo de acordo com sua capacidade pessoal, a discussão ainda persistirá, ou seja, para os nossos tribunais superiores o fato será atípico e para outra corrente poderá ser entendido como estelionato ou mesmo falsidade ideológica.

Assim, concluindo, nem sempre a chamada 'cola eletrônica' conduzirá ao reconhecimento do delito tipificado no art. 311-A do Código Penal, que somente ocorrerá quando o agente estiver utilizando ou mesmo divulgando, indevidamente, as informações de conteúdo sigiloso, que beneficiarão alguém ou comprometerão a credibilidade do certame".

2.5. Elemento subjetivo do tipo

Além do dolo, consubstanciado na vontade livre e consciente do agente de utilizar ou divulgar o conteúdo sigiloso, com a ciência de que o faz de forma indevida, o tipo prevê um elemento subjetivo especial, a saber, a finalidade de beneficiar a si próprio ou a terceiro, ou de comprometer a credibilidade do certame.

2.6. Consumação e tentativa

Consuma-se o delito com a utilização ou a divulgação da informação sigilosa, independentemente da obtenção do benefício almejado pelo autor ou do efetivo comprometimento da credibilidade do certame.

Na primeira modalidade de ação típica, a tentativa não se afigura possível, pois não se vislumbra a possibilidade de fracionamento da conduta: o início do uso já configura o *summatum opus*.

Já em relação à conduta de divulgar, admite-se a tentativa, que se verifica quando o agente não logra, por circunstâncias alheias à sua vontade, transmitir a terceiro a informação sigilosa.

2.7. Figura típica equiparada

A teor do § 1º do art. 311-A, "nas mesmas penas incorre quem permite ou facilita, por qualquer meio, o acesso de pessoas não autorizadas às informações mencionadas no caput".

As condutas típicas são as de permitir (consentir, admitir, tolerar) e facilitar (favorecer, proporcionar), por qualquer meio (comissivo ou omissivo), o acesso de pessoas não autorizadas às informações sigilosas relacionadas ao certame.

Consoante Mirabete e Fabbrini, praticam o crime, e.g., "o examinador ou funcionário envolvido na organização do exame que permitem a terceiro não autorizado a leitura das questões sigilosas; o porteiro ou fiscal que, omitindo-se no seu dever de vigilância, deixam de trancar a porta da sala onde são guardadas as provas, facilitando o acesso indevido do terceiro; o técnico em informática que fornece a senha para acesso ao sistema onde são armazenadas as informações sigilosas etc.".

O elemento subjetivo do tipo é o dolo, consistente na vontade livre e consciente de permitir ou facilitar o acesso de pessoas não autorizadas às informações protegidas por sigilo. Ao contrário da figura do caput, o dispositivo em comento não exige do agente qualquer finalidade específica, sendo dispensável, para a sua configuração, o posterior uso ou divulgação do conteúdo sigiloso, pois a norma visa a evitar simplesmente o acesso indevido.

2.8. Tipo qualificado: dano à administração pública

Estabelece o § 2º do art. 311-A pena mais gravosa "se da ação ou omissão resulta dano à administração pública". Aplica-se esse dispositivo aos delitos do caput e do § 1º do art. 311-A.

Se os danos afetam unicamente instituições privadas ou os concorrentes ou candidatos que participam do certame, não incide a qualificadora prevista no § 2º.

2.9. Penas e ação penal

A fraude em certames de interesse público (art. 311-A, caput) é punida com reclusão, de 1 (um) a 4 (quatro) anos, e multa, mesma pena cominada pelo § 1º a quem permite ou facilita, por qualquer meio, o acesso de pessoas não autorizadas às informações mencionadas no caput.

Se da ação ou omissão resulta dano à administração pública, a pena é de reclusão, de 2 (dois) a 6 (seis) anos, e multa, nos termos do § 2º do art. 311-A.

A pena é aumentada de um terço, a teor do § 3º do art. 311-A, se o fato é cometido por funcionário público.

A ação penal é pública incondicionada.

↳ TÍTULO XI – DOS CRIMES CONTRA A ADMINISTRAÇÃO PÚBLICA

CAPÍTULO I – DOS CRIMES PRATICADOS POR FUNCIONÁRIO PÚBLICO CONTRA A ADMINISTRAÇÃO EM GERAL

IVAN LUIZ DA SILVA1

1. FUNDAMENTOS DOGMÁTICOS DOS CRIMES CONTRA A ADMINISTRAÇÃO PÚBLICA

1.1. Considerações preliminares

É entendimento consensual que o Estado é a sociedade política e juridicamente organizada[2], cuja missão[3] é proteger os interesses individuais para o pleno e livre desenvolvimento do indivíduo e promover os interesses coletivos para desenvolver a nação. De fato, ao Estado incumbe as tarefas de assegurar a ordem pública e buscar o bem-estar da sociedade por meio da satisfação das necessidades sociais e de prestações assistenciais para proporcionar uma vida humana digna. Nesse sentido, o constituinte nacional estatuiu no art. 3º da Constituição Federal de 1988 objetivos fundamentais do Estado brasileiro, a saber: construir uma sociedade livre, justa e solidária; garantir o desenvolvimento nacional; e promover o bem de todos.

Todavia, o Estado, por ser pessoa jurídica,[4] não se movimenta ou exterioriza sua vontade por si próprio, haja vista sua condição abstrata.[5] Para exercer suas atribui-

1 Meus agradecimentos: ao Dr. Paulo Queiroz, pelo convite para participar desta sua inestimável obra doutrinária; aos monitores de direito penal, Cristiano Araújo Luzes, Gustavo Ataíde Fernandes Santos e Gustavo Porciúncula Damasceno de Andrade, que muito me auxiliaram nas pesquisas e/ou elaboração dos comentários aos tipos penais dos crimes contra a Administração Pública.

2 Nesse sentido, Hans Kelsen (Teoria pura do direito. São Paulo: RT, 2011, p. 171) preleciona que o Estado é a "comunidade jurídica soberana".

3 LISZT, Franz von. Tratado de direito penal. Tomo II. Campinas: Russell, 2003, p. 375.

4 Hans Kelsen (Teoria pura do direito..., *Cit.*, p. 114) ensina que a pessoa jurídica é a expressão unitária de um complexo de normas que regula a conduta de uma pluralidade de indivíduos. É a personificação de um conjunto de normas, como a que constitui uma associação, por exemplo. Assim, o Estado, como pessoa jurídica, é a personificação da comunidade jurídica nacional.

5 Cf. SETA, José Francisco. Crimes dos funcionários púbicos contra a Administração Pública. São Paulo: edição do autor, 1981, p. 1.

ções, o Estado cria órgãos públicos compostos por pessoas físicas que se encarregam da realização das atividades estatais para a consecução do bem comum.[6] Por consequência, o desenvolvimento e o bem-estar social dependem da higidez e do regular funcionamento desses organismos estatais.[7] Para assegurar o regular funcionamento dos órgãos públicos e a correta realização das atividades estatais são estabelecidas normas de direito público (máxime, constitucionais e administrativas), que recebem o reforço da tutela penal para prevenir comportamentos nocivos à Administração Pública. Isso porque onde quer que haja o exercício de uma função estatal há a possibilidade de cometimento de uma infração criminal contra a Administração Pública, tanto pela conduta de quem a integra (*intraneus*) como pelo comportamento lesivo de um particular (*extraneus*).[8] Infrações dessa natureza desvirtuam as finalidades da Administração Pública e violam a probidade administrativa, ensejando ainda graves danos às atividades estatais e à coletividade.

Assim, o Código Penal brasileiro, no Título XI de sua Parte Especial, dispõe sobre os crimes contra a Administração Pública. Nesse título, o último do Estatuto penal, são estabelecidas infrações criminais de particular gravidade, uma vez que ao atingirem a administração púbica provocam também extenso prejuízo à sociedade como um todo.

O legislador penal brasileiro, adotando parcialmente o critério empregado pelas legislações estrangeiras para a classificação dessas infrações (classificação segundo o sujeito ativo), tipificou-os em crimes praticados por funcionários públicos (*intranei*) e crimes praticados por particulares (*extranei*), dividindo o Título XI em cinco capítulos, a saber:[9]

- Capítulo I – Dos crimes praticados por funcionário público contra a administração em geral (arts. 312 a 327);
- Capítulo II – Dos crimes praticados por particular contra a administração em geral (arts. 328 a 337-A);

6 COSTA Jr., Paulo José da; PAGLIARO, Antonio. Dos crimes contra a Administração Pública. São Paulo: Atlas, 2009, p. 7. Nesse sentido, é oportuno conferir a lição de Vicenzo Manzini (Tratatto di diritto penale italiano. Vol. 5. Torino: UTET, 1935, p. 9), *in verbis*: "O Estado é uma coletividade, uma pessoa jurídica, que não possui em si, diferentemente da pessoa física, a capacidade natural de querer e agir. Mas, sem capacidade de querer e agir, o Estado se reduziria a um mero símbolo e não poderia alcançar os fins para os quais foi constituído. Para conferir ao Estado essa capacidade jurídica, faz-se necessário recorrer à capacidade psicofísica de indivíduos que queiram atuar para esse fim".

7 NORONHA, E. Magalhães. Direito penal. Parte Especial. Vol. 4. São Paulo: Saraiva, 2001, p. 206.

8 HUNGRIA, Nelson. Comentários ao Código Penal. Vol. IX. Rio de Janeiro: Forense, 1959, p. 313.

9 PIERANGELI, José Henrique. Manual de direito penal brasileiro. Parte Especial. Vol. 2. São Paulo: RT, 2007, p. 796. A respeito do critério da autoria para classificação dos crimes contra a Administração Pública, Magalhães Noronha (Direito penal..., *Cit.*, p. 208) ensina que: "Como já se assinalou, nosso estatuto ocupa-se primeiramente com os delitos cometidos por funcionários públicos (*intranei*), depois pelos particulares (*extranei*), o que traduz uma ordem lógica, pois *começa de dentro de casa*, isto é, tratando-se dos interesses da administração púbica, chama, primeiro, à responsabilidade seus agentes, para, depois, continuar com os de *fora*, isto é, os estranhos, os particulares".

- Capítulo II-A – Dos crimes praticados por particular contra a Administração Pública estrangeira (arts. 337-B a 337-D) – incluído pela Lei nº 10.467, de 11.6.2002;
- Capítulo III – Dos crimes contra a administração da justiça (arts. 338 a 359);
- Capítulo IV – Dos crimes contra as finanças públicas (arts. 359-A a 359-H) – incluído pela Lei nº 10.028, de 2000.

1.2. Antecedentes e evolução dos crimes contra a Administração Pública no direito penal brasileiro

Os crimes contra a Administração Pública têm sua atual configuração a partir do movimento de codificação do direito penal no século XIX, quando se desvincularam dos delitos de *lesa-majestade* e passaram a representar um ataque às funções do próprio Estado.[10] De fato, o emprego da denominação *Crimes contra a Administração Pública*, que consta do atual Título XI da Parte Especial do Código Penal brasileiro, abrangendo várias espécies de delitos, difundiu-se a partir do Código Italiano de 1889 (Código Zanardelli), não sendo comum nas legislações que o antecedem. Os crimes que compõem essa categoria de infrações criminais eram agrupados sob títulos genéricos (por exemplo, *Crimes contra a paz pública*, no Código Penal francês de 1810), que não constituíam uma classificação técnica, ou em classes distintas de delitos, prevalecendo na classificação o interesse imediato atingido pela conduta delituosa.[11]

O legislador penal brasileiro sempre dispôs sobre os crimes contra a Administração Pública nos estatutos penais nacionais, embora nem sempre com uniformidade no método e na terminologia.[12]

O Código Criminal Imperial de 1830 dispôs sobre essas infrações criminais no Título V, sob a denominação *Dos crimes contra a boa ordem e a Administração Pública*, disciplinando os crimes funcionais, mas estranhamente tratou do crime de peculato no art. 170 do Título VI, em que disciplina *Dos crimes contra o thesouro público e propriedade pública*. Por sua vez, o Código Penal da República (1890) manteve as mesmas disposições do Título V do Código Imperial para tratar apenas dos delitos funcionais. Todavia, alguns crimes funcionais (tais como: resistência, desacato, desobediência, tirada de preso *etc.*) foram incluídos no Título II, *Dos crimes contra a segurança interna da República*, a exemplo do Código Criminal de 1830. Essas disposições do Código Penal de 1890 foram mantidas na Consolidação das Leis Penais (CLP) de 1932.[13]

---

10 PRADO, Luiz Régis. Curso de direito penal brasileiro. Parte Especial. Vol. 3. São Paulo: RT, 2010, p. 431.

11 FRAGOSO, Heleno Claudio. Lições de direito penal. Parte Especial. Vol. II. Rio de Janeiro: Forense, 1988, p. 400.

12 Consulte-se: PIERANGELI, José Henrique. Códigos penais do Brasil: evolução histórica. São Paulo: RT, 2004, p. 235/499.

13 PIERANGELI, José Henrique. Códigos penais do Brasil..., *Cit.*, p. 235/499.

O Código Penal de 1940, ainda vigente em sua Parte Especial original, corrigiu os defeitos de seus antecessores sobre a matéria, uma vez que no seu Título XI estão todos os crimes contra a Administração Pública (embora exista legislação especial posterior que prevê alguns outros crimes dessa natureza), dividindo-a em classe de delitos, de modo a alcançar todos os comportamentos que possam impedir ou perturbar o regular funcionamento das atividades da Administração Pública.[14]

Vale salientar que o Título XI do Código Penal foi elaborado em um contexto político e social bastante distinto do atual. Nessa época, a estrutura administrativa e as obrigações do Estado eram reduzidas e a sociedade e suas necessidades não apresentavam o grau de complexidade verificado na atualidade.

Todavia, as transformações políticas, tecnológicas e sociais ocorridas a partir do pós-guerra obrigaram o legislador penal a promover reformulações conceituais na matéria, de modo a acompanhar a evolução político-administrativa do Estado (*v.g.*, o art. 327, § 1º, que prevê o conceito de funcionário púbico por equiparação foi atualizado em 2000, e em 2002 elaborou-se o conceito de funcionário público estrangeiro no art. 337-D) e a elaboração de novos tipos penais para o Título XI do Código Penal, a fim de abranger comportamentos próprios da sociedade tecnológica e globalizada contemporânea que venham a para atacar a Administração Pública (vide os arts. 313-A a 313-B, arts. 337-B a 337-C, art. 349-A). Para além disso, foram revisados alguns tipos penais (p. ex.: arts. 317, 332 e 333) e criados outros novos, para atender aos princípios constitucionais que regem essa nova estrutura política e jurídica da Administração Pública (a saber, os crimes contra as finanças públicas, arts. 359-A a 359-H).

1.3. Conceito de Administração Pública

A especificação conceitual da expressão *Administração Pública* é um pressuposto primacial para a identificação da objetividade jurídica pretendida pelos tipos penais do Título XI da Parte Especial do Código Penal nacional.

O vocábulo *administração* é largamente empregado para indicar atividades de gestão de pessoas, negócios e bens. Em qualquer acepção, porém, administrar implica realizar atos de guarda, conservação e percepção dos frutos dos bens administrados, não se incluindo os atos de alienação. É a atividade de quem não é senhor absoluto do que administra, pois o administrador deve atender a uma vontade exterior (i.é., daquele que cedeu a administração). Assim, toda atividade de *administração* deve ser útil ao interesse que o administrador deve satisfazer. No caso da *Administração Pública*, a vontade emana da lei que estabelece a finalidade a ser atingida pelo administrador público.[15]

14 NORONHA, Magalhães. Direito penal..., *Cit.*, p. 208/209; PIERANGELI, José Henrique. Manual de direito penal..., *Cit.*, p. 796/797.

15 DI PIETRO, Maria Sylvia Zanella. Direito Administrativo. São Paulo: Atlas, 2000, p. 53-54.

Desse modo, entende-se a Administração Pública como a gestão dos bens e interesses públicos visando alcançar o bem comum da coletividade. Sobre o conceito de Administração Pública, é força trazer a lume a lição de Hely Lopes Meirelles:[16]

> Em sentido lato, administrar é gerir interesses, segundo a lei, a moral e a finalidade dos bens entregues à guarda e conservação alheias. Se os bens e interesses geridos são individuais, realiza-se administração particular; se são da coletividade, realiza-se Administração Pública. Administração Pública, portanto, é a gestão de bens e interesses qualificados da comunidade no âmbito federal, estadual ou municipal, segundo os preceitos do Direito e da Moral, visando o bem comum.

Na seara penal, é recorrente a conceituação de Administração Pública segundo a lição de Costa e Silva apresentada por Nelson Hungria, *in verbis*: "[Administração Pública] é o conjunto das funções exercidas pelos vários órgãos do Estado, em benefício do bem-estar e do desenvolvimento da sociedade".[17]

Com efeito, a Administração Pública é a atividade instrumental exercida pelo Estado e seus órgãos com o intuito de promover o desenvolvimento e o bem-estar da sociedade.

A Administração Pública pode ainda ser entendida em duas acepções, a saber: a) sentido subjetivo; b) sentido objetivo. No sentido subjetivo é o conjunto de entidades públicas (pessoas jurídicas, órgãos e agentes públicos) que exercem a atividade administrativa do Estado. Em sentido objetivo, concerne à natureza da atividade exercida pelos referidos entes e agentes públicos; é a própria função administrativa exercida, predominantemente, pelo Poder Executivo.[18]

Portanto, a expressão Administração Pública designa tanto as entidades administrativas (pessoas jurídicas, órgãos e agentes públicos) encarregadas de exercer a função pública como a própria atividade administrativa exercida por esses entes estatais.[19]

A Administração Pública pode ser classificada em direta e indireta. A Administração Pública direta é o conjunto de órgãos que integram os entes políticos que compõem o Estado Federal brasileiro, aos quais foi atribuída a competência para o exercício, de forma centralizada, das atividades administrativas estatais.[20] É o Estado exercendo diretamente a atividade administrativa, através dos órgãos de seus entes políticos: União Federal, Estados-membros e Municípios. Os órgãos que a compõem são: na esfera federal, a Presidência da República e os Ministérios. Na esfera estadual, a governadoria do Estado e as secretarias estaduais. Por fim, na esfera municipal, a Prefeitura e as secretarias municipais. A Administração Pública indireta é o conjunto

16 MEIRELLES, Hely Lopes. Direito administrativo brasileiro. São Paulo: Malheiros, 2000, p. 78.

17 COSTA E SILVA *apud* HUNGRIA, Nelson. Comentários ao código penal..., *Cit.*, p. 313.

18 DI PIETRO, Maria Sylvia Zanella. Direito Administrativo..., *Cit.*, p. 54.

19 DI PIETRO, Maria Sylvia Zanella. Direito Administrativo..., *Cit.*, p. 54.

20 CARVALHO FILHO, José dos Santos. Manual de direito administrativo. Rio de Janeiro: Lúmen Júris, 2000, p. 322.

de entidades administrativas que, vinculadas à respectiva Administração Pública direta, tem o objetivo de desempenhar as atividades estatais de forma descentralizada.[21] A atividade administrativa é realizada por pessoas jurídicas de direito público e/ou de direito privado criadas por lei para esse fim. A Administração Pública indireta é composta por autarquias, empresas públicas, sociedades de economia mista, fundações públicas e agências reguladoras.

Cabe destacar que o exercício da Administração Pública tem a natureza de um encargo público para quem a exerce, isto é, constitui uma obrigação de manter e conservar os bens, serviços e interesses da coletividade. De fato, todo aquele que se investe na função de administrador público assume para com a sociedade um compromisso de bem servi-la, pois esse é o desejo do povo, como legítimo destinatário dos bens, serviços e interesses administrados pelo Estado.[22]

A Administração Pública tem um único objetivo: o bem comum da sociedade. Assim, toda atividade do administrador público deve ser orientada para a consecução desse objetivo.[23]

A Administração Pública é realizada por meio do exercício da função pública. Por sua vez, a expressão Administração Pública tem dois significados principais, a saber: 1º) conjunto de incumbências atribuídas pela lei ao Estado; 2º) atividade desempenhada pelos órgãos e agentes públicos no exercício de suas atribuições estatais. A função pública é exercida pelo Estado através de seus órgãos e agentes públicos, que desempenham atividades funcionais para realizar a finalidade estatal de atender as necessidades e os interesses sociais. Assim, o exercício da função pública está, inafastavelmente, vinculado à ideia de satisfação dos interesses sociais.[24]

A Administração Pública, por força do regime de Direito Público que a informa, está totalmente submissa ao princípio de legalidade administrativa, ou seja, só pode realizar os atos administrativos autorizados pela lei. Significa dizer, os interesses a serem alcançados ou preservados são aqueles previamente indicados pela lei que disciplina a atividade administrativa exercida. Por outro lado, os atos do administrador público realizados fora do interesse público configuram desvio de finalidade, estando sujeitos a sanções administrativas, cíveis e penais.

1.4. Conceito de Administração Pública no Código Penal brasileiro

Afirma-se comumente que o conceito de Administração Pública no Código Penal não está no sentido estrito e técnico do direito administrativo[25]. De fato, o legislador

21 CARVALHO FILHO, José dos Santos. Manual de Direito Administrativo..., *Cit.*, p. 326.

22 MEIRELLES, Hely Lopes. Direito Administrativo..., *Cit.*, p. 80.

23 MEIRELLES, Hely Lopes. Direito Administrativo..., *Cit.*, p. 80.

24 FAZZIO Jr., Waldo. Corrupção no poder público: peculato, concussão, corrupção passiva e prevaricação. São Paulo: Atlas, 2002, p. 13/15.

25 FRAGOSO, Heleno Claudio. Lições de direito penal..., *Cit.*, p. 400; PIERANGELI, José Henrique. Manual de direito penal..., *Cit.*, p. 795; COSTA Jr., Paulo José da; PAGLIARO, Antonio. Dos crimes contra a Administração Pública..., *Cit.*, p. 7.

penal, ao tratar dos crimes contra a Administração Pública, não estava obrigado a empregar a conceituação de Administração Pública adotada pelos direitos administrativo e constitucional.[26] Assim, o Código Penal, em seu Título XI da Parte Especial, refere-se, para efeitos penais, à Administração Pública em um sentido amplo (*lato sensu*), de modo a abranger toda a atividade funcional exercida pelo próprio Estado e também pelas demais entidades e pessoas que exercem uma parcela da função estatal.

Para essa acepção de Administração Pública, o legislador brasileiro baseou-se no Código Penal italiano de 1930[27] (Código Rocco), que na sua Exposição de Motivos dispõe:

> O conceito de Administração Pública, no que concerne aos crimes reunidos neste título, vem entendido no sentido mais amplo, compreendendo a inteira atividade do Estado e de outros entes públicos. Portanto, com as normas que refletem os crimes contra a Administração Pública, vêm tuteladas não só a atividade administrativa em sentido estrito, técnico, mas, sob certo aspecto, também a legislativa e a judiciária. Em verdade, a lei penal neste título, prevê e persegue fatos que impedem ou turbam o regular desenvolvimento da atividade do Estado e de outros entes públicos (Relazione Ministeriale, II, 112).[28]

Portanto, para fins de direito penal, a Administração Pública deve ser compreendida como a atividade administrativa do Estado e de outras entidades administrativas para a consecução dos interesses sociais.[29] A Administração Pública se realiza pela função pública, que é o conjunto de ações que constituem os atributos da autoridade no âmbito dos poderes Executivo, Legislativo e Judiciário.[30] Com efeito, no direito penal a Administração Pública é definida como a normal e ordenada realização da função administrativa dos órgãos do Estado, no âmbito dos seus poderes – Executivo, Legislativo e Judiciário.[31] Assim, a expressão Administração Pública designa o exercício de toda a atividade funcional nos três poderes estatais e nos demais entes administrativos.

Essa acepção ampla de Administração Pública tem por finalidade assegurar o exercício regular da atividade estatal, globalmente considerada, pouco importando se a atividade exercida é de natureza administrativa, legislativa ou jurisdicional. O objetivo é a tutela penal de todos os aspectos da função estatal[32] e a reprovação de qualquer comportamento que desvie da consecução do interesse social.

---

26 COSTA, Álvaro Mayrink da. Direito penal. Parte Especial. Vol. 7. Rio de Janeiro: Forense, 2011, p. 8.

27 FRAGOSO, Heleno Claudio. Lições de direito penal..., *Cit.*, p. 400/401; NORONHA, Magalhães. Direito penal..., *Cit.*, p. 206.

28 MANZINI, Vicenzo. Tratatto di diritto penale..., *Cit.*, p. 1.

29 Cf. HUNGRIA, Nelson. Comentários ao código penal..., *Cit.*, p. 313.

30 MANZINI, Vicenzo. Tratatto di diritto penale..., *Cit.*, p. 5.

31 SOLER, Sebastian. Derecho penal argentino. Tomo V. Buenos Aires: TEA, 1963, p. 90.

32 COSTA Jr., Paulo José da; PAGLIARO, Antonio. Dos crimes contra a Administração Pública..., *Cit.*, p. 8/9.

Nesse diapasão, o Título XI do Código Penal dispõe sobre as infrações criminais que têm como característica comum lesionar o exercício da atividade funcional do Estado, em relação a qualquer dos seus aspectos ou agentes encarregados.

1.5. Objetividade jurídica nos crimes contra a Administração Pública

A intervenção criminal tem seu fundamento e sua legitimidade na dignidade do bem jurídico-penal tutelado pela norma penal, que consiste num interesse ou situação jurídica tutelada pelo direito penal, por força de sua relevância à convivência social pacífica. Sendo assim, exsurge patente a condição de bem jurídico-penal das atividades estatais abrangidas pela expressão Administração Pública, haja vista sua imprescindibilidade para uma convivência social ordenada e pacífica.

A consolidação do Estado democrático e social de direito provocou uma transformação na concepção de Administração Pública, à medida que essa passou a exercer de modo geral a função conformadora dos interesses e necessidades sociais, mesmo que por meio de entidades descentralizadas e paraestatais. Em outros termos, a Administração Pública passou a se orientar por uma política de assistência ao cidadão com vistas a alcançar o desenvolvimento social e o bem-estar geral da comunidade.[33] No contexto sóciopolítico contemporâneo, o Estado-administração assumiu a tarefa de desenvolver e/ou satisfazer as necessidades coletivas, tanto as essenciais como as instrumentais, para a vida em sociedade.

A Administração Pública, como manifestação do Estado e encarregada de realizar as finalidades estatais em prol da sociedade, necessita da proteção penal para o exercício regular de suas atividades funcionais. Consequentemente, quanto maior o rol de suas atribuições, maior a possibilidade de ações lesivas contra o exercício das atividades estatais e que deverão ser refreadas pela intervenção penal.[34]

No Título XI da Parte Especial do Código Penal, o bem jurídico-penal categorial tutelado é o exercício da função pública – compreendida como a prestação ou exercício da atividade estatal em favor da sociedade, que deve ser exercida de modo ordenado e lícito na consecução do bem comum.

A previsão dos crimes contra a Administração Pública tem como objetividade jurídica a proteção do interesse público concernente ao normal funcionamento e prestígio da Administração Pública em sentido lato[35]. Na doutrina nacional, vale destacar a

33 PRADO, Luiz Régis. Curso de direito penal..., *Cit.*, p. 430.

34 LISZT, Franz von. Tratado de direito penal..., *Cit.*, p. 375. Confira-se a lição de Von Liszt (*Op. Cit.*, p. 375), *in verbis*: "A Administração Pública, nas suas duas direções principiais, como manifestação da força vital do Estado e que promove interesses, precisa da proteção penal. Quanto mais vasto for o campo em que a Administração Pública tiver de exercer a sua atividade, tanto maior será o círculo, e tanto mais variado o objeto das ações que contra ela se dirigirão e que deverão ser refreadas por cominações penais".

35 MANZINI, Vicenzo. Trattato di diritto penale..., cit, p. 1.

precisa lição de Nelson Hungria[36], que ensina que a objetividade jurídica do Título XI da Parte Especial do Código Penal é a normalidade funcional, a probidade, o prestígio e a incolumidade da Administração Pública.[37]

Todavia, o Título XI da Parte Especial do Código Penal agrupa uma grande quantidade de infrações sob uma denominação comum: *crimes contra a Administração Pública*. Essa designação indica a existência de um bem jurídico-penal categorial ou mediato (precisamente, a Administração Pública, que é a *ratio legis* das normas desse título do Código Penal) e vários outros bens jurídico-penais imediatos verificáveis nessas normas penais, que correspondem ao interesse tutelado direta e concretamente em cada tipo penal dos crimes contra a Administração Pública.[38]

Cumpre mencionar que a Administração Pública é o bem jurídico tutelado pela previsão dessas infrações criminais, mesmo quando o particular é o ofendido diretamente pelo comportamento lesivo, pois ainda assim a lesão repercute sobre a atividade da Administração Pública, porquanto a probidade e/ou incolumidade da função administrativa são também atingidas.[39] Não obstante, nessas hipóteses pode-se entender que o estatuto penal, subsidiariamente, protege também o interesse jurídico particular que pode ser lesado pelo comportamento do agente público, como, por exemplo, nos crimes de peculato (art. 321 – quando o objeto do crime é um bem particular sob guarda da Administração Pública), crime de excesso de exação (art. 316, § 1º) e violência arbitrária (art. 322), que atingem diretamente bens jurídicos particulares.[40]

Os crimes contra a Administração Pública, qualquer que seja o bem jurídico individualizado no tipo penal contra o qual a conduta lesiva foi praticada direta ou indiretamente, ameaçam e lesionam em última instância o desenvolvimento da função pública em favor da sociedade.[41]

No entanto, o Título XI da Parte Especial do Código Penal não contém todas as normas penais a respeito dos crimes contra a Administração Pública, uma vez que há leis penais especiais que também tratam sobre a matéria, a saber: Lei nº 4.898/1965 (crimes de abuso de autoridade), Decreto-Lei nº 201/1967 (responsabilidade penal dos prefeitos e vereadores), Lei nº 8.137/1990 (crimes contra a ordem tributária e econômica) e Lei nº 8.666/1993 (crimes contra licitações públicas).

1.6. Sujeitos dos crimes contra a Administração Pública

Nos crimes contra a Administração Pública podem ser sujeito ativo tanto o agente público (*intraneus*) como o particular (*extraneus*), enquanto o sujeito passivo é sempre

36 HUNGRIA, Nelson. Comentários ao código penal...*Cit.*, p. 313.

37 Nesse sentido também: BITENCOURT, Cezar Roberto. Tratado de direito penal. Parte Especial. Vol. 5. São Paulo: Saraiva, 2008, p. 2.

38 Cf. SOLER, Sebastian. Derecho penal..., *Cit.*, p. 89.

39 NORONHA, Magalhães. Direito penal..., *Cit.*, p. 207.

40 Cf. JESUS, Damásio Evangelista de. Direito penal. Parte Especial. Vol. 4. São Paulo: Saraiva, 2010, p. 149.

41 LISZT, Franz von. Tratado de direito penal..., *Cit.*, p. 377.

a Administração Pública, embora o particular eventualmente seja atingido diretamente por essas infrações criminais.

1.6.1. *Sujeito ativo*

As infrações criminais contra a Administração Pública podem ser praticadas tanto por meio do abuso ou desvio de poder de seus agentes públicos como pela intromissão ou perturbação causada por um particular estranho à atividade estatal[42]. Observe-se que essa distinção entre delitos praticados por agentes públicos (*intranei*) e por particulares (*extranei*) foi o critério geral adotado pelo legislador no Código Penal vigente para classificar os crimes contra a Administração Pública.

Nos crimes contra a Administração Pública há aqueles nos quais o sujeito ativo deve ser o próprio agente público que a integra. São os *delicta in officio* ou *delicta propria*, ou seja, delitos praticados por quem exerce uma função estatal. Por outro lado, o Título XI da Parte Especial do Código Penal dispõe também sobre crimes cometidos pelo particular contra a Administração Pública, denominados *delicta communia*.[43]

Assim, com vistas a proteger os interesses da Administração Pública, o direito penal responsabiliza penalmente tanto os agentes públicos como os particulares que não integram a atividade estatal por comportamentos que afetem nocivamente a função estatal.

Contudo, cumpre mencionar que há crimes contra a Administração Pública praticáveis tanto por agentes públicos como por particulares (*v.g.*, os crimes contra a administração da justiça).

1.6.2. *Sujeito passivo*

Nos crimes contra a Administração Pública, o sujeito passivo é o Estado-administração. No entanto, essas infrações criminais diferenciam-se dos delitos que lesionam o Estado *de per se*, ou seja, como pessoa jurídica em si.

Não obstante, ambas as classes de infrações criminais atingem o Estado, embora em aspectos distintos. Os *crimes contra o Estado* são infrações que buscam atingir o Estado como a pessoa político-jurídica (*Rechsstaat*) criada pela Constituição Federal (isto é, o ente constitucional político e jurídico). Em outros termos, são comportamentos lesivos contra a segurança do Estado (pessoa jurídica) e sua Constituição política, que se caracterizam pelo *animus hostilis in existium reipublicae*.[44] Salienta-se que no direito penal brasileiro, a legislação criminal especial traz a previsão dos

42 Cf. SOLER, Sebastian. Derecho penal..., *Cit.*, p. 90.

43 HUNGRIA, Nelson. Comentários ao código penal..., *Cit.*, p. 315/316; BITENCOURT, Cezar Roberto. Tratado de direito penal..., *Cit.*, p. 3.

44 HUNGRIA, Nelson. Comentários ao código penal..., *Cit.*, p. 314; COSTA, Álvaro Mayrink da. Direito penal..., *Cit.*, p. 9.

crimes contra a existência, segurança e integridade do Estado (Lei de Segurança Nacional - Lei n° 7.170/1983).

Os crimes contra a Administração Pública, em sentido estrito, são aqueles que atentam contra o Estado como órgão executor da função estatal de promover as atividades administrativas em prol da sociedade que lhes incumbe a ordem constitucional (*Verwaltungsstaat* - Administração Pública, entendida como atividade funcional do Estado e seus órgãos públicos).[45] Os crimes do Título XI da Parte Especial do Código Penal têm como sujeito passivo o Estado, este compreendido como Administração Pública, isto é, como o titular da função de prover as necessidades essenciais e/ou coletivas da sociedade.

Impende destacar que a Administração Pública é o sujeito passivo mesmo quando o crime atinge de modo imediato o particular, haja vista ser também atingida em sua probidade e/ou incolumidade funcional.[46]

1.7. Crimes praticados por funcionários públicos contra a Administração Pública em geral

O Título XI da Parte Especial do Código Penal, em seu Capítulo I, dispõe sobre os crimes praticados por funcionários públicos contra a Administração Pública em geral. Essas infrações penais eram denominadas *crimes de responsabilidade* e conceituadas como as violações aos deveres do cargo público exercido, sujeitas a sanções criminais.[47]

Os crimes funcionais são praticados por quem deveria manter a ordem pública, a regularidade e a incolumidade do exercício da atividade estatal. Essa disfunção no exercício da atividade administrativa compromete e desvirtua as finalidades do Estado. Os crimes funcionais ensejam desprestígio do poder estatal, intranquilidade social e lesão aos interesses da Administração Pública e de toda a sociedade.[48] De fato, são crimes de elevada gravidade e de extensa danosidade social, na medida em que atingem diretamente a Administração Pública e reflexamente prejudica inúmeras pessoas, especialmente aquelas que mais dependem das atividades administrativas e das prestações assistenciais do Estado.

Não obstante, não tem sido esta a visão do legislador no Código Penal vigente, considerando-se os limites das penas previstas. Duas são as razões para esta opção legislativa: 1ª) historicamente, o legislador nacional sempre atribuiu maior importância aos crimes contra o bem jurídico individual, por considerá-los mais graves; 2ª)

---

45 HUNGRIA, Nelson. Comentários ao código penal..., *Cit.*, p. 314. Destaca-se o entendimento de Álvaro Mayrink da Costa (Direito penal..., *Cit.*, p. 7), no sentido de que a previsão dos crimes contra a Administração Pública não protege imediatamente o Estado, considerado em si, pois são normas que tutelam a Administração Pública, mas na acepção de *funcionamento dos órgãos* do Estado.

46 NORONHA, Magalhães. Direito penal..., *Cit.*, p. 207.

47 LISZT, Franz von. Tratado de direito penal..., *Cit.*, p. 376.

48 FRAGOSO, Heleno Claudio. Lições de direito penal..., *Cit.*, p. 402.

politicamente, o legislador não demonstra vontade de conferir tratamento penal rigoroso aos crimes funcionais.[49]

Esses crimes têm como pressuposto ser o sujeito ativo um agente público, isto é, o agente deve estar no exercício de uma função estatal. Nos crimes funcionais o agente público viola seus deveres funcionais – que o obriga a cumprir fielmente o que dispõe a lei que rege a atividade exercida – para realizar interesses (próprios ou de outrem) estranhos às finalidades estatais, com graves prejuízos à Administração Pública e à sociedade.

O crime funcional decorre da *disfunção pública*, isto é, do mau desempenho ou exercício da função pública. De fato, a *disfunção pública* é uma anomalia provocada pelo abuso de poder e desvio de finalidade no exercício funcional, ocorre quando o agente público emprega os poderes que a lei lhe atribui para atuar em nome da sociedade, com o intuito de satisfazer interesse próprio ou de outrem, em detrimento da satisfação do interesse social. Na *disfunção pública* a finalidade estatal (de atender às necessidades sociais) é substituída pela conveniência e/ou interesse do próprio agente ou de terceira pessoa. A *disfunção pública* é o exercício da função estatal com uma finalidade ilícita, que nos casos mais graves configura o crime funcional.[50]

Por meio da previsão dos crimes funcionais, o legislador busca tutelar penalmente a probidade e a incolumidade das atividades da Administração Pública, pois essas infrações criminais são uma forma de desvio de finalidade no exercício da função estatal, já que o agente público realiza interesses particulares próprios ou de outrem em detrimento dos interesses do Estado de prover as necessidades coletivas da sociedade. Assim, o fundamento político-criminal para a previsão dos crimes funcionais é a infidelidade e improbidade administrativas do agente público, que violam a autoridade e os deveres que lhe foram atribuídos pela coletividade para a satisfação das necessidades sociais e promoção do bem-estar da sociedade.[51]

1.8. Crimes funcionais: conceito e espécies

Os crimes funcionais são as infrações criminais contra a Administração Pública praticadas por quem exerce uma função estatal. Os crimes funcionais, também denominados *delicta in officio* ou *delicta propria* (de quem integra a Administração Pública), são as infrações penais praticáveis apenas por agentes públicos, isto é, nesses delitos

49 MASSON, Cleber. Direito penal esquematizado. Parte Especial. Vol. 3. Rio de Janeiro: Forense, São Paulo: Método, 2011, p. 557.

50 FAZZIO Jr., Waldo. Corrupção no poder público..., *Cit.*, p. 23/25. Ainda sobre a *disfunção pública*, é oportuno conferir a lição de Waldo Fazzio Jr (Corrupção no poder..., *Cit.*, p. 25), *in verbis*: "Em síntese, o desvio de poder para uma finalidade antijurídica, quer dizer, com dolo, causa uma disfunção pública qualificada a que a ordem jurídica positiva classifica como ilícito. Este pode ser administrativo, civil e penal, conforme o grau de relevância que lhe é atribuído pela ordem jurídica".

51 Cf. MASSON, Cleber. Direito penal..., *Cit.*, p. 558.

o sujeito ativo integra a Administração Pública. Em síntese, os crimes funcionais são delitos praticados por sujeito ativo no exercício de sua função estatal.[52]

Nos crimes funcionais a qualidade de funcionário púbico é elementar do tipo penal. Por outro lado, a ausência da condição de funcionário público enseja a atipicidade absoluta (porque o fato não constitui crime) ou a atipicidade relativa (o fato não é crime funcional, mas constitui-se como crime comum).

No entanto, cumpre mencionar que não é propriamente a condição (técnica e estrita no sentido do direito administrativo) de funcionário público que caracteriza o sujeito ativo do crime funcional, mas a circunstância de o tipo penal do crime funcional ser realizado por um agente que está no concreto exercício de uma função pública. É o exercício da função estatal pelo sujeito ativo que o qualifica como funcionário público para fins do direito penal. O crime funcional, em essência, decorre da infração aos deveres funcionais praticada por quem está no concreto exercício de função estatal, não importando se essa é permanente ou eventual, obrigatória ou voluntária, remunerada ou gratuita, em caráter efetivo ou precário.[53] Assim, para fins do direito penal, é o exercício material de função estatal que constitui a condição de funcionário público do sujeito ativo no crime funcional.[54]

No que concerne à sua natureza jurídica, os crimes funcionais integram a categoria ampla dos *crimes próprios*, que são aqueles que exigem uma condição particular do sujeito ativo. Não obstante, entre os crimes próprios, o crime funcional apresenta uma característica particular. No crime funcional a qualificação pessoal do sujeito ativo não antecede o fato, mas é decorrente da atividade exercida por ele no momento da prática da conduta delituosa. Em outros termos, é qualificado como funcionário público quem exerce materialmente uma função estatal no momento da prática do fato delituoso, caracterizando-o assim como crime funcional. Dessa forma, o crime funcional é classificado como delito próprio com estrutura inversa, quer dizer, é preciso verificar-se primeiramente a realização do comportamento delituoso para se constatar a presença da condição de funcionário público do sujeito ativo, de modo a qualificá-lo como crime funcional.[55]

Com efeito, mesmo havendo a condição de funcionário público (em sentido técnico-administrativo), quando a conduta delituosa é realizada sem nenhuma relação com a função estatal essa qualidade pessoal do sujeito ativo não será suficiente para a qualificação do comportamento como crime funcional, porque ausente o abuso ou

52 HUNGRIA, Nelson. Comentários ao código penal..., *Cit.*, p. 315/316.

53 HUNGRIA, Nelson. Comentários ao código penal..., *Cit.*, p. 401.

54 COSTA, Álvaro Mayrink da. Direito penal..., *Cit.*, p. 14. Nesse sentido, vale conferir a lição de Paulo José da Costa Jr. (Dos crimes contra a Administração Pública..., *Cit.*, p.24), *in verbis*: "[...] o *prius* lógico dos crimes funcionais é que o sujeito, na situação concreta, esteja exercitando uma função pública. Deste dado de fato (e não da qualidade de funcionário público honorário etc.) deriva a qualificação de funcionário púbico, necessária à configuração dos crimes".

55 COSTA Jr., Paulo José da; PAGLIARO, Antonio. Dos crimes contra a Administração Pública..., *Cit.*, p. 23/24.

desvio do exercício da função administrativa inerentes aos delitos contra a Administração Pública. Tal conclusão se aplica tanto na hipótese de o funcionário público ser o sujeito ativo como no caso de ser o sujeito passivo.[56]

Os crimes funcionais dividem-se em próprios e impróprios (ou mistos). Os crimes funcionais próprios são aqueles nos quais a qualidade de funcionário público do sujeito ativo é elemento constitutivo da tipicidade penal da conduta delituosa. A condição pessoal de funcionário público é elementar do tipo penal e sua ausência implica atipicidade absoluta (*exempli gratia*, nas hipóteses de corrupção passiva, prevaricação *etc.*), porque a conduta é delituosa apenas quando presente essa qualidade pessoal do sujeito ativo. Por sua vez, os crimes funcionais impróprios são aqueles em que o comportamento do funcionário público configura uma infração funcional *de per se* (por exemplo, peculato-apropriação no art. 312), mas também tem previsão como crime comum (*v. g.*, apropriação indébita no art. 168). Em outros termos, nas hipóteses de crimes funcionais impróprios a conduta é delituosa mesmo que o sujeito ativo não empregue a sua condição de funcionário público para a realização da conduta.[57]

Impende destacar, ainda, que nem todos os crimes funcionais estão previstos no Título XI do Código Penal, porque também são delitos funcionais (para todos os efeitos) aqueles praticados por funcionário público (arts. 300 e 301 do CP) ou qualificados por essa condição pessoal do sujeito ativo, que procedem com abuso do cargo ou função (art. 150, § 2º, art. 151 § 3º, art. 154, art. 226, II, art. 289, § 3º, art. 290, parágrafo único, art. 295, 296, § 2º, art. 297, § 1º, todos do Código Penal). Além desses, há ainda os crimes funcionais previstos na legislação criminal especial, a saber: Lei nº 4.898/1965 (crimes de abuso de autoridade), Decreto-Lei nº 201/1967 (responsabilidade penal dos prefeitos e veradores), Lei nº 8.137/1990 (crimes contra a ordem tributária e econômica) e Lei nº 8.666/1993 (crimes contra licitações públicas).

1.9. Conceito de funcionário público no Código Penal brasileiro

O Código Penal, a exemplo de outros estatutos penais, apresenta em seu art. 327, o conceito de funcionário público para fins do direito penal. No entanto, esse dispositivo legal sofreu modificações de modo a manter a sua atualidade ante a evolução do direito administrativo e a assegurar sua aplicação no contexto do Estado e sociedade contemporâneos, haja vista as alterações políticas, jurídicas, sociais e econômicas ocorridas desde a edição desse dispositivo penal.[58]

Confira-se o texto legal:

---

56 COSTA Jr., Paulo José da; PAGLIARO, Antonio. Dos crimes contra a Administração Pública..., *Cit.*, p. 24.

57 HUNGRIA, Nelson. Comentários ao código penal..., *Cit.*, p. 316.

58 PIERANGELI, José Henrique. Manual de direito penal..., *Cit.*, p. 798.

⊙ **Funcionário público**

Art. 327 – Considera-se funcionário público, para os efeitos penais, quem, embora transitoriamente ou sem remuneração, exerce cargo, emprego ou função pública.

§ 1º – Equipara-se a funcionário público quem exerce cargo, emprego ou função em entidade paraestatal, e quem trabalha para empresa prestadora de serviço contratada ou conveniada para a execução de atividade típica da Administração Pública. (Incluído pela Lei nº 9.983, de 2000)

§ 2º – A pena será aumentada da terça parte quando os autores dos crimes previstos neste Capítulo forem ocupantes de cargos em comissão ou de função de direção ou assessoramento de órgão da administração direta, sociedade de economia mista, empresa pública ou fundação instituída pelo poder público. (Incluído pela Lei nº 6.799, de 1980)

Com essa norma penal interpretativa, o legislador nacional buscou evitar qualquer dúvida a respeito de quem é considerado funcionário público para fins do direito penal.[59]

1.9.1. Conceito de funcionário público

O Código Penal emprega a expressão *funcionário público*, terminologia corrente na época de sua edição (1940), para designar o sujeito ativo nos crimes funcionais contra a Administração Pública. Não obstante, a denominação *funcionário público*, ainda mantida nos tipos penais dos crimes funcionais e também empregada pela doutrina e jurisprudência, encontra-se superada nos direitos administrativo e constitucional, uma vez que a Constituição Federal vigente substituiu-a pela expressão *servidor público*, como se verifica em seu Título III, Capítulo VII (Da Administração Pública), sendo seguida pela Lei nº 8.112/1990, que dispõe sobre o regime jurídico único dos servidores públicos da União Federal (e que serve de base para as legislações estaduais e municipais sobre a matéria). No entanto, sob um prisma rigorosamente técnico, seria preferível o emprego da expressão *agente público*, que atualmente designa todas as diversas figuras que se referem ao exercício da função pública (funcionário púbico *stricto sensu* – servidor público –, empregado público, encarregado de função pública, agentes políticos, particulares em colaboração com a Administração Pública etc.). Observe-se que a denominação *agente público* foi adotada na Lei do crime de tortura (Lei nº 9.455/1997). Assim, além da expressão *funcionário público*, pode-se, sem prejuízo, adotar-se outras denominações, tais como: agente público, agente administrativo, servidor público, embora não seja usual.[60]

O Código Penal adotou uma concepção ampla e unitária do conceito de funcionário público, com vistas a evitar as divergências e controvérsias verificáveis no direito

59 HUNGRIA, Nelson. Comentários ao código penal..., *Cit.*, p. 400.

60 PRADO, Luiz Régis. Curso de direito penal..., *Cit.* p. 540/541; JESUS, Damásio Evangelista de. Direito penal..., *Cit.*, p. 151; BALTAZAR Jr., José Paulo. Crimes federais. Porto Alegre: Livraria do advogado, 2011, p. 134.

administrativo, no qual funcionário público é conceituado às vezes em sentido amplo e noutras em sentido estrito, bem como em algumas oportunidades relacionado à noção de autoridade, enquanto em outros momentos vinculado ao exercício da função pública.[61] Aliás, as codificações penais adotam sempre um conceito de funcionário público mais amplo que o adotado pelo direito administrativo[62], na medida em que se busca político-criminalmente assegurar a proteção penal dos interesses estatais sob todos os aspectos.

Desse modo, o legislador penal formulou um conceito de funcionário público em que para essa qualificação pessoal é suficiente o exercício material de uma função estatal, a qualquer título que seja. Destarte, o Código Penal considera funcionário público quem exerce concretamente uma parcela da atividade estatal (uma função pública). Percebe-se que o critério definidor é o da vinculação a uma função pública.[63] Assim, a condição de funcionário público deriva da noção de função pública, sendo esta entendida como qualquer atividade estatal dirigida à satisfação de uma necessidade ou conveniência da sociedade.[64]

Para efeitos penais, funcionário público é quem exerce materialmente uma função estatal por meio de cargo, emprego ou função pública[65], a qualquer título de atuação funcional, regida por lei federal, estadual ou municipal.[66]

---

61 NORONHA, Magalhães. Direito penal..., *Cit.*, p. 213.

62 Cf. PIERANGELI, José Henrique. Manual de direito penal..., *Cit.*, p. 798.

63 Vejam-se considerações críticas sobre a adoção do critério funcional pelo Código Penal em: a) RASSI, João Daniel. Administração Pública na acepção orgânica e o conceito penal de funcionário público – um contributo para o estudo do art. 327 do código penal brasileiro. *In* CRESPO, Marcelo Xavier de Freitas (Coord.). Crimes contra a Administração Pública: aspectos polêmicos. São Paulo: Quartier Latin, 2010, *passim*, que defende a adoção de um critério orgânico; b) FELICIANO, Guilherme Guimarães. Crimes contra a administração – atualização e reforma penal – por uma atualização formal e substancial do capítulo dos crimes contra a Administração Pública. Revista Brasileira de Ciências Criminais. Nº 32. São Paulo: RT, out./dez. de 2000, *passim*, que defende a adequação de ambos os critérios: o orgânico e o funcional. Por outro lado, cabe destacar o entendimento de Rui Stoco (*In* STOCO, Rui; FRANCO, Alberto Silva (Coord.). Código penal e sua interpretação. São Paulo: RT, 2007, p. 1.525), que assevera que o legislador penal atuou com adequação ao adotar o conceito unitário e amplo de funcionário público, haja vista as divergências conceituais sobre a matéria no direito administrativo.

64 HUNGRIA, Nelson. Comentários ao código penal..., *Cit.*, p. 400/401.

65 Para efeitos penais, considera-se: a) cargo público – "é o conjunto de atribuições e responsabilidades previstas na estrutura organizacional que devem ser cometidas a um servidor" (Lei nº 8.112/1990, art. 3º); b) emprego público – é o vínculo empregatício com a Administração Pública regido pelas normas de direito do trabalho, isto é, é o exercício de uma atividade estatal regido pelas normas da CLT (Consolidação das Leis Trabalhistas); c) função pública – é o conjunto de atribuições para prestação de atividade estatal sem corresponder especificamente a um cargo ou emprego público, quer dizer, é o exercício de uma atividade estatal sem cargo ou emprego público estritamente definidos.

66 Para Franz von Liszt (Tratado de direito penal..., *Cit.*, p. 378), o conceito de funcionário público é o seguinte, *in verbis*: "*Funcionário* é aquele que, *em virtude de nomeação do Estado*, é chamado a exercer

O conceito de funcionário público, para efeitos penais, abrange todos os agentes públicos, desde o mais humilde ocupante de cargo, emprego ou função pública até os mais altos representantes dos três poderes do Estado.

Nesse sentido, é oportuno conferir a lição de Nelson Hungria, *in litteris*:

> Referindo-se a função pública in genere, o art. 327 abrange tôdas as órbitas de atividade do Estado: a da legis executio (atividade rectória, pela qual o Estado praticamente se realiza), a da legislatio (atividade legislatória, ou de normatização da ordem político-social) e a da juris dictio (atividade judiciária, ou de apuração e declaração da vontade da lei nos casos concretos). Tanto é funcionário publico o presidente da República quanto o estafeta de Vila de Confins, tanto o senador ou deputado federal quanto o vereador do mais humilde Município, tanto o presidente da Suprema Côrte quanto o mais bisonho juiz de paz da hinterlandia.[67]

Assim, são funcionários públicos os ocupantes de cargo eletivo (denominados agentes políticos) – os Chefes do Poder Executivo e os parlamentares, sejam federais, estaduais ou municipais –, bem como os agentes públicos regidos por legislações especiais, tais como os membros da Magistratura, do Ministério Público, da Advocacia Pública da União, das Procuradorias Estaduais e Municipais, das Defensorias Públicas, das corporações policiais, servidores civis e militares federais, estaduais e municipais.

Para fins do direito penal, a condição de funcionário público deriva do exercício de uma função estatal, independentemente da forma da *investidura*[68] no cargo, emprego ou função, que pode decorrer de eleição, nomeação, contrato ou simples situação de fato (desde que não haja a usurpação da função pública).[69] Portanto, percebe-se que essa concepção unitária e ampla de funcionário público não admite distinções entre as classes de agentes públicos para efeitos penais.[70] Destaca-se que a condição de funcionário público surge com o início do exercício da função estatal, momento a partir do qual poderá responder pelos crimes funcionais, com exceção dos crimes dos arts. 316, 317 e 324, que podem ser cometidos antes do início do exercício funcional.[71]

---

a sua atividade a bem dos *fins do Estado* (consequentemente sob a autoridade deste) e como *órgão do Poder Público*".

67 HUNGRIA, Nelson. Comentários ao código penal..., *Cit.*, p. 401/402.

68 No direito administrativo, *investidura* é o ato administrativo pelo qual se vincula o agente público à Administração Pública, variando em sua forma e efeitos conforme o cargo, emprego, função pública ou de mandato eletivo. É o ato administrativo pelo qual o indivíduo é revestido na condição de representante do Estado.

69 COSTA Jr., Paulo José da; PAGLIARO, Antonio. Dos crimes contra a Administração Pública..., *Cit.*, p. 17.

70 Cf. FRAGOSO, Heleno Claudio. Lições de direito penal..., *Cit.*, p. 404; PRADO, Luiz Régis. Curso de direito penal..., *Cit.*, p. 542; COSTA Jr., Paulo José da; PAGLIARO, Antonio. Dos crimes contra a Administração Pública..., *Cit.*, p. 14/15.

71 Cf. BALTAZAR Jr., José Paulo. Crimes federais..., *Cit.*, p. 137.

Casuisticamente, são considerados funcionários públicos em razão do exercício de uma função pública, embora não ocupem cargo ou emprego público:[72] a) os auxiliares do Poder Judiciário, tais como estagiários, funcionários de cartório judicial ou notarial, perito judicial, leiloeiro judicial, depositário judicial etc.; b) os estagiários do Ministério Público (LONMP - Lei nº 8.625/1993, art. 8º, V); c) estagiários dos órgãos públicos da administração direta, tais como Advocacia Pública da União, Procuradorias Gerais dos Estados, Procuradorias Municipais, Defensorias Públicas, corporações policiais etc.; d) funcionários terceirizados que realizam atividades típicas do órgão público contratante.

Destaca-se que o direito penal, ao fixar o conceito de funcionário público no Código Penal, busca atribuir maior responsabilidade aos seus agentes públicos pela prática de infrações criminais e também assegurar-lhes maior proteção enquanto executores da função estatal.[73]

Todavia, cabe mencionar que não são considerados funcionários públicos quem exerce apenas um *munus publico*, pois nessa hipótese prevalece o interesse privado de quem o exerce (por exemplo: curadores e tutores dativos, inventariante, testamenteiro, advogado dativo etc.).[74]

1.9.2. Conceito de funcionário público por equiparação

O Estado precisou descentralizar suas atribuições com vistas a exercer suas múltiplas atividades no contexto sociopolítico contemporâneo, ensejando, desse modo, o surgimento dos entes que compõem a *Administração Pública descentralizada*, também denominada Administração Pública indireta. Para tutelar penalmente os interesses da Administração Pública descentralizada, o legislador equiparou, para efeitos penais, a funcionário público o ocupante de cargo, emprego ou função pública nas entidades da Administração Pública descentralizada e, também, quem trabalha em empresa privada prestadora de serviço contratada ou conveniada para a execução de atividade típica da Administração Pública.[75]

Conforme o Código Penal, o conceito de funcionário público por equiparação está disposto no art. 327, § 1º, com a redação dada pela Lei nº 9.983/2000, nos seguintes termos:

> **Art. 327**. *Omissis.*
>
> § 1º - Equipara-se a funcionário público quem exerce cargo, emprego ou função em entidade paraestatal, e quem trabalha para empresa prestadora de serviço contratada ou conveniada para a execução de atividade típica da Administração Pública. (Incluído pela Lei nº 9.983, de 2000)

72 Consulte-se a indicação jurisprudencial sobre algumas dessas hipóteses em: BALTAZAR Jr., José Paulo. Crimes federais..., *Cit.*, p. 136.

73 FRAGOSO, Heleno Claudio. Lições de direito penal..., *Cit.*, p. 405.

74 HUNGRIA, Nelson. Comentários ao código penal..., *Cit.*, p. 402/403; FRAGOSO, Heleno Claudio. Lições de direito penal..., *Cit.*, p. 405.

75 Cf. PRADO, Luiz Régis. Curso de direito penal..., *Cit.*, p. 543.

Nesse dispositivo, o Código Penal estatui a responsabilidade penal de quem exerce a função estatal no âmbito da Administração Pública descentralizada e nas empresas privadas quem presta serviços típicos da Administração Pública.

Ab initio, cumpre determinar o significado jurídico-penal do elemento normativo *entidade paraestatal*, constante no art. 327, § 1º, do Código Penal, haja vista a divergência quanto ao seu alcance. Uma corrente de interpretação restritiva defende que apenas as *autarquias* estariam abrangidas pela expressão típica interpretada. Por outro lado, uma corrente de interpretação ampliativa, adotada majoritariamente, afirma que a expressão entidade paraestatal alcança todos os entes da Administração Pública indireta (autarquias, empresas públicas, sociedades de economia mista, fundações públicas e agências reguladoras). Com acerto a corrente ampliativa, porque a interpretação ampla dessa expressão, no sentido de alcançar todos os entes da administração indireta, é corroborada pela menção a tais entidades no art. 327, § 2º, do Código Penal, e também no art. 84, § 1º, da Lei nº 8.666/1993 (Lei de licitações púbicas) [76], confira-se:

> **Art. 84**. *Omissis*
>
> 1º Equipara-se a servidor público, para os fins desta Lei, quem exerce cargo, emprego ou função em entidade paraestatal, assim consideradas, além das fundações, empresas públicas e sociedades de economia mista, as demais entidades sob controle, direto ou indireto, do Poder Público.

Não obstante, sob o prisma de uma interpretação sistemática do art. 327, § 1º, em face do art. 327, § 2º, do Código Penal, e também do art. 84, § 1º, da Lei nº 8.666/1993, pode-se concluir que a expressão *entidade paraestatal* está no sentido amplo de *Administração Pública descentralizada,* de modo a alcançar os entes da Administração Pública indireta (autarquias, empresas públicas, sociedades de economia mista, fundações públicas e agências reguladoras) e também as atuais entidades paraestatais *stricto sensu* (isto é, os serviços sociais autônomos e os entes do denominado "terceiro setor", que exercem atividade estatal sob controle direto ou indireto do Estado).

Com efeito, o legislador penal não foi feliz ao empregar a expressão *entidade paraestatal*[77] no art. 327, § 1º, do Código Penal, porque, na verdade, deveria ter usado a expressão *Administração Pública descentralizada* ou, até mesmo, uma cláusula casuística, utilizando-se das expressões "Administração Pública indireta" (ou mesmo

---

76 BALTAZAR Jr., José Paulo. Crimes federais..., *Cit.*, p. 138. Também nesse sentido: CASOLATO, Roberto Wagner Battochio. A doutrina, a jurisprudência e o art. 327 do código penal. Revista Brasileira de Ciências Criminais. n° 22, p. 89-104, São Paulo: RT, ab./jun. de 1998, *passim*.

77 Não são recentes as críticas ao emprego da expressão "*entidade paraestatal*" nos tipos penais dos crimes contra a Administração Pública. De fato, Vincezo Manzini (Tratatto di diritto penale..., *Cit.*, p. 52), em seus comentários ao Código Penal Italiano de 1930, já destacava que o termo *paraestatais* é equívoco e indeterminado, porque se presta a diversas noções e compreende variadas instituições, sem que haja um critério distintivo seguro no direito objetivo.

mencionando seus entes especificamente) e "entidades paraestatais" (para se referir a essas entidades em sentido estrito).[78]

Portanto, para fins de direito penal, a expressão *entidade paraestatal*, do art. 327, § 1º, do Código Penal alcança todos os entes que integram a Administração Pública indireta (autarquias, empresas públicas, sociedades de economia mista, fundações públicas e agências reguladoras), bem como as entidades paraestatais *stricto sensu*, representadas pelos serviços sociais autônomos (i. é., entes de cooperação com o poder público para a assistência e ensino a determinados grupos sociais ou profissionais, tais como: SENAI, SENAC, SESC, SESI etc.) e os entes do "terceiro setor" (que são entidades de apoio – fundações, associações e cooperativas –; as organizações sociais, regidas pela Lei nº 9.637/1998, e as organizações da sociedade civil de interesse público, disciplinadas pela Lei nº 9.790/1999).[79]

Assim, nos termos do art. 327, § 1º, *primeira parte*, do Código Penal, considera-se funcionário púbico equiparado quem exerce cargo, emprego ou função pública na Administração Pública indireta (autarquias, empresas públicas, sociedades de economia mista, fundações públicas e agências reguladoras) ou em entidade paraestatal *stricto sensu* (representadas pelos serviços sociais autônomos e entes do "terceiro setor").

Todavia, observe-se que apenas haverá a equiparação a funcionário público quando essas entidades da Administração Pública indireta ou paraestatais atuarem como prestadores de atividade típica da Administração Pública. Por outro lado, quando essas entidades explorarem atividade estritamente econômica é de se concluir pela não equiparação de seus funcionários à qualidade de funcionário público para efeitos penais, uma vez que nessa hipótese tais entidades se sujeitam ao regime jurídico das empresas privadas que exploram atividade econômica de uma forma geral, nos termos do art. 173, § 1º, I e II, da Constituição Federal vigente. Tal conclusão decorre da circunstância de que a condição de funcionário público para efeitos penais deriva do exercício material de uma função estatal. Sendo assim, a condição de funcionário público equiparado não pode ser mais extensa do que a de funcionário público em sentido próprio, a ponto de a equiparação advir do mero exercício de atividade econômica.[80]

A *parte final* do art. 327, § 1º, do Código Penal, com a redação dada pela Lei 9.983/2000, estabelece como funcionário por equiparação "*quem trabalha para empresa*

---

78 No sentido de que a expressão "entidade paraestatal" foi empregada equivocadamente pelo legislador penal, vide: JESUS, Damásio Evangelista de. Direito penal..., *Cit.*, p. 153.

79 PRADO, Luiz Régis. Curso de direito penal..., *Cit.*, p. 545; COSTA, Álvaro Mayrink da. Direito penal..., *Cit.*, p. 178; HUNGRIA, Nelson. Comentários ao código penal..., *Cit.*, p. 403/404; CAPEZ, Fernando. Curso de direito penal. Vol. 3. Parte Especial. São Paulo: Saraiva, 2011, p. 451.

80 Por sua vez, Damásio de Jesus (Direito penal..., *Cit.*, p. 154) entende haver a equiparação a funcionário público independentemente da prestação de serviço público ou exploração de atividade econômica pelas entidades da administração indireta ou paraestatais, sob o fundamento de que o dispositivo legal do art. 327, § 1°, do Código Penal, condicionou o exercício de atividade estatal apenas para as empresas privadas contratadas ou conveniadas.

prestadora de serviço público contratada ou conveniada para a execução de atividade típica da Administração Pública". Assim, é considerado funcionário público por equiparação o funcionário de empresa privada – contratada e/ou conveniada – que presta serviço público – isto é, exerce atividade tipicamente estatal – à sociedade. Nessa hipótese há a equiparação do funcionário particular à qualidade funcionário público para fins do direito penal. Todavia, atente-se que apenas há equiparação à condição de funcionário público quando a empresa privada e, especialmente, o seu funcionário exercem atividade típica da Administração Pública, devendo esta ser entendida como a realização de atividade propriamente estatal de atendimento das necessidades essenciais ou coletivas da sociedade.

A atividade é considerada típica da Administração Pública quando o interesse ou a necessidade atendidos são primariamente da própria sociedade, embora a prestação do serviço público se dê por um particular. Atividade típica da administração é toda atividade atribuída por lei ao Estado para que a exerça direta ou por meio de delegação, sob regime jurídico total ou parcialmente público, com vistas a satisfazer as necessidades e os interesses sociais. São exemplos de atividades tipicamente estatais, embora prestadas por empresas privadas contratadas ou conveniadas com o Estado (União Federal, Estados-Membros e Municípios), as seguintes: coleta de lixo, fornecimento de energia elétrica e iluminação pública, serviços hospitalares e médicos, serviços de telefonia, serviços de transporte público, serviço de segurança etc..[81] Por outro lado, inexiste a equiparação em tela quando o interesse atendido é o da própria Administração Pública ou a atividade não tem caráter propriamente estatal, como sói acontecer com a exploração de atividade econômica.[82]

Conclusivamente, nos termos do art. 327, § 1º, do Código Penal, é considerado funcionário púbico por equiparação quem exerce cargo, emprego ou função pública na Administração Pública indireta (autarquias, empresas públicas, sociedades de economia mista, fundações públicas e agências reguladoras) ou em entidade paraestatal *stricto sensu* (representadas pelos serviços sociais autônomos e entes do "terceiro setor"), e também os funcionários de empresas privadas prestadoras de serviços contratadas ou conveniadas para a execução de atividades típicas da Administração Pública.

Casuisticamente, consideram-se funcionários públicos por equiparação (conforme o art. 327, § 1º, primeira parte, do Código Penal) em decorrência do exercício da função pública, conquanto não se exerça cargo ou emprego público, as seguintes hipóteses: a) estagiários das entidades da Administração Pública indireta (autarquia, empresa pública etc.); b) funcionários terceirizados que exerçam atividade típica da entidade pública contratante (autarquia, fundação pública etc.). Por outro lado, são também funcionários públicos por equiparação (conforme o art. 327, § 1º, segunda parte, do Código Penal) os funcionários de empresa contratada ou conveniada que exercem

81 MIRABETE, Julio Fabbrini. Manual de direito penal. Vol. III. Parte especial. São Paulo: Atlas, 2011, p. 260.

82 Cf. JESUS, Damásio Evangelista de. Direito penal..., *Cit.*, p. 154/155.

atividade típica da Administração Pública, a saber: a) administrador hospitalar e médicos conveniados (ou contratados) pelo SUS; b) funcionários de empresa franqueada pela EBC (Empresa Brasileira de Correios); c) conveniado precário que presta serviço ou revende produtos em nome da EBC; d) funcionário de empresa de informática que presta serviço de processamento de dados à CEF (Caixa Econômica Federal).[83]

Neste ponto, é oportuno mencionar a polêmica a respeito do alcance da equiparação prevista no art. 327, § 1º, do Código Penal, a saber: haveria equiparação a funcionário público tanto na posição de sujeito ativo quanto na de sujeito passivo? Sobre o tema, há uma corrente que defende que há a equiparação a funcionário público somente quando o funcionário é o sujeito ativo do delito, sob o argumento de que o art. art. 327, § 1º, do Código Penal não constitui uma norma geral por força de sua posição topológica na parte final do Capítulo dos crimes praticados por funcionário público contra a Administração Pública.[84]

Não obstante, o argumento para a interpretação restritiva não é convincente, pois contrasta com a finalidade do próprio dispositivo legal, que vem a ser a de conceituar funcionário público por equiparação para fins do direito penal. Atente-se que o texto do art. 327, § 1º, do Código Penal dispõe, sem nehuma restrição de caráter dogmático, sobre quem "*Equipara-se a funcionário público* (...) ", enquanto o art. 327, *caput*, estatui quem é funcionário público *stricto sensu* para todos os "*efeitos penais*", pois não faz distinção alguma a respeito da condição de sujeito ativo ou de sujeito passivo. Assim, o art. 327, *caput*, dispõe sobre quem é funcionário público para fins do direito penal, enquanto o art. 327, § 1º, ambos do Código Penal, disciplina sobre o funcionário público por equiparação também para todos os efeitos penais, já que não traz nenhuma distinção entre sujeito ativo e sujeito passivo. Sendo assim, é forçoso concluir no sentido de que a equiparação a funcionário público ocorre tanto na condição de sujeito ativo como na de sujeito passivo do delito contra a Administração Pública. A esse ponto se aplica a máxima romanística: "*Ubi lex non distinguit nec nos distinguere debemus* [Onde a lei não distingue, não pode o intérprete distinguir]".[85] De fato, o intérprete penal não pode distinguir em relação à condição de sujeito ativo e de sujeito passivo na hipótese em que a norma penal não fez tal distinção.[86]

Correta a interpretação no sentido de que a equiparação à qualidade de funcionário público, conforme o art. 327, § 1º, do Código Penal, tem efeito tanto para a

83 Consulte-se a indicação jurisprudencial sobre algumas dessas hipóteses em: BALTAZAR Jr., José Paulo. Crimes federais..., *Cit.*, p. 136.

84 Nesse sentido: HUNGRIA, Nelson. Comentários ao código penal..., *Cit.*, p. 404; NORONHA, Magalhães. Direito penal..., *Cit.*, p. 216; PRADO, Luiz Régis. Curso de direito penal..., *Cit.*, p. 545.

85 MAXIMILIANO, Carlos. Hermenêutica e aplicação do direito. Rio de Janeiro: Forense, 2006, p. 201.

86 Cf. FRAGOSO, Heleno Claudio. Lições de direito penal..., *Cit.*, p. 406; MIRABETE, Julio Fabbrini. Manual de direito penal..., *Cit.*, p. 260.

condição de sujeito ativo como para a de sujeito passivo do delito contra a Administração Pública.[87]

1.9.3. Conceito de funcionário público estrangeiro

O legislador nacional, com vistas a dar efetividade ao Decreto nº 3.678/2000, que incorporou ao Direito brasileiro a *Convenção de Paris sobre o combate à corrupção de funcionários públicos estrangeiros nas transações comerciais internacionais* de 1997, e ao Decreto nº 4.410/2002, que internalizou a *Convenção Interamericana contra a corrupção*, editou a Lei nº 10.467/2002 para inserir no Título XI do Código Penal o Capítulo II–A, que no art. 337–A estabelece o conceito de funcionário público estrangeiro para fins de direito penal.

O Código Penal traz o conceito de funcionário público estrangeiro para fins de direito penal nos seguintes termos:

⊙ **Funcionário público estrangeiro**

Art. 337-D. Considera-se funcionário público estrangeiro, para os efeitos penais, quem, ainda que transitoriamente ou sem remuneração, exerce cargo, emprego ou função pública em entidades estatais ou em representações diplomáticas de país estrangeiro. (Incluído pela Lei nº 1.0467, de 11.6.2002)

Parágrafo único. Equipara-se a funcionário público estrangeiro quem exerce cargo, emprego ou função em empresas controladas, diretamente ou indiretamente, pelo Poder Público de país estrangeiro ou em organizações públicas internacionais. (Incluído pela Lei nº 10.467, de 11.6.2002)

É uma norma penal interpretativa, a qual traz a exegese legislativa sobre a definição de funcionário público estrangeiro, independentemente da conceituação técnica apresentada pelos direitos administrativo e internacional. Percebe-se que o conceito legal foi inspirado na Convenção de Paris e na Convenção Interamericana sobre o combate a corrupção de funcionários públicos estrangeiros.[88]

A definição de funcionário público estrangeiro segue a mesma linha adotada anteriormente para conceituar funcionário público brasileiro pelo art. 327 do Código Penal, distinguindo-se apenas em relação aos entes que compõem a Administração Pública estrangeira. *In casu*, entidades estatais são as pessoas jurídicas que compõem a administração do Estado estrangeiro. Representações diplomáticas são os corpos diplomáticos, ou seja, os agentes estrangeiros que representam seu Estado perante o Estado brasileiro. As definições de cargo, emprego e função pública já apresentadas em relação à Administração Pública brasileira também se aplicam à matéria do serviço público estrangeiro.

---

87 Nesse sentido: STF, HC n° 79823/RJ – julgado em 28.3.2000; STJ HC 52989/AC, julgado em 23.5.2006.

88 MASSON, Cleber. Direito penal..., *Cit.*, p. 781.

Com efeito, considera-se funcionário público estrangeiro, para efeitos penais, quem exerce, a qualquer título, cargo, emprego ou função pública em entidades estatais ou representações diplomáticas de Estado estrangeiro.

O art. 337-D, parágrafo único, do Código Penal dispõe também sobre a figura do funcionário público estrangeiro por equiparação, que é o ocupantes de cargo, emprego ou função pública em empresas controladas, direta ou indiretamente, por uma Administração Pública estrangeira ou em organizações públicas internacionais (*verbi gratia*, ONU, OMS, FMI etc.). Vale frisar que a equiparação não alcança os funcionários de empresas privadas estrangeiras que exerçam a representação de Estado estrangeiro por contrato ou convênio (mas sem que haja o controle direto ou indireto dessa empresa pela Administração Pública estrangeira), haja vista o dispositivo legal ter restringido a equiparação para os integrantes de empresas controladas pelo Estado estrangeiro.[89]

1.9.4. Circunstância de aumento de pena nos crimes funcionais: art. 327, § 2°, do Código Penal

O legislador penal, objetivando estatuir uma reprovação mais severa para algumas funções estatais, estabeleceu no art. 327, § 2°, do Código Penal uma circunstância de causa de aumento de pena nos crimes funcionais praticados por quem ocupa cargo em comissão, função de direção ou de assessoramento aos órgãos da Administração Pública direta e às entidades da Administração Pública indireta indicadas casuisticamente no dispositivo legal. Confira-se:

> **Art. 327**. *Omissis*.
>
> § 2º – A pena será aumentada da terça parte quando os autores dos crimes previstos neste Capítulo forem ocupantes de cargos em comissão ou de função de direção ou assessoramento de órgão da administração direta, sociedade de economia mista, empresa pública ou fundação instituída pelo poder público. (Incluído pela Lei nº 6.799, de 1980)

Analisando-se o texto legal transcrito, percebe-se que é insustentável a interpretação de parte da doutrina nacional no sentido de que esse dispositivo alberga uma norma de equiparação a funcionário público e uma causa de aumento de pena. Com efeito, a norma que dispõe sobre equiparação a funcionário público está no art. 327, § 1°, do Código Penal. Por sua vez, o art. 327, § 2°, do Código Penal dispõe somente sobre uma causa de aumento de pena aplicável a funcionários públicos – sejam próprios ou equiparados – que exercem cargo em comissão, função de direção ou de assessoramento aos órgãos da Administração Pública direta e a algumas entidades da Administração Pública indireta (especificamente, sociedade de economia mista, empresa ou fundação pública), quando da prática de crime funcional previsto no Capítulo V do Título XI da Parte Especial do Código Penal.

89 JESUS, Damásio Evangelista de. Direito penal..., *Cit.*, p. 159.

Não obstante, constata-se, de plano, a falha legislativa no texto do art. 327, § 2°, do Código Penal, quando da indicação das entidades da Administração Pública indireta em que o crime funcional está sujeito à causa de aumento de pena, a saber: omitiu-se *fragorosamente* a autarquia, que é a mais típica das entidades da administração indireta (ente administrativo que às vezes é considerado como sinônimo de administração indireta). Sendo assim, a causa de aumento de pena prevista neste dispositivo não se aplica aos agentes de crimes funcionais que exercem cargo em comissão, função de direção ou de assessoramento em entidade autárquica, por força do princípio da legalidade penal que exige a previsão legal específica da circunstância em relação à autarquia e o consectário princípio da proibição de analogia *in malan partem* no direito penal.[90]

Observe-se ainda que quando o exercício do cargo em comissão, da função de direção ou de assessoramento não funcionar como elementar do crime funcional (isto é, o ocupante já tem a qualidade de funcionário público antes desse exercício), a causa de aumento de pena não se aplica aos demais autores ou partícipes que não exerçam tais funções estatais, porque é uma circunstância subjetiva não comunicável a todos os agentes do delito funcional.[91]

1.9.5. Aplicação sistemática do conceito de funcionário público no direito penal

No que concerne à aplicação do conceito de funcionário público – em sentido próprio ou por equiparação –, é forçoso reconhecer que o art. 327 do Código Penal, estabelece um comando normativo aplicável a todos os crimes funcionais previstos no próprio Código Penal e também àqueles estatuídos na legislação criminal especial, na medida em que fixa o conceito de funcionário público para todos os fins em direito penal, como se pode concluir a partir da interpretação da expressão "*para os efeitos penais*", contida em seu texto legal. Assim, sempre que uma lei penal se referir a funcionário público, o art. 327 do Código Penal é o critério legal para definir quem deve receber essa qualificação funcional no direito penal. Aliás, cabe salientar que o conteúdo do art. 327 poderia, sem prejuízo algum, ser inserido em uma norma da Parte Geral do Código Penal, como o fazem algumas codificações estrangeiras. [92]

---

90 BITENCOURT, Cezar Roberto. Tratado de direito penal..., *Cit.*, p. 155; PRADO, Luiz Régis. Curso de direito penal..., *Cit.*, p. 546; COSTA, Álvaro Mayrink da. Direito penal..., *Cit.*, p. 179.

91 Nesse sentido: STJ, HC 32106/RO, julgado em 25.8.2004. Por sua vez, Cleber Masson (Direito penal..., *Cit.*, p. 566) entende que o termo "autores" deve ser interpretado em sentido amplo, de modo que a causa de aumento de pena deve ser aplicada a todos os agentes, sejam autores, coautores ou partícipes do delito funcional.

92 BITENCOURT, Cezar Roberto. Tratado de direito penal..., *Cit.*, p. 153. COSTA Jr., Paulo José da; PAGLIARO, Antonio. Dos crimes contra a Administração Pública..., *Cit.*, p. 14. Nesse sentido, é oportuno conferir o magistério de Heleno Claudio Fragoso (Lições de direito penal..., *Cit.*, p. 403/404), *in verbis*: "A definição de funcionário público estabelecida no CP, embora situada no capítulo relativo aos crimes praticados por funcionários contra a administração em geral, aplica-se

Efetivamente, para todos os efeitos penais, o conceito de funcionário público estabelecido no art. 327 é aplicável a todos os crimes previstos no Código Penal e também na legislação criminal especial, salvo quando esta trouxer dispositivo específico dispondo de outro modo (por força do princípio da especialidade penal).

1.9.6. *Crime funcional e concurso de pessoas*

Nos crimes funcionais, a condição de funcionário público (derivada, precisamente, do exercício de uma função estatal) é uma elementar dos tipos penais dos delitos contra a Administração Pública. Não obstante, essa elementar típica, embora de caráter subjetivo, é comunicável a um eventual particular que concorra para a prática do delito funcional, nos termos do art. 30, que admite a comunicabilidade de circunstância subjetiva quando elementar do crime praticado, e do art. 29, *caput*, que estabelece a unicidade da imputação para os concorrentes do concurso de pessoas, ambos do Código Penal.

No concurso de pessoas nos crimes contra a Administração Pública, há uma conduta plurissubjetiva na qual é suficiente que um dos concorrentes esteja na condição de funcionário público (*intraneus*) para que o crime funcional seja também imputado ao particular (*extraneus*) que concorre para a sua prática.[93]

Para a realização do crime funcional mediante concurso de pessoas são necessários dois requisitos, a saber: 1º) conduta típica realizada pelo funcionário público com abuso de poder ou desvio de finalidade (realização do tipo penal utilizando-se da condição de agente público) em concurso com o particular; 2º) consciência, pelo particular, da condição de funcionário público do outro agente para a realização da conduta delituosa. Presentes esses dois requisitos, o crime funcional será também imputado ao particular que concorreu para a sua prática. Por outro lado, quando o agente não se vale de sua condição de funcionário público para fins de executar a conduta típica, haverá a imputação de um crime comum praticado em concurso de pessoas. Contudo, quando o particular não tem consciência da qualidade de funcionário público do outro agente, deve haver uma imputação bipartida, a saber: a) o agente que é funcionário público responde por crime funcional; b) o particular responde por crime comum, se houver previsão legal do fato como crime.

Com efeito, apesar de o crime funcional exigir do sujeito ativo a condição de funcionário público para a sua realização, é possível a sua imputação ao particular que concorre com o agente público para a sua execução, nos termos do art. 30 e art. 29, *caput*, ambos do Código Penal.

---

não só ao título XI inteiro, como também a todas as demais disposições contidas no CP e em leis extravagantes".

93 COSTA Jr., Paulo José da; PAGLIARO, Antonio. Dos crimes contra a Administração Pública..., *Cit.*, p. 25.

2. ILICITUDE PENAL E ILICITUDE ADMINISTRATIVA

O funcionário público, no exercício da função estatal, pode praticar condutas lesivas à Administração Pública que configuram uma infração meramente administrativa e que também, nas hipóteses mais graves, constituem uma infração criminal funcional. Assim, as infrações aos deveres funcionais configuram tanto o denominado ilícito administrativo como o ilícito penal.

O ilícito administrativo são infrações funcionais de menor lesividade que constituem uma violação aos deveres administrativos, sujeitas apenas a sanções disciplinares estabelecidas no direito administrativo. Por sua vez, o ilícito penal funcional são condutas lesivas à Administração Pública, previstas no direito penal como crimes e sujeitas a sanções criminais.

Não obstante, inexiste distinção ontológica – quer dizer, de essência – entre o ilícito administrativo e o ilícito penal. Efetivamente, entre ambos há apenas uma distinção quantitativa ou de grau em relação à gravidade da lesão da conduta praticada contra a Administração Pública. O ilícito administrativo é um *minus* comparando-se ao ilícito penal, que consiste num *majus*.[94] Assim, é uma conveniência político-criminal, baseada na maior ou menor gravidade da conduta, a definição dos comportamentos que constituem um ilícito administrativo, punidos pelo direito administrativo, e aqueles que constituem um ilícito criminal, sujeitos às rígidas sanções do direito penal. As infrações administrativas de menor gravidade configuram o ilícito administrativo, enquanto as infrações funcionais de maior gravidade, além de configurar um ilícito administrativo, constituem também o ilícito penal (quando previstas na lei penal, por força do princípio da legalidade penal, inserto no art. 1º do Código Penal).[95]

Com efeito, compete, ao legislador, primeiramente no âmbito legislativo, e posteriormente ao intérprete penal, definir quando uma conduta lesiva configura apenas um ilícito administrativo ou também um ilícito criminal. O critério pra distinguir, legislativa e/ou hermeneuticamente, o mero ilícito administrativo do ilícito criminal é o da aplicação dos princípios da fragmentariedade e da subsidiariedade do direito penal.[96] O legislador estabelece como ilícito criminal as infrações de maior gravidade contra a Administração Pública (isto é, aquelas que desvirtuam a função estatal e consideradas socialmente intoleráveis) e que necessitam de uma sanção especialmente gravosa (como as do direito penal), enquanto as condutas de menor gravidade, para as quais sejam suficientes as sanções disciplinares administrativas, são disciplinadas como ilícito administrativo.

Após a edição da norma penal prevendo a infração funcional, compete ao intérprete penal empregar os critérios da fragmentariedade e da subsidiariedade para

---

94 HUNGRIA, Nelson. Comentários ao código penal..., *Cit.*, p. 317; QUEIROZ, Paulo. Direito penal. Parte Geral. Salvador/BA: Editora *JusPODIVM*, 2012, p. 64.

95 HUNGRIA, Nelson. Comentários ao código penal..., *Cit.*, p. 321.

96 MASSON, Cleber. Direito penal..., *Cit.*, p. 555.

constatar a ocorrência de apenas um ilícito administrativo ou de infração que, além de ser um ilícito funcional, constitui também um ilícito criminal, haja vista sua gravidade e a necessidade de intervenção do direito penal para sua reprovação. O ilícito criminal ocorre quando o ilícito funcional corresponde – subsume-se – à gravidade inserta no tipo penal realizado e para o qual as medidas extrapenais são insuficientes para reprovação e prevenção de novos delitos. Por outro lado, o ilícito meramente administrativo verifica-se quando a infração funcional praticada não demonstra a gravidade e reprovabilidade exigidas para subsunção a um tipo penal de crime contra a administração publica, sendo nesse caso suficientes as medidas disciplinares próprias do direito administrativo.

Todavia, cumpre destacar que a configuração de uma infração funcional como ilícito criminal implica necessariamente o reconhecimento de ocorrência de um ilícito administrativo, haja vista a gravidade do crime funcional. Por outro lado, a prática de uma infração qualificada meramente como ilícito administrativo não exige a intervenção do direito penal.

3. CRIMES CONTRA A ADMINISTRAÇÃO PÚBLICA: CONSIDERAÇÕES ESPECIAIS

3.1. Elemento típico subjetivo nos crimes contra a Administração Pública

O elemento subjetivo dos tipos penais dos crimes contra a Administração Pública é o dolo, admitindo-se a modalidade culposa excepcionalmente. Efetivamente, são necessárias a consciência e a vontade de realizar os elementos do tipo penal nos crimes dolosos contra a Administração Pública. Por outro lado, há, excepcionalmente, a modalidade culposa dessas infrações criminais quando se realiza uma conduta sem a observância do dever de cuidado social, resultando em um dano não desejado, previsto como crime culposo contra a Administração Pública.

Nos crimes funcionais é necessário também que o sujeito ativo (*intraneus*) tenha consciência de sua condição de funcionário público no momento da realização da conduta delituosa para que haja a adequação típica de seu comportamento funcional. É suficiente o conhecimento de que exerce uma função estatal e a vontade de se valer dessa condição para realizar o tipo penal, violando-se os deveres inerentes à função estatal e sua finalidade pública de promover o bem comum. Na hipótese de concurso de pessoas no crime funcional em que um dos concorrentes seja um particular, é necessário que esse agente tenha consciência da condição de funcionário público do outro concorrente e de sua violação aos deveres funcionais para realização da conduta típica.

Nos crimes praticados por particular contra a Administração Pública, o sujeito ativo (*extraneus*) deve ter consciência da condição de agente público do sujeito passivo e vontade de realizar a conduta delituosa contra esse representante do Estado.

Conclusivamente, os crimes contra a Administração Pública, em qualquer de suas espécies, exige a consciência sobre todos os elementos típicos e a vontade de realizá-los, seja dolosa ou culposamente.

3.2. Crimes contra a Administração Pública e o princípio da insignificância

A imprecisão legislativa e a descrição abstrata do tipo penal permitem que algumas condutas penalmente irrelevantes sejam atingidas pela persecução penal. Com o objetivo de evitar essas situações de injustiça, a doutrina e jurisprudência passaram a atribuir e a exigir um conteúdo material do tipo penal. Com efeito, há tipicidade penal apenas quando a conduta formalmente típica lesionar materialmente o bem jurídico penalmente tutelado.[97]

Assim, a doutrina e a jurisprudência formularam o princípio da insignificância em matéria penal para afastar do âmbito de incidência da lei penal as condutas formalmente típicas que não lesionam concretamente o bem jurídico atacado. O princípio da insignificância é um autêntico princípio jurídico decorrente da concepção garantista do direito penal moderno, que buscando proteger os valores máximos do Estado de Direito Democrático – a vida e a liberdade – exige como pressuposto de justificação da pena criminal uma concreta ofensa ao bem jurídico atacado. Assim, a exemplo das demais normas jurídicas, o princípio da insignificância impõe o dever-ser quando aplicado na solução de casos concretos. [98]

O princípio da insignificância tem a função de interpretar restritivamente o tipo penal com base em critérios de equidade e razoabilidade, para restringir a abrangência da descrição legal do crime. Atua, portanto, como instrumento de interpretação restritiva do tipo penal com o objetivo de atribuir-lhe um conteúdo material, quando exige a lesividade concreta da conduta típica realizada.[99]

O reconhecimento da conduta penalmente insignificante realiza-se com base no critério objetivo de avaliação dos índices de desvalor da ação e do resultado da conduta realizada, que busca aferir o grau de lesividade da conduta contra o bem jurídico atacado. Assim, a conclusão da avaliação no sentido de que o desvalor da ação e o desvalor do resultado da conduta realizada apresentam um grau de lesividade ínfimo em relação ao bem jurídico tutelado, indica a ocorrência de uma ação típica penalmente insignificante. A insignificância do desvalor da ação indica que a probabilidade do comportamento realizado de materialmente concretizar o tipo penal pretendido é insignificante. Já a insignificância do desvalor do evento indica que o resultado produzido é juridicamente irrelevante para o Direito Penal. [100]

---

97 SILVA, Ivan Luiz da. Princípio da insignificância no direito penal. Curitiba: Editora Juruá, 2011, *passim*.

98 SILVA, Ivan Luiz da. Princípio da insignificância..., *Cit.*, *passim*.

99 SILVA, Ivan Luiz da. Princípio da insignificância..., *Cit.*, *passim*.

100 SILVA, Ivan Luiz da. Princípio da insignificância..., *Cit.*, *passim*.

A aplicação do princípio da insignificância na solução de casos concretos não consiste em deixar de aplicar a lei penal, mas em aplicá-la corretamente, através de uma interpretação baseada em critérios de equidade e razoabilidade, para alcançar-se a realização material do valor justiça. [101]

A arguição de aplicação do princípio da insignificância aos crimes contra a Administração Pública tem sido alegada frequentemente nos tribunais nacionais. O entendimento majoritário é no sentido de que não se aplica o princípio da insignificância a essas condutas criminosas, mesmo quando o dano patrimonial seja ínfimo, porquanto crimes contra a Administração Pública têm como objetividade jurídica tutelar o funcionamento regular da função estatal administrativa, tanto em seu aspecto patrimonial como o de moralidade administrativa.[102]

Não obstante, é força reconhecer que o direito penal contemporâneo é baseado nos caracteres da fragmentariedade e subsidiariedade da intervenção penal, por meio das quais a norma penal incide apenas quando o fato se mostra merecedor e necessitado da sanção criminal. Por outro lado, o direito penal não deve incidir quando desnecessário e desproporcional.

Por sua vez, o princípio da insignificância é uma norma de direito penal de interpretação restritiva dos tipos penais, porquanto considera que apenas o comportamento concretamente lesivo ao bem jurídico concretiza a descrição legal e constituirá materialmente o crime.

Assim, quando a infração ao dever funcional, o dano patrimonial ou a lesão ao exercício da função administrativa são materialmente insignificantes, a conduta lesiva praticada constitui uma ínfima lesão ao funcionamento regular da Administração Pública, devendo-se admitir a aplicação do princípio da insignificância para afastar a incidência da norma penal punitiva. Com efeito, a infração funcional de gravidade nula ou insignificante configura mero ilícito administrativo e é passível apenas de sanções disciplinares próprias do direito administrativo.

Nessas hipóteses deve-se reconhecer a aplicação do princípio da insignificância para afastar a tipicidade penal da infração ao dever funcional, do dano patrimonial ou da lesão ao exercício da função administrativa, excluindo-se a configuração de crime contra a Administração Pública.

4. PECULATO

⊙ **Peculato**

Art. 312 – Apropriar-se o funcionário público de dinheiro, valor ou qualquer outro bem móvel, público ou particular, de que tem a posse em razão do cargo, ou desviá-lo, em proveito próprio ou alheio:

---

101 SILVA, Ivan Luiz da. Princípio da insignificância..., *Cit.*, *passim.*

102 COSTA, Álvaro Mayrink da. Direito penal..., *Cit.*, p. 30.

Pena – reclusão, de dois a doze anos, e multa.

§ 1º – Aplica-se a mesma pena, se o funcionário público, embora não tendo a posse do dinheiro, valor ou bem, o subtrai, ou concorre para que seja subtraído, em proveito próprio ou alheio, valendo-se de facilidade que lhe proporciona a qualidade de funcionário.

⊙ **Peculato culposo**

§ 2º – Se o funcionário concorre culposamente para o crime de outrem:

Pena – detenção, de três meses a um ano.

§ 3º – No caso do parágrafo anterior, a reparação do dano, se precede à sentença irrecorrível, extingue a punibilidade; se lhe é posterior, reduz de metade a pena imposta.

4.1. Considerações gerais sobre os crimes praticados por funcionário público contra a Administração Pública em geral

O Título XI da Parte Especial do Código Penal, em seu Capítulo I, dispõe sobre os crimes praticados por funcionários públicos contra a Administração Pública em geral.

Essas infrações são denominadas *crimes funcionais*, porquanto são delitos contra a Administração Pública praticados por quem exerce uma função estatal. Os *crimes funcionais*, também denominados *delicta in officio* ou *delicta propria* (de quem integra a Administração Pública), são as infrações penais praticáveis apenas por agentes públicos, isto é, nesses delitos o sujeito ativo integra a Administração Pública.[103]

No que concerne à sua natureza jurídica, os *crimes funcionais* integram a categoria ampla dos *crimes próprios*, que são aqueles que exigem uma condição particular do sujeito ativo. Não obstante, entre os crimes próprios, o crime funcional apresenta uma característica particular. No crime funcional a qualificação pessoal do sujeito ativo não antecede o fato, mas é decorrente da atividade exercida por ele no momento da prática da conduta delituosa. Em outros termos, é qualificado como funcionário público quem exerce materialmente uma função estatal no momento da prática do fato delituoso, caracterizando-o assim como crime funcional. Dessa forma, o crime funcional é classificado como delito próprio com estrutura inversa, quer dizer, é preciso verificar-se primeiramente a realização do comportamento delituoso para se constatar a presença da condição de funcionário público do sujeito ativo, de modo a qualificá-lo como crime funcional.[104]

Por meio da previsão dos crimes funcionais, o legislador busca tutelar penalmente a probidade e a incolumidade das atividades da Administração Pública, pois essas infrações criminais são uma forma de desvio de finalidade no exercício da função estatal, já que o agente público realiza interesses particulares próprios ou de outrem em detrimento dos interesses do Estado de prover as necessidades coletivas da sociedade.

103 HUNGRIA, Nelson. Comentários ao código penal..., *Cit.*, p. 315/316.

104 COSTA Jr., Paulo José da; PAGLIARO, Antonio. Dos crimes contra a Administração Pública..., *Cit.*, p. 23/24.

4.2. Considerações preliminares

O Título XIX do Código Penal inicia a previsão legal dos crimes contra a administração publica com a descrição do delito de peculato, que se caracteriza pela apropriação, desvio ou subtração de coisa móvel praticada pelo funcionário público contra a Administração Pública.

No delito de peculato o funcionário público aproveita a sua condição de representante do Estado para obter um enriquecimento ilícito em prejuízo da Administração Pública. São condutas criminosas que o agente público executa valendo-se da autoridade e poder de seu exercício da função estatal para satisfazer interesse patrimonial próprio e/ou de outrem contra a Administração Pública. Assim, o crime de peculato reveste-se de especial gravidade, uma vez que o funcionário público viola seus deveres de probidade e fidelidade funcionais para obter um proveito material em detrimento do interesse público que deveria resguardar e promover em nome do Estado. Dentre os crimes contra a Administração Pública, o peculato é o que mais apresenta o descumprimento pelo agente público dos deveres de probidade e fidelidade que devem orientar o exercício de uma função estatal.[105]

4.3. Antecedentes históricos

A conduta do peculato sempre esteve prevista, embora com terminologia e configuração diversas da atual, como delito nas legislações de todas as sociedades humanas desde a mais remota época, encontrando-se descrita nos códigos cirminais mais antigos atualmente conhecidos.[106]

A denominação peculato (*peculatus* ou *depeculatus*) origina-se no direito penal romano da Antiguidade, que o considerava como furto de coisa pertencente ao Estado (*furtum publicae pecuniae*[107]), juntamente com o *sacrilegium* (furto de coisa pertencente aos deuses). *Peculatus* e *sacrilegium* compumham um só grupo de delitos, porque na Roma antiga não se distinguiam juridicamente os bens divinos dos bens públicos. O termo *depeculatus* ou *peculatus publicus* deriva do furto de gado (*pecus*) pertencente ao Estado ou destinado ao sacrifício religioso. Como o gado (*pecus*) era usado como moeda e constituía o patrimônio mobiliário do Estado[108], a subtração desses animais era praticada com maior frequência e resultou na denominação *peculatus*. Posteriormente, o peculato passou a compreender toda subtração de metais ou moedas pertencentes ao erário romano. Compreendia não somente o furto propriamente, mas também

105 PIERANGELI, José Henrique. Manual de direito penal..., *Cit.*, p. 804.

106 TOURINHO, Demétrio C. F.. Do peculato. Salvador/BA: Livraria Progresso Editora, 1954, p. 29; COSTA, Álvaro Mayrink da. Direito penal..., *Cit.*, p. 20; PRADO, Luiz Régis. Curso de direito penal..., *Cit.*, p. 432.

107 FRAGOSO, Heleno Claudio. Lições de direito penal..., *Cit.*, p. 408; SOLER, Sebastian. Derecho penal...*Cit.*, p. 168.

108 Demetrio Tourinho (Do peculato... *Cit.*, p. 25/28) explica que a etimologia do termo *peculatus* deriva de *pecus* (gado), pois na Roma antiga o gado era empregado como moeda de troca e a palavra usada para designá-la. Posteriormente, as moedas metálicas foram cunhadas com o desenho de boi ou carneiro, como modo de exprimir seu valor nominal.

a apropriação indébita. Por último, a noção de peculato veio a abranger toda forma de fraude cometida contra o erário romano, ainda que não consistisse em subtração ou desvio de dinheiro.[109]

A partir de sua configuração jurídica no direito penal romano, a noção do delito de peculato foi incorporada pela legislação criminal dos vários países de cultura latina.[110]

Durante a Idade Medieval, as legislações criminais dos Estados italianos puniam cruelmente o delito de peculato. Em Veneza, por exemplo, os condenados por peculato tinham seus nomes esculpidos em uma prancha de mármore para a infâmia eterna. Em outros estatutos, o peculato era punido com a pena prevista para os ladrões. O rigor das penas foi mitigado com o advento do humanismo do século XVIII.[111] O peculato também era severamente punido pelas legislações criminais espanhola e francesa dos séculos XVII e XVIII.[112]

No direito penal português aplicável nas terras da colônia brasileira, as Ordenações Filipinas tratavam do peculato no Título LXXIV do Livro V, sob a rubrica "Dos officiais Del-Rey, que lhe furtão, ou deixão perder sua Fazenda por malícia".[113]

No direito penal brasileiro, o Código Criminal imperial (1830) previu o delito de peculato no Título VI, que tratava "Dos crimes contra o thesouro público e a propriedade pública". o Código Penal republicano (1890) inseriu o peculato no Título V, que dispunha "Dos crimes contra a boa ordem e Administração Pública". Posteriormente, o Decreto nº 4.780/1923 ampliou a incriminação, prevendo o peculato sobre bem particular sob posse de funcionário público, cujos dispositivos passaram a integrar a CLP – Consolidaçao das Leis Penais de 1932.[114]

O Código Penal brasileiro vigente prevê o peculato no Título XI, nos arts. 312 e 313, não distinguindo os bens públicos e particulares para efeitos desse delito funcional, bastando que a coisa esteja sob a posse de funcionário público.

---

109 MOMMSEN, Teodoro. Derecho penal romano. Bogotá: Editorial Temis, 1999, p.471; MANZINI, Vicenzo. Tratatto di diritto penale..., *Cit.*, p. 95. Sobre a evolução do peculato no direito penal romano, consultem-se: MOMMSEN, Teodoro. Derecho penal... cit, p. 471/476; TOURINHO, Demétrio C. F.. Do peculato... *Cit.*, p. 28/30; PRADO, Luiz Régis. Curso de direito penal..., *Cit.*, p. 432/434.

110 TOURINHO, Demétrio C. F.. Do peculato... *Cit.*, p. 30.

111 MANZINI, Vicenzo. Tratatto di diritto penale..., *Cit.*, p. 96; PRADO, Luiz Régis. Curso de direito penal..., *Cit.*, p. 434/435.

112 TOURINHO, Demétrio C. F.. Do peculato... *Cit.*, p. 30/32; PRADO, Luiz Régis. Curso de direito penal..., *Cit.*, p. 434.

113 PIERANGELI, José Henrique. Manual de direito penal..., *Cit.*, p. 803. José Pierangeli ensina que nas Ordenações Filipinas o peculato era punido com a mesma pena do furto, todavia como "furto anoveado", ou seja, a pena pecuniária era multiplicada por nove vezes o valor da coisa furtada, além da perda do ofício público.

114 Sobre a evoluçao legislativa do peculato no direito penal brasileiro, consulte-se: TOURINHO, Demétrio C. F.. Do peculato... *Cit.*, p. 35/55.

Cabe destacar que o *nomen juris* peculato é tradicional no direito penal brasileiro, mas é uma denominação incomum na legislação que antecede ao Código Italiano de 1889 (Código Zanardelli). Todavia, esta infração é comumente denominada malversação, como o fazem várias legislações criminais modernas.[115]

4.4. Bem jurídico e classificação do delito

O bem jurídico tutelado pelo art. 312 é a Administração Pública, especialmente seu aspecto patrimonial, com vistas a garantir seu regular funcionamento.

Não obstante, a objetividade jurídica do tipo penal do peculato deve ser enfocada sob dois aspectos, a saber: a) em caráter categorial, a objetividade jurídica tutela o regular funcionamento da Administração Pública; b) em caráter específico, a objetividade jurídica protege a administração pública em relação aos seus interesses patrimoniais e à probidade e fidelidade do funcionário público em seu dever de velar pelo aspecto patrimonial da administraçao pública.

Assim, a objetividade jurídica é a proteção do funcionamento da Administração Pública por meio da tutela de seu patrimônio mobiliário ou de coisa sob sua guarda, bem como a tutela da probidade e fidelidade funcional em relação a esse aspecto patrimonial, com vistas a garantir o regular exercício das funções estatais.[116]

Todavia, a configuração do peculato exige a lesão tanto à probidade administrativa quanto ao aspecto patrimonial da Administração Pública. De fato, há o peculato apenas quando a violação ao dever de probidade e fidelidade administrativas enseja uma lesão patrimonial à Administração Pública. Com efeito, a tutela dos interesses da Administração Pública está intimamente vinculada à preservação da probidade[117] funcional do agente público que tem a gestão do bem móvel recebido em razão da função estatal. Não obstante, o aspecto tutelado predominante é a probidade e a fidelidade administrativas, sem as quais inexiste o funcionamento regular da Administração Pública.[118]

---

115 FRAGOSO, Heleno Claudio. Lições de direito penal..., *Cit.*, p. 409.

116 HUNGRIA, Nelson. Comentários ao código penal..., *Cit.*, p. 345; FRAGOSO, Heleno Claudio. Lições de direito penal..., *Cit.*, p. 410.

117 Sobre a probidade administrativa como objeto de proteção do peculato, Vicenzo Manzini (Tratatto di diritto penale..., *Cit.*, p. 98) preleciona, *in verbis*: "Não é necessário desperdiçar palavras para explicar quão grande, delicado e essencial é aquele interesse, que não tem somente importância administrativa vital, mas também um alto conteúdo ético-político. A probidade na Administração Pública, de fato, é índice do progresso moral e da educação política dos povos".

118 HUNGRIA, Nelson. Comentários ao código penal..., *Cit.*, p. 345; FRAGOSO, Heleno Claudio. Lições de direito penal..., *Cit.*, p. 410; NORONHA, Magalhães. Direito penal..., *Cit.*, p. 210; PIERANGELI, José Henrique. Manual de direito penal..., *Cit.*, p. 804/805; CUNHA, Conceição Ferreira da. Peculato. In DIAS, Jorge de Figueiredo. Comentário conimbricense do código penal. Coimbra: Coimbra editora, Parte Especial. Tomo III, 2001, p. 688/689.

Portanto, a objetividade jurídica da previsão legal do peculato cristaliza-se na ideia de correção administrativa na gestão dos interesses patrimonais da administração pública.[119]

O peculato classifica-se como:

crime próprio	crime material	crime instantâneo
porque exige uma qualidade especial do agente	exige a ocorrência de resultado material para a sua consumação, que é a diminuição do patrimônio da Administração Pública ou de terceiro cuja coisa estava sob guarda da Administração Pública	o resultado ocorre de modo imediato ou instantâneo, ou seja, a execução da conduta não se prolonga no tempo

4.5. Sujeitos do delito

O sujeito ativo no crime de peculato é o funcionário público *stricto sensu* (art. 327, *caput*, do Código Penal) ou o funcionário público por equiparação (art. 327, § 1º, do Código Penal), haja vista tratar-se de um crime funcional (*delicta propria*). A condição de funcionário é elementar do tipo penal do peculato, admitindo-se sua comunicabilidade ao particular que concorre para a prática do delito, nos termos do art. 30 do Código Penal, na hipótese de sua prática em concurso de agentes.

Por consequência, o sujeito passivo é o Estado, representado pela Administração Pública federal, estadual ou municipal, bem como as demais entidades abrangidas pela interpretação da expressão "entidade paraestatal" do art. 327, § 1º, do CP, a saber: Administração Pública indireta (autarquia, empresa pública, fundação pública etc), os entes do "terceiro setor"e empresas contratadas ou conveniadas que realizam atividade típica da Administração Pública. Na hipótese de o peculato recair sobre bem móvel sob guarda da Administração Pública, o particular proprietário da coisa será o sujeito passivo mediato.

4.6. Tipo penal objetivo: elementos da descrição típica

O peculato consiste na conduta de apropriação, desvio ou subtração de coisa móvel pública ou particular, sob guarda da Administração Pública praticada pelo funcionário público (em sentido próprio ou por equiparação) que lhe tem a posse em razão do exercício da função estatal. [120]

A previsão legal do delito de peculato, no art. 312 do Código Penal, apresenta quatro modalidades típicas, a saber: a) peculato-apropriação (art. 312, *caput*, 1ª parte do Código Penal); b) peculato-desvio (art. 312, *caput*, 2ª parte do Código Penal); c) peculato-furto (art. 312, § 1°, do CP); d) peculato-culposo (art. 312, §2°, do Código Penal).

119 PIERANGELI, José Henrique. Manual de direito penal..., *Cit.*, p. 805.

120 NORONHA, Magalhães. Direito penal..., *Cit.*, p. 217.

4.6.1. Peculato - art. 312, caput, do Código Penal

O art. 312, *caput*, do Código Penal, prevê duas modalidades de peculato: o peculato-apropriaçao (art. 312, *caput*, 1ª parte, do Código Penal) e o peculato-desvio (art. 312, caput, 2ª parte do Código Penal). O núcleo do tipo penal é constituído pelos verbos *apropriar-se* e *desviar*.

A conduta descrita pelo verbo *apropriar-se* significa *assenhorar-se* (isto é, tomar como seu algo). *Apropriar-se* é tomar a coisa móvel para si, como se proprietário fosse. Há apropriação da coisa móvel quando o possuidor inverte o título de posse para o de domínio, passando a dispor da coisa móvel como se fosse proprietário (*uti dominus*), retendo-a, alienando-a, consumindo-a etc. A apropriação se configura por meio da prática de ato com *animus domini*, ou seja, o agente se comporta em relação à coisa móvel como se fosse proprietário.[121]

A outra modalidade do peculato é descrita pelo verbo *desviar*, que significa desencaminhar, distrair ou alterar a destinação. Há o desvio quando o agente emprega a coisa móvel sob sua posse para fim diverso daquele especificado pela lei. Desviar é dar uma destinação diversa a coisa móvel para seu proveito próprio ou de outrem, em vez de empregar o bem conforme o fim previamente estabelecido pela lei.[122]

O tipo do peculato exige que o funcionário público tenha a "posse em razão do cargo" da coisa móvel sobre a qual recai a conduta delitiva. De fato, o peculato somente se verifica em relação a coisa móvel que está em posse do agente estatal porque lhe foi entregue em razão do seu exercício da função estatal.[123] A posse da coisa móvel pelo sujeito ativo (funcionário público) é o pressuposto material do crime de peculato.[124] A posse lícita da coisa móvel pública (ou particular sob guarda da Administração Pública) é o "antecedente necessário"[125] à realizaçao das condutas delitivas previstas no art. 312, *caput*, do Código Penal. A posse, que deve preexistir à execução do comportamento lesivo, caracteriza-se pela disponibilidade material e/ou jurídica do funcionário público sobre a coisa móvel em nome da Administração Pública. Assim, não é necessária a posse material e imediata sobre a coisa móvel, basta seu exercício de modo indireto, podendo se ter sua disposição por meio de uma ordem administrativa.[126] Há a posse como disponibilidade material quando o funcionário público tem a disponibilidade fática sobre a coisa móvel (posse direta), enquanto na disponibilidade jurídica há a posse indireta, ou seja, apesar de não haver disposição física sobre a coisa

121 HUNGRIA, Nelson. Comentários ao código penal..., *Cit.*, p. 335; NORONHA, Magalhães. Direito penal..., *Cit.*, p. 222.

122 HUNGRIA, Nelson. Comentários ao código penal..., *Cit.*, p. 335/336; NORONHA, Magalhães. Direito penal..., *Cit.*, p. 222.

123 MANZINI, Vicenzo. Tratatto di diritto penale..., *Cit.*, p. 103.

124 NORONHA, Magalhães. Direito penal..., *Cit.*, p. 219.

125 FRAGOSO, Heleno Claudio. Lições de direito penal..., *Cit.*, p. 411.

126 MANZINI, Vicenzo. Tratatto di diritto penale..., *Cit.*, p. 110.

móvel, o agente exerce a posse mediante ordens, requisições etc.[127] Portanto, a posse é entendida em sentido amplo, de modo a compreender a posse direta e a indireta. Nesse ponto, percebe-se que o legislador penal brasileiro seguiu o Código Penal italiano de 1930, adotando o termo posse como uma enunciação compreensiva e sintética da relação possessória (que se manifesta pela guarda, depósito, administração, custódia, exação etc).[128]

Oberva-se que o tipo penal do art. 312, *caput*, do Código Penal, não menciona a "detenção", como o faz no art. 168, que dispõe sobre o crime de apropriação indébita. Não obstante, é entendimento doutrinário que o termo posse abrange também a detenção da coisa móvel pública para efeitos de peculato.[129] Todvia, é oportuno mencionar que posse e mera detenção são institutos distintos no direito civil, que não ensejam os mesmos efeitos jurídicos em sua manifestação. Apesar de o legislador penal poder equipará-lo para efeitos de direito penal, percebe-se que não o fez no art. 312, *caput*, do Código Penal, mormente quando no art. 168 os distinguiu expressamente. Verifica-se ainda que o anteprojeto de 1984 para reforma da Parte Especial do Código Penal altera a redação do art. 312, mencionando expressamente a posse e a detenção da coisa móvel. Assim, na hipótese de mera detenção da coisa móvel, a realização do comportamento do delito do peculato parece se amoldar melhor à figura do peculato-furto (art. 312, § 1° do Código Penal) ou mesmo do furto comum (art. 155, do código penal).[130]

Não basta a existencia da prévia posse sobre a coisa móvel, é preciso que a relação possessória seja "em razão do cargo". Significa dizer, a posse sobre a coisa móvel é confiada ao funcionário público em razão de seu exercício funcional. A expressão "em razão do cargo" significa que a coisa móvel foi entregue ao agente público em virtude de sua competência administrativa no exercício de uma função estatal, estando o ato de recebê-la dentro de suas atribuições legais.[131]

---

127 PRADO, Luiz Régis. Curso de direito penal..., *Cit.*, p. 441; BITENCOURT, Cezar Roberto. Tratado de direito penal..., *Cit.*, p. 8/9.

128 HUNGRIA, Nelson. Comentários ao código penal..., *Cit.*, p. 339/340.

129 HUNGRIA, Nelson. Comentários ao código penal..., *Cit.*, p. 339; NORONHA, Magalhães. Direito penal..., *Cit.*, p. 219; PRADO, Luiz Régis. Curso de direito penal..., *Cit.*, p. 441; BITENCOURT, Cezar Roberto. Tratado de direito penal..., *Cit.*, p. 9.

130 Mayrink da Costa (Direito penal..., *Cit.*, p. 24) informa que o Anteprojeto de 1984 para reforma da parte especial do Código Penal altera o art. 312 acrescentando a expressão "de que tem a posse ou detenção em razão da função". Assim, exsurge patente que o art. 312 não abrange os dois institutos sobre o termo *posse*, a exemplo do art. 168 do Código Penal, que os distingue expressamente. Magalhaes Noronha (Direito penal..., *Cit.*, p. 219) assim se expressa, *in verbis*: "Ao contrário do que fez no art. 168, o legislador não se referiu à *detenção*, que, consoante expusemos no citado n. 553, difere da posse. Certo que esta, conferindo ao possuidor maiores poderes e se prestando ao crime, indicará que a *detenção*, que é *menos*, com maior razão também será pressuposto; entretanto, nada prejudicial seria que, por coerência técnica, aqui também repetisse a expressão. O código, certamente, inspirou-se no art. 314 do Código Penal italiano, que só fala em *posse*, esquecendo-se, entretanto que este, também no art. 646 – apropriação indébita – só a ela se refere. Não há uniformidade técnica."

131 FRAGOSO, Heleno Claudio. Lições de direito penal..., *Cit.*, p. 411.

De fato, a prévia e necessária posse da coisa móvel no peculato deriva de uma relação de causalidade (causa e efeito) entre a função estatal exercida e a posse da coisa móvel. Assim, a entrega e o recebimento da coisa móvel realizam-se por força do exercício da função estatal e de imposição legal. Em outros termos, a posse sobre a coisa móvel decorre da competência e da atribuição administrativas da função estatal exercida. Assim é imprescindível que o agente público tenha competência e atribuição administrativas para receber a coisa móvel em nome da Administração Pública.[132]

Outrossim, a entrega da coisa móvel deve ser consciente e livre, pois se o oferecimento desta advém do erro ou violência, não há relação possessória decorrente de exercício funcional, ensejando a modalidade de peculato por erro de outrem (art. 313, CP) ou o delito de concussão (art. 316, CP), ou, residualmente, um crime patrimonial comum, como extorsão (art. 158, CP) ou roubo (art. 157, CP).[133]

O termo *cargo* não deve ser interpretado em seu sentido técnico do direito administrativo, significando apenas "cargo público". Isso porque a adoção de tal interpretação levaria a conclusões absurdas e equivocadas, a saber: os ocupantes de emprego público e de função pública não cometeriam peculato, já que o tipo penal menciona apenas "cargo". Não obstante, é evidente que todos esses podem ser sujeito ativos do crime de peculato, e não apenas os ocupantes de cargo público. Assim, o termo *cargo* está no sentido de função estatal exercida, abrangendo as três modalidades: cargo público, emprego público e função pública.[134]

O elemento material do crime de peculato é a coisa móvel pública (dinheiro, valores ou qualquer outro bem móvel) ou bem particular sob a guarda da Administração Pública. O legislador especificou o objeto material do peculato utilizando o termo *dinheiro* com o objetivo de afastar um entendimento anterior, no sentido de que não haveria peculato de coisa fungível. Assim, o disposto no art. 312, *caput*, do Código Penal, não deixa dúvidas de que há peculato independentemente de a coisa ser fungível ou infungível.[135] Com efeito, no peculato é indiferente tratar-se de coisa móvel fungível ou infungível.[136]

O tipo penal do art. 312 do Código Penal exige ainda, especificamente na hipótese do peculato-desvio, a ocorrência do "proveito próprio ou alheio". O elemento

---

132 HUNGRIA, Nelson. Comentários ao código penal..., *Cit.*, p. 340; BITENCOURT, Cezar Roberto. Tratado de direito penal..., *Cit.*, p. 9/10; MANZINI, Vicenzo. Tratatto di diritto penale..., *Cit.*, p. 105.

133 MANZINI, Vicenzo. Tratatto di diritto penale..., *Cit.*, p. 103.

134 Nesse sentido, vale conferir o entendimento de Paulo José Costa Jr. (Dos crimes contra a Administração Pública..., *Cit.*, p. 53), *in verbis*: "[...] decisiva é a circunstância de que, de fato, seja exercida uma função pública e que o poder sobre a coisa encontre nela sua razão de ser."

135 HUNGRIA, Nelson. Comentários ao código penal..., *Cit.*, p. 336/337; FRAGOSO, Heleno Claudio. Lições de direito penal..., *Cit.*, p. 413.

136 MANZINI, Vicenzo. Tratatto di diritto penale..., *Cit.*, p. 99.

normativo "proveito" é entendido pela doutrina como qualquer vantagem material ou moral, independentemente de sua natureza patrimonial.[137]

Desse modo, acertado o entendimento[138] que defende que o proveito deve ter natureza econômica, haja vista o peculato exigir sempre a verificação do dano patrimonial contra a Administração Pública. Por outro lado, o proveito de natureza moral ou política se amolda melhor à descrição do tipo penal do crime de prevaricação (art. 319, CP).

4.6.2. Peculato-furto: art. 312, § 1º, do Código Penal

O art. 312, § 1º do Código Penal estabelece a figura do peculato-furto, que é a subtração de coisa movel pública ou que está sob guarda da Administração Pública, praticada por funcionário público, que não lhe tem a posse ou por outrem com sua cooperação, valendo-se, para tanto, da facilidade proporcionada por sua condição de agente público. Com efeito, o peculato-furto é, essencialmente, um crime de furto no qual o sujeito ativo se vale de sua condição de funcionário público para facilitar a subtração da *res furtiva*. Nessa modalidade de peculato o agente público não tem a posse da coisa móvel (pública ou particular) em razão do cargo, mas sua condição de agente estatal proporciona uma facilidade para a sua subtração.[139]

O peculato-furto tem como pressuposto a circunstância de que a subtração seja realizada valendo-se o sujeito ativo da facilidade de que sua qualidade de agente público lhe proporciona. Assim, é imprescindível à confirguração desse delito o emprego da condição de funcionário público para sua execução.[140] A *facilidade* mencionada no tipo penal refere-se a qualquer circunstância fática que favoreça ou propicie a subtração da coisa móvel, notadamente o fácil acesso ao local onde se encontra a *res furtiva* ou a menor vigilância recebida que enseja uma ocasião mais favorável à subtração.[141] Na subtração em concurso de pessoas não é necessário que o funcionário público realize um ato estritamente funcional, bastando a realização de qualquer ato de cooperação à subtração, desde que enseje uma facilidade proporcionada pela condição de funcionário público.[142]

---

137 MANZINI, Vicenzo. Tratatto di diritto penale..., *Cit.*, p. 116; FRAGOSO, Heleno Claudio. Lições de direito penal..., *Cit.*, p. 214; COSTA, Álvaro Mayrink da. Direito penal..., *Cit.*, p. 28. Nesse sentido, vale destacar o entendimento de Cezar Bitencourt (Tratado de direito penal..., *Cit.*, p. 14) no sentido de que o proveito pode ser de qualquer natureza (patrimonial, funcional, moral etc.), consumando-se o peculato com a efetivação do desvio, independentemente da obtenção do proveito para si ou para outrem.

138 PIERANGELI, José Henrique. Manual de direito penal..., *Cit.*, p. 808/809.

139 HUNGRIA, Nelson. Comentários ao código penal..., *Cit.*, p. 350.

140 FRAGOSO, Heleno Claudio. Lições de direito penal..., *Cit.*, p. 419.

141 HUNGRIA, Nelson. Comentários ao código penal..., *Cit.*, p. 350; FRAGOSO, Heleno Claudio. Lições de direito penal..., *Cit.*, p. 419.

142 HUNGRIA, Nelson. Comentários ao código penal..., *Cit.*, p. 351. Heleno Fragoso (. Lições de direito penal..., *Cit.*, p. 418) destaca que o peculato-furto não é encontrável nas legislações estrangeiras,

O art. 312, § 1º, do Código Penal, prevê duas modalidades de peculato-furto, a saber: a) o funcionário público executa diretamente a subtração da *res furtiva* se aproveitando-se da facilidade proporcionada pela sua condição de agente público; b) o funcionario público concorre para que outrem realize a subtração da coisa móvel, valendo-se da facilidade obtida pela sua qualidade de agente público. Essa segunda hipótese constitui uma forma de concurso de agentes necessário, em que o funcionário público coopera consciente e voluntariamente para que terceira pessoa realize a subtração da *res furtiva*.[143] Em ambas as hipóteses, o núcleo do tipo penal é o verbo *subtrair*, que significa *retirar, surrupiar, tirar às escondidas* a coisa móvel pretendida. A subtração se configura retirando-se a coisa móvel do lugar onde se encontrava para sujeitá-la à disposição total do sujeito ativo.

A conduta de subtração se realiza em três momentos, a saber: 1º) *aprehensio* (apreensão da coisa móvel), a fase inicial, na qual o agente exerce seu contato com a *res furtiva*; 2º) *amotio de loco ad locum* (remoção de lugar), momento no qual o agente remove a coisa móvel do lugar onde se encontrava; 3º) *ablatio* (retirada), fase final em que o agente tira a coisa móvel da disponibilidade do sujeito passivo, passando a tê-la sob sua disposição física total.[144]

O peculato-furto constitui um furto contra a administração púbica no qual o sujeito ativo se vale da facilidade proporcionada pela condição de funcionário público para executá-la.

4.6.3. Peculato culposo: art. 312, §2º

O peculato na mobilidade culposa era desconhecido na legislação criminal brasileira, tendo sido estabelecido pela Lei nº 2.110/1909 e pelo Decreto nº 4. 785/1923, e passou a integrar a CLP – Consolidação das Leis Penais (1932). Posteriormente, o peculato-culposo foi inserido entre os crimes no Código Penal de 1940, que se baseou no Código Penal espanhol de sua época. Na atualidade o peculato culposo foi abolido dos Códigos Penais europeus, que preferem punir a conduta como mero ilícito administrativo. Não obstante, o anteprojeto de 1999 para reforma da Parte Especial do CP de 1940 mantém a previsão do peculato culposo (Art. 318, § 3º "Facilitar o funcionário culposamente a prática de qualquer dos crimes previstos neste artigo").[145]

O peculato culposo pode ser conceituado como a conduta funcional realizada sem a observância do dever de cuidado objetivo que contribui para que outrem pratique

---

porque o peculato é essencialmente vinculado à violação do dever funcional. O Código Penal italiano de 1930, que serviu de modelo ao estatuto penal brasileiro, não traz *essa* modalidade de peculato.

143 HUNGRIA, Nelson. Comentários ao código penal..., *Cit.*, p. 350/351; PIERANGELI, José Henrique. Manual de direito penal..., *Cit.*, p. 811.

144 COSTA JR., Paulo José da; COSTA, Fernando José da. Curso de direito penal. São Paulo: Saraiva, 2010, p. 447.

145 HUNGRIA, Nelson. Comentários ao código penal..., *Cit.*, p. 351; PIERANGELI, José Henrique. Manual de direito penal..., *Cit.*, p. 812/813; COSTA Jr., Paulo José da; PAGLIARO, Antonio. Dos crimes contra a Administração Pública..., *Cit.*, p. 55.

crime contra a Administração Pública. É a conduta funcional realizada de modo negligente, imprudente ou imperito, que possibilita a subtração de coisa móvel perpetrada por outrem contra a Administração Pública. O peculato culposo é a atuação funcional culposa que concorre para o delito de outrem contra a Administração Pública.

O peculato culposo tem como pressuposto a execução de conduta criminosa dolosa por outrem. Significa dizer: somente há o peculato culposo se a atuação funcional culposa contribuir para a prática do crime doloso de outrem contra a Administração Pública. Por outro lado, inexiste peculato culposo quando a atuação funcional culposa não concorre para a prática de crime doloso de outrem ou inexiste a prática da conduta dolosa de terceiro. Com efeito, a configuração do peculato culposo exige uma relação direta entre a atuação funcional culposa e o crime praticado por terceiro.[146]

O dispositivo do art.312, §2º do Código Penal, tem como núcleo o verbo "concorrer", que significa cooperar, colaborar, proporcionar. Assim, o peculato culposo consiste na atuação funcional que concorre (ou facilita) culposamente para prática de delito por outrem contra a Administração Pública. A conduta criminalizada consiste no ato de facilitar ou proporcionar culposamente a subtração praticada por outrem de coisa móvel de que tem a posse em razão da função estatal.[147] A expressão "concorrer culposamente" significa que o funcionário público realiza seus atos funcionais sem observar o dever de cuidado objetivo necessário para impedir que a coisa móvel de que tem a posse seja subtraída ou desviada por outrem. A cooperação culposa tanto pode se efetivar por uma ação como por omissão culposa, sendo imprescindível que a ação ou a omissão proporcionem a prática do delito doloso por outrem contra a Administração Pública.

Cumpre destacar que o funcionário público não concorre diretamente no fato (e para o fato) executado por outrem, mas, por força de sua desatenção ou descuido, propicia ou possibilita, culposamente, que outrem pratique um delito contra a Administração Pública. Não obstante haja um concurso de agentes não intencional,[148] inexiste algum vínculo subjetivo entre o funcionário público e o autor do crime doloso praticado. Há, na verdade, uma espécie de autorias colaterais, isto é, ambos os delitos são realizados sem vínculo subjetivo entre os autores.

A conduta do peculato culposo possui três modalidades, a saber: 1º) o funcionário concorre culposamente para a subtração, apropriação ou desvio da coisa móvel praticados por outro funcionário; 2º) o funcionário concorre culposamente para a subtração, apropriação ou desvio praticados por outro funcionário em concurso com um particular; 3º) o funcionário concorre culposamente para a subtração praticada

146 COSTA, Álvaro Mayrink da. Direito penal..., *Cit.*, p. 34; FRAGOSO, Heleno Claudio. Lições de direito penal..., *Cit.*, p. 417.

147 COSTA, Álvaro Mayrink da. Direito penal..., *Cit.*, p. 34

148 HUNGRIA, Nelson. Comentários ao código penal..., *Cit.*, p. 352.

por um particular.[149] Há peculato culposo nas três hipóteses, pois a atuação funcional culposa propicia ou possibilita a prática do crime de outrem.

Critica-se a previsão do peculato culposo aduzindo que se criou neste dispositivo uma autêntica participação culposa em ação dolosa alheia (o que contraria dogmaticamente o disposto no art. 29 do Código Penal, que adotou a teoria monista no concurso de agentes. Para além disso, destaca que a conduta é sempre plurissubjetiva, pois sua realização exige pelo menos a concorrência de dois agentes: o funcionário público e o terceiro que comete o crime para o qual o primeiro concorre culposamente.[150]

4.7. Elemento subjetivo nas modalidades do peculato

O delito de peculato próprio (peculato-apropriação e peculato-desvio) é punível a título de dolo, que se manifesta pela consciência e vontade de transformar o título da posse em domínio sobre a coisa móvel (pública ou particular).

O elemento subjetivo no peculato-apropriação é representado pelo dolo de apropriar-se da coisa móvel com *animus rem sibi habendi*, sendo necessário ainda o elemento subjetivo especial do tipo ("em proveito próprio ou alheio"), que se encontra implícito na apropriação. Nessa modalidade a obtenção do proveito deriva necessariamente da transformação da posse em domínio sobre a coisa móvel.[151]

No peculato-desvio o elemento subjetivo é representado pelo dolo de empregar a coisa em finalidade diversa daquela predeterminada administrativamente, sendo preciso também o elemento subjetivo especial do tipo ("em proveito próprio ou alheio"), ainda que sem o *animus rem sibi habendi*.[152]

Portanto, adota-se a posição doutrinária no sentido de que em ambas modalidades acima de peculato há a exigibilidade da presença do elemento subjetivo especial do tipo penal ("em proveito próprio ou alheio"), como seria de esperar em crime material de natureza patrimonial. Com efeito, vale conferir o magistério de Pedro Aleixo sobre o tema, *in verbis*: "não é concebível o peculato mediante apropriação sem proveito, e para que o desvio seja incriminado como peculato é indispensável que haja o proveito".[153] Não obstante, cumpre mencionar que parte da doutrina defende que no peculato-apropriação basta o elemento subjetivo genérico (dolo), exigindo-se a finalidade específica apenas no peculato-desvio.[154]

---

149 NORONHA, Magalhães. Direito penal..., *Cit.*, p. 229.

150 NUCCI, Guilherme de Souza. Código penal comentando. São Paulo: RT, 2010, p. 1.099.

151 NORONHA, Magalhães. Direito penal..., *Cit.*, p. 223; COSTA, Álvaro Mayrink da. Direito penal..., *Cit.*, p. 31; BITENCOURT, Cezar Roberto. Tratado de direito penal..., *Cit.*, p. 16/17.

152 COSTA, Álvaro Mayrink da. Direito penal..., *Cit.*, p. 31.

153 ALEIXO, Pedro. O peculato no direito penal brasileiro. Tese de concurso público para UFMG. Belo Horizonte: Gráfica Belo Horizonte Ltda, 1956, p. 58.

154 MANZINI, Vicenzo. Tratatto di diritto penale..., *Cit.*, p. 124/125; HUNGRIA, Nelson. Comentários ao código penal..., *Cit.*, p. 349.

No peculato-furto o elemento subjetivo é também representado pelo dolo de subtrair ou concorrer para a subtração da coisa móvel, exigindo-se ainda o elemento subjetivo especial do tipo, isto é, a obtenção do proveito próprio ou alheio (*animus lucri faciendi*).[155]

No peculato culposo o elemento subjetivo (e normativo) é representado pela culpa, que consiste na atuação funcional sem observância do dever objetivo de cuidado que concorre para a prática de crime doloso de outrem contra a Administração Pública. *In casu*, a culpa manifesta-se na negligência, imprudência ou imperícia que conduzem a atuação funcional.

4.8. Consumação e tentativa

O peculato é classificado como crime material, consumando-se com a ocorrência do resultado naturalístico, isto é, quando se verifica materialmente a apropriação, desvio ou subtração da coisa móvel (pública ou privada).

A consumação do peculato ocorre quando o agente inverte o título de posse em domínio, ou seja, passa a reter o objeto material do crime (dinheiro, valor ou qualquer outro bem móvel) como se proprietário fosse (*uti dominus*). De fato, o momento consumativo do peculato se verifica quando o agente realiza um fato que manifesta a sua vontade de ter a coisa como própria: detém-se a coisa não como simples possuidor, mas como proprietário.[156]

Em síntese, o peculato se consuma com a inversão da natureza da posse em propriedade, caracterizada pela realização externa de ato típico de domínio, tais como alienação, consumo, retenção etc.[157]

O peculato-apropriação se consuma quando o agente, invertendo o título de posse, realiza ato de domínio sobre a coisa móvel de que tem a posse em razão da função pública. Consuma-se no momento em que o agente passa a dispor da coisa móvel como proprietário, não mais agindo em nome da Administração Pública.

O peculato-desvio se consuma quando o agente dá a coisa móvel destinação diversa daquela estabelecida pela Administração Pública, objetivando auferir proveito próprio ou alheio. Consuma-se o delito quando o desvio da coisa se realiza em contrariedade a qualquer finalidade de utilidade pública.[158] No que tange a consumação do peculato-desvio a jurisprudência do STF e STJ se consolidaram no sentido de que a sua consumação ocorre no momento em que o funcionário público efetivamente

---

155 COSTA, Álvaro Mayrink da. Direito penal..., *Cit.*, p. 32; PIERANGELI, José Henrique. Manual de direito penal..., *Cit.*, p. 812.

156 MANZINI, Vicenzo. Tratatto di diritto penale..., *Cit.*, p. 121; BITENCOURT, Cezar Roberto. Tratado de direito penal..., *Cit.*, p. 17.

157 MANZINI, Vicenzo. Tratatto di diritto penale..., *Cit.*, p. 121; BITENCOURT, Cezar Roberto. Tratado de direito penal..., *Cit.*, p. 17.

158 COSTA, Álvaro Mayrink da. Direito penal..., *Cit.*, p. 28.

desvia o dinheiro, valor ou outro bem móvel que esta em sua posso, independentemente da obtenção material do proveito próprio ou alheio.[159]

O peculato-furto se consuma quando o agente realiza a subtração da coisa móvel, saindo a *res furtiva* da disponibilidade da Administração Pública e passando para a disposição do sujeito ativo.

O peculato-culposo consuma-se no momento em que outrem executa a subtração contra a Administração Pública, facilitada ou viabilizada pela atuação funcional culposa do funcionário público (negligente, imprudente ou imperito).

O peculato admite a tentativa, haja vista ser delito material e a fracionabilidade de seu *iter criminis*.[160] Não obstante, o peculato culposo não existe na forma tentada, pois dogmaticamente é impossível a tentativa de crime culposo.

4.9. Causa de aumento de pena

Aplica-se ao crime de peculato o aumento de pena de um terço previsto no art. 327, §2º, do Código Penal. Assim, a pena aumenta em um terço se esse delito for praticado por ocupante de cargo em comissão ou função de direção ou assessoramento de órgão da administração direta, sociedade de economia mista, empresa pública ou fundação instituída pelo Poder Público, nos termos do art. 327, §2º, do Código Penal.

4.10. Extinção da punibilidade

No crime de peculato culposo, o art. 312, § 3º, do Código Penal estabelece a extinção da punibilidade quando há reparação do dano anterior à sentença irrecorrível. Por outro lado, o mesmo dispositivo prevê a redução de metade da pena caso a reparação do dano seja posterior ao trânsito em julgado da decisão condenatória.

O ressarcimento do dano deve ser completo, podendo se dar pela restituição da própria coisa ou por indenização correspondente ao seu valor.

Na hipótese de concurso de agentes, a reparação do dano efetuada por um dos concorrentes se estende aos demais, exceto para aqueles que praticaram o peculato na modalidade dolosa.[161]

Entende-se que a extinção da punibilidade pela reparação do dano não constitui óbice à aplicação de sanção disciplinar pertinente ao caso concreto, em razão da separação das instâncias penal e administrativa.[162]

---

159 Nesse sentido: STF, AP 916, DJE 28.9.2016; STJ: Tese nº 11 publicada no Jurisprudência em Teses nº 57 de 11.5.2016, confira-se: Tese11. A consumação do crime de peculato-desvio (art. 312, caput, 2ª parte, do CP) ocorre no momento em que o funcionário efetivamente desvia o dinheiro, valor ou outro bem móvel, em proveito próprio ou de terceiro, ainda que não obtenha a vantagem indevida.

160 NORONHA, Magalhães. Direito penal..., *Cit.*, p. 226.

161 COSTA, Álvaro Mayrink da. Direito penal..., *Cit.*, p. 35.

162 PRADO, Luiz Régis. Curso de direito penal..., *Cit.*, p. 445.

4.11. Penas e aspectos processuais

As sanções das modalidades de peculato previstas no art. 312, *caput* e seu § 1º, são reclusão de dois a doze anos, e multa.

O peculato culposo (art. 312, § 2º) é punível com a pena de três meses a um ano de detenção. A competência para o seu processamento e julgamento é dos juizados especiais criminais, admitindo-se a aplicação dos institutos da Lei 9.099/95, como a transação penal, a suspensão condicional do processo e o rito sumário.

A ação penal é pública incondicionada.

4.12. Considerações especiais

4.12.1. Peculato e prestação de contas aos órgãos administrativos

A ocorrência do peculato não está submetida à verificação do dano material pelos órgãos de controle de contas. No peculato a configuração da apropriação, desvio ou subtração independe de sua constatação pelos órgãos de contas.[163]

4.12.2. Peculato e prestação de garantia (caução ou fiança)

A prestação de garantia pecuniária para ressarcir o prejuízo não tem força para elidir o peculato em relação à apropriação, desvio ou subtração praticada pelo funcionário público contra a Administração Pública.[164]

4.12.3. Peculato e restituição/ compensação

A intenção de restituir ou a efetiva restituição do dano não é capaz de desconstituir o peculato, haja vista persistir a violação aos deveres funcionais e a lesão ao regular funcionamento da Administração Pública.[165]

Do mesmo modo, a compensação também não é suficiente para excluir o peculato, pois não é lícito ao funcionário público utilizar-se da coisa móvel (pública ou particular) de que tem a posse como se dono fosse.[166]

4.12.4. Peculato e fruição de serviço de outro funcionário público

Não configura o delito de peculato a conduta do funcionário de utilizar-se, indevidamente, do serviço de um outro funcionário público para realizar suas obrigações

163 MANZINI, Vicenzo. Tratatto di diritto penale..., *Cit.*, p. 129; TOURINHO, Demétrio C. F.. Do peculato..., *Cit.*, p. 93; HUNGRIA, Nelson. Comentários ao código penal..., *Cit.*, p. 343; NORONHA, Magalhães. Direito penal..., *Cit.*, p. 224.

164 MANZINI, Vicenzo. Tratatto di diritto penale..., *Cit.*, p. 120; HUNGRIA, Nelson. Comentários ao código penal..., *Cit.*, p. 345; NORONHA, Magalhães. Direito penal..., *Cit.*, p. 225.

165 MANZINI, Vicenzo. Tratatto di diritto penale..., *Cit.*, p. 126; HUNGRIA, Nelson. Comentários ao código penal..., *Cit.*, p. 337; NORONHA, Magalhães. Direito penal..., *Cit.*, p. 223. Em sentido contrário, Paulo José da Costa Jr. (Dos crimes contra a Administração Pública..., *Cit.*, p. 44) admite a restituição imediata como causa de eliminação do peculato.

166 MANZINI, Vicenzo. Tratatto di diritto penale..., *Cit.*, p. 131; HUNGRIA, Nelson. Comentários ao código penal..., *Cit.*, p. 338/339; NORONHA, Magalhães. Direito penal..., *Cit.*, p. 223.

administrativas ou particulares, porque a apropriação, o desvio ou a subtração, deve recair sobre coisa móvel. Constitui analogia *in malam partem* e também viola a "natureza das coisas" a conclusão de que a "energia do trabalho" pode ser considerada como coisa móvel.[167] Para além disso, nesta hipótese inexiste peculato, porquanto na atualidade o ser humano não é bem móvel, nem pode ser objeto de posse.[168]

4.12.5. *Peculato e posse decorrente de praxe administrativa*

Considera-se como peculato quando a posse deriva do exercício de uma função por praxe administrativa ativa tolerada pela Administração Pública.[169]

4.12.6. *Peculato e energia como objeto material*

Entende-se que a energia pode ser o objeto material do peculato, sob o argumento de que energia elétrica ou qualquer outra força energética (p. ex., térmica, sonora, eólica etc.) equipara-se a coisa móvel para efeitos de direito penal. Destaca-se, ainda, que a equiparação somente se verifica quando a energia puder ser "possuída" independentemente da coisa que a produz (como é o caso da energia elétrica). Caso a fonte produtora e a energia sejam indissociáveis, a conduta recairá sobre a coisa que a produz.

Cumpre destacar que naturalmente a energia não é bem móvel. Tanto é assim que o legislador se encarregou de equipará-la expressamente a coisa móvel para fins do furto de energia (art.155, §3°, Código Penal). *In casu*, o legislador não equiparou a energia (em qualquer das suas formas) a coisa móvel para efeitos do delito de peculato.

Sendo assim, a energia só pode ser equiparada a coisa móvel por meio de uma interpretação sistemática dos tipos penais dos art. 312 e art. 155 §3°, ambos do Código Penal, embora se vislumbre claramente uma mitigação do princípio da legalidade penal em face tal exegese jurídico-penal. Contudo, esse entendimento é inadmissível ante o rigor estatuído pelos art. 1° do Código Penal e 5°, XXXIX, da Constituição Federal vigente, para a incriminação e punição de uma conduta.

4.12.7. *Peculato de uso*

A expressão *peculato de uso* refere-se ao comportamento do funcionário público de usar momentaneamente sem *animus dominus* a coisa móvel (pública ou particular) de que tem a posse em razão da função estatal, devolvendo-a, após sua utilização, nas mesmas condições à Administração Pública. É o uso temporário da coisa móvel para

---

167 FRAGOSO, Heleno Claudio. Lições de direito penal..., *Cit.*, p. 413; NORONHA, Magalhães. Direito penal..., *Cit.*, p. 220; PIERANGELI, José Henrique. Manual de direito penal..., *Cit.*, p. 807. Em sentido contrário: TOURINHO, Demétrio C. F.. Do peculato..., *Cit.*, p. 71.

168 COSTA Jr., Paulo José da; PAGLIARO, Antonio. Dos crimes contra a Administração Pública..., *Cit.*, p. 42.

169 MANZINI, Vicenzo. Tratatto di diritto penale..., *Cit.*, p. 107; COSTA Jr., Paulo José da; PAGLIARO, Antonio. Dos crimes contra a Administração Pública..., *Cit.*, p. 53.

atender a interesse particular, seguindo-se sua imediata devolução à Administração Pública.

O *peculato de uso* consiste em um fato precário ou excepcional destinado a satisfazer uma necessidade ocasional, inexistindo na atuação do funcionário público o *animus dominus* em relação à coisa móvel.[170]

Nessa hipótese, inexiste o delito de peculato por ausência de tipicidade penal, haja vista o tipo penal do art. 312 exigir a realização do comportamento típico com *animus habendi* sobre a coisa móvel.

Portanto, o *peculato de uso* constitui um mero ilícito administrativo e punível pelas sanções disciplinares do direito administrativo. [171] O peculato de uso é previsto especificamente como delito administrativo pelo Decreto-Lei 201/1967, que dispõe sobre as infrações praticadas por prefeitos e vereadores.

Destaque-se que não se confundem peculato de uso e peculato-desvio. No peculato de uso a coisa é usada momentânea e ocasionalmente, sendo devolvida imediatamente após a sua utilização. No peculato-desvio o funcionário público emprega a coisa móvel em finalidade diversa daquela estabelecida administrativamente como se proprietário fosse (*uti dominus*), comprometendo a utilidade da coisa para a Administração Pública. No peculato é indiferente a duração maior ou menor do tempo que a coisa móvel permanece com o peculatário, configurando sua restituição somente uma atenuante. [172]

4.12.8. Peculato e princípio da insignificância

É forçoso reconhecer que o direito penal contemporâneo é baseado nos caracteres da fragmentariedade e subsidiariedade da intervenção penal, por meio das quais a norma penal incide apenas quando o fato se mostra merecedor e necessitado da sanção criminal.

Assim, aplica-se o princípio da insignificância[173] para afastar a tipicidade penal da conduta, que formalmente configura o crime de peculato, quando a infração ao dever funcional ou o dano patrimonial são de ínfima gravidade, sujeitando-se o autor do fato às sanções disciplinares do direito administrativo. Nessas hipóteses as instâncias administrativa e civil são suficientes para reprovar o comportamento funcional desvalorado, sendo desnecessária e desproporcional a intervenção punitiva do direito penal.[174]

---

170 MANZINI, Vicenzo. Tratatto di diritto penale..., *Cit.*, p. 107.

171 MANZINI, Vicenzo. Tratatto di diritto penale..., *Cit.*, p. 107.

172 MANZINI, Vicenzo. Tratatto di diritto penale..., *Cit.*, p. 108; COSTA Jr., Paulo José da; PAGLIARO, Antonio. Dos crimes contra a Administração Pública..., *Cit.*, p. 40.

173 Vide: SILVA, Ivan Luiz da. Princípio da insignificância no direito penal. Curitiba: Editora Juruá, 2011.

174 COSTA, Álvaro Mayrink da. Direito penal..., *Cit.*, p. 31.

No entanto, cabe destacar que o STJ publicou, em 27.11.2017, a Súmula 599 consolidando o entendimento no de que não se aplica o princípio da insignificância aos crimes praticados contra a administração pública, *in verbis*: Súmula 599. *O princípio da insignificância é inaplicável aos crimes praticados contra a administração pública.*

Não obstante a sumula 599 do STJ, cumpre destacar que o STF continua a entender que se aplica o princípio da insignificância aos crimes praticados contra a administração pública, como julgado no HC 155.347, DJE 7.5.2018.

Assim, mantêm-se o entendimento doutrinário acima exposto no sentido de que, ainda, se aplica o princípio da insignificância aos crimes praticados contra a administração pública.

4.12.9. *Desvio de recursos para finalidades públicas não configura o crime de peculato*

Desvio de recursos públicos em proveito da própria administração pública não se enquadra como "proveito próprio ou alheio" exigido pela previsão legal do tipo penal do art. 312, do Código Penal.

A conduta de desviar recursos públicos de uma finalidade legal para outra finalidade pública configura, em tese, o delito de emprego irregular de verbas públicas previsto no art. 315, do Código Penal.

5. PECULATO MEDIANTE ERRO DE OUTREM

⊙ **Peculato mediante erro de outrem**

Art. 313 - Apropriar-se de dinheiro ou qualquer utilidade que, no exercício do cargo, recebeu por erro de outrem:

Pena - reclusão, de um a quatro anos, e multa.

5.1. Considerações Preliminares

O art. 313 do Código Penal traz a previsão do peculato mediante erro de outrem, inspirando-se no art. 316 do Código Italiano de 1930. Essa modalidade de delito era prevista na legislação criminal anterior e surge pela primeira vez no atual Código Penal (1940), mantendo-se ainda nos anteprojetos de reforma de sua parte especial (1984 e 1999).[175]

Este delito é considerado peculato impróprio, na medida em que o agente não tem a prévia posse lícita do objeto material, nem viola o seu dever funcional da probidade no momento do recebimento da coisa móvel.[176] A violação à moralidade e probidade administrativas ocorre com a recusa do funcionário público em devolver a coisa móvel

175 FRAGOSO, Heleno Claudio. Lições de direito penal..., *Cit.*, p. 420; PIERANGELI, José Henrique. Manual de direito penal..., *Cit.*, p.814.

176 FRAGOSO, Heleno Claudio. Lições de direito penal..., *Cit.*, p. 420.

havida por erro de outrem.[177] Denomina-se-lhe também de peculato-estelionato porque, em essência, consiste na apropriação de coisa móvel ou qualquer vantagem material que recebeu mediante erro de outrem.[178]

O peculato mediante erro de outrem consiste na conduta do funcionário público de se apropriar de coisa móvel ou qualquer vantagem material recebida no exercício da função estatal mediante erro de outrem. Com efeito, essa modalidade de peculato constitui-se, essencialmente, como uma apropriação indébita de coisa móvel ou qualquer vantagem material havida por erro no exercício da função estatal.

5.2. Bem jurídico e classificação do delito

A objetividade jurídica no art. 313 é a proteção do normal funcionamento da Administração Pública mediante a tutela penal de seus interesses patrimoniais e da probidade e fidelidade do funcionário público no exercício da função estatal.[179] Por outro lado, destaca-se que secundariamente busca-se tutelar também os interesses patrimoniais de quem, por erro, entrega a coisa móvel ou qualquer outra utilidade ao funcionário público no exercício do cargo.[180]

Não obstante o dano patrimonial seja imprescindível ao peculato, entende-se que a objetividade jurídica do peculato predominante é a tutela da probidade do agente público, máxime na vigência da Constituição Federal de 1988, que enfatiza a proteção da probidade administrativa.[181]

5.3. Sujeitos do delito

O sujeito ativo é o funcionário público próprio ou por equiparação, já que se trata de crime próprio. É admissível o concurso (coautoria e participação) com um particular, nos termos do art. 30 do Código Penal.[182]

O sujeito passivo é o Estado (União Federal, Estados-membros, Distrito Federal e os Municípios), considerado como Administração Pública, e as demais entidades

177 COSTA Jr., Paulo José da; PAGLIARO, Antonio. Dos crimes contra a Administração Pública..., *Cit.*, p. 64.

178 HUNGRIA, Nelson. Comentários ao código penal..., *Cit.*, p. 353. Sobre a denominação peculato-estelionato, vale conferir o magistério de Régis Prado (Curso de direito penal..., *Cit.*, p. 447), *in verbis*: "A denominação peculato-estelionato encontra sua razão de ser na manutenção ou utilização do erro de outra pessoa. Contudo, essa conduta aproxima-se muito mais da apropriação indébita a que se refere o artigo 169, primeira parte, do Código Penal, do que do crime de estelionato, já que o erro da vítima não pode ser provocado pelo agente, sob pena de a conduta não se amoldar ao tipo em exame".

179 MANZINI, Vicenzo. Tratatto di diritto penale..., *Cit.*, p. 142.

180 BITENCOURT, Cezar Roberto. Tratado de direito penal..., *Cit.*, p. 25; COSTA, Álvaro Mayrink da. Direito penal..., *Cit.*, p. 40.

181 BITENCOURT, Cezar Roberto. Tratado de direito penal..., *Cit.*, p. 25.

182 Heleno Claudio Fragoso (Lições de direito penal..., *Cit.*, p. 420) entende não ser possível o concurso de agentes no peculato mediante erro de outre, porque não haveria na realização da conduta a consciência recíproca de cooperar para uma ação delituosa em comum.

mencionadas no art. 327, § 1º, do Código Penal, e que sofrem o prejuízo patrimonial em razão da entrega do objeto material do delito ao sujeito ativo.

O peculato mediante erro de outrem classifica-se como:

crime próprio	crime material	crime instantâneo
porque exige uma qualidade especial do agente	exige a ocorrência de resultado material para a sua consumação	o resultado ocorre de modo imediato ou instantâneo, ou seja, a execução da conduta não se prolonga no tempo

5.4. Tipo penal objetivo: elementos da descrição típica

A conduta criminalizada consiste no comportamento do funcionário público de apropriar-se indevidamente para si ou para terceiro de coisa móvel ou qualquer vantagem patrimonial havida, no exercício da função estatal, por erro de outrem. Em essência, a conduta criminosa é uma apropriação indébita da coisa móvel ou da vantagem patrimonial, dispondo-lhe como se proprietário fosse (*uti dominus*).[183]

A posse da coisa móvel é pressuposto do delito em tela, todavia a posse não deriva da entrega da coisa móvel em razão da função estatal, mas do erro de outrem.[184]

O núcleo do tipo penal é o verbo apropriar-se, que significa "assenhorar-se" (ou seja, tomar a coisa para si como proprietário). Há apropriação quando o funcionário público inverte o título de posse para o de domínio, passando a dispor da coisa como proprietário (*uti dominus*), retendo-a, alienando-a etc.

O objeto material deste delito é o "dinheiro ou qualquer outra utilidade". Dinheiro refere-se à moeda de curso legal no país. A expressão "qualquer outra utilidade" deve ser interpretada no sentido de "qualquer outra coisa móvel", isto é, uma utilidade econômica de natureza patrimonial passível de apropriação.[185]

Outro elemento típico é o recebimento do objeto do crime "no exercício do cargo". Configura-se o delito quando a entrega do bem ao agente é realizada em razão da função estatal que exerce. Assim, constitui o delito o fato de o funcionário receber no exercício de sua função, valendo-se do erro de outrem, indevidamente, dinheiro ou outra utilidade patrimonial para si ou para outrem.[186]

A entrega do objeto do delito ao agente é decorrente do "erro de outrem". Erro é a falsa percepção da realidade. Assim, o sujeito passivo influenciado pela sua falsa

183 MANZINI, Vicenzo. Tratatto di diritto penale..., *Cit.*, p. 146.

184 MANZINI, Vicenzo. Tratatto di diritto penale..., *Cit.*, p. 143.

185 MANZINI, Vicenzo. Tratatto di diritto penale..., *Cit.*, p. 143; HUNGRIA, Nelson. Comentários ao código penal..., *Cit.*, p.353; NORONHA, Magalhães. Direito penal..., *Cit.*, p. 233; PIERANGELI, José Henrique. Manual de direito penal..., *Cit.*, p. 816.

186 MANZINI, Vicenzo. Tratatto di diritto penale..., *Cit.*, p. 143; FRAGOSO, Heleno Claudio. Lições de direito penal..., *Cit.*, p. 421; PIERANGELI, José Henrique. Manual de direito penal..., *Cit.*, p. 816.

percepção da realidade (isto é, por erro) entrega o bem ao sujeito ativo, que dele se apropria. O erro deve ser voluntário e espontâneo, recaindo sobre a entrega e não sobre o recebimento do objeto material do delito. Para além disso, é indiferente a causa (ignorância, desatenção etc.) que contribui para produzir o erro. O erro pode ser de fato ou de direito. O erro pode versar: a) sobre o que é devido ou quanto é devido; b) sobre a competência a quem é feita a entrega. Em qualquer hipótese o erro surge e se desenvolve sem que o funcionário público contribua ou o influencie. Com efeito, o erro de outrem não deve ser provocado dolosamente pelo funcionário público. Na hipótese de provocação do erro de outrem pelo funcionário púbico, haverá outro delito, tal como corrupção passiva (art. 317) ou concussão (art. 316).[187]

5.5. Tipo penal subjetivo: elemento típico subjetivo

O elemento subjetivo exigido no tipo penal é o dolo, manifestado pela consciência e vontade de realizar a conduta típica de apropriação da coisa móvel havida por erro de outrem. Exige-se que o agente tenha consciência do seu exercício da função e do erro de outrem na entrega, podendo a apropriação ocorrer após o recebimento de boa-fé.[188]

5.6. Causa de aumento de pena

Aplica-se ao crime de peculato mediante erro de outrem o aumento de pena de um terço previsto no art. 327, §2º, do Código Penal. Assim, a pena aumenta em um terço se esse delito for praticado por ocupante de cargo em comissão ou função de direção ou assessoramento de órgão da administração direta, sociedade de economia mista, empresa pública ou fundação instituída pelo Poder Público, nos termos do art. 327, §2º, do Código Penal.

5.7. Consumação e tentativa

O peculato mediante erro de outrem é crime material, consumando-se com a ocorrência do resultado naturalístico, isto é, quando se verifica materialmente a apropriação da coisa móvel e não apenas com o mero recebimento do bem entregue.

A consumação do peculato mediante erro de outrem ocorre no momento da apropriação do bem entregue, ou seja, quando o agente inverte o título de posse em domínio, ou seja, passando a reter o objeto material do crime (dinheiro, valor ou qualquer outro bem móvel) como se proprietário fosse (*uti dominus*). De fato, o momento consumativo do peculato se verifica quando o agente realiza um fato que manifesta a sua vontade de ter a coisa como própria: detém a coisa não como simples possuidor, mas como proprietário, isto é, com *animus rem sibi habendi*.[189]

---

187 MANZINI, Vicenzo. Tratatto di diritto penale..., *Cit.*, p. 143/145; COSTA, Álvaro Mayrink da. Direito penal..., *Cit.*, p. 42; COSTA Jr., Paulo José da; PAGLIARO, Antonio. Dos crimes contra a Administração Pública..., *Cit.*, p. 67.

188 COSTA, Álvaro Mayrink da. Direito penal..., *Cit.*, p. 43.

189 MANZINI, Vicenzo. Tratatto di diritto penale..., *Cit.*, p. 146.

Em síntese, o peculato mediante erro de outrem se consuma com a inversão da natureza da posse em propriedade, caracterizada pela realização externa de ato típico de domínio, tais como alienação, consumo, retenção etc.

5.8. Pena e aspectos processuais

O peculato mediante erro de outrem é punível com a pena de um a quatro anos de reclusão, e multa. Admite-se a aplicação da suspensão condicional do processo previsto no art. 89 da Lei 9.099/95.

A ação penal é pública incondicionada.

5.9. Considerações especiais

5.9.1. Apropriação da coisa móvel em favor da Administração Pública

Entende-se que a conduta é atípica quando o agente se apropria (recebe ou retém) do bem entregue por erro de outrem unicamente em favor da Administração Pública.

5.9.2. Peculato de uso

A expressão "peculato de uso" refere-se ao comportamento do funcionário público de usar momentaneamente, sem *animus dominus,* a coisa móvel que recebeu em razão do ofício por erro de outrem, devolvendo-a, após sua utilização, nas mesmas condições a quem a entregou. É o uso temporário da coisa móvel para atender o interesse particular, seguindo-se sua imediata devolução ao proprietário.

Nessa hipótese há o denominado *peculato de uso,* inexistindo o delito de peculato mediante erro de outrem por ausência de tipicidade penal, haja vista o tipo penal do art. 313 exigir a realização do comportamento típico com *animus habendi* sobre a coisa móvel.[190]

O *peculato de uso* constitui mero ilícito administrativo, punível com as sanções disciplinares do direito administrativo.[191]

6. INSERÇÃO DE DADOS FALSOS EM SISTEMA DE INFORMAÇÕES

⊙ **Inserção de dados falsos em sistema de informações**

Art. 313-A. Inserir ou facilitar, o funcionário autorizado, a inserção de dados falsos, alterar ou excluir indevidamente dados corretos nos sistemas informatizados ou bancos de dados da Administração Pública com o fim de obter vantagem indevida para si ou para outrem ou para causar dano:

Pena – reclusão, de 2 (dois) a 12 (doze) anos, e multa.

190 MANZINI, Vicenzo. Tratatto di diritto penale..., *Cit.*, p. 146.

191 MANZINI, Vicenzo. Tratatto di diritto penale..., *Cit.*, p. 107.

6.1. Considerações preliminares

A partir da última década do século XX, as organizações públicas passaram a empregar microprocessadores e computadores no registro de seus dados e informações, haja vista a tecnologia da informática ter sido adotada por todas as corporações. Não obstante a eficiência e as facilidades trazidas pela informática ao serviço público, o emprego do computador passou também a ser um instrumento para atentar contra a Administração Pública.

Assim, a Lei nº 9.983/2000 inseriu o art. 313-A no Código Penal para criminalizar a conduta do funcionário público, consistente na obtenção de vantagem indevida mediante fraude contra a Administração Pública, utilizando-se de computador. A exposição de motivos (Projeto de Lei nº 933/1999) denominou esse crime de peculato eletrônico, por ser praticado por funcionário público, contra a Administração Pública, com o emprego de computador para realizar as condutas típicas.

6.2. Bem jurídico e classificação do delito

A objetividade jurídica do art. 313-A é a tutela da Administração Pública referentemente à eficiência, probidade e segurança dos sistemas informatizados e bancos de dados do Estado, que somente podem ser manuseados, alimentados ou modificados de modo legalmente permitido.

O delito do peculato eletrônico classifica-se doutrinariamente como:

crime próprio	crime formal	crime comissivo	crime omissivo impróprio	crime instantâneo
o sujeito ativo é o funcionário público autorizado	consuma-se com a realização do verbo que descreve a conduta típica	as condutas típicas são realizadas por ação	pratica-se por omissão, nos termos do art. 13, § 2º, do Código Penal	a realização opera-se de imediato

6.3. Sujeitos do delito

Sujeito ativo é o funcionário público autorizado a acessar irrestritamente os sistemas informatizados ou bancos de dados da Administração Pública. Significa dizer que o agente é o funcionário público que detém autorizadamente a senha de acesso irrestrito aos sistemas e bancos, bem como a atribuição legal para a realização de atos nesses ambientes virtuais. Impende salientar que a autorização de acesso deve ser realizada conforme o direito administrativo. Não se admite que a autorização seja tácita ou costumeira, sob pena de malferir-se o princípio da legalidade penal. Pode haver o concurso de agente com outro funcionário não autorizado ou mesmo com o particular.

Por outro lado, autorizar o uso da senha a quem não tem administrativamente autorização configura delito do art. 325, § 1º, do Código Penal.

O sujeito passivo é o Estado, representado pela Administração Pública federal, estadual ou municipal, bem como as demais entidades abrangidas pela interpretação da expressão "entidade paraestatal" do art. 327, § 1º, do Código Penal, a saber: Administração Pública indireta (autarquia, empresa pública, fundação pública etc.), os entes do "terceiro setor" e empresas contratadas ou conveniadas que realizam atividade típica da Administração Pública.

6.4. Tipo penal objetivo: elementos da descrição típica

A descrição típica do art. 313-A menciona duas condutas incriminadoras: 1°) inserir ou facilitar a inserção de dados falsos nos sistemas informatizados ou banco de dados da Administração Pública; 2°) alterar ou excluir, indevidamente, dados corretos dos sistemas informatizados ou bancos de dados da Administração Pública.

Na primeira parte o núcleo do tipo é descrito pelos verbos *inserir* (significando a ação de introduzir, incluir, alimentar o sistema informatizado ou de dados) e *facilitar* (denotando a ação ou omissão de possibilitar, permitir a outrem a inserção de dados falsos no sistema informatizado ou de dados).

Ambas as condutas incriminadas visam à inserção ou facilitação de inserção de dados falsos no sistema informatizado ou banco de dados da Administração Pública. Dado falso significa uma informação que não corresponde à realidade, ou seja, seu conteúdo contém uma ideia ou declaração que não corresponde à verdade.

A conduta de inserir dado falso é realizada pelo próprio funcionário público autorizado, que alimenta com dados falsos o sistema de informações da Administração Pública (p. ex.: bancos de dados do INSS, Receita Federal, DETRAN etc.). Facilitar a inserção consiste na ação/omissão do funcionário público autorizado de permitir ou auxiliar a outrem que detém a autorização para que este alimente o sistema de informações com dados falsos (p. ex.: fornecer a senha de acesso).

Na segunda parte, o tipo penal tem como núcleos os verbos *alterar* (mudar, modificar) ou *excluir* (eliminar, apagar, destruir, no todo ou em parte, suprir ou tornar inutilizáveis), indevidamente, dados corretos nos sistemas informatizados ou banco de dados da Administração Pública. As condutas incriminadas consistem na alteração ou modificação indevidas de dados corretos constantes nos sistemas informatizados ou banco de dados da Administração Pública, modificando-os ou anulando-os pela exclusão. Essas condutas consistem em deletar, apagar ou remover total ou parcialmente os dados existentes nos sistemas de informações da Administração Pública, resultando na alteração de seu conteúdo (p. ex.: introdução de vírus de computador nos sistemas informatizados).[192]

O tipo penal do art. 313-A traz os seguintes elementos objetivos: a) dados são os sinais com que o computador trabalha para registrar ou produzir informações;[193] dado é uma informação registrada ou expressa em código digital, processada ou transmitida por um computador ou sistema de computadores. É o elemento informático inicial para se acessar um sistema informatizado para a obtenção da informação pretendida; b) Banco de

---

192 PIERANGELI, José Henrique. Manual de direito penal..., *Cit.*, p. 819.

193 PRADO, Luiz Régis. Curso de direito penal..., *Cit.*, p. 452.

dados é um conjunto de dados compilados organizadamente registrados em meio físico ou em memória de computador. Denomina-se sistema de gerenciamento de bancos de dados (SGBD) um conjunto de dados inter-relacionados, operado por um programa computacional para permitir o acesso a esses dados;[194] c) Sistema informatizado é um conjunto de computadores empregado no processamento de dados informatizados.

A descrição típica traz também o elemento normativo "*vantagem indevida*", que significa o benefício de natureza moral ou econômico contrário ao Direito. O elemento *dano* refere-se à destruição total ou parcial dos bancos de dados ou sistemas informatizados da Administração Pública, bem como o prejuízo econômico decorrente da conduta criminosa.

6.5. Tipo penal subjetivo: elemento típico subjetivo

O elemento típico subjetivo exigido é o dolo, manifestado pela vontade livre e consciente de praticar as condutas descritas no tipo penal. Exige-se, ainda, o elemento subjetivo especial do injusto, isto é, o especial fim de obter vantagem indevida ou para causar dano a Administração Pública.

6.6. Causa de aumento de pena: art. 327, § 1º

Aplica-se a causa de aumento de pena prevista no art. 327, § 1º, do Código Penal, quando a conduta criminosa é praticada por funcionário público ocupante de cargo em comissão ou função de direção ou assessoramento.

6.7. Consumação e tentativa

Como se trata de crime formal, a consumação ocorre com a efetiva realização das condutas típicas, independentemente da obtenção da vantagem indevida ou da provocação do dano.

Entende-se que a tentativa é possível, haja vista a realização da conduta poder ser interrompida por circunstância alheia à vontade do agente, antes de este atingir a "meta optada".

6.8. Pena e aspectos processuais

As penas cominadas são reclusão de dois a doze anos, e multa.

A ação penal é pública incondicionada, observando-se os arts. 513 e seguintes do Código de Processo Penal.

6.9. Consideração especial

6.9.1. Interceptação de informação

O tipo penal não prevê a conduta de interceptar, que constitui a captação de informações contidas nos bancos de dados e/ou sistemas informatizados da Administração Pública. Assim, a interceptação é conduta atípica.

194 PRADO, Luiz Régis. Curso de direito penal..., *Cit.*, p. 452.

7. MODIFICAÇÃO OU ALTERAÇÃO NÃO AUTORIZADA DE SISTEMA DE INFORMAÇÕES

⊙ **Modificação ou alteração não autorizada de sistema de informações**

Art. 313-B. Modificar ou alterar, o funcionário, sistema de informações ou programa de informática sem autorização ou solicitação de autoridade competente:

Pena – detenção, de 3 (três) meses a 2 (dois) anos, e multa.

7.1. Considerações preliminares

A Lei nº 9.983/2000 também inseriu o art. 313-B no Código Penal para criminalizar a conduta do funcionário público que, sem autorização, modifica ou altera os sistemas ou programas informatizados da Administração Pública, haja vista a possibilidade de graves danos e irreparáveis prejuízos que esse comportamento criminoso pode trazer às instituições públicas e à sociedade.

7.2. Bem jurídico e classificação do delito

A objetividade jurídica do art. 313-B é a tutela da Administração Pública no que tange à eficiência, probidade e segurança dos sistemas de informações ou programa de informática das instituições públicas, que somente podem ser modificados ou alterados nas hipóteses legais permitidas.

O delito do peculato eletrônico classifica-se doutrinariamente como:

crime próprio	crime formal	crime comissivo	omissivo impróprio	crime instantâneo
o sujeito ativo é o funcionário público autorizado	consuma-se com a realização do verbo que descreve a conduta	as condutas típicas são realizadas por ação	pratica-se por omissão, nos termos do art. 13, § 2º, do Código Penal	a realização opera-se de imediato

7.3. Sujeitos do delito

O sujeito ativo é qualquer funcionário público sem autorização para modificar ou alterar os sistemas de informações ou programas de computador da Administração Pública.

O sujeito passivo é o Estado, representado pela Administração Pública federal, estadual, distrital ou municipal, bem como a demais entidades abrangidas pela interpretação da expressão "entidade paraestatal" do art. 327, § 1º, do CP, a saber: administração pública indireta (autarquia, empresa pública, fundação pública etc), os entes do "terceiro setor" e empresas contratadas ou conveniadas que realizam atividade típica da administração pública.

7.4. Tipo penal objetivo: elementos da descrição típica

A descrição típica do art. 313-B estatui duas condutas criminosas, a saber, a modificação e a alteração dos sistemas de informações ou programas de informática sem autorização de ou solicitação de autoridade competente.

O núcleo do tipo consubstancia-se nos verbos: a) *modificar* (significando transformar, produzir de forma distinta, mudar ou trocar conteúdo); b) *alterar* (mudar, dar nova configuração, modificar a forma de acesso) o sistema de informações ou programa de informática da Administração Pública. No sentido gramatical os verbos modificar e alterar têm o mesmo significado de mudança. No entanto, no tipo do art. 313-B o termo modificar significa uma transformação profunda e radical no sistema de informações ou programa de informática, enquanto a conduta descrita pelo verbo alterar não desnatura totalmente os objetos materiais do delito, embora haja uma mudança no sistema ou programa de informática. A primeira conduta – de modificação – da nova estrutura informática ou de acesso ao sistema ou programa de computador, ao passo que a segunda conduta, apesar de alterar a forma original, mantém o sistema ou programa de computador.[195]

Não obstante, a alteração ou modificação somente configurará o delito do art. 313-B se constituir um fato concretamente lesivo aos objetos materiais indicados no tipo penal; caso contrário, deve-se reconhecer a aplicação do princípio da insignificância.

O delito tem como pressuposto a exigência que a modificação ou alteração seja realizada por funcionário não autorizado ou sem solicitação da autoridade competente, nas hipóteses legais permitidas. Assim, a existência de autorização legal ou a solicitação de autoridade competente impede a configuração da tipicidade da conduta, haja vista a não materialização do elemento normativo "sem autorização ou solicitação de autoridade competente". Nessa hipótese, a existência de autorização ou solicitação de autoridade competente para tanto torna a conduta não somente atípica como também permitida juridicamente. Em outros termos, inexiste o delito do art. 313-B quando o funcionário atua mediante permissão, anuência ou solicitação de autoridade competente, que pode ser seu superior hierárquico ou não.[196]

O tipo penal do art. 313-B indica como objeto material do delito os seguintes elementos objetivos: a) sistema de informações – é um conjunto de componentes – composto de computadores, equipamento periférico e suporte lógico (*software*) – inter-relacionados e operando em conjunto para coletar, armazenar, processar e distribuir informações da Administração Pública. O sistema de informação informatizado é um conjunto de computadores operando em rede para o processamento eletrônico dos bancos de dados da Administração Pública. É um sistema computacional para o armazenamento, processamento e distribuição de informações da Administração Pública ou sob sua responsabilidade sobre os administrados (p. ex.: sistema de acompanhamento processual do Poder Judiciário, sistema de informações da Receita Federal, do INSS etc.); b) programa de informática – programa é um conjunto de instruções digitais para o computador realizar determinada tarefa. Programa de informática é

195 PRADO, Luiz Régis. Curso de direito penal..., *Cit.*, p. 457; BITENCOURT, Cezar Roberto. Tratado de direito penal..., *Cit.*, p.40.

196 PRADO, Luiz Régis. Curso de direito penal..., *Cit.*, p. 457/458.

o *software*, que se pode conceituar como uma sequência de instruções em linguagem computacional que possibilita o computador executar determinada tarefa. O *software* é um conjunto de instruções em uma linguagem informática em suporte físico necessário para o funcionamento de um sistema de processamento eletrônico de dados. A Lei n° 9.609/1998, denominada Lei do *Software*, em seu art. 1°, estabelece o conceito legal de *software*.

7.5. Tipo penal subjetivo: elemento típico subjetivo

O elemento típico subjetivo exigido para o delito é o dolo, manifestado pela vontade livre e consciente de praticar as condutas descritas no tipo penal. Não se reclama qualquer elemento especial do injusto, sendo irrelevante qualquer motivação da conduta do agente.

7.6. Causa de aumento de pena: art. 327, §2°

Aplica-se o aumento de pena de um terço até a metade se a conduta do agente resulta em dano material à Administração Pública ou ao administrado, nos termos do art. 313-B, parágrafo único, do Código Penal.

Incide também a causa de aumento de pena prevista no art. 327, §2°, do Código Penal, quando o delito é praticado por funcionário ocupante de cargo e comissão ou função de direção ou assessoramento.

7.7. Consumação e tentativa

Tratando-se de crime formal, a consumação ocorre com a efetiva realização das condutas descritas no tipo penal, independentemente de qualquer dano material à Administração Pública.

A tentativa é possível, desde que a realização da conduta seja interrompida por circunstâncias alheias à vontade do agente.

7.8. Pena e aspectos processuais

As penas cominadas são a de detenção de três meses a dois anos, e multa.

A ação penal é de iniciativa pública incondicionada.

Em razão da pena cominada, a competência para processar e julgar esse delito é dos Juizados Especiais Criminais, admitindo-se, ainda, a transação penal da Lei n° 9.099/95.

8. EXTRAVIO, SONEGAÇÃO OU INUTILIZAÇÃO DE LIVRO OU DOCUMENTO

> ⊙ **Extravio, sonegação ou inutilização de livro ou documento**
>
> **Art. 314** – extraviar livro oficial ou qualquer documento, de que tem a guarda em razão do cargo; sonegá-lo ou inutilizá-lo, total ou parcialmente:
>
> Pena – reclusão, de um a quatro anos, se o fato não constitui crime mais grave.

8.1. Considerações preliminares

O Código Criminal imperial (1830) e o Código Penal de 1890 não possuíam previsão análoga à conduta prevista no art. 314 do Código Penal de 1940. Constatam-se, porém, algumas similitudes, como expressões que remetem a uma espécie de prevaricação presente no art. 129, § 8º, do Código Criminal de 1830, bem como no art. 20, item 2, do Código Penal de 1890.[197]

De outro lado, impende mencionar que o tipo penal do art. 314 do Código Penal corresponde ao art. 221 da Consolidação das Leis Penais, o qual tratava das *condutas* de *subtrair e distrair documentos*.[198]

8.2. Bem jurídico e classificação do delito

O bem jurídico tutelado pelo art. 314 é a Administração Pública, especificamente em seus aspectos probidade e moralidade administrativas. O tipo penal busca salvaguardar os livros oficiais ou qualquer documento na posse em posse de agente público, em razão do cargo, assegurando-lhes a sua integridade e idoneidade e evitando-se a sua inutilização e sonegação.

O delito de extravio, sonegação ou inutilização de livro oficial ou documento classifica-se doutrinariamente como:

crime próprio	**crime formal**	**crime instantâneo**
o sujeito ativo é o funcionário público autorizado	consuma-se com a realização do verbo que descreve a conduta típica	a realização opera-se de imediato
crime comissivo	**crime omissivo impróprio**	**crime plurissubsistente**
as condutas típicas são realizadas por ação	a conduta pode ser omissiva, nos termos do art. 13, § 2º, do Código Penal	os atos executórios podem ser fracionados em diversos atos

8.3. Sujeitos e classificação do delito

Sujeito ativo é o funcionário que se utilizando do cargo extravia livro oficial ou documento, sonegando-os ou inutilizado-os. Saliente-se que o particular que inutilizar livro ou documento incidirá nas penas contidas no art. 337 do Código Penal. Nada impede que responda pelo tipo de injusto do art. 314, desde que execute a conduta em concurso de pessoas com agente público que guarda, em razão do cargo, o documento ou o livro oficial.

O sujeito passivo é o Estado, representado pela Administração Pública federal, estadual, distrital ou municipal, bem como as demais entidades abrangidas pela

---

197 BITENCOURT, Cezar Roberto. *Tratado de direito penal..., Cit.*, p. 43.

198 NORONHA, Magalhães. *Direito penal... Cit.*, p. 235.

interpretação da expressão "entidade paraestatal" do art. 327, § 1º, do CP, a saber: Administração Pública indireta (autarquia, empresa pública, fundação pública etc), os entes do "terceiro setor" e empresas contratadas ou conveniadas que realizam atividade típica da administração pública.

8.4. Tipo penal objetivo: elementos da descrição típica

A descrição típica do art. 314 possui três núcleos: a) *extraviar*; b) *sonegar*; e c) *inutilizar*. *Extraviar* é desencaminhar, desviar, mudar de destino dolosamente. Destaca-se o entendimento de Cezar Roberto Bitencourt[199] no sentido de que esse núcleo representa produto de negligência do agente público para com os documentos e os livros oficiais. *Sonegar* é omitir, não explicitar, não apresentar. *Inutilizar*, por sua vez, é tornar algo sem funcionalidade ou destruir.

O tipo penal possui como elementos as expressões "livro oficial" e "documento". Os "livros oficiais" são os destinados ao registro ou à escrituração de informações pertinentes à Administração Pública.[200] Por outro lado, o elemento "qualquer documento" se refere aos documentos públicos ou particulares, ainda que cópias[201], em poder da Administração Pública. Assim, especificamente, os documentos públicos ou particulares podem ser os papéis de arquivos, pareceres, autos de processo administrativo, proposta de concorrência etc.[202]

O tipo penal do art. 314 não se restringe a meios físicos escritos, englobando os meios eletrônicos. Com o cada vez maior emprego da tecnologia na Administração Pública e o consequente armazenamento de seus dados, vislumbra-se que o tipo de injusto do art. 314 protege os arquivos digitais, ou seja, se o agente público extravia, inutiliza ou sonega documentos eletrônicos, incidirá nas penas do tipo analisado, tendo em vista que não há diferença ontológica entre o documento físico e o digital.[203]

---

199 Cezar Bitencourt (*Tratado de direito penal..., Cit.*, p. 45/46) assim se manifesta, *in verbis*: "Assim, *extraviar*, a nosso juízo, é perder, é saber onde não se guardou, arquivou ou protocolou; *extravio* é produto do descuido, da desatenção, de desleixo no trato da coisa pública, *in casu*, de livro oficial ou qualquer documento de que o funcionário tem a guarda em razão do cargo. Em outros termos, *extraviar* é negligenciar no dever de cuidado que incumbe o funcionário público no exercício do cargo. Logo, a definição que sempre se deu à conduta de 'extraviar' é equivocada e fere o *princípio da reserva legal* (além de configurar autêntica *responsabilidade penal objetiva*, como veremos). Com efeito, 'desencaminhar' ou 'desviar do destino' – definição da velha doutrina – é dar destinação diferente daquela que na realidade deveria ter; é utilizar mal, é dar uma finalidade inadedquada ou imprópria, e jamais poderá confundir-se com o simples extravio, que implica conduta omissiva".

200 PRADO, Luis Régis. Curso de direito penal... *Cit.*, p. 461.

201 COSTA, Álvaro Mayrink da. Direito penal..., *Cit.*, p. 62.

202 PRADO, Luis Régis. Curso de direito penal... *Cit.*, p. 461.

203 COSTA, Álvaro Mayrink da. Direito penal..., *Cit.*, p. 61.

Cumpre salientar ser imprescindível que o livro oficial ou documento esteja em poder do agente público *ratione officii*.[204] Alcança o tipo não somente a guarda ou detenção do documento ou do livro oficial, mas também a sua disposição.[205]

É evidente que nesse tipo penal é exigida a qualidade de agente público. No entanto, destaca-se nesse tipo de injusto a imprescindibilidade de violação do dever funcional por parte do sujeito ativo da infração, que não honra a relação de confiança entre ele e a Administração Pública.[206]

8.5. Tipo penal subjetivo: elemento típico subjetivo

O elemento típico subjetivo exigido é o dolo, manifestado pela vontade livre e consciente de praticar as condutas descritas no tipo penal. Não se exige o elemento subjetivo especial do injusto, isto é, o especial fim de obter vantagem indevida ou para causar dano a Administração Pública.

8.6. Causa de aumento de pena: art. 327, § 2º

Aplica-se a causa de aumento de pena prevista no art. 327, § 2º, do Código Penal, quando a conduta criminosa é praticada por funcionário público ocupantes de cargos em comissão ou função de direção ou assessoramento da Administração Pública.

8.7. Consumação e tentativa

A consumação ocorre quando o agente extravia livro oficial ou qualquer documento, de que tem a guarda em razão do cargo; ou quando os sonega ou inutiliza-os, total ou parcialmente.

Vale salientar que o núcleo *extraviar* se trata de crime permanente, protraindo seus efeitos através do tempo até que cesse a conduta; de outro lado, os núcleos *sonegar* e *inutilizar* se consumam com a simples conduta do agente. Todos os núcleos independem de efetivo dano à Administração Pública.[207]

Entende-se que a tentativa é possível nos núcleos *extraviar* e *inutilizar*, haja vista a realização da conduta poder ser interrompida por circunstância alheia à vontade do agente, antes de este atingir a *meta optada*. Entretanto, o núcleo *sonegar* inadmite a tentativa em virtude de o agente somente poder exibir o livro oficial ou o documento, agindo de acordo com os ditames funcionais, ou deixar de fazê-lo, consumando o delito. Ainda que o agente sonegue parcialmente livro oficial ou documento, o delito estará consumado.

---

204 FRAGOSO, Heleno Claudio. Lições de direito penal..., *Cit.*, p. 423.

205 BITENCOURT, Cezar Roberto. *Tratado de direito penal...*, *Cit.*, p. 49.

206 BITENCOURT, Cezar Roberto. *Tratado de direito penal...*, *Cit.*, p. 50.

207 PRADO, Luis Régis. Curso de direito penal..., *Cit.*, p. 462.

8.8. Penas e aspectos processuais

As penas cominadas são de um a quatro anos de reclusão, se o fato não constitui crime mais grave. Em razão do *quantum* da pena mínima admite-se a aplicação da suspensão condicional do processo, prevista no art. 89 da Lei 9.099/95.

A ação penal é pública incondicionada, observando-se os arts. 513 e seguintes do Código de Processo Penal.

8.9. Considerações especiais

8.9.1. Crime subsidiário

O final do preceito secundário preleciona que se aplicará o tipo "se o fato não constitui crime mais grave". Dessa forma, vislumbra-se que o tipo de injusto do art. 314 é crime subsidiário expresso. Assim sendo, o tipo analisado pode fazer parte da conduta de corrupção passiva ou falsidade documental por supressão.[208]

8.9.2. Princípio da especialidade

A Lei nº 8.137/70, em seu art. 3º, insere elementos especializantes ao tipo previsto no art. 314 do Código Penal, tipificando a seguinte conduta: "extraviar livro oficial, processo fiscal ou qualquer documento, de que tenha a guarda em razão da função; sonegá-lo, ou inutilizá-lo, total ou parcialmente, acarretando pagamento indevido ou inexato de tributo ou contribuição social".

Acaso o funcionário agir com elemento especial do tipo subjetivo, ou seja, praticar a conduta "em benefício próprio ou de outrem, ou em prejuízo alheio", responderá pelas penas do art. 305 do Código Penal, e não do art. 314 do mesmo Diploma.[209]

Por fim, realce-se que se a sonegação for praticada por alguém na qualidade de procurador ou advogado, deixando de restituir, aos autos, documento ou objeto de valor probatório, a tipificação que incidirá é a do art. 356 do Código Penal brasileiro.[210]

9. EMPREGO IRREGULAR DE VERBAS OU RENDAS PÚBLICAS

⊙ **Emprego irregular de verbas ou rendas públicas**

Art. 315 – Dar às verbas ou rendas públicas aplicação diversa da estabelecida em lei:

Pena – detenção, de um a três meses, ou multa.

---

208 HUNGRIA, Nélson. Comentários ao Código Penal... *Cit.*, p. 355.

209 COSTA, Álvaro Mayrink da. Direito penal..., *Cit.*, p. 63.

210 COSTA, Álvaro Mayrink da. Direito penal..., *Cit.*, p. 63.

9.1. Considerações preliminares

O Código Criminal imperial (1830) e o Código Penal da República (1890) não previam o tipo de emprego irregular das verbas ou rendas públicas. Somente com o Código Penal de 1940 criminalizou-se tal conduta.[211]

A *mens legis* dessa norma é assegurar a aplicação idônea dos dinheiros públicos, inibindo a demora ou prejuízo de um serviço administrativo em detrimento de outro não estabelecido diretamente em lei.[212]

Assinale-se que é prescindível o dano patrimonial à Administração Pública para que haja consumação da conduta do art. 315, uma vez que o intento do agente é aplicar as verbas com vistas ao interesse do ente estatal, todavia, não obedecendo à previsão de lei orçamentária ou lei especial.[213]

9.2. Bem jurídico e classificação do delito

O bem jurídico tutelado pelo art. 315 é a Administração Pública, com a finalidade de se garantir a probidade e a regularidade administrativas no que se refere ao emprego de verbas ou rendas públicas, obstando a mera discricionariedade do agente público, porquanto tal encargo é de lei orçamentária ou de lei especial.[214]

O delito de emprego irregular de verbas ou rendas públicas classifica-se doutrinariamente como:

a) *crime próprio* (o sujeito ativo é o agente público que tem a atribuição legal);

b) *crime formal* (consuma-se com a realização do verbo que descreve a conduta típica);

c) *crime instantâneo* (a realização opera-se de imediato);

d) *crime comissivo* (as condutas típicas são realizadas por ação);

e) *plurissubsistente* (a execução pode ser fracionada em diversos atos).

9.3. Sujeitos do delito

Sujeito ativo é o agente público que tem a atribuição legal de dar destinação diversa às rendas e às verbas públicas. Significa dizer: somente poderá consumar o delito em epígrafe o agente público que possui *poder* legal de "ordenar" despesa, ou seja, dispor das rendas e verbas públicas.[215] Não comete o delito quem *realiza*, em outros termos, cumpre a ordenação, devendo ter a sua conduta analisada sob a ótica do

211 BITENCOURT, Cezar Roberto. *Tratado de direito penal...*, *Cit.*, p.54.

212 HUNGRIA, Nélson. Comentários ao Código Penal... *Cit.*, p. 357.

213 PRADO, Luis Régis. Curso de direito penal... *Cit.*, p. 464.

214 PRADO, Luis Régis. Curso de direito penal... *Cit.*, p. 464.

215 FRAGOSO, Heleno Claudio. Lições de direito penal..., *Cit.*, p. 425.

instituto da obediência hierárquica[216], na finalidade de se averiguar eventual concurso de agentes.

A título de conclusão sobre o sujeito ativo do crime de emprego irregular das verbas ou rendas públicas, Cezar Bitencourt leciona que:

> [...] Hungria apontava como sujeitos ativos dessa infração penal "presidente da República, governadores, ministros ou secretários de Estados presidentes ou diretores de autarquias (com patrimônio desdobrado da superior entidade de direito público em cuja órbita gravitam), administradores públicos em geral". Contudo esse moderno "ordenador de despesas" que, via de regra, não se confunde com o titular das Pastas Executivas, não deixa de ser uma forma encontrada para afastar, pelo menos em parte, as responsabilidades civis, administrativas e penais das autoridades públicas, os verdadeiros mandatários do Poder Público. Em tese o ordenador de despesas responderia diretamente por eventual responsabilidade criminal, só casuisticamente, se poderá aprofundar o exame da responsabilidade ou não do verdadeiro administrador do Poder Público. Tratando-se de Prefeito Municipal convém que se observe o art. 1°, II e III, do Decreto-lei n. 201/67 (Crimes de Responsabilidade de Prefeitos).[217]

O sujeito passivo é o Estado, representado pela Administração Pública federal, estadual, distrital ou municipal.

9.4. Tipo penal objetivo: elementos da descrição típica

A ação típica prescrita no art. 315 é dar às verbas ou rendas públicas aplicação diversa da estabelecida em lei. O pressuposto para a ocorrência desse tipo de injusto é a indispensabilidade da existência de lei orçamentária ou lei especial que regulamente àquela destinação das verbas ou rendas públicas.

Destarte, deverá o agente público respeitar a regulamentação no que tange às verbas e rendas públicas, que tem fundamento, precipuamente, no art. 165, § 5º, da Constituição Federal. Há, igualmente, leis especiais que estabelecem a destinação de determinados recursos, tais como contribuições sociais, taxas, tarifas etc.[218]

Os elementos normativos *verbas e rendas públicas* são conceitos de direito tributário imprescindíveis para o tipo ora em análise. *Verbas públicas* são os dinheiros destinados pelas leis orçamentárias para ser utilizados em determinado serviço público ou obras de fim público. *Rendas públicas* são os dinheiros obtidos pela Fazenda Pública ou a ela pertencentes a qualquer título.[219]

O eventual *superavit* ou a boa aplicação que desrespeite a prévia destinação legal não enseja a exclusão da ilicitude, pois o emprego irregular de verbas ou rendas públicas, quando fixadas as suas destinações em lei, independe da boa-fé do agente público em agir em favor da Administração Pública.

216 BITENCOURT, Cezar Roberto. *Tratado de direito penal...*, *Cit.*, p. 56.

217 BITENCOURT, Cezar Roberto. *Tratado de direito penal...*, *Cit.*, p. 56.

218 BITENCOURT, Cezar Roberto. *Tratado de direito penal...*, *Cit.*, p. 56.

219 HUNGRIA, Nélson. Comentários ao Código Penal... *Cit.*, p. 357.

9.5. Tipo penal subjetivo: elemento típico subjetivo

O elemento típico subjetivo exigido é o dolo, manifestado pela vontade livre e consciente de empregar os dinheiros públicos resultantes das rendas e verbas públicas, dando-lhes destinação diversa ao que foi conferido em lei. Não se exige o elemento subjetivo especial do injusto, isto é, o especial fim de obter vantagem indevida ou para causar dano à Administração Pública.

9.6. Causa de aumento de pena

Aplica-se a causa de aumento de pena prevista no art. 327, § 2º, do Código Penal, quando a conduta criminosa é praticada por funcionário público ocupante de cargos em comissão ou função de direção ou assessoramento da Administração Pública.

9.7. Consumação e tentativa

A consumação ocorre com a efetiva ordem para que sejam destinadas as verbas ou rendas públicas em desacordo ao que foi estabelecido em lei. Como se trata de crime formal, não se necessita do dano à Administração Pública.

Entende-se que a tentativa é possível, embora seja de difícil comprovação.

9.8. Pena e aspectos processuais

A sanção cominada é de três meses de detenção, ou multa.

Em razão da pena cominada, a competência para processar e julgar esse delito é dos Juizados Especiais Criminais, admitindo-se, ainda, a transação penal da Lei nº 9.099/95.

A ação penal é pública incondicionada, observando-se os arts. 513 e seguintes do Código de Processo Penal.

9.9. Considerações especiais

9.9.1. Princípio da especialidade: Presidente da República e prefeitos municipais

A conduta criminosa do art. 315 do Código Penal também é prevista na Lei nº 1.079/1950 como crime de responsabilidade praticado pelo Presidente da República. Essa previsão legal tem natureza política, não se tratando de infração propriamente criminal. Eventual condenação acarretará *impeachment* do líder máximo do Poder Executivo, a inabilitação por cinco anos e a perda do cargo.

Quanto a prefeito municipal, incide o art. 1º, inciso III, do Decreto-lei nº 201/67, o qual prescreve: "desviar, ou aplicar indevidamente, rendas ou verbas públicas", por ser lei especial.

9.9.2. Condutas distintas: art. 315 e art. 359-D

Cumpre ressaltar que dar destinação diversa ao que está prescrito em lei difere de "ordenação de despesa não autorizada em lei". No primeiro caso, a destinação é prevista, mas deslocada para outra finalidade, incidindo no art. 315 do CP; no segundo, não há previsão legal, entretanto, determina-se a despesa, fato este que faz incidir o art. 359-D do Código Penal.[220]

9.9.3. Finalidade lícita do emprego irregular de verba pública

O tipo penal do art. 315, do Código Penal, não exige como elemento específico o objetivo de prejudicar o Estado. Assim, qualquer desvio do dever legal em relação ao emprego da verba pública configura o crime de emprego irregular de verba publica do art. 315, do Código Penal, uma vez que o funcionário público tem o dever legal de observar as regras estabelecidas pela administração pública para a aplicação dos recursos públicos.[221]

10. CONCUSSÃO E EXCESSO DE EXAÇÃO

⊙ **Concussão**

Art. 316 – Exigir, para si ou para outrem, direta ou indiretamente, ainda que fora da função ou antes de assumi-la, mas em razão dela, vantagem indevida:

Pena - reclusão, de 2 (dois) a 12 (doze) anos, e multa. *(Pena com redação dada pela Lei nº 13.964 de 24/12/2019)*

⊙ **Excesso de exação**

§ 1º – Se o funcionário exige tributo ou contribuição social que sabe ou deveria saber indevido, ou, quando devido, emprega na cobrança meio vexatório ou gravoso, que a lei não autoriza: (Redação dada pela Lei nº 8.137, de 27.12.1990)

Pena – reclusão, de três a oito anos, e multa. (Redação dada pela Lei nº 8.137, de 27.12.1990)

§ 2º – Se o funcionário desvia, em proveito próprio ou de outrem, o que recebeu indevidamente para recolher aos cofres públicos:

Pena – reclusão, de dois a doze anos, e multa.

10.1. Considerações preliminares

A concussão teve sua formulação como delito autônomo do direito penal romano no século II, d.C., já que antes a conduta ilegal dos funcionários para obter alguma vantagem ou cometer excesso de exação era apenas objeto de uma ação de repetição de indébito (procedimento *repetundarum*), que passou a ter natureza criminal a partir da *Lex Acilia* (123 a.C.) e que implicava a condenação da sanção cominada para o furto (devolução em dobro da vantagem obtida indevidamente).[222]

---

220 BITENCOURT, Cezar Roberto. *Tratado de direito penal...*, *Cit.*, p. 57.

221 NUCCI, Guilherme de Souza. Código Penal Comentado. Rio de Janeiro: Forense, 2019, p. 1446.

222 MOMMSEN, Teodoro. Derecho penal..., *Cit.*, p. 443/447.

No direito medieval a concussão confundia-se com a corrupção, em razão de suas semelhanças, a exemplo do que ocorria no Direito romano, excetuando-se apenas alguns praxistas como Farinácio, que já a distinguia em relação a outros delitos.[223]

A noção atual da concussão vem do Código Penal francês de 1810, que a distinguia da corrupção, tendo esse diploma legal influenciado vários códigos penais.[224]

O Código Criminal brasileiro de 1830 previu e delimitou com clareza as várias modalidades de concussão, inclusive a espécie de excesso de exação. O Código Penal de 1890 manteve parte da previsão (art. 135, §§ 1º e 2º) do Código Criminal anterior, mas como uma modalidade de corrupção, omitindo, contudo, a modalidade genérica de concussão. O Código Penal de 1940 estabeleceu a concussão no seu art. 316, *caput*, e em seus parágrafos, as condutas de excesso de exação.

O termo concussão deriva do verbo latino *concutere*, que significa a conduta de sacudir uma árvore para fazer cair os frutos.[225] Inicialmente, *concussio* indicava uma modalidade de furto violento, passando posteriormente a significar a obtenção de vantagem indevida pelo funcionário público mediante o abuso da autoridade da função estatal contra o particular, consistindo num delito contra a Administração Pública.[226]

10.2. Bem jurídico e classificação do delito

O bem jurídico tutelado é a Administração Pública, em todos os seus aspectos. Com efeito, a objetividade jurídica do art. 316, *caput*, visa tutelar o normal funcionamento da Administração Pública, objetivando evitar abuso no exercício na função estatal. Secundariamente, protege-se o interesse patrimonial e a liberdade individual do administrado, já que a concussão é análoga ao delito de extorsão.

O delito de concussão é: a) *crime formal* (bastando a realização da conduta típica para sua consumação); b) *crime próprio* (exige uma qualidade especial do agente: funcionário público); c) *crime instantâneo* (não há lapso temporal entre a ação e o resultado); d) *unissubjetivo* (pode ser executado por apenas um agente).

10.3. Sujeitos do delito

O sujeito ativo no crime de concussão é o funcionário público, ainda que fora da função ou antes mesmo de exercê-la. É admissível o concurso de agentes com o particular, já que a qualidade de funcionário público é elementar do tipo penal comunicável ao coautor particular, nos termos do art. 30 do Código Penal.

O sujeito passivo é o Estado, representado pela Administração Pública federal, estadual, distrital ou municipal, bem como as demais entidades abrangidas pela

223 MANZINI, Vicenzo. Tratatto di diritto penale..., *Cit.*, p. 149.

224 COSTA, Álvaro Mayrink da. Direito penal..., *Cit.*, p. 74.

225 HUNGRIA, Nelson. Comentários ao código penal..., *Cit.*, p. 358.

226 COSTA, Álvaro Mayrink da. Direito penal..., *Cit.*, p.73.

interpretação da expressão *entidade paraestatal* do art. 327, § 1º, do Código Penal, a saber: Administração Pública indireta (autarquia, empresa pública, fundação pública etc.), os entes do "terceiro setor" e empresas contratadas ou conveniadas que realizam atividade típica da administração pública. Secundariamente, a pessoa vitimizada pela concussão.

10.4. Tipo penal objetivo: elementos da descrição típica

A conduta criminosa prevista no art. 316, *caput*, consiste no comportamento do funcionário de *exigir*, para si ou para outrem, direta ou indiretamente, em razão da função estatal, vantagem ilícita. O delito de concussão é uma espécie de extorsão praticada pelo funcionário público contra o administrado para a obtenção de vantagem indevida.[227]

É essencial e característico na concussão que a exigência se proceda em razão da função estatal. Significa dizer: o agente se vale da sua qualidade de funcionário público ou do poder da função estatal para intimidar o administrado e exigir-lhe a vantagem ilícita. Assim, é pressuposto da concussão o abuso de autoridade que decorre da qualidade de agente estatal ou da função estatal. Há abuso da qualidade de funcionário público quando o agente emprega sua qualidade funcional para obter a vantagem ilícita. Por outro lado, há abuso da função estatal quando o agente se vale do exercício da função estatal para obter a vantagem indevida, isto é, exerce delituosamente a função pública para fins de alcançar a vantagem ilícita.[228]

Assim, verifica-se que a concussão tem como base de sua incriminação a *metus publicae potestatis*, isto é, o temor de represália por parte da autoridade pública.

O núcleo do tipo penal do delito de concussão é o verbo *exigir*, que significa obrigar, ordenar, impor, intimar, reclamar de modo imperioso. Assim, a conduta típica se caracteriza pela imposição do funcionário público, que se valendo do abuso de autoridade, constrange o sujeito passivo a atender a sua "exigência" de vantagem ilícita.[229]

O art. 316, *caput*, traz como elemento normativo o termo *função*, que no contexto desse tipo penal significa o exercício de qualquer atividade estatal em nome do Estado, compreendendo o cargo, o emprego ou a função públicos. Esse elemento normativo abrange também as hipóteses das atividades mencionadas no art. 327, § 1º, do Código Penal.

Outro elemento normativo do art. 316, *caput*, é a *vantagem indevida*, expressão que indica todo benefício ou proveito contrário ao Direito, isto é, toda vantagem

227 HUNGRIA, Nelson. Comentários ao código penal..., *Cit.*, p. 358.
228 MANZINI, Vicenzo. Tratatto di diritto penale..., *Cit.*, p. 152/154.
229 BITENCOURT, Cezar Roberto. Tratado de direito penal..., *Cit.*, p. 63.

ilícita. O entendimento tradicional é no sentido de que a vantagem deve ter natureza econômica, haja vista a concussão ser um delito de caráter material.[230]

Excluem-se as vantagens puramente sentimentais, as satisfações de vaidade, as meramente estéticas etc.[231]

O entendimento mais recente é de que a vantagem indevida deve abranger tanto o proveito econômico como também aquele de natureza não patrimonial, já que o legislador não restringiu expressamente a vantagem ao seu aspecto econômico, como o fez no delito de extorsão (art. 158 do Código Penal).[232]

A exigência de vantagem indevida pode ser realizada de forma: a) direta (o agente exige diretamente a vantagem ilícita); b) indireta (o agente utiliza-se de interposta pessoa para alcançar o proveito delituoso ou emprega uma ameaça dissimulada para incutir temor na vítima, com vistas a obter a vantagem ilícita).

Em que pese a concussão constituir uma exigência, isto é, uma imposição, contra a vítima, a forma usual de sua execução, na realidade, é a indireta, a implícita, na qual o agente busca atemorizar a vítima por meio de ameaças e represálias veladas e/ou dissimuladas.[233]

Assim, a concussão tem como forma usual de execução a exigência de vantagem ilícita de modo dissimulado ou por interposta pessoa.

10.5. Tipo penal subjetivo: elemento típico subjetivo

O tipo subjetivo da concussão é composto pelo elemento subjetivo geral, o dolo, e pelo elemento subjetivo especial, caracterizado pelo fim especial de agir, contido na expressão "para si ou para outrem".

O dolo se constitui pela consciência e vontade de realizar todos os elementos típicos da descrição legal da concussão. O elemento subjetivo especial do tipo é a finalidade de obter a vantagem indevida para si ou para outrem. Essa finalidade não precisa se concretizar, basta que esta seja a finalidade reitora de conduta do agente.

10.6. Circunstância de aumento de pena

Aumenta-se a pena em um terço se a concussão for praticada por ocupante de cargo em comissão ou função de direção ou assessoramento de órgão da administração direta, sociedade de economia mista, empresa pública ou fundação instituída pelo Poder Público, nos termos do art. 327, §2º, do Código Penal.

---

230 HUNGRIA, Nelson. Comentários ao código penal..., *Cit.*, p. 361; NORONHA, Magalhães. Direito penal..., *Cit.*, p. 248.

231 MANZINI, Vicenzo. Tratatto di diritto penale..., *Cit.*, p. 157; NORONHA, Magalhães. Direito penal..., *Cit.*, p. 248.

232 PRADO, Luiz Régis. Curso de direito penal..., *Cit.*, p. 472; BITENCOURT, Cezar Roberto. Tratado de direito penal..., *Cit.*,, p. 65; COSTA, Álvaro Mayrink da. Direito penal..., *Cit.*, p. 77.

233 BITENCOURT, Cezar Roberto. Tratado de direito penal..., *Cit.*, p. 64.

10.7. Consumação e tentativa

A concussão consuma-se com a simples realização da exigência de vantagem ilícita contra o sujeito passivo, já que se trata de um crime formal. Para fins de consumação não se exige o efetivo recebimento da vantagem delituosa, sendo mero exaurimento do crime.

A tentativa é, em essência, inadmissível, pois a imposição do proveito ilícito usualmente se realiza unissubsistentemente. Todavia, concretamente admite-se que a exigência seja realizada através de atos, por exemplo, na forma escrita. Nesta última hipótese seria admissível a forma tentada.[234]

10.8. Pena e aspectos processuais

As penas cominadas para o crime de concussão (art. 316, *caput*) são de dois a doze anos de reclusão, e multa.

A ação penal é pública incondicionada.

10.9. Considerações especiais

10.9.1. Distinções entre concussão e outros delitos

A concussão distingue-se do delito de corrupção na medida em que a conduta criminosa é a "exigência" (que se caracteriza por intimidação, coação, imposição etc.), enquanto na corrupção passiva o delito se consubstancia pela solicitação (que significa pedido, demanda etc.).

Não obstante a semelhança entre a concussão (art. 316, *caput,* do Código Penal) e a extorsão (art. 158 do Código Penal), há diferença entre ambas as infrações criminais já que na concussão o agente emprega a qualidade de funcionário público ou o exercício de função estatal para constranger o sujeito passivo e obter a vantagem ilícita, enquanto na extorsão, a intimidação, a coação, não está correlacionada com a função estatal.

10.9.2. Vantagem ilícita destinada à Administração Pública

Na concussão a vantagem ilícita exigida pelo agente é para si ou para outrem. Quando a vantagem indevida exigida é destinada para um ente estatal não se verifica a tipicidade da conduta como concussão, por ausência do elemento típico subjetivo "para si ou para outrem". Haverá outra infração penal, a depender do caso concreto.[235]

11. EXCESSO DE EXAÇÃO – ART. 316, § 1º E 2º

11.1. Considerações preliminares

O Código Criminal imperial (1830), em seu art. 135, §2º, incriminava a cobrança gravosa e vexatória de impostos. O Código Penal da República (1890) repete o texto

234 NORONHA, Magalhães. Direito penal..., *Cit.*, p. 248.

235 BITENCOURT, Cezar Roberto. Tratado de direito penal..., *Cit.*, p.70.

do Estatuto Penal de 1830. O Código Penal de 1940 traz essa conduta com a denominação de excesso de exação no mesmo dispositivo legal que prevê o delito de concussão (art. 316).

11.2. Bem jurídico e classificação do delito

O bem jurídico tutelado é a Administração Pública, na qualidade de administração fazendária. A objetividade jurídica do crime de excesso de exação é a proteção do normal funcionamento da Administração Pública, para fins de evitar o abuso no exercício da arrecadação das receitas tributárias. Secundariamente, tutela-se a dignidade individual e o patrimônio do contribuinte, que não deve ser alvo de medidas gravosas e vexatórias praticadas por funcionários públicos encarregados da arrecadação das receitas fiscais.

O delito de excesso de exação é classificado como:

crime formal	crime próprio	crime instantâneo	crime unissubjetivo
consuma-se com a mera realização da conduta típica	o agente apresenta uma qualidade especial: funcionário público	não há lapso temporal entre a ação e o resultado	pode ser executado por apenas um agente

11.3. Sujeitos e classificação do delito

O sujeito ativo é o funcionário público que tem competência administrativa para o recebimento do tributo ou da contribuição social. Apesar de o dispositivo legal não mencionar especificamente essa atribuição funcional do sujeito ativo; não significa que o agente possa ser qualquer funcionário público porque, por força dos princípios do direito tributário, somente pode realizar a arrecadação de tributos e contribuições fiscais o funcionário público que detém competência legal para tanto.[236]

O sujeito passivo é o Estado, representado pela Administração Pública federal, estadual, distrital ou municipal, bem como as demais entidades abrangidas pela interpretação da expressão "entidade paraestatal" do art. 327, § 1º, do Código Penal, a saber: Administração Pública indireta (autarquia, empresa pública, fundação pública etc), os entes do "terceiro setor" e empresas contratadas ou conveniadas que realizam atividade típica da Administração Pública. Secundariamente, a pessoa vitimizada pelo excesso de exação.

11.4. Tipo penal objetivo: elementos da descrição típica

O excesso de exação constitui uma modalidade especial do delito de concussão descrita no art. 316, § 1º, do Código Penal, cuja redação atual foi dada pelo art. 20 da

236 Nesse sentido: PRADO, Luiz Régis. Curso de direito penal..., *Cit.*, p. 471; COSTA, Álvaro Mayrink da. Direito penal..., *Cit.*, p. 85.

Lei nº 8.137/1990, em razão do destinatário/beneficiário do proveito econômico: o próprio Estado.[237]

A conduta criminosa do excesso de exação consubstancia-se no comportamento abusivo do funcionário público que comete excesso no exercício de arrecadar os tributos e contribuições tributárias. A conduta criminosa caracteriza-se pela exigência de tributos indevidos ou pelo modo vexatório ou gravoso na cobrança de tributos devidos.

Inicialmente, cumpre mencionar que o termo "exação" significa, nos termos do dispositivo legal, uma cobrança ou exigência pontual e exata de tributos. Assim, o delito de excesso de exação refere-se ao comportamento que ultrapassa os limites jurídicos permitidos no exercício da função de arrecadar tributos. Em essência o dispositivo legal incrimina a exação ou exigência abusiva.

A conduta típica do excesso de exação subdivide-se em duas modalidades: 1º) a exigência de pagamento de tributo ou contribuição social que o agente sabe ou deveria saber indevidos (*crimen superexactionis*); 2º) o emprego de meios vexatórios ou gravosos não permitidos em lei na cobrança das receitas tributárias (há um "excesso no modo de exação" ou "exação fiscal vexatória").[238]

A primeira modalidade do excesso de exação tem como núcleo o verbo *exigir* (que significa impor, reclamar de forma imperiosa etc.), denotando uma violência moral contra o contribuinte em razão da abusiva cobrança de tributo indevido. É a exigência indevida de tributo. A qualidade de tributo indevido decorre da ausência de previsão do tributo ou de dívida do contribuinte para com o Fisco, da exigência de valor superior àquele fixado na norma tributária etc.[239]

A segunda modalidade do delito é a do "excesso no modo de exação" ou "exação fiscal vexatória", que se caracteriza pelo emprego de meios vexatórios ou gravosos não permitidos legalmente para a cobrança de tributos devidos. Nessa modalidade, o tributo exigido é devido pelo contribuinte, mas o meio empregado para arrecadá-lo tem natureza vexatória ou gravosa. Busca-se constranger o contribuinte para se obter o recolhimento do tributo devido ao erário. *Meio vexatório* refere-se ao emprego de modo de cobrança humilhante ou que fere a dignidade humana do contribuinte. É um meio que submete o contribuinte à situação de constrangimento moral, como, por exemplo, realização de diligências fiscais aparatosas na porta do contribuinte; afixação de sinalização na frente do estabelecimento do contribuinte, indicando a existência de dívida etc. Constitui meio vexatório também o emprego indevido de sanções políticas próprias do direito tributário para indiretamente forçar o recolhimento do tributo devido, tais como a interdição ou fechamento do estabelecimento empresarial, a apreensão de mercadorias etc. *Meio gravoso* é aquele que acarreta despesas desnecessárias

---

237 BITENCOURT, Cezar Roberto. Tratado de direito penal..., *Cit.*. p.71.

238 HUNGRIA, Nelson. Comentários ao código penal..., *Cit.*. p. 363.

239 NORONHA, Magalhães. Direito penal..., *Cit.*, p. 250.

ao contribuinte, isto é, é o meio dispendioso ou de maior ônus econômico ao contribuinte para a realização de sua obrigação tributária.[240] Não obstante, a natureza vexatória ou gravosa do meio empregado na arrecadação do tributo devido é verificada pelo complemento normativo da expressão "que a lei não autoriza". Essa expressão tem natureza de norma penal em branco, necessitando ser complementada por outro ato normativo para a sua exata compreensão. Assim, o caráter vexatório ou gravoso do meio deve ser buscado cotejando-se o modo de exigência do tributo empregado pelo funcionário público com aqueles permitidos pelo direito tributário. Será meio vexatório ou gravoso aquele vedado ou reprimido pelas normas tributárias, porque ofensivos aos direitos fundamentais do contribuinte.

A conduta típica do crime de excesso de exação tem como elementos normativos jurídicos os termos *tributos* e *contribuição social*. Esses elementos normativos jurídicos têm significado fixado pelo direito tributário. Cumpre mencionar que o tipo penal de excesso de exação evita a divergência sobre quais categorias tributárias integram o gênero tributo. Na atualidade, entende-se que os tributos têm cinco espécies, a saber: impostos; taxas; contribuição de melhoria; contribuições sociais; e empréstimos compulsórios. Assim, o legislador penal poderia ter mencionado apenas o termo tributo como objeto material desse delito.

O CTN (Código Tributário Nacional) define tributo em seu art. 3º: "Tributo é toda prestação pecuniária compulsória, em moeda ou cujo valor nela se possa exprimir, que não constitua sanção de ato ilícito, instituída em lei e cobrada mediante atividade administrativa plenamente vinculada". As espécies de tributos têm também seu conceito estabelecido pelas normas tributárias: os impostos são definidos pelo art. 16 do CTN; as taxas têm seu conceito legal no art. 77 do CTN; as contribuições de melhoria são conceituadas pelo art. 81; os empréstimos compulsórios são definidos nos art. 15 do CTN e art. 148 da CF/1988; as contribuições sociais são disciplinadas pelos artigos 149 e 195 da Constituição Federal de 1988.

11.5. Tipo penal subjetivo: elemento típico subjetivo

O elemento subjetivo do delito de excesso de exação é dolo, que se constitui pela consciência e vontade de exigir o recolhimento de tributo ou contribuição social indevidos, ou pelo emprego de meio vexatório ou gravoso na sua cobrança não, legalmente autorizado.

Na primeira modalidade típica, o elemento subjetivo é composto pelo direto (indicado pela expressão "que sabe") e pelo dolo eventual (contido na fórmula "que deveria saber"). Não se exige elemento subjetivo especial do injusto.[241]

Não obstante, há divergência se a fórmula "deveria saber" configura a culpa ou o dolo eventual. Há entendimento no sentido de que a expressão "deveria saber" indica

240 NORONHA, Magalhães. Direito penal..., *Cit.*, p. 250.
241 COSTA, Álvaro Mayrink da. Direito penal..., *Cit.*, p. 86.

uma atuação culposa, pois o agente exigiria o tributo indevido por imprudência, negligência ou imperícia. Contudo, tal entendimento é dogmaticamente insustentável, já que põe em um mesmo nível de gravidade condutas dolosas e culposas. Com efeito, verifica-se que a *mens legis* busca alcançar a conduta em que o agente atua com dolo eventual, haja vista que a fórmula "deveria saber" (art. 245) indica a atuação com dolo eventual. A expressão "deveria saber" indica dolo eventual, na medida em que o agente, apesar de dúvida sobre a ilicitude da exação, decide realizar a cobrança do tributo indevido, assumindo, assim, o risco de concretizar o tipo penal, quando deveria renunciá-la.[242]

Sendo assim, inexiste a modalidade culposa do crime de excesso de exação. Eventual atuação por negligência, imprudência ou imperícia na avaliação do *quantum* do tributo ou contribuição social devidos constitui conduta atípica no direito penal.[243]

11.6. Circunstância de aumento de pena

Aumenta-se a pena em um terço se o excesso de exação for praticado por ocupante de cargo em comissão ou função de direção ou assessoramento de órgão da administração direta, sociedade de economia mista, empresa pública ou fundação instituída pelo Poder Público, nos termos do art. 327, §2º, do Código Penal.

11.7. Modalidade qualificada: desvio de tributo recebido indevidamente – art. 316, §2º

A descrição legal contida no art. 316, §2º, do Código Penal prevê uma modalidade especial de excesso de exação, que se configura quando o funcionário público "desvia, em proveito próprio ou de outrem, o que recebeu indevidamente para recolher aos cofres públicos".

O dispositivo legal acima é um tipo penal derivado da conduta criminosa imediatamente anterior, constituindo uma modalidade qualificada do crime de excesso de exação, pois o comportamento apresenta maior gravidade em razão de o agente *desviar*, em proveito próprio ou de outrem, o *quantum* indevidamente recebido em nome do Estado.

No crime de desvio de produto recebido indevidamente (art. 316, §2º), o bem jurídico tutelado e os sujeitos ativo e passivo são exatamente os mesmos da modalidade simples do delito de excesso de exação (art. 316, § 1º).

A conduta típica do delito de desvio de tributo indevidamente recebido concretiza-se quando o funcionário público *desvia* (i.é., altera o destino ou aplicação), em proveito próprio ou de outrem, o que recebeu indevidamente (recebimento de pagamento sem previsão legal) para recolher aos cofres públicos (cobrança sob o fundamento de

242 NORONHA, Magalhães. Direito penal..., *Cit.*, p. 250; PRADO, Luiz Régis. Curso de direito penal..., *Cit.*, p. 475.

243 BITENCOURT, Cezar Roberto. Tratado de direito penal..., *Cit.*, p. 73.

legalidade ou contribuição devida). A conduta criminosa realiza-se em dois momentos: a) recebimento ao Erário; e b) desvio, em proveito próprio ou de outrem, do que indevidamente, no todo ou em parte, recebeu.[244]

O delito do art. 316, §2º, do Código Penal consiste no fato de o agente apropriar-se, em proveito próprio ou de outrem, do tributo de que recebeu indevidamente, em vez de recolher o *quantum* aos cofres do Erário. A apropriação deve ser realizada pelo agente antes que o montante recebido indevidamente ingresse nos cofres públicos, porque após esse ingresso no caixa estatal o desvio ou a apropriação configurará crime de peculato (art. 312).[245] De fato, tem razão Sebastian Soler quando adverte que o fato de existirem nos cofres quantias injustamente cobradas não autoriza nenhum funcionário público a apropriar-se delas.[246]

O elemento subjetivo é o dolo direto de querer desviar o tributo indevidamente recebido, exigindo-se ainda o elemento subjetivo especial do injusto, representado pela obtenção de proveito para si ou para outrem.

A consumação do delito ocorre com o efetivo desvio, total ou parcial, do tributo recebido indevidamente. Admite-se a tentativa na hipótese de se poder interromper a execução do desvio.

11.8. Consumação e tentativa

Consuma-se o crime de excesso de exação da seguinte forma: a) na primeira modalidade do delito, a consumação ocorre com a realização da exigência, não se reclamando o recebimento efetivo do tributo devido, que caso haja, constituirá mero exaurimento do delito; b) na segunda modalidade, o crime se consuma com o emprego do meio vexatório ou gravoso, não autorizado legalmente para cobrar o tributo devido.

A forma tentada do excesso de exação é de difícil ocorrência, porquanto o delito normalmente é executado com um único ato. Não obstante, a tentativa é admissível quando a execução da conduta criminosa – em qualquer uma de suas duas modalidades – for fracionável em atos (conduta plurissubsistente), como no exemplo da forma escrita da conduta.[247]

11.9. Pena e aspectos processuais

O excesso de exação na modalidade simples (art. 316, § 1º) é punível com a pena de reclusão de três a oito anos, e multa. A forma qualificada do delito (art. 316, § 2º) é punida com a pena de reclusão de dois a doze anos e multa.

---

244 COSTA, Álvaro Mayrink da. Direito penal..., *Cit.*,, p. 87.

245 SOLER, Sebastian. Derecho penal...*Cit.*,, p. 201.

246 SOLER, Sebastian. Derecho penal...*Cit.*, p. 201.

247 Nesse sentido: NORONHA, Magalhães. Direito penal..., *Cit.*, p. 251; COSTA, Álvaro Mayrink da. Direito penal..., *Cit.*, p. 86.

Argumenta-se haver violação ao princípio da proporcionalidade, pois o dispositivo pune com uma pena mínima de três anos a forma simples do excesso de exação, enquanto a modalidade qualificada é sancionada com a pena mínima de dois anos.

A ação penal é pública incondicionada.

11.10. Consideração especial

11.10.1. Excesso na cobrança de tarifa e emolumentos

Hipóteses de condutas atípicas: abuso na cobrança de tarifas (preço público), emolumentos (quantias devidas a notários e registradores) ou custas (devidas a escrivães e oficiais de justiça) não configura o crime de excesso de exação porque não têm natureza de tributos ou de contribuição social.

12. CORRUPÇÃO PASSIVA

⊙ **Corrupção passiva**

Art. 317 – Solicitar ou receber, para si ou para outrem, direta ou indiretamente, ainda que fora da função ou antes de assumi-la, mas em razão dela, vantagem indevida, ou aceitar promessa de tal vantagem:

Pena – reclusão, de 2 (dois) a 12 (doze) anos, e multa. (Redação dada pela Lei nº 10.763, de 12.11.2003)

§ 1º – A pena é aumentada de um terço, se, em consequência da vantagem ou promessa, o funcionário retarda ou deixa de praticar qualquer ato de ofício ou o pratica infringindo dever funcional.

§ 2º – Se o funcionário pratica, deixa de praticar ou retarda ato de ofício, com infração de dever funcional, cedendo a pedido ou influência de outrem:

Pena – detenção, de três meses a um ano, ou multa.

12.1. Considerações preliminares

O termo *corrupção* refere-se à ideia de degradação ou deterioração tanto sob o prisma natural quanto sob o valorativo. No âmbito da Administração Pública, *corrupção* indica o exercício da função estatal mediante recebimento de vantagem ilícita pelo agente público. O agente estatal faz uso da função pública para alcançar vantagem pessoal em detrimento do atendimento do interesse público. Nesse contexto, o agente público corrupto *degrada* ou *deteriora* – isto é, *corrompe* – a autoridade da função estatal que exerce em nome do Estado, pois busca obter vantagem indevida para si ou para outrem, em vez de atender ao bem-estar da sociedade.[248]

No ato de corrupção verifica-se uma interposição dos interesses pessoais (do agente público ou de terceira pessoa) sobre o interesse público, resultando em

248 PRADO, Luiz Régis. Curso de direito penal..., *Cit.*, p. 480.

enriquecimento pessoal do agente corrupto (e/ou de outrem), em decorrência da vantagem ilícita recebida para a realização de ato contrário ao interesse público.[249]

O ilícito da *corrupção* tem suas causas no afrouxamento moral e cívico, no sentimento de impunidade e na avidez material do corrupto. É a venalidade do exercício de uma função estatal.[250] Nesse sentido, Sergio Habib preleciona que a *corrupção* "não é sinal característico de nenhum regime, de nenhuma forma de governo, mas decorrência natural do afrouxamento moral da desordem e da degradação dos costumes, do sentimento de impunidade e da desenfreada cobiça por bens materiais, da preterição da ética e do exercício reiterado e persistente da virtude, substituindo-se pelas práticas consumistas e imediatistas tão caras do hedonismo. Esta constatação é possível pelo cotejo da história, pelo estudo da trajetória do homem através dos tempos, donde se infere que a corrupção esteve presente por todo o tempo, contida e limitada, em alguns períodos, crescente e fortalecida em outros, incomensurável e avassaladora em outros tantos".[251]

De fato, reconhece-se que a *corrupção* não é um traço característico da sociedade contemporânea, pois é vislumbrada em todos os períodos da história humana e reprimida já nas legislações criminais da Antiguidade.[252]

A corrupção tem sido considerada um delito desde a Antiguidade Clássica, já que na Grécia desse período histórico o termo *dóron* indicava a corrupção ativa ou passiva de funcionário público, enquanto a corrupção de magistrado recebeu, posteriormente, a denominação *graphe dekasmou*, na qual o vocábulo *dekasmós* significa suborno.[253] No Direito romano a corrupção também foi reprimida na Lei das XII Tábuas, que punia a corrupção passiva com a denominação de *crimen repetundarum* (porque o corrupto era obrigado a restituir o que havia recebido).[254] Não obstante, a *corrupção* confundia-se com o delito de concussão, iniciando-se a distinção entre as ambas infrações criminais ao tempo do Império (século II d.C.) [255]

Na Idade Média também foram previstas penas rigorosas tanto para punir a corrupção dos juízes (denominada *baractaria*, significando o barato que se faz do dinheiro com a justiça) quanto a venalidade dos funcionários públicos em geral.[256]

No direito luso-brasileiro verifica-se que as Ordenações Filipinas puniam os oficiais do Rei que recebessem "serviços ou peitas", bem como quem lhes desse ou prometesse tais vantagens. O Código Criminal imperial (1830) previa a *peita* em seu art.

---

249 PRADO, Luiz Régis. Curso de direito penal..., *Cit.*, p. 485.

250 PRADO, Luiz Régis. Curso de direito penal..., *Cit.*, p. 480.

251 HABIB, Sérgio. *Brasil: quinhentos anos de corrupção*. Porto Alegre: SAFE, 1994, p. 26.

252 HUNGRIA, Nelson. Comentários ao código penal..., *Cit.*, p. 365.

253 PRADO, Luiz Régis. Curso de direito penal..., *Cit.*, p. 481.

254 HUNGRIA, Nelson. Comentários ao código penal..., *Cit.*, p. 366; MOMMSEN, Teodoro. Derecho penal..., *Cit.*, p. 441/456.

255 PRADO, Luiz Régis. Curso de direito penal..., *Cit.*, p. 481.

256 FRAGOSO, Heleno Claudio. Lições de direito penal..., *Cit.*, p. 435.

130 (corrupção por meio de recebimento de dinheiro ou outro donativo) e o suborno no art. 133 (corrupção por meio de influência ou pedido). O Código Penal da República (1890) disciplinou a corrupção ativa e passiva em uma única seção, sob a denominação de *peita ou suborno*, repetindo as modalidades de corrupção do estatuto penal anterior, embora tratadas separadamente.

O Código Penal de 1940 prevê a corrupção em dispositivos separados, sendo a corrupção passiva um delito funcional (art. 317) e a corrupção ativa um crime praticado pelo particular contra a Administração Pública. Assim, o atual Código Penal trata ambas as modalidades de corrupção como delitos distintos e independentes, rompendo-se a exigência de bilateralidade na configuração dessas infrações, que exigia a convergência de vontades entre o *intraneus* (funcionário público) e o *extraneus* (particular) para a execução e consumação delitiva. A incriminação separada dessas modalidades de corrupção permite que a consumação de qualquer uma delas não dependa da execução da outra modalidade delitiva, facilitando assim a punibilidade da corrupção.[257] Nesse sentido, vale conferir o magistério de Cezar Bitencourt, *in verbis*: "Essa opção do legislador, tratando as espécies de corrupção ativa e passiva como crimes autônomos, facilita a sua punibilidade, os quais, nas modalidades de *solicitar* (passiva) e *oferecer* (ativa), por exemplo, independem da anuência do *particular* ou do *funcionário público*, respectivamente, para consumarem-se, não significando, contudo que tenha abandonado a teoria monista da ação, ou que tenha afastado, de forma absoluta, a bilateralidade ou o caráter plurissubjetivo do crime de corrupção que, em tese, continua passível (receber ou aceitar) ".[258]

Nesse sentido, cabe destacar que o STJ aprovou a Tese nº 16, publicada no Jurisprudência em Teses nº 57 de 11.5.2016, no sentido de que não bilateralidade entre os crimes de corrupção passiva e ativa, confira-se: **Tese 16**. *Não há bilateralidade entre os crimes de corrupção passiva e ativa, uma vez que estão previstos em tipos penais distintos e autônomos, são independentes e a comprovação de um deles não pressupõe a do outro.*

12.2. Bem jurídico e classificação do delito

O bem jurídico tutelado é a Administração Pública, em todos os seus aspectos, cuja objetividade jurídica é a tutela da moralidade, regularidade e probidade administrativas contra ato de corrupção passiva, o qual constitui verdadeiro comércio ou tráfico do exercício da função estatal.[259]

257 HUNGRIA, Nelson. Comentários ao código penal..., *Cit.*, p. 367.

258 BITENCOURT, Cezar Roberto. Tratado de direito penal..., *Cit.*, p. 77.

259 Nesse sentido: MANZINI, Vicenzo. Tratatto di diritto penale..., *Cit.*, p. 170. Vale conferir o magistério de Luiz Régis Prado (Curso de direito penal..., *Cit.*,p. 485), *in verbis*: "A tutela penal no tipo em exame tem por escopo proteger o interesse atinente ao correto funcionamento, transparência e prestígio da Administração Pública, com especial atenção à obediência ao dever de probidade, evitando-se, destarte, os nefastos danos causados pela venalidade no exercício da função pública".

A finalidade do tipo penal do art. 317 é reprimir a corrupção passiva, vez que esse delito ataca o fundamento e a segurança do Estado Democrático de Direito, bem como viola profundamente os princípios constitucionais da probidade administrativa, impessoalidade e da eficiência, que regem o funcionamento da Administração Pública. Para além disso, a corrupção passiva afeta gravemente o funcionamento e a credibilidade do Estado ante à sociedade.[260]

Assim, a corrupção tem sido motivo de preocupação entre os organismos internacionais, a ponto de a *Convenção Americana Contra a Corrupção* determinar em seu art. 8° que, "Sem prejuízo de sua Constituição e dos princípios fundamentais de seu ordenamento jurídico, cada Estado-Parte proibirá e punirá o oferecimento ou outorga, por parte de seus cidadãos, pessoas que tenham residência habitual em seu território e empresas domiciliadas no mesmo, a um funcionário público de outro Estado, direta ou indiretamente, de qualquer objeto de valor pecuniário ou outros benefícios, como dádivas, favores, promessas ou vantagens em troca da realização ou omissão, por esse funcionário, de qualquer ato no exercício de suas funções públicas relacionado com uma transação de natureza econômica ou comercial".

O crime de corrupção passiva classifica-se como:

crime próprio	**crime formal**	**crime material**	**crime instantâneo**	**crime unissubjetivo**	**crime plurissubjetivo**
exige uma qualidade especial do agente: funcionário público	bastando a realização da conduta típica para sua consumação na modalidade de "solicitar"	necessita da realização do resultado naturalístico nas modalidades de "receber" e "aceitar" vantagem indevida	não há lapso entre a ação e o resultado	pode ser executado por apenas um agente na modalidade de "solicitar"	necessariamente executado por mais de um agente nas modalidades de "receber" e "aceitar".

12.3. Sujeitos do delito

O sujeito ativo é quem exerce uma função estatal (cargo público, emprego público ou função pública), mesmo que não esteja no exercício funcional, desde que as condutas típicas tenham sido realizadas em *ratione officii.*

Admitem-se a coautoria e a participação com outro funcionário público ou com particular, caso esses colaborem com a realização da conduta delitiva, conforme dispõe a regra geral do art. 29, *caput*, do Código Penal. Não obstante, aquele que oferece ou promete vantagem indevida torna-se sujeito ativo do delito de corrupção ativa, previsto no art. 333 do Código Penal.

O sujeito passivo é o Estado, representado pela Administração Pública federal, estadual, distrital ou municipal, bem como as demais entidades abrangidas pela

260 PRADO, Luiz Régis. Curso de direito penal..., *Cit.*, p. 485.

interpretação da expressão "entidade paraestatal" do art. 327, § 1º, do Código Penal, a saber: Administração Pública indireta (autarquia, empresa pública, fundação pública etc.), os entes do "terceiro setor" e empresas contratadas ou conveniadas que realizam atividade típica da Administração Pública.

12.4. Tipo penal objetivo: elementos da descrição típica

A corrupção passiva é a venalidade no exercício da função estatal por meio dos comportamentos de *solicitar, receber* ou *aceitar* promessa de vantagem indevida, para si ou para outrem, em razão de função pública (cargo, emprego ou função públicos) exercida pelo sujeito ativo. A conduta criminosa deve necessariamente relacionar-se com o exercício da função estatal pelo sujeito ativo, ou que virá a exercer, sendo próprio da corrupção passiva que a vantagem seja solicitada, recebida ou aceita em troca da realização ou abstenção de um ato de ofício.[261]

Com efeito, a corrupção passiva é considerada um comércio ignóbil e execrável da função estatal, promovido pelo funcionário público para obter vantagem ilícita para si ou para outrem.[262]

O tipo penal tem o núcleo representado pelos verbos *solicitar, receber* ou *aceitar*, consistindo em delito de conteúdo variado: a) *solicitar* significa pedir, rogar, demandar vantagem para si ou para outrem. Essa modalidade perfaz-se com a simples solicitação do sujeito ativo, não sendo necessário qualquer ato do sujeito passivo; b) *receber* indica o comportamento de auferir, obter vantagem indevida para si ou para outrem. Nessa modalidade, a iniciativa é do *extraneus,* de quem o sujeito ativo recebe (obtém) a oferta de vantagem indevida, que configuram o delito de corrupção ativa (art. 333 do Código Penal); c) *aceitar,* que tem o sentido de anuir, concordar com a promessa ou proposta de oferecimento de vantagem indevida formulada pelo *extraneus.* Nessa modalidade, é suficiente para a configuração da corrupção passiva a mera concordância ou anuência do funcionário público à promessa/proposta de vantagem ilícita a ser entregue futuramente. É conduta criminosa o aceite de receber vantagem futura. Por outro lado, a promessa ou proposta da vantagem indevida formulada pelo corruptor consubstancia o crime de corrupção ativa (art. 333, CP).

No entanto, a corrupção passiva tem como pressuposto que os comportamentos de *solicitar, receber* ou *aceitar,* implícita ou explicitamente, sejam realizados em razão

---

261 FRAGOSO, Heleno Claudio. Lições de direito penal..., *Cit.*, p. 438.

262 NORONHA, Magalhães. Direito penal..., *Cit.*, p. 254. Nesse sentido, vale conferir o magistério de Heleno Claudio Fragoso (Lições de direito penal..., *Cit.*, p. 436), *in verbis*: "Constitui corrupção passiva, essencialmente, um tráfico de autoridade, no qual o funcionário público vende ou procura vender um ato de ofício. Objeto da tutela jurídica é a Administração Pública, no sentido amplo em que esta expressão é empregada pela lei penal, visando-se preservar a probidade no exercício da função. A venalidade de funcionário é crime torpe, que atinge a Administração Pública de várias formas. Por um lado comprede a eficiência do serviço público (em torno do qual gravita o interesse de toda a comunidade), e, por outro, põe em perigo o prestígio de toda a administração e a autoridade do poder público, minando a confiança dos cidadãos e gerando a intranquilidade e o temor".

da função pública exercida ou a ser exercida pelo sujeito ativo. É necessário, portanto, uma relação de causalidade entre o exercício da função pública e a conduta imputada ao agente. A ausência dessa relação de causalidade implica a inexistência da corrupção passiva, podendo haver, residualmente, outros delitos, tais como estelionato, apropriação indébita etc.[263]

A conduta típica da corrupção passiva traz como elemento normativo do tipo penal a expressão "vantagem indevida", que constitui todo benefício ou proveito contrário ao Direito, destinado ao próprio funcionário público ou a terceira pessoa.[264] A vantagem indevida solicitada, recebida ou aceita pelo sujeito ativo é o preço da atitude corrupta.[265] A vantagem deve ser ilícita, significa dizer: contrária ao direito, podendo ser representada em dinheiro, bens móvel ou imóvel, distinções honoríficas ou qualquer coisa apreciável pelo sujeito ativo.[266]

O tipo penal da corrupção passiva não definiu a vantagem solicitada, recebida ou aceita indevidamente como *vantagem patrimonial*, possibilitando uma acepção ampla à expressão "vantagem indevida", que tanto pode ter natureza econômica como extrapatrimonial. Assim, há corrupção passiva mesmo quando a retribuição indevida ao sujeito ativo não tem natureza patrimonial.

Esse entendimento é corroborado pelo art. 317, § 2°, do Código Penal, que estatui como corrupção passiva a conduta do funcionário público que pratica ou deixa de praticar ato funcional, cedendo a pedido ou influência de outrem.[267]

Com efeito, a *vantagem indevida*, pode ser de qualquer natureza, material ou patrimonial, extrapatrimonial ou moral, mesmo que obtida indiretamente.[268]

Em sentido contrário, Nelson Hungria[269] entende que a vantagem indevida solicitada, recebida ou prometida deve ter natureza patrimonial (dinheiro ou qualquer coisa de valor patrimonial), pois representa o preço pelo comércio do ato funcional.

Não obstante, entende-se que não constitui vantagem indevida doação em gratificação, de pequena monta, recebida usualmente em datas festivas, para efeitos do delito de corrupção passiva.[270] Do mesmo modo, carece de natureza de vantagem in-

---

263 BITENCOURT, Cezar Roberto. Tratado de direito penal..., *Cit.*, p. 79.

264 PRADO, Luiz Régis. Curso de direito penal..., *Cit.*, p. 487.

265 Nesse sentido: NORONHA, Magalhães. Direito penal..., *Cit.*, p.259.

266 PRADO, Luiz Régis. Curso de direito penal..., *Cit.*, p. 487.

267 Nesse sentido: NORONHA, Magalhães. Direito penal..., *Cit.*, p. 259.

268 BITENCOURT, Cezar Roberto. Tratado de direito penal..., *Cit.*,, p. 80. Sobre gratificações de pequena monta, Franz Von Liszt (Tratado de direito penal alemão, tomo II, Campinas: Russell Editores, p. 496) assim se expressa, *in verbis*: "se o presente é dado em atenção a um uso geral – como gorjetas, presentes de ano novo – para recompensar obsequio especiais não concernentes ao officio, para satisfazer deveres de hospitalidade, ou sentimento de gratidão pessoal, ou para expressar a consideração etc., não se dá corrupção".

269 HUNGRIA, Nelson. Comentários ao código penal..., *Cit.*, p. 370.

270 HUNGRIA, Nelson. Comentários ao código penal..., *Cit.*, p. 370.

devida o ressarcimento por quantias despendidas pelo próprio funcionário público para a realização de ato funcional a ser custeado pelo particular. Não obstante a irregularidade do ressarcimento diretamente ao funcionário público, não se pode vislumbrar nesse reembolso uma vantagem ilícita própria da corrupção passiva.[271]

O delito de corrupção passiva exige ainda que as condutas típicas sejam realizadas em decorrência do *comércio* da função pública, isto é, que o comportamento do sujeito ativo se consubstancie em atos de mercancia do exercício da função estatal. A mercancia no exercício da função pública, que constitui a corrupção passiva, caracteriza-se por aspectos objetivo e subjetivo. Sob o prisma objetivo deve haver uma relação causal entre a conduta típica executada e a vantagem ilícita decorrente da corrupção. O aspecto subjetivo refere-se ao interesse pessoal do sujeito ativo em alcançar uma retribuição pela realização da conduta típica.[272] A análise desses aspectos objetivo e subjetivo deve indicar de modo inequívoco que o funcionário público, quando executou a conduta típica, teve o propósito de mercadejar ou traficar com o exercício da função estatal. Assim, o comportamento do agente deve constituir uma mercancia ou comércio da função pública.

Desse modo, entende-se que a essência da corrupção passiva não reside na solicitação ou auferimento de uma vantagem ilícita pelo funcionário público, mas no desvio do exercício da função estatal, que passa a atender a interesse pessoal do sujeito ativo, em detrimento do interesse de toda a coletividade.[273]

As condutas típicas têm como objeto a realização ou a abstenção de ato funcional, omissivo ou comissivo, pretendido pela corrupção, que tanto pode ser lícito ou ilícito. O ato funcional visado pela corrupção passiva é todo ato funcional da competência ou atribuição do funcionário público, realizado ou a ser realizado mediante a solicitação, percepção ou aceite de vantagem ilícita. Não obstante, o STF[274] passou a entender que para a configuração do delito de corrupção não é necessário estabelecer uma subsunção precisa entre o ato de ofício e a vantagem indevida recebida, sendo suficiente uma vinculação causal entre as atribuições do funcionário publico e a vantagem indevida recebida de modo a fazê-lo atuar em favor do particular e em detrimento do interesse da administração pública.

Assim, a corrupção passiva tem como pressuposto que o ato funcional visado pelas condutas típicas seja de competência ou atribuição de função exercida pelo sujeito ativo, pois apenas nessa hipótese há uma efetiva lesão ao funcionamento da Administração Pública.[275] Nesse sentido, cabe destacar que o STJ aprovou a Tese nº 17, publicada no

---

271 BITENCOURT, Cezar Roberto. Tratado de direito penal..., *Cit.*, p. 82/83.

272 Nesse sentido: MANZINI, Vicenzo. Tratatto di diritto penale..., *Cit.*,, p. 174; NORONHA, Magalhães. Direito penal..., *Cit.*, p.256; PRADO, Luiz Régis. Curso de direito penal..., *Cit.*, p. 487.

273 Nesse sentido: PRADO, Luiz Régis. Curso de direito penal..., *Cit.*,, p. 487.

274 STF, AP 695.

275 HUNGRIA, Nelson. Comentários ao código penal..., *Cit.*,, p. 371; MANZINI, Vicenzo. Tratatto di diritto penale..., *Cit.*, p. 172/173.

Jurisprudência em Teses nº 57 de 11.5.2016, confira-se: **Tese 17**. *No crime de corrupção passiva, é indispensável haver nexo de causalidade entre a conduta do servidor e a realização de ato funcional de sua competência.*

Caso inexista a competência ou atribuição para a realização do ato funcional a conduta típica executada consistirá no delito de tráfico de influência (art. 322 do Código Penal). Observe-se que nessa hipótese poderá haver também a coautoria entre quem não tem a competência funcional e o funcionário público competente em corrupção passiva.[276]

A corrupção passiva se classifica em: a) corrupção passiva imprópria, quando o agente realiza um ato funcional lícito mediante a vantagem ilícita; b) corrupção própria, configurada pela prática de um ato funcional ilícito e violação aos deveres funcionais; c) corrupção antecedente, quando a vantagem é obtida antes da realização ou abstenção do ato funcional; d) corrupção subsequente, na qual o ato funcional é realizado ou omitido sem prévio acordo a respeito da vantagem indevida, que é entregue posteriormente.

12.5. Tipo penal subjetivo: elemento típico subjetivo

O elemento subjetivo geral da corrupção passiva é o dolo, consubstanciado na consciência e vontade de solicitar, receber ou aceitar promessa de vantagem indevida em razão da função pública. Exige-se ainda o elemento subjetivo especial do tipo penal, representado pela finalidade das condutas típicas de obter vantagem ilícita "para si ou para outrem". Para a configuração desse elemento subjetivo especial basta que essa seja a finalidade reitora do comportamento do agente, sendo desnecessária a efetiva obtenção da vantagem ilícita.

12.6. Circunstâncias de aumento de pena: art. 317, § 1º, e art. 327, § 2º, do Código Penal

O art. 317, § 1º, do Código Penal estabelece uma causa de aumento de pena em razão do maior desvalor da conduta delitiva, a saber: a realização ou a abstenção do ato funcional objeto da corrupção passiva. Assim, esse dispositivo legal estabelece um acréscimo de pena para a hipótese de exaurimento da corrupção passiva em face do maior dano ao funcionamento da Administração Pública.[277]

Aplica-se o aumento de pena de um terço quando o funcionário: a) retarda (isto é, pratica-o fora do tempo devido); b) deixa de praticar; ou c) pratica ato infringindo dever funcional em razão da vantagem ilícita recebida ou prometida. Na hipótese de retardamento do ato, o agente deixa transcorrer o prazo para realizar o ato ou deixa transcorrer lapso relevante a sua prática. Na omissão de ato funcional, o agente deixa de praticar o ato

276 SOLER, Sebastian. Derecho penal...*Cit.*, p. 160; COSTA, Álvaro Mayrink da. Direito penal..., *Cit.*, p. 95.

277 Nesse sentido: HUNGRIA, Nelson. Comentários ao código penal..., *Cit.*,, p. 372.

visado pela corrupção. Na modalidade comissiva, o agente pratica o ato funcional ilícito, infringindo seus deveres funcionais.

A aplicação dessa causa de aumento de um terço depende da efetiva violação de dever funcional, já que o agente retarda ou deixa de praticar ato de ofício ou pratica ato contrário ao dever funcional da função estatal exercida.

Aplica-se também à corrupção passiva o aumento de pena de um terço previsto no art. 327, §2º do Código Penal. Assim, a pena aumenta em um terço se esse delito for praticado por ocupante de cargo em comissão ou função de direção ou assessoramento de órgão da administração direta, sociedade de economia mista, empresa pública ou fundação instituída pelo Poder Público, nos termos do art. 327, §2º, do Código Penal.

12.7. Corrupção passiva privilegiada: art. 317, §2º do Código Penal

O art. 317, §2º, do Código Penal traz a hipótese da corrupção passiva privilegiada, pois prevê uma sanção penal de menor gravidade quando o motivo determinante da execução da conduta típica não é o propósito de obter vantagem ilícita, mas o pedido ou a influência de outrem, a exemplo do Código Criminal de 1830 (art. 133) e do Código Penal de 1890 (art. 215).

A corrupção passiva privilegiada se configura quando o funcionário público: a) cede a pedido, ou seja, o agente atende à solicitação apresentada pelo interessado ou por outrem; b) cede à influência: nesta hipótese o sujeito ativo se deixa corromper para ser agradável ou bajular pessoa influente.

Na corrupção passiva privilegiada, a menor severidade da sanção criminal decorre do menor desvalor da conduta típica, já que a motivação para sua realização não é a mercancia ou o tráfico da função pública, como na hipótese da corrupção passiva do art. 317, *caput*, do Código Penal, mas o atendimento a pedido ou influência de outrem.

O tipo penal subjetivo geral da corrupção passiva privilegiada é representado pelo dolo, manifestado pela consciência e vontade de praticar ou deixar de praticar ato funcional, acrescido do elemento especial consubstanciado na finalidade de agradar a outrem.

Não obstante a corrupção passiva privilegiada não se constitua pela falta de venalidade da função estatal, é necessária a presença da infringência de "dever funcional" para configurar o delito, já que esse dado típico é um elemento do tipo penal do art. 317, §2º, do Código Penal.[278]

12.8. Consumação e tentativa

O crime de corrupção passiva, na modalidade de *solicitar*, consuma-se com a mera *solicitação* da vantagem indevida, não sendo necessária a adesão do *extraneus*

278 BITENCOURT, Cezar Roberto. Tratado de direito penal..., *Cit.*, p. 92; HUNGRIA, Nelson. Comentários ao código penal..., *Cit.*,, p. 372.

à vontade do sujeito ativo nem a efetiva entrega do que foi solicitado. Nessa modalidade, é essencial que a *solicitação* preceda à obtenção do proveito ilícito. Nas modalidades *receber* e *aceitar* promessa de vantagem indevida, a consumação ocorre com o efetivo recebimento da vantagem ilícita ou com a manifestação da aceitação da promessa de retribuição. Nessas duas hipóteses, consuma-se também crime de corrupção ativa (art. 333 do Código Penal), já que a iniciativa é do *extraneus.*[279] Na modalidade de *praticar ou deixar de praticar,* consuma-se o delito com a mera realização da conduta omissiva, pois se trata de crime omissivo próprio, ou com a prática concreta do ato funcional.

Em síntese, a corrupção passiva consuma-se com a solicitação da vantagem indevida ou com seu recebimento ou com a aceitação da promessa de retribuição, bem como com a prática ou omissão de ato funcional, atendendo-se a pedido ou a influência de outrem.

A problemática da admissibilidade ou não da tentativa na corrupção passiva é bastante polêmica e divergente na doutrina. Há quem entenda inadmissível em todas as suas modalidades[280], há quem entenda admissível somente na modalidade de *receber,* e outros também em relação a *solicitar.*[281]

Não obstante, cumpre destacar que em qualquer das modalidades, embora seja difícil a configuração da tentativa, quando, *in concreto*, for possível a interrupção da execução da conduta típica por circunstância alheia à vontade do agente, verificar-se-á a forma tentada da corrupção passiva.[282]

12.9. Pena e aspectos processuais

A pena cominada ao delito de corrupção passiva é de reclusão de dois a doze anos, e multa.

A modalidade privilegiada tem pena cominada de três meses a um ano ou multa. Nessa hipótese, a competência para o processo e julgamento é do juizado especial criminal, sendo cabível a suspensão condicional do processo nos termos do art. 89 da Lei nº 9.099/95.

A ação penal é pública incondicionada.

12.10. Considerações especiais

12.10.1. Distinções entre corrupção passiva e outros delitos

A corrupção passiva diferencia-se da prevaricação (art. 319 do Código Penal) na medida em que, neste último delito, o agente atua unicamente para satisfazer interesse ou sentimento pessoal.

279 BITENCOURT, Cezar Roberto. Tratado de direito penal..., *Cit.,*, p. 91.

280 PRADO, Luiz Régis. Curso de direito penal..., *Cit.*, p. 489.

281 NORONHA, Magalhães. Direito penal..., *Cit.*, p. 260.

282 BITENCOURT, Cezar Roberto. Tratado de direito penal..., *Cit.*, p. 91.

Diferencia-se a corrupção passiva do crime de estelionato (art. 171 do Código Penal), já que neste o agente obtém proveito ilícito por meio fraudulento, e não utilizando-se da função pública.

12.10.2. Princípio da especialidade

A corrupção praticada por testemunha, perito, tradutor ou intérprete em processo judicial, policial, administrativo ou em juízo está prevista no tipo penal do art. 343 do CP.

A corrupção do eleitor é tipificada no art. 299 do Código Eleitoral.

A corrupção do funcionário público competente para o lançamento tributário ou previdenciário e/ou cobrança de tributo ou contribuição social é prevista no art. 3°, II, da Lei n° 8.137/90.

12.10.3. Corrupção praticada por militar no exercício da função

A prática de corrupção por militar, no exercício da função pública militar, configura um dos crimes militares previstos nos arts. 308 ou 309 do Código Penal Militar.

13. FACILITAÇÃO DE CONTRABANDO OU DESCAMINHO

⊙ **Facilitação de contrabando ou descaminho**

Art. 318 – Facilitar, com infração de dever funcional, a prática de contrabando ou descaminho (art. 334):

Pena – reclusão, de 3 (três) a 8 (oito) anos, e multa. (Redação dada pela Lei nº 8.137, de 27.12.1990).

13.1. Considerações preliminares

O legislador pátrio optou por estabelecer como crime autônomo a conduta do funcionário público, que com violação ao dever funcional, colabora para a prática dos delitos de contrabando ou descaminho, sujeitando-a a sanção criminal mais grave que a prevista para essas infrações no art. 334 do Código Penal. Assim, o tipo penal do art. 318 do Código Penal é um exceção à regra geral sobre o concurso de pessoas adotada no art. 29, *caput*, do Código Penal.[283] Essa opção legislativa decorre da gravidade do ato de infidelidade funcional do funcionário público, que configura grave ato de improbidade administrativa, e das consequências deletérias que o comportamento acarretará à ordem econômica nacional.

Assim, a *ratio legis* da previsão autônoma desse delito reside na política criminal de punir mais severamente o funcionário público que viola seu dever funcional de combater as infrações de contrabando ou descaminho.[284]

283 HUNGRIA, Nelson. Comentários ao código penal..., *Cit.*, p. 373.

284 PRADO, Luiz Régis. Curso de direito penal..., *Cit.*, p. 493; BITENCOURT, Cezar Roberto. Tratado de direito penal..., *Cit.*, p. 95/96.

13.2. Bem jurídico e classificação do delito

O bem jurídico é a Administração Pública, de modo a garantir seu normal funcionamento. De forma especial, o tipo do art. 318 tem como objetividade jurídica a tutela da moralidade e probidade administrativas e o dever funcional, que podem ser afetados pela infidelidade do sujeito ativo em face da confiança que o Estado atribui a seus agentes estatais.

O crime do art. 318 classifica-se como:

crime próprio	crime formal	crime instantâneo	crime omissivo ou omissivo	crime unissubjetivo
exige uma qualidade especial do agente: funcionário público	bastando a realização da conduta típica para sua consumação na modalidade de "solicitar"	não há lapso temporal entre a ação e o resultado	a conduta de facilitar tanto pode ser realizada por ação ou omissão	pode ser executado por apenas um agente

13.3. Sujeitos do crime

O sujeito ativo é o funcionário público que exerce a função de repressão ao contrabando ou descaminho. Assim, é da essência desse delito que o funcionário público tenha, e infrinja, o dever funcional de combater o contrabando e o descaminho. Admite-se, contudo, o concurso de pessoas tanto com o *extraneus* como com outro funcionário público que não tem o dever funcional de reprimir o contrabando e o descaminho.

O sujeito passivo é o Estado, representado pela Administração Pública federal, estadual, distrital ou municipal, bem como as demais entidades abrangidas pela interpretação da expressão "entidade paraestatal" do art. 327, § 1º, do Código Penal, a saber: Administração Pública indireta (autarquia, empresa pública, fundação pública etc.), os entes do "terceiro setor" e empresas contratadas ou conveniadas que realizam atividade típica da administração pública.

13.4. Tipo penal objetivo: elementos da descrição típica

A conduta criminosa descrita no art. 318 do Código Penal consiste em o funcionário público facilitar, infringindo o dever funcional, a prática dos delitos de contrabando ou descaminho, previstos no art. 334 do Código Penal.

Esse tipo penal tem seu núcleo representado pelo verbo *facilitar*, que significa tornar fácil, coadjuvar, remover obstáculos, cooperar, promover, enfim, contribuir de modo comissivo ou omissivo para a realização do contrabando ou do descaminho, mediante a infração ao dever funcional de reprimir essas atividades delituosas. A conduta criminosa é tornar fácil, isto é: remover os empecilhos que possam dificultar a prática do contrabando ou descaminho de mercadorias (art. 334, Código Penal).

O tipo penal traz dois elementos normativos jurídicos: contrabando e descaminho, que têm seu significado jurídico fixado pelo estatuto penal em seu art. 334 do Código Penal. Contrabando, para efeitos penais, refere-se à importação ou exportação ou consumo de mercadoria, cuja entrada ou saída do país é proibida.[285]

O tipo penal do art. 318 também traz outro elemento normativo representado na expressão "com infração do dever funcional". Com efeito, o crime de facilitação de contrabando ou descaminho tem como pressuposto para a sua configuração a "infração do dever funcional" de reprimir e combater a realização dos delitos de contrabando ou descaminho. Assim, somente pratica o crime do art. 318 do Código Penal, o funcionário público cujas atribuições legais são destinadas a obstaculizar ou impedir o contrabando ou descaminho.[286]

Há infração ao dever funcional quando o funcionário público realiza ações que facilitam ou promovem o contrabando ou descaminho ou deixa de cumprir seu dever. O funcionário público infringe o dever funcional quando, seja por ação ou por omissão, busca possibilitar que outrem realize o delito de contrabando ou descaminho, em vez de combater essas infrações criminais. Não obstante, a facilitação criminosa não se confunde com o mero descumprimento do dever funcional. Nessa hipótese, o funcionário público descumpre suas atribuições legais sem a finalidade de facilitar a prática do contrabando ou descaminho, ensejando somente sua responsabilidade administrativa.[287]

Cumpre ainda mencionar que, ausente o elemento normativo "*com infração do dever funcional*", não se configura o crime de facilitação de contrabando ou descaminho. Por fim, quando o funcionário público não tem o dever legal de combater a prática dos delitos do art. 334 do Código Penal, não há crime do art. 318, devendo responder em concurso de pessoas pelo contrabando ou descaminho.

Em síntese, a conduta criminosa do art. 318 do Código Penal consiste em o funcionário público transgredir seu dever funcional de reprimir ou combater o contrabando ou descaminho por meio de ação ou omissão que promovam ou não impeçam a realização desses delitos (art. 334, do Código Penal).

13.5. Tipo penal subjetivo: elemento típico subjetivo

O elemento subjetivo do crime de facilitação de contrabando ou descaminho é o dolo, manifestado pela vontade de *facilitar* (promover ou não impedir) o contrabando ou o descaminho mediante a consciente infração ao dever funcional de reprimi-los. Por outro lado, não há a exigência de qualquer finalidade especial como elemento subjetivo específico. Inexiste a modalidade culposa desse delito, sendo punível apenas a forma dolosa.

285 HUNGRIA, Nelson. Comentários ao código penal..., *Cit.*, p. 374.

286 HUNGRIA, Nelson. Comentários ao código penal..., *Cit.*, p. 373.

287 Nesse sentido: COSTA, Álvaro Mayrink da. Direito penal..., *Cit.* p. 105.

13.6. Circunstância de aumento de pena: art. 327, §2º, do Código Penal

Aplica-se ao crime do art. 318 do Código Penal também o aumento de pena previsto no art. 327, § 1º, do Código Penal, quando a conduta criminosa for realizada conforme suas hipóteses.

Assim, a pena aumenta em um terço se esse delito for praticado por ocupante de cargo em comissão ou função de direção ou assessoramento de órgão da administração direta, sociedade de economia mista, empresa pública ou fundação instituída pelo Poder Público, nos termos do art. 327, §2º, do Código Penal.

13.7. Consumação e tentativa

Consuma-se o crime do art. 318 com a realização da ação ou omissão que configuram um comportamento de *facilitar* a prática das infrações previstas no art. 334 do Código Penal, independentemente de se efetivar o contrabando ou o descaminho. Com efeito, a conduta criminosa consiste em *facilitar* o contrabando ou o descaminho, e não em concorrer para a sua prática. A ocorrência da execução dos delitos previstos no art. 334 do Código Penal, representa mero exaurimento do crime do art. 318 do Código Penal.[288]

13.8. Pena e aspectos processuais

As penas cominadas são a reclusão de três a oito anos, e multa.

A ação é pública incondicionada e de competência da Justiça Federal.

14. PREVARICAÇÃO

⊙ **Prevaricação**

Art. 319 – Retardar ou deixar de praticar, indevidamente, ato de ofício, ou praticá-lo contra disposição expressa de lei, para satisfazer interesse ou sentimento pessoal:

Pena – detenção, de três meses a um ano, e multa.

14.1. Considerações preliminares

O delito previsto no art. 319 do Código Penal é denominado prevaricação, derivando sua denominação do vocábulo latino *preavaticatio,* que indica quem tem as pernas tortas ou cambaias, sendo *praevaricator* aquele que anda obliquamente ou que se desvia do caminho correto. Em sentido figurado, *praevaricator* designava aquele que na defesa de uma causa favorecia a parte adversa. No Direito romano, a conduta de *praevaricatio* configurava-se quando o autor processual traía a própria causa, conluiando-se com o réu para favorecer a vitória deste. Posteriormente,

288 Nesse sentido: NORONHA, Magalhães. Direito penal..., *Cit.*, p. 341; BITENCOURT, Cezar Roberto. Tratado de direito penal..., *Cit.*, p. 97.

essa denominação passou também a indicar o comportamento do *advocatus* ou *patronus* que pactuava fraudulentamente com a parte contrária, patrocinando a causa de modo infiel. Durante a Idade Média, a prevaricação passou a abranger também a infidelidade ao exercício de cargo público por descumprimento dos deveres funcionais.[289]

No direito penal brasileiro, no Código Criminal imperial (1830) a prevaricação consistia em uma série de infrações aos deveres funcionais praticados por funcionário público "por afeição, ódio ou contemplação, ou para promover interesse pessoal seu" (art. 129). No Código Penal da República (1890), o delito de prevaricação apresenta-se em três modalidades:

a) o art. 207 previa as infrações aos deveres funcionais por improbidade;
b) o art. 208, estabelecia as falsificações; e
c) o art. 209, dispunha sobre a infidelidade do advogado ou procurador. Por sua vez, o Código de 1940 preferiu uma previsão unitária ao estabelecer como prevaricação toda infração aos deveres funcionais praticados por funcionário público para satisfazer interesse ou sentimento pessoal.[290]

Na atualidade, prevaricação consiste na infidelidade aos deveres funcionais no exercício de uma função estatal, para satisfazer a interesse ou sentimento pessoal. Conquanto a infidelidade (improbidade) funcional não decorra da mercancia (comércio) do exercício da função estatal, como na corrupção passiva, o funcionário público infiel viola e corrompe profundamente seu dever de ofício ao buscar atender a interesses subalternos (interesses ou sentimento pessoal) em detrimento dos interesses do Estado e da sociedade que são inerentes à função pública.[291]

14.2. Bem jurídico e classificação do delito

O bem jurídico tutelado é a Administração Pública, buscando-se preservar o funcionamento normal e regular do exercício da função estatal, que não deve ser atingida pelo comportamento infiel descrito no art. 319 do Código Penal. O dispositivo legal busca proteger os interesses da Administração Pública quando da realização dos atos funcionais, visando preservar a probidade, a imparcialidade e a normalidade na prática de ato de ofício. Assim, esse dispositivo tem como objetividade jurídica reprimir a atuação do funcionário público impelida por interesses ou sentimentos pessoais, que são contrários aos deveres inerentes à função estatal.

A prevaricação classifica-se como:

---

289 HUNGRIA, Nelson. Comentários ao código penal..., *Cit.*p. 375/376.

290 Sobre a evolução da prevaricação, consulte-se: COSTA, Álvaro Mayrink da. Direito penal..., p. 109/119.

291 Nesse sentido: NORONHA, Magalhães. Direito penal..., *Cit.*, p. 264; BITENCOURT, Cezar Roberto. Tratado de direito penal..., *Cit.*, p. 99.

crime próprio	crime formal	crime omissivo próprio	crime comissivo
exige uma qualidade especial do agente: funcionário público	bastando a realização da conduta típica para sua consumação	nas modalidades de retardar ou deixar de praticar, porque constituem uma abstenção do dever imposto pela norma penal	na modalidade de praticar, porque a conduta somente se realiza ativamente
crime instantâneo	**crime unissubjetivo**	**crime unissubsistente**	**crime plurissubsistente**
não há lapso entre a ação e o resultado	pode ser executado por apenas um agente	nas modalidades omissivas, porque praticadas com um único ato	na modalidade comissiva, pois pode ser praticado com mais de um ato*
*. BITENCOURT, Cezar Roberto. Tratado de direito penal..., Cit., p. 107			

14.3. Sujeitos do delito

O sujeito ativo é o funcionário público que tem competência ou atribuição funcional para a realização do ato de ofício, que pode ser o ato administrativo, o legislativo e o judicial. Assim, é indispensável que o agente esteja no exercício de sua função estatal. Admite-se o concurso de pessoas entre o funcionário público e o particular, nos termos do art. 29, *caput*, do Código Penal.[292]

O sujeito passivo é o Estado, representado pela Administração Pública federal, estadual, distrital ou municipal, bem como as demais entidades abrangidas pela interpretação da expressão "entidade paraestatal" do art. 327, § 1º, do Código Penal, a saber: administração pública indireta (autarquia, empresa pública, fundação pública etc.), os entes do "terceiro setor" e empresas contratadas ou conveniadas que realizam atividade típica da Administração Pública.

14.4. Tipo penal objetivo: elementos da descrição típica

A conduta típica do art. 319 consiste na atuação infiel e improba do funcionário público, configurada pelo exercício funcional impelido para satisfazer interesses e sentimentos pessoais em detrimento da probidade e impessoalidade que são inerentes à função estatal.

O tipo penal é composto por três verbos nucleares, a saber: *retardar, deixar de praticar* e *praticar ato de ofício.*

a) *Retardar* significa protelar, atrasar, procrastinar a realização de ato de ofício. É o comportamento do funcionário público de não realizar ato funcional no prazo

292 Nesse sentido: HUNGRIA, Nelson. Comentários ao código penal..., *Cit.*, p 377; BITENCOURT, Cezar Roberto. Tratado de direito penal..., *Cit.*, p. 99.

legalmente estabelecido ou deixar fluir lapso temporal relevante para a sua prática a fim de satisfazer interesse ou sentimento pessoal. Com efeito, a conduta criminosa de *retardar* é não praticar ato funcional em tempo oportuno ou deixar transcorrer o prazo legal fixado para a sua prática. Mesmo que o ato seja praticado após o prazo legal, ainda assim há a configuração da prevaricação. Vale conferir o magistério de Nelson Hungria, *in verbis*: "o retardamento verifica-se quando o funcionário (*lato sensu*) não realiza o ato de ofício (todo e qualquer ato em que se exterioriza o exercício da função ou do cargo) dentro do prazo legalmente estabelecido, pouco importando que o ato continue a ser praticável após a expiração do prazo, sem que possa ser declarada a sua invalidade".[293] Em síntese, a conduta criminosa é a procrastinação indevida da realização do ato funcional.

b) *deixar de praticar* significa não realizar o ato funcional que se é obrigado a praticar. É uma conduta omissiva que se consubstancia pela abstenção total da prática do ato funcional. A conduta criminosa configura-se pela inércia do funcionário público em a respeito da prática de determinado ato funcional que deveria ser obrigatoriamente executado. Nessa hipótese, o ato funcional não é executado em tempo hábil para atingir a sua finalidade.

c) *Praticar ato de ofício* contra disposição expressa de lei, denotando o comportamento do funcionário público que pratica ato funcional a contrariar o ordenamento jurídico, isto é: ato ilegal, para satisfazer interesse ou sentimento pessoal. Trata-se de uma norma penal em branco, haja vista ser necessário um complemento normativo para verificação de sua ocorrência, já que a "disposição expressa de lei" tem seu conteúdo em outra norma diversa do art. 319 do Código Penal. Cumpre destacar que o termo *lei* deve ser interpretado como *lei em sentido estrito*, ou seja, *lei em sentido formal*, significando um ato normativo editado pelo Poder Legislativo (arts. 59 a 62 da Constituição Federal de 1988). Por outro lado, a prática funcional que contraria atos normativos como portaria, decreto, regulamento, medida provisória etc. não consubstancia a locução *contra disposição expressa de lei*, afastando a tipicidade da conduta.[294]

Impende destacar que o retardamento ou o não cumprimento do ato funcional nas modalidades omissivas deve ocorrer de modo indevido, ou seja, contrário ao dever legal do funcionário público de praticar o ato procrastinado ou omitido, consistindo em conduta ilegal ou injusta do agente.[295]

As modalidades omissivas também podem ser configuradas pelo "obstrucionismo", que consiste no retardamento ou omissão do ato funcional, sob o argumento malicioso e dissimulador de observância rigorosa ao procedimento legal, quando a interpretação das normas regulamentadoras permitia a prática do ato omitido. Contudo,

293 HUNGRIA, Nelson. Comentários ao código penal..., *Cit.*, p. 377.

294 PRADO, Luiz Régis. Curso de direito penal..., *Cit.*, p. 500.

295 HUNGRIA, Nelson. Comentários ao código penal..., *Cit.*, p. 377; NORONHA, Magalhães. Direito penal..., *Cit.*, p. 266; PRADO, Luiz Régis. Curso de direito penal..., *Cit.*, p. 499.

inexiste prevaricação quando o funcionário público detém certa discricionariedade administrativa para a realização do ato funcional.[296]

Na modalidade comissiva o sujeito ativo pratica ato aparentemente de sua competência ou atribuição legal, mas que na verdade é ato contrário a "disposição expressa de lei". É a realização de ato para satisfazer o interesse ou sentimento pessoal do agente, em detrimento do interesse estatal e social.

O tipo penal do art. 319 traz os seguintes elementos normativos: a) *indevidamente*, é uma elementar normativa que significa que o retardamento ou a omissão do ato funcional devem ser contrários ao ordenamento jurídico, isto é: ilegal ou injusto. *Indevidamente* significa que a conduta típica praticada é não permitida ou contrária ao Direito. É uma infração ao dever funcional; b) *ato de ofício ou ato funcional* é todo ato que exterioriza o exercício de uma função estatal.[297] São atribuições legais do funcionário público. Por consequência, é necessário que o sujeito ativo tenha competência ou atribuição legal para a realização do ato para se configurar a prevaricação; c) *interesse ou sentimento pessoal* são elementos normativos de caráter subjetivo necessários à configuração do delito de prevaricação. São elementares que indicam o fim especial de agir do sujeito ativo em face da conduta típica praticada. *Interesse pessoal* é tudo o que interessa ao sujeito ativo de qualquer modo, seja de natureza material (econômica), seja moral. Na hipótese de interesse material é necessária a inexistência de pacto ou acordo com o terceiro interessado, pois essa avença econômica caracteriza os delitos de corrupção e concussão.[298] É oportuno conferir o magistério de Cezar Bitencourt, *in verbis*: "interesse pessoal, que pode ser material ou moral, é aquele que, por alguma razão, satisfaz pretensão, ambição ou anseio do agente, podendo ser representado por qualquer vantagem ou proveito que possa ser obtido pelo sujeito ativo em razão de sua conduta incriminada nesse tipo penal".[299] *Sentimento pessoal* refere-se ao estado emocional ou afetivo do próprio sujeito ativo, que se manifesta como amor, ódio, paixão, emoção, desejo de vingança etc.[300] Cumpre destacar que não desconstitui a conduta criminosa demonstrar-se que se atuou impelido por sentimentos nobres, honrado ou de relevante valor social. Isso porque o agente estatal deve agir de modo impessoal e imparcial.[301]

Em síntese, a prevaricação configura-se quando o retardamento ou a omissão de ato funcional é realizado de modo contrário ao ordenamento jurídico (indevidamente) e dirigido a satisfazer o interesse ou sentimento pessoal do próprio sujeito ativo.

---

296 PRADO, Luiz Régis. Curso de direito penal..., *Cit.*, p. 499/500.

297 HUNGRIA, Nelson. Comentários ao código penal..., *Cit.*, p. 377.

298 HUNGRIA, Nelson. Comentários ao código penal..., *Cit.*, p. 378; PRADO, Luiz Régis. Curso de direito penal..., *Cit.*, p. 500/501.

299 BITENCOURT, Cezar Roberto. Tratado de direito penal..., *Cit.*, p. 105.

300 HUNGRIA, Nelson. Comentários ao código penal..., *Cit.*, p. 378.

301 ALMEIDA, Fernando Henrique Mendes de. Dos crimes contra a Administração Pública. São Paulo: Saraiva, 1955, p. 97.

14.5. Tipo penal subjetivo: elemento típico subjetivo

O elemento subjetivo do tipo penal da prevaricação é o dolo, constituído pela consciência e vontade de retardar ou omitir ato funcional, ou de praticá-lo contra disposição expressa de lei, de modo indevido.

É necessário ainda o elemento subjetivo especial do tipo penal representado pelo fim especial de agir, na expressão "*para satisfazer interesse ou sentimento pessoal*". Isso significa que a conduta típica deve ser praticada para a satisfação dessa modalidade de interesse ou sentimento do próprio agente.[302]

14.6. Circunstância de aumento de pena

Aplica-se ao crime de prevaricação o aumento de pena de um terço previsto no art. 327, §2°, do Código Penal. Assim, a pena aumenta em um terço se esse delito for praticado por ocupante de cargo em comissão ou função de direção ou assessoramento de órgão da administração direta, sociedade de economia mista, empresa pública ou fundação instituída pelo Poder Público, nos termos do art. 327, §2°, do Código Penal.

14.7. Consumação e tentativa

A prevaricação nas modalidades omissivas consuma-se com o retardamento ou a omissão do ato funcional. A consumação se dá com a simples abstenção do dever funcional de realizar o ato de ofício. A prevaricação na modalidade comissiva consuma-se com a efetiva prática de ato funcional contra disposição expressa de lei.

A tentativa não é admissível na prevaricação em suas modalidades omissivas, pois se trata de crime omissivo próprio (se o agente se abstém, o delito se consuma); por outro lado, caso o agente cumpra seu dever funcional, inexiste o crime. Na prevaricação comissiva a conduta delitiva é, em tese, possível de fracionamento, sendo admissível a tentativa caso haja interrupção de sua execução.

14.8. Pena e aspectos processuais

A pena cominada é de três meses a um ano de detenção, e multa.

A competência para o processo e julgamento da prevaricação é do juizado especial criminal, sendo cabível a suspensão condicional do processo nos termos do art. 89 da Lei n° 9.099/95.

A ação penal é pública incondicionada.

14.9. Considerações especiais

14.9.1. Princípio da especialidade: prevaricação em lei especial

A práticas de conduta de prevaricação em relação à matéria ambiental se amolda às previsões dos arts. 66, 67, 68, 69 e 69-A da Lei n° 9.605 de 1998 (Lei de Crimes Ambientais).

302 BITENCOURT, Cezar Roberto. Tratado de direito penal..., *Cit.*, p. 105.

Na prática da prevaricação em meio ao serviço postal, a conduta se ajusta a um dos tipos penais da Lei nº 6.538/1978 (Lei dos Serviços Postais).

Caso o delito seja praticado contra o sistema financeiro aplica-se o art. 23 da Lei nº 7.492/1986 (Lei de Crimes Contra o Sistema Financeiro).

Por fim, a prevaricação praticada em matéria eleitoral encontra-se tipificada no Código Eleitoral.

14.9.2. *Prevaricação e lei inconstitucional*

A prática de ato funcional contra dispositivo manifestamente inconstitucional não configura o delito de prevaricação, haja vista inexistir o dever de agir de acordo com uma lei editada em manifesta contrariedade à Constituição Federal.[303]

14.9.3. *Prevaricação e satisfação de interesse ou sentimento de outrem*

O delito de prevaricação tem como fim especial de agir a satisfação de interesse ou sentimento próprio do sujeito ativo, não se configurando esse delito quando a infração ao dever funcional é para satisfazer interesse ou sentimento de outrem.

14.9.4. *Prevaricação e desobediência a ordem judicial*

Funcionário público e descumprimento de ordem judicial: desobediência ou prevaricação?

Entende-se que o funcionário público não pratica o delito de desobediência (art. 330 do Código Penal) quando descumpre a execução de ordem judicial, já que esse delito tem como sujeito ativo o particular. Não obstante, entende-se que tal hipótese pode configurar o delito de prevaricação (art. 319 do Código Penal) quando o funcionário público deixou de executar a ordem judicial para satisfazer interesse ou sentimento pessoal. Afora essa hipótese, o descumprimento da ordem judicial consiste somente em infração disciplinar e sujeita a sanções administrativas.[304]

Entende-se, ainda, que inexiste o delito de prevaricação quando o funcionário público retarda ou omite a realização de ato funcional que poderia ensejar a sua própria responsabilidade penal ou administrativa, por força do princípio de que não se pode produzir prova contra si mesmo.[305]

---

303 PRADO, Luiz Régis. Curso de direito penal..., *Cit.*, p. 500.

304 HUNGRIA, Nelson. Comentários ao código penal..., *Cit.*, p. 379.

305 COSTA, Álvaro Mayrink da. Direito penal..., *Cit.*, p. 113.

15. PREVARICAÇÃO IMPRÓPRIA OU PREVARICAÇÃO DE AGENTE PENITENCIÁRIO

⊙ **PREVARICAÇÃO IMPRÓPRIA OU PREVARICAÇÃO DE AGENTE PENITENCIÁRIO**

Art. 319-A. Deixar o Diretor de Penitenciária e/ou agente público, de cumprir seu dever de vedar ao preso o acesso a aparelho telefônico, de rádio ou similar, que permita a comunicação com outros presos ou com o ambiente externo:(Incluído pela Lei nº 11.466, de 2007).

Pena: detenção, de 3 (três) meses a 1 (um) ano.

15.1. Considerações preliminares

O tipo penal do art. 319-A foi introduzido no Código Penal pela Lei n° 11.466/2007, com vistas a impedir a comunicação entre condenados presos e seus comparsas em liberdade para a prática de crimes. A finalidade da norma penal é impossibilitar que as facções criminosas no interior das unidades prisionais tenham acesso a equipamentos de comunicação de modo a evitar que continuem a controlar a realização de crimes por parte de seus integrantes que ainda não foram presos.

A doutrina pátria tem entendido que se trata de um equívoco do legislador, que optou por criminalizar uma conduta que consiste, em essência, em uma inflação disciplinar, pois se trata de um descumprimento *per se* de dever funcional.[306] Com efeito, elevou-se à condição de crime uma simples omissão de dever funcional, que estaria mais bem disciplinada na seara do direito administrativo como infração disciplinar e sujeita a sanções administrativas.[307]

Denomina-se o delito tipificado no art. 319-A do Código Penal como prevaricação imprópria, todavia não se vislumbra semelhança com o delito de prevaricação (art. 319 do Código Penal), porquanto não há elementar referente à satisfação de interesse ou sentimento pessoal que caracteriza este último crime. Assim, entende-se que não se trata de uma modalidade de prevaricação, mas sim de um delito autônomo contra a Administração Pública.[308]

15.2. Bem jurídico e classificação do delito

O bem jurídico tutelado é a Administração Pública, especialmente no que se refere à administração das unidades prisionais. A objetividade jurídica é a proteção do funcionamento normal e regular da administração penitenciária.[309]

---

306 COSTA, Álvaro Mayrink da. Direito penal..., *Cit.*, p. 119.

307 BITENCOURT, Cezar Roberto. Tratado de direito penal..., *Cit.*, p. 108/109.

308 PIERANGELI, José Henrique. Manual de direito penal..., *Cit.*, p. 854.

309 Vale conferir o entendimento de Cezar Roberto Bitencourt (Tratado de direito penal..., *Cit.*p. 109), *in verbis*: "não há, nessa nova figura, convém que se destaque, a violação dolosa do dever de ofício em prol de interesses subalternos (interesses ou sentimentos pessoais) do sujeito ativo denegrindo a função ou cargo que exerce, ao contrário do que ocorre no crime de prevaricação (art. 319). Não há, enfim, procedimento que ofende e degrada o interesse da Administração Pública, que deveria ser

A prevaricação imprópria classifica-se como:

crime próprio	crime de mera atividade	crime omissivo próprio	crime instantâneo	crime unissubsistente
exige uma qualidade especial do agente: funcionário público	que se consuma com a mera realização da conduta típica	conduta naturalmente omissiva, que se consubstancia com a simples abstenção do dever de agir	não há lapso entre a ação e o resultado	pratica-se com um único ato, não admitindo fracionamentos

15.3. Sujeitos do crime

O sujeito ativo é o funcionário público que tem a função de diretor de unidade penitenciária e o agente estatal que tenha o dever de vedar a comunicação dos presos entre ou com pessoas no mundo exterior à prisão.

O sujeito passivo é o Estado, representado pela Administração Pública federal, estadual ou municipal, bem como as demais entidades abrangidas pela interpretação da expressão "entidade paraestatal" do art. 327, § 1º, do Código Penal, a saber: administração pública indireta (autarquia, empresa pública, fundação pública etc.), os entes do "terceiro setor" e empresas contratadas ou conveniadas que realizam atividade típica da Administração Pública.

15.4. Tipo penal objetivo: elementos da descrição típica

A conduta típica do art. 319-A do Código Penal consiste em o diretor de unidade penitenciária e/ou agente público deixar de cumprir seu dever funcional de vedar (que significa impedir, proibir) ao preso o acesso a meio de comunicação (aparelhos de telefonia, de radiodifusão ou similares) que possibilite o contato com outros presos ou com outras pessoas no exterior da prisão.

O tipo penal tem como núcleo o verbo "deixar", que significa não realizar o dever funcional imposto pela norma penal. Assim, a conduta do delito de prevaricação imprópria configura-se como um crime omissivo próprio, já que se consubstancia por meio de uma abstenção da obrigação normativamente imposta pelo art. 319-A do Código Penal, que determina que o diretor de penitenciária e/ou outro agente público vedem ao preso o acesso a meio de comunicação que permita contato comunicacional com outrem. Com efeito, a prevaricação imprópria se constitui pela omissão do dever funcional de agir, imposto pelo art. 319-A do Código Penal. Não obstante, há prevaricação imprópria quando, nas circunstâncias, for possível cumprir o dever (obrigação) imposto pelo art. 319-A do Código Penal ("vedar ao preso o acesso a aparelho telefônico, de rádio ou similar").[310]

---

o bem jurídico protegido, pois o funcionário público não é impelido por objetivos ou sentimentos pessoais, contrariando os deveres que são inerentes ao cargo ou função".

310 BITENCOURT, Cezar Roberto. Tratado de direito penal..., *Cit.*p. 110.

O tipo penal traz os seguintes elementos normativos:

a) ***diretor de penitenciária*** é o funcionário público que tem a atribuição funcional de controlar e dirigir administrativamente a unidade penitenciária para seu normal e regular funcionamento. É o gestor de atividades administrativas de um estabelecimento penitenciário.

Cumpre mencionar que há divergência se o diretor de cadeia pública seria alcançado pela descrição típica do art. 319-A do Código Penal. Há entendimento no sentido de que esse dispositivo legal não alcançaria o diretor de cadeia pública, porque esta não é um estabelecimento penitenciário.[311] Não obstante, o diretor de cadeia pública pode ser sujeito ativo da prevaricação imprópria na medida em que é agente público com o dever funcional (atribuição legal) de vedar ao preso o meio de comunicação com o mundo exterior.

b) ***aparelho telefônico, de rádio ou similar.*** A locução típica se refere a aparelhos de telefonia fixo ou móveis (telefone celular). O tipo penal também inclui na proibição os aparelhos de radiodifusão transceptores, isto é, aparelhos transmissores e receptores. Por sua vez, o vocábulo "similar" refere-se aos aparelhos com a função análoga ao telefone ou rádio, isto é, aparelhos que possibilitem a comunicação pela transmissão de ondas eletromagnéticas, tais como: *pager*, *Ipod*, *bluetooth*, *Iphone* etc.[312]

Não se inclui na proibição típica o acesso a aparelhos de rádio receptadores dos meios de comunicação, como os receptores de estação AM, FM, OC, OM etc., pois esses não possibilitam a intercomunicação e servem como meio de contato com a sociedade.[313]

Em síntese, a prevaricação imprópria se configura com a abstenção (omissão) do dever funcional dos agentes públicos responsáveis pela custódia de presos de impedir-lhes o acesso a aparelhos de comunicação com outros presos ou pessoas no exterior do estabelecimento prisional.

15.5. Tipo penal subjetivo: elemento típico subjetivo

O elemento subjetivo do tipo penal da prevaricação imprópria é o dolo, constituído pela consciência e vontade de deixar de cumprir o dever funcional de vedar o acesso a equipamento de comunicação aos presos. Não se exige elemento subjetivo especial manifestado por especial fim de agir na realização da conduta.

15.6. Consumação e tentativa

O delito de prevaricação imprópria se consuma no momento em que o agente se omite no seu dever funcional de vedar ao preso o acesso a aparelho telefônico, de rádio ou

311 BITENCOURT, Cezar Roberto. Tratado de direito penal..., *Cit.*p. 109.

312 PIERANGELI, José Henrique. Manual de direito penal..., *Cit.*p. 854/855.

313 PIERANGELI, José Henrique. Manual de direito penal..., *Cit.*p. 854; COSTA, Álvaro Mayrink da. Direito penal..., *Cit.*, p. 121.

similar. Assim, o crime previsto no art. 319-A do Código Penal se consuma com a omissão do sujeito ativo em cumprir seu dever funcional indicado no tipo.

Tratando-se de crime de mera atividade a conduta é realizada de modo unissubsistente, ou seja, com um só ato, não se admitido fracionamento. Assim, a tentativa não é admissível.

15.7. Pena e aspectos processuais

A pena cominada é de três meses a um ano.

A competência para o processo e julgamento da prevaricação imprópria é do juizado especial criminal, admitindo-se a transação e a suspensão condicional do processo (arts. 76 c/c 89 da Lei n° 9.099/95).

A ação penal é pública incondicionada.

15.8. Consideração especial

15.8.1. Prevaricação imprópria e internet

A rede mundial de computadores – Internet – constitui um meio avançado tecnologicamente de comunicação na atualidade. Assim, constitui crime de prevaricação imprópria a omissão de vedar o acesso do preso a equipamento que utiliza a Internet para comunicação com pessoas no exterior da prisão.

16. CONDESCENDÊNCIA CRIMINOSA

⊙ **Condescendência criminosa**

Art. 320 – Deixar o funcionário, por indulgência, de responsabilizar subordinado que cometeu infração no exercício do cargo ou, quando lhe falte competência, não levar o fato ao conhecimento da autoridade competente:

Pena – detenção, de quinze dias a um mês, ou multa.

16.1. Considerações preliminares

O delito de condescendência criminosa, previsto no art. 320 do Código Penal, constitui, em essência, uma modalidade do crime de prevaricação que o legislador optou por disciplinar autonomamente e de modo benevolente, por entender que se trata de uma infração criminal de menor gravidade que aquela tipificada no art. 319 do Código Penal.[314] Verifique-se que o Código Criminal imperial (1830) disciplinava essa infração penal como espécie de prevaricação no art. 129, § 4º, sendo seguido pelo Código Penal da República (1890), que a previa no 207, § 6º. Por sua vez, o Código Penal de 1940 optou por destacá-la como infração autônoma para dar-lhe uma disciplina adequada à sua menor gravidade.

Verifica-se que a condescendência criminosa é uma omissão de um dever administrativo elevada à categoria de crime funcional. Por outro lado, é forçoso reconhecer

314 HUNGRIA, Nelson. Comentários ao Código Penal..., *Cit.*, p. 380.

que essa conduta tipificada não apresenta ofensividade suficiente para legitimar sua incriminação em face de um direito penal regido pelos princípios da intervenção mínima e subsidiariedade (*ultima ratio*), que busca se ocupar de condutas efetivamente graves. Sendo assim, entende-se que o delito do art. 320 do Código Penal deve ser objeto de *abolitio criminis* (ab-rogação do dispositivo legal), já que a conduta incriminada pode ter um tratamento jurídico mais adequado na seara do direito administrativo.[315]

16.2. Bem jurídico e classificação do delito

O tipo penal do art. 320 do Código Penal tem como bem jurídico a Administração Pública, especialmente no que concerne ao funcionamento do seu poder disciplinar sobre seus agentes públicos, que não deve ser obstado pela omissão dos superiores hierárquicos na responsabilização das infrações funcionais, ainda que por indulgência.

A condescendência criminosa classifica-se como:

crime próprio	**crime formal**	**crime instantâneo**	**crime unissubsistente**
exige uma qualidade especial do agente: funcionário público	bastando a realização da conduta típica para sua consumação	não há lapso entre a ação e o resultado	nas modalidades omissivas, porque praticadas com um único ato

16.3. Sujeitos do delito

Na condescendência criminosa o sujeito ativo é o funcionário público hierarquicamente superior àquele que praticou a infração, sendo necessária a competência para a devida responsabilização (apuração e punição) do infrator ou, ao menos, a atribuição de comunicar à autoridade competente para o devido procedimento disciplinar. Admite-se o concurso de pessoas com outro funcionário público ou particular, excluindo-se, todavia, a concorrência do infrator. O funcionário público da mesma hierarquia funcional não pode ser sujeito ativo da condescendência criminosa.[316]

---

315 Nesse sentido: PIERANGELI, José Henrique. Manual de direito penal..., *Cit.*, p. 856. A respeito disso, é oportuno conferir o magistério de Cezar Bitencourt (Tratado de direito penal..., *Cit.*, p. 115), *in verbis*: "Inevitável chegar à derradeira conclusão: a criminalização desse tipo de conduta é uma demasia, ante a existência de outros mecanismos de controle formalizado, particularmente, o Direito Administrativo, que podem ocupar-se melhor desse tipo de relacionamento omissivo na esfera da Administração Pública. Em verdade, na prática, tal previsão dificilmente ganha aplicação, não que tais fatos não aconteçam, ao contrário, ocorrem, mas, normalmente, o chefe do chefe, isto é, a "a autoridade" que toma conhecimento da omissão do funcionário faltoso também adota indulgência semelhante, omitindo-se, igualmente. Apenas por exceção poder-se-á chegar à punição, e, normalmente, a motivação não é mais nobre que a indulgência punida, pelo contrário, é movida por sentimento negativo, vingança, perseguição, etc. Convenhamos, falando sério e sem meias palavras, somente motivações do gênero animarão colegas de trabalho a buscar a criminalização de uma ação indulgente sem maiores consequências".

316 Nesse sentido: COSTA, Álvaro Mayrink da. Direito penal..., *Cit.*, p. 126.

O sujeito passivo é o Estado, representado pela Administração Pública federal, estadual, distritual ou municipal, bem como as demais entidades abrangidas pela interpretação da expressão "entidade paraestatal" do art. 327, § 1º, do CP, a saber: Administração Pública indireta (autarquia, empresa pública, fundação pública etc.), os entes do "terceiro setor" e empresas contratadas ou conveniadas que realizam atividade típica da Administração Pública.

16.4. Tipo penal objetivo: elementos da descrição típica

A conduta criminosa descrita no art. 320 do Código Penal consiste na omissão do dever funcional de promover a responsabilização administrativa do funcionário público infrator, quando competente para fazê-lo, ou, não o sendo, na omissão do dever de comunicar o fato à autoridade competente, impelida por sentimento de indulgência. Assim, condescendência criminosa é a omissão praticada pelo funcionário que, movido por sentimento de indulgência, deixa de responsabilizar administrativamente subordinado, hierárquico que cometeu infração (administrativa e/ou criminal), ou não realiza a devida comunicação à autoridade competente para puni-lo.[317]

A conduta incriminada divide-se em duas modalidades típicas:

a) *deixar de responsabilizar*, que se configura pela abstenção do dever funcional de responsabilizar administrativamente o funcionário público subordinado que cometeu uma infração, quando o omitente detém competência para instaurar o procedimento disciplinar ou de imposição de sanção administrativa contra subordinado infrator.

b) *não levar ao conhecimento de autoridade competente*, que significa deixar de comunicar à autoridade competente a infração praticada por funcionário público, quando o omitente, não sendo competente para a apurar a infração, devia e podia fazê-lo. É a omissão do dever funcional de comunicar a infração do subordinado à autoridade competente para a instauração do procedimento administrativo e punição disciplinar do funcionário público infrator.

Ambas as modalidades da conduta criminosa são omissivas, consistindo na abstenção de responsabilização do subordinado infrator ou na omissão de comunicação da infração à autoridade competente para apurá-la.

O pressuposto da condescendência criminosa é a antecedente prática de uma infração (administrativa e/ou criminal) pelo funcionário público subalterno do agente. Por sua vez, o vocábulo *infração* é interpretado em sentido amplo, abrangendo tanto infração disciplinar como criminal.[318]

Contudo, é necessário que a infração seja cometida em razão da função pública (*ratione officii*). Portanto, deve existir uma conexão entre a infração praticada e o exercício da função estatal.[319] Não obstante, entende-se que somente as infrações

---

317 PRADO, Luiz Régis. Curso de direito penal..., *Cit.*, p. 506.

318 NORONHA, Magalhães. Direito penal..., *Cit.*, p. 270.

319 HUNGRIA, Nelson. Comentários ao Código Penal..., *Cit.*, p. 380/381.

administrativas sujeitas a sanções disciplinares graves, como suspensão e demissão do cargo, ou a prática de crime, constituem faltas funcionais que obrigam a intervenção do superior hierárquico.[320]

O tipo penal do art. 320 do Código Penal traz dois outros elementos normativos, a saber: a) *indulgência*: significa condescendência, complacência, tolerância etc. para com o funcionário público infrator. Se a motivação da conduta típica for outra, poderá ser o crime de prevaricação (art. 319, Código Penal) ou de corrupção passiva (art. 317, Código Penal);[321] b) *exercício de cargo*: esse termo legal significa exercício de função estatal e abrange o exercício de cargo, função ou emprego públicos.

Em síntese, a condescendência criminosa é a omissão do dever funcional, impelida por indulgência, de responsabilizar funcionário público subalterno que praticou infração administrativa ou criminal em razão do cargo exercício da função estatal ou, quando não competente para a apuração da responsabilidade funcional, deixar de comunicar à autoridade competente para fazê-lo.

16.5. Tipo penal subjetivo: elemento típico subjetivo

O elemento subjetivo do tipo penal do art. 320 do Código Penal é o dolo, que consiste na consciência e vontade de praticar qualquer uma das modalidades da conduta criminosa. Para tanto, é necessário que o superior hierárquico tenha ciência da infração praticada por seu subalterno e dolosamente pratique uma das condutas omissivas típicas. A omissão culposa configura conduta atípica.

É necessário também a presença do elemento subjetivo especial do tipo penal, manifestado na especial motivação de agir da conduta criminosa, a saber: o sentimento condescendente, tolerante, presente no elemento normativo "por indulgência". É o fim especial de agir.[322]

16.6. Circunstância de aumento de pena: art. 327, § 2º

Aplica-se ao crime de condescendência criminosa o aumento de pena de um terço previsto no art. 327, §2º, do Código Penal. Assim, a pena aumenta em um terço se esse delito for praticado por ocupante de cargo em comissão ou função de direção ou assessoramento de órgão da administração direta, sociedade de economia mista, empresa pública ou fundação instituída pelo Poder Público, nos termos do art. 327, §2º, do Código Penal.

16.7. Consumação e tentativa

Consuma-se quando o agente, ao ter ciência da infração, se omite em seu dever funcional de agir para responsabilizar administrativamente o funcionário subalterno

---

320 PIERANGELI, José Henrique. Manual de direito penal..., *Cit.*, p. 857.

321 HUNGRIA, Nelson. Comentários ao Código Penal..., *Cit.*, p. 386.

322 NORONHA, Magalhães. Direito penal..., *Cit.*, p. 271; BITENCOURT, Cezar Roberto. Tratado de direito penal..., *Cit.*, p. 116.

infrator ou de comunicar à autoridade competente para apurar a falta funcional. Assim, há consumação quando realizada qualquer uma das condutas omissivas próprias típicas. A omissão se caracteriza quando transcorrido prazo razoável para o agente cumprir seu dever de agir imposto pela norma penal do tipo do art. 320 do Código Penal caso não haja prazo legal estabelecido para a atuação funcional.[323]

Como se trata de crime omissivo próprio, não se admite a tentativa.[324]

16.8. Pena e aspectos processuais

A pena cominada é alternativa de quinze dias a um mês de detenção, ou multa.

A competência para o processo é do Juizado Especial Criminal, admitindo-se a transação penal e a suspensão condicional do processo, nos termos da Lei nº 9.099/95.

A ação penal é pública incondicionada.

16.9. Considerações especiais

16.9.1. *Prática de infração* extra officium

A infração praticada pelo funcionário público sem conexão causal com o exercício da função estatal não está abrangida pelo tipo penal do art. 320 do Código Penal, porque não afeta o funcionamento normal do poder disciplinar da Administração Pública. Também não constitui antecedente necessário à condescendência criminosa a prática de infração disciplinar decorrente de modo de vida pública incontinente ou escandaloso do funcionário público subalterno (vício em jogos ilegais, embriaguez habitual etc.).[325]

16.9.2. *Funcionário público condescendente não superior ao funcionário público infrator*

Funcionário público não hierarquicamente superior ao funcionário público infrator: nessa hipótese inexiste o delito de condescendência criminosa, mas pode configurar a contravenção penal do art. 66, I, da Lei de Contravenções Penais (Decreto-lei nº 3.688/1941): deixar de comunicar à autoridade competente a prática de crime, de ação penal pública incondicionada, de que teve ciência no exercício da função pública.

17. ADVOCACIA ADMINISTRATIVA

⊙ **Advocacia administrativa**

Art. 321 – Patrocinar, direta ou indiretamente, interesse privado perante a Administração Pública, valendo-se da qualidade de funcionário:

Pena – detenção, de um a três meses, ou multa.

323 COSTA, Álvaro Mayrink da. Direito penal..., *Cit.*, p. 727.

324 HUNGRIA, Nelson. Comentários ao Código Penal..., *Cit.*, p. 381.

325 HUNGRIA, Nelson. Comentários ao Código Penal..., *Cit.*, p. 381; PIERANGELI, José Henrique. Manual de direito penal..., *Cit.*, p. 857.

Parágrafo único – Se o interesse é ilegítimo:

Pena – detenção, de três meses a um ano, além da multa.

17.1. Considerações preliminares

O delito de advocacia administrativa constitui uma inovação do legislador, não se encontrando precedentes no Código Criminal de 1830, nem no Código Penal Republicano de 1890.

Para o legislador penal, a advocacia administrativa é a conduta do funcionário público que, por conta dessa sua condição especial, patrocina interesse de terceiros perante a Administração Pública.

Impende destacar que o verbo empegado no tipo penal demonstra o quão é inadequada a terminologia utilizada pelo Código Penal para descrever a conduta criminosa, na medida em o *nomen juris advocacia administrativa* transmite a ideia da exigência, para a configuração do crime, de comportamento privativo de advogado, o que não reflete a realidade, haja vista o verbo *patrocinar* não ter exclusivamente esse significado. Para além disso, não há sentido em utilizar essa denominação jurídica para um crime funcional, quando o exercício do cargo ou função pública em diversas hipóteses torna o funcionário público impedido para o exercício da advocacia.[326]

17.2. Bem jurídico e classificação do delito

O bem jurídico tutelado é a Administração Pública, em especial o interesse da preservação do regular funcionamento das suas atividades em face da prejudicial influência do patrocínio infiel, visando garantir a imparcialidade da prestação do serviço público e da atuação funcional de seus agentes, os quais devem sempre zelar pela probidade administrativa a fim de evitar o desprestígio do Estado diante da sociedade.[327]

Doutrinariamente, o crime advocacia administrativa se classifica como doloso (não admite a forma culposa); formal (não exige o advento resultado naturalístico para fins de da vantagem ou satisfação do interesse do autor ou do particular); comissivo (exige uma conduta ativa por parte do agente); unisubjetivo (é plenamente possível a realização do tipo penal por uma só pessoa); instantâneo (consuma-se com a prática da conduta descrita, não havendo lapso temporal entre a ação e o resultado); plurissubsistente (pode ser praticado por mais de um ato, admitindo a fragmentação da conduta); próprio (exige uma qualidade especial do sujeito ativo, somente podendo ser praticado por funcionário público).

17.3. Sujeitos do delito

Cuida-se de crime próprio em que o sujeito ativo só pode ser o funcionário público, contudo nada obsta a utilização de terceiro como intermediário da prática do

326 BITENCOURT, Cézar Roberto. Tratado de direito penal..., *Cit.*, p. 120.

327 MANZINI, Vicenzo. Tratatto di diritto penale..., *Cit.*, p. 227; PRADO, Regis. Curso de direito penal..., *Cit.*, p. 511.

delito. É plenamente possível também a ocorrência de concurso de pessoas com um estranho à Administração Pública.

O sujeito passivo é o Estado, representado pela Administração Pública federal, estadual, distrital ou municipal, bem como as demais entidades abrangidas pela interpretação da expressão *entidade paraestatal* do art. 327, § 1º, do Código Penal, a saber: administração pública indireta (autarquia, empresa pública, fundação pública etc), os entes do "terceiro setor" e empresas contratadas ou conveniadas que realizam atividade típica da Administração Pública. Além disso, caso haja prejuízo a outrem decorrente da conduta criminosa, o lesado também figurará como sujeito passivo.

17.4. Tipo penal objetivo: elementos da descrição típica

No crime de advocacia administrativa, a conduta tipificada se realiza com o ato de patrocínio de interesse privado do funcionário público perante qualquer pessoa de direito público ou diante das *entidades paraestatais* nos termos do art. 327, § 1º, do Código Penal. Nessa senda, Nelson Húngria[328] discorre que independe o setor da Administração Pública em que o agente move sua ação delituosa, a questão relevante é a o patrocínio de interesse alheio, valendo-se o agente das facilidades proporcionada por sua condição especial.

Com efeito, o delito de advocacia administrativa pode ser cometido tanto no âmbito do Poder Executivo como nos Poderes Legislativo e Judiciário, uma vez que Administração Pública para efeitos desse delito deve ser compreendida em sentido lato, de modo a abranger todas as funções do Estado.[329]

Conforme se observa, o núcleo da conduta se concentra no verbo *patrocinar*, o qual tem o significado de favorecer, postular, facilitar, defender o interesse privado perante a Administração Pública. É indispensável, para configurar a conduta criminosa, que o agente se aproveite de sua influência, acessibilidade, facilidades e camaradagem no meio estatal, em função da sua qualidade de funcionário público, para patrocinar o interesse que nem seu o é, muito menos da administração público, e sim alheio, de um particular.[330] É justamente o patrocínio do interesse privado o objeto da repressão do delito, o qual pode, inclusive, ir de encontro às finalidades da Administração Pública, em especial quando se é ilegítimo[331].

328 Nelson Hungria (Comentários ao Código Penal..., *Cit.*, p. 383) discorre acerca do tema nos seguintes termos: "Na advocacia administrativa, ao contrário, a ação do funcionário é a de patrocinar, junto a qualquer setor da administração (e não apenas na repartição em que está ele lotado), valendo-se de suas qualidades, ou seja, da facilidade de acesso junto a seus colegas e da camaradagem, consideração ou influência de que goza entre estes, interesse alheio (naturalmente visando à remuneração por parte do interessado) ".

329 MANZINI, Vicenzo. Tratatto di diritto penale..., *Cit.*, p. 232.

330 FRAGOSO, Heleno Claudio. Lições de direito penal..., *Cit.*, p. 450.

331 BITENCOURT, Cézar Roberto. Tratado de direito penal..., *Cit.*, p. 119.

O objeto material da conduta é o interesse privado patrocinado. O interesse patrocinado no delito de advocacia administrativa consiste no interesse de outrem que não o da Administração Pública à qual se vincula o funcionário público infrator. O interesse privado patrocinado pelo agente é o objetivo ou meta a ser alcançada pelo particular diante da Administração Pública capitaneada pelo funcionário público. É indiferente que o interesse seja lícito ou ilícito. O simples ato de patrociná-lo já se traduz numa lesividade à administração pública, pois afeta não só a moralidade, mas, sobretudo, a imparcialidade de suas decisões, haja vista que deve agir sem a interferência de terceiros, em especial o particular[332].

Finalmente, destaca-se que o patrocínio pode ocorrer de forma direta, quando o próprio funcionário público executa a ação criminosa, ou indireta, quando o agente se vale de um terceiro. Pode também ser formal e explícito, caso em que seu ato é externado (requerimentos, petições), ou de maneira dissimulada, a exemplo daquele que acompanha e fornece informações de determinado processo. Em todas as modalidades, deve, e presume-se que assim o seja, o agente valer-se das facilidades de sua condição de funcionário público, não importando que tenha recebido qualquer tipo de vantagem econômica ou de outra natureza, em contrapartida de sua conduta. [333]

17.5. Tipo Penal subjetivo: elemento típico subjetivo

O elemento subjetivo é somente o dolo, o qual é identificado pela vontade livre e consciente de patrocinar interesse privado ante a Administração Pública. Não há a exigência de elemento subjetivo especial do tipo penal, ocorrendo o crime independentemente de a conduta ser movida com a intenção de auferir lucro ou por qualquer interesse ou sentimento pessoal.

No caso da figura qualificada, é necessário o conhecimento do interesse ilegítimo patrocinado por parte do agente.

17.6. Circunstâncias de aumento de pena: art. 327, § 2º

Há também, no crime em tela, a incidência da causa de aumento de pena em um terço, prevista no art. 327, §2º, do Código Penal, quando o agente ocupar cargo "em comissão ou de função de direção ou assessoramento de órgão da administração direta, sociedade de economia mista, empresa pública ou fundação instituída pelo poder público".

17.7. Advocacia administrativa qualificada

O parágrafo único do art. 321 contém a figura qualificada do crime de advocacia administrativa, cominando uma nova pena de três meses a um ano de detenção, mais o pagamento de multa, no caso de o interesse patrocinado ser ilegítimo.

---

332 MANZINI, Vicenzo. Tratatto di diritto penale..., *Cit.*, p. 232; BITENCOURT, Cézar Roberto. Tratado de direito penal..., *Cit.*, p. 120.

333 BITENCOURT, Cézar Roberto. Tratado de direito penal..., *Cit.*, p. 120.

O interesse ilegítimo é aquele contrário ao direito. O fato de o agente patrocinar interesse privado já se considera uma conduta desvaliosa, porém se assim o faz contrariamente às normas jurídicas, torna o desvalor de sua ação mais reprovável, justificando, sob a acepção do legislador, a majoração considerável da pena[334].

17.8. Consumação e tentativa

O crime de advocacia administrativa é formal, consumando-se a partir do momento no qual o agente patrocina o interesse privado, ou seja, quando realiza o primeiro ato configurador do patrocínio. O eventual insucesso ou o não pagamento do patrocínio prestado em nada alteram a caracterização do delito.

Em relação à tentativa, ela é admissível uma vez que se trata de crime plurissubsistente, embora sua ocorrência seja de difícil constatação.[335] Pode-se citar, como exemplo, o caso do funcionário público que acorda com terceiro para que este sirva como pessoa interposta, para que indiretamente patrocine interesse privado perante a Administração Pública; contudo este último, por circunstâncias alheias à vontade do sujeito ativo, desiste de levar a cabo a ação criminosa quando estava na iminência de protocolar a petição.

17.9. Pena e aspectos processuais

A pena prevista, na figura simples, é de um a três meses de detenção, ou, alternativamente, o pagamento de multa. Já na figura qualificada, além da exasperação da pena, que passa a ser de três meses a um ano de detenção, há a cumulação de multa, não mais sendo aplicada em substituição da pena privativa de liberdade. A reprimenda aumenta ainda em um terço no caso da incidência das circunstâncias do art. 327, §2º.

Assim, constata-se que o crime de advocacia administrativa é de pequeno potencial ofensivo, o que torna aplicáveis os institutos da Lei 9.099/95, como a transação penal, a suspensão condicional do processo e o rito sumário. A competência para o seu processamento e julgamento é dos juizados especiais criminais.

A ação penal é pública incondicionada.

17.10. Considerações especiais

17.10.1. Advocacia administrativa e princípio da especialidade

A previsão do crime de advocacia administrativa não é, porém, exclusividade do Código Penal, havendo ainda mais outras duas modalidades especiais previstas nas Leis nºs. 8.137/90 e 8.666/93.

---

334 BITENCOURT, Cézar Roberto. Tratado de direito penal..., *Cit.*, p. 121.

335 MANZINI, Vicenzo. Tratatto di diritto penale..., *Cit.*, p. 237.

O art. 3º, III, da Lei nº 8.137/90, a qual define crimes contra a ordem tributária, econômica e contra as relações de consumo, disciplina o delito de advocacia administrativa perante a administração fazendária, em matéria tributária ou previdenciária, estabelecendo a pena de reclusão, de 1 (um) a 4 (quatro) anos, além do pagamento de multa.

Por seu turno, a Lei 8.666/93, que regulamenta o art. 37, inciso XXI, da Constituição Federal, instituindo normas para licitações e contratos da Administração Pública, tipificou em seu art. 91 o crime de advocacia administrativa, mas com um diferencial em relação ao do art. 321 do Código Penal; nele a conduta delitiva deve dar "causa à instauração de licitação ou à celebração de contrato, cuja invalidação vier a ser decretada pelo Poder Judiciário". A pena cominada para esse tipo penal é detenção, de 6 (seis) meses a 2 (dois) anos, e multa.

Assim, constata-se que há três modalidades de delitos de advocacia administrativa no direito penal pátrio: uma geral, prevista no Código Penal, e duas especiais, disciplinadas pelas citadas leis extravagantes. Quando ocorre o comportamento de advocacia administrativa descrito na legislação especial, prevalece sua previsão legal em face do art. 321 do Código Penal, já que este é norma geral.

Conforme se pode perceber, há uma disparidade injustificada entre as penas estabelecidas nos três tipos penais, ocorrendo uma elevação da pena nos dois crimes de advocacia administrativa estabelecidos pelas referidas leis especiais, o que demonstra um desacerto por parte do legislador, uma vez que a conduta criminosa é, essencialmente, a mesma, não se justificando a distinção das sanções *in abstracto*, por força do princípio da proporcionalidade das penas criminais.[336]

17.10.2. Advocacia administrativa e concurso de crimes

O crime de advocacia administrativa admite o concurso formal com os delitos previstos nos arts. 316, 317 e 333, todos do Código Penal. Para fins ilustrativos, destaca-se como exemplo aquele funcionário público que ao patrocinar interesse privado perante a Administração Pública, solicita o recebimento de vantagem econômica. Assim responderá pelos crimes de advocacia administrativa e corrupção passiva, em concurso formal.

336 Nesse mesmo sentido, Luiz Regis Prado (Curso direito penal..., *Cit.*, p 510/511) aduz que: "É injustificável, por conseguinte, a diversidade de penas cominadas *in abstracto*, para hipóteses semelhantes, já que a magnitude do injusto é equivalente em cada uma delas. Aliás, o patrocínio infiel em licitações públicas que envolvem vultosas quantias não é menos grave do que a prática dessa conduta delitiva para defender interesse de contribuinte junto à Administração Pública. No entanto, a sanção prevista para a primeira hipótese é de seis meses a dois anos de detenção e multa, enquanto para a segunda é de um a quatro anos de reclusão, e multa".

18. VIOLÊNCIA ARBITRÁRIA

> ⊙ **Violência arbitrária**
> **Art. 322** – Praticar violência, no exercício de função ou a pretexto de exercê-la:
> Pena – detenção, de seis meses a três anos, além da pena correspondente à violência.

18.1. Considerações preliminares

O crime de violência arbitrária não é recente no ordenamento jurídico brasileiro, pois o Código Criminal imperial (1830), inspirando-se no Código Penal napoleónico, dispunha em seu art. 145, localizado na seção de "*Excesso ou abuso de autoridade*", a seguinte conduta delituosa: "*Commetter qualquer violencia no exercicio das funcções do emprego, ou a pretexto de exerce-las*", cominando a pena de perda do emprego no grau máximo; de suspensão por três anos, no médio; e por um, no mínimo; além das mais, em que incorrer pela violência.

Posteriormente, no Código Penal da República (1890) a conduta criminalizada se manteve a mesma, apenas se alterando a seção em que estava localizada, passando a figurar na secção denominada "*Excesso ou abuso de autoridade e usurpação de funções públicas*". A mudança foi pouco significativa em relação ao código criminal de 1830, que a pena, inclusive, se manteve a mesma.

No atual Código Penal a conduta criminosa foi praticamente reproduzida, e apesar de os termos para descrever o crime serem distintas das previsões dos Códigos anteriores, o sentido continuou igual, pois o seu significado normativo continua o mesmo. Houve, porém, houve a modificação da nomenclatura do delito, que passou a se chamar *violência arbitrária*.

Cumpre destacar a divergência doutrinária e jurisprudencial acerca da revogação ou não do art. 322 do Código Penal pela Lei nº 4.898/65 (Crime de abuso de poder). A respeito desse tema, foram firmadas duas correntes diametralmente opostas:

a) Uma primeira corrente defende que o crime de violência arbitrária, que integra os crimes contra a Administração Pública, e o crime de abuso de poder, este inserido nos crimes contra a Administração da Justiça, não se confundem em nosso ordenamento jurídico. Por esse motivo, o delito de violência arbitrária não restaria absorvido pelo de abuso de poder, previsto na Lei nº 4.898/65;

b) já a segunda corrente, a qual é majoritária, sustenta a revogação do art. 322 do Código Penal pela Lei nº 4.898/65, pela simples razão de que ao descrever as elementares do crime de abuso de poder, o referido diploma legislativo teria regulamentado integralmente o crime de violência arbitrária. [337]

Embora a maioria da doutrina entenda que houve revogação do art. 322 do Código Penal, o Supremo Tribunal Federal, no julgamento do RHC nº 95617,

337 COSTA, Álvaro Mayrink da. Direito penal..., *Cit.*, p.143.

Diário da Justiça Eletrônica de 25/11/2008,[338] julgou não ter sido revogado esse dispositivo legal.[339]

O entendimento da Suprema Corte alia-se com a maioria da doutrina nacional, entendendo também que a conduta criminosa do art. 322 do Código Penal está descrita integralmente no crime de *violência arbitrária* previsto na Lei nº 4.895/65, ocorrendo assim a sua revogação do tipo penal do estatuto penal.

A partir de janeiro de 2020 entra em vigor a nova Lei de abuso de autoridade, Lei nº 13.869/2019, que revogou a atual lei de abuso de autoridade, Lei nº 4.895/65. Todavia, a nova lei de abuso de autoridade não dispôs expressamente sobre a revogação do art. 322, do Código Penal, permanecendo a divergência quanto a sua revogação.

Apesar da adoção do entendimento acima no sentido de que este tipo penal fora revogado pela anterior lei de abuso de autoridade, mantêm-se os comentários ao art. 322 do Código Penal, em razão da divergência existente sobre sua revogação.

18.2. Bem jurídico e classificação do delito

O bem jurídico tutelado é a Administração Pública, uma vez que o abuso reflete uma violação ao dever funcional do funcionário público, afetando, por conta disso, o poder público, já que é em seu nome que ele atua[340]. Protege-se ainda a integridade física do terceiro que suporta a violência perpetrada pelo agente.

No tocante a classificação doutrinária, trata-se de crime doloso (não admite a forma culposa); material, diferentemente da maioria dos crimes praticados por

338 Explicando o voto da Corte Suprema, Cezar Roberto Bittencourt (Tratado de direito penal..., *Cit.*, p.124) aduz que "Discute-se, no entanto, na doutrina brasileira, se esse dispositivo não teria sido revogado pela Lei n. 4.898/65, que define os crimes de abuso de autoridade. Divergem, duas correntes, ambas com argumentos respeitáveis, que se tornam efetivamente inconciliáveis. O Supremo Tribunal Federal vinha entendendo que o art. 3º, i, da Lei n. 4.898/65, descrevendo o 'abuso de autoridade' como 'atentado à incolumidade física do indivíduo', não revogou o crime de violência arbitrária, definido no art. 322 do código Penal. Argumentava a Suprema Corte que na legislação brasileira os crimes de violência arbitrária não se confundem com o crime de abuso de poder. O crime de abuso de poder descrito no art. 350 do Código Penal integra o capítulo dos crimes contra a Administração da Justiça; o art. 322, que descreve a 'violência arbitrária', encontra-se no capítulo que descreve os crimes praticados por funcionários públicos contra a Administração Pública em geral, sendo que a violência deve ser praticada no exercício da função ou a pretexto de exercê-la. Esse dispositivo pune cumulativamente a violência praticada, que pode ir de vias de fato a homicídio. Logo, não pode ter sido absorvido pelo crime de abuso de autoridade (Lei 4.898/65), cuja pena privativa de liberdade é de dez dias a seis meses de detenção. Nesse sentido, sustentava o Supremo Tribunal Federal que a Lei n. 4.898/65 não revogou expressamente o art. 322 do Código Penal, tampouco com ele é incompatível, nem regulou exaustivamente a matéria. Ademais a Lei 4.898/65 é omissa quanto à cumulação da punição correspondente à violência, que, via de regra, é punível com maior severidade que o abuso de autoridade".

339 No mesmo sentido do entendimento do STF: FRAGOSO, Heleno Claudio. Lições de direito penal..., *Cit.*, p. 452.

340 PRADO, Luis Regis. Curso de direito penal..., *Cit.*, p. 526.

funcionários públicos contra a Administração Pública (requer o advento resultado naturalístico para fins de consumação); comissivo (exige uma conduta ativa por parte do agente); unisubjetivo (é plenamente possível a realização do tipo penal por uma só pessoa); instantâneo (consuma-se de imediato com a prática da conduta descrita, não havendo lapso temporal entre a ação e o resultado); plurissubsistente (pode ser praticado por mais de um ato, admitindo a fragmentação da conduta); pluriofensivo (afeta a dois bens jurídicos, vale dizer, a Administração Pública e a integridade física daquele que suporta a violência); próprio (somente pode ser praticado por funcionário público).

18.3. Sujeitos do delito

O sujeito ativo é o funcionário público, por tratar de crime próprio. Todavia, nada obsta que o funcionário público possa agir em concurso com o particular nos termos do art. 29 do Código Penal.

O sujeito passivo é o Estado, representado pela Administração Pública federal, estadual, distrital ou municipal, bem como as demais entidades abrangidas pela interpretação da expressão "entidade paraestatal" do art. 327, § 1º, do Código Penal, a saber: Administração Pública indireta (autarquia, empresa pública, fundação pública etc), os entes do "terceiro setor" e empresas contratadas ou conveniadas que realizam atividade típica da Administração Pública. Secundariamente, a pessoa que sofre a violência arbitrária também é sujeito passivo.

18.4. Tipo penal objetivo: elementos da descrição típica

A conduta consiste na prática de violência física (*vis corporalis)* arbitrária no exercício da função estatal contra outrem. É bem verdade que para a execução de muitos dos atos estatais é necessária a utilização da violência; até o próprio direito penal é um instrumento de violência estatal, porém seu uso jamais poderá se pautar à margem da legalidade, e é justamente esse o traço caracterizador do delito: a ação violenta do funcionário público fora da hipóteses amparadas ou justificadas pela lei.

O verbo do crime é *praticar,* que tem o significado de exercer, realizar, cometer violência física contra outrem, ou seja, um ato ou conjunto de atos que atinjam a integridade física do indivíduo, abarcando tanto as vias de fato, como a lesão corporal e até mesmo o homicídio. A violência deve ser ilegítima, arbitrária, executada no exercício de função ou a pretexto de exercê-la.

A violência prevista no art. 322 do Código Penal só pode ser a física, a *vis corporalis*, não sendo suficiente a violência moral ou pisicológica (*vis compulsiva*). A simples intimidação do sujeito não configura o crime de violência arbitrária. Como leciona Nelson Húngria[341], toda vez que, na descrição típica de uma conduta, o Código Pe-

341 HUNGRIA, Nelson. Comentários ao Código Penal..., *Cit.*, p. 386.

nal faz alusão ao termo *violência,* quer se referir à violência física, pois do contrário, quando quer descrever a violência moral, se utiliza dos termos *ameaça* ou *grave ameaça,* a exemplo do crime de resistência (art. 157 do Código Penal). Nesse crime há as elementares *violência* e *ameaça,* prevendo, respectivamente, a *vis corporalis* e a *vis compulsiva.*

Por conta disso, a violência mencionada no tipo penal consiste na aplicação de força física, de um movimento mecânico do agente no corpo de terceiro, nada obstando a utilização de meios indiretos, como emprego de veneno, fogo e explosivo.

De todo o exposto, para a configuração do delito de violência arbitrária são necessários dois pressupostos, a saber: 1º) uso arbitrário da violência física,[342] ou seja, que a força empregada pelo sujeito ativo para atingir outrem deve ser ilegítima, sem justa causa que a autorize; 2º) prática da violência física arbitrária no exercício da função estatal (atuação *ratione officio*) [343], isto é, exige-se que o agente esteja no exercício de uma função pública ou a utilize a pretexto de exercê-la. O exercício da função pública deve ser a causa para o uso da violência.[344]

Cabe destacar que se a violência por si só configurar um crime autônomo, está-se diante de um concurso formal, havendo unidade de conduta e pluralidade de delitos. Contudo, por expressa determinação da lei não se aplica o sistema de exasperação da pena, e sim o de acúmulo material, somando-se as penas do respectivo com as do delito de violência arbitrária, independentemente da existência de desígnios autônomos, como ocorre no concurso formal impróprio. Entretanto, há a possibilidade de acontecer o concurso material do crime de violência arbitrária com outro, desde que haja uma pluralidade de condutas e de crimes, o que retirará o formato de concurso formal de crimes, pois então não mais existirá unicidade de ação ou omissão.[345]

18.5. Tipo penal subjetivo: elemento típico subjetivo

O tipo penal subjetivo é o dolo concretizado na vontade livre e consciente de praticar violência, no exercício de função ou a pretexto de exercê-la. Embora parte da doutrina entenda ser necessário o elemento subjetivo especial, consistente na intenção do agente de abusar de sua autoridade[346], entende-se ser desnecessária finalidade do agente, uma vez que pouco importam, para efeitos da realização típica do crime, às razões pelas quais age o agente; pois a objetividade jurídica é reprimir a violência ilegítima em si.

Não há previsão de modalidade culposa.

342 HUNGRIA, Nelson. Comentários ao Código Penal..., *Cit.*, p. 387.
343 HUNGRIA, Nelson. Comentários ao Código Penal..., *Cit.*, p. 389.
344 BITENCOURT, Cezar Roberto. Tratado de direito penal..., *Cit.*, p.126.
345 BITENCOURT, Cezar Roberto. Tratado de direito Penal..., *Cit.*, p.128/129.
346 MASSON, Cléber. Direito penal..., *Cit.*, p. 676.

18.6. Circunstâncias de aumento de pena: art. 327, §2º

Há também, no crime em tela, a incidência da causa de aumento de pena em um terço, prevista no art. 327, §2º, do Código Penal, quando o agente ocupar cargo "em comissão ou de função de direção ou assessoramento de órgão da administração direta, sociedade de economia mista, empresa pública ou fundação instituída pelo poder público".

18.7. Consumação e tentativa

O crime se consuma com a efetiva prática da violência pelo funcionário público, no exercício de função ou a pretexto de exercê-la, sendo sua verificação necessária, já que ela é integrante da descrição típica.

A tentativa é possível, contudo, é de difícil ocorrência.

18.8. Pena e aspectos processuais

A pena prevista para o crime de violência arbitrária é de detenção, de seis meses a três anos, além da pena correspondente à violência, desde que esta se amolde a outro tipo penal.

Aplica-se a suspensão condicional do processo em razão da pena mínima cominada nos termos do art. 89 da Lei 9.099/95.

A ação penal é pública incondicionada.

19. ABANDONO DE FUNÇÃO

⊙ **Abandono de função**

Art. 323 – Abandonar cargo público, fora dos casos permitidos em lei:

Pena – detenção, de quinze dias a um mês, ou multa.

§ 1º – Se do fato resulta prejuízo público:

Pena – detenção, de três meses a um ano, e multa.

§ 2º – Se o fato ocorre em lugar compreendido na faixa de fronteira:

Pena – detenção, de um a três anos, e multa.

19.1. Considerações preliminares

O Código Criminal imperial (1830) já tipificava o delito de abandono de função pública, sob a influência do Código Penal português que distinguia o abandono do emprego público da mera ausência temporária. O Código Penal da República (1890) reproduziu, em linhas gerais, o estatuto penal imperial. A Consolidação das Leis Penais (1932) também previu o delito, mas atribuiu-lhe nova estrutura e a denominação atual. Por sua vez, o Código Penal Vigente (1940) mantém a criminalização da conduta entre os crimes contra a Administração Pública, tendo como antecedente informador o Código Penal Italiano de 1889 (Código Zanardelli).[347]

---

347 PIERANGELI, José Henrique. Manual de direito penal..., *Cit.*, p. 863.

19.2. Bem jurídico e classificação do delito

O bem jurídico protegido é a Administração Pública, mormente seu funcionamento normal e regular, que não pode ser obstado por meio da interrupção indevida da prestação do serviço pelo funcionário público. A objetividade jurídica é a tutela do princípio da continuidade do serviço público, que estatui que a atuação estatal não pode cessar, sob pena de grave prejuízo à sociedade. Assim, a finalidade do tipo penal do art. 323 do Código Penal é assegurar a continuidade, a regularidade e a eficiência da prestação dos serviços públicos em sentido amplo, reprimindo penalmente o abandono do exercício da função pública.[348]

O delito de abandono de função classifica-se como:

crime próprio	crime formal	crime de mão própria	crime instantâneo	crime unissubjetivo
exige uma qualidade especial do agente: funcionário público	basta a realização da conduta típica para sua consumação	infração criminal que somente o sujeito ativo, pessoalmente, pode praticá-lo	não há lapso entre a ação e o resultado	a conduta típica pode ser praticada por apenas um agente

19.3. Sujeitos do delito

O sujeito ativo é o funcionário público (em sentido próprio e também por equiparação) que está no exercício de uma função estatal. Exclui-se o funcionário público de fato, haja vista a necessidade da regular nomeação, posse e exercício da função pública.

O sujeito passivo é o Estado, representado pela Administração Pública federal, estadual, distrital ou municipal, bem como as demais entidades abrangidas pela interpretação da expressão *entidade paraestatal* do art. 327, § 1º, do Código Penal, a saber: Administração Pública indireta (autarquia, empresa pública, fundação pública etc.), os entes do "terceiro setor" e as empresas contratadas ou conveniadas que realizam atividade típica da Administração Pública.

19.4. Tipo penal objetivo: elementos da descrição típica

O tipo penal do art. 323 do Código Penal descreve a conduta criminosa de abandonar o exercício de cargo público fora das hipóteses permitidas legalmente. Assim, o comportamento típico consiste no afastamento intencional e indevido do exercício de função estatal fora das hipóteses previstas em lei. Em síntese, corresponde a uma deserção do exercício da função estatal.

O tipo penal tem como núcleo o verbo *abandonar,* que significa deixar, desertar, descuidar, desamparar. A conduta criminosa consiste em largar o exercício da função na Administração Pública por lapso de tempo razoável. Assim, o vocábulo *abandonar*

348 MANZINI, Vicenzo. Tratatto di diritto penale..., *Cit.*, p. 308.

tem o significado de deixar totalmente ao desamparo a função pública, distanciando-se do exercício do cargo/função/emprego público por tempo razoável e suficiente para causar perigo de dano à Administração Pública.[349]

O abandono configura-se com o afastamento ou a ausência intencionais, de modo indevido, do local onde o funcionário público deve exercer ou prestar o serviço público. O afastamento ocorre quando o funcionário público distancia-se do local do exercício da função estatal, enquanto a ausência se dá com a sua não apresentação a esse local.[350] Não obstante, a concretização do delito exige que o exercício da função estatal seja abandonada completamente e por tempo razoável, a causar perigo concreto de dano ao funcionamento da Administração Pública. O abandono ocorre tanto pela interrupção da execução da prestação do serviço público como pela não apresentação do funcionário público no local e momento em que deveria exercê-lo.[351]

O delito de abandono de função pública exige o atendimento a dois pressupostos: a) acefalia da função estatal, isto é, que em face do abandono a função estatal fique sem um agente público para dar continuidade ao seu exercício. Significa dizer: inexistência ou ocasional ausência de um substituto legal que possa assumir imediatamente o exercício da função estatal abandonada;[352] b) ocorrência do perigo concreto de dano à Administração Pública, porque se trata de um delito de perigo concreto e a criação de risco de dano à Administração Pública é necessária para a concretização do delito. Com efeito, o delito de abandono de função pública não está condicionado à ocorrência de dano material à Administração Pública, sendo suficiente o dano inerente à acefalia do exercício da função estatal.[353]

O tipo penal traz o elemento normativo "cargo público", que deve ser interpretado como função estatal, de modo a abranger todas as modalidades de exercício do serviço público, tais como o cargo, função e empregos públicos, bem como as atividades equipadas às de funcionário público em sentido próprio. Assim, a expressão típica *cargo público* refere-se a todas as modalidades de exercício da função estatal na Administração Pública direta, Administração Pública indireta e também aos funcionários públicos por equiparação.[354]

---

349 PRADO, Luiz Régis. Curso de direito penal..., *Cit.*, p. 519.

350 HUNGRIA, Nelson. Comentários ao Código Penal..., *Cit.*, p. 390.

351 MANZINI, Vicenzo. Tratatto di diritto penale..., *Cit.*, p. 275.

352 HUNGRIA, Nelson. Comentários ao Código Penal..., *Cit.*, p. 391.

353 COSTA, Álvaro Mayrink da. Direito penal..., *Cit.*, p. 150; FRAGOSO, Heleno Claudio. Lições de direito penal..., *Cit.*, 455. Por sua vez, Vicenzo Manzini (Tratatto di diritto penale..., *Cit.*, p. 287) ensina que se trata de um delito de lesão, sendo o dano necessário à configuração do delito aquele inerente ao próprio abandono, ou seja, o dano decorre da interrupção da continuidade ou regularidade da prestação do serviço público. Por sua vez, Magalhães Noronha (Direito penal..., *Cit.*, p. 283) pontifica que o afastamento do funcionário público que não cria o perigo de dano não constitui abandono de função pública.

354 Nesse sentido: HUNGRIA, Nelson. Comentários ao Código Penal..., *Cit.*, p, 391.

Por outro lado, a expressão "fora dos casos permitidos em lei" consiste em uma norma penal em branco, exigindo um complemento normativo para sua compreensão.[355] Assim, é necessário verificar-se a lei que rege a função estatal do funcionário público afastado ou ausente, para se constatar a ocorrência do efetivo abandono de função pública.

Cumpre mencionar que havendo substituto legal que possa assumir o exercício da função estatal, não se configura o delito de abandono da função pública, porque inexiste a necessária acefalia da função estatal e o consequente perigo de dano à Administração Pública.[356]

Em síntese, o delito de abandono de função pública concretiza-se por um afastamento ou ausência, fora das hipóteses legalmente permitidas, de modo completo e por tempo suficiente para causar um perigo concreto de dano à Administração Pública, mesmo que o dano não se verifique.[357] Por outro lado, o afastamento ou o não comparecimento ao exercício da função estatal sem as características da acefalia do cargo e o risco de dano à Administração Pública constitui apenas uma infração administrativa sujeita às sanções próprias do direito administrativo.

19.5. Tipo penal subjetivo: elemento típico subjetivo

O elemento subjetivo é o dolo manifestado pela consciência e vontade de abandonar a função pública. Não se exige nenhum elemento subjetivo especial, isto é, especial finalidade de agir na realização da conduta. Não obstante, é necessário que o sujeito ativo tenha consciência de que infringe seu dever funcional de não interromper a continuidade da prestação do serviço público[358] e de que pode causar dano a interesse público ou particular relacionado com o exercício de sua função.[359]

19.6. Modalidades qualificadas: art. 323, § 1º e § 2º

As condutas tipificadas no art. 323, §§ 1º e 2º, do Código Penal constituem modalidades qualificadas do delito de abandono de função, haja vista esses dispositivos legais estabelecerem novos limites mínimo e máximo das sanções cominadas para tal delito.

A conduta criminosa do art. 323 do Código Penal constitui abandono de função qualificado quando:

a) o abandono acarreta efetivo prejuízo (art. 323, § 1º);

b) o abandono se realiza em faixa de fronteira (art. 323, §2º).

Na primeira modalidade, a conduta é qualificada quando o abandono provoca um dano concreto à Administração Pública, podendo ser de qualquer natureza

355 PRADO, Luiz Régis. Curso de direito penal..., *Cit.*, p. 520.

356 HUNGRIA, Nelson. Comentários ao Código Penal..., *Cit.*, p. 391; PIERANGELI, p, 865.

357 MANZINI, Vicenzo. Tratatto di diritto penale..., *Cit.*, p, 287.

358 MANZINI, Vicenzo. Tratatto di diritto penale..., *Cit.*, p. 289.

359 COSTA, Álvaro Mayrink da. Direito penal..., *Cit.*, p. 156.

(patrimonial ou não material). No entanto, é necessário que o prejuízo traga dano efetivo aos interesses do Estado ou da sociedade (p. ex.: paralisação de serviço público, não recolhimento de tributos etc.). O dano produzido deve ser diferente daquele inerente à violação do dever funcional da função abandonada, para evitar que todo abandono configure a modalidade qualificada.[360]

A segunda modalidade de abandono de função qualificada ocorre quando a conduta criminosa é realizada em área de fronteira, que é aquela situada na faixa interna de 150 km (cento e cinquenta quilômetros) de largura, paralela à linha divisória terrestre do território nacional (Lei nº 6.634/1979, art. 1º). A maior reprovabilidade é porque o abandono da função na área de fronteira traz riscos à segurança nacional.

19.7. Causa de aumento de pena: art. 327, § 2°

Aplica-se ao delito de abandono de função pública a causa de aumento prevista no art. 327, §2°, do Código Penal. Assim, a pena aumenta em um terço se esse delito for praticado por ocupante de cargo em comissão ou função de direção ou assessoramento de órgão da administração direta, sociedade de economia mista, empresa pública ou fundação instituída pelo Poder Público, nos termos do art. 327, §2º, do Código Penal.

19.8. Consumação e tentativa

Consuma-se o delito com o efetivo abandono do exercício da função estatal por lapso temporal juridicamente relevante e suficiente para criar perigo de dano à Administração Pública. O momento consumativo é o instante em que a função pública é abandonada materialmente, independentemente da verificação do dano.[361]

Parte da doutrina nacional entende que a tentativa é inadmissível, já que se trata de crime omissivo próprio.[362] Há quem admita a forma tentada, embora seja de difícil ocorrência.[363] Assim, é possível a forma tentada quando a conduta de abandonar for fracionável e sua execução for interrompida por circunstância alheia à vontade do agente.[364]

19.9. Pena e aspectos processuais

As penas cominadas para a figura simples são, alternativamente, de detenção de quinze dias a um mês, ou multa. As modalidades qualificadas têm penas de detenção de um a três meses e multa.

---

360 MANZINI, Vicenzo. Tratatto di diritto penale..., *Cit.*, p. 310; BITENCOURT, Cezar Roberto. Tratado de direito penal..., *Cit.*, p. 310.

361 MANZINI, Vicenzo. Tratatto di diritto penale..., *Cit.*, p. 287.

362 PRADO, Luiz Régis. Curso de direito penal..., *Cit.*, p. 520; COSTA, Álvaro Mayrink da. Direito penal..., *Cit.*, p. 150; NORONHA, Magalhães. Direito penal..., *Cit.*, p. 286.

363 BITENCOURT, Cezar Roberto. Tratado de direito penal..., *Cit.*,, p. 135; PIERANGELI, José Henrique. Manual de direito penal..., *Cit.*p. 866.

364 MANZINI, Vicenzo. Tratatto di diritto penale..., *Cit.*, p. 288.

Admite-se a transação penal e a suspensão condicional do processo em razão das penas cominadas, nos termos da Lei nº 9.099/1995.

A ação penal é pública incondicionada.

19.10. Considerações especiais

19.10.1. Permanência na repartição pública e descumprimento de dever funcional

Há entendimento no sentido de que o abandono pode se concretizar mesmo que o funcionário não se afaste do local da repartição, bastando que ali permaneça abstendo-se de cumprir seu dever funcional.[365] Não obstante, melhor entendimento é no sentido de que a permanência na repartição com abstenção da realização de atos de ofício não constitui abandono de função, mas infração disciplinar.

19.10.2. Abandono administrativo de cargo público e abandono de função pública: distinções

O abandono de cargo previsto na Lei n° 8.112/1990 consiste na ausência do funcionário público de suas atribuições por mais de trinta dias (art. 138). Trata-se de uma infração administrativa, não se confundindo com o crime de abandono de função pública, que exige a acefalia da função estatal e o perigo de dano para a Administração Pública.[366]

19.10.3. Pedido de aposentadoria e abandono de função pública

Não obstante o pedido de aposentadoria ou exoneração apresentado, o funcionário público deve aguardar o pronunciamento da Administração Pública a respeito de seu requerimento, para se afastar das atividades exercidas.

19.10.4. Abandono coletivo de função pública

O abandono coletivo de cargo público motivado por greve geral subsume-se ao art. 201 do Código Penal.[367]

O abandono da função pública pode ser justificado por hipóteses de justa causa, tais como: força maior, estado de necessidade etc.[368]

---

365 PRADO, Luiz Régis. Curso de direito penal..., *Cit.*, p. 519.

366 PIERANGELI, José Henrique. Manual de direito penal..., *Cit.* p. 865.

367 PRADO, Luiz Régis. Curso de direito penal..., *Cit.*, p. 520.

368 BITENCOURT, Cezar Roberto. Tratado de direito penal..., *Cit.*, p. 133.

20. EXERCÍCIO FUNCIONAL ILEGALMENTE ANTECIPADO OU PROLONGADO

⊙ **Exercício funcional ilegalmente antecipado ou prolongado**

Art. 324 – Entrar no exercício de função pública antes de satisfeitas as exigências legais, ou continuar a exercê-la, sem autorização, depois de saber oficialmente que foi exonerado, removido, substituído ou suspenso:

Pena – detenção, de quinze dias a um mês, ou multa.

20.1. Considerações preliminares

O Direito Penal romano previa a conduta criminosa do exercício abusivo de função pública em parte como *crimen maiestatis* e também em parte como *crimen falsi*. Na Idade Média, esses delitos continuaram a ter a mesma estrutura jurídica.[369]

No século XIX, o Código Penal francês (1810) disciplinou a conduta criminosa em dois dispositivos distintos, tratando separadamente o exercício antecipado e o prolongamento indevido da função. Por sua vez, o Código Penal italiano de 1889 (Código Zanardelli) condensou as duas condutas criminosas em uma única norma penal, sendo seguido pelo Código Penal italiano de 1930 (Código Rocco).[370]

O Código Criminal imperial (1830) previa, sob influência do Código Penal francês, as condutas criminosas separadamente em seus arts. 138 e 140, sendo seguido nessa técnica pelo Código Penal de 1890 (art. 225 e art. 227). Por sua vez, o Código Penal vigente, influenciado pelo Código Rocco, optou por disciplinar as condutas criminosas em único dispositivo legal: o art. 324.

20.2. Bem jurídico e classificação do delito

O bem jurídico protegido é a Administração Pública, que não deve ter funcionamento conspurcado pelo exercício funcional indevidamente antecipado ou abusivamente prolongado. A objetividade jurídica é proteger o poder do Estado de dispor exclusivamente sobre o exercício da função estatal, para evitar a intromissão indevida daquele que ainda não pode exercê-la ou que não mais pode.[371] Assim, o tipo penal do art. 324 do Código Penal tutela o funcionamento regular da Administração Pública, criminalizando o indevido início do exercício funcional e a permanência abusiva desse exercício da função pública.

O delito de exercício abusivo da função estatal classifica-se como:

369 MANZINI, Vicenzo. Tratatto di diritto penale..., *Cit.*, p. 460.

370 NORONHA, Magalhães. Direito penal..., *Cit.*, p. 286.

371 MANZINI, Vicenzo. Tratatto di diritto penale..., *Cit.*, p. 460/461; NORONHA, Magalhães. Direito penal..., *Cit.*, p. 287.

crime próprio	crime formal	crime de mão própria	crime instantâneo	crime plurissub-sistente
exige uma qualidade especial do agente: funcionário público	basta a realização da conduta típica para sua consumação	infração criminal que somente o sujeito ativo, pessoalmente, pode praticá-lo	não há lapso entre a ação e o resultado	pratica-se com vários atos, admitindo fracionamentos

20.3. Sujeitos do delito

O sujeito ativo na primeira modalidade da conduta criminosa é o indivíduo nomeado como funcionário público, mas que ainda não cumpriu todas as exigências legais para o regular início do exercício funcional da função estatal. Na segunda modalidade o sujeito ativo é o funcionário público impedido legalmente de exercer sua função pública, nas hipóteses previstas no art. 324 do Código Penal.

O sujeito passivo é o Estado, representado pela Administração Pública federal, estadual, distrital ou municipal, bem como as demais entidades abrangidas pela interpretação da expressão "entidade paraestatal" do art. 327, § 1º, do Código Penal, a saber: Administração Pública indireta (autarquia, empresa pública, fundação pública etc.), os entes do "terceiro setor" e empresas contratadas ou conveniadas que realizam atividade típica da Administração Pública.

20.4. Tipo penal objetivo: elementos da descrição típica

As condutas criminosas do tipo penal do art. 324 do Código Penal consistem no comportamento de o funcionário público iniciar, antecipada e indevidamente, o exercício da função estatal ou continuar a exercê-la, abusivamente, após ser impedido pela exoneração, remoção, substituição ou suspensão. O delito do art. 324 do Código Penal constitui um indevido início do exercício funcional ou a permanência abusiva da prestação do serviço público.

A conduta incriminada é descrita em duas modalidades: a) entrar no exercício da função pública antes de satisfeitas as exigências legais; b) continuar a exercer a função pública, sem autorização, depois de saber oficialmente que foi exonerado, removido, substituído ou suspenso.

Na primeira modalidade, o exercício funcional ilegalmente antecipado consiste no início do exercício da função pública antes de atendidas todas as exigências legais para o regular começo da prestação do serviço público. O comportamento criminoso é a realização de ato funcional inerente à função estatal antes de atender a todas as exigências legais necessárias para tanto. Essa modalidade tem como elemento normativo do tipo penal a expressão *exigências legais*, que se refere aos requisitos legais exigidos para o ingresso e exercício da função estatal, previstos na legislação que rege especificamente a função pública antecipada e ilegalmente exercida pelo sujeito ativo. Como se trata de norma penal em branco, as exigências legais estão contidas sem complemento normativo, que é a lei que disciplina o regime jurídico da função pública exercida ilegalmente.

Na segunda modalidade, a conduta típica incrimina a conduta do funcionário público de permanecer, sem autorização, no exercício da função pública após ser oficialmente informado de sua exoneração, remoção, substituição ou suspensão. O comportamento criminoso consiste na continuidade do exercício funcional quando oficialmente informado que não pode mais desempenhá-lo, conforme uma das hipóteses legais verificadas. Essa modalidade do delito do art. 324 do Código Penal tem como pressuposto a comunicação oficial ao funcionário público do óbice legal a seu exercício funcional. A realização da comunicação pessoal é disciplinada na legislação que estabelece o procedimento legal para a exoneração, remoção, substituição ou suspensão. A regra geral é a comunicação pessoal ao funcionário público, mas pode ser que a lei de regência estabeleça outra modalidade de comunicação (p. ex.: via postal ou publicação em Diário Oficial). Não obstante a comunicação oficial seja pressuposto do delito, a irregularidade formal em sua realização não lhe exclui a eficácia se o vício não impede o conhecimento do óbice legal ao exercício funcional do funcionário público.[372]

A segunda modalidade do delito apresenta ainda dois elementos normativos contidos nas expressões *sem autorização* e as hipóteses de óbices legais ao exercício funcional indicadas pelos vocábulos: *exonerado, removido, substituído* e *suspenso*. A elementar *sem autorização* exige que a continuidade do exercício funcional seja juridicamente ilegítima, isto é, contrária ao Direito. Por outro lado, havendo, excepcionalmente, uma autorização para o prolongamento do exercício funcional, a conduta será atípica, já que ausente a elementar típica contida na locução "sem autorização". Os demais elementos normativos têm o significado seguinte: a) *exonerado,* é o funcionário púbico que sofreu a desinvestidura de ofício ou a pedido do próprio funcionário público; b) *removido,* é aquele que foi deslocado da função pública de ofício ou a pedido do próprio funcionário público no âmbito do mesmo quadro funcional; c) *suspenso,* é o funcionário público ao qual foi imposta a sanção disciplinar desinvestindo temporariamente o funcionário público de suas funções.

O tipo penal contém ainda o elemento normativo "função pública", que deve ser interpretado de modo a abranger todas as modalidades de exercício de uma função estatal, tais como o cargo, função e emprego públicos. Esse elemento normativo alcança também as modalidades de funcionário público por equiparação, disciplinadas pelo art. 327, § 1°, do Código Penal.

Em síntese, as condutas criminosas descritas no art. 324 do Código Penal compreendem o início ilegal do exercício funcional e o exercício abusivamente prolongado, de modo a tutelar o funcionamento normal e regular da Administração Pública e a eficiência da prestação estatal em favor da sociedade.

20.5. Tipo penal subjetivo: elemento típico subjetivo

O elemento subjetivo é o dolo, representado pela consciência e vontade de iniciar indevidamente o exercício da função pública ou de continuar a exercê-la após ser

372 MANZINI, Vicenzo. Tratatto di diritto penale..., *Cit.*, p. 468.

comunicado que não pode mais legalmente fazê-lo. Não se exige nenhum elemento subjetivo especial do injusto penal. Inexiste a forma culposa.

20.6. Causa de aumento de pena: art. 327, §2º

Aplica-se ao crime do art. 324 o aumento de pena de um terço previsto no art. art. 327, §2º, do Código Penal. Assim, a pena aumenta em um terço se esse delito for praticado por ocupante de cargo em comissão ou função de direção ou assessoramento de órgão da administração direta, sociedade de economia mista, empresa pública ou fundação instituída pelo Poder Público, nos termos do art. 327, §2º, do Código Penal.

20.7. Consumação e tentativa

O delito se consuma com a prática, ilegalmente antecipada ou abusivamente prolongada, de um ato funcional. Em ambas as modalidades criminosas a consumação ocorre no momento da prática de um ato caracterizador de exercício da função estatal.[373]

A tentativa é admissível na medida em que se trata de crime plurissubsistente, ou seja, praticado com vários atos e que admite o fracionamento da execução da conduta.

20.8. Pena e aspectos processuais

As penas cominadas, são alternativamente, de detenção de quinze dias a um mês, ou multa.

A competência para o processo e julgamento do delito é dos juizados especiais criminais (art. 61, Lei nº 9.099/95), admitindo-se a transação e a suspensão condicional do processo (arts. 76 c/c 89 da Lei nº 9.099/95).

A ação penal é pública incondicionada.

20.9. Considerações especiais

20.9.1. Prática de ato funcional na aposentadoria

O tipo penal do art. 324 do Código Penal é omisso quanto à hipótese de aposentadoria do funcionário público, que constitui a inatividade funcional remunerada, uma vez atendidos os requisitos legais (pode ser compulsória aos 70 anos, por tempo de contribuição e tempo de serviço etc). Sendo assim, a prática de ato funcional após a comunicação oficial da aposentação não configura o delito do art. 324 do Código Penal, já que tal hipótese não está prevista, constituindo conduta atípica. Admitir a tipificação dessa conduta no art. 324 do Código Penal é violar o princípio da legalidade penal e empregar a analogia *in malam partem*.

---

373 Vale conferir o magistério de Nelson Hungria (Comentários ao código penal..., *Cit.*, p. 395), *in verbis*: "dá-se o *summatum opus* com o primeiro ato de ofício que fôr praticado por antecipação ou após a cessação do exercício funcional do agente. Bastará a prática de um só ato de ofício".

20.9.2. Prática de ato de ofício durante o afastamento do exercício funcional

Não configura o crime do art. 324 do Código Penal a prática das condutas típicas pelo funcionário público que se encontra afastado temporariamente do exercício funcional em razão de férias ou licença, por inexistir previsão legal dessas hipóteses.

21. VIOLAÇÃO DE SIGILO FUNCIONAL

> **Art. 325** – Revelar fato de que tem ciência em razão do cargo e que deva permanecer em segredo, ou facilitar-lhe a revelação:
>
> Pena – detenção, de seis meses a dois anos, ou multa, se o fato não constitui crime mais grave.
>
> § 1º Nas mesmas penas deste artigo incorre quem:
>
> I – permite ou facilita, mediante atribuição, fornecimento e empréstimo de senha ou qualquer outra forma, o acesso de pessoas não autorizadas a sistemas de informações ou banco de dados da Administração Pública;
>
> II – se utiliza, indevidamente, do acesso restrito.
>
> § 2º Se da ação ou omissão resulta dano à Administração Pública ou a outrem:
>
> Pena – reclusão, de 2 (dois) a 6 (seis) anos, e multa.

21.1. Considerações preliminares

O crime de violação de sigilo funcional tem a sua definição legal desde a época da legislação imperial. Embora com diferente roupagem, o Código Criminal imperial (1830) já previa em seu art. 164 a conduta de revelar segredo em razão do ofício com a seguinte redação: "Revelar algum segredo, de que esteja instruído em razão de officio". O crime era classificado como falta da exação no cumprimento dos deveres, e estava localizado no título dos crimes contra a boa ordem e administração.

Diferentemente, o Código Penal da República (1890) colocou o delito de violação de sigilo funcional na parte genérica das condutas criminosas de revelação de segredos, prevendo-o em seu art. 192 com a seguinte redação: "Revelar qualquer pessoa o segredo de que tiver noticia, ou conhecimento, em razão de officio, emprego ou profissão".

Por sua vez, o Código Penal atual restaurou o patamar superior do crime de sigilo funcional, distinguindo-o do delito violação do sigilo profissional (art. 154), no capitulo dos crimes contra a liberdade individual, para situá-lo no campo dos crimes praticados por funcionários públicos contra a Administração Pública em geral.

21.2. Bem jurídico e Classificação do delito

O bem jurídico protegido é a Administração Pública no aspecto da probidade e moralidade do exercício do cargo ou função pública. Tutela-se em especial o dever de lealdade que o funcionário público deve ter "com os misteres da liturgia do cargo que exerce; acrescida, é verdade, da relevantíssima circunstância de o segredo do fato, que deve ser mantido"[374]. Particularmente, o tipo penal busca tutelar o dever de sigilo funcional inerente ao exercício de uma função estatal que se interpõe entre o funcionário público e a Administração Pública.[375]

Classifica-se doutrinariamente o crime de violação de sigilo funcional como:

crime formal	crime material	comissivo, em regra	crime instantâneo	crime plurissub-sistente
não exige resultado naturalístico, o dano para a Administração Pública ou a outrem para sua consumação, contentando-se com a potencialidade do seu risco com o ato de revelar do agente	na figura qualificado do §2º	exige uma conduta ativa por parte do agente, porém se vislumbra a possibilidade de sua ocorrência na forma omissiva, principalmente por meio do verbo *facilitar*	se consuma de pronto com a prática das condutas descritas, não havendo lapso temporal entre a ação e o resultado)	pode ser praticado por mais de um ato, admitindo o fracionamento da conduta

21.3. Sujeitos do delito

O sujeito ativo é o funcionário público que em razão do cargo ou função publica adquire o conhecimento da informação secreta. Trata-se, portanto, de crime próprio, havendo a necessidade, mesmo que de modo transitório, de que o agente esteja ocupando o cargo ou função pública que lhe proporcione o acesso ao segredo, pois somente ele terá o dever funcional de manter o sigilo.

Assim, o terceiro, ainda que tenha se beneficiado com a revelação do segredo, não comete esse crime, porque a descrição da conduta criminosa do tipo penal do art. 325 não alcança aquele que recebe a informação sigilosa, mas tão somente quem a revela. Situação diferente ocorre se o terceiro determina, instiga ou atua de forma ajustada para que o funcionário público revele a informação sigilosa, pois nessa hipótese concorre-se para a prática da conduta criminosa, verificando-se o instituo do concurso de agentes, nos termos do art. 29 do Código Penal.

O sujeito passivo é o Estado, representado pela Administração Pública federal, estadual, distrital ou municipal, que é a vítima da falta da fidelidade funcional do funcionário público que não observou o sigilo necessário a respeito de determinado fato de que era obrigado a manter em razão do cargo ou função pública, bem como as demais entidades abrangidas pela interpretação da expressão "entidade paraestatal" do art. 327, § 1º, do Código Penal, a saber: Administração Pública indireta (autarquia, empresa pública, fundação pública etc.), os entes do "terceiro setor" e empresas contratadas ou conveniadas que realizam atividade típica da Administração Pública. É também sujeito passivo aquele que detém o segredo ou sobre quem os dados da informação secreta se referem, seja pessoa física ou jurídica.

---

374 BITENCOURT, Cezar Roberto. Tratado de direito Penal..., *Cit.*, p.144.

375 MANZINI, Vicenzo. Tratatto di diritto penale..., *Cit.*, p. 241.

21.4. Tipo penal objetivo: elementos da descrição típica

A realização típica do crime de violação de sigilo funcional se revela sob duas modalidades: pratica o crime tanto aquele funcionário público que tem a conduta de revelar segredo de que tenha conhecimento em razão do cargo ou função exercida, quanto o que facilita a ciência de terceiro do fato secreto.

As condutas previstas se perfazem em dois núcleos delitivos, os verbos *revelar* e *facilitar*. *Revelar* tem o significado de desvelar, enunciar, levar algo ao conhecimento de outrem, no caso o segredo de ofício. Não é preciso que a revelação alcance um número indeterminado de pessoas, bastando o conhecimento de alguém do fato sigiloso. Há aqui uma necessidade de uma ação positiva do agente, que ele aja para realizar o crime. Ao seu turno, *facilitar* traduz a ideia de simplificar, tornar mais fácil o acesso ao fato sigiloso por terceiro. Nessa conduta, o agente não revela diretamente o segredo, mas auxilia, contribui para que o terceiro, ele próprio, consiga obter o conhecimento do fato que deveria permanecer em sigilo.

Não é qualquer segredo revelado que configura esse tipo penal, mas apenas o segredo funcional, definido este como tudo aquilo que é sigiloso, que somente pode ser conhecido por determinada pessoa em razão do dever funcional, que ocasiona a prática do crime. Significa dizer: o segredo de ofício é aquele relativo ao exercício das funções administrativa, legislativa ou judiciária.[376]

É irrelevante a maneira pela qual o agente tomou conhecimento da informação sigilosa, ou a forma como facilitou a revelação, podendo ser, em ambos os casos, tanto pelo modo oral ou escrito. O que importa é que o conhecimento secreto adquirido pelo sujeito ativo tenha sido inerente ao cargo ou função pública exercida.[377] Nesse sentido, Nelson Hungria pontifica que: "O dever funcional de segredo não é genérico, mas específico: somente se impõe ao funcionário que, *ratione officii*, não podia deixar de ter ciência do segredo".[378]

Com efeito, para configurar o crime de violação de sigilo funcional é necessário haver uma relação causal entre o cargo ou função pública exercida e o conhecimento da informação sigilosa. O segredo de ofício decorre do dever funcional de manter o sigilo de informação recebida em razão do exercício da função estatal. O dever de manter sigilo funcional é imposto pela lei penal de um modo geral e absoluto a todos que exercem uma função estatal em relação à informação que deve ser mantida em sigilo.[379] Caso o agente tome ciência do fato sigiloso de maneira alheia ao exercício do cargo ou função pública, não haverá o crime em tela.[380]

---

376 MANZINI, Vicenzo. Tratatto di diritto penale..., *Cit.*, p. 242.

377 MANZINI, Vicenzo. Tratatto di diritto penale..., *Cit.*, p. 244,

378 HUNGRIA, Nelson. Comentários ao Código Penal..., *Cit.*, p. 389.

379 MANZINI, Vicenzo. Tratatto di diritto penale..., *Cit.*, p. 242.

380 Nesse sentido, Fernando Mendes de Almeida (Dos crimes contra a administração..., *Cit.*, p. 140) pontifica: "A tutela atinge especificamente o segredo de ofício. Entende-se como tal tudo quanto se relacione com a atividade administrativa e como tal esteja ainda sob sigilo e, ainda o que,

Não é qualquer informação secreta ou sigilosa que tem a proteção penal, mas deve esta reunir, necessariamente, dois elementos, um positivo e outro negativo. O elemento positivo é que haja o dever funcional de guardar o segredo, sendo de interesse da Administração Pública assegurar a privacidade de seu conteúdo. Destarte, não haverá crime se o segredo não for conhecido em razão do cargo ou função pública. Por seu turno, o elemento negativo se demonstra com a inexistência de notoriedade pública inerente ao segredo, havendo a necessidade de privar o seu acesso ao público.[381] Por outro lado, não há o dever de manter o sigilo funcional quando a informação se refere a interesse ilegítimo ou fútil.[382]

A conduta criminosa do art. 325 do Código Penal refere-se somente à informação que deve permanecer em sigilo. Deve permanecer em sigilo toda informação pertinente ao exercício da função estatal que não possa ser publicizada por expressa determinação legal ou por ordem da autoridade pública competente para decretar seu sigilo. Com efeito, não é necessário que a informação seja um segredo *stricto sensu* (isto é, informação secreta por si mesma), mas basta que a revelação se relacione a qualquer assunto que deveria se manter em sigilo.[383]

Impende ressaltar que o tipo penal não descreve nenhuma exigência de que o segredo seja eterno, que a restrição à publicidade do fato a que se deva guardar sigilo seja para sempre, mas que a conduta seja praticada durante o período em que se faça necessária a restrição a seu acesso.

21.5. Violação do sigilo funcional por meio de sistemas de informações ou banco de dados da Administração Pública

A Lei nº 9.983/1990 inseriu um novo parágrafo no art. 325 do Código Penal, incriminando novas condutas configuradoras de violação do sigilo funcional.

O inciso I desse novo § 1º criminaliza a conduta do funcionário público que permite ou facilita o acesso de terceiros sem autorização a sistemas de informação ou banco de dados da Administração Pública, mediante o empréstimo de senha ou por outro meio, cujo conteúdo era restrito.

Facilitar e *permitir* são os verbos que constituem o núcleo delitivo dessa nova modalidade da conduta criminosa prevista no art. 325 do Código Penal. O primeiro verbo é praticado na forma comissiva, enquanto o segundo tanto pode ser realizado de modo omissivo quanto comissivo.

---

eventualmente dizendo respeito a particular, se acha confiado à A. P".. Por outro lado, Fernando Mendes de Almeida (Dos crimes contra a administração..., *Cit.*, p. 140) ainda esclarece: "Se, porém, o segredo é revelado por funcionário, mas ele não teve conhecimento dele em razão de ofício, não há crime funcional, podendo, todavia, haver, conforme as circunstâncias, crime comum".

381 BITENCOURT, Cezar Roberto. Tratado de direito Penal..., *Cit.*, p.146.

382 MANZINI, Vicenzo. Tratatto di diritto penale..., *Cit.*, p. 243.

383 MANZINI, Vicenzo. Tratatto di diritto penale..., *Cit.*, p. 245/246.

Quanto ao significado, *facilitar* tem o sentido de tornar mais fácil, viabilizar, tirar do caminho as barreiras para que o particular tenha acesso ao banco de dados ou aos sistemas de informação secretos. Por sua vez, *permitir* significa consentir, admitir, autorizar o acesso indevido de outrem não autorizado ao sistema informatizado da Administração Pública.

Na primeira conduta, o agente contribui para que o acesso indevido seja alcançado, enquanto na segunda o sujeito ativo verifica a ação da pessoa sem autorização para acessar os bancos de dados ou sistemas de informatização da Administração Pública, mas mesmo assim consente com a realização do comportamento criminoso.

21.6. Acesso restrito indevidamente utilizado

A outra figura típica trazida pela Lei nº 9.983/1990, está contida no inciso II, § 1º do art. 325, punindo o funcionário público que se "utiliza, indevidamente, do acesso restrito". Nessa nova conduta criminosa, o funcionário público manuseia de forma indevida o acesso restrito ao banco de dados ou sistemas de informação da Administração Pública.

Nessa nova criminalização, o funcionário público tem acesso ao banco de dados ou sistemas de informação da Administração Pública, contudo se utiliza do acesso restrito para ter informações além do que lhe é permitido, em que o seu acesso não é autorizado, faltando com seu dever de fidelidade ao cargo ou função pública.

21.7. Tipo penal subjetivo: elemento típico subjetivo

O tipo subjetivo é o dolo, manifestado pela vontade livre e consciente de revelar a informação sigilosa, que deve guardar sigilo em razão do cargo ou função pública. É necessário que o agente tenha conhecimento de todas as elementares da descrição típica. Todavia, se a própria revelação do segredo for de maior interesse público do que a sua manutenção em sigilo, como no caso da comunicação de um crime, o dolo é excluído.[384]

21.8. Modalidade qualificada: art. 325, § 2º

O art. 325, §2º do Código Penal traz a figura qualificada do crime de violação de sigilo funcional, discorrendo que em caso de superveniência de dano para a Administração Pública, a pena passará a ser de reclusão, de 2 (dois) a 6 (seis) anos, e multa. Trata-se de crime qualificado pelo resultado, em que ocorrência de prejuízo ao Estado torna a conduta do agente mais reprovável, tendo sua sanção elevada.

---

384 Nesse sentido, Magalhães Noronha (Direito Penal..., *Cit.*, p. 295) preleciona, *in verbis*: "A defesa de um direito, portanto, exclui o dolo, como exclui a revelação feita para a apuração ou punição de um delito de ação pública. Consequentemente, o médico-funcionário público que atender a um ferido e comunicar a autoridade o crime de que teve conhecimento e em que o socorrido é vítima ou autor, não pratica o delito em questão. Não há direito ao sigilo diante de um crime".

21.9. Consumação e tentativa

O crime de violação de sigilo funcional, nas hipóteses do art. 325, *caput*, se consuma a partir do momento em que o terceiro toma conhecimento do segredo (1ª parte) ou com o ato que facilita a sua ciência do fato sigiloso, fato este que o agente deve saber em razão do cargo ou função pública que exerce, consumando-se o delito com ato de revelar algo que era sigiloso a outra pessoa sem vínculo funcional com o fato secreto.

Nas previsões do § 1º, o crime se consuma com qualquer ato de fornecimento, independentemente do meio, hábil a facilitar o acesso a programas de informação ou banco de dados da Administração Pública de pessoas sem autorização, não havendo a necessidade de que tenha se efetivado o acesso[385]. Na hipótese do inciso II, consuma-se o crime quando o agente, embora funcionário público, se utiliza do acesso restrito sem justa causa.

Em nenhuma das hipóteses de consumação se exige o dano material para a Administração Pública ou para terceiros, bastando a potencialidade da sua ocorrência em relação à divulgação da informação sigilosa, até porque, se restar constatado algum prejuízo, o crime será a modalidade qualificada nos termos do art. 325, §2º. Trata-se de crime formal e de perigo concreto.[386]

A tentativa é possível, embora na forma oral seja praticamente impossível. Por meio escrito se vislumbra perfeitamente possível a forma tentada, já que nessa hipótese o *iter criminis* pode ser interrompido.

21.10. Pena e aspectos processuais

As penas cominadas são de detenção de seis meses a dois anos, e multa, em sua modalidade simples (*caput* e as figuras equiparadas do § 1º), enquanto na forma qualificada a sanção é elevada para dois a seis anos de reclusão, além da multa.

O crime de violação de sigilo funcional, portanto, em sua forma simples, consiste em infração de menor potencial ofensivo, sendo de competência dos juizados especiais criminais, o que torna aplicáveis os institutos da transação penal e suspensão condicional do processo nos termos da Lei 9.099/95. Contudo, a modalidade qualificada, em razão da pena cominada, não é harmonizável com os benefícios do citado diploma legislativo.

A ação penal é pública incondicionada, tanto na figura simples quanto na qualificada.

21.11. Considerações Especiais

21.11.1. Funcionário público aposentado e funcionário público exonerado

O funcionário público exonerado ou demitido, que não ocupa mais o cargo público ou a função pública, não pode ser sujeito ativo do crime do art. 325 do Código

385 BITENCOURT, Cezar Roberto. Tratado de direito Penal..., *Cit.*, p.149.

386 NORONHA, Magalhães. Direito Penal..., *Cit.*, p. 295.

Penal, haja vista não mais ser funcionário público e, como se trata de delito próprio, a ausência de tal característica desconfigura a tipificação penal.

Situação diferente, contudo, é a do aposentado, que pode figurar como sujeito ativo, pois continua percebendo a remuneração do cargo, bem como sujeito as obrigações a ele inerentes. É, ainda, portanto, funcionário público.[387]

21.11.2. *Crime subsidiário*

O crime de violação de sigilo funcional é um crime subsidiário por disposição expressa, pois o art. 325 não incidirá quando o fato configurar crime mais grave. Assim, o delito de violação de sigilo funcional apenas se configura quando não couber a aplicação de uma norma penal principal, de modo que se o fato se subsumir a um tipo penal principal, este prevalecerá por força da máxima *lex primaria derogat legi secundaria*.

Um exemplo disso é o caso de o segredo revelado ter relação com a segurança ou defesa nacional, ocasião em que incidirá o art. 21 da Lei 7.170/83, que define os crimes contra a segurança nacional, a ordem política e social, estabelece seu processo e julgamento e dá outras providências.

22. VIOLAÇÃO DO SIGILO DE PROPOSTA DE CONCORRÊNCIA

⊙ **Violação do sigilo de proposta de concorrência**

Art. 326 – Devassar o sigilo de proposta de concorrência pública, ou proporcionar a terceiro o ensejo de devassá-lo:

Pena – Detenção, de três meses a um ano, e multa.

O legislador penal buscou, através do art. 326 do Código Penal, preservar o sigilo das propostas da concorrência pública, já que a sigilosidade é uma condição para a eficiência na realização dos contratos para com a Administração Pública. A finalidade foi assegurar a lealdade e a probidade nos certames licitatórios para fins de afastar fraudes nos contratos administrativos. Em essência, a conduta criminosa do art. 326 é uma modalidade de violação do sigilo funcional.[388]

Não obstante, o direito administrativo qualifica a concorrência como uma das modalidades de licitação pública, ao lado de outras espécies licitatórias, como se depreende do art. 22 da Lei Federal nº 8.666/1993, que estabelece as normas gerais para todas as formas de licitações públicas e contratos da Administração Pública.

A Lei Federal nº 8.666/1993, buscando tutelar penalmente a sigilosidade nos procedimentos licitatórios, estatui a seguinte conduta criminosa:

> Art. 94. Devassar o sigilo de proposta apresentada em procedimento licitatório, ou proporcionar a terceiro o ensejo de devassá-lo: Pena – detenção, de 2 (dois) a 3 (três) anos, e multa.

387 NORONHA, Magalhães. Direito Penal..., *Cit.*, p. 293.

388 HUNGRIA, Nelson. Comentários ao código penal..., *Cit.*, p. 399.

Analisando-se a descrição legal contida no art. 94 da Lei Federal nº 8.666/1993, infere-se que esse dispositivo trata da mesma conduta criminosa prevista no art. 326 do Código Penal, conquanto a sua redação legal amplie a abrangência do comportamento criminoso, porquanto traz a expressão *procedimento licitatório* como objeto do crime, abrangendo, desse modo, não apenas a concorrência pública, como todas as modalidades de licitação pública.

Assim, é forçoso reconhecer que o art. 326, do Código Penal, foi totalmente revogado (revogação tácita) pelo art. 94 da Lei Federal nº 8.666/1993, uma vez que essa lei licitatória regula inteiramente a mesma conduta criminosa, nos termos do art. 2º, § 1º, da LIDB – Lei de Introdução ao Direito Brasileiro (antiga LICC).[389]

Diante do exposto, deixa-se de apresentar as considerações dogmáticas relativamente ao art. 326 do Código Penal.

23. FUNCIONÁRIO PÚBLICO

Art. 327 – Considera-se funcionário público, para os efeitos penais, quem, embora transitoriamente ou sem remuneração, exerce cargo, emprego ou função pública.

§ 1º – Equipara-se a funcionário público quem exerce cargo, emprego ou função em entidade paraestatal, e quem trabalha para empresa prestadora de serviço contratada ou conveniada para a execução de atividade típica da Administração Pública. (Incluído pela Lei nº 9.983, de 2000)

§ 2º – A pena será aumentada da terça parte quando os autores dos crimes previstos neste Capítulo forem ocupantes de cargos em comissão ou de função de direção ou assessoramento de órgão da administração direta, sociedade de economia mista, empresa pública ou fundação instituída pelo poder público. (Incluído pela Lei nº 6.799, de 1980)

23.1. Considerações preliminares

O Código Penal, a exemplo de outros estatutos penais, apresenta em seu art. 327 o conceito de funcionário público para fins do direito penal. No entanto, esse dispositivo legal sofreu modificações de modo a manter a sua atualidade ante a evolução do direito administrativo e a assegurar sua aplicação no contexto do Estado e sociedade contemporâneos.[390]

Essa norma penal interpretativa busca evitar qualquer dúvida a respeito de quem é considerado funcionário público para fins do direito penal.

23.2. Conceito de funcionário público

O Código Penal emprega a expressão *funcionário público*, terminologia corrente na época de sua edição (1940), para designar o sujeito ativo nos crimes funcionais contra a Administração Pública. A denominação *funcionário público,* ainda mantida

389 NORONHA, Magalhães. Direito penal..., *Cit.*, p. 296; PRADO, Luiz Régis. Curso de direito penal..., *Cit.*, p. 536; BITENCOURT, Cezar Roberto. Tratado de direito penal..., *Cit.*, p. 151.

390 Cf. PIERANGELI, José Henrique. Manual de direito penal..., *Cit.*, p. 798.

nos tipos penais dos crimes funcionais e também empregada pela doutrina e jurisprudência, encontra-se superada nos direitos administrativo e constitucional, uma vez que a Constituição Federal vigente substituiu-a pela expressão *servidor público*, como se verifica em seu Título III, Capítulo VII (Da Administração Pública), sendo seguida pela Lei nº 8.112/1990, que dispõe sobre o regime jurídico único dos servidores públicos da União Federal (e que serve de base para as legislações estaduais e municipais sobre a matéria). No entanto, sob um prisma rigorosamente técnico, seria preferível o emprego da expressão *agente público*, que atualmente designa todas as diversas figuras que se referem ao exercício da função pública (funcionário púbico *stricto sensu* – servidor público –, empregado público, encarregado de função pública, agentes políticos, particulares em colaboração com a Administração Pública etc.). Observe-se que a denominação *agente público* foi adotada na Lei do crime de tortura (Lei nº 9.455/1997). Assim, além da expressão *funcionário público*, pode-se, sem prejuízo, adotar-se outras denominações, tais como: agente público, agente administrativo, servidor público, embora não seja usual.[391]

O legislador penal formulou um conceito de funcionário público no qual para essa qualificação pessoal é suficiente o exercício material de uma função estatal, a qualquer título que seja. Destarte, o Código Penal considera funcionário público quem exerce concretamente uma parcela da atividade estatal (uma função pública). Percebe-se que o critério definidor é o da vinculação a uma função pública. Assim, a condição de funcionário público deriva da noção de função pública, sendo esta entendida como qualquer atividade estatal dirigida à satisfação de uma necessidade ou conveniência da sociedade.[392]

Define-se funcionário público como quem exerce materialmente uma função estatal por meio de cargo, emprego ou função pública[393], a qualquer título de atuação funcional, regida por lei federal, estadual ou municipal.[394]

---

391 PRADO, Luiz Régis. Curso de direito penal..., *Cit.* p. 540/541; JESUS, Damásio Evangelista de. Direito penal..., *Cit.*, p. 151; BALTAZAR Jr., José Paulo. Crimes federais. Porto Alegre: Livraria do advogado, 2011, p. 134.

392 HUNGRIA, Nelson. Comentários ao código penal..., *Cit.*, p. 400/401.

393 Para efeitos penais, considera-se: a) cargo público – "é o conjunto de atribuições e responsabilidades previstas na estrutura organizacional que devem ser cometidas a um servidor" (Lei nº 8.112/1990, art. 3º); b) emprego público – é vínculo empregatício com a Administração Pública regido pelas normas de direito do trabalho, isto é, é o exercício de uma atividade estatal regido pelas normas da CLT (Consolidação das Leis Trabalhistas); c) função pública – é o conjunto de atribuições para prestação de atividade estatal sem corresponder especificamente a um cargo ou emprego público, quer dizer, é o exercício de uma atividade estatal sem cargo ou emprego público estritamente definidos.

394 Para Franz von Liszt (Tratado de direito penal..., *Cit.*, p. 378), o conceito de funcionário público é o seguinte, *in verbis*: "*Funcionário* é aquele que, *em virtude de nomeação do Estado*, é chamado a exercer a sua atividade a bem dos *fins do Estado* (consequentemente sob a autoridade deste) e como *órgão do Poder Público*".

O conceito de funcionário público, para efeitos penais, abrange todos os agentes públicos, desde o mais humilde ocupante de cargo, emprego ou função pública até os mais altos representantes dos três poderes do Estado.[395]

Assim, são funcionários públicos os ocupantes de cargo eletivo (denominados agentes políticos) – os Chefes do Poder Executivo e os parlamentares, sejam federais, estaduais ou municipais –, bem como os agentes públicos regidos por legislações especiais, tais como os membros da Magistratura, do Ministério Público, da Advocacia Pública da União, das Procuradorias Estaduais e Municipais, das Defensorias Públicas, das corporações policiais, servidores civis e militares federais, estaduais e municipais.

Para fins do direito penal, a condição de funcionário público deriva do exercício de uma função estatal, independentemente da forma da *investidura*[396] no cargo, emprego ou função, que pode decorrer de eleição, nomeação, contrato ou simples situação de fato (desde que não haja a usurpação da função pública).[397] Portanto, percebe-se que essa concepção unitária e ampla de funcionário público não admite distinções entre as classes de agentes públicos para efeitos penais.[398] Destaca-se que a condição de funcionário público surge com o início do exercício da função estatal, momento a partir do qual poderá responder pelos crimes funcionais, com exceção dos crimes dos arts. 316, 317 e 324, que podem ser cometidos antes do inicio do exercício funcional.[399]

Casuisticamente, são considerados funcionários públicos em razão do exercício de uma função pública, embora não ocupem cargo ou emprego público:[400]

a) os auxiliares do Poder Judiciário, tais como estagiários, funcionários de cartório judicial ou notarial, perito judicial, leiloeiro judicial, depositário judicial etc.;

b) *advogados dativos, nomeados pelo Judiciário para exercer a defesa de acusado necessitado;*[401]

395 HUNGRIA, Nelson. Comentários ao código penal..., *Cit.*, p. 401/402

396 No direito administrativo, *investidura* é o ato administrativo pelo qual se vincula o agente público à Administração Pública, variando em sua forma e efeitos conforme o cargo, emprego, função pública ou de mandato eletivo. É o ato administrativo pelo qual o indivíduo é revestido na condição de representante do Estado.

397 COSTA Jr., Paulo José da; PAGLIARO, Antonio. Dos crimes contra a Administração Pública..., *Cit.*, p. 17.

398 Cf. FRAGOSO, Heleno Claudio. Lições de direito penal..., *Cit.*, p. 404; PRADO, Luiz Régis. Curso de direito penal..., *Cit.*, p. 542; COSTA Jr., Paulo José da; PAGLIARO, Antonio. Dos crimes contra a Administração Pública..., *Cit.*, p. 14/15.

399 Cf. BALTAZAR Jr., José Paulo. Crimes federais..., *Cit.*, p. 137.

400 Consulte-se a indicação jurisprudencial sobre algumas dessas hipóteses em: BALTAZAR Jr., José Paulo. Crimes federais..., *Cit.*, p. 136.

401 Nesse sentido, o STJ aprovou a Tese nº 6, publicada no Jurisprudência em Teses nº 57 de 11.5.2016, no sentido de que advogado dativo nomeado para atuar em processo judiciais são considerados funcionários públicos nos termos do art. 327, do código penal, confira-se: **Tese 6**. *Os advogados dativos, nomeados para exercer a defesa de acusado necessitado nos locais onde não existe Defensoria Pública, são considerados funcionários públicos para fins penais, nos termos do art. 327 do Código Penal.*

c) os estagiários do Ministério Público (LONMP - Lei nº 8.625/1993, art. 8º, V);

d) estagiários dos órgãos públicos da administração direta, tais como Advocacia Pública da União, Procuradorias Gerais dos Estados, Procuradorias Municipais, Defensorias Públicas, corporações policiais etc.;

e) funcionários terceirizados que realizam atividades típicas do órgão público contratante.

Destaca-se que o Código Penal, ao fixar o conceito de funcionário público, busca definir a responsabilidade dos agentes públicos pela prática de infrações criminais.

23.3. Conceito de funcionário público por equiparação

O Código Penal também fixa o conceito de funcionário público por equiparação, conforme o disposto em seu art. 327, § 1º, com a redação dada pela Lei nº 9.983/2000, nos seguintes termos:

> Art. 327. Omissis.
>
> § 1º – Equipara-se a funcionário público quem exerce cargo, emprego ou função em entidade paraestatal, e quem trabalha para empresa prestadora de serviço contratada ou conveniada para a execução de atividade típica da Administração Pública. (Incluído pela Lei nº 9.983, de 2000)

Nesse dispositivo, o Código Penal estatui a responsabilidade penal de quem exerce a função estatal no âmbito da Administração Pública descentralizada e nas empresas privadas que prestam serviços típicos da Administração Pública.

A interpretação do art. 327, § 1º, do Código Penal, adotada majoritariamente, afirma que a expressão entidade paraestatal alcança todos os entes da Administração Pública indireta (autarquias, empresas públicas, sociedades de economia mista, fundações públicas e agências reguladoras). Essa interpretação, no sentido de alcançar todos os entes da administração indireta, é corroborada pela menção a tais entidades no art. 327, § 2º, do Código Penal, e também no art. 84, § 1º, da Lei nº 8.666/1993 (Lei de licitações púbicas) [402], confira-se:

> **Art. 84**. *Omissis*
>
> *1º Equipara-se a servidor público, para os fins desta Lei, quem exerce cargo, emprego ou função em entidade paraestatal, assim consideradas, além das fundações, empresas públicas e sociedades de economia mista, as demais entidades sob controle, direto ou indireto, do Poder Público.*

Não obstante, sob o prisma de uma interpretação sistemática do art. 327, § 1º, em face do art. 327, § 2º, do Código Penal, e também do art. 84, § 1º, da Lei nº 8.666/1993, pode-se concluir que a expressão *entidade paraestatal* está no sentido amplo de *Administração Pública descentralizada,* de modo a alcançar os entes da Administração

402 BALTAZAR Jr., José Paulo. Crimes federais..., *Cit.*, p. 138. Também nesse sentido: CASOLATO, Roberto Wagner Battochio. A doutrina, a jurisprudência e o art. 327 do Código Penal. Revista Brasileira de Ciências Criminais. nº 22, p. 89-104, São Paulo: RT, ab./jun. de 1998, *passim*.

Pública indireta (autarquias, empresas públicas, sociedades de economia mista, fundações públicas e agências reguladoras) e também as atuais entidades paraestatais *stricto sensu* (isto é, os serviços sociais autônomos e os entes do denominado "terceiro setor", que exercem atividade estatal sob controle direto ou indireto do Estado).

Com efeito, o legislador penal não foi feliz ao empregar a expressão *entidade paraestatal*[403] no art. 327, § 1º, do Código Penal, porque, na verdade, deveria ter usado a expressão *Administração Pública descentralizada* ou, até mesmo, uma cláusula casuística utilizando-se das expressões "Administração Pública indireta" (ou mesmo mencionando seus entes especificamente) e "entidades paraestatais" (para se referir a essas entidades em sentido estrito).[404]

Portanto, para fins de direito penal, a expressão *entidade paraestatal*, contida no art. 327, § 1º, do Código Penal alcança todos os entes que integram a Administração Pública indireta (autarquias, empresas públicas, sociedades de economia mista, fundações públicas e agências reguladoras), bem como as entidades paraestatais *stricto sensu* representadas pelos serviços sociais autônomos (i. é., entes de cooperação com o poder público para a assistência e ensino a determinados grupos sociais ou profissionais, tais como: SENAI, SENAC, SESC, SESI etc.) e os entes do "terceiro setor" (que são entidades de apoio – fundações, associações e cooperativas –; as organizações sociais, regidas pela Lei nº 9.637/1998 e as organizações da sociedade civil de interesse público, disciplinadas pela Lei nº 9.790/1999).[405]

Assim, nos termos do art. 327, § 1º, *primeira parte*, do Código Penal, considera-se funcionário púbico equiparado quem exerce cargo, emprego ou função pública na Administração Pública indireta (autarquias, empresas públicas, sociedades de economia mista, fundações públicas e agências reguladoras) ou em entidade paraestatal *stricto sensu* (representadas pelos serviços sociais autônomos e entes do "terceiro setor").

Todavia, observe-se que apenas haverá a equiparação a funcionário público quando essas entidades da Administração Pública indireta ou paraestatais atuarem como prestadores de atividade típica da Administração Pública. Por outro lado, quando essas entidades explorarem atividade estritamente econômica é de se concluir pela não equiparação de seus funcionários à qualidade de funcionário público para efeitos penais, uma vez que nessa hipótese tais entidades se sujeitam ao regime jurídico das empresas privadas que exploram atividade econômica de uma forma geral, nos

403 Não são recentes as críticas ao emprego da expressão *entidade paraestatal* nos tipos penais dos crimes contra a Administração Pública. De fato, Vincezo Manzini (Tratatto di diritto penale..., *Cit.*, p. 52), em seus comentários ao Código Penal Italiano de 1930, já destacava que o termo *paraestatais* é equívoco e indeterminado, porque se presta a diversas noções e compreende variadas instituições, sem que haja um critério distintivo seguro no direito objetivo.

404 No sentido de que a expressão "entidade paraestatal" foi empregada equivocadamente pelo legislador penal, vide: JESUS, Damásio Evangelista de. Direito penal..., *Cit.*, p. 153.

405 PRADO, Luiz Régis. Curso de direito penal..., *Cit.*, p. 545; COSTA, Álvaro Mayrink da. Direito penal..., *Cit.*, p. 178; HUNGRIA, Nelson. Comentários ao código penal..., *Cit.*, p. 403/404; CAPEZ, Fernando. Curso de direito penal. Vol. 3. Parte Especial. São Paulo: Saraiva, 2011, p. 451.

termos do art. 173, § 1º, I e II, da Constituição Federal vigente. Tal conclusão decorre da circunstância de que a condição de funcionário público para efeitos penais deriva do exercício material de uma função estatal. Sendo assim, a condição de funcionário público equiparado não pode ser mais extensa do que a de funcionário público em sentido próprio, a ponto de a equiparação advir do mero exercício de atividade econômica.[406]

A *parte final* do art. 327, § 1º, do Código Penal, com a redação dada pela Lei 9.983/2000, estabelece como funcionário por equiparação "*quem trabalha para empresa prestadora de serviço público contratada ou conveniada para a execução de atividade típica da Administração Pública*". Assim, é considerado funcionário público por equiparação o funcionário de empresa privada – contratada e/ou conveniada – que presta serviço público – isto é, exerce atividade tipicamente estatal – à sociedade. Nessa hipótese há a equiparação do funcionário particular à qualidade funcionário público para fins do direito penal. Todavia, atente-se que apenas há equiparação à condição de funcionário público quando a empresa privada e, especialmente, o seu funcionário exercem atividade típica da Administração Pública, devendo esta ser entendida como a realização de atividade propriamente estatal de atendimento das necessidades essenciais ou coletivas da sociedade.

A atividade é considerada típica da Administração Pública quando o interesse ou a necessidade atendidos são primariamente da própria sociedade, embora a prestação do serviço público se dê por um particular. Atividade típica da administração é toda atividade atribuída por lei ao Estado para que a exerça direta ou por meio de delegação, sob regime jurídico total ou parcialmente público, com vistas a satisfazer as necessidades e os interesses sociais. São exemplos de atividades tipicamente estatais, embora prestadas por empresas privadas contratadas ou conveniadas com o Estado (União Federal, Estados-Membros e Municípios), as seguintes: coleta de lixo, fornecimento de energia elétrica e iluminação pública, serviços hospitalares e médicos, serviços de telefonia, serviços de transporte público, serviço de segurança etc..[407] Por outro lado, inexiste a equiparação em tela quando o interesse atendido é o da própria Administração Pública ou a atividade não tem caráter propriamente estatal, como sói acontecer com a exploração de atividade econômica.[408]

Conclusivamente, nos termos do art. 327, § 1º, do Código Penal, é considerados funcionário púbico por equiparação quem exerce cargo, emprego ou função pública na Administração Pública indireta (autarquias, empresas públicas, sociedades de

---

406 Por sua vez, Damásio de Jesus (Direito penal..., *Cit.*, p. 154) entende haver a equiparação a funcionário público independentemente da prestação de serviço público ou exploração de atividade econômica pelas entidades da administração indireta ou paraestatais, sob o fundamento de que o dispositivo legal do art. 327, § 1°, do Código Penal, condicionou o exercício de atividade estatal apenas para as empresas privadas contratadas ou conveniadas.

407 MIRABETE, Julio Fabbrini. Manual de direito penal. Vol. III. Parte especial. São Paulo: Atlas, 2011, p. 260.

408 JESUS, Damásio Evangelista de. Direito penal..., *Cit.*, p. 154/155.

economia mista, fundações públicas e agências reguladoras) ou em entidade paraestatal *stricto sensu* (representadas pelos serviços sociais autônomos e entes do "terceiro setor"), e também os funcionários de empresas privadas prestadoras de serviços contratadas ou conveniadas para a execução de atividades típicas da Administração Pública.

Casuisticamente, consideram-se funcionários públicos por equiparação (conforme o art. 327, § 1º, primeira parte, do Código Penal) em decorrência do exercício da função pública, conquanto não se exerça cargo ou emprego público, as seguintes hipóteses: estagiários das entidades da Administração Pública indireta (autarquia, empresa pública etc.); b) funcionários terceirizados que exerçam atividade típica da entidade pública contratante (autarquia, fundação pública etc.). Por outro lado, são também funcionários públicos por equiparação (conforme o art. 327, § 1º, segunda parte, do Código Penal) os funcionários de empresa contratada ou conveniada que exercem atividade típica da Administração Pública, a saber: a) administrador hospitalar e médicos conveniados (ou contratados) pelo SUS; b) funcionários de empresa franqueada pela EBC (Empresa Brasileira de Correios); c) conveniado precário que presta serviço ou revende produtos em nome da EBC; d) funcionário de empresa de informática que presta serviço de processamento de dados à CEF (Caixa Econômica Federal).[409]

23.4. Circunstância de aumento de pena nos crimes funcionais: art. 327, § 2º

O legislador penal, objetivando estatuir uma reprovação mais severa para algumas funções estatais, estabeleceu no art. 327, § 2°, do Código Penal uma circunstância de causa de aumento de pena nos crimes funcionais praticados por quem ocupa cargo em comissão, função de direção ou de assessoramento aos órgãos da Administração Pública direta e às entidades da Administração Pública indireta indicadas casuisticamente no dispositivo legal. Confira-se:

> **Art. 327**. *Omissis.*
>
> *§ 2º – A pena será aumentada da terça parte quando os autores dos crimes previstos neste Capítulo forem ocupantes de cargos em comissão ou de função de direção ou assessoramento de órgão da administração direta, sociedade de economia mista, empresa pública ou fundação instituída pelo poder público. (Incluído pela Lei nº 6.799, de 1980)*

Analisando-se o texto legal transcrito, percebe-se que é insustentável a interpretação de parte da doutrina nacional no sentido de que esse dispositivo alberga uma norma de equiparação a funcionário público e uma causa de aumento de pena. Com efeito, a norma que dispõe sobre equiparação a funcionário público está no art. 327, § 1°, do Código Penal. Por sua vez, o art. 327, § 2°, do Código Penal dispõe somente sobre uma causa de aumento de pena aplicável a funcionários públicos – sejam próprios ou equiparados – que exercem cargo em comissão, função de direção ou de

409 Consulte-se a indicação jurisprudencial sobre algumas dessas hipóteses em: BALTAZAR Jr., José Paulo. Crimes federais..., *Cit.*, p. 136.

assessoramento aos órgãos da Administração Pública direta e a algumas entidades da Administração Pública indireta (especificamente, sociedade de economia mista, empresa ou fundação pública), quando da prática de crime funcional previsto no Capítulo V do Título XI da Parte Especial do Código Penal.

Não obstante, constata-se, de plano, a falha legislativa no texto do art. 327, § 2°, do Código Penal, quando da indicação das entidades da Administração Pública indireta em que o crime funcional está sujeito à causa de aumento de pena, a saber: omitiu-se *fragorosamente* a autarquia, que é a mais típica das entidades da administração indireta (ente administrativo que às vezes é considerado como sinônimo de administração indireta). Sendo assim, a causa de aumento de pena prevista neste dispositivo não se aplica aos agentes de crimes funcionais que exercem cargo em comissão, função de direção ou de assessoramento em entidade autárquica, por força do princípio da legalidade penal que exige a previsão legal específica da circunstância em relação à autarquia e o consectário princípio da proibição de analogia *in malan partem* no direito penal.[410]

Observe-se ainda que quando o exercício do cargo em comissão, da função de direção ou de assessoramento não funcionar como elementar do crime funcional (isto é, o ocupante já tem a qualidade de funcionário público antes desse exercício), a causa de aumento de pena não se aplica aos demais autores ou partícipes que não exerçam tais funções estatais, porque é uma circunstância subjetiva não comunicável a todos os agentes do delito funcional.[411]

Cabe mencionar também que o STF[412] tem precedentes no sentido de que os Chefes dos poderes Executivos (Presidente da República, Governadores e Prefeitos) exercem "função de direção" da administração pública. Sendo assim, caso cometam crimes contra a administração pública incide a causa de aumento de penal do art. 327, §2°, do Código Penal.

23.5. Aplicação sistemática do conceito de funcionário público no direito penal

No que concerne à aplicação do conceito de funcionário público – em sentido próprio ou por equiparação –, é forçoso reconhecer que o art. 327 do Código Penal, estabelece um comando normativo aplicável a todos os crimes funcionais previstos no próprio Código Penal e também àqueles estatuídos na legislação criminal especial, na medida em que fixa o conceito de funcionário público para todos os fins em direito

410 BITENCOURT, Cezar Roberto. Tratado de direito penal..., *Cit.*, p. 155; PRADO, Luiz Régis. Curso de direito penal..., *Cit.*, p. 546; COSTA, Álvaro Mayrink da. Direito penal..., *Cit.*, p. 179.

411 Nesse sentido: STJ, HC 32106/RO, julgado em 25.8.2004. Por sua vez, Cleber Masson (Direito penal..., *Cit.*, p. 566) entende que o termo *autores* deve ser interpretado em sentido amplo, de modo que a causa de aumento de pena deve ser aplicada a todos os agentes sejam autores, coautores ou partícipes do delito funcional.

412 Inq. 2.606, DJE 2.11.2014.

penal, como se pode concluir a partir da interpretação da expressão *para os efeitos penais*, contida em seu texto legal. Assim, sempre que uma lei penal se referir a funcionário público, o art. 327 do Código Penal é o critério legal para definir quem deve receber essa qualificação funcional no direito penal. Aliás, cabe salientar que o conteúdo do art. 327 poderia, sem prejuízo algum, ser inserido em uma norma da Parte Geral do Código Penal, como o fazem algumas codificações estrangeiras.[413]

Efetivamente, para todos os efeitos penais, o conceito de funcionário público estabelecido no art. 327 é aplicável a todos os crimes previstos no Código Penal e também na legislação criminal especial, salvo quando essa trouxer dispositivo específico dispondo de outro modo (por força do princípio da especialidade penal).

413 BITENCOURT, Cezar Roberto. Tratado de direito penal..., *Cit.*, p. 153. COSTA Jr., Paulo José da; PAGLIARO, Antonio. Dos crimes contra a Administração Pública..., *Cit.*, p. 14. Nesse sentido, é oportuno conferir o magistério de Heleno Claudio Fragoso (Lições de direito penal..., *Cit.*, p. 403/404), *in verbis*: "A definição de funcionário público estabelecida no CP, embora situada no capítulo relativo aos crimes praticados por funcionários contra a administração em geral, aplica-se não só ao título XI inteiro, como também a todas as demais disposições contidas no CP e em leis extravagantes".

CAPÍTULO II – DOS CRIMES PRATICADOS POR PARTICULAR CONTRA A ADMINISTRAÇÃO PÚBLICA EM GERAL

IVAN LUIZ DA SILVA

1. USURPAÇÃO DE FUNÇÃO PÚBLICA

Usurpação de função pública

Art. 328 – Usurpar o exercício de função pública:

Pena – detenção, de três meses a dois anos, e multa.

Parágrafo único – Se do fato o agente aufere vantagem:

Pena – reclusão, de dois a cinco anos, e multa.

1.1. Considerações gerais sobre os crimes praticados por particular contra a Administração Pública em geral

O Título XI do Código Penal, em seu Capítulo II, dispõe também sobre crimes cometidos pelo particular contra a Administração Pública, denominados *delicta communia*,[1] pois as infrações criminais contra a Administração Pública podem ser praticadas tanto por meio do abuso ou desvio de poder de seus agentes públicos como pela intromissão ou perturbação causada por um particular estranho à atividade estatal.[2]

Assim, com vistas a proteger os interesses da Administração Pública, o direito penal responsabiliza penalmente também os particulares (*extranei*), que não integram a atividade estatal, por comportamentos que afetem nocivamente o desenvolvimento da função estatal.

1 HUNGRIA, Nelson. Comentários ao código penal..., *Cit.*, p. 315/316; BITENCOURT, Cezar Roberto. Tratado de direito penal..., *Cit.*, p. 3.

2 Cf. SOLER, Sebastian. Derecho penal..., *Cit.*, p. 90.

1.2. Considerações preliminares

O Direito Penal Romano previa a conduta criminosa do exercício abusivo de função pública em parte como *crimen maiestatis* e também em parte como *crimen falsi*. Na Idade Média, esse delito continuou a ter a mesma estrutura jurídica.[3]

O Código Penal francês de 1810 incriminou essa conduta entre suas normas, servindo essa previsão como inspiração para vários códigos penais do século XIX.[4]

O Código Criminal imperial (1830) também reprimiu a conduta de usurpar função pública, porém disciplinando separadamente a usurpação das funções civil e militar. Por sua vez, o Código Penal da Républica (1890) reuniu em uma mesma previsão legal a usurpação dessas funções púbicas.

O Código Penal de 1940 disciplinou a usurpação de função pública sem destacar a sua abrangência em relação às funções civil e militar. Contudo, o Código Penal militar de 1969 incrimina, especificamente, a usurpação de função militar.

1.3. Bem jurídico e classificação do delito

O bem jurídico protegido é a Administração Pública, que não deve ter funcionamento conspurcado pelo exercício funcional ilegítimo do usurpador da função pública. A objetividade jurídica é proteger o poder do Estado de dispor exclusivamente sobre o exercício da função estatal, para evitar a intromissão indevida de pessoa estranha aos quadros da administração pública.[5] Assim, o tipo penal do art. 328 do Código Penal, tutela o funcionamento regular da Administração Pública, criminalizando a invasão de função pública e o seu ilegítimo exercício praticada qualquer pessoa.

A usurpação de função pública classifica-se como:

crime comum	crime formal	crime comissivo	crime instantâneo	crime unissubjetivo	crime plurissubsistente
não exige uma qualidade especial do agente, podendo ser qualquer pessoa	basta a realização da conduta típica para sua consumação	porque a conduta somente se realiza ativamente	não há lapso entre a ação e o resultado	pode ser executado por apenas um agente	delito que pode ser praticado com mais de um ato

1.4. Sujeitos do delito

O sujeito ativo é qualquer pessoa, especificamente o *extraneus* (particular). Destaque-se que o funcionário público também pode ser agente deste delito quando realiza

3 MOMMSEN, Teodoro. Derecho penal..., *Cit.*, p. 357; MANZINI, Vicenzo. Tratatto di diritto penale..., *Cit.*, p. 460.

4 FRAGOSO, Heleno Claudio. Lições de direito penal..., *Cit.*, p. 467.

5 MANZINI, Vicenzo. Tratatto di diritto penale..., cit p. 460/461; FRAGOSO, Heleno Claudio. Lições de direito penal..., *Cit.*,p. 467.

atribuições funcionais de competência administrativa de outra função pública distinta da que exerce legitimamente. Nessa hipótese o funcionário público se equipara à condição de *extraneus* em relação à função pública usurpada. Cumpre mencionar que se entende que o funcionário público também pratica o delito de usurpação de função pública quando realiza ato que exorbita suas atribuições funcionais, ainda que esse ato esteja, em gênero, inserido na esfera de âmbito funcional do cargo exercido. [6]

O sujeito passivo é o Estado, representado pelas administrações públicas federal, estadual, distrital ou municipal. Entende-se que esse dispositivo não abrange as entidades equiparadas à Administração Pública relacionadas no § 1º do art. 327 do Código Penal.[7]

1.5. Tipo penal objetivo: elementos da descrição típica

A conduta incriminada pelo art. 328 do Código Penal consiste em usurpar o exercício de função pública. Doutrinariamente, o delito de usurpação de função pública pode ser conceituado como a investidura ilegal em uma função pública mediante o ilegítimo exercício de ato funcional inerente à função usurpada. Com efeito, Vicenzo Manzini[8] pontifica que o conceito de usurpação de função pública implica uma arbitrária invasão da função estatal, já que falta uma norma ou ato da autoridade pública que legitime o exercício do agente usurpador.

O tipo penal da usurpação de função pública tem como conduta nuclear o verbo *usurpar*, que significa *apossar-se sem direito*, *exercer indevidamente* ou *assumir o exercício* de algo por força, fraude ou artifício. No sentido do texto legal, o termo *usurpar* refere-se à ação do agente que ilegitimamente executa ato funcional inerente a uma função pública em que não se encontra legalmente investido. De fato, usurpar é apossar-se e exercer, ilegitimamente, atribuições funcionais de uma função pública que não lhe compete. A usurpação de função pública é uma invasão ilegítima das atribuições da administração pública por pessoa estranha a determinada função pública.

O delito de usurpação de função pública se configura, necessariamente, pela prática de ato funcional inerente à função usurpada, não sendo suficiente para sua configuração a conduta do agente de se apresentar na condição de funcionário público da função de que efetivamente não está investido. Nesse sentido é oportuno conferir o magistério de Magalhães Noronha, *in verbis*: "[...] De acordo com a oração da lei, prática a ação delituosa quem, indébita ou ilegitimamente, executa ato de ofício. Não basta fazer-se passar pelo ocupante do cargo, intitular-se como tal, desde que não o exerça. A lei exige que se usurpe exercício da função e não se contenta

---

6 COSTA, Álvaro Mayrink da. Direito penal..., *Cit.*, p. 191.

7 Nesse sentido: PRADO, Luiz Régis. Curso de direito penal..., *Cit.*, p. 551; BITENCOURT, Cezar Roberto. Tratado de direito penal..., *Cit.*, p. 157.

8 MANZINI, Vicenzo. Tratatto di diritto penale..., cit p. 463.

com a simples ou mera atribuição da qualidade de funcionário ou do título relativo ao cargo".[9]

O tipo penal contém ainda o elemento normativo *função pública*, que deve ser interpretado de modo a abranger todas as modalidades de exercício de uma função estatal, tais como cargo, função e emprego públicos.

Em síntese, o delito de usurpação de função pública consiste na conduta do agente de investir-se, ilegalmente, em uma função pública e, sem título jurídico legítimo, praticar ato funcional inerente à função usurpada.[10]

1.6. Tipo penal subjetivo: elemento típico subjetivo

O elemento subjetivo do delito de usurpação de função pública é o dolo, que se constitui pela consciência e vontade de realizar a conduta típica de usurpar função pública. Não obstante, é essencial que o agente tenha plena consciência da ilegitimidade e ilegalidade do exercício da função usurpada. A ausência do *animus* de usurpar a função pública exclui a tipicidade da conduta (por exemplo, a eventual realização de um ato funcional para auxiliar excepcionalmente a funcionário público).

Não se exige nenhum elemento subjetivo especial do tipo penal. Não importa também a motivação do agente. Inexiste a modalidade culposa deste delito.

1.7. Forma qualificada em razão de auferimento de vantagem

O parágrafo único do art. 328 estatui a modalidade qualificada, elevando significativamente a sanção cominada, da usurpação de função pública na hipótese de eventual obtenção de vantagem para si ou para outrem.

Nessa hipótese o auferimento de vantagem não se configura apenas como mero exaurimento do crime, mas como circunstância qualificadora do delito, em razão da maior reprovabilidade social da conduta praticada.

Como o dispositivo legal não especificou, entende-se que o termo *vantagem* deve ser interpretado em sentido amplo, de modo a abranger a vantagem devida ou indevida, legítima ou ilegítima, bem como de natureza patrimonial ou moral.

1.8. Consumação e tentativa

Consuma-se o crime de usurpação de função pública com o efetivo exercício de ato funcional da função usurpada. Assim, a consumação ocorre no local e

9 NORONHA, Magalhães. Direito penal..., *Cit.*, p. 301. Confira-se a lição de Nelson Hungria (Comentários ao Código Penal..., *Cit.*, p. 410), *in verbis*: "Para o *summatum opus*, não basta arrogar-se ou atribuir-se a função pública: é preciso exercê-la efetivamente, ou, seja, praticar algum ato de ofício, como se fôsse o legítimo funcionário. A simples jactância não é penalmente ilícita, salvo se constribui para um fingimento, pois em tal caso será reconhecível uma contravenção [...]."

10 HUNGRIA, Nelson. Comentários ao Código Penal..., *Cit.*, p. 409.

momento em que o agente pratica qualquer ato funcional inerente à função objeto da usurpação. É suficiente a prática de um único ato funcional para a consumação da usurpação de função pública, devendo a reiteração do ato ser considerada na dosimetria da pena e não como continuidade delitiva, já que nesta hipótese o delito assume a característica de crime permanente.[11]

A tentativa é, em tese, admissível, quando iniciada a execução do crime e essa é interrompida por circunstância alheia à vontade do agente.

1.9. Pena e aspectos processuais

A pena cominada para o delito previsto no art. 328, *caput*, é de três meses a dois anos de detenção, além da pena de multa. A modalidade qualificada, prevista no parágrafo único do art. 328, tem a pena cominada de reclusão de dois a cinco anos, e multa.

No que tange à modalidade do art. 328, *caput*, a competência para o processo e julgamento do delito é dos juizados especiais criminais (art. 61, Lei nº 9.099/95), admitindo-se a transação e a suspensão condicional do processo (arts. 76 c/c 89 da Lei n° 9.099/95).

A ação penal é pública incondicionada.

1.10. Considerações especiais

1.10.1. Terceirização do serviço público: conduta atípica

A *terceirização do serviço público* para sociedade empresarial mediante contrato administrativo de concessão ou permissão ou convênio, que passa a exercer atividade típica da Administração Pública, não configura o delito de usurpação de função pública, pois há expressa autorização legal no art. 327, § 1º, do Código Penal.[12]

1.10.2. Uso de uniforme ou distintivo de função pública

O uso de uniforme ou distintivo de função pública, sem a realização de ato funcional inerente a essa função, não configura o delito de usurpação de função pública, mas somente a contravenção penal do art. 45 ou do art. 46 da Lei de Contravenções Penais (Decreto-lei nº 3.688/41).[13]

2. RESISTÊNCIA

⊙ **Resistência**

Art. 329 – Opor-se à execução de ato legal, mediante violência ou ameaça a funcionário competente para executá-lo ou a quem lhe esteja prestando auxílio:

---

11 Nesse sentido: PRADO, Luiz Régis. Curso de direito penal..., *Cit.*, p. 552; BITENCOURT, Cezar Roberto. Tratado de direito penal..., *Cit.*, p. 158.

12 Nesse sentido: PRADO, Luiz Régis. Curso de direito penal..., *Cit.*, p. 552.

13 Nesse sentido: BITENCOURT, Cezar Roberto. Tratado de direito penal..., *Cit.*, p. 160.

Pena - detenção, de dois meses a dois anos.

§ 1º - Se o ato, em razão da resistência, não se executa:

Pena - reclusão, de um a três anos.

§ 2º - As penas deste artigo são aplicáveis sem prejuízo das correspondentes à violência.

2.1. Considerações preliminares

A origem do crime de resistência remonta ao Direito Romano, que qualificava como *crimen vis publicae* todos os atos de violência perpetrados contra autoridades do Estado, incluindo os magistrados. A violência e a resistência contra autoridades públicas eram, nesse momento, punidas como crime de lesa-majestade, conforme a prescrição expressa que adveio com a *Lex Plaulia de vi* e a *Lex Julia de vi*. A pena era de morte para os *humiliores*, mas para os *honestiores* a pena era de *interditio aquae et ignis* (interdição de água e fogo) e de *deportatio* (deportação). [14]

Posteriormente, o Código Penal francês de 1791, como também o napoleônico de 1810, puniam o ato de violência ou vias de fato contra determinados funcionários públicos que estivessem no cumprimento de leis, ordens ou mandamentos de autoridade. Esse delito, similar ao crime de resistência, recebeu o *nomen iuris* de rebelião (*rébellion*) [15].

No Brasil, a previsão do crime de resistência advém do Código Criminal imperial (1830). O dispositivo veio a ser repetido, com algumas alterações de redação, pelo Código Penal da República (1890), que dispôs o tipo penal, de forma equivocada, entre os "crimes contra a segurança interna da república" (Livro II, Título II), transformando o crime de resistência num crime político contra a ordem constituída. O Código Penal vigente, de 1940, corrigiu o erro e enquadrou, acertadamente, o delito de resistência entre os crimes contra a Administração Pública, além de aperfeiçoar e sintetizar a descrição típica[16].

2.2. Bem jurídico e classificação do delito

O bem jurídico tutelado é a Administração Pública. A objetividade jurídica da tipificação do delito de resistência é garantir a normalidade do funcionamento da Administração, reforçando o seu prestígio e autoridade, além de proteger a segurança e a integridade dos agentes públicos. Porém, a tutela, em primeiro lugar, não é dirigida para o funcionário ou autoridade em si, senão para os atos funcionais que pratica em nome da Administração Pública.[17]

---

14 MOMMSEN, Teodoro. Derecho penal..., *Cit.*, p. 366/367; MANZINI, Vicenzo. Tratatto di diritto penale..., *Cit.*, p. 336; COSTA, Álvaro Mayrink da. *Direito penal*..., *Cit.*, p. 197.

15 BITENCOURT, Cezar Roberto. *Tratado de direito penal*..., *Cit.*, p. 161.

16 BITENCOURT, Cezar Roberto. *Tratado de direito penal*..., *Cit.*, p. 162.

17 MANZINI, Vicenzo. Tratatto di diritto penale..., *Cit.*, p. 364; BITENCOURT, Cezar Roberto. *Tratado de direito penal*..., *Cit.*, p. 168; PRADO, Luiz Régis. *Curso de direito penal*..., *cit*, p. 555.

A resistência, sendo conduta contrária ao exercício de ato funcional, é contrária à própria Administração Pública, que expressa sua vontade através da atividade funcional de seus próprios órgãos e agentes. Esse comportamento criminoso promove o caos e a desarticulação do poder estatal e, consequentemente, da ordem jurídica[18].

O delito de resistência é classificado como:

crime comum	**crime formal**	**crime de forma livre**
não sendo necessária condição especial do sujeito, pois qualquer pessoa poderá praticá-lo	não exige resultado naturalístico para sua consumação	porque pode ser praticado por qualquer forma ou meio
crime instantâneo	**crime unissubjetivo**	**crime plurissubsistente**
entre a ação e seu resultado não há grande lapso de tempo	pode ser praticado por apenas um agente	em regra, é perpetrado por mais de um ato e sua execução pode ser fracionada

2.3. Sujeitos do delito

O sujeito ativo do crime de resistência pode ser qualquer pessoa (*crime comum*), não havendo previsão de condição especial do sujeito. O crime pode ser praticado, inclusive, por aquele a quem o ato funcional não era dirigido, ou seja, o sujeito que, mesmo estando alheio à determinação do funcionário ou autoridade pública, resolve opor resistência à sua execução.

O sujeito passivo é o Estado, representado pelas Administrações Públicas federal, estadual, distrital ou municipal. É sujeito passivo do delito, também, o funcionário público competente para a execução do ato e, eventualmente, terceiro que tenha lhe auxiliado do ato resistido.

2.4. Tipo penal objetivo: elementos da descrição típica

O crime de resistência consiste na conduta de *opor-se* a execução de ato de ofício, mediante violência ou ameaça contra funcionário ou seu auxiliar[19]. O núcleo do tipo, o verbo *opor-se*, significa, no contexto do tipo penal, o comportamento de impedir (obstaculizar, contrapor, dificultar etc.) a execução de ato funcional legal, obstando, através da força física ou moral, a ação do agente público competente ou de seu auxiliar.

A configuração de oposição criminosa exige os seguintes elementos constitutivos, a saber: a) conduta ativa, por meio de violência ou ameaça (visto que o comportamento passivo pode configurar crime de desobediência, do art. 330); b) sujeito passivo

---

18 PRADO, Luiz Régis. *Curso de direito penal...*, *Cit.*, p. 555.

19 FRAGOSO, Heleno Claudio. *Lições de direito penal...*, *Cit.*, p. 470.

qualificado como funcionário público competente para o ato, ou como eventual assistente deste; c) legalidade formal e material do ato funcional; d) e dolo[20].

A resistência implica conduta ativa, de caráter militante, em face do comando da autoridade competente. A mera omissão ou resistência passiva (*vis civilis*) pode constituir o crime de desobediência, previsto no art. 330, mas não o crime de resistência. Portanto, não configura resistência, por exemplo, a conduta do indivíduo de manter-se, passivamente, inerte diante da ordem de funcionário público competente, ignorando-a por completo.

Além disso, é preciso que a resistência tenha sido violenta, isto é, perpetrada mediante emprego da força para incutir temor ou inação do funcionário público ou de seu eventual auxiliar. A oposição branca, pacífica, não está abrangida pelo crime. Pela locução – "*mediante violência ou ameaça*" – que compõe a descrição típica, a violência praticada pelo sujeito ativo pode ser de ordem física (*vis corporalis*) ou de ordem moral (*vis compulsiva*). *Violência física* consiste no emprego de força corporal, material, resultando ao menos em lesão corporal leve ou vias de fato, para caracterizar o crime. A *violência moral*, por sua vez, compreende atos de ameaça, coação psíquica, que sejam capazes de provocar temor a um homem comum. Tal ameaça, para configurar o crime de resistência pode ser *real* (apontar uma arma de fogo, brandir um punhal) ou *verbal* (chantagem, promessa de vingança). Admite-se, na doutrina, até mesmo a ameaça por escrito[21].

Impende destacar, também, que a ameaça pode concretizar o crime de resistência, ainda que o sujeito ativo tenha se utilizado de arma simulada (ex.: arma de brinquedo) ou inoperante (ex.: arma descarregada ou falha), desde que, pelas circunstâncias, tenha sido suficiente para provocar temor ao agente público e que não tenha ele percebido o ardil[22].

A violência precisa, obviamente, ser dirigida contra o funcionário público e/ou seu eventual auxiliar, não se considerando, para efeitos de tipificação da conduta, a violência praticada contra coisas, ainda que pertencentes ao Poder Público (depredação de instalações, automóveis, instrumentos profissionais de fiscalização etc.). Todavia, a violência contra coisa configura crime de resistência se o funcionário público ou seu auxiliar foi destinatário mediato, ou indireto, da conduta ativa do sujeito, isto é, se o emprego da violência contra a coisa tinha o propósito de ameaçar, ferir ou impedir de alguma forma a ação do agente público[23].

---

20 HUNGRIA, Nelson. *Comentários ao Código Penal...*, cit, p. 411; BITENCOURT, Cezar Roberto. *Tratado de direito penal...*, *Cit.*, p. 162/165.

21 MANZINI, Vicenzo. Tratatto di diritto penale..., *Cit.*, p. 368/369; HUNGRIA, Nelson. *Comentários ao código penal...*, *Cit.*, p. 411; BITENCOURT, Cezar Roberto. *Tratado de direito penal...*, *Cit.*, p. 162.

22 HUNGRIA, Nelson. *Comentários ao código penal...*, *Cit.*, p. 412; PRADO, Luiz Régis. *Curso de direito penal...*, *Cit.*, p. 557.

23 MANZINI, Vicenzo. Tratatto di diritto penale..., *Cit.*, p. 369/370; Com essa orientação, assinala Nelson Hungria (*Comentários ao código penal...*, *Cit.*, p. 412), *in verbis*: "Até mesmo a violência sobre cosias, quando assume um caráter de oposição ativa contra o agente da autoridade ou quem lhe

Deve-se destacar que é pressuposto do crime de resistência a *atualidade do ato de ofício*, isto é, que a resistência tenha sido perpetrada no mesmo momento e lugar da execução do ato funcional que se buscou impedir. Não é possível, evidentemente, resistir a algo que já se consumou ou que nem sequer se iniciou; como também é impossível opor-se ao ato em lugar diverso ao de sua execução. O crime precisa estar em sincronia com o *tempo* e *lugar* do ato de ofício[24].

Além da conduta ativa e violenta, é elemento constitutivo do tipo penal também a qualidade, do sujeito passivo secundário, de funcionário público competente. Enfatize-se: além da qualidade de funcionário público, ou de agente desse, é imprescindível que o sujeito passivo seja competente para o ato que executa. Não é crime, portanto, a oposição contra ato de funcionário público que manifestamente excede suas atribuições funcionais.[25]

Importa destacar que naturalmente configura crime de resistência a oposição violenta contra aquele que presta auxílio ao funcionário público (*extraneus*), uma vez que sua conduta representa um desdobramento da competência do funcionário, isto é, consiste numa delegação pelo assistido. Nessas circunstâncias, o eventual auxiliar assume uma função pública, cujo prestígio e respeito devem ser resguardados pela figura penal. O funcionário público pode requisitar expressamente o auxílio, ou pode simplesmente consentir com o reforço espontâneo do assistente. Vale dizer, ainda, que a conduta do auxiliar será legítima apenas se o funcionário estiver presente, *in locus*[26].

Também a legalidade, formal e material, do ato de ofício constitui pressuposto do crime de resistência. É dizer, só se configura a resistência se o ato que se pretende impedir for legal. A *legalidade formal* diz respeito aos requisitos procedimentais do ato funcional, isto é, os meios pelos quais deve ele ser executado. Já a *legalidade material*, ou substancial, consiste na relação do conteúdo do ato e o fundamento jurídico que lhe motiva. Assim, para além da competência funcional do sujeito passivo secundário (funcionário público), exige-se também a conformidade jurídica do que o ato determina e a regularidade dos seus meios de execução.[27] Cabe destacar que a oposição contra a execução de ato ilegal configura hipótese de resistência lícita, já que se pode considerar ausência de tipicidade penal ou até mesmo exercício de uma legítima defesa.[28]

---

presta auxílio, pode constituir resistência, como, *in exemplis*, se é derribada a escada que o policial pretende galgar para executar um mandado *ad capiendum*, ou se é morto a tiros o cavalo do soldado de polícia que encalça um criminoso em fuga". Em sentido contrário é a opinião de Heleno Claudio Fragoso (*Lições de direito penal..., Cit.*, p. 471) e Cezar Bitencourt (*Tratado de direito penal..., Cit.*, p. 164), para os quais a resistência não implica violência contra coisas, mas apenas contra o funcionário público.

24 MANZINI, Vicenzo. Tratatto di diritto penale..., *Cit.*, p. 367; BITENCOURT, Cezar Roberto. *Tratado de direito penal..., Cit.*, p. 163.

25 BITENCOURT, Cezar Roberto. *Tratado de direito penal..., Cit.*, p. 164/166.

26 HUNGRIA, Nelson. *Comentários ao código penal..., Cit.*, p. 412.

27 BITENCOURT, Cezar Roberto. *Tratado de direito penal..., Cit.*, p. 165.

28 FRAGOSO, Heleno Claudio. Lições de direito penal..., *Cit.*, p. 474/475.

Contudo, em caso de dúvida razoável sobre a legalidade do ato, é incriminada a resistência, privilegiando-se o princípio da autoridade. Nesse sentido, vale conferir o magistério de Nelson Hungria, *in litteris*: "a resistência é legítima quando a ilegalidade do ato oficial é manifesta, evidente, flagrante. Se há dúvida sobre a ilegalidade, a abstenção de resistência é um *rationale obsequium* ao princípio da autoridade".[29]

Ademais disso, impõe a diferenciação entre *legalidade* e *justiça* do ato funcional. Ao sujeito não cabe fazer juízo de valor e justiça sobre o ato, se ele respeita todos os requisitos formais de aplicação e se seu conteúdo encontra fundamento jurídico. Mesmo diante de um *ato injusto*, ao menos assim considerado pelo sujeito ativo, não é legítima a resistência, a não ser que seja manifestamente ilegal ou inconstitucional[30].

2.5. Tipo penal subjetivo: elemento típico subjetivo

O elemento subjetivo do crime é o dolo, representado pela vontade consciente de opor-se a ato não manifestamente ilegal de funcionário público competente. Não há crime se o sujeito ativo não tem consciência da legalidade do ato ou da competência do funcionário e de seu eventual auxiliar. Exige-se elemento subjetivo especial do tipo penal, consistente no especial fim de agir para obstar a execução do ato de ofício. A conduta perpetrada sem esse especial desígnio pode configurar outro crime (lesão corporal, ameaça etc.), mas não o de resistência.

Não há previsão da modalidade culposa do crime.

2.6. Resistência qualificada

O art. 329, § 1º, do Código Penal prevê qualificadora para o crime de resistência, na hipótese de o ato de ofício tiver sido efetivamente impedido pelo sujeito ativo, através de seu ato de oposição violenta. O exaurimento do crime faz incidir a forma qualificada. Assim, a resistência bem-sucedida é punida com maior gravidade, considerando o desvalor da ação e do resultado, que implicam mais intensa reprovabilidade do sujeito.

2.7. Resistência e concurso com outro crime: art. 329, § 2º

Por força do que dispõe o art. 329, § 2º, do Código Penal o ato de violência física ou moral, que compõe a descrição típica como elementar do crime de resistência, é punido autonomamente se constituir crime diverso. Na dicção legal, as penas pela resistência são aplicadas "*sem prejuízo das correspondentes à violência*". Porém, adverte-se que a violência só é punida se, por si mesma, constituir crime autônomo, pois, do contrário, seria apenas elementar do tipo penal do crime de resistência.

29 HUNGRIA, Nelson. *Comentários ao código penal...*, *Cit.*, p. 415.

30 NORONHA, Magalhães. *Direito penal...*, *Cit.*, p. 307; PRADO, Luiz Régis. *Curso de direito penal...*, *Cit.*, p. 558.

Na hipótese de a violência constituir crime autônomo, como, por exemplo, lesão corporal ou homicídio, serão aplicadas cumulativamente as penas (*sistema do cúmulo material de penas*). Em síntese, somam-se as penas da resistência e a correspondente à violência (lesão corporal, homicídio etc.).

Não obstante, é naturalmente possível haver concurso de crimes, formal ou material, que não necessariamente implique o ato de violência característico do crime de resistência. Mas, havendo concurso entre a resistência e outro crime qualquer que não represente a violência, aplica-se a regra que couber, conforme o caso seja de concurso formal ou material, pois nessa hipótese não há ressalva legal.

Deve-se destacar, ainda, que não ocorre concurso de crimes se a resistência é promovida contra mais de um funcionário público, todos encarregados de executar o mesmo ato funcional. É que, nesse caso, a resistência será uma só, dirigida contra a Administração Pública e sua determinação, e não contra os funcionários individualmente, como pessoas. Com efeito, o bem jurídico tutelado, em primeiro lugar, é a autoridade da Administração Pública[31].

2.8. Consumação e tentativa

Consuma-se o crime do art. 329, *caput*, com a oposição violenta à execução do ato legal, independentemente de o ato chegar a ser efetivado ou não pelo funcionário público (delito formal). Sendo assim, o efetivo e completo impedimento da realização do ato representa simples exaurimento do crime, porém, com efeito qualificador do crime (art. 329, § 1º). Admite-se a tentativa deste delito, pois a oposição violenta pode ter sua realização fracionada por circunstância alheia à vontade do agente.

2.9. Pena e aspectos processuais

A pena cominada para o crime de resistência é detenção de dois meses a dois anos (art. 329, *caput*). A forma qualificada do § 1º, que trata, a dizer, da não realização do ato de ofício, prevê pena de reclusão de um a três anos.

Para o crime previsto no do art. 329, *caput,* a competência é dos Juizados Especiais Criminais, tendo em vista que a sua pena máxima cominada não ultrapassa dois anos (art. 61 da Lei nº 9.099/1995). É admitida a suspensão condicional do processo, inclusive para a forma qualificada, uma vez que as penas mínimas cominadas não ultrapassam um ano (art. 89 da Lei nº 9.099/1995).

A ação penal é pública incondicionada.

2.10. Considerações especiais

2.10.1. Resistência e erro de tipo

A resistência pode ser realizada por erro de tipo (art. 20, *caput*, do Código Penal), que pode fazer excluir o dolo ou reconhecer descriminante putativa, conforme o caso.

---

31 PRADO, Luiz Régis. *Curso de direito penal..., Cit.*, p. 559.

Essa hipótese ocorre quando: a) o agente desconhece ou não percebe que o sujeito passivo é funcionário público, ou eventual assistente deste; b) não tem ciência de que o funcionário público está agindo no âmbito de sua competência e atribuições funcionais; c) acredita, erroneamente, que o ato que o funcionário pretende executar é ilegal ou inconstitucional[32].

2.10.2. *Resistência e princípio da especialidade*

Para a oposição violenta contra ato legal, perpetrada durante o desenvolvimento de uma Comissão Parlamentar de Inquérito, desafiando a sua autoridade, existe tipificação específica, prevista no art. 4º, I, da Lei nº 1.579/52. A conduta criminosa, segundo a sua descrição típica, consiste em "*impedir, ou tentar impedir, mediante violência, ameaça ou assuadas, o regular funcionamento de Comissão Parlamentar de Inquérito, ou o livre exercício das atribuições de qualquer dos seus membros*". Apesar da previsão independente, o preceito faz expressa remissão ao art. 329 (norma penal em branco), aplicando, assim, para esse crime as mesmas penas do crime de resistência.

Quando o funcionário público executor do ato de ofício for autoridade judiciária, membro do Conselho Tutelar ou do Ministério Público, no exercício de suas atribuições previstas no Estatuto da Criança e Adolescente (Lei nº 8.069/90), a oposição configura, não o crime de resistência, mas, sim, o crime tipificado no art. 236 do ECA ("Impedir ou embaraçar a ação de autoridade judiciária, membro do Conselho Tutelar ou representante do Ministério Público no exercício de função prevista nesta Lei: Pena – detenção de seis meses a dois anos"), pelo princípio da especialidade. Tal crime, vale destacar, não prevê como elementar do tipo a violência, como também exclui de sua descrição a legalidade do ato.

3. DESOBEDIÊNCIA

⊙ **Desobediência**

Art. 330 – Desobedecer a ordem legal de funcionário público:

Pena – detenção, de quinze dias a seis meses, e multa.

3.1. Considerações preliminares

A previsão do crime de desobediência perfaz uma tradição Direito brasileiro que advém do Código Penal imperial (1830), muito embora seja raro encontrá-lo na legislação penal estrangeira.[33]

O crime foi também previsto pelo Código Penal da República (1890), que enquadrou a desobediência entre os "crimes contra a segurança interna da república" (Livro II, Título II), transformando-a num crime político contra a ordem constituída, além

32 COSTA, Álvaro Mayrink da. *Direito penal..., Cit.*, p. 203.

33 PRADO, Luiz Régis. Curso de direito penal..., *Cit.*, p. 561.

de ampliar-lhe consideravelmente a abrangência. Segundo sua descrição típica, o crime de desobediência compreendia também a simples transgressão de ordens ou provimentos legais (preceitos abstratos) emanados de autoridades competentes, como preceitos proibitivos de editais das autoridades.

O Código Penal vigente, de 1940, não manteve o excesso e, acertadamente, colocou o delito de desobediência entre os crimes contra a Administração Pública e restringiu sua abrangência para a ordem legal ditada por funcionário público.

3.2. Bem jurídico e classificação do delito

O bem jurídico tutelado é a Administração Pública. A objetividade jurídica da tipificação é garantir a normalidade do funcionamento da função administrativa estatal, reforçando o seu prestígio e autoridade. A tutela, em primeiro lugar, não é dirigida para o funcionário ou autoridade em si, mas para os atos funcionais que pratica em nome da Administração Pública.

A desobediência, sendo conduta contrária ao exercício de ato funcional, é contrária à própria Administração Pública, que expressa sua vontade através da atividade funcional de seus próprios órgãos e agentes. Esse comportamento criminoso promove o caos e a desarticulação do poder estatal e, consequentemente, da ordem jurídica.

O delito de desobediência é classificado como:

crime comum	**crime formal**	**crime de forma livre**
não sendo necessária condição especial do sujeito, pois qualquer pessoa poderá praticá-lo	não exigir resultado naturalístico para sua consumação	porque pode ser praticado por qualquer forma ou meio
crime instantâneo	**crime unissubjetivo**	**crime plurissubsistente**
entre a ação e seu resultado não há grande lapso de tempo	pode ser praticado por apenas um agente	em regra, é perpetrado por mais de um ato e sua execução pode ser fracionada

3.3. Sujeitos do delito

O sujeito ativo do crime de desobediência pode ser qualquer pessoa (*crime comum*), não havendo previsão de condição especial do sujeito. O crime pode ser praticado, inclusive, por funcionários públicos, desde que não estejam no exercício de suas atribuições funcionais. Isso porque, se o funcionário público estiver no exercício de sua função, sua ação poderá eventualmente configurar crime de prevaricação, não desobediência.

O sujeito passivo é o Estado, representado pelas administrações públicas federal, estadual, distrital ou municipal. É sujeito passivo do delito, também, de forma secundária, o funcionário público competente para a ordem, que veio a ser desobedecida.

3.4. Tipo penal objetivo: elementos da descrição típica

O crime de desobediência consiste na conduta de *desobedecer* a ordem legal de funcionário público. O núcleo do tipo, o verbo *desobedecer*, significa, no contexto do tipo penal, o comportamento de transgredir, violar, infringir, recalcitrar, ordem legal emanada de funcionário público.

A desobediência, no contexto da descrição típica, implica um comportamento passivo para com a ordem emitida, desprovido de qualquer violência ou ameaça. Consiste em agir contrariamente à ordem legal, sem, contudo, empregar ato de força física nem moral. Por sua vez, a utilização de violência configura o crime de resistência, tipificado no art. 329 do Código Penal.

Para a configuração do tipo penal é preciso que exista a emanação de uma ordem legal. Isso significa que não basta a existência de um pedido ou solicitação, de observação facultativa e sem caráter vinculante. Faz-se necessário que haja um provimento legal de caráter obrigatório, representando para o sujeito ativo um dever jurídico a ser obedecido, sob pena de coerção. Com efeito, o delito de desobediência configura-se apenas quando o destinatário da ordem legal tem o dever jurídico de obedecê-la.[34]

Além disso, é elemento constitutivo do tipo também a qualidade do sujeito passivo, de funcionário público competente. É imprescindível que o autor da ordem seja funcionário público, no exercício de sua função e dotado de competência para o ato. Não é crime, portanto, a desobediência da ordem de funcionário público que manifestamente excede suas atribuições funcionais.

Também a legalidade, formal e material, da ordem constitui pressuposto do crime de desobediência. Só é legítima a desobediência se a ordem for manifestamente ilegal. A *legalidade formal* diz respeito aos requisitos procedimentais para a validade da ordem emanada. Já a *legalidade material*, ou substancial, consiste na relação entre o conteúdo da ordem e o seu fundamento jurídico, presente na lei ou na Constituição. Assim, para além da competência funcional do sujeito passivo, exige-se também a conformidade jurídica do que a ordem determina e a regularidade procedimental de sua emanação. Contudo, em caso de dúvida razoável sobre a legalidade do ato, é incriminada a desobediência, privilegiando-se o princípio da autoridade.

Ademais disso, impõe-se a diferenciação entre *legalidade* e *justiça* da ordem. Ao sujeito ativo não cabe fazer juízo de valor da ordem emanada do funcionário, se ela respeita todos os requisitos formais de aplicação e se o seu conteúdo encontra fundamento no ordenamento jurídico. Mesmo diante de uma *ordem injusta*, ao menos assim considerada pelo sujeito ativo, não é legitima a desobediência, pois que tal circunstância é irrelevante para a tipificação do fato.

Enfim, o crime pode ser perpetrado de duas formas: por omissão ou por ação. Se a ordem legal impuser obrigação de fazer, poderá o sujeito ativo simplesmente se omitir,

---

34 PRADO, Luiz Régis. *Curso de direito penal...*, *Cit.*, p. 562.

quedar-se inerte; ou, se a ordem proibir que se faça algo, basta o sujeito agir da forma proibida. Em ambos os casos haverá crime de desobediência[35].

3.5. Tipo penal subjetivo: elemento típico subjetivo

O elemento subjetivo do crime é o dolo, representado pela vontade consciente de descumprir ordem legal de funcionário público competente. Não há crime se o sujeito ativo não tem consciência da legalidade do ato ou da competência do funcionário. Não se exige elemento subjetivo especial do tipo penal.

Não há previsão da modalidade culposa do crime.

3.6. Consumação e tentativa

Consuma-se o crime do art. 330 com a desobediência à ordem legal de funcionário público, omitindo-se o agente, quando deveria agir, ou agindo, quando deveria abster-se. Na hipótese de descumprimento de uma obrigação de fazer, através de comportamento omissivo, considera-se consumado o crime no momento em que se esgota o prazo limite para o cumprimento da ordem, configurando-se a situação ilícita do sujeito ativo. Não havendo prazo previamente delineado, considera-se consumado o crime, na modalidade omissiva, quando transcorrido espaço de tempo suficiente para que fosse obedecida a norma e para que, dessa forma, se entenda caracterizada a desobediência.

A forma tentada deste delito é, em tese, admitida apenas na forma comissiva, quando a ordem foi para que o agente se abstivesse de agir, mas tentou agir e foi frustrado. A modalidade do crime por omissão não é compatível com a forma tentada.

3.7. Pena e aspectos processuais

A pena para a prática do crime de desobediência é de detenção, de quinze dias a seis meses (art. 330, *caput*).

Para o crime previsto no *caput* do art. 330, a competência é dos Juizados Especiais Criminais, tendo em vista que a sua pena máxima cominada não ultrapassa dois anos (art. 61 da Lei nº 9.099/95). É admitida a suspensão condicional do processo, uma vez que as penas mínimas cominadas não ultrapassam um ano (art. 89 da Lei nº 9.099/95).

A ação penal é pública incondicionada.

3.8. Considerações especiais

3.8.1. Existência de previsão legal de sanção extrapenal para o descumprimento da ordem: desnecessidade da intervenção criminal

Considera-se que, quando a lei extrapenal prevê sanção civil ou administrativa para o descumprimento da ordem, não haverá tipificação da conduta[36]. Havendo co-

35 PRADO, Luiz Régis. *Curso de direito penal...*, *Cit.*, p. 561.

36 HUNGRIA, Nelson. *Comentários ao código penal...*, *Cit.*, p. 420.

minação específica de sanção civil ou administrativa, não se justifica a intervenção penal, afastando-a por ser *desnecessária* (*princípio da intervenção mínima*). Diferente, no entanto, é o caso em que a própria lei que dá fundamento à ordem prevê a cumulação das sanções penais e as civis e administrativas, através, por exemplo, da cláusula de "*sem prejuízo das sanções penais cabíveis*".

3.8.2. Fixação de medida coercitiva em ordem judicial para o descumprimento

Na hipótese de ordem judicial que contém fixação de medidas próprias de coercitividade (*astreintes*, busca e apreensão, indisponibilidade de bens etc.) em seu teor, o seu descumprimento não enseja a configuração do crime de desobediência, porque a medida coercitiva judicialmente determinada torna desnecessária a intervenção criminal. Nesse caso, inclusive, não é admitido que, no bojo da decisão, se ressalve a possibilidade de cumulação entre as penas do crime de desobediência e as sanções civis e administrativas previstas em lei[37].

3.8.3. Desobediência e direito de não autoincriminação

Cabe destacar que se a obediência à ordem legal provocar a autoincriminação de quem lhe obedece, resultando na produção de prova contra si mesmo, é legítima a desobediência, por força do princípio *nemo tenetur se detegere*. Do contrário, estar-se-ia violando o direito fundamental insculpido no art. 5º, LXIII, da Consitituição Federal, que confere a todos o direito de permanecer calado e de não produzir prova contra si mesmo.[38]

3.8.4. Desobediência a proibição de venda e uso de bebida alcoólica em dia de eleição

A desobediência a portaria ou resolução expedida pelo poder judiciário ou autoridade policial que proíbe a venda e o uso de bebida alcoólica em dia de eleição é fato penalmente atípico, uma vez que esses atos legais não configuram ordem legal na medida em que não compete ao juiz ou a autoridade policial editar "lei" e nem essas atos normativo tem natureza de lei em sentido estrito. Portanto, a desobediência a essas portaria ou resolução não constitui o delito de desobediência previsto no art. 330, código penal.[39]

4. DESACATO

⊙ **Desacato**

Art. 331 – Desacatar funcionário público no exercício da função ou em razão dela:

Pena – detenção, de seis meses a dois anos, ou multa.

---

37 BITENCOURT, Cezar Roberto. *Tratado de direito penal...*, *Cit.*, p. 173/174.

38 COSTA, Álvaro Mayrink da. *Direito penal...*, *Cit.*, p. 213.

39 NUCCI, Guilherme de Souza. Código Penal Comentado..., Cit. p. 1491.

4.1. Considerações preliminares

A origem do crime de desacato remonta ao Direito Romano, que zelava pela incolumidade e prestígio das autoridades públicas, punindo os atos injuriosos contra elas praticados. O desacato contra magistrados recebia atenção especial, era considerado *iniuria atrox* (delito gravíssimo) [40] e tinha a pena agravada, com a deportação (*deportatio in insulam*) para os *honestiores* e a morte para os *humiliores.*[41]

Na Idade Média o crime de desacato manteve esses contornos, acrescentando-se na sua abrangência, porém, a injúria dirigida contra clérigo ou sacerdote, cujo tratamento tinha a mesma gravidade da ofensa contra magistrados (*iniuria atrox*).[42]

Foi com o Código napoleônico de 1810 que o delito de desacato passou a abranger todos os funcionários públicos (*outrage*), de um modo geral. O fundamento era a necessidade de garantir a autoridade dos agentes públicos no exercício de suas atribuições e, reflexamente, a eficácia das determinações da Administração Pública. Além disso, foi também no século XIX, período das codificações, que o delito tomou forma de crime autônomo, separando-se do crime de injúria e recebendo o *nomen juris* próprio (*desacato*, para o português e o castelhano; *outrage*, para o francês; e *oltraggio*, para o italiano). Essa orientação não foi seguida pelo Direito alemão, que manteve o crime como uma espécie agravante da injúria[43].

No Brasil, as Ordenações Filipinas puniam como crime de lesa-majestade a injúria contra magistrados e seus oficiais ("*julgadores e seus oficiais*"). O Código Criminal imperial (1830) seguiu o modelo da tradição romana, considerando a conduta como uma modalidade agravada da injúria ou calúnia, porém ampliou a descrição típica para "*qualquer depositário ou agente da autoridade pública, em razão de seu ofício*" (arts. 231 e 237). O Código Penal da República (1890), diferentemente, seguiu a orientação do Código napoleônico, tipificando de forma autônoma o crime, atualmente denominado desacato.

O Código Penal vigente (1940) ampliou ainda mais o alcance do tipo, no sentido de considerar também como desacato as ofensas contra funcionário que não estivesse no exercício de sua função, desde que tais ofensas tenham se dado em razão do ofício (*propter officium*).

4.2. Bem jurídico e classificação do delito

O bem jurídico tutelado pelo crime de desacato é a respeitabilidade da Administração Pública. O propósito da tipificação da resistência é proporcionar o normal

---

40 MOMMSEN, Teodoro. Derecho penal..., *Cit.*, p. 366/367; MANZINI, Vicenzo. Tratatto di diritto penale..., *Cit.*, p. 387; HUNGRIA, Nelson. *Comentários ao código penal..., Cit.*, p. 421/422.

41 COSTA, Álvaro Mayrink da. *Direito penal..., Cit.*, p. 220; BITENCOURT, Cezar Roberto. *Tratado de direito penal..., Cit.*, p. 177.

42 MANZINI, Vicenzo. Tratatto di diritto penale..., *Cit.*, p. 387; COSTA, Álvaro Mayrink da. *Direito penal..., Cit.*, p. 220.

43 HUNGRIA, Nelson. *Comentários ao código penal..., Cit.*, p. 422; NORONHA, E. Magalhães. *Direito penal..., Cit.*, 2001, p. 313; FRAGOSO, Heleno Claudio. *Lições de direito penal..., Cit.*, p. 481; BITENCOURT, Cezar Roberto. *Tratado de direito penal..., Cit.*, p. 177.

funcionamento da função administrativa estatal, reforçando o prestígio e autoridade de seus funcionários[44]. Porém, a tutela, em primeiro lugar, não é dirigida para o funcionário ou autoridade em si, senão para a função pública que exerce em nome do Poder Público.

O funcionário é apenas um *longa manus*, um delegado, do Poder Público. Assim, o desacato, mais do que ação contrária ao funcionário público, é contrário à própria Administração Pública, que expressa sua vontade através da atividade funcional de seus órgãos e agentes. Tal comportamento, se não repudiado, promove o desprestígio e a desarticulação do poder estatal e, consequentemente, da ordem jurídica.

O delito de desacato é classificado como:

crime comum	**crime formal**	**crime de forma livre**	**crime instantâneo**	**crime unissubjetivo**
não sendo necessária condição especial do sujeito, pois qualquer pessoa poderá praticá-lo	não exige resultado naturalístico para sua consumação	porque pode ser praticado por qualquer forma ou meio	entre a ação e seu resultado não há grande lapso de tempo	pode ser praticado por apenas um agente

4.3. Sujeitos do delito

O sujeito ativo do crime de desacato pode ser qualquer pessoa (*crime comum*) que dirija ofensa contra funcionário público, não havendo previsão de condição especial do sujeito. Até mesmo outro funcionário público pode ser sujeito ativo do crime de desacato, desde que não realize a conduta criminosa no exercício de suas funções, pois nessa hipótese equivale a um *extraneus*, pouco importando a função pública que ocupa.

Há, contudo, forte divergência sobre as circunstâncias em que um funcionário público pode ser considerado sujeito ativo do delito. Para alguns, o agente que é superior hierárquico ou exerce a mesma função do ofendido não comete desacato, pois, nesse caso, não haveria lesão à autoridade[45]. Segundo essa corrente, "a autoridade superior absorve a inferior (*major absorbet minorem*), e como ninguém pode ofender a si próprio, a autoridade não pode ofender a si mesma".[46] Nessas circunstâncias, o ofensor não terá praticado desacato, mas sua conduta poderá eventualmente configurar infração diversa, de natureza civil, administrativa ou, até mesmo, penal.

---

44 MANZINI, Vicenzo. Tratatto di diritto penale..., *Cit.*, p. 390. Esse entendimento é bem destacado por Magalhães Noronha (*Direito penal...*, *Cit.*, p. 314), *in litteris*: "O bem jurídico considerado é a dignidade, o prestígio, o respeito devido à função pública. É o Estado diretamente interessado em que aquele seja protegido e tutelado, por ser indispensável à atividade e à dinâmica da administração pública".

45 MANZINI, Vicenzo. Tratatto di diritto penale..., *Cit.*, p. 389; HUNGRIA, Nelson. *Comentários ao código penal...*, *Cit.*, p. 425.

46 HUNGRIA, Nelson. *Comentários ao código penal...*, *Cit.*, p. 425.

Para a corrente contrária, mesmo o superior hierárquico ou aquele que exerce a mesma função do funcionário ofendido podem praticar o desacato, pois, segundo justificam, é a função pública e a Administração que são lesados com o crime de desacato, e não a pessoa do funcionário, de modo que não importam "as sutilezas da hierarquia funcional, que é ocasional e circunstancial"[47].

Como o bem jurídico tutelado é o prestígio da função pública e da Administração, entende-se que é possível o desacato praticado por superior hierárquico contra o seu subordinado, ou mesmo por funcionário do mesmo nível hierárquico ou função do ofendido. É dizer, "o superior, que ofende o inferior, ofende, como qualquer outra pessoa, a Administração, não podendo ele sobrepor-se a esta" [48].

O sujeito passivo é o Estado, representado pelas administrações públicas federal, estadual, distrital ou municipal. É também sujeito passivo do delito, de forma secundária, o funcionário público ofendido.

4.4. Tipo penal objetivo: elementos da descrição típica

O tipo penal do art. 331 prevê a conduta de *desacatar* funcionário público no exercício da função ou em razão dela. O núcleo do tipo penal é o verbo *desacatar*, que, no contexto da descrição típica, significa a conduta de desrespeitar, menosprezar, menoscabar, desonrar, desprezar, afrontar *etc.*, funcionário público, atingindo, com isso, o prestígio da própria Administração Pública.[49] A conduta típica pode ser praticada de diversas formas, como através de gritos, palavras de baixo calão, agressões verbais etc. Trata-se, portanto, de um tipo semelhante ao crime de injúria, com a diferença, porém, de atingir o prestígio do Poder Público e seus agentes.

Assim, é pressuposto do delito de desacato que a conduta ofensiva seja dirigida contra funcionário público. É imprescindível também que esteja o funcionário no exercício de sua função ou que a ofensa tenha sido perpetrada em razão da função.[50] Pela locução *exercício da função* entende-se, precisamente, o ato de exercício da função, ainda que o funcionário esteja fora da repartição[51].

---

47 BITENCOURT, Cezar Roberto. *Tratado de direito penal..., Cit.*, p. 178. Nesse sentido entende a ampla maioria da doutrina nacional, representada, entre outros, por Régis Prado (*Curso de direito penal..., Cit.*, p. 566), Álvaro Mayrink da Costa (*Direito penal..., Cit.*, p. 223), Magalhães Noronha (*Direito penal..., Cit.*, p. 315) e Heleno Fragoso (*Lições de direito penal..., Cit.*, p. 482).

48 NORONHA, Magalhães. *Direito penal..., Cit.*, p. 315.

49 Nelson Hungria (*Comentários ao código penal..., Cit.*, p. 424) destaca, *in verbis*: "A ofensa constitutiva do desacato é qualquer palavra ou ato que redunde em vexame, humilhação, desprestígio ou irreverência ao funcionário. É a grosseira falta de acatamento, podendo consistir em palavras injuriosas, difamatórias ou caluniosas, vias de fato, agressão física, ameaças, gestos obscenos, gritos agudos, etc. uma expressão grosseira, ainda que não contumeliosa, proferida em altos brados ou de modo a provocar escândalo, bastará para que se identifique o desacato".

50 MANZINI, Vicenzo. Tratatto di diritto penale..., *Cit.*, p. 398.

51 HUNGRIA, Nelson. *Comentários ao código penal..., Cit.*, p. 423.

Conforme a descrição típica, a ofensa praticada pelo sujeito ativo precisa ter sido motivada, de alguma forma, pela insatisfação subjetiva para com a prática do agente público ao realizar um ato funcional. Deve haver, então, um *nexo de causalidade* entre a ofensa e a condição do sujeito passivo. Esse nexo de causalidade consiste, na verdade, em um nexo funcional, que é *causal-circunstancial* quando "no exercício da função", e *puramente causal* quando for "em razão dela"[52].

Portanto, se a ofensa é meramente pessoal (por razões particulares), e não funcional (em razão da função), não configura crime de desacato. Todavia, essa análise deve se dar no plano objetivo, ou seja, na verificação de uma relação de *causa e efeito* entre a função pública exercida pelo ofendido e a insatisfação do ofensor para com o ato funcional praticado[53].

Por essas razões é que se considera bem jurídico do crime de desacato o prestígio da Administração Pública e seus agentes. O *prestígio* deve ser entendido como uma exigência de decoro no tratamento dos assuntos públicos, o que está especialmente relacionado com a dignidade e o respeito que precisam estar presentes nos assuntos relacionados à função pública[54].

O crime de desacato implica que a vítima, o funcionário ofendido, esteja presente, pois é necessário que seja atingida diretamente pela ofensa. Não obstante, não se exige que estejam frente a frente, como em diálogo, bastando que a ofensa seja percebida, de alguma maneira direta, pelo funcionário público ofendido.[55]

4.5. Tipo penal subjetivo: elemento típico subjetivo

O elemento subjetivo do crime é o dolo, representado pela vontade consciente de *desacatar* funcionário público, em razão da função ou no momento do exercício dela. Não há crime se o sujeito ativo não tem consciência de que está diante de um funcionário público ou de que esteja o funcionário no exercício da função. Essa desinformação constitui erro de tipo, afastando a tipicidade da conduta como desacato, sem prejuízo, porém, de implicar o seu enquadramento em algum outro crime contra a honra.

Exige-se elemento subjetivo especial do tipo penal, consistente no especial fim de agir para desprestigiar a função pública do ofendido. É a *intenção ultrajante*, a que alude Nelson Hungria.[56] A conduta perpetrada sem esse especial desígnio pode até configurar outro crime (injúria, por exemplo), mas não o de desacato.

Não há previsão da modalidade culposa do crime.

---

52 MANZINI, Vicenzo. Tratatto di diritto penale..., *Cit.*, p. 398/399; BITENCOURT, Cezar Roberto. *Tratado de direito penal...*, *Cit.*, p. 183; Luiz Régis. *Curso de direito penal...*, *Cit.*, p. 567.

53 BITENCOURT, Cezar Roberto. *Tratado de direito penal...*, *Cit.*, p. 184.

54 MANZINI, Vicenzo. Tratatto di diritto penale..., *Cit.*, p. 392/393; PRADO, Luiz Régis. *Curso de direito penal...*, *Cit.*, p. 567.

55 MANZINI, Vicenzo. Tratatto di diritto penale..., *Cit.*, p. 395/396; HUNGRIA, Nelson. *Comentários ao código penal...*, *Cit.*, p. 423.

56 HUNGRIA, Nelson. *Comentários ao código penal...*, *Cit.*, p. 425.

4.6. Consumação e tentativa

Consuma-se o crime do art. 331 com a efetiva ofensa ou manifestação injuriosa contra funcionário público. Consuma-se no momento que o funcionário público percebe a manifestação ultrajante contra si. É indiferente para a consumação do delito que o funcionário tenha efetivamente se abalado ou sofrido lesão psicológica, dado que o bem jurídico é a Administração Pública.[57] Sendo assim, o efetivo e completo impedimento da realização do ato representa simples exaurimento do crime, porém, como visto, com efeito qualificador do crime (art. 331, § 1º).

A tentativa é, em tese, admitida, muito embora seja de difícil ocorrência prática. Porém, o desacato por ofensa oral não possibilita a tentativa, tal como é nos crimes contra a honra.

4.7. Pena e aspectos processuais

A pena para a prática do crime de desacato é de detenção, de seis meses a dois anos, ou multa (art. 331, *caput*).

Para o crime previsto no *caput* do art. 331, a competência é dos Juizados Especiais Criminais, tendo em vista que a sua pena máxima cominada não ultrapassa dois anos (art. 61 da Lei nº 9.099/1995). É admitida a suspensão condicional do processo, uma vez que as penas mínimas cominadas não ultrapassam um ano (art. 89 da Lei nº 9.099/1995).

A ação penal é pública incondicionada.

4.8. Considerações especiais

4.8.1. Reação à arbitrariedade de funcionário público: atipicidade do pseudodesacato

Não raro, o desacato é precedido por provocação do próprio funcionário público. Em casos assim, o agente público promove o tumulto e tenta induzir o comportamento injurioso do particular, muitas vezes com o propósito autoritário de encobrir arbitrariedades ou ilicitudes. Com essa conduta, o funcionário instiga o "*pseudodesacato*" [58]. Sendo assim, a conduta do particular que apenas revida o ultraje praticado primeiro pelo funcionário constitui conduta legítima, que não configura desacato. É dizer: "não haverá crime quando o funcionário tenha dado causa ao ultraje, de modo que este se apresente como uma repulsa justificada, tal como no caso de resistência à execução de ordens ilegais ou executadas com desnecessária violência".[59] Quem primeiro faltou com o decoro foi o agente público, por isso não se pode exigir do particular o respeito que não lhe foi dado.

57 MANZINI, Vicenzo. Tratatto di diritto penale..., *Cit.*, p. 401.
58 BITENCOURT, Cezar Roberto. *Tratado de direito penal...*, *Cit.*, p. 186.
59 HUNGRIA, Nelson. *Comentários ao código penal...*, *Cit.*, p. 426.

4.8.2. *Manifestação crítica à atuação funcional não configura desacato*

Destaca-se que não constituem crime de desacato as críticas severas ou manifestação dura de insatisfação contra a atuação dos agentes e instituições públicas, se o decoro foi mantido e não houve propósito de ofender. A crítica ao serviço público, por mais enérgica que seja, não é crime de desacato. Todo cidadão possui o direito público subjetivo de manifestar sua opinião e crítica acerca da qualidade dos serviços prestados pela Administração Pública, desde que o faça respeitando os funcionários e o decoro que se exige dentro das repartições. Apenas a crítica efusiva acompanhada de palavrões, xingamentos etc., converte o exercício do legítimo direito de expressão em crime de desacato[60].

4.8.3. *Desacato e liberdade de expressão*

No Estado democrático a liberdade de expressão é um direito fundamental do cidadão. Não obstante, a liberdade de expressão não tem caráter absoluto, a exemplo das demais garantias fundamentais. Sendo assim, a liberdade de expressão deve ser exercida em conformidade com os demais direitos fundamentais do cidadão, especialmente aqueles relativos à honra, intimidade e dignidade da pessoa humana.

Com efeito, na medida em que a Constituição Federal tutela a honra, intimidade e dignidade da pessoa humana, também recepciona a previsão legal do crime de desacato previsto no art. 331, do código penal.

Portanto, a criminalização do desacato não tolhe o direito à liberdade de expressão nem elimina a garantia à livre manifestação, haja vista que essas garantias fundamentais devem ser exercidas nos limites fixados pela ordem constitucional e infraconstitucional de modo a proteger à honra, intimidade e dignidade da pessoa humana, neste caso especificamente do funcionário público.

Assim, configura o delito de desacato previsto no art. 331, do código penal, o excesso no exercício de expressão e manifestação contra funcionário público.

5. TRÁFICO DE INFLUÊNCIA

⊙ **Tráfico de Influência (Redação dada pela Lei nº 9.127, de 1995)**

Art. 332 – Solicitar, exigir, cobrar ou obter, para si ou para outrem, vantagem ou promessa de vantagem, a pretexto de influir em ato praticado por funcionário público no exercício da função: (Redação dada pela Lei nº 9.127, de 1995)

Pena – reclusão, de 2 (dois) a 5 (cinco) anos, e multa. (Redação dada pela Lei nº 9.127, de 1995)

Parágrafo único – A pena é aumentada da metade, se o agente alega ou insinua que a vantagem é também destinada ao funcionário. (Redação dada pela Lei nº 9.127, de 1995)

60 BITENCOURT, Cezar Roberto. *Tratado de direito penal...*, *Cit.*, p. 186.

5.1. Considerações preliminares

A exploração fraudulenta de prestígio tem sua incriminação desde o direito penal romano antigo, sendo conhecido o delito como *venditio fumi* (denominação referente a *fumus* – fumaça – no sentido figurado de jactância, inculcação de prestígio ou de promessa vã), incluído na classe amplíssima da *injuria*, destacadamente quando praticado em relação aos magistrados romanos.[61]

Posteriormente, esse delito foi definido doutrinariamente pelos glosadores e práticos, que no direito intermédio refiriam-se aos interesses do Poder Judiciário, sendo inserido entre os crimes de injúria e corrupção.[62]

Esse delito teve sua incriminação autônoma pela primeira vez no Código Penal das duas Sicílias (1819), no qual recebeu o *nomen juris* de *millantato credito*, tendo essa previsão ampliado seu alcance com o objetivo de reprimir a conduta delitiva perpetrada em relação a qualquer categoria de funcionário público. Depois, esse delito foi incorporado pelo Código Penal italiano de 1930 (Código Rocco).[63]

No direito penal brasileiro, os Códigos de 1830 e 1890 não traziam nenhuma previsão incriminadora sobre o delito de *exploração de prestígio*. O Código Penal de 1940, inspirando-se no Código Rocco, inseriu esse delito entre os crimes contra a Administração Pública em geral.

A Lei nº 9.127/1995 estabeleceu nova redação ao art. 332 do Código Penal, bem como alterou o *nomen juris* do delito de *exploração de prestígio* para denominá-lo *tráfico de influência*. Tem-se entendido que a denominação atual de *tráfico de influência* é mais abrangente que a anterior – exploração de prestígio pois esta se vinculava a uma superioridade pessoal do agente baseada no valor individual do agente. A nova denominação exige que o agente exerça sua *influência* sobre o ato praticado por funcionário público, e não sobre o *animus* deste, como exigido na denominação anterior.[64]

5.2. Bem jurídico e classificação do delito

O bem jurídico tutelado é a Administração Pública, em todos os seus aspectos, buscando-se preservar-lhe o respeito, a confiança e o prestígio perante a sociedade, que pode ser exposta ao descrédito pela conduta do *traficante de influência*.[65]

---

61 MANZINI, Vicenzo. Tratatto di diritto penale..., *Cit.*, p. 446. Vicenzo Manzini (Tratatto di diritto penale..., *Cit.*, p. 446) esclarece que a denominação *venditio fumi* decorre do fato histórico da condenação à pena capital de um certo Vetrônio Turim em torno de 228 d. C., que solicitava vantagem econômica sob a alegação de poder influenciar as decisões do imperador romano Alexandre Severo, em uma fogueira acesa com madeira verde e palha molhada, para causar-lhe a morte por asfixia provocada pela fumaça. Enquanto se realizava a execução um arauto imperial, gritava aos presentes a seguinte frase: *Fumo punitur, qui fumo vendidit.*

62 MANZINI, Vicenzo. Tratatto di diritto penale..., *Cit.*, p. 446.

63 MANZINI, Vicenzo. Tratatto di diritto penale..., *Cit.*, p. 446.

64 BITENCOURT, Cezar Roberto. Tratado de direito penal..., *Cit.*, p. 192.

65 MANZINI, Vicenzo. Tratatto di diritto penale..., *Cit.*, p. 446. Vale conferir o magistério de Magalhães Noronha (Direito penal..., *Cit.*, p. 322), *in verbis*: "[...] É o prestígio da administração exposto a

O delito do art. 332 classifica-se como:

crime comum	**crime formal**	**crime material**
porque não exige uma qualidade especial do agente, podendo ser praticado por qualquer pessoa	bastando a realização da conduta típica para sua consumação nas três primeiras modalidades de conduta	necessidade de realização do resultado da conduta típica para sua consumação, na modalidade do verbo obter
crime instantâneo	**crime plurissubjetivo**	**crime plurissubsistente**
não há lapso entre a ação e o resultado	praticado em concurso de agente necessário	pode ser praticado por mais de um ato, admitindo o fracionamento da conduta

5.3. Sujeitos do delito

O sujeito ativo é qualquer pessoa, porque o tipo penal não exige uma qualidade especial do agente. Nada obsta que o agente possa ser um funcionário público.

O sujeito passivo é o Estado, representado pelas administrações públicas federal, estadual, distrital ou municipal. Entende-se que esse dispositivo não abrange as entidades equiparadas à administração pública relacionadas no § 1º do art. 327 do Código Penal. Figura ainda como sujeito passivo mediato aquele que foi ludibriado pelo agente a dar-lhe vantagem para exercício da influência alegada. [66]

A respeito da situação do *comprador da influência* há grande polêmica se seria também sujeito ativo ou apenas sujeito passivo. A doutrina, majoritariamente, entende que a conduta do *comprador da influência* constitui um *crime putativo*, pois acredita concorrer para um crime de corrupção ativa em coautoria com o traficante de influência, que em verdade o ludibria para obter a vantagem. Por outro lado, não é partícipe da conduta de *obter vantagem ou promessa de vantagem* aquele que dá ou promete a vantagem.[67] Com efeito, o *comprador da influência* não pode ser sujeito ativo do delito

---

descrédito pela ação mistificadora do trapaceiro. Alardeando, gabando-se de influência junto à administação, lesa o prestígio, a consideração e o conceito que ela deve ter junto à coletividade, abalados pela crença difundida de que tudo se passa como no balcão do mercador. [...] – É a venda de *fumo*, de *fumaça* que o agente realiza, iludindo o comprador mas desacreditando a administração. O bem jurídico tutelado é, pois, o bom nome, o prestígio e a confiança de que a administração pública não pode abrir mão." A esse respeito, Vicenzo Manzini (Tratatto di diritto penale..., *Cit.*, p. 448) aduz que esse delito "é um dos mais vis e odiosos delitos, não só porque promove o descrédito dos órgãos públicos em geral, como também ofende insidiosamente a honra dos homens honestos, que permanecem alheios, pelos menos durante um certo tempo, da torpe especulação que o velhaco fez, valendo-se de seu nome".

66 PRADO, Luiz Régis. Curso de direito penal..., *Cit.*, p. 571.

67 Nesse sentido: MANZINI, Vicenzo. Tratatto di diritto penale..., *Cit.*, p. 455; HUNGRIA, Nelson. Comentários ao Código Penal..., *Cit.*, p. 428; FRAGOSO, Heleno Claudio. Lições de direito penal..., *Cit.*, p. 488; NORONHA, Magalhães. Direito penal..., *Cit.*, p. 323; PRADO, Luiz Régis. Curso de direito penal..., *Cit.*, p. 572.

de tráfico de influência porque seu comportamento (precisamente, *dar, entregar ou prometer vantagem*) não é destinatário da norma penal punitiva.[68]

5.4. Tipo penal objetivo: elementos da descrição típica

No delito de tráfico de influência a conduta criminosa consiste em solicitar, exigir, cobrar ou obter, para si ou para outrem, vantagem ou promessa de vantagem, a pretexto de influir em ato praticado por funcionário público no exercício da função. O comportamento criminoso é o de atribuir-se, fraudulentamente, influência sobre ato de funcionário público, comprometendo-se a exercê-la em favor do interessado perante a administração pública mediante o recebimento de vantagem ou promessa de vantagem como preço da mediação.[69]

O delito é constituído pelas condutas nucleares representadas pelos verbos: a) *solicitar,* significando pedir, rogar, demandar vantagem para si ou para outrem; b) *exigir,* que significa obrigar, ordenar, impor, intimar, reclamar de modo imperioso por vantagem; c) *cobrar,* no sentido de fazer com que seja paga a vantagem ou exigir cumprimento da promessa de vantagem; d) *obter,* que significa alcançar, conseguir, receber ou adquirir a vantagem pretendida. Esses comportamentos são realizados pelo agente para auferir uma vantagem para si ou para outrem, sob a alegação fraudulenta de que pode influir sobre o exercício de um funcionário público, em favor dos interesses do beneficiário da influência.

O tráfico de influência se caracteriza como um comportamento fraudulento cujo artíficio empregado é o agente inculcar na mente de alguém que tem influência sobre o exercício funcional de um funcionário público e que a coloca a seu favor mediante uma vantagem ou concreção de promessa de vantagem.[70] Trata-se de uma modalidade de fraude na medida em que o agente simula ter influência sobre a realização de ato funcional de um funcionário público para auferir uma vantagem. Com efeito, trata-se de um comportamento fraudulento, porque a locução típica *a pretexto de influir* está no sentido de *razão aparente ou imaginária de* influir sobre o exercício de ato funcional. Nesse sentido, vale conferir o magistério de Cezar Bitencourt, *in verbis*: "a lei incrimina a bazófia, o gáudio ou a jactância de *influir* na prática de ato de servidor público, quando tal prestígio não existe. Age o *vendedor de ilusões* como 'corretor de pseudocorrupção', *fraudando,* de um lado, o 'adquirente-beneficiário', pelo menos teoricamente, que nada recebe em troca da vantagem ou promessa de vantagem, e, de outro, *deprecia*

---

68 Nesse sentido: COSTA, Álvaro Mayrink da. Direito penal..., *Cit.*, p. 232. Cumpre mencionar o entendimento em sentido contrário, como o Cezar Bitencourt (Tratado de direito penal..., *Cit.*, p. 190) que defende que o beneficiário da venda da influência, sendo parte diretamente interessada no resultado da ação, responde pelo delito em concurso de pessoa nos termos do art. 29 do Código Penal, baseado em uma "relação triangular".

69 HUNGRIA, Nelson. Comentários ao Código Penal..., *Cit.*, p. 427.

70 PRADO, Luiz Régis. Curso de direito penal..., *Cit.*, p. 572.

a Administração Pública, que *é* exposta ao descrédito, e, ainda, *desmoraliza* o suposto funcionário venal, especialmente na forma qualificada".[71]

A descrição típica exige que haja a simulação de suposta influência na realização de ato praticado por funcionário público, não sendo necessário que este seja identificado. Pode ser um funcionário público real, competente ou incompetente administrativamente, ou até mesmo imaginário. Contudo, caso o funcionário público seja nominado ou identificado pelo agente, deve ser ele realmente funcionário público, sob pena de o comportamento configurar o delito de estelionato (art. 171, CP).[72]

Assim, o elemento material do delito consiste em o agente fazer supor ou simular ter influência sobre a realização de ato funcional de funcionário público e sua colocação a favor dos interesses de terceira pessoa, mediante o auferimento de vantagem.[73]

O objeto material do delito é a vantagem ou promessa de vantagem, que na descrição típica se refere a qualquer proveito ou benefício pretendido pelo agente para si ou para outrem, podendo ser econômico, moral ou até mesmo sexual.

Em síntese, o tráfico de influência consiste em fazer supor, simular ou jactar-se de poder influir no exercício de ato de funcionário público, iludindo o *comprador da influência* e afetando o prestígio e a credibilidade da Administração Pública em geral.

Assim, com a previsão do delito de tráfico de influência busca-se reprimir o *comércio de influência* (poder, ascendência ou predomínio sobre a atuação funcional de funcionário público), que prejudica a confiança na administração pública.[74]

5.5. Tipo penal subjetivo: elemento típico subjetivo

O elemento subjetivo do delito do tráfico de influência é o dolo, que se constitui pela consciência e vontade dirigida à obtenção de vantagem ou promessa de vantagem, a *pretexto de influir* em ato praticado por funcionário público.

A descrição legal exige ainda um *elemento subjetivo especial* do tipo consubstanciado na finalidade especial de destinar-se a finalidade a vantagem ou promessa de vantagem *para si ou para outrem*.

5.6. Circunstância de aumento de pena: art. 332, parágrafo único

A pena é aumentada em *metade* se o agente alega ou insinua que a vantagem é também destinada ao funcionário público. Nessa hipótese o comportamento do traficante de influência apresenta um maior desvalor social, pois para obter êxito declara haver também a concorrência do funcionário público, o que afeta mais gravemente a administração pública.

71 BITENCOURT, Cezar Roberto. Tratado de direito penal..., *Cit.*, p. 191.

72 PRADO, Luiz Régis. Curso de direito penal..., *Cit.*, p. 572.

73 HUNGRIA, Nelson. Comentários ao Código Penal..., *Cit.*, p. 428.

74 BITENCOURT, Cezar Roberto. Tratado de direito penal..., *Cit.*, p. 193.

5.7. Consumação e tentativa

O delito de tráfico de influência se consuma no momento em que o agente solicita, exige ou cobra vantagem ou promessa de vantagem, a pretexto de influir em ato de funcionário público. Assim, consuma-se o delito com a mera solicitação, exigência ou cobrança da vantagem, independentemente do seu efetivo recebimento, que se houver configurará mero exaurimento do delito. Na conduta criminosa representada pelo verbo *obter*, a consumação ocorre no momento do efetivo recebimento da vantagem, já que nessa modalidade se trata de crime material. Cabe destacar que a consumação ocorre mesmo que o agente não exerça efetivamente a influência sobre o ato do funcionário público.

A tentativa é admissível, embora de difícil configuração, pois a execução do crime admite fracionamento e a possibilidade de interrupção por circunstância alheia à vontade do agente.

5.8. Pena e aspectos processuais

A sanção cominada é de dois a cinco anos de reclusão, e multa. Na hipótese do parágrafo único, a pena será aumentada de metade.

A ação penal é pública incondicionada.

5.9. Consideração especial

5.9.1. Acordo prévio entre o traficante de influência e o funcionário público

Caso haja acordo entre o traficante de influência e o funcionário público, o delito será o de corrupção (art. 317 ou art. 333, todos do Código Penal).[75]

6. CORRUPÇÃO ATIVA

⊙ **Corrupção ativa**

Art. 333 – Oferecer ou prometer vantagem indevida a funcionário público, para determiná-lo a praticar, omitir ou retardar ato de ofício:

Pena – reclusão, de 2 (dois) a 12 (doze) anos, e multa. (Redação dada pela Lei nº 10.763, de 12.11.2003)

Parágrafo único – A pena é aumentada de um terço, se, em razão da vantagem ou promessa, o funcionário retarda ou omite ato de ofício, ou o pratica infringindo dever funcional.

6.1. Considerações preliminares

Nos comentários ao crime de corrupção passiva (art. 317, Código Penal) foi apresentada a noção e evolução gerais do delito de corrupção, que se aplicam diretamente também à corrupção ativa.

75 MANZINI, Vicenzo. Tratatto di diritto penale..., *Cit.*, p. 452; BITENCOURT, Cezar Roberto. Tratado de direito penal..., *Cit.*, p. 192.

No Direito Romano a corrupção também foi reprimida na Lei das XII Tábuas, que punia a corrupção ativa com a denominação de *crimen repetundarum* (porque o corrupto era obrigado a restituir o que havia recebido). Todavia, garantia-se a impunidade do corruptor de magistrado que confessasse seu ato, visando-se, assim, obter prova concreta contra o funcionário corrupto.[76]

Na Idade Média, o corruptor de magistrado passou a ser punido com a mesma pena prevista para o corrupto.[77] Essa sistemática de punição passou a ser adotada pelos códigos penais do século XIX, como se infere no código penal francês de 1810 e o Código Penal italiano de 1889 (Código Zanardelli), que foi seguido pelo Código Penal italiano de 1930 (Código Rocco).

O Código Criminal imperial (1830) previa como cúmplice de *peita* (corruptor) quem dá ou promete a *peita*, punindo-o com a mesma pena do funcionário "peitado" (corrupto). O Código Penal d República (1890) disciplinou a corrupção ativa na seção sob a denominação de "peita ou suborno", repetindo as modalidades de corrupção do estatuto penal anterior, embora tratadas separadamente.

O Código Penal de 1940 prevê os delitos de corrupção ativa e passiva em dispositivos separados, sendo a corrupção passiva um delito funcional (art. 317) e a corrupção ativa (art. 333) um crime praticado pelo particular contra a Administração Pública.

Assim, o atual Código Penal trata ambas as modalidades de corrupção como delitos distintos e independentes, rompendo-se a exigência de bilateralidade na configuração dessas infrações, que exigia a convergência de vontades entre o *intraneus* (funcionário público) e o *extraneus* (particular) para a execução e a consumação delitiva. Com efeito, a incriminação separada dessas modalidades de corrupção permite que a consumação de qualquer uma delas não dependa da execução da outra modalidade delitiva, facilitando assim a punibilidade da corrupção. A corrupção não é um delito bilateral e não exige um *pactum sceleris* para sua configração. De fato, a corrpução passiva se consuma com a mera *solicitação* de vantagem indevida por parte do *intraneus* (funcionário púclico), não sendo necessário que seja atendida pelo *extraneus* (particular). Por sua vez, a corrupção ativa se consuma com a simples oferta ou promessa de vantagem indevida por parte do *extraneus* (particular), pouco importando que o *intraneus* (funcionário púclico) a aceite ou a recuse. O *pactum sceleris* ou bilateralidade só ocorre nas hipóteses de recebimento da vantagem indevida ou da aceitação de tal promessa por parte do *intraneus*.[78]

76 MOMMSEN, Teodoro. Derecho penal..., *Cit.*, p. 441/456; MANZINI, Vicenzo. Tratatto di diritto penale..., *Cit.*, p. 201.

77 MANZINI, Vicenzo. Tratatto di diritto penale..., *Cit.*, p. 201.

78 HUNGRIA, Nelson. Comentários ao código penal..., *Cit.*, p. 429/430.

6.2. Bem jurídico e classificação do delito

O bem jurídico tutelado é a Administração Pública, em todos os seus aspectos, cuja objetividade jurídica é a tutela da moralidade, regularidade e probidade administrativas contra ato de corrupção ativa, o qual constitui verdadeiro comércio ou tráfico do exercício da função estatal.[79]

Assim, a repressão ao corruptor busca evitar que funcionário público de frágil formação moral seja estimulado a atentar contra os princípios constitucionais da probidade administrativa, impessoalidade e da eficiência, que regem o funcionamento da Administração Pública.[80]

A corrupção ativa se classifica como:

crime comum	**crime formal**	**crime comissivo**	**crime instantâneo**	**crime unissubjetivo**
não exige uma qualidade especial do agente	basta a realização da conduta típica para sua consumação	as condutas somente se realizam por meio de ação	não há lapso entre a ação e o resultado	pode ser executado por apenas um agente

6.3. Sujeitos do delito

O sujeito ativo é qualquer pessoa, porque o tipo penal não exige uma qualidade especial do agente. Nada obsta que o agente possa ser um funcionário público, desde que não aja no exercício da função estatal. Destaque-se que não há concurso de agentes entre corruptor e corrupto, já que cada um responde por um delito distinto (art. 317 e art. 333, Código Penal).

O sujeito passivo é o Estado, representado pelas administrações públicas federal, estadual, distrital ou municipal. Entende-se que esse dispositivo não abrange as entidades equiparadas à administração pública relacionadas no § 1º do art. 327 do Código penal. Entende-se, ainda, que figura como sujeito passivo mediato aquele que foi ludibriado pelo agente a dar-lhe vantagem para o exercício da influência alegada.[81]

6.4. Tipo penal objetivo: elementos da descrição típica

A conduta típica consiste em *oferecer* ou *prometer* vantagem indevida a funcionário público, para determiná-lo a *praticar*, *omitir* ou *retardar* ato de ofício. Assim, o delito de corrupção ativa se configura com a *oferta* ou *promessa* de vantagem indevida a funcionário público para determiná-lo a realizar ou omitir ato de ofício ou para praticá-lo com infração ao dever funcional.

A conduta criminosa tem como núcleos os seguintes verbos: a) *oferecer*, que denota a ação de apresentar, propor, colocar à disposição, proporcionar vantagem indevida

79 Nesse sentido: MANZINI, Vicenzo. Tratatto di diritto penale..., *Cit.*, p. 202.

80 MANZINI, Vicenzo. Tratatto di diritto penale..., *Cit.*, p. 202.

81 Nesse sentido: PRADO, Luiz Régis. Curso de direito penal..., *Cit.*, p. 576.

em favor do funcionário público; b) *prometer*[82], significando fazer promessa de dar; obrigar-se a dar, comprometer-se a dar vantagem ou fazer algo em favor do funcionário público.[83]

Na corrupção ativa a conduta criminosa pode ser praticada de todos os meios idôneos a corromper o funcionário público, tais como palavras, gestos insinuantes, escritos etc., de modo direto ou por interposta pessoa.[84]

A conduta típica da corrupção ativa traz como elemento normativo do tipo penal a expressão *vantagem indevida*, que constitui todo benefício ou proveito contrário ao Direito, oferecido ou prometido ao funcionário público. A vantagem indevida oferecida ou prometida pelo sujeito ativo ao funcionário público é o preço para sua atitude corrupta. A vantagem deve ser ilícita, significa dizer: contrária ao direito, devendo constituir o preço pelo *comércio* para o exercício ou abstenção do ato de ofício.

O tipo penal da corrupção ativa não definiu a vantagem oferecida ou prometida indevidamente como *vantagem patrimonial* possibilitando uma acepção ampla à expressão *vantagem indevida*, que tanto pode ter natureza econômica como extrapatrimonial. Assim, há corrupção ativa mesmo quando a vantagem indevida proporcionada ou prometida pelo sujeito ativo não tem natureza patrimonial.

O delito de corrupção ativa exige que qualquer das condutas típicas seja realizada para se obter o *comércio* da função pública, isto é, que o comportamento do sujeito ativo se consubstancie em atos de *compra* do exercício da função estatal. A mercancia do exercício da função pública, que constitui a *meta optata* da corrupção ativa, caracteriza-se por aspectos objetivo e subjetivo. Sob o prisma objetivo deve haver uma relação causal entre a conduta típica executada (qual seja a oferta ou promessa de vantagem ilícita) e a atuação corrupta do funcionário público em favor dos interesses do corruptor. O aspecto subjetivo refere-se ao interesse pessoal do sujeito ativo em oferecer ou prometer vantagem indevida a funcionário público para obter uma atitude corrupta deste.[85] A análise desses aspectos objetivo e subjetivo deve indicar de modo inequívoco que o agente teve o propósito de levar o funcionário público a mercadejar ou traficar com o exercício da função estatal. Assim, o

---

82 Fernando Mendes Almeida (Dos crimes contra a administração..., *Cit.*, p. 198/199) sustenta que na descrição típica, havendo o verbo *oferecer* com o sentido de *exibir* ou *falar alguma coisa*, não se justificaria que o legislador, logo em seguida, empregasse o verbo "*prometer*", concluindo que a *mera oferta, sem a aceitação do funcionário*, configura, em alguns casos, apenas o delito de *desacato*.

83 Régis Prado (Curso de direito penal..., *Cit.*, p. 577) defende que o legislador nacional deveria incluir entre as condutas típicas da corrupção ativa a aceitação de solicitude do funcionário público pelo autor, baseando-se no código espanhol que incrimina como corrupção ativa a conduta daqueles que "atendem às solicitudes das autoridades ou funcionários públicos".

84 Nesse sentido: NORONHA, Magalhães. Direito penal..., *Cit.*, p. 328; PRADO, Luiz Régis. Curso de direito penal..., *Cit.*, p. 577.

85 Nesse sentido: MANZINI, Vicenzo. Tratatto di diritto penale..., *Cit.*, p. 174; NORONHA, Magalhães. Direito penal..., *Cit.*, p.256; PRADO, Luiz Régis. Curso de direito penal..., *Cit.*, p. 487.

comportamento do agente deve constituir atos próprios para a mercancia ou o comércio da função pública.[86]

Com efeito, a *oferta* ou *promessa* realizada pelo particular deve estar sempre vinculada a uma *contrapartida* da vantagem indevida, que é a atuação corrupta do funcionário público em favor dos interesses do corruptor. Significa dizer que a configuração da corrupção ativa exige a demonstração desse nexo de causalidade entre a *oferta* ou *promessa* da vantagem indevida e a atuação funcional de praticar, omitir ou retardar ato de ofício.[87]

A conduta típica de *oferecer* ou *prometer* a vantagem indevida deve apresentar as seguintes características: a) *explicitude*, isto é, a oferta ou promessa deve ser realizada de modo *explícito* ou, no mínimo, de forma clara[88]; b) *espontaneidade*, a ação típica deve ser realizada de modo espontâneo[89]; c) *inequivocidade*, demonstração inequívoca que o propósito do agente é o de querer *comprar* a prática, omissão ou retardo do ato funcional[90]; d) *anterioridade*, a conduta típica do corruptor (oferecer ou prometer) deve ser realizada antes da prática do ato funcional do corrupto[91].

A vantagem indevida ofertada ou prometida tem por finalidade influenciar o *animus* do funcionário público para determiná-lo a praticar (fazer, realizar), *omitir* (não fazer, abster-se, deixar de fazer) ou *retardar* (protelar, procrastinar) um ato de ofício de sua atribuição legal para atender ao interesse do corruptor ou de outrem. Assim, a configuração do delito de corrupção ativa exige que a *meta optata* do corruptor vise levar o funcionário público à prática ou a abstenção de um ato funcional da competência administrativa do corrupto para satisfazer o interesse do agente ou de outem.[92]

Não obstante, entende-se que não constitui vantagem indevida dação de presente, de pequena monta, oferecido usualmente em datas festivas, para efeitos do delito de corrupção ativa, bem como as homenagens oferecidas por honorabilidade, as manifestações de estima e admiração, porque tais ofertas não são idôneas a corromper

---

86 BITENCOURT, Cezar Roberto. Tratado de direito penal..., *Cit.*, p. 210/211.

87 COSTA, Álvaro Mayrink da. Direito penal..., *Cit.*, p. 244.

88 BITENCOURT, Cezar Roberto. Tratado de direito penal..., *Cit.*, p. 212.

89 FRAGOSO, Heleno Claudio. Lições de direito penal..., *Cit.*, p. 491.

90 NORONHA, Magalhães. Direito penal..., *Cit.*, p. 329; BITENCOURT, Cezar Roberto. Tratado de direito penal..., *Cit.*, p. 211.

91 NORONHA, Magalhães. Direito penal..., *Cit.*, p. 329 331; PRADO, Luiz Régis. Curso de direito penal..., *Cit.*, p. 577; FRAGOSO, Heleno Claudio. Lições de direito penal..., *Cit.*, p. 492. A esse respeito, é oportuno conferir o magistério de Cézar Bitencourt (Tratado de direito penal..., *Cit.*, p. 208), *in verbis*: "[...] pelo direito brasileiro, *fica descaracterizado* o crime de corrupção ativa se o pagamento efetuado ao funcionário público for posterior à prática do *ato de ofício*. Representará, no máximo, verdadeira 'concessão de dádivas', que não é tipificada como crime no direito brasileiro [...]".

92 Nesse sentido: SOLER, Sebastian. Derecho penal..., *Cit.*, p. 160; PRADO, Luiz Régis. Curso de direito penal..., *Cit.*, p. 577; BITENCOURT, Cezar Roberto. Tratado de direito penal..., *Cit.*, p. 212.

o *animus* do funcionário público para levá-lo a praticar, omitir ou retardar um ato de ofício em favor do ofertante ou declarante.[93]

6.5. Tipo penal subjetivo: elemento típico subjetivo

O elemento subjetivo geral da corrupção passiva é o dolo, consubstanciado na consciência e vontade de oferecer ou prometer vantagem indevida a funcionário público, para determiná-lo a praticar, omitir ou retardar ato de ofício.

Exige-se o elemento subjetivo especial manifestado pelo fim especial de agir, que é a finalidade de levar o funcionário público a praticar ato de ofício, omiti-lo ou retardá-lo. Para configurar a corrupção ativa o agente deve agir com ânimo de obter a prática, a omissão ou o retardamento de ato funcional.[94]

6.6. Circunstâncias de aumento de pena: art. 333, parágrafo único

O art. 333, parágrafo único, do Código Penal estabelece uma causa de aumento de pena em razão do maior desvalor da conduta delitiva, a saber: a realização ou a abstenção do ato funcional objeto da corrupção ativa. Assim, esse dispositivo legal estabelece um acréscimo de pena para a hipótese de exaurimento do crime de corrupção ativa, em face do maior dano ao funcionamento da Administração Pública. Com efeito, quando o agente atinge sua *meta optata* (o ato funcional visado pela corrupção ativa) seu comportamento provoca um dano maior ao funcionamento da Administração Pública, justificando-se o aumento de pena, em razão do maior desvalor do resultado.

Aplica-se o aumento de pena de um terço quando o funcionário: a) retarda ato de ofício (isto é, pratica-o fora do tempo devido); b) omite ato de ofício (deixa de praticá-lo); ou c) pratica ato infringindo dever funcional, em razão da vantagem ilícita ofertada ou prometida. Na hipótese de retardamento do ato, o agente deixa transcorrer o prazo para realizar o ato ou deixa transcorrer lapso relevante a sua prática. Na omissão de ato funcional, o agente deixa de praticar o ato visado pela corrupção. Na modalidade comissiva, o agente pratica o ato funcional ilícito, infringindo seus deveres funcionais.

A aplicação dessa causa de aumento de um terço depende da efetiva violação de dever funcional, na medida em que o agente retarda ou omite ato de ofício ou pratica ato contrário ao dever funcional de função estatal exercida. No entanto, entende-se que se o funcionário público pratica ato de ofício sem violar o dever funcional, não se aplica essa causa de aumento, incidindo somente a pena cominada para o art. 333, *caput*, do Código Penal.[95]

93 PRADO, Luiz Régis. Curso de direito penal..., *Cit.*, p. 578.

94 PRADO, Luiz Régis. Curso de direito penal..., *Cit.*, p. 578; BITENCOURT, Cezar Roberto. Tratado de direito penal..., *Cit.*, p. 214.

95 Nesse sentido: BITENCOURT, Cezar Roberto. Tratado de direito penal..., *Cit.*, p. 215.

6.7. Consumação e tentativa

A corrupção ativa se consuma com o efetivo conhecimento, pelo funcionário público, da *oferta* ou *promessa* de vantagem indevida, independentemente do recebimento ou aceitação da referida vantagem. Com efeito, a consumação ocorre com a *oferta* ou *promessa* de vantagem indevida ao funcionário público.[96]

A tentativa é admissível, embora de difícil configuração, sendo possível apenas quando a *oferta* ou *promessa* é realizada de modo escrito.

6.8. Pena e aspectos processuais

As penas cominadas são de reclusão de dois a doze anos, e multa, aumentando de um terço nas hipóteses do parágrafo único do art. 333.

A ação penal é pública incondicionada.

6.9. Considerações especiais

6.9.1. Oferta ou promessa de vantagem para não realização de ato ilegal: conduta atípica

Entende-se que não constitui o delito de corrupção ativa o comportamento de oferecer ou prometer vantagem a funcionário público para não se sofrer a prática de um ato ilegal ou mesmo que esteja fora de suas atribuições legais.[97]

6.9.2. Entrega de vantagem ilícita solicitada por autor de corrupção passiva

A conduta de *entregar* a vantagem ilícita *solicitada* pelo funcionário público no delito de corrupção passiva não configura crime de corrupção ativa, porque se encontra na posição de vítima e seu comportamento (*entregar, dar*) não está descrito pelo art. 333 do Código Penal. Com efeito, a conduta da vítima do delito de corrupção passiva que entrega a vantagem solicitada pelo funcionário público corrupto não pode configurar o delito de corrupção ativa, porque seu comportamento (precisamente, *dar, entregar vantagem ilícita solicitada*) não é destinatário da norma penal punitiva do art. 333 do Código Penal.

7. DESCAMINHO

⊙ **Contrabando ou descaminho**

Art. 334 Iludir, no todo ou em parte, o pagamento de direito ou imposto devido pela entrada, pela saída ou pelo consumo de mercadoria: (Redação dada pela Lei nº 13.008, de 26.6.2014)

---

96 Cf. SOLER, Sebastian. Derecho penal...*Cit.*, p. 165.

97 Nesse sentido: PRADO, Luiz Régis. Curso de direito penal..., *Cit.*, p. 578. Assim também entende Alvaro Mayrink da Costa (Direito penal..., *Cit.*, p. 243), *in verbis*: "é atípica a conduta do agente que oferece ou promete a *vantagem* tão só diante de ato ilegal do funcionário ou mesmo para que não venha a praticar ato de ofício que está fora de sua esfera de atribuição".

Pena – reclusão, de um a quatro anos. (Redação dada pela Lei nº 13.008, de 26.6.2014)

§ 1º – Incorre na mesma pena quem: (Redação dada pela Lei nº 13.008, de 26.6.2014)

I - pratica navegação de cabotagem, fora dos casos permitidos em lei; (Redação dada pela Lei nº 13.008, de 26.6.2014)

II - pratica fato assimilado, em lei especial, a descaminho; (Redação dada pela Lei nº 13.008, de 26.6.2014)

III - vende, expõe à venda, mantém em depósito ou, de qualquer forma, utiliza em proveito próprio ou alheio, no exercício de atividade comercial ou industrial, mercadoria de procedência estrangeira que introduziu clandestinamente no País ou importou fraudulentamente ou que sabe ser produto de introdução clandestina no território nacional ou de importação fraudulenta por parte de outrem; (Redação dada pela Lei nº 13.008, de 26.6.2014)

IV - adquire, recebe ou oculta, em proveito próprio ou alheio, no exercício de atividade comercial ou industrial, mercadoria de procedência estrangeira, desacompanhada de documentação legal, ou acompanhada de documentos que sabe serem falsos. (Redação dada pela Lei nº 13.008, de 26.6.2014)

§ 2º – Equipara-se às atividades comerciais, para os efeitos deste artigo, qualquer forma de comércio irregular ou clandestino de mercadorias estrangeiras, inclusive o exercido em residências. (Redação dada pela Lei nº 13.008, de 26.6.2014)

§ 3º – A pena aplica-se em dobro, se o crime de descaminho é praticado em transporte aéreo. (Redação dada pela Lei nº 13.008, de 26.6.2014)

7.1. Considerações preliminares

É antiga a incriminação e repressão à conduta de *contrabandear*, pois surgiu com a criação das alfândegas e o estabelecimento de privilégios comerciais para alguns produtos. Com efeito, o termo contrabandear, *lato sensu*, refere-se à infração de leis alfandegárias e fiscais. [98]

Na atualidade, o termo *descaminho* refere-se ao comportamento de iludir o pagamento dos tributos devidos pela importação ou exportação de mercadoria, constituindo uma forma de contrabandear em sentido amplo.

Após a edição da Lei nº 13.008, de 26.6.2014, o Código Penal vigente (1940) descreve em seu art. 334 apenas o descaminho, remetendo o crime de contrabando, antes previsto também neste dispositivo legal, para o novel art. 334-A do estatuto penal nacional.

7.2. Bem jurídico e classificação do delito

O bem jurídico tutelado é a Administração Pública, no que tange a seu prestígio e funcionamento como Erário, ou seja, como Administração Pública fazendária.

98 FRAGOSO, Heleno Claudio. Lições de direito penal..., *Cit.*, p. 493; PRADO, Luiz Régis. Curso de direito penal..., *Cit.*, p. 581.

A incriminação do descaminho visa tutelar a Administração Pública em seu aspecto econômico, busca proteger a indústria e a economia nacionais através do controle de importação e exportação com infringência das normas alfandegárias e fiscais.[99]

Em síntese, pode-se concluir que a repressão ao descaminho visa tutelar a Administração pública como Erário, atingida pelo não recolhimento das receitas fiscais em razão de comportamento fraudulento ou clandestino. De modo mediato, protege-se a indústria e a economia nacionais contra a entrada ou saída de mercadorias sem o devido controle alfandegário.

Os delitos descritos no art. 334 do Código Penal se classificam como:

crime comum	crime formal	crime plurissubsistente	crime instantâneo	crime unissubjetivo
não exige uma qualidade especial do agente	basta a realização da conduta típica para sua consumação	pode ser praticado por mais de um ato, podendo ter sua execução fracionada	não há lapso entre a ação e o resultado	pode ser executado por apenas um agente

7.3. Sujeitos do delito

O sujeito ativo é qualquer pessoa, porque o tipo penal não exige uma qualidade especial do agente. No entanto, em face da peculiaridade desses delitos, é comum serem praticados em concurso de agentes. Se o funcionário público, em razão da função, concorrer para o delito, responderá pelo crime previsto no art. 318 do Código Penal.

O sujeito passivo é o Estado, representado pelas administrações públicas federal, distrital, estadual ou municipal, que são atingidas pela entrada ou saída de mercadorias sem recolhimento dos tributos devidos.

7.4. Tipo penal objetivo: elementos da descrição típica

A conduta criminosa de descaminho consiste em *iludir*, no todo ou em parte, o pagamento de direito ou imposto devido pela entrada, pela saída ou pelo consumo de mercadoria. É o comportamento fraudulento de frustrar, total ou parcialmente, o tributo devido na importação ou exportação de mercadoria. Trata-se do delito de *contrabando impróprio*, já que as condutas típicas importação ou exportação têm como objeto mercadoria permitida, mas sem o devido recolhimento do tributo devido.

O tipo penal de descaminho tem como conduta nuclear o verbo *iludir*, que significa burlar, enganar, frustrar ou fraudar o recolhimento do tributo devido na importação ou exportação de mercadoria. Usa-se de subterfúgios para não cumprir a obrigação tributária. O agente se vale de expediente para aparentar que não pratica fato tributável. Enfim, busca-se iludir a fiscalização tributária a respeito de fato tributável para não pagar o tributo devido. Pode-se realizar a conduta de modo comissivo (p.ex.,

99 PRADO, Luiz Régis. Curso de direito penal..., *Cit.*, p. 583.

indicar que a mercadoria não é tributável ou atribuir valor a menor para evitar a tributação etc.) ou omissivo (deixar de declarar na entrada ou saída do território nacional).

Em face dessas características típicas, o descaminho é fundamentalmente um ilícito criminal de natureza tributária, pois o comportamento atinge diretamente a arrecadação tributária dos entes federativos que teriam direito a tributo na importação ou exportação de mercadoria. O descaminho é essencialmente uma sonegação de tributo devido pela entrada ou saída de mercadoria do território nacional. É, *grosso modo*, um "contrabando contra o fisco". A classificação do descaminho como *crime contra a administração pública* decorre unicamente de opção político-criminal do legislador, que poderia tê-lo previsto como *crime contra a ordem tributária*.[100]

Em síntese, o delito de *descaminho* é o comportamento de *importar* ou *exportar mercadoria permitida*, frustrando-se (*iludindo-se*), total ou parcialmente, o pagamento de tributo devido pela entrada ou saída do produto do território nacional.

Por outro lado, cumpre mencionar o entendimento no sentido de que a persecução penal dos delitos de contrabando ou descaminho independe de apuração de tais ilícitos na esfera administrativa fiscal, afastando-se assim a arguição de prejudicialidade da prévia constatação da infração no âmbito administrativo-tributário.[101]

O entendimento acima mencionado merece reparos[102] em relação ao delito de descaminho a partir dos seguintes fundamentos: 1º) o crime de descaminho tem natureza tributária, como reconhecido pela doutrina nacional; 2º) a Súmula vinculante nº 24 do STF exige a finalização do procedimento administrativo fiscal para a configuração dos crimes contra a ordem tributária. Assim, sendo o descaminho também um delito de natureza fiscal, nada obsta a aplicação, por analogia, da Súmula vinculante nº 24 no sentido de se exigir a confirmação no procedimento administrativo fiscal do não recolhimento do tributo devido para a configuração do descaminho.

Destaque-se ainda que os crimes de natureza tributária têm sua punibilidade extinta pelo pagamento do tributo devido, conforme os dispositivos legais abaixo:

Lei nº 10.684/2003

> **Art. 9º** *É suspensa a pretensão punitiva do Estado, referente aos crimes previstos nos arts. 1º e 2º da Lei no 8.137, de 27 de dezembro de 1990, e nos arts. 168A e 337A do Decreto-Lei no 2.848, de 7 de dezembro de 1940 – Código Penal, durante o período em que a pessoa jurídica relacionada com o agente dos aludidos crimes estiver incluída no*

---

100 COSTA Jr., Paulo José da; PAGLIARO, Antonio. Dos crimes contra a administração pública..., *Cit.*, p. 236/237; BITENCOURT, Cezar Roberto. Tratado de direito penal..., *Cit.*, p. 220 e 228. Nesse sentido, Alvaro Mayrink da Costa (Direito penal..., *Cit.*, p. 253) destaca: "caracteriza-se o descaminho como injusto fiscal, através do emprego de *subterfúrgio* (artifício, ardil ou qualquer outro meio fraudulento) para engordar a fiscalização fazendária, podendo o obrar incidir sobre *mercadoria* ou *documentos* (qualidade-quantidade-procedência) ".

101 PRADO, Luiz Régis. Curso de direito penal..., *Cit.*, p. 585; FRAGOSO, Heleno Claudio. Lições de direito penal..., *Cit.*, p. 496; NORONHA, Magalhães. Direito penal..., *Cit.*, p. 337/338; COSTA, Álvaro Mayrink da. Direito penal..., *Cit.*, p. 253.

102 Nesse senido: STOCO, Rui; FRANCO, Alberto Silva (Coord.). Código Penal..., *Cit.*, p. 1578.

regime de parcelamento. § 1º A prescrição criminal não corre durante o período de suspensão da pretensão punitiva. § 2º Extingue-se a punibilidade dos crimes referidos neste artigo quando a pessoa jurídica relacionada com o agente efetuar o pagamento integral dos débitos oriundos de tributos e contribuições sociais, inclusive acessórios.

O entendimento jurisprudencial tem sido no sentido de não se acolher a extinção da punibilidade na hipótese do crime de descaminho.

Todavia, tal entendimento não se justifica diante do texto legal acima que estabelece aplicação do benefício legal inclusive ao crime do art. 337-A (sonegação de contribuição previdenciária) do Código Penal, que juntamente com o descaminho são classificados como crimes contra a administração pública praticados por particular.

Com efeito, nada obsta a aplicação, por analogia, dos dispositivos legais da Lei nº 10.684/2003, art. 9º, ao crime de descaminho, já que este é um ilícito criminal de natureza fiscal e os benefícios legais foram estatuídos também para um dos crimes contra a Administração Pública praticados por particular (art. 337-A, CP).

Assim, deve-se entender aplicável a Lei nº 10.684/2003, art. 9º e seus parágrafos, ao crime de descaminho, sob pena de violar-se o princípio da isonomia, e manifestado pela máxima *ubi aedem ratio, ibi eadem legis dispositio* (onde existe a mesma razão fundamental, prevalece a mesma regra de Direito).[103]

Por outro lado, incabível a aplicação desse benefício legal ao delito de contrabando, já que este não se trata de um delito de natureza fiscal.

7.5. Descaminho por equiparação: art. 334, § 1º

O legislador, com o objetivo de ampliar a repressão ao descaminho estatui no art. 334, § 1º, como condutas típicas algumas atividades semelhantes a esse delito, cominando a mesma pena criminal.

I - Prática de navegação de cabotagem, fora dos casos permitidos em lei.

A navegação de cabotagem é aquela realizada no interior do território nacional com o objetivo de comunicação e comércio entre os portos do país, sendo privativa das embarcações nacionais. A Lei nº 9.432/1997, em seu art. 2º, IX, define a navegação de cabotagem "como a navegação realizada entre portos ou pontos do território brasileiro, utilizando a via marítima ou esta e as vias navegáveis interiores".

A conduta típica dessa alínea é praticar a navegação de cabotagem sem a devida autorização legal, caracterizando-se tal comportamento como crime de descaminho.

A conduta criminosa exige o dolo como elemento subjetivo geral e se consuma com a prática de atos de navegação. A tentativa é admissível.

---

103 STOCO, Rui; FRANCO, Alberto Silva (Coord.). Código Penal..., *Cit.*, p. 1573; PRADO, Luiz Régis. Curso de direito penal..., *Cit.*, p. 590/591; BITENCOURT, Cezar Roberto. Tratado de direito penal..., *Cit.*, p. 231/232.

II - Prática de fato assimilado, em lei especial, a descaminho.

Essa hipótese legal incrimina atividades outras a que lei especial atribui a qualidade de descaminho. Trata-se de uma norma penal em branco, na medida em que a sua aplicação depende da existência de uma outra norma legal qualificando determinado comportamento como descaminho.

A conduta criminosa exige o dolo como elemento subjetivo geral e se consuma com a prática da atividade equiparada a descaminho pela lei especial. A tentativa é admissível.

Não obstante, cumpre destacar que a norma penal em branco não deve, e nem pode, deixar ao seu complemento normativo a tarefa de descrever a conduta criminosa, sob pena de violar-se o princípio da legalidade penal.

Com efeito, destaca-se que a hipótese do inciso II do § 1º do art. 334 do Código Penal, está em desconformidade com o princípio da legalidade penal em seu desdobramento denominado princípio da taxatividade penal, pois a previsão do estatuto penal atribui ao complemento normativo (a lei especial extrapenal) a descrição da conduta incriminada nesse dispositivo legal e suscetível da pena criminal cominada.

III - Vender, expor à venda, manter em depósito ou, de qualquer forma, utilizar em proveito próprio ou alheio, no exercício de atividade comercial ou industrial, mercadoria de procedência estrangeira que introduziu clandestinamente no País ou importou fraudulentamente ou que sabe ser produto de introdução clandestina no território nacional ou de importação fraudulenta por parte de outrem.

Esse dispositivo legal incrimina a prática de descaminho por agentes que exercem a atividade comercial ou industrial. Assim, trata-se de um crime próprio, pois o sujeito ativo deve ser comerciante ou industrial, já que a conduta criminosa deve ser praticada no exercício de atividade comercial ou industrial. Para não haver dúvida quanto à qualidade de comerciante do agente, o legislador dispõe no §2º que "*Equipara-se às atividades comerciais, para os efeitos deste artigo, qualquer forma de comércio irregular ou clandestino de mercadorias estrangeiras, inclusive o exercido em residências*". Assim, a descrição típica alcança tanto o comerciante regularmente estabelecido como o comerciante de fato (ou seja, que exerce o comércio de modo irregular ou clandestinamente). Não obstante, é necessário que haja a habitualidade para caracterizar-se o exercício do comércio, seja regular ou irregular.

A conduta criminosa tem como comportamentos nucleares: a) *vender* (transferir a propriedade mediante pagamento); b) *expor* à venda (exibir a mercadoria contrabandeada ou descaminhada para fins de venda); c) *manter* em depósito (conservar consigo a mercadoria objeto do delito de contrabando ou descaminho); d) *utilizar* (usar ou empregar), de qualquer modo, em proveito próprio ou alheio, mercadoria de procedência estrangeira que introduziu clandestinamente no País ou importou fraudulentamente ou que sabe ser produto de introdução clandestina no território nacional ou de importação fraudulenta por parte de outrem.

Na primeira parte do dispositivo legal, a mercadoria foi importada fraudulentamente pelo próprio agente. Na segunda parte, incrimina-se a conduta do comerciante ou industrial que realiza qualquer das condutas típicas em relação à mercadoria importada fraudulentamente por outrem.

A conduta criminosa exige o dolo como elemento subjetivo geral e um elemento subjetivo especial representado pela expressão "em proveito próprio ou alheio". Assim, entende-se que é necessária a presença do dolo de querer iludir a fazenda pública em relação ao recolhimento do tributo devido na importação da mercadoria. Inexistindo o dolo nesse sentido, não há a presença da tipicidade penal.

A consumação se dá com a prática de qualquer uma das condutas típicas (vender, expor à venda, utilizar em proveito próprio ou alheio ou manter em depósito a mercadoria importada fraudulentamente). A tentativa é admissível.

IV - Adquirir, receber ou ocultar, em proveito próprio ou alheio, no exercício de atividade comercial ou industrial, mercadoria de procedência estrangeira, desacompanhada de documentação legal, ou acompanhada de documentos que sabe serem falsos

A conduta descrita nesse dispositivo constitui um tipo especial de *receptação*, tratando-se de um crime próprio, pois o sujeito ativo deve ser comerciante ou industrial, uma vez que a conduta criminosa deve ser praticada no exercício de atividade comercial ou industrial.

A conduta criminosa tem como comportamentos nucleares: a) *adquirir* (obter a propriedade de modo oneroso); b) *receber* (aceitar, admitir, acolher a posse); ou c) *ocultar* (esconder), em proveito próprio ou alheio, no exercício de atividade comercial ou industrial, mercadoria de procedência estrangeira, desacompanhada de documentação legal, ou acompanhada de documentos que sabe serem falsos.

A conduta criminosa exige o dolo como elemento subjetivo geral e um elemento subjetivo especial representado pela expressão "em proveito próprio ou alheio".

A consumação ocorre com a prática de qualquer uma das condutas típicas de adquirir, receber ou ocultar, em proveito próprio ou alheio, no exercício de atividade comercial ou industrial, mercadoria de procedência estrangeira, desacompanhada de documentação legal, ou acompanhada de documentos que sabe serem falsos. A tentativa é admissível.

7.6. Tipo penal subjetivo: elemento típico subjetivo

O elemento subjetivo geral do descaminho é o dolo, consubstanciado na consciência e vontade de iludir, no todo ou em parte, o pagamento de tributo devido nessas operações mercantis de importação, exportação ou consumo de mercadorias.

No descaminho não é necessário o elemento especial do tipo, pois não se exige a presença ou ausência de alguma motivação especial para a configuração desses delitos.

No entanto, as modalidades de descaminho equiparadas previstas no § 1º, do art. 334 exigem a presença dos elementos subjetivos do tipo representados na expressão "em proveito próprio ou alheio", bem como a consciência, pelo sujeito ativo, da introdução clandestina ou da falsidade documental.

7.7. Circunstâncias de aumento de pena: art. 334, §3º.

O tipo penal do art. 334 traz uma causa de aumento de pena, nestes termos: "§ 3º – *A pena aplica-se em dobro, se o crime de descaminho é praticado em transporte aéreo, marítimo ou fluvial*".

Esse dispositivo legal estabelece uma majorante de pena para o descaminho em razão do meio de transporte utilizado para a prática do crime. Assim, aplica-se a pena em dobro ao descaminho quando a conduta é praticada utilizando-se de meio transporte aéreo, marítimo ou fluvial.

A justificativa para essa causa de aumento de pena é que a importação ou exportação de mercadoria praticada clandestinamente por vias aérea, marítima ou fluvial traz uma grande dificuldade para a fiscalização alfandegária. Assim, a repressão ao descaminho fica bastante prejudicada, justificando-se a elevação de pena.

Contudo, cumpre salientar que essa causa de aumento incide apenas quando o delito praticado é realizado por meio de aeronaves ou embarcações clandestinas, já que os voos e navegação regulares são objeto de fiscalização alfandegária permanentemente.[104]

7.8. Consumação e tentativa

O descaminho tem sua consumação no momento em que há *introdução* da mercadoria (importação), na sua *saída* (exportação) do território nacional ou com o consumo da mercadoria descaminhada. Se os delitos forem praticados através da aduana, a consumação ocorre no momento da liberação da mercadoria para ingresso (importação) no território nacional ou quando ultrapassa (exportação) a zona alfandegária, deixando o território nacional. Nos delitos praticados em local distinto da aduana, a consumação se verifica no momento em que a mercadoria ingressa no território nacional, na hipótese de importação, ou quando transpõe a linha de fronteira do território nacional em direção ao exterior.[105]

O *iter criminis* pode ser interrompido, admitindo-se a tentativa. De fato, é possível tentar importar ou exportar mercadoria proibida ou sem o recolhimento do tributo devido.

7.9. Pena e aspectos processuais

A pena cominada é a reclusão de um a quatro anos. Se o delito é praticado em transporte aéreo, marítimo ou fluvial clandestinos, aplica-se a pena em dobro (art. 334, §3º).

---

104 PRADO, Luiz Régis. Curso de direito penal..., *Cit.*, p. 590.

105 FRAGOSO, Heleno Claudio. Lições de direito penal..., *Cit.*, p. 498.

A competência é da Justiça Federal para processar e julgar o delito. Admite-se a suspensão condicional do processo para a pena mínima de um ano, nos termos da Lei nº 9.099/1995, art. 89.

A ação penal é pública incondicionada.

7.10. Considerações especiais

7.10.1. Apreensão de mercadoria antes de ingressar ou sair do território brasileiro

Cumpre mencionar que se entende inexistir o delito quando a mercadoria é apreendida pelo órgão aduaneiro antes de ingressar ou sair do território nacional. Trata-se de hipótese de crime impossível ou de mero ato preparatório.[106]

7.10.2. Descaminho e princípio da insignificância

No crime de descaminho a jurisprudência consolidou o entendimento de que se aplica o princípio da insignificância[107] para afastar a tipicidade penal quando o valor do tributo devido for inferior ao montante estabelecido pela fazenda pública para cobrança judicial do débito tributário.

Nesse sentido, o STJ consolidou o entendimento de que se aplica o principio da insignificância ao crime de descaminho na Tese 7 em sua Jurisprudência em Teses nº 81 de 17.5.2017, confira-se: **Tese 7**. *Aplica-se o princípio da insignificância ao crime de descaminho (art. 334 do CP) quando o valor do débito tributário não ultrapasse o limite de R$ 10.000,00 (dez mil reais), a teor do disposto no art. 20 da Lei n. 10.522/2002, ressalvados os casos de habitualidade delitiva.*

Também nesse mesmo sentido há precedentes do STF, a saber: HC 155.347, HC 123.108 e HC 136.984.

8. CONTRABANDO

⊙ **Contrabando**

Art. 334-A. Importar ou exportar mercadoria proibida. (Incluído pela Lei nº 13008, de 26.6.2014)

Pena – reclusão, de dois a cinco anos.

§ 1º – Incorre na mesma pena quem: (Incluído pela Lei nº 13008, de 26.6.2014)

I - pratica fato assimilado, em lei especial, a contrabando; (Incluído pela Lei nº 13008, de 26.6.2014)

II – importa ou exporta clandestinamente mercadoria que dependa de registro, análise ou autorização de órgão público competente; (Incluído pela Lei nº 13008, de 26.6.2014)

---

106 FRAGOSO, Heleno Claudio. Lições de direito penal..., *Cit.*, p. 498; BITENCOURT, Cezar Roberto. Tratado de direito penal..., *Cit.*, p. 234.

107 Vide: SILVA, Ivan Luiz da. Princípio da insignificância..., *Cit.*

III – reinsere no território nacional mercadoria brasileira destinada à exportação; (Incluído pela Lei nº 13008, de 26.6.2014)

IV - vende, expõe à venda, mantém em depósito ou, de qualquer forma, utiliza em proveito próprio ou alheio, no exercício de atividade comercial ou industrial, mercadoria proibida pela lei brasileira; (Incluído pela Lei nº 13008, de 26.6.2014)

V - adquire, recebe ou oculta, em proveito próprio ou alheio, no exercício de atividade comercial ou industrial, mercadoria proibida pela lei brasileira; (Incluído pela Lei nº 13008, de 26.6.2014)

§ 2º – Equipara-se às atividades comerciais, para os efeitos deste artigo, qualquer forma de comércio irregular ou clandestino de mercadorias estrangeiras, inclusive o exercido em residências. (Incluído pela Lei nº 13008, de 26.6.2014)

§ 3º – A pena aplica-se em dobro, se o crime de contrabando é praticado em transporte aéreo, marítimo ou fluvial. (Incluído pela Lei nº 13008, de 26.6.2014)

8.1. Considerações preliminares

É antiga a incriminação e repressão à conduta de *contrabandear*, pois surgiu com a criação das alfândegas e o estabelecimento de privilégios comerciais para alguns produtos. Assim, o termo contrabando (*contrabandum*) provém do latim *contra* e *bandum*, ou *bannum*[108], significando a ação de contrariar a lei que disciplinava o comércio de determinadas mercadorias. Com efeito, desde sempre o vocábulo contrabando em sentido amplo refere-se à infração de leis alfandegárias e fiscais. [109]

O direito penal romano já punia como contrabando a violação ao monopólio estabelecido para alguns produtos, como o sal. Na Idade Média aplicavam-se penas severas (como pena de morte, mutilação e confisco) para as práticas de contrabando em violação aos monopólios estabelecidos para determinadas mercadorias. [110]

A partir da intervenção do Estado na Economia, o termo contrabando passou também a abranger as condutas infringentes das normas de comercialização, importação e exportação de determinados produtos, estabelecidas para proteção da economia nacional.[111]

Na atualidade, o *contrabando* se refere à conduta de importar ou exportar mercadorias proibidas ou sem a devida autorização de. orgão público competente.

---

108 Régis Prado (Curso de direito penal..., *Cit.*, p. 581) ensina que o termo latino *bando* significava "a ordem", ou "o decreto" da autoridade pública, que era anunciado por um proclamador público, a exemplo das notificações da atualidade. Nelson Hungria (Comentários ao Código Penal..., *Cit.*, p. 432) esclarece que contrabando vem de *contra* (oposição) e *bando* (edito, decreto), que em sentido amplo significa comércio contra a lei.

109 FRAGOSO, Heleno Claudio. Lições de direito penal..., *Cit.*, p. 493; PRADO, Luiz Régis. Curso de direito penal..., *Cit.*, p. 581.

110 FRAGOSO, Heleno Claudio. Lições de direito penal..., *Cit.*, p. 493; PRADO, Luiz Régis. Curso de direito penal..., *Cit.*, p. 581.

111 FRAGOSO, Heleno Claudio. Lições de direito penal..., *Cit.*, p. 493; PRADO, Luiz Régis. Curso de direito penal..., *Cit.*, p. 581.

No Direito brasileiro, o Código Criminal imperial (1830) tipificava o delito de contrabando (art. 177) como um dos crimes contra o tesouro público e a propriedade pública. O Código Penal da República (1890), por sua vez, incluiu o contrabando entre os crimes contra a fazenda pública (art. 265).

O Código Penal vigente (1940), após a edição da Lei nº 13.008, de 26.6.2014, descreve em seu art. 334-A o crime de contrabando, antes previsto no dispositivo legal do art. 334 do estatuto penal nacional em conjunto com o crime de descaminho.

8.2. Bem jurídico e classificação do delito

O bem jurídico tutelado é a Administração Pública, no que tange a seu prestígio e funcionamento como Administração Pública alfandegária.

A incriminação do contrabando visa tutelar a Administração Pública em seus aspectos alfandegário e econômico, buscando proteger a indústria e a economia nacionais através do controle de importação e exportação com infringência das normas alfandegárias. Assim, a tipificação do contrabando, além de salvaguardar esses aspectos da Administração Pública, pretende também resguardar a saúde, a segurança pública e o prestígio administrativo no que se refere à importação e à exportação de mercadorias proibidas ou referentes àquelas que necessitam de autorização especial de órgão público competente para entrar ou sair do território nacional..[112]

Em síntese, protege-se a indústria e a economia nacionais contra a entrada ou saída de mercadorias sem o devido controle alfandegário ou com infringência das normas proibitivas a respeito de mercadoria proibida.

Os delitos descritos no art. 334 do Código Penal se classificam como:

crime comum	crime formal	crime plurissubsistente	crime instantâneo	crime unissubjetivo
não exige uma qualidade especial do agente	basta a realização da conduta típica para sua consumação	pode ser praticado por mais de um ato, podendo ter sua execução fracionada	não há lapso entre a ação e o resultado	pode ser executado por apenas um agente

8.3. Sujeitos do delito

O sujeito ativo é qualquer pessoa, porque o tipo penal não exige uma qualidade especial do agente. No entanto, em face da peculiaridade desses delitos, é comum serem praticados em concurso de agentes. Se o funcionário público, em razão da função, concorrer para o delito, responderá pelo crime previsto no art. 318 do Código Penal.

O sujeito passivo é o Estado, representado pelas administrações públicas federal, distrital, estadual ou municipal, que são atingidas pela entrada ou saída de mercadorias de modo clandestino ou sem recolhimento dos tributos devidos.

112 PRADO, Luiz Régis. Curso de direito penal..., *Cit.*, p. 583.

8.4. Tipo penal objetivo: elementos da descrição típica

A conduta criminosa de contrabando consiste na importação ou exportação clandestina de mercadoria absoluta ou relativamente proibida. Trata-se do delito de *contrabando próprio*, já que o objeto das condutas típicas é a *mercadoria proibida* de ingressar ou de deixar o território nacional.

O contrabando tem como conduta nuclear os verbos *importar* (introduzir ou fazer entrar no território nacional) ou *exportar* (remeter ou fazer sair do território nacional) mercadoria proibida por qualquer via de acesso, embora esses comportamentos devam ser realizados pela alfândega.

O tipo penal tem como elemento normativo a expressão *mercadoria proibida*, que se refere à determinada mercadoria para a qual há uma proibição de comercialização através da importação ou exportação. A proibição absoluta, em geral, se baseia na natureza da mercadora ou sua finalidade específica, levando o Estado a proibir absolutamente a sua comercialização por importação ou exportação. Por outro lado, a proibição relativa é condicionada a determinada circunstância ou necessidade econômica contingencial, sendo normalmente temporária e visando proteger ou estimular a indústria nacional.[113]

O tipo penal do contrabando é uma norma penal em branco porque necessita de um complemento normativo estabelecendo quais são as mercadorias proibidas à importação ou exportação. Com efeito, o delito descrito no art. 334-A do Código Penal exigem para sua configuração que a mercadoria importada ou exportada tenha sua entrada ou saída no território nacional proibida em uma outra norma jurídica.

A conduta criminosa de contrabando tem como característica a clandestinidade, pois sendo o seu objeto material a mercadoria proibida, a sua execução geralmente se realiza por local distinto da alfândega. Mesmo quando o delito é praticado através da aduana, a mercadoria é ocultada para não ser submetida à fiscalização regular do órgão aduaneiro.[114]

Em síntese, o crime de contrabando consiste em importar ou exportar mercadoria cuja entrada ou saída no território nacional são absoluta ou relativamente proibidas.

8.5. Contrabando ou descaminho por equiparação: art. 334-A, § 1º.

O legislador, com o objetivo de ampliar a repressão ao contrabando estatui no art. 334-A, § 1º, como condutas típicas algumas atividades semelhantes a esse delito, cominando a mesma pena criminal.

I - Praticar de fato assimilado, em lei especial, a contrabando.

Essa hipótese legal incrimina atividades outras a que lei especial atribui a qualidade de contrabando. Trata-se de uma norma penal em branco, na medida em que

113 Cf. FRAGOSO, Heleno Claudio. Lições de direito penal..., *Cit.*, p. 498; PRADO, Luiz Régis. Curso de direito penal..., *Cit.*, p. 584; BITENCOURT, Cezar Roberto. Tratado de direito penal..., *Cit.*, p. 220.

114 FRAGOSO, Heleno Claudio. Lições de direito penal..., *Cit.*, p. 499.

a sua aplicação depende da existência de uma outra norma legal qualificando determinado comportamento como contrabando ou descaminho.

São exemplos de normas legais que equiparam condutas a contrabando ou descaminho, a saber: a) Decreto 288/1967, art. 39, que equipara a contrabando a saída de mercadoria produzida na Zona Franca de Manaus sem a devida autorização legal; b) Lei nº 4.907/65, que equipara a contrabandista "o transportador ou responsável pela violação dos elementos de segurança do cofre de carga".[115]

A conduta criminosa exige o dolo como elemento subjetivo geral e se consuma com a prática da atividade equiparada a contrabando ou descaminho pela lei especial. A tentativa é admissível.

Não obstante, cumpre destacar que a norma penal em branco não deve deixar ao seu complemento normativo a tarefa de descrever a conduta criminosa, sob pena de violar-se o princípio da legalidade penal.

Com efeito, destaca-se que essa alínea b do § 1º do art. 334 do Código Penal, está em desconformidade com o princípio da legalidade penal em seu desdobramento denominado princípio da taxatividade penal, pois a previsão do estatuto penal atribui ao complemento normativo (a lei especial extrapenal) a descrição da conduta incriminada nesse dispositivo legal e suscetível da pena criminal cominada.

II – importa ou exporta clandestinamente mercadoria que dependa de registro, análise ou autorização de órgão público competente.

A Lei nº 13.008, de 26.6.2014, inseriu no estatuto penal uma nova hipótese do crime contrabando, que consiste em importar ou exportar clandestinamente mercadoria que dependa de registro, análise ou autorização de órgão público competente.

Trata-se de uma modalidade de contrabando impróprio, pois o objeto do crime é mercadoria de importação ou exportação permitida, mas sua entrada ou saída do território nacional depende de uma autorização administrativa de órgão de governo do Estado brasileiro.

As condutas típicas são descritas pelos verbos *importar* (introduzir ou fazer entrar no território nacional) ou *exportar* (remeter ou fazer sair do território nacional) clandestinamente mercadoria que dependa de registro, análise ou autorização de órgão público competente por qualquer via de acesso.

O termo *clandestinamente* é um elemento normativo do tipo penal que prescreve que a entrada ou a saída da mercadoria do território nacional seja de modo clandestino, ou seja, realizado às ocultas ou sub-repticiamente. Assim, esse elemento típico exige que a importação ou a exportação da mercadoria que depende de uma autorização administrativa de órgão de governo do Estado brasileiro seja realizada sem a observância dos trâmites legais necessários e de modo clandestino.

---

115 BITENCOURT, Cezar Roberto. Tratado de direito penal..., *Cit.*, p. 22.

O objeto do crime é a *mercadoria* cuja importação ou exportação é permitida, mas que depende previamente de registro[116] (anotação oficial de todos os dados qualitativos e quantitativos relativos à mercadoria, exame ou verificação alfandegária da mercadoria), análise[117] (exame ou verificação da mercadoria com vistas a determinar a sua natureza, características, funções etc) ou autorização[118] (manifestação de anuência, concessão ou permissão referente à mercadoria) de órgão público competente para a sua realização.

No Brasil toda importação ou exportação de mercadoria é sujeita ao *licenciamento*, que é um procedimento administrativo no qual se autoriza a entrada ou a saída do produto do território nacional. Não obstante, a regra geral é que as mercadorias são de *licenciamento dispensado* ou *automático*, bastando apenas realizar-se a *declaração* da operação mercantil de importar ou exportar no SISCOMEX (Sistema integrado de Comércio Exterior) do DECEX (Departamento de Comércio Exterior), que é um órgão da SECEX (Secretaria de Comércio Exterior) do Ministério do Desenvolvimento, Indústria e Comércio Exterior.

No entanto, para alguns produtos as operações de importação ou exportação o *licenciamento* é *não automático*, devendo esse ser requerido por meio do SISCOMEX ao DECEX, que apreciará o requerimento com ou sem a participação de outro órgão de governo (tais como: ANVISA, ANP, ANCINE, ANEEL, IBAMA, INMETRO, DPF etc). Assim, a sistemática de importação ou exportação dessas mercadorias está sujeita a um *controle especial* para a sua entrada ou saída do território nacional em razão da proteção de direitos ou qualidades próprios desses produtos, bem como por força de tratado internacional assinado pelo Estado brasileiro. O *controle especial* significa que a importação ou exportação desses produtos depende da concessão de licenciamento para a sua realização. Grosso modo, é um procedimento administrativo em que se requer a autorização ou permissão para a entrada ou saída da mercadoria do território nacional.

Assim, a importação ou exportação de mercadoria sujeita a *licenciamento não automatico*, ou seja, submetida a um *controle especial* para a entrada ou saída do território nacional configura o crime de contrabando previsto no art. 334-A, § 1º, II, do Código Penal.

Em síntese, essa modalidade de contrabando consiste em importar ou exportar clandestinamente mercadoria cuja entrada ou saída do território nacional depende de uma autorização administrativa de órgão de governo do Estado brasileiro.

---

116 Exemplos de mercadorias que dependem de registro: a) fumo e seus sucedâneos (na Receita Federal), b) agrotóxicos e componentes (nos órgãos responsáveis pelo setor da saúde, do meio ambiente e da agricultura).

117 Exemplos de mercadorias que dependem de análise: a) medicamentos, insumos farmacêuticos e correlatos (orgãos encarregados: Ministério da Saúde e ANVISA).

118 Exemplos de mercadorias que dependem de autorização: a) substâncias entorpecentes, psicotrópicas ou que causam dependência (orgão encarregado: polícia federal), b) materiais nucleares (orgão encarregado: Comissão Nacional de Energia Nuclear).

III – reinserir no território nacional mercadoria brasileira destinada à exportação.

Este dispositivo legal estatui uma nova previsão específica do crime de contrabando. Não obstante, cumpre mencionar que antes da Lei nº 13008/2014 se incriminava esse comportamento como contrabando em gênero como base na art. 334, *caput*, do Código Penal.

Essa nova modalidade de contrabando tem como objeto do crime a mercadoria brasileira destinada à exportação reintroduzida no território nacional.

Com efeito, a mercadoria nacional pode ser objeto de contrabando na modalidade de importação quando se trata de produto destinado especificamente à exportação e proibida de ser comercializada no território nacional.

A conduta criminosa tem como comportamento nuclear o verbo *reinserir*, que significa *reintroduzir, reimportar, inserir novamente; tornar a inserir* a mercadoria brasileira destinada à exportação no território nacional.

As *mercadorias brasileiras destinadas à exportação* estão sujeitas a controle especial dos orgãos fazendários (Receita Federal, Receitas Estaduais etc) e de comércio exterior (DECEX – Departamento de Comércio Exterior etc.) para fins de sua saída do território nacional, sendo vedada sua comercialização e/ou exposição no país. Assim, as *mercadorias brasileiras destinadas à exportação* devem conter em suas embalagens de apresentação a expressão *"Somente para exportação – proibida a venda no Brasil"* para informar que se trata de produto de importação ou comercialização proibida no território brasileiro. Na hipótese de se tratar de produto em que não se utiliza embalagem a proibição de importação ou comercialização no mercado interno deverá ser constatada por exame pericial.

Impende destacar que se incrimina esta conduta em razão de que a *mercadoria destinada brasileira à exportação* recebe benefícios e incentivos fiscais para fins de sua remessa ao mercado exterior. Desse modo, a reintrodução dessa mercadoria no território nacional prejudica o mercado interno na medida em que será comercializada sem os encargos tributários que incidem sobre a mercadoria produzida para comercialização no país.

Assim, configura o delito de contrabando a reintrodução de mercadoria nacional destinada à exportação.

IV - Vender, expor à venda, manter em depósito ou, de qualquer forma, utilizar em proveito próprio ou alheio, no exercício de atividade comercial ou industrial, mercadoria proibida pela lei brasileira.

Esse dispositivo legal incrimina a prática de contrabando ou descaminho por agentes que exercem a atividade comercial ou industrial. Assim, trata-se de um crime próprio, pois o sujeito ativo deve ser comerciante ou industrial, já que a conduta criminosa deve ser praticada no exercício de atividade comercial ou industrial. Para não haver dúvida quanto à qualidade de comerciante do agente, o legislador dispõe no §2º que *"Equipara-se às atividades comerciais, para os efeitos deste artigo, qualquer forma de comércio irregular ou clandestino de mercadorias estrangeiras, inclusive o exercido em residências"*. Assim, a descrição típica alcança tanto o comerciante regularmente estabelecido como o comerciante de fato (ou seja, que exerce o comércio de modo irregular ou clandestinamente). Não obstante, é necessário que haja a habitualidade para caracterizar-se o exercício do comércio, seja regular ou irregular.

A conduta criminosa tem como comportamentos nucleares: a) *vender* (transferir a propriedade mediante pagamento); b) *expor* à venda (exibir a mercadoria contrabandeada para fins de venda); c) *manter* em depósito (conservar consigo a mercadoria objeto do delito de contrabando); d) *utilizar* (usar ou empregar), de qualquer modo, em proveito próprio ou alheio, mercadoria proibida pela lei brasileira.

Incrimina-se a conduta do comerciante ou industrial que realiza qualquer das condutas típicas em relação à mercadoria proibida pela lei brasileira.

O tipo penal tem como elemento normativo a expressão *mercadoria proibida* pela brasileira, que se refere à determinada mercadoria para a qual há uma proibição de comercialização através da importação ou exportação.

Esse dispositivo legal é uma norma penal em branco porque necessita de um complemento normativo estabelecendo quais são as mercadorias proibidas pela lei brasileira à importação ou exportação.

A conduta criminosa exige o dolo como elemento subjetivo geral e um elemento subjetivo especial representado pela expressão "em proveito próprio ou alheio".

A consumação se dá com a prática de qualquer uma das condutas típicas (vender, expor à venda, utilizar em proveito próprio ou alheio ou manter em depósito a mercadoria importada fraudulentamente). A tentativa é admissível.

V - Adquirir, receber ou ocultar, em proveito próprio ou alheio, no exercício de atividade comercial ou industrial, mercadoria proibida pela lei brasileira.

A conduta descrita nesse dispositivo constitui um tipo especial de *receptação*, tratando-se de um crime próprio, pois o sujeito ativo deve ser comerciante ou industrial, uma vez que a conduta criminosa deve ser praticada no exercício de atividade comercial ou industrial.

A conduta criminosa tem como comportamentos nucleares: a) *adquirir* (obter a propriedade de modo oneroso); b) *receber* (aceitar, admitir, acolher a posse); ou c) *ocultar* (esconder), em proveito próprio ou alheio, no exercício de atividade comercial ou industrial, mercadoria proibida pela lei brasileira.

O tipo penal tem como elemento normativo a expressão *mercadoria proibida* pela lei brasileira, que se refere à determinada mercadoria para a qual há uma proibição de comercialização através da importação ou exportação.

Esse dispositivo legal é uma norma penal em branco porque necessita de um complemento normativo estabelecendo quais são as mercadorias proibidas pela lei brasileira à importação ou exportação.

A conduta criminosa exige o dolo como elemento subjetivo geral e um elemento subjetivo especial representado pela expressão "em proveito próprio ou alheio".

A consumação ocorre com a prática de qualquer uma das condutas típicas de adquirir, receber ou ocultar, em proveito próprio ou alheio, no exercício de atividade comercial ou industrial, mercadoria proibida pela lei brasileira. A tentativa é admissível.

8.6. Tipo penal subjetivo: elemento típico subjetivo

O elemento subjetivo geral do contrabando é o dolo, consubstanciado na consciência e vontade de importar ou exportar mercadoria proibida ou sem a devida autorização de orgão público competente para autorizar a entrada ou saída de mercadoria do território nacional.

No contrabando não é necessário o elemento especial do tipo, pois não se exige a presença ou ausência de alguma motivação especial para a configuração desses delitos.

No entanto, as modalidades de contrabando por equiparação previstas no § 1º, do art. 334-A exigem a presença dos elementos subjetivos do tipo representados na expressão "em proveito próprio ou alheio", bem como a consciência, pelo sujeito ativo, da introdução clandestina ou da falsidade documental.

8.7. Circunstâncias de aumento de pena: art. 334-A, §3º

O tipo penal do art. 334-A traz uma causa de aumento de pena, nestes termos: "§ 3º – *A pena aplica-se em dobro, se o crime de descaminho é praticado em transporte aéreo, marítimo ou fluvial*".

Esse dispositivo legal estabelece uma majorante de pena para o contrabando em razão do meio de transporte utilizado para a prática do crime. Assim, aplica-se a pena em dobro ao descaminho quando a conduta é praticada utilizando-se de meio transporte aéreo, marítimo ou fluvial.

A justificativa para essa causa de aumento de pena é que a importação ou exportação de mercadoria praticada clandestinamente por vias aérea, marítima ou fluvial traz uma grande dificuldade para a fiscalização alfandegária. Assim, a repressão ao descaminho fica bastante prejudicada, justificando-se a elevação de pena.

Contudo, cumpre salientar que essa causa de aumento incide apenas quando o delito praticado é realizado por meio de aeronaves ou embarcações clandestinas, já que o voo e navegação regulares são objetos de fiscalização alfandegária permanentementes.[119]

8.8. Consumação e tentativa

O contrabando tem sua consumação no momento em que há *introdução* da mercadoria (importação) ou com a sua *saída* (exportação) clandestina do território nacional.

---

119 PRADO, Luiz Régis. Curso de direito penal..., *Cit.*, p. 590.

Se o delito for praticado através da aduana, a consumação ocorre no momento da liberação da mercadoria para ingresso (importação) no território nacional ou quando ultrapassa (exportação) a zona alfandegária, deixando o território nacional. Nos delitos praticados em local distinto da aduana, a consumação se verifica no momento em que a mercadoria ingressa no território nacional, na hipótese de importação, ou quando transpõe a linha de fronteira do território nacional em direção ao exterior.[120]

O *iter criminis* pode ser interrompido, admitindo-se a tentativa. De fato, é possível tentar importar ou exportar mercadoria proibida ou sem a devida autorização do orgão público competente.

8.9. Pena e aspectos processuais

A pena cominada é a reclusão de dois a cinco anos. Se o delito é praticado em transporte aéreo, marítimo ou fluvial clandestino, aplica-se a pena em dobro (art. 334-A, §3º).

A ação penal é pública incondicionada.

8.10. Considerações especiais

8.10.1. Contrabando e princípio da especialidade

O art. 334-A do Código Penal é norma geral em face das demais leis penais que incriminam a importação ou exportação de mercadoria específica, aplicando-se o princípio da especialidade para determinar a incidência da lei específica quando a saída ou o ingresso no território nacional referir-se a essas mercadorias determinadas, tais como drogas (Lei nº 11.343/2006), produtos fabricados com violação a marca e patente (Lei nº 9.279/1996), armas e munições (Lei nº 10.826/2003), espécies da fauna nacional ou produtos dela decorrentes (Lei nº 9.605/1995).

8.10.2. Apreensão de mercadoria antes de ingressar ou sair do território brasileiro

Cumpre mencionar que se entende inexistir o delito quando a mercadoria é apreendida pelo órgão aduaneiro antes de ingressar ou sair do território nacional. Trata-se de hipótese de crime impossível ou de mero ato preparatório.[121]

8.10.3. Contrabando para uso próprio e princípio da insignificância

Aplica-se o principio da insignificância ao crime de contrabando de pequena quantidade de mercadoria quando realizado para uso próprio.

Nesse sentido, o STJ consolidou o entendimento de que se aplica o principio da insignificância ao crime de contrabando na Tese 4 em sua Jurisprudência em Teses nº

120 FRAGOSO, Heleno Claudio. Lições de direito penal..., *Cit.*, p. 498.

121 FRAGOSO, Heleno Claudio. Lições de direito penal..., *Cit.*, p. 498; BITENCOURT, Cezar Roberto. Tratado de direito penal..., *Cit.*, p. 234.

81 de 17.5.2017, confira-se: **Tese 4.** *A importação clandestina de medicamentos configura crime de contrabando, aplicando-se, excepcionalmente, o princípio da insignificância aos casos de importação não autorizada de pequena quantidade para uso próprio.*

9. IMPEDIMENTO, PERTURBAÇÃO OU FRAUDE DE CONCORRÊNCIA

⊙ **Impedimento, perturbação ou fraude de concorrência**

Art. 335 – Impedir, perturbar ou fraudar concorrência pública ou venda em hasta pública, promovida pela administração federal, estadual ou municipal, ou por entidade paraestatal; afastar ou procurar afastar concorrente ou licitante, por meio de violência, grave ameaça, fraude ou oferecimento de vantagem:

Pena – detenção, de seis meses a dois anos, ou multa, além da pena correspondente à violência.

Parágrafo único – Incorre na mesma pena quem se abstém de concorrer ou licitar, em razão da vantagem oferecida.

O legislador penal buscou através do art. 335 do Código Penal, preservar a normalidade e a seriedade de concorrência e hasta públicas, já que a idoneidade administrativa desses certames é uma condição para a eficiência e justo preço na realização dos contratos para com a Administração Pública. A finalidade foi assegurar a lealdade e a probidade nos certames licitatórios e de hasta pública, para fins de afastar fraudes nos contratos administrativos de alienação e aquisição de bens e na contratação de serviços pela Administração Pública.

O direito administrativo qualifica a concorrência como uma das modalidades de licitação pública, ao lado de outras espécies licitatórias, como se depreende do art. 22 da Lei Federal nº 8.666/1993, que estabelece as normas gerais para todas as formas de licitações públicas e contratos da Administração Pública.

A Lei Federal nº 8.666/1993, de modo a tutelar penalmente a seriedade e a regularidade dos procedimentos licitatórios, estatui exaustivamente nos arts. 90, 93, 95, 96 e 98[122] condutas criminosas, regulamentando todos os comportamen-

122 Art. 90. Frustrar ou fraudar, mediante ajuste, combinação ou qualquer outro expediente, o caráter competitivo do procedimento licitatório, com o intuito de obter, para si ou para outrem, vantagem decorrente da adjudicação do objeto da licitação: Pena – detenção, de 2 (dois) a 4 (quatro) anos, e multa. Art. 93. Impedir, perturbar ou fraudar a realização de qualquer ato de procedimento licitatório: Pena – detenção, de 6 (seis) meses a 2 (dois) anos, e multa. Art. 95. Afastar ou procura afastar licitante, por meio de violência, grave ameaça, fraude ou oferecimento de vantagem de qualquer tipo: Pena – detenção, de 2 (dois) a 4 (quatro) anos, e multa, além da pena correspondente à violência. Parágrafo único. Incorre na mesma pena quem se abstém ou desiste de licitar, em razão da vantagem oferecida. Art. 96. Fraudar, em prejuízo da Fazenda Pública, licitação instaurada para aquisição ou venda de bens ou mercadorias, ou contrato dela decorrente: I – elevando arbitrariamente os preços; II – vendendo, como verdadeira ou perfeita, mercadoria falsificada ou deteriorada; III – entregando uma mercadoria por outra; IV – alterando substância, qualidade ou quantidade da mercadoria fornecida; V – tornando, por qualquer modo, injustamente, mais onerosa a proposta ou a execução do contrato: Pena – detenção, de 3 (três) a 6 (seis) anos, e multa. Art. 98. Obstar,

tos incriminados pelo art. 335 do Código Penal, em relação à concorrência pública. Analisando-se as descrições típicas desses dispositivos legais, infere-se que esses tipos penais tratam das mesmas condutas criminosas previstas no art. 335 do Código Penal, conquanto a sua redação legal amplie a abrangência do comportamento criminoso na medida em que traz a expressão *procedimento licitatório* como objeto do crime, abrangendo, desse modo, não apenas a concorrência pública, como todas as modalidades de licitação pública.

Assim sendo, é forçoso reconhecer que o art. 335 do Código Penal encontra-se revogado tacitamente em relação às condutas que têm por objeto a concorrência pública, nos termos do art. 2º, § 1º, da LIDB – Lei de Introdução ao Direito Brasileiro (antiga LICC).[123]

As condutas típicas em relação à hasta pública estão descritas pelo art. 358 do Código Penal, que incrimina esses mesmos comportamentos em arrematação judicial, modalidade de certame que tem a hasta pública como espécie. Esse dispositivo será, posteriormente, objeto de considerações.[124]

Diante do exposto, deixa-se de apresentar as considerações dogmáticas referentes ao art. 335 do Código Penal.

10. INUTILIZAÇÃO DE EDITAL OU DE SINAL

⊙ **Inutilização de edital ou de sinal**

Art. 336 – Rasgar ou, de qualquer forma, inutilizar ou conspurcar edital afixado por ordem de funcionário público; violar ou inutilizar selo ou sinal empregado, por determinação legal ou por ordem de funcionário público, para identificar ou cerrar qualquer objeto:

Pena – detenção, de um mês a um ano, ou multa.

10.1. Considerações preliminares

O art. 336 do Código Penal prevê duas espécies de comportamento criminoso: na primeira parte, a inutilização de edital e, na segunda parte, a inutilização de selo ou sinal. São raros os diplomas penais estrangeiros que tipificam tal conduta, qualificando-a como contravenção penal. O Código Rocco, que serviu de inspiração para o legislador penal de 1940, rubricou como contravenção a conduta de inutilização de edital ou de sinal.[125]

---

impedir ou dificultar, injustamente, a inscrição de qualquer interessado nos registros cadastrais ou promover indevidamente a alteração, suspensão ou cancelamento de registro do inscrito: Pena – detenção, de 6 (seis) meses a 2 (dois) anos, e multa.

123 NORONHA, Magalhães. Direito penal..., *Cit.*, p. 434; PRADO, Luiz Régis. Curso de direito penal..., *Cit.*, p. 594; BITENCOURT, Cezar Roberto. Tratado de direito penal..., *Cit.*, p. 238.

124 Nesse sentido: PRADO, Luiz Régis. Curso de direito penal..., *Cit.*, p. 594; BITENCOURT, Cezar Roberto. Tratado de direito penal..., *Cit.*, p. 238.

125 PRADO, Luiz Régis. Curso de direito penal..., *Cit.*, p. 597; FRAGOSO, Heleno Claudio. Lições de direito penal..., *Cit.*, p. 509.

Por sua vez, a segunda parte do artigo 336 do Código Penal teve por inspiração o Código Penal francês de 1810, que, igualmente, serviu de base para o Códigos Toscano, Código Zanardelli e o Código Rocco.[126]

Os códigos nacionais de 1830 e 1890 não previam essas modalidades de delito, que veio a ser prevista pelo Código Penal vigente.

10.2. Bem jurídico e classificação do delito

O bem jurídico tutelado é a Administração Pública, buscando-se preservar seu funcionamento normal e o regular do exercício da função estatal, que não deve ser atingida pelos comportamentos descritos no art. 336 do Código Penal. O dispositivo legal busca proteger os interesses da Administração Pública, que não pode ser lesionada com a inutilização do edital, bem como com a inutilização de selo ou sinal.

A inutilização de selo ou sinal classifica-se como: a

crime comum	**crime formal**	**crime comissivo**	**crime instantâneo**
não exige uma qualidade especial do agente	basta a realização da conduta típica para sua consumação	os verbos do tipo de injusto exigem ação do agente para a consumação do delito	não há lapso entre a ação e o resultado

10.3. Sujeitos do delito

O sujeito ativo do delito ora em análise pode ser qualquer pessoa, independentemente de qualidade especial.

O sujeito passivo é o Estado, representado pela administração pública federal, estadual, distrital ou municipal, bem como as demais entidades abrangidas pela interpretação da expressão "entidade paraestatal" do art. 327, § 1º, do CP, a saber: administração pública indireta (autarquia, empresa pública, fundação pública etc.), os entes do "terceiro setor" e empresas contratadas ou conveniadas que realizam atividade típica da Administração Pública.

10.4. Tipo penal objetivo: elementos da descrição típica

O tipo penal do art. 336 do Código Penal sanciona a conduta de *rasgar* ou, de qualquer forma, *inutilizar* ou *conspurcar* edital afixado, por ordem de funcionário público; *violar* ou *inutilizar* selo ou sinal empregado, por determinação legal ou por ordem de funcionário público, para identificar ou cerrar qualquer objeto.

A primeira parte do tipo penal descreve as condutas típicas referentes a edital com os verbos *rasgar* e *conspurcar*. No contexto da descrição típica, *rasgar* significa cortar, destruir, dilacerar o edital afixado por ordem de funcionário público, mesmo

126 PRADO, Luiz Régis. Curso de direito penal..., *Cit.*, p. 598.

que de forma parcial, enquanto o verbo *inutilizar* denota o comportamento de *destruir, danificar* ou *tornar inútil* ou *imprestável* o edital. *Conspurcar* significa sujar, manchar ou macular o edital, mesmo que tal ato não prejudique sua leitura. Por sua vez, a locução típica "*de qualquer forma*" constitui um elemento normativo do tipo penal e indica a ideia de perda de utilidade do edital. [127]

Dessa forma, o objeto material do tipo de injusto do art. 336, primeira parte, do Código Penal, é o *edital*. O *edital* é um ato escrito que consubstancia uma ordem ou comunicação oficial, de natureza judicial ou administrativa, para a ciência de uma decisão ou determinação em relação à administração pública. É preciso que o edital tenha sido afixado por ordem de um funcionário público. Como o objeto da ação do crime é o edital, não haverá crime se a realização da conduta incidir sobre uma *portaria*, porquanto esses atos oficiais não se confundem.[128]

O fundamento da punição das condutas criminosas do art. 336 do Código Penal é calcado no menosprezo e no desrespeito no tocante à autoridade pública que afixou o edital.[129]

Saliente-se que, indiferentemente, o local de afixação do edital interferirá na consumação do tipo penal, sendo necessário que esteja em local acessível ao público. Na hipótese de existir um local predeterminado para a afixação de edital, a aposição em outro local impede a configuração do delito do art. 336 do Código Penal. Também não constitui a conduta típica do art. 336 do Código Penal se o comportamento atinge um edital já deteriorado ou que sua finalidade haja sido atingida.[130]

A segunda parte do tipo penal descreve as condutas criminosas em relação ao selo ou sinal com os verbos *violar* ou *inutilizar*. *Violar* significa ultrapassar, romper, retirar o selo ou sinal empregado, por determinação legal ou por funcionário público. Dessa forma, o agente rompe o continente para alcançar as informações postas no conteúdo, inclusive sem violação ao selo ou sinal.[131] *Inutilizar* implica *destruir, danificar* ou *tornar inútil* ou *imprestável* o selo ou sinal por meio da conduta delituosa.[132]

---

127 Álvaro Mayrink da Costa (Direito penal..., *Cit.* p. 271) aduz que: "O ato descrito na moldura nuclear consiste, *na primeira figura* (inutilização de edital), em *rasgar* (dilacerar, fazer em pedaços), total ou parcialmente (basta que torne ilegível), *inutilizar* (tornar inútil, sem serventia) ou *Conspurcar* (sujar, manchar) *edital* (instrumento através do qual a Administração Pública leva ao conhecimento público – *quidam ad populo* -, *judicial* ou *administrativo*, objetivando *formalmente* cumprir os *fins* e nos *prazos legais* a que se destina) *afixado* (a afixação pode ser feita de qualquer modo, em coisa móvel ou imóvel, observada a plena publicidade), *por ordem de funcionário público* (devendo conter a assinatura, carimbo ou sinete da autoridade competente). Sublinhe-se que *edital* não é *portaria*.

128 FRAGOSO, Heleno Claudio. Lições de direito penal..., *Cit.*, p. 510.

129 HUNGRIA, Nelson. Comentários ao Código Penal..., *Cit.*,, p. 444.

130 PRADO, Luiz Régis. Curso de direito penal..., *Cit.*, p. 558/599.

131 PRADO, Luiz Régis. Curso de direito penal..., *Cit.*, p. 599.

132 Álvaro Mayrink da Costa (Direito penal..., *Cit.* p. 271) aduz que: " No que concerne à *segunda figura* (violação de selo ou sinal), refere-se ao ato de *violar* (transgredir, devassar) ou *inutilizar* (tornar inútil, sem serventia, destruir) *selo* ou *sinal* ('consiste comumente numa tira de papel de pano, ou pequena

O objeto material é o selo ou sinal, que é uma marca ou distintivo de qualquer natureza (papel, tecido, metal, tinta etc.) afixado ou aposto por qualquer meio (colado, amarrado, pregado,pintado etc.), destinado a identificar (individualizar) ou cerrar qualquer coisa (móvel ou imóvel) para preservar o seu conteúdo ou interior, visando a sua posterior verificação ou à garantia de sua inviolabilidade.[133]

Contudo, o tipo penal tem como pressuposto a exigência de que o selo ou o sinal seja afixado por funcionário público que possua a competência para tanto, tendo em vista a norma legal pertinente.[134]

O fundamento da reprovabilidade da conduta típica do art. 336, segunda parte, é o desapreço e desrespeito à autoridade pública que determinou a afixação do selo ou sinal, além da atitude de buscar devassar ou violar indevidamente a coisa que a Administração Pública decidiu preservar ou identificar para verificação posterior ou certeza de sua inviolabilidade.[135]

Configura-se também o crime do art. 336 quando o agente toma conhecimento do conteúdo ou do interior da coisa preservada pela afixação do selo ou sinal, ainda que sem seu rompimento ou destruição.[136]

10.5. Tipo penal subjetivo: elemento típico subjetivo

O elemento subjetivo do delito inutilização de edital ou de sinal é representado pelo dolo, que se constitui pela consciência e vontade de realizar a conduta típica de rasgar ou, de qualquer forma, inutilizar ou conspurcar edital afixado por ordem de funcionário público; violar ou inutilizar selo ou sinal empregado, por determinação legal ou por ordem de funcionário público, para identificar ou cerrar qualquer objeto.

Não é necessário o elemento especial do tipo penal.

---

chapa de chumbo, que, contendo a assinatura, carimbo ou sinete da autoridade competente, se fixa, por meio de cola, tachas, cosedura, lacre, arame, em fechaduras, gavetas, caixas') *empregado*, *por determinação legal* ou *por ordem de funcionário público* (ato oficial), *para identificar ou cerrar* qualquer objeto (móvel ou imóvel para assegurar a certeza de sua inviolabilidade) ".

133 FRAGOSO, Heleno Claudio. Lições de direito penal..., *Cit.*, p. 511. Nelson Hungria (Comentários ao código penal..., *Cit.*, p. 445) ensina que: "'O sêlo ou sinal consiste, comumente, numa tira de papel de pano, ou pequena chapa de chumbo, que, contendo (pelo menos) a assinatura, carimbo ou sinête da autoridade competente, se fixa, por meio de cola, tachas, cosedura, lacre, arame, etc., em fechaduras, gavetas, portas, janelas, bôcas de vasos, frascos, sacos ou caixas, em suma: na abertura de algum continente, para garantia oficial de integridade do respectivo conteúdo". No mesmo sentido, confira-se o magistério de Luiz Régis Prado (Curso de direito penal..., *Cit.*, p. 599), *in verbis*: "o objeto material na referida conduta é o selo ou sinal legal empregado geralmente para identificar (individualizar), conservar ou mesmo expressar o cerramento (lacre, fechamento) de determinado objeto, seja ele bem móvel ou imóvel (...) ".

134 MANZINI, Vicenzo. Tratatto di diritto penale..., *Cit.*, p. 497; FRAGOSO, Heleno Claudio. Lições de direito penal..., *Cit.*, p. 512; PRADO, Luiz Régis. Curso de direito penal..., *Cit.*, p. 599.

135 HUNGRIA, Nelson. Comentários ao código penal..., *Cit.*, p. 445.

136 MANZINI, Vicenzo. Tratatto di diritto penale..., *Cit.*, p. 498; HUNGRIA, Nelson. Comentários ao código penal..., *Cit.*, p. 445.

10.6. Consumação e tentativa

Consuma-se o crime de inutilização de edital ou de sinal com a realização da ação ou omissão que configurem o comportamento típico de rasgar ou, de qualquer forma, inutilizar ou conspurcar edital afixado por ordem de funcionário público; violar ou inutilizar selo ou sinal empregado, por determinação legal ou por ordem de funcionário público, para identificar ou cerrar qualquer objeto.

A conduta de *violar* não exige que o sujeito ativo tenha efetivo conhecimento do conteúdo protegido pelo *selo* ou pelo *sinal*.[137]

A tentativa é possível, tendo em vista a possibilidade de fracionamento dos atos de execução.

10.7. Pena e aspectos processuais

A pena prevista é de um mês a um ano de detenção, ou multa.

A competência é dos Juizados Especiais Criminais, tendo em vista que a sua pena máxima cominada não ultrapassa dois anos (art. 61 da Lei nº 9.099/1995). É admitida a suspensão condicional do processo, uma vez que as penas mínimas cominadas não ultrapassam um ano (art. 89 da Lei nº 9.099/1995).

A ação é pública incondicionada.

10.8. Consideração especial

10.8.1. Selo ou sinal sem utilidade

Será atípica a conduta se o *edital, selo* ou *sinal* estiverem sem utilidade prática: com prazo expirado, rasgados, sujos etc.[138]

11. SUBTRAÇÃO OU INUTILIZAÇÃO DE LIVRO OU DOCUMENTO

⊙ **Subtração ou inutilização de livro ou documento**

Art. 337 – Subtrair, ou inutilizar, total ou parcialmente, livro oficial, processo ou documento confiado à custódia de funcionário, em razão de ofício, ou de particular em serviço público:

Pena – reclusão, de dois a cinco anos, se o fato não constitui crime mais grave.

11.1. Considerações preliminares

Os estatutos penais estrangeiros do século XIX, de um modo geral, traziam normas penais incriminadoras com o objetivo de assegurar a custódia oficial de

137 MANZINI, Vicenzo. Tratatto di diritto penale..., *Cit.*, p. 499/500; BITENCOURT, Cezar Roberto. Tratado de direito penal..., cit, p. 243.

138 BITENCOURT, Cezar Roberto. Tratado de direito penal..., cit, p. 243.

determinadas coisas (arquivos, livros, documentos, *corpo de delito* etc.), que inspiraram o art. 337 do atual Código Penal brasileiro.[139]

Precisamente, o Código Penal italiano de 1930 (Código Rocco) serviu de inspiração para a tipificação desse crime no ordenamento penal brasileiro. Saliente-se que já previam tal tipo penal o Código Penal de Zanardelli e o Código Penal Sardo.[140]

No Direito brasileiro, os Códigos de 1830 e 1890 não tipificavam esse delito, que veio a ser previsto no Código Penal de 1940.

11.2. Bem jurídico e classificação do delito

O bem jurídico tutelado é a Administração Pública, buscando-se preservar o funcionamento normal e regular do exercício da função estatal, especificamente a segurança oficial no tocante a livros, processos e documentos na posse de funcionário público ou o particular no exercício do múnus público.[141]

A subtração ou inutilização de livro ou documento classifica-se como:

crime comum	**crime formal**	**crime c omissivo**
não exige uma qualidade especial do agente	basta a realização da conduta típica para sua consumação	os verbos do tipo de injusto exigem ação do agente para a consumação do delito
crime instantâneo	**crime unissubjetivo**	**crime plurissubsistente**
não há lapso entre a ação e o resultado	pode ser praticado por um único agente	os atos preparatórios podem ser divididos

11.3. Sujeitos do delito

O sujeito ativo pode ser qualquer pessoa, independentemente de qualidade especial. Saliente-se que o funcionário público pode praticar a conduta do art. 337, desde que realize a conduta *extra officium*, equiparando-se a um *extraneus*.

O sujeito passivo é o Estado, representado pela administração pública federal, estadual, distrital ou municipal, bem como as demais entidades abrangidas pela interpretação da expressão "entidade paraestatal" do art. 327, § 1º, do CP, a saber: administração pública indireta (autarquia, empresa pública, fundação pública etc.),

---

139 COSTA, Álvaro Mayrink da. Direito penal..., *Cit.*, p. 275.

140 FRAGOSO, Heleno Claudio. Lições de direito penal..., *Cit.*, p. 513; MANZINI, Vicenzo. Tratatto di diritto penale..., *Cit.*, p. 505.

141 MANZINI, Vicenzo. Tratatto di diritto penale..., *Cit.*, p. 506; PRADO, Luiz Régis. Curso de direito penal.., *Cit.*, p.601/602. Por sua vez, Magalhães Noronha (Direito penal..., *Cit.*, p. 353) aduz que: "O bem jurídico tutelado é o interesse do desenvolvimento normal e regular da dinâmica da administração pública, no que se relaciona à guarda e proteção de certos objetos – livro, processo ou documento – necessários àquele fim ou escopo".

os entes do "terceiro setor" e empresas contratadas ou conveniadas que realizam atividade típica da Administração Pública.

11.4. Tipo penal objetivo: elementos da descrição típica

A conduta típica consiste na *subtração* ou *inutilização* de livro oficial, processo ou documento sob a custódia da Administração Pública.

O comportamento criminoso é descrito pelos verbos *subtrair ou inutilizar.* No contexto da descrição típica, *subtrair* significa retirar livro oficial, processo ou documento, desautorizadamente, da posse de funcionário público ou equiparado, enquanto *inutilizar* reflete a conduta de eliminar, elidir, retirar a utilidade de livro oficial, processo ou documento, desautorizadamente, da posse de funcionário público ou equiparado.[142]

O objeto material do crime é o *livro oficial*, *processo* ou *documento*, confiado à custódia de funcionário, em razão de ofício, ou de particular em serviço público). *Livro oficial* é aquele que serve para o registro de informações específicas da Administração Pública, criado por lei ou regulamento. *Documento* é aqui empregado no sentido de um escrito que serve de prova para alguma manifestação, na posse de funcionário público ou equiparado, em razão de sua função. Cumpre salientar que o documento que serve para prova de relação jurídica é objeto material do art. 305 do Código Penal brasileiro. *Processo* é um conjunto de peças, ordenado, sequencial e lógico, de cunho judiciário ou administrativo.[143]

A custódia do objeto material do delito deve decorrer da função pública, no caso do funcionário público, ou do múnus público ou delegação atribuídos a um particular que colabora com a Administração Pública. A guarda legal abrange qualquer local que o livro oficial, processo ou documento esteja sob responsabilidade da Administração Pública.[144]

---

142 Álvaro Mayrink da Costa (. Direito penal..., *Cit.*, p. 277) aduz que: "Cogita-se do ato de *subtrair* (tirar, abarcando o ocultar ou subtrair) ou *inutilizar* (absoluta ou relativa, desde que torne insuportável a sua destinação; degradação do valor ou utilidade), *total ou parcialmente* (retirar folhas, queimar em parte, riscar ou tornar inelegível ou imprestável ao seu fim), *livro oficial* (de qualquer natureza empregado para registro ou escritura nas repartições públicas, compreendendo os livros de protocolo, notas, atas, assentos), *processo* (legislativo, judicial ou administrativo, inclusive autos de processos findos) ou *documento* (qualquer registro gráfico, público ou particular, dotado de relevância jurídica) *confiado à custódia* (encargo de guarda com as necessárias cautelas de segurança) *de funcionário, em razão de seu ofício* (em razão do cargo público que exerce), *ou de particular em serviço público* (particular em virtude do desempenho de serviço público)."

143 Nelson Hungria (Comentários ao código penal..., *Cit.*, p. 448) explica que: "*Livro oficial* é todo livro (criado por lei ou regulamente) para escrituração de alguma repartição pública. *Processo* se diz dos papéis (autos e peças que o instruem) concatenadamente referentes a algum procedimento administrativo, policial ou judiciário. *Documento* (no sentido estrito em que é aqui empregado o têrmo) é todo papel escrito não destinado especificamente à prova de uma relação jurídica (pois, do contrário, o crime será o do art. 305), embora esteja sob custódia oficial por algum interêsse legítimo (exs.: petições, arrazoados, pareceres, relatórios, propostas de concorrência, provas de concurso, etc.) ".

144 Nesse sentido: MANZINI, Vicenzo. Tratatto di diritto penale..., *Cit.*, p. 513.

Impende salientar que a ocultação e a substituição importam em subtração, uma vez que há a tirada da coisa do seu devido lugar, obstando a sua utilização.[145]

Em síntese, a conduta criminosa de *subtração* consiste na retirada do livro, processo ou documento do local em que se encontra sob a custódia da Administração Púbica, apoderando-se dele. Por sua vez, a *initulização* é o comportamento criminoso de tornar imprestável o livro, processo ou documento.[146]

11.5. Tipo penal subjetivo: elemento típico subjetivo

O elemento subjetivo do delito de subtração ou inutilização de livro ou documento é representado pelo dolo, que se constitui pela consciência e vontade de realizar a conduta típica de subtrair, ou inutilizar, total ou parcialmente, livro oficial, processo ou documento confiado à custódia de funcionário, em razão de ofício, ou de particular em serviço público.

Não é necessário o elemento subjetivo especial do tipo penal, sendo também irrelevante a eventual motivação do agente.

11.6. Consumação e tentativa

Consuma-se o crime com a subtração ou inutilização, total ou parcial, de livro oficial, processo ou documento confiado à custódia de funcionário, em razão de ofício, ou de particular em serviço público.

A tentativa é possível, tendo em vista a possibilidade de fracionamento dos atos de execução, em qualquer das condutas.

11.7. Pena e aspectos processuais

A pena prevista corresponde de dois a cinco anos de reclusão, se o fato não constitui crime mais grave.

12. SONEGAÇÃO DE CONTRIBUIÇÃO PREVIDENCIÁRIA

⊙ **Sonegação de contribuição previdenciária**

Art. 337-A. Suprimir ou reduzir contribuição social previdenciária e qualquer acessório, mediante as seguintes condutas: (Incluído pela Lei nº 9.983, de 2000)

I – omitir de folha de pagamento da empresa ou de documento de informações previsto pela legislação previdenciária segurados empregado, empresário, trabalhador avulso ou trabalhador autônomo ou a este equiparado que lhe prestem serviços;

II – deixar de lançar mensalmente nos títulos próprios da contabilidade da empresa as quantias descontadas dos segurados ou as devidas pelo empregador ou pelo tomador de serviços;

III – omitir, total ou parcialmente, receitas ou lucros auferidos, remunerações pagas ou creditadas e demais fatos geradores de contribuições sociais previdenciárias:

---

145 MANZINI, Vicenzo. Tratatto di diritto penale..., *Cit.*, p. 516; NORONHA. Magalhães. Direito penal..., *Cit.*, p. 354.

146 HUNGRIA, Nelson. Comentários ao código penal..., *Cit.*, p. 448.

Pena – reclusão, de 2 (dois) a 5 (cinco) anos, e multa.

§ 1º É extinta a punibilidade se o agente, espontaneamente, declara e confessa as contribuições, importâncias ou valores e presta as informações devidas à previdência social, na forma definida em lei ou regulamento, antes do início da ação fiscal.

§ 2º É facultado ao juiz deixar de aplicar a pena ou aplicar somente a de multa se o agente for primário e de bons antecedentes, desde que:

I – (VETADO)

II – o valor das contribuições devidas, inclusive acessórios, seja igual ou inferior àquele estabelecido pela previdência social, administrativamente, como sendo o mínimo para o ajuizamento de suas execuções fiscais.

§ 3º Se o empregador não é pessoa jurídica e sua folha de pagamento mensal não ultrapassa R$ 1.510,00 (um mil, quinhentos e dez reais), o juiz poderá reduzir a pena de um terço até a metade ou aplicar apenas a de multa.

§ 4º O valor a que se refere o parágrafo anterior será reajustado nas mesmas datas e nos mesmos índices do reajuste dos benefícios da previdência social.

12.1. Considerações preliminares

A conduta criminosa do art. 337-A foi inserida no Código Penal pela Lei nº 9.983/2000, que revogou o art. 1º, incisos I e II, da Lei nº 8.137/1990, com o objetivo de reforçar a repressão ao comportamento de sonegação das contribuições previdenciárias destinadas à previdência social.

As contribuições previdenciárias tuteladas pelo art. 337-A são aquelas relativas ao custeio da seguridade social, estabelecidas nos termos do art. 195 da Constituição Federal, ou seja, a contribuição do segurado empregado, empregado doméstico, trabalhador avulso e contribuinte individual e facultativo (art. 20 e 21 da Lei nº 8.212/1991), a contribuição previdenciária da empresa (art. 22 da Lei nº 8.212/1991), a contribuição previdenciária do produtor rural e pescador (art. 25 da Lei nº 8.212/1991), a contribuição previdenciária sobre a receita de concursos de prognósticos (arts. 26 da Lei nº 8.212/1991), bem como as contribuições decorrentes do art. 195, §4º, da Constituição Federal.

Vale destacar a distinção entre sonegação e fraude fiscal. A distinção se baseia no fato gerador da obrigação tributária. Na sonegação fiscal a conduta do agente busca impedir que o fisco conheça a realização do fato gerador e de dados a ele relacionados para não se recolher o crédito tributário. Na fraude fiscal a conduta visa impedir ou retardar a ocorrência do fato gerador ou reduzir o pagamento do tributo devido.[147]

12.2. Bem jurídico e classificação do delito

O bem jurídico tutelado é a Administração Pública, no que tange a seu prestígio e funcionamento como Erário, isto é, Administração Pública fazendária. Especificamente, as receitas tributárias para o custeio da seguridade social, que consiste em

147 PRADO, Luiz Régis. Curso de direito penal..., *Cit.*, p. 606.

um conjunto de ações integradas entre Estado e sociedade para assegurar os direitos relativos à saúde, à previdência e à assistência sociais. A objetividade jurídica é tutelar a arrecadação da tributação previdenciária.

O delito sonegação de contribuição previdenciária se classifica como:

crime comum	crime material*	crime pluris-subsistente	crime instantâneo	crime unissubjetivo
não exige uma qualidade especial do agente	a consumação da conduta criminosa exige a redução ou supressão do tributo previdenciário, o que constitui um resultado material	pode ser praticado por mais de um ato, podendo ter sua execução fracionada	não há lapso entre a ação e o resultado	pode ser executado por apenas um agente

*. PRADO, Luiz Régis. Curso de direito penal..., Cit., p. 606.

12.3. Sujeitos do delito

O sujeito ativo pode ser o comerciante, o industrial, o sócio solidário, os gestores ou administradores da empresa que efetivamente tenham concorrido para a prática de qualquer uma das condutas típicas. Saliente-se que não é suficiente ser sócio da empresa, sendo necessário o agente estar à frente da sociedade empresarial e concorrer para a prática da conduta típica, sob pena de admitir-se a responsabilidade objetiva no direito penal.

O sujeito passivo é o Estado, representado pelo INSS – Instituto Nacional de Seguridade Social, que é a administração pública previdenciária responsável pela seguridade social.

12.4. Tipo penal objetivo: elementos da descrição típica

A conduta criminosa da sonegação previdenciária consiste em *suprimir* ou *reduzir*, por meio dos comportamentos descritos nos incisos I a III do art. 337-A, contribuição previdenciária.

A descrição típica tem como comportamentos nucleares: a*) suprimir*, que significa excluir, eliminar ou deixar de pagar; b) *reduzir*, no sentido de reduzir ou pagar a menor a obrigação previdenciária. As condutas criminosas de *supressão* ou *redução* da contribuição previdenciária devida são realizadas pela prática da dos comportamentos descritos nos incisos I a III do art. 337-A do Código Penal.

Nos três incisos seguintes são destacados os comportamentos pelos quais pode haver a *supressão ou redução* da contribuição previdenciária devida, de modo que somente se configura o delito se o agente praticar qualquer uma dessas condutas indicadas pelo tipo penal.

a) Omitir de folha de pagamento da empresa ou de documento de informações previsto pela legislação previdenciária segurados empregado, empresário, trabalhador avulso ou trabalhador autônomo ou a este equiparado que lhe prestem serviços.

O comportamento típico consiste em *omitir* (não incluir, deixar de relacionar) em folha de pagamento ou outro documento previdenciário de segurados empregado, empresário, trabalhador avulso ou trabalhador autônomo ou a este equiparado que lhe prestem serviços. Essa omissão resulta na sonegação da contribuição previdenciária. O agente não menciona na folha de pagamento ou na guia documental a que se refere o art. 225, IV, do Decreto nº 3.048/1999 as informações exigidas pela lei previdenciária.

A conduta assemelha-se ao delito de falsidade ideológica (art. 299, Código Penal), mas diferenciando-se dessa porque o agente busca obter a supressão ou redução da contribuição previdenciária devida.[148]

A prática desse comportamento típico deve resultar em supressão ou redução da contribuição previdenciária para que haja a configuração do delito.[149]

b) Deixar de lançar mensalmente nos títulos próprios da contabilidade da empresa as quantias descontadas dos segurados ou as devidas pelo empregador ou pelo tomador de serviços

A conduta típica consiste em *deixar de realizar* (não fazer) o lançamento mensal nos títulos próprios da contabilidade da empresa das quantias descontadas dos segurados ou as devidas pelo empregador ou pelo tomador de serviços. O comportamento criminoso é a omissão de lançar mensalmente nos livros contábeis da empresa as quantias descontadas dos segurados ou as devidas pelo empregador ou pelo tomador de serviços.

O agente *deixa de lançar* mensalmente nos livros contábeis a quantia descontada dos segurados indicados nesse dispositivo legal com o intuito de suprimir ou reduzir contribuição previdenciária devida.

c) Omitir, total ou parcialmente, receitas ou lucros auferidos, remunerações pagas ou creditadas e demais fatos geradores de contribuições sociais previdenciárias

A conduta típica consiste em omitir-se (não fazer, deixar, não mencionar), total ou parcialmente, de declarar ao INSS informação sobre fato gerador de contribuição previdenciária, especialmente receitas ou lucros auferidos, remunerações pagas ou creditadas e demais fatos geradores de contribuições sociais previdenciárias.

A conduta criminosa de suprimir ou reduzir decorre da omissão de declaração de receitas ou lucros auferidos, remunerações pagas ou creditadas e demais fatos geradores de contribuições sociais previdenciárias.

12.5. Tipo penal subjetivo: elemento típico subjetivo

O elemento subjetivo geral é o dolo, consubstanciado na consciência e vontade de *suprimir* ou *reduzir* (não recolher) as contribuições previdenciárias devidas por qualquer uma das condutas descritas nos três incisos do art. 337-A do Código Penal.

---

148 PRADO, Luiz Régis. Curso de direito penal..., *Cit.*, p. 609.

149 BITENCOURT, Cezar Roberto. Tratado de direito penal..., *Cit.*, p. 251.

No entanto, entende-se que não basta a simples conduta dolosa para configurar o delito, haja vista ser necessário que o agente tenha a finalidade específica de realizar os comportamentos típicos com o objetivo de suprimir ou reduzir a contribuição previdenciária, ou seja, o elemento específico do tipo penal representado pela vontade de fraudar a Previdência Social. Assim, para a tipificação do delito é necessário que as condutas típicas sejam praticadas com o fim específico de produzir *supressão* ou *redução* da contribuição previdenciária devida.[150]

Não obstante, o STJ consolidou o entendimento de que não se exige o dolo específico para a configuração do crime de sonegação de contribuição previdenciária na Tese 10 em sua Jurisprudência em Teses nº 81 de 17.5.2017, confira-se: **Tese 10**. *O crime de sonegação de contribuição previdenciária, previsto no art. 337-A do CP, não exige dolo específico para a sua configuração.*

Não há previsão da modalidade culposa.

12.6. Consumação e tentativa

A sonegação de contribuição previdenciária se consuma no momento em há a efetiva supressão ou redução da contribuição previdenciária devida, em qualquer uma das suas modalidades previstas nos incisos I a III do art. 337-A do Código Penal.

Com efeito, consuma-se o delito no momento em que o contribuinte deixa de cumprir as obrigações fiscais e contábeis impostas pela lei previdenciária resultando em supressão ou redução de contribuição previdenciária.

Nesse sentido, STJ consolidou o entendimento de que a consumação do crime de sonegação de contribuição previdenciária exige a constituição definitiva do débito tributário no âmbito administrativo, na Tese 11 em sua Jurisprudência em Teses nº 81 de 17.5.2017, confira-se: **Tese 11**. *O crime de sonegação de contribuição previdenciária é de natureza material e exige a constituição definitiva do débito tributário perante o âmbito administrativo para configurar-se como conduta típica.*

A tentativa é, em tese, admissível, embora seja difícil sua configuração.

12.7. Extinção de punibilidade: art. 337-A, § 1º

O Art. 337-A, § 1º, do Código Penal estabelece a hipótese de extinção de punibilidade para quando o agente, espontaneamente, declara e confessa as contribuições devidas sonegadas à Previdência Social, nos termos da lei previdenciária, antes do início da ação fiscal. Com efeito, esse dispositivo legal prevê a extinção da punibilidade do delito de sonegação de contribuição previdenciária quando o agente se utiliza do instituto do direito tributário denominado *denúncia espontânea*, que é previsto tanto no CTN (Código Tributário Nacional) como na legislação previdenciária.

150 Nesse sentido: NUCCI, Guilherme de Souza. Código penal..., *Cit.*, p. 1.161/1.162; STOCO, Rui; FRANCO, Alberto Silva (Coord.). Código penal..., *Cit.*, p., p. 1.603.

Observe-se que o dispositivo legal não exige o pagamento do valor sonegado e declarado, basta o agente confessar espontaneamente as contribuições devidas antes do início da ação fiscal para haver a extinção da punibilidade. Frise-se: o Art. 337-A, § 1º, do Código Penal não exige o pagamento, é suficiente para a extinção da punibilidade a mera confissão e declaração do valor devido à Previdência Social.

O Art. 337-A, § 1º, do Código Penal refere-se à confissão e declaração realizadas espontaneamente. A espontaneidade exigida configura-se por um ato impulsionado pela vontade do próprio agente e sem interferência externa. É uma atuação por autodeterminação. Não obstante, a norma penal deve ser interpretada extensivamente de modo a abranger também a atuação voluntária, ainda que o agente tenha sido orientado e aconselhado por outrem a regularizar a sua situação fiscal perante a Previdência Social. Com efeito, mesmo que o agente confesse e declare as contribuições devidas por orientação de terceiro (p. e.: contador, advogado etc.), *a mens legis* é atingida em absoluto.[151]

Destaque-se ainda que os crimes de sonegação de contribuição previdenciária têm sua punibilidade extinta pelo pagamento do tributo devido, conforme os dispositivos legais abaixo:[152]

Lei nº 10.684/2003

> **Art. 9º** É suspensa a pretensão punitiva do Estado, referente aos crimes previstos nos arts. 1º e 2º da Lei no 8.137, de 27 de dezembro de 1990, e nos arts. 168A e 337A do Decreto-Lei no 2.848, de 7 de dezembro de 1940 – Código Penal, durante o período em que a pessoa jurídica relacionada com o agente dos aludidos crimes estiver incluída no regime de parcelamento. § 1º A prescrição criminal não corre durante o período de suspensão da pretensão punitiva. § 2º Extingue-se a punibilidade dos crimes referidos neste artigo quando a pessoa jurídica relacionada com o agente efetuar o pagamento integral dos débitos oriundos de tributos e contribuições sociais, inclusive acessórios.

O texto legal acima estabelece expressamente aplicação do benefício legal de extinção da punibilidade ao crime do art. 337-A do Código Penal.

Assim, extingue-se a punibilidade quando o débito previdenciário for totalmente quitado a qualquer tempo antes do trânsito em julgado da sentença penal condenatória.

Acrescente-se ainda que a doutrina reconhece a extinção da punibilidade no crime de sonegação de contribuição previdenciária quando há o pagamento do tributo sonegado, nos termos do art. 34 da Lei nº 9.249/1995, por força da aplicação da analogia *in bonam partem*.[153]

12.8. Perdão judicial ou aplicação da pena de multa

O art. 337-A, § 2º, do Código Penal permite ao julgador não aplicar a pena criminal quando presentes as seguintes condições: a) requisitos subjetivos: primariedade

151 PRADO, Luiz Régis. Curso de direito penal..., *Cit.*, p. 613.

152 PRADO, Luiz Régis. Curso de direito penal..., *Cit.*, p. 614.

153 BITENCOURT, Cezar Roberto. Tratado de direito penal..., *Cit.*, p.255/256; COSTA, Álvaro Mayrink da. Direito penal..., *Cit.*, p. 287; STOCO, Rui; FRANCO, Alberto Silva (Coord.). Código penal..., *Cit.*, p. 1.606.

e bons antecedentes do réu; b) requisito objetivo: valor das contribuições devidas, incluindo os acessórios, igual ou inferior àquele estabelecido pela previdência social, administrativamente, como o mínimo para o ajuizamento de suas execuções fiscais.

Assim, o dispositivo legal estabelece uma hipótese de concessão de perdão judicial quando no caso concreto estão presentes, cumulativamente, os requisitos subjetivos e objetivos exigidos pelo art. 337-A, § 2º, do Código Penal. O legislador considera que, presentes essas condições, a conduta criminosa praticada não merece a grave sanção da pena criminal, já que o valor sonegado é considerado insuficiente para o ajuizamento de uma ação judicial de execução fiscal.

Com efeito, o perdão judicial é um relevante instituto de política criminal com vistas a evitar que o autor de uma conduta sem gravidade seja levado à realidade degradante e deletéria do cárcere. Para além disso, cabe destacar que, uma vez presentes os requisitos legais, o perdão judicial é um direito subjetivo do réu.

Por outro lado, o art. 337-A, § 2º, do Código Penal prevê também a prerrogativa do julgador de optar por aplicar a pena de multa, em vez de conceder o perdão judicial.

Todavia, o texto legal não dispõe expressamente sobre o critério a ser adotado para conceder o perdão judicial ou, em vez disso, aplicar a pena de multa.

A doutrina aduz que o julgador, segundo um juízo prudente, deve adotar o seguinte critério para conceder o perdão judicial ou aplicar a pena de multa: a *proximidade* ou *distancia* em relação ao teto legal fixado no art. 337-A, § 2º, do Código Penal, que é o valor estabelecido pela previdência social, administrativamente, como o mínimo para o ajuizamento de suas execuções fiscais. Assim, esse critério será aplicado da seguinte forma: a) quanto menor o valor sonegado, maior o direito subjetivo ao perdão judicial; b) quanto mais próximo do teto legal fixado for o valor sonegado, menor o direito subjetivo ao perdão judicial, recomendando-se a aplicação da pena de multa.[154]

12.9. Causa de diminuição de pena: art. 337-A, § 3º

O art. 337-A prevê uma causa de diminuição de pena de um terço até a metade, ou aplicar-se somente a pena de multa, quando o autor da conduta criminosa é *empregador* como *pessoa física* (microempresário ou comerciante individual) e sua folha de pagamento mensal não ultrapassa R$ 1.510,00 (mil, quinhentos e dez reais). Nessa hipótese não há outros requisitos a exigir, basta atender ao requisito da qualidade de contribuinte individual e o montante da folha de pagamento corresponder ao teto legal fixado nesse dispositivo.

12.10. Pena e aspectos processuais

As penas cominadas são de dois a cinco anos de reclusão, e multa.

A competência é da Justiça Federal para processar e julgar o delito.

A ação penal é pública incondicionada.

---

154 PRADO, Luiz Régis. Curso de direito penal..., *Cit.*, p. 614.

12.11. Considerações especiais

12.11.1. Sonegação previdenciária e apuração da infração na via administrativa fiscal

Cumpre mencionar que a persecução penal do delito de sonegação de contribuição depende da apuração de tal ilícito na esfera administrativa fiscal, pois a constatação da infração deve ser previamente realizada no âmbito administrativo-tributário. Isso porque: 1º) o crime de sonegação de contribuição tem natureza tributária, como reconhecido pela doutrina nacional; 2º) a Súmula vinculante nº 24 do STF exige a finalização do procedimento administrativo fiscal para configuração dos crimes contra a ordem tributária. Assim, sendo a sonegação de contribuição também um delito de natureza fiscal, nada obsta a aplicação, por analogia, da Súmula vinculante nº 24, no sentido de se exigir a confirmação no procedimento administrativo fiscal do não recolhimento do tributo devido para a configuração da sonegação de contribuição previdenciária.

12.11.2. Sonegação de contribuição previdenciária e princípio da insignificância

No crime de sonegação de contribuição previdenciária aplica-se o princípio da insignificância[155] para afastar a tipicidade penal quando o valor do tributo devido sonegado for inferior ao montante estabelecido pela fazenda pública para cobrança judicial do débito previdenciário.

Nesse sentido, o STJ consolidou o entendimento de que se aplica o principio da insignificância ao crime de sonegação de contribuição previdenciária na Tese 12 em sua Jurisprudência em Teses nº 81 de 17.5.2017, confira-se: **Tese 12.** *Aplica-se o princípio da insignificância ao crime de sonegação de contribuição previdenciária quando o valor do tributo ilidido não ultrapassa o patamar de R$ 10.000,00 (dez mil reais) previsto no art. 20 da Lei n. 10.522/2002.*

12.11.3. Sonegação de contribuição previdenciária e repatriação de dinheiro

A Lei 13.254/2016 permitiu a repatriação de dinheiro enviado ilicitamente ao exterior por meio da declaração desses recursos e pagamento integral dos tributos devidos, prevendo como benefício penal a extinção da punibilidade dos crimes relativos a esses recursos até a data da adesão ao RERCT (Regime Especial de Regularização Cambial e Tributária).

Assim, A Lei 13.254/2016 prevê expressamente em seu art. 5], §1º, III, a extinção da punibilidade referente ao crime de sonegação de contribuição previdenciária previsto no art. 337-A, do Código Penal, na hipótese do agente aderir ao RERCT (Regime Especial de Regularização Cambial e Tributária).

155 Vide: SILVA, Ivan Luiz da. Princípio da insignificância..., *Cit.*.

↳ CAPÍTULO II-A – DOS CRIMES PRATICADOS POR PARTICULAR CONTRA A ADMINISTRAÇÃO PÚBLICA ESTRANGEIRA

IVAN LUIZ DA SILVA

1. CORRUPÇÃO ATIVA EM TRANSAÇÃO COMERCIAL INTERNACIONAL

⊙ **Corrupção ativa em transação comercial internacional**

Art. 337-B. Prometer, oferecer ou dar, direta ou indiretamente, vantagem indevida a funcionário público estrangeiro, ou a terceira pessoa, para determiná-lo a praticar, omitir ou retardar ato de ofício relacionado à transação comercial internacional: (Incluído pela Lei nº 10467, de 11.6.2002)

Pena – reclusão, de 1 (um) a 8 (oito) anos, e multa. (Incluído pela Lei nº 10467, de 11.6.2002)

Parágrafo único. A pena é aumentada de 1/3 (um terço), se, em razão da vantagem ou promessa, o funcionário público estrangeiro retarda ou omite o ato de ofício, ou o pratica infringindo dever funcional. (Incluído pela Lei nº 10467, de 11.6.2002)

1.1. Considerações gerais sobre os crimes praticados por particular contra a Administração Pública estrangeira

A Constituição Federal, em seu art. 4°, prescreve os princípios que regem as relações internacionais entre o Estado brasileiro e as demais nações. Esse dispositivo constitucional, em seu inc. IX, prevê o princípio da cooperação entre os povos para o progresso da humanidade, estatuindo implicitamente o dever de lisura e probidade administrativa em suas relações internacionais.[1]

Assim, o Estado brasileiro assinou a *Convenção de Paris sobre o combate à corrupção de funcionários públicos estrangeiros nas transações comerciais internacionais* e a *Convenção Interamericana contra a corrupção*, ambas internalizadas no Direito pátrio, respectivamente, pelos Decretos nº 3.678/2000 e nº 4.410/2002.

O legislador nacional, com vistas a dar efetividade a essas normas, editou a Lei nº 10.467/2002 para inserir no Título XI do Código Penal o Capítulo II–A, tipificando os crimes praticados por particular contra a Administração Pública estrangeira cometidos em transação comercial internacional realizada no território brasileiro, bem

---

1 BITENCOURT, Cezar Roberto. Tratado de direito penal..., *Cit.*, p. 258.

como estabelece o conceito de funcionário público estrangeiro para efeitos de direito penal.

1.2. Considerações preliminares

Esta conduta criminosa tem sua tipificação em decorrência do recente anseio das nações no sentido de combater a corrupção nas relações internacionais, e não, tão somente, em seus respectivos territórios nacionais.

Assim, Lei nº 10.467/2002, que inseriu no Título XI do Código Penal o Capítulo II–A, inicia com o delito de *corrupção ativa em transação comercial internacional* a tipificação dos crimes praticados por particular contra a Administração Pública estrangeira cometidos no território brasileiro.

Cumpre mencionar que esse dispositivo legal é inovador no Direito penal brasileiro, uma vez que não havia disposição dessa natureza nos estatutos criminais pretéritos.[2]

1.3. Bem jurídico e classificação do delito

O bem jurídico tutelado é a Administração Pública estrangeira dos países aderentes da *Convenção sobre o Combate da Corrupção de Funcionários Públicos Estrangeiros em Transações Comerciais Internacionais*. Argumenta-se que a objetividade jurídica do tipo penal do art. 337-B é transnacional.[3]

Entende-se também que o bem jurídico tutelado é a boa-fé, a probidade e a moralidade das relações comerciais internacionais, que são bens jurídicos pertencentes a toda a comunidade internacional das nações. Assim, o Estado nacional exerce a jurisdição sobre fatos praticados em seu território com o objetivo de tutelar um bem jurídico que pertence à comunidade internacional.[4] Com efeito, a conduta acarreta o desvio de bens e serviços pertinentes às relações internacionais. Dessa forma, verifica-se que a boa-fé, a transparência nas relações comerciais internacionais é que são ofendidas com a consumação do tipo penal, mas não a administração pública brasileira.[5]

---

2 PRADO, Luiz Régis. Curso de direito penal..., *Cit.*, p. 620.

3 STOCO, Rui; FRANCO, Alberto Silva (Coord.). Código penal..., *Cit.*, p. 1.621; MASSON, Cleber. Direito penal..., *Cit.*, p. 784.

4 PRADO, Luiz Régis. Curso de direito penal..., *Cit.*, p. 622/623.

5 PRADO, Luiz Régis. Curso de direito penal..., *Cit.*, p. 620/621. Nesse sentido, confira-se o entendimento de Álvaro Mayrink da Costa (Direito penal..., *Cit.*, p. 297), *in verbis*: "O *objeto jurídico* da tutela é a transparência, regularidade e lisura na concorrência internacional. Cuida-se de forma mediata da Administração Pública estrangeira e de forma reflexa na Administração Pública doméstica, num mundo globalizado, em que os Estados adotam medidas de ordem jurídica e administrativa com o escopo de prevenir e reprimir a corrupção de funcionários públicos estrangeiros na esfera de âmbito das transações comerciais internacionais. Visa-se, no cenário internacional, reforçar a confiança ou credibilidade do Estado perante a comunidade internacional e da decorrente eficácia ou capacidade de intervenção para a realização das finalidades que lhe estão atribuídas".

Não obstante, como a Administração Pública brasileira não é atingida pela conduta tipificada, tendo em vista que o agente corrupto ou corrompido é estrangeiro, há quem defenda que deveria ter sido criada uma legislação específica para disciplinar a matéria de modo mais técnico, porque o Estado brasileiro não possui legitimidade para tutelar penalmente a moralidade e probidade na Administração Pública de Estado estrangeiro.[6]

A corrupção ativa em transação comercial internacional classifica-se como:

crime comum	**crime material**	**crime formal**	**crime instantâneo**	**crime de forma livre**
não exige uma qualidade especial do agente	necessidade de realização do resultado da conduta típica para sua consumação, no verbo dar	basta a realização da conduta típica para sua consumação, nos verbos oferecer e prometer	não há lapso entre a ação e o resultado	admite qualquer meio de execução

1.4. Sujeitos do delito

O sujeito ativo pode ser qualquer pessoa, já que o tipo penal não exige uma qualidade especial do agente.

O sujeito passivo é a pessoa física ou jurídica atingida pela transação comercial internacional realizada com violação da boa-fé nas relações entre as nações.

1.5. Tipo penal objetivo: elementos da descrição típica

A conduta típica consiste em *prometer, oferecer* ou *dar,* direta ou indiretamente, vantagem indevida a funcionário público estrangeiro, ou a terceira pessoa, para determiná-lo a *praticar, omitir* ou *retardar* ato de ofício relacionado a transação comercial internacional.

Os verbos nucleares são *prometer, oferecer* e *dar. Prometer* é a assunção de compromisso no sentido de obtenção de algo futuramente. *Oferecer,* é a ação de colocar à disposição de outrem algo. *Dar* consiste na transferência de propriedade em troca da ação criminosa.

O tipo penal traz ainda o elemento normativo "*vantagem indevida*", que é o objeto material do delito do art. 337-B do Código Penal, consistindo no benefício contrário ao Direito, prometido, oferecido ou dado a funcionário público estrangeiro ou a terceiro. A natureza de tal vantagem pode ser material ou moral.[7]

A definição de funcionário público estrangeiro segue a mesma linha adotada anteriormente para conceituar funcionário público brasileiro pelo art. 327 do Código

6 BITENCOURT, Cezar Roberto. Tratado de direito penal..., *Cit.*, p. 260.

7 PRADO, Luiz Régis. Curso de direito penal..., *Cit.*, p. 623/624.

Penal, distinguindo-se apenas em relação aos entes que compõem a administração pública estrangeira. *In casu*, entidades estatais são as pessoas jurídicas que compõem a administração do Estado estrangeiro. Representações diplomáticas são os corpos diplomáticos, ou seja, os agentes estrangeiros que representam seu Estado perante o Estado brasileiro. Cumpre mencionar que as definições de cargo, emprego e função pública já apresentadas em relação à administração pública brasileira também se aplicam ao conceito de funcionário público estrangeiro. Com efeito, considera-se funcionário público estrangeiro, para efeitos penais, quem exerce, a qualquer título, cargo, emprego ou função pública em entidades estatais ou representações diplomáticas de Estado estrangeiro.

O art. 337-D, parágrafo único, do Código Penal dispõe também sobre a figura do funcionário público estrangeiro por equiparação, que é o ocupante de cargo, emprego ou função pública em empresas controladas, direta ou indiretamente, por uma Administração Pública estrangeira ou em organizações públicas internacionais (*verbi gratia*, ONU – Organização das Nações Unidas, OMS – Organização Mundial da Saúde, FMI – Fundo Monetário Internacional etc.). Vale frisar que a equiparação não alcança os funcionários de empresas privadas estrangeiras que exerçam a representação de Estado estrangeiro por contrato ou convênio (mas sem que haja o controle direto ou indireto dessa empresa pela administração pública estrangeira), haja vista o dispositivo legal ter restringido a equiparação para os integrantes de empresas controladas pelo Estado estrangeiro.[8]

Relação comercial internacional consiste num elemento normativo do tipo penal, de cunho extrajurídico. É uma relação comercial/mercantil entre pessoas físicas ou jurídicas, de qualquer natureza, pertencentes a diferentes nações. Damásio Evangelista de Jesus, mais especificamente, aduz que:

> é necessário que a conduta do corruptor esteja relacionada a transações comerciais internacionais, assim consideradas as que concernem a contratos: I- que tenham como objeto, direta ou indiretamente, a importação ou exportação de bens ou serviços; II- de transporte internacional, por qualquer via, de pessoas, cargas, malotes postais, remessas expressas ou qualquer outro bem; III- que impliquem transmissão de informações, por qualquer meio de comunicação, entre pessoas localizadas ou sediadas em países distintos; IV- relativos a empréstimos e quaisquer outras obrigações, ou que possibilitem a circulação de valores de qualquer natureza, cujas partes estejam localizadas ou sediadas em países distintos; V- que tenham como objeto cessão, transferência, delegação, assunção ou modificação das obrigações ou valores referidos no inciso anterior; e VI- quaisquer outros que impliquem produção ou circulação de bens ou serviços cujos elementos o vinculem a mais de um sistema jurídico.[9]

Ato de ofício refere-se aos atos pertinentes às atribuições funcionais do representante da Administração Pública estrangeira.

---

8 JESUS, Damásio Evangelista de. Direito penal..., *Cit.*, p. 159.

9 JESUS, Damásio Evangelista de. Direito penal..., *Cit.*, p., p. 309/310.

É necessário haver uma relação causal entre a conduta típica e o ato de ofício pretendido pelo sujeito ativo do delito. Significa dizer: o funcionário público estrangeiro corrompido deve ser competente para a execução do ato pretendido pelo corruptor na transação comercial internacional. Por outro lado, se a pretensão do sujeito ativo não se inserir entre as atribuições legais inerentes ao cargo do funcionário público estrangeiro na transação comercial internacional, o comportamento praticado não se subsume ao tipo penal do art. 337-D, Código Penal.[10]

A finalidade do agente no delito previsto no art. 337-B do Código Penal é levar o funcionário público estrangeiro a *praticar* (fazer, realizar), *omitir* (deixar de fazer) ou *retardar* (protelar, procrastinar) ato de ofício relacionado a transação comercial internacional.[11]

Cabe destacar que, para a configuração do delito, é imprescindível que a oferta ou o pagamento de vantagem ilícita ao funcionário público estrangeiro aconteça antes da prática do ato de ofício. A oferta ou o pagamento de vantagem ilícita posteriormente à prática do fato constitui um fato atípico.[12]

1.6. Tipo penal subjetivo: elemento típico subjetivo

O elemento subjetivo do delito de corrupção ativa em transação comercial internacional é representado pelo dolo, que se constitui pela consciência e vontade de realizar a conduta típica de prometer, oferecer ou dar, direta ou indiretamente, vantagem indevida a funcionário público estrangeiro, ou a terceira pessoa, para determiná-lo a praticar, omitir ou retardar ato de ofício relacionado a transação comercial internacional.

Verifica-se a presença de elemento subjetivo especial do tipo, uma vez que exige a norma penal que o agente aja na finalidade especial para determinar a funcionário público estrangeiro, ou a terceira pessoa, a praticar, omitir ou retardar ato de ofício relacionado a transação comercial internacional.

1.7. Circunstância de aumento: art. 337-B, parágrafo único, do Código Penal

O art. 337-D, parágrafo único, do Código Penal estabelece uma causa de aumento de pena em razão do maior desvalor da conduta delitiva, a saber: a realização ou a abstenção do ato funcional objeto da corrupção ativa. Assim, esse dispositivo legal estabelece um acréscimo de pena para a hipótese de exaurimento do crime de corrupção ativa em face do maior dano ao funcionamento da Administração Pública estrangeira. Com efeito, quando o agente atinge sua *meta optata* (o ato funcional visado pela corrupção ativa na transação comercial internacional), seu comportamento provoca um

10 BITENCOURT, Cezar Roberto. Tratado de direito penal..., *Cit.*, p. 261.

11 PRADO, Luiz Régis. Curso de direito penal..., *Cit.*, p. 625.

12 STOCO, Rui; FRANCO, Alberto Silva (Coord.). Código penal..., *Cit.*, p. 1.625.

dano maior ao funcionamento da Administração Pública estrangeira, justificando-se o aumento de pena em razão do maior desvalor do resultado.

Aplica-se o aumento de pena de um terço quando o funcionário: a) retarda ato de ofício (isto é, pratica-o fora do tempo devido); b) omite ato de ofício (deixa de praticá-lo); ou c) pratica ato infringindo dever funcional em razão da vantagem ilícita ofertada ou prometida. Na hipótese de retardamento do ato, o agente deixa transcorrer o prazo para realizar o ato ou deixa transcorrer lapso relevante a sua prática. Na omissão de ato funcional, o agente deixa de praticar o ato visado pela corrupção. Na modalidade comissiva, o agente pratica o ato funcional ilícito, infringindo seus deveres funcionais.

A aplicação dessa causa de aumento de um terço depende da efetiva violação de dever funcional, na medida em que o agente retarda ou omite ato de ofício ou pratica ato contrário ao dever funcional de função estatal exercida. No entanto, entende-se que se o funcionário público estrangeiro pratica ato de ofício sem violar o dever funcional, não se aplica essa causa de aumento, incidindo somente a pena cominada para o art. 337-D, *caput*, do Código Penal.

1.8. Consumação e tentativa

A corrupção ativa se consuma com o efetivo conhecimento, pelo funcionário público estrangeiro, ou por terceira pessoa, do oferecimento ou promessa de vantagem indevida, para determiná-lo a praticar, omitir ou retardar ato de ofício relacionado a transação comercial internacional, independentemente do recebimento ou da aceitação da referida vantagem. Com efeito, a consumação ocorre com o efetivo conhecimento da *oferta* ou *promessa* de vantagem indevida. Na modalidade de *dar*, a consumação ocorre com a efetiva concessão da vantagem indevida ao funcionário público estrangeiro ou a terceira pessoa

A tentativa é possível, tendo em vista a possibilidade de fracionamento dos atos de execução da conduta criminosa.

1.9. Pena e aspectos processuais

A corrupção ativa em transação comercial internacional prevê a pena de um a oito anos de reclusão, e multa.

Em razão da pena mínima cominada, admite-se a suspensão condicional do processo, nos termos do art. 89 da Lei 9099/1995.

A ação penal é pública incondicionada.

A competência processual é, como regra geral, da Justiça Comum Estadual. Não se exclui, porém, a competência federal, quando o delito atingir bens, serviços ou interesses da União Federal ou de suas entidades autárquicas, bem como de suas empresas públicas.[13]

13 STOCO, Rui; FRANCO, Alberto Silva (Coord.). Código penal..., *Cit.*, p. 1.633.

In casu, não se aplica o art. 109, V, da Constituição Federal, porque o delito do art. 337-D do Código Penal não tem natureza transnacional, ou seja, não é um delito previsto em tratado assinado pelo Estado brasileiro para sua repressão, o que atrairia a competência da Justiça Federal. A *Convenção sobre o Combate da Corrupção de Funcionários Públicos Estrangeiros em Transações Comerciais Internacionais* apenas estabelece o dever do Estado aderente de promover as medidas para reprimir as condutas nela disciplinadas.[14]

1.10. Consideração especial

1.10.1. Responsabilidade penal da pessoa jurídica e a Administração Pública estrangeira

A *Convenção sobre o Combate da Corrupção de Funcionários Públicos Estrangeiros em Transações Comerciais Internacionais*, em seu art. 2º, estabelece o dever do país aderente de responsabilizar penalmente a pessoa jurídica pela conduta de corrupção ativa nas transações internacionais, conforme a legislação nacional de cada país.

No Direito brasileiro a responsabilidade penal da pessoa jurídica é prevista expressamente pela Constituição Federal para as infrações contra o meio ambiente e a ordem econômica, nos termos da lei. Todavia, até o presente momento apenas há previsão legal expressa em relação aos crimes ambientais.

Destaca-se também que a Constituição Federal não mencionou a responsabilidade penal da pessoa jurídica nos crimes contra a Administração Pública estrangeira.

Assim, não há como se responsabilizar a pessoa jurídica pelo crime previsto no art. 337-D do Código Penal.

2. TRÁFICO DE INFLUÊNCIA EM TRANSAÇÃO COMERCIAL INTERNACIONAL

⊙ **Tráfico de influência em transação comercial internacional (Incluído pela Lei nº 10467, de 11.6.2002)**

Art. 337-C. Solicitar, exigir, cobrar ou obter, para si ou para outrem, direta ou indiretamente, vantagem ou promessa de vantagem a pretexto de influir em ato praticado por funcionário público estrangeiro no exercício de suas funções, relacionado a transação comercial internacional: (Incluído pela Lei nº 10467, de 11.6.2002)

Pena – reclusão, de 2 (dois) a 5 (cinco) anos, e multa. (Incluído pela Lei nº 10467, de 11.6.2002)

Parágrafo único. A pena é aumentada da metade, se o agente alega ou insinua que a vantagem é também destinada a funcionário estrangeiro.(Incluído pela Lei nº 10467, de 11.6.2002)

2.1. Considerações preliminares

A Constituição Federal, em seu art. 4°, IX, estatui ao Estado brasileiro o dever de lisura e probidade administrativa em suas relações internacionais com as demais nações.

14 STOCO, Rui; FRANCO, Alberto Silva (Coord.). Código penal..., *Cit.*, p. 1.633.

O art. 337-C foi inserido no Código Penal brasileiro pela Lei nº 10.467/02, com a finalidade de corroborar o Decreto n.º 3.678/00, que promulgou, em 17 de janeiro de 1997, a *Convenção sobre o Combate da Corrupção de Funcionários Públicos Estrangeiros em Transações Comerciais Internacionais.*

Esse dispositivo legal é inovador no direito penal brasileiro, pois não há registro histórico de delito análogo a esse tipo penal.[15]

Trata-se do terceiro tipo de tráfico de influência contido no Código Penal.

2.2. Bem jurídico e classificação doutrinária

O bem jurídico tutelado é a Administração Pública estrangeira dos países aderentes da *Convenção sobre o Combate da Corrupção de Funcionários Públicos Estrangeiros em Transações Comerciais Internacionais.*[16]

Entende-se também que o bem jurídico tutelado é a boa-fé, a probidade e a moralidade das relações comerciais internacionais, que são bens jurídicos pertencentes a toda a comunidade internacional das nações. Assim, o Estado nacional exerce a jurisdição sobre fatos praticados em seu território com o objetivo de tutelar um bem jurídico que pertence à comunidade internacional. Com efeito, a conduta acarreta no o desvio de bens e serviços pertinentes às relações internacionais. Dessa forma, verifica-se que a boa-fé e a transparência nas relações comerciais internacionais é que são ofendidas com a consumação do tipo penal, mas não a administração pública brasileira. [17]

O tráfico de influência em transação comercial internacional classifica-se como:

crime comum	**crime material**	**crime formal**	**crime instantâneo**	**crime de forma livre**
não exige uma qualidade especial do agente	necessidade de realização do resultado da conduta típica para sua consumação, no verbo *obter*	bastando a realização da conduta típica para sua consumação, nos verbos *solicitar, exigir* e *cobrar*	não há lapso entre a ação e o resultado	admite qualquer meio de execução

2.3. Sujeitos do crime

O sujeito ativo pode ser qualquer pessoa, já que o tipo penal não exige uma qualidade especial do agente.

O sujeito passivo é a pessoa física ou jurídica atingida pela transação comercial internacional realizada com violação da boa-fé nas relações entre as nações.

15 PRADO, Luiz Régis. Curso de direito penal..., *Cit.*, p. 628.

16 STOCO, Rui; FRANCO, Alberto Silva (Coord.). Código penal..., *Cit.*, p. 1.635; MASSON, Cleber. Direito penal..., *Cit.*, p. 791.

17 PRADO, Luiz Régis. Curso de direito penal..., *Cit.*, p. 629.

2.4. Tipo penal objetivo: elementos da descrição típica

A conduta típica do delito de tráfico de influência em transação comercial internacional consiste em *solicitar, exigir, cobrar* ou *obter*, para si ou para outrem, direta ou indiretamente, vantagem ou promessa de vantagem a pretexto de influir em ato praticado por funcionário público estrangeiro no exercício de suas funções, relacionado a transação comercial internacional.

A conduta criminosa tem como núcleo os verbos nucleares *solicitar, exigir, cobrar* e *obter*. *Solicitar* é pedir, rogar por algo. *Exigir* é a ação de cobrar, de ordenar; *cobrar* consiste na ação de tentar fazer-se pago; *obter*, significa receber, adquirir.

A *vantagem* ou a *promessa de vantagem* é o objeto material do delito do art. 337-C do Código Penal, consistindo no benefício contrário ao Direito, solicitado, exigido, cobrado ou obtido a funcionário público estrangeiro ou a terceiro. A natureza de tal vantagem pode ser material ou moral, para o próprio agente ou terceira pessoa.

O tipo penal exige a fraude para sua concretização, por força da locução "a pretexto de influir em ato praticado por funcionário público estrangeiro, no exercício da função". A alegada influência é o ardil para obter-se a vantagem ou promessa de vantagem. Vale conferir o magistério de Cezar Bitencourt, *in verbis*:

> o sujeito ativo afirma ter *influência* sobre determinado funcionário público estrangeiro e promete usá-la para obter benefício em favor de terceiro, em troca de *vantagem* ou *promessa de vantagem*. É irrelevante que a vantagem, seja devida ou indevida. Faz-se necessário que o agente pretexte o exercício de *influência* sobre *ato praticado* por funcionário público, como destaca o tipo penal, e não sobre o *ânimo* deste. Há um ato fraudulento, e, "a pretexto de influir em ato praticado por funcionário público estrangeiro, no exercício da função", vem a ser o artifício utilizado. É, porém, necessário que o agente se arrogue prestígio junto a funcionário público estrangeiro, pois, caso contrário, o fato não ofende a Administração Pública internacional, e poderá constituir apenas outra infração penal. [18]

O tipo penal do art. 337-C busca impedir o tráfico de influência nas transações comerciais internacionais, ou seja, o comércio ou negócio de influência (poder, ascendência etc.) nas relações comerciais internacionais.[19]

Com efeito, o sujeito ativo se jacta de ter influência sobre ato de funcionário público estrangeiro, prometendo interferir na realização do ato de ofício em favor do *comprador da influência* mediante vantagem ou promessa de vantagem pelo resultado almejado.

No tráfico de influência em transação comercial internacional, o traficante influencia mediante fraude ou simulação, isto é *vende* o funcionário público estrangeiro, que nada sabe sobre isso. Há o delito mesmo quando o funcionário público estrangeiro

18 BITENCOURT, Cezar Roberto. Tratado de direito penal..., *Cit.*, p. 265.

19 BITENCOURT, Cezar Roberto. Tratado de direito penal..., *Cit.*, p. 265.

indicado inexiste, mas se este for individualizado pelo agente, é necessário que seja efetivamente funcionário público estrangeiro.[20]

2.5. Tipo penal subjetivo: elemento típico subjetivo

O elemento subjetivo do delito de tráfico de influência em transação comercial internacional é representado pelo dolo, que se constitui pela consciência e vontade de realizar a conduta típica de *solicitar, exigir, cobrar* ou *obter*, para si ou para outrem, direta ou indiretamente, vantagem ou promessa de vantagem a pretexto de influir em ato praticado por funcionário público estrangeiro no exercício de suas funções, relacionado a transação comercial internacional.

Verifica-se a presença de elemento subjetivo especial do tipo, uma vez que exige a norma penal que o agente aja na finalidade especial, qual seja, agir com o intuito de *para si ou para outrem.*

2.6. Circunstância de aumento (art. 337-C, parágrafo único, do Código Penal)

A pena provisória será aumentada até a metade se o agente alegar ou insinuar que a vantagem é também destinada a funcionário estrangeiro. O aumento da reprimenda justifica-se pelo maior desprestígio acarretado à Administração Pública estrangeira, sendo, assim, maior sua reprovabilidade. Ressalte-se que, para a incidência da majorante, basta apenas a alegação ou insinuação do autor da infração.

Nessa hipótese, o comportamento do traficante de influência apresenta um maior desvalor social, pois para obter êxito declara haver também a concorrência do funcionário público estrangeiro, o que afeta mais gravemente a Administração Pública estrangeira.

2.7. Consumação e tentativa

Consuma-se o crime quando o agente solicita, exige ou cobra, para si ou para outrem, direta ou indiretamente, vantagem ou promessa de vantagem a pretexto de influir em ato praticado por funcionário público estrangeiro no exercício de suas funções, relacionado a transação comercial internacional. Nas modalidades de solicitar, exigir, cobrar, a consumação ocorre com a simples realização dessas condutas, independentemente de qualquer outro resultado. Por sua vez, a modalidade de *obter*, para a sua configuração, exige que, de fato, o funcionário público estrangeiro receba a vantagem ou o objeto da promessa contrários ao Direito, tratando-se, portanto, de crime de resultado material.

A tentativa é possível, tendo em vista a possibilidade de fracionamento dos atos de execução.

---

20 COSTA, Álvaro Mayrink da. Direito penal..., *Cit.*, p. 305.

2.8. Pena e aspectos processuais

O tráfico de influência em transação comercial internacional prevê a pena de dois a cinco anos de reclusão, e multa.

A ação penal é pública incondicionada.

2.9. Consideração especial

2.9.1. Conduta do comprador de influência: fato atípico

A conduta de quem entrega ou promete entregar a vantagem ilícita ao sujeito ativo do delito do art. 337-C do Código Penal é fato atípico, por força do princípio da legalidade penal, pois inexiste nesse dispositivo legal a incriminação de comportamento que possa alcançar a atuação do comprador de influência em favor do traficante de influência. A doutrina, majoritariamente, entende que a conduta do *comprador da influência* constitui um *crime putativo*, pois acredita concorrer para um crime de corrupção ativa em coautoria com o traficante de influência, que na verdade o ludibria para obter a vantagem. [21] De fato, o *comprador da influência* não pode ser sujeito ativo do delito de tráfico de influência porque seu comportamento (precisamente, *dar, entregar ou prometer vantagem*) não é destinatário da norma penal punitiva.

3. FUNCIONÁRIO PÚBLICO ESTRANGEIRO

> ⊙ **Funcionário público estrangeiro**
>
> **Art. 337-D.** Considera-se funcionário público estrangeiro, para os efeitos penais, quem, ainda que transitoriamente ou sem remuneração, exerce cargo, emprego ou função pública em entidades estatais ou em representações diplomáticas de país estrangeiro. (Incluído pela Lei nº 10467, de 11.6.2002)
>
> Parágrafo único. Equipara-se a funcionário público estrangeiro quem exerce cargo, emprego ou função em empresas controladas, diretamente ou indiretamente, pelo Poder Público de país estrangeiro ou em organizações públicas internacionais. (Incluído pela Lei nº 10467, de 11.6.2002)

3.1. Conceito de funcionário público estrangeiro

O legislador nacional, com vistas a dar efetividade ao Decreto nº 3.678/2000, que incorporou ao Direito brasileiro a *Convenção de Paris sobre o combate à corrupção de funcionários públicos estrangeiros nas transações comerciais internacionais* de 1997, e ao Decreto nº 4.410/2002, que internalizou a *Convenção Interamericana contra a corrupção*, editou a Lei nº 10.467/2002 para inserir no Título XI do Código Penal o Capítulo II–A, que no art. 337–A estabelece o conceito de funcionário público estrangeiro para fins de direito penal.

---

21 JESUS, Damásio Evangelista de. Direito penal..., *Cit.*, p. 314. Em sentido contrário: STOCO, Rui; FRANCO, Alberto Silva (Coord.). Código penal..., *Cit.*, p. 1.638.

É uma norma penal interpretativa, a qual traz a exegese legislativa sobre a definição de funcionário público estrangeiro, independentemente da conceituação técnica apresentada pelos direitos administrativo e internacional. Percebe-se que o conceito legal foi inspirado na Convenção de Paris e na Convenção Interamericana sobre o combate a corrupção de funcionários públicos estrangeiros.[22]

A definição de funcionário público estrangeiro segue a mesma linha adotada anteriormente para conceituar funcionário público brasileiro pelo art. 327 do Código Penal, distinguindo-se apenas em relação aos entes que compõem a administração pública estrangeira. *In casu*, entidades estatais são as pessoas jurídicas que compõem a administração do Estado estrangeiro. Representações diplomáticas são os corpos diplomáticos, ou seja, os agentes estrangeiros que representam seu Estado perante o Estado brasileiro. As definições de cargo, emprego e função pública já apresentadas em relação à administração pública brasileira também se aplicam à matéria do serviço público estrangeiro.

Com efeito, considera-se funcionário público estrangeiro, para efeitos penais, quem exerce, a qualquer título, cargo, emprego ou função pública em entidades estatais ou representações diplomáticas de Estado estrangeiro.

O art. 337-D, parágrafo único, do Código Penal dispõe também sobre a figura do funcionário público estrangeiro por equiparação, que é ocupante de cargo, emprego ou função pública em empresas controladas, direta ou indiretamente, por uma administração pública estrangeira ou em organizações públicas internacionais (*verbi gratia*, ONU, OMS, FMI etc.). Vale frisar que a equiparação não alcança os funcionários de empresas privadas estrangeiras que exerçam a representação de Estado estrangeiro por contrato ou convênio (mas sem que haja o controle direto ou indireto dessa empresa pela administração pública estrangeira), haja vista o dispositivo legal ter restringido a equiparação para os integrantes de empresas controladas pelo Estado estrangeiro.[23]

22 MASSON, Cleber. Direito penal..., *Cit.*, p. 781.

23 JESUS, Damásio Evangelista de. Direito penal..., *Cit.*, p. 159.

CAPÍTULO III – DOS CRIMES CONTRA A ADMINISTRAÇÃO DA JUSTIÇA

IVAN LUIZ DA SILVA

1. REINGRESSO DE ESTRANGEIRO EXPULSO

Reingresso de estrangeiro expulso

Art. 338 – Reingressar no território nacional o estrangeiro que dele foi expulso:

Pena – reclusão, de um a quatro anos, sem prejuízo de nova expulsão após o cumprimento da pena.

1.1. Considerações gerais sobre os crimes contra a administração da Justiça

O Código Penal tipifica no Capítulo III do Título XI os crimes contra a administração da Justiça. São ao todo 21 (vinte e um) artigos visando tutelar não só a atividade da justiça, como também sua função, prestígio e eficácia.

Cumpre destacar que a expressão *administração da Justiça* não está a equivaler ao mesmo que atividade jurisdicional. Não se defende somente aquela função do Estado de dizer o direito em casos concretos, visando solucionar as lides processuais mediante a observância dos meios legais estabelecidos, mas num sentido muito mais amplo, referido a tudo que direta ou indiretamente se relacionar à função e ao desenvolvimento normal da instituição Justiça[1].

---

1 Dissertando sobre o tema, Luis Regis Prado (Curso de direito penal..., *Cit.*, p. 637) leciona da seguinte forma sobre o conteúdo da expressão *Administração da Justiça*: "Insta, porém, investigar o conteúdo da expressão 'administração da justiça', que não deve ser entendida de forma restrita, mas sim, em sentido amplo, como atividade da justiça teleologicamente considerada. À vista disso, os delitos contra a administração da justiça não têm como endereço somente a atividade judiciária. Tanto é que estão arrolados no capítulo próprio do Código fatos que atacam a atividade judiciária (falso testemunho ou falsa perícia); a autoridade das decisões judiciais (reingresso de estrangeiro expulso) e a tutela jurídica (exercício arbitrário de razões e poder). A diretiva conferida pelo legislador ao termo justiça é, nesse passo, bem mais abarcante, extrapolando os tapumes da mera noção de jurisdição. É o que Manzini enfatiza ao dizer que o objeto genérico da tutela penal reside no interesse da administração da justiça em sentido latíssimo. [...] De toda sorte, a administração da justiça – que tem por objeto os delitos que a ofendem – deve ser tomada em seus mais amplo significado, o qual deriva não só das funções que lhe são próprias senão de seu objeto imediato". Por sua vez, sobre o mesmo assunto, Magalhaes Noronha (Direito penal..., *Cit.*, p.357) o trata da seguinte forma: "Qual,

Não obstante, a expressão *crime contra a administração da Justiça* foi inserida no ordenamento jurídico penal brasileiro sob influência do modelo da legislação criminal italiana, com a mesma simetria da objetividade jurídica, contudo, diferentemente do Código Penal Rocco (1930) não faz subdivisões em seu capítulo. [2]

1.2. Considerações preliminares

A previsão penal do crime de reingresso de estrangeiro expulso, inspirado nos Códigos Penais norueguês (1902) e suíço (1937), não tem antecedentes nos dois primeiros estatutos penais brasileiros, o Código Criminal imperial (1830) e o Código Penal da República (1890), vindo, tão somente, a ser inserido no ordenamento jurídico pátrio por meio do Decreto n. 4.247 de 6 de janeiro de 1921, mais precisamente em seu art. 6º. Permaneceu a sua previsão na Consolidação das Leis Penais de 1932 e no atual Código Penal.

Convém também destacar, preliminarmente, que o reingresso de estrangeiro expulso gira em torno da figura jurídica da expulsão, que sempre é possível em face do o estrangeiro "*que, de qualquer forma, atentar contra a segurança nacional, a ordem política ou social, a tranquilidade ou moralidade pública e a economia popular, ou cujo procedimento o torne nocivo à conveniência e aos interesses nacionais*" (art. 65 da Lei 6.815/80).

Na doutrina, o conceito de expulsão é bem apresentado por Luis Regis Prado, que assim a define, confira-se:

> *De primeira, calha esclarecer que a expulsão é medida compulsória administrativa de polícia, com a finalidade precípua de obrigar o estrangeiro a deixar o território nacional. A expulsão não é pena, mas medida preventiva de polícia – de cunho administrativo –, justificado pelo legítimo direito que possui o Estado de promover, com lastro em seu poder político, a defesa da soberania nacional.*
>
> *Trata-se, em síntese, de ato político-administrativo discricionário emanado do Poder Executivo, com lastro na legislação vigente. A medida expulsória cabe, portanto, exclusivamente, ao presidente da República, a quem incumbe deliberar acerca de sua conveniência, oportunidade ou mesmo revogação (art. 66, Lei 6.815/1980).*
>
> *[...]*
>
> *No Brasil, o estrangeiro que atenta de qualquer forma, "contra a segurança nacional, a ordem pública ou social, tranquilidade ou moralidade pública e a economia popular, ou cujo procedimento o torne nocivo à conveniência e aos interesses nacionais" é passível de expulsão (art. 65, caput, Lei 6.815/1980).*
>
> *[...]*

---

entretanto, o bem que precisamente o Código resguarda e defende? Não se trata da justiça no sentido restrito de jurisdição, mas de tudo quanto se refere à atuação e atividade da justiça, para conseguir os fins que lhe são próprios e inerentes. São os delitos aqui considerados fatos que não atentam apenas contra a instituição da justiça, mas também contra a função, atingindo-a no prestígio e eficácia que lhe são absolutamente indispensáveis. [...] Protege-se, pois, a atuação, o desenvolvimento normal da instituição, tutelando-a contra fatos atentatórios à sua atividade, autoridade e à própria existência, isto é, contra fatos que a negam e postergam".

2 COSTA, Álvaro Mayrink da. Direito penal..., *Cit.*, p. 316.

> *O ato expulsório retira o estrangeiro do território nacional e impede o seu retorno. Pode a expulsão ser revogada, uma vez cessadas as causas que a motivaram. Contudo, caso o estrangeiro retorne ao Brasil antes de efetivada tal revogação, incorre nas penas do artigo 338 do Código Penal.*[3]

Portanto, o delito em exame visa punir o estrangeiro que retorna ao território brasileiro após ter sido expulso do país por decreto presidencial.

1.3. Bem jurídico e classificação do delito

O bem jurídico protegido é a Administração Pública, em seu aspecto administração da justiça *lato sensu*; não somente a atividade jurisdicional, mas os fins por ela perseguidos. Tutela-se especificadamente o prestígio e a autoridade do decreto presidencial que determinou a expulsão do estrangeiro malquisto no território nacional, além de outros interesses, a citar, a paz e a segurança pública nacional. Nesse sentido, Magalhães Noronha leciona que "O bem jurídico aqui tutelado são o prestígio e a eficácia do ato administrativo, que determinou a expulsão do solo pátrio do estrangeiro indesejável. Concomitantemente outros interesses são tutelados".[4]

No tocante à classificação doutrinária, trata-se de crime próprio (exige a condição especial de estrangeiro para o sujeito ativo); simples (lesiona unicamente um bem jurídico); instantâneo de efeitos permanentes (o crime se consuma no exato momento em que o estrangeiro reingressa em território nacional, contudo seus efeitos permanecem enquanto não for efetivamente expulso novamente); unissubjetivo (não exige um concurso de agentes para a sua prática, podendo ser praticado por um único agente); material (exige o resultado naturalístico para a sua consumação); plurissubsistente (pode ser praticado por vários atos, sendo admitido o fracionamento deles, consequentemente, sendo possível a tentativa).

1.4. Sujeito ativo e sujeito passivo

O sujeito ativo do crime só pode ser o estrangeiro expulso de forma regular do país, tratando-se de crime de mão própria.

O sujeito passivo é o Estado, representado pela administração da justiça, que é afetada pelo descumprimento das decisões das autoridades públicas e dos órgãos públicos[5], gerando um desrespeito ao poder imperativo estatal.

1.5. Tipo penal objetivo: elementos da descrição típica

A conduta criminosa consiste no reingresso do estrangeiro expulso ao território nacional. Pune-se o estrangeiro que, após a execução do ato administrativo que o expulsa, retorna ao território brasileiro.

---

3 PRADO, Luiz Régis. Curso de direito penal..., *Cit.*, p. 635.

4 NORONHA, Magalhães. Direito penal..., *Cit.*, p. 358.

5 BITENCOURT, Cezar Roberto. Tratado de direito penal..., *Cit.*, p. 268.

O núcleo do tipo penal é o verbo *reingressar*, que tem o sentido de ingressar novamente, reentrar, retornar ao território nacional. Note-se que o estrangeiro que permanece no território brasileiro após ter sua expulsão decretada pelo Presidente da República não comete nenhum crime, por falta de previsibilidade legal, já que a descrição legal do crime não contém o verbo *permanecer*, motivo pelo qual a conduta seria atípica.

O crime tem como pressuposto a regular decretação e efetivação da execução do ato de expulsão do estrangeiro do território nacional.

Como se trata de ato discricionário de competência exclusiva do Presidente da República (art. 66 da Lei 6.815/80), não cabe ao magistrado analisar seu mérito, mas simplesmente conferir a legalidade do ato.

Para a caracterização do tipo penal em comento, é necessária a presença dos dois elementos normativos do tipo penal: os elementos *estrangeiro* e o *território nacional*.

O estrangeiro é definido pelo critério de exclusão: aquele que não for cidadão nacional será estrangeiro. A nacionalidade brasileira disciplinada pelo art. 12 da Constituição Federal, complementado pela Lei 6.815/80. Assim, quem não se encaixar nos parâmetros definidores da nacionalidade pátria descritos em lei, será estrangeiro.

Considera-se como território nacional o local onde o Estado brasileiro exerce sua soberania. Nesse mister, compreende todo o espaço da superfície terrestre limitado pelas fronteiras (solo e subsolo); os espaços fluviais (águas territoriais) e o espaço marítimo e aéreo correspondente à área geográfica brasileira. Do art. 5º, § 1º, do Código Penal, vê-se que também se enquadram como território nacional as embarcações e aeronaves brasileiras, de natureza pública ou a serviço do governo brasileiro, onde quer que se encontrem, bem como as aeronaves e as embarcações brasileiras, mercantes ou de propriedade privada, que se achem, respectivamente, no espaço aéreo correspondente ou em alto-mar. As embarcações e aeronaves privadas, excluindo-se as públicas, que se achem no Brasil, são consideradas território nacional (art. 5º, §2º, do Código Penal).

Em resumo, para que fique caracterizado o crime em tela, é necessário que o estrangeiro tenha saído do território nacional após o ato de expulsão e entre novamente no país, pois somente assim restará configurado o reingresso, consumando-se o delito no momento imediato em que o sujeito ativo entrar no país.

Se o estrangeiro simplesmente permanece em território nacional, mesmo depois de emitido o decreto de expulsão, tal conduta não se encaixará no tipo penal em estudo. Embora permaneça ilegalmente no país, o art. 338 do Código Penal criminaliza o reingresso, e não a permanência, independentemente de sua duração[6].

---

6 BITENCOURT, Cezar Roberto. Tratado de direito penal..., *Cit.*, p. 269.

1.6. Tipo penal subjetivo: elemento típico subjetivo

O elemento típico subjetivo é o dolo, representado pela vontade livre e consciente de reingressar no território nacional, devendo o agente ter ainda o conhecimento da proibição de seu retorno. Enfim, deve o sujeito ativo ter conhecimento de todas as elementares do tipo penal.[7]

Destaca-se ainda que não foi previsto nenhum dolo específico, contentando-se o tipo penal com o dolo simples para a sua realização.

Não foi prevista a modalidade culposa

1.7. Consumação e tentativa

Consuma-se o crime do art. 338 do Código Penal quando o estrangeiro que fora expulso do Brasil reingressa ao território nacional, mesmo que seja por um espaço temporal curto, sem ter sido revogado, por decreto, seu ato de expulsão. Em outras palavras, se o estrangeiro foi expulso do território nacional, e esse ato de expulsão não tiver sido revogado, mas a despeito disso ele entra novamente no território brasileiro, incorre no crime disposto no art. 338 do Código Penal.

A tentativa é possível teoricamente, como na hipótese de o estrangeiro expulso que, após realizar todos os procedimentos para o reingresso ao Brasil, é flagrado pelas autoridades na iminência de entrar em território nacional.

1.8. Pena e aspectos processuais

A pena cominada é de um a quatro anos de reclusão, sem prejuízo de nova expulsão.

É cabível a suspensão condicional do processo, nos termos do art. 89 da Lei 9.099/95, uma vez que a pena privativa de liberdade mínima cominada não é superior a um ano.

Nos termos do art. 109, X, da Constituição Federal, a competência para processamento e julgamento do crime em comento é da Justiça Federal.

A ação penal é pública incondicionada.

2. DENUNCIAÇÃO CALUNIOSA

⊙ **Denunciação caluniosa**

Art. 339. Dar causa à instauração de investigação policial, de processo judicial, instauração de investigação administrativa, inquérito civil ou ação de improbidade administrativa contra alguém, imputando-lhe crime de que o sabe inocente: (redação dada pela lei nº 10.028, De 2000)

Pena – reclusão, de dois a oito anos, e multa.

7 BITENCOURT, Cezar Roberto. Tratado de direito penal..., *Cit.*, p. 270.

§ 1º – a pena é aumentada de sexta parte, se o agente se serve de anonimato ou de nome suposto.

§ 2º – a pena é diminuída de metade, se a imputação é de prática de contravenção.

2.1. Considerações preliminares

A denunciação caluniosa é um delito com antigas raízes históricas. A Lei Mosaica punia esse delito com base no princípio taliônico, constando no Código de Hamurabi que aquele que imputasse a alguém um sortilégio sem que o pudesse provar seria punido com a pena de morte.[8]

No direito romano, o legislador incriminava a conduta de *falsa crimina intedere* com o *nomen juris* de *calumnia*, estabelecendo como punição que os criminosos fossem marcados na parte frontal com a letra K, servindo como um mecanismo de identificação dos delinquentes dessa espécie. [9]

Na Idade Média, sob influência do Direito romano, o crime fora mantido, aplicando-se, da mesma forma, o princípio do talião. O direito medieval somente era punível a calúnia verdadeira, a real calúnia. [10]

Por sua vez, o direito canônico manteve a punição do crime com base no princípio taliônico ou com excomunhão, ou seja, a expulsão da comunidade da Igreja. Nessa época, em especial no papado de Inocêncio III, era tido como falso acusador todo aquele que elaborasse acusação baseada em presunções implausíveis[11].

No direito moderno o delito passou a ser intitulado enfim de *denunciação caluniosa*, primeiramente no Direito Francês, mas posteriormente alcançando previsão em outros códigos da época com *nomen juris* semelhante.[12]

No Direito brasileiro, o crime de denunciação caluniosa foi previsto inicialmente no Código Criminal imperial (1830), no art. 235, inserido no capítulo dos crimes contra a segurança da honra. Punia-se o delito sob inspiração do princípio taliônico ao estabelecer que a pena seria a mesma que a prevista para o crime imputado.

A mesma sistemática de punição foi adotada pelo Código Penal da República, (1890), que também punia o delito de denunciação caluniosa com a pena correspondente ao crime imputado. A diferença em relação ao estatuto penal anterior, recaiu na localização geográfica do tipo penal, que passou a situá-lo na parte dos crimes contra a fé pública, mais especificamente no capítulo das falsidades, em seu art. 264.

8 COSTA, Álvaro Mayrink da. Direito penal..., *Cit.*, p. 325.

9 HUNGRIA, Nelson. Comentários ao Código Penal..., *Cit.*, p. 460; MANZINI, Vicenzo. Tratatto di diritto penale..., *Cit.*, p. 654.

10 FRAGOSO, Heleno Claudio. Lições de direito penal..., *Cit.*, p. 519; MANZINI, Vicenzo. Tratatto di diritto penale..., *Cit.*, p. 654.

11 COSTA, Álvaro Mayrink da. Direito penal..., *Cit.*, p. 326.

12 FRAGOSO, Heleno Claudio. Lições de direito penal..., *Cit.*, p. 519.

O atual Código Penal de 1940 rompeu com modelo de punição adotado pelos Códigos anteriores, pois não mais atrelava a pena da denunciação caluniosa ao crime imputado, cominando uma penalidade autônoma. A previsão do delito no art. 339 inseriu-o no capítulo dos crimes contra a administração da justiça, reformulando o bem jurídico principal ofendido. O tipo penal ainda sofreu alterações da Lei 10.028/2000, que adicionou as condutas de provocar a instauração de investigação administrativa, inquérito civil ou ação de improbidade administrativa.

2.2. Bem jurídico e classificação do delito

O bem jurídico protegido pela tipificação do crime de denunciação caluniosa é a administração pública, na sua espécie administração da justiça. Com efeito, o crime de denunciação caluniosa tem o condão de atingir a atividade regular ou função instituição da justiça. Embora sejam trazidos outros malefícios com a prática da denunciação caluniosa, a exemplo de lesões em outros bens jurídicos, predomina a proteção da administração da justiça como a objetividade jurídica do crime[13]. Protege-se também, indiretamente, a honra, e a eventualmente a liberdade da vítima em concreto da imputação falsa[14].

No que se refere à classificação doutrinária, o delito de denunciação caluniosa é comum (não é exigível condição especial alguma para o sujeito ativo); simples (lesiona unicamente um bem jurídico); comissivo (só pode ser praticado mediante uma ação positiva); instantâneo (não há lapso temporal entre a conduta e o resultado); unissubjetivo (não exige um concurso de agentes para a sua prática, podendo ser cometido por um único agente); material (exige o resultado naturalístico para a sua consumação, representado pela efetiva instauração de investigação formal ou de processo judicial); plurissubsistente (pode ser praticado por vários atos, sendo admitido o fracionamento deles, consequentemente, sendo possível a tentativa).

2.3. Sujeitos do delito

O sujeito ativo poder ser qualquer pessoa, na hipótese de que o crime imputado falsamente seja de ação penal pública incondicionada, inclusive os funcionários públicos participantes da persecução penal, como Delegado, Promotor e Magistrados, diante da instauração de procedimento investigativo em face de pessoa que tem ciência de que é inocente.

Quando o crime imputado é de ação penal privada e ação penal púbica condicionada a representação, só pode ser o sujeito ativo do delito de denunciação caluniosa

---

13 PRADO, Luiz Régis. Curso de direito..., *Cit.*, p. 643.

14 Apontando a honra e a liberdade da vítima como bens jurídicos tutelados, Magalhães Noronha (Direito penal..., *Cit.*, p. 362) aduz que: "O bem jurídico que preferencialmente o Código tem em vista é o interesse da justiça. É sua atuação normal ou regular que se objetiva, pondo-a a salvo de falsas imputações e cuidando que ela não sirva a desígnios torpes e ignóbeis, desvirtuando sua finalidade. Concomitantemente, não há negar que se tutelam a honra e a liberdade do imputado, atingida uma com a acusação falsa e outra pela ameaça do processo que se instaura".

a suposta vítima e seus representantes legais, haja vista que há necessidade da autorização destes para que a autoridade instaure o procedimento investigativo (art. 5º, §§ 4º e 5º, do Código de Processo Penal), requisito necessário para a configuração do deste crime.[15]

O sujeito passivo é imediatamente o Estado, representado pela administração da justiça, afetado com a prática do delito. De modo mediato, tem-se o particular como sujeito passivo, uma vez que ele tem sua honra ofendida e sua liberdade em risco com a imputação falsa de infração penal em seu desfavor.

2.4. Tipo penal objetivo: elementos da descrição típica

A conduta criminosa consiste na provocação da persecução administrativa ou judicial, atribuindo-se falsamente uma determinada infração a pessoa que se sabe ser inocente. Deflui-se do tipo penal que a denunciação caluniosa "é o crime de quem, *mala fide*, atribui falsamente a pessoa individualizada uma determinada infração penal (crime ou contravenção), provocando contra o acusado a atividade policial ou judicial".[16]

O núcleo do tipo penal é representado pela expressão *dar causa* (com o sentido de provocar, promover, ocasionar, originar, motivar) a instauração de investigação policial, de processo judicial, instauração de investigação administrativa, inquérito civil ou ação de improbidade administrativa, finalidade perseguida pelo agente, mediante atribuição falsa de crime ou contravenção a outrem sabendo de sua inocência. Confiram-se as lições de Álvaro Mayrink da Costa, que trata de forma minuciosa a atividade nuclear do crime de denunciação caluniosa, *in verbis*:

> O núcleo reitor típico é construído, na sua essência, pelo ato de dar causa (promover, provocar, originar) a instauração de investigação (instauração de inquérito policial, investigação administrativa, inquérito civil ou ação de improbidade administrativa, e não mera sindicância formal), processo penal (ação penal proposta

15 MANZINI, Vicenzo. Tratatto di diritto penale..., *Cit.*, p. 661/662. No mesmo sentido, entendendo que nos casos de ação penal privada ou pública condicionada a representação o sujeito ativo só poder ser a vítima ou seu representante legal, Álvaro Mayrink da Costa (Direito penal..., *Cit.*, p. 328) assevera que "a doutrina pátria é pacífica que na hipótese de ação penal de iniciativa privada ou queixa condicionada a representação, somente o titular de legitimidade do direito de queixa ou de representação". Heleno Claudio Fragoso (Lições de direito penal..., *Cit.*, p. 521) também disserta que "Se o fato falsamente imputado por crime de ação privada ou crime de ação pública mediante representação, somente poderá haver denunciação caluniosa por parte daqueles a quem compete oferecer queixa ou representação, pois é indispensável que haja possibilidade de início de um processo penal, para que seja atingido o interesse que a lei penal tutela". Em sentido contrário, Regis Prado (Curso de direito penal..., *Cit.*, p. 643) defende que "(...) a descrição típica não exige a possibilidade de instauração do respectivo processo penal para a configuração do delito em epígrafe, sendo suficiente a realização de investigação policial com ou sem as formalidades do Inquérito. Logo, ainda que a persecução penal esteja condicionada a propositura da queixa ou ao oferecimento da representação, é bem possível a caracterização do delito insculpido no artigo 339 do Código Penal se o agente motiva, com a imputação caluniosa, o início de diligências orientadas à elucidação da infração penal".

16 HUNGRIA, Nelson. Comentários ao código penal..., *Cit.*, p. 460.

> como atividade jurisdicional para a apuração dos fatos descritos na proposta vestibular e aplicação das penas), investigação administrativa (conjunto de atos e diligências para apurar a existência de fato lesivo a coisa pública), inquérito civil (procedimento administrativo de natureza inquisitorial, presidido pelo Ministério Público, objetivando colher elemento para a propositura de ação civil pública) ou a ação de improbidade administrativa (ação de natureza cível, a fim de reaver ao erário o valor dos danos causados). [17]

Em 19 de novembro de 2000 entrou em vigor a Lei nº 10.028, a qual alterou o art. 339 do Código Penal. Antes da referida lei, só era punível a conduta de dar causa a instauração de investigação policial ou de processo judicial; com o seu advento foram adicionadas as condutas de dar causa a instauração de investigação administrativa, inquérito civil ou ação de improbidade administrativa. Assim, para a prática do crime tem de o agente dar causa à instauração de investigação policial, de processo judicial, instauração de investigação administrativa, inquérito civil ou ação de improbidade administrativa, ao menos em um dos procedimentos citados.

Inquérito policial é a investigação preliminar destinada a coletar elementos para consubstanciar a probabilidade da existência do delito e da autoria, ou seja, o *fumus comissi delictus*, a fim de fomentar o convencimento do Ministério Público. Por sua vez, processo é a sucessão de atos ordenados e predefinidos, animados pela relação jurídica presente entre as partes, destinados a um ato final. Isto é, a sentença tem a finalidade de solucionar a lide posta no caso em concreto. Por investigação administrativa deve-se entender o processo administrativo disciplinar. Nesse esteio, denomina-se processo administrativo disciplinar o instrumento formal por meio do qual a Administração Pública averigua o cometimento ou não de infrações de seus servidores para eventual aplicação das sanções adequadas ao caso[18]. Denomina-se inquérito civil o procedimento instaurado e presidido pelo Ministério Público, de caráter preparatório, com a finalidade de colher elementos probatórios para ensejar a propositura de ação civil pública, nunca podendo ser inferior a 10 (dez) dias (art. 8º, § 1º, da Lei 7.347/1983). Por fim, destaca-se que, de acordo com a Lei 8.429/92, tem-se por ação de improbidade administrativa a ação civil instaurada em face de servidores públicos que praticarem atos de improbidade administrativa definidos nos arts. 9º, 10 e 11 do aludido diploma legislativo.

Para a caracterização do crime de denunciação caluniosa é necessária a presença dos pressupostos, a saber: a) imputação de infração administrativa ou criminal; b) vítima da falsa imputação determinada; c) conhecimento da inocência do denunciado; e d) falsidade da imputação.

É indispensável para a configuração do crime de denunciação caluniosa que, por causa da conduta do agente, seja instaurada investigação policial, de processo judicial investigação administrativa, inquérito civil ou ação de improbidade administrativa contra alguém; mas não só, exige-se também que a imputação se refira a

---

17 COSTA, Álvaro Mayrink da. Direito penal..., *Cit.*, p. 329.

18 Carvalho Filho, José dos Santos. Manual de direito administrativo. São Paulo: Atlas, 2012, pg. 975.

uma infração penal, a um fato definido na legislação como crime ou contravenção penal. A simples afirmação de que alguém cometeu algum ilícito civil, administrativo, constitucional, trabalhista, etc. não tem o condão de tipificar o crime do art. 339 do Código Penal.[19]

Outro pressuposto do crime é que o denunciado seja determinado pelo agente, em outras palavras, que a imputação se dê em face de vítima individualizada. Não se exige que o agente forneça a qualificação completa da vítima, mas que ao menos forneça à autoridade pública os elementos mínimos que possam identificá-la, como a sua alcunha ou características físicas, de modo que essas permitam a inequívoca identificação do denunciado. [20]

O terceiro pressuposto resulta do elemento normativo presente no tipo penal por meio da passagem "...de que o sabe inocente". É um antecedente lógico que o agente saiba, tenha a consciência de que a vítima é inocente no momento em que faz a imputação, vale dizer, que não tenha existido fato criminoso algum ou que, se tiver ocorrido, não fora o imputado o seu autor, coautor ou partícipe. Não basta a mera consciência potencial de que se sabe que o imputado é inocente; deve o agente ter conhecimento efetivo da inocência do imputado quando faz a imputação. Essa inocência é constatada por meio do arquivamento da investigação contra o denunciado ou de sua absolvição transitada em julgado no procedimento administrativo ou processo judicial instaurado, no qual se constata a ausência de justa investigação ou processamento do imputado, que sofreu injustamente com o constrangimento efeitos negativos da persecução penal em seu desfavor. [21]

O quarto e último pressuposto é a falsidade da imputação do agente, no sentido de que haja uma acusação de infração penal não cometida pelo imputado. A falsidade ocorre não só quando a imputação versa acerca de fato que não aconteceu, como também resulta da ausência de colaboração da vítima para a realização da infração penal que lhe é imputada, se esta realmente tiver se verificado, ou seja, em nada contribui para o fato criminoso existente. Com efeito, a falsidade pode recair tanto sobre o próprio fato como sobre sua autoria.[22]

Portanto, para se constatar que houve a falsidade da imputação é necessário que se aguarde a conclusão em definitivo da investigação ou a da sentença de absolvição transitada em julgado da vítima do crime indevidamente imputado, pois só então

---

19 MANZINI, Vicenzo. Tratatto di diritto penale..., *Cit.*, p. 657; BITENCOURT, Cezar Roberto. Tratado de direito penal..., *Cit.*, p. 275.

20 MANZINI, Vicenzo. Tratatto di diritto penale..., *Cit.*, p. 659; HUNGRIA, Nelson. Comentários ao código penal..., *Cit.*, p. 462; PRADO, Luiz Régis. Curso de direito penal..., *Cit.*, p. 647.

21 MANZINI, Vicenzo. Tratatto di diritto penale..., *Cit.*, p. 659; BITENCOURT, Cezar Roberto. Tratado de direito penal..., *Cit.*, p. 275.

22 MANZINI, Vicenzo. Tratatto di diritto penale..., *Cit.*, p. 660; PRADO, Luiz Régis. Curso de direito penal..., *Cit.*, p. 647.

se verificará a sua inocência. Trata-se de questão prejudicial ao julgamento, já que antes disso não haverá prova que habilmente demonstre que a imputação era falsa[23].

Em relação ao modo de execução, a denunciação caluniosa pode ser praticada de maneira direta, na hipótese em que o próprio agente faz, por meio escrito ou oral, a imputação falsa perante a autoridade competente, sendo chamada no Direito italiano de *calunnia direta*. Da mesma forma, pode ocorrer a prática do crime de maneira indireta, quando o agente dá causa à instauração de investigação ou processo, por qualquer meio em que ele não se identifique perante a autoridade, mas que faça chegar até ela a imputação falsa em face de outrem, como, por exemplo, quando se vale do anonimato ou de um terceiro de boa-fé[24].

2.5. Tipo penal subjetivo: elemento típico subjetivo

O elemento típico subjetivo é o dolo, representado pela vontade livre e consciente de ocasionar a instauração de investigação policial, de processo judicial, investigação administrativa, inquérito civil ou ação de improbidade administrativa, mediante a falsa imputação de crime a alguém, que sabe ser inocente.

É insuficiente para a configuração do crime de denunciação caluniosa o dolo eventual, haja vista que o tipo penal exige que a imputação seja de "crime de que o sabe inocente". Assim, somente o dolo direto é cabível no delito em tela, não bastando a mera assunção do risco de delatar falsamente alguém[25].

Com efeito, o tipo penal do art. 339 somente se perfaz quando o agente tem consciência da falsidade do fato que imputa ao denunciado. Há conduta atípica quando o agente faz a imputação convencido de que o fato imputado é verdadeiro ou tem dúvida sobre a sua falsidade ou sua autoria.[26]

Salienta-se que para a configuração do elemento subjetivo, basta a ação voluntária do agente, não sendo exigível a sua espontaneidade de dar causa à movimentação da máquina estatal para investigação do fato criminoso relatado.[27]

---

23 Nesse esteio, Nelson Hungria (Comentários ao código penal..., *Cit.*, p. 466/465) afirma que "entretanto, conforme pacífica doutrina e jurisprudência, a decisão final do processo contra o denunciante deve aguardar o prévio reconhecimento judicial da inocência do denunciado, quando instaurado processo contra este. Trata-se de uma medida de ordem prática, e não propriamente de uma condição de existência de crime, ou, como diz GARRAUD, não de uma 'prejudicial do crime', mas de uma 'prejudicial do processo ou do julgamento'".

24 MANZINI, Vicenzo. Tratatto di diritto penale..., *Cit.*, p. 656; FRAGOSO, Heleno Claudio. Lições de direito penal..., *Cit.*, p. 521/522.

25 Esse é o entendimento esposado por Nelson Húngria (Comentários ao código penal..., *Cit.*, p. 463), afirmando que "não é suficiente, aqui, o dolo eventual, isto é, não basta que o agente proceda na dúvida de ser, ou não, verdadeira a acusação: é necessária a certeza moral da inocência do acusado. A assunção do risco de ser falsa a acusação não pode ser identificada com a certeza de tal falsidade".

26 PRADO, Luiz Régis. Curso de direito penal..., *Cit.*, p. 648.

27 FRAGOSO, Heleno Claudio. Lições de direito penal..., *Cit.*, p. 526.

2.6. Circunstâncias de aumento de pena: art. 339, § 1º

O art. 339, § 1º, do Código Penal prevê a causa de aumento de pena da sexta parte no caso do agente se servir de anonimato ou de nome suposto. A majoração da pena ocorre por força de considerações politico-criminais, uma vez que aquele que se vale do anonimato ou de nome suposto dificulta a sua identificação, favorecendo a impunidade, motivo este que torna mais reprovável a sua conduta.

2.7. Circunstâncias de diminuição de pena: Art. 339, § 2º

O art. 339, §2º, do Código Penal estabelece que a pena será diminuída pela metade, se a imputação for de prática de contravenção penal. Assim, a imputação falsa de contravenção a alguém, embora ainda atinja a administração da justiça, acarreta uma menor danosidade à vítima no tocante a sua honra ou liberdade, justificando a diminuição da pena. Observe-se que a reprovabilidade do crime é analisada sob duas óticas, o desvalor da ação e o desvalor do resultado. Nesse caso, o desvalor do resultado é menor, merecendo a redução da reprovabilidade.

2.8. Consumação e tentativa

O crime de denunciação caluniosa consuma-se com a instauração de investigação policial, de processo judicial, instauração de investigação administrativa, inquérito civil ou ação de improbidade administrativa.

Consuma-se, portanto, o crime, onde e quando forem efetivamente instaurados os aludidos procedimentos, não bastando tão somente o fornecimento de informações falsas à autoridade competente.

Não obstante, entende-se que a persecução penal (administrativa ou judicial) pelo crime de denunciação caluniosa somente pode ser iniciada após a conclusão definitiva da investigação do fato imputado em que se verifica a falsidade da imputação ou da absolvição transitada em julgado do imputado.[28]

A tentativa é teoricamente possível, porém de difícil constatação empírica.[29]

2.9. Pena e aspectos processuais

A pena cominada é a de reclusão de dois a oito anos, e multa. Na hipótese de o agente se servir do anonimato ou de nome suposto, a pena será majorada a sexta parte

28 HUNGRIA, Nelson. Comentários ao código penal..., *Cit.*, p. 465/466; BITENCOURT, Cezar Roberto. Tratado de direito penal..., *Cit.*, p. 276. Sobre o tema, Heleno Claudio Fragoso (Lições de direito penal..., *Cit.*, p. 524) entende que o crime se consuma com a instauração dos procedimentos descritos na lei, mas somente com o término destes será possível avaliar a prática do crime, senão vejamos: "a consumação do crime dá-se, pois, com a instauração de inquérito ou com a propositura de ação penal contra a vítima. Evidentemente, se chegou a ser aberto inquérito, somente após o seu arquivamento será possível qualquer iniciativa no sentido do processo por denunciação caluniosa. Se houver ação penal, somente após seu término, com a absolvição irrecorrível do acusado, que, por si só, não será decisiva para estabelecer a culpabilidade do denunciante, já que a absolvição pode não corresponder a uma declaração de inocência".

29 BITENCOURT, Cezar Roberto. Tratado de direito penal..., *Cit.*, p. 284.

(art. 339, § 1º, do Código Penal). Porém se a imputação é da prática de contravenção, a pena diminui em metade (Art. 339, §2º, do CP).

No caso da diminuição da pena do art. 339, §2º, do Código Penal, será possível a suspensão condicional do processo nos termos do art. 89 da Lei 9.099/95, haja vista que a pena mínima reduz-se de dois para um ano de reclusão.

Caso o agente se retrate após a instauração do Inquérito Policial e antes do inicio da ação penal, a pena será reduzida de um a dois terços, conforme o art. 16 do Código Penal. A mesma retratação não terá, porém, nenhum efeito após a instauração da ação penal[30].

A ação penal é pública incondicionada.

2.10. Considerações especiais

2.10.1. Denunciação caluniosa e exercício de direito de petição

Questão relevante reside no direito constitucional do cidadão poder peticionar ao poder público, à autoridade administrativa ou judicial, noticiando a prática de delito e pugnando pela instauração de investigações, acreditando que seu relato é verdadeiro.

A Constituição Federal garante ao cidadão o direito de peticionar aos órgãos públicos em defesa de direitos ou contra ilegalidade ou abuso de poder (art. 5º, XXXIV, *a*, da CF). Além disso, o Código de Processo Penal dá direito a qualquer do povo solicitar a abertura de Inquérito Policial para investigar fato criminoso (art. 5º, II; art. 5º, §3º e art. 5º, todos do CPP). Assim, aquele que "*dar causa*" a abertura de procedimento investigativo exerce um direito e, exatamente por isso, não pode praticar crime.

Contudo, os direitos, inclusive os fundamentais, não podem servir de *escudo* para a prática de delitos, e quando o indivíduo utiliza indevidamente o seu direito de petição para imputar falsamente crime a alguém perante a autoridade, causando a instauração de procedimento de investigação, consequentemente, age ilicitamente, realizando a figura típica do crime de denunciação caluniosa.

Por conta disso, é imprescindível a análise do dolo do agente. Se mesmo imputando a alguém uma infração penal que não ocorreu ou de que esta não foi a autora, o agente agiu de forma equivocada ou por um erro de avaliação, restará afastado o elemento subjetivo, ficando caracterizada a *verdade subjetiva*, mais conhecida como boa-fé no exercício do direito fundamental de petição. Havendo sido constatada a *verdade subjetiva*, o dolo é afastado por completo em relação ao crime de denunciação caluniosa; se o agente acredita, honestamente, que o que noticia é verdadeiro, na licitude do que busca, há um verdadeiro contraste ao dolo[31].

Portanto, o denunciante que noticia à autoridade competente, somente a ela, a prática de uma infração penal, acreditando estar relatando fatos verdadeiros, mesmo que

30 PRADO, Luiz Régis. Curso de direito penal..., *Cit.*, p. 649.
31 BITENCOURT, Cezar Roberto. Tratado de direito penal..., *Cit.*, p. 273.

venha a se equivocar, cria circunstância hábil a afastar o *animus offendendi*. Restará, assim, tão somente configurado o exercício do direito de petição, o que, por se constituir em um direito, torna clara a inocorrência de crime.[32]

Enfim, quem, agindo em sua *verdade subjetiva*, crê que está sofrendo violação de seus direitos, vítima de constrangimento ilegal, injustiçado ou ameaçado, procura a autoridade competente, seja a autoridade policial, Ministério Público ou o Juiz, e realiza a *notitia criminis*, não a divulgando, comentando ou relatando a ninguém mais, na intenção de buscar aquilo que tem em mente que o ordenamento jurídico lhe garante na posição de ofendido, não comete crime algum, uma vez que lhe falta o *animus offendendi*[33].

2.10.2. Distinções

O delito de denunciação caluniosa (art. 339 do CP) guarda certa similaridade com os crimes de comunicação falsa de crime (art. 340 do CP) e de autoacusação falsa (art. 341 do CP). Nesses tipos a conduta do agente é dirigida a promover a ação da autoridade competente mediante a comunicação falsa de um fato criminoso.

O crime de denunciação caluniosa se distingue dos demais porque, no delito de comunicação falsa de crime ou contravenção, não há acusação dirigida a uma pessoa determinada, pois o agente se resume a relatar falsamente a ocorrência de um crime ou contravenção, sem indicar seu suposto autor. Já em relação ao crime de autoacusação falsa, o próprio sujeito ativo que se autoimputa a infração penal, não existe um terceiro alvo da conduta, diferentemente do delito de denunciação caluniosa.[34]

2.10.3. Crime de denunciação caluniosa e inocência do imputado

A configuração do crime de denunciação caluniosa exige não só que o denunciante saiba que o acusado seja inocente, mas também exige que o imputado caluniosamente seja absolvido por qualquer de um dos fundamentos que o vincula a autoria do crime denunciado. Por outro lado, não haverá o crime de denunciação caluniosa se o acusado for beneficiado por uma causa de extinção de punibilidade ou justificante penal. Isso porque haveria possibilidade concreta do acusado ser objeto de persecução penal.[35]

2.10.4. Denunciação caluniosa e autodefesa

Não configura o crime de denunciação caluniosa quando um investigado ou réu denuncia terceira pessoa como autor do crime que se lhe imputa como meio de autodefesa para se livrar da acusação. Nessa hipótese, o denunciante não pretende ver o denunciado ser investigado injustamente, mas se defender da acusação movida contra si.[36]

---

32 BITENCOURT, Cezar Roberto. Tratado de direito penal..., *Cit.*, p. 273.

33 BITENCOURT, Cezar Roberto. Tratado de direito penal..., *Cit.*, p. 274.

34 BITENCOURT, Cezar Roberto. Tratado de direito penal..., *Cit.*, p. 286.

35 NUCCI, Guilherme de Souza. Código Penal Comentado..., Cit. p. 1552.

36 NUCCI, Guilherme de Souza. Código Penal Comentado..., Cit. p. 1552/1553.

3. COMUNICAÇÃO FALSA DE CRIME OU CONTRAVENÇÃO

⊙ **Comunicação falsa de crime ou contravenção**

Art. 340 – Provocar a ação de autoridade, comunicando-lhe a ocorrência de crime ou de contravenção que sabe não se ter verificado:

Pena – detenção, de um a seis meses, ou multa.

3.1. Considerações preliminares

O crime de comunicação falsa de crime ou contravenção, de certo modo, não tem precedentes antigos, inexistindo na legislação primitiva previsibilidade de delito semelhante. Coube ao direto moderno a tipificação inicial do delito, que anteriormente era confundido com o delito de denunciação caluniosa. O Código Penal toscano de 1853 destacou o delito em seu art. 151, enquanto o Código Penal de Zanardelli tipificou o crime no art. 211, sendo também previsto pelo Código Penal Italiano de 1930, no art. 367, e no Código Penal suíço, em seu art. 304.[37]

No Direito brasileiro o crime é ainda mais recente, não se encontrado antecedentes nos estatutos penais anteriores – Código Criminal imperial (1830) e o Código Penal da República (1890) –, sendo de iniciativa do Código Penal de 1940, sob inspiração do Código Penal italiano, a tipificação desse delito.

3.2. Bem jurídico e classificação do delito

O bem jurídico protegido é a administração da justiça, protegendo-se em especial a autoridade, a regularidade e eficiência do funcionamento dos órgãos públicos responsáveis pela persecução penal. De fato, além de levar a um desprestígio dos órgãos públicos, a comunicação falsa de crime ou contravenção compromete a eficiência dos serviços prestados pelos órgãos que participam da persecução penal, ocupando-se de investigar situações inexistentes, o que gera um dispêndio, tanto humano quanto financeiro, desnecessário em decorrência da movimentação da máquina estatal de maneira descabida.

Outrossim, visa-se tutelar a ordem pública e a confiança depositada nos órgãos da persecução penal, afetados significativamente pelo falso alarme que a comunicação criminosa causa.[38]

Quanto à classificação doutrinária, o crime de comunicação falsa de crime ou de contravenção é comum (não é exigível condição especial alguma para o sujeito ativo); simples (lesiona unicamente um bem jurídico); instantâneo (não há lapso temporal entre a conduta e o resultado); unissubjetivo (não exige um concurso de agentes para a sua prática, podendo ser cometido por um único agente); material (exige o resultado

---

37 PRADO, Luiz Régis. Curso de direito penal..., *Cit.*, p. 652; MANZINI, Vicenzo. Tratatto di diritto penale..., *Cit.*, p. 634.

38 MANZINI, Vicenzo. Tratatto di diritto penale..., *Cit.*, p. 635; PRADO, Luiz Régis. Curso de direito penal..., *Cit.*, p. 652.

naturalístico para a sua consumação); plurissubsistente (pode ser praticado por vários atos, sendo admitido o fracionamento deles, consequentemente, sendo possível a tentativa).

3.3. Sujeitos do delito

O sujeito ativo pode ser qualquer pessoa, não exigindo o tipo penal nenhuma qualidade especial para o autor do crime.

O sujeito passivo é o Estado, representado pela administração da justiça, que constitui aspecto da Administração Pública.

3.4. Tipo penal objetivo: elementos da descrição típica

É punível a conduta de provocar a ação da autoridade, por meio da comunicação da ocorrência de crime ou contravenção, que se sabe não ter existido. O núcleo do tipo é o verbo *provocar*, que tem o sentido de motivar, dar causa, promover, suscitar a ação da autoridade mediante a transmissão de informação acerca da prática de infração penal que não foi realizada[39].

Na descrição da conduta criminosa, o tipo penal traz em seu bojo o elemento normativo *autoridade*. Sobre o termo *autoridade* há divergência se estaria a se referir tão somente à autoridade policial. Não obstante, é forçoso entender que o vocábulo típico *autoridade* se refere não só a policial, bem como a judiciária e a administrativa, desde que a esta incumba o dever de levar ao conhecimento do fato à autoridade competente.[40] Desse modo, deve-se interpretar o referido elemento normativo autoridade em sentido amplo, pois um dos objetivos da tipificação do comportamento em tela é a proteção do regular e eficiente funcionamento dos órgãos responsáveis pela persecução penal de modo geral, o que certamente estaria afetado com a falsa comunicação.[41]

É importante destacar que o crime previsto no art. 340 do Código Penal é de forma livre, de modo que a comunicação falsa pode ser feita de qualquer forma, seja ela escrita ou oral, podendo até mesmo o agente se valer do anonimato. Com efeito, o que importa é que a informação tenha idoneidade para provocar uma atividade investigativa da autoridade destinatária.

---

39 Nesse sentido, Álvaro Mayrink da Costa (Direito penal..., *Cit.*, p. 337) destaca da seguinte forma a atividade nuclear da conduta típica: "A moldura construtiva típica é desenhada pelo ato de provocar (dar causa, ensejar) a ação de autoridade (não basta a comunicação, é necessária a atividade de Autoridade competente: policial, juiz, órgãos do Ministério Público ou de qualquer autoridade administrativa) comunicando-lhe (levar a seu conhecimento por qualquer meio escrito ou oral, por carta, telefone, e-mail, através de nome fictício ou de forma anônima) ocorrência de crime ou contravenção de que sabe (tem certeza) não ter se verificado (inteiramente inventada) ".

40 PRADO, Luiz Régis. Curso de direito penal..., *Cit.*, p. 653.

41 No mesmo sentido, entendendo que o termo *autoridade* abrange não só a autoridade policial, mas também a judiciária e a administrativa, Heleno Claudio Fragoso (Lições de direito penal..., *Cit.*, p. 527) assevera que: "A autoridade pode ser policial ou judiciária, não se excluindo a administrativa, desde que lhe incumba o dever de comunicar o fato à autoridade competente".

Vale ressaltar também que do trecho da descrição típica "comunicando-lhe a ocorrência de crime ou de contravenção que sabe não se ter verificado", percebe-se que o crime pressupõe a falsidade da comunicação, ou seja, que o fato comunicado não tenha efetivamente se verificado, bem como que o agente tenha consciência disso. De modo idêntico, Nelson Hungria afirma que "é indispensável que o agente esteja certo de que nenhum crime ocorreu".[42]

Em síntese, a tipificação da conduta criminosa do art. 340 visa evitar que, com a má-fé de determinadas pessoas, o poder público seja levado a uma desvirtuação de suas finalidades específicas, acarretando diversas consequências negativas inerentes a esse desvio, como, por exemplo, a movimentação da persecução penal em torno de um inocente.[43]

3.5. Tipo penal subjetivo: elemento típico subjetivo

O elemento subjetivo é o dolo, representado pela vontade livre e consciente de comunicar à autoridade pública a ocorrência de delito ou contravenção, ciente da falsidade da afirmação que faz. O tipo penal exige o dolo direto, afastando o dolo eventual, uma vez que o agente deve efetivamente saber que a comunicação que faz é falsa.

Exige-se também o elemento subjetivo especial do tipo penal, consistindo na especial finalidade de provocar a ação da autoridade, sem haver causa justa.[44]

Não há previsão da modalidade culposa.

3.6. Consumação e tentativa

O crime se consuma quando a autoridade, devido à comunicação da infração penal, pratica qualquer ato investigativo, ou seja, quando realizada qualquer diligência, independentemente da abertura de inquérito para apurar o fato. Trata-se de crime de resultado.[45]

A tentativa é possível, como na hipótese em que a autoridade pública, antes de realizar alguma diligência, descobre a falsidade da comunicação.

3.7. Pena e aspectos processuais

A pena cominada é a de detenção de um a seis meses, ou multa.

A competência para processar e julgar o crime de comunicação falsa de crime ou contravenção é dos Juizados Especiais Criminais, uma vez que a pena privativa de

42 HUNGRIA, Nelson. Comentários ao Código Penal..., *Cit.*, p. 479.

43 BITENCOURT, Cezar Roberto. Tratado de direito penal..., *Cit.*, p. 288.

44 BITENCOURT, Cezar Roberto. Tratado de direito penal..., *Cit.*, p. 289.

45 Nesse mesmo sentido, Nelson Hungria (Comentários ao código penal..., *Cit.*, p. 472) aduz que: "o crime consuma-se desde que provocada, com a falsa comunicação, a ação da autoridade, ainda que não vá além de indagações preliminares, isto é, não se chegando a abrir inquérito formalizado".

liberdade máxima prevista não ultrapassa dois anos, nos termos do art. 61 da Lei 9.099/95.

Além dos benefícios do procedimento sumaríssimo dos juizados especiais criminais como, por exemplo, a transação penal, é admissível a suspensão condicional do processo, de acordo com o art. 89 da mesma Lei 9.099/95, haja vista a pena mínima cominada ser inferior a um ano.

A ação penal é pública incondicionada.

3.8. Considerações especiais

3.8.1. Distinção do crime de denunciação caluniosa para o de comunicação falsa de crime ou contravenção.

O art. 339 do Código Penal guarda certa afinidade com o art. 340 do mesmo diploma legislativo. Com efeito, em ambos está presente a conduta do fornecimento de informações falsas de crime as autoridades. Porém, os tipos penais não se confundem.

No crime de denunciação criminosa, o sujeito ativo indica determinada pessoa como o autor de um crime ou crimes; no caso da comunicação falsa de crime ou contravenção, o sujeito ativo não aponta ninguém em específico como autor de infração penal, restringindo-se a comunicar a (falsa) ocorrência de um delito ou contravenção penal. No crime de comunicação falsa de crime ou contravenção, o agente sabe que infração penal qualquer houve, já no delito de denunciação caluniosa, sabe que aquele que imputa não cometeu crime nenhum. Portanto, embora semelhantes, são crimes diversos tanto em relação à conduta objetiva realizada pelos agentes, quanto pelo dolo em que são movidos os agentes.[46]

4. AUTOACUSAÇÃO FALSA

> ⊙ **Autoacusação falsa**
>
> **Art. 341** – Acusar-se, perante a autoridade, de crime inexistente ou praticado por outrem:
>
> Pena – detenção, de três meses a dois anos, ou multa.

4.1. Considerações preliminares

O delito de autoacusação falsa não encontra precedentes na legislação antiga. Sua previsão inicial aconteceu com o Código Penal italiano de 1889, em seu art. 211, com a intitulação de simulação objetiva de crime em oposição à simulação objetiva[47].

No Direito brasileiro, o crime de autoacusação falsa surge pela primeira vez no anteprojeto do atual Código Penal de 1940, mais conhecido como anteprojeto Alcântara Machado, responsável por redigi-lo. Posteriormente, a tipificação do crime foi

46 BITENCOURT, Cezar Roberto. Tratado de direito penal..., *Cit.*, p. 289.

47 NORONHA, E. Magalhães. Direito penal..., *Cit.*, p. 370.

abarcada pelo Código Penal atual, que prevê o delito de autoacusação falsa em seu art. 341. Os Códigos Penais brasileiros anteriores – o de 1830 e o de 1890 – nada dispuseram acerca deste crime.

4.2. Bem jurídico e classificação do delito

O bem jurídico protegido é a administração pública, na sua espécie administração da justiça. O tipo penal tem o objetivo de resguardar o poder público, por meio da preservação dos meios e fins da instituição justiça. Tem o Direito a finalidade da busca incessante pela justiça, a qual fica comprometida com o crime de autoacusação falsa que, sem sombra de dúvida, tem o potencial de embaraçar ou mesmo impedir o funcionamento estrutural da organização da justiça.[48]

Quanto à classificação doutrinária, trata-se de crime comum (não é exigível condição especial alguma para o sujeito ativo); simples (lesiona unicamente um bem jurídico); instantâneo (não há lapso temporal entre a conduta e o resultado); unissubjetivo (não exige um concurso de agentes para a sua prática, podendo ser cometido por um único agente); formal (não exige o resultado naturalístico para a sua consumação); plurissubsistente (pode ser praticado por vários atos, sendo admitido o fracionamento deles, consequentemente, sendo possível a tentativa).

4.3. Sujeitos do delito

O sujeito ativo pode ser qualquer pessoa que se apresenta à autoridade como autora de crime que não ocorreu ou que não cometeu, não sendo exigível pelo tipo nenhuma qualidade ou característica pessoal ou funcional para a prática do delito em análise.

O sujeito passivo é o Estado, representado pela administração da justiça, espécie do gênero Administração Pública.

4.4. Tipo penal objetivo: elementos da descrição típica

O tipo penal pune a conduta de acusar-se falsamente perante a autoridade pública, ou seja, de imputar a si mesmo a prática de um delito diante da autoridade, sabendo que não ocorreu crime algum ou que foi praticado por outrem.

A atividade nuclear é *acusar-se*, formado pelo verbo *acusar* e o objeto direto *se*, que tem o sentido de atribuir a si mesmo fato prejudicial. Acusar-se de crime significa admitir a prática de fato definido pela lei penal vigente como crime.[49]

---

48 MANZINI, Vicenzo. Tratatto di diritto penale..., *Cit.*, p. 678; PRADO, Luiz Régis. Curso de direito penal..., *Cit.*, p. 656.

Ainda acerca do tema, Álvaro Mayrink da Costa (Direito penal..., *Cit.*, p. 342) disserta que: "o objeto material da tutela é a atividade normal e regular da administração da justiça (eficácia, autoridade e legitimação (, evitando-se a ação da autoridade provocada por autoacusação falsa, de crimes inexistentes ou praticados por outrem, garantindo-se a respeitabilidade do exercício da função pública".

49 FRAGOSO, Heleno Claudio. Lições de direito penal..., *Cit.*, p. 528.

Em síntese, realiza o crime de autoacusação falsa quem atribui a si próprio a prática de delito que não existe ou que foi executado por outrem. Enfim, o agente confessa ter cometido crime inexistente ou que, embora existente, foi perpetrado por outrem.[50]

Para se configurar o crime de autoacusação falsa é necessária a presença de três pressupostos, a saber: a) o primeiro é o de que a autoacusação refira-se a crime, ou seja, a infração a que se assume como a autoria deve ser tipificada; b) deve também a autoacusação ser revestida de falsidade, em outras palavras, o fato criminoso que o agente imputa a si próprio inexiste ou, em havendo sua existência, foi praticado por outrem, sem a participação do sujeito ativo; c) o terceiro e último pressuposto é de que a autoacusação tenha sido feita perante autoridade competente para investigar ou com competência de mandar investigar o fato autoimputado e sua autoria. Nessa ótica, a autoridade será a policial, judiciária e o Ministério Público.

Ressalta-se que não há um modo de execução prefixado para a execução do crime de autoacusação, de maneira que qualquer meio que seja apto a levar ao conhecimento da autoridade a imputação falsa do agente a si próprio, pode ser utilizado para a prática do delito. Em outras palavras, "qualquer meio hábil de transmitir essa acusação pode ser usado, necessário sendo, apenas, que tenha idoneidade"[51].

Destaca-se que por mais nobre que seja a motivação do agente, isso é indiferente para fins de caracterização da conduta criminosa, haja vista que são irrelevantes os motivos pelos quais o sujeito ativo comete o delito. Porém, a depender da motivação do agente, pode haver um agravante ou atenuante no momento da aplicação da pena, por conta disso.

4.5. Tipo penal subjetivo: elemento típico subjetivo

O elemento típico subjetivo é representado pelo dolo, que se traduz na vontade livre e consciente de autoacusar-se falsamente perante a autoridade, ciente de que não aconteceu nenhum delito ou que fora outra pessoa que o praticou. A conduta do agente deve ser voluntária; se por algum motivo for anulada a sua voluntariedade, a citar como exemplo a confissão forçada tomada pela autoridade policial, inexistirá o dolo.

Os motivos que conduziram o sujeito ativo para a prática criminosa são irrelevantes para efeitos da caracterização do delito, por mais relevantes e nobres que sejam, o que, diga-se desde já, não afasta eventual redução da pena.

O tipo penal não exige expressamente nenhum elemento subjetivo especial. Não obstante, há quem entenda ser necessário um elemento subjetivo específico, a saber: a vontade de prejudicar a administração da justiça.[52]

Não há previsão de modalidade culposa.

---

50 PRADO, Luiz Régis. Curso de direito penal..., *Cit.*, p. 657.

51 NORONHA, Magalhães. Direito penal..., *Cit.*, p. 371.

52 NUCCI, Guilherme de Souza. Código penal..., *Cit.*, p. 1.187.

4.6. Consumação e tentativa

O momento consumativo do crime em tela ocorre quando e onde a autoridade toma conhecimento da autoacusação falsa. Não basta autoacusar-se falsamente, é necessário que a autoridade tome conhecimento da autoacusação falsa.[53]

A tentativa é admissível, já que possível o fracionamento do *iter criminis* (p. ex.: autoacusação escrita).[54]

4.7. Pena e aspectos processuais

A pena prevista para o delito de autoacusação falsa é, alternativamente, de três meses a dois anos de detenção, ou multa.

A competência para processar e julgar o delito pertence aos Juizados Especiais Criminais, nos termos do art. 61 da Lei 9.099/1995. É cabível também a suspensão condicional do processo, já que a pena mínima cominada não é superior a um ano, nos termos do art. 89 do citado diploma legislativo.

A ação penal é pública incondicionada.

4.8. Considerações especiais

4.8.1. Retratação do agente

A retratação do agente não configura hipótese de extinção da punibilidade desse delito, devendo ser considerada como atenuante genérica.

A extinção da punibilidade é hipótese excepcional, uma vez que retira do Estado a possibilidade jurídica de aplicar uma sanção penal ao autor de infração penal. Assim, as causas de extinção da punibilidade são taxativas, havendo a necessidade de prévia previsão legal, o que não ocorre no caso da retratação do agente no tocante ao crime de autoacusação falsa.

5. FALSO TESTEMUNHO OU FALSA PERÍCIA

⊙ **Falso testemunho ou falsa perícia**

Art. 342. Fazer afirmação falsa, ou negar ou calar a verdade como testemunha, perito, contador, tradutor ou intérprete em processo judicial, ou administrativo, inquérito policial, ou em juízo arbitral: (Redação dada pela Lei nº 10.268, de 28.8.2001)

Pena – reclusão, de dois a quatro anos, e multa. (Redação dada pela Lei nº 12.850, de 2.8.2013)

---

53 Esse também é o entendimento Nelson Hungria (Comentários ao Código Penal..., *Cit.*, p. 472), o qual afirma que "o momento consumativo é aquele em que a autoridade (policial ou judiciária) chega ao conhecimento da auto-acusação falsa, pouco importando as ulteriores consequências".

54 NORONHA, Magalhães. Direito penal..., *Cit.*, p. 371; PRADO, Luiz Régis. Curso de direito penal..., *Cit.*, p. 658.

§ 1º As penas aumentam-se de um sexto a um terço, se o crime é praticado mediante suborno ou se cometido com o fim de obter prova destinada a produzir efeito em processo penal, ou em processo civil em que for parte entidade da administração pública direta ou indireta.(Redação dada pela Lei nº 10.268, de 28.8.2001)

§ 2º O fato deixa de ser punível se, antes da sentença no processo em que ocorreu o ilícito, o agente se retrata ou declara a verdade.(Redação dada pela Lei nº 10.268, de 28.8.2001)

5.1. Considerações preliminares

Na persecução penal o testemunho é um dos principais meios de provas, quando não a única prova do fato no caso concreto, porque não é raro o julgador arrimar seu entendimento sobre o caso *sub judice* unicamente com base nas declarações de testemunhas. Em face dessa relevância para a lide criminal, o falso testemunho é um dos crimes mais severamente punidos nas legislações antigas.[55]

O delito de falso testemunho tem remotas raízes históricas, sendo encontrado nas legislações da Antiguidade, como a Bíblia, a Lei de Talião, o Código de Manu, e nas leis atenienses, que puniam esse crime por constituir uma ofensa à divindade como também uma causa de infelicidade entre os homens. *Grosso modo*, a sanção criminal baseava-se no princípio taliônico, isto é, a pena aplicada correspondia ao mal praticado pelo falso testemunho.[56]

O direito romano também disciplinou o falso testemunho, particularmente na *Lex Cornellia Testamentaria Nummaria* e na *Lex Cornelia de Sicariis*, além da Lei das XII Tábuas[57], sendo por essa legislação punido com a pena de morte.

No direito medieval punia-se severamente o falso testemunho, que, se prestado juramento, era considerado uma quebra de juramento (*perjurium*), porque entendido como uma tríplice ofensa contra: a) Deus, ofendido pelo perjúrio; b) o juiz, que era enganado pelas falsas declarações; c) os homens, que ficavam suscetíveis de injustiças.[58]

A concepção moderna do delito de falso testemunho se deve ao Código Penal francês de 1810, que serviu de inspiração para várias legislações europeias.[59]

No Direito brasileiro, a conduta do crime de falso testemunho foi prevista como delito no Código Criminal imperial (1830), no art. 169, com a denominação de perjúrio, mas abrangendo também o falso testemunho, no título "Dos delitos contra a boa ordem

55 PRADO, Luiz Régis. Curso de direito penal..., *Cit.*, p. 660.

56 COSTA, Álvaro Mayrink da. Direito penal..., *Cit.*, p. 347; HUNGRIA, Nelson. Comentários ao código penal..., *Cit.*, p. 473; FRAGOSO, Heleno Claudio. Lições de direito penal..., *Cit.*, p. 530; PIERANGELI, José Henrique. Manual de direito penal..., *Cit.*, p. 946.

57 MANZINI, Vicenzo. Tratatto di diritto penale..., *Cit.*, p. 706; PRADO, Luiz Régis. Curso de direito penal..., *Cit.*, p. 661.

58 MANZINI, Vicenzo. Tratatto di diritto penale..., *Cit.*, p. 706; HUNGRIA, Nelson. Comentários ao código penal..., *Cit.*, p. 473; PIERANGELI, José Henrique. Manual de direito penal..., *Cit.*, p. 947.

59 PRADO, Luiz Régis. Curso de direito penal..., *Cit.*, p. 662.

e administração pública". O Código Penal da República de 1890 previu o crime de falso testemunho em seu art. 261, inserido no Título VI, o qual versava sobre os crimes contra a fé pública. Em seu art. 262, *caput*, equiparava o perito, intérprete ou arbitrador à testemunha, para puni-los da mesma forma.

Por sua vez, o Código Penal atual disciplinou de modo mais preciso o falso testemunho, reunindo no mesmo dispositivo legal a falsidade testemunhal e pericial, inserindo-a no capítulo dos "Crimes contra a administração da Justiça".

5.2. Bem jurídico e classificação do delito

O bem jurídico protegido é a Administração da Pública, na sua espécie administração da justiça. Tutelam-se em especial a veracidade e a credibilidade das afirmações daqueles que devem prestar declarações em juízo, visando garantir a observância dos deveres próprios do testemunho processual.[60]

No que tange a classificação doutrinária, o crime de falso testemunho ou falsa perícia: é crime próprio (exige-se uma condição especial do agente); crime de mão própria (somente pode ser praticado pessoalmente pelo próprio agente); crime instantâneo (não há lapso temporal entre a conduta e o resultado); formal (não exige o resultado naturalístico para a sua consumação); unissubjetivo (pode ser cometido por um único agente).

5.3. Sujeitos do delito

O sujeito ativo pode ser qualquer pessoa que como testemunha, perito, contador, tradutor ou intérprete realize uma das condutas descritas no tipo penal.

É um delito próprio especial, porque exige uma condição particular específica do agente, adquirida pela *vocatio* do Poder Judiciário. Como se trata de um *delito de mão própria*, somente pode ser autor ou coautor aquele que se encontra na condição especial exigida pelo tipo penal (testemunha, perito, contador, tradutor ou intérprete) e que realiza a conduta pessoalmente. Por outro lado, terceiro que apresente a condição especial exigida pelo tipo penal somente concorre para o falso testemunho ou falsa perícia como partícipe, jamais como coautor ou autor mediato.[61]

O sujeito passivo é o Estado, representado pela administração da justiça, que é espécie do gênero Administração Pública. De modo mediato, considera-se também como sujeito passivo o particular atingido pelo delito.

5.4. Tipo penal objetivo: elementos da descrição típica

A conduta criminosa do falso testemunho ou falsa perícia consiste em fazer afirmação falsa, negar ou calar a verdade como testemunha, perito, contador, tradutor

---

60 MANZINI, Vicenzo. Tratatto di diritto penale..., *Cit.*, p. 710; COSTA, Álvaro Mayrink da. Direito penal..., *Cit.*, p. 350.

61 PRADO, Luiz Régis. Curso de direito penal..., *Cit.*, p. 664.

ou intérprete em processo judicial, ou administrativo, inquérito policial, ou em juízo arbitral. O comportamento criminoso consubstancia-se na transgressão do dever de declarar a verdade sobre fatos objeto de prova testemunhal ou pericial em juízo.[62]

São três as modalidades de conduta criminosa, a saber: *afirmar o falso*, *negar ou calar a verdade*. Significa dizer, o falso testemunho ou falsa perícia pode ser praticado afirmando-se uma falsidade, negando-se a verdade ou calando-se sobre o que se sabe.[63]

Os comportamentos típicos são descritos pelas expressões nucleares: a) *fazer afirmação falsa*, que significa mentir, isto é, dizer, declarar algo diverso da verdade dos fatos; o agente afirma ou assegura positivamente uma inverdade, ou seja, narra fato que não ocorreu do modo relatado. Nessa modalidade, a afirmação falsa corresponde a uma distorção entre a declaração do agente e a sua percepção sobre a realidade dos fatos;[64] b) *negar a verdade*: consiste em negar um fato que sabe ter ocorrido ou não admitir a verdade a respeito da realidade, ou seja, dizer que não sabe ou conhece sobre fato ocorrido ou suas circunstâncias;[65] c) *calar a verdade*, no sentido de silenciar ou ocultar o que sabe, quando deveria dizer a verdade; *calar* significa ficar em silêncio ou não responder ao que sabe, quando inquirido; constitui uma falsidade por meio da omissão do dever de declarar a verdade. Nessa modalidade, denominada também *reticência*, o agente silencia (cala-se) sobre o fato investigado ou recusa-se a responder, descumprindo seu dever de declarar a verdade, já que a testemunha tem o dever de dizer tudo sobre o que sabe ou conhece a respeito do fato investigado.[66]

Sobre essas três modalidades da conduta criminosa, vale conferir a síntese de Nelson Hungria, *in verbis*: "Na primeira hipótese, temos a falsidade positiva, consistente na asseveração de um fato mentiroso; na segunda, a falsidade negativa, consistente na negação de um fato verdadeiro; na terceira, a reticência, isto é, o silêncio acerca do que se sabe ou a recusa em manifestá-lo (ocultação da verdade). A lei reconhece a equivalência das três modalidades, pois tanto vale afirmar coisa falsa quanto negar coisa verdadeira ou ocultar aquilo de que se tem ciência".[67]

Cabe destacar que as modalidades de comportamento *negar a verdade* e *calar a verdade*, em que pese a semelhança entre ambas, não se confundem, porque negar é um comportamento comissivo, enquanto calar é uma conduta omissiva de falsidade

---

62 PRADO, Luiz Régis. Curso de direito penal..., *Cit.*, p. 665.

63 MANZINI, Vicenzo. Tratatto di diritto penale..., *Cit.*, p. 713/715; HUNGRIA, Nelson. Comentários ao código penal..., *Cit.*, p. 475.

64 Nesse sentido, Vicenzo Manzini (Tratatto di diritto penale..., *Cit.*, p. 714) destaca que: "A afirmação do falso consiste na disformidade positiva entre a declaração e a ciência da testemunha, que finge uma impressão sensorial que não sentiu ou altera o que sentiu".

65 MANZINI, Vicenzo. Tratatto di diritto penale..., *Cit.*, p. 714; BITENCOURT, Cezar Roberto. Tratado de direito penal..., *Cit.*, p. 297; PRADO, Luiz Régis. Curso de direito penal..., *Cit.*, p. 665.

66 MANZINI, Vicenzo. Tratatto di diritto penale..., *Cit.*, p. 715; FRAGOSO, Heleno Claudio. Lições de direito penal..., *Cit.*, p. 536; BITENCOURT, Cezar Roberto. Tratado de direito penal..., *Cit.*, p. 298.

67 HUNGRIA, Nelson. Comentários ao código penal..., *Cit.*, p. 475.

negativa.[68] Sobre a distinção entre essas modalidades, vale conferir o magistério de Luiz Regis Prado, *ipsis litteris*: "A negação do verdadeiro supõe uma ação do sujeito, uma declaração de ciência dele. Dá-se a reticência com o calar ou ocultar o que sabe. A formula calar não equivale seguramente à fórmula negar, porque quem nega não cala. É uma fórmula de omissão de falsidade negativa. A diferença entre negar a verdade e calá-la está em que aquela é uma falsidade positiva e esta, uma falsidade negativa. A testemunha que nega a veracidade de um fato afirma como não verdadeiro aquilo que o é, ao passo que a testemunha que se limita a dizer nada saber sobre o fato nada afirma, mas oculta ou cala a verdade".[69]

Em síntese, a descrição típica do falso testemunho equiparou as três modalidades, positiva, negativa e omissiva, atribuindo o mesmo significado ao comportamento de afirmar algo falso, negar fato verdadeiro ou ocultar fato de que se tem conhecimento.[70]

O objeto material do delito é o depoimento testemunhal prestado, o laudo pericial entregue, o cálculo ou a tradução realizados em processo judicial ou administrativo, inquérito policial ou em juízo arbitral.

A conduta criminosa de falso testemunho ou falsa perícia exige como pressuposto a *falsidade* da declaração, que se configura com a violação do dever de declarar a verdade. Assim, pode-se afirmar que o tipo penal do art. 342 busca evitar a *falsidade* nos depoimentos prestados em processo judicial, administrativo ou em juízo arbitral.

Por sua vez, a elementar típica *falsidade* deve ser compreendida como a contradição entre as declarações da testemunha (perito) e o seu conhecimento sensorial (visual, auditivo, técnico etc.) sobre os fatos investigados no processo, ou seja, é o contraste entre o depoimento testemunhal e o seu conhecimento a respeito da realidade fática. A *falsidade* radica na discrepância entre a declaração dada e a consciência da testemunha ou perito sobre o fato investigado. Em síntese, declaração *falsa* é a que não corresponde qualitativa ou quantitativamente com o que a testemunha ou perito sabe ou conhece sobre os fatos investigados. Assim, há *falsidade* quando o depoente declara algo em contradição com o que sabe ou conhece da realidade objeto de prova no processo.[71]

---

68 BITENCOURT, Cezar Roberto. Tratado de direito penal..., *Cit.*, p. 298.

69 PRADO, Luiz Régis. Curso de direito penal..., *Cit.*, p. 665.

70 BITENCOURT, Cezar Roberto. Tratado de direito penal..., *Cit.*, p. 299.

71 MANZINI, Vicenzo. Tratatto di diritto penale..., *Cit.*, p. 714; HUNGRIA, Nelson. Comentários ao código penal..., *Cit.*, p. 476; FRAGOSO, Heleno Claudio. Lições de direito penal..., *Cit.*, p. 536; PRADO, Luiz Régis. Curso de direito penal..., *Cit.*, p. 665/666. Sobre a noção de falsidade, é oportuna a lição de Cezar Bitencourt (Tratado de direito penal..., *Cit.*, p. 299), *in verbis*: "A *falsidade* coibida no tipo penal, no entanto, não é a contradição entre o depoimento da testemunha e a realidade fática, mas entre o depoimento e a *verdade subjetiva* da testemunha em relação aos fatos. *Falso* é o depoimento que não corresponde qualitativa ou quantitativamente ao que a testemunha viu, sabe, conhece, percebeu ou ouviu. O *critério da falsidade* do testemunho não depende da relação entre o *dito* e a *realidade*, mas da relação entre o *dito* e o *conhecimento* que a testemunha tem dessa realidade".

Adota-se a teoria subjetiva, que considera a falsidade como a divergência entre a declaração dada e a percepção sensorial da testemunha ou perito sobre a realidade fática investigada no processo. Aliás, a teoria subjetiva é a que melhor se harmoniza com a descrição típica do art. 342 do Código Penal, na medida em que somente há lesão ao bem jurídico (administração da justiça) quando o depoente diz algo distinto do que sabe ou cala sobre o que sabe a respeito do fato investigado, que pode levar a autoridade a um erro na apreciação da prova e de julgamento.[72]

Para caracterizar o falso testemunho ou falsa perícia a *falsidade* deve se referir a: a) fato juridicamente relevante e pertinente ao processo; e b) conter potencialidade lesiva, isto é, ser capaz de influenciar a apreciação da prova e o julgamento da causa. Significa dizer: a *falsidade* deve concernir aos fatos principais da causa e suas circunstâncias e ser idônea a determinar o entendimento da autoridade no processo. Assim, o delito do art. 342 do Código Penal somente se configura quando a declaração falsa é juridicamente relevante no processo e capaz de levar a autoridade a erro em seu julgamento.[73]

Não obstante, impende destacar que não se exige que a falsidade leve à autoridade efetivamente a erro. É suficiente a falsidade ser idônea a influenciar a valoração da prova e a decisão da causa.[74]

Por outro lado, não constitui o delito de falso testemunho a falsidade que incide sobre os fatos irrelevantes (acidentais) da causa ou sobre fatos estranhos ao *thema probandum*, porquanto não tem possibilidade de influenciar na valoração probatória e no julgamento do processo.[75]

O tipo penal traz ainda como elementos normativos os termos: a) *testemunha* (pessoa que sabe ou conhece sobre os fatos investigados chamados a depor em juízo mediante o compromisso legal de declarar a verdade); b) *perito* (especialista em um assunto chamado a dar opinião sobre sua área de domínio para esclarecer o juízo); c) *contador* (profissional com curso superior em ciências contábeis encarregados de cálculos contábeis na causa); d) *tradutor* (profissional encarregado de verter um texto

72 PRADO, Luiz Régis. Curso de direito penal..., *Cit.*, p. 666. Sobre o tema, vale conferir o magistério de Luiz Régis Prado (Curso de direito penal..., *Cit.*, p. 666), *ipsis litteris*: "A teoria subjetiva é a correta e a que mais com o comando normativo do artigo 342 do Código Penal. De primeiro, o bem jurídico protegido – administração da justiça – só é lesado quando se diz coisa distinta da conhecida, porque é em tal hipótese que a autoridade pode incorrer em erro. Por último, assinale-se que a modalidade omissiva (calar) só tem razão de ser no sentido subjetivo, porquanto o agente pode calar o sabido por ele, mas não o ignorado. Assim, uma declaração só pode ser falsa por reticência, na medida em que exista disformidade entre o que a testemunha (perito) sabe e o que diz".

73 MANZINI, Vicenzo. Tratatto di diritto penale..., *Cit.*, p. 712/713; HUNGRIA, Nelson. Comentários ao código penal..., *Cit.*, p. 478; FRAGOSO, Heleno Claudio. Lições de direito penal..., *Cit.*, p. 537; PRADO, Luiz Régis. Curso de direito penal..., *Cit.*, p. 670; BITENCOURT, Cezar Roberto. Tratado de direito penal..., *Cit.*, p. 299/300.

74 PRADO, Luiz Régis. Curso de direito penal..., *Cit.*, p. 670.

75 MANZINI, Vicenzo. Tratatto di diritto penale..., *Cit.*, p. 713; HUNGRIA, Nelson. Comentários ao código penal..., *Cit.*, p. 478.

em um idioma estrangeiro para o vernáculo nacional); e) *intérprete* (profissional incumbido de traduzir oralmente as declarações da parte que não consegue se expressar no idioma nacional).

5.5. Tipo penal subjetivo: elemento típico subjetivo

O elemento subjetivo é o dolo, representado pela consciência e vontade de fazer afirmação falsa, ou negar ou calar a verdade como testemunha, perito, contador, tradutor ou intérprete. O dolo consiste em o agente, consciente e voluntariamente, afirmar o falso, negar ou calar o verdadeiro. Assim, é necessário que o agente tenha consciência de que se pratica uma falsidade, seja em relação ao testemunho, seja em relação à perícia.[76] A doutrina, de um modo geral, admite a realização mediante dolo eventual.[77]

O tipo penal não exige elemento subjetivo especial, sendo ainda indiferentes os motivos ou fins que levaram o agente a agir.[78] Não obstante, há quem entenda ser necessário o fim especial de causar prejuízo à Administração da Justiça ou a terceiro. Assim, o delito não se configura quando ausente a finalidade de prejudicar alguém.[79]

5.6. Circunstâncias de aumento de pena: art. 342, § 1º

O art. 342, § 1º, estabelece que se aplica um aumento de pena de um sexto a um terço nas seguintes hipóteses: a) se o crime é cometido mediante suborno; b) se cometido com o fim de obter prova destinada a produzir efeito em processo penal, ou em processo civil em que for parte entidade da administração pública direta ou indireta.

A primeira hipótese se configura quando a conduta típica é praticada mediante a oferta, promessa ou entrega de vantagem de natureza patrimonial. Justifica-se o aumento de pena em razão da maior reprovabilidade do comportamento do autor decorrente da motivação para a prática do delito. Na segunda hipótese, o aumento de pena decorre do maior dano provocado pelo delito à Administração Pública.

Não obstante, a causa de aumento do art. 342, § 1º, não incide quando essas hipóteses ocorrem em sede de inquérito policial, procedimento administrativo ou em juízo arbitral, por força do princípio da legalidade penal que impõe a interpretação

---

76 FRAGOSO, Heleno Claudio. Lições de direito penal..., *Cit.*, p. 537.

77 Admitem o dolo eventual, por todos: FRAGOSO, Heleno Claudio. Lições de direito penal..., *Cit.*, p.538; PRADO, Luiz Régis. Curso de direito penal..., *Cit.*, p. 6671. Em sentido contrário, Cezar Bitencourt (Tratado de direito penal..., *Cit.*, p. 307) entende não ser admissível a realização do falso testemunho ou falsa perícia mediante dolo eventual.

78 MANZINI, Vicenzo. Tratatto di diritto penale..., *Cit.*, p. 722; PIERANGELI, José Henrique. Manual de direito penal..., *Cit.*, p. 952.

79 BITENCOURT, Cezar Roberto. Tratado de direito penal..., *Cit.*, p. 307; NUCCI, Guilherme de Souza. Código Penal..., *Cit.*, p. 1.188.

restritiva das normas penais incriminadoras. Assim, as majorantes do art. 342, § 1º somente incidem quando praticada a conduta em processo penal ou processo civil.[80]

A conduta típica nas hipóteses de causa de aumento exige a presença de um elemento subjetivo específico, a saber, o propósito de obter prova destinada a produzir efeito em processo penal ou em processo civil em que é parte qualquer dos entes que compõem a Administração Púbica (direta ou indireta).[81]

5.7. Extinção da punibilidade: art. 342, § 2º

O art. 342, § 2º, prevê a hipótese de extinção da punibilidade nos seguintes termos: "*O fato deixa de ser punível se, antes da sentença no processo em que ocorreu o ilícito, o agente se retrata ou declara a verdade*".

Para haver a extinção da punibilidade são necessários dois requisitos legais: a) retratação ou declaração da verdade; b) antes da sentença em que a falsidade foi prestada.

A retratação é desdizer o que se disse falsamente. Para a sua validade, deve ser realizada de forma voluntária, explícita, completa, incondicional e perante o órgão ao qual se emitiu a declaração falsa ou diante do orgão de persecução penal encarregado para investigar (polícia ou Ministério Público) ou apreciar e julgar o crime de falso testemunho (juiz criminal). Assim, para efeitos da extinção de punibilidade, a retração é eficaz tanto quando realizada perante a autoridade pública a qual se declarou o *falsum* quanto a um órgão de persecução penal (polícia, Ministério Público e Judiciário) encarregado de investigar e/ou julgar o crime de falso testemunho.

Na retratação o agente deve assinalar a declaração falsa e declarar a verdade sobre os fatos. Assim, não basta confessar a falsidade, é necessário também declarar a verdade.[82]

No crime de falso testemunho ou falsa perícia, a previsão da extinção da punibilidade é uma medida de política criminal com o objetivo de estimular o agente a retificar sua conduta ilícita para fins de fazer surgir a verdade e evitar decisões errôneas e iníquas. Beneficia-se o criminoso que se retrata ou declara a verdade com o escopo de buscar e resguardar uma boa administração da justiça.[83]

No que concerne ao momento temporal, a previsão legal indica apenas que deve ocorrer antes da sentença, momento que deve ser entendido como a decisão de *primeiro grau*, independentemente de estar sujeita ou não a recurso.[84]

---

80 Nesse sentido, vide: PIERANGELI, José Henrique. Manual de direito penal..., *Cit.*, p. 953; COSTA, Álvaro Mayrink da. Direito penal..., *Cit.*, p. 355. Entendendo que as majorantes incidem sobre inquérito policial: PRADO, Luiz Régis. Curso de direito penal..., *Cit.*, p. 672.

81 PRADO, Luiz Régis. Curso de direito penal..., *Cit.*, p. 673.

82 MANZINI, Vicenzo. Tratatto di diritto penale..., *Cit.*, p. 728; PRADO, Luiz Régis. Curso de direito penal..., *Cit.*, p. 673.

83 COSTA, Álvaro Mayrink da. Direito penal..., *Cit.*, p. 356; PRADO, Luiz Régis. Curso de direito penal..., *Cit.*, p. 673.

84 PRADO, Luiz Régis. Curso de direito penal..., *Cit.*, p. 673; BITENCOURT, Cezar Roberto. Tratado de direito penal..., *Cit.*, p. 310.

A retratação é uma circunstância subjetiva, de caráter pessoal, não comunicável aos demais concorrentes do delito (partícipes). Assim, a retratação realizada por um autor não se estende ao partícipe.[85]

5.8. Consumação e tentativa

A consumação do crime de falso testemunho ocorre com o encerramento do ato processual em que foi prestado o depoimento, pois até então será possível à testemunha retificar ou modificar suas declarações. O delito de falsa perícia consuma-se com a entrega do laudo pericial, tradução ou interpretação falsos a quem tem a atribuição legal de recebê-lo.[86]

A doutrina nacional, de um modo geral, entende ser admissível a tentativa, embora seja de difícil configuração. Admite-se a tentativa, *grosso modo*, quando a declaração ou a perícia é prestada por escrito.[87]

5.9. Pena e aspectos processuais

A pena cominada é a reclusão de dois a quatro anos e multa. Aumenta-se de um sexto a um terço na hipótese do art. 342, § 1º.

A Lei nº 12.850, de 2 de agosto de 2013 (art. 25), aumentou a pena cominada para 2 (dois) a 4 (quatro) anos de reclusão, e multa. Por se tratar de alteração mais gravosa, só é aplicável ao crime praticado posteriormente à sua entrada em vigor (45 dias após a sua publicação), por força do princípio da irretroatividade.

A ação penal é pública incondicionada.

5.10. Considerações especiais

5.10.1. Retratação e irrelevância de sua motivação

Para efeitos da extinção de punibilidade do crime de falso testemunho, o disposto no art. 342, § 2º, do Código Penal, prevê apenas que a retratação seja realizada antes de ser proferida a sentença no processo em que ocorreu o falso testemunho, não exigindo qualquer aspecto de expontaneidade ou motivação.

Com efeito, é irrelevante, para efeitos penais, que a retratação tenha sido realizada em razão de receio declarante da falsidade de enfrentar uma situação jurídica

---

85 PRADO, Luiz Régis. Curso de direito penal..., *Cit.*, p. 673; BITENCOURT, Cezar Roberto. Tratado de direito penal..., *Cit.*, p. 310.

86 MANZINI, Vicenzo. Tratatto di diritto penale..., *Cit.*, p. 719.

87 FRAGOSO, Heleno Claudio. Lições de direito penal..., *Cit.*, p. 536; PRADO, Luiz Régis. Curso de direito penal..., *Cit.*, p. 672; BITENCOURT, Cezar Roberto. Tratado de direito penal..., *Cit.*, p. 308; HUNGRIA, Nelson. Comentários ao código penal..., *Cit.*, p. 487. Em sentido contrário, Vicenzo Manzini (Tratatto di diritto penale..., *Cit.*, p. 720) entende ser inadmissível a forma tentada no falso testemunho.

desagradável, tal como a instauração de inquérito policial ou o oferimento de ação penal para punir o *falsum* praticado.

Assim, importa tão-somente que a retratação seja realizada tempestivamente, independentemente de qualquer motivação para a sua realização.

5.10.2. Falsidade sobre a qualificação pessoal da testemunha: conduta atípica

Questão controvertida no delito de falso testemunho refere-se à falsidade sobre a qualificação pessoal da testemunha. Sobre o tema existem variados entendimentos.[88]

Não obstante, é forçoso reconhecer que as declarações sobre a qualificação pessoal da testemunha, em que sua relevância no processo, não integram propriamente o depoimento testemunhal a respeito dos fatos *sub judice*. Com efeito, o delito de falso testemunho refere-se aos fatos objeto de prova no processo, não às perguntas de caráter pessoal sobre a pessoa da testemunha para sua identificação (precisamente, sua qualificação pessoal). Assim, o falso testemunho deve se relacionar a fatos objeto de apreciação probatória no processo, e não à qualificação pessoal da testemunha, que nem sequer é objeto da investigação processual em que se presta o depoimento. São informações preliminares e estranhas ao depoimento sobre os fatos objeto da prova processual.[89]

As declarações falsas da testemunha a respeito de sua qualificação pessoal é fato atípico, porquanto não integram o depoimento testemunhal, nem se referem aos fatos objeto da investigação processual em que se depõe. Eventualmente, podem constituir o delito do art. 307 do Código Penal.[90]

5.10.3. Testemunha não compromissada e declarações falsas

Tema controverso diz respeito à discussão sobre a possibilidade da prática de crime de falso testemunho por *testemunha não compromissada* (arts. 206 e 208 do CPP).

O entendimento majoritário é no sentido de que o juramento ou compromisso não é pressuposto para a configuração do falso testemunho, sendo indiferente tratar-se de *testemunha numerária* ou *testemunha não compromissada* (mero informante).[91]

Por outro lado, o entendimento minoritário defende a impossibilidade de a *testemunha não compromissada* praticar o crime de falso testemunho, pois inexiste o dever

88 Consulte-se a síntese dos entendimentos sobre o tema em: BITENCOURT, Cezar Roberto. Tratado de direito penal..., *Cit.*, p. 301.

89 MANZINI, Vicenzo. Tratatto di diritto penale..., *Cit.*, p. 711/713; PRADO, Luiz Régis. Curso de direito penal..., *Cit.*, p. 670; BITENCOURT, Cezar Roberto. Tratado de direito penal..., *Cit.*, p. 302.

90 FRAGOSO, Heleno Claudio. Lições de direito penal..., *Cit.*, p. 535; PRADO, Luiz Régis. Curso de direito penal..., *Cit.*, p. 670; BITENCOURT, Cezar Roberto. Tratado de direito penal..., *Cit.*, p. 302.

91 HUNGRIA, Nelson. Comentários ao código penal..., *Cit.*, p. 485; NORONHA, Magalhães. Direito penal..., *Cit.*, p. 375;. PRADO, Luiz Régis. Curso de direito penal..., *Cit.*, p. 669.

processual de declarar a verdade, em razão de seu vínculo pessoal com uma das partes, o que lhe retira a credibilidade das declarações. Com efeito, sem o compromisso não há como se exigir o dever processual de dizer a verdade, tratando-se as declarações de meras informações no processo. Por sua vez, o compromisso não é exigido justamente daqueles que não têm condições pessoais e/ou emocionais de se comprometer em declarar a verdade sobre os fatos objeto da prova testemunhal. Assim, sem a prestação do compromisso legal de dizer a verdade, não se configura o crime de falso testemunho, uma vez que as *testemunhas não compromissadas* estão dispensadas da promessa de declarar a verdade.[92]

Impende destacar que a teoria processual penal diferencia a figura da testemunha compromissada da do declarante ou mero informante (*testemunha não compromissada*). A testemunha, *sticto sensu*, é obrigada a prestar o compromisso legal de declarar a verdade (art. 203 do CPP), enquanto o declarante é inquirido pela necessidade do juízo de buscar a verdade material dos fatos investigados, mas sem que se exija o dever de dizer a verdade, em razão de circunstâncias pessoais ou emocionais que a impedem de assumir tal compromisso (arts. 206 e 208 do CPP).

Assim, como juridicamente as figuras da testemunha compromissada e do declarante (*testemunha não compromissada*) não se confundem no direito processual penal, não há como equipará-las no direito penal para efeitos de configuração do crime de falso testemunho, uma vez que o tipo penal do art. 342 do Código Penal refere-se apenas à conduta da testemunha, que é quem depõe sobre os fatos mediante o dever de declarar a verdade (compromisso legal do art. 203 do CPP). Equiparar a condição processual do declarante (*testemunha não compromissada*) à da testemunha compromissada para efeitos de configuração do falso testemunho é empregar a analogia *in malam partem*, violando-se flagrantemente o princípio da legalidade penal.

A declaração falsa da *testemunha não compromissada* não constitui o crime de falso testemunho, já que inexiste o dever processual de declarar a verdade sobre os fatos investigados no processo. Trata-se de conduta penalmente atípica.

5.10.4. Investigado não se traveste em testemunha

A qualidade de investigado/réu exclui, *ipso facto*, a condição de testemunha. Assim, o investigado, sendo parte no processo, tem o direito constitucional ao silêncio e a não produzir prova contra si, bem como o de faltar com a verdade, como meio de autodefesa em seu interrogatório.[93]

---

92 FRAGOSO, Heleno Claudio. Lições de direito penal..., *Cit.*, p. 534; BITENCOURT, Cezar Roberto. Tratado de direito penal..., *Cit.*, p. 303/307; NUCCI, Guilherme de Souza. Código penal..., *Cit.*, p. 1.192.

93 BITENCOURT, Cezar Roberto. Tratado de direito penal..., *Cit.*, p. 302/303.

5.10.5. Falso testemunho e nulidade processual

As declarações falsas em depoimento prestado em processo ou procedimento declarado nulo não configuram o delito de falso testemunho, pois o que é nulo não produz efeito jurídico algum (*quod nullum est nullum producit effectum*).[94]

5.10.6. Falsidade em inquérito civil público e sindicância administrativa: atipicidade da conduta

O tipo penal do art. 342 do Código Penal não abrange as declarações falsas em inquérito civil público e sindicância administrativa por falta de previsão legal específica, nos termos do princípio da legalidade penal (art. 1º do CP). Assim, constitui conduta atípica o falso testemunho em inquérito civil público e sindicância administrativa.[95]

6. CORRUPÇÃO ATIVA DE TESTEMUNHO OU PERITO

⊙ **Corrupção ativa de testemunho ou perito**

Art. 343. Dar, oferecer ou prometer dinheiro ou qualquer outra vantagem a testemunha, perito, contador, tradutor ou intérprete, para fazer afirmação falsa, negar ou calar a verdade em depoimento, perícia, cálculos, tradução ou interpretação:

Pena – reclusão, de três a quatro anos, e multa

Parágrafo único. As penas aumentam-se de um sexto a um terço, se o crime é cometido com o fim de obter prova destinada a produzir efeito em processo penal ou em processo civil em que for parte entidade da administração pública direta ou indireta.

6.1. Considerações preliminares

Os delitos referentes à falsidade em testemunhos têm antigas raízes históricas, sendo encontrados nas legislações da Antiguidade, como a Bíblia, a Lei de Talião, o Código de Manu e nas Leis de Sólon, as quais puniam a testemunha falsária e o falso testemunho, objetivo pretendido pelo corruptor.[96]

O Direito romano também disciplinou o tema, chegando a prever autonomamente o crime de subornar testemunha, particularmente na *Lex Cornellia Testamentaria Nummaria* e na *Lex Cornelia de Sicariis*, além da Lei das XII Tábuas.[97]

---

94 HUNGRIA, Nelson. Comentários ao código penal..., *Cit.*, p. 485; NORONHA, Magalhães. Direito penal..., *Cit.*, p. 377. Em sentido contrário, Vicenzo Manzini (Tratatto di diritto penale..., *Cit.*, p. 718) e Luiz Régis Prado (Curso de direito penal..., *Cit.*, p. 668) entendem que a violação às normas processuais não afasta a tipicidade penal da conduta de falso testemunho no processo declarado nulo.

95 PRADO, Luiz Régis. Curso de direito penal..., *Cit.*, p. 669.

96 MANZINI, Vicenzo. Tratatto di diritto penale..., *Cit.*, p. 741; COSTA, Álvaro Mayrink da. Direito penal..., *Cit.*, p. 361.

97 MANZINI, Vicenzo. Tratatto di diritto penale..., *Cit.*, p. 741; PRADO, Luiz Régis. Curso de direito penal..., *Cit.*, p. 676.

No direito medieval a corrupção de testemunhas passou a ter uma nova roupagem. Era considerada a conduta como uma forma especial de concurso com o crime de falso testemunho.[98]

No Direito brasileiro, a conduta do crime de corrupção ativa de testemunha ou perito foi prevista como delito no Código Criminal do Império de 1830 (art. 169), sendo o suborno ou a peita espécies de corrupção, abrangendo o perjúrio e o falso testemunho.

O Código Penal da República de 1890 também não tratou autonomamente ao delito de corrupção ativa de testemunha ou perito, mas previu o crime de falso testemunho em seu art. 261, inserido no Título VI, o qual versava sobre os crimes contra a fé pública. Em seu art. 262, *caput*, equiparava o perito, intérprete ou arbitrador à testemunha, para puni-los da mesma forma.

Por sua vez, o Código Penal atual erigiu à categoria de crime autônomo a corrupção ativa de testemunha, perito, contador, tradutor ou intérprete, disciplinando-o em seu art. 343, inserido no capítulo dos "Crimes contra a administração da Justiça".

Em linhas gerais, o crime do art. 343 do Código Penal, que não possui *nomen juris*, mas doutrinariamente denomina-se corrupção ativa de testemunha ou perito, constitui na verdade uma modalidade especial de participação no delito de falso testemunho, punido de maneira autônoma.[99]

6.2. Bem jurídico e classificação do delito

O bem jurídico protegido é a Administração Pública, na sua espécie administração da justiça. Tutela-se em especial a veracidade e a credibilidade das afirmações daqueles que exercem funções essenciais à justiça, visando garantir a observância dos deveres próprios do testemunho.[100]

No que tange à classificação doutrinária, o crime de corrupção ativa de testemunha ou perito é comum (não é exigível condição especial alguma para o sujeito ativo); simples (lesiona unicamente um bem jurídico); instantâneo (não há lapso temporal entre a conduta e o resultado); unissubjetivo (não exige um concurso de agentes para a sua prática, podendo ser cometido por um único agente); formal (não exige o resultado naturalístico para a sua consumação); plurissubsistente (pode ser praticado por vários atos, sendo admitido o fracionamento deles, consequentemente, sendo possível a tentativa).

6.3. Sujeitos do delito

O sujeito ativo pode ser qualquer pessoa que corrompa, dando, oferecendo, prometendo dinheiro ou qualquer outra vantagem a testemunha, perito, contador,

98 MANZINI, Vicenzo. Tratatto di diritto penale..., *Cit.*, p. 741; PRADO, Luiz Régis. Curso de direito penal..., *Cit.*, p. 676.

99 PRADO, Luiz Régis. Curso de direito penal..., *Cit.*, p. 679.

100 MANZINI, Vicenzo. Tratatto di diritto penale..., *Cit.*, p. 741; COSTA, Álvaro Mayrink da. Direito penal..., *Cit.*, p. 363.

tradutor ou intérprete. Trata-se de crime comum. Caso a testemunha, perito, contador, tradutor ou intérprete sejam oficiais, o crime em tela será o do art. 333 do Código Penal, de corrupção ativa, já que o agente estaria dando, oferecendo ou prometendo vantagem indevida a funcionário público.

O sujeito passivo é o Estado, o qual tem atingido o seu bem jurídico, a administração da justiça, que é espécie do gênero administração pública.

6.4. Tipo penal objetivo: elementos da descrição típica

O art. 343 do Código Penal criminaliza a conduta daquele que dá, oferece ou promete dinheiro ou qualquer outra vantagem a testemunha, perito, condutor, tradutor ou intérprete, a fim de que faça afirmação falsa, negue ou cale a verdade em depoimento, perícia, cálculos, tradução ou interpretação, não havendo necessidade de que o suborno seja aceito.

A atividade nuclear da conduta desvela-se em três verbos, a saber: a) *dar* (entregar, conceder, transferir), b) *oferecer* (ofertar, propor, colocar à disposição) ou c) *prometer* (obrigar-se a prestar), dispostos de modo alternativo para a prática da conduta.

Constitui-se como objeto material do crime o dinheiro ou outra vantagem qualquer (independentemente de como for), oferecida a testemunha, perito, contador, tradutor ou intérprete, no âmbito de processos judiciais ou administrativos, ou em sede de juízo arbitral. [101]

Para a caracterização do crime, é imprescindível que a conduta demonstre de forma idônea e inequívoca a intenção real do agente, que no caso concreto deve ser o propósito único e exclusivo de adquirir a falsidade do testemunho ou perícia mediante a dação, oferta ou promessa de dinheiro ou vantagem indevida[102]. Deve a ação do sujeito ativo ser movida com a pretensão de obter a falsidade ou a omissão de testemunha, perito, condutor, tradutor ou intérprete acerca de fato ou circunstância relevante para a solução da causa.[103]

No que se refere às modalidades em que o crime pode ser praticado, assevera-se que os meios de execução são diversos, podendo ser praticado por gestos, palavras, escritos, dentre outros, no objetivo de tornar falseada a verdade no tocante ao fato ou circunstância relevante levado a juízo. O fato a ser mentido deve ser hábil a influenciar a decisão do mérito da causa.[104]

Cumpre mencionar, por fim, neste tópico, que é indispensável que a dação, oferta ou promessa da vantagem material seja oferecida a pessoa que no momento da

101 PRADO, Luiz Régis. Curso de direito penal..., *Cit.*, p. 679.

102 BITENCOURT, Cezar Roberto. Tratado de direito penal..., *Cit.*, p. 313.

103 MANZINI, Vicenzo. Tratatto di diritto penale..., *Cit.*, p. 745; FRAGOSO, Heleno Claudio. Lições de direito penal..., *Cit.*, p. 541.

104 PRADO, Luiz Régis. Curso de direito penal..., *Cit.*, p. 680.

conduta esteja na qualidade de testemunha, perito, contador, tradutor ou intérprete. É atípica se essa vier a ter tal qualidade processual apenas futuramente[105].

6.5. Tipo penal subjetivo: elemento típico subjetivo

O elemento subjetivo é o dolo, representado pela vontade livre e consciente de dar, oferecer ou prometer dinheiro ou qualquer outra vantagem a testemunha, perito, contador, tradutor ou intérprete. O tipo penal exige ainda que o agente aja com o fim específico de obter o depoimento, perícia, cálculos, tradução ou interpretação falsa, ou a omissão ou negação dos fatos verdadeiramente ocorridos. É o elemento especial do tipo penal.[106]

6.6. Circunstâncias de aumento de pena: art. 343, parágrafo único

O art. 343, parágrafo único, prevê uma causa de aumento de pena de um sexto a um terço se o delito for praticado com a finalidade de obtenção de prova destinada a produzir efeito em processo penal ou em processo civil em se seja parte entidade da Administração Pública direta ou indireta, ou seja, em que seja parte a União, o Estado, o Município e o Distrito Federal, além de suas respectivas fundações, autarquias, empresas públicas e sociedades de economia mista.

Cumpre destacar que a expressão típica *processo penal* deve ser interpretada restritivamente, de modo a não abranger o "inquérito policial". Processo penal e inquérito policial são procedimentos juridicamente distintos na teoria geral do processo penal, e sua equiparação para efeitos do delito em tela consiste em emprego da analogia *in malam partem*, violando-se o princípio da legalidade penal.

6.7. Consumação e tentativa

O crime consuma-se com a dação, oferta ou promessa de dinheiro ou vantagem indevida a testemunha, perito, contador, tradutor ou intérprete. Trata-se de crime formal, independendo a sua consumação de eventual conivência ou rejeição da proposta, ou da prática do ato vislumbrado pelo sujeito ativo.

A tentativa é inadmissível, uma vez que o simples ato de prometer ou oferecer já consumaria o crime;[107] contudo a doutrina entende ser possível a tentativa quando o crime é praticado do modo escrito, como no exemplo de carta contendo a proposta do sujeito ativo, interceptada antes que a testemunha, perito, contador, tradutor ou intérprete tome ciência de seu conteúdo.[108]

---

105 MANZINI, Vicenzo. Tratatto di diritto penale..., *Cit.*, p. 743; FRAGOSO, Heleno Claudio. Lições de direito penal..., *Cit.*, p. 541.

106 MANZINI, Vicenzo. Tratatto di diritto penale..., *Cit.*, p. 747; BITENCOURT, Cezar Roberto. Tratado de direito penal..., *Cit.*, p. 313.

107 Nelson Hungria (Comentários ao Código Penal..., *Cit.*, p. 490) entende que a tentativa é inadmissível, confira-se: "não é concebível a tentativa, pois a simples oferta ou promessa de remuneração ou recompensa já é o crime consumado (independente de aceitação) ".

108 NORONHA, Magalhães. Direito penal..., *Cit.*, p. 382; PRADO, Luiz Régis. Curso de direito penal..., *Cit.*, p. 681.

6.8. Pena e aspectos processuais

Primordialmente, a pena prevista para o crime do art. 343 era de um a três anos de reclusão, e multa. Com o advento da Lei 10.268/01 houve uma exasperação da pena, passando a ser de três a quatro anos de reclusão, mais multa.

Conforme se pode notar, com a modificação promovida pela Lei 10.826/2001, o espaço entre as penas máxima e mínima cominadas para o crime de corrupção ativa de testemunha ou perito diminuiu. Nesse ponto, vê-se que andou mal o legislador, uma vez que o exíguo lapso temporal torna dificultosa a atividade do juiz em fixar a pena o mais equânime possível à realidade do caso, não sendo suficiente, dentre as diversas minúcias que se apresentam diante das variadas circunstâncias que cada fato criminoso apresenta, o lapso temporal estabelecido pela Lei 10.826/2001 para que o magistrado aplique da forma mais fiel possível a lei, o que, sem sombra de dúvida, abala o princípio da individualização da pena (art. 5º, XLVI, da Constituição Federal) [109].

A competência para processar e julgar o crime de corrupção ativa de testemunha ou perito é da Justiça comum.

A ação penal é pública incondicionada.

7. COAÇÃO NO CURSO DO PROCESSO

⊙ **Coação no curso do processo**

Art. 344 – Usar de violência ou grave ameaça, com o fim de favorecer interesse próprio ou alheio, contra autoridade, parte, ou qualquer outra pessoa que funciona ou é chamada a intervir em processo judicial, policial ou administrativo, ou em juízo arbitral:

Pena – reclusão, de um a quatro anos, e multa, além da pena correspondente à violência.

7.1. Considerações preliminares

O delito de coação no curso do processo não foi previsto na legislação brasileira anterior, sendo raramente encontrado nos ordenamentos jurídicos estrangeiros.[110] Observe-se que o Código Penal da República (1890) incriminava somente o uso da violência ou ameaça contra juiz ou jurado (art. 113).

O Código Penal de 1940 inspirou-se no código penal polonês para prever uma incriminação ampla, abrangendo o uso de violência ou grave ameaça contra autoridade, parte ou qualquer pessoa que funciona ou é chamada a intervir em procedimento administrativo, processo judicial ou juízo arbitral.[111]

7.2. Bem jurídico e classificação doutrinária

O bem jurídico tutelado é a administração da justiça, que constitui aspecto da administração pública. A objetividade jurídica é assegurar o funcionamento normal e

109 PRADO, Luiz Régis. Curso de direito penal..., *Cit.*, p. 682.

110 FRAGOSO, Heleno Claudio. Lições de direito penal..., *Cit.*, p. 542.

111 HUNGRIA, Nelson. Comentários ao Código Penal..., *Cit.*, p. 491.

regular da prestação jurisdicional, bem como garantir a incolumidade física e psíquica daqueles que atuam ou são chamados a atuar em procedimento administrativo, processo judicial ou juízo arbitral.[112]

O delito do art. 344 classifica-se como:

crime comum	crime formal	crime instantâneo	crime unissubjetivo	crime plurissubsistente
porque não exige uma qualidade especial do agente, podendo ser praticado por qualquer pessoa	bastando a realização da conduta típica para sua consumação	não há lapso entre a ação e o resultado	pode ser executado por apenas um agente, na modalidade de ingressar	pode ser praticado por mais de um ato, admitindo o fracionamento da conduta

7.3. Sujeitos do crime

O sujeito ativo é qualquer pessoa, porque o tipo penal não exige uma qualidade especial do agente, que tenha ou não interesse pessoal na demanda que se encontra em andamento.

O sujeito passivo é o Estado, representado pela administração pública (especificamente, a administração da justiça) federal, estadual ou municipal, bem como a pessoa que sofre a coação praticada pelo agente.

7.4. Tipo penal objetivo: elementos da descrição típica

A conduta incriminada no art. 344 do Código Penal consiste em usar de violência ou grave ameaça, com o fim de favorecer interesse próprio ou alheio, contra autoridade, parte ou qualquer outra pessoa que funciona ou é chamada a intervir em processo judicial, policial ou administrativo, ou em juízo arbitral.

O comportamento típico tem como conduta nuclear o verbo *usar*, que nos termos do tipo penal significa empregar, utilizar, agir com violência ou grave ameaça contra autoridade (juiz etc.), parte (autor, réu, membro do Ministério Público, defensor público etc.), ou qualquer outra pessoa que funciona ou é chamada a intervir (testemunha, perito, tradutor, intérprete, contador, jurado escrivão, oficial de justiça) em processo judicial, administrativo ou arbitral, com a finalidade de favorecer a interesse próprio ou alheio.

112 É oportuno conferir o magistério de Régis Prado (Curso de direito penal..., *Cit.*, p. 685), *in verbis*: "Com efeito, no primeiro momento, é tutelada a função jurisdicional, com a proteção da independência judicial, que radica não apenas na liberdade interna do juiz para prolatar sua decisão, mas tambem na liberdade processual como um todo – a fim de que ninguém se sinta coagido quando funciona ou é chamado a intervir em processo judicial ou juízo arbitral -, bem como da atividade dos órgãos judiciais, na realização dos mecanismos processuais destinados à obtenção de uma prestação jurisdicional exata e justa. No segundo momento, é forçoso reconhecer que há, ao lado da efetiva lesão dos interesses judiciais, ofensa a bens jurídicos de pessoas concretas, com a qual se pretende atingir a administração da justiça. Trata-se, portanto, de delito pluriofensivo".

O delito de coação no curso do processo se realiza mediante o emprego de violência ou grave ameaça contra aqueles indicados no art. 344 do Código Penal. O termo violência refere-se a *vis absoluta*, isto é, a força física empregada contra coagido para limitar ou tolher sua capacidade de autodeterminação em relação ao interesse pretendido pelo coator. A violência é *imediata* quando realizada diretamente contra o coagido, sendo qualificada como *mediata* quando empregada contra terceira pessoa ou coisa com a qual o coagido tem relação ou vinculação de qualquer natureza. A expressão grave ameaça diz respeito à *vis compulsiva* ou *violência moral*, que se constitui pela intimidação psicológica contra o coagido para lhe limitar ou anular a vontade e o querer, com vistas a obter-se o interesse pretendido pelo coator. A grave ameaça se realiza de vários modos, tais como: gestos, palavras, atos, escritos ou por qualquer meio simbólico de ameaça, devendo ser idônea a impor medo e/ou temor ao coagido e suficiente para lhe viciar o agir no processo.[113]

A expressão *interesse próprio ou alheio* (elemento normativo do tipo penal) refere-se a qualquer pretensão ou direito subjetivo vinculado ou debatido no processo ou procedimento em que se emprega a coação contra aqueles indicados no tipo penal do art. 344.[114]

A conduta criminosa do art. 344 se caracteriza quando a violência ou grave ameaça é suficiente para viciar ou eliminar a liberdade de agir do coagido para fins de satisfazer o interesse do coator ou de terceiro em processo judicial, administrativo ou arbitral em tramitação.[115]

O objeto material do delito é a pessoa que sofre a coação realizada em processo judicial, administrativo ou em juízo arbitral, isto é, a *autoridade* (juiz, delegado de polícia, membro do Ministério Público como *custos legis*, procurador da Fazenda Nacional, advogado da União, procurador de Estado, procurador de Município etc.), *parte* (autor, réu, membro do Ministério Público, defensor público etc), ou qualquer outra pessoa que funciona ou é chamada a intervir (testemunha, perito, tradutor, intérprete, contador, jurado escrivão, oficial de Justiça). Destaque-se que a violência ou a grave ameaça ser dirigida contra a pessoa indicada no tipo penal do art. 344, em razão de sua atuação ou intervenção no processo em que se busca obter o favorecimento a interesse próprio ou alheio.

---

113 Nesse sentido: BITENCOURT, Cezar Roberto. Tratado de direito penal..., *Cit.*, p. 318. PRADO, Luiz Régis. Curso de direito penal..., *Cit.*, p. 638. Nelson Hungria (Comentários ao Código Penal..., *Cit.*, p. 491) também destaca que a ameaça deve intimidar concretamente o coagido. Em sentido contrário, Alvaro Mayrink da Costa (Direito penal..., *Cit.*, p. 371) entende que não se deve perquirir sobre a injustiça ou gravidade da ameaça.

114 Nesse sentido: BITENCOURT, Cezar Roberto. Tratado de direito penal..., *Cit.*, p. 318. A esse respeito, Nelson Hungria (Comentários ao Código Penal..., *Cit.*, p. 492) destaca: "O visado favorecimento próprio ou alheio pode consistir, por exemplo, em impedir a decisão da autoridade ou forçá-la a emiti-la em tal ou qual sentido; em obrigar testemunha ou perito a depor ou opinar falsamente; em coagir representante do Ministério Público a não oferecer denúncia; em obstar que o escrivão da causa providencie para a publicação de um edital, etc. etc."

115 Nesse sentido: BITENCOURT, Cezar Roberto. Tratado de direito penal..., *Cit.*, p. 318.

A coação deve ser praticada em processo judicial (penal, civil ou trabalhista), procedimento administrativo (disciplinar, tributário, civil ou inquérito policial) ou em juízo arbitral (orgão constituído por árbitros escolhidos pelos interessados em convenção de arbitragem para conhecer e decidir extrajudicialmente demandas), que estejam em tramitação. Caso o processo/procedimento já se tenha findado, a coação não configura o delito do art. 344 do Código Penal mas outro delito que se configure a partir da violência ou da grave ameaça praticada.

7.5. Tipo penal subjetivo: elemento típico subjetivo

O elemento subjetivo do delito de coação no curso do processo é o dolo, que se constitui pela consciência e vontade de usar da violência ou da grave ameaça contra o coagido para favorecer interesse próprio ou alheio na demanda em tramitação.

A descrição legal exige ainda um *elemento subjetivo especial* do tipo consubstanciado no *especial fim de agir* do agente, qual seja: *o fim de favorecer interesse próprio ou alheio.*

7.6. Consumação e tentativa

O delito de coação no curso do processo se consuma no momento em que é empregada a violência ou grave ameaça contra o coagido, independentemente de o agente conseguir o resultado pretendido com a coação ou de a vítima se sentir intimidada. É suficiente para a consumação do delito a idoneidade da coação para intimidar a vítima, mesmo que esta não se intimide efetivamente. A obtenção do interesse pretendido configura mero exaurimento do crime, devendo ser considerado na fixação da sanção criminal aplicada.

A tentativa é, teoricamente, admissível, pois a execução do crime comporta fracionamento e possibilidade de interrupção por circunstância alheia à vontade do agente.

7.7. Pena e aspectos processuais

A pena cominada é a reclusão de um a quatro anos, e multa, além da pena correspondente à violência praticada.

Admite-se a suspensão condicional do processo (arts. 76 c/c 89 da Lei n° 9.099/1995, Súmula 243 do STJ e Súmula 723 do STF).

A ação penal é pública incondicionada.

7.8. Consideração especial

7.8.1. Coação no curso do processo e princípio da especialidade

A violência ou a grave ameaça contra membros de Comissão Parlamentar de Inquérito são incriminadas pela Lei nº 1.579/1952, art. 4º, inciso I.

A violência ou a grave ameaça contra membros do Conselho de Defesa dos Direitos da Pessoa Humana são incriminadas pela Lei nº 4.319/1964, art. 8º, inciso I.

7.8.2. Coação no curso do processo e coisa julgada

É pressuposto para o delito de coação no curso de processo a existência de procedimento administrativo ou processo judicial em tramitação. Por outro lado, quando no procedimento administrativo há decisão definitiva, ou no processo judicial há decisão transitada em julgado, inexiste o crime do art. 344 do Código Penal, em razão da ausência de uma elementar, havendo assim conduta atípica. Não obstante, nessa hipótese a violência ou a grave ameaça pode configurar outro delito, como: constrangimento ilegal (art. 146), ameaça (art. 147), lesão corporal (art. 129) etc.

8. EXERCÍCIO ARBITRÁRIO DAS PRÓPRIAS RAZÕES

⊙ **Exercício arbitrário das próprias razões**

Art. 345 – Fazer justiça pelas próprias mãos, para satisfazer pretensão, embora legítima, salvo quando a lei o permite:

Pena – detenção, de quinze dias a um mês, ou multa, além da pena correspondente à violência.

Parágrafo único – Se não há emprego de violência, somente se procede mediante queixa.

8.1. Considerações preliminares

A conduta de exercício arbitrário das próprias razões no direito penal romano era incriminada como violência privada, constituindo uma modalidade ilegítima de fazer justiça com as próprias mãos. *Grosso modo*, esse comportamento consistia em apossamento violento de algum bem litigioso ou de coisa para servir como garantia de um crédito. A sanção aplicável a esse delito consistia na perda do direito ou do crédito.[116]

Na Idade Média o apossamento de coisa própria que se encontrava na posse de outrem ou o emprego de armas para se fazer justiça eram formalmente incriminados.[117]

Não obstante, entende-se que a concepção atual do exercício arbitrário das próprias razões não remonta à noção do Direito romano, pois neste a conduta criminosa consistia em uma violação da liberdade individual da vítima, e não a uma usurpação da função de administração da justiça.[118]

A concepção atual do exercício arbitrário das próprias razões foi estabelecida pelos códigos penais do século XIX, e gradativamente foi incorporada pela legislação criminal contemporânea.[119]

---

116 MANZINI, Vicenzo. Tratatto di diritto penale..., *Cit.*, p. 889; PRADO, Luiz Régis. Curso de direito penal..., *Cit.*, p. 689.

117 MANZINI, Vicenzo. Tratatto di diritto penale..., *Cit.*, p. 889; PRADO, Luiz Régis. Curso de direito penal..., *Cit.*, p. 689.

118 MANZINI, Vicenzo. Tratatto di diritto penale..., *Cit.*, p. 889; PRADO, Luiz Régis. Curso de direito penal..., *Cit.*, p. 689; FRAGOSO, Heleno Claudio. Lições de direito penal..., *Cit.*, p. 543.

119 MANZINI, Vicenzo. Tratatto di diritto penale..., *Cit.*, p. 889; PRADO, Luiz Régis. Curso de direito penal..., *Cit.*, p. 689.

No direito penal brasileiro, esse crime não foi previsto no Código Criminal imperial (1830) e Código Penal da República (1890), tendo sido tipificado pela primeira vez pelo atual Código Penal de 1940.

8.2. Bem jurídico e classificação do delito

O bem jurídico tutelado é a administração da justiça, que constitui aspecto da Administração Pública. A objetividade jurídica é assegurar o funcionamento normal e regular da prestação jurisdicional, bem como garantir o monopólio do Estado na função de resolver os conflitos sociais e a distribuição da justiça. Tutela-se a administração da justiça proibindo-se que a atividade particular tente substituir a prestação jurisdicional estatal na busca da satisfação de uma pretensão.

O delito do art. 345 classifica-se como:

crime comum	crime formal	crime instantâneo	crime unissubjetivo	crime plurissubsistente
porque não exige uma qualidade especial do agente, podendo ser praticado por qualquer pessoa	bastando a realização da conduta típica para sua consumação	não há lapso entre a ação e o resultado	pode ser executado por apenas um agente, na modalidade de ingressar	pode ser praticado por mais de um ato, admitindo o fracionamento da conduta

8.3. Sujeitos do delito

O sujeito ativo é qualquer pessoa, porque o tipo penal não exige uma qualidade especial do agente. Na hipótese de o agente ser funcionário público, se a conduta for realizada *ratione officium,* configura-se como crime de violência arbitrária (art. 322, do CP) ou de abuso de autoridade (arts. 3º e 4º da Lei nº 4.898/1965).

O sujeito passivo é o Estado, representado pela Administração Pública (especificamente, a administração da justiça), bem como a pessoa que sofre a ação típica praticada pelo agente.

8.4. Tipo penal objetivo: elementos da descrição típica

A conduta incriminada pelo art. 345 consiste em fazer justiça pelas próprias mãos, para satisfazer pretensão, embora legítima, salvo quando a lei o permite. Em outros termos, o exercício arbitrário das próprias razões consiste em *fazer justiça com as próprias mãos*, no sentido de empregar-se qualquer meio para se obter a satisfação de uma pretensão que deveria se submetida ao Poder Judiciário.

A conduta nuclear da descrição típica é *fazer justiça com as próprias mãos*, que, nos termos do tipo penal, significa valer-se ou empregar qualquer meio de execução (violência, grave ameaça, fraude ou qualquer artifício) para satisfazer uma pretensão jurídica (legítima ou ilegítima) contra o sujeito passivo, quando deveria ser submetida ao Poder Judiciário para sua satisfação. O comportamento incriminado constitui uma autotutela de interesse privado exercida ilegitimamente pelo sujeito ativo do delito de exercício arbitrário das próprias razões, isto é, o agente usurpa a função jurisdicional do Estado, na busca de satisfazer sua pretensão oponível ao sujeito passivo, que deveria ser levada à autoridade judiciária.

A configuração do exercício arbitrário das próprias razões exige a presença de três pressupostos, a saber: a) existência de uma pretensão, isto é, um direito subjetivo (de qualquer natureza jurídica, real, obrigacional, contratual etc.) do agente oponível ao sujeito passivo. É necessário que a pretensão seja, no mínimo, subjetivamente legítima, ainda que objetivamente não o seja, significa dizer; o agente deve estar convicto de que sua pretensão tem respaldo jurídico;[120] b) pretensão suscetível de apreciação jurisdicional, ou seja, que o agente possa invocar a intervenção do Poder Judiciário para satisfazer sua pretensão[121]; c) o objeto da pretensão está na posse do sujeito passivo, isto é, que a coisa ou o direito que o agente busca obter pelas próprias mãos esteja na posse ou no gozo de outrem.[122]

A expressão típica "*salvo quando a lei o permitir*" constitui-se como um elemento normativo do tipo penal e refere-se à ausência de uma causa de justificação *lato sensu*, embora inserida na descrição típica do delito. Sendo assim, a eventual concorrência de uma permissão legal para a conduta lhe retira a tipicidade penal. Com efeito, fazer justiça pelas próprias mãos, nas hipóteses legalmente permitidas, configura uma conduta atípica e lícita.[123] Pode-se realizar a *justiça privada*: a) na hipótese legal em que o individuo tem o direito de retorquir imediatamente, como uma reação imediata; b) quando há expressa previsão legal para o exercício direto de um direito subjetivo; c) quando qualquer uma das excludentes penais (art. 23 do Código Penal) está prevista expressamente para a realização de uma conduta.[124]

O delito exercício arbitrário das próprias razões pode ser executado por qualquer meio de execução tendente à satisfação da pretensão do agente, podendo ser empregada a violência física, a grave ameaça, a fraude ou qualquer outro meio idôneo a superar a resistência do sujeito passivo em manter o objeto da pretensão.[125]

---

120 MANZINI, Vicenzo. Tratatto di diritto penale..., *Cit.*, p. 893. BITENCOURT, Cezar Roberto. Tratado de direito penal..., *Cit.*, p. 323. Nesse sentido, vale conferir o magistério de Nelson Hungria (Comentários ao Código Penal..., *Cit.*, p. 496/497), *in verbis*: "É pressuposto do crime uma *pretensão*, a que deve corresponder um direito de que o agente é ou supõe ser titular. *Pretensão* é a direção da vontade para o exercício de um direito, seja êste autentico (caso de pretensão legítima) ou meramente putativo (caso de pretensão supostamente legítima). Não importa que a pretensão seja ilegítima, desde que o agente está convencido do contrário, embora, para reconhecer-se a sinceridade de tal convicção, deve existir, pelo menos, uma aparência de direito, um *fumus juris*, ou, como diz SABATINI, uma pretensão que, se levada a juízo, não seria repelida como *lide temerária*".

121 MANZINI, Vicenzo. Tratatto di diritto penale..., *Cit.*, p. 899; PRADO, Luiz Régis. Curso de direito penal..., *Cit.*, p. 692.

122 PRADO, Luiz Régis. Curso de direito penal..., *Cit.*, p. 692.

123 PRADO, Luiz Régis. Curso de direito penal..., *Cit.*, p. 694; BITENCOURT, Cezar Roberto. Tratado de direito penal..., *Cit.*, p. 324.

124 Nesse sentido: HUNGRIA, Nelson. Comentários ao Código Penal..., *Cit.*, p. 498.

125 PRADO, Luiz Régis. Curso de direito penal..., *Cit.*, p. 692; BITENCOURT, Cezar Roberto. Tratado de direito penal..., *Cit.*, p. 323.

8.5. Tipo penal subjetivo: elemento típico subjetivo

O elemento subjetivo do delito de exercício arbitrário das próprias razões é o dolo, que se constitui pela consciência e vontade de fazer *justiça pelas próprias mãos*, estando o agente convicto de que sua pretensão é legítima.

A descrição legal exige ainda um *elemento subjetivo especial* do tipo consubstanciado no *especial fim de agir* do agente, ou seja, *para satisfazer pretensão*

8.6. Consumação e tentativa

O delito de exercício arbitrário das próprias razões se consuma no momento em que o agente emprega o meio arbitrário com o fim de satisfazer sua pretensão, independentemente de conseguir satisfazê-la.[126]

A tentativa é admissível, pois a execução do crime admite fracionamento e a possibilidade de interrupção por circunstância alheia à vontade do agente.

8.7. Pena e aspectos processuais

A pena cominada é a detenção de quinze dias a um mês, ou multa, além da pena correspondente à violência praticada.

A competência para o processo e julgamento do delito de exercício arbitrário das próprias razões é do juizado especial criminal (art. 61 da Lei n.° 9.099/1995), admitindo-se a transação e a suspensão condicional do processo (arts. 76 c/c 89 da Lei n.° 9.099/1995).

Não havendo violência física contra a pessoa, somente se procede mediante queixa (art. 345, parágrafo único, do Código Penal). A *vis absoluta* pode ser praticada diretamente contra a pessoa que o agente busca a sua pretensão ou contra terceiros que se exponham à ação arbitrária. Não se inclui nessa hipótese a violência moral (grave ameaça) e a violência contra a coisa.[127]

A ação penal é pública incondicionada quando há o emprego de violência física. A ação penal é de iniciativa privada quando não há violência física contra a pessoa.

8.8. Consideração especial

8.8.1. Exercício arbitrário e princípio da especialidade

Destaque-se que se o exercício arbitrário das próprias razões for praticado contra o consumidor, configura o delito do art. 71 do Código de Defesa do Consumidor.

---

126 Nesse sentido: MANZINI, Vicenzo. Tratatto di diritto penale..., *Cit.*, p. 918/919; PRADO, Luiz Régis. Curso de direito penal..., *Cit.*, p. 694; BITENCOURT, Cezar Roberto. Tratado de direito penal..., *Cit.*, p. 325. Entendem que a consumação ocorre com a satisfação da pretensão do agente: HUNGRIA, Nelson. Comentários ao Código Penal..., *Cit.*, p. 498; FRAGOSO, Heleno Claudio. Lições de direito penal..., *Cit.*, p. 545.

127 PRADO, Luiz Régis. Curso de direito penal..., *Cit.*, p. 694.

9. SUBTRAÇÃO, SUPRESSÃO OU DANO DE COISA PRÓPRIA EM PODER DE TERCEIRO

⊙ **Subtração, supressão ou dano de coisa própria em poder de terceiro**

Art. 346 – Tirar, suprimir, destruir ou danificar coisa própria, que se acha em poder de terceiro por determinação judicial ou convenção:

Pena – detenção, de seis meses a dois anos, e multa.

Parágrafo único – Se a inovação se destina a produzir efeito em processo penal, ainda que não iniciado, as penas aplicam-se em dobro.

9.1. Considerações preliminares

O crime de subtração, supressão ou dano de coisa própria em posse de terceiro tem previsão inédita no Código Penal de 1940 não havendo precedentes na legislação brasileira. Aproximava-se dessa previsão, no entanto, o crime de tirada de coisa própria da posse legal de terceiro, tipificado no Código Penal da República (1890) e incluído entre os crimes contra o patrimônio (art. 332). Hoje, diferentemente, o crime é enquadrado entre os crimes contra a administração da justiça, uma vez que a conduta típica envolve o desrespeito de uma determinação judicial.[128]

Por vezes, o proprietário de determinada coisa pode se ver privado de sua posse sobre ela. Isso pode ocorrer de várias maneiras, mas basicamente sob dois gêneros de situação: perda voluntária, por negócio jurídico (contrato de compra e venda, de comodato, de locação etc.); ou perda compulsória, por determinação judicial (busca e apreensão, adjudicação, arresto etc.).[129] Em qualquer caso de perda da posse, cabe ao sujeito obter, pelas vias legais e processuais, a revogação da medida ou negócio e a recuperação da coisa, sendo ilegítimo retomar mediante força e sem respaldo legal a coisa que lhe foi tirada.

9.2. Bem jurídico e classificação do delito

O bem jurídico tutelado pelo crime previsto no art. 346 é a administração da Justiça, notadamente como instituição que detém o monopólio e é responsável pela Jurisdição estatal, especificamente a atribuição de poder de dirimir os conflitos sociais aplicando o Direito e, consequentemente, a força. O que se pretende é que os particulares não se façam justiceiros de seus próprios interesses, utilizando-se da própria força em detrimento da força estatal.

O delito em comento é *crime próprio*, sendo necessária a condição especial do sujeito. Além disso, é *crime material*, por exigir resultado para sua consumação, qual seja a efetiva fuga do preso ou internado; de *forma livre*, porque pode ser praticado por qualquer forma ou meio; e *instantâneo*, pois entre a ação e seu resultado não há grande lapso de tempo. Pode ser praticado por apenas um agente, por isso é *crime*

128 FRAGOSO, Heleno Claudio. *Lições de direito penal..., Cit.*, p. 547

129 BITENCOURT, Cezar Roberto. *Tratado de direito penal..., Cit.*, p. 328

unissubjetivo. É crime *plurissubsistente*, pois, em regra, é praticado por mais de um ato e sua execução pode ser fracionada.

9.3. Sujeitos do delito

O sujeito ativo do crime do crime previsto no art. 346 é, apenas, o proprietário da coisa (crime próprio). Exige-se, então, a condição especial do sujeito, de ser possuidor da coisa aludida na descrição típica.

O sujeito passivo é o Estado, representado pela Administração Pública. É também sujeito passivo do delito, de forma secundária, o terceiro que se encontrava com o objeto material (coisa) e sofre diretamente as lesões que a ação típica provoca.[130]

9.4. Tipo penal objetivo: elementos da descrição típica

O crime previsto no art. 346 consiste na conduta de tirar, suprimir, destruir ou danificar coisa própria, que se acha em poder de terceiro por determinação judicial ou convenção. Assim, o núcleo do tipo penal é representado pelos verbos *tirar* (arrancar, sacar, extrair, usurpar, espoliar, arrebatar, furtar), *suprimir* (eliminar, fazer desaparecer), *destruir* (arruinar, arrasar, aniquilar, inutilizar por completo) e *danificar* (deteriorar, causar dano).

O objeto material do delito em questão é a coisa, de natureza móvel ou imóvel, cuja propriedade pertence ao sujeito ativo, mas que se encontra sob a posse de terceiro por força de decisão judicial (busca e apreensão, adjudicação etc.) ou de convenção (contrato de compra e venda, de comodato, de locação etc.). Tanto a coisa móvel como a imóvel podem ser suprimidas, destruídas ou danificadas, porém, por razões óbvias, somente a coisa móvel pode ser tirada[131].

A conduta criminosa do art. 346 exige dois pressupostos para a configuração do crime: a) o fato de a coisa ser própria e b) a coisa em poder de terceiro. *Coisa própria* é elemento normativo do tipo que indica a qualidade do sujeito ativo de proprietário do objeto material, ou seja, é preciso que fique identificado que o bem pertence ao agente, que a coisa é sua. Se a coisa for alheia, não poderá configurar o crime do art. 346, mas qualquer outro crime contra o patrimônio, a depender das demais elementares e das circunstâncias do fato. Já a locução *em poder de terceiro* significa que o objeto material precisa estar na posse legítima de alguém. A legitimidade dessa posse decorre, para efeitos da tipificação da conduta, de determinação judicial ou de convenção (negócio jurídico).

Em síntese, a descrição típica prevê como crime a tirada, supressão, destruição ou danificação de coisa pertencente ao próprio agente, mas que estava na posse legítima da vítima, que a havia conquistado por determinação judicial ou convenção.

---

130 Diferentemente, Cezar Bitencourt (*Tratado de direito penal...*, *Cit.*, p. 328) entende que o particular portador da coisa é o sujeito passivo principal do delito, por sofrer física e diretamente as consequências do delito, opinião da qual se discorda, pelo fato de que o bem jurídico tutelado pelo delito é a administração da justiça, e não o interesse patrimonial do particular.

131 PRADO, Luiz Régis. *Curso de direito penal...*, *Cit.*, p. 698.

9.5. Tipo penal subjetivo: elemento típico subjetivo

O elemento subjetivo do crime é o dolo, representado pela vontade consciente de tirar, subtrair, destruir ou danificar coisa própria, que está em poder de terceiro por determinação judicial ou convenção. Não configura o crime previsto no art. 346 se o sujeito ativo não tem consciência de que a coisa se encontra sob a posse legítima de terceiro, isto é, que a posse da vítima decorreu de determinação judicial ou convenção. Não se exige elemento subjetivo especial do tipo penal, sendo irrelevantes, portanto, os motivos para a prática do crime.

Não há previsão da modalidade culposa do crime.

9.6. Consumação e tentativa

Consuma-se o crime do art. 346, *caput*, com a tirada, subtração, destruição ou danificação do objeto material (coisa própria) que estava em poder de terceiro por determinação judicial ou convenção. A tentativa é plenamente admissível, dado que a espécie criminal possibilita o fracionamento de sua execução.

9.7. Pena e aspectos processuais

A pena para a prática do crime do crime previsto no art. 346 é de detenção, de seis meses a dois anos, e multa.

Para o crime em comento a competência é dos Juizados Especiais Criminais, tendo em vista que a sua pena máxima cominada não ultrapassa dois anos (art. 61 da Lei nº 9.099/1995). É admitida a suspensão condicional do processo, inclusive para a forma qualificada, uma vez que as penas mínimas cominadas não ultrapassam um ano (art. 89 da Lei nº 9.099/1995).

A ação penal é pública incondicionada.

10. FRAUDE PROCESSUAL

Fraude processual

Art. 347 – *Inovar artificiosamente, na pendência de processo civil ou administrativo, o estado de lugar, de coisa ou de pessoa, com o fim de induzir a erro o juiz ou o perito:*

Pena – detenção, de três meses a dois anos, e multa.

Parágrafo único – Se a inovação se destina a produzir efeito em processo penal, ainda que não iniciado, as penas aplicam-se em dobro.

10.1. Considerações preliminares

O crime de fraude processual surgiu na legislação penal italiana com o Código Penal Rocco (1930). O escopo da previsão típica, nesse momento, era o de garantir a idoneidade das fontes de convencimento dos magistrados, isto é, dos elementos de prova produzidos no processo. No Direito alemão, existia a especulação doutrinária do *"estelionato processual"*, consubstanciado na conduta de enganar o juiz para tirar proveito de seu convencimento.[132]

No Direito brasileiro essa figura delitiva não teve previsão nos códigos de 1830 e 1890, vindo a ser prevista somente no Código Penal de 1940, que se inspirou e seguiu amplamente as orientações do Código Penal italiano, porém em descrição típica menos abrangente e inovando quanto ao *nomen iuris* do crime (*fraude processual*) [133].

O crime de fraude processual (*falsum*) aproxima-se muito do estelionato, porém, o bem jurídico tutelado não é o patrimônio, mas a administração da Justiça, na medida em que serve para garantir, ou dar maior reforço, a autenticidade dos meios de convicção dos julgadores[134]. Tipifica, portanto, conduta que ameaça o funcionamento da correta e eficiente Justiça, buscando evitar-se o prejuízo a retidão de seus pronunciamentos e a seu prestígio como instituição pública.

10.2. Bem jurídico e classificação do delito

O bem jurídico tutelado pelo crime previsto no art. 347 é a administração da Justiça, notadamente como instituição que detém o monopólio e é responsável pela Jurisdição estatal, que é justamente a atribuição e o poder de decidir os conflitos sociais aplicando o Direito e, consequentemente, a força. Pretende-se assegurar a lisura e retidão das decisões judiciais, evitando que o convencimento do juiz seja desvirtuado por meios de prova inidôneos ou artificiosos.

O delito em comento é *crime comum*, não sendo necessária a condição especial do sujeito. Além disso, é *crime formal*, por não exigir resultado naturalístico para sua consumação; de *forma livre*, porque pode ser praticado por qualquer forma ou meio; e *instantâneo*, pois entre a ação e seu resultado não há grande lapso de tempo. Pode ser praticado por apenas um agente, por isso é *crime unissubjetivo*. É crime *plurissubsistente*, pois, em regra, é praticado por mais de um ato e sua execução pode ser fracionada.

10.3. Sujeitos do delito

O sujeito ativo do crime do crime de fraude processual pode ser qualquer pessoa (crime comum), não se exigindo nenhuma condição especial do agente. Até mesmo pessoa que não seja parte no processo, mas que nele inove artificiosamente para induzir seu resultado e beneficiar alguém, tal como o terceiro, interessado ou não, pode ser sujeito ativo do delito. Também os funcionários públicos, inclusive os servidores do Judiciário, e os advogados que concorrem na fraude podem ser sujeito ativo do crime.

---

132 FRAGOSO, Heleno Claudio. Lições de direito penal..., *Cit.*, p. 549; COSTA, Álvaro Mayrink da. *Direito penal...*, *Cit.*, p. 389.

133 COSTA, Álvaro Mayrink da. *Direito penal...*, *Cit.*, p. 390

134 FRAGOSO, Heleno Claudio. *Lições de direito penal...*, *Cit.*, p. 549; PRADO, Luiz Régis. *Curso de direito penal...*, *Cit.*, p. 701.

O sujeito passivo é o Estado, representado pela administração da Justiça, como espécie do gênero Administração Pública (*latu sensu*). É também sujeito passivo do delito a parte litigante que foi prejudicada com o resultado desfavorável do processo, isto é, com a decisão injusta que lhe foi contrária.

10.4. Tipo penal objetivo: elementos da descrição típica

O crime previsto no art. 347 consiste na conduta de inovar artificiosamente, no curso de processo civil ou administrativo, o estado de lugar, coisa ou pessoa, com o desígnio de levar o juiz ou o perito a erro. Assim, o núcleo do tipo penal é representado pelo verbo *inovar*, que significa o ato de mudar, transformar, alterar, modificar etc., de forma ardilosa, meios de convencimento do processo para induzir o magistrado ou o perito a tirar conclusões equivocadas[135]. Noutras palavras, a inovação ardilosa consiste em promover modificações e transformações materiais, intrínsecas ou extrínsecas, capazes de induzir as interpretações e conclusões que se tiram sobre o lugar, pessoa ou coisa, sem que, para isso, tenha havido a concorrência de causas naturais [136].

O predicado *ardilosamente*, que segue o verbo, significa que a inovação perpetrada tenha o propósito de enganar; de induzir o juízo da autoridade judiciária ou do perito. Quer dizer que a transformação do lugar, pessoa ou coisa deu-se por *meio de artifícios*. No dizer de Cezar Bitencourt, "artifício é toda simulação ou dissimulação idônea para induzir uma pessoa em erro, levando-a à percepção de uma *falsa aparência da realidade*"[137]. Além disso, pelo conceito de *ardilosamente*, deve-se entender também que a transformação do lugar, pessoa ou coisa não ocorreu por razões naturais, pois a fraude processual só ocorre quando por meio de *artifícios*, o que, por essência, implica a mudança *artificial*, e não a natural.

Além disso, a inovação sobre o lugar, pessoa ou coisa precisa ser idônea para induzir o juízo ou julgamento equivocado por parte do magistrado ou perito. A modificação inidônea, incapaz de modificar o entendimento do homem de percepção média, de tão evidente ou grosseira que é, não tipifica o crime de fraude processual[138].

---

135 Conforme assenta Álvaro Mayrink da Costa (*Direito penal..., Cit.*, p. 391): "O núcleo reitor normativo é constituído pelo ato de *inovar* (mudar, alterar, modificar) *artificialmente* (fraude, ardil, disfarce, idônea, hábil de iludir o estado de uma coisa) *na pendência de processo civil, administrativo ou penal* (incluídas as investigações ou sindicâncias, eis que ainda não iniciado), *o estado de lugar* (a altura de uma parede, o desvio das águas, a abertura de uma janela, o estado de um veículo), *de coisa* (móvel ou imóvel, o cadáver, lavagem de peças ensanguentadas), *ou de pessoa* (tanto a pessoa física como a jurídica, sendo irrelevante a potencialidade de causar dano) ".

136 BITENCOURT, Cezar Roberto. *Tratado de direito penal..., Cit.*, p. 336.

137 BITENCOURT, Cezar Roberto. Tratado de direito penal..., *Cit.*, p. 336-337.

138 FRAGOSO, Heleno Claudio. *Lições de direito penal..., Cit.*, p. 550; PRADO, Luiz Régis. *Curso de direito penal..., Cit.*, p. 703. Nas palavras de Cezar Bitencourt (*Tratado de direito penal..., Cit.*, p. 336), "é indispensável que o *meio artificioso* utilizado pelo agente seja suficientemente idôneo para enganar o juiz ou o perito, para induzi-los em erro. A inidoneidade do ato praticado, no entanto, pode ser relativa ou absoluta: sendo relativamente inidôneo o meio artificioso para enganar ou juiz ou perito,

São duas as características para a inovação configurar o crime de fraude processual: a) *artificiosidade* (propósito de enganar e causas não naturais); b) *idoneidade* (capacidade de alterar o entendimento de juiz ou perito).[139]

É pressuposto do crime, conforme sua descrição típica, a *pendência de processo civil ou administrativo*. Assim, é condição *sine qua non* que o processo judicial ou administrativo esteja em tramitação, independentemente da fase processual em que se encontre.[140] O processo penal, muito embora não mencionado no *caput* do art. 347, também se inclui como pressuposto da fraude processual, dado o que dispõe o parágrafo único.[141]

Isso tudo significa que, rigorosamente, a conduta do agente precisa ter sido praticada após iniciado o processo, *seja ele civil, penal ou mesmo administrativo*. Mas, pela dedução que se extrai do parágrafo único do art. 347, *tratando-se de processo penal não se exige que já tenha ele sido iniciado, desde que, pelas circunstâncias, haja clara suposição de que irá efetivamente iniciar-se*[142] (por exemplo, no caso em que o sujeito ativo toma ciência de que a notícia do crime será prestada à autoridade policial, em instantes).

A redação do tipo penal conclui com a locução *induzir a erro juiz ou perito*. Por *induzir* deve-se compreender o ato de persuadir ou convencer alguém com sua ação; é fazer surgir em alguém pensamento ou ideia que antes inexistia em sua mente. Por sua vez, o vocábulo *erro* alude à consequência da conduta artificiosa do agente, que leva o juiz ou perito a uma má compreensão da realidade, fazendo juízos e valorações equivocadas sobre os fatos [143]. O juiz ou perito é levado a crer que é, quando não é.

Em síntese, a tipificação do crime de fraude processual busca evitar que artifícios sejam empregados no curso dos processos administrativo ou judicial, com o objetivo de falsear as provas e levar o julgamento a equívocos.

10.5. Tipo penal subjetivo: elemento típico subjetivo

O elemento subjetivo do crime é o dolo, representado pela vontade consciente de inovar, por meio de artifícios, e no curso de processo civil, penal ou administrativo, o lugar, coisa ou pessoa que são objetos de prova e apreciação, tendo igualmente consciência e vontade de, com isso, induzir o juiz ou o perito a erro. Assim, exige-se elemento subjetivo especial do tipo penal, consistente no especial fim de agir para induzir em erro magistrado ou perito. É irrelevante que o sujeito ativo tenha interesse pessoal no resultado da demanda, bastando que haja tido a vontade de induzir ao erro.

Não há previsão da modalidade culposa do crime.

---

pode configurar-se a *tentativa* de fraude processual; no entanto, se a inidoneidade for absoluta, tratar-se-á de crime impossível, por absoluta ineficácia do meio empregado (art. 17) ".

139 PRADO, Luiz Régis. *Curso de direito penal..., Cit.*, p. 702/703.

140 FRAGOSO, Heleno Claudio. *Lições de direito penal..., Cit.*, p. 549; BITENCOURT, Cezar Roberto. *Tratado de direito penal..., Cit.*, p. 338.

141 BITENCOURT, Cezar Roberto. *Tratado de direito penal..., Cit.*, p. 338.

142 FRAGOSO, Heleno Claudio. *Lições de direito penal..., Cit.*, p. 549.

143 BITENCOURT, Cezar Roberto. *Tratado de direito penal..., Cit.*, p. 339.

10.6. Circunstâncias de aumento de pena

O parágrafo único do art. 347 prevê uma causa de aumento de aplicação da pena em dobro quando a fraude processual é praticada para alterar o resultado de processo penal. Nessa hipótese, diga-se ainda, não é necessário que o processo tenha se iniciado, bastando que as circunstâncias indiquem que o processo está efetivamente na iminência de ser iniciado. Quer dizer, incide a majorante quando praticada a inovação artificiosa antes mesmo da instauração do processo penal.

Isso se justifica pelo fato de que, no processo penal, os bens jurídicos que estão a ser tutelados pelo Poder Jurisdicional são mais elevados que em outras esferas do ordenamento. Sendo assim, a lesividade à Justiça criminal deve ser mais fortemente repreendida.

10.7. Consumação e tentativa

Consuma-se o crime do art. 347, *caput*, com a efetiva prática da inovação artificiosa de lugar, coisa ou pessoa, quando do curso de processo civil, penal ou administrativo. Para a consumação do crime é indiferente que o resultado final do processo tenha sido, de fato, levado ao equívoco, pois basta que a inovação (alteração material, extrínseca ou intrínseca, do lugar, coisa ou pessoa) tenha sido efetivamente perpetrada.

A tentativa é plenamente admissível, dado que a espécie criminal possibilita o fracionamento de sua execução. Deve-se ressaltar, contudo, que a inidoneidade absoluta da inovação artificiosa, quando ela é objetivamente incapaz de induzir o juiz ou perito a erro, não configura tentativa, mas, sim, crime impossível, afastando a própria tipicidade do fato[144].

10.8. Pena e aspectos processuais

A pena para a prática do crime previsto no art. 347 é de detenção, de três meses a dois anos, e multa. No caso de o crime ser praticado em processo penal, ainda que antes de ser instaurado, incidirá a majorante do parágrafo único e a pena será aplicada em dobro.

Para o crime em comento a competência é dos Juizados Especiais Criminais, tendo em vista que a sua pena máxima cominada não ultrapassa dois anos (art. 61 da Lei nº 9.099/95). É admitida a suspensão condicional do processo, inclusive para a forma qualificada, uma vez que as penas mínimas cominadas não ultrapassam um ano (art. 89 da Lei nº 9.099/95).

A ação penal é pública incondicionada.

144 BITENCOURT, Cezar Roberto. *Tratado de direito penal...*, *Cit.*, p. 336.

11. FAVORECIMENTO PESSOAL

⊙ **Favorecimento pessoal**

Art. 348 – Auxiliar a subtrair-se à ação de autoridade pública autor de crime a que é cominada pena de reclusão:

Pena – detenção, de um a seis meses, e multa.

§ 1º – Se ao crime não é cominada pena de reclusão:

Pena – detenção, de quinze dias a três meses, e multa.

§ 2º – Se quem presta o auxílio é ascendente, descendente, cônjuge ou irmão do criminoso, fica isento de pena.

11.1. Considerações preliminares

No Direito romano, tal figura delitiva se constituía como uma espécie do *genus receptatio*, ou seja, uma modalidade distinta da recepção real (receptação de coisas proveniente de *furtum*), sendo sancionada a receptação pessoal, atualmente conhecida como favorecimento, que consistia em prestar asilo a ladrões ou bandidos. É de se ressaltar que os *fautores* ou *receptores latronum* recebiam a mesma sanção dos crimes de favorecimento.[145]

Na Idade Média, a recepção pessoal foi considerada uma espécie de cumplicidade subsequente.[146] De um modo geral o crime de favorecimento consistia em participação no crime anterior, embora alguns textos legais o tratassem como crime autônomo.[147]

No que toca ao Código francês de 1810, este adotou o sistema de cumplicidade, ou seja, o favorecimento pessoal era tido como participação no crime anterior.[148]

No Direito brasileiro, Código Penal imperial (1830) previa o favorecimento como participação (cumplicidade) daqueles que fornecessem "asilo ou prestassem sua casa para reunião de assassinos ou roubadores, tendo conhecimento de que cometem ou pretendem cometer tais crimes". Constituía um tipo *sui generis* de cumplicidade *post factum*. O Código Penal da República (1890) reproduziu a disposição retrotranscrita.[149]

O Código Criminal de 1830 e o Código Penal de 1890 foram inspirados pelos códigos acima referidos. Ambos previam como participação a receptação real e pessoal.

O Código Penal de 1940, dispondo de maneira diversa, tratou do favorecimento e da receptação como figuras autônomas, diferenciando esta (receptação) do

145 MANZINI, Vicenzo. Tratatto di diritto penale..., *Cit.*, p. 767; HUNGRIA, Nelson. Comentários ao Código Penal..., *Cit.*, p. 502.

146 HUNGRIA, Nelson. Comentários ao código penal..., *Cit.*, p. 502.

147 FRAGOSO, Heleno Claudio. Lições de direito penal..., *Cit.*, p. 551.

148 FRAGOSO, Heleno Claudio. Lições de direito penal..., *Cit.*, p. 551.

149 FRAGOSO, Heleno Claudio. Lições de direito penal..., *Cit.*, p. 551; HUNGRIA, Nelson. Comentários ao código penal..., *Cit.*, p. 502.

favorecimento real, situando o delito de favorecimento entre os crimes contra a administração da Justiça.[150]

11.2. Bem jurídico e classificação do delito

O bem jurídico tutelado é a administração da Justiça, buscando-se preservar o funcionamento normal e regular do exercício da função estatal, especificamente a atividade judicial. Tutela-se, dessa forma, a estabilidade social e a solução de conflitos sociais, protegendo-se a prestação jurisdicional.[151]

O favorecimento pessoal classifica-se como:

crime comum	crime formal	crime instantâneo	crime plurissubsistente
não exige uma qualidade especial do agente	bastando a realização da conduta típica para sua consumação	não há lapso entre a ação e o resultado	os atos preparatórios podem ser divididos

11.3. Sujeitos do delito

O sujeito ativo do delito pode ser qualquer pessoa, independentemente de qualidade especial do agente, desde que não tenha concorrido de qualquer modo para o crime anterior.

O sujeito passivo é o Estado, representado pela Administração Pública (especificamente, a administração da justiça) federal, estadual, distrital ou municipal.

11.4. Tipo penal objetivo: elementos da descrição típica

A conduta típica consiste no auxílio a subtrair-se à ação de autoridade pública autor de crime a que é cominada pena de reclusão. Com efeito, o delito de favorecimento pessoal consiste em ajurar-se a algum criminoso a subtrair-se à ação da autoridade pública depois que foi cometido o delito e fora das hipóteses de concurso de agente no mesmo crime.[152]

Assim, pune-se a conduta de se favorecer autor de crime (coautor ou partícipe) a fugir ou escapar à ação de autoridade pública. O autor da infração auxilia o sujeito ativo de um delito precedente, facilitando de qualquer forma a sua fuga e, por conseguinte, tornando inúteis os esforços de autoridade pública.[153]

O tipo penal sanciona quem *auxilia* (favorece, presta ajuda materialmente) *autor de crime* (comissivo, omissivo; doloso ou culposo; consumado ou tentado) *a subtrair-se* (fugir, esquivar-se) *à ação de autoridade pública* (judicial, administrativa ou policial).

150 FRAGOSO, Heleno Claudio. Lições de direito penal..., *Cit.*, p. 551.

151 MANZINI, Vicenzo. Tratatto di diritto penale..., *Cit.*, p. 773; BITENCOURT, Cezar Roberto. Tratado de direito penal. vol. 5. São Paulo: Saraiva, 2008, p. 343.

152 MANZINI, Vicenzo. Tratatto di diritto penale..., *Cit.*, p. 783.

153 PRADO, Luiz Régis. Curso de direito penal..., *Cit.*,, p. 710-711.

O auxílio consiste em qualquer tipo de ajuda com a qual o sujeito ativo do crime precedente se beneficie no sentido de escapar da procura de autoridade pública.[154]

Nesse passo, o auxílio prestado exige dois requisitos para configurar o delito do art. 348: a) eficácia causal (a realização da assistência deve contribuir efetivamente para a fuga do autor do suposto crime); b) consciência de "auxiliar" o autor de crime a subtrair-se de ação da autoridade pública. Em síntese, o agente deve conscientemente colaborar de modo efetivo para a fuga de autor de crime anterior.[155]

São pressupostos do favorecimento pessoal: a) auxílio prestado a autor de crime: o auxílio há de ser prestado a um autor de crime (ação típica, ilícita e culpável), porque a ausência de um dos elementos estruturais do delito na conduta anterior descaracteriza o favorecimento pessoal;[156] b) auxílio ser prestado após a prática delituosa do crime antecedente: sem promessa de acordo do crime antecedente (caso contrário, o aparente autor do favorecimento será em verdade mero partícipe do crime antecedente), e com a consumação deste, surgirá a possibilidade de se praticar o delito do art. 348 do Código Penal;[157] c) punibilidade do crime precedente à época do auxílio: é imprescindível que o delito antecedente seja punível à época do favorecimento pessoal, contudo não se exige que haja sentença transitada em julgado. Não obstante, entende-se ser necessário haver a condenação pelo crime antecedente, uma vez que se forem observadas para estes causas excludentes de tipicidade, de ilicitude ou de culpabilidade, não haverá crime, por conseguinte, não restará preenchido elemento típico do art. 348 do Código Penal. No caso de no crime antecedente estar extinta a punibilidade, também não poderá haver favorecimento pessoal em referência. Qualquer causa que impeça a configuração jurídica do crime ou sua punibilidade afasta a incidência do art. 348 do Código Penal.[158]

O elemento normativo do tipo de injusto do art. 348 do Código Penal é a *autoridade pública*. Entende-se englobadas por esse elemento as autoridades judicial,

---

154 Confira-se o magistério de Cezar Bitencourt (Tratado de direito penal..., *Cit.*, p. 345), in verbis: "O verbo nuclear do tipo penal descrito no art. 348 – *auxiliar a subtrair-se* – assume conotação completamente distinta daquela que tem quando se refere à *participação em sentido estrito (art. 29 do CP)*. Não se trata de *participação* – no sentido de atividade acessória, secundária, como ocorre no instituto da *participação "stricto sensu"* –, mas de atividade principal, nuclear típica, representando a conduta proibida lesiva direta do bem jurídico *Administração da Justiça*. Por isso, quem realizar a conduta contida nesse verbo, qual seja a de *auxiliar* o sujeito ativo de outro crime, precedente, a subtrair-se à ação de autoridade pública, não será partícipe, mas autor do crime de *favorecimento pessoal*, visto que sua ação concretizada a dicção do verbo nuclear, não será *acessória*, mas *principal*, única, executória, e essencialmente típica. E essa tipicidade não decorre de sua natureza *acessória*, própria da *adequação típica mediata*, mas de sua definição legal caracterizadora de conduta proibida, ao contrário do que ocorre com quem "auxilia" a prática de qualquer crime, que por ele responde como mero partícipe".

155 BITENCOURT, Cezar Roberto. Tratado de direito penal..., *Cit.*, p. 346.

156 PRADO, Luiz Régis. Curso de direito penal..., *Cit.*, p. 711.

157 BITENCOURT, Cezar Roberto. Tratado de direito penal..., *Cit.*, p. 346; MANZINI, Vicenzo. Tratatto di diritto penale..., *Cit.*, p. 775.

158 BITENCOURT, Cezar Roberto. Tratado de direito penal..., *Cit.*, p. 344; MANZINI, Vicenzo. Tratatto di diritto penale..., *Cit.*, p. 778.

administrativa ou policial, que possuam a atribuição específica de fazer a persecução penal do autor do delito.

Em síntese, o delito de favorecimento pessoal caracteriza-se pela conduta de auxiliar o autor de crime antecedente com vistas a subtraí-lo do alcance da autoridade pública (policial, administrativa ou judicial).[159] É a realização de todo e qualquer ato que frustre a captura de criminoso.[160]

11.5. Tipo penal subjetivo: elemento típico subjetivo

O elemento subjetivo do delito de favorecimento pessoal é representado pelo dolo, que se constitui pela consciência e vontade de realizar a conduta típica de auxiliar a subtrair-se à ação de autoridade pública o autor de crime a que é cominada pena de reclusão.

Não é necessário o elemento especial do tipo. Não obstante, há quem defenda que o tipo penal exige implicitamente a finalidade de ludibriar a autoridade pública.[161]

11.6. Modalidade privilegiada: art. 348, § 1º

Caso o crime antecedente não seja sancionado com pena de reclusão, a conduta criminosa configurará a figura privilegiada do favorecimento pessoal, cuja pena cominada é a de detenção de quinze dias a três meses, e multa.

11.7. Escusa absolutória: art. 348, §2º

A escusa absolutória afigura-se numa causa especial de isenção de pena.[162] Assim, no delito de favorecimento pessoal é isento de pena se quem presta o auxílio é ascendente, descendente, cônjuge ou irmão do criminoso.

Saliente-se que o *companheiro* deve possuir o mesmo *status* do cônjuge, sob pena de ferir a Constituição da República, já que a união estável é reconhecida como legítima e equiparada ao casamento.

A extinção da punibilidade ocorre pela supremacia das relações afetivas dos membros de uma mesma família, em detrimento do direito de punir do Estado. A origem desse benefício está no Direito romano antigo, que mitigava a pena dos *fautores* quando prestavam asilo a parentes que praticavam crime.[163]

11.8. Consumação e tentativa

Consuma-se o crime quando o agente auxilia a subtrair-se à ação de autoridade pública o autor de crime a que é cominada pena de reclusão, independentemente de o sujeito ativo lograr êxito em seu desiderato criminoso.

159 PRADO, Luiz Régis. Curso de direito penal..., *Cit.*, p. 711.

160 HUNGRIA, Nelson. Comentários ao código penal..., *Cit.*, p. 506.

161 NUCCI, Guilherme de Souza. Código Penal..., *Cit.*, p. 1.208.

162 BITENCOURT, Cezar Roberto. Tratado de direito penal..., *Cit.*, p. 348.

163 HUNGRIA, Nelson. Comentários ao código penal..., *Cit.*, p. 509.

A tentativa é possível, tendo em vista a possibilidade de fracionamento dos atos de execução.

11.9. Pena e aspectos processuais

O favorecimento pessoal previsto no *caput* prevê a pena de detenção, de um a seis meses, e multa. De outro lado, a forma privilegiada pune com detenção de quinze dias a três meses, e multa.

A ação penal é pública incondicionada.

A competência para o processamento é do Juizado Especial Criminal, admitindo-se a suspensão condicional do processo.

11.10. Considerações especiais

11.10.1. Favorecimento pessoal e participação: distinção

O favorecimento pessoal não se confunde com a participação em sentido estrito (art. 29 do Código Penal), pois não é a conduta acessória a crime de outrem, mas ação típica principal do tipo penal do art. 348 do Código Penal, que incrimina o auxílio o autor de crime para subtrair-se da autoridade pública.[164]

11.10.2. Favorecimento pessoal e advogado do criminoso

O advogado comete o delito de favorecimento pessoal se auxiliar materialmente o cliente a subtrair-se à ação da autoridade pública (p. ex.: escondendo o cliente). Com efeito, o exercício da advocacia e da ampla defesa não pode ultrapassar os limites éticos e jurídicos. Assim, não obstante o advogado de defesa não possa revelar o paradeiro do cliente (sob pena de praticar o delito de violação de segredo profissional), também é inadmissível que leve o patrocínio da causa ao extremo de colaborar para que o cliente se subtraia à ação do Estado.[165]

11.10.3. Favorecimento pessoal e inviolabilidade do domicílio

Não se configura o delito de favorecimento pessoal quando o morador recusa a entrada da polícia durante a noite em seu domicilio para a captura de fugitivo. Trata-se de exercício regular de direito, uma vez que a Constituição Federal, em seu art. 5º, XV, assegura a inviolabilidade do domicilio. A autoridade policial só pode exigir a entrada durante o dia. Assim, se ao amanhecer a recusa permanecer haverá o crime de favorecimento pessoal previsto no art. 348, do código penal.[166]

---

164 BITENCOURT, Cezar Roberto. Tratado de direito penal..., *Cit.*, p. 345.

165 MANZINI, Vicenzo. Tratatto di diritto penale..., *Cit.*, p. 771; HUNGRIA, Nelson. Comentários ao código penal..., *Cit.*, p. 508.

166 NUCCI, Guilherme de Souza. Código Penal Comentado..., Cit. p. 1585.

12. FAVORECIMENTO REAL

⊙ **Favorecimento real**

Art. 349 – Prestar a criminoso, fora dos casos de co-autoria ou de receptação, auxílio destinado a tornar seguro o proveito do crime:

Pena – detenção, de um a seis meses, e multa.

12.1. Considerações preliminares

No Direito romano, tal figura delitiva se constituía numa espécie *sui generis* do crime de receptação. Contudo, posteriormente, passou a ser entendida como cumplicidade subsequente.[167]

Na Idade Média alemã, revela-se como delito autônomo em duas modalidades: segurança pessoal ou segurança real (assegurar o proveito do crime), constituindo formas de violação da administração da justiça.[168]

O Código Criminal imperial (1830) disciplinou o favorecimento real como uma modalidade de cumplicidade. Tratamento semelhante fora dispensado pelo Código Penal da República (1890).

O Código Penal de 1940, com a tradicional inspiração pelo Código Penal Italiano de 1830, adotou a autonomia do delito de favorecimento real, sendo o auxílio prestado destinado a tornar seguro o proveito obtido de crime.

Não obstante o delito de favorecimento real se assemelhe à receptação, distinguem-se na medida em que no favorecimento real o auxílio prestado *amoris causae* ao criminoso visa assegurar o proveito do crime, dificultando-se ou impedindo a persecução do delito anterior, enquanto a receptação é, *grosso modo*, a aquisição de produto de crime patrimonial anterior.[169]

12.2. Bem jurídico e classificação do delito

O bem jurídico tutelado é a administração da Justiça, buscando-se preservar o funcionamento normal e regular do exercício da função estatal, especificamente a atividade judicial. Tutela-se, dessa forma, a estabilidade social e a solução de conflitos sociais, protegendo-se a prestação jurisdicional.[170]

O favorecimento pessoal classifica-se como:

---

167 MANZINI, Vicenzo. Tratatto di diritto penale..., *Cit.*, p. 766/767; HUNGRIA, Nelson. Comentários ao código penal..., *Cit.*, p. 502.

168 COSTA, Álvaro Mayrink da. Direito penal..., *Cit.*,, p. 405.

169 FRAGOSO, Heleno Claudio. Lições de direito penal..., *Cit.*, p. 555.

170 MANZINI, Vicenzo. Tratatto di diritto penale..., *Cit.*, p. 773; BITENCOURT, Cezar Roberto. Tratado de direito penal..., *Cit.*, p. 343. Vale conferir o magistério de Luiz Régis Prado (Curso de direito penal..., *Cit.*, p. 716), *in verbis*: "o favorecimento real, enquanto atentado contra a justiça, compromete toda a sua eficácia político-social, perturbando-lhe o funcionamento e a consequente administração. Ao prestar auxílio a criminoso com o propósito de assegurar o proveito do crime, o agente

crime comum	crime formal	crime instantâneo	crime plurissubsistente
não exige uma qualidade especial do agente	bastando a realização da conduta típica para sua consumação	não há lapso entre a ação e o resultado	os atos preparatórios podem ser divididos

12.3. Sujeitos do delito

O sujeito ativo do delito pode ser qualquer pessoa, independentemente de qualidade especial do agente, desde que não tenha concorrido de qualquer modo para o crime anterior.

O sujeito passivo é o Estado, representado pela administração pública federal, estadual ou municipal, bem como as demais entidades abrangidas pela interpretação da expressão "entidade paraestatal" do art. 327, § 1º, do Código Penal, a saber: administração pública indireta (autarquia, empresa pública, fundação pública etc.), os entes do "terceiro setor" e empresas contratadas ou conveniadas que realizam atividade típica da administração pública.

12.4. Tipo penal objetivo: elementos da descrição típica

A conduta típica consiste na prestação a criminoso, fora dos casos de coautoria ou de receptação, de auxílio destinado a tornar seguro o proveito do crime.

O verbo nuclear é *prestar* auxílio, que significa oferecer ajuda, colaborar, auxiliar o criminoso para tornar seguro o proveito do crime antecedente.

A característica do favorecimento real é a assistência dispensada ao criminoso após a prática do crime antecedente, com a finalidade de tornar seguro o proveito obtido com este.

É necessário que o delito não se configure como receptação. No delito de receptação há o *animus lucrandi*; no delito de favorecimento real a finalidade é de apenas beneficiar o autor do crime antecedente, assegurando-se o proveito obtido.

São pressupostos do favorecimento real: a) auxílio prestado a autor de crime: o auxílio há de ser prestado a um autor de crime (ação típica, ilícita e culpável) [171]; b) auxílio prestado após a prática delituosa do crime antecedente: sem promessa de acordo do crime antecedente (caso contrário, o aparente autor do favorecimento será em verdade mero partícipe do crime antecedente), pois com a consumação deste, surgirá a possibilidade de se praticar o delito do art. 349 do Código Penal[172]; c) punibilidade do crime precedente à época do auxílio: é imprescindível que o delito antecedente

contrapõe-se ao normal desenvolvimento das atividades da potestade judicial pública, prejudicando a exatidão material de suas decisões".

171 PRADO, Luiz Régis. Curso de direito penal..., *Cit.*, p. 711.

172 BITENCOURT, Cezar Roberto. Tratado de direito penal..., *Cit.*, p. 346; MANZINI, Vicenzo. Tratatto di diritto penale..., *Cit.*, p. 775.

seja punível à época do favorecimento real, contudo não se exige que haja sentença transitada em julgado. Há quem entenda que é necessário haver a condenação pelo crime antecedente, uma vez que se forem observadas para este causa excludente de tipicidade, de ilicitude ou de culpabilidade, não haverá crime, e, por conseguinte, não restará preenchido elemento típico do art. 349 do Código Penal. No caso de no crime antecedente estar extinta a punibilidade, também não poderá haver favorecimento real em referência, como ocorre analogamente com a receptação pessoal.

O objeto material é o *proveito do crime*, que deve ser entendido como qualquer utilidade de natureza moral ou material obtida ou esperada em razão de crime anterior. É considerado proveito do crime o produto deste (*producta sceleris*), que são as coisas adquiridas com o próprio crime, direta ou indiretamente, bem como o seu resultado ou o preço para sua prática. Por outro lado, não são considerados proveito os instrumentos do crime (*instrumenta sceleris*), cuja guarda ou ocultação pode constituir o delito do art. 348 do Código Penal.[173]

É de se ressaltar a elementar "*fora dos casos de co-autoria ou de receptação*", componente da estrutura típica do crime, afigurando-se como *característica negativa do tipo*.[174] Assim, não configura o delito do favorecimento real o auxílio prestado a autor de conduta criminosa em razão de coautoria no delito precedente ou de receptação do produto do crime antecedente.

O favorecimento real é o auxílio prestado a criminoso após a prática de um crime antecedente, com o fim de tornar seguro o seu proveito. A finalidade do favorecimento real é a manutenção ou consolidação do proveito obtido por outrem com a prática de crime anterior.

12.5. Tipo penal subjetivo: elemento típico subjetivo

O elemento subjetivo do delito de favorecimento real é representado pelo dolo, que se constitui pela consciência e vontade de realizar a conduta típica de prestar a criminoso, fora dos casos de coautoria ou de receptação, auxílio destinado a tornar seguro o proveito do crime.

Verifica-se a presença de elemento subjetivo especial do tipo, uma vez que a norma penal exige que o agente tenha como finalidade auxiliar a tornar seguro o proveito criminoso do crime antecedente. O fim especial de agir deve ser prestar auxílio em benefício exclusivo do autor do crime antecedente. Na hipótese do agente auxiliar para obter vantagem econômica em proveito próprio ou de outrem, o auxílio configura o delito de receptação.

12.6. Consumação e tentativa

Consuma-se o crime com a prestação de auxílio a criminoso, fora dos casos de coautoria ou de receptação, destinado a tornar seguro o proveito do crime, ainda que esse objetivo não seja alcançado.

173 PRADO, Luiz Régis. Curso de direito penal..., *Cit.*, 718; MANZINI, Vicenzo. Tratatto di diritto penale..., *Cit.*, p. 789.

174 BITENCOURT, Cezar Roberto. Tratado de direito penal..., *Cit.*, p. 355.

A tentativa é possível, tendo em vista a possibilidade de fracionamento dos atos de execução.

12.7. Pena e aspectos processuais

A pena cominada é a detenção de um a seis meses, e multa. De outro lado, a forma privilegiada pune com detenção de quinze dias a três meses, e multa.

A ação penal é pública incondicionada.

A competência para o processamento é do Juizado Especial Criminal, admitindo--se a suspensão condicional do processo.

12.8. Considerações especiais

12.8.1. Favorecimento real e receptação

O favorecimento real não se confunde com a receptação, na medida em que nesta última o auxílio é prestado com o objetivo de auferir proveito material (*animus lucrandi*), enquanto naquele o auxílio é prestado para beneficiar unicamente o criminoso auxiliado. Nelson Hungria[175] estabelece bem as distinções:

> a) a receptação é praticada *lucri faciendi* causa (o agente é impelido pelo interêsse econômico próprio ou de terceiro, mas não do autor do crime anterior), enquanto o favorecimento real o é amoris vel pietatis causa (o proveito é assegurado exclusivamente em favor ou no interêsse do próprio autor do crime antecedente);
>
> b) na receptação só entra em jôgo o proveito econômico, enquanto no favorecimento o proveito que se assegura é não só o de ordem patrimonial como o de qualquer outra espécie (desde que sua retenção ou continuidade seja suscetível de ser garantida pela atividade de terceiro), enquanto o favorecimento visa, principalmente, à pessoa do autor do crime.

12.8.2. Favorecimento real e favorecimento pessoal

O favorecimento real visa a tornar seguro o proveito do crime, enquanto o favorecimento pessoal é o auxílio prestado ao criminoso para fugir da ação da autoridade pública.

13. FAVORECIMENTO REAL IMPROPRIO

Art. 349-A. Ingressar, promover, intermediar, auxiliar ou facilitar a entrada de aparelho telefônico de comunicação móvel, de rádio ou similar, sem autorização legal, em estabelecimento prisional. (Incluído pela Lei nº 12.012, de 2009).

Pena: detenção, de 3 (três) meses a 1 (um) ano. (Incluído pela Lei nº 12.012, de 2009).

175 HUNGRIA, Nelson. Comentários ao código penal..., *Cit.*, p. 509/510.

13.1. Considerações preliminares

No Direito brasileiro o ingresso ilegal e a permanência indevida de aparelho de comunicação móvel em estabelecimento prisional não ensejavam nenhuma sanção jurídica (penal, civil ou administrativa) ao preso que o detivesse, ao funcionário público que descumpriu seu dever funcional de impedir o acesso ao equipamento ou ao particular que o introduziu na unidade prisional. Por outro lado, esse vácuo legislativo favoreceu as organizações criminosas, já que seus membros, que se encontravam presos, passaram a fazer uso desses aparelhos de comunicação para continuar a comandar e determinar a execução de atividades criminosas, tanto nas ruas como no interior das prisões.

Para acabar com essa realidade de impunidade, o legislador penal editou a Lei nº 12.012/2009, criando o crime do art. 349-A do Código Penal, objetivando vedar o acesso a aparelho de comunicação no interior de estabelecimento prisional, para impedir a conversação indevida e relacionada à prática de crime por outrem que seja vinculado àquele que se encontra preso.

Observe-se que a Lei nº 11.466/2007 criou também o art. 319-A (crime de prevaricação imprópria), que pune o agente público que se omite no seu dever de vedar o ingresso de aparelho de comunicação em estabelecimento penal. Esse mesmo texto legal alterou também a LEP – Lei de Execução Penal –, estabelecendo como falta disciplinar grave, em seu art. 50, inciso VII, a conduta do preso de ter a posse, utilizar ou fornecer aparelho de comunicação que permita o contato comunicacional com outros presos ou com o ambiente exterior.

13.2. Bem jurídico e classificação do delito

O bem jurídico tutelado é a administração da justiça, que constitui aspecto da administração pública. A objetividade jurídica é assegurar o funcionamento normal e regular da administração penitenciária, de modo a garantir o cumprimento das normas de disciplina e segurança no interior dos estabelecimentos prisionais e da sociedade em geral.

O delito do art. 349-A classifica-se como:

crime comum	crime formal	crime instantâneo	crime unissubjetivo	crime plurissubjetivo
porque não exige uma qualidade especial do agente, podendo ser praticado por qualquer pessoa	bastando a realização da conduta típica para sua consumação	não há lapso entre a ação e o resultado	pode ser executado por apenas um agente, na modalidade de ingressar	praticado em concurso de agente necessário nas demais modalidades

13.3. Sujeitos do delito

O sujeito ativo é qualquer pessoa, inclusive o próprio preso (se realizar qualquer uma das condutas típicas). Destaque-se que o funcionário público que colabora para a realização de uma das condutas incriminadas pelo art. 349-A responderá pelo delito previsto no art. 319-A (crime de prevaricação imprópria) do Código Penal. É uma exceção à teoria monista adotada no art. 29, *caput*, do Código Penal, em relação ao concurso de agentes.

O sujeito passivo é o Estado, representado pela administração pública (especificamente, a administração da justiça).

13.4. Tipo penal objetivo: elementos da descrição típica

O tipo penal do art. 349-A do Código Penal, incrimina os comportamentos de ingressar, promover, intermediar, auxiliar ou facilitar a entrada de aparelho de comunicação móvel, sem autorização legal, em estabelecimento prisional.

O tipo penal tem como núcleos as condutas de:

a) *ingressar*, significando fazer entrar, introduzir o aparelho de comunicação móvel no estabelecimento prisional;

b) *promover*, no sentido de impulsionar, fomentar, diligenciar as providências para a entrada do aparelho de comunicação na unidade prisional;

c) *intermediar*, que significa interceder ou intervir junto a quem deve fornecer o aparelho de comunicação ao preso;

d) *auxiliar*, prestar ajuda na execução de qualquer uma das condutas típicas;

e) *facilitar*, consiste em favorecer, cooperar, tornar fácil a entrada do aparelho de comunicação no estabelecimento prisional.

O objeto material do crime é o aparelho telefônico de comunicação móvel, de rádio (equipamento que emite e recebe ondas radiofônicas, como *walkie-talkie* etc) ou similar (refere-se aos aparelhos com a função análoga ao telefone ou rádio, isto é, aparelhos que possibilitem a comunicação pela transmissão de ondas eletromagnéticas, tais como: *pager*, *Ipod*, *bluetooth*, *Iphone* etc., ou qualquer outro equipamento de informática que forneça acesso à comunicação via rede mundial de computadores etc.). Por outro lado, o tipo penal não proíbe o acesso a aparelho de rádio receptadores dos meios de comunicação, como os receptores de estação AM, FM, OC, OM etc., pois esses não possibilitam a intercomunicação e servem como meio de contato com a sociedade

O tipo penal contém um elemento normativo representado pela expressão *sem autorização legal*. Esse elemento significa que não há uma permissão legislativa para a realização de uma das condutas do tipo do art. 349-A do Código Penal. A sua ocorrência depende da análise de cada caso concreto, no qual se verificará a existência de autorização ou não para a entrada do aparelho de comunicação no estabelecimento prisional.

As condutas típicas são realizadas em relação a estabelecimento prisional, que se compreende como o local destinado ao recolhimento de presos, provisório ou definitivo, tais como penitenciárias (art. 87 da LEP), colônias agrícolas e industriais (art. 91, da LEP e art. 35, § 1º, do Código Penal), casas de albergado (art. 93, da LEP) e as cadeias públicas (art. 102 da LEP). O dispositivo legal do art. 349-A do Código Penal, refere-se a todos os estabelecimentos para execução da prisão, seja penal, administrativa ou civil.

Cumpre destacar que o tipo penal não incrimina a posse de aparelho de comunicação no interior do estabelecimento prisional pelo preso, configurando-se tal conduta como falta disciplinar grave, nos termos do art. 50, inciso VII, da LEP.

Vale salientar que a descrição do art. 349-A não alcança a realização de qualquer um dos comportamentos em relação a meros objetos acessórios ou a partes do aparelho de comunicação móvel, por força do princípio da legalidade penal.

13.5. Tipo penal subjetivo: elemento típico subjetivo

O elemento subjetivo do delito de art. 349-A é representado pelo dolo, que se constitui pela consciência e vontade de realizar qualquer uma das condutas típicas em relação a aparelho de comunicação móvel.

Não se exige nenhum elemento subjetivo especial do tipo penal, pois a descrição legal não se refere a fim especial de agir do agente. Não obstante, é essencial que a conduta seja dolosamente realizada de modo a fornecer o aparelho de comunicação móvel a quem está preso no estabelecimento prisional. Ausente o dolo de fazer o aparelho de comunicação chegar ao preso, a conduta será atípica.

13.6. Consumação e tentativa

Na primeira modalidade – ingressar –, o delito se consuma no momento em que o agente ingressa no estabelecimento prisional portando um aparelho de comunicação mencionado no tipo penal. Nas demais modalidades, a consumação ocorre com a efetiva entrada do aparelho de comunicação no estabelecimento prisional. Atente-se que a consumação independe do efetivo acesso de um preso ao aparelho de comunicação.

A tentativa é admissível em qualquer uma das modalidades típicas do delito. Há o crime tentado quando a entrada do aparelho de comunicação no estabelecimento prisional é impedida por circunstância alheia à vontade do agente.

13.7. Pena e aspectos processuais

A pena cominada é a detenção de 3 (três) meses a 1 (um) ano.

A competência para o processo e julgamento da prevaricação imprópria é do Juizado Especial Criminal, admitindo-se a transação penal e a suspensão condicional do processo (arts. 76 c/c 89 da Lei n.° 9.099/95).

A ação penal é pública incondicionada.

14. EXERCÍCIO ARBITRÁRIO OU ABUSO DE PODER

⊙ **Exercício arbitrário ou abuso de poder**

Art. 350 - Ordenar ou executar medida privativa de liberdade individual, sem as formalidades legais ou com abuso de poder:

Pena - detenção, de um mês a um ano.

Parágrafo único – Na mesma pena incorre o funcionário que:

I – ilegalmente recebe e recolhe alguém a prisão, ou a estabelecimento destinado a execução de pena privativa de liberdade ou de medida de segurança;

II – prolonga a execução de pena ou de medida de segurança, deixando de expedir em tempo oportuno ou de executar imediatamente a ordem de liberdade;

III – submete pessoa que está sob sua guarda ou custódia a vexame ou a constrangimento não autorizado em lei;

IV – efetua, com abuso de poder, qualquer diligência.

Nas legislações criminais antigas, a realização e/ou execução arbitrária de medidas privativas de liberdade somente ensejava a sanção de reparar perdas e danos. É no Código Penal francês de 1810 que o abuso de autoridade foi incriminado de modo genérico entre os delitos contra a Constituição, e não como crime contra a liberdade individual. O Código Penal italiano de 1930 (Código Rocco) optou por incluir o abuso de autoridade na realização de prisão ilegal entre os crimes contra a liberdade pessoal, considerando-se a qualidade de funcionário publico do agente como simples circunstância agravante.[176]

No Direito brasileiro, o Código Criminal imperial (1830) previa vários comportamentos configuradores do abuso de autoridade por parte da autoridade pública em seu art. 181, considerando-o um delito contra a liberdade individual. Por sua vez, o Código Penal da República (1890) adotou um critério diverso e incluiu o abuso de autoridade entre os crimes contra a boa ordem e a administração pública, como uma modalidade de prevaricação.

O Código Penal vigente (1940), por influência do Código Penal Rocco, prevê essas condutas criminosas no seu art. 350, sob o *nomen juris Exercício arbitrário ou abuso de poder*, como crime contra a administração pública, no capítulo dos delitos contra a administração da justiça.

Não obstante, a Lei nº 4.898/1965 (que regulamenta o direito de representação e o processo de responsabilidade administrativa, civil e penal, nos casos de abuso de autoridade) estabeleceu especificamente as condutas criminosas decorrentes do abuso de autoridade nos seus arts. 3º e 4º, fazendo surgir a divergência sobre se o art. 350 do Código Penal estaria ainda em vigor ou teria sido tacitamente revogado por aqueles dispositivos legais.

Confiram-se esses dispositivos da Lei nº 4.898/1965:

Art. 3º. Constitui abuso de autoridade qualquer atentado:	**Art. 4º Constitui também abuso de autoridade:**
a) à liberdade de locomoção; b) à inviolabilidade do domicílio; c) ao sigilo da correspondência; d) à liberdade de consciência e de crença; e) ao livre exercício do culto religioso;	a) ordenar ou executar medida privativa da liberdade individual, sem as formalidades legais ou com abuso de poder; b) submeter pessoa sob sua guarda ou custódia a vexame ou a constrangimento não autorizado em lei;

176 FRAGOSO, Heleno Claudio. Lições de direito penal..., *Cit.*, p. 557/558.

Art. 3º. Constitui abuso de autoridade qualquer atentado:	Art. 4º Constitui também abuso de autoridade:
f) à liberdade de associação; g) aos direitos e garantias legais assegurados ao exercício do voto; h) ao direito de reunião; i) à incolumidade física do indivíduo; j) aos direitos e garantias legais assegurados ao exercício profissional. (Incluído pela Lei nº 6.657, de 05/06/79)	c) deixar de comunicar, imediatamente, ao juiz competente a prisão ou detenção de qualquer pessoa; d) deixar o Juiz de ordenar o relaxamento de prisão ou detenção ilegal que lhe seja comunicada; e) levar à prisão e nela deter quem quer que se proponha a prestar fiança, permitida em lei; f) cobrar o carcereiro ou agente de autoridade policial carceragem, custas, emolumentos ou qualquer outra despesa, desde que a cobrança não tenha apoio em lei, quer quanto à espécie quer quanto ao seu valor; g) recusar o carcereiro ou agente de autoridade policial recibo de importância recebida a título de carceragem, custas, emolumentos ou de qualquer outra despesa; h) o ato lesivo da honra ou do patrimônio de pessoa natural ou jurídica, quando praticado com abuso ou desvio de poder ou sem competência legal; i) prolongar a execução de prisão temporária, de pena ou de medida de segurança, deixando de expedir em tempo oportuno ou de cumprir imediatamente ordem de liberdade. (Incluído pela Lei nº 7.960, de 21/12/89)

A doutrina e a jurisprudência, cotejando o art. 350 do Código Penal e os arts. 3º e 4º da Lei nº 4.898/1965, adotam os seguintes entendimentos:

a) O art. 350 foi ab-rogado totalmente pelos art. 3º e 4º da Lei nº 4.898 /1965;[177]

b) O art. 350, *caput*, e os incisos II e III, do parágrafo único, foram revogados pelos arts. 3º e 4º da Lei nº 4.898/1965, permanecendo em vigor os incisos I e IV.[178]

No entanto, analisando-se os comportamentos incriminados no art. 350, *caput*, do Código Penal, constata-se que as condutas típicas estão integralmente reproduzidas pelo art. 4º, alínea a, da Lei nº 4.898/1965, razão pela qual é forçoso entender pela sua ab-rogação. As condutas estatuídas nos incisos I e II, do parágrafo único, do art. 350 representam os comportamentos já abrangidos pelo próprio art. 350, *caput*, e, portanto, também revogado pelo 4º, alínea a, da Lei nº 4.898/1965. O inciso III, do parágrafo único, do art. 350 está expressamente reproduzido pelo art. 4º, alínea b, da Lei nº 4.898/1965, estando assim também revogado. Por sua vez, o inciso IV, do parágrafo único, do art. 350 é uma previsão genérica de conduta que tem seus comportamentos especificamente elencados pelo art. 3º da Lei nº 4.898/1965, sendo, aliás, rara uma situação decorrente da conduta prevista pelo inciso IV que não se subsuma no art. 3º da Lei nº 4.898/1965.[179]

177 FRAGOSO, Heleno Claudio. Lições de direito penal..., *Cit.*, p. 557; COSTA, Álvaro Mayrink da. Direito penal..., *Cit.*, p. 415; BITENCOURT, Cezar Roberto. Tratado de direito penal..., *Cit.*, p. 359.

178 PRADO, Luiz Régis. Curso de direito penal..., *Cit.*, p. 724; NORONHA, Magalhães. Direito penal..., *Cit.*, p. 409.

179 FRAGOSO, Heleno Claudio. Lições de direito penal..., *Cit.*, p. 557.

Por outro lado, o entendimento jurisprudencial dominante é no sentido da ab-rogação total do art. 350 do Código Penal pelos arts. 3º e 4º da Lei nº 4.898/1965, que dispõe sobre as condutas do crime de abuso de autoridade.[180]

Não obstante a divergências acima apresentadas, cabe destacar que a nova Lei de abuso de autoridade, Lei nº 13.869/2019, que entrou em vigor em janeiro de 2020, revogou expressamente o art. 350, do código penal.

15. FUGA DE PESSOA PRESA OU SUBMETIDA À MEDIDA DE SEGURANÇA

⊙ **Fuga de pessoa presa ou submetida à medida de segurança**

Art. 351. Promover ou facilitar a fuga de pessoa legalmente presa ou submetida a medida de segurança detentiva:

Pena – detenção, de 6 (seis) meses a 2 (dois) anos.

§ 1º Se o crime é praticado a mão armada, ou por mais de uma pessoa, ou mediante arrombamento, a pena é de reclusão, de 2 (dois) a 6 (seis) anos.

§ 2º Se há emprego de violência contra pessoa, aplica-se também a pensa correspondente à violência.

§ 3º A pena é de reclusão, de 1 (um) a 4 (quatro) anos, se o crime é praticado por pessoa sob cuja custódia ou guarda está o preso ou o internado.

§ 4º No caso de culpa do funcionário incumbido da custódia ou guarda, aplica-se a pena de detenção, de 3 (três) meses a 1 (um) ano, ou multa.

15.1. Considerações preliminares

No Direito romano, desde a fase imperial, havia a previsão do crime de evasão de preso, assim como do crime de soltura de presos por intermédio de terceiros (*lesa magestatis*), cuja pena era dirigida ao carcereiro (*commentariensis*) que colaborasse com a fuga ou simplesmente a deixasse ocorrer, havendo portanto uma distinção apenas sutil entre o dolo, a culpa e o acaso.[181]

Na Idade Média o crime era previsto com os mesmos contornos, isto é, a fuga (*effractio carceris*) ensejava a punição não só quando realizada pelo próprio preso ou por terceiros que colaboraram em seu favor, mas também quando ocorria conduta negligente dos carcereiros.[182]

Na fase do direito penal codificado, a partir do séc. XIX, as perspectivas sobre a matéria se modificaram bastante, especialmente em razão das influências do iluminismo. O Código Penal francês de 1810 e o Código Penal italiano de 1889 (Código Zanardelli) previam a punição pela evasão do cárcere apenas quando houvesse a

180 STOCO, Rui; FRANCO, Alberto Silva (Coord.). Código penal..., *Cit.*, p. 1.707.

181 COSTA, Álvaro Mayrink da. *Direito penal..., Cit.*, p. 422.

182 HUNGRIA, Nelson. *Comentários ao Código Penal..., Cit.*, p. 516.

violência à pessoa ou coisa, assumindo, portanto, a concepção de que o anseio de liberdade é inerente à natureza humana e não poderia ser contido pela ameaça penal.[183]

No Direito brasileiro, o Código Criminal imperial (1830) punia a fuga que não empregasse violência apenas com sanções disciplinares (art. 126), porém criminalizava o comportamento de quem auxiliasse a evasão do preso (arts. 123 e 124). Por sua vez, o Código Penal da República (1890) manteve essa concepção, uma vez que punia, com sanções criminais, a evasão do preso apenas quando fosse empregada violência contra guarda ou carcereiro (art. 132, § 2º), enquanto para a simples fuga eram aplicadas somente sanções disciplinares (§ 1º). Também era crime a conduta de terceiro, quando facilitasse a fuga por meios astuciosos ou violentos (arts. 129 e 130).[184]

O Código Penal de 1940 manteve a tradição dos códigos anteriores, identificando-se, portanto, com o Código Penal italiano (1889) e, por outro lado, discordando do Código Penal Rocco, não obstante ter neste último a maior inspiração de seus princípios e bases. De acordo com a disciplina do Código Penal de 1940, pune-se como crime a *promoção ou facilitação da fuga* (art. 351) e a *evasão mediante violência a pessoa* (art. 352), tendo como penalmente irrelevante a fuga não violenta.[185]

De plano, observa-se que o Código Penal brasileiro não pune criminalmente o preso que foge. O legislador penal adotou a diretriz filosófica, de inspiração iluminista, segundo a qual o direito de liberdade e o anseio por garanti-lo de todas as formas são inerentes à condição humana, de modo que a sanção penal não é capaz de produzir os efeitos de ameaça e prevenção da fuga. O amor pela condição de estar livre, presente em todos os homens, impede que o sujeito encarcerado pondere sobre as consequências da fuga, tornando a previsão penal ineficaz. Sendo assim, o delito da fuga de preso somente deixa de ser um sem-sentido jurídico quando a evasão se dá por meio de violência a pessoa. Não havendo violência, não há crime.[186]

15.2. Bem jurídico e classificação do delito

O bem jurídico tutelado pelo crime previsto no art. 351 é a administração da Justiça, notadamente como instituição responsável pela segurança pública e pela ordem social. Pretende-se, assim, evitar que os propósitos e fins da jurisdição, no exercício da tutela penal, sejam frustrados, e que as decisões judiciais sejam cumpridas com efetividade.[187]

---

183 BITENCOURT, Cezar Roberto. *Tratado de direito penal...*, *Cit.*, p. 362.

184 BITENCOURT, Cezar Roberto. *Tratado de direito penal...*, *Cit.*, p. 362.

185 BITENCOURT, Cezar Roberto. *Tratado de direito penal...*, *Cit.*, p. 362.

186 NORONHA, E. Magalhães. *Direito penal...*, *Cit.*, p. 411.

187 BITENCOURT, Cezar Roberto. *Tratado de direito penal...*, *Cit.*, p. 362. No mesmo sentido, também ensina Magalhães Noronha (*Direito penal...*, *Cit.*, p. 412): "A objetividade jurídica que informa a figura do art. 351 é o interesse da administração da justiça. Embora condescendendo com a simples fuga, a lei não permite que outros, não impelidos pelo incoercível impulso da liberdade, contribuam para que sejam frustradas as decisões judiciárias e as imposições legais, com inegável menosprezo e desprestígio da ordem constituída".

O delito se classifica como *crime comum*, não sendo necessária a condição especial do sujeito, pois qualquer pessoa poderá praticá-lo, salvo na forma qualificada do § 3º e na forma culposa (§ 4º). Além disso, é *crime material*, por exigir resultado para sua consumação, qual seja a efetiva fuga do preso ou internado; de *forma livre*, porque pode ser praticado por qualquer forma ou meio; e *instantâneo*, pois entre a ação e seu resultado não há grande lapso de tempo. Pode ser praticado por apenas um agente, por isso é *crime unissubjetivo*. É crime *plurissubsistente*, pois, em regra, é praticado por mais de um ato e sua execução pode ser fracionada.

15.3. Sujeitos do delito

O delito de fuga de pessoa presa ou submetida à medida de segurança é *crime comum*, de modo que, a princípio, qualquer pessoa pode figurar como sujeito ativo do delito, inclusive funcionário público. Como exceção, no entanto, não pode ser sujeito ativo desse crime o próprio preso ou detido em medida de segurança que tenha se beneficiado com a promoção ou facilitação da fuga.[188] Não se pode se confundir esta última hipótese com a situação em que preso ou detento promove ou facilita a fuga de outro preso, pois, nesse caso, ele será normalmente sujeito ativo do delito, e apenas o beneficiário, aquele que efetivamente fugiu, estará livre da imputação penal.[189]

É admitido o concurso de pessoas nessa modalidade de crime, inclusive na hipótese de crime omissivo, próprio ou impróprio.[190] Contudo, é importante ter em conta que não pode haver concurso entre o sujeito que promoveu ou facilitou a fuga e o preso que efetivamente foi beneficiado por essas ações.[191] Ao preso beneficiado pela conduta criminosa do art. 351 há apenas a possibilidade de punição por falta grave, nos termos do art. 50 da LEP – Lei de Execução Penal.

O sujeito passivo é o Estado, representado pela administração da Justiça. Em alguns casos, poderá ser sujeito passivo do delito a pessoa que tenha sofrido violência, praticada no ato de fuga.

15.4. Tipo penal objetivo: elementos da descrição típica

O núcleo do tipo penal em comento consiste na conduta de *promover* ou *facilitar* a fuga de pessoa legalmente presa ou submetida a medida de segurança. *Promover* a fuga é o comportamento de conferir ao preso ou detento os meios e circunstâncias para que a evasão seja posta em prática e se torne possível, ainda que o preso nem sequer tenha ciência disso. É, então, o ato de tornar a fuga possível, de oportunizá-la. Por sua vez, o verbo *facilitar*, no contexto do tipo penal, significa prestar auxílio ao preso

---

188 PRADO, Luiz Régis. *Curso de direito penal...*, *Cit.*, p. 734.

189 COSTA, Álvaro Mayrink da. *Direito penal...*, *Cit.*, p. 426.

190 BITENCOURT, Cezar Roberto. *Tratado de direito penal...*, *Cit.*, p. 363. Em sentido diverso é o posicionamento de Luiz Regis Prado (*Curso de direito penal...*, *Cit.*, p. 734), para quem não há possibilidade de concurso de pessoas na forma omissiva.

191 NORONHA, Magalhães. *Direito penal...*, *Cit.*, p. 412.

ou detento, para que ele, por seu próprio esforço e ação, efetive a fuga, seja através do fornecimento de instrumental necessário (serras, cordas, armas, celulares etc.) seja através de conselhos e instruções.[192]

A legalidade da prisão ou internação é, portanto, pressuposto do tipo penal.[193] Assim, cumpre ressaltar que é imprescindível a legalidade da prisão ou medida de segurança, pois o termo *legalmente*, presente no texto legal, consiste em elemento normativo do tipo penal, havendo ausência dessa elementar, há atipicidade da conduta.[194] Para isso, basta que a restrição de liberdade tenha fundamento legal e que tenha sido determinada por autoridade competente, não importando a específica natureza da restrição de liberdade, isto é, se a prisão é civil, administrativa ou criminal (prisão em flagrante, preventiva ou decorrente de condenação). A legalidade da prisão não se confunde com a justiça da prisão, pois, para efeito da adequação típica, importa apenas que haja uma legalidade formal. Não é relevante, então, a margem de discussão sobre o cabimento e conveniência da restrição de liberdade, a qual deve ser posta e enfrentada através dos expedientes jurídico-processuais disponíveis.[195]

Por outro lado, o delito de evasão de preso e internado não subsiste quando a medida restritiva da liberdade individual é claramente ilegal ou ilegítima,[196] podendo ser considerada juridicamente como legítima defesa.

A promoção ou facilitação da fuga pode ser praticada por ação (crime comissivo) ou por omissão imprópria (crime comissivo por omissão). Para esta última hipótese é preciso, como óbvio, que o autor do crime tenha o dever jurídico de evitar a evasão dos presos ou internados, tal a posição típica do carcereiro ou agente penitenciário[197].

O crime em análise é delito de forma livre, de modo que há variados meios, formas e modos para a sua prática[198]. Basta que a conduta realizada, de uma forma ou de outra, seja dirigida e capaz de promover ou facilitar a fuga do preso, não havendo previsão particularizada de um ou outro comportamento. Pode haver, inclusive, uso

---

192 PRADO, Luiz Régis. *Curso de direito penal..., Cit.*, p. 734. Nas lições de Nelson Hungria (*Comentários ao Código Penal..., Cit.*, p. 518): "*promover* a fuga é levá-la a efeito, praticando todos os atos necessários à sua execução, haja, ou não, prévia ciência do beneficiário. *Facilitar* a fuga é prestar auxílio à executada pelo próprio preso ou internado, como, por exemplo, fornecendo instrumento (limas, serras, escadas, cordas etc.) ou meios de disfarce, ou instruções úteis".

193 MANZINI, Vicenzo. Tratatto di diritto penale..., *Cit.*, p. 815.

194 PRADO, Luiz Régis. *Curso de direito penal..., Cit.*, p. 735. No dizer, mais uma vez, de Nelson Hungria (*Comentários ao Código Penal..., Cit.*, p. 519): "na conformidade do teor da lei, o crime em exame pressupõe a legalidade da prisão ou internação. Se esta ou aquela é ilegal, a promoção ou facilitação da fuga não é mais que uma legítima defesa de terceiro".

195 BITENCOURT, Cezar Roberto. *Tratado de direito penal..., Cit.*, p. 364.

196 MANZINI, Vicenzo. Tratatto di diritto penale..., *Cit.*, p. 845.

197 COSTA, Álvaro Mayrink da. *Direito penal..., Cit.*, p. 426.

198 PRADO, Luiz Régis. *Curso de direito penal..., Cit.*, p. 735.

ou não de violência contra pessoa, mas, consumado com violência o crime, aplica-se também a pena respectiva ao ato de violência.

Como destaca Cezar Bittencourt: "*promove a fuga* quem, com ou sem o conhecimento do beneficiário, toma as medidas necessárias que oportunizam a *evasão* de pessoa que se encontra privada de sua liberdade (pena ou medida de segurança); ou a *facilita* quem *lhe fornece os meios* (instrumentos adequados ao empreendimento) para que aquele, por si mesmo, liberte-se, podendo, inclusive, facilitá-la com orientações, conselhos ou informações úteis e, até mesmo, quando, no exercício funcional, omite-se na vigilância que lhe cabe como guarda, carcereiro ou policial". [199]

Enfim, o delito do art. 351 sanciona a promoção e facilitação de evasão ilícita de pessoa que se encontra legitimamente privada de sua liberdade individual de locomoção.

15.5. Tipo penal subjetivo: elemento típico subjetivo

O elemento subjetivo do crime é o dolo, isto é, a vontade consciente de promover ou facilitar a fuga de pessoa que se encontra presa ou submetida à medida de segurança, igualmente consciente da legalidade formal da restrição imposta. Não se exige nenhum elemento subjetivo especial do tipo penal, uma vez que são penalmente irrelevantes os motivos e propósitos do agente.

É admitida, também, a modalidade culposa do crime, aplicável, contudo, apenas no caso de funcionário público incumbido da guarda do preso ou internado em medida de segurança (§ 4º).

15.6. Modalidade qualificada

O art. 351, § 1º, prevê, para o crime de promoção ou facilitação da fuga, qualificadores de duas ordens: referentes aos meios de execução (praticado a mão armada ou por arrombamento) e referente ao concurso de pessoas (praticado por mais de uma pessoa).

Quando a promoção ou facilitação da fuga é consumada mediante o emprego de arma, seja própria ou imprópria, havendo seu efetivo emprego, perfaz-se a qualificadora do § 1º. Arma própria é o instrumento normalmente destinado ao ataque e ferimento, tal como revólver, faca etc. Por outro lado, arma imprópria é o objeto que não apresenta a finalidade essencial de ataque e ferimento, mas que, em certas circunstâncias, adaptado, tem aptidão para o combate (pedras, cacos de vidro, tesoura etc.). O emprego de arma de brinquedo ou objeto equivalente, sem potencial ofensivo, não implica a forma qualificada do crime[200].

199 BITENCOURT, Cezar Roberto. *Tratado de direito penal...*, *Cit.*, p. 363-364.

200 PRADO, Luiz Régis. *Curso de direito penal...*, *Cit.*, p. 736.

Outra modalidade qualificada do crime ocorre quando a promoção ou facilitação se dá por arrombamento. Por isso se entende o ato de destruir, romper ou transpor, forçadamente, obstáculo posto para evitar a fuga, visando eliminar a resistência. É indiferente se houve efetivo dano ou não à coisa, sendo suficiente que o obstáculo defensivo tenha sido forçadamente superado. Essa qualificadora indica a maior gravidade e, logo, reprovabilidade da ação empregada.

A terceira e última qualificadora do § 1º consiste na prática do crime em concurso de pessoas. Se a promoção ou facilitação da fuga foi operada por mais de uma pessoa, incide a qualificadora. Para isso, é prescindível o ajuste prévio entre os agentes, pois é bastante a consciência prévia da soma de esforços para o mesmo fim delituoso, ainda que a colaboração individual tenha sido independente, muito embora deva a colaboração ser relevante e essencial para o êxito do delito. Também não é preciso, para a incidência da qualificadora, que o coautor seja imputável ou não isento de pena.

Fechando o rol de qualificadoras, o § 3º do art. 351 traz a hipótese em que o autor do crime é pessoa a quem cabia a custódia ou guarda do preso ou internado. Trata-se, então, de crime próprio, qualificado em razão da condição especial do agente[201]. É o caso em que há violação do dever funcional de zelar pela segurança e eficiência do sistema carcerário. Essa particular circunstância aumenta a gravidade e desvalor da conduta, justificando o tratamento mais severo. Porém, não basta a mera existência do dever funcional para o agente; é preciso, também, que ele se utilize de sua posição na cadeia funcional para efetuar o crime. Para configurar a forma qualificada do delito é imprescindível que o agente se utilize da função pública para realizar a conduta típica.[202]

15.7. Modalidade culposa

A modalidade culposa do delito do art. 351 é crime próprio, praticado por pessoa que possui o dever funcional de custódia ou guarda do preso ou internado (§ 4º). Configura-se, então, quando o agente age com desatenção às normas de cuidado objetivo, inerentes ao exercício de sua função. O agente público encarregado de presos e internados tem o dever de agir com certa diligência e cautela no exercício de sua perigosa função, o que envolve a realização de procedimentos e cuidados incontornáveis. Assim, a inobservância ou desatenção para com esse dever objetivo de cuidado implica elemento fundamental do tipo culposo.

15.8. Consumação e tentativa

Consuma-se o crime com a efetiva fuga do preso ou internado que obteve liberdade, ainda que temporária, através da promoção ou facilitação do agente. O fato de o preso ou internado ter sido, depois, recapturado não desconfigura o crime, se

201 BITENCOURT, Cezar Roberto. *Tratado de direito penal...*, *Cit.*, p. 368.
202 BITENCOURT, Cezar Roberto. *Tratado de direito penal...*, *Cit.*, p. 369.

ele efetivamente chegou a experimentar a liberdade. Trata-se, então, de crime de resultado.[203]

Da mesma forma, admite-se a tentativa deste delito quando, por exemplo, o preso beneficiado pela conduta do agente é surpreendido e não obtém sucesso na sua fuga.

15.9. Pena e aspectos processuais

A pena para a prática do crime de promoção ou facilitação da fuga de pessoa presa ou submetida à medida de segurança é detenção, de seis meses a dois anos (art. 351, *caput*). Para a forma qualificada do § 1º, que trata, a dizer, da efetuação do crime mediante arrombamento, mão armada ou concurso de pessoas, a pena é de reclusão, de dois a seis anos. A qualificadora do § 3º, configurada quando o crime é praticado por pessoa sob cuja custódia ou guarda está o preso ou o internado, prevê pena de reclusão, de um a quatro anos.

Por sua vez, a forma culposa do delito, prevista no § 4º, e aplicável somente a funcionário público incumbido da custódia ou guarda e prescreve a pena de detenção, de três meses a um ano, ou multa.

Para o crime previsto no *caput* do art. 351 e para a sua forma culposa (§ 4º) a competência é dos Juizados Especiais Criminais, tendo em vista que a sua pena máxima cominada não ultrapassa dois anos (art. 61 da Lei nº 9.099/1995). Com exceção da forma qualificada do § 1º (concurso de pessoas, emprego de mão armada ou de arrombamento) e da hipótese do § 2º (emprego de violência), é admitida para todas as outras modalidades do crime (*caput* e §§ 3º e 4º) a suspensão condicional do processo, uma vez que as penas mínimas cominadas não ultrapassam um ano (art. 89 da Lei nº 9.099/1995).

Se na promoção ou facilitação da fuga há emprego de violência contra pessoa, será também aplicada, em concurso material, a pena correspondente ao ato de violência (§ 2º).

A ação penal é pública incondicionada.

15.10. Consideração especial

15.10.1. Evasão de preso e alvará de soltura

Entende-se que há o delito de evasão de pessoa presa ou internada ainda que tenha sido ordenada a libertação ou liberação de quem se encontra privado da liberdade, mas antes do início da intimação e de execução da ordem de soltura.[204]

16. EVASÃO MEDIANTE VIOLÊNCIA CONTRA A PESSOA

⊙ **Evasão mediante violência contra a pessoa**

Art. 352 – Evadir-se ou tentar evadir-se o preso ou o indivíduo submetido a medida de segurança detentiva, usando de violência contra a pessoa:

Pena – detenção, de três meses a um ano, além da pena correspondente à violência.

203 MANZINI, Vicenzo. Tratatto di diritto penale..., *Cit.*, p. 846.

204 MANZINI, Vicenzo. Tratatto di diritto penale..., *Cit.*, p. 845.

16.1. Considerações preliminares

O Direito romano, na fase imperial, considerava a evasão de preso como *crimen maiestatis*, cominando-lhe a pena capital para quem se evadisse do cárcere mediante arrombamento (*qui carcere effracto evaserunt*) ou em conspiração com outros que se encontrassem igualmente em custódia. Se a fuga, porém, ocorresse por mera negligência dos carcereiros, a pena era mitigada (*quodsi per negligentiam custodum evaserunt, levius puniendos*). Importa dizer também que, até então, a prisão não era utilizada como pena de crimes, mas apenas como meio de custódia temporária para o pagamento de dívidas.[205]

No Direito medieval as penas eram diversas. O preso que se evadisse estava sujeito à nova pena ou à agravação da pena que vinha cumprindo. Já nessa época, contudo, existiam estatutos jurídicos que previam pena apenas para a evasão obtida por meio de violência a pessoa, orientação que foi seguida com maior força na modernidade, através das grandes codificações.[206]

Com o Código Penal francês de 1810, pela irradiação que sofreu do Iluminismo, a evasão do preso somente seria punida se efetuada com violência a pessoa (*par bris de prison ou par violence*). Acreditava-se que, por amor à liberdade, seria legítima ao homem que buscasse sua liberdade, desde que o fizesse sem violência[207].

Na legislação brasileira, o Código Criminal imperial (1830), seguindo a diretriz do Código Penal francês, previu como crime apenas a conduta de evadir-se do cárcere mediante violência contra a pessoa, desconsiderando como crime, até mesmo, a fuga mediante arrombamento. O Código Penal da República (1890) seguiu com essa tradição, punindo a fuga quando executada com violência, mas, por outro lado, prevendo punição também para a promoção ou facilitação da fuga, independentemente do emprego ou não de violência, e na forma culposa, inclusive.[208]

O Código Penal de 1940, atualmente em vigor, manteve a orientação dos códigos brasileiros anteriores, dissentindo nesse ponto do Código Rocco, que, por sua vez, considerava que todo ato de fuga representa lesão à jurisdição e, por isso, em qualquer hipótese deveria ser punido. Assim, pelo Código Penal em vigor, é crime a evasão somente se praticada com violência.[209]

16.2. Bem jurídico e classificação doutrinária

O bem jurídico tutelado pelo crime de evasão mediante violência contra a pessoa é a administração da Justiça, notadamente como instituição responsável pela segurança pública e pela ordem social. O propósito do delito, então, é garantir a eficácia e

205 FRAGOSO, Heleno Claudio. *Lições de direito penal...*, *Cit.*, p. 566.
206 FRAGOSO, Heleno Claudio. *Lições de direito penal...*, *Cit.*, p. 566.
207 FRAGOSO, Heleno Claudio. *Lições de direito penal...*, *Cit.*, p. 567.
208 PRADO, Luiz Régis. *Curso de direito penal...*, *Cit.*, p. 740.
209 PRADO, Luiz Régis. *Curso de direito penal...*, *Cit.*, p. 740-741.

respeito à jurisdição estatal, além de reforçar a submissão e o pacífico cumprimento das decisões judiciais.[210]

O delito em comento é *crime próprio*, sendo necessário condição especial do sujeito, pois que somente preso ou internado em medida de segurança podem praticá-lo. *Crime de mão própria*, porque ninguém pode praticar a conduta em lugar do preso. Além disso, é *crime material*, por exigir resultado para sua consumação, qual seja a violência a pessoa; de *forma livre*, porque pode ser praticado por qualquer forma ou meio; e *instantâneo*, pois entre a ação e seu resultado não há grande lapso de tempo. Pode ser praticado por apenas um agente, por isso é *crime unissubjetivo*. É crime *plurissubsistente*, pois, em regra, é praticado por mais de um ato e sua execução pode ser fracionada.

16.3. Sujeitos do delito

O sujeito ativo do crime de evasão mediante violência contra a pessoa é somente aquele que se encontra preso ou submetido à medida de segurança.

O sujeito passivo é o Estado, representado pela Administração da Justiça. Mas também é, secundariamente, sujeito passivo do delito a pessoa que tenha sofrido o ato de violência, praticado no ato de fuga.

16.4. Tipo penal objetivo: elementos da descrição típica

A conduta tipificada no art. 352 consiste em evadir-se ou tentar evadir-se, usando de violência física contra a pessoa, o preso ou detido em medida de segurança. Pelo verbo *evadir-se* deve-se entender o comportamento de escapar, fugir de um estabelecimento fechado, obtendo ou tentando obter a liberdade que lhe foi legalmente restringida. Mais do que isso, consiste na conduta de superar a restrição de liberdade imposta, sendo indiferente a natureza específica do local onde se encontrava detido ou os meios empregados para tal tarefa. Tipifica-se como crime também o *tentar evadir-se*, que significa a conduta de pôr em prática atos de execução da fuga, ainda que incipientes, de modo que se tornam equiparados, no tipo penal em comento, as figuras da tentativa e do crime consumado.[211]

O conceito de prisão, elemento normativo do tipo, corresponde a toda restrição de liberdade legitimamente imposta, abrangendo não só aquela decorrente de sentença condenatória transitada em julgado, como também a prisão preventiva, temporária, domiciliar, em flagrante delito, e a fundada em sentença condenatória recorrível.

---

210 BITENCOURT, Cezar Roberto. *Tratado de direito penal...*, *Cit.*, p. 372. Conforme assinala, ainda, Álvaro Mayrink da Costa (*Direito penal...*, *Cit.*, p. 434): "o objeto jurídico da tutela é a administração pública, no que tange ao relevo e à normalidade da prestação jurisdicional, no sentido de garantir a proteção e eficácia das decisões judiciais, visando preservar a disciplina e a custódia oficial".

211 HUNGRIA, Nelson. *Comentários ao código penal...*, *Cit.*, p. 520; PRADO, Luiz Régis. *Curso de direito penal...*, *Cit.*, p. 741.

Até mesmo as prisões civis, administrativas e disciplinares estão abrangidas pela tipificação penal[212].

Por óbvio, é tipificada a evasão de medida de segurança, que implica internação compulsória em hospital de custódia e tratamento psiquiátrico. A medida de segurança, como bem se sabe, é aplicada de forma obrigatória àqueles que foram condenados por crime punível com pena de reclusão, mas que são inimputáveis. Aplica-se também, porém facultativamente, aos condenados por crime cuja pena abstrata é a detenção. O semi-imputável também pode estar sujeito à medida de segurança, tendo substituída sua pena privativa de liberdade, se o caso indicar a necessidade de tratamento especial.[213]

A privação de liberdade, decorrente de prisão ou medida de segurança, eivada de ilegalidade não enseja a tipicidade da conduta, não incorrendo o autor nas penas do art. 352.[214] A legalidade da prisão ou medida de segurança é, então, pressuposto do crime, afastando não só a ilicitude da conduta, mas, também, a sua tipicidade. Contudo, a violência praticada para a evasão deve ser punida pelas sanções penais e não penais correspondentes.[215]

Não é conduta típica a fuga perpetrada sem violência. Juntamente com a evasão, imprescindível é que o agente tenha se utilizado de violência contra a pessoa, e propriamente a violência física. A mera ameaça grave ou violência moral, ainda que armada, não enseja a tipicidade da evasão do preso.[216] Aqueles que se opõem à evasão, ainda que não sejam propriamente os carcereiros ou funcionários responsáveis pela guarda, devem ter sofrido a violência física, ou pelo menos a sua tentativa, para configurar-se o delito em comento.[217]

16.5. Tipo penal subjetivo: elemento típico subjetivo

O elemento subjetivo do crime é o dolo, ou seja, a vontade consciente de se evadir de prisão ou de medida de segurança através da violência física contra a pessoa, igualmente consciente da legalidade formal da restrição imposta. Não há elemento subjetivo especial exigido pelo tipo penal.[218] A finalidade de se evadir da prisão legal é aspecto inerente à própria conduta de evasão, que é o comportamento de alguém que busca subtrair-se da custódia de quem o mantém legalmente encarcerado.[219]

Não é admitida, por outro lado, a modalidade culposa do crime.

---

212 PRADO, Luiz Régis. *Curso de direito penal...*, *Cit.*, p. 742.

213 PRADO, Luiz Régis. *Curso de direito penal...*, *Cit.*, p. 742.

214 FRAGOSO, Heleno Claudio. *Lições de direito penal...*, *Cit.*, p. 568.

215 MANZINI, Vicenzo. Tratatto di diritto penale..., *Cit.*, p. 826.

216 HUNGRIA, Nelson. *Comentários ao código penal...*, *Cit.*, p. 520.

217 FRAGOSO, Heleno Claudio. *Lições de direito penal...*, *Cit.*, p. 568.

218 NORONHA, Magalhães. *Direito penal...*, *Cit.*, p. 417

219 Há, contudo, quem sustente o contrário, como, por exemplo, Cezar Roberto Bitencourt (*Tratado de direito penal...*, *Cit.*, p. 375) e Heleno Claudio Fragoso (*Lições de direito penal...*, *Cit.*, p. 569), no sentido de que deveria haver o especial fim de evadir-se mediante violência.

16.6. Concurso de penas em razão da violência

Pela redação dada ao art. 352, o emprego da violência é elementar do tipo penal. No entanto, se a conduta do agente resulta em lesão corporal ou homicídio, haverá concurso material com o crime de evasão.[220] Dessa maneira, a nosso ver, o dispositivo em comento viola os princípios da proporcionalidade e do *ne bis in idem*, pois determina a aplicação de penas cumulativamente para um mesmo fato. Como a violência é elementar do tipo penal em tela, não pode constituir outro delito autonomamente, sob pena de violar o caráter científico e dogmático do direito penal.

Diferentemente, as vias de fato, tais como o ato de amarrar guardas ou imobilizá-los, não ensejam concurso material, uma vez que são consumidas pela própria evasão (critério da consunção).

16.7. Consumação e tentativa

Consuma-se o crime com a realização da fuga do preso ou internado, obtendo liberdade, ainda que temporária, através da violência física contra pessoa. O fato de o preso ou internado ter sido, depois, recapturado não desconfigura o crime, se ele efetivamente chegou a experimentar a liberdade e efetuou violência contra a pessoa. Trata-se, então, de crime de resultado.

O crime também se consuma com a mera tentativa de evasão, pois, pela descrição típica, a forma tentada do crime é equivalente à consumação. Incorre, assim, nas mesmas penas aquele que, apesar de não conseguir a liberdade almejada, puser em prática os atos executórios do crime. Por isso, pode-se dizer que não é admitida a forma tentada. Não obstante, a mera tentativa pode e deve ser levada em conta no momento da dosimetria da pena.

16.8. Pena e aspectos processuais

A pena para a prática do crime de evasão mediante violência contra a pessoa é a detenção de três meses a um ano (art. 352, *caput*).

Para o crime previsto no art. 352 a competência é dos Juizados Especiais Criminais, tendo em vista que a sua pena máxima cominada não ultrapassa dois anos (art. 61 da Lei nº 9.099/1995). É admitida a suspensão condicional do processo, uma vez que a pena mínima cominada não ultrapassa um ano (art. 89 da Lei nº 9.099/1995).

A ação penal é pública incondicionada.

16.9. Considerações especiais

16.9.1. Emprego de coação moral: conduta atípica

Não ocorre crime se a fuga foi perpetrada sem emprego de violência. Mas a violência aqui tem de ser física (*vis absoluta*), não havendo crime se foi empregada, tão

---

220 HUNGRIA, Nelson. *Comentários ao código penal...*, *Cit.*, p. 520; NORONHA, Magalhães. *Direito penal...*, *Cit.*, p. 417.

só, ameaça grave ou violência moral (*vis moral*). Mesmo a ameaça armada não enseja a incidência do crime.[221]

A violência, também, deve ser dirigida contra aqueles que se opõem à evasão. Não importa se são eles os carcereiros ou funcionários responsáveis pela guarda, ou terceiros que intervêm contra a fuga. Basta alguém que reagiu à evasão ter sofrido a violência física, ou pelo menos a sua tentativa, para configurar-se o delito em comento.[222]

16.9.2. *Local de cumprimento da privação de liberdade*

Impende destacar que o local onde se encontra privado de liberdade o sujeito é indiferente para a tipificação de sua conduta. A evasão mediante violência contra a pessoa pode ser empregada, por exemplo, enquanto o agente está sendo conduzido para o estabelecimento penitenciário ou detido em flagrante numa delegacia policial. Enfim, não é necessário estar enclausurado no estabelecimento penitenciário ou hospital de custódia para a prática do crime previsto no art. 352. No dizer de Cezar Bitencourt: "evadir-se significa, etimologicamente, fugir de um lugar fechado; mas, juridicamente, equivale a subtrair-se à restrição de sua liberdade" [223].

16.9.3. *Evasão de preso e resistência*

É preciso que a restrição de liberdade já tenha sido imposta pela autoridade competente, isto é, que o agente já esteja de alguma forma detido e sob a guarda ou custódia de outrem. A prisão ou detenção em curso, como, por exemplo, o preso em processo de captura pela autoridade policial, não implica a tipicidade do crime previsto no art. 352, ainda que praticado mediante violência. Nesse caso, incorrerá em crime de resistência, previsto no art. 329. É dizer, em síntese, se o agente se opõe à prisão ou detenção, efetua resistência (art. 329), mas se pratica violência contra a pessoa após ter sido preso ou internado, pratica o crime de evasão mediante violência (art. 352). [224]

17. ARREBATAMENTO DE PRESO

⊙ **Arrebatamento de preso**

Art. 353 – Arrebatar preso, a fim de maltratá-lo, do poder de quem o tenha sob custódia ou guarda:

Pena – reclusão, de um a quatro anos, além da pena correspondente à violência.

17.1. Considerações preliminares

A primeira vez que o crime de arrebatamento de preso teve previsão na legislação brasileira foi com o Código Criminal imperial (1830), no art. 127. Nesse estatuto

221 HUNGRIA, Nelson. *Comentários ao código penal...*, *Cit.*, p. 520.

222 NORONHA, Magalhães. *Direito penal...*, *Cit.*, p. 568.

223 BITENCOURT, Cezar Roberto. *Tratado de direito penal...*, *Cit.*, p. 373.

224 BITENCOURT, Cezar Roberto. *Tratado de direito penal...*, *Cit.*, p. 373

jurídico, o crime era punido quando realizado mediante arrombamento ou acometimento de prisão. O Código Penal da República (1890) manteve essa orientação, apenas repetindo o enunciado do código anterior (art. 133). Assim eram os termos do tipo penal: "*fazer arrombamento, ou acometer qualquer prisão, com força, para maltratar presos*".[225]

O atual código vigente, o Código Penal de 1940, inovou no tratamento da matéria, dando contornos mais amplos ao crime de arrebatamento de preso. O delito, agora, pode se configurar independentemente de o preso estar ou não no estabelecimento carcerário. Necessário é, apenas, que o sujeito passivo esteja sob a guarda ou custódia de outrem.

17.2. Bem jurídico e classificação doutrinária

O bem jurídico protegido pelo crime de arrebatamento de preso é administração da Justiça, notadamente como instituição responsável pela prestação jurisdicional, especificamente em matéria criminal, assegurando a ordem social e a segurança pública. Além disso, a previsão penal tutela também a integridade física de quem se encontra sob a guarda ou custódia estatal[226].

O delito em comento é *crime comum*, porque não é necessária condição especial do sujeito, sendo, portanto, praticável por qualquer pessoa. Além disso, é *crime formal*, por não exigir resultado naturalístico para sua consumação; de *forma livre*, porque pode ser praticado por qualquer meio ou maneira; e *instantâneo*, pois entre a ação e seu resultado não há grande lapso de tempo. Pode ser praticado por apenas um agente, por isso é *crime unissubjetivo*. É crime *plurissubsistente*, pois, em regra, é praticado por mais de um ato e sua execução pode ser fracionada.

17.3. Sujeitos do crime

O sujeito ativo do crime de arrebatamento de preso pode ser qualquer pessoa. Não há, portanto, exigência de condição especial do agente. É comum que o crime, por sua própria natureza, seja praticado por vários indivíduos, pois é na soma de esforços que o arrebatamento se consuma com mais facilidade. Não obstante, a sua configuração típica não exige, essencialmente, que seja praticado por uma pluralidade de sujeitos.

Os sujeitos passivos do delito são o Estado, que é titular do bem jurídico tutelado, qual seja, a administração da Justiça, e, também, em caráter secundário, o preso que tenha sofrido o arrebatamento. Destaque-se que a descrição típica do art. 353 não fez menção ao internado em medida de segurança, diferentemente do que ocorreu nos tipos penas dos arts. 351 e 352. A omissão é reprovável, uma vez que o mesmo bem jurídico é violado quando, internado em medida de segurança, sofre arrebatamento.[227]

---

225 PRADO, Luiz Régis. Curso de direito penal..., *Cit.*, p. 744.

226 BITENCOURT, Cezar Roberto. *Tratado de direito penal...*, *Cit.*, p. 372. Conforme assinala, ainda, Álvaro Mayrink da Costa (*Direito penal...*, *Cit.*, p. 434): "o objeto jurídico da tutela é a administração pública, no que tange ao relevo e à normalidade da prestação jurisdicional, no sentido de garantir a proteção e eficácia das decisões judiciais, visando preservar a disciplina e a custódia oficial".

227 PRADO, Luiz Régis. *Curso de direito penal...*, *Cit.*, p. 744.

17.4. Tipo penal objetivo: elementos da descrição típica

A conduta tipificada no art. 353 consiste em *arrebatar* (tirar, arrancar, arrastar) preso do poder de quem tem a sua guarda ou custódia, com o propósito de infligir-lhe maus-tratos. Por *arrebatar* entende-se o ato de tomar violentamente, isto é, por meio da força, pessoa que se encontra presa. Sem a violência, então, não há crime de arrebatamento. Essa violência consiste no emprego da força imposta sobre a pessoa encarregada da guarda (carcereiro, escolta policial etc.) ou sobre coisa (grades, cadeados, portas etc.).

Pelo enunciado do tipo penal, a legalidade ou ilegalidade da prisão não é relevante para a configuração do crime de arrebatamento de preso, diferentemente do que ocorre nos crimes dos arts. 351 e 352. Isso se deve pela razão óbvia de que, no arrebatamento, a finalidade da conduta criminosa é maltratar o preso, e não salvá-lo, de modo que, legal ou ilegal a prisão, a conduta é punida da mesma forma. A ilegalidade da prisão não afasta a tipicidade, como também não afasta a antijuridicidade, pois o propósito da ação, por si, já é ilícito[228].

Além disso, é de se destacar que o local onde se encontra privado de liberdade o sujeito passivo é indiferente para a tipificação de sua conduta. Se o arrebatamento ocorre, por exemplo, quando o preso está ainda sendo conduzido para o estabelecimento penitenciário ou quando tenha sido detido em flagrante por autoridade policial, configura-se o crime do art. 353[229].

A prisão do sujeito passivo não se limita àquela decorrente de sentença condenatória transitada em julgado, pois abrange também a prisão preventiva, temporária, domiciliar, em flagrante delito e a fundada em sentença condenatória recorrível. Igualmente não importa se a prisão do sujeito passivo é civil, administrativa ou disciplinar[230].

A finalidade do arrebatamento é a de infligir maus-tratos ao preso. Maus-tratos, como afirma Hungria[231], "têm variada casuística, indo desde as vias de fato vexatórias até o extremo do linchamento (que ultimamente tem ocorrido com certa e alarmante frequência)". O conceito abrange, então, lesões corporais, injúrias, homicídios etc. Vale dizer ainda que a violência empregada contra o preso, após ser arrebatado, é punida, em concurso material, pela pena correspondente[232].

Em síntese, o crime de arrebatar preso consiste em retirar mediante força e violência, contra pessoa ou coisa, aquele que se encontra preso, ainda que ilegalmente, com nítido propósito de lhe infligir maus-tratos, punindo-se em concurso material o crime que a violência empregada configurar.

228 BITENCOURT, Cezar Roberto. *Tratado de direito penal..., Cit.*, p. 379.

229 PRADO, Luiz Régis. *Curso de direito penal..., Cit.*, p. 745.

230 BITENCOURT, Cezar Roberto. *Tratado de direito penal..., Cit.*, p. 379.

231 HUNGRIA, Nelson. *Comentários ao código penal..., Cit.*, p. 521.

232 PRADO, Luiz Régis. *Curso de direito penal..., Cit.*, p. 745.

17.5. Tipo penal subjetivo: elemento típico subjetivo

O elemento subjetivo do crime é o dolo, ou seja, a vontade consciente de arrebatar pessoa presa, igualmente consciente de que o toma de quem o tem sob guarda ou custódia. Há elemento subjetivo especial do tipo penal exigido pelo tipo penal, consistente no especial propósito de maltratar preso. Não importa se o especial fim de agir do autor foi ou não atendido, isto é, se efetivamente aplicar os maus-tratos. Basta que tenha sido esse o motivo do arrebatamento. Trata-se, portanto, de um delito de intenção[233]. Não é admitida a modalidade culposa do crime.

17.6. Consumação e tentativa

Consuma-se o crime com o arrebatamento da pessoa presa, isto é, com a subtração violenta do poder de quem tenha o preso sob sua guarda ou custódia. O fato de os maus-tratos não serem efetivamente infligidos ao preso não desconfigura o crime, levando-se em conta, no entanto, essa circunstância no momento do cálculo da pena.

É admitida a forma tentada do crime.

17.7. Pena e aspectos processuais

A pena para a prática do delito de arrebatamento de preso é de reclusão, de um a quatro anos (art. 353, *caput*), aplicando-se ainda a pena correspondente à violência, se configurar crime.

Não se aplicar a agravante prevista no art. 61, II, *i*, do Código Penal, cuja hipótese se dá "quando o ofendido estava sob a imediata proteção da autoridade", por se tratar de elementar tipo.

É admitida a suspensão condicional do processo, uma vez que a pena mínima cominada não ultrapassa um ano (art. 89 da Lei nº 9.099/1995).

A ação penal é pública incondicionada.

18. MOTIM DE PRESOS

⊙ **Motim de presos**

Art. 354 – Amotinarem-se presos, perturbando a ordem ou disciplina da prisão:

Pena – detenção, de seis meses a dois anos, além da pena correspondente à violência.

18.1. Considerações preliminares

O Código Penal de 1940 foi o primeiro a tipificar como crime o motim de presos, tomando inspiração no Código Penal suíço, que punia o motim dos encarcerados (*mutinerie de détenus*) em estabelecimento penitenciário e dos submetidos à medida de segurança em hospitais psiquiátricos. O Código Penal brasileiro assumiu em parte

233 PRADO, Luiz Régis. *Curso de direito penal...*, *Cit.*, p. 745.

essa orientação, punindo os presos que perturbam a ordem e disciplina do cárcere, mas excluindo os internados em medida de segurança, por serem inimputáveis.[234]

18.2. Bem jurídico e classificação do delito

O bem jurídico protegido pelo crime de motim de presos é, mais uma vez, a administração da Justiça, como instituição responsável pela ordem social e pela segurança pública, para as quais é essencial a disciplina no ambiente carcerário. A amotinação de presos agride a dignidade da Justiça e põe em risco a estrutura de segurança pública. Protege-se, então, a própria jurisdição estatal e garante-se o cumprimento de suas decisões.

O delito em comento é *crime própio*, porque somente pode ser praticado por preso (condição especial do sujeito). Além disso, é *crime material*, por exigir resultado naturalístico para sua consumação; de *forma livre*, porque pode ser praticado por qualquer meio ou maneira; e *instantâneo*, pois entre a ação e seu resultado não há grande lapso de tempo. É *crime plurissubjetivo*, uma vez que o concurso de pessoas é necessário. É crime *plurissubsistente*, pois, em regra, é praticado por mais de um ato e sua execução pode ser fracionada.

18.3. Sujeitos do delito

O sujeito ativo do crime de motim é, somente, o preso. Há, portanto, exigência de condição especial do agente (crime próprio), a de estar preso. O internado em medida de segurança não pode ser sujeito ativo do delito, pois não há previsão de sua conduta na composição típica do crime em apreço.

Além disso, é preciso uma pluralidade de presos para que se conforme a tipicidade da conduta, de modo que o concurso de pessoas se encontra na própria descrição típica (crime de concurso necessário), ao empregar o verbo nuclear no plural (*amotinarem-se*).

Há certa divergência sobre quantos presos bastariam para a configuração do crime de motim, uma vez que não consta da descrição típica o número específico, como ocorre, por exemplo, no crime de quadrilha ou bando. Entende parte da doutrina que o crime de motim é da espécie *crime coletivo, ou multitudinário*, fazendo-se necessária uma quantidade considerável de pessoas, o suficiente para causar situação e clima de tumulto.[235] Contudo, pela descrição típica do art. 354, não há impedimento para que a rebeldia de, ao menos, dois presos configure motim, quando presentes os outros elementos do tipo. Assim, a indeterminação do texto legal permite a conclusão de que o motim de dois presos não está, a princípio, ressalvado de punição.[236]

234 HUNGRIA, Nelson. *Comentários ao código penal..., Cit.*, p. 522.

235 FRAGOSO, Heleno Claudio. *Lições de direito penal..., Cit.*, p. 571. Assim entende Cezar Bitencourt (*Tratado de direito penal..., Cit.*, p. 386), ao dizer que: "a reunião, mesmo movida por revolta violenta, de dois ou três presos, é insuficiente para caracterizar ao amotinamento, que é um ajuntamento tumultuário de presos perturbando a ordem e a disciplina prisional".

236 PRADO, Luiz Régis. *Curso de direito penal..., Cit.*, p. 748.

O sujeito passivo do delito é o Estado, representado pela administração da Justiça, como também, em caráter secundário, alguém que eventualmente tenha sofrido atos de violência perpetrados durante o motim.

18.4. Tipo penal objetivo: elementos da descrição típica

A conduta tipificada no art. 354 consiste em amotinarem-se presos, isto é, realizar uma revolta, de caráter coletivo, afetando gravemente a ordem e disciplina no ambiente carcerário por meio de atos de violência contra funcionários públicos e instalações da unidade penitenciária. Por *amotinarem-se* deve-se entender o ato de insurgência violenta contra os funcionários e instalações do estabelecimento carcerário, reunindo presos para um propósito comum.

Sem a violência não há crime de motim. O emprego da violência é característica essencial do amotinamento[237], consistindo no emprego da força contra agentes públicos (carcereiro, policial, médicos etc.) ou contra as instalações do cárcere (colchões, mobiliário etc.), promovendo a desordem e ameaçando a segurança. Assim, não se pode ter como motim as ações de mero desrespeito, irreverência e desacato dos presos, enquanto tais ações não se converterem em concreta violência coletiva, de caráter militante, com grave perturbação da disciplina da prisão[238].

A prisão dos sujeitos ativos do crime não se limita àquela decorrente de sentença condenatória transitada em julgado, como abrange também a prisão preventiva, temporária, domiciliar, em flagrante delito, e a fundada em sentença condenatória recorrível. Igualmente não importa se a prisão do sujeito passivo é civil, administrativa ou disciplinar[239].

Assim, o amotinamento, para configurar crime, precisa objetivar fins determinados, "*perturbando* (causar a agitação, desordem, grave distúrbio) *a ordem e a disciplina* (consiste na obediência às normas e determinações estabelecidas pela autoridade competente e no respeito às autoridades e seus agentes no desempenho de suas atividades funcionais) *na prisão* (intramuros: penitenciárias, colônias agrícolas, industriais ou similares, centros de observação e cadeias públicas) ".[240]

Em síntese, o motim de presos consiste em uma perturbação da ordem e disciplina da prisão, na qual os amotinados empregam violência contra o corpo funcional e as instalações da unidade penitenciária.

18.5. Tipo penal subjetivo: elemento típico subjetivo

O elemento subjetivo do crime é o dolo, representado pela vontade consciente de amotinarem-se os presos, igualmente consciente de que perturbam a ordem e a

237 FRAGOSO, Heleno Claudio. *Lições de direito penal...*, *Cit.*, p. 571.

238 HUNGRIA, Nelson. *Comentários ao código penal...*, *Cit.*, p. 522.

239 PRADO, Luiz Régis. *Curso de direito penal...*, *Cit.*, p. 749.

240 COSTA, Álvaro Mayrink da. *Direito penal...*, *Cit.*, p. 447.

disciplina através do movimento coletivo e violento. Não há elemento subjetivo especial (dolo específico) exigido pelo tipo penal, uma vez que é indiferente, para a tipicidade da conduta, a finalidade ou objetivo da insurgência dos presos, e menos importante ainda é se esses propósitos eram justos ou não. Contudo, os interesses defendidos pelos presos na amotinação podem ser tomados em conta para o cálculo da pena, ainda mais se for levado em conta que, atualmente, a maioria dos motins carcerários no país são dirigidos para chamar a atenção da sociedade e reivindicar condições mais humanas para a reclusão carcerária[241].

Não é admitida a modalidade culposa do crime.

18.6. Consumação e tentativa

Consuma-se o crime com a efetiva perturbação da ordem e disciplina no ambiente carcerário, através da prática de atos coletivos de violência e rebeldia, sendo irrelevante que essa situação perdure no tempo.

É admitida a forma tentada do crime, muito embora dificilmente possa ser verificada na prática.

18.7. Pena e aspectos processuais

A pena para a prática do motim de presos é de detenção, de seis meses a dois anos (art. 354, *caput*), aplicando-se ainda a pena correspondente à violência, se configurar crime.

Para o crime previsto no art. 354 a competência é dos Juizados Especiais Criminais, tendo em vista que a sua pena máxima cominada não ultrapassa dois anos (art. 61 da Lei nº 9.099/1995). É admitida a suspensão condicional do processo, uma vez que a pena mínima cominada não ultrapassa um ano (art. 89 da Lei nº 9.099/1995).

A ação penal é pública incondicionada.

18.8. Consideração especial

18.8.1. Descumprimento de ordem e vaias

O eventual descumprimento de ordem ou a não execução de tarefa, bem como vaia individual ou coletiva, não configuram o delito de motim de presos, sendo apenas infração à disciplina dos presos, nos termos da LEP – Lei de Execução Penais.

241 BITENCOURT, Cezar Roberto. *Tratado de direito penal...*, *Cit.*, p. 387.

19. PATROCÍNIO INFIEL, PATROCÍNIO SIMULTÂNEO OU TERGIVERSAÇÃO

⊙ **Patrocínio infiel, patrocínio simultâneo ou tergiversação**

Art. 355 – Trair, na qualidade de advogado ou procurador, o dever profissional, prejudicando interesse, cujo patrocínio, em juízo, lhe é confiado:

Pena – detenção, de seis meses a três anos, e multa.

Parágrafo único – Incorre na pena deste artigo o advogado ou procurador judicial que defende na mesma causa, simultânea ou sucessivamente, partes contrárias.

19.1. Considerações preliminares

No Direito romano já havia a incriminação da conduta de traição dos advogados à causa de seus clientes, o que recebeu a denominação genérica de *praevaricatio*. Inicialmente, era prevista como crime somente a conduta do acusador público. Depois, quando adveio o processo das *quaestiones*, o representante particular (*patronus* ou *advocatus*) passou a ser também punido, e de forma especial, por sua infidelidade para com os seus constituintes.[242] Nesse momento, a *praevaricatio* consistia, basicamente, no comportamento de beneficiar a parte contrária, prejudicando aquele que foi traído na sua confiança.[243]

Na Idade Média foram mantidos os critérios do modelo romano,[244] mas, ao longo de sua evolução, o crime foi considerado no que se entendia amplamente como falso, passando a incluir também na ideia de *praevaricatio* a infidelidade dos funcionários públicos aos seus deveres.[245]

Por sua vez, o Código Penal francês de 1810 ampliou a compreensão da prevaricação (*fortaiture*), para incriminar o ato do funcionário público que traísse os seus deveres funcionais, ou que utilizar o cargo exercido para fins ilícitos[246].

Na legislação brasileira, o Código Criminal imperial (1830) tratou da prevaricação como violação do dever funcional por motivo de ódio, contemplação ou interesse pessoal, afastando-se, portanto, das linhas traçadas pelo Código Penal napoleônico. Já o Código Penal da República (1890), aproximando-se dos critérios do referido diploma francês, tipificou como prevaricação a conduta de infidelidade ou tergiversação do advogado ou procurador judicial.

O Código Penal de 1940, atualmente em vigor, caminhou no sentido de separar, em tipos distintos, as condutas incriminadas. De um lado ficou o crime de *prevaricação*

242 HUNGRIA, Nelson. Comentários ao Código Penal..., *Cit.*, p. 523; MANZINI, Vicenzo. Tratatto di diritto penale..., *Cit.*, p. 794.

243 PRADO, Luiz Régis. Curso de direito penal..., *Cit.*, p. 751.

244 HUNGRIA, Nelson. Comentários ao código penal..., *Cit.*, p. 523.

245 PRADO, Luiz Régis. Curso de direito penal..., *Cit.*, p. 751; MANZINI, Vicenzo. Tratatto di diritto penale..., *Cit.*, p. 795.

246 PRADO, Luiz Régis. Curso de direito penal..., *Cit.*, p. 751.

(art. 319), entre os crimes contra a administração pública praticados por funcionário público (Título XI, Capítulo I), e de outro o *patrocínio infiel* (art. 355), entre os delitos contra a administração da justiça (Capítulo III).

19.2. Bem jurídico e classificação do delito

O bem jurídico tutelado pelo crime previsto no art. 355 é a administração da Justiça, com o especial fim de garantir o normal funcionamento da atividade jurisdicional. Pretende-se, então, evitar a lesão que, atingindo a confiança dos particulares, prejudica sensivelmente a concretização da justiça, ainda mais porque, segundo prescreve a Constituição de 1988, em seu art. 133: "*o advogado é indispensável à administração da justiça*".

O delito em comento é *crime próprio*, pois é necessária a condição especial do sujeito, de ser advogado ou procurador judicial. Além disso, é *crime formal*, por não exigir resultado naturalístico para sua consumação, já que a prática de qualquer ato processual relativo às condutas tipificadas aperfeiçoa o crime; de *forma livre*, porque pode ser praticado por qualquer forma ou meio; e *instantâneo*, pois entre a ação e seu resultado não há grande lapso de tempo. Pode ser praticado por apenas um agente, por isso é *crime unissubjetivo*. É crime *plurissubsistente*, pois, em regra, é praticado por mais de um ato e sua execução pode ser fracionada.

19.3. Sujeitos do delito

O delito de patrocínio infiel é *crime próprio*, de modo que somente pode ser sujeito ativo do crime o *advogado* e o *procurador judicial*, assim compreendidos os advogados públicos (advogados da União, procuradores de estado, defensores públicos etc.). A participação de terceiros, em concurso de pessoas, é naturalmente admitida, podendo incluir na incidência do crime até os estagiários de Direito.

O sujeito passivo é o Estado, representado pela administração da Justiça, como também é sujeito passivo a parte prejudicada e lesada na sua confiança pelo patrocínio infiel.

19.4. Tipo penal objetivo: elementos da descrição típica

19.4.1. Patrocínio infiel

O art. 355, *caput*, prevê o crime de patrocínio infiel, cuja descrição típica consiste na conduta de trair, na qualidade de advogado ou procurador, o dever profissional, prejudicando o interesse que lhe foi confiado para patrocínio em juízo. Nas palavras de Álvaro Mayrink da Costa, *in verbis*: "o patrocínio infiel constitui-se no conluio do advogado ou procurador com a parte contrária, rupturando o dever profissional de fidelidade, causando prejuízo ao patrocínio confiado, em juízo, violando o direito de uma tutela judicial efetiva".[247]

---

247 COSTA, Álvaro Mayrink da. Direito penal..., *Cit.*, p. 455.

O verbo *trair*, núcleo do tipo penal, consiste no comportamento de enganar perfidamente, de violar o dever profissional de fidelidade à parte no patrocínio da causa, prejudicando o seu interesse legítimo e frustrando a confiança depositada (através de mandato ou nomeação feita pelo juiz).[248] A conduta "pode ser praticada por ação ou omissão nas mais variadas formas sob a regência do dolo do advogado ou procurador judicial (não produção de prova necessária tempestivamente; perda de prazos; não comparecimento determinante da revelia; dar causa a permitir a decadência ou a consumação da revelia; omissão de contestação ou de interposição de recursos). A atuação extrajudicial não configura o injusto do tipo penal, que está vinculado ao patrocínio confiado em juízo".[249]

Deve-se destacar que, para a configuração do delito, não é necessária a existência de mandato formal, sendo suficiente que a representação em juízo seja aceita, ou seja, que o patrocínio tenha sido efetivamente confiado ao advogado e que tenha ele, o advogado, aceito a incumbência.[250]

É elemento constitutivo do tipo o efetivo prejuízo, relevante e substancial, ao interesse legítimo do constituinte, não bastando o dano potencial. Assim, somente ocorre a tipificação da conduta se a infidelidade do advogado ou procurador judicial tiver causado prejuízo concreto, isto é, tenha sido relevante para o desfecho da causa de a que havia sido confiado o patrocínio.[251]

Além disso, o interesse prejudicado pelo patrocínio infiel precisa ser *legítimo*, uma vez que a conduta que é contrária a uma pretensão ilegal não é sancionada pelo ordenamento jurídico, ainda mais na esfera penal. Não se poderia exigir do patrono o dever de fidelidade a interesses ilegítimos, que não tem nenhum respaldo jurídico, pois não haveria, nesse caso, nem mesmo repreensão ético-administrativa.[252]

É pressuposto objetivo do delito que a infidelidade no patrocínio tenha se dado em relação à demanda judicial (civil ou penal),[253] de modo que a atuação extrajudicial, como a confecção de pareceres, consultas e orientações, não é suficiente para configurar

248 COSTA, Álvaro Mayrink da. Direito penal..., *Cit.*, p. 456.

249 COSTA, Álvaro Mayrink da. Direito penal..., *Cit.*, p. 457.

250 MANZINI, Vicenzo. Tratatto di diritto penale..., *Cit.*, p. 801; PRADO, Luiz Régis. Curso de direito penal..., *Cit.*, p. 753.

251 HUNGRIA, Nelson. Comentários ao código penal..., *Cit.*, p. 525. No mesmo sentido, disserta Cezar Bitencourt (Tratado de direito penal..., *Cit.*, p. 391): "[...] é elemento constitutivo do tipo o prejuízo do cliente vítima da infidelidade profissional do advogado. Em decorrência dessa infidelidade deve produzir-se um dano, um prejuízo ou lesão efetiva aos interesses confiados ao profissional. A ausência de prejuízo, patrimonial ou moral, que é uma exigência típica, impede a configuração do crime, sendo insuficiente a simples possibilidade de sua ocorrência".

252 MANZINI, Vicenzo. Tratatto di diritto penale..., *Cit.*, p. 801; BITENCOURT, Cezar Roberto. Tratado de direito penal. vol. 5. São Paulo: Saraiva, 2008, p. 391.

253 FRAGOSO, Heleno Claudio. Lições de direito penal..., cit, p. 574; MANZINI, Vicenzo. Tratatto di diritto penale..., *Cit.*, p. 799.

o crime de patrocínio infiel, muito embora possam, eventualmente, traduzir infração ético-administrativa.

Em síntese, o crime de patrocínio infiel, previsto no *caput* do art. 355, compreende a conduta de enganar o constituinte, no patrocínio da causa, frustrando a sua confiança e expectativa sobre a defesa de seus interesses em juízo, desde que legítimos. É, portanto, infiel o advogado que, na sua atuação profissional e durante o curso do processo, não conduz a defesa do interesse legítimo de forma adequada, causando grave prejuízo ao cliente que lhe confiou o patrocínio.[254]

19.4.2. *Patrocínio simultâneo ou tergiversação*

O parágrafo único do art. 355 traz descrição típica diversa, tratando do *patrocínio simultâneo*, que consiste em agir na mesma causa defendendo simultaneamente os interesses de partes contrárias; e da *tergiversação*, que é a defesa sucessiva de partes contrárias numa mesma causa.[255] Em outras palavras, no primeiro caso o agente defende interesses opostos na mesma relação jurídica processual, ainda que através de pessoa interposta; já no segundo o sujeito ativo simplesmente "troca de lado", atuando efetivamente em favor da parte contrária, no mesmo processo.[256] Aqui, na tergiversação (ou patrocínio sucessivo), é insuficiente que a parte adversária tenha apenas concedido o mandato ao advogado, sendo preciso que a defesa processual, em desfavor do antigo constituinte, tenha sido efetivada.[257]

Assim, sistematicamente, tem-se, no parágrafo único do art. 355 a previsão de duas hipóteses de conduta: a) *patrocínio simultâneo*, quando o advogado, pessoalmente ou através de "testa de ferro", atua na defesa de interesses antagônicos, ainda que não no mesmo processo; b) *patrocínio sucessivo (tergiversação)*, quando o agente, após abandonar ou ser destituído do patrocínio da causa, assume a defesa da parte contrária, no mesmo processo.[258]

Por partes contrárias, entendem-se as pessoas que, na mesma relação jurídica, possuem interesses antagônicos entre si, ainda que não se situem nos polos opostos de um processo (como, por exemplo, o acusado e a vítima no processo penal, que, apesar de terem interesses antagônicos, não são partes adversárias).[259]

---

254 BITENCOURT, Cezar Roberto. Tratado de direito penal..., *Cit.*, p. 390.

255 PRADO, Luiz Régis. Curso de direito penal..., *Cit.*, p. 754.

256 BITENCOURT, Cezar Roberto. Tratado de direito penal..., *Cit.*, p. 391.

257 BITENCOURT, Cezar Roberto. Tratado de direito penal..., *Cit.*, p. 391.

258 Nesse ponto, calha reproduzir as lições de Nelson Hungria (Comentários ao código penal..., *Cit.*, p. 526): "Na hipótese do patrocínio simultâneo, o advogado ou procurador judicial, abertamente ou *per interpositam personam*, fica, *ab initio*, a duas amarras ou servindo a dois amos com interesses reciprocamente hostis; na segunda hipótese, tradicionalmente denominada 'tergiversação' (do latim *tergum vertere*, voltar as costas), o agente é um desertor ou trânsfuga, ou um patrono inescrupuloso, que, abandonando a causa de seu constituinte (ou depois de despedido por este), passa a defender a causa da parte contrária".

259 FRAGOSO, Heleno Claudio. Lições de direito penal..., *Cit.*, p. 575; MANZINI, Vicenzo. Tratatto di diritto penale..., *Cit.*, p. 811.

A expressão *na mesma causa* deve ser entendida de forma ampla, como sinônimo de *litígio* ou de *pretensão jurídica*, traduzindo, portanto, a ideia de que, para a tipificação da conduta, basta a defesa dos interesses contrapostos, ainda que não no mesmo processo judicial.[260]

Em síntese, no patrocínio simultâneo, o agente defende interesses opostos numa mesma relação jurídica, pessoalmente ou por pessoa interposta, ainda que não no mesmo processo. No patrocínio sucessivo (tergiversação), o sujeito, após ser desconstituído ou ter abandonado a causa, assume a defesa da parte adversária.

19.5. Tipo penal subjetivo: elemento típico subjetivo

O elemento subjetivo do crime é o dolo, isto é, a vontade consciente de praticar infidelidade no patrocínio da causa judicial ou de patrocinar defesa de interesses antagônicos, de forma simultânea ou sucessiva, igualmente consciente de se estar causando prejuízo ao cliente. Não se exige nenhum elemento subjetivo especial (dolo especial).

Não é admitida a modalidade culposa do crime, de modo que não configura crime a negligência, imperícia ou imprudência profissional no patrocínio da causa, o que, no entanto, não afasta a possibilidade de infração ético-disciplinar.[261]

19.6. Consumação e tentativa

Consuma-se o crime de patrocínio infiel com o efetivo prejuízo ao interesse do cliente, ainda que reversível e não definitivo[262]. O patrocínio simultâneo ou tergiversação configura-se com a realização do ato processual que beneficia a parte contrária, não sendo suficiente a mera outorga do mandato.[263]

É admitida a tentativa na modalidade comissiva do patrocínio infiel e no patrocínio simultâneo, mas incabível na tergiversação.[264]

19.7. Pena e aspectos processuais

A pena para a prática do crime de patrocínio infiel, patrocínio simultâneo ou tergiversação é de detenção, de seis meses a três anos, e multa (art. 355). É admitida a

---

260 PRADO, Luiz Régis. Curso de direito penal..., *Cit.*, p. 754; HUNGRIA, Nelson. Comentários ao código penal..., *Cit.*, p. 527; MANZINI, Vicenzo. Tratatto di diritto penale..., *Cit.*, p. 809; COSTA, Álvaro Mayrink da. Direito penal..., *Cit.*, p. 457.

261 BITENCOURT, Cezar Roberto. Tratado de direito penal..., *Cit.*, p. 392.

262 HUNGRIA, Nelson. Comentários ao código penal..., *Cit.*, p. 525; BITENCOURT, Cezar Roberto. Tratado de direito penal..., *Cit.*, p. 392. Essa também é a opinião de Heleno Cláudio Fragoso (Lições de direito penal..., *Cit.*, p. 574): "[...] deve sobrevir efeito e relevante prejuízo a interesse do cliente, o que constituirá o momento consumativo do crime. O prejuízo pode ser de natureza patrimonial ou moral. A tentativa é admissível".

263 HUNGRIA, Nelson. Comentários ao código penal..., *Cit.*, p. 527.

264 BITENCOURT, Cezar Roberto. Tratado de direito penal..., *Cit.*, p. 392; COSTA, Álvaro Mayrink da. Direito penal..., *Cit.*, p. 458.

suspensão condicional do processo, uma vez que as penas mínimas cominadas não ultrapassam um ano (art. 89 da Lei nº 9.099/1995).

A ação penal é pública incondicionada.

19.8. Considerações especiais

19.8.1. Abandono de processo judicial

O simples abandono do advogado em processo criminal, por si só, não é conduta típica, sendo aplicável apenas a multa prevista no art. 265 do CPP ("*O defensor não poderá abandonar o processo senão por motivo imperioso, comunicado previamente o juiz, sob pena de multa de 10 (dez) a 100 (cem) salários mínimos, sem prejuízo das demais sanções cabíveis*"), além das sanções ético-disciplinares.[265]

19.8.2. Desídia processual

Porém, configura crime de patrocínio infiel a conduta de quem não recorre quando deveria fazê-lo, deixa transcorrer prazo prescricional ou decadencial, deixa de alegar defesa óbvia e necessária etc.[266]

20. SONEGAÇÃO DE PAPEL OU OBJETO DE VALOR PROBATÓRIO

⊙ **Sonegação de papel ou objeto de valor probatório**

Art. 356 – Inutilizar, total ou parcialmente, ou deixar de restituir autos, documento ou objeto de valor probatório, que recebeu na qualidade de advogado ou procurador:

Pena – detenção, de seis meses a três anos, e multa.

20.1. Considerações preliminares

O crime em comento tem previsão na legislação penal brasileira desde o Código Penal de 1890, em que era tipificada, sob a genérica denominação de *prevaricação*, a conduta do advogado ou procurador judicial que subtraísse ou extraviasse documentos de qualquer espécie, que lhe tivessem sido confiados, e deixasse de restituir autos que houvesse recebido com vista ou confiança. O Código Penal de 1940, atualmente em vigor, traz a previsão nas mesmas orientações gerais da legislação anterior, porém dispondo-o entre os crimes contra a administração da justiça.

Em diversas passagens o Código Penal atual prevê a conduta de sonegação, subtração ou inutilização de documentos, porém, a depender do bem jurídico lesado, o crime tomará feições distintas. Quando uma conduta dessa natureza é praticada por advogado ou procurador judicial, e tem como objeto material instrumento de valor probatório, estará configurada a lesão à administração da justiça.[267]

---

265 BITENCOURT, Cezar Roberto. Tratado de direito penal..., *Cit.*, p. 391/392.

266 BITENCOURT, Cezar Roberto. Tratado de direito penal..., *Cit.*, p. 392.

267 PRADO, Luiz Régis. Curso de direito penal..., *Cit.*, p. 757.

20.2. Bem jurídico e classificação do delito

O bem jurídico tutelado pelo crime previsto no art. 356 é a administração da Justiça, com o especial fim de garantir o normal funcionamento da atividade jurisdicional. Objetiva-se evitar a inutilização ou a não restituição de papel ou objeto de valor probatório pelo advogado, que conduza ao falseamento da prova, induzindo o juiz ao erro na cognição dos fatos e no julgamento da lide.[268]

O delito em comento é *crime próprio*, pois que é necessária a condição especial do sujeito, de ser advogado ou procurador judicial. Além disso, é *crime formal*, por não exigir resultado naturalístico para sua consumação, já que a prática de qualquer ato processual relativo às condutas tipificadas aperfeiçoa o crime; de *forma livre*, porque pode ser praticado por qualquer forma ou meio; e *instantâneo*, pois entre a ação e seu resultado não há grande lapso de tempo. Pode ser praticado por apenas um agente, por isso é *crime unissubjetivo*. É crime *plurissubsistente*, pois, em regra, é praticado por mais de um ato e sua execução pode ser fracionada.

20.3. Sujeitos do delito

O delito do art. 356 é *crime próprio*, de modo que somente pode ser sujeito ativo do crime o *advogado* ou *procurador judicial*, assim compreendidos os advogados públicos (advogados da União, procuradores de Estado, defensores públicos etc.). A participação de terceiros, em concurso de pessoas, é naturalmente admitida, podendo incluir na incidência do crime até os estagiários de Direito.

O sujeito passivo é o Estado, representado pela administração da Justiça, como também é sujeito passivo a parte eventualmente prejudicada pelo erro da autoridade judiciária induzido pelo agente.

20.4. Tipo penal objetivo: elementos da descrição típica

O tipo penal do art. 356 pune a conduta daquele que inutiliza, total ou parcialmente, ou deixa de restituir autos, documentos ou qualquer outro objeto de valor probatório, que tenha recebido na qualidade de advogado ou procurador. O núcleo da descrição típica é representado pelas expressões *inutilizar* ou *deixar de restituir*. Têm-se, assim, duas condutas típicas alternativas.

O verbo *inutilizar* é traduzido pelo comportamento de danificar, destruir, tornar inútil ou deixar inapto ao fim a que se destina o documento, autos ou objeto de valor probatório, através de qualquer meio possível (queimar, riscar, apagar, alterar forma/conteúdo etc.). A inutilização pode ser total ou parcial, não sendo imprescindível,

---

268 PRADO, Luiz Régis. Curso de direito penal..., *Cit.*, p. 757. Neste ponto, calha reproduzir as palavras de Álvaro Mayrink da Costa (Direito penal..., *Cit.*, p. 462): "O *objeto jurídico* da tutela é o interesse do Estado no que concerne ao regular funcionamento da Administração da Justiça, no sentido de assegurar a autenticidade do conjunto probatório, diante da atuação dos advogados e procuradores judiciais, coibindo o desvio da correta prestação jurisdicional".

portanto, que o objeto material tenha sido completamente destruído ou desfigurado, bastando a mera alteração parcial, desde que capaz de incapacitar o valor probatório.

A locução *deixar de restituir* deve ser interpretada como a conduta de não devolver, reter consigo, esconder ou sonegar o referido objeto material do delito (autos, documentos ou objeto de valor probatório).

Vale destacar que o objeto material do delito em comento, conforme a descrição típica, consiste nos *autos, documento ou objeto de valor probatório* que haviam sido entregues ao advogado ou procurador. Os *autos* são o conjunto de peças processuais que compõem o suporte físico de um processo, ou seja, documentos que representam atos processuais ou simplesmente registram fatos relevantes, tais como petições, procurações, atas de audiência, termos, sentenças etc. O *documento* é a coisa que, por atuação humana e através de símbolos linguísticos, tem aptidão para registrar fatos juridicamente relevantes.[269] *Objeto de valor probatório*, por fim, consiste na coisa de qualquer outra natureza que seja capaz de reproduzir ou registrar fatos ocorridos que são relevantes para o deslinde da causa judicial, ou que simplesmente possam servir de elemento de convicção da autoridade judiciária.

Como pressuposto do crime, é necessário que o objeto material (autos, documento ou objeto de valor probatório) tenha sido entregue ao agente, em razão de sua atuação profissional como advogado ou procurador judicial. É indiferente a existência ou não de processo judicial, podendo configurar crime a conduta praticada antes mesmo de deflagrado o procedimento, salvo, por óbvio, a hipótese de inutilização ou retenção dos autos.

Importa destacar que, no caso de não devolução dos autos do processo, para que se configure o crime do art. 356 é imprescindível a prévia intimação do juiz requisitando o retorno. Sem essa intimação, não ocorre omissão punível[270].

20.5. Tipo penal subjetivo: elemento típico subjetivo

O elemento subjetivo do crime é o dolo, isto é, a vontade consciente de inutilizar ou deixar de restituir autos, documento ou objeto de valor probatório, quando recebidos na qualidade de advogado ou procurador judicial. Não se exige nenhum elemento subjetivo especial (dolo especial), sendo, portanto, irrelevantes os reais ou eventuais motivos da conduta.

Não é admitida a modalidade culposa do crime, de modo que não configura crime a negligência, imperícia ou imprudência profissional em inutilizar ou não devolver o objeto material, cabendo, no entanto, eventual sanção administrativa (art. 34, XXII, do Estatuto da Ordem dos Advogados do Brasil, Lei nº 8.906/1994).

269 Para efeitos do art. 356, documento é todo escrito especial ou eventualmente destinado a provar fato juridicamente relevante.

270 FRAGOSO, Heleno Claudio. Lições de direito penal..., *Cit.*, p. 577.

20.6. Consumação e tentativa

Consuma-se o crime com a efetiva inutilização dos autos, documento ou objeto de valor probatório, ainda que parcial, tornando-o imprestável para o fim a que era destinado. Na hipótese de não restituição do objeto material, tem-se a consumação do crime no exato momento em que o agente recusa a devolução ou quando, sendo requisitado pelo juiz a devolver, simplesmente deixa de fazê-lo no prazo indicado.

É admitida a tentativa apenas na modalidade *inutilização*, pois no caso de não restituição, sendo conduta omissiva própria, não possibilita a forma tentada.

20.7. Pena e aspectos processuais

A pena para a prática do crime de sonegação de papel ou objeto de valor probatório é de detenção, de seis meses a três anos, e multa (art. 356). É admitida a suspensão condicional do processo, uma vez que a pena mínima cominada não ultrapassa um ano (art. 89 da Lei nº 9.099/1995).

A ação penal é pública incondicionada.

20.8. Consideração especial

20.8.1. Princípio da especialidade

Cabe mencionar que há uma relação de *especialidade* entre o crime de sonegação de papel ou objeto de valor probatório (art. 356) e os crimes de supressão de documento (art. 305) e de extravio, sonegação e ou inutilização de livro ou documento (art. 314), pois, quando a conduta é realizada por quem possui a qualidade de advogado ou procurador, ocorre o enquadramento no art. 356.

21. EXPLORAÇÃO DE PRESTÍGIO

⊙ **Exploração de prestígio**

Art. 357 – Solicitar ou receber dinheiro ou qualquer outra utilidade, a pretexto de influir em juiz, jurado, órgão do Ministério Público, funcionário de justiça, perito, tradutor, intérprete ou testemunha:

Pena – reclusão, de um a cinco anos, e multa.

Parágrafo único – As penas aumentam-se de um terço, se o agente alega ou insinua que o dinheiro ou utilidade também se destina a qualquer das pessoas referidas neste artigo.

21.1. Considerações preliminares

No direito romano já havia a incriminação da exploração de prestígio, que era denominada pela doutrina como *vendita di fumo*, e consistia, na época, numa ofensa aos magistrados, sendo punida com a fustigação.[271] Historicamente, então, a punibilidade

271 HUNGRIA, Nelson. Comentários ao código penal..., *Cit.*, p. 529; COSTA, Álvaro Mayrink da. Direito penal..., *Cit.*, p. 467.

dessa conduta está relacionada com a atividade de magistrados.[272] Na Idade Média o crime perdurou, estando situado entre a injúria e a corrupção.[273]

O crime, que até então era enquadrado pelos italianos como injúria ou corrupção, foi previsto pela primeira vez como delito autônomo no Direito moderno, através do Código das Duas Sicílias de 1819 (*milantatto credito del patrocinatore),* seguido pelo Código Toscano de 1853, o Sardo de 1859, de Zanardelli de 1889 e, por fim, o Rocco de 1830[274].

No Direito pátrio o crime teve previsão, pela primeira vez, no Código Criminal imperial (1830), que o enquadrava, de forma vaga e imprecisa, no tipo de estelionato. Na atualidade, porém, preferiu o legislador brasileiro do Código Penal de 1940 seguir a orientação dos códigos italianos, e deu, assim, previsão autônoma ao crime de exploração de prestígio, incluindo-o entre os crimes contra a administração da justiça.

Na verdade, segundo a sistemática do código vigente, a conduta de exploração do prestígio possui duas previsões típicas: a) do art. 332, entre os crimes contra a administração pública em geral, quando é praticada por qualquer funcionário público; b) do art. 357, entre os crimes contra a administração da justiça, quando relacionada a juiz, jurado, membro do Ministério Público, funcionário da Justiça, perito, tradutor, intérprete ou testemunha. Assim, nas palavras de Nelson Hungria: "o crime de que trata o art. 357 não é mais que uma subespécie (e até *xará*) do crime previsto no art. 332: é a *exploração de prestígio* (venda de influência, *venditio fumi*, *marche de néant*), mas considerada especialmente em relação ao caso em que é explorado prestígio junto a pessoas que vão influir ou decidir no processo judicial cível ou penal".[275]

21.2. Bem jurídico e classificação do delito

O bem jurídico tutelado pelo crime previsto no art. 357 é a administração da Justiça, com o especial fim de garantir lisura, isenção e imparcialidade no funcionamento da atividade jurisdicional. A objetividade jurídica é impedir a prática de fatos que possam denegrir a autoridade e o prestígio daqueles que realizam a administração da justiça.[276]

---

272 FRAGOSO, Heleno Claudio. Lições de direito penal..., *Cit.*, p. 578. Sobre o crime em comento, escreve Álvaro Mayrink da Costa (Direito penal..., *Cit.*, p. 467): "[...] a doutrina dava o nome de *vendita di fumo*, que era conhecido desde a legislação romana. A história registra que um indivíduo de nome Vetronio Turino, abusando das relações com Alessandro Severo, vendera a crédulos favores do Príncipe por dinheiro, tendo o Imperador o condenado a ser queimado vivo numa pira de lenha verde, ordenando que no suplício gritasse: *fumo punitur, qui fumum vendidit*".

273 HUNGRIA, Nelson. Comentários ao código penal..., *Cit.*, p. 529; PRADO, Luiz Régis. Curso de direito penal..., *Cit.*, p. 760.

274 PRADO, Luiz Régis. Curso de direito penal..., *Cit.*, p. 760; COSTA, Álvaro Mayrink da. Direito penal..., *Cit.*, p. 468.

275 HUNGRIA, Nelson. Comentários ao código penal..., *Cit.*, p. 529.

276 MANZINI, Vicenzo. Tratatto di diritto penale..., *Cit.*, p. 819.

O delito em comento é *crime comum*, pois que não é necessária a condição especial do sujeito, podendo ser praticado por qualquer pessoa. Além disso, na *modalidade solicitar* é *crime formal*, por não exigir resultado naturalístico para sua consumação, porém na *modalidade receber* é *crime material*, consumando-se somente com o efetivo recebimento do dinheiro ou outra utilidade. É crime de *forma livre*, porque pode ser praticado por qualquer forma ou meio; e *instantâneo*, pois entre a ação e seu resultado não há grande lapso de tempo. Pode ser praticado por apenas um agente, por isso é *crime unissubjetivo*. É crime *plurissubsistente*, pois, em regra, é praticado por mais de um ato e sua execução pode ser fracionada.

21.3. Sujeitos do delito

O delito do art. 357 é *crime comum*, de modo que qualquer pessoa pode ser sujeito ativo do crime de exploração de prestígio.

O sujeito passivo é o Estado, representado pela administração da justiça, como também é sujeito passivo o próprio funcionário público judiciário que foi vítima da influência desleal e infiel do autor do crime.

21.4. Tipo penal objetivo: elementos da descrição típica

O crime de exploração de prestígio consiste em solicitar ou receber dinheiro ou qualquer outra utilidade, a pretexto de influir sobre juiz, jurado, órgão do Ministério Público, funcionário da justiça, perito, tradutor, intérprete ou testemunha.

A descrição típica é composta por dois verbos nucleares: *solicitar* (pedir, rogar, instar, buscar, requestar) e *receber* (aceitar, cobrar, arrecadar, obter, adquirir). O comportamento de *solicitar* indica a iniciativa do agente; o agente propõe a *traficância* (*venda de fumaça*), sendo desnecessária a aceitação por parte do beneficiário ou presumível comprador. Por outro lado, *receber* é uma fase mais avançado do tráfico, pois já há acordo de vontade entre comprador e *vendedor do prestígio*, consistindo no pagamento da compra do prestígio. [277]

Essas condutas (*solicitar* e *receber*), na abrangência do tipo, envolvem a conquista de *dinheiro ou qualquer outra utilidade*, que pode ser um benefício de cunho moral ou material qualquer, e têm o *pretexto de influir em juiz, jurado, órgão do Ministério Público, funcionário da justiça, perito, tradutor, intérprete ou testemunha*, elenco esse de pessoas e funcionários que deve ser entendido de forma taxativa.

Importa dizer que o *nomen juris* exploração de prestígio deve-se a que o agente, nesse delito, alega ter especial consideração e respeito perante o funcionário. Assim, faz-se imprescindível que o sujeito ativo do delito alegue, pretensamente, exercer sua influência sobre qualquer das pessoas enumeradas no tipo, e não apenas sobre o *animus* dessas pessoas. O prestígio consiste precisamente na condição de superioridade

277 BITENCOURT, Cezar Roberto. Tratado de direito penal..., *Cit.*, p. 400.

pessoal baseada no bom êxito ou no valor individual apregoado pelo vendendor de fumaça (falsário) junto aos funcionários públicos indicados pelo tipo penal.[278]

O objeto material do delito é o dinheiro ou qualquer outra utilidade, que foi solicitado ou recebido a pretexto de influir nas pessoas enumeradas na descrição típica. O móvel do crime é, portanto, o dinheiro ou utilidade, que pode ter qualquer natureza, inclusive moral.

No crime de exploração de prestígio a obtenção do *dinheiro ou qualquer outra utilidade* é sempre mediada pela fraude. O agente vale-se da fraude para solicitar ou receber as benesses. Sendo assim, o meio fraudulento é pressuposto do crime, que traduz a sua própria essência, pois é representado na descrição típica pela locução a *pretexto de influir*.[279] Com efeito, a pretexto de influir, no contexto típico, indicar uma razão aparente ou fictícia, alegada pelo vendedor de prestígio para dissimular o real motivo da conduta.[280]

Nessa linha, pode-se dizer que o crime em comento, de uma forma ou de outra, se traduz numa figura à parte de estelionato. Isso porque, na *exploração de prestígio*, o agente ilude ou engana terceiro, alegando possuir influência (prestígio) perante autoridades e funcionários do sistema judiciário, prometendo-lhe, com isso, êxito em demanda ou qualquer outra diligência, quando, na verdade, não possui influência alguma ou não é capaz de assegurar êxito de qualquer espécie.[281] Portanto, trata-se de numa conduta fraudulenta, como bem destaca Magalhães Noronha, *in verbis*: "na verdade, o delito é fraude ou estelionato, porque o comprador é iludido; entretanto, justificadamente a lei deu prevalência aos interesses da justiça, relegando a plano secundário os daquele, cujo comportamento pouco se recomenda".[282]

Por outro lado, se não houver efetivamente uma fraude, de modo que, no lugar de mero *pretexto*, houver efetiva influência, o caso implicará a tipificação do crime de corrupção ou, se for o caso, suborno, mas não o de exploração de prestígio. É indispensável a existência de uma fraude, pois se o agente está conluiado com juiz, jurado, perito etc., o crime será o de corrupção.[283]

Enfim, o que se pune com o crime de exploração de prestígio é "o comércio de *influência* (poder, ascendência ou predomínio que alguém exerce sobre autoridade, ou, mais precisamente, no caso, *alardeia* que exerce), capaz de estender-se em cadeia". [284]

---

278 BITENCOURT, Cezar Roberto. Tratado de direito penal..., *Cit.*, p. 400.

279 BITENCOURT, Cezar Roberto. Tratado de direito penal..., *Cit.*, p. 401.

280 PRADO, Luiz Régis. Curso de direito penal..., *Cit.*, p. 762.

281 BITENCOURT, Cezar Roberto. Tratado de direito penal..., *Cit.*, p. 400.

282 NORONHA, E. Magalhães. Direito penal..., *Cit.*, p. 429-430.

283 FRAGOSO, Heleno Claudio. Lições de direito penal..., *Cit.*, p. 578; COSTA, Álvaro Mayrink da. Direito penal..., *Cit.*, p. 469.

284 BITENCOURT, Cezar Roberto. Tratado de direito penal..., *Cit.*, p. 401.

Em síntese, o delito de exploração de prestígio consiste em fazer supor, simular ou jactar-se de poder influir no exercício de ato de funcionário público, iludindo-se o *comprador da influência* e afetando o prestígio e a credibilidade da Administração Pública em geral. Assim, busca-se reprimir o *comércio de influência* (poder, ascendência ou predomínio sobre a atuação funcional de funcionário público), que prejudica a confiança na Administração Pública.

21.5. Tipo penal subjetivo: elemento típico subjetivo

O elemento subjetivo do crime é o dolo, representado pela vontade consciente de solicitar ou receber dinheiro ou qualquer outra utilidade, alegando possuir influência perante qualquer das pessoas enumeradas no tipo penal. No caso, exige-se também o elemento subjetivo especial do tipo penal, consistente no propósito especial de obter vantagem, sendo irrelevante se efetivamente esteve consciente e dirigiu sua vontade para desacreditar a Justiça.[285]

Não é admitida a modalidade culposa do crime.

21.6. Circunstâncias de aumento de pena: art. 357, parágrafo único

Aplica-se a causa de aumento prevista no parágrafo único do art. 357 se o agente, na prática do injusto, *alega* ou *insinua* que *o dinheiro ou qualquer outra utilidade* também será aproveitado pela pessoa de quem pretensamente se exerce influência, isto é, as pessoas enumeradas no tipo penal. A causa de aumento se justifica pelo maior desvalor da ação do sujeito ativo, na medida em que se alega ou insinua que o funcionário judiciário é corrupto. Mas também se justifica pelo maior desvalor do resultado, já que tais ações repercutem no prestígio dos funcionários e órgãos da administração da Justiça, causando-lhes depreciação social[286]. Configurada a hipótese, a pena é aumentada em um terço.

21.7. Consumação e tentativa

Na modalidade *solicitar*, o crime se consuma no exato momento e lugar em que é feito o pedido pelo *dinheiro ou qualquer outra utilidade*, não sendo relevante se a vítima veio a aceitar ou não a proposta. Na modalidade *receber*, o crime se consuma com o efetivo recebimento do dinheiro ou de qualquer outra utilidade.

Assim, na modalidade *solicitar* é impossível a tentativa, uma vez que configura crime formal. Diferentemente, na modalidade *receber* é admitida a tentativa.

21.8. Pena e aspectos processuais

A pena para a prática do crime de exploração de prestígio é de detenção, de seis meses a três anos, e multa (art. 357). É admitida a suspensão condicional do processo,

285 NORONHA, Magalhães. Direito penal..., *Cit.*, p. 431; BITENCOURT, Cezar Roberto. Tratado de direito penal..., *Cit.*, p. 402. Em sentido contrário é a opinião de Luiz Regis Prado (Curso de direito penal..., *Cit.*, p. 763) e Álvaro Mayrink da Costa (Direito penal..., *Cit.*, p. 470), que seguem a linha da maioria e somente admitem o dolo.

286 BITENCOURT, Cezar Roberto. Tratado de direito penal..., *Cit.*, p. 403.

uma vez que a pena mínima cominada não ultrapassa um ano (art. 89 da Lei nº 9.099/95).

A ação penal é pública incondicionada.

21.9. Considerações especiais

21.9.1. Exploração de prestígio e tráfico de influência: distinções

Cabe demonstrar a distinção entre os crimes de tráfico de influência (art. 332) e de exploração de prestígio (art. 357), sobretudo porque são delitos bastante semelhantes. O primeiro busca tutelar a Administração Pública em geral e envolve o pretexto de influir em ato de funcionário público (noção geral). O segundo resguarda a administração da Justiça e envolve o pretexto de influir somente nas pessoas elencadas no tipo penal (juiz, jurado, órgão do Ministério Público, funcionário da justiça, perito, tradutor, intérprete ou testemunha). Assim, pelo princípio da especialidade, sendo o crime praticado a pretexto de influir nas pessoas mencionadas no art. 357, a conduta deve ser punida como exploração de prestígio.[287]

21.9.2. Meras alegações de prestígio: conduta atípica

Se o agente não solicita ou recebe a vantagem, limitando-se a alegar suposto prestígio junto às funções públicas indicadas no tipo penal, não se configura o delito do art. 357, mas pode constituir infração disciplinar.[288]

22. VIOLÊNCIA OU FRAUDE EM ARREMATAÇÃO JUDICIAL

⊙ **Violência ou fraude em arrematação judicial**

Art. 358 – Impedir, perturbar ou fraudar arrematação judicial; afastar ou procurar afastar concorrente ou licitante, por meio de violência, grave ameaça, fraude ou oferecimento de vantagem:

Pena – detenção, de dois meses a um ano, ou multa, além da pena correspondente à violência.

22.1. Considerações preliminares

O crime de violência ou fraude em arrematação judicial, previsto no art. 358 do Código Penal vigente, não tem precedentes na legislação brasileira. Há forte semelhança desse dispositivo com o art. 335, que prevê o crime de impedimento, perturbação ou fraude de concorrência. Mas, distinguem-se os delitos porque o delito do art. 335, se refere à tutela do patrimônio da Administração Pública, enquanto que o crime em comento, do art. 358, resguarda o interesse da administração da Justiça, especificamente no que tange à regularidade da alienação em hasta pública.[289]

---

287 COSTA, Álvaro Mayrink da. Direito penal..., *Cit.*, p. 470.

288 MANZINI, Vicenzo. Tratatto di diritto penale..., *Cit.*, p. 822.

289 Cumpre salientar que o art. 335, do Código Penal, foi revogado tacitamente pela Lei nº 8.666/1993, que em seus arts. 90, 93, 95, 96 e 98, descreve penalmente as mesmas condutas.

22.2. Bem jurídico e classificação do delito

O bem jurídico tutelado pelo crime previsto no art. 358, como dito, é a administração da Justiça, com o propósito de garantir o normal funcionamento da atividade jurisdicional, especificamente nas arrematações judiciais realizadas por particulares na fase processual executiva.[290]

O delito em comento é *crime comum*, pois não é necessária a condição especial do sujeito. Além disso, é *crime formal*, por não exigir resultado naturalístico para sua consumação, já que a prática de qualquer ato processual relativo às condutas tipificadas aperfeiçoa o crime; de *forma livre*, na primeira parte do dispositivo, e de forma vinculada, na segunda (*"por meio de violência, grave ameaça, fraude ou oferecimento de vantagem"*); e *instantâneo*, pois entre a ação e seu resultado não há grande lapso de tempo. Pode ser praticado por apenas um agente, por isso é *crime unissubjetivo*. É crime *plurissubsistente*, pois, em regra, é praticado por mais de um ato e sua execução pode ser fracionada.

22.3. Sujeitos do delito

O delito do art. 356 é *crime comum*, podendo, então, ser praticado por qualquer pessoa, independentemente de haver interesse pessoal no processo e na arrematação. Para a tipificação da conduta não é necessário que o sujeito seja arrematante, podendo o crime ser praticado por qualquer terceiro indiferente ao processo. Até mesmo o funcionário público pode ser sujeito ativo, se tiver concorrido na prática do crime. Assim, o concurso de pessoas é naturalmente admitido.

O sujeito passivo é o Estado, representado pela administração da Justiça, como também aquele que foi eventualmente prejudicado pela conduta criminosa.

22.4. Tipo penal objetivo: elementos da descrição típica

O crime previsto no art. 358 consiste em impedir, perturbar ou fraudar arrematação judicial; afastar ou procurar afastar concorrente ou licitante, por meio de violência, grave ameaça, fraude ou oferecimento de vantagem. O tipo penal é composto por duas partes distintas.

Na primeira parte tem-se o comportamento de inviabilizar ou, ao menos, perturbar a arrematação judicial. O núcleo dessa primeira parte do tipo penal compreende os verbos *impedir* (embaraçar, estorvar, tolher, obstruir, impossibilitar), *perturbar* (transtornar, desarranjar, desorganizar, atrapalhar, confundir) ou *fraudar* (burlar, enganar, iludir, induzir alguém a erro) a arrematação judicial. A arrematação judicial, aqui, deve ser entendida como "ato culminante da execução *promovida por particular*, precedido de edital, em que em hasta pública, ou leilão, são adquiridos os bens penhorados adquiridos

290 PRADO, Luiz Régis. Curso de direito penal..., *Cit.*, p. 765; BITENCOURT, Cezar Roberto. Tratado de direito penal..., *Cit.*, p. 404.

por terceiros, mediante pagamento em dinheiro, ou adjudicados ao credor para a satisfação da obrigação".[291]

Na segunda parte do dispositivo está prevista a conduta de afastar ou procurar afastar concorrente ou licitante, por meio de violência, fraude ou oferecimento de vantagem. O verbo *afastar* "não significa deslocar o pretendente no espaço, mas sim alijá-lo da arrematação judicial, levando-o a abster-se ou desistir de participar do pleito".[292] Quatro são os meios de execução tipificados nessa segunda parte do dispositivo: *violência, grave ameaça, fraude* ou *oferecimento de vantagem*. A *violência* é aqui entendida como coerção física empregada para afastar o concorrente ou licitante, sobrepujando sua vontade e resistência. Por sua vez, a *grave ameaça* é a violência moral, realizada através da intimidação da vítima ou da promessa de causar-lhe um mal. A fraude, de seu lado, "é o artifício ou ardil destinado a enganar ou iludir o concorrente ou licitante".[293] Por fim, o *oferecimento de vantagem* significa a proposta de dirigida ao concorrente ou licitante pelo seu afastamento, em troca de alguma vantagem de qualquer natureza.

22.5. Tipo penal subjetivo: elemento típico subjetivo

O elemento subjetivo do crime é o dolo, isto é, a vontade consciente de impedir, perturbar ou fraudar a arrematação judicial, ou de afastar ou procurar afastar concorrente ou licitante, por meio de violência, grave ameaça, fraude ou oferecimento de vantagem. Não se exige nenhum elemento subjetivo especial, sendo, portanto, irrelevantes os reais eventuais motivos da conduta.

Não é admitida a modalidade culposa do crime.

22.6. Consumação e tentativa

Consuma-se o crime, quanto à primeira parte do dispositivo, com o efetivo impedimento, perturbação ou fraude da arrematação. Quanto à segunda parte, consuma-se o crime com o efetivo emprego da violência, grave ameaça, fraude ou oferecimento de vantagem, direcionados ao afastamento do concorrente ou licitante. É admitida a tentativa para qualquer das modalidades do crime.

22.7. Pena e aspectos processuais

A pena para a prática do crime de violência ou fraude em arrematação judicial é de detenção, de dois meses a um ano, ou multa, além da pena correspondente à violência (art. 358).

Trata-se de crime de menor potencial ofensivo, pois a pena máxima cominada não ultrapassa dois anos. A competência para processar e julgar esse delito é dos Juizados Especiais Criminais (art. 61, Lei nº 9.099/1995). É admitida a suspensão condicional

291 COSTA, Álvaro Mayrink da. Direito penal..., *Cit.*, p. 476.

292 BITENCOURT, Cezar Roberto. Tratado de direito penal..., *Cit.*, p. 405.

293 PRADO, Luiz Régis. Curso de direito penal..., *Cit.*, p. 766.

do processo (art. 89 da Lei nº 9.099/1995), ressalvado o caso de cumulação com a pena correspondente à violência.[294]

A ação penal é pública incondicionada.

23. DESOBEDIÊNCIA A DECISÃO JUDICIAL SOBRE PERDA OU SUSPENSÃO DE DIREITO

⊙ **Desobediência a decisão judicial sobre perda ou suspensão de direito**

Art. 359 – Exercer função, atividade, direito, autoridade ou múnus, de que foi suspenso ou privado por decisão judicial:

Pena – detenção, de três meses a dois anos, ou multa.

23.1. Considerações preliminares

A origem histórica do crime de desobediência à decisão judicial sobre perda ou suspensão de direito, previsto no art. 359, está no Código Penal toscano (1853), e sardo, de 1859. O delito também foi tipificado pelo Código Penal Zanardelli (1889) e pelo Código Penal Rocco (1930). Este último inspirou a maior parte das orientações assumidas pelo legislador brasileiro. Nesses códigos o crime era previsto com o *nomen iuris* de *inosservanca di pene accessorie* e consistia na conduta de violar condenação judicial que interdita ou suspende função pública ou exercício de uma profissão ou de uma arte.[295]

Na legislação brasileira o crime teve previsão inédita no Código de 1940, não havendo, portanto, sua disposição nos códigos anteriores. O crime, a princípio, era destinado para a conduta que desobedecesse à decisão judicial que houvesse imposto pena acessória, isto é, as penas que antes eram previstas no art. 67 da original Parte Geral do Código Penal. Tais penas acessórias eram a perda da função pública, eletiva ou de nomeação, as interdições de direito e a publicação da sentença; aplicáveis, todas, cumulativamente com a pena restritiva de liberdade. A nova parte geral do Código Penal (Lei nº 7.209/84), contudo, revogou essas penas acessórias, que foram, algumas delas, convertidas em penas substitutivas restritivas de direitos ou em efeitos extrapenais da condenação.

Sendo assim, o crime previsto no art. 359 passou a reforçar, tão somente, os efeitos extrapenais da condenação (art. 92), incriminando a conduta daquele que desobedece a esses imperativos, determinados em sentença. Para as penas restritivas de direitos, sendo elas substitutivas da pena privativa de liberdade, não cabe mais a incidência do

294 Neste ponto vale registrar o que dispõe a Súmula nº 243, do STJ ("*O benefício da suspensão do processo não é aplicável em relação às infrações penais cometidas em concurso material, concurso formal ou continuidade delitiva, quando a pena mínima cominada, seja pelo somatório, seja pela incidência da majorante, ultrapassar o limite de um (01) ano*") e a Sumúla nº 723 do STF ("*Não se admite a suspensão condicional do processo por crime continuado, se a soma da pena mínima da infração mais grave com o aumento mínimo de um sexto for superior a um ano*").

295 COSTA, Álvaro Mayrink da. *Direito penal..., Cit.*, p. 481.

tipo previsto no art. 359, uma vez que essas medidas possuem mecanismos autônomos de coercitividade e eficácia, qual seja, a perda do benefício através da conversão da pena restritiva de direito em pena privativa de liberdade (art. 44, § 4º).[296]

23.2. Bem jurídico e classificação doutrinária

O bem jurídico tutelado pelo crime previsto no art. 359 é a Administração da Justiça, especificamente com o propósito de conferir reforço às decisões judiciais, particularmente aquelas em matéria criminal.

O delito em comento é *crime próprio*, sendo necessária a condição especial do sujeito. Além disso, é *crime formal*, por não exigir resultado naturalístico para sua consumação; de *forma livre*, porque pode ser praticado por qualquer forma ou meio; e *instantâneo*, pois entre a ação e seu resultado não há grande lapso de tempo. Pode ser praticado por apenas um agente, por isso é *crime unissubjetivo*. É crime *plurissubsistente*, pois, em regra, é praticado por mais de um ato e sua execução pode ser fracionada.

23.3. Sujeitos do delito

O sujeito ativo do crime do crime tipificado no art. 359 é, apenas, aquele que teve suspenso ou destituído, por decisão judicial, o seu direito a exercer função, direito, atividade, autoridade ou *munus*, seja na esfera pública ou na privada. Exige-se, então, a condição especial do sujeito de estar obrigado por decisão judicial a obedecer a certas restrições jurídicas.[297]

O sujeito passivo é o Estado, representado pela administração da Justiça, que é subespécie da Administração Pública (*latu sensu*).

23.4. Tipo penal objetivo: elementos da descrição típica

O crime previsto em comento consiste na conduta de exercer função, atividade, direito, autoridade ou múnus de que havia sido privado ou suspenso por decisão judicial. O núcleo do tipo penal, o verbo *exercer*, significa o ato de praticar, fazer, desempenhar, executar etc.[298]

---

296 PRADO, Luiz Régis. *Curso de direito penal...*, *Cit.*, p. 768

297 Sobre o sujeito ativo, Vicenzo Manzini (Tratatto di diritto penale..., *Cit.*, p. 872) ensina que apenas o condenado definitivamente pode ser agente do delito.

298 Sobre isso, escreve Álvaro Mayrink da Costa (*Direito penal...*, *Cit.*, p. 483): "O núcleo normativo típico reitor consiste em *exercer* (executar, desempenhar, praticar) *função* (*'é a atribuição ou conjunto de atribuições que a Administração confere a cada categoria profissional ou comete individualmente a determinados servidores para a execução de serviços eventuais'*), *atividade* (realização de um atuar específico), *direito* faculdade de fazer ou deixar de fazer alguma coisa tendo como limite único a lei), *autoridade* (direito ou poder de dar ordens, se fazer obedecer, decidir), *múnus* (encargo imposto por lei ou decisão judicial), *de que foi suspenso ou privado por decisão judicial* (de natureza penal ou não civil, final, pertinente aos efeitos da condenação; na hipótese de *decisão administrativa*, há incidência comportamental no art. 205 do Código Penal) ".

O pressuposto do crime é que o sujeito ativo exerça a função, atividade, direito, autoridade ou *munus*, quando havia *decisão judicial* suspendendo ou privando por completo essas faculdades. Essa decisão, calha dizer, precisa ser judicial, não se admitindo, pelo enquadramento típico, a decisão administrativa, e deve ter natureza penal.

Entende-se que somente a decisão de natureza criminal, prolatada em processo penal, está abrangida pelo tipo penal, especificamente a que aplica um dos efeitos penais previstos no art. 92 do Código Penal. As sentenças cíveis, quando violadas, implicam outros tipos de sanções, além de que o art. 359 trata precisamente dos efeitos secundários (extrapenais) da condenação criminal (antes, pensado para as penas acessórias).[299]

Nesse sentido, confira-se o magistério de José Henrique Pierangeli, *in verbis*: "(...) Esta decisão, obviamente, só pode ser penal, nunca cível, pelos efeitos que dela decorre. Assim, já decidiu o STF: 'O crime definido no art. 359 do CP pressupõe decisão judiciária de natureza penal e não cível' (RT 79/401) ".[300]

Não obstante seja entendimento de que o tipo penal do art. 359 se refere à decisão que impunha penas acessórias (revogadas na atualidade) ou aos efeitos penais do art. 92 do Código Penal, impende destacar que a descrição típica não distingue entre decisão criminal e decisão cível para efeitos de configuração do delito. Assim, é típica a conduta que viola a limitação imposta por decisão judicial, seja de natureza criminal ou cível.[301]

A doutrina também diverge sobre a necessidade de trânsito em julgado da decisão judicial violada. Há quem entenda que a decisão pode ser provisória ou final,[302] enquanto há quem defenda a exigência de trânsito em julgado em razão do princípio da presunção da inocência.[303] No entanto, a descrição típica do art. 359 não menciona a necessidade de decisão transitada em julgado, sendo conduta típica a violação à decisão judicial que imponha a limitação tanto se for provisória (decisão liminar ou antecipada) como definitiva.

23.5. Tipo penal subjetivo: elemento típico subjetivo

O elemento subjetivo do crime é o dolo, representado pela vontade consciente de exercer quaisquer das faculdades de que estava suspenso ou privado, desobedecendo decisão judicial. Não se exige elemento subjetivo especial, sendo irrelevantes, para efeitos de tipificação, os motivos para a desobediência da decisão, podendo, porém, ser considerados no cálculo da pena individual.

Não há previsão da modalidade culposa do crime.

299 BITENCOURT, Cezar Roberto. Tratado de direito penal..., *Cit.*, p. 412.

300 PIERANGELI, José Henrique. Manual de direito penal..., *Cit.*, p. 1008.

301 PRADO, Luiz Régis. Curso de direito penal..., *Cit.*, p. 769; MIRABETE, Julio Fabbrini. Manual de direito penal..., *Cit.*, p. 429.

302 Nesse sentido: PRADO, Luiz Régis. Curso de direito penal..., *Cit.*, p. 768.

303 Nesse sentido: BITENCOURT, Cezar Roberto. Tratado de direito penal..., *Cit.*, p. 412.

23.6. Consumação e tentativa

Consuma-se o crime do art. 359, *caput*, no exato momento em que o sujeito ativo exerce a função, atividade, direito, autoridade ou múnus, isto é, consuma-se o crime com a efetiva desobediência à decisão judicial. A tentativa é, em tese, admissível, dado que a espécie criminal possibilita o fracionamento de sua execução (crime plurissubsistente).

23.7. Pena e aspectos processuais

A pena para a prática do crime previsto no art. 359 é de detenção, de três meses a dois anos, ou multa.

Para o crime em questão a competência é dos Juizados Especiais Criminais, tendo em vista que a sua pena máxima cominada não ultrapassa dois anos (art. 61 da Lei nº 9.099/1995). É admitida a suspensão condicional do processo, inclusive para a forma qualificada, uma vez que as penas mínimas cominadas não ultrapassam um ano (art. 89 da Lei nº 9.099/1995).

A ação penal é pública incondicionada.

23.8. Consideração especial

23.8.1. Descumprimento de penas alternativas

Importa frisar que o crime previsto no art. 359, que reforça o cumprimento de decisão judicial, abrange, tão somente, os efeitos extrapenais da condenação, assim considerados aqueles previstos no art. 92 do Código Penal. As penas restritivas de direitos, previstas no art. 47 do Código Penal, na medida em que são, na verdade, penas substitutivas, não comportam o enquadramento no crime em questão. É que, para este último caso, o sistema já prevê mecanismo autônomo de *estímulo* para o cumprimento das decisões, qual seja a perda do benefício através da conversão da pena restritiva de direito em pena privativa de liberdade (art. 44, § 4º), prescindindo de qualquer reforço, especialmente de natureza penal. Admitir o contrário é anuir com a dupla punição para a mesma ação ilícita, o que deve ser evitado em nome dos princípios constitucionais do direito penal.

Em síntese, o crime do art. 359 abrange a desobediência aos efeitos extrapenais (secundários ou específicos) da condenação criminal, elencados no art. 92, que são consequências reflexas e permanentes do crime pelo qual o sujeito foi condenado. Para as penas restritivas de direito, substitutivas que são, constantes do art. 47, cabe apenas a sua conversão em pena restritiva de liberdade (pena primária), conforme prescreve o § 4º do art. 47.[304]

---

304 BITENCOURT, Cezar Roberto. Tratado de direito penal..., *Cit.*, p. 409.

CAPÍTULO IV – DOS CRIMES CONTRA AS FINANÇAS PÚBLICAS

IVAN LUIZ DA SILVA

1. CONTRATAÇÃO DE OPERAÇÃO DE CRÉDITO

(INCLUÍDO PELA LEI Nº 10.028, DE 2000)

⊙ **Contratação de operação de crédito**

Art. 359-A. Ordenar, autorizar ou realizar operação de crédito, interno ou externo, sem prévia autorização legislativa:

Pena – reclusão, de 1 (um) a 2 (dois) anos.

Parágrafo único. Incide na mesma pena quem ordena, autoriza ou realiza operação de crédito, interno ou externo:

I – com inobservância de limite, condição ou montante estabelecido em lei ou em resolução do Senado Federal;

II – quando o montante da dívida consolidada ultrapassa o limite máximo autorizado por lei.

1.1. Considerações gerais sobre os crimes contra as finanças públicas

A ordem constitucional estabelecida pela Constituição Federal de 1988 passou a exigir que no trato com o dinheiro público o administrador estatal aja com responsabilidade e transparência, sendo de grande importância o planejamento financeiro a respeito das obrigações a ser assumidas durante a sua gestão para que não enseje despesas impagáveis, inviabilizando ou dificultando não somente a sua gestão pública, bem como a de seu sucessor, prejudicando assim diretamente as finanças públicas e a sociedade.

A partir desse contexto, editou-se a Lei de Responsabilidade Fiscal - LRF - Lei Complementar nº 101/2000, que fixa normas referentes à gestão, controle e fiscalização da atividade financeira da Administração Pública, ou seja, a atividade financeira do Estado, entendida como um complexo de funções e ações estatais ligadas à gestão e aplicação de receita, com o fim de satisfazer necessidades públicas.[1]

Em complemento as normas extrapenais de controle e fiscalização da gestão das finanças públicas, a Lei nº 10.028/2000 inseriu o Capítulo IV no Titulo XI do Código Penal, incriminando as condutas lesivas às finanças públicas com vistas a assegurar uma maior responsabilidade fiscal na administração financeira do Estado.

Impende destacar que a Lei nº 10.028/2000 é também um instrumento para maior efetividade dos princípios da legalidade, moralidade e probidade administrativas na Administração Pública, especificamente em relação à gestão de sua atividade financeira. Assim, pode-se afirmar que os crimes contra as finanças públicas têm como pressuposto a improbidade administrativa.[2]

Dessa forma, verifica-se que os crimes previstos no Capítulo IV no Titulo XI do Código Penal é um meio de coerção penal para que seja observado o disposto na Lei de Responsabilidade fiscal, visando uma gestão mais responsável das finanças públicas.

1.2. Considerações preliminares

Os tipos penais inseridos no Código Penal pela Lei nº 10.028/2000 incriminam as condutas lesivas às finanças públicas são decorrentes do novo contexto de responsabilidade fiscal na gestão pública, estabelecido pela Lei de Responsabilidade Fiscal – LRF – Lei Complementar nº 101/2000.

O primeiro dos tipos penais introduzidos ao Código Penal pela Lei 10.028/2000 foi o crime de contratação de operação de crédito. A conduta foi tipificada com o nítido propósito de racionalizar a gestão do dinheiro público e dar maior efetividade ao controle do Poder Legislativo que, através do princípio da legalidade administrativa, tem a competência constitucional para autorizar as contratações de empréstimo pelo Poder Público junto aos particulares[3].

1.3. Bem jurídico

O bem jurídico é a Administração Pública, em sentido amplo, e, especificamente, a administração da atividade financeira do Estado. Assim, pode-se afirmar que o bem jurídico imediato tutelado é o equilíbrio e a probidade na administração das finanças públicas.[4]

---

1 PRADO, Luiz Regis. *Curso de direito penal... Cit.*, p. 780. Para o conceito de atividade financeira estatal, vide, por todos: OLIVEIRA, Regis Fernandes de. *Curso de Direito Financeiro*. São Paulo: Revista dos Tribunais, 2009. p. 88 e segs.

2 BITENCOURT, Cezar Roberto. *Crimes Contra as Finanças Públicas e Crimes de Responsabilidade de Prefeitos: Anotações à lei n. 10.028, de 19-10-2000*. São Paulo: Saraiva, 2010, p. 25/27.

3 BITENCOURT, Cezar Roberto. *Crimes contra..., Cit.*, p. 31.

4 BITENCOURT, Cezar Roberto. Crimes contra..., Cit. p. 32. Diferentemente, Luiz Flávio Gomes e Alice Bianchini (Crimes Contra as Finanças Públicas: Lei n. 10.028/00. São Paulo: Revista dos Tribunais, 2001, p. 42.) entendem que o bem jurídico do delito de operações de crédito, bem como

A previsão do crime de contratação de operação de crédito busca a racionalidade na gestão das finanças públicas e sua máxima eficiência, ao mesmo passo que garante e objetiva dar maior eficácia ao controle legislativo da atividade financeira. Em outras palavras, a finalidade desse delito é alcançar a regularidade e legitimidade dos contratos de operação de crédito do Poder Público, os quais, por imperativo legal e constitucional, exigem a prévia autorização do Poder Legislativo.

Vale destacar que, indiretamente, o crime de operações de crédito tutela a boa e efetiva realização dos serviços públicos e, consequentemente, a concretização dos direitos sociais. Isso porque as finanças públicas têm caráter instrumental num Estado Democrático de Direito, uma vez que torna economicamente possível a realização do desiderato estatal. Assim, a tipificação dos crimes contra as finanças públicas resguarda, ainda que indiretamente, bens jurídicos individuais e sociais, tais como a saúde, a vida, a educação e outros[5].

1.4. Sujeitos do delito

O delito de operação de crédito é crime especial próprio, de modo que somente poderá praticá-lo o funcionário público com atribuições específicas para ordenar, autorizar ou realizar operação de crédito. Assim, nem todos os funcionários públicos podem ser sujeitos ativos nesse crime.

Em regra, as operações de crédito são realizadas pelos chefes do Poder Executivo, sejam da União, dos Estados, do Distrito Federal ou dos Municípios (presidente da República, governadores de Estados, governadores distritais e prefeitos, respectivamente).[6] São esses, portanto, os principais sujeitos ativos do crime. Naturalmente, os dirigentes de órgãos da Administração Pública direta e de entidades da Administração Pública indireta (tais como autarquias, fundações públicas, empresas públicas e outros) podem ordenar, autorizar ou realizar operações de crédito, o que faz com que sejam, eles, também, sujeitos ativos desse crime[7].

Estão, portanto, excluídos como sujeitos ativos do crime de operação de crédito os funcionários públicos integrantes do Poder Legislativo e do Poder Judiciário, assim como os membros do Ministério Público, já que não possuem atribuição legal para a prática da referida conduta[8].

É preciso esclarecer que não só o chefe do Poder Executivo e o dirigente de órgãos e entidades da Administração Pública pode ser sujeitos ativos do delito, mas também outro funcionário público, ainda que subordinado, que tenha executado o ato

---

o da maior parte dos crimes contra as finanças públicas, é o controle legislativo do orçamento e das contas públicas, uma vez que esse controle é nuclearmente afetado pela prática do crime.

5 CASTRO, Renato Lima. Crimes Contra as Finanças Públicas. Curitiba: Juruá, 2009, p. 97-99.

6 PRADO, Luiz Regis. Curso de direito penal..., *Cit.*, p. 776-777.

7 PRADO, Luiz Regis. Curso de direito penal..., *Cit.*, p. 777.

8 CUNHA, Rogério Sanches. *Direito Penal: Parte especial*. São Paulo: Revista dos Tribunais, 2010, p. 511. No mesmo sentido: PRADO, Luiz Regis. Curso de direito penal..., *Cit.*, p. 777.

administrativo de operação de crédito consciente de sua ilegalidade, tendo em vista que há previsão da conduta *realizar* no tipo penal[9]. Não obstante, o funcionário público que realiza o ato da operação de crédito, que não seja manifestamente ilegal, tem sua culpabilidade penal excluída em razão da atuação em estrita obediência hierárquica, nos termos do art. 22 do Código Penal.

Por outro lado, importa o fato de que o agente público que não possui competência, legal ou constitucional, para promover quaisquer das condutas tipificadas (ordenar, autorizar ou realizar operação de crédito), não poderá ser sujeito ativo do crime do art. 359-A. Isso ocorre porque a falta de atribuição para a prática da operação de crédito exclui a tipicidade da conduta[10]. Porém, sendo crime de mão própria, aquele que não possui atribuição legal, bem como o particular, pode ser sujeito ativo do crime na condição de coautor ou partícipe (art. 30 do Código Penal).

O sujeito passivo do delito é a Administração Pública, como titular do bem jurídico (finanças públicas). Mais especificamente, são sujeitos passivos a União, os Estados federados, o Distrito Federal e os municípios. Constituem também sujeitos passivos as entidades da Administração Pública indireta (fundações, empresas públicas, autarquias etc.) e as entidades privadas que se encontram vinculadas à Administração Pública, a exemplo das concessionárias e permissionárias de serviço público que fazem parte do chamado "Terceiro Setor", quando são diretamente afetadas pela prática da operação de crédito criminosa. [11]

1.5. Tipo penal objetivo: elementos da descrição típica

O art. 359-A, *caput,* do Código Penal tipifica três modalidades de condutas criminosas, a saber: *ordenar, autorizar* ou *realizar* operação de crédito, interno ou externo, sem prévia autorização legislativa. Trata-se, portanto, de um crime de conteúdo variado[12].

O *caput* do art. 359-A traz três elementos nucleares distintos. A conduta de *ordenar* consiste em proferir uma imposição, determinação, para que seja feita a operação

---

9 BITENCOURT, Cezar Roberto. *Crimes contra..., Cit.*, p. 33.

10 BITENCOURT, Cezar Roberto. *Crimes contra... Cit.*, p. 33.

11 STOCO, Rui; FRANCO, Alberto Silva (Coord.). Código penal..., *Cit.*, p. 1.749. Ensinam, ainda, esses autores (Código penal..., *Cit.*, p. 1.749): "Cabe esclarecer que o Estado é sempre o sujeito passivo primário de todos os crimes, pois o Direito Penal é Direito Público, que somente tutela interesses particulares, pelo reflexo que sua violação acarreta no corpo social. – A lei penal tutela, em primeiro lugar, o interesse da ordem jurídica geral, de que é titular o Estado. Todavia, o que na doutrina se considera sujeito passivo é o titular do interesse imediatamente ofendido pela ação delituosa ou do bem jurídico particularmente protegido pela norma penal, ou seja, o sujeito passivo particular. Há crimes, porém, como o que ora estudamos, em que o próprio Estado aparece como sujeito passivo particular, pois a ele pertence o bem jurídico diretamente ofendido pela ação incriminada. Guilherme de Souza Nucci (Código Penal..., *Cit.*, p 1.229) destaca como sujeito passivo do delito, secundariamente, a sociedade, uma vez que "o abalo nas finanças públicas [...] gera consequências desastrosas para toda a coletividade".

12 BITENCOURT, Cezar Roberto. *Crimes contra... Cit.*, p. 33.

de crédito, porém, sem a respectiva previsão legislativa. Consiste na conduta comissiva mandamental daquele que tem a atribuição funcional para determinar as operações de crédito, de modo que esse crime, na modalidade *ordenar*, só poderá ser praticado pelos Chefes do Poder Executivo ou por quem ostenta cargo de direção com a mencionada atribuição funcional[13].

O crime na modalidade *autorizar* consiste na conduta comissiva do agente no sentido de permitir (conceder autorização) que outro agente público realize a operação de crédito sem a devida previsão legislativa. Em síntese, consiste no ato de autorizar aquilo que não foi autorizado pelo Poder Legislativo.

Não obstante, nessas duas modalidades, não basta que o agente público tenha ordenado o início da operação de crédito ou que a tenha autorizado para que o crime se consume; é necessário que se tenha dado prosseguimento à negociação ou que o crédito tenha sido efetivamente obtido. Assim, em que pese a operação de crédito ser, materialmente, um ato administrativo complexo, pois exige a prática de diversos atos administrativos por vários funcionários públicos, o direito penal deve punir apenas a ordem ou a autorização (ato administrativo singular) de operação de crédito irregular que resulte em um contrato de crédito.

A modalidade *realizar* implica o ato material de pôr em prática a operação de crédito, isto é, consiste no comportamento de executar os atos de negociação para que o negócio jurídico se consuma. Como destaca Cezar Bitencourt[14], normalmente quem tem a atribuição funcional para *realizar* a operação de crédito não é a mesma pessoa que tem a atribuição para *ordenar* ou *autorizar* a operação. Por isso, caso estes ordenem ou autorizem a operação e aqueles a realizem, haverá a prática do delito em concurso de pessoas, e não mera participação.[15]

Nesta última modalidade (*realizar*), para que a haja a consumação do crime, diferentemente das duas primeiras modalidades, é preciso que a operação de crédito efetivamente se complete, com a celebração do contrato. Destarte, nesta modalidade o crime se classifica como material, ou seja, de resultado material.[16]

Cabe esclarecer que a operação de crédito (elemento normativo do tipo) é um dos meios através do qual o Estado obtém fundos, isto é, adquire receita. Diferentemente da receita tributária, no entanto, a operação de crédito implica a devolução, em certo tempo, dos valores contraídos, pois essa modalidade de incremento da receita pública consiste, essencialmente, num negócio jurídico entre o Estado e o particular que empresta o dinheiro, a título de juros remuneratórios. Essa modalidade de receita tem, portanto, a natureza jurídica de contrato público. Consequentemente, pode-se dizer

13 STOCO, Rui; FRANCO, Alberto Silva (Coord.). Código penal..., *Cit.*, p. 1.749.

14 BITENCOURT, Cezar Roberto. *Crimes contra... Cit.*, p. 34.

15 STOCO, Rui; FRANCO, Alberto Silva (Coord.). Código penal..., *Cit.*, p. 1.750.

16 PRADO, Luiz Regis. *Curso de direito penal... Cit.*, p. 779. No mesmo sentido: STOCO, Rui; FRANCO, Alberto Silva (Coord.). Código penal..., *Cit.*, p. 1.750.

que toda operação de crédito resultará numa dívida pública ao tomador do dinheiro (o Estado), daí o porquê da tutela jurídico-penal que se dá a essa prática financeira.

A Lei Complementar 101/2000, conhecida como Lei de Responsabilidade Fiscal, no seu art. 29, III, traz um conceito normativo de operação de crédito, dizendo que consiste no "compromisso financeiro assumido em razão de mútuo, abertura de crédito, emissão e aceite de título, aquisição financiada de bens, recebimento antecipado de valores provenientes da venda a termo de bens e serviços, arrendamento mercantil e outras operações assemelhadas, inclusive com o uso de derivativos financeiros". No parágrafo primeiro desse mesmo dispositivo, dispõe a lei que "*equipara-se a operação de crédito a assunção, o reconhecimento ou a confissão de dívidas pelo ente da Federação*".

A operação de crédito classifica-se, de acordo com a natureza da pessoa jurídica que concede o crédito, em *externa* ou *interna*. A operação de crédito externo ocorre quando a pessoa jurídica contratada é estrangeira. Já a operação de crédito interno é aquela realizada no âmbito nacional, isto é, quando a pessoa jurídica contratada é empresa brasileira.

Como toda operação de crédito provoca, além de receita, uma despesa pública, uma vez que o valor deverá ser restituído com os juros devidos em momento posterior, não poderá ser efetuada sem que haja prévia autorização legislativa, em homenagem ao princípio da legalidade administrativo-financeira. Afinal, segundo leciona Aliomar Baleeiro, "nenhuma autoridade, sem exceção sequer do Presidente da República, pode ordenar ou efetuar despesas sem autorização do Poder Legislativo, ou acima dos limites desta, nem também desviar para fins diversos, ainda que úteis e indispensáveis, os critérios concedidos para aplicações específicas" [17].

A realização de operações de crédito deve observar o disposto no art. 32 da LRF (LC nº 101/2000), que exige que o ente público interessado faça o pedido de autorização ao Poder Legislativo competente para autorizar a contratação do crédito devidamente fundamentado em parecer técnico que indique o interesse e a viabilização para a efetuação da operação de crédito pretendida.

Assim, toda operação de crédito deverá ter previsão expressa em lei orçamentária anual, em créditos especiais ou em lei específica (art. 32, § 1º, I, LC 101/00). Consequentemente, é preciso que os recursos provenientes da operação de crédito sejam incluídos no orçamento, ou créditos adicionais, salvo no caso de operações por antecipação de receita (art. 32, § 1º, II, LC 101/00). Em resumo, exige-se tanto a previsão legislativa quanto a previsão orçamentária para que a operação de crédito seja válida[18].

A autorização legislativa será concedida pelo Poder Legislativo do respectivo ente federativo. Assim, para as operações de crédito feitas pela União, é competente para conceder a autorização o Congresso Nacional. Se forem feitas pelo Estado-membro,

---

17 BALEEIRO, Aliomar. *Introdução à Ciência das Finanças*. Rio de Janeiro: Forense, 1984. P. 81

18 OLIVEIRA, Regis Fernandes. *Curso..., Cit.*, p. 498.

por sua vez, é competente a Assembleia Legislativa. Já no caso de operações feitas por município, a autorização deverá ser feita pela Câmara de vereadores.

Porém, vale destacar que se o caso for de operação de crédito externa, por envolver matéria de ordem internacional, a competência para a autorização legislativa é do Senado Federal, não importando qual ente da federação ou pessoa jurídica ligada à Administração Pública a tenha requerido. É o que prescreve o art. 52, V, da Constituição Federal, quando diz que compete privativamente ao Senado Federal "autorizar as operações de crédito externas de interesse da União, dos Estados, do Distrito Federal e dos Municípios".

Além disso, o Senado Federal também tem a competência privativa para fixar os limites globais para o montante da dívida consolidada de todos os entes federativos, quando houver iniciativa do presidente da República (art. 52, VI, CF/88). Pode, igualmente, dispor sobre os limites globais e condições para as operações de crédito, externo e interno, de todos os entes federativos e suas respectivas autarquias, bem como de todas as entidades da Administração Pública indireta vinculadas à União (ar. 52, VII, CF/88). Por fim, o Senado Federal tem o poder de dispor sobre a concessão de garantia da União em operações de crédito externo e interno (art. 52, VIII, CF/88).

Calha dizer que a ausência da prévia autorização legislativa, que deveria ser dada pelos referidos órgãos, é elemento normativo do tipo penal do art. 359-A. Mas o mesmo elemento indica, também, uma causa de justificação da conduta, já que a autorização legislativa, ao tempo que exclui a tipicidade, exclui, também, a antijuridicidade. Assim, no dizer de Luiz Regis Prado, "a existência de prévia autorização legal [...] torna a conduta não só atípica como permitida". [19]

O parágrafo único, e seus incisos, do art. 359-A traz disposições que ampliam o tipo penal, com outros elementos normativos. Dizem os dispositivos que deve incidir na mesma pena quem ordena, autoriza ou realiza operação de crédito, interno ou externo, com inobservância de limite, condição ou montante estabelecido em lei ou resolução do Senado Federal (inciso I do parágrafo único); e quando o montante da dívida consolidada ultrapassa o limite máximo autorizado por lei (inciso II do parágrafo único).

Nessas hipóteses o sujeito ativo está autorizado a proceder à operação de crédito; mas se excede, ultrapassa o limite legalmente permitido pela LRF. [20]

O pressuposto dessas modalidades de condutas típicas é a existência de lei ou resolução do Senado Federal. Por outro lado, inexiste tipicidade penal quando se tratar de qualquer outro ato administrativo normativo (p. ex.: decreto, portaria etc.) que regulamente e determine os limites, as condições e o montante da dívida consolidada.[21]

---

19 PRADO, Luiz Regis. *Curso de direito penal... Cit.*, p. 778. Vide também: NUCCI, Guilherme de Souza. *Código penal..., Cit.*, p. 1.230.

20 BITENCOURT, Cezar Roberto. *Crimes contra... Cit.*, p. 39.

21 GOMES, Luiz Flávio; BIANCHINI, Alice. Crimes..., *Cit.*, p. 41.

Trata-se de uma norma penal em branco, pois para sua aplicação é imprescindível que outro instrumento normativo, lei ou resolução do Senado Federal, estipule o limite, as condições ou o montante a ser observado pelo agente público[22]. Assim, se não houver norma estabelecendo essas exigências específicas, tornar-se-á atípica a conduta do agente, impondo-se a ele somente a exigência de prévia autorização legislativa (359-A, *caput*, CP).

Com efeito, é o Senado Federal quem detém a competência constitucional para dispor sobre os limites e condições de cada operação de crédito, externo e interno, de todos os entes federativos e suas respectivas autarquias, bem como de todas as entidades da Administração Pública indireta vinculadas à União. Sendo assim, o gestor público, além de observar a prévia autorização legislativa e a previsão orçamentária, deverá obedecer aos limites e condições de cada operação, ou seja, deverá restringir-se ao valor nominal estabelecido para o crédito, conforme a resolução ou lei do Senado Federal[23].

Além dessa limitação individual para cada operação de crédito, o administrador público deverá observar, também, o limite legal para o montante da *dívida pública consolidada ou fundada*. A Lei Complementar nº 101/2000 considera como dívida pública consolidada o "montante total, apurado sem duplicidade, das obrigações financeiras do ente da Federação, assumidas em virtude de leis, contratos, convênios ou tratados e da realização de operações de crédito, para amortização em prazo superior a doze meses" (art. 29, I). Apesar dessa redação, o conceito também inclui "as operações de crédito de prazo inferior a doze meses cujas receitas tenham constado do orçamento" (art. 29, § 3º, LC 101/2000).

É preciso esclarecer que, em dogmática jurídico-financeira, a dívida pública classifica-se em fundada (consolidada) ou flutuante. O primeiro caso diz respeito às dívidas decorrentes de empréstimos temporários de médio e longo prazo, em geral, mais de um ano. A dívida flutuante, por sua vez, tem como característica o vencimento breve, de curto prazo, em geral, menos de um ano[24]. Assim, as operações de crédito, ainda que com vencimento inferior a um ano, estarão compreendidas na dívida pública consolidada (art. 29, § 3º, LC 101/2000).

O limite da dívida pública consolidada ou fundada somente se impõe aos agentes públicos vinculados aos estados, devido ao termo *ente da federação* presente na definição legal, de modo que os gestores ligados funcionalmente à União não podem ser o sujeito ativo dessa modalidade de operação de crédito criminosa.[25]

Em suma, são dois os limites impostos pelo Senado Federal: 1º) o limite e condição individual para cada operação de crédito; 2º) o limite máximo permitido para o comprometimento da arrecadação pelo seu endividamento, ou seja, o montante máximo para

22 PRADO, Luiz Regis. *Curso de direito penal... Cit.*, p. 778.

23 STOCO, Rui; FRANCO, Alberto Silva (Coord.). Código penal..., *Cit.*, p. 1.751.

24 OLIVEIRA, Regis Fernandes. *Curso... Cit.*, p. 493.

25 BITENCOURT, Cezar Roberto. *Crimes contra... Cit.*, p. 40.

o somatório da dívida pública consolidada ou fundada[26]. Porém, vale dizer, o respeito a essas duas exigências não exclui o dever do administrador de observar a prévia autorização legislativa e a previsão orçamentária.

Luiz Regis Prado destaca que: "nessa figura delitiva [operação de crédito, em geral], portanto, o agente ordena, autoriza ou realiza operação de crédito, interno ou externo, sem que tenha havido prévia autorização legislativa para tanto, ou, ainda que existente esta, o faz com desobediência aos limites estabelecidos pelo Senado Federal ou, por fim, contrata empréstimos a médio ou longo prazo acima dos limites permitidos em lei". [27]

Em síntese, o art. 359-A do Código Penal incrimina o arbítrio do administrador público de realizar a contratação de crédito à revelia do Poder Legislativo, a quem compete a atribuição de manifestar-se sobre a regularidade e conveniência da operação de crédito.

1.6. Tipo penal subjetivo: elemento típico subjetivo

O elemento subjetivo do tipo é o dolo, ou seja, a consciência e a vontade de ordenar, autorizar ou realizar operação de crédito, interno ou externo, sem prévia autorização legal e, se for o caso, acima dos limites e condições fixados pelo Senado Federal ou quando ultrapassa o somatório permitido da dívida pública consolidada. Dessa forma, o dolo abrange a consciência e a vontade de praticar quaisquer das condutas tipificadas, bem como abrange a consciência e vontade de desobedecer aos limites legislativos à atividade financeira do Estado (elementos negativos do tipo, ex.: prévia autorização legislativa). Não se cobra do agente um fim especial, tal como o de obter vantagem pera si ou para outrem, pois o elemento subjetivo é, tão só, o dolo simples.

Não há previsão de modalidade culposa do delito. Ademais, insta enfatizar que em nenhum dos crimes contra as finanças públicas há previsão de modalidade culposa, sendo todos eles tipos dolosos.

1.7. Consumação e tentativa

Nas modalidades *ordenar* e *autorizar*, o crime se consuma com prática de qualquer conduta típica que resulte na efetiva contratação do crédito sem a devida autorização do Poder Legislativo. A consumação ocorre com a efetivação da operação de crédito, pois é nesse momento que se consubstancia o risco às finanças públicas. Com efeito, enquanto a operação de crédito não se concluir, não há lesão alguma ao bem jurídico tutelado, no caso, não ocorre lesão às finanças públicas e ao Erário.[28] Por outro lado,

---

26 STOCO, Rui; FRANCO, Alberto Silva (Coord.). Código penal..., *Cit.*, p. 1.751. No mesmo sentido: BITENCOURT, Cezar Roberto. *Crimes contra... Cit.*, p. 40.

27 PRADO, Luiz Regis. *Curso de direito penal... Cit.*, p. 778.

28 BITENCOURT, Cezar Roberto. *Crimes contra... Cit.*, p. 37. Nas palavras do autor (*Crimes contra... Cit.*, p. 37): "Mera infração de dever não constitui crime, pela ausência da efetiva ofensividade do bem jurídico". No mesmo sentido entendem Luiz Flávio Gomes e Alice Bianchini (*Crimes..., Cit.*, p.

o delito na modalidade *realizar* exige a produção de um resultado material, qual seja a efetiva realização da operação de crédito.[29]

O delito na sua modalidade de *ordenar* ou *autorizar* admite a tentativa, uma vez que o ato criminoso não se esgota com a simples ordem ou autorização, pois sua consumação ocorre no momento da efetivação do contrato de abertura de crédito.[30] Consequentemente, a forma tentada também é cabível na última modalidade (*realizar*), que poderá ocorrer quando o agente público concretizar os atos materiais da negociação (ex.: protocolos, cartas...), porém, por circunstância alheia a sua vontade, a operação não se efetivar ou os valores não forem obtidos, quando, como no caso de essa negociação ser frustrada por ato de fiscalização do Ministério da Fazenda.

1.8. Pena e aspectos processuais

A pena para a prática das condutas previstas no art. 359-A do Código Penal é de reclusão, de um a dois anos.

Tendo em vista que se trata de crime de menor potencial ofensivo, pois a pena máxima cominada não ultrapassa dois anos, a competência para processar e julgar esse delito é dos Juizados Especiais Criminais (art. 61, Lei 9.099/95), sendo aplicáveis todas as medidas despenalizadoras previstas nessa lei. Assim, é cabível a suspensão condicional do processo, nos termos do art. 89, *caput*, da Lei 9.099/95.

A ação penal é pública incondicionada.

2. INSCRIÇÃO DE DESPESAS NÃO EMPENHADAS EM RESTOS A PAGAR

⊙ **Inscrição de despesas não empenhadas em restos a pagar**

Art. 359-B. Ordenar ou autorizar a inscrição em restos a pagar, de despesa que não tenha sido previamente empenhada ou que exceda limite estabelecido em lei:

Pena – detenção, de 6 (seis) meses a 2 (dois) anos.

2.1. Considerações preliminares

Em homenagem ao novel princípio da eficiência na Administração Pública (acrescentado ao art. 37, CF/88, pela Emenda Constitucional nº 19 de 1998), que possui

43), que ensinam que "a conduta do agente precisa interferir diretamente no planejamento e/ou equilíbrio das contas públicas. É preciso que cause lesão ou ao menos perigo concreto de lesão a esse bem jurídico. Se a conduta realizada for puramente antinormativa (contra o limite imposto, contra a condição imposta etc.), mas não colocar, nem de longe, em perigo o equilíbrio das contas públicas, não há crime".

29 PRADO, Luiz Regis. *Curso de direito penal... Cit.*, p. 779; STOCO, Rui; FRANCO, Alberto Silva (Coord.). Código penal..., *Cit.*, p.. 1.753; NUCCI, Guilherme de Souza. *Código penal... Cit.*, p. 1.230. CASTRO, Renato Lima. Crimes contra..., *Cit.*, p. 133.

30 BITENCOURT, Cezar Roberto. *Crimes contra... Cit.*, p. 37.

destacados reflexos no campo da atividade financeira do Estado[31], não poderá o administrador público assumir obrigações e despesas em nome da Administração Pública sem a devida existência de recursos suficientes e autorização legal.

Assim, em busca da racionalidade na gestão das finanças públicas, a Lei nº 10.028/2000 inseriu no Código Penal o crime de inscrição de despesas não empenhadas em restos a pagar, prevendo a punição para aquele que assume despesas para o Estado sem os devidos requisitos e diligências que se impõem pelo sistema jurídico financeiro.

Em observância aos ditames da LRF (LC nº 101/2000), o tipo penal do art. 359-B do Código Penal restringe a possibilidade de o gestor público contrair obrigação financeira que não possa ser cumprida integralmente dentro do próprio exercício financeiro, por falta de recursos em caixa. Assim, incrimina-se a conduta do administrador público de assumir compromisso financeiro sem os recursos necessários ao seu pagamento dentro do próprio exercício financeiro em que foi firmado.

2.2. Bem jurídico

O bem jurídico é a Administração Pública, em sentido amplo, e, especificamente, a administração da atividade financeira do Estado. Assim, pode-se afirmar que o bem jurídico imediato tutelado é o equilíbrio e a probidade na gestão das finanças públicas.

A previsão do crime em comento busca resgatar a probidade administrativa na gestão da atividade financeira do Estado, promovendo a racionalidade nas decisões políticas em matéria de despesa pública. A lei penal busca funcionar como um mecanismo jurídico para o reforço da efetividade da legislação financeira, a que, por si só, já limita e proíbe os gastos descomedidos que comprometem o exercício financeiro posterior[32].

A Lei de Responsabilidade Fiscal, Lei Complementar nº 101/2000, no seu art. 42 proíbe ao titular de função pública contrair despesa que não possa ser cumprida integralmente no mesmo exercício financeiro, pela falta de recursos disponíveis em caixa. O art. 359-B, então, adveio para instrumentalizar aquele primeiro dispositivo, criminalizando a conduta do gestor público que assume obrigações que, por força da lei ou da carência de recursos, não poderão ser adimplidas.

2.3. Sujeitos do delito

O crime de inscrição de despesas não empenhadas em restos a pagar classifica-se como crime próprio, isto é, o sujeito ativo necessariamente deverá ser funcionário público com atribuição legal ou constitucional específica para praticar as condutas tipificadas. Assim, somente aquele sujeito com competência funcional para *ordenar* ou *autorizar* a inscrição da despesa de forma irregular incidirá na prática do crime. Os funcionários com semelhante competência são, normalmente, chamados de *ordenadores de despesa.*[33]

31 OLIVEIRA, Regis Fernandes de. *Curso..., Cit.*, p. 87.

32 BITENCOURT, Cezar Roberto. *Crimes contra..., Cit.*, p. 41

33 BITENCOURT, Cezar Roberto. *Crimes contra..., Cit.*, p. 42.

Assim, são sujeitos ativos os chefes do Poder Executivo da União, dos Estados-membros, do Distrito Federal e dos Municípios. Da mesma forma, são também sujeitos ativos do crime os dirigentes do Poder Legislativo das respectivas esferas da Federação brasileira, bem como o presidente do Tribunal de Contas correspondente [34]. De forma igual, os gestores do Poder Judiciário nacional, tais como ministros presidentes dos tribunais superiores (STF, STJ, TST, TSE e STM), os desembargadores presidentes dos tribunais estaduais e federais, incluídos os tribunais eleitorais, trabalhistas e militares, podem incidir na prática do crime de inscrição de despesa não empenhada em restos a pagar.[35]

Até mesmo os chefes do Ministério Público da União e dos Estados podem ser sujeitos ativos na prática desse crime, uma vez que possuem a competência legal para decidir questões de execução orçamentária do respectivo órgão, conforme prescreve o art. 10, III e V, da Lei Orgânica Nacional do Ministério Público (Lei nº 8.625/1993).[36]

Também os dirigentes ou presidentes de órgãos ou pessoas jurídicas que compõem a Administração Pública, direta e indireta (tais como autarquias, fundações, fundos etc.), que tenham atribuição funcional para decidir sobre ordenação de gastos e orçamento.[37]

Como se trata de crime próprio, em que o sujeito, para que se configure o delito, deve praticá-lo revestido de competência funcional para decidir sobre a inscrição das despesas públicas, a ausência da atribuição legal ou constitucional para o ato desqualifica a conduta como delituosa, fazendo-se conduta atípica. Contudo, deve ser ressalvada, por óbvio, a hipótese do concurso eventual de pessoas na prática da inscrição de despesas não empenhadas como restos a pagar.[38]

Por sua vez, o sujeito passivo do delito é o Estado, representado pela Administração Pública, como titular do bem jurídico (finanças públicas). Mais especificamente, são sujeitos passivos a União, os Estados federados, o Distrito Federal e os municípios.

2.4. Tipo penal objetivo: elementos da descrição típica

A conduta criminosa descrita no art. 359-B consiste em *ordenar* ou *autorizar* a inscrição em restos a pagar de despesa que não tenha sido previamente empenhada ou que exceda limite estabelecido em lei.

O núcleo do tipo penal se apresenta em duas modalidades: *ordenar* e *autorizar*. O primeiro verbo significa mandar, determinar, impor o comportamento de

34 A Constituição prevê a existência do Tribunal de Contas da União e dos tribunais de contas estaduais, que pertencem ao Poder Legislativo do ente federativo correspondente. Há previsão constitucional para a criação de tribunais de contas municipais, mas, até o momento, apenas os municípios de São Paulo e Rio de Janeiro possuem tais estruturas. Para os outros municípios, desprovidos desses órgãos, resta o controle pelos conselhos de contas do município e pelo Tribunal de Contas estadual da circunscrição territorial do estado em que se encontra a municipalidade (art. 31, § 1º, CF/88).

35 PRADO, Luiz Regis. *Curso de direito penal... Cit.*, p. 780 e 781.

36 PRADO, Luiz Regis. *Curso de direito penal... Cit.*, p. 781.

37 BITENCOURT, Cezar Roberto. *Crimes contra..., Cit.*, p. 42.

38 BITENCOURT, Cezar Roberto. *Crimes contra..., Cit.*, p. 42.

inscrever em restos a pagar despesa não empenhada ou que excede o limite legal. Destaca-se que o verbo *ordenar* traz em seu bojo um cunho imperativo e incontestável, ação própria de quem faz prevalecer sua vontade.[39] O segundo verbo, *autorizar*, quer dizer permitir, anuir, com o comportamento de outrem, no caso, com a inscrição da despesa não empenhada. Esta última modalidade da conduta criminosa significa que o executor da inscrição em restos a pagar não tem a atribuição legal para decidir sobre a inscrição. A autorização é condição indispensável para que o ato seja realizado.[40]

O objetivo da norma penal aqui foi o de reforçar o comando já existente na Lei de Responsabilidade Fiscal (art. 42), impedindo que os gestores públicos contraiam débitos que não podem ser adimplidos no mesmo exercício financeiro, deixando-os para o ano seguinte, o que faz comprometer a gestão posterior, que no mais das vezes é de um sucessor político.[41] A finalidade da norma penal, em suma, é evitar que encargos sejam irresponsavelmente transferidos para as gestões futuras, o que, vale dizer, não é prática incomum no cenário do Poder Público brasileiro.

Restos a pagar consistem, precisamente, nas despesas não pagas até o fim do exercício financeiro, que ocorre em 31 de dezembro de cada ano. Essa é a definição dada pela Lei nº 4.320/64, que trata das normas gerais de Direito Financeiro (art. 36, *caput*). Trata-se, então, de débito que não pode ser adimplido, por qualquer motivo que seja, no mesmo exercício, retardando o seu pagamento para exercício futuro.

O que a norma penal proíbe é, justamente, a inscrição de despesas como restos a pagar sem que tenha havido o prévio empenho ou que tenha superado o limite legal para aquele débito específico. Há, portanto, duas circunstâncias a ser observadas: em primeiro lugar, a *ausência de empenho da despesa* e, em segundo, o *desrespeito ao limite legal*. Essas circunstâncias são elementos normativos do tipo penal.

Importa, então, saber primeiro em que consiste o empenho. A efetuação da despesa pública é um ato jurídico complexo e formal, que segue um itinerário previsto em lei, tudo com o objetivo de garantir segurança e controle aos gastos públicos. Assim, a geração da despesa implica a produção de três atos jurídicos, a começar pela *nota de empenho*, seguida pela *liquidação* e, por fim, pela *ordem de pagamento*.

A Lei nº 4.320/1964, em seu art. 60, estatui que "*é vedada a realização da despesa sem prévio empenho*". Com efeito, é o empenho que assegura a realização da despesa. Assim, para cada empenho deve corresponder sua respectiva "*nota de empenho*", que é o documento no qual consta, obrigatoriamente, o nome do credor, a especificação e o montante da despesa, bem como sua dedução do saldo da dotação própria especificada na lei orçamentária anual. Desse modo, a proibição de realizar despesa sem

39 BITENCOURT, Cezar Roberto. *Crimes contra..., Cit.*, p. 43.

40 BITENCOURT, Cezar Roberto. *Crimes contra..., Cit.*, p. 43.

41 STOCO, Rui; FRANCO, Alberto Silva (Coord.). Código penal..., *Cit.*, p. 1.757.

o prévio empenho induz à proibição de sua autorização ou ordem de inscrição em restos a pagar.[42]

O empenho é o ato inicial do procedimento de geração da despesa. Através dele a autoridade competente reconhece a obrigação por parte do Estado em fazer o pagamento de determinado valor a alguém. Ocorre em momento prévio e inicial à geração da despesa, constituindo uma reserva de recursos para o futuro pagamento. Como ensina Regis Prado, o empenho "destaca nos fundos orçamentários destinados à satisfação daquela despesa a quantia necessária ao resgate do débito. É, portanto, *conditio sine qua non* para a realização da despesa pública".[43]

O empenho é, dessa forma, um instrumento de documentação e registro de todos os gastos efetuados pelo Poder Público, sem o qual não seria plenamente possível o controle e o planejamento das finanças estatais e, consequentemente, levaria à completa desorganização operacional. Daí a sua destacada importância, a ponto de receber tratamento jurídico-penal[44].

Assim, a ausência do empenho de despesa, por si só, já provoca grave irregularidade do ponto de vista jurídico-financeiro. No campo penal, a inscrição de despesa em restos a pagar sem a produção da nota de empenho configura o crime previsto no art. 359-B. É dizer, para que uma dívida seja inscrita em restos a pagar, transferindo-a para o exercício financeiro posterior, é preciso que haja o prévio empenho.

Por outro lado, é possível que o valor da despesa ultrapasse os limites legais para a inscrição em restos a pagar, configurando-se, também, o crime em questão.

Nessa linha, o outro elemento normativo do tipo é o desrespeito aos limites legais para a inscrição da dívida em restos a pagar. Essa conduta igualmente ofende o equilíbrio das contas públicas, na medida em que compromete o exercício financeiro seguinte, provocando um caos financeiro que pode culminar, até, num efeito cascata de desordem, que afeta, uma após a outra, as gestões públicas que se seguem.

Nesse ponto, contudo, o crime de inscrição de despesa em restos a pagar se qualifica como lei penal em branco, porquanto necessita que lei em matéria financeira preveja o limite para o empenho e inscrição da despesa, não se considerando eventuais decretos ou quaisquer outros atos normativos[45].

---

42 MASCARENHAS, Paulo. Dos crimes contra a Administração Pública e as finanças públicas: Comentários à Lei n. 10.028, de 19/10/2000, à luz da Lei de Responsabilidade Fiscal. Editora: RCN. p. 25/26.

43 PRADO, Luiz Regis. *Curso de direito penal... Cit.*, p. 782.

44 GOMES, Luiz Flávio; BIANCHINI, Alice. *Crimes..., Cit.*, p. 44. Esses autores ainda destacam, *in verbis*: "Vale mencionar que o empenho é o instrumento de que se serve a Administração a fim de controlar a execução orçamentária. É por meio dele que o legislativo se certifica de que os créditos concedidos ao Executivo estão sendo obedecidos. O empenho constitui instrumento de programação, para que o Executivo tenha sempre o panorama dos compromissos assumidos e das dotações ainda disponíveis. Não há empenho posterior".

45 GOMES, Luiz Flávio; BIANCHINI, Alice. *Crimes..., Cit.*, p. 44.

Importa esclarecer que o texto do art. 359-B não autoriza o entendimento de que seria preciso a cumulação das duas condutas, quais sejam a ausência de empenho e o desrespeito ao limite legal, para se configurar o crime. Na realidade, basta que qualquer dos fatos tenha ocorrido para a consumação do crime, de modo que não se exige cumulação[46]. É possível, nessa hipótese, que a inscrição ocorra com o prévio empenho da despesa, mas tenha superado o limite legal estabelecido, e aí terá havido a prática do crime do art. 359-B[47].

2.5. Tipo penal subjetivo: elemento típico subjetivo

O elemento subjetivo do tipo é o dolo, ou seja, a consciência e a vontade de ordenar ou autorizar a inscrição da despesa em restos a pagar, sem que tenha havido o prévio empenho da despesa ou sem que tenha sido respeitado o limite legal para isso. Dessa forma, o dolo abrange a consciência e a vontade de praticar quaisquer das condutas tipificadas, bem como abrange a consciência e a vontade de desconsiderar a exigência formal do empenho ou a restrição legal. Desconhecidas quaisquer dessas circunstâncias, a conduta mostra-se atípica. Não se cobra do agente um fim especial, tal como o de obter vantagem pera si ou para outrem, pois o elemento subjetivo é, tão só, o dolo simples. Não há previsão de modalidade culposa do delito.

2.6. Consumação e tentativa

A consumação do crime ocorre no momento em que o ato de *ordenar* ou *autorizar* a inscrição irregular de despesa em restos a pagar se materializa. A consumação exige que a inscrição efetivamente se realize, surgindo o eventual perigo de dano à gestão do exercício financeiro subsequente. A mera manifestação do agente público, sem a ocorrência da inscrição, não consuma o crime, na medida em que a conduta não apresenta lesividade concreta às finanças públicas.[48]

Como consequência dessa concepção, o crime admite a forma tentada, porque será possível a fragmentação da conduta de ordenar ou autorizar a inscrição de despesa em restos a pagar.[49]

2.7. Pena e aspectos processuais

A pena para a prática do crime previsto no art. 359-B do Código Penal é de reclusão de seis meses a dois anos.

Tendo em vista que se trata de crime de menor potencial ofensivo, pois a pena máxima cominada não ultrapassa dois anos, a competência para processar e julgar esse

46 STOCO, Rui; FRANCO, Alberto Silva (Coord.). Código penal..., *Cit.*, p. 1.758.

47 BITENCOURT, Cezar Roberto. *Crimes contra...*, *Cit.*, p. 46.

48 BITENCOURT, Cezar Roberto. *Crimes contra... Cit.*, p. 47; GOMES, Luiz Flávio; BIANCHINI, Alice. *Crimes...*, *Cit.*, p. 45.

49 BITENCOURT, Cezar Roberto. *Crimes contra... Cit.*, p. 47. Em sentido contrário: STOCO, Rui; FRANCO, Alberto Silva (Coord.). Código penal..., *Cit.*, p. 1.759.

delito é dos Juizados Especiais Criminais (art. 61, Lei 9.099/1995). É cabível também a suspensão condicional do processo, nos termos do art. 89, *caput*, da Lei 9.099/1995.

A ação penal é pública incondicionada.

3. ASSUNÇÃO DE OBRIGAÇÃO NO ÚLTIMO ANO DO MANDATO OU LEGISLATURA

⊙ **Assunção de obrigação no último ano do mandato ou legislatura**

Art. 359-C. Ordenar ou autorizar a assunção de obrigação, nos dois últimos quadrimestres do último ano do mandato ou legislatura, cuja despesa não possa ser paga no mesmo exercício financeiro ou, caso reste parcela a ser paga no exercício seguinte, que não tenha contrapartida suficiente de disponibilidade de caixa.

Pena – reclusão, de 1 (um) a 4 (quatro) anos.

3.1. Considerações preliminares

A gestão das finanças públicas exige que o administrador estatal aja com responsabilidade e transparência, sendo necessário o planejamento a respeito das obrigações a assumir durante a sua gestão para que não enseje despesas impagáveis, inviabilizando ou dificultando não somente a sua gestão pública, bem como a de seu sucessor, prejudicando assim diretamente as finanças públicas e a sociedade.

Nesse contexto, o legislador criou o tipo penal de "assunção de obrigação no último ano do mandato ou quadrimestre", que na verdade se trata de uma tutela aos ditames do art. 42 da Lei Responsabilidade Fiscal, o qual dispõe que "*é vedado ao titular de Poder ou órgão referido no art. 20, nos últimos dois quadrimestres do seu mandato, contrair obrigação de despesa que não possa ser cumprida integralmente dentro dele, ou que tenha parcelas a serem pagas no exercício seguinte sem que haja suficiente disponibilidade de caixa para este efeito*".

Dessa forma, verifica-se que o crime previsto no art. 359-C do Código Penal nada mais é que meio de coerção para que seja observado o disposto no art. 42 da Lei de Responsabilidade fiscal, visando uma administração mais responsável com as finanças públicas.

3.2. Bem jurídico e classificação do delito

O bem jurídico é a Administração Pública, em sentido amplo, e, especificamente, a administração da atividade financeira do Estado. Assim, pode-se afirmar que o bem jurídico imediato tutelado é o equilíbrio e a probidade na gestão das finanças públicas. A objetividade jurídica é tutelar as finanças públicas, em especial a regularidade e o equilíbrio das contas públicas, para que o sucessor não venha a ter frustrado ou retardado seu plano de governo logo no início de sua administração.

Objetiva-se com esse tipo penal proteger a Administração Pública contra os tradicionais excessos de final do mandato de gestão pública, que impede a nova administração de pôr em prática imediatamente seu plano de governo.[50] De fato, assumir um compromisso irresponsável no fim do mandato compromete não só a futura administração, mas sobretudo é um ato que colide frontalmente com a moralidade e a probidade administrativa no trato das finanças públicas, trazendo prejuízos irreparáveis para toda a coletividade.

No tocante a sua classificação, o crime de assunção de obrigação no último ano do mandato ou legislatura constitui delito próprio (podendo somente ser praticado por funcionário público titular de mandato ou legislatura com função de ordenar ou autorizar negócios jurídicos do ente federativo do qual faz parte); simples ou uniofensivo (atinge apenas um bem jurídico); comissivo (os núcleos delitivos traduzem uma necessidade de ação por parte do agente), porém nada impede que seja praticado na modalidade omissiva imprópria, de perigo (não há a necessidade de lesão ou risco real de lesão, bastando somente a realização da conduta); formal ou de resultado antecipado (consuma-se apenas com a realização do tipo, independentemente de lesão ao bem jurídico); instantâneo (a consumação não se alonga durante o tempo, e sim num único momento); de forma vinculada (uma vez que a assunção de obrigação no âmbito da administração pública exige uma série de atos para torná-la válida); unissubjetivo (pode ser praticado por um único agente); e, em regra, plurissubsistente (admite o fracionamento de sua conduta em diversos atos).

3.3. Sujeitos do delito

Trata-se de delito próprio especial, porque exige uma condição especial do funcionário público. O sujeito ativo deve estar no exercício de mandato ou legislatura, com função de comando ou decisão na entidade ou órgão público do qual faz parte.

O agente público deve estar ainda, segundo a descrição do tipo penal, no exercício de mandato ou legislatura.

Os sujeitos passivos são os entes da administração pública, a União, os Estados-membros, os Municípios e o Distrito Federal, bem como suas respectivas entidades, cada qual a depender do órgão ou instituição pública que o agente representa.

3.4. Tipo penal objetivo: elementos da descrição típica

A conduta criminosa descrita no art. 359-B consiste em *ordenar* ou *autorizar* a assunção de obrigação, nos dois últimos quadrimestres do último ano do mandato ou legislatura, cuja despesa não possa ser paga no mesmo exercício financeiro ou, caso reste parcela a ser paga no exercício seguinte, que não tenha contrapartida suficiente de disponibilidade de caixa.

O comportamento incriminado previsto é descrito pelos verbos *ordenar* e *autorizar. Ordenar* significa mandar, determinar, estabelecer que um terceiro contraia a obrigação, exigindo, por consequência, uma inciativa por parte do agente. Por sua vez,

50 BITENCOURT, Cezar Roberto. *Crimes contra...*, *Cit.*, p. 50.

autorizar tem o sentido de anuir, permitir, consentir que a obrigação seja assumida, exigindo, em regra, que um terceiro tome a iniciativa, sendo o ato do autor a condição indispensável para que a dívida seja gerada[51].

A realização dos comportamentos descritos pelos verbos deve resultar na prática das seguintes condutas:

a) Assunção de obrigação, nos dois últimos quadrimestres do último ano do mandato ou legislatura, cuja despesa não possa ser paga no mesmo exercício financeiro

Essa modalidade da conduta típica busca incriminar a criação de despesa a ser resgatada no exercício financeiro subsequente pelo próximo administrador público, uma vez que realizada sem que haja a necessária suficiência de disponibilidade de caixa. Assim, a criminalização é a assunção da obrigação nos últimos oito meses do término do mandato ou legislatura e desde que inexistam recursos financeiros suficientes para saldá-la no mesmo exercício financeiro.

Portanto, pode-se afirmar que o tipo penal do art. 359-C não proíbe em absoluto a assunção de obrigação financeira em final de mandato que não possa ser cumprida no mesmo exercício financeiro, na medida em que a contratação de crédito financeiro nos dois últimos quadrimestres do mandato é lícita desde que haja contrapartida suficiente de disponibilidade de caixa para honrar a obrigação no exercício financeiro subsequente.[52]

A Lei 4.320/64, em seu art. 34, estabelece que o exercício financeiro será o mesmo do ano civil. Assim, caso não haja provisão em caixa para pagar a dívida contraída com a obrigação contraída até o fim de dezembro, haverá o crime mencionado no art. 359-C.

No que pertine à elementar temporal representada pela expressão *"nos dois últimos quadrimestres do último ano do mandato ou legislatura"*, impende destacar que a descrição típica do art. 359-C não se refere aos últimos oito meses do exercício financeiro anual, mas aos dois últimos quadrimestres do último ano do mandato ou legislatura do gestor público. Observe-se também que a duração do mandato de gestão pública não coincide em todas as hipóteses com o exercício financeiro anual (à exceção dos mandatos dos Chefes do Executivo, que tomam posse no dia primeiro de janeiro do primeiro ano do mandato).[53]

---

51 BITENCOURT, Cezar Roberto. *Crimes contra..., Cit.*, p. 51.

52 BITENCOURT, Cezar Roberto. *Crimes contra..., Cit.*, p. 53/54. Nesse sentido, vale conferir o ensinamento de Cezar Bitencourt (*Crimes contra..., Cit.*, p. 53), *in verbis*: "(...) a lei admite, ainda que implicitamente, a assunção de obrigação, mesmo nos últimos dois quadrimestres, cujo adimplemento não se complete no mesmo exercício, isto é, permite que parcelas dessa obrigação possam ficar para serem resgatadas no próximo mandato, sob uma condição: desde que 'tenha contrapartida suficiente de disponibilidade de caixa'".

53 Nesse sentido: LEONARDO, Marcelo. Crimes de responsabilidade fiscal: crimes contra as finanças públicas, crimes nas licitações públicas, crimes de responsabilidade de prefeitos. Belo Horizonte: Del Rey, 2001, p. 29.

Em síntese, para a configuração da conduta prevista nesta primeira parte do tipo é necessário: a) assunção da obrigação financeira; b) violação do lapso temporal dos últimos quadrimestres do último ano do mandato ou legislatura do gestor público; e c) inexistência de numerário suficiente para honrar o pagamento da dívida adquirida no mesmo exercício financeiro.

Por outro lado, caso a obrigação impagável no mesmo exercício financeiro tenha sido assumida nos quatro primeiros meses, ou em um período anterior, do último ano mandato ou legislatura, não haverá o presente crime, haja vista que faltará a condição temporal de "dois últimos quadrimestres" para a realização do tipo penal.[54]

b) Assunção de obrigação, nos dois últimos quadrimestres do último ano do mandato ou legislatura, caso reste parcela a ser paga no exercício seguinte, que não tenha contrapartida suficiente de disponibilidade de caixa

Na segunda modalidade da conduta típica, o agente assume uma obrigação a ser paga não até o final do exercício financeiro, mas ao longo do tempo, em parcelas, em que o período do término de sua satisfação alcança a gestão do próximo administrador público. A dívida terá de ser assumida sem haver suficientemente dinheiro em caixa para honrá-la dentro do exercício financeiro em que foi contratada.

A conduta criminosa consiste em assumir obrigação financeira (despesa) cujas parcelas devam ser adimplidas pela próxima administração no exercício financeiro subsequente, sem que haja a suficiente disponibilidade de caixa para honrar as parcelas da dívida anteriormente contraída.

Observe-se que na primeira modalidade de conduta típica há uma indevida rolagem de despesa financeira, enquanto na segunda modalidade criminaliza-se a passagem do ônus financeiro ao próximo administrador, de honrar as obrigações (parcelas da dívida) assumidas por seu antecessor, sem ter deixado a suficiente contrapartida de disponibilidade de caixa. [55]

A configuração da conduta criminosa se perfaz verificando-se os seguintes elementos: a) assunção da obrigação financeira com parcelas vencíveis no exercício financeiro subsequente; b) violação do lapso temporal dos últimos quadrimestres do último ano do mandato ou legislatura do gestor público; e c) inexistência de disponibilidade em caixa para honrar as parcelas vincendas no próximo exercício financeiro.

---

54 BITENCOURT, Cezar Roberto. *Crimes contra..., Cit.*, p. 55. Nesse sentido, confira-se o entendimento de Cezar Bitencourt (*Crimes contra..., Cit.*, p. 55*), in verbis*: "*A contrario sensu*, a assunção de obrigação em período anterior aos dois últimos quadrimestres do último ano do mandato ou legislatura, mesmo que não possa ser paga no mesmo exercício financeiro ou que reste parcela para o exercício seguinte, sem suficiente disponibilidade de caixa, naõ constituirá o presente crime. Poderá haver outras consequências, mas não configurará este tipo penal, a despeito da presença das duas elementares antes referidas, pois lhe falta a elementar temporal (os dois últimos quadrimestres de mandato ou legislatura)".

55 BITENCOURT, Cezar Roberto. *Crimes contra..., Cit.*, p. 52.

Não obstante, a conduta criminosa não se configura quando o administrador público anterior deixar para a administração posterior quantia suficiente em caixa para honrar as obrigações financeiras assumidas em sua gestão. Assim, havendo parcelas a ser pagas no exercício financeiro subsequente, a despesa deve ser inscrita em restos a pagar, desde que tenha sido devidamente empenhada no exercício anterior, e especificada a fonte de custeio para adimplir essa obrigação financeira assumida anteriormente.

O tipo penal traz ainda os elementos normativos *mandato e legislatura. Mandato* é a outorga popular de poderes aos seus representantes do Poder Executivo e Legislativo, enquanto *legislatura* é o lapso temporal em que os membros do Poder Legislativo exercem seus mandatos. Na elementar *mandato*, é de se observar que também se encontram abrangidos "aqueles desempenhados pelos titulares do Poder Judiciário e pelos chefes do Ministério Público da União e dos Estados, quando do exercício das funções administrativas que lhes competem".[56]

3.5. Tipo penal subjetivo: elemento típico subjetivo

O elemento subjetivo do tipo é o dolo, ou seja, a consciência e a vontade de *ordenar* ou *autorizar* a assunção de obrigação, nos dois últimos quadrimestres do último ano do mandato ou legislatura, cuja despesa não possa ser paga no mesmo exercício financeiro ou, caso reste parcela a ser paga no exercício seguinte, que não tenha contrapartida suficiente de disponibilidade de caixa. Para a configuração deste crime o agente deve conhecer todas as elementares do tipo penal, consequentemente, deve saber que está no último ano de seu mandato ou legislatura, bem como que a dívida assumida não tem como ser paga no mesmo exercício financeiro, ou que, em caso de parcelamento, não haja saldo suficiente em caixa para honrar as futuras prestações.

Qualquer desconhecimento por parte do agente dos elementos pode acarretar a configuração de erro de tipo, que uma vez configurado, exclui totalmente a tipicidade, independentemente de sua evitabilidade ou não, tendo em vista que não há modalidade culposa.

3.6. Consumação e tentativa

Para a consumação é necessário que a obrigação financeira seja efetivamente assumida, haja vista que é nesse momento que se consubstancia o risco às finanças públicas, descabendo falar em lesividade enquanto a obrigação não for contraída.

É admissível a tentativa, tendo em vista que se trata de crime plurissubsistente, podendo a conduta tanto de *autorizar* ou *ordenar* ser dividida em etapas. Quando se exige que a obrigação seja assumida para a consumação do delito, verifica-se de modo mais fácil o desdobramento do *iter criminis*.

---

56 PRADO, Luiz Régis. Curso de direito penal..., *Cit.*, p.785.

3.7. Pena e aspectos processuais

A pena prevista para o artigo 359-C do Código Penal é reclusão de um a quatro anos. Destarte, constata-se que o crime está fora do âmbito de competência dos Juizados Especiais Criminais, contudo, é possível a suspensão condicional do processo nos termos do art. 89 da citada 9.099/1995, uma vez que a pena mínima cominada é igual a um ano.

A ação penal é pública incondicionada.

4. ORDENAÇÃO DE DESPESA NÃO AUTORIZADA

⊙ **Ordenação de despesa não autorizada**

Art. 359-D. Ordenar despesa não autorizada por lei:

Pena – reclusão, de 1 (um) a 4 (quatro) anos

4.1. Considerações preliminares

A preocupação com os gastos públicos é de ordem fundamental para o equilíbrio das contas públicas, sendo notório que o planejamento correto das finanças potencializa as ferramentas estatais para impulsionar o desenvolvimento da sociedade. Nessa senda, a Constituição destinou uma seção à parte entre seus arts. 165 e 169, para estabelecer diretrizes gerais sobre os orçamentos públicos, em destaque para a determinação da instituição do plano plurianual, das diretrizes orçamentárias e dos os orçamentos anuais, a serem estabelecidos por lei, vedando, ainda, em seu art. 167, inciso II, a obtenção de despesas sem anterior inclusão orçamentária.

Nesse contexto, foi editada a Lei de Responsabilidade Fiscal (Lei Complementar 101/200) que, em seus arts. 15, 16 e 17, estabeleceu e determinou a observância de condições para a legalidade da despesa pública adquirida.

Para uma maior observância das disposições legais destinadas a uma maior responsabilidade com o controle dos gastos públicos, foi editada a Lei 10.028/2000, alterando o Código Penal e incriminando em seu bojo, por meio do art. 359-D, a conduta de ordenar despesa não autorizada em lei.

4.2. Bem jurídico protegido e classificação do delito

O bem jurídico é a Administração Pública, em sentido amplo, e, especificamente, a administração da atividade financeira do Estado. Assim, pode-se afirmar que o bem jurídico imediato tutelado é o equilíbrio e a probidade na gestão das finanças públicas. A objetividade jurídica é a tutela das finanças públicas em seu aspecto de legalidade e regularidade da aquisição de encargos e despesas ao erário. Em sentido amplo, visa proteger também a moralidade e a probidade da administração pública.

No que tange a sua classificação doutrinária, trata-se de crime simples (a conduta ocasiona uma única lesão jurídica); próprio (só pode ser praticado por funcionário público); formal (consuma-se com a efetiva contração da despesa indevida, sem a análise de eventual prejuízo às finanças públicas); instantâneo (consuma-se de imediato, com o cumprimento da ordem de ordenação de despesa, não se prologando pelo tempo); unissubjetivo, unilateral ou de concurso eventual (é, em regra, praticado por um único agente); de perigo abstrato (presume-se o risco às finanças públicas com a aquisição da dívida); em regra, plurissubsistente (a conduta pode ser fracionada em vários atos, a depender da forma em que é praticada); comissivo (exige uma atividade ativa por parte do agente, não obstante a possibilidade de sua prática na modalidade omissiva imprópria); e de forma vinculada (o tipo penal descreve uma conduta que deverá ser compatível com atos da administração pública para ordenar a despesa).

4.3. Sujeitos do delito

Trata-se de crime próprio em que o sujeito ativo apenas pode ser o funcionário público com atribuição de ordenar despesas na entidade ou órgão em que atua. O executor da ordem, que leva a cabo a efetivação da despesa ilegal, responderá pelo delito, caso a ordem tenha sido manifestamente ilícita, devendo sua conduta ser analisada à luz do art. 22 do Código Penal, sob a ótica do princípio da obediência hierárquica[57].

Por outro lado, o superior hierárquico daquele que tem a função de "ordenador de despesas", que de forma dolosa manda que seja ordenada a despesa fora de previsão legal, responderá como coautor ou partícipe do crime.[58]

Os sujeitos passivos são os entes da administração pública, a União, os Estados-membros, os Municípios e o Distrito Federal, bem como suas respectivas entidades, a depender do órgão ou instituição pública que o agente representa.

4.4. Tipo penal objetivo: elementos da descrição típica

A conduta criminosa consiste em *ordenar* despesa não autorizada em lei.

O núcleo do tipo penal é o verbo *ordenar*, que significa mandar, determinar, estabelecer que um terceiro gere a despesa ilegal. Exige-se, pela simples leitura da descrição típica, uma ação positiva do agente, de modo que torna impossível a sua prática de forma omissiva, salvo na modalidade imprópria.

O pressuposto do delito é a existência de uma lei disciplinando a gestão financeira e, principalmente, estabelecendo as vedações em matéria de realização de despesa pública. A lei mencionada pelo tipo penal é a LRF (LC nº 101/2000), que em seus arts. 15, 16 e 17 estatui as condições para a realização da despesa pública de modo autorizado.

O art. 15 da Lei de Responsabilidade Fiscal menciona que a despesa será não autorizada, ou seja, ilegal, quando não atender ao disposto nos arts. 16 e 17 do mesmo diploma legislativo.[59]

---

57 BITENCOURT, Cezar Roberto. *Crimes contra...*, *Cit.*, p. 59.

58 COSTA, Álvaro Mayrink da. Direito penal..., *Cit.*, p. 507.

59 Confiram-se os dispositivos legais: "Art. 16. A criação, expansão ou aperfeiçoamento de ação governamental que acarrete aumento da despesa será acompanhado de: I – estimativa do impacto

Não obstante, cumpre destacar que a LRF (LC nº 101/2000) não especifica quais despesas são autorizadas, mas tão somente estabelece quais são as despesas não autorizadas (arts. 15, 16 e 17). Assim, são lícitas e autorizadas as despesas que cumpram os requisitos legais dos arts. 15, 16 e 17 da LRF e que estejam previstas na lei orçamentária do ente público.[60]

A partir da observância desses dispositivos legais, verifica-se também que a despesa deve estar ainda em consonância com o plano plurianual e a Lei de Diretrizes Orçamentárias, responsável por fixar a previsão de quanto o Estado irá arrecadar e gastar ao logo do ano. Assim, a despesa não será autorizada pela lei quando estiver em desconformidade com os artigos 16 e 17 da Lei de Responsabilidade Fiscal, bem como se não estiver nos parâmetros da lei orçamentária do ente federativo.

A falta de autorização legal da despesa constitui um elemento do tipo penal, cuja ausência, isto é, a existência de autorização legal, exclui a tipicidade da conduta.

---

orçamentário-financeiro no exercício em que deva entrar em vigor e nos dois subsequentes; II – declaração do ordenador da despesa de que o aumento tem adequação orçamentária e financeira com a lei orçamentária anual e compatibilidade com o plano plurianual e com a lei de diretrizes orçamentárias.

§ 1º Para os fins desta Lei Complementar, considera-se: I – adequada com a lei orçamentária anual, a despesa objeto de dotação específica e suficiente, ou que esteja abrangida por crédito genérico, de forma que somadas todas as despesas da mesma espécie, realizadas e a realizar, previstas no programa de trabalho, não sejam ultrapassados os limites estabelecidos para o exercício; II – compatível com o plano plurianual e a lei de diretrizes orçamentárias, a despesa que se conforme com as diretrizes, objetivos, prioridades e metas previstos nesses instrumentos e não infrinja qualquer de suas disposições. § 2º A estimativa de que trata o inciso I do *caput* será acompanhada das premissas e metodologia de cálculo utilizadas. § 3º Ressalva-se do disposto neste artigo a despesa considerada irrelevante, nos termos em que dispuser a lei de diretrizes orçamentárias. § 4º As normas do *caput* constituem condição prévia para: I – empenho e licitação de serviços, fornecimento de bens ou execução de obras; II – desapropriação de imóveis urbanos a que se refere o § 3º do art. 182 da Constituição. Art. 17. Considera-se obrigatória de caráter continuado a despesa corrente derivada de lei, medida provisória ou ato administrativo normativo que fixem para o ente a obrigação legal de sua execução por um período superior a dois exercícios. § 1º Os atos que criarem ou aumentarem despesa de que trata o caput deverão ser instruídos com a estimativa prevista no inciso I do art. 16 e demonstrar a origem dos recursos para seu custeio. § 2º Para efeito do atendimento do § 1º, o ato será acompanhado de comprovação de que a despesa criada ou aumentada não afetará as metas de resultados fiscais previstas no anexo referido no § 1º do art. 4º, devendo seus efeitos financeiros, nos períodos seguintes, ser compensados pelo aumento permanente de receita ou pela redução permanente de despesa. § 3º Para efeito do § 2º, considera-se aumento permanente de receita o proveniente da elevação de alíquotas, ampliação da base de cálculo, majoração ou criação de tributo ou contribuição. § 4º A comprovação referida no § 2º, apresentada pelo proponente, conterá as premissas e metodologia de cálculo utilizadas, sem prejuízo do exame de compatibilidade da despesa com as demais normas do plano plurianual e da lei de diretrizes orçamentárias. 5º A despesa de que trata este artigo não será executada antes da implementação das medidas referidas no § 2º, as quais integrarão o instrumento que a criar ou aumentar. § 6º O disposto no § 1º não se aplica às despesas destinadas ao serviço da dívida nem ao reajustamento de remuneração de pessoal de que trata o inciso X do art. 37 da Constituição. § 7º Considera-se aumento de despesa a prorrogação daquela criada por prazo determinado".

60 BITENCOURT, Cezar Roberto. *Crimes contra..., Cit.*, p. 61.

A eventual aprovação das contas públicas pelo Tribunal de Contas, ou até mesmo pelo Poder Legislativo, não obsta a configuração do crime em tela, pois não há vinculação ao juízo criminal, que pode diretamente verificar a configuração do delito.[61]

Em síntese, o tipo penal do art. 359-D incrimina a realização de despesa não autorizada em lei, significa dizer, despesa legalmente proibida.

4.5. Tipo penal subjetivo: elemento típico subjetivo

O elemento subjetivo do tipo é o dolo, representado pela vontade livre e consciente de ordenar a despesa não autorizada por lei. Não se exige nenhuma especial intenção de agir por parte do agente, porém há a necessidade de que tenha conhecimento de todas as elementares do crime, devendo saber que a despesa não está legalmente autorizada; e na ausência dessa consciência, pode incorrer em erro de tipo (art. 20 do Código Penal).

4.6. Consumação e tentativa

Consuma-se o crime em tela quando é efetivamente cumprida a ordem do agente que ordenou a despesa, uma vez que só assim se pode falar em lesão ao bem jurídico finanças públicas. Enquanto a ordem de contrair despesa não autorizada por lei não for efetivamente cumprida, não há risco de dano às finanças públicas, não se configurando o delito.[62]

Quanto à tentativa, apesar de difícil ocorrência, ela é admissível, haja vista que se trata de crime formal, não obstando o fracionamento do *iter criminis*. Basta imaginar a hipótese do descumprimento da ordem por parte do inferior hierárquico do agente, frustrando a aquisição da despesa intentada.

4.7. Pena e aspectos processuais

A pena do crime de prestação de garantia graciosa é a detenção de um a quatro anos.

Cabível também a suspensão condicional do processo nos termos do art. 89 da Lei 9.099/95, uma vez que a pena mínima cominada é igual a um ano.

A ação penal é pública incondicionada.

61 STOCO, Rui; FRANCO, Alberto Silva (Coord.). Código penal..., *Cit.*, p.1.795; BITENCOURT, Cezar Roberto. *Crimes contra...*, *Cit.*, p. 61.

62 BITENCOURT, Cezar Roberto. *Crimes contra...*, *Cit.*, p. 64. Nesse sentido, Cezar Bitencourt (*Crimes contra...*, *Cit.*, p. 64) argumenta que "enquanto não for cumprida a ordem não se produz qualquer efeito, isto é, não há qualquer lesividade ao patrimônio público, e sem lesividade não se pode falar em crime".

4.8. Consideração especial

4.8.1. Dificuldades orçamentárias

A realização de despesa não autorizada em lei por força de eventual dificuldade orçamentária, quando não presentes os requisitos das justificantes penais, configura hipótese de inexigibilidade de conduta diversa, excluindo-se a reprovabilidade penal do autor da conduta, em razão de sua natureza de causa supralegal de exclusão de culpabilidade.[63]

5. PRESTAÇÃO DE GARANTIA GRACIOSA

⊙ **Prestação de garantia graciosa**

Art. 359-E. Prestar garantia em operação de crédito sem que tenha sido constituída contragarantia em valor igual ou superior ao valor da garantia prestada, na forma da lei:

Pena – detenção, de 3 (três) meses a 1 (um) ano.

5.1. Considerações preliminares

Em razão da prática de agentes públicos prestando *graciosamente* garantias em operações de crédito, o que resultava em prejuízos indiretos ao poder público com o eventual inadimplemento do beneficiário, a LRF (LC nº 101/2000) trouxe, em seu art. 40 e parágrafos, normas que tornaram necessária a exigência de contragarantia em valor igual ou superior à garantia dada, a fim de assegurar uma maior responsabilidade e a gestão correta do dinheiro público.

No mesmo ano, no intuito de reforçar as regras do art. 40 da Lei Complementar nº 101/2000, foi acrescentado ao Código Penal o art. 359-E pela Lei nº 10.028/200, que criminalizou a conduta de prestação de garantia em operação de crédito, sem que tenha sido constituída contragarantia em valor igual ou superior ao valor da garantia prestada, na forma da lei. Assim, a criação do crime em tela se insere no contexto de transmitir um caráter mais coercitivo às normas do art. 40 da referida lei complementar.

5.2. Bem jurídico e Classificação do delito

O bem jurídico é a administração pública, especificamente, a administração da atividade financeira do Estado. A objetividade jurídica é a tutela da segurança das operações de crédito celebradas pelo Poder Público, que, para assegurá-las, deve exigir a suficiente contragarantia de eventual garantia exigida.

O delito de *prestação graciosa* tem por objetivo proteger a regularidade das operações de crédito por parte do Estado e assim assegurar a normalidade das finanças públicas. Em um sentido mais amplo, visa também tutelar a probidade e moralidade da administração pública.

63 Nesse sentido: BITENCOURT, Cezar Roberto. *Crimes contra..., Cit.*, p. 64.

No tocante à classificação doutrinária, trata-se de crime simples (a conduta está prevista em um único tipo penal incriminador); próprio (só pode ser praticado por funcionário público); formal (consuma-se com a efetiva prestação da garantia sem a contragarantia, independentemente do resultado); instantâneo (consuma-se de imediato com a prática da conduta, sem se prolongar no tempo); unissubjetivo, unilateral ou de concurso eventual (é, em regra, praticado por um único agente); de perigo concreto (exige-se o efetivo risco de dano às finanças públicas para sua consumação); plurissubsistente (a conduta pode ser fracionada por vários atos, a depender da forma como é praticada); comissivo (exige uma atividade ativa por parte do agente, não obstante a possibilidade de sua prática na modalidade de omissiva imprópria); de forma vinculada (o tipo penal descreve uma conduta em que escolhe determinados meios para a prática do crime).

5.3. Sujeitos do delito

O sujeito ativo do delito somente pode ser o funcionário público com atribuição legal para prestar garantia em operação de crédito. É assim crime próprio especial. Com efeito, apenas os Chefes do Poder Executivo podem praticar o delito em tela, pois de acordo com o art. 32 da Lei complementar n. 101/2000, "*no âmbito do Poder Legislativo e do Poder Judiciário, bem como do Ministério Público, a conduta em apreço não poderá ser perpetrada, visto que apenas aos integrantes do Poder Executivo é possível levar a cabo operações de crédito [...]*".[64]

O sujeito passivo do crime é o ente da Administração Pública direta ou indireta a que pertencer o funcionário que realiza a prestação *graciosa*. Assim, por exemplo, se pertencer a um município ou uma autarquia, esses entes serão os sujeitos passivos do crime.

5.4. Tipo penal objetivo: elementos da descrição típica

A conduta criminosa consiste em prestar garantia em operação de crédito sem que tenha sido constituída contragarantia em valor igual ou superior ao valor da garantia prestada. O tipo penal descreve o comportamento criminoso com o verbo *prestar*, o qual tem o sentido de conceder, dar ou fornecer.

Trata-se de uma lei penal em branco, necessitando de uma segunda norma para complementá-la. Nesse caso, o complemento normativo é a Lei de Responsabilidade Fiscal, que em seu art. 29, IV, define prestação de garantia como "compromisso de adimplência de obrigação financeira ou contratual assumida por ente da Federação ou entidade a ele vinculada". Por sua vez, operação de crédito é definida como "compromisso financeiro assumido em razão de mútuo, abertura de crédito, emissão e aceite de título, aquisição financiada de bens, recebimento antecipado de valores

64 PRADO, Luiz Régis. Curso de direito penal..., *Cit.*, p. 791. Em sentido diferente, Cezar Bitencourt (*Crimes contra..., Cit.*, p. 66) entende que o sujeito ativo desse delito pode ser qualquer funcionário público que possa autorizar a prestação da garantia em operação de crédito sem exigir a devida contragarantia.

provenientes da venda a termo de bens e serviços, arrendamento mercantil e outras operações assemelhadas, inclusive com o uso de derivativos financeiros" (art. 29, IV, da Lei de Responsabilidade Fiscal).

Portanto, a lei penal tipifica a conduta do agente que, valendo-se da representatividade do ente público, compromete a administração pública perante terceiro para a adimplência de uma obrigação adquirida em uma operação de crédito, mas sem a devida constituição de contragarantia em valor superior ou igual à garantia prestada.

Não obstante, observe-se que a lei não proíbe a prestação de garantia, até porque o art. 40 da Lei de Responsabilidade Fiscal permite que os entes da Federação assim o façam. É proibida a concessão de garantias graciosas sem contracautela ou sua insuficiência, que possam acarretar prejuízos irreparáveis ao patrimônio público, advindos da eventual inadimplência do beneficiário da garantia prestada.

O tipo penal do art. 359-E incrimina a concessão de garantia graciosa em operação de crédito que coloque em risco as finanças públicas, em razão da inexistência de contragarantia pelo beneficiário da garantia em valor igual ou superior à garantia concedida.

Em síntese, pune-se a prestação de garantia graciosa que possa colocar em risco as finanças públicas, ante a ausência de contragarantia ou sua constituição em valor inferior ao valor da garantia prestada.

Não há crime se a garantia for prestada pela União, Estados, Municípios ou Distrito Federal aos seus próprios órgãos ou entidades, uma vez que a Lei Responsabilidade Fiscal torna desnecessária a contragarantia nesses casos (art. 40, § 1º, I, da LC 101/2000).

5.5. Tipo penal subjetivo: elemento típico subjetivo

O elemento subjetivo é somente o dolo, representado pela vontade livre e consciente de prestar a garantia sem que seja dada a contragarantia ao menos no valor igual à garantia prestada. Exige-se que o agente tenha conhecimento ou possa ter conhecimento, pelas circunstâncias, das condições firmadas em lei para prestar a garantia, bem como do seu valo, para que se possa aferir de quanto deve ser a contragarantia.[65]

Não houve previsão de modalidade culposa para o crime do art. 359-E; destarte, somente pode ser praticado na forma dolosa.

5.6. Consumação e tentativa

Consuma-se o crime em tela quando o agente leva a cabo a prestação da garantia numa operação de crédito sem ter havido a contraprestação de contragarantia, ou que, mesmo prestada, essa tenha sido de valor inferior.

---

65 BITENCOURT, Cezar Roberto. *Crimes contra..., Cit.*, p. 72.

Como se trata de ato público, a garantia em operação de crédito é dada quando o agente público competente procede, mediante despacho, a sua autorização ou aprovação, ocorrendo a partir daí a consumação do delito.[66]

Portanto, para a consumação do crime torna-se necessária a ocorrência de perigo concreto às finanças públicas ou ao equilíbrio das contas públicas. Assim, para a consumação exige-se o efetivo perigo concreto ao bem jurídico supraindividual, ou seja, risco real de lesão da operação de crédito para as finanças públicas.[67]

É admissível a tentativa, uma vez que se trata de crime plurissubsistente, aquele em que é possível o fracionamento da conduta em diversos atos, o que possibilita a interrupção do agente antes de consumar o delito.

5.7. Pena e aspectos processuais

A pena do crime de prestação de garantia graciosa é de detenção de três meses a um ano.

Trata-se de um crime de menor potencial ofensivo, cujo processamento e julgamento ocorrem no âmbito dos Juizados Especiais Criminais, nos termos do art. 60 c/c 61 da Lei 9.099/1995, aplicando-se o instituto da transação penal e o rito sumaríssimo. É possível também a suspensão condicional do processo nos termos do art. 89 da citada lei, uma vez que a pena mínima cominada é inferior a um ano.

A ação penal é pública incondicionada.

5.8. Considerações especiais

5.8.1. Aceitação de contragarantia inexequível

A contragarantia que não se pode executar é considerada como contracautela desprovida de valor, sendo sua aceitação pelo funcionário público configuração do delito de garantia graciosa do art. 359-E do Código Penal.[68]

5.8.2. não condicionada à adimplência

É conduta atípica a prestação de garantia sem condicioná-la "à adimplência da entidade que pleiteá-la", como exigido pelo art. 40, § 1º, segunda parte, da LRF.[69]

---

66 STOCO, Rui; FRANCO, Alberto Silva (Coord.). Código penal..., *Cit.*, p. 1.769.

67 GOMES, Luiz Flávio; BIANCHINI, Alice. Crimes..., *Cit.*, p. 52.

68 MASCARENHAS, Paulo. Dos crimes contra..., *Cit.*,. p. 32.

69 BITENCOURT, Cezar Roberto. *Crimes contra...*, *Cit.*, p. 72.

6. NÃO CANCELAMENTO DE RESTOS A PAGAR

⊙ **Não cancelamento de restos a pagar**

Art. 359-F. Deixar de ordenar, de autorizar ou de promover o cancelamento do montante de restos a pagar inscrito em valor superior ao permitido em lei:

Pena – detenção, de 6 (seis) meses a 2 (dois) anos.

6.1. Considerações preliminares

Em homenagem ao novel princípio da eficiência na Administração Pública (acrescentado ao art. 37, CF/88, pela Emenda Constitucional nº 19/1998), que possui destacados reflexos no campo da atividade financeira do Estado, não poderá o administrador público assumir obrigações e despesas em nome da Administração Pública além do limite legalmente fixado.

Assim, para manter a incolumidade das finanças públicas, a Lei nº 10.028/2000 inseriu no Código Penal o crime do art. 359-F, referente ao comportamento de não cancelamento de montante inscrito em restos a pagar além do valor permitido em lei, para punição do gestor público que deixa de cancelar a despesa assumida em valor acima do limite imposto pelo sistema jurídico financeiro nacional.

Em linhas gerais, a doutrina entende esse delito como uma contrapartida do crime previsto no art. 359-B.[70] Por outro lado, há entendimento no sentido de que o art. 359-F seria um mero desmembramento da segunda conduta do Art. 359-B.[71] Assim, o legislador penal atribuiu a ambos os delitos a mesma sanção criminal. Entretanto, não apresentam o mesmo desvalor, na medida em que o desvalor resultante do descumprimento de uma norma proibitiva é maior que o de uma norma imperativa.[72]

6.2. Bem jurídico e classificação do delito

O bem jurídico é a Administração Pública, em sentido amplo, e, especificamente, a administração da atividade financeira do Estado. Assim, pode-se afirmar que o bem jurídico imediato tutelado é o equilíbrio e a probidade na gestão das finanças públicas.

A previsão do crime em comento busca resgatar a probidade administrativa na gestão da atividade financeira do Estado, promovendo a racionalidade nas decisões políticas em matéria de despesa pública. A lei penal busca funcionar como um mecanismo jurídico para o reforço da efetividade da legislação financeira que proíbe os gastos acima do limite legalmente previsto, uma vez que compromete a gestão financeira posterior e a Administração Pública de um modo geral.

Trata-se de crime *próprio* (exigência da qualidade específica para ser sujeito ativo, ou seja, ser administrador público com a respectiva atribuição descrita no tipo penal);

---

70 PRADO, Luiz Régis. Curso de direito penal..., *Cit.*, p 794.

71 GOMES, Luiz Flávio; BIANCHINI, Alice. Crimes..., *Cit.*, p. 52.

72 CASTRO, Renato de Lima. Crimes contra..., *Cit.*, p. 132/133.

instantâneo (a consumação não se prolonga no tempo); *formal* (prescinde-se do resultado naturalístico); *perigo abstrato* (há presunção de que a simples conduta prevista no tipo gera perigo ao bem jurídico tutelado, independentemente da possibilidade efetiva de lesão); *omissivo* (a inatividade constitui em si a conduta descrita no tipo); *unissubjetivo* (pode ser praticado por um só agente, que eventualmente poderá agir em concurso); *unissubsistente* (é executado num único ato).

6.3. Sujeitos do delito

O *sujeito ativo* é o agente público investido da função de ordenar, de autorizar, ou de promover o cancelamento do montante de restos a pagar em valor superior ao permitido em lei, que não cumpre com o seu dever legal.

Precisamente, podem ser sujeitos ativos[73] os Chefes do Poder Executivo; os dirigentes das casas legislativas da União, Estados, Municípios e Distrito Federal; o presidente do Tribunal de Contas desses mesmos entes; e os dirigentes da administração pública indireta. Igualmente poderão cometer tal delito os servidores que possuírem a atribuição de *promover* a execução, pois a autorização se faz através dos diretores.[74]

Vale salientar que inexiste concurso de crimes quando o agente público pratica uma das condutas do art. 359-B e, posteriormente, omite-se de cancelar o montante de restos a pagar inscrito em valor superior ao permitido em lei (art. 359-F). É desdobramento natural de quem tem a vontade e consciência de inscrever indevidamente o montante em restos a pagar o não cancelamento da inscrição do ato ilícito. Portanto, tal circunstância se qualifica como um *post factum* impunível[75]. Com efeito, o sujeito ativo do crime tipificado no art. 359-B não pode ser sujeito ativo das condutas descritas no art. 359-F, sob pena de se configurar um *bis in idem* (isto é, uma dupla punição pelo mesmo fato).

Assim, para ocorrer o delito do tipo penal *omissivo* do art. 359-F, o agente público deve ser distinto daquele que praticou a conduta *comissiva* do art. 359-B porque aquela previsão legal busca ilidir a efetiva produção do dano que pode ocorrer em razão desse último delito.

Em virtude dessas considerações percebe-se mais um abrandamento da teoria monista do concurso de pessoas. Se um agente público cometer o crime descrito no art. 359-B, deixando o cargo logo em seguida, e o novo agente público se omitir de cancelar o ato anterior, apesar de contribuir para a produção de efeitos do resultado do crime comissivo, responderá por crime de natureza diversa do primeiro agente público.[76]

---

73 PRADO, Luiz Régis. Curso de direito penal..., *Cit.*, p. 794.

74 STOCO, Rui; FRANCO, Alberto Silva (Coord.). Código penal..., *Cit.*, p. 1.770.

75 NUCCI, Guilherme de Souza. Código penal..., *Cit.*, p. 1.240; BITENCOURT, Cezar Roberto. *Crimes contra...*, *Cit.*, p. 74.

76 BITENCOURT, Cezar Roberto. *Crimes contra...*, *Cit.*, p. 80; MASSON, Cléber. Direito penal..., *Cit.*, p. 980.

O *sujeito passivo* é a Administração Pública e, por conseguinte, algum dos entes da Federação (a União, os Estados, os Municípios e o Distrito Federal), necessitando a verificação de que esfera foi afetada pela conduta.

6.4. Tipo penal objetivo: elementos da descrição típica

A conduta criminosa consiste em deixar de ordenar, de autorizar ou de promover o cancelamento de restos a pagar inscritos além do limite legalmente permitido.

O tipo penal descreve o comportamento criminoso por meio de três núcleos negativos, quais sejam: a) *deixar de ordenar* (não mandar, não determinar); b) *deixar de autorizar* (deixar de permitir); c) *deixar de promover* (não diligenciar para que se realize).

A conduta típica *deixar de ordenar* é própria do agente que tem atribuição legal para determinar o cancelamento, mas que não o faz e, assim, descumpre seu dever funcional, configurando o delito, já que a ordem omitida evitaria a lesão às finanças públicas. Por sua vez, o comportamento *deixar de autorizar* refere-se à hipótese em que para o cancelamento se necessita de uma autorização de outrem, que se omite em seu dever funcional de autorizá-lo. O delito se configura porque o gestor público se omite em seu dever de autorizar, quando devia e podia fazê-lo, o cancelamento do montante inscrito como restos a pagar acima do valor legalmente permitido. Por fim, a conduta de *deixar de promover* abrange o comportamento de quem, a despeito da ordem ou autorização emanada da autoridade competente, não realiza o devido cancelamento da inscrição de restos a pagar ilegal, ou seja, omite-se em seu dever de cancelar o montante inscrito como restos a pagar acima do valor legalmente permitido.[77]

O tipo penal do art. 359-F incrimina o comportamento do administrador público de deixar de ordenar, de autorizar ou de promover o cancelamento da inscrição como restos a pagar de despesa pública contraída em montante acima do valor fixado como limite legal para a efetivação da dívida. Assim, a norma penal pune o gestor que não cancelar a despesa contratada que ultrapassa o valor permitido em lei, inscrita como restos a pagar, para ser adimplida pela administração subsequente.

No contexto da descrição típica, entende-se como *valor permitido em lei* a disponibilidade financeira suficiente para o pagamento integral das despesas contraídas dentro dos dois últimos quadrimestres ou a disponibilidade em caixa existente para honrar as parcelas vincendas no exercício subsequente. A disponibilidade em caixa é o montante remanescente após o encerramento contábil do exercício financeiro.[78]

Por outro lado, são dívidas, inscritas como restos a pagar, superiores ao valor permitido em lei aquelas empenhadas além do limite estabelecido no orçamento público (Plano Plurianual, Lei de Diretrizes Orçamentárias e Lei Orçamentária Anual) e na LRF (LC nº 101/2000).[79]

---

77 BITENCOURT, Cezar Roberto. *Crimes contra..., Cit.*, p. 75/76.

78 GOMES, Luiz Flávio; BIANCHINI, Alice. Crimes..., *Cit.*,. p. 52/53.

79 MASCARENHAS, Paulo. Dos crimes contra..., *Cit.*, p. 33.

O significado do elemento *restos a pagar* encontra-se no art. 36, *caput*, da Lei 4.320/64, que preleciona: "(...) as despesas empenhadas mas não pagas até o dia 31 de dezembro, distinguindo-se as processadas das não processadas"). Os *restos a pagar processados* são as despesas já liquidadas, mas que não foram ainda pagas. De outro lado, os *restos a pagar não processados* são as despesas não liquidadas[80].

6.5. Tipo penal subjetivo: elemento típico subjetivo

O elemento subjetivo do tipo é o dolo, ou seja, a consciência e a vontade de deixar de ordenar, de autorizar ou de promover o cancelamento do montante de restos a pagar inscrito em valor superior ao permitido em lei. O tipo penal exige que o agente tenha a consciência do dever funcional de cancelar a inscrição em restos a pagar ilegalmente realizada. Havendo o desconhecimento dessa circunstância, a conduta mostra-se atípica. Não se cobra do agente um fim especial, tal como o de obter vantagem para si ou para outrem, pois o elemento subjetivo é, tão só, o dolo simples. Não há previsão de modalidade culposa do delito.

6.6. Consumação e tentativa

A consumação do tipo de injusto ocorre quando o agente, consciente do seu dever funcional de agir, deixa de ordenar, de autorizar ou de promover o cancelamento do montante de restos a pagar inscrito em valor superior ao permitido em lei. Não é necessária a ocorrência de dano material, basta a realização da conduta omissiva para a consumação do delito. Significa dizer, não é imprescindível o efetivo dano ao erário, fruto da conduta omissiva do funcionário público responsável.

O administrador público tem o dever funcional de agir a partir do momento em que toma consciência da existência da inscrição de montante em restos a pagar em valor superior ao legalmente permitido. Assim, quando o agente, consciente do seu dever de agir, deixar de cumprir seu dever funcional consuma-se o delito do art. 359-F.

A tentativa é inadmissível, já que se trata de um crime omissivo próprio, não sendo possível o fracionamento dos atos executórios.

6.7. Pena e aspectos processuais

A pena cominada é de detenção de seis meses a dois anos.

Trata-se de um crime de menor potencial ofensivo, cujo processamento e julgamento é da competência dos Juizados Especiais Criminais, nos termos dos art. 60 c/c 61 da Lei 9.099/1995, aplicando-se o instituto da transação penal e o rito sumaríssimo. É possível também a suspensão condicional do processo, nos termos do art. 89 da citada lei, uma vez que a pena mínima cominada é inferior a um ano.

A ação penal é pública incondicionada.

80 GOMES, Luis Flávio; BIANCHINI, Alice. Crimes..., *Cit.*, p. 53.

6.8. Considerações especiais

6.8.1. Inscrição não superior ao limite permitido: conduta atípica

É conduta atípica o não cancelamento de restos a pagar de despesa não previamente empenhada, quando o montante não ultrapassa o valor permitido em lei. Com efeito, o não cancelamento de inscrição irregular por falta de prévio empenho configura conduta não prevista no art. 359-F do Código Penal, podendo constituir uma infração administrativa ou um ato de improbidade administrativa.[81]

7. AUMENTO DE DESPESA TOTAL COM PESSOAL NO ÚLTIMO ANO DO MANDATO OU LEGISLATURA

⊙ **Aumento de despesa total com pessoal no último ano do mandato ou legislatura**

Art. 359-G. Ordenar, autorizar ou executar ato que acarrete aumento de despesa total com pessoal, nos cento e oitenta dias anteriores ao final do mandato ou da legislatura:

Pena – reclusão, de 1 (um) a 4 (quatro) anos.

7.1. Considerações preliminares

No contexto de controle da gestão das finanças públicas estatuído pela LRF (LC nº 101/2000), a redução dos gastos com pessoal constitui-se em um dos principais objetivos da Administração Pública, já que com a diminuição dessa despesa restaria uma maior disponibilidade de verbas para investimentos em outros setores do Estado. Sendo assim, a LRF (LC nº 101/2000) buscou impedir o aumento de gastos com pessoal ao final de mandato, para evitar o comprometimento das finanças públicas e o endividamento da gestão pública subsequente.[82]

Assim, a Lei 10.028/00 inseriu no Código Penal brasileiro o crime de não aumento de despesa total com o pessoal no último ano do mandato ou legislatura previsto no art. 359-G.

O tipo penal do art. 359-G visa impedir gastos que culminem no aumento de despesa total com pessoal nos últimos 180 dias anteriores ao final do mandato ou da legislatura, com vistas a evitar que o administrador público posterior herde um endividamento que poderia inviabilizar sua administração financeira.

Cumpre observar que despesa dessa natureza é de grande custo à União, Estados, Municípios e Distrito Federal[83]. Nitidamente, tal circunstância poderia se transformar num instrumento político, às vésperas das eleições, com o fito de angariar vantagem eleitoral[84], o que privilegiaria o interesse pessoal do gestor público em detri-

---

81 BITENCOURT, Cezar Roberto. *Crimes contra...*, *Cit.*, p. 77/78.
82 PRADO, Luiz Régis. Curso de direito penal..., *Cit.*, p. 797.
83 PRADO, Luiz Régis. Curso de direito penal..., *Cit.*, p. 797.
84 MASCARENHAS, Paulo. Dos crimes contra..., *Cit.*, p. 34.

mento do interesse social, porquanto aquele que está exercendo seu mandato teria condições mais vantajosas do que aquele que pleiteia tal mandato.[85]

7.2. Bem jurídico e classificação do delito

O bem jurídico é a Administração Pública, em sentido amplo, e, especificamente, a administração da atividade financeira do Estado. Assim, pode-se afirmar que o bem jurídico imediato tutelado é o equilíbrio e a probidade na gestão das finanças públicas. A objetividade jurídica é tutelar as finanças públicas, em especial a regularidade e equilíbrio das contas públicas, para que o sucessor não venha a ter frustrado ou retardado seu plano de governo logo no início de sua administração.

Objetiva-se com esse tipo penal proteger a Administração Pública contra os tradicionais excessos de final do mandato de gestão pública, que podem impedir a nova administração de pôr em prática imediatamente seu plano de governo. De fato, assumir um compromisso irresponsável no fim do mandato compromete não só a futura administração, mas sobretudo é um ato que colide frontalmente com a moralidade e a probidade administrativa no trato das finanças públicas, trazendo prejuízos irreparáveis para toda a coletividade.

Trata-se de crime *próprio* (exigência da qualidade específica para ser sujeito ativo, ou seja, ser administrador público com a respectiva atribuição descrita no tipo penal); *instantâneo* (a consumação não se prolonga no tempo); *formal* (prescinde-se do resultado naturalístico); *perigo abstrato* (há presunção de que a simples conduta prevista no tipo gera perigo ao bem jurídico tutelado, independentemente da possibilidade efetiva de lesão); *comissivo, em regra* (a inatividade constitui em si a conduta descrita no tipo); *unissubjetivo* (pode ser praticado por um só agente, que eventualmente poderá agir em concurso); *unissubsistente,* em regra[86] (é executado num único ato).

7.3. Sujeitos do crime e classificação do delito

O *sujeito ativo* é o agente público que tem a atribuição legal de autorizar ou de executar ato que acarrete aumento de despesa total com pessoal, nos cento e oitenta dias anteriores ao final do mandato ou da legislatura.

O *sujeito ativo* é somente quem exerce mandato ou legislatura com poderes para determinar o aumento de gastos com pessoal nos últimos cento e oitenta dias da gestão.

Podem ser sujeitos ativos os Chefes do Poder Executivo dos entes federativos; os dirigentes das casas legislativas da União, Estados, Municípios e Distrito Federal; o presidente do Tribunal de Contas desses mesmos entes; e os dirigentes da

85 GOMES, Luis Flávio; BIANCHINI, Alice. Crimes..., *Cit.*, p. 55.

86 Guilherme de Souza Nucci (Código Penal..., *Cit.*, p. 1.243) entende que o delito do art. 359-G pode ser visto como plurissubsistente.

administração pública indireta. [87] Outrossim, poderão incorrer nas mesmas penas os servidores que criem cargos ou que aumentem as despesas com o pessoal já existente, dispensando-lhes adicionais, benefícios, gratificações, no lapso inserido na norma.[88]

O *sujeito passivo* é o Estado, representado pela União, os Estados, os Municípios e o Distrito Federal, necessitando a verificação de que esfera foi afetada pela conduta.

7.4. Tipo penal objetivo: elementos da descrição típica

A conduta criminosa consiste em ordenar, autorizar ou executar ato que acarrete aumento de despesa total com pessoal, nos centos e oitenta dias anteriores ao final do mandato ou da legislatura.

O tipo penal objetivo possui três núcleos positivos, quais sejam: *ordenar* (mandar, determinar); *autorizar* (permitir); e *executar* (realizar, pôr em prática). Impende destacar que quem ordena e autoriza, em regra, é a mesma autoridade pública, enquanto aquele que executa normalmente é outro funcionário público, embora o ato possa ser realizado por quem tem a atribuição legal de ordenar e autorizar.[89]

A expressão *despesa total com pessoal* afigura-se como um elemento normativo jurídico-financeiro do tipo penal incriminador[90], que possui seu significado prescrito na Lei Complementar n° 101/2000, Art. 18, *caput*: "o somatório dos gastos do ente da Federação com os ativos, os inativos e os pensionistas, relativos a mandatos eletivos, cargos, funções ou empregos, civis, militares e de membros de Poder, com quaisquer espécies remuneratórias, tais como vencimentos e vantagens, fixas e variáveis, subsídios, proventos da aposentadoria, reformas e pensões, inclusive adicionais, gratificações, horas extras e vantagens pessoais de qualquer natureza, bem como encargos sociais e contribuições recolhidas pelo ente às entidades de previdência".[91]

A Constituição Federal, em seu Art. 169, estatui que a despesa com o pessoal ativo e inativo dos entes federativos não pode ultrapassar os limites estabelecidos em lei. Esses limites estão fixados na LRF (LC nº 101/2000).

O art. 359-G incrimina o administrador que aumenta a despesa total com pessoal nos cento e oitenta dias anteriores ao final do *mandato* (Poder Executivo) ou da *legislatura* (Poder Legislativo), deixando gastos extraordinários para o seu sucessor, os quais ultrapassariam os limites das receitas públicas.[92] Todavia, cumpre destacar que a descrição típica do Art. 359-G não se refere aos últimos cento e oitenta dias do exercício financeiro anual, mas aos cento e oitenta dias anteriores ao final do mandato ou da

87 PRADO, Luiz Régis. Curso de direito penal..., *Cit.*, p. 797.
88 STOCO, Rui; FRANCO, Alberto Silva (Coord.). Código penal..., *Cit.*, p. 1.770.
89 BITENCOURT, Cezar Roberto. *Crimes contra...*, *Cit.*, p. 89.
90 PRADO, Luiz Régis. Curso de direito penal..., *Cit.*, p. 798.
91 PRADO, Luiz Régis. Curso de direito penal..., *Cit.*, p. 798.
92 PRADO, Luiz Régis. Curso de direito penal..., *Cit.*, p. 798.

legislatura do administrador público. Observe-se ainda que a duração do mandato (eletivo ou não) não coincide em todas as hipóteses com o exercício financeiro anual.[93]

A conduta criminosa do Art. 359-G não exige que o aumento de despesa com pessoal seja ilegal ou ilegítimo, pois configura o delito todo e qualquer aumento desse gasto público nos últimos cento e oitenta dias do final do mandato. Por outro lado, também não afasta a ocorrência do crime a existência de disponibilidade orçamentária para o pagamento da despesa com pessoal criada ao final do mandato, pois a incriminação não é vinculada à insuficiência de caixa.[94]

Cabe mencionar que a elementar *mandato* alcança também os mandatos cumpridos pelos membros do Ministério Público e do Judiciário, quando no exercício de função administrativa.[95]

O tipo penal do art. 359-G incrimina o comportamento de aumento de despesa total com pessoal ao final de mandato, na medida em que essa despesa pode desequilibrar as contas públicas e inviabilizar a gestão pública subsequente, que herdaria gastos imprevistos e superiores às receitas auferíveis posteriormente.

7.5. Tipo penal subjetivo: elemento típico subjetivo

O elemento subjetivo do tipo é o dolo, representado pela consciência e vontade de *ordenar*, *autorizar* ou *executar* ato que acarrete aumento de despesa total com pessoal, nos cento e oitenta dias anteriores ao final do mandato ou da legislatura. Para a configuração deste crime o agente deve conhecer todas as elementares do tipo penal, consequentemente, deve saber que está no último ano de seu mandato ou legislatura, bem como que o ato realizado resulta em aumento de gastos total com pessoal.

7.6. Consumação e tentativa

A consumação do tipo ocorre quando o ato ordenado, autorizado ou executado, nos cento e oitenta dias anteriores ao final do mandato ou da legislatura, efetivamente acarreta aumento de despesa total com pessoal. Enquanto não houver o cumprimento da ordem ou da autorização de aumento de gastos total com pessoal não haverá lesão às finanças públicas. Não configura o delito a mera violação ao dever, porque comportamento puramente abstrato, não constituindo assim conduta materialmente típica.[96] A modalidade *executar* é um delito de resultado, consumando-se com a efetiva realização do ato ordenado ou autorizado.[97]

93 Nesse sentido: LEONARDO, Marcelo. Crimes..., *Cit.*, p. 34.

94 BITENCOURT, Cezar Roberto. *Crimes contra...*, *Cit.*, p. 83.

95 PRADO, Luiz Régis. Curso de direito penal..., *Cit.*, p. 798.

96 BITENCOURT, Cezar Roberto. *Crimes contra...*, *Cit.*, p. 87.

97 PRADO, Luiz Régis. Curso de direito penal..., *Cit.*, p. 798; STOCO, Rui; FRANCO, Alberto Silva (Coord.). Código penal..., *Cit.*, p. 1.778.

A tentativa é admissível, em qualquer das modalidades da conduta criminosa, caso a execução seja interrompida em razão de circunstancias alheias à vontade do agente.

7.7. Pena e aspectos processuais

A pena cominada é a reclusão de um a quatro anos.

Em razão do ***quantum da pena mínima, é admissível a suspensão condicional do processo, nos termos do art. 89 da Lei nº 9099/1995.***

A ação penal é pública incondicionada.

7.8. Considerações especiais

7.8.1. *Aumento de despesa com pessoal fora do lapso temporal típico*

É conduta atípica o aumento de despesa com pessoal realizado fora do período temporal de cento e oitenta dias antes do final do mandato.

7.8.2. *Obediência hierárquica*

O funcionário público que executa o ato ordenado ou autorizado de caráter não manifestamente ilegal age em estrita obediência à ordem superior, havendo exclusão da culpabilidade nos termos do Art. 22 do Código Penal.

7.8.3. *Art. 359-C e art. 359-G: distinções*

No dizer expressivo de Flávio Gomes e Alice Bianchini, o tipo penal do art.359-G difere daquele do art. 359-C porque este veda que se ordene ou que se autorize assunção de obrigação quando não houver como adimplir a dívida no mesmo exercício financeiro, ou, na circunstância de existir restos a pagar, não houver disponibilidade em caixa. Aqueloutro tipo de injusto – 359-G – veda qualquer assunção de obrigação que se refira ao aumento de despesa com pessoal, haja possibilidade ou não do seu adimplemento, nos últimos cento e oitenta dias do mandato ou da legislatura.[98]

Em suma, o art. 359-C permite o endividamento se respeitadas as condições expostas; ao contrário disso, o art. 359-G proíbe qualquer tipo de assunção de obrigação pertinente ao aumento de gasto com pessoal, no lapso estabelecido.

8. OFERTA PÚBLICA OU COLOCAÇÃO DE TÍTULOS NO MERCADO

⊙ **Oferta pública ou colocação de títulos no mercado**

Art. 359-H. Ordenar, autorizar ou promover a oferta pública ou a colocação no mercado financeiro de títulos da dívida pública sem que tenham sido criados por lei ou sem que estejam registrados em sistema centralizado de liquidação e de custódia:

Pena – reclusão, de 1 (um) a 4 (quatro) anos.

98 GOMES, Luis Flávio; BIANCHINI, Alice. Crimes..., *Cit.*, p. 54.

8.1. Considerações preliminares

A LRF (LC nº 101/2000) dispõe sobre as regras para a comercialização de títulos da dívida pública, para evitar que o administrador público comprometa indevidamente o patrimônio público e ponha em risco a integridade orçamentária.

Nesse contexto, a Lei 10.028/2000 inseriu no Código Penal Brasileiro o crime de ordenar, autorizar ou promover a oferta pública ou a colocação no mercado financeiro de títulos da dívida pública sem que tenham sido criados por lei ou, no caso de legitimamente criados, não forem registrados em sistema centralizado de liquidação e de custódia.

A finalidade do legislador ao criar esse tipo penal foi controlar o orçamento e as contas públicas, com vistas a evitar que administradores venham a causar diversos prejuízos ao erário, desbalanceando orçamento futuro.[99]

8.2. Bem jurídico e classificação do delito

O bem jurídico é a Administração Pública, em sentido amplo, e, especificamente, a administração da atividade financeira do Estado. Assim, pode-se afirmar que o bem jurídico imediato tutelado é o equilíbrio e a probidade na gestão das contas públicas. A objetividade jurídica é a tutela das finanças públicas em seu aspecto de legalidade e regularidade da oferta e disponibilização de títulos da dívida pública no mercado financeiro. Em sentido amplo, visa proteger também a moralidade e a probidade na administração pública.

Trata-se de crime *próprio* (exigência da qualidade específica para ser sujeito ativo, ou seja, ser administrador público com a respectiva atribuição descrita no tipo penal); *instantâneo* (a consumação não se prolonga no tempo); *formal* (prescinde-se do resultado naturalístico); *perigo abstrato* (há presunção de que a simples conduta prevista no tipo gera perigo ao bem jurídico tutelado, independentemente da possibilidade efetiva de lesão); *comissivo* (a atividade constitui em si a conduta descrita no tipo); *unissubjetivo* (pode ser praticado por um só agente, que eventualmente poderá agir em concurso); *unissubsistente,* em regra (é executado num único ato).

8.3. Sujeitos do delito

O *sujeito ativo* do crime previsto no art. 359-H é o agente público que tem a atribuição legal para criar e oferecer títulos da dívida pública, ou seja, apenas os Chefes do Poder Executivo e/ou os dirigentes de órgãos ou entidades da Administração Pública direta e Administração Pública indireta,[100] uma vez que somente eles podem atuar em operações de crédito referentes à dívida pública. Na modalidade de promover, pode

99 GOMES, Luis Flávio; BIANCHINI, Alice. Crimes..., *Cit.*, p. 55.
100 PRADO, Luiz Régis. Curso de direito penal..., *Cit.*, p. 801.

ser sujeito ativo o funcionário público subordinado, quando realizada a ordem ou autorização do sujeito ativo.[101]

Assim sendo, não podem figurar como sujeitos ativos os integrantes do Poder Legislativo, do Poder Judiciário e do Ministério Público, porque não têm a atribuição legal necessária para realizar a conduta típica.[102]

O *sujeito passivo* é o Estado, representado pela União, os Estados, os Municípios e o Distrito Federal.

8.4. Tipo penal objetivo: elementos da descrição típica

A conduta criminosa consiste em ordenar, autorizar ou promover a emissão de títulos da dívida pública sem a prévia autorização legal ou sua disponibilização no mercado financeiro sem que tenha sido registrado em sistema centralizado de liquidação e de custódia.

O tipo penal descreve o comportamento criminoso por meio de três núcleos positivos, representados pelos verbos *ordenar* (mandar, determinar); *autorizar* (permitir); e *promover* (realizar, diligenciar para que se realize). A conduta típica *ordenar* é própria do agente que tem atribuição legal para determinar a emissão e/ou disponibilização do título da dívida pública no mercado. Por sua vez, o comportamento *de autorizar* refere-se à hipótese em que para a realização da conduta típica se necessita de uma autorização de outrem. Por fim, a conduta de *promover* abrange o comportamento de quem recebe a ordem ou autorização emanada da autoridade competente para realizar a emissão e/ou disponibilização do título da dívida pública no mercado, sem cumprir as exigências da LRF (LC nº 101/2000), art. 61, que dispõe sobre essas operações financeiras da Administração Pública.

Impende destacar que quem ordena e autoriza, em regra, é a mesma autoridade pública, enquanto aquele que promove normalmente é outro funcionário público, embora o ato possa ser realizado por quem tem a atribuição legal de ordenar e autorizar.

A expressão *títulos da dívida pública* afigura-se como um elemento normativo jurídico-financeiro do tipo penal incriminador[103], tratando-se dos títulos emitidos pelo Estado, por meio dos chefes do Poder Executivo ou de alguns dirigentes de órgãos ou de entidades, com a finalidade de empréstimos ou antecipação de receita.[104]

O elemento *oferta pública* significa a proposta de compra ou venda referente a títulos da dívida pública, promovida pela Administração Pública.[105]

---

101 BITENCOURT, Cezar Roberto. *Crimes contra...*, *Cit.*, p. 90.
102 PRADO, Luiz Régis. Curso de direito penal..., *Cit.*, p. 801.
103 PRADO, Luiz Régis. Curso de direito penal..., *Cit.*, p. 802.
104 PRADO, Luiz Régis. Curso de direito penal..., *Cit.*, p. 802.
105 PRADO, Luiz Régis. Curso de direito penal..., *Cit.*, p. 802.

Assim, o art. 359-H incrimina a emissão de título da dívida pública e/ou sua colocação no mercado financeiro sem que tenha sido criado por lei ou sem que tenha sido registrado no sistema de liquidação e de custódia, conforme determina a LRF (LC nº 101/2000).[106]

8.5. Tipo penal subjetivo: elemento típico subjetivo

O elemento subjetivo do tipo é o dolo, representado pela consciência e vontade de *ordenar, autorizar* ou *promover* a oferta pública ou a colocação no mercado financeiro de títulos da dívida pública, sem que tenham sido criados por lei ou sem que estejam registrados em sistema centralizado de liquidação e de custódia. Para a configuração deste crime o agente deve conhecer todas as elementares do tipo penal, consequentemente, deve ter consciência da exigência de lei para a criação do título da dívida pública e da necessidade de registrá-lo em sistema centralizado de liquidação e de custódia.

8.6. Consumação e tentativa

A consumação ocorre com o efetivo cumprimento da ordem ou da autorização referente à oferta pública ou à colocação no mercado financeiro de títulos da dívida pública, sem que tenham sido criados por lei ou sem que estejam registrados em sistema centralizado de liquidação e de custódia. Enquanto não houver o cumprimento da ordem ou da autorização, não haverá lesão às finanças públicas. Não configura o delito a mera violação ao dever, porque comportamento puramente abstrato, não constituindo assim conduta materialmente típica. Na modalidade de *promover* há um crime material, cuja consumação ocorre com a efetiva colocação do título da dívida pública no mercado financeiro.[107]

A tentativa é admissível, em qualquer das modalidades da conduta criminosa, caso a execução seja interrompida em razão de circunstâncias alheias à vontade do agente, embora de difícil comprovação.[108]

8.7. Pena e aspectos processuais

A pena cominada é a de reclusão de um a quatro anos.

Em razão do ***quantum da pena mínima, é admissível a suspensão condicional do processo, nos termos do art. 89 da Lei nº 9099/1995.***

A ação penal é pública incondicionada.

REFERÊNCIAS BIBLIOGRÁFICAS

ALEIXO, Pedro. *O peculato no direito penal brasileiro.* Tese de concurso público para UFMG. Belo Horizonte: Gráfica Belo Horizonte Ltda, 1956.

106 PRADO, Luiz Régis. Curso de direito penal..., *Cit.*, p. 802.
107 BITENCOURT, Cezar Roberto. *Crimes contra..., Cit.*, p. 92.
108 BITENCOURT, Cezar Roberto. *Crimes contra..., Cit.*, p. 92.

ALMEIDA, Fernando Henrique Mendes de. *Dos crimes contra a administração pública*. São Paulo: Saraiva, 1955.

BALEEIRO, Aliomar. *Introdução à Ciência das Finanças*. Rio de Janeiro: Forense, 1984.

BALTAZAR Jr., José Paulo. Crimes federais. Porto Alegre: Livraria do advogado, 2011.

BITENCOURT, Cezar Roberto. *Crimes Contra as Finanças Públicas e Crimes de Responsabilidade de Prefeitos: Anotações à lei n. 10.028, de 19-10-2000*. São Paulo: Saraiva, 2010.

BITENCOURT, Cezar Roberto. *Tratado de direito penal. Parte Especial*. Vol. 5. São Paulo: Saraiva, 2008.

Brasil. Superior Tribunal de Justiça (STJ). *Jurisprudência em Teses organizada por ramos do Direito*. Edições n. 1 a 133. -- Brasília: STJ, Secretaria de Jurisprudência, 2019.

Brasil. Supremo Tribunal Federal (STF). *Informativos STF 2014-2018 [recurso eletrônico]: teses e fundamentos: direito penal* / Supremo Tribunal Federal. Brasília: STF, Secretaria de Documentação, 2019.

CAPEZ, Fernando. *Curso de direito penal. Parte Especial*. Vol. 3. São Paulo: Saraiva, 2011.

CARVALHO FILHO, José dos Santos. *Manual de direito administrativo*. Rio de Janeiro: Lúmen Júris, 2000.

CASOLATO, Roberto Wagner Battochio. *A doutrina, a jurisprudência e o art. 327 do código penal. Revista Brasileira de Ciências Criminais*. n° 22, p. 89-104, São Paulo: RT, ab./jun. de 1998.

CASTRO, Renato Lima. *Crimes Contra as Finanças Públicas*. Curitiba: Juruá, 2009.

COSTA JR., Paulo José da; COSTA, Fernando José da. *Curso de direito penal*. São Paulo: Saraiva, 2010.

COSTA Jr., Paulo José da; PAGLIARO, Antonio. *Dos crimes contra a administração pública*. São Paulo: Atlas, 2009.

COSTA, Álvaro Mayrink da. *Direito penal. Parte Especial*. Vol. 7. Rio de Janeiro: Forense, 2011.

CUNHA, Conceição Ferreira da. Peculato. *In* DIAS, Jorge de Figueiredo. *Comentário conimbricense do código penal*. Coimbra: Coimbra editora, Parte Especial. Tomo III, 2001.

CUNHA, Rogério Sanches. *Direito Penal: Parte especial*. São Paulo: Revista dos Tribunais, 2010.

DI PIETRO, Maria Sylvia Zanella. *Direito Administrativo*. São Paulo: Atlas, 2000.

FAZZIO Jr., Waldo. *Corrupção no poder público: peculato, concussão, corrupção passiva e prevaricação*. São Paulo: Atlas, 2002.

FELICIANO, Guilherme Guimarães. *Crimes contra a administração – atualização e reforma penal – por uma atualização formal e substancial do capítulo dos crimes contra a administração pública. Revista Brasileira de Ciências Criminais. Nº. 32*. São Paulo: RT, out./dez. de 2000.

FRAGOSO, Heleno Claudio. *Lições de direito penal. Parte Especial*. Vol. II. Rio de Janeiro: Forense, 1988.

GOMES, Luiz Flávio; Bianchini, Alice. *Crimes Contra as Finanças Públicas: Lei n. 10.028/00*. São Paulo: Revista dos Tribunais, 2001.

HABIB, Sérgio. *Brasil: quinhentos anos de corrupção*. Porto Alegre: SAFE, 1994.

HUNGRIA, Nelson. *Comentários ao Código Penal*. Vol. IX. Rio de Janeiro: Forense, 1959.

JESUS, Damásio Evangelista de. *Direito penal. Parte Especial*. Vol. 4. São Paulo: Saraiva, 2010.

KELSEN, Hans Kelsen. *Teoria pura do direito*. São Paulo: RT, 2011.

LEONARDO, Marcelo.. *Crimes de responsabilidade fiscal: crimes contra as finanças públicas, crimes nas licitações públicas, crimes de responsabilidade de prefeitos*. Belo Horizonte: Del Rey, 2001.

LISZT, Franz von. *Tratado de direito penal. Tomo II*. Campinas: Russell, 2003.

MANZINI, Vicenzo. *Tratatto di diritto penale italiano*. Vol. 5. Torino: UTET, 1935.

MASCARENHAS, Paulo. *Dos crimes contra a Administração Pública e as finanças públicas: Comentários à Lei n. 10.028, de 19/10/2000, à luz da Lei de Responsabilidade Fiscal*. Editora: RCN. S/D.

MASSON, Cleber. *Direito penal esquematizado. Parte Especial*. Vol. 3. Rio de Janeiro: Forense, São Paulo: Método, 2011.

MAXIMILIANO, Carlos. *Hermenêutica e aplicação do direito*. Rio de Janeiro: Forense, 2006.

MEIRELLES, Hely Lopes. *Direito administrativo brasileiro*. São Paulo: Malheiros, 2000.

MIRABETE, Julio Fabbrini. *Manual de direito penal*. Vol. III. Parte especial. São Paulo: Atlas, 2011.

MOMMSEN, Teodoro. *Derecho penal romano*. Bogotá: Editorial Temis, 1999.

NORONHA, E. Magalhães. *Direito penal. Parte Especial*. Vol. 4. São Paulo: Saraiva, 2001.

NUCCI, Guilherme de Souza. *Código penal comentando*. São Paulo: RT, 2010.

NUCCI, Guilherme de Souza. *Código Penal Comentado*. Rio de Janeiro: Forense, 2019.

OLIVEIRA, Regis Fernandes de. *Curso de Direito Financeiro*. São Paulo: Revista dos Tribunais, 2009.

PIERANGELI, José Henrique. *Códigos penais do Brasil: evolução histórica*. São Paulo: RT, 2004.

PIERANGELI, José Henrique. *Manual de direito penal brasileiro. Parte Especial*. Vol. 2. São Paulo: RT, 2007.

PRADO, Luiz Régis. *Curso de direito penal brasileiro. Parte Especial*. Vol. 3. São Paulo: RT, 2010.

QUEIROZ, Paulo. *Direito penal. Parte Geral*. Salvador/BA: Editora *JusPODIVM*, 2012.

RASSI, João Daniel. *Administração pública na acepção orgânica e o conceito penal de funcionário público – um contributo para o estudo do art. 327 do código penal brasileiro*. *In* CRESPO, Marcelo Xavier de Freitas (Coord.). *Crimes contra a administração pública: aspectos polêmicos*. São Paulo: Quartier Latin, 2010.

SETA, José Francisco. *Crimes dos funcionários púbicos contra a administração pública*. São Paulo: edição do autor, 1981.

SILVA, Ivan Luiz da. *Princípio da insignificância no direito penal*. Curitiba: Editora Juruá, 2011.

SOLER, Sebastian. *Derecho penal argentino*. Tomo V. Buenos Aires: TEA, 1963.

STOCO, Rui; FRANCO, Alberto Silva (Coord.). *Código penal e sua interpretação*. São Paulo: RT, 2007.

TOURINHO, Demétrio C. F.. Do peculato. Salvador/BA: Livraria Progresso Editora, 1954.

EDITORA JusPODIVM
www.editorajuspodivm.com.br